Mit besten Empfehlungen
und herzlichen Grüssen
vom Autor
12. 10. 1989

Uroš J. Jovanović

Methodik und Theorie der Hypnose

Methodik und Theorie der Hypnose

Psychobiologische Grundlagen
Hypnosetechnik
Phänomenologie · Mechanismen

Von Uroš J. Jovanović

24 Abbildungen, 20 Schemata und 8 Tabellen

Gustav Fischer Verlag · Stuttgart · New York · 1988

Anschrift des Autors:

Priv.-Doz. Dr. med. Dr. phil. U. J. Jovanović
Zentrum für Chronomedizin
Klinik für Psychiatrie
Gerokstr. 65
7000 Stuttgart 1

CIP-Kurztitelaufnahme der Deutschen Bibliothek

Jovanović, Uroš J.:
Methodik und Theorie der Hypnose : psychobiolog.
Grundlagen, Hypnosetechnik, Phänomenologie, Mechanismen
/ von Uroš J. Jovanović. – Stuttgart ; New York : Fischer, 1988
ISBN 3-437-11185-X

Satz: Filmsatz Jovanović, Ruhstorf/Rott
Druck und Verarbeitung: Graph. Großbetrieb Fr. Pustet, Regensburg
Printed in Germany

ISBN 3-437-11185-X

Vorwort

Inhalt, Form, Umfang, Erscheinungszeitpunkt dieses Buches sowie die Gestaltung der einzelnen Kapitel wurden durch mehrere entscheidende Faktoren bestimmt, von denen hier nur einige erwähnt werden können.

(a) *Primär und hauptsächlich* sollte ein *wissenschaftliches Werk* über *Methodik und Theorie der Hypnose* jenseits jeder Sensation vorgelegt werden. Und schon hier tauchen fast unüberbrückbare Schwierigkeiten auf. Die Aufgabe, *ein Phänomen, einen Zustand/Prozeß, einen Vorgang, einen wissenschaftlichen Zweig* (Kapitel I und XV) und *eine experimentell-klinische Methode* (Kapitel IX, XI–XX) in einer überschaubaren Art und Weise zu erfassen und an einer Stelle darzustellen, ist ein kaum zu bewältigendes Unterfangen. Ein Forschungsobjekt *psychobiologischer Natur* zu ergründen, das *ungewöhnlich spät* als solches erkannt wurde, jedoch seit der Entstehung höherer Lebewesen und darüber hinaus existierte (Kapitel I), erfordert eine derartige Vielseitigkeit, wie man sie auf kaum einem anderen Fachgebiet der exakten Wissenschaften antreffen kann. Von der allgemeinen *Biologie, Phylo-Ontogenese* (Kapitel III), *Anthropologie* (Kapitel IV), *Magie und Dämonologie* (Kapitel V), *Mystik und Mythologie* (Kapitel VI), *Religion und Aberglaube* (Kapitel V–IX), *Geschichte* (Kapitel VIII), *Psychologie* (mit nahezu allen Zweigen) (Kapitel IX, X, XII, XXI, XXIV, XXVI), *Soziologie* (Kapitel VII, IX), *Physiologie* (mit ebenfalls fast allen Subgebieten) (Kapitel XXII, XXV), *Biorhythmik, Biochemie, Psychopharmakologie* (Kapitel XXIX), *Klinik* (in allen Fachbereichen) (Kapitel XI und Jovanović, 1989: Angewandte und Klinische Hypnose) zu *Thantalogie* (Kapitel XV und Jovanović, 1989) erstreckte sich das ungewöhnlich breite Spektrum unserer Aufgabe. Während wir bei der *Phylo-Ontogenese* und *Anthropologie* (Kapitel III und IV) auf verhältnismäßig zuverlässige Angaben in der Literatur und Dokumentation stießen, mußten wir bereits bei der *Geschichte der Hypnose* (Kapitel VIII und Jovanović, 1990) einen weiteren Aufwand an Personal, Zeit und Mühe aufbringen, um eine Korrektur der Ungenauigkeiten oder Verifikation der richtigen Literaturangaben zu erreichen.

Die eigene diesbezügliche Forschung (in den Jahren 1963 bis 1985) bezog sich auf die *vorwissenschaflichen* und *wissenschaftlichen Epochen* (Kapitel II–VIII). Dabei wurden Studien *über* einen Forscher/Wissenschaftler/Praktiker und Studien *der* Forscher/Wissenschaftler zur Hypnose unternommen. In beiden Fällen tauchten in der Literatur/Dokumentation erhebliche Unsicherheiten auf. Insbesondere die Zeitangaben sind davon betroffen. Um sich mit der gebotenen wissenschaftlichen Sicherheit zu orientieren, mußten unter anderem neben den Daten in Museen, National- und Regionalbibliotheken und Instituten der Geschichte auch Grabstätten und Grabsteine studiert werden. Und auch in unserem Falle galt die alte Weisheit, daß die *(Grab)Steine* die Wahrheit sprechen. In Iznang, London, Ludwigsburg, Meersburg, Nancy, Paris, Pergamon, Prag, Stuttgart, Weil der Stadt, Weinsberg, Wien wurde unter anderem eine Reihe von Friedhöfen mit jeweils 5–6 Personen durchforstet, um an wichtige Geburts-, Lebens- und Sterbedaten von in den Dokumentationen nicht vollständig, nicht genau oder überhaupt nicht erfaßten Wissenschaftlern und Praktikern der Hypnose zu kommen. Das Land Baden-Württemberg erwies sich zum Studium des historischen Teils der Hypnose als sehr geeignet, da Paracelsus, Kepler, Gaßner, Mesmer, Gmelin, Kerner, Schiller, Hegel und andere (Kapitel VIII) aus dieser geographischen Region stammen und hauptsächlich dortselbst gewirkt haben. Alle Ortschaften, in denen diese und andere Forscher/Praktiker tätig waren, wurden besucht, die einschlägigen Dokumente in den dortigen Museen und Bibliotheken an Ort und Stelle studiert. Das Studium der Originalliteratur über die Hypnose

war nicht nur zeit- und personlaufwendig. Es erforderte auch nicht unerhebliche finanzielle Anstrengungen (Erwerb antiquarischer Titel, Kapitel II–VIII).
Bei der Neurophysiologie (Kapitel XXII), den psychomotorischen Aspekten (Kapitel XXIII), der Psychohypnologie (Kapitel XXIV), der Psychophysiologie (Kapitel XXV), der Psychobiologie (Kapitel XXVI), der Biochemie und Klinik (Kapitel XV, XXIX) konnte der Autor auch auf eigene Forschungsergebnisse aus den Jahren 1963–1986 zurückgreifen. Die auf die Hypnose bezogene Schlaf-Wach-Traum-Forschung (Kapitel XXIV–XXVI) in den letzten 25 Jahren erwies sich ebenfalls als hilfreich. Die gleichzeitige eigene Arbeit des Autors auf dem Gebiet der Forschung, der Patientenbetreuung und des Unterrichts bei Universitätsstudenten kann als eine bescheidene Bereicherung der Vielfalt der gestellten Aufgabe angesehen werden.
Bei der Bearbeitung des *psychobiologischen Phänomens des Hypnotismus* wurde angestrebt, daß (aa) *Entstehung und Entwicklung* (Phylogenese, Ontogenese, Anthropologie, Magie und Dämonologie, Mystik und Mythologie, Geschichte; Kapitel III–VIII), (bb) *Erscheinungsformen und Symptomatologie* (Kapitel IX–XX), (cc) *Phänomenologie und Mechanismen* (Psychologie, Neurophysiologie, Psychohypnologie, Psychophysiologie, Psychobiologie, Theorien; Kapitel XXI–XXVIII), (dd) *Beziehungen zu Grenzgebieten* (Psychoanalyse, Psychotherapie, Doloanxiologie, Futurologie; Kapitel X, XXVII, XXIX) des *Subjektes* (Mensch) und *Studienobjektes* (Hypnose) umfassend als eine *Einheit* studiert werden. Die Materie hat es fast immer erfordert, in allen Buchkapiteln *mehrspurig* (s. Kapitel XXX) vorzugehen, sehr *weit und tief* in auf den ersten Blick relativ ferne Gebiete einzudringen und auch *Parallelen mit dem (Psycho)Pathologischen* zu ziehen (Kapitel III–VI, XXI–XXVII, XXX).
Ein derartiges Vorgehen und die Natur des Studienobjektes brachten eine Uneinheitlichkeit der Literaturangaben, des Inhalts und des Umfanges der einzelnen Buchkapitel mit sich. Während wir uns beispielsweise in Kapitel III mit etwas über vier Druckseiten und nur 15 Literaturstellen begnügen konnten, erstreckt sich das Kapitel IX (aktuelle Forschung der Hypnose) auf fast 83 Druckseiten und 845 Literaturangaben. Der Teil B des Buches weist eine sich von Kapitel zu Kapitel fast ständig verringernde Anzahl der bibliographischen Angaben (von 189 in Kapitel XI auf nur vier in Kapitel XX) auf, während sich der Text der Kapitel nahezu umgekehrt verhält; Kapitel XI erstreckt sich z.B. auf nur 23 Druckseiten bei 189 Literaturstellen und Kapitel XV auf 150 Druckseiten mit nur 36 Literaturangaben. Verschiedene Aufgaben der drei Buchteile (A, B, C) erfordern auch eine unterschiedlich ausgedehnte Literatur. Während der (theoretische) *Teil A* rund 49 % und der (interpretierende) *Teil C* rund 39 % der Publikationen (2357 bzw. 1886 Titel von 4786 Literaturstellen) in Anspruch nehmen, begnügt sich der (praktisch orientierte) *Teil B* mit nur 11 % der benutzten Literatur. Trotz der Heterogenität des Studienobjektes und des Umfanges des Buches vermochte der Autor in der vorliegenden Abhandlung nur rund 42 % (4786 von 11357 Literaturstellen) der Publikationen zu berücksichtigen. Der Rest von rund 58 % muß im darauffolgenden *angewandten und klinischen Abschnitt des Problems* (Jovanović, 1989; s. Kapitel II) bearbeitet werden.

(b) *Ein nächster determinierender Faktor* ist die *Besonderheit der Leserschaft.* Zwar ist der Teil B des Buches (Hypnoseverfahren) mit 10 Kapiteln überwiegend den *Medizinern*, *Zahnmedizinern* und *Diplompsychologen* gewidmet, doch kann sich durch die übrigen zwei Teile (A, C) eine Reihe von Lesern aus vielen anderen Wissenschaften angesprochen fühlen. Theoretische und klinische Neurophysiologen, experimentelle und praktisch orientierte wissenschaftliche Psychologen, Neurobiologen, Naturwissenschaftler, Verhaltensforscher, Historiker der Medizin und Psychologie, Pädagogen, Soziologen, Philosophen bis hin zu Zoologen und Theologen, aber auch den sogenannten gebildeten Laien können diese oder jene Thematik des Buches für sich interessant finden. Deshalb sind unter anderem in fast allen Kapiteln ausführliche und von verschiedenen Standpunkten betrachtete Definitionen, Begriffsbildungen und Experiment-Beschreibungen wiedergegeben worden, auf die man unter anderen Voraussetzungen vielleicht hätte verzichten können.

(c) *Ein weiterer, aber nicht minder wichtiger Faktor* in der Gestaltung des vorliegenden Buches war die Aufgabe, ein *Lehrbuch für Studierende im Prä- und Postdiplomstudium* anzubieten. Dieser Aufgabe haben wir im ganzen Text, aber vor allem im Teil B des Buches – der fast ausschließlich dem praktischen Lernen und den Übungen im Hypnoseverfahren gewidmet ist – Rechnung getragen. Dabei tendierte der Autor dazu, den Lesern zu sagen, *wie was* praktisch getan werden sollte, nicht etwa, wie dies und jenes *vom Autor selbst* oder anderen Autoren getan wird. Dieser Lernteil wurde nach didaktischen Prinzipien in Form von 100 Lektionen gestaltet, wobei sich der Verfasser am Muster von Fremdsprachen-Lehrbüchern orientierte. Von der ersten bis zur letzten Übungs-Lektion wurden *neue Lernelemente* des praktischen Vorgehens eingebaut. Dabei wird das bereits vorausgegangene Material in einer mehr oder weniger modifizierten Form wiedergegeben, das jeweils neue Vokabular eingefügt, von einer Induktionsmethode der Hypnose und von einer Gesundheitsstörung auf die andere übergegangen. Es wurde also angestrebt, daß der Studierende/Praktizierende in Hypnose mit dem vorliegenden Lernmaterial fürs erste auskommt, ohne daß dazu gleichzeitig noch andere Werke herangezogen werden müssen oder daß der Studierende beim Lesen gezwungen wird, wegen der Verweisungen auf Seitenzahlen oder Kapitel im Buch immer wieder nach vorn oder hinten blättern zu müssen. In den theoretischen Kapiteln (Teil A und C) mußten entsprechende Konzessionen an Studierende gemacht werden, so daß dem *gewandten* Wissenschaftler diese oder jene Ausführungen, Deskriptionen, Diskussionen und Schlußfolgerungen manchmal vielleicht zu umfangreich, zu vereinfacht oder zu verallgemeinert klingen könnten.

(d) *Ein zeitbezogener Faktor*, den der Verfasser berücksichtigen mußte, ist die *Armut an wissenschaftlichen Publikationen über Hypnose in der deutschen Sprache*, die sich – trotz relativ reichen Schrifttums im vorigen Jahrhundert und um die Jahrhundertwende – im gegenwärtigen Jahrhundert von Jahr zu Jahr vergrößerte, wie auf kaum einem anderen medizinisch-psychologischen Gebiet (Kapitel II). Dies trotz der Tatsache, daß sich fast alle Väter des Hypnotisierens, angefangen von Paracelsus, Gaßner, Mesmer, Gmelin, Kerner über Breuer, Freud, Wundt, Forell bis zu Vogt und Schultz (Kapitel VIII) – um nur einige zu erwähnen – der deutschen Zunge als Muttersprache bedienten.
Aus dem eben erwähnten Grunde haben sich der Verlag und der Autor noch Ende der 70er Jahre mit dem Gedanken getragen, dem deutschen Leser ein wissenschaftliches Hypnose-Buch so rasch wie möglich zur Verfügung zu stellen. Zu diesem Zweck wurde 1979 zwischen den Beteiligten auch ein entsprechender Verlagsvertrag geschlossen. Bereits beim ersten Studium zeigte sich jedoch, daß die Zeit trotz des bestehenden Mangels an entsprechenden Werken noch nicht reif genug war. Insbesondere darf darauf hingewiesen werden, daß die eventuelle damalige Publikation des Buches viele grundlegende neuere Befunde in *englischer* oder anderen Sprachen nicht erfaßt hätte. Beispielsweise sind von den 359 in Kapitel II benutzten größeren Werken (Monographien, Lehrbücher etc.) 147 (rund 41 %) im letzten Jahrzehnt vor dem Erscheinen der vorliegenden Abhandlung bekannt geworden. Selbst die Geschichte der Hypnose (Kapitel VIII) wurde im letzten Jahrzehnt literarisch um 99 erfaßte Werke bereichert; nicht zu sprechen von den Publikationen zur aktuellen Hypnoseforschung (Kapitel IX), von denen aus dem letzten Jahrzehnt 182 Stellen (22 %) bearbeitet wurden. Eine ähnliche Situation ist auch in den Kapiteln X, XXI–XXIX zu finden (s. auch Kapitel XXX). Dazu wurden während der letzten 18 Hochschulsemester eigene Erfahrungen des Autors gefestigt. Auch der Übungstext dieses Buches (Kapitel XIII–XX) wurde in den letzten sechs Hochschulsemestern getestet, notfalls nach Vorschlägen der Studenten korrigiert und angepaßt.

(e) Es sei schließlich erwähnt, daß *die eigenen Resultate* (die sich direkt auf die Hypnose beziehen) aus Zeitmangel nicht – wie sonst üblich – vor dem Erscheinen dieses Buches in separaten Einzelpublikationen bekanntgemacht werden konnten, so daß sich auch dies auf Inhalt, Form und Umfang der einschlägigen Kapitel auswirken mußte. Zum Beispiel hätten einige ausführliche Deskriptionen der Planung, Anlage, Durchführung, Methodik, Resultate, Diskussionen und Schlußfolgerungen sonst in den einzelnen Abhandlungen gebracht werden können (siehe dazu Kapitel XXX. Für Erläuterung der Abkürzungen s. *Sachregister*).

Am Zustandekommen dieses Buches haben sich verhältnismäßig sehr viele Menschen intensiv beteiligt. Rund ein Drittel der Mitglieder der *International Society of Hypnosis (ISH)* war bei der Literatursammlung aktiv. In den Museen, Bibliotheken, Archiven und anderen Institutionen im In- und Ausland ist der Autor jederzeit auf großes Verständnis und lebhaftes Interesse gestoßen. Leiter und Mitarbeiter der *Institute für Geschichte der Medizin* in Stuttgart und Freiburg/Br. standen dem Autor stets mit Rat und Tat zur Seite. Literaturanforderungen und Auskünfte wurden bei jeder Gelegenheit prompt erteilt. Kollegen und Assistenten der eigenen Institutionen (zuständige Abteilungen der Universitäten Göttingen und Würzburg, Zentrum für Chronomedizin Würzburg und Stuttgart) haben in mehreren Generationen viele Jahre hindurch eine nicht unerhebliche Last der Routinearbeiten auf sich genommen, so daß sich der Autor die meiste Zeit auf das Buch konzentrieren konnte. Die technischen Mitarbeiter haben in den letzten Jahren – wegen der fortwährenden Intensivierung der Arbeiten am Buch – auf unzählige Wochenenden und Feiertage verzichtet und haben einzeln oder im Team von 5–6 Personen den Text pausenlos bis zu 12 Studen täglich gestaltet. Übersetzer und Lektoren haben von sich aus eine stets lobenswerte Initiative ergriffen und halfen auch dort, wo man dies nicht immer und nicht leicht als eine Selbstverständlichkeit auffassen konnte. Auch der Verlag war jederzeit hilfsbereit. Mehrmals wurde das Material gemeinsam mit dem Autor durchgesehen, mit Fachkräften des Verlages diskutiert und bei Bedarf korrigiert. Es ist an dieser Stelle kaum möglich, die Beteiligten namentlich zu erwähnen. Nichtsdestoweniger möchte sich der Autor bei ihnen allen von ganzem Herzen bedanken.

Trotz aller Mühe ist sich der Autor dessen bewußt, daß das vorliegende Buch als ein ganz geringer Beitrag zum Hypnoseproblem angesehen werden kann, der zudem zunächst zur Diskussion gestellt wird. Der Verfasser würde sich freuen und wäre dankbar, wenn ihn die Leser auf etwaige Mängel und Unzulänglichkeiten dieses Diskussionsbeitrages aufmerksam machen würden. Vielleicht wird es uns allen gemeinsam auf diese Weise gelingen, das Signal für einen neuen Beginn auf dem angesprochenen wissenschaftlichen Gebiet zu geben.

U. J. Jovanović　　　　　　　　Stuttgart, April 1988

Inhaltsverzeichnis

Vorwort		V
Teil A:	**Entstehung und Entwicklung**	1
I.	**Einleitung und Methodik**	3
1.	Definitionen und Leitsätze	3
2.	Erläuterung der Leitsätze	3
2.1	Methodische Vorbemerkungen	3
2.2	Aufstellung von Paradigmen	4
3.	Versuch einer Synopsis und Schlußbetrachtung	7
4.	Quellennachweis zum Kapitel I	8
II.	**Hypnose im Spiegel der Bibliographie**	9
1.	Zur Erfassung der Bibliographie	9
1.1	Begriffe und Definitionen	9
1.2	Zur Bibliographie der einzelnen Zeitepochen	9
1.3	Einordnung und Systematisierung der Literatur	11
2.	Neuere Literatur in deutscher Sprache	12
3.	Neuere Literatur hauptsächlich in englischer Sprache	12
3.1	Vorwiegend zur ersten Orientierung	12
3.2	Vorwiegend allgemeine Lehrbücher	12
3.3	Mehr spezielle Lehrbücher	13
3.4	Handbücher und Kongreßberichte	13
3.5	Literatur zu einzelnen Fachgebieten	13
3.6	Literatur zu Hypnose und variablen Problemen	19
4.	Weitere Literatur in verschiedenen Sprachen	21
4.1	Literatur in französischer Sprache	21
4.2	Literatur in italienischer Sprache	22
4.3	Literatur in rumänischer Sprache	22
4.4	Literatur in slawischen Sprachen	22
5.	Zusätzliche Literatur	23
6.	Versuch einer Synopsis und Schlußbetrachtung	24
7.	Ausgewählte Bibliographie zum Kapitel II	25
III.	**Hypnose im Spiegel der Genese**	37
1.	Begriffe und Definitionen	37
2.	Phylogenese	37
3.	Ontogenese	40
4.	Zusammenfassung und Schlußfolgerung	40
5.	Quellennachweis zum Kapitel III	40
IV.	**Hypnose im Spiegel der Anthropologie**	42
1.	Begriffe und Definitionen	42
2.	Existenzielle Anthropologie (Paläoanthropologie)	42
3.	Medizinische Anthropologie	43
4.	Psychologische Anthropologie	44
4.1	Anamnese und Regression	44
4.2	Mystik und Symbolik	45

5. Philosophische Anthropologie ... 46
6. Zusammenfassung und Schlußfolgerungen ... 46
7. Literaturverzeichnis zum Kapitel IV ... 47

V. Hypnose im Spiegel der Magie und Dämonologie ... 49
1. Zur Abstammung, Entwicklung und Verbreitung ... 49
2. Modifikationen und Anwendung in der Hypnotherapie ... 52
2.1 Voodoo und Hypnose/Hypnotherapie ... 52
2.2 Terpsichoretrancetherapie (Terpsichore-Trance-Therapie: TTT) ... 54
2.3 Hypnosephänomene und Erlebnis des Todes ... 54
3. Zusammenfassung und Schlußfolgerungen ... 55
4. Literaturverzeichnis zum Kapitel V ... 57

VI. Hypnose im Spiegel der Mystik und Mythologie ... 59
1. Begriffe und Definitionen ... 59
2. Heilung durch Auflegen von Magneten ... 59
3. Heilung durch Handauflegen ... 61
4. Suggestion durch Hexen und Hexentum ... 61
5. Suggestion durch Quacksalberei ... 62
6. Hypnose und Exorzismus ... 62
7. Zusammenfassung und Schlußfolgerungen ... 63
8. Ausgewählte Bibliographie zum Kapitel VI ... 64

VII. Synopsis zum psychobiologischen Werdegang der Hypnose ... 68
1. Einleitende Vorbemerkungen ... 68
2. Suggestiver Instinkt ... 68
3. Ursuggestionen ... 70
3.1 Ontogenese der Ursuggestionen ... 71
3.2 Ursuggestionen und Anthropologie ... 71
3.3 Ursuggestionen und Dämonologie ... 73
3.4 Ursuggestionen und Religionen ... 73
4. Suggestibilität und Erfahrungssuggestionen ... 73
5. Hypnotische und nicht-hypnotische Suggestionen ... 74
6. Zusammenfassung und Schlußfolgerungen ... 74
7. Quellennachweis zum Kapitel VII ... 74

VIII. Hypnose im Spiegel der Zeit ... 75
1. Begriffe und Definitionen ... 75
2. Prähistorische Epochen ... 75
2.1 Suggestion und Hypnotherapie der Urmedizin ... 75
2.2 Archaische Suggestion und Hypnotherapie ... 75
3. Prähellenistische Epoche ... 76
4. Suggestion und Hypnotherapie der hellenistischen Epoche ... 77
4.1 Suggestive Hypnotherapie und Tempelschlaf ... 77
4.2 Suggestive Heilung außerhalb von Tempeln ... 78
5. Byzantinisch-römische suggestive Hypnotherapie ... 79
6. Suggestion und Hypnotherapie am Übergang zum Mittelalter ... 79
7. Mönchsmedizin des Mittelalters und Hypnotherapie ... 80
8. Suggestion und Hypnotherapie am Übergang zur Frühneuzeit ... 80
9. Synopsis zur Ära des Vor-Mesmerismus ... 81
10. Animalischer Magnetismus und Franz Anton Mesmer (1734–1815) ... 81
10.1 Die Entwicklungsphase von Franz Anton Mesmer (1734–1759) ... 81
10.2 Die zweite Lebensphase Franz Anton Mesmers (1759–1778) in Wien ... 81

10.3 Die dritte Lebensphase Franz Anton Mesmers (1778–1792) 82
10.4 Die letzte Lebensphase Franz Anton Mesmers (1793–1815) 82
11. Nachwirkungen des Mesmerismus 83
11.1 Vorbemerkungen zu diesem Zeitabschnitt 83
11.2 Der Beginn der Tiefenpsychologie 83
11.3 Der Beginn der Psychoanalyse 84
11.4 Okkultismus und Spiritismus/Spiritualismus nach Mesmer 85
11.5 Übergang zur wissenschaftlichen Hypnose und Hypnotherapie 86
12. Pioniere der wissenschaftlichen Hypnoseforschung 87
12.1 Spezielle Vorbemerkungen zur Problematik 87
12.2 Marquis de Puységur (1751–1825) und Somnambulismus 87
12.3 Abbé Faria (1755–1819) und Suggestionstherapie 87
12.4 John Elliotson (1791–1868) und sein Schicksal mit dem Mesmerismus 88
12.5 James Esdaile (1808–1859) und seine chirurgischen Eingriffe 89
12.6 James Braid (1795–1860) und der Begriff «Hypnose» 89
12.7 Doktor Burcqs Metalloskopie und Claude Bernard (1813–1878) 90
12.8 Jean Martin Charcot (1825–1893) und hysterische Neurose 90
12.9 Chemische Anästhesie und Hypnoanästhesie nach 1844 91
12.10 Auguste Ambroise Liébeault (1823–1904) und Hippolyte Marie Bernheim (1840–1919) 92
12.11 Emile Coué (1857–1928) und Autosuggestion 92
12.12 Pierre Janet (1859–1947) und Psychologie der Hypnose 93
12.13 Iwan Petrowitsch Pawlow (1849–1936) und bedingte Reflexe 93
12.14 Josef Breuer (1842–1925) und Anna O. (1859–1936) 93
12.15 Deutsche Schule der wissenschaftlichen Hypnose 94
12.16 Hypnose und Hypnotherapie um die Wende des 20. Jahrhunderts 94
12.17 Johannes Heinrich Schultz (1884–1970) und Autogenes Training 95
12.18 Milton H. Erickson (1901–1980) und die Erneuerung der Hypnose 96
12.19 Die goldene Ära der Hypnotic Susceptibility Scales 96
13. Versuch einer Synopsis und Schlußbetrachtung 96
14. Bibliographie zum Kapitel VIII 97

IX. Hypnose im Spiegel der aktuellen Forschung 109
1. Vorbemerkung zur Begriffsbildung 109
2. Suggestionen und Suggestibilität 109
2.1 Suggestionen und Suggestionsproblematik 109
2.1.1 Begriffe und Definitionen 109
2.1.2 Gesetze der Suggestionen 111
2.1.3 Vorkommen von Suggestionen 111
2.1.3.1 Geschichtliches Vorkommen 111
2.1.3.2 Suggestionen im täglichen Leben 112
2.1.3.3 Suggestionen in besonderen Situationen 113
2.1.3.4 Eigene vorwissenschaftliche Erfahrungen 113
2.1.4 Suggestionsformen und Suggestionsarten 114
2.1.5 Suggestionsstadien und Suggestionsvorgang 116
2.1.6 Zur Bewußtseinslage bei Suggestionstherapie 117
2.1.6.1 Wachsuggestionstherapie 117
2.1.6.2 Hypnosuggestivtherapie 117
2.2 Suggestibilität und Suggestibilitätsproblematik 118
2.2.1 Begriffe und Definitionen 118
2.2.2 Vorkommen von Suggestibilität 118

2.2.3 Suggestibilität und Suggestor 119
2.2.4 Suggestibilität und Suggerendus 120
2.2.5 Suggestibilität und Situation 121
2.2.6 Suggestibilität und Meßmethodik 122
2.2.7 Suggestibilität und Pharmaka/Drogen 122
2.2.8 Modifikation der Suggestibilität 122
2.2.9 Suggestibilität und klinische Aspekte 122
2.2.10 Suggestibilität und verschiedene Faktoren 124
3. Suggestibilität und Hypnotisierbarkeit 126
4. Hypnose und Hypnotisierbarkeit 127
4.1 Hypnose und Hypnoseproblematik 127
4.1.1 Begriffe und Definitionen 127
4.1.2 Vorkommen der Hypnose 129
4.1.2.1 Literaturangaben 129
4.1.2.2 Resultate eigener Beobachtungen 129
4.1.3 Probleme der Hypnosehäufigkeit 132
4.1.4 Probleme der Hypnosedauer 132
4.1.5 Probleme der Hypnosetiefe 133
4.1.5.1 Stadien//Stufen der Hypnose 133
4.1.5.2 Zur Objektivität/Subjektivität der Hypnosetiefe 137
4.2 Die Problematik der Hypnotisierbarkeit 139
4.2.1 Begriffe und Definitionen 139
4.2.2 Vorkommen der Hypnotisierbarkeit 139
4.2.3 Hypnotisierbarkeit und Hypnotiseur 139
4.2.3.1 Übersicht von Literaturangaben 139
4.2.3.2 Resultate eigener Beobachtungen 141
4.2.4 Hypnotisierbarkeit und Hypnotisand 142
4.2.4.1 Hypnotisierbarkeit und Alter 142
4.2.4.2 Hypnotisierbarkeit und Geschlecht 143
4.2.4.3 Körperbau und Temperament 144
4.2.4.4 Hypnotisierbarkeit und physiologische Aspekte 146
4.2.4.5 Hypnotisierbarkeit und Traumproblematik 147
4.2.4.6 Hypnotisierbarkeit und Erlebnisfähigkeit 147
4.2.4.7 Hypnotisierbarkeit und Persönlichkeitsmerkmale 148
4.2.4.8 Hypnotisierbarkeit und Tradition 150
4.2.4.9 Hypnotisierbarkeit und die Frage des Willens 150
4.2.4.10 Hypnotisierbarkeit und die Problematik des Glaubens 153
4.2.4.11 Hypnotisierbarkeit und die Rolle der Imagination 156
4.2.4.12 Hypnotisierbarkeit und Motivation 160
4.2.4.13 Hypnotisierbarkeit und Erwartung 162
4.2.4.14 Hypnotisierbarkeit und Aufmerksamkeit(sanspannung) 163
4.2.4.15 Hypnotisierbarkeit und Intelligenz 164
4.2.4.16 Hypnotisierbarkeit und die Frage der Simulation 164
4.2.4.17 Hypnotisierbarkeit und Bewußtsein/Unbewußtes 165
4.2.4.18 Hypnotisierbarkeit und Selbstbeurteilung 165
4.2.4.19 Hypnotisierbarkeit und Stimmung 166
4.2.4.20 Hypnotisierbarkeit und Schmerzempfindlichkeit 167
4.2.4.21 Hypnotisierbarkeit und Angstempfinden 167
4.2.4.22 Hypnotisierbarkeit und Placebo-Effekte 167
4.2.4.23 Hypnotisierbarkeit und pharmakologische Aspekte 168
4.2.4.24 Hypnotisierbarkeit und multiple Faktoren beim Hypnotisanden 168

4.2.5 Hypnotisierbarkeit und Versuchssituation ... 169
4.2.6 Hypnotisierbarkeit und Methodik ... 170
4.2.6.1 Die Methodik der Hypnose-Induktion ... 170
4.2.6.2 Hypnotisierbarkeit und Meßmethoden ... 170
4.2.7 Hypnotisierbarkeit und Biokybernetik ... 171
4.2.8 Hypnotisierbarkeit und Meditationen ... 173
4.2.8.1 Vorbemerkungen und Begriffsbildung ... 173
4.2.8.2 Komparative Studien von Meditationen und Hypnotisierbarkeit ... 174
4.2.8.3 Hypnotisierbarkeit und Yoga ... 175
4.2.9 Modifikation der Hypnotisierbarkeit ... 176
4.2.9.1 Allgemeine Vorbemerkungen zur Problematik ... 176
4.2.9.2 Befunde und Analysen über die Erhöhung der Hypnotisierbarkeit ... 177
4.2.9.3 Befunde und Meinungen über die Stabilität der Hypnotisierbarkeit ... 179
4.2.9.4 Befunde und Analysen über die Instabilität der Modifikation ... 179
4.2.9.5 Befunde und Analysen über den Verlust der Hypnotisierbarkeit ... 180
4.2.10 Hypnotisierbarkeit und klinische Aspekte ... 183
4.2.10.1 Eine Vorbemerkung zur Problematik ... 183
4.2.10.2 Hypnotisierbarkeit und neurotischer Formenkreis ... 183
4.2.10.3 Hypnotisierbarkeit und psychotischer Formenkreis ... 185
4.2.10.4 Hypnotisierbarkeit und andere psychische Störungen ... 185
5. Zusammenfassung und Schlußfolgerungen ... 186
6. Bibliographie zum Kapitel IX ... 192

X. Hypnotherapie im Spiegel der Psychoanalyse/Psychotherapie ... 221
1. Vorbemerkungen zum Thema ... 221
2. Konventionelle Psychoanalysen und Psychotherapien ... 221
2.1 Begriffe und Definitionen ... 221
2.2 Sigmund Freud (1856–1939) zur Psychoanalyse ... 222
2.2.1 Die voranalytische Phase (1856–1900) ... 222
2.2.2 Die erste analytische Phase (1901–1919) ... 222
2.2.3 Die zweite analytische Phase (1920–1939) ... 224
2.3 Ego-Psychologie und psychoanalytische Theorien ... 225
2.4 Psychoanalytische Explorationstechnik ... 228
3. Spaltung der Psychoanalyse ... 228
4. Neoanalytische Psychotherapien ... 228
5. Nachanalytische Psychotherapien ... 229
6. Kontroversen zwischen Psychoanalysen/Psychotherapien und Hypnotherapie ... 230
6.1 Freuds Konfrontation mit Hypnose und Hypnotherapie ... 230
6.2 Gegenüberstellung einiger Kontroversen zwischen Psychoanalysen und Hypnotherapie ... 232
7. Zur (Patho)Genese psychischer/psycho-somatischer Erkrankungen ... 235
7.1 Spezielle Vorbemerkungen ... 235
7.2 (Tiefen)Psychologische Ansichten und Theorien ... 235
7.2.1 (Patho)Genese und konventionelle Ego-Psychologie/Ego-Psychoanalysen ... 235
7.2.2 (Patho)Genese und psychoanalytische Richtungen nach der Spaltung ... 235
7.2.2.1 (Patho)Genese und Individualpsychologie von Alfred Adler (1870–1937) ... 235
7.2.2.2 (Patho)Genese und Aktivpsychoanalyse nach Wilhelm Stekel (1868–1940) ... 237

7.2.2.3 (Patho)Genese nach der analytischen Psychologie von Carl Gustav Jung (1875–1961) ... 237
7.2.2.4 (Patho)Genese und Willens-Therapie nach Otto Rank (1884–1939) ... 239
7.2.2.5 (Patho)Genese und Modifikationen durch Sandor Ferenczi (1873–1933) ... 240
7.2.3 (Patho)Genese und neoanalytische Psychotherapien ... 240
7.2.3.1 (Patho)Genese und die Schule von Sandor Rado (1890–1972) ... 240
7.2.3.2 (Patho)Genese und die Schule von Harry Stack Sullivan (1892–1949) ... 241
7.2.3.3 (Patho)Genese nach der Psychoanalyse von Melanie Klein (1882–1960) ... 242
7.2.3.4 (Patho)Genese und die Schule von Karen Horney (1855–1952) ... 243
7.2.3.5 Die Richtung von Harald Schultz-Hencke (1892–1953) ... 244
7.2.3.6 Charakteranalyse und Organtherapie nach Wilhelm Reich (1897–1957) ... 244
7.2.3.7 Psychoanalytische Richtung von Erich Fromm (1900–1980) ... 244
7.2.4 (Patho)Genese und nachanalytische Psychotherapien ... 245
7.3 Organisch-genetische Ansichten und Theorien ... 246
8. Methoden der Hypnotherapie und Versuch der Integration ... 247
8.1 Vorbemerkungen zu Integrationsversuchen ... 247
8.2 Symptombekämpfung und/oder Leistungssteigerung ... 247
8.3 Hypnose und psychobiologische Therapie (Hypnosynthese) ... 248
8.4 Hypnose und psychoanalytische Therapie (Hypnoanalyse) ... 249
9. Zusammenfassung und Schlußfolgerungen ... 249
10. Ausgewählte Bibliographie zum Kapitel VIII ... 256

Teil B: Hypnoseverfahren und Hypnosetechniken ... 275

XI. Vorbereitung und Indikationen ... 277
1. Vorbemerkungen zu Vorbereitungsphasen ... 277
2. Vorbereitung zum Hypnotiseur/Hypnotherapeuten ... 277
2.1 Kriterien der Ausbildung ... 277
2.2 Persönlichkeitsstruktur des Hypnotiseurs/Hypnotherapeuten ... 279
3. Gestaltung der therapeutischen Situation ... 280
4. Vorbereitung des Hypnotisanden/Patienten ... 282
4.1 Vorgeschichte des Patienten (Anamnese) ... 282
4.2 Befunde bei Patienten ... 282
5. Auswahl der Hypnotisanden/Patienten ... 283
5.1 Auswahl bezüglich des Alters ... 283
5.2 Auswahl bezüglich der Persönlichkeitsstruktur des Patienten ... 284
5.3 Auswahl bezüglich körperlicher Störungen ... 284
5.4 Auswahl bezüglich der Indikationen ... 285
5.4.1 Allgemeine Indikationen ... 285
5.4.2 Spezielle Indikationen ... 285
5.4.2.1 Vorbemerkungen zur Problematik ... 285
5.4.2.2 Psychiatrischer Fachbereich ... 285
5.4.2.3 Neurologischer Fachbereich ... 290
5.4.2.4 Fachbereich Sinnesorgane ... 292
5.4.2.5 Internistischer Fachbereich ... 292
5.4.2.6 Pädiatrischer Fachbereich ... 293
5.4.2.7 Dermatologischer Fachbereich ... 293
5.4.2.8 Operative (chirurgische) Fachbereiche ... 294
5.4.3 Relative Indikationen ... 295
5.4.4 Relative Kontraindikationen ... 296
5.4.5 Absolute Kontraindikationen ... 297

6. Vorbereitendes Gespräch mit dem Patienten ... 298
7. Zusammenfassung und Schlußfolgerungen ... 298
8. Literaturverzeichnis zum Kapitel XI ... 299

XII. (Un)bewußte Suche und Utilisationstechnik nach Milton H. Erickson (1901–1980) ... 306
1. Einleitende Vorbemerkungen ... 306
2. Fünf-Phasen-Paradigma ... 306
2.1 Fixierung der Aufmerksamkeit ... 306
2.2 Außerkraftsetzen gewohnter Schemata/Glaubenssysteme ... 307
2.3 Unbewußte Suche ... 307
2.4 Unbewußte Prozesse ... 308
2.5 Hypnotische Reaktionen ... 308
3. Erkennen hypnotischer Reaktionsmuster ... 308
4. Ratifizierung therapeutischer Veränderungen ... 309
4.1 Erkennen und Ratifizierung der Hypnose ... 309
4.2 Ideomotorische und ideosensorische Signale ... 310
5. Einstreutechnik der Hypnose-Induktion ... 310
5.1 Indirektes assoziatives Fokussieren ... 310
5.2 Indirektes ideodynamisches Fokussieren ... 311
6. Gemeinplätze zur Ausnutzung ideodynamischer Prozesse ... 311
6.1 Ideomotorische Prozesse ... 311
6.2 Ideosensorische Prozesse ... 312
6.3 Ideoaffektive Prozesse ... 312
6.4 Ideokognitive Prozesse ... 312
7. Vage oder definitive Zeitangaben ... 312
8. Das Prinzip des Nichts-Wissens und Nichts-Tuns ... 313
9. Abdecken aller Möglichkeiten einer Kategorie von Reaktionen ... 313
10. Offene Suggestionen ... 314
11. Förderung der Reaktionsmöglichkeiten ... 314
11.1 Fragen zum Fokussieren von Assoziationen ... 314
11.2 Fragen zur Hypnose-Induktion ... 315
11.3 Fragen zur Förderung der therapeutischen Reaktionsbereitschaft ... 315
12. Kombinierte Suggestionsmethoden ... 316
12.1 Ja-Haltung und Verstärkung ... 316
12.2 Kontingente Suggestionen und Assoziationsnetze ... 316
12.3 Nebeneinanderstellen von Gegensätzen ... 317
12.4 Die Verneinung ... 317
13. Implikationen und implizierte Anweisungen ... 318
13.1 Vorbemerkungen zur Begriffsbildung ... 318
13.2 Implizierte Direktiven ... 319
14. Bindungen und Doppelbindungen ... 319
14.1 Vorbemerkungen zur Begriffsbildung ... 319
14.2 Bindungsmodelle der Meiden-Meiden- und Tun-Tun-Konflikte ... 320
14.3 Bewußt-Unbewußt-Doppelbindungen ... 320
14.4 Doppel-Dissoziations-Doppelbindung ... 321
15. Multiple Ebenen von Bedeutung und Kommunikation ... 322
16. Utilisationstechnik der Suggestion und Hypnose-Induktion ... 322
16.1 Ausnutzung des manifesten Verhaltens des Hypnotisanden ... 323
16.2 Ausnutzung von Notfällen ... 324
16.3 Ausnutzung der inneren Realität des Hypnotisanden ... 324

16.4 Ausnutzung von Widerständen des Hypnotisanden ... 325
16.5 Ausnutzung von negativen Affekten und der Verwirrung des Hypnotisanden ... 326
16.6 Ausnutzung der Symptome des Patienten ... 327
17. Beachtung und Ausnutzung von biorhythmischen Gesetzmäßigkeiten ... 327
18. Beachtung und Vermeidung von interkurrenten Ereignissen ... 327
19. Noch eine Anmerkung ... 328
20. Zusammenfassung und Schlußfolgerungen ... 328
21. Literaturverzeichnis zum Kapitel XII ... 329

XIII. Technik der Suggestionsdarbietung ... 334
1. Allgemeine Vorbemerkungen zum Thema ... 334
2. Visuelle (optische) Suggestionsdarbietung ... 334
2.1 Faszinationsmethoden ... 334
2.1.1 Faszination durch Fixieren eines Auges des Hypnotiseurs ... 334
2.1.2 Faszination durch Anstarren einer Kristallkugel ... 335
2.1.3 Faszination durch Anstarren eines Spiegels ... 335
2.1.4 Faszination und religiöse Visionen ... 336
2.2 Fixationsmethoden ... 336
2.2.1 Fixieren eines Fingers des Hypnotiseurs ... 336
2.2.2 Fixieren eines glänzenden Gegenstandes ... 337
2.2.3 Fixieren eines spitzen Gegenstandes ... 338
2.2.4 Fixieren eines Punktes im Hypnose-Raum ... 338
2.2.5 Fixieren nach der Farbenkontrastmethode ... 339
3. Verbale (akustische) Suggestionsdarbietung ... 340
4. Taktile Suggestionsdarbietung ... 342
5. Kombinierte Suggestionsdarbietung ... 346
5.1 Kombinationen von visuellen und verbalen Suggestionen ... 346
5.2 Verbalsuggestionen und andere akustische Reize ... 347
5.3 Verbalsuggestionen und vestibuläre Reize ... 347
5.4 Kombination von verbalen und taktilen Suggestionen ... 347
5.5 Verbalsuggestionen und chemische oder autotoxische Reize ... 348
5.6 Verschiedene Kombinationen der Suggestionsdarbietung ... 348
6. Zusammenfassung und Schlußfolgerungen ... 349
7. Quellennachweis zum Kapitel XIII ... 350

XIV. Prüfung von Suggestibilität und Hypnotisierbarkeit ... 351
1. Spezielle Vorbemerkungen zur Problematik ... 351
2. Psychomotorische und empirische Suggestibilitätstests ... 351
2.1 Pendeltest (Suggestibilitätsprüfung nach Chevreul; 1786–1899) ... 351
2.1.1 Durchführung der Variante A ... 352
2.1.2 Durchführung der Variante B ... 353
2.1.3 Ende des Pendelversuchs ... 353
2.2 Körperschwingungstest (Postural Body Sway Test) ... 353
2.2.1 Einige historische Vorbemerkungen ... 353
2.2.2 Durchführung der Variante A: Rückwärtsfalltest ... 355
2.2.3 Durchführung der Variante B: Vorwärtsfalltest ... 356
2.3 Suggestibilitätstests mit Augen und Augenlidern ... 356
2.3.1 Durchführung der Variante A: Augenliderkatalepsie-Test ... 357
2.3.2 Durchführung der Variante B: Augenrolltest ... 358
2.4 Suggestibilitätstests und Ideomotorik der Arme ... 360
2.4.1 Handfalte-Versuch ... 360

2.4.2 Armlevitationstest ... 362
2.4.3 Semaphor-Test ... 364
2.4.4 Handfallen-Test ... 365
2.4.5 Armkatalepsie-Tests ... 365
2.4.6 Kohnstamm-Test ... 367
3. Sensorische und Illustionstests zur Suggestibilitätsprüfung ... 367
3.1 Olfaktorische Tests ... 367
3.2 Gustatorische Tests ... 368
3.3 Wärme-Illusions-Tests (Heat Illusion Tests) ... 368
3.4 Maskierte (versteckte, verdeckte) Suggestibilitätstests ... 369
3.5 Instrumentelle Suggestibilitätstests ... 370
4. Hypnotisierbarkeits-Skalen (Hypnotic Susceptibility Scales) ... 371
4.1 Reminiszenzen über die Entwicklung von Hypnotisierbarkeits-Skalen ... 371
4.1.1 Synopsis der Entwicklung ... 371
4.1.2 Fortentwicklung und Standardisierung ... 373
4.1.3 Weitere kritische Studien der Meß-Skalen ... 375
4.1.4 Klinische Relevanz der Hypnotisierbarkeits-Skalen ... 376
4.1.5 Deutsche Normen der HGSHS: A ... 377
4.2 Zu Stanford Hypnotic Susceptibility Scales (SHSS) ... 377
5. Zusammenfassung und Schlußfolgerungen ... 380
6. Literaturverzeichnis zum Kapitel XIV ... 380

XV. Technik der individuellen Heterohypnose ... 385
1. Darstellungsplan und Erläuterung der Orientierungszeichen ... 385
1.1 Vorbemerkungen zu Induktionsmethoden ... 385
1.2 Nomenklatur der Hypnose-Übungen ... 385
1.2.1 Bezeichnung der Reihenfolge der Übungs-Lektionen ... 385
1.2.2 Einleitende Vorbemerkungen vor dem Beginn der Lektion ... 386
1.2.3 Bezeichnung des hypnotischen Vorganges mit Buchstaben ... 386
1.2.4 Bezeichung des hypnotischen Zustandes mit Zahlen ... 388
1.2.5 Komplementäre Suggestionen innerhalb der Übungs-Lektionen ... 388
1.2.6 Bezeichnung von Signalen innerhalb des Übungs-Textes ... 389
1.2.7 Beginn des hypnotischen Vorganges von verschiedenen Stufen ... 389
1.2.8 Stimmlage und Intonation beim hypnotischen Vorgang ... 390
2. Direkte (autoritäre) Hypnose-Techniken ... 390
2.1 Techniken von neutralen und experimentellen Hypnosen ... 390
HP-001-A12-B12-C1234-0123-E12 – Neutrale Hypnose ... 391
HP-002-A12-B12-C1234567-01234-D12-E12 – Musterhypnose ... 397
HP-003-A12-C67-01234-D12 – Somnambulismus/Zeitdistorsion/ Partielle Amnesie ... 407
HP-004-A2-B12-C67-01234-D12-E12 – Musterhypnose/Handschrift/ Amnesie/Imaginationen/Posthypnotische Handlungen ... 410
HP-005-A12-C6-01234 – Musterhypnose/Fingerfixierung/Hitze-Imagination ... 416
HP-006-C67-01234 – Hyperalgesie und Anästhesie ... 417
HP-007-C567-01234-D12-E12 – Musterhypnose ... 418
HP-008-A12-C6-01234-D12 – Dissoziation/Automatisches Schreiben ... 422
HP-009-C567-01234-D12-E12-W12 – Imagination/Unbewußte Wahrnehmung/Hypermnesie/Zeugen/Forensische Hypnose ... 424
HP-010 – Farbenkontrastmethode/Instruktionen nach Wahl ... 430
HP-011-B12 – Handfalte-Technik/Instruktionen nach Wahl ... 430

HP-012-B12 – Münztechnik/Zähltechnik/Instruktionen nach Wahl 431
HP-013-B12 – Atmungstechnik/Progressive Relaxation 433
HP-014-C4-0123 – Diagnostische Hypnose/Aufwachen nach posthypnotischem Auftrag 434
2.2 Techniken von therapeutischen Hypnosen (Hypnotherapie) 436
HP-015-D12 – Hypnotherapie bei psychomotorischer Epilepsie 437
HP-016-01234-C67-D12 – Examensangst/Hypermnesie/ Angstbeseitigung 437
HP-017-D2 – Direkte Heilhypnose/Schlafperiodik 439
HP-018-01234-D1234-E123456 – Schlafstörungen/Imagination der Schlafperiodik/Progressive Vertiefung und Verflachung 442
HP-019-D2-01234 – Klaustrophobie/Reelle Imaginationen 449
HP-020 – Erythrophobie/Desuggerierende Hypnosen 450
HP-021-D2 – Epileptische Dämmerzustände/Rückruf des Gedächtnisses ... 451
HP-022-B12-C12-D12-E12 – Zahnschmerzen/Handschuhanästhesie 452
HP-023-A12-B12-C12-E12 – Zahnarztbehandlung/Hypnoanästhesie 454
HP-024-A12-B12-C12-01234-D12-E12 – Zahnarztphobie/Rapid Induction Analgesia 456
HP-025-A12-C6 – Hypnose bei Verbrennungen/Visuelle Imaginationen ... 462
HP-026-A12-B12-C123456-D12-E12 – Münztechnik bei Verbrennungen/ Akustische Imaginationen 464
HP-027-D12 – Vorbeugung von Kontrakturen bei Verbrennungen 465
3. Indirekte oder antiautoritäre Hypnosetechniken 466
3.1 Techniken von neutralen und experimentellen Hypnosen 466
HP-028-A12-B12-C5-01234 – Armlevitation/Wachhypnose 466
HP-029-A12-B12-01234 – Fixationsmethode/Armlevitation/Wachhypnose . 469
HP-030 – Armlevitation/Schlafsuggestionen/Varianten 472
HP-031-A2-B12-C4-0123 – Armlevitation/Schlafsuggestionen 472
HP-032-A12-B12-E12 – Armkatalepsie/Schlafsuggestionen/Zähltechnik ... 474
HP-033-A2 – Armkatalepsie/Augenfixierung/Schlafinduktion 477
HP-034 – Totale Körperkatalepsie/Wachhypnose 477
HP-035 – Totale Katalepsie/Anschließende Schlafinduktion 477
3.2 Techniken von therapeutischen Hypnosen (Hypnotherapie) 478
HP-036-C6-01234-D1234 – Vertiefter Entspannungszustand/Allgemeine und spezielle Imaginationen 478
HP-037-C6-01234 – Reelle Imaginationen/Imaginative Einbezogenheit 484
HP-038-01234-D12 – Hypnotherapie bei Adipositas 486
HP-039-D12 – Sexuelle Schwierigkeiten/Symbolische Hypnotherapie 487
HP-040-D12 – Erektionsschwierigkeiten/Konversation mit dem Unbewußten/Hypnotische Therapieformeln 489
HP-041-D12 – Dermatologie/Warzenbehandlung 492
HP-042-A12-B12-C56 – Hautprobleme/Symptomsubstitution 492
HP-043-A12-B12-C6-01234-D12-E12 – Dolorogie/Schmerzbekämpfung/ Kopfschmerzen/Ansätze zur Altersregression 495
HP-044-0123-D2 – Behandlung von somnambulen Zuständen 501
4. Konfusionsmethoden der Hypnose-Induktion 502
HP-045 – Examens-Hypnose 502
HP-046-A2-D12 – Muster-Hypnose für Depersonalisation 502
HP-047-A2-D12 – Anstarren/Musterhypnose für Dissoziation 503
HP-048-A2-D12 – Schulbank-Technik/Muster für positive akustische Halluzinationen 504

5. Instrumentelle Methoden der Hypnose-Induktion ... 505
HP-049 – Verdoppelung einer Person/Spaltung der Persönlichkeit ... 505
HP-050 – Wegsuggestion der Anwesenden/Negative visuelle Halluzinationen ... 505
HP-051 – Desorientierung des Hypnotisanden ... 505
6. Technik der Narkohypnose (Medikamentöse Methoden) ... 505
HP-052 – Versuch einer Hypnoanalyse ... 505
HP-053 – Versuch einer zweiten Analyse ... 505
7. Kombinierte Hypnosetechniken ... 505
7.1 Kombination von direkten und indirekten Techniken ... 506
HP-054-A12-B12-C123-01234-D123-E12 – Progressive Relaxation/Zähl- und Motivationstechnik ... 506
HP-055-B2-D12 – Enuresis/Aufzug-Technik/Schlafperiodik ... 511
HP-056-B12 – Rolltreppen-Technik/Imaginative Vorstellung ... 513
HP-057-B2 – Kombination der Zwei-Türen-Technik ... 514
7.2 Kombination von Heterohypnosen und Autohypnosen ... 514
HP-058-D12 – Handschuh-Anästhesie/Fingertest/Hetero-Autohypnose ... 515
HP-059 – Abgewöhnung des Rauchens/Ancillary Self-Hypnosis ... 517
HP-060 – Abgewöhnung des Rauchens in fünf Entspannungs-Sitzungen ... 517
7.3 Weitere Kombinationen ... 517
HP-061 – Negative akustische Halluzinationen ... 517
HP-062 – Wegsuggestion des Hypnotiseurs ... 518
HP-063 – Sekundeneffekt im Lehnstuhl ... 518
HP-064 – Hypnoseöl ... 518
HP-065 – Methode der intermittenten Muskelanspannung/-entspannung ... 519
HP-066 – Haarwirbel- und Augenbrauentechnik ... 519
HP-067 – Barbiersessel-Methodik/Verschiedene Kombinationen ... 519
HP-068 – Lesetechnik ... 520
HP-069 – Arme und Beine hoch halten/Vielfältige Kombinationen ... 520
HP-070 – Widersprüchliche Suggestionen/Konfusionen ... 520
HP-071 – Aversionstherapie/Alkoholismusbekämpfung ... 521
HP-072 – Kombinationsmethoden/Morphinismus/Drogensucht ... 521
HP-073 – Sukzessive Kombinationen/Drogensucht ... 521
HP-074 – Hypnotherapie/Medikamentenabusus ... 521
HP-075 – Verschiedene Gewohnheiten/Hypnotherapie/Hypnoanalyse ... 522
HP-076 – Hypnotherapie/Hypnoanalyse/Astasie/Abasie ... 522
HP-077 – Multiple Kombinationen/Altersregression/-progression ... 523
HP-078 – Altersregression/Interkommunikation ... 523
HP-079 – Längere Hypnotherapie/Depressive Verstimmung ... 525
HP-080 – Sexuelle Deviationen/Exhibitionismus ... 525
HP-081 – Menstruationsstörungen/Direkte Anweisungen ... 525
HP-082 – Hypnose und Geburtshilfe ... 526
8. Spezielle Hypnosetechniken für Kinder und Jugendliche ... 526
8.1 Vorbemerkung zur Problematik ... 526
8.2 Visuelle Imaginationstechniken ... 527
HP-083 – Visuelle Imaginationstechnik/Lieblingsort ... 527
HP-084 – Visuelle Imaginationstechnik/Imagination von Tieren ... 528
HP-085 – Visuelle Imaginationstechnik/Blumengarten ... 528
HP-086 – Visuelle Imaginationstechnik/Wolken ... 529
HP-087 – Visuelle Imaginationstechnik/Buchstaben ... 529
HP-088 – Visuelle Imaginationstechnik/Fernsehen/Kino ... 529

8.3 Akustische Imaginationstechniken ... 530
HP-089 – Akustische Imaginationstechnik/Lieblingslied ... 530
HP-090 – Akustische Imaginationstechnik/Musik ... 530
8.4 Dynamische Imaginationstechniken ... 531
HP-091 – Imagination vom fliegenden Teppich ... 531
HP-092 – Imagination des Fahrens/Reitens ... 531
HP-093 – Imagination eines Spielplatzes/des Spielens ... 531
8.5 Techniken des Geschichtenerzählens ... 532
8.6 Ideomotorische Induktionstechniken ... 532
HP-094 – Technik des Zusammenbewegens der Hände ... 533
HP-095 – Senken des Fingers ... 533
HP-096 – Gewaltige Eiche ... 533
8.7 Progressive Entspannung und andere Induktionstechniken ... 534
8.8 Instrumentelle Induktionstechniken für Kinder ... 534
8.9 Beispiele für Kinder mit speziellen Erkrankungen ... 534
HP-097 – Induktionstechnik bei asthmatischen Kindern ... 534
HP-098 – Enuresis nocturna bei Kindern ... 535
9. Gerontohypnotherapie und Thanatologie ... 536
10. Zusammenfassung und Schlußfolgerungen ... 536
11. Quellennachweis zum Kapitel XV ... 536

XVI. Technik der Bewältigung von Mißerfolgen ... 538
1. Ergänzende und spezielle Vorbemerkungen ... 538
2. Einige spezielle Beispiele ... 538
HP-099-A1234567-B1234567-01234 – Musterhypnose für schwer Hypnotisierbare ... 538
HP-100 – Fraktionierte Hypnosetechnik/Schwer hypnotisierbare Personen ... 543
3. Zusammenfassung und Schlußfolgerungen ... 544
4. Quellennachweis zum Kapitel XVI ... 544

XVII. Methoden der Bekämpfung von Notfällen ... 545
1. Vorbemerkungen zur speziellen Problematik ... 545
2. Dringende Interventionen in der (Unfall)Chirurgie ... 545
3. Sogenannte oder tatsächliche Notfälle im Zusammenhang mit der Hypnose ... 546
4. Zusammenfassung und Schlußfolgerungen ... 549
5. Quellennachweis zum Kapitel XVII ... 549

XVIII. Technik von autogenem Training und Biokybernetik ... 551
1. Spezielle Vorbemerkungen zum Thema ... 551
2. Einübung des autogenen Trainings nach Johann Heinrich Schultz (1960) ... 551
2.1 Allgemeine Verhaltensregel ... 551
2.2 Übungsverfahren ... 552
2.2.1 Erste Übung: Die Schwereübung (Muskelentspannung) ... 552
2.2.2 Zweite Übung: Wärmeerlebnis (Gefäßentspannung) ... 554
2.2.3 Dritte Übung: Herzregulierung ... 555
2.2.4 Vierte Übung: Die Atemeinstellung ... 555
2.2.5 Fünfte Übung: Regulierung der Bauchorgane («Sonnengeflecht») ... 556
2.2.6 Sechste Übung: Einstellung des Kopfgebietes ... 556
2.2.7 Die Gesamtübung (alle 6 Übungen auf einmal) ... 556

3. Einübung der speziellen Biokybernetik (Wilfried, Dogs, 1977) ... 557
3.1 Allgemeine Verhaltensregel ... 557
3.2 Übungen bei Interkontinentalreisen ... 559
3.2.1 Abendschläfer (in den Morgenstunden lebendiger) ... 559
3.2.2 Morgenschläfer (in den Abendstunden lebendiger) ... 560
3.3 Übungen bei Schichtarbeit ... 561
3.3.1 Abendschläfer (morgens und in den Vormittagsstunden aktiver) ... 561
3.3.2 Morgenschläfer (in den Abendstunden lebendiger) ... 562
4. Gestufte Aktivhypnose (Kretschmer, 1946; Langen, 1961) ... 563
5. Zusammenfassung und Schlußfolgerungen ... 564
6. Quellennachweis zum Kapitel XIX ... 564

XIX. Technik der Autohypnose (Selbsthypnose) ... 565
1. Generelle Vorbemerkungen und Regeln der Selbsthypnose ... 565
2. Anweisungen für den Heterohypnotiseur (beratender Hypnotiseur) ... 565
3. Anweisungen für den Selbsthypnotiseur (Hypnotisanden/Patienten) ... 566
4. Gestaltung der Umweltsituation für die Selbsthypnose ... 567
5. Das subjektive Erkennen der Selbsthypnose ... 567
6. Indikationen für die Selbsthypnose ... 568
7. Zusammenfassung und Schlußfolgerungen ... 568
8. Quellennachweis zum Kapitel XIX ... 568

XX. Methoden der Gruppenhyonose ... 569
1. Kurze generelle Vorbemerkungen ... 569
2. Zusammenfassung und Schlußfolgerungen ... 570
3. Quellennachweis zum Kap. XX ... 570

Teil C: **Phänomenologie und Mechanismen** ... 571

XXI. Psychologische Aspekte ... 573
1. Spezielle Vorbemerkungen zum Thema ... 573
2. Hypnose und kritische Urteilsfähigkeit ... 573
3. Hypnotischer/posthypnotischer Gedankengang ... 573
4. Hypnose und Veränderung der Wahrnehmung ... 574
4.1 Begriffsbildung und Definitionen ... 574
4.2 Positive und negative Illusionen ... 574
4.3 Positive und negative Halluzinationen ... 574
5. Bewußtsein und Unbewußtes in der Hypnose ... 575
6. Hypnose und Gedächtnis ... 575
6.1 Begriffsbildung und allgemeine Problematik ... 575
6.2 Hypnose und Hypermnesie/Amnesie ... 577
6.2.1 Hypnotische Hypermnesie ... 577
6.2.2 Posthypnotische Amnesien ... 578
6.3 Amnesie und multiple Persönlichkeit (MP) ... 580
7. Hypnose und Zeitverzerrung ... 583
8. Hypnose und Depersonalisation ... 583
9. Hypnose und Derealisation ... 584
10. Altersregression und Revivikation ... 584
11. Hypnose und Altersprogression ... 587
12. Hypnopsychologie der ideodynamischen Aktivitäten/Signale ... 587
13. Hypnotischer Rapport in psychologischer Sicht ... 588
14. Weitere (post)hypnotische Konditionen/Phänomene ... 589

15. Psychologie der Spontanhypnose 589
15.1 Begriffsbildung und spezielle Problematik 589
15.2 Spontanhypnose und religiöse Motive/Ideen 589
15.3 Spontanhypnose und Erhaltungstrieb 591
15.4 Posthypnotische Spontanhypnose 592
16. Psychologie der Autohypnose (Selbsthypnose) 592
17. Zusammenfassung und Schlußfolgerungen 594
18. Ausgewählte Bibliographie zum Kapitel XXI 596

XXII. Neurophysiologische Aspekte 605
1. Begriffe und Definitionen 605
2. Hypnose und Sinnesphysiologie 605
3. Hypnose und bioelektrische Hirnaktivität 605
3.1 Vorbemerkungen zu speziellen Problemen 605
3.2 Elektroencephalogramm (EEG) und Hypnotisierbarkeit 606
3.3 Elektroencephalogramm (EEG) während der Hypnose 608
3.4 Eigene Untersuchungen des EEG in Hypnose und Transzendentaler Meditation (TM) 609
3.4.1 Technische Einrichtung und technischer Verlauf 609
3.4.2 Anlage und Durchführung von Experimenten 610
3.4.3 Spezielle Auswertung und statistische Datenverarbeitung 612
3.4.4 Versuch einer Synopsis der Resultate 612
3.4.5 Hirnwellen (EEG) während der TM 621
3.4.6 Hirnwellen (EEG) und Placebo-Hypnose (Kontrollgruppe) 621
3.4.7 Zur Frage der bioelektrischen Konstitution der Vpn und Hypnose 623
3.4.8 Zur Frage der Vigilanz und EEG in Hypnose 624
3.4.9 Die Deutung der bioelektrischen Hirnaktivität im Zusammenhang mit Schlaf und Hypnose 624
3.4.10 Zur Frage der Lateralisation im EEG und Hypnose 625
3.4.11 Der Vergleich der Veränderungen im EEG in Hypnose mit Veränderungen des EEG in anderen Entspannungszuständen 626
3.4.12 Veränderungen im EEG bei pathologischen Zuständen 626
3.5 Evozierte Potentiale (Evoked Potentials) und Hypnose 627
4. Zur Frage der Augenmotorik (EOG) während der Hypnose 628
4.1 Begriffe und Definitionen 628
4.2 Augenbewegungen im Schlaf und bei Imaginationen/Halluzinationen 628
4.3 Langsame (SEM) und rasche Augenbewegungen (REM) während der Hypnose 629
5. Zur Frage der bioelektrischen Muskelaktivität in Hypnose 631
5.1 Begriffe und Definitionen 631
5.2 Muskelpotentiale während der Hypnose 631
6. Elektrodermale Aktivität und Hypnose (EDG) 632
6.1 Begriffe und Definitionen 632
6.2 Hautaktivität während der hypnotischen Zustände 632
7. Hypnose und andere physiologische Parameter 633
8. Zusammenfassung und Schlußfolgerungen 635
9. Literaturverzeichnis zum Kapitel XXII 637

XXIII. Psychomotorische Aspekte 646
1. Vorbemerkungen zur Begriffsbildung 646
2. Hypnose und Relaxationssyndrom 646
3. Hypnose und Katalepsie 647

3.1 Begriffe und Definitionen ... 647
3.2 Hypnotische Katalepsie ... 648
3.2.1 Übersicht von Literaturangaben ... 648
3.2.2 Resultate eigener Beobachtungen ... 649
3.3 Klinische Katalepsie ... 651
3.3.1 Katalepsie und Schizophrenie ... 651
3.3.1.1 Übersicht von Literaturangaben ... 651
3.3.1.2 Eigene Beobachtungen ... 652
3.3.2 Katalepsie und Epilepsie ... 652
3.3.3 Katalepsie und Hysterie ... 653
3.4 Zum Problem der Mechanismen der Katalepsie ... 654
4. Hypnose und Lethargie ... 655
5. Hypnose und Somnambulismus ... 656
5.1 Begriffe und Definitionen ... 656
5.2 Anthropologische Aspekte ... 656
5.3 Historische Aspekte ... 658
5.4 Klassifikation des Somnambulismus ... 660
5.4.1 Artifizieller (hypnotischer) Somnambulismus ... 660
5.4.2 Spontaner (klinischer) Somnambulismus ... 661
5.4.2.1 Genese und Symptomatik ... 662
5.4.2.2 Genetische Prädisposition ... 665
5.4.2.3 Phänomenologie und Verlaufsformen ... 665
5.4.2.4 Pathogenese ... 666
5.4.2.5 Pathophysiologie und Biorhythmik ... 668
5.4.2.6 Konstitutionelle Aspekte ... 668
5.4.2.7 Prognose des Somnambulismus ... 668
5.4.2.8 Zur Problematik der Therapie ... 668
6. Zusammenfassung und Schlußfolgerungen ... 669
7. Literaturverzeichnis zum Kapitel XXIII ... 671

XXIV. Psychohypnologische Aspekte ... 676
1. Begriffe und Definitionen ... 676
2. Psychologie von spontanen und induzierten Träumen ... 676
2.1 Zur Frage der Traumauslösung und Vergleichsmöglichkeiten ... 676
2.2 Vorkommen von spontanen und hypnotischen Träumen ... 678
2.3 Dauer von natürlichen und hypnotischen Träumen ... 678
2.4 Kritik in spontanen Träumen und Hypnose ... 680
2.5 Muskeltonus in den REM-Phasen und in Hypnose ... 683
2.6 Regression im Traum und in Hypnose ... 684
2.7 Traum und Hypnose als biologische Therapeuten ... 686
2.7.1 Übersicht von Literaturangaben ... 686
2.7.2 Eigene ergänzende Untersuchungen ... 688
2.7.3 Weitere Befunde und Interpretationen ... 689
2.8 Emotionales Erleben in Traum und Hypnose ... 690
2.9 Traumgedächtnis und Hypnosegedächtnis ... 690
3. Physiologie des spontanen und induzierten Schlafes ... 691
3.1 Zur Frage der Schlafdimensionen ... 691
3.2 Vergleichsmöglichkeiten des Schlafes mit der Hypnose ... 691
3.3 Schlafqualität und Hypnotisierbarkeit ... 692
3.3.1 Übersicht von Literaturangaben ... 692
3.3.2 Resultate eigener Forschung ... 694

3.4 Beeinflussung der Schlafqualität durch Suggestionen ... 698
3.4.1 Literaturübersicht ... 698
3.4.2 Resultate eigener Forschung ... 698
3.5 Korrektur des gestörten Schlafes durch Hypnose ... 699
3.5.1 Übersicht der Literaturangaben ... 699
3.5.2 Resultate eigener Beobachtung ... 700
4. Zusammenfassung und Schlußfolgerungen ... 700
5. Literaturverzeichnis zum Kapitel XXIV ... 704

XXV. Psychophysiologische Aspekte ... 712
1. Begriffe und Definitionen ... 712
2. Hypnose und neocorticale Hirnaktivität ... 712
2.1 Vorbemerkungen zur speziellen Problematik ... 712
2.2 Die frontalen Hirnregionen ... 712
2.2.1 Zur neuroanatomisch-funktionellen Organisation ... 712
2.2.2 Experimente zur Rolle des Frontallappens: Zur Frage der Schmerzen und Anästhesie/Analgesie unter Hypnose ... 713
2.3 Die temporalen Hirnregionen ... 715
2.3.1 Zur neuroanatomisch-funktionellen Organisation ... 715
2.3.2 Psychische Antworten auf neurochirurgische Eingriffe: Zur Frage der Vorahnung und Imaginationen unter Hypnose ... 715
2.3.3 Beobachtungen bei stereotaktischen Operationen: Neuronale Entladungen und Hypnose ... 716
2.3.4 Spontane psychomotorische Phänomene bei Patienten: Zur Frage der psychischen Distorsion und Desorientierung unter Hypnose ... 717
2.4 Die parietalen Hirnregionen ... 717
2.5 Die occipitalen Hirnregionen ... 717
2.5.1 Zur neuroanatomisch-funktionellen Organisation ... 717
2.5.2 Experimentelle Befunde der Mikroneurophysiologie ... 718
2.5.3 Befunde an den peripher zu erfassenden Organen und Systemen: Zur Frage der visuellen Halluzinationen unter Hypnose ... 719
3. Hypnose und funktionelle Lateralisation des Gehirns ... 720
3.1 Vorbemerkungen zur Lateralisationsproblematik ... 720
3.2 Funktionelle Lateralisation des Gehirns und Händigkeit ... 721
3.3 Funktionelle Lateralisation des Gehirns und Augenmotilität ... 721
3.4 Äugigkeit des Hypnotisanden und Hypnotisierbarkeit ... 722
3.5 Augenrollen und Hypnotisierbarkeit ... 723
3.6 Funktionelle Lateralisation des Gehirns und Handfalteversuch ... 724
3.7 Funktionelle Lateralisation und Persönlichkeitseigenschaften ... 725
3.8 Funktionelle Lateralisation und Patienten-Symptomatik ... 725
4. Die Rolle von Basalganglien und Cerebellum: Zur neuroanatomisch-funktionellen Frage der hypnotischen Katalepsie ... 726
5. Die Rolle des limbischen Systems ... 727
5.1 Zur neuroanatomisch-funktionellen Organisation ... 727
5.2 Aufgaben und Funktion des limbischen Systems: Weitere Fragen des neuroanatomisch-funktionellen Substrates der Hypnose ... 727
6. Die Suche nach Wecksystemen und hypnogenen Zonen ... 728
6.1 Vorbemerkungen zum speziellen Thema ... 728
6.2 Ergänzungen zu steuernden Strukturen der Hypnose ... 729
6.3 Zur Moderation von Wachbewußtsein: Zur Frage der psychophysiologischen Beziehung von Wachsein und Wachhypnose ... 731

6.4 Moderation des mnestisch-amnestischen Anteils des Daseins: Zur Frage der psychophysiologischen Koppelung von Traum und Hypnose 733
6.5 Moderation des amnestischen Anteils des Daseins: Zur Frage der psychophysiologischen Beziehung von Schlaf und Hypnose 735
6.5.1 Spezielle Vorbemerkungen 735
6.5.2 Resultate elektrischer und chemischer Reizung 735
6.5.3 Resultate von Läsionen im ZNS und experimentelle Schlaflosigkeit 736
6.5.4 Rostrale Hirnstrukturen und Synchronisierung des EEG 738
6.6 Integration von hypnogenen Strukturen und Hypno-Mechanismen 738
6.6.1 Weitere neurophysiologisch-psychophysiologische Befunde 738
6.6.2 Phylogenetische Aspekte der zentralen Hypnomechanismen 740
6.6.3 Hierarchische Organisation der Hypnomechanismen 741
7. Psychostrukturelle Modelle der Hypnomechanismen 743
8. Zusammenfassung und Schlußfolgerungen 743
9. Literaturverzeichnis zum Kapitel XXV 746

XXVI. Psychobiologische Aspekte 760
1. Begriffe und Definitionen 760
2. Die Suche nach dem Sitz des Unbewußten in Hypnose 760
2.1 Vorbemerkungen zur Topographie des Unbewußten 760
2.2 Mnestischer Anteil des Daseins und Wachbewußtsein 760
2.2.1 Der bioelektrische Spiegel des Wachbewußtseins 760
2.2.2 Psychophysiologische Komponenten des Wachbewußtseins und der Wachhypnose 762
2.3 Mnestisch-amnestischer Anteil des Daseins und das Unbewußte 762
2.3.1 Bewußt-unbewußte Erlebnisse 762
2.3.1.1 Imaginationen/Halluzinationen bei der Entstehung von Traumbildern 762
2.3.1.2 Emotionale Erlebnisse bei der Entstehung von Traumbildern 764
2.3.2 Neuroanatomische und psychobiologische Basis 764
2.3.2.1 Zur Frage des neuroanatomischen Substrates der Erotisierung unter Hypnose 764
2.3.2.2 Zu psychobiologischen Äquivalenten der sexuellen Aktivierung unter Hypnose 766
2.4 Amnestischer Anteil des Daseins und das Unbewußte 768
2.4.1 Der bioelektrische Spiegel des Unbewußten 768
2.4.2 K-Komplexe im EEG als Brücke zum Unbewußten 770
2.4.3 Die Bedeutung von K-Komplexen in Verbindung mit Hypnose 772
2.4.4 Suggestionen im Schlaf und Hypnopädie 774
2.4.5 Aufnahme von zufälligen Reizen während des Schlafes 778
2.4.6 Weitere eigene Beiträge zur Problematik 779
2.5 Hypnose und Suggestionen bei verändertem Wachbewußtsein 780
2.5.1 Vorbemerkungen zur Problematik und Begriffsbildung 780
2.5.2 Gefühlsübertragung während der Hypnose 780
2.5.3 Suggestionen und Reizaufnahme bei verifizierter Bewußtlosigkeit 781
2.5.4 Aufnahme von Suggestionen und Reizen während der Narkose 782
2.5.5 Aufnahme von Reizen und Suggestionen bei Insuffizienz von Sinnesorganen 785
2.5.6 Suggestive Wirkung der Reize bei Todesangst 788
2.5.7 Reizaufnahme und Suggestionen in der Agonie 788
2.6 (Un)bewußte psychische Aktivität und Transbewußtsein 789
2.6.1 Beispiel eines transbewußten psychomotorischen Zustandes 789

2.6.2 Zehn Stufen der transbewußten psychischen Aktivität ... 790
3. Zusammenfassung und Schlußfolgerungen ... 800
4. Literaturverzeichnis zum Kapitel XXVI ... 809

XXVII. Doloanxiologische Aspekte ... 816
1. Begriffe und Definitionen ... 816
2. Hypnose und Dolorogie ... 816
3. Hypnose und Anxiologie ... 817
4. Zusammenfassung und Schlußfolgerungen ... 819
5. Literaturverzeichnis zum Kapitel XXVII ... 819

XXVIII. Theorien der Hypnose im engeren Sinne ... 822
1. Vorbemerkungen zur Begriffsbildung ... 822
2. Biologische Theorien ... 822
3. Physiologische Theorien ... 825
3.1 Schlaftheorien der Hypnose ... 825
3.2 Hypnose als Zustand ... 827
4. Psychologische Theorien ... 827
4.1 Konditionierte Reaktionen ... 827
4.2 Hypersuggestibilitäts-Theorien ... 828
4.3 Rollenspiel-Theorien ... 828
4.4 Interpersonelle Theorien ... 829
4.5 Theorien der Dissoziation und Neodissoziation ... 830
4.6 Theorie des veränderten Bewußtseins ... 831
5. Psychophysiologische Theorien ... 831
6. Psychoanalytische Theorien ... 832
7. Psychopathologische Theorien ... 834
8. Informationstheorien der Hypnose ... 835
9. Kombinierte Theorien ... 835
9.1 Psychostrukturelle Theorie ... 835
9.2 Psychosomatische Theorien ... 835
10. Zusammenfassung und Schlußfolgerungen ... 835
11. Literaturverzeichnis zum Kapitel XXVIII ... 836

XXIX. Futurologische Aspekte ... 841
1. Vorbemerkungen und Begriffsbildung ... 841
2. Hypnose und psychologische Gesichtspunkte ... 841
3. Hypnose und psychophysiologische Gesichtspunkte ... 842
4. Hypnose im Lichte der Chronobiologie/Chronopsychologie ... 843
5. Hypnose und neurobiochemische Beispiele ... 844
6. Hypnose/Hypnotherapie und Psychopathologie ... 845
7. Hypnose/Hypnotherapie und Psychopharmakologie ... 846
8. Hypnose/Hypnotherapie und Sozialpsychologie ... 846
9. Zusammenfassung und Schlußfolgerungen ... 847
10. Literaturverzeichnis zum Kapitel XXIX ... 847

XXX. Gesamtübersicht und Gesamtschlußfolgerungen ... 852
1. Gesamtüberblick ... 852
1.1 Aufgabe und Intention ... 852
1.2 Basis und Vorgehen ... 852
1.2.1 Buchteil A: Entstehung und Entwicklung ... 853
1.2.2 Buchteil B: Hypnoseverfahren und Hypnosetechniken ... 855
1.2.3 Buchteil C: Phänomenologie und Mechanismen ... 858

2. Gesamtschlußfolgerungen 860
2.1 Hypnose als (Natur)Phänomen 860
2.2 Hypnose als (psychobiologischer) Prozeß 867
2.3 Hypnose als (wissenschaftliche und therapeutische) Methode 872
2.4 Hypnose als Vorgang 874
2.5 Zu Theorien der Hypnose im engeren Sinne 874
3. Literatur zum Kapitel XXX 875

Teil D: Register und Zeichenerklärung 877

1. Namensregister 879
2. Sachregister 913

Teil A:
Entstehung und Entwicklung

I. Einleitung und Methodik

1. Definitionen und Leitsätze

(a) *Unsere Aufgabe bezieht sich auf das wissenschaftliche Studium der Hypnose und deren Anwendung* (Hypnotherapie; Hypnosetherapie; Psychotherapie mit Hypnose). Dieses wird sich von den (pseudo)populären, okkulten, spiritistisch/spiritualistischen und paranormalen Ansichten und Bewegungen *gedanklich und methodisch* abgrenzen müssen.

(b) *Die Abgrenzung* kommt erst dann zustande, wenn sich *die Hypnose herauskristallisiert und als Wissenschaft verselbständigt hat.*

(c) Es wird nun hypothetisch vorausgesetzt, das *die Hypnose (ca) ein Phänomen, (cb) ein Zustand* und *(cc) eine Methode* ist. Beim Menschen (Hypnotisanden) wird sie durch den Menschen (Hypnotiseur, Hypnotist) ausgelöst. Von der Seite aus ist sie *(cd)* auch *ein Vorgang* (des Hypnotisierens).

(d) *Da die Hypnose als eine selbständige Wissenschaft und Methode* erst im 19. Jahrhundert auftritt, jedoch als Phänomen und Zustand/Prozeß seit dem Erscheinen höherer Lebewesen für Millionen von Jahren einer *Dynamik* unterworfen war, *muß man sie studienmäßig im Verlauf ihres ganzen (psycho)biologisch-historischen Werdeganges verfolgen.*

(e) Als *Phänomen, Zustand/Prozeß, Methode und Vorgang ist die Hypnose der wissenschaftlichen und klinischen Forschung zu unterziehen.* Der Mensch dürfte eine *Neigung* (Eigenschaft) zur Hypnose (Hypnotisierbarkeit) aufweisen.

(f) Als solche hat die Hypnose *ein Vorstadium* (VOR; Prähypnose), ein *laufendes* (WÄHREND; Hypnose im engeren Sinne) und ein *Poststadium* (NACH; Posthypnose).

2. Erläuterung der Leitsätze

2.1 Methodische Vorbemerkungen

Die Grundlage der wissenschaftlichen Forschung ist die (Arbeits)Hypothese. Die Hypothese (aus dem Griechischen) *ist eine exakt definierte und widerspruchsfreie wissenschaftliche Annahme über den Zusammenhang beobachteter Größen (Variablen; VAR), die zwar einen gewissen Wahrscheinlichkeitsgrad hat, aber der Verifikation (Tests) bedarf, häufig über den Versuch der empirischen Falsifikation* (Falsificatio: Feststellung der Falschheit). Jeder wissenschaftlich-systematischen Untersuchung geht mindestens eine Hypothese voraus, die auch die *Methodik des Verifikationsversuches* bestimmt. Ist die Annahme erst vorläufig und dient sie überwiegend *als methodischer Leitfaden* – wie wir soeben angedeutet haben –, so spricht man von *Arbeitshypothese.* Eine durch Tatsachen klar und eindeutig bewiesene Hypothese wird zur *Theorie* (Fiktion, Postulat).
Die eigenen wissenschaftlichen Versuche wurden nach den international anerkannten statistischen Kriterien (Tests) verifiziert. Die ganze Statistik lief in den Jahren 1966 bis 1981 über das *Rechenzentrum des Mathematischen Instituts der Universität Würzburg,* wobei die dort geltenden statistischen Kriterien angewandt wurden. In der Regel kamen der zweiteilige

parametrische t-Test, der Wilcoxon-Test, der F-Test und der parameterfreie Vorzeichen-Test für alle Versuche zur Anwendung. Signifikant ist ein Resultat, das nach dem vorherigen Test *eine statistische Homogenität* der Stichprobe aufwies und am Ende eine *Irrtumswahrscheinlichkeit (p) von weniger als 5 % (0.05)* ergab. *Dabei wurde in der Regel der t-Test als maßgebend genommen.* Nach der Trennung von der Personalunion der Universität Würzburg wurde ein *eigenes Computer-System im Zentrum für Chronomedizin* errichtet und nach denselben Prinzipien weiter gearbeitet (Freudenberg, 1962; Henrysson et al., 1960; Schmidt, 1961; Wallis und Roberts, 1956, 1960). Im Einzelnen werden die Methoden in den einschlägigen Kapiteln angegeben.

Bei unserem Vorhaben konnten jedoch keine einheitlichen Hypothesen aufgestellt werden, da die Abhandlung mehrere heterogene Aufgaben hat (s. Vorwort). Man mußte nach weiteren *Hilfsmitteln* suchen. Die in den letzten Jahren oft aufgestellten und angewandten *Paradigmen*, die man zu den *speziellen Hypothesen* verwenden darf, haben sich *generell* als brauchbar erwiesen (Davison und Neale, 1978, 1984; Kuhn, 1962). Der Begriff *Paradigma* stammt ebenfalls aus dem Griechischen und bedeutet soviel wie *Beispiel, Muster, Gleichnis.* Nach Kuhn (1962) ist *das Paradigma eine Reihe von grundlegenden Annahmen, die das spezielle Universum wissenschaftlicher Forschung abgrenzen.* In ihm werden Art und Konzepte, die als legitim angesehen werden, wie auch die Methoden, die zur Erhebung und Interpretation von Daten eingesetzt werden, spezifiziert. *Ein Paradigma hat tiefgreifende Auswirkungen darauf, wie Wissenschaftler zu einem gegebenen Zeitpunkt und zu einem bestimmten Thema vorgehen*, weil «*Menschen, deren Forschung auf gemeinsamen Paradigmen basiert, denselben Regeln und Standards wissenschaftlicher Tätigkeit unterworfen sind*» (Kuhn, 1962).

Davison und Neale (1978, 1984) erwähnen unter anderem *psychologische, statistische, psychoanalytische, behavioristische Paradigmen* (John B. Watson, 1878–1958). Im Zusammenhang mit Hypnose werden *erhöhte Suggestibilität, gelenkte Aufmerksamkeit, vermehrtes Vorstellungsvermögen, wachsende Toleranz für Verzerrungen der Realität, Rollenverhalten, Hypnose als Zustand* diskutiert. Crabtree (1985) stellt hinsichtlich des *Magnetismus (Hypnotismus) drei Paradigmen* auf, und zwar:

(a) Das Paradigma des *Eindringens* (eines Dämons, eines Teufels, eines Geistes, einer Hexe etc.) (intrusion paradigm);

(b) das Paradigma des *veränderten Bewußtseins* (alternate consciousness) und

(c) das Paradigma der *multiplen Persönlichkeit* (phenomenon of multiple personality), das dem zweiten ähnlich ist. Einzelheiten werden sich aus den Ausführungen in den einschlägigen Kapiteln ergeben.

2.2 Aufstellung von Paradigmen

Sowohl die letzten Paradigmen von Crabtree (1985) als auch die ganze Problematik der Hypnose – die wir noch erläutern werden – zeigen uns, *daß wir mit einfachen Mitteln und einem einseitigen Studium nicht leicht zu einer – wenigstens vorläufig brauchbaren – Lösung kommen können.* Die Hypnose ist allem Anschein nach nicht erst dann entstanden, als der Mensch so weit war, daß er an Dämonen, Teufel, Geister, Hexen etc. als solche dachte, *sondern viel eher.* Wird man also das Problem an seinen Wurzeln fassen wollen, *so muß man rechtzeitig in die Tiefe gehen.* Wir wollen versuchen, als Leitfaden dazu brauchbare Paradigmen vorzuschlagen.

Paradigma 1: Dieses erste Paradigma ist praktisch ein *Vor-Paradigma*, das die weiteren einleiten wird. Die *Heterohypnose* wird *von* einem Menschen – Hypnotiseur (Hypnotist, Hypnotherapeut) – *an* (einem) anderen Menschen – Hypnotisanden (Hypnotisierten, Patien-

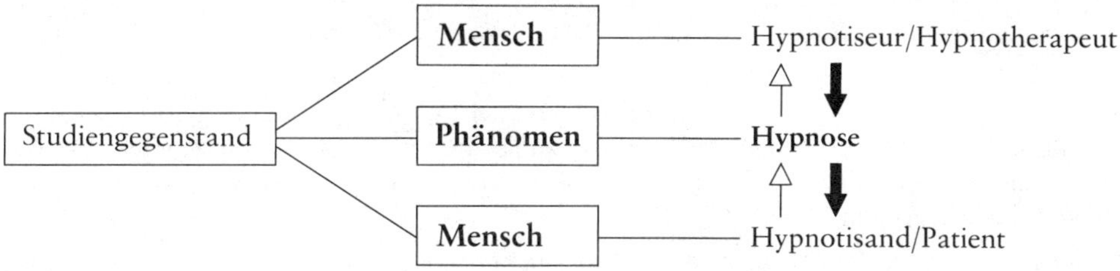

Schema 1: Menschen beeinflussen Menschen durch ein Phänomen (Hypnose) (eigene Idee)

ten) – durchgeführt (Schema 1). Deshalb müssen *zwei Menschen* von verschiedenen Aspekten her studiert werden. *Da viele oder alle Menschen sowohl hypnotisieren als auch hypnotisiert werden können, muß man sie als eine Species betrachten; es muß also ein Species-Studium eingeleitet werden.* Der Mensch ist andererseits als Species ein *biologisches, physiologisches, psychologisches und soziales Wesen.* Diese Wissenschaftszweige müssen berührt werden; wir kommen in bezug auf unser Schema zunächst zum *Paradigma der Genese des Menschen* (Schema 2).

Paradigma 2: Die Frage der Genese des Menschen ist mit Paradigma 1 noch nicht zufriedenstellend beantwortet worden. Nach den allgemein geltenden Hypothesen jedoch gilt es als sehr wahrscheinlich, daß sich der Mensch im Laufe einer *Phylogenese* entwickelt hat; daher das *Paradigma der Phylogenese* (Kapitel III) (Schema 2).

Paradigma 3: Wird es sich als notwendig erweisen, daß die Phylogenese (Kapitel III) studiert wird, dann hat die Hypnose während der Phylogenese eine *Evolution* erfahren. Die Hypnose ist deshalb ein *Naturphänomen*, das einer *evolutiven Entwicklung* unterworfen ist. Naturphänomene lassen sich andererseits nicht durch psychische Paradigmen allein definieren; daher das *Pardigma des Naturphänomens.*

Paradigma 4: Würden die Paradigmen von 1 bis 3 stimmen – was noch nachzuweisen ist –, dann erfolgt logischerweise die Notwendigkeit, sich mit der *Ontogenese* (des Menschen) zu befassen; daher das *Paradigma der Ontogenese.* Bereits bei der Ontogenese mischt sich neben dem Studium der *Hypnose als Phänomen* auch jenes der *Hypnose als Methodik.* Auf die Methodik allein können wir jedoch noch nicht eingehen, da uns noch andere Entwicklungen im Wege stehen (Kapitel III–VIII) (Schema 2).

Paradigma 5: Das heißt, zwischen der *Hypnose als Naturphänomen* und als *Phänomen der Psyche* ist die *Anthropologie* eingeschaltet. Wir werden im Kapitel IV davon sprechen können, daß *Wünsche und Ängste* den Menschen mehr als die Arbeit geformt und beeinflußt haben; daher das *Paradigma zur Anthropologie der Hypnose* (Schema 2).

Paradigma 6: Im Verlaufe der Anthropologie (Kapitel IV) gelangte der Mensch an einen Punkt, wo er als *Homo sapiens sapiens* denken und kritisch kombinieren konnte; *der Wunsch zu überleben und die Angst vor dem Sterben haben nach Kompromißmöglichkeiten* gerufen. Der Mensch suchte nach der Existenz und wurde bedroht. Um der Bedrohung zu entgehen, erfand er Dämonen, Teufel etc. (Kapitel V), die jedoch dem Menschen gegenüber nicht immer besonders positiv gesonnen waren, er mußte die *Mystik* zur Erklärung bemühen (Kapitel VI). Jedoch reichte die Mystik nicht aus; es wurde nach *Religionen* gesucht (Kapitel VI und IX). In diesem Moment beginnt die Hypnose eine *psychische*, jedoch vorwiegend eine *mystische Komponente* zu erfahren; daher das *Paradigma des (Aber)Glaubens und der Mystik der Hypnose.* Dabei wird jeweils ein Mythos kreiert (Schema 2).

Paradigma 7: Bevor es zu einer einwandfreien Heterosuggestion, d.h. Heterohypnose kam, haben die Menschen eine Art *Selbsthypnose* gepflegt, die in Form von Meditationen/Yoga-

Übungen vorgenommen wurde; daher das *Paradigma der Selbstinduktion* (Kapitel IV, V, VI und XIX).

Paradigma 8: Im Kapitel IX wird darüber gesprochen, daß für die Hypnose-Induktion *Suggestibilität und Suggestionen* die Voraussetzung sind, daher das *Paradigma der Suggestibilität*, die ihren Ursprung in einem möglichen *suggestiven Instinkt* und in *erworbenen Suggestionen* haben muß (Kapitel VII).

Paradigma 9: Ist das Paradigma 8 gültig – was ebenfalls noch nachzuweisen ist – dann ist die Hypnose ein *psychologisches Phänomen* aber auch eine *psychologische Methode;* daher das *Paradigma der psychischen Komponente der Hypnose* (Kapitel VIII und IX) (Schema 2).

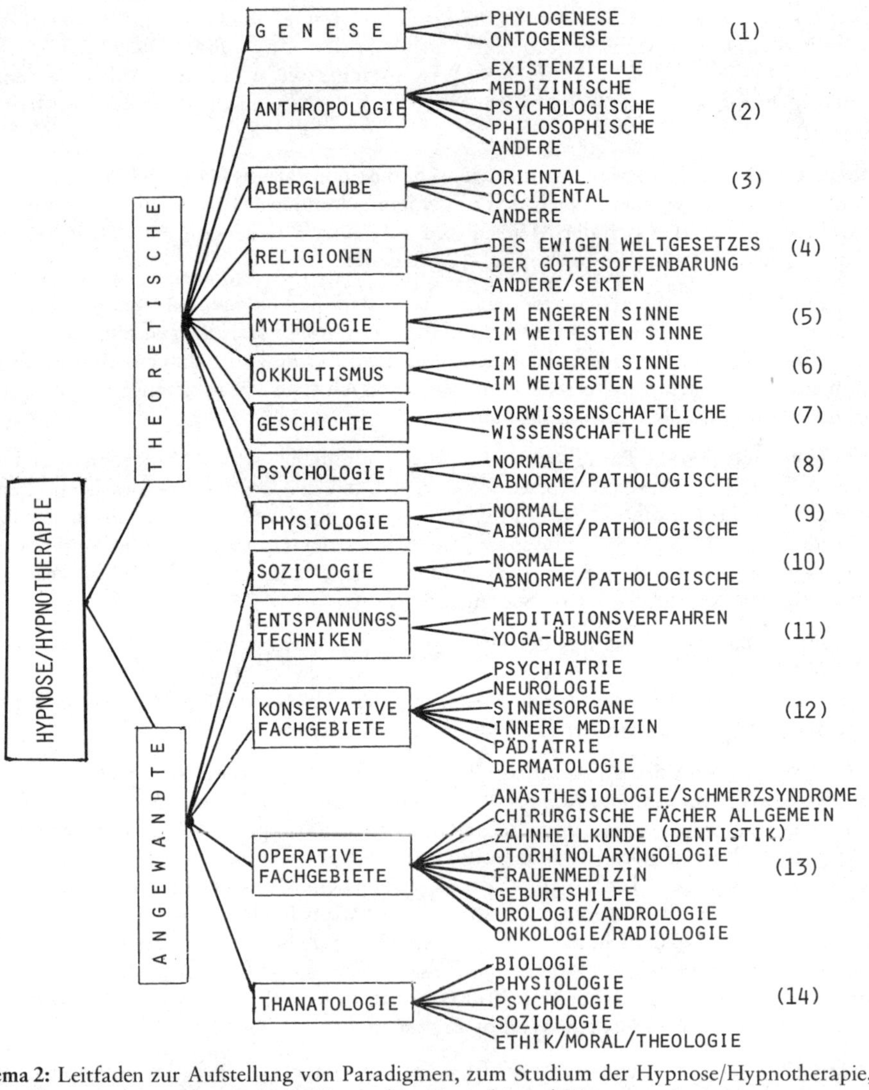

Schema 2: Leitfaden zur Aufstellung von Paradigmen, zum Studium der Hypnose/Hypnotherapie, zur Nomenklatur und Einordnung der Bibliographie (Kapitel I und II)

Paradigma 10: Entstehen in der Hypnose *physiologische Veränderungen* am oder im Menschen, dann ist diese auch ein *physiologisches Phänomen (z.B. Somnambulismus, Katalepsie);* daher das *Paradigma der physiologischen Komponente der Hypnose* (Kapitel IX–XXX) (Schema 2).

Paradigma 11: Alle psychologischen und physiologischen Komponenten in einem Menschen können *bei vielen oder allen Menschen* angewandt werden; daher ist die Hypnose ein *soziales Phänomen* und erfordert das entsprechende Paradigma (Kapitel X–XXX) (Schema 2).

Paradigma 12: Ist die Hypnose in der Medizin anwendbar (Hypnotherapie) dann ist sie *eine Heilmethode* (therapeutische Methode). Als Folgerung daraus kommen wir zu einem *Paradigma der Methode* (Kapitel X–XX) (Schema 2).

Paradigma 13 ist an sich das *Substrat-Paradigma.* Wird nämlich eine Veränderung im oder am Menschen insoweit hervorgerufen, wie in den Paradigmen 10–12 angedeutet wird, dann muß es auch entsprechende *Substrate im Organismus des Menschen* geben. Mit einer hypothetischen *Geisterwelt* wollen wir dabei nicht operieren. Das *Zentralnervensystem* (ZNS), insbesondere das *Gehirn,* ist ein Substrat. Seine Funktion folgt bestimmten Gesetzen. Die Substratforschung schließt unter anderem *Neurophysiologie, Neuropsychologie, Psychophysiologie, Neurobiochemie, Psychopharmakologie* ein (Kapitel XXI–XXX).

Paradigma 14: Im Falle der Hypnose existieren *viele Theorien.* Daher ist zu vermuten, *daß keine dieser Theorien eine ausreichende Gültigkeit hat.* Wenn keine gültig ist, dann gibt es *de facto* keine. Eine ganz ähnliche Situation findet man bei den *Schlaftheorien* (Jovanović, 1988); *es gibt viele, also ist keine verifiziert worden.* Dies würde jedoch das Problem nicht lösen. Die Theorien müssen nach unserer Meinung besagen, WARUM etwas geschieht, nicht WIE etwas zustande kommt. Crasilneck und Hall (1985) sprechen z.B. von *physiologischen Theorien* und führen zahlreiche Befunde an, welche aber einige physiologische *Mechanismen* oder physiologische *Symptome* erklären. *Die Mechanismen können vielleicht über eine Steuerung oder einen Prozeß Auskunft geben,* also andeuten, WIE etwas vor sich geht. Bis zum WARUM ist noch eine lange Strecke zurückzulegen. Daher wird ein *Paradigma aufgestellt, welches zu einer brauchbaren Hypnose-Theorie führt* (Kapitel XXIX–XXX). Die *Theorie selbst* ist dann Paradigma 15 (s. Kapitel XXX).

3. Versuch einer Synopsis und Schlußbetrachtung

Nach den Leitsätzen und den Paradigmen 1 bis 14 *ist die Hypnose:*

a) *ein Phänomen* (Naturphänomen),
b) *ein psychobiologischer Prozeß* (Zustand und Zustandsänderung),
c) *eine Methode* (wissenschaftliche und therapeutische) und
d) *ein Vorgang* (des Hypnotisierens).

Sehr vielfältig sind daher die Forschungsgebiete, die beim Studium der Hypnose berücksichtigt werden müssen. Der *polydimensionale Rahmen* umfaßt unter anderem: *Biologie, Anthropologie, Mystik/Okkultismus, Mythos, Religionen, Geschichte, Psychologie, Physiologie, Biochemie, Psychopharmakologie, Soziologie, Psychopathologie, Hypnosetechnik, Symptomatologie und Klinik.* Erst nach einem so *umfangreichen und vielseitigen Studium* kann zu den *Theorien* (Paradigma 15) Stellung genommen werden. Eine endgültige Lösung wird auch dies nicht sein.

4. Quellennachweis

Crabtree, A(dam): *Mesmerism, Divided Consciousness, and Multiple Personality.* In: Schott, H(einz): Franz Anton Mesmer und die Geschichte des Mesmerismus: Steiner, Wiesbaden-Stuttgart, 1985, 133–143.

Crasilneck, H(arald), B., and Hall, J(ames), A.: *Clinical Hypnosis-Principles and Applications*, Second Edition. Grune and Stratton, Inc., Orlando-San Diego-New York-London-Toronto-Montreal-Syndney-Tokyo, 1985, Seite 17–46.

Davison, G(erald), C., and Neale, J(ohn), M.: *Abnormal Psychology. An Experimental Clinical Approach*, Second Edition. Wiley, New York, NY, 1978. Deutsch: Klinische Psychologie – Ein Lehrbuch, übersetzt von Hermann Jung, 2. Auflage, Urban und Schwarzenberg, München-Wien, Baltimore, 1984, Seite 8–55.

Freudenberg, K(arl): *Grundriß der medizinischen Statistik.* Friedrich Karl Schattauer-Verlag, Stuttgart, 1962.

Henrysson, S(ten), Haseloff, O. W. und Hoffmann, H. J.: *Kleines Lehrbuch der Statistik.* Walter de Gruyter & Co., 1960.

Jovanović, U(roŝ), J.: *Biorhythmus von Schlafen und Wachen: I. Neurophysiologie und Psychophysiologie* (Arbeitstitel) (In Vorbereitung), 1988.

Kuhn, T.S.: The Structure of Scientific Revolutions. University of Chicago Press, Chicago, 1962.

Schmidt, W(erner): *Anlage und statistische Auswertung von Untersuchungen.* M. & H. Schaper, Hannover, 1961.

Watson, J(ohn), B.: (1878–1958). Zitiert in: Davison, G. C., and Neale, J. M.: Abnormal Psychology (Klinische Psychologie), 1978, 1984, Seite 44 (im Zusammenhang mit Behaviorismus).

Wallis, A(llan), W., and Roberts, H(arry), V.: *Methoden der Statistik.* Übersetzt von Wagenführ R(olf). Rudolf Haufe Verlag, Freiburg i. Br., 1956, 1960.

II. Hypnose im Spiegel der Bibliographie

1. Zur Erfassung der Bibliographie

1.1 Begriffe und Definitionen

Hypnose im Spiegel der Bibliographie heißt, die literarische *Bestandsaufnahme über deren Entstehung, Entwicklung und Fortschritt*. Insgesamt wurden *11306 wissenschaftliche Publikationen* durchgesehen. Bis zum Jahr 1704 haben wir uns mehr oder weniger auf Referate, Zusammenfassungen, einzelne Abhandlungen, Übersichten gestützt. Zwischen 1704 und Ende Juli 1987 wurde das Studium der *Originalbeiträge* in lateinischer und lebenden Sprachen angestrebt. Bis Ende 1985 ist die *Literatur im Querschnitt* erfaßt worden. Infolge einer *Latenz in der Literaturerfassung* sind danach die zugänglichen Publikationen immer seltener geworden. Die letzte Zeitspanne (1986 und weiter) wird noch zusätzlich referiert werden (s. Jovanović, 1989) (s. dazu Schema 2).
Im Hinblick auf das eben erwähnte weitere Studium des *angewandten und klinischen Teils der Hypnose* (Jovanović, 1989) wurden im vorliegenden Buch 4786 wissenschaftliche Publikationen (42,14 % von 11357) eingearbeitet. Von diesen 4786 (= 100 %) entfallen auf den Teil A des Buches 2357 (49,25 %), auf den Teil B nur 543 (11,35 %) und C insgesamt 1886 (39,41 %) der Beiträge. Die theoretischen Buchteile sind sozusagen die *Literaturträger*. Die meisten wissenschaftlichen Abhandlungen beansprucht das Kapitel IX mit 845 Publikationen (17,67 % der Gesamtliteraturstellen). Einen nicht unbedeutenden Anteil an Literatur nimmt das Kapitel X ein (552 Stellen oder 11,54 % der Gesamtliteratur). Die übrigen Kapitel beteiligen sich an der Gesamtliteratur in einem geringeren Ausmaße. Eine nähere statistische Ausarbeitung bringt das Kapitel XXX.
In Kapitel II sind überwiegend jene Werke (359 Literaturstellen, d.h. 7,50 % der Gesamtliteratur) *erfaßt, die einen bedeutenden historischen Wert besitzen (Entdeckungen, Umbruch, Wende) oder einen größeren Problemkomplex behandeln.* In der Regel handelt es sich um *Urschriften (Originale), Bücher, Kongreßberichte, Handbücher*, aber auch um *umfangreiche Handbuch-Kapitel* sowie internationale *Fachzeitschriften.* Es wird (a) ein *Überblick* als *Leitfaden* zur Bearbeitung *weiterer Bibliographie* (4427 Literaturstellen = 92,50 %) in den darauffolgenden Kapiteln gegeben und (b) die *neuere Fachliteratur* nach den eben angedeuteten Kriterien *zur vordringlichen Orientierung in der wissenschaftlichen Hypnose* kurz gestreift.

1.2 Zur Bibliographie der einzelnen Zeitepochen

(a) Die erfaßten Publikationen *aus den prähistorischen Epochen* bearbeiten wir in Kapitel IV und erwähnen sie in Kapitel VIII. (b) Das Ergebnis des Bibliographiestudiums aus der *Antike* kommt in den Kapiteln V, VI und VIII zur Sprache. (c) Eigene Nachforschungen über Galen (129–199 n. Chr.) auf Pergamon im Jahre 1974 und Literaturangaben referieren wir in Kapitel VIII. (d) Desgleichen für die Zeit des *frühen Mittelalters.* (e) Zur *Frühneuzeit* und über Paracelsus (1493–1541) zitieren wir die vorhandenen Berichte, wie z.B. C.G. Jung (1941), Lichtenthaeler (1982) und Stefan Zweig (1983) in den Kapiteln VI und VIII (s. auch Jovanović, 1990). (f) Die «graue Zone» (Schema 7) zwischen 1500 und 1800 bearbeiten wir in Kapitel VI. (g) Eigene Studien über Andreas Gaßner (1727–1779) konnten die bibliographischen Daten (Ellenberger, 1970, 1973) im wesentlichen bestätigen und nur gering ergänzen. (h) Im Kontext der Wirkung von Franz Anton Mesmer (1734–1815) (Pattie, 1956; Kroger,

1977; u.a.) wurden unter anderem die *Originalschrift* von Mead (1704) *De Imperio Solis ac Lunae in Corpora Humana et Morbis oriundis* zusammen mit der Publikation von Pattie (1956), der Doktorarbeit von Mesmer *De Planetarium Influxu* (1766), den Dissertationen von Josef Bertsche (1942) und von Margarethe Hansmann (1957) sowie der *Übersetzung* von George Bloch (1980) studiert.

(i) *Über den Mesmerismus/Magnetismus vor und nach Mesmers Niederlage* (1784) erfassen wir zahlreiche *Originalschriften* in französischer, deutscher und zum Teil englischer und anderen Sprachen. Da sind zunächst die Arbeiten von Mesmer selbst (1766, 1781, 1784, 1785) (s. Kapitel VIII). Von Bailly (1784a, b, c) wurden *zwei Sammelbände* über die Berichte der Prüfungskommission im Zusammenhang mit dem Mesmerismus (1784) mit insgesamt 18 Autoren herausgegeben. Darunter befinden sich Bailly selbst, Bergasse (1784), Bonnefoy (1784), Delandine (1785), D'Eslon (1784), Favrye (1785), Hervier (1784), Jussieu (1784), Tissart du Rouvre (1784) mit zahlreichen Korrespondenzen. Hervier (1784) erscheint auch separat in einer Publikation über die diesbezügliche Korrespondenz. Servan (1784) befaßt sich ebenfalls mit dem gleichen Problem, während Puységur (1784, 1799) über den eben entdeckten *artifiziellen Somnambulismus* (s. Kapitel VIII und XXIII) berichtet. Von Bedeutung sind aus dieser Zeitspanne noch die Beiträge von Jussieu (1784), der sich mit den Ansichten der anderen Mitglieder der «Franklin-Kommission» in bezug auf die Ergebnisse der Prüfung des Mesmerismus nicht einverstanden erklärte und seinen eigenen Bericht erstattete. Der Mesmerismus als solcher scheint zu der Zeit gestorben zu sein. Der *Magnetismus im weitesten Sinne* löste jedoch danach eine rege Diskussion aus, die sich ziemlich lange erhielt (Kapitel VIII). Dazu ist zunächst die Abhandlung von Wienholt (1807), sodann jene von Stieglitz (1814) zu erwähnen. Zur gleichen Zeit meldet sich auch Kluge (1815). Der tierische Magnetismus und der Somnambulismus fanden dann ihre Beachtung in den *Originalwerken* von Weltrich (1816), Wolfart (1816). Der letztere hat im Leben Mesmers (s. Kapitel VIII) eine Rolle gespielt. In den weiteren Jahren erschienen über den Magnetismus mehrere Publikationen (Brandis, 1818; Meier, 1818; Passavant, 1821, 1857; Römer, 1821; von Gruenewaldt, 1927; Silvy, 1827). Foissac (1833) befaßt sich nochmals mit dem Franklin-Bericht (s. Kapitel VIII) über die Prüfung des Magnetismus (1784). Dieser Autor kann als Übergang zu Justinus Kerner (1786–1862) genommen werden. Kerner publizierte zwischen 1831 und 1846 zahlreiche Abhandlungen über den Magnetismus/Somnambulismus. Seine Geschichten über die *Seherin von Prevorst* sind auch in die *allgemeine Literatur* eingegangen. Er schrieb dazu eine Biographie über Franz Anton Mesmer (1734–1815). Inzwischen sind die *Gesammelten Werke* von Kerner in ihrer Originalschrift neu erschienen (1974). Parallel dazu arbeiten Wirth (1836), Fischer (1839), Meyer (1839), Choulant (1840), Burdin und Dubois (1841), Neuberth (1844), von Szápáry (1845), Teste (1845), Zink (1845) am Somnambulismus weiter. Nicht vergessen wollen wir auch die Beiträge von de Robiano (1849, 1900) und Joseph Ennemoser (1787–1854). Der letztere gab neben der *Anleitung zur mesmerischen Praxis* (1852) auch andere historische Abhandlungen (1860) heraus (s. Kapitel V, VI und VIII). (j) Von entscheidender Bedeutung für die nächste *Entwicklungsstufe* der Hypnose ist der Beitrag von Lafontaine (1852). Seine Begegnung mit James Braid (1795–1860) im Jahre 1841 führte zu *experimenteller Forschung* und dem Begriff *Hypnose* (s. Kapitel VIII.12.6). Dieses historische Ereignis *schwächte die Bewegung des Magnetismus/Mesmerismus/Somnambulismus deutlich ab.* Die Arbeiten von Deleuze (1853), Schauenburg (1853), Schwarzschild (1853), Mayo (1854), von Schubert (1854), Passavant (1857), Ennemoser (1824, 1852, 1860), Perty (1869), du Prel (1890/91), Ochorowicz (1897) verraten einen anderen Charakter. Übersichten darüber sind noch bei Darnton (1983), Ellenberger (1970, 1973), Schott (1985) und Tischner (1928) zu finden (s. dazu Kapitel VIII).

(k) Die soeben erwähnten Publikationen überlappen sich mit jenen, die nach du Puységur (1874), Abbé Faria und anderen (s. Kapitel VIII. 12.) zur *wissenschaftlichen Hypnose* erschienen sind.

(l) Relativ kurz *vor dem ersten wissenschaftlichen Hypnose-Kongreß* (1889) sind unter anderem noch wichtige Originalwerke von Jean Martin Charcot (1826–1893), Auguste Liébeault (1823–1904), Hippolyte Bernheim (1840–1919) bekannt geworden (s. Kapitel II.4.1). Das Buch des letzteren wurde 1980 auf Englisch neu aufgelegt. Inbegriffen sind auch die Publikationen anläßlich des ersten *International Congress of Experimental and Therapeutic Hypnotism* in Paris (France), vom 8. bis 12. August 1889 und danach. Von Bedeutung ist dieses Datum auch deshalb, weil nach diesem Kongreß *eine erste «goldene Ära» der Hypnose* (s. Kapitel VIII und IX) eingeleitet wurde (Chertock, 1966, 1969, 1973). Aus dieser Ära erfassen wir unter anderem auch die *Originalpublikationen* (Monographien etc.) von Baudouin (1924, 1925), Eugen Bleuler (1889), Braid (1881), Bramwell (1903, 1909), Dessoir (1888, 1890), Forel (1889 bis 1923), Friedländer (1920), Hart (1896), Hirschlaff (1928), Clark Hull (1929, 1933), Joire (1908), Kauffmann (1923), Krafft-Ebing (1926), Loewenfeld (1922), Mangold (1928), Albert Moll (1902, 1905, 1924), Obersteiner (1887), Preyer (1890), Schilder (1922) und später Schilder und Kauders (1926) (neu erschienen in englischer Sprache 1956, 1973), Stoll (1907), Trömner (1922), Vogt (1897), Wagner-Jauregg (1919), Wetterstrand (1891), Wundt (1892, 1911). Für die Zeit nach Clark Hull, d.h. zwischen 1933 und 1959, liegen uns nahezu klassische Werke von LeCron und Bordeaux (1947) und Lewis R. Wolberg (1948a, b) vor.
(m) Die *Epoch of Susceptibility Scales* – wie wir sie nennen würden – in den Jahren 1959 bis 1978 sowie der Zeitabschnitt bis Ende 1986 und Beginn 1987 werden in Kapitel IX und in den weiteren Kapiteln (X–XXIX) diskutiert. Neben der Publikation von Jovanović (1989) werden wir voraussichtlich später (Jovanović, 1990) zur *Geschichte der Hypnose* gesondert Stellung nehmen.

1.3 Einordnung und Systematisierung der Literatur

Die umfangreiche neuere wissenschaftliche Literatur zur Hypnose und Hypnotherapie mit entsprechenden Grenzgebieten in englischer Sprache kann im Rahmen des von uns geplanten Buches inhaltlich kaum erfaßt werden. *Die neueste Literatur in der deutschen – aber auch in vielen anderen – Sprachen* bereitete bei der Einordnung keine großen Schwierigkeiten, da sie wenig umfangreich war. *Die in diesem Kapitel darzustellende neuere und ausgewählte Orientierungs-Bibliographie* mußte nach *einer dynamischen und/oder kombinierten Einordnung* erfolgen, und zwar:

(a) *Nach Sprachen* (alphabetische Reihenfolge der Sprachen ist rein zufällig).

(b) *Nach dem Leserkreis* (erste Orientierung, Anfänger, Fortgeschrittene, Wissenschaftler; der Umfang der Werke/Bücher nimmt zufällig von einer Lesergruppe zur anderen zu).

(c) *Nach speziellen Fachrichtungen* (Allgemein, Geschichte, Methodik etc.).

(d) *Nach dem Erscheinungsjahr.* Von dieser Regel wurde dort abgewichen, *wo die erste Auflage aus historischen Gründen* eine größere Bedeutung als die Neuauflage hat. Überall dort, wo es möglich war, wurden die *Zwischenauflagen* und *Übersetzungen* erwähnt.

(e) *Innerhalb des Erscheinungsjahres* wurde das *Autoren-Alphabet* in Anspruch genommen. Beim gleichen Erscheinungsjahr und gleichen Autor wurde ebenfalls mit dem Alphabet gearbeitet (a, b, c, etc.).

(f) *Im Zweifelsfalle bezüglich der speziellen Fächer* wurden die Werke unter dem Abschnitt *Varia* (variable Literatur) eingeordnet.

(g) *Innerhalb der einzelnen speziellen Fächer* wurde bei Bedarf die mit der Hypnose enger verbundene Literatur unter «a» *vorangestellt* und die andere dann nach den oben erwähnten Prinzipien unter «b» *eingeordnet.*

Die Interpretation der registrierten Werke ist schlagwortartig zusammengefaßt. Das Ausmaß der Zusammenfassung war unter anderem auch davon abhängig, ob sich zwei oder mehrere Autoren voneinander unterscheiden, sich wiederholen und ob diese in unseren späteren Kapiteln näher diskutiert werden oder nicht. *Einzelne Koautoren* innerhalb eines größeren Werkes (Sammelpublikationen, Kongreßberichte, Handbücher, Enzyklopädien) werden *bei Bedarf in unserem Kapitel IX oder in weiteren Fachkapiteln der vorliegenden Abhandlung referiert und innerhalb des Kapitels II nicht gesondert näher erwähnt.* Die Registrierung der entsprechenden Werke liegt dann unter dem Namen des *Editors* (Herausgeber) vor. *Aus den oben angeführten Gründen spricht der Umfang und die Reihenfolge unseres Referierens im Text des Kapitels II nicht etwa für oder gegen die Qualität eines Werkes.*

2. Neuere Literatur in deutscher Sprache

Eine Auswahl aus der neueren Fachliteratur ist hier sehr begrenzt. Darunter sind Werke von Binder (1975), Dogs (1967, 1975), Hammerschlag (1954), Kleinsorge und Klumbies (1964), Kratzenstein (1971), Langen (1971, 1972a, b), Schmitz (1951, 1957), Schultz (1959, 1983), Stokvis (1955) und später Stokvis und Langen (1965), Völgyesi (1963, 1967), Wallnöfer (1969) zu finden.
Die *Übersetzungen* einiger Werke von Erickson (Erickson und Rossi, 1979, 1981; Erickson et al., 1976, 1978; Zeig, 1980, 1985) bringen die wissenschaftliche Literatur eher *einseitig* zum Vorschein. Vor kurzem sind noch Bücher von Stocksmeier (1984) sowie Svoboda (1984) auf dem wissenschaftlichen Gebiet erschienen. Beide Werke bringen entweder die neueste Literatur nicht (Stocksmeier) oder sie wird nur teilweise referiert (Svoboda). Die *populäre* Seite der deutschsprachigen Literatur kommt unter anderem durch die Bücher von Chertok (1973), Rýzl (1973), Tepperwein (1977) und Tietze (1978) zum Ausdruck.

3. Neuere Literatur hauptsächlich in englischer Sprache

3.1 Vorwiegend zur ersten Orientierung

Die Bücher *zur ersten Orientierung* (Barber, 1981; Edelstien, 1981; Gindes, 1977) umfassen kurz das ganze Problem und bringen *historische* Beispiele, die von Bedeutung sein können. In einigen Fällen wurden die Werke hier eingeordnet, weil sie die Meinung des dortigen Autors vertreten, ohne daß dieser von allen Seiten auf das Problem eingegangen ist.

3.2 Vorwiegend allgemeine Lehrbücher

Die acht Bücher (Cheek und LeCron, 1968; Crasilneck und Hall, 1985; Frankel, 1976; Kroger, 1977; Pratt et al., 1984; Spiegel und Spiegel, 1978; Wester und Smith, 1984; Wolberg, 1948a, b), die von uns als Lehrbücher angesehen wurden, sind ebenfalls, wie die bisherigen, *nach ihrem Wert für den Studenten/Anfänger eingegliedert* worden und nicht etwa nach der generellen Qualität. Sie sind nicht alle von ihren Autoren primär als Lehrbücher gedacht. Um von uns als *Lehrbuch* angesehen zu werden, mußte das Werk alle Merkmale eines solchen, wie *Problemstellung, Einleitung, Methodik, Resultate, Klinik, Lösungen im allgemeinen* aufweisen. Noch besser ist es, wenn dazu auch die wissenschaftliche Komponente gebührend ausgearbeitet ist.

3.3 Mehr spezielle Lehrbücher

In diesem Abschnitt stellen wir zwei Werke vor (Araoz, 1985; Sheehan, 1972). Diese gehen über den *für ein allgemeines Lehrbuch* geforderten Inhalt hinaus und werden von uns bei Bedarf in Kapitel IX und in den weiteren Kapiteln der vorliegenden Abhandlung noch interpretiert.

3.4 Handbücher und Kongreßberichte

In diesem Abschnitt werden *acht Handbücher* erwähnt (Bernstein, 1977; Burrows und Dennerstein, 1980; Burrows et al., 1979; Frankel und Zamansky, 1978; Fromm und Shor, 1972, 1979; Gordon, 1967; Kline, 1963; Schneck, 1963). Die übrigen von uns durchgesehenen Handbücher kommen in den weiteren *speziellen Kapiteln* zum Vorschein, da sie sich mit *speziellen Fragen* befassen. Die Handbücher gehen in der Regel in Text und Inhalt über die umfassenden Monographien hinaus.

3.5 Literatur zu einzelnen Fachgebieten

Bei der Lektüre der Literatur zu einzelnen Fachgebieten der Hypnose und Hypnotherapie kann der Leser Werke, eingeordnet unter «a», mehr zur *Vertiefung von Kenntnissen*, und jene unter «b», in der Regel zur *Erweiterung von Kenntnissen*, heranziehen. Zur *Bereicherung von Kenntnissen* steht zusätzlich die im Anschluß gegebene Literatur (Kapitel II. 5.) zur Verfügung.

3.5.1 Die Literatur zu historischen Aspekten enthält aus den älteren Generationen unter anderem die Bücher von J. P. F. Deleuze (1753–1835) (1825, 1843, 1982) über den *animalischen Magnetismus. Das erste*, über die *Kritische Geschichte des Animalischen Magnetismus*, war noch im Jahre 1813 publiziert worden, als die Arbeiten von Abbé Faria (1795–1869) (Kapitel VIII) noch nicht bekannt waren. Das Anliegen von Deleuze war es, die *Validität der Methode* des animalischen Magnetismus hervorzuheben. *Das zweite Buch* unter dem Titel *Praktische Instruktionen im Animalischen Magnetismus* (1843, 1853) hatte mehr die Aufgabe, die Leser anzuregen, die Methodik des animalischen Magnetismus anzuwenden. Die Übersetzungen des letzteren Buches durch Thomas Hartshorn im Jahre 1843 ins Englische sowie 1853 durch F. X. Schumacher ins Deutsche umfaßten etwa die Hälfte des jetzt (1982) neu entstandenen Buches. Zu dieser Epoche gehören auch die Werke von James Esdaile (1851), Dessoir (1888, 1890) sowie jene von Bernheim (1890, 1980) oder von Ernest Abraham Hart (1835–1898). Der letztere erwähnte in seinem Buch zum Hypnoseproblem (1896, 1982) Dr. Luys am *Hopital Charité* in Paris, der einige Experimente zur *forensischen Hypnose* und *Hysterien* durchführte (siehe Kapitel XIII.2.1.3).

John Milne Bramwell (1852–1925) steht mit seinen Werken aus den Jahren 1903 und 1909 (neu 1982) *am Übergang zwischen den alten Schulen von Nancy und Paris und den neuen Bewegungen in der Hypnoseforschung*. Das Buch von Clark Hull (1844–1952) aus dem Jahre 1933 kann mit Recht als ein *monumentales und epochales Werk angesehen werden, das eine neue Ära in der Geschichte der Hypnoseforschung einleitet* (Schema 7). Das Buch *Hypnotism Today* von Leslie M. LeCron und Jean Bordeaux (1947) hätte das Prädikat *Lehrbuch* tragen können, wenn es nicht relativ veraltet wäre.
Zu den neueren Generationen gehören die Werke von Chertok (1966), Chertok und De Saussure (1979), Ellenberger (1970, 1973), Gormley (1961), Kaplan (1982), Price (1982), Thornton (1976), Tinterow (1970).

3.5.2 Literatur zu methodologisch-technischen Problemen. Das Buch von LeCron (1961) ist relativ veraltet. Das Buch von Peter W. Sheehan und Campbell W. Perry (1976) ist umfangreich und durch die Beschreibung der experimentellen Methodologien in der Hypnoseforschung hoch spezialisiert. Don E. Gibbons (1979) widmet sein Buch den Anfängern und Fortgeschrittenen. Das von R. A. Steffenhagen (1983) herausgegebene Werk kann wegen der guten Bereicherung der Technik und Methodik der Anwendung der Hypnose bei der Verstärkung des *Ichs* benutzt werden. Zur näheren Orientierung über die *Biofeedback-Therapie* wird das Buch von Birgit Kröner und Rainer Sachse (1981) empfohlen. Das *International Journal of Clinical and Experimental Hypnosis* (Vol. XXX, Nr. 4, 1982) bringt eine Serie von guten und kritischen Artikeln über die *klinische und experimentelle Messung der Hypnose* (siehe weiter Chevreul, 1845, Moutin, 1887, 1890, 1896; Kapitel IX).

3.5.3 Aus der Literatur zu religiösen Aspekten bieten sich *vier* brauchbare Werke (Bryan, 1962; Laski, 1962; Masters, 1962; Weatherhead, 1951) an, die mit *religiösen Aspekten* der Hypnose im engeren Sinne beginnen und mit *Ekstasen*, *Religionen* oder *Exorzismus* enden. Die Bücher eignen sich mehr für Studenten der experimentellen Psychologie oder zur interpretativen Forschung als für den praktizierenden Hypnotherapeuten (siehe dazu *Die Bibel*, 1980).

3.5.4 Literatur zur Hypnose und psychosozialen Problemen. Das Buch von Theodore R. Sarbin und William C. Coe (1972) skizziert die *Rollenspiel-Theorie der Hypnose* und präsentiert dazu die einschlägigen Experimente. Das Rollenspiel wird als allgemeine Erklärung der sozialen Vorgänge betrachtet. *Die Rollenspiel-Theorie sei mehr als nur ein Vergleich zwischen dem hypnotischen Verhalten und der Schauspielerei.*

3.5.5 Die Literatur zur Hypnose und Rechtsmedizin liefert zunächst das Buch Harry Arons (1967). Der Autor versucht, die Phänomene der Hypnose im Zusammenhang mit *gerichtlichen Ermittlungen* zu erläutern. Das nächste Buch in der Reihenfolge ist das von Martin Reiser (1980). Allerdings ist es, wie das nächste, von Whitney S. Hibbard und Raymond W. Worring (1966), als *Lehrbuch den Polizeibeamten* gewidmet. Die *Society for Clinical and Experimental Hypnosis (SCEH)* und die *International Society of Hypnosis (IHS)* streiten ab, daß Polizeibeamte besser für die Ausübung der Hypnose im Verhör qualifiziert sind als Psychiater.
Das Buch von Roy Udolf (1983) *ist mehr für Psychologen als für Polizeibeamte* vorgesehen. Der Autor befaßt sich ausführlich mit Hypnose als einer Ermittlungsprozedur und dann mit der Brauchbarkeit der hypnotisch induzierten Aussagen. *Die Rolle der Hypnose für Gutachter*

und Zeugen sowie Hypnose und Kriminalität werden gebührend bearbeitet. Nach der Zusammenfassung und den Schlußfolgerungen werden psychologische und juristische *Termini technici* erläutert. Insgesamt wurden 175 problematische Kriminalfälle dargestellt und diskutiert. Es sei auch hier das *International Journal of Clinical and Experimental Hypnosis (Vol. XXVII, Nr. 4, 1979) erwähnt, das sich mit Forensic Uses of Hypnosis* auseinandersetzt. Vol. XXXII, Nr. 2, (1984) dieses Journals befaßt sich mit *Multiple Personality and Hypnosis*. Dabei werden viele Probleme juristischer Art vorgetragen (s. auch Jovanović, 1989).

3.5.6 Zur Literatur zur Hypnose und Neuropsychophysiologie zählt das Buch von Léon Chertok (Ed.) (1969) über die *Psychophysiological Mechanisms of Hypnosis* mit Beiträgen vom *First International Symposium on the Psychophysiological Mechanisms of Hypnosis* in Tourtour, Frankreich, 1967. Das Symposium wurde von Hypnoseforschern aus vielen Ländern besucht (siehe dazu Kapitel XXIV bis XXIX).

3.5.7 Literatur zur Hypnose und allgemeinen Psychologie. (a) *Zur Vertiefung von Kenntnissen* liefert das Buch von C. Scott Moss (1967) unter dem Titel *The Hypnotic Investigation of Dreams* zu diesem Thema das entsprechende Material. Das Buch von Paul Sacerdote (1967) *Induced Dreams* beschreibt Vorteile einer Art *kurzer Psychotherapie*, welche einige Aspekte der hypnotisch programmierten Trauminduktion enthält. Das folgende Buch weicht von den oben genannten zwei Büchern wesentlich ab. Graham F. Wagstaff legte das Werk unter dem Titel *Hypnosis – Compliance and Belief* (1981) vor und versuchte mit ihm, die Hypnose und deren Phänomene durch sozialpsychologische Begriffe wie *Einverständnis* und *Glaube* zu bereichern.
(b) *Die Erweiterung des Studiums der Hypnose und Hypnotherapie* führt uns zu den *Träumen* (und zum *Schlaf*) im engeren Sinne des Wortes. Als Basis zu diesem Studium empfehlen wir das Buch von Nathaniel Kleitman (1939, 1963, 1972). Das Buch ist aus sechs Teilen und 36 Kapiteln zusammengesetzt und ist trotz der intensiven Forschung nach 1972 auf dem Gebiet der Wissenschaft über die Physiologie von Schlaf, Wachsein und Traum noch unübertroffen (Kapitel XXV.2). Das Buch von Leo Madow und Laurence Snow (Eds.) (1970) beinhaltet viele Forschungsarbeiten über Physiologie und Psychologie des Traumes. Das Buch *Normal Sleep in Man* von U.J. Jovanović (1971) enthält ebenfalls die neuesten physiologisch-psychologischen Befunde zum Schlaf und Traum. Ein weiteres Buch: *Sexuelle Reaktionen und Schlafperioden bei Menschen* von U.J. Jovanović (1972) befaßt sich mit *periodischen Vorgängen an den Sexualorganen* während der Nacht im Zusammenhang mit den REM-Phasen, mit symbolischen Sexual- und Angstträumen etc. Gerade ist das Sammelbuch von Volker Faust (Hrsg.) (1985) mit einigen bekannten Autoren zum Schlafproblem herausgekommen. Darunter sind auch Artikel zum *Somnambulismus* (U.J. Jovanović) und zur *Hypnose bei Schlafstörungen* (Klaus Thomas) zu finden. Zum Problem *des Lernens im Schlaf* kann Rubin (1971) in Anspruch genommen werden (siehe auch Kapitel XXV.2 und XXV.3).

3.5.8 Im Zusammenhang mit der Literatur zur Hypnotisierbarkeit erwähnen wir das große Werk von Ernest R. Hilgard (1965) *Hypnotic Susceptibility*, das auf 434 Seiten die Hypnotisierbarkeit zu erläutern versucht. Die *Susceptibility Scales* werden von uns noch diskutiert (Kapitel XIV.4). Den Leser wollen wir über die erwähnten Bücher hinaus auf Vol. XXVII, Nr. 2 (1979) des *International Journal of Clinical and Experimental Hypnosis* hinweisen. Diese Nummer ist eine Sammlung von wertvollen Beiträgen über das *Clinical Assessment of Hypnosis* von namhaften Forschern auf diesem Gebiet. Auf Vol. XXX, Nr. 4 (1982) dieses Journals haben wir bereits hingewiesen (siehe Kapitel II.3.5.2).

3.5.9 Literatur zu Persönlichkeitsmerkmalen. Das Buch von Josephine R. Hilgard, *Personality and Hypnosis – A Study of Imaginative Involvement*, welches in den Jahren 1970 und 1979 herausgegeben wurde und hier vorgestellt wird, ist ein Werk für jeden, der sich mit Hypnoseforschung befaßt oder zu befassen beabsichtigt. Die empirischen Daten des Buches sind sehr ausführlich dargestellt worden. Insgesamt wurden 822 Probanden hypnotisiert und befragt (siehe dazu Kapitel IX).

3.5.10 Die Literatur zur Selbstentspannung und Selbsthypnose bietet (a) *zur Vertiefung der Kenntnisse* zunächst das bereits im Jahre 1962 von Laurence Sparks unter dem Titel *Self-Hypnosis – A Conditioned Response Technique* herausgegebene Buch an. Nicht alle können von diesem Buch profitieren, sondern überwiegend jene, die sich bereits in der Hypnose-Literatur eingehend auskennen. Leslie M. LeCron (1964) meldet sich wieder zu Wort mit seinem Buch *Self-Hypnotism – The Technique and its Use in Daily Living*. Die Qualität liegt unter der des Buches von LeCron und Bordeaux (1947) (siehe Kapitel II.3.5.1). Das folgende Werk von William E. Edmonston (1981) versucht die Behauptung zu untermauern, *daß das zentrale Merkmal der Hypnose die Entspannung sei*. Hier erinnern wir auch an das *International Journal of Clinical and Experimental Hypnosis*, Vol. XXIX, Nr. 3, aus dem Jahre 1981, das der *Selbsthypnose* gewidmet ist und sieben Einzelpublikationen zu diesem Problem bringt (siehe auch Kapitel X und XIX).
(b) *Zur Erweiterung der Kenntnisse* dient unter anderem das Buch von Edmund Jacobson (Ed.) (1967) *Tension in Medicine*. Jacobson und neun Mitarbeiter schreiben in diesem Buch über *die progressive Entspannungsmethode und ihre Anwendung bei klinischen Problemen*. Dabei kommen Spannung, Streß, Störungen der Atemwege und Neurosen zur Sprache. Das Buch von Claudio Naranjo und Robert E. Ornstein (1971) geht noch weiter. Die Autoren verbinden die uralten Kenntnisse über *Meditation* mit der modernen Wissenschaft. Von den vielen *Parallelen zwischen Meditation und Hypnose* ist man beeindruckt. *Kräfte aus der Stille – Die transzendentale Meditation* von Bernhard Müller-Elmau (1984) (1. Auflage 1977) ist eine populäre und klare Darstellung.

3.5.11 Aus der Literatur zu Aspekten der Imagination greifen wir einige Werke heraus. Fredericka F. Freytag (1961) präsentiert das Buch *Hypnosis and the Body Image*. Es befaßt sich mit Hypnose und Körperstellungen (Körperbild), mit Konzepten der Psychodynamik und Psychopathologie und insbesondere mit dem Effekt der hypnotherapeutischen Versuche. *Katathymes Bilderleben – Unterstufe (Kata = herab, herunter)* von Hanscarl Leuner (1970) sei eine neuartige und relativ originelle analytische Psychotherapie, die vom Autor 15 Jahre vor dem Erscheinen des Buches eingeführt worden sei. Im engeren Sinne des Wortes handle es sich um die *kleine Psychotherapie* auf der Grundlage des katathymen Bilderlebens. *Das Lehrbuch des Katathymen Bilderlebens* vom gleichen Autor (1985) ist neu, originell und von seltener Klarheit und Präzision. Bearbeitet sind die *Grundstufe*, die *Mittelstufe* und die *Oberstufe*. Das Buch erweitert das bereits 1970 publizierte Material.
Das Buch von Peter W. Sheehan (Ed.) (1972) ist eine Analyse der Forschung über *Bildersymbolik* im ersten Viertel dieses Jahrhunderts und dann in den letzten 10 oder 15 Jahren. Das nächste Buch dieser Reihe stammt von Theodore X. Barber, Nicholas P. Spanos und John F. Chaves (1974). Dieses Buch setzt eine Reihe von Veröffentlichungen dieser Autoren fort und versucht zu demonstrieren, *daß hypnotische Phänomene ohne die Begriffe Hypnose und Trance reproduziert und aufgeklärt werden können*. Ähnlich wie die Schule von Erickson erwähnen Barber et al. nur solche Literatur, die ihre Meinung unterstützt und ignorieren mehr oder weniger die Arbeiten, die ihnen zu widersprechen scheinen. Das Buch von William S. Kroger und William D. Fezler (1976) ist ein nahezu klassisches Werk auf diesem Gebiet.

Neben den theoretischen, Überlegungen sind wertvolle praktische Behandlungshinweise gegeben. Mit dem Buch von Alan Richardson *Mental Imagery* (1969) ergänzen wir das bereits Gesagte. Der Titel dieses Buches sollte *Visual Mental Imagery* heißen. Es ist ein *Überblick* über ein breites Gebiet der Forschung, wobei der Autor *Bilderlebhaftigkeit* und *Kontrollierbarkeit* zu integrieren versucht. Ein weiteres Buch auf diesem Gebiet wurde von Anees A. Sheikh (Ed.) (1983) herausgegeben. Dieses Buch ist ein bedeutender Beitrag zur Literatur über die *Bildersymbolik (mental imagery)*. Es besteht aus 17 Kapiteln, die sich mit verschiedenen Aspekten der Theorie, Forschung und praktischen Anwendung durch einige Forscher und Praktiker aus Nordamerika und Australien befassen. Es ist das umfangreichste Buch seit Sheehans *The Function and Nature of Imagery* (1972) und ist mit Fromms und Shors *Hypnosis – Research Developments and (New)Perspectives* (1979) zu vergleichen. In diesem Zusammenhang wird auch das Buch *Wachtraumtherapie – Der Prozeß der Imagination* von Gerald Epstein (1985), das 1981 unter dem Titel *Waking Dream Therapy – Dream Process as Imagination* erschienen ist, empfohlen.

3.5.12 Die Literatur zu Verhaltensaspekten und Angstsyndromen zeigt in den letzten Jahren eine wachsende Tendenz. (a) *Zur Vertiefung von Kenntnissen* lenken wir die Aufmerksamkeit auf zwei Werke. Das Buch von Edward Dengrove (1976) bearbeitet die Integration der *Behavior-Therapie* (Kapitel X) in die Hypnose. Der Band besteht zu zwei Dritteln aus neu aufgelegten und zu einem Drittel aus Originalarbeiten. Ein weiteres Buch aus dieser Reihe ist das von J. Christopher Clarke und J. Arthur Jackson (1983). Die Autoren besprechen Theorie und Praxis bei der Behandlung von Kindern und Erwachsenen. Sie beschränken sich auf die *Behandlung von Angstreaktionen* und beschäftigen sich wenig mit anderen Problemen. Im allgemeinen ist das Buch sehr gut, insbesondere für Studenten (siehe dazu Kroger und Fezler, 1976).

(b) *Zur Erweiterung der Kenntnisse* können folgende Werke herangezogen werden. Chronologisch ist das Buch von Ainslie Meares (1963) an der Reihe. Meares, ein erfahrener australischer Forscher und Kliniker, lehrt uns, wie man mit ängstlichen Patienten umgehen sollte. Außerdem werden Symptome der Angst, die Natur des Stresses, sexuelle Konflikte, Aggression und Passivität, Probleme der Interviews, Rapport und Schweigepflicht diskutiert. Nach diesem Buch befaßt sich jenes von Charles D. Spielberger (Ed.) (1966), woran sich auch siebzehn Mitarbeiter beteiligt haben, mit *Anxiety and Behavior*. Fast alle bekannten Probleme der Angst sind im Buch angeschnitten und bearbeitet worden. Eugene Levitt (1979) liefert einen Beitrag zur *Psychologie der Angst*. Dazu liegt noch das Buch von Friedrich Strian (1983), *Angst – Grundlagen und Klinik*, vor, das als ein fundamentales Werk auf diesem Gebiet in deutscher Sprache angesehen werden kann. Es bearbeitet ausführlich *neurophysiologische, psychophysiologische, neurobiologische, klinische Aspekte*. Die Hypnose wird nur hin und wieder gestreift. Das Buch von David I. Mostofsky und Ralph L. Piedmont (1985) ist eine selektive Führung zur Erfassung, Behandlung klinischer Aspekte und Therapien der spezifischen Erkrankungen durch die ganze Medizin als Fachbereich der Wissenschaften. C. Scott Moss und Pauline James (1970) bringen in ihrem Buch über die *hypnosymbolische Behandlung der Phobie* einige Anregungen. Dieses Buch wurde von Therapeut *und* Patient geschrieben. Das Buch von Ian Wickramasekera (Ed.) (1976) hat einen umfangreichen multidisziplinären Ansatz zur kognitiven Kontrolle des Verhaltens. Eine solche Untersuchung schließt die Psychophysiologie, Sozialpsychologie, Psychotherapie und Neurophysiologie ein. Die Themen sind sehr unterschiedlich und schließen das therapeutische Management von *Schmerzsymptomen, Angstzuständen, autonomen Dysfunktionen und sexuellen Störungen* ein. Im Zusammenhang mit der Angst und den Angstsyndromen wollen wir auch auf *Aggression – Die Brutalisierung unserer Welt* von Friedrich Hacker (1985) hinweisen. *Angst und Aggression* sind oft Geschwister. Dieses Buch erhebt Anspruch, Philosophie, Psychologie und Sozialwissenschaften einzubeziehen. Es erläutert die Aggression auch vom genetischen, neurophysiologischen, biochemischen und politischen Standpunkt aus.

3.5.13 Die Literatur von und über Milton H. Erickson ist zum Teil ins Deutsche übersetzt worden (siehe Kapitel II.2). Von und über Milton H. Erickson sind bis heute so viele Bücher geschrieben worden, daß es langsam unübersichtlich zu werden beginnt. Fast für alle diese Bücher ist es charakteristisch, daß sie hauptsächlich jene Fachliteratur berücksichtigen, die für die Theorie Ericksons spricht (Kapitel XII). Da ist zunächst das Buch von Bandler und Grindler (1975), sodann jenes von Ernest Rossi (Ed.) (1980), zwei von Jeffrey K. Zeig (Ed.) (1980, 1982) und eines von Stephan R. und Carol H. Lankton (1983). Die letzteren weichen jedoch von den bisherigen Praktiken ab und besprechen auch andere Autoren, die nicht unbedingt mit Erickson übereinstimmen. In zwei weiteren Bänden versucht dann Jeffrey K. Zeig (Ed.) (1985a, b), die klinische und theoretische Arbeit von Erickson weltweit zu propagieren. Es handelt sich um einen Kongreßbericht (Kongreß, Phoenix/Arizona, Dezember 1983, mit 2000 Teilnehmern). Beide Bände beanspruchen nahezu 1200 Seiten. Es existieren noch weitere Werke über Erickson, die in Kapitel XII bearbeitet werden.

3.5.14 Aus dem sehr wichtigen Teilgebiet der analytischen Psychotherapien und Hypnotherapien empfehlen wir (a) *drei Werke zur Vertiefung* (Barnett, 1981; Chertok, 1981; Klemperer, 1968) und (b) *acht zur Erweiterung der Kenntnisse* (Brenner, 1973; Ehrenwald, 1966; Goldman und Milman, 1972; Hunt, 1967; Janov, 1976; Stein, 1968; Tausch, 1974; Wolberg, 1977a, b).

3.5.15 Literatur zur Hypnose und psychosomatischen Medizin. (a) *Zur Vertiefung der Kenntnisse* wäre das Buch von Jean Lassner (Ed.) (1965) anzuführen. Über die Hälfte der Vorträge, die bei einem Kongreß 1965 gehalten wurden, konnten in diesem Werk publiziert werden. (b) *Obwohl die Unterschiede zwischen dem vorangehenden und diesem Subabschnitt nicht groß sind*, haben wir aus praktischen Gründen eine getrennte Behandlung vorgenommen. Das Buch von William S. Kroger und S. Charles Freed (1962) ist im Jahre 1951 zum ersten Male und im Jahre 1955 zum zweiten Male erschienen. Kroger ist ein bekannter Psychotherapeut, dessen Bücher und Einzelpublikationen in der ganzen wissenschaftlichen Fachwelt gelesen werden. Psychosomatiker und psychosomatisch orientierte *Gynäkologen* werden von diesem Buch profitieren können. Das Buch von Hilde Bruch (1973) behandelt *Eating Disorders – Obesity, Anorexia Nervosa and the Person Within.* Die Autorin bringt ihre Persönlichkeitstheorie und Behandlungstechnik. Ein nächstes Buch, von Milton V. Kline, Lester L. Coleman und Erika E. Wick, spricht von *Obesity – Etiology, Treatment and Management* (1976) und kann *beinahe als Handbuch* angesehen werden. Gleich nach diesem Buch kommt chronologisch jenes von B.B. Wolman (Ed.) (1982): *Psychological Aspects of Obesity – A Handbook.* Von der Ätiologie, Symptomatologie, Biologie, von Persönlichkeitsfragen, Entwicklungs- und Sozialaspekten über die interaktionelle, behavioristische, multimodale, bis hin zur Gruppen- und Hypnotherapie, wurde alles durchdiskutiert.

3.5.16 Zur Literatur zur Hypnose und Psychiatrie stellen wir nur das Buch von Earl W. Biddle *Hypnosis in the Psychoses* (1967) vor. Im ersten Kapitel schreibt der Autor, die Behandlung von psychotischen Patienten werde erleichtert, wenn zwei gegengeschlechtliche Therapeuten an der Behandlung beteiligt seien. Im nächsten Kapitel wird dann davon gesprochen, daß die Symptombeseitigung meistens sehr schnell und erfolgreich ist und daß ein Symptom manchmal durch ein anderes ersetzt wird. In Kapitel V diskutiert er die Gültigkeit der hypnotischen Regression. Für den Autor ist das *chronologische Alter* sehr wichtig. Das Kapitel IX enthält die Beschreibung eines Krankheitsfalles. Ausschnitte aus therapeutischen Gesprächen werden zitiert. *Die Hypnose ist für den Psychiater nach diesem Buch kein Tabu mehr.* An dieser Stelle erinnern wir wieder an das Buch von Frankel (1976).

3.5.17 Zum Problem der Hypnose und Neurologie erwähnen wir das Buch *Hypnotism, Hysteria and Epilepsy: An Historical Synthesis* von E.M. Thornton (1976). Von entscheidender Bedeutung ist die Tatsache, daß der Autor neue Publikationen kaum beachtet. Die Diagnosen aus den älteren Zeiten waren nicht so sicher wie heute. Was damals Hysterie oder Epilepsie genannt wurde, kann heute nach den modernen diagnostischen Methoden etwas ganz anderes sein. Ein wesentlicher Gewinn kann durch die Lektüre dieses Buches nicht erzielt werden. Die Erforschung dieses Gebietes in bezug auf die Hypnotherapie duldet keinen Aufschub mehr.

3.5.18 Literatur zu Hypnose und Pädiatrie. G. Gail Gardner und Karen Olness (1981) präsentieren das Buch *Hypnosis and Hypnotherapy with Children.* Hypnotherapie, psychologische und pädiatrische Aspekte, Wissenschaft und Praxis sind gleichermaßen wie Kreativität und Fortschritt vertreten (siehe dazu Kapitel XV.8).

3.5.19 Zum leidigen Problem der Literatur zu Anästhesiologie und Schmerzproblemen fanden sich *acht* geeignete Monographien. Drei davon, und zwar jene von David L. Scott (1974), von Ernest und Josephine R. Hilgard (1975, 1983) sowie von Josephine R. Hilgard (1970), können *zur Vertiefung der Kenntnisse* über die Hypnotherapie bei *Schmerzsyndromen* genommen werden. In diesem Zusammenhang wird man sich mit der *Neodissoziationstheorie der Hypnose* von Ernest R. Hilgard auseinandersetzen können. *Die weiteren fünf Werke* befassen sich mit Schmerzen von verschiedenen Aspekten aus und berühren die Hypnose direkt weniger. Unter diesen Autoren findet man jedoch erfahrene Schmerzforscher wie Ronald Melzack und Patrick D. Wall (1983), Richard Sternbach (1968) sowie Joseph Barber und Cheri Adrian (Eds.) (1982), so daß die Lektüre der Bücher dieser Autoren sehr zu empfehlen ist (siehe auch Gibson, 1982; Turk et al., 1983).

3.5.20 Direkt mit Hypnose und Hypnotherapie von Sexualstörungen befassen sich *zwei* Werke. Beide beinhalten Forschung und Erfahrungen in der Praxis mit Hypnotherapie (Araoz, 1982; Kroger und Freed, 1962). Aus Gründen der relativen Vollständigkeit haben wir noch das Buch *Sexual Behavior in the Human Male* (1948) von A.C. Kinsey, W.B. Pomeroy und E.C. Martin sowie das Nachfolgebuch *Sexual Behavior in the Human Female* (1953) katalogisiert und bewertet. Dazu seien noch die Arbeiten von William H. Masters und Virginia E. Johnson (1970) sowie der Sammelband von Volkmar Sigusch (Hg.) (1975) erwähnt.

3.6 Literatur zu Hypnose und variablen Problemen

3.6.1 Zum Problem des Bewußtseins und der multiplen Persönlichkeit berühren wir *fünf* Werke (Ahsen, 1977; Beahrs, 1982; Hilgard, 1977; Tart, 1969; Watkins und Johnson, 1982). Die Frage der *multiplen Persönlichkeit* ist erst in den letzten Jahren akut geworden, obwohl das Phänomen selbst seit 250 Jahren bekannt ist. Neben diesen Werken sei erneut an das bereits zitierte *International Journal of Clinical and Experimental Hypnosis* (Vol. XXXII, Nr. 2, April 1984) erinnert. Dieses enthält als Sammelband sehr anregende und aufschlußreiche Artikel zur *multiplen Persönlichkeit* von namhaften Verfassern (Kapitel XXI und Jovanović, 1989).

3.6.2 Hypnoseähnliche und andere Problemkomplexe werden zunächst im Buch von C. Scott Moss *(Hypnosis in Perspective, 1965)* behandelt, das zu zwei Dritteln eine frühere Auflage enthält und mit sechs neuen Kapiteln erscheint. Theodore X. Barber (1970) meldet sich wieder, jetzt mit einem Buch über *LSD, Marihuana, Yoga and Hypnosis* zu Wort. Wie zu erwarten, ist das Buch kontrovers und enthält die dazugehörige Literatur. Joseph Chilton Pearce (1971) bringt die Hypnose mit *Philosophie* in Verbindung. Lewis R. Wolberg (1972) stellt sich mit einem Buch dem Nichteingeweihten vor und bearbeitet die Hypnose im ganzen. Auch das Buch von Kenneth S. Bowers (1976) ist für Nichteingeweihte und Neugierige geschrieben. Ein sehr heterogenes aber wertvolles Buch *(Hypnosis, 1979)* wurde von Graham D. Burrows, David R. Collison und Lorraine Dennerstein (Eds.) herausgegeben (siehe oben).

3.6.3 Zu weiteren Literaturangaben aus ferneren Gebieten gehört das Buch *A Source Book in the History of Psychology* von Richard J. Herrnstein und Edwin G. Boring (Eds.) (1966). Morton Korenberg und Catherine Jones schrieben *The End of Childhood* (1970), worin eine Patientin im Verlaufe der Behandlung vorgestellt wird. Und jetzt begegnen wir wieder C. Scott Moss mit seinem Buch *Dreams, Images and Fantasy – A Semantic Differential Casebook* (1970). Die mit Hypnose oft in Verbindung gebrachten *Geister* seien symbolisiert und als solche sichtbar gemacht. Das Buch *Smoking – A Behavioral Analysis* (1971) von Bernard Mausner und Ellen S. Platt erstreckt sich auf ein anderes und in der Welt weit verbreitetes Phänomen – *das Rauchen.* Das Buch wird theoretisch und methodologisch von zwei experimentell orientierten Sozialpsychologen bearbeitet. Akhter Ahsen präsentiert ein anderes Buch (1972) und versucht, nach der Idee von Isidore Chiens, die Philosophie und die Wissenschaft in eine brauchbare Weltanschauung zu integrieren. Zwei Bücher, und zwar von Arthur Melton und Edwin Martin (Eds.) (1972) sowie das von Lucille Blum (1972), fassen wir zusammen, weil sie sich etwas mehr von unserer Aufgabe entfernen. Das erstere wird jedoch bei der Deutung der Hypnose und das zweite beim Verhalten gegenüber dem Patienten eine Hilfe sein können. Und schon begegnen wir abermals C. Scott Moss, jetzt unter dem Titel *Recovery with Aphasia – The Aftermath of my Stroke* (1972). C. Scott Moss erlitt mit 43 Jahren einen massiven *Schlaganfall* und wurde aphasisch. Das Buch berichtet über seine Erlebnisse während der Erholung. Die Psychologie eines Therapeuten, der sich als Patient erlebt, ist sehr beeindruckend. Im Buch von William Taylor und Phoebe L.S. Taylor (Eds.) (1974) sind 3400 Literaturquellen, von der klassischen Zeit bis zur Gegenwart, angegeben. Das Buch von Alfred A. Barrios (1978) sei nur erwähnt. Das Werk von Donald O. Hebb *Essay on Mind* (1980) ist Hebbs Aussage über sein dem Geist-Körper-Problem gewidmetes Lebenswerk. Er drückt sich deutlicher aus als in früheren Büchern und präsentiert neue Argumente und Perspektiven zum Problem der Psyche. Arthur Phillips bringt das Buch *Transformational Psychotherapy – An Approach to Creative Hypnotic Communication* (1981). Der Autor möchte die psychische Gesundheit verbessern und sich nicht mit psychischen Krankheiten befassen. Nicht vergessen wollen wir auch das Buch von Gerald R. Weeks und Luciano L'Abate (1982), welches etliche Jahre davor unter dem Namen des ersten Autors erschienen war. E. Taylor (1983) berichtet über William James, der 1890 *Principles of Psychology and Varieties of Religious Experiences* schrieb und sich von einem rationellen, experimentellen zu einem intuitiven, auf Erfahrung beruhenden Ansatz bewegte. 1896 präsentierte er acht Vorträge am *Lowell Institute Boston*, in denen er versuchte, die Aspekte der suggestiven Therapie, Psychotherapie, Medizin und experimentellen Psychologie zu erläutern. Diese Vorträge blieben unveröffentlicht, bis Taylor sie fand und einordnete. Das Buch dokumentiert eine gründliche Untersuchung der in Archiven aufbewahrten Bücher und Notizen. Lars-Eric Uneståhl (Ed.) behandelt *The Mental Aspects of Gymnastics* (1983). Dieses Buch untersucht den vielseitigen Einfluß der psychologischen Faktoren auf *gymnastischen Leistungssport*. Das Buch von Onno van der Hart (1983) versucht, die Strukturen der traditionellen Rituale, die man in der individuellen und Familientherapie anwenden könnte, darzustellen. Das Buch ist halb Theorie und halb Praxis und leidet unter diesen getrennten Aufgaben. Die *anthropologische Einstellung* zum Ritual (Kapitel IV) wird ohne kritische Beurteilung präsentiert. Verschiedene Methoden werden zusammengesetzt.

3.6.4 Die Literatur zur Parapsychologie und ähnlichen Themen ist relativ umfangreich. *Der Objektivität und der Ausgewogenheit wegen* wollen wir auch diese auswahlsweise anbieten. Einen *Bericht über Leben vor dem Leben* brachten Morris Netherton und Nancy Shiffrin (1979) zu Papier und sprachen über ihre *Erfahrungen in der Reinkarnations-Therapie*. Einzelne Fälle wurden mit Protokollangaben beschrieben. Das Buch von Ian Wilson (1982) befaßt sich auch mit *Reinkarnation*. Das Werk von Ian Stevenson (1983) wird uns etwas mehr Aufschlüsse auf diesem Gebiet liefern können. Der Originaltitel lautete: *Twenty Cases Suggestive of Reincarnation* (1966/1983). Der deutsche Übersetzer war vom Buchtitel nicht ganz überzeugt und übersetzte ihn so: «*Reinkarnation – Der Mensch im Wandel von Tod und Wiedergeburt – 20 überzeugende und wissenschaftlich bewiesene* ...». In einer Fernsehsendung im Jahre 1985 (zweimal wiederholt) sagte Hans Bender, Freiburg/Br., es handle sich bei Ian Stevenson um 2000 Fälle. Die meisten «bewiesenen» Fälle stammen aus Ceylon, Indien etc., aus den geographischen Regionen also, in denen man schon immer an die Reinkarnation glaubte. Milan Rýzl (1973) haben wir bereits erwähnt. In die gleiche Richtung bewegt sich ein weiteres Buch vom selben Autor (1985) unter dem Titel *Nutzen Sie Ihre phänomenale Geisteskraft*. Das Buch *Grundfragen der Parapsychologie* von Albert Freiherr von Schrenck-Notzing (1985) (Auflagen 1929, 1962) ist bezeichnend für dieses Problem und für die damalige Zeit. Zur Beurteilung der Parapsychologie generell verweisen wir auch auf den Artikel von Bauer (1985).

4. Weitere Literatur in verschiedenen Sprachen

4.1 Literatur in französischer Sprache

Seit Mesmer (Kapitel VIII.10), Puységur (1784, 1799), Faria (Kapitel VIII.12.3), Deleuze (Kapitel II.3.5.1), Charcot (Kapitel VIII.12.8) und insbesondere in den «*goldenen Jahren der Hypnose*» (Chertok, 1973) zwischen 1890 und 1900 und später (Baudouin, 1924, 1925; Bernheim, 1890, 1980; Janet, 1923; Liébeault, 1892; Moutin, 1890, 1896, 1913) sind viele Werke in französischer Sprache erschienen. Diese Werke haben wir fast alle auch in anderen Sprachen – insbesondere in der englischen – angetroffen. Die neuen Übersetzungen der älteren Bücher sind mehr oder weniger *der aktuellen Wissenschaft durch Vorwort, Einleitung, Ergänzungen und Literaturverzeichnis angepaßt worden*. Neuere französische Literatur referiert Chertok (1966, 1969, 1973, 1981, 1982) (s. dazu Kapitel II.3.5.1).

4.2 Literatur in italienischer Sprache

Aus diesem Sprachbereich bringen wir einige Werke, die jedoch ebenfalls in *englischer Übersetzung* vorliegen. Das Buch von Franco Granone: *L'Ipnotismo come Fenomene Biologico, Mezzo di Indagine e Strumento Terapeutico* (1962) (Hypnose als biologisches Phänomen, Untersuchung, Methodologie und therapeutische Techniken), ist eine der wenigen Publikationen in Italien in den 60er Jahren. Unmittelbar davor wurden *Hypnotismus in Psychotherapie* von Romero (Minerva Medica, 1960) und *Hypnose in der Modernen Medizin* von Pavesi und Mosconi (Cortina Pavia, 1960) bekannt. In der Auflage aus dem Jahre 1962 macht Granone ausführliche Angaben über die relevante Hypnose-Literatur. *Der erste Teil* betrachtet die *Terminologie* und die *historischen Aspekte* der Hypnose. Der *zweite Teil* die *Induktionen der Hypnose und hypnotische Phänomene.* Im *dritten Teil* wurden *experimentelle und therapeutische Aspekte der hypnotischen Phänomene* behandelt. Der *vierte Teil* bringt die Anwendung der Hypnose in der therapeutischen Situation. Die Auflage *Trattato di Ipnosi (Sofrologia) (Abhandlung der Hypnose (Sophrologie))* von Granone (1972) ist eine überarbeitete und erweiterte Ausgabe der *L'Ipnotismo* (1962). Dadurch ist es zu einem der größten und umfangreichsten Bände über die Hypnose (1086 Seiten) geworden. Die zweite Auflage ist fast doppelt so groß wie die erste. Bibliographie, Autoren- und Sachverzeichnis sind noch umfangreicher. Das Wort *Sophrologie* wurde vor Jahren von Caycedo eingeführt, weil man die Begriffe Hypnose oder Hypnotismus vermeiden wollte. Dieses Buch stellt meist nicht-amerikanische Standpunkte dar. Ein neueres Buch in italienischer Sprache stammt von Guglielmo Gulotta: *Ipnosi – Aspetti Psicologici, Clinici, Legali, Crimonologici* (1980). In ihm wird versucht, die vollständigen Informationen über die psychologischen, therapeutischen und juristischen Aspekte der Hypnose zu beleuchten.

4.3 Literatur in rumänischer Sprache

Die *zwei Werke*, die wir erwähnen wollen, sind auch in deutscher Sprache erschienen. Vladimir Aristo Gheorghiu schrieb ein rumänisches Buch *Hypnose und Gedächtnis: Untersuchungen zur Hypnotischen Hypermnesie und Amnesie* (1973). Dabei bearbeitet er die alte und die neue Literatur, die Forschungsprobleme und die Strategien. Dem bereits erwähnten Autor begegnen wir auch im Buch von Vladimir A. Gheorghiu und Ion Ciofu: *Sugestie si Sugestibilitate: Aspecte Psihologice si Psihofiziologice (Suggestion und Suggestibilität – Psychologische und Psychophysiologische Aspekte* (1982). Die Autoren versuchen, ihre Meinung über psychologische und psychosomatische Phänomene (die Hypnose ist eines davon) auszudrücken.

4.4 Literatur in slawischen Sprachen

Aus dem tschechoslowakischen Sprachbereich sollen zwei Bücher erwähnt werden. Im Buch *Die Natur der Hypnose und ihre Beziehung zum Schlaf* (1972) von Stanislav Kratochvîl findet man vor allem die Literatur aus dem slawischen Gebiet, was von Bedeutung sein kann, weil diese im Westen weniger bekannt ist. Der Autor selber ist ein erfahrener Wissenschaftler; er kennt auch die internationale Literatur auf dem Gebiet der Hypnose und sorgt *für einen kritischen Vergleich des Schrifttums aus den östlichen und westlichen Ländern.* In Osteuropa und in der Sowjetunion (*nicht:* Rußland, wie Chertok 1982 schreibt) hält man immer noch an der Meinung fest, daß Hypnose ein schlafähnlicher Zustand sei. Der Autor versucht, sich in seinem Buch allmählich von diesen Schlaftheorien zu lösen. Er spricht lieber von einer *Passivität/Aktivität* oder von einem *Wachsein-Schlaf-Kontinuum* in der Hypnose. Der Autor

unterscheidet dabei *zwei Hypnoseformen:* (a) *Wach-Hypnose* und (b) *Schlaf-Hypnose.* Wenn wir schon bei der tschechischen Sprache sind, wollen wir auch das Buch von Bedřich Roth (1962): *Narkolepsie und Hypersomnie (vom Standpunkt der Physiologie des Schlafes)* erwähnen. Das Buch bringt auf den Seiten 29–107 die Problematik des *Schlafes* und der *Hypnose* und diskutiert ausführlich die Pawlow'sche Theorie in diesem Zusammenhang.
In bezug auf die *sowjetische Literatur* zum Hypnose-Problem konnten wir nicht so vorgehen, wie wir dies bei der Bibliographie der anderen Sprachen tun konnten. Da ist zunächst einmal eine Übersicht über die sowjetischen Hypnotherapie-Arbeiten von J. Hoskovec (1967) zugänglich. Auch bei Hoskovec et al. (1963) sowie Platonov (1959) ist einiges zu finden. Léon Chertok (1973, 1982) hat sich ebenfalls mit der sowjetischen Fachliteratur der Hypnose auseinandergesetzt.

5. Zusätzliche Literatur

Die nachfolgend aufgeführten Werke sind zur *Bereicherung der Kenntnisse* gedacht, *damit man möglichst mit Patienten verschiedener Bildungsrichtungen und -niveaus gleichwertig sprechen* und auch auf die Probleme des Patienten besser eingehen kann. Davon abgesehen wird das Hypnosephänomen mit anderen Augen gesehen. Wir führen zunächst zwei Werke von Mircea Eliade an, und zwar das Buch *Mythen, Träume und Mysterien* (Mythes, Rêves et Mystères) (1961) und das Buch mit dem Titel *Das Heilige und das Profane* (Le Sacré et le Profane) (1985). Ähnlich den zwei eben erwähnten Büchern ist auch das Buch *Der Weg des Schamanen – Ein praktischer Wegweiser zu innerer Heilkraft* (1983) von Michael Harner. Das Buch von Hans-Jürgen Wolf (1980) ist eine Fundgrube für *Abstammung, Vorstufen, Entwicklung, Ende von Hexentum und Exorzismus* und läßt kaum etwas auf diesen Gebieten aus. Danach war zu den damaligen Zeiten die Hypnotherapie fest verankert. *Die Geschichte der Entstehung und Entwicklung der Religionen* findet man bei Helmuth von Glasenapp (1982). Dazu wollen wir das kleine Buch von Edward Conze *Der Buddhismus* (1981) sowie das von Erich Fromm, Diasetz Teitaro Suzuki und Richard de Martino *Zen-Buddhismus und Psychoanalyse* (1981) (Kapitel X) erwähnen. Als Grundlage für *Meditationen, autogenes Training*, aber auch für Hypnotherapie und Psychotherapien anderer Art, werden diese kleinen Werke von Nutzen sein. Heinrich Zimmer (1973, 1982) versucht, Anweisungen zu *Yoga und Buddhismus* zu geben. Im Zusammenhang mit den vorhandenen Vorschlägen ist auch das kleine Büchlein von Bernhard Müller-Elmau (1984), *Kräfte aus der Stille – (Die transzendentale Meditation)*, nicht zu vergessen. Die Broschüre von Fernando Joannes (1982), *Das Judentum*, wird im Zusammenhang mit dem Buch *Die Fünf Weltreligionen* (Glasenapp, 1982) helfen können, die jüdische Religion in bezug auf unser Problem besser kennenzulernen. Dazu sei auch noch das Buch von Hanna Wolff (1983), *Jesus als Psychotherapeut (Jesu Menschenbehandlung als Modell moderner Psychotherapie)*, nicht ausgelassen. Das Buch *Mohammed und der Koran* von Rudi Paret (1980) muß aus Gründen der Ausgewogenheit erwähnt werden. *Geschichte der Medizin* (1982) wird unter anderem von Charles Lichtenthaeler angeboten. Hier findet man an einer Stelle fast alles aus diesem Gebiet. Einige Kapitel, wie die über Hippokrates (460–377 v. Chr.), Galen (129–199 n. Chr.), Magendie (1783–1855), sind ausführlicher als die anderen. Jürgen Thorwald (1985) hat ein Buch unter dem Titel *Macht und Geheimnis der frühen Ärzte (Ägypten, Babylonien, Indien, China, Mexiko, Peru)* vorgelegt.
Nicht zuletzt wollen wir ein paar Werke zu den heutigen «*Wundern*» streifen. Das größte «Wunder» der heutigen Zeit ist jenes von Lourdes. Eine Sammlung von Ereignissen und «Ereignissen» findet man im gleichnamigen Buch von Alfred Laepple (1983), das immer

wieder neu aufgelegt wird. In unseren entsprechenden Abschnitten werden wir darauf zurückkommen. Josef Hanauer (1979) hat über *Fatima «Erscheinungen und Botschaften»* berichtet. Die Abhandlung setzt sich sehr kritisch mit diesem Problem auseinander. Zu dem «Phänomen» von Konnersreuth stehen *zwei Bände* unter dem Titel *Visionen der Therese Neumann* I und II (Johannes Steiner, 1979) zur Verfügung.

6. Versuch einer Synopsis und Schlußbetrachtung

Von den 4786 bearbeiteten wissenschaftlichen Publikationen über die Hypnoseproblematik (= 100 %) wurden für das Kapitel II 359 (7,50 %) ausgewählt. Die weiteren 4427 (92,50 %) sind in den nachfolgenden Kapiteln III–XXIX eingebaut.

(1) *Bei der Auswahl der Bibliographie für das Kapitel II wurden zwei Kriterien angelegt.* Es wurden in der Regel (a) Werke erfaßt, die einen *erheblichen historischen Wert* besitzen (Entdeckungen, Urschriften, Umbruch, Wende in der Hypnoseforschung) und (b) solche, *die einen größeren Komplex der Hypnose* bearbeiten (Lehrbücher, Monographien, Kongreß-Berichte, Handbücher, größere Handbuch-Kapitel, internationale Periodika als solche).

(2) Von den 359 erfaßten Werken stammen aus der Zeit zwischen 1700 und 1784 (84 Jahre) 18 (0,21 pro Jahr); zwischen 1785 und 1889 (104 Jahre) 58 (0,56 pro Jahr); zwischen 1890 und 1933 (43 Jahre) 39 (0,91 pro Jahr); zwischen 1934 und 1959 (25 Jahre) 26 (1,04 pro Jahr) und zwischen 1960 und 1985 (25 Jahre) (spätere wegen der Latenzzeit der Literaturerfassung nicht berücksichtigt) 216 (8,64 pro Jahr). *Daraus erkennt man zunächst ein stetig wachsendes Interesse an der wissenschaftlichen Hypnose*, mit einem steilen Anstieg nach 1960.

(3) Ein näheres Studium der Bibliographie ergibt auch interessante *periodische Schwankungen* der Hypnoseforschung (wonach auch die Intervalle unter Punkt 2 bestimmt wurden), die in Kapitel VIII näher studiert und mit Hilfe von Schema 7 demonstriert werden.

(4) *Die Verteilung der erfaßten Hypnose-Werke auf einzelne Sprachen* führt uns zu neuen Schlußfolgerungen, die nach Konsequenzen rufen. Dabei kann die Literatur bis zum ersten wissenschaftlichen Hypnose-Kongreß (1889) ausgelassen werden, da sie einen mehr historischen Wert besitzt und für die Studierenden weniger von Bedeutung ist. Von insgesamt zwischen 1890 und 1933 erfaßten 39 Werken sind 27 in deutscher Sprache publiziert worden (69,2 %). Die Zeitspanne zwischen 1934 und 1959 ist weniger interessant. Von den 229 Publikationen zwischen 1960 und 1985 (der Unterschied gegenüber der unter Punkt 2 genannten Anzahl von 216 ist auf das Erscheinen von Werken in zwei Sprachen, d. h. auf die Übersetzungen, zurückzuführen) erschienen nur 74 auf Deutsch als Originalsprache oder in Übersetzungen (32,2 %). Fast alle anderen waren auch oder zuerst in englischer Sprache erschienen (67,8 %). Zieht man unter den gleichen Kriterien für beide Sprachen die Werke ab, die sich nicht direkt mit Hypnose befassen, dann verbleiben für die erwähnte Zeit nur 23 Publikationen in deutscher (15,9 %) gegenüber von 122 Werken (84,1 %) in englischer Sprache.

(5) Nimmt man jetzt das *Lehrbuch* als Kriterium, so können von den 122 referierten englischen Büchern (= 100 %), die sich mehr oder weniger direkt mit Hypnose befassen, 62 (50,8 %) *als allgemeines oder spezielles Lehrbuch* in Anspruch genommen werden. Wenn unter dem gleichen Kriterium auch die deutsche Bibliographie betrachtet wird, *verbleibt von den 23 Werken (= 100 %) nur eines (4,35 %), das als Lehrbuch für geeignet angesehen werden kann.* Aber auch dieses Werk (Svoboda, 1984) *bearbeitet die neuere Literatur nur zu*

einem geringen Teil und erfaßt die klinische Seite (Medizin) kaum. Das Werk von Stocksmeier (1984) ist zwar als *Lehrbuch* deklariert worden, erfaßt aber die Literatur nach 1959 kaum und bearbeitet die neuesten Hypnose-Techniken nicht, geschweige die Hypnotisierbarkeits-Skalen. *Wenn man schließlich die englischen Lehrbücher mit den deutschen in eine Relation bringt*, entsteht ein Verhältnis von 51:1. Und da ist einer der Faktoren zu finden, welche *Inhalt, Form, Umfang und Erscheinungsjahr* des vorliegenden Buches bestimmten (siehe Vorwort und weitere Kapitel).

7. Ausgewählte Bibliographie

Aas, A.: A Note on Distractibility and Hypnosis. *Am. J. Clin. Hypnosis*, (1962), 5 (Zitiert in Stocksmeyer, U.: *Lehrbuch der Hypnose*, Karger, Basel-München-Paris-London-New York-Tokyo-Sydney, 1984).

Ahsen, A(khter): *Eidetic Parents Test and Analysis.* Brandon House, New York, NY., 1972.

Ahsen, A(khter): *Psycheye Self-Analytic Consciousness.* Brandon House, New York, NY., 1977.

Araoz, D(aniel) L.: *Hypnosis and Sex Therapy.* Brunner/Mazel, New York, NY., 1982.

Araoz, D(aniel) L.: *The New Hypnosis.* Brunner/Mazel, New York, NY., 1985.

Arons, H(arry): Hypnosis in Criminal Investigation. Charles C. Thomas, Springfield, Ill., 1967.

Azias, H.: De la phrénologie du magnétisme et de la folie. Ouvrage dédié a la mémoire de Broussais. Desessart, Paris, 1839.

Bailly, J(ean)-S(ylvain) (Ed.): Exposé des expériences qui ont été faites pour l'examen du magnétisme animal. L'Imprimerie Royale, Paris, 1784a.

Bailly, J.S.: Rapport des commissaires de la société royale de médicine. Nommés par le Roi pour faire l'examen du magnétisme animal. L'Imprimerie Royale, 1784b (mit vier Berichten).

Bailly, J.S.: Rapport des commissaires chargés par le Roi, de l'examen du magnétisme animal, imprimé par ordre du Roi. Sur la copie imprimée au Louvre. Moutard, 1784c (Wiederholung von «a», «b»).

Bandler, R(ichard), and Grindler, J(ohn): *Patterns of the Hypnotic Techniques of Milton H. Erickson, M.D.*, Volume I. Meta Publications, Cupertino, Calif., 1975.

Barber, J(oseph) and Adrian, C(heri) (Eds.): *Psychological Approaches to the Management of Pain.* Brunner/Mazel, New York, NY., 1982.

Barber, T(heodore) X(enophon): *Hypnosis – A Scientific Approach.* Van Nostrand Reinhold, New York, NY., 1969.

Barber, T(heodore) X(enophon): *LSD, Marihuana, Yoga and Hypnosis.* Aldine, Chicago, 1970.

Barber, T(heodore) X(enophon): *Hypnosis – A Scientific Approach.* Power, So. Orange, NJ., 1981.

Barber, T(heodore) X(enophon), Spanos, N(icholas) P., and Chaves, J(ohn) F.: *Hypnotism, Imagination and Human Potentialities.* Pergamon, New York, NY., 1974.

Barnett, E(dgar) A.: *Analytical Hypnotherapy – Principles and Practice.* Junica, Kingston, Canada, 1981.

Barrios, A(lfred) A.: *Towards Greater Freedom and Happiness.* Self-Programmed Control Press, Los Angeles, 1978.

Barth, G.: Der Lebensmechanismus, seine Erscheinungen und seine Praxis. J.U. Landherr, Heilbronn-Leipzig, 1852.

Baudouin, Ch.: *Suggestion und Autosuggestion.* Sibyllen-Verlag, Dresden, 1924, 1925.

Bauer, E(berhard): Mesmerismus, Spiritismus und die Anfänge der «Physical Research» – Zur Rezeption des Mesmerismus in der parapsychologischen Forschung. (In: Schott, H.: *Franz Anton Mesmer und die Geschichte des Mesmerismus.* Franz Steiner, Wiesbaden-Stuttgart, 1985).

Beahrs, J(ohn) O.: *Unity and Multiplicity – Multilevel Consciousness of Self in Hypnosis, Psychiatric Disorder and Mental Health.* Brunner/Mazel, New York, NY., 1982.

Beecher, H.K.: *Measurement of Subjective Response.* Oxford University Press, New York, NY., 1959.

Beigel, H(ugo) G. and Johnson, W(arren) R.: *Applications of Hypnosis in Sex Therapy.* Charles C Thomas, Springfield, Ill., 1980.

Bender, H(ans): Äußerung in einer Fernsendung über Ian Stevenson, (siehe Stevenson, Ian, 1983).

Bergasse, N.: Considérations sur le magnétisme animal, ou sur la théorie du monde et des êtres organisés, d'après principes de M. Mesmer. Den Haag, 1784.

Bernheim, H(ippolyte) M. (1840–1919): *New Studies in Hypnotism* (1890). (Richard S. Sandor, Trans.). Vorwort von Milton Greenblatt, M.D., International Universities Press, New York, NY., 1980.

Bernstein, A.E.: *Hypnosis – A Handbook.* (2nd edition), Pilpel, Perth, Western Australia, 1977.

Bertsche, J(osef): *Das Problem in Franz Anton Mesmers medizinischer Doktordissertation «de planetarum influxu» 1766.* Inaug. Diss., Universität Freiburg i.Br., 1942.

Bibel, Die: *Altes und Neues Testament.* Einheitsübersetzung. Herder, Freiburg-Basel-Wien, 1980.

Biddle, W. E(arl): *Hypnosis in the Psychoses.* Charles C Thomas, Springfield, Ill., 1967.

Binder, H.: *Suggestive Schlaftherapie, Einschlafhilfe durch Hypnose.* Ein Kurs mit Schallplatte, Lehmann, München, 1975.

Birnstiel, F.H.: Gesammelte Acten-Stücke zu Aufdeckung des Geheimnisses des sogenannten thierischen Magnetismus in einigen freundschaftlichen Briefen dem Herrn Ernst Gottfried Baldinger mitgeteilt. Neue Akad. Buchhandl., Marburg, 1787.

Bleuler, E(ugen): Zur Psychologie der Hypnose. *Münch. med. Wschr.* (1889), *36:* 76.

Bloch, G.J.: *Mesmerism – A Translation of the Original Medical and Scientific Writings of F.A. Mesmer.* W. Kaufmann, Los Altos, Calif., 1980.

Blum, L(ucille) H.: *Reading Between The Lines – Doctor-Patient Communication.* International Universities Press, New York, NY., 1972.

Bonnefoy, J.B.: Analyse raisonnée des raports des commissaires chargés par le Roy de l'examen du magnétisme animal. Praulat, Lyon-Paris, 1784.

Bowers, K(enneth) S.: *Hypnosis for the Seriously Curious.* Brooks/Cole, Monterey, Calif., 1976.

Bowers, M(argaretta) K.: *Clinical Material.* Paper presented to the Committee on Worship Research of the Union of American Hebrew Congregations, New York, NY., 1958a.

Bowers, M(argaretta) K.: *Friend or Traitor? Hypnosis in the Service of Religion.* Paper presented at the Annual Meeting of the Society for Clinical and Experimental Hypnosis, Chicago, 1958b.

Bowers, M(argaretta) K.: *Notes on the Psychological Study of Prayer.* Paper presented to the Committee on Worship Research of the Union of American Hebrew Congregations, New York, NY., 1958c.

Braid, J.: 1843 siehe Kapitel VIII und IX.

Braid, J(ames) (1795–1860): *Über den Hypnotismus.* In: W.Th. Preyer: *Die Entdeckung des Hypnotismus.* Paetel, Berlin, 1881.

Bramwell, J. M(ilne) (1852–1925): *Hypnotism – Its History, Practice and Theory.* (3rd edition) Rider and Co., London, 1903.

Bramwell, J. M(ilne): *Hypnotism and Treatment by Suggestion.* (Orig. Publ., 1909) Da Capo, New York, NY., 1982.

Brandis, J.D.: Ueber Psychische Heilmittel und Magnetismus. Gyldendal, Kopenhagen, 1818.

Brenner, C. (Ed.): *An Elementary Textbook of Psychoanalysis.* (Rev. ed.) International Universities Press, New York, NY., 1973.

British Library – The Photographic Section, Great Russel Street, London, WC1B 3DG. (Pers. Corresp., Ref. No. 6574607, 1985/6).

Bruch, H(ilde): *Eating Disorders: Obesity, Anorexia Nervosa and the Person Within.* Basic Books, New York, NY., 1973.

Bryan, W(illiams) J., Jr.: *Religious Aspects of Hypnosis.* Charles C Thomas, Springfield, Ill., 1962.

Burdin, C. et Dubois, F.: Histoire académique du magnétisme animal accompagnée de notes et des remarques critiques sur toutes les observations et experiences faites jusqu'à ce jour. Baillière, Paris, 1841.

Burrows, G.D., Collison, D(avid) R., Dennerstein, L. (Eds.): *Hypnosis 1979.* Elsevier/North Holland Biomedical Press, Amsterdam-New York-Oxford, 1979.

Burrows, G.D., and Dennerstein, L. (Eds.): *Handbook of Hypnosis and Psychosomatic Medicine.* Amsterdam-New York-Oxford, Elsevier/North Holland Biomedical Press, 1980.

Carus, C.C.: *Über Lebensmagnetismus und die magische Wirkung überhaupt.* Brockhaus, Leipzig, 1857.

Charcot, J(ean) M(artin) (1826–1893): *Poliklinische Vortäge.* (Übersetzung von S. Freud), p. 227. Deuticke, Leipzig/Wien, 1889.

Cheek, D(avid) B. and LeCròn, L(eslie) M.: *Clinical Hypnotherapy.* Grune & Stratton, New York, NY., 1968.

Chertok, L(éon): *Hypnosis.* Pergamon Press, London, 1966.

Chertok, L(éon) (Ed.): *Psychophysiological Mechanisms of Hypnosis*. Springer-Verlag, New York, NY., 1969.

Chertok, L(éon): *Hypnose – Theorie, Praxis und Technik eines psychotherapeutischen Verfahrens*. Kindler, München, 1973.

Chertok, L.: *Sense and Nonsense in Psychotherapy – The Challenge of Hypnosis*. Pergamon, New York, NY., 1981.

Chertok, L(éon): The Unconscious and Hypnosis. *Intern. J. Clin. Exp. Hypnosis*, (1982), *30:* 95–107.

Chertok, L. and De Saussure, R.: *The Therapeutic Revolution – From Mesmer to Freud*. (R.H. Ahrenfeldt, Trans.) Brunner/Mazel, New York, NY., 1979.

Chevreul, M.E.: *De la baguette divinatoire, du pendule dit explorateur et des tables tournantes*. Masson, Paris, 1845.

Choulant, L.: Ueber den animalischen Magnetismus. Eine Vorlesung gehalten in der Gesellschaft Albina zu Dresden am 12. Februar 1840. Dresdner Wochenblatt, Dresden, 1840.

Clarke, J. C(hristopher) and Jackson, J. A(rthur): *Hypnosis and Behaviour Therapy – The Treatment of Anxiety and Phobias*. Springer, New York, NY., 1983.

Conze, E(dward): *Der Buddhismus*. Kohlhammer/Urban, Stuttgart-Berlin-Köln-Mainz, (1.–7. Aufl., 1951–1981).

Coué, E.: *Die Selbstbemeisterung durch bewußte Autosuggestion*. Schwabe, Basel, 1966.

Crasilneck, H(arold) B. and Hall, J(ames) A.: *Clinical Hypnosis – Principles and Applications*. Grune & Stratton, New York, NY., 1985.

Darnton, R.: Der Magnetismus und das Ende der Aufklärung in Frankreich. Mit einem Essay von Martin Blankenburg. München, 1983.

Delandine, F.A.: De la philosophie corpusculaire, ou des connaissances et des procédés magnétiques chez les divers peuples. Couchet, Paris, 1785.

Deleuze, J.P.F.: *Practical Instruction in Animal Magnetism with an Appendix of Notes by the Translator, and Letters from Eminent Physicians and Others, Descriptive of Cases in the United States*. (Rev. ed., 1843) Thomas C. Hartshorn, trans.: Orig. Publ. in French, 1825. Da Capo, New York, NY., 1982 (Deutsche Ausgabe, 1853).

Dengrove, E(dward) (Ed.): *Hypnosis and Behavior Therapy*. Charles C Thomas, Springfield, Ill., 1976.

Deslon (Eslon, D'), Ch.: Observations sur les deux rapports de MM. les commissaires nommés par sa majesté, pour l'examen du magnétisme animal. Clousier, Philadelphia und Paris, 1784.

Dessoir, M.: *Bibliographie des modernen Hypnotismus*. Dunker, Berlin, 1888 und 1890 (I. Nachtrag).

Dogs, W.: *Die ärztliche Hypnose*. Walter Braun, Duisburg, 1967.

Dogs, W.: *Befreite Seele. Die ärztliche Hypnose*. Walter Braun, Duisburg, 3. Aufl., 1975.

Duke, R(obert) E.: *Hypnotherapy for Troubled Children*. Irvington, New York, NY., 1984.

Edelstien, M. G(erald): *Trauma, Trance and Transformation – A Clinical Guide to Hypnotherapy*. Brunner/Mazel, New York, NY., 1981.

Edmonston, W(illiam) E., Jr.: *Hypnosis and Relaxation – Modern Verification of an Old Equation*. Wiley, New York, NY., 1981.

Ehrenwald, J(an): *Psychotherapy – Myth and Method – An Integrative Approach*. Grune & Stratton, New York, NY., 1966.

Eliade, M(ircea): *Mythen, Träume und Mysterien*. Otto Müller, Salzburg, 1961.

Eliade, M(ircea): *Das Heilige und das Profane*. Insel Verlag, Frankfurt/M., 1985.

Ellenberger, H(enri) F.: *The Discovery of the Unconscious – The History and Evolution of Dynamic Psychiatry*. Basic Books, New York, NY., 1970 (Entdeckung des Unbewußten, Huber, Bern, 1973).

Elliotson, J(ohn) (1791–1868): In: Schneck, J(erome) M.: John Elliotson, William Makepeace Thackeray, and Doctor Goodenough. *Int. J. Clin. Exp. Hypnosis*, (1963), *11:* 122–130.

Elton, D., Stanley, G., Burrows, G.: *Psychological Control of Pain*. Grune & Stratton, New York, NY., 1983.

Ennemoser, J.: Historisch-psychologische Untersuchungen über den Ursprung und das Wesen der menschlichen Seele überhaupt und über die Beseelung des Kindes insbesondere. Büschler, Bonn, 1824.

Ennemoser, J(osef) (1787–1854): Anleitung zur Mesmerischen Praxis. J.G. Cotta, Stuttgart und Tübingen, 1852.

Ennemoser, J(osef): Das Horoskop in der Weltgeschichte. G. Franz, München, 1860.

Epstein, G(erald): *Wachtraumtherapie*. Klett-Cotta, Stuttgart, 1985. (Waking Dream Therapy, Dream Process as Imagination. Human Sciences Press, New York, NY., 1981).

Erickson, M.H., und Rossi, E.L.: *Hypnotherapie. Aufbau-Beispiele-Forschungen.* Pfeiffer, München, 1981. (Hypnotherapy. An Exploratory Casebook. Irvington, New York, NY., 1979).

Erickson, M(ilton) H., Rossi, E(rnest) L., and Rossi, S(heila) I.: *Hypnotic Realities – The Induction of Clinical Hypnosis and Forms of Indirect Suggestion.* Irvington, New York, NY., 1976 (*Hypnose. Induktion-Psychotherapeutische Anwendung-Beispiele*. Pfeiffer, München, 1978).

Eschenmayer, C.A.: Versuch die scheinbare Magie des thierischen Magnetismus aus physiologischen und psychischen Gesetzen zu erklären. Haas, Wien, 1816.

Esdaile, J(ames) (1808–1859): *Mesmerism in India and Its Practical Application in Surgery and Medicine.* Silas Andrus and Son, Hartford, 1851 (Reproduced by Tinterow, 1970). Und: *Hypnosis in Medicine and Surgery.* Julian Press, New York, NY., 1957.

Eslon, Ch.D' (siehe Deslon, Ch.)

Faria, J(ose) Custodio de: Sharma, Shridhar: L'Abbe de Faria – His Life and Contribution. In: Burrows, G.D., Collison, D(avid) R., Dennerstein, L. (Eds.): *Hypnosis 1979.* Elsevier/North Holland Biomedical Press, Amsterdam-New York-Oxford, 1979: 149–156.

Faust, V. (Hrsg.): Schlafstörungen. Hippokrates, Stuttgart, 1985.

Favrye. MMe. de la: Les reves d'une femme de province sur le magnétisme animal, ou essai théoretique et partique sur la doctrine à la mode. Caillet 5954, London und Paris, 1785.

Fechner, Th.G.: Ueber die physikalische und philosophische Atomlehre. Mandelsohn Leipzig, 1855.

Fischer, F.: Der Somnambulismus. Der thierische Magnetismus. Schweighauser, Basel, 1839.

Foissac, P.: Rapports et discussions de l'Académie Royale de Médécine sur le magnétisme animal, recueillis par un sténographie. Baillière, Paris, 1833.

Forel, A(ugust(e)) (1848–1931): *Der Hypnotismus oder die Suggestion und die Psychotherapie. Ihre psychologische, psychophysiologische und medizinische Bedeutung mit Einschluß der Psychoanalyse sowie der Telepathiefrage.* 1.–12. Aufl. Enke, Stuttgart, 1889–1923.

Fournel, J.F.: Essai sur les probabilités du somnambulisme magnétique. Pour servir à l'histoira du magnétisme animal. Les Marchands de Nouveautés, Paris-Amsterdam, 1785a.

Fournel, J.F.: Remontrances de malades aux médecins de la Faculté de Paris. Barbier IV, Caillet 4143/44, Amsterdam, 1785b.

Frankel, F(red) H.: *Hypnosis – Trance as a Coping Mechanism.* Plenum Medical, New York, NY., 1976.

Frankel, F(red) H., and Zamansky, H(arold) S. (Eds.): *Hypnosis at Its Bicentennial – Selected Papers.* Plenum Medical, New York, NY., 1978.

Freud, S(igmund) (1856–1939): Ein Fall von hypnotischer Heilung nebst Bemerkungen über die Entstehung hypnotischer Symptome durch den «Gegenwillen». *Z. Hypnotismus,* (1893), *1:* 102–107, 123–129.

Freud, S(igmund): Hypnotismus und Suggestion. *Wien. Med. Bl.,* (1888), *40:* 1189, 1226.

Freytag, F(redericka) F.: *Hypnosis and the Body Image.* Julian Press, New York, NY., 1961.

Friedländer, A.A.: *Die Hypnose und Hypnonarkose.* Enke, Stuttgart, 1920.

Fromm, E(rich), Suzuki, D.T., Martino, R. de: *Zen-Buddhismus und Psychoanalyse.* Suhrkamp, Frankfurt, 1981.

Fromm, E(rika) und Shor, R(onald) E. (Eds.): *Hypnosis – Research Developments and Perspectives.* Aldine-Atherton, Chicago, 1972. (Hypnosis – Developments in Research and New Perspectives, 1979).

Galen, (129–199 v.Chr.): Das «Phänomen» Galen. In: Lichtenthaeler, C.: *Geschichte der Medizin.* Deutscher Ärzte-Verlag, Köln-Lövenich, 1982.

Gardner, G. G(ail) and Olness, K(aren): *Hypnosis and Hypnotherapy with Children.* Grune & Stratton, New York, NY., 1981.

Gaßner, J(ohann) J(osef) auch A(ndreas) (1727–1779): In: Wolf, Hans-Jürgen: *Hexenwahn und Exorzismus.* Historia-Verlag, Kriftel/Ts., 1980.

Gheorghiu, V(ladimir) A(risto): *Hypnose und Gedächtnis. Untersuchungen zur Hypnotischen Hypermnesie und Amnesie.* Wilhelm Goldmann, München, 1973.

Gheorghiu, V(ladimir) A., and Ciofu, I(on): *Sugestie si Sugestibilitate – Aspecte Psihologice si Psihofiziologice.* (Suggestion und Suggestibilität – Psychologische und Psychophysiologische Aspekte). Editura Academiei Republicii Socialiste Romania, Bucharest, Rumänien, 1982.

Gibbons, D(on) E.: *Applied Hypnosis and Hyperempiria.* Plenum Press, New York, NY., 1979.

Gibson, H.B.: *Pain and Its Conquest.* Owen, London, 1982.

Gill, M.M., and Brenman, M.: *Hypnosis and Related States.* International Universities Press, New York, NY., 1959.

Gindes, B(ernard) C.: *New Concepts of Hypnosis.* Julian Press, New York, NY., 1977.

Glasenapp, H(elmut) von: *Die Fünf Weltreligionen.* Diederichs, Köln, 1982.

Goldman, G.D., and Milman, D.S. (Eds.): *Innovations in Psychotherapy.* Charles C Thomas, Springfield, Ill., 1972.

Gordon, J(esse) E. (Ed.): *Handbook of Clinical and Experimental Hypnosis.* Macmillan, New York, NY., 1967.

Gormley, W(illiam) J.: *Medical Hypnosis – Historical Introduction to Its Morality in the Light of Papal, Theological and Medical Teaching.* Catholic University of America Press, Washington, D.C., 1961.

Granone, F(ranco): *L'Ipnotismo come Fenomene Biologico, Mezzo di Indagine e Strumento Terapeutico.* (Hypnose als biologisches Phänomen, Untersuchung, Methodologie und therapeutische Techniken). Boringhieri, Torino, 1962.

Granone, F(ranco): *Trattato di Ipnosi (Sofrologia).* (Abhandlung der Hypnose – (Sophrologie)). Boringhieri, Torino, 1972.

Gruenewaldt, V. von: Von Mesmer zu Coué. Ein Beitrag zu den suggestiven Heilmethoden, O. W. Barth, München-Planegg, 1927.

Gulotta, G(uglielmo): *Ipnosi – Aspetti Psicologici, Clinici, Legali, Criminologici.* (Hypnose – Psychologische, Klinische, Öffentliche, Forensische Aspekte). Guiffré, Varese, Italien, 1980.

Hacker, F(riedrich): *Agression – Die Brutalisierung unserer Welt.* ECON, Düsseldorf/Wien, 1985.

Hammerschlag, H.E.: *Hypnose und Verbrechen.* Reinhardt, München/Basel, 1954.

Hanauer, J(osef): *Fatima «Erscheinungen und Botschaften».* Bock und Herchen, Bad Honnef, 1979.

Hansmann, M.: *Die Psychologie Franz Anton Mesmers. Gestaltanalytische Untersuchungen der Lehre F.A. Mesmers und ihrer Entwicklungsphasen.* Inaug.-Diss., Universität Graz, Juni, 1957.

Hansmann, M(argarethe): Mesmer in Wien. In: Schott, H.: *Franz Anton Mesmer und die Geschichte des Mesmerismus.* Franz Steiner, Wiesbaden-Stuttgart, 1985.

Harner, M(ichael): *The Way of the Shaman – A Guide to Power and Healing.* Harper & Row, New York, NY., 1980. (Der Weg des Schamanen – Ein praktischer Wegweiser zu innerer Heilkraft. Ansata-Verlag, Interlaken, 1983).

Hart, E(rnest) A(braham) (1835–1898): *Hypnotism, Mesmerism and the New Witchcraft* 1896. Reprint, Da Capo, New York, NY., 1982.

Hebb, D(onald) O.: *Essay on Mind.* Erlbaum, Hillsdale, NJ., 1980.

Herrnstein, R(ichard) J., and Boring, E(dwin) G. (Eds.): *A Source Book in the History of Psychology.* Harvard University Press, Cambridge, Mass., 1966.

Hervier, P.: Lettre sur la découverte du magnétisme animal, a M. Court de Gebelin. Couturier, Paris, 1784.

Hibbard, W(hitney) S., and Worring, R(aymond) W.: *Forensic Hypnosis – The Practical Application of Hypnosis in Criminal Investigations.* Charles C Thomas, Springfiled, Ill., 1966.

Hilgard, E(rnest) R.: *Hypnotic Susceptibility.* Harcourt, Brace Jovanovich and World, New York, NY., 1965.

Hilgard, E(rnest) R. and Hilgard, J(osephine) R.: *Hypnosis in the Relief of Pain.* William Kaufmann, Los Altos, Calif., 1975. (2nd edition, 1983).

Hilgard, E(rnest) R.: *Divided Consciousness – Multiple Controls in Human Thought and Action.* Wiley, New York, NY., 1977.

Hilgard, J(osephine) R.: *Personality and Hypnosis – A Study of Imaginative Involvement.* University of Chicago Press, Chicago, 1970, 1979.

Hilgard, J(osephine) R., and LeBaron, S(amuel): *Hypnotherapy of Pain in Children with Cancer.* William Kaufmann, Los Altos, Calif., 1984.

Hippokrates von Kos (460–377 v. Chr.): In: Lichtenthaeler C.: *Geschichte der Medizin.* Deutscher Ärzte-Verlag, Köln-Lövenich, 1982: 113ff., 135ff., 167ff., 195ff., 227ff., 253ff., 296ff., 403ff., 447ff., 511ff.).

Hirschlaff, L.: *Hypnotismus und Suggestivtherapie.* 4. Aufl. Barth, Leipzig, 1928.

Hoskovec, J., Svorad, D., Lanc, O.: The Comparative Effectiveness of Spoken and Tape-Recorded Suggestions of Body Sway. *Int. J. Clin. Exp. Hypnosis*, 1963, *11:* 163–166.

Hoskovec, J.: A Review of Some Major Works in Soviet Hypnotherapy. *Int. J. Clin. Exp. Hypnosis,* 1967, *15:* 1–10.

Hull, C(lark) L. (1884–1952): *Hypnotism and Suggestibility. Experimental Approach.* The Century Psychology Series, Appleton, New York, 1933. (s. auch Kap. IX für 1929).

Hunt, J(ames): *Stammering and Stuttering – Their Nature and Treatment.* (Orig. ed. 1861). Hafner, New York, NY., 1967.
International Journal of Clinical and Experimental Hypnosis (IJCEH): The Institute of Pennsylvania Hospital, 111 North 49th Street, Philadelphia, Pennsylvania 19139, USA. Auch: University of Melbourne, Austin Hospital, Heidelberg, Victoria 3084, Australien.
Jacobson, E(dmund) (Ed.): *Tension in Medicine.* Charles C Thomas, Springfield, Ill., 1967.
James, W(illiam): Principles of Psychology and Varieties of Religious Experiences. 1890 (siehe Taylor, E.).
Janet, P(ierre) (1859–1947): *La médicine psychologique.* Flammarion, Paris, 1923.
Janov, A(rthur): *Revolution der Psyche – Erfolge der Primär-Therapie.* Fischer, Frankfurt, 1976. (The Primal Revolution; Towards a Real World. Simon/Schuster, New York, NY., 1972).
Joannes, F(ernando): *Das Judentum.* Paul Pattloch, Aschaffenburg, 1982.
Joire, P.: *Handbuch des Hypnotismus. Seine Anwendung in Medizin, Erziehung und Psychologie.* 1. u. 2. Aufl. (deutsch von O. v. Boltenstern). Marcus, Berlin, 1908.
Jovanović, U. J.: *Normal Sleep in Man.* Hippokrates, Stuttgart, 1971.
Jovanović, U. J.: *Sexuelle Reaktionen und Schlafperiodik bei Menschen.* Ferdinand Enke, Stuttgart, 1972.
Jovanović, U. J.: Angewandte und klinische Hypnose (In Vorbereitung), 1989.
Jovanović, U. J.: Geschichte der Hypnose (In Vorbereitung), 1990.
Jung, C.G. (1875–1961): Paracelsus als Arzt. *Schweiz. Med. Woch.*, (1941), *40:* 1153–1158.
Jussieu, A.L. de: Rapport de l'un des commissaires chargés par le Toi, de l'examen du magnétisme animal. Herissant et Barrois, 1784.
Kaplan, F. (Ed.): *John Elliotson on Mesmerism.* Da Capo, New York, NY., 1982.
Kauffmann, M.: *Suggestion und Hypnose.* 2. Aufl. Springer, Berlin, 1923.
Kepler, J(ohannes) (1571–1630): Bekannter Astronom (wird in Zusammenhang mit Mesmer erwähnt).
Kerner, J.: 1834, 1836, 1846, 1831–39, 1913 etc. in Kerners Gesammelten Werke, siehe gleich unten die nachfolgende Zeile.
Kerner, J(ustinus) (1786–1862): *Werke* (6 Teile in 2 Bänden). Georg Olms Verlag, Hildesheim-New York, 1974.
Kinsey, A. A., Pomeroy, W. B., and Martin, D. E.: *Sexual Behavior in the Human Male.* W. B. Saunders, Philadelphia, 1948.
Kinsey, A. C., Pomeroy, W. B., Martin, C. E., and Gebhard, P. H.: *Sexual Behavior in the Human Female.* W. B. Saunders, Philadelphia, 1953.
Kleinsorge, H(ellmuth), and Klumbies, G(erhard): *Technique of Relaxation – Self Relaxation.* John Wright and Sons, Bristol, 1964.
Kleitman, N(athaniel): *Sleep and Wakefulness.* University of Chicago Press, Chicago, Ill., 1939, 1963, 1972.
Klemperer, E(dith): *Past Ego States Emerging in Hypnoanalysis.* Charles C Thomas, Springfield, Ill., 1968.
Kline, M(ilton) V. (Ed.): *Clinical Correlations of Experimental Hypnosis.* Charles C Thomas, Springfield, Ill., 1963.
Kline, M(ilton) V., Coleman, L(ester) L., and Wick, E(rika) E.: *Obesity – Etiology, Treatment and Management.* (P. A. Sullivan, Bibliogr. Ed.), Charles C Thomas, Springfield, Ill., 1976.
Kluge, C. A. F.: Versuch einer Darstellung des animalischen Magnetismus als Heilmittel. F. Haas, Wien, 1815.
Korenberg, M(orton), and Jones, C(atherine): *The Eye of Childhood.* Don Mills, Ontario, Longman Canada, 1970.
Krafft-Ebing, R. v. (1840–1902): *Hypnotische Experimente.* 1.–4. Aufl., Enke, Stuttgart, 1893–1926.
Kratochvîl, S(tanislav): *Podstata Hypnózy a Spánek.* (Die Natur der Hypnose und des Schlafes). Academia, Prague, 1972.
Kratzenstein, A. (Ed.): *Hypnose. Aktuelle Probleme in Theorie, Experiment und Klinik.* VEB, Fischer, Jena, 1971.
Kröner, B(irgit), und Sachse, R(ainer): *Biofeedbacktherapie – Klinische Studien, Anwendung in der Praxis.* Kohlhammer, Stuttgart-Berlin-Köln-Mainz, 1981.
Kroger, W(illiam) S.: *Clinical and Experimental Hypnosis.* 2nd edition. Lippincott, Philadelphia-Toronto, 1977.

Kroger, W.S., Fezler, W.D.: *Hypnosis and Behavior Modification – Imagery Conditioning*. Lippincott, Philadelphia-Toronto, 1976.
Kroger, W.S., Freed, S.C.: *Psychosomatic Gynecology – Including Problems of Obstetrical Care*. W.B. Saunders, Philadelphia, 1962.
Laepple, A(lfred): *Lourdes*. Pattloch, Aschaffenburg, 1983.
Lafontaine, Ch.: L'art de magnétiser ou le magnétisme animal considéré sous le point de vue théorique, pratique et thérapeutique. Baillière, Paris, 1852.
Langen, D. (Ed.): *Hypnose und autogenes Training in der psychosomatischen Medizin*. Hippokrates, Stuttgart, 1971.
Langen, D. (Ed.): *Hypnose und psychosomatische Medizin*, Hippokrates, Stuttgart, 1972a.
Langen, D.: *Kompendium der medizinischen Hypnose – Einführung in die ärztliche Praxis*. Karger-Verlag, Basel, 1972b.
Lankton, Carol, H., and Stephan, R.: Siehe Kapitel XII (1983).
Laski, M(argharita): *Ecstasy – A Study of Some Secular and Religious Experiences*. Indiana University Press, Bloomington, 1962.
Lassner, J(ean) (Ed.): *Hypnosis and Psychosomatic Medicine – Proceedings of the International Congress for Hypnosis and Psychosomatic Medicine, Paris (France), 1965*. Spinger-Verlag, Berlin, 1967.
LeCron, L.M.: *Technique of Hypnotherapy*. Julian Press, New York, NY., 1961.
LeCron, L(eslie) M.: *Self Hypnotism – The Technique and Its Use in Daily Living*. Prentice-Hall, Englewood Cliffs, N.J., 1964.
LeCron, L(eslie) M. and Bordeaux, J(ean): *Hypnotism Today*. Grune & Stratton, New York, NY., 1947.
Leuner, H.: *Katathymes Bilderleben, Unterstufe, Kleine Psychotherapie mit der Tagtraumtechnik*. Thieme, Stuttgart, 1970.
Leuner, H(anscarl): *Lehrbuch des Katathymen Bilderlebens*. Hans Huber, Bern, 1985.
Levitt, E(ugene) E.: *Die Psychologie der Angst*. Kohlhammer, Stuttgart-Berlin-Köln-Mainz, 1979.
Lichtenthaeler, C.: *Geschichte der Medizin*. Deutscher Ärzte-Verlag, Köln-Lövenich, 1982.
Liébeault, A(uguste) A. (1823–1904): *Über den Schlaf und ähnliche Zustände*. Deuticke, Wien, 1892.
Livingston: Zitiert in: Stocksmeier, U.: *Lehrbuch der Hypnose*. Karger, Basel-München-Paris-London-New York-Tokyo-Sydney, 1984, ohne Angaben im Literaturverzeichnis.
Loewenfeld, L.: *Hypnotismus und Medizin*. Bergmann, München-Wiesbaden, 1922.
Lohmann, R(einhard): Siehe bei Schultz, J.H.: *Hypnose-Technik*. Fischer-Verlag, Stuttgart-New York, 1983.
Madow, L(eo) and Snow, L(aurence) H. (Eds.): *The Psychodynamic Implications of the Physiological Studies on Dreams*. Charles C Thomas, Springfield, Ill., 1970.
Magendie, F(rancois) (1783–1855): In: Lichtenthaeler C.: *Geschichte der Medizin*. Deutscher Ärzte-Verlag, Köln-Lövenich, 1982: 481ff., 515ff., 558ff., 566ff.
Mangold, E.: Methodik der Versuche über tierische Hypnose. In: Abderhalden, E.: *Hb. biolog. Arbeitsmethoden, Sect. VI.C.* Urban & Schwarzenberg, Berlin (1928): 369–378.
Masters, R.E.L.: *Eros and Evil*. Julian Press, New York, NY., 1962.
Masters, W.H., Johnson, V.E.: *Human Sexual Inadequacy*. Little, Brown & Co., Boston, Massachusetts, 1970.
Mausner, B(ernhard), and Platt, E(llen) S.: *Smoking – A Behavioral Analysis*. Pergamon Press, New York, NY., 1971.
Mayer, L.: *Die Technik der Hypnose*. 1.–6. Aufl. Lehmann, München, 1934–1967.
Mayer, L.: *Das Verbrechen in Hypnose und seine Aufklärungsmethoden*. Lehmann, München, 1937.
Mayo, H.: Wahrheiten im Volksaberglauben, nebst Untersuchungen über das Wesen des Mesmerismus, F.A. Brockhaus, Leipzig, 1854.
Mead, R(ichard): *De imperio solis ac lunae in corpora humana et morbis inde oriundis*. Smith, London, 1704 (Originalarbeit von der British Library (No. 6574607) erworben, 1985).
Meares, A(inslie): *The Management of the Anxious Patient*, W.B. Saunders, Philadelphia, 1963.
Meier, W.: Höchst merkwürdige Geschichte der magnetisch hellsehenden Auguste Müller in Karlsruhe. Metzler, Stuttgart, 1818.
Melton, A(rthur) W., and Martin E(dwin) (Eds.): *Coding Processes in Human Memory*. Halsted Press, New York, NY., 1972.
Melzack, R(onald) and Wall, P(atrick) D.: *The Challenge of Pain*. Basic Books, New York, NY., 1983.
Mesmer, F(ranz) A(nton) (1734–1815): *De planetarium influxu*. Inaug. Diss. Universität, Wien, 1766.

Mesmer, F. A.: Précis historique des faits relatifs au magnétisme-animal jusques en Avril 1781. Bollen, Paris, 1781.

Mesmer, F. A.: Lettres de M. Mesmer, a Messieurs les Auteurs du Journal de Paris, et a M. Franklin. Dr. et J., Paris, 1784.

Mesmer, F. A.: Aphorismes. Ouvrage mis au jour par M. Caullet de Veaumorel. Sec. Edition, revue et corrigée, Caullet, Paris, 1785.

Meyer, J. A. G.: Natur-Analogien oder die vornehmsten Erscheinungen des animalischen Magnetismus in ihrem Zusammenhange mit den Ergebnissen der gesamten Naturwissenschaften, mit besonderer Hinsicht auf die Standpunkte und Bedürfnisse heutiger Theologie. Perthes, Hamburg-Gotha, 1839.

Moll, A.: *Hypnotismus.* 1.–4. Aufl. Kornfeld, Berlin, 1905–1924.

Moll, A.: *Hypnotism.* (5th ed., rev. & enlarg.; Orig. Publ. 1902). Da Capo, New York, NY., 1982.

Moss, C. S(cott): *Hypnosis in Perspective.* Macmillan, New York, NY., 1965.

Moss, C. S(cott): *The Hypnotic Investigation of Dreams.* Wiley & Sons, New York, NY., 1967.

Moss, C. S(cott): *Dreams, Images and Fantasy – A Semantic Differential Casebook.* (Foreword by Charles E. Osgood). Univer. of Ill. Press, Urbana, Ill., 1970.

Moss, C. S(cott): *Recovery with Aphasia – The Aftermath of My Stroke.* Univer. of Ill. Press, Urbana, Ill., 1972.

Moss, C. S(cott), and James, P(auline): *«Black Rover, Come Over!» – The Hypnosymbolic Treatment of a Phobia.* Univer. of Ill. Press, Urbana, Ill., 1970.

Mostofsky, D(avid) I. and Piedmont, R(alph) L.: *Therapeutic Practice in Behavioral Medicine.* Jossey-Bass, San Francisco-Washington-London, 1985.

Moutin, L.: *Le nouvel hypnotisme.* Perrin & Cie, Paris, 1890. (siehe auch Boirac, E.: Le diagnostic de la suggestibilité. *Rev. Psychothér. Psychol. appl.* (1913), *28:* 84–91) (gezeigt auch 1887).

Moutin, L.: Le diagnostic de la suggestibilité. *Societé d'Editions Scientifiques*, Paris, 1896.

Müller-Elmau, B(ernhard): *Kräfte aus der Stille*, ECON, Düsseldorf, 1984. (1. Aufl., 1977).

Naranjo, C(audio), and Ornstein, R(obert) E.: *On the Psychology of Meditation.* Viking Press, New York, NY., 1971.

Netherton, M(orris), Shiffrin, N(ancy): *Bericht vom Leben vor dem Leben – Reinkarnations-Therapie. Ein neuer Weg in die Tiefe der Seele.* Scherz-Verlag, Bern-München, 1979. (Past Lives Therapy – übersetzt aus dem Amerikanischen von Ursula Fischer).

Neuberth, J.: Ist Amalie Klunger eine Somnambule? Eine Beantwortung dieser Frage vom Standpunkte des Mesmerismus. Arnold, Dresden-Leipzig, 1844.

Newton, I(saac) (1643–1727): In: Lichtenthaeler, C.: *Geschichte der Medizin.* Deutscher Ärtze-Verlag, Köln-Lövenich, 1982.

Obersteiner, H.: Der Hypnotismus mit besonderer Berücksichtigung seiner klinischen und forensischen Bedeutung. Umschlag, Wien, 1887.

Ochorowicz, J.: Magnetismus und Hypnotismus, Mutze, Leipzig, 1897.

Orne, M(artin) T.: The Use and Abuse of Hypnosis in Criminal Investigation. Presidential address. 8th International Congress of Hypnosis and Psychosomatic Medicine, Melbourne, August, 1979.

Paracelsus, Aureolus Philippus Theophrastus Bombastus von Hohenheim (1493–1541). Aus Jung, C. G.: Paracelsus als Arzt. *Schweiz. Med. Woch.*, (1941), *40:* 1153–1158. Aus Lichtenthaeler, C.: *Geschichte der Medizin.* Deutscher Ärzte-Verlag, Köln-Lövenich, 1982.

Paret, R(udi): *Mohammed und der Koran.* Kohlhammer/Urban, Stuttgart-Berlin-Köln-Mainz, (1. Aufl. 1957; 5. Aufl. 1980).

Passavant, J. C.: Untersuchungen über den Lebensmagnetismus und das Hellsehen. Brönner, Frankfurt/M. 1821.

Passavant, J. C.: Das Gewissen. Eine Betrachtung, Heyder & Zimmer, Frankfurt/M., 1857.

Pattie, F. A.: Mesmer's Medical Dissertation and Its Debt to Mead's De imperio solis ac lunae in corpora humana et morbis inde oriundis. *J. History Med. Allied Sci.*, (1956), *11:* 275.

Pearce, J(oseph) C(hilton): *The Crack in the Cosmic Egg.* Julian Press, New York, NY., 1971.

Perty, M.: Blicke in das verborgene Leben des Menschengeistes. Winter, Leipzig-Heidelberg, 1869.

Phillips, A(rthur): *Transformational Psychotherapy – An Approach to Creative Hypnotic Communication.* Elsevier, New York, NY., 1981.

Platonov, K. I.: *The Word as a Physiological and Therapeutic Factor.* 2nd edition. Foreign Languages Publishing House, Moscow, 26, 1959.

Pratt, G. J., Wood, D. P., and Alman, B. M.: *A Clinical Hypnosis Primer.* Psychology & Consulting Associates Press, La Jolla, Calif. 1984.

Prel, C. du: Studien aus dem Gebiete der Geheimwissenschaften. Friedrich, Leipzig, 1890–91.
Preyer, W. Th.: *Der Hypnotismus.* Urban & Schwarzenberg, Wien-Leipzig, 1890.
Price, H.: *Short-Title Catalogue and Supplementary Catalogue of Works on Psychical Research, Spiritualism, Magic, Psychology, Legerdemain, and Other Methods of Deception, Charlatanism, Witchcraft, and Technical Works for the Scientific Investigation of Alleged Abnormal Phenomena from circa 1450 A.D. to 1935 A.D.* (mit einem Anhang: McNair, T. J., und Slater, J. F.: The St. Louis Magnet). (1. Aufl. 1929, 2. Aufl. 1939). Da Capo, New York, NY., 1982.
Puységur, Armand Marie Jaques de Chastenet, Marquis de (1751–1825): *Mémoires pour servir a l'histoire et a l'établissement du magnétisme animal.* Maison, Paris, 1784.
Puységur, Armand Marie Jaques de Chastenet, Marquise de: Mémoires de F. A. Mesmer sur ses decouvertes, Maison, Paris, 1799.
Reiser, M(artin): *Handbook of Investigative Hypnosis.* LEHI, Los Angeles, Calif., 1980.
Retz, N.: Mémoire pour servir a l'histoire de la jonglerie, dans lequel on demontre les phénomenes du Mesmérisme. Méquignon, London-Paris, 1784.
Richardson, A(lan): *Mental Imagery.* Springer, New York, NY., 1969.
Robiano, L'Abbé Comte, A. de: Neuralgie oder der thierische Magnetismus nach mehreren neuen Erscheinungen bereichert, bewiesen und veranschaulicht. Rümelin, Stuttgart, 1849, 1900.
Römer, C.: Ausführliche historische Darstellung einer höchst merkwürdigen Somnambüle nebst dem Versuche einer philosophischen Würdigung des Magnetismus. Metzler, Stuttgart, 1821.
Rossi, E(rnest) L. (Ed.): *The Collected Papers of Milton H. Erickson on Hypnosis, by Milton H. Erickson, (4 vols.).*
Volume I: The Nature of Hypnosis and Suggestion. Irvington, New York, NY., 1980.
Volume II: Hypnotic Alteration of Sensory, Perceptual and Psychophysiological Processes. Irvington, New York, NY., 1980.
Volume III: Hypnotic Investigation of Psychodynamic Processes. Irvington, New York, NY., 1980.
Volume IV: Innovative Psychotherapy. Irvington, New York, NY., 1980.
Roth, B(edřich): *Narkolepsie und Hypersomnie.* VEB Verlag Volk und Gesundheit, Berlin, 1962.
Rubin, A.: *Learning and Sleep. Theory and Practice of Hypnopaedia.* Wright & Sons, Bristol, 1971.
Rýzl, M.: *Hellsehen und andere parapsychische Phänomene in Hypnose.* Keller, Genf, 1973.
Rýzl, M(ilan): *Nutzen Sie Ihre phänomenale Geisteskraft.* Ariston, Genf, 1985.
Sacerdote, P(aul): *Induced Dreams.* Vantage Press, New York, NY., 1967.
Sarbin, T(heodore) R., and Coe, W(illiam) C.: *Hypnosis – A Social Psychological Analysis of Influence Communication.* Holt, Rinehart and Winston, New York, NY., 1972.
Schauenburg, C. H.: Tischrücken und Tischklopfen eine Thatsache. Mit Dokumenten von den Herren K. Simrock, Hoffmann von Fallersleben, O. Schade und Neusser. Arnz & Comp., Düsseldorf, 1853.
Schilder, P.: *Das Wesen der Hypnose.* Springer, Berlin, 1922.
Schilder, P., und Kauders, O.: *Lehrbuch der Hypnose*, Springer, Berlin, 1926.
Schmitz, K.: *Was ist, was kann, was nützt Hypnose?* Lehmanns, München, 1951.
Schmitz, K.: *Heilung durch Hypnose.* Lehnen, München, 1957.
Schneck, J(erome) M.: *Hypnosis in Modern Medicine.* (3rd Ed.) Charles C Thomas, Springfield, Ill., 1963.
Schott, H(einz) (Ed.): *Franz Anton Mesmer und die Geschichte des Mesmerismus.* Franz Steiner, Wiesbaden-Stuttgart, 1985.
Schrenck-Notzing, Albert Freiherr von (1862–1929): *Grundfragen der Parapsychologie.* Kohlhammer, Stuttgart-Berlin-Köln-Mainz, 1929, 1962, 1985.
Schubert, G. H. von: Die Zaubereisünden in ihrer alten und neuen Form. Palm & Enke, Erlangen, 1854.
Schultz, J. H.: *Die seelische Krankenbehandlung*, 1.–8. Aufl. G. Fischer, Jena-Stuttgart, 1919–1963.
Schultz, J. H.: *Das Autogene Training.* 1.–15. Aufl. Thieme, Leipzig-Stuttgart, 1932–1976.
Schultz, J. H.: *Hypnose-Technik.* 1.–6. Aufl. G. Fischer, Jena-Stuttgart-New York, 1935–1976, Fischer, Stuttgart, 1983.
Schultz, J. H.: Das Autogene Training. In: Frankl, V. E., Gebsattel, V. E. Freiherr v., Schultz, J. H.: *Hb. d. Neurosenlehre u. Psychotherapie*, (1959), *4:* 153–210, Urban & Schwarzenberg, München-Berlin.
Schwarzschild, H.: Magnetismus, Somnambulismus, Clairvoyance. Zwölf Vorlesungen. Th. Fischer, Kassel, 1853, 1854.
Scott, D(avid) L.: *Modern Hospital Hypnosis – Especially for Anaesthetists.* Lloyd-Luke, London, (Distributed by Year Book Medical, Chicago), 1974.

Servan, A. J. M.: Doutes d'un provincial, proposés à MM. les médecins-commissaires, chargés par le Roi, del'examen du magnétisme animal. Prault, Rapis et Lyon, 1784.

Sheehan, P(eter) W. (Ed.): *The Function and Nature of Imagery*. Academic Press, New York, NY., 1972.

Sheehan, P(eter) W., and Perry, C(ampbell) W.: *Methodologies of Hypnosis – A Critical Appraisal of Contemporary Paradigms of Hypnosis*. Lawrence Erlbaum Assoc., (distributed by Halstead Press, John Wiley & Sons, Inc), Hillsdale, N.J., 1976.

Sheehan, P(eter) W., and McConkey, K(evin) M.: *Hypnosis and Experience – The Exploration of Phenomena and Process*. Lawrence Erlbaum, Hillsdale, J.J., 1982.

Sheikh, A(nees) A. (Ed.): *Imagery – Current Theory, Research and Application*, Wiley & Sons, New York, NY., 1983.

Shor, R.E., and Orne, E.D.: *Harvard Group Scale of Hypnotic Susceptibility. Form A*. Consulting Psychologists Press, Palo Alto, Calif., 1962.

Sigusch, V(olkmar) (Hg.): *Therapie – Sexuelle Störungen*. Georg Thieme, Stuttgart, 1975.

Silvy, L.: Bericht über die Begebenheiten, welche sich mit einem Landbauer in La Beauce 1816 zugetragen haben. Strecker, Würzburg, 1827.

Sparks, L(aurence): *Self-Hypnosis – A Conditioned Response Technique*. Grune & Stratton, New York, NY., 1962.

Spiegel, H(erbert), and Spiegel, D(avid): *Trance and Treatment – Clinical Uses of Hypnosis*. Basic Books, New York, NY., 1978.

Spielberger, C(harles) D. (Ed.): *Anxiety and Behavior*. Academic Press, New York, NY., 1966.

Steffenhagen, R.A. (Ed.): *Hypnotic Techniques for Increasing Self-Esteem*. Irvington, New York, NY., 1983.

Stein, C(alvert): *Practical Psychotherapeutic Techniques*. Charles C Thomas, Springfield, Ill., 1968.

Steiner, J(ohannes): *Visionen der Therese Neumann I. und II*. Schnell/Steiner, München, (1. Aufl. 1977), 1979.

Sternbach, R(ichard) A.: *Pain – A Psychophysiological Analysis*. Academic Press, New York, NY., 1968.

Stevenson, I(an): *Reinkarnation – Der Mensch im Wandel von Tod und Wiedergeburt. 20 überzeugende und wissenschaftlich bewiesene Fälle*. Aurum-Verlag, Freiburg i. Br., 1983. (Twenty Cases Suggestive of Reincarnation, University Press of Virginia, Charlottesville, 1966).

Stieglitz, J.: Ueber den thierischen Magnetismus. Brüder Hahn, Hannover, 1814.

Stocksmeier, U(we): *Lehrbuch der Hypnose*. (Begründet von Stokvis, B., und Langen, D.), Karger, Basel-München-Paris-London-New York-Tokyo-Sydney, 1984.

Stokvis, B.: *Hypnose in der ärztlichen Praxis*. Karger, Basel-München-Paris-London-New York-Tokyo-Sydney, 1955.

Stokvis, B., und Langen, D.: *Lehrbuch der Hypnose*. 2. Aufl. von B. Stokvis: Hypnose in der ärztlichen Praxis. Karger, Basel-München-Paris-London-New York-Tokyo-Sydney, 1965.

Stoll, O.: *Suggestion und Hypnotismus in der Voelkerpsychologie*. Veit, Leipzig, 1907.

Strian, F(riedrich): *Angst – Grundlagen und Klinik*. Springer-Verlag, Berlin, 1983.

Svoboda, T(omas): *Das Hypnosebuch*, Kösel, München, 1984.

Szápáry, Graf F., von: Die magnetische Lehre der neuen Schule in Fragen und Antworten nach den Vorlesungen ... von einem seiner Hörer. Regensburg, Mainz, 1845.

Tart, C(harles) T. (Ed.): *Altered States of Consciousness – A Book of Readings*. Wiley & Sons, New York, NY., 1969.

Tausch, R(einhard): *Gesprächspsychotherapie*. Hogrefe, Göttingen, 1960, 1974.

Taylor, W(illiams) S., and Taylor, P(hoebe) L.S. (Eds.): *The Human Course – Collected Thoughts for Living*. Halsted Press, New York, NY., 1974.

Taylor, E.: *William James on Exceptional Mental States*. Scribner's Sons, New York, NY., 1983.

Tepperwein, K.: *Die Hohe Schule der Hypnose*. Ariston, Genf, 1977.

Teste, A.: Le magnétisme animal expliqué ou leçons analytiques sur la nature essentielle du magnétisme, sur ses effets son histoire, ses applications les diverses manières de le pratiquer, etc. Baillière, Paris, 1845.

Thornton, E.M.: *Hypnotism, Hysteria and Epilepsy – An Historical Synthesis*. Heinemann Medical Books, London, 1976.

Thorwald, J(ürgen): *Macht und Geheimnis der frühen Ärzte*. Droemer Knaur, München, 1985.

Thouret, M.A.: Recherches et doutes sur le magnétisme animal. Prault, Paris, 1784.

Tietze, H.G.: *Hypnose – Ihre Möglichkeiten und Grenzen*. Fackelträger, Hannover, 1978.

Tinterow, M(aurice) M.: *Foundations of Hypnosis – From Mesmer to Freud.* Charles C Thomas, Springfield, Ill., 1970.

Tischner, R(udolf): Franz Anton Mesmer, Leben, Werk und Wirkungen. Münchner Beiträge zur Geschichte und Literatur der Naturwissenschaften und Medizin, Heft 9/10, München, 1928.

Tissart, R. du: Nouvelles cures opérées par le magnétisme animal. Barbier III, 567. Caillet 10703, Paris, 1784.

Trömner, E.: *Hypnotismus und Suggestion.* 4. Aufl. Teubner, Leipzig, 1922.

Turk, D(ennis) D., Meichenbaum, D(onald), and Genest, M(yles): *Pain and Behavioral Medicine – A Cognitive-Behavioral Perspective.* Guilford, New York, NY., 1983.

Udolf, R(oy): *Forensic Hypnosis – Psychological and Legal Aspects.* Lexington Books, (D.C. Heath and Company), Lexington-Massachusetts-Toronto, 1983.

Uneståhl, L(ars-Eric) (Ed.): *The Mental Aspects of Gymnastics.* Veje Forlag, Orebrö, Sweden, 1983.

Van der Hart, O(nno): *Rituals in Psychotherapy – Transition and Continuity.* (Translated from the Dutch by Angie Pleit-Kupier) Irvington, New York, NY., 1983.

Völgyesi, F.: *Menschen- und Tierhypnose. Mit Berücksichtigung der Stammes- und Einzelentwicklung des Gehirns.* 2. Aufl. unter Mitarbeit des Verf. neu bearb. von G. Klumbies. Orell Füssli, Zürich, 1963.

Völgyesi, F.: *Hypnose bei Mensch und Tier.* 2. Aufl. Bearb. u. mit einem Beitr. von G. Klumbies, VEB Hirzel, Leipzig, 1967.

Vogt, O.: *Die direkte psychologische Experimentalmethode in hypnotischen Bewußtseinszuständen.* Barth, Leipzig, 1897.

Wagner-Jauregg, J. v. (1857–1940): *Telepathie und Hypnose im Verbrechen.* Verlag der Gerichtssaalreferenten der Wiener Tagespresse, Wien, 1919.

Wagstaff, G(raham) F.: *Hypnosis, Compliance and Belief.* St. Martin, New York, NY., 1981.

Wallnöfer, H.: *Seele ohne Angst, Hypnose, Autogenes Training, Entspannung,* 2. Aufl. Hoffmann u. Campe, Hamburg, 1969.

Watkins, J(ohn) G., and Johnson, R(honda) J.: *We, the Divided Self.* (Etiology, Dynamics and Treatment of a Multiple Personality). Irvington, New York, NY., 1982.

Weatherhead, L.D.: *Psychology, Religion and Healing.* Abingdon-Cokesbury Press, Nashville, Tenn., 1951.

Weeks, G.R., L'Abate, L.: *Paradoxical Psychotherapy – Theory and Practice with Individuals, Couples, and Families.* Brunner/Mazel, New York, NY., 1982.

Weitzenhoffer, A.M.: Vorwort in: Erickson, M.H., Rossi, E.L., Rossi, S.L.: *Hypnose-Induktion. Psychotherapeutische Anwendung – Beispiele.* Pfeiffer, München 1978. (Hypnotic Realities. The Induction of Clinical Hypnosis and Forms of Indirect Suggestion. Irvington, New York, NY., 1976).

Weitzenhoffer, A.M., und Hilgard, E.R.: *Stanford Hypnotic Susceptibility Scale.* Consulting Psychologists Press, Palo Alto, 1959.

Weltrich, J.A.P.: Krankheits- und Heilungs-Geschichte einer sogenannten Somnambüle. Kulmbach, 1816.

Wester, W.C., and Smith, A.H.: *Clinical Hypnosis – A Multidisciplinary Approach.* Lippincott, New York, NY., 1984.

Wetterstrand, O.G.: Hypnotismus. Urban und Schwarzenberg, Berlin, 1891.

Wickramasekera, I(an) (Ed.): *Biofeedback, Behavior Therapy and Hypnosis – Potentiating the Verbal Control of Behavior for Clinicians.* Nelson-Hall, Chicago, 1976.

Wienholt, A.: Drey verschiedene Abhandlungen über Magnetismus. J.H. Müller, Bremen, 1807.

Wilson, I(an): *Reincarnation? The Claims Investigated.* Penguin Books, New York, NY., 1982.

Wirth, J.U.: Theorie des Somnambulismus oder des thierischen Magnetismus. Scheible, Leipzig-Stuttgart, 1836.

Wolberg, L(ewis) R.: *Medical Hypnosis, Vol. I: The Principles of Hypnotherapy.* Grune & Stratton, New York, NY., 1948a.

Wolberg, L(ewis) R.: *Medical Hypnosis, Vol. II: The Practice of Hypnotherapy.* Grune & Stratton, New York, NY., 1948b.

Wolberg, L(ewis) R.: *Hypnosis – Is It for You?* Harcourt Brace Jovanovich, New York, NY., 1972.

Wolberg, L(ewis) R.: *The Technique of Psychotherapy. Part I.* 3. Aufl. Grune & Stratton, New York, NY., 1977a.

Wolberg, L(ewis) R.: *The Technique of Psychotherapy. Part II.* 3. Aufl. Grune & Stratton, New York, NY., 1977b.

Wolf, H(ans-Jürgen): *Hexenwahn und Exorzismus*. Historia-Verlag, Kriftel/Ts., 1980.
Wolfart, K. Ch.: Der Magnetismus gegen die Stieglitz-Hufelandische Schrift über den thierischen Magnetismus in seinem wahren Werth behauptet. Nikolai, Berlin, 1816.
Wolff, H(anna): *Jesus als Psychotherapeut*. Radius, Stuttgart, 1983.
Wolman, B.B. (Ed.): *Psychological Aspects of Obesity. A Handbook*. Van Nostrand Reinhold, New York, NY., 1982.
Wundt, W.: *Hypnotismus und Suggestion*. 1.–2. Aufl., Engelmann, Leipzig, 1892/1911.
Wundt, W.: *Grundzüge der physiologischen Psychologie*. 6. Aufl., Engelmann, Leipzig, 1911.
Zeig, J.R. (Ed.): *A Teaching Seminar with Milton H. Erickson*. Brunner/Mazel, New York, NY., 1980 (*Meine Stimme begleitet Sie überallhin – Ein Lehrseminar mit M.H. Erickson*. Klett, Stuttgart, 1985).
Zeig, J(effrey) R. (Ed.): *Ericksonian Approaches to Hypnosis and Psychotherapy*. Brunner/Mazel, New York, NY., 1982.
Zeig, J(effrey) R. (Ed.): *Ericksonian Psychotherapy. Vol. I. – Structures*. Brunner/Mazel, New York, NY., 1985a.
Zeig, J(effrey) R. (Ed.): *Ericksonian Psychotherapy. Vol. II. – Clinical Applications*. Brunner/Mazel, New York, NY., 1985b.
Zimmer, H(einrich): *Yoga und Buddhismus*. Insel-Verlag, Frankfurt, (1. Aufl. 1973), 1982.
Zink, A.: Der animalische Magnetismus. Eine physiologische Erklärung der mysteriösen Erscheinungen des somnambulen Zustandes und erfahrungsgemässige Würdigung des Mesmerismus als Heilmittel. *Zeitschrift der k.u.k. Ges. der Aerzte zu Wien, Jg. 2. Hefte 7–9*, 1845.
Zweig S(tefan): *Die Heilung durch den Geist*. Fischer, Frankfurt, 1983.

III. Hypnose im Spiegel der Genese

1. Begriffe und Definitionen

Unter dem Begriff *Genese* (Schema 3) *verstehen wir die Entstehung der Hypnose als Phänomen und deren Studium bis zu einer Stufe, die als Wissenschaft (über die Hypnose) angesehen werden kann. Zur Kenntnis der Hypnogenese und Suggestogenese* tragen unter anderem die *Phylogenese* (Stammesgeschichte der Lebewesen) und die *Ontogenese* (Individualentwicklung) bei. Dabei darf nicht vergessen werden, *daß auch diese biologischen Prozesse ein ganz frühes Stadium gehabt haben und einer evolutiven Dynamik unterliegen.* Die entsprechende Phänomenologie wird daher mehr *analog* als *komparativ* betrachtet werden müssen.

2. Phylogenese

Die Evolution des Lebens deutet darauf hin, *daß hypnotische Zustände so alt sein können wie das Leben selbst* (Kroger, 1977). Der *Anfang des Hypnosestudiums* wird demzufolge dort gesetzt, wo das Leben beginnt. Mit *Tierhypnose* haben sich sehr intensiv unter anderem Czermak (1872), Mangold (1928, 1929), Svorad (1956), Völgyesi (1963, 1967) befaßt. Zum Zwecke des Studiums der *Phylogenese von Suggestionen und Hypnose* können praktisch nur die *heute lebenden Tiere* in Anspruch genommen werden.

Die ersten registrierten *hypnoiden Erscheinungen* in der Natur hat man unter dem Begriff des *natürlichen Selbstschutzes* zusammengefaßt. *Hypnoide Phänomene* können jedoch z.B. bei der kleinen *Heuschrecke* künstlich ausgelöst werden – sie sind also nicht unbedingt an die natürliche Bedrohung gebunden. Und zweitens haben erfahrene Forscher darauf hingewiesen, welche erstaunlichen Ähnlichkeiten z.B. die Leistungen der *Stabheuschrecke (Palophus titan) im Erstarrungszustand* (Abb. 1) mit dem haben, was der *Mensch im Zustand der hypnotischen Katalepsie* (Kapitel XXIII.3) erreicht. Wie ein Mensch in hypnotischer Katalepsie mit Kopf und Füßen auf zwei entfernt voneinander aufgestellte Stühle gestützt mit frei schwebendem Körper lange verharren und dabei relativ schwere Gewichte auf seinem Körper zu tragen vermag, *so kann auch die erstarrte Heuschrecke als «Brücke» beträchtliche Lasten halten.* Solche und viele andere ähnliche Versuche führten die Naturwissenschaftler zu der Annahme, *daß diese eigenartigen, naturwissenschaftlich erwiesenen Tiererscheinungen so sehr mit den Phänomenen des menschlichen Hypnotismus übereinstimmen, daß es berechtigt sei, sie als Tierhypnose zu bezeichnen und gleichberechtigt neben die Humanhypnose zu stellen* (Jones, 1951; Mangold, 1928, 1929) (s. auch Kapitel VII).

Dazu seien ein paar Beispiele und Experimente an *phylogenetisch höheren (jüngeren) Tierarten* angeführt (Schema 3). Die *gegenseitige* Hypnotisierung der Tiere ist dem Menschen nicht unbekannt (Völgyesi, 1963, 1967). Die *Schlange* kann den *Hasen* besonders dann, wenn er sich ihr ganz unerwartet gegenübersieht, zum *Erstarren (Katalepsie)* bringen. Man kann auch beobachten, daß die *Katze* imstande ist, die Schlange bis zur Unbeweglichkeit erstarren zu lassen. Nach Völgyesi (1963, 1967) experimentierte man jahrelang im Tiergarten von Budapest unter anderen auch mit *Uhus.* Ihren üblichen Gewohnheiten folgend, versuchten die Tiere zuerst, Krallen und Schnabel einsetzend, sich zur Wehr zu setzen. Aber es gelang, die Tiere bei den Flügeln zu fassen und einige Male hin und her zu schwingen.

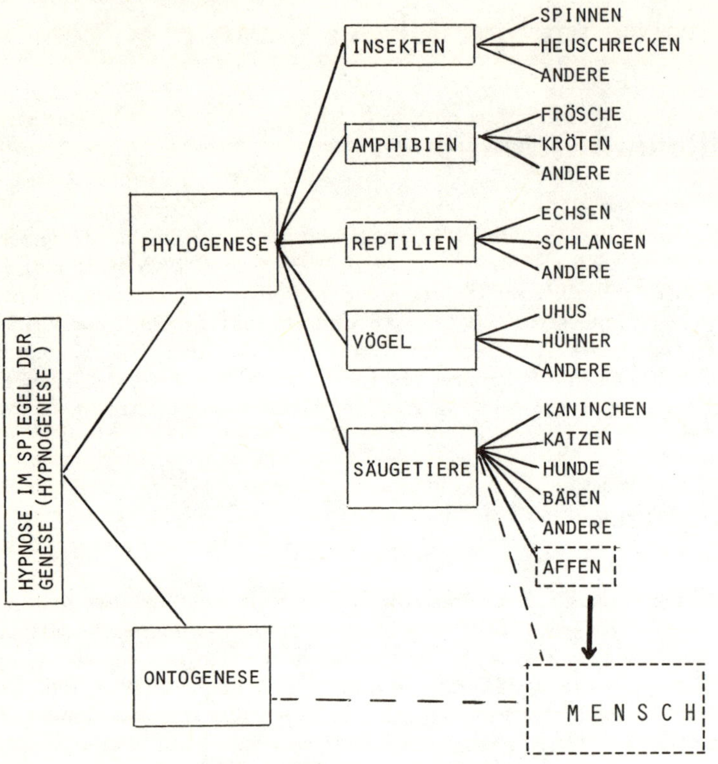

Schema 3: Hypnose im Spiegel der Genese (Hypnogenese). Hypnoide Erscheinungen können von Anfang an bei (fast) allen Tierarten beobachtet werden (Kapitel III) (eigener Entwurf nach Literaturangaben).

Abb. 1: Die Stabheuschrecke (Palophus titan) kann in einem Erstarrungszustand erstaunliche Ähnlichkeiten mit der hypnotischen Katalepsie beim Menschen aufweisen (s. Kapitel III) (Aus: Charles Jones: Hypnose an Mensch und Tier, Rudolph'sche Verlagsbuchhandlung, Lindau i.B., 1951) (Jahrgang geschätzt, da nicht genau angegeben).

Daraufhin konnte das Versuchstier auf den Rücken gelegt werden, in eine Lage, die sich immer bei der Tierhypnose bewährt hat. Von da an verhielt sich der *Uhu* absolut unbeweglich und starr.

Um die Mitte des 17. Jahrhunderts beschrieb der Jesuitenpater Athanasius Kircher (1608–1680) das im Jahre 1646 durchgeführte *Experimentum mirabile de imaginatione gallinae (die Bezauberung eines Hahnes).* «Man nehme einen Hahn, drücke ihn sachte zum Boden hin und ziehe, von seinem Schnabel ausgehend, mit Kreide einen Strich. Lasse man daraufhin das Tier los, so bleibe es unbeweglich, in seiner unbequemen Lage verharrend. Es sei wie erstarrt und bewege sich erst dann, wenn man es anstoße oder durch lärmende Geräusche aufwecke. Es komme darauf an, daß der Blick des Tieres auf *einen bestimmten Punkt oder Strich* fixiert werde. Der Wille des Tieres sei damit gebunden».

Bertrand (1823) streichelte mit der Hand sanft über das Fell eines *Hundes* oder einer *Katze.* Die so behandelten Tiere gerieten in einen tiefen Schlafzustand, und man habe bei ihnen, selbst wenn sie von Natur aus bösartig gewesen seien, ganz beliebige Handlungen vornehmen können. Der Autor kam zu der Schlußfolgerung, daß er als *Magnetiseur* mit dem *magnetischen Tier eine sehr enge seelische Verbindung (Rapport) aufgenommen habe.* Er verglich seine Resultate mit dem *Ammenschlaf* (Chertok, 1973; Jones, 1951). James Braid (1795–1860) führte nach 1840 Versuche mit *Hunden* durch und konnte weitere Einzelheiten beschreiben. Wenn man einem Hund einen *glitzernden Stein* vor die Augen bindet, so daß er länger seine Augen auf den Stein gerichtet halten muß, *so beginnen die Augenlider krampfartig zu blinzeln (Augenlider-Katalepsie), die Lider schließen sich und das Tier fällt in Hypnose.* Auch I.-P. Pawlow (1849–1936) hat seine *Hemmungstheorie der Hypnose* aufgrund experimenteller Ergebnisse an Hunden entworfen (Pawlow, 1956).

Szabo (Jones, 1951; Völgyesi, 1967) konnte außer bei *Vögeln* (Uhu, Schwan, Pfau, Storch) auch *bei einigen Vierbeinern höherer Spezies* im Budapester Zoo *hypnotische Experimente* durchführen. Ganz wenige Bewegungen vor den Augen des *Bären* hätten genügt, um seinen Blick auf einen menschlichen Finger zu fixieren, dessen Bewegungen er dann unbedingt gefolgt sei. Daraufhin habe man ihn auf den Rücken legen können. Der Bär zeigte eine spielerische Laune und ließ die Versuche oft wiederholen.

Auch an einem *Schimpansenweibchen* (Hanna) konnten beliebig oft Experimente durchgeführt werden. Hanna hatte einmal, bei einer unvorsichtigen Bewegung ihres Freundes, in einer instinktiven Abwehr, in dessen Hand gebissen. Unter der Erinnerung dieses Vorfalles schien das Tier lange zu leiden. Gegenüber anderen Menschen blieb es immer ablehnend, doch den Tierarzt begrüßte Hanna von da ab sehr freundlich und gehorsam. *Mit einer verbalen Suggestion* wie: «Hanna ist ruhiger und ruhiger» wurde das Tier zunächst sichtbar besänftigt. Überhaupt hatte man den Eindruck, daß es die menschliche Sprache teilweise zu verstehen vermochte. Der Tierarzt konnte dann allmählich die Verbindung von Hanna zu einem Hypnotiseur durch Worte und Gesten herstellen, so daß Hanna sich auf den Rücken legen ließ. In dieser Lage konnte sie durch *magnetische Striche nach Mesmer* (Kapitel VIII) *in tieferen Schlaf* versetzt werden. Durch Worte habe man das Tier veranlassen können, aufzustehen und umher zu laufen (Charles Jones, 1951; Völgyesi, 1967).

3. Ontogenese

Die Ontogenese (Schema 3 und 6) wird uns helfen, *die Hypnose vom genetisch-individuellen Standpunkt* aus zu erörtern. Während sich die Phylogenese über einen Zeitraum von Millionen von Jahren erstreckt, kann die Ontogenese theoretisch *zwei Epochen* umfassen,

(a) die eine studiert die *Ontogenese vieler Spezies* (innerhalb der Phylogenese);

(b) die andere beschränkt sich auf die *Ontogenese des Menschen.*

In Kapitel IX – und in den späteren Kapiteln – werden wir diesem Problem begegnen, mit dem wir uns dann im Detail auseinandersetzen müssen.

4. Zusammenfassung und Schlußfolgerung (Schema 3)

(1) Um die Hypnose als *Phänomen* (Paradigma 1–4) besser zu erforschen und zu verstehen, muß man alle diesbezüglichen Faktoren studieren. Ein Phänomen hat eine *Genese* (Paradigma 1). Die Genese teilt sich in unserem Falle in *Phylo-* und *Ontogenese* (Paradigma 2–4). Wenn *die Hypnose so alt ist wie das Leben* selbst – was angenommen wird – muß das Hypnosestudium mit der *Erforschung der Phylogenese* beginnen (Paradigma 2).
(2) Das *Studium der Phylogenese* im Kontext der Hypnose liefert Beweise dafür, daß es erfaßbare *hypnoide* Zustände phylogenetisch rückwärts bis zu den *Insekten* gibt. Diese Zustände unterscheiden sich vielleicht von denen beim Menschen. Die Phylogenese ist jedoch ebenfalls *einer biologischen Evolution* (Paradigma 3) *unterworfen.* Auch bei den heute lebenden Tieren muß nicht jedes Phänomen dem korrespondierenden beim Menschen schablonenhaft gleich sein.
(3) *Theoretisch* gesehen ist die *Regression* im Hypnosezustand unbegrenzt. Bis man gegenteilige Beweise erbringt, gehen wir davon aus, *daß sie sich bis zum Beginn des Lebens überhaupt erstreckt.*
(4) Die Schlußfolgerungen aus diesem Kapitel werden unter anderem als Vorlage und Dokument *zu theoretischen Überlegungen* in den weiteren Kapiteln verwendet.

5. Quellennachweis

Bertrand, A.: *Traite du somnambulisme.* Dentu, Paris, 1823.

Braid, J(ames) (1795–1860): *Neuropnology.* (Revised as Braid on Hypnotism, 1889). Julian Press, New York, NY., 1956.

Chertok, L.: *Hypnose. Theorie, Praxis und Technik eines psychotherapeutischen Verfahrens.* Kindler, München, 1973.

Czermak, J. N.: *Nachweis echter «hypnotischer» Erscheinungen bei Tieren,* 1872.

Dogs, W.: *Die ärztliche Hypnose.* Walter Braun, Duisburg, 1967.

Jones, C(harles): *Hypnose an Mensch und Tier.* Rudolph'sche Verlagsbuchhandlung, Lindau i. B., 1951 (Jahrgang unsicher).

Kircher, Athanasius (1606–1680): *Experimentum mirabile de imaginatione gallinae.* Öffentliches Experiment in Rom, 1646.

Kroger, W(illiams) S.: *Clinical and Experimental Hypnosis*. 2nd Edition. Lippincott, Philadelphia–Toronto, 1977.

Mangold, E.: Methodik der Versuche über tierische Hypnose. In: Abderhalden, E.: *Hb. biolog. Arbeitsmethoden*. Sect. VI. C.: 369–378, Urban & Schwarzenberg, Berlin, 1928.

Mangold, E.: *Schlaf und schlafähnliche Zustände bei Menschen und Tieren*. Paul Parey-Verlag, Berlin, 1929.

Pawlow, I(wan) P(etrowitsch) (1849–1936): *Sämtliche Werke*. 6 Bände. Akademie-Verlag, Berlin, 1956. Seite: I/235; III/192; 214, 255, 258, 259, 262–264, 329, 374, 375, 378, 384, 411, 444, 446, 448, 460, 466, 490, 539, 540, 547, 608, 618, 630, 632, 633, 636; VI/73.

Svorad, D.: *Příspěvek k fysiologické analyse mechanismu reflexního utlumu* (t. zv. hypnosy zvířat). Dissertationsarbeit. Naklad. SAV. Bratislava, 1956.

Szabo, J.: Zitiert in: Völgyesi, F.: *Hypnose bei Mensch und Tier*. 2. Aufl. Bearb. u. mit einem Beitr. von G. Klumbies, VEB Hirzel, Leipzig, 1967.

Völgyesi, F.: *Menschen- und Tierhypnose. Mit Berücksichtigung der Stammes- und Einzelentwicklung des Gehirns*. 2. Aufl. unter Mitarbeit des Verf. neu bearb. von G. Klumbies. Orell Füssli, Zürich, 1963.

Völgyesi, F.: *Hypnose bei Mensch und Tier*. 2. Aufl. Bearb. u. mit einem Beitr. von G. Klumbies, VEB Hirzel, Leipzig, 1967.

IV. Hypnose im Spiegel der Anthropologie

1. Begriffe und Definitionen

Nach der Diskussion der Genese der Hypnose (Kapitel III) wird uns folgerichtig die *Anthropologie* (die Wissenschaft über die Menschwerdung) interessieren. In den letzten Jahren haben sich die Psychoanalytiker und Psychiater wieder an die Anthropologie zwecks *phänomenologisch-anthropologischer* Vergleiche oder wegen der *dynamischen Betrachtungsweise der Psychopathologie* (Benedetti, 1959, 1975, 1976; Blankenburg, 1978 a, b, 1979 a–d, 1983; Ey, 1975; Hofer, 1968; Ploog, 1963; Pongratz, 1979; Wein, 1974; Wulff, 1978 u. a.) erinnert, oder aber, um zu betonen, daß der Mensch auch *«biologische Radikale in seinem Dasein»* besitze (Bilz, 1973). Auch wir werden die Anthropologie, insbesondere jenen Zweig, der sich auf die Psychogenese (die Entwicklung der Psyche des Menschen, d. h. Hypnotiseurs/Hypnotisanden) bezieht, nicht umgehen können. Damit kommen wir vom rein *biologischen* (Kapitel III) langsam zum *psychobiologischen* und dann zum *psychologischen* Aspekt. Die Psychogenese des Menschen haben nach unserer Auffassung hauptsächlich *drei Momente* determiniert:

(a) *Erhaltungstrieb* (Selbsterhaltung, Arterhaltung);
(b) *Suggestionen* (wie die Triebe zu befriedigen und zu erhalten sind);
(c) *Ängste* (die dafür verantwortlich sind, daß sich der Mensch bei der Suche nach den Existenzmöglichkeiten und nach der Befriedigung der Triebe Grenzen setzt).

Die Rückkoppelung dieser drei Momente führt zu einem positiven Ergebnis – *zur Entwicklung der Intelligenz.* Für unser Thema sind daher von Bedeutung (Schema 2):

(aa) *die existenzielle,*
(bb) *die medizinische,*
(cc) *die psychologische* und
(dd) *die philosophische Anthropologie.*

2. Existenzielle Anthropologie (Paläoanthropologie)

Bereits in der *Altsteinzeit (Paläolithicum)* (etwa 500 000 bis 100 000 vor unserer Zeitrechnung) war die *Kultur* des damaligen *Pithecanthropus, Sinanthropus und Atlanthropus* relativ hoch entwickelt. *Sie alle glaubten an ein Leben nach dem Tode* und führten Zeremonien und Rituale durch, die uns an spätere *Schamanen* erinnern. Ein fortgeschrittenes Mitglied des *Homo sapiens neandertalensis*, der *Homo sapiens praesapiens* ging in den *Homo sapiens sapiens* über. Die Existenzfrage zog die damaligen Menschen *suggestiv über den Globus (existenzielle Suggestion).* Vor etwa 40 000–35 000 Jahren v. Chr. bewegten sich die Zeitgenossen der früheren europäischen *Cro-Magnon-Menschen* durch Asien. Als gesichert gilt es, daß mongolische Homo-sapiens-sapiens-Rassen vor etwa 40 Jahrtausenden von Ostsibirien über die damalige *Landbrücke* (Behring-Straße) nach Alaska vordrangen, von dort als Jäger und Sammler ihren Weg nach Süden nahmen und bald das Gebiet der heutigen USA erreichten *(Explorations-Suggestion).* Mit ihrer ganzen *Ur-Psychomedizin* zogen die Steinzeitindianer dann nach Süden und erschienen in Mexiko etwa um 23 000 v. Chr. Ihre

Spuren wurden dann um 14000–12000 v. Chr. im heutigen Venezuela gefunden. In den weiteren Jahren verbreiteten sie sich nach Süden und eroberten in den folgenden Jahrtausenden Südamerika *(produktive Suggestion).*
Das Neolithicum (Neusteinzeit) – zwischen 10 000 und 3000 v. Chr. – brachte den *Ackerbau* mit sich. Die Umorientierung vom *Jagen* (Tierverehrung) und von der Ernährung von *Bäumen* (Bäume als Götter) zum Ackerbau brachte *suggestiv* auch eine Änderung der Auffassungen über die Erde, die von da an verherrlicht wurde. *(Orientierungs-Suggestion).* Jetzt traten auch *Schamanen* (Urmedizinmänner) auf, deren Spuren in vielen Menschensiedlungen bereits zu dieser Zeit gefunden wurden. Am Ende des Neolithicums kam es auf allen sozio-kulturellen Gebieten zu großen revolutionären Entwicklungen; *die Zunahme der Bevölkerung führte zu Ballungsgebieten, der Lebensraum wurde enger, die Erkrankungen nahmen zu. Die Medizin blühte als Psychologie und Suggestiv-Therapie auf. Diese Blütezeit erlebte man im vorderen Orient und in Mittelasien (topographische Suggestion).* Es ist demzufolge kein Zufall, daß dieser Raum Brutstätte für die Entstehung von *Religionen, Medizin, Kultur, Kunst, Wirtschaft* geworden ist (Kapitel V, VI und IX). Die Ausbreitung nach Osten, Westen und Süden war bereits vorauszusehen. Die neueroberten Gebiete lieferten Möglichkeiten zur Erweiterung der *Ökonomie* und zur Beeinflussung der *Ökologie*, je nach Bedürfnissen und Intelligenz des damaligen Menschen *(ökologische Suggestion).*

3. Medizinische Anthropologie

Die *medizinische Anthropologie* erscheint als

(a) *Medizin der ersten Menschen* (seit 40000 bis 35000 Jahren v. Chr.; *Urmedizin*);
(b) *Medizin der heute noch in Afrika, Südamerika und Ozeanien lebenden Urvölker (primitiv-magische Medizin im engeren Sinne)* und
(c) *Volksmedizin bei zivilisierten Völkern aller Kontinente* (Lichtenthaeler, 1982).

Die primitiven Urmenschen lebten in *Stämmen.* Sie besaßen auch kaum eine *Individualpersönlichkeit* im heutigen Sinne und beteiligten sich am *Gruppenbewußtsein* des ganzen Stammes. *Die Furcht* (Ur-Angst) hielt die Stämme zusammen. Die Primitiven fühlten sich immer von einer *übersinnlichen und magischen* Welt bedroht (Kapitel V). Diese Phänomene hatten auf sie eine permanente *suggestive* Wirkung. *Instinktive Suggestionen und suggestiv wirkende Magie sind als Triebkräfte aus der Urmedizin entsprungen und später aus der Psyche keiner Medizinform mehr wegzudenken gewesen* (Kapitel X). *Der Primitive hatte eine andere Vorstellung von seiner Krankheit. Organische Schäden standen beim Primitiven außerhalb seiner Interessensphäre. Ätiologische Faktoren wie Unwetter, Verletzungen und Diätfehler waren nebensächlich.* Dagegen traf ihn jede ernsthafte Erkrankung *existentiell* bis ins tiefste Innere seines Seins. Seine *Familie* war dabei kaum weniger betroffen als er selbst (Lichtenthaeler, 1982). Die *psychogene*, magisch-irrationale Denkart des Primitiven ist für diese medizinisch-historische Epoche bezeichnend. Die *Phantasie* der Primitiven, *die sich geistig bis zum heutigen Suggerendus/Hypnotisanden* fortsetzt, *personifiziert* die makro- und mikrokosmischen Phänomene (Gréssot, 1955).
Bei den damaligen Erkrankungen waren mehrere *ätiologische Faktoren* im Spiel. Der *Seelenverlust* war eine der Erkrankungsursachen. Andererseits dringt der böse Geist in den Körper seines Opfers ein und begeht einen *Geisteseinbruch.* Eine besondere Form des Geisteseinbruchs ist die *Besessenheit.* Der böse Geist dringt oft nicht selbst in den von ihm auserwählten Menschen ein, sondern er zaubert irgendeinen *verhexten Fremdkörper* in ihn hinein. Die Krankheitsursache ist damit ein *Objekteinbruch.* Der Eindringling besitzt

ein *Eigenleben* und fügt dem Opfer Schaden zu. Die *Tabu-Übertretungen* sind ebenfalls ätiologische Faktoren der medizinischen Anthropologie (Ackerknecht, 1959a, b).
In der *suggestiv-magischen Therapie* findet *ein Kampf* gegen *böse Mächte* statt, den einmal der Patient selber, zugleich aber auch der Medizinmann, die Familie des Betroffenen und oft sogar die Haustiere und der ganze Stamm zu bestehen haben (Lichtenthaeler, 1982). Bei der Deutung dieses Vorgehens muß darauf geachtet werden, *daß Medizinmann und Patient nicht zwei eigenständige Einzelwesen* sind. Einmal wird der Medizinmann nicht als Einzelpersönlichkeit, sondern *als Verkörperung und Vermittler des kollektiven Heilvermögens des ganzen Stammes* angesehen. Zum anderen erscheint auch der Patient nicht als Einzelfall beim Medizinmann, *sondern als Mitglied einer Gemeinschaft*, die *an ihm* miterkrankt ist. Die therapeutischen Verfahren sind daher grundsätzlich *supraindividuell; d.h. es handelt sich um Gruppensuggestionen* (Gréssot, 1955). Das betreffende Kollektiv ringt mit bedrohenden geheimen Mächten. Beim *Seelenverlust* hat die Behandlung die Aufgabe, *die entwichene Seele zur Rückkehr in den Körper des Patienten zu bewegen*. Der ganze Stamm sucht manchmal fieberhaft in der Umgebung umher, um die entflohene Seele (in Form eines Gegenstandes) wieder einzufangen. Wenn sich *nach den diagnostischen Befunden die Seele im Jenseits befindet, so versetzt sich der Schamane in eine Art hypnotische Trance, um Verbindung mit der Seele aufzunehmen und sie zur Rückkehr in den verlassenen Körper zu bewegen* (Lichtenthaeler, 1982). Bei der *Suggestiv-Therapie* des *Geisteseinbruches* versucht man, den bösen Geist mittels *Massage* oder *Aderlaß* auszutreiben. Den magischen Eindringling beschwört man, indem man ihn *anruft*, *anbetet*, *bespeit* (Exorzismus) (Kapitel VI.6). Eine weitere Art der Geistesaustreibung ist die *Übertragung* (Kapitel X). Die Dämonen werden auf ein Tier, eine Puppe oder einen Gegenstand übertragen. Dieser *Rezeptor* des bösen Geistes wird anschließend geopfert und seine Reste vernichtet oder weit fortgetragen. Nicht zuletzt besteht beim *Objekteinbruch* die Therapie darin, den Kranken durch *Heraussaugen* des Objektes zu befreien. Bei der *Tabu-Übertretung* folgt auf die *Beichte* die körperliche und seelische Reinigung (Psychoanalyse). Erst die *Sühne* ist mit der Genesung des Schuldigen und des Stammes verbunden. Beim Todesfall waren die bösen Geister stärker als der Medizinmann (Ackerknecht, 1959a, b). Die *Prophylaxe* des Wilden war hoch entwickelt und mit *Ritualen* verknüpft, persönliche Hygiene und Sauberkeit der Umgebung waren bei ihm groß. Neben den *Opfern, Tänzen, Gesängen trägt er Amulette*, läßt sich *tätowieren*, entfaltet wirksame *Gegenmagie* (Ackerknecht, 1959a, b; Gréssot, 1955; Lichtenthaeler, 1982). Bereits die Medizinmänner beherrschten somit die therapeutisch höchst wirksame Kunst der *Suggestion*. Dies wurde lange Zeit verkannt, bis der Durchbruch von *therapeutischer Hypnose und Psychotherapie* eine Wende auslöste (Kapitel VIII, IX und X).

4. Psychologische Anthropologie

4.1 Anamnese und Regression

Nach der Auffassung der primitiven Völker sei jenseits der Geschichte und der Zivilisation niemand und nichts gänzlich ausgelöscht. Zur Zeit der Kannibalen sei der Mensch *unsterblich* gewesen. Bei den frühen *Anbauern von Knollenfrüchten* nahmen die *Überlieferungen* vom Ursprung der gegenwärtigen menschlichen Verfassung einen dramatischen Ausdruck an. Nach ihren Mythen *ist der Mensch sterblich* (Thanatologie). Er ist darüber hinaus der *Geschlechtlichkeit* (Sexologie) unterworfen und *zur Arbeit verdammt* (Arbeitsmedizin). *In illo tempore* (in der Heiligen Zeit des Anbeginns) hat sich ein göttliches Wesen (ein Mann, eine Frau, ein Mädchen, ein Kind) opfern lassen, damit *aus seinem Leibe Knollenfrüchte wachsen können* (Eliade, 1961). Die Sterblichkeit führte andererseits zur Auffassung, *die Geschlechtlichkeit sei das einzige Mittel, die Existenz des Lebens zu sichern.* Die Völker der ältesten Ackerbaukulturen haben es für das Wesentlichste gehalten, sich wenigstens *periodisch an das Urereignis, an das Paradies zu erinnern (Anamnese).* Ihr ganzes geistig-religiöses Leben dreht sich um diesen einen Gedanken. Es sei die wahre *Sünde zu vergessen.* Damit der Mensch aber erhalten bleiben könne, müsse er sich von *Pflanzen* ernähren *(Phythotherapie).* Pflanzen gedeihen andererseits aus den Leibern der getöteten Menschen. Es müsse daher *getötet werden* (der *Kannibalismus* wird in diesem Zusammenhang gesehen) *(Aggression).* Das Auskosten der Geschlechtlichkeit bis zur äußeren Grenze führte zu *Orgien.* Die Notwendigkeit zu erfahren, was *ab origine* (am Beginn) geschah, mündete in Rituale bis zum *regressus ad originem* (Kapitel X). Zahlreiche Völker, von den ältesten Kulturen bis zu den höchst kultivierten *Mesopotamiern, Griechen, Römern* wendeten als *therapeutische* Mittel den feierlichen Vortrag des *kosmogonischen Mythos* an (Eliade, 1985; Kapitel V und VI). *Symbolisch kehrt der Kranke in die Gewesenheit zurück (Regression). Er werde zum Zeitgenossen der Schöpfung und erlebe den Zustand der ursprünglichen Fülle.* Der Organismus werde nicht ausgebessert, er werde *erneuert (Regeneration). Die Rückkehr werde durch Erinnerung (anamnesis) der Kranken selber erreicht.* Er muß sich nacheinander *der einzelnen Episoden des Mythos* bewußt werden, sie wieder erleben und somit ihr Zeitgenosse werden. Die Funktion der *Erinnerung* war es, den Kranken dorthin zu versetzen, *wo jenes Ereignis sich vollzieht, das Morgendämmerung der Zeit, der Anfang aller Dinge heißt. Ohne Anamnesis kann keine Heilmethode eingeleitet werden* (Eliade, 1961).

4.2 Mystik und Symbolik

Der Verlauf der *magischen Heilung* (Kapitel VI) durch die *Erinnerung* wurde in der Regel von einer gewissen Technik des *Yoga* bestimmt (Jacobson, 1967; Müller-Elmau, 1984, Naranjo und Ornstein, 1971; van der Hart, 1983). Hier begegnen wir bereits etwas Analogem zur *Autohypnose.* Mit der Zeit rief die weitere Entwicklung spezielle Persönlichkeiten, sozusagen *Spezialisten der Ekstase,* auf die Bühne. Die *Schamanen* (Ekstase-Spezialisten), die *Medizinmänner* und *Ekstatiker aller Art* unterschieden sich von den übrigen Menschen durch die *Intensität ihrer mystischen Erfahrung.* In den meisten Fällen sind sie durch ungewöhnliches Verhalten, durch den Besitz *okkulter Kräfte* (Ur-Mesmerismus, Wunderheilung), durch persönliche und geheime Beziehungen zu den göttlichen oder dämonischen Kräften, durch Lebensführung, *Kleidung* (heutige Mönche), *Abzeichen* (Symbolik) und *Sprechweisen* (heutiger Gottesdienst) gegenüber ihren Stammesangehörigen hervorgetreten (Kapitel XXIII.5).

So entstand auch die *Oberpriesterschaft.* Das Oberpriesterritual *(Hierophanie) stellte ein neues Eintreten des Heiligen in die jeweilige kosmische Umwelt dar. Die Hierophanie setzt aber nicht die normale Sinneserfahrung außer Kraft.* Wenn religiöse Gemeinschaften sich um eine sinnvolle Erfahrung konzentrieren (Kommunion der ersten Früchte, welche die Nahrungstabus aufhebt und die neue Ernte genießbar macht), so ist die betreffende Handlung zugleich das *Sakrament* und die *körperliche Gebärde.* In diesem Sinne erinnern wir uns an die kosmischen mystischen Bezüge des geschlechtlichen Verhaltens, des Fischfanges, des Ackerbaus. *Ernährung, Geschlechtsverhalten und Arbeit sind körperliche Tätigkeiten und Sakramente zugleich.* Das wichtige Moment für unser Thema ist die *Erfahrung des primitiven Mystikers.* Wenn man von seinen *sinnlichen Funktionen* spricht, so versteht man diesen Begriff in seinem weitesten und am wenigsten technischen Sinn. *Die Sinnlichkeit* ist fortwährend in ein Verhalten eingebettet und hat folglich ebenso an der *kollektiven Psychologie* wie auch an der *Ideologie* teil, die jeder Gesellschaftsordnung, auf welcher Entwicklungsstufe sie auch steht, zugrunde liegen. Wir befinden uns auf der Ebene der *Religionsgeschichte,*

und zugleich nehmen wir *an einer Analyse psychologischer Tatbestände* teil (Eliade, 1961, 1985).
Alle vorausgehend beschriebenen *psychologischen Elemente* sind für das rechte Verständnis der *Psychopathologie* relevant. *Krisen, Trancezustände, Tollheiten (Somnambulismus)* wurden damals nicht als *profan* gedeutet und konnten darum *nicht als gewöhnliche Symptome einer Krankheit* angesehen werden. Sie hatten einen *Einweihungscharakter*. Über diese Vielfalt göttlicher Einweihungen ist man überrascht, obwohl sie wie *pathologische Manifestationen* anmuten. Dabei kann eine umfassende Krise während dieser symbolischen Einweihungen entstehen, die bis zum *Zerfall der Persönlichkeit* führt. Im *Archaischen der Psyche* sieht der Primitive die *Wiederholung des präkosmogonischen Chaos*, des gestaltlosen Zustandes, der aller Weltschöpfung vorausgeht. *Die symbolische Rückkehr zum Chaos ist die notwendige Voraussetzung jeder Neuschöpfung.* Die Rückkehr zum Chaos ist für den Menschen der archaischen Kulturen – und vielleicht nicht nur für ihn – zugleich Vorbereitung einer neuen Schöpfung. Alle Trancezustände oder Einweihungsriten (Massen- und Gruppentherapie), welche diese Rückkehr zum Chaos hervorrufen oder fortführen, bedeuten *Phasen eines (symbolischen) mystischen Sterbens und eines ebenso symbolischen Auferstehens und damit auch eine neue Geburt (Reinkarnation)* (Eliade, 1961). Der heutige Suggerendus/Hypnotisand geht in die *Regression* (Kapitel X–XX), weil er die *ursprüngliche Fülle* wieder erlangen will (Kapitel X).

5. Philosophische Anthropologie

Die philosophische Anthropologie (Wein, 1974) wird uns helfen können, Hypnose-Phänomene sowie die Zeit VOR, WÄHREND und NACH diesen besser zu deuten. In fast allen nachfolgenden Kapiteln wird darauf jeweils eingegangen.

6. Zusammenfassung und Schlußfolgerungen

Im Verlauf der *Menschwerdung* (Anthropologie) haben sich fast alle *Stufen* des hypnotischen psychischen Prozesses, der Hypnose-Phänomene und Hypnopraktiken (Suggestion, Regression, Anamnese, Mystik, Symbolik) bis zur *heutigen Hypnophänomenologie und Hypnotherapie* fortentwickelt. Die Ontogenese (des Menschen) war auch hinsichtlich der Hypnose *ein kurzes Repetitorium der Phylogenese*. Auch die *Stadien des Hypnosezustandes* sind daraus abzulesen.
(a) Bereits in der *Paläoanthropologie* kommen alle *Suggestionsformen* (bei der damals stark vorhandenen *Motivation* zum Überleben) vor. Diese Suggestionen verstärken die *Suggestibilität* (siehe weiter Kapitel VII und Schema 6).
(b) Die *Entspannung* (Kapitel XXIII.2) der heutigen Hypnose wird in der damaligen (und gegenwärtigen) *Relaxation* nach den *tranceerregenden Ritualen und im Hypnosezustand* selbst erlebt.
(c) Die *Katalepsie* (Kapitel XXIII.3) erkennt man *in der ekstatischen Starre* der Schamanen und Medizinmänner, aber auch bei zufälligen und von außen nicht registrierten Phänomenen.
(d) Die *Lethargie* (Kapitel XXIII.4) folgt gewöhnlich der Relaxation oder der Katalepsie.
(e) *Ekstatische somnambule Zustände der Schamanen* ähneln in vielen Hinsichten *dem Ver-*

halten des hypnotischen und/oder spontanen Somnambulen (Kapitel XXIII.5). Bei der Deutung der Verhaltensmuster der Schamanen und des ekstatischen *somnambulen Zustandes* sind aber auch *Meinungen und Ansichten* geprägt worden, die auf das Verhalten und die Fähigkeiten des hypnotischen und/oder spontanen Somnambulismus kaum zutreffen (siehe weiter Kapitel XXIII).

7. Literaturverzeichnis

Ackerknecht, E(rwin): *Kurze Geschichte der Medizin.* F. Enke, Stuttgart, 1959a (Zweite Auflage, 1985).

Ackerknecht, E(rwin): Medizin und Aufklärung. *Schweiz. Med. Wschr.* (1959b), *89:* 1, 20.

Ackerknecht, E(rwin): *Medicine and Ethnology.* H. Huber, Bern, 1971.

Benedetti, G.: Wandlungen des Menschenbildes in der Psychiatrie. *Schweiz. Med. Wschr.*, (1959), *89:* 751–755.

Benedetti, G.: *Psychiatrische Aspekte des Schöpferischen und schöpferischen Aspekte der Psychiatrie.* Vandenhoeck und Ruprecht, Göttingen, 1975.

Benedetti, G.: Der Geisteskranke als Mitmensch. Vandenhoeck und Ruprecht, Göttingen, 1976.

Bilz, R.: Wie frei ist der Mensch? Paläoanthropologie, I. Suhrkamp, Frankfurt/M., 1973.

Blankenburg, W.: Was heißt «anthropologische Psychiatrie»?. In: Kraus, A. (Hg.): Leib, Geist, Geschichte. Huthig, Heidelberg, 1978a.

Blankenburg, W.: Grundlagenprobleme der Psychopathologie. *Nervenarzt*, (1978b), *49:* 160–165.

Blankenburg, W.: Psychiatrie und Philosophie. In: Kisker, K.P. u.a. (Hgs.): Psychiatrie der Gegenwart, I/1, Berlin–Heidelberg–New York, Springer, 1979a.

Blankenburg, W.: Psychopathologie und phänomenologische Epoche, in: Sprondel, W.M. und Grathoff, R. (Hgs.): Alfred Schultz und die Ideen des Alltags in den Sozialwissenschaften. Enke, Stuttgart, 1979b.

Blankenburg, W.: Towards a more Man-Centered Psychiatry. In: Schaefer, I.E. (Ed.): A New Image of Man in Medicine, III., Futura Publ., Mt. Kisko, New York, 1979c.

Blankenburg, W.: A Dialectical Conception of Anthropological Proportions. In: Jenner, F.A., and de Koening, J.A.A. (Eds.): Phenomenological Psychiatry, Academic Press, London, 1979d.

Blankenburg, W.: Anthropologisch Orientierte Psychiatrie. In: Peters, U.H. (Hg.): Psychiatrie, Band 1, Beltz Verlag, Weinheim und Basel, 1983, Seite 172–187.

Bogoraz, G.W(aldemar): The Chukchee (The Jesup North Pacific Expedition, Vol. VII, 1907). Memoirs of the American Museum of National History, Vol. XI, 1910.

Czaplicka, 1914. Zitiert in: Eliade, M.: Mythen, Träume und Mysterien. Otto Müller Verlag, Salzburg, 1961.

De Martino, E(rnesto): Il Mondo magico. Prolegomeni a una Storia del Magismo, Trin, 1948.

Eliade, M(ircea): *Mythen, Träume und Mysterien.* Otto Müller, Salzburg, 1961.

Eliade, M(ircea): *Das Heilige und das Profane.* Insel-Verlag, Frankfurt, 1985.

Ey, H.: La Conscience. Presses de Univ. de France, Paris, 1968. La psychose et les psychotiques. *Evol. Psychiat.*, (1975), *40:* 103–116.

Freud, Sigmund (1856–1939). Siehe Kapitel X.

Gill, M.M., and Brenman, M.: Hypnosis und Related States. Psychoanalytic Studies in Regression, Internat. Univ. Press Inc., New York, 1959 (Second Printing, 1977).

Gréssot, M.: Les relations de transfer dans la medecine des cultures primitives. *L'Evolution psychiatrique II.* (1955), 251–270.

Hofer, G.: Der Mensch im Wahn. Karger, Basel–New York 1968.

Jacobson, E(dmund) (Ed.): *Tension in Medicine.* Charles C. Thomas, Springfield, III., 1967.

Jung, Carl Gustav (1875–1961). Siehe Kapitel X.

Kirchner, H(orst): Ein archäologischer Beitrag zur Urgeschichte des Schamanismus. *Anthropos* (1952), *47:* 244–286.

Kraus, A.: Sozialverhalten und Psychose Manisch-Depressiver. Enke, Stuttgart, 1977.

Krivoshapkin, 1861. Zitiert in: Eliade, M.: Mythen, Träume und Mysterien. Otto Müller Verlag, Salzburg, 1961.
Leslie, D.: Among the Zulu and Amarongos, Edinburgh, 1875.
Lichtenthaeler, C.: *Geschichte der Medizin.* Deutscher Ärzte-Verlag, Köln–Lövenich, 1982.
Müller-Elmau, B(ernhard): *Kräfte aus der Stille.* ECON, Düsseldorf, 1984. (1. Aufl. 1977).
Naranjo, C(laudio), and Ornstein, R(obert) E.: *On the Psychology of Meditation.* Viking Press, New York, NY., 1971.
Ploog, D.: Verhaltensforschung und Psychiatrie. In: Kisker, K.P. u.a. (Hg.): Psychiatrie der Gegenwart, I/2, Springer, Berlin–Heidelberg–New York, 1963.
Pongratz, J.: Einleitung: Geschichte, Gegenstand, Grundlagen der klinischen Psychologie (Spez.: III. Anthropologische Prolegomena). In: Handbuch der Psychologie, VIII/1, Hogrefe, Göttingen–Toronto–Zürich, 1979, Seite 1–59.
Romaios, C.A.: Cultes populaires de la Thrance. Athen, 1945 (Revue Metapsychique, 1953, No. 23, Seite 9–19).
Trilles, R.G.: Les Pygmées de la foret équatoriale, Paris, 1932.
Van der Hart, O(nno): *Rituals in Psychotherapy – Transition and Continuity* (translated from the Dutch by Angie Pleit-Kupier). Irvington, New York, NY., 1983.
Vitashevskij, 1911. Zitiert in: Eliade, M.: Mythen, Träume und Mysterien.
Wein, H.: Philosophische Anthropologie – und kein Ende. In: Broekman, J.M., und Hofer, G. (Hg.): Die Wirklichkeit des Unverständlichen. Nijhoff, Den Haag, 1974.
Wulff, E. (Hg.): Ethnopsychiatrie. Akademische Verlagsgesellschaft, Wiesbaden, 1978.

V. Hypnose im Spiegel der Magie und Dämonologie

1. Zur Abstammung, Entwicklung und Verbreitung

Magie und Dämonologie (Masters, 1962; Wolf, 1980) (Schema 4) *sind unter den wichtigsten suggestiven Faktoren, die von der pseudo- und wissenschaftlichen Seite mit Hypnose und Hypnotherapie in Verbindung gebracht wurden. Das Gefühl der Machtlosigkeit in der Natur suggerierte dem Menschen immer von neuem, hinter jeder nicht erklärbaren Erscheinung ein Wesen seiner Art zu vermuten und das Produkt seines Geistes zu erkennen.* Mit der Zeit umgab sich der Mensch mit einer differenzierteren *Geisteswelt* (Dämonen, Teufel) und versuchte, sie durch *Riten und Gebräuche* günstig für sich zu stimmen. Seit jeher wohnten diese Kräfte überall in der Natur: *in der Luft, im Feuer, im Wasser und in der Erde.* Überall dort, wo eine Bewegung war, wurde eine *Seele* angenommen. Der Tod bedeutete die *Trennung der Seele vom Körper.* Die Seelen führten dann als *unsichtbare Geister* ihre eigene Existenz. Diese Geburtsstunde der *animalischen Naturforschung* bildet auch die Wurzel von *Polytheismus, Polydämonismus, Theologie, Philosophie, Naturwissenschaften, Medizin, Astrologie, Glauben und Aberglauben. Die Naturvölker haben eine Mischung aus animalischer und spiritistischer Vorstellung entwickelt* (Wolf, 1980); *der moderne Suggerendus/Hypnotisand hat sich davon nicht gelöst.*

Der Begriff *Magier* bedeutete ursprünglich auch *Philosoph, Priester, der unter anderem gesetzgeberische, beratende, religiöse und medizinische Aufgaben übernahm. Magier vermittelten den Willen Gottes* und bestimmten auch das, was der *göttliche Wille* ist (Wolf, 1980). Unter anderem gehörte zu den Aufgaben von Magiern, *die Kranken zu heilen.* Diese Aufgabe ging später von Männern auf Frauen über. *Somnambulismus* (Kapitel XXIII.5), ekstatische Affektionen galten als unmittelbarer Einfluß Gottes und wurden suggestiv zur Schau getragen. *Hellsehen, Visionen, prophetische Träume,* Anwendung von *Narkotika* dienten zur Annäherung des Magiers an Gott. Man ehrte die Kunst der Frauen in der Kenntnis der *Heilkräuter* und in der *Krankenpflege,* in der Zubereitung von *Salben und Speisen,* in der *Weissagung* günstiger Schicksale. *Und da liegt der negative Ansatzpunkt* für den späteren *Hexenwahn* (Kapitel VI.4) – *die Zubereitung von Zauberkräutern und Giften.* Mit der Zeit verfiel die Magie zunächst in *zwei Gruppen* (s. Doufour, 1870; Ellenberger, 1965; Keisler, 1962; Laengin, 1884, 1888; Soldan, 1843a, b, 1912; Soldan und Heppe, 1880).

Die Magie stammt aus den ältesten Zeiten und entferntesten Gegenden des Orients. Die Magie der *Akkader* beruht auf einem vollständigen mythologischen System. Die Dämonen bewohnten Berggipfel, Sümpfe und Wüsten. Von dort aus griffen sie in die Schicksale des Menschen ein und wurden für *Stürme, Sonnen- und Mondfinsternisse, Unfruchtbarkeit und Krankheit verantwortlich gemacht.* Somit zerfielen auch sie in zwei Klassen: in die *Guten* und in die *Bösen* (Lenormant, 1878; Wolf, 1980). Die *Babylonier* hatten seit Mitte des 3. Jahrhunderts v. Chr. die Vielzahl der Kulte in *Götterkreise* zusammengefaßt. Nach der babylonischen Chronik (Berosus, 270–230 v. Chr.) können sich auch abergläubische Vorstellungen der *Chaldäer* rekonstruieren lassen. Sie ist auch die *Hauptquelle für die jüdische und arabische Überlieferung.* Durch die Kämpfe der Griechen und Perser im 5. Jahrhundert v. Chr. kam *Europa* in Berührung mit der chaldäischen Magie. Nach der Eroberung durch Alexander den Großen (356–323 v. Chr.) wurde *Griechenland* von Magiern überschwemmt. *Die Magie nähert sich langsam aber sicher dem Suggerendus/Hypnotisanden des Abendlandes. Der ägyptische Dämonenglaube* reicht bis etwa 4000 Jahre v. Chr. zurück. In der ältesten Geschichte Ägyptens sind Medizin, Theologie und religiöse Kulte eng verbunden (Wolf, 1980). Bereits hier wird das *Wahrsagen in den Tempeln gepflegt*. Die *Ägypter* waren der Meinung, *durch Worte Dinge verwandeln zu können*. Hier findet sich unter anderem auch der *Ansatz für die heutige verbale Suggestion. Der spätere Tempelschlaf bahnt sich an. Die bösen Geister* sind nach ägyptischer Auffassung die *Verursacher von Krankheiten*, die durch die guten ausgetrieben werden. Die Seelen der Verdammten kehren auf die Erde zurück und verursachen das *Besessensein*. Die *therapeutische Praxis* ist somit bei den alten Ägyptern über Jahrtausende hinweg mit *religiösen Zeremonien und Observanzen* verbunden. Nach den ältesten theologischen Büchern der *Hindus* kennt die Seele auf Erden *drei Zustände: Wachen, Schlafen* (Träumen), *Ekstase*. Der indische *Seher* stand mit *Sonne und Mond* in Verbindung. Die Geister heilten die Krankheiten und verfügten über *Zauberformeln* (weiße und schwarze Magie) (Lehmann, 1898, 1908; Schindler, 1980). *Durch die Eroberung Babyloniens durch die Perser* pflanzten sich die kultischen Handlungen fort. In der persischen Magie werden dem *Zoroaster* (630–588 v. Chr.) Dogmen *zugeschrieben*, die von einem *guten* und einem *bösen* Prinzip ausgehen. *Die jüdische Religion* erkennt kein geistiges Wesen neben Jehova an. Er sei *Schöpfer und Erhalter* der Welt. *Die Magie ist untersagt*. Die Vorstellung über ein einziges göttliches Wesen ist in Jehova verwirklicht. Die enorme geistige Leistung, *einen* Gott zu schaffen, *hat es nicht vermocht, den Glauben an Dämonen und den Teufel auszulöschen.*

Auf diesem Fundament baut sich die *Teufelslehre* mit ihren geistigen und nichtigen Verirrungen auf. *Die älteste jüdische Vision vom Jenseits erscheint noch vor der Zerstörung des Tempels von Jerusalem.* Die *Kabbala* soll Moses von Gott auf dem Berg von Sinai mitgeteilt worden sein. *In der Kabbala sind die Grundlehren der späteren Magie vorgestaltet* (Diefenbach, 1886, 1893, 1974).

Die Dämonenangst und der Aberglaube erfüllen die griechische Welt; *das Heidentum verwandelt sich zum Dämonismus.* In der griechischen Dämonologie werden verschiedene *Liebes-, Schlaf-, Zaubertränke und Heilmittel* empfohlen. Auch Wissenschaftler wie Pythagoras (580–496 v. Chr.) und andere Philosophen glaubten an das Vermögen, *in die Zukunft*

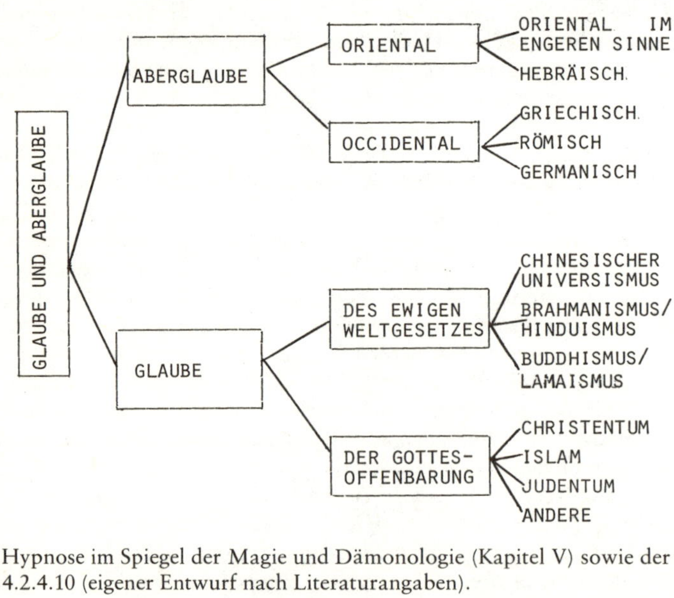

Schema 4: Hypnose im Spiegel der Magie und Dämonologie (Kapitel V) sowie der Religion (Glaube), Kapitel IX.4.2.4.10 (eigener Entwurf nach Literaturangaben).

zu sehen. Anaxagoras (500–428 v. Chr.) lehrte von der *Sonnenfinsternis*. Die Schüler Empedokles (483–423 v. Chr.) und Plato (427–347 v. Chr.) vertraten die Auffassung von Pythagoras weiter. Nach den Perserkriegen drangen die dortigen Vorstellungen von Dämonen und Geistern in den griechischen Gedankenkreis. Eine dämonische Welt wurde anerkannt (Heraklit, 544–483 v. Chr.; Empedokles, 483–423 v. Chr.). Von hier an gewann die *Dämonenlehre* auch praktische Bedeutung. *Hysterische Zustände hielt man für göttlich und heilig, weil sie so wunderbare und unheimliche Wirkungen hervorbrächten*. Aristoteles (384–322 v. Chr.) und Epikur (341–270 v. Chr.) widersetzten sich der abergläubischen Vorstellung. Plato (427–347 v. Chr.) bildete die Idee der göttlichen Einheit aus. Auch nach seiner Lehre sind Dämonen *Mittelwesen zwischen Gott und den Menschen. Aber nach ihm ist der höchste Gott zugleich der höchste Dämon*. Nach Xenokrates (396–314 v. Chr.) *sind die Dämonen Mittelwesen zwischen den olympischen Göttern und den Menschen*. Sie wohnen jetzt plötzlich unter dem Mond und vermitteln den Verkehr zwischen den Göttern und der Erde (s. auch Meares, 1961).

Bedeutenden Einfluß auf die damalige griechische Welt und auf die spätere Entwicklung der Hypnose entfalteten die *Orakel* (Kapitel VIII.3).

Die Römer lernten erst im 3. Jahrhundert v. Chr. die Griechen und die Völker des Orients kennen. Die *suggestive Wirkung* der dortigen Religionen erfolgte nur teilweise (Hansen, 1901). Die Römer glaubten an die Seelen *böser Menschen*. Sie haben ihre berühmteste Zaubergestalt, die *Medea*, der griechischen Mythologie entnommen. Ihre Taten werden in Ovids (Publius Ovidius Naso) (43 v. Chr.–18 n. Chr.) *Metamorphosen* und auch von Vergil (Publius Vergilios Maro) (70–19 v. Chr.) beschrieben. *Das Totenbeschwören* (Necromantie) war bei den alten Römern sehr häufig und auch eine Lieblingsbeschäftigung einiger Kaiser (Julianus, Nero, Caracula, Eliogabel). Neben der *Necromantie* wurde auch zu damaligen Zeiten die *Skyomantie* (die Verwendung von Blut von Leichnamen zur Wahrsagung) praktiziert. Bei den *Etruskern* (Volk des Altertums, aus Kleinasien nach Italien eingewandert) lernten die Römer frühzeitig bestimmte Formen der *Weissagungskunst*. Es bestehen zwischen der etruskischen und chaldäischen Magie viele Parallelen, die *suggestiv* von einem Volk zum anderen übertragen wurden.

Lange vor den römischen Eroberungskriegen hatten die *germanischen Stämme und Völker* eigenständige *magische Begriffe* (Rosskoff, 1869). Die Weiterentwicklung wurde durch kriegerische Auseinandersetzungen zwischen Römern und *germanischen Volksstämmen* (Tacitus, 55–120 n. Chr.; Plinius der Ältere, 23–79 n. Chr.), durch die *Christianisierung* Deutschlands und durch einen unaufhaltsamen *Auswuchs der religiösen Unterdrückung* sowie den späteren deutschen Hexenwahn beeinflußt.

Die *Druiden* (irisch: Hochweise) sind die Priester der keltischen Völker und *entsprechen den indischen Brahmanen*. Sie bilden zur Zeit Caesars (100–44 v. Chr.) in Gallien einen Stand, an dessen Spitze ein *Druide* war. Als Priester bewahrten diese eine religiöse Geheimlehre, *sie übten die Kunst der Weissagung und waren gleichzeitig Richter*. Einer der wichtigsten Glaubensgrundsätze betrifft *die Unsterblichkeit der Seele*. Die *Frauen* der Druiden wurden als *Alrunen* bezeichnet. Die Alrunen erfreuten sich wegen ihrer Wahrsagekünste sowie Erfahrungen in der *Arzneimittelkunde* großer Berühmtheit und wurden den *Pythonierinnen* der ägyptischen und griechischen Tempel gleichgesetzt. Auch sie befaßten sich *mit einer Art Ekstase*, die an Abwandlungen der Technik wenig vermissen ließ. Später wurden aus diesen Frauen *Zauberinnen*, die sich *der Kunst der Hypnose auf ihre Weise annäherten* (Deutsche Mythologie, Grimm, 1835, 1854). Noch im 17. und 18. Jahrhundert wurden Hexen als Druden (Trutten) bezeichnet (Ennemoser, 1844).

2. Modifikationen und Anwendung in der Hypnotherapie

Der für uns interessante Teil der Magie und Dämonologie hat sich im Laufe von Tausenden von Jahren entsprechend gewandelt und eine methodische Struktur erfahren, die geeignet ist, in die wissenschaftlich begründbare Hypnotherapie eingebettet zu werden. Als Beispiel zum Gesagten führen wir das Phänomen *Voodoo* und die *Terpsichoretrancetherapie* (*Terpsichore-Trance-Therapie: TTT)* an.

2.1 Voodoo und Hypnose/Hypnotherapie

Als Beispiel nehmen wir die *Vodun-Besessenheit (Voodoo)* auf *Haiti* sowie im *Kongo*. Wir fassen die Forschungsresultate verschiedener Autoren zusammen (Bastien, 1961; Born, 1983; Bowers, 1961; Cannon, 1957; Comhaire-Sylvain, 1952, 1958, 1961; Courlander, 1960; Deren, 1953; Leyburn, 1941; Mars, 1946, 1954; Metreux, 1959; Mischel und Mischel, 1958; Ravenscroft jr., 1962, 1965; Rigaud, 1953; Simpson, 1940; Stocksmeier, 1984; Underwood und Honigman, 1947). Aus allen Schriften ist deutlich ein Übergang vom *Polydämonismus* (verschiedene Dämonen) zum *Polytheismus* (viele Götter) und gleichzeitig die *Ähnlichkeit mit Hypnoseverfahren* zu erkennen. Sowohl in der *Hypnose* als auch im *Voodoo-Trancezustand* ist für das Individuum die *subjektive Erfahrung der Veränderung der Wahrnehmung, der Erinnerung, der Identität ähnlich*. Die Rolle des Priesters ist in Voodoo ebenfalls ähnlich der des Hypnotiseurs in der Hypnose. Die *Gruppendynamik* (Kapitel XX) und die *Psychologie des Individuums* spielen jedoch bei Voodoo-Zeremonien eine viel größere Rolle (siehe Anthropologie: Kapitel IV) als im hypnotischen Rahmen (Kapitel X.8.2.1.9). Der an Vodun glaubende Mensch ist überzeugt davon, *daß seine Götter allwissend, allmächtig, allgegenwärtig sind*. Dadurch unterscheidet sich der Voodoo-Gläubige etwas vom Hypnotisanden. Daß Voodoo eine große Rolle spielt, sieht man auch daran, daß auf Haiti rund 90% der Bevölkerung katholisch sind, aber gleichzeitig 100% an Vodun glauben, was in dieser Weise woanders nicht immer realisiert werden könnte. Zum Voodoo gehören rund 200 verschiedene Götter. Einige von ihnen sind sich sehr ähnlich und werden in *Nationen* und auch in *Kollektive* zusammengefaßt. Das Kind erhält den Glauben von den Eltern vermittelt. Der beste Gott unter den vielen wird als *Gott-Ältester* (Principal God) angesehen. Der *Hungan* (der älteste Priester der Zeremonie) sorgt für die Einhaltung der Regeln. Ein Individuum könne von einem bis zu 60 Göttern besessen sein. Bei aller Verschiedenheit sind die Götter in ihrer *Autorität, Dominanz, Aggressivität und Zucht* einander sehr ähnlich. Jeder Gläubige strebt danach, Gotteseigenschaften zu erlangen. Durch das ganze *Zeremoniell* und *Ritual* entsteht *während der Besessenheit* eine besondere *irreale Stimmung*, die – wie in Hypnose – von Gefühlen der *Ehrfurcht, Spannung, Erwartung, Hingabe der Gläubigen und des Hungan getragen ist. Individuelle Gefühle* und Gedanken sind *transzendent* und umfassen *kollektive Gefühle und Bewegungen*. Die Konzentration geht darauf hinaus, Gott zu dienen und den Rest der Welt zu vergessen (*gelenkte, selektive Aufmerksamkeit*, Kapitel XI.2). Durch den engen *familiären Rahmen* (was bei der Hypnose nicht der Fall ist) entsteht eine *geborgene, gesicherte und geschützte Situation*, in der alles möglich ist. *Selektive Aufmerksamkeit, Konzentration, Körperbewegungen, Gesang, Gedanken* dienen dazu, den geeigneten Gott erscheinen und eine Person besetzen zu lassen. Die *suggestive Vorbereitung* (Entwicklungsgeschichte, Familienunterricht, persönliche Struktur, Erwachsenenvorbilder) bestimme Art und Anzahl der Götter, die zum Besetzen bereit seien.

Die Besessenheit werde in *Phasen* (oder Stadien wie in der Hypnose) erreicht. *Am Beginn* wird getanzt und am Ritual teilgenommen, *bis sich die Zeichen der subjektiven Bereitschaft zum Besessensein zeigen.* Dabei empfindet der Gläubige eine Art *körperliches Ungleichgewicht, die Balance geht verloren, eine taumelnde Bewegungsart und eine gesteigerte geistige Aktivität sind die ersten Zeichen des Besessenheitsbeginns. In der nächsten Phase* wird der Tanz intensiver und zwanghafter. *Psychische Desorientierung, körperliche Instabilität und Schwindel* mit einem *Untertauchen in eine Grauzone* folgen. Bereits in dieser Phase können Brummen, Tremor, Spasmen und Schüttelkrämpfe vorkommen. *In einer dritten Phase* sind unangenehme Gefühle verschwunden. Jene Mitglieder, die zum ersten Male das Zeremoniell erleben, verweilen länger als die anderen in diesem Stadium und *schweben in einer Sphäre zwischen Leben und Unsterblichkeit.* Bei weiteren Erfahrungen verkürzt sich diese Phase und wird zu einem *Übergangsstadium.* Übrig bleiben *Erschöpfung, Verwirrtheit, Orientierungslosigkeit, Schläfrigkeit, Kopfschmerzen. Die Endphase* der Besessenheit kann unterschiedlich lang sein. *Manche Götter lassen ihre Gläubigen tagelang nicht frei.* Die erste Besetzung dauert länger und ist – wie in der Hypnose – mit mehr Schwierigkeiten als spätere verbunden. *Wie bei der Hypnotisierbarkeit sind auch die Menschen bei der Besessenheit nicht alle gleich empfänglich. Einige wehren sich dagegen, oft mit Dämmerzuständen, hysterischen Attacken, Krämpfen* (siehe dazu Kapitel XVII.3). Dabei erzielen sie eine leichtere Phase der Besessenheit oder kommen gar nicht hinein. Der Hungan hat dann zu intervenieren. Er unternimmt manchmal eine Art von *direkter Hypnose.*

Die große Ähnlichkeit mit Hypnose erkennt man bei Voodoo dann, wenn man eine persönliche Hilfe leisten muß. Wird ein Mitglied des Zeremoniells hochgradig erregt, kann aber nicht in die Trance hineingelangen, bemühen sich andere, die Besessenheit herbeizuführen. Auch ein Hungan, der als Gott auftritt, *legt vorsichtig die Hände auf die Schultern des Gläubigen und hilft ihm damit, die Trance zu erreichen.* Er kann dabei *mit passenden Worten agieren, in die Augen starren, eine monotone Stimme verwenden, den Kopf des Mitglieds festhalten und ihn in einen Dämmerzustand versetzen.* Der zuständige *Trommler* bemüht sich, *durch den entsprechenden Rhythmus des Trommelns,* die Besessenheit herbeizuführen. Auch ein Mitglied des Zeremoniells kann sich bemühen, einem anderen Gläubigen zu helfen, leichter in Trance zu geraten, indem er diesem eine gebührende Aufmerksamkeit widmet und ihn persönlich körperlich betreut.

Nach Stocksmeier (1984) sei Livingston bei einer *Kongo-Expedition* unter anderem auch mit *Voodoo* (bei Stocksmeier: *Woodoo*) konfrontiert gewesen. Livingston habe berichtet, von einem bestimmten Moment an mit der *Trägerkolonne* Schwierigkeiten gehabt zu haben. Unterwegs meldete sich eines Tages einer der Träger, der kerngesund gewesen sei, und sagte, er könne nicht weiter tragen, *da er von Voodoo besessen sei und bald sterben würde.* Dieser Träger nahm tatsächlich nach dieser Mitteilung keine Flüssigkeit und keine Nahrung mehr zu sich *und starb am dritten Tag darauf.* Ähnliches erfolgte auch bei einem zweiten Träger. Inzwischen soll Livingston erfahren haben, daß der *Medizinmann* des entsprechenden Stammes die Träger von Livingston durch *intensive Suggestionen* in dieser Richtung beeinflußt habe. Als der dritte Träger bei Livingston erschien und davon sprach, sterben zu müssen, soll Livingston außer Fassung geraten sein und dem «Todeskandidaten» einen Kinnhaken gegeben haben, worauf dieser zu Boden fiel. Daraufhin stürmten die anderen Träger auf Livingston zu, und er sah sich in größter Gefahr. Plötzlich fiel ihm ein, wie er sich retten könnte. Er erzählte den Trägern, *durch den Kinnstoß den dem Tod Geweihten geheilt zu haben; der Zauber sei dadurch gebrochen.* Der Träger und die anderen glaubten ihm, und die Expedition konnte ohne weitere Folgen abgeschlossen werden. Der Medizinmann sei daraufhin von der Bildfläche verschwunden. *Der Glaube an Suggestionen, nicht etwa die Suggestionen als solche, hat hier geholfen.*

2.2 Terpsichoretrancetherapie (Terpsichore-Trance-Therapie: TTT)

Die TTT wurde aus einer Komponente der afro-brasilianischen spiritualistischen Rituale *wissenschaftlich abgewandelt und rational* zu einer *Psychotherapie* erhoben (Akstein, 1961, 1965a, b, 1966, 1973; Akstein und Carneiro, 1957). Viele Jahre der Beobachtung einiger afro-brasilianischer spiritualistischer Sekten haben eine Reihe von Erkenntnissen über die *anthropologischen, religiösen, kulturellen, sozialen, ökonomischen, neurophysiologischen und psychologisch-psychotherapeutischen Komponenten* erbracht. Selbst der *«Karneval in Rio»* sei eine Art *Ritual* mit *Exhibitionismus, Musik, Tanz und Flucht vor der Wirklichkeit.* Alle diese Rituale haben ihre Wurzeln im Altertum (Kapitel IV und V) und ziehen sich durch die Jahrhunderte hindurch (Kapitel VIII). Bei vielen Ritualen und Karnevalen dieser Art kommt man in eine *Regression*, wie auch bei der Hypnose (Prince, 1965, 1968). *Man regrediere auf das archaische Niveau der psycho-physiologischen Funktionen*, wodurch man sich dem Streß und der schmerzlichen täglichen Situation entziehe. *Rituale Besessenheit* (siehe oben) *könne zu einer tieferen Regression als die Hypnose allein führen, und das betreffende Individuum könne bis zu den primitivsten Stadien seiner Entwicklung (atavistische Stufe) gelangen* (Akstein, 1973). Dabei wird zwischen dem sogenannten *Tisch-Spiritualismus* und dem *kinetischen Spiritualismus* unterschieden (Akstein, 1973).

Die TTT wird in *Gruppen* angewandt. Sie wird sowohl mit der *Hypnosynthese* von Conn (1949, 1956 und Kapitel X.7.3) als auch mit Mesmers *Gruppentherapie* mit Hilfe von *Baquet* (Kapitel VIII.10.3) in Analogie gebracht (Akstein, 1966, 1973). Der Patient werde dabei hypnotisiert und es werde ihm gestattet, alles zu tun und zu lassen, was er wolle, z.B. *schweigen, lachen, schreien, stehen, tanzen oder irgend etwas, was ihm Vergnügen bereite und ihn selbst so erscheinen lasse, wie er wirklich sei.* Während der TTT werden *keine* oralen *Suggestionen* gegeben. Von den Teilnehmern tanzen einige Samba, einige stehen herum oder taumeln, einige andere rotieren um ihren eigenen Körper im Zimmer, während wieder andere hin und her gehen. Einige davon können *eine unkontrollierte tiefe Trance entwickeln.* Krisen kommen zum Vorschein – wie bei rituellen Zeremonien auch. In psychischer Hinsicht werden *Zeitverzerrung, Hypermnesie, Halluzinationen, Illusionen* beobachtet. Die jeweilige Sitzung dauert rund zwei Stunden, wobei die *Musikkapelle den Tanz* einleitet. Eine genaue Deskription der Methodik ist bei Akstein (1973) zu finden. Wissenschaftliche Modifikationen geben Coué (1954), Hoskovec und Svorad (1965), Prince (1965, 1968), Sargant und Fraser (1938), Svorad (1956).

2.3 Hypnosephänomene und Erlebnis des Todes

Das Problem des Todes (Sterbens) (Thanatologie) wird später (Jovanović, 1989) behandelt. Im Zusammenhang mit dem vorliegenden Kapitel wird nur *das Erlebnis des Sterbens (Todes)* erwähnt, weil *es* einige psychische Momente zutage bringt, *die sowohl mit Magie/Dämonologie als auch mit Hypnose gewisse Gemeinsamkeiten haben.* Die Todeserlebnisse können naturgemäß nur an *reanimierten* Personen studiert werden und haben demzufolge insoweit einen *subjektiven Charakter.* Berichte über *Todeserlebnisse*, die von sehr nahe vor dem Tod stehenden oder schon klinisch toten und reanimierten Patienten stammen, *korrigieren zu einem erheblichen Teil überkommene Vorstellungen* (Born, 1983; Hampe, 1977; Moody, 1977; Wiesenhütter, 1973). Die Erfahrungen erscheinen nach Born (1983) «unbeschreibbar» und seien *mit tiefen Gefühlen des Friedens und der Ruhe verbunden.* Es komme zu einem besonders intensiv erlebten *Verlassen des Körpers mit dem Gefühl der Schwere- und Zeitlosigkeit des körperlichen Zustandes.* Auffallend häufig werden das *Vorübergleiten des bis-*

herigen Lebens im Sinne eines *Lebenspanoramas im Sterbeerlebnis* und die *Rückbesinnung auf das eigene Leben beschrieben.* Schließlich komme es *zu einer Ausweitung des Ich*, die als *sehr beglückend* erlebt werde, und zu einem besonders klaren und schnellen Denken. Oft werde über *ein zum Licht hindruchschreitendes Tunnel-Erlebnis berichtet, das als Übergang von qualvoller Angst zu freiheitlicher Erlösung verstanden werden kann.* Im Sterben geschehe «Ausweitung, Erlösung, Erhöhung», *ein Sog «von der anderen Seite»*, der nicht nur einen Akt im «Diesseits» darstelle (Wiesenhütter, 1973). *Es finde eine Befreiung aus der eigenen Ichbefangenheit statt.* Tritt durch ärztliche Bemühungen *die Rückkehr des Ich in den Körper ein, bleibe oft ein langer oder bis zum endgültigen Tode anhaltender Schmerz zurück.* Die Auseinandersetzung mit dem Sterbeerlebnis und die Wiederanpassung an die bisherige Realität können mit besonderen Schwierigkeiten verbunden sein. Oft persistiere eine *Sehnsucht nach dem Tode.* Reanimierte Patienten neigen nicht selten zu Depressionen und bleiben oft *einsam und introvertiert*, ohne die bisherigen zwischenmenschlichen Beziehungen wieder aufzunehmen. Sie seien vor allem dann undankbar und unglücklich, wenn ihnen für die verbleibende Lebenszeit keine angemessene Hilfe gewährt werde (Born, 1983).
Ähnliche beglückende Erlebnisse sind auch in der Hypnose keine Ausnahme. Sie sind sogar eher die Regel (Kapitel IX und XI–XX). Der in Kapitel XXIV.2 zu diskutierende *Traum* liefert mit der *Erschlaffung der Nackenmuskulatur* (siehe dort) den Eindruck, *daß sich der Kopf vom Körper trennt und die Seele mitnimmt.* Dabei erleben die Träumer etwas ähnliches wie in der Hypnose und im Sterbeprozeß. Diese Befunde werfen *philosophische und theologische Probleme* auf, die an anderer Stelle zu studieren sind (Jovanović, 1989, 1990).

3. Zusammenfassung und Schlußfolgerungen

(a) *Magie und Dämonologie* können als weiterer Fortschritt gegenüber der Anthropologie aufgefaßt werden. Während die Anthropologie zur *Menschwerdung* Stellung nimmt, befassen sich Magie und Dämonologie beinahe mit der *Völkerwerdung* (um nicht *Volkwerdung* zu sagen). Magie und Dämonologie haben viele Glaubensansichten und Auffassungen von der Anthropologie übernommen und diese weiterentwickelt. Man ging vom Schamanen zu Dämonen über, die teils als göttliche Wesen und zum anderen als aus den menschlichen Seelen entstandene unsichtbare Geister fungierten. *Die Hypnose, die damals in die Magie/Dämonologie eingebettet war, wurde von diesen Auffassungen geprägt und konnte sich bis heute nicht ganz davon befreien.*

(b) *Magie und Dämonologie* beeindrucken *suggestiv* alle Völker; vom Fernen Osten über Ägypten, den Nahen Osten, das alte Griechenland und das alte Rom bis zu den Germanen übertrugen sich Sitten und Gebräuche, *welche durch Magie die Dämonen zu besänftigen versuchten.* Bereits damals wurden Ansätze zum späteren *Tempelschlaf* geschaffen, der noch mehr mit Hypnose zu tun hat (Kapitel VIII.4.1).

(c) In der Magie und Dämonologie findet man auch *Vorstufen* des späteren *Hexentums* und *Exorzismus*, die im 16. und 17. Jahrhundert n. Chr. ihren Höhepunkt erreichten, aber auch heute noch nicht vergessen sind. Beide – Hexentum und Exorzismus – hatten auch mit Hypnose zu tun (Kapitel VI.4–VI.6).

(d) Magie und Dämonologie haben zunächst über den *Polytheismus* zur *Entstehung von Religionen* (Kapitel IX.4.2.4.10) beigetragen, die sich von sich aus mit *Heilungen* (Handauflegen, Kapitel VI.3 oder z.B. Mönchsmedizin, Kapitel VIII.7) und Hypnose befaßt haben.

(e) Alle Momente unter a–d haben *über die Vorstufen starke suggestive Effekte ausgeübt*, welche die Hypnose als Wissenschaft und als populäre Erscheinung beeinflußt haben. Die Meinungen über Hypnose sind durch diese Momente derart gefestigt worden, daß man sie lange Zeit nicht korrigieren konnte.

(f) Die starke Einwirkung des Magie-Dämonen-Glaubens wird heute am *Voodoo-Tod* abgelesen (Kapitel V.2.1). Von Dämonen ist man dabei nur *formell* auf die «Götter» übergegangen, die *allmächtig, allwissend und allgegenwärtig* seien. Im Priester und Hungan (eine Art Zeremonienmeister) sieht man die Verkörperung der Götter, denen man folgen müsse. Ihre *Suggestionen* werden akzeptiert und in die Tat umgesetzt, selbst wenn diese mit dem Tod verbunden sind. Gerade der Voodoo-Tod hat die Auffassungen über die Suggestion und auch über den Tod einschneidend verändert. Das Voodoo-Zeremoniell kann andererseits als *eine Art indirekte Technik zur Induktion von Gruppenhypnosen* benutzt werden (Kapitel X.8.2.1.9).

(g) *Rituale und Zeremonien* können auch *direkt in die Hypnosetechnik umgewandelt werden* (Terpsichore-Trance-Therapie: TTT), wenn man sie von den damaligen Zeiten in die Gegenwart versetzt und sie entsprechend den neuen Erkenntnissen ergänzt.

(h) *Subjektiv werden Hypnose und Tod* in vielen Hinsichten ähnlich erlebt. Dabei muß angenommen werden, daß der Tod ein *Erlebnis* ist. Es wäre vielleicht richtiger, vom *Sterben* als *Prozeß* zu sprechen, da der *Tod* bereits ein *Zustand* ist.

(ha) *Sterben und Hypnose* werden von Menschen als «unbeschreibbar», mit tiefen Gefühlen des Friedens und der Ruhe erlebt. *Beim Sterben komme es zu einem besonders intensiv erlebten Verlassen des Körpers, mit dem Gefühl der Schwere- und Zeitlosigkeit des körperlichen Zustandes.* Die Hypnose gewährt dem Hypnotisanden ebenfalls eine erhabene Ruhe, aber auch eine wunderbar erlebte Schwere des Körpers, mit Verlust oder Verminderung des Zeitgefühls. Der Sterbende und der Hypnotisand erleben subjektiv das, was die Schamanen anstrebten (Kapitel IV): *Das Austreten aus der Zeit.*

(hb) Beim Sterben werden auffallend häufig das *Vorübergleiten des vergangenen Lebens im Sinne eines Lebenspanoramas und einer Rückbesinnung auf das eigene Leben beschrieben.* In der Hypnose kommt durch die *Regression (Revivikation)* (Kapitel XXI.10) ebenfalls das eigene Vor-Leben zum Wieder-(Er)Leben und zu einem Panorama, das therapeutisch genutzt wird (Kapitel X.8.4.1.8).

(hc) Beim Sterben komme es zu einer *Ausweitung des Ichs*, die als relativ sehr beglückend erlebt werde. *Das Denken sei besonders klar und schnell.* Auch in der Hypnose kommt es zu einer Erweiterung des Ichs und zu einem *Sich-Selbst-Neu-Erleben.* Bei beiden Phänomenen ist *die Befreiung aus der eigenen Ichbefangenheit bezeichnend.*

(hd) Bei einer *Reanimierung* treten bei den betreffenden Individuen depressive Verstimmungen auf; bei der Rückkehr des Ichs in den Körper bleibe bis zum endgültigen Tod ein anhaltender *Schmerz* zurück. Oft persistiere *eine Sehnsucht nach dem Tode.* Den *posthypnotischen Zustand* kann man mit diesen letzten Phänomenen nicht leicht vergleichen; Analogien können jedoch gezogen werden.

(he) Und schließlich darf der Hauptunterschied zwischen Tod und Hypnose nicht unerwähnt bleiben: *Der Tod ist endgültig, final – die Hypnose führt zu einem besseren (Er)Leben als davor.*

4. Literaturverzeichnis

Akstein, D(avid): *Psicofisiologia de Inducaõ Hipnotica* (Psychophysiologie der Hypnose-Induktion) (Separata). Paper presented at the meeting of the Pan American Congress of Hypnology, Rio de Janeiro, July, 1961.

Akstein, D.: *Les transes rituelles brèsiliennes et les perspectives de leur application à la psychiatrie et à la médecine psychosomatique* (Brasilianische rituelle Trance und Perspektiven zu ihrer Anwendung in der Psychiatrie und Psychosomatischer Medizin). Vorgetragen anläßlich des Congres International d'Hypnose et de Médecine Psychosomatique, Paris, April, 1965 a.

Akstein, D.: The Induction of Hypnosis in the Light of Reflexology. *Amer. J. Clin. Hypnosis*, (1965 b), *7:* 281–300.

Akstein, D.: *Kinetic Trances and Their Application in Treatment and Profilaxis of Psychoneuroses and Psychosomatic Diseases.* Vorgetragen anläßlich des World Congress on Psychiatry, Madrid, September, 1966.

Akstein, D.: Terpsichoretrancetherapy: A New Hypnopsychotherapeutic Method. *Intern. J. Clin. Exp. Hypnosis*, (1973), *21:* 131–143.

Akstein, D., et Carneiro, J.P.: A fenomenologia hipnótica à luz da reflexologia. (Die Hypnotische Phänomenologie im Lichte der Reflexologie). *At. Med. Biol.*, (1957), *16:* 27–55.

Bastien, R.: Haitian Rural Family Organization. *Soc. econ. Stud.*, (1961), *10:* 478–510.

Born, B(ernhard): Der Psychiater und der Sterbende Patient. In: Peters, U.H.: Psychiatrie, Band 1, Seite 332–350, 1983.

Bowers, Margaretta K.: Hypnotic Aspects of Haitian Voodoo. *Int. J. Clin. Exp. Hypnosis*, (1961), *9:* 269–282.

Cannon, W.B.: «Voodoo» Death. *Psychosom. Med.*, (1957), *19:* 182–190.

Comhaire-Sylvain, Suzanne: *Land Tenure in the Marbial Religion of Haiti.* In: Tax, S. (Ed.): Selected Papers of the XXIXth International Congress of Americanists, Vol. II. Chicago, University of Chicago Press, 1952, Seite 180–184.

Comhaire-Sylvian, Suzanne: Courthship, Marriage and Plasaj at Kenscoff, Haiti. *Soc. econ. Stud.*, (1958), *7:* 210–233.

Comhaire-Sylvian, Suzanne: The Household at Kenscoff, Haiti. *Soc. econ. Stud.*, (1961), *10:* 192–211.

Conn, J.H.: Hypnosynthesis – Hypnosis as a Unifying Interpersonal Experience. *J. nerv. ment. Dis.*, (1949), *109:* 9–24.

Conn, J.H.: Hypnosis as Dynamic Psychotherapy. *Sinai Hosp. J.*, (1956), *5(2):* 14–32.

Coué, E.: Auto-sugestão consciente (6th Ed.). Minerva, Rio de Janeiro, 1954.

Courlander, H.: *The Drum and the Hoe:* Life and Lore of the Haitian People. University of California Press, Berkeley, 1960.

Deren, M.: *Divine Horsemen – The Living Gods of Haiti.* Thames and Hudson, New York. N.Y., 1953.

Diefenbach, J.: *Der Hexenwahn vor und nach der Glaubensspaltung in Deutschland.* Frankfurt am Main, 1886.

Diefenbach, J.: *Besessenheit, Zauberei und Hexenfabeln.* In: Frankf. zeitgem. Brosch. Hrsg. von J.M. Raich, NF, Bd. XIV, Frankfurt am Main, 1893.

Diefenbach, J.: *Christus und das Christentum*, Frankfurt/Main, 1974.

Doufour, P.: *Geschichte der Prostitution.* 6. Bde. Deutsch von Adolf Stille, Leipzig, 1870 (?)

Ellenberger, H.F.: Mesmer and Puységur – From Magnetism to Hypnotism. *Psychoanal. Rev.*, (1965), *52:* 137–153.

Ennemoser, J.: *Geschichte der Magie.* Leipzig, 1844.

Fischer, D.: *Tentanem pnevmatologico physicum de mani piis diaboli sive sagis.* Avthore Daniele Fischero kesmarkien-sihvngaro. *Med. cvtl. Vitemberge*, 1716.

Gill, M.M., and Brenman, Margaret: *Hypnosis and Related States* – Psychoanalytic Studies in Regression. International Universities Press, Inc., New York, 1959 (Second Printing, 1977).

Grimm, J(acob): *Deutsche Mythologie.* Göttingen, 1835 (1854?).

Hampe, J.C.: *Sterben ist doch ganz anders. Erfahrungen mit dem eigenen Tod.* Kreuz, Stuttgart, 1977.

Hansen, J.: *Quellen und Untersuchungen zur Geschichte des Hexenwahns und der Hexenverfolgung im Mittelalter.* Mit einer Untersuchung der Geschichte des Wortes Hexe von Johannes Franck, Bonn, 1901.

Hoskovec, J. and Svorad, D.: *The Relation between Human and Animal Hypnosis* (Separata).-Vorgetragen anläßlich des Congres International d'Hypnose et de Médecine Psychosomatique, Paris, April, 1965.

Jovanović, U. J.: Angewandte und Klinische Hypnose. Gustav Fischer Verlag, Stuttgart (in Vorbereitung), 1989.

Jovanović, U. J.: Geschichte der Hypnose (in Vorbereitung), 1990.

Keisler: Aus Masters, R. E. L. *Eros and Evil.* Julian Press, New York, N. Y., 1962.

Laengin, G.: *Der Wunder- und Dämonenglaube der Gegenwart im Zusammenhang mit Religion und Christenthum.* Ein Beitrag zur Charakteristik der herrschenden Strömungen in der römischen und protestantischen Kirche. 2. Auflage, Leipzig, 1884.

Laengin, G.: *Religion und Hexenprozeß.* Zur Würdigung des 400. Jubiläums der Hexenbulle und des Hexenhammers sowie der neuesten katholischen Geschichtsschreibung auf diesem Gebiete. Leipzig, 1888.

Lehmann, A.: *Aberglaube und Zauberei.* Deutsch von Dr. Petersen. Stuttgart, 1898. Zweite umgearbeitete und erweiterte Auflage, Stuttgart, 1908.

Lenormant, Fr.: *Die Geheimwissenschaften Asiens.* Die Magie und Wahrsagekunst der Chaldäer. Authorisierte, vom Verfasser bedeutend verarbeitete und vermehrte deutsche Ausgabe, Jena, 1878.

Leyburn, J. G.: *The Haitian People.* Yale University Press, New Haven/Conn., 1941.

Mars, L.: *La crise de possession dans la voudou – Essai de psychiatrie comparee.* Port-au-Prince, Haiti, Impr. De L'Etat, 1946.

Mars, L.: Phenomena of «Possession». *Tomorrow*, (1954), *3:* 61–73.

Masters, R. E. L.: *Eros and Evil.* Julian Press, New York, N. Y., 1962.

Meares, A.: *Atavistic Theory of Hypnosis.* Vorgetragen anläßlich des Pan American Congress of Hypnology, Rio de Janeiro, July, 1961.

Metreux, A.: *Voodoo in Haiti.* Oxford University Press, New York, 1959.

Mischel, W., and Mischel, Frances: Psychological Aspects of Spirit Possession. *Amer. Anthropologist*, (1958), *60:* 249–260.

Moody, R.: *Life after Life. The Investigation of a Phenomenon – Survival of Bodily Death.* Mockingbird Books, Covington, Georgia. Deutsch: Leben nach dem Tod. Die Erforschung einer ungeklärten Erfahrung. Rowohlt, Hamburg, 1977.

Prince, R.: *Mystical States and the Concept of Regression* (Separata). Vorgetragen anläßlich des Meeting of the R. M. Bucke Memorial Society, Montreal, Januar, 1965.

Prince, R.: *Can the EEG be Used in the Study of Possession States?* In: Prince, R. (Ed.): Trance and Possession States. Montreal, R. M. Bucke Memorial Society, 1968, Seite 121–137.

Ravenscroft, K. Jr.: *Spirit Possession in Haiti – A Tentatine Theoretical Analysis.* Bachelor's Thesis, Yale University, 1962.

Ravenscroft, K. Jr.: Voodoo Possession – A Natural Experiment in Hypnosis. *Int. J. Clin. Exp. Hypnosis*, (1965), *13:* 157–182.

Rigaud, M.: *La tradition voudoo et le voudoo Haitien – Son temple, ses mystères, sa magie.* Niclaus, Paris, 1953.

Rosskoff, G.: *Geschichte des Teufels.* 2 Bde., Leipzig, 1869.

Sargant, W., and Fraser, R.: Inducing Light Hypnosis by Hyperventilation. *Lancet*, (1938), *2:* 778.

Schindler, H. B.: *Aberglaube des Mittelalters.* Ein Beitrag zur Culturgeschichte. Aus: Wolf, J. (1980).

Simpson, G. E.: The Vodun Service in Northern Haiti. *Amer. Anthropologist*, (1940), *42:* 236–254.

Soldan, W. G.: *Geschichte der Hexenprozesse.* Aus den Quellen dargestellt, Stuttgart, 1843 a. Neu bearbeitet von Max Bauer, München, 1912.

Soldan, W. G.: *Ein Beitrag zur Geschichte der Hexenprozesse.* Zeitschrift f. deutsches Strafverfahren, Band III, Karlsruhe, 1843 b.

Soldan, W. G., und Heppe, H.: *Geschichte der Hexenprozesse.* Neu bearbeitet von Heinrich Heppe, Stuttgart, 1880.

Stocksmeier, U.: *Lehrbuch der Hypnose*, Karger, Basel, 1984.

Svorad, D.: *Paroxyzmálny Útlm* (Paroxysmale Inhibition). Vydavatelstvo Slovenskej Akadémie Vied, Bratislava, 1956.

Underwood, F., and Honigman, Irma: A Comparison of Socialization and Personality in Two Simple Societies. *Amer. Anthropologist*, (1947), *49:* 557–577.

Wiesenhütter, E.: Gedanken zur Selbsterfahrung im Sterben. *Prax. Psychother.*, (1973), *18:* 54–63.

Wolf, H(ans-) J(ürgen): *Hexenwahn und Exorzismus.* Historia Verlag, Kriftel/Ts., 1980.

VI. Hypnose im Spiegel der Mystik und Mythologie

1. Begriffe und Definitionen

Die Mystik (Schema 5) (griechisch: *myen*, d.h. schließen, insbesondere Augen und Lippen) bedeutete ursprünglich eine Art der *frommen Versenkung*. Das *Ziel* war die Erkenntnis des Göttlichen durch *Meditation* (nicht durch gelenktes Denken), *unmittelbares Erfassen der Wahrheit durch inneres Schauen, Einswerdung der Menschenseele mit Gott (unio mystica)*. Im Laufe der Zeit hat sich der Begriff gewandelt. Heute verwendet man ihn bei fast allen unerklärbaren Erscheinungen. Der *Mythos* (griechisch) oder *Mythus* (lateinisch) steht als Bezeichnung für etwas, was der *Wirklichkeit* nicht entspricht. Auch dieser Begriff hat sich mit der Zeit gewandelt. Beide Begriffe sind in diesem erweiterten Sinne zum größten Teil in den Kapiteln IV und V bearbeitet worden. Mit dem weiteren Vorrücken zu den nachfolgenden Kapiteln werden wir (durch die Entmystifizierung) das Problem der *Hypnose als Wissenschaft* immer enger und enger einkreisen, bis wir in Kapitel IX *auf die aktuelle Hypnose-Forschung übergehen* (s. dazu Becher, 1985; Cordus, 1985; DelRio, 1599, 1611; Dessoir, 1889; Durant, 1944; Gerlach, 1985; Graham, 1985; Gravitz und Gerton, 1984; Mead, 1704; Pfaff, 1785, 1824, 1827; Richet, 1923; Riesman, 1935; Schott, 1985).

2. Heilung durch Auflegen von Magneten

Der Name des *Magneten* (Siderit) sei nach Lucrez aus der *Gegend der Magnete* oder aus der Landschaft und Stadt *Magnesia* in Kleinasien abgeleitet. Plinius der Ältere (23–79 n. Chr.) führt dies auf einen Hirten *Magnes* zurück, der auf dem Berg Ita eine Herde Schafe weidete und mit seinem *eisenbeschlagenen* Stock die *magnetische Wirkung* bemerkte (Ennemoser, 1842; Kircher, 1643). Außerdem tauchen die Bezeichnungen *Heraklion* und *Herkulesstein* auf, weil der Magnet auch in der Nähe der Stadt *Heraklia* gefunden wurde. Bereits Thales von Milet (625–545 v. Chr.) schrieb dem Magneten eine *Seele* zu. Von da ab wurde dem Magneten neben seinen physikalischen Eigenschaften auch eine *magische Bedeutung* beigemessen. Schon im Altertum wurde von dem eigenwilligen Verhalten des Magneten gesprochen, weil dieser unter allen *mineralischen Elementen ganz besondere Eigenschaften zeigte*. Während Blei, Kupfer, Silber, Gold und Zinn gleichsam *unbeseelt* ohne jedes Eigenleben nur der Schwerkraft gehorchten, *hafte dem Magneten als einzigem Element unter allen anderen etwas Seelenhaftes, eine selbständige Aktivität an*.
Nach der Entdeckung der Magneten war *ihre Anwendung zur Linderung von Schmerzen* zuerst von Aetius von Amida im 6. Jahrhundert n. Chr. beschrieben worden (Ludwig, 1964). *Der Begründer der Wissenschaft vom Magnetismus ist jedoch der Arzt und Ingenieur Pierre de Maricourt* (1269). In seinem *«Brief über den Magneten»*, der erstmals von Achilles Gasser (1558) publiziert wurde, sah er im Magnetismus *eine kosmische Kraft* (Ackerknecht, 1948; Feldt, 1985).
Paracelsus (1493–1541) behauptete, die Vermutung seiner Vorgänger in pathetische Gewißheit zu verwandeln. Durch das Auflegen von Magneten *heilte er Füße, Augen, Ohren, Nase und äußere Glieder* (offene Schenkel, Fisteln, Krebs, Blutflüsse der Weiber). Nach ihm ziehe

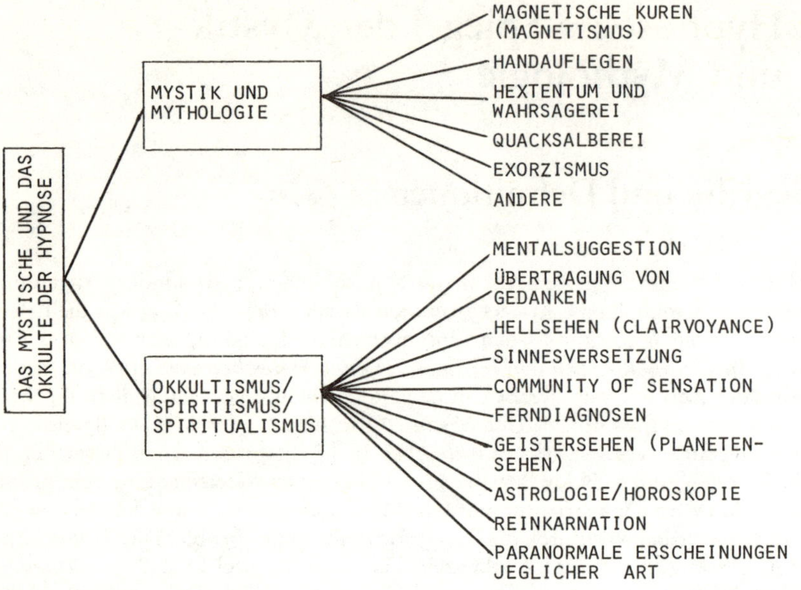

Schema 5: Mystik, Mythos, Okkultismus, Spiritismus und Spiritualismus im Laufe der Gestaltung der wissenschaftlichen Hypnose (Kapitel VI und VIII.11.2.5) (eigener Entwurf).

der Magnet die Brüche zusammen, die Gelbsucht heraus, bilde die Wassersucht zurück und heile alle Rupturen. Was Paracelsus sagte und tat, galt seiner Schule noch durch zwei Jahrhunderte als Offenbarung und Gesetz (Dogs, 1967; Hartmann, 1896; Tepperwein, 1977; Zweig, 1983; siehe Kapitel VIII). Nach Robert Fludd (1574–1637) *repräsentiert der Mensch eine kleine Welt in sich und besitzt magnetische Kräfte mit zwei Polen und einem Äquator.* Immer, wenn sich zwei Individuen treffen, entstehe ein *magnetisches Feld.* Der Mensch sei ein *Mikrokosmos mit seinen Polen und Sternen, wie auch der Makrokosmos.* Dieser Mikrokosmos sei in Harmonie mit dem Makrokosmos. Bei kranken Menschen sei diese Harmonie gestört (Fludd, 1638). William Gilbert (1600) knüpfte an Maricourt (1269) an. Sein Zeitgenosse und Nachfolger Johann Baptista van Helmont (1577–1644) hat beinahe F.A. Mesmer (1734–1815) (Kapitel VIII) vorgegriffen, *indem er die im Menschen vorhandene magische, aber unbewußt wirkende und ruhende Kraft zu erkennen glaubte.* Er hielt, ähnlich wie Fludd, *den Menschen für einen kleinen Magneten.* Auch der schottische Arzt William Maxwell (1679) hatte unabhängig von den anderen angenommen, Magnete könnten heilen, und war einer der ersten, der Informationen über die alten Praktiken mit Magneten und ihre heilenden Wirkungen in seinem Buch *De Medicina Magnetica* (1679) zusammenfaßte. Er erklärte, alle Krankheiten resultierten daraus, *daß das vitale Fluid den Organen des Erkrankten entzogen oder in Unordnung geraten sei. Heilung könne nur dann zustande kommen, wenn man durch die magnetische Kraft die ursprüngliche Ordnung wiederherstelle.* Dabei sprach er bereits von *Suggestion und Imagination.* Im 17. Jahrhundert gab es einen weiteren Wunderheiler namens Valentin Greatrakes (1628–1666), der viele Nachfolger hatte. Sebastian Wirdig (1613–1687) glaubte, *daß leblose Objekte wie Magnete lebendige Kreaturen durch sympathische Kräfte beeinflussen können.* Durch zahlreiche Veröffentlichungen zum Magnetismus (Thorndike, 1958) stellte der Magnetismus um 1650 einen entwickelten Wissenschaftszweig dar. Im 18. Jahrhundert jedoch trat er gegenüber der *Elektrizität* in den Hintergrund (Coulomb, 1785/86; Feldt, 1985; Gilbert, 1600; Priestley, 1767; Waite, 1894).

3. Heilung durch Handauflegen

Handauflegen zum Zwecke der Heilung findet sich bei den alten *Indern, Ägyptern und Hebräern* beschrieben (Ludwig, 1964). Nach Marks (1947) konnte Pyrrhus (319–272 v. Chr.), König von Epirus, die *Milzerkrankung* heilen, indem er den Rücken des Patienten mit seiner großen Zehe von oben nach unten bestrich. Einer der Vorläufer von Mesmer (Kapitel VIII) ist in gewissem Sinne auch Jesus Christus, dem *die Bibel* eine Reihe von Heilungen durch *Handauflegen oder verbale Suggestion* zuschreibt. Nach Matthäus (M) heilte er einen Aussätzigen. «*Als er von dem Berg herabstieg, folgten ihm viele Menschen. Da kam ein Aussätziger, fiel vor ihm nieder und sagte: Herr, wenn du willst, kannst du machen, daß ich rein werde. Jesus streckte die Hand aus, berührte ihn und sagte: Ich will es, werde rein* (Handauflegung und Suggestion). *Im gleichen Augenblick wurde der Aussätzige rein.* Jesus aber sagte zu ihm: *Nimm dich in acht! Erzähl niemand davon, sondern geh, zeige dich dem Priester und bringt das Opfer dar* (Honorar), *das Moses angeordnet hat* (Befehl). *Das soll für sie ein Beweis* (deiner Heilung) *sein.*» (M, 8, 1–4). In M, 8, 28–34 steht: «*Er trieb mit seinem Wort* (Suggestion) *die Geister aus und heilte alle Kranken* ... Dadurch sollte sich erfüllen, was durch den Propheten Jesaja gesagt worden ist: *Er hat unsere Leiden auf sich genommen und unsere Krankheit getragen*» (Übertragung). In der Bibel sind auch die Heilung eines *Gelähmten* (M, 9, 1–8), eines *Blinden* (M, 9, 27–31), eines *Stummen* (M, 9, 32–34), eines Mannes aus Sabbat (M, 12, 9–14), die Krankenheilung in Genezareth (M, 9, 32–34), die Heilung von vier Kranken (M, 15, 29–31), eines *Mondsüchtigen* (M, 17, 14–21), von *zwei Blinden* bei Jericho (M, 20, 29–34) und einige andere Heilungsbehandlungen aufgeführt. «Hab *Vertrauen*, mein Sohn», sagt Christus in Matthäus 9, 1–8; oder «*Glaubt ihr*, daß ich euch helfen kann?» (M, 9, 32–34). Diese Praxis tradiert – wie in Kapitel XIII.4 ausgeführt wird – bis zum heutigen Tage und kommt in abgewandelten Formen bei der *Suggestionsdarbietung* zum Ausdruck.

4. Suggestion durch Hexen und Hexentum

Zur *Abstammung* und Entwicklung von Hexen und Hexentum haben viele Autoren Stellung genommen (Hansen, 1901a, b, 1907; Lamberg, 1836; Reich, 1940; Salzmann, 1887; Soldan, 1880; Spielmann, 1932; Wolf, 1980).

Die von unserem Thema aus gesehen positive Seite des Hexentums ist seine Beteiligung an der Behandlung von psychisch Kranken oder psychisch Gestörten. Denn zu der damaligen Zeit (14. bis 18. Jahrhundert) waren kaum Psychiater und Psychoanalytiker bekannt, und viele Patienten waren unter anderem auf *Wahrsagerinnen/Zauberinnen* angewiesen. Die Vorgehensweise der Wahrsagerinnen/Zauberinnen ist nicht selten in einigen Punkten dem Verfahren des späteren Magnetismus ähnlich; *verdunkelte Zimmer, unverständliches Sprechen, Kerzen, ruhige Atmosphäre mit einem Hauch des Geheimnisvollen. Es liegt nahe, daß in vielen Fällen neben der damals gewöhnlichen suggestiven Behandlung auch volle Hypnosezustände herbeigeführt worden sind.* Inwieweit dies geschehen ist und wie häufig, kann heute nicht mehr eruiert werden. Propheten, Wahrsager(innen), Hellseher(innen) sind *auch heute* nicht unbekannt. Anita Hoehne (1985) gibt volle Namen und Adressen mit Telefonnummern von *70 Wunderheilern* (Hellseher, Wahrsager) aus der Bundesrepublik Deutschland, Österreich und der Schweiz wieder.

5. Suggestion durch Quacksalberei

Vom Beginn des 16. bis zum Ende des 18. Jahrhunderts beherrschte das bunte Volk der fahrenden *Heilkünstler*, *Wurzkrämer*, *Zahnbrecher*, *Starstecher* und *Urinpropheten* die Messen und Märkte. Nicht selten zusammen mit *Bänkelsängern*, *Possenreißern*, *Kesselflickern*, *wahrsagenden Zigeunern* und *Dirnen* zogen sie von Ortschaft zu Ortschaft. *Ruf-Arzt* und *Marktschreier*, *Quacksalber* und *Scharlatan* sind *vier Begriffe* für die gleiche Figur. Der Erfolg der Quacksalber und Scharlatane lag hauptsächlich darin, *daß sich die Schulmedizin in Renaissance und Barock kaum vom Niveau in den frühen Hochkulturen unterschied. Selbst die gelehrtesten Ärzte waren mit dem schlimmsten Aberglauben ihrer Zeit verwurzelt.* Im Jahre 1731 wurde vom obersten Medizinalkollegium des Preußischen Königreiches ein Dekret herausgegeben, wie die Ärzte und Apotheker Pest-Amulette anzufertigen haben. Bis 1774 hatte diese Vorschrift für Ärzte und Apotheker Gültigkeit. In einem Gutachten von der *Medizinischen Fakultät der Universität Würzburg* wurde 1750 behauptet, ein junges Mädchen sei eine Hexe gewesen, was zum Verbrennen des Mädchens führte (Adam, 1901, 1928; Hole, 1983; Kraepelin, 1915; Pepys, 1929; Schramm, 1985; Thurneysser, 1985).

Die *Schulmediziner* des 16. bis 18. Jahrhunderts waren noch zu theoretisch, noch nicht ausreichend ausgebildet, hatten keine diagnostischen Geräte und waren sehr teuer. Auf dem Lande, mit 80% der damaligen Bevölkerung, wußte der Patient, wohin er mit seinem Leiden ging (Schramm, 1985). Ein typisches Beispiel dieser Zeit ist der in Nordbayern auch heute gefeierte, in Oberviechtach/Oberpfalz geborene, Johann-Andreas Eisenbarth, alias Doktor Eisenbarth (1661–1727) (Werner Pohl, 1982). *Über den «Doktor» Eisenbarth sind vielleicht mehr Bücher entstanden als über einen anerkannten Gelehrten.* Wir haben bis Ende 1985 insgesamt 24 Bücher gefunden, die allein «Doktor Eisenbarth» beschreiben und 37 medizinische Werke, in denen Eisenbarth ausführlich behandelt wird. Populäre Bücher, Eisenbarths Lieder und Theaterspiele über ihn sind dabei nicht berücksichtigt worden. In vielen Hinsichten unterschied er sich kaum von seinen akademischen Kollegen. *Bis zu 70% «heilten» sich die Patienten autosuggestiv, wenn sie erfuhren, «Doktor» Eisenbarth würde von einer Reise zurückkommen und auf dem Marktplatz mit seinen 100 bis 110 Gefolgsleuten eine «Praxis» eröffnen* (Eike Pies, 1977; Werner Pohl, 1982). *«Ich bin der Doktor Eisenbarth, ich heile auf meine Art»*, pflegte er auf den Märkten vor dem staunenden Publikum auszurufen.

6. Hypnose und Exorzismus

Unter Exorzismus (Teufelsaustreibung) versteht man die Beschwörung von Dämonen und Geistern durch Wort und Geste, um sie aus dem Körper des Besessenen herauszuholen. Beispiele dazu haben wir noch heute bei den Naturvölkern und dem Handeln ihrer Medizinmänner sowie bei einigen Zeremonien der römisch-katholischen Kirche (Kapitel IX). Bereits die Bibel berichtet über *sieben Teufelsaustreibungen*. Jesus habe diese Gewalt seinen Jüngern übertragen, wie auch die Macht, durch Handauflegen zu heilen (Kapitel VI.3). Im Sinne des *Rituale romanorum* sprechen für *Besessenheit* bestimmte Kennzeichen bei der befallenen Person, die bei Wolf (1980) beschrieben worden sind.

Johann Joseph (alias Andreas) Gaßner (1727–1779) ist das bekannteste Beispiel deutscher Exorzisten des 18. Jahrhunderts. *Nachdem er durch den Selbst-Exorzismus von einer schweren Krankheit befreit wurde*, bildete sich bei ihm die Ansicht heraus, daß viele Krankheiten von dämonischem Besessensein herrühren und nur mit entsprechenden Gegenmitteln behandelt werden können. Er begann, Kranke nach exorzistischen Methoden zu heilen. «... Und der Ruf der zufälligen Erfolge führte ihm immer mehr Patienten zu. Zehntausende sollen in Zelten in der Nachbarschaft von Regensburg kampiert haben.» Er nahm seine Prozeduren öffentlich und in Gegenwart vieler Zuschauer vor. Der «Teufelsbanner» Gaßner hatte den Dämonen- und Teufelsglauben wieder angefacht. Entsprechend scharf wurde er angegriffen (Wolf, 1980). Gaßner *war auch ein durch die Hypnose bekannter Wunderheiler.* Er war so bekannt, daß sogar Franz Anton Mesmer (1734–1815) gebeten wurde, über ihn ein *Gutachten* zu erstellen (Kapitel VIII). In Kapitel XIII.3 geben wir ein paar Beispiele zu seinem Heilverfahren (siehe auch Bauer, 1985; Gaßner, 1775; Hansmann, 1957; Kroger, 1977; LeCron und Bordeaux, 1947; Masters, 1962; Rafalski, 1986; Rosskoff, 1869; Rýzl, 1985; Stevenson, 1983; von Schrenck-Notzing, 1985; Wilson, 1982; Wolf, 1980).

7. Zusammenfassung und Schlußfolgerungen

Mit diesem Kapitel enden die Ausführungen zum Problem der *Entstehung und Entwicklung* von Phänomenen im Kontext der Hypnose (siehe Kapitel I–V). *Mystik und Mythologie* können in dieser Hinsicht als Resultat einer *abschließenden Entwicklung* betrachtet werden. Beide haben sich gewaltig *auf die Hypnose als Methode*, aber auch auf die *Bildung von Auffassungen über die Wirkung der übernatürlichen Kräfte auf den Organismus* durch die historischen Epochen hin bis heute ausgewirkt. Die Zeit, in der man damals lebte, und die Methoden, deren man sich bediente, um die Krankheiten zu beseitigen, haben den damaligen *psychosomatischen Patienten*, aber auch *den heutigen Suggerendus/Hypnotisanden* gegenüber der Behandlung positiv oder negativ beeinflußt. *Der damalige Magnetiseur und der heutige Hypnotiseur* wurde/wird ebenfalls auf eine bestimmte Weise vom herrschenden *Zeitgeist* getragen:

(a) Der *Magnet* war am geeignetsten zur Anwendung in der *suggestiven Therapie*, weil er auch *sichtbare und meßbare physikalische Eigenschaften* aufweist. Die Anwendung von Magneten kann auf eine 2000 Jahre alte Tradition zurückblicken. Die Magnete haben sich im 18. Jahrhundert auf den Aufbau einer Theorie des *tierischen Magnetismus* durch Franz Anton Mesmer (1734–1815) (Kapitel VIII) ausgewirkt. Der *animalische Magnetismus* ist demzufolge im Kontext der vorausgegangenen Auffassungen über die Wirkung von *mineralischen Magneten* zu sehen.

(b) Die *Heilung durch das Handauflegen* hat ebenfalls wie der Magnetismus *einen langen historischen Weg;* beide Methoden *beruhen auf der suggestiven Wirkung*, die später in die Hypnotherapie einmündet.

(c) Von der *Anthropologie* (Kapitel IV) *und Magie/Dämonologie* (Kapitel V) ausgehend, bewirkte *die geschichtliche Entwicklung* auch eine Änderung in der Auffassung von der geschlechtlichen Verteilung der Heilungsmacht. Während am Beginn der Menschwerdung und in der Dämonologie nach einem vorübergehenden Matriarchat *suggestiv* mehr das *männliche Geschlecht* dominierte, verlagerte sich dies bei der Magie langsam aber sicher auf die Frau; die Frau eignete sich besser für *magische Künste, Kräuterzubereitung* und *Giftmischung*. Das *Hexentum* wirkte auf die Entwicklung der Auffassungen über die Macht von Gut und Böse, auf die heilende Wirkung von Kräutern etc. ein und bewegte die Gemüter bis zum Ende des 18. Jahrhunderts – und später –, was den Dämonen nicht im gleichen Maße gelungen ist. Das Wirken der Hexen und die Auffassungen über das *Hexentum* haben auch bis heute psychische Effekte auf die Hypnotherapie.

(d) *Quacksalber und Quacksalberei* ergriffen im 17. und 18. Jahrhundert nicht nur die *Laien*, sondern auch die *Mediziner;* beide Schichten bedienten sich bis zuletzt der (giftigen) Kräuter und beeinflußten somit die Entwicklung der Schulmedizin und der Hypnotherapie. *Dem späteren Mesmerismus (Kapitel VIII) ist es positiv anzurechnen, daß er sich nicht stark von dieser Seite her hat beeinflussen lassen.*

(e) *Im Verfahren* können *Exorzismus und Hypnose bis zu einem gewissen Grade miteinander verglichen werden* oder voneinander lernen. Beide – *Exorzist und Hypnotherapeut* – müssen jedoch wissen, *was sie tun. Wenn der Exorzismus technisch und gedanklich richtig transformiert wird, kann daraus eine brauchbare Hypnotherapie entstehen.*

(f) In Kapitel VII werden vorläufige Konsequenzen *aus dem ersten Teil dieses Buches* gezogen. *Das Kapitel VIII geht dann zum Schwerpunkt der Geschichte über.* Details dazu bringt Jovanović (1990).

8. Ausgewählte Bibliographie

Ackerknecht, E.H.: Mesmerism in primitive societies. *Ciba Symp.*, (1948), *9:* 826–831.

Adam, H.A.: *Über Geisteskrankheit in alter und neuer Zeit. Ein Stück Kulturgeschichte in Wort und Bild.* Regensburg, 1901, 1928.

Bacon, R(oger) (1214–1294): Zitiert in: Ludwig, A.M.: An Historical Survey of the Early Roots of Mesmerism. *Int. J. Clin. Exp. Hypnosis*, (1964), *12:* 205–217.

Bauer, E(berhard): Mesmerismus, Spiritismus und die Anfänge der «Physical Research» – Zur Rezeption des Mesmerismus in der parapsychologischen Forschung. (In: Schott, H.: *Franz Anton Mesmer und die Geschichte des Mesmerismus.* Franz Steiner, Wiesbaden–Stuttgart, 1985).

Becher, J(ohann) J(oachim) (1635–1683): In: Schramm, P.: *Die Quacksalberei – Heilkünstler und Scharlatane. Ein dokumentarischer Bildband.* Edition Rarissima, Taunusstein, 1985, S. 21/35.

Bibel, Die: *Altes und Neues Testament.* Einheitsübersetzung. Herder, Freiburg–Basel–Wien, 1980.

Cordus, V(alerius) (1543): In: Schramm, P.: *Die Quacksalberei – Heilkünstler und Scharlatane. Ein dokumentarischer Bildband.* Edition Rarissima, Taunusstein, 1985, S. 18.

Coulomb, C(harles) de: Vier Abhandlungen über die Elektrizität und den Magnetismus 1785/86, hrsg. von W. König, Leipzig, 1890 *(Ostwalds Klassiker ..... Nr. 13).*

DelRio, M(artin) (1551–1608): *Disquisitorum magicarum VI. quibus continatur accurata curiosarum artium et vanarum superstitionum confutatio, utilis Theologis, Jurisconsultis, Medicis, Philologis.* Lovaniae, 1599 (Mainz, 1593, 1600, 1624; Löwen, 1599, 1601; Köln, 1633, 1657; Oberursel, 1606).

DelRio, M.A.: *Les controverses et recherches magiques. Divusees en six livres, ausqueles sont exactement & doctement confutees les sciences curiences, les vanitez superstitiones de toute la magie. Aves ques la maniere et sorciers, accomode a l'instruction des confesseurs* .... Traduit et abregé du Latin par André du Chesne. Paris, 1611.

Dessoir, M(ax) (1867–1947): *Die Parapsychologie.* Sphinx, (1889), *7:* 341–344.

Dieckhöfer, K.: Das Phänomen der Besessenheit. *Psycho*, (1986), *12:* 121–126.

Dogs, W.: *Die ärztliche Hypnose.* Walter Braun, Duisburg, 1967.

Du Potet de Sennevoy, Baron: *Magnetism and Magic.* Edited and translated by A.H.E. Lee. George Allen & Unwin, London, 1927.

Durant, W.: *Caesar and Christ.* Simon & Schuster, New York, NY., 1944.

Edward the Confessor (1042–1066): Zitiert in: Ludwig, A.M.: An Historical Survey of the Early Roots of Mesmerism. *Int. J. Clin. Exp. Hypnosis*, (1964), *12:* 205–217.

Eisenbarth, J(ohann) A(ndreas) (1661–1727): In: Pohl, W.: *Doktor Johann Andreas Eisenbarth – Der berühmte bayerische Wanderarzt.* Morsak-Verlag, Grafenau, 1982.

Ennemoser, J.: *Der Magnetismus im Verhältnisse zur Natur und Religion.* Stuttgart und Tübingen, 1842.

Evelyn, J(ohn): Tagebuch 1660. In: Marks, R.W.: *The Story of Hypnotism.* Prentice-Hall, 1947.

Feldt, H(einrich): Vorstellungen von physikalischer und psychischer Energie zur Zeit Mesmers. In: Schott, H. (Hsg.) *Franz Anton Mesmer und die Geschichte des Mesmerismus.* Franz Steiner, Wiesbaden–Stuttgart, 1985, 31–43.

Fludd, R(obert) (1574–1637): *Philosophia mosaica.* Goudae, 1638.

Gasser, A(chilles) (1558): Zitiert in: Feldt, H.: Vorstellungen von physikalischer und psychischer Energie zur Zeit Mesmers. In: Schott, H.: *Franz Anton Mesmer und die Geschichte des Mesmerismus.* Franz Steiner, Wiesbaden–Stuttgart, 1985, 31–43.

Gassner, J. J.: *Weise, gesund und fromm zu leben, auch ruhig und gottselig zu sterben; oder Nützlicher Unterricht wider den Teufel zu streiten; durch Beantwortung der Fragen: I. Kann der Teufel dem Leibe der Menschen schaden? II. Welchen am mehresten?. III. Wie ist zu helfen?.* 8. verb. Auflage und vermehrt von Herrn Verfasser selbsten. Augsburg, 1775.

Gerlach, H(ildegard): Ein systematisches Nachwort. In: Piat, C.: *Frauen, die Hexen.* Eulen-Verlag, Freiburg i. Br., 1985.

Gilbert, W(illiam): *De magnete, magnetisque corporibus et de magno magnete tellure.* London, 1600.

Graham, J(ames) (16. Jhdt.): In: Schramm, P.: *Die Quacksalberei – Heilkünstler und Scharlatane. Ein dokumentarischer Bildband.* Edition Rarissima, Taunusstein, 1985, S. 34.

Gravitz, M(elvin) A., and Gerton, M(anuel) I.: Hypnosis in the Historical Development of Psychotherapy. In: Wester, W. C., and Smith, A. H.: *Clinical Hypnosis – A Multidisciplinary Approach.* Lippincott, New York, NY., 1984.

Greatrakes, V(alentin) (1628–1666): In: Kroger, W. S.: *Clinical and Experimental Hypnosis.* 2nd edition. Lippincott, Philadelphia–Toronto, 1977, S. 2.

Guericke: Zitiert in: Feldt, H.: Vorstellungen von physikalischer und psychischer Energie zur Zeit Mesmers. In: Schott, H.: *Franz Anton Mesmer und die Geschichte des Mesmerismus.* Franz Steiner, Wiesbaden–Stuttgart, 1985, 31–43.

Hansen, J.: *Quellen und Untersuchungen zur Geschichte des Hexenwahns und der Hexenverfolgung im Mittelalter.* Bonn, 1901 a.

Hansen, J.: *Quellen und Untersuchungen zur Geschichte des Hexenwahns und der Hexenverfolgung im Mittelalter. Mit einer Untersuchung der Geschichte des Wortes Hexe von Johannes Franck.* Bonn, 1901 b.

Hansen, J.: Heinrich Institoris, der Verfasser des Hexenhammers und seine Tätigkeit an der Mosel im Jahre 1488. In: *Westd. Zeitschrift f. Geschichte u. Kunst,* Trier (1907), 26.

Hansmann, M(argarethe): *Die Psychologie Franz Anton Mesmers. Gestaltanalytische Untersuchungen der Lehre F. A. Mesmers und ihrer Entwicklungsphasen.* Inaug.-Diss., Graz, 1957.

Hartmann, F.: *The life of Philippus Theophrastus Bombast of Hohenheim – Known by the name of Paracelsus and the substance of his teachings.* Kegan Paul, Trench, Trübner, London, 1896.

Helmont, J(ohann) B(aptista) v. (1577–1644): Zitiert in: Ludwig, A. M.: An Historical Survey of the Early Roots of Mesmerism. *Int. J. Clin. Exp. Hypnosis,* (1964), *12:* 205–217.

Hoehne, Anita: *Die Propheten unter uns.* Ein Report über Hellseher und Wahrsager. Schönbergers Verlag, 1985, München.

Hole, G(ünter): *Psychiatrie und Religion.* In: Peters, U. H.: «Psychiatrie» Band II, 1983, Seite 509–527.

Jovanović, U. J.: *Geschichte der Hypnose.* In Vorbereitung (Druck voraussichtlich 1990).

Kircher, A.: *Magnes, sive de arte magnetica.* Coloniae, 1643.

Kirchner (1883): *Geschichte Frankfurts.* Bd. I, S. 504. Er lehnt sich allerdings an die Überlieferung von Lerchner's Chronik an. Es ist vermutlich ein früher Zauberprozeß.

Kleist und Musschenbroek: Zitiert in: Feldt, H.: Vorstellungen von physikalischer und psychischer Energie zur Zeit Mesmers. In: Schott, H.: *Franz Anton Mesmer und die Geschichte des Mesmerismus.* Franz Steiner, Wiesbaden–Stuttgart, 1985, 31–43.

Kraepelin, E.: *Psychiatrie.* Bd. IV. Barth, Leipzig, 1915.

Kratzenstein, C(hristian) G(ottlieb) (1745): Zitiert in: Feldt, H.: Vorstellungen von physikalischer und psychischer Energie zur Zeit Mesmers. In: Schott, H.: *Franz Anton Mesmer und die Geschichte des Mesmerismus.* Franz Steiner, Wiesbaden–Stuttgart, 1985, 31–43.

Kroger, W(illiam) S.: *Clinical and Experimental Hypnosis.* 2nd ed. Lippincott, Philadelphia–Toronto, 1977.

Lamberg, G. v.: *Kriminalverfahren vorzüglich bei Hexenprozessen im ehemaligen Bistum Bamberg während der Jahre 1623 bis 1630.* Aus aktenmäßigen Urkunden gezogen. Nürnberg, o. J. (Anm. ca. 1836).

LeCron, L. M., and Bordeaux, J.: *Hypnotism Today.* Grune & Stratton, New York, NY., 1947.

Ludwig, A(rnold) M.: An Historical Survey of the Early Roots of Mesmerism. *Int. J. Clin. Exp. Hypnosis*, (1964), *12*: 205–217.

Magnus, A(lbertus) (1206–1280): Zitiert in: Ludwig, A. M.: An Historical Survey of the Early Roots of Mesmerism. *Int. J. Clin. Exp. Hypnosis*, (1964), *12*: 205–217.

Maricourt, P(ierre) de (1269): Epistola Petri peregrini de Maricourt ad Sygerum de Foucaucourt militei de magnete ......, dt. in: *Hellmann*, 1898.

Marks, R. W.: *The Story of Hypnotism*. Prentice-Hall, New York, NY., 1947.

Masters, R. E. L.: *Eros and Evil*. Julian Press, New York, NY., 1962.

Maxwell, W(illiam): *De Medicina magnetica libris tres, in quibus theria, quam praxis continetur*. Francofurti, 1679.

Mead, R(ichard): *De imperio solis ac lunae in corpora humana et morbis inde oriundis*. Smith, London, 1704 (Originalarbeit von der British Library, Ref. No. 6574607 erworben, 1985).

Mesmer, F(ranz) A(nton) (1734–1815): *De planetarium influxu*. Inaug. Diss. Univ. Wien, 1766 (in eigener Bibliothek vorhanden).

Meyer, L(udwig): Aus: Wolf, H.-J.: *Hexenwahn und Exorzismus*. Historia Verlag, Kriftel/Ts., 1980.

Moser, F(anny): *Okkultismus – Täuschungen und Tatsachen*. 2 Bde. Reinhardt, München, 1935. Reprint u. d. T. Das große Buch des Okkultismus. Walter, Olten, 1974 (vgl. vor allem Kapitel XVI, XVII und XX).

Nettesheim, H. C. A(grippa) v.: De incertitudine et vanitate scientiarium. 1531 (auch: Lugduni, 1600).

Nettesheim, H. C. A(grippa) v.: Henrici Cor. Agrippae ab Nettesheym. De occulta philosophia Libri III. Quibus accesserunt, Spurivs Agrippae de ceremonijs magicis. Heptameron Petri de Albano ..... Ratio compendiaria magiae naturalis, ex Plinio desupta. Disputatio de fascinationibus. Epistolae de incantatione & adjuratione, colliq; suspensione. Iohannis trithemij opuscula quaedam huius argumenti. Parisiis, 1567.

Newton, I(saac) (1642–1727): Zitiert in: Ludwig, A. M.: An Historical Survey of the Early Roots of Mesmerism. *Int. J. Clin. Exp. Hypnosis*, (1964), *12*: 205–217.

Paracelsus (A. Bombast. v. Hohenheim) (1493–1541): Philippi .... etliche Tractetlein zur Archidoxa gehörig. 1. von dem Magneten und seiner wunderbarlichen Tugend .... München, 1570.

Pattie, F. A.: Mesmer's Medical Dissertation and Its Debt to Mead's De imperio solis ac lunae in corpora humana et morbis inde oriundis. *J. History Med. Allies Sci.* (1956), *11*: 275.

Pepys, S(amuel): *The diary of* ..... Macmillan, London, 1929.

Pfaff, C(hristoph) H.: *Über die thierische Electricität und Reizbarkeit. Ein Beytrag zu den neuesten Entdeckungen über diese Gegenstände*, Leipzig, 1785.

Pfaff, C.: *Der Electro-Magnetismus, eine historisch-kritische Darstellung der bisherigen Entdeckungen*, Hamburg, 1824.

Pfaff, C.: Stichwort «Electricität». In: *Gehler*, 2. Aufl. Bd. 3., Leipzig, 1827, 233–389.

Piat, C(olette): *Frauen, die hexen*. Eulen Verlag, Freiburg i. Br., 1985.

Pies, E(ike): *Ich bin der Doktor Eisenbarth*. Ariston-Verlag, Genf, 1977.

Pohl, W(erner): *Doktor Johann Andreas Eisenbarth – Der berühmte bayerische Wanderarzt*. Morsak-Verlag, Grafenau, 1982.

Priestley, J(ohn) B(oynton) (1767: *Geschichte und gegenwärtiger Zustand der Electricität nebst eigenthümlichen Versuchen*. Berlin und Stralsund (engl. Original: London 1767).

Rafalski, Frank: Ich treibe Dich aus, Du unreiner Geist. *Ärztliche Zeitung*, 26. Februar 1986, Nr. 37, Seite 27.

Reich, F.: *Hexenprozesse in Danzig und in den westpreussischen Grenzgebieten*. Inaug. Diss., München, 1940.

Richet, C(harles) R. (1850–1935): *Traité de Métapsychique* (Deutsch von R. Lambert u. d. T. Grundriß der Parapsychologie und Parapsychophysik). Union Deutsche Verlagsgesellschaft, Stuttgart–Berlin–Leipzig, 1923, S. 21.

Riesman, D.: *The Story of Medicine in the Middle Ages*. Paul B. Hoeber, New York, NY., 1935.

Rosskoff, G.: *Geschichte des Teufels*. 2. Bde. Leipzig, 1869.

Rýzl, M(ilan): *Nutzen Sie Ihre phänomenale Geisteskraft*. Ariston, Genf, 1985.

Salzmann, d. Ä.: *Die Hexenprozesse der Reichsstadt Eßlingen*. Nach einem am 5. März 1887 im württembergischen Altertumsverein gehaltenen Vortrag. Esslingen, 1887.

Schott, H(einz) (Ed.): *Franz Anton Mesmer und die Geschichte des Mesmerismus*. Franz Steiner, Wiesbaden–Stuttgart, 1985.

Schramm, P(etra): *Die Quacksalberei – Heilkünstler und Scharlatane. Ein dokumentarischer Bildband.* Edition Rarissima, Taunusstein, 1985.
Schrenck-Notzing, Albert Freiherr von (1862–1929): *Grundfragen der Parapsychologie.* Kohlhammer, Stuttgart–Berlin–Köln–Mainz, 1962, 1985.
Soldan, W.G.: *Geschichte der Hexenprozesse.* Neu bearbeitet von Heinrich Heppe, Stuttgart, 1880.
Spielmann, H.K.: *Die Hexenprozesse in Kurhessen. Nach den Quellen dargestellt. Mit 4 Urkunden-Facsimiles und 14 Abb.* 2. Aufl. Marburg, 1932.
Stevenson, I(an): *Reinkarnation – Der Mensch im Wandel von Tod und Wiedergeburt. 20 überzeugende und wissenschaftlich bewiesene Fälle.* Aurum-Verlag, Freiburg i. Br., 1983. (Twenty Cases Suggestive of Reincarnation. University Press of Virginia, Charlottesville, 1966).
Tepperwein, K.: *Die Hohe Schule der Hypnose.* Ariston, Genf, 1977.
Thorndike, L(ynn): *A History of Magic and Experimental Science.* Bd. VIII. Columbia, 1958, 1964.
Thurneysser, L(eonhard) (1520–1596): In: Schramm, P.: *Die Quacksalberei – Heilkünstler und Scharlatane. Ein dokumentarischer Bildband.* Edition Rarissima, Taunusstein, 1985.
Villanova, A(rnold) v. (1235–1312): Zitiert in: Ludwig, A. M.: An Historical Survey of the Early Roots of Mesmerism. *Int. J. Clin. Exp. Hypnosis*, (1964), *12:* 205–217.
Volta, A(lexandro) (1794): Zitiert in: Feldt, H.: Vorstellungen von physikalischer und psychischer Energie zur Zeit Mesmers. In: Schott, H.: *Franz Anton Mesmer und die Geschichte des Mesmerismus.* Franz Steiner, Wiesbaden-Stuttgart, 1985, 31–43.
Waite, A.E. (Ed. & trans.): *Hermetic and Alchemical Writings of Paracelsus.* 2. Bde. James Elliott, London, 1894.
Weyer, J(ohann) (1515–1588): Zitiert in: Ludwig, A. M.: An Historical Survey of the Early Roots of Mesmerism. *Int. J. Clin. Exp. Hypnosis*, (1964), *12:* 205–217.
Wilson, I(an): *Reincarnation? The Claims Investigated.* Penguin Books, New York, NY., 1982.
Wirdig, S(ebastian) (1613–1687): Zitiert in: Ludwig, A. M.: An Historical Survey of the Early Roots of Mesmerism. *Int. J. Clin. Exp. Hypnosis*, (1964), *12:* 205–217.
Wolf, H(ans-Jürgen): *Hexenwahn und Exorzismus.* Historia Verlag, Kriftel/Ts., 1980.
Zweig, S(tefan): *Die Heilung durch den Geist.* Fischer, Frankfurt, 1983.

VII. Synopsis zum psychobiologischen Werdegang der Hypnose

1. Einleitende Vorbemerkungen

Bis zu den endgültigen Schlußfolgerungen (siehe Kapitel XXX) *liegt ein langer Weg vor uns*. Um jedoch auf den *Studiengegenstand* eingehen zu können, müssen wir zunächst feststellen, was dieser ist; wir sind daher durch das Thema selbst aufgefordert, *vorläufige* Konsequenzen aus den Kapiteln I–VI zu ziehen (Schema 6).
Nach dem Paradigma 1 (Kapitel I) muß gefragt werden, *ist die Hypnose ein mit der Zeit neu erworbenes Phänomen* oder hat sie als ein *Naturphänomen im Laufe der biologischen Evolution bis zum Menschen die Phylogenese* begleitet. Dafür, daß die Hypnose ein für den Menschen spezifisches Phänomen ist, spricht kaum eine der wissenschaftlichen Publikationen. Wenn die Frage umgekehrt gestellt wird, nämlich, ob es bei Tieren Phänomene gegeben habe und gebe, die der Hypnose des heutigen Menschen ähnlich seien, dann erfahren wir aus allen Schriften, *daß ein mehr oder weniger ähnlicher Zustand bei fast allen Tierarten, angefangen von den Insekten bis zu den menschenähnlichen Affen, zumindest für möglich gehalten werden darf. Das entsprechende Phänomen bei Tieren muß dem beim Menschen nicht gleich sein; alles unterliegt der Evolution.* Daß Analogien gezogen werden können, selbst wenn sie zum Teil interpretiert werden müssen, daran besteht kaum ein Zweifel. *Die interpretierende Wissenschaft, die Philosophie*, hat ebenfalls beim Menschen eine Geltung; der Mensch urteilt kritisch-rational. Wir fangen demzufolge *mit einer Analyse* der tierischen (animalen) Hypnose an (Schema 6).

2. Suggestiver Instinkt (Schema 6)

Zusätzlich zu dem, was in Kapitel III bereits gesagt worden ist, sind noch folgende Befunde und Meinungen anzuführen. Bereits im 19. Jahrhundert hat sich Preyer (1890) zu der Frage der *Tierhypnose* bejahend geäußert. Nach seinen Studien und nach jenen von Mangold (1914, 1925, 1928, 1929), Erhard (1924) und vielen anderen (J.H. Schultz, 1959, Seite 7) kam man zu dem Schluß, *daß die Tierhypnose in vielen Fällen der beim Menschen nicht nur ähnlich ist, sondern auch durch die gleiche oder eine sehr ähnliche Methodik ausgelöst werden kann.* Völgyesi (1963, 1967) hat sich unter anderem mit dem *Immobilisationsphänomen* bei Tieren befaßt und war ebenfalls der Auffassung, daß die *Immobilisation bei Tieren* ähnlich der *Akinese* beim Menschen sei. Erhard (1924) konnte *Hühner auch in einer normalen Stellung* – nicht nur wie bei Athanasius Kircher (1646) – *mit den bei den Humanhypnosen üblichen Hilfen auf dreierlei Weise hypnotisieren, ohne daß irgendein Zwangsmittel angewandt werden mußte* (J.H. Schultz, 1959). In einem verdunkelten Raum wurde vor ein Huhn ein kleiner *Lichtkegel* geworfen. Das Huhn sah sich diesen eine Zeitlang an, *bis seine Muskulatur erschlaffte. Es sank in sich zusammen und schloß die Augen.* Bei Tageslicht wurde dem Huhn ein glänzender Ring mit der Hand vorgehalten. Mit der anderen Hand wurden die Augen des Huhnes von oben allmählich beschattet. *Das Huhn sank schlafend zu Boden.* Der Versuch gelang auch ohne Vorhalten des Ringes. Erhard (1924) konnte die Tiere auch durch eine *eigentümliche rhythmische Bewegung hypnotisieren.* Ein

Huhn, das auf der Hand saß, schwenkte man auf und ab. Das Huhn krümmte bzw. streckte den Hals so, daß der Kopf genau auf der gleichen Höhe blieb. Wiederholte man dieses Schwenken dann ganz vorsichtig und öfters, *so sank das Huhn schließlich schlafend in der Hand zusammen*. Die Hypnose sei so tief gewesen, daß der Experimentator das Huhn jeweils an einem Bein hochheben und wieder niederlassen konnte, ohne daß es aufwachte.
Daraus folgerte Erhard (1924), daß es Unterschiede zwischen dieser *echten Hypnose* und der *künstlichen tierischen Akinese* gibt, und zwar:

(a) wird bei ersterer kein Zwang angewandt;
(b) ist die Stellung des Tieres bei der Hypnose normal;
(c) ist die Muskulatur bei der ersteren sofort hypnotisch und nicht erst hypertonisch;
(d) wird die Hypnose unbemerkt induziert und nicht wie bei der Akinese durch Überrumpelung hervorgerufen;
(e) *je öfters man die Tiere hypnotisiert, desto rascher erfolgt die Hypnose* (wie beim Menschen).

J.H. Schultz (1959) warnte zwar davor, die *Humanhypnose* mit der *Tierhypnose* einseitig «von oben, von populär-, geistes- oder allgemeinpsychologischem Standpunkt aus zu betrachten». Aber er sagt gerade das, was auch wir sagen wollen (die Vielseitigkeit der Betrachtung). «*Nur eine auf das Ganze, Lebendige gerichtete, eine völlig biologisch fundierte Erfassung kann bei den allgemeinen Lebensvorgängen zureichen ...*» (J.H. Schultz, 1959, Seite 9).
Die oben erwähnten Befunde und seine eigenen berücksichtigend, entwarf Mangold (1914, 1925) ein Schema des Vorkommens des hypnotischen Zustandes *bei Tier und Mensch*, das *drei Möglichkeiten der Genese* zuläßt, und zwar wird die

(1) *natürliche Hypnose durch biologische Reize* beobachtet bei
  (a) Katalepsie der Stabheuschrecken,
  (b) Totstellung von Krebsen und Insekten;
(2) *experimentelle Hypnose durch mechanische Hemmung* bei
  (a) Insekten, Krebsen, Amphibien, Reptilien, Vögeln,
  (b) Säugetieren;
(3) *experimentelle Hypnose durch psychische Hemmung (Suggestionshypnose)*
  (a) bei höher entwickelten Tierarten (Affen),
  (b) beim Menschen.

Mit diesen zusätzlichen Ausführungen sind wir dem Problem näher gekommen. Wenn niedere oder höhere Tiere (oder auch der Mensch) eine Erstarrung (Schutzreflex, Stellreflex) und auch eine Hypnose erreichen können, *dann müssen sie gewisse psychobiologische Vorrichtungen besitzen*, die als *Schrittmacher* fungieren, und eben *jetzt* einen solchen Zustand wie den bei der Hypnose auslösen. Gleichzeitig muß die Frage nach dem WARUM (Motiv, Motivation) und WIE (Art, Methode) gestellt werden. Wenn die Frage WARUM mit dem *Selbsterhaltungstrieb* beantwortet werden sollte – eine andere, plausiblere Erklärung kommt kaum in Betracht – dann bietet sich *der Instinkt* als das einzige an, was als Schrittmacher (für das WIE) angesehen werden kann. Dieser *Ur-Schrittmacher* ist also ein *instinktiver Vorgang*. Damit haben wir wenigstens der Logik nach die Frage beantwortet.
Schema 3 veranschaulicht bei einer Reihe von niederen und höheren Tierarten, daß eine *gewisse Kontinuität des hypnotischen Vorganges vorhanden ist.* Am Ende kommt der Mensch, und zwar ganz übergangslos, d.h. im Sinne dieser Kontinuität. Wird man aber den Instinkt näher betrachten, so kommt man zu der Überzeugung, daß auch er *eine allgemeine und eine spezifische Komponente* aufweist. *Eine der spezifischen Komponenten muß auch die suggestive sein.* Wir kommen zum Begriff *suggestiver Instinkt.*

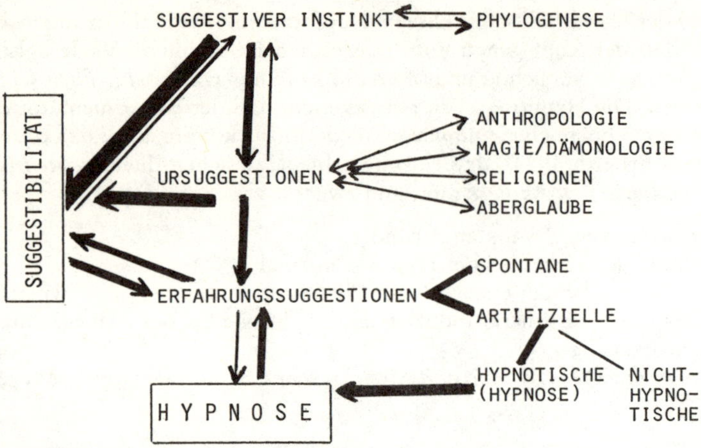

Schema 6: Genese und Entwicklung der Suggestibilität durch den suggestiven Instinkt, die Ursuggestionen, die Erfahrungssuggestionen, Genese und Entstehung der Hypnose als Phänomen (Kapitel VII) (eigener Entwurf nach Literaturangaben, Kapitel III–VI).

Als *Suggestibilität* können wir den suggestiven Instinkt bei niederen Tierarten (und vielleicht auch bei höheren – die Grenze kennen wir nicht) noch nicht bezeichnen. *Der suggestive Instinkt wandelt sich oder bewirkt die spätere Suggestibilität. Der suggestive Instinkt kann also als die Urkomponente der Suggestibilität, als die suggestibilitas in statu nascendi* angesehen werden. Je häufiger ein Tier den Zustand der *kataleptischen Starre (Hypnose)* erlebt, desto rascher entwickelt sich die *Suggestibilität*. Die Verstärkung der *Ur-Suggestibilität* bewirkt eine Stabilisierung oder Potenzierung der *Neo-Suggestibilität*. Es entsteht *ein Kreis der vitalen Eigenschaften und Vorgänge, der sich biologisch (und später psychobiologisch) im Verlaufe der Phylogenese fortvererbt und modifiziert. Die biologische Modifikation ist für jene biologischen Phänomene verantwortlich, die im Laufe der Zeit eine Änderung im Sinne der Vervollkommnung erfahren. Die Hypnose als Wissenschaft, als ein psychobiologischer Vorgang, hat keinen Grund, sich aus der biologischen Modifikation auszuschalten und allein nebenher zu gehen. Die biologische Modifikation sorgt auch dafür, daß nur die besten Eigenschaften vererbt werden und für die Nachkommenschaft erhalten bleiben.* Ohne Jean-Baptiste Lamarck (1744–1829) und/oder Charles Darwin (1809–1882) schon jetzt zu bemühen, kommen wir zu einer brauchbaren Arbeitshypothese des suggestiven Instinktes und zu einer vorläufigen Lösung der Fragen in den Paradigmen 1–3.

3. Ursuggestionen (Schema 6)

Sind wir uns einig, *daß der suggestive Instinkt die Suggestibilität verstärkt* und umgekehrt, dann müssen wir uns *nach der Zweckmäßigkeit der Suggestibilität* erkundigen. *Wenn die Suggestibilität an der Selbsterhaltung der Lebewesen beteiligt sein sollte*, aber gleichzeitig eine *Eigenschaft* ist, dann könnte sie als solche nicht funktionieren. Eine Eigenschaft hat erst dann einen Sinn und ist zweckmäßig, wenn sie durch eine *Energie in Gang (in Betrieb) gesetzt wird, wenn es also zu einem Vorgang kommt. Der Vorgang selber ist die Hypnose*, diese verstärkt (bei niederen Tierarten in Form von Stellreflexen) die Suggestibilität und so weiter. Die Energie kann aber nicht nur von innen, sondern auch von außen herangeschafft werden.

Es kommt auch zu Heteroerscheinungen. Das Tier lernt, die Einflüsse von außen zu erkennen, es reagiert auf *Suggestionen* (oder «Suggestionen») und verstärkt auch dadurch die «Suggestibilität» (und später die Suggestibilität).
Die *Phylogenese* geht weiter. An einer Stelle – man sagt etwa *vor fünf Millionen Jahren – hat sich der Mensch vom menschenähnlichen Affen (Schimpasen) getrennt. Seitdem entwickeln sich die beiden Tierarten* nicht mehr parallel; die eine Tierart, der Mensch, geht in die *Menschwerdung* hinein, *in die Anthropologie* (Kapitel IV). Die Anthropologie beinhaltet die Ontogenese und umgekehrt. Hier haben wir mehrere Phänomene oder ihre Modifikationen zu studieren.

3.1 Ontogenese der Ursuggestionen (Schema 6)

Wenn das Individuum die besten Eigenschaften von den Vorfahren erbt (diese Feststellung stammt nicht vom Autor), *dann erbt es selbstverständlich auch die Eigenschaften der Selbsterhaltung durch den suggestiven Instinkt und die Suggestibilität.* Die Suggestibilität begleitet das Individuum durch sein Leben bis zum *individuellen Tod.* Das Individuum wäre jedoch nicht das, was es ist, wenn es nicht auch *andere Individuen* geben würde. Wenn es andere Individuen gibt, dann können *unzählige Individuen* vorhanden sein; ein *Stamm,* eine *Gruppe* von Stämmen, ein *Volk,* viele *Völker.* Das Kapitel IV versucht, die für unser Thema wichtige *Menschwerdung* zu erläutern. Die im Laufe der Zeit entwickelte *Intelligenz* – aus den Gegensätzen, dem Wunsch zu überleben und der Angst vor dem Sterben (Kapitel IV) – bringt den Menschen zum Vordringen in die Natur; er *erobert* die Weltkugel. Von Nordafrika, über den fernen Osten, Alaska, Nordamerika bis nach Mittel- und Südamerika, erreicht der Mensch immer mehr geographische Gebiete. Ereignisse auf diesem Wege *suggerieren* ihm, neue Möglichkeiten zu erforschen und diese für sich *vorteilhaft* auszunutzen. *Die Suggestibilität wird weiter durch Ursuggestionen verstärkt.* Der Mensch erobert aber nicht nur einfach die geographischen Gebiete; er *lernt* dabei durch Erfindung, das Leben besser zu gestalten. Dabei *vermehrt* er sich. Der Lebensraum wird immer kleiner und kleiner; die Menschen werden immer mehr und mehr. Der Mensch wandert und kommt vom *Baum* immer mehr der *Erde* näher. Die Ursuggestionen, die sukzessive auftreten, belehren ihn weiter; der Mensch findet heraus, daß die *Erde* mehr Erhaltungsmöglichkeiten anbietet als der *Baum.* Dies wirkt sich wieder *wie oder als eine Suggestion (Ursuggestion) aus.* Die Gefahren entfalten eine negative Erfahrung, eine negative Ursuggestion. Dadurch lernt der Mensch, *die positive auszunutzen, die negative zu meiden.* Die *Heredität dieses Lernens* werden wir später zu diskutieren haben (Kapitel IX).

3.2 Ursuggestionen und Anthropologie (Schema 6)

Kapitel IV bringt die Problematik deutlich zutage; *die Bereicherung an Lebenserfahrung bringt auch eine Bereicherung an Eigenschaften. Eine spezielle Eigenschaft ist die Suggestibilität. Das Leben bewirkt die Entwicklung der Psyche.* Die Suggestibilität ist *nicht mehr nur eine biologische, sondern auch eine psychische Eigenschaft.* Die Lebenserfahrungen und die Entwicklung der Psyche bewegen den Menschen zum Denken. Die unerklärlichen und unerklärbaren Dinge und Erscheinungen versucht der Mensch zu *deuten.* Wenn keine logische Deutung vorhanden ist, dann muß man sie erfinden. Der *erfinderische Mensch* denkt sich etwas aus; *er stellt sich etwas vor.* Die *Vorstellungen* bringen ihn dazu, oben, am Himmel, nach der Erklärung der unerklärlichen Phänomene zu suchen. Die *Geisterwelt entstand.* Die *Ursuggestionen* kommen jetzt noch stärker zum Ausdruck, *weil sie auch einen emotionalen und einen mystisch-geistigen Charakter erfahren.* An Beispielen, die wir mit Literatur im *Kapitel IV* zu belegen versuchten, kann *didaktisch* die weitere Entwicklung der Ursuggestionen wie folgt dargestellt werden:

(a) Bei einem *Seelenverlust* fühlt sich der *Primitive* beeinträchtigt; er ist krank. Der ganze Stamm ist mit ihm oder an ihm miterkrankt. Er unterliegt den (Ur)Suggestionen noch mehr als ein Gesunder. Der Stamm und der Medizinmann suchen fieberhaft in den Wäldern, Feldern und in der Gegend umher, um die entschwundene Seele zu finden. In Form eines *Gegenstandes* wird die Seele gefunden. Der Erkrankte wird dadurch gesund, daß die Seele wieder in seinen Körper zurückgekehrt ist. Bei der nächsten Erkrankung wird er die Seele viel leichter «verlieren», *weil ein suggestiver Effekt bereits da war.* Wenn die Seele gefunden worden ist, wird der Patient auch wieder gesund. So entwickelt sich wiederum *ein Kreis der wirkenden Suggestionen.*

(b) Bei einem *Geisteseinbruch* – woran der Primitive bereits glaubt – wird der Medizinmann versuchen, den Geist zum Herausfahren zu bewegen. Solange dies nicht geschieht, ist der Patient besessen, er ist der *Besessene.* Er hat Angst; durch die Angst wird er negativ und positiv beeinflußt. Negativ durch die Erkrankung; positiv durch die Hoffnung, diese beseitigen zu können. Mit Hilfe von Medizinmännern werden die Geister auf Tiere oder Gegenstände *übertragen.* Durch die *Rituale*, die darauf zielen, das Tier (auf das die Dämonen oder die Geister übertragen wurden) zu opfern und seine Reste davonzutragen, *erfährt der Primitive eine neue Ursuggestion.* Bei einem nächsten Geisteseinbruch ist er bereits suggestiv eingestellt; *seine Suggestibilität wächst.*

(c) Der Primitive hat ein *Tabu* übertreten und wurde krank. Mit Hilfe des Medizinmannes und des Stammes wird der Erkrankte *einer geistigen und körperlichen Reinigung, einer Beichte, unterzogen.* Die *Sühne* bewirkt die *Genesung.* Die Ursuggestion verstärkt die Suggestibilität weiter; der Mensch ist für weitere Suggestionen bereit, er ist noch stärker suggestiv eingestellt.

(d) Beim *Objekteinbruch* passiert das gleiche. Das Objekt wird durch den Medizinmann «herausgesaugt», und der Patient wird gesund. Er ist für diese Art von Suggestionen vorbereitet; *die Suggestibilität wird dadurch noch mehr potenziert.*

(e) *Im Zweifelsfalle* hat der Primitive immer noch die Möglichkeit, durch *Regression* zurück *bis zum heiligen Anbeginn* zu gelangen. Wenn das nicht real möglich ist, dann hilft die *Symbolik; der Mensch kehrt symbolisch zu seinem Ursprung zurück, um ihn von neuem zu erfahren.* Hier ist die Ursuggestion noch deutlicher als bisher. Es genügt manchmal, sich nur daran zu *erinnern (anamnesis)* (Kapitel IV.4).

(f) Erreicht der Mensch mit den Maßnahmen unter «a–e» die *Vollkommenheit* oder das Angestrebte nicht, so verbleiben ihm immer noch *Tänze, Rituale, Trance-Zustände, Amulette als Hilfsmittel. Heterosuggestion wird immer mehr von Fachleuten vorgenommen und immer weniger von der Allgemeinheit.* Es bildet sich langsam die *Oberschicht* und *mit ihr die weitere Entwicklung der Suggestibilität*, weil sie jetzt immer intensiver zum Ausdruck kommt. Der Horizont des Menschen erweitert sich; *das geistige Leben gewinnt gegenüber dem vegetativen eine andere Relation.*

Dieser Prozeß dauerte etwa *eine Million Jahre.* Die letzten 600 000 Jahre sind besser erforscht. Insbesondere nehmen Belege und Daten über diese Entwicklung in den letzten 450 000 und dann in den letzten 40 000 bis 10 000 Jahren v. Chr. zu. Die Zeit danach umfaßt auch andere Suggestionsmöglichkeiten (Kapitel V). Mit diesen Ausführungen unterstützen wir die Paradigmen 4 bis 8 (Kapitel I).

3.3 Ursuggestionen und Dämonologie (Schema 6)

Bereits an dieser Stelle *geht man langsam von den Ursuggestionen auf die Erfahrungssuggestionen über* (Schema 6). Jetzt wirkt eine Konstellation aus Ur- und Erfahrungssuggestionen. Die *Dämonologie* (Kapitel V) überträgt sich von Volk zu Volk, von einer geographischen Region zur anderen. Zunehmend werden *Priester* (oder andere Personen aus den Obrigkeitskreisen) eingesetzt, um die Phänomene zu deuten und die Dämonen hinauszutreiben. Die *Heterosuggestion* kommt immer stärker zum Ausdruck. Die *Magie* tritt in Erscheinung, die eine *doppelte Wirkung* hat; *einerseits* ist sie mystisch und verursacht womöglich psychische Abnormitäten oder Krankheiten. Andererseits versucht man aber durch die Magie, Krankheiten und Abnormitäten zu beseitigen. *Der Mensch wird weiterhin suggestiv beeinflußt.* Im Laufe der Zeit erfahren sowohl Dämonologie als auch Magie *zahlreiche Abwandlungen und Modifikationen*, bis es eines Tages nicht mehr klar ist, welches Phänomen zu welcher Kategorie gehört. *Mystik und Mythos verstärken die Suggestionen.*

3.4 Ursuggestionen und Religionen (Schema 6)

Das Erscheinen von Religionen wirkt sich durch ihre *Heterosuggestionen* einschneidend auf die Suggestibilität aus. Bereits 1500 Jahre v. Chr. kann von religiösen Manifestationen gesprochen werden, die sich rund 1300 Jahre v. Chr. verdichten. Es kommt zur religiösen Gärung in Nord-Afrika, im Nahen und Mittleren Osten sowie in Nord-Indien. Rund 600 v. Chr. – aber auch eher – *entfalten sich die östlichen Religionen.* Mit ihren Praktiken der *Meditation*, mit ihrer *Philosophie*, der *Reinkarnation*, mit *Yoga-Übungen*, mit *Enthaltsamkeit* und der Lehre über die *Reinigung* – um in die höheren Kasten eintreten zu können – wirken sie gewaltig *autosuggestiv* und *heterosuggestiv*. Nach dem Erscheinen der *christlichen Religion* wird eine andere Qualität des Glaubens propagiert; jetzt wird weniger von der *Wiedergeburt* als vielmehr von *Strafe und Belohnung*, von *Paradies* und *Hölle* gesprochen. Der Mensch wird weiter suggestiv beeinflußt; er komme ins Paradies, wenn er fromm *glaube* und sich an das Wort Gottes halte oder er gelange in die Hölle, wenn er *sündige. Die Hetero- und Autosuggestionen sind beinahe perfekt.* Nach den *Suggestionsgesetzen* (Kapitel IX) wirkt sich die Religion auf mehrfache Weise suggestiv auf den Menschen aus.

4. Suggestibilität und Erfahrungssuggestionen (Schema 6)

Sowohl *Magie und Dämonologie* (Kapitel V) als auch die *Religionen* (Kapitel IX.4.2.4.10) sind nicht nur an den *Ursuggestionen* sondern auch an den *Erfahrungssuggestionen* beteiligt, da beide heute noch existent sind. Bei den Ursuggestionen kann es sich mehr um die *Kollektiv-Suggestionen*, bei den Erfahrungssuggestionen mehr um die *Individual-Suggestionen* handeln. Die Suggestionen gewinnen immer mehr einen psychischen Charakter (Paradigma 9). Durch den *Tempel-Schlaf* und andere Heilmethoden wird die *Suggestion zur Heilmethode* (Paradigma 12). Die *mystische Erfahrung* bis zum 18. Jahrhundert (Kapitel VI) verstärkt sowohl die Ursuggestionen als auch die Erfahrungssuggestionen, sowohl die Kollektiv- als auch die Individual-Suggestionen. Die Erfahrungssuggestionen können dann *spontan* im Leben auftreten oder *artifiziell* dargeboten werden, wie dies in der Hypnose der Fall ist.

5. Hypnotische und nicht-hypnotische Suggestionen (Schema 6)

Artifizielle Suggestionen sind zahlreich und werden in Kapitel IX erläutert.

6. Zusammenfassung und Schlußfolgerungen (Schema 6)

Nach einem biokybernetischen Modell (Schema 6) entsteht der *suggestive Instinkt* im Laufe der *Phylogenese*. Dieser wirkt sich auf die Entstehung der *Suggestibilität* aus. Gleichzeitig bewirkt er auch die Verstärkung der *Ursuggestionen*. Die Ursuggestionen werden durch die Ontogenese, durch die *Anthropologie*, *Magie*, *Dämonologie und Religionen* gestaltet. Die Ursuggestionen verstärken *rückwirkend* den suggestiven Instinkt. Der suggestive Instinkt verstärkt dadurch die Suggestibilität. Ursuggestionen und Suggestibilität verstärken die Erfahrungssuggestionen. *Artifizielle Suggestionen* erzielen die Hypnose; diese potenziert dann *rückwirkend* die Erfahrungssuggestionen und über diese die Suggestibilität. Das ganze *biokybernetische System* hat dann einen Sinn in der *Selbsterhaltung* (und vielleicht Arterhaltung).

7. Quellennachweis

Darwin, Charles (1809–1882): Berühmtes Werk über die Artselektion.

Erhard, H.: *Hypnose bei Tieren.* Töpelmann, Gießen, 1924.

Kircher, Athanasius (1606–1680): *Experimentum mirabile de imaginatione gallinae.* Rom, 1646.

Lamarck, Jean-Baptiste (1744–1829): Weltbekannt durch die Abstammungslehre (in jedem Lexikon zu finden).

Mangold, E.: *Hypnose und Katalepsie bei Tieren.* Fischer, Jena, 1914. Im Handbuch von Abderhalden, Teil I/5, 1925.

Mangold, E.: *Methodik der Versuche über tierische Hypnose.* In: Abderhalden, E.: Handbuch der biologischen Arbeitsmethoden, Teil VI/C, Seite 369–378, Urban & Schwarzenberg, Berlin, 1928.

Mangold, E.: *Schlaf und schlafähnliche Zustände bei Menschen und bei Tieren.* Paul Parey-Verlag, Berlin, 1929.

Preyer, W.: *Der Hypnotismus.* Urban und Schwarzenberg, Wien/Leipzig, 1890.

Schultz, J.H.: *Hypnose-Technik.* 4. Auflage, 1959 und 8. Auflage, 1983. Fischer, Stuttgart, 1959, 1983.

Völgyesi, F.: *Menschen- und Tierhypnose. Mit Berücksichtigung der Stammes- und Einzelentwicklung des Gehirnes.* 2. Auflage, mit einem Beitrag von G. Klumbies. Orell Füssli, Zürich, 1963.

Völgyesi, F.: *Hypnose bei Mensch und Tier.* 2. Auflage mit einem Beitrag von G. Klumbies, VEB Hirzel, Leipzig, 1967.

VIII. Hypnose im Spiegel der Zeit

1. Begriffe und Definitionen

Hypnose im Spiegel der Zeit bezieht sich auf ihre umfassende Geschichte, von den prähistorischen Epochen bis zum Jahre 1959 (Schema 7). Einige historische Daten konnten auch in den Kapiteln IV–VI nicht außer acht gelassen werden. *Das vorliegende Kapitel soll Ergänzungen zu dem bereits Gesagten erbringen und die dortigen Ausführungen fortsetzen.* Die Natur der Sache läßt Überlappungen nicht ganz vermeiden, jedoch wird das Thema nach und nach eingeengt und konkretisiert (siehe auch Jovanović, 1989).

2. Prähistorische Epochen (Schema 7)

2.1 Suggestion und Hypnotherapie der Urmedizin

Ergänzend zu Kapitel IV (siehe auch Eliade, 1976) ist nachzutragen, daß bei vielen *Naturvölkern* übernatürliche, ätherische Kräfte *(«Mana»)* – vergleichbar mit Mesmers *magnetischem Fluid* (Kapitel VIII.10) – in Form von *Suggestionstherapie* angewandt worden sind (Ackerknecht, 1948; Rogers, 1947). *Traditionelle Gesänge und rituelle Tänze mit Brummen, Summen und rhythmischer Monotonie sollten den Patienten suggestiv vorbereiten.* Nach Zilboorg und Henry (1941) haben die Schamanen gewisser sibirischer Gegenden die *Hypnose definitiv angewandt.* Sowohl in Cochin (China) als auch im östlichen Malaysien-Archipel führten Priester *eine Form hypnotischer Behandlung* durch, indem sie *einen Assistenten als Medium* auswählten. Tuke (1884) zitierte Laylock, der sagte, daß magische Personen wie die Priester der Pythia, Wahrsager von Kamschatja und andere Priester oder Yogi Indiens und Ägyptens, Weise und Propheten *Konvulsionen, Delirien oder spektrale Illusionen* und *Somnambulismus* (Kapitel XXIII.5) auslösten.
Verschiedene Autoren betonen, *daß die frühesten Spuren der Hypnose* sogar *beim alten Hinduismus* zu finden seien (Muthu, 1930). Bei mystischen orientalischen Religionen, bei denen die Betonung auf *Selbstmeditation und Lösung vom Körper* lag, konnten *autohypnotische Zustände* und andere ähnliche Verfahren nachgewiesen werden. Unter den alten indischen Fakiren und Yogis waren *autoinduzierte Anästhesie* und *Trancezustände* üblich (Kroger, 1977).

2.2 Archaische Suggestion und Hypnotherapie

Die in Mesopotamien bis 7000 v. Chr. zeitlich zurückzuverfolgenden Spuren der sakralen Kulturen und religiös gefärbten aktiven Hypnotherapie verdichten sich etwa um 2350 v. Chr. Die Hypnose hat sich zwischen 2350 und 1350 v. Chr. sowohl nach Osten und Norden als auch nach Süden ausgebreitet (Bromberg, 1954; Kiev, 1972; Kroger, 1963; Tinterow, 1970). *Persische Magie und griechische Orakel* veranstalteten Rituale, ähnlich einer *Gruppenhypnose* von heute. Auch die *exorzistisch-hypnotischen* Methoden waren den Assyro-Babyloniern nicht unbekannt und wurden von Priester-Medizinern zum Austreiben von Dämonen und Krankheiten benutzt (Cutten, 1911; Gordon, 1949). Beinahe simultan haben ägyptische Zukunftsdeuter und Priester, etwa 5000 v. Chr., ähnliche Techniken wie die Assyro-Babylonier zum Heilen von Krankheiten angewandt (Sigerist, 1957).

Nach Thorwald (1985) kaufte Georg Moriz Ebers (1837–1898) im Jahre 1873 in Luxor (Ägypten) eine umfangreiche *Papyrusrolle* (20–23 Meter lang). Die Papyrusrolle sei zwar um 1550 v. Chr. geschrieben. Die Verwendung ägyptischer Worte jedoch, die um 1550 v. Chr. *nicht mehr in Gebrauch gewesen seien*, gelte als Beweis dafür, daß die Vorlagen des Papyrus schon *in der vorgeschichtlichen Frühzeit Ägyptens entstanden sein müssen*. Während sich der Edwin-Smith-Papyrus (Thorwald, 1985) mehr mit *chirurgischen Themen* befaßt, ist der Papyrus Ebers (1937) weniger spezifisch gehalten. Aus den hinzugefügten Listen ist zu entnehmen, daß auch zu damaligen Zeiten *Hypnose und Hypnotherapie* vor dem eigentlichen Beginn der Patientenbehandlung angewandt wurden. *Mystizismus, Monotonie und Murmeln unverständlicher Worte* verstärkten die Autorität der Priester-Ärzte (Ludwig, 1964). Das *Anstarren von Steinen* und anderen Gegenständen ist ebenfalls bekannt. Als *Amulett* oder *Talisman* käme diesen Gegenständen auch eine *präventive Bedeutung* zu. Die Kraft der Suggestion habe dabei die Kraft der Steine und anderen Gegenstände verstärkt und habe somit sowohl *vorbeugend* als auch *kurativ* gewirkt (Bernheim, 1884, 1891, 1980).

Eine mehr *spezifische* Anwendung der Hypnose für die Behandlung von *Schmerzen* und *Krankheiten* fand *in den ägyptischen Schlaftempeln* von Isis und Osiris statt. Die Tempel von Isis lagen am Nil und wurden von unzähligen Kranken aus ganz Ägypten zum Schlafen aufgesucht. Während des *Schlafes (Inkubation)* sollte Isis *im Traum* erscheinen und die Patienten von ihren Beschwerden befreien. In Memphis wurden dem Gott Osiris *Tempel* geweiht, wo er seine Kraft des Heilens anwenden konnte. Der *Tempelschlaf* in Ägypten verbreitete sich rasch und beeinflußte auch Bauart und Arbeitsweise der späteren *griechischen Schlaftempel* (Rogers, 1947).

3. Prähellenistische Epoche (Schema 7)

Zwei Merkmale dieser Epoche, die man auch als homerische Medizin bezeichnen kann, seien für die Hypnose von besonderem Interesse. *Einerseits* haften ihr noch *typisch arachaische und orientalische Züge an* (die Odyssee wurde um 750 v. Chr. geschrieben, die Ilias noch früher), *andererseits rage sie über die archaische Welt und Medizin hinaus* und werde zum *Vorboten* der klassischen griechischen, der hippokratischen Medizin (Lichtenthaeler, 1982). *Betrachte man zunächst den archaischen Homer*, so komme man rasch *in die magisch-religiöse Welt* zurück. In Ilias I 43 ff. schicke z. B. der zürnende Gott *Apollo* den Griechen von Troja eine schreckliche Seuche; in Ilias I 313 ff. wasche sich das Heer rein und werfe die Befleckung ins Meer. Da die Götter die Macht besaßen, den Geist der Sterblichen zu verwirren, waren *Wahnsinn und Fallsucht* auch bei den alten Griechen *heilige Krankheiten*. In der Odyssee V 396 sei die Rede von der Plage eines greulichen Dämonen, von dem das Volk durch die Götter befreit werde. In der Odyssee XIX 457 werde eine Wundblutung des Odysseus durch *Beschwörung* gestillt. Der größte homerische Arzt, *Asklepios*, erlernte seine Kunst vom *Zentauren Cheiron* (aus dem Griechischen: cheir = Hand). Cheiron (928 v. Chr.) *hypnotisierte Asklepios* unter anderen Medien. Achilles dürfte diese Methode ebenfalls gekannt haben (Ilias IV 219, XI 829 ff.).

Auch das *Delphische Orakel* arbeitete, ebenso wie viele Orakel, *unter anderem mit Hypnose*, und zwar entweder durch *direkte Induktion* oder aber mit Hilfe von *Drogen* und *Kräutern*. Die Beispiele aus Ilias und Odyssee zeigen eine zum Teil noch magische, archaische (Psycho)-Medizin. Man begegne aber auch schon sachkundigen Ärzten, die ihre Patienten individuell und aufgrund empirischer und technischer Kenntnisse behandeln (Ackerknecht, 1959; Bernheim, 1884, 1891; Lichtenthaeler, 1982).

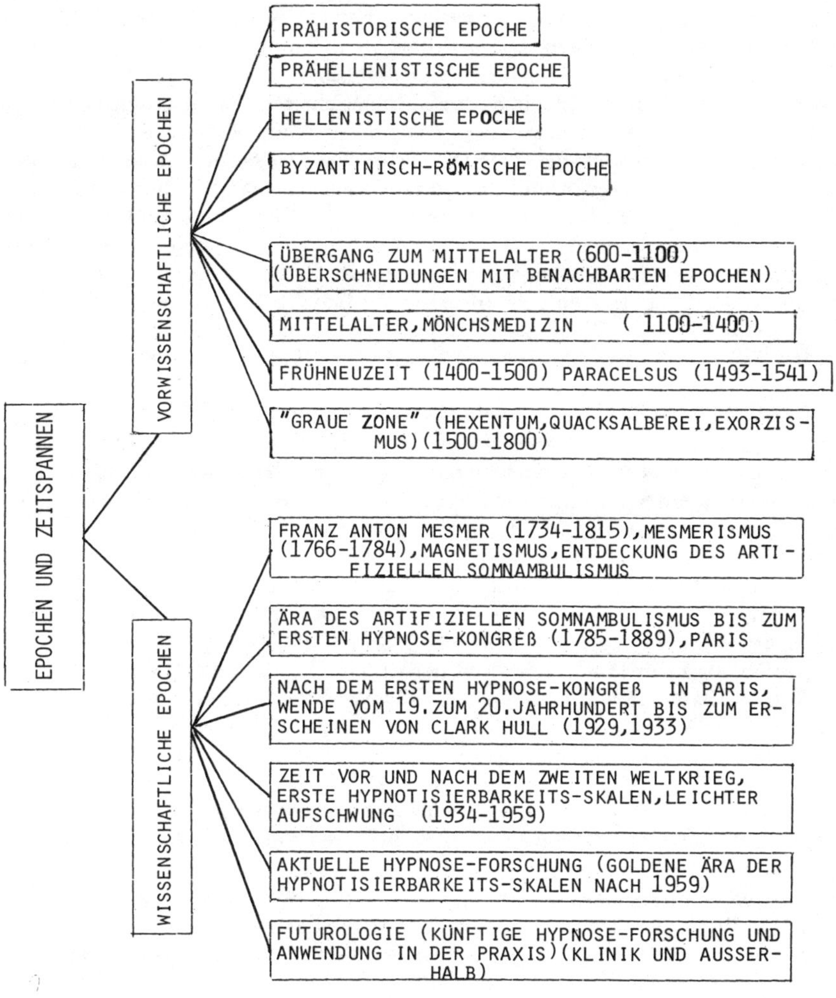

Schema 7: Historischer Werdegang der wissenschaftlichen Hypnose (Kapitel II–VIII) (eigener Entwurf nach Literaturangaben).

4. Suggestion und Hypnotherapie der hellenistischen Epoche (Schema 7)

4.1 Suggestive Hypnotherapie und Tempelschlaf

Der *Asklepion-Kult* war eine der wichtigsten Kulturen im alten Griechenland und spielte eine beinahe zentrale Rolle in der *Heilkunst* und der Kultur seit dem 4. Jahrhundert v. Chr. Die moderne *Medizingeschichte* und die *Geschichte der Psychologie* legen großen Wert auf den Aspekt der Praxis der *Inkubation* (*incubare* = darin liegen), die sogenannte *Traum-*

heilung. Diese bestand darin, daß der Patient zu einem *Asklepion-Tempel* kam in der Absicht, sich dort heilen zu lassen. Die berühmtesten Tempelstätten waren *Epidauros, Kos, Knidos, Crotana und Cyrene* (Stam und Spanos, 1982). Die Patienten wuschen sich zunächst an den umliegenden Quellen oder in den dazu eingerichteten Waschstätten. Danach schliefen sie mehrere Nächte in Gruppen *vor dem Tempeltor*. Nach dieser *«Reinigung»* ließ man sie *in den Tempel. Im Vorraum des Tempels* verbrachten sie wiederum mehrere Nächte, wo sie sich an Gebeten, Predigten und Priesterreden als Zuhörer beteiligten. Erst jetzt wurde den Pilgern erlaubt, *in den heiligen Teil des Tempels* (Abaton) zu kommen, *der eine sakrale Kraft hatte*. Die Fürsprache der Priester, die Einrichtungen des Abaton und *die Anwesenheit einer stattlichen Asklepionstatue* beeindruckten die Patienten in gewünschter Weise. Die besondere Ausstattung des Tempels sowie die stattliche Anzahl von uniformierten Priestern bildeten eine besondere, unheimliche Atmosphäre, die sich auf die *in großen Gruppen anwesenden Patienten suggestiv auswirkte* (Charcot, 1893; Ludwig, 1964; Stam und Spanos, 1982).

Gemäß den Quellen über den Tempelschlaf (siehe unten) haben die Priester *Suggestionen vor und während der Schlaftherapie* angeboten. Nachdem der Patient aufgewacht war, berichtete er über einen Traum, in welchem Asklepios erschienen war und entweder direkt die Störung beseitigte oder verschiedene *Remedien* vorschrieb. Auf den *Säulen* des Epidauros-Tempels waren auch *Schriften* angebracht, die über die Erfolge der Kuren berichteten (Edelstein und Edelstein, 1945; Herzog, 1830; Rogers, 1947; Stam und Spanos, 1982). Aus dem Text der angebrachten Tafeln war zu erfahren, daß die meisten Kuren durch *heilende Träume* stattfanden. *Spezielle Erklärungen der heilenden Träume in der zu jener Zeit gültigen Terminologie der Suggestibilität, Suggestionen und Hypnose förderten den Glauben an die Methoden*. Dem Traum schlossen sich oft eine Verschreibung von hilfreichen pflanzlichen Mitteln (Baden in warmen Quellen) oder Vorbereitungen für den *operativen Eingriff* an. Der Priester-Arzt hatte nach Ansicht des Patienten *die Kraft des Heilens* (Edelstein, 1952). Mit solchen eindrucksvollen Kuren wurde die Popularität der Schlaftempel gefördert. Bald wurde der Name des *Asklepios* latinisiert und als *Aesculapius* weiter verehrt. Der Tempel des Aesculapius auf der Tibur-Insel wurde rasch sehr bekannt. *Der Ruhm des Tempels breitete sich in vielen Ländern aus und beeinflußte die Medizin für viele Jahrhunderte*.

Im *Tempel des Apollo* auf Delphi wurden die meisten Kuren in Form von *autohypnotischer oder somnambulistischer Trance* durchgeführt. *Pythia* war die bekannteste Priesterin dieses Tempels. Die Bittsteller kamen zu diesem Tempel und baten die Priesterin, ihnen *die Zukunft vorauszusagen*. Pythia murmelte einige unverständliche magische Worte und übte währenddessen einige andere Rituale aus. *Daraufhin fiel sie in eine «hypnotische» Trance*. Nach dem Aufwachen aus der Trance berichtete sie über ihre *Orakel*, deren *Doppeldeutigkeit* bekannt war (Alexander und Selesnick, 1966; Behr, 1968; Bromberg, 1959; Conn, 1957; Deutsch, 1946; Edelstein, 1945; Frank, 1973; Gindes, 1951; Kitto, 1957; Kroger, 1963, 1977; Kroger und Fezler, 1976; LeCron und Bordeaux, 1947; MacHovec, 1975, 1979; Marcuse, 1959; Pulos, 1980).

4.2 Suggestive Heilung außerhalb von Tempeln

Außerhalb der Tempel gab es auch zur damaligen Zeit beruflich ausgebildete Ärzte. *Die Reputation (Vor-Suggestion)* des Arztes war das einzige, was den Arzt zum Erfolg führte (Amundsen, 1977; Edelstein, 1967). *Auch außerhalb der Tempel wurden Träume und Regimen als Träger der Heilung angesehen*. Der Patient wurde über die Traumbehandlung im voraus informiert und dadurch psychisch vorbereitet (Edelstein, 1952, 1967; Edelstein und Edelstein, 1945; Kerényi, 1947/1960). *Die Traumvisionen* enthielten alle Arzneien, die zur damaligen Zeit für effektiv gehalten wurden (Allbutt, 1921).

Der Asklepion-Kult war ein wesentlicher Aspekt der griechischen Gemeinschaft (Edelstein und Edelstein, 1945). Zusammen mit anderen Ritualen der alten Griechen (z. B. Delphisches Orakel) wurde ein *Dogma* kreiert, den *Glauben* zu interpretieren, der dem *Heilungsritual* angeschlossen war (Smith, 1965). Dieser Glaube war von Ort zu Ort verschieden und änderte sich im Laufe der Zeit. *Die Traumheilung muß also stets in ihrem kulturellen Kontext betrachtet werden.* Darüberhinaus waren auch die Mediziner außerhalb der Tempel angewiesen worden, die Patienten, die nicht heilbar waren oder nicht überleben konnten, nicht zu behandeln (Amundsen, 1977). Da zum Beispiel chronische Erkrankungen als unheilbar angesehen wurden, hat der Arzt diese auch selten behandelt.

5. Byzantinisch-römische suggestive Hypnotherapie (Schema 7)

Eine entscheidende Wende der Problematik der Träume, des Schlafes und der Traumheilungen kam mit Galen aus Pergamon (129–199 n. Chr.). Durch seine Ansichten über die *Psychologie änderte sich die Methodik der Traumheilung.* In einer Schrift gibt er Anweisungen über diagnostische Mittel, *Simulanten* zu entlarven. Ein derartiger Fortschritt führte zu entsprechenden Erneuerungen. Neben der Traumheilung wurde in Pergamon auch die *Diätetik* sowie die *Physiotherapie* in Anspruch genommen. Da der *Tempelschlaf* in Pergamon von Galen selbst – als einer *wissenschaftlichen Figur* mit Reputation – *theoretisch begründet und bewacht wurde*, nahm diese Methode wissenschaftliche Dimensionen an. Die Untersuchungen von Breger et al. (1971), Fiss (1979), Walker und Johnson (1974) sowie Witkin und Lewis (1967) haben gezeigt, daß der *Trauminhalt* jetzt in einer Art *Präschlaf-Suggestion* bestimmt wurde. *Die Patienten erhielten eine direkte Anweisung, ein spezifisches Thema zu träumen* (hypnotische Trauminduktion; siehe dazu Kapitel XXIV und XXV).

6. Suggestion und Hypnotherapie am Übergang zum Mittelalter (Schema 7)

Die Anwendung der Hypnose in der Form des Tempelschlafes hielt sich bis zur *Mitte des 6. Jahrhunderts.* Daraufhin übernahmen mehr und mehr *christliche Mönche* diese Behandlungsart und vollbrachten *«Wunderheilungen»* mit Gebeten, Weihwasser und Reliquien von Märtyrern sowie durch *Handauflegen* nach der Art Christi (Kapitel VI.3). Die *Barmherzigkeit (misericordia)* ist *die spontane Hinwendung des Menschen zu seinem hilfsbedürftigen Mitmenschen.* In der christlichen Barmherzigkeit steigert sich diese *Seelenregung* (Lichtenthaeler, 1982; Ortega y Gasset, 1951; Rostovtzeff, 1961). Unter die Idealisten mischten sich auch jene, die *die christliche Magie* in die Medizin einführten. Sie betrieben Astrologie, Exorzismus, manchmal auch Tempelschlaf und ähnliche Verfahren. Diese verschiedenen Wege in der Medizin beim Übergang zum Mittelalter verfolgen die Hypnotherapie bis zum heutigen Tage. Infolge der Lebensart der Mönche und Mönchsärzte begann auch die Selbstbeobachtung, d. h. *Selbsthypnose* (Omphalotelesten; siehe Kapitel XIII.2.2). *Die letzte Überlieferung darüber stammt aus dem 11. Jahrhundert. Die Wurzeln für den späteren Fluidismus und Magnetismus, aber auch Dilettantismus, sind nicht zuletzt auch in diesem Zeitalter zu suchen* (Chertok, 1973; Ludwig, 1964).

7. Mönchsmedizin des Mittelalters und Hypnotherapie (Schema 7)

Während es in *Byzanz* bereits *approbierte Ärzte* und im islamischen *Morgenland* sogar solche von Weltruf gab, waren die Verhältnisse in Europa ungleich dürftiger. Die Klöster hatten einige spärliche Reste antiker Heilkunde bewahrt. Sie waren aber auch jene Institutionen, die *Krankenstuben* für Mönche und andere Kranke einrichteten. Sowohl hier als auch in den Dörfern wurden die Patienten *«ärztlich»* von den Klosterbrüdern betreut. Daneben wirkten auch einige wenige in Byzanz ausgebildete Hof- und Laienärzte. Außerdem gab es auch in den Dörfern eine *«weise Frau»* oder einen *«alten Mann»*, welche Medizin betrieben (Lichtenthaeler, 1982). Der Verfall der Schulmedizin, der schon kurz nach Galen einsetzte, nahm weiter zu, und sie erreichte jetzt einen Tiefpunkt (Sudhoff, 1922). Die Mönchsmedizin stellte sich durch ihren *praktischen Charakter* auf die dürftigen Verhältnisse ein (Pagel, 1958, 1962). Prognose und Therapie standen im Vordergrund. Auch durch die *magische Therapie* kamen die Mönchsärzte ihrer Zeit entgegen. *So trieben die Klosterbrüder in den Dörfern auch Dämonen aus.* Oftmals genügte es, den Patienten in die Kirche zu bringen, um ihn von seinem Leiden suggestiv zu befreien. *Die Suggestion war hier weder dem Suggestor (Arzt–Mönch) noch dem Suggerendus (Patient) bekannt.* Die Mönche praktizierten schon damals auf ihre Weise das *Assoziationsverfahren* (Sigmund Freud, 1856–1939). *Um den Dämoneneinfluß von den banalen Krankheiten zu unterscheiden, flüsterten sie den Patienten Evangelienstellen oder Heiligennamen ins Ohr; geriet der Patient dadurch in eine stärkere Erregung, bewies dies den Einfluß eines bösen Geistes* (Waas, 1964). Die *magische Medizin* des Frühmittelalters war demzufolge in der Form nicht allzuweit von der *mystischen Medizin* der Schamanen entfernt (Kapitel IV).

8. Suggestion und Hypnotherapie am Übergang zur Frühneuzeit (Schema 7)

Die erste Phase der mittelalterlichen Medizin (Mönchsmedizin) umfaßte den Zeitraum von 600–1100 n. Chr. Schon gegen Ende des Mittelalters, vor *Humanismus und Renaissance* (in den Jahren 1100–1400), trifft man auf *medizinische Höhepunkte*, *auf die zweite Phase der mittelalterlichen Medizin.* Diese Phase fällt zusammen mit *dem Zeitalter der romanischen und gotischen Kathedralen*, den epochalen Auseinandersetzungen *zwischen Wissen und Glauben*, der differenziertesten sozialen Aufgliederung, die je in Europa bekannt war *(Scholastik)* (Lichtenthaeler, 1982). Die Frage nach dem scheinbaren Anfang der *medizinischen* Renaissance wird beantwortet durch das Erscheinen von Aureolus Philippus Theophrastus Bombastus von Hohenheim (Paracelsus, 1493–1541), der als *Leuchtturm an die Schwelle der Neuzeit gestellt* wurde. Dieser *Lutherus medicorum* (C.G. Jung, 1941) hat seinen Platz in der Medizin gefunden. Seine Rolle bei der *Entwicklung des Magnetismus* haben wir in Kapitel VI.2 kurz gestreift. Ganz gleich was man heute von Paracelsus hält, er wird aus der Geschichte der Medizin, der Hypnose und Hypnotherapie als eine Schlüsselfigur des 16. Jahrhunderts nicht wegzudenken sein (Buck, 1955).

9. Synopsis zur Ära des Vor-Mesmerismus

Vor dem Erscheinen von Mesmer und des Mesmerismus, d.h. zwischen 1500 und 1800, stand *die Wissenschaft der medizinischen Psychologie* auf keiner beachtlichen Stufe. Viele Erkenntnisse jedoch, die einen mehr oder weniger ungestörten Werdegang der wissenschaftlichen Hypnose in den darauffolgenden Epochen hätten veranlassen können, lagen bereits vor: (a) *hypnotische Phänomene an Tieren* (Kapitel III), (b) *anthropologische Entwicklung* und ihre Praktiken (Kapitel IV), (c) *Magie und Dämonologie* (Kapitel V), (d) Anwendung von *Magneten* (Kapitel VI.2), (e) Heilung durch *Handauflegen* (Kapitel VI.3), (f) *Hexen, Hexentum, Hexenwahn* (Kapitel VI.4), *Quacksalberei* (Kapitel VI.5) und *Exorzismus* (Kapitel VI.6) waren vor dem Beginn des 18. Jahrhunderts bekannt gewesen. Andreas Gaßner (Kapitel VI.6 und XIII.3) *wandte eindeutig die Suggestion an und demonstrierte die Reaktionen darauf.*

10. Animalischer Magnetismus und Franz Anton Mesmer (1734–1815) (Schema 7)

10.1 Die Entwicklungsphase von Franz Anton Mesmer (1734–1759)

Nach Angaben der Biographen (Justinus Kerner, 1856; Rudolph Tischner, 1928) und nach *eigenen* Nachforschungen ist Mesmer am 23. Mai 1734 als Sohn eines bischöflichen Jägers in der zweiten Generation in der heutigen *Höristraße 10* in Iznang am Bodensee geboren. Der Vater Anton muß aus Wollmatingen, die Mutter Maria Ursula Michel aus Meersburg gestammt haben. Wolfart (1815) lieferte noch zu Lebzeiten Mesmers eine biographische Notiz über seine Kindheit, die in allen späteren Mesmer-Deutungen immer wieder erscheint (Schott, 1985b, c). *De facto* weiß man aber kaum etwas näheres über die früheste Kindheit Mesmers (Ricarda Huch, 1969).
Nach der Volksschule soll Mesmer zwei Jahre lang (1748–1750) das Jesuitengymnasium in Konstanz besucht haben. Mit einem Stipendium des Bischofs bezog er 1750 die Jesuitenuniversität im bayerischen Schwaben (Dillingen), um hier Philosophie und Theologie zu studieren. Dann wechselte er an die Bayerische Landesuniversität Ingolstadt, wo seine Immatrikulation am 3. November 1754 registriert wurde (Kupsch, 1985).

10.2 Die zweite Lebensphase Franz Anton Mesmers (1759–1778) in Wien

Für diesen Lebensabschnitt Mesmers sind mehrere Momente erwähnenswert. (a) Zum ersten studierte er Medizin zwischen 1759 und 1766. (b) Daraufhin lebte er berufsfrei bis zum Jahre 1774 und befaßte sich mit Geologie, Physik, Chemie, Mathematik, Philosophie und vor allem Musik. (c) Zu erwähnen ist weiter die Begegnung mit Wolfgang Amadeus Mozart (1756–1791) und dessen Familie im Jahre 1768 (Hansmann, 1957; Schuler, 1985). (d) Ein sehr wichtiges Ereignis ist dann die Begegnung und Behandlung der 28 Jahre alten Franziska Österling 1774, bei der Mesmer zum ersten Male die von Maximilian Hell (1720–1792) angefertigten mineralischen Magnete anwendete (siehe dazu Kapitel XIII.4). (e) In diesem Zusammenhang ist auch der Streit mit Maximilian Hell zu sehen, da es um die Autorenschaft an den Magneten ging. (f) Zwischen 1774 und 1778 kämpfte Mesmer um die Anerkennung seiner Behandlungsmethode und wurde Mitglied der *Bayerischen Akademie der Wissenschaften*. Währenddessen stellte er auch den von ihm eingeführten *Gesundheitszuber (Baquet)* vor (Carl Kiesewetter, 1893; Emil Schneider, 1950; Franz Schuerer-Waldheim, 1930) (siehe Kapitel XIII.5.6). (g) Während das Jahr 1775 als Übergangsjahr angesehen werden darf, ging Mesmer 1776 *vom mineralischen auf den animalischen Magneten* über. (h) Daher kann man *diese Zeit als den Beginn der klassischen mesmerischen Heilmethode durch mittelbare und unmittelbare «Übertragung des animalmagnetischen Fluids» ansehen, die immer mehr ausgebaut wurde und auch die rätselhaften Erscheinungen des «künstlichen Somnambulismus und «magnetischen Rapports» hervorbrachte* (Ellenberger, 1970, 1973).

(i) Im Jahre 1777 behandelte Mesmer die 18 Jahre alte blinde Pianistin Maria Theresia Paradis (1759–1824), die eine weitere entscheidende Wende in Mesmers Leben brachte. In der Vorgeschichte und im Verlauf der Behandlung, die vom 20. Januar bis zum 8. Juni 1777, also knapp *fünf Monate* andauerte, sind vor allem *fünf Ereignisse* erwähnenswert (Hansmann, 1957; Siefert, 1985): (ia) Art und Weise der *Erblindung* der Patientin mit vier Jahren; (ib) die erste Behandlung durch Mesmer mit *magnetischen Kuren;* (ic) *negative Reaktion* der Patientin nach dem Erlangen des Sehens; (id) Auseinandersetzung mit den Eltern und *erneute Erblindung* der Patientin; (ie) *Enttäuschung* Mesmers, Aufgabe der weiteren Behandlung (siehe dazu Kapitel X.8.2.2) und Abreise nach Paris im Jahre 1778 (Hansmann, 1957; Schott, 1985 a–c; Siefert, 1985).

10.3 Die dritte Lebensphase Franz Anton Mesmers (1778–1792)

Diese dritte Lebensphase Mesmers war (a) durch den *Kampf* um die Etablierung und den Ausbau seiner magnetischen Therapie in den Jahren 1778 bis 1781, (b) durch die *Modifikation* der Behandlungsmethode und Einführung der *magnetischen Striche* ohne Anwendung von Magneten zwischen 1782 und 1784 und (siehe Kapitel XIII.5.6) (c) durch die *Überprüfung des animalischen Magnetismus* – die mit dem Sturz Mesmers endete – im Jahre 1784 charakterisiert. (d) *Mesmer blieb in Paris bis zum Jahre 1792* und sah sich gezwungen, eine andere Zuflucht zu suchen. *Das soziale und intellektuelle Klima, das mit dem Auf und Ab des Mesmerismus in Frankreich verknüpft war*, ist in der Literatur hinreichend diskutiert und kommentiert worden (Kapitel II.4.1 sowie Barrucand, 1967; Bertsche, 1942; Binet und Féré, 1888; Bramwell, 1903, 1906, 1909; Darnton, 1968; Ellenberger, 1970, 1973; Hale und Hale, 1888; Hansmann, 1957, 1985 a, b; Lopez, 1966; McConkey und Perry, 1985; Podmore, 1964; Sarbin und Coe, 1972; Schott, 1985 b; Sheehan und Perry, 1976; Shor, 1979; Shor und Orne, 1965; Tinterow, 1970; Zweig, 1931, 1983; u. v. a.).

10.4 Die letzte Lebensphase Franz Anton Mesmers (1793–1815)

Nach einem kurzen Aufenthalt in Wien flüchtete Mesmer in die Schweiz. In Frauenfeld ließ er sich nieder und übte eine kleine Praxis aus (Hansmann, 1957; Zweig, 1983). Im September 1812 wurde Professor Wolfart in seiner Eigenschaft als Mitglied einer Kommission in Berlin *zur neuerlichen Überprüfung des Mesmerismus* zu Mesmer entsandt, um «den Erfinder des Magnetismus, Herrn Dr. Mesmer, um Mitteilung allen dessen, was zur näheren Bestätigung, Berichtigung und Aufklärung dieses wichtigen Gegenstandes dienen kann, zu ersuchen und den Zweck der Kommission auf seiner Reise möglichst zu fördern.» Mesmer lehnte das Angebot ab. Am 5. März 1815 starb Mesmer, fast 81 Jahre alt, in Meersburg, in der heutigen *Vorburgstraße 11–13*. Eine eigene Studie (Jovanović, 1990) wird diesen wichtigen Abschnitt der Geschichte der Hypnose näher zu beleuchten versuchen.

11. Nachwirkungen des Mesmerismus

11.1 Vorbemerkungen zu diesem Zeitabschnitt

Franz Anton Mesmer sei eine Gestalt der ausklingenden Aufklärung (v. Engelhardt, 1985). *Er stehe zwischen Vernunft und Gefühl, Metaphysik und Physik, System und Detail* (Kapitel II.4.1 sowie Artelt, 1951, 1965; Benz, 1976, 1977; Berkey und Roberts, 1966; Bertsche, 1942; Bittel, 1939; Blankenburg, 1983, 1985; Bloch, 1980; Buranelli, 1975; Carlson, 1960; Chertok, 1973; Chertok und De Saussure, 1973, 1979; Darnton, 1968, 1970, 1983; Eis, 1964; Ellenberger, 1965, 1970, 1973; Erman, 1925; Fuller, 1985; Geyer-Kordesch, 1982a, b, 1985a, b, c; Goldsmith, 1934; Hansmann, 1957, 1985a, b; Heischkel, 1952; Heischkel-Artelt, 1968; Hilgard, 1980; Johannisson, 1974; Kaplan, 1974; Kiesewetter, 1893; Kretschmer, 1966; Lenoir, 1927; Matzenauer, 1964; Milt, 1953; Murphy, 1949; Pattie, 1956; Rausky, 1977; Rush, 1789; Schott, 1985a; Schuerer-Waldheim, 1930; Sierke, 1874; Sutton, 1981; Tatar, 1978; Tischner, 1928; Tischner und Bittel, 1941; Walmsley, 1967; Wolters, 1984; Wyckoff, 1975; Wydenbruck, 1947). *In der Welt seiner Zeit sei Mesmer beachtet und vergessen, wiederentdeckt, bewundert und verworfen worden.* Die Geschichte habe nach seinem Tode kein Ende gefunden. *Naturforschung* und *Medizin der Romantik* brachten erneute Zuwendung, bedeuteten Fortführung und Vertiefung. Mystische und theosophische Strömungen der Zeit förderten ebenso die Anerkennung. Das naturwissenschaftlich-positivistische 19. Jahrhundert führte zu einer *Verlagerung* auf *Spiritismus* und *Okkultismus*. *Psychoanalyse* und *Psychiatrie* des 20. Jahrhunderts würden in der Tradition Mesmers und seiner Anhänger, unter Verzicht auf die kosmologische Fundierung, stehen. *Die vielfältigen Zweige der Parawissenschaften haben ihre Wurzeln im Mesmerismus.* Mesmer selbst wiederum hatte Vorläufer und Zeitgenossen. Den historischen Hintergründen gingen bereits die Naturforscher und Mediziner der Romantik nach (v. Engelhardt, 1985).

Die unmittelbaren Nachfolger von Mesmer erwähnen Mesmer nur, um sich von ihm abzugrenzen, die Distanz zwischen ihm und der eigenen Zeit zu betonen und nur den Fortschritt, nicht aber die historische Entwicklung, zu beachten. Ähnlich ist es bei der *Psychoanalyse* (Kapitel X), dem nächsten – nach dem Mesmerismus – entscheidenden Schritt innerhalb der *Geschichte der Psychotherapie*. Weder Sigmund Freud noch Wilhelm Reich, die beiden Psychoanalytiker, die, wie Heinz Schott (1982) betont, entscheidende inhaltliche Übereinstimmungen mit Mesmer aufweisen, beziehen sich in ihren wichtigen Schriften auf Mesmer. *Dieses Phänomen, die eigenen Vorgänger nicht zu beachten oder sich ihrer gar zu schämen, ist um so weniger zu begreifen, als Mesmers Krankenberichten gerade mit Hilfe der Tiefenpsychologie verständlich werden* (Hansmann, 1957, 1985a; Schmitz, 1951; Siefert, 1985).

11.2 Der Beginn der Tiefenpsychologie

Nach Schott (1985b) klingt es geradezu paradox, daß Mesmer, *dessen physikalisch-mechanistischen Konstrukte von Psychologie und Okkultismus gleichermaßen abrückten*, den Anstoß zur Erforschung des sogenannten *unbewußten Seelenlebens* gegeben und die *roman-*

tische Medizin mit der *Nachtseite* (Geyer-Kordesch, 1982a, b, 1985a, b, c) des menschlichen Lebens konfrontiert haben soll, d.h. mit:

(a) *Schlaf,*
(b) *Traum* und
(c) *den Wunderwirkungen der Sympathie im Somnambulismus.*

Der natürliche wie *der magnetische Schlaf* werde zum Tor, zu etwas für den *Tagmenschen* (der Aufklärung) Unbekanntem. In dieser Hinsicht verstanden sich die Romantiker als Träumer. So verfaßte Novalis seine «*Hymnen an die Nacht*», hielt Gotthilf Heinrich Schubert (1808) seine Vorlesungen über die «*Nachtseite der Naturwissenschaft*». Dort setzte er sich mit dem tierischen Magnetismus auseinander, mit dem er selber zwanglos experimentiert hatte. Vor allem sei Schubert von der *wunderbaren Sympathie der magnetisch Schlafenden mit dem Magnetiseur fasziniert* gewesen ... Im tiefsten Somnambulismus, den er *Doppelschlaf* nenne, «*nimmt der Somnambüle nur durch jene innige Verbindung der beyden Seelen, an dem Wachen des Magnetiseurs Theil, für die übrige Außenwelt ist er im tiefen Schlaf*». Hier offenbare sich bereits eine wesentliche Bedeutungsverschiebung des magnetischen Schlafes gegenüber Mesmer. *Es gehe nicht mehr um die heilsame Krise als eine physiologische Reaktion, sondern um die Wahrnehmung der tiefsten Seelenregungen im Rapport zum Magnetiseur. Im Somnambulismus sollte sich die Vorahnung einer künftigen höheren Welt offenbaren, wo der Mensch als «zweylebendes Wesen» in Erscheinung tritt* (Schott, 1985b). Schubert (1814) habe ein *gespaltenes Wesen* im Menschen gesehen, das sich von seinem eigenen natürlichen (d.h. für ihn zugleich göttlichen) Ursprung entfernt hatte.
Während Schubert in dieser Weise den *tierischen Magnetismus* als Musterbeispiel *religiöser Jenseitserfahrung und Antizipation eines höheren Daseins* begreife, interpretiere ihn der Spätromantiker Carl Gustav Carus (1857) psychologisch *als Ausdruck des unbewußten Seelenlebens.* Er versuchte alle scheinbar übernatürlichen Wunder der «*magischen Wirkungen*», insbesondere den «*Lebensmagnetismus*», als *Naturvorgänge im Menschen* zu erklären. In diesem Sinne müsse «da eben alles eigentliche Heilen nur vom *Unbewußten* ausgehen, der Mesmerismus, welcher am direktesten auf dies Ursprüngliche der Seele der Menschen wirkt, ... wirklich als Urheilmittel genannt werden». Wie Schubert sei auch Carus vom Phänomen des *Rapportes* fasziniert, *das er nun mit seiner Theorie des Unbewußten in Beziehung setze.* Er begreife diesen als eine «*Art von Vermählung zweier Nervenleben, und insofern hat auch das magnetische Verhältnis allerdings etwas mit Geschlechtsliebe gemein, welche letztere ebenfalls in ihren höchsten Stimmungen das Bewußte in das Unbewußte eintaucht*» (Carus, 1846; aus: Schott, 1985b). Der tierische Magnetismus habe der Medizin der Romantik den Anstoß gegeben, nach der verborgenen Natur im Menschen zu fragen. *Zum ersten Mal rückten explizit die psychologische und die psychosomatische Dimension von Kranksein und Gesundung ins Blickfeld der Ärzte.* Mesmers Heilungskonzept habe zu mannigfaltigen Initiativen angeregt, auf der vergessenen Nachtseite des Menschen den Hebel der ärztlichen Kunst anzusetzen. Die aufregendste Erfahrung war dabei sicherlich *das Verschmelzungserlebnis in der magnetischen Kur, die Möglichkeit der unmittelbaren Kommunikation*, die Schopenhauer (1850; aus: Schott, 1985b) so beeindruckt habe, daß er den tierischen Magnetismus als *Experimentalphysik, als ... die inhaltsschwerste aller gemachten Entdeckungen* bezeichnete (Schott, 1985b).

11.3 Der Beginn der Psychoanalyse

Die romantische Idee der Sympathie verlege – nach Schott (1985b) – das Agens, die Heilkraft, von der *äußeren in die innere Natur* des Menschen. Nicht mehr aus dem Universum, sondern *aus der Tiefe des eigenen Unbewußten fließen uns die Kraftströme zu.* Trotz dieser

Aufwertung des menschlichen Innenlebens bleibe doch die Vorstellung eines direkten zwischenmenschlichen Einflusses erhalten, *wenn etwa nach Carus das Unbewußte des einen auf das Unbewußte des anderen «überwirken» könne. Aber gerade dieses Band der Sympathie wolle nun der Hypnotismus im Sinne einer rationalen Technik auflösen. Dies gelinge ihm insofern, als er nur vom individuellen Organismus ausgehe und alle Phänomene des Mesmerismus auf dessen Binnenstruktur, auf das Kräftespiel im Inneren reduziere.* Diese Abkehr vom Mesmerismus begann mit James Braid (1846).

Sigmund Freud (siehe Kapitel X) sei praktisch der Antipode Mesmers: *Beide stehen gleichsam auf derselben Erde einer Menschenkunde, werden von ihr angezogen, blicken aber in verschiedene Himmelsrichtungen; Mesmer in den lichten Ozean der kosmischen Allflut, Freud in die dunkle Unterwelt des Unbewußten. «Flectere si nequeo superos, acheronta movebo»* (Kann ich die Götter nicht erreichen, so werde ich doch die Unterwelt aufrühren). So lautete das antike Motto der *«Traumdeutung»* Freuds. Freud – nur 40 Jahre nach Mesmers Tod geboren – habe sich, wie erwähnt, nicht unmittelbar mit dem Mesmerismus auseinandergesetzt. Er habe bei seiner Schöpfung der Psychoanalyse, zumindest *am Beginn*, zwei Strömungen zusammengeführt, um sie in seiner Lehre neu zu modifizieren: (a) *die Theorie des Unbewußten* und (b) *die Praxis der hypnotischen Suggestion*, die als therapeutisches Agens wirke (Schott, 1985 b; siehe auch Kapitel X).

Es gebe eine auffallende Parallele zwischen der Entwicklungsphase Mesmers und der Zeit von Freuds Selbstanalyse, die ihn zur Begründung der Psychoanalyse geführt habe. Beide standen im Alter von 40 Jahren in der Lebensmitte; *beide entwickelten im Umgang mit ihren Patienten eine Methode, die sie auch bei sich selber anzuwenden lernten; beide gingen von ihren Selbsterfahrungen aus und versuchten, diese in eine Wissenschaftssprache zu übersetzen.* Bei einem Blick auf die jeweilige Behandlungsmethode falle auf, daß die *Richtung* der theoretischen Beeinflussung im Arzt-Patienten-Verhältnis *genau entgegengesetzt gedacht werde*, daß die Vorstellung vom Energiestrom sich umkehre; *bei Mesmer werde die kosmische Energie vom Arzt auf den Kranken übertragen, bei Freud werde eine psychische Energie (Libido) durch Phantasiebildung vom Kranken auf den Arzt übertragen* (Kapitel X). Beide Male gehe es um die *Überwindung eines pathogenen Widerstandes im Organismus: Mesmer möchte die Säftestockung in den Gefäßen auflösen, Freud dagegen die verdrängten Bewußtseinsinhalte* (Schott, 1985 b).

11.4 Okkultismus und Spiritismus/Spiritualismus nach Mesmer

Unter dem Einfluß des Mesmerismus hat sich in England *Psychical Research*, in Frankreich seit 1889 – nach einem Vorschlag von Max Dessoir (1867–1947) – *Métapsychique* und in Deutschland die *Parapsychologie* entwickelt. Die bei *Somnambulen* (Kapitel XXIII.5) beobachteten «höheren Phänomene» und ihre Fortsetzung *im Hypnotismus*, dem *legitimen Erbe des Mesmerismus* (Bauer, 1985), dienten der 1882 gegründeten Londoner *Society for Psychical Research (SPR)*, welche die Aufgabe hatte, die unterschiedlichen Erscheinungsformen des *Okkultismus* und *Spiritualismus* wissenschaftlich zu ergründen, als Anhaltspunkte. Von den sechs entsprechend der Satzung gegründeten Komitees zur Erforschung der einzelnen Teilgebiete der Parapsychologie ist für uns *das Komitee über den Mesmerismus* von Bedeutung, das die Aufgabe hatte, alle Formen der sogenannten *mesmerischen Trance* mit ihrer behaupteten *Schmerzunempfindlichkeit*, dem *Hellsehen (clairvoyance)* und den *verwandten Phänomenen* zu erforschen (Bauer, 1985). 40 Jahre später (1922) veröffentlichte der französische Physiologie-Nobelpreisträger Charles R. Richet (1850–1935) seinen *Traité de Métapsychique*, der den Anspruch auf sicher bewiesene und systematisch eingeordnete Tatsachen erhob. Die historische Rückblende teilte Richet in ein vierfaches evolutives Schema ein, und zwar in:

(a) eine *mystische*,
(b) eine *magnetische*,
(c) eine *spiritistische* und
(d) eine *wissenschaftliche Periode* seit 1872.

Mit der heutigen Hypnose werden im wesentlichen immer noch folgende Meinungen und Anschauungen in Verbindung gebracht:

(1) *Mentalsuggestion*, d.h. jene Gruppe, bei der der Experimentator (Suggestor, Operator) das Verhalten seiner in Trance befindlichen und räumlich von ihm getrennten *Versuchsperson (Vp)* in spezifischer Weise zu beeinflussen versucht (*Telebulie* nach Fanny Moser; aus: Bauer, 1985);

(2) *Übertragung von Gedanken*, Vorstellungen, Gefühlen und Affekten, Zeichnungen, gedachten und wirklichen Gegenständen, Zahlen, Farben etc. *(Telepathie)* (Rýzl, 1985);

(3) *Hellsehen (Clairvoyance)*, ohne die in der heutigen Parapsychologie übliche Trennung zwischen Telepathie und Hellsehen (Bauer, 1985);

(4) *Sinnesversetzung (transpositions des sens)* unter dem Einfluß des augenlosen Sinnes, des Sehens mit den Fingerspitzen, der Magengrube, den Ohren etc.;

(5) *Gemeinsamkeit der Sinneswahrnehmungen, die «community of sensations»*, denen zufolge der Somnambule im magnetischen Schlaf auf Sinnesreize, die vom Operator präsentiert werden, adäquat reagieren sollte;

(6) *Clairvoyante Diagnosen* und Verordnungen seitens von mesmerisierten Somnambulen;

(7) *Geistersehen* und die Ausdehnung somnabuler Seelenreisen auf Mond, Planeten oder ins Jenseits;

(8) *Astrologie und Horoskopie*, die nach der Sternlage die Zukunftsdeutungen oder Charakteranlage vorzunehmen versuchen;

(9) *Reinkarnation* (Wiedergeburt) (Stevenson, 1983; Wilson, 1982);

(10) *paranormale Erscheinungen* jeglicher Art.

11.5 Übergang zur wissenschaftlichen Hypnose und Hypnotherapie

Als Übergang zum nächsten Abschnitt sei zu diesem Problem noch ein historischer Aspekt in Erinnerung gerufen. Im Jahre 1789 hatte Benjamin Rush – der damals bekannteste Arzt in Amerika und *Vater der amerikanischen Psychiatrie* – in seinem *«Duties of a Physician» kurz über den animalischen Magnetismus referiert.* Sein Terminus *Wille* ist im Kontext seiner Erklärung als Anwendung von Suggestion zu verstehen, um die Motivation bei Patienten zu erhöhen. *Wille, Suggestion, Imagination und Stimulation latenter Motivationen dienen dazu, die Patienten zu mobilisieren, um ein besseres Behandlungsresultat zu erzielen.* Während Franklin Mesmers Ansichten ablehnte, war Rush doch *von seinem Patient-Arzt-Verhältnis* fasziniert (Schneck, 1978).

12. Pioniere der wissenschaftlichen Hypnoseforschung

12.1 Spezielle Vorbemerkungen zur Problematik

Nach Lichtenthaeler (1982) hat sich auf *die weitere Entwicklung* der Medizin und Psychologie die *Französische Revolution* 1789 und die *Medizinische Umwälzung* von Francois Magendie (1783–1855) ausgewirkt. Nach Claude Bernard (1813–1878) gehe der Fortschritt der Wissenschaft auch sprungweise und in Revolutionen vor sich. Den direkten Anstoß *zum Übergang vom tierischen Magnetismus zur Suggestionstheorie der Hypnose gab ein Nicht-Mediziner, und zwar Marquis de Puységur (1751–1825), noch zu Lebzeiten von Mesmer.*

12.2 Marquis de Puységur (1751–1825) und Somnambulismus

Armand Marie Jacques de Chastenet le Marquis de Puységur lebte in einem Luxusschloß auf seinem Landgut Buzancy in der Nähe von Seissons und amüsierte sich beim Magnetisieren von Bauern aus den umliegenden Dörfern. Eines Tages im Jahre 1784 erschien ein junger Bauer namens Victor Racé mit Atmungsbeschwerden, mit Schmerzen im Brustbereich und in der Kreuzgegend. Nach der Magnetisierung verfiel Victor in *einen leichten Schlaf, aber ohne Konvulsionen*, wie sie Puységur bei Mesmer gesehen hatte. *Während des «Schlafes» konnte er sprechen.* Puységur suggerierte ihm Freiheit von Schmerzen, und Victor antwortete positiv darauf. Dazu berichtete er, er fliege in den «Armen von Magna Mater ... großer Mutter ... mit unheimlichen Wellen gegen seinen Körper ...» etc. Und zur Überraschung von Puységur fühlte sich Victor, *als ob er in die Gedanken anderer Menschen hineinsehen könnte.* Er habe sogar den genauen Plan seiner eigenen Behandlung angeben können, obwohl ihm dieser davor nicht bekanntgemacht worden sei. Nach der Behandlung sei er vollkommen gesund geworden. Durch dieses Ereignis wurde das *Château de Puységur* ein Mekka für jene, die sich krank fühlten. Puységur wiederholte die Experimente häufiger und soll bis zu 5000 Patienten behandelt und zum großen Teil geheilt haben (Ellenberger, 1970, 1973; Kroger, 1977; Wolberg, 1948 a, b; Zweig, 1983). Nach dem Bericht von Puységur (1784) wurden neue Erkenntnisse gewonnen und andere Wege in der Hypnose eingeschlagen (siehe dazu Kapitel XXIII.5).

12.3 Abbé Faria (1755–1819) und Suggestionstherapie

Das Werk von Faria (1813, 1814, 1819, 1843, 1906) ist in *vier* Teilen abgefaßt worden. Sharma (1979) meint, Faria habe seine Grundkenntnisse aus Indien mitgebracht und durch seine philosophische Einstellung und genaue Beobachtungsgabe weitere Erfahrungen gesammelt. Faria wird als *Gründer der modernen Doktrin der Suggestion angesehen.* In seinem Werk bezeichnete er den Hypnotiseur als *Concentrateur*, den Hypnotisanden als *Concentré* und den hypnotischen Schlaf als *Concentration* oder eben als *sommeil lucide.* Beim Hypnotisieren trat er einfach an den Kranken heran, *blickte ihn scharf an und rief ihm plötzlich zu: «Dorme!»* (Schlafen Sie). Fast 50% der Patienten fielen dabei in Hypnose. So sei Abbé Faria der Vorläufer der *Schreckhypnose* gewesen. Die Beiträge von Abbé Faria beziehen sich auf:

(a) *Die Natur des sommeil lucide.* Dazu meinte Faria, dies sei eine Variante des natürlichen Schlafes, wobei die Tiefe des ersteren seiner Intensität proportional sei. Bereits Faria sprach von *ausgelöster Neurose* und lenkte die Aufmerksamkeit auf die Verbindung zwischen *Hypnose und Hysterie* (Sharma, 1979). Bei seinen Hypnosen konnte er *Transpiration, Palpitation, Lachanfälle, Erbrechen und Kopfschmerzen* beobachten, Symptome, die zur damaligen Zeit in diesem Zusammenhang nicht bekannt waren.

(b) *Die Ursache der Hypnose.* In bezug darauf entschloß sich Faria, gegen die Theorie von Mesmer zu opponieren. Er war auch mit der Annahme der *Imagination* nicht ganz einverstanden, da jeder Mensch Imaginationen besitze, aber nicht jeder hypnotisiert werden könne. Nach Faria beruht die Hypnose (sommeil lucide) *auf Konzentration und Suggestion und nicht auf der Imagination der hypnotisierten Person.* Die Konzentration sei das Primäre, die Suggestion nur ein von außen gegebenes Motiv. Nach Faria *ist der Hypnotiseur für die Hypnose-Induktion nicht interessant. Es sei die hypnotisierte Person, die ein aktives Agens darstelle.* An dieser Stelle (um 1814) haben wir eine weitere, beinahe *totale Wende* in der Auffassung von *der Natur der Hypnose.*

(c) *Das Verfahren bei der Hypnose.* Dazu schlug Faria seinerzeit *drei* Induktionsverfahren vor (siehe dazu Kapitel XIII.3).

(d) *Den theoretischen Standpunkt.* Faria kombinierte *zwei Elemente;* (da) ein *materielles* und (db) ein *spirituelles.* Das letztere erfordere in *freier Assoziation* die *Intuition* der *Gegenwart*, der *Vergangenheit* und der *Zukunft.* Gehe der Patient in einen *sommeil lucide*, so *trenne sich die Seele (Psyche) graduell vom Körper und genieße eine gemischte Intuition. Das heißt, Ideen und Erinnerungen können richtig oder falsch sein, sie können die Gegenwart oder Zukunft betreffen, sie sind aber immer ein subjektives Element.* Nach Faria ist man während der Hypnose in einem *intermediären Stadium* (Chateaubriand, 1843; Dalgado, 1906; Kutumbiah, 1969; Sharma, 1979).

12.4 John Elliotson (1791–1868) und sein Schicksal mit dem Mesmerismus

John Elliotson (1791–1868) sah sich *die ersten mesmerischen Experimente* 1837 an. Daraufhin begann er in seinem *University College Hospital* die Patienten zu magnetisieren. Seine Studenten und Kollegen von *anderen* Krankenhäusern interessierten sich zunächst für diese neue Methode, und ihre Anzahl nahm mit der Zeit zu. Seine unmittelbaren Kollegen lehnten es jedoch ab, an seinen Demonstrationen teilzunehmen und zeigten Elliotson sogar an. Der Dekan schlug vor, die Demonstrationen aufzugeben, da das *Interesse der Fakultät* primär zu berücksichtigen sei. Erst danach würden Wissenschaft und Humanität kommen. *Das Risiko, die Reputation zu verlieren, war wichtiger als die Wahrheit* der vorgetragenen Wissenschaft oder deren Wert für die Behandlung von Krankheiten. Elliotson antwortete mit Gegenargumenten. Bereits im Jahre 1838 erließ das *Council of the University College* folgende Resolution: «Das Hospital Committee ist angewiesen worden, Schritte zu unternehmen, die notwendig sind, damit die Praxis des Mesmerismus innerhalb des Hospitals untersagt wird.» Im gleichen Jahr verlor Elliotson seine Professur (Schneck, 1963). Als Antwort darauf gründete er mit seinen Anhängern 1843 das Journal *Zoist*, das die Aufgabe hatte, *Informationen in Verbindung mit dem Mesmerismus zu verbreiten.* Das Journal wurde aber 1855 eingestellt. Inzwischen wurden an einem einzigen Institut, in Exeter, durch den Chirurgen Parker 1200 Personen mesmerisiert (magnetisiert) und *200 chirurgische Eingriffe* unter der Mesmerisierung (schmerzlos) durchgeführt.

Elliotson war ein konstanter Autor des *Zoist* und beschrieb dort viele medizinische und chirurgische Fälle, die von ihm oder anderen beobachtet worden waren. Diese Eingriffe schlossen Amputationen von Oberschenkeln, von Beinen, von Armen, Brustoperationen etc. ein und wurden schmerzlos, sowohl in England als auch in Schottland, auf dem Kontinent sowie in den Vereinigten Staaten vorgenommen. Heilung oder Besserung wurde durch die Magnetisierung noch bei *Geisteskrankheiten*, *Epilepsien*, *Hystero-Epilepsien*, *Hysterien*, *Lispeln*, *Neuralgien*, *Asthma*, *Torticollis*, *Kopfschmerzen*, *funktionellen Beschwerden am Herzen*, *Rheumatismus* erzielt. Elliotson betonte, daß der Mesmerismus insbesondere bei *Hysterie* und anderen *funktionellen Störungen des Zentralnervensystems (ZNS)* brauchbar sei. Von vielen anderen Autoren war Heirat vorgeschlagen worden, um hysterische Symptome bei Frauen zu mildern oder zu bekämpfen, weil man angenommen hatte, die Erkrankung sei *sexueller Natur*. Nach Elliotson sei aber die Hysterie nicht mit dem Uterus verbunden, sie befalle auch nicht nur Frauen, sondern auch Männer. *Mesmerisieren, nicht etwa Heiraten*, war nach Elliotson die *richtige Therapie* (siehe auch bei Charcot: Kapitel VIII.12.8). Elliotson fand, *daß sich Kinder leichter mesmerisieren ließen* als die Erwachsenen. Elliotson praktizierte Mesmerismus bis zu seinem Tode, betonte aber immer wieder, daß dieses Heilmittel nicht universell und nur bei bestimmten Krankheiten indikationsmäßig anzuwenden sei. Es wäre daher ein Fehler, zu glauben, daß die Opposition gegen Elliotson lediglich sein Interesse am Mesmerismus betraf (Bishop und Poynter, 1947). Elliotson hat auch geholfen, die konventionelle Psychotherapie zu etablieren (Schneck, 1960).

12.5 James Esdaile (1808–1859) und seine chirurgischen Eingriffe

James Esdaile erhielt im Jahre 1830 seinen akademischen Grad in Edinburgh und nahm eine Stelle in der *East India Company* an (Bramwell, 1903). Am 4. April 1845, als er am *Hospital in Hoogly* arbeitete, führte er sein erstes mesmerisches Experiment durch. Der erste Patient fiel in eine tiefe Hypnose und wurde vollkommen analgetisch. Ermuntert durch das Ereignis setzte Esdaile seine Operationen auf die gleiche Weise fort und konnte bald über *75 schmerzfreie chirurgische Eingriffe* berichten. In kurzer Zeit konnte er *tausend kleinere Operationen* mit Mesmerisieren und etwa *300 große* vorweisen. Unter den letzteren waren *19 Amputationen* und *eine Lithotomie*. Die meisten Operationen wurden jedoch zur Reponierung des *skrotalen Tumors* (wahrscheinlich Hernien), die in Indien häufig waren, vorgenommen. Die Popularität von Esdaile wuchs. Die Mortalität bei den Hodenoperationen sank von 50% auf 5% ab (Esdaile, 1851). Im Dezember 1852 kam Esdaile nach Schottland und ließ sich in Perth nieder. Er informierte Elliotson über seine Erfolge und wollte die Operationen auf diese Weise auch in Schottland durchführen. *Nach einer Sitzung des Kollegiums der Ärzte in Perth wurde der Mesmerismus dort abgelehnt.*

12.6 James Braid (1795–1860) und der Begriff «Hypnose»

Einen weiteren Schritt zur Entwicklung der Hypnose als Wissenschaft hat der englische *Augenarzt* James Braid (1795–1860) vollzogen. Im Jahre 1841 führte LaFontaine (1852), ein Enkel des Fabeldichters Jean de LaFontaine (1621–1695), in Manchester öffentlich *«Conversazioni»* vor. Braid erfuhr davon und entschied sich, am 13.11.1841 dem Spektakel beizuwohnen. Sein erster Eindruck war, daß es ein Trick sei. Als aber im Laufe der Vorführung LaFontaines bei einer Person plötzlich die *Augenlider wie beim Zwinkern vibrierten*, erregte dieses Ereignis das Interesse Braids. Bis dahin war dieses Phänomen noch niemandem aufgefallen. Braid hatte sich als *Augenarzt* von Anfang an auf die Augen(lider) konzentriert. Sofort erfaßte er dieses Phänomen und nahm an, daß es nicht simuliert sein könne. Die Frage nach der Herkunft dieser *Vibration der Augenlider* ließ ihn nicht mehr los. Er entschloß sich daher, zu eigenen Versuchen überzugehen (Kroger, 1977; Schmitz, 1957;

Wolberg, 1948a). Er bat seine *Frau*, seinen *Freund* Walker und seinen *Diener*, ihm als Vpn zur Verfügung zu stehen. Zu seiner Überraschung gelang es ihm, alle drei *in hypnotischen Schlaf* zu versetzen, *indem er ihnen den glänzenden Knopf seiner Lanzettenbüchse in Höhe der Nasenwurzel vor die Augen hielt*. Nach mehrmaligen Versuchen wurde es klar, *daß es keines Magnetismus bedürfe*, um die Vpn oder auch Tiere in den Schlaf zu versetzen. Er versuchte auch mit Erfolg, sich selbst zu hypnotisieren. Somit hat er auch die *Selbsthypnose* als Phänomen bestätigt (Braid, 1843, 1846, 1882).
James Braid publizierte seine Resultate erstmals 1843 und führte den Begriff *Hypnose* ein. Im konservativen Großbritannien wurde ihm nur wenig Anerkennung zuteil, doch die französischen Wissenschaftler waren davon begeistert. Besonders ein Professor Azam aus Bordeaux war sehr daran interessiert. Er wiederholte die Experimente von Braid. Dabei betonte er, *daß man unter Hypnose nur mit geringen Schmerzen und vor allem ohne die sonst übliche Schockwirkung chirurgische Eingriffe vornehmen könne*. Dadurch bestätigte er die Angaben von Esdaile (1851). Trotzdem wurden die Arbeiten von Braid und Azam in England weiterhin ignoriert (Gindes, 1977, Seite 19–20). James Braid wurde zunächst sehr angefeindet und dann vergessen. Selbst das Werk von Azam aus Bordeaux über *«Sommeil nerveux ou hypnotisme (Braid)»* aus dem Jahre 1860 blieb zunächst unbeachtet.

12.7 Doktor Burcqs Metalloskopie und Claude Bernard (1813–1878)

Im Jahre 1876 erkrankte der französische Arzt Doktor Burcq sehr ernst. Dem Tode nahe, rief er einen Diener und diktierte einen Brief an seinen Freund und Lehrer, Professor Claude Bernard (1813–1878), der schon damals ein bedeutender (Neuro)*Physiologe* war. Er schrieb, daß er sich, bevor er sterbe, von einer wissenschaftlichen Sache überzeugen wolle, die er mehr als 25 Jahre lang verfolgt habe. Claude Bernard reagierte rasch darauf – er war damals *Präsident der Französischen Gesellschaft für Biologie* – und bildete eine Kommission, um die Befunde seines Freundes Dr. Burcq zu bewerten. Unter anderen waren auf der Liste der Kommission Doktor Luy, der später den *Rotationsspiegel* einführte (Kapitel II und XIII.2.2.2), um den somnambulen Schlaf hervorzurufen, und Doktor Charcot, der bereits einen Namen als Neurologe hatte. Nach einigen Jahren der Experimente und Forschung in der Klinik veröffentlichte die Kommission einen positiven Bericht, der eine Anwendung von *Metallen* bei Kranken empfiehlt. Die heutige Geschichte der Hypnose und Hypnotherapie wäre nicht vollständig, wenn wir diese durch Dr. Burcqs Erfahrungen nicht ergänzen würden (siehe dazu Kapitel XIII.2.2.2).

12.8 Jean Martin Charcot (1825–1893) und hysterische Neurose

Charcot (1882, 1889) war bereits nach den Experimenten Burcqs von der *Metalltherapie* begeistert und meinte, man müsse nur *die richtige Stelle am Körper des Patienten* finden und schon würde man eine zufriedenstellende Heilung erzielen. Zusätzlich zu den Experimenten, die von der Kommission zur Prüfung der Angaben von Burcq vorgenommen worden waren, stellte er auch einige eigene Untersuchungen an (Gravitz und Gerton, 1984). Im Jahre 1878 unterbreitete Charcot mit seinen Schülern der Akademie in Paris eine These, wonach es *verschiedene Stadien des hypnotischen Schlafes gibt* (Kapitel IX.4.1.5). Die hypnotisierte Person könne in jedem Stadium unterschiedliche Symptome aufweisen. *Dies war die erste Klassifikation der hypnotischen Phänomene*. Sein damaliger Ruf und sein Werk waren so groß, daß man bereits bei der Absicht, als Patient zu ihm zu gehen, *vor-*

suggeriert war. Obwohl viele seiner Anschauungen angenommen wurden, hatte Charcot mit der *Metalloskopie* lange Zeit Schwierigkeiten, weil sie nicht wissenschaftlich einwandfrei reproduzierbar war. Die Therapie gelang nämlich auch ohne Anwendung von Metallen (Gindes, 1977; Kroger, 1977).
Im Jahre 1882 untermauerte Charcot vor der Akademie der Wissenschaften in Paris die Anwendung der Hypnose durch einen historischen Vortrag (Charcot, 1882; Ellenberger, 1970, 1973). Auch während dieses Vortrages berichtete er über *physiologische Prozesse*, die sich *in drei aufeinanderfolgenden Stadien der hypnotischen Trance* abspielen sollten (Kapitel IX.4.1.5). Dieses Ereignis war eine Sensation, denn es war dieselbe *Académie des Sciences, die im Jahre 1784 mit der Ablehnung des Mesmerismus eine andere Reaktion hervorgerufen hatte* (Kapitel VIII.10). Da jetzt die Hypnose mit *somatischen Phänomenen* vorgetragen wurde, und auch mit der Imprimatur von Charcot (Gravitz und Gerton, 1984), konnte sie als ein geeignetes Objekt der wissenschaftlichen Auseinandersetzungen angesehen werden. *Das war praktisch eine Reaktivierung der Hypnose, aber auch ihre offizielle Einführung als wissenschaftliche und praktische Methode der Medizin.* Charcot legte damit auch einen Grundstein für die darauffolgende 20-jährige Forschung der Hypnose in Frankreich und danach in der ganzen Welt (Guillain, 1955; Gravitz und Gerton, 1984). Die Annahme Charcots, *Hypnose sei eine physiologische Variante der Hysterie und als solche Bestandteil der Psychopathologie*, wurde später widerlegt (siehe Kapitel IX). Die Anschauung Charcots war Gegenstand der Vorträge, die er in der *Salpêtrière* jeweils *Dienstag* und *Freitag* hielt, wobei Demonstrationen von hysterischen Patienten stattfanden. Aber Charcot, der «*Napoleon der Neurosen*», hatte später gerade mit diesen Demonstrationen viele Schwierigkeiten, weil die hysterisch gelähmten Patienten zwar *während der Hypnose im Vorlesungssaal von der Trage aufstanden und sich vor dem Publikum frei auf eigenen Beinen fortbewegten*, dies aber nicht mehr taten, wenn sie wieder in die Klinik zurückkamen. Die vorher bestehende hysterische *Astasie/Abasie (hysterische Lähmung)* kehrte wieder zurück. Sigmund Freud (1935, 1938) soll diese Demonstration mit «*einem Gefühl der Überraschung und einer Neigung zum Skeptizismus*» beobachtet haben (siehe Kapitel X). Charcot konnte jedoch zeigen, daß Symptome der Hysterie durch die Hypnose ausgelöst werden könnten (Ellenberger, 1970, 1973). Die Geschichte der Hypnose sollte sich dann durch die «*Schule von Nancy*» fortsetzen (Kapitel VIII.12.10).

12.9 Chemische Anästhesie und Hypnoanästhesie nach 1844

Von Interesse ist zunächst, zu erwähnen, *daß sowohl chemische als auch hypnotische Anästhesie* von den *Schaubuden-«Professoren»* und *-Hypnotiseuren* entdeckt und zuerst angewandt wurden. Hypnose-Induktionen und «Vorträge» zur Belustigung des Publikums unter *Anwendung von Drogen* endeten oft mit amüsanten Effekten, insbesondere bei der Applikation von *Lachgas* (Distickstoffoxid; Stickoxydul; N_2O). Einer dieser Schaubuden-Professoren, Gardner Q. Colton, führte am *11. Dezember 1844 in Hartford/Conneticut* eine solche Schau vor. Im Publikum war der Zahnarzt Horace Wells (1815–1848) anwesend. Als er sah, wie eines von Coltons Medien nach der Gas-Inhalation stürzte und sich am Bein schwer verletzte, wollte er helfen und eilte auf es zu. Das Medium antwortete unbeteiligt, *es habe sich nicht verletzt und habe keine Schmerzen*, obwohl Wells feststellen konnte, daß das Bein heftig blutete. Nach einiger Überlegung schloß Wells daraus, daß der Mann keine Schmerzen haben werde, solange das Gas noch wirke. Der zweite Schluß war dann: Wenn der Mann keine Schmerzen am verletzten Bein habe, dann könnte man das *Stickoxydul* (Dinitritoxid) auch bei *Extraktionen von Zähnen* anwenden. Am nächsten Tag setzte er sich mit einem Kollegen, dem Zahnarzt Dr. Riggs, in Verbindung, um sich von ihm Zähne unter der Anästhesie mit Lachgas ziehen zu lassen: «*Das ist die größte Entdeckung, die je* *gemacht worden ist. Ich habe nicht mehr gespürt als eine kleine Berührung!»* rief der Patient aus. Statt der chemischen Anästhesie wurde später die Hypnose angewandt, wie sie auch bei den übrigen Operationen in Anspruch genommen worden war (Jovanović, 1988, 1989; Kroger, 1977).

12.10 Auguste Ambroise Liébeault (1823–1904) und Hippolyte Marie Bernheim (1840–1919)

Zwischen der *Pariser Schule* mit Charcot und der *Schule von Nancy* mit Liébeault und Bernheim an der Spitze entbrannte nach einer Latenzzeit, bei der die Schule von Nancy die Pariser Schule unterstützt hatte, ein *heftiger Streit*. Die Schule von Nancy neigte mehr dazu, die *Hypnose als einen psychologischen Zustand* zu erklären. Nachdem Liébeault im Jahre 1866 mit seinem Buch ein Fiasko erlebt hatte, publizierte er im Jahre 1889 sein zweites Werk und wurde danach – nach den Anfängen von Abbé Faria – als der wahre Gründer der *Suggestivtherapie* angesehen. Seine Integrität, seine Selbstlosigkeit, die Aufmerksamkeit, die er den Bedürfnissen der Patienten widmete, und seine Erfolge mit Hypnose lenkten sehr bald die Aufmerksamkeit von Hippolyte Marie Bernheim (1840–1919) auf ihn.

Bernheim reagierte zuerst skeptisch, dann als Protagonist. Die beiden zusammen entwickelten die *Braidsche Theorie* weiter. Ohne die *«theatralischen Taschenspielertricks»* von Jean Martin Charcot (Kroger, 1977) behandelten sie über 12000 Patienten. Bernheim und Liébeault, als legitime Innovatoren der *modernen Psychotherapie*, begriffen die Hypnose *als Funktion des normalen Verhaltens und führten die Konzepte der Suggestion und Suggestibilität ein*. Sie glaubten auch, daß die Beseitigung der Symptome effektiv, harmlos sei und triumphierten über die Ansichten von Charcot, der noch immer behauptete, die *Hypnose sei eine Art Hysterie* (Araoz, 1982; Kroger, 1977).

Mit Hilfe der Schule von Nancy wurde die *Hypnotherapie* fest eingeführt, und viele beachtliche Wissenschaftler, wie Bramwell, Tuckey und Wingfield in England; Janet, Bérillon und Pitres in Frankreich; Moll, Dessoir und Voigt in Deutschland; Forel in der Schweiz; van Renterghem in Holland und Morsell in Italien, zeigten Interesse an der klinischen Anwendung der Hypnose. Später haben Heidenhain, Broca, Pawlow, Babinski, Krafft-Ebing sowie Prince und Sidis die Validität dieser neuen Methode anerkannt (siehe Kapitel II). In den nächsten 65 Jahren bildete sich eine *Neue Schule von Nancy* heraus (Araoz, 1982, 1985). Dabei wurden Liébeault und Bernheim als Gründer der ersten Schule von Nancy angesehen. Emile Coué (1857–1928) fungierte als *Brücke zwischen der alten und der neuen Schule von Nancy*, während Charles Baudouin als deren bekanntester Exponent angesehen wurde (Araoz, 1985).

12.11 Emile Coué (1857–1928) und Autosuggestion

Die Autosuggestion und Coué wurden bereits beiläufig erwähnt. Für die spätere Entwicklung des *Autogenen Trainings* (Johannes-Heinrich Schultz, 1884–1970) sind die Arbeiten von Coué von grundlegender Bedeutung gewesen. Er entwickelte als erster die Lehre von der *Autosuggestion*, da auch er bereits am Beginn erkannte, daß die Hypnose im Grunde eine *Selbst-Hypnose* ist (Tepperwein, 1977). Der Hypnotiseur erzeuge im Hypnotisanden eine mehr oder weniger starke *Vorstellung der beabsichtigten Wirkung*. Der Patient/Proband verwirkliche diese dann in Form von *Selbsthypnose*. Coué betonte, *«nicht der Wille ist der Antrieb unseres Handelns, sondern die Vorstellung»*. Daraus wurde gefolgert, *daß sich jeder Mensch selber hypnotisieren könne*. Demzufolge könne sich auch der Patient durch seine Selbstsuggestion selber heilen. *«Lernen Sie, sich selbst zu heilen, Sie können es; ich selbst habe nie jemanden geheilt. In Ihnen liegt die Möglichkeit. Rufen Sie Ihren Geist zu Hilfe, lassen Sie ihn Ihrem körperlichen und seelischen Wohl dienlich sein. Er wird da sein. Er wird Sie heilen, Sie werden stark und glücklich sein»* (Emile Coué). Coué veranlaßte seine Patienten, sich morgens und mittags je zwanzigmal den Satz einzureden: *«Mir geht es von Tag zu Tag in jeder Hinsicht immer besser und besser»* (Dogs, 1967) (siehe weiter Kapitel XVIII und XIX).

12.12 Pierre Janet (1859–1947) und die Psychologie der Hypnose

Pierre Janet (1925) war zu Beginn der Auseinandersetzung zwischen der Pariser und der Nancyer Schule gegen die Hypnose eingestellt. Später änderte er seine Meinung und griff intensiv ein. In bezug auf den Streit zwischen Paris und Nancy ergriff Janet auf dem ersten wissenschaftlichen *Kongreß für Hypnotismus im Jahre 1889* nach dem Bericht von Bernheim das Wort und sagte: «Ich stelle mich nicht auf den ausschließlich psychologischen Standpunkt, und glaube, daß sogar auf diesem Gebiet Bernheim gefährliche Ansichten geäußert hat, die zur Unterdrückung jeder Art von Determinismus führen würden; ich meinerseits zögere nicht zu behaupten, daß diese Interpretationen ebenfalls antipsychologisch sind, *denn die Psychologie hat ebenso wie die Physiologie Gesetze*, welche die Suggestion nicht beliebig drehen und wenden kann.» (Chertok, 1973). Und darin liegt die Bedeutung Janets, daß er sowohl der Hypnose als auch der Psychologie das nötige Fundament legte.

12.13 Iwan Petrowitsch Pawlow (1849–1936) und bedingte Reflexe

Mit seinen Experimenten hat Pawlow auch auf die Meinungen in bezug auf die Hypnose eingewirkt. Von entscheidender Bedeutung ist der Befund Pawlows, daß *Hypnose und Suggestion ganz normale Lebensvorgänge sind.* Damit ist der Streit zwischen den Ansichten über *abnorme Erscheinungen*, wie bei Hysterien, vertreten durch Charcot, über die *Einwirkungen physikalischer Reize*, vertreten durch Dumontpallier (1889) und Nikolajew (1927), und den Reizen *psycho-physiologischer Natur*, vertreten durch Faria, Braid, Coué, Liébeault und Bernheim, entschieden. Die *Monotonie* allein, ein physikalischer Faktor, *würde nach Pawlow den Schlaf begünstigen, jedoch keine Hypnose auslösen.* Die Suggestion führt zur Hypnose; zum Schlaf erst dann, wenn dieser ausdrücklich suggeriert wird (Kapitel IX).

12.14 Josef Breuer (1842–1925) und Anna O. (1859–1936)

Josef Breuer (1842–1925) wurde als Sohn eines jüdischen Religionslehrers in Wien geboren. Schon früh entschloß er sich, Arzt zu werden und begann seine medizinischen Studien mit 16 Jahren. Am Beginn seiner Laufbahn befaßte er sich unter anderem mit der *Physiologie der Atmung* und der *Gleichgewichtsregulation.* Im Jahre 1867 wurde er Assistent in einer der Wiener Universitätskliniken. 1871 eröffnete er in Wien eine Praxis für *Allgemeinmedizin.* Später lehrte er als Privatdozent an der Wiener Universität und verfolgte nebenher seine Forschungsarbeit. In der Klinik kam Breuer mit *Hypnosetherapie* in Berührung. *Nach einer ersten Ablehnung und Diskussion mit Kollegen kam Breuer zu der Überzeugung, daß an der Hypnose für die Psychotherapie etwas Positives zu finden sei und entschied sich deshalb, diese anzuwenden.*

Die erste Gelegenheit ergab sich, als eine gewisse Bertha Pappenheim, alias Anna O. (1859–1936) erkrankte und Breuer als Arzt gerufen wurde. *Zum ersten Male in der Geschichte wurde eine Psychoanalyse mit Hilfe von Hypnose (Hypnoanalyse)* (Kapitel X.8.4) *voll durchgeführt, die unter anderem als Grundlage für die Entwicklung der klassischen Psychoanalyse* von Sigmund Freud (1856–1939) *genommen wurde.*
Die Behandlung der Anna O. dauerte 20 Monate und endete am 7. Juni 1882 (siehe dazu Kapitel X.8.4.2). Fünf Monate nach dem Ende der *Hypnotherapie (Redekur)* berichtete Breuer dem 14 Jahre jüngeren Sigmund Freud über diesen Fall. *Freud erwog sofort die Möglichkeit, diese Krankheitsgeschichte zu verallgemeinern.* Im Jahre 1895 erschien das berühmte Standardwerk *Studien über Hysterie* von Breuer und Freud, das bis heute die Wissenschaft bewegt. Die Entdeckung Breuers weckte das Interesse von Wissenschaftlern und Ärzten so gewaltig, daß in seiner Region (Österreich, Deutschland), aber auch in anderen Ländern (Frankreich) die Hypnose nach 1890 aufblühte (Kapitel II und unten). Die bekanntesten unter den Verfechtern der wissenschaftlichen Hypnose waren der bereits erwähnte Pierre Janet (1925) in Frankreich, J. Milne Bramwell (1903) in Großbritannien, Morton Prince (1921, 1929) und Boris Sidis (1902, 1914) in den USA. Rivers, Read, Southard, Ames, Hall, Salmon, Pawlow, Münsterberg, McDougall (1926), Brooks (1922), Baudouin (1920) und Yellowlees (1923) waren unter denen, die die Hypnose fortsetzten. Wolberg (1948a) gibt über diese Zeit eine wertvolle Übersicht (siehe auch Alexander und Selesnick, 1966; Ellenberger, 1970, 1973; Hirschmüller, 1978; Jones, 1960, 1962a, b; Jovanović, 1989, 1990; MacMillan, 1977).

12.15 Deutsche Schule der wissenschaftlichen Hypnose

Die Leistungen der deutschen Schule der wissenschaftlichen Hypnose gehen aus dem bereits Gesagten hervor. Die wichtigsten Werke in deutscher Sprache erwähnten wir in Kapitel II.2 (siehe dazu Hollender, 1987).

12.16 Hypnose und Hypnotherapie um die Wende des 20. Jahrhunderts (Schema 7)

Einiges ist zu dieser Zeitspanne eben gesagt worden. Hier noch einige Ergänzungen. Das Verhalten Freuds gegenüber der Hypnose, sein inzwischen gewachsenes Ansehen und die Zustände *vor dem Ersten Weltkrieg* haben der Hypnose sehr geschadet. Nach den «goldenen Jahren» am Ende des 19. Jahrhunderts kamen in bezug auf Hypnose und Hypnotherapie die «mageren Jahre» am Beginn des 20. Jahrhunderts. Da die *Psychoanalyse* in der Entwicklung war und den Enthusiasmus auf sich zog, blieb das Feld der Hypnose und Hypnotherapie leer. Das von den Wissenschaftlern geräumte Feld wurde von Scharlatanen und Jahrmarkthypnotiseuren erobert. Die Hypnose wurde wieder den Quacksalbern überlassen.
Nach dem Ersten Weltkrieg und auch später änderte sich die Situation zugunsten der wissenschaftlichen Hypnose. Viele *Kriegsopfer* mit funktionellen Kontrakturen, mit paralytischen und amnestischen Schwierigkeiten, mit zahlreichen anderen Beschwerden, die durch den Krieg verursacht worden waren, erforderten wegen des Mangels an Psychiatern und Psychoanalytikern *eine relativ kurze Behandlungsdauer. Die Hypnotherapie wurde wieder zunehmend angewandt, und zwar sowohl bei der Symptombekämpfung als auch bei der Aufdeckung von verdrängten traumatischen Erlebnissen.* Ausgezeichnete Beschreibungen dieses historischen Teils findet man bei Brown (1934), Hadfield (1920), Thom (1920), Wingfield (1920) und Wolberg (1948a, b) (siehe dazu Kapitel X.8.4).

Erfolge in der Behandlung der Kriegsneurosen brachten eine neue Welle des Enthusiasmus für die Hypnotherapie, die bis zum heutigen Tage angehalten hat. Die Mißerfolge lagen dabei mehr an der noch unbekannten Methode und der Unerfahrenheit der Hypnotherapeuten. In den ersten Jahren nach dem Ersten Weltkrieg war in bezug auf den Wert der Hypnose noch eine Unsicherheit vorhanden. Die Literatur befaßte sich mit vielen Behandlungen und Heilungen von funktionellen, aber auch organischen Beschwerden durch die Hypnotherapie (Kapitel X.8). *Von Konversionsneurosen, über viele andere funktionelle Erkrankungen, bis zur Schizophrenie und haemorrhagischen Diathesen, wurde die Hypnose mit kleinerem oder größerem Erfolg angewandt* (Wolberg, 1948 a, b). Mit wenigen Ausnahmen handelte es sich dabei jedoch um *Symptombekämpfung* (Kapitel X.8.2). Bald darauf sah man endgültig ein, *daß der Kern der affektiven Erkrankungen nicht durch die Suggestion angegriffen wird.* Aber auch das sollte nicht bedeuten, daß einige behandelte Symptome nicht permanent beseitigt bleiben. Wells (1944) konnte z.B. über die Heilung bei einem Hysteriker mit Kopfschmerzen, Kontrakturen, Lähmungen, Sensibilitätsstörungen, Somnambulismus und Fugues *nur durch die Beseitigung der Symptome* berichten. Der Patient blieb nach einigen Hypnosesitzungen 14 Jahre lang symptomfrei.

Die Behandlung durch Suggestion führte gelegentlich auch zu Mißerfolgen. Man fragte sich daraufhin, ob eine andere Methode als die der direkten Symptombeseitigung nicht besser wäre. Die Methode, die Du Bois (1909, 1911) vertrat, brachte bei vielen Ärzten gute Erfolge, indem man bei Patienten eine *persuative Technik* (siehe Kapitel X.8.3.2.3) anwandte und somit ihr Vertrauen gewann. Die Dynamik des *procedere* dieser Methode wurde erst von Hollander (1928) eingehend beschrieben, der berichtete, daß *die persuative Suggestion bis zum Speicher der psychischen Erlebnisse vordringt und die Persönlichkeit rekonstruiert, indem das Unbewußte beeinflußt wird.* Auf diese Weise wurde der Weg für die heutige Hypnotherapie erweitert und geebnet. Diese Ära endet mit Clark Hull (1929, 1933) (siehe auch Brenman und Gill, 1947; LeCron und Bordeaux, 1947).

12.17 Johannes Heinrich Schultz (1884–1970) und Autogenes Training

Die Geschichte der Hypnose und Hypnotherapie kann nicht ohne den Rückblick auf die Entwicklung des *Autogenen Trainings (AT)* abgeschlossen werden. Das AT ist nach einer jahrelangen Praxis und der wissenschaftlichen Arbeit von Johannes Heinrich Schultz (1884–1970), einem *Altmeister der ärztlichen Hypnose* (Lohmann, 1983), entwickelt worden. Der Psychotherapeut im deutschsprachigen Raum im 20. Jahrhundert und unermüdliche Streiter für eine *Psychologisierung des Arztes*, J.H. Schultz, sei bis zuletzt von erstaunlicher Vitalität und geistiger Frische gewesen und habe so ein aufmunterndes Beispiel für die gesunderhaltende Wirkung des von ihm aus der Hypnose heraus entwickelten *Autogenen Trainings* gegeben. J.H. Schultz habe immer wieder mit Nachdruck auf die zunehmende Bedeutung der Psychotherapie im ärztlichen Bereich hingewiesen. Er habe dabei die von ihm so benannte *aktiv-klinische, organische Psychotherapie* besonders hervorgehoben, zu der er unter anderem *die Hypnose, die Selbsthypnose, Autogenes Training (Unterstufe) und die praktische Menschenführung (Psychogogik)* rechnete (siehe Kapitel XVIII). Sie kommen vor allem für den außerhalb der Psychiatrie und Psychotherapie tätigen Allgemeinpraktiker und Arzt in Frage. Sie können *dem Menschen in Not* bei richtiger Indikation gute Hilfe leisten. Mit J.H. Schultz und Dietrich Langen (siehe Kapitel IX) endet die klassische medizinische Hypnose deutscher Zunge.

12.18 Milton H. Erickson (1901–1980) und die Erneuerung der Hypnose

Milton H. Erickson war historisch gesehen vorerst einer der letzten weltbekannten Meister der *therapeutischen Hypnose (Hypnotherapie)*. Er habe – wegen einer Kinderlähmung an den Rollstuhl gefesselt und sprachlich disarthrisch behindert – über 150 wissenschaftliche Arbeiten publiziert und über zehn Bücher geschrieben oder sich daran beteiligt. In seinem ganzen Leben habe er über 30 000 Menschen hypnotisiert (Lankton und Lankton, 1983). Er gründete die *Amerikanische Gesellschaft für Klinische Hypnose*, war auch zwischen 1958 und 1968 der Herausgeber des *American Journal of Clinical Hypnosis*. Viele Hypnose-Techniken – insbesondere die *indirekten Methoden* – hat er entwickelt oder weitergegeben. Einige seiner Werke haben wir bereits erwähnt (Kapitel II.3.5.13). In Kapitel XII werden wir ihm, mit Darstellung und Interpretation einiger seiner Methoden und Ansichten, unsere Referenz erweisen.

12.19 Die goldene Ära der Hypnotic Susceptibility Scales (Schema 7)

Bereits in den 50er Jahren begann eine *neue goldene Ära der Hypnoseforschung*, die in den 60er Jahren voll entflammte (Schema 7) und jetzt an der *Entwicklung und Standardisierung von Meßskalen der Hypnotisierbarkeit* arbeitete (siehe dazu Kapitel XIV.4). Diese Ära leitet die *aktuelle Hypnoseforschung* ein (siehe auch Kapitel II).

13. Versuch einer Synopsis und Schlußbetrachtung (Schema 7)

(1) Zur Hypnose im Spiegel der Zeit sind, in absoluten Zahlen ausgedrückt, *369 Literaturstellen* bearbeitet worden. Die Bibliographie verdoppelt oder vervielfacht sich zum Teil wegen der *Übersetzungen und Neuauflagen*. Unter der Berücksichtigung der Verdoppelungen und mehrfachen Erscheinungen sind *433 Publikationen* erfaßt worden.

(2) Insgesamt gesehen kann *die Entwicklung der Hypnose im Spiegel der Zeit* (geschichtlich gesehen) in *Etappen und Epochen* eingeteilt werden (Schema 7):
(a) Die *vorwissenschaftlichen Epochen* erstrecken sich von der *prähistorischen* (seit Menschengedenken) (Urmedizin, archaische Psychomedizin) über die *prähellenistische* (mit magisch-mystischen Überresten, aber auch dem Übergang zur Schulmedizin), *hellenistische* (Tempelschlaf, suggestive Therapie außerhalb von Tempeln), *byzantinisch-römische* (mit dem Einfluß von Galen), *mittelalterliche* (Übergang zur Mönchsmedizin, Mönchsmedizin und Magie), *frühneuzeitliche* (nach der Scholastik und mit Wirkung von Paracelsus) *Epoche* und tradieren – allen anderen Wissenschaften zum Trotz – *fast bis zum Ende des 18. Jahrhunderts*, d.h. bis zum Erscheinen von Franz Anton Mesmer (1734–1815).
(b) *Die wissenschaftlichen Epochen/Etappen* können dann in *fünf* Abschnitte oder *Intervalle* eingeteilt werden: (ba) Die Zeit Mesmers, des Mesmerismus und frühen Magnetismus (1766–1784). Zu dieser Zeit ging man *vom mineralischen zum animalischen Magnetismus und Rapport* über (in den Jahren 1775 und 1776). (bb) Die *Ära des artifiziellen Somnambulismus* veränderte die Auffassung vom animalischen Magnetismus und erwirkte den Beginn der wissenschaftlichen Hypnose, *mit Überlappungen mit dem späten Mesmerismus*

und Neomagnetismus. Diese Ära endete mit dem ersten Hypnose-Kongreß in Paris 1889. (bc) Danach kam es zu einem gewaltigen Aufschwung der Hypnoseforschung und zu den *ersten* «goldenen Jahren der Hypnose», die bis zum Beginn des 20. Jahrhunderts und darüber hinaus andauerten. (bd) Mit einer leichten Flaute während des Ersten Weltkrieges beginnt ein neuer Aufschwung der Publikationen mit Clark Hull (1929, 1933) und setzt sich bis zum Jahre 1959 fort. (be) *Die Ära der aktuellen wissenschaftlichen Hypnoseforschung beginnt dann mit dem Jahr 1959* (die *zweiten* «goldenen Jahre der Hypnose») und umfaßt die Entwicklung der Hypnotisierbarkeits-Skalen mit einer Kumulation nach 1960 bis heute (Epoch of the Susceptibility Scales).

(3) *Der Mesmerismus hat nicht nur eine entscheidende Wende in der wissenschaftlichen Hypnose, sondern auch den Beginn der Tiefenpsychologie und der Psychoanalyse induziert.* Weiterhin hat er eine Reihe *von philosophischen und naturwissenschaftlichen Anschauungen entscheidend verändert.*

14. Bibliographie

Ackerknecht, E.: Mesmerism in Primitive Societies. In: *Ciba-Symposia*, (1948), *9:* 826–831.

Ackerknecht, E.: *Kurze Geschichte der Medizin.* Stuttgart, 1959.

Alexander, F. G., and Selesnick, S. T.: *The History of Psychiatry – An Evaluation of Psychiatric Thought and Practice from Prehistoric Times to the Present.* Harper & Row, New York, NY., 1966.

Allbutt, T. C.: *Greek Medicine in Rome.* Macmillan, London, 1921.

Ames, N.: In: Wolberg, L. R.: *Medical Hypnosis, Vol. I. – The principles of Hypnotherapy.* Grune & Stratton, New York, NY., 1948, 12.

Ampère, A(ndrè) M(arie) (1775–1836): Zitiert in: Lichtenthaeler, C.: *Geschichte der Medizin.* Deutscher Ärzte-Verlag, Köln–Lövenich, 1982, S. 501.

Amundsen, D. W.: The Liability of the Physician in Classical Greek Legal Theory and Practice. *Hist. Med. Allied Sci.*, (1977), *32:* 172–203.

Araoz, D. L.: *Hypnosis and Sex Therapy.* Brunner/Mazel, New York, NY., 1982.

Araoz, D. L.: The New Hypnosis. Brunner/Mazel, New York, N.Y., 1985.

Artelt, W.: Der Mesmerismus im deutschen Geistesleben. In: *Gesnerus*, (1951), *84:* 4–14.

Artelt, W.: Der Mesmerismus in Berlin. (Akademie der Wissenschaften und der Literatur in Mainz, Abh. d. geisteswiss. u. sozialwiss. Klasse, Nr. 6), Wiesbaden, 1965.

Azouvi, F(rancois): L'Historicité du Mesmérisme. In: Schott, H. (Ed.): *Franz Anton Mesmer und die Geschichte des Mesmerismus.* Franz Steiner, Wiesbaden–Stuttgart, 1985.

Baader, G.: Zur Terminologie des Constatinus Africanus. *Med. Hist. J.* 2. (1967), *1:* 36–53.

Baader, G.: Die Anfänge der medizinischen Ausbildung im Abendland bis 1100. Settimane di studio del Centro italiano di studi sullälto medioevo, XIX 669–742, Spoleto, 1972.

Bacon, F(rancis) (1561–1626): Novum Organon. Zitiert in: Lichtenthaeler, C.: *Geschichte der Medizin.* Deutscher Ärzte-Verlag, Köln–Lövenich, 1982, S. 186.

Bailly (Jean-Sylvain): Zitiert in: Hansmann, M.: Mesmer in Wien. In: Schott, H. (Ed.): *Franz Anton Mesmer und die Geschichte des Mesmerismus.* Franz Steiner, Wiesbaden–Stuttgart, 1985, S. 66.

Barrucand, D.: *Histoire de l'hypnose en France.* (Die Geschichte der Hypnose in Frankreich). Presses Universitaires de France, Paris, 1967.

Baudouin, Ch.: *Suggestion and Autosuggestion.* Allen & Unwin, London, 1920, Sibyllen-Verlag, Dresden, 1924, 1925.

Bauer, E(berhard): Mesmerismus, Spiritismus und die Anfänge der «Physical Research» – Zur Rezeption des Mesmerismus in der parapsychologischen Forschung. In: Schott, H., (Ed.): *Franz Anton Mesmer und die Geschichte des Mesmerismus.* Franz Steiner, Wiesbaden–Stuttgart, 1985.

Behr, C. A. (Trans.): *Aelius Aristides and the Sacred Tales.* Hakkert, Amsterdam, 1968.

Behring, A(dolf) (E(mil) von: In: Schmitz, K.: *Was ist, was kann, was nützt Hypnose.* Kindler, München, 1951.

Benedikt, M(oriz) (1880): Über Katalepsie und Mesmerismus. *Wiener Klinik*, (1880), *6*: 73–92.

Benz, E.: *Franz Anton Mesmer (1734–1815) und seine Ausstrahlung in Europa und Amerika*. München, 1976.

Benz, E.: *F.A. Mesmer und die philosophischen Grundlagen des «animalischen Magnetismus»*. Akad. der Wissenschaften u. Literatur, Mainz–Wiesbaden, 1977.

Berkey, B.R., & Roberts, L.M.: Current Status of Franz Anton Mesmer. In: *Psychiat. Quart., Suppl.*, (1966), *40*: 91–90.

Bernard, C(laude) (1813–1878): In: Rothschuh, K.E.: *Entwicklungsgeschichte physiologischer Probleme in Tabellenform*. Urban & Schwarzenberg, München–Berlin, 1952.

Bernheim, H.: De la suggestion dans l'état hypnotique et dans l'état de veille. Doin, Paris, 1884.

Bernheim, H.: *Suggestive Therapeutics – A Treatise on the Nature and Uses of Hypnosis*. G.P. Putnam's & Sons, New York, NY., 1889.

Bertsche, K.J.: *Das Problem in F.A. Mesmers medizinischer Doktordissertation «De planetarium influxu»*. Inaug. Diss., Freiburg i. Br., 1942.

Binet, A., and Féré, C.: *Animal Magnetism*. Appleton, New York, NY., 1888.

Bishop, W.J., & Poynter, F.N.L.: The Harveian Orations, 1656–1847, A Study in Tradition. *Brit. Med. J.*, (1947), *2*: 622–626.

Bittel, K.: *Der berühmte Herr Doktor Mesmer 1734–1815. Auf seinen Spuren am Bodensee*. Überlingen 1939, Friedrichshafen, 1940.

Blankenburg, M.: Der «thierische Magnetismus» in Deutschland. Nachrichten aus dem Zwischenreich. In: Darnton, R.: *Mesmerism at the End of the Enlightenment in France*. Harvard Univ. Press, Cambridge, Mass., 1968; New York, 1970; Dt. Frankfurt a.M., 1983.

Blankenburg, M.: F.A. Mesmer – Aufklärer und Citoyen. In: Schott, H. (Ed.): *Franz Anton Mesmer und die Geschichte des Mesmerismus*. Franz Steiner, Wiesbaden–Stuttgart, 1985, S. 68–88.

Bloch, G.J.: *Mesmerism – A Translation of the Original Medical and Scientific Writings of F.A. Mesmer*. W. Kaufmann, Los Altos, Calif., 1980.

Bois-Reymond, E. du: *Untersuchungen über tierische Elektrizität*. 1848.

Braid, J.: Neurypnology, or the Rationale of Nervous Sleep – Considered in Relation with Animal Magnetism. London–Edinburgh, 1843.

Braid, J(ames): Die Macht des Geistes über den Körper. Eine experimentelle Untersuchung (1846). In: *James Braid – Der Hypnotismus. Ausgewählte Schriften*. Hrsg. v. W. Preyer. Praetel, Berlin, 1882.

Bramwell, J. M(ilne) (1852–1925): *Hypnotism – Its History, Practice and Theory*. (3rd ed.) Rider and Co., London, 1903.

Bramwell, J.M.: *Hypnotism. Its History, Practice and Theory*. Moring, London, 1906, 1909.

Brandis, J.D.: *Über psychische Heilmittel und Magnetismus*. Kopenhagen, 1818.

Breger, L., Hunter, I., and Lane, R.W.: *The Effect of Stress on Dreams*. International Universities Press, New York, NY., 1971.

Brenman, M., and Gill, M.H.: *Hypnotherapy – A Survey of the Literatur*. Int. Univ. Press, New York, NY., 1947.

Bromberg, W.: *Man Above Humanity*. Lippincott, Philadelphia, 1954.

Bromberg, W.: *The Mind of Man – A History of Psychotherapy and Psychoanalysis*. Harper & Brothers, New York, NY., 1959.

Brooks, C.H.: *The Practice of Autosuggestion by the Method of Emile Coué*. Dodd Mead, New York, NY., 1922.

Brown, W.: *Psychology and Psychotherapy*. Wm. Wood, Baltimore, 1934.

Buck, A.: Der Renaissance-Humanismus und die Wissenschaften. *Zschr. Pädagogik 1* (1955), *4*: 215–229.

Buranelli, V.: *The Wizard from Vienna, Franz Anton Mesmer*. New York, NY., 1975.

Carlson, E.T.: Charles Doyen Mesmerism to America. In: *J. Hist. Med.* (1960), *15*: 121–132.

Carnot, S(adi) (1796–1832): Zitiert in: Lichtenthaeler, C.: *Geschichte der Medizin*. Deutscher Ärzte-Verlag, Köln–Lövenich, 1982, S. 501.

Carus, C(arl) G(ustav): *Über Lebensmagnetismus und über magische Wirkungen überhaupt* (1857). Unver. hrsg. u. eingel. v. Christoph Bernoulli. Schwabe, Basel, 1925.

Carus, C(arl) G(ustav) (1846): *Psyche. Zur Entwicklungsgeschichte der Seele*. Reprint nach der 2. verb. u. verm. Aufl., Pforzheim, 1860. Mit e. Vorw. v. Friedrich Arnold. Wiss. Buchgesellschaft, Darmstadt, 1975.

Charcot, J.M.: 1882 s. Kapitel IX.

Charcot, J. M.: The Faith-Cure. *New Rev.*, (1893), *8:* 18–31.
Chateaubriand, F. R.: *Memorias de Alem Tumule.* Paris, 1843.
Chertok, L.: *Hypnose – Theorie, Praxis und Technik eines psychotherapeutischen Verfahrens.* Kindler, München, 1973.
Chertok, L.: The Unconscious and Hypnosis. *Intern. J. Clin. Exp. Hypnosis,* (1982), *30:* 95–107.
Chertok, L., und De Saussure, R.: *De Mesmer à Freud.* Payot, Paris, 1973.
Chertok, L., und De Saussure, R.: *The Therapeutic Revolution – From Mesmer to Freud.* (R. H. Ahrenfeldt, Trans.). Brunner/Mazel, New York, NY., 1979.
Conn, J. H.: Historical Aspects of Scientific Hypnosis. *Intern. J. Clin. Exp. Hypnosis,* (1957), *5:* 17–24.
Coué, Emile: How to Practice Suggestion and Auto-Suggestion. American Library Service, 1923.
Coué, E(mile) (1857–1928): *Die Selbstbemeisterung durch bewußte Autosuggestion.* Schwabe, Basel, 1966.
Cutten, G. B.: *Three Thousand Years of Mental Healing.* Scribner, New York, NY., 1911.
Dalgado, D. G.: *Memoire sur la vie de L'Abbé de Faria.* Henri Jouve, Editeur, Paris, 1906.
Darnton, R.: *Mesmerism at the End of the Enlightenment in France.* Harvard Univ. Press, Cambridge, Mass., 1968, New York, 1970, dt. Frankfurt a. M., 1983.
Delboeuf, J. P. F.: *Le magnetisme animal;* a propos d'une visite a l'ecole Nancy. Germer-Bailliere, Paris, 1889.
Descartes, R(ené): *Tractat von den Leidenschaften der Seele.* Deutsch von Tilesius, Franckfurt, 1723.
Dessoir, M(ax) (1867–1947): *Bibliographie des modernen Hypnotismus.* Dunker, Berlin, 1888 und 1890 (I. Nachtrag).
Deutsch, A.: *The Mentally Ill in America – A History of their Care and Treatment from Colonial Times.* Columbia Univer. Press, New York, 1946.
Dogs, W.: *Die ärztliche Hypnose.* Walter Braun, Duisburg, 1967.
Du Bois, P.: *The Psychic Treatment of Nervous Disorders.* Funk & Wagnalls, New York, NY., 1909.
Du Bois, P.: *Education of Self.* Funk & Wagnalls, New York, NY., 1911.
Dumontpallier (1889): Zitiert in: Chertok, L.: *Hypnose – Theorie, Praxis und Technik eines psychotherapeutischen Verfahrens.* Kindler, München, 1973, S. 25.
Ebers, G(eorg) M(oriz) (1837–1898): Zitiert in: Thorwald, J.: *Macht und Geheimnis der frühen Ärzte.* Droemer Knaur, München, 1985 (in Zusammenhang mit dem Papyrus Ebers, 1937).
Edelstein, L.: The Relation of Ancient Philosophy to Medicine. *Bull. Hist. Med.,* (1952), *26:* 299–316.
Edelstein, L.: *Ancient Medicine. Selected Papers of L. Edelstein.* The Johns Hopkins Press, Baltimore, 1967.
Edelstein, E. J., and Edelstein, L.: *Asclepius – A Collection and Interpretation of the Testimonies. 2. Vols.* Johns Hopkins, Baltimore, 1945.
Eis, G.: Irrealer Magnetismus in der vorromantischen Fachliteratur, 1964. In: Eis, G.: *Vor und Nach Paracelsus.* Stuttgart, 1965, S. 168–175.
Eliade, M.: The Occult and the Modern World. In: *Occultism, Witchcraft and Cultural Fashions.* Chicago, 1976.
Ellenberger, H. F.: Mesmer and Puységur – From Magnetism to Hypnotism. In: *Psychoanal. Rev.* (1965), *52:* 137–153.
Ellenberger, H. F.: *The Discovery of the Unconscious. The History and Evolution of Dynamic Psychiatry,* New York, 1970 (Deutsche Auflage: Entdeckung des Unbewußten, Huber, Bern, 1973).
Elliotson, J(ohn) (1791–1868): In: Schneck, J. M.: John Elliotson, William Makepeace Thackeray, and Doctor Goodenough. *Intern. J. Clin. Exp. Hypnosis,* (1963), *11:* 122–130.
Engelhardt, D(ietrich) v.: Bibliographie der Sekundärliteratur zur romantischen Naturforschung und Medizin 1950–1975. In: Brinkmann, R. (Ed.): *Romantik in Deutschland.* Stuttgart, 1978, S. 307–330.
Engelhardt, D. v.: Il romanticismo e le scienze della natura. In: Cardinale, U. (Ed.): *Problemi del Romanticismo.* Bd. 1. Milano, 1983, p. 119–134.
Engelhardt, D. v.: Mesmer in der Naturforschung und Medizin der Romantik. In: Schott, H. (Ed.): *Franz Anton Mesmer und die Geschichte des Mesmerismus.* Franz Steiner, Wiesbaden–Stuttgart, 1985, 88–107.
Ennemoser, J.: Historisch-psychologische Untersuchungen über den Ursprung und das Wesen der menschlichen Seele überhaupt, und über die Beseelung des Kindes insbesondere. Büschler, Bonn, 1824.
Ennemoser, J.: Anleitung zur Mesmerischen Praxis. J. G. Cotta, Stuttgart–Tübingen, 1852.

Erickson, M(ilton) H.: Self-Exploration in the Hypnotic State. *Intern. J. Clin. Exp. Hypnosis*, (1955), *3:* 49–57.

Erman, W.: Der tierische Magnetismus in Preußen vor und nach den Freiheitskriegen, In: *Beiheft 4 der Historischen Zeitschrift*, München u. Berlin, 1925.

Eschenmayer, A.C.A. v.: *Psychologie*. Stuttgart u. Tübingen, 1816.

Esdaile, J(ames) (1808–1859): *Mesmerism in India and Its Practical Application in Surgery and Medicine*. Silas Andrus and Son, Hartford, 1851 (Reproduced by Tinterow, 1970). Und: *Hypnosis in Medicine and Surgery*. Julian Press, New York, NY., 1957.

Faria, Abbé, de: De la cause du sommeil lucide ou étude de la nature de l'homme. Henri Jouve, Paris, 1819, 1906.

Faria, J(ose) Custodio de, 1813, 1814, 1843. In: Sharma, S.: L'Abbe de Faria – His Life and Contribution. In: Burrows, G.D., Collison, D(avid) R., Dennerstein, L. (Eds.): *Hypnosis 1979*. Elsevier/ North Holland Biomedical Press, Amsterdam–New York–Oxford, 1979: 149–156.

Feldt, H.: Vorstellungen von physikalischer und psychischer Energie zur Zeit Mesmers. In: Schott, H. (Ed.): *Franz Anton Mesmer und die Geschichte des Mesmerismus*. Franz Steiner, Wiesbaden–Stuttgart, 1985, S. 31–44.

Ferenczi, S(andor): *Bausteine zur Psychoanalyse*. Bd. I–IV. (1927–1938), Neuauflage 1984. Huber, Bern–Stuttgart–Wien, 1984.

Feuerbach, L(udwig) A(ndreas): geboren in Landshut am 28. Juli 1804; gestorben in Rechenberg (bei Nürnberg am 13. Sept. 1872).

Fichtner, G.: Vorstellungen über die Wirkung der Bluttransfusion im 17. Jh. *Sudhoffs Arch.* (1970), *54:* 20–29.

Fiss, H.: Current Dream Research – A Psychobiological Perspective. In: Wolman, B.B., Ullman, M., and Webb, W.B. (Eds.): *Handbook of Dreams – Research, Theories and Applications*. Van Nostrand Reinhold, New York, NY., 1979.

Fludd, R(obert) (1574–1637): *Philosophia mosaica*. Goudae, 1638.

Forel, A(ugust(e)) (1848–1931): *Der Hypnotismus oder die Suggestion und die Psychotherapie. Ihre psychologische, psychophysiologische und medizinische Bedeutung mit Einschluß der Psychoanalyse sowie der Telepathiefrage*. 1.–12. Aufl., Enke, Stuttgart, 1889–1923.

Fracastoro, G(irolamo) (1476–1553): Zitiert in: Lichtenthaeler, C.: *Geschichte der Medizin*. Deutscher Ärzte-Verlag, Köln–Lövenich, 1982, S. 458.

Frank, J.D.: *Persuasion and Healing – A Comparative Study of Psychotherapy*. (Rev. ed.) Johns Hopkins, Baltimore, 1973.

Franklin, B.: *The Life of Benjamin Franklin, written by himself*. Now first edited from original manuscripts and from his printed correspondence and other writings, by John Bigelow (rev. 2nd ed.) Vol. III. Lippincott, Philadelphia, 1881.

Franklin, B., Majault, Le Roy, Sallin, Bailly, D'Arcet, De Borie, Guillotin, Lavoisier: *Rapport des commissaires charges de le roi, de l'examen du magnetisme animal*. Moutard, Paris, 1784.

Fresnel, A(ugustin) (1788–1827): Zitiert in: Lichtenthaeler, C.: *Geschichte der Medizin*. Deutscher Ärzte-Verlag, Köln–Lövenich, 1982, S. 501.

Freud, S.: Hypnose. In: Bum, A. (ed.): *Therapeutisches Lexikon für praktische Ärzte*. Urban & Schwarzenberg, Wien, 1891.

Freud, S. (1925): *An Autobiographical Study*. Hogarth, London, 1935.

Freud, S.: The Psychopathology of Everyday Life. In the Basic Writings of Sigmund Freud. *Modern Library*, New York, NY., 1938.

Freud, S.: Gesammelte Werke (18 Bände mit allen Zitaten). Fischer, Frankfurt/Main, 1966–1969 (umfaßt Jahrgänge zwischen 1891 und 1961 und später).

Friedländer, A.A.: *Die Hypnose und Hypnonarkose*. Enke, Stuttgart, 1920.

Fuller, R(obert): The American Mesmerists. In: Schott, H. (Ed.): *Franz Anton Mesmer und die Geschichte des Mesmerismus*. Franz Steiner, Wiesbaden–Stuttgart, 1985.

Galvani, L(uigi) (1791): Abhandlung über die Kräfte der Elektrizität bei Muskelbewegung. *Ostwalds Klassiker Nr.* 52, Leipzig, 1894.

Galvani, L(uigi): *Elektrische Theorie der Muskelkontraktion*. 1791.

Gasset, J. Ortega y: *Das Wesen geschichtlicher Krisen*. 2. Aufl. Deutsche Verlags-Anstalt, Stuttgart, 1951.

Gaßner, J.J.: *Weise, gesund und fromm zu leben, auch ruhig und gottselig zu sterben; oder Nützlicher Unterricht wider den Teufel zu streiten; durch Beantwortung der Fragen: I. Kann der Teufel dem*

Leibe der Menschen schaden?. II. Welchen am mehresten?. III. Wie ist zu helfen? 8. verb. Auflage und vermehrt von Herrn Verfasser selbsten. Augsburg, 1775.

Gay-Lussac: Zitiert in: Lichtenthaeler, C.: *Geschichte der Medizin.* Deutscher Ärzte-Verlag, Köln–Lövenich, 1982, 501.

Geyer-Kordesch, J.: Deutschsprachige Bücher aus Holland: Medizinische Kontroversen und ihr Publikum in Deutschland 1680–1730. In: van Lieburg, M.J., und Toellner, R. (Ed.): *Deutsch-Niederländische Beziehungen in der Medizin des 17. Jahrhunderts*, Amsterdam, 1982a.

Geyer-Kordesch, J.: Medical Bibliographies of the 18th century: Reflections on Medical Practice and Medical Education in Germany. In: Eckart, W., Geyer-Kordesch, J. (Ed.): *Heilberufe und Kranke im 17. und 18. Jahrhundert*, Die Quellen- und Forschungssituation, Münster, 1982b.

Geyer-Kordesch, J.: Die Nachtseite der Naturwissenschaft: Die Okkulte Vorgeschichte zu Franz Anton Mesmer. In: Schott, H. (Ed.): *Franz Anton Mesmer und die Geschichte des Mesmerismus.* Franz Steiner, Wiesbaden–Stuttgart, 1985a, S. 13–30.

Geyer-Kordesch, J.: The Cultural Habits of Illness: The Enlightened and the Pious in 18th Century Germany. In: Porter, R. (Ed.): *Patients Practitioners*, London, 1985b.

Geyer-Kordesch, J.: German Medical Education in the Eighteenth Century: the Prussian Context and Its Influence. In: Bynum, W.F. (Ed.): *William Hunter and Medicine in the 18th Century*, Cambridge, 1985c.

Gindes, B.C.: *New Concepts of Hypnosis.* Julian Press, New York, NY., 1951.

Gindes, B(ernard) C.: *New Concepts of Hypnosis.* Julian Press, New York, NY., 1977.

Gockelinus, E(berhard): *Tractatus polyhistoricus Magico-Medicus Curiosus.* Frankfurt und Leipzig, 1699.

Goethe, J(ohann) W(olfgang) v.: Goethe an Nees v. Esenbeck, 23.7.1820. In: *Goethes Briefe.* Bd. 33. Weimar, 1905, S. 124f.

Gordon, B(enjamin) L(ee): *Medicine throughout Antiquity.* Philadelphia, 1949.

Goldsmith, M.L.: *Franz Anton Mesmer. The History of an Idea.* London, 1934.

Gravitz, M.A.: Bibliographic Sources of Nineteenth Century Hypnosis Literature. In: *American Journal of Clinical Hypnosis*, (1981), *23:* 217–219.

Gravitz, M(elvin) A., and Gerton, M(anuel) I.: Hypnosis in the Historical Development of Psychotherapy. In: Wester, W.C., and Smith, A.H.: *Clinical Hypnosis – A Multidisciplinary Approach.* Lippincott, Philadelphia, 1984.

Greenson, R(alph) R.: Technik und Praxis der Psychoanalyse. Stuttgart, (1975), *1:* 71–162.

Guillain, G. (1955): *J.M. Charcot 1835–1893 – His Life, His Work*, Hoeber, 1959.

Guillotin, J(oseph) I.: Erwähnt im Bericht von Franklin, B., 1785 (siehe Franklin B. et al., 1785).

Hadfield, J.A.: *Functional Nerve Disease.* H. Frowde, London, 1920.

Hale, E.E., and Hale, E.E. Jr.: *Franklin in France.* From original documents, most of which are now published for the first time. Vol. II. Roberts Brothers, Boston, Mass., 1888.

Hall, J.A.: Zitiert in: Wolberg, L.R.: *Medical Hypnosis, Vol. I. – The Principles of Hypnotherapy.* Grune & Stratton, New York, NY., 1948, S. 12.

Hansmann, M.: *Die Psychologie Franz Anton Mesmer. Gestaltanalytische Untersuchungen der Lehre F.A. Mesmer und ihrer Entwicklungsphasen.* Inaug. Diss., Universität Graz, Juni 1957.

Hansmann, M.: Mesmer in Wien. In: Schott, H. (Ed.): *Franz Anton Mesmer und die Geschichte des Mesmerismus.* Franz Steiner, Wiesbaden–Stuttgart, 1985a.

Hansmann, M.: Persönliche Korrespondenz, 1985b.

Hartmann, F.: *The Life of Philippus Theophrastus Bombast of Hohenheim: Known by the Name of Paracelsus and the Substance of His Teachings.* Kegan Paul, Trench, Trubner, London, 1896.

Heischkel, E.: Das Wasser als Arzneimittel in der Romantischen Medizin. In: *Sudhoffs Archiv*, (1952), *36:* 119–149.

Heischkel-Artelt, E.: Mesmerismus und Arzneimittel. In: *Verhandlungen des 20. Internationalen Kongresses für Geschichte der Medizin*, Hildesheim, 1968, S. 625–628.

Herzog: *Hexe, Hexerei.* Leipzig, 1830.

Hilgard, E.R.: Vorwort in: Bloch, G.J.: *Mesmerism – A Translation of the Original Medical and Scientific Writings of F.A. Mesmer.* W. Kaufmann, Los Altos, Calif., 1980.

Hirschfeld, E.: Romantische Medizin. In: *Kyklos*, (1930), *3:* 1–89.

Hirschlaff, L.: *Hypnotismus und Suggestivtherapie.* 4. Aufl. Barth, Leipzig, 1928.

Hirschmüller, A(lbrecht): Physiologie und Psychoanalyse in Leben und Werk Josef Breuers (Jahrbuch der Psychoanalyse, Beiheft 4). Huber, Bern–Stuttgart–Wien, 1978.

Hollander, B.: *Methods and Uses of Hypnosis and Self-Hypnosis.* Allen & Unwin, London, 1928.

Hollender, M.H.: The Albert Moll Hypnosis Collection. *Intern. J. Clin. Hypnosis*, (1987), *35*: 1–7.

Huch, R(icarda): *Gesammelte Werke.* Bd. 6. Kiepenheuer & Witsch, Köln, 1969.

Hufeland, Chr. W.: Vorbemerkung zu Zugenbühler, Nachricht von Mesmers jetzigem Leben und Aufenthalt. *Journal der praktischen Heilkunde* (1809), *4* St., S. 122–123.

Hufeland, F(riedrich): *Über Sympathie.* Weimar, 1811.

Hull, C.L.: 1933. Siehe Kapitel II und IX für 1929.

Hunt, R.: John Elliotson (1791–1868). In: *Dictionary of National Biography. Vol. 6.* Oxford Univer. Press, London, 1922.

Janet, P.: *Psychological Healing.* Macmillan, New York, NY., 1925.

Jantsch, M(arlene): Das Leben der Maria Theresia Paradis und seine Bedeutung für die Blindenbildung. In: *Wien. med. Wschr.* (1955), *105*: 979–982.

Johannisson, K.: *Magnetisörernas tid. Den animale magnetism i sverige.* Uppsala, 1974.

Joire, P.: *Handbuch des Hypnotismus. Seine Anwendung in Medizin, Erziehung und Psychologie.* 1. u. 2. Aufl. (deutsch von O. v. Boltenstern). Marcus, Berlin 1908.

Jones, E.: *The Life and Work of Sigmund Freud.* Vol. 1. Basic Books, New York, NY., 1953.

Jones, E.: *The Life and Work of Sigmund Freud.* Vol. 2. Basic Books, New York, NY., 1955.

Jones, E(rnest): Das Leben und Werk von Sigmund Freud. Hans Huber, Bern und Stuttgart, Band I (1960), Band II (1962a), Band III (1962b).

Jovanović, U.J.: *Angewandte und Klinische Hypnose* (in Vorbereitung), 1989.

Jovanović, U.J.: Geschichte der Hypnose (in Vorbereitung), 1990.

Jung, C.G.: Paracelsus als Arzt. *Schweiz. Med. Wschr. 71*, (1941), *40*: 1153–1158.

Jussieu, A(ntoine) L(aurent): In: Engelhardt, D. v.: Mesmer in der Naturforschung und Medizin der Romantik. In: Schott, H. (Ed.): *Franz Anton Mesmer und die Geschichte des Mesmerismus.* Franz Steiner, Wiesbaden–Stuttgart, 1985, S. 91.

Kant, I.: Kant and Borowski, L.E. (1790). In: *Werke.* 2. Abth., Bd. 11, Berlin, 1922, S. 141–143.

Kaplan, Fr.: The Mesmeric Mania. The Early Victorians and Animal Magnetism. *J. Hist. Ideas*, (1974), *35*: 691–702.

Kauffmann, M.: *Suggestion und Hypnose.* 2. Aufl. Springer, Berlin, 1923.

Kerenyi, C.: *Asklepios – Archetypal Image of the Physician's Existence.* (R. Manheim, Trans.) (Orig. publ. 1947), Thames & Hudson, London, 1960.

Kerner, J.: Franz Anton Mesmer aus Schwaben, Entdecker des thierischen Magnetismus. Erinnerungen an denselben, nebst Nachrichten von den letzten Jahren seines Lebens zu Meersburg am Bodensee. Rütten, Frankfurt, 1856; s. auch Kapitel II.

Kieser, D.G.: Rhapsodien aus dem Gebiete des thierischen Magnetismus. In: *Archiv für den Thierischen Magnetismus* 2, (1817), St. 2, S. 63–147.

Kieser, D.G.: *System des Tellurismus oder thierischer Magnetismus*, Bd. 1–2, 1822.

Kiesewetter, C(arl): *Franz Anton Mesmers Leben und Lehre. Neben einer Vorgeschichte des Mesmerismus, Hypnotismus und Somnambulismus.* Leipzig, 1893.

Kiev, A.: *Trans-cultural Psychiatry.* The Free Press, New York, NY., 1972.

Kirchner (1883): *Geschichte Frankfurts.* Bd. I, S. 504. Er lehnt sich allerdings an die Überlieferung von Lerchner's Chronik an. Es ist vermutlich ein früher Zauberprozeß.

Kitto, H.: *Die Griechen.* E. Klett, Stuttgart, 1957.

Klemperer, E. (1947): Zitiert in: Chertok, L.: *Hypnose – Theorie, Praxis und Technik eines psychotherapeutischen Verfahrens.* Kindler, München, 1973.

Koch, R.: War Stahl ein selbständiger Denker?. In: *Archiv für Geschichte der Medizin*, Bd. II., (1926), S. 20–50; ADB, Bd. 35, Leipzig, 1893.

Koenig, B.: *Ausgeburten des Menschenwahns im Spiegel der Hexenprozesse und der Autodafees. Geschichte des After- und Aberglaubens bis auf die Gegenwart. Historische Schandsäulen des Aberglaubens.* Berlin–Friedenau. 1940.

Koselleck, R.: *Kritik und Krise.* Freiburg, 1959.

Koyré, A(lexandre): *From the Closed World to the Infinite Universe.* Baltimore, 1957, dt. Frankfurt, 1980.

Krafft-Ebing, R. v.: Eine experimentelle Studie auf dem Gebiet des Hypnotismus. Enke, Stuttgart, 1888.

Krafft-Ebing, R. v. (1840–1902): *Hypnotische Experimente.* 1.–4. Aufl. Enke, Stuttgart, 1893–1926.

Kretschmer, W.: Magie und Naturwissenschaft – Franz Anton Mesmer. In: *Antaios*, (1966), *7*: 405–426.

Kroger, W. S.: *Clinical and Experimental Hypnosis in Medicine, Dentistry and Psychology*. Lippincott, Philadelphia, 1963.
Kroger, W. S.: *Clinical and Experimental Hypnosis*. (2nd ed.). Lippincott, Philadelphia, 1977.
Kroger, W. S., Fezler, W. D.: *Hypnosis and Behavior Modification – Imagery Conditioning*. Lippincott, Philadelphia–Toronto, 1976.
Kudlien, F.: *Der Beginn des medizinischen Denkens bei den Griechen von Homer bis Hippokrates*. Artemis Verlag, Zürich, 1967.
Kudlien, F.: The Old Greek Concept of «relative» Health. *J. Hist. behav. Sciences*, (1973), *9*: 53–59.
Kupsch, W.: *Franz Anton Mesmer. Eine medizingeschichtliche Standortbestimmung von Theorie und Praxis des «Thierischen Magnetismus»*. Inaug. Diss. Freiburg i. Br., 1985.
Kutumbiah, P.: *Ancient Indian Medicine*. Orient Longmans, Madras, 1969.
Lacroix, Sauvage de (1748): Zitiert in: Feldt, H.: Vorstellungen von physikalischer und psychischer Energie zur Zeit Mesmers. In: Schott, H. (Ed.): *Franz Anton Mesmer und die Geschichte des Mesmerismus*. Franz Steiner, Wiesbaden–Stuttgart, 1985, S. 38.
LaFontaine, Ch.: L'art de magnétiser ou le magnétisme animal considéré sous le point de vue théoretique, partique et thérapeutique. Baillière, Paris, 1852.
Laing, R(onald) D.: *The Divided Self. An Existential Study in Family and Madness*. London, 1960. dt. Reinbek, 1976.
Lankton, S. R., and Lankton, C. H.: *The Answer Within – A Clinical Framework of Ericksonian Hypnotherapy*. Brunner/Mazel, New York, NY., 1983.
Lavoisier, A(ntoine) L(aurent): *Oeuvres*. Paris, 1865, t. III, p. 514.
Laylock: Zitiert in: Tuke, D. H.: *Illustrations of the Influence of the Mind upon the Body in Health and Disease*. 2nd. ed. Henry C. Lea's Son, Philadelphia, 1884.
LeCron, L. M., and Bordeaux, J.: *Hypnotism Today*. Grune & Stratton, New York, NY., 1947.
Leibbrand, W.: *Die spekulative Medizin der Romantik*. Hamburg, 1956.
Leibniz, G(ottfried) W(ilhelm) (1686): weitere Literatur bei Freudenthal, S. 82–87, zur vis-viva Debatte Landon (1968), Hankins (1965), Iltis (1971).
Lenoir, R.: Le mesmérisme et le système du monde. In: *Revue d'Histoire de la Philosophie*, (1927), *1*: 192–320.
Lentin, J. F. L.: Etwas vom thierischen Magnetismus. In: *Journal für praktische Heilkunde* (1800), *11*: St. 2, S. 130–142.
Lichtenberg, G(eorg) C(hristoph): Zitiert in: Engelhardt, D. v.: Mesmer in der Naturforschung und Medizin der Romantik. In: Schott, H. (Ed.): *Franz Anton Mesmer und die Geschichte des Mesmerismus*. Franz Steiner, Wiesbaden–Stuttgart, 1985.
Lichtenthaeler, C.: *Geschichte der Medizin*. Deutscher Ärzte-Verlag, Köln–Lövenich, 1982.
Liébeault, A(uguste) A. (1823–1904): *Le somneil provoqué*. 1889 (für 1886 s. Kapitel IX).
Loewenfeld, L.: *Hypnotismus und Medizin*. Bergmann, München–Wiesbaden, 1922.
Lohmann, R(einhard): Herausgeber von Schultz, J. H.: *Hypnose-Technik*. Fischer-Verlag, Stuttgart–New York, 1983.
Lopez, C.-A.: *Mon cher papa Franklin and the ladies of Paris*. Yale Univer. Press, New Haven, 1966.
Lopez, C.-A., and Herbert, E. W.: *The private Franklin – The man and his Family*. Norton, New York, NY., 1975.
Ludwig, A. M.: An Historical Survey of the Early Roots of Mesmerism. *Int. J. Clin. Exp. Hypnosis*, (1964), *12*: 205–217.
MacHovec, F. J.: Hypnosis before Mesmer. *Am. J. Clin. Hypnosis*, (1975), *17*: 215.
MacHovec, F. J.: The Cult of Asklipios. *Amer. J. Clin. Hypnosis*, (1979), *22*: 85–90.
MacMillan, M. B.: The Cathartic Method and the Expectancies of Breuer and Anna O. *Intern. J. Clin. Exp. Hypnosis*, (1977), *25*: 106–118.
Magendie, F(rancois) (1783–1855): In: Lichtenthaeler, C.: *Geschichte der Medizin*. Deutscher Ärzte-Verlag, Köln–Lövenich, 1982: 481 ff., 515 ff., 558 ff., 566 ff.
Mangold, E.: Methodik der Versuche über tierische Hypnose. In: Abderhalden, E.: *Hb. biolog. Arbeitsmethoden, Sect. VI.C.* Urban & Schwarzenberg, Berlin (1928): 369–378.
Marcuse, F. L.: *Hypnosis – Fact and Fiction*. Penguin, Baltimore, 1959.
Marks, R. W.: *The Story of Hypnotism*. Prentice-Hall, New York, NY., 1947.
Marx, K(arl) (1818–1883): *Das Kapital – Kritik der politischen Ökonomie*, 3. Bde. Verlag Marxistische Blätter, Frankfurt am Main, 1976, 1977.

Matzenauer, E.: *Der Mesmerismus im Spiegel von Wolfarts Jahrbüchern für den Lebens-Magnetismus 1818 bis 1843.* Inaug. Diss., Mainz, 1964.

Mayer, L.: *Die Technik der Hypnose.* 1.–6. Aufl., Lehmann, München, 1934–1967.

Mayer, L.: *Das Verbrechen in Hypnose und seine Aufklärungsmethoden.* Lehmann, München, 1937.

McConkey, K(evin) M., Perry, C(ampbell): Benjamin Franklin and Mesmerism. *Int. J. Clin. Exp. Hypnosis*, (1985), *33:* 122–129.

McDougall, W.: *Outlines of Abnormal Psychology.* Scribner, New York, NY., 1926.

Mead, R.: *De imperio solis ac lunae in corpora humana et morbis inde oriundis.* Smith, London, 1704 (Originalarbeit von der British Library (Ref. No. 6574607) erworben 1985).

Mesmer, F. A.: *De planetarium influxu.* Inaug.-Diss., Univ. Wien, 1766 (Kopie des Originals liegt dem Referenten vor).

Mesmer, F. A.: *Mémoire sur la découverte du Magnétisme animal*, 1779.

Mesmer, F. A.: *Précis historique des faits relatifs au magnétisme animal jusques en Avril*, 1781. (Historische Zusammenfassung der relevanten Tatsachen über den tierischen Magnetismus bis zum April 1781), London, 1781.

Mesmer, F. A.: *Kurze Geschichte des thierischen Magnetismus bis April 1781.* Aus d. Franz. übers. Macklot, Carlsruhe, 1783.

Meynert, T(heodore) (1833–1892): Zitiert in: Gravitz, M. A., und Gerton, M. I.: Hypnosis in the Historical Development of Psychoanalytic Psychotherapy, S. 7. In: Wester, W. C., and Smith, A. H.: *Clinical Hypnosis – A Multidisciplinary Approach.* Lippincott, New York, NY., 1984: 1–17.

Milt, B.: *F. A. Mesmer und seine Beziehungen zur Schweiz. Magie und Heilkunde zu Lavaters Zeit.* Zürich, 1953.

Moll, A.: *Hypnotismus.* 1.–4. Aufl., Kornfeld, Berlin, 1905–1924.

Moll, A.: *Hypnotism.* (5th ed., rev. & enlarg.; Orig. Publ. 1902). Da Capo, New York, NY., 1982.

Moser, F(anny): *Okkultismus – Täuschungen und Tatsachen.* 2. Bde. Reinhardt, München, 1935. Reprint u. d. T. Das große Buch des Okkultismus. Walter, Olten, 1974 (vgl. vor allem Kapitel XVI, XVII und XX).

Müller-Hegemann, D.: Memoriam Johannes Heinrich Schultz. In: *Psycho* (1985), *11:* 278–285.

Muensterberg: In: Wolberg, L. R.: *Medical Hypnosis, Vol. I. – The Principles of Hypnotherapy.* Grune & Stratton, New York, NY., 1948 a, S. 12.

Murphy, G.: *Historical Introduction to Modern Psychology.* Harcourt Brace, New York, NY., 1949.

Muthu, D. C.: *A Short Account of the Antiquity of Hindu Medicine and Civilisation.* (3rd ed.) Baillière, Tindall & Cox, London, 1930.

Nees v. Esenbeck, Th. Fr. L.: Entwicklungsgeschichte des Magnetischen Schlafs und Traums; in Vorlesungen. In: *Archiv für den Thierischen Magnetismus* 7 (1820), 1. St., S. 1–88, 2. St., S. 1–70, auch Bonn, 1820.

Nees, v. Esenbeck, Th. Fr. L.: Goethe an Nees v. Esenbeck, 23. 7. 1820. In: *Goethes Briefe.* Bd. 33. Weimar, 1905, S. 124 f.

Newton, I(saac) (1642–1727): Zitiert in: Ludwig, A. M.: An Historical Survey of the Early Roots of Mesmerism. *Intern. J. Clin. Exp. Hypnosis*, (1964), *12:* 205–217.

Nikolajew (1927): Zitiert in: Chertok, L.: *Hypnose – Theorie, Praxis und Technik eines psychotherapeutischen Verfahrens.* Kindler, München, 1973, S. 26.

Nitzsche, B(ernd): *Die reale Innenwelt.* Zürich, 1978.

Obersteiner, H.: *Die Lehre vom Hypnotismus.* Breitenstein, Leipzig–Wien, 1893.

Oetinger, F(riedrich) Ch.: *Schwedenborgs irdische und himmlische Philosophie* (hrsg. von K. Ehmann, Stuttgart, 1858). Reprint Stuttgart, 1971.

Pagel, W.: *Paracelsus.* Karger, Basel, 1958.

Pagel, W.: *Das medizinische Weltbild des Paracelsus.* Franz Steiner, Wiesbaden, 1962.

Paré, A(mbroise) (1517–1590): Zitiert in: Lichtenthaeler, C.: *Geschichte der Medizin.* Deutscher Ärzte-Verlag, Köln–Lövenich, 1982, S. 458.

Pattie, F. A.: Mesmer's Medical Dissertation and Its Debt to Mead's De imperio solis ac lunae in corpora humana et morbis inde oriundis. *J. Hist. Med. Allied Sci.*, (1956), *11:* 275.

Pawlow, I(wan) P(etrowitsch) (1849–1936): *Sämtliche Werke.* 6 Bde. Akademie-Verlag, Berlin, 1956.

Pepys, S(amuel): *The Diary of ......* Macmillan, London, 1929.

Podmore, F.: *From Mesmer to Christian Science – A Short History of Mental Healing.* University Books, New Hyde Park, NY., 1964.

Poetzl-Malikova, M(aria): *Franz Xaver Messerschmidt.* Jugend und Volk, Wien–München, 1982.

Poetzl-Malikova, M.: Zum Frontispiz. In: Schott, H. (Ed.): *Franz Anton Mesmer und die Geschichte des Mesmerismus.* Franz Steiner, Wiesbaden–Stuttgart, 1985, S. 4.

Poetzl-Malikova, M.: *Zur Beziehung Franz Anton Mesmer – Franz Xaver Messerschmidt. Eine wiedergefundene Büste des berühmten Magnetisuers.* (München, 1985, unveröffentlichtes Manuskript.)

Preyer, W. Th.: *Der Hypnotismus.* Urban & Schwarzenberg, Wien–Leipzig, 1890.

Prince, M.: *The Unconscious.* Macmillan, New York, NY., 1921.

Prince, M.: *Clinical and Experimental Studies in Personality.* Sci-Art, Cambridge, 1929.

Pulos, L.: Mesmerism Revisited: The Effectiveness of Esdaile's Techniques in the Production of Deep Hypnosis and Total Body Hypnoanaesthesia. In: *American Journal of Clinical Hypnosis,* (1980), *22:* 206–211.

Puységur, A. M. Ch.: Raport des cures opérées à Bayonne par le magnétisme animal, adressé à M. l'Abbé de Poulouzet conaeillerclerc au parlament des Bordeaux, Prault, Bayonne et Paris, 1784 a.

Puységur, Armand Marie Jaques de Chastenet, Marquis de (1751–1825): *Mémoires pour servir a l'histoire et a l'établissement du magnétisme animal.* Maison, Paris, 1784 b.

Rausky, F(ranklin): *Mesmer ou la révolution thérapeutique.* Paris, 1977.

Read: Zitiert in: Wolberg, L. R.: *Medical Hypnosis, Vol. I – The Principles of Hypnotherapy.* Grune & Stratton, New York, NY., 1948, S. 12.

Richet, C(harles) R. (1850–1935): *Traité de Métapsychique.* (Deutsch von R. Lambert u. d. T. Grundriß der Parapsychologie und Parapsychophysik). Union Deutsche Verlagsgesellschaft, Stuttgart–Berlin–Leipzig, 1923, S. 21.

Riesman, D.: *The Story of Medicine in the Middle Ages.* Paul B. Hoeber, New York, NY., 1935.

Rivers: In: Wolberg, L. R.: *Medical Hypnosis, Vol. I. – The Principles of Hypnotherapy.* Grune & Stratton, New York, NY., 1948 a, S. 12.

Rogers, S. L.: Early Psychotherapy. *Ciba Symp.,* (1947), *9:* 602–632.

Rostovtzeff, M.: *Geschichte der alten Welt.* 4. Aufl. C. Schünemann, Bremen, 1961.

Rothschuh, K(arl) E. (1958): Vom spiritus animalis zum Nervenaktionsstrom. *Ciba-Zeitschrift* (1958), *89:* 2950–2980.

Rothschuh, K. E.: *Konzepte der Medizin in Vergangenheit und Gegenwart.* Stuttgart, 1978.

Rush, B.: Observations on the Duties of a Physician, and the Methods of Improving Medicine: Accommodated to the Present State of Society and Manners in the Union States. In: Rush, B.: *Medical Inquiries and Observations. Vol. 1.* (5th ed.) (Orig. Publ. 1789), M. Carey & Sons et al., Philadelphia, 1818, 251–264.

Rush, B.: *Medical Inquiries and Observations upon the Diseases of the Mind.* (Orig. Publ. 1812) (5th ed.) Grigg & Elliot, Philadelphia, 1835.

Rýzl, M.: *Nutzen Sie Ihre phänomenale Geisteskraft.* Ariston, Genf, 1985.

Salmon: Zitiert in: Wolberg, L. R.: *Medical Hypnosis. Vol. I. – The Principles of Hypnotherapy.* Grune & Stratton, New York, NY., 1948, S. 12.

Sarbin, T. R., & Coe, W. C.: *Hypnosis – A Social Psychological Analysis of Influence Communication.* Holt, Rinehart & Winston, New York, NY., 1972.

Schelling, K. E.: *Jahrbücher der Medizin als Wissenschaft.* 1806.

Schelver, Fr. J. (1831): Zitiert in: Engelhardt, D. v.: Mesmer in der Naturforschung und Medizin der Romantik. In:Schott, H. (Ed.): *Franz Anton Mesmer und die Geschichte des Mesmerismus.* Franz Steiner, Wiesbaden–Stuttgart, 1985, S. 94.

Schiller, J(ohann) C(hristoph) F(riedrich) v.: *Geschichte des Dreißigjährigen Krieges.* (1791–1793); *Über Anmuth und Würde* (1793).

Schmitz, K.: *Was ist, was kann, was nützt Hypnose.* Kindler, München, 1951.

Schmitz, K.: *Heilung durch Hypnose.* Franke, Bern, 1957.

Schneck, J. M.: The Divided Personality. A Case Study Aided by Hypnosis. *Int. J. Clin. Exp. Hypnosis.* (1954), *2:* 220–232.

Schneck, J. M.: *A History of Psychiatry.* Charles C Thomas, Springfield, Ill., 1960.

Schneck, J. M.: The Thomas Sydenham-Benjamin Rush Transition in the History of Psychiatry. *Med. Hist.,* (1962), *6:* 389–391.

Schneck, J. M.: Benjamin Rush on the Influence of Buried Memories. *Dis. nerv. Syst.,* (1963), *24:* 173.

Schneck, J(erome) M.: Benjamin Rush and Animal Magnetism, 1789 and 1812. *Int. J. Clin. Exp. Hypnosis,* (1978), *26:* 9–14.

Schneck, J. M.: Henry James, George du Maurier, and Mesmerism. In: *Int. J. Clin. Exp. Hypnosis,* (1978), *26:* 76–80.

Schneider, E(mil): *Der animalische Magnetismus. Seine Geschichte und seine Beziehung zur Heilkunst.* Zürich, 1950.

Schott, H(einz): Die Selbstanalyse als eine praktische Methode bei Freud. In: *Freiburger Universitätsblätter* (1982), *82:* 67–78.

Schott, H. (Ed.): *Franz Anton Mesmer und die Geschichte des Mesmerismus.* Franz Steiner, Stuttgart, 1985 a (Herausgabe des Materials eines Internationalen Symposiums anläßlich des 250. Geburtstages von Mesmer, 10. bis 13. Mai 1984 in Meersburg).

Schott, H.: Mesmers Heilungskonzept und seine Nachwirkungen in der Medizin. In: Schott, H. (Ed.): *Franz Anton Mesmer und die Geschichte des Mesmerismus.* Franz Steiner, Wiesbaden–Stuttgart, 1985 b, 233–252.

Schott, H.: Bibliographie – Der Mesmerismus im Schrifttum des 20. Jahrhunderts (1900–1984). In: Schott, H. (Ed.): *Franz Anton Mesmer und die Geschichte des Mesmerismus.* Franz Steiner, Wiesbaden–Stuttgart, 1985 c, 253–271.

Schrenck-Notzing, Albert Freiherr von (1862–1929): *Grundfragen der Parapsychologie.* Kohlhammer, Stuttgart–Berlin–Köln–Mainz, 1962, 1985.

Schubert, G. H.: Einige Versuche über den thierischen Magnetismus, In: *Allgemeine medizinische Annalen,* (1803), 170–176.

Schubert, G. H.: *Ansichten von der Nachtseite der Naturwissenschaft.* Arnoldsche Buchhandl., Dresden, 1808.

Schubert, G. H.: *Die Symbolik des Traumes.* (Faksimiledruck nach der Ausgabe von 1814). Mit einem Nachwort von Gerhard Sander. Lambert Schneider, Heidelberg, 1968.

Schuerer-Waldheim, F.: *Anton Mesmer. Ein Naturforscher ersten Ranges.* Wien, 1930.

Schuler, M.: Mesmer und Mozart. In: Schott, H. (Ed.): *Franz Anton Mesmer und die Geschichte des Mesmerismus.* Franz Steiner, Wiesbaden–Stuttgart, 1985, S. 215–228.

Schulte, G(ünter): *Zweihundert Jahre Vernunftkritik.* Köln, 1981.

Schultz, J. H.: *Die Seelische Krankenbehandlung.* 7. Aufl. Fischer, Stuttgart, 1958.

Schultz, J. H. (1884–1970): *Hypnose-Technik.* 1.–6. Aufl. G. Fischer, Jena–Stuttgart–New York, 1935–1976. Fischer, Stuttgart, 1985.

Schwartz, E.: *Charakterköpfe aus der Antike.* 4. Aufl. K. Koehler, Stuttgart, 1943.

Sharma, S(hridhar): L'Abbe de Faria – His Life and Contribution. In: Burrows, G.D., Collison, D(avid) R., Dennerstein, L. (Eds.): *Hypnosis 1979.* Elsevier/North Holland Biomedical Press, Amsterdam–New York–Oxford, 1979, pp. 149–156.

Sheehan, P. W., and Perry, C. W.: *Methodologies of Hypnosis – A Critical Appraisal of Contemporary Paradigms of Hypnosis.* Erlbaum, Hillsdale, NJ., 1976.

Shor, R. E.: The Fundamental Problem in Hypnosis Research as viewed from Historical Perspectives. In: Fromm, E., and Shor, R. E. (Eds.): *Hypnosis – Developments in Research and New Perspectives.* (Rev. 2nd ed.). Aldine, New York, NY., 1979, 15–41.

Shor, R. E., and Orne, M. T. (Eds.): *The Nature of Hypnosis – Selected Basic Readings.* Holt, Rinehart & Winston, New York, NY., 1965.

Sidis, B(oris): *Psychopathological Researches.* G. E. Stechert, New York, NY., 1902.

Sidis, B(oris): *Foundations of Normal and Abnormal Psychology.* Badger, Boston, Mass., 1914.

Siefert, H.: Mesmer und die «Jungfer Paradis» – Überlegungen zum Abbruch einer Psychotherapie aus Heutiger Sicht. In: Schott, H. (Ed.): *Franz Anton Mesmer und die Geschichte des Mesmerismus.* Franz Steiner, Wiesbaden–Stuttgart, 1985, S. 174–185.

Sierke, E.: *Schwärmer und Schwindler zu Ende des Achtzehnten Jahrhunderts.* Hirzel, Leipzig, 1874.

Sigerist, H(enry) E.: *A History of Medicine. Vols. I. u. II.* New York, NY., 1957.

Smith, E(dwin) (1862). Zitiert in: Thorwald, J.: *Macht und Geheimnisse der früheren Ärzte.* Droemer Knaur, München, 1985. (In Zusammenhang mit dem Edwin Smith Papyrus).

Smith, W. D.: So-called Possession in pre-Christian Greece. *Transact. Proc. Amer. Philol. Ass.,* (1965), *96:* 403–426.

Snell, B.: *Die Entdeckung des Geistes.* 3. Aufl. Claassen, Hamburg, 1955.

Soemmerring, S(amuel) T(homas) von (1787): Zitiert in: Engelhardt, D. v.: Mesmer in der Naturforschung und Medizin der Romantik. In: Schott, H. (Ed.): *Franz Anton Mesmer und die Geschichte des Mesmerismus.* Franz Steiner, Wiesbaden–Stuttgart, 1985, S. 90.

Soldan, W. G.: *Geschichte der Hexenprozesse.* Neu bearbeitet von Heinrich Heppe. Stuttgart, 1880.

Southard: Zitiert in: Wolberg, L. R.: *Medical Hypnosis. Vol. I. The Principles of Hypnotherapy.* Grune & Stratton, New York, NY., 1948, S. 12.

Stam, H(enderikus) J., and Spanos, N(icholas) P.: The Asclepian Dream Healings and Hypnosis – A Critique. *Intern. J. Clin. Exp. Hypnosis*, (1982), *30:* 9–22.

Steffen: *Was ich erlebte.* Bd. 8, 1843, S. 397f.

Stensen, N(iels) (1638–1686): Zitiert in: Lichtenthaeler, C.: *Geschichte der Medizin.* Deutscher Ärzte-Verlag, Köln–Lövenich, 1982, S. 458.

Stevenson, I(an): *Reinkarnation – Der Mensch im Wandel von Tod und Wiedergeburt. 20 überzeugende und wissenschaftlich bewiesene Fälle.* Aurum-Verlag, Freiburg i.Br., 1983. (Twenty Cases Suggestive of Reincarnation. University Press of Virginia, Charlottesville, 1966).

Sudhoff, K.: *Rudolf Virchow und die Deutschen Naturforscherversammlungen.* Akad. Verlagsgesellschaft, Leipzig, 1922.

Sutton, G.: Electric Medicine and Mesmerism. In: *Isis*, (1981), *72:* 375–392.

Tatar, M. M.: *Spellbound. Studies on Mesmerism and Literature.* Princeton, NJ., 1978.

Tepperwein, K.: *Die Hohe Schule der Hypnose.* Ariston Verlag, Genf, 1977.

Thom, D. A.: Suggestive Therapy. *Am. J. Insan.* (1920), *76:* 437.

Thorwald, J(ürgen): *Macht und Geheimnis der früheren Ärzte.* Droemer Knaur, München, 1985.

Tinterow, M. M.: *Foundations of Hypnosis – From Mesmer to Freud.* Charles C Thomas, Springfield, Ill., 1970.

Tischner, R(udolf): Franz Anton Mesmer, Leben, Werk und Wirkungen. Münchner Beiträge zur Geschichte und Literatur der Naturwissenschaften und Medizin, Heft 9/10, München, 1928.

Tischner, R., und Bittel, K.: *Mesmer und sein Problem. Magnetismus, Suggestion, Hypnose.* Stuttgart, 1941.

The Papyrus Ebers: *The Greatest Egyptian Medical Document.* Trans. by B. Ebbell. Oxford University Press, London, 1937.

Treviranus, L. Chr.: *Diss. inaug. physiologica sistens quaedam ad magnetismum sic dictum animalem spectantia.* Jena, 1801.

Troemner, E.: *Hypnotismus und Suggestion.* 4. Aufl. Teubner, Leipzig, 1922.

Tuke, D. H.: *Illustrations of the Influence of the Mind upon the Body in Health and Disease.* (2nd ed.) Henry C. Lea's Son, Philadelphia, 1884.

Van Thert: *Dagboek eener magnetische Behandeling.* 1814.

Vliegen, J.: Von Mesmer bis Breuer. In: *Die Psychologie des 20. Jahrhunderts.* Bd. I. Zürich, 1976, S. 687–700.

Vogt, O.: Zur Kenntnis des Wesens und der psychologischen Bedeutung des Hypnotismus. *Z. Hypnotismus*, (1895), *3:* 277–340; (1899), *4:* 32, 122, 229.

Vogt, O.: *Die direkte psychologische Experimentalmethode in hypnotischen Bewußtseinszuständen.* Barth, Leipzig, 1897.

Völgyesi, F.: *Menschen- und Tierhypnose. Mit Berücksichtigung der Stammes- und Einzelentwicklung des Gehirns.* 2. Aufl. unter Mitarbeit des Verf. neu bearb. von G. Klumbies. Orell Füssli, Zürich, 1963.

Waas, A.: *Der Mensch im deutschen Mittelalter.* H. Böhlau, Graz, 1964.

Walker, P. C., and Johnson, R. F. Q.: The Influence of Presleep Suggestions on Dream Content – Evidence and Methodological Problems. *Psychol. Bull.* (1974), *81:* 362–370.

Walmsley, D. M.: *Anton Mesmer.* London, 1967.

Webster, C.: *From Paracelsus to Newton. Magic and the Making of Modern Science*, Cambridge, 1982.

Wells, W. R.: The Hypnotic Treatment of the Major Symptoms of Hysteria – A Case Study. *J. Psychol.* (1944), *17:* 269–297.

Wendler, C(hristian) A(dolph): *De magnetismo animali.* 1805.

Wetterstrand, O. G. (1890): *Hypnotism and Its Application to Practival Medicine.* Putnam, New York, NY., 1897.

Weyer, J(ohann) (1515–1588): Zitiert in: Ludwig, A. M.: An Historical Survey of the Early Roots of Mesmerism. *Int. J. Clin. Exp. Hypnosis*, (1964), *12:* 205–217.

Wieland, C(hristoph) M(artin): Zitiert in: Engelhardt, D. v.: Mesmer in der Naturforschung und Medizin der Romantik. In: Schott, H. (Ed.): *Franz Anton Mesmer und die Geschichte des Mesmerismus.* Franz Steiner, Wiesbaden–Stuttgart, 1985, S. 90.

Willis, T(homas): Zitiert in: Rothschuh, K. E.: *Entwicklungsgeschichte physiologischer Probleme in Tabellenform.* Urban & Schwarzenberg, München–Berlin, 1952, 495a, 1050, 1104, 1287, 1565, 1676, 1974.

Willis, T(homas) (1621–1675): Zitiert in: Lichtenthaeler, C.: *Geschichte der Medizin.* Deutscher Ärzte-Verlag, Köln–Lövenich, 1982, S. 458.

Wilson, I(an): *Reincarnation? The Claims Investigated.* Penguin Books, New York, NY., 1982.

Wingfield, H. E.: *An Introduction to the Study of Hypnotism.* (2nd ed.) Vailliere, Tindall & Cox, London, 1920.

Wirdig, S(ebastian) (1613–1687): Zitiert in: Ludwig, A. M.: An Historical Survey of the Early Roots of Mesmerism. *Int. J. Clin. Exp. Hypnosis*, (1964), *12:* 205–217.

Witkin, H. A., and Lewis, H. B.: Presleep Experiences and Dreams. In: Witkin, H. A., and Lewis, H. B. (Eds.): *Experimental Studies of Dreaming.* Random House, New York, NY., 1967, 148–201.

Wolberg, L(ewis) R.: *Medical Hypnosis, Vol. I.: The Principles of Hypnotherapy.* Grune & Stratton, New York, NY., 1948 a.

Wolberg, L. R.: *Medical Hypnosis, Vol. II: The Practice of Hypnotherapy.* Grune & Stratton, New York, NY., 1948 b.

Wolf, H(ans-Jürgen): *Hexenwahn und Exorzismus.* Historia Verlag, Kriftel/Ts., 1980.

Wolfart, K. Chr.: *Geschichte einer lebensmagnetischen Kur.* Berlin, 1812.

Wolfart, K. C.: *Erläuterungen zum Mesmerismus.* Nikolai, Berlin, 1815.

Wolters, G.: Mesmer und Mesmerismus. In: *J. Mittelstraß, Enzyklopädie, Philosophie und Wissenschaftstheorie.* Bd. 2, S. 855–859, Mannheim, 1984.

Wolzogen, C. v. (1830): In: *Schillers Werke.* Bd. 42. Weimar, 1967, S. 166.

Wundt, W.: *Hypnotismus und Suggestion.* 1.–2. Aufl. Engelmann, Leipzig, 1892/1911.

Wyckoff, J.: *Franz Anton Mesmer. Between God and Devil.* Englewood Cliffs, N. J., 1975.

Wydenbruck, N.: *Doctor Mesmer. An Historical Study.* London, 1947.

Yellowlees, H.: *A Manual of Psychotherapy.* A. & C. Black, London, 1923.

Zilboorg, G., and Henry, G. W.: *A History of Medical Psychology.* W. W. Norton, New York, NY., 1941.

Zugenbühler (1809): Zitiert in: Engelhardt, D. v.: Mesmer in der Naturforschung und Medizin der Romantik. In: Schott, H. (Ed.): *Franz Anton Mesmer und die Geschichte des Mesmerismus.* Franz Steiner, Wiesbaden–Stuttgart, 1985, S. 93.

Zweig, S.: *Die Heilung durch den Geist. Mesmer – Mary Baker-Eddy – Freud.* S. Fischer, Frankfurt am Main, 1931–1983.

IX. Hypnose im Spiegel der aktuellen Forschung

1. Vorbemerkung zur Begriffsbildung

Die aktuelle Forschung der Hypnose/Hypnotherapie bezieht sich auf die Zeitspanne nach 1959, d.h. seit 1960. Bei Bedarf wird man selbstverständlich auch frühere Zeitabschnitte berücksichtigen, um die Kontinuität mit den vorangegangenen Kapiteln zu wahren. Einige wissenschaftliche Publikationen haben ohnehin einen mehr oder weniger permanenten aktuellen Wert. *Fortan werden auch die Resultate eigener Hypnose-Forschung zum Teil zur Sprache kommen. Die geschichtliche Betrachtungsweise tritt von diesem Kapitel an zugunsten von thematischen Aspekten allmählich in den Hintergrund.* Die Gestaltung der nachfolgenden Kapitel wird dieser Umorientierung Rechnung tragen.

2. Suggestionen und Suggestibilität

2.1 Suggestionen und Suggestionsproblematik

2.1.1 Begriffe und Definitionen

Zur Frage des Suggestionsbegriffes haben im Verlauf von Jahrhunderten und auch früher viele Wissenschaftler und Praktiker Stellung genommen. Der Begriff entstammt dem Lateinischen *sub-gerere (suggestio)* (unterschieben, eingeben, Eingebung, Einflüsterung) und *bezieht sich auf die Beeinflussung der Denk-, Willens- und Gefühlsabläufe eines Menschen durch Fremde (Fremdsuggestion, Heterosuggestion) oder sich selbst (Autosuggestion, Selbstsuggestion).*

Nach Abbé Faria (1819) wurde die Suggestion im Zusammenhang mit *Suggestivtherapie (Suggestionstherapie)* in die Hypnose und Hypnotherapie übernommen. Für Liébeault (1866) ist die Suggestion die Erzeugung einer Vorstellung durch Wort und Gebärde in einem Schlafenden, um die Abwicklung eines körperlichen oder geistigen Vorganges zu veranlassen. Nach Bernheim (1884) ist die Suggestion im weitesten Sinne der Vorgang, wodurch eine Vorstellung ins Gehirn geführt und von ihm angenommen wird. Dabei äußert sich der Autor nicht zu der Frage der *bewußten* oder der *unbewußten* Annahme. Da er jedoch von einer *Annahme* – nicht von einer *Wahrnehmung* – spricht, muß er an die *unbewußte Rezeption* gedacht haben. Bechterew (1899) sprach davon, daß der *Suggerierte (Suggerendus)* von der Hintertreppe aus, sozusagen *unter Umgehung des «Ichs», des persönlichen Bewußtseins und des Willens, beeinflußt wird.* Damit hat der Autor das *Unbewußte* angesprochen. Für Du Bois (1909, 1911) ist *die Suggestion eine Eingebung oder Einflüsterung, die auf Schleichwegen stattfindet.* Auch bei dem Begriff «Schleichwege» muß an das Unbewußte gedacht worden sein. Nach einer Pause von etwa 20 Jahren meldete sich Kretschmer (1921, 1971) mit der Bemerkung: «Unter Suggestion verstehen wir die nicht durch Gründe und Motive, sondern unmittelbar reizmäßige Übertragung von Empfindungen, Vorstellungen und besonders Willensantrieben.» Charles Baudouin (1922, 1924) sagte, die Suggestion sei die unbewußte Verwirklichung einer Idee. Vom *sozialpsychologischen Aspekt* aus betonte Straus (1925), die Suggestion sei die Übernahme der Bewußtseinsinhalte eines anderen durch *Wir-Bildung.* Seit dieser Definition ist *der sozialpsychologische Ansatz aus dem Suggestionsbegriff nicht mehr wegzudenken*, selbst wenn einzelne Autoren verschiedene Positionen einnehmen (Langen, 1972).

Nach der Auffassung von MacDougall (1926) ist *die Suggestion ein Prozeß der Kommunikation*, der aus der Annahme und Überzeugung von einer Idee (Glaube oder Impulse) resultiere und der die Abwesenheit einer logischen Begründung für ihre Annahme einschließe. LeCron und Bordeaux (1947) schließen sich dieser Meinung fast an und formulieren die Suggestion als *Glaube oder Vertrauen* in eine Idee, *die umso mehr angenommen wird, je logischer sie ist und je mehr der Grund dazu vom Suggerendus eingesehen wird*. Nach Wolberg (1948 a, b) ist die Suggestion mit der *Motivation* verknüpft, um wichtige Reaktionen durch die Abhängigkeit (vom Suggestor) zu gewinnen. Der Unterschied zwischen Hypnose und Suggestion sei der, *daß bei Suggestion das Ich auf einer höheren natürlichen Stufe der Integration arbeite*. Stokvis und Pflanz (1961) halten die Suggestion für die *affektive Beeinflussung der körperlich-seelischen Ganzheit* auf der Grundlage eines zwischenmenschlichen Grundvollzuges wie der der affektiven Resonanzwirkung.

J. H. Schultz (1959) diskutiert die Schwierigkeit der Definition der Suggestion und schlägt vor, *die Suggestion als allgemein menschliche Einflußbeziehung aufgrund des Gemeinschaftserlebens* zu bezeichnen, *während beim eigentlichen hypnotischen Arbeiten* zu diesen Gesichtspunkten *die Zustandsveränderung, die Umstellung oder Umschaltung* ebenso notwendig gehört wie für diejenigen Verfahren, die mit Recht als Autosuggestion oder ähnliches eine Sonderexistenz beanspruchen. Bei *Hypnose und echter Autosuggestion liege im Prinzip das Konzentrationsproblem* vor. Schultz spricht in diesem Zusammenhang also nicht vom hypnotischen *Zustand*, sondern von *Zustandsveränderung*. Dietrich und Walter (1970) heben hervor, die Suggestion sei die auf affektiver Resonanz beruhende, anratende und eingebende, teilweise auch Vorstellungsinhalte unterschiebende Beeinflussung eines anderen. Diese Definition unterscheidet sich inhaltlich kaum von jener der vorgenannten Autoren (Stokvis und Pflanz, 1961). Nach Langen (1971) sei *die Suggestion ein ich-fremder Einfluß*, der bei positiver emotionaler Wechselbeziehung angenommen und autosuggestiv verarbeitet werde. Für die Entwicklung des Suggestionsbegriffes ist nach Langen (1972) von Wichtigkeit:

(a) der durch die zweite Schule von Nancy erkannte *Zusammenhang*, daß jede *Heterosuggestion* nur über eine *Autosuggestion* angenommen wird;

(b) die zunehmende Bedeutung des *sozialpsychologisch-kommunikativen Faktors*, der durch Bezeichnungen wie *Wir-Bildung*, *zwischenmenschliche Wechselbeziehung* oder *Übertragung* ausgedrückt wird.

Kroger (1977) betont, daß die Akzeptierung einer Idee durch Suggestion von der *logischen Persuasion* unterschieden werden muß; *Persuasion ist keine Suggestion und Suggestion keine Persuasion* (Kroger, 1977, Seite 7). Nach Meinung von Gindes (1977) sei jedoch die konservative Definition der Suggestion irreführend. Der Hypnotiseur sagt beispielsweise nicht etwa: «Meinen Sie nicht, daß es besser ist, wenn Sie Ihre Augen geschlossen halten?». Stattdessen sagt er: «... Und jetzt können Sie Ihre Augen nicht öffnen!» Der Hypnotiseur suggeriere also nicht; das was er tue sei *Persuasion* oder – nicht selten – *Kommando*. «*Hypnotic suggestion is the process of controlled alteration of human actions and reactions through thoughts, objects, or actions*» (Gindes, 1977). Erickson und Rossi (1981) sowie Stocksmeier (1984) versuchen erneut, eine Definition der Suggestion zu geben, wobei sie sich jedoch von den vorausgehenden in der Formulierung nicht sehr unterscheiden. Die Schule von Erickson (Kapitel XII) arbeitet mehr mit *indirekten* und *offenen* Suggestionen, die sich doch von dem unterscheiden, was Gindes (1977) Persuasion oder Kommando nennt (s. Kapitel XII).

2.1.2 Gesetze der Suggestionen

Die *Gesetze der Suggestionen* gehen an sich aus der bisherigen Problematik hervor. Nachfolgend werden die *drei* bekanntesten Suggestionsgesetze (Baudouin, 1922; Bernheim, 1889; Kroger, 1977; LeCron und Bordeaux, 1947) erwähnt, und zwar:

(1) *Das Gesetz der konzentrierten (gelenkten), selektiven Aufmerksamkeit, das besagt, daß jede Idee, auf die man sich intensiv konzentriert, dazu tendiert, auch realisiert zu werden* (Bernheim, 1889; Pierce, 1924). Dieses Gesetz hat eine *große psychologische, soziale sowie forensische* Bedeutung und wird nach und nach näher zur Diskussion gelangen (siehe auch Jovanović, 1989).

(2) *Das Gesetz des umgekehrten Effektes*, das besagt, je intensiver man sich psychisch anstrengt, etwas zu erreichen, desto weniger hat man die Chance, zum gewünschten Erfolg zu kommen. LeCron und Bordeaux (1947) führen hier als Beispiele die Schlafgestörten an, die immer wieder versuchen einzuschlafen; je fester sie sich aber vornehmen, einschlafen zu wollen, desto wacher werden sie. Eine ähnliche Situation sei bei Hypnose gegeben; *je mehr die Vp versucht mitzuwirken, je stärker sie sich anstrengt, die Hypnose zu erreichen, desto weniger ist ihr die Chance gegeben*, hypnotisiert zu werden. Eine *passive* oder *direkte Kooperation* ist daher von primärer Bedeutung (LeCron und Bordeaux, 1947).

(3) Zu diesen zwei Gesetzen von Baudouin (1922) sowie Coué (1923) hat Pierce (1924) noch *ein drittes* hinzugefügt, nämlich *das Gesetz des dominanten Effektes*. Dieses Gesetz basiert auf dem *Axiom*, daß *jede schwächere Emotion durch eine stärkere verdrängt oder besiegt wird*. Je mehr man emotional an eine Suggestion gebunden ist, desto effektiver wird sie auch sein. Wenn nach dem ersten Gesetz der Suggestion (unter Punkt 1) jede Idee dazu tendiert, verwirklicht zu werden, dann wird von *zwei Ideen*, die gleichzeitig aktiviert sind, *die stärkere zuerst zum Ausdruck kommen*. Sind zwei *gegensätzliche Ideen* im Gehirn am Werk, z. B. eine, die mit einem *angenehmen Wunsch* und eine andere, die mit *einer Gefahr* verbunden ist, dann wird die letztere die Dominanz ergreifen, *da die Gefahr in der Regel gegenüber dem Wunsch als stärker aufgefaßt wird* (Gindes, 1977). Bei der Hypnose-Suggestion darf man demzufolge *negative Suggestionen nicht* applizieren, selbst wenn es so aussieht, als ob sie helfen würden. «*The functioning of suggestion can be compared to the cutting of a sound track on a phonograph record. With the proper presentation of a suggestion, a deeper track is cut and acceptance becomes more certain. Actually the correct presentation of a suggestion causes a reorganization of thoughts and emotions which leads to a more ready acceptance of the idea. All human emotions, such as anger, fear, anxiety, disgust, love, hunger, serve to influence the mind ... Hence a greater effect can be obtained by combining suggestion with an emotion, deepening the impressed idea by stimulating an emotion which will tie in with it*» (Le Cron und Bordeaux, 1947, Seite 87). Die «Wunderheiler» erzielen ihre Heilerfolge zum Teil auch dadurch, daß sie den Gläubigen *simultan zu den Suggestionen auch religiöse Gedanken vermitteln. Positive Suggestionen sind bei weitem stärker als negative* (Coué, 1923; Davis und Husband, 1931; Fromm und Shor, 1972; Hartland, 1966; Kroger, 1977; LeCron und Bordeaux, 1947).

2.1.3 Vorkommen von Suggestionen

2.1.3.1 Geschichtliches Vorkommen. *Suggestion ist ein Phänomen, das das Leben und Erleben des Menschen (und der Tiere) geschichtlich und gegenwärtig gesehen wesentlich beeinflußt oder bestimmt.* Bereits die ersten Menschen (Kapitel IV) haben sich durch den *Zauber* der Landschaft, durch die *Bedürfnisse* der Existenz, durch das *Streben* nach einer gesicherten Zukunft auf gefährliche Reisen begeben und die Weltkugel mit primitiven Mitteln erobert. Sie erfanden *Landwirtschaft*, *Feuer*, *Metalle*, *Bauten*, *Dämonen*, *Religionen*, *Gott*. Sie folgten immer wieder einem *Heiligen*, einem *Propheten*, einem *mystischen Ereignis*. Der Mensch folgte Moses und wanderte aus Ägypten in das «gelobte Land» Israel. «Wenn ihr in das Land kommt, das euch der Herr gibt, wie er gesagt hat, so begeht diese Feier!» (Exodus, 25). Er folgte Buddha (550–483 v. Chr.) und errichtete eine *Weltreligion*. Er folgte auch Konfuzius (551–479 v. Chr.) und schaffte eine andere *Weltanschauung*. Aber auch die Feldherren konnten sich auf die *suggestive Wirkung* verlassen. Alexander der Große (356–323 v. Chr.) führte Menschen in die Feldzüge gegen Thraker und Illyrier; dann zog er nach Persien und nach Ägypten. Er wurde gefeiert, gründete die Stadt Alexandria. Er besuchte das *Amun-Orakel* in der Oase *Siwa* und erhielt ein Sendungsbewußtsein. Dadurch konnte er *noch suggestiver* wirken. Dann zog er nach Nord-West-Indien – ohne strategische Notwendigkeit – und die Truppen folgten. *Sie meuterten erst dann, als die Suggestion entfiel*. Der Mensch folgte auch Hannibal (247–183 v. Chr.) beim Überschreiten der östlichen Pyrenäen, beim Durchzug durch Gallien und beim Überqueren der Alpen. Die Truppen versagten erst dann die Gefolgschaft, als Hannibal zu verlieren begann – *als die suggestive Wirkung fortfiel*.

Man folgte Jesus Christus von Nazareth und seinen Jüngern. Es entstand *eine neue Weltreligion*. Er heilte auch Kranke durch die Berührung (Suggestion). Im Verlauf der Geschichte entstanden nicht nur *Götter* und ihre *Gesandten*, sondern auch *Satane*, *Teufel*, *Dämonen*. Auch an die glaubte man und wehrte sich dagegen. Im Mittelalter sowie im 16. und 17. Jahrhundert (Kapitel VI) wurden *Kreuzzüge*, *Hexenverbrennungen*, *Teufelsaustreibungen* unternommen. Das Volk glaubte und folgte, ohne Kritik und Zögern. *Die Suggestion war stark*. Man folgte auch Napoleon Bonaparte (1769–1821) bis in das tiefe Rußland, um dort zu erfrieren und zu verbluten. Man folgte Adolf Hitler (1889–1945) und richtete ein Unheil an, eine Veränderung der Weltordnung, *deren Auswirkungen noch unabsehbar sind*. Die Jugend folgte den neuen «Propheten» (Bhagwan, Moon), den Sektierern, den Scharlatanen, den Betrügern.

2.1.3.2 Suggestionen im täglichen Leben. Aus dem täglichen Leben führen wir hier nur *vier Beispiele* an.

(a) *Die Mode* ist z. B. fast nur auf *Suggestion* aufgebaut. Sie ist veränderbar, die Suggestion auch. Eine Moderichtung durchquert die ganze Erde, ganz gleich, wieviel Zeit dazu benötigt wird und welche politischen Systeme in den einzelnen Ländern herrschen. In den Kaufhäusern spielt fortlaufend eine *dezente*, *beruhigende Musik*. Die Ware, die schneller verkauft werden soll, ist *in Augenhöhe* der Kunden gelagert. Die Preise werden nicht aufgerundet, *sondern enden darunter*, *mit einer ungeraden Zahl*. Aufgänge, Treppen und Rolltreppen sind so angelegt, daß sie suggestiv wirken. Die Massenmedien beeinflussen ebenfalls. Durch *permanente suggestive Reklame* werden die Wünsche der Kunden gesteuert.

(b) Dem Buch von Schmitz (1951) entnehmen wir folgendes Beispiel: «Vor etwa 25 Jahren erschienen in Berliner Zeitungen und auf den Anschlagsäulen Reklamen: *Mensch sei helle, trink Hartwig-Quelle!* Dieses neu entstandene Heilwasser sollte für alle möglichen Leiden von vorzüglicher Wirkung sein. Sehr bald türmten sich auf den Schreibtischen der Hartwig-Gesellschaft die Anerkennungsschreiben von Patienten und Ärzten; der Umsatz stieg. Doch eines Tages versiegten die Reklamen. Stattdessen las man von einer Gerichtsverhandlung, in der nachgewiesen wurde, daß die Heilquelle aus dem Berliner Wasserleitungsnetz sprudelte. Die anderen Berliner, die das Wasser direkt aus der Wasserleitung tranken, fanden keine Besonderheiten; *es war nur billiger*.»

(c) *In der Medizin* sind die Beispiele für suggestive Wirkungen unerschöpflich. Viele wissen aus eigener Erfahrung, daß die Zahnschmerzen in den früheren Zeiten, *als die Lokalanästhesie noch nicht überall üblich war*, nach dem Betreten des Warteraumes des Zahnarztes verschwinden konnten. Heute ist das plötzliche Verschwinden der Zahnschmerzen noch im Wartezimmer viel seltener geworden, da man Zahnbehandlungen fast nur noch unter *Lokalanästhesie* vornimmt.

(d) Ebenfalls aus dem Buch von Karl Schmitz (1951) führen wir folgendes Beispiel an: «Ein Genesender behauptete, von seiner *unheilbaren* Krankheit durch ein *Zauberwort* des Professors geheilt worden zu sein. Man forschte nach diesem zaubermächtigen Wort und erfuhr: Bei der Visite hatte der Professor – zu einem Assistenten gewandt – gesagt: *incurabilis* (unheilbar).» Solche und ähnliche Beispiele sind auch bei Langen (1972) zu finden.

2.1.3.3 Suggestionen in besonderen Situationen. *In einigen besonderen oder Ausnahmesituationen* können die Suggestionen eine unübersehbare Wirkung entfalten:

(a) *Bei großen Menschenansammlungen* (Fußballplätze, Kinoräume, Theatervorstellungen, öffentliche Veranstaltungen) kommt es nicht ganz selten zu Unfällen mit vielen Toten und Verletzten, nur aus der Panik heraus, der oft eine belanglose Ursache vorausging (siehe Fußballstadion in Brüssel im Jahre 1985). Bei einem Brand in einem großen Raum drängen die Menschen an die Tür und versperren sich den Fluchtweg, obwohl es oft möglich ist, sich geordnet durch die Türe zu retten. Die *Angst* und der *suggestive Instinkt* (Schema 6) *des Erhaltungstriebes* wirken in diesen Fällen als Anstoß. Die Summation (die Verstärkung nach dem dritten Suggestionsgesetz) tut das ihrige.

(b) Wie in den Kapiteln IV–VI angedeutet wurde, können besondere Situationen die Stimmung des Menschen verändern, so daß er in seinem ganzen Wesen anders eingestellt wird. Diesen Faktor haben viele politische Führungen ausgenutzt, um ideologische oder andere Ideen durchzusetzen. Zu Zeiten der Arbeitslosigkeit, der Inflation, der Verschlechterung der sozialen Lage der Bevölkerung taucht ein «Heiliger» auf und beginnt mit *Uniformieren, Marschieren, Marschmusik, großen Reden mit Versprechungen.* Die soziale Lage ist ein *Faktor;* die zuletzt erfolgten Maßnahmen ein *Zusatzfaktor.* Die Masse der Bevölkerung folgt, bis womöglich das Unheil eintritt und darüber hinaus; am *Zweiten Weltkrieg* haben wir ein trauriges Beispiel hierfür. Die geschichtliche Entwicklung hat uns viele solcher Beispiele vor Augen geführt.

(c) *Bei Naturkatastrophen* verändert sich das Verhalten der Menschen, ähnlich wie bei den Beispielen unter (a). Nicht selten verhält sich der Mensch in solchen Situationen bestialisch, obwohl er im täglichen Leben ein «Biedermann» gewesen ist. *Die Suggestionen verstärken sich also in positiver aber auch in negativer Richtung.* Dies gilt allerdings mehr für die *allgemeinen* als für die *speziellen (hypnotischen) Suggestionen*, weil bei den letzteren vorwiegend *eine positive Einstellung* angestrebt wird (siehe oben).

(d) *Bei Religionen und Sekten* findet man eine mehr oder weniger spontane, mehr oder weniger stürmische Bewegung in Richtung der «Prophezeihung». Verbindet man die Prophezeihung mit einer väterlichen Betreuung (Bezugsperson) oder ähnlichem, so hat man bald eine große Organisation hinter sich und mit sich. *Zwei gleichlaufende Suggestionen haben sich mit Erfolgt verstärkt.*

2.1.3.4 Eigene vorwissenschaftliche Erfahrungen: PR-VI-200-1-384. Der Autor dieser Zeilen stammt aus einer Ortschaft mit 400–500 Einwohnern, die etwa 2–4 km weit von der jugoslawisch-bulgarischen Grenze in einem gottverlassenen Tal liegt. Die nächste Eisenbahnstation ist 15 km von der Ortschaft entfernt, und die Dorfbewohner hatten vor und einige Zeit nach dem Zweiten Weltkrieg beim Verreisen diese Strecke zu Fuß zurückzulegen. Die Züge kamen und fuhren gegen Mitternacht. Die Fahrgäste, Bewohner des Dorfes, hatten vor oder nach der Zugfahrt noch *drei Stunden lang zu Fuß* zu marschieren und kamen dabei an *Schluchten und Tälern* vorbei, die besonders im Winter beschwerlich zu überwinden sind. In einer solchen Abgeschiedenheit lebend, haben sich die Dorfbewohner mit ihren «Dämonen» «angefreundet», und es war für niemanden ein Wunder, wenn der eine oder andere eines Morgens über Dämonen, Feen, Drachen berichtete. (a) So sei eines Nachts (Fall 01) ein Dämon durch eine verriegelte und von innen noch durch einen Pfahl zugestemmte Tür eingedrungen und habe eine 56 Jahre alte Frau «grün und blau» geschlagen, weil sie ihm untreu gewesen sei. Am nächsten Morgen wurden bei der Frau am Körper tatsächlich zahlreiche blaue Flecken (Hämatome) und einige Abschürfungen mit Platzwunden gefunden, ohne daß die Tür aufgebrochen worden war. (b) *Ein Mann* (Fall 02) habe mit einem weiblichen Dämon jahrelang sexuell gelebt, bis es eines Tages zu einer tragischen Verwechslung gekommen sei; der Dämon sei mehrmals in der Gestalt der Schwester des Mannes erschienen. Der Mann habe bei dieser Verwechslung seine leibliche Schwester sexuell belästigt. (c) *Ein sechs Jahre altes Mädchen* (Fall 03) sei eines Tages ernsthaft krank geworden und habe nicht mehr aus dem Bett aufstehen können. Kein Arzt habe ihm helfen können. Als man nach Anweisung einer Wahrsagerin dem Teufel an einer Landweg-Kreuzung reichliches Essen und viel zu trinken habe liegen lassen, sei das Mädchen gesund geworden und habe das Bett verlassen. Der Teufel sei aus Dankbarkeit aus dem Körper des Mädchens ausgefahren. Viel später erfuhr man, daß ein Dorfbewohner (der nicht an den Teufel glaubte) das Essen und die Getränke konsumierte. *Aber daran glaubte keiner der Dorfbewohner.* Viele andere ähnliche Ereignisse, die sich *suggestiv* auf Menschen des besagten Dorfes ausgewirkt haben könnten, werden von uns voraussichtlich zu einem späteren Zeitpunkt ausführlich beschrieben.

2.1.4 Suggestionsformen und Suggestionsarten

Stokvis und Pflanz (1961) haben einige *Suggestionsformen* ausgearbeitet, je nachdem, ob der *Suggestor* sie *unabsichtlich* oder *absichlich* gibt und der *Suggerierte (Suggerendus)* sie *unvorhergesehen* oder *vorhergesehen* annimmt. Nach diesen Autoren würden *vier Suggestionsformen* (Schema 8) bestehen, die sich jedoch auf zwei reduzieren lassen.

(1) *Unvorhergesehene Suggestionen* beinhalten
(aa) *unabsichtliche Subformen*, die am häufigsten im Alltag vorkommen (siehe oben). In der hypnotherapeutischen Praxis spielen diese eine große Rolle, *weil weder Suggestor noch Suggerendus merken, daß es zwischen ihnen einen suggestiven Vorgang gebe.*
(bb) *Absichtliche Suggestionen* werden zwar vom Suggestor bewußt gegeben, der Proband/Patient merke es aber nicht. Auf diese Form von Suggestionen verlassen sich auch *Reklame* und *Propaganda*. Sie wirken auch dann (Langen, 1972), wenn alles Suggestive bewußt abgelehnt werde. Bei hoher Suggestibilität sei der Erfolg dieser Suggestionsform relativ groß. Sie wird z. B. bei der *Gabe von Pharmaka* benutzt, um den Effekt zu verstärken (Kapitel IX.2.2.7 und IX.4.2.4.23).

(2) *Vorhergesehene Suggestionen* haben ebenfalls eine
(aa) *unabsichtliche Subform*, die insbesondere dann zum Ausdruck komme, wenn der Patient *zur Behandlung mit einer starken Suggestionsbereitschaft* erscheine, obwohl der Behandelnde meine, daß seine spezielle Methode und nicht die eventuell damit verbundene Suggestion helfe (siehe unten).
(bb) *Die absichtliche Subform* liege dann vor, *wenn ein Patient einen Hypnotherapeuten um eine Suggestion bitte.* Bei der Hypnotherapie wird die bewußt vom Hypnotherapeuten

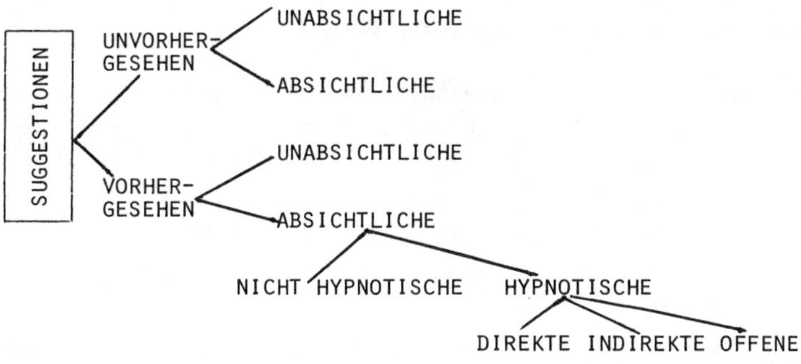

Schema 8: Suggestionsformen und Suggestionsarten (nach Stokvis und Pflanz, 1961) (aus dem Text von Langen, 1972, Seite 8–9 zusammengesetzt)

gegebene Suggestion durch die Suggestionsbereitschaft des Patienten verstärkt. *Die Hypnotherapie arbeitet hauptsächlich mit dieser Suggestionsform.*

Nach der Art der Suggestionsverabreichung können die Suggestionen *direkt* oder *indirekt* sein (Schema 8). Während man sich mit *direkten Suggestionen* unmittelbar an den Patienten wende, werden die *indirekten Suggestionen* an Dritte gerichtet. Im letzteren Fall seien die Suggestionen nach Langen (1972) wesentlich intensiver als im ersteren, weil der Patient im allgemeinen begierig auf das höre, was *über* ihn gesprochen werde.

Milton H. Erickson und seine Schüler legen großen Wert auf die Unterscheidung zwischen *den direkten und indirekten Suggestionen* und arbeiten sehr intensiv mit diesen Suggestionsformen (Erickson und Rossi, 1981). Die gleichen Autoren verwenden sogar den Begriff *offene Suggestion* (Erickson und Rossi, 1981; Rossi, 1972), die ein Mittel sei, mit dem therapeutischen Problem fertig zu werden. *Offene* Suggestionen ermöglichen dem Patienten, *die am leichtesten verfügbaren Reaktionsmöglichkeiten explorieren und nutzbar machen zu lassen* (Kapitel XII).

Eine direkte Suggestion appelliere an den *bewußten* Verstand und löse ein bestimmtes Verhalten aus, wenn wir mit der Suggestion einverstanden seien und die Fähigkeit besäßen, sie willentlich zu befolgen. Wenn der bewußte Verstand eine ähnliche Fähigkeit hätte, *psychologische Suggestionen jeder Art auf angenehme und freiwillige Weise zu befolgen, dann wäre die Psychotherapie eine einfache Angelegenheit.* Sie funktioniere offenkundig nicht (Erickson und Rossi, 1981). Dieselben Autoren führen für die *indirekte Suggestion* an, sie sei eine Methode zur Auslösung und Förderung solcher *Suchvorgänge* auf einer *unbewußten Ebene.* Wenn es sich herausstelle, daß das Bewußtsein außerstande sei, eine direkte Empfehlung zu befolgen, könne man den Versuch unternehmen, *durch indirekte Suggestion eine unbewußte Suche nach einer therapeutischen Lösung in Gang zu setzen* (Kapitel XII). Die naive Auffassung von direkter Suggestion gehe davon aus, daß der Patient alles, was ihm der Hypnotherapeut auftrage, passiv ausführe. Bei einer Verwendung von indirekter Suggestion sei man sich jedoch als Hypnotherapeut bewußt, daß das suggerierte Verhalten in Wirklichkeit eine subjektive Reaktion sei, die im Patienten zustande komme. Die indirekten Formen von Suggestionen seien *semantische Folien,* die das Erleben neuer Reaktionsmöglichkeiten erleichtern würden. *Offene Suggestionen erfolgen sowohl auf der Ebene der bewußten Wahl als auch auf der des unbewußten Determinismus und seien deshalb sehr hilfreich,* wenn man mit den direkten oder indirekten Suggestionsarten nicht weiterkomme (Kapitel XII).

2.1.5 Suggestionsstadien und Suggestionsvorgang

Der *Suggestionsprozeß (-vorgang)* kann nach Stokvis und Pflanz (1961) sowie Langen (1972) *in vier einzelne Stadien* eingeteilt werden. Gemäß dieser Vorschläge und unserer Erfahrungen stellen wir eine Erweiterung auf *sieben* Stadien zur Diskussion (Schema 9):

(1) Nach Schema 9 und den Ausführungen in Kapitel VII muß der Suggerendus (Proband, Patient) schon *im Rahmen seines biologischen Kollektivs* einen *suggestiven Instinkt* (Schema 6) besessen haben, die Suggestionen als solche zu aktzeptieren. Das wäre das *allererste Vorstadium* der Suggestionen.

(2) Nachdem der Suggerendus diesen suggestiven Instinkt besitzt, kann er *im Rahmen seiner kollektiv/individuellen Entwicklung* eine *suggestive Einstellung* erwerben. Der Mensch wird *bereit*, sich mit Suggestionen auseinanderzusetzen. Diese Einstellung wird somit im konkreten Fall zu einer *suggestiven Bereitschaft*. Diese Bereitschaft ist noch immer *allgemein und muß nicht eine spezielle Suggestion* erfassen.

(3) *Das labile Vorstadium* nach Stokvis und Pflanz (1961) (siehe auch Langen, 1972) hänge von den vorherigen Stadien ab und werde mit positivem Ausgang wesentlich kürzer oder auch wesentlich länger, womöglich mit Abbruch des Suggestionsvorganges. In diesem Vorstadium beginnt sich die suggestive Einstellung und allgemeine suggestive Bereitschaft zu *konkretisieren*. Nach Stokvis und Pflanz (1961) spiele sich dabei ein fast *unmerkliches Ringen um die Position des Partners* ab – mit Ausnahme bei der absichtlichen und vorhergesehenen Suggestion, in der dieses Vorstadium stark verkürzt und deformiert sei. Die eindeutige Klärung der Rangordnung sei wesentlich für die Frage, *in welche Richtung der Strom der Suggestionen ablaufen solle*. Die Klärung der Rangordnung sei nach Langen (1972) bei schwierigen Patienten problematisch, so daß unter Umständen der Kampf um die *Rangposition* unentschieden ausgehe und eine Suggestion von vornherein zum Scheitern verurteilt sei (Langen, 1972; Stocksmeier, 1984; Stokvis und Pflanz, 1961).

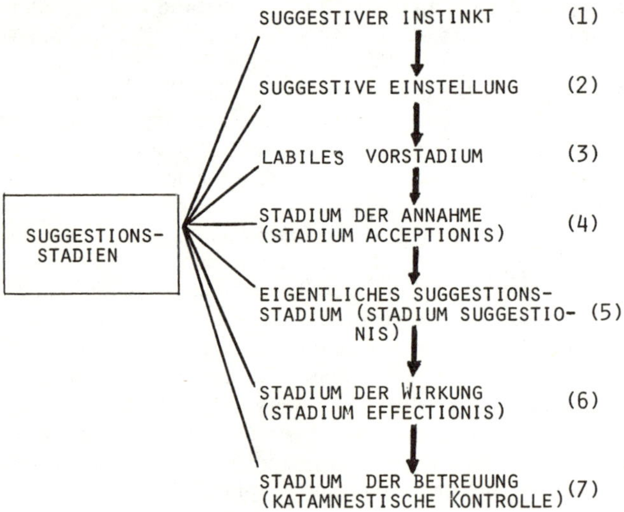

Schema 9: Stadien der artefiziellen Suggestionen (nach Stokvis und Pflanz, 1961) (aus dem Text von Langen, 1972, Seite 9–10) (eingeschlossen ist der suggestive Instinkt, die suggestive Einstellung und das Stadium der Betreuung nach eigener Auffassung des Problems)

(4) *Das Stadium der Annahme (stadium acceptionis)* entwickele sich nach Stokvis und Pflanz (1961) nachdem die Rangordnung geklärt und die *Wir-Bildung* aufgebaut sei. Die Autoren verstehen unter diesem Begriff *die gegenseitige Annahme und unausgesprochene Anerkennung des Partners in Rolle und Gegenrolle, so daß ein sozialer Grundvollzug entstehe.*

(5) *Das eigentliche Suggestionsstadium (stadium suggestionis)* entstehe dadurch, daß der *Suggestor* dem *Suggerendus* die *Suggestionen* unter Umgehung der rationalen Persönlichkeitsanteile «unterschiebe». *Der Suggestor sei aktiver, jedoch auf die Gegenkontrolle des Suggerendus angewiesen* (Langen, 1972).

(6) *Im Stadium der Auswirkung (stadium effectionis)* werde nach Stokvis (1959), Stokvis und Pflanz (1961) die Suggestion *realisiert.* Jetzt spiele der Suggerendus die Hauptrolle. Die Effektivierung des Suggestionsinhaltes gehe jedoch nicht wie in einem Automaten vor sich oder wie in einem physiologischen Modell, unbeeinflußt vom Äußeren, sondern sie stehe auch noch unter den Einflüssen der Umwelt, hier besonders unter denen des Suggestors. *Dieses Hin und Her von Wahrnehmung und Äußerung auf der Grundlage eines zwischenmenschlichen Vorganges sei der wahre Motor des Auswirkungsstadiums* (Stokvis und Pflanz, 1961).

(7) Nach unserem Schema 9 ist auch ein Stadium der *katamnestischen Kontrolle* vorgesehen, das bei einer Hypnotherapie nicht fehlen darf. Dieses ist jetzt mit *suggestiven Erfahrungen* angereichert und wird bei den eventuellen nächsten Suggestionen entsprechend realisiert. Der Suggerendus kann in diesem Prozeß auch andere Auffassungen erfahren, die unter Umständen zur Änderung der Meinung über den davor agierenden Suggestor führen können.

2.1.6 Zur Bewußtseinslage bei Suggestionstherapie

2.1.6.1 Wachsuggestionstherapie. Bei der *Wachsuggestionstherapie* sei das Bewußtsein des Probanden/Klienten/Patienten (Suggerendus) mehr oder weniger unverändert. In diesem Falle ist es besser, von einem *unveränderten Wachbewußtsein als vom Bewußtsein* allein zu sprechen. Diese Suggestionsdarbietung wird insbesondere bei den *indirekten Hypnosetechniken* (siehe unten) angewandt. Die Behandlungsart schließt auch die *Persuasionsbehandlung* ein (Kroger, 1977). Die Auffassungen über die Wachsuggestionstherapie haben sich inzwischen geändert (siehe unten).
Die innere Haltung werde durch *Trösten, Beruhigen, Bagatellisieren, Ignorieren, Verniedlichen, Ermutigen, Überreden (Persuasion)* aber auch *Überrumpeln* (bei autoritären Hypnosetechniken) geändert (s. Kapitel XV). *Die äußere Haltung* werde vor allem durch *moralische Abhärtung, Abstinenz und Askese, Milieuwechsel, Isolierung* nach Déjérine und Gaukler (1913) und *Übungstherapie* in ihren verschiedenen Formen beeinflußt. Zu den *gruppenweise* suggestiv wirkenden Therapien rechnet man nach Stokvis (1959), Stokvis und Pflanz (1961) die *suggestive Diskussiontherapie*, die *Lehr- und Gruppentherapie*, die *Aktivitätstherapie und darstellende Gruppentherapie (Psychodrama)* (Kapitel X und XX sowie Langen, 1972).

2.1.6.2 Hypnosuggestivtherapie. *Bei der Hypnosuggestivtherapie* handelt es sich um ein suggestives Verfahren, bei dem zuerst ein *unterwacher Bewußtseinszustand* eingeleitet wird. Diese Suggestionsform wird insbesondere bei den *direkten Hypnosetechniken* angewandt. In der letzten Zeit strebt man mehr eine Wachsuggestionstherapie an, weil dabei der Hypnotisand die Hypnose *nicht als autoritär* empfindet (Kapitel XI–XX).

2.2 Suggestibilität und Suggestibilitätsproblematik

2.2.1 Begriffe und Definitionen

Begriffe und Definitionen der Suggestibilität variieren von einer Publikation zur anderen. Im allgemeinen scheinen jedoch die meisten Autoren anzunehmen, *daß die Suggestibilität die Eigenschaft des Menschen ist, eine suggerierte Idee unkritisch zu akzeptieren, deren Effekt in der Regel durch die Messung der Psychomotorik erfaßt werden kann* (Grimes, 1948; Hull, 1933; Weitzenhoffer, 1953). Eine relativ häufig zitierte Arbeit auf diesem Gebiet ist die von Prideaux (1920), der *vier Typen der Suggestibilität* beschrieb: (a) *den individuellen*, (b) *den konditionierten*, (c) *den spezifischen* und (d) *den persönlichen (privaten)*. Andere Autoren sprechen davon, *daß die Reaktibilität auf eine Suggestion (Suggestibilität) durch die Antwort auf verschiedene Typen früherer Suggestionen erleichtert wird*. Hull (1933), Jenness (1933), Berreman und Hilgard (1936), Coffin (1941), Eysenck und Furneaux (1945), Grimes (1948), Weitzenhoffer (1953) sowie Deckert und West (1963) referieren diesbezügliche ältere und neuere Literatur.
Nach Langen (1972) (Stocksmeier, 1984) entspreche *die Bereitschaft und Aufnahmefähigkeit des Suggerendus der Fähigkeit des Suggestors, Gedanken und Vorstellungen auszudrücken und sie einem anderen darzubieten. Die Beeinflußbarkeit sei dem Menschen eigentümlich und gehöre zu ihm wie andere Merkmale seiner Persönlichkeit auch*. Sie werde oft nicht als etwas Natürliches angesehen, sondern als eine Art Schwäche. Die gegenseitige Beeinflußbarkeit mache jedoch das Zusammenleben der Menschen erst möglich. *Fehlende Suggestibilität sei deshalb hochgradig pathologisch und komme praktisch nur bei akuten, aber auch bei chronischen psychiatrischen Patienten vor* (exogene und endogene Psychosen). Aus seiner eigenen Einstellung leitet Langen (1972) die Kontraindikationen für eine Hypnosebehandlung bei psychiatrischen Patienten ab. Derartige Ansichten haben sich seit neuestem grundlegend geändert (Erickson und Rossi, 1981; Kroger, 1977; Svoboda, 1984; Wolberg, 1948a, b, 1977a, b) (Kapitel X–XX und Jovanović, 1989).

2.2.2 Vorkommen von Suggestibilität

Das Vorkommen der Suggestibilität ist im Alltag gegenwärtig. Sie erscheint in *verschiedenen Formen und Ausprägungen*. Langen (1972) unterscheidet eine *allgemeine* und eine *situationsabhängige Suggestibilität*.

(a) *Die allgemeine Suggestibilität* sei abhängig von den einzelnen Persönlichkeitsmerkmalen wie Kontaktfähigkeit, emotionaler Schwingungsfähigkeit und der Bereitschaft, sich einzuordnen. Sie sei ferner *abhängig vom Lebensalter*. *Kinder* seien im allgemeinen sehr suggestibel. Hier genüge ein kleiner Anreiz oder eine geringfügige Suggestion, um das Angebotene zu verwirklichen. *Pubertierende* seien deutlich geringer als Kinder und Erwachsene suggestibel. Im *Erwachsenenalter* habe die Suggestibilität das für den einzelnen typische Ausmaß erreicht und bleibe im wesentlichen gleich. *Im höheren Alter* lasse die allgemeine Beeinflußbarkeit zunehmend nach. Nur in Einzelbereichen – die mit dem Alter zusammenhängen – bestehe eine *selektive Hypersuggestibilität* – z. B. im *testamentarischen Bereich*. Die Suggestibilität sei auch abhängig von der *Intelligenz* (siehe unten).

(b) *Die situationsabhängige (darunter auch die spezifische) Suggestibilität* sei je nach Grundstimmung verschieden. Die *Erhöhung der spezifischen Suggestibilität* (Kapitel IX.2.2.5–2.2.8) sollte man – nach Langen – zu *Heilungszwecken* ausnutzen. *Eine der spezifischen Suggestibilitäten ist die hypnotische Suggestibilität*, obwohl die Trennung von der allgemeinen Suggestibilität nicht immer leicht ist (Cohen, 1984) (s. dazu Schema 6 und Kapitel VII).

2.2.3 Suggestibilität und Suggestor

Es ist generell bekannt, daß die positive Einstellung gegenüber dem Suggestor die Suggestibilität der Suggerenden steigert. Experimentell ist diese Frage wenig erforscht. Insbesondere soll beim Erfolg der Suggestionen und beim Ausmaß der Suggestibilität des Suggerendus die *Persönlichkeit des Suggestors* (Hypnotiseurs) eine große Rolle spielen (Aveling und Hargreaves, 1921; Evans, 1963, 1967; Jovanović, 1988b, 1989; Remmers et al., 1940; Stukát, 1958). Nach einer Beobachtung von Das (1960) steigt die Suggestibilität, wenn anstelle von Mitarbeitern der Chef des Institutes selber die Suggestibilitätsprüfung (postural body sway) vornimmt. Bei einer anderen Untersuchung (Zuckerman und Grosz, 1958) konnte nachgewiesen werden, daß die *abhängigen Personen* (Schwestern-Schülerinnen) suggestibler seien als die übrigen. Kinder (Jakubczak und Walters, 1959) mit Neigung zu einem *autokinetischen* Effekt waren suggestibler als unabhängige. *Anwesende Erwachsene beeinflußten den Test mehr als zwei andere anwesende Kinder.*
In einem Versuch wurden z. B. vier verschiedene Persönlichkeitseigenschaften, abgeleitet von zwei Graden der *Extraversion* und der *Introversion* und zwei Graden des *Neurotizismus* eines Probanden in bezug auf die Suggestibilität für Wachsuggestionen getestet. Dabei konnten Stukát (1958) sowie Evans (1967) finden, daß *gewisse Persönlichkeitsmerkmale des Suggestors unterschiedliche Auswirkungen* auf die Reaktivität der Suggerenden haben können. Dies wurde besonders dann deutlich, wenn man generelle Meinungen über die *primäre* und *sekundäre* Suggestibilität berücksichtigte. Hedberg (1974) wollte darüber hinaus wissen, ob bei der Suggestibilität gewisse *Verhaltensweisen des Suggestors und die Interaktion zwischen Suggestor und Suggerendus* eine Rolle spielen. Zu diesem Zweck bemühte er 160 gesunde Studentinnen (Vpn) im Alter von 18,05 Jahren (SD = 1,26). Sie wurden nach ihren Neurotizismus- und Extraversions-Scores (Eysenck-Personality Inventory; Eysenck und Eysenck, 1963) ausgewählt. Das Untersuchungsgut verteilte sich auf 40 Neurotisch-Extravertierte, 40 Neurotisch-Introvertierte, 40 Stabil-Extravertierte und 40 Stabil-Introvertierte. Personen über vier Punkte in der Skala wurden nicht zum Versuch zugelassen. Als Experimentatoren (Es) beteiligten sich am Versuch vier Frauen. Die Es waren dafür ausgebildet, vier Suggestibilitäts-Tests nach den Standardkriterien durchzuführen. Daraufhin wurden sie im Rollenspiel angeleitet. Auswertung und statistische Datenverarbeitung ergaben, *daß das Verhalten der Experimentatoren (Suggestoren) einen signifikanten Einfluß auf die primäre Suggestibilität der Vpn ausgeübt hat* (Wachsuggestionen). Im Falltest (body sway) ergab sich eine signifikante *positive Beeinflussung* der primären Wachsuggestibilität, wenn sich die Es introvertiert verhielten. Dies stimmte mit den früheren Resultaten von Barber (1964), De Rivers (1959) sowie Stukát (1958) überein, bei denen die *nicht-forcierten und nicht-autoritären Methoden der Experimentatoren eine positivere Wirkung auf die primäre Suggestibilität aufwiesen.* Darüber hinaus fand Hedberg (1974), daß die primäre Suggestibilität (passive Motorik) bei *neurotischen Vpn* positiv beeinflußt wird, wenn sich die Es introvertiert verhalten. *Ein Übergang zu einem mehr extravertierten Verhalten führte zu einer restriktiven Haltung bei neurotischen Vpn und zu einer Minderung der Suggestibilität.* Es ist auch möglich – betont Hedberg (1974) – daß die Interaktion des Suggestors/Suggerendus die Basis für uneinheitliche Befunde schafft. Die zweite Frage war, ob die *Rolle* der Es, die ihrer aktuellen Persönlichkeit sehr ähnlich ist, die Suggestibilität des Suggerendus beeinflussen kann. Da die Rolle des Suggestors für die Suggestibilität des Suggerendus wichtig sei, sollte man bei den Berichten über die Suggestibilität der Vpn auch diesen Faktor anführen. Dies würde auch unseren Vorstellungen entsprechen.

2.2.4 Suggestibilität und Suggerendus

Bereits aus den Befunden von Aveling und Hargreaves (1921), Baumgartner (1931), Wells (1931), White (1930) sowie Hedberg (1974) geht hervor, *daß neben der Persönlichkeitsstruktur und dem Verhalten des Suggestors auch und vor allem der Suggerendus bei der Suggestibilität eine wichtige Rolle spielt.* Insbesondere wurde in den letzten Jahren seitens der Hypnose-Forscher die Aufmerksamkeit auf die *Persönlichkeitsmerkmale des Suggerendus* gelenkt. Travis (1924a, b) konnte keine Beziehung etwa zwischen *Suggestibilität und Neurotizismus* nachweisen. Bartlett (1936a, b, 1937) fand dazu keine Zusammenhänge zwischen der *Neurose und Suggestibilität*, im Vergleich mit der neurotizistischen Neigung bei gesunden Probanden. Nicht viel besser ist es Roach (1941, 1947) ergangen, der ebenfalls versuchte, *Suggestibilität und Extraversion/Introversion* in eine Korrelation zu bringen. Die Resultate waren kontrovers. Grimes (1948) versuchte, Merkmale wie *Wille*, *Extraversion*, *Dominanz*, *Abhängigkeit* mit der Suggestibilität in Beziehung zu bringen und war mit den Resultaten nicht zufrieden. Kelman (1950) beabsichtigte, die Suggestibilität in einer autokinetischen Situation zu prüfen und stellte fest, daß diese eine frühere Erfahrung reflektiere. Es wurden Korrelationen zwischen der *Suggestibilität und Persönlichkeitsmerkmalen* gefunden. Positiv war die Korrelation mit dem Faktor *Aszendenz*, *Selbstvertrauen* und *Mangel an nervöser Spannung*. Steisel (1952) testete 12 Hypothesen der möglichen Beeinflussung der Suggestibilität nach dem *Rorschach-Test* (Indikatoren der Suggestibilität). Auch nach dieser Methode konnte keine sichere Beziehung der Suggestibilität mit den Rorschach-Variablen der Suggestibilität gefunden werden. Zwanzig Jahre nach der Publikation von Hull (1933) hat Weitzenhoffer (1953) neue Elemente zutage gebracht. Er identifizierte die *Suggestibilität* als ein universelles Phänomen, stellte aber fest, daß diese vielleicht *kein einheitliches Persönlichkeitsmerkmal* sei. Er meinte, daß sich die Suggestibilität bei gesunden und nicht gesunden Menschen *nur im Grad der Ausprägung* voneinander unterscheidet. Die ganze vor ihm entstandene Literatur beurteilend, sagte Weitzenhoffer (1953): «Wenn wir den Neurotizismus als Resultat einer statistischen *psychiatrischen* Untersuchung definieren, dann bekommen wir als Ergebnis, daß die Neurotiker mehr suggestibel sind als gesunde Menschen. Auf der anderen Seite, wenn wir die Neurose nach den *Persönlichkeitsmerkmalen* (Persönlichkeits-Tests) definieren, unterscheiden sich die Neurotiker bezüglich der Suggestibilität nicht von Gesunden». Dies betrifft insbesondere das Merkmal Introversion/Extraversion. Eysenck (1954) neigte zu einer ähnlichen Meinung. Ingham (1954) fand nach der Applikation des Falltests (postural body sway) *eine stärkere Suggestibilität bei Neurotikern* als bei Gesunden. Später (1955) berichtete er über ähnliche Resultate nach Anwendung des *Arm-Vorhalte-Versuches* als Suggestibilitätstest. *Die medikamentös sedierten Neurotiker waren suggestibler als die nicht sedierten* (Ingham, 1956). Der Autor fragte sich gleich, ob die früheren Befunde ganz stimmen, da die Neurotiker oft sediert worden waren, ohne daß dies in den Resultaten festgehalten wurde.

Furneaux (1961) benutzte den *Maudsley Personality Inventory (MPI)*, um Neurotizismus/Extraversion zu bestimmen. Als Instrument zur Suggestibilitätsprüfung nahm er den *Chevreul-Pendeltest* in Anspruch (Kapitel XIV.2). Und schließlich prüfte er die Suggestibilität durch den *(Rück)Falltest.* Er berichtete, daß der Körperschwingungstest (body sway) bei stabilen Extravertierten und Neurotikern/Introvertierten länger zu sein scheine als bei stabilen Introvertierten und Neurotikern/Extravertierten. In einem späteren Versuch fand Furneaux (1963) eine gewisse Bestätigung seiner früheren Befunde. Er berief sich dabei auf Furneaux und Gibson (1961) und faßte seine jetzige Hypothese wie folgt zusammen:

(a) Der Suggestibilitäts-Test oder eine hypnotische Situation korreliert positiv mit Neurotizismus und mit Extraversion, gemessen mittels MPI;

(b) Der effektive Trieb (effective drive) ist eine Funktion der besten Situation und des schönsten Erlebnisses der Vp;

(c) Die Suggestibilität ist – mit gewissen Einschränkungen – eine positive Funktion des Triebes;

(d) Für Werte, die für den effektiven Trieb größer als im Yerkes-Dodso-Optimum sind, gibt es eine negative Funktion des Triebes. Daraus ergaben sich andere Folgerungen von Furneaux:
(da) *In der Gruppe, in der stabile und introvertierte Vpn dominieren*, korrelieren die Suggestibilität und die Hypnotisierbarkeit positiv mit Neurotizismus und mit Extraversion.
(db) *In den mehr heterogenen Gruppen* wird die Produkt-Moment-Korrelation zwischen dem Neurotizismus und der Antwort auf Suggestionen beträchtlich beeinflußt durch die Verteilung der neurotischen und extravertierten Personen innerhalb der Gruppe. Wenn die Vpn mehr extravertiert sind, dann kann die Korrelation entweder positiv oder negativ sein, abhängig vom angewandten Test, der Stellung der Neurotizisten/Neurotiker in der Skala und der Testsituation. Bei der prädominant introvertierten Gruppe wird die Korrelation normal oder positiv sein.
(dc) Wenn der Druck in der Untersuchungssituation zunimmt, dann nimmt auch die Reaktivität bei prädominant Introvertierten zu. Bei neurotischen Extravertierten kann diese jedoch ab- oder zunehmen. Daraus wird in bezug auf Forschungsprojekte ein genereller Schluß gezogen, *daß in den Publikationen die Verteilung der Vpn auf Extra- und Introvertierte angegeben werden sollte, wenn man die Resultate miteinander vergleichen wolle.*
Nach dem Bekanntwerden der Arbeiten von Eysenck und Furneaux (1945) wurde immer wieder die Frage nach der *primären und der sekundären Suggestibilität* als einer *persönlichen Eigenschaft* des Suggerendus gestellt. Benton und Bandura (1953) konnten den Faktor *primäre Suggestibilität* nicht nachweisen. Stukát (1958) glaubt jedoch, die *primäre Suggestibilität* nachgewiesen zu haben, und zwar so, wie sie von Eysenck und Furneaux (1945) postuliert worden war. *Nach der Datenanalyse fand er keine Korrelation der primären Suggestibilität mit dem Alter des Suggerendus; die sekundäre Suggestibilität war mit zunehmendem Alter negativ korreliert.* Neurotiker waren in bezug auf die sekundäre Suggestibilität mehr suggestibel als Gesunde. Interessant ist es, daß die *hysterisch Neurotischen (Hysteriker)* in allen Tests keinen Unterschied bezüglich der Suggestibilität aufwiesen. *Frauen waren in diesem Test mehr suggestibel als Männer.* Evans (1963) kommentierte einige Befunde zur Frage der Suggestibilität, insbesondere jene von Furneaux und Gibson (1961) sowie Hammer und Evans (1963), aber auch jene von Thorn (1960, 1962), und stellte fest, daß diese zwar eine Geltung haben, daß man sie aber nicht überbewerten sollte. Es sei zweifelhaft, ob die MPI-Dimensionen, unabhängig voneinander oder im Zusammenwirken, für Neurotizismus und Extraversion/Introversion so wertvoll seien, daß man sie zur Bestimmung der Suggestibilität und Hypnotisierbarkeit als ausreichend ansehen könne.

2.2.5 Suggestibilität und Situation

Eine gegebene Situtation könne sich stark auf die Suggestibilität auswirken. Die *Erwartung* (Spannung, unbewußte Vorstellung, Imagination) sei ein fundamentaler Faktor der Suggestibilität (siehe unten). *Suggestive Einstellung* (Schema 9) verstärkt die Suggestibilität. *Menschen-Masse* wirkt sich ebenfalls auf die Suggestibilität aus (Kapitel IX.2.1.3.3). In Situationen, in denen das Gefühl *der Geborgenheit oder der Angst* hervorgerufen werde, sei die Beeinflußbarkeit des Menschen häufig höher. Die situationsgebundene Suggestibilität hänge auch von der *Motivation* (Beweggrund) ab. Einige Konstellationen wie Sprechstunden- oder Visitensituationen, Frauen vor der Entbindung, Patienten in der zahnärztlichen Behandlungssituation oder vor Operationen, erhöhen die Suggestibilität (Jovanović, 1988k, kl).

2.2.6 Suggestibilität und Meßmethodik

Die Suggestibilitäts-Messung (Prüfung der Suggestibilität) wird in Kapitel XIV zur Sprache kommen. Hier wollen wir lediglich auf eine Arbeit von Miller (1980) hinweisen, der mit Hilfe eines suggerierten *Silbentests* die *nicht-hypnotische Suggestibilität* von der *hypnotischen* herauslösen wollte. Von 111 Vpn (56 junge Männer und 55 junge Frauen) antworteten auf die tachitoskopisch dargebotenen unsinnigen Silben jene mit niedrigen Scores in der *Harvard Group Scale of Hypnotic Susceptibility, Form A (HGSHS: A)* deutlich seltener ($p < 0{,}01$) als jene mit mittleren und hohen Scores. Die Frage der nicht hypnotischen Suggestibilität wurde damit noch nicht definitiv beantwortet.

2.2.7 Suggestibilität und Pharmaka/Drogen

Wie oft in anderen Abschnitten (Kapitel IX.2.2.2) angedeutet wurde, wird die Suggestibilität von einigen Pharmaka, insbesondere von *Tranquilizern*, beeinflußt. Die Suggestibilität werde durch *Coffein* (Wilson, 1927), *Scopolamin hydrobromat* (Baernstein, 1933), *Natrium amytal* (Eysenck und Rees, 1945) sowie *Barbiturate* (Horsley, 1951) im Vergleich mit *Placebo* gesteigert. Glass und Barber (1961) berichteten, daß sich auch andere *hypnotisch (schlafförderndn) wirkende Medikamente* effektiv auf die Hypnose auswirken, ähnlich wie z.B. ein formeller Hypnose-Induktions-Test. *Alkoholintoxikationen* und *autotoxische Zustände* (z.B. Urämie, Colitis ulcerosa) würden eine Beeinflußbarkeit erzeugen (Heinrich Scheller, 1901–1972; Jovanović, 1988c). Die Frage, welche Art der Suggestibilität dabei beeinflußt wird, ist noch offen. Nach den bisher bekannten Befunden scheint die *allgemeine Suggestibilität* dabei wesentlich stärker beeinflußt zu werden als die *hypnotische Suggestibilität* (Deckert und West, 1963; Langen, 1972) (siehe auch Kapitel IX.4.2.4.22 sowie Jovanović 1988k, 1989).

2.2.8 Modifikation der Suggestibilität

Neben den Befunden im vorangehenden Abschnitt wurde in Kapitel IX.2.2.5 angedeutet, daß einige *Situationen*, *Zustände*, *Gewohnheiten*, *Erkrankungen* die Suggestibilität erhöhen können. Nach Weitzenhoffer und Sjoberg (1961) würden *die standardisierten Meß-Skalen in der Lage sein, die Modifikation der Suggestibilität zu erfassen.* Nach der *Stanford Hypnotic Susceptibility Scale (SHSS)* wird die Hypnose-Induktion die Suggestibilität nicht bei jenen Personen erhöhen, die in einem Vorversuch eine Suggestibilität zwischen *null und sechs* aufwiesen. Die Suggestibilität wird jedoch bei Personen im Sinne einer Verstärkung modifiziert, die im Vorversuch auf der Skala eine Suggestibilität zwischen *sieben und zwölf* geboten haben. *Demzufolge hängt die Modifikation der Suggestibilität auch vom Ausgangswert ab.* Eine suggestible Person sei nach Barber und Glass (1962) eher bereit, *interpersonelle Beziehungen* zu festigen und neige mehr zu imaginären Aktivitäten (Tagträume) und Phantasien als andere Vpn oder Patienten. Evans (1962) meinte, dieser Unterschied sei relativ gering, jedoch konstant (siehe Kapitel IX.4.2.9 sowie Jovanović, 1988d, 1989).

2.2.9 Suggestibilität und klinische Aspekte

Eine nähere *diagnostische Verteilung* in bezug auf unser Problem werden wir später vornehmen (Kapitel IX.4.2.9), weil viele Publikationen inhaltlich nicht auseinandergerissen werden können. Arcieri (1949) berichtete darüber, daß *Schizophrene* weniger, *Psychoneurotiker* mehr suggestibel seien als *Gesunde.* Himmelweit et al. (1946) fanden auch Korrelationen zwischen dem *Körperschwingungstest* und der *Neurose*. Petrie (1948) versuchte, die *Verdrängung* und den *Neurotizismus* in Beziehung zu bringen und fand, daß diese von der Validität des sogenannten Regressions-Typus-Tests abhängig ist. Die Personen, die mehr zu einer Verdrängung neigen, seien mehr suggestibel als die übrigen Vpn. Eysenck (1943a, b, 1944, 1947) Eysenck und Furneaux (1945) sowie Furneaux (1945, 1946, 1952) haben dieses Problem ausführlich diskutiert: *In den früheren Arbeiten* wurde festgestellt, daß Neurotiker (zwei Drittel der 116 männlichen und ein Drittel der 116 weiblichen Patienten) gegenüber dem Körperschwingungstest (Rückfalltest) mehr suggestibel sind als Gesunde. Eine Gruppe von Neurotikern bot *eine Verringerung der Suggestibilität während der Hospitalisierung*. Gewisse Parallelen zeigten sich zwischen der *primären Suggestibilität und Intelligenz* der Patienten. Das *Geschlecht des Suggestors* spielte bei der Erhöhung der Suggestibilität eine geringere Rolle. Beim Rückfalltest fand sich auch eine nur kleine Differenz zwischen den *Geschlechtern der Patienten*. Dies sei aber auch bei Gesunden der Fall. *Spätere Befunde der gleichen Autoren* haben ergeben, daß eine klare Beziehung zwischen *Neurose und Suggestibilität* nicht so sehr sicher ist. Eysenck und Furneaux (1945) haben anläßlich eines Studiums an 60 männlichen neurotischen Patienten mit 12 Suggestibilitäts-Tests die zwei Arten der Suggestibilität präziser definiert. Nach diesen Autoren sei die *primäre Suggestibilität* eine *ideomotorische* und die *sekundäre Suggestibilität* eine *indirekte Art*. Bei den späteren Studien sprachen Eysenck und Furneaux (Eysenck, 1947; Furneaux, 1946, 1952) sogar von einer *tertiären Suggestibilität*. Dabei tendierte man dazu, die frühere Annahme über die Korrelation zwischen der Suggestibilität und der Intelligenz zurückzunehmen. Eine Faktorenanalyse nach Grimes (1948) hat bei einigen Messungen die *Spezifität der Persönlichkeitsmerkmale zur Suggestibilität* erkennen lassen. In Berichten von Imber et al. (1956) fand sich die Feststellung, daß Patienten, die zur *Psychotherapie* neigen, eine bessere Suggestibilität nach dem Körperschwingungstest aufweisen würden. Diese Autoren sowie Lavoie et al. (1976) zeigten, daß die *paranoiden Schizophrenen* eine stärkere Schwankung im Körperschwingungstest bieten als die *nicht paranoiden Patienten*.

Auch andere Autoren haben sich mit der Frage der Suggestibilität bei psychisch kranken Menschen befaßt. Da auch jetzt uneinheitliche Befunde erhoben worden sind, haben sich wahrscheinlich andere nicht daran gewagt. Deckert und West (1963) haben eine bemerkenswerte Anzahl von Publikationen referiert und sagten in ihrer Resignation: «... *In spite of the massive amount of data and the diligent effort of many workers, we would seem to be in the midst of ambiguity, confusion, and contradiction* ...». Die Suggestibilität kann nach Deckert und West (1963) nicht sicher mit den *klinischen nosologischen Kategorien von Neurose und Neurotizismus*, gemessen mit verschiedenen psychologischen Tests oder durch Messung von Persönlichkeitsmerkmalen, korreliert werden. Webb (1962) modifizierte in seiner Verzweiflung die Technik des Körperschwingungstests, der es jetzt gestattete, die normale Verteilung besser zu erfassen, und erklärte einige damit verbundene Probleme. Da einige Techniken des Körperschwingungstests besonders gut entwickelt sind und am häufigsten bei der Suggestibilitäts-Prüfung Gesunder angewandt wurden, entschieden sich Webb und Nesmith (1964), diesen auch bei Patienten zu verwenden. Dabei wurden 279 stationäre Patienten in Anspruch genommen, denen 211 Studenten aus dem zweiten Studienjahr als Vergleichspersonen gegenüberstanden. Zur Zeit der Messung der Suggestibilität waren die Patienten mindestens zwei Wochen lang in der Klinik gewesen. Die Vpn wurden in zwei Gruppen zusammengefaßt:

(a) *Nicht-stationäre oder gesunde Vpn* und (b) *stationäre Vpn (Patienten)*. Die stationäre Gruppe war dann weiter in *drei* Kategorien eingeteilt, und zwar in (ba) *psychotische*, (bb) *nicht-psychotische* und (bc) *organische*. Es wurde Student *t-Test und ANOVA (Analysis of Variance)* angewandt. *Die nicht-hospitalisierte Gruppe war signifikant mehr suggestibel als die hospitalisierte* ($p < 0{,}01$). Psychotische, nicht-psychotische und organische Gruppe unterschieden sich signifikant voneinander; *die psychotische Gruppe war am stärksten suggestibel*,

die nicht-psychotische am wenigsten, die organische Gruppe lag dazwischen ($p < 0{,}05$). *Die Alkoholiker stellten sich als extrem wenig suggestibel heraus.* Sie wurden unter der Rubrik «Persönlichkeitsstörungen» oder unter «Hirnsyndrome» eingegliedert. Die Arbeit sollte als Basis für weitere Suggestibilitäts-Forschung genommen werden.
Die *Suggestibilitätsfrage bei Patienten* ist auch nach den neuesten Untersuchungen der 70er und 80er Jahre noch nicht geklärt worden, wie aus dem vorausgegangenen Text und den nachfolgenden Ausführungen hervorgeht (s. auch Jovanović, 1988j, 1989).

2.2.10 Suggestibilität und verschiedene Faktoren

Da man mit den einzelnen Qualitäten der Suggestibilität nicht weiter kam, nahm man an, daß dabei verschiedene Faktoren gemeinsam eine Rolle spielen. Es gibt eine Reihe davon, die sich auf die Suggestibilität auswirken können (siehe dazu Kapitel IX.4.2.3–4.2.10). Die *Imagination* (Bildvorstellung, Einbildung) scheint man dabei nicht übergehen zu können. Zum Zwecke der Untersuchung von *Imaginationen* wurden in den letzten Jahren verschiedene Test-Skalen entwickelt. Obwohl einige Forscher (Arnold, 1946; Bexton et al., 1954; Hilgard, 1970; Myers und Murphy, 1962; Shor et al., 1966) eine positive Beziehung zwischen der *imaginativen Vorstellung und hypnotischer Suggestibilität* fanden, konnten empirische Arbeiten keine zufriedenstellenden Resultate erbringen. Shor et al. (1966) wandten dann die *Betts Vividness of Imagery Scale* an (Betts, 1909). Nach einer Untersuchung konnten positive Korrelationen zwischen der Vorstellung/Imagination und hypnotischer Suggestibilität gefunden werden. Hilgard (1970) nahm die *35-Item-Modifikation der Betts-Skala* – die erste hatte 15 Items – in Anspruch und konnte *lebhafte Imaginationen* finden, die *bei weiblichen Probanden* mit der hypnotischen Suggestibilität *korrelierten*, *bei männlichen jedoch nicht.* Sutcliffe et al. (1970) haben mit derselben Skala entgegengesetzte Befunde erheben können. Auch sie fanden Korrelationen zwischen Suggestibilität und Imaginationen, jedoch bei männlichen, aber nicht bei weiblichen Vpn. Perry (1971) versuchte dann, Korrelationen zwischen der Sheehan-Modifikation der Betts-Skala und Suggestibilität zu erheben und war von den Resultaten enttäuscht. Bis heute haben sich die Autoren vorwiegend mit den Korrelationen zwischen den *lebhaften Imaginationen* und *objektiven Reaktionen* auf Suggestionen befaßt. Wenige neigten jedoch dazu, die Lebhaftigkeit der Imaginationen und die *subjektiven Antworten* auf Suggestionen zu prüfen. Ebenfalls im Kontrast zu relativ umfangreichen Arbeiten mit dem Ziel, die *Lebhaftigkeit der Imaginationen* und die Suggestibilität zu untersuchen, haben es nur wenige gewagt, *die Möglichkeit der Kontrolle der visuellen Imaginationen und der Suggestibilität zu eruieren.* Die *Kontrolle* der visuellen Imaginationen bedeutet, daß die Vp *progressiv* ihre visuellen Imaginationen nach den Instruktionen des Untersuchers modifizieren kann (Richardson, 1969). Diese Fähigkeit der Vp kann in der Regel mit dem *Gordon's Test of Visual Imagery Control* (1949) getestet werden. Nach diesem Test wird die Vp zuerst gebeten, visuelle Vorstellungen zu entwickeln, um dann diese progressiv zu modifizieren, indem die Bilder geändert werden, z. B.: «Können Sie sich ein *fahrendes* Auto vorstellen? ... Können Sie jetzt dasselbe Auto *abseits liegen* sehen ... ?» (Richardson, 1969). Richardson (1969) konnte auch Befunde vorlegen, die auf *eine negative Korrelation zwischen der Fähigkeit, visuelle Imaginationen zu kontrollieren, und der Fähigkeit, die Suggestibilität zu modifizieren, hinweisen.* Die Vpn, die hoch bei der *Lebhaftigkeit der Vorstellungen*, aber niedrig in der *Kontrolle der Vorstellungen* stehen, entfalten eine größere Suggestibilität als Vpn, die andere Eigenschaften dieser zwei Kombinationen besitzen. Um diese eigene Hypothese zu verifizieren, nahm Richardson (1969) Sheehans (1967) Modifikation der Betts-Skala und die Gordon-Skala in Anspruch. Die Gruppen wurden dann so eingeteilt: (a) *hohe Lebhaftigkeit – niedrige Kontrolle*, (b) *niedrige Lebhaftigkeit – niedrige Kontrolle*, (c) *hohe Lebhaftigkeit – hohe Kontrolle*, (d) *niedrige Lebhaftigkeit – hohe Kontrolle.* Der Autor setzte voraus, daß die Suggestibilität nach dem Körperschwingungstest monoton von der Gruppe 1 zu Gruppe 4 absinken würde. Nach der Auswertung lag der Mittelwert der Resultate in der vermuteten Richtung (keine Signifikanz). Spanos et al. (1973) nahmen wieder 40 weibliche Vpn, die sie nach der 15-Item-Modifikation der *Betts* (1909) *Vividness of Imagery Scale*, nach dem *Gordon's Test of Visual Imagery Control* (Gordon, 1949) und nach der *Barber Suggestibility Scale (BSS)* (1964) prüften. Die Scores der BSS korrelierten positiv mit der *Lebhaftigkeit* der Vorstellung, aber negativ mit der *Kontrolle* der Imaginationen. Die BSS korrelierte auch nicht mit den Vorstellungs-Variablen. Die Befunde von Richardson (1969) wurden nur zum Teil bestätigt. Auch nach King und Lummis (1974) sind Korrelationen zwischen der Lebhaftigkeit der Imaginationen und Suggestibilität/Hypnotisierbarkeit zu finden (McBain, 1954; Palmer und Field, 1968; Perry, 1973; Shor et al., 1966; Sutcliffe et al., 1970). McBain (1954) gewann positive Korrelationen zwischen der Messung der Reproduktionen der kinetischen Vorstellung und der *Friedlander-und-Sarbin-Skala* (1938) für die Hypnosetiefe. Palmer und Field (1968) werteten die Beschreibung der Vpn für *bildhafte Lebhaftigkeit* aus und gewannen signifikante (positive) Korrelationen zwischen diesen Auswertungen einerseits und (a) den Scores der *Stanford Hypnotic Susceptibility Scale, Form A (SHSS: A)* sowie (b) den Scores der *Field* (1965) *Selbstbeurteilungs-Skala* über die subjektiven Erlebnisse während der Hypnose andererseits. Shor et al. (1966) konzentrierten sich auf das Maximum der Hypnosetiefe bei den Vpn und fanden, daß diese Hypnose-Scores positiv mit der verkürzten Version des Imaginations-Fragebogens von Betts (1909) in Beziehung standen. Da die Bewertung der Hypnosetiefe hoch mit der SHSS: A korrelierte, konnte angenommen werden, daß auch die SHSS: A mit dem Imaginations-Fragebogen korreliert. Zusätzlich dazu korrelieren auch die von hypnotisierten Vpn gewonnenen SHSS: A-Scores positiv mit der von Sheehan (1967) verkürzten Form des Imaginations-Fragebogens von Betts (Perry, 1973; Sutcliffe et al., 1970). King und Lummis (1974) stellten sich dann die Aufgabe, experimentelle Bestätigung darüber zu erhalten, ob es positive Assoziationen zwischen der Lebhaftigkeit der Vorstellungen und der Hypnotisierbarkeit oder Suggestibilität gibt. *Ein Typus von unabhängigen Variablen* erstreckte sich auf die visuell-eingeschränkten Reize. Die Vpn wurden entweder dem homogenen visuellen Feld exponiert (etwa 15 Minuten) oder einer normalen Vision (normales Sehen). Die dem homogenen visuellen Feld Ausgesetzten sollten Imaginationen erhöhen (Bexton et al., 1954; Myers und Murphy, 1962; Ziskind und Augsburg, 1962; Zuckerman und Cohen, 1964). *Der zweite Typus der unabhängigen Variablen* bezog sich auf die unmittelbaren Erlebnisse mit dem Stimulus, der imaginiert werden sollte. King und Lummis (1974) baten ihre Vpn, sich vorzustellen (Imagination), daß ein ausgestreckter Arm schwer sei und während der Exposition zu visuellen Restriktionen nach unten falle. Und zwar sollte dieser Arm schwerer sein als beim anderen Probanden, der dieselbe Aufgabe, jedoch mit normalem Sehen, bekam. Da die visuelle Einschränkung die imaginäre Vorstellung erhöht, bestätigten die Resultate dieser Untersuchung die Korrelations-Forschung der Suggestibilität, die besagt, daß *die Lebhaftigkeit der Imaginationen und die spezifische Suggestibilität (Hypnotisierbarkeit) positiv korrelieren.*

Korotkin und Suslova (1960) demonstrierten ein Verfahren, *bei dem der Proband selbst als eigene Kontrollperson fungiert.* Suggestionen, appliziert *im hellwachen Zustand des Probanden,* waren weniger effektiv als Suggestionen *beim gleichen Probanden während der Hypnose.* Barber und Glass (1962) fanden, daß Vpn und Kontrollpersonen im leichten Schlaf genauso suggestibel waren wie in der Hypnose. Barber (1969) beobachtete, daß wache Personen nach der Konzentration auf einen weißen Kreis sowie nach einem fünfminütigen Induktionsprozeß über die imaginativen Erlebnisse berichten konnten. Die *Schmerzunempfindlichkeit* unter Hypnose war ähnlich wie nach Placebo (Barber, 1960a, b). Außerdem war das Verhalten unter hypnotischer Regression bei den gut hypnotisierbaren und bei den freiwilligen Personen, die nicht hypnotisierbar waren, ähnlich (Barber, 1961). Sutcliffe (1961) hat mit *Skeptikern* und *Enthusiasten* als Vpn gearbeitet und erhielt umgekehrte Resultate. Die Befunde von

Barber müssen unter anderem noch mit seiner Einstellung gegenüber der Hypnose zusammenhängen, da er lieber *von anderen Zuständen* als von Hypnose selbst sprechen möchte (Barber, 1976). Solange es aber sehr divergente Meinungen gibt, werden auch die entsprechenden Befunde nicht gerade konvergieren (Jovanović, 1988a–kl).

3. Suggestibilität und Hypnotisierbarkeit

Im Zusammenhang mit der Problematik der *Suggestibilität* und der *Hypnotisierbarkeit* (Kapitel IX.4.2.8) müssen noch einige Punkte geklärt werden. Das in den vorausgegangenen Abschnitten gesammelte Material spricht noch nicht eindeutig von vorhandenen *Korrelationen* zwischen der *allgemeinen Suggestibilität* und der *speziellen (hypnotischen) Suggestibilität (Hypnotisierbarkeit)*. Nach den Arbeiten von Hull (1929, 1930a, b, 1933, 1968) und auch nach seiner Monographie (1933) – worin auch die bis dahin bekannte Literatur referiert wird – *ist die Hypnose ein Zustand, in welchem die Suggestibilität zu Suggestionen erhöht wird.* Die *Essenz der Hypnose* läge im Faktum der *Veränderung der Suggestibilität.* Deckert und West (1963) stimmen mit Weitzenhoffer (1953) überein, daß die Meinung von Clark Hull (1933) eine fundamentale ist und daß sie neue Wege in der Hypnose-Forschung geebnet hat (Schema 7). Seine Arbeiten sowie die von Aveling und Hargreaves (1921), Caster und Baker (1932), Estabrooks (1929) und Krueger (1931a, b) haben eine gewisse Evidenz *über die Korrelationen der Suggestibilität und Hypnotisierbarkeit* vorgelegt. Nach vielen anderen Arbeiten wie Beck (1936), Jenness und Wible (1937), Saltzman (1936) sowie Eysenck und Furneaux (1945) kann man jedoch *nicht einfach die Suggestibilität in Suggestionen transformieren* und daraus schließen, es sei ein hypnotischer Zustand entstanden. Wie bereits oben angekündigt, haben unter anderem Eysenck und Furneaux (1945) sowie Furneaux (1952) *die primäre Suggestibilität und Hypnotisierbarkeit* miteinander korrelieren können; *die sekundäre Suggestibilität* ergab jedoch keine diesbezügliche Beziehung mit Hypnotisierbarkeit.

Die generelle Frage, inwieweit Suggestibilität und die Hypnotisierbarkeit miteinander zu tun haben, ist noch nicht endgültig beantwortet worden. Barber (1956a) hat sieben Suggestibilitäts-Tests während des leichten Schlafes verabfolgt (ohne EEG) und dann die Hypnose induziert. Er fand keine schlüssigen Resultate. Die Vpn, die während des Schlafes suggestibel waren, waren auch im Wachzustand für die Hypnose geeignet und konnten als Personen mit den attraktivsten Persönlichkeitsmerkmalen nach dem *Guilford-Zimmermann-Temperament-Übersicht-Test* angesehen werden. In einer anderen Studie (Barber, 1957) wurde darüber berichtet, *daß die Vpn im Schlaf besser suggestibel waren als im wachen Zustand.* Aber auch diese Befunde beantworten nicht unsere Frage nach den globalen Beziehungen der Suggestibilität zur Hypnotisierbarkeit.

Zur Differenzierung der *nicht-hypnotischen* von der *hypnotischen Suggestibilität* sind mehrere weitere Versuche unternommen worden. Im überwiegenden Teil handelte es sich um die Studien mit *Fragebögen* (Duke, 1964; Evans, 1967; Hilgard, 1965a, b; Moore, 1964; Weitzenhoffer, 1953). Auch einige spezielle Studien neuerer Zeit (Gibson und Corcoran, 1975; Vacchiano und Strauss, 1975) haben sich mit diesem Problem befaßt. Die nicht hypnotische Suggestibilität bezeichnet man manchmal als *Persuasibilität* (Eigenschaft eines Menschen, der sich überreden läßt). Dagegen sind viele andere direkte Suggestibilitätsprüfungen (Garmize und Marcuse, 1969; Eysenck und Furneaux, 1945; Hilgard, 1965a, b; Shor und Orne, 1963; Shor et al., 1966) durch *Körperschwingungstests*, sodann andere durch *Augenschließen* (Hull, 1933; Friedlander und Sarbin, 1938; Hilgard, 1965a, b; Shor et al., 1966), weitere durch *Hitze-Illusions-Tests* (Evans, 1967; Furneaux, 1963) vorgenommen worden. Diese Prüfungen waren mehr oder weniger denen in der Hypnose ähnlich. Es wurde die Frage gestellt, wenn die standardisierten Prüfungen der Hypnotisierbarkeit oder der hypnotischen Suggestibilität auch eine *generelle Persuasibilität oder allgemeine Suggestibilität* als Phänomen erfassen können, wäre es dann von Interesse zu wissen, ob es eine andere *nicht-hypnotische Suggestibilität* gibt, die sich im Cortex wesentlich von dem Zustand unterscheidet, den man Hypnotisierbarkeit/Hypnose nennt. Die Erforschung einer solchen Suggestibilität wurde nur von wenigen Autoren in Angriff genommen. Wallace et al. (1974) fanden, daß die Scores der *Harvard Group Scale of Hypnotic Susceptibility, Form A (HGSHS: A)* von Shor und Orne (1962) auf einige autokinetische Bewegungen hinweisen. Moore (1964) untersuchte *autokinetische Perzeption* durch einen *Beeinflußbarkeits-Test* und fand geringe Aussagen in bezug auf primäre Suggestibilität. Miller (1980) – dessen Arbeit wir oben bereits zitiert haben – wollte dann umgekehrt die *nicht-hypnotische Eigenschaft* prüfen und diese mit den standardisierten Hypnotisierbarkeits-Skalen vergleichen. Unter der Bemerkung, daß zahlreiche Autoren eine *diffuse und nicht-hypnotische Suggestibilität und entsprechende Verhaltensweise* gefunden haben (Dicken, 1963; Duke, 1964; Evans, 1967; Moore, 1964; Rorer, 1965; Stukát, 1958), deutete Miller (1980) seine Befunde als Beitrag zum Problem der *allgemeinen Suggestibilität.* Aber auch er empfiehlt weitere Untersuchungen dieses komplizierten Fragekomplexes.

4. Hypnose und Hypnotisierbarkeit

4.1 Hypnose und Hypnoseproblematik

4.1.1 Begriffe und Definitionen

Den Begriff *Hypnose* hat zum ersten Mal James Braid (1795–1860) in die Hypnotherapie eingeführt. Er wurde aus dem Griechischen: *Hypnos* (Schlaf) übernommen. So entstand nach einem *lateinischen* Ursprung des Ausdrucks *Suggestion (sub-gerere, suggestio)* ein *griechischer* Begriff für *Hypnose.* Dieser führt immer wieder zu Schwierigkeiten, und zwar sowohl im theoretischen als auch im praktischen Bereich, *weil eben die Hypnose mit Schlaf in Verbindung gebracht wird.* Dies würde jedoch höchstens nach einigen äußerlichen Zeichen zutreffen. Nach der Einführung von *indirekten Induktionsverfahren* zur Hypnotisierung (Kapitel XV), bei denen vorwiegend mit *Wachsuggestionen* gearbeitet wird, ist der Begriff *Hypnose* immer weniger angebracht. Aus diesem Grunde wird, in Anlehnung an Ciacedo nach 1960, im spanischen, südamerikanischen und italienischen Schrifttum der Begriff *Sophrosyne* für Hypnose und *Sophrologie* für Hypnoselehre gepflegt. Diese Bezeichnungen entsprangen den Befunden über *die erhabene Gelassenheit und Geborgenheit des Hypnotisanden* (Langen, 1972) und entsprechen mehr dem eigentlichen Hypnosezustand. Leider haben sich die neuen Begriffe bis heute in der wissenschaftlichen und in der allgemeinen Hypnoseliteratur noch nicht durchsetzen können.

Die Definition der Hypnose bereitet größere Schwierigkeiten als der Begriff selbst. Nach Conn (1949) ist *die Hypnose eine multinivellierte, dynamische, interpersonelle Beziehung mit Imaginationen und unbewußten Vorstellungen.* Erickson (1958) definierte Hypnose als *einen Zustand* der intensivierten Aufmerksamkeit und der Aufnahmefähigkeit für eine Idee oder für die Fähigkeit, eine Idee zu entwickeln. Nach Marmer (1959) ist die Hypnose ein psychophysiologisch *veränderter Bewußtseinszustand,* der aus einer *erhöhten Suggestibilität, eingeengter Wahrnehmung, selektiver Wachheit* und *eingeschränkter Aufmerksamkeitsanspannung* resultiert. West (1960) schreibt die Definition um und tendiert zu einem psychologischen und einem physiologischen Konzept. Psychophysiologisch kann die *hypnotische Trance* als ein kontrollierter *dissoziierter Zustand* angesehen werden. Dieser *Zustand der veränderten Wahrnehmung* wird durch paraassoziative Mechanismen, vermittelt durch das ascendente Retikulärsystem, erhalten. Meares (1961) hebt die *atavistischen Aspekte* der Hypnose hervor. Das heißt, es handelt sich bei der Hypnose um eine *phylogenetische Antwort auf Suggestionen.* Die Hypnose ist demnach eine *Regression zur primitiven Stufe der mentalen Funktionen, auf welcher die Person gegenüber den Suggestionsprozessen unkritisch wird.* Meares (1961) fügt jedoch hinzu, daß dabei doch einige höhere psychologische Mechanismen im Spiel sein können, wie *Identifikation, Introprojektion, Konditionierung, Dissoziation, Rollenspiel, hysterische Abwehrreaktion und Kommunikation.* Dies komme mehr durch das Verhalten als verbal zustande. Raginsky (1962) betonte, daß jegliche Theorie oder Definition der Hypnose eine *biologische* sein müsse. Der Autor läßt aber die Möglichkeit der Einwirkung von *soziologischen, anthropologischen und physiologischen Faktoren* zu. Eine Definition müsse letzten Endes die *Regression bis zum primitiven Zustand der psychophysiologischen Existenz einschließen, wo die Wahrnehmung der Umgebung der Person reduziert und indifferenter wird.* Schneck (1962) schrieb dazu, die Hypnose sei eine Kondition, die eine *primitive Form* der psychophysiologischen Wahrnehmung der Umgebung zutage bringe. Nach Alexander (1971) ist die Hypnose ein Zustand der sich nach innen kehrenden Psyche, erleichtert durch die Verstärkung der *kreativen Imagination.* In der Hypnose wird ein Zustand hervorgerufen, der entsprechende Suggestionen zuläßt, die dann *Revivikation bis zum Punkte der Halluzination ermöglichen.* Nach Langen (1972) ist *die Hypnose ein durch Suggestion eingeengter und verschiedengradig gesenkter Bewußtseinszustand mit trophotropen vegetativen Umschaltungen.* Selbstverständlich ist auch diesem Autor bewußt gewesen, daß diese Definition unvollständig ist. Zimbardo et al. (1972) empfehlen, die Hypnose als Zustand zu definieren, in welchem *die Effekte der kognitiven Prozesse und der Körperfunktionen erweitert werden.* In diesem Zustand kehrt die Person mehr nach innen; dies bringt oft eine Erhöhung der Empfänglichkeit für *visuelle Imaginationen* mit sich. Dazu komme es auch zu intensiver Konzentration und Elimination äußerer Wahrnehmungen. Nach Martin T. Orne (1972) kann die Hypnose als eine *Kondition* definiert werden, in welcher die vom Hypnotiseur dargebotenen Suggestionen oder Aufgaben gewisse hypnotische Phänomene hervorrufen können.

Die *American Society of Clinical Hypnosis (ASCH)* folgert 1973: «*Keine der Definitionen der Hypnose entspricht den Kriterien einer guten wissenschaftlichen Theorie*». Aber auch nach dem Jahre 1973 hat sich diese Feststellung nicht geändert. Spiegel (1974) definiert die Hypnose als Antwort auf ein äußeres oder ein inneres Signal, das eine *Kapazität* aktiviert, die für einen *Umschwung der Wahrnehmung* in der Person sorgt und eine intensivere Konzentration auf die entsprechende Aufgaben-Richtung gestattet. Nach Milton H. Erickson (Erickson und Rossi, 1981) ist *die therapeutische Hypnose ein Zustand, in dem die Beschränkungen der eigenen gewohnten Bezugsrahmen und Überzeugungen vorübergehend aufgehoben werden, so daß der Hypnotisand für andere Assoziationsmuster und psychische Funktionsweisen empfänglich wird, die ihn einer Problemlösung näher bringen.* Nach Gruenewald (1982) müßte man die hypnotische *Situation* von der hypnotischen *Kondition* unterscheiden. Das erstere sei ein *Ereignis*, das letztere eine *Eigenschaft.* Svoboda (1984) versucht, den Hypnosezustand als *eine Loslösung (Dissoziation) vom Alltag und eine körperliche und geistig-seelische Enstpannung* zu definieren. Damit ist die Hypnose kaum von ähnlichen Zuständen, z. B. vom Schlaf, abgegrenzt worden. Außerdem ist die Einwirkung der Suggestion nicht inbegriffen. *Das Problem der Definition der Hypnose wartet somit auf seine endgültige Lösung.*

4.1.2 Vorkommen der Hypnose

4.1.2.1 Literaturangaben. Zu diesem Problem sind viele Stellungnahmen bekannt. Bramwell (1903, 1909), Hull (1933), Pattie (1956,a, b), aber auch Weitzenhoffer (1953), Weitzenhoffer und Weitzenhoffer (1958a, b) sowie Young (1926, 1931, 1941) stellten *historische Übersichten* zur Verfügung. Mit derselben Problematik setzten sich auch LeCron und Bordeaux (1947), Deckert und West (1963), aber auch spätere Autoren (Kroger, 1977; Pratt et al., 1984; Wester und Smith, 1984) auseinander. Als man früher angenommen hatte, die Hypnotisierbarkeit sei universell, konzentrierte man sich auf das Phänomen der Hypnose-Trance und versuchte, den Erfolg der Hypnotisierung durch die *Technik der Hypnose* zu erhöhen. Nachdem man sich später der Tatsache gegenüber sah, daß einige Personen doch nicht leicht hypnotisierbar seien, widmete man sich mehr dem *Problem der Hypnotisierbarkeit.* Bereits Liébeault (1886), Vogt (1897) sowie Bramwell (1903, 1909) stellten fest, daß 75–95 % der Population hypnotisiert werden können. Diese Autoren waren der Meinung, daß eine Klassifikation des hypnotischen Zustandes nicht einheitlich sein könne und daß es schwierig sei, verschiedene Statistiken auf diesem Gebiet miteinander zu vergleichen. Hilgard et al. (1961) sammelten die in der Literatur beschriebenen Erfahrungen aus dem 19. Jahrhundert an 19534 Patienten. Dabei stellten sie fest, *daß im Durchschnitt 9 % nicht hypnotisierbar waren, 29 % der Population einen leichten Schläfrigkeitszustand erreichten, 36 % mittelgradig hypnotisiert werden konnten (Hypnotaxie) und 26 % in die tiefe Hypnose bis zum somnambulen Zustand hineingingen.* In den Übersichten seit 1930 (Barry et al., 1931; Eysenck und Furneaux, 1945; Friedlander und Sarbin, 1938; Hilgard et al., 1958, 1961; Weitzenhoffer, 1956) wurden *entsprechende Prozentsätze wie 22 %, 42 %, 26 % und 10 % angegeben.* Als man dann die Literatur-Resultate miteinander vergleichen wollte, ergaben sich Schwierigkeiten *wegen der unterschiedlichen Methodik* der einzelnen Untersuchungen (Hilgard et al., 1961). Einige Autoren (Barry et al., 1931; Davis und Husband, 1931) heben eine *bimodale Verteilung* hervor. In den Literaturübersichten bestehen auch Unterschiede in den Begriffen des Vorkommens der Hypnose. Nach einigen Autoren (Christenson, 1949; Wells, 1946a, b; Wolberg, 1948a, b) ist das Vorkommen der Hypnose erst dann als signifikant anzusehen, *wenn das tiefste Stadium erreicht ist.* Hilgard et al. (1958) fanden, unter Inanspruchnahme einer Modifikation der *Friedlander Sarbin Scale (FSS), bei 74 Studenten 3 % als refraktär, 51 % mit Schläfrigkeitsstadium, 30 % gut und 16 % somnambul hypnotisierbare Vpn heraus.* Später wurden noch 124 Studenten mit der *Stanford Hypnotic Susceptibility Scale (SHSS)* gestestet (Hilgard et al., 1961); die Verteilung war wie *17 %, 35 %, 25 % und 23 % der Population.* Wir haben zu den oben angeführten Befunden auch jene von LeCron und Bordeaux (1947, Seite 73–74) genommen, die Stadien «*Hypnoidal*» und «*Light Trance*» von der dortigen Seite 74 als «*Leicht*» zusammengefaßt und aus diesen Resultaten die Daten für die Abb. 2 errechnet. Zwar hat die Abb. 2 keinen großen statistischen Wert; die *Standardabweichungen (SD)* sind jedoch relativ klein, so daß man *diese Verteilung des Vorkommens der Hypnose* zur *Orientierung* nehmen darf.

4.1.2.2 Resultate eigener Beobachtungen. Die eigenen Untersuchungen zu diesem Fragenkomplex werden im Detail in speziellen Publikationen bei späteren Gelegenheiten bekanntgegeben. Nachfolgend wollen wir nur einige Punkte zusammenfassend skizzieren. Zum jeweiligen Beginn der Vorlesungen zur «*Klinischen und Experimentellen Hypnose*» an der Universität Würzburg in den Semestern 1981/1982 wurden die Studenten (je zur Hälfte Mediziner und Psychologen) gebeten, einen *kurzen Fragebogen* mit folgenden Fragen auszufüllen:

(a) Name (mit allen Vor- und Nachnamen. Falls dazu nicht bereit, bitte die Initialen angeben)?

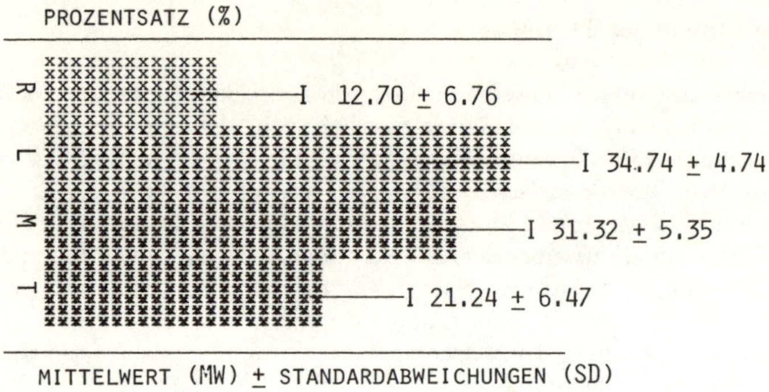

Abb. 2: Prozentsätze des Vorkommens und der Tiefe der Hypnose nach verschiedenen Autoren aus dem Kapitel IX.4.1.2 und IX.4.1.5
Legende:
R = refraktär (nicht hypnotisierbar)
L = leicht hypnotisierbar
M = mittlere Hypnosetiefe
T = tiefe Hypnose

(b) Geburtsdatum?
(c) Geschlecht?
(d) Studienfach?
(e) Sind Sie bereits hypnotisiert worden: JA/NEIN?
(f) Sind Sie bereit, sich hypnotisieren zu lassen: JA/NEIN?
(g) Streben Sie eine Befähigung zum Hypnotherapeuten an: JA/NEIN?
(h) Haarfarbe?
(i) Augenfarbe?
(j) Körpergewicht in kg?
(k) Körpergröße (-länge) in cm?

Der Zweck der Untersuchung war es (Jovanović, 1988b, d, f):

(1) Das *Vorkommen* der Hypnose/Hypnotisierbarkeit zu erforschen.
(2) Die Verteilung der Prozentsätze bezüglich der *Hypnosetiefe* zu eruieren (Kapitel IX.4.1.5).
(3) Einen eigenen Beitrag zum Problem der *Modifikation der Hypnotisierbarkeit* zu erbringen (Kapitel IX.4.2.9).

Da während der Vorlesung der Unterricht die *primäre Aufgabe* war, mußte man sich nach den Begebenheiten dieses Unterrichtes richten. *Große Fragebögen mit komplizierten Auswertungsverfahren konnten daher nicht angewandt werden.* Aus dem kurzen Fragebogen war es möglich, sich rasch über die *physische Konstitution* zu orientieren. Außerdem konnte man ersehen, wieviele Studenten den Fragebogen voll ausfüllten und wieviele die Antworten (insbesondere, ob sie sich hypnotisieren lassen wollten) verweigerten. Die Frage des *Willens* (Kapitel IX.4.2.4.9) war letzten Endes zu prüfen. Weitere ergänzende Untersuchungen sind vorgesehen (s. Jovanović, 1989).
Vier aufeinanderfolgende Vorlesungssemester wurden zur Versuchsserie in Anspruch genommen. *Davon waren die ersten drei Semester* als *Versuchssemester* (VERSEM) und das letzte als *Kontrollsemester* (KONSEM) angesehen. In den späteren Semestern wurden weitere Beobachtungen im Sinne der ersten drei Semester vorgenommen, jedoch ohne eine statistische Datenverarbeitung. Die Vorlesungen fanden in jedem Semester zwischen 18 und 20 Uhr statt.

Nach der Vorlesung montags wurden Seminare mit je 10–12 Studenten zur Übung in Hypnose-Induktion jeden Wochentag (außer sonntags) mit einer Dauer von mindestens zwei und höchstens drei Stunden angesetzt. Von Dienstag bis Samstag wurden vom Untersucher 50 Studenten – ohne Rücksicht auf die Ergebnisse der Suggestibilitätstests (Armkatalepsie, Armlevitation, Körperschwingungstests) – hypnotisiert. Nach der jeweiligen Hypnose durch den Untersucher durften die Studenten üben, indem sie sich gegenseitig oder den Untersucher hypnotisierten. Es wurde eine der direkten Hypnosetechniken (siehe Kapitel XV, HP-001) angewandt. Die Hypnosetiefe wurde klinisch bestimmt. Folgende Stadien (Stufen) wurden berücksichtigt:

(aa) *Nicht hypnotisierbar* (refraktär: R);
(bb) *Leicht hypnotisierbar* (L) (hypnoid bis zu den Anzeichen der passiven Katalepsie);
(cc) *Mittlere Hypnosestufe* (M) (aktive Katalepsie, bis zur Lethargie);
(dd) *Tiefe Hypnose* (T) (mit Somnambulismus und posthypnotischer Amnesie).

Generell ist zu sagen, daß alle Fragebögen vollständig ausgefüllt wurden und kaum ein Fragezeichen gefunden werden konnte. Pro VERSEM gaben nur 6–7 Studenten keine Einwilligung zur Hypnose oder baten um eine vorherige Rücksprache (fast immer Psychologiestudenten, nur jeweils ein Medizinstudent). Somit konnten versuchsweise die «*nicht freiwilligen*» *Probanden* einzeln hypnotisiert werden (siehe unten). Diese werden bei der Auswertung der Gruppenresultate nicht berücksichtigt.
Das Alter der Studenten bewegte sich in der Regel zwischen 19 und 28 Jahren (24,3 ± 3,28 Jahre), *das Geschlecht* verteilte sich zu 50 % auf Frauen und Männer (mit nur geringen Abweichungen).

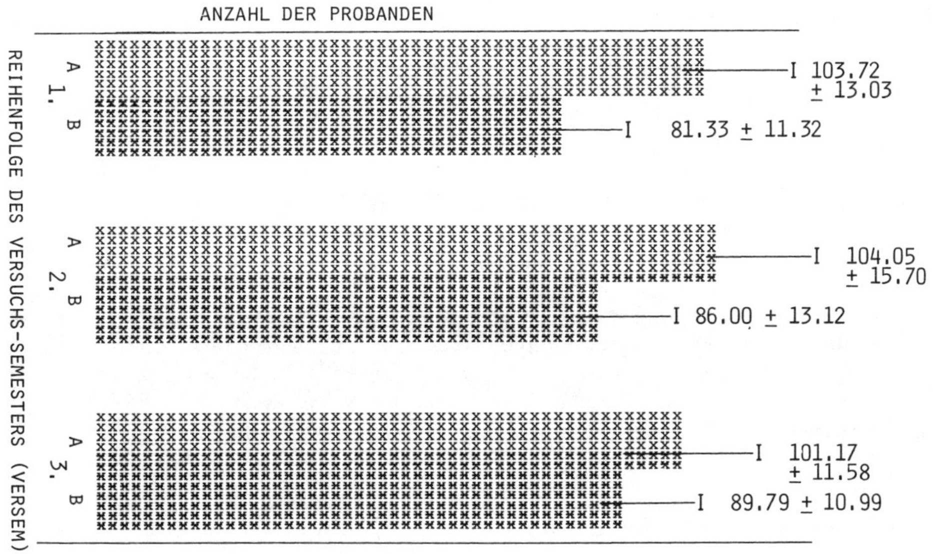

Abb. 3: Anzahl der Probanden und der hypnotisierbaren Probanden im Verlaufe der drei Semester (Medizin/Psychologie) (eigene Versuche)
A = Probanden insgesamt
B = Hypnotisierbare Probanden

Die physische Konstitution war in diesem relativ jungen Alter der Probanden nicht leicht zu definieren. Bei Frauen konnte sie überhaupt nicht mit Sicherheit bestimmt werden. Diese Seite des Problems wird nur *subjektiv* (Schätzung des Untersuchers) eine Rolle spielen und kann kaum statistisch bearbeitet werden. Zur schnellen statistischen Orientierung wurde der *nicht parametrische Vorzeichen-Test (Plus-Minus-Test)* in Anspruch genommen. Die *statistische Datenauswertung* wurde monatlich vorgenommen; signifikant sind die Befunde bei $p < 0,05$. Die Resultate zum Vorkommen der Hypnose bringt Abb. 3. Die Gesamtanzahl der Probanden lag bei ca. 100, so daß die jeweiligen Prozentsätze in etwa der Anzahl der Probanden entsprechen. Die leichte Zunahme an Hypnotisierbaren von Semester zu Semester lag wahrscheinlich an der Zunahme der Spannung, der Neugier und am Bekanntwerden der gelungenen Hypnosen (Mystik über den Hypnotiseur). Diese Zunahme ist noch nicht signifikant. Abb. 3 spricht insgesamt für eine relativ *hohe Hypnotisierbarkeit* bei Studenten der Medizin und der Psychologie (keine Unterschiede zwischen den Studienfächern). In den Kapiteln IX.4.1.5 und IX.4.2.9 werden die Resultate *semesterweise* dargestellt (Abb. 4 und 5).

4.1.3 Probleme der Hypnosehäufigkeit

Zur Hypnose-Häufigkeit besteht in der Literatur keine Einigkeit. Diese Frage ist auch nicht generell zu beantworten. In Einzelfällen kann eine einzige Hypnose mit einer Dauer von 20 Minuten einen guten Erfolg erzielen (z. B. bei akut Schlafgestörten). In anderen Fällen sind mehrere Hypnosesitzungen erforderlich. Schultz (1959) empfiehlt, sich in keinem Falle mit einer einzigen Hypnose zu begnügen, *sondern die Hypnosesitzungen mindestens zwei- bis mehrmals täglich 8–15 Tage hindurch durchzuführen.* Eine einzige Hypnose kann vielleicht rasch ein Symptom beseitigen. *Die Ursache der Erkrankung* (Kapitel X.7) *könnte kaum in einer einzigen Hypnose-Sitzung eruiert werden.* Deshalb gibt Schultz (1959, 1983) zur *Hypnose-Frequenz* folgendes Schema:

(a) In der ersten Behandlungswoche zweimal täglich;
(b) In weiteren zwei Wochen einmal täglich;
(c) Eine bis zwei Wochen danach dreimal wöchentlich;
(d) Die nächsten ein bis zwei Wochen zweimal wöchentlich;
(e) In den weiteren ein bis zwei Wochen einmal wöchentlich.
(f) Daraufhin alle vierzehn Tage einmal und schließlich
(g) einmal pro Monat oder sogar
(i) einmal in drei Monaten (eigener Zusatz).

Insgesamt würde die Hypnotherapie demnach neun Wochen bis sechs Monate in Anspruch nehmen. Auch eine längere Hypnotherapie-Dauer wird sich in einigen Fällen nicht umgehen lassen (Jovanović, 1989). Bei der letzten Hypnosesitzung sollte auch *eine energische Terminsuggestion mit Wohlsein, Wohlbefinden und Gesundsein erfolgen*, damit der Patient daraufhin alleine (mit oder ohne eine Selbsthypnose) zurechtkommt (Schultz, 1959).

4.1.4 Probleme der Hypnosedauer

Auch die Frage der *Hypnosedauer* ist noch nicht eindeutig beantwortet worden. Bereits Wetterstrand (1891) habe Patienten *monatelang* in «Schlaf» halten können. Nahrungsaufnahme und physiologische Bedürfnisse wurden per *posthypnotischer Aufträge (Suggestionen)* geregelt. Bei abgemagerten, verkrampften und hysterischen Personen habe sich eine solche *prolongierte Hypnose-Kur* gut bewährt. Für diese Methode haben sich auch Forel

(1889) und Vogt (1897) ausgesprochen. Schultz (1959, 1983) habe in den Jahren 1916/18 Patienten mit Erschöpfungszuständen «über Wochen im offenen Krankensaal eines Genesungsheimes in prolongierter Hypnose halten und sehr gute Erfolge beobachten» können (Schultz, 1959, Seite 48).

Einzelhypnose-Sitzungen dauern von Autor zu Autor zwischen *zehn Minuten und vier Stunden.* Alles hängt davon ab, was mit der Hypnose beabsichtigt ist (Kroger, 1977; Weitzenhoffer und Hilgard, 1959; Wolberg, 1948 a, b; u.v.a.). Nach eigenen Erfahrungen *kann nur eine leere (neutrale) Hypnose weniger als 20 Minuten andauern.* Die therapeutischen Hypnose-Sitzungen müssen *eine Zeitspanne von mindestens 20–30 Minuten* in Anspruch nehmen, wenn man einen Erfolg erzielen will. *Bis zum somnambulen Zustand gehen die meisten Probanden/Patienten erst nach einer Latenzzeit von einer halben Stunde und darüber hinaus.* Im Verlaufe der Vertiefung der Hypnose schwindet die Katalepsie bei einigen Vpn sehr langsam und überläßt den Platz dem somnambulen Zustand erst nach über einer halben Stunde oder länger. Eine *Altersregression* läßt sich in der Regel ohnehin kaum in einer kurzen Zeit durchführen. In den Vorlesungen ist es uns auch nach zwei Stunden nicht ganz gelungen, eine Altersregression bis zum Zeitpunkt der Geburt zu erzielen. Bis zur Schulzeit (bis zum Alter von 11–7 Jahren) konnte auch in 90 Minuten zurückgegangen werden (Jovanović, 1988 e). *In Einzelfällen stießen wir jedoch auch in 30 Minuten auf eine Altersregression bis zur pränatalen Periode der Patienten* (Jovanović, 1989).

4.1.5 Probleme der Hypnosetiefe

4.1.5.1 Stadien/Stufen der Hypnose. *Die Problematik der Hypnosetiefe* hat die Wissenschaftler seit Abbé Faria (1755–1819) (Kapitel VIII.12.3) sehr intensiv beschäftigt. Nur Mesmer (1734–1815) und Puységur (1751–1825) (Kapitel VIII.12.2) hat dieses Problem offenbar kaum interessiert, obwohl Puységur spätestens 1784 darauf hätte kommen können. Franz Anton Mesmer hat zahlreiche Versuche und Behandlungen durchgeführt, bei denen verschiedene Stufen der Hypnose (Magnetisums) vorgekommen sein müssen. *Die Tiefe des Magnetismus* (Hypnose) hat er offenbar als Dimension nicht erkannt. Abbé Faria hat sich bereits um 1813/14 damit auseinandergesetzt und die ersten Vorstellungen der Hypnosetiefe *(sommeil lucide)* geliefert. Die *Tiefe des sommeil lucide* (Hypnosetiefe) sei nach ihm proportional seiner Intensität. Er teilte den *sommeil lucide* zunächst einmal in *leicht* und *tief* ein. Das *leichte Stadium des sommeil lucide* lasse sich in *vier*, das *tiefe in zwei Substadien* zusammenfassen (Sharma, 1974, 1979).

James Braid (1855, 1970) hat die Tiefe der Hypnose in (1) *ein leichtes Stadium*, (2) *eine tiefe Hypnose* und in (3) *ein hypnotisches Coma* eingeteilt. Die leichte Hypnose gewährleiste dem Hypnotisierten mehr oder weniger eine Lethargie, aber auch eine Möglichkeit der Wahrnehmung der Umgebung und eine Rückerinnerung nach dem Wecken. In der tiefen Hypnose und im hypnotischen Coma sei dies nicht mehr der Fall.

Jean Martin Charcot (1825–1893) unterbreitete 1882 die Thesen zur Hypnose und berichtete über *Stadien der Hypnosetiefe.* Auch er nahm an, bei Hypnose würden *drei Stadien* existieren, und zwar: (1) *Katalepsie*, (2) *Lethargie* und (3) *Somnambulismus.*

Das war zu damaliger Zeit eine Sensation, weil Faria kein Arzt war und seine Vorstellungen noch nicht anerkannt worden waren. Das letzte Stadium stimmt jedoch bei diesen beiden Autoren überein, wenn auch Faria seine letzten *zwei* Tiefstadien *zusammen* als Somnambulismus ansah. Die Schule von Nancy (Kapitel VIII.12.10) befaßte sich dann noch näher mit der Hypnosetiefe. Allerdings gab es in der Nancy-Schule selbst Differenzen in der Anschauung über die Anzahl der Hypnosestadien. Bernheim (1843–1917) unterteilte die Hypnosetiefe schematisch in *neun* Grade (Tab. 1), Liébeault (1823–1904) in *sechs.* Bernheim nahm als Hauptkriterium die *Erinnerungsfähigkeit nach der Hypnose* an. Liébeault behielt im allge-

Tabelle 1: Einteilung der Hypnose in Gruppen und Stadien der Tiefe nach Bernheim (1891) und Liébeault (aus Bernheim, Seite 71 der Auflage 1980) mit dazugehörigen Zeichen und Symptomen

Autor	Klasse, Gruppe	Stadium/Grad/Tiefe	Symptome/Zeichen/Phänomene
Hippolyte Bernheim (1840–1919)	Erinnerung an Ereignisse erhalten	1. Stadium der Somnolenz	Schlafneigung, Schwere in den Extremitäten und im Kopf. Leichte Erschwerung spontaner Bewegungen, Trägheitsgefühl
		2. Stadium der Augenkatalepsie Augenschließen	Intensives Schweregefühl in den Augen. Manchmal Augenliderkatalepsie mit einigen krampfartigen Bewegungen. Oft geschlossene Augen, die nicht willkürlich geöffnet werden können
		3. Stadium der passiven Katalepsie	Extremitäten folgen mit gleichmäßig leichter Spannung jeder erteilten Bewegung und verbleiben in der gegebenen Stellung (flexibilitas cerea). Muskelspannung kann überwunden werden. Gliederstellung kann «spontan» geändert werden
		4. Stadium der aktiven Katalepsie	Extremitäten folgen kaum der erteilten Bewegung. Muskelspannung kann kaum überwunden werden. Langes Verharren in einer Stellung der Extremitäten
		5. Stadium der Sensibilitätsveränderungen	Erscheinung von Sensibilitätsstörungen (Parästhesien, Analgesien). Auf Suggestionen Kontraktur der Extremitäten
		6. Stadium der Automatismen	Bewegungen und Handlungen werden widerstandslos ausgeführt. Erteilte Bewegung wird «mechanisch» fortgeführt. Erinnerung noch vorhanden
	Erinnerung verloren	7. Beginnende Amnesie	Störungen der Erinnerung, Amnesie, wenn die Stadien 1–6 durchlaufen sind. Die Amnesie ist noch nicht stabil
		8. Hypnotische Halluzinationen	Halluzinationen lassen sich beim Hypnotisanden während der Hypnose hervorrufen (hypnotische Halluzinationen)
		9. Posthypnotische Halluzinationen	Bei entsprechenden Suggestionen können Halluzinationen auch nach der Hypnose fortbestehen (posthypnotische Halluzinationen)
Auguste Liébeault (1823–1904)	Leichter Schlaf	1. Stadium der Somnolenz	Schlafneigung, Kopfschwere. Schwierigkeiten, die Augen offen zu halten (6,06 % der Probanden/Population)
		2. Stadium des flachen Schlafes	Leichter Schlaf mit beginnender Katalepsie (erfaßt 17,48 % der Population)
		3. Stadium des leichten Schlafes	Katalepsie, automatische rotatorische Bewegungen der Extremitäten (35,89 % der Population erreicht diesen Grad)
		4. Stadium des intermediären Schlafes	Zusätzlich zu Katalepsie und rotatorischen Automatismen wird Rapport nur mit Hypnotiseur möglich. Nur diese Erinnerung nach dem «Wecken» möglich (7,22 %)
	Tiefer Somnambulismus	5. Stadium des beginnenden Somnambulismus	Somnambulistischer Schlaf mit kompletter Amnesie nach dem Aufwachen. Halluzinationen während der Hypnose (24,94 %)
		6. Stadium des tiefen Somnambulismus	Amnesie nach dem Aufwachen. Hypnotische und posthypnotische Halluzinationen. Unterordnung dem Hypnotiseur (4,66 % der Population erreicht dieses Stadium)

meinen diese Einteilungskriterien (Bernheim, 1888, 1917; Liébeault, 1892). Forel (1889, 1923) vertrat die Meinung, die Hypnose ließe sich nur in *drei* Stadien einteilen, indem im

(1) *ersten Stadium* eine *Somnolenz*, ein suggestiv bedingter Zustand von *Schläfrigkeit* mit Gliederschwere und Erschwerung, die Augen zu öffnen, bestehe.

(2) *Das nächste Stadium* sei jenes der *Hypotaxie*, *Ausführung von Suggestionen*, *Katalepsie*, *Automatismus*, oft *Analgesie* und *Halluzinationen*, jedoch ohne Amnesie.

(3) *Im dritten Stadium* sei *Somnambulismus* mit denselben Erscheinungen wie in Stadium 2, jedoch ohne Rückerinnerungen nach dem Wecken, vorhanden. Dagegen werde das Gelingen von *posthypnotischen Suggestionen* beobachtet. Manchmal treffe man hier auf Halluzinationen. Einwände gegen diese Einteilung führt Schultz (1983) an.

Um die Jahrhundertwende wurde eine ausführliche Dokumentation zum Problem der Hypnosetiefe von Bramwell (1903, 1909, 1982) gegeben. Im Jahre 1931 haben Davis und Husband eine Systematisierung der Symptome der Hypnosetiefe (bei diesen Autoren als *Grad der Suggestibilität* bezeichnet) vorgenommen, die wir in Tabelle 2 wiedergeben. Eine ähnliche Einteilung wurde von LeCron und Bordeaux (1947) tabellarisch veranschaulicht, die von uns zu Vergleichszwecken in Tabelle 3 angeboten wird. Wolberg (1948a, b) gestaltet die Stadien der Hypnosetiefe etwas anders. Spätere Autoren wie Kroger (1977) und andere sind mit

Tabelle 2: Hypnose-Tiefe und Hypnotisierbarkeit nach Davis und Husband (1931) (zum Vergleich mit Tab. 1 und 3) (aus dem Englischen übersetzt und an die deutsche Ausdrucksweise angepaßt)

Stadium	Punktezahl	Objektive Symptome
Nicht hypnotisierbar	Null	keine Symptome erfaßbar
Hypnoides Stadium (hypnoid)	2 Punkte	Relaxation der Muskulatur
	3 Punkte	Flattern der Augenlider
	4 Punkte	Augenschließen
	5 Punkte	komplette körperliche Entspannung
Leichte Trance	6 Punkte	Augenkatalepsie
	7 Punkte	Extremitäten-Katalepsie
	10 Punkte	rigide Katalepsie (aktive)
	11 Punkte	Handanästhesie (glove anaesthesia)
Mittlere Trance	13 Punkte	partielle Amnesie
	15 Punkte	posthypnotische Anästhesie
	17 Punkte	Persönlichkeits-Veränderungen
	18 Punkte	Ausführung einfacher posthypnotischer Suggestionen
	20 Punkte	kinästhetische Halluzinationen, komplette Amnesie
Somnambulistische Trance	21 Punkte	die Fähigkeit, die Augen zu öffnen, ohne daß dadurch die Tiefe der Trance (Hypnose) beeinträchtigt wird
	23 Punkte	bizarre posthypnotische Suggestionen werden ausgeführt
	25 Punkte	kompletter Somnambulismus
	26 Punkte	positive posthypnotische visuelle Halluzinationen
	27 Punkte	positive posthypnotische akustische Halluzinationen
	28 Punkte	systematische posthypnotische Amnesie
	29 Punkte	negative akutische Halluzinationen
	30 Punkte	negative visuelle Halluzinationen; Hyperästhesien
Hypnosetiefe	Bewertung	Einteilungs-Kriterien

diesen Stadien der Hypnosetiefe zu Orientierungszwecken mehr oder weniger einverstanden. Die Symptome der Hypnose *innerhalb* der einzelnen Hypnosestadien können von Autor zu Autor differieren (Tab. 1–3 und 7). Sie sind jedoch auf diese Weise nicht leicht festzulegen.

Tabelle 3: Hypnose-Tiefe (Stadien der Hypnose) nach LeCron und Bordeaux (1947, Seite 64–67) mit dazugehörigen Symptomen (zum Vergleich mit Tab. 1 und 2) (aus dem Englischen übersetzt und der deutschen Ausdrucksweise angepaßt)

Stadium	Punktezahl	Gebotene Symptome und Phänomene
Unempfindlich	Null	Der Proband reagiert in keiner Weise
Hypnoid	1 Punkt	körperliche Entspannung/Relaxation
(Schläfrigkeitsstadium)	2 Punkte	Schläfrigkeit deutlich erkennbar
	3 Punkte	Flattern der Augenlider
	4 Punkte	Augenschließen
	5 Punkte	psychische Entspannung, partielle Lethargie im psychischen Verhalten
	6 Punkte	Schwere in den Extremitäten
Leichte Trance	7 Punkte	Augenkatalepsie
	8 Punkte	partielle Glieder-Katalepsie
	9 Punkte	Hemmung in kleinen Muskel-Gruppen
	10 Punkte	langsamer und tiefer Rhythmus bei der Atmung, langsamer Puls
	11 Punkte	starke Müdigkeit (Mattigkeit) mit Abneigung gegenüber der Bewegung, Sprache, dem Denken, der Aktivierung/Tätigkeit
	12 Punkte	Zuckungen der Mundlippen oder der Kinnmuskulatur während der Hypnose-Induktion
	13 Punkte	Rapport nur zwischen dem Hypnotisanden und Hypnotiseur
	14 Punkte	einfache posthypnotische Suggestionen werden ausgeführt
	15 Punkte	unwillkürliche Augenliderzuckungen
	16 Punkte	Persönlichkeitsveränderungen
	17 Punkte	das Gefühl der Schwere durch den ganzen Körper
	18 Punkte	partielles Gefühl des Gelöstseins
Mittlere Trance	19 Punkte	Erkennung der Trance (schwer zu beschreiben, aber definitives Gefühl)
	20 Punkte	komplette muskuläre Hemmung (kinästhetische Halluzinationen)
	21 Punkte	partielle Amnesie
	22 Punkte	Handanästhesie (glove anaesthesia)
	23 Punkte	taktile Illusionen
	24 Punkte	gustatorische Illusionen
	25 Punkte	olfaktorische Illusionen
	26 Punkte	Hyperempfindlichkeit gegenüber den atmospherischen Veränderungen
	27 Punkte	komplette Katalepsie der Glieder oder des Körpers
Tiefe oder	28 Punkte	Augenöffnen ohne Trance-Beeinflussung
somnambulistische Trance	29 Punkte	Pupillen-Starre bei offenen Augen, Pupillen-Dilatation
	30 Punkte	Somnambulismus
	31 Punkte	komplette Amnesie
	32 Punkte	systematisierte posthypnotische Amnesien
	33 Punkte	komplette Anästhesie
	34 Punkte	posthypnotische Anästhesie

Tabelle 3: Fortsetzung

Stadium	Punktezahl	Gebotene Symptome und Phänomene
	35 Punkte	bizarre posthypnotische Suggestionen gelten
	36 Punkte	unkontrollierte Bewegungen der Augenbulbi, Koordination der Augen verloren
	37 Punkte	Sensationen von Leichtigkeit, des Flottierens, des Schwimmens, Schwingens, Vibrierens, des Gelöstseins
	38 Punkte	Rigidität und Trägheit in der Muskulatur, Erschwerung von Bewegungen und Reaktionen
	39 Punkte	Schwinden und Zunahme im Zyklus der Stimme des Hypnotiseurs (wie beim Radio mit Abnahme und Zunahme der Stimme der Stationen)
	40 Punkte	Kontrolle der organischen Körperfunktionen (Herzrate, Blutdruck, Verdauung etc.)
	41 Punkte	Erinnerung an verlorene Erlebnisse (Hypermnesie)
	42 Punkte	Altersregression
	43 Punkte	postivie posthypnotische visuelle Halluzinationen
	44 Punkte	negative posthypnotische visuelle Halluzinationen
	45 Punkte	positive posthypnotische akustische Halluzinationen
	46 Punkte	negative posthypnotische akustische Halluzinationen
	47 Punkte	Stimulation von Träumen (in der Hypnose oder posthypnotisch im natürlichen Schlaf)
	48 Punkte	Hyperästhesien
	49 Punkte	farbige Erfahrungen (Sensationen)
Vollständige Trance	50 Punkte	stuporöse Bedingungen in denen die spontane Aktivität gehemmt ist. Somnambulismus kann auf entsprechende Suggestionen ausgelöst werden

4.1.5.2 Zur Objektivität/Subjektivität der Hypnosetiefe. Die Frage der *Objektivität* der *subjektiv erlebten Hypnosestadien* wurde oft diskutiert. Hatfield (1961) versuchte, die Validität der von LeCron (1953) angegebenen Methodik der *Schätzung* der Hypnosetiefe zu verifizieren. Unter der Voraussetzung, *daß das Bewußtsein der wichtigste Indikator der Hypnosetiefe ist*, wurden die Vpn angewiesen, während der Hypnose von *null bis hundert zu zählen*. Zu diesem *subjektiven Schätzen* der Hypnosetiefe wurde die *Stanford Hypnotic Susceptibility Scale, Form A (SHSS: A)* (Weitzenhoffer und Hilgard, 1959) als *objektives Kriterium* angewandt. Die Korrelation zwischen der Methodik von LeCron (1953) und der Messung nach der SHSS: A war relativ niedrig (0,32), jedoch signifikant. Hatfields Experiment schien beweisen zu können, daß *die subjektive Schätzung der Hypnosetiefe* – auch von Sternlicht und Wanderer (1963) vorgenommen – etwas weniger zuverlässig ist als die objektive Messung, daß aber auch die erstere eine signifikante Validität aufweist. Andere Autoren gaben sich damit nicht zufrieden. Field (1965) billigt der subjektiven Messung nach LeCron (1953) eine gebührende Bedeutung zu. Die Vp wurde diesmal aufgefordert, nach der Hypnose ihre Hypnosetiefe selbst zu schätzen, indem sie diese stufenweise mit Hilfe einer *graduierten Skala* einträgt. Oder die Vp wurde gebeten, während der Hypnose einen Finger zu heben, wenn sich die Hypnose vertiefe oder diesen zu senken, wenn es zur Verflachung komme. Die zusätzliche *objektive Messung* könnte sich darauf beschränken, zu beobachten, ob sich der Arm ohne Einwirkung des bewußten Willens des Probanden hebt oder ob die Augen nicht geöffnet werden können. Field (1965) meint, eine *objektive Prüfung der Hypnosetiefe* gefunden zu haben, indem das Empfinden der Schläfrigkeit, Loslösung von der

Umwelt, Nachlassen der Konzentration etc. (insgesamt 300 Items) registriert wurden. Von den 300 angewandten Items eigneten sich 38 am besten zu *einer objektiven Messung der Hypnotisierbarkeit*, aber auch *zur Bestimmung der Hypnosetiefe.* Mit der Hypnosetiefe korrelierten die Items, die sich auf *Versenkung, Nicht-Wahrnehmung, Automatismus, Zwang, Diskontinuität der normalen Erfahrungen* bezogen. Items, verbunden mit bewußter Motivation, sich der Hypnose hinzugeben, dem Gefühl der oberflächlichen Einwilligung zu Suggestionen sowie der ungewöhnlichen körperlichen Sensationen korrelieren lockerer (als die oben erwähnten) mit der Hypnosetiefe. Aus den Befunden von Field (1965) gewinnt man doch den Eindruck, *daß dabei mehr die Hypnotisierbarkeit als die Hypnosetiefe gemessen worden ist*, obwohl man nicht selten diese beiden Kriterien kaum voneinander unterscheiden kann. Abbildung 2 sowie 4 und 5 zeigen z. B., daß die Hypnotisierbarkeit nicht im ersten Stadium aufhört, sondern sich – als ein weiteres Kriterium – auch durch die Hypnosetiefe abzeichnet. *Ein gewisser Prozentsatz der Population ist bis zum leichten, bis zum mittleren oder aber bis zum tiefsten Hypnosestadium hypnotisierbar. Die Hypnosetiefe bezieht sich demzufolge auf den Zustand selbst; die Hypnotisierbarkeit auf die Eigenschaft der Person* (siehe oben).

Seit neuestem verbindet man die *Hypnosetiefe* noch öfters mit der *Hypnotisierbarkeit* (susceptibility to hypnosis, hypnotizability, hypnotic potential, hypnotic skill, hypnotic capacity; siehe unten). Kliniker sprechen nach wie vor von einer *Hypnosetiefe* (Perry und Laurence, 1980). Hilgard (1965 a, b, 1975, 1982) versuchte jedoch, die Hypnotisierbarkeit von der Hypnosetiefe zu trennen. Aber auch dieser Versuch hat nicht viel für die Praxis der Hypnotherapie erbracht. Shor (1962) unterschied drei *Dimensionen* der Hypnosetiefe, bezog diese jedoch nicht auf die Hypnotisierbarkeit. Inzwischen hatten sich schon Shor und E. Orne (1962, 1963) und Bentler und Hilgard (1963) mit dem Problem der Hypnosetiefe und Hypnotisierbarkeit aufgrund von Fragebögen auseinandergesetzt (Kapitel XII.6). Sheehan und Perry (1976) diskutierten zwar die Problematik, ohne jedoch einen Versuch zur Lösung zu unternehmen. Auch Tart (1970 a, b, 1972) untersuchte die Beziehung der Hypnotisierbarkeit zur Hypnosetiefe, indem er die Vpn bat, den Grad ihrer subjektiven Hypnosetiefe auf einer Skala einzutragen. Diese Skala war jetzt von 0–10 graduiert worden, wobei 0 als Wachstadium und 10 als sehr tiefe Hypnose mit maximaler Suggestibilität (Folgeleistung zu jeder Suggestionsart) angesehen wurde. Es wurde eine modifizierte Version der *Stanford Hypnotic Susceptibility Scale, Form C (SHSS: C)* von Weitzenhoffer und Hilgard (1962) angewandt. *Dabei konnte eine akzeptable Beziehung zwischen der Hypnotisierbarkeit der Vpn und ihrer Hypnosetiefe gefunden werden.* Perry und Laurence (1980) haben sich die Aufgabe gestellt, die Befunde von Tart (1970 a, b, 1972) zu erweitern. Jetzt wurde die *Harvard Group Scale of Hypnotic Susceptibility, Form A (HGSHS: A)* nach Shor und Orne (1962) in Anspruch genommen. Dabei standen 398 Vpn zur Verfügung. Die Probanden wurden in Gruppen von 8–20 Personen eingeteilt. *Es fand sich bei den gut hypnotisierbaren Vpn eine bemerkenswerte Konsistenz in den Mustern der subjektiven Hypnosetiefe für alle 12 Komponenten der HGSHS: A.* Weitere Forschung in dieser Hinsicht wurde empfohlen. Auch jetzt, nach der Untersuchung einer imposanten Anzahl von Probanden, konnte also die Frage der Hypnosetiefe, insbesondere die der *Subjektivität/Objektivität*, nicht eindeutig beantwortet werden (siehe dazu Kapitel XXI und XXX). Als eine generelle Orientierung haben wir uns für die Einteilung der Hypnosetiefe wie in Tabelle 7 entschieden (siehe dazu Kapitel XII–XV sowie Jovanović, 1988 d, 1989).

4.2 Die Problematik der Hypnotisierbarkeit

4.2.1 Begriffe und Definitionen

Analog den Suggestionen als *Vorgang* (des Suggerierens) und der Suggestibilität als *Eigenschaft* (des Suggerendus, des Suggerierten) wird auch die Begriffsbildung *der Hypnose als Vorgang* und der *Hypnotisierbarkeit als Eigenschaft* gestaltet. *Theoretisch* muß zwischen der *Suggestibilität* und der *Hypnotisierbarkeit* unterschieden werden. Ein suggestibler Mensch trägt die Suggestibilität mehr oder weniger permanent in sich und ist *innerlich bereit*, auf Suggestionen zu antworten. Die Hypnotisierbarkeit setzt jedoch eine *hypnotische Suggestibilität* voraus (siehe oben). Außerdem ist eine Person nicht hypnotisierbar, bevor nicht eine Hypnose-Induktion begonnen wird. Zu *praktischen* Zwecken kann man sich den Unterschied zwischen der Suggestibilität und der Hypnotisierbarkeit so vorstellen, daß ein Mensch suggestibel *ist*, daß er aber hypnotisiert *werden kann*. Das letztere wird somit als *Empfänglichkeit für Hypnose* verstanden. Im englischen Schrifttum wird von einer *susceptibility to hypnosis*, einer *hypnotizability* oder sogar von *susceptibility/hypnotizability* gesprochen (siehe oben sowie Cohen, 1984; Kroger, 1977; u.v.a.).

4.2.2 Vorkommen der Hypnotisierbarkeit

Das *Vorkommen der Hypnotisierbarkeit* kann nicht leicht *vom Vorkommen der Hypnose* getrennt studiert werden. Die Literatur ist häufig zusammenhängend. Zur Orientierung sei u.a. auf die Abbildungen 2–5 verwiesen.

4.2.3 Hypnotisierbarkeit und Hypnotiseur

4.2.3.1 Übersicht von Literaturangaben. Die Frage der *Hypnotisierbarkeit als Reaktion auf die Persönlichkeit und/oder das Verhalten des Hypnotiseurs* wird ebenso intensiv diskutiert wie die der *Suggestibilität im Zusammenhang mit dem Verhalten des Suggestors* (Kapitel IX.2.2.3). Wissenschaftliche Berichte darüber weichen ziemlich voneinander ab und sind auch noch unvollständig.

Im Laboratorium scheint das *Geschlecht des Hypnotiseurs* keine große Rolle in bezug auf die Hypnotisierbarkeit zu spielen. Bei der Entwicklung der *Stanford Hypnotic Susceptibility Scale (SHSS)* wurde ein Hypnotiseur am Tage 1 und ein anderer am Tage 2 in Anspruch genommen. *Die Korrelation von 0,83 zwischen den Scores und der Hypnotisierbarkeit zeigte keine großen Unterschiede zwischen den zwei Tagen.* Secter (1960) war ebenfalls nicht imstande, den Unterschied zwischen den *Situationen*, unter denen die Hypnose durchgeführt worden war, zu finden. Diese Frage erforderte (Deckert und West, 1963) weitere Studien.

Gill und Brenman (1959) konstatierten, daß sich die Hypnose auslösen lasse, ganz gleich, ob diese von einem *erfahrenen Psychiater*, von einer anderen Person, von einem Studenten oder von einem Hauptmann des militärischen Sanitätsbereiches vorgenommen werde. Barber (1964) zitierte eine Reihe von früheren Berichten im Hinblick auf die *Rolle des Hypnotherapeuten (Hypnotiseurs)* bei der Hypnose-Induktion. Dabei konnte er feststellen, daß einige Hypnotherapeuten mehr Erfolge hatten als die anderen, obwohl sich dabei das Untersuchungsgut nicht voneinander unterschied. Hilgard (1964) dagegen glaubte, daß der Hypnotherapeut keine allzu große Rolle spiele, weil die Resultate zwischen verschiedenen Untersuchungsgruppen doch nicht so auseinandergehen. Diese Frage diskutierend, nahmen sich Levitt und Overley (1965) vor, zu untersuchen, ob *die Erfahrung in der Anwendung von Hypnose (Erfahrung des Hypnotiseurs)* bei der Hypnotisierbarkeit eine Rolle spielt. Sie führten Ansichten anderer Autoren an, nach denen es einfach sei, Menschen zu hypnotisieren, aber auch die Meinung von Weitzenhoffer (1957), der sagte, *daß der Erfolg des Hypnotherapeuten darin liege, wie lange er mit Hypnose gearbeitet und wie oft er tatsächlich einen hypnotischen Zustand induziert habe.* Aber – um nochmals die Schwierigkeiten zu betonen – auch Levitt und Hershman (1962) plädierten dafür, daß es keine Beziehungen zwischen den Erfahrungen des Hypnotiseurs und dessen Erfolgen gebe. Wenn es solche geben würde, dann könnte die Erfahrung des Hypnotiseurs sogar mit negativen Folgen gekoppelt sein. Allerdings sind diese ganz gering, wenn überhaupt, nachweisbar. Die Unterschiede in den Meinungen können auch *situationsbedingt* sein. Bei Hilgard (1964) handelt es sich offenbar um eine Standardsituation mit *freiwilligen Probanden.* Weitzenhoffer (1957) bezieht sich jedoch mehr auf *klinische Erfahrungen.* Levitt und Overley (1965) bezogen ihre Untersuchungen nur auf die erstere Situation. Die Frage, die gestellt wurde, lautete: Wird ein *erfahrener Hypnotiseur* in der Hypnose-Induktion erfolgreicher sein als ein nicht erfahrener, *wenn die Situation und das Untersuchungsgut nicht variieren?* Als erfahrene Hypnotisten (Hypnotiseure) wurden Psychiater und Psychologen genommen, *die nicht weniger als sechs Jahre* Praxis in Hypnose vorweisen konnten und auch nicht weniger als 50 Personen zu klinischen oder Forschungszwecken hypnotisiert hatten. Als Hypnotisten ohne Erfahrung wurden Psychiater und Psychologen genommen, die sich *bis dahin noch nicht als Hypnotiseure* befähigt hatten. Den letzteren wurde ein Training für die Dauer von acht Stunden vor dem Versuchsbeginn bei erfahrenen Hypnotiseuren angeboten. Das Training bestand aus vier Stunden Literaturstudium aus den letzten 10 Jahren und vier Stunden Praktikum in der Anwendung der *Stanford Hypnotic Susceptibility Scale, Form A (SHSS: A)* (Weitzenhoffer und Hilgard, 1959). Als Vpn dienten Schwestern-Schülerinnen, die honoriert wurden. Nur zwei Vpn hatten bereits Erfahrungen mit Hypnose. Die Auswertung der SHSS: A, jeweils durch einen erfahrenen und einen unerfahrenen Hypnotiseur, ergab bei den Resultaten *keine Unterschiede zwischen den erfahrenen und den unerfahrenen Hypnotiseuren.* Nicht nur, daß die Resultate nicht signifikant unterschiedlich waren, sondern sie waren sogar numerisch trivial. Ebenso wurden bei der *ersten* Anwendung der SHSS: A gegenüber der *zweiten* keine Unterschiede festgestellt. Das letztere scheint die Befunde von Hilgard et al. (1961) zu bestätigen. Andererseits zeigte dies auch eine hohe Qualität der SHSS: A. Die Autoren gestatteten jedoch *eine Abhängigkeit der Hypnotisierbarkeit von den Erfahrungen des Hypnotiseurs, wenn es sich um eine klinische Hypnose mit variablen anderen Faktoren handelt.* In der Klinik werden z. B. verschiedene Erkrankungen bei unterschiedlichen Patienten nachgewiesen, was beim Experiment nicht der Fall ist. Moss et al. (1965) fanden zu diesem Problem so viele Antworten wie Fragen, plädierten jedoch für jene Studien, die mehr Identität bezüglich des Hypnotherapeuten zeigten. Mit diesem Problem befaßten sich später Small und Kramer (1969). Sie hypnotisierten 40 Vpn (22 männliche und 18 weibliche Schüler) (undergraduate students) unter Anwendung der *Harvard Group Scale of Hypnotic Susceptibility, Form A* (HGSHS: A) (Shor und Orne, 1962). Auf der Basis der Hypnotisierbarkeit wurden 20 Probanden als gute und 20 als schwache Hypnotisanden angesehen. Eine Woche danach wurden die Vpn wieder hypnotisiert. Jetzt wurden sie in Gruppen von jeweils 10 Probanden aufgeteilt (je 10 bessere und 10 schwächere Hypnotisanden). Diesen Gruppen wurden dann Tonbänder mit der Stimme des Hypnotiseurs vorgespielt, wobei den Probanden der einen Subgruppe gesagt wurde, der Hypnotiseur sei ein erfahrener Mann, und der anderen Subgruppe, der Hypnotiseur sei ein Neuling. *Die Resultate boten dann eine Verschlechterung der Hypnotisierbarkeit bei den «Neulingen», aber nur bei der Gruppe von Probanden mit einer besseren Hypnotisierbarkeit.*

Balaschak et al. (1972) untersuchten den Einfluß von *Rasse und Qualifikation* des Hypnotiseurs auf die Hypnotisierbarkeit. Hundert Psychologiestudenten wurden in *vier* Gruppen (2 × 2 unabhängige Variablen) eingeteilt und mit Hilfe von HGSHS: A (Shor und Orne, 1962) untersucht. Die *weißen Hypnotiseure* erwirkten keinen besseren Effekt auf *die weißen*

Vpn als die *schwarzen Hypnotiseure. Die erfahrenen Hypnotiseure erzielten jedoch bessere Erfolge als die anderen, die von den Vpn für unerfahren gehalten wurden.*
Barber et al. (1980) wollten wissen, ob die *Effekte* der Hypnotisierbarkeit eine *«hypnotiseur-zentrierte»* oder eine *«probanden-zentrierte»* Angelegenheit seien. Dabei zeigte sich, daß von 82 zufällig ausgewählten Probanden bei denjenigen ein Vorteil gesehen wurde, denen eine *hypnotiseur-zentrierte Induktion gegeben worden war.* Beispielsweise suggerierte der Hypnotiseur: «... Ihr Arm ist ganz leicht und hebt sich in die Luft ...» (Barber, 1969, Anhang A). Darauf wurde ein Vorteil der Suggestion gefunden. Wurde jedoch eine subjekt-zentrierte Suggestion, wie: «... Denken Sie an einen starken Wasserstrom, der Ihre Hand aufwärts treibt ...» gegeben (Wilson und Barber, 1978), dann konnte kein Vorteil gefunden werden. Die Probanden wollten keine Suggestionen, die *«es geschehen lassen, treiben lassen ...», sondern vielmehr jene, die der Suggestor selbst als Auftrag gibt.*
Eine sehr interessante andere Studie (Hong et al., 1982) wird einen weiteren Beitrag zu diesem Problem bringen. Es wurde nämlich untersucht, ob die *Volkszugehörigkeit des Hypnotiseurs* irgendwelche Effekte auf die Hypnotisierbarkeit ausübt. Dabei wird auch auf die Literatur (Banks, 1975; Montijo, 1975; Morrow, 1975; Sue und Sue, 1977; Vontress, 1971; Yamamoto et al., 1968) Bezug genommen. Carkhuff und Pierce (1967) haben sich näher mit dem Problem der Rasse und Hypnotisierbarkeit befaßt. Die Resultate der Untersuchungen von Hong et al. (1982) zeigten *eine gewisse Abhängigkeit der Hypnotisierbarkeit von der Zugehörigkeit zu ethnischen Gruppen bei Chinesen und Spaniern.* Wurde einem chinesischen Hypnotiseur eine chinesische Vp zur Verfügung gestellt, so stieg die Hypnotisierbarkeit; andere Nationalitäten ergaben beim selben Hypnotiseur nicht dieses Resultat. Ähnlich war es auch bei den Spaniern (s. auch Thorne und Beier, 1968).

4.2.3.2 Resultate eigener Beobachtungen. Im folgenden wollen wir auch eigene Erfahrungen zu diesem Problem vortragen (Jovanović, 1988f.).

Experiment 01: VO-1982–1985

Im Verlaufe von *sechs Semestern* wurden während der Hypnose-Vorlesungen in den Jahren 1982/85 in unregelmäßiger Folge und ohne eine statistische Auswertung *10 Studenten der Psychologie oder Medizin im Alter zwischen 18 und 24 Jahren* (männlichen und weiblichen Geschlechts: 4:6) vor den übrigen Studenten (Anzahl der Teilnehmer: 80–120) hypnotisiert: *fünf davon vom Referenten* (Hypnotiseur) und *fünf von den Studenten*, die bereits in die Hypnose-Induktion eingeführt worden waren. Es wurde eine der *indirekten Hypnose-Induktionen* (HP-001) angewandt. Gegen Ende der Hypnose, vor der Rückführung wurde der Vp suggeriert, *sie möge nach der Rückführung noch eine Weile im Sessel bleiben* («... und nach der Hypnose empfehle ich Ihnen, noch eine Weile im Sessel zu bleiben, ganz gleich, ob jemand aus dem Publikum sagen wird, Sie mögen gleich aufstehen oder nicht ...»). Der Referent oder der jeweilige eingeübte Student blieb im Publikum (unter den anderen Studenten) und rief gleich nach der Rückführung aus der Hypnose: «... es wäre für Sie viel schöner, wenn Sie gleich aufstehen und auf den Platz gehen würden, ... es wäre ... etc.». «... ich empfehle Ihnen, gleich aufzustehen und auf den Platz zu gehen, zu Ihrem Platz zu gehen, ... etc.». Die Resultate waren wie folgt: *Vier von fünf Studenten*, die von einem anderen Studenten hypnotisiert worden waren, standen auf und gingen zu Ihrem Platz, nachdem eine Suggestion seitens des Referenten aus dem Publikum heraus gegeben worden war, sie mögen gleich auf den eigenen Platz gehen. Eine Studentin blieb jedoch gemäß der Suggestion des Studenten/Hypnotiseurs nach der Rückführung aus der Hypnose weiterhin sitzen. Beim umgekehrten

Versuch, bei dem ein Student/Hypnotiseur aus dem Publikum suggerierte, der Proband möge nach der Rückführung aus der Hypnose aufstehen, *stand nur einer auf* und die restlichen vier nicht. *Obwohl dieser Versuch nicht statistisch angelegt und ausgewertet wurde, müssen seine Resultate im Zusammenhang mit allen in dieser Richtung vorgetragenen Befunden anderer Autoren ernst genommen werden; in vielen Situationen hängt der Erfolg der Hypnose-Induktion vom Hypnotiseur, d.h. von seiner Persönlichkeit, ab. In der Hypnotherapie muß diesem Faktor Rechnung getragen werden* (siehe auch Kapitel XI–XX und Jovanović, 1989).

4.2.4 Hypnotisierbarkeit und Hypnotisand

Die Frage, *wer und wie hypnotisiert werden kann*, interessiert immer mehr Menschen. Es gibt praktisch keine Veranstaltung zur Hypnoseproblematik oder praktischen Hypnotherapie, bei der nicht gefragt wird, *ob alle Menschen oder wieviele hypnotisiert werden können.*

4.2.4.1 Hypnotisierbarkeit und Alter. Nach Beaunis (1887) sowie Liébeault (1892) sind *Kinder* im Alter zwischen sieben und 14 Jahren *am besten hypnotisierbar.* Die Hypnotisierbarkeit nimmt dann mit zunehmendem Alter ab, um später ganz leicht bis zum hohen Alter zu sinken (Morgan und Hilgard, 1975; Morgan et al., 1970, 1974). Bei Wachsuggestionen bekam man eine Zunahme der Hypnotisierbarkeit gemäß Rückfalltest *ab dem fünften Lebensjahr, mit einem Höhepunkt bei sechs und acht Jahren.* Danach erfolge eine langsame Senkung der Kurve bis zum 16. Lebensjahr. Auch nach Bramwell (1903, 1909) sind Kinder besser hypnotisierbar als Erwachsene. Ältere Literaturangaben findet man bei Hull (1933). Weitzenhoffer (1953) referierte ebenfalls wissenschaftliche Arbeiten (87 Publikationen, erschienen zwischen 1886 und 1952) und war sich mit Bramwell (1903, 1909) im wesentlichen einig. Dagegen seien nach Pattie (1956a, b) *jüngere Probanden nicht leichter hypnotisierbar als ältere.* Nach einer Anwendung von *Stanford Hypnotic Scale and Children's Hypnotic Susceptibility Scale* konnte London (1962) feststellen, daß *Kinder doch besser hypnotisierbar sind als Erwachsene.* Offenbar hingen auch hier die Resultate von vielen Faktoren ab, auf die man sich wegen der Natur der Experimente nicht gleichzeitig konzentrierte. Mehr oder weniger zufällige und statistisch nicht gesicherte Berichte über die Hypnotisierbarkeit von Kindern sind für die Bereiche *Chirurgie* und *Zahnmedizin* erschienen. Quantitative Messungen darüber sind relativ selten. Moore und Lauer (1963) nahmen 48 Kinder (32 Jungs und 16 Mädchen) im Alter von sechs bis zwölf Jahren und testeten diese mit dem ersten Teil der von London (1962) für Kinder adaptierten *Children's Hypnotic Susceptibility Scale (CHSS).* Nach diesem Test boten die untersuchten *Kinder eine höhere Hypnotisierbarkeit als Erwachsene, aber nicht signifikant höher als freiwillige ältere Schüler. In bezug auf Halluzinationen, posthypnotische Amnesie und posthyhpnotische Suggestionen waren Kinder erfolgreicher als erwachsene Freiwillige.* Sie waren weniger erfolgreich bezüglich des Augenschließens und nur etwas weniger erfolgreich in bezug auf die Katalepsie. Zwar unterscheiden sich die Instruktionen in den Skalen für Erwachsene von denen für Kinder etwas voneinander, doch kann man die Differenzen in den Befunden zwischen Kindern und Erwachsenen nicht nur auf diesen Unterschied zurückführen. London und Madsen (1969) haben dann die Versuche mit Kindern fortgesetzt. Sie untersuchten jetzt 34 Kinder im Alter zwischen sieben und zwölf Jahren in einem Rollenspiel und unter Anwendung des CHSS von London (1962). Dieser Untersuchung sei eine erste von Madsen und London (1966) vorausgegangen. Neue Elemente wurden nicht zutage gebracht.

Gordon (1972) beobachtete Vpn im Alter von 20–62 Jahren. Die Vpn waren hospitalisiert, jedoch nach Angaben des Autors ohne eine Medikation und ohne psychiatrische Störungen. Angewandt wurden die *Stanford Hypnotic Susceptibility Scale, Form A und Form B (SHSS: A, SHSS: B)* (Weitzenhoffer und Hilgard, 1959). Ein signifikanter Abfall der Hypnotisierbarkeit fand sich von einer Altersgruppe zur anderen; *für Vpn im Alter von 20–29 Jahren war der Mittelwert (MW) nach SHSS: A* 7,57 (SD = 3,46), für die Altersgruppe zwischen 30 und 39 Jahren 5,21 (SD = 3,36), für die zwischen 40 und 49 Jahren 4,67 (SD = 2,99) und für die Altersgruppe zwischen 50 und 62 Jahren 3,50 (SD = 3,33). Nach SHSS: B waren die Unterschiede noch größer. *Nach beiden modifizierten Skalen ist die Hypnotisierbarkeit in der Altersgruppe von 20–29 Jahren die höchste.*

Auch Gordon (1972) betonte, *daß in der Literatur eine höhere Hypnotisierbarkeit von Probanden im Alter zwischen fünf und zehn Jahren zu finden sei, mit einem Gipfel im vorerwachsenen Alter, aber einem graduellen Sinken nach dieser Altersstufe* (s. auch Barber und Calverley, 1963a, b; Cooper und London, 1966, 1971; Hilgard, 1970; London, 1961, 1965; London und Cooper, 1969; Madsen und London, 1966; Stukát, 1958). Morgan und Hilgard (1973) untersuchten eine imposante Anzahl von 1232 Vpn im Alter zwischen *fünf und 78 Jahren.* Das Untersuchungsgut wurde aus einer Gruppe von 579 Schülern eines Colleges sowie aus einer anderen Gruppe von 653 Eltern der Schulkinder rekrutiert. Dabei wurde die *Stanford Hypnotic Susceptibility Scale, Form A (SHSS: A)* (Weitzenhoffer und Hilgard, 1959) in Anspruch genommen. Da das Untersuchungsgut nicht homogen war, strebten die Autoren kein Experiment *per se* an. *Der Gipfel der Hypnotisierbarkeit ergab sich bei diesem Versuch bei Kindern im Alter zwischen 9 und 12 Jahren, mit einem graduellen Nachlassen in den höheren Altersstufen.* Nach dem Alter von 36 Jahren sank die Kurve rapide nach unten. *Die geringste Hypnotisierbarkeit wurde in der Altersgruppe zwischen 37 und 40 Jahren gefunden. Nach dem 40. Lebensjahr kam es überraschenderweise zu einem erneuten geringen Anstieg der Hypnotisierbarkeit.*

Bei der Untersuchung von Berg und Melin (1975) wurde 55 Menschen im Alter zwischen 62 und 94 Jahren eine schwedische Übersetzung der SHSS: A angeboten und sie lieferten Antworten, aus denen zu ersehen war, *daß ältere Menschen eine niedrigere Hypnotisierbarkeit aufweisen und daß diese mit zunehmendem Alter abnimmt.* Obwohl numerisch der MW bei Frauen kleiner (3,08) als bei Männern (4,00) war, konnten die Autoren *keine Unterschiede zwischen Männern und Frauen finden.* Die meisten Schwierigkeiten entstanden während des Versuchs wegen der verbalen Hemmung, betonter Augenkatalepsie (die auch mit Tremor verbunden sein konnte) und der Ausführung der posthypnotischen Suggestionen. Auch im Vergleich mit den Befunden von Morgan und Hilgard (1973) ergaben sich Unterschiede zugunsten der jüngeren Vpn. Daraus wird auf die Signifikanz aller Resultate geschlossen.

Gardner (1974, 1980) unterzog die *Hypnotisierbarkeit/Hypnose bei Kindern* einer analytischen Kritik. Dabei berücksichtigte er auch die Hypnotherapie. Er stellte fest, daß die Hypnotherapie bei Kindern bereits mit Mesmer begonnen hatte (Tinterow, 1970). Trotzdem sei auf der wissenschaftlichen Seite kein großes Interesse entstanden, wenn es um die Hypnotisierbarkeit der Kinder ging. Gardner und Hinton (1980) referierten dann 114 Publikationen aus den Jahren zwischen 1955 bis 1978. Die Publikationen aus den Jahren zwischen 1955 und 1959 wurden nur dann berücksichtigt, wenn sie von Weitzenhoffer (1959) übersehen worden waren. Während nach diesen Autoren in den 60er und frühen 70er Jahren die Kinder nur beiläufig in den Berichten erwähnt wurden, konnte ein zunehmendes Interesse in den letzten Jahren notiert werden. Eine genauere Analyse der Publikationen findet man bei Gardner und Hinton (1980) (s. dazu Kapitel XV.8 und Gardner, 1980).

4.2.4.2 Hypnotisierbarkeit und Geschlecht. Bramwell (1903, 1909) äußerte das Gefühl, *das Geschlecht würde eine geringe oder keine Rolle bezüglich der Hypnotisierbarkeit spielen.* Andere Autoren jedoch, wie Brown (1916), Davis und Husband (1931), Friedlander und Sarbin (1938), Ingvarsson und Lindenberg (1935), Lodge (1926) sowie McGeorgh (1925) neigten zu der Annahme, *Frauen seien leichter als Männer hypnotisierbar.* Auch nach Pattie (1956a, b) sind Frauen besser als Männer hypnotisierbar. Der Unterschied sei jedoch so klein, daß er nur eine wissenschaftliche Bedeutung habe. Nach einer Anwendung der *Friedlander-Sarbin-Scale* (FSS) durch Weitzenhoffer und Weitzenhoffer (1958a, b) konnten *keine Unterschiede* in der Hypnotisierbarkeit zwischen Männern und Frauen gefunden werden. Bei einer Prüfung des Merkmals *Maskulinität* wurde eine *Korrelation zwischen dieser und der Hypnotisierbarkeit bei Männern von 0,69 und bei Frauen von nur 0,43 nachgewiesen.* Mit anderen Skalen zur Maskulinitätsprüfung konnten diese Unterschiede in den Korrelationen nicht gefunden werden. Hilgard et al. (1958) fanden eine *bessere Hypnotisierbarkeit bei Frauen*, während Hilgard et al. (1981) diese nicht bestätigen konnten. Geschlechtsunterschiede wurden auch von Moore und Lauer (1963) nicht gefunden. Cooper und London (1966) haben bei ihrer Auswertung der Hypnotisierbarkeit bei Kindern auch die Geschlechtsunterschiede untersucht. Dabei wurden 240 Kinder mittels der *Children's Hypnotic Susceptibility Scale (CHSS)* (London, 1963) getestet. In jeder Altersgruppe der zwischen fünf und sechzehn Jahre alten Kinder waren je zehn Mädchen und zehn Jungs eingeteilt. Unterschiede bezüglich der Hypnotisierbarkeit habe es bei Jungen und Mädchen in den einzelnen Gruppen nicht gegeben. Auch nach der Auswertung aller Resultate ergab sich nach keinem Merkmal ein Unterschied zwischen Mädchen und Jungen für diese Altersklasse. Ein Vergleich der Resultate von Morgan und Hilgard (1973) (siehe oben) bezüglich des Alters und des Geschlechts ergab einen signifikanten Unterschied ($p = 0,001$) in der Altersstufe von 21–32 Jahren. In den Altersgruppen bis zum 17. Lebensjahr gingen die Kurven der Hypnotisierbarkeit für männliche und weibliche Vpn parallel und zusammen. Nach dem 17. Lebensjahr stieg die Kurve für die weiblichen Vpn gewaltig nach oben und begann erst nach dem 28. Lebensjahr zu sinken. *Die Hypnotisierbarkeit war bei Frauen in drei Altersklassen* (für die Gruppen im Alter zwischen 21 und 24, 25 und 28 sowie 29 und 32 Jahren) *signifikant höher als bei den entsprechenden Altersgruppen der Männer.* Die Autoren betonen dabei, daß diese Untersuchung wiederholt werden muß, da es sich bei den angeführten (differenten) Altersgruppen um Mütter der dabei anwesenden Studenten oder Schulkinder gehandelt habe, so daß etwa dadurch das Resultat beeinträchtigt sein könnte. Mit anderen Argumenten konnten die Verfasser die Unterschiede nicht erklären. *Die Frage, ob Frauen tatsächlich besser als Männer hypnotisierbar sind, muß weiterhin offen bleiben. In der klinischen Praxis könnte die höhere Hypnotisierbarkeit bei Frauen tatsächlich vorhanden sein.* Eigene Untersuchungen an Studenten und Patienten sind noch nicht abgeschlossen worden. Soweit die Resultate bis jetzt übersehbar sind, *werden sich keine nennenswerten oder nur geringfügige Geschlechtsunterschiede zugunsten der Frauen ergeben* (Jovanović, 1988d; Weitzenhoffer, 1961, 1962).

4.2.4.3 Körperbau und Temperament. Die Frage der *Heredität* der Hypnotisierbarkeit wurde bereits beim Studium der *Ontogenese* (Kapitel III.3) angeschnitten. Im eben vorausgegangenen Abschnitt (Kapitel IX.4.2.4.2) wurde auch das Problem der *Maskulinität* angesprochen. Diese Problematik wird in den nachfolgenden Abschnitten noch stärker zum Ausdruck kommen. Bereits Hippokrates (460–377 v. Chr.) hat sich mit dieser Frage auseinandergesetzt. Seit Ernst Kretschmer (1888–1964) wissen wir, daß der *Körperbau* mit ziemlicher Sicherheit als *Unterbau* für das entsprechende *Temperament* bzw. für gewisse *psychische Erkrankungen* angesehen wird. Knapp 20 Jahre nach Kretschmer (1921) versuchten Sheldon et al. (1940) die *Morphologie des Körpers* (Körperbau) neu zu definieren (siehe auch Haronian und Sugarman, 1965; Humphreys, 1957; Hunt, 1949; Parnell, 1954; Sheldon und Stevens, 1942).

Cortes und Gatti (1965) benutzten die Systematisierung von Parnell (1954, 1958) und fanden, daß sich die *extrem Endomorphen* selbst als *nett*, *entspannt*, *warm und barmherzig* empfinden; die *extrem Mesomorphen* beurteilen sich als *vertrauensvoll*, *energisch*, *abenteuersüchtig*, *unternehmungslustig*. Die *Ektomorphen (Leptosomen)* bezeichnen sich als *absonderlich*, *gespannt*, *schüchtern*, *reserviert*. Nach weiteren Untersuchungen von Smith (1957), Cortes und Gatti (1966) sowie Deabler et al. (1973) konnten *Korrelationen zwischen dem*

Körperbau und dem Temperament als gefestigt betrachtet werden, was allerdings seit Hippokrates und spätestens seit Kretschmer nicht unbekannt war.
Unser spezielles Anliegen geht dahin, *Beziehungen zwischen den anthropometrischen Variablen und der Hypnotisierbarkeit* zu eruieren. Nach der von Edmonston (1977) entwickelten Hypothese müssen gewisse Körperrelationen zwischen den *physischen Merkmalen (Somatotypus)* und den *Verhaltensmerkmalen (Temperament)* einerseits sowie der *Hypnotisierbarkeit (capacity for hypnosis)* andererseits, bestehen. Der Autor untersuchte 87 männliche und 48 weibliche Studenten (Alter: 18–22 Jahre) auf Körpermorphologie und Hypnotisierbarkeit. *Zur Messung der Hypnotisierbarkeit* nahm er die *Harvard Group Scale of Hypnotic Susceptibility (HGSHS)* (wahrscheinlich Form A) in Anspruch. *Zur Bestimmung der Morphologie* der Probanden (Anthropometrie) maß er *Körpergröße, Körpergewicht, Umfang des Kopfes und des Bizeps, Umfang der Epycondyli* (Humerus, Femur), *Länge der Extremitäten* (Trizeps, Quadrizeps etc.), *Beckenumfang* mit den standardisierten Maßstäben (M.4 Standard Deviation Chart = SDC) und konvertierte sie in die *Somatotypen-Skalen*. Auf diese Weise konnten die drei erwähnten Konstitutionstypen (Fat, Muscularity, Linearity, d.h. Endomorphie, Mesomorphie, Ektomorphie) bestimmt werden. Diese *Somatotypen* wurden dann mit Scores der HGSHS korreliert. Nicht allzu überraschend boten die Resultate gewisse Korrelationen der Somatotypen mit der Hypnotisierbarkeit. *Je mehr eine männliche endomorphe Konstitution ausgeprägt war, desto besser korrelierte sie mit der Hypnotisierbarkeit.* Die Situation war ähnlich bei männlichen *ektomorphen Konstitutionen (Leptosome).* Die *muskuläre Konstitution (Mesomorphie)* hatte keine Beziehungen zur Hypnotisierbarkeit bei weiblichen *und* männlichen Vpn. Seit Haronian und Sugarman (1965) weiß man, daß es Unterschiede zwischen den Skalen von Sheldon et al. (1940) und von Parnell (1954, 1958) gibt. Diese Unterschiede haben sich jedoch auf die Befunde von Edmonston (1977) nicht ausgewirkt. Die Unterschiede in den Beziehungen zwischen der Konstitution und der Hypnotisierbarkeit bei männlichen Personen einerseits, gegenüber den mangelnden Beziehungen dieser Parameter bei Frauen andererseits, müssen nach dem zuletzt erwähnten Autor *in den unterschiedlichen Konstitutionen bei Männern und Frauen liegen.* Sheldon (1954) hat gezeigt, daß sich weibliche Personen in bezug auf den Somatotypus viel mehr um die endomesomorphe Konstitution gruppieren als um die ektomorphe. Die mangelnde Korrelation zwischen dem Somatotypus und der Hypnotisierbarkeit bei weiblichen Vpn, insbesondere bei adipösen, spricht vielleicht auch dafür, *daß dies an der Hypnotisierbarkeit liegt.* Die Konstitution könne dann der Hypnotisierbarkeit nicht zugeordnet werden. Nach der unten zu diskutierenden Literatur (Bowers, 1971; Davis und Husband, 1931; Friedlander und Sarbin, 1938; Hilgard et al., 1958; Morgan, 1973; Morgan und Hilgard, 1973; Shor et al., 1966) – auch oben erwähnt – zeigen Frauen eine ganz *geringfügig, aber doch in den meisten Fällen signifikant höhere Hypnotisierbarkeit als Männer.* Auch Edmonston (1977) berichtete darüber, daß Frauen in der HGSHS höher standen als Männer. Edmonston (1977) versucht, diesen Unterschied dadurch zu erklären, indem er auf gewisse Differenzen auf dem kortikalen Niveau zwischen Männern und Frauen hinweist, die darin bestehen, daß Frauen gegenüber Männern mehr *mit der rechten Hemisphäre als mit der linken* auf die Umwelt reagieren. *Da auch die Hypnotisierbarkeit mehr mit der rechten Hemisphäre als mit der linken in Verbindung gebracht wird* (Kapitel XXV), könne die höhere Hypnotisierbarkeit von Frauen im Vergleich zu Männern tatsächlich darauf beruhen. Diese Lateralität ist auch bei den Augenbewegungen in einer Korrelation mit der Hypnotisierbarkeit gefunden worden (Bakan, 1969). Von den subkortikalen Regionen kann nur die *präoptische Thalamus-Region* mit der Hypnotisierbarkeit in eine funktionelle Beziehung gebracht werden, da Männer und Frauen im Bereich der hypothalamischen Strukturen voneinander nicht differieren (Dorner, 1973; Field und Raisman, 1974). Wenn man noch das *endokrine System* in Betracht zieht, dann sind die Unterschiede zwischen Männern und Frauen noch deutlicher. Es wäre zu weit gegriffen, die geringfügig höhere Hypnotisierbarkeit – die auch nicht immer nachgewiesen werden

konnte – auf diese endokrinen Differenzen der Frauen gegenüber den Männern zurückzuführen. Als eine Anregung für weitere Untersuchungen könnten sie jedoch brauchbar sein. Bei männlichen Vpn deutete Edmonston (1977) die endomorphe Konstitution als eine stabile Eigenschaft. Nicht nur mit einer höheren Hypnotisierbarkeit wird dieser Konstitutionstypus in Zusammenhang gebracht, sondern auch mit einer *Extraversion* (Furneaux und Gibson, 1961; Lang und Lazovik, 1962). Die Extravertierten seien andererseits besser hypnotisierbar (siehe oben, einschlägige Kapitel). Edmonston (1977) meint, seine Vpn, die eine höhere Hypnotisierbarkeit aufweisen, würden auch mit einer *viscerotonen Konstitution* korrelieren (siehe oben). Andererseits versucht Edmonston (1977) seine Befunde auch mit dem Alter und der damit zusammenhängenden Hypnotisierbarkeit in Beziehung zu bringen. Im vorigen Abschnitt haben wir Befunde anführen können, die dafür sprechen, *daß die beste Hypnotisierbarkeit im Alter des Probanden zwischen sieben und zwölf Jahren liegt.* Edmonston (1977) – dem diese Befunde auch bekannt waren – nimmt an, die ektomorphe Konstitution bei Männern sei gerade deshalb besser mit der Hypnotisierbarkeit zu korrelieren, weil die Ektomorphie dem Alter von neun Jahren (als am besten ausgeprägt) entspricht. Auch die endomorphe Konstitution, die zwar mit dem Alter von neun Monaten am besten korreliert, aber sich später anders entwickelt, kann auf diese Weise bezüglich der Hypnotisierbarkeit gedeutet werden. Diese Meinung von Edmonston (1977) wird wahrscheinlich nicht leicht allgemein akzeptiert werden können, weil sie zu weit in der Deutung unbewiesener Befunde geht. Dazu müssen auch eigene, noch nicht abgeschlossene, Untersuchungen angeführt werden (Jovanović, 1988d).
Als einen *eigenen Beitrag* bringen wir das nachfolgende

Experiment 02: VO-1982–1985

Nach den Angaben der Studenten/Probanden im Fragebogen (beschrieben in Kapitel IX.4.1.2.2) über ihr *Körpergewicht* und die *Körpergröße*, über *Haar-* und *Augenfarbe*, konnte *während der Hypnose* jede Vp schnell identifiziert werden. Dabei wurde auch die Konstitution nach dem *klinischen Eindruck* bestimmt. *Wenn man die hypnotisierbaren Vpn gesondert betrachtete, dann stammten 76,7 % aller Hypnotisierten (Abb. 3) aus den athletisch-pyknischen Mischkonstitutionen.* Von dieser Gruppe befanden sich *93,0 % im tiefsten Hypnosestadium* (Abb. 4 links). An zweiter Stelle kamen dann reine Pykniker und reine Athlethen. Man hat den Eindruck, daß die beste Hypnotisierbarkeit bei jenen Vpn zu finden ist, *die gerade von der athletischen zur pyknischen Konstitution übergehen.* Auch Schultz (1959) geht mit seiner Annahme in diese Richtung. Die nicht-hypnotisierbaren Vpn der Abb. 3 rekrutierten sich aus anderen Konstitutionstypen. Wie wir bereits oben betont haben, kann die Konstitution in dem von uns untersuchten Alter der Probanden mit einer gewissen Wahrscheinlichkeit nur bei Männern bestimmt werden. *Insoweit ist Vorsicht geboten, wenn man Vpn im Alter zwischen 18 und 22 Jahren beobachtet und dann die Konstitution zu bestimmen versucht* (Edmonston, 1977). Auch die Verteilung der männlichen Probanden in unserem Untersuchungsgut (23 % Athleten, 26 % Pykniker, 36 % Leptosome und 15 % unbestimmt) kann nur mit Vorsicht verwertet werden und repräsentiert wahrscheinlich nicht die älteren Probanden-Generationen.

4.2.4.4 Hypnotisierbarkeit und physiologische Aspekte. (a) An erster Stelle wäre die Problematik der *Hypnotisierbarkeit im Zusammenhang mit dem Schlaf* zu diskutieren (Borlone et al., 1960; Cobb et al., 1965; Dittborn und Armengol, 1960; Dittborn und O'Connell, 1967; Dittborn et al., 1960; Jovanović, 1971, 1978a, b; Oswald, 1962 u.a.). Dieser Abschnitt wird jedoch in Kapitel XXIV.3.3 beleuchtet. (b) *Bioelektrische Hirnaktivität und Hypnotisierbarkeit* werden in Kapitel XXII.3.2 abgehandelt (siehe auch Barabasz, 1980a, b; Dumas, 1977; Engström, 1976; Kugler, 1963; Thorkelson, 1973; Zubek, 1963, 1973). (c) Zur Frage der *Händigkeit und Hypnotisierbarkeit* (Bakan, 1969, 1970; Bakan und Svorad, 1969; Benton und Bandura, 1953; Bryden, 1965; Curry, 1967; Curry und Rutherford, 1967; Finn und Neuringer, 1968; Hécaen und De Ajuriaguerra, 1964; London et al., 1968; Nowlis und Rhead, 1968; Satz et al., 1965; Zurif und Bryden, 1969 u.a.) und (d) über *Augenrollen und Hypnotisierbarkeit* (Spiegel, 1970; Spiegel und Bridger, 1970; Wheeler et al., 1974 u.a.) wird in Kapitel XXV.3 gesprochen. (e) Interessant für diesen Abschnitt sind noch die Untersuchungen von Perry (1970), der 39 männliche Studenten auf das Phänomen von *Muskelschwere* (übereinandergeschlagene oder nicht übereinandergeschlagene Beine) *und Hypnotisierbarkeit* prüfte. *Hoch hypnotisierbare Vpn tendierten dazu, während der Hypnose die Beine nicht übereinanderzuschlagen*, während *schwach hypnotisierbare* und die *nicht ansprechbaren* die Beine übereinanderschlugen. Dies traf auch dann zu, wenn bei Vpn während der Hypnose ein Analgesie-Test angewandt oder aber eine diagnostische Maßnahme getroffen wurde, um die Hypnose zu verifizieren. Gemäß dieses *kinetischen Zeichens* wurde vom Autor der Publikation angenommen, *daß die nicht hypnotisierbaren Vpn keinen Reflex für die unbedingten Befehle haben, einer Hypnose-Induktion zu folgen* (siehe auch Levitt et al., 1964). Jackson et al. (1979) konnten feststellen, daß für *das Durchhaltevermögen bei der muskulären Tätigkeit* sowohl hypnotische als auch nicht-hypnotische Suggestionen als Motivation ausreichen (siehe dazu Stern et al., 1963, 1977; Zangwill, 1960).

4.2.4.5 Hypnotisierbarkeit und Traumproblematik. Zu dieser wichtigen Frage – die hier zur Vervollständigung der Sequenz zu erwähnen ist – wird in den Kapiteln XXIV.2 und XXV.2.3 Stellung genommen (siehe auch James, 1890; Zimbardo, 1983; Zimbardo et al., 1971, 1972).

4.2.4.6 Hypnotisierbarkeit und Erlebnisfähigkeit. *Von der psychoanalytischen Seite gesehen* (Kapitel X) würden *Erlebnisse aus der Kindheit im Erwachsenenalter und auch bei der Entstehung von neurotischen Symptomen eine wichtige Rolle spielen* (Freud, 1915; Hilgard, 1965a, b; Pascal und Salzberg, 1959; Wolberg, 1977a, b). Nach den drei zuletzt erwähnten Autoren *haben diese Erlebnisse ebenfalls Einfluß auf die Hypnotisierbarkeit.* Long (1968) untersuchte 34 männliche Kinder mit Hilfe von Pascals Hypnosetechnik. Die Vpn wurden gemäß ihrer Hypnotisierbarkeit in drei Gruppen eingeteilt. Mit Hilfe der Pascal-Jenking-Skala (Pascal und Salzberg, 1959) wurden die *Trieberlebnisse* untersucht, *die dem Kinde in den ersten zehn Jahren seines Lebens von den Eltern angeboten wurden.* Es ergab sich, daß ein Zusammenleben der Kinder mit den Eltern, Liebesbeziehungen in der väterlichen Kategorie und Ausschelten von der mütterlichen Seite die Möglichkeit schaffen, *hoch hypnotisierbare Vpn von den kombinierten* (mittel bis gering hypnotisierbaren) *Vpn herauszufinden.* Die Variablen, die einen intimen Kontakt zwischen der Vp und einem Elternteil betrafen, liefen ebenfalls in diese Richtung. *Positive Erlebnisse in der Kindheit* – wenn sie nicht sehr weit von der Norm abweichen – *sind somit mit einer hohen Hypnotisierbarkeit gekoppelt.* Nach Nowlis (1969) wurden gewisse Beziehungen zwischen der strengen elterlichen Disziplin in der Kindheit – aber auch den Erlebnissen in der Pubertät – und der Hypnotisierbarkeit gefunden.

Zu diesen Befunden werden in Kapitel IX.4.2.4.14 noch Studien im Bereich der *Erlebnisse und der selektiven Aufmerksamkeit* (Brown et al., 1983; Graham und Evans, 1977; Karlin, 1979; Miller, 1975b; Wallace, 1979; Wallace et al., 1974, 1976), in Kapitel IX.4.2.4.11 auf dem Gebiet der *Imagination* (Crawford, 1982; Fellows und Armstrong, 1977; Finke und MacDonald, 1978; Grumbles und Crawford, 1981; Hilgard, 1965a, b, 1973; Hilgard et al., 1979a, b; Kihlstrom et al., 1980; Miller, 1975b; Roberts et al., 1975; Spanos und McPeake, 1975; Tellegen und Atkinson, 1974; Woodworth und Schlosberg, 1954; u.a.) sowie in Kapitel

XXI.6 auf dem der Zusammenhänge mit dem *Gedächtnis* (Acosta und Crawford, 1985; Averbach und Coriell, 1961; Breitmeyer, 1980; Coltheart, 1980; Ingram et al., 1979; Miller, 1956; Saccuzzo und Braff, 1981; Saccuzzo et al., 1982; Witkin et al., 1954; Yanchar, 1983; u.v.a.) referiert (siehe dazu Jacobs und Salzberg, 1987).

4.2.4.7 Hypnotisierbarkeit und Persönlichkeitsmerkmale. Außer den Korrelationen zwischen der *Hypnotisierbarkeit und Intelligenz* wurden in der älteren Literatur keine anderen Beziehungen zwischen der Hypnotisierbarkeit und Persönlichkeitsmerkmalen des Hypnotisanden gefunden (Barry et al., 1931; Curtis, 1943; Davis und Husband, 1931; Deckert und West, 1963; Friedlander und Sarbin, 1938; Gibson und Curran, 1974; Hull, 1933; Murray, 1938; Weitzenhoffer, 1953). Nach Anwendung von *Thurston Personality Schedule (TPS)* oder *Bernreuter Personality Inventory (BPI)* konnten keine Beziehungen zwischen *Neurotizismus* und Hypnotisierbarkeit gefunden werden (Bartlett, 1936a, b). Nach Ach (1937) haben *Introvertierte* eine geringere Hypnotisierbarkeit als Eigenschaft; *Extravertierte* neigen jedoch mehr dazu. Friedlander und Sarbin (1938) fanden dagegen keine Beziehungen von Extraversion, Aszendenz, Neurotizismus und Affektivität zur Hypnotisierbarkeit. Der Neurotizismus bot nach TPS und BPI einerseits sowie nach einer Tief-Hypnose-Skala und Körperschwingungstest andererseits keine Beziehung zur Hypnotisierbarkeit (Messer et al., 1938). Nach Sarbin (1950) könne man jedoch nach einer *Hysterie-Skala* und nach dem MMPI die *somnambulen Personen* von denen mit mäßiger Hypnotisierbarkeit trennen ($p < 0{,}01$). Unsichere Korrelationen wurden zwischen der *Verdrängungstendenz* und der Hypnotisierbarkeit gefunden (White, 1941). Die von Rosenzweig und Sarason (1942) sowie Sarason und Rosenzweig (1942) aufgeworfene *Dreifach-Hypothese* besagt, *daß die Hypnotisierbarkeit den Mechanismus der Abwehr, der Verdrängung und der Impulsivität* (als eine unmittelbare Reaktion auf Frustrationen) *fördere.* Nach Schafer (1947) zeigen Menschen, die zu *paranoiden Ideen*, *Angstzuständen* und *Projektionen* neigen, ebenfalls einen starken *Abwehrmechanismus*, eine Aggressivität und eine emotionale Labilität zur Anpassung. Dadurch könne *Sarason-Rosenzweigs-Trias-Hypothese* bestätigt werden. Noch White (1937a) versuchte, eine Rangliste der Hypnotisierbarkeit bei 15 Personen mittels Autobiographie, Interviews und Imagionationstets aufzustellen. In einer weiteren Arbeit unterschied White (1937b) *zwei Arten von hypnotischer Trance* – (a) *die aktive* und (b) *die passive.* Die Hypnotisierbarkeit korrelierte mit dem *Bedürfnis zur Autonomie und der Neigung zur Abwehr* ($r = 0{,}44$ bzw. 0,43). Nach der Anwendung des Rorschach-Tests fand Sarbin (1939), daß die bereits hypnotisierten Personen weniger introvertiert waren als vorher. Im Gegensatz dazu berichteten Levine et al. (1943) über eine *Zunahme der Introversion nach der Hypnose* (siehe auch Brenman und Reichard, 1943; Lane, 1948; Sarbin und Madow, 1942).

Das (1958a) studierte 67 männliche Vpn mit einer Skala über die Faktorenanalyse und meinte, einen *starken generellen Faktor der Hypnotisierbarkeit* gefunden zu haben. Dieser Faktor müßte aber auch mit anderen Faktoren der Persönlichkeitsvariablen korrelieren. McBain (1954) berichtete noch vor Das (1958a), eine positive Korrelation zwischen der *Einbildungsfähigkeit und der Hypnotisierbarkeit* gefunden zu haben. Damit stimmte er mit den Befunden von Arnold (1946) überein. Barber (1964) untersuchte das *Temperament* und fand gewisse Korrelationen zwischen der Hypnotisierbarkeit und einigen *Charaktermerkmalen.* Mit Hilfe des *Guilford Zimmerman Temperament Survey (GZTS)* und dem *Cattell Sixteen Personality Factor Questionnaire (CSPFQ)* konnten jedoch Weitzenhoffer und Weitzenhoffer (1958a, b) bei 200 Vpn keine Korrelationen zwischen der Hypnotisierbarkeit und den *24 Persönlichkeitsfaktoren* finden. Daraufhin berichtete Thorn (1960) über einige niedrige aber signifikante Korrelationen zwischen der Hypnotisierbarkeit und den *16 Persönlichkeitsfaktoren.* Faw und Wilcox (1958) sprachen davon, daß die hypnotisierbaren Personen nach MMPI (Minnesota Multiphasic Personality Inventory), Rorschach-Test und *Clinical Assessment of Diaries (CAD)* generell bessere Scores aufweisen. Lavshits (1959) stellte fest, daß die hohe Hypnotisierbarkeit aus der Reihe der Vpn mit *geringen inneren Hemmungen* und die schwache aus der Reihe der Vpn mit *starken inneren Hemmungen* übereinstimmte. Gill und Brenman (1959) konnten keine signifikanten Differenzen zwischen den 100 psychiatrischen Patienten in bezug auf die Hypnotisierbarkeit nachweisen. Riggs und Kaess (1955) fanden andererseits, daß die mäßig hypnotisierbaren Studenten der Psychologie eine *introvertierte Meinung hatten, eine zykloide emotionale Labilität aufwiesen und unglücklich mit ihrer jetzigen Situation waren.* Moore (1961) wandte in einer groß angelegten Studie eine Faktorenanalyse-Korrelations-Matrix, verschiedene Stanford-Hypnose-Items, eine Serie von Tests der Empfindlichkeit auf soziale Einflüsse, die *Welsh Anxiety and Repression Scales* und drei *California Psychological Inventory Scales* an, wobei (a) *primäre Suggestibilität*, (b) *positive psychische Gesundheit*, (c) *Verantwortlichkeit für die Sozialnormen* und (d) *Anerkennung von psychologischen Abweichungen positiv mit der Hypnotisierbarkeit korrelierten.* Furneaux und Gibson (1961) untersuchten 99 Vpn mit dem MPI (Maudsley Personality Inventory) und Körperschwingungstest (Falltest), wonach die besser hypnotisierbaren Vpn aus der Reihe der sogenannten *stabilen Extravertierten* stammten. Hilgard und Bentler (1963) konnten mittels des MPI, Secter (1961 a, b) mit MMPI und *Card 12 M der TAT* sowie Hilgard und Lauer (1962) mit *California Psychological Scale (CPS)* keine Korrelation eines bestimmten Faktors mit der Hypnotisierbarkeit vorlegen (siehe auch Heilizer, 1960). Nach Heilizer (1960) seien *Neurotiker besser als Gesunde hypnotisierbar.* Dazu seien positive Korrelationen zwischen den Faktoren *Neurotizismus und Hypnotisierbarkeit* nachzuweisen, allerdings wenn Neurotiker zugrunde gelegt würden. Betrachtete man gesunde Vpn, ergab sich diese Korrelation kaum. Indem er die Publikationen von White (1937 a), Sarason und Rosenzweig (1942) sowie von Kline (1955) referierte, fand Heilizer (1961) heraus, *daß die Zunahme der Situationsangst die Hypnose-Induktion hemmt.* Man gewann jedoch nach dem Literaturstudium den Eindruck, daß diese Schlußfolgerung mehr eine subjektive Einstellung ist als eine feste Bindung an die Literaturergebnisse selbst. Auch andere Autoren (Ehrenreich, 1951; Gill und Brenman, 1959; Kline, 1958; Macalpine, 1950; Wolberg, 1948 a, b, 1977 a, b) scheinen kein sicheres Persönlichkeitskorrelat gefunden zu haben, das an die Hypnotisierbarkeit gebunden ist. Nach den pessimistischen Folgerungen von Deckert und West (1963) stellten sich Cooper und Dana (1964) wieder die Aufgabe, *Hypnotisierbarkeit und Persönlichkeitsmerkmale* (getestet mit MPI) neu in Angriff zu nehmen. Je neun Vpn wurden so ausgewählt, daß sie jede der vier möglichen Kombinationen (N = 36), von extrem hohen bis zu niedrigen Extraversion- und Introversion-Skalen, repräsentierten. Die Hypnotisierbarkeit wurde mittels der *SHSS: C* (Weitzenhoffer und Hilgard, 1962) bestimmt. *Eine Varianzanalyse ergab keine Beziehungen zwischen Extraversion und Hypnotisierbarkeit sowie Neurotizismus und Hypnotisierbarkeit. Die Extraversion und die Hypnotisierbarkeit erreichten in ihren Beziehungen zueinander nur eine Annäherung an die Signifikanz.* Ein Jahr später versuchten Pedersen und Cooper (1965), eine Reihe von Persönlichkeitsmerkmalen bei 30 Vpn mit Hypnotisierbarkeit nach SHSS: A (Weitzenhoffer und Hilgard, 1959) zu korrelieren. Der Versuch schloß ein: (a) *Korrelationen* zwischen jedem Merkmal der Persönlichkeitsvariablen und der Hypnotisierbarkeit und (b) *Interkorrelationen* zwischen allen Messungen der Persönlichkeitsmerkmale. *Mit Hypnotisierbarkeit korrelierten das Alter (0,37), der Jahrgang im Kolleg (0,36), die Missionsarbeit (0,37) und der Beruf des Vaters (0,54) ($p < 0,05$ bis 0,01).*

Nach den Resultaten eines groß angelegten Experimentes betonte London (1976), daß Menschen *mit geringer Hypnotisierbarkeit sich mehr anstrengen müssen, um Grade, Ausdauer, psychomotorische Koordination und Wahrnehmungstests besser zu gestalten als solche mit hoher Hypnotisierbarkeit. Zudem haben die letzteren mehr Gefallen an eigenen Leistungen als die ersteren.* Andere Resultate zeigen zudem, daß Personen mit einer hohen Hypnotisierbarkeit *auch unter nicht-hypnotischen Bedingungen entspannter sind* als die schwach hypnotisierbaren. Diese Befunde würden nach London (1976) darauf hindeuten, daß *Hirnwellentätigkeit und Hypnotisierbarkeit in umgekehrter Beziehung zur Leistungsmotivation und deren Wurzeln* – die im Entwicklungsstadium des kindlichen Selbständigkeitstrainings liegen – in Verbindung stehen. Weitere Beobachtungen wurden in bezug auf die *Verteilung von visuellen Informationen bei hoch und schwach hypnotisierbaren Personen* von Saccuzzo et al. (1982) vorgenommen. Die Autoren bezogen sich dabei auf die Arbeiten von Sperling (1960, 1963), Miller (1956), Breitmeyer (1980), Coltheart (1980), Saccuzzo und Braff (1981) und betonten die Wichtigkeit der Prüfung der Validität der psychischen Funktionen und deren Beziehungen zur Hypnotisierbarkeit. Die Resultate waren unergiebig. *Die Hypnotisierbarkeit und kognitive Kontrollen* wurden durch Goldberger und Wachtel (1973) studiert. Unter Bezugnahme auf die Vorpublikationen von Blum (1967), Reyher (1967), Orne (1969), Witkin et al. (1954) untersuchten die ersteren Autoren die *Gebietsabhängigkeit, Schärfe der Nivellierungsfähigkeit, Organisationsfähigkeit, Interferenzneigung, Prüfungsvermögen und Widerstandsfähigkeit gegen unrealistische Erlebnisse.* Wie in einigen früheren Versuchen aus der Literatur ergab sich, *daß die Hypnotisierbarkeit auf die meisten der erzielten Persönlichkeitsmerkmale bezogen werden kann* (siehe auch Hilgard, 1977, 1982).

4.2.4.8 Hypnotisierbarkeit und Tradition. Ganz kurz sei darauf hingewiesen, *daß psychotherapeutische Methoden generell sowie Hypnose und Hypnotherapie speziell von der Tradition (und dem Fortschritt) in noch unerforschtem Maße beeinflußt werden* (Deren, 1953; Leyburn, 1941; Mars, 1916, 1954; Metraux, 1959; Rigaud, 1953). Es wurde schon davon gesprochen (Kapitel IV), daß auf *primitive Völker ekstatische und hypnotische (Selbst-Hypnose) Zustände einen viel größeren Effekt ausüben* als auf die Bevölkerung der modernen Welt. *Meditation* und *andere Entspannungszustände* nehmen in den östlichen Ländern einen viel wichtigeren Platz ein als im Abendland (siehe oben). Die Entwicklung der menschlichen Gesellschaft hat diese Phänomene fast unverändert tradiert (Kapitel VII). Auch heute finden sich bei den noch lebenden Naturvölkern dieselben Rituale wie vor 5000 und mehr Jahren. Nach den Studien von Devereux (1966) sind artifizielle Suggestionen und Hypnose in den primitiven Gesellschaften denen vergleichbar, die im Abendland praktiziert werden. *Soziale und kulturelle Faktoren, aber auch die übernatürliche Einstellung der Naturvölker wirken sich in hohem Maße auf die Hypnotisierbarkeit aus* (Aberle, 1952; Adelman, 1955; Bozzano, 1927; Comhaire-Sylvain, 1952, 1958, 1961; Courlander, 1960; Deren, 1953; Devereux, 1939, 1955; Dorsainvil, 1931; Elwin, 1939; Gorer, 1938; Leyburn, 1941; Mars, 1916, 1954; Simpson, 1940; Stoll, 1904; Wied-Neuwied, 1839–1841; Yap, 1952). Die primitiven Völker fördern die Macht des Hypnotiseurs, der in der Regel ein Zauberer ist, und verstärken seine Wirkung auf eine zweifache Art und Weise. Einerseits wird er ermutigt, sich an Erkrankungen zu wagen, die ein Arzt der zivilisierten Völker nicht hätte allein beherrschen können, andererseits sind die Zuschauer (Mitglieder dieser Gesellschaften) durch die Tätigkeiten und Aktivitäten solcher Hypnotiseure, aber auch durch die Tradition und den Glauben, suggestiv so beeinflußt, daß sie *unkritisch* an die Macht des Hypnotiseurs glauben. Man konnte nachweisen (Devereux, 1939, 1955, 1966), daß in manchen Situationen *eine ganze Gruppe von Personen als Hypnotiseure funktionieren* können. In anderen Situationen erreiche alleine die angespannte Erwartung bei Einsiedlern und/oder bei solchen Personen, die sich für einige Zeit von der Gesellschaft zurückziehen (um Visionen und Eingebungen zu erleben), einige Trancezustände (Benedict, 1923). *Die Tradition ist demnach kein Widerspruch zum Fortschritt* (siehe Kapitel IV–VI sowie Gill und Brenman, 1959; Mischel und Mischel, 1958; Ravenscroft, Jr., 1965; u.v.a.).

4.2.4.9 Hypnotisierbarkeit und die Frage des Willens. Die Frage des *Willens* und der Hypnotisierbarkeit wurde immer wieder gestellt. Kann man einen Menschen hypnotisieren, *wenn er bewußt nicht will?* Da wir uns mit diesem Problem später (Jovanović, 1989) ausführlich auseinandersetzen müssen, greifen wir nur einiges heraus. Ein Mann, der davor von Wells (1940) bereits hypnotisiert worden war, wurde gebeten, sich gegen die Hypnose zu wehren. Er war jedoch nicht fähig, sich der Hypnose zu widersetzen. Brenman (1942) gelangte zum gleichen Ergebnis. Estabrooks (1943) behauptete, er könne Personen ohne ihr Wissen oder ihre Zustimmung hypnotisieren. Watkins (1949) berichtete, er habe Vpn *gegen ihren Willen hypnotisiert, wenn es sich um eine hohe Hypnotisierbarkeit gehandelt habe.* Adler und Secunda (1947), Sargant und Fraser (1938), Schneck (1947) sowie Rosen (1953) haben eine Technik angewandt, die eine Hypnose-Induktion einschloß, aber verhinderte, daß die Vp wußte, daß sie hypnotisiert war. Orne (1962b, c) erwiderte jedoch darauf, daß die Patienten außer der Erwartung einer Hypnose auch erwarten würden, daß man ihnen helfe. *Diese Erwartung ändere jedoch die Hypnotisierbarkeit.* Kroger (1963) und Fresacher (1951) erwogen auch die Möglichkeit, daß *die Vp ohne ihr Wissen hypnotisiert werden könne.* Die Voraussetzung sei jedoch, daß man sie aus dem natürlichen Schlaf zur Hypnose überleite.

Die Untersuchungen zu diesem Problem wurden in den letzten Jahren an vielen *Freiwilligen* oder *Nicht-Freiwilligen* vorgenommen. *Studenten, Soldaten* und *Gefangene* z. B. *können mehr oder weniger gezwungen werden, sich an einer Hypnose zu beteiligen.* Wenn beispielsweise ein Student Angst hat, der Professor würde ihm die Weigerung negativ auslegen, oder wenn der Gefangene durch die Teilnahme an einer Hypnose andere Zugeständnisse erwartet, *dann ist die Teilnahme an der Hypnose praktisch erzwungen.* London (1961), Bell (1962), London und Rosenhan (1964) fanden nicht zu vernachlässigende Unterschiede zwischen den Gruppen der *Freiwilligen* und anderen. Die Freiwilligen schienen mehr zu einer Zusammenarbeit zu neigen, sie waren oft neugieriger. Diese Eigenschaften wurden bei den übrigen Vpn nicht gefunden (siehe auch Boucher und Hilgard, 1962; Rosenhan und Tomkins, 1964; Weitzenhoffer und Hilgard, 1959).

Pedersen und Cooper (1965) untersuchten *Persönlichkeitsmerkmale* bei 136 Psychologiestudenten. Davon beteiligten sich 30 an weiteren Experimenten, um ihre Hypnotisierbarkeit erforschen zu lassen. Es ergaben sich keine Unterschiede zwischen den Mittelwerten der 23 Persönlichkeitsvariablen der 30 studentischen Freiwilligen gegenüber den 106 Nicht-Freiwilligen. Nur zwei Variablen (Alter und Ich-Stärke) haben signifikante Varianzen für die zwei Gruppen ergeben. Dies kann aber dadurch verursacht worden sein, daß die Anzahl der Tests der Signifikanz zu groß war. Im gleichen Jahr haben sich Zamansky und Brightbill (1965) mit diesem Problem erneut auseinandergesetzt. Eine Form der *Semantic Differential (SD)* mit neuen Konzepten in bezug auf die Hypnose und die Forschung wurde bei 96 Vpn angewandt, die noch keine Erfahrungen in Hypnose hatten. Diese Vpn wurden gebeten, sich an einem Experiment zu beteiligen, bei dem durch Hypnose die Hypnotisierbarkeit getestet werden sollte. SD-Antworten für Freiwillige und Nicht-Freiwillige sowie für hoch und schwach hypnotisierbare Vpn wurden gemessen und verglichen. Unterschiede waren im allgemeinen zwischen allen Gruppen nicht signifikant. *Die Freiwilligkeit für Hypnose sei demzufolge nicht erforderlich* (siehe dazu Barber, 1961; Bernheim, 1888, 1889, 1917; Bjornstrom, 1887; Charpignon, 1860; Grasset, 1890; van der Walde, 1965).

Nach Haley (1963) agiert die Vp in der Hypnose manchmal so, als ob sie hilflos sei, um jemanden zu veranlassen, sich um sie zu kümmern. In der Tat sei *die Hypnose das Resultat des Willens der Vp, nicht jedoch das Ergebnis der Macht des Hypnotiseurs* (van der Walde, 1965). Demzufolge müsse angenommen werden, daß, wenn eine hypnotisierte Person Säure auf ihren Hypnotiseur wirft (Orne und Evans, 1965), wenn ein Soldat seinen Offizier angreift – der als Feind angesehen wurde (Watkins, 1949) –, wenn ein Student auf Veranlassung des betreuenden Psychologen die Fragebögen stiehlt (Coe et al., 1972) oder wenn eine Vp sich selbst, als Teil eines Experimentes, entblößt (Kline, 1958), *jede Vp für sich bis zu einem gewissen Grade des Bewußtseins verantwortlich sei und die volle Verantwortung für ihr Tun und Lassen übernehmen könne.* Ludwig (1963) referierte die diesbezügliche Literatur mit

Angaben darüber, die heute keine Gültigkeit mehr haben. Wie Coe et al. (1972) betonten, kann man einer Person nicht helfen, indem man sagt, sie habe eine gewisse Tat deshalb begangen, weil sie sich an einem Experiment beteiligt habe.

Conn (1972) berichtet über zwei Frauen, die zuerst behauptet hatten, sie seien zwangsweise hypnotisiert und dann vom Hypnotiseur sexuell ausgenützt worden. Beide wollten jedoch ihre relativ inaktiven und frustrierten Ehemänner täuschen. Beide Frauen seien deshalb keine Opfer gewesen, sondern wollten den sexuellen Kontakt. *Die Hypnose hätten sie nur dazu benutzt, sich der Verantwortung für die Untreue zu entziehen.* Der sexuelle Akt hat auch masochistische Manöver gezeigt, indem die Patientinnen den Hypnotisten als omnipotent und mit magischen Kräften ausgestattet betrachteten, aber ihn auch als *Vater-Ersatz* annahmen. Kline (1972) beobachtete *drei Fälle* von asozialem Verhalten mit dem Mißbrauch von Hypnose. Daraus schloß er, daß «*It is unlikely that such manipulative behavior could also be accomplished without the use of hypnosis ... Without the carefully developed relationship ... and without the personality characteristics of being able to deal effectively in an object-person relationship, neither hypnosis nor any other approach might have been as effective ...*» (siehe auch Johnson und Barber, 1978; Meeker und Barber, 1971; Orne, 1972; Perry, 1979). Jacob H. Conn (1981) setzte sich mit dieser Frage erneut auseinander, stimmte aber generell mit Erickson (1981) überein, «*that laboratory crimes are possible, because the perpetrators are in a completely protected situation, and that the entire performance is nothing but make believe.*» Conn (1981) hat diese Frage auch mit William H. Masters in den Jahren 1970 und 1976 diskutiert. Masters habe beide Male geantwortet, er kenne keine Fälle mit *Zwangshypnose.* Levitt und Baker (1983) brachten die zwei Frauen aus dem Bericht über die Vergewaltigung von Conn (1972) wieder zur Sprache. Die Tatsache, daß man auf solche Fälle immer wieder zurückgreift, spricht für die *Komplexität der Problematik.* Man fragt sich, *bis zu welchem Zeitpunkt die Versuchsperson/der Patient seine Einwilligung gegeben hat und ab wann die Hypnose als Zwang ohne den Willen des Hypnotisanden zu gelten beginnt.* Diese Frage geht weit über die Problematik des *sexuellen Mißbrauchs* oder des Erzwingens von *finanziellen Vorteilen* hinaus. Die *konventionelle Erklärung* des «Gegen-den-Willen-Arbeitens» ist nach den neuesten Befunden ein völlig ego-fremdes Verhalten (siehe auch Conn, 1972, 1981; Hilgard, 1964; Hilgard und Hilgard, 1975; Hilgard et al., 1981; Kardener et al., 1973; Levitt und Baker, 1983; Levitt und Henderson, 1980; Wells, 1940; Young 1927, 1928; Zamansky, 1977).

Ein ganz wichtiger Aspekt der Einwilligung zur Hypnose und des Widerstands dagegen ist der, der aus der Natur der Theorie einiger Störungen resultiert. Dabei können sowohl die *Ambivalenz* als auch der *Konflikt* eine Rolle spielen. Zum Beispiel wird der Hypnotherapeut eine Modifikation des Verhaltens beim *Rauchen, Trinken,* der *Drogensucht* und anderen *abnormen Verhaltensweisen* zu erreichen versuchen, um es dem Patienten abzugewöhnen. Der Patient *will* in der Tat sein Rauchen, Trinken etc. fortsetzen, weil das ein Vergnügen ist. *Wenn der Hypnotherapeut hier keinen Zwang anwendet, dann kann er auch nicht die Sucht beseitigen.* Der Patient verlangt vom Hypnotherapeuten, daß er ihm die Sucht abnimmt und daß er ihn *zwingt,* sich dies oder jenes abzugewöhnen. Der Hauptpunkt ist also, *die Frage des Willens/Zwanges nicht nur theoretisch zu stellen, sondern sie ist vom praktischen Standpunkt aus von Interesse und betrifft das Herz des Hypnosethemas als eines therapeutischen Mediums.* In der Tat ist der Effekt der Hypnotherapie bei der Behandlung der, daß das *Ego-Syndrom eingeschränkt ist, weil dazu eine komplizierte Dynamik der Einwilligung in oder des Widerstandes gegen die therapeutische Situation eingreift.* Die Mythen über die Problematik des Willens/Zwanges haben zu den Assoziationen von Unethik, Unmoral und anderen nicht schmackhaften Begriffen geführt (Barber, 1961; Orne, 1962a, b, c, 1972; Perry, 1979). Die Kompliziertheit des Problems kann auch als Ursache dafür angesehen werden, *daß das Problem der Einwilligung/des Zwanges noch unerforscht geblieben ist* (Hilgard, 1964; Levitt und Henderson, 1980; Sheehan, 1971; Wells, 1940; Zamansky, 1977; Kapitel XXI.2).

Experiment 03: VO-1980–1985

Dieses eigene Experiment erstreckte sich über *fünf Jahre* und war auf den zeitlichen Zufall angewiesen. Die Intention war jedoch klar, d. h. *die Prüfung des Willens (und des Wollens) im Zusammenhang mit der Hypnotisierbarkeit.* In Kapitel IX.4.1.2.2 wurde bereits darüber berichtet, daß nur ganz wenige Studenten erklärten, *nicht hypnotisiert werden zu wollen;* sie würden auch nicht an die Hypnose glauben. Diese «*Nicht-Willigen*» wurden im Laufe der Zeit gebeten, sich doch der Hypnose-Induktion zu stellen; dabei könnten sie sich – entsprechend ihrem inneren Willen – gegen die Hypnotisierung wehren. Insgesamt wurden in den Jahren 1981 bis zum Ende des Jahres 1985 und etwas später (März 1986) 12 Studenten/Probanden (Psychologie) männlichen (7 Vpn) und weiblichen Geschlechts im Alter zwischen 18 und 26 Jahren beobachtet. Bei der Suggestibilitätsprüfung (Körperschwingungstest) wurden keine sicheren Zeichen der Hypnotisierbarkeit gefunden, da die Kooperation fehlte. Bei der *faszinierenden Hypnose-Induktion* (Kapitel XV, HP-001) konnte bei keinem Probanden eine *tiefe Hypnose* induziert werden. Bei sieben von zwölf Vpn wurde *das erste Hypnose-Stadium* (Tab. 1–3 und 7) induziert. Nach dem jeweiligen Ende der faszinierenden direkten Hypnose-Induktion wurde dann *eine der indirekten Techniken* (Kapitel XV, HP-028) angewandt. *Bei neun von zwölf Probanden konnte eine tiefe Hypnose bis zum Somnambulismus ausgelöst werden.* Von den restlichen Vpn *sang* eine Probandin während der ganzen Induktion bei jeder Methode und verhinderte die Hypnose. Eine *Augenkatalepsie* war jedoch jedesmal zu erkennen. Die andere Probandin *rannte* davon und der dritte *lachte* die ganze Zeit über die «Unfähigkeit» des Hypnotiseurs.
In der Regel wurde bei diesem Experiment wie folgt vorgegangen: Nach einem Versuch, die Hypnose direkt zu induzieren und nach dem Mißerfolg wurde seitens des Hypnotiseurs gesagt: «... Ja, ich weiß es. Ich konnte Sie nicht hypnotisieren ... aber ich weiß, woran das liegt. Sie werden sich selbst hypnotisieren ... daran liegt es ... Sie wehren sich gegen mich, nicht jedoch gegen sich selber ... (Inzwischen geht der Hypnotiseur hinter die Vp, so daß ihn die Vp nicht mehr sehen kann.) ... Und jetzt werden Sie sich selbst hypnotisieren. Ja, selber, es wird ganz gut gehen ... Sie spüren jetzt die Finger Ihrer linken Hand ganz schwer werden, sie liegen auf Ihrem linken Schenkel und werden ganz schwer ... Sie drücken auf den Schenkel ... immer mehr und mehr ... und jetzt spüren Sie ein feines Gefühl in den Fingern ... die Finger sind leicht ... ganz leicht ...» etc., bis zu einer vollen Armlevitation und dem darauffolgenden Verfallen in tiefe Hypnose. Eine andere indirekte Induktionsmethode beginnt mit der *Katalepsie der linken Hand* (Kapitel XV, HP-032). Zunächst wird die Katalepsie der Finger, dann des Unterarmes, des Oberarmes und dann die volle Induktion ausgelöst. In zwei von neun hypnotisierten Fällen wehrten sich die Vpn so intensiv dagegen, daß die Finger aktiv kataleptisch wurden und in die Luft ragten, während die übrigen Studenten stürmisch applaudierten.

4.2.4.10 Hypnotisierbarkeit und die Problematik des Glaubens. Unter dem Begriff *Glauben* verstehen wir in bezug auf die Hypnose *zwei Varianten*, d. h. *Glauben als Religion* (Schema 4), wobei man z. B. an Hypnose nicht glauben muß oder sogar wegen der Religion an Hypnotherapie nicht glauben kann oder darf, und *Glauben als Vertrauen*. Im Englischen existiert für die zweite Form des Glaubens der Ausdruck *Faith* (Vertrauen, der Glaube, das Glaubensbekenntnis, die Treue; good faith = in gutem Glauben). Davon wird dann das *Faith Healing* (Gesundbeten) abgeleitet. Manchmal geht dieses Glaubensbekenntnis in das Spiritualistische hinein, aber auch bis zum Placebo-Effekt (siehe unten).

(a) *Die Beziehungen der Weltreligionen zur Hypnose* sind meist positiv. *Der chinesische Universalismus* hat sich als *eine uralte Religion* im Verlauf der Entwicklung *suggestiv positiv auf die Hypnose* ausgewirkt. Er ist gegenüber der Psychotherapie, d. h. Hypnotherapie, offen. *Hypnose und Brahmanismus/Hinduismus* begegnen sich in der Anschauungsweise («darshana») der indischen Lehre und Tradition. Sie *beinhalten gegenseitig ähnliche oder gleiche Elemente.* Man unterscheidet sechs *Darshanas* (von Glasenapp, 1982, Seite 37–38). Die eine von ihnen, nämlich *der Yoga* (Anspannung, Training, Trainierung), der auf Patanjali zurückgeführt wird, hat mit *Hypnose bzw. autogenem Training* direkte Beziehungen (siehe unten und Kapitel XVIII). *Die suggestive Wirkung des Buddhismus* (Lesh, 1970; Prabhavananda und Isherwood, 1953) *ist nicht als gering einzuschätzen* (Eliade, 1961; v. Glasenapp, 1982). *Die Liberalität des Buddhismus und die Offenheit gegenüber der Psychotherapie haben zu einer Fülle von psychotherapeutischen Methoden und deren Abwandlungen* (siehe unten) *geführt* (Kapitel X). Viele der ältesten Hypnoseforscher (Kapitel VIII) haben ihre diesbezügliche Tätigkeit in Indien oder in von dort aus verwalteten Gebieten begonnen. *Die Orthodoxe Kirche* ist relativ liberal und gestattet ihren Mitgliedern, alle seelischen Heilmethoden anzunehmen, wenn sie vom Arzt vorgenommen werden. *Die katholische Kirche* hat sich bis heute mehrmals darüber geäußert. Die erste Proklamation in dieser Richtung war das Dekret der Sakralen Kongregation des Heiligen Stuhles am 28. Juli 1847. Darin steht: «Da die Misskonzeptionen aufgegeben wurden ... ist die Anwendung des *animalen Magnetismus* (Hypnose) ... moralisch nicht verboten, unter der Voraussetzung, daß sie nicht zu einem unerlaubten Verfahren führt.» Aertnys-Damen (1947), Davis und Husband (1931) sowie Jone (1948) heben die positive Einstellung der Religionen gegenüber der Hypnose hervor. Die Bedingung ist, daß die Patienten nicht mißbraucht werden, daß sie ihre Wünsche frei äußern und ihren Verstand frei benutzen können. *Die angewandte Hypnotherapie muß also einen positiven Sinn und Zweck haben.* Papst Pius XII hat sich zweimal über die Hypnose geäußert (Kroger, 1977). Zum ersten Mal sprach er zu den Gynäkologen und Geburtshelfern am 8. Januar 1956 und äußerte nur seine Bedenken für das ungeborene Kind, wenn die Mutter hypnotisiert wird. Wenn aber der Arzt wisse, was er verursachen könne, werde er dabei vorsichtig sein. In einer späteren Erklärung äußerte er sich weniger besorgt. Katholische Ärzte und Psychologen trugen zum Problem in dieser Beziehung positive Akzente bei (v. Glasenapp, 1982; Kelley, 1958; Kroger, 1977; Magnan, 1959). *Im mohammedanischen Raum* – insbesondere in der Türkei – wird die *Hypnotherapie*, speziell die *Wachhypnotherapie*, bei relativ schweren Operationen (Magenoperationen, Strumaoperationen etc.) intensiv angewandt. Bei den Demonstrationen anläßlich des *9th International Congress of Hypnosis and Psychosomatic Medicine* im Jahre 1982 in Glasgow (Ali Eşref Müezzinoglu, 1982) konnte man nach relativ kurzer Wachhypnose und nach einer schweren *Magenoperation* vor der Kamera singende Patienten sehen.

(b) *Das Judentum* sei als *die Religion des Volkes Israel* von der Konzeption her gegenüber den anderen Glaubensbekenntnissen unterschiedlich (Fernando Joannes, 1982). Es gründe sich nicht auf einen Propheten oder Erlöser. Trotz der strengen Bräuche *hat die jüdische Religion gute Beziehungen zur Hypnose und Hypnotherapie.* Gemessen an der Anzahl der Bevölkerung hat Israel – grob gerechnet – rund dreißigmal mehr Mitglieder in der *International Society of Hypnosis (ISH)* als die Bundesrepublik Deutschland. Die Lehre der Hypnose und Hypnotherapie widerspreche der jüdischen Religion nicht. Die eine sei eine medizinisch-psychologische, *wissenschaftliche Heilmethode* und die andere eine *seelische Betreuung* religiöser Natur. *Gerade hier kann das Beispiel gefunden werden, daß die Hypnose etwas anderes ist als eine religiöse Angelegenheit.* Bowers und Glasner (1958) haben versucht, *Kavanah* mit *Autohypnose* (Kapitel XIX) zu vergleichen und betonen, daß die Erfahrungen während des Gebetes den Phänomenen der Hypnose sehr ähnlich seien. Es wurde dabei hervorgehoben, daß sowohl das Konzept von *Kavanah* als auch das von *Autohypnose* das gleiche sei. Das Wort *Kavanah* enthalte die Suggestion des Mitleids, der Gerechtigkeit und der Ausdauer (Enelow, 1935). Im *Talmud* enthalte *Kavanah* die Konzentration, konkrete Absicht

(Intention) und Motivation (mit den Vorzügen der Intention verbunden). In der *jüdischen Theologie* sei der Effekt der Rituale und Gebete abhängig von *Kavanah*. Es wird angenommen, daß derjenige, der *Kavanah* nicht erreicht hat, überhaupt kein Betender ist. Kavanah wird auch zum *Erreichen von Ekstasen* benutzt und auch zum Hinuntergleiten zu dem Stadium, in dem Gott in der inneren Realität erscheint. Scholem (1941) schrieb, wie Albulafia, ein kabbalistischer Philosoph und Mystiker, eine Methode entwickelt hat, *die auf magische und mystische Eigenschaften der hebräischen Buchstaben* beruht, die man einordnet und wieder einordnet, mit dem *Tetragrammaton* beginnend, und dann 99 Namen des Gottes erreichend. Bowers und Glasner (1958) sind von der Natur von Albulafias Experiment beeindruckt. Die verschiedenen Einordnungen von Buchstaben verursachten *hypnotische Phantasien*, welche *neue Wahrheiten* und die *Innenseite der Seele* erreichen würden. In Entwicklung und Verfahren, aber auch bezüglich des Ziels und Zwecks, haben die Gebete und Rituale von Kavanah Ähnlichkeiten mit *Yoga*, mit *buddhistischen Meditationen* und *Autohypnose* (siehe unten und Kapitel XIX). Jahrhunderte davor befaßten sich auch die Chinesen damit, *indem sie die Augen fixierten, sich hinstellten und bis zur Ekstase ausharrten.* Die Propheten benutzten nach Kroger (1977) wahrscheinlich sowohl die *Autohypnose* als auch die *Massenhypnose*, um das Volk zu dieser oder jener Aktivität oder Idee zu bewegen. Talmud-Schüler produzierten durch solche und ähnliche Methoden eine *Depersonalisation/Derealisation*, so daß sie die Propheten *woanders* sehen konnten. Zu diesen früheren Zeiten wurden die hypnotisch *Dissoziierten* so verstanden, wie sie sind oder wie sie waren, und nicht etwa wie Vertreter Gottes oder Mirakler. Auf einer nicht-religiösen Basis hat Rund (1957) gezeigt, wie man das Gebet als eine *Methode der Induktion von Anästhesie* bei der Zahnextraktion anwenden kann.

(c) *Andere religiöse Richtungen* stehen der Hypnose mehr oder weniger skeptisch gegenüber. *Die Christian Sciences (Christliche Wissenschaft)* ist von Mary Baker-Eddy (1821–1908) im Jahre 1866 in den USA gegründet worden. Nach ihrer Lehre ist Gott das allein Wirkliche. *Krankheit und Tod seien die Unwissenheit, das Unwirkliche, das durch Gebet zu überwinden sei.* Deshalb sei Heilung von Krankheit und von Sünde identisch. Durch solche Grundsätze sei die *Christian Sciences* mit den Methoden der Hypnose vergesellschaftet (Kroger, 1977). Unter den Wundern in der *Christian Sciences* sei nur eines, und zwar das von Phineas Quimby, kurz erwähnt. Er habe als Heilhelfer *weder Massagen noch Medikamente, noch Magnetismus, noch Elektrizität angewandt.* Und dennoch habe er, dort wo die anderen Ärzte und ihre Mittel versagt hätten, spielend sein Ziel erreicht. Der ehemalige Uhrmacher aus Belfast habe im Jahre 1838 öffentlich vorgeführte *hypnotische Experimente* durch einen Dr. Poyen gesehen. Er habe jeden Vortrag besucht und sei sogar dem Dr. Poyen von Ort zu Ort nachgereist, bis er dem Doktor auffiel. Poyen untersuchte den kleinen Quimby und stellte fest, daß er eine unverkennbare hypnotische Begabung besäße (Stefan Zweig, 1983). Quimby gab daraufhin sein Uhrmachergewerbe auf. Er fand einen Deutschen namens Lucius Burgmayr, den er für ein ideales Medium hielt. Die neue Heilmethode – die Quimby jetzt vertritt – beruhte darauf, daß der Somnambule in der Trance zu einer *Introspektion*, zum Einblick in sein Inneres, fähig sei. Außerdem würde er *Zukunft und Vergangenheit, Sichtbares und Unsichtbares entdecken, voraussagen und korrigieren können.* Nach einer Wanderzeit überkam Quimby der *schöpferische Einfall*, daß es gar nicht die *Trance* und die *hypnotischen Weissagungen* und nicht die Pillen und Tränke seien, die die Heilung vollbrächten, sondern einzig und allein der *Glaube der Kranken an diese Pillen und Tränke. Die Suggestion/Autosuggestion verübe die Gesundheitszauberei ganz allein.* Er ließ zunächst die Hypnose fallen und gründete seine Behandlung *auf bewußt suggestive Einwirkung*. Seine Heilmethode, die sogenannte *Mind Cure*, wurde später von Mary Baker zur *Christian Sciences* umgeformt und als ihre eigene – von Gott inspirierte – Entdeckung ausgegeben. Die Natur muß sich nach dieser Methode selber helfen können; *den Glauben an seine Krankheit muß man dem Patienten zerstören.* Der Seelenarzt sei nur dazu da, den Patienten bei dieser *Selbsthilfe* zu stärken. *Er setze sich einfach neben den Patienten und erkläre ihm, was er von seiner Krankheit halte und wie er sie loswerde.* Die Krankheiten seien eingebildet. Wenn man diese Einbildung austreibe, gehe auch die Krankheit weg. *Insoweit wird die Hypnotherapie von der Christian Sciences nicht abgelehnt.* Die *Christengemeinschaft*, die 1922 von Friedrich Rittelmeyer (1872–1938) auf der Grundlage der *Anthroposophie* Rudolf Steiners (1861–1925) gegründet wurde, verhält sich gegenüber der Hypnotherapie indifferent. Nach einer Auskunft der *Anthroposophie-Gemeinde* in Stuttgart (1985) sei es den Mitgliedern der Anthroposophie-Gemeinschaft überlassen, bei sich die Hypnose anwenden zu lassen oder nicht. Die *Theosophen* streben den Anspruch auf die wissenschaftliche Erforschung der übersinnlichen Welt an. Neben den spekulativ-mystischen Elementen sind in die *Anthroposophie* die Goethesche Naturauffassung und die Lehre von der *Wiedergeburt (Reinkarnation)* des menschlichen Geistes eingegangen. Und hier trifft man wieder auf etwas Übersinnliches, was bei der Hypnose nicht vorkommen sollte. *Die Adventisten* (1831 von dem Baptistenprediger William Miller, der von 1782–1849 lebte, gegründet) und die späteren *Siebten-Tag-Adventisten* sind *apokalyptisch* orientiert und *lehnen Hypnose und Hypnotherapie ab.* Da jedoch die Hypnose eine streng medizinische Disziplin sei, könne sie von Fall zu Fall auch angenommen werden, wenn sie von dazu qualifizierten Ärzten angewandt werde (Provonsha, 1960). Dabei müsse jedoch eine Diskussion vorausgehen, bei der festgestellt werde, daß der Patient die Behandlung ganz *freiwillig* akzeptiere. Eigene Erfahrungen mit einem einzigen Patienten dieser Sekte sprechen dafür, daß es manchmal schwierig ist, die Mitglieder davon zu überzeugen, daß die Hypnose ihnen helfen wird (siehe auch Budd, 1960; Huxley, 1893; Kroger, 1977; Maier, 1960; Nettler, 1959). Die Mitglieder der *Zeugen Jehovas* (gegründet von Ch. T. Russel, 1852–1916) *lehnen die Hypnotherapie strikt ab.* Eine eigene, 32 Jahre alte Patientin mit diesem Glaubensbekenntnis, die 1983 aus einer mittelgroßen Stadt in der Nähe von Frankfurt/Main zu uns kam, lehnte eine Hypnotherapie *der psychogenen Taubheit* ab. Dabei ist zu bemerken, daß alle audiologischen und neurologischen Befunde ohne Besonderheiten waren, daß der Ehemann bei der Untersuchung dabei sein mußte. Die Patientin nahm ihre Taubheit in Kauf und verließ die Ambulanz mit Ehemann und drei Kindern, fast beleidigt, daß man eine andere Therapieart nicht vorgeschlagen hatte. Andere Sekten sind mehr oder weniger gegen die Hypnose, lassen jedoch von Fall zu Fall mit sich reden. Vor allem dürfen sie in der Hypnose «nicht ausgefragt» werden.

4.2.4.11 Hypnotisierbareit und die Rolle der Imagination. In der Kommission von Franklin et al. (1784) wurde im Zusammenhang mit dem *animalischen Magnetismus* von Franz Anton Mesmer (1734–1815) von der Imagination als *Einbildung* gesprochen (Kapitel VIII.10.3.3). Die Einbildung wurde ihrerseits als eine negative Erscheinung angesehen. Auch im Alltag wird öfters von *Einbildungen* als von etwas Negativem gesprochen. Die Wissenschaft versteht jedoch darunter etwas anderes. Wenn z. B. Victor Emil von Gebsattel (1964) vom *Imago Hominis* spricht, dann meint er nicht etwa *Einbildung des Menschen*, sondern – *im anthropologischen Sinne* – das *Bild des Menschen.* Der Mensch macht sich ein Bild, er bildet sich etwas ein, er ist aber nicht etwa eingebildet. Wenn es sich um das Bild handelt, dann kann dieses *Bild reell gesehen* werden oder *man kann es sich vorstellen (Bildvorstellung).* Und das ist die besagte Imagination, von der wir sprechen wollen. Formell werden die Imaginationen meist in *drei Gruppen* zusammengefaßt, und zwar in *imaginative Bildvorstellungen, imaginative Einbezogenheit (imaginative involvement)* und *imaginative Bedingungen (imagery conditions).*

(a) *Imagination als Bildvorstellung (imaginative Bilder)* ist gleich oder ähnlich jenen *katathymen Bildern*, die Leuner (1970, 1985) beschreibt. *Der Patient erlebt diese Bilder, ist aber selber nicht mittendrin.* Unter der Annahme, daß einige Menschen wegen der vorherigen Erfahrungen mit trance-ähnlichen Zuständen leichter in die Hypnose gehen, d.h. besser als andere (ohne diese Erfahrungen) hypnotisierbar sind, und andererseits die *Hypnotisierbarkeit mit kognitiven Erlebnissen und einer entsprechenden Haltung zu hypnotischen Situationen zu korrelieren ist*, suchten Diamond et al. (1974) sowie Diamond und Taft (1975) nach den Beziehungen zwischen der Hypnotisierbarkeit und alltäglichen Erlebnissen der Vpn. Die neu entwickelte Skala, das *Taft Ego Permissiveness Inventory (TEPI)* von Taft (1969, 1970), wurde als Maßstab genommen. Das TEPI bringt *neun* auf Erfahrungen basierende Subskalen. Auf diese Weise enthält das TEPI 88 *selbst-deskriptive Items*. Die meisten beziehen sich auf die *kognitiven* und *affektiven* Erfahrungen und die übrigen auf einige selbsteingeschätzte *Fertigkeiten* und *Charakteristika*. Von den 75 Vpn waren 52 weibliche Studenten verschiedener Nationalitäten, wie es auf Hawaii üblich ist. Die Rolle, die *die Lebendigkeit der Bildvorstellungen in bezug auf die Hypnotisierbarkeit* spielen könnte, wurde eingehend studiert. *Die Hypnotisierbarkeit korrelierte mit der Lebendigkeit der Bildvorstellung* (Sheehan, 1967) *und mit der Selbstbeurteilung der positiven Einstellung zur Hypnose*. Die größte Korrelation bestand bei einem der letzteren untergeordneten Maßstab für *dissoziatives Erleben* ohne *wesentliche Geschlechtsunterschiede*. London (1976) beobachtete die Hypnotisierbarkeit und *imaginative Vorstellungen* im Zusammenhang mit *Persönlichkeitsvariablen* der Vpn. Mehrere Experimente haben angedeutet, *daß schwach hypnotisierbare Personen sich mehr anstrengen müssen, wenn sie eine maximale Ausführung in Stärke, Ausharren, psychomotorischer Koordination und Wahrnehmungstests erzielen wollen* als Menschen mit einer hohen Hypnotisierbarkeit.

Buckner und Coe (1977) untersuchten *Fähigkeiten der Bildvorstellung und Hypnotisierbarkeit* mit Hilfe von *Goal Directed Fantasy (GDF)* bei 60 Studenten in Gruppen von je 20 Vpn, die im voraus aufgrund ihrer *imaginativen Fähigkeiten* ausgesucht wurden (siehe auch Coe et al., 1974; Spanos und Barber, 1972; Spanos et al., 1973a; Spanos und McPeake, 1975; Spanos et al., 1973b). Die Hypnotisierbarkeit wurde mit der *Stanford Hypnotic Susceptibility Scale, Form A (SHSS:A)* von Weitzenhoffer und Hilgard (1959) bestimmt. Die im voraus bestimmte Fähigkeit der imaginativen Vorstellung ließ weder ein Urteil über die Hypnotisierbarkeit noch über *die zielgerichteten Phantasien* während der Hypnose fällen. Lazar (1977) fand bei einem athetotischen Kind, das schwach hypnotisierbar war, eine *Besserung der athetotischen Bewegungen und eine Erhöhung in der Handfertigkeit*, wenn eine Technik der Bildvorstellung, Wiederbelebung von Entspannungserlebnissen und Rückführung zu sich angewandt wurde. Roger A. Straus (1980) fand mit Hilfe von *Creative Imagination Scale (CIS)* von Wilson (1976) sowie Wilson und Barber (1978) (42 freiwillige Vpn) keine wesentlichen neuen Elemente zur Imaginationsproblematik (siehe auch Coe et al., 1980). Es wurde ursprünglich angenommen, daß bei CIS im Test nur *ein primärer Faktor* existieren würde (Wilson und Barber, 1978). Sheehan et al. (1979) fanden jedoch – indem sie eine andere Faktorenanalyse benutzten – daß nicht nur einer, sondern *zwei Faktoren* darin auftauchen. Wenn man die Items der *Harvard Group Scale for Hypnotic Susceptibility, Form A (HGSHS:A)* heranzieht und zusammen mit denen der CIS einer Faktorenanalyse unterwirft, dann findet man eine *noch komplexere faktorielle Struktur* der CIS (McConkey et al., 1979). Hilgard et al. (1981) versuchten die CIS neu zu prüfen. Zwei Untersuchungsgruppen (329 Vpn), aus den USA 92 Vpn und aus Australien 237 Vpn, wurden zu diesem Zwecke beansprucht. Am Ende wurde das Punktesystem der CIS mit den Punkten der HGSHS:A, der *Tellegen Absorption Scale (TAS)* von Tellegen und Atkinson (1974) und Sheehans Revision der *Betts' Imagery Scale (QMI)* verglichen. Nach der umfangreichen Auswertung hat die CIS eine einzige Faktorenstruktur (siehe dazu Bowers, 1982; McConkey et al., 1980; Priebe und Wallace, 1986). Neue Elemente zur Imagination ergaben sich nicht.

Tagträume und imaginäre Fähigkeit als prädispositionelle Kapazitäten für Selbsthypnose seien nach Singer und Pope (1981) *eine natürliche Erscheinung des gesunden Individuums. Wachträume und Gedankengang* folgen aufeinander als Alternativen und antworten auf verschiedene Signale der unterschiedlichen Quellen. Diese sollten in den Hypnose-Prozeß einbezogen werden. Bei einer sonst ausführlichen Behandlung von *Wachträumen und Hypnotisierbarkeit* haben die Autoren die langjährige Erfahrung von Leuner (1970, 1985) nicht berücksichtigt. Farthing et al. (1982) fahndeten nach Beziehungen zwischen den *zwei Typen der Lebendigkeit-von-Bildvorstellung-Questionnaires* (Tellegen Absorption Scale: TAS und Tonbandaufnahmen) *und drei Hypnotic Susceptibility Scale Factors.* Nach den vorliegenden Befunden kann gesagt werden, daß die Messungen, bezogen auf die imaginative Vorstellung, die besten Korrelate der individuellen Unterschiede der Hypnotisierbarkeit erbringen (siehe auch Hilgard und Hilgard, 1979). In den letzten Jahren wurden verschiedene Studien mit signifikanten Korrelationen zwischen der *Vividness of Visual Imagery Questionnaire (VVIQ)* von Marks (1973) und Hypnotisierbarkeit abgeschlossen (Bowers, 1978; Coe et al., 1980; Crawford, 1978, 1979; Farthing et al., 1982; Gur und McKinley, 1975; t'Hoen, 1978; Sheehan, 1972). Es fand sich nach Sheehan (1972) in der Literatur nur wenig über die Beziehungen zwischen der *Hypnotisierbarkeit und der Lebendigkeit der Bildvorstellungen.* Sutcliffe et al. (1970) maßen die Lebendigkeit der Bildvorstellungen mit der verkürzten Form der Fragebögen von Betts (1909), welche die Items für jeden imaginären Modus einschließt. Die Autoren fanden, *daß die hohe Hypnotisierbarkeit höher mit den hohen Lebendigkeits-Skalen korrelierte als die niedrige Hypnotisierbarkeit, in den visuellen, kinetischen, olfaktorischen und organischen Modi wie auch insgesamt.* Die Faktorenanalyse der Items der *Stanford Hypnotic Susceptibility Scale, Form A (SHSS:A)* von Weitzenhoffer und Hilgard (1959) hat gezeigt, daß die SHSS:A-Items in drei verschiedene Faktoren eingeteilt werden können: *ideomotorische, herausfordernde und kognitive* (Hammer et al., 1963; Hilgard, 1965a, b). Mc Conkey et al. (1980) konnten ähnliche Resultate der Faktorenanalyse für die *Harvard Group Scale of Hypnotic Susceptibility, Form A (HGSHS:A)* von Shor und E. Orne (1962) erhalten.

Besonders interessant sind die Beobachtungen von Barabasz (1984), der seine Versuche in der Antarktis durchführte. *Eine Gruppe* mit *neun* Vpn war *unmittelbar* vor einem Aufenthalt in der Antarktis und nach einem Jahr der antarktischen Isolation interviewt worden. *Die Gruppe II* mit *sieben* Vpn war *drei Wochen* der antarktischen Isolation ausgesetzt und wurde nach der Rückkehr in die USA interviewt. Eine *Kontrollgruppe* von zehn Vpn war parallel zur Gruppe I zweimal interviewt worden. Gruppe I bot eine *signifikante Zunahme der imaginativen Erlebnisse nach dem Leben in der Antarktis gegenüber früheren Befunden.* Gruppe II zeigte *ein signifikant größeres Niveau der imaginativen Erlebnisse als die Kontrollgruppe III.* Die Möglichkeit, daß der Aufenthalt in der Antarktis die Erlebnisse aus der Kindheit belebe, sei sehr wahrscheinlich. Walter Bongartz (1985a) untersuchte sechs hoch und sechs gering suggestible Vpn aus einer Stichprobe von 45 Vpn, deren hypnotische Suggestibilität mit der *Harvard Group Scale of Hypnotic Susceptibility, Form A* (Shor und Orne, 1962) bestimmt worden war. Den Vpn wurden 30 Wörter mit hohem (z.B. Bäcker, Schaufel) und 30 Wörter mit geringem *Vorstellungswert* (z.B. Masse, Idee), jeweils während hypnotischer *Altersregression*, hypnotischer *Altersprogression* sowie im Wachzustand, dargeboten. Nach jeder dieser drei Bedingungen erhielten die Vpn eine Wiedererkennungsliste, welche die zuvor dargebotenen Wörter enthielt, die nur jeweils mit einem zweiten, nicht dargebotenen Distraktwort gepaart waren, das dem ursprünglichen entweder akustisch (Bäcker – Wecker; Masse – Rasse) oder sentimental (Schaufel – Spaten; Idee – Einfall) ähnlich war. *Ein Unterschied zwischen hoch und gering suggestiblen Vpn wurde nur bei Altersregression gefunden, wo die Hochsuggestiblen signifikant weniger Fehler bei den akustisch ähnlichen Wortpaaren mit hohem Vorstellungswert aufwiesen*, was bei einer Entspannungs-Kontrollgruppe (N = 16) nicht zu beobachten war. Dieses Resultat wurde durch eine Korrelationsstudie mit 36 Vpn bestätigt. Obwohl eine Kontrollgruppe von 20 Kindern ähnliche Fehler machte wie die Hochsuggestiblen in der Altersregressionsbedingung, war ein sinnvoller Vergleich wegen «celling»-Effekten in der Kinder-Kontrollgruppe nicht möglich. Die Ergebnisse wurden im Rahmen der «dual code theory» (Paivio, 1971) diskutiert. *Hochsuggestible Vpn kodierten verbales Material in Hypnose eher in bildhafter Form, was zu einer besseren Diskrimination zwischen dem zuvor dargebotenen Wort, welches das kodierte Bild beschreibt, und einem akustisch ähnlichen Distraktor führte.*

(b) *Imaginative Einbezogenheit (imaginative involvement)* wurde ebenfalls von vielen Autoren studiert. J.R. Hilgard (1974) untersuchte die *Einbezogenheit der Phantasien* (phantasievolles Erleben) im Zusammenhang mit der Hypnotisierbarkeit. Das Interview-Material, das aus hoch und schwach hypnotisierbaren Vpn gewonnen worden war, ließ annehmen, *daß phantasievolles Einbezogensein* (Genießen von sensorischen Erlebnissen, Drama, Lesen, Kindheitsphantasien, Phantasien bei Erwachsenen, physische Raumschiffahrt, geistige Raumschiffahrt, Religion, Reaktion) eine zentrale Rolle *als einer der Grundfaktoren der Hypnotisierbarkeit* spiele. Die 42 hoch hypnotisierbaren Vpn zeigten *ein weit effektiveres, phantasievolleres Einbezogensein* als die 15 schwach hypnotisierbaren Vpn. Die Beziehung zwischen der höheren Hypnotisierbarkeit und Bestrafung in der Kindheit schien durch Entwicklung der Phantasie vermittelt zu sein. Die Resultate wurden dann im Sinne der *Rollentheorie* von Sarbin und Coe (1972), *Regressionstheorie* von Gill und Brenman (1959) im Dienste des *Ich* sowie der *Neodissoziationstheorie* von Hilgard (1973) diskutiert. Miller (1975b) untersuchte dann die Antwort auf die *Ponzo-Illusion* als eine Reflektion der Hypnotisierbarkeit bei 106 Vpn. Die Vpn wurden zunächst auf die Hypnotisierbarkeit und Empfänglichkeit für die Ponzo-Illusion getestet. Unterschiede wurden nur *innerhalb der Gruppen* von schwach, mäßig und hoch hypnotisierbaren Personen gefunden. Unterschiede *zwischen den einzelnen korrelativen Verfahren* traten nicht in Erscheinung. Nach Fellows und Armstrong (1977) sind *hoch hypnotisierbare Personen mehr in das imaginative Lesen einbezogen als schwach hypnotisierbare.* Schon Hilgard (1965a, b) wies darauf hin, daß Unterschiede, verursacht durch Lesen, bei gut und schwach hypnotisierbaren Personen nur dann beurteilt werden können, wenn *das ganze imaginative Lesen* in Anspruch genommen worden sei. Hilgard (1965a, b, Hilgard et al., 1979a, b) notierte, *daß hoch hypnotisierbare Menschen eine Art Vertiefung in das imaginative Lesematerial* erleben, aber *nicht in technisches und Handels-Lesematerial.* In der Studie von Baum und Lynn (1981) lasen zehn hoch und acht schwach hypnotisierbare Vpn Teile aus *hoch und schwach bewertetem imaginativem Material.* Die aktive Beteiligung der Vpn wurde durch Selbstberichterstattung und Reaktionszeiten gemessen. *Hoch hypnotisierbare Vpn neigten in diesem Versuch dazu, ein stärkeres Einbezogensein bei hohem als bei schwachem imaginativem Material aufzuweisen.* Die Reaktionszeiten ergaben nur unbedeutende Effekte. Damit wurden die Beobachtungen von Hilgard (1965b) sowie Hilgard und Hilgard (1979) bestätigt.

Josephine R. Hilgard und Samuel LeBaron (1984) beschreiben die imaginative Einbezogenheit an einem schönen Beispiel: «An 18-year-old college student was hypnotized for the first time. Asked afterwards whether hypnosis was like anything she had experienced previously, she replied, ‹Hypnosis was like reading a good book ... *It's stronger in a way than reading.* When I get really involved in reading, I'm not aware of what is going on around me. I concentrate on the people in the book, in the movie and react the way they react.›» An diesem Beispiel ist zu erkennen, daß die Probandin *eingetaucht, einbezogen* war. *Sie hat die wahre Umgebung nicht wahrgenommen, sondern ihre imaginative Welt.* Hilgard und LeBaron (1984) stellen fest, daß «the intense concentration is the same in a book, in a movie, or in imagination as it is in hypnosis.»

(c) Mit *imaginativen Bedingungen (imagery conditions)* haben sich insbesondere Kroger und Fezler (1976) befaßt. Sie stellten fest, daß *die im Bewußten zur Vorstellungsveränderung führende Suggestion ... zu einer Umstellung des Funktionsablaufes bis in die Organe hinein führen muß.* Dies läßt sich in der Tat an vielen Beispielen zeigen. «Schon der ... Schauversuch, bei dem der Hypnotiseur die Vp an einer aufgeschnittenen *Zwiebel* lange Zeit riechen läßt, unter Suggestion, es sei ein Veilchenstrauß, läßt die Vp mit sichtbarem Wohlbehagen den Duft intensiv einatmen, ohne daß eine Einwirkung auf die Augenschleimhaut eintritt. Die umgekehrte Suggestion läßt sofort die Tränen strömen. Weiter gibt die Vorstellung von *Hitze im Zimmer* sofort Anlaß zu heftigem Schweißausbruch. Diese einfachen Ergebnisse sind fast bei jeder in Tiefhypnose kommenden Vp darstellbar, während die schwierigeren nur bei einer engeren Auswahl besonders begabter Personen zu erzielen sind. Hierzu gehört die *Stigmatisation* bzw. der Brandblasenversuch. Es wird in *Tiefhypnose ein Stück Metall* auf die Haut gelegt, mit der Suggestion, es sei glühend, aber es tue nicht weh. Es bildet sich nach geraumer Zeit eine ganz natürliche *Brandblase.* Also eine ... *organische Veränderung der Haut.* Deutlich kommt hier das Komplexe der die organische Veränderung bewirkenden Vorstellung zum Vorschein. Gewiß wird durch das Wort Brandblase diese im Unbewußten längst bekannte Vorstellung mobilisiert, aber zur vertieften Wirkung wird das Auflegen der Münze beitragen. Der dumpf bewußte taktile Reiz, durch die Suggestion noch umgeformt in die Vorstellung des glühenden Metalls, erleichtert den Zutritt in das Unbewußte. *Das scheinbar Nebensächliche ist also in Wirklichkeit die Hauptsache, wir spüren, daß die Vorstellung eben nicht etwa aus dem Wortgefüge, sondern aus einer Summe von Körpergefühlen besteht, die in Worten gar nicht ausdrückbar, also durchaus irrational sind.»* (Schmitz, 1951).

4.2.4.12 Hypnotisierbarkeit und Motivation. (a) *Die Motivation ist die Bezeichnung für Richtung und Stärke der einer bestimmten Handlung zugrunde liegenden inneren Antriebe (Motive) im Gegensatz zu den äußeren Bestimmungsfaktoren.* Man spricht von *primärer* (auf physiologische Bedürfnisse zurückgreifende) und *sekundärer* (von psychosozialen bzw. gelernten Bedürfnissen abhängiger), *echter* (bei einer nicht von ihrer ursprünglichen Richtung abgedrängten Handlungstendenz) und *unechter*, *hoher* und/oder *niedriger Motivation*, die wesentlich durch die Erfolgserwartung mitbestimmt wird. Die Motivation schließe folgendes ein:

(aa) *Energie, Erregung*;
(ab) *Ausrichtung dieser Energie auf ein bestimmtes Ziel;*
(ac) *selektive Aufmerksamkeit für bestimmte Reize* (und verminderte Empfänglichkeit für andere, wie während des Suggerierens zur Hypnose-Induktion);
(ad) *Organisation der Aktivität in ein integriertes Reaktionsmuster bzw. eine Sequenz* und
(ae) *Aufrechterhaltung der Aktivität, bis sich die Ausgangsbedingungen ändern* (Zimbardo, 1983).

(b) *Motivation und Hypnotisierbarkeit* wurden relativ häufig im expeimentellen Bereich diskutiert, um die Hypnose so zu verstehen, wie sie tatsächlich ist (Evans und Orne, 1965; Hull, 1933; Orne, 1959a, b; Sarbin, 1950; Sutcliffe, 1961; White, 1941). *Die Motivation spiele nach E. R. Hilgard (1964) eine zentrale Rolle in der klinischen Hypnose* (siehe auch Gill und Brenman, 1959, 1977; Schilder, 1956; Wolberg, 1948a, b). Vor allem wird der *Rapport* zwischen dem Hypnotiseur und dem Patienten als eine grundlegende Erscheinung der erfolgreichen Hypnose-Induktion angesehen (Kapitel XXI.13). *Eine der Konsequenzen des Rapports in der Hypnose ist die, daß der Patient dabei eher bereit ist, dem Hypnotherapeuten seine Einwilligung zu geben.* Wenn eine Hypnose-Induktion zustande kommt, dann entwickelt sich eine besondere *interpersonelle Situation.* White (1941) hob hervor, daß dabei das Ziel sei, die Person zu bewegen, *direkt wie eine hypnotisierte Person zu reagieren.* Die Beobachtung der zielgerichteten Bestrebungen erklärt es, warum die Vpn mit bevorzugten Eigenschaften zur Hypnose sich dem Hypnotiseur und der Hypnose-Induktion gegenüber wohlwollend verhalten. Evans und Orne (1965) betonen, daß die Berichte von London und Fuhrer (1961), Rosenhan und London (1963a, b), Schulman und London (1963) gewisse Verwirrung geschaffen haben, weil die Befunde dieser Autoren einen direkten Widerspruch der aufgrund der Befunde von White (1941) aufgestellten Hypothesen darstellten. Die ersteren Autoren zeigten, daß die Leistung der relativ schwer hypnotisierbaren Vpn im Wachzustand *höher* sei als die Basisleistung der hoch hypnotisierbaren Vpn. Die hohe Basisleistung der nicht hypnotisierbaren Personen sei auch dann meßbar, wenn die Vpn nicht wissen, daß die Hypnose in den späteren Sitzungen angewandt werde. Zamansky et al. (1964) demonstrierten jedoch, daß die Basis-Niveau-Wort-Erkennungsschwelle niedriger ist, wenn die Vpn wissen, daß sie danach hypnotisiert werden, als wenn sie dies nicht wissen. Eine Wiederholung der früheren Befunde von London und Fuhrer (1961) sowie Rosenhan und London (1963a, b) wird diskutiert. Konsequenterweise versuchten Evans und Orne (1965) einen eigenen Beitrag zu diesem Problem zu leisten. Sie nahmen eine Magnetband-Version der *Harvard Group Scale of Hypnotic Susceptibility, Form A (HGSHS:A)* von Shor und E. Orne (1962) und wandten diese bei 102 bezahlten freiwilligen Vpn an; jede Gruppe umfaßte 6–10 Studenten/Vpn pro Sitzung. Später wurden dieselben Vpn gebeten, sich an einem anderen Experiment zu beteiligen, das nur die Hypnose beinhalte. Dabei wurden *drei Gruppen* ausgewählt, mit jeweils 12 männlichen und acht weiblichen Vpn. Die am höchsten hypnotisierbare Gruppe war jene mit acht von maximal 12 Punkten in der HGSHS:A; die mittlere Gruppe (weniger hypnotisierbar als Gruppe 1) war jene mit 5, 6 oder 7 Punkten. Die Gruppe mit der niedrigsten Punktzahl (am wenigsten hypnotisierbar) wies in der HGSHS:A vier oder weniger Punkte auf. Von den vier Leistungstests wurden die drei ersten von London und Fuhrer (1961) sowie Rosenhan und London (1963a) und der vierte Test (Lernen unsinniger Silben) von Rosenhan und London (1963b) beschrieben. Mit einem *Hand-Dynamometer* wurde die Stärke des Griffes der dominanten Hand in Pfund gemessen. Auf die nichtdominante Hand (Handrücken) wurden *2,5 Pfund Gewicht* gelegt. Der Arm war horizontal ausgestreckt. Dazu wurden der *Tremor und das Lernen* untersucht. Die Resultate bestätigten die Hypothese nicht, *daß die hoch hypnotisierbaren Vpn mehr motiviert seien als die nicht hypnotisierbaren.* Das Wachstadium von hypnotisierbaren und nicht hypnotisierbaren Vpn unterschied sich nicht voneinander. Während der post-experimentellen Untersuchungen wurden keine Leistungssteigerungen erzielt. Einige Vpn meinten sogar, daß ihre Leistung unter Hypnose schwächer gewesen sei.

(c) *Im klinischen Bereich spielt die Motivation eine noch unabschätzbare Rolle.* Das kann bei der Arbeit mit Patienten fortlaufend beobachtet werden. Bereits erkrankte *Fremdarbeiter* z. B. tendieren nicht selten dazu, nach einer 15-jährigen Tätigkeit im Beruf in der Bundesrepublik Deutschland in die Rente oder zurück in das Heimatland zu gehen. Von den neurotischen Patienten mit zahlreichen Symptomen am ganzen Körper (das Problem ist noch nicht hinreichend erforscht worden) ist kaum einer hypnotisierbar, *wenn man ihnen vorher erklärt, sie würden durch die Hypnose gesund werden.* Auch bei anderen Patienten, bei denen *die Krankheit mit Vorteilen verbunden ist*, kann nach Hypnose nur von nicht zufriedenstellenden Erfolgen berichtet werden. *Bei motivierten Patienten ist dies umgekehrt der Fall.* Von diesen letzteren führen wir eine Patientin als Beispiel an:

Fall 04: AK-200682-EV-120461-060982

Es handelt sich um eine 20 Jahre alte Patientin, die eine Schwesternausbildung abgeschlossen hatte und ihr Diplom bei der zuständigen Behörde abholen wollte. Dort wurde ihr jedoch mitgeteilt, man wisse, daß sie *Alkoholikerin* und dazu *Bettnässerin* sei. Unter diesen Voraussetzungen könne sie den Schwesternberuf nicht vor einer erfolgreichen Heilung ausüben. Da die Patientin drei Jahre lang mühevoll den Beruf erlernt hatte, war sie sehr daran interessiert, das Diplom zu erhalten. Andere Kolleginnen erhielten dies ohne Schwierigkeiten, was sich auf die Patientin stark auswirkte. Die *ambulante Hypnotherapie*, die forciert nach dem Schema von Schultz (Kapitel IX.4.1.3) über die *Häufigkeit der Hypnosesitzungen* (zweimal am Tage, einmal am Tage, dreimal pro Woche etc.) durchgeführt wurde, *erbrachte innerhalb von sechs Wochen eine Befreiung vom Bettnässen* (in der Familie gab es noch 18 Bettnässer; die Patientin selbst näßte seit ihrem vierten Lebensjahr ein). Auch die Unabhängigkeit vom Alkohol konnte erreicht werden. Die Patientin bekam ihr Diplom, arbeitete drei Jahre lang als Krankenschwester. Nach diesen drei Jahren traf sie einen Alkoholiker, freundete sich mit ihm an und verfiel selbst wieder dem Alkohol. Das Bettnässen kam jedoch – bis zum Kontrolltag (nach 6 Jahren) – nicht wieder vor.

4.2.4.13 Hypnotisierbarkeit und Erwartung. Unter den *vier Konditionen*, die beinahe als Voraussetzung für die Hypnose angenommen werden, führt Gindes (1977) neben der gelenkten *Aufmerksamkeit* (Kapitel IX.4.2.4.14), dem *Glauben* (Kapitel IX.4.2.4.10) und der *Imagination* (Kapitel IX.4.2.4.11) die *Erwartung* (Spannung, Neugier) an. Vor dieser Annahme von Gindes (1977) sind Befunde erhoben worden, die auch andere Auffassungen unterstützen. Orne (1969) vertritt allerdings eine ähnliche Meinung wie Gindes (1977) und sagt, *die Erwartung sei einer der zwei Faktoren, die sich wesentlich auf die Hypnotisierbarkeit/Hypnose positiv auswirken*. Der zweite Faktor wäre dann die *Initial-Biokybernetik (Biofeedback)*, welche die Vp bei der ersten Hypnosesitzung erlebe. Die letztere Variable wurde von Rosenthal et al. (1963) als *early data returns* bezeichnet. Krasner (1962) betrachtet die Hypnose als Prozeß der «*Hirnwäsche*» oder als etwas, das eine Sinnesveränderung erwirke. Orne (1959a, b) gab in einer Vorlesung den Demonstrations-Personen die Instruktion, sie möchten eine Katalepsie in der *dominanten Hand* aufweisen. In einer anderen Vorlesung wurde eine solche Instruktion den Demonstrations-Personen nicht gegeben. Die Studenten/Demonstrations-Personen und die aus der Vergleichsgruppe wurden vermischt und als Vpn einem anderen Hypnotisten zugeführt, der nicht wußte, welche der Vpn die Instruktionen bekommen hatten. Neun der Vpn aus der Versuchsgruppe (Vor-Instruktion der Katalepsie) zeigten in der Hypnose beim anderen Hypnotisten eine Katalepsie der dominanten Hand, aber keiner aus der Vergleichsgruppe (ohne Vor-Instruktion der Katalepsie). Daraufhin nahm Orne (1959a, b) an, *die Erwartung müsse beim Erfolg einer Hypnose-Induktion eine Rolle spielen*. In einer Studie von Rosenthal et al. (1963) wurden drei Gruppen von Untersuchern/Prüfern/Hypnotiseuren beauftragt, die Vpn nach einer Skala zwischen −10 (extremes Versagen) und +10 (extremer Erfolg) zu beurteilen. In der Gruppe mit Erwartungen fanden sich bestätigende Befunde, in der anderen – ohne Erwartungen – negative. *Die Erwartung erwerbe die Vp oder der Patient durch die vorherige Stimulation aus den öffentlichen Vorführungen oder vom Hören-Sagen oder aber im Experiment durch die Instruktionen des Untersuchers*. Eine Hypnosevorführung (siehe unten) kann als *Vor-Information* dienen und den nächsten Probanden positiv oder negativ beeinflussen. Diese Hypothese wollte Field (1965) noch experimentell testen. Die *Harvard Group Scale of Hypnotic Susceptibility (HGSHS)* (Shor und Orne, 1962) wurde als Maßstab zu Hilfe genommen. Eine Gruppe von Probanden bekam die Skala, gestaltet vom leichtesten zum schwierigsten Punkt, die andere aber in umgekehrter Reihenfolge. Diese Reihenfolge der Schwierigkeitsgrade wirkte sich auf den Erfolg der Angaben in den Skalen nicht aus. Brown und Krasner (1969) nahmen sich dann vor, die Befunde von Field (1965) nachzuvollziehen. Zu diesem Zweck wurde die *Form C* der *Stanford Hypnotic Susceptibility Scale (SHSS:C)* von Weitzenhoffer und Hilgard (1962) zu Hilfe genommen. Einer Gruppe von Vpn wurde ein Film mit *guten Erfolgen* der in einer früheren Sitzung mit anderen Probanden durchgeführten Hypnose gezeigt; die andere bekam dagegen einen Film mit *ganz geringen oder keinen Erfolgen*. Die Erwartung (Gruppe I) brachte positive Resultate. Saavedra und Miller (1983) versuchten (75 weibliche und 63 männliche junge Vpn), unter Inanspruchnahme von Fragebögen und physiologischen Messungen, *die Erwartung als Faktor der Hypnotisierbar-*

keit zu erklären. Zu diesem Zweck wurden *drei Ebenen* der *Hypnotisierbarkeits-Erwartung* geschaffen, und zwar mit *drei Gruppen von Vpn.* Den Vpn wurde vor dem Versuch erläutert, sie seien: (a) *hoch*, (b) *mäßig* oder (c) *schwach hypnotisierbar.* (d) Eine *vierte Kontrollgruppe* wurde solchen Erwartungen nicht ausgesetzt. Nach diesen Vorbereitungen wurden alle Vpn der Prüfung mittels der *Harvard Group Scale of Hypnotic Susceptibility, Form A (HGSHS:A)* nach Shor und Orne (1962) unterzogen. Die Resultate der Auswertung der HGSHS:A zeigten einen bedeutenden Haupteffekt, der den zugeteilten *Hypnotisierbarkeitserwartungen* zuzuschreiben war. Die Erwartungsgruppe der schwach hypnotisierbaren (nach der Schätzung in der Voruntersuchung) schnitt jedoch in der HGSHS:A ganz unterschiedlich von den anderen Gruppen ab. Auch vier zusätzliche Variablen wurden als beteiligte Veränderliche untersucht: *Kontrollort, Haltung gegenüber dem Hypnotiseur, Vertieftsein und Selbstvorhersage der Hypnotisierbarkeit.* Außer dem Kontrollort standen alle anderen Variablen mit den Ergebnissen der HGSHS:A in positiver Beziehung. Der Grad, in dem zugeteilte Erwartungen die Resultate der HGSHS:A beeinflußten, sei eine Funktion des Vertrauens gewesen, das die Vpn diesen Erwartungen entgegenbrachten.

Eigene Erfahrungen bezüglich der Erwartung sind noch nicht systematisiert worden. Es ist uns aber aufgefallen, daß die Studenten, die aus dem Publikum (andere Studenten) genommen werden, viel besser hypnotisierbar sind, wenn die Hypnose sofort induziert wird. Wird jedoch der Proband zuerst gebeten, Platz zu nehmen, und dann den übrigen Studenten einiges aus der Hypnose-Problematik erklärt und erst dann die Hypnose-Induktion beim sitzenden Probanden begonnen, so gewinnt man geringere Resultate (siehe dazu Kapitel IX.4.2.9.10).

4.2.4.14 Hypnotisierbarkeit und Aufmerksamkeit(sanspannung). (a) Versuche, die *Aufmerksamkeit mit der Hypnotisierbarkeit* in Verbindung zu bringen, wurden von vielen Autoren (Barber, 1964; Deckert und West, 1963; Hilgard, 1965 a, b; Kihlstrom und Evans, 1979; McCord, 1965; u.a.) vorgenommen. Der Grund für einige Mißerfolge lag nach van Nuys (1973) darin, daß die Versuche zu global waren, wobei die spezifischen Persönlichkeitsfähigkeiten, welche die ganze Person erfassen, nicht genug berücksichtigt worden waren. Die *Aufmerksamkeit sei eine der Ego-Eigenschaften, die viele Persönlichkeits- und diagnostische Kriterien durchkreuzen und auch mit der Hypnotisierbarkeit verbunden sein können.* Die *psychoanalytischen Theorien* von Kubie und Margolin (1944) sowie Gill und Brenman (1959) deuten die Hypnose als einen *regressiven* Zustand, der durch die *Einschränkung der Wahrnehmung* zustande komme (siehe Kapitel XXI.4). Der Proband wird in der Regel gebeten, ruhig zu verharren und bei *Monotonie und Immobilisierung nur die Stimme des Hypnotiseurs* zu beachten. Dies ruft eine begrenzte Art *des sensorischen Entzuges* hervor. Und das führt *vice versa* zur *Regression innerhalb des Ego.* Die allgemeine Meinung ist, daß die Hypnotisanden durch die *selektive Aufmerksamkeit* in die Hypnose eingehen. Die Tatsache, daß einige Vpn in die Hypnose hineingehen, die anderen nicht, spricht – unter anderen Möglichkeiten – dafür, daß es Unterschiede *in der Ausprägung und Qualität der selektiven Aufmerksamkeit gibt.* Diese Meinung wurde auch unter anderem von Hilgard (1965 a, b) vertreten, nach der die hoch hypnotisierbaren Personen oft dadurch charakterisiert werden können, daß sie *prompt, fast unmittelbar und interessiert ihre Aufmerksamkeit in Gang setzen können.* Weder Barber (1960 a, b) noch Leuba (1960) erkannten, daß ein wichtiger Faktor in der Hypnose die Fähigkeit der Vpn ist, eine *selektive Aufmerksamkeit* für die Aufgaben, verabfolgt durch den Hypnotiseur, aufzuweisen. Die gleichen Vpn reagieren auch auf andere Reize *selektiv* aufmerksam. Ås (1962) berichtete, *daß die Aufmerksamkeit ein wichtiger Faktor der Hypnotisierbarkeit sei.* Die Irrelevanz zu anderen Reizen komme durch die Ablenkung der Vpn zustande. In der neueren Zeit hat man versucht, unter anderem durch die *Denkaufgaben* während eines hypnotischen Induktionsverfahrens, in Gegenwart oder Abwesenheit von motivierenden Suggestionen, das hohe oder niedrige Beeinflußbarkeitsniveau der Hypnotisanden in einem 3 × 2 × 2 Faktorenexperiment bei 120 Vpn zu erforschen (Gilbert

und Barber, 1972). Die Ausführungen von Denkaufgaben waren nicht eindeutig mit der Hypnotisierbarkeit gekoppelt. *Konzentrative und selektive Aufmerksamkeit wurden für die hohe Hypnotisierbarkeit als Vorbedingung vorausgesetzt* (Acosta und Crawford, 1985). Die Fähigkeit, *irrelevante Gedanken* zu ignorieren und sich auf die Hypnose einzustellen, sei somit eine Notwendigkeit der Hypnotisierbarkeit. J. H. Schultz (1959, 1983) berichtete, bei einem Kind-Bettnässer eine lange Hypnose vorgenommen zu haben. Die Großmutter saß hinter ihm und schlummerte vor sich hin. Die Hypnotherapie bestand daraus, *das Kind zu instruieren aufzustehen, wenn in der Blase Harndrang empfunden wird.* Nach einigen Tagen kam die Großmutter mit der Klage, sie wache in der Nacht jede Stunde auf und müsse auf die Toilette gehen, wisse aber nicht warum.
Eigene Erfahrungen waren sehr ähnlich. Einem 13 Jahre alten Mädchen mit Zahnarztphobie wurden Suggestionen erteilt, es möge die linke Hand heben. «... der linke Arm wird immer leichter und leichter ... und geht immer höher und höher ... höher in die Luft ... bis er sich ganz hoch aufrichtet ... wie ein Mast in der Erde ...». Nach wenigen Minuten wurde beobachtet, *wie sich der Arm der passiv seitlich sitzenden Mutter schwankend hoch in die Luft hob.* In diesen Beispielen war die *allgemeine Aufmerksamkeit* frei. Die *selektive Aufmerksamkeit* war für die Hypnose reserviert (siehe dazu McCord, 1965).

(b) Bezüglich der *Aufmerksamkeitsanspannung* finden sich in der Literatur (Pribram und McGuinness, 1975) *zwei große Richtungen* im Untersuchungsverfahren. *Aufmerksamkeitsfähigkeit und Hypnotisierbarkeit* wurden dabei durch: (ba) Auswertung von *Selbstbeurteilungs-Inventars* und (bb) Auswertung von *objektiven Messungen* studiert. *Beim ersteren* wurde gefunden, daß *die Kapazität der psychischen Versenkung und imaginativen Vorstellung* (Kapitel IX.4.2.4.11) eine gewisse Korrelation mit der Hypnotisierbarkeit aufweisen (Crawford, 1982; Finke und MacDonald, 1978; Grumbles und Crawford, 1981; Hilgard und Hilgard, 1979; Kihlstrom et al., 1980; Roberts et al., 1975; Spanos und McPeake, 1975; Tellegen und Atkinson, 1974; Yanchar, 1983). Auch bei Auswertungen von *objektiven Messungen* der *Aufmerksamkeitskapazität* ergaben sich positive Beziehungen zur Hypnotisierbarkeit. *Im allgemeinen können hoch hypnotisierbare Personen eine Aufgabe besser fokussieren und andere äußere Informationen ignorieren* (Brown et al., 1983; Graham und Evans, 1977; Karlin, 1979; Miller, 1975a, b; Wallace, 1979; Wallace et al., 1974, 1976) (siehe dazu Kapitel IX.4.2.5 und IX.4.2.8).

4.2.4.15 Hypnotisierbarkeit und Intelligenz. Nach einigen bereits zitierten Befunden *sind die besser hypnotisierbaren Vpn auch intelligenter* (Kapitel IX.2.2.9ff.). Martin und Marcuse (1957, 1958) berichteten darüber, *daß freiwillige Vpn intelligenter seien und auch weniger egozentrische Tendenzen aufweisen als die nicht-freiwilligen.* Dagegen wurden keine Unterschiede zwischen Freiwilligen und Nicht-Freiwilligen mit Hilfe von TAT Card 12 M gefunden (Brady et al., 1961; Levitt et al., 1959, 1962).

4.2.4.16 Hypnotisierbarkeit und die Frage der Simulation. Die Frage der Simulation wurde von Wolberg (1948a, b) erneut aufgeworfen und später von Orne (1959a) experimentell studiert. Diese Untersuchungen deuteten an, daß die Vpn eine leichte Hypnose *simulieren* konnten, wenn sie diese vorher als Phänomen kannten. *Solche simulierten Hypnosen unterschieden sich im Verhalten der Vpn nicht von den echten Hypnosen. Selbst große Experten konnten die Simulation durch die Beobachtung des Verhaltens nicht ausschließen.* Damaser et al. (1963) stellten fest, *daß im Wachsein psychologische Phänomene mit Emotionen auftreten, die denen bei Hypnose ähneln können.* Orne (1959b, 1962b, c) betonte, daß das Verhalten eines Probanden so gestaltet wird, wie er annimmt, daß sich eine Vp in der Hypnose verhält. Jede Erwartung des Hypnotiseurs kann durch gewisse diskrete Zeichen beim Probanden eine Kommunikation hervorrufen. *Simulanten und tief hypnoti-*

sierte Vpn unterscheiden sich jedoch in ihrem Verhalten deutlich voneinander. Insbesondere fällt der Bericht *über die subjektiven Erlebnisse* während der Hypnose auf. Die Simulanten dürfen jedoch bei diesem Versuch keinen echt Hypnotisierten vor ihrer eigenen Hypnose gesehen haben (Orne, 1962a). Evans (1962) betonte, daß angesichts des bereits bekannten über die Simulation eine echte *Kontroll-Gruppe* erst dann als solche angesehen werden könne, wenn sie selbst nicht in die Hypnose geraten sei. Dieser Beurteilung schließen sich auch Deckert und West (1963) an. Kubie (1972) sagte dazu, *wir alle seien bis zu einem gewissen Grade für die Simulation eines hypnotischen Zustandes vulnerabel, manchmal ohne es zu wissen, manchmal schämen wir uns auch deshalb und sagen es nicht.* Es sei einer der störenden und verwirrenden Faktoren im ganzen Bereich des Studiums der hypnotischen Phänomene, *daß wir keine absoluten Kriterien haben, die es gestatten, Unterschiede zwischen der bewußt und unbewußt simulierten sowie der automatisch oder willkürlich erfolgten Hypnose zu erkennen und nachzuweisen.*

Experiment 04: PR-VI-188-VS

Im Experiment 04 haben wir (Jovanović, 1988g) *primär* die Beziehungen der *Hypnotisierbarkeit* zum *Alter* (oder umgekehrt) untersuchen wollen. Unter den Probanden des noch nicht beendeten Versuches befanden sich *zwei Kinder-Paare;* ein männliches Paar (Alter: 8 und 9 Jahre) und ein Mädchen-Paar (*Zwillinge* mit 5 Jahren). Bei allen vier Kindern gelang scheinbar bereits die erste Hypnose. Die Kinder wurden über drei Jahre hin beobachtet. Bereits einige Wochen nach dem Versuchsbeginn konnten wir überrraschend feststellen, daß der jüngere von den zwei männlichen Kindern in seinem Schlafzimmer (als er sich allein fühlte) spielte, während der ältere in der Hypnose im Bett lag. Versuchte der Experimentator ins Zimmer zu kommen, so legte sich der Simulant ins Bett und täuschte die Hypnose vor; ging man aus dem Zimmer, setzte er sein Spiel fort. Aus dem vegetativen Verhalten und Gesichtsausdruck war es jedoch nicht möglich, den Simulanten zu entlarven. Von den Zwillingen konnte ebenfalls ein Mädchen entdeckt werden, das die Hypnose simulierte. Obwohl die Vp erst fünf Jahre alt war und von der Hypnose bewußt nichts verstand, muß ihr der Zustand der Simulation Vergnügen bereitet haben. *Im Laufe von drei Jahren konnten mit gelegentlichen Versuchen die beiden Simulanten doch auch in die wahre Hypnose eingeführt werden.*

4.2.4.17 Hypnotisierbarkeit und Bewußtsein/Unbewußtes. *Bewußtsein und Unbewußtes spielen bei der Hypnose selbst eine größere Rolle als bei der Hypnotisierbarkeit.* Deshalb wird dieses Problem gesondert in dazugehörigen Kapiteln (X, XXI, XXV und XXVI) abgehandelt. Es war unser Anliegen, wegen der Wichtigkeit und Kontinuität der Problematik *schon jetzt darauf hinzuweisen.*

4.2.4.18 Hypnotisierbarkeit und Selbstbeurteilung. Untersuchungen *zur Hypnosetiefe und Hypnotisierbarkeit* gemäß der *Selbstbeurteilung der Hypnotisanden* wurden in den letzten Jahren öfters publiziert. Field (1965) hat ein Inventar von 300 Items bei 102 Studenten (Freiwilligen) *nach der Rückführung aus der Hypnose* angewandt. Die 38 Items, die am besten mit den *Standardmessungen der Hypnotisierbarkeit* übereinstimmten, wurden als *Inventar zur Messung der Hypnosetiefe* vorgeschlagen. Dabei ergaben sich *zwei Gruppen* von Items:

(a) Items über *Versenkung und Nichts-Wahrnehmen, Automatismus und Zwangsvorstellungen* sowie *Unterbrechung der normalen Wahrnehmung* korrelierten *am besten* mit der Hypnotisierbarkeit.

(b) Items mit der *bewußten Motivation*, in die Hypnose zu gehen, mit dem *Gefühl der Unterwerfung unter die Suggestionen* sowie mit ungewöhnlichen *Körpersensationen* korrelierten *lockerer* mit den Kriterien der Hypnotisierbarkeit.

O'Connel (1964) hat *Verhaltenskriterien* eines individuell applizierten Tests der Hypnotisierbarkeit mit der *Selbstauswertung* der Vpn (N = 88) studiert. Die Korrelation der Selbstauswertung mit der Auswertung seitens des Experimentators korrelierten hoch (r = 0,90) und differierten auch in der Verteilung nicht sehr voneinander. Außerdem wurde beobachtet, *daß schwach hypnotisierbare Personen dazu tendierten, ihre Leistungen zu unterschätzen, die gut hypnotisierbaren dazu, ihre Leistungen zu überschätzen.* Melei und Hilgard (1964) haben eine Untersuchung mit 1326 Studenten durchgeführt. *Dabei zeigte sich, daß die Freiwilligen mehr leisteten als die nicht freiwilligen Vpn* (siehe auch Kapitel IX.4.2.4.9). Bentler und Hilgard (1963) untersuchten 45 Probanden (Studenten) und fanden heraus, *daß die Korrelation zwischen der Selbstbeurteilung und Examinator-Beurteilung hoch war* (Gruppenhypnose: r = 0,83; Einzelhypnose: r = 0,89) (siehe auch Zamansky, 1977; Zamansky und Brightbill, 1965; Zamansky et al., 1964). Bei einer Untersuchung von Tart (1970a, b) wurde die *Hypnosetiefe* bei 35 Vpn nach *Stanford Hypnotic Susceptibility Scale, Form C (SHSS:C)*, Weitzenhoffer und Hilgard (1962), gemessen. Die Selbstbeurteilung zeigte hohe Korrelationen mit den *Verhaltens- und Erlebnisaspekten* der Vpn. Die Instruktionen, die daraufhin gerichtet waren, *daß die Vpn ihre Tiefe sofort und ohne Nachdenken angeben, korrelierten besser mit der Skala als jene Selbstberichte, die nach den lockereren Instruktionen und gewissenhaft erstellt wurden.*
Bei unseren Versuchen im Hörsaal konnten wir bei der Befragung von über 200 Studenten/Probanden über ihre Hypnosetiefe keine definitive Antwort finden. Insbesondere ist dies *bei der ersten Hypnose* der Fall, und zwar auch dann, wenn die Vp bis zum Stadium des Somnambulismus hypnotisiert wurde und nach der Hypnose sich äußert: «... Diese Stimme (während der Hypnose) werde ich nie vergessen ...».

4.2.4.19 Hypnotisierbarkeit und Stimmung. *Für das Gelingen der tiefen Hypnose ist die gute Stimmung unabdingbar.* Dies kam aus vielen Befunden zum Ausdruck. Bei einer gedrückten Stimmung wie bei Depressionen gelingt die Hypnose seltener und die gelungene Hypnose bleibt oberflächlich (siehe dazu Jovanović, 1989).

Experiment 05: DS-VK-1984

Es wurden *acht* weibliche depressive Patienten im Alter zwischen 22 und 48 Jahren beobachtet, bei denen je 36 Hypnosesitzungen geplant waren. Die Sitzungen wurden von Montag bis Freitag, morgens gegen 9 Uhr und abends gegen 17 Uhr abgehalten. *An einem Morgen (am Montag) waren alle Patienten deprimiert (Sonntags-Besuchszeiten) und bei keinem konnte die Hypnosetiefe erreicht werden, die bereits davor mehrmals gelungen war.* Im gleichen Versuch konnte auch festgestellt werden, daß die Hypnosen bei sicher *endogenen* Depressionen *am Abend tiefer*, bei sicher *reaktiven am Morgen ausgiebiger* als am Abend waren. Diese Tatsache hat zur *Erforschung des Biorhythmus im Zusammenhang mit Hypnose* geführt (Jovanović, 1988j) (siehe auch Kapitel XXIX). Daraus wird auch die

Indikation für Hypnose und Hypnotherapie abgeleitet (Kapitel XI.5.4). Im Verlauf unserer späteren klinischen Arbeit wurden diese Befunde immer von neuem bestätigt (Jovanović, 1989).

4.2.4.20 Hypnotisierbarkeit und Schmerzempfindlichkeit. *Schmerzen und Hypnosen* (siehe Kapitel XXVII.2) sind begrifflich so fest miteinander verbunden, daß man beim Wort *Hypnose* zwangsläufig an Schmerzen und deren Beseitigung denkt. Bereits bei Gesunden können in Hypnose *Anästhesien, Hypästhesien* oder *Hyperästhesien* geschaffen werden, die man sonst mit keiner anderen Methode in einer so relativ kurzen Zeit hervorrufen kann (Kapitel XV). Bei Patienten kann dies im Rahmen der Hypnotherapie beobachtet werden (siehe dazu Kapitel X.8 und XXVII.2).

4.2.4.21 Hypnotisierbarkeit und Angstempfinden. Die *Angst* als solche und ihre Auswirkungen werden gesondert abgehandelt (Kapitel XXVII.3) (Jovanović, 1989). In diesem Abschnitt sprechen wir noch *nicht von einer pathologischen Angst,* welche den Menschen in seinem Wesen und Handeln mehr oder weniger stark beeinträchtigt (Kapitel XXVII). Vor dem Hypnose-Beginn und auch generell in bezug auf die Hypnose haben Menschen *Angstempfindungen, negative Erwartungen und Spannung,* es würde etwas passieren, das ihnen unangenehm ist. Im allgemeinen handelt es sich dabei um *sieben* Manifestationen/Vorkommen der Angst/Spannung (Kroger, 1977, Seite 36–38) und zwar:

(a) *Angst vor einem Willensverlust* und der Auslieferung an den Hypnotiseur;
(b) *Angst vor dem Bewußtseinsverlust;*
(c) *Angst vor der Preisgabe* geheimer Erlebnisse (fast bei jeder Vpn vorkommend);
(d) *Angst, nicht wieder «erweckt» werden zu können;*
(e) *Angst, als leichtgläubig* angesehen zu werden (aus der Suggestibilität, die ebenfalls negativ aufgefaßt werden kann; derjenige, der schneller hypnotisiert wird, sei leichtgläubiger, suggestibler und ohne einen festen eigenen Standpunkt);
(f) Angst davor, als *minderbegabt* angesehen zu werden, und schließlich
(g) die *Angst vor dem Hypnotiseur,* da er als eine *dominante* Persönlichkeit auftritt. Die Vpn könnten dann als mit weichem, veränderlichem Charakter aufgefaßt werden (siehe dazu Borkovec, 1976; Davidson und Goleman, 1977; Davidson und Schwartz, 1976; Davidson et al., 1976a, b; Schwartz et al., 1978).

4.2.4.22 Hypnotisierbarkeit und Placebo-Effekte. Der Begriff *Placebo* stammt aus dem Lateinischen und bedeutete früher soviel wie: (ich werde) *angenehm sein.* Im Laufe der Zeit hat sich dieser Begriff ziemlich abgewandelt. Heute versteht man darunter meist ein *Scheinmedikament, eine unwirksame, indifferente chemische Substanz, die während der Therapie einem Patienten gegeben wird, wenn er an deren Wirkung glaubt und wirksame nicht gegeben werden sollten.* In den letzten Jahrzehnten ist die Bedeutung des Placebos gewachsen, da es oft bei der Erforschung von wirksamen Pharmaka im sogenannten *Doppel-Blind-Versuch* verwendet wird. Es gab auch andere Anschauungen über das Placebo (Murray, 1933). Das Ansehen des Placebo-Effektes ist in der letzten Zeit auch unter den *Psychotherapeuten* gestiegen. Es gibt nicht wenige darunter, die meinen, eine *Psychotherapie sei ein Placebo-Effekt* und demzufolge als eine *unspezifische Therapiemethode anzusehen.* Andere glauben dagegen, daß der Placebo-Effekt ein anderer sei. Somit entfalte *die Psychotherapie eine spezifische Wirkung.* Dabei muß betont werden, daß beide Autorengruppen recht haben können (Elton et al., 1983), *da jede Therapie wahrscheinlich zu einem größeren oder kleineren Prozentsatz auch eine Placebo-Therapie sein kann. Denn sowohl Psychotherapie als auch Placebo-Therapie beruhen auf einer psychologischen Grundlage* (Hofling, 1955). Da zu diesem Problem in einem klinischen Teil (Jovanović, 1989) ausführlich Stellung genommen

wird, beschränken wir uns hier auf einige Beispiele (siehe dazu Beecher, 1959; Braunstein und Moscone, 1964; Chapman und Feather, 1973; Clark, 1969; Evans, 1974; Fischer und Dlin, 1956; Gelfand et al., 1965; Goldstein, 1962; Haley, 1963; Jovanović, 1988m, Lasagna et al., 1954; Leslie, 1954; Liberman, 1962; Shapiro, 1971; Sternbach, 1968; Tibbetts und Hawkins, 1956; Wolf, 1959; Wolf und Wolff, 1943; u.v.a.).
Nach Evans (1967), McGlashan et al. (1969) und Thorn (1962) *ist die Antwort auf Placebo nicht direkt mit Hypnotisierbarkeit verbunden.* Vielmehr könnte eine Hypnose einen Placebo-Effekt produzieren oder verstärken. In einer Studie, *die die Unterschiede zwischen Hypnose und Placebo herausfinden sollte* (McGlashan et al., 1969), wurden zwei Gruppen von hoch motivierten Personen, die eine *hoch hypnotisierbar*, die andere praktisch *nicht hypnotisierbar*, in Anspruch genommen. Daraufhin wurden bei beiden Gruppen *muskuläre Schmerzen* ausgelöst. Beiden Gruppen wurde erklärt, daß sowohl wirksame Medikamente als auch Hypnose ihre experimentell verursachten Schmerzen deutlich verringern würden. *Die Placebo-Präparate* waren bei beiden Gruppen effektiv, d.h. *bei der hoch hypnotisierbaren und bei der nicht hypnotisierbaren. Die Hypnose* erzielte bei den hypnotisierbaren Probanden eine stärkere Wirkung als die Placebogabe; die nicht hypnotisierbaren Vpn verspürten den Hypnose-Effekt etwa in dem Maße, wie er vorher beim Placebo empfunden wurde. *Der Placebo-Effekt ist demnach nicht für alle Menschen gleich*, wie dies auch Frankel (1976) ausführte. Leuner (1970, 1985) berichtete andererseits, daß auch beim *katathymen Bilderleben* nicht alle gleich reagieren. Die eine Gruppe konnte überhaupt nicht durch *katathymes Bilderleben* therapiert werden (siehe auch Elton et al., 1983; Frank, 1961; Jospe, 1978; Lasagna und von Felsinger, 1954; Shapiro, 1960, 1963, 1968, 1971).

4.2.4.23 Hypnotisierbarkeit und pharmakologische Aspekte. *Psychopharmaka haben einen positiven Effekt auf die Hypnotisierbarkeit bereits dadurch, daß sie die Angst und die depressive Symptomatik beseitigen* (Davies und Mowbray, 1980; Fielding et al., 1969; Fischer, 1970a, b). Inwieweit sie auf diese oder auf eine andere Weise einwirken, ist noch nicht genau bekannt. Nach Ludwig und Lyle (1964) *konnten die Suggestionen die Effekte der Drogen nach deren Entzug nachahmen lassen. Auch die Entzugs-Syndrome konnten nachempfunden werden.* Wenn eine Droge *gegeben* wurde, konnten viele Vpn durch posthypnotische Suggestionen so weit gebracht werden, daß sie jetzt ein normales Verhalten aufwiesen. Die Hypnotherapie war imstande, die Situation, wie hier beschrieben, zu beherrschen. Auch Josephine R. Hilgard (1965b) sprach von einer *positiven Beeinflussung der Hypnotisierbarkeit durch Drogen.* McGlothlin und Cohen (1965) schätzten die Hypnotisierbarkeit indirekt mit Hilfe von *Experience Inventory (EI)* von Ås (1963) und fanden, daß Vpn, die dazu neigten, LSD zu nehmen, sich als entschieden besser hypnotisierbar erwiesen, als jene, die entweder neutral waren oder LSD ablehnend gegenüberstanden. Die meisten Vpn, die hoch hypnotisierbar waren und zu LSD neigten, hatten jedoch vorher keine Erfahrungen mit LSD gehabt. Im Experiment von van Nuys (1972) (47 männliche Studenten im Alter von 18–23 Jahren) bekamen die Vpn *LSD, Mescalin, Psilocybin und/oder Marihuana.* Die Scores der HGSHS:A nach Shor und Orne (1962) *waren um zwei Punkte höher bei Vpn, die zu irgendeiner Zeit eines dieser Rauschgifte genommen, als bei denen, die diese Drogen nicht gebraucht hatten* (siehe auch Mowbray, 1968).

4.2.4.24 Hypnotisierbarkeit und multiple Faktoren beim Hypnotisanden. Die Diskussion zu *Persönlichkeitsmerkmalen und persönlichen Leistungen der Hypnotisanden* sowie einige wissenschaftliche Untersuchungen sprechen dafür, daß bei der Hypnotisierbarkeit *eine Anzahl von Faktoren im Spiel sein muß.* Wenn es sich um die Persönlichkeitsstruktur von zwei Personen – Hypnotiseur und Hypnotisanden – handelt, *dann können auch diese multiplen Faktoren multipliziert werden.* Pattie (1956b) kam bereits damals zu der Auffassung, *daß man mit der Suche nach einem Hypnosefaktor beim Hypnotisanden überhaupt nicht allzu weit kommen werde.* Auch das Ehepaar Hilgard (1962) sowie weitere erfahrene Hypnoseforscher wie Knehr (1961) und Shor (1959, 1962) neigten zu derselben Meinung. Arnold (1946, 1959) zieht *Parallelen zur neurophysiologischen Terminologie* und kommt zu der Überzeugung, daß sowohl in der Hypnologie als auch in der Neurophysiologie *ein multiples Arbeitssystem im Gehirn* aktiv sein muß. Gill und Brenman (1959) schließen sich dieser Meinung an und tragen vor, *daß die Hypnotisierbarkeit keine besondere Psychodynamik oder einen Komplex der Psychodynamik beim Hypnotisanden in Bewegung setzen muß.* Psychoanalytisch gedeutet, braucht die Hypnotisierbarkeit *eine gewisse Kapazität für eine spezielle Art der Regression* und dazu *eine Veränderung der Verdrängungsmechanismen.* Bei der Inanspruchnahme der Faktorenanalyse haben Thorn (1960), Ås und Lauer (1962) sowie Evans (1962) übereinstimmend gefunden, daß die Hypnotisierbarkeit mit einem *unabhängigen multiplen Faktor* verbunden sein muß. Nach Deckert und West (1963) sei die Hypnotisierbarkeit etwas *Universales*, das jeder von uns besitze. Viele Autoren scheinen nach dieser Prämisse zu arbeiten. *Jede Person sei hypnotisierbar und dies sei keine theoretische Behauptung. Daß aber die Hypnose nicht bei jedem gelinge, liege an laboratorischen Schwierigkeiten und technischen/persönlichen Unzulänglichkeiten.* Die *Fähigkeit*, eine Person zu hypnotisieren, sei *etwas Einzigartiges.* Diese Einzigartigkeit wird von einigen Hypnotherapeuten beherrscht, von anderen nicht. Die Hypnotisierbarkeit sei *ein Nichts und zugleich ein Etwas* (Deckert und West, 1963; Hilgard und Hilgard, 1975, 1983; u.a.).

4.2.5 Hypnotisierbarkeit und Versuchssituation

Über die Jahre hinweg wurde die Hypnose zu Forschungszwecken und als Behandlungsmethode *in den verschiedensten Versuchs- oder Untersuchungssituationen* induziert (Botto et al., 1977). Die Literatur über die Hypnose-Induktion unter besonderen Bedingungen ist nicht ganz einheitlich. In Kapitel IX.4.2.4.14 erwähnten wir McCord (1965), der eine 20 Jahre alte Frau *während des Tippens eines Briefes* hypnotisiert habe. Ein 40 Jahre alter Mann wurde im Büro, beim Ein- und Ausgehen anderer Personen, hypnotisiert. Auch andere Vpn wurden *während der Arbeit im Büro* hypnotisiert (beim Tippen, beim Lesen eines Buches, beim kreativen Schreiben, bei der Vorbereitung einiger Tests etc.). In einigen Fällen gelang die Hypnose unter diesen *Büro-Bedingungen* und unter der Fortsetzung der Arbeit seitens der Hypnotisanden nicht (Kapitel IX.4.2.4.14). Wickramasekera (1969) untersuchte 45 Gefangene, freiwillige Probanden, mit Hilfe von *Stanford Hypnotic Susceptibility Scale, Form A (SHSS:A)* (Weitzenhoffer und Hilgard, 1959) und fand keine Unterschiede in der Hypnotisierbarkeit gegenüber den studentischen Freiwilligen in einer bequemeren Situation. Land und Greenberg (1971) versuchten, diese Streitfrage zu mildern, indem sie Probanden unter *zwei Situationsbedingungen* untersuchten. Die Befunde konnten die früheren Befunde nicht bestätigen, die Hypnotisierbarkeit würde sich unter der Änderung der Situationsvariablen verändern lassen. Ruch und Morgan (1971) änderten dann die Körperlage der Probanden und versuchten, eine eventuelle Änderung der Hypnotisierbarkeit zu erzielen. Die Autoren gingen davon aus, *daß eine liegende Position der Probanden die Hypnotisierbarkeit erhöhen und eine stehende diese verringern würde.* Eine leicht modifizierte *SHSS:C*, die dabei angewandt wurde, konnte zeigen, daß diese Vermutung nicht zutreffe. Sowohl ein vorläufiger als auch ein späterer Versuch im *Stehen*, *Sitzen* oder *Liegen* der Vpn ergab eine Hypnotisierbarkeit, die sich in keiner dieser Lagen von der anderen unterschied. Obwohl sich die Vpn nur widerwillig in die stehende Position begaben, zeigte sich nur bei fünf von 39 stehenden Personen ein leichtes Schwindelgefühl, das gelegentlich mit Übelkeit verbunden war. Es konnte aber nicht nachgewiesen werden, wo die Ursache dieser kleinen Nebenwirkungen lag; *in der Hypnose selbst oder in der Tatsache, daß die Probanden im Stehen die Augen geschlossen hielten und einem Körperschwingungstest ausgesetzt worden waren. Die stehende Stellung hatte insgesamt einen geringen Einfluß auf die Hypnotisierbarkeit.*

Barabasz (1982) untersuchte 20 Probanden (10 in der Versuchsgruppe und 10 in der Kontrollgruppe) unter *eingeengter Umweltstimulation (Restricted Environmental Stimulation Procedures = REST)* mit Hilfe von *Stanford Hypnotic Clinical Scale (Erwachsene) (SHCS:E)* von Morgan und Hilgard (1975), die etwas modifiziert wurde, um posthypnotische Suggestionen für eine *analgetische Reaktion* zu erfassen. Die *Schmerzschwelle* und der *Toleranztest* wurden vor der REST appliziert, sodann unmittelbar nach der REST und 10–14 Tage später. *Occipitale Alpha-Wellen im EEG, Hautleitungsgeschwindigkeit, Rektaltemperatur, Fingertemperatur (als periphere Temperatur gemeint) und Temperatur in der REST-Kammer* wurden nach einer *Biofeedback-Technologie (BFT)* 302 Stunden vor, während und nach dem Ende der REST gemessen. Eine *multivariate Varianzanalyse (Multivariate Analysis of Variance = MANOVA)* zeigte, daß die Resultate nach der SHCS:E und Schmerz-Toleranz bei der Versuchsgruppe *unmittelbar nach der REST sowie 10–14 Tage später angestiegen sind.* Alpha-Wellen im EEG nahmen in ihrer Dichte in der REST zu. Diese Zunahme war während der REST-Periode nicht progressiv. Die Erhaltung der Modifikation der Hypnotisierbarkeit sowie der Schmerz-Toleranz bei den Nachuntersuchungen scheinen die Theorie von Reyher (1964) zu unterstützen. Hilgards (1964) *Neodissoziations-Interpretation* sowie Hilgards (1974, 1979) *imaginative Beteiligung* werden für die mögliche Erklärung gehalten.
Bei den bereits erwähnten Untersuchungen fanden Barabasz und Mullin (1983), daß in der *Isolation* (Antarktis) der *Grad der Versenkung* nach einem *kurzen* dortigen Aufenthalt zugenommen hatte. Im Gegensatz dazu konnte eine Zunahme der Hypnotisierbarkeit, wie bei einem längeren Aufenthalt in der Antarktis, nicht gefunden werden. Es sieht so aus, als *ob die Entspannung/Versenkung einer Erhöhung der Hypnotisierbarkeit vorausgehe* (Barabasz, 1980a, b, 1982, 1984, 1985; Barabasz und Gregson, 1979; Kapitel IX.4.2.8).
Bei eigenen Hypnose-Induktionen fühlten sich die Studenten/Probanden in der Vorlesung durch die Anwesenheit von 50–120 Studenten beeinträchtigt. In einem anderen Raum und bei Anwesenheit von weniger Personen (10–12 Studenten) gelangen die Hypnosen viel eher als im Hörsaal. Bei Patienten genügte eine nur geringfügige Veränderung des Ambientes der Hypnose-Induktion, um dadurch eine Beeinträchtigung hervorzurufen.

4.2.6 Hypnotisierbarkeit und Methodik

Die Abhängigkeit der Hypnotisierbarkeit sowie der Hypnose-Induktion von der Methodik wurde bereits erwähnt (Kapitel IX.4.2.4.9). Dabei muß einerseits *die Technik des Hypnotiseurs und die der Hypnose-Induktion insgesamt* und andererseits die *Meßmethodik* der erzielten Erfolge im einzelnen berücksichtigt werden. Bei den Meßmethoden muß man dann die *klinische Symptomatik* bei Vpn sowie die mehr oder weniger *standardisierten Meßskalen* in Betracht ziehen (siehe dazu Kapitel XV).

4.2.6.1 Die Methodik der Hypnose-Induktion. *Zur Methodik der Hypnose-Induktion und zur Abhängigkeit von der angewandten Technik* wird in den Kapiteln XI–XX eingehend gesprochen. Neben dem Gesagten im Experiment 03 (Kapitel IX.4.2.4.9) wollen wir auch hier betont haben, *daß die Technik der Hypnose-Induktion eine noch unschätzbare Rolle spielt. Der Übergang von den direkten zu den indirekten Induktions-Techniken ist mit einer gewaltigen Erhöhung der Hypnotisierbarkeit bei neurotischen und endogen-depressiven Patienten verbunden.* Im klinischen Bereich ist uns diese Tatsache auch ohne eine statistische Datenverarbeitung sehr aufgefallen (siehe dazu Jovanovič, 1989).

4.2.6.2 Hypnotisierbarkeit und Meßmethoden. *Die Beurteilung der Hypnotisierbarkeit vom klinischen Standpunkt aus* wird sich im Verlaufe der Darstellung der Methoden und Phänomene der Hypnose und auch in einigen vorangehenden Abschnitten erkennen lassen (siehe oben und Kapitel XXI). In Kapitel XIV.4 werden *die Skalen zur experimentellen Messung der Hypnotisierbarkeit und Hypnose* systematisiert (siehe dazu Tab. 4.).

4.2.7 Hypnotisierbarkeit und Biokybernetik

Nach Barber (1976), Benson (1975), Brown (1974), Frischholz und Tryon (1980), Holroyd et al. (1982), Nuechterlein und Holroyd (1980), Radtke et al. (1983), Schultz und Luthe (1959), Schwartz et al. (1978), Stoyva und Budzynski (1974), Surwit und Keefe (1978) u.a. sei das *Biofeedback (Biokybernetik) bei der Anwendung der Hypnose* von großer Wichtigkeit, *weil man dabei die abnormen physiologischen Antworten auf Streßsituationen* (Barabasz, 1982; Barabasz und Gregson, 1979) modifizieren kann. Der Effekt variiert von einem Individuum zum anderen (Bowers, 1976; Hilgard und Hilgard, 1975; Holroyd et al., 1982; Lang et al., 1975; Paul, 1969; Roberts et al., 1975). *Dabei scheine mehr eine Funktion der Persönlichkeitscharakteristika im Spiel zu sein als* der Effekt der entsprechenden Behandlung an sich (Hilgard und Hilgard, 1975; Holroyd et al., 1982; Knox und Shum, 1977; Mott, 1979; Perry et al., 1979; Stern et al., 1977; Williams et al., 1979). *Daher sei es möglich, aus der Hypnotisierbarkeit heraus die Voraussage über die Möglichkeit der positiven physiologischen Veränderungen nach Anwendung von Hypnose und Biofeedback zu treffen* (Crosson, 1980; Holroyd et el., 1982; Radtke et al., 1983).

(a) *Änderungen im EEG beim Biofeedback* wurden unter anderem von Dumas (1977, 1980) studiert. Er trainierte Vpn, in der ersten Minute des Biofeedback (Ton) *die Alpha-Wellen (Alpha)* zu *vermehren* und in der nächsten zu *verringern. Eine Gruppe der Vpn mit niedriger und mäßiger Hypnotisierbarkeit bot einen signifikanten Lerneffekt. Die Vpn mit hoher Hypnotisierbarkeit ließen diesen Lerneffekt vermissen.* Da die Hypnotisierbarkeit *eine selektive Aufmerksamkeit zu Gunsten von Suggestionen des Hypnotiseurs erfordere*, die *kognitive Kontrolle* in einer Biofeedback-Situation jedoch nach *mehr Aufmerksamkeit* für die Umgebung verlange, müsse ein Mittelweg gefunden werden (s. dazu Kapitel XXII).

(b) *Die Hypnotisierbarkeit und die Versenkungsfähigkeit (Absorption) der Vpn* sei im physiologischen Selbstkontroll-Training von Bedeutung. Qualls und Sheehan (1979) wiesen darauf hin, *daß das Biofeedback am Beginn mit einer ausgesprochenen Versenkungsfähigkeit der Vpn einhergeht.* Das Anfangsstadium der verbalen Suggestionen, sich zu entspannen, scheint die Vpn auch zu befähigen, das Biofeedback zu erlernen. Wenn die Vpn *mit einer guten Versenkungsfähigkeit* die Suggestionen, sich zu entspannen, in der Sitzung I und Biofeedback in der Sitzung II erhielten, reduzierte sich die *Muskelspannung der frontalen Muskeln besser* als in den Versuchen, in denen das Biofeedback in der Sitzung I angeboten wurde. Vpn *mit niedriger Versenkungsfähigkeit* antworteten nicht mit unterschiedlicher Entspannung jeweils nach Suggestionen und nach Biofeedback. Das Biofeedback erleichterte die Kontrolle der *Temperatur* und des *EMG* in fünf Studien (Crosson, 1980; Engström 1976; Frischholz und Tryon, 1980; Qualls und Sheehan, 1979; Roberts et al., 1975). Biofeedback sei jedoch weniger effektiv für hoch hypnotisierbare Vpn oder Vpn mit hoher Versenkungsfähigkeit als für andere Vpn während der Kontrolle von EEG und EMG (Dumas, 1980; Qualls und Sheehan, 1979). Die Hypnose bei hoch hypnotisierbaren Vpn erwirkte schnellere Veränderungen der *Hauttemperatur* und beim *Blutdruck* als bei anderen Gruppen nach einer Kombination der Behandlung in zwei Studien (Engström, 1976; Friedman und Taub, 1977). Aus diesen Resultaten könnte entnommen werden, *daß die hoch hypnotisierbaren Vpn mehr für die Behandlung mit Hypnose und die Vpn mit niedriger Hypnotisierbarkeit mehr für das Biofeedback geeignet sind.* Trotz den Befunden, daß hoch hypnotisierbare Vpn weniger vom Biofeedback als andere Vpn profitieren (Dumas, 1980; Qualls und Sheehan, 1979), übertreffen die hoch hypnotisierbaren Vpn die Vpn mit schwacher Hypnotisierbarkeit bei der

Reduktion von Kopfschmerzen, ganz gleich, ob sie mit Hypnose oder mit Biofeedback behandelt wurden (Andreychuk und Skriver, 1975).

(c) *Untersuchungen mit EMG* (Bowers und Kelly, 1979; Holroyd et al., 1982) konzentrieren sich nochmals darauf, zu erforschen, *ob für hoch hypnotisierbare Vpn die Hypnose und für schwach hypnotisierbare Vpn eher das Biofeedback effektiver ist.* Menschen, die leicht hypnotisiert werden können, erfahren eine Passivität und eine Entspannung der Fazialismuskulatur (EMG), wenn eine Entspannungs-Induktion vorgenommen wird (Weitzenhoffer, 1957). Aus diesen Resultaten stellten die Autoren die Hypothese auf, daß die hoch hypnotisierbaren Vpn die Hypnose effektiver benutzen können als die Vpn mit schwacher Hypnotisierbarkeit, um die Änderungen im EMG und anderen physiologischen Parametern (Blutdruck) zu kontrollieren. Diese Hypothese wurde auch auf Befunden gegründet, die besagen, *daß die Vpn mit einer hohen Hypnotisierbarkeit gewisse Fähigkeiten zur selektiven Aufmerksamkeit* (Karlin, 1979) *oder die Kapazität zur Versenkung* (Hilgard, 1970; Tellegen und Atkinson, 1974) *besitzen.* Hoch hypnotisierbare Vpn können wahrscheinlich besser das Biofeedback-Signal erfassen als niedrig hypnotisierbare Vpn, und zwar bei einem verlängerten physiologischen Versuch. Änderungen im EMG wurden u. a. auch früher von Wickramasekera (1972, 1973) unter Anwendung von Biofeedback gefunden. In den Berichten konnte gelesen werden, die Versuche seien *in einer Gruppe* mit EMG und Biofeedback vorgenommen worden. *Die zweite Gruppe* von Vpn diente als Kontrolle mit *non-kontingentem* Biofeedback. Nach dem Training zeigte die *kontingente* Gruppe (Gruppe I: EMG und Biofeedback) einen *signifikanten Anstieg der Hypnotisierbarkeit*, während die *nicht-kontingente* Gruppe der Vpn keine Veränderungen aufwies. In der Studie 1977 kombinierte Wickramasekera die positive Information, Hypnose und EMG-Biofeedback betreffend und bekam wieder *eine Erhöhung der Hypnotisierbarkeit.* Nur wenige Berichte liegen über eine Zunahme der Hypnotisierbarkeit in ausgeprägtem Maße *in einer Gruppe* oder bei *jeder Vp* vor (Diamond, 1974; Diamond und Taft, 1975; Perry, 1977). Barber (1969), aber auch Radtke et al. (1983) zweifeln daran, *daß die Hypnotisierbarkeit nur deshalb erhöht werden könne, weil sich der Proband entspannt habe.* Andere Befunde scheinen zuverlässiger als jene von Wickramasekera (1972, 1973, 1977) zu sein. Springer et al. (1977) fanden, *daß sechs für eine Stunde andauernde Gruppen-Entspannungs-Sitzungen die Hypnotisierbarkeit um weniger als zwei Punkte auf einer 12-Punkte-Skala erhöhen würden* ($p < 0{,}05$). Katz (1979) berichtete, daß in einer Sitzung mit progressiver Entspannung, kombiniert mit Lerntraining im sozialen Bereich, keine Erhöhung der Hypnotisierbarkeit über jene, die sonst nach einem Training im sozialen Bereich allein auftritt, gefunden werden konnte. Was die Anstiege der Hypnotisierbarkeit betrifft, haben Banyai und Hilgard (1976) darüber berichtet, daß eine gewöhnliche Hypnose-Induktion, welche *Suggestionen zur Vigilanzerhöhung* beinhaltet, etwa im gleichen Maße effektiv war wie die Induktion der Entspannung. Spanos et al. (1980) fanden, daß Entspannung und Wachheitszunahme-Instruktionen gleichermaßen effektiv in der Antwort auf die Suggestion der *Amnesie* waren. Angesichts dieser Unterschiede zwischen den Befunden von Wickramasekera (1972, 1973, 1977) und den anderen oben erwähnten Autoren, haben sich Radtke et al. (1983) die Aufgabe gestellt, die Literaturergebnisse zu überprüfen. Sie wandten – mit einigen Abweichungen – die Methodik von Wickramasekera (1972, 1973, 1977) an. Die Hypnotisierbarkeit wurde mit Hilfe von *Harvard Group Scale of Hypnotic Susceptibility, Form A (HGSHS:A)* von Shor und Orne (1962) gemessen. Danach kam individuell auch die *Stanford Hypnotic Susceptibility Scale, Form C (SHSS:C)* zur Anwendung. Die Resultate wurden durch ANOVA (Analysis of Variance) ausgewertet. Von einem zum anderen Test hat sich die Hypnotisierbarkeit unwesentlich erhöht. Weiterhin war eine Änderung im EMG der frontalen Muskulatur nicht mit einer Änderung der Hypnotisierbarkeit gekoppelt. Diese Resultate konnten somit nicht ganz jene von Wickramasekera (1972, 1973, 1977) bestätigen. *Die Aktivität des EMG (frontale Muskeln)* wurde noch von Miller und Cross (1985) an 60 unausgewählten hoch, mäßig und schwach hypnotisierbaren Vpn beobachtet. Den Vpn wurde wahllos entweder ein EMG-Biofeedback oder Hypnose mit Instruktionen, sich zu entspannen, gegeben. *Die durchschnittliche prozentuale Reduktion der Spannung im Frontalmuskel war über die letzten fünf Versuche hin bedeutend besser für die hoch hypnotisierbaren Vpn in Hypnose als für die mäßig und schwach hypnotisierbaren Vpn. Die mäßig und schwach hypnotisierbaren Vpn zeigten deutlichere Reduktionen der Spannung im Frontalmuskel während des EMG-Biofeedbacks als in der Hypnose.* Diese Befunde unterstützen zum Teil die Hypothese von Qualls und Sheehan (1979), *daß antithetische Prozesse mit Hypnose und Biofeedback gekoppelt seien.*

(d) *Hypnotisierbarkeit und Temperaturerhöhung* wurden zunächst einmal von Engström (1976) untersucht (siehe auch oben). *Die Hypnotisierbarkeit stand jetzt mit dem Erfolg der Hypnose, jedoch nicht mit dem des Biofeedbacks in Beziehung.* Hoch hypnotisierbare Vpn boten nur nach Hypnose eine Erhöhung der Hypnotisierbarkeit, während mittel und schwach hypnotisierbare Vpn dies nach Hypnose und Biofeedback taten. *Temperaturanstiege* wurden bei beiden Gruppen beobachtet. Hoch hypnotisierbare Vpn erfuhren einen *Temperaturanstieg* zuerst rascher und dann manifestierten sie ein stabiles Plateau, während die Biofeedback-Vpn graduell antworteten. Die hoch hypnotisierbaren Vpn behielten die erhöhte Temperatur nach der Hypnose für die Dauer von acht Wochen besser als die gering hypnotisierbaren. Die niedrig hypnotisierbaren Vpn *zeigten keine großen Veränderungen der Temperatur nach der Hypnose.* In zwei anderen Studien konnte Engström (1976) keine großen Beziehungen zwischen Hypnose und Biofeedback-Kontrolle der Temperatur finden.

(e) *Herztätigkeit und Biofeedback* wurden von Cowings (1977) kontrolliert. Visuelles Biofeedback und Suggestionen der imaginativen *Schwere* und *Wärme* oder imaginativen *Kälte* konnten die *Herzfrequenz* bei hoch hypnotisierbaren Vpn verringern oder erhöhen. Schwach hypnotisierbare Vpn wiesen jedoch unter diesen Bedingungen nur eine Erhöhung der Herzfrequenz auf. In einem anderen Versuch haben hoch hypnotisierbare Vpn *die Labilität einiger physiologischer Parameter unter den Streßbedingungen verringert.* Die schwach hypnotisierbaren Vpn konnten dies jedoch nicht (siehe auch Holroyd et al., 1982).

(f) Friedman und Taub (1977) haben versucht, durch Hypnose-Behandlung die *essentielle Hypertonie* zu korrigieren. Bei hoch hypnotisierbaren Patienten fand sich *nach einer Hypnotherapie eine momentane Verringerung des diastolischen Blutdrucks.* Das *Biofeedback-Training* konnte bei den gemäß der Hypnotisierbarkeit vorher nicht ausgewählten Patienten eine signifikante Reduktion erst später im therapeutischen Programm erwirken. Hoch hypnotisierbare Patienten erfuhren eine ganz geringe Besserung nach einer *Kombination* von Hypnose und Biofeedback. Nach einer Kontrolle im Verlaufe von acht Monaten konnte eine Besserung in bezug auf den Ausgangswert nur bei der Hypnose-Gruppe gefunden werden (Friedman und Taub, 1978).

4.2.8 Hypnotisierbarkeit und Meditationen

4.2.8.1 Vorbemerkungen und Begriffsbildung. *In der Populärwissenschaft* versteht man unter dem Begriff *konzentrative Meditation (KM) Nachdenken, sinnliche Betrachtung, bewußt die Gedanken um etwas Vorgestelltes oder Gedachtes kreisen zu lassen.* Es handelt sich oft um eine andächtige *Vertiefung der Psyche in einen Gegenstand* oder *Versenkung in einen religiösen Inhalt.* Dieses Verständnis der Meditation *sei mit einer vorsätzlichen, willentlichen Gedankenlenkung verbunden, die darin bestehe, daß ein einziger, auserwählter Gedanke alle anderen ersetzen sollte* (Mueller-Elmau, 1984). Die dazugehörige *Konzentration* wird als *psychische Sammlung*, als Anspannung, als höchste Aufmerksamkeit angesehen.

Der Begriff setzt sich aus dem lateinischen *con* (zusammen) und dem griechischen *centron* (Stachel, Spitze, Zirkel, Center) zusammen (Brown, 1977; Mueller-Elmau, 1984; van Nuys, 1973; Wolf, 1980). Die *transzendentale Meditation (TM)* geht über die eben erläuterte Definition hinaus (siehe unten). *Auch die streng wissenschaftliche Literatur* hat die Meditation in den letzten Jahren intensiver als früher studiert. Man denkt dabei an *Veränderungen der physiologischen Variablen* (Akishige, 1973; Anand et al., 1961; Banquet, 1973; Kasamatsu und Hirai, 1966). *Änderungen der Wach-Variablen* (Wallace, 1970; Walrath und Hamilton, 1975) wurden ebenfalls damit in Verbindung gebracht. Insbesondere sind gewisse Phänomene im *muskulären Bereich* von Bedeutung (Ikegami, 1973). Andere haben sich vorwiegend auf die Terminologie der *Aufmerksamkeitsentfaltung* (Davidson und Schwartz, 1976; Deikman, 1966; van Nuys, 1973), der *kognitiven Kontrollprozesse* (Silverman, 1968), der *Ego-Kontrollmechanismen* (Maupin, 1965) oder aber als *Prozeß der Therapie* mit signifikanten Veränderungen der affektiven und Eigenschaftsvariablen (Davidson und Goleman, 1977; Davidson et al., 1976; Goleman, 1971) spezialisiert. *Die Erforschung der Meditationen ist noch immer in einem embryonalen Stadium* (Brown, 1977).

4.2.8.2 Komparative Studien von Meditationen und Hypnotisierbarkeit. *Die Schätzung der konzentrativen Meditation ist an sich Erfassung der Aufmerksamkeit, so daß ihr der Glaube an ihre signifikante Korrelation mit den Messungen der Hypnose geschenkt werden könne.* Van Nuys (1973) untersuchte in diesem Zusammenhang 47 Vpn/Studenten/Freiwillige. Die Resultate sprachen dafür, *daß die gute Konzentration zwar eine erforderliche Eigenschaft für die Hypnotisierbarkeit ist, jedoch keine ausreichende. Manche Vpn mit guter Konzentrationsfähigkeit sind verhältnismäßig unempfindlich gegenüber der Hypnose* (Bahr et al., 1974; Barber, 1969, 1970; Brown, 1977; Davidson und Goleman, 1977; Deikman, 1966; DeRopp, 1968; Engström, 1976; Evans-Wentz, 1935; Garrett, 1975; Gill und Brenman, 1959; Hartman, 1958; Hilgard, 1974; Hilgard und Hilgard, 1979; John, 1976; Kon-sprul Blo-gros-mthá-yas, 1971; Kubie und Margolin, 1944; Linden, 1973; Maupin, 1965, 1969; McGlothlin et al., 1967; Morgan, 1973; Morgan et al., 1970; van Nuys, 1972, 1973; Orne, 1959a, b; Otis, 1973). Die meditative Technik der transzendentalen Meditation umfaßt oft eine Prozedur, welche die Aufmerksamkeit des Meditanden (Mediator, der Meditierende) einengt (Brown, 1977). In der TM ist die Aufmerksamkeit auf eine stille Wiederholung eines Wortes – das *mantra* – reduziert. *Die TM erbringt einen Zustand, der sich phänomenologisch und physiologisch vom normalen Wachsein und von den hypnotischen Veränderungen des Bewußtseins unterscheidet* (Hirai, 1974; Wallace et al., 1971). Daher wurde die TM als ein *wacher hypometabolischer physiologischer Zustand* charakterisiert (Wallace et al., 1971), und zwar *auf der Grundlage der Veränderung bestimmter physiologischer Variablen* (z.B. Abnahme der Herz- und der Respirationsfrequenz) (Allison, 1970; Bärmark und Gaunitz, 1979; Glueck und Stroebel, 1975; Wallace et al., 1971). *Die Verringerung des Wachzustandes wurde in den letzten Jahren angezweifelt* (Morse et al., 1977). Bärmark und Gaunitz (1979) untersuchten 42 Vpn, die in *zwei Gruppen* eingeteilt wurden. Die eine Gruppe von 23 Probanden war als *Meditations-Gruppe*, die andere mit 19 Vpn als *Gruppe mit hoher Hypnotisierbarkeit* und Hypnoseerfahrung, jedoch ohne Erfahrungen in der TM, angesehen worden. Die *erfahrenen Meditanden* (12 männliche und 11 weibliche) waren 23–41 Jahre alt; die Erfahrung in TM betrug 1,5–9 Jahre (MW = 2,9 Jahre). Die Hypnose wurde bei der Versuchsgruppe nicht vorgenommen, da man diese als kontraindiziert zur TM betrachtet. Die 19 Vpn, die mit Hypnose behandelt wurden, waren aus 215 Personen ausgewählt worden, die nie vor dem Experiment in einer Hypnose waren. Diese Gruppe bestand aus sechs männlichen und 13 weiblichen Probanden im Alter zwischen 20 und 32 Jahren. Die Hypnotisierbarkeit wurde nach einer modifizierten Form der *Stanford Hypnotic Susceptibility Scale, Form A (SHSS:A)* von Weitzenhoffer und Hilgard (1959) (per Tonband verabreicht) gemessen. *Herz-* und *Atmungsfrequenz* sowie die *Hauttemperatur* wurden kontinuierlich registriert. Die meditativen (meditationsfähigen) und hypnotisierbaren Vpn der Studie von Bärmark und Gaunitz (1979) zeigten phänomenologische und/oder physiologische Unterschiede so umfassend, *daß eine Beurteilung über die Veränderung des Bewußtseins* (Shor, 1959) *schwierig war.* Die Verringerung des Bewußtseins in bezug auf die Umgebung, wie man für verschiedene heterohypnotische Experimente gemeldet hatte (Ås, 1962, 1963; Ås et al., 1962; Ås und Lauer, 1962; Ås und Østvold, 1968; Field, 1965; Field und Palmer, 1969; Ludwig und Levine, 1965), konnten auch die jetzigen Autoren (Bärmark und Gaunitz, 1979) finden. *Die Hypnose ergab den Eindruck der totalen Entziehung der Aufmerksamkeit von der Umgebung. Während der Meditation konnte eine solche Minderung nur in bezug auf eine Reduktion der Wahrnehmung des eigenen Körpers gefunden werden. Auch die inneren Reize wurden in der Hypnose und während der Meditation unterschiedlich wahrgenommen.* In Überseinstimmung mit den Befunden anderer Autoren (Ås und Østvold, 1968; Bowers, 1981; Bowers und Bowers, 1972; Sheehan, 1972) wurde auch von Bärmark und Gaunitz (1979) *eine Verstärkung der Konzentration und eine Erhöhung der Lebendigkeit der Imaginationen von den hypnotisierten Vpn vorgetragen. Auf der anderen Seite haben die meisten Meditanden berichtet, keine Veränderung der Konzentration und auch keine Erhöhung der Lebhaftigkeit der Imaginationen empfunden zu haben. Während hypnotisierte Vpn mehr die Aufmerksamkeit auf Imaginationen und Gedankengang lenkten, waren die Meditanden mehr durch körperliche Sensationen, wie das Empfinden des Körpers als leichter und wärmer, engagiert.* Vielleicht hängt diese Erscheinung mit der Veränderung des Bildes über den eigenen Körper während der Meditation zusammen (Ludwig, 1963). Eine Minderung der Unterschiede in Subjekt-/Objekt-Wahrnehmung war auch im Experiment mit Meditation von Deikman (1966) beschrieben worden. Dies kann auch in Hypnose auftauchen (Ludwig und Levine, 1965) und wird als Resultat des Eintauchens in die Umgebung gedeutet. Die Vpn berichteten in der Studie von Bärmark und Gaunitz (1979) über eine Empfindung, als *ob die Grenze zwischen ihnen und der Umgebung verwaschen worden wäre oder sogar verschwunden, und zwar sowohl in Hypnose als auch in der Meditation.* Außerdem war über einen zeitweiligen Verlust der Orientierung zu berichten. Die Zeitverzerrung war mehr einheitlich bei den Vpn mit Meditation; die Probanden meinten, die Zeit sei schneller gelaufen. Die Hypnose bewirkte eine weniger akzentuierte Zeitverzerrung; die objektive Zeit war unter- oder überschätzt worden. Insgesamt gesehen *haben Hypnose und TM die Veränderung der Verteilung der Aufmerksamkeit sowie die Veränderung der Körperwahrnehmung ergeben.* Sowohl TM als auch Hypnose können nach den Autoren phänomenologisch als bewußtseinsverändernde Faktoren gedeutet werden, wobei einige der Erscheinungen gemeinsam sind. Änderungen physiologischer Parameter während der Meditation (Allison, 1970; Glueck und Stroebel, 1975; Wallace et al., 1971) und auch der Hauttemperatur während der Hypnose (Peters und Stern, 1973; Reid und Curtsinger, 1968) konnten in gewisser Weise auch von Bärmark und Gaunitz (1979) bestätigt werden. Herzfrequenz und Hauttemperatur änderten sich als Funktion der Zeit. Die Verringerung der *Herzfrequenz* und die Erhöhung der *Hauttemperatur* waren während der Hypnose und der TM im Vergleich mit Kontrollbedingungen gleich. Die *Respiration* ergab einen kleinen signifikanten Unterschied zwischen Hypnose und Meditation, im Vergleich mit der ruhigen Sitzlage ohne diese Prozeduren. Die Respirationsfrequenz hat sich verringert. Es scheint so, daß die Hypnose-Induktion eine kognitive Strategie bedeutet, *wobei eine Verlagerung der Aufmerksamkeit von den Außenreizen zu den Bildvorstellungen und zum Gedankengang stattfindet. Die TM ist daher eine phänomenologische Veränderung des Bewußtseinszustandes, die dem hypnotisch veränderten Zustand ähnlich ist* (Bärmark und Gaunitz, 1979).

4.2.8.3 Hypnotisierbarkeit und Yoga. Abgesehen von der *populären Pseudowissenschaft* sind auch *in der exakten* Wissenschaft *viele strittige Punkte in bezug auf Hypnose und Yoga* zu klären. Die westlichen Wissenschaften machen es sich noch immer schwer, Yoga (oder

Samâdhi) zu bearbeiten und zu deuten. Ein Hindu-Wissenschaftler hat den westlichen Wissenschaftlern gegenüber den Vorteil (Das, 1963), daß er die *Originalsprache (Sanskrit)* kennt, in der Yoga immer noch geschrieben wird. Die Gefahr verbirgt sich dann in der eventuellen Subjektivität (Conze, 1981; Das, 1963; Eliade, 1961; Mueller-Elmau, 1984; Woods, 1927; Zimmer, 1982).

Beim Vergleich von Samâdhi mit Hypnose können gewisse Parallelen gezogen werden. Die supernormale Kraft und das befreite Bewußtsein sind etwas philosophisch ausgerichtet und können nicht leicht mit irgendwelchen Aspekten von Hypnose verglichen werden. Die Hauptaufgabe von Samâdhi sei die *Selbstrealisierung* (Reinigung des Verstandes). *Das Ziel ist spirituell.* Dies könne nicht erzielt werden, wenn man nicht die seltene Qualität der kompletten Entspannung erreicht habe. Eine Menge Praxis werde gefordert, um den letzten Zustand der Samâdhi zu erreichen. *Im Gegenteil dazu kann man einer hypnotisierbaren Person die Hypnose relativ leicht beibringen und sie kann in wenigen Sitzungen die tiefste Stufe erreichen.* In der Hypnose erhalte der Proband auch keine intuitiven Kenntnisse und werde keine bessere Person, während dies als Beiprodukt bei Samâdhi vorhanden sei. Sich selbst überlassen, schlafe die hypnotisierte Vp ein. Im Zustand der Samâdhi sei es notwendig, daß der *Übende (Yogi)* sich selbst überlassen sei. Samâdhi könne nicht durch die Suggestionen eines Instruktors erzielt werden, während bei der Hypnose die Assistenz eines anderen erforderlich sei. *Nichtsdestoweniger ähneln Hypnose und Samâdhi einander* (siehe Das, 1963 und Kapitel XI–XX). *Eine wichtige Ähnlichkeit von Hypnose und Samâdhi ist die Dissoziation.* Die Vp ist unter Hypnose *nicht ganz über Zeit und Ort orientiert* (Dorcus, 1956; Kroger, 1977; Langen, 1972; Weitzenhoffer, 1953; Wolberg, 1948a, b). Sie ist nicht durch die leichte Veränderung der Umgebung gestört. Unterschiede ergeben sich darin, daß der Hypnotisierte in bezug auf seinen sozialen und moralischen Standard nicht dissoziiert ist. Wenn solche Suggestionen verabreicht werden, wird die Vp erwachen und damit zeigen, daß sie diese nicht voll realisieren wolle (Kapitel IX.4.2.4.9). *In Samâdhi könne man von der physischen wie auch der psychologischen Umgebung ganz dissoziiert werden.* Dissoziation im Sinne des *Gedächtnisverlustes* für Ereignisse können *in der Trance* durch die *Tiefhypnose* erreicht werden (Kapitel XXI). Wenn aber die Amnesie nicht suggeriert werde, sei das Verlieren der Erinnerung nur partiell. Auf der anderen Seite hat Samâdhi (Yogi) ein klares Gedächtnis für Ereignisse, die Freude machen, und für andere, die das nicht tun (Behanan, 1937). *Der Yogi genieße die Rückkehr in so einen Zustand der Seligkeit.* Behanan (1937) betonte, daß dies in der Hypnose nicht möglich sei. *Jedoch beschreiben auch tief hypnotisierte Vpn einen entzückenden Zustand, in den sie wieder gern zurückkehren möchten.* Es sei möglich, daß in der tiefen Samâdhi keine Ereignisse vorkommen, die man vergessen könnte, da Yoga ein Zustand der Konzentration ohne irgendwelche Objekte sei, auf die man sich konznetrieren könne. Der Yogi empfinde generell ein gutes Gefühl, *etwa als ob er traumlos tief geschlafen hätte. In der Hypnose können positive und negative Halluzinationen ausgelöst werden.* In der Tat begleiten Suggestibilität und Hypnose lebhafte Imaginationen. Ähnlich könne man in einem tiefen Stadium der Konzentration beim Yoga, dort wo der Verstand zu fluktuieren aufhöre, Halluzinationen produzieren. Wenn die Aufmerksamkeit auf die Zunge konzentriert werde, können Sensationen des Geschmackes vorkommen. Aber bei Yoga seien die Sinnesorgane nur große Objekte und die Konzentration darauf sei nur der Weg, um die Samâdhi zu vertiefen (s. dazu Das, 1958a, b, 1960, 1963; Das und O'Connor, 1959; Platonov, 1959; Kapitel XXX).

4.2.9 Modifikation der Hypnotisierbarkeit

4.2.9.1 Allgemeine Vorbemerkungen zur Problematik. Faria (1819) war bereits *ein Anhänger der Stabilitätstheorie der Hypnotisierbarkeit* (Kapitel VIII.12.3). Er glaubt aber, daß die Hypnotisierbarkeit von der Dünne des Blutes abhänge und versuchte, durch dessen Veränderung (Blutabnahme) und wiederholte Hypnose-Induktion (24 Stunden später) doch *eine Modifikation der Hypnotisierbarkeit* zu erreichen. Auch andere Autoren im späteren 19. Jahrhundert hatten angenommen, die *Modifikation der Hypnotisierbarkeit* erfaßt zu haben (Bramwell, 1909; Moll, 1890; Vogt, 1897). Es war jedoch schwierig, diese Befunde zu deuten, weil es sich um Patienten handelte, die unter Umständen durch die *Änderung der Symptomatik nach der Behandlung die Hypnotisierbarkeit nach außen als verändert hätten erscheinen lassen können.* Nach Eysenck (1957) ist der Mensch imstande, *durch Lernen ein besserer Proband zu werden.* Darüberhinaus reagiere er *unterschiedlich* auf verschiedene Hypnose-Induktionen (s. auch Kline, 1955; Wells, 1946a, b; Wolberg, 1948a, b, 1977a, b). In den Arbeiten, die von Weitzenhoffer und Weitzenhoffer (1958a, b), Weitzenhoffer und Hilgard (1959) referiert wurden, sind auch andere Auffassungen darüber zu lesen. Hilgard (1965a, b) betonte, daß *ohne einen speziellen Eingriff die Hypnotisierbarkeit relativ stabil sei. Mit Eingriffen verschiedener Art, mit über einem Dutzend wiederholter Hypnose-Induktionen, können einige dramatische Veränderungen verursacht werden, die einen Verlust oder eine Erhöhung der Hypnotisierbarkeit zur Folge haben.* Einige Studien ließen vermuten, daß die Hypnotisierbarkeit *nur gering zu verändern sein* (Ås et al., 1962; Ås und Lauer, 1962; Cooper et al., 1967; Diamond, 1974; Shor und Cobb, 1968). Nach Diamond (1974) muß bei der Problematik unter anderem die Tatsache berücksichtigt werden, *daß die Vpn in der ersten Hypnose keine maximale Leistung erbringen.* Diesem Thema hat sich dann Burns (1976) gewidmet und konnte bei 90 Vpn in jeweils *drei* Sitzungen mit *maximaler Motivierung, Besserung der Hypnose-Induktion und Diskussionen über die Haltung zur Hypnose* keinen nennenswerten globalen Gewinn erzielen. Nur bei acht Details, die während der ersten und letzten Sitzung geprüft wurden, konnten *Fortschritte beobachtet werden, und zwar bei der posthypnotischen Amnesie, bei Armbewegungen und Halluzinationen.* Perry (1977) analysierte eine Reihe von *Parametern und Methoden*, die beim Studium der *Modifikation der Hypnotisierbarkeit* zu beachten sind, und zwar: (a) Kriterien der Modifikation, (b) Plateau der Hypnotisierbarkeit, (c) Untersuchungsmethoden und -situationen, (d) Nachuntersuchungen und Vergleich der gewonnenen Befunde, (e) Korrelation der Anfangs- und späteren Scores, (f) Beachtung der *multiplen Faktoren* der Modifikation (siehe auch Orne, 1969; Shor et al., 1966). *Unter der Berücksichtigung dieser Kriterien, der meisten von uns durchgesehenen Publikationen sowie nach den Resultaten eigener Beobachtungen kann dabei* (aa) eine *Erhöhung der Hypnotisierbarkeit*, (bb) *keine wesentliche Veränderung*, (cc) eine spätere *Verringerung der Hypnotisierbarkeit* nach einer zunächst stattgefundenen Erhöhung oder aber (dd) ein *Verlust der Hypnotisierbarkeit* von vornherein registriert werden.

4.2.9.2 Befunde und Analysen über die Erhöhung der Hypnotisierbarkeit. Barber und Calverley (1963a) fanden höhere Scores auf der *Barber Susceptibility Scale (BSS)* von Barber (1965) für positive *haltungsmotivierende* Instruktionen als für die *neutralen* und *negativen.* In einer anderen Studie stellten sie höhere Scores fest, wenn sie die Instruktionen in einem *Befehlston* statt in einem langsamen und *weniger forcierten Ton* dargeboten hatten. (Barber und Calverley, 1963b). Höhere BSS-Scores wurden auch gewonnen, wenn *günstige Informationen* gegenüber neutralen Informationen gegeben wurden (Cronin et al., 1971). Hilgard (1965a, b) betonte, daß dafür noch einiges getan werden müsse. Eine andere Studie zu diesem Problem (Ås, 1963) ergab, daß gewisse signifikante, aber nicht so dramatische Erhöhungen der Hypnotisierbarkeit mit Hilfe von *Stanford Profile Scale of Hypnotic Susceptibility, Form I und II* (Weitzenhoffer und Hilgard, 1963) bei Messungen *davor und danach* gefunden werden können. Durch *Übungen und Training* bei drei Vpn mit hoher, zwei mit einer mittleren und einer mit einer niedrigen Hypnotisierbarkeit wurde von Cooper et al. (1967) während 7–16 Einzelsitzungen *eine Zunahme der Hypnotisierbarkeit im Vergleich mit den Ausgangswerten* erreicht. Die Kombination der Resultate mit einer früheren Studie (Cooper und Dana, 1964)

(N = 16) ergab eine Signifikanz ($p < 0{,}01$), obgleich der durchschnittliche Unterschied weniger als eine halbe Normabweichung und die Korrelation zwischen *vor und nach* r = 0,86 betrug. Ein Vergleich der Zunahmen zwischen vor und nach bei Vpn mit hoher und niedriger Hypnotisierbarkeit zeigte eine stärkere Zunahme bei Vpn *mit höheren Ausgangswerten* ($p < 0{,}05$). Marshall und Diamond (1968) modifizierten die Hypnotisierbarkeit durch eine Technik, die von der von Bandura und Walters (1963) – *Imitatives Lernprogramm* – abgeleitet wurde. Nach einem *ähnlichen Trainingsverfahren und unter Anwendung von* Form A und Form C der *Stanford Hypnotic Susceptibility Scale (SHSS:A und SHSS:C)* fanden auch Sachs und Anderson (1967) *bei 10 Vpn eine statistische Relevanz der Erfahrung in Hypnose nach dem Training. Die Hypnotisierbarkeit sei demnach modifizierbar.* In einer Übersicht stellte DeVoge (1970) fest, daß von vielen Theorien, die versuchten, die Hypnotisierbarkeit zu erhöhen, *die beste Chance jene mit Lernen haben.* DeVoge und Sachs (1973) untersuchten dann den *Imitationseffekt* auf die Änderung der Hypnotisierbarkeit bei 110 Vpn, der gering aber vorhanden war. Gregory und Diamond (1973) manipulierten nach einer Voruntersuchung der Hypnotisierbarkeit *Erwartung und Haltung zur Hypnose.* Talone et al. (1975) fanden auch *nach einer 10-minütigen Musik und 10-minütigem Augenschluß (Reizverringerung) eine Erhöhung der Hypnotisierbarkeit. Training mit diversen Methoden wie Musik und Stille, psychisch wirkenden Drogen, Reduktion der Reize, sodann Training des nichthypnotischen Verhaltens* (psychophysiologische Kontrollen und Gruppenerfahrungen) sowie *hypnotisches Training* haben nach Burns (1976), Diamond (1972, 1974, 1977), Diamond et al. (1974), Diamond und Taft (1975), Gregory und Diamond (1973), Kinney und Sachs (1974), Sachs und Anderson (1967), Springer et al. (1977) *generalisierende und andauernde Erhöhungen der Hypnotisierbarkeit* ergeben, und zwar sowohl für anfangs *schwach* als auch für *mäßig* hypnotisierbare Vpn. Am Ende der Diskussion der Resultate schlägt Diamond (1977) zwei wichtige Methoden zur Erfassung der Modifikation vor: das Modell der *Charakterzüge* und das der *(Hand)Fertigkeiten.* Insbesondere wird die Kontroverse erleuchtet, die sich auf die *Rollen*, die *Begabung* und das *Verhalten* der Probanden bezieht. *Handfertigkeit* und *Geschicklichkeit* können durch das Trainingsverfahren verstärkt werden. Abschließend werden die drei möglichen Kernkomponenten für die erforderlichen Modifikationsverfahren aufgezählt: *optimale Lernfaktoren, Verhaltens- und Umweltfaktoren, kognitive Strategiefaktoren.* Zu diesem Problem spricht auch Havens (1977), der 117 Studenten als Vpn untersuchte. In der *Gruppe I* befanden sich Probanden, die nach einem *Modell zur Verstärkung der Hypnotisierbarkeit* trainiert wurden. In der *Gruppe II* wurden die Vpn bestraft, *weil sie sich nicht nach einem bestimmten Modell verhalten hatten. Gruppe III* hatte *kein Modell.* Die umfangreiche Untersuchung ergab *deutlich höhere Werte nach der HGSHS:A* (Shor und Orne, 1962) *in der Gruppe mit unterstützendem Modell als bei Vpn, die unter dem Einfluß des strafbaren Modells standen oder bezugslose Auskünfte erhielten.* Nach diesen Resultaten sei es notwendig, daß die übrige Population nicht mit jenen Vpn in Berührung komme, die entweder bestraft oder lächerlich gemacht worden seien. Dagegen können stützende Auskünfte, die in einem programmierten Lerntext dargeboten werden, ein nützliches Mittel zur allgemeinen Steigerung der Hypnotisierbarkeit darstellen. Springer et al. (1977) griffen die Angelegenheit erneut auf und wandten ein Entspannungs- und ein Aufgabentraining an. Beide Verfahren würden die Hypnotisierbarkeit deutlich steigern, die nach SHSS:A und SHSS:C (Weitzenhoffer und Hilgard, 1959, 1962) gemessen wurde. Ein Vergleich ergab einen Vorrang des speziellen Trainings nach der Form A, aber nicht nach der Form C der SHSS. Burns (1976) arbeitete nach der diagnostischen Bewertungsskala von Orne und O'Connell (1967) und entwickelte ein *Interventionsverfahren, das bedeutende Anstiege der Hypnotisierbarkeit mit sich brachte.* Bei 90 Vpn fand er eine *trimodale Verteilung der Modifikation* nach der Intervention. Der erste Höhepunkt der Kurve lag auf dem Gipfel im *ideometrisch-passiven Teil*, der zweite im Tal des *kognitiven Teils* und der dritte in der Mitte des klassisch *somnambulen Teils.* Eine Analyse der Resultate von untergeordneten Skalen

deutete auf das Vorhandensein einer *dominanten Anlage* für generelle Hypnosereaktionen hin. *Am Ende wurde ein starker, ein ideometrisch-passiver und ein Dissoziations-Faktor der Hypnotisierbarkeit gefunden.* Der Effekt des Trainings diente dazu, die Reihenfolge der drei Klassen den Paradigmen näher zu bringen.
In den letzten Jahren wurden weitere Experimente zur Modifikation der Hypnotisierbarkeit durchgeführt. Reilley et al. (1980) versuchten wieder einmal zu prüfen, ob man durch wiederholte Hypnose-Induktion oder Informationen über Hypnose die Hypnotisierbarkeit steigern kann. Die 37 Studenten wurden in *drei Gruppen* eingeteilt: *Gruppe I* machte verschiedene Induktionstechniken durch; der *Gruppe II* verabreichte man Informationen über Hypnose durch Instruktionen, und *Gruppe III* diente als Kontrolle (Prüfung nach SHSS:A und SHSS:B von Weitzenhoffer und Hilgard, 1959). Nach den wiederholten Versuchen und der Auswertung kam man zu dem Resultat, *daß sich die Hypnotisierbarkeit bei den ersten zwei Gruppen erhöht hatte und bei der dritten nicht.* Zwischen den ersten zwei Gruppen fanden sich keine Unterschiede. Barabasz (1982) wies beim bereits erwähnten Experiment (Kapitel IX.4.2.5) in einem Verfahren, das die *Versuchssituation* einengt (20 Vpn), *eine Erhöhung der Hypnotisierbarkeit der Versuchsgruppe* nach.

4.2.9.3 Befunde und Meinungen über die Stabilität der Hypnotisierbarkeit. Noch Bernheim (1889), Faria (1819), aber auch später Hilgard (1965 a, b) haben *die Hypnotisierbarkeit als ein stabiles Merkmal eines Individuums betrachtet* (Kapitel IX.4.2.4.7). Von diesem Standpunkt aus wurde die Hypnotisierbarkeit von vielen Autoren *als eine Art Persönlichkeitsmerkmal oder als Geschicklichkeit* angesehen. Wird man eine solche theoretische Annahme für richtig halten, dann darf im allgemeinen weder das *Persönlichkeitsmerkmal* noch die *Fertigkeit (Geschicklichkeit)* durch Veränderungen in der Umgebung oder durch interne Änderungen im Organismus geändert werden. *Experimentelle Studien, um zu beweisen, daß die Hypnotisierbarkeit durch Übungen und Erfahrungen der Hypnotisanden modifiziert werden kann, können nicht ganz die Auffassung der Kliniker über eine entsprechende Besserung der Hypnotisierbarkeit bestätigen* (Blum, 1963; Gill und Brenman, 1959; Shor et al., 1966; Wiseman und Reyher, 1962/63).

4.2.9.4 Befunde und Analysen über die Instabilität der Modifikation. Nur ganz wenige Studien befaßten sich mit den *Nachuntersuchungen der Modifikation der Hypnotisierbarkeit einige Monate nach dem Abschluß des ersten Versuches*, z. B. nach der beendeten Behandlung. Sachs und Anderson (1967) fanden eine *spätere Verringerung der Hypnotisierbarkeit*, die ursprünglich erreicht worden war. Kinney und Sachs (1974) konnten nach einer Nachuntersuchung nach einem Monat *keine erneuten Verringerungen der Hypnotisierbarkeit*, nach einer *bereits stattgefundenen Erhöhung*, nachweisen. Gur (1974) gab auch einige Nachuntersuchungen bekannt, jedoch wurde die Zeitspanne nach dem Ende des Versuches nicht angegeben. Diamond (1972) fand *bei der Nachuntersuchung 2–7 Tage nach dem Versuchsende* keine erneute Abnahme der Hypnotisierbarkeit. Die *Verallgemeinerung* spielt dabei auch eine Rolle. Nachdem die standardisierten Skalen schon gegeben worden waren, versuchten einige Autoren, mehr konservative Kriterien anzuwenden. Kinney und Sachs (1974) sowie Gur (1974) wandten die *Stanford Profile Scales (SPS)* von Weitzenhoffer und Hilgard (1963) an, um beide, sowohl *Nachuntersuchungen* als auch die *Generalisierung*, zu testen. Dies unter der Voraussetzung, daß die SPS ein weiteres Spektrum der Hypnotisierbarkeit erfasse. Die Autoren konnten eine Generalisierung finden, die jedoch nur für mittelgradig hypnotisierbare Vpn (4–7 Scores auf der SHSS:A und SHSS:C), nicht jedoch für die gering hypnotisierbaren (0–4 Punkte auf derselben Skala), galt. Gur (1974) konnte eine Generalisation nicht nachweisen. Diamond (1972), Diamond und Taft (1975) sowie Diamond et al. (1974) vermißten eine Veränderung der Hypnotisierbarkeit für mittel und schwach hypnotisierbare Vpn im Post-Test gegenüber dem Prä-Test, obwohl sie auch beim Vergleich der Skalen

Schwierigkeiten hatten, weil sie zwar *hoch, aber nicht perfekt* korrelierten. Andere Studien (Ås und Lauer, 1962; Ås et al., 1962; Shor und Cobb, 1968; Wiseman und Reyher, 1962/63) sprechen dafür, *daß die Modifikation nur bei jenen Vpn möglich ist, die schon am Beginn gewisse höhere Grade der Hypnotisierbarkeit besaßen.* Wiederum kommt Diamond (1972) mit seinen Befunden, die besagen, daß sogar nicht hypnotisierbare Vpn ihre Hypnotisierbarkeit erreichen, bis zu einem signifikanten Niveau erhöhen und dann auch behalten (siehe auch Sachs und Anderson, 1967; Wickramasekera, 1969, 1973).

4.2.9.5 Befunde und Analysen über den Verlust der Hypnotisierbarkeit. *Eigene Befunde bezüglich der Modifikation der Hypnotisierbarkeit werden zeigen, daß auch andere Möglichkeiten vorhanden sind* (Jovanović, 1988d) (siehe auch Experiment 01).

Experiment 06: VO-1979-1981

Im ersten *Versuchssemester VERSEM* der in Kapitel IX.4.1.2.2 beschriebenen Versuche, wurde jeder Student im Durchschnitt zweimal pro Monat hypnotisiert. Die Auswertung wurde monatlich, also *dreimal im VERSEM*, vorgenommen. Im Verlaufe des Semesters wurde der Unterricht so gestaltet, *daß jede Kleinigkeit aus dem Verhalten des Hypnotiseurs im Zusammenhang mit Hypnose erläutert wurde.* Vor allem sollte die *Mystik und der Mythos der Hypnose* abgebaut werden. Von allen hypnotisierten Vpn der Abbildung 3 *verteilten sich die Prozentsätze auf verschiedene Stadien der Hypnose* wie in Abbildung 4 dargestellt. Nach der Auswertung der Resultate des ersten Monats erhielten wir die obere Seite, nach dem zweiten Monat den mittleren Teil und nach dem dritten Monat die untere Seite der Abbildung 4. Aus dieser Abbildung ist zu ersehen, daß sich die Prozentsätze der Verteilung (der Hypnotisierten) auf verschiedene Stufen der Hypnosetiefe oben nicht von denen aus der Literatur (Abb. 2) unterscheiden. *Nach dem zweiten Auswertungsmonat* verlagerte sich die Hypnosetiefe nach oben, d. h. *die Prozentsätze der tieferen Hypnosestufen wandern zur leichten Hypnose hin.* Die Zunahme der leichten Hypnose (von 30,5 % auf 38,17 %) ist noch nicht signifikant. *Nach dem dritten Auswertungsmonat* verlagerte sich die Hypnotisierbarkeit von den tieferen zur leichten Hypnosestufe noch weiter, so daß sich der Prozentsatz des leichten Stadiums von 30,5 % (Abb. 4, oben) auf 51,83 % (Abb. 4, unten) erhöhte ($p < 0,01$). Die übrigen tieferen Stadien nahmen signifikant ab ($p < 0,05$).

Experiment 07: VO-1979-1981

Im zweiten VERSEM wurde der theoretische Unterricht drastisch reduziert. Man konzentrierte sich auf den praktischen Teil der Hypnose-Induktion. Den Studenten wurden die hypnotischen Zustände vorsichtig vorgeführt, wobei viele sehr intensiv geübt hatten. *Keine Erläuterungen zur Entmystifizierung der Hypnose.* Die während des Semsters besonders gelungenen Hypnosen wurden nicht in allen Einzelheiten erläutert. Es wurde mit den Übungen weiter vorangegangen. Abbildung 5 zeigt die Befunde nach dem jeweiligen Monat. Es wurden *keine Verschiebungen der Prozentsätze von unten nach oben beobachtet.* D. h., die Hypnotisierbarkeit für die tieferen Hypnosestufen nimmt nicht ab. Alle Teile der Abbildung 5 unterscheiden sich nach wie vor nicht von der prozentualen Verteilung der Literaturangaben (Abb. 2).

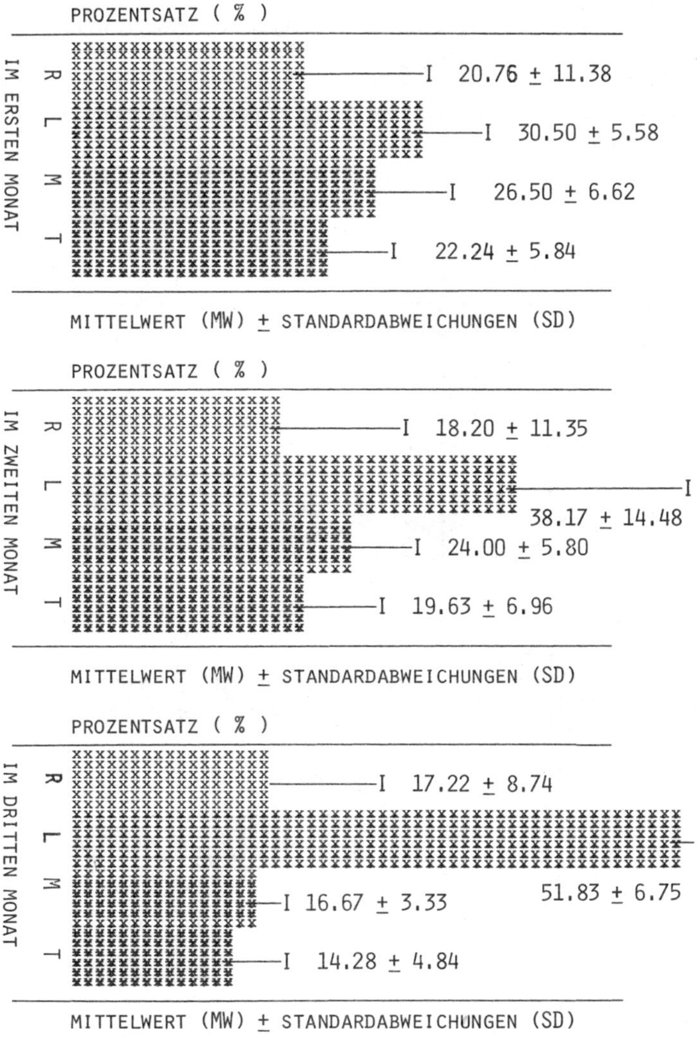

Abb. 4: Verschiebungen der Prozentsätze der Hypnosetiefe im Verlaufe des Semesters nach einem theoretischen und praktischen Unterricht (Mediziner/Psychologen).
Legende: R = Refraktär (nicht hypnotisierbar); L = Leicht hypnotisierbar; M = Mittlere Hypnose-Tiefe; T = Tiefe Hypnose (mit somnambulen Manifestationen).

Experiment 08: VO-1979–1981

Im dritten Semester wurde der theoretische Unterricht reaktiviert, jedoch so gestaltet, daß er sich *nicht direkt auf die Hypnose bezog*. Allein über *die Angst, z. B., wurde in sechs doppelten Vorlesungsstunden gesprochen*. Daraufhin kamen Erläuterungen zu den verschiedensten

Symptomen der Neurose und Psychosen. Erst beiläufig wurde gesagt, welche Erkrankungen, Symptome und Beschwerden sich für die Hypnotherapie eignen. Die Hypnose-Übungen wurden dann unabhängig vom Unterricht (wie oben beschrieben) vorgenommen. *Die Resultate unterschieden sich gegenüber denen der Abbildung 5 in keiner Weise*, so daß auf eine Darstellung im einzelnen verzichtet wird.

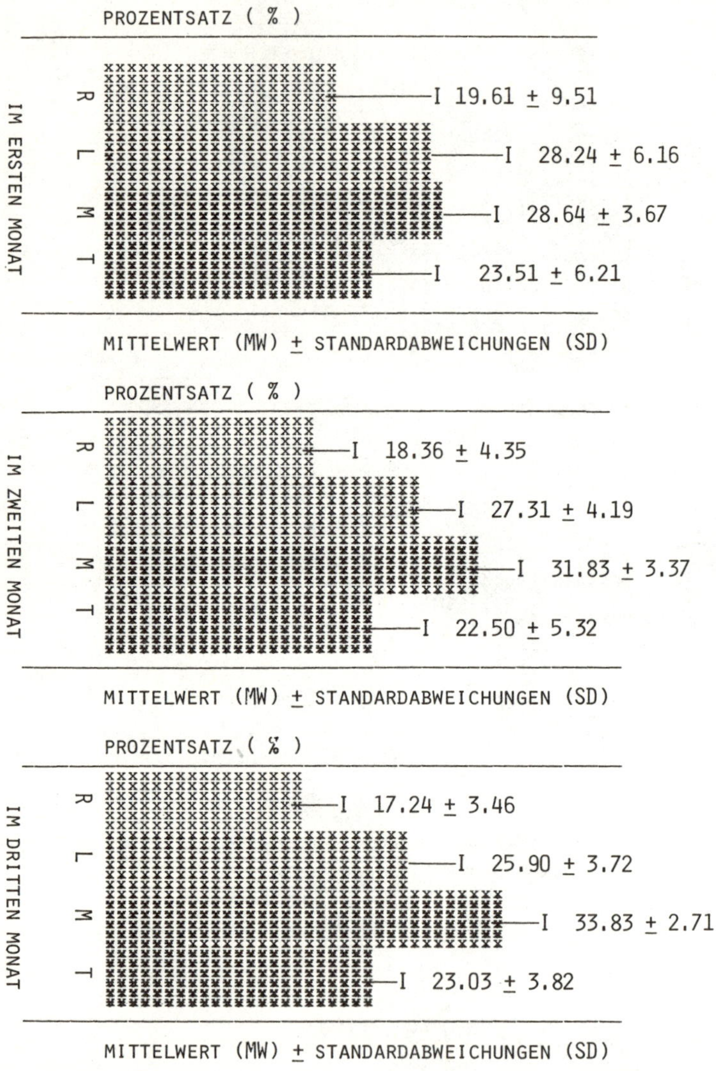

Abb. 5: Keine Verschiebungen der Prozentsätze der Hypnosetiefe und der Hypnotisierbarkeit im Verlaufe des Semsters nach einem nur praktischen Unterricht (Mediziner/Psychologen).
Legende: R = Refraktär (nicht hypnotisierbar); L = Leicht hypnotisierbar; M = Mittlere Hypnose-Tiefe; T = Tiefe Hypnose (mit somnambulen Manifestationen).

Experiment 09: VO-1980-1982

Dieses Experiment wurde *während des vierten Semesters* (Kontrollsemester) durchgeführt. Jetzt wurde wie im ersten Semester der theoretische Unterricht so gestaltet, daß alles über die Hypnose so erläutert wurde, *daß daraus eine totale Entmystifizierung und Entmythisierung der Hypnose* hervorging. Insbesondere wurde darüber berichtet, *daß die Hypnose nicht von einem mächtigen Hypnotiseur ausgehe, sondern in der hypnotisierten Person zu suchen sei.* Die Resultate unterschieden sich nicht von denen des ersten Semesters (Abb. 4). *Die tieferen Hypnosestufen verloren signifikant, und die leichte Hypnosestufe nahm signifikant zu* (beides $p < 0,05$). Im Laufe der weiteren 10 Semester wurden diese Befunde immer wieder bestätigt (allerdings jetzt ohne eine statistische Datenverarbeitung). Die Studenten entspannten sich zwar wie bei den anderen Versuchen auch; sie gingen jedoch nach ein paar Induktionen nicht in die tiefste Hypnose und folgten den Suggestionen für das posthypnotische Verhalten kaum. Sie gingen seltener in einen somnambulen Zustand und berichteten, während der Hypnose alles «verstanden» zu haben. Eine *Altersregression* gelang auch kaum, obwohl sie am Semesterbeginn gelungen war. *Die Entmystifizierung der Hypnose verhinderte demzufolge die Hypnotisierbarkeit für die tieferen Hypnosestufen und erhöhte das leichte Hypnosestadium. Erwartung, Spannung, Neugier, Angst, Motivation, Mystik und Mythos (siehe oben) sind wahrscheinlich verlorengegangen und mit ihnen auch die tiefe Hypnose.*

Experiment 10: PR-XL-DS-1979-1980

Sechs Personen (zwei männliche) im Alter zwischen 24 und 34 Jahren dienten bei diesem Experiment als Vpn. Allen sechs Vpn wurde *in der letzten Hypnosestufe* (Tab. 7) *als Auftrag zum posthypnotischen Verhalten* die Suggestion gegeben, sie mögen den Hypnotiseur um 1.00 Uhr und um 4.00 Uhr (nach Mitternacht also) telefonisch anrufen. Alle Vpn führten den Auftrag aus. Drei von den sechs Vpn wurde am nächsten Tag mitgeteilt, daß die Telefonate in der Hypnose suggeriert worden waren. Den anderen drei Vpn wurde dies nicht gesagt. Alle sechs Vpn wurden wieder mit dem gleichen posthypnotischen Auftrag hypnotisiert. Alle drei Vpn, denen der posthypnotische Auftrag der Vor-Hypnose verraten worden war, führten den zweiten posthypnotischen Auftrag nicht aus. Die restlichen drei Vpn riefen wieder an. *Das Ausgeliefertsein in der Hypnose hat also bei den Vpn keinen Gefallen gefunden.*

4.2.10 Hypnotisierbarkeit und klinische Aspekte

4.2.10.1 Eine Vorbemerkung zur Problematik. Details über die klinischen Aspekte der Hypnose/Hypnotherapie werden zum Gegenstand einer anderen Studie gemacht werden (Jovanović, 1989). Nachfolgend werden nur einige generelle Fragen der Hypnotisierbarkeit gestreift.

4.2.10.2 Hypnotisierbarkeit und neurotischer Formenkreis. (a) Relativ hohes Vorkommen der Hypnotisierbarkeit zeigte sich bei *Fugues* (Abeles und Schildner, 1935) und bei *akuter Kampfreaktion* (hysterisches Verhalten bei Soldaten) (Kartchner und Korner, 1947; Kaufman und Beaton, 1947; Rosen und Myers, 1947). Gill und Brenman (1959) sprechen davon, daß *hysterische Patienten besser hypnotisierbar seien als andere nosologische Einheiten.* Ein relativ hoher Prozentsatz fand sich auch bei *Amnesien ungeklärter Genese* (Kennedy und

Neville, 1957; Lavshits, 1959). Heilizer (1960) nimmt an, daß sich die Hypnotisierbarkeit bei *Neurotikern* nicht auf die diagnostische Gruppe, sondern auf den *Neurotizismus* an sich (als persönliche Variable) beziehe (Kapitel IX.4.2.4.7). Ingham (1955) beobachtete, *daß Patienten, die eine Nacht zuvor Hypnotika genommen hatten, am nächsten Tag leichter hypnotisiert wurden* (Kapitel IX.4.2.23). Er postulierte dann, daß die Hypnotisierbarkeit der Neurotiker wahrscheinlich *mehr wegen der Tendenz zu sedativer Pharmaka als der Tendenz zum Neurotizismus vorgekommen sein könnte.* Ingham (1955) fragte sich, ob der Körperschwingungstest ein zuverlässiges Kriterium zum Studium der Hypnotisierbarkeit bei Neurotikern sei. Eine spätere Studie (Lang und Lazovik, 1962) hat ergeben, daß die Hypnotisierbarkeit negativ mit der Neurose in Beziehung zu bringen war. Frankel und Orne (1976), aber auch früher Benson et al. (1974) sowie später Benson et al. (1978) haben neurotische Patienten verschiedener Ätiologie hypnotherapiert und als gut hypnotisierbar befunden. Nach sechs Jahren machten Frankel et al. (1979) eine Verlaufskontrolle unter Anwendung von *Stanford Hypnotic Susceptibility Scale, Form A (SHSS: A) und Form B (SHSS: B)* von Weitzenhoffer und Hilgard (1959), von *Harvard Group Scale of Hypnotic Susceptibility (HGSHS: A)* von Shor und Orne (1962), *Hypnotic Induction Profile (HIP)* von Spiegel und Bridger (1970) sowie *Stanford Hypnotic Clinical Scale (SHCS)* von Morgan und Hilgard (1975). Von 320 untersuchten Patienten litten 59 vor der Behandlung an einem *phobischen Verhalten*, 134 waren *exzessive Raucher* mit Folgebeschwerden, sechs waren *übergewichtig* mit psychischen Problemen, 100 hatten *Angstzustände* neurotischer Art und 21 weibliche Patienten *Menstruationsstörungen.* Von den 59 phobischen Patienten waren 24 von Frankel und Orne (1976) publiziert worden. Dabei war die Hypnotisierbarkeit der Phobiker mit der der exzessiven Raucher verglichen worden. Die übrigen 35 phobischen Patienten waren mit anderen Patienten verglichen worden. Von 100 Patienten mit Angstzuständen waren 32 für eine Studie von Benson et al. (1978) ausgewählt worden. Eine einfache und nicht kultische meditative Entspannungstechnik (Benson et al., 1974) war mittels einer Selbstbeurteilung geschätzt worden. Die Patienten mit ausgeprägten Phobien waren fast alle mäßig oder hoch bis sehr hoch hypnotisierbar und fanden sich selten mit niedrigen Scores (Frankel und Orne, 1976; Frankel et al., 1979). Außerdem habe sich gezeigt, daß, ganz gleich, welche nichtpharmakologische Entspannungstherapie man anwende, eine signifikante Beziehung zur Hypnotisierbarkeit zu finden sei (Benson et al., 1978). Dies würde auch auf die Genese der Erkrankung Hinweise geben können. Unter den 90 im Verlauf der Behandlung ausgeschiedenen Patienten befanden sich mehr solche mit mäßiger bis hoher Hypnotisierbarkeit (57 %) als solche aus der Reihe der schwach hypnotisierbaren Patienten (35 %). *Dies unterstützte die These, daß die geringe Hypnotisierbarkeit auf der Skala den Patienten und den Hypnotherapeuten nicht erschrecken sollte. Die Hypnotherapie sollte mit Ausdauer angewandt werden* (Frankel et al., 1979).

(b) *Chronische Alkoholiker* können, je nach Genese und Symptomatik, in verschiedene Krankheitsgruppen eingeordnet werden. Von der WHO (World Health Organization) wurden sie in die Nähe der Neurotiker (ICD-9:300) unter der ICD-9:303 gebracht. Friend (1957) prüfte die Hypnotisierbarkeit der Alkoholiker, ohne standardisierte Skalen benutzen zu können. Das Alter ist nicht genau angegeben. Der Vergleich der Resultate bei 39 Jahre alten Alkoholikern wurde mit Daten von Studenten im Alter zwischen 20 und 21 Jahren vorgenommen. Hartman (1966) nahm die *Barber Susceptibility Scale (BSS)* (Barber und Glass, 1962) in Anspruch. Die Alkoholiker lagen mit ihren Scores um 3,9 Punkte, bei möglichen acht Punkten der BSS. Das Alter der Patienten von 52,1 Jahren wurde mit dem Alter der Kontrollgruppe von 19 Jahren verglichen. Die Kontrollgruppe hatte 3,3 Punkte auf der BSS erreicht. Lenox und Bonny (1976) versuchten, die erwähnten Mängel zu korrigieren und verglichen ihr Krankengut mit dem von Morgan und Hilgard (1973). Zur Messung der Hypnotisierbarkeit wurde die *Harvard Group Scale of Hypnotic Susceptibility, Form A und*

Form B (HGSHS: A, HGSHS: B) (Shor und Orne, 1962, 1963) verwendet. Nach einem Vergleich mit Gesunden entsprechender Altersstufe konnte *eine Hypnotisierbarkeit bei Alkoholikern gefunden werden, die etwas tiefer lag als bei der Kontrollgruppe.* Ausführlich wurde auf die früheren Befunde eingegangen, bei denen mangelhafte Vergleichskriterien angewandt worden waren (Lenox und Bonny, 1976) (siehe dazu Jovanović, 1989; Moore, 1971).

4.2.10.3 Hypnotisierbarkeit und psychotischer Formenkreis. Die Frage, ob die Hypnotherapie bei Psychosen anzuwenden sei, wurde bereits von Voisin (1884) gestellt. Der Autor war dabei relativ optimistisch. Trotzdem mußte er zu seinem Bedauern feststellen, *daß nur 10 % der psychotischen Population hypnotisierbar waren* (siehe auch Wetterstrand, 1902). Andere Psychiater rieten von der Hypnotherapie bei Psychosen ab (Copeland und Kitching, 1937; Ireland, 1892; Langen, 1972; Robertson, 1892; Smith und Myers, 1890; Tuke, 1865). Einige spätere Autoren (Kraines, 1941; Lindner, 1952; London, 1947) waren gleicher oder ähnlicher Meinung. Ehrenreich (1949) studierte die Hypnotisierbarkeit bei 792 Patienten und 85 Vpn ohne psychotische Symptome und konnte feststellen, daß bei psychotischen Patienten nur gelegentlich ein ausgezeichneter Hypnotisand zu finden war (siehe auch Abrams, 1964; Friedman und Keup, 1963; Gale und Herman, 1956; Heath et al., 1960; Polak et al., 1964; Wilson et al., 1949). Der Prozentsatz der psychotischen Patienten, die eine Hypnose-Induktion nicht erfahren konnten, variiert zwischen 10 % (Wilson et al., 1949) und 38 % (Polak et al., 1964). Die meisten Patienten (62–90 %) seien *bis zu einem gewissen Grade* hypnotisierbar (Pettinati, 1982; Polak et al., 1964). Hilgard (1965 a, b) sowie Pettinati (1982) heben jedoch hervor, daß *die Hypnose/Hypnotherapie nicht ein Alles-oder-Nichts-Phänomen sei.* Nach der Entwicklung der standardisierten Meßmethoden entstand *eine neue Ära* in den Indikationen zur Hypnotherapie (Abrams, 1964; Davis und Husband, 1931; Frankel et al., 1979; Gale und Herman, 1956; Gordon, 1972; Greene, 1969; Heath et al., 1960; Holt et al., 1970; Ihalainen und Rosberg, 1976; Kramer und Brennan, 1964; Lavoie und Sabourin, 1976, 1980; Lavoie et al., 1973; Lieberman et al., 1978; Pettinati, 1982; Polak et al., 1964; Spiegel, 1973; Spiegel und Spiegel, 1978; Vingoe, 1968, 1973; Vingoe und Kramer, 1966; Weitzenhoffer und Hilgard, 1959, 1962) (Schema 7, 11 und 12, Kapitel XIV.4).

4.2.10.4 Hypnotisierbarkeit und andere psychische Störungen. Zu diesem Problem erwähnen wir gesondert die Arbeiten mit *Minderbegabten* bis zur *Imbezilität,* da man früher behauptete, *die Hypnotisierbarkeit sei mit höherer Intelligenz verbunden* (Davis und Husband, 1931; McCord, 1956; White, 1930), obwohl diese Stellungnahme nicht von allen Autoren unterstützt wird (Barry et al., 1931). Unter anderem haben sich mit Hypnotisierbarkeit und Minderbegabung Sternlicht und Wanderer (1963) befaßt. Sie nahmen sich vor, die Hypnotisierbarkeit bei *Imbezilen* objektiv zu erfassen. Bei der Durchsicht der Literaturergebnisse haben die Autoren feststellen können, *daß sich bis dahin fast keiner mit der gleichen Frage befaßt habe.* Nur Earl (1941) habe mit Sicherheit versucht, bei *psychisch Retardierten* die Hypnotisierbarkeit zu erfassen. Die genaue Versuchsanalyse, die Alters- und Hypnotisierbarkeitsverteilung, seien bei der sonst kleinen Patientengruppe (5 Probanden) nicht angegeben worden. Diese Lücke in den Resultaten der sonst gut erforschten Hypnotisierbarkeit muß darauf beruhen, *daß bei psychisch retardierten Patienten eine der üblichen verbalen Suggestionsmethoden schwierig anzuwenden sei.* Sternlicht und Wanderer (1963) nahmen 20 sicher psychisch retardierte Kinder (Imbezile), deren IQ zwischen 0,38 und 0,68 schwankte. Der IQ wurde mit der revidierten *Stanford Binnet Intelligence Scale (SBIS), Form L* bestimmt. *Das chronologische Alter* der Patienten bewegte sich zwischen sieben und 15,75 Jahren; *die mentale Altersstufe* variierte dagegen zwischen 3,25 und 9 Jahren. Der Mittelwert des IQ war den Untersuchern bekannt, die einzelnen IQs jedoch nicht. Im Verlaufe des Versuches konnten die Autoren auch subjektiv feststellen, zu welchem IQ in etwa der betreffende Patient gehört, weil dies auch vom klinischen Standpunkt aus ersichtlich und erkennbar war. Die Hypnose-Induktion wurde nach der Technik der *progressiven Anästhesie* vorgenommen, die an Gesunden bezüglich der Hypnosetiefe eingeübt worden sei. Diese Induktion basiert darauf, daß man den Patienten suggeriert, *verschiedene Teile ihres Körpers würden steif, schwer, hart und träge und ohne jegliches Gefühl werden. Der Patient falle in einen tiefen Schlaf, wenn sein ganzer Körper steif und hart, schwer und erstarrt sei.* Am Beginn wurden auch *taktile Stimulationen* durch Streicheln der Finger und Hände verabfolgt, um die verbalen Suggestionen zu verstärken. Jeder Patient wurde gesondert behandelt. Der Rapport wurde zuerst auf dem zwischenmenschlichen Niveau und dann dadurch erreicht, daß man dem Patienten erklärte, es sei eine neue Methode entwickelt worden, die helfen könne, eine Besserung des Zustandes zu erreichen, wenn der Patient mithelfe. Alle Patienten konnten von 0 bis 12 zählen. Die Aufgabe des ersten Hypnotisierbarkeits-Tests lag darin, daß man den Patienten aufforderte, zu versuchen, ob er einen Finger bewegen könne, und zwar den Finger, der sich gerade unterschiedlich von den anderen oder «komisch» anfühle. Die Skala für die Hypnosetiefe war zwischen 0 und 10 graduiert. Jeder Patient wurde gebeten, einzutragen, wie tief er im Schlaf war. Obwohl keine Kontrollgruppe in Anspruch genommen wurde, konnte festgestellt werden, daß die Prozedur anwendbar war. Die mittlere Hypnosetiefe lag bei den 12 Vpn bei 7. Die Autoren nahmen an, *daß jede Technik, welche die verbale Induktion verringere, für die psychisch Defekten gut sei.* Die Resultate sollten mit derselben Vorsicht, wie das bei den anderen Skalen und Methoden der Fall ist, verwertet werden. Die 12 Vpn, die hypnotisiert wurden, waren durchaus in der Lage, die Suggestionen der *progressiven Anästhesie* umfassend zu empfinden. Außerdem konnten sie auch die Anforderungen der *Rating-Scale* verstehen. *Die Hypnosetiefe korrelierte positiv mit der Intelligenz der Patienten* (siehe dazu vorausgehende einschlägige Abschnitte).

5. Zusammenfassung und Schlußfolgerungen

Zu den 845 Publikationen sind in diesem Kapitel auch 15 eigene Beobachtungen vorgetragen worden. Insgesamt sind in den letzten vier Jahrzehnten, insbesondere nach 1960, bedeutende Fortschritte in der Hypnose-/Hypnotherapie-Forschung erzielt worden. Weil das Thema relativ umfangreich und komplex ist, sind jedoch viele Fragen noch nicht mit letzter Sicherheit beantwortet worden:

(1) Der Begriff *Suggestion (sub-gerere, suggestio)* bezieht sich auf die *Beeinflussung der Denk-, Willens- und Gefühlsabläufe eines Menschen durch Fremde (Heterosuggestion, Fremdsuggestion) oder durch sich selbst (Autosuggestion, Selbstsuggestion), unter Umgehung des Ichs und des persönlichen Bewußtseins.* Der sozialpsychologisch-kommunikative Faktor wird dabei hervorgehoben. Die Definitionen des Suggestionsbegriffes differieren von Autor zu Autor. Wahrscheinlich werden wir noch eine Weile mit den bisherigen Suggestions-Definitionen arbeiten müssen.

(2) Bisher sind generell *drei Suggestionsgesetze* bekannt geworden, die in den letzten 50 Jahren nicht umformuliert worden sind, und zwar: (a) das Gesetz der *gelenkten* (selektiven, konzentrierten) *Aufmerksamkeit;* (b) das Gesetz des *umgekehrten Effektes* und (c) das Gesetz des *dominanten Effektes* (Abschnitt 2.1.2).

(3) *Die Suggestionen sind im täglichen Leben fortlaufend anzutreffen.* Sie beeinflussen den Gang des Lebens des Menschen. Es handelt sich dabei jedoch mehr um *allgemeine Suggestionen. Spezielle Suggestionen* beziehen sich auf einen zielgerichteten Prozeß. Von den speziellen Suggestionen sind in unserem Falle die *hypnotischen* zu unterstreichen.

(4) Bei den allgemeinen Suggestionen sind die (a) *unvorhergesehenen* und (aa) *unbeabsichtigten* zu erwähnen, die auch in der therapeutischen Praxis eine Rolle spielen, ohne daß der Suggestor oder Suggerendus es merken. (ab) *Absichtliche Suggestionen* werden zwar vom Suggestor bewußt gegeben, der Suggerendus merkt dies jedoch nicht. Bei den (b) *vorgesehenen Suggestionen* spielt die (ba) *unbeabsichtigte Form* eine geringere Rolle, wenn der Suggerendus nicht mit einer starken Suggestionsbereitschaft zum Suggestor kommt. Die (bb) *absichtliche Suggestionsform* ist für die Hypnose/Hypnotherapie reserviert (Abschnitt 2.1.4).

(5) Suggestionen können *direkt* oder *indirekt* verabfolgt werden. Die (a) *direkten* wenden sich (aa) einerseits *direkt an den Suggerendus* (Patienten), und (ab) andererseits wirken sie *direkt über den bewußten Verstand*. Auch (b) *indirekte Suggestionen* haben eine *doppelte* Bedeutung; (ba) einerseits werden sie über *eine dritte Person* oder nebenbei verabreicht, (bb) andererseits wirken sie *auf der unbewußten Ebene*, wenn sie unmittelbar dem Suggerendus vermittelt werden. Seit neuerer Zeit sind auch (c) *offene* Suggestionen bekannt geworden, die *auf der Ebene der* (ca) *bewußten Wahl* und (cb) *auf der des unbewußten Determinismus* erfolgen.

(6) In der Literatur wurden *vier Stadien des Suggestionsprozesses* (-vorganges) (Abschnitt 2.1.5) erwähnt, und zwar: das *labile Vorstadium*, das *Stadium der Annahme*, das *Stadium der eigentlichen Suggestionen* und das *Stadium der Auswirkungen*. Durch eigene Vorschläge wurden diese Stadien um *drei neue* ergänzt, so daß mit *sieben* Suggestionsstadien gearbeitet werden sollte (Schema 9): (a) Der *Suggerendus* (Proband, Patient) bringt einen *suggestiven Instinkt* mit sich. (b) Diese *kollektive Eigenschaft* kann im Rahmen der *kollektiv/individuellen Entwicklung* des Menschen zu einer *suggestiven Einstellung* und im konkreten Fall zu einer *suggestiven Bereitschaft* führen. (c) Im Einzelfalle tritt noch das *labile Vorstadium*, sodann (d) das *Stadium der Annahme*, (e) das *eigentliche Suggestionsstadium*, (f) das *Stadium der Auswirkungen* in Gang. (g) Nach den *entsprechenden Erfahrungen* (Erfahrungssuggestionen) kann die Suggestibilität des Suggerendus geändert werden. Diese Veränderung kann *katamnestisch* eruiert werden, wobei auch der Patient betreut wird.

(7) Suggestionen können bezüglich der *Bewußtseinslage* (Abschnitt 2.1.6) (a) als *Wachsuggestionen* und (b) als *Hypnosuggestivtherapie* verabfolgt werden. Die *indirekten Suggestionen* arbeiten überwiegend beim *Wachbewußtsein* des Hypnotisanden.

(8) Die *Suggestibilität* wird als *Eigenschaft* des Menschen definiert, eine suggerierte Idee unkritisch zu akzeptieren, deren Effekt in der Regel durch die Messung der Psychomotorik erfaßt werden kann. In der Literatur wird von (a) einer *primären* und (b) einer *sekundären* Suggestibilität gesprochen. Nach einigen Autoren existiert beim Menschen auch (c) eine *tertiäre Suggestibilität.*

(9) Es ist auch eine (a) *allgemeine* und eine (b) *spezielle* (situationsbedingte) *Suggestibilität* bekannt. Die allgemeine Suggestibilität (als eine *generelle Eigenschaft* des Menschen) korreliert wenig mit der Hypnotisierbarkeit. Die *spezielle Suggestibilität* ist innerhalb der *hypnotischen Suggestibilität* angesiedelt. Die *primäre Suggestibilität* scheint Beziehungen zur hypnotischen zu haben. Die Existenz der tertiären Suggestibilität ist noch fraglich (Abschnitte 2.2.1 und 2.2.2).

(10) Die Suggestibilität ist (a) vom Suggestor, (b) vom Suggerendus, (c) von der Situation, (d) von der Meßtechnik, (e) von den Pharmaka, (f) von der klinischen Symptomatik und (g) von verschiedenen Faktoren abhängig. Die Auffassungen über das Ausmaß der Suggestibilitätsbeeinflussung durch diese Faktoren sind noch uneinheitlich. *Die hypnotische Suggestibilität zeigt Parallelen mit Hypnotisierbarkeit* und wird dort (siehe unten) ergänzend erwähnt.

(11) Die *hypnotische Suggestibilität* (als ein Zweig der speziellen) kann als *Hypnotisierbarkeit* (Fähigkeit, in die Hypnose hineinzugehen) angesehen werden. Im Unterschied zur Hypnose als *Zustand* wird die Hypnotisierbarkeit als *Eigenschaft* der Person (des Hypnotisanden) aufgefaßt (Abschnitt 3).

(12) Der Begriff *Hypnose* stammt aus dem Griechischen: *Hypnos* (Schlaf). Nach der Einführung der *indirekten Induktionsverfahren* zur Hypnose-Induktion, bei denen vorwiegend mit *Wachsuggestionen* gearbeitet wird, nimmt der Begriff *Hypnose* an Bedeutung ab. Begriffe wie *Sophrosyne* (für Hypnose) und *Sophrologie* (für Hypnoselehre) entsprächen mehr dem psycho-physiologischen/biologischen Hypnosezustand. Diese haben sich jedoch noch nicht durchsetzen können (Abschnitt 4.2.1).

(13) Die *Definition der Hypnose* ist noch *nicht vollständig* (Abschnitt 4.2.1). Von Hypnose als Regressionszustand, Revivikation, Dissoziation, verändertem Bewußtsein, bis zur Umschaltung der vegetativen Funktionen auf die trophotrope Ausgangslage, wurde in der Literatur gesprochen. Alle Definitionen scheinen richtig und falsch zu sein.

(14) Zum *Vorkommen der Hypnose* (Abschnitt 4.2.2) sind die Literaturangaben ziemlich einheitlich, gemessen an der Verschiedenheit der angewandten Methoden der Hypnose-Induktion und der statistischen Datenverarbeitung. *Rund 75–95 % der Population sei hypnotisierbar.* Insgesamt konnten bis heute *im Durchschnitt* 12 % der Bevölkerung als *refraktär* (nicht hypnotisierbar), rund 35 % als *leicht hypnotisierbar* (hypnoid bis zum Beginn der Katalepsie), 31 % als *hypnotisierbar* bis zur *mittleren Hypnosestufe* (aktive Katalepsie bis zur Lethargie) und 21 % als *tief hypnotisierbar* (Somnambulismus) eruiert werden (Abb. 2). Eigene Befunde stimmen mit diesen Literaturangaben überein (Abb. 3–5).

(15) Zur *Hypnosehäufigkeit* (Abschnitt 4.1.3) besteht in der Literatur keine große Einigkeit. Einig sind sich die Autoren über die *individuellen Unterschiede* in dieser Hinsicht. Zur *Hypnotherapie* sollten die Hypnosesitzungen in der ersten Woche *zweimal täglich*, in den späteren Wochen immer seltener und am Ende einmal monatlich vorgenommen werden. Die ganze Hypnotherapie-Dauer beliefe sich somit auf *neun Wochen bis sechs Monate*. Nur zur Symptombeseitigung reichen auch weniger Hypnosesitzungen, manchmal auch eine einzige.

(16) Die *Dauer der Einzelhypnosen* (Abschnitt 4.1.4) beläuft sich auf 20–30 Minuten, seltener darunter. In der Hypnotherapie dauern einzelne Sitzungen auch bis zu 3–4 Stunden, insbesondere, wenn Somnambulismus, Altersregression und Hypnoanalyse angestrebt werden.

(17) Die *Hypnosetiefe* (Abschnitt 4.1.5) bereitet ebenfalls Schwierigkeiten. Insgesamt hat sich (a) *ein hypnoides*, (b) *ein leichtes*, (c) *ein kataleptisches*, (d) *ein lethargisches* und (e) *das somnambule Stadium der Hypnosetiefe* als annehmbar erwiesen. Die Stadien unter (a) und (b) können zusammengefaßt werden (Tab. 1–3 und 7).

(18) Das *Vorkommen der Hypnotisierbarkeit* kann nicht isoliert vom Vorkommen der Hypnose studiert werden. Auf Punkt (14) und Abb. 2–5 wird verwiesen.

(19) Die Berichte über *die Abhängigkeit der Hypnotisierbarkeit vom Hypnotiseur* (Abschnitt 4.2.3) sind noch unvollständig und uneinheitlich. Im experimentellen Bereich scheint es keine großen Schwankungen der Hypnotisierbarkeit bezüglich des Geschlechts, der Rasse, der Nationalität und der Hautfarbe zu geben. Im klinischen Bereich wurde jedoch eine höhere Hypnotisierbarkeit im Zusammenhang *mit den Erfahrungen des Hypnotiseurs* gefunden. Die Hypnotherapie erfordert in jedem Fall eine entsprechende Ausbildung und Erfahrung des Hypnotiseurs. Eigene Erfahrungen bestätigen diese Auffassung.

(20) Bezüglich der *Hypnotisierbarkeit und der Persönlichkeitsstruktur des Hypnotisanden* (Abschnitt 4.2.4) sind viele Untersuchungen bekannt geworden. Sehr oft gab es auch Übereinstimmungen zwischen den Autoren. Die Faktoren, die seitens des Hypnotisanden die Hypnotisierbarkeit positiv oder negativ beeinflussen, sind vielfältig:

(a) *Im Alter der Hypnotisanden* sind bedeutende Unterschiede gefunden worden. Vereinfacht und zusammenfassend ausgedrückt sind *Kinder im Alter zwischen sieben und zwölf Jahren am besten hypnotisierbar.* Danach sinkt die Hypnotisierbarkeit leicht bis zum Alter von 35 Jahren ab, um nach diesem Alter, mit einem Tiefpunkt bei 40 Jahren, steiler abzufallen. Ein stärkeres Nachlassen wird bei *Kindern* in der Pubertät beobachtet. Die beste Hypnotisierbarkeit *im Erwachsenenalter* liegt zwischen dem 20. und dem 29. Lebensjahr. *Im hohen Alter* nimmt die Hypnotisierbarkeit wieder leicht zu, wahrscheinlich mehr für *spezielle Suggestionen* (Testamentsfragen etc.).

(b) Die Frage, *ob Frauen besser als Männer hypnotisierbar sind,* wird weiterhin offen bleiben. Nach einigen Befunden zeigen Frauen im Alter zwischen 21 und 32 Jahren eine bessere Hypnotisierbarkeit als Männer der gleichen Altersgruppe.

(c) *Konstitutionsmäßig* sind mit gewisser Wahrscheinlichkeit Männer beim *Übergang vom Athleten zum Pykniker* am besten hypnotisierbar. An zweiter Stelle kommen *Pykniker,* gefolgt von reinen *Athleten.* Erst an vierter Stelle befinden sich die *Leptosomen* und damit verbundene *Mischkonstitutionen.* Bei Frauen ist die Frage der Hypnotisierbarkeit im Zusammenhang mit der Konstitution noch nicht erforscht worden. Soweit untersucht, scheinen sich konstitutionsmäßig die Frauen von den Männern in bezug auf die Hypnotisierbarkeit nicht sehr zu unterscheiden.

(d) *Physiologisch gesehen* haben die besser hypnotisierbaren Menschen einen stärker ausgeprägten *Alpha-Wellen-Rhythmus* im EEG, sie gehören nicht immer zu den *Rechtshändern,* zeigen ein deutlicheres *Augenrollen* nach oben und können sich *muskulär besser entspannen.* Die Angelegenheit wird in Kapitel XXV eingehender diskutiert.

(e) *Hoch hypnotisierbare* Menschen seien *bessere Träumer* und neigen mehr zu *Traumimaginationen* als die mäßig oder nicht hypnotisierbaren. Dazu wird noch in den Kapiteln XXIV und XXVI Stellung genommen.

(f) *Positive Erlebnisse in der Kindheit,* wenn sie sich nicht sehr weit von der Norm entfernen, sind *mit einer hohen Hypnotisierbarkeit* gekoppelt. Ein Zusammensein mit den Eltern, Liebesbeziehungen in der väterlichen Kategorie und Ausschelten von der mütterlichen Seite werden in der Literatur als Verhaltensvariablen angesehen, welche die Möglichkeit schaffen, hoch hypnotisierbare Menschen von den mittel- bis geringgradig hypnotisierbaren herauszufinden.

(g) Bezüglich der *Persönlichkeitsmerkmale* ist die Frage der Hypnotisierbarkeit noch nicht definitiv beantwortet worden, da auch viele Variablen untersucht werden müssen. Soweit bekannt, *haben hoch hypnotisierbare Menschen mehr positive als negative, jene mit niedriger Hypnotisierbarkeit mehr negative als positvie Persönlichkeitseigenschaften.* Die *Extraversion* wird in bezug auf die Hypnotisierbarkeit gegenüber der *Introvertiertheit* häufig als positives Merkmal hervorgehoben. Der Faktor *Neurotizismus* korreliere besser als andere Faktoren mit der Hypnotisierbarkeit.

(h) *Lange traditionelle Erfahrungen* haben einen positiven Einfluß hinsichtlich der Hypnotisierbarkeit. Traditionen mit Entspannungsübungen und ähnlichem spielen dabei eine große Rolle.

(i) *Die Frage des Willens* und des *Wollens* in der Hypnose muß noch studiert werden. Soweit bekannt, *ist der Wille in der Hypnose erhalten.* Er ist auch einer Dynamik unterworfen und kann im Laufe der Zeit und unter Anwendung verschiedener Induktionsmethoden geändert werden. Während der Hypnose kann (nach den heutigen Auffassungen der Hypnose-Forschung) der Hypnotisand *zu einer asozialen und/oder kriminellen Tat nicht veranlaßt werden.* In vielen Fällen wird jedoch der Hypnotisand im voraus *ambivalent* gewesen sein.

Die Hypnose kann dann durch Manipulationen zu einer asozialen oder kriminellen Tat führen. Die Ethik spielt also in der Hypnotherapie eine große Rolle. *Der Hypnotiseur sollte die Hypnose nur zu wissenschaftlichen und Heilzwecken anwenden*, es sei denn, das Gericht entscheidet anders. *Schauhypnosen sind schädlich* (s. dazu Jovanović, 1989).

(j) *Die großen Weltreligionen* (chinesischer Universismus, Brahmanismus/Hinduismus, Buddhismus, Christentum, Islâm) *sind positiv gegenüber der Hypnotherapie eingestellt.* Religionen mit *philosophischen theoretischen* Auffassungen und *meditativen Praktiken* (Hinduismus, Buddhismus) haben mit ihren eigenen Methoden positive Elemente in die Hypnotherapie gebracht. Nur in einigen Sekten steht man der Hypnose skeptisch gegenüber (Zeugen Jehovas). Der *Glaube* kann sich auf die Hypnotherapie auch aus dem Grunde positiv auswirken, weil er dabei als eine zusätzliche Suggestion fungieren kann. Zwei positive Suggestionen verstärken sich gegenseitig.

(k) Bezüglich der *Imaginationen* (als Eigenschaft der Person) und Hypnotisierbarkeit wurden *drei* Kategorien unterschieden: (ka) *imaginative Vorstellung* (bildliche Vorstellung; Bildvorstellung, ohne daß die Vpn in den Vorgang hineingezogen ist); (kb) *imaginative Einbezogenheit* (imaginative involvement; die Person ist in die Imagination einbezogen wie beim Lesen eines interessanten Buches) und (kc) *imaginative Bedingungen* (imagery conditions; mit organischen Veränderungen im oder am Körper, wie bei hypnotischen «Verbrennungen» und «Brandblasen» etc.). Die meisten Befunde deuten auf eine *hohe imaginative Vorstellungskraft bei hoch hypnotisierbaren Menschen;* hoch hypnotisierbare Personen können sich besser in das imaginative Material (Lesen, Filmvorstellung) vertiefen und einbeziehen lassen; sie erwirken auch stärker die Umstellung des Funktionsablaufes der Organe im hypnotischen Vorgang (Brandblase) als die schwach und nicht hypnotisierbaren Personen.

(l) *Hohe Hypnotisierbarkeit ist mit einer entsprechenden Motivation verbunden.* Motivierte Personen sind besser als die nicht motivierten hypnotisierbar. Dies wird insbesondere bei Patienten deutlich, die eine *Heilung* wollen (motiviert) oder dem *Rentenwunsch* unterliegen (nicht motiviert).

(m) Zu den *vier wichtigsten Konditionen* für eine gute Hypnose wird auch *Erwartung* (Neugier, Spannung) gezählt (die anderen drei sind: Imagination, selektive Aufmerksamkeit, Glauben). *Die Erwartung spielt sowohl bei der Hypnotisierbarkeit als auch bei der Hypnosetiefe eine wichtige Rolle.*

(n) Neben der selektiven (gelenkten, konzentrierten) Aufmerksamkeit als Merkmal der Hypnotisierbarkeit ist dazu auch die *Aufmerksamkeitsanspannung (Aufmerksamkeitsfähigkeit)* (Eigenschaft, aufmerksam zu sein) zu zählen. Die *allgemeine Aufmerksamkeit* (analog der allgemeinen Suggestibilität) ist nicht mit Hypnotisierbarkeit verbunden (so daß diese beim Hypnosevorgang anderweitig aktiv bleiben oder werden kann). Dies erklärt die Tatsache, daß bei einer psychisch anderweitig aktiven Person (Lesen, Tippen, Lösen von Aufgaben) die Hypnose induziert werden kann.

(o) Die *Intelligenz* scheint nach vielen Befunden mit der hypnotischen Suggestibilität (Hypnotisierbarkeit) positiv zu korrelieren. Diese Befunde müssen noch vervollständigt werden.

(p) *Die Frage der Simulation* in bezug auf die Hypnotisierbarkeit/Hypnose ist noch nicht definitiv beantwortet worden. Nach der überwiegenden Anzahl der Befunde wird angenommen, *daß die Hypnose bis zu einem gewissen Grade simuliert werden kann.* Diese Simulation kann bewußt oder unbewußt, absichtlich oder unabsichtlich erfolgen. Der Mensch neige normalerweise dazu.

(q) Das *Bewußtsein* spielt in der Hypnose eine wichtige Rolle. Es wird dabei vom *veränderten Bewußtsein*, von einer *Regression*, *Dissoziation* oder sogar von *multiplen Persönlichkeiten* gesprochen. Diese Frage wird in den späteren Kapiteln erneut diskutiert (s. Kapitel X und XXI).

(r) Die *Selbstbeurteilung* ist im Experiment bezüglich der Hypnotisierbarkeit mehr oder weniger verläßlich. Aufgrund dessen werden *Hypnotisierbarkeits-Skalen* zur Messung der hypnotischen Suggestibilität (Hypnotisierbarkeit) erstellt. Hinsichtlich der Hypnosetiefe können subjektive Angaben auch täuschen (s. dazu Kapitel XIV.4).
(s) Gute *Stimmung* korreliert positiv mit der Hypnotisierbarkeit. Eine *Verschlechterung der Stimmung (Depression)* führt zur Verringerung der Hypnotisierbarkeit (bei einer bereits gut hypnotisierbaren Person). Dies ist insbesondere bei den Patienten von Bedeutung (s. auch Jovanović, 1989).
(t) Hypnotisierbarkeit und *Schmerzempfindlichkeit* sind noch nicht hinreichend erforscht worden. *In der Hypnose selbst spielen Schmerzen eine große Rolle*, da sie beseitigt, aber auch hervorgerufen werden können (hypnotische Anästhesie, Analgesie; hypnotische Hyperästhesie etc.) (s. dazu Kapitel XXV.2.2 und XXVII.2).
(u) *Angstzustände* sind mit der Hypnotisierbarkeit *negativ korreliert. Eine gewisse Spannung (als Erwartung und Neugier) wird jedoch dabei toleriert.* Insbesondere wird das Ausgeliefertsein, der Willens- und Bewußtseinsverlust, die Angst vor dem Nicht-Geweckt-Werden-Können gefürchtet (s. dazu Kapitel XXVII.3).
(v) Die Hypnose *unterscheidet* sich bei hoch hypnotisierbaren Vpn vom *Placebo-Effekt.* Der Placebo-Effekt hängt unter anderem von Persönlichkeitsmerkmalen/Verhaltensweisen des Patienten, vom Verhalten der Therapeuten/Ärzte, von der Darreichungsform des Placebos (intravenöse Gaben stärker, perorale schwächer), von der therapeutischen Situation, von der sozialen Stellung der Person ab.
(w) Ähnlich *wie bei der speziellen Suggestibilität ist die Hypnotisierbarkeit durch Psychopharmaka* (Tranquilizer, Hypnotika, Koffein, Alkohol) modifizierbar. Die meisten dieser Medikamentengruppen bieten eine *positive Korrelation* mit der Hypnotisierbarkeit.
(x) Die Hypnotisierbarkeit ist wahrscheinlich in den meisten Fällen mit *multiplen Persönlichkeitsfaktoren der Hypnotisanden* gekoppelt (siehe Kapitel XXI.6.3).

(21) Von außen *abgeschirmte Versuchssituationen* (Verdunkelung etc.) wirken sich positiv auf die Hypnose-Induktion aus. Bei der Fähigkeit der Fixierung der selektiven Aufmerksamkeit kann die Hypnose-Induktion auch in anderen Situationen erfolgen. *Eine längere Isolation des Hypnotisanden* (wie durch Leben in der Antarktis) fördert die Hypnotisierbarkeit, nachdem *zuvor* die *Versenkungsfähigkeit* zugenommen hatte.

(22) Für die erfolgreiche Hypnose-Induktion ist *eine gute Methodik der Hypnotisierung* die Voraussetzung. *Indirekte Hypnose-Induktionen* liefern bessere Erfolge als die direkten. Die *Meßskalen* müssen weiterhin geprüft werden (s. dazu Kapitel XIV.4).

(23) Die *Biokybernetik* (Biofeedback-Methodik) ergab in den meisten Fällen eine bessere Hypnotisierbarkeit bei Personen, *die ihre eigenen Körperfunktionen erfolgreicher zu steuern vermochten.* Die hypnotisierbaren Probanden können sich auch besser auf das *Lernen* konzentrieren und *höhere Lernerfolge* als die schwach hypnotisierbaren aufweisen.

(24) *Meditative Verfahren* und die Fähigkeit, den eigenen Körper zu beherrschen (siehe Punkt 23), sind mit hoher Hypnotisierbarkeit verbunden. *Konzentrative und transzendentale Meditation, Yoga-Übungen* und ähnliche Verfahren *unterscheiden sich vom Hypnosezustand* (siehe dazu Kapitel XXII).

(25) Die Befunde über die *Modifikation der Hypnotisierbarkeit* sind sehr uneinheitlich und unvollständig. Nach den meisten Literaturangaben kann die Hypnotisierbarkeit bis zu einem gewissen Grade erhöht, seltener verringert werden. Insbesondere ist dabei der *Lerneffekt* (Erfahrungen des Hypnotisanden) zu berücksichtigen. Die Modifikation hängt auch von anderen Faktoren ab (günstige/ungünstige Untersuchungssituation, vorheriges Plateau der Hypnotisierbarkeit, Untersuchungsmethoden, Persönlichkeitsmerkmale der Hypnotisanden, Erfahrungen des Hypnotiseurs).

(26) Im *klinischen Bereich* sind am besten die *Neurotiker* (bei ihnen die hysterischen Formen) hypnotisierbar. *Alkoholiker sind allgemein gesteigert suggestibel. Die hypnotische Suggestibilität scheint durch den Alkoholismus nicht eindeutig erhöht zu sein. Psychotiker* sind nur dann hypnotisierbar, wenn mit ihnen ein zufriedenstellender *Kontakt* herzustellen ist. *Minderbegabte* (bis zur Imbezilität) können mit vereinfachten Hypnose-Verfahren ebenfalls hypnotisiert werden.

(27) *Die aktuelle Forschung* spiegelt sich im Zuwachs der Bibliographie nach 1959, d.h. seit 1960, wider. Wenn man auch hier, wie in den Kapiteln II und VIII, die Verdoppelungen wegen der Übersetzungen und späteren Auflagen (von uns berücksichtigt) ins Auge faßt, erhöht sich die absolute Zahl der Literaturstellen von 845 auf 945 Publikationen. Eine nähere Literaturanalyse kann erst in Kapitel XXX vorgenommen werden.

6. Bibliographie

Ås, A.: Nonhypnotic Experiences Related to Hypnotizability in Male and Female College Students. *Scand. J. Psychol.*, (1962), *3:* 112–121.

Ås, A.: Hypnotizability as a Function of Nonhypnotic Experiences. *J. abnorm. Soc. Psychol.*, (1963), *66:* 142–150.

Ås, A., and Lauer, L(illian): A Factor-Analytic Study of Hypnotizability and Related Personal Experiences. *Int. J. Clin. Exp. Hypnosis*, (1962), *10:* 169–181.

Ås, A., O'Hara, J.W., and Munger, M.P.: The Measurement of Subjective Experiences Presumably Related to Hypnotic Susceptibility. *Scand. J. Psychol.*, (1962), *3:* 47–64.

Ås, A., and Østvold, S.: Hypnosis as Subjective Experience. *Scand. J. Psychol.*, (1968), *9:* 33–38.

Abeles, M., and Schilder, P.: Psychogenic Loss of Personal Identity – Amnesia. *Arch. Neurol. Psychiat., Chicago*, (1935), *34:* 587–604.

Aberle, D.F.: «Arctic Hysteria» and Latah in Mongolia. *Trans. N.Y. Acad. Sci., Series II*, (1951–1952), *14:* 291–297.

Abrams, S.: The Use of Hypnotic Techniques with Psychotics – A Critical Review. *Amer. J. Psychother.*, (1964), *18:* 79–94.

Ach, N.: Über Suggestibilität und Hypnotisierbarkeit. *Z. Neurol. Psychiat.*, (1937), *158:* 402–406.

Acosta, E., Jr., and Crawford, H.J.: Iconic Memory and Hypnotizability – Processing Speed, Skill, or Strategy Differences? *Int. J. Clin. Exp. Hypnosis*, (1985), *33:* 236–245.

Adelman, F.: Toward a Psychocultural Interpretation of Latah. *Davidson J. Anthropol.*, (1955), *1:* 69–76.

Adler, M.H., and Secunda, L.: An Indirect Technique to Induce Hypnosis. *J. Nerv. Ment. Dis.*, (1947), *106:* 190–193.

Aertnys-Damen.: *Theologie Morali, Secundem Doctrinam Sancti Alfonsi de Ligurio*. Doctoris Ecclesial, No. 432, Vol. 1. Marietti Press, Turin, 1947.

Akishige, Y.: A Historical Survey of the Psychological Studies on Zen. In: Akishige, Y. (Ed.): *Psychological Studies on Zen I.* Zen Institute of Komazawa Univer., Tokyo, 1973.

Alabaster, Henry: In: Glasenapp, H. von: *Die Fünf Weltreligionen.* Diederichs, Köln, 1982.

Alexander, L.: Hypnotically Induced Hallucinations. *Am. J. Clin. Hypn.*, (1971), *15:* 66.

Allison, J.: Respiratory Changes During Transcendental Meditation. *The Lancet.* (1970), April 18th: 833–834.

Anand, B.K., China, G.S., and Singh, B.: Some Aspects of Electroencephalographic Studies in Yogis. *Electroenceph. Clin. Neurophysiol.*, (1961), *13:* 452–456.

Andreychuk, T., and Skriver, C.: Hypnosis and Biofeedback in the Treatment of Migraine Headaches. *Int. J. Clin. Exp. Hypnosis*, (1975), *23:* 172–183.

Arcieri, L.: Differences in the Degree of Suggestibility Between Schizophrenic, Psychoneurotic, and Normal Subjects in the Reproduction of Visual Forms. *Psychiat. Quart.*, (1949), *23:* 41–58.

Arnold, M(agda) B.: On the Mechanism of Suggestion and Hypnosis. *J. abnorm. Soc. Psychol.*, (1946), *41:* 107–128.
Arnold, M(agda) B.: Brain Function in Hypnosis. *Int. J. Clin. Exp. Hypnosis*, (1959), *7:* 109–119.
Ås, A.: Wird als *Aas*, A. eingeordnet (siehe oben).
Aveling, F., and Hargreaves, H. L.: Suggestibility with and without Prestige in Children. *Brit. J. Psychol.*, (1921), *12:* 53–75.
Averbach, E., and Coriell, A. S.: Short-Term Memory in Vision. *Bell Sys. Tech. J.*, (1961), *40:* 309–328.
Bämark, S. M., and Gaunitz, S. C. B.: Transcendental Meditation and Heterohypnosis as Altered States of Consciousness. *Int. J. Clin. Exp. Hypnosis*, (1979), *27:* 227–239.
Baernstein, L. N.: An Experimental Study of the Effects of the Waking Suggestibility of Small Doses of Scopolamine Hydrobromide. Unpublished Master's Thesis, Univer. of Wisconsin, 1929. Cited by: Hull, C. L.: *Hypnosis and Suggestibility – An Experimental Approach*. Appleton-Century-Crofts, New York, NY., 1933.
Bahr, D. M., Gregorio, J., Lopez, D. I., and Alvarez, A.: *Piman Shamanism and Staying Sickness*. Univer. of Arizona Press, Tucson, 1974.
Bakan, P.: Hypnotizability, Laterality of Eye-Movements and Functional Brain Asymmetry. *Percept. mot. Skills*, (1969), *28:* 927–932.
Bakan, P.: Handedness and Hypnotizability. *Int. J. Clin. Exp. Hypnosis*, (1970), *18:* 99–104.
Bakan, P., and Svorad, D.: Resting EEG Alpha and Asymmetry of Reflective Lateral Eye-Movements. *Nature*, (1969), *223:* 975–976.
Balschak, B., Blocker, K., Rossiter, T., and Perin, C.T.: The Influence of Race and Expressed Experience of the Hypnotist on Hypnotic Susceptibility. *Int. J. Clin. Exp. Hypnosis*, (1972), *20:* 38–45.
Bandura, A., and Walters, R. H.: *Social Learning and Personality Development*. Holt, Rinehart & Winston, New York, NY., 1963.
Banks, H.: The Black Person as Client and as Therapist. *Profess. Psychol.*, (1975), *6:* 470–474.
Banquet, J. P.: Spectral Analysis of the EEG in Meditation. *Electroenceph. Clin. Neurophysiol.*, (1973), *35:* 143–151.
Banyai, E. I., and Hilgard, E. R.: A Comparison of Active-Alert Hypnotic Induction with Traditional Hypnotic Induction. *J. Abnorm. Psychol.*, (1976), *85:* 86–102.
Barabasz, A. F.: EEG Alpha, Skin Conductance and Hypnotizability in Antarctica. *Int. J. Clin. Exp. Hypnosis*, (1980a), *28:* 63–74.
Barabasz, A. F.: Imaginative Involvement and Hypnotizability in Antarctica. Paper presented at the 10th Annual Congress of the Australian Society for Clinical and Experimental Hypnosis, Hobart, Tasmania, September, 1980b.
Barabasz, A. F.: Restricted Environmental Stimulation and the Enhancement of Hypnotizability – Pain, EEG Alpha, Skin Conductance and Temperature Responses. *Int. J. Clin. Exp. Hypnosis*, (1982), *30:* 147–166.
Barabasz, A. F.: Antarctic Isolation and Imaginative Involvement – Preliminary Findings – A Brief Communication. *Int. J. Clin. Exp. Hypnosis*, (1984), *32:* 296–300.
Barabasz, A. F.: Hypnotizability Enhancement for Pain – High and Low Experimental Demand Conditions. Presentation at the 10th International Congress of Hypnosis and Psychosomatic Medicine, Toronto, Aug. 13–16, 1985.
Barabasz, A. F., and Gregson, R. A. M.: Antarctic Wintering-Over, Suggestion and Transient Olfactory Stimulation – EEG Evoked Potential and Electrodermal Responses. *Biological Psychol.*, (1979), *9:* 285–295.
Barabasz, A. F., and Mullin, C. S.: Effects of Brief Antarctic Isolation on Absorption and Hypnotic Susceptibility – Preliminary Results and Recommendations – A Brief Communication. *Int. J. Clin. Exp. Hypnosis*, (1983), *31:* 235–238.
Barber, T. X.: Comparison of Suggestibility During «Light Sleep» and Hypnosis. *Science*, (1956a), *124:* 405.
Barber, T. X.: A Note on «Hypnotizability» and Personality Traits. *J. Clin. Exp. Hypnosis*, (1956b), *4:* 109–114.
Barber, T. X.: Experiments in Hypnosis. *Scient. American*, (1957), *196:* 54–61.
Barber, T. X.: The Afterimages of «Hallucinated» and «Imagined» Colors. *J. abnorm. soc. Psychol.*, (1959), *59:* 136–139.
Barber, T. X.: «Hypnosis», Analgesia, and Placebo Effect. *J. Amer. med. Ass.*, (1960a), *172:* 680–683.

Barber, T.X.: The Necessary and Sufficient Conditions for Hypnotic Behavior. *Amer. J. Clin. Hypnosis*, (1960b), *3:* 31–42.

Barber, T.X.: Experimental Evidence for a Theory of Hypnotic Behavior II. Experimental Controls in Hypnotic Age-Regression. *Int. J. Clin. Exp. Hypnosis*, (1961), *9:* 181–193.

Barber, T.X.: Hypnotizability, Suggestibility, and Personality – V. A Critical Review of Research Findings. *Psychol. Rep.*, (1964), *14:* 299–320.

Barber, T.X.: Measuring «Hypnotic-Like» Suggestibility with and without «Hypnotic Induction» – Psychometric Properties, Norms, and Variables Influencing Response to the Barber Suggestibility Scale (BSS). *Psychol. Report*, (1965), *16:* 809–844.

Barber, T.X.: *Hypnosis – A Scientific Approach*. Van Nostrand Reinhold, New York, N.Y., 1969.

Barber, T.X.: Marihuana, Yoga and Hypnosis. Aldine-Atherton, Chicago, 1970.

Barber, T.X.: Introduction. Self-Control – Temperature Biofeedback, Hypnosis, Yoga, and Relaxation. In: Barber, T.X., DiCara, L.V., Kamiya, J., Miller, N.E., Shapiro, D., and Stoyva, J. (Eds.): *Biofeedback and Self-Control – 1975/76*. Aldine, Chicago, 1976.

Barber, T.X., and Calverley, D.S.: The Relative Effectiveness of Task-Motivating Instructions and Trance-Induction Procedure in the Production of «hypnotic-like» Behaviors. *J. nerv. ment. Dis.*, (1963a), *137:* 107–116.

Barber, T.X., and Calverley, D.S.: Toward a Theory of Hypnotic Behavior – Effects on Suggestibility of Task Motivating Instructions and Attitudes Towards Hypnosis. *J. abnorm. soc. Psychol.*, (1963b), *67: 557–565*.

Barber, T.X., and Glass, L.B.: Significant Factors in Hypnotic Behavior. *J. abnorm. soc. Psychol.*, (1962), *64:* 222–228.

Barber, T.X., Karacan, I., and Calverley, D.S.: «Hypnotizability» and Suggestibility in Chronic Schizophrenics. *Arch. gen. Psychiat.*, (1964), *11:* 439–451.

Barber, T.X., Spanos, N.P., and Chaves, J.F.: *Hypnotism, Imagination and Human Potentialities*. Pergamon Press, Elmsford, N.Y., 1974.

Barber, T.X., and Wilson, S.C.: Hypnosis, Suggestions, and Altered States of Consciousness – Experimental Evaluation of the New Cognitive-Behavioral Theory and the Traditional Trance-State Theory of «Hypnosis». *Ann. N.Y. Acad. Sci.*, (1977), *296:* 34–47.

Barber, T.X., Wilson, S.C., and Scott, D.S.: Effects of a Traditional Trance Induction on Response to «Hypnotist-Centered» Versus «Subject-Centered» Test Suggestions. *Int. J. Clin. Exp. Hypnosis*, (1980), *28:* 114–126.

Barr, H.L., Langs, R.J., Holt, R.R., Goldberger, L., and Klein, G.S.: LSD – Personality and Experience. Wiley-Interscience, New York, NY., 1972.

Barry, H., Jr., MacKinnon, D.W., and Murray, H.A., Jr.: Studies in Personality – Hypnotizability as a Personality Trait and Its Typological Relations. *Hum. Biol.*, (1931), *3:* 1–36.

Bastien, R.: Haitian Rural Family Organization. *Soc. econ. Stud.*, (1961), *10:* 478–510.

Bartlett, M(arion) R.: Relation of Suggestibility to other Personality Traits. *J. gen. Psychol.*, (1936a), *14:* 191–196.

Bartlett, M.R.: Suggestibility in Psychopathic Individuals – A Study with Psychoneurotic and Dementia Praecox Subjects. *J. gen. Psychol.*, (1936b), *15:* 241–247.

Bartlett, M.R.: The Auditory Threshold During Reverie as Related to Hypnotizability. *J. gen. Psychol.*, (1937), *17:* 167–170.

Batterman, R.C., and Lower, W.R.: Placebo Responsiveness – the Influence of Previous Therapy. *Current Therapeutic Research*. (1968), *10:* 136–143.

Baudouin, C.: *Suggestion and Autosuggestion*. Dodd, Mead & Co., 1922. Sibyllen, Dresden, 1924.

Baum, D., und Lynn, S.J.: Hypnotic Susceptibility Level and Reading Involvement. *Int. J. Clin. Exp. Hypnosis*, (1981), *29:* 366–374.

Baumgartner, M(axine): The Correlation of Direct Suggestibility with Certain Character Traits. *J. appl. Psychol.*, (1931), *15:* 1–15.

Beaunis, H.E.: Le somnambulisme provoqué: Études physiologiques et psychologiques. 2. Edition. Ballière, Paris, 1887.

Bechterew, W. von: *Suggestion und ihre soziale Bedeutung*. Georgi, Leipzig, 1899.

Beck, L.F.: Relationships between Waking Suggestibility and Hypnotic Susceptibility. *Psychol. Bull.*, (1936), *33:* 747.

Beecher, H.K.: *Measurement of Subjective Response*. Oxford University Press, New York, NY., 1959.

Behanan, K.T.: *Yoga, a Scientific Evaluation.* Dover, New York, NY., 1937.

Bell, C.R.: Personality Characteristics of Volunteers for Psychological Studies. *Brit. J. soc. clin. Psychol.*, (1962), *1:* 81–95.

Benedict, R(uth) F.: The Concept of the Guardian Spirit in North America. *Mem. Amer. Anthropol. Ass.*, (1923), (whole no. 29).

Benson, H.: *The Relaxation Response.* Morrow, New York, NY., 1975.

Benson, et al.: The Relaxation Response. *Psychiatry*, (1974), *37:* 46.

Benson, H., Frankel, F.H., Apfel, R., Daniels, M.D., Schniewind, H.E., Nemiah, J.C., Sifneos, P.E., Crassweller, K.D., Greenwood, M.M., Kotch, J.B., Arns, P.A., and Rosner, B.: Treatment of Anxiety – A Comparison of the Usefulness of Self-Hypnosis and a Meditational Relaxation Technique – An Overview. *Psychother. Psychosom.*, (1978), *30:* 229–242.

Bentler, P.M., and Hilgard, E.R.: A Comparison of Group and Individual Induction of Hypnosis with Self-Scoring and Observer-Scoring. *Int. J. Clin. Exp. Hypnosis*, (1963), *11:* 49–54.

Bentler, P.M., Roberts, M.R.: Hypnotic Susceptibility Assessed in Large Groups. *Int. J. Clin. Exp. Hypnosis*, (1963), *2:* 93–97.

Benton, A.L., and Bandura, A.: «Primary» and «Secondary» Suggestibility. *J. abnorm. soc. Psychol.*, (1953), *48:* 336–340.

Berg, S., and Melin, E.: Hypnotic Susceptibility in Old Age – Some Data from Residential Homes or Old People. *Int. J. Clin. Exp. Hypnosis*, (1975), *23:* 184–189.

Bernheim, H.: *De la suggestion dans l'état hypnotique et dans l'état de veille.* Doin, Paris, 1884.

Bernheim, H.: *Die Suggestion und ihre Heilwirkung.* Deuticke, Leipzig, 1888.

Bernheim, H.: *Suggestive Therapeutics – A Treatise on the Nature and Uses of Hypnotism.* (2nd ed) (C.A. Herter, Trans.) G.P. Putnam's Sons, New York, NY., 1889.

Bernheim, H.: *Automatisme et suggestion.* Librairie Felix Alcan., Paris, 1917.

Berreman, J.V., and Hilgard, E.R.: The Effects of Personal Heterosuggestion and Two Forms of Autosuggestion upon Postural Movement. *J. soc. Psychol.*, (1936), *7:* 289–300.

Betts, G.H.: The Distribution and Functions of Mental Imagery. *Columbia Univer. Contrib. Educ.*, (1909), *26:* 1–99.

Bexton, W.H., Heron, W., and Scott, T.H.: Effects of Decreased Variation in Sensory Environment. *Canad. J. Psychol.*, (1954), *8:* 70–76.

Bibel, Die: *Altes und Neues Testament.* Einheitsübersetzung. Herder, Freiburg–Basel–Wien, 1980.

Bjornstrom, F.: Hypnotism, its History and Present Development. Humboldt, New York, NY., 1887. In: Tinterow, M.M.: Foundations of Hypnosis – From Mesmer to Freud. Charles C Thomas, Springfield, Ill., 1970.

Blum, G.S.: Programming People to Simulate Machines. In: Tomkins, S.S., and Messick, S. (Eds.): *Computer Simulation of Personality.* Wiley, New York, NY., 1963.

Blum, G(erald) S.: Experimental Observations on the Contextual Nature of Hypnosis. *Int. J. Clin. Exp. Hypnosis*, (1967), *15:* 160–171.

Bongartz, W.: Encoding of High- and Low-Imagery Nouns During Hypnotic Age Regression. *Experiment. Klin. Hypnose*, (1985a), *1:* 143–151.

Bongartz, W.: German Norms for the Harvard Group Scale of Hypnotic Susceptibility, Form A. *Int. J. Clin. Exp. Hypnosis*, (1985b), *33:* 131–139.

Borkovec, T.D.: Physiological and Cognitive Processes in the Regulation of Anxiety. In: Schwartz, G.E., and Shapiro, D. (Eds.): *Consciousness and Self-Regulation. Advances in Research.* Vol. I. Plenum, New York, NY., 1976.

Borlone, M(aria), Dittborn, J.M., and Palestini, M.: Correlaciones Electroencefalográficas dentro de una definición operacional de hipnosis sonambúlica – Comunicación preliminar. *Acta hipnol. lat.-amer.* (Buenos Aires), (1960), *1:* (2), 9–19.

Botto, R(onald) W., Fisher, S(eymour), and Soucy, G(erald) P.: The Effect of a Good and a Poor Model on Hypnotic Susceptibility in a Low Demand Situation. *Int. J. Clin. Exp. Hypnosis*, (1977), *25:* 175–183.

Boucher, R.G., and Hilgard, E.R.: Volunteer Bias in Hypnotic Experimentation. *Amer. J. Clin. Hypnosis*, (1962), *5:* 49–51.

Bowers, K.S.: Sex and Susceptibility as Moderator Variables in the Relationship of Creativity and Hypnotic Susceptibility. *J. Abnorm. Psychol.* (1971), *78:* 93–100.

Bowers, K(enneth) S.: *Hypnosis for the Seriously Curious.* Brooks/Cole, Monterey, Calif., 1976.

Bowers, K.S.: Do the Stanford Scales Tap the «Classic Suggestion Effect»? *Int. J. Clin. Exp. Hypnosis*, (1981), *29:* 42–53.

Bowers, M., and Glasner, S.: Autohypnotic Aspects of the Jewish Cabbalistic Concept of Kavanah. *Int. J. Clin. Exp. Hypnosis*, (1958), *6:* 50.

Bowers, M(argaretta) K.: Hypnotic Aspects of Haitian Voodoo. *Int. J. Clin. Exp. Hypnosis*, (1961), *9:* 269–282.

Bowers, P.: Hypnotizability, Creativity and the Role of Effortless Experiencing. *Int. J. Clin. Exp. Hypnosis*, (1978), *26:* 184–202.

Bowers, P(atricia): The Classic Suggestion Effect – Relationships with Scales of Hypnotizability, Effortless Experiencing and Imagery Vividness. *Int. J. Clin. Exp. Hypnosis*, (1982), *30:* 270–279.

Bowers, K.S., and Bowers, P.G.: Hypnosis and Creativity – A Theoretical and Empirical Rapprochement. In: Fromm, E., and Shor, R.E. (Eds.): *Hypnosis – Research Developments and Perspectives*. Aldine-Atherton, Chicago, 1972.

Bowers, K.S., and Kelly, P.: Stress, Disease, Psychotherapy and Hypnosis, *J. abnorm. Psychol.*, (1979), *88:* 490–450.

Bozzano, E.: *Des manifestations supranormales chez les peuples sauvages*. Jean Meyer, Paris, 1927.

Brady, J.P., Levitt, E.E., and Lubin, B.: Expressed Fear of Hypnosis and Volunteering Behavior. *J. nerv. ment. Dis.*, (1961), *133:* 216–217.

Braid, J. (1795–1860): *Neurypnology* (1843), Revised as *Braid on Hypnotism* (1889). Julian Press, New York, NY., Reprinted 1956.

Braid, J.: The Physiology of Fascination and the Critics Criticised. Manchester, Grant & Co., London. 1855. In: Tinterow, M.M. (Ed.): *Foundations of Hypnosis – From Mesmer to Freud*. Charles C Thomas, Springfield, Ill., 1970. (Orig. Publ. 1855).

Bramwell, J.M.: *Hypnotism – Its History, Practice and Theory*. Grant Richards, London, 1903.

Bramwell, J.M.: *Hypnotism and Treatment by Suggestion*. (Orig. Publ., 1909), Da Capo, New York, NY., 1982.

Braunstein, N.A., and Moscone, R.O.: Consideraciones acerca la metodologia de la investigacion psicofarmacologica. *Acta Psiquiatrica y Psicologia America Latina*, (1964), *10:* 111–118. (Methodologische Überlegungen in der Psychopharmakologischen Forschung).

Breitmeyer, B.: Unmasking Visual Masking – A Look at the «why» behind the Veil of the «how». *Psychol. Rev.*, (1980), *87:* 52–69.

Brenman, M(argaret): Experiments in the Hypnotic Production of Antisocial and Self-Injurious Behavior. *Psychiatry*, (1942), *5:* 49–61.

Brenman, M(argaret), and Reichard, S(uzanne): Use of the Rorschach Test in the Prediction of Hypnotizability. *Bull. Menninger Clin.*, (1943), *7:* 183–187.

Brightbill, R., and Zamansky, H.S.: The Conceptual Space of Good and Poor Hypnotic Subjects – A Preliminary Exploration. *Int. J. Clin. Exp. Hypnosis*, (1963), *11:* 112–121.

Brown, W.: Individual and Sex Differences in Suggestibility. *Univer. Calif. Publ. Psychol.*, (1916), *2:* 291–430.

Brown, B.B.: *New Mind, New Body. Biofeedback – New Directions for the Mind*. Harper & Row, New York, NY., 1974.

Brown, D.P.: A Model for the Levels of Concentrative Meditation. *Int. J. Clin. Exp. Hypnosis*, (1977), *25:* 136–273.

Brown, A., Crawford, H.J., Smith, P., Leu, G., and Brock, P.: Attentional Processing Differences in Low and High Hypnotizables. *Int. J. Clin. Exp. Hypnosis*, (1983), *31:* 213.

Brown, A.H., and Krasner, L.: The Role of Subject Expectancies in Hypnosis. *Int. J. Clin. Exp. Hypnosis*, (1969), *17:* 180–188.

Bryden, M.P.: Tachistoscopic Recognition, Handedness, and Cerebral Dominance. *Neuropsychologia*, (1965), *3:* 1–8.

Buckner, L(inda) G., and Coe, W(illiam) C.: Imaginative Skill, Wording of Suggestions and Hypnotic Susceptibility. *Int. J. Clin. Exp. Hypnosis*, (1977), *25:* 27–36.

Budd, W.C.: Is Free Will Really Necessary? *Amer. Psychol.*, (1960), *15:* 217.

Burns, A.: Changes in Hypnotizability Following Experience. *Int. J. Clin. Exp. Hypnosis*, (1976), *24:* 269–280.

Carkhuff, R.R., and Pierce, R.: Differential Effects of Therapist Race and Social Class upon Patient Depth of Self-Exploration in the Initial Clinical Interview. *J. consult. Psychol.*, (1967), *31:* 632–634.

Caster, J.E., and Baker, C.S., Jr.: Comparative Suggestibility in the Trance and Waking States – A Further Study. *J. gen. Psychol.*, (1932), *7:* 287–301.

Chapman, C.R., and Feather, B.W.: Effects of Diazepam on Human Pain Tolerance and Pain Sensitivity. *Psychosomatic Medicine.* (1973), *35:* 330–340.

Charcot, J.M.: Physiologie pathologique – Sur les divers etats nerveux déterminés pour l'hypnotisation chez les hystériques. *C.R. Acad. Sci.* (1882), *94:* 403–405.

Charpignon, J.: Rapports du magnétisme avec la jurisprudence et la médecine légale. Baillière, Paris, 1860. In: Ellenberger, H.F.: *The Discovery of the Unconscious – The History and Evolution of Dynamic Psychiatry.* Basic Books, New York, NY., 1970.

Cheek, D.B.: Use of Rebellion Against Coercion as Mechanism for Hypnotic Trance Deepening. *Int. J. Clin. Exp. Hypnosis,* (1959), *7:* 223–227.

Chertok, L.: *Hypnose – Theorie, Praxis und Technik eines psychotherapeutischen Verfahrens.* Kindler, München, 1973a.

Chertok, L.: *Motherhood and Personality – Psychosomatic Aspects of Childbirth.* Harper and Row, New York, NY., 1973b.

Christenson, J.A., Jr.: Dynamics in Hypnotic Induction. *Psychiatry,* (1949), *12:* 37–54.

Christian, W.: *Klinische Electroencephalographie.* Thieme, Stuttgart, 1968.

Claridge, G.S.: *Drugs and Human Behavior.* Pelican, Baltimore, 1972.

Clark, W.C.: Sensory-Decision Theory Analysis of the Placebo Effect on the Criterion for Pain and Thermal Sensitivity. *Journal of Abnormal Psychology,* (1969), *74:* 363–371.

Cobb, J.C., Evans, F.J., Gustafson, L.A., O'Connell, D.N., Orne, M.T., and Shor, R.E.: Specific Motor Response During Sleep to Sleep-Administered Meaningful Suggestion – An Exploratory Investigation. *Percept. mot. Skills,* (1965), *20:* 629–636.

Coe, W.C.: Further Norms on the Harvard Group Scale of Hypnotic Susceptibility, Form A. *Int. J. Clin. Exp. Hypnosis,* (1964), *12:* 184–190.

Coe, W.C., Allen, J.L., Krug, W.M., and Wurzmann, A.G.: Goal-Directed Fantasy in Hypnotic Responsiveness – Skill, Item Wording, or Both? *Int. J. Clin. Exp. Hypnosis,* (1974), *22:* 157–166.

Coe, W.C., Kobayashi, K., and Howard, M.L.: An Approach Toward Isolating Factors that Influence Antisocial Conduct in Hypnosis. *Int. J. Clin. Exp. Hypnosis,* (1972), *20:* 118–131.

Coe, W.C., St. Jean, R.L., and Burger, J.M.: Hypnosis and the Enhancement of Visual Imagery. *Int. J. Clin. Exp. Hypnosis,* (1980), *28:* 225–243.

Coffin, T.E.: Some Conditions of Suggestion and Suggestibility – A Study of Certain Attitudinal and Situational Factors Influencing the Process of Suggestion. *Psychol. Monogr.,* (1941), 53, No. 4.

Cohen, S(heldon) B.: Tests of Susceptibility/Hypnotizability. In: Wester, W.C.II., and Smith, A.H. Jr.: *Clinical Hypnosis – A Multidisciplinary Approach.* Lippincott, Philad., 1984.

Coltheart, M.: Iconic Memory and Visible Persistence. *Percept. Psychophys.,* (1980), *27:* 183–228.

Comhaire-Sylvain, S(uzanne): Land Tenure in the Marbial Region of Haiti. In: Tax, S. (Ed.): *Selected Papers of the XXIXth International Congress of Americanists, Vol. II.* University of Chicago Press, Chicago, 1952.

Comhaire-Sylvain, S(uzanne): Courtship, Marriage and Plasaj at Kenscoff, Haiti. *Soc. econ. Stud.,* (1958), *7:* 210–233.

Comhaire-Sylvain, S(uzanne): The Household at Kenscoff, Haiti. *Soc. econ. Stud.,* (1961), *10:* 192–211.

Conn, J.A.: Hypno-Synthesis – Hypnosis as a Unifying Interpersonal Experience. *J. Nerv. Ment. Dis.,* (1949), *109:* 9.

Conn, J.H.: Is Hypnosis Really Dangerous? *Int. J. Clin. Exp. Hypnosis,* (1972), *20:* 61–79.

Conn, J.H.: The Myth of Coercion Through Hypnosis. *Int. J. Clin. Exp. Hypnosis,* (1981), *29:* 95–100.

Conze, E(dward): *Der Buddhismus.* Kohlhammer/Urban, Stuttgart–Berlin–Köln–Mainz, (1.–7. Aufl., 1951–1981).

Cooper, L.M., Banford, S.A., Schubot, E., Tart, C.T.: A Further Attempt to Modify Hypnotic Susceptibility Through Repeated Individualized Experience. *Int. J. Clin. Exp. Hypnosis,* (1967), *15:* 118–124.

Cooper, W.G., Jr., and Dana, H.R.: Hypnotizability and the Maudsley Personality Inventory. *Int. J. Clin. Exp. Hypnosis,* (1964), *12:* 28–33.

Cooper, L.M., and London, P.: Sex and Hypnotic Susceptibility in Children. *Int. J. Clin. Exp. Hypnosis,* (1966), *14:* 55–60.

Cooper, L.M., and London, P.: The Development of Hypnotic Susceptibility – A Longitudinal (Convergence) Study. *Child Dev.,* (1971), *42:* 487–503.

Copeland, C.L., and Kitching. E.H.: Hypnosis in Mental Hospital Practice. *J. ment. Sci.*, (1937), *83:* 316–329.

Cortes, J.B., and Gatti, F.M.: Physique and Self-Description of Temperament. *J. Consult. Psychol.*, (1965), *29:* 432–439.

Cortes, J.B., and Gatti, F.M.: Physique and Motivation. *J. Consult. Psychol.*, (1966), *30:* 408–414.

Coué, E.: *How to Practice Suggestion and Auto-Suggestion.* American Library Service, 1923.

Courlander, H.: *The Drum and the Hoe – Life and Lore of the Haitian People.* University of California Press, Berkeley, 1960.

Cowings, P.: Observed Differences in Learning Ability of Heart Rate Self-Regulation as a Function of Hypnotic Susceptibility. *Ther. psychosom. Med.*, (1977), *4:* 221–226.

Crawford, H.J.: *Hypnotic Pain Reduction – Relationship to Measured Hypnotic Susceptibility.* Paper presented at the Meetings of the American Psychological Association, Toronto, August, 1978.

Crawford, H.J.: *Can Hypnosis Enhance Visual Imagery Processing and Memory?* Paper read at the 31st Annual Meeting of the Society for Clinical and Experimental Hypnosis, Denver, October, 1979.

Crawford, H.J.: Hypnotizability, Daydreaming Styles, Imagery Vividness, and Absorption – A Multidimensional Study. *J. pers. soc. Psychol.*, (1982), *42:* 915–926.

Cronin, D.M., Spanos, N.P., and Barber, T.X.: Augmenting Hypnotic Suggestibility by Providing Favorable Information about Hypnosis. *Amer. J. Clin. Hypnosis*, (1971), *13:* 259–264.

Crosson, B(ruce): Control of Skin Temperature Through Biofeedback and Suggestion With Hypnotized College Women. *Int. J. Clin. Exp. Hypnosis*, (1980), *28:* 75–87.

Curry, F.K.W.: A Comparison of Left-Handed and Right-Handed Subjects on Verbal and Non-Verbal Dichotic Listening Tasks. *Cortex*, (1967), *3:* 343–352.

Curry, F.K.W., and Rutherford, D.R.: Recognition and Recall of Dichotically Presented Verbal Stimuli by Right- and Left-Handed Persons. *Neuropsychologia*, (1967), *5:* 119–126.

Curtis, J.W.: A Study of the Relationship Between Hypnotic Susceptibility and Intelligence. *J. Exp. Psychol.*, (1943), *33:* 337–339.

Damaser, E.C., Shor, R.E., and Orne, M.T.: Physiological Effects During Hypnotically Requested Emotions. *Psychosom. Med.*, (1963), *25:* 334–343.

Das, J.P.: Conditioning and Hypnosis. *J. exp. Psychol.*, (1958a), *56:* 110–113.

Das, J.P.: The Pavlovian Theory of Hypnosis. An Evaluation. *J. ment. Sci.*, (1958b), *104:* 82–90.

Das, J.P.: Prestige Effects in Body-Sway Suggestibility. *J. abnorm. soc. Psychol.*, (1960), *61:* 487–488.

Das, J.P.: Yoga and Hypnosis. *Int. J. Clin. Exp. Hypnosis*, (1963), *11:* 31–37.

Das, J.P., and O'Connor, N.: Body-sway Suggestibility in Paranoid and Nonparanoid Schizophrenics. *Int. J. Clin. Exp. Hypnosis*, (1959), *7:* 121–128.

Davidson, R.J., and Goleman, D.J.: The Role of Attention in Meditation and Hypnosis – A Psychobiological Perspective on Transformations of Consciousness. *Int. J. Clin. Exp. Hypnosis*, (1977), *25:* 291–308.

Davidson, R.J., Goleman, D.J., and Schwartz, G.E.: Attentional and Affective Concomitants of Meditation – A Cross-Sectional Study. *J. abnorm. Psychol.*, (1976), *85:* 235–238.

Davidson, R.J., and Schwartz, G.E.: The Psychobiology of Relaxation and Related States – A Multi-Process Theory. In: Mostofsky, D.I. (Ed.): *Behavior Control and Modification of Physiological Activity.* Prentice-Hall, Englewood Cliffs, N.J.. 1976.

Davidson, R.J., Schwartz, G.E., and Rothman, L.P.: Attentional Style and the Self-Regulation of Mode-Specific Attention – An Electroencephalographic Study. *J. abnorm. Psychol.*, (1976), *85:* 611–621.

Davies, B., and Mowbray, R.M.: The Clinical Testing of New Antianxiety Compounds. In: Burrows, G.D., and Davies, B.M. (Eds.): *Handbook of Studies on Anxiety.* Elsevier, Biomedical Press, Amsterdam, 1980.

Davis, L.W., and Husband, R.W.: A Study of Hypnotic Susceptibility in Relation to Personality Traits. *J. abnorm. soc. Psychol.*, (1931), *26:* 175–182.

Deabler, H.L., Hartl, E.M., and Willis, C.A.: Physique and Personality – Somatotype and the 16 PF. *Percept. Mot. Skills*, (1973), *36:* 927–933.

Deckert, G.H., and West, L.J.: The Problem of Hypnotizability – A Review. *Int. J. Clin. Exp. Hypnosis*, (1963), *11:* 205–235.

Deikman, A.J.: De-automatization and the Mystic Experience. *Psychiatry*, (1966), *29:* 324–338.

Déjérine, J., and Gaukler, E.: Les psychonévroses. Leur traitement par la psychothérapie. Paris, 1911. Psychoneurosis and Psychotherapie. Lippincott, Philadelphia, 1913.

Deren, M.: *Divine Horsemen – The Living Gods of Haiti.* Thames & Hudson, New York, NY., 1953.

De Rivers, J.: The Postural Sway Test and its Correlation. *USN Sch. Aviat. Med. res. Rep.*, (1959), *Proj. No. MR005. 13-3001, Sub. 7, No. 3. ii, 31 p.*
De Ropp, R.S.: The Master Game – Pathways to Higher Consciousness Beyond the Drug Experience. Delacorte, New York, NY., 1968.
Devereux, G.A.: A Sociological Theory of Schizophrenia. *Psychoanal. Rev.*, (1939), *26:* 315–342.
Devereux, G.A.: *A Study of Abortion in Primitive Societies.* Julian Press, New York, NY., 1955.
Devereux, G(eorge): Cultural Factors in Hypnosis and Suggestion – An Examination of Some Primitive Data. *Int. J. Clin. Exp. Hypnosis*, (1966), *14:* 273–291.
DeVoge, J.T.: *The Modification of Hypnotic Susceptibility through Imitative Behavior.* Unpublished Doctoral Thesis, West Virginia Univer., 1970.
DeVoge, J.T., and Sachs, L.B.: The Modification of Hypnotic Susceptibility Through Imitative Behavior. *Int. J. Clin. Exp. Hypnosis*, (1973), *21:* 70–77.
Diamond, M.J.: The Use of Observationally-Presented Information to Modify Hypnotic Susceptibility. *J. abnorm. Psychol.*, (1972), *79:* 174–180.
Diamond, M.J.: Modification of Hypnotizability – A Review. *Psychol. Bull.*, (1974), *81:* 180–198.
Diamond, M.J.: Hypnotizability is Modifiable – An Alternative Approach. *Int. J. Clin. Exp. Hypnosis*, (1977), *25:* 147–166.
Diamond, M.J., Gregory, J., Lenny, E., Steadman, C., and Talone, J.M.: An Alternative Approach to Personality Correlates of Hypnotizability – Hypnosis Specific Mediational Attitudes. *Int. J. Clin. Exp. Hypnosis*, (1974), *22:* 346–353.
Diamond, M.J., and Taft, R.: The Role Played by Ego Permissiveness and Imagery in Hypnotic Responsitivity. *Int. J. Clin. Exp. Hypnosis*, (1975), *23:* 130–138.
Dicken, C.: Good Impression, Social Desirability, and Acquiescence as Suppressor Variables. *Educ. psychol. Measmt.*, (1963), *23:* 699–720.
Dietrich, G., und Walter, H.: *Grundbegriffe der psychologischen Fachsprache.* Ehrenwirth, München, 1970.
Dittborn, J.M., and Armengol, V(ilma): Expectation as a Factor of Sleep Suggestibility II. *J. Psychol.*, (1960), *49:* 113–116.
Dittborn, J.M., Guitiérrez, O., and Godoy, L.M.: Sleep Suggestibility Test. *J. Psychol.*, (1960), *49:* 111–112.
Dittborn, J.M., and O'Connell, D.N.: Behavioral Sleep, Psychological Sleep and Hypnotizability. *Int. J. Clin. Exp. Hypnosis*, (1967), *15:* 181–188.
Dorcus, R.M. (Ed.): *Hypnosis and its Therapeutic Application.* McGraw-Hill, New York, NY., 1956.
Dorner, G.: Sex Hormone-Dependent Differentiation of the Hypothalamus and Sexuality. In: Lissak, K. (Ed.): *Hormones and Brain Function.* Plenum Press, New York, NY., 1973: 47–51.
Dorsainvil, J.d.: Vodou et névrose. Impr. «*La presse*», Port-au-Prince, 1931.
Du Bois, P.: *The Psychic Treatment of Nervous Disorders.* Funk & Wagnalls, New York, NY., 1909.
Du Bois, P.: *Education of Self.* Funk & Wagnalls, New York, NY., 1911.
Duke, J.D.: Intercorrelational Status of Suggestibility Tests and Hypnotizability. *Psychol. Rec.*, (1964), *14:* 71–80.
Dumas, R.A.: EEG Alpha – Hypnotizability Correlations – A Review. *Psychophysiology*, (1977), *14:* 431–438.
Dumas, R(oland), A.: Cognitive Control in Hypnosis and Biofeedback. *Int. J. Clin. Exp. Hypnosis*, (1980), *28:* 53–62.
Earl, J.C.: A Note on the Validity of Certain Rorschach Symbols. *Rorschach Res. Exch.*, (1941), *5:* 51–61.
Edmonston, W.E., Jr.: Body Morphology and the Capacity for Hypnosis. *Annals of the New York Academy of Sciences.* (1977), *296:* 105–118.
Ehrenreich, G.A.: The Relationship of Certain Descriptive Factors to Hypnotizability. *Trans. Kansas Acad. Sci.*, (1949), *52:* 24–27.
Ehrenreich, G.A.: The Influence of Unconscious Factors on Hypnotizability – A Case Report. *Bull. Menninger Clin.*, (1951), *15:* 45–57.
Eliade, M.: *Mythen, Träume und Mysterien.* Otto Müller Verlag, Salzburg, 1961.
Eliseo, T.S.: The Hypnotic Induction Profile and Hypnotic Susceptibility. *Int. J. Clin. Exp. Hypnosis*, (1974), *22:* 320–326.
Elton, D., Stanley, G., and Burrows, G.: *Psychological Control of Pain.* Grune & Stratton, New York, NY., 1983.

Elwin, V.: *The Baiga.* J. Murray, London, 1939.

Elworthy, F.T.: *The Evil Eye – The Origins and Practices of Superstition.* Julian Press, New York, NY., 1958. (Orig. Publ. 1895).

Enelow, H.G.: Kavanah – The Struggle for Inwardness in Judaism. In: Enelow, H.G.: *Selected Works. Vol. 6*, pp. 252–288. Private Printing, Kingsport, Tenn., 1935.

Engström, D.R.: Hypnosis vs. Biofeedback among Hypnotizable Subjects. In: Schwartz, G.E., and Shapiro, D. (Eds.): *Advances in Research. Vol. 1.* Plenum Press, New York, NY., 1976.

Erickson, M.H.: The Induction of Color Blindness by a Technique of Hypnotic Suggestion. *Journal of General Psychology*, (1939), *20:* 61.

Erickson, M.H.: The Applications of Hypnosis to Psychiatry. Medical Record, (1939), *150:* 60.

Erickson, M.H.: Deep Hypnosis and its Induction. In: LeCron, L.M. (Ed.): *Experimental Hypnosis*, Macmillan, NY., 1952.

Erickson, M.H.: Hypnosis in Painful Terminal Illness. *Amer. J. Clin. Hypnosis*, (1958), *1:* 117–121.

Erickson, M.H.: Personal Communication with J.H. Conn. In: Conn, J.H.: The Myth of Coercion Through Hypnosis. *Int. J. Clin. Exp. Hypnosis*, (1981), *29:* 95–100.

Erickson, M.H., Rossi, E.L.: *Hypnotherapie. Aufbau – Beispiele – Forschungen.* Pfeiffer, München, 1981. (Hypnotherapy. An Exploratory Casebook. Irvington, New York, NY., 1979).

Estabrooks, G.H.: Experimental Studies in Suggestion. *J. genet. Psychol.*, (1929), *36:* 120–139.

Estabrooks, G.: *Hypnotism.* Dutton, New York, NY., 1943.

Evans, F.J.: Hypnosis. *Sydney Univer. Med. J.*, (1962), *51:* 60–63.

Evans, F.J.: The Maudsley Personality Inventory, Suggestibility, and Hypnosis. *Int. J. Clin. Exp. Hypnosis*, (1963), *11:* 187–200.

Evans, F.J.: Suggestibility in the Normal Waking State. *Psychological Bulletin*, (1967), *67:* 114–129.

Evans, F.J.: The Placebo Response in Pain Reduction. In: Bonica, J.J. (Ed.): *Advances in Neurology (Vol. 4).* Raven Press, New York, NY., 1974.

Evans, F.J., and Orne, M.T.: Motivation, Performance and Hypnosis. *Int. J. Clin. Exp. Hypnosis*, (1965), *13:* 103–116.

Evans-Wentz, W.Y. (Ed.): *Tibetan Yoga and Secret Doctrines.* (Lama Kazi Dava-Samdup. Trans.), Oxford Univer. Press, New York, NY., 1935.

Eysenck, H.J.: Suggestibility and Hypnosis – An experimental Analysis. *Proc. Roy. Soc. med.*, (1943a), *36:* 349–354.

Eysenck, H.J.: Suggestibility and Hysteria. *J. Neurol. Psychiat.*, (1943b), *6:* 22–31.

Eysenck, H.J.: States of High Suggestibility and Neuroses. *Amer. J. Psychol.*, (1944), *57:* 406–411.

Eysenck, H.J.: *Dimensions of Personality.* Routledge & Kegan Paul, London, 1947.

Eysenck, H.J.: Book Review of A.M. Weitzenhoffer – Hypnotism – An Objective Study in Suggestibility. In: *Psychol. Bull.*, (1954), *51: 593–595.*

Eysenck, H.J.: *Sense and Nonsense in Psychology.* Penguin Books, Baltimore, 1957.

Eysenck, H.J., and Eysenck, S.B.G.: *Manual of the Eysenck Personality Inventory.* London University Press, London, 1963.

Eysenck, H.J., and Furneaux, W.D.: Primary and Secondary Suggestibility – An Experimental and Statistical Study. *J. Exp. Psychol.*, (1945), *35:* 485–503.

Eysenck, H.J., and Rees, W.L.: States of Heightened Suggestibility – Narcosis. *J. ment. Sci.*, (1945), *91:* 301–310.

Faria, Abbé de (1755–1819): *De la cause du sommeil lucide ou étude de la nature de l'homme.* Henri Jouve, Paris, 1906. (Orig. Publ. 1819).

Farthing, W.G., Brown, S.W., and Venturino, M.: Effects of Hypnotizability and Mental Imagery on Signal Detection Sensitivity and Response Bias. *Int. J. Clin. Exp. Hypnosis*, (1982), *30:* 289–305.

Faw, V., and Wilcox, W.W.: Personality Characteristics of Susceptible and Unsusceptibel Hypnotic Subjects. *Int. J. Clin. Exp. Hypnosis*, (1958), *6:* 83–94.

Fellows, B.J., and Armstrong, V.: An Experimental Investigation of the Relationship Between Hypnotic Susceptibility and Reading Involvement. *Amer. J. Clin. Hypnosis*, (1977), *20:* 101–105.

Field, P.B.: An Inventory Scale of Hypnotic Depth. *Int. J. Clin. Exp. Hypnosis*, (1965), *13:* 238–249.

Field, P.B., and Palmer, R.D.: Factor Analysis – Hypnosis Inventory. *Int. J. Clin. Exp. Hypnosis*, (1969), *17:* 50–61.

Field, P.M., and Raisman, G.: Structural and Functional Investigations of a Sexually Dimorphic Part of the Rat Preoptic Area. In: Lederis, K., and Cooper, K.E. (Eds.): *Recent Studies of Hypothalamic Function*, Karger, Basel, 1974, pp. 17–25.

Fielding, J.M., Mowbray, R.M., and Davies, B.: Trial of an Antianxiety Compound-Doxepin (sinequan). *Psychopharmacologia*, (1969), *15:* 134–143.

Finke, R.A., and MacDonald, H.: Two Personality Measures Relating Hypnotic Susceptibility to Absorption. *Int. J. Clin. Exp. Hypnosis*, (1978), *26:* 178–183.

Finn, J(ane) A., and Neuringer, C.: Left-Handedness – A Study of its Relation to Opposition. *J. proj. Tech. Pers. Assessmt.*, (1968), *32:* 49–52.

Fischer, H.K., and Dlin, B.M.: The Dynamics of Placebo Therapy. *American Journal of the Medical Sciences*, (1956), *232:* 504–512.

Fischer, R.A.: A Cartography of the Ecstatic and Meditative States. The Experimental and Experiential Feature of a Perception-Hallucination Continuum are considered. *Science*, (1971), *174:* 897–904.

Fisher, S.: Nonspecific Factors in Response to Drugs. In: DiMascio, A., and Shader, R. (Eds.): *Clinical Handbook of Psychopharmacology.* Jason Aronson, New York, NY., 1970a.

Fisher, S.: *Body Experience in Fantasy and Behavior.* Appleton-Century-Crofts, New York, NY., 1970b.

Forel, A(ugust(e)) (1848–1931): *Der Hypnotismus oder die Suggestion und die Psychotherapie. Ihre psychologische, psychophysiologische und medizinische Bedeutung mit Einschluß der Psychoanalyse sowie der Telepathiefrage.* 1.–12. Aufl. Enke, Stuttgart, 1889–1923.

Frank, J.D.: *Persuasion and Healing – A Comparative Study of Psychotherapy.* The Johns Hopkins Press, Baltimore, 1961.

Frankel, F.H.: *Hypnosis – Trance as a Coping Mechanism.* Plenum, New York–London, 1976.

Frankel, F.H.: Hypnosis and Hypnotizability Scales – A Reply. *Int. J. Clin. Exp. Hypnosis*, (1982), *30:* 377–392.

Frankel, F.H., Apfel, R.J., Kelly, S.F., Benson, H., Quinn, T., Newmark, J., and Malmaud, R.: The Use of Hypnotizability Scales in the Clinic – A Review after Six Years. *Int. J. Clin. Exp. Hypnosis*, (1979), *27:* 63–73.

Frankel, F.H., and Orne, M.T.: Hypnotizability and Phobic Behavior. *Arch. gen. Psychiat.*, (1976), *33:* 1259–1261.

Franklin, B., Majault, Le Roy, Sallin, Bailly, D'Arcet, De Borie, Guillotin, Lavoisier: *Rapport des commissaires charges par le roi, de l'examen du magnetisme animal.* Moutard, Paris, 1784.

Franz, von, Marie-Louise, und Hillman, J(ames): Zur Typologie C.G. Jungs – Die inferiore und die Fühlfunktion. BONZ, Fellbach-Oeffingen, 1980.

Fresacher, L.: A Way into the Hypnotic State. *Brit. J. med. Hypnotism.* (1951), *3:* 12–13.

Freud, S.: Mourning and Melancholia. In: Strachey, J. (Ed. & Trans.): *The Standard Edition of the Complete Psychological Works of Sigmund Freud. Vol. 14.* Hogarth, London, 1972 (Orig. Publ. 1915).

Friedlander, J.W., and Sarbin, T.R.: The Depth of Hypnosis. *J. abnorm. soc. Psychol.*, (1938), *33:* 453–475.

Friedman, J.J., and Keup, W.: Hypnotizability of Newly Admitted Psychotic Patients. *Psychosomatics*, (1963), *4:* 95–98.

Friedman, H., and Taub, H.A.: The Use of Hypnosis and Biofeedback Procedures for Essential Hypertension, *Int. J. Clin. Exp. Hypnosis*, (1977), *25:* 335–347.

Friedman, H., and Taub, H.A.: A Six-Month Follow-Up of the Use of Hypnosis and Biofeedback Procedures in Essential Hypertension. *Amer. J. Clin. Hypnosis*, (1978), *20: 184–188.*

Friend, M.B.: Group Hypnotherapy Treatment. In: Wallerstein, R.S. (Ed.): Hospital Treatment of Alcoholism. Basic Books, New York, NY., 1957.

Frischholz, E.J., and Tryon, W.W.: Hypnotizability in Relation to the Ability to Learn Thermal Biofeedback. *Amer. J. Clin. Hypnosis*, (1980), *23:* 53–56.

Fromm, E., and Shor, R.E.: Underlying Theoretical Issues – An Introduction. In: Fromm, E., and Shor, R.E. (Eds.): *Hypnosis, Research Developments and Perspectives.* Aldine-Atherton, Chicago, 1972: 3–12.

Furneaux, W.D.: An Experimental Study of Suggestibility and Hypnosis. Paper Read at British Psychol. Soc., Exeter, 1945.

Furneaux, W.D.: The Prediction of Susceptibility to Hypnosis. *J. Pers.*, (1946), *14:* 281–294.

Furneaux, W.D.: Primary Suggestibility and Hypnotic Susceptibility in a Group Situation. *J. gen. Psychol.*, (1952), *46:* 87–91.

Furneaux, W.D.: Neuroticism, Extraversion, Drive, and Suggestibility. *Int. J. Clin. Exp. Hypnosis*, (1961), *9:* 195–214.

Furneaux, W.D.: Neuroticism, Extraversion, and Suggestibility – A Comment. *Int. J. Clin. Exp. Hypnosis*, (1963), *11:* 201–202.

Furneaux, W.D., and Gibson, H.B.: The Maudsley Personality Inventory as a Predictor of Susceptibility to Hypnosis. *Int. J. Clin. Exp. Hypnosis*, (1961), *9:* 167–177.

Galbraith, G.C., Cooper, L.M., and London, P.: Hypnotic Susceptibility and the Sensory Evoked Response. *J. comp. physiol. Psychol.*, (1972), *80:* 509–514.

Gale, C., and Herman, M.: Hypnosis and the Psychotic Patient. *Psychiat. Quart.*, (1956), *30:* 417–424.

Gardner, G.G.: Hypnosis with Children. *Int. J. Clin. Exp. Hypnosis*, (1974), *22:* 20–38.

Gardner, G.G.: Hypnosis with Children – Selected Readings. *Int. J. Clin. Exp. Hypnosis*, (1980), *28:* 289–293.

Gardner, G.G., and Hinton, R.M.: *Hypnosis with Children.* In: Burrows, G.D., and Dennerstein, L. (Eds.): Handbook of Hypnosis and Psychosomatic Medicine. Elsevier, North Holland Biochemical Press, 1980, pp. 205–231.

Garrett, J.B.: Effect of Hypnotic Time Distortion upon Embedded Figures Test Performance. Paper presented at the Meeting of the American Psychological Association. Chicago, Sept. 1975.

Garrett, J.W., and Kennedy, K.W.: *A Collection of Anthropometry.* Aerospace Medical Research Laboratory. Patterson Air Force, Base, Ohio, 1976.

Gebsattel, V.E. v.: *Imago Hominis – Das Bild des Menschen in der Wissenschaft.* Verlag Neues Forum, Schweinfurt, 1964.

Gelfand, D.M., Gelfand, S., and Rardin, M.: Some Personality Factors Associated with Placebo Responsitivity. *Psychological Reports*, (1965), *17:* 555–562.

Gibson, H.B., and Corcoran, M.E.: Personality and Differential Susceptibility to Hypnosis – Further Replication and Sex Differences. *Brit. J. Psychol.*, (1975), *66:* 513–520.

Gibson, H.B., and Curran, J.D.: Hypnotic Susceptibility and Personality – A Replication Study. *Brit. J. Psychol.*, (1974), *65:* 283–291.

Gilbert, J.E., and Barber, T.X.: Effects of Hypnotic Induction, Motivational Suggestions and Level of Suggestibility on Cognitive Performance. *Int. J. Clin. Exp. Hypnosis*, (1972), *20:* 156–168.

Gill, M.M., and Brenman, M.: *Hypnosis and Related States – Psychoanalytic Studies in Regression.* International Universities Press, New York, NY., 1959. Second Printing, 1977.

Gill, M., and Menninger, K.A.: Techniques of Hypnoanalysis illustrated in a Case Report. *Bull. Menninger Clin.*, (1946), *10:* 110–126.

Gindes, B(ernard) C.: *New Concepts of Hypnosis.* Julian Press, New York, NY., 1977.

Glasenapp, H(elmuth) von: *Die Fünf Weltreligionen.* Diederichs, Köln, 1982.

Glass, L.B., and Barber, T.X.: *A Note on Hypnotic Behavior, the Definition of the Situation and the Placebo Effect. J. nerv. ment. Dis.*, (1961), *132:* 539–541.

Glueck, B.C., and Stroebel, C.F.: Biofeedback and Meditation in the Treatment of Psychiatric Illnesses. *Comprehens. Psychiat.*, (1975), *16:* 303–321.

Goldberger, N.I., and Wachtel, P.L.: Hypnotizability and Cognitive Controls. *Int. J. Clin. Exp. Hypnosis*, (1973), *21:* 298–304.

Goldiamond, I., and Hawkins, W.F.: The log Relationship between Word-Frequency and Recognition obtained in the Absence of Stimulus Words. *J. Exp. Psychol.*, (1958), *56:* 457–463.

Goldstein, A.: *Therapist-Patient Expectancies in Psychotherapy.* Pergamon Press, New York, NY., 1962,

Goleman, D.: Meditation as Meta-Therapy. Hypotheses Toward a Proposed Fifth State of Consciousness. *J. transpers. Psychol.*, (1971), *3:* 1–25.

Gordon, B(enjamin) L(ee): *Medicine throughout Antiquity.* Philadelphia, 1949.

Gordon, M.C.: Age and Performance Differences of Male Patients on Modified Stanford Hypnotic Susceptibility Scales. *Int. J. Clin. Exp. Hypnosis*, (1972), *20:* 152–155.

Gorer, G.: *Himalayan Village.* M. Joseph, London, 1938.

Graham, C., and Evans, F.J.: Hypnotizability and the Development of Waking Attention. *J. abnorm. Psychol.*, (1977), *86:* 631–638.

Gramize, L.M., and Marcuse, F.L.: Some Parameters of Body Sway. *Intern. J. Clin. Exp. Hypnosis*, (1969), *17:* 189–194.

Grasset, 1890: Zitiert in: Ellenberger, H.F.: *The Discovery of the Unconscious – The History and Evolution of Dynamic Psychiatry.* Basic Books, New York, NY., 1970.

Green, D.M., and Swets, J.A.: *Signal Detection Theory and Psychophysics.* Wiley & Sons, New York, NY., 1966.

Greene, J.T.: Hypnotizability of Hospitalized Psychotics. *Int. J. Clin. Exp. Hypnosis*, (1969), *17:* 103–108.

Gregory, J., and Diamond, M.J.: Increasing Hypnotic Susceptibility by Means of Positive Expectancies and Written Instruction. *J. abnorm. Psychol.*, (1973), *82:* 363–367.

Grimes, F.V.: An Experimental Analysis of the Nature of Suggestibility and its Relation to other Psychological Factors. *Stud. Psychol. Psychiat. Cathol. Univer. Amer.*, (1948), *7:* No. 4.

Gruenewald, D(oris): Problems of Relevance in the Application of Laboratory Data to Clinical Situations. *Int. J. Clin. Exp. Hypnosis*, (1982), *345–353.*

Grumbles, D., and Crawford, H.J.: Differential Attentional Abilities and Hypnotizability. Paper presented at the 33rd Annual Meeting of the Society for Clinical and Experimental Hypnosis, Portland, Oregon. October, 1981.

Gur, R.C.: An Attention-Controlled Operant Procedure for Enhancing Hypnotic Susceptibility. *J. abnorm. Psychol.*, (1974), *83:* 644–650.

Gur, R.C., and Gur, R.E.: Handedness, Sex and Eyedness as Moderating Variables in the Relation Between Hypnotic Susceptibility and Functional Brain Asymmetry. *J. Abnorm. Psychol.*, (1974), *83* (6): 635–643.

Gur, R.C., and McKinley, P.: Imagery, Absorption, and the Tendency Toward «Mind Exploration» as Correlates of Hypnotic Susceptibility in Males and Females. Paper presented at the 27th Annual Meeting of the Society for Clinical and Experimental Hypnosis, Chicago, October, 1975.

Haley, J.: *Strategies of Psychotherapy.* Grune & Stratton, New York, NY., 1963.

Ham, M.W., Spanos, N.P., and Barber, T.X.: Suggestibility in Hospitalized Schizophrenics. *J. abnorm. Psychol.*, (1976), *85:* 550–557.

Hammer, A.G., Evans, F.J., and Bartlett, M.: Factors in Hypnosis and Suggestion. *J. abnorm. soc. Psychol.*, (1963), *67:* 15–23.

Haronian, R., and Sugarman, A.A.: A Comparison of Sheldon's and Parnell's Method for Quantifying Morphological Differences. *Am. J. Phys. Anthropol.*, (1965), *23:* 135–142.

Hartland, J.C.: *Medical and Dental Hypnosis.* Baillière, London, 1966.

Hartmann, H.: *Ego Psychology and the Problem of Adaptation.* International Universities Press, New York, NY., 1958.

Hartman, B.J.: Hypnotic Susceptibility in Chronic Alcoholics – Assessment in a Group of 18 Institutionalized Patients with Various Mental Disorders. *J. nat. med. Ass.*, (N.Y.), (1966), *58:* 197–198.

Hatfield, E(laine) C.: The Validity of the LeCron Method of Evaluating Hypnotic Depth. *Int. J. Clin. Exp. Hypnosis*, (1961), *9:* 215–221.

Havens, R.A.: Using Modeling and Information to Modify Hypnotizability. *Int. J. Clin. Exp. Hypnosis*, (1977), *25:* 167–174.

Heath, E.S., Hoaken, P.C.S., and Sainz, A.A.: Hypnotizability in State-Hospitalized Schizophrenics. *Psychiat. Quart.*, (1960), *34:* 65–68.

Hécaen, H., and De Ajuriaguerra, J.: *Left-Handedness – Manual Superiority and Cerebral Dominance.* (E. Ponder, Trans.) Grune & Stratton, New York, NY., 1964.

Hedberg, A.G.: The Effect of Certain Examiner and Subject Characteristics on Responsiveness to Suggestion. *Int. J. Clin. Exp. Hypnosis*, (1974), *22:* 354–364.

Heilizer, F.: An Exploration of the Relationship Between Hypnotizability and Anxiety and/or Neuroticism. *J. consult. Psychol.*, (1960), *24:* 432–436.

Heilizer, F.: Relationship Between Anxiety and Hypnotizability. *Amer. J. Clin. Hypnosis*, (1961), *4:* 30–35.

Hilgard, E.R.: The Motivational Relevance of Hypnosis. In: Levine, D. (Ed.): *Nebraska Symposium on Motivation.* Univer. of Nebraska Press, Lincoln, 1964, pp. 1–44.

Hilgard, E.R.: *Hypnotic Susceptibility.* Harcourt, Brace & World, New York, NY., 1965a.

Hilgard, E.R.: The Domain of Hypnosis – With Some Comments on Alternative Paradigms. *Amer. Psychologist*, (1973), *28:* 972–982.

Hilgard, E.R.: Hypnosis. *Ann. Rev. Psychol.*, (1975), *26:* 19–44.

Hilgard, E(rnest) R.: *Divided Consciousness – Multiple Controls in Human Thought and Action.* Wiley, New York, NY., 1977.

Hilgard, E.R.: Hypnotic Susceptibility and Implications for Measurement. *Int. J. Clin. Exp. Hypnosis*, (1982), *29:* 394–403.

Hilgard, E. R., and Bentler, P. M.: Predicting Hypnotizability from the Maudsley Personality Inventory. *Brit. J. Psychol.*, (1963), *54:* 63–69.
Hilgard, E. R., Crawford, H. J., Bowers, P., and Kihlstrom, J. F.: A Tailored SHSS: C, Permitting User Modification for Special Purposes. *Int. J. Clin. Exp. Hypnosis*, (1979a), *27:* 125–133.
Hilgard, E. R., Crawford, H. J., and West, A.: The Stanford Hypnotic Arm Levitation Induction and Test (Shalit) – A Six-Minute Hypnotic Induction and Measurement Scale. *Int. J. Clin. Exp. Hypnosis*, (1979b), *27:* 111–124.
Hilgard, E. R., and Hilgard, J. R.: *Hypnosis in the Relief of Pain.* W. Kaufmann, Los Altos, Calif., 1975.
Hilgard, E. R., and Lauer, L. W.: Lack of Correlation Between the California Psychological Inventory and Hypnotic Susceptibility. *J. consult. Psychol.*, (1962), *26:* 331–335.
Hilgard, E. R., Sheehan, P. W., Monteiro, K. P., and Macdonald, H.: Factorial Structure of the Creative Imagination Scale as a Measure of Hypnotic Responsiveness – An International Comparative Study. *Int. J. Clin. Exp. Hypnosis*, (1981), *29:* 66–76.
Hilgard, E. R., Weitzenhoffer, A. M., and Gough, P.: Individual Differences in Susceptibility to Hypnosis. *Proc. Nat. Acad. Sci.*, (USA), (1958), *44:* 1255–1259.
Hilgard, E. R., Weitzenhoffer, A. M., Landes, J., and Moore, R. K.: The Distribution of Susceptibility to Hypnosis in a Student Population – A Study Using the Stanford Hypnotic Susceptibility Scale. *Psychol. Monogr.*, (1961), *75:* No. 8 (Whole No. 512).
Hilgard, J. R.: Personality and Hypnotizability – Inferences from Case Studies. In: Hilgard, E. R.: *Hypnotic Susceptibility.* Harcourt, Brace & World, New York, NY., 1965b: 343–374.
Hilgard, J. R.: *Personality and Hypnosis – A Study of Imaginative Involvement.* Univer. of Chicago Press, Chicago, 1970.
Hilgard, J. R.: Imaginative Involvement – Some Characteristics of the Highly Hypnotizable and Non-Hypnotizable. *Int. J. Clin. Exp. Hypnosis*, (1974), *22:* 138–156.
Hilgard, J. R., and Hilgard, E. R.: Developmental-Interactive Aspects of Hypnosis – Some Illustrative Cases. *Genet. Psychol. Monogr.*, (1962), *66:* 143–178.
Hilgard, J. R., and Hilgard, E. R.: Assessing Hypnotic Responsiveness in a Clinical Setting – A Multi-Item Clinical Scale and its Advantage over Single-Item Scales. *Int. J. Clin. Exp. Hypnosis*, (1979), *27:* 134–150.
Hilgard, J(osephine) R., and LeBaron, S(amuel): *Hypnotherapy of Pain in Children with Cancer.* William Kaufmann, Los Altos, Calif., 1984.
Himmelweit, H(ilde) T., Desai, M., and Petrie, A.: An Experimental Investigation of Neuroticism. *J. Pers.*, (1946), *15:* 173–196.
Hirai, T.: *Psychophysiology of Zen.* Igaku Shoin, Tokyo, 1974.
Hofling, C. K.: The Place of Placebos in Medical Practice. *The General Practitioner*, (1955), *11:* 103–107.
Holroyd, J. C., Nuechterlein, K. H., Shapiro, D., and Ward, F.: Individual Differences in Hypnotizability and Effectiveness of Hypnosis or Biofeedback. *Int. J. Clin. Exp. Hypnosis*, (1982), *30:* 23–31.
Holt, R. R., Eagle, C., Havel, J., Goldberger, L., Phillip, A., Rabkin, J., Safrin, R., et al: Manual for Scoring of Primary Process Manifestation in Rorschach Responses. (Rev. 10th ed.). Res. Ctr. for ment. Hlth., New York Univer., New York, NY., 1970.
Hong, G. K., Skiba, A., Yepes, E., and O'Brian, R.: Effects of Ethnicity of Hypnotist and Subject on Hypnotic Susceptibility. *Int. J. Clin. Exp. Hypnosis*, (1982), *30:* 23–31.
Horsley, J. S.: Narcotic Hypnosis. *Brit. J. med. Hypnosis*, (1951), *2:* 2–7.
Hull, C. L.: Quantitative Methods of Investigating Waking Suggestion. *J. abnorm. soc. Psychol.*, (1929), *24:* 153–169.
Hull, C. L.: Quantitative Methods of Investigating Hypnotic Suggestion. Part I. *J. abnorm. soc. Psychol.*, (1930a), *25:* 200–223.
Hull, C. L.: Quantitative Methods of Investigating Hypnotic Suggestion. Part II. *J. abnorm. soc. Psychol.*, (1930b), *25:* 390–417.
Hull, C(lark) L. (1884–1952): *Hypnotism and Suggestibility – An Experimental Approach.* The Century Psychology Series, Appleton, New York, NY., 1933. (Appleton-Century-Crofts, New York, NY., 1968).
Hull, C. L., and Huse, B(etty): Comparative Suggestibility in the Trance and Waking States. *Amer. J. Psychol.*, (1930), *42:* 279–286.
Humphreys, L. G.: Characteristics of Type Concepts with Special Reference to Sheldon's Typology. *Psychol. Bull.*, (1957), *54:* 218–228.

Hunt, E. E.: A Note on Growth, Somatotype and Temperament. *Am. J. Phys. Anthropol.*, (1949), *7:* 79–89.
Huxley, T. X.: *Methods and Results.* Chap. 24. Macmillan, New York, NY., New York, NY., 1893.
Ihalainen, O., and Rosberg, G.: Relaxing and Encouraging Suggestions given to Hospitalized Chronic Schizophrenics. *Int. J. Clin. Exp. Hypnosis*, (1976), *24:* 228–237.
Ikegami, R.: Psychological Study of Zen Posture. In: Akishige, Y. (Ed.): *Psychological Studies on Zen.* Zen Institute of Komazawa Univer., 1973: 105–133.
Imber, S. D., Frank, J. D., Gleidman, L. H., Nash, E. H., and Stone, A. R.: Suggestibility, Social Class and the Acceptance of Psychotherapy. *J. Clin. Psychol.*, (1956), *12:* 341–344.
Ingham, J. G.: Body-Sway Suggestibility and Neurosis. *J. ment. Sci.*, (1954), *100:* 432–441.
Ingham, J. G.: Psychoneurosis and Suggestibility. *J. abnorm. soc. Psychol.*, (1955), *51: 600–603.*
Ingham, J. G.: Some Experiments on Pavlov's Theory of Suggestion. Brit. J. Psychol., (1956), *47:* 252–258.
Ingram, R. E., Saccuzzo, D. P., McNeil, B. M., and McDonald, R.: Speed of Information in High and Low Susceptible Subjects: A Preliminary Study. *Int. J. Clin. Exp. Hypnosis*, (1979), *27:* 42–47.
Ingvarsson, C., and Lindenberg, B.: Experimental Studies of Suggestibility in Mental Disturbances. *Acta psychiat. (Kbh.)*, (1935), *10:* 77–85.
Ireland, W. W.: Psychological Retrospect. 2. German Retrospect. *J. ment. Sci.*, (1892), *38:* 447–452.
Jackson, J. A., Gregory, C. G., and Camp, E. M.: The Relationship between Posthypnotic Suggestion and Endurance in Physically Trained Subjects. *Int. J. Clin. Exp. Hypnosis*, (1979). *27:* 278–293.
Jacobs, S. B., and Salzberg, H. C.: The Effects of Posthypnotic Performance-Enhancing Instructions on Cognitive-Motor Performance. *Intern. J. Clin. Exp. Hypnosis*, (1987), *35:* 41–50.
Jakubczak, L. F., and Walters, R. H.: Suggestibility as Dependency Behavior. *J. abnorm. soc. Psychol.*, (1959), *59:* 102–107.
James, W(illiam): *Principles of Psychology and Varieties of Religious Experiences*, 1890.
James, W.: *The Principles of Psychology. (Vol. 1).* Dover, New York, NY., 1950. (Orig. Publ., 1890).
Jan Jakob Maria de Groot: *Universismus. Die Grundlage der Religion und Ethik, des Staatswesens und der Wissenschaften Chinas.* Berlin, 1918.
Jenness, A.: Facilitation of Response to Suggestions of Different Types. *J. exp. Psychol.*, (1933), *16:* 55–82.
Jenness, A., and Wible, C. L.: Respiration and Heart Action in Sleep and Hypnosis. *J. gen. Psychol.*, (1937), *16:* 197–222.
Joannes, F(ernando): Das Judentum – Geschichtlicher Inhalt, Geschichte, Religiöses Leben. Pattloch, Aschaffenburg, 1982.
John, E. R.: A Model of Consciousness. In: Schwartz, G. E., and Shapiro, D. (Eds.): *Consciousness and Self-Regulation – Advances in Research (Vol. 1). Plenum Press, New York, NY., 1976: 1–50.*
Johnson, R. F. Q., and Barber, T. X.: Hypnosis, Suggestions, and Warts – An Experimental Investigation Implicating the Importance of «Believed-In Efficacy». Amer. J. Clin. Hypnosis, (1978), *20:* 165–174.
Jone, H.: *Moral Theology.* Newman Press, Westminster, Maryland, 1948.
Jospe, M.: *The Placebo Effect in Healing.* Lexington Books, Lexington, 1978.
Jovanović, U. J.: *Normal Sleep in Man.* Hippokraties, Stuttgart, 1971.
Jovanović, U. J.: Biorhythmic Aspects of Sleep-Waking-Cycle in Healthy and Ill People. *Totus Homo*, Milano, (1978a), *8:* 31–59.
Jovanović, U. J.: *Zur Methodik der Chronopsychologie – Psychometrische, polygraphische, klinische und Persönlichkeitsuntersuchungen.* Inaug. Diss., Julius-Maximilians-Universität, Würzburg, 1978b.
Jovanović, U. J.: Eigene vorwissenschaftliche Erfahrungen über die suggestive Wirkung des Dämonenglaubens (Protokoll 001), 1988a (in Vorbereitung).
Jovanović, U. J.: Einwirkung des Suggestors/Hypnotiseurs auf die Suggestibilität/Hypnotisierbarkeit der Versuchspersonen (Protokoll 002), 1988b (in Vorbereitung).
Jovanović, U. J.: Beobachtungen der suggestiven Effekte des Alkohols bei chronischen Alkoholikern in Würzburg, 1988c (in Vorbereitung).
Jovanović, U. J.: Vorkommen der Hypnose und Hypnotisierbarkeit bei gesunden Probanden mit Beobachtungen der Modifikation der Hypnotisierbarkeit/Hypnosetiefe, 1988d (in Vorbereitung).
Jovanović, U. J.: Hypnosehäufigkeit und Hypnosedauer bei gesunden Menschen und Patienten, 1988e (in Vorbereitung).
Jovanović, U. J.: Zur Frage der Hypnotisierbarkeit und der Autorität des Hypnotiseurs, 1988f (in Vorbereitung).

Jovanović, U. J.: Zur Frage der Hypnotisierbarkeit und Alter der Probanden, 1988g (in Vorbereitung).

Jovanović, U. J.: Hypnotisierbarkeit und Einverständnis des Probanden zur Hypnose, 1988h (in Vorbereitung).

Jovanović, U. J.: Hypnose und Selbstbeurteilung der Probanden über das Gelingen der Hypnose und Hypnosetiefe, 1988i (in Vorbereitung).

Jovanović, U. J.: Hypnotisierbarkeit bei depressiven Patienten in Abhängigkeit von den biorhythmischen Tagesschwankungen, 1988j (in Vorbereitung).

Jovanović, U. J.: Hypnotisierbarkeit und Psychopharmaka-Einwirkung bei Patienten einer psychiatrischen Klinik, 1988k (in Vorbereitung).

Jovanović, U. J.: Abhängigkeit der Hypnotisierbarkeit von der Untersuchungssituation. Untersuchungen im Hörsaal und unter Isolation, 1988kl (in Vorbereitung).

Jovanović, U. J.: Zur Problematik der suggestiven Effekte der Placebo-Applikation bei Patienten, 1988m (in Vorbereitung).

Jovanović, U. J.: Angewandte und klinische Hypnose, Fischer Verlag, Stuttgart, 1989 (in Vorbereitung).

Jupp, J. J., Collins, J. K., and McCabe, M. P.: Estimates of Hypnotizability – Standard Group Scale Versus Subjective Impression in Clinical Populations. *Int. J. Clin. Exp. Hypnosis*, (1985), *33:* 140–149.

Kardener, S. H., Fuller, M., and Meash, I. N.: A Survey of Physician's Attitudes and Practices Regarding Erotic and Nonerotic Contact with Patients. *Amer. J. Psychiat.*, (1973), *130:* 1077–1081.

Karlin, R. A.: Hypnotizability and Attention. *J. abnorm. Psychol.*, (1979), *88:* 92–95.

Kartchner, F. D., and Korner, I. N.: The Use of Hypnosis in the Treatment of Acute Combat Reactions. *Amer. J. Psychiat.*, (1947), *103:* 630–636.

Kasamatsu, A., and Hirai, T.: An Electroencephalographic Study on the Zen Meditation (Zazen). *Folia psychiat, neurol. jap.*, (1966), *20:* 315–336.

Katz, N. W.: Comparable Efficacy of Behavioral Training, Training Plus Relaxation, and a Sleep/Trance Hypnotic Induction in Increasing Hypnotic Susceptibility. *J. consult. clin. Psychol.*, (1979), *47:* 119–127.

Kaufman, M. R., and Beaton, L. E.: A Psychiatric Treatment Program in Combat. *Bull. Menninger Clin.*, (1947), *11:* 1–14.

Kelley, G.: (Quoted) Hypnosis as Anesthesia. In Medico-Moral Problems. Chap. 32, St. Luis, The Catholic Hospital Association of the U.S. and Canada, 1958, p. 289.

Kelman, H. C.: Effects of Success and Failure on «Suggestibility» in the Autokinetic Situation. *J. abnorm. soc. Psychol.*, (1950), *45:* 267–285.

Kennedy, A., and Neville, J.: Sudden Loss of Memory. *Brit. med. J.*, (1957), *2:* 428–433.

Kihlstrom, J. F., Diaz, W. A., McClellan, G. E., Ruskin, P. M., Pistole, D. D., and Shor, R. E.: Personality Correlates of Hypnotic Susceptibility – Needs for Achievement and Autonomy, Self-Monitoring, and Masculinity-Femininity. *Amer. J. Clin. Hypnosis*, (1980), *22:* 225–230.

Kihlstrom, J. F., and Evans, F. J.: Memory Retrieval Processes During Posthypnotic Amnesia. In: Kihlstrom, J. F., and Evans, F. J. (Eds.): *Functional Disorders of Memory.* Lawrence Erlbaum/ Halsted/Wiley, 1979: 179–218.

King, D. L., and Lummis, G.: Effects of Visual Sensory-Restriction and Recent Experience With the Imagined Stimulus on a Suggestibility Measure. *Int. J. Clin. Exp. Hypnosis*, (1974), *22:* 239–248.

Kinney, J. M., and Sachs, L. B.: Increasing Hypnotic Susceptibility. *J. abnorm. Psychol.*, (1974), *83:* 145–150.

Kline, M. V.: Theoretical and Conceptual Aspects of Psychotherapy. In: Kline, M. V. (Ed.): *Hypnodynamic Psychology*. Julian Press, New York, NY., 1955: 77–203.

Kline, M. V.: *Freud and Hypnosis – The Interaction of Psychodynamics and Hypnosis.* Julian Press and the Institute for Research in Hypnosis Publication Society, New York, NY., 1958.

Kline, M. V.: The Production of Antisocial Behavior Through Hypnosis: New Clinical Data. *Intern. J. Clin. Exp. Hypnosis*, (1972), *20:* 80–94.

Klinger, B. I.: Effect of Peer Model Responsiveness and Length of Induction Procedure on Hypnotic Responsiveness. *J. abnorm. Psychol.*, (1970), *75:* 15–18.

Knehr, C. A.: Hypnotizability. *J. Psychol.*, (1961), *51:* 319–320.

Knox, V. J., and Shum, K.: Reduction of Cold-Pressor Pain with Acupuncture Analgesia in High- and Low-Hypnotic Subjects. *J. abnorm. Psychol.*, (1977), *86:* 639–643.

Kon-Sprul Blo-Gros-Mthá-Yas: *Gdams nag mdzod.* (Anweisungen und Methoden für die seelische Entspannung). *Lungtok & Gyaltsan, Delhi, Indien, 1971.*

Korotkin, I.I., and Suslova, M.M.: Comparative Study of the Effects of Suggestion in the Alert State and Under Hypnosis. Zh. vyss. nervn. Delatel., (1960), *2:* 173–179.

Kraines, S.H.: *The Therapy of the Neuroses and Psychoses.* Lea & Febiger, 1941.

Kramer, E.: Group Induction of Hypnosis with Institutionalized Patients. *Int. J. Clin. Exp. Hypnosis*, (1966), *14:* 243–246.

Kramer, E., and Brennan, E.P.: Hypnotic Susceptibility of Schizophrenic Patients. *J. abnorm. soc. Psychol.*, (1964), *69:* 657–659.

Krasner, L.: The Therapist as a Social Reinforcement Machine. In: Strupp, H.H., and Luborsky, L. (Eds): *Research in Psychotherapy. Vol. 2.* American Psychological Association, Washington, D.C., 1962, S. 61–94.

Kretschmer, E.: *Medizinische Psychologie.* 1.–13. Aufl. Thieme, Leipzig–Stuttgart, 1921, 1971.

Kroger, W.S.: *Clinical and Experimental Hypnosis in Medicine, Dentistry and Psychology.* Lippincott, Philadelphia, 1963.

Kroger, W.S.: *Clinical and Experimental Hypnosis.* Lippincott, Philadelphia, 1977.

Kroger, W.S., and Fezler, W.D.: *Hypnosis and Behavior Modification – Imagery Conditioning.* Lippincott, Philadelphia, P.A., 1976.

Krueger, R.G.: The Influence of Repetition and Disuse upon Rate of Hypnotization. *J. exp. Psychol.*, (1931a), *14:* 260–269.

Krueger, R.G.: Variation in Hypersuggestibility Preceeding, During and Following the Hypnotic Trance. *J. abnorm. soc. Psychol.*, (1931b), *26:* 131–140.

Kubie, L(awrence) S.: Illusion and Reality in the Study of Sleep, Hypnosis, Psychosis, and Arousal. *Int. J. Clin. Exp. Hypnosis*, (1972), *20:* 205–223.

Kubie, L.S., and Margolin, S.: The Process of Hypnotism and the Nature of the Hypnotic State. *Amer, J. Psychiat.*, (1944), *100:* 611–622.

Kugler, J.: *Elektroencephalographie in Klinik und Praxis.* Thieme-Verlag, Stuttgart, 1963.

Ku-hung-ming, J.: *Der Geist des chinesischen Volkes.* Jena, 1917.

Land, J.M., and Greenberg, R.P.: The Influence of Some Situational Variables on Initial Hypnotic Susceptibility. *Int. J. Clin. Exp. Hypnosis*, (1971), *29:* 37–45.

Lane, B(arbara) M.: A Validation Test of the Rorschach Movement Interpretations. *Amer. J. Orthopsychiat.*, (1948), *18:* 292–296.

Lang, P.J., and Lazovik, A.D.: Personality and Hypnotic Susceptibility. *J. consult. Psychol.*, (1962), *26:* 317–322.

Lang, P.J., Troyer, W.G., Twentyman, C.T., and Gatchel, R.J.: Differential Effects of Heart Rate Modification Training on College Students, Older Males, and Patients with Ischemic Heart Disease. *Psychosom. Med.*, (1975), *37:* 429–446.

Langen, D. (Ed): *Hypnose und autogenes Training in der psychosomatischen Medizin.* Hippokrates, Stuttgart, 1971.

Langen, D. (Ed): *Hypnose und psychosomatische Medizin.* Hippokrates, Stuttgart, 1972.

Lasagna, L., and von Felsinger, J.W.: The Volunteer Subject in Research. *Science*, (1954), *120:* 359–361.

Lasagna, L., Mosteller, F., von Felsinger, J.M., and Beecher, H.K.: A Study of the Placebo Response. *American Journal of Medicine*, (1954), *16:* 770–779.

Lasagna, L., Laties, V.G., and Dohan, J.L.: Further Studies on the Pharmacology of Placebo Administration. *Journal of Clinical Investigation*, (1958), *37:* 533–537.

Laurence, J.R., and Perry, C.: Montréal Norms for the Harvard Scale of Hypnotic Susceptibility, Form A. *Int. J. Clin. Exp. Hypnosis*, (1982), *30:* 167–176.

Lavoie, G., and Sabourin, M.: Hypnosis and Schizophrenia – A Review of Experimental and Clinical Studies. In: Burrows, G.D., and Dennerstein, L. (Eds): *Handbook of Hypnosis and Psychosomatic Medicine.* Elsevier/North Holland Biomedical Press, New York, NY., 1980: 377–419.

Lavoie, G., Sabourin, M., Ally, G., and Langlois, J.: Hypnotizability as a Function of Adaptive Regression among Chronic Patients. *Int. J. Clin. Exp. Hypnosis*, (1976), *24:* 238–257.

Lavoie, G., Sabourin, M., and Langlois, J.: Hypnotic Susceptibility, Amnesia, and IQ in Chronic Schizophrenia. *Int. J. Clin. Exp. Hypnosis*, (1973), *21:* 157–168.

Lavshits, L.S.: Study of Higher Nervous Activity in Man under Hypnosis in Cases of Chronic Alcoholism. *Zh. vyssh. nervn. Deiatel.*, (1959), *9:* 837–844.

Lazar, B(illie) S.: Hypnotic Imagery as a Tool in Working with a Cerebral Palsied Child, *Int. J. Clin. Exp. Hypnosis*, (1977), *25:* 78–87.

LeCron, L.M.: A Method of Measuring the Depth of Hypnosis. (I)JCEH, (1953), Bd. 1, 4–7.

LeCron, L.M., and Bordeaux, J.: *Hypnotism Today*. Grune & Stratton, New York, NY., 1947.
Lenox, J.R., and Bonny, H.: The Hypnotizability of Chronic Alcoholics. *Int. J. Clin. Exp. Hypnosis*, (1976), *24:* 419–425.
Lesh, T.V.: Zen Meditation and the Development of Empathy in Counselors. *J. human. Psychol.*, (1970), *10:* 39–74.
Leslie, A.: Ethics and Practice of Placebo Therapy. *American Journal of Medicine*, (1954), *16:* 854–862.
Leuba, C.: Theories of Hypnosis – A Critique and a Proposal, *Amer. J. Clin. Hypnosis*, (1960), *3:* 43–48.
Leuner, H.: *Katathymes Bilderleben, Unterstufe, Kleine Psychotherapie mit der Tagtraumtechnik*. Thieme, Stuttgart, 1970.
Leuner, H(anscarl): *Lehrbuch des Katathymen Bilderlebens*. Hans Huber, Bern, 1985.
Levine, J.D., Gordon, N.C., and Fields, H.L.: The Mechanism of Placebo Analgesia. *Lancet*, (1978a), *2:* 654–657.
Levine, J.D., Gordon, N.C., and Fields, H.L.: Evidence that the analgesic Effect of Placebo is Mediated by Endorphins. In: *Second World Congress on Pain, Vol. I., Pain Abstracts*. Interantional Association for the Study of Pain, Seattle, Washington, 1978b.
Levine, K.M., Grassi, J.R., and Gerson, M.J.: Hypnotically induced Mood Changes in the Verbal and Graphic Rorschach – A Case Study. *Rorschach*, 1943.
Levitt, E.E., Aronoff,, G., Morgan, C.D., Overley, T.M., and Parrish, M.J.: Testing the Coercive Power of Hypnosis – Committing Objectionable Acts. *Int. J. Clin. Exp. Hypnosis*, (1975), *23:* 59–67.
Levitt, E.E., and Baker, E.L.: The Hypnotic Relationship – Another Look at Coercion, Compliance and Resistance. *Int. J. Clin. Exp. Hypnosis*, (1983), *31:* 125–131.
Levitt, E.E., and Henderson, G.H.: Voluntary Resistance to Neutral Hypnotic Suggestions. Paper presented at the 32nd Annual Meeting of the Society for Clinical and Experimental Hypnosis, Chicago, October, 1980.
Levitt, E(ugene) E., Herschman, S(eymour): The Clinical Practice of Hypnosis in the United States – A Preliminary Survey. *Int. J. Clin. Exp. Hypnosis*, (1962), *1:* 55–65.
Levitt, E.E., Lubin, B., and Zuckerman, M.: Note on the Attitude Toward Hypnosis of Volunteers and Nonvolunteers for an Hypnosis Experiment. *Psychol. Rep.*, (1959), *5:* 712.
Levitt, E.E., Lubin, B., and Zuckerman, M.: The Effect of Incentives on Volunteering for an Hypnosis Experiment. *Int. J. Clin. Exp. Hypnosis*, (1962), *10:* 39–41.
Levitt, E.E., and Overley, T.M.: Experience of the Hypnotist as a Factor in Hypnotic Behavior. *Int. J. Clin. Exp. Hypnosis*, (1965), *13:* 34–38.
Levitt, E.E., Persky, H., and Brady, J.P.: *Hypnotic Induction of Anxiety – A Psychoendocrine Investigation*. Charles C Thomas, Springfield/Ill. 1964.
Leyburn, J.G.: *The Haitian People*. Yale University Press, New Haven, Conn., 1941.
Liberman, R.: An Analysis of the Placebo Phenomenon. *Journal of Chronic Disease*, (1962), *15:* 761–783.
Liébeault, A.A.: *Du sommeil des états analogues considerés surtout au point de vue de l'action du moral sur le physique*. Masson, Paris, 1866, 1886.
Liébeault, A(uguste) A. (1823–1904): *Über den Schlaf und ähnliche Zustände*. Deuticke, Wien, 1892.
Lieberman, J., Lavoie, G., and Brisson, A.: Suggested Amnesia and Order of Recall as a Function of Hypnotic Susceptibility and Learning Conditions in Chronic Schizophrenic Patients. *Int. J. Clin. Exp. Hypnosis*, (1978), *26:* 268–280.
Linden, W.: Practicing of Meditation by School Children and Their Levels of Field Dependence-Independence, Test Anxiety, and Reading Achievement. *J. consult. clin. Psychol.*, (1973), *41:* 139–143.
Lindner, R.M.: Hypnoanalysis. In: Bychowski, G., and Despert, J.L. (Eds): *Specialised Techniques in Psychotherapy*. Grove, New York, NY., 1952, 25–39.
Lodge, J.: The Illusion of Warmth Test for Suggestibility. *Forum Educ.*, (1926), *3:* 180–186.
London, L.S.: Hypnosis, Hypno-Analysis and Narco-Analysis. *Amer. J. Psychother.*, (1947), *1:* 443.
London, P.: Subject Characteristics in Hypnosis Research: I. A Survey of Experience, Interest, and Opinion. *Int. J. Clin. Exp. Hypnosis*, (1961), *9:* 151–161.
London, P.: Hypnosis in Children – An Experimental Approach. *Int. J. Clin. Exp. Hypnosis*, (1962), *10:* 79–91.
London, P.: *Children's Hypnotic Susceptibility Scale*. Consulting Psychologists Press, Palo Alto, Calif., 1963.

London, P.: Developmental Experiments in Hypnosis. *J. project. Tech. Pers. Assessmt.*, (1965), *29:* 189–199.
London, P.: Kidding around with Hypnosis. *Int. J. Clin. Exp. Hypnosis*, (1976), *24:* 105–121.
London, P., and Cooper, L.M.: Norms of Hypnotic Susceptibility in Children. *Developm. Psychol.*, (1969), *1:* 113–124.
London, P., Cooper, L.M., and Johnson, H.J.: Subject Characteristics in Hypnosis Research: II. Attitudes Toward Hypnosis, Volunteer Status, and Personality Measures. III. Some Correlates of Hypnotic Susceptibility. *Int. J. Clin. Exp. Hypnosis*, (1962), *10:* 13–21.
London, P., and Fuhrer, M.: Hypnosis, Motivation and Performance. *J. Pers.*, (1961), *29:* 321–333.
London, P., Hart, J.T., and Leibovitz, M.P.: EEG Alpha Rhythms and Susceptibility to Hypnosis. *Nature*, (1968), *219:* 71–72.
London, P., and Madsen, C.H., Jr.: Role Playing and Hypnotic Susceptibility in Children: II. An Extension and Partial Replication. *Int. J. Clin. Exp. Hypnosis*, (1969), *17:* 37–49.
London, P., and Rosenhan, D.: Personality Dynamics. *Annu. Rev. Psychol.*, (1964), *15:* 447–492.
Long, T.E.: Some Early-Life Stimulus Correlates of Hypnotizability. *Int. J. Clin. Exp. Hypnosis*, (1968), *16:* 61–67.
Ludwig, A.M.: Hypnosis in Fiction. *Int. J. Clin. Exp. Hypnosis*, (1963), *11:* 71–80.
Ludwig, A.M., and Levine, J.: Alterations in Consciousness Produced by Hypnosis. *J. nerv. ment. Dis.*, (1965), *140:* 146–153.
Ludwig, A(rnold) M., and Lyle, W(illiam) H. Jr.: *The Experimental Production of Narcotic Drug Effects and Withdrawal Symptoms Through Hypnosis. Int. J. Clin. Exp. Hypnosis*, (1964), *12:* 1–17.
Macalpine, I(da): The Development of the Transference. *Psychoanal. Quart.*, (1950), *19:* 501–539.
MacDougall, W.: *Outline of Abnormal Psychology.* Scribner, New York, NY., 1926.
Madsen, C.H., and London, P.: Role Playing and Hypnotic Susceptibility in Children. *J. Pers. soc. Psychol.*, (1966), *3:* 13–19.
Magnan, J.T.: Hypnosis – A Medico-Moral Evaluation. *Linacre Q.*, (1959), *26:* 39.
Maier, N.R.F.: Maier's Law. *Amer. Psychol.*, (1960), *15:* 208.
Marks, D.F.: Visual Imagery Differences in the Recall of Pictures. *Brit. J. Psychol.*, (1973), *64:* 17–24.
Marmer, M.J.: *Hypnosis in Anesthesiology.* Charles C Thomas, Springfield, Ill., 1959.
Mars, L.: *La crise de possession dans la vaudou – Essai de psychiatrie comparée.* Impr. De L'Etat, Port-au-Prince, Haiti, 1916.
Mars, L.: Phenomena of «possession». *Tomorrow*, (1954), *3:* (1), 61–73.
Marshall, D.G., and Diamond, M.F.: *Increasing Hypnotic Behavior Through Modeling.* Unpublished Manuscript, Stanford Univer., 1968.
Martin, R.M., and Marcuse, F.L.: Characteristics of Volunteers and Nonvolunteers for Hypnosis. *J. Clin, Exp. Hypnosis*, (1957), *5:* 176–180.
Martin, R.M., and Marcuse, F.L.: Characteristics of Volunteers and Nonvolunteers in Psychological Experimentation. *J. consult. Psychol.*, (1958), *22:* 475–479.
Maupin, E.W.: Individual Differences in Response to a Zen Meditation Exercise. *J. consult. Psychol.*, (1965), *29:* 139–145.
Maupin, E.W.: On Meditation. In: Tart, C.T. (Ed.): *Altered States of Consciousness.* Wiley, New York, NY., 1969: 177–186.
McBain, W.N.: Imagery and Suggestibility – A Test of the Arnold Hypothesis. *J. abnorm. soc. Psychol.*, (1954), *49:* 36–44.
McConkey, K.M., Sheehan, P.W., and Law, G.H.: Structural Analysis of the Harvard Group Scale of Hypnotic Susceptibility, Form A. *Int. J. Clin. Exp. Hypnosis*, (1980), *28:* 164–175.
McConkey, K.M., Sheehan, P.W., and White, K.D.: Comparison of the Creative Imagination Scale and the Harvard Group Scale of Hypnotic Susceptibility, Form A. *Int. J. Clin. Exp. Hypnosis*, (1979), *27:* 265–277.
McCord, H.: The Hypnotizability of the Mongoloid-Type Child. *Int. J. Clin. Exp. Hypnosis*, (1956), *4:* 19–20.
McCord, H(allack): Trance Induction under Unusual Circumstances. *Int. J. Clin. Exp. Hypnosis*, (1965), *13:* 96–102.
McGeorgh, J.A.: The Relationship Between Suggestibility and Intelligence in Delinquents. *Psychol. Clin.*, (1925), *16:* 133–134.
McGlashan, T.H., Evans, F.J., and Orne, M.T.: The Nature of Hypnotic Analgesia and Placebo Response to Experimental Pain. *Psychosomatic Medicine*, (1969), *31:* 227–246.

McGlothlin, W.H., and Cohen, S.: The Use of Hallucinogenic Drugs Among College Students. Amer. J. Psychiat., (1965), *122:* 572–574.

McGlothlin, W., Cohen, S., and McGlothlin, M.S.: Long lasting Effects of LSD on Normals. *Arch. gen. Psychiat.*, (1967), *17:* 521–532.

Meares, A.: *A System of Medical Hypnosis.* Saunders, Philadelphia, 1961.

Meeker, W.B., and Barber, T.X.: Toward an Explanation of Stage Hypnosis. *J. abnorm. Psychol.*, (1971), *77:* 61–70.

Melei, J.P., and Hilgard, E.R.: Attitudes Toward Hypnosis, Self-Predictions, and Hypnotic Susceptibility. *Intern. J. Clin. Exp. Hypnosis*, (1964), *12:* 99–108.

Messer, A.L., Hinckley, E.D., and Mosier, C.I.: Suggestibility and Neurotic Symptoms in Normal Subjects. *J. gen. Psychol.*, (1938), *19:* 391–399.

Metraux, A.: *Voodoo in Haiti.* Oxford University Press, New York, NY., 1959.

Miller, G.A.: The Magical Number Seven, Plus or Minus Two – Some Limits on Our Capacity for Processing Information. *Psychol. Rev.*, (1956), *63:* 81–97.

Miller, L.S., and Cross, H.J.: Hypnotic Susceptibility, Hypnosis, and EMG Biofeedback in the Reduction of Frontalis Muscle Tension. *Int. J. Clin. Exp. Hypnosis*, (1985), *33:* 258–272.

Miller, N.E.: Biofeedback Results said to be good but overpublicized. *Clin. Psychiat. News*, (1975a), *4:* 3.

Miller, R.J.: Response to the Ponzo Illusion as a Reflection of Hypnotic Susceptibility. *Int. J. Clin. Exp. Hypnosis*, (1975b), *23:* 148–157.

Miller, R.J.: The Harvard Group Scale of Hypnotic Susceptibility as a Predictor of Nonhypnotic Suggestibility. *Int. J. Clin. Exp. Hypnosis*, (1980), *28:* 46–52.

Mischel, W., and Mischel, F(rances): Psychological Aspects of Spirit Possession. *Amer. Anthropologist*, (1958), *60:* 249–260.

Moll, A.: *Der Hypnotismus.* (2. Aufl.) Kornfeld, Berlin, 1890.

Montijo, J.: The Puerto Rican Client. *Profess. Pschol.*, (1975), *6:* 475–477.

Moore, R.A.: Notes and Comment – Alcoholism Treatment in Private Psychiatric Hospitals; A National Survey. *Quart. J. Stud. Alcohol.*, (1971), *32:* 1083–1085.

Moore, R(osemarie) K.: Susceptibility to Hypnosis and Susceptibility to Social Influence. Unpublished Doctoral Dissertation, Stanford Univer., (1961), summarized in *Dissert. Abstr.*, (1961), *22:* 1735–1736.

Moore, R.K.: Susceptibility to Hypnosis and Susceptibility to Social Influence. *J. abnorm. soc. Psychol.*, (1964), *68:* 282–294.

Moore, R(osemarie) K., and Lauer, L.W.: Hypnotic Susceptibility in Middle Childhood. *Int. J. Clin. Exp. Hypnosis*, (1963), *11:* 167–174.

Morgan, A.H.: The Heritability of Hypnotic Susceptibility in Twins. *J. abnorm. Psychol.*, (1973), *82:* 55–61.

Morgan, A.H., and Hilgard, E.R.: Age Differences in Susceptibility to Hypnosis. *Int. J. Clin. Exp. Hypnosis*, (1973), *21:* 78–85.

Morgan, A.H., and Hilgard, J.R.: Stanford Hypnotic Clinical Scale (SHCS). In: Hilgard, E.R., and Hilgard, J.R.: *Hypnosis in the Relief of Pain.* Kaufmann, Los Altos, Calif., 1975.

Morgan, A.H., Hilgard, E.R., and Davert, E.C.: The Heritability of Hypnotic Susceptibility of Twins – A Preliminary Report. *Behav. Genet.*, (1970), *1:* 213–224.

Morgan, A.H., Johnson, D.L., and Hilgard, E.R.: The Stability of Hypnotic Susceptibility – A Longitudinal Study. *Int. J. Clin. Exp. Hypnosis*, (1974), *22:* 249–257.

Morrow, R.S.: Symposium – Ethnic Differences in Therapeutic Relationships – Introduction. *Profess. Psychol.*, (1975), *6:* 468–474.

Morse, D.R., Martin, J.S., Furst, M.L., and Dubin, L.L.: A Physiological and Subjective Evaluation of Meditation, Hypnosis and Relaxation. *Psychosom. Med.*, (1977), *39:* 304–324.

Moss, S.C., Riggen, G., Coyne, L., and Bishop, W.: Some Correlates of the Use (or Disuse) of Hypnosis by Experienced Psychologist-Therapists. *Int. J. Clin. Exp. Hypnosis*, (1965), *13:* 39–50.

Mott, Jr., T.: The Clinical Importance of Hypnotizability. *Amer. J. Clin. Hypnosis*, (1979), *21:* 263–269.

Mowbray, R.M.: Principles and Methods of Evaluation of Treatment. *Australian and New Zealand Journal of Psychiatry*, (1968), *3:* 187–193.

Mueller-Elmau, B(ernhard): *Kräfte aus der Stille.* ECON, Düsseldorf, 1984. (1. Aufl. 1977).

Müezzinoglu, Ali Esref: Film Presentation at the 9th International Congress of Hypnosis and Psychosomatic Medicine, August, 22nd–27th, 1982; Glasgow, Scotland.

Mulholland, T.: Problems and Prospects for Feedback EEG. Paper presented at the Meeting of the Winter Conference on Brain Research, Aspen, Colo., January, 1969.

Murray, J.H.: *A New English Dictionary on Historical Principles.* Clarendon Press, Oxford, 1933.

Murray, H.A.: *Explorations in Personality.* Oxford, New York, NY., 1938.

Myers, T.E., and Murphy, D.B.: Reported Visual Sensation During Brief Exposure to Reduced Sensory Input. In: West, L.J. (Ed.): *Hallucinations.* Grune & Stratton, New York, NY., 1962: 118–124.

Nettler, G.: Cruelty, Dignity, and Determinism. *Am. Sociol. Rev.*, (1959), *24:* 375.

Nowlis, D.P.: The Child-Rearing Antecedents of Hypnotic Susceptibility, and of Naturally Occuring Hypnotic-Like Experience. *Int. J. Clin. Exp. Hypnosis*, (1969), *17:* 109–120.

Nowlis, D.P., and Rhead, J.C.: Relation of Eyes-Closed Resting EEG Alpha Activity to Hypnotic Susceptibility. *Percept. mot. Skills*, (1968), *27:* 1047–1050.

Nuechterlein, K.H., and Holroyd, J.C.: Biofeedback in the Treatment of Tension Headache – Current Status. *Arch. gen. Psychiat.*, (1980), *37:* 866–873.

Nuys, D., Van: Drug Use and Hypnotic Susceptibility. *Int. J. Clin. Exp. Hypnosis*, (1972), *20:* 31–37.

Nuys, D., Van: Meditation, Attention, and Hypnotic Susceptibility – A Correlational Study. *Int. J. Clin. Exp. Hypnosis*, (1973), *21:* 59–69.

O'Connell, D.N.: An Experimental Comparison of Hypnotic Depth Measured by Self-Ratings and by an Objective Scale. *Int. J. Clin. Exp. Hypnosis*, (1964), *12:* 34–46.

Orne, M.T.: The Nature of Hypnosis – Artifact and Essence. *J. abnorm. soc. Psychol.*, (1959a), *58:* 277–299.

Orne, M.T.: Research in Hypnosis. Paper read at Group Advancement Psychiatry Symposium, New York, 1959b.

Orne, M.T.: Hypnotically Induced Hallucinations. In: West, L.J. (Ed.): *Hallucinations.* Grune & Stratton, New York, NY., 1962a: 211–219.

Orne, M.T.: Implications for Psychotherapy Derived From Current Research on the Nature of Hypnosis. *Amer. J. Psychiat.*, (1962b), *118:* 1097–1103.

Orne, M.T.: On the Social Psychology of the Psychological Experiment – With Particular Reference to Demand Characteristics and Their Implications. *Amer. Psychologist*, (1962c), *17:* 776–783.

Orne, M.T.: Demand Characteristics and the Concept of Quasi-Controls. In: Rosenthal, R., and Rosnow, R. (Eds.): *Artifact in Behavioral Research.* Academic Press, New York, NY., 1969.

Orne, M.T.: Can a Hypnotized Subject be Compelled to Carry Out Otherwise Unacceptable Behavior? *Int. J. Clin. Exp. Hypnosis*, (1972), *20:* 101–117.

Orne, M.T., and Evans, F.J.: Social Control in the Psychological Experiment – Antisocial Behavior and Hypnosis. *J. Pers. soc. Psychol.*, (1965), *1:* 189–200.

Orne, M.T., Hilgard, E.R., Spiegel, H., Spiegel, D., Crawford, H.J., Evans, F.J., Orne, E.C., and Frischholz, E.J.: The Relation Between the Hypnotic Induction Profile and the Stanford Hypnotic Susceptibility Scales, Forms A and C. *Int. J. Clin. Exp. Hypnosis*, (1979), *17:* 85–102.

Orne, M.T., and O'Connell, D.N.: Diagnostic Ratings of Hypnotizability. *Int. J. Clin. Exp. Hypnosis*, (1967), *15:* 125–133.

Oswald, I.: *Sleep and Waking – Physiology and Psychology.* Elsevier, New York, NY., 1962.

Otis, L.S.: Meditation or Simulated Meditation by Nonpredisposed Volunteers – Some Psychological Changes. In: Taub, E. (Chm.): *The Psychobiology of Meditation.* Symposium presented at the American Psychological Association, Montréal, August, 1973.

Paivio, A.: *Imagery and Verbal Processes.* Holt, Rhinehart, & Winston, New York, NY., 1971.

Palmer, R.D., and Field, P.B.: Visual Imagery and Susceptibility to Hypnosis. *J. consult. clin. Psychol.*, (1968), *32:* 456–461.

Parnell, R.W.: Somatotyping by Physical Anthropometry. *Am. J. Phys. Anthropol.* (1954), *21:* 209–239.

Parnell, R.W.: *Behavior and Physique.* Edward Arnold, London, England, 1958.

Pascal, G.R., and Salzberg, M.C.: A Systematic Approach to Inducing Hypnotic Behavior. *Int. J. Clin. Exp. Hypnosis*, (1959), *7:* 161–167.

Pattie, F.A.: Methods of Induction, Susceptibility of Subjects, and Criteria of Hypnosis. In: Dorcus, R.M. (Ed.): *Hypnosis and its Therapeutic Applications.* McGraw-Hill, New York, NY., 1956a: 2/1–2/24.

Pattie, F.A.: Theories of Hypnosis. In: Dorcus, R.M. (Ed.): *Hypnosis and its Therapeutic Applications.* McGraw-Hill, New York, NY., 1956b: 1/1–1/30.

Paul, G.L.: Physiological Effects of Relaxation Training and Hypnotic Suggestion. *J. abnorm. Psychol.*, (1969), *74:* 425–437.

Pedersen, D(arhl) M., and Cooper, L(eslie) M.: Some Personality Correlates of Hypnotic Susceptibility. *Int. J. Clin. Exp. Hypnosis*, (1965), *13:* 193–202.
Perry, C.: A Possible Kinesic Indicator of Hypnotic Susceptibility. *Int. J. Clin. Exp. Hypnosis*, (1970), *18:* 52–60.
Perry, C.: Imagery, Fantasy, and Hypnosis. Paper presented at the Meeting of the Society for Clinical and Experimental Hypnosis, Chicago, October, 1971.
Perry, C.: Imagery, Fantasy and Hypnotic Susceptibility – A Multidimensional Approach. *J. Pers. Soc. Psychol.*, (1973), *26:* 217–221.
Perry, C.: Is Hypnotizability Modifiable? *Int. J. Clin. Exp. Hypnosis*, (1977), *25:* 125–146.
Perry, C(ampbell): Hypnotic Coercion and Compliance to it – A Review of Evidence Presented in a Legal Case. *Int. J. Clin. Exp. Hypnosis*, (1979), *27:* 187–218.
Perry, C., Gelfand, H., and Marcovitch, P.: The Relevance of Hypnotic Susceptibility in the Clinical Context. *J. abnorm. Psychol.*, (1979), *88:* 592–603.
Perry, C., and Laurence, Jean-Roch: Hypnotic Depth and Hypnotic Susceptibility – A Replicated Finding. *Int. J. Clin. Exp. Hypnosis*, (1980), *28:* 272–280.
Peters, J.E., Dhanens, T.P., Lundy, R.M., and Landy, F.J.: A Factor Analytic Investigation of the Harvard Group Scale of Hypnotic Susceptibility, Form A. *Int. J. Clin. Exp. Hypnosis*, (1974), *22:* 377–387.
Peters, J.E., and Stern, R.M.: Peripheral Skin Temperature and Vasomotor Responses During Hypnotic Induction. *Int. J. Clin. Exp. Hypnosis*, (1973), *21:* 102–108.
Petrie, A(senath): Repression and Suggestibility as Related to Temperament. *J. Pers.*, (1948), *16:* 445–458.
Pettinati, H.M.: Measuring Hypnotizability in Psychotic Patients. *Int. J. Clin. Exp. Hypnosis*, (1982), *30:* 404–416.
Pierce, F.: *Mobilizing the Mid-Brain.* Dutton, New York, NY., 1924.
Platonov, K.I.: *The Word as a Physiological and Therapeutic Factor.* Foreign Lang. Publ. House, Moscow, 1959.
Polak, P.R., Mountain, H.E., and Emde, R.N.: Hypnotizability and Predection of Hypnotizability in Hospitalized Psychotic Patients. *Int. J. Clin. Exp. Hypnosis*, (1964), *12:* 252–257.
Prabhavananda, S., and Isherwood, C. (Trans.): *How to Know God – The Yoga Aphorisms of Patanjali.* Vedanta Press, Hollywood, 1953.
Pratt, G.J., Wood, D.P., and Alman, G.M.: *A Clinical Hypnosis Primer.* Psychology & Consulting Associates Press, La Jolla, Calif., 1984.
Pribram, K.H., and McGuinness, D.: Arousal, Activation and Effort in the Control of Attention. *Psychol. Rev.*, (1975), *82:* 116–149.
Prideaux, E.: Suggestion and Suggestibility. *Brain*, London, (1920), *42:* 291–304.
Priebe, F.A., and Wallace, B.: Hypnotizability, Imaging Ability, and the Detection of Embedded Objects. *Intern. J. Clin. Exp. Hypnosis*, (1986), *34:* 320–329.
Provonsha, J.W.: Ethical Implications of Medical Hypnosis. *Med. Arts*, (1960), *14:* 4.
Puységur, Armand Marie Jaques de Chastenet, Marquis de (1751–1825): *Mémoires pour servir a l'histoire et a l'établissement du magnétisme animal.* Maison, Paris, 1784.
Qualls, P.J., and Sheehan, P.W.: Capacity for Absorption and Relaxation During Electromyograph Biofeedback and Non-Feedback Conditions. *J. abnorm. Psychol.*, (1979), *88:* 652–662.
Radtke, L.H., Spanos, N.P., Armstrong, L.A., Dillman, N., and Boisvenue, M.E.: Effects of Electromyographic Feedback and Progressive Relaxation Training on Hypnotic Susceptibility – Disconfirming Results. *Int. J. Clin. Exp. Hypnosis*, (1983), *31:* 98–106.
Raginsky, B.B.: Sensory Hypnoplasty with Case Illustrations. *Int. J. Clin. Exp. Hypnosis*, (1962), *10:* 205–219.
Ravenscroft, K. Jr.: Spirit Possession in Haiti – A Tentative Theoretical Analysis. Unpublished Bachelor's Thesis, Yale University, 1962.
Ravenscroft, K., Jr.: Voodoo Possession – A Natural Experiment in Hypnosis. *Int. J. Clin. Exp. Hypnosis*, (1965), *3:* 157–182.
Rawlings, R.M.: The Inheritance of Hypnotic Amnesia. Presented at Australian and New Zealand Society for the Advancement of Science. University of New South Wales, Sydney, Australia, 1980.
Reid, A.F., and Curtsinger, G.: Physiological Changes Associated with Hypnosis – The Effect of Hypnosis on Temperature. *Int. J. Clin. Exp. Hypnosis*, (1968), *16:* 111–119.

Reiff, R., and Scheerer, M.: *Memory and Hypnotic Age Regression – Developmental Aspects of Cognitive Function Explored through Hypnosis.* International Universities Press, New York, NY., 1959.

Reilley, R. R., Parisher, D. W., Carona, A., and Dobrovolsky, N. W.: Modifying Hypnotic Susceptibility by Practice and Instruction. *Int. J. Clin. Exp. Hypnosis*, (1980), *28:* 39–45.

Remmers, H. H., Cutler, M., and Jones, P.: Waking Suggestibility in Children – General or Specific? *The Pedagogical Seminary and J. genet. Psychol.*, (1940), *56:* 87–93.

Reyher, J.: Brain Mechanisms, Intrapsychic Processes and Behavior – A Theory of Hypnosis and Psychopathology. *Amer. J. Clin. Hypnosis*, (1964), *7:* 107–119.

Reyher, S.: Hypnosis in Research on Psychopathology. In: Gordon, J. E. (Ed.): *Handbook of Clinical and Experimental Hypnosis.* Macmillan, New York, NY., 1967: 110–147.

Richardson, A.: *Mental Imagery.* Springer, New York, NY., 1969.

Riggs, M(arbaret) M., and Kaess, W.: Personality Differences Between Volunteers and Nonvolunteers. *J. Psychol.*, (1955), *40:* 229–245.

Rigaud, M.: *La tradition voudoo et le voudoo Haitien – Son temple, ses mystères, sa magie.* Niclaus, Paris, 1953.

Roach, J. H. L.: An Experimental Study of Suggestibility in Extroverts and Introverts. *J. appl. Psychol.*, (1941), *25:* 458–468.

Roach, J. H. L.: Autosuggestion in Extroverts and Introverts. *J. Pers.*, (1947), *15:* 215–221.

Roberts, A. H., Schuler, J., Bacon, J. G., Zimmermann, R. L., and Patterson, R.: Individual Differences and Autonomic Control – Absorption Hypnotic Susceptibility and the Unilateral Control of Skin Temperature. *J. abnorm. Psychol.*, (1975), *84:* 272–279.

Robertson, G. M.: Hypnotism at Paris and Nancy – Notes on a Visit. *J. ment. Sci.*, (1892), *38:* 494–531.

Rorer, L. G.: The Great Response-Style Myth. *Psychol. Bull.*, (1965), *63:* 129–156.

Rosen, H., and Myers, H. J.: Abreaction in Military Setting. *Arch. Neurol. Psychiat.*, Chicago, (1947), *57:* 161–172.

Rosen, H.: Hypnodiagnostic and Hypnotherapeutic Fantasy-Evocation and Acting-Out Techniques. *Int. J. Clin. Exp. Hypnosis*, (1953), *1:* 54–56.

Rosenhan, D., and London, P.: Hypnosis – Expectation Susceptibility and Performance. *J. abnorm. soc. Psychol.*, (1963a), *66:* 77–81.

Rosenhan, D., and London, P.: Hypnosis in the Unhypnotizable – A Study in Rote Learning. *J. exp. Psychol.*, (1963b), *65:* 30–34.

Rosenhan, D. L., and Tomkins, S. S.: On Preference for Hypnosis and Hypnotizability. *Int. J. Clin. Exp. Hypnosis*, (1964), *12:* 109–114.

Rosenthal, R., Persinger, G. W., Viken-Kline, L., and Fode, K. L.: The Effect of Early Data Returns on Data Subsequently Obtained by Outcome-Biased Experimenters. *Sociometry*, (1963), *26:* 487–498.

Rosenzweig, S., and Sarason, S.: An Experimental Study of the Triadic Hypotheses – Reaction to Frustration, Ego-Defense, and Hypnotizability. I. Correlational Approach. *Charact. & Pers.*, (1942), *11:* 1–19.

Rossi, E.: *Dreams and the Growth of Personality – Expanding Awareness in Psychotherapy.* Pergamon, New York, NY., 1972.

Ruch, J(ohn) C., and Morgan, A(rlene) H.: Subject Posture and Hypnotic Susceptibility – A Comparison of Standing, Sitting and Lying-Down Subjects. *Int. J. Clin. Exp. Hypnosis*, (1971), *19:* 100–108.

Ruch, J. C., Morgan, A. H., and Hilgard, E. R.: Behavioral Predictions from Hypnotic Responsiveness Scores when Obtained with and without Prior Induction Procedures. *J. abnorm. Psychol.*, (1973) *82:* 543–546.

Ruch, J. C. Morgan, A. H., and Hilgard, E. R.: Measuring Hypnotic Responsiveness – A Comparison of the Barber Suggestibility Scale and the Stanford Hypnotic Susceptibility Scale, Form A. *Int. J. Clin. Exp. Hypnosis*, (1974), *22:* 365–376.

Rund, J.: Hypnosis and Prayer. *J. Hypn. Psychol. Dent.*, (1957), *1:* 24.

Saavedra, R. L., and Miller, R. J.: The Influence of Experimentally Induced Expectations on Responses to the Harvard Group Scale of Hypnotic Susceptibility, Form A. *Int. J. Clin. Exp. Hypnosis*, (1983), *31:* 37–46.

Saccuzzo, D. P., and Braff, D. L.: Early Information Processing Deficits in Schizophrenia – New Findings Using Schizophrenic Subgroups and Manic Controls. *Arch. gen. Psychiat.*, (1981), *38:* 175–179.

Saccuzzo, D. P., Safran, D., Anderson, V., and McNeill, B.: Visual Information Processing in High and Low Susceptible Subjects. *Int. J. Clin. Exp. Hypnosis*, (1982), *30:* 32–44.

Sacerdote, P.: A Non-Statistical Dissertation about Hypnotizability Scales and Clinical Goals – Comparison with Individualized Induction and Deepening Procedures. *Int. J. Clin. Exp. Hypnosis*, (1982a), *30:* 354–374.

Sacerdote, P.: Further Reflections on the Hypnotizability Scales – A Comment. *Int. J. Clin. Exp. Hypnosis*, (1982b), *30:* 393.

Sachs, L.B.: Construing Hypnosis as Modifiable Behavior. In: Jacobs, A.B., and Sachs, L.B. (Eds.): *Psychology of Private Events.* Academic Press, New York, NY., 1971.

Sachs, L.R., and Anderson, W.L.: Modification of Hypnotic Susceptibility. *Int. J. Clin. Exp. Hypnosis*, (1967), *15:* 172–180.

Saltzman, B.N.: The Reliabilities of Tests of Waking and Hypnotic Suggestibility. *Psychol. Bull.*, (1936), *33:* 622–623.

Sarason, S., and Rosenzweig, S.: An Experimental Study of the Triadic Hypothesis – Reaction to Frustration, Ego-Defense, and Hypnotizability. II. Thematic Apperception Approach. *Charact. & Pers.*, (1942), *11:* 150–165.

Sarbin, T(heodore) R.: Rorschach Patterns under Hypnosis. *Amer. J. Orthopsychiat.*, (1939), *9:* 315–318.

Sarbin, T.R.: Contributions to Role-Taking Theory – I. Hypnotic Behavior. *Psychol. Rev.*, (1950), *57:* 255–270.

Sarbin, T(heodore) R., and Coe, W(illiam) C.: *Hypnosis – A Social Psychological Analysis of Influence Communication.* Holt, Rinehart and Winston, New York, NY., 1972.

Sarbin, T.R., and Madow, L.W.: Predicting the Depth of Hypnosis by Means of the Rorschach Test. *Amer. J. Orthopsychiat.*, (1942), *12:* 268–270.

Sargant, W., and Fraser, R.: Inducing Light Hypnosis by Hyperventilation. *Lancet*, (1938), *2:* 778–779.

Satz, P., Achenbach, K., Pattishall, E., and Fennell, E.: Order of Report, Ear Asymmetry and Handedness in Dichotic Listening. *Cortex*, (1965), *1:* 377–396.

Schafer, R.: A Study of Personality Characteristics Related to Hypnotizability. Unpublished Masters Thesis, Univer. of Kansas, 1947.

Scheller, Heinrich (1901–1972): Ehemaliger Direktor der Universitäts-Nervenklinik und Poliklinik der Universität Würzburg.

Schilder, P.: *The Nature of Hypnosis.* (G. Corvin, Trans.) International Universities Press, New York, NY., 1956.

Schmitz, K.: *Was ist, was kann, was nützt Hypnose?* Lehmanns, München, 1951.

Schneck, J.M.: Modified Technique for the Induction of Hypnosis. *J. Nerv. Ment. Dis.*, (1947), *106:* 77–79.

Schneck, J.M.: *Hypnosis in Modern Medicine.* (3rd ed). Charles C Thomas, Springfield, Ill., 1962.

Scholem, G.G.:: *Major Trends in Jewish Mysticism.* (Revised ed.). Schocken Books, New York, NY., 1941.

Schulman, R.E., and London, P.: Hypnosis and Verbal Learning. *J. abnorm. soc. Psychol.*, (1963), *67:* 363–370.

Schultz, J.H.: *Hypnose-Technik.* 1.–6. Aufl. G. Fischer, Jena–Stuttgart–New York, 1935–1976, Fischer, Stuttgart, 1983.

Schultz, J.H.: Das Autogene Training. In: Frankl, V.E., Gebsattel, V.E. Freiherr v., Schultz, J.H.: *Hb. d. Neurosenlehre u. Psychotherapie*, (1959), *4:* 153–210, Urban & Schwarzenberg, München–Berlin.

Schultz, J.H., and Luthe, W.: *Autogenic Training. A Psychophysiological Approach to Psychotherapy.* Grune & Stratton, New York, NY., 1959.

Schwartz, G.E., Davidson, R.J., and Goleman, D.J.: Patterning of Cognitive and Somatic Processes in the Self-Regulation of Anxiety. *Psychosom. Med.*, 1978.

Secter, I.I.: An Investigation of Hypnotizability as a Function of Attitude Toward Hypnosis. *Amer. J. Clin. Hypnosis*, (1960), *3:* 75–89.

Secter, I.I.: Personality Factors of the MMPI and Hypnotizability. *Amer. J. Clin. Hypnosis*, (1961a), *3:* 185–188.

Secter, I.I.: T.A.T. Card 12 M as a Predictor of Hypnotizability. *Amer. J. Clin. Hypnosis*, (1961b), *3:* 179–184.

Selye, H.: *The Stress of Life.* McGraw-Hill, New York, NY., 1956.

Shapiro, A.K.: The Placebo Effect in the History of Medical Treatment – Implications for Psychiatry. *Amer. J. of Psychiat.*, (1959), *116:* 298–304.

Shapiro, A.K.: A Contribution to the History of the Placebo Effect. *Behavioral Science*, (1960), *5:* 109–135.

Shapiro, A.K.: The Psychological Use of Medication. In: Lief, H.I., Lief, V.R., and Lief, N.R. (Eds.): *The Psychological Basis of Medical Practice.* Harper Brothers, New York, NY., 1963.

Shapiro, A.K.: The Placebo Response. In: Howells, J.G. (Ed.): *Modern Perspectives in World Psychiatry.* Oliver & Boyd, Edinburgh, 1968.

Shapiro, A.K.: Placebo Effects in Medicine, Psychotherapy and Psychoanalysis. In: Bergin, A.E., and Garfield, S.L. (Eds.): *Handbook of Psychotherapy and Behavior Change.* Wiley, New York, NY., 1971.

Sharma, S(hridhar): Abbe de Faria – First to Explain Hypnotism. *Indian Jour. Psychiat.*, (1974), *16:* 307–311.

Sharma, S(hridhar): L'Abbe de Faria – His Life and Contribution. In: Burrows, G.D., Collison, D.R., Dennerstein, L. (Eds.): *Hypnosis 1979.* Elsevier/North Holland Biomedical Press, Amsterdam–New York–Oxford, 1979, 149–156.

Sheehan, P.W.: A Shortened Form of Bett's Questionnaire upon Mental Imagery. *J. clin. Psychol.*, (1967), *23:* 386–389.

Sheehan, P.W.: Countering Preconceptions about Hypnosis – An Objective Index of Involvement with the Hypnotist. *J. abnorm. Psychol. Monogr.*, (1971), *78:* 299–322.

Sheehan, P.W.: Hypnosis and the Manifestation of «Imagination». In: Fromm, E., and Shor, R.E. (Eds.): *Hypnosis – Research Developments and Perspectives.* Aldine-Atherton, Chicago, 1972: 293–319.

Sheehan, V.D., Latta, D.W., Regina, G.E., and Smith, M.G.: Empirical Assessment of Spiegel's Hypnotic Induction Profile and Eye-Roll Hypothesis. *Int. J. Clin. Exp. Hypnosis*, (1979), *27:* 294–304.

Sheehan, P(eter) W., and Perry, C(ampbell) W.: *Methodologies of Hypnosis – A Critical Appraisal of Contemporary Paradigms of Hypnosis.* Lawrence Erlbaum Assoc., (distributed by Halstead Press, John Wiley & Sons, Inc.), Hillsdale, N.J., 1976.

Sheldon, W.H.: *Atlas of Man.* Harper and Brothers, New York, N.Y., 1954.

Sheldon, W.H., and Stevens, S.S.: *The Varieties of Temperament.* Harper and Brothers, New York, N.Y., 1942.

Sheldon, W.H., Stevens, S.S., Tucker, W.B.: *The Varieties of Human Physique.* Harper and Row, New York, N.Y., 1940.

Shor, R.E.: Hypnosis and the Concept of the Generalized Reality-Orientation. *Amer. J. Psychother.*, (1959), *13:* 582–602.

Shor, R.E.: The Frequency of Naturally Occurring «Hypnotic-Like» Experiences in the Normal College Population. *Int. J. Clin. Exp. Hypnosis*, (1960), *8:* 151–163.

Shor, R.E.: Three Dimensions of Hypnotic Depth. *Int. J. Clin. Exp. Hypnosis*, (1962), *10:* 23–38.

Shor, R.E., and Cobb, J.C.: An Exploratory Study of Hypnotic Training Using the Concept of Plateau Responsiveness as a Referent. *Amer. J. Clin. Hypnosis*, (1968), *10:* 178–193.

Shor, R.E., and Orne, E(mily) C.: *The Harvard Group Scale of Hypnotic Susceptibility, Form A – An Adaptation for Group Administration with Self-Report Scoring of the Stanford Hypnotic Susceptibility Scale*, Form A. Consulting Psychologists Press, Palo Alto, Calif., 1962.

Shor, R.E., and Orne, E.C.: Norms on the Harvard Group Scale of Hypnotic Susceptibility, Form A. *Int. J. Clin. Exp. Hypnosis*, (1963), *11:* 39–47.

Shor, R.E., Orne, M.T., and O'Connell, D.N.: Psychological Correlates of Plateau Susceptibility in a Special Volunteer Sample. *J. Pers. soc. Psychol.*, (1966), *3:* 80–95.

Silverman, J.: A Paradigm for the Study of Altered State of Consciousness. *Brit. J. Psychiat.*, (1968), *114:* 1201–1218.

Simpson, G.E.: The Vodun Service in Northern Haiti. *Amer. Anthropology*, (1940), *42:* 236–254.

Singer, J.L., and Pope, K.S.: Daydreaming and Imagery Skills as Predisposing Capacities for Self-Hypnosis. *Int. J. Clin. Exp. Hypnosis*, (1981), *29:* 271–281.

Small, M.M., and Kramer, E.: Hypnotic Susceptibility as a Function of the Prestige of the Hypnotist. *Int. J. Clin. Exp. Hypnosis*, (1969), *17:* 251–256.

Smith, D.W.: The Relation Between Ratio Indices of Physique and Selected Scales of the MMPI. *J. Psychol.*, (1957), *43:* 325–331.

Smith, R.P., and Myers, A.T.: On the Treatment of Insanity by Hypnotism. *J. ment. Sci.*, (1890), *36:* 191–213.

Spanos, N.P., and Barber, T.X.: Cognitive Activity During «Hypnotic» Suggestibility – Goal-Directed Fantasy and the Experience of Nonvolition. *J. Pers.*, (1972), *40:* 510–524.

Spanos, N.P., Ham, M.W., and Barber, T.X.: Suggested («hypnotic») Visual Hallucinations –Experimental and Phenomenological Data. *J. abnorm. Psychol.*, (1973a), *81:* 96–106.

Spanos, N.P., and McPeake, J.D.: The Interaction of Attitudes Toward Hypnosis and Involvement in Everyday Imaginative Activities on Hypnotic Susceptibility. *Amer. J. Clin. Hypnosis*, (1975), *17:* 274–282.

Spanos, N.P., Radtke-Bodorik, H.L., and Stam, H.J.: Disorganized Recall During Suggested Amnesia – Fact or Artifact. *J. abnorm. Psychol.*, (1980), *89:* 1–19.

Spanos, N.P., Valois, R., Ham, M.W., and Ham, M.L.: Suggestibility and Vividness and Control of Imagery. *Int. J. Clin. Exp. Hypnosis*, (1973b), *21:* 305–311.

Sperling, G.: The Information Available in Brief Presentations. *Psychol. Monogr.*, (1960), *74:* 1–29.

Sperling, G.: A Model for Visual Memory Tasks. *Human Fact.*, (1963), *5:* 19–31.

Spiegel, H(erbert): A Single-Treatment Method to Stop Smoking Using Ancillary Self-Hypnosis. *Int. J. Clin. Exp. Hypnosis*, (1970), *18:* 235–250; 268–269.

Spiegel, H.: *Manual for Hypnotic Induction Profile – Eye-Roll Levitation Method.* (Rev. ed.) Soni Medica, New York, NY., 1973/4.

Spiegel, H.: The Grade 5 Syndrome – The Highly Hypnotizable Person. *Int. J. Clin. Exp. Hypnosis*, (1974), *22:* 303–319.

Spiegel, H., and Bridger, A.A.: *Manual for Hypnotic Induction Profile.* Soni Medica, New York, NY., 1970.

Spiegel, H., and Spiegel, D.: *Trance and Treatment – Clinical Uses of Hypnosis.* Basic Books, New York, NY., 1978.

Springer, C.J., Sachs, L.B., and Morrow, J.E.: Group Methods of Increasing Hypnotic Susceptibility. *Int. J. Clin. Exp. Hypnosis*, (1977), *25:* 184–191.

Steisel, P.M.: The Rorschach Test and Suggestibility. *J. abnorm. soc. Psychol.*, (1952), *47:* 607–614.

Stern, J.A., Brown, M., Ulett, G.A., and Sletten, I.: A Comparison of Hypnosis, Acupuncture, Morphine, Valium, Aspirin, and Placebo in the Management of Experimentally Induced Pain. In: Edmonston, W.E. (Ed.): Conceptual and Investigative Approaches to Hypnosis and Hypnotic Phenomena. *Ann. N.Y. Acad. Sci.*, (1977), *296:* 175–193.

Stern, J.A., Edmonston, W.E., Ulett, G.A., and Levitsky, A.: Electrodermal Measures in Experimental Amnesia. *J. abnorm. soc. Psychol.*, (1963), *67:* 397–401.

Sternbach, R.A.: *Pain – A Psychophysiological Analysis.* Academic Press, New York, NY., 1968.

Sternlicht, M., and Wanderer, Z.W.: Hypnotic Susceptibility and Mental Deficiency. *Int. J. Clin. Exp. Hypnosis*, (1963), *11:* 104.

Stocksmeier, U(we): *Lehrbuch der Hypnose.* (Begründet von Stokvis, B., und Langen, D.), Karger, Basel–München–Paris–London–New York–Tokyo–Sydney, 1984.

Stokvis, B.: Suggestion. In: Handbuch der Neurosenlehre und Psychotherapie. Bd. 4, Urban & Schwarzenberg, Berlin, 1959. Zitiert in: Stocksmeier, U.: *Lehrbuch der Hypnose.* Karger, Basel–München–Paris–London–New York–Tokyo–Sydney, 1984.

Stokvis, B., und Pflanz, M.: *Suggestion in ihrer relativen Begrifflichkeit medizinisch und sozialpsychologisch betrachtet.* Hippokrates, Stuttgart, 1961.

Stoll, O.: *Suggestion und Hypnotismus in der Völkerpsychologie.* 2. Aufl., Veit, Leipzig, 1904.

Stoyva, J.M., and Budzynski, T.H.: Cultivated Low Arousal – An Antistress Response? In: DiCara, L.V. (Ed.): *Recent Advances in Limbic and Autonomic Nervous System Research.* Plenum, New York, NY., 1974: 369–394.

Straus, E.: *Wesen und Vorgang der Suggestion.* Karger, Berlin, 1925.

Straus, R(oger) A.: A Naturalistic Experiment Investigating the Effects of Hypnotic Induction upon Creative Imagination Scale Performance in a Clinical Setting. *Int. J. Clin. Exp. Hypnosis*, (1980), *28:* 218–224.

Stukát, K.G.: *Suggestiblity – A Factorial and Experimental Analysis.* Almquist & Wiksell, Stockholm, 1958.

Sue, D.W., and Sue, D.: Barriers to Effective Cross-Cultural Counseling. *J. counsel. Psychol.*, (1977), *24:* 420–429.

Surwit, R.S., and Keefe, F.J.: Frontalis EMG Feedback Training – An Electronic Panacea? *Behav. Ther.*, (1978), *9:* 779–792.

Sutcliffe, J.P.: «Credulous» and «Skeptical» Views of Hypnotic Phenomena – Experiments on Esthesia, Hallucination, and Delusion. *J. abnorm. soc. Psychol.*, (1961), *62:* 189–200.

Sutcliffe, J.P., Perry, C.W., and Sheehan, P.W.: Relation of Some Aspects of Imagery and Fantasy to Hypnotic Susceptibility. *J. abnorm. Psychol.*, (1970), *76:* 270–287.

Svoboda, T.: *Das Hypnosebuch. Individuelle Anwendungsformen für Selbsthilfe und therapeutische Praxis.* Kösel, München, 1984.

Taft, R.: Peak Experiences and Ego Permissiveness – An Exploratory Factor Study of Their Dimensions in Normal Persons. *Acta Psychol.* (Amst.), (1969), *29:* 35–64.

Taft, R.: The Measurement of the Dimension of Ego Permissiveness. *Pers. Int. J.*, (1970), *1:* 163–184.

Talone, J.M., Diamond, M.J., and Steadman, C.: Modifying Hypnotic Performance by Means of Brief Sensory Experiences. *Int. J. Clin. Exp. Hypnosis*, (1975), *23:* 190–199.

Tart, C.T.: Self-Report Scales of Hypnotic Depth. *Int. J. Clin. Exp. Hypnosis*, (1970a), *18:* 105–125.

Tart, C.T.: Increases in Hypnotizability Resulting from a Prolonged Program for Enhancing Personal Growth. *J. abnorm. Psychol.*, (1970b), *75:* 260–266.

Tart, C.T.: Measuring the Depth of an Altered State of Consciousness, with Particular Reference to Self-Report Scales of Hypnotic Depth. In: Fromm, E., and Shor, R.E. (Eds.): *Hypnosis – Research Developments and Perspectives.* Aldine-Atherton, 1972: 445–477.

Tellegen, A., and Atkinson, G.: Openness to Absorbing and Self-Altering Experiences («Absorption»), a Trait Related to Hypnotic Susceptibility. *J. abnorm. Psychol.*, (1974), *83:* 268–277.

t'Hoen, P.: Effects of Hypnotizability and Visualizing Ability on Imagery-Mediated Learning. *Int. J. Clin. Exp. Hypnosis*, (1978), *26:* 45–54.

Thorkelson, K.E.: The Relationship Between Hypnotic Susceptibility and Certain Personality, Physiological, and Electroenecephalographic Variables in Monozygotic and Dizygotic Twin Pairs. University Microfilms, Ann. Arbor, Mich., 1973.

Thorn, W(endy) A.F.: *A Study of the Correlates of Dissociation as Measured by Hypnotic Amnesia.* Unpublished Bachelor's Thesis, Univer. of Sydney, Australia, 1960.

Thorn, W.A.F.: *The Placebo Response – A Study of the Personality Correlates of Placebo Reactore.* Unpublished Master's Thesis, Australian National University, Canberra, Australia, 1962.

Thorne, D.E., and Beier, E.G.: Hypnotist and Manner of Presentation Effects on a Standardized Hypnotic Susceptibility Test. *J. consult. clin. Psychol.*, (1968), *32:* 610–612.

Tibbetts, R.W., and Hawkins, J.R.: The Placebo Response. *Journal of Medical Science*, (1956), *102:* 60–66.

Tinterow, M(aurice) M.: *Foundations of Hypnosis – From Mesmer to Freud.* Charles C Thomas, Springfield, Ill., 1970.

Travis, L.E.: Suggestibility and Negativism as Measured by Auditory Threshold During Reverie. *J. abnorm soc. Psychol.*, (1924a), *18:* 350–368.

Travis, L.E.: A Test for Distinguishing Between Schizophrenoses and Psychoneuroses. *J. abnorm. soc. Psychol.*, (1924b), *19:* 283–298.

Tuke, D.H.: Artificial Insanity, Chiefly in Relation to Mental Pathology. *J. ment. Sci.*, (1865), *11:* 56–66.

Underwood, F(rances) W., and Honigmann, I(rma): A Comparison of Socialization and Personality in Two Simple Societies. *Amer. Anthropologist*, (1947), *49:* 557–577.

Vacchiano, R.B., and Strauss, P.S.: Dogmatism, Authority, and Hypnotic Susceptibility. *Amer. J. Clin. Hypnosis*, (1975), *17:* 185–189.

Van der Walde, P.H.: Interpretation of Hypnosis in Terms of Ego Psychology. *Arch. gen. Psychiat.*, (1965), *12:* 438–447.

Van Nuys, D.: Drug Use and Hypnotic Susceptibility. *Int. J. Clin. Exp. Hypnosis*, (1972), *20:* 31–37.

Van Nuys, D.: Meditation, Attention, and Hypnotic Susceptibility – A Correlational Study. *Int. J. Clin. Exp. Hypnosis*, (1973), *21:* 59–69.

Vingoe, F.J.: The Development of a Group Alert-Trance Scale. *Int. J. Clin. Exp. Hypnosis*, (1968), *16:* 120–132.

Vingoe, F.J.: Comparison of the Harvard Group Scale of Hypnotic Susceptibility, Form A and the Group Alert Trance Scale in a University Population. *Int. J. Clin. Exp. Hypnosis*, (1973), *21:* 169–179.

Vingoe, F.J., and Kramer, E.F.: Hypnotic Susceptibility of Hospitalized Psychotic Patients – A Pilot Study. *Int. J. Clin. Exp. Hypnosis*, (1966), *14:* 47–54.

Vogt, O.: *Die direkte psychologische Experimentalmethode in hypnotischen Bewußtseinszuständen.* Barth, Leipzig, 1897.

Voisin, A.: Etude sur l'hypnotisme et sur les suggestions chez une alienée. *Ann. méd. Psychol.*, (1884), *12:* 289–304.

Vontress, C.E.: Racial Differences – Impediments to Rapport. *J. counsel. Psychol.*, (1971), *18:* 7–13.

Wallace, R.K.: The Psychological Effects of Transcendental Meditation. *Science*, (1970), *167:* 1751.

Wallace, B.: Hypnotic Susceptibility and the Perception of Afterimages and Dot Stimuli. *Amer. J. Psychol.*, (1979), *92:* 681–691.

Wallace, R.K., Benson, H., and Wilson, A.F.: A Wakeful Hypometabolic Physiologic State. *Amer. J. Physiol.*, (1971), *221:* 795–799.

Wallace, B., Garrett, J.B., and Anstadt, S.P.: Hypnotic Susceptibility, Suggestion, and Reports of Autokinetic Movement. *Amer. J. Psychol.*, (1974), *87:* 117–123.

Wallace, B., Knight, T.A., and Garrett, J.B.: Hypnotic Susceptibility and Frequency Reports to Illusory Stimuli. *J. abnorm. Psychol.*, (1976), *85:* 558–563.

Walrath, L.C., and Hamilton, D.W.: Autonomic Correlates of Meditation and Hypnosis. *Amer. J. Clin. Hypnosis*, (1975), *17:* 190–197.

Watkins, J.G.: *Hypnotherapy of War Neuroses – A Clinical Psychologist's Casebook.* Ronald Press, New York, NY., 1949.

Watkins, J.G.: *Hypnotherapy.* APA Post-Doctoral Institute Course, Brooklyn, New York, August, 1962.

Webb, R.A.: The Postural Sway Measurement of Suggestibility – A Methodological and Reliability Study. *Int. J. Clin. Exp. Hypnosis*, (1962), *10:* 155–161.

Webb, R.A., and Nesmith, C.C.: A Normative Study of Suggestibility in a Mental Patient Population. *Int. J. Clin. Exp. Hypnosis*, (1964), *12:* 181–183.

Weiss, R.L., Ullmann, L.P., and Krasner, L.: On the Relationship Between Hypnotizability and Response to Verbal Operant Conditioning. *Psychol. Rep.*, (1960), *6:* 59–60.

Weitzenhoffer, A.M.: *Hypnotism, An Objective Study in Suggestibility.* John Wiley & Sons, Inc., New York, NY., 1953.

Weitzenhoffer, A.M.: *Hypnotic Susceptibility as Related to Masculinity-Femininity.* Unpublished Doctoral Dissertation, Univer. of Michigan, 1956.

Weitzenhoffer, A.M.: *General Techniques of Hypnotism.* Grune & Stratton, New York, NY., 1957.

Weitzenhoffer, A.M.: A Bibliography of Hypnotism in Pediatrics. *Amer. J. Clin. Hypnosis*, (1959), *2:* 92–95.

Weitzenhoffer, A.M.: Sex, Transference, and Susceptibility to Hypnosis – A Postscript. *Amer. J. Clin. Hypnosis*, (1961), *3:* 244–249.

Weitzenhoffer, A.M.: Estimation of Hypnotic Susceptibility in a Group Situation. *Amer. J. Clin. Hypnosis*, (1962), *5:* 115–126.

Weitzenhoffer, A.M., und Hilgard, E.R.: *Stanford Hypnotic Susceptibility Scale. Forms A & B.* Consulting Psychologists Press, Palo Alto, Calif., 1959.

Weitzenhoffer, A.M., and Hilgard, E.R.: *Stanford Hypnotic Susceptibility Scale, Form C.* Consulting Psychologists Press, Palo Alto, Calif., 1962.

Weitzenhoffer, A.M., and Hilgard, E.R.: *Stanford Profile Scales of Hypnotic Susceptibility Forms I and II.* Consulting Psychologists Press, Palo Alto, Calif., 1963.

Weitzenhoffer, A.M., and Sjoberg, B.M.: Suggestibility with and without «Induction» of Hypnosis. *Journal of Nervous and Mental Disease*, 1961.

Weitzenhoffer, A.M., and Weitzenhoffer, G(eneva) B.: Personality and Hypnotic Susceptibility. *Amer. J. Clin. Hypnosis*, (1958a), *1:* 79–82.

Weitzenhoffer, A.M., and Weitzenhoffer, G(eneva) B.: Sex, Transference, and Susceptibility to Hypnosis. *Amer. J. Clin. Hypnosis*, (1958b), *1:* 15–24.

Wells, W.R.: Hypnotizability versus Suggestibility. *J. abnorm. soc. Psychol.*, (1931), *25:* 436–449.

Wells, W.R.: Ability to Resist Artificially induced Dissociation. *J. abnorm. soc. Psychol.*, (1940), *35:* 261–272.

Wells, W.R.: A Basic Deception in Exhibitions of Hypnosis. *J. abnorm. soc. Psychol.*, (1946a), *41:* 145–153.

Wells, W.R.: Expectancy versus Performance in Hypnosis. *J. gen. Psychol.*, (1946b), *35:* 99–119.

West, L.J.: Psychophysiology of Hypnosis. J. Amer. med. Ass., (1960), *172:* 672–675.

Wester, C.W., and Smith, A.H. Jr.: Clinical Hypnosis – A Multidisciplinary Approach. J.B. Lippincott Co., Philadelphia, 1984 (mit mehreren Autoren).

Wetterstrand, O.G.: *Hypnotism and Its Application to Practical Medicine.* Knickerbocker, London, 1902 (und: Hypnotismus, Urban & Schwarzenberg, Berlin, 1891).

Wheeler, L., Reis, H. T., Wolff, E., Grupsmith, E., Mordkoff, A. M.: Eye-Roll and Hypnotic Susceptibility. *Int. J. Clin. Exp. Hypnosis*, (1974), *22:* 327–334.
White, M. M.: The Physical and Mental Traits of Individuals Susceptible to Hypnosis. *J. abnorm. soc. Psychol.*, (1930), *25:* 293–298.
White, R. W.: Prediction of Hypnotic Susceptibility from a Knowledge of Subjects Attitudes. *J. Psychol.*, (1937a), *3:* 265–277.
White, R. W.: Two Types of Hypnotic Trance and Their Personality Correlates. *J. Psychol.*, (1937b), *3:* 279–289.
White, R. W.: Analysis of Motivation in Hypnosis. *J. gen. Psychol.*, (1941), *24:* 145–162.
Wickramasekera, I.: Norms on the Stanford Hypnotic Susceptibility Scale, Form A, for Prison Volunteers, *Int. J. Clin. Exp. Hypnosis*, (1969), *17:* 99–102.
Wickramasekera, I.: Effects of EMG Feedback Training on Susceptibility to Hypnosis – Preliminary Observations. In: Stoyva, J., Barber, T. X., DiCara, L. V., Kamiya, J., Miller, N. E., and Shapiro, D. (Eds.): *Biofeedback and Self-Control: 1971.* Aldine-Atherton, Chicago, 1972, pp. 390–394.
Wickramasekera, I.: Effects of Electromyographic Feedback on Hypnotic Susceptibility. More Preliminary Data. *J. abnorm. Psychol.*, (1973), *82:* 74–77.
Wickramasekera, I.: On Attempts to Modify Hypnotic Susceptibility: Some Psychophysiological Procedures and Promising Directions. *Ann. N.Y. Acad. Sci.*, (1977), *296:* 143–153.
Wied-Neuwied, M. A.: *Reise in das innere Nord-Amerika in den Jahren 1832 bis 1834.* J. Hoelscher, Coblenz, 1839–1841.
Williams, G. W.: Suggestibility in the Normal and Hypnotic States. *Arch. Psychol.*, N.Y., (1930), *122:* 83.
Williams, D. T., Gold, A. P., Shrout, P., Shaffer, D., and Adams, D.: The Impact of Psychiatric Intervention on Patients with uncontrolled Seizures. *J. nerv. ment. Dis.*, (1979), *167:* 626–631.
Wilson, S. C.: *An Experimental Investigation Evaluating a Creative Imagination Scale and Its Relationship to «Hypnotic-Like» Experiences.* Unpublished Doctoral Diss. Heed University, 1976.
Wilson, S. C., and Barber, T. X.: The Creative Imagination Scale as a Measure of Hypnotic Responsiveness – Applications to Experimental and Clinical Hypnosis. *Amer. J. Clin. Hypnosis*, (1978), *20:* 235–249.
Wilson, C. P., Cormen, H. H., and Cole, A. A.: A Preliminary Study of the Hypnotizability of Psychotic Patients. *Psychiat. Quart.*, (1949), *23:* 657–666.
Wilson, S. R.: Physiological Basis of Hypnosis and Suggestion. *Proc. Roy. Soc. Med.*, (1927), *20:* 15–21.
Wiseman, R. J., and Reyher, J.: A Procedure Utilizing Dreams for Deepening the Hypnotic Trance. *Amer. J. Clin. Hyp.*, (1962/63), *5:* 105–110.
Witkin, H. A., Lewis, H. B., Hertzman, M., Machover, K., Meissner, P. B., and Wapner, S.: *Personality through Perception – An Experimental and Clinical Study.* Harper, New York, NY., 1954.
Wolberg, L. R.: *Medical Hypnosis. Vol. I. The Principles of Hypnotherapy.* Grune & Stratton, New York, NY., 1948a.
Wolberg, L. R.: *Medical Hypnosis. Vol. II. The Practice of Hypnotherapy.* Grune & Stratton, New York, NY., 1948b.
Wolberg, L(ewis) R.: *The Technique of Psychotherapy. Part I.* 3. Aufl. Grune & Stratton, New York, NY., 1977a.
Wolberg, L(ewis) R.: *The Techniques of Psychotherapy. Part II.* 3. Aufl. Grune & Stratton, New York, NY., 1977b.
Wolf, H(ans-Jürgen): *Hexenwahn und Exorzismus.* Historia-Verlag, Kriftel/Ts., 1980.
Wolf, S.: The Pharmacology of Placebos. *Pharmacological Review.* (1959), *11:* 689–704.
Wolf, S., and Wolff, H. G.: *Human Gastric Function – An Experimental Study of Man and his Stomach.* Oxford University Press, Oxford, 1943.
Woods, J. H.: *The Yoga-System of Patanjali, or the Ancient Hindu Doctrine of Concentration of Mind.* Harvard Univer. Press, Cambridge, 1927.
Woodworth, R. S., and Schlosberg, H.: *Experimental Psychology.* Holt, Rinehart, & Winston, New York, NY., 1954.
Yamamoto, J., James, Q. C., and Palley, N.: Cultural Problems in Psychiatric Therapy. *Arch. gen. Psychiat.*, (1968), *19:* 45–49.
Yanchar, R. J.: *Hypnotic Susceptibility and Its Relation to Selective and Divided Attention.* Unpublished Doctoral Dissertation, Bowling Green State University, 1983.
Yap, P. M.: The Latah Reaction – Its Pathodynamics and Nosological Position. *J. ment. Sci.*, (1952), *98:* 515–564.

Young, P. C.: Hypnotism. *Psychol. Bull.*, (1926), *23:* 504–523.
Young, P. C.: Is Rapport an Essential Characteristic of Hypnosis? *J. abnorm. soc. Psychol.*, (1927), *22:* 130–139.
Young, P. C.: The Nature of Hypnosis – As Indicated by the Presence or Absence of Post-Hypnotic Amnesia and Rapport. *J. abnorm. soc. Psychol.*, (1928), *22:* 372–382.
Young, P. C.: A General Review of the Literature on Hypnotism and Suggestion. *Psychol. Bull.*, (1931), *28:* 367–391.
Young, P. C.: Experimental Hypnotism – A Review. *Psychol. Bull.*, (1941), *38:* 92–104.
Zamansky, H.: Suggestion and Countersuggestion in Hypnotic Behavior. *J. abnorm. Psychol.*, (1977), *86:* 346–351.
Zamansky, H. S., and Brightbill, R. F.: Attitude Differences of Volunteers and Nonvolunteers and of Susceptible and Nonsusceptible Hypnotic Subjects. *Int. J. Clin. Exp. Hypnosis*, (1965), *13:* 279–290.
Zamansky, H. S., Scharf, B., and Brightbill, R.: The Effect of Expectancy for Hypnosis on Prehypnotic Performance. *J. Personality*, (1964), *32:* 236–248.
Zangwill, O. L.: *Cerebral Dominance and its Relation to Psychological Function.* Oliver & Boyd, Edinburgh, 1960.
Zimbardo, P. G.: *Psychologie.* Springer-Verlag, Berlin–Heidelberg–New York–Tokyo, 1983.
Zimbardo, P. G., Marshall, G., and Maslach, C: Liberating Behavior from Time-Bound Control – Expanding the Present Through Hypnosis. *J. appl. soc. Psychol.*, (1971), *1:* 305–323.
Zimbardo, P., Maslach, C., Marshall, G.: Hypnosis and the Psychology of Cognitive and Behavioral Control. In: Fromm, E., Shor, R. E. (Eds.): *Hypnosis – Research Developments and Perspectives.* Aldine-Atherton, Chicago, 1972: 539–571.
Zimmer, H.: *Yoga und Buddhismus.* Insel-Verlag, Frankfurt, (1. Aufl. 1973), 1982.
Ziskind, E., and Augsburg, T.: Hallucinations in Sensory Deprivation – Method or Madness? *Science*, (1962), *137:* 992–993.
Zubek, J. P.: Pain Sensitivity as a Measure of Perceptual Deprivation Tolerance. *Percept. mot. Skills*, (1963), *17:* 641–642.
Zubek, J. P.: Behavioral and Physiological Effects of Prolonged Sensory and Perceptual Deprivation – A Review. In: Rasmussen, J. (Ed.): *Man in Isolation and Confinement.* Aldine, Chicago, 1973.
Zuckerman, M., and Cohen, N.: Is Suggestion the Source of Reported Visual Sensations in Perceptual Isolation? *J. abnorm. soc. Psychol.*, (1964), *68:* 655–660.
Zuckerman, M., and Grosz, H. J.: Suggestibility and Dependency. *J. consult. Psychol.*, (1958), *22:* 328.
Zurif, E. B., and Bryden, M. P.: Familial Handedness and Left-Right Differences in Auditory and Visual Perception. *Neuropsychologia*, (1969), *7:* 179–187.
Zweig, S.: Die Heilung durch den Geist – Mesmer – Mary Baker-Eddy – Freud. Fischer, Frankfurt a. M., 1931, 1936, 1952, 1983.

X. Hypnotherapie im Spiegel der Psychoanalyse/ Psychotherapie

1. Vorbemerkungen zum Thema

Als *Bindeglied* zwischen der *aktuellen Forschung* (Kapitel IX) und der *gegenwärtigen Praxis* (Kapitel XI–XX) sowie als *Basis* für die Hypnotherapie seien noch Ähnlichkeiten und strittige Punkte zwischen den *konventionellen (klassischen) Psychoanalysen/Psychotherapien* einerseits sowie der Hypnose/Hypnotherapie andererseits gestreift. In diesem Kontext wird noch zur *Ätiologie und (Patho)Genese* von psychischen/psycho-somatischen Störungen/Erkrankungen Stellung genommen. Als Übergang zu Kapitel XI werden dazu die wichtigsten *Methoden der Hypnotherapie* nahezu im Telegrammstil aufgezeichnet (s. auch Jovanović, 1989).

2. Konventionelle Psychoanalysen und Psychotherapien

2.1 Begriffe und Definitionen

Der Begriff *Psychoanalyse* taucht nach Bourguignon (1983) zum ersten Mal in einem französischen Artikel unter dem Titel: «*L'Hérédité et l'Etiologie des névroses*» (Heredität und Ätiologie der Neurosen) auf, der 1896 in der *Revue neurologique* von Sigmund Freud publiziert worden sei. Nach Freud (1922) ist die *Psychoanalyse* die Bezeichnung (a) *eines Verfahrens zur Untersuchung seelischer Vorgänge;* (b) *einer Behandlungsmethode neurotischer Störungen, die sich auf diese Untersuchung gründet* und (c) *einer Reihe von psychologischen, auf solchem Weg gewonnenen Einsichten, die allmählich zu einer neuen wissenschaftlichen Disziplin zusammenwachsen.* Die *Psychotherapie* hat gegenüber der Psychoanalyse eine erweiterte Bedeutung (Bourguignon, 1983; Glover, 1931, 1940; Mitscherlich, 1956; Horst E. Richter, 1976; Sachs, 1950; u.v.a.).
Die Entwicklung der wissenschaftlichen Psychoanalyse, der analytischen Psychologie und der analytischen Psychotherapie mit vielen psychotherapeutischen Verfahren tritt als solche rund 2500 Jahre (und mehr) verspätet in Erscheinung. Bereits bei Homer (8. Jh. v. Chr.) findet man Ansätze zur Psychoanalyse. Herodot (484–425 v. Chr.) berichtete, wie Astiages träumte, seine Tochter habe *uriniert und dadurch ganz Asien zu überschwemmen gedroht.* Oder ein anderes Mal sah er im Traum einen *Weinstock aus der Gebärmutter seiner Tochter* herauswachsen, um ganz Asien zu bedecken (Jovanović, 1988). Diese Träume wurden kaum psychologisch analysiert. Statt dessen wurden sie *mythologisch gedeutet.* Nach Hippokrates (460–377 v. Chr.) leiden an *Hysterie* nur Frauen (griechisch: Gebärmutter = *hystera*). Aber warum es so ist, hat er – als Somatiker – psychoanalytisch nicht zu erklären vermocht. Galen (129–199 n. Chr.) studierte ebenfalls Hysterie und deren *Psychotherapie.* Bis zur *Psychoanalyse* drang er nicht vor. Paracelsus (1493–1541) bewegte sich zwischen vielen Gebieten der Medizin. Nur die reelle Psychotherapie wurde von seinem Wissensdrang kaum erfaßt. Franz Anton Mesmer (1734–1815) vergeudete unschätzbare Zeit beim *Magnetisieren* und Puységur (1751–1825) sah den *somnambulen Zuständen* seiner Klienten mehr oder weniger hilflos zu (Kapitel VIII.10 bis 12). Der Mesmerismus (s. Kapitel VIII.11) und später Josef Breuer (1842–1925) (s. Kapitel VIII.12.14) gaben den entscheidenden Anstoß dazu.

2.2 Sigmund Freud (1856–1939) zur Psychoanalyse

2.2.1 Die voranalytischen Phasen (1856–1900)

Wie alle anderen Menschen auch, konnte Freud seine Abstammung in Werken, Meinungen und privatem Leben nicht verleugnen. Er trug bis zum Lebensende alle Züge seiner Zeit und seiner Umwelt. Sigmund wurde am 6. Mai 1856 in Freiberg (Prîbor), Mähren/Tschechoslowakei geboren. Die Familie Freud war jüdisch und sprach noch jiddisch und deutsch. Sein Vater, Jakob Freud (1815–1896), war ein freidenkender, mehr oder weniger atheistisch eingestellter Jude mit kulturellen Interessen. Als Sigmund dreieinhalb Jahre alt wurde (1859), siedelte die Familie Freud wegen wirtschaftlicher Schwierigkeiten nach Wien über. *Sigmunds Kindheit war von Armut, Umzügen und Krisen begleitet.* Er wuchs in einer *streng patriarchalisch* geführten Familie auf (Bourguignon, 1983; Jones, 1960), die *sieben* lebende Geschwister hatte. In der kinderreichen Familie nahm Sigmund eine Sonderstellung ein. Bereits mit sieben Jahren studierte er die *Bibel* in *hebräischer* und *deutscher* Ausgabe. Mit acht Jahren las er Shakespeare im Original, mit neun kam er (ein Jahr vor der Zeit) auf das Gymnasium. Er verstand *drei alte Sprachen* (Latein, Griechisch, Hebräisch), und *sprach fünf lebende* (Deutsch, Englisch, Französisch, Spanisch und etwas Italienisch). Er war immer der beste Schüler, bestand die Matura mit Auszeichnung, wobei er dreißig Verse aus *König Ödipus* aus dem Griechischen zu *übersetzen* hatte (Bourguignon, 1983; Fromm, 1959; Sachs, 1950). Nach langem Zögern entschloß sich Freud im Oktober 1873, *Medizin* zu studieren und wurde ein brillanter Student. Mit 20 Jahren begann er somit diese Laufbahn und schrieb eine Arbeit über die *Geschlechtsdrüsen des männlichen Aals.* Später wurde er begeisterter Anhänger von Charles Darwin (1809–1882). Sechs Jahre (1876–1882) verbrachte er bei Ernst Wilhelm Brücke (1819–1882), der ihm die Untersuchung des Nervensystems des *Petromyzons* (Neunaugenlarve) übertrug. Seine Arbeiten über *Krebse* ließen ihn, Jahre vor Wilhelm Waldeyer (1836–1921) und Ramón y Cajal (1852–1934), die *Neuronentheorie* erahnen. Im Laboratorium von Brücke übernahm Freud das Erbe von Hermann von Helmholtz (1821–1894), der die Physiologie *antivitalistisch, dynamisch, evolutionistisch und materialistisch* sah. *Im Jahre 1882 entschloß sich Freud, die biologische Forschung aufzugeben* und sich als *Arzt* zu versuchen. Er fühlte sich besonders zur *Neurologie und Psychiatrie* hingezogen und wurde Schüler von Theodor Meynert (1833–1892), in dessen Laboratorium er *neuropathologische Untersuchungen* vornahm (siehe dazu Kapitel X.2.3 und 6).

2.2.2 Die erste analytische Phase (1901–1919)

Nach 1895 verfiel Freud zunehmend in eine *Isolation* (siehe dazu Abschnitt X.3), die er mit intensiver Arbeit zu überwinden versuchte. Zwischen 1892 und 1895 arbeitete er etwa zwanzig psychologische Begriffe aus wie: *Abreagieren, Verschiebung, Fixierung, Verdrängung, Wiederkehr des Verdrängten, Konversion, Symbolisierung, Abwehr, Libido, Zensur, Besetzung, Projektion, Widerstand, Übertragung* (Bourguignon, 1983). Der Traum von «*Irmas Injektion*», den Freud in der Nacht vom 23./24. Juli 1895 hatte, löste *eine neue Phase* in seinem Werk aus. Zum erstenmal versuchte er, *einen seiner Träume zu deuten.* Seine theoretische Arbeit führte ihn zu zentralen Begriffen wie *psychischer Apparat, das Vorbewußte, erogene Zonen.* Seine Träume offenbarten ihm seinen *Inzestwunsch.* Darin kündigte sich schon die Entdeckung des *Ödipuskomplexes* an (Erich Fromm, 1959), der später intensiver studiert wurde. Im Jahre 1895 veröffentlichten Freud und Breuer – mit einer bedeutungsvollen Verspätung – die «*Studien über Hysterie*» (siehe Kapitel VII und Ende dieses Kapitels). *Es gab bei Freud eine Wechselbeziehung zwischen seiner Selbstanalyse und den Analysen an seinen Patienten.* Die Untersuchung der *Hysterie* ließ ihn den *Sinn der Träume*

entdecken. Ende 1897 gab Freud alle *Techniken der Konzentration* (siehe unten) und die Reste der *hypnotischen Suggestion* (siehe Abschnitt X.6.1) auf. «*Die psychoanalytische Methode, wie wir sie heute kennen, ist entstanden*» (Anzieu, 1975). Im Jahre 1898 schrieb er die erste Fassung der *Traumdeutung*. Das Jahr 1899 ist der endgültigen Ausarbeitung dieses Buches gewidmet und gleich darauf begann er sein neues Werk: *Zur Psychopathologie des Alltagslebens*. Aus dem Jahr 1900 stammt die Analyse von Dora *(ein Fall von Hysterie)*. Am 5. März 1902 erfolgte die Ernennung Freuds zum außerplanmäßigen Professor. Im Oktober 1902 gründete er die *Psychologische Mittwoch-Gesellschaft*, die *Vorläuferin der Wiener Psychoanalytischen Vereinigung*. Ihm zur Seite standen Alfred Adler (1870–1937) und Wilhelm Stekel (1868–1940). Von nun an sind Leben und Werk Freuds und die Geschichte der psychoanalytischen Bewegung untrennbar miteinander verbunden (Bourguignon, 1983; Glover, 1931, 1940; Gravitz, 1981; Gravitz und Gerton, 1984; Jones, 1962a; Sachs, 1950; Zimbardo, 1983).
In der Zeit zwischen 1900 und 1905 entstanden außer dem *Traumdeutungsbuch* (1900) noch drei weitere bedeutende Werke: *Zur Psychopathologie des Alltagslebens* (1904), *Drei Abhandlungen zur Sexualtheorie* (1905) und *Der Witz und seine Beziehung zum Unbewußten* (1905). Freud verglich *die Psyche mit einem Apparat, in dem antagonistische Kräfte aufeinanderstoßen*. Das wichtigste sei daher die Kenntnis vom psychischen Konflikt. Diese Kräfte seien *Triebe*, von denen die einen im Dienste der Rasse stehen *(Sexualtriebe)* und die anderen im Dienste des Individuums *(Ich-Triebe)*. Sie gehorchen jedoch den Prinzipien der *Psychophysik* von Gustav Theodor Fechner (1801–1887), d. h. dem «*Konstanzprinzip*», das besagt, *daß der psychische Apparat die Tendenz aufweist, sich auf einer möglichst niedrigen und möglichst konstanten Erregungsebene zu halten, und dem «Lustprinzip», dem subjektiven Korrelat des ersteren*, das besagt, *daß die Verminderung psychischer Spannungen zu einem Lustgewinn führt*. Falls daher der Sexualtrieb nicht befriedigt werden könne (oder eine Entladung der Erregung aus verschiedenen Gründen nicht möglich sei), bleibe als einzige Möglichkeit die *Verdrängung*. Diese Verdrängung erfordere jedoch einen gewissen *Energieverbrauch*, weil *Affekte* und *Vorstellungen ins Bewußtsein durchzubrechen drohen*. Da die Triebe nicht immer und völlig unterdrückt werden können, wirken sie in einer anderen Form nach (siehe unten).

Der *psychische Apparat* umfaße auf *topographischer Ebene drei Klassen von Inhalten:*

(a) *das Unbewußte*, das direkt und unmittelbar nicht bewußt werde;
(b) *das Vorbewußte*, welches zum Bewußtsein vordringen könne;
(c) *das Bewußtsein.*

Der dynamische Vorgang, der diese drei Qualitäten leite, sowie *die energetischen und ökonomischen Bedingungen* für dieses Zusammenspiel würden nur durch die analytische Behandlung erkannt werden können, vor allem durch die Untersuchung von

(aa) *Träumen;*
(bb) *Symptomen;*
(cc) *Fehlleistungen.*

Ab 1903 wird die *Psychoanalyse* nicht mehr allein von Freud und nicht mehr nur in Österreich ausgeübt. In Dresden führte Stemann Analysen durch und veröffentlichte deren Resultate. Bald darauf (1905) kam Ernest Jones (1879–1959) aus London dazu. Max Eitington (1881–1943) aus Berlin besuchte Freud in Wien. Im Jahre 1906 begann die Beziehung zwischen Freud und Carl Gustav Jung (1875–1961) aus Zürich. Freud sah in Jung ein unerläßliches Element zur Verbreitung der psychoanalytischen Bewegung. Im Jahre 1907 kam Jung, begleitet von Ludwig Binswanger (1881–1966), nach Wien; im September gründete er in

Zürich die «*Freud-Gesellschaft*». Karl Abraham (1877–1925) besuchte Freud im Dezember 1907 und gründete im darauffolgenden Jahr die *Berliner psychoanalytische Vereinigung.* Sandor Ferenczi (1873–1933) unternahm 1908 ebenfalls die Reise nach Wien. Im selben Jahr fand in Salzburg der *I. Internationale Psychoanalytische Kongreß* mit 42 Teilnehmern statt. Danach wurden noch weitere Kongresse in Nürnberg (1910), Weimar (1911), München (1913) und Budapest (1918) abgehalten.

Freud baute ab 1904 das Gebiet der *Psychoanalyse* immer mehr aus. Von der Untersuchung der Neurosen ist er zu jener der *Fehlleistungen*, der *Witze* und des *Sexuallebens* im frühen Kindesalter übergegangen. Im Bereich der bildenden Künste widmete Freud Leonardo da Vinci mit *Eine Kindheitserinnerung des Leonardo da Vinci* (1910) und Michelangelo mit *Der Moses des Michelangelo* (1914), wichtige Studien. Die Menschenkenntnis fesselte ihn. Er widmete sich den *religiösen und sozialen Problemen* sowie der *Psychologie der Liebe.* In seinem Werk *Totem und Tabu* (1913) ging er von der Hypothese aus, *daß in früheren Zeiten, als die Menschen noch in der Form der Urhorde zusammenlebten, der tyrannische Anführer von seinen Söhnen ermordet wurde.* Kriege bewegten ihn, wie dies sein Artikel *Zeitgemäßes über Krieg und Tod* (1915) zeigt. Der Bruch mit Jung und Adler veranlaßte ihn dazu, 1914 ein Werk zur *Geschichte der psychoanalytischen Bewegung* zu schreiben (Bourguignon, 1983; Jones, 1962a). Zwischen 1910 und 1915 verfaßte Freud auch *theoretische Texte* von entscheidender Bedeutung für die Psychoanalyse: *Formulierungen über die Prinzipien des psychischen Geschehens* (1911), *Zur Einführung des Narzißmus* (1914) und die fünf Artikel (1915) (die übrigen 7 von insgesamt 12 habe Freud vernichtet) über *Metapsychologie.* Der Beitrag über den *Narzißmus* bedeutete einen wichtigen Schritt bei der Ausarbeitung der *Libidotheorie.* Dieser stellte einen Wendepunkt *von der ersten zur zweiten Theorie* der Triebe dar (Bourguignon, 1983). Die ersten drei Texte sind grundlegenden Begriffen gewidmet: den *Trieben*, der *Verdrängung* und dem *Unbewußten.* Nach 1915 entstanden Freuds schriftliche *Vorlesungen zur Einführung in die Psychoanalyse*, die rasch in 16 Sprachen übersetzt wurden (Jones, 1960, 1962a, b).

2.2.3 Die zweite analytische Phase (1920–1939)

Nach dem Ende des 1. Weltkrieges hatte die Psychoanalyse unzählige Phasen zu bewältigen. Im Jahre 1919 wurde der *Internationale Psychoanalytische Verlag* gegründet; 1920 wurde die *Psychoanalytische Poliklinik* in Berlin eröffnet; 1922 eine in Wien und 1926 eine in London. 1920 wurde in Den Haag der *VI. Internationale Kongreß der Psychoanalytischen Vereinigung* veranstaltet. Freud stand *zwei Prüfungen* gegenüber: *seiner Krankheit* und *Streitigkeiten* innerhalb der Bewegung.

In diesem dritten Abschnitt seines Lebens und Schaffens lag Freuds *zweite analytische Phase*, die 1920 mit *Jenseits des Lustprinzips* begonnen und mit dem *Abriß der Psychoanalyse* 1939 beendet wurde. Sein Werk scheint zwei verschiedenen Richtungen gewidmet gewesen zu sein:

(a) *Die eine neigte zu den Naturwissenschaften, d. h. vorwiegend zur ersten psychoanalytischen Theorie* (topographisches Modell des psychischen Apparates).

(b) *Die andere befaßte sich mit philosophischen Spekulationen, und das ist die zweite Theorie (Neigung zum Strukturmodell der Psyche).* In der Schrift *Jenseits des Lustprinzips* finde man *eine Umkehr der Triebtheorie.* Das Zweigespann *Selbsterhaltungstrieb/Sexualtrieb* ist durch das Paar *Lebenstrieb/Todestrieb* ersetzt. Im Jahre 1921 erschien *Massenpsychologie und Ich-Analyse*, in der Freud die Psychoanalyse auf die *Sozialpsychologie* anwandte und eine Erklärung für den Vorgang der *Unterwerfung* von Massen unter ein Oberhaupt abzugeben versuchte (Bourguignon, 1983).

Das Ich und das Es (1921) ist eine Wiederaufnahme der *Metapsychologie* unter dem Blickwinkel *der zweiten Theorie*. Auch hier wird *Altes* durch *Neues* ersetzt. An die Stelle der drei früher beschriebenen *Instanzen (Unbewußtes, Vorbewußtes, Bewußtsein)* (topographisches Modell) setzt der Begründer der Psychoanalyse nun drei andere (Strukturmodelle):

(aa) das *Es* (Id)
(bb) das *Ich* (Ego) und
(cc) das *Über-Ich* (Super-Ego).

Die Kenntnis vom *Es* komme von Friedrich Nietzsche (1844–1900) über Grodeck. *Es* sei die tiefste *Kraftquelle des Seins*. Das *Ich* müsse versuchen, es dem Individuum zu ermöglichen, *durch eine Kompromißlösung zwischen seiner Innenwelt und seiner Außenwelt so wenig schlecht wie möglich zu leben*. Das *Über-Ich* sei eine *kulturelle Instanz*, ein Erbe der Eltern, und sei *der Bewahrer der sozialen Werte. Es verbietet somit und verdammt Übertretungen*. Zu diesen theoretischen Schriften gehört auch *Hemmung, Symptom und Angst* (1926), eine neue *Theorie der Angst* (Jovanović, 1989) und schließlich ein unvollendetes Werk, das er 1938 begann und das den Stand der Freudschen Gedanken vermitteln soll, der *Abriß der Psychoanalyse*. Hier findet man wieder das ständige Bemühen Freuds, *die Psychoanalyse nicht völlig von der Biologie zu trennen* (Bourguignon, 1983; Philipp, 1983). Freud starb am 23. September 1939 in London, wo er sich am 4. Juli 1938 niedergelassen hatte (Bourguignon, 1983; Gravitz und Gerton, 1984; Jones, 1960, 1962a, b). Die Psychoanalyse hat sich bis heute in der Wissenschaft und in der Praxis mit verschiedenen Richtungen durchgesetzt.

2.3 Ego-Psychologie und psychoanalytische Theorien

Nach der Analyse der Krankheitsgeschichte der Patientin Anna O. (Bertha Pappenheim) (Kapitel VIII.12.14 und X.8.4.2) kamen Joseph Breuer – als *Hypnotherapeut* – und Sigmund Freud – als späterer *Vater der Psychoanalyse* – 1895 zu dem Schluß, *daß die hysterischen Symptome aus der Verdrängung traumatischer Erlebnisse* hervorgingen. Die blockierte geistige Energie bleibe im Unbewußten und führe zu somatischen Beschwerden. *Das Abreagieren dieser Energie in der Hypnose beseitige die Verdrängung und deren Symptome.* Während man in bezug auf die Hypnose diese Methode *Katharsis* nannte, verlieh ihr Freud den Namen *Psychoanalyse*. Gewisse *Kräfte*, die das Auftauchen der Erinnerung in das Bewußtsein verhindern würden, können durch *Entspannung* des Patienten und durch *freies Assoziieren* (Dechiffriermethode) neutralisiert werden (Wolberg, 1977a) (siehe unten).
Nach dem Studium der eigenen Träume fand Freud, daß verdrängte *Ängste* und *Wünsche* im Bewußtsein in einer *symbolischen Form* erscheinen. Daraufhin entwickelte er seine Methode, diese *Symbolik* zu entziffern, um die Bedeutung des *Unbewußten* zu erforschen. Es fiel ihm auf, daß der Patient im freien Assoziieren oftmals *Gefühle* ausdrücke, die der wirklichen Situation nicht entsprächen. *Der Patient verleihe außerdem dem Therapeuten die Identität von Bezugspersonen aus seiner Vergangenheit, insbesondere die seiner Eltern. Die Haltung des Patienten gegenüber diesen Bezugspersonen werde jetzt auf den Therapeuten übertragen (Übertragungsphänomene)* (siehe dazu Abschnit X.8.4.1.4).
Bei der Entwicklung des Kindes konzentriere sich die *Libido* im *ersten Lebensjahr* auf die *orale Zone – orale Phase*. Das Kind befriedige sich durch *Saugen und Lutschen. Am Ende des ersten Lebensjahres* trete die *anale Phase* in den Vordergrund. Der *Lustgewinn* werde durch die Betätigung der *analen Region* erreicht. Das Kind interessiere sich nur für sich selbst (Narzißmus) und werde vom eigenen Körper befriedigt *(Autoerotismus). Interpersonelle Beziehungen seien primitiv*. Die Beziehung bestehe z. B. nur zur *Brust* der Mutter und nicht zur ganzen Person *(Teil-Objektrepräsentanzen)*. Im Alter von *drei Jahren* konzentriere sich die Libido auf die *genitale Zone* (Penis, Klitoris). *Objektbeziehungen entwickeln sich zu*

vollkommenen Beziehungen zu den Eltern. Das Kind bleibe aber noch *ambivalent* und entwickle abwechselnd *Liebes-* und *Haßgefühle.*
Diese Phase der *psychosexuellen* Enwicklung dauere bis zur *ödipalen Phase* an. Die Libido richte sich nun auf den *heterosexuellen* Elternteil. Gleichzeitig hege das Kind *Gefühle der Rivalität* und *Feindseligkeit gegenüber dem gleichgeschlechtlichen Elternteil.* Das Erkennen des physischen Geschlechtsunterschiedes führe beim Jungen zur *Kastrationsangst*, beim Mädchen zum *Penisneid.* Der *ödipale Konflikt werde im Normalfall dadurch gelöst, daß sich das Kind mit dem gleichgeschlechtlichen Elternteil identifiziere und seine libidinösen Impulse gegenüber dem gegengeschlechtlichen Elternteil in Zärtlichkeit verwandle.* Diese Identifikation lege gleichzeitig den Grundstein für die Ausbildung des *Über-Ichs* und für die Übernahme der Geschlechtsrolle. Das Über-Ich (Gewissen; Zensor) entwickle sich, und die Libido konzentriere sich auf *die genitale Zone.* Jetzt sei die *Ganz-Objektrepräsentanz* reif und ohne *Ambivalenz.* Nach der ödipalen erfolge die *Latenzphase*, in der die *sexuellen Impulse neutralisiert werden.* In der *Pubertät* werde die Libido verstärkt: *dies führe zur Wiederbelebung der ödipalen Situation.* Im Normalfall werde die sexuelle Entwicklung langsamer, die Blutsverwandten würden von der Objektwahl ausgeschlossen und das Kind interessiere sich für *heterosexuelle Gleichaltrige.* Das Mädchen akzeptiere *eine passive weibliche Rolle.* Manchmal bleibe aber die normale psychosexuelle Entwicklung (als *Folge von exzessiver Befriedigung* oder *Versagung während der frühkindlichen Sexualität*) in Form einer *Fixierung der Libido* auf die *orale*, *anale* oder *genitale Phase* stehen. Die libidinöse Fixierung störe die weitere sexuelle Entwicklung und repräsentiere Organisationsstufen, auf die das Kind *zurückkehren* könne, wenn es später *überwältigenden Streßsituationen* ausgesetzt werde *(Regression).* In diesem Fall verlagern sich kindliche Einstellungen und Interessen, auch im sexuellen Bereich, wieder auf die *Teil-Objektrepräsentanzen und Narzißmus.* Die ursprüngliche libidinöse Kraft oder *Kathexis des Ichs* wurde von Freud (1934) als *Primär-Narzißmus* betrachtet. Ein Teil der libidinösen Kathexis des Ichs beziehe sich später auf *Außenweltobjekte.* Diese Trieborientierung ermögliche den Ausbau sozialer Beziehungen. Wenn sich in der *Streßsituation die Objektlibido ins Ich zurückziehe, führe dies zum sekundären Narzißmus, d.h. zur Wiederbelebung infantiler Konflikte. Sexuelle Perversionen entstehen als positiver Ausdruck der prägenitalen libidinösen Fixierung; neurotische Symptome stehen für eine negative Manifestation* (Freud, 1938).
Phänomene, die mit der Libidotheorie nicht geklärt werden konnten, wurden von Freud als Ausdruck des *Todestriebes* angesehen. Dieser Trieb existiere im *Es* und *führe zu aggressivem und destruktivem Handeln*, er manifestiere sich als ein Wiederholungszwang, *die normale Entwicklung zu zerstören und den Organismus zum ursprünglichen anorganischen Zustand zurückzubringen* (siehe Anthropologie, Kapitel IV). Der Todestrieb führe manchmal zum *Sadismus (Libidinisierung).* Sonst habe er mit der Sexualität nichts zu tun. Im Laufe der *Sadismus- und Masochismusforschung* zog Freud den Schluß, *daß die sexuellen und aggressiven Triebe zusammen normale und pathologische Aktivitäten fördern können.* Der Todestrieb entwickle sich auch in den oralen, analen und genitalen Phasen; Fixierung und Regression seien auch möglich.
Im *Es* befinden sich alle ursprünglichen Triebe; *Eros (Lebens- oder Sexualitätstrieb) und Thanatos (Todestrieb).* Das *Es* stelle dem Individuum dynamische Energie (Libido) zur Verfügung; diese belebe jedes Organ und versuche, sich als Reaktion auf das «Lustprinzip» zu äußern. Das *Es* werde von Geburt an *der Modifikation* ausgesetzt. Die Fähigkeit des Kindes, sich selbst von der Außenwelt zu unterscheiden, sei in der Entwicklung des *Ichs* inbegriffen. Das *Ich* funktioniere als Vermittlungsorgan, um das *Es* dazu zu bewegen, sich nach den Forderungen der Außenwelt zu richten: *Realitätsprinzip.* Wichtige Eindrücke, insbesondere *frühe Erlebnisse* mit den Eltern oder einem *Surrogat*, *Frustration* wegen des Verbots mancher Arten des Lustgewinns, werden in der kindlichen Psyche registriert und erregen *primitive Mechanismen* der *Projektion* und *Introjektion.*

In der *Projektion* werde die *Aggression* auf die Außenwelt und die Eltern gerichtet. In der *Introjektion* werden die frustrierenden elterlichen Instanzen in das Individuum hineingenommen. Durch diese Mechanismen entwickle sich das *Über-Ich* und stelle dann die Instanz der *Moralität* dar – *ein verinnerlichtes Wertsystem*. Ein Teil des *Über-Ichs* enthalte konstruktive Ideale, die das Individuum erreichen möchte *(Ich-Ideal)*. Wenn dieses Ideal nicht erreicht werde, entstehe eine Konfliktbeziehung zwischen *Über-Ich* und *Ich*. Die unbewußte Mißbilligung des Über-Ichs führe zu mannigfachen Störungen, einschließlich des *Strafbedürfnisses, Selbsterniedrigungs- und Minderwertigkeitsgefühles*. Unter der Autorität des Über-Ichs erzeuge das *Ich* Verdrängungen der libidinösen und idealen Tendenzen. Die *Verdrängung* helfe, Konflikte zu vermeiden. Wenn sie aber aus irgendeinem Grund ihre Funktion nicht aufrechterhalten könne, werde das *Ich* durch das verdrängte Material beeinträchtigt. Die Bedrohung psychischen Wohlbefindens äußere sich als *Angstzustand* (siehe Jovanović, 1989).

Diese *Neurosentheorie* aus den früheren Jahren sei jetzt, nach Freuds Revision (1926), *nicht nur* Ausdruck der Verdrängung von Trieben, *sondern* auch von *Abwehrmechanismen* gegen diese Triebe (Freud, 1936). Er argumentierte jetzt, *daß eine Neurose aus der Verdrängung kindlicher Erlebnisse und Ängste resultiere, die das Individuum zwingen, sich in der Gegenwart so zu verhalten, als ob es in der Vergangenheit leben würde.* Der Patient werde von der Vergangenheit beherrscht, die keine Funktion mehr in der Realität habe. Die Beschäftigung mit dem *Ich* und seinen Reaktionen auf Sorgen/Ängste lasse die Betonung des *Es* abklingen. Angst trete in *traumatischen* und *gefährlichen Situationen* auf. Der Prototyp des ersteren sei das *Geburtstrauma*. In der frühen Kindheit entwickle sich eine *Reizschranke*, damit das Individuum nicht durch Reize überfordert werde. Mit der Entwicklung des *Ich* wachse die Fähigkeit, gefährliche Situationen im voraus zu erkennen. Dies ermögliche das *Vorauskalkulieren*. Das *Ich* bediene sich der Angst als Signal und *reagiere darauf mit der Mobilisierung seiner Abwehrkräfte* (Jovanović, 1989). *Die innere Gefahr* entstehe dadurch, daß sich das *Es* ständig entladen wolle. Das *Über-Ich* reagiere aber mit Verdrängung, um dies zu verhindern. Die Verdrängung sei mit einem großen *Aufwand von Energie* verbunden. Das *Ich* leite diese Energie vom *Es* ab. Eine durch Libido (Kathexis) beladene Tendenz werde der Libido entnommen. Die Energie werde dann gegen diese Tendenz eingesetzt *(Gegenkathexis)*. Verschiedene Mechanismen werden in Kraft gesetzt, um die Verdrängung zu umgehen und eine alternative Möglichkeit der Entladung zu verschaffen. *Phantasien, Träume und Krankheitssymptome seien Ausdrucksweisen dieser Mechanismen.* Wenn der alternative *Abwehrvorgang* mit dem *sozialen Wertesystem* und dem *Über-Ich-Ideal* übereinstimme, dann sei die Entladung erfolgreich: *Sublimierung*. Wenn aber die Übereinstimmung mangelhaft sei und die Entladung wirkungslos bleibe, werden *Adaptationsmechanismen* aus dem früheren Leben in Gang gesetzt, die der jetzigen Situation nicht entsprechen.

In der *Pubertät* und *Menopause* würden sich die Triebe verstärken und manchmal das *Ich* überwältigen. *Selbst gesunde Menschen werden neurotisch, wenn die Triebe zu stark werden. Alle Verdrängungsmechanismen entwickeln sich im Kindesalter*. Später werden keine neuen aufgebaut. Die Beibehaltung einer Beziehung zur Realität auf Kosten des intrapsychischen Wohlbefindens erzeuge eine *psychoneurotische Störung*. Das werde als Konflikt zwischen *Ich* und *Es* angesehen. Als Resultat eines Konfliktes zwischen *Ich* und *Außenwelt* entstehe die *Psychose*.

Die Verbindung zwischen der klassischen Psychoanalyse und Hypnotherapie (Hypnoanalyse und Hypnosynthese) haben mit ihren wertvollen Arbeiten unter anderem Conn (1968), Erika Fromm (1968, 1970, 1972, 1984), Kline (1953, 1958, 1967, 1968a, b, 1970, 1971, 1972), van der Walde (1965, 1967), Wolberg (1948a, b, 1977a, b) und viele andere hergestellt (siehe auch Abschnitt X.8).

2.4 Psychoanalytische Explorationstechnik

Die Elemente der konventionellen Explorationstechnik (Behandlungsmethode) sind (siehe dazu Abschnitt X.8.4 und Jovanović, 1989):

(a) *Voruntersuchung* des Patienten (Kapitel XI.4);
(b) *freies Assoziieren* (siehe oben);
(c) *Liegen* des Patienten auf der *Couch;*
(d) *Passivität* des Therapeuten;
(e) Förderung der *Übertragung;*
(f) analytische Verwertung der *Träume;*
(g) *Ablenkung der Aufmerksamkeit* von Realitätsproblemen;
(h) alles von (a) bis (g) bei *fünf Besuchen pro Woche.*

Zu diesem Problem haben sich unter anderem Balint (1936), Berg (1948), Bibring-Lehner (1936), Fenichel (1951), Glover (1931, 1940), Glover et al. (1937), LaForgue (1937), Lorand (1946, 1961), Nunberg (1948), Schneck (1965, 1966, 1967), Sterba (1940), Strachey (1934), Zilborg (1939) geäußert.

3. Spaltung der Psychoanalyse

Vielleicht in keinem anderen wissenschaftlichen Zweig ist es nach *so einer relativ kurzen Zeitspanne* zu derartigen *Spaltungen und Abwandlungen* gekommen wie in der Psychoanalyse. Während die wissenschaftliche Hypnose am Beginn des 20. Jahrhunderts fast eingeschlafen war (Kapitel VIII.12.17) und die Psychoanalyse sich noch *in statu nascendi* befand, ergriffen viele ihrer Anhänger die Flucht. Alfred Adler (1870–1937) war der erste, dem die Theorie Freuds *über den sexuellen Ursprung von Neurosen* nicht ins Konzept paßte. Seinem Austritt aus der Wiener Gesellschaft 1911 folgten neun der 35 Mitglieder. Noch im Jahre 1912 trat Wilhelm Stekel (1868–1940) aus der Wiener Vereinigung aus. Im Jahre 1913 erfolgte die endgültige Trennung C.G. Jungs (1875–1961) von Sigmund Freud. Otto Rank (1884–1939) verließ Freud 1924 wegen dessen Theorie über das *Geburtstrauma als Quelle der Angst.* Sandor Ferenczi (1873–1933) distanzierte sich 1929 von Freuds Ansichten. Auch eine andere Strömung, die den Akzent vor allem auf die *sozialen* und *kulturellen* Faktoren setzte, unterschied sich von der Freudschen Bewegung (siehe unten). Unter die wichtigen Abtrünnigen von Freud muß auch Wilhelm Reich (1897–1957) mit seiner *Organlehre* gezählt werden. Schließlich sei noch die *existenzielle Psychoanalyse* als Symbiose des Freudschen Gedankengutes mit der *Daseinsanalyse* von Ludwig Binswanger (1881–1966) erwähnt.

4. Neoanalytische Psychotherapien

Der Begirff *Neopsychoanalyse* (Huppman und Wyss, 1983) bezeichne stärkere *Abwandlungen der klassischen Psychoanalyse* aus der Generation *nach* Freud. Unter den Begründern der Neoanalyse findet man Sandor Rado (1890–1972), Harry St. Sullivan (1892–1949), Melanie Klein (1882–1960), Karen Horney (1892–1953), Wilhelm Reich (1897–1957), Erich Fromm (1900–1980). Diese Autoren können nach Huppmann und Wyss (1983) zu Recht auch als *Neoadlerianer* angesehen werden. In ihren Theorien vertreten sie unter anderem folgende Standpunkte:

(a) Die *Libidotheorie* werde mehr oder weniger abgelehnt. Komplementär zur *Abkehr vom Triebmodell* sehen die Autoren *soziokulturelle Einflußgrößen* (Werte, Ideale, Kultur, Milieu) für die Persönlichkeitsentwicklung und die Entstehung psychischer Störungen als entscheidend an.
(b) Verglichen mit Freud spiele bei ihnen die *Sexualität* eine bedeutend geringere Rolle.
(c) Ihre Konzeptionen verlassen weitgehend die *klassische Instanzenlehre.*
(d) *Unbewußte Phänomene* finden kaum Berücksichtigung.
(e) Im Gegensatz zu Freud, der auf Leistungs- und Genußfähigkeit Wert legt, *thematisieren sie (soziale) Anpassung als entscheidenden Parameter psychischer Gesundheit* (Huppmann und Wyss, 1983).
(f) *Ihr Bild vom Menschen* integriere zwar dessen biologisch konstitutionelle Grundausstattung; sie betrachten aber die *Zeit der Kindheit* ebenfalls als bestimmend für eine seelische Fehlentwicklung.
(g) Anders als Freud richten sie ihr Augenmerk jedoch nicht so sehr auf *umschriebene traumatische Einwirkungen in Schwellensituationen der frühen Kindheit.* Vielmehr gelte ihnen *das in der Familie herrschende Dauerklima gleichsam als Aufeinanderfolge von Mikrotraumen* (Heigl, 1964; Huppmann und Wyss, 1983).

Die angeführten Modifikationen einzelner zentraler Grundannahmen ziehen eine weitere Veränderung des therapeutischen Vorgehens nach sich. Verglichen mit der psychoanalytischen Standardprozedur hat die Aktivität des Therapeuten zugenommen. Die Couchlage des Patienten wird von den Neoanalytikern nicht mehr als einzig adäquat angesehen. Die Therapiedauer ist in der Regel kürzer. Die dabei bearbeitete Thematik entstammt *eher der Gegenwart als der Vergangenheit.* Der Therapeut widmet seine Aufmerksamkeit mehr *intersubjektiven* als *intrapersonellen* Manifestationen (Huppmann und Wyss, 1983; siehe weiter unten).

5. Nachanalytische Psychotherapien

Darunter sind die *psychoanalytisch orientierten Therapien* von Alexander (1940, 1954, 1965), Michael Balint (1896–1970, 1936), Beck (1971, 1976), Bellak und Small (1965, 1972), Ferenczi (1950a, b, c, 1960), Malan (1963), Otto Rank (1929, 1947), Stekel (1924, 1926, 1927, 1929, 1949, 1950, 1952), Wolberg (1977a, b) zu zählen. Das Ziel dieser Therapie (Kurztherapie, Fokaltherapie) sei es, *die Symptome von Fehlanpassung zu beseitigen.* Das wäre *die erste Stufe*, die man bei der Hypnotherapie (siehe Abschnitt X.8) anwendet. Die Therapie belaufe sich auf 20–40 Stunden. Die Intervalle zwischen den Sitzungen werden frei variiert. Bei der Behandlung sind sich der Patient und der Therapeut zugewandt (Bally, 1963). Neben der *Kurz-/Fokaltherapie* ist hier auch die *zweigleisige Standardtherapie* zu erwähnen, bei der *in der ersten Phase* die *fokale Thematik* angegangen wird. *In der zweiten Phase* gehe man dann auf die *aktiv-synthetische Behandlung* über, bei der die *gestufte Aktivhypnose* angewandt wird. An dieser Stelle ersehen wir *den nahtlosen Übergang zwischen der konventionellen Psychotherapie und Hypnotherapie* (Bellak und Small, 1972; Kind, 1972; Kline, 1953, 1958, 1967, 1968a, b, 1971). Auch die *direkte Analyse* ist in dieser Reihe zu finden (John N. Rosen, 1962, 1965).
Unter den *rationalen Psychotherapien* findet man die *transaktionelle Analyse (TA)* nach Berne (1961), Harris (1957, 1957), Wolberg (1977a, b) mit *Einzeltherapie* und *Gruppenanalysen;* die *Realitätstherapie* nach William Glasser (1965), *rational-emotive Therapie* nach Albert Ellis (1977), *humanistische Psychologie* (siehe Gottwald, 1983), *klientenzen-*

trierte Gesprächstherapie nach Carl R. Rogers (1951, 1956, 1961), der stark von Otto Rank (1884–1939) beeinflußt wurde und in den letzten Jahren mit seinen *Encounter Groups* Aufsehen erregte (Rogers, 1970). Die *Gestalttherapie* hat sich in den letzten Jahren auch in anderen Sprachen unter dem deutschen Namen durchgesetzt. Diese sei die expansivste der Methoden der humanistischen Psychologie (Gottwald, 1983). Vor allem wurde sie durch Frederik Perls (1966, 1969), Perls et al. (1951) und Petzold (1970, 1972) propagiert. Und schließlich darf die *bioenergetische Analyse* nach Wilhelm Reich (1927, 1942, 1949) nicht vergessen werden.
Neben den bereits angeführten sind auch viele andere *psychophysische Psychotherapie-Techniken* entwickelt worden, wie *Existenzanalyse und Logotherapie* (Victor E. Frankl, 1956), *transpersonelle Psychotherapien* (Dührssen, 1972, 1983; Gottwald, 1983), *Verhaltenstherapie, Primärtherapie* (Arthur Janov, 1976), *östliche Meditationstechniken* (siehe Kapitel IX) mit vielen Variationen und Abwandlungen (siehe Peters, 1983a, b).

6. Kontroversen zwischen Psychoanalysen/ Psychotherapien und Hypnotherapie

Si duo facient idem, (non) est idem, müßte man sagen. Psychoanalytiker, Psychotherapeuten und Hypnotherapeuten tun das gleiche und greifen sich gegenseitig trotzdem an. Abgesehen davon, wollen wir versuchen, die Integration der besagten wissenschaftlichen/praktischen Gebiete aufzuzeichnen. *Vielseitigkeit und Differenzierung* haben dabei den Vorrang.

6.1 Freuds Konfrontation mit Hypnose und Hypnotherapie

Als Freud im Jahre 1885 drei Wochen lang im Privatsanatorium von Heinrich Obersteiner (Obersteiner, 1893) tätig war, *kam er mit Hypnotherapie in Berührung*. Dort sei die Hypnose routinemäßig angewandt worden, und der damalige Direktor, Maximilian Leidesdorf, habe sie auch Freud gezeigt. Nach der Ernennung zum Privatdozenten im September 1885 erhielt Freud nach einem Vorschlag von Ernst-Wilhelm Brücke (1819–1892) ein Stipendium *unter anderem* zur Weiterbildung in Hypnose und Hypnotherapie bei Jean-Martin Charcot (1825–1893) in Paris. Freud traf am 13. Oktober 1885 in Paris ein, mit einem Empfehlungsschreiben des Neuropathologen Moritz Benedikt, der sich selber jahrelang mit Hypnose befaßte. Nach Ernest Jones (1960) hat sich Freud dort mit kurzen Unterbrechungen bis zum 28. Februar 1886 aufgehalten. Die Begegnung mit Charcot muß auf Freud einen starken Eindruck gemacht haben (Ellenberger, 1970, 1973). Freud hatte auch privat noch als sehr junger Student Hypnose gesehen, als ein dänischer Hypnotiseur diese in Wien öffentlich vorführte. Freud fiel damals auf, *daß eines der Medien beim Übergang in die Katalepsie sehr blaß wurde und auch bis zum Ende der Hypnose so blieb.* Als Freud zu Charcot kam, erinnerte er sich daran, weil er damals sehr beeindruckt worden war und über die Genese der Hypnose nachgedacht hatte. Nach den Besuchen der Vorlesungen und Demonstrationen der Hypnose von Charcot kam Freud zur Überzeugung, *daß verschiedene Zustände des Bewußtseins und der Wahrnehmung in ein und derselben Person gleichzeitig existieren können* (Kapitel VIII.12.14 und XXI.6.3). *Diese und andere Faktoren können, nach ihm, helfen, ins Innere der Hysterie und des Phänomens der multiplen Persönlichkeit* (Kapitel XXI.6.3) *oder des gespaltenen Bewußtseins vorzudringen.* Freud schrieb später (1891), daß diese hypnotischen Demonstrationen ihm «*die tiefsten Impressionen über die Möglichkeit des Vorhandenseins mächtiger psychischer Kräfte, die dem Bewußtsein verborgen bleiben*» gegeben *haben*

(Gravitz und Gerton, 1984). Nach der Rückkehr aus Paris praktizierte Freud einen Monat in Berlin und annoncierte bereits im April 1886 die Eröffnung seiner Praxis in Wien. Im Mai desselben Jahres trug er, anläßlich eines wissenschaftlichen Kongresses, *zwei Arbeiten über Hypnose* vor. Trotz des Interesses an Hypnose führte er zunächst keine Hypnosebehandlung in die routinemäßige Praxis ein. Der Grund für dieses Verhalten wird zum Teil auch darin gesehen, daß einige Experten, die mit Freud in engem Kontakt standen, wie Theodor Meynert (1833–1893), gegen die Hypnose eingestellt waren (Gravitz und Gerton, 1984; Kline, 1972). Trotzdem fand Freud, daß *«die Hypnose eine temperamentvolle und, man könnte sagen, eine mystische Allianz» der Psychoanalyse sei* (siehe unten).

In den darauffolgenden Jahren verbreitete sich die Hypnose kreuz und quer in Europa; Bücher, Pamphlete, Magazine, wissenschaftliche Artikel erschienen in Hülle und Fülle (Gravitz, 1981; siehe auch Kapitel II und IX). Viele bekannte Namen wie Albert Moll, Paul Moebius, Rudolf Heidenhain und Richard von Krafft-Ebing haben sich mit Hypnose auf diese oder jene Weise befaßt (Kapitel VIII.12.16). Alle waren Freud bekannt. Zur selben Zeit gab es auch immer wieder Attacken auf Freud. Man sagte ihm nach, er sei *«nur ein Hypnotiseur»*. Meynert meinte außerdem, *Hypnose könne auf diese oder jene Weise die Psyche des Patienten schädigen* und außerdem riefe sie *sexuelle Erregungen* hervor. Man muß dabei betonen, daß viele Arbeiten von Meynert auf der Basis der Theorie über die Abwehrmechanismen des Organismus beruhten. Gerade diese Theorien übernahm Freud später und entwickelte sie weiter.

Trotz dieser Reaktionen setzte jetzt Freud die Hypnose doch in seiner Praxis ein. *Nach einer perfekten Vertiefungsmethode strebend*, fuhr er im Sommer 1889 mit der Patientin Lucie R. nach Nancy zu Liébeault und Bernheim, weil die Patientin bei Freud der Hypnose gegenüber resistent war. Er verbrachte dort einige Wochen (allerdings konnten auch Liébeault und Bernheim bei Freuds Patientin keinen hypnotischen Zustand induzieren). Dabei erfuhr Freud auch durch Bernheim, *daß Patienten, die tief bis zum Somnambulismus hypnotisiert werden und dabei eine Amnesie aufweisen, nach der Hypnose fähig seien, sich an Erlebnisse zu erinnern, die sie vorher nicht in ihr Gedächtnis rufen konnten.* Diese Erinnerung käme auch dann zustande, wenn der Patient ohne Hypnose forciert aufgefordert und kräftig gegen die Stirn gedrückt werde. Daraufhin glaubte Freud, daß seine Patienten sich womöglich nach dieser *digitalen Kompression* an die *unbewußten Traumata* erinnern könnten, die für ihr hysterisches Verhalten verantwortlich seien. Nach dem Ende des Aufenthaltes in Nancy fuhr Freud zunächst mit Bernheim, Liébeault und anderen nach Paris, wo Anfang 1889 der erste Kongreß zum Problem der *experimentellen und therapeutischen Hypnose* stattfand.

Als Freud wieder nach Wien kam, fing er an, neben der Hypnose die *Technik mit forcierter Konzentration* und der *digitalen Kompression* einzuüben. Er begann auch mit den *freien Assoziationen in Hypnose* sowie der Praxis, den Patienten auf einer *Couch* liegen zu lassen. Als Freud anfing, seine Theorien zu konzipieren, war er zunehmend mit den Beschränkungen unzufrieden, mit denen er sich bei Patienten in bezug auf die Hypnose konfrontiert sah (Freud, 1891) (Kapitel X.2.2.1 und 2.2.2).

Die Jahre zwischen 1888 und 1893 waren die Jahre des Mißverständnisses zwischen Paris und Nancy. Nach dem Besuch von Freud in Nancy 1889 war ihm dies besonders aufgefallen. Im Jahre 1893 war ihm durch die Arbeiten von Bernheim und anderen klar geworden, daß Charcots Theorien der *psychopathologischen und physiologischen Natur der Hypnose* ohne ein festes Fundament seien. Zu der Zeit war auch allgemein unter den Fachleuten bereits bekannt, *daß Emotionen und Gedächtnis für die psychischen Störungen durch die Abwehrmechanismen in das Unbewußte verdrängt werden können* (Murphy, 1949, 1956). Viele Jahre später (1930) schrieb Freud an A. A. Robach: «Über die Frage der Hypnose bewegte ich mich gegen Charcot, wenn auch nicht ganz mit Bernheim.» Freuds Einstellung zur Hypnose scheint durch dieses Schwanken zwischen Charcot und Bernheim beeinflußt worden zu sein. Beide Positionen erlaubten eine *dualistische* Deutung der Hypnose. *D. h., die Hypnose könnte sowohl ein neurophysiologisches als auch ein psychologisches Fundament haben. Es wäre einseitig, nur psychologische Faktoren zu berücksichtigen und die neurophysiologischen zu vernachlässigen.* Ebenfalls viele Jahre später (1921) schlug Freud die *phylogenetische Theorie* der Hypnose vor, die früher von Charcot diskutiert worden war. Er blieb aber weiterhin beim dualistischen Konzept von *Psyche und Körper*, das er vom Hypnosestudium abgeleitet hatte, und setzte die Entwicklung der psychoanalytischen Theorie fort (Jones, 1960, 1962a, b). Im Laufe der Zeit begann er von der Behandlung mit Hypnose abzukommen und verlagerte sein Interesse zunehmend auf die *forcierte Konzentration, Digitaldruck und freie Assoziation.* Nur neun Monate nach der Publikation «*Studien über Hysterie*» (1895) begann er seine Ideen als *Psychoanalyse* zu bezeichnen (siehe oben). Die Arbeiten mit Josef Breuer (1842–1925) haben einen der letzten Anstöße zu seiner Entscheidung gegeben (Kapitel VIII.12.14 und X.8.4.2).

6.2 Gegenüberstellung einiger Kontroversen zwischen Psychoanalysen und Hypnotherapie

Die Kontroversen zwischen der Hypnotherapie und den Psychoanalysen blieben auch nach Sigmund Freud nicht aus. Im Verlaufe von Jahrzehnten kamen noch viele hinzu. *Aber gerade die Hypnotherapie hat nachweisen können, daß sich die konventionellen Psychoanalysen und Hypnoanalyse nicht im Wege stehen. Selbst die Couch-Methodik mußte nicht sehr umgewandelt werden.* Die Arbeiten von Eisenbud (1937), Erickson (1935, 1937, 1943), Erickson, E.H. (1946, 1950), Erickson und Hill (1944), Erickson und Kubie (1939), Erickson et al. (1978), Erika Fromm (1965, 1968, 1970, 1972, 1984), Erika Fromm und French (1962), Erika Fromm et al. (1970, 1981), Gill (1951, 1954), Gill und Brenman (1959, 1977), Gruenewald (1971), Gruenewald et al. (1979), Hartmann (1950, 1951, 1958), Kline (1953, 1958, 1967, 1968a, b, 1972), Kris (1951), Schneck (1954, 1963, 1965, 1966, 1967), van der Walde (1965, 1967), Watkins (1949, 1971), Wolberg (1948a, b, 1965, 1977a, b) und vielen anderen (Kapitel II und IX) haben Beweise vorgelegt, daß es nicht notwendig ist, etwa von der Hypnose als Methode abzurücken, um ein angestrebtes therapeutisches Ziel zu erreichen (siehe auch unten).

Die Hypnotherapie arbeitet zum großen Teil auf der Basis und nach den Prinzipien der Psychoanalyse, wie *Symptombeseitigung*, *Hypnosynthese*, *Hypnoanalyse* (siehe unten) und schließt dort an, wo auch Freud begonnen hatte, nämlich an Joseph Breuer (1842–1925) mit seiner Anno O. (Kapitel VIII.12.15). Auch bei der Hypnotherapie ist es das Bestreben der Hypnotherapeuten, die *Widerstände* zu beseitigen, *die es nicht erlauben, daß das unbewußt gespeicherte Material ins Bewußte vorrückt.* Nach Wolberg (1948b) kann die Hypnotherapie dabei bemerkenswerte Erfolge vorweisen. «*Whereas months may be consumed in attempting to remove such resistance during psychoanalysis, hypnosis is often able to achieve an almost surgical removal of barriers to the conscious appreciation of repressed elements of the personality*» (Wolberg, 1948b, Seite 311).

(a) *Einer der Einwände* der Psychoanalyse gegen die Hypnotherapie ist der, daß für die letztere *die Hypnotisierbarkeit* erforderlich sei. Die Hypnoanalyse würde eines *tiefen somnambulistischen Zustands* bedürfen. Aber nicht alle Patienten – sagt die Psychoanalyse – können in einen solchen tiefen hypnotischen Zustand gebracht werden. Gerade dies war einer der Gründe dafür, daß Freud der Hypnose den Rücken kehrte. Die neusten Induktionsmethoden der Hypnose haben aber die Hypnotisierbarkeit wesentlich erhöhen können, so daß dieser Einwand abgeschwächt ist (Kapitel IX). Andererseits sind zahlreiche Patienten auch für die Psychotherapie ohne Hypnose nicht geeignet. Insbesondere ist das *Alter* des Patienten für eine Psychotherapie ein Hemmschuh, während dies als Problem bei der Hypnotherapie *weniger auftaucht* (Kapitel IX, XI und XV.8).

(b) *Ein nächster Einwand* – wir zählen ein paar Beispiele auf (Kroger, 1977; Wolberg, 1948b) – ist, daß die *Validität* des durch Hypnotherapie gewonnenen unbewußten Materials darunter leide, daß es «zwanghaft» gewonnen worden sei. Dieser Einwand ist (ba) *erstens* kaum belegt worden und (bb) *zweitens* muß betont werden, daß auch die Validität des durch die Psychoanalyse gewonnenen Materials umstritten ist. *Bei beiden Methoden weiß man immer noch nicht genau, was man «aus der Tiefe des Gehirns»* (Kapitel XXIV) an die Oberfläche bringt. Dazu sagt Kroger (1977, Seite 379) «No one knows the exact *modus operandi* of aspirin, yet we use it.»

(c) *Ein weiterer Einwand* bezieht sich auf den Effekt der Hypnose auf die *Übertragung*. Mit Hypnose könne man fremde Elemente in die Analyse hineinbringen, die sich mit dem therapeutischen Ziel nicht vertragen würden. Insbesondere wird hier an den *posthypnotischen Effekt* gedacht. Aber auch hier muß die Tatsache angebracht werden, daß die verbesserte Technik der Hypnose diese Störung beseitigen kann. Dabei darf auch betont werden, daß die *indirekten Methoden der Hypnotherapie* mit dem Patienten *in dessen Wachzustand* (Wachhypnose, Kapitel XI–XX) arbeiten. Alle Suggestionen, die während der Hypnose appliziert worden sind, werden noch während der Sitzung *zurückgenommen (desuggeriert)*, und der Patient wird *dehypnotisiert*. Über die Möglichkeit verfügt die konventionelle Psychoanalyse kaum. Der Patient lebt bei der letzteren jahrelang ohne ein Endergebnis. Andererseits fragt sich Kroger (1977), *ob die Übertragung bei der Psychoanalyse und Hypnotherapie überhaupt vorkommt und ob sie unbedingt analysiert werden müsse.* Denn das alte Konzept der Übertragung wird nicht mehr als eine «blind repetition of childhood relationships» (Kroger, 1977, Seite 380) genommen. Bereits Freud (1891) hat den *hypnotischen Rapport als Übertragung* angesehen und ihn auf die Möglichkeit der Reaktion seitens der Therapeuten mit seinen eventuellen verdrängten sexuellen Gefühlen (Gegen-Übertragung) bezogen. Watkins (1949, 1971) andererseits konnte beobachten, wie der Patient *während der konventionellen analytischen Sitzungen öfters in die Hypnose geraten war, ohne daß dies der Therapeut bemerkt habe.* Auch einige Gefühle des Hypnotherapeuten können während der Hypnose auf den Patienten übertragen werden (Kapitel XXV.3), ohne daß der erstere dies wahrnehmen müsse. An diesen Beispielen sehen wir *die Gemeinsamkeit der Psychoanalyse und Hypnoanalyse.* Der Psychoanalytiker wird mit Schwierigkeiten konfrontiert, wenn er während des Psychotherapierens die Hypnose nicht beherrscht. Bei *spontan und Autohypnosen*, die – wie wir eben gesehen haben – auch einem Psychotherapeuten beim Patienten auf der Couch passieren können (Watkins, 1949, 1971, 1980), wird der erstere womöglich in Verlegenheit gebracht (Gill und Brenman, 1959, 1977).

(d) *Die Problematik des Erweckens von erotischen Gefühlen bei heterosexuellen Patienten gegenüber dem Hypnotherapeuten* (siehe Kapitel XXVI.2.3.2) ist auch den klassischen Psychoanalytikern nicht unbekannt. Wenn die *Sexualität* während der Hypnotherapie geweckt wird, dann wird sie auch bei der Psychoanalyse ohne Hypnose geweckt werden; dies ist ein Problem aller Psychotherapiemethoden. *Die Problematik liegt also mehr im Patienten und/oder Therapeuten selbst als in der angewandten therapeutischen Methode* (Eysenck, 1978; Kroger, 1977). *Ebenso wie man bei der Psychoanalyse fragen kann, ob Hypnose für die Psychotherapie notwendig ist, fragt sich auch der Hypnotherapeut, ob die freien Assoziationen unbedingt zum Erfolg führen.*

(e) Ein nächster Einwand der konventionellen Psychoanalyse gegenüber der Hypnose ist *die mögliche Abhängigkeit des Patienten vom Hypnotherapeuten* (Ferenczi, 1950a, b, c). Aber auch diese liegt bekanntlich mehr in den interpersonellen Beziehungen Patient/Therapeut und im Mangel der Fertigkeit des Therapeuten als in der angewandten therapeutischen Methode selbst. Sie ist andererseits auch in der konventionellen Psychoanalyse wohlbekannt.

(f) Der Einwand von Freud, der Patient könne das durch die Hypnotherapie *beseitigte Symptom durch andere ersetzen*, kann ebenfalls entkräftet werden. Dazu führte Wolpe (1958) aus, daß die Erfolge der Hypnotherapie lange ohne einen Ersatz durch andere Beschwerden andauern. Die Meinung von Wolpe (1958) wird auch von Wolberg (1948a, b, 1977a, b) geteilt. Wenn jedoch ein Patient dazu tendiert, die Beschwerden immer wieder neu zu «erfinden», dann kann er dies auch nach einer unvollkommenen konventionellen Psychoanalyse tun.

(g) In bezug auf den *Widerstand* des Patienten gegenüber der Therapie hat Kline (1972) ausführlich Stellung genommen. Dabei werden erneut an erster Stelle *Übertragung* und *Gegenübertragung* (Transference and Countertransference) in Verbindung mit anderen Problemen diskutiert. Ein eventueller Widerstand ist sowohl bei der klassischen Psychoanalyse als auch bei der Hypnotherapie bekannt. Weitere Studien der biographischen Daten (Kline, 1958; Schneck, 1954) haben gezeigt, daß Freud seine voranalytischen Konzepte der Hypnose auch deshalb langsam durch seine freie Assoziation ersetzt habe, *weil die Hypnotherapie noch keine klare Theorie der Psychotherapie geliefert hatte.* Diese Theorie der Hypnotherapie sollte so gestaltet werden, daß beim Patienten möglichst kein Widerstand gegen die Behandlung hervorgerufen wird. Aus diesem Grunde habe Freud gemeint, die weniger akute, die sanfte, die lange andauernde und *freie Psychotherapie* würde diesen Widerstand am wenigsten hervorrufen.

(h) Freud wollte auch *eine rein von ihm selbst begründete Therapiemethode zur Verfügung stellen.* Die Ablehnung der Hypnose sei bei ihm daher eine Frage der Prozedur und des Vorgehens, weniger jedoch die des simplen Konzepts der Hypnose. Nach Kline (1972) erkennt man andererseits bei Freud *in seiner Benutzung der Couch*, *in der Rückenlage des Patienten und der optischen Abwendung vom Therapeuten*, *in der Intensivierung des assoziativen Verfahrens eine klare positive Einstellung gegenüber den älteren Hypnosetechniken.* Auch die letzteren benutzten die gleiche Methodik ohne das Induktionsverfahren (Kapitel VIII und IX). Mit einer hypnotischen Prozedur ist auch das Freudsche Verfahren der *Suggestionsverarbeitung* (suggestive Verarbeitung) verbunden, das an *ältere hypnotherapeutische Orientierungen* anknüpft.

(i) Freud betonte auch, daß es notwendig sei, daß der Hypnotherapeut, der die Hypnose nicht nur an ein paar Fällen anwenden möchte, mit einer Reihe von Informationen und Erfahrungen ausgestattet sein müsse. Hier ist die *Ausbildung in Hypnose* gemeint. Dazu ist zu sagen, daß *einerseits* auch die Psychoanalyse eine Ausbildung verlangt, und *andererseits*, daß die Hypnotherapie ihre Hypnotherapeuten mit nötigen Instruktionen versorgen möchte. *Die Erfahrungen sammelt man erst nach dem Beginn der praktischen Tätigkeit in beiden Disziplinen – Psychoanalyse und Hypnoanalyse* – (siehe Kapitel XI).

(j) Zur Frage der *Indikationen* zur Hypnotherapie und zur Psychoanalyse muß noch einiges gesagt werden. In bezug auf Freuds Bemerkung, man könne nur wenige Fälle durch Hypnose behandeln, sind wir die Antwort schuldig, daß die moderne Hypnotherapie eine weite Serie von Indikationen in Anspruch nehmen kann (Kapitel XI.5.4). Vor allem bei der *Symptombeseitigung* (Anästhesie, Verbrennungen, Schlafstörungen, Angstbehebung etc.) ist die Hypnotherapie der konventionellen Psychoanalyse überlegen.

(k) *Die theoretische Seite der Hypnotherapie hat in den letzten Jahrzehnten eine bedeutende Entwicklung erfahren. Die Hypnotherapie und die experimentelle Hypnose arbeiten statistisch und versuchen, die Befunde auf ihre Signifikanz zu prüfen* (Kline, 1972; Raginsky, 1962a, b; Schneck, 1954; Kapitel IX, XXI–XXIX) (siehe weiter in Abschnit X.8).

7. Zur (Patho)Genese psychischer/psycho-somatischer Erkrankungen

7.1 Spezielle Vorbemerkungen

Statt einer *konventionellen Kritik* gehen wir nachfolgend anders vor und versuchen, *durch spezielle Darstellung der Problematik der Genese und Pathogenese von psychischen/psycho-somatischen Störungen/Erkrankungen auf die Notwendigkeit der vielseitigen oder besser allseitigen (holistischen) Betrachtungsweise abermals hinzudeuten.*

7.2 (Tiefen)Psychologische Ansichten und Theorien

7.2.1 (Patho)Genese und konventionelle Ego-Psychologie/Ego-Psychoanalysen

Diese Seite des Problems wurde bereits oben bei der Diskussion der Psychoanalyse von Sigmund Freud (1856–1939) behandelt. *Der Schwerpunkt der Genese der psychischen Störungen neurotischen Formenkreises liegt dieser Theorie zufolge im Individuum selbst und beginnt mit der Geburt (Geburtstrauma).* Was dieses Individuum *genetisch* mit sich bringt, das sich auf die *Pathogenese* auswirken könnte, kommt kaum zur Sprache, obwohl die Ansätze nicht ganz fehlen.

7.2.2 (Patho)Genese und psychoanalytische Richtungen nach der Spaltung

Nach der Spaltung der ersten psychoanalytischen Gesellschaft noch am Beginn des 20. Jahrhunderts (Kapitel X.3) wurden verschiedene Ansichten und Theorien der *Psychopathogenese* vertreten.

7.2.2.1 (Patho)Genese und Individualpsychologie von Alfred Adler (1870–1937). Nach Adler ist *die Entwicklung des menschlichen Individuums mehr von der sozialen Umwelt als von biologischen Einflüssen abhängig.* Nach der *Individualpsychologie* muß das (Fehl)-Verhalten des Menschen von *zwei Standpunkten* aus untersucht werden:

(a) vom *historischen Standpunkt* der früheren Ursachen und
(b) vom *teleologischen Standpunkt* der Ziele.

Körper und Geist seien eine untrennbare und zielgerichtete Einheit. Die Theorie der Zerlegung der Persönlichkeit in *Es*, *Ich* und *Über-Ich* sei nicht vertretbar. Nach Adler (1917a–1938) *leide jedes Kind an Minderwertigkeitsgefühlen*, die durch *körperliche Mängel organisch* bedingt *sein können.* Situationsbedingt sei ein Minderwertigkeitsgefühl ferner dann, wenn das *primär* hilflose Kind von den Eltern mißhandelt oder abgelehnt und in seiner Minderwertigkeit bestärkt werde. Um sich geborgen zu fühlen, versuche das Kind dieses Minderwertigkeitsgefühl durch ein entsprechendes Streben zu *kompensieren.* Eine extreme neurotische Kompensation sei der *irrationale Wunsch nach Macht, Vorherrschaft und Überlegenheit.* Die Aggression als Methode der Bewältigung von Minderwertigkeitsgefühlen sei *männlicher Natur.* Die *Unterwerfung* sei ein Versuch, die Minderwertigkeit zu verstecken, abzulehnen oder ihr zu entfliehen. Die *Phantasien* oder die *Rationalisierung* werden dabei zu Hilfe genommen. *Eine andere Möglichkeit wäre, zahlreiche neurotische Symptome zu entwickeln*, um das Interesse der Umgebung auf sich zu lenken: *Geltungsbedürfnis.* Weil die weibliche Rolle mit der Minderwertigkeit assoziiert werde, erleben Männer und Frauen den *männlichen Protest*. Sie versuchen ihre weiblichen Charakterzüge zu kompensieren, indem sie die Eigenschaften des anderen unterdrücken oder ihre eigenen *soziosexuellen Rollen* ablehnen. *Sexuelle Deviationen*, einschließlich *Ödipuskomplex*, *seien als Manifestationen eines Minderwertigkeits-* bzw. *Überlegenheitskomplexes* zu verstehen. Adler betrachtet den Protest der Frauen gegen die Männer als eine Reaktion auf die unterwürfigen wirtschaftlichen und sozialen Rollen. Die heutige Feministen-Bewegung bestätigt Adlers Standpunkt (Wolberg, 1977a), daß die *Minderwertigkeitsgefühle bei Frauen kulturell und nicht biologisch bedingt seien*. Adler erkennt die Bedeutung, aber nicht den Vorrang der sexuellen Rollen. *Impulse, Einstellungen, Bestrebungen*, die in Anspruch genommen werden, um die Minderwertigkeitsgefühle zu überwinden oder die Macht zu gewinnen, werden als *Lebensstil* (oder *Lebensplan*) angesehen. In der Ausübung des Lebensstils unter der Berücksichtigung der Pathogenese gebe es drei Möglichkeiten:

(1) erfolgreiche *Kompensation* und *gute Umstellung;*
(2) *Über-Kompensation* und *falsche Umstellung;*
(3) *fiktive Ziele*, z.B. wird *die Krankheit als Methode, nach Macht zu streben*, benutzt.

Die *negative Wirkung des Lebensstils* beeinflusse die gesunde Entwicklung und die guten sozialen Beziehungen der Person. Adler hielt die *Schule* für eine *Erweiterung der Familie*. Er gründete *Kinderberatungskliniken* in den Schulen in Wien – eine Art *Familientherapie*. Diese Ideen wurden allgemein akzeptiert. In der Adlerschen Therapie versucht man, den Lebensstil des Individuums zu finden und zu erforschen. Die *Vergangenheit* sei nicht so bedeutungsvoll wie die *Gegenwart* und die *Zukunft*. Nur die allerfrühesten *Erinnerungen seien wichtig*, *um den Ursprung des Lebensstils zu erforschen*. Der Patient werde dann zum Einsetzen anderer, normaler Funktionsweisen erzogen. Das *Machtstreben* werde durch diesen Prozeß gemildert und von Gemeinschaftsgefühlen und -interessen ersetzt (Adler, 1917a, b, 1929, 1930, 1938).

Nach der geschilderten Pathogenese richtet sich auch die Therapie nach Adler. Man beginne mit der *Interpretation der frühesten Erinnerungen*, des *Familienlebens* und der *Träume* (Deutsch, D., 1966). Der Therapeut sollte eine *gütige, emphatische und vertrauenswürdige Person darstellen*, um die echte oder phantasierte Enttäuschung der frühen Kindheit des Patienten zu korrigieren. Eine Bearbeitung der Vergangenheit vollziehen Therapeut und Patient gemeinsam, damit der erstere die verzerrten Einstellungen des Patienten zu früheren Erlebnissen *gerade biegen* könne. Die *Realitätsebene* sollte dabei angestrebt werden. Adler gestattet sowohl eine *Kurz-* als auch eine *Langzeittherapie*, abhängig von der Natur der Erkrankung. Der Therapeut dürfe analytische, aktive, passive, direktive und nicht direktive Methoden benutzen. Wenn der Patient die Behandlung beenden möchte, wird es nicht als *Widerstand* interpretiert. Manche Menschen können sich aufgrund der therapeutischen Einsicht, die sie schon gewonnen haben, weiter entwickeln. Die Patienten dürfen jederzeit die Behandlung wieder aufnehmen. Die schwierigen Phasen des Lebens können so überwunden werden. Die Therapie diene als eine *Unterstützung* fürs Leben, nicht jedoch als Ersatz dafür (Papanek, 1965).

Adlers Ziel war das Zusammenbringen, das Erlangen einer Synthese der Vielfalt und der Vielzahl der psychologischen Fakten. Diese schöpferische Denkart und das intuitive Verständnis für den Organismus führten zu einer Theorie, die einige Standpunkte und Hypothesen der heutigen Psychologie vorwegnahm (Wolberg, 1977a). Kurt Adler und Danica Deutsch (1959), F. Alexander et al. (1966), Ansbacher und Rowena (1956), S. Arieti (1967). Bottome (1939, 1957), Danica Deutsch (1966), F. Deutsch (1939, 1949a, b), F. Deutsch und Murphy (1955, 1967), M. Deutsch (1949a, b, 1951), R. Dreikurs (1957), A. Farau (1962), Hertha Orgler (1956, 1963), E. Papanek und H. Papanek (1961) sowie H. Papanek (1965) geben Übersichten und Literatur zu Adlers Theorie und Praxis.

7.2.2.2 (Patho)Genese und Aktivpsychoanalyse nach Wilhelm Stekel (1868–1940). Wilhelm Stekel führte einige originelle Methoden in die analytische Therapie ein, die in vielen heutigen Systemen der *Kurzzeittherapie* integriert worden seien (Lowy und Gutheil, 1956; Stekel, 1950). Aber auch er neigt mehr oder weniger zur Einseitigkeit. *Sexuelle Störungen* («Paraphilias») waren pathogenetisch auch für ihn von großer Bedeutung. Seine Arbeiten über *Sadomasochismus* (1929), *Fetischismus* (1949), *Impotenz* (1927), *Frigidität* (1926) und *Exhibitionismus* (1952) sind am bekanntesten. Stekel glaubte allerdings nicht, daß die *Libidotheorie* alle Konflikte erklären könne. Der *Kastrationskomplex* sei allgegenwärtig, wie Freud es behauptete. Wie Adler hielt auch Stekel *gegenwärtige Probleme* für genauso wichtig wie die früheren Erlebnisse. Nicht nur unbewußte Elemente, sondern auch *Aspekte des Bewußtseins*, die verdrängt und in verschiedene Symbole umgewandelt werden, führen zur Neurose. Affektstörungen seien öfters das Resultat eines Wettbewerbs zwischen unharmonischen *Motiven*. Diese Motive könnte man den *Träumen* entnehmen, oder durch *freies Assoziieren* gewinnen. Nach Stekel würde die *Zukunftsanalyse* in einer *Analyse des Charakters* liegen. Seine wichtigsten Beiträge beziehen sich auf die *Traumdeutung*. Die Patienten mußten zu jeder Sitzung ihre aufgeschriebenen Träume mitbringen. Zuerst wurden die Widerstandselemente besprochen, d.h. *warum der Patient krank bleiben oder eine Begegnung mit der Realität vermeiden wollte*. Der Therapeut wandte sich dann den früheren Erlebnissen und den bewußten Zukunftsplänen des Patienten zu. Das Talent von Stekel für den Symbolismus ermöglichte ihm, daß er auch später auf die wichtigen Konflikte eingehen konnte, die er irgendwann mit dem Patienten besprochen hatte. Nach Stekel sei die *Behandlungsmethode* nicht so wichtig wie die *Persönlichkeit des Therapeuten*, der diese einsetzt. Er betonte die *Gegenübertragung*. Die allgemeine therapeutische Formel von ihm lautete: «*Erinnern Sie sich an die Ursache der Beschwerden, erkennen Sie Ihre krankhafte Einstellung und überwinden Sie diese.*» Diese Ziele würden durch Widerstand unerreichbar gemacht werden. Der Therapeut könne diesen Widerstand durch die klassische passive Methode nicht durchbrechen; er müsse sich in die Eliminierung der Verdrängung aktiv einmischen. Durch *Sympathie* und *Intuition* erkenne der Therapeut die verdrängten Erlebnisse und mache sie dem Patienten bewußt. *Die Dauer dieses Prozesses bestimme die Dauer der Therapie*. Die Aktivität schließe die *Beratung und Ermahnung* ein. Beim freien Assoziieren dürfe der Patient nicht in eine Sackgasse geraten. Man wähle relevante Themen und diese werden besprochen. Man sitze *vis-á-vis* und rücke von Freuds Couch-Methode ab. Stekel glaubte, *daß die Analyse nur in Ausnahmefällen länger als sechs Monate dauern dürfe*. Man müßte unendliche Analysen und die Entwicklung unerwünschter unkontrollierbarer Reaktionen vermeiden. Auch die *Übertratung* wurde von Stekel als wesentlicher Teil der Analyse anerkannt. Er hielt eine Analyse ohne Übertragung für unmöglich. *Die Übertragung sei erstens für die Beschleunigung der Therapie und zweitens zur Bewältigung des Widerstandes gegen die Therapie* von Bedeutung. Die Kritik gegen Stekels Therapie liegt darin begründet, daß seine Aktivität eine *übertriebene disziplinäre und bestrafende Einstellung dem Patienten gegenüber auslösen könne*. Charakter-Rekonstruktionen dauern sehr lange und können nicht immer innerhalb von sechs Monaten erfolgen (Lowy und Gutheil, 1956; Lubin, 1976; Wolberg, 1977a, b).

7.2.2.3 (Patho)Genese nach der analytischen Psychologie von Carl Gustav Jung (1875–1961). Carl Gustav Jung lehnte Freuds biologischen und genetischen Ansatz der neurotischen Störungen ab. Er billigte die Existenz der Libido, diese stamme jedoch nicht von einem Sexual- sondern vielmehr von einem *Fortpflanzungstrieb*. *Neurotische Eltern würden die Neurose bei ihren Kindern fördern*. Die Bedeutung infantiler Sexualität ist nach Jung von minderem Wert. Jung studierte *die Symbolik* bei Neurotikern und Psychotikern (Schizophrenen) und fand Ähnlichkeiten zwischen dieser und der bei *primitiven Stämmen*. Daraus entstand die Theorie über das *kollektive Unbewußte*. Der *erbliche Teil* des Geistes sei von

Spuren der *Ahnenerfahrungen* geprägt. Bereits hier findet man Ansätze für *anthropologische Psychoanalysen* (Kapitel IV). Eine Untersuchung von Ausdrücken in *Assoziationen*, *Träumen*, *Phantasien* und *Malerei* unterstützen diese Hypothese. Diese enthalten *Urbilder (Archetypen)*, wie z. B. die vierfache *«Mandala»-Symbolik*, die durch die ganze Geschichte als ein «Zauberkreis» in Legende, Kunst, Literatur und Religion ständig auftauche. Die Konfiguration *eines Kreises in einem Viereck* oder *eines Vierecks in einem Kreis* mit strahlenförmigen oder kugelförmigen Bestandteilen betrachtete Jung *als archetypale Manifestation des kollektiven Unbewußten*, die *von archetypen Ideen* bestimmt wurden. *«Mandalen sind Symbole der Ordnung, Einheit und Totalität. Als Zauberkreise binden und überwältigen sie die gesetzlosen Mächte der Dunkelheit und wandeln das Chaos um in einen Kosmos»* (C. G. Jung, 1916, 1923, 1948). Unter den Archetypen, die in Mythen, Legenden und Träumen erscheinen, seien die *Erdmutter* oder *Hexenmutter* (Kapitel V), der alte weise Mann, der Held (Herkules, Siegfried, St. Georg), die Nachtmeerfahrt (Jona und der Wal), die *Anima*, *ein vererbtes kollektives Bild der Frau in der männlichen Psyche*, der *Animus*, *ein vererbtes kollektives Bild des Mannes in der weiblichen Psyche*. Der Mensch werde nicht nur durch Motive und Werte beeinflußt, die er durch persönliche Erfahrungen sammle, sondern auch durch die *kollektive Erfahrung der Menschheit* (Kapitel IV und V), die einen Platz in seiner Nervenstruktur eingenommen habe (siehe dazu Alexander et al., 1966; Jaffé, 1982, 1984; Wheelwright, 1956).

Nach C.G. Jung (von Franz und Hillmann, 1980) wird die *Persönlichkeit des Menschen* in

(a) einen *oberflächlichen Teil (Persona)*, eine *Maske*, die das Individuum für die Gesellschaft (Interessen, Forderungen, Konsequenzen) trage;

(b) das *Ich*, das nicht so oberflächlich wie bei Freud und auch teilweise bewußt sei, mit persönlichen Erfahrungen;

(c) *einen tiefen, unbewußten Teil, der das kollektive Unbewußte* und die *Archetypen* enthalte,

eingeteilt. Schwierigkeiten entstehen, wenn *das Ungleichgewicht* zwischen dem männlichen *Animus* und der weiblichen *Anima* im Spiel sei. Auch ein Mangel an Harmonie zwischen *Persona*, *Ich* und *kollektivem Unbewußten* könne zu Abnormitäten führen. Das kollektive Unbewußte enthalte *schöpferische Quellen* für *Energie*. Wenn *primitive* und andere unerwünschte Ängste ins Bewußtsein eindringen, so führen sie zu *Spannungen und verschiedenen neurotischen Symptomen*, die nach Jung ein *Selbstheilmittel* darstellen. Das zur Eruption neigende *kollektive Unbewußte* stelle eine Gefahr für dessen Träger dar. Eine andere Konfliktquelle resultiere aus der Funktionsweise der Persönlichkeitsstruktur.

C.G. Jung (1916, 1923, 1948, 1961) entwickelte auch *eine Theorie* zum *Charakter des Menschen*, die bei der Pathogenese von psychischen Störungen eine Rolle spielten. Nach ihm bestehen zunächst *zwei psychologische Menschentypen:*

(1) der *Extravertierte* und
(2) der *Introvertierte.*

Der Extravertierte interessiere sich mehr für die Umwelt, der Introvertierte fast ausschließlich für sich selbst. Neben diesen zwei *Einstellungstypen* stellte Jung *vier Typen* von *Bewußtseinsfunktionen* fest. Die vier Funktionen: *Empfinden*, *Denken*, *Fühlen*, *Intuition* können auch extravertiert und introvertiert sein und ergeben *acht* Subtypen. Davon seien *vier rational* und *vier irrational.* Die *vier rationalen Subtypen* seien:

(aa) Der extravertierte Denktypus und sein inferiores introvertiertes Fühlen; (ab) der introvertierte Denktypus und sein inferiores extravertiertes Fühlen; (ac) der extravertierte Fühltypus und sein introvertiertes inferiores Denken; (ad) der introvertierte Fühltypus und sein inferiores extravertiertes Denken.

Die *vier irrationalen Subtypen* wären:

(ba) der extravertierte Empfindungstypus und seine introvertierte Intuition; (bb) der introvertierte Empfindungstypus und seine extravertierte Intuition; (bc) der extravertierte Intuitionstypus und seine introvertierte Empfindung; (bd) der introvertierte intuitive Typus und seine inferiore extravertierte Empfindung.

Eine *Neurose* hänge mit den *Archetypen* zusammen. Das Individuum stoße bei der Suche nach Erfüllung ausnahmslos auf die *geometrischen Muster* und *Symbole* seines früheren Selbst. Der Schwerpunkt in der Behandlung ist nicht nur das Unbewußte, sondern auch die *gegenwärtigen Schwierigkeiten.* Träume widerspiegeln *gegenwärtige Bestrebungen* sowie *künftige Pläne.* Eine *Übertragungsneurose* wird vermieden. Ein *spezifisches Interview* sei wichtiger als freies Assoziieren. Das therapeutische Vorgehen ändere sich mit dem Persönlichkeitstypus. Der *Introvertierte* brauche detaillierte zusammenhängende Interpretationen; der *Extravertierte* erreiche eine Umgestaltung auf einer pragmatischen Basis. Die Entwicklung einer *intellektuell befriedigenden Religion* (Kapitel IX.4.2.4.10) *wird oft als wesentlicher Teil der Therapie betrachtet, weil eine Religion fähig sei, bestehende Archetypen mit einem ethischen System zu vereinbaren* (Jung, 1948, 1961). Man versuche nach C. G. Jung bei der Therapie, *gesunde Kräfte* im Patienten zu wecken, die dann durch das therapeutische Verfahren aktiviert und *positiv ausgenutzt* werden (Wheelwright, 1956).

7.2.2.4 (Patho)Genese und Willens-Therapie nach Otto Rank (1884–1939). Für Rank (1929, 1947) war die ursprüngliche Idee Freuds, *daß die Geburt ein Trauma sei*, wovon sich das Individuum nie erholen werde, von großer Bedeutung. Der Mensch versuche im Laufe seines Lebens in den Mutterleib zurückzukehren, *um die pränatalen Gefühle der Geborgenheit wiederherzustellen.* Gleichzeitig bestehe aber das Verlangen nach Wiedergeburt und *Trennung* vom mütterlichen Objekt, *um Selbständigkeit zu erzielen. Im ersten Fall* werde die Abhängigkeit und das infantile Bestreben gefördert. *Im zweiten Fall* wachse der Wunsch, sich zu entwickeln, ein selbständigeres Individuum zu werden und sich aus beengenden Beziehungen zur Mutter zu lösen. Das Leben werde von solchen entgegengesetzten Wünschen beherrscht. Die ursprüngliche Angst, von der Mutter getrennt zu werden (Geburtstrauma), wird durch darauffolgende *Trennungserlebnisse*, z. B. Entwöhnung, Kastrationsängste, Beendigung enger menschlicher Beziehungen, potenziert. Im Bedürfnis, sich mit der Mutterfigur wieder zu vereinigen, sei auch der Wunsch, sich den menschlichen Beziehungen zu unterwerfen mit eingeschlossen. Das Bedürfnis, eine *Individualität* zu entwickeln, strebe gegen eine Vereinigung. Die *Trennungsangst* manifestiere sich

(1) *als Lebensangst*, d. h. die Angst, als isolierter Mensch leben zu müssen;
(2) *als Todesangst*, d. h. die Angst, seine Individualität zu verlieren und von anderen verschlungen zu werden.

Rank befürwortet auch die Existenz folgender Persönlichkeiten:

(a) *Normale,*
(b) *Neurotische,*
(c) *Kreative.*

Die *normale Persönlichkeit* gebe ihren eigenen Willen an die Gruppe ab. Die *neurotische Persönlichkeit* behalte ihren Willen und weigere sich, ihn an die Gruppe abzugeben. Sie stecke in einer Klemme zwischen *Abhängigkeit und Individualautonomie.* Gleichzeitig sei sie nicht stark genug, um zu einem kreativen Künstler zu werden. Sie erreiche ihre Ziele einfach nicht. *Der kreative Künstler* entwickle seine eigenen Maßstäbe und stehe allein, wenn es sein müsse.

Rank empfiehlt ein flexibles aktives *patienten-orientiertes Behandlungsverfahren*, in dem der Patient die Methode bestimmen darf. Dadurch werde eine *Selbstbestimmung* erreicht. Die späteren klienten-konzentrierten Therapien haben viel von der *Selbstrealisationsphilosophie* Ranks übernommen. Auch die funktionelle Schule der *Casework* orientiere sich an dynamischen Begriffen, die Rank *Hilfsprozesse* nannte (Allen, 1942; Karpf, 1953, 1957; Kasius, 1950; Taft, 1933, 1948; Wolberg, 1977 a, b).

Die analytische Therapie biete dem Patienten eine einmalige Gelegenheit, seine vergangenen Erlebnisse mit dem Therapeuten noch einmal zu erleben, insbesondere das Geburtstrauma, und sich in Richtung einer vollkommenen *Individualisierung* zu bewegen. Die Psychotherapie sei eine *Therapeut/Patient-Beziehung*, in der der Therapeut als Helfer diene, um die *kreativen Willensimpulse für positive Selbstrealisation des Patienten zu mobilisieren.* Die Therapeut-Patient-Beziehung selber diene dem Patienten als Besserungserlebnis. *Die Dechiffrierung von unbewußtem Material sei sekundär.* Die therapeutische Situation werde jedem Patienten angepaßt (Wolberg, 1977a).

7.2.2.5 (Patho)Genese und Modifikationen durch Sandor Ferenczi (1873–1933). Für die Hypnotherapie wird auch das, was Ferenczi sagt, nicht ganz irrelevant sein, obwohl von der Pathogenese her keine neuen Elemente zu erkennen sind. Aus der Annahme heraus, der Patient würde durch seine Fehlentwicklung seine Symptome herleiten, empfahl er am Beginn seiner Wirkung eine *Aktivtherapie*, bei der er unter anderem eine *organische und sexuelle Befriedigung untersagte.* Selbst die Benutzung der Toilette sollte vermieden werden. *Ärger und Aggressionen sollten auf den Therapeuten übertragen werden.* Nach diesem erfolglosen Versuch sprach sich Ferenczi für eine *antiautoritäre Atmosphäre* aus, in der der Therapeut eine *tolerante, gut-elterliche Figur* darstellte, die vielen Wünschen des Patienten entsprach. Die Patienten spielten ihre Kindheitserlebnisse mit dem Therapeuten durch, damit die ersteren ihre pathogenetisch wirkende Vergangenheit besser verstehen lernten. Es wurde mit Puppen gespielt und wie Kleinkinder geredet. Dadurch sollte *eine Interaktion und die interpersonelle Beziehung* entstehen.

7.2.3 (Patho)Genese und neoanalytische Psychotherapien

7.2.3.1 (Patho)Genese und die Schule von Sandor Rado (1890–1972). Sandor Rado (1890–1972) legte in *zwei Schaffensphasen* mit seiner Konzeption der *Adaptationspsychodynamik* (1956a, 1962) ein *biologisch fundiertes Begriffsystem des psychoanalytischen Gedankengutes* vor (Huppmann und Wyss, 1983). *In der ersten entscheidenden Phase* sollte eine wissenschaftliche Überprüfung der Freudschen Ansätze sowie eine Neuordnung der klassischen psychodynamischen Konstrukte und Hypothesen stattfinden. Die *Adaptationstheorie* sollte Voraussetzungen für eine Korrelation *introspektiv* gewonnener psychologischer Kenntnisse mit den durch die *inspektiven* Wissenschaften erhobenen Befunden schaffen (Davidman, 1964, 1972). Rado (1962) engagierte sich für die Integration der Psychoanalyse in die Medizin. Ihm ist die Gründung der ersten psychoanalytischen Klinik zu verdanken. Dazu kommt noch die psychodynamische Theorie der *Drogenabhängigkeit* (Antons, 1976). Die *Pharmakothymie* jeglicher Art wurde von ihm als *Abwandlung einer einzigen Krankheit* (1934) und der *Rausch* (1926) als eine Form des *alimentären Orgasmus* angesehen.

Neben Melanie Klein (1882–1960) hat Rado den wichtigsten tiefenpsychologischen Beitrag zur Theorie von *endogenen Depressionen* seit Karl Abraham (1877–1915) und Freud (1856–1939) geleistet (Arieti, 1974a). Die Störung betrachtet Rado (1926) als *einen verzweifelten Schrei nach Liebe*, die auch der Ausdruck einer *doppelten Introjektion des verlorenen Objektes sei* (Bibring, 1953, 1954; Bräutigam, 1969; Glatzel, 1973; Jacobson, 1953, 1967, 1971, 1977; Klein, 1948; Nacht, 1963, 1965; Nacht und Racamier, 1961, 1962; Racamier, 1957, 1967, 1970; Rado, 1949, 1956a, b, c, 1962, 1965; Rado und Daniels, 1956; Weitbrecht, 1972; Wisdom, 1967).

In seinen späteren, weniger tiefgreifenden Phasen (Rosenfeld, 1959, 1965) reinterpretiert Rado (1950, 1956c) das Krankheitsbild der *endogenen Depression* als einen *Prozeß mißlungener Wiederherstellung.* Rado verläßt damit sein früheres Postulat einer nur *quantitativen Differenz zwischen dem neurotischen und dem endogenen Krankheitsbild.* Seine tiefenpsychologische Deskription *der (prämorbiden) Persönlichkeit des (psychotisch) Depressiven* bleibt für dessen Behandlung im Intervall von außerordentlicher Bedeutung (Huppmann und Wyss, 1983; Mendelson, 1974). Die Therapiemethode der Wahl *in der depressiven Phase* sei nach allgemeiner Auffassung immer noch die medikamentöse. In dieser Phase kommt bestenfalls eine stützende Psychotherapie in Betracht (Arieti, 1974a–e, 1975; Huppmann und Wyss, 1983; Schuyler, 1976). In anderen Fällen wie bei der Sucht sowie der möglichen Therapie der Schizophrenie neigte Rado zu *Neologismen* (Alexander, 1940–1971; Alexander und French, 1946; Alexander u. Selesnick, 1969). Seine *behavioristisch-mechanistische* Konzeption (Huppmann und Wyss, 1983; Wyss, 1977) und sein reduktionistisches Menschenbild werden heftig angegriffen (Nagler, 1972).

7.2.3.2 (Patho)Genese und die Schule von Harry Stack Sullivan (1892–1949). Sullivan (1940a, b, 1948, 1949, 1953, 1956, 1962, 1964, 1972) durchzieht die pathogenetische und therapeutisch-praktische Auseinandersetzung mit dem Problem der *Schizophrenien.* Auch er verstand die psychischen Störungen als *Resultat der veränderten zwischenmenschlichen Beziehungen und Prozesse.* Der Psychotherapeut sei stets teilnehmender Beobachter einer *sozialen Partnersituation* (Guntrip, 1968; Huppmann und Wyss, 1983), wobei das psychoanalytische Gespräch eine Situation der primär stimmlichen Kommunikation einer mehr oder weniger freiwillig entstandenen Zweiergruppe sei. Sie entfalte sich stufenweise auf der Basis Fachmann–Ratsuchender (Sullivan, 1956). Sullivans Konzepte seien begrenzt auf prüfbare Formulierungen (Stanton, 1952). Kennzeichnend für ihn sei das Bestreben, «Verhalten im Kontext einer spezifischen Situation zu erforschen...» (Salzman, 1962). Obwohl er körperlich begründbare seelische Erkrankungen zuläßt, betrachtet er alle leichten und schweren psychischen Störungen *à priori* als *nicht organisch verursacht.* Sie seien für ihn *Muster unzulänglicher Beziehungen inadäquater Verhaltensweisen innerhalb einer ungünstigen Lebensgeschichte*, die (durch Angst induziert) auf Lebensschwierigkeiten beruhe (Goldman, 1969; Huppmann und Wyss, 1983; Stanton, 1952; Trautner, 1978).
Die Therapie bei Schizophrenen sollte als Korrektur des gestörten Kommunikationsprozesses fungieren (Brody, 1964; Tauber, 1960). Die dazugehörigen Therapieerfahrungen kommen in seinen Schriften kaum vor (Arieti, 1974d; Huppmann und Wyss, 1983). Sullivan habe als erster auf die Bedeutung *gestörter intersubjektiver Kommunikation in der Kindheit und die Rolle der Adoleszenz bei der Genese der Schizophrenien* hingewiesen (Arieti, 1967). Von ihm stamme ferner die richtungsweisende Beschreibung der vor der Störung oder bei ihrem Ausbruch auftretenden Panik. Ausgehend von einem psychologischen Referenzsystem liefert er eine erste überzeugende psychodynamische Interpretation der Schizophrenie (Arieti, 1974e; Sullivan, 1962). Die Ausgangsposition Sullivans, nahezu das gesamte Verhalten des chronischen Schizophrenen als Zeichen von *Übertragung* anzusehen, habe sich weithin durchgesetzt (Boyer, 1967, 1976). Sein wichtigster Beitrag zur Psychosebehandlung sei die Aufforderung, dem Kranken Respekt zu erweisen und dessen Selbstwertgefühl zu verstärken (Perry, 1962; Thompson, 1952). Sullivan habe bei 80 Prozent der betreffenden Patienten eine *soziale Genesung* erreicht (Mullahy, 1952, 1967, 1970; Redlich und Freedman, 1966, 1970; Sullivan, 1962). Durch Fromm-Reichmann (1947, 1949, 1953, 1959) sowie Jones (1953, 1968) wurde sein Modell weiterentwickelt und die Idee der therapeutischen Gemeinschaft international verbreitet (Mora, 1974). Als einer der Wegbereiter der *Milieutherapie* (Rioch und Stanton, 1953) habe Sullivan das Fundament zu entscheidenden systematisch-empirischen Studien «*des Funktionierens der Persönlichkeit als Teil institutioneller Abläufe im psychiatrischen Krankenhaus*» gelegt (Stanton und Schwartz, 1954). Außerdem habe seine sozialkommunikative Orientierung wichtige (theoretische) Voraussetzungen für *Familienuntersuchungen* und die *Familientherapie* geschaffen (Brown, 1964). Für die *Entstehung* psychischer Krankheiten hob er die Relevanz einer Störung der Beziehung zu einer Bezugsperson des einzelnen hervor (Ackermann, 1950, 1958a, b; Haley, 1963a, b, 1967; Jackson,

1967; Lidz, 1973, 1976; Lidz et al., 1965; Stierlin, 1975). Eine Reihe von Gruppentherapeuten berufe sich auf seine klinisch-psychiatrisch relevante *Sozialpsychologie* (Ammon, 1973, 1975; Benedetti, 1971, 1975; Benedetti et al., 1957; Bister, 1964, 1983; Cumming und Cumming, 1962; Huppmann und Wyss, 1983; Lubin, 1976; Müller, 1958, 1959, 1983; Stierlin, 1975; Winkler, 1970; Wyss, 1958; Yalom, 1970, 1974).

7.2.3.3 (Patho)Genese nach der Psychoanalyse von Melanie Klein (1882–1960). Melanie Klein (1932 bis 1963), eine Schülerin von Sandor Ferenczi (1873–1933), entdeckte, daß man bei *Kindern* durch *Spiele* und *Zeichnen* eine erfolgreiche *Psychoanalyse* durchführen könne (Bourguignon, 1983; Wolberg, 1977a, b). Die Kleinschen Prinzipien der *biologischen Theorie* seien für die Auffassung der *Kinderpsychologie, Erwachsenen-Psychopathologie*, Phänomene der *Schizophrenie* sowie *manisch-depressive Psychosen* von Bedeutung (Wolberg, 1977a, b). Während sich nach Freud das Über-Ich durch Introjektion des Wertesystems der Eltern im *vierten Lebensjahr* als Lösung des Ödipuskomplexes entwickelt, geschieht das nach Klein (1932 bis 1963) bereits *im ersten Lebensjahr*. Das Kind verbinde nach Klein seine Gefühle in Beziehung zu Objekten (Mutter, Brust) mit den Objekten selbst. Die Objekte, die dem Vergnügen dienen, werden als *gute*, diejenigen, die Schmerzen bereiten, als *böse* bezeichnet. In der Zeit des Abstillens muß das Kind diese schwere *orale Versagung* verarbeiten. Das Kind liebe und hasse die Mutter/Brust *gleichzeitig*. Unter den frühesten Begriffen des Kindes seien die wichtigsten die *Einverleibung* (Milchaufnahme) und das *Ausscheiden*. Das Kind besitze auch ein *unbewußtes Wissen* über den *Penis*, die *Scheide*, die *geschlechtlichen Vorgänge* zwischen den Eltern und die *Geburt*. Es reagiere auf den *Ödipuskomplex* mit Angst, vom ödipalen Gegner zerstört zu werden und verstehe den *Koitus* nur als Beißen und orale Inkorporation des Penis durch die Mutter. Jetzt trete an Stelle der mütterlichen Brust das väterliche Glied, das das Kind sich in der Phase des *oralen Sadismus* einverleiben möchte. Dieser Wunsch nach Einverleibung sei mit Introjektion des Penis identisch, wobei die Mutter es daran hindere, diesen Wunsch zu verwirklichen. Der Sadismus des Kindes mache in seiner unbewußten Phantasie vor dem Leib der Mutter nicht halt, es wolle auch diesen zerstören und vernichten. Die sadistischen Impulse wecken jedoch im Kind die Angst vor denselben; Angst sei nach Klein (1932) die Folge von *Aggression*. Das Kind schütze sich daher vor Angst eben durch die Phantasie der Einverleibung des väterlichen Gliedes. Dieses werde im Innern als introjiziertes Objekt aufgerichtet und bilde die *Grundlage des Über-Ichs*. Das Über-Ich ermögliche einerseits dem Kind, seine Haßimpulse auf die Außenwelt zu projizieren, andererseits werden hier durch seine Strenge die *sadistischen Wünsche* gehemmt. Die in die Umwelt projizierten zerstörerischen Impulse schaffen dem Kind die «bösen» Objekte, die es in oraler Aggression wieder einverleibe und introjiziere – und damit wieder zu Grundlagen des Über-Ichs mache (Wyss, 1958, 1973, 1976, 1977).

Wenn die «bösen» Objekte auf das Kind zurückkommen, um es zu verletzen (projektive Identifizierung), befinde es sich in einer *paranoid-schizoiden* Phase (Klein, 1960). Dieser Zustand fülle die ersten *vier Lebensmonate* und sei eine *primitive Form* des *paranoiden* Verfolgungswahns der Erwachsenen. Bald werden *Ganz-Objekte* introjiziert, wobei die Mutter jetzt als «gutes» aber auch «böses» Objekt angesehen werde. Depression entstehe deshalb in den ersten *sechs Monaten* menschlicher Existenz. Diese sei so schmerzhaft, daß das Kind lieber auf die *paranoide Einstellung* in eine Welt der Teilobjekte zurückgehe. Schließlich begreife es, daß seine aggressiven Wünsche die Mutter nicht zerstören werden; die Depression klinge ab, aber Reste würden als *Schuldgefühle* zurückbleiben. Es werde jetzt verstanden, daß die gleiche Mutter *gut* und *böse*, *gegenwärtig* und *abwesend*, *geliebt* und *gehaßt* werden könne *(Ambivalenz)*. Das Kind erkenne allmählich, daß die Mutter ein eigenes Leben und auch andere Beziehungen führen müsse, was *Neid und schmerzhafte Gefühle der Abhängigkeit* zur Folge habe. Diese *paranoid-schizoide Phase* bringe Angst für das Kind (Klein, 1946). In der depressiven Phase gehe es um die Angst und Unfähigkeit, die «guten» Objekte gegen die eigenen sadistischen Impulse zu schützen. Dieses Problem werde bald überwunden und das Kind lerne, die Impulse zu beherrschen und die Objekte zu lieben (Klein, 1946, 1960, 1963). Bei optimaler Umwelt werde die Entwicklung des Kindes von *inneren Faktoren* determiniert.

Der Neid sei einer der wesentlichen *primitivsten Emotionen* und existiere in einer *Zwei-Personen-Beziehung*. Die *Eifersucht* baue sich auf Liebe auf. Ihr Ziel sei, das Liebesobjekt zu besitzen, den Gegner zu eliminieren. Sie existiere in einer *Drei-Personen-Beziehung* und nur in der Phase der *Ganz-Objektbeziehung* (Klein, 1957a, b).

Die neurotischen Störungen entstünden *im Kindesalter* und seien Ausdrücke der *paranoid-schizoiden* oder *depressiven* Einstellung des Kindes. Die *Abwehrmechanismen* führen zu paranoid-schizoiden oder depressiven Persönlichkeiten bzw. zu *Teil- oder Ganz-Objektrepräsentanzen*. Die *projektive Identifizierung* versuche, eine Trennung vom idealen Objekt zu erwirken. «*Böse*» *Anteile* des Selbst werden projiziert, um sie loszuwerden; die «guten», um sie zu verfestigen. Beim Versagen der normalen Mechanismen in ihrer Aufgabe, das Ich vor Angst zu schützen, könnte sich das Ich auflösen und die fragmentierten Teile projizieren. Der Mechanismus der projektiven Identifizierung produziert auch seine eigenen Ängste, z. B. *Platzängste*. Eines der Hauptmerkmale der paranoid-schizoiden Einstellung sei die *Spaltung* (splitting). *Der Prozeß fange mit der Spaltung der «guten» von den «bösen» Objekten an und funktioniere als Grundstein der späteren Verdrängung* (Bion, 1948 bis 1970; Fairbairn, 1946a, b. 1954; Mason, 1965; Meltzer, 1973a, b, 1975). Rosenfeld (1965) nahm auch zu *Drogensucht* und *Hypochondrie* Stellung und behauptete, Drogensucht sei dem *manisch-depressiven Zustand* ähnlich, aber nicht gleich. *Drogensüchtige würden manische und depressive Mechanismen benutzen, die durch die Drogen verstärkt und modifiziert würden.*

7.2.3.4 (Patho)Genese und die Schule von Karen Horney (1855–1952). Nach Huppmann und Wyss (1983) sei zu Horneys Werk kritisch anzumerken:

(1) *Das Fehlen einer Darstellung* der individuellen Genese und speziellen Symptomatologie der Neurose und
(2) *das Ausklammern des Primärprozesses* bzw. kognitiver Elemente der Persönlichkeit, weshalb es nur recht wenig zum Verständnis der Psychopathologie massiverer Störungen beitrage (Arieti, 1974b).

Der ganzheitliche Ansatz der *holistischen psychotherapeutischen Konzeption* sei von weit geringerem Einfluß als z. B. die von Sullivan und seiner Schule (Huppmann und Wyss, 1983). Kelman (1971), Kelman und Shainberg (1975), Levy (1969), Levy und Kelman (1978), Rubins (1969, 1970, 1972b), Shainberg (1973a) sowie Sheiner (1964, 1969) würden in der Therapie Schizophrener von folgendem Verständnis der Störung ausgehen (Huppmann und Wyss, 1983): *Sie sei charakterisiert durch eine Schwäche des Selbst, Angst, begleitet vom Gefühl der Hemmung, eine eigentümliche Beziehung zur Außenwelt und den Mitmenschen, verbunden mit Rückzug, Mißtrauen, Realitätsverkennung und Antizipation von Beeinträchtigungen.* Nach ihrer Auffassung *nimmt die Psychose zeitlich vor der Neurose ihren Anfang* (Sheiner, 1964), ausgelöst durch ein *desorganisiertes soziales Milieu*. Nach den Anhängern Horneys gibt es fließende Übergänge von *Normalität* über *Neurose* zur *Psychose*. Nach Rubins (1970) ist, verglichen mit der Neurose, die Erwachsenenschizophrenie durch folgende quantitative Merkmale gekennzeichnet: (aa) *eine weitere Ausdehnung der Konfliktfelder;* (bb) *eine größere Intensität emotionaler Bedürfnisse, Einstellungen und Lösungen;* (cc) *eine stärkere Bedrohtheit der total psychotischen* und defensiven Persönlichkeit; (dd) *eine höhergradige Bedrohlichkeit äußerer Veränderungen und innerer Konflikte* bei stärkeren Abwehrreaktionen, welche in der relativen Konkretheit des Denkens, Fühlens und Verhaltens ihren Ausdruck finden (Huppmann und Wyss, 1983).

7.2.3.5 Die Richtung von Harald Schultz-Hencke (1892–1953). Schultz-Hencke (1927, 1943, 1951, 1952, 1972) haben wir aus Gründen der Vollständigkeit und der Pietät nicht vergessen. Einige seiner Schüler (Bach, 1967; Dührssen, 1972, 1983; Heigl, 1964; Schwidder, 1956/57) sprachen in bezug auf Schultz-Hencke von einer *neoanalytischen Schule deutscher Provenienz* (Huppmann und Wyss, 1983). Die Arbeiten von Schultz-Hencke beziehen sich auf die *Psychoanalyse von Neurosen, Psychosomatosen und Psychosen (Schizophrenie, Zyklothymie)*. Nach ihm wird auch die Psychose als eine *Extremvariante der Neurose* angesehen. Die erstere sei von der letzteren nur scheinbar qualitativ verschieden. Bei der Schizophrenie würde eine Gruppe von *unspezifischen Faktoren genotypischer Art* im Spiel sein. Besitz-, Geltungs- und Sexualstreben stünden im Mittelpunkt ihres Geschehens (Schultz-Hencke, 1952). Schultz-Henckes Beiträge zur Erklärung der Schizophrenie seien nahezu ohne Wirkung geblieben (Huppmann und Wyss, 1983). Von vielen Psychiatern (Kraemer, 1959; Weitbrecht, 1972; u.v.a.) wird er nach Huppmann und Wyss (1983) heftig angegriffen.

7.2.3.6 Charakteranalyse und Organtherapie nach Wilhelm Reich (1897–1957). *Nach der Theorie von Wilhelm Reich entsteht die Neurose aus dem Konflikt zwischen verdrängten Trieben* (meist infantile sexuelle Wünsche) und den *ich-verdrängten Kräften*. Der Konflikt führe zu einer *Libidostauung*. Diese werde dann in Angst umgewandelt. Neurotische Symptome kommen als eine weitere Folge zustande. Die Therapie müßte die gestaute Libido befreien, indem die unbewußten Konflikte bewußt gemacht werden. Bei der Therapie werde der Widerstand der Abwehrmechanismen abgebaut. Wilhelm Reich (1927, 1928, 1949) besteht darauf, daß die Analyse durchgeführt wird, bevor der Inhalt des Unbewußten vom Patienten angenommen und integriert werde. In bezug auf die *Charakteranalyse* sind von Wilhelm Reich (1927, 1942, 1949) mehrere *Charaktertypen* definiert worden, die allerdings auch vor ihm nicht ganz unbekannt waren. Die *vier Charaktertypen* im Zusammenhang mit Abwehr und Widerstand gegen die Behandlung wären:

(1) *Hysterischer Charakter*, der durch eine Art Abwehr gegen Inzest gekennzeichnet ist. Er manifestiert sich durch eine passive weibliche Orientierung, mit subversivem Ausdruck zur Sexualität. Dabei zeige er keine offenen Manifestationen in sexueller Hinsicht.

(2) Der *Zwangscharakter* zeige eine Abwehr gegen sadistische und aggressive Impulse. Er neige zu einer Vorliebe für Ordnung, Reinlichkeit, Sauberkeit, Sparsamkeit.

(3) Der *phallisch-narzißtische Charakter* zeichne sich durch eine Abwehr gegen passiv-weibliche Neigungen aus. Dieser biete eine kalte, arrogante, verachtend-aggressive Tendenz und eine aktive Homosexualität.

(4) Der *masochistische Charakter*, der eine Abwehr gegen erdachte Beschuldigungen aufweise. Er meide die Angstauslöser, indem er andere zwinge, ihn schlecht zu behandeln, damit er sie beschuldigen und sich selber der Selbstbeschädigung und Selbstminderung unterwerfen könne. Er möchte geliebt werden, verstecke diesen Wunsch aber hinter grandiosen Provokationen des Liebesobjektes.

7.2.3.7 Psychoanalytische Richtung von Erich Fromm (1900–1980). Die Bemühungen von Erich Fromm – nicht zu verwechseln mit Erika Fromm (siehe unten) – sind einerseits der *kulturkritischen Sozialphilosophie* (1936, 1941, 1949, 1950, 1955, 1959, 1962, 1968, 1970, 1973, 1976) und der *analytischen Sozialpsychologie* (1970) gewidmet. Nicht weniger hat er sich andererseits um die kritische Revision klassischer und zeitgenössischer Positionen der humanistischen Psychoanalyse (1955, 1971) sowie die Fortführung der psychoanalytischen Theorie (1973) bemüht (Huppmann und Wyss, 1983). Von ihm stammen die Theorie des *Sozialcharakters* (1949, 1955), die *Charaktertypologie* (1949) und die sozialwissenschaftlich fundierte Neurosekonzeption (1941). Für Fromm seien klinische Symptome und die Psychopathologie sekundär, wenn man diese mit den Fragen der Individuation, der Freiheit, der Liebe und der Vernunft vergleiche. Bei der «*Analyse des einzelnen und der Gesellschaft*» (Fromm, 1941, 1973, 1977) bzw. der theoretischen Durchdringung der «*Pathologie der Normalität*» habe ihn weit mehr der allgemeine Stellenwert gesellschaftlicher Verhältnisse hinsichtlich der Entstehung psychischer Störungen überhaupt, als deren detaillierte Differentialdiagnose interessiert (Huppmann und Wyss, 1983; Nagler, 1972). Der nosologischen Kategorie *Psychose* hat er nur wenig Beachtung geschenkt. Fromms sozialphilosophischer Einfluß hat sich vielleicht in der Haltung einiger Psychoanalytiker und Psychologen ausgewirkt (Landis und Tauber, 1971; Salzman, 1962). Im Kapitel II wurde er bereits im Zusammenhang mit Zen-Buddhismus und Psychoanalyse erwähnt (Mora, 1974, Salzman, 1962).

7.2.4 (Patho)Genese und nachanalytische Psychotherapien

Psychoanalytisch orientierte *Kurztherapien* haben keine festen genetisch/pathogenetischen Konzepte wie die anderen, oben erwähnten, entwickelt. In den meisten Fällen liegt dies daran, daß es sich bei diesen Therapieformen um die *Symptombeseitigung* handelt, so daß eine genetische Betrachtung der psychischen/psychosomatischen Erkrankung nicht dringend erforderlich ist. Nach John M. Rosen (1962, 1965) sei z.B. *die Psychose ein fortgesetzter Alptraum*, bei dem es zum Verlust der äußeren Umwelt komme und der zur *Regression in prägenitale Stufen der Entwicklung* führe. Dies resultiere aus Störungen der frühen Beziehung zur Mutter, wobei der Psychotiker emotional unreif bleibe und versuche, diesen Tatbestand zu leugnen (Gottwald, 1983). Nach der *transaktionellen Psychoanalyse* versteht man beim Menschen verschiedene *Ich-Zustände* (Eltern-Ich, Erwachsenen-Ich, Kind-Ich). Es könne zwischen diesen Zuständen auch eine Umschaltung erfolgen (Berne, 1961; Harris, 1967; Wolberg, 1977a, b). Die *Realitätstherapie* (William Glasser, 1965) und *rational-emotive Therapie* (Albert Ellis, 1971, 1977) erbringen zur (Patho)Genese kaum neue Gesichtspunkte. Nach der *humanistischen Psychologie* wird der Mensch als *Leib-Seele-Geist-Einheit* verstanden. Nach der Theorie der *Gestaltpsychologie/-therapie* (Perls, 1942, 1947, 1969, 1970) strebt der Mensch in seiner Ganzheit nach einem dynamischen Gleichgewicht mit sich und der Umwelt. Seine Dynamik wird eher vom *Hungerinstinkt* als von der *Libido* bestimmt. Der Hunger sei die bedeutendste treibende Kraft für *Denken, Fühlen, Handeln, Aggressionen*. Der Neurotiker versuche, seine aufkommenden Schmerzen zu vermeiden, *habe Lücken/Löcher in seinem Dasein* und sei durch unabgeschlossene, unfertige *Gestalten* bestimmt. Die Gestalt sei ein Phänomen, das sich von einem *Hintergrund* als *Vordergrund* abhebe (Gottwald, 1983; Wallen, 1970). Nach der Theorie der *bioenergetischen Analyse* (Alexander Lowen, 1958, 1972) sei *der menschliche Organismus ein Energiesystem, das sich in ständiger Wechselwirkung mit der Umgebung auf- und entlädt*. Psychische Fehlentwicklungen seien z.B. *chronisch muskuläre Verspannungen* einer Person. Die Unterdrückung der *Sexualinstinkte* durch *Ich-Instinkte* zugunsten des *Machttriebes* führe zu psychodynamischen Störungen. Nach der Theorie der *Logotherapie* (Victor E. Frankl, 1956) sei der Mensch nicht vom *Triebhaften* getrieben, sondern vom *Werthaften* gezogen. Der *Logos* habe seine Wurzeln im Unbewußten. *Noogene Neurosen* entstünden als Zeichen des Mangels an Logos, der zu einem existenziellen Vakuum führe. Auf weitere, sehr voneinander abweichende Theorien läßt sich hier nicht eingehen (siehe bei Bommert, 1977; Glasser, 1965; Gottwald, 1983: Guntrip, 1968; Janov, 1976; Jaques, 1970a, b; Jaspers, 1965, 1973; Kernberg, 1975; Lowen, 1958, 1972; Mitscherlich, 1956; Remplein, 1963a, b; Rioch und Stanton, 1953; Rogers, 1951, 1956, 1961, 1970; Wallen, 1970; Weeks und L'Abate, 1982; Wolberg, 1977a, b; Zander, 1983).

7.3 Organisch-genetische Ansichten und Theorien

Gegenüber den (tiefen)psychologisch-orientierten Ansichten und Theorien zur (Patho-) Genese, die in den meisten Fällen (a) den Patienten (Ego-Psychologie) oder (b) die Umwelt (Sozio-Pathogenese) in den Mittelpunkt stellen, sind auch andere, mehr oder weniger *orga-*

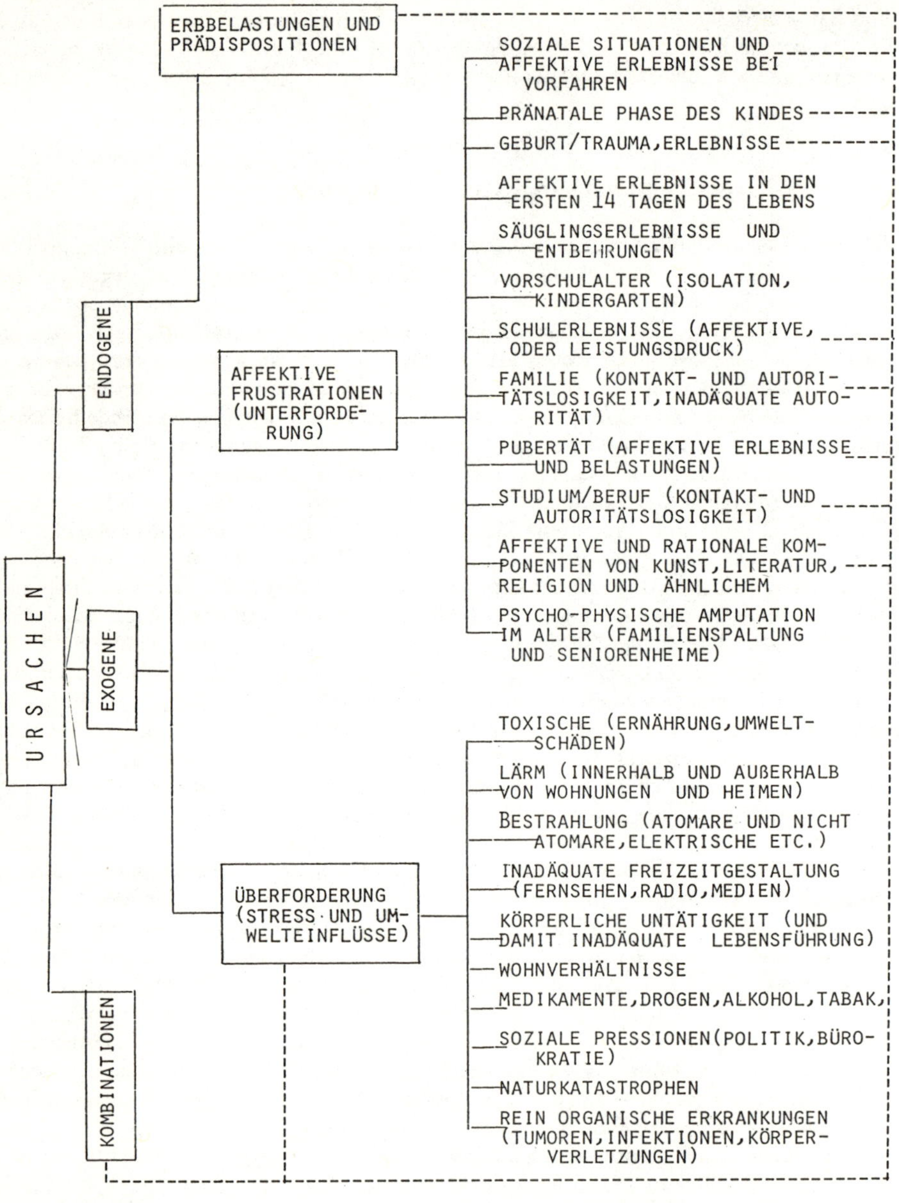

Schema 10: Orientierungsdaten über die Ursachen von psychischen und psychosomatischen Störungen/ Erkrankungen (eigener Entwurf)

nische Komponenten vorgetragen worden. Auch *vielfältige Kombinationen* (autotoxische, exogen-toxische: Schema 10) sind dabei nicht vergessen worden. Wir gehen in Schema 10 darauf ein. Vorläufig sei auf die Beiträge von Benedetti (1971, 1975), Benedetti et al. (1957), Benedict (1953), Burnham et al. (1969), Caudill (1958), Cautela (1975), Ellenberger (1970, 1973), Jovanović (1979, 1988, 1989), Matussek (1986), Mora (1974), Peters (1983a, b), Schulte und Tölle (1973), Weitbrecht (1972) und Zimbardo (1983) verwiesen.

8. Methoden der Hypnotherapie und Versuch der Integration

8.1 Vorbemerkungen zu Integrationsversuchen

Die *Hypnotherapie* ist nach Erickson et al. (1976, 1978) *ein Prozeß, durch den der Hypnotherapeut unter Anwendung von hypnotischen Suggestionen dem erkrankten Menschen hilft, seine Eigenschaften, Assoziationen, Erinnerungen und Lebenspotentiale für die Erreichung von eigenen therapeutischen Zielen auszunutzen (Utilization)* (Kapitel XII). Der Hypnotherapeut studiert dabei *einerseits* sorgfältig die Individualität eines Patienten, um zu ergründen, welche Lebenserfahrungen, Kenntnisse und psychischen Fähigkeiten ihm zur Bewältigung seiner Probleme zur Verfügung stehen. Dann erleichtert er ihm in Hypnose den Zugang zu diesen Erfahrungen und Fähigkeiten. Der Patient lernt *andererseits*, seine ganz persönlichen inneren Reaktionen zum positiven Ausgang der Therapie zu benutzen. Wie auch bei den konventionellen Psychotherapieformen arbeiten somit beide Seiten gleichberechtigt an ein und demselben Problem. Viele Methoden der Hypnotherapie können zum Erfolg führen (s. dazu Jovanović, 1989).

8.2 Symptombekämpfung und/oder Leistungssteigerung

Die Symptombeseitigung durch direkte hypnotische Suggestionen (siehe Kapitel XV–XVII) ist eine der ältesten *hypnotherapeutischen Techniken*. Diese ist auch auf die Dauer am wenigsten erfolgreich, wenn sie nicht in Form einer Hypnoanalyse/-synthese oder einer anderen Therapiemethode bis zur *Beseitigung der Ursachen* fortgesetzt wird. Nicht ganz selten wird man – in der heutigen Zeit – *allein oder vorwiegend am Symptom arbeiten müssen*, z. B. bei *Streßsituationen*. Die *moderne Zivilisation* wird uns dazu öfters veranlassen (Andreychuk und Skriver, 1975; Barkley et al., 1977; Cedercreutz et al., 1976; Chaves, 1977; Dahinterová, 1967; Dengrove, 1970; Evans, 1986; Gardner, 1981; Graham, 1975; Hilgard und LeBaron, 1982; Johnson, 1979, 1981; Sacerdote, 1970a, b, 1977a, b; Zane, 1966; Zimbardo, 1983). Insbesondere muß die Symptombeseitigung beim *Alkoholismus* (Jovanović, 1989), bei *Drogensucht* (Kroger, 1977; Wolberg, 1948a, b, 1965, 1977a, b), bei *Verhaltensstörungen* wie *Nägelkauen* (Jovanović, 1989), *Schlafstörungen* (Kapitel XXV und Jovanović, 1989), *Bulimie* (Chambers, 1968; Gross, 1983a, b, 1984), *Anorexia nervosa* (Kapitel XI und Jovanović, 1989), *exzessivem Rauchen* (Barkley et al., 1977; Dengrove, 1970; Hall und Crasilneck, 1970; Holroyd, 1980; Jeffrey et al., 1985; Kline, 1970; Nuland und Fried, 1970; Pederson et al., 1979; Powell, 1980; Spiegel, 1970; Stanton, 1978; Stern, 1964; Watkins, 1976; Wright, 1970), bei *Schmerzsyndromen* generell (Barabasz, 1982; Evans, 1986; Gillet und Coe, 1984; van Gorp et al., 1985; Graham, 1975; Hilgard und LeBaron, 1982; Johnson, 1979, 1981; Johnson und Wiese, 1979; Kelly, 1980; Sacerdote, 1970a, b, 1977a, b;

Schafer und Hernandez, 1978; Smith und Balaban, 1983), bei *Verbrennungen* (Bernstein, 1965; Dahinterová, 1967; Schafer, 1975; u. a.), *Zahnmedizin* (Baker und Boaz, 1983; Dubin, 1976; Pulver und Pulver, 1975), *Migräne* (Andreychuk und Skriver, 1975; Ansel, 1977; Cedercreutz et al., 1976; Graham, 1975; Howard et al., 1982) *speziell am Beginn der Therapie* zur Anwendung gelangen. Selbst z. B. bei *Allergien* (Raginsky, 1962a, b, 1967), bei *Lupus erythematodes* (Smith und Balaban, 1983), *bei Haemophilie* (Swirsky-Sacchetti und Margolis, 1986) konnte die Hypnotherapie erfolgreich appliziert werden. In Kapitel XI.5.4 werden wir eine Reihe *weiterer Indikationen* zur Hypnotherapie aus nahezu allen medizinischen Fachgebieten anführen können.

Im physiologischen Bereich kann die Hypnose durch eine Ermutigung auch den *Leistungseffekt* steigern. Bei vielen *Examina*, beim *Sport*, beim *Fliegen*, bei anderen Unternehmungen, wo an sich keine Störungen im Sinne der Krankheit, sondern nur ein Mangel an Mut vorliegt, kann einiges getan werden, ohne daß man sich in eine tiefenpsychologisch orientierte Psychoanalyse verliert.

Zur *Symptombeseitigung* (siehe Jovanović, 1989) stehen der Hypnotherapie Techniken wie: (a) *direkte Wegsuggestion*, (b) *indirekte Wegsuggestion*, (c) *Symptomsubstitution*, (d) *Symptomtransformation* (siehe Kapitel XII), (e) *Beschwerdebagatellisierung*, (f) *Ausnutzung von Symptomen* (siehe Kapitel XII), (g) *autogenes Training (AT)* (siehe Kapitel XVIII), (h) *Autohypnose (Selbsthypnose)* (Kapitel XIX und XXI), (i) *Gruppenhypnose* (Kapitel XX) und (j) *Behandlungskombinationen* zur Verfügung (siehe dazu Araoz, 1979; Bach, 1954; Barber, 1969; Beahrs und Hill, 1971; Braun, 1980; Brenman und Gill, 1947; Cheek und LeCron, 1968; Crasilneck und Hall, 1975; Desoille, 1961, 1971; Elitzur, 1976; Enneis, 1950; Estabrooks, 1943; Foulkes, 1948; Greenberg, 1977; Hartland, 1965, 1971; Herron et al., 1965; Hilgard und Hilgard, 1975; Jacobson, 1938, 1970; Jencks, 1974, 1977; Kline, 1970, 1971; Kroger, 1963, 1977; Kroger und Fezler, 1976; Lakin, 1972; Ludwig et al., 1964; Meares, 1971; Moreno, 1950; Moreno und Enneis, 1950; Perls, 1947, 1969, 1970, 1976; Platt, 1907; Rogers, 1956, 1970; Ruitenbeek, 1970; Sacerdote, 1978a, Sanders, 1976; Schneck, 1965; Schultz, 1960; R. W. Schutz, 1958, 1961; W. C. Schutz, 1967; Serlin, 1970; Shorr, 1975, 1976; Springer et al., 1977; Stanton, 1977; Stevens, 1971; Tart, 1969; Wollman, 1962; Yalom, 1970, 1974).

Die Grenzen der Symptombeseitigung liegen dort, wo eine andere Hypnotherapiemethode indiziert ist. Als typisches Beispiel kann der historische Fall der Maria Theresia Paradis (siehe Kapitel VIII.10) genommen werden (siehe dazu Jovanović, 1989).

8.3 Hypnose und psychobiologische Therapie (Hypnosynthese)

Die Hypnosynthese legt nicht allzu viel Wert auf die Vergangenheit, sondern eher auf die Gegenwart des Patienten und versucht, durch (a) therapeutische Führung (Veränderung der Umgebung, Externalisierung von Interessen, Belehrung), (b) Therapie zur Sicherheitsgewinnung, (c) Persuasion (zur Korrektur von Intentionen, Aufgabenstellung, Bewältigung von körperlichen Gebrechen und Krankheiten, Bewältigung von übertriebenen Sorgen, Kontrolle von Gedanken und Emotionen, Korrektur von Angst und Spannung), (d) Desensibilisierung, (e) Umerziehung, (f) Rekonditionierung, (g) Kombinationsmethoden und (h) psychobiologische (psychosynthetische) Nachbetreuung einen normalen Zustand beim Patienten zu erreichen und ihn wieder in die Gesellschaft einzugliedern.

Die Grenzen der Hypnosynthese liegen dort, wo die Ursachen der Erkrankung in der frühesten Kindheit liegen und durch die nächste Hypnotherapiemethode eruiert werden müssen. Aber auch das sozialpolitische System kann erhebliche Behinderungen bei der Hypnosynthese darstellen.

8.4 Hypnose und psychoanalytische Therapie (Hypnoanalyse)

Dort, wo die Grenzen der Methoden zur Symptombeseitigung und der Hypnosynthese sind, beginnt die Psychoanalyse unter Anwendung von Hypnose (Hypnoanalyse). Die Arbeiten von Eisenbud (1937), Erickson (1933, 1935, 1937, 1943), Erickson und Hill (1944), Erickson und Kubie (1939), Fisher (1943), Erika Fromm (1965, 1968, 1970, 1972, 1984), Fromm und French (1962), Fromm et al. (1970, 1981), Gill und Brenman (1959, 1977), Gruenewald et al. (1979), Kline (1953, 1958, 1960, 1967, 1968a, b, 1972), Kubie (1943), Wolberg (1945; 1948a, b, 1977a, b) u.a. (s. unten) haben gezeigt, daß die Hypnoanalyse die Methoden benutzt, die auch bei der konventionellen Psychoanalyse angewandt werden. Der Unterschied liegt nur in einigen Verfahrenspunkten, die oben gestreift wurden. Auch die Hypnoanalyse bedient sich der (a) Methodik der freien Assoziation, (b) Bekämpfung von Widerständen, (c) Analyse der Übertragung und Gegenübertragung (infantile Abhängigkeitsübertragung, ödipale Übertragung, Geschwister-Übertragung mit entsprechenden Gegenübertragungsphänomenen), (d) Desensibilisierung, (e) Umerziehung, (f) Rekonditionierung, (g) Altersregression/Altersprogression (s. Kapitel XV und XXI), (h) Traumanalyse und Traumdeutung (der spontanen und hypnotisch induzierten Träume), (i) Imaginationen/Halluzinationen (spontane und hypnotisch ausgelöste, s. Kapitel IX und XXI) sowie (j) vieler Kombinationen und Varianten (s. dazu Astor, 1973; Baker, 1983; Brown, 1921; Cautela, 1975; Chambers, 1968; Conn, 1949, 1952, 1953, 1955, 1957, 1959, 1968; Cooper und Erickson, 1954; Erickson et al., 1976; Erikson, 1950; Field, 1964; Frankel, 1976; Gruenewald, 1971; Hadfield, 1920; Hartmann, 1950, 1951, 1958; Hirschmüller, 1978; Horsley, 1943; Israeli, 1953; Karup, 1924; Klemperer, 1965, 1969; Kris, 1951, 1952; Levin und Harrison, 1976; Lindner, 1944; MacMillan, 1977; Murphy, 1962; Rubinstein und Newman, 1954; Sacerdote, 1968; Schneck, 1956, 1960, 1963, 1965, 1966, 1967; Sheehan, 1971; Smith, 1936/37; Smyth, 1981; Solomon und Goodson, 1971; Stolar und Fromm, 1974; Taylor, 1923; Watkins, 1949, 1971, 1980; Wingfield, 1920).

Die Grenzen der Hypnoanalyse liegen dort, wo auch jene der konventionellen Psychoanalyse liegen, nämlich in der Einseitigkeit ohne eine Kombination mit Symptombeseitigung und Hypnosynthese. Ein klassisches Beispiel ist die Anna O. (Bertha Pappenheimer), die wir im Zusammenhang mit Josef Breuer (1842–1925) in Kapitel VIII.12.14 erwähnt haben und später (Jovanović, 1989) näher analysieren werden.

9. Zusammenfassung und Schlußfolgerungen

Im vorliegenden Kapitel wurden *551 Literaturstellen* bearbeitet. Davon befaßten sich *219 (39,75 %) direkt mit Hypnose.* Die übrigen 332 (60,25 %) berichten mehr über Themen der konventionellen Psychoanalyse/Psychotherapie und *beziehen sich erst in zweiter Linie auf die Hypnose.* Neben der Gegenüberstellung von Gemeinsamkeiten und Unterschieden der Hypnotherapie einerseits und der klassischen/konventionellen Psychotherapiemethoden andererseits bestand die Aufgabe dieses Kapitels auch darin, die *Ätiopathogenese* von psychischen Störungen/Erkrankungen sowie die *Hypnotherapie-Methoden* in Ansätzen zu skizzieren. Die klassische/konventionelle Psychoanalyse, die sich auch mit der (Patho)Genese befaßt, sieht die Ursachen von psychischen/psychosomatischen Störungen/Erkrankungen mehr im Bereich des *Ego*, des *Es* und *Super-Ego* des Patienten (Sigmund Freud). Auch in den späteren psychoanalytischen Anschauungen, als bereits die sozialen und kulturellen Seiten (einschließlich holistischer Richtungen) inbegriffen waren (Alfred Adler, Sandor Ferenczi, Carl Gustav Jung und andere), gab es keine völlige Lösung vom Ego des Patienten. Aber auch

dieses Ego erfaßt dabei *nicht den ganzen Menschen*, sondern eben einen Teil, *der sich mehr auf die emotionale Komponente der Psyche* bezieht.
Fast allen konventionellen Psychoanalysen/Psychotherapien sind viele Eigenschaften gemeinsam:

(a) *Nach der Spaltung der Psychoanalyse* unmittelbar nach deren Gründung am Beginn des 20. Jahrhunderts, konzentrierten sich die einzelnen Psychoanalytiker auf *eigene Vorstellungen und auf den Angriff* der ursprünglichen Psychoanalyse.
(b) Die Entfaltung von zahlreichen Theorien, die alle, für sich einzeln genommen, mehr oder weniger *einseitig* sind.
(c) Fast alle Psychoanalytiker tragen in die Theorie und Therapie viele *Elemente persönlicher Erfahrungen, Erlebnisse und Schwierigkeiten* und gehen relativ gesehen weniger vom Patienten aus.
(d) Fast alle Psychoanalytiker *interpretieren* viel und verlassen sich relativ weniger auf *objektive Befunde. Psychologie und Medizin* sind jedoch mehr exakte und weniger interpretierende Wissenschaften.
(e) *Statistische Verifikationen* werden für die Psychoanalysen (psychoanalytische Theorien) nach wie vor vermißt. Bei kaum einem anderen wissenschaftlichen Zweig ist dies in dem Maße der Fall. Die Hypnose/Hypnotherapie arbeitet z. B., zumindest in ihrem experimentellen Teil, *fast ausschließlich mit statistischen Methoden* (siehe Kapitel IX); andere psychologische Gebiete ebenfalls.
(f) Es fehlen Beweise dafür, daß die *Dechiffrierung der angenommenen Ursachen* der Erkrankung auch eine adäquate Therapie in sich trägt. *Die Kenntnis über eine Störung/Erkrankung bewirkt noch nicht automatisch ihre Beseitigung.*
(g) *Normale psychobiologische Prozesse* (Geburt, Eifersucht, Neid, Liebe etc.) werden als *pathologisch* gedeutet und daraus therapeutische Konsequenzen gezogen.
(h) Aus den einzelnen Fällen werden weite Verallgemeinerungen (Generalisierungen) abgeleitet.

Nach dem Studium der Literatur zu diesem Kapitel, nach der Darstellung der Anschauungen in den Kapiteln III–VII, den Ergebnissen des Kapitels IX sowie eigenen wissenschaftlichen und praktischen Erfahrungen kommen wir zu folgenden Schlußfolgerungen bezüglich der *Ätio(Patho)Genese von psychischen Störungen/Erkrankungen und der erforderlichen Hypnotherapie* (apodiktisch klingende Ausdrucksweise resultiert allein aus der Kürze dieser Zusammenfassung):

(1) Der Mensch ist mit vielen *instinktiven Eigenschaften* geboren, die es ihm gestatten, das sogenannte *Gute* und das *Böse* gleichzeitig zu bewältigen. Er ist zumindest *dualistisch*, wenn auch nicht pluralistisch mit Gegensätzen ausgestattet und hat natürlicherweise die Eigenschaften, (a) *Pressionen* (Druck) und (b) *Belohnungen* (angenhme Erlebnisse) gleichermaßen *in Grenzen* zu verkraften. Ein *Geburtstrauma* könnte es somit in der Regel nicht geben, weil dann die Natur unzweckmäßig wäre. *Und die Natur hat* – soviel man bis heute weiß – *keine Fehlkonstruktionen geschaffen.*

(2) Orale, anale, genitale Entwicklungsphasen des Menschen sind *natürliche, d.h. psychobiologische Vorgänge* und können *nicht generell als pathogene Phasen* angesehen werden. Das *Retardieren* oder *Regredieren* auf diese Phasen allein bedeutet noch keine Krankheitsursache. Eine Fixierung und ein Zurückkehren auf diese Entwicklungsphasen kann nur als ein *Abwehrmechanismus* angesehen werden.

(3) Der Mensch lebt in einem *Equilibrum* der Natur. Dieses liefert die *Angst* (Existenzangst etc.), aber auch die *Satisfaktion*. Der Mensch schwankt zwischen diesen zwei Konstrukten und hat den *Wunsch*, die Angst soweit es geht zu vermeiden und die Satisfaktion soviel

wie möglich zu erleben. Je mehr es ihm gelingt, den Wunsch in Erfüllung gehen zu lassen, desto mehr Angst wird vermieden und Satisfaktion erlebt. Gelingt dies nicht, so kann es in Einzelfällen zu Erkrankungen kommen. Dazu müssen jedoch *Zusatzfaktoren* eingewirkt haben.

(4) Im Laufe des Lebens kann es zu *mangelnder Satisfaktion kommen*, weil der Wunsch nicht erfüllt werden konnte. Dies kann als eine *Frustration* angesehen werden. Und dies ist eine der Erkrankungsursachen, *wenn auch negative Zusatzfaktoren im Spiel sind.* Die Frustration kann ein Mangel *an Gutem* (Trostmangel, mangelnde Wunscherfüllung), aber auch *an Bösem* sein (Mangel an Unterdrückung und Pressionen, an Macht und Disziplin, Mangel an Entbehrungen, wozu der Mensch instinktiv veranlagt ist). *Einseitiger Mangel an Pressionen kann nach dieser Vorstellung genauso krankhaft wirken wie die Frustration aus Mangel an Belohnungen und Satisfaktion im Leben.*

(5) Auf der anderen Seite kann der Mensch *überfordert* werden. Diese *Überforderung kann ein Zuviel an Liebe, aber auch an Pressionen, Haß, Streß, Arbeit, an zuvielen emotionalen Erlebnissen sein.* Auch hier betrachten wir das Problem von *beiden Seiten* – von der bösen und von der guten. Ebenso wie es bei Frustrationen zu einem sogenannten *Frustrationssyndrom* als Krankheit kommen kann, wird bei der Überforderung von einem *Überforderungssyndrom* gesprochen.

(6) Es kann aber eine *Kombination im Spiel sein.* In diesem Falle leidet der Mensch vielleicht auf der einen Seite an einer *einseitigen Frustration* und auf der anderen Seite an einer *einseitigen Überforderung.* Diese *Distorsion* bringt den Menschen leichter aus dem Gleichgewicht *als eine einfache Einwirkung* der erwähnten Faktoren. Man könnte im psychobiologischen Sinne von einem *Distorsionssyndrom* sprechen.

(7) Ob der Mensch diese *Distorsion* aus eigener Kraft wieder in einen normalen Gang bringen und gesund werden kann, hängt von vielen Faktoren ab. *Eine Einseitigkeit in der Betrachtungsweise bringt uns weniger zu einer zufriedenstellenden Lösung.* Vor allem spielen dabei (a) *genetische Momente* (Schwächen), (b) *Umweltfaktoren* (Streß, soziale Sorgen, Ökologie etc.) sowie (c) *vielfältige Kombinationen* die wichtigste Rolle. Ist der Mensch genetisch schwach (Veranlagung oder negative biologische Vererbung), so kann er auch geringe Belastungen aus der Umwelt (sozial, biologisch) nicht normal bewältigen und umgekehrt. Sind die Umweltfaktoren zu stark belastend, so können sie auch von einem genetisch starken Individuum nicht normal überwunden werden. Treten aber Kombinationen zutage, ist *ein Spiel der Kräfte im Gange;* der Ausgang ist ungewiß und hängt wiederum von vielen Faktoren (genetisch, umweltbedingt) ab.

(8) Die Faktoren unter Punkt 7 können sich *negativ oder positiv* – im Sinne der *Krankheit* oder deren *Vermeidung* – auswirken, abhängig auch davon, wie stark sie einwirken und inwieweit sie der Organismus des Menschen verkraften kann. Dabei können, schematisch gesehen und vereinfacht, *drei Momente im Spiel sein:* (a) die Belastung ist normal (bezeichnen wir sie mit 100). Der Mensch reagiert in der Regel natürlich, und die Erkrankung wird vermieden. (b) Die Belastung variiert um $\pm 15\,\%$ (nach eigenen Beobachtungen gerechnet). Dies kann noch als eine *normale Variationsbreite* angesehen werden, da die Umwelt und auch die inneren Faktoren im Organismus eine *Variationsbreite* aufweisen und sich nicht starr um 100 % bewegen. Die Erkrankung tritt normalerweise nicht ein, wenn nicht ein Zusatzfaktor im Spiel ist (starke genetische Veranlagung zur Erkrankung, frühere Belastungen). (c) Die *kompensierbare (kompensatorische) Variationsbreite* würde um $\pm 30\,\%$ von der Norm abweichen. D. h., der Organismus kann diese Abweichungen noch kompensieren, wenn er nicht mit Zusatzfaktoren vorbelastet ist.

(9) Aber bei einer Abweichung von mehr als $\pm 30\%$ von der Norm würden fast alle Organismen in die *nicht-kompensierbare Variationsbreite* gelangen. In diesen Fällen nutzen die Abwehrkräfte kaum mehr. Der Mensch wird krank. Wenn man z. B. einen Menschen permanent starken Streßsituationen aussetzt und er früher oder später erkrankt, kann man die Ursachen nicht in ihm suchen. *Die Neurose ist sozusagen auf normale Weise entstanden, weil die Grenzen der Anpassung des Menschen überschritten sind.* In diesen Fällen *die Ursache für die Neurose in der Vergangenheit des erkrankten Individuums zu suchen, wäre eine Fehlinterpretation, die auch zu einer inadäquaten Therapie führen könnte.* Wird ein Individuum auch unter den sogenannten normalen Umweltbedingungen krank, so muß dies nicht unbedingt an Geburtstraumata, an Fehlleistungen in den früheren Entwicklungsphasen, sondern kann auch an genetisch mangelnden Abwehrkräften liegen. Eine Psychoanalyse erbringt also kaum Erfolge. Sie kann sogar eine Vergeudung wertvoller Zeit bedeuten.

(10) *Wie der Mensch reagiert,* wenn er in eine ungünstige Situation gelangt, ist auch nicht zu vernachlässigen. Von zwei Menschen, die in die gleiche Umweltsituation versetzt werden, wird einer auf eine Weise, der andere auf eine andere Weise reagieren: (a) Der eine wird vielleicht die Situation *emotional* zu verarbeiten versuchen, (b) der andere diese womöglich *rational* interpretieren, (c) ein Dritter wird z. B. *indifferent* bleiben oder innerlich darunter leiden. In allen diesen drei Fällen können Varianten auftauchen und die Bewältigung der Situation determinieren.

(11) Wenn z. B. der *Extravertierte* anders auf eine ungünstige Situation reagiert als der *Introvertierte* (Carl Gustav Jung), dann können diese Persönlichkeitsmerkmale nicht als Ursache einer Erkrankung angesehen werden, sondern *als Determinante für die Reaktionsweise auf die Ursachen.*

(12) Ähnlich ist es auch mit den *psychischen Charakteren* der Menschen (Wilhelm Reich). Wenn man Menschen in *hysterische, phallisch-narzißtische, masochistische* oder *Zwangscharaktere* einteilt, hat man dadurch nicht etwa die Erkrankungsursachen gefunden. Eine andere Frage ist, ob es solche Charaktere überhaupt gibt oder ob sie hineininterpretiert sind. Abhängig von den Persönlichkeitsmerkmalen (C. G. Jung, Otto Rank u. a.) und Charaktereigenschaften (Wilhelm Reich), kann der Mensch auf *Noxen* auf diese oder jene Weise reagieren. Aber auch dies muß einer Dynamik unterzogen sein und sich im Laufe des Lebens gewaltig ändern.

(13) *Dem Menschen stehen vielfältige Reaktionsmöglichkeiten auf Noxen zur Verfügung.* (a) Er kann sich *verbal* darüber äußern, sich über die Beschwerden beklagen – *verbale Ausdrucksweise.* (b) Der Mensch kann aber auch *verhaltensmäßig* darauf reagieren; er ändert sich in seinem Benehmen, wird psychisch anders und nach außen auffällig, kann sich aber aus irgendwelchen Gründen nicht verbal äußern – *Verhaltensreaktion.* (c) Der Mensch kann auch *psychosomatisch* reagieren und Beschwerden im muskulären Bereich aufweisen. (d) Die Psychosomatik kann sich auch *vegetativ (autonom)* äußern. Man erkennt am Gesichtsausdruck Leiden, Schmerzen, Sorgen etc. Diese *psycho-vegetative Ausdrucks- oder Reaktionsweise* kommt dann zum Vorschein, wenn andere Möglichkeiten nicht vorhanden sind, die Krankheit mitzuteilen und mit dem Mitmenschen zu teilen, das *Mitleiden* zu erwecken. (e) *Vielfältige Kombinationen* fehlen auch hier nicht.

(14) *Die Ursachen aller psychischen Störungen/Erkrankungen in der frühkindlichen Entwicklung zu suchen, hat auch andere Mängel.* Bei *Schizophrenien* sind z. B. genetische Faktoren gefunden worden, die für die Erkrankung über Generationen hinaus verantwortlich gemacht werden können, ganz gleich, unter welchen äußeren Bedingungen der Patient lebt und gelebt hat. Die *manisch-depressive Erkrankung* verläuft *periodisch,* oft ohne erkennbare Ursache von außen. Man findet sie auch genetisch und konstitutionell gebunden in vielen Generatio-

nen, relativ unabhängig davon, unter welchen Bedingungen der Mensch aufgewachsen ist. Die *Neurose* kann in mehreren Generationen erscheinen, da hier die Bedingungen von einer Generation zur anderen sozusagen *verpflanzt* werden. Der Referent kennt sechs Generationen mit neurotischen Störungen. Aber in allen sechs Generationen hat sich die Fehlentwicklung und Fehlerziehung infolge von äußeren Umständen (Kriege, Umstürze etc.) von einer Generation zur anderen fortgesetzt. Es bedurfte einer gesunden Generationskette, und schon ist die Neurose nicht mehr im Spiel.

(15) Daß der neurotische Mensch *psychotisch* reagieren kann, ist nicht unbekannt. Umstritten ist aber die Annahme, aus einer Neurose entwickele sich eine Schizophrenie oder manisch-depressive Erkrankung. Eine solche Behauptung kann nur als Simplifizierung oder Mangel an Kenntnissen angesehen werden. Schizophrenieforme und schizoide Symptomatik sind noch keine Schizophrenie. Ein schizoider Mensch ist noch kein Schizophrener. Depressiv kann ein Neurotiker werden, aber um welche Depression es sich dabei handelt, muß geprüft werden. Umgekehrt ist auch ein Übergang von einer schizophrenen in die neurotische (hysterische) Symptomatik bekannt. Das muß jedoch nicht heißen, daß die Schizophrenie als solche (als Krankheit) in die Neurose konvertiert ist. Ebenfalls kann beobachtet werden, daß ein Epileptiker bei einer forcierten antiepileptischen Therapie in eine schizophrene oder hysterische Symptomatik einmündet. Dies spricht ebenfalls nicht dafür, daß eine *Epilepsie* als solche in die *Schizophrenie* übergegangen ist. *Die Reaktionsweise und die Symptomatik müssen von der Genese und der Grundform einer Erkrankung unterschieden werden.*

(16) Nach diesen orientierenden Bemerkungen wollen wir versuchen, mit Hilfe von *Schema 10* einige generelle Hinweise/Annahmen zu Erkrankungsursachen zu präsentieren. Aus Schema 10 ist zu ersehen, daß die Ursachen *endogener, exogener und kombinierter Genese* sein können. Bei den endogenen handelt es sich meist um *Erbbelastungen und Prädispositionen* (bei den Prädispositionen ist nur die generelle Neigung zu Erkrankungen, nicht jedoch zu einer bestimmten Erkrankung gemeint). Auf diesem *endogenen Boden* können sich die *exogenen* Faktoren auf diese und jene Weise auswirken. Im oberen Teil des Schemas 10 sind meist *frustrative Faktoren* (Frustrationen, Unterforderungen) aufgelistet, im unteren Teil jedoch mehr die *überfordernden* (Überforderungen, Streßsituationen).

(a) Im einzelnen sieht es auf der Seite der *affektiven Frustrationen* so aus (Schema 10):

(aa) *Die soziale Situation bei Vorfahren* führt nicht selten zu neurotischen Verhaltensweisen bei Nachkommen. Dies wird insbesondere bei Flüchtlingen, Vertriebenen, Umsiedlern beobachtet, bei denen in mehreren Generationen infolge der *Entwurzelung* und *mangelnden Integration* im neuen Land psychosomatische/neurotische Manifestationsweisen zu finden sind. Bei asiatischen Völkern in den USA oder in Kanada (insbesondere in den Großstädten) tritt dies sehr markant in Erscheinung.
(ab) *Die pränatale Phase des Kindes* ist in der letzten Zeit von der Wissenschaft relativ stark vernachlässigt worden; insbesondere bei Müttern, die während der Schwangerschaft auswandern, vertrieben werden, die inadäquat oder mangelhaft ernährt wurden. *Toxische Einwirkungen* bei den Müttern können sich auch auf die Frucht bzw. das ungeborene Kind auswirken; Emotionen und Streßsituationen ebenfalls. Solche Kinder sind bereits vorbelastet und für Krankheiten anfällig.
(ac) *Geburtstraumata* können nur dann als solche anerkannt werden, wenn sie auch zu finden sind. *Eine normale Geburt ist oben als Ursache von psychischen Erkrankungen verworfen worden.* Aber eine traumatische Geburt *mit organischen Geburtsschäden* (Zangengeburten etc.) oder z. B. bei *mangelnder Zuwendung* gleich nach der Geburt (Kreißsaal-Geburten ohne genügende Vorsichtsmaßnahmen bezüglich der Zuwendung an das Kind seitens der Mutter) können schon als Ursache für psychische und/oder organische Erkrankungen oder aber als ein Defekt und Boden für eine spätere Erkrankung angesehen werden.

(ad) *In den ersten 14 Tagen nach der Geburt (Neugeborene)* ist das Kind wahrscheinlich psychisch sehr anfällig. Schon in wenigen Tagen kann es zu psychischen Defekten kommen, die später kaum zu widerrufen sind. *Mangelnde Zuwendung in diesen Tagen kann deshalb als ein bedeutender ätiologischer Faktor der späteren psychischen Störungen angesehen werden.* Kinder, die in den ersten 14 Tagen mit der Flasche ernährt wurden, reagieren später anders als jene, die an der Brust der Mutter gestillt wurden.
(ae) *Im ersten Lebensjahr* des Kindes können Defekte aus dem gleichen Grunde wie unter «ad» erwachsen. Moderne Mütter neigten in den letzten Jahrzehnten dazu, ihre Babys mit der *Flasche* zu ernähren. Seit neuestem ist diese Tendenz rückläufig. *Das Saugen an der Brust der Mutter ist ein natürlicher Instinkt (und Reflex) des Menschen.* Die Flasche führt zu abnormen Reaktionen. Experimente an Menschen und Tieren (Affen) haben dies belegen können.
(af) *Die gelegentliche oder permanente Isolation der Kinder im Vorschulalter* ist ein neues und modernes Trauma. In den sonst gut gemeinten *sozialen Einrichtungen (Kindergärten)* ist meist eine *weibliche* Person jüngeren Alters (Kindergärtnerin) eingestellt. Sie betreut *weibliche* und *männliche* Kinder. Männliche Kindergärtner sind in den sogenannten zivilisierten Ländern eine Ausnahme. *Ältere Generationen, die Omas und Opas repräsentieren sollten,* sind ebenfalls selten anwesend. *Der Kindergarten kann demzufolge zu einer psychischen Krankheitsursache werden.*
(ag) *In der modernen Schule* arbeiten Kinder zunehmend *mit Geräten.* Der Lehrer wird emotional immer mehr zur Seite gedrückt. Die Emotionen können nicht abgebaut werden; sie kommen auch kaum zustande. Es entsteht auch hier ein psychischer Defekt, der später kaum zu korrigieren ist.
(ah) *In den letzten Jahren wird auf der Straße zunehmend gegen die Autorität* demonstriert. Aber auffallend ist, daß in den sogenannten autoritären Ländern (Südamerika, südliche Länder in Europa) weniger Neurosen der gleichen Prägung wie in den übrigen Ländern erscheinen. Nicht immer kann also die Autorität, sondern die *Autoritätslosigkeit* zu neurotischem Fehlverhalten führen. Dazu darf auch der mangelnde Kontakt mit den Eltern nicht vergessen werden.
(ai) *In der Pubertät* ist der sich heranentwickelnde Mensch aus biologischen Gründen *vorübergehend labiler* geworden. Treten dabei auch Zusatzfaktoren in Erscheinung (affektive Erlebnisse und Belastungen, Traumata psychischer oder organischer Natur), so kann dies zur psychischen Störung führen. Ob der Betroffene dann *regrediert* oder *progrediert* muß offen gelassen werden. Man muß auch an dieser Stelle die Möglichkeit offen lassen, daß der Pubertierende *die* Richtung einschlägt, die ihm ein rascheres Herausgleiten aus den Gefahren gewährleistet.
(aj) *Während des Studiums* können sich ebenfalls bestimmte Noxen auswirken. Der emotionale Kontakt mit dem Professor, auf den man früher stolz war, ist in den letzten Jahrzehnten im Abklingen. Studenten demonstrieren nicht selten gegen die Autorität der Hochschule. Man sollte aber gegen die *ungerechte* und *inadäquate* Autorität demonstrieren. Der natürlichen, inneren, emotional-betonten und förderungswürdigen Autorität sollte man positiv gegenüberstehen.
(ak) *Kunst, Literatur, Religionen* verlieren mit der Zeit ihren Reiz. Statt ein Kunstwerk *emotional zu erleben,* muß der Zuschauer/Besucher dieses oft *rational deuten. Das Emotionale wird frustriert; das Rationale überfordert.* Kunst, Literatur, Religionen sind für die breite Masse da. Man kann nicht alles auf das Rationale abwälzen (abstrakte Kunst, unakustische Musik etc.).
(al) *Und am Ende des Lebens* wird der Mensch zunehmend mit der *Isolation* konfrontiert. *Psychophysische Amputation der Älteren unter uns* und ihre Unterbringung in Altersheimen («wo sie ihre Ruhe haben») kann nicht immer als eine normale Manifestation angesehen werden. Auch viele Tierarten pflegen ihre älteren Generationen selber. *Die Spaltung der Familie* wird auf Generationen hin als eine psychische Krankheitsursache angesehen werden müssen.

(b) Und *auf der Überforderungsseite* (Schema 10) sind ebenfalls viele ätiopathogenetische Faktoren zu finden:
(ba) *Toxische Ernährung, Umwelteinwirkungen nehmen von Jahr zu Jahr zu.* Bereits in der Milch sind zahlreiche toxische Stoffe oder Bestrahlungsreste zu finden. Auf diesem Boden kann kaum etwas Gesundes aufwachsen.
(bb) *Der Lärm* ist für die psychische Gesundheit in erheblichem Maße von Bedeutung. Über 50 % der Bevölkerung in den zivilisierten Ländern leiden an zu starkem Lärm; zuhause, bei der Arbeit, auf der Straße, aus der Luft ist man den inadäquaten Geräuschen ausgesetzt.
(bc) In den letzten Jahren nimmt die atomare und nichtatomare *Bestrahlung* des Organismus zu. Die Zeit vor und nach Tschernobyl wird bereits jetzt als *Epochenbezeichnung* angesehen. Daß die Atomspaltung nicht eine reine Laborangelegenheit geblieben ist, muß als eine vom Menschen herbeigeführte Katastrophe angesehen werden.
(bd) *Inadäquate Freizeitgestaltung, Massentourismus, Umweltverschmutzung* in den Touristenorten tragen zur psychischen Erkrankung bei. Es werden immer weniger Menschen immer mehr arbeitsmäßig belastet, und immer mehr Menschen sind ohne Arbeit. *Arbeitslosigkeit und Langeweile* stumpfen den Menschen psychisch ab. Nach zwei Jahren ist er kaum mehr arbeitsfähig und neigt zu bedrohlicher *Resignation.*
(be) *Inadäquate Wohnverhältnisse*, insbesondere bei Flüchtlingen, Vertriebenen und «Gastarbeitern», spielen ihre negative Rolle. Wenn ein Gastarbeiter 20 Jahre lang (nach eigenen Erfahrungen) im Alter zwischen 23 und 43 Jahren fern von seiner Familie *in einem Waggon* lebt, kann man kaum die Ursache für seine psychosomatischen Störungen in der oralen, analen oder ödipalen Entwicklungsphase suchen.
(bf) *Der Mensch flüchtet aus der Problematik zunehmend auch in den Medikamentenkonsum*, die Drogensucht und den Alkohol. Mit Medikamenten werden Milliarden verdient. Medikamente, Alkohol und Tabak stellen nicht ganz selten einen Profit dar. Die schädliche Komponente wird übersehen, verniedlicht oder bagatellisiert.
(bg) *Soziale Pressionen, Politik und Bürokratie* sind psychosoziale Erreger. Nach dem Motto «Ordnung muß sein» werden rational nicht zu verarbeitende Forderungen an den Menschen gestellt.
(bh) *Naturkatastrophen und Neonoxen* (AIDS etc.) tun das Ihrige. Von den Naturkatastrophen werden meist arme Menschen betroffen (wegen der mangelnden technischen Präventionen und Vorwarnungen). Massen sterben in den Entwicklungsländern, bei gleichzeitigen *Abmagerungskuren* und Dünndarmresektionen wegen Fettsucht in den anderen geographischen Gebieten. Die politische Seite dieses Problems ist nicht die Aufgabe dieser Abhandlung.
(bi) Rein *organische Erkrankungen*, wie Tumore, Infektionen, Körperverletzungen etc., spielen ebenfalls eine entsprechende Rolle. Die Reaktion des Organismus und des Menschen auf diese Faktoren ist eine andere Frage (siehe oben).
(bj) Wie Schema 10 demonstriert, sind auch zahlreiche *Kombinationen* möglich. Und das sind alles Orientierungspunkte, die nicht genug hervorgehoben werden können.

(17) Die *Konfrontationen* zwischen der konventionellen Psychoanalyse/Psychotherapie und Hypnotherapie sind subjektiver Natur. Diese liegen mit Wahrscheinlichkeit mehr an den Psycho-/Hypnotherapeuten selbst als an den Methoden. Die Hypnotherapie hat jedoch die Möglichkeit, Symptome rasch zu beseitigen, durch die psychobiologischen Maßnahmen (Hypnosynthese) den Menschen zu stärken, um die Erkrankungen überwinden zu können, durch die Hypnoanalyse die emotional-betonten Ursachen aus der Kindheit zu entdecken und diese nach den ersteren zwei Methoden oder durch sich selbst zu beseitigen oder zu mildern.

(18) Der Hypnotherapie stehen (a) zur *Symptombeseitigung und/oder Leistungssteigerung* (aa) direkte Wegsuggestion, (ab) indirekte Wegsuggestion, (ac) Symptomsubstitution, (ad) Symptomtransformation, (ae) Beschwerdenverniedlichung und Bagatellisierung, (af) Symptomausnutzung bei der Suggestion, (ag) autogenes Training, (ah) Autohypnose,

(ai) Gruppenhypnose und (aj) Behandlungskombinationen zur Verfügung. (b) *Die psychobiologische Hypnotherapie* arbeitet mit (ba) Hypnosynthese und therapeutischer Führung, (bb) Hypnosynthese und Sicherheitsgewinnung (Wiedererlangen der Selbstsicherheit), (bc) Hypnosynthese und Persuasion, (bd) Hypnosynthese und Desensibilisierung, (be) Hypnosynthese und (emotionale) Umerziehung, (bf) Hypnosynthese und Rekonditionierung, (bg) Hypnosynthese durch Kombinationen, (bh) Hypnosynthese und Nachbetreuung des Patienten. (c) *Hypnose und hypnoanalytische Hypnotherapie* bedienen sich der (ca) Hypnoanalyse und freien Assoziation, (cb) Hypnoanalyse und Bekämpfung von Widerständen, (cc) Hypnoanalyse und Bearbeitung von Übertragung/Gegenübertragung, (cd) Hypnoanalyse und Desensibilisierung, (ce) Hypnoanalyse und Umerziehung, (cf) hypnoanalytischen Rekonditionierung, (cg) Hypnoanalyse und Altersregression/Revivikation, (ch) Hypnoanalyse und Altersprogression, (ci) Hypnoanalyse und Traumanalyse, (cj) Hypnoanalyse durch Imaginations- und Halluzinationsauslösung, (ck) verschiedenen hypnoanalytischen Methoden. *Hypnoanalyse und klassische Psychoanalyse können integriert werden.* Dieser Integration stehen in der Regel – wie auch im Zusammenhang mit der Konfrontation – subjektive (weniger oder kaum objektive) Momente im Wege. *Dort, wo die Grenzen der einzelnen Therapiemethoden liegen, müssen die Möglichkeiten der Kombination erwogen werden.* Einseitigkeit führt oft zum Abgrund. Eine holistische Betrachtungsweise ist angebrachter.

(19) Die Hypnotherapie ist demnach ein komplexes und vielseitiges Behandlungsverfahren mit komplexer/vielseitiger Betrachtungsweise der Ätiologie, Pathogenese und Entwicklung der psychischen Störungen/Erkrankungen. Die Hypnotherapie reagiert direkt, sofort mit Symptombeseitigung, sie unterstützt den Patienten durch die Hypnosynthese und ergründet die eventuellen verdeckten/versteckten Ursachen durch die Hypnoanalyse. Die psychochirurgischen Effekte der Hypnotherapie können kaum durch eine andere Therapiemethode erreicht werden.

(20) *Zum Problem des psychischen Apparates* (Unbewußtes, Vorbewußtsein, Bewußtsein) wird in Kapitel XXVI Stellung genommen. Die Frage der Regression wird in Kapitel XXI, aber auch in den Kapiteln XXIV bis XXVI erörtert. Eine weitere Stellungnahme erfolgt in Kapitel XXX.

10. Ausgewählte Bibliographie

Ackerman, N.W.: Psychoanalysis and Group Psychotherapy. *Group Psychother.*, (1950), *3:* 204–215

Ackerman, N.W.: *Behavior Trends and Disturbances of the Contemporary Family.* In: Galdston, I. (Ed.): The Family in Contemporary Society. Intern. Univers. Press, New York, N.Y., (1958a)

Ackerman, N.W.: The Psychodynamic of Family Life. Basic Books, New York, N.Y., 1958b

Adler, A(lexandra): Guiding Human Misfits – A Practical Application of Individual Psychology. Philosoph. Library, New York, N.Y., 1948

Adler, A(lfred): Study of Organ Inferiority and Its Psychical Compensation. Nerv. Ment. Dis. Co., Washington, D.C., 1917a

Adler, A.: The Neurotic Constitution (Translated by Glueck, B., and Lind, J.E.), Moffat Yard, New York, N.Y., 1917b

Adler, A.: The Practice and Therapy of Individual Psychology. Harcourt, New York, N.Y., 1929

Adler, A.: The Education of Children. Greenberg, New York, N.Y., 1930

Adler, A.: Social Interest – A Challenge of Mankind. Faber & Faber, London, 1938

Adler, K.A., and Deutsch, D. (Eds.): Essays in Individual Psychology – Contemporary Application of Alfred Adler's Theories. Grove, New York, N.Y., 1959

Akstein, D.: Terpsichoretrancetherapy – A New Hypnopsychotherapeutic Method. *Intern. J. Clin. Exp. Hypnosis*, (1973), *21:* 131–143

Alexander, F.: Psychoanalysis Revised. *Psychoanal. Quart.*, (1940), *9:* 1–36

Alexander, F.: Psychoanalysis and Psychotherapy. *Amer. J. Psychoanal.*, (1954), *2:* 722–733

Alexander, F.: *Psychoanalytic Contributions to Short-Term Psychotherapy.* In: Wolberg, L.R. (Ed.): Short-Term Psychotherapy. Grune & Stratton, New York, N.Y., 1965, pp. 84–126

Alexander, F.: Psychosomatische Medizin – Grundlagen und Anwendungsgebiete. De Gruyter, Berlin–New York, 1971

Alexander, F., Eisenstein, S., and Grotjahn, M. (Eds.): Psychoanalytic Pioneers. Basic Books, New York–London, 1966

Alexander, F., and French, T.M.: Psychoanalytic Therapy. Ronald Press, New York, N.Y., 1946

Alexander, F., and Selesnick, S.T.: The History of Psychiatry. (Deutsch: Geschichte der Psychiatrie), Diana, Konstanz, 1969

Allen, F.H.: Psychotherapy with Children. Norton, New York, N.Y., 1942

Ammon, G.: Dynamische Psychiatrie – Grundlagen und Probleme einer Reform der Psychiatrie. Luchterhand, Darmstadt–Neuwied, 1973

Ammon, G.: Psychotherapie der Psychosen. Kindler, München, 1975

Andreychuk, Th., and Skriver, Ch.: Hypnosis and Biofeedback in the Treatment of Migraine Headache. *Intern. J. Clin. Exp. Hypnosis*, (1975), *23:* 172–183

Ansbacher, H.L., and Rowena, R.: The Individual Psychology of Alfred Adler. Basic Books, New York, N.Y., 1956

Ansel, E.L.: A Simple Exercise to Enhance Response to Hypnotherapy for Migraine Headache. *Intern. J. Clin. Exp. Hypnosis*, (1977), *25:* 68–71

Antons, K.: *Theorien zur Genese des Alkoholismus.* In: Antons, K., und Schulz, W. (Hrsg.): Normales Trinken und Suchtentwicklung. Hogrefe, Göttingen–Toronto–Zürich, 1976, Seite 193–230

Anzieu, D.: L'Auto-analyse de Freud et la découverte de la psychoanalyse (2 Bände). Presses universitaires de France, Paris, 1975

Araoz, D.L.: Hypnosis in Group Therapy. *Intern. J. Clin. Exp. Hypnosis*, (1979), *27:* 1–13

Arieti, S.: The Interpersonal and the Intrapsychic. *Intern. J. Psychiat.*, (1967), *4:* 522–524

Arieti, S.: *Affective Disorders – Manic-Depressive Psychoses and Psychotic Depression.* In: Arieti, S., and Brody, E.B. (Eds.): Amer. Handbook Psychiat., III: Adult Clinical Psychiatry. Basic Books, New York, N.Y., 1974a, pp. 449–490

Arieti, S.: *The Cognitive-Volitional School.* In: Arieti, S. (Ed.): Amer. Book Psychiat., I: The Foundations of Psychiatry. Basic Books, New York, N.Y., 1974b, pp. 877–903

Arieti, S.: *Schizophrenia – The Psychodynamic Mechanisms and the Psychostructural Forms.* In: Arieti, S., and Brody, E.B. (Eds.): Amer. Handbook Psychiat., III: Adult Clinical Psychiatry. Basic Books, New York, N.Y., 1974c, pp. 551–587

Arieti, S.: Individual Psychotherapy of Schizophrenia. In: Arieti, S., and Brody, E.B. (Eds.): Amer. Handbook Psychiat., III: Adult Clinical Psychiatry. Basic Books, New York, N.Y., 1974d, pp. 627–651

Arieti, S.: Interpretation of Schizophrenia. Basic Books, New York, N.Y., 1974e

Arieti, S. (Ed.): American Handbook of Psychiatry, Vol. I–IV. Basic Books, New York, N.Y., 1974, 1975

Astor, M.H.: Hypnosis and Behavior Modification Combined with Psychoanalytic Psychotherapy. *Intern. J. Clin. Exp. Hypnosis*, (1973), *21:* 18–24

Bach, G.R.: Intensive Group Therapy. Ronald, New York, N.Y., 1954

Bach, H.: Psychosebehandlungen in psychiatrischen Institutionen durch niedergeglassene Psychotherapeuten. *Zschr. Psychosom. Med. Psychoanal.*, (1967) *13:* 196–212

Baker, E.L.: The Use of Hypnotic Dreaming in the Treatment of the Borderline Patient: Some Thoughts on Resistance and Transitional Phenomena. *Intern. J. Clin. Exp. Hypnosis*, (1983), *31:* 19–27

Baker, E.L.: Ego Psychology and Hypnosis – Contemporary Theory and Practice. *Psychother. Priv. Pract.*, (1985), *3(4):* 115–121

Baker, S.R., and Boaz, D.: The Partial Reformulation of a Traumatic Memory of a Dental Phobia During Trance: A Case Study. *Intern. J. Clin. Exp. Hypnosis*, (1983), *31:* 14–18

Balint, M.: The Final Goal of Psychoanalytic Treatment. *Intern. J. Psychoanal.*, (1936), *17:* 97–108

Bally, G.: *Grundfragen der Psychoanalyse und verwandter Richtungen.* In: Gruhle, H.W. (Ed.): Psychiatrie der Gegenwart, I: Grundlagen und Methoden der klinischen Psychiatrie. Springer, Berlin, 1963, Seite 274–331

Barabasz, A.F.: Restricted Environmental Stimulation and the Enhancement of Hypnotizability: Pain,

EEG Alpha, Skin Conductance and Temperature Responses. *Intern. J. Clin. Exp. Hypnosis*, (1982), *30:* 147–166

Barber, T.X.: Hypnosis – A Scientific Approach. Van Nostrand, Reinhold, New York, 1969

Barkley, R.A., Hastings, J.E., and Jackson, Th.L., Jr.: The Effects of Rapid Smoking and Hypnosis in the Treatment of Smoking Behavior. *Intern. J. Clin. Exp. Hypnosis*, (1977), *25:* 7–17

Beahrs, J.O., and Hill, M.M.: Treatment of Alcoholism by Group-Interaction Psychotherapy Under Hypnosis. *Amer. J. Clin. Hypnosis*, *14:* 60–62

Beck, A.T.: Cognition, Affect, and Psychopathology. *Arch. Gen. Psychiat.*, (1971), *24:* 495–500

Beck, A.T.: Cognitive Therapy and Emotional Disorders. Intern. Univers. Press, New York, N.Y., 1976

Bell, J.E.: Recent Advances in Family Group Therapy. *J. Child Psychol. Child Psychiat.*, (1962), *3:* 1–15

Bellak, L., and Small, L.: Emergency Psychotherapy and Brief Psychotherapy. Grune & Stratton, 1965, 1972

Benedetti, G.: *The Psychodynamic Approach to Schizophrenia.* In: Battegey, R., and Benedetti, G. (Eds.): Psychodynamic Approach to Group-Therapy and the Psychotherapy of Psychotics. *Acta Psychiat. Scand. Suppl.*, (1971), *224:* 9–20

Benedetti, G.: Ausgewählte Aufsätze zur Schizophrenielehre. Vandenhoeck & Ruprecht, Göttingen, 1975

Benedetti, G., Kind, H., und Mielke, F.: Forschungen zur Schizophrenielehre 1951 1955. *Fortschr. Neurol. Psychiat.*, (1957), *25:* 101–179

Benedict, R.: Patterns of Culture. Mentor, New York, N.Y., 1953

Benson, H., Arns, P.A., and Hoffman, J.W.: The Relaxation Response and Hypnosis. *Intern. J. Clin. Exp. Hypnosis*, (1981), *29:* 259–270

Berg, C.: Psychotherapy – Practice and Theory. Norton, New York, N.Y., 1948

Berne, E.: Transactional Analysis in Psychotherapy. Grove, New York, N.Y., 1961

Bernstein, N.R.: Observation on the Use of Hypnosis with Burned Children on a Pediatric Ward. *Intern. J. Clin. Exp. Hypnosis*, (1965), *13:* 1–10

Bibring, E.: *The Mechanism of Depression.* In: Greenacre, P. (Ed.): Affective Disorders: Psychoanalytic Contributions to Their Study. Intern. Univers. Press, New York, N.Y., 1953, pp. 13–48

Bibring, E.: Psychoanalysis and the Dynamic Psychotherapies. *J. Amer. Psychoanal. Assoc.*, (1954), *2:* 745–770

Bibring-Lehner, G.: A Contribution to the Subject of Transference Resistance. *Intern. J. Psychoanal.*, (1936), *17:* 181–189

Bion, W.R.: Experiences in Groups. *Hum. Relations*, (1948), *1:* 314–320; (1948), *2:* 487–496; (1949), *3:* 13–22; (1949), *4:* 295–303; (1950), *5:* 3–14; (1950), *6:* 395–402; (1951), *7:* 221–227

Bion, W.R.: Learning from Experience. Heinemann, London, 1962

Bion, W.R.: Elements of Psycho-Analysis. Heinemann, London, 1963

Bion, W.R.: Transformations. Heinemann, London, 1965

Bion, W.R.: Second Thoughts. Heinemann, London, 1967

Bion, W.R.: Attention and Interpretation. Tavistock, London, 1970

Bister, W.: Symptomwandel bei Schizophrenien in psychotherapeutischer Sicht. Enke-Verlag, Stuttgart, 1964

Bister, W.: *Der Verlust und seine psychopathologische Verarbeitung.* In: Peters, U.H. (Ed.): Psychiatrie (Enzyklopädie), Band I. Beltz-Verlag, Weinheim–Basel, 1983, Seite 297–304

Bommert, H.: Grundlagen der Gesprächstherapie. Kohlhammer, Stuttgart, 1977

Bottome, P.: Alfred Adler – A Biography. Putnam, New York, N.Y., 1939

Bottome, P.: Alfred Adler – A Portrait from Life. Vanguard, New York, N.Y., 1957

Bourguignon, A(ndré): *Geschichte der Psychoanalyse.* In: Illustrierte Geschichte der Medizin. Andreas-Verlag, Salzburg, 1983, Seite 2403–2430 (Band 7)

Boyer, L.B.: Psychoanalytic Treatment of Characteriological and Schizophrenic Disorders. Science House, New York, N.Y., 1967 (Deutsch teilweise in: Die psychoanalytische Behandlung Schizophrener. Kindler, München, 1976)

Bräutigam, W.: *Psychotherapie der Depressiven.* In: Hippius, H., und Selbach, H. (Hrsg.): Das depressive Syndrom. Intern. Symposium, Berlin, 16/17. Februar 1968. Urban & Schwarzenberg, 1969, Seite 519–522

Braun, G.B(ennett): *Hypnosis in Groups and Group Therapy.* In: Burrows, G.D., and Dennerstein, L. (Eds.): Handbook of Hypnosis and Psychosomatic Medicine. Elsevier, Amsterdam, 1980, pp. 481–495

Brenman, M., and Gill, M. M.: Hypnotherapy – A Survey of the Literature. Intern. Univers. Press, New York, N.Y., 1947
Brody, E.B.: *The Treatment of Schizophrenia – A Review.* In: Brody, E.B., and Redlich, F.C. (Eds.): Psychotherapy with Schizophrenics. Intern. Univers. Press, New York, N.Y., 1964, pp. 39–88
Brown, J.A.: Freud and the Post-Freudians. Penguin Books, Harmondsworth, 1964
Brown, W.: Psychology and Psychotherapy. Arnold Publish., London, 1921
Burnham, D.L., Gladstone, H.J., and Gibson, R.W.: Schizophrenia and the Need-Fear Dilemma. Intern. Univers. Press, New York, N.Y., 1969
Case, D.B., Fogel, D.H., and Pollack, A.A.: Intrahypnotic and Long-Term Effects of Self-Hypnosis on Blood Pressure in Mild Hypertension. *Intern. J. Clin. Exp. Hypnosis*, (1980), *38:* 27–38
Caudill, W.: The Psychiatric Hospital as a Small Society. Howard Univers. Press, Cambridge, Mass. 1958
Cautela, J.R.: The Use of Covert Conditioning in Hypnotherapy. *Intern. J. Clin. Exp. Hypnosis*, (1975), *23:* 15–27
Cedercreutz, C., Lähteenmäki, R., and Tulikoura, J.: Hypnotic Treatment of Headache and Vertigo in Skull Injured Patients. *Intern. J. Clin. Exp. Hypnosis*, (1976), *24:* 195–201
Chambers, H.H.: Oral Erotism Revealed by Hypnosis. *Intern. J. Clin. Exp. Hypnosis*, (1968), *16:* 151–157
Chaves, J.F.: Cognitive Control of Pain and Stress. Presented at the First National Conference on Behavioral Dentistry, West Virginia University, Morgantown, West Virginia, October, 1977
Chaves, J.F.: Hypnotic Control of Surgical Bleeding. Presented at the Annual Meeting of the American Psychological Association, Montreal, Quebec/Canada, September, 1980
Cheek, D.B., and LeCron, L.M.: Clinical Hypnotherapy. Grune & Stratton, New York, N.Y., 1968
Conn, J.H.: Hypnosynthesis – Hypnosis as a Unifying Interpersonal Experience. *J. Nerv. Ment. Dis.*, (1949), *109:* 9–24
Conn, J.H.: Hypnosynthesis – Hypnotherapy of the Hysterical Depression with a Discussion of Sexual Fantasy and Neurotic Hostility in Terms of Interpersonal Attitudes and Relationships. *J. Clin. Exp. Psychopath.*, (1952), *13:* 152–163
Conn, J.H.: Hypnosynthesis: III. Hypnotherapy of Chronic War Neuroses with a Discussion of the Value of Abreaction, Regression, and Revivication. *J. Clin. Exp. Hypnosis*, (1953), *1:* 29–43
Conn, J.H.: Adolf Meyer Discusses the Pathology of Dementia Praecox. *Amer. J. Psychiat.*, (1955), *112:* 366–371
Conn, J.H.: Historical Aspects of Scientific Hypnosis. *J. Clin. Exp. Hypnosis*, (1957), *5:* 17–24
Conn, J.H.: Psychobiologic Therapy. *Maryland State Med. J.*, (1959), *8:* 192–197
Conn, J.H.: Hypnosynthesis – Psychobiologic Principles in the Practice of Dynamic Psychotherapy Utiziling Hypnotic Procedures. *Intern. J. Clin. Exp. Hypnosis*, (1968), *16:* 1–25
Cooper, L.F., and Erickson, M.H.: Time Distorsion in Hypnosis. Williams & Wilkins, Baltimore, 1954
Coué, E.: Self-Mastery Through Conscious Autosuggestion. Amer. Library Service, 1922
Crasilneck, H.B., and Hall, J.A.: Clinical Hypnosis in Problems of Pain. *Amer. J. Clin. Hypnosis*, (1973), *15:* 153–161
Crasilneck, H.B., and Hall, J.A.: Clinical Hypnosis – Principles and Applications. Grune & Stratton, New York, N.Y., 1975
Cumming, J., and Cumming, E.: Ego and Milieu. Atherton, New York, N.Y., 1962
Dahinterová, J.: Some Experiences with the Use of Hypnosis in the Treatment of Burns. *Intern. J. Clin. Exp. Hypnosis*, (1967), *15:* 49–53
Davidman, H.: *Contributions of Sandor Rado to Psychodynamic Science.* In: Masserman, J.H. (Ed.): Development and Research. Science and Psychoanalysis, Vol. VII. Grune & Stratton, London–New York, N.Y., 1964, pp. 17–34
Davidman, H.: *Sandor Rado.* In: Freedman, A.M., and Kaplan, H.J. (Eds.): Interpreting Personality – A Survey of Twentieth Century Views. Athenium, New York, N.Y., 1972, pp. 201–218
Deleuze, J.P.F.: Practical Instruction in Animal Magnetism. Translated by T.C. Hartshorn (aus dem Französischen). B. Cranstom, Providence, 1837
Dengrove, E.: A Single-Treatment Method to Stop Smoking Using Ancillary Self-Hypnosis: Discussion. *Intern. J. Clin. Exp. Hypnosis*, (1970), *18:* 251–256
Desoille, R.: Théorie et Practique du Rêve Dirigé (Theorie und Praxis der dirigierten Tagesträume). Mont Blanc, Geneva, 1961
Desoille, R.: Une Psychothérapie par le Rêve Eveillé Dirigé. Payot, Paris, 1971

Deutsch, D.: Group-Subgroup and Individual Therapy Combined to Treat the Family. *Roche Report*, (1966), *3:* 3

Deutsch, F.: The Associative Anamnesis. *Psychoanal. Quart.*, (1939), *8:* 354–381

Deutsch, F.: Applied Psychoanalysis. Grune & Stratton, New York, N.Y., 1949a

Deutsch, F.: Applied Psychoanalysis. Selected Objectives of Psychotherapy. Grune & Stratton, New York, N.Y., 1949b

Deutsch, F., and Murphy, W.F.: The Clinical Interview. Vol. I: Diagnosis – A Method of Teaching Associate Exploration. Vol. II: Therapy – A Method of Teaching Sector Psychotherapy. Intern. Univers. Press, New York, N.Y., 1955, 1967

Deutsch, M.: A Theory of Cooperation and Competition. *Hum. Relations*, (1949a), *22:* 301–320

Deutsch, M.: The Effects of Competition on the Group Process. *Hum. Relations*, (1949b), *2:* 199–223

Deutsch, M.: Mechanism, Organism, and Society. *Phil. Sci.*, (1951), *18:* 230–262

Dreikurs, R.: Psychology in the Classroom. Harper & Row, New York, N.Y., 1957

Dubin, L.L.: Subjective Apperception and Use of Color During Dental Procedures Under Hypnosis: Report of a Case. *Amer. J. Clin. Hypnosis*, (1976), *18:* 282

Dührssen, A.: Analytische Psychotherapie in Theorie, Praxis und Ergebnissen. Vandenhoeck & Ruprecht, Göttingen, 1972

Dührssen, A.: *Tiefenpsychologisch fundierte, psychoanalytische und neopsychoanalytische Therapieformen.* In: Peters, U.H. (Hg.): Psychiatrie (Enzyklopädie), Band II. Beltz-Verlag, Weinheim–Basel, 1983, Seite 383–395

Eisen, M.R.: The Clinical Use of Self-Hypnosis in Hypnotherapy: Tapping the Functions of Imagery and Adaptive Regression. *Intern. J. Clin. Exp. Hypnosis*, (1983), *31:* 243–255

Eisenbud, J.: Psychology and Headache. *Psychiat. Quart.*, (1937), *11:* 592–619

Elitzur, B.: Self-Relaxation Programm for Acting-Out Adolescents. *Adolescence*, (1976), *11:* 569–572

Ellenberger, H.F.: The Discovery of the Unconscious – The History and Evolution of Dynamic Psychiatry. Basic Books, New York, N.Y., 1970 (Deutsch: Die Entdeckung des Unbewußten. Band I und II, Huber-Verlag, Bern–Stuttgart–Wien, 1973)

Ellis, A.: An Introduction to the Principles of Scientific Psychoanalysis. *Genet. Psychol. Monogr.*, (1950), *41:* 147–212

Ellis, A.: Growth Through Reason. Science & Behaviour Books, 1971 (Deutsch: Die rational-emotive Therapie. Pfeiffer, München, 1977)

Enneis, J.M.: The Hypnodramatic Technique. *Group Psychother.*, (1950), *3:* 11–54

Erickson, M.H.: The Investigation of a Specific Amnesia. *Brit. J. Med. Psychol.*, (1933), *13:* 143–150

Erickson, M.H.: A Study of Experimental Neurosis Hypnotically Induced in a Case of Ejaculation Praecox. *Brit. J. Psychol.*, (1935), *15:* 34–50

Erickson, M.H.: Development of Apparent Unconsciousness During Hypnotic Reliving of a Traumatic Experience. *Arch. Neurol. Psychiat.*, (1937), *38:* 1282–1288

Erickson, M.H.: Hypnotic Investigation of Psychosomatic Phaenomena: A Controlled Experimental Use of Hypnotic Regression in the Therapy of an Acquired Food Intolerance. *Psychosom. Med.*, (1943), *5:* 67–70

Erickson, M.H., and Hill, L.B.: Unconscious Mental Activity in Hypnosis-Psychoanalytic Implications. *Psychoanal. Quart.*, (1944), *13:* 60–78

Erickson, M.H., and Kubie, L.S.: The Permanent Relief of an Obsessional Phobia by Means of Communications with an Unsuspected Dual Personality. *Psychoanal. Quart.*, (1939), *8:* 471–509

Erickson, M.H., and Kubie, L.S.: The Successful Treatment of a Case of Acute Hysterical Depression by Return under Hypnosis to a Critical Phase of Childhood. *Psychoanal. Quart.*, (1941), *10:* 583–609

Erickson, M.H., Rossi, L., and Rossi, S.L.: Hypnotic Realities: The Induction of Clinical Hypnosis and Forms of Indirect Suggestion. Irvington Publ., New York, N.Y., 1976 (Deutsch: Hypnose – Induktion–Psychotherapeutische Anwendung–Beispiele, Pfeiffer, München, 1978)

Erikson, E.H.: *Ego Development and Historical Development.* In: Eissler, R.S., et al. (Eds.): Psychoanalytic Study of the Child. Intern. Univers. Press, New York, N.Y., 1946, pp. 359–396

Erikson, E.H.: Childhood and Society. Norton, New York, N.Y., 1950

Estabrooks, G.H.: Hypnotism. Dutton, New York, N.Y., 1943, 1957

Evans, F.J.: *Hypnosis and Chronic Pain Management.* In: Burrows, G., Elton, D., and Stanley, G. (Eds.): Handbook of Chronic Pain. Elsevier, Amsterdam, 1986

Eysenck, H.J.: Neurose ist heilbar (mit eigenen Literaturangaben aus den früheren Jahrgängen). List-Verlag, München, 1978

Fairbairn, W. R. D.: Endopsychic Structure Considered in Terms of Object-Relationships. *Psychoanal. Quart.*, (1946a), *5:* 54

Fairbairn, W. R. D.: Object-Relationships and Dynamic Structure. *Intern. J. Psychoanal.*, (1946b), *17:* 30

Fairbairn, W. R. D.: An Object-Relations Theory of the Personality. Basic Books, New York, N.Y., 1954

Farau, A.: Fifty Years of Individual Psychology. *Compr. Psychiat.*, (1962), *3:* 242–254

Fenichel, O.: Problems of Psychoanalytic Technique. *Psychoanal. Quart.*, Albany, N.Y., 1951

Ferenczi, S.: The Further Development of the Active Therapy in Psychoanalysis (1921). Further Contributions to Psychoanalysis. Hogarth, London, 1950a

Ferenczi, S.: Contra-Indications to the «Active» Psychoanalytical Technique (1926). Further Contributions to Psychoanalysis. Hogarth, London, 1950b

Ferenczi, S.: The Elasticity of Psycho-Analytical Technique (1928). Further Contributions to Psychoanalysis. Hogarth, London, 1950c

Ferenczi, S.: Further Contributions to the Theory and Technique of Psychoanalysis. Basic Books, New York, N.Y., 1952 (Hogarth, London, 1960)

Field, P. B.: Bales Interaction Analysis of Hypnosis. *Intern. J. Clin. Exp. Hypnosis*, (1964), *12:* 88–98

Fisher, C.: Hypnosis in Treatment of Neuroses Due to War and to Other Causes, *War Med.*, (1943), *4:* 565–576

Foulkes, S.: Introduction to Group-Analytic Psychotherapy. William Heinemann, Lodon, 1948

Frankel, F.: Hypnosis – Trance as a Coping Mechanism. Plenum Medical, New York, N.Y., 1976

Frankenthal, K(ate): Autohypnosis and Other Aids for Survival in Situation of Extreme Stress. *Intern. J. Clin. Exp. Hypnosis*, (1969), *17:* 153–159

Frankl, V(ictor), E.: Theorie und Therapie der Neurosen. Einführung in die Logotherapie und Existenzanalyse. Urban & Schwarzenberg, Wien–Innsbruck 1956

Freud, S.: Traumdeutung (1900). Fischer-Verlag, Frankfurt/M., 1961

Freud, S.: Gesammelte Werke (18 Bände mit allen Zitaten). Die «Traumdeutung» wurde wegen besonderer Wichtigkeit gesondert angeführt). Fischer-Verlag, Frankfurt/M., 1966–1969

Fromm, E(rich): *Autorität und Familie.* In: Horkheimer, M. (Hg.): Sozialpsychol., Alcon, Paris, 1936, Seite 77–135 und 230–238

Fromm, E.: Escape from Freedom. Farrer & Rinehart, 1941 (Deutsch: Die Furcht vor der Freiheit, Europ. Verlagsanstalt, Frankfurt/M., 1973)

Fromm, E.: *Psychoanalytic Characterology and Its Application to the Understanding of Culture.* In: Sargent, G. S., and Smith, M. (Eds.): Culture and Personality. Viking Fund, New York, N.Y., 1949, pp. 1–12

Fromm, E.: Psychoanalysis and Religion. Yale Univers. Press, New Haven, 1950

Fromm, E.: The Sane Society. Holt, New York, N.Y., 1955

Fromm, E.: Sigmund Freud's Mission. Harper & Row, New York, N.Y., 1959

Fromm, E.: Beyond the Chains of Illusion. New York, 1962 (Deutsch: Jenseits der Illusionen, Diana, Zürich, 1967)

Fromm, E.: The Revolution of Hope. Harper & Row, New York, N.Y., 1968 (Deutsch: Die Revolution der Hoffnung: Für eine humanisierte Technik, Klett, Stuttgart, 1971)

Fromm, E.: The Crisis of Psychoanalysis. Holt, Rinehart & Winston, New York, N.Y., 1970 (Deutsch: Analytische Sozialpsychologie und Gesellschaftstheorie, Suhrkamp, Frankfurt/M., 1971)

Fromm, E.: The Anatomy of Human Destructiveness. Holt, Rinehart & Winston, 1973 (Deutsch: Anatomie der menschlichen Destruktivität, Rowohlt, Reinbek, 1977)

Fromm, E.: To Have or to Be. Harper & Row, New York, London, 1976 (Deutsch: Haben oder Sein. Deutsche Verlagsanstalt, Stuttgart, 1976)

Fromm, E(rika): Spontaneous Autohypnotic Age-Regression in a Nocturnal Dream. *Intern. J. Clin. Exp. Hypnosis*, (1965), *13:* 119–131

Fromm, E.: Transference and Countertransference in Hypnoanalysis. *Intern. J. Clin. Exp. Hypnosis*, (1968), *16:* 77–84

Fromm, E.: Age Regression with Unexpected Reappearance of a Repressed Childhood Language. *Intern. J. Clin. Exp. Hypnosis*, (1970), *18:* 79–88

Fromm, E.: Ego Activity and Ego Passivity in Hypnosis. *Intern. J. Clin. Exp. Hypnosis*, (1972), *20:* 238–251

Fromm, E.: *The Theory and Practice of Hypnoanalysis.* In: Wester, W. C. II., and Smith, A. H. Jr.: Clinical Hypnosis. Lippincott, Philadelphia, 1984, pp. 142–154

Fromm, E(rika), Brown, D. P., Hurt, S. W., Oberlander, J. Z., Boxer, A. M., and Pfeifer, G.: The

Phenomena and Characteristics of Self-Hypnosis. *Intern. J. Clin. Exp. Hypnosis*, (1981), *29:* 189–246

Fromm, E., and French, T. M.: Formation and Evaluation of Hypotheses in Dream Interpretation. *J. Psychol.*, (1962), *54:* 271

Fromm, E., Oberlander, M., and Gruenewald, D.: Perceptual and Cognitive Processes in Different States of Consciousness: The Waking State and Hypnosis. *J. Proj. Techn. Pers. Ass.* (1970), *5:* 375

Fromm-Reichmann, F.: Problems of Therapeutic Management in a Psychoanalytic Hospital. Psychoanal. Quart., (1947), 16. Auch in: Bullard, D. M. (Ed.): Psychoanalysis and Psychotherapy: Selected Papers of Frieda Fromm-Reichmann. Univ. Chicago Press, Chicago–London, 1959, pp. 137–159

Fromm-Reichmann, F.: *Remarks on the Philosophy of Mental Disorders.* In: Mullahy, P. (Ed.): A Study of Interpersonal Relations. New Contributions to Psychiatry. Hermitage Press, New York, N.Y., 1949, pp. 162–191

Fromm-Reichmann, F.: Principles of Intensive Psychotherapy. Univ. Chicago Press, Chicago, 1953 (Deutsch: Intensive Psychotherapie, Hippokrates, Stuttgart, 1959)

Gardner, G. G.: Teaching Self-Hypnosis to Children. *Intern. J. Clin. Exp. Hypnosis*, (1981), *29:* 300–312

Giannitrapani, C., and Gruenewald, D(oris): An Experience in Autohypnosis. *Intern. J. Clin. Exp. Hypnosis*, (1974), *22:* 1–8

Gill, M. M.: Ego Psychology and Psychotherapy. *Psychoanal. Quart.*, (1951), *20:* 62–71

Gill, M. M.: Psychoanalysis and Exploratory Psychotherapy. *J. Amer. Psychoanal. Assoc.*, (1954), *2:* 771–797

Gill, M. M., and Brenman, M.: Hypnosis and Related States – Psychoanalytic Studies of Regression. Intern. Univers. Press, New York, 1959, 1977

Gillett, P. L., and Coe, W. C.: The Effects of Rapid Induction Analgesia (RIA), Hypnotic Susceptibility and the Severity of Discomfort on Reducing Dental Pain. *Amer. J. Clin. Hypnosis*, (1984), *27:* 81–90

Girdo-Frank, L., and Bowers Buch, M. K.: A Study of the Plantar Response in Hypnotic Age Regression. *J. Nerv. Ment. Dis.*, (1948), *107:* 443

Glasser, W(illiam): Reality Therapy – A New Approach to Psychiatry. Harper & Row, New York, N.Y., 1965

Glatzel, J.: Endogene Depressionen. Thieme-Verlag, Stuttgart, 1973

Glover, E.: Lectures on Technique in Psychoanalysis. *Intern. J. Psychoanal.*, (1927), *8/9:* 310–323

Glover, E.: The Therapeutic Effect of Inexact Interpretations – A Contribution to the Theory of Suggestion. *Intern. J. Psychoanal.*, (1931), *12:* 397–411

Glover, E.: An Investigation of the Technique of Psychoanalysis. Bailliere, London, 1940

Glover, E., Fenichel, O., and Strachey, J.: On the Theory of Therapeutic Results of Psychoanalysis. A Symposium. *Intern. J. Psychoanal.*, (1937), *18:* 189

Goldman, G. D.: *Some Applications of Harry Stack Sullivan's Theories on Group Therapies.* In: Ritenbeek, H. M. (Ed.): Group Therapy Today. Styles, Methods, and Techniques. Atherton Press, New York, N.Y., 1969, pp. 58–64

Gordon, J. E. (Ed.): Handbook of Clinical and Experimental Hypnosis. Macmillan, New York, N.Y., 1967

Gorp, van, W. G., Meyer, R. G., and Dunbar, K. D.: The Efficacy of Direct Versus Indirect Hypnotic Induction Techniques on Reduction of Experimental Pain. *Intern. J. Clin. Exp. Hypnosis*, (1985), *33:* 319–328

Gottwald, Ch(ristian): *Nachanalytische Psychotherapien.* In: Peters, U. H. (Hg.): Psychiatrie (Enzyklopädie), Band 2. Beltz-Verlag, Weinheim–Basel, 1983, Seite 414–433

Graham, G. W.: Hypnotic Treatment for Migraine Headache. *Intern. J. Clin. Exp. Hypnosis*, (1975), *23:* 165–171

Granone, F.: Trattato di ipnosi (Sofrologia) (2. Auflage), Boringhieri, Torino/Italien, 1972

Gravitz, M. A.: Bibliographic Sources of Nineteenth Century Hypnosis Literature. *Amer. J. Clin. Hypnosis*, (1981), *23:* 217

Gravitz, M. A., and Gerton, M. I.: *Hypnosis in the Historical Development of Psychoanalytic Psychotherapy.* In: Wester, W. C. II., and Smith, A. H. Jr.: Clinical Hypnosis. Lippincott, Philadelphia, 1984, pp. 1–17

Greenberg, I. A.: Group Hypnotherapy and Hypnodrama. Nelson-Hall, Chicago, 1977

Gross, M.: Hypnoanalytic Approach to Bulimia. *Medical Psychoanalysis*, April 1983a, pp. 77–82

Gross, M.: Hypnoanalysis in Conversion Reaction. *Medical Psychoanalysis*, October 1983b, pp. 160–165

Gross, M.: Aspects of Self-Hypnosis. *Medical Hypnoanalysis*, April, 1984, pp. 75–79

Gruen, W.: A Successful Application of Systematic Self-Relaxation and Self-Suggestions About Postoperative Reactions in a Case of Cardiac Surgery. *Intern. J. Clin. Exp. Hypnosis*, (1972), *20:* 143–151

Gruenewald, D.: Transference and Countertransference in Hypnosis. *Intern. J. Clin. Exp. Hypnosis*, (1971), *19:* 71–82

Gruenewald, D., Fromm, E(rika), and Oberlander, M.: *Hypnosis and Adaptive Regression – An Ego Psychological Inquiry.* In: Fromm, E., and Shor, R.E. (Eds.): Hypnosis – Research Development and Perspectives. Aldine-Atherton, New York, 2nd Edition, 1979

Guntrip, H.: Personality Structure and Human Interaction. Hogarth, London, 1968

Hadfield, J.A.: Functional Nerve Disease. Ed. by Crichton-Miller, London, 1920

Hakebush, Blinkovski and Foundillere: An Attempt at a Study of Development of Personality with Aid of Hypnosis. *Trud. Inst. Psikhonevr. Kiev*, (1930), *2:* 236–272: Zitiert in Wolberg, L.R., 1948b

Haley, J.: Marriage Therapy. *Arch. Gen. Psychiat.*, (1963a), *8:* 213–234

Haley, J.: Strategies of Psychotherapy. Grune & Stratton, New York, N.Y., 1963b

Haley, J.: The Doctor as Part of the Schizophrenic Interchange. *Internat. J. Psychiat.*, (1967), *4:* 534–542

Hall, J., and Crasilneck, H.B.: Development of a Hypnotic Technique for Treating Chronic Cigarette Smoking. *Intern. J. Clin. Exp. Hypnosis*, (1970), *18:* 283–289

Harris, A.: Day Hospitals and Night Hospitals in Psychiatry. *Lancet*, (1957), *272:* 729

Harris, T.: I'm OK – You're OK. Harper & Row, New York, N.Y., 1967

Hartland, J.: The Value of «Ego Strengthening» Procedures Prior to Direct Symptom Removal Under Hypnosis. *Amer. J. Clin. Hypnosis*, (1965), *8:* 89–93

Hartland, J.: Medical and Dental Hypnosis and Its Clinical Applications (2nd Edition). Williams & Wilkins, Baltimore, 1971

Hartmann, H.: *Comment on the Psychoanalytic Theory of the Ego.* In: Eissler, R.S. (Ed.): The Psychoanalytic Study of the Child, Vol. 5. Intern. Univers. Press, New York, N.Y., 1950, pp. 74–96

Hartmann, H.: Technical Implications of Ego Psychology. *Psychoanal. Quart.*, (1951), *20:* 31–43

Hartmann, H.: Ego Psychology and the Problem of Adaptation. Intern. Univers. Press, New York, N.Y., 1958

Heigl, F.: *Gemeinsamkeiten der Neurosenlehre von Erich Fromm, Karen Horney und H. Schultz-Hencke, verglichen mit der Psychoanalyse Sigmund Freuds.* In: Salzmann, L. (Hg.): Fortschritte der Psychoanalyse, Band IV. Hogrefe, Göttingen, 1964, Seite 75–100

Hendrick, I.: The Discussion of the Instinct to Master. *Psychoanal. Quart.*, (1943), *12:* 561

Heron, W.T.: *Instruction in Hypnosis.* In: Schneck, J.M. (Ed.): Hypnosis in Modern Medicine. Ch.C. Thomas, Springfield/Ill., 1953, pp. 281–294

Herron, W.G., Guido, S.M., and Kantor, R.E.: Relationships Among Ego Strength Measures. *J. Clin. Psychol.*, (1965), *21:* 403–404

Hilgard, E.R., and Hilgard, J.R.: Hypnosis in the Relief of Pain. Kaufmann, Los Altos/Calif., 1975

Hilgard, J., and LeBaron, S.: Relief of Anxiety and Pain in Children and Adolescents with Cancer – Quantitative Measures and Clinical Observation. *Intern. J. Clin. Exp. Hypnosis*, (1982), *30:* 417–442

Hirschmüller, A.: Physiologie und Psychoanalyse in Leben und Werk Josef Breuers. Huber, Bern, 1978

Hoch, P.H.: Aims and Limitations of Psychotherapy. *Amer. J. Psychiat.*, (1955), *112:* 321–327

Holroyd, J.: Hypnosis Treatment for Smoking: An Evaluative Review. *Intern. J. Clin. Exp. Hypnosis*, (1980), *28:* 341–357

Horney, K.: The Neurotic Personality of Our Time. Norton, New York, N.Y., 1937 (Deutsch: Der neurotische Mensch unserer Zeit, Klipper, Stuttgart, 1951)

Horney, K.: New Ways in Psychoanalysis. Norton, New York, N.Y., 1939 (Deutsch: Neue Wege in der Psychoanalyse, Klipper, Stuttgart, 1951)

Horney, K.: Self Analysis. Norton, New York, N.Y., 1942 (Deutsch: Selbstanalyse, Band 2119. Kindler, München, 1974)

Horney, K.: Our Inner Conflicts. Norton, New York, N.Y., 1945 (Deutsch: Unsere inneren Konflikte. Klipper, Stuttgart, 1951)

Horney, K.: Neurosis and Human Growth. Routledge & Kegan Paul, London, 1951 (Deutsch: Neurose und menschliches Wachstum, Reihe «Geist und Psyche», Band 2143, Kindler, München, 1975)

Horsley, J.S.: Narco-Analysis, Oxford, London, 1943

Howard, L., Reardon, J.P., and Tosis, D.: Modifying Migraine Headache Through Rational Stage

Directed Hypnotherapy: A Cognitive-Experimental Perspective. *Intern. J. Clin. Exp. Hypnosis*, (1982), *30:* 247–269

Huppmann, G., und Wyss, D.: Der Einfluß neoanalytischer Schulen auf die klinische Psychiatrie. In: Peters, U.H. (Hg.): Psychiatrie (Enzyklopädie), Band 2. Beltz-Verlag, Weinheim–Basel, 1983, Seite 127–146

Israeli, N.: Experimental Study of Hypnotic Imagination and Dreams of Projection in Time. I. Outlook upon the Remote Future Extending Through the Quintillionth Year. *J. Clin Exp. Hypnosis*, (1953), *1:* 49

Jackson, D.: The Transactional Viewpoints. *Intern. J. Psychiat.*, (1967), *4:* 543–544

Jacobson, E.: Progressive Relaxation – A Physiological and Clinical Investigation of Muscular States and Their Significance in Psychology and Medical Practice (2nd Edition). Univers. of Chicago Press, Chicago/Ill., 1938

Jacobson, E.: *Contribution to the Metapsychology of Cyclothymic Depression.* In: Greenacre, P. (Ed.): Affective Disorders – Psychoanalytic Contributions to Their Study. Intern. Univers. Press, New York, N.Y., 1953, pp. 49–83

Jacobson, E.: Psychotic Conflict and Reality. Intern. Univers. Press, New York, N.Y., 1967

Jacobson, E.: Depression – Comparative Studies of Normal, Neurotic and Psychotic Conditions. Intern. Univers. Press, New York, N.Y., 1971 (Deutsch: Depressionen, Suhrkamp, Frankfurt/M., 1977)

Jacobson, E.: Modern Treatment of Tense Patients – Inducing the Neurotic and Depressed with Case Illustration. Follow-Ups, and EMG Measurements. Charles C. Thomas, Springfield/Ill., 1970.

Jaffé, A(niela): Aufsätze zur Psychologie C.G. Jungs, Daimon-Verlag, Zürich, 1982

Jaffé, A.: Erinnerungen, Träume, Gedanken von C.G. Jung, Walter-Verlag, Olten-Freiburg/Br., 1984

Janov, A(rthur): Revolution der Psyche – Erfolge der Primärtherapie. S. Fischer, Frankfurt/M., 1976

Jaques, E.: Changing Culture of a Factory. Routledge & Kegan, 1970a

Jaques, E.: Work, Creativity and Social Justice. Intern, Univers. Press, New York, N.Y., 1970b

Jaspers, K(arl): Allgemeine Psychopathologie. Springer-Verlag, Berlin, 1965,1973

Jeffrey, T.B., Jeffrey, L.K., Greuling, J.W., and Gentry, W.R.: Evaluation of Brief Group Treatment Package Including Hypnotic Induction for Maintenance of Smoking Cessation – A Brief Communication. *Intern. J. Clin. Exp. Hypnosis*, (1985), *28:* 95–98

Jencks, B.: Respiration for Relaxation, Invigoration and Special Accomplishment – A Manual for Self-Instruction, Workshops, and Therapists. Author, Salt Lake City, 1974

Jencks, B.: Your Body – Biofeedback at Its Best. Nelson Hall, Chicago, 1977

Johnson, L.S.: Self-Hypnosis: Behavioral and Phenomenological Comparisons with Heterohypnosis. *Intern. J. Clin. Exp. Hypnosis*, (1979), *27:* 240–264

Johnson, L.S.: Current Research in Self-Hypnotic Phenomenology: The Chicago Paradigm. *Intern. J. Clin. Exp. Hypnosis*, (1981), *29:* 247–258

Johnson, S.L., and Wiese, K.F.: Live Versus Tape-Recorded Assessments of Hypnotic Responsiveness in Pain-Control Patients. *Intern. J. Clin. Exp. Hypnosis*, (1979), *27:* 74–84

Jones, E.: The Relation of Technique to Theory. *Intern. J. Psychoanal.*, (1924), *8:* 1–4

Jones, E.: Das Leben und Werk von Sigmund Freud (3 Bände), Huber, Bern–Stuttgart (Band 1) (1960), Band 2 und 3 (1962a, b) (Neu 1982)

Jones, M.: The Traumatic Community. Basic Books, New York, N.Y., 1953 (Deutsch: Prinzipien der therapeutischen Gemeinschaft, Huber, Bern, 1976)

Jones, M.: Beyond the Therapeutic Community. Yale Univers. Press, London, 1968

Jovanović, U.J.: Der Stand der modernen Schlafforschung – Ursachen, Symptome und Bekämpfung von Schlafstörungen. *Erfahrungsheilk.*, (1979), *11:* 902–913

Jovanović, U.J.: Psychophysiologie von Schlafen und Wachen (Unpubliziertes Manuskript), 1988

Jovanović, U.J.: Angewandte und Klinische Hypnose. Gustav Fischer-Verlag, Stuttgart (in Druck), 1989

Jung, C.G.: Psychology of the Unconscious. Moffat, Yard, New York, N.Y., 1916

Jung, C.G.: Psychological Types or the Psychology of Individuation. Harcourt, New York, N.Y., 1923

Jung, C.G.: Über psychische Energetik und das Wesen der Träume. Rascher, Zürich–Stuttgart (3. Auflage), 1948

Jung, C.G.: Memories, Dreams, Reflections, Jaffé, A. (Ed.), Pantheon, New York, N.Y., 1961

Karpf, F.B.: The Psychology and Psychotherapy of Otto Rank, Philosoph. Library, New York, N.Y., 1953

Karpf, F.B.: *Rankian Will of Dynamic Relationship Therapy.* In: Masserman, J.H., and Moreno, J.L. (Eds.): Progress in Psychotherapy, Vol. 2. Grune & Stratton, New York, N.Y., 1957

Karup, F.: *Zrsch. Ges. Neurologie und Psychiatrie*, (1924), *90:* 638: Zitiert bei Wolberg, L. R., 1948b

Kasius, C. (Ed.): A Comparison of Diagnostic and Functional Casework Concepts. Family Service Assoc. of America, New York, N.Y., 1950, pp. 78–169

Kearns, J. S., and Zamansky, H. S.: Synthetic Versus Analytic Imaging Ability as Correlates of Hypnotizability. *Intern. J. Clin. Exp. Hypnosis*, (1984), *32:* 41–50

Kelly, S. F.: Hypnotizability and the Inadvertent Experience of Pain – A Brief Communication. *Intern. J. Clin Exp. Hypnosis*, (1980), *28:* 189–191

Kelman, H.: Helping People – Karen Horney's Psychoanalytic Approach. Science House, New York, N.Y., 1971

Kelman, H., and Shainberg, D.: *Karen Horney*. In: Freedman, A. M., Kaplan, H. I., and Sadock, B. J. (Eds.): Comprehensive Textbook of Psychiatry. Williams & Wilkins, Baltimore, 1975, pp. 581–598

Kernberg, O.: Borderline Conditions and Pathological Narcissism. Aronson, New York, N.Y., 1975

Kind, H.: *Die «allgemeine» Psychotherapie des Nervenarztes*. In: Kisker, K. P. (Hg.): Psychiatrie der Gegenwart, Springer Berlin, 1972

Klein, M.: The Psychoanalysis of Children. Hogarth, London, 1932 and Norton, New York, N.Y., 1935 (Reprinted 1975)

Klein, M.: Notes on Some Schizoid Mechanisms. *Intern. J. Psychoanal.*, (1946), *27:* 89–110

Klein, M.: Contributions to Psychoanalysis 1921–1948. Hogarth, London, 1948

Klein, M.: *On the Bringing Up of Children by Five Psychoanalysts*. In: Richman, J. (Ed.) (2nd Edition), Brunner/Mazel, New York, N.Y., 1952

Klein, M.: The Psychoanalytic Play Technique. *Amer. J. Orthopsychiat.*, (1955a), *112:* 418–422

Klein, M.: *The Psychoanalytic Play Technique, Its History and Significance*. In: Klein, M., Heiman, P., and Money-Pyrle, R. (Eds.): New Directions in Psychoanalysis. Basic Books, New York, N.Y., 1955b

Klein, M.: New Directions in Psychoanalysis. Basic Books, New York, N.Y., 1957a

Klein, M.: Envy and Gratitude – A Study of Unconscious Sources. Tavistock, London, 1957b

Klein, M.: Über das Seelenleben des Kleinkindes. *Psyche (Stuttgart)*, (1960), *14:* 284–314

Klein, M.: Narrative of a Child Analysis. Basic Books, New York, N.Y., 1963

Klemperer, E.: Past Ego States Emerging in Hypnoanalysis. *Intern. J. Clin. Exp. Hypnosis*, (1965), *13:* 132–143

Klemperer, E.: Techniques of Hypnosis and Hypnoanalysis. *Intern. J. Clin. Exp. Hypnosis*, (1969), *17:* 137–152

Kline, M. V.: Toward a Theoretical Understanding of the Nature of Resistance to the Induction of Hypnosis and Depth of Hypnosis. *Intern. J. Clin. Exp. Hypnosis*, (1953), *1:* 32–41

Kline, M. V.: Freud and Hypnosis – The Interaction of Psychodynamics and Hypnosis. Julian Press, New York, 1958

Kline, M. V.: Sensory-Imagery Techniques in Hypnotherapy – Psychosomatic Considerations. *Topical Probs. Psychother.*, (1960), *3:* 161–173

Kline, M. V. (Ed.): Psychodynamics and Hypnosis – New Contributions to the Practice and Theory of Hypnotherapy. Charles C. Thomas, Springfield/Ill., 1967

Kline, M. V.: Sensory Hypnoanalysis. *Intern. J. Clin. Exp. Hypnosis*, (1968a), *16:* 85–100

Kline, M. V.: *Clinical Interpretation in Hypnoanalysis*. In: Hammer (Ed.): Use of Interpretation in Hypnoanalysis – Technique and Art. Grune & Stratton, 1968b, pp. 344–350

Kline, M. V.: The Use of Extended Group Hypnotherapy Sessions in Controlling Cigarette Habituation. *Intern. J. Clin. Exp. Hypnosis*, (1970), *18:* 270–282

Kline, M. V.: Use of Extended Group Hypnotherapy Sessions in Focally oriented Treatment. Paper presented at the Meeting of the American Psychological Association, Washington, D.C., 1971

Kline, M. V.: Freud and Hypnosis – A Reevaluation. *Intern. J. Clin. Exp. Hypnosis*, (1972), *20:* 252–263

Kraemer, R.: *Psychotherapie bei Psychosen*. In: Frankl, V. E. (Ed.): Handbuch der Neurosenlehre und Psychotherapie. Band IV: Spezielle Psychotherapie II und Neurosenprophylaxe. Urban & Schwarzenberg, München–Berlin, 1959, Seite 367–384

Kris, E.: *On Preconscious Mental Processes*. In: Rapaport, D. (Ed.): Organization and Pathology of Thought. Columbia Univers. Press, New York, N.Y., 1951, pp. 474–493

Kris, E.: Psychoanalytic Exploration of Art. Intern. Univers. Press, New York, N.Y., 1952 (1st Edition, 1934)

Kroger, W. S.: Clinical and Experimental Hypnosis – In Medicine, Dentistry and Psychology. Lippincott, Philadelphia, 1963, 1977

Kroger, W.S., and Fezler, W.D.: Hypnosis and Behavior Modification – Imagery Conditioning. Lippincott, Philadelphia, 1976

Kubie, L.S.: The Use of Hypnagogic Reversies in the Recovery of Repressed Amnestic Data. *Bull. Menninger Clin.*, (1943), *7:* 172–182

Laforgue, R.: Exceptions to the Fundamental Rule of Psychoanalysis. *Intern. J. Psychoanal.*, (1937), *18:* 35–41

Lakin, M.: Experimental Groups – The Use of Interpersonal Encounter, Psychotherapy Groups, and Sensitivity Training. General Learning Press, Morristown, N.J., 1972

Landis, B., and Tauber, E.S.: In the Name of Life. Essays in Honor of Erich Fromm. Holt, Rinehart & Winston, New York–Chicago–San Francisco, 1971

Lavoie, G., Sabourin, M., Ally, G., and Langlois, J.: Hypnotizability as a Function of Adaptive Regression Among Chronic Psychotic Patients. *Intern. J. Clin. Exp. Hypnosis*, (1976), *24:* 238–257

Levin, L.A., and Harrison, R.H.: Hypnosis and Regression in the Service of Ego. *Intern. J. Clin. Exp. Hypnosis*, (1976), *24:* 400–418

Levy, N.: Therapy of Psychotic Patients in Office Practice. *Amer. J. Psychoanal.*, (1969), *29:* 23–30

Levy, N.J., and Kelman, H.: *Schizophrenia. Horney's View.* In: Wolberg, B.B. (Ed.): International Encyclopedia of Psychiatry, Psychology, Psychoanalysis, and Neurology. Vol. X. Van Nostrand, New York, N.Y., 1978, pp. 37–38

Lidz, T.: Adolf Meyer and the Development of American Psychiatry. *Amer. J. Psychiat.*, (1966), *123:* 320–332

Lidz, Th.: The Origin and Treatment of Schizophrenic Disorders. Basic Books, New York, N.Y., 1973 (Deutsch: Der gefährdete Mensch. Ursprung und Behandlung der Schizophrenie. Fischer, Frankfurt/M., 1976)

Lidz, Th., Fleck, S., and Cornelison, A.R.: Schizophrenia and the Family. Intern. Univers. Press, New York, N.Y., 1965

Lindner, R.M.: Rebel Without a Cause – The Hypnoanalysis of a Criminal Psychopath. Grune & Stratton, New York, N.Y., 1944

Lorand, S.: Technique of Psychoanalytic Therapy. Intern. Univers. Press, New York, N.Y., 1946 (Reprinted, 1961)

Lowen, A.: Physical Dynamics of Character Structure. Grune & Stratton, New York, N.Y., 1958, 1972

Lowy, S., and Gutheil, E.A.: *Active Analytic Psychotherapy (Steckel).* In: Fromm-Reichmann, F., and Moreno, J. (Eds.): Progress in Psychotherapy. Grune & Stratton, New York, N.Y., 1956, pp. 136–143

Lubin, B.: *Group Therapy.* In: Weiner, I.B. (Ed.): Clinical Methods in Psychology. Wiley, New York–London–Sydney–Toronto, 1976, pp. 393–450

Ludwig, A.M., Lyle, W.H., Jr., and Miller, J.S.: Group Hypnotherapy Thechniques with Drug Addicts. *Intern. J. Clin. Exp. Hypnosis*, (1964), *12:* 53–66

MacMillan, M.B.: The Cathartic Method and the Expectancies of Breuer and Anna O. *Intern. J. Clin. Exp. Hypnosis*, (1977), *25:* 106–118

Malan, D.H.: A Study of Brief Psychotherapy. Charles C. Thomas, Springfield/Ill., 1963

Mason, A.A.: Psychotherapeutic Treatment of Asthma. Trans. World Asthma Conference, 1965, pp. 89–91

Matussek, N(orbert): Wachstumshormon kann auf Depression hinweisen. *Ärzte Zeitung*, (1986), *5/185:* 22–23

McConkey, K.M., and Sheehan, P.W.: Inconsistency in Hypnotic Age Regression and Cue Structure as Supplied by the Hypnotist. *Intern. J. Clin. Exp. Hypnosis*, (1980), *28:* 394–408

Meares, A.: A System of Medical Hypnosis. Saunders, Philadelphia, 1960

Meares, A.: Group Relaxing Hypnosis. *Med. J. Aust.*, (1971), *2:* 675–676

Meltzer, D.: The Psychoanalytic Process. Clunie, Perth/Scot., 1973a

Meltzer, D.: Sexual States of Mind. Clunie, Perth/Scot., 1973b

Meltzer, D.: Explorations in Autism. Clunie, Perth/Scot., 1975

Mendelson, M.: Psychoanalytic Concepts of Depression. John Wiley & Sons, New York, N.Y., 1974

Miller, R.D.: The Possible Use of Auto-Hypnosis as a Resistance During Hypnotherapy. *Intern. J. Clin. Exp. Hypnosis*, (1984), *32:* 236–347

Mitscherlich, A. (Hg.): Entfaltung der Psychoanalyse. Klett-Verlag, Stuttgart, 1956

Mora, G.: *Recent Psychiatric Developments (Since 1939).* In: Arieti, S. (Ed.): American Book of Psychiatry, Vol. I: The Foundations of Psychiatry. Basic Books, New York, N.Y., 1974

Moody, R.L.: Bodily Changes During Abreaction. *Lancet*, *254*, (1948)
Moreno, J.L.: Hypnodrama and Psychodrama. *Group Psychotherapy*, (1950), *3:* 1–10
Moreno, J.L., and Enneis, J.M.: Hypnodrama and Psychodrama. Beacon House, New York, N.Y., 1950
Müller, C.: Die Pioniere der psychoanalytischen Behandlung Schizophrener. *Nervenarzt*, (1958), *29:* 456–462
Müller, C.: Die Psychotherapie der Psychosen. *Fortschr. Neurol. Psychiat.*, (1959), *27:* 263–391
Müller, C.: *Psychiatrische Probleme des Pensions- und Rentenalters.* In: Peters, U.H. (Hg.): Psychiatrie (Enzyklopädie). Beltz-Verlag, Weinheim–Basel, 1983, Seite 318–324
Mullahy, P.: The Contributions of Harry Stack Sullivan, Hermitage House, New York, N.Y., 1952
Mullahy, P.: Harry Stack Sullivan's Theory of Schizophrenia. *Intern. J. Psychiat.*, (1967), *4:* 492–521
Mullahy, P.: Psychoanalysis and Interpersonal Psychiatry. The Contribution of Harry Stack Sullivan. Science House, New York, N.Y., 1970
Muncie, W.S.: Adolf Meyer's Contribution to Clinical Psychiatry. *Bull. John Hopkins Hosp.*, (1951), *89:* 60–63
Murphy, L.: Personality in Young Children. Vol. I: Methods of the Study of Personality in Young Children. Basic Books, New York, N.Y., 1949, 1956
Murphy, L.: The Widening World of the Child. Basic Books, New York, N.Y., 1962
Nacht, S.: La présance du psychoanalyste. Presses Univers. de France, Paris, 1963
Nacht, S. (Ed.): Traité de psychoanalyste, Vol. 1: Histoire. Presses Univers. de France, Paris, 1965
Nacht, S., and Racamier, P.C.: Die depressiven Zustände. *Psyche*, (1961/62), *14:* 651–677
Nagler, S.H.: *Erich Fromm.* In: Freedman, A.M., and Kaplan, H.J. (Eds.): Interpreting Personality – A Survey of Twentieth-Century Views. Athenium, New York, N.Y., 1972, pp. 193–200
Nuland, W.: A Single-Treatment Method to Stop Smoking Using Ancillary Self-Hypnosis: Discussion. *Intern. J. Clin. Exp. Hypnosis*, (1970), *18:* 257–260
Nuland, W., and Field, P.B.: Smoking and Hypnosis – A Systematic Clinical Approach. *Intern. J. Clin. Exp. Hypnosis*, (1970), *18:* 290–306
Nunberg, H.: Practice and Theory of Psychoanalysis. *Nerv. Ment. Dis. Monor.*, (1948), No. 74
Obersteiner, H(einrich): Die Lehre vom Hypnotismus. Breitenstein, Leipzig–Wien, 1893
Orgler, H(ertha): Alfred Adler – Der Mann und sein Werk. Urban & Schwarzenberg, Wien, 1956 (Liveright, New York, N.Y., 1963)
Orne, M.T.: The Mechanism of Age Regression – An Experimental Study. *J. Abnorm. Social. Psychol.*, (1951), *46:* 213
Orne, M.T., and McConkey, K.M.: Toward Convergent Inquiry Into Self-Hypnosis. *Intern. J. Clin. Exp. Hypnosis*, (1981), *29:* 313–323
Papanek, E., and Papanek, H.: Individual Psychology Today. *Amer. J. Psychother.*, (1961), *15:* 4–26
Papanek, H.: Adler's Concepts in Community Psychiatry. *J. Individ. Psychol.*, (1965), *21:* 117–126
Pederson, L.L., Scrimgeour, W.G., and Lefcoe, N.M.: Variables of Hypnosis which are Related to Success in a Smoking Withdrawal Program. *Intern. J. Clin. Exp. Hypnosis*, (1979), *27:* 14–20
Perls, F.: Ego, Hunger, and Aggression. Random House, London, 1942, 1947
Perls, F.S.: *Gestalt Therapy and Human Potentialities.* In: Otto, H.A. (Ed.): Explorations in Human Potentialities. Ch. Thomas, Springfield/Ill., 1966
Perls, F.S.: Gestalt Therapy Verbatim. Real People Press, Moab/Utah, 1969
Perls, F.: Four Lectures. In: Fagan, J., Shephard, I.L. (Eds.): Gestalt-Therapy Now. Science Behavior Books, Palo Alto, 1970
Perls, F.: Gestalttherapie in Aktion. Klett-Verlag, Stuttgart, 1976
Perls, F.S., Hefferline, R.F., and Goodman, P.: Gestalt Therapy. Julian, New York, N.Y., 1951
Perry, C., and Chisholm, W.: Hypnotic Age Regression anth Ponzo and Poggendorff Illusions. *Intern. J. Clin. Exp. Hypnosis*, (1973), *21:* 192–204
Perry, H.S.: *Introduction.* In: Sullivan, H.S.: Schizophrenia as a Human Process. Norton, New York, N.Y., 1962, pp. XI–XXXI
Peters, U.H. (Hg.): Psychiatrie (Enzyklopädie), 2 Bände. Beltz-Verlag, Weinheim–Basel, 1983 a, b
Petzold, H.: Psychodramatische Techniken in der Therapie mit Alkoholikern. *Zschr. Prakt. Psychol.*, (1970), *8:* 387–408
Petzold, H.: Angewandtes Psychodrama in Therapie, Pädagogik, Theater und Wirtschaft. Jungfermann, Paderborn, 1972
Phillipp, M.: *Die psychoanalytische Persönlichkeitstheorie:* In: Peters, U.H. (Hg.): Psychiatrie (Enzyklopädie), Band 2. Beltz-Verlag, Weinheim–Basel, 1983, Seite 113–126

Platonov, K.I.: On the Objective Proof of the Experimental Personality Age Regression. *J. Gen. Psychol.*, (1933), *9:* 190–209

Platt, H. Joseph (1907). Zitiert nach Braun, G.B(ennett), 1980

Powell, D.H.: Helping Habitual Smokers Using Flooding and Hypnotic Desensitation Technique – A Brief Communication. *Intern. J. Clin. Exp. Hypnosis*, (1980), *28:* 192–196

Progoff, I.: The Death and Rebirth of Psychology – An Integrative Evaluation of Freud, Adler, Jung, and Rank and the Impact of Their Culmination Insights on Modern Man. Julian Press, New York, N.Y., 1956

Pulver, S.E., and Pulver, M.P.: Hypnosis in Medical and Dental Practice – A Survey. *Intern. J. Clin. Exp. Hypnosis*, (1975), *23:* 28–47

Racamier, P.C.: *Sur les conditions techniques d'application de la psychoanalyse aux schizophrénes.* In: 1er Symposium International sur la Psychotherapie de la Schizophrénie. Karger, Basel, 1957, p. 129–146

Racamier, P.C.: *Psychothérapie psychoanalitique des psychoses.* In: Nacht, S. (Ed.): La psychoanalyse d'aujourd'hui. Presses Univers. de France, Paris, 1967, p. 375–519

Racamier, P.C.: Le psychoanalyste sans divan. La psychoanalyse et les institutions de soin psychiatriques. Payot, Paris, 1970

Rado, S.: The Psychic Effects of Intoxications – An Attempt to Evolve a Psycho-Analytical Theory of Morbid Cravings. *Internat. J. Psychoanal.*, (1926), *7:* 396–413

Rado, S.: Psychoanalyse der Pharmakothymie (Rauschgiftsucht). *Intern. Zschr. Psychoanal.*, (1934), *20:* 16–32

Rado, S.:: Psycho-Analysis and Psychiatry. *Intern. J. Psycho-Anal.*, (1936), *17:* 202–205

Rado, S.: Developments in the Psychoanalytic Conception and Treatment of the Neuroses. *Psychoanal. Quart.*, (1939), *8:* 427

Rado, S.: Mind, Unconscious Mind, and Brain, *Psychosom. Med.*, (1949), *11:* 165

Rado, S.: *Emergency Behavior with an Introduction to the Dynamics of Conscience.* In: Hoch, P.H., and Zubin, J. (Eds.): Anxiety. Grune & Stratton, New York, N.Y., 1950, pp. 150–175

Rado, S.: *Adaptional Psychodynamics – A Basic Science.* In: Rado, S., and Daniels, G.E. (Eds.): Changing Concepts of Psychoanalytic Medicine. Grune & Stratton, New York–London, 1956a, pp. 15–30

Rado, S.: *Adaptional Development of Psychoanalytic Therapy.* In: Rado, S., and Daniels, G.E. (Eds.): Changing Concepts of Psychoanalytic Medicine. Grune & Stratton, New York–London, 1956b, pp. 89–100

Rado, S.: Psychoanalysis of Behavior. The Collected Papers of Sandor Rado, Vol. I. Grune & Stratton, New York, N.Y., 1956c

Rado, S.: Psychoanalysis of Behavior. The Collected Papers of Sandor Rado, Vol. II. Grune & Stratton, New York, N.Y., 1962

Rado, S.: *Relationship of Short-Term Psychotherapy to Development Stages of Maturation and Stages of Treatment Behavior.* In: Wolberg, L.R., (Ed.): Short-Term Psychotherapy. Grune & Stratton, New York, N.Y., 1965, pp. 67–83

Rado, S., and Daniels, G.E. (Eds.): Changing Concepts of Psychoanalytic Medicine. Grune & Stratton, New York–London, 1956

Raginsky, B.B.: Sensory Hypnoplasty with Case Illustration. *Intern. J. Clin. Exp. Hypnosis*, (1962a), *10:* 205–219

Raginsky, B.B.: The Investigation of Allergy Through Hypnotic Technique. *Psychosomatics.* (1962b), *3:* 137–147

Raginsky, B.B.: Rapid Regression to the Oral and Anal Levels Through Sensory Hypnoplasty. *Intern. J. Clin. Exp. Hypnosis*, (1967), *15:* 19–30

Raikov, V.L.: Hypnotic Age Regression to the Neonatal Period – Comparison with Role Playing. *Intern. J. Clin. Exp. Hypnosis*, (1982), *30:* 108–116

Rank, O.: The Trauma of Birth. Harcourt, New York, N.Y., 1929

Rank, O.: Will Therapy and Truth and Reality. Knopf, New York, N.Y., 1947

Redlich, F.C., and Freedman, D.X.: The Theory and Practice of Psychiatry. Basic Books, New York, N.Y., 1966 (Deutsch: Theorie und Praxis der Psychiatrie, Suhrkamp, Frankfurt/M., 1970)

Reich, W.: Zur Technik der Deutung und der Widerstandsanalyse. *Intern. Zschr. Psychoanal.*, (1927), *13:* 524–541

Reich, W.: Über Charakteranalyse. *Intern. Zschr. Psychoanal.*, (1928), *14:* 628–637

Reich, W.: The Function of the Orgasm. Orgone Institute Press, New York, N.Y., 1942
Reich, W.: Character Analysis (3rd Edition). Orgone Institute Press, New York, N.Y., 1949
Remplein, H.: Psychologie der Persönlichkeit. Die Lehre von der individuellen und typischen Eigenart des Menschen. Reinhardt-Verlag, München, 1963a
Remplein, H.: Die seelische Entwicklung des Menschen im Kindes- und Jugendalter. Grundlagen, Erkenntnisse und pädagogische Folgerungen der Kinder- und Jugendpsychologie. Reinhardt-Verlag, München–Basel, 1963b
Richter, H(orst): Flüchten oder Standhalten. Rowohlt, Reinbek bei Hamburg, 1976
Rioch, D.M., and Stanton, A.H.: Milieu Therapy. *Psychiatry*, (1953), *16:* 65–72
Rogers, C.R.: Client-Centered Therapy. Houghton Mifflin, Boston, 1951
Rogers, C.R.: Client-Centered Therapy – A Current View. In: Fromm-Reichmann, F., and Moreno, J.L. (Eds.): Progress in Psychotherapy. Grune & Stratton, New York, N.Y., 1956
Rogers, C.R.: On Becoming a Person – A Therapist's View of Psychotherapy. Houghton Mifflin, Boston, 1961
Rogers, C.R.: Carl Rogers on Encounter Groups. Harper & Row, New York, N.Y., 1970
Rosen, J.M.: Direct Psychoanalytic Psychiatry. Grune & Stratton, New York, N.Y., 1962
Rosen, J.M.: *Direct Psychoanalysis.* In: Masserman, J.H. (Ed.): Current Psychiatric Therapies, Vol. 4. Grune & Stratton, New York, N.Y., 1965
Rosenfeld, H.: An Investigation Into the Psychoanalytic Theory of Depression, *Intern. J. Psychoanal.*, (1959), *40:* 105–129
Rosenfeld, H.: Psychotic States. Hogarth, London, 1965
Rubenstein, R., and Newman, R.: The Living Out of «Future Experiences» Under Hypnosis. *Science*, (1954), *119:* 472
Rubins, J.L.: A Holistic (Horney) Approach to the Psychoses – The Schizophrenias. Part 1. *Amer. J. Psychoanal.*, (1969), *29:* 131–146
Rubins, J.L.: A Holistic (Horney) Approach to the Psychoses – The Schizophrenias. Part 2. *Amer. J. Psychoanal.*, (1970), *30:* 30–50
Rubins, J.L.: *Karen Horney.* In: Freedman, A.M., and Kaplan, H.J. (Eds.): Interpreting Personality – A Survey of Twentieth Century Views. Atheneum, New York, N.Y., 1972a, pp. 144–166
Rubins, J.L.: A Holistic (Horney) Approach to the Schizophrenias. Part 3. The Therapeutic Process. *Amer. J. Psychoanal.*, (1972b) *32:* 16–41
Ruch, J.C.: Self-Hypnosis – The Result of Heterohypnosis or Vice Versa? *Intern. J. Clin. Exp. Hypnosis*, (1975), *23:* 282–304
Ruitenbeek, H.M.: The New Group Therapies. Avon, New York, N.Y., 1970
Sacerdote, P.: The Place of Hypnosis in the Relief of Severe Protracted Pain. *Amer. J. Clin. Hypnosis*, (1962), *4:* 150–157
Sacerdote, P.: *Terminal Cancer – Pain Relief Through Hypnotherapy (A Detailed Clinical Report).* In: Kissen, D.M., and LeShan, L.L. (Eds.): Psychosomatic Aspects of Neoplastic Disease – The Proceedings of the Third International Conference of the International Cancer Study Group held at Newnham College, Cambridge, England, 22–26 July 1963. Pitman, London, 1963, pp. 121–130
Sacerdote, P.: Additional Contributions to the Hypnotherapy of the Advanced Cancer Patient. *Amer. J. Clin. Hypnosis*, (1965), *7:* 308–319
Sacerdote, P.: Psychophysiology of Hypnosis as it Relates to Pain and Pain Problems. *Amer. J. Clin. Hypnosis*, (1968), *10:* 236–243
Sacerdote, P.: An Analysis of Induction Procedures in Hypnosis. *Amer. J. Clin. Hypnosis*, (1970a), *12:* 236–253
Sacerdote, P.: Theory and Practice of Pain Control in Malignancy and Other Protracted or Recurring Painful Illnesses. *Intern. J. Clin. Exp. Hypnosis*, (1970b), *18:* 160–180
Sacerdote, P.: Applications of Hypnotically Elicited Mystical States to the Treatment of Physical and Emotional Pain. *Intern. J. Clin. Exp. Hypnosis*, (1977a), *25:* 309–324
Sacerdote, P.: *Hypnotherapy in Managing Terminally Ill Patients.* Cat. T 62, Cat. 64, BMA Cassette Publ., New York, N.Y., 1977b
Sacerdote, P.: Induced Dreams – About the Theory and Therapeutic Applications of Dreams Hypnotically Induced (2nd Edition), Gaus, New York, N.Y., 1978a
Sacerdote, P.: Teaching Self-Hypnosis to Patients with Chronic Pain. *J. Human Stress*, (1978b), *4:* 18–21
Sacerdote, P.: *Hypnosis and Terminal Illness.* In: Burrows, G.D., and Dennerstein, L. (Eds.): Handbook of Hypnosis and Psychosomatic Medicine. Elsevier, Amsterdam, 1980, pp. 421–442

Sacerdote, P.: Teaching Self-Hypnosis to Adults. *Intern. J. Clin. Exp. Hypnosis*, (1981), *29:* 282–299
Sacerdote, P., and Sacerdote, P.: Some Projective Techniques in Hypnotherapy – Introduction of Dreams and Real versus Halluzinated Sensory Hypnoplasty. *Amer. J. Clin. Hypnosis*, (1969), *11:* 253–264
Sachs, H.: Freud, Meister und Freund. Imago Publ. Co., London, 1950
Salzman, L.: Developments in Psychoanalysis. Grune & Stratton, New York, N.Y., 1962
Sanders, S.: Mutual Group Hypnosis as a Catalyst in Fostering Creative Problem Solving. *Amer. J. Clin. Hypnosis*, (1976), *19:* 62–66
Schafer, D. W.: Hypnosis Use On a Burn Unit. *Intern. J. Clin. Exp. Hypnosis*, (1975), *23:* 1–14
Schafer, D. W., and Hernandez, A.: Hypnosis, Pain and the Context of Therapy. *Intern. J. Clin. Exp. Hypnosis*, (1978), *26:* 143–153
Schneck, J. M.: Studies in Scientific Hypnosis. Williams & Wilkins, Baltimore, 1954
Schneck, J. M.: Dynamic Hypnotic Age-Regression. *Amer. J. Psychiat.*, (1956), *113:* 178
Schneck, J. M.: Special Aspects of Hypnotic Age Regression and Revivication. *Intern. J. Clin. Exp. Hypnosis*, (1960), *8:* 37–42
Schneck, J. M.: Hypnosis in Modern Medicine (3rd Edition). Charles C. Thomas, Springfield/Ill., 1963
Schneck, J. M.: The Principles and Practice of Hypnoanalysis. Charles C. Thomas, Springfield/Ill., 1965
Schneck, J. M.: Hypnoanalytic Elucidation of a Childhood Germ Phobia. *Intern. J. Clin. Exp. Hypnosis*, (1966), *14:* 305–307
Schneck, J. M.: Hypnoanalytic Study of a False Confession. *Intern. J. Clin. Exp. Hypnosis*, (1967), *15:* 11–18
Schulte, W., and Tölle, R.: Psychiatrie. Springer, Berlin, 1973
Schultz, J. H.: Psychotherapie – Leben und Werk großer Ärzte. Hippokrates, Stuttgart, 1952
Schultz, J. H.: Hypnose-Technik. Fischer, Stuttgart, 1959
Schultz, J. H.: Das Autogene Training (Konzentrative Selbstentspannung). Georg Thieme, Stuttgart, 1960
Schultz-Hencke, H.: Einführung in die Psychoanalyse. Vandenhoeck & Ruprecht, Göttingen, 1927
Schultz-Hencke, H.: Die Struktur der Psychose. *Zschr. Ges. Neurol. Psychiat.*, (1943), *175:* 409–458
Schultz-Hencke, H.: Lehrbuch der analytischen Psychotherapie. Thieme, Stuttgart, 1951
Schultz-Hencke, H.: Das Problem der Schizophrenie. Thieme, Stuttgart, 1952
Schultz-Hencke, H.: Lehrbuch der Traumanalyse, Thieme, Stuttgart, 1972
Schutz, R. W.: Firo: A3-Dimentional Theory of Interpersonal Behavior. Rinehut, New York, N.Y., 1958
Schutz, R. W.: On Group Composition. *J. Abnorm. Soc. Psychol.*, (1961), *62:* 278–281
Schutz, W. C.: Expanding Human Awareness. Grove Press, New York, N.Y., 1967
Schuyler, D.: *Treatment of Depressive Disorders.* In: Wolman, B. B. (Ed.): The Therapist's Handbook of Mental Disorders. Van Nostrand, New York, N.Y., 1976, pp. 358–391
Schwidder, W.: Analytische Psychotherapie bei depressiven Symptombildern. *Zschr. Psychosom. Med. Psychoanal.*, (1956/57), *2:* 256–265
Serlin, F. R.: Techniques for the Use of Hypnosis in Group Therapy. *Amer. J. Clin. Hypnosis*, (1970), *12:* 177–202
Shainberg, D.: The Transforming Self. New Dimensions in Psychoanalytic Process. Intern. Med. Book Corpor., New York, N.Y., 1973a
Shainberg, D.: The Dilemma and the Challenge of Being Schizophrenic. *J. Amer. Acad. Psychoanal.*, (1973b), *1:* 271–287
Shaw, H.L.: Hypnosis and Drama – A Note on a Novel Use of Self-Hypnosis. *Intern. J. Clin. Exp. Hypnosis*, (1978), *26:* 154–157
Sheehan, P. W.: A Methodological Analysis of the Simultaning Technique. *Intern. J. Clin. Exp. Hypnosis*, (1971), *19:* 83–99
Sheiner, S.: On the Therapy of Schizophrenia. *Amer. J. Psychoanal.*, (1964), *24:* 167–183
Sheiner, S.: The Communications of Psychotics. *Amer. J. Psychoanal.*, (1969), *29:* 11–16
Shorr, J. E.: The Use of Task Imagery as Therapy. *Psychother. Theor. Res. Pract.*, (1975), *12:* 207–210
Shorr, J. E.: Dual Imagery. *Psychother. Theor. Res. Pract.*, (1976), *13:* 244–248
Singer, J. L.: Daydreaming and Imagery Skills as Predisposing Capacities for Self-Hypnosis. *Intern. J. Clin. Exp. Hypnosis*, (1981), *29:* 271–281
Singer, J. L., and Pope, K. S.: Daydreaming and Imagery Skills as Predisposing Capacities for Self-Hypnosis. *Intern. J. Clin. Exp. Hypnosis*, (1981), *29:* 271–281
Smith, G. M.: A Phobia Originating before the Age of Three Cured with the Aid of Hypnotic Recall. *Charac. Personal.*, (1936/37), *5:* 331–337

Smith, S. J., and Balaban, A. B.: A Multidimensional Approach to Pain Relief – Case Report of a Patient with Systematic Lupus erythematosus. *Intern. J. Clin. Exp. Hypnosis*, (1983), *31:* 72–81
Smyth, L.D.: An Experimental Hypnotic Approach to Teaching the Psychoanalytic Theory of the Neuroses – A Brief Communication. *Intern. J. Clin. Exp. Hypnosis*, (1981), *29:* 101–106
Solomon, D., and Goodson, D.F.: Hypnotic Age Regression Evaluated Against a Criterion of Prior Performance. *Intern. J. Clin. Exp. Hypnosis*, (1971), *19:* 243–259
Solovey, G(alina), and Milechnin, A.: Concerning the Criterion of Recovery. *J. Clin, Exp. Hypnosis*, (1958), *6:* 1–9
Spiegel, H.: A Single-Treatment Method to Stop Smoking Using Ancillary Self-Hypnosis – Final Remarks in Response to the Discussants. *Intern. J. Clin. Exp. Hypnosis*, (1970), *18:* 268–269
Spiegel, H., Shor, J., and Fishman, S.: An Hypnotic Abreaction Technique for the Study of Personality Development. *Psychosom. Med.*, (1945), *7:* 273–278
Spinhoven, Ph.: Hypnosis and Behavior Therapy – A Review. *Intern. J. Clin. Exp. Hypnosis*, (1987), *35:* 8–31
Springer, C. J., Sachs, L. B., and Morrow, J. E.: Group Methods of Increasing Hypnotic Susceptibility. *Intern. J. Clin. Exp. Hypnosis*, (1977), *25:* 184–191
Stanton, A. H.: *Sullivan's Conceptions.* In: Mullahy, P. (Ed.): The Contributions of Harry Stack Sullivan. A Symposium on Interpersonal Theory in Psychiatry and Social Science. Hermitage, New York, N.Y., 1952, pp. 61–100
Stanton, A. H., and Schwartz, M. S.: The Mental Hospital. Basic Books, New York, N.Y., 1954
Stanton, H. E.: The Utilization of Suggestions Derived from Rational-Emotive Therapy. *Intern. J. Clin. Exp. Hypnosis*, (1977), *25:* 18–26
Stanton, H. E.: A One-Session Hypnotic Approach to Modifying Smoking Behavior. *Intern. J. Clin. Exp. Hypnosis*, (1978), *26:* 22–29
Stekel, W.: Peculiarities of Behavior. Liveright, New York, N.Y., 1924
Stekel, W.: Frigidity in Women. Liveright, New York, N.Y., 1926
Stekel, W.: Impotence in the Male. Liveright, New York, N.Y., 1927
Stekel, W.: Sadism and Masochism. Liveright, New York, N.Y., 1929
Stekel, W.: Sexual Aberrations. Liveright, New York, N.Y., 1949
Stekel, W.: Technique of Analytical Psychotherapy. Liveright, New York, N.Y., 1950
Stekel, W.: Pattern of Psychosexual Infantilism. Liveright, New York, N.Y., 1952
Sterba, R.: The Dynamics of the Dissolution of the Transference Resistance. *Psychiat. Quart.*, (1940), *9:* 112–131
Stern, C.: A Displacement and Reconditioning Technique for Compulsive Smokers. *Intern. J. Clin. Exp. Hypnosis*, (1964), *12:* 230–238
Stevens, J. O.: Awareness – Exploring, Experimenting, Experiencing. Real People Press. Lafayette/Calif., 1971
Stierlin, H.: Von der Psychoanalyse zur Familientherapie. Klett, Stuttgart, 1975
Stolar, D., and Fromm, E(rika): Activity and Passivity of the Ego in Relation to Superego. *Intern. Rev. Psychoanal.*, (1974), *1:* 297
Strachey, J.: The Nature of the Therapeutic Action of Psychoanalysis. *Intern. J. Psychoanal.*, (1934), *15:* 127
Sullivan, H. S.: Conceptions of Modern Psychiatry. Norton, New York, N.Y., 1940a
Sullivan, H. S.: Clinical Studies in Psychiatry. Norton, New York, N.Y., 1940b
Sullivan, H. S.: The Meaning of Anxiety in Psychiatry and in Life. William Alason White Foundation, Washington, D.C., 1948
Sullivan, H. S.: The Theory of Anxiety and the Nature of Psychotherapy. *Amer. J. Psychiat.*, (1949), *12:* 3–12
Sullivan, H. S.: *Therapeutic Investigations in Schizophrenia.* In: Mullahy, P. (Ed.): A Study of Interpersonal Relations. Hermitage, New York, N.Y., 1950, pp. 446–454
Sullivan, H. S.: The Interpersonal Theory of Psychiatry. Norton, New York, N.Y., 1953
Sullivan, H. S.: The Psychiatric Interview. Norton, New York, N.Y., 1954 (Deutsch: Das psychotherapeutische Gespräch, Fischer, Frankfurt/M., 1976)
Sullivan, H. S.: Clinical Studies in Psychiatry. Norton, New York, N.Y., 1956
Sullivan, H. S.: Schizophrenia as a Human Process. Norton, New York, N.Y., 1962
Sullivan, H. S.: The Fusion of Psychiatry and Social Science. Norton, New York, N.Y., 1964
Sullivan, H. S.: Personal Psychopathology – Early Formulations. Norton, New York, N.Y., 1972

Swirsky-Sacchetti, Th., and Margolis, C.G.: The Effects of a Comprehensive Self-Hypnosis Training Program on the Use of Factor VIII in Severe Hemophilia. *Intern. J. Clin. Exp. Hypnosis*, (1986), *34:* 71–83

Taft, J.: The Dynamics of Therapy in a Controlled Relationship. Macmillan, New York, N.Y., 1933

Taft, J. (Ed.): Family Case Work and Counseling – A Functional Approach. Univers. Pennsylvania Press, Philadelphia, 1948

Tart, C.T. (Ed.): Altered States of Consciousness – A Book of Readings. Wiley, New York, N.Y., 1969

Tauber, E.S.: Sullivan's Conception of Cure. *Amer, J. Psychother.*, (1960), *13:* 666–676

Taylor, W.S.: Behavior under Hypnoanalysis and the Mechanism of the Neurosis. *J. Abnorm. Social. Psychol.*, (1923), *18:* 107–124

Teusch, L.: Begutachtung von kranken Gastarbeitern. *Dtsch. Ärzteblatt*, (1986), *51/52:* 3616–3618

Thompson, C.: Die Psychoanalyse. Ihre Entstehung und Entwicklung. Pan, Zürich, 1952

Trautner, H.M.: Lehrbuch der Entwicklungspsychologie. Band I. Dr. Hogrefe, Göttingen, 1978

Walde, P.H., van der: Interpretation of Hypnosis in Terms of Ego Psychology. *Arch. Gen. Psychiat.*, (1965), *12:* 438–447

Walde, P.H., van der: Trance States and Ego Psychology. *Intern. J. Clin. Exp. Hypnosis*, (1967), *15:* 95–105

Wallen, R.: *Gestalt Therapy and Gestalt Psychology.* In: Fagen, J., and Shepherd, I.L. (Eds.): Gestalt Therapy Now. Penguin Books, Middlesex, 1970

Watkins, H.H.: Hypnosis and Smoking – A Five-Session Approach. *Intern. J. Clin. Exp. Hypnosis*, (1976), *24:* 381–390

Watkins, H.H.: The Silent Abreaction. *Intern. J. Clin. Exp. Hypnosis*, (1980), *28:* 101–113

Watkins, J.C.: Hypnotherapy of War Neuroses – A Clinical Psychologist's Case Book. Roland, New York, N.Y., 1949

Watkins, J.G.: The Affect Bridge – A Hypnoanalytic Technique. *Intern. J. Clin. Exp. Hypnosis*, (1971), *19:* 21–27

Weeks, G.R., and L'Abate, L.: 1982. Siehe Kapitel II

Weitbrecht, H.J.: *Depressive und manische endogene Psychosen.* In: Kisker, K.P. (Hg.): Psychiatrie der Gegenwart. Band II: Klinische Psychiatrie. Springer, Berlin–Heidelberg–New York, 1972, Seite 83–140

Weitzenhoffer, A.M.: General Techniques of Hypnotism. Grune & Stratton, New York, N.Y., 1957

Wheelwright, J.: *Jung's Psychological Concepts.* In: Fromm-Reichmann, F., and Moreno, J.L. (Eds.): Progress in Psychotherapy, Vol. I. Grune & Stratton, New York, N.Y., 1956, pp. 127–135

Wingfield, H.E.: An Introduction to the Study of Hypnotism. Balliere, Tindall & Co. (2nd Edition), 1920

Winkler, W.T.: Übertragung und Psychose. Huber, Bern–Stuttgart–Wien, 1970

Wisdom, J.O.: *Die psychoanalytischen Theorien über die Melancholie.* In: Jahrbuch der Psychoanalyse, Band IV. Huber, Bern–Stuttgart, 1967, Seite 102–156

Wolberg, L.R.: Hypnoanalysis. Grune & Stratton, New York, N.Y., 1945

Wolberg, L.R.: Medical Hypnosis. Vol. I: The Principles of Hypnotherapy. Grune & Stratton, New York, N.Y., 1948a

Wolberg, L.R.: Medical Hypnosis. Vol. II: The Practice of Hypnotherapy. Grune & Stratton, New York, N.Y., 1948b

Wolberg, L.R.: Short-Term Psychotherapy. Grune & Stratton, New York, N.Y., 1965

Wolberg, L.R.: The Technique of Psychotherapy, Part I. Grune & Stratton, 1977a

Wolberg, L.R.: The Technique of Psychotherapy, Part II. Grune & Stratton, 1977b

Wollman, L.: Hypnosis and Weight Control. *Amer. J. Clin. Hypnosis*, (1962), *4:* 177–180

Wolpe, J.: Psychotherapy by Reciprocal Inhibition. Calif. Stanford Univers. Press, 1958

Wright, M.E.: A Single-Treatment Method to Stop Smoking Using Ancillary Self-Hypnosis: Discussion *Intern. J. Clin. Exp. Hypnosis*, (1970), *18:* 261–267

Wyss, D.: Psychotherapeutische Behandlung einer halluzinatorisch-paranoiden Schizophrenie. *Nervenarzt*, (1958), *29:* 249–256

Wyss, D.: Beziehung und Gestalt. Entwurf einer anthropologischen Psychologie und Psychopathologie. Vandenhoeck & Ruprecht, Göttingen, 1973

Wyss, D.: Mitteilung und Antwort. Untersuchungen zur Biologie, Psychologie und Psychopathologie von Kommunikation. Vandenhoeck & Ruprecht, Göttingen, 1976

Wyss, D.: Die tiefenpsychologischen Schulen von den Anfängen bis zur Gegenwart. Entwicklung, Probleme, Krisen. Vandenhoeck & Ruprecht, Göttingen, 1977

Yalom, I. D.: The Theory and Practice of Group Psychotherapy. Basic Books, New York, N.Y., 1970 (Deutsch: Gruppenpsychotherapie: Grundlagen und Methoden – Ein Handbuch, Kindler, München, 1974)

Young, P. C.: Hypnotic Regression – Fact or Artifact. *J. Abnorm. Social. Psychol.*, (1940), *35:* 273–278

Zander, E.: *Die Janov'sche Urschreitherapie (Primärtherapie).* In: Peters, U. H. (Hg.): Psychiatrie (Enzyklopädie), Band 2. Beltz-Verlag, Weinheim–Basel, 1983, Seite 434–437

Zane, M. D.: The Hypnotic Situation and Changes in Ulcer Pain. *Intern. J. Clin. Exp. Hypnosis*, (1966), *14:* 292–304

Zilborg, G.: The Fundamental Conflict with Psychoanalysis. *Intern. J. Psychoanal.*, (1939), *20:* 480–492

Zimbardo, P. G.: Psychologie (4. Auflage), Springer-Verlag, Berlin–Heidelberg–New York–Tokyo, 1983

Teil B: Hypnoseverfahren und Hypnosetechniken

XI. Vorbereitung und Indikationen

1. Vorbemerkungen zu Vorbereitungsphasen

Mit diesem Kapitel gehen wir allmählich auf den praktischen Teil unserer Aufgabe über und verlassen nach und nach die theoretischen Diskussionen. Die letzteren werden nur hin und wieder zu eventuell notwendigen *Ergänzungen der Hypnoseverfahren und Hypnosetechniken* herangezogen werden.
In Anlehnung an Milton H. Erickson wollen wir *den hypnotherapeutischen Prozeß* zunächst wie folgt *in drei Phasen* zusammenfassen:

(a) *Die Phase der Vorbereitung* mit *zwei Subphasen:* (aa) *Subphase der Ausbildung* (Fortbildung, Weiterbildung, Vorbereitung) *des Hypnotherapeuten* in Hypnose/Hypnotherapie. (ab) *Subphase der Vorbereitung des Patienten/Hypnotisanden.* Der Hypnotherapeut ermittelt nach der Beendigung seiner Vorbereitung und vor dem Therapiebeginn *das Inventar des Patienten* an Lebenserfahrungen und schafft konstruktive Bezugsrahmen, die den Patienten auf therapeutische Veränderungen orientieren. Darin sind *Voruntersuchungen zum Ausschluß oder zur Kenntnisnahme* von eventuellen abnormen oder pathologischen Befunden eingeschlossen (Kapitel XI.4).

(b) *Die Phase der beiderseitigen Aktivierung und Nutzung* (Utilization) der psychischen Fähigkeiten des Patienten im Verlaufe der Therapie (Kapitel XII).

(c) *Die Phase der sorgfältigen Kenntnisnahme, Bewertung und Anerkennung* der inzwischen erfolgten therapeutischen Veränderungen auf der Seite des Patienten (Kapitel X und XII sowie Jovanović, 1989).

Von uns aus fügen wir noch eine weitere Phase hinzu:

(d) *Die Phase der Festigung, des Ausbaues und der Erhaltung* von gewonnenen und anerkannten therapeutischen Veränderungen. Diese Phase kann sich auf eine längere Zeitspanne hin erstrecken und hat die Aufgabe, *den Rückfall des Patienten in den vortherapeutischen Zustand zu verhindern.* Insofern ist sie auch relativ schwierig, weil daran nicht nur Therapeut und Patient, sondern *das ganze Umfeld* (Familie, Arbeitgeber, soziale Organisationen) arbeiten müssen.

2. Vorbereitung zum Hypnotiseur/Hypnotherapeuten

2.1 Kriterien der Ausbildung

Klinische und experimentelle Hypnose mit kritischen Indikationen und Kontraindikationen – wenn sie nüchtern und ohne eine krankhafte Mystik durchgeführt wird – erfordert ungewöhnlich *gut trainierte Hypnotherapeuten auf nahezu allen Fachgebieten der Medizin, Psychologie und ähnlichen Disziplinen.* Die Hypnose/Hypnotherapie wird an immer mehr und mehr Universitäten und Hochschulen gelehrt (Kroger, 1977; Levitt und Hershman, 1953). Zusätzlich dazu haben viele Ärzte, Zahnärzte und Psychologen – insbesondere in den USA (Levitt und Hershman, 1953), aber auch in einigen anderen außeramerikanischen Ländern – eine entsprechende Weiterbildung in Hypnotherapie erhalten. Diese bereits erfahrenen Hypnotherapeuten organisieren von sich aus Seminare und Workshops in Hypnose/Hypnotherapie (Jovanović, 1988; Rodolfa und Kraft, 1983; siehe auch Vorwort des Autors).

Die British Medical Association (B.M.A.) hat am 23. April 1955 bemerkenswerte Erfolge mit Hypnose bei der Therapie von *Psychoneurosen* sowie bei der *Hypnoanästhesie*, bei Linderung von *Schmerzen*, in der *Geburtshilfe* und in der *Chirurgie* feststellen können. Aus diesem Bericht geht hervor, daß alle Ärzte und Medizinstudenten eine *fundamentale Ausbildung in Hypnose* erhalten sollten. Das *Council on Mental Health of the American Medical Association (A.M.A.)* hat am 13. Semptember 1958 empfohlen, daß angesichts unserer *zunehmenden Kenntnisse in Hypnose* diese Disziplin in die *Curricula of Schools of Medicine* und *im Postdiplomstudium* eingeführt wird. Die Hypnotherapie wurde allgemein begrüßt. In einem darauffolgenden Bericht im Jahr 1961 hat das *A.M.A. Council on Mental Health* empfohlen, *daß 144 Stunden innerhalb von 9–12 Monaten* des Prä- und Postdiplomstudiums als Unterricht in Hypnose angeboten werden sollten (Kroger, 1977).

Bis heute wurde diese Empfehlung leider – außer von wenigen Ausnahmen – noch nicht entsprechend durchgesetzt (Rodolfa und Kraft, 1983). Fortbildungen in klinischer und experimenteller Hypnose wurden jedoch inzwischen an zahlreichen Institutionen und von vielen Forschern der Welt durchgeführt (Harrison, 1979; Kraft und Rodolfa, 1982; Parrish, 1975). Diese lieferten Daten, die ein helles Licht in die Natur und in die klinische Anwendung der Hypnose brachten. *Es ist ein Unglück, daß die Hypnose der Prügelknabe für jene Disziplinen geworden ist, die sich mit ihren psychologischen Methoden nicht durchsetzen konnten* (Kroger, 1977). Andererseits hat die Hypnose als Disziplin mehr unter jenen gelitten, *die sie zu oft und ohne Indikationen oder öffentlich auf Jahrmärkten* angewandt haben als unter jenen, die sie ablehnten. Die *American Society for Clinical Hypnosis* und die *International Society of Hypnosis (IHS)* haben in vielen Ländern der Welt Sektionen etabliert – auch die *Deutsche Gesellschaft für Klinische und Experimentelle Hypnose (DGKEH)* ist eine dieser Sektionen –, die daran arbeiten, daß Hypnose als eine wissenschaftliche und therapeutische Methode angewandt und ihr Mißbrauch unterbunden wird.

Im Verlaufe der historischen Entwicklung (Kapitel VIII) hat sich die Hypnose wie auch viele andere medizinische und psychologische Disziplinen in einen wissenschaftlichen Zweig umgewandelt und ist eines der wichtigsten Rüstzeuge der Psychomedizin geworden (Harrison, 1979; Jovanović, 1988; Rodolfa et al., 1982). Nicht zuletzt wurde die Hypnose von vielen reputierten Wissenschaftlern und Praktikern anerkannt (Kroger, 1977). Abgesehen jedoch von den Vorschlägen der A.M.A. über die Ausbildungsdauer, sind die Vorstellungen über die Weiterbildung in Hypnose im deutschen Sprachgebiet *noch unklar* definiert worden. Im Verlaufe der eigenen Lehrtätigkeit an der Universität Würzburg und auch außeruniversitär sind wir zu der Überzeugung gekommen, *daß für die Grundausbildung in Hypnose etwa die gleiche Stundenzahl notwendig ist, die von der A.M.A. vorgeschlagen wurde* (Jovanović, 1988).

In einem Semester mit wöchentlich zwei Stunden Hypnoseunterricht, im Verlaufe von 18 Wochen, werden insgesamt 36 Unterrichtsstunden angeboten. Diese 36 Stunden reichen jedoch nur zur einfachen Darbietung der *Übungen in Hypnose* aus. Wenn die Studentengruppen so klein gestaltet werden, daß pro Gruppe nur 8–10 Teilnehmer praktizieren und wöchentlich zusätzlich noch jeweils zwei *praktische Stunden* zum theoretischen Unterricht angeboten werden, kann erreicht werden, daß ein Teilnehmer im Durchschnitt *dreimal pro Woche die Hypnose selbst vornimmt und auch dreimal selbst hypnotisiert wird.* Dabei werden zu den 36 bereits angebotenen theoretischen Unterrichts-Stunden noch 36 praktische Stunden addiert; insgesamt also 72 Ausbildungsstunden. Dieser Unterricht reicht nach eigenen Erfahrungen (Jovanović, 1988) nur *zum Training in Hypnose selbst* aus, ohne die Einbeziehung der *speziellen Hypnotherapie*. Da Hypnose allein eine sterile Disziplin ist, hat sich als erforderlich erwiesen, daß zwei Hochschul-Semester (also ein Jahr) zur Weiterbildung

in Hypnotherapie reserviert werden müssen. *Insgesamt also muß man mit mindestens 144 Unterrichts-Stunden rechnen.* In den 72 praktischen Stunden kann eine Hypnoseanzahl von 200–220 erreicht werden. Wenn der Studierende ein bereits praktizierender Therapeut ist, kann er die schon absolvierten Übungen *langsam und vorsichtig noch im Laufe der Weiterbildung* anwenden. Dadurch erreicht er womöglich rund 600–660 Hypnoseübungen. *Dies wäre zum Start in die selbständige Hypnotherapie als ausreichend anzusehen.*
Die Ausbildung in Hypnose ist mit Schwierigkeiten (und Besonderheiten) verbunden. Bei anderen Disziplinen kann der übende Student mitten in einer Übung unterbrochen werden, falls sich bei ihm grobe Fehler anbahnen. Dabei kann er auf die Fehler aufmerksam gemacht und dann korrigiert werden. Danach kann er in der Regel die begonnene Übung fortsetzen. Bei einer Hypnoseübung ist dies, ohne eine erhebliche Störung des Ablaufes, jedoch nicht leicht möglich. Die Suggestion wird dadurch unterbrochen; der Hypnotisand beeinträchtigt. Die Fortsetzung ist dann mit weiteren Schwierigkeiten gekoppelt. Außerdem wird gleichzeitig der Proband/Patient *auf die Fehler des Übenden* aufmerksam gemacht, was von Nachteil für den weiteren Hypnoseverlauf sein kann. In einer Sitzung sind darüberhinaus auch andere Teilnehmer anwesend. Der Proband/Patient wird durch die Anwesenden abgelenkt; *eine für die Hypnose erforderliche vertrauensvolle Atmosphäre kann nicht leicht geschaffen werden.* Bei Fehlern des Übenden machen die Anwesenden Kommentare, flüstern, husten etc... All diese Geräusche beeinträchtigen den Erfolg (Jovanović, 1988).

2.2 Persönlichkeitsstruktur des Hypnotiseurs/Hypnotherapeuten

Die Eignung zum Hypnotherapeuten ist nicht bei allen Menschen gleich. Von den Studenten erreichten – nach unseren Erfahrungen – in der Regel 5 % *der Teilnehmer* an den Vorlesungen und Übungen in *Klinischer und Experimenteller Hypnose* den gewünschten Erfolg und konnten *nach dem Ende der Ausbildung selbständig hypnotisieren.* Bei den weiterzubildenden Ärzten/Zahnärzten/Psychologen ist dieser Prozentsatz wahrscheinlich höher, bis heute jedoch noch nicht genau eruiert worden. Der Prozentsatz hängt auch von der Zeit ab, die man für dieses Fach investiert (Jovanović, 1988). Zur intensiven Beschäftigung mit Hypnose und Hypnotherapie gehört eine gewisse *persönliche Veranlagung* (Langen, 1972; Schultz, 1983). Diese Veranlagung geht jedoch nicht so weit, daß man von einem Hypnotherapeuten verlangt, aus ihm mögen gewisse Kräfte herausströmen und den Hypnotisanden beeinflussen. Er darf auch *kein Esoteriker* (von innen begabt, ein von Innenerfahrungen Begabter) sein – wovon selbst Paracelsus und Mesmer nicht frei gewesen sind (Kapitel VIII) – sondern eben einer, dem die Hypnose «liegt». Wir können nicht alle gute Chirurgen, Orthopäden oder Psychologen sein. Desgleichen auch Hypnotherapeuten. J.H. Schultz (1983) empfiehlt vor allem zur Ausübung der modernen Hypnotherapie ein gewisses *Anpassungsvermögen an fremde Individualitäten* (ohne falsche Nachgiebigkeiten), *geduldige und sorgfältige, individualisierende Beobachtung, Geistesgegenwart, Selbstbeherrschung auch im Alleräußerlichsten* (Sprache, Bewegung etc.) und vor allen Dingen *innerliche Anteilnahme* am Kranken. Zu diesen sehr wertvollen Hinweisen von J.H. Schultz dürfen wir hinzufügen: *Zur Hypnotherapie werden Menschen aller Altersstufen, beiderlei Geschlechts, womöglich aller Rassen, Nationalitäten, Menschen mit unterschiedlichsten Gewohnheiten, Manieren, religiösen und sozialen Erziehung, Politiker, Techniker, Priester, Mechaniker, Arbeiter kommen.* Sie alle sind eben neben der Ausbildung auch in verschiedenen Umgebungen aufgewachsen, haben unterschiedlichste Anschauungen. Vor allem einige *religiöse Überzeugungen* (auch bei Sekten) (Kapitel IX.4.2.4.10) werden dem Hypnotherapeuten manchmal viele Schwierigkeiten bereiten, wenn er nicht fähig ist, sich souverän anzupassen. Die Bildung des Hypnotherapeuten sollte nicht beim Beherrschen der psychologischen und medizinischen Begriffe stehen bleiben. *Er sollte sich über eine Anzahl von wissenschaftlich-sozialen Gebieten angemessen orientieren, damit er mit seinen Patienten in eine bequeme und situationsgemäße Diskussion eintreten kann.* Es ist immer von Vorteil, beim Probanden/Patienten den Eindruck zu erwecken, *man sei belesen.*

Wie Langen (1972) betont (Stocksmeier, 1984), sollte der Hypnotherapeut fähig sein, *zwischenmenschliche Beziehungen* aufzubauen, um dem Probanden/Patienten ein *Gefühl der Geborgenheit* zu vermitteln. Er sollte jedoch gleichzeitig *klar und bestimmt* auftreten. *Er darf nicht einen einzigen Augenblick lang am Gelingen der hypnotischen Behandlung zweifeln.* Er sollte sich andererseits nicht selber übersinnliche Kräfte und Fähigkeiten und einen unwiderstehlichen Willen zuschreiben. Durch *sachliche Einstellung und Aufklärung* über die Hypnose baut man heutzutage leichter eine emotionale Wechselbeziehung auf. *Eine diktatorische Haltung darf der Hypnotherapeut nicht einnehmen;* seine Autorität muß jedoch jederzeit gewahrt bleiben. Heutzutage wurden viele *indirekte* Hypnosetechniken eingeführt, (Erickson und Rossi, 1981; Kröger, 1977; Zeig, 1985 a, b), damit man von Diktat und Schreckhypnose (Abbé Faria, 1755–1818) herunterkommt. Ebenfalls empfehlen wir, nicht (wie oft) von *posthypnotischen Befehlen*, sondern von *posthypnotischen Aufträgen oder Empfehlungen* zu sprechen.

Die *Äußerlichkeit des Hypnotherapeuten* hat für den Probanden/Patienten eine große Gültigkeit. Von vielen Autoren wird auf die Pflege der Hände Wert gelegt; nach Brügelmann (aus J.H. Schultz, 1983) schadet ein leichtes *Parfümieren* nicht. Eine übertriebene Sorgfalt in dieser Hinsicht ist jedoch nicht immer von Vorteil, da unter Umständen in den Augen der Gebildeten der Eindruck des Stutzerhaften entstehen könnte. Würde andererseits der Hypnotherapeut in zerfetzten Jeans, mit ungepflegtem Bart, mit aufgekrempelten Ärmeln etc. auftreten, so hat er unter Umständen *gut gepflegte Patienten verloren.* Darüber, ob der Hypnotherapeut einen *Kittel* anhaben sollte oder nicht, sind die Meinungen unterschiedlich. Auf jeden Fall ist der Kittel nicht nur da, um die Autorität zu steigern, sondern er dient auch als eine gebräuchliche und von amtswegen vorgeschriebene *Schutzkleidung.* Es ist daher besser, im Zweifelsfalle einen sauberen und gepflegten Kittel zu tragen, unter dem ein frisch gebügeltes Hemd zu erkennen ist. Vom Hypnotherapeuten *muß ein gewisses Flair ausstrahlen* (Langen, 1972; Stocksmeier, 1984).

Der Hypnotherapeut müßte darüberhinaus die ganze Psychotherapietechnik beherrschen. Das wird selbstverständlich nicht von jenen Hypnotiseuren verlangt, die Hypnose durchführen, jedoch keine Hypnotherapie in Anspruch nehmen, z. B. *Zahnärzte.* Da jedoch auch in der Zahnmedizin nicht selten eine Hypnotherapie (Psychotherapie) angebracht ist (Kieferprothesen, Nachbehandlung von Malignomen im Kiefer-Mund-Bereich etc.), sollte auch der Zahnarzt die Psychotherapie beherrschen, wenn er sich mit dieser zu befassen gedenkt. Von der Grundlagenforschung wäre ebenfalls nicht abzuraten (Jovanović, 1988). Wir haben dieser Seite der Problematik in der vorliegenden Abhandlung Rechnung getragen. *Bereits selber hypnotisiert worden zu sein,* sollte von einem Hypnotherapeuten als eine Selbstverständlichkeit angesehen werden. Bei Übungen in Hypnose wechseln die Hypnotiseure und Hypnotisanden die Rolle miteinander ab (Jovanović, 1988).

3. Gestaltung der therapeutischen Situation

Alte Lehrmeister der Hypnose (Kroger, 1977; Schultz, 1983; Vogt, 1897, 1899; Wetterstrand, 1891; Wolberg, 1948 a, b, 1977 a, b) verfügten über eine besonders dem hypnotischen Verfahren angepaßte Krankenabteilung. Einige Autoren wie Martin Orne (1962 a, b) oder Praktiker (Bick, Dahn/Pfalz) verfügen über besonders ausgestattete *Institute oder Kliniken zur Hypnotherapie.* Soweit muß man nicht unbedingt gehen, wenn es aus anderen Gründen nicht

erforderlich ist. Immerhin empfiehlt es sich (J. H. Schultz, 1983), namentlich für *empfindliche Patienten*, entweder einen besonderen Raum oder wenigstens eine entsprechende Ecke des Untersuchungszimmers für die hypnotherapeutische Arbeit einzurichten. Dort sollte man eine *sehr bequeme Sitzgelegeenheit* (Abb. 6) oder besser eine *weiche*, *bequeme* Liege (ein Bett) anbringen. Die Beleuchtung sollte leicht, ohne den Patienten zu stören, variiert werden können. Schultz (1959, 1983) empfiehlt darüberhinaus für *Anämisch-Vasospastische* eine *rote*, für *Plethorisch-Kongestive eine Blaubeleuchtung*. Die Umgebung sollte einfarbig, die Tapete ohne Muster sein. Zweckmäßig befindet sich in der Nähe ein Wasserhahn mit Ausgußbecken, *ferner eine langsam und leise tickende Uhr*, die ohne Mühe abgestellt werden kann. Im Raum dürfen keine unangenehmen Empfindungen produziert werden. *Straßenlärm, üble Gerüche, Skelette, bedrohliche Instrumente etc. sind zu vermeiden*. In den Praxen stören nicht nur Geräusche von außen, sondern auch vom Flur. Türglocken, laute Arzthelferin, laut sprechende Patienten, Hantieren mit schall-klingenden Instrumenten, kann sehr störend sein. *Monotone Geräusche und Kirchenglocken können sogar in die Hypnose eingebaut werden und von Nutzen sein*. Wenn die Patienten nach der Hypnose noch eine Weile schlafen sollten, dann ist es angebracht, daß der Hypnotiseur nach der durchgeführten Hypnose leise hinausgehen und sich entfernen kann. Zur Hypnosetherapie sind dann kleine, leicht verdunkelte Einzelzimmer eingerichtet (Dogs, Rinteln/Niedersachsen).
Bei Gruppenhypnosen müssen auch die Räume entsprechend groß und geräumig sein. *Psychische Infektion ist bei Gruppenhypnosen* als Gefahr anzusehen (Schultz, 1959, 1983). Als Anfänger in Hypnose – und vielleicht auch später – sollte man sich versichern, ob jemand aus dem *Therapieteam* noch zusätzlich anwesend sein kann. Die *Anwesenheit eines Zeugen* kann manchmal von rettender Bedeutung sein. Dieser Zeuge kann auch versteckt im Untersuchungsraum bleiben oder sich in der Nähe, ohne Trennung vom Hypnotherapie-Raum, befinden. *Heterosexuelle* Patienten (weiblich bei männlichen Hypnotherapeuten und umgekehrt) können unter Umständen Schwierigkeiten bereiten. *Eine gewisse erotische Wech-*

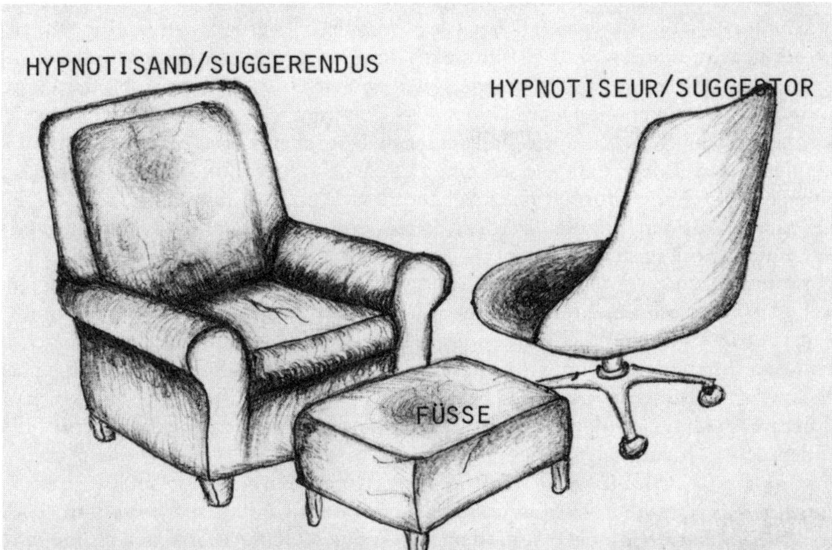

Abb. 6: Sessel für den Hypnotisanden/Suggerendus (Patienten oder Probanden), für den Hypnotiseur/Suggestor (Arzt, Psychologe) und Hocker für die Füsse des Hypnotisanden

selwirkung ist bei Hypnotherapie nicht ausgeschlossen (Freud, 1913, 1961; Langen, 1972; Zeig, 1985a, b) (siehe auch Kapitel XXV).
Über die Inanspruchnahme von Zusatzgeräten (Kristalle, Spiegel, glänzende Gegenstände, Stöcke, Gerüche, Parfüms, Getränke etc.) wird noch gesprochen werden.

4. Vorbereitung des Hypnotisanden/Patienten

4.1 Vorgeschichte des Patienten (Anamnese)

Bei gesunden Versuchspersonen/Probanden (Vpn) und bei Zahnarztpatienten sollte man sich *im wesentlichen und in groben Zügen* über ihre Gesundheit/Erkrankung orientieren, damit *keine unvorhergesehenen Ereignisse*, welche die Hypnose oder die angestrebte Behandlung beeinträchtigen können, auftreten. *Bei Patienten, die hypnotherapiert werden müssen, muß eine ausführliche Vorgeschichte (Anamnesis) erhoben werden* (siehe dazu Jovanović, 1989). In nicht wenigen Fällen wird zunächst eine *generelle* und dann eine *tiefenpsychologisch/ psychoanalytisch* fundierte Anamnese erforderlich sein. Notfalls kann während der *Altersregression* die Anamnese bereichert werden. Diese Bereicherung wird zugleich eine Therapie sein (s. Kapitel X und Jovanović, 1989).

4.2 Befunde bei Patienten

Der körperliche Befund ist von Bedeutung, damit alle eventuellen organisch begründbaren Ursachen der Beschwerden des Patienten ausgeschlossen *oder berücksichtigt* werden (Ewald, 1959; Mummenthaler, 1973; Schulte und Tölle, 1971; Weitbrecht, 1973). *Der neurologische Befund* ist von unschätzbarer Wichtigkeit, da man unter Umständen Kopfschmerzen hypnotisieren könnte, obwohl diese möglicherweise organisch (Tumor, Entzündungen, toxische Noxen) verursacht worden sind (Mummenthaler, 1973). *Diffuse Kopfschmerzen* können auch depressiver Genese sein (Jovanović, 1984; Scharfetter, 1976). Wenn sie depressiver Genese sind, dann können die Depressionen *exogener* (neurotischer, psychogener) oder aber *endogen-depressiver Natur* sein. Im Falle einer neurotischen Genese kann man die Hypnotherapie gleich anwenden. Falls jedoch eine endogene Depression dahinter steckt, so muß diese zunächst durch Psychopharmaka bekämpft werden und erst dann kann die Hypnotherapie zur Diskussion gestellt werden. *Psychosomatische Beschwerden* umfassen alle Organe (simultan oder nacheinander, bei einem mehr, beim anderen weniger) (Alexander, 1971; Bräutigam und Christian, 1973; Langen, 1972). Auch sie können eine primäre organische Ursache (oder mehrere Ursachen) haben, die ausgeschlossen werden muß. Nicht wenige psychosomatische Beschwerden werden *sekundär* organisch. Magenbeschwerden können in ein Magengeschwür, Kreuzbeschwerden in organische Veränderungen an den Wirbelkörpern und/oder Wirbelzwischenräumen übergehen. In diesen Fällen kann die Hypnotherapie bedingt erfolgreich sein. Der zuständige Facharzt wird hier von Hilfe sein (Alexander, 1971; Jovanović, 1989).
Neuroradiologische Befunde werden notfalls von Nöten sein, um ein Wachstum im Bereich des *Zentralnervensystem (ZNS)* auszuschließen. Modern sind auch *Computertomographie (CT)* etc. Die Indikationen notfalls mit dem zuständigen Gebiets-Arzt stellen. *Bei nutritiven Beschwerden (Anorexia, Bulimia)* wird sich oft eine *endokrinologische Untersuchung* nicht umgehen lassen. *Hormonelle Ursachen* müssen dabei ausgeschlossen werden. Die Hypnotherapie wird danach entweder allein oder in einer Zusammenarbeit mit dem zuständigen

Arzt vorgenommen werden können. *Menstruelle und andere Frauenbeschwerden* können im Rahmen einer psychogenen Erkrankung aber auch als Folge einer organischen Ursache auftreten (Alexander, 1971; Benedek, 1974; Sigusch, 1975). *Wenn der Hypnotherapeut nicht selber Gynäkologe* ist, sollte er die Patientin einem Gynäkologen zwecks Diagnostizierung vorstellen.

All diese Anmerkungen mögen nur als Beispiele genommen werden. In jedem anderen Falle muß unbedingt vor der Einleitung der Hypnotherapie eine organische Komponente der Ursachen ausgeschlossen werden. Durch abschließende *psychiatrische Untersuchungen* kann dann auch die *Endogenität* der Erkrankung geklärt werden (Weitbrecht, 1973). *Psychologische Untersuchungen* mit psychologischen Tests (Persönlichkeitsuntersuchungen, psychometrische Tests, Intelligenz-Tests etc.) können die Hypnotherapie erleichtern.

In vielen Fällen wird der Hypnotherapeut einige Untersuchungen selber vornehmen können. In anderen Fällen wird der Patient dem Arzt/Facharzt oder Fachpsychologen oder entsprechenden Institutionen vorgestellt.

5. Auswahl der Hypnotisanden/Patienten

5.1 Auswahl bezüglich des Alters

In bezug auf das *Alter* des Probanden/Patienten sind sich die Autoren nicht ganz einig. Einige unter ihnen (Kapitel IX.4.2.4.1) empfehlen die Altersgrenze nach unten bei *vier Jahren*, nach oben bei *60 Jahren*. Andere finden es für richtig, nach unten nicht unter das Alter von sieben Jahren zu gehen. Nach oben sei die Altersgrenze offen (Thomas, 1979, 1982). *Alles in allem scheint es keine ganz festen Altersgrenzen zur Hypnotherapie zu geben. Nach unten kann* man z. B. soweit gehen, wie es möglich ist, *einen Kontakt mit dem kleinen Patienten* herzustellen. Wir selber haben in manchen Fällen einen guten Kontakt mit Kindern im Alter von fünf oder sogar vier Jahren aufstellen können. Bei experimenteller Hypnose haben wir mit Kindern (auch Geschwistern), bei Einwilligung der Eltern (Ärzte, Psychologen), im Alter von vier und fünf Jahren sehr gute *Hypnosetiefen* erreichen können. Dabei hat sich herausgestellt, daß bei *zwei Geschwistern des gleichen Geschlechts* das eine Kind sehr gut und das andere nicht hypnotisierbar war (Kapitel IX.4.2.4.16). Auch bei älteren Kindern und sogar bei erwachsenen Geschwistern und Zwillingen ist es gelungen, bei einem eine gute Hypnosetiefe zu erreichen, während wir beim anderen Geschwisterteil keine Hypnose einleiten konnten. *Die Suggestibilität hängt demzufolge nicht nur von den angeborenen persönlichen Eigenschaften ab* (Kapitel IX.2.2.4). *Generell sollte man Kinder unter sieben Jahren ohne eine dringende Indikation nicht hypnotisieren. Die Abgrenzung des Alters nach oben* ist noch schwieriger. Wenn man bei Patienten über 60 Jahren keine Hypnose vornehmen muß, dann sollte man diese aus dem Behandlungsrepertoire ausschalten. Wenn jedoch die Indikation medizinisch zu stellen ist, dann muß diese Altersgrenze verworfen werden. Im allgemeinen nimmt man an, daß wegen der *cerebralen Gefäßsklerose* die Hypnose im höheren Alter nicht anzuwenden ist. Aber wer darf behaupten, Menschen über 60 Jahre würden alle unter cerebraler Gefäßsklerose leiden. Hier muß die Untersuchung entscheiden, die wir unten noch ausführlich behandeln werden. Klaus Thomas (1982, 1985) *wehrt sich energisch gegen eine generelle Altersgrenze nach oben.*

5.2 Auswahl bezüglich der Persönlichkeitsstruktur des Patienten

An dieser Stelle ist daran zu erinnern, daß die *Persönlichkeitsstruktur* des Patienten (Suggerendus) (Kapitel IX.2.2.4) zur Entscheidung über die Anwendung der *Heterohypnose* von großer Bedeutung werden kann. Die *Suggestibilitätsprüfung* wird ausschlaggebend sein. Bei guter und vor allem *motivationsgebender (spezifischer)* Suggestibilität (Kapitel IX.2.2.4) kann sofort mit einer Heterohypnose begonnen werden (Langen, 1972). Wird man jedoch eine geringe oder (fast) keine Suggestibilität nachweisen können (akute Psychosen, sehr kalte psychische Emotionalität), wählt man eine andere Therapiemethode, vielleicht auch ein *aktiv-autohypnoides* Verfahren oder eine *Kombination mit neuroleptischer/thymoleptischer Behandlung*. Vorausgehende antidepressive/neuroleptische Therapie wird sich in vielen Fällen als Notwendigkeit erweisen. Fehlende Suggestibilität sei ein eindeutiges Zeichen für eine *Kontraindikation*. Das gelte besonders für *querulatorische und paranoide Persönlichkeiten* und auch viele Patienten, die von dem «Magischen» der Hypnose gehört haben und meinen, daß sie in ihrem Fall geeignet sei. Es handele sich um Menschen, die latent psychotisch seien oder stark ausgeprägt abnorme Persönlichkeitszüge haben (Langen, 1972; Stocksmeier, 1984). Nach Langen (1972) sollte man auch bei Patienten mit ausgesprochener *Hypersuggestibilität* besser ein *aktiv-autohypnoides Verfahren* anwenden, um ihre *Unselbständigkeit* nicht zu verstärken (s. auch Schultz, 1983) *Minderbegabte* sollte man ohnehin mit gewissen Vorsichtsmaßnahmen hypnotisieren (Kapitel IX.4.2.10.5).

5.3 Auswahl bezüglich körperlicher Störungen

Die vor dem Behandlungsbeginn bekannten körperlichen (oder psychosomatischen) Störungen werden in vielen Fällen eine Rolle bei der Entscheidung über die Hypnoseart spielen. Wir führen hier nur ein paar Beispiele an. *Bei einem unserer Patienten* mit *Schiefhals* (Torticollis) konnte gar keine Heterohypnose angewandt werden, da er bei jedem Hypnosebeginn in derartige choreatische Bewegungen geriet, daß er nicht fixiert werden konnte. Jegliche Suggestionsart konnte diese anfänglichen choreatischen Bewegungen nicht beseitigen. Nur nach einer Vorbehandlung mit starken Dosen von Antitremor-Mitteln konnte die Hypnose eingeleitet werden. *Eine andere Patientin* mit der gleichen Diagnose bot am Hypnosebeginn keine choreatische Bewegung, geriet aber sofort nach dem Beginn der Hypnose-Induktion in eine Verkrampfung mit Kopfdrehen zur Seite. Verbale aber auch andere Suggestionsarten (Passes) konnten nicht helfen. Erst nach mehreren exploratorischen Gesprächen und nach einem längeren Assoziativ-Verfahren konnte auch die Heterohypnose mit gutem Erfolg angewandt werden.

Andere psychogen bedingte motorische Funktionsstörungen wie Schwangerschaftserbrechen, *Ösophagusspasmus*, *Kardiospasmus*, *Trismus*, *Stridor*, andere *Brechreize* oder *psychogenes Spucken* können am Beginn die Heterohypnose beeinträchtigen. Bereits beim ersten Wort zwecks einer Hypnose-Induktion kann es zum Erbrechen oder Spucken kommen, so daß dann die Einleitung unterbrochen wird. Eine unserer Patientinnen litt an einem psychogenen Hustenreiz mit Auswurf und verhinderte jeden Beginn der Heterohypnose. Nach einer Serie von exploratorischen und Assoziativ-Gesprächen konnte auch die Heterohypnose zur Anwendung gebracht werden. Plötzliche *epileptische oder hysterische Anfälle* werden ohnehin die Hypnose-Induktion abbrechen. In diesen Fällen muß im einzelnen entschieden werden, ob die Hypnose unmittelbar danach oder später fortgesetzt werden sollte oder nicht. Man richte sich nach den (Kontra)Indikationen (siehe unten).

5.4 Auswahl bezüglich der Indikationen

5.4.1 Allgemeine Indikationen

«Die Heterohypnose ist im wesentlichen eine *symptomorientierte (Psycho)Therapie* und umso angezeigter, je akuter die Störung und je schneller eine Hilfeleistung nötig ist... Da es sich bei jeder Form der Hypnose, also auch bei Heterohypnose, um einen *psychophysischen Umschaltungsvorgang* handelt, hat schon der hypnotische Zustand an sich (Leerhypnose, Neutralhypnose) eine sehr große therapeutische Wirkung. Die gezielten speziellen Suggestionen spielen eine zusätzliche Rolle» (Langen, 1972). *Die modernen Hypnosetechniken* (Erickson und Rossi, 1981; Kroger, 1977; Wolberg, 1948a, b; Zeig, 1985a, b) haben diese Anschauung verändert, jedoch *die strenge Vorbereitung zur Hypnotherapie* nicht gemildert. Die Hypnose *wird nicht mehr als eine «symptomorientierte» Therapie angesehen, sondern auch* – in Form der Hypnotherapie – *als eine Psychotherapie mit persönlichkeitsverändernden und genesenden Effekten* (Wolberg, 1948a, b). Die Symptome alleine beseitigen, das könnten auch viele andere, weniger mühsame Therapiemethoden erreichen – *bis zum nächsten Ausbruch der Beschwerden* (Kapitel X und XII).

5.4.2 Spezielle Indikationen (Schema 11 und 12)

5.4.2.1 Vorbemerkungen zur Problematik. Dem Leser möge auffallen, daß wir an dieser Stelle nicht etwa von *absoluten* Indikationen sprechen. Hypnotherapie ist in der Regel keine dramatisch-lebensrettende Methode, wie es in der Intensiv-Medizin/Chirurgie vorkommt. *Die Hypnotherapie hat ein breites Spektrum spezieller Indikationen.* Aber auch diese können nicht immer als solche angesehen werden. In manchen Fällen wird man am Beginn der Hypnotherapie annehmen können, es würde sich um eine *spezielle Indikation* handeln. Bereits nach dem Beginn kann es sich jedoch herausstellen, daß diese «spezielle» Indikation *relativiert* werden muß. Die zweite Schwierigkeit liegt darin, *daß der Mensch/Patient nicht so leicht wie die Fächer (oder Gebiete) der Medizin teilbar ist. Angst und/oder Schlafstörungen* findet man z. B. bei fast allen Erkrankungen in der *Psychiatrie*, bei vielen Erkrankungen in der *Neurologie*, aber auch im Rahmen der *inneren Medizin.* Symptomatisch sind sie auch in den chirurgischen Fächern anzutreffen. Die Fächer der inneren Medizin und der Chirurgie sind ohnehin nicht leicht dividierbar. *Sexualstörungen* können einmal in der *Gynäkologie*, ein anderes Mal in der *Psychiatrie* gefunden werden. Überschneidungen wird es auch bei anderen Störungen und Erkrankungen geben. *Schemata 11 und 12 sind daher nur als Leitfaden und aus Gründen der einheitlichen Reihenfolge gegeben worden.* Eine endgültige Lösung im Sinne der Indikationsstellung geben diese Schemata kaum. Einzelheiten hinsichtlich des ganzen Indikationsverfahrens werden in Jovanović (1989) zu finden sein. Beispiele *der Hypnoseverfahren* sind in Kapitel XV gegeben.

5.4.2.2 Psychiatrischer Fachbereich (Schema 11). *Ganz am Beginn der Indikationsstellung* wollen wir das, was von Langen (1972) und von Schultz (1959, 1983) wiederholt hervorgehoben wurde, an die Spitze stellen. Von diesen beiden Autoren – und nicht nur von ihnen – wurde mit Nachdruck darauf hingewiesen, *daß die Heterohypnose allein ein Teil der stützenden Therapie ist.* Nach Langen (1972) *ist der hypnotische Zustand an sich ein therapeutischer Faktor erster Ordnung.* Spezielle Suggestionen müssen also nicht unbedingt dargeboten werden. Sie können aber eine neutrale Hypnose (Leerhypnose) ergänzend unterstützen. «*Sie haben die Funktion, das Denken in hypnotischem Zustand mit einem Inhalt zu füllen und ... (sich selbst) in der Tiefenschicht zu verankern.*» (Langen, 1972). *Im psychiatrischen Diagnose-Bereich* kommt an erster Stelle *die abnorme und pathologische Angst* (siehe auch Kapitel II.3.5.12) als spezielle Indikation zur Hypnotherapie. Schneck (1970) beschrieb Methoden zur Bekämpfung von *Angstzuständen, Symptombeseitigung und Korrektur des Verhaltens* der Patienten durch *Persuasion* (Kapitel X.8.3.2.3) und *Sicherheitsgewinnung* (Kapitel X.8.3.2.2). Die Patienten boten neben den Angstzuständen eine Reihe von Beschwerden wie *gastrointestinale Symptome, Gilles de la Tourette* (siehe unten), *Druck auf die Brust* oder *Brustschmerzen, vaginale Spasmen, spastisches Kolon, sexuelle Impotenz.* Durch gute Therapeut/Patient-Beziehungen, zusätzlich zu den erwähnten zwei Methoden, konnten relativ schwere Abweichungen korrigiert werden, so daß eine Hypnoanalyse selten angewandt werden mußte. Langen (1972) zählt zu dieser Indikationsgruppe auch die *Examensangst*, die man korrekterweise als *phobische Reaktionen der Examenssituation gegenüber* bezeichnen

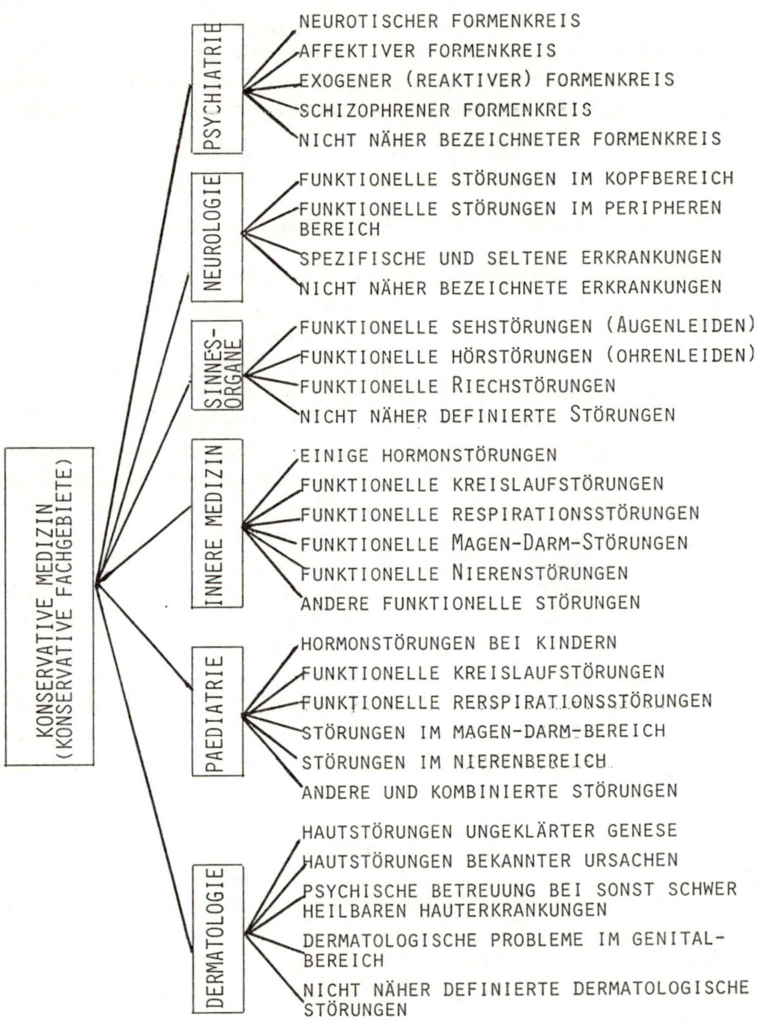

Schema 11: Rahmenerkrankungen und -störungen der konservativen medizinischen Fachgebiete als spezielle Indikationen für die Hypnose/Hypnotherapie (eigener Entwurf in Anlehnung an die International Classification of Diseases, ninth revision)

sollte. Gruenewald (1971) berichtete über eine 58-jährige Patientin, die seit 43 Jahren an *Agoraphobie* gelitten habe, die durch direkte Beeinflussung und mit Hilfe hypnoanalytischer Techniken behandelt wurde. Die Resultate waren nicht ganz befriedigend, jedoch konnte *eine Besserung* erreicht werden. Die Autorin zitiert die einschlägige Literatur dazu und diskutiert eingehend die Problematik. Eigene Erfahrungen liegen zu *Klaustrophobien* und *Agoraphobien* vor (Jovanović, 1989). Zum *Lampenfieber* (Redeangst) gibt Langen (1972) entsprechende hypnotherapeutische Formeln. Bei *Schulphobien* konnte Lawlor (1976) gute Erfolge mit Hypnotherapie erzielen. Sie zitiert ebenfalls die ausführliche Literatur zu diesem Problem und führt als die häufigsten Zeichen der *Schulphobie* die *Angst* an, von den Eltern verlassen zu werden; die Angst, daß den Eltern (insbesondere der Mutter) etwas passieren könnte; die Angst, die wegen der Rivalität um die Mutterliebe hervortritt; Angst, die sich auf die Geschwister bezieht; Angst, durch den Zorn der Eltern bestraft zu werden und die Angst vor dem Verhungern. In den meisten Fällen *wirkt die Angst auf der unbewußten Ebene*, so daß die Kinder die wahre Ursache nicht angeben können. Die Hypnose habe geholfen, die Kinder wieder in das Schulmilieu zurückzubringen, auch dort, wo andere Therapiemethoden versagt hätten. Auch Kelly (1984) berichtete über die erfolgreiche Anwendung der Hypnose bei *Phobien*. Dabei wurden 22 phobische Patienten 112 Kranken mit verschiedenen anderen Symptomen gegenübergestellt. Phobische Patienten erreichten am Beginn der Behandlung höhere Scores der Hypnotisierbarkeit.

Eine der nächsten neurotischen Störungen ist das *Stottern*. Falck (1964) entwickelte ein ausführliches Therapieprogramm und bemühte sich, das Problem auch theoretisch anzugehen. Trotz vieler Schwierigkeiten habe sich die Hypnotherapie als erfolgreich bewährt. Zusätzliche Therapiemethoden bessern das Resultat. Mit Patienten, die *sprachgestört* sind, hat sich auch Silber (1973) befaßt. Ein Kind litt unter typischen Beschwerden des *Stotterns*, das andere an anderen *Sprachstörungen*. Im Verlauf der Hypnotherapie wurden Märchen, Sagen und andere für die Kinder verständliche Symbole gebraucht. Durch die Gewinnung des Vertrauens dem Therapeuten gegenüber konnten gute Resultate erzielt werden. Auch bei *erwachsenen Stotterern* konnte man mit Hilfe der Hypnotherapie gute Erfolge beobachten (Dempsey und Granich, 1978). Die Autoren beschreiben einen 41 Jahre alten Mann, der durch Hypnotherapie und andere Zusatzmethoden von der peinlichen Störung befreit wurde.

Nägelkauen ist kein allzu seltenes neurotisches Symptom, insbesondere bei jüngeren Patienten, das sich gelegentlich mit anderen Beschwerden vergesellschaftet. Gruenewald (1965) beschrieb eine Patientin im mittleren Alter, die aus verdeckten Gründen aus der Kindheit Nägel gekaut habe. Dabei setzte sich die Autorin mit der Psychodynamik auseinander. Mit *Nägelkauen chronischer Art* haben sich unter anderem auch Bornstein et al. (1980) auseinandergesetzt. Es wurden drei hoch hypnotische Patienten beschrieben, die durch Hypnotherapie und unter Inanspruchnahme von *Verhaltensmodifikationen* behandelt wurden. Bei den letzteren wurde die Methode der *Motivationsverstärkung*, *Zeitprojektion*, *Selbstverstärkung und Abneigungsbefreiung* angewandt. Die Patienten boten dramatische Besserungen, mit einem Wachstum der Nägel innerhalb weniger Wochen. Spezielle Therapiepläne für solche und ähnliche Patienten wurden von den Autoren entwickelt.

Symptome verbunden mit Eßstörungen sind in der letzten Zeit relativ häufig. Eine Übersicht über die Hypnotherapie der *Anorexia nervosa* ist Meir Gross (1984) zu verdanken. Er selbst habe 50 Patienten mit Anorexia nervosa hypnotherapiert und gute Erfolge beobachten können. Über die Hypnotherapie der *Anorexia nervosa und auch der Bulimie* (65 bzw. 21 Patienten) berichten sodann Pettinati et al. (1985). Patienten mit Bulimie waren signifikant höher hypnotisierbar als jene mit Anorexia nervosa und gesunde Populationen. Vorwiegend mit *Adipositas* haben sich Deyoub und Wilkie (1980), Wadden und Flaxman (1981) sowie Andersen (1985) befaßt. Hypnotherapie ergab gegenüber der aufgabenmotivierten Behandlung einen besseren Erfolg. Eine Kontrollgruppe nahm während der Behandlung sogar an

Gewicht zu, berichteten Deyoub und Wilkie (1980). Wadden und Flaxman (1981) benutzten eine kombinierte Behandlungsmethode, die (a) *Hypnose*, (b) *verborgenes Modell* und (c) *Entspannungs-Aufmerksamkeitskontrolle* umfaßte. Am Ende der siebenten Behandlungswoche zeigten alle 30 Patienten eine Gewichtsabnahme. Innerhalb von 12 Wochen nahmen sie rund 10 kg an Gewicht ab. Hoch hypnotisierbare Patienten sprachen auf die Hypnose besser an als die übrigen Teilnehmer.

Sexuelle Deviationen verschiedener *neurotischer Genese* konnten ebenfalls hypnotisch positiv beeinflußt werden. Beigel (1965) behandelte hypnotherapeutisch 24 *Transvestiten*, wovon drei ausführlich vorgestellt wurden. Literaturangaben wurden referiert. In weniger als 50 Sitzungen konnten zufriedenstellende Behandlungserfolge erzielt werden, die im Gegensatz zu den mangelnden Resultaten in der Literatur standen. Polk (1983) berichtete über die Besserung bei einem Patienten mit *Exhibitionismus*. Sowohl dieser Autor als auch die davor erwähnten, betonen die Kombination der Therapiemethoden, weil auch die Erkrankung/Deviation viele Ursachen und Folgen habe. Epstein und Deyoub (1983) bedienten sich der kombinierten Behandlung beim Exhibitionismus und waren mit den Resultaten zufrieden. Selbst die Kombinationen von Hypnotherapie und anderen Verhaltensmodifikationen und Psychotherapiemethoden sollen nicht unterlassen worden sein. Die *soziale Rehabilitation* mußte eingeschlossen werden. Stava (1984) berichtete über die Problematik der Hypnotherapie bei *Pädophilie*. Er benutzte dabei die Methode der *Trauminduktion* nach Sacerdote (1967) sowie die *Affektbrücke* nach Watkins (1971). *Penisereklionen* als Kontrolle des Behandlungserfolges wurden mitgemessen. Innerhalb von 9 Monaten wurden in der Regel 25 Hypnotherapie-Sitzungen veranstaltet, die zu befriedigenden Erfolgen führten. Über eine «dissoziierte» *Blutschande* und Hypnotherapie berichtete Miller (1986). Die Ursachen beruhten in den Verfehlungen einer Frau mit ihrem Vater während ihrer Kindheit. Nach einer Hypnoanalyse, die später als Nachbehandlung fortgesetzt wurde, konnte die Patientin sozial wieder eingegliedert werden.

Vielfältig ist die Problematik der *multiplen Persönlichkeit (MP)* (siehe Kapitel XXI.7.3) und ihrer Reaktion auf die Hypnotherapie. Diese ist jedoch in Europa kaum bekannt, in Amerika dagegen fast alltäglich. Es muß dabei also auch die Aufmerksamkeit der Forscher eine gewisse Rolle spielen. Bowers et al. (1971) weisen darauf hin, daß bei der Hypnoanalyse der MP darauf geachtet werden müsse, daß von zwei oder mehr Persönlichkeiten während der Behandlung der einen die andere(n) nicht verletzt würden. In einigen Fällen werden die speziellen Indikationen für die Hypnotherapie relativiert. *Elektroschock sei kontraindiziert.* Brandsma und Ludwig (1974) stehen auf dem Standpunkt, *daß die MP einwandfrei von der Hysterie und Schizophrenie getrennt werden müsse*. Die Autoren applizieren und beschreiben eine therapeutische «Fusion» der Personen in der MP. Experimentell befaßte sich mit diesem Problem u.a. Kampman (1976). Personen, die Charakterzüge einer sekundären Persönlichkeit aufweisen, zeigten sich gesünder und anpassungsfähiger als ander Vpn.

Fabbri und Dy (1974) sahen gute Erfolge der Hypnotherapie bei zwei Patienten mit *Trichotillomanie* (der Zwang, die Haare zu ziehen). *Alkoholabhängigkeit* und *Medikamentenabusus* sind ebenfalls Domänen der Hypnotherapie (Langen, 1972, 1983). Collison (1979) ging auf die Hypnotherapie bei Störungen der Anpassung (Hypnotherapy and Clinical Ecology) ein und fand zufriedenstellende Resultate. Hypnotherapie erwies sich auch bei *posttraumatischen Beschwerden* als erfolgreich (MacHovec, 1985).

Nikotinabhängigkeit kann als eine Massen-Verhaltensstörung angesehen werden. Dabei spielt auch das Ausmaß des Mißbrauches eine Rolle. Eine Reihe von Autoren hat sich diesem Problem gewidmet. Die Abgewöhnung ist nicht leicht und erfordert manchmal viel Zeit und Mühe. In vielen Fällen ist die Situation ähnlich oder gleich wie beim Alkoholismus. Diese beiden abnormen Gewohnheiten sind nicht selten miteinander gekoppelt. Wir lassen die Frage offen, ob die Nikotinabhängigkeit eine Neurose ist oder nicht und gehen auf einige therapeutische Probleme ein. Langen (1972) zieht *Indifferenzsuggestionen der Zigarette den*

Aversionssuggestionen dem Zigarettenrauchen gegenüber vor. Stein (1964) befaßte sich mit *Zwangsrauchen* und Hypnotherapie und empfahl: (a) eine Respirationsrelaxation (Atmungslösung), (b) statt Rauch zu inhalieren eine Inhalation von frischer Luft, (c) Verstärkung des Vergnügens durch andere Reize (Berührung, Farbe, Aroma, Flamme, rauchende Wolken), (d) den Rauch im Mund zu halten, jedoch frische Luft durch die Nase einzuatmen und durch den Mund auszuatmen (wobei der Rauch hinausgehaucht wird). In den meisten Fällen erzielte man eine Reduktion der Anzahl der gerauchten Zigaretten. Spiegel (1970a) regte eine lebhafte Diskussion an, durch die Empfehlung einer einzigen Behandlungssitzung gegen das Rauchen. Es wird hervorgehoben (Spiegel, 1970a; Wright, 1970), daß dazu (a) die Erkenntnis der unmittelbaren Konsequenzen des Rauchens, (b) Identifizierung des Selbst als Nichtraucher, (c) Erwartung und Wunsch, eine zufriedenstellende Zukunft herzustellen, (d) Einschlagen eines Weges, auf dem das Individuum die Kontrolle über das Rauchen gewinnen kann, gehört. Dengrove (1970) unterstützt die Methodik von Spiegel (1970a) und befürwortet die Verhaltenskriterien, die es erlauben, *das Rauchen in einer einzigen Sitzung zu beheben.* Nuland (1970) legt mehr Wert auf die Selbsthypnose (Kapitel XXI.16), hält aber bei der Abgewöhnung ebenfalls an der Möglichkeit einer einzigen Hypnotherapie-Sitzung fest. Die Resultate werden jedoch dadurch invalidisiert, daß nur etwas weniger als die Hälfte der Patienten den ausgefüllten Fragebogen nach der Behandlung einreicht. Die Erfahrungen von Spiegel (1970b) fußen auf der Behandlung von 615 Raucher-Patienten, von denen 271 (44 %) in der Lage waren, nach einer einzigen Sitzung mindestens für sechs Monate das Rauchen aufzugeben. Davon waren 121 (20 % der Population) hartnäckige Raucher. Die übrigen Patienten konnten die Anzahl der gerauchten Zigaretten verringern. Nuland und Field (1970) behandelten 181 Raucher, von denen nach sechs Monaten 60 % nicht mehr rauchten. Die Behandlung umfaßte: (a) Wiedergabe der Gründe des Patienten (unter Hypnose) für sein Vorhaben, das Rauchen aufzugeben; (b) ständigen Telefonkontakt mit dem Patienten; (c) Meditation als Hilfsmittel während der Hypnose, um individuelle Motive zu erhalten; (d) Autohypnose. Bei den früheren Untersuchungen, welche diese Verfahren nicht eingeschlossen hatten, waren nur 25 % der Raucher mit Erfolg behandelt worden. Hall und Crasilneck (1970) konnten in vier hypnotischen Sitzungen gute Erfolge bei Rauchern erzielen, wenn diese zur Abgewöhnung motiviert worden waren.

Milten V. Kline (1970) betrachtet jedoch *das Rauchen als eine psychosomatische Störung*, die genauso komplex sei wie andere psychosomatische Abweichungen auch (z.B. Rauschgiftsucht) und einer ebenso umfangreichen und komplexen Hypnotherapie bedürfe. Seine Bemühungen erstrecken sich auf eine längere Zeitspanne und beharren nicht auf einer einzigen oder nur wenigen Sitzungen. Die Hypnotherapie in jeweils fünf Sitzungen pro Patient wurde von Watkins (1976) appliziert. Motivationsforschung und spezielle Suggestionen wurden eingeführt. Es werden besondere, positive Phantasien entwickelt, wobei die Rationalisierung und das Vorhaben des Rauchers, das Rauchen aufzugeben, untermauert werden. 78 % der Patienten, die das Programm bis zum Ende verfolgten, gaben das Rauchen auf. 67 % davon rauchten auch nach sechs Monaten noch nicht wieder. Mit der Hypnotherapie des Rauchens befaßten sich u.a. noch Barkley et al (1977), Stanton (1978), Pederson et al. (1979), Powell (1980). Holroyd (1980) unternahm eine kritische Übersicht der Literaturergebnisse und fand, daß 17 Berichte, die seit 1970 über die Hypnosebehandlung des Rauchens erschienen sind, variable Erfolge aufweisen. *Sechs Monate nach der Behandlung belief sich die Enthaltung des Rauchens auf vier bis 88 % der Patientenanzahl.* Bei den Methoden der Hypnotherapie gegen das Rauchen überwiegen *individuelle Sitzungen, Marathonhypnosen, gegenseitige Gruppenhypnosen, Suggestionen, die auf spezifischen Motivationen der Patienten beruhten.* Dazu sei noch auf die Beiträge von Jeffrey et al. (1985) sowie Kroger (1984) hingewiesen. Weitere Einzelheiten siehe Jovanović (1989).

Im psychotischen Formenkreis der Psychiatrie (siehe auch Kapitel II.3.5.16 und Frankel, 1976) sind die Untersuchungen seltener als im neurotischen vorgenommen worden. Frankel

(1974, 1976) befaßte sich mit *reaktiven Psychosen* in Krisensituationen und diskutierte die Möglichkeit der Selbsthypnose und der Hypnotisierbarkeit. Eliseo (1974) empfiehlt bei Psychotikern die *autoritäre* Hypnotherapie, die eine rasche Besserung der Symptome erziele. Bei *chronischen Schizophrenien* konnten Ihalainen und Rosberg (1976) zufriedenstellende Erfolge *nach ermutigenden und Entspannungssuggestionen registrieren.* Die Autoren behandelten drei Gruppen von hospitalisierten chronischen Schizophrenen vier Wochen lang, zweimal pro Woche, wobei die Hypnotherapie experimentell angelegt war. Mit intensiver Psychotherapie, d. h. Hypnotherapie, nach einem kurzen Verfahren befaßte sich dann Baker (1981). Dabei wurde mit Nachdruck die Meinung über *die unvollständige Objektbeziehung* und die damit verbundene Persönlichkeitspathologie bei Psychotikern vertreten (siehe Kapitel X). Von diesem Standpunkt aus wurden spezifische hypnotherapeutische Techniken vorgeschlagen, um die positiven Aspekte der zum Vorschein kommenden Transferenz in der Psychotherapie zu verstärken. Die Fähigkeiten des Patienten sollten dadurch unterstützt und aufgebaut werden, so daß er wahre Verbindungen mit der Außenwelt schaffen und erhalten könne. Bei der Behandlung der Patienten sei die *«primitive Spaltung» die Quelle des dynamischen und strukturellen Widerstandes* (siehe Kapitel X). Auch Brown (1985) behandelt das gleiche Problem, jedoch bei *schwer gestörten Patienten.* Allerdings wird hier die Hypnotherapie als ein Adjuvans angesehen. Somit wird die spezielle Indikation der Hypnose bei Psychosen relativiert.

5.4.2.3 Neurologischer Fachbereich (Schema 11). *Von der neurologischen Seite her* (siehe auch Kapitel II.3.5.17) bieten sich *verschiedenartige Schmerzen* als großes und umfangreiches Indikationsgebiet für die Hypnotherapie an. Wie bereits betont, werden gleichzeitig Überschneidungen mit anderen medizinischen Fachbereichen nicht zu umgehen sein. Zum Beispiel hat sich in den letzten Jahren mit dieser Problematik die *Anästhesologie* intensiv auseinandergesetzt. Aber auch in der Chirurgie/Gynäkologie/Orthopädie wird man das Schmerzproblem antreffen. Unsere Einreihung der Schmerzen in den Fachbereich *Neurologie* hat mehr didaktischen Wert und kann von Fall zu Fall variiert werden. *Die ganze Batterie von psychogenen und psychotischen Schmerzen wird sich im psychiatrischen Fachbereich antreffen lassen.* Auf jeden Fall ist dieses Problem nicht leicht zu bewältigen (siehe Kapitel XXV.6), da es unter anderem sehr intensiv und erdrückend für den Patienten sein kann. Vielleicht müssen sich die Mediziner/Psychologen/Soziologen zusammenschließen, um diese Problematik gemeinsam anzupacken.

Um dem Schema 11 gerecht zu werden, fangen wir mit *Schmerzen im Kopfbereich (Kopfschmerzen)* an. Aber gerade diese sind verschiedener Genese und verschiedenen Verlaufes. *Migränöse Kopfschmerzen* sind ein führendes Symptom auf diesem Gebiet. Graham (1975) behandelte Patienten mit *Migräne* mit Hilfe von Hypnose und der Technik der *Handwärme* nach Sargent et al. (1973). Die Methodik erwies sich mit einer Reduktion der Intensität und der Häufigkeit sowie einer langen Dauer der Besserung als außerordentlich effektiv. Andreychuk und Skriver (1975) behandelten Migräne-Kranke mit Hypnose und *Biofeedback.* Die 33 behandelten Patienten wurden auf ihre Hypnotisierbarkeit mit Hilfe von *Hypnotic Induction Profile (HIP)* nach Spiegel und Spiegel (1978) (siehe Kapitel XIV) geprüft. Außerdem wurden sie mittels *Minnesota Multiphasic Personality Inventory (MMPI)* getestet. In allen Patientengruppen fand sich eine deutliche Reduktion der Kopfschmerzen und der Anfallshäufigkeit. *Hoch hypnotisierbare Personen bieten ein besseres Resultat, wenn man sie mit den schwach hypnotisierbaren vergleicht.* Ansel (1977) hob die Bedeutung der Hypnose in einer Kombination mit *Handwärme und Kopfkühle* bei Patienten mit Migräne hervor. Bei einem solchen Behandlungsmuster *verändert sich die cerebrale Durchblutung* zum positiven und die Kopfschmerzen lassen nach. Andere vom Autor angewandte Methoden haben sich als weniger wirksam erwiesen. Eine *kognitiv-erfahrungsmäßige Hypnotherapie* in verschiedenen Stufen bei Migränepatienten wurde von Howard et al. (1982) angewandt. Die Technik von

Tosi (1974) (in Stadien gelenkte Hypnotherapie: RSDH) erwies sich im Vergleich mit Hypnose allein oder mit Hypnose und Biofeedback als vorteilhaft. Auch bei den übrigen Kopfschmerzen ist die gleiche Hypnotherapie mit Erfolg angewandt worden. Cedercreutz et al. (1976) behandelten Patienten mit *Kopfschmerzen und Schwindelanfällen* durch Weg-Suggestion und Symptomerleichterung (Kapitel X.8.2) sowie Hypnotherapie und fanden bei einer Kontrolle ein Jahr und zehn Monate später eine Heilung in 50 % und 58 % der 155 behandelten Patienten. Eine Besserung fand sich bei 20 % bzw. 16 % der Kranken. In den meisten Fällen trat die Besserung nach vier hypnotischen Sitzungen auf, jedoch meist bei jenen Patienten, deren Kopfschmerzen davor nicht lange angedauert hatten.

Zum Problem von Hypnotherapie der Schmerzen generell haben sich zahlreiche Autoren in den letzten Jahren geäußert. Zane (1966) behandelte *Duodenalschmerzen mit leichter und tiefer Hypnose und fand sowohl Besserungen als auch Verschlechterungen*. Die Verschlechterungen traten dann auf, wenn psychische Konflikte im Spiel waren. Eine alleinige Schmerztherapie reiche demzufolge nicht aus; *hypnoanalytische Therapie erreiche mehr*. Sacerdote (1970) diskutierte *das ganze neurophysiologische und psychophysische Problem der Schmerzen* und kam im großen und ganzen zu jenen Schlußfolgerungen, die wir in Kapitel XXV.6 streifen werden. *Zentralbedingte (Kopf)Schmerzen* werden jedoch dadurch nicht erklärt. Aber in einer späteren Publikation setzt sich Sacerdote (1977) weiter mit diesem Problem auseinander. *Mystische Zustände umgehen* nach dem Autor *sensorische Rezeption und logisches Denken*. Unter Inanspruchnahme von *Mystik*, wie sie in den früheren Zeiten (Kapitel IV–VI) angewandt worden sei und heute von den östlichen Religionen praktiziert werde, könnten *zahlreiche physisch verursachten und gefühlsbetonten Schmerzen gemildert oder geheilt werden*, wobei die Hypnose an erster Stelle stehe. Die Hypnotherapie konnte auch nach Schafer und Hernandez (1978) den Patienten mit Schmerzen helfen, sich von ihnen zu befreien. Kelly (1980) legt Wert auf die Prüfung der Hypnotisierbarkeit im Zusammenhang mit Hypnotherapie bei Schmerzen, da dadurch unter anderem auch deren *phobischer Charakter* eruiert werden könne. Johnson und Wiese (1979) verglichen Erfolge der Hypnotherapie nach einer persönlichen und einer *Tonbandapplikation* und kamen zu dem Schluß, *daß die persönliche Technik der letzteren vorzuziehen sei*. Josephine R. Hilgard und Samuel LeBaron (1982) – deren Buch wir in Kapitel II erwähnt haben – berichteten über Linderung von Schmerzen bei *Kindern*, aber auch *Erwachsenen mit malignen Erkrankungen* und fanden verschiedene Resultate, abhängig von der Grundkrankheit und den angewandten Methoden. Details sind dem Originalbeitrag zu entnehmen. Selbst bei *Lupus erythematodes mit Schmerzen* konnte die Hypnotherapie mit Erfolg angewandt werden (Smith und Balaban, 1983). Allerdings muß die Grundkrankheit internistisch mittherapiert werden, so daß dadurch die Indikation für die Hypnotherapie relativiert wird. Van Gorp et al. (1985) verglichen die Erfolge der *direkten und indirekten Hypnosetechniken* und konnten finden, daß die direkten einen besseren Erfolg erbringen. Die *schnelle Induktionsanalgesie* zeigte sich nach Barber (1977) als weniger effektiv.

Stam et al (1986) wandten eine neue Meßskala (Charlton University Reaction Suggestibility Scale: CURSS) nach Spanos et al. (1983a, b, c) bei *chronischen Gesichtsschmerzen* an, um die Hypnotisierbarkeit sowie die Behandlungerfolge nach der Hypnotherapie zu messen. Diese Skala zeigte sich als ein zuverlässiges Instrument zur Kontrolle der Hypnotherapie. Auch *posttraumatische Beschwerden* mit (Kopf)Schmerzen sind mit relativ guten Erfolgen durch die Techniken der Hypnotherapie behandelt worden (Crasilneck und Hall, 1970).

Im Bereich der *Epilepsie* konnte unter anderem Jovanović (1979) über gute Erfolge der Hypnotherapie bei einer Patientin mit *psychomotorischen Attacken und anschließender Bewußtlosigkeit* berichten. Die Patientin wurde nach 12 *direkten Hypnosen* innerhalb von 20 Tagen über sieben Jahre lang anfallsfrei. Vor der Behandlung bekam sie die Attacken im Durchschnitt viermal pro Monat bis viermal pro Jahr. Unter Anwendung der Hypnotherapie konnte Schneck (1980) eine gute Kontrolle der *narkoeleptischen Attacken* erwirken. Bei den beiden letzten Erkrankungen wird jedoch die Indikation durch verschiedenartige Symptome und zusätzliche neurologische (medikamentöse) Behandlung relativiert. Schneck (1977b) konnte auch bei *Schlafparalyse* die Hypnotherapie mit Erfolg anwenden, womit auch Nardi (1981) einverstanden ist. Lindner und Stevens (1967) studierten Hypnotherapie und Psychodynamik beim Syndrom *Gilles de la Tourette* (tic convulsif; maladie des tics impulsifs – charakterisiert durch Facial-Tick am Anfang und späterem Grimassieren mit zunehmender Häufigkeit), das bei jüngeren Patienten erscheine. Die Autoren fanden einen guten Erfolg und diskutierten die Frage der psychogenen Komponente, da Psychotherapie/Hypnotherapie erfolgreich sei. Im neurologischen Bereich können noch die *Systemerkrankungen* hypnotherapeutisch mit angegangen werden, jedoch mit relativen Indikationen und relativen Erfolgen. *Es handelt sich dabei nur um die Erleichterung der Beschwerden.*

5.4.2.4 Fachbereich Sinnesorgane (Schema 11). *Psychogene Blindheit, psychogene Taubheit, psychogene Störungen anderer Art* im Bereich der Sinnesorgane sind eine spezielle Indikation für die Hypnotherapie. Das Symptom läßt sich mit *direkten* Hypnosetechniken leicht beseitigen, jedoch muß danach mit den Patienten hypnoanalytisch gearbeitet werden. Einzelheiten werden sich unten nach und nach sowie bei Jovanović (1989) ergeben (siehe auch Kapitel II.4.2.4.10, letzter Absatz).

5.4.2.5 Internistischer Fachbereich (Schema 11). *Die innere Medizin* (siehe auch Kapitel II.3.5.15) als solche ist sehr umfangreich. Bei *psychosomatischen Störungen* im internistischen Fachbereich ist die Hypnotherapie sehr angebracht. Im *hormonellen Formenkreis* kann die Hypnotherapie die psychische Komponente angehen. In dieser Hinsicht wurde oben über *Anorexia nervosa* und *Bulimie* gesprochen. Die hormonelle Seite wird erst dann zur Diskussion gestellt, wenn diese Problematik neben der psychischen Komponente zum Ausdruck kommt. Beispielsweise wurde der *Hyperthyreoidismus* als eine dankbare Indikation für die Hypnotherapie angeführt (Kroger 1977). Aber auch bei *Adipositas* bei jüngeren Patienten kann dies von Bedeutung sein. Einige Erkrankungen werden auch in der *Dermatologie* (siehe unten), aber auch in der Chirurgie/Anästhesiologie (Verbrennungen etc.) zur Sprache kommen. Sehr umfangreich ist das Indikationsgebiet beim *kardiovaskulären System.* Langen (1972) erwähnt an erster Stelle *essentielle Hypertonie* und *funktionelle Herzbeschwerden* mit *Angina pectoris* und *herzphobischem Syndrom* (Kuhlenkampf und Bauer, 1962). William Nuland (1968) wandte eine intensive Hypnotherapie bei *invalidisierten Patienten nach Herzattacken* an. Die Hypnotherapie hatte Vorteile gegenüber anderen psychotherapeutischen Methoden bei der Beseitigung von phobischen Zuständen, wie der Furcht vor dem Sterben. Sie erbrachte eine Beruhigung, Umschaltung, Desensibilisierung und gute Leitung des Patienten durch sein Stadium des Invalidseins. Bei den beiden letzterwähnten Autoren ist auch die dazugehörige Literatur zu finden. Swirsky-Sacchetti und Margolis (1986) konnten auch Erfolge bei Störungen der *Blut-Gerinnungsfaktoren* nach einer Hypnotherapie finden (siehe Kapitel X.8.2).
Vielfältig ist die Möglichkeit der Anwendung der Hypnotherapie bei *respiratorischen Störungen.* Maher-Loughnan (1970) berichtete über Autohypnose bei *asthmatischen Patienten.* Die Autohypnose zeigte Vorteile gegenüber anderen Behandlungsmethoden, wenn vorher *keine Steroiden* angewandt worden waren. Thorne und Fisher (1978) verglichen die Applikation der Hypnose bei 15 asthmatischen und 19 nicht asthmatischen Patienten, die mit Hilfe von *Harvard Group Scale of Hypnotic Susceptibility, Form A (HGSHS: A)* (Shor und E. Orne, 1962) getestet wurden. Hoch und mittelgradig hypnotisierbare Personen boten bessere Resultate als die schwach hypnotisierbaren. Von der Krankheit her gesehen gab es bei Asthmatikern keine spezifischen Indikationen für die Autohypnose gegenüber den Nicht-Asthmatikern. Autohypnose helfe besser als Heterohypnose. Weitere Studien mit Literaturübersichten gibt Collison (1973, 1980).

Funktionelle Störungen im Magen-Darm-Trakt (Kroger, 1977; Langen, 1972) und *im Nierenbereich* (Schmitz, 1951, 1957), wie *Magengeschwüre, Colitis ulcerosa, Diarrhoe, Opstipationen, billiare Dyskinesien, Diabetes mellitus, rheumatische Beschwerden, Nieren-Funktionsstörungen*, seien dankbare Indikationen für die Hypnotherapie. Kroger (1977) erwähnt sogar *Morbus Raynaud* als eine der Indikationen für die Hypnotherapie. Nach der Symptombeseitigung wird sich oft eine längere Hypnoanalyse oder eine andere Therapie nicht umgehen lassen.
Mit Nachdruck muß auf die *Hypnotherapie in der Geriatrie* hingewiesen werden. Collison (1973) hat sich mit diesem Problem auseinandergesetzt. An dieser Stelle finden wir Hinweise auf *die Anwendung der Hypnose im höheren Alter*, wogegen sich einige Autoren ausgesprochen haben (Kapitel IX.4.2.4.1 und XI.5.1).

5.4.2.6 Pädiatrischer Fachbereich (Schema 11). *In der Pädiatrie* (siehe Kapitel II.3.5.18 und XI.5.4.2.2) *ist die Hypnotherapie sozusagen zu Hause* (Gardner und Olness, 1981; Olness, 1975). Mannigfaltig sind die Störungen, die auf eine Hypnotherapie gut antworten. Wir erwähnen nur einige von ihnen.
Außer den anderen Autoren hat sich auch Collison (1974) mit diesem Problem auseinandergesetzt. Nach einer kurzen Übersicht über die *Geschichte der Hypnose in der Pädiatrie* kam er zu der Schlußfolgerung, *daß die Hypnotherapie bei Kindern unter 6 Jahren nicht zu empfehlen sei*. Er legt auch Wert auf gründliche Voruntersuchungen und hebt die Bedeutung der *Hypnose per Fernsehen* hervor. An erster Stelle kommt bei Kindern die Hypnotherapie bei *Angstzuständen* und *Spannungen* sowie bei *psychosomatischen* Beschwerden. *Asthma bronchiale, Enuresis nocturna* seien hypnotisch angehbar und zeigten gute therapeutische Erfolge. In einer früheren Arbeit behandelt Collison (1970) speziell die *Enuresis nocturna* bei Kindern mit Hilfe von Hypnotherapie (siehe auch Olness, 1975).
Sehr ausführlich haben sich Illovsky und Fredman (1976) mit Hypnotherapie bei *lernbehinderten Kindern* befaßt. Den 48 *hyperaktiven Kindern* wurden Hypnose-Suggestionen *per Tonband* angeboten. Durch die Hypnotherapie wurde die Aufmerksamkeit und das Selbstbewußtsein der Schüler signifikant gestärkt, so daß *das Lernen* leichter wurde. Laguaite (1976) behandelte Kinder *mit Störungen an den Stimmbändern und Sprachstörungen* und fand, außer bei rein organischen Verletzungen, gute Resultate. Selbst Kinder mit Stimmbandknötchen, hypertrophischen Stimmbändern konnten hypnotisch erfolgreich angegangen werden.
Gardner (1976) trug die sehr rührende Behandlung des kleinen David vor, der infolge einer schweren Krankheit sterben mußte. Familie und Patient wurden von der Autorin bis zuletzt begleitet, wodurch die traurige Situation erleichtert wurde. Lazar (1977) konnte durch Hypnose und imaginative Bildvorstellung eine deutliche Besserung bei *athetotischen Kindern* erzielen. Die Erfolge überdauerten die Behandlungssituation. Über *Stottern, Nägelkauen* und einige andere Störungen wurde bereits oben gesprochen. Viele weitere Indikationen sind bei Kroger (1977) zu finden.

5.4.2.7 Dermatologischer Fachbereich (Schema 11). *Die Hypnotherapie ist auch in der Dermatologie sehr hilfreich* (siehe Kapitel X.8.2), da dort viele Erkrankungen psychogen verursacht oder mitverursacht sind. Selbst bei solchen, die kaum psychogen verursacht worden sind, kann die Hypnotherapie von Nutzen sein. Zahlreiche Autoren haben sich im Laufe der letzten Zeit auf diesem Gebiet zu Wort gemeldet (siehe auch Jovanović, 1989). Eine Übersicht über die Hypnotherapie von *Alopecia areata, Dermatitis, Eczema, Hyperhydrosis, Neurodermitis, Psoriasis, Pruritis, Lichen planus, Herpes simplex, Pemphigus, Varricae und anderen dermatologischen Effloreszenzen* wurde von Scott (1964) zur Verfügung gestellt. Dieselbe Problematik bearbeitet auch Kroger (1977). Da *die Haut der Spiegel des Inneren des Organismus und der Psyche sei* (Kroger, 1977), vertritt sie nach außen symbolisch viele emotionale Störungen. Dort, wo der Organismus oder das Individuum ein anderes *Organ der Minderwertigkeit* (Alfred Adler, 1870–1937), welches ein psychisches Erlebnis in ein organisches Symptom umwandeln könne, nicht finden könne, trete als Ersatz die Haut in Aktion. Da die Haut nach außen vieles *eindeutiger* als andere Organe demonstriert, wird sie oft vom Organismus/Individuum zu diesem Zweck «gewählt».

Posthypnotische Suggestionen des kalten Gefühls in der Haut neutralisiren nach Dannis und Philippus (1965) die Reaktionen auf *Allergene* und *Histamine*. Auch andere Reduktionen der Hautaktivität wurden nach der Hypnose beobachtet. Eine *Hyperreaktion* konnte ebenfalls durch Hypnose verhindert werden (Black, 1963a, b). Die *Prausnitz-Küstner-* sowie die *Mantroux-Tuberkulin-Reaktion* konnten durch Hypnose blockiert werden (Black, 1963a, b). Positive Effekte auf *Eczema* wurden von Goodman (1962), Motoda (1971), Muftic (1961) und Scott (1960, 1964) beobachtet. Entsprechende Reaktionen konnten auch bei *Nevus* und *Herpes zoster* (Kroger, 1977; Kroger und Fezler, 1976), *Lichen planus* und *Psoriasis* (Frankel und Misch, 1973; Poissaint, 1963; Secter und Barthelemy, 1964), *Hyperhydrosis* (Fernandez, 1955/56), *chronischer Ichtyosis* (Kidd, 1966; Mason, 1952; Schneck, 1954; Wink, 1961) und *anderen Hauterkrankungen* gefunden werden (Biondo, 1975; Cheek, 1961; Hartland, 1970; Kroger, 1977). Wahrscheinlich durch *vasomotorische Veränderungen* wurde auch eine generalisierte *Neurodermitis* positiv beeinflußt (Kline, 1953; Sacerdote, 1965). *Warzen* sprechen in 60–70% auf suggestive Therapie an (Crasilneck und Hall, 1975; Ewin, 1974; Kroger, 1977). Kroger und Fezler (1976) geben ausführliche Beschreibungen der hypnotherapeutischen Techniken zur Behebung von Hauterkrankungen und -störungen. Entsprechende Verbalisation ist auch bei Kroger (1977) zu finden.

Im Zusammenhang mit Hauterkrankungen ist besonders an das Problem der Verbrennungen zu erinnern, das sich in der heutigen technisierten und zivilisierten Welt zunehmend entwickelt. Kriegerische Auseinandersetzungen in der heutigen Zeit oder in der Zukunft werden diese Problematik noch vergrößern. Die Frage der Verbrennungen wird ein spezielles Kapitel in Anspruch nehmen müssen (Jovanović, 1989). Zur Orientierung geben Bernstein (1965), Dehinterová (1967), Kroger (1977) sowie Schafer (1975) Literaturübersichten. Außerdem sei dazu auf Hilgard und Hilgard (1975, 1983) hingewiesen.

5.4.2.8 Operative (chirurgische) Fachbereiche (Schema 12). Auf den chirurgischen Fachgebieten sind die Indikationen für die Hypnotherapie ziemlich relativiert. Die bereits erwähnten *Verbrennungen* sind z. B. in vielen Fällen eine Domäne der Inneren Medizin und sodann der (plastischen) Chirurgie, werden aber simultan hypnotherapeutisch angegangen (Bernstein, 1965; Dehinterová, 1967; Langen, 1972; Schafer, 1975). In der *Zahnmedizin und der Kieferchirurgie* könnte man eine Menge erreichen, wenn man sich der Hypnose/Hypno-

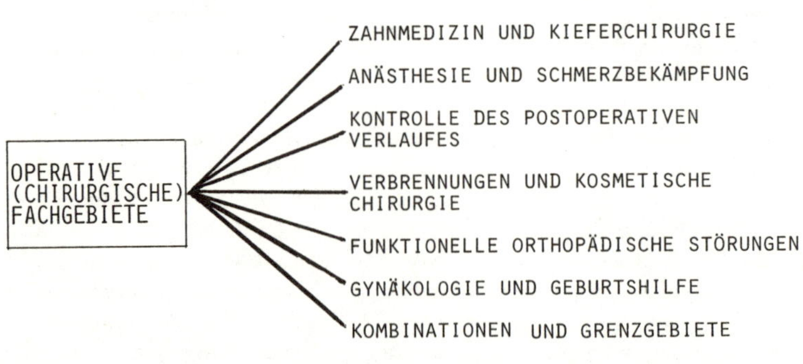

Schema 12: Rahmenerkrankungen und einige chirurgische Interventionen als Indikationen für die zusätzliche Hypnose/Hypnotherapie (eigener Entwurf)

therapie bedienen würde. Nach Pulver und Pulver (1975) wandten 75 % der befragten Zahnärzte eines Kurses in den USA die Hypnose formell oder informell in der Praxis an. Baker und Boaz (1983) befaßten sich mit *Zahnarztphobien* und Hypnotherapie. Mit diesem Problem sah sich auch Jovanović (1989) konfrontiert. Beim *Speichelfluß* fand Schneck (1977 a) gute Resultate nach der Hypnotherapie. Karl-Heinz Kunzelmann (1986) bearbeitet in seiner Dissertation die ausführliche Literatur darüber. Die *Ophtalmologie* kann ebenfalls von der Hypnotherapie profitieren, z. B. bei *Amblyopie*, *Glaukom*, *hysterischer Blindheit*, *Blepharospasmus* (Wickramasekera, 1974). Im Bereich der *Hals-Nasen-Ohren-Heilkunde* ist die Hypnotherapie nicht unbekannt. *Respiratorische Beschwerden* wurden bereits oben erwähnt. Eine sehr qualvolle Störung wie *Tinnitus* kann mit Hilfe von Hypnose beherrscht werden. Brattberg (1983) behandelte 32 Patienten mit dieser Beschwerde. Nach einer einstündigen Konsultation mit dem Hypnotherapeuten übten die Patienten vier Wochen lang zu Hause die Selbsthypnose, die auf Tonband diktiert war und rund 15 Minuten dauerte. Von den 32 konnten 22 lernen, störende Geräusche nicht zu beachten. Wir selber konnten durch Hypnose einen Patienten vom *Tinnitus* befreien (Jovanović, 1989). *Psychogene Taubheit* wurde oben erwähnt. Die Bedeutung der Hypnose in der *Anästhesiologie* kann nicht genug hervorgehoben werden. *Schmerzen und Verbrennungen* wurden bereits erörtert. Betreuung von *postoperativen Schmerzen* (Gruen, 1972), von Patienten mit *malignen Erkrankungen* (Dempster et al., 1976; Gardner und Olness, 1981; Hilgard und Hilgard, 1975, 1983; Hilgard und LeBaron, 1982) kann in nicht seltenen Fällen von entscheidender Bedeutung für die Rekonvaleszenz des Patienten sein.
Die *Gynäkologie* – allerdings vorwiegend in den USA – sowie *Geburtshilfe* arbeiten in zunehmendem Maße mit Hypnotherapie. Leckie (1964) berichtete über die Hypnotherapie bei 25 Patientinnen mit *Dysmenorrhoe*, 30 mit *Dyspareunie*, 15 Frauen mit *Vaginismus*, 12 mit *Frigidität* und 26 mit *Angstzuständen*. Die Resultate seien ermutigend. Bei weiteren Erfahrungen konnte Leckie (1965) noch eine Anzahl von Patientinnen mit Erfolg hypnotherapieren. Über die Hypnotherapie beim *Vaginismus* berichtete Schneck (1965), aber auch Fuchs et al. (1973). Bei 37 von 43 Patientinnen konnten Fuchs et al. (1973) einen vollen Erfolg der Hypnotherapie beim *Vaginismus* feststellen. *Frigidität* wurde auch von Wijesinghe (1977) behandelt, *Hyperemesis gravidarum* von Fuchs et al. (1980). J. H. Schultz (1959, 1983), Kroger (1963, 1977), Kroger und Fezler (1976) haben sich ausführlich mit dieser Problematik befaßt und geben detaillierte Hinweise zur Technik der Hypnotherapie in der *Gynäkologie* und *Geburtshilfe*. Die *sexuelle Seite* des Problems ist von Araoz (1982) bearbeitet worden. Auf die Monographie über Hypnotherapie in der *Gynäkologie* von Kroger und Freed (1962) haben wir bereits hingewiesen (Kapitel II.3.5.15). Beispiele der Technik der Hypnotherapie sind bei Kroger (1977), bei Jovanović (1989) und in unserem Kapitel XV zu finden.

5.4.3 Relative Indikationen

An vielen Stellen wurden bereits die speziellen Indikationen relativiert (siehe oben). Relative Indikationen können von einer Reihe von Faktoren abhängen. Art der Erkrankung, Untersuchungssituation, Persönlichkeitsstruktur des Patienten und/oder des Hypnotherapeuten (Langen, 1972) können sich darauf auswirken. *Je besser der Hypnotherapeut die Hypnose-Technik beherrscht, desto weniger werden sich Kontraindikationen ergeben.* In jedem Fall muß die Situation geprüft weren. Was bei einem Überholvorgang im Straßenverkehr gilt, wird auch für die Hypnotherapie gelten: *Im Zweifel nie!*.

5.4.4 Relative Kontraindikationen

Auch die relativen Kontraindikationen sind von Fall zu Fall variabel und nicht immer leicht zu bestimmen.

(a) *Im psychiatrischen Fachbereich* sind die *Psychosen* jene Erkrankungen, die zu einer relativen Kontraindikation führen können. Treten während der Hypnotherapie *sogenannte Nebenerscheinungen* auf, z. B. negative statt positive Reaktionen, so sollte die Hypnotherapie relativiert, d. h. womöglich abgebrochen und durch andere Mittel ersetzt werden. Im *psychogenen Formenkreis* können Patienten eine deutliche negative Reaktion auf die Hypnose aufweisen.

(b) Bei *heftiger Furcht, Abneigung oder Widerwillen* gegen eine Hypnosebehandlung erscheine es zweckmäßig, auf die Hypnotherapie zu verzichten, ebenso, wenn die Angehörigen darauf drängen, der Patient jedoch damit nicht einverstanden sei (Langen, 1972). In manchen Fällen kann man statt von Hypnose von einem *vertieften Ruhezustand* oder *vertiefter Ruhebehandlung* sprechen (Langen, 1972). Vermeidet man den Ausdruck «Hypnose», so kann man eine Menge erreichen, obwohl die Methode nicht geändert ist.

(c) Bei *Angstzuständen und Unruhen* muß oft zunächst *eine medikamentöse Therapie* angestrebt werden, bevor eine Hypnotherapie eingeleitet wird. Psychosen, die wegen der Symptomatik *nicht leicht fixiert werden können*, müßten ebenfalls zunächst medikamentös beruhigt werden. Die moderne Hypnotherapie relativiert auch hier viele absolute Kontraindikationen (Frankel, 1976; Lavoie und Sabourin, 1980; Lavoie et al., 1973, 1976).

(d) Beim Phänomen der *Übertragung* oder *Gegenübertragung* können Schwierigkeiten bei der Hypnose-Induktion auftreten (Erika Fromm, 1984). In diesen Fällen muß durch *freie Assoziationen* oder eine *Gesprächstherapie* das Phänomen beseitigt werden. Gelingt dies nicht, muß auf die Hypnotherapie verzichtet werden. Der Patient kann an einen anderen Hypnotherapeuten überwiesen werden, bei dem das (Gegen)Übertragungsphänomen möglicherweise nicht auftritt.

(e) Bei *persönlichen Bindungen zwischen dem Patienten und dem Hypnotherapeuten* (Familienangehörige, Freunde, Bekannte, Arbeitskollegen, Sexualpartner etc.) sollte die Hypnose/Hypnotherapie *unterlassen werden*. In den eigenen Vorlesungen bei Studenten wurde auf dieses Moment immer wieder hingewiesen. Fast kein Student hielt sich daran. Anfänger wollen nicht selten ihre Fähigkeiten in der Hypnose ausgerechnet ihren Verlobten beweisen. Und gerade da wird es oft zu Mißverständnissen kommen; welche liebende Verlobte würde ihrem Verlobten keine «Gefälligkeits-Hypnose» vorspielen?

(f) Langen (1972) führt auch *nicht gelöste Bindungen* an einen anderen Hypnotherapeuten als eine relative Indikation an. Deshalb empfiehlt er, vor dem Beginn der Hypnotherapie den Patienten zu befragen (siehe auch oben), ob er schon woanders eine Hypnose erhalten habe. Bei nicht gelungenen Hypnosen im Verlauf von Hypnotherapien bei anderen Hypnotherapeuten kann eine positive und eine negative Reaktion erfolgen. Eigene Erfahrungen sprechen dafür, daß man das Mißlingen der Hypnose bei anderen Hypnotherapeuten gut «ausnutzen» kann, um eine Hypnotherapie einzuleiten und mit Erfolg zu beenden. Die emotionale Bindung an den früheren Hypnotherapeuten war in diesen Fällen nicht zustandegekommen.

(g) Menschen, die zu *Wachträumen* neigen, sind nicht immer für eine Hypnotherapie geeignet, so daß man bei ihnen besser die Therapie von Leuner (1970, 1985) anwenden sollte. Die Neigung zu Wachträumen kann dann sogar *therapeutisch ausgenutzt werden*.

(h) Langen (1972) rät auch davon ab, bei *hysterisch strukturierten Persönlichkeiten* mit starkem Geltungsbedürfnis und narzißtischem Verhalten eine Hypnotherapie durchzuführen, allerdings empfiehlt er, die Wachsuggestionen anzuwenden, die ebenfalls eine Hypnotherapie sind. Bei *Astasien* und *Abasien* konnten wir mit Wachsuggestionen erstaunlich gute Erfolge verbuchen (Jovanović, 1989).

(i) Bei *internistischen, chirurgischen, gynäkologischen Erkrankungen* ist eine genaue Diagnose und die Zusammenarbeit mit dem Gebietsarzt die Voraussetzung für die Hypnotherapie oder Hypnose als Hilfe für die anderen Therapieformen.

(j) Eine der relativen Kontraindikationen ist die *Abwesenheit von Zeugen* während der Hypnotherapie. *Heterosexuelle Patienten* neigen manchmal dazu, Anzeige zu erstatten, wenn die Hypnotherapie nicht nach ihren internen Wünschen abgelaufen ist. Selbst bei einem guten Abschluß der Hypnotherapie und bei freundlichem Auseinandergehen entscheiden sich einige weibliche Patienten doch, Anzeige zu erstatten oder von unsittlichen Annäherungen der Hypnotherapeuten zu sprechen. Da im gynäkologischen und sexuellen Bereich diese Fragen in der Hypnotherapie angesprochen werden müssen, deuten einige Patientinnen dies auf eine Art, die nicht gemeint war. Kann kein Zeuge dabei sein, ist der Hypnotherapie-Raum offen und jederzeit zugänglich zu halten. Im übrigen werden die Kontraindikationen bei jeder Hypnose-Übung und jeder Erkrankung angegeben (Kapitel XV und Jovanović, 1989).

5.4.5 Absolute Kontraindikationen

(a) *Eine vorherige eingehende Untersuchung des Patienten zu unterlassen, muß als absolute Kontraindikation ersten Ranges* angesehen werden. Wenn ein Hypnotherapeut eine Hypnose als *Zusatztherapie bei einem Hirntumor* anwendet und weiß, worum es geht, kann dies nicht unbedingt als Kontraindikation angesehen werden, weil man vielleicht keine andere Möglichkeit der Behandlung findet. Hypnotherapiert er aber einen Patienten, ohne ihn vorher untersucht zu haben, und weiß nicht, daß ein Hirntumor vorliegt, kann dies als *Vitium artis* angesehen werden.

(b) Will ein Arzt/Psychologe die Hypnotherapie *ohne eine Ausbildung* in Hypnose anwenden, kann dies in eine absolute Kontraindikation ausarten. Es wurde oben einmal betont, *daß der Hypnotherapeut auch andere Psychotherapie-Methoden und medizinische Therapien beherrschen muß*, wenn er eine Hypnotherapie allein durchführen möchte. *Sonst ist eine entsprechende Zusammenarbeit anzustreben.*

(c) Bei *akuten Psychosen mit paranoiden Ideen und Halluzinationen, die nicht zu fixieren sind, besteht eine Kontraindikation.* Sobald eine Beruhigung und Beseitigung der paranoiden Ideen/Halluzinationen erfolgt ist, kann auch die Hypnotherapie allein oder zusätzlich angewandt werden (siehe Kapitel IX sowie Frankel, 1976; Lavoie und Sabourin, 1980).

(d) *Organische Anfälle* wie Epilepsien können in vielen Fällen für eine zusätzliche Hypnotherapie kontraindiziert sein. Selbst bei Neigung zum Anfallsgeschehen sollte der Hypnotherapeut vorsichtig sein, damit *die Hypnotherapie nicht zur Notfalltherapie* wird. In diesen Fällen geht man wie in Kapitel XVII vor.

(e) Bei *unangenehmen früheren Erlebnissen* (Vergewaltigungen etc.) besteht zwar keine absolute Kontraindikation. Die Erlebnisse müssen jedoch in jedem Fall bearbeitet und verarbeitet werden, bevor der Patient aus der Hypnotherapie entlassen wird.

(f) *Organische Störungen* (Troticollis, Tremor etc.) (Kapitel IX.5.3) können eine absolute Kontraindikation darstellen. In diesen Fällen wird auf die Hypnotherapie verzichtet, wenn eine Beseitigung der Störung nicht möglich ist.

(g) *Glaubensbekenntnisse* (Kapitel IX.4.2.4.10) können eine absolute Kontraindikation werden, selbst in solchen Fällen, wo nur eine Hypnotherapie helfen würde. Wir haben in Kapitel IX.4.2.4.10 einen solchen Fall erwähnt, bei dem eine Patientin mit *psychogener Taubheit* wegen der religiösen Anschauungen nicht in die Hypnotherapie aufgenommen werden konnte.

(h) *Jede Unklarheit*, die eine Hypnotherapie nicht einwandfrei gestattet, ist eine Kontraindikation. Erst wenn alles Erdenkliche geklärt worden ist, kann man *mit dem gebotenen Berufsrisiko* auch hypnotherapieren.

6. Vorbereitendes Gespräch mit dem Patienten

Im Verlaufe der Untersuchungen hat sich der Hypnotherapeut mit dem Patienten bekanntgemacht. Man sollte in der Regel nicht allzu früh anfangen, von Hypnose zu sprechen, damit durch die langwierigen Untersuchungen *die notwendige Spannung nicht verloren geht.* Erst wenn die Untersuchungen abgeschlossen sind und der Entschluß zu einer Hypnotherapie gefallen ist, kann diese mit dem Patienten auch besprochen werden. Die wichtigste Aufgabe des Hypnotherapeuten ist dabei, das *Mystische, Dämonische, Esoterische und Abergläubische* zu erläutern und notfalls zu entkräften. Dabei muß darauf geachtet werden, daß man gewisse Illusionen des Patienten, die der Hypnotherapie dienlich sein können, nicht zerstört. Zum Beispiel sollte man Glaubensüberzeugungen, die der Patient durch seine Erziehung entwickelte, nicht ausgerechnet vor der Hypnotherapie bagatellisieren und verneinen, sondern sie ausnutzen. *Es muß eine solide Vertrauenssituation zwischen Patienten und Hypnotherapeuten geschaffen werden* (siehe oben). Worauf man dabei *noch achten* muß wird im nachfolgenden Kapitel XII zu lesen sein.

7. Zusammenfassung und Schlußfolgerungen

(a) *Der hypnotherapeutische Prozeß* verläuft in mindestens vier Phasen: (aa) *Phase der Vorbereitung* (Ausbildung zum Hypnotherapeuten und Vorbereitung des Patienten); (ab) *Phase der Aktivierung und Nutzung* der psychischen Fähigkeiten des Patienten; (ac) *Phase der Kenntnisnahme* der erfolgten therapeutischen Veränderungen und deren Verwendung für die weitere Genesung des Patienten; (ad) *Phase der Festigung und der Erhaltung* der gewonnenen therapeutischen Veränderungen *(Nachbetreuung).*

(b) In Übereinstimmung mit den bisherigen Erfahrungen benötigt man zur *Grundausbildung* (Weiterbildung, Fortbildung) zum Hypnotiseur *144 Stunden innerhalb von 9–12 Monaten (zwei Semester).* Davon müssen *mindestens 72 Stunden auf die praktische Übung* im Hypnoseverfahren entfallen. In diesen 72 Stunden der praktischen Übung sollte der künftige Hypnotiseur *mindestens 200–220 Hypnosen* selber unter Anleitung durchgeführt haben. Dazu kann er langsam und sicher (unter Aufsicht) die bereits erworbenen Kenntnisse in die Praxis umsetzen. Auf diese Weise erreicht er insgesamt *600–660 Hypnoseübungen.* Mit dieser Anzahl – wenn die Hypnosen erfolgreich durchgeführt worden sind – kann *der Hypnotherapeut mit der Hypnotherapie zur Symptombeseitigung oder -milderung beginnen.* Zur Hypnosynthese/Hypnoanalyse benötigt er in der Regel *eine zusätzliche psychoanalytische Weiterbildung.*

(c) Der Hypnotiseur/Hypnotherapeut muß auch eine *adäquate Persönlichkeitsstruktur* aufweisen und *nie den Zweifel am Erfolg* aufkommen lassen.

(d) Die Hypnose/Hypnotherapie erfordert eine entsprechende *ruhige Lage/Situation, mit ungestörten Behandlungsbedingungen*. Den politischen, religiösen und anderen Anschauungen des Patienten ist Rechnung zu tragen.

(e) Der Patient muß für eine Hypnose/Hypnotherapie gründlich vorbereitet werden (Anamnese, Befunde). Im Anschluß an Untersuchungen erfolgt auch ein *vorbereitendes Gespräch*. Der Patient muß wissen, mit welchen therapeutischen Methoden er es zu tun haben wird.

(f) *Bei der Auswahl der Hypnotisanden/Patienten* müssen *strenge Indikationsstellungen* beachtet werden (siehe dazu Schema 11 und 12). *Spezielle Indikationen* erfassen alle medizinischen Gebiete, insbesondere aber den *psychosomatischen Formenkreis*. Die Symptombeseitigung wird sich insbesondere in Anästhesie, Chirurgie, Orthopädie, Gynäkologie/Geburtshilfe etc. als notwendig erweisen. Aber auch auf diesen letzteren Gebieten kann es sich um psychosomatische Störungen handeln, die dann als spezielle Indikationen für die Hypnotherapie angesehen werden können. *Kontraindikationen* für die Hypnotherapie sind meist relativer Natur.

8. Literaturverzeichnis

Alexander, F.: Psychosomatische Medizin – Grundlagen und Anwendungsgebiete. De Gruyter, Berlin–New York, 1971

Andersen, M.S.: Hypnotizability as a Factor in the Hypnotic Treatment of Obestiy. *Intern. J. Clin. Exp. Hypnosis*, (1985), *33:* 150–159

Andreychuk, Th.A., and Skriver, Ch.: Hypnosis and Biofeedback in the Treatment of Migraine Headache. *Intern. J. Clin. Exp. Hypnosis*, (1975), *23:* 172–183

Ansel, L.: A Simple Exercise to Enhance Response to Hypnotherapy for Migraine Headache. *Intern. J. Clin. Exp. Hypnosis*, (1977), *25:* 68–71

Araoz, D.L.: Hypnosis and Sex Therapy. Brunner/Mazel, New York, N.Y., 1982

Baker, E.L.: An Hypnotherapeutic Approach to Enhance Object Relatedness in Psychotic Patients. *Intern. J.Clin. Exp. Hypnosis*, (1981), *29:* 136–147

Baker, S.R., and Boaz, D.: The Partial Reformulation of a Traumatic Memory of a Dental Phobia During Trance – A Case Study. *Intern. J. Clin. Exp. Hypnosis*, (1983), *31:* 14–18

Barber, J.: Rapid Induced Analgesia – A Clinical Report. *Amer. J. Clin. Hypnosis*, (1977), *19:* 138–147

Barkley, R.J., Hastings, J.E., and Jackson, Th.L. Jr.: The Effects of Rapid Smoking and Hypnosis in the Treatment of Smoking Behavior. *Intern. J. Clin. Exp. Hypnosis*, (1977), *25:* 7–17

Beigel, H.G.: Three Transvestites Under Hypnosis. *Intern. J. Clin. Exp. Hypnosis*, (1965), *8:* 71–82

Benedek, T.: *Sexual Functions in Women and Their Disturbances.* In: Arieti, S.: American Handbook in Psychiatry. Basic Books, New York, 1974, pp. 569–591

Bernstein, N.R.: Observations on the Use of Hypnosis with Burned Children on a Pediatric Ward. *Intern. J. Clin. Exp. Hypnosis*, (1965), *13:* 1–10

Bick, C.H.: Chefarzt der Pfälzer-Felsenland-Klinik, Dahn/Pfalz, BRD

Biondo, R.: Hypnosis and Dermatology. 18th Annual Meeting of the American Association for Clinical Hypnosis, Seattle, 1975

Black, S.: Inhibition of Immediate-Type Hypersensitivity Response by Direct Suggestion Under Hypnosis. *Brit. Med. J.* (1963a), *14:* 925

Black, S.: Shift in Dose-Response Curve of Prausnitz-Küstner Reaction by Direct Suggestion Under Hypnosis. *Brit. Med. J.*, (1963b), *14:* 990

Bornstein, Ph.H., Rychtarik, R.G., Mcfall, M.E., Winegardner, J., Winnet, R.L., and Paris, D.A.: Hypnobehavioral Treatment of Chronic Nailbiting – A Multiple Baseline Analysis. *Intern. J. Clin. Exp. Hypnosis*, (1980), *28:* 208–217

Bowers, K. M., Brecher-Marer, S., Newton, B. W., Piotrowski, Z., Spyer, T. C., Taylor, W. S., and Watkins, J. G.: Therapy of Multiple Personality. *Intern. J. Clin. Exp. Hypnosis*, (1971), *19:* 57–65

Bräutigam, W., und Christian, P.: Psychosomatische Medizin. Thieme, Stuttgart 1973

Brandsma, J. M., and Ludwig, A. M.: A Case of Multiple Personality – Diagnosis and Therapy. *Intern. J. Clin. Exp. Hypnosis*, (1974), *22:* 216–233

Brattberg, G.: An Alternative Method of Treating Tinnitus – Relaxation-Hypnotherapy Primarily Through the Home Use of a Recorded Audio Cassette. *Intern. J. Clin. Exp. Hypnosis*, (1983), *31:* 90–97

Bresler, D. E.: A Comment to: Acupuncture Analgesia (Chaves, J. F., and Barber, Th. X.). *Psychoenerg. Systems*, (1974), *1:* 11–21

Brown, D. P.: Hypnosis as an Adjunct to the Psychotherapy of the Severely Disturbed Patient – An Affective Development Approach. *Intern. J. Clin. Exp. Hypnosis*, (1985), *33:* 281–301

Cedercreutz, C., Lähteenmäkl, R., and Tulikoura, J.: Hypnotic Treatment of Headache and Vertigo in Skull Injured Patients. *Intern. J. Clin. Exp. Hypnosis*, (1976), *24:* 195–201

Chaves, J. F., and Barber, Th. X.: Acupuncture Analgesia – A Six-Factor Theory. *Psychoenerg. Systems*, (1974), *1:* 11–21

Cheek, D. B.: Possible Uses of Hypnosis in Dermatology. *Med. Times*, January 1961 (zitiert in Kroger, W. S., 1977, Seite 254)

Collison, D. R.: Hypnotherapy in the Management of Nocturnal Enuresis. *Med. J. Austr.* (1970), *10:* 52–54

Collison, D. R.: Hypnotherapy in Geriatric Medicine. *J. Geriatr.*, (1973), April 1973, pp. 53–59

Collison, D. R.: Hypnotherapy in Children. Terpnos Logos, (1974), *2:* 106–116

Collison, D. R.: Hypnotherapy and Clinical Exology. *Austral. J. Clin. Exp. Hypnosis*, (1979), *7:* 215–218

Collison, D. R.: *Hypnosis and Respiratory Disease.* In: Burrows, G. D., and Dennerstein, L.: Handbook of Hypnosis and Psychosomatic Medicine. Elsevier, Amsterdam, 1980, pp. 327–339

Crasilneck, H. B., and Hall, J. A.: The Use of Hypnosis in the Rehabilitation of Complicated Cascular and Post-Traumatic Neurological Patients. *Intern. J. Clin. Exp. Hypnosis*, (1970), *18:* 145–159

Crasilneck, H. B., and Hall, J. A.: Clinical Hypnosis – Principles and Applications. Grune & Stratton, New York, N.Y., 1975

Dahinterová, J.: Some Experiences with the Use of Hypnosis in the Treatment of Burns. *Intern. J. Clin. Exp. Hypnosis*, (1967), *15:* 49–53

Dannis, M., and Philippus, M. J.: Hypnotic and Non-Hypnotic Suggestions and Skin Response in Atopic Patients. *Amer. J. Clin. Hypnosis*, (1965), *7:* 132

Dempsey, G. L., and Granich, M.: Hypno-Behavioral Therapy in the Case of a Traumatic Stutterer – A Case Study. *Intern. J. Clin. Exp. Hypnosis*, (1978), *26:* 125–133

Dempster, C. R., Balson, P. and Whalen, B. T.: Supportive Hypnotherapy During the Radical Treatment if Malignancies. *Intern. J. Clin. Exp. Hypnosis*, (1976), *24:* 1–9

Dengrove, E.: A Single-Treatment Method to Stop Smoking. Using Ancillary Self-Hypnosis: Discussion. *Intern. J. Clin. Exp. Hypnosis*, (1970), *18:* 251–256

Deyoub, P. L., and Wilkie, R.: Suggestion with and without Hypnotic Induction in a Weight Reduction Program. *Intern. J. Clin. Exp. Hypnosis*, (1980), *28:* 333–340

Dogs, W.: Chefarzt der Burghof-Klinik, Rinteln/Niedersachsen, BRD

Eliseo, Th. S.: Three Examples of Hypnosis in the Treatment of Organic Brain Syndrome with Psychosis. *Intern. J. Clin. Exp. Hypnosis*, (1974), 22

Epstein, S. J., and Deyoub, P. L.: Hypnotherapy for Fear of Choking – Treatment Implications of a Case Report. *Intern. J. Clin. Exp. Hypnosis*, (1981), *29:* 117–127

Epstein, S. J., and Deyoub, P. L.: Hypnotherapeutic Control of Exhibitionism – A Brief Communication. *Intern. J. Clin Exp. Hypnosis*, (1983), *31:* 63–66

Erickson, M. H., und Rossi, E. L.: Hypnotherapie: Aufbau – Beispiele – Forschungen. Pfeiffer, München, 1981, Seite 9–15 (English: Hypnotherapy: An Exploratory Casebook, Irvington, New York, 1979)

Ewald, G.: Neurologie und Psychiatrie. Urban & Schwarzenberg, München und Berlin, 1959

Ewin, D. M.: Condyloma Acuminata – Successful Treatment of Four Cases by Hypnosis. *Amer. J. Clin. Hypnosis*, (1974), *17:* 73

Fabbri, R. Jr., and Dy, J. A.: Hypnotic Treatment of Trichotillomania. *Intern. J. Clin. Exp. Hypnosis*, (1974), *22:* 210–215

Falck, F. J.: Stuttering and Hypnosis. *Intern. J. Clin. Exp. Hypnosis*, (1964), *12:* 67–74

Fernandez, G. R.: Hypnotism in the Treatment of the Stress Factor in Dermatological Conditions. *Brit. J. Med. Hypnosis*, (1955/56), *7:* 21

Frankel, F. H.: The Use of Hypnosis in Crisis Intervention. *Intern. J. Clin. Exp. Hypnosis*, (1974), *22:* 188–200

Frankel, F. H.: Trance Capacity and the Genesis of Phobic Behavior. *Arch. Gen. Psychiat.*, (1974), *31:* 261–263

Frankel, F. H.: Hypnosis – Trance as a Coping Mechanism. Plenum, New York–London, 1976

Frankel, F. H., and Misch, R. C.: Hypnosis in a Case of Long-Standing Psoriasis in an Person with Character Problems. *Intern. J. Clin. Exp. Hypnosis*, (1973), *21:* 121–130

Freud, S.: Das Interesse an der Psychoanalyse (1913). In: Gesammelte Werke VIII. Fischer, Frankfurt/M., 1969, Seite 390–420.

Freud, S.: Traumdeutung, 1900, S. Fischer, Frankfurt/M., 1961

Fromm, E(rika): *The Theory and Practice of Hypnoanalysis.* In: Wester II, W. C., and Smith, Jr. A. H.: Clinical Hypnosis. A Multidisciplinary Approach. Lippincott, Philadelphia, 1984, pp. 142–154

Fuchs, K., Hoch, Z., Paldi, E., Abramovici, H., Brandes, J. M., Timor-Tritsch, I., and Kleinhaus, M.: Hypno-Desensitization Therapy of Vaginismus: Part I. «In Vitro» Method. Part II. «In Vivo» Method. *Intern. J. Clin. Exp. Hypnosis*, (1973), *21:* 144–156

Fuchs, K., Paldi, E., Abramovici, H., and Peretz, B. A.: Treatment of Hyperemesis Gravidarum by Hypnosis. *Intern. J. Clin. Exp. Hypnosis*, (1980), *28:* 313–323

Gardner, G. G.: Childhood, Death, and Human Dignity – Hypnotherapy for David. *Intern. J. Clin. Exp. Hypnosis*, (1976), *24:* 122–139

Gardner, G. G. and Olness, K.: Hypnosis and Hypnotherapy in Children. Grune & Stratton, New York, N.Y., 1981

Goodman, H. P.: Hypnosis in Prolonged Resistant Eczema – A Case Report. *Amer. J. Clin. Hypnosis*, (1962), *5:* 144

Graham, G. W.: Hypnotic Treatment for Migraine Headaches. *Intern. J. Clin. Exp. Hypnosis*, (1975), *23:* 165–171

Gorp, van W. G., Meyer, R. G., and Dunbar, K. D.: The Efficacy of Direct Versus Indirect Hypnotic Induction Techniques on Reduction of Experimental Pain. *Intern. J. Clin. Exp. Hypnosis*, (1985), *33:* 319–328

Gross, Meir: Hypnosis in the Therapy of Anorexia Nervosa. *Amer. J. Clin. Hypnosis*, (1984), *26:* 175–181

Gruen, W.: A Successful Application of Systematic Self-Relaxation and Self-Suggestions About Post-operative Reactions in a Case of Cardiac Surgery. *Intern. J. Clin. Exp. Hypnosis*, (1972), *20:* 143–151

Gruenewald, D.: Hypnotherapy in a Case of Adult Nailbiting. *Intern. J. Clin. Exp. Hypnosis*, (1965), *8:* 209–219

Gruenewald, D.: Agoraphobia – A Case Study in Hypnotherapy. *Intern. J. Clin. Exp. Hypnosis*, (1971), *19:* 10–20

Hall, J. A., and Crasilneck, H. B.: Development of a Hypnotic Technique for Treating Chronic Cigarette Smoking. *Intern. J. Clin. Exp. Hypnosis*, (1970), *18:* 283–289

Harrison, J.: Characteristics, Beliefs, Practices and Demographic Descriptions of Clinicians Using Hypnosis. Unpublished Doctoral Dissertation, Texas A & M University, 1979

Hartland, J.: Hypnosis in Dermatology. *Brit. J. Med. Hypnosis*, (1970), *1:* 1

Hilgard, E. R., and Hilgard, J. R.: Hypnosis in the Relief of Pain – Revised Edition. Kaufmann, Los Altos/Calif., 1975, 1983

Hilgard, J. R., and LeBaron, S.: Relief of Anxiety and Pain in Children and Adolescents with Cancer – Quantitative Measures and Clinical Observations. *Intern. J. Clin. Exp. Hypnosis*, (1982), *30:* 417–442

Holroyd, J.: Hypnosis Treatment for Smoking – An Evaluative Review. *Intern. J. Clin. Exp. Hypnosis*, (1980), *28:* 341–357

Howard, L., Reardon, J. P., and Tosi, D.: Modifying Migraine Headache Through Rational Stage Directed Hypnotherapy – A Cognitive-Experimental Perspective. *Intern. J. Clin. Exp. Hypnosis*, (1982), *30:* 257–269

Ihalainen, O., and Rosberg, G.: Relaxing and Encouraging Suggestions Given to Hospitalized Chronic Schizophrenics. *Intern. J. Clin. Exp. Hypnosis*, (1976), *24:* 228–237

Illovsky, J., and Fredman, N.: Group Suggestion in Learning Disabilities of Primary Grade Children – A Feasibility Study. *Intern. J. Clin. Exp. Hypnosis*, (1976), *24:* 87–97

Jeffrey, T.B., Jeffrey, L.K., Greuling, J.W., and Gentry, W.R.: Evaluation of a Brief Group Treatment Package Including Hypnotic Induction for Maintenance of Smoking Cessation – A Brief Communication. *Intern. J. Clin. Exp. Hypnosis*, (1985), *33:* 95–98

Johnson, L.S., and Wiese, K.F.: Live Versus Tape-Recorded Assessments of Hypnotic Responsiveness in Pain-Controll Patients. *Intern. J. Clin. Exp. Hypnosis*, (1979), *27:* 4–84

Jovanović, U.J.: *Audio-Video-Polygraphy During Hypnosis – A Contribution to the Verification of Hypnotic States.* In: Burrows, G.D., Collison, D.R., and Dennerstein, L. (Eds.): Hypnosis 1979. Elsevier, Amsterdam, 1979, pp. 105–112

Jovanović, U.J.: Allgemeine Kurzinformation über die Ausstattung und Arbeit des Zentrums für Chronomedizin Würzburg. *Chronomedizina*, (1980), *1:* 1–51

Jovanović, U.J.: Schlafstörungen. *Fortschr. Med.*, (1984), *102:* 83–86 und 108–112

Jovanović, U.J.: Zur Frage der Hypnotisierbarkeit und der Autorität des Hypnotiseurs (in Vorbereitung), 1988

Jovanović, U.J: Angewandte und Klinische Hypnose (in Vorbereitung), (Druck 1989)

Kampman, R.: Hypnotically Induced Multiple Personality – An Experimental Study. *Intern. J. Clin. Exp. Hypnosis*, (1976), *24:* 215–227

Kelly, S.F.: Hypnotizability and the Inadvertent Experience of Pain. A Brief Communication. *Intern. J. Clin. Exp. Hypnosis*, (1980), *28:* 189–191

Kelly, S.F.: Measured Hypnotic Response and Phobic Behavior – A Brief Communication. *Intern. J Clin. Exp. Hypnosis*, (1984), *32:* 1–5

Kidd, C.B.: Congenital Ichthyosiform Erhythodermia Treated by Hypnosis. *Brit. J. Dermatol.* (1966), *78:* 101

Kline, M.V.: Delimited Hypnotherapy – The Acceptance of Resistance in the Treatment of a Long-Standing Neurodermatitis with a Sensory-Imagery Technique. *J. Clin. Exp. Hypnosis*, (1953), *1:* 18

Kline, M.V.: The Use of Extended Group Hypnotherapy Sessions in Controlling Cigarette Habituation. *Intern. J. Clin. Exp. Hypnosis*, (1970), *18:* 270–282

Kraft, W.A. and Rodolfa, E.R.: The Use of Hypnosis Among Psychologists. *Amer. J. Clin. Hypnosis*, (1982), *24:* 249–257

Kroger, W.S.: Clinical and Experimental Hypnosis (Second Edition). Lippincott, Philadelphia–Toronto, 1963, 1977, pp. 1–5

Kroger, W.S.: *Hypnosis and Behavior Modification.* In: Wester II, W.C., and Smith, Jr. A.H.: Clinical Hypnosis. A Multidisciplinary Approach. Lippincott, Philadelphia, 1984, pp. 115–122

Kroger, W.S., and Freed, S.C.: Psychosomatic Gynecology. Wilshire Book Co., Hollywood, California, 1962

Kroger, W.S., and Fezler, W.D.: Hypnosis and Behavior Modification – Imagery Conditioning. Lippincott, Philadelphia, 1976

Kuhlenkampf, C., and Bauer, A.: Herzphobie und Herzinfarkt. Nervenarzt, (1962), *33:* 289–299

Kunzelmann, Karl-Heinz: Hypnose in der Zahnheilkunde. Inaugural Dissertation, Universität Würzburg, 1986

Laguaite, J.K.: The Use of Hypnosis with Childern with Deviant Voices. *Intern. J. Clin. Exp. Hypnosis*, (1976), *24:* 98–104

Langen, D.: Hypnose und autogenes Training in der Psychosomatischen Medizin. Hippokrates, Stuttgart, 1971

Langen, D.: Kompendium der medizinischen Hypnose. Karger, Basel, 1972

Langen, D.: *Hypnose und autogenes Training in ihrer Wechselbeziehung.* In: Peters, U.-H. (Hsg.): Psychiatrie II. Beltz, Weinheim und Basel, 1983, Seite 456–462

Lavoie, G., Sabourin, M.: 1980, Siehe Kapitel IX

Lavoie, G., et al. 1973, 1976: Siehe Kapitel IX

Lawlor, E.D.: Hypnotic Intervention with «School Phobic» Children. *Intern. J. Clin. Exp. Hypnosis*, (1976), *24:* 74–86

Lazar, B.S.: Hypnotic Imagery as a Tool in Working with a Cerebral Palsied Child. *Intern. J. Clin. Exp. Hypnosis*, (1977), *25:* 78–87

Leckie, F.H.: Hypnotherapy in Gynecological Disorders. *Intern. J. Clin. Exp. Hypnosis*, (1964), *12:* 121–146

Leckie, F.H.: Further Gynecological Conditions Treated by Hypnotherapy. *Intern. J. Clin. Exp. Hypnosis*, (1965), *13:* 11–25

Leuner, H.: 1970, 1985, Siehe Kapitel II

Levitt, E.E., and Hershman, S.: The Clinical Practice of Hypnosis in the United States – A Preliminary Survey. *Intern. J. Clin. Exp. Hypnosis*, (1953), *6:* 55–65

Lindner, H., and Stevens, H.: Hypnotherapy and Psychodynamics in the Syndrome of Gilles de la Tourette. *Intern. J. Clin. Exp. Hypnosis*, (1967), *15:* 151–155

MacHovec, F.J.: Treatment Variables and the Use of Hypnosis in the Brief Therapy of Post-Traumatic Stress Disorders. *Intern. J. Clin. Exp. Hypnosis*, (1985), *33:* 6–14

Maher-Loughnan, G.P.: Hypnosis and Autohypnosis for the Treatment of Asthma. *Intern. J. Clin. Exp. Hypnosis*, (1970), *18:* 1–14

Mason, A.A.: A Case of Congenital Ichthyosiform Erythodermia of Brocq Treated by Hypnosis. *Brit. Med. J.* (1952), *2:* 422

Miller, A(rnold): Hypnotherapy in a Case of Dissociated Incest. *Intern. J. Clin. Exp. Hypnosis*, (1986), *34:* 13–28

Motoda, K.: A Case Report of the Counter-Conditioning Treatment of an Eczema Patient by Hypnosis. *Japan. J. Hypnosis*, (1971), *15:* 46

Muftic, M.K.: Fenomeno Vesicatorio por Hipnosis (Vaskuläre Phänomene verursacht durch Hypnose). *Rev. Lat. Amer. Hypn. Clin.*, (1961), *2:* 29

Mummenthaler, M.: Neurologie. Thieme, Stuttgart, 1973

Nardi, Th.J.: Treating Sleep Paralysis with Hypnosis. *Intern. J. Clin. Exp. Hypnosis*, (1981), *29:* 358–365

Nuland, W.: The Use of Hypnotherapy in the Treatment of the Postmyocardial Infarction Invalid. *Intern. J. Clin. Exp. Hypnosis*, (1968), *16:* 139–150

Nuland, W.: A Single-Treatment Method to Stop Smoking Using Ancillary Self-Hypnosis: Discussion. *Intern. J. Clin. Exp. Hypnosis*, (1970), *18:* 257–260

Nuland, W., and Field, P.B.: Smoking and Hypnosis – A Systematic Clinical Approach. *Intern. J. Clin. Exp. Hypnosis*, (1970), *18:* 290–306

Olness, K.: The Use of Self-Hypnosis in the Treatment of Childhood Nocturnal Enuresis – A Report on Forty Patients. *Clin. Pediatr.*, (1975), *14:* 273

Orne, M(artin), T.: 1962a, b: Siehe Kapitel IX

Parrish, M.: Predoctoral Training in Clinical Hypnosis – A National Survey of Availability and Education Attitudes in Medicine, Dentistry, and Graduate Clinical Psychology. *Intern. J. Clin. Exp. Hypnosis*, (1975), *23:* 249–265

Pederson, L.L., Scrimgeour, W.G., and Lefcoe, N.M.: Variables of Hypnosis Which are Related to Success in a Smoking Withdrawal Program. *Intern. J. Clin. Exp. Hypnosis*, (1979), *27:* 14–20

Pettinati, H.M., Horne, R.L., and Staats, J.M.: Hypnotizability in Patients With Anorexia Nervosa and Bulimia. *Arch. Gen. Psychiat.*, (1985), *42:* 1014–1016

Poissaint, A.F.: Emotional Factors in Psoriasis. *Psychosomatics*, (1963), *4:* 199

Polk, W.M.: Treatment of Exhibition in a 38-Year-Old Male by Hypnotically Assisted Covert Sensitization. *Intern. J. Clin. Exp. Hypnosis*, (1983), *31:* 132–138

Powell, D.H.: Helping Habitual Smokers Using Flooding and Hypnotic Desensitization Technique – A Brief Communication. *Intern. J. Clin. Exp. Hypnosis*, (1980), *28:* 192–196

Pulver, S.E., and Pulver, M.: Hypnosis in Medical and Dental Practice – A Survey. *Intern. J. Clin. Exp. Hypnosis*, (1975), *23:* 28–47

Rodolfa, E.R., and Kraft, W.A.: The Status of Research and Training in Hypnosis at APA Accredited Clinical/Counseling Psychology Intership Sites – A National Survey. *Intern. J. Clin. Exp. Hypnosis*, (1983), *31:* 284–292

Sacerdote, P.: Hypnotherapy in Neurodermatitis – A Case Report. *Amer. J. Clin. Hypnosis*, (1965), *7:* 249

Sacerdote, P.: Induced Dreams. Gaus, New York, N.Y., 1967

Sacerdote, P.: Theory and Practice of Pain Control in Malignancy and Other Protracted or Recurring Painful Illnesses. *Intern. J. Clin. Exp. Hypnosis*, (1970), *18:* 160–180

Sacerdote, P.: Applications of Hypnotically Elicited Mystical States to the Treatment of Physical and Emotional Pain. *Intern. J. Clin. Exp. Hypnosis*, (1977), *25:* 309–324

Sargent, J.D., Green, E.E., and Walters, E.D.: Preliminary Report on the Use of Autogenic Feedback Training in the Treatment of Migraine and Tension Headaches. *Psychosom. Med.*, (1973), *35:* 129–135

Schafer, D. W.: Hypnosis Use on a Burn Unit. *Intern. J. Clin. Exp. Hypnosis*, (1975), *23:* 1–14

Schafer, D. W., and Hernandez, A.: Hypnosis, Pain and the Context of Therapy. *Intern. J. Clin. Exp. Hypnosis*, (1978), *26:* 143–153

Scharfetter, C.: Allgemeine Psychopathologie, Thieme, Stuttgart, 1976

Schmitz, K.: Was ist – Was kann – Was nutzt die Hypnose? J.F. Lehmanns, München, 1951, Seite 127–145

Schmitz, K.: Heilung durch Hypnose. Lehnen Verlag, München, 1957

Schneck, J. J.: Ichthyosis Treated with Hypnosis. *Dis. Nerv. System*, (1954), *15:* 211

Schneck, J. M.: Hypnotherapy for Vaginismus. *Intern. J. Clin. Exp. Hypnosis*, (1965), *13:* 92–95

Schneck, J. M.: The Psychotherapeutic Use of Hypnosis – Case Illustrations of Direct Hypnotherapy. *Intern. J. Clin. Exp. Hypnosis*, (1970), *18:* 15–24

Schneck, J. M.: Hypnotherapy for Ptyalism. *Intern. J. Clin. Exp. Hypnosis*, (1977a), *25:* 1–3

Schneck, J. M.: Sleep Paralysis and Microsomatognosia with Special Reference to Hypnotherapy. *Intern. J. Clin. Exp. Hypnosis*, (1977b), *25:* 72–77

Schneck, J. M.: Hypnotherapy for Narcolepsy. *Intern. J. Clin. Exp. Hypnosis*, (1980), *28:* 95–100

Schulte, W., und Tölle, R.: Psychiatrie. Springer, Berlin–Heidelberg–New York, 1971

Schultz, J. H.: Hypnose-Technik. G. Fischer, Stuttgart, 1959, 1983

Scott, M. J.: Hypnosis in Skin and Allergic Diseases. Thomas, Springfield/Ill., 1960

Scott, M. J.: Hypnosis in Dermatologic Therapy. *Psychosomatics*, (1964), *5:* 365

Secter, I. I., and Barthelemy, C. G.: Angular Cheilosis and Psoriasis as Psychosomatic Manifestations. *Amer. J. Clin. Hypnosis*, (1964), *7:* 79

Shor, R. E., and Orne, E(mily), C.: 1962 (The Harvard Group Scale. Siehe Kapitel IX)

Sigusch, F.: Therapie Sexueller Störungen. Thieme, Stuttgart, 1975

Silber, S.: Fairy Tales and Symbols in Hypnotherapy of Children with Certain Speech Disorders. *Intern. J. Clin. Exp. Hypnosis*, (1973), *21:* 272–283

Smith, S. J., and Balaban, A. B.: A Multidimensional Approach to Pain Relief – Case Report of a Patient with Systematic Lupus erythematodes. *Intern. J. Clin. Exp. Hypnosis*, (1983), *31:* 72–81

Spanos, N. P., Radtke, H. L., Hodgins, D. C., Bertrand, L. D., Stam, H. J. and Dubreuil, D. L.: The Carleton University Responsiveness to Suggestion Scale: Stability, Reliability, and Relationships with Expectancy and «Hypnotic Experiences». *Psychol. Rep.*, (1983a), *53:* 555–562

Spanos, N. P., Radtke, H. L., Hodgins, D. C., Bertrand, L. D., Stam, H. J., and Moreti, P.: The Carleton University Responsiveness to Suggestion Scale: Relationship with Other Measures of Hypnotic Susceptibility, Experiences, and Absorption. *Psychol. Rep.*, (1983b), *53:* 723–734

Spanos, N. P., Radtke, H. L., Hodgins, D. C., Stam, H. J., and Bertrand, L. D.: The Carleton University Responsiveness to Suggestion Scale: Normative Data and Psychometric Properties. *Psychol. Rep.*, (1983c), *53:* 523–535

Spiegel, H.: A Single-Treatment Method to Stop Smoking Using Ancillary Self-Hypnosis. *Intern. J. Clin. Exp. Hypnosis*, (1970a), *18:* 235–250

Spiegel, H.: A Single-Treatment Method to Stop Smoking Using Ancillary Self-Hypnosis – Final Remarks in Response to the Discussants. *Intern. J. Clin. Exp. Hypnosis*, (1970b), *18:* 268–269

Spiegel, H., and Spiegel, D.: Trance and Treatment. Clinical Uses of Hypnosis. Basic Books, New York, N.Y., 1978, pp. 35–45

Stam, J. H., McGrath, P. A., Brooke, R. I., and Cosier, F.: Hypnotizability and the Treatment of Chronic Facial Pain. *Intern. J. Clin. Exp. Hypnosis*, (1986), *34:* 182–191

Stanton, H. E.: A One-Session Hypnotic Approach to Modifying Smoking Behavior. *Intern. J. Clin. Exp. Hypnosis*, (1978), *26:* 22–29

Stava, L.: The Use of Hypnotic Uncovering Techniques in the Treatment of Pedophilia – A Brief Communication. *Intern. J. Clin. Exp. Hypnosis*, (1984), *32:* 350–355

Stein, C.: A Displacement and Reconditioning Technique for Compulsive Smokers. *Intern. J. Clin. Exp. Hypnosis*, (1964), *12:* 230–238

Stocksmeier, U.: Lehrbuch der Hypnose (4. Auflage), Karger, Basel, 1984

Swirsky-Sacchetti, Th., and Margolis, C. G.: The Effects of a Comprehensive Self-Hypnosis Training Program on the Use of Factor VIII in Severe Hemophilia. *Intern. J. Clin. Exp. Hypnosis*, (1986), *34:* 71–83

Thomas, K.: 1979, 1982: Persönliche Korrespondenz

Thomas, K.: *Möglichkeiten und Grenzen von autogenem Training und Hypnose bei Schlafstörungen*. In: Faust, V. (Hrsg.): Schlafstörungen. Hippokrates, Stuttgart, 1985, Seite 144–151

Thorne, D. E., and Fisher, A. G.: Hypnotically Suggested Asthma. *Intern. J. Clin. Exp. Hypnosis*, (1978), *26:* 92–103

Tosi, D. J.: Youth Toward Personal Growth – A Rational Emotive Approach. Merrill, Columbus/Ohio, 1974

Tosi, D. J., and Baisden, B. S.: *Cognitive-Experiential Therapy and Hypnosis*. In: Wester II, W. C., and Smith, Jr. A. H.: Clinical Hypnosis. A Multidisciplinary Approach. Lippincott, Philadelphia, 1984, pp. 155–178

Vogt, O.: Zur Kenntnis des Wesens und der psychologischen Bedeutung des Hypnotismus. *Zschr. Hypnotismus*, (1895), *3:* 277–340, (1989), *4:* 32, 122–129

Vogt, O.: Die direkte psychologische Experimentalmethode in hypnotischen Bewußtseinszuständen. Barth, Leipzig, 1897

Wadden, Th. A., and Flaxman, J.: Hypnosis and Weight Loss – A Preliminary Study. *Intern. J. Clin. Exp. Hypnosis*, (1981), *29:* 162–173

Watkins, H. H.: Hypnosis and Smoking – A Five-Session Approach. *Intern. J. Clin. Exp. Hypnosis*, (1976), *24:* 381–390

Watkins, J. G.: The Affect Bridge – A Hypnoanalytic Technique. *Intern. J. Clin. Exp. Hypnosis*, (1971), *19:* 21–27

Weitbrecht, H. J.: Psychiatrie im Grundriß (3. Auflage). Springer, Berlin–Heidelberg–New York, (1973)

Wetterstrand, O. G.: Hypnotismus. Urban & Schwarzenberg, 1891

Wickramasekera, I.: Hypnosis and Broad-Spectrum Behavior Therapy for Blepharospasm – A Case Study. *Intern. J. Clin. Exp. Hypnosis*, (1974) *22:* 201–209

Wijesinghe, B.: A Case of Frigidity Treated by Short-Term Hypnotherapy. *Intern. J. Clin. Exp. Hypnosis*, (1977), *25:* 63–67

Wink, C. A. S.: Congenital Ichthyosiform Erythrodermia Treated by Hypnosis. *Brit. Med. J.*, (1961), *2:* 741

Wolberg, L. R.: Medical Hypnosis. Vol. I.: The Principles of Hypnotherapy. Grune & Stratton, New York, N.Y., (1948 a), pp. 98–110

Wolberg, L. R.: Medical Hypnosis. Vol. II.: The Practice of Hypnotherapy. Grune & Stratton, New York, N.Y., (1948 b), pp. 1–36, 134–212, 305–362

Wolberg, L. W.: The Technique of Psychotherapy. Grune & Stratton, New York, N.Y., 1977 a (Vol. I), and 1977 b (Vol. II)

Wright, M. E.: A Single-Treatment Method to Stop Smoking Using Ancillary Self-Hypnosis: Discussion. *Intern. J. Clin. Exp. Hypnosis*, (1970), *18:* 261–267

Zane, M. D.: The Hypnotic Situation and Changes in Ulcer Pain. *Intern. J. Clin. Exp. Hypnosis*, (1966), *14:* 292–304

Zeig, J. R.: 1985 a, b: Siehe Kapitel II

XII. (Un)bewußte Suche und Utilisationstechnik nach Milton H. Erickson (1901–1980)

1. Einleitende Vorbemerkungen

Mit vorliegendem Kapitel lösen wir unser Versprechen Milton H. Erickson gegenüber (s. Kapitel II.3.5.13 und VIII.12.18) ein und berücksichtigen die meisten seiner Werke zwischen 1932 und 1973 sowie die seiner Mitarbeiter und Schüler bis Ende 1985 (Assagioli, 1965; Bandler und Grinder, 1975, 1979; Barber, 1969; Barber und DeMoor, 1972; Barber et al., 1968, 1974; Barron, 1969; Bartlett, 1958; Bateson, 1972; Bogen, 1969; Coe und Scharcoff, 1985; Cooper und Erickson, 1959; Diamond und Beaumont, 1974; Dilts et al., 1979; Dowd und Hingst, 1983; Gazzaniga, 1967; Ghiselin, 1952; Grinder et al., 1977; Gumm et al., 1982; Hilgard, 1965, 1970; Hilgard und Hilgard, 1975, 1983; Huston et al., 1934; Lankton und Lankton, 1983; Matthews et al., 1985; Nichols, 1978; Orne, 1962; Overlade, 1976; Rossi, 1967, 1972a, b, c, 1973a, b, c 1977; Sharma et al., 1983; Shaw, 1977; Sheehan, 1972, Shevrin, 1975; Shor, 1959; Sperry, 1958; Spiegel, 1972; Sternberg, 1975; Stricherz, 1984; Tosi und Baisden, 1984; Watzlawik et al., 1974a, b; Woodworth und Schlosberg, 1954; Yarko, 1981; Zeig, 1982, 1985a, b).

2. Fünf-Phasen-Paradigma (Schema 13)

2.1 Fixierung der Aufmerksamkeit (Schema 13)

Neben der klassischen *Fixierung der (selektiven) Aufmerksamkeit durch Anstarren der Augen des Hypnotiseurs*, *einer seiner Finger*, *einer Kerzenflamme*, *eines hellen Lichtes*, *eines glitzernden Gegenstandes*, *eines sich drehenden Spiegels*, *eines bestimmten Punktes im Raum*, *einer Geste* oder etwas anderem legt Erickson auch auf einen inneren Fixierungspunkt Wert. Die Aufforderung an den Hypnotisanden, sich auf *Körperempfindungen* oder *innere Bilder* zu konzentrieren, lenke die Aufmerksamkeit noch wirksamer als sonst (Athavale und Athavale, 1983a, b, c; Dogs, 1967; Erickson und Rossi, 1981; Erickson et al., 1978; Haley, 1967; Hartland, 1966; Kroger, 1977; Langen, 1972, 1983; Lankton und Lankton, 1983; Matthews et al., 1985; Schultz, 1959; Sharma et al., 1983; Stricherz, 1984; Weitzenhoffer, 1957; Zeig, 1982, 1985a, b). Der Hypnotherapeut, der den Aufmerksamkeitsprozeß sowohl *im Alltag* als auch *im Sprechzimmer* eingehend studiere, werde bald erkennen, daß eine interessante Geschichte, eine faszinierende Tatsache oder Phantasie die Aufmerksamkeit ebenso wirksam fesseln könne wie eine orthodoxe Induktion (Erickson und Rossi, 1981).
Das wirksamste Mittel, um bei der Hypnose-Induktion die Aufmerksamkeit zu fokussieren, bestehe darin, *das momentane Erleben des Patienten zur Kenntnis zu nehmen und darauf einzugehen*. Wenn der Hypnotherapeut die *Hier-und-Jetzt-Erfahrung* des Patienten richtig identifiziere, sei der Patient gewöhnlich sofort dankbar und offen für alles übrige, was der Hypnotherapeut zu sagen haben möge. Die Kenntnisnahme *der augenblicklichen Realität* des Patienten schaffe nach Erickson eine *Ja-Einstellung* für alle Suggestionen, die der Hypnotherapeut zu benützen wünsche. Dies sei die Basis des Prinzips der *Utilisation* (Ausnutzung) für die Hypnose-Induktion (Erickson, 1958, 1959; Erickson und Rossi, 1981).

1. FIXIERUNG DER AUFMERKSAMKEIT DURCH	BENUTZUNG DER ÜBERZEUGUNGEN, DES VERHALTENS DES PATIENTEN ZUR KONZENTRATION SEINER AUFMERKSAMKEIT AUF INNERE REALITÄTEN
2. AUßERKRAFTSETZEN GEWOHNTER SCHEMATA UND GLAUBENSSYSTEME DURCH	ABLENKUNG, SCHOCK, ÜBERRASCHUNG, ZWEIFEL, VERWIRRUNG, DISSOZIATION ODER DURCH JEDEN ANDEREN VORGANG, DER DIE GEWOHNTEN BEZUGSRAHMEN DES PATIENTEN AUFHEBT
3. UNBEWUßTE SUCHE DURCH	IMPLIKATIONEN, FRAGEN, WORTSPIELE UND ANDERE INDIREKTE FORMEN DER HYPNOTISCHEN SUGGESTION
4. UNBEWUßTER PROZEß DURCH	AKTIVIERUNG PERSÖNLICHER ASSOZIATIONEN UND MENTALER MECHANISMEN DURCH ALL DAS OBEN GENANNTE
5. HYPNOTISCHE REAKTION DURCH	DEN AUSDRUCK VON VERHALTENSPOTENTIALEN, DER ALS AUTONOMER VORGANG ERLEBT WIRD.

Schema 13: Fünf-Phasen-Paradigma der Dynamik der Hypnose-Induktion und Suggestion (nach Milton H. Erickson; aus Erickson und Rossi, 1979, 1981)

2.2 Außerkraftsetzen gewohnter Schemata/Glaubenssysteme

Einer der erforderlichen psychologischen Effekte der Aufmerksamkeitsfixierung besteht laut Milton H. Erickson darin, *die gewohnten psychischen Einstellungen und alltäglichen Bezugsrahmen des Patienten außer Kraft zu setzen* (Schema 13). Während dieser vorübergehenden Aufhebung erhalten *latente Assoziationsmuster und Sinneswahrnehmungen* Gelegenheit, sich in einer Weise durchzusetzen, die den veränderten Bewußtseinszustand (Hypnose) auslösen könne. Jeder *Schock* und jede *Überraschung* fessele vorübergehend die Aufmerksamkeit und unterbreche das vorhergehende Assoziationsmuster. *Verwirrung, Zweifel, Dissoziationen, Verlust des Gleichgewichtes* seien die Mittel, welche die gelernten Behinderungen des Hypnotisanden beseitigen. Er sei jetzt für neue Erlebnisse und Lernweisen (Hypnose) zugänglich geworden (Erickson, 1932, 1938, 1939, 1948, 1959; Erickson und Rossi, 1981; Erickson et al., 1978). Die *Unterbrechung und Aufhebung unseres gewohnten, alltäglichen Denkschemas* wurde von Rossi (1972a, b) als *schöpferischer Augenblick* beschrieben (siehe auch Barron, 1969; Bartlett, 1958; Evans-Wentz, 1978; Gaito, 1972; Rossi, 1973b). *Der schöpferische Augenblick schaffe eine Lücke in den gewohnten Bewußtseinsabläufen. Der Zusammenhang zwischen psychischem Schock und schöpferischen Augenblicken* liege auf der Hand. Ein *psychischer Schock* zerreiße die gewohnten Assoziationen eines Menschen, so daß *etwas Neues* (Hypnose) erscheinen könne. Erickson (1932, 1938, 1939, 1948, 1959) hat auch den *hypnotischen Zustand* als einen besonderen psychischen Zustand beschrieben, *der eine ähnliche Unterbrechung der bewußten und gewohnten Assoziationen des Patienten bewirke, so daß kreatives Lernen stattfinden könne.*

2.3 Unbewußte Suche (Schema 13)

Im Alltag gebe es viele Methoden, um die Aufmerksamkeit zu fesseln, gewohnte Assoziationen außer Kraft zu setzen und dadurch *eine unbewußte Suche nach einer neuen Erfahrung oder Antwort auf ein Problem auszulösen.* In einer schwierigen Situation könne man beispielsweise einen *Scherz* machen oder ein *Wortspiel* benutzen, um die Szene zu unterbrechen. Man könne *Anspielungen* oder *Implikationen* benutzen, um eine neue Interpretation derselben Situation zu erreichen. Ebenso wie die *Metapher* und die *Analogie* (Jaynes, 1976), seien all dies Mittel, um vorübergehend die Aufmerksamkeit zu fesseln und eine Suche in Gang zu setzen – *im wesentlichen eine Suche auf einer unbewußten Ebene*. Dabei werden neue Assoziationen oder ein neuer Bezugsrahmen zutage gefördert. Erickson bezeichnet dies als *indirekte Formen der Suggestion* (Erickson und Rossi, 1976; Erickson et al., 1978).

2.4 Unbewußte Prozesse (Schema 13)

Eine *indirekte Suggestion* fördere beim Hypnotisanden neben der unbewußten Suche auch *unbewußte Prozesse*, so daß er gewöhnlich über seine eigenen Reaktionen etwas *überrascht* sein werde. *Die indirekten Formen der Suggestion* helfen dem Hypnotisanden, seine gelernten Beschränkungen zu umgehen, so daß er weit mehr bewältigen könne, als dies gewöhnlich der Fall sei. Aber auch *mentale Assoziationen* und *bewußte Prozesse* werden durch indirekte Suggestionsformen gefördert (siehe unten).

2.5 Hypnotische Reaktionen (Schemata 13 und 14)

Die hypnotische Reaktion sei das natürliche Erlebnis der unbewußten Suche und der vom Hypnotherapeuten initiierten Prozesse. Sie muß jedoch nicht unbedingt durch den Hypnotherapeuten ausgelöst werden. Die meisten der klassischen hypnotischen Phänomene wie *Katalepsie*, *Schmerzunempfindlichkeit*, *Amnesie*, *Halluzinationen*, *Altersregression und Zeitverzerrung* seien alle *spontane* Trance-Phänomene, die von früheren Forschern bestaunt und bewundert worden seien (Erickson und Rossi, 1981) (siehe auch Kapitel IV).
Die Patienten müssen lernen, ihre eigenen unbewußten Reaktionspotentiale während der Hypnose manifest werden zu lassen. Auch der Hypnotherapeut müsse sich auf das Unbewußte des Patienten als eine *Quelle der Kreativität* für das Problemlösen verlassen. Der Hypnotherapeut helfe dem Patienten, über den veränderten Bewußtseinszustand, den Erickson *therapeutische Trance* nennt, zu dieser Kreativität Zugang zu finden. Die therapeutische Trance könne somit als eine *freie Periode psychologischer Exploration* verstanden werden, in der Hypnotherapeut und Patient bei der Suche nach jenen hypnotischen Reaktionen zusammenwirken, die zur positiven therapeutischen Veränderung führen werden (Erickson und Rossi, 1981).

3. Erkennen hypnotischer Reaktionsmuster (Schema 14)

Vorläufig sei zur Erkennung der Hypnose-Zeichen seitens des Hypnotiseurs auf die Tabellen 1–3 sowie 7 und Schema 14 hingewiesen. In den Kapiteln XV, XXI und XXIII wird diese Problematik eingehender skizziert.

AUTONOME IDEATION UND INNERES ERLEBEN

AUSGEGLICHENER MUSKELTONUS (KATALEPSIE)

BEWEGUNGSUNFÄHIGKEIT

KÖRPERLICHE REORIENTIERUNG NACH DER HYPNOSE

VERÄNDERTE STIMME

BEQUEME, ENTSPANNTE KÖRPERHALTUNG

SPARSAME BEWEGUNGEN

ERWARTUNGSHALTUNG

AUGENVERÄNDERUNGEN BZW. -SCHLIEßEN

GLATTE UND ENTSPANNTE GESICHTSZÜGE

GEFÜHL DER ENTFERNUNG ODER DISSOZIATION

ANGENEHMES GEFÜHL NACH DER HYPNOSE

WÖRTLICHNEHMEN

VERSCHWINDEN ODER VERZÖGERUNG VON REFLEXEN

BLINZELN

ATMUNG

SCHLUCKEN

SCHRECKREFLEX

OBJEKTIVE UND UNPERSÖNLICHE IDEATION

PSYCHOSOMATISCHE REAKTIONEN

VERÄNDERUNG DER PUPILLEN

REAKTIONSBEREITSCHAFT

SENSORISCHE, MUSKULÄRE UND KÖRPERLICHE VERÄNDERUNGEN (PARÄSTHESIEN)

VERÄNDERTER PULS

SPONTANE HYPNOTISCHE PHÄNOMENE

AMNESIE

ANÄSTHESIE

KÖRPERTÄUSCHUNGEN

KATALEPSIE

REGRESSION

ZEITVERZERRUNG

ETC.

ZEITLICHE VERZÖGERUNG IM MOTORISCHEN UND BEGRIFFLICHEN VERHALTEN

Schema 14: Häufige Indikatoren von Hypnose-Erfahrungen (nach Milton H. Erickson, Kapitel XII) (aus Erickson und Rossi, 1981)

4. Ratifizierung therapeutischer Veränderungen

Erkennen und Bewerten veränderter Funktionsmuster (siehe auch Kapitel XI.1), gefördert durch die Hypnotherapie, *ist eine der subtilsten und wichtigsten Aufgaben des Hypnotherapeuten*. Vielen Hypnotisanden macht es keine Schwierigkeiten, Veränderungen, die sie erlebt haben (Schema 14), zu erkennen und zuzugeben. Andere, mit geringeren introspektiven Fähigkeiten, brauchen die Hilfe des Hypnotherapeuten, um die stattgefundenen Veränderungen zu bewerten. *Anerkennung und Würdigung der Hypnotherapie-Arbeit* sei notwendig, *damit die alten negativen Einstellungen des Patienten nicht die neuen therapeutischen Reaktionen, die noch in einem fragilen Entwicklungsstadium seien, beeinträchtigen oder zerstören* (Erickson und Rossi, 1981).

4.1 Erkennen und Ratifizierung der Hypnose

Hypnotisanden erleben die Hypnose auf verschiedene Weise. Die Aufgabe des *Hypnotherapeuten* ist es, diese individuellen Reaktionsweisen zu erkennen und die Hypnotisanden notfalls darauf hinzuweisen. *Das Bewußtsein erkenne nicht immer seine eigenen veränderten Zustände*. Die Hypnose sei im Grunde nur *eine Variante der alltäglichen Trance oder Träumerei*. Für die Hypnotisanden sei es daher besonders wichtig, ihnen die Hypnose als einen veränderten Zustand vor Augen zu führen. *Ohne diesen Beweis können die negativen Einstellungen und Überzeugungen des Hypnotisanden häufig den Wert der hypnotischen Suggestion zunichte machen und den laufenden therapeutischen Prozeß verzögern* (Erickson und Rossi, 1981; Meares, 1957; Shor, 1959).

4.2 Ideomotorische und ideosensorische Signale

Es sei von eminenter Wichtigkeit, daß der Hypnotherapeut die *minimalen Manifestationen* von Hypnose als Veränderung der sensorisch-perzeptiven, emotionalen und kognitiven Funktionen des Hypnotisanden erkennen lerne. Nützliche Hilfen zur Bewertung dieser Veränderungen seien die *ideomotorischen* und *ideosensorischen* Signale (Cheek und LeCron, 1968; Erickson, 1961). Indem man solche Reaktionen herausfordere, bewirke man vermutlich, daß das Unbewußte des Hypnotisanden auf eine Weise reagiere, die der Hypnotisand selbst als unbeabsichtigt erlebe. Dieser unabsichtliche oder autonome Aspekt der Bewegung oder Empfindung sei ein Anzeichen, daß sie aus einem Reaktionssystem stammen, *welches von dem gewohnten Muster willentlicher und absichtlicher Reaktionen etwas abgespalten* sei. Der Hypnotisand und der Hypnotherapeut erhalten dadurch einen Hinweis, daß *etwas Unabhängiges vom bewußten Willen* des Hypnotisanden geschehe. Dieses *Etwas* kann eine Hypnose oder eine andere erwünschte therapeutische Reaktion sein (Erickson, 1961). *Eine zweite wichtige Bedeutung der ideomotorischen und ideosensorischen Signale bestehe darin*, den Hypnotisanden bei der Umstrukturierung ihres Glaubenssystems zu helfen. Zweifel in bezug auf therapeutische Veränderungen können auch nach einer längeren Periode der Exploration und Beschäftigung mit einem Probanden fortdauern. Diese Zweifel lassen sich oft beseitigen, wenn der Hypnotisand an ideomotorischen und/oder ideosensorischen Reaktionen als unabhängigen Beweis der Validität therapeutischer Arbeit glaube (Erickson und Rossi, 1981).

5. Einstreutechnik der Hypnose-Induktion

Milton H. Erickson hat die *Einstreutechnik* (Erickson, 1966a, b; Erickson und Rossi, 1981; Erickson et al., 1978) zusammen mit der *Nichtwiederholung* als seine wichtigsten Beiträge zur Praxis der Suggestionen bezeichnet. *Die Einstreutechnik könne auf vielen Ebenen funktionieren.* Man könne *in einem einzigen Satz ein einziges Wort einflechten*, das die Assoziation des Hypnotisanden erleichtere. Zum Beispiel rufe in der Suggestion: «Sie können diese Gefühle so *frei* beschreiben wie Sie wollen,» das eingeflochtene Wort *frei* automatisch eine positive Assoziation an einen freien Umgang mit Gefühlen hervor, die der Hypnotisand vielleicht unterdrückt habe. Es könne dem Hypnotisanden helfen, Gefühle freizusetzen, die er im Grunde gerne enthüllen möchte. Dennoch werde dabei die Individualität des Hypnotisanden gewahrt, weil ihm *eine freie Wahl* eingeräumt werde (Erickson, 1966b).

5.1 Indirektes assoziatives Fokussieren

Eine Grundform der indirekten Suggestion sei, das relevante Thema aufzugreifen und dieses in offenkundiger Weise mit dem Hypnotisanden in Beziehung zu setzen. Erickson weist darauf hin, daß die einfachste Weise, um es dem Hypnotisanden zu erleichtern, über seine eigene Mutter zu sprechen, darin bestehe, daß man über Mütter *im allgemeinen* spreche.

Dadurch werde beim Hypnotisanden ein natürlicher, indirekter Assoziationsprozeß erweckt, der scheinbar *spontane Assoziationen* über seine Mutter zutage fördere. Da man den Hypnotisanden *nicht direkt* nach seiner Mutter frage, würden die üblichen Schranken bewußter Haltungen und gewohnheitsmäßiger Denkschemata (einschließlich psychischer Abwehrmechanismen), die solch eine direkte Frage evozieren könnten, umgangen (siehe auch Bandler und Grinder, 1975). In der Hypnotherapie könne man den Prozeß *indirekten assoziativen Fokussierens* dazu benutzen, um einem Patienten ein Problem erkennen zu helfen. Erickson wirft beispielsweise häufig *Bemerkungen* ein oder erzählt verschiedene *Geschichten* und *Anekdoten* in *scheinbar* beiläufigem Konversationston. Selbst wenn seine «Geschichten» ohne Bezug zu sein scheinen, haben sie dennoch alle einen gemeinsamen Nenner oder eine «gemeinsame fokussierende Assoziation», die nach seiner Vermutung einen relevanten Aspekt des Problems seines Patienten bilden.

5.2 Indirektes ideodynamische Fokussieren

Ideodynamische Prozesse können mit Hilfe der Einstreutechnik unter Verwendung des oben beschriebenen indirekten assoziativen Fokussierens in Gang gesetzt werden. Wenn Erickson vor einem Fachpublikum über hypnotische Phänomene referiere, *dann flechte er häufig interessante Fallbeispiele ein und erzähle «Geschichten» über Handlevitationen oder halluzinatorische Phänomene. Diese anschaulichen Beispiele lösen bei den Zuhörern einen natürlichen Prozeß ideomotorischer und ideosensorischer Reaktionsbereitschaft aus*, ohne daß sie sich dessen bewußt seien. Wenn er dann um freiwillige Meldungen für eine Demonstration hypnotischen Verhaltens ersuche, seien seine Zuhörer bereits durch ideodynamische Prozesse «präpariert», die unbeabsichtigt von ihnen auf einer unbewußten Ebene in ihnen abrollten. Diese unerkannten ideodynamischen Reaktionen seien auch durch elektronische Instrumente meßbar (Prokasy und Raskin, 1973).

6. Gemeinplätze zur Ausnutzung ideodynamischer Prozesse

Die Grundeinheit des ideodynamischen Fokussierens sei der Gemeinplatz. In den meisten Fallbeispielen von Erickson wird man bemerken, daß er über bestimmte *psycho-physiologische Prozesse* oder *seelische Mechanismen* in einer Weise spricht, *als ob er dem Patienten einfach objektive Tatsachen schildere. De facto* können diese verbalen Beschreibungen *als indirekte Suggestionen* wirken, wenn sie durch Assoziation und gelernte Muster, die im Patienten *als Sediment seiner Lebenserfahrung* bereits vorhanden seien, ideodynamische Reaktionen auslösen. Die *generalisierte Realitätsorientierung* (Shor, 1959) halte diese subjektiven Reaktionen normalerweise entsprechend in Schach, wenn man ein ganz gewöhnliches Gespräch führe. Wenn die Aufmerksamkeit in der Hypnose *fixiert* und *fokussiert* sei, so daß einige der Beschränkungen durch die gewohnten geistigen Haltungen des Hypnotisanden außer Kraft gesetzt seien, dann können die Gemeinplätze tatsächlich eine buchstäbliche und konkrete Erfahrung des suggerierten Verhaltens auslösen.

6.1 Ideomotorische Prozesse

Die meisten Menschen *empfinden eine Hand als leichter als die andere.* Jeder hat es schon einmal erlebt, daß er mit dem Kopf *ja* nickte oder ihn *verneinend* schüttelte, ohne es auch nur zu bemerken. Wenn wir müde sind, verlangsamt sich unser Lidschlag und die Augen schließen sich manchmal ganz, ohne daß es uns richtig bewußt wird. Wenn wir uns entspannen oder einschlafen, zuckt manchmal ein Muskel, so daß unser Arm oder Bein eine kleine unabsichtliche Bewegung macht (Overlade, 1976).

6.2 Ideosensorische Prozesse

Man kenne auch angenehme Empfindungen, wie die *Wärme der Sonne* auf der Haut. Die meisten Menschen genießen die erfrischende *Kühle* einer leichten Brise. Manche können sich ihr *Lieblingsgericht* so lebhaft vorstellen, daß sie es tatsächlich schmecken. Der salzige *Geruch* einer leichten Meeresbrise wird von den meisten Menschen als angenehm empfunden (Erickson und Rossi, 1981).

6.3 Ideoaffektive Prozesse

Viele Menschen *erröten* leicht, wenn sie sich bestimmter Gefühle in bezug auf sich selbst bewußt werden. Man empfinde leicht Ärger und Groll, wenn man das Gefühl habe, sich lächerlich zu machen. Man runzle gewöhnlich die Stirn, wenn einem Erinnerungen einfallen, an die zu denken allzu schmerzlich sei. Die meisten Menschen versuchen, Gedanken und Erinnerungen zu meiden, die Tränen aufsteigen lassen, obwohl diese häufig die wichtigsten Erlebnisse betreffen. Wir haben alle schon mit Vergnügen bemerkt, wie jemand bei einem geheimen Gedanken lächelt, und es passiert uns häufig, daß wir von diesem Lächeln angesteckt werden. Bei der Formulierung solcher *ideoaffektiver Suggestionen* empfiehlt es sich, so oft wie möglich ein Verhaltenskennzeichen einzuflechten (Erröten, Stirnrunzeln, Tränen, Lächeln), damit der Hypnotherapeut möglicherweise eine Rückmeldung erhält, was beim Patienten ankommt und worauf er reagiert (Erickson und Rossi, 1981).

6.4 Ideokognitive Prozesse

In Kapitel XXIV.2 werden wir uns mit *Träumen* auseinandersetzen. Dort wird darüber berichtet, *daß es einen gewissen umgekehrten Verlauf des Gedächtnisses beim Träumen gegenüber dem bei Hypnose gibt* (siehe dazu Kapitel XXI). In diesem Zusammenhang ist darauf hinzuweisen, daß nach dem Einschlafen die psychische Aktivität des Menschen (und der Tiere) nicht erlischt. *Während das Bewußtsein schläft, träumt das Unbewußte.* Viele Träume werden vergessen, einige jedoch nicht. Oder man erinnert sich viel später an einen früheren Traum, der schon vergessen war. Nicht selten wissen wir nicht genau, ob wir etwas geträumt oder in Wirklichkeit erlebt haben. Manchmal weiß man einen Namen, eine Gegend etc., sie *liegen einem auf der Zunge.* Solche Momente werden bei der Hypnose ausgenutzt, um einen neuen Prozeß in Bewegung zu bringen.

7. Vage oder definitive Zeitangaben

Erickson legt Wert auf die *vagen zeitlichen Aussagen*, weil die *hypnotischen Reaktionen häufig mit einer zeitlichen Verzögerung (Inkubation) erfolgen.* Die Stadien der unbewußten Suche und Prozesse, die zu hypnotischen Reaktionen führen würden, erfordern bei den verschiedenen Hypnotisanden unterschiedliche Zeitspannen. Es sei gewöhnlich am besten, das Unbewußte des Hypnotisanden die für jede Reaktion notwendige Zeitspanne selbst bestimmen zu lassen. Zum Beispiel: «*Früher oder später* wird sich Ihre Hand heben, Ihre Augen werden sich schließen.»

8. Das Prinzip des Nichts-Wissens und Nichts-Tuns

Ein fundamentaler Aspekt der Hypnotherapie sei die Herbeiführung von Situationen, in denen es möglich sei, daß konstruktive psychische Prozesse spontan erlebt werden, ohne daß der Hypnotisand dazu eine entsprechende Anstrengung unternehme. Im Zustand der Entspannung, der für die meisten Hypnose-Erfahrungen typisch sei, prädisponiere einen das *parasympathische Nervensystem* psychologisch eher dazu, *nichts zu tun*, als irgendeine aktive Anstrengung zu unternehmen. In diesem entspannten Zustand, wenn das Unbewußte die Kontrolle übernehme, fühle man sich auch gewöhnlich wohl und wisse nicht, wie das Unbewußte funktioniere. *Nichts-Wissen und Nichts-Tun seien Synonyme für die unbewußte oder autonome Reaktionsbereitschaft, welche die Quintessenz der Hypnose-Erfahrung darstelle. Eine Haltung des Nichts-Wissens und des Nichts-Tuns sei deshalb zur Förderung der Suggestibilität besonders wertvoll.* Dies gelte insbesondere in den Anfangsstadien der Hypnose-Induktion.

Erickson suggeriert: «Sie wissen noch nicht, wie Ihnen Ihr Unbewußtes helfen wird, dieses Problem zu lösen, aber Ihr bewußter Zustand kann für die Antwort empfänglich sein, wenn sie schließlich kommt... Ihr bewußter Verstand hat sicher viele Fragen, aber er weiß nicht genau, wann ihm das Unbewußte gestatten wird, diese störende Gewohnheit aufzugeben. Sie wissen nicht, ob das *früher oder später* passieren wird. Sie wissen nicht, ob es *ganz plötzlich oder langsam* und schrittweise geschehen wird. Doch Sie können lernen, auf Ihre eigene natürliche Art, die Dinge zu tun, zu respektieren.» J.H. Schultz (1983) beginnt die Hypnose mit: «... nichts wollen, nichts denken, nichts wünschen, nichts tun ...» (siehe dazu Kapitel XV).

9. Abdecken aller Möglichkeiten einer Kategorie von Reaktionen

Während bei *offenen Suggestionen* der Äußerung einer therapeutischen Reaktion der größtmögliche Spielraum eingeräumt werde, seien Suggestionen, die alle Möglichkeiten einer Kategorie von Reaktionen umfassen, dann wertvoller, *wenn der Hypnotherapeut die Reaktionsbereitschaft des Hypnotisanden in einer bestimmten Richtung zu fokussieren wünsche.* Für die Auslösung der Hypnose mögen nach Erickson folgende Bemerkungen hilfreich sein: «Bald werden sie spüren, *daß sich einer Ihrer Finger oder ein Daumen etwas bewegt*, vielleicht von selbst. Er kann sich nach *oben* oder nach *unten* oder *seitlich* bewegen oder *niederdrücken.* Das kann *langsam* oder *schnell* sein, oder vielleicht bewegt sich auch *gar nichts.* Worauf es wirklich ankommt ist, daß Sie ganz genau spüren, *welche Empfindungen* da entstehen.»

10. Offene Suggestionen

Die menschlichen Anlagen und Kapazitäten seien so komplex, daß man es sogar für anmaßend halten könnte, anzunehmen, daß irgend jemand im voraus wissen könne, welches *die kreativste Antwort* auf all das Neue sei, das uns ständig überhole. Eine Definition von Fehlanpassung laute in der Tat, daß wir *de facto* versuchen, *alte Ansichten und Lösungen auf veränderte Lebensbedingungen zu übertragen*, wo sie nicht mehr angebracht seien (Rossi, 1972a). *Offene Suggestionen* seien ein Hilfsmittel, mit diesem Problem fertig zu werden. Sie gestatten es, die dem Hypnotisanden am leichtesten verfügbaren Reaktionsmöglichkeiten zu explorieren und nutzbar zu machen (Kapitel XI). Wenn der Hypnotisand wach sei und sein eigenes Verhalten bewußt steuere, erlaube ihm die offene Suggestion die *Selbstbestimmung*. Im Hypnosezustand gestatte diese offene Suggestion dem Bewußtsein, die angemessensten Hilfsmittel zum Vollzug einer therapeutischen Reaktion auszuwählen. *Das Nichts-Wissen und Nichts-Tun führe ganz natürlich zu offenen Suggestionen* (Kapitel XV). Obwohl offene Suggestionen dem Patienten ein großes Maß an Freiheit lassen, seine eigene Individualität zu erforschen und auszudrücken, implizieren sie sehr deutlich, daß eine therapeutische Reaktion erfolgen werde (Erickson und Rossi, 1981).

11. Förderung der Reaktionsmöglichkeiten

Wenn dem menschlichen Gehirn *eine Frage* gestellt werde, fahre es fort, *sein gesamtes Gedächtnissystem einer gründlichen Durchsuchung zu unterziehen*, selbst nachdem es auf einer unbewußten Ebene eine scheinbar befriedigende Antwort gefunden habe (Sternberg, 1975). *Diese unbewußte Suche und Aktivierung mentaler Prozesse auf einer autonomen Ebene sei nach Erickson die Essenz der indirekten Methode*, mit der man die unbekannten Potentiale eines Hypnotisanden auszunutzen versuche, um therapeutische Reaktionen auszulösen. Der Prozeß einer unbewußten Suche und einer autonomen Informationsverarbeitung zeige sich in vielen Phänomenen des täglichen Lebens. Einem Sprichwort zufolge sei man «*am Morgen klüger als am Abend*». Nachdem man ein Problem überschlafen habe, stelle man fest, daß man am nächsten Morgen leichter eine Lösung finde. Offensichtlich habe eine unbewußte Suche und ein Problemlösungsprozeß stattgefunden, *während das Bewußtsein ruhte*. Es gebe Anzeichen dafür, daß das Träumen so etwas wie *ein experimentelles Theater* der Seele sein könne, worin Fragen beantwortet und neue Lebensmöglichkeiten gefunden würden (Erickson und Rossi, 1981; Rossi, 1971, 1972a, b, c, 1973a).

11.1 Fragen zum Fokussieren von Assoziationen

Ein interessantes Beispiel dafür, wie man durch Fragen verschiedene Aspekte des inneren Erlebens fokussieren könne, liefere die Forschung über subjektive Berichte von Hypnotisanden (Barber, 1969; Barber et al., 1968, 1974). Auf die Frage: «Haben Sie den hypnotischen Zustand im Grunde *ähnlich* empfunden wie den Wachzustand?», haben 83% der Vpn eine zustimmende Antwort gegeben. Fragte man sie hingegen: «Haben Sie den hypnotischen Zustand *anders* empfunden als den Wachzustand?», so antworteten 72% bestätigend. Man könne diese scheinbar widersprüchlichen Reaktionen als Anzeichen für die Unzuverlässigkeit der Berichte dieser Vpn über ihre hypnotischen Erfahrungen nehmen. Von einem anderen Standpunkt aus könne man jedoch verstehen, daß solche Fragen die Vpn auf verschiedene

Aspekte ihrer Erfahrungen fokussieren. Die erste Frage konzentriere ihre Aufmerksamkeit auf die *Ähnlichkeiten* zwischen Wachzustand und Hypnose; die zweite lenke die Aufmerksamkeit auf die *Unterschiede*. Beide Fragen können brauchbare Reaktionen hinsichtlich verschiedener Aspekte ihrer inneren Erfahrungen auslösen; *es brauche kein Widerspruch vorhanden zu sein. In der Hypnotherapie sei es oft wertvoll, dem Patienten zu helfen, zwischen verschiedenen Aspekten seines inneren Lebens zu unterscheiden oder den gemeinsamen Nenner in scheinbar verschiedenen Erfahrungen zu finden.* Sorgfältig formulierte Fragen können diesen Prozeß fördern (Erickson und Rossi, 1981).

11.2 Fragen zur Hypnose-Induktion

Fragen seien besonders dann wertvoll als indirekte Formen von Suggestion, wenn sie vom bewußten Verstand nicht beantwortet werden können. Solche Fragen aktivieren unbewußte Prozesse und lösen autonome Reaktionen (die Essenz des hypnotischen Verhaltens) aus. Erfolgen keine adäquaten Reaktionen, so könne der Hypnotherapeut weitere Fragen auf derselben Ebene einfügen, bis sich wieder Reaktionsverhalten manifestiere. Der Hypnotherapeut könne auch den Hypnotisanden über sein inneres Erleben befragen, um gewöhnliche Reaktionsmuster oder mögliche Schwierigkeiten zu explorieren. Beispielsweise sei es nicht ungewöhnlich, *daß manche Hypnotisanden gelegentlich die Augen öffnen, auch nachdem ihnen suggeriert wurde, daß sie geschlossen bleiben würden.* Dies scheine ein automatischer *Überprüfungsvorgang* zu sein, den manche Hypnotisanden benutzen, ohne sich dessen bewußt zu sein. Er störe die Hypnotherapie nicht. *Die Frageform gebe der eigenen Individualität jedes Hypnotisanden die Gelegenheit, in einer therapeutisch konstruktiven Weise zu reagieren.* Dieselben Merkmale kennzeichnen auch die *Handlevitationsmethode* (siehe Kapitel XIV und XV). Die Serie von Fragen könne nach Erickson nicht in festgelegter und rigider Weise verwendet werden, sondern es müsse dabei stets *das aktuelle Verhalten des Hypnotisanden* einbezogen werden. Selbstverständlich brauchen Hypnotisanden diese Fragen nicht auf konventionelle verbale Weise zu beantworten, *sondern nur mit dem suggerierten reaktiven Verhalten.* Die Hypnotisanden erkennen gewöhnlich nicht, daß eine sehr wichtige, aber subtile Veränderung stattfinde. Sie agieren *nicht mehr verbal* in der üblichen Weise mit ihren typischen Abwehrmitteln. Stattdessen seien sie *innerlich äußerst konzentriert und neugierig*, wie sie reagieren werden.

11.3 Fragen zur Förderung der therapeutischen Reaktionsbereitschaft

Fragen können mit *Nichts-Wissen* und mit *offenen Suggestionen* kombiniert werden, um die verschiedenen Reaktionsmuster zu fördern. Erickson gibt als Beispiele an: «Und welches wird sich als das wirksamste Mittel zum Abnehmen erweisen? Werden Sie abnehmen, weil Sie einfach *vergessen zu essen* und sich nicht mehr die Zeit zu großen Mahlzeiten nehmen, weil es Sie davon abhält, interessantere Dinge zu tun? Werden Sie *bestimmte Lebensmittel*, die dick machen, nicht mehr reizen, aus welchem Grund auch immer? Werden Sie *Geschmack* an neuen Nahrungsmitteln und neuen Arten der *Zubereitung* und des Essens finden, so daß Sie überrascht sein werden, daß Sie abgenommen haben, weil Sie sich im Grunde keine Opfer auferlegt haben?»

Die letzte Frage sei ein Beispiel dafür, wie zusammengesetzte Fragen mit «*und so*» verbunden werden können, um die dem Hypnotisanden am besten entsprechende Tendenz zu fördern. Die verwirrende und «suggestive» Wirkung *zusammengesetzter Fragen* sei in der Justiz seit langem bekannt. Anwälten sei es deshalb in den USA *verboten*, beim Kreuzverhör eines

Zeugen *zusammengesetzte Fragen zu stellen.* In heftig umstrittenen Fällen erhebe der Richter oder der gegnerische Anwalt oft Einspruch gegen solche Fragen-Kombinationen. *Beim therapeutischen Gebrauch von zusammengesetzten Fragen sei gerade ihre Vieldeutigkeit wertvoll, weil sie die gelernten Beschränkungen des Hypnotisanden aufheben, so daß neue Möglichkeiten erfahren werden können* (Erickson und Rossi, 1981).

12. Kombinierte Suggestionsmethoden

Auf der einfachsten Ebene *bestehe eine multiple Suggestion aus zwei Aussagen*, die durch ein *Bindewort* oder durch *eine kleine Pause* (welche enge Assoziationen herstelle) miteinander verbunden würden. Die linguistischen Binde- und Trennungsbegriffe würden offenkundig mit ähnlichen Prozessen in der Mathematik und Logik sowie mit den psychologischen Vorgängen der mentalen *Assoziation und Dissoziation* korrespondieren, die in der Hypnotherapie eine so wichtige Rolle spielen. George Boole (1815–1864), einer der Begründer der *symbolischen Logik*, habe gemeint, mit seinen Gleichungen die *Gesetze des Denkens* zu formulieren (Erickson und Rossi, 1981). Wir wissen hingegen – so führen Erickson und Rossi (1981) aus – daß die Logik, die natürliche Sprache und die mentalen Prozesse zwar einige höchst interessante Berührungsflächen aufweisen, daß es aber kein System absoluter Korrespondenz zwischen ihnen gebe. Während ein logisches oder mathematisches System vollständig definiert werden könne, befänden sich die mentalen Prozesse und die natürliche Sprache ständig in einem Zustand *schöpferischen Flusses.* Es gebe grundsätzlich keine feststehende Formel und kein System der Logik oder Sprache, das die geistig-seelischen Prozesse vollständig bestimmen oder kontrollieren könne. Wir würden uns deshalb einer Selbsttäuschung hingeben, wenn wir in unseren indirekten Formen der Suggestionen ein total deterministisches Mittel zur Manipulation mentaler Prozesse und zur Kontrolle des Verhaltens suchten. Wir können sie jedoch zur Erforschung und Förderung von Reaktionspotentialen benutzen, die im Hypnotisanden selbst vorhanden seien (Erickson und Rossi, 1981).

12.1 Ja-Haltung und Verstärkung

Eine Grundform aneinandergereihter Aussagen, die im täglichen Leben häufig benutzt werde, sei die einfache Verbindung einer unbezweifelbaren und angenehmen Tatsache mit der Suggestion einer wünschenswerten Möglichkeit. Erickson und Rossi (1981) führen als Beispiele folgende Aussprüche an: «Es ist so ein *schöner Tag*, gehen wir *schwimmen* ... Es ist ein *Feiertag*, warum sollte ich also nicht tun, *was ich will?* ... Du hast das *gut gemacht* und kannst so *weitermachen.*» Bei jedem dieser Sätze werde zunächst durch eine *positive Vorstellung* («schöner Tag», «Feiertag», «gut gemacht») eine *Ja-Haltung* geschaffen, welche die Annahme der Suggestion erleichtere.

12.2 Kontingente Suggestionen und Assoziationsnetze

Eine brauchbare Form der zusammengesetzten Aussage bestehe darin, *eine Suggestion mit einem tatsächlichen oder unvermeidlichen Verhaltensmuster zu verbinden.* Eine hypnotische Suggestion, die einem Hypnotisanden Schwierigkeiten mache, *werde leichter*, wenn sie *mit Verhalten verbunden werde* (kontingente Suggestion), das ihm vertraut sei. *Kontingente Suggestionen* seien in den folgenden Beispielen von Erickson gegeben: «Mit *jedem Atemzug*, den Sie ausführen, werden Sie sich *der natürlichen Rhythmen* Ihres Körpers und der Gefühle des Wohlbefindens bewußt, die sich entwickeln... *Während Sie* hier sitzen, *werden Sie feststellen*, daß Sie *immer entspannter* werden und sich immer wohler fühlen... *Während sich Ihre Hand senkt*, werden Sie sich ganz *mühelos* in die Zeit zurückversetzen, wo der Ursprung dieses Problems liegt...» (siehe auch Haley, 1967, 1978a, b).

12.3 Nebeneinanderstellen von Gegensätzen

Eine weitere *indirekte Form der zusammengesetzten Suggestionen* könnte man als *Nebeneinanderstellen von Gegenständen* bezeichnen. Die Herstellung eines Gleichgewichts zwischen widerstreitenden Systemen sei ein grundlegender *biologischer Prozeß*, der durch die Struktur eines Nervensystems bedingt sei (Kinsbourne und Smith, 1974). Die meisten biologischen Systeme können als eine *homöostatische Balance* von Prozessen gesehen werden, die verhindere, daß das Gesamtsystem die relativ schmale Bandbreite verlasse, in der ein optimales Funktionieren möglich sei. Zur Erklärung gewisser hypnotischer Phänomene wurde darauf verwiesen, daß Alternativen in Form verschiedener gegensätzlicher Systeme vorhanden sind, wie das *sympathische* und *parasympathische System*, die *linke* und *rechte Hirnhemisphäre*, *kortikale* versus *subkortikale* Prozesse, das erste und zweite *Signalsystem* (Platonov, 1955, 1959).
Dieser Ausgleich (oder die Koexistenz) *gegenläufiger Prozesse* sei auch auf der psychologischen und sozialen Ebene evident. Es gebe *Spannung und Entspannung*, *Antrieb und Hemmung*, *Bewußtes und Unbewußtes*, *Eros und Logos*, *These und Antithese*. Das Verständnis und Einhalten der Dynamik solcher widerstreitender Prozesse sei für jede Form von Psychotherapie von größter Bedeutung. Beim Prozeß der hypnotischen Induktion gebe es beispielsweise folgende Möglichkeiten: «*Während Ihre Faust immer fester und angespannter wird, entspannt sich Ihr übriger Körper*... Während sich Ihre rechte Hand *hebt*, *senkt* sich Ihre linke... Während sich dieser Arm *leichter anfühlt und hebt*, werden Ihre Lider *schwerer und senken* sich, bis sie geschlossen sind.»
Ähnliche Suggestionen können praktisch für jeden der geläufigen Prozesse im *sensorischen, perzeptiven, affektiven und kognitiven Bereich* formuliert werden: «Während Ihre Stirn *kühler* wird, werden Ihre Hände *wärmer*... Während Ihr Unterkiefer immer *tauber* und gefühlloser wird, achten Sie darauf, wie Ihre linke Hand immer *empfindlicher* wird. Sie können alle Ihre Gefühle in bezug auf etwas, das Sie im Alter von X Jahren erlebten, wiedererleben, ohne sich daran zu erinnern, was eigentlich diese Gefühle auslöste... Sobald Sie die Augen öffnen, werden Sie sich ungewöhnlich deutlich an all das erinnern, aber ohne die Gefühle, die Sie damals hatten... Während Sie sich das vergegenwärtigen, erleben Sie jetzt eine Ausgewogenheit des Denkens und Fühlens in bezug auf die ganze Sache.» Wie aus den letzten drei Beispielen zu ersehen ist, kann ein Prozeß der *Abspaltung* dazu benutzt werden, dem Hypnotisanden zunächst zu helfen, *beide Seiten gegensätzlicher Systeme sehr gründlich zu zerlegen*, bevor sie auf einer angemessenen Ebene der Integration zusammengeführt werden (Erickson und Rossi, 1981).

12.4 Die Verneinung

Eng verbunden mit dem Nebeneinanderstellen von Gegensätzen sei nach Milton H. Erickson *die Abfuhr der negativen Einstellung oder des Widerstandes*, der sich aufstaue, sooft der Hypnotisand eine Reihe von Suggestionen befolge. Erickson mißt dieser *Abfuhr* eine große Bedeutung bei. Im täglichen Leben würde man erkennen können, daß Menschen, *die zu negativen Reaktionen und zu Widerstand neigen*, gewöhnlich in der Vergangenheit häufig das

Gefühl hatten, *zu sehr unter Druck gesetzt worden zu sein*. Aus diesem Grund wollen sie jetzt «ihren Kopf durchsetzen». Sie lehnen sich gegen jede Gängelung auf und tun sehr häufig das Gegenteil von dem, was andere ihrer Meinung nach wollen. *Diese oppositionelle Haltung stelle natürlich eine Kompensation ihrer früheren Lebensgeschichte dar*. Die Natur wolle anscheinend, daß man sich individuell entfalte.
In der experimentellen Forschung haben Psychologen *das Konzept der reaktiven Hemmung* entwickelt, um ähnliche Verhaltensphänomene zu erklären (Woodworth und Schlosberg, 1954). Nach wiederholter Erfüllung einer Aufgabe scheint die Vp oder das Versuchstier immer weniger gewillt weiterzumachen und schlägt eher *alternative Richtungen* ein oder bevorzugt andere Verhaltensmuster. Diese Haltung scheine insofern eine Anpassungsfunktion zu haben, als sie früheres Verhalten zugunsten neuer Reaktionen blockiere, die neue Möglichkeiten eröffnen können. Erickson hat verschiedene Mittel erprobt, um mit dieser *Hemmung* oder *oppositionellen Tendenz* fertig zu werden (bzw. sie sich nutzbar zu machen). Er glaubt, *daß das bloße Aussprechen einer Verneinung durch den Hypnotherapeuten oft als Blitzableiter dienen könne, um kleinere Hemmungen und Widerstände, die sich im Hypnotisanden aufgestaut haben*, automatisch abzuführen. Er verwendet dabei Wendungen wie die folgenden: «Sie können es versuchen, nicht wahr?... Sie können nicht damit aufhören, richtig?» Die *Verwendung der Verneinung* sei auch mit einer anderen indirekten Form verwandt – *Nichts-Wissen und Nichts-Tun*. Es könne sehr nützlich sein, die Verneinung *beiläufig in kontingenten Suggestionen* wie folgt unterzubringen, die das Bindewort *bis* verwenden: «Sie brauchen nicht in die Hypnose zu gehen, *bis* Sie wirklich dazu bereit sind... Sie werden keinen tiefen Atemzug machen, *bis* diese Hand Ihr Gesicht berührt... Sie werden nicht wirklich wissen, wie wohl Sie sich in der Hypnose fühlen können, *bis* sich dieser Arm langsam ganz heruntersenkt und auf Ihren Schoß legt...» (Donaldson, 1959; Erickson und Rossi, 1981; Erickson et al., 1978).

13. Implikationen und implizierte Anweisungen

13.1 Vorbemerkungen zur Begriffsbildung

Die Implikation sei eine linguistisch-psychologische Grundform, die uns das klare Modell der Dynamik der indirekten Suggestion liefere. Die meisten Hypnotherapeuten seien sich darin einig, daß nicht entscheidend sei, *was der Hypnotherapeut sage*, *sondern was der Hypnotisand höre*. Das heißt, die Worte des Hypnotiseurs dienen nur als Stimuli, die im Hypnotisanden viele persönliche Assoziationsketten auslösen. Diese persönlichen Assoziationsketten seien die eigentlich wesentlichen Triebkräfte des therapeutischen Prozesses. Der Prozeß könne unterbrochen werden, wenn irgendwelche harmlosen Bemerkungen des Hypnotiseurs für den Hypnotisanden *negative Implikationen* haben. Er werde aber andererseits stark gefördert, wenn die Worte des Hypnotherapeuten Implikationen enthalten, die beim Hypnotisanden latente Potentiale wecken (Erickson und Rossi, 1981; Erickson et al., 1978). *Körpersprache und Gestik sind non-verbale Formen der Kommunikation* (Birdwhistell, 1952, 1971). Auf der einfachsten Ebene komme die Implikation *verbal* durch den *Wenn-Dann-Satz* zustande. Beispiele: «*Wenn* Sie sich *hinsetzen*, *dann* können Sie in die Hypnose gelangen... *Wenn* Sie Ihre Beine *nicht überkreuzen* und Ihre Hände bequem in den Schoß legen, *dann* werden Sie *bereit sein*, in eine Hypnose einzutreten...».

13.2 Implizierte Direktiven

Die implizierte Direktive sei eine indirekte Form von Suggestion, die in der klinischen Hypnose allgemein gebräuchlich sei (Cheek und LeCron, 1968). Sie bestehe aus *drei* Teilen: (a) aus einer *zeitgebundenen Einleitung;* (b) aus der *implizierten Suggestion*, die im Patienten einen Prozeß auslöse; (c) aus einer *Verhaltensreaktion*, die signalisiere, wann die implizierte Suggestion gewirkt habe (Erickson et al., 1978).
Auch die implizierte Direktive löse *eine innere Suche und unbewußte Prozesse* aus und informiere uns darüber, sobald eine therapeutische Reaktion stattgefunden habe. Sie sei besonders wertvoll, wenn wir einen umfassenden Prozeß *innerer Exploration* in Gang setzen müssen und wenn wir versuchen, *die Dynamik der Symptombildung* zu entwirren. Beispiel:
«*Sobald* sich bei Ihnen ein Gefühl der Entspannung und des Wohlbefindens einstellt, werden sich Ihre Augen ganz von selbst schließen.»
Das Schließen der Augen sei eine Reaktion, die ganz natürlich mit einem inneren Wohlbefinden verbunden sei und somit ein ideales Signal des stattgefundenen inneren Prozesses darstelle. Ein weiteres Beispiel:
«*Während* dieses *Wohlbefinden* zunimmt, kann sich Ihr bewußter Verstand *entspannen*... Und *sobald* ein interessanter Gedanke in Ihr Bewußtsein tritt, werden sich Ihre *Augen öffnen*, während Sie ihn sorgfältig erwägen...».

14. Bindungen und Doppelbindungen

14.1 Vorbemerkungen zur Begriffsbildung

Erickson will die Begriffe *Bindung* und *Doppelbindung* nur in einem sehr *speziellen und begrenzten Sinn* gebraucht wissen, nämlich *zur Beschreibung bestimmter Formen von Suggestionen*, die dem Patienten Gelegenheit zu therapeutischen Reaktionen geben. Eine *Bindung* offeriere dem Patienten eine *freie, unbewußte Wahl zwischen zwei oder mehr Alternativen*. Jede Wahl, die er treffe, führe ihn in eine therapeutische Richtung. Im Gegensatz dazu biete eine *Doppelbindung Verhaltensmöglichkeiten* an, die außerhalb seines üblichen Spektrums bewußter Wahl und willentlicher Kontrolle liegen. Die Doppelbindung entstehe durch die Möglichkeit, *auf mehr als einer Ebene miteinander zu kommunizieren.* Im täglichen Leben sage man häufig etwas *verbal* und kommentiere das Gesagte gleichzeitig *non-verbal.* Man sage beispielsweise: «*Gehen wir ins Kino.*» Man könne das jedoch mit unzähligen Variationen in Tonfall und Absicht sagen, die vielerlei Implikationen haben können. Diese Variationen stellen sämtliche Kommentare oder Metakommunikationen über den primären verbalen Vorschlag, ins Kino zu gehen, dar. Bindungen und Doppelbindungen seien weitgehend eine Funktion dessen, der die Botschaft empfange. *Was für eine Person eine Bindung oder Doppelbindung sei, möge es für eine andere nicht sein.* Wie das auch bei all den anderen indirekten Formen von Suggestionen der Fall sei, nutzen Bindungen und Doppelbindungen das ganz persönliche Repertoire von Assoziationen und eingeschliffenen Verhaltensmustern des Hypnotisanden. Die meisten Bindungen und Doppelbindungen können nicht auf mechanische Weise übertragen werden. Der Hypnotherapeut müsse Bescheid wissen, wie man seine Botschaft aufnehmen werde, um sie wirksam zu machen (Erickson und Rossi, 1981).

14.2 Bindungsmodelle der Meiden-Meiden- und Tun-Tun-Konflikte

Psychologische Bindungen seien Lebenssituationen, in denen die Verhaltensmöglichkeiten eingeschränkt seien. Typischerweise sei der Mensch das Opfer von Umständen, die ihm nur unangenehme Reaktionsalternativen offenlassen. Man habe nur die Wahl zwischen *Szylla* und *Charybdis.* Man befinde sich somit in einem *Meiden-Meiden-Konflikt;* man müsse *eine Wahl* treffen, obwohl man am liebsten alle Alternativen meiden möchte. Unter solchen Umständen wähle man gewöhnlich das kleinere *Übel.* Solche Bindungen können auch nach *dem Modell eines Tun-Tun-Konflikts* konstruiert werden. In diesem Fall sei man gezwungen, nur eine von mehreren lockenden Marschrouten zu wählen und all die anderen wünschenswerten Möglichkeiten auszuschließen. In der Alltagssprache sagt man: «*Du kannst Deinen Kuchen nicht gleichzeitig behalten und aufessen.*» Da man zahllose Erfahrungen mit solchen Situationen habe, seien die *Meiden-Meiden- und Tun-Tun-Konflikte* quasi eingeschliffene Prozesse, die das Verhalten des Menschen regeln. Wenn man Patienten studiere, lerne man erkennen, daß manche stärker durch *Meiden-Meiden-Konflikte* geprägt seien, während sich andere vielleicht in der glücklicheren Lage befänden, ständig mit *Tun-Tun-Alternativen* zu operieren. Die klinische Kunst der Nutzung dieser Konfliktmodelle bestehe darin, zu erkennen, welche Tendenz bei einem bestimmten Patienten vorherrsche, und dann Bindungen zu konstruieren, *die ihm nur therapeutische Reaktionsalternativen* offenlassen. Wenn man nicht wisse, welche Tendenz stärker dominiere, könne man allgemeine Bindungen anbieten, die auf jeden anwendbar seien, wie die folgenden:
«Möchten Sie *jetzt* oder *später* in eine Hypnose eintreten?... Möchten Sie *sitzend* oder *liegend* in die Hypnose gehen?... Möchten Sie eine *leichte*, *mittlere* oder *tiefe* Hypnose erleben?»
Der Patient habe bei Reaktionen auf die oben angebotenen Alternativen *eine freie, bewußte Wahl.* Sobald er seine Wahl getroffen habe, bleibe ihm jedoch nichts anderes übrig, als in eine Hypnose einzutreten. Die *Frageform* sei besonders gut geeignet, um Bindungen zu offerieren. Wenn man sie mit einem ideomotorischen Signal kombiniere, könne man häufig ein Assoziationsnetz der strukturierten Erkundung formulieren, welche die Dynamik eines Problems rasch entwirren und lösen könne (Cheek und LeCron, 1968; Deleuze, 1843).

14.3 Bewußt-Unbewußt-Doppelbindungen

Zu den faszinierendsten und nützlichsten *Doppelbindungen* zählen diejenigen, die *das Zusammenspiel zwischen bewußten und unbewußten Prozessen* nutzen (Erickson, 1964 a, b, c; Erickson und Rossi, 1975). Diese Doppelbindungen beruhen alle auf der Tatsache, daß man sein Unbewußtes zwar nicht kontrollieren, jedoch *eine Botschaft bewußt aufnehmen* könne, *welche die unbewußten Prozesse in Gang setze.* Die *Bewußt-Unbewußt-Doppelbindung* ziele darauf ab, die Grenzen der bewußten Kenntnisse und Fähigkeiten zu umgehen, so daß das Verhalten durch die *verborgenen Potentiale* vermittelt werden könne. Jede Reaktion auf die folgende Suggestion erfordere beispielsweise, daß der Hypnotisand eine innere Konzentration und einen Suchvorgang erlebe, der unbewußte Prozesse auf eine Weise in Gang setze, die sich gewöhnlich der bewußten Kontrolle entziehe:
«*Wenn Ihr Unbewußtes möchte, daß Sie in die Hypnose eintreten, wird sich Ihre rechte Hand ganz von selbst heben. Anderenfalls wird sich Ihre linke Hand heben...*».
Ob man nun eine «Ja»- (rechte Hand) oder eine «Nein»-Reaktion (linke Hand) auf diese Suggestion erhalte, die Induktion der Hypnose habe auf jeden Fall begonnen, *da jede wirkliche autonome Reaktion* (das Heben der einen oder anderen Hand) *das Vorhandensein*

einer Hypnose impliziere. Wenn der Hypnotisand aber ruhig dasitze und nach einigen Minuten keine Handreaktion erfolgt sei, könne der Hypnotiseur mit dem folgenden Zusatz eine weitere Doppelbindung präsentieren:
«*Da Sie ruhig dasitzen und noch keine Handreaktion erfolgt ist, können Sie sich fragen, ob es Ihr Unbewußtes vorziehen würde, gar keine Anstrengung zu unternehmen, während Sie in eine Hypnose eintreten. Vielleicht ist es Ihnen angenehmer, sich gar nicht bewegen oder sprechen zu müssen, oder sich auch nur die Mühe zu machen, Ihre Augen offenzuhalten.*»
An diesem Punkt können sich die Augen des Hypnotisanden schließen, und die Hypnose könne manifest werden. Die Augen können auch mit einem passiven, starren Blick offenbleiben. Der Körper könne aber unbeweglich werden, was eine Hypnose ankündige. Sollte der Hypnotisand jedoch Schwierigkeiten haben, dann werde er seine Körperstellung und seine Mimik verändern und schließlich *über das Problem sprechen.*
Die *Bewußt-Unbewußt-Doppelbindung*, kombiniert mit Fragen, Implikationen, *Nichts-Müssen/Nichts-Wissen/Nichts-Tun* und ideomotorischen Signalen, sei somit eine ausgezeichnete Hilfe zur Induktion der Hypnose und zur Erkundung der Reaktionsmuster eines Hypnotisanden. In der Hypnotherapie habe die *Bewußt-Unbewußt-Doppelbindung* zahllose Verwendungsmöglichkeiten, die alle auf ihrer Fähigkeit basieren, die unbewußten Prozesse zu mobilisieren. Die Verwendung der oben beschriebenen Verneinung sei hier ebenfalls sehr hilfreich:
«Sie brauchen mir *nicht* zuzuhören, weil Ihr Unbewußtes hier ist und hören kann, was es braucht, um genau auf die richtige Weise zu reagieren ... Und es ist wirklich *nicht* wichtig, was Ihr bewußter Verstand macht, denn Ihr Unbewußtes kann das richtige Mittel finden, um mit diesem Schmerz (oder was auch immer) fertig zu werden ...» (Erickson und Rossi, 1981) (siehe dazu Galin, 1974; Hoppe, 1977; Kapitel XXV).

14.4 Doppel-Dissoziations-Doppelbindung

Die *Doppel-Dissoziations-Doppelbindung* sei von Erickson et al. (1978) entdeckt und daraufhin seien folgende Suggestionen analysiert worden:
«Sie können als *Person* erwachen, aber Sie brauchen nicht als *Körper* zu erwachen ... Sie können erwachen, wenn Ihr Körper erwacht, aber ohne Ihren Körper zu erkennen.»
In der ersten Hälfte dieser Suggestion wird das Erwachen als Person vom Erwachen als Körper dissoziiert. In der zweiten Hälfte wird das Erwachen als Person und als Körper vom Erkennen des Körpers dissoziiert. Suggestionen, die solche Dissoziationen enthalten, fördern das hypnotische Verhalten und explorieren gleichzeitig die individuellen Reaktionsfähigkeiten. Die Doppel-Dissoziations-Doppelbindung *verwirre* in der Regel den bewußten Verstand des Hypnotisanden und setze dadurch seine gewohnten Haltungen, Vorurteile und gelernten Beschränkungen außer Kraft. Dies bereite den Boden für *unbewußte Suchvorgänge* und Prozesse, die zu kreativem Verhalten führen können. Beispiele:
«Sie können träumen, daß Sie wach sind, obwohl Sie sich in der Hypnose befinden ...» (Pause). Oder:
«Sie können so tun, als seien Sie in der Hypnose, obwohl Sie wach sind ...». «Sie können bemerken, daß sich Ihre Hand hebt, ohne zu wissen, wo sie hin will ...» (Pause). Oder:
«Sie spüren vielleicht, wo sie hin will, obwohl Sie sie nicht selbst steuern ...» «Sie können eine abstrakte Zeichnung machen, ohne zu wissen, was sie darstellt ...» (Erickson et al., 1978; LeCron, 1954).

15. Multiple Ebenen von Bedeutung und Kommunikation

Das *Fünf-Stadien-Paradigma* der Dynamik der Hypnose-Induktion und Utilisation (Schema 13) illustriert *einige der essentiellen Vorgänge* auf den *multiplen Ebenen der Bedeutung und Kommunikation* (Erickson und Rossi, 1976). Die meisten literarischen Ausdrucksformen seien *de facto* Hilfsmittel zur Auslösung unbewußter Suchvorgänge und Prozesse, um mehrere Bedeutungsebenen zu aktivieren. Dies sei nach Sigmund Freud ein höchst interessanter und signifikanter Aspekt der Ökonomie der psychischen Dynamik und der Evolution des Bewußtseins. Freud hat die gegensätzliche Bedeutung der frühesten Worte (Freud, 1969) und der Beziehung von *Witzen und Wortspielen* zum Umbewußten erörtert (Kapitel X). *Witze seien von besonderem Wert, weil sie dem Patienten helfen, seine eingeschränkten geistigen Haltungen zu durchbrechen und dadurch eine unbewußte Suche nach anderen und vielleicht neuen Bedeutungsebenen zu mobilisieren.* C.G. Jung (Kapitel X) hat den Begriff des *Symbols* nicht als einfaches Zeichen angesehen, bei dem ein Ding für ein anderes stehe, sondern vielmehr als die beste *Repräsentanz* von etwas, was erst im Begriff sei, in unser Bewußtsein zu treten (Jung, 1956, 1973). Der wichtigste Faktor in all diesen Konzeptionen sei *die Idee der Evolution des Bewußtseins* (Erickson und Rossi, 1981).
Von diesem Standpunkt aus könne man verstehen, daß *Metaphern* und *Analogien* mehr sein können als nur Kunstgriffe; *sie können neue Muster und Dimensionen von Bewußtsein wecken.* Schon die Abstammung des Wortes *Metapher* (*meta* = jenseits, über; *pherin* = bringen, tragen) deutet darauf hin, daß eine neue, *im Unbewußten entwickelte Bedeutung mittels der Metapher in das Bewußtsein übertragen werde.* Nach der traditionellen Definition von Metapher *handelt es sich dabei um ein Wort oder eine Wendung, die durch eine Analogie eine andere als die buchstäbliche Bedeutung suggeriert* (z.B. ein Schiff durchpflügt das Meer, ein Hagel von Flüchen). Im psychologischen Gebrauch werden solche traditionellen literarischen Stilmittel wie *Metapher, Analogie und Gleichnis* als Mittel zur Förderung von Einsicht oder neuem Bewußtsein in der therapeutischen Transaktion betrachtet (Bandler und Grinder, 1975, 1979; Coe und Scharcoff, 1985; Dilts et al., 1979; Grinder et al., 1977; Gumm et al., 1982; Jaynes, 1976; Tosi und Baisden, 1984).

16. Utilisationstechnik der Suggestion und Hypnose-Induktion

Erickson (1958, 1959) habe zwischen den *formalisierten, ritualistischen Verfahren der Hypnose-Induktion, bei denen dieselbe Methode mechanisch auf jeden angewandt wird, und der individuellen Methode unterschieden*, bei der die Eigenschaften der Persönlichkeit und das Verhalten des Patienten für die Hypnose-Induktion ausgenutzt werden. Bei diesem *Utilisationsansatz* werde die Aufmerksamkeit des Patienten in einer Weise auf einen wichtigen Aspekt seiner eigenen Persönlichkeit und seines Verhaltens fixiert, die zu der inneren Konzentration führe, welche er als *therapeutische Trance* definiere. Die gewohnten bewußten Haltungen des Patienten würden mehr oder weniger außer Kraft gesetzt, unbewußte Suchvorgänge ausgelöst, die für die therapeutische Reaktion notwendig seien. Allerdings steht Erickson dabei nicht allein.

16.1 Ausnutzung des manifesten Verhaltens des Hypnotisanden

Der erste Schritt des Hypnotherapeuten bestehe darin, das *manifeste Verhalten* des Hypnotisanden zur Kenntnis zu nehmen. Dies fördere eine entsprechende Offenheit und ein Akzeptieren des Hypnotherapeuten durch den Patienten. Falldarstellungen von Erickson (1958, 1959) mögen veranschaulichen, wie sich der *Rapport* entwickeln und rasch zum Erlebnis einer therapeutischen Hypnose führen könne. *Die Entwicklung eines Hypnosezustandes sei ein intrapsychisches, von inneren Vorgängen abhängiges Phänomen, und die Intervention des Hypnotiseurs diene nur dazu, eine günstige Situation herbeizuführen. Die Rolle des Hypnotiseurs sollte ständig minimiert und die Rolle des Probanden dabei erweitert werden* (Erickson und Rossi, 1981).

Es sei das Beispiel einer freiwilligen Vp Ericksons skizziert, die später Medizinstudenten in Hypnose unterwies. Nach einer allgemeinen Einführung in die Hypnose erklärte sie sich bereit, sofort in eine Hypnose einzutreten. Es wurde ihr angeboten, sich den Sessel und die Stellung auszusuchen, die ihr am bequemsten erschienen. Sobald sie es sich bequem gemacht hatte, bemerkte sie, daß sie gern eine Zigarette rauchen würde. Ihre Bitte wurde sofort erfüllt, und sie begann behaglich zu rauchen und nachdenklich den aufsteigenden Rauch zu beobachten. Der Hypnotiseur machte im Konversationston beiläufige Bemerkungen über das *Vergnügen* des Rauchens, daß es *Spaß* mache, den *Rauchkringeln* zuzusehen, über das Gefühl des Behagens, mit dem sie die Zigarette an die *Lippen* führe, über das innere Gefühl der Befriedigung, sich ganz auf den Genuß des Rauchens zu konzentrieren, ohne die Notwendigkeit, auf äußere Dinge zu achten. Es folgten einige zwanglose Bemerkungen über das *Inhalieren* und *Ausatmen* des Rauches, wobei diese Worte auf ihre Atemzüge abgestimmt wurden. Andere Bemerkungen bezogen sich auf die *Leichtigkeit*, mit der sie ihre Zigarette fast *automatisch an die Lippen führte*, um dann ihre Hand auf die Armlehne zu *senken*. Auch diese Bemerkungen wurden auf ihr tatsächliches Verhalten abgestimmt. Bald erhielten die Worte «Inhalieren», «Ausatmen», «Heben» und «Senken» eine konditionierende Qualität, deren sie sich wegen des Gesprächstons nicht bewußt war. Es folgten weitere beiläufige Suggestionen, bei denen die Worte *Schlaf*, *schläfrig* und *schlafen* mit ihren Lidbewegungen synchronisiert wurden. Bevor sie ihre Zigarette ausgeraucht hatte, fand sie sich in einer leichten Hypnose. Dann wurde ihr suggeriert, daß sie den *Rauchgenuß* auch fortsetzen könne, während sie immer tiefer schlafe; daß sich der Hypnotiseur um die Zigarette kümmern werde, während sie in immer tieferen Schlaf versinke; daß sie im Schlaf weiterhin die befriedigenden Gefühle und Empfindungen des Rauchens erleben werde. Daraus resultierte eine tiefe Hypnose, während der sie ausführlich belehrt wurde, in Einklang mit ihrem eigenen unbewußten Verhaltensmuster zu reagieren.

Die eingeflochtenen Suggestionen trugen dazu bei, die gewohnte wache Orientierung der Vp zu entkräften. Der Zustand des Nichts-Wissens und Nichts-Tuns, der eintrete, wenn man sich nicht um äußerliche Dinge zu kümmern brauche, führte sie *zu einer unbewußten Suche nach einer neuen Form von Leitung und Orientierung*. Diese neue Leitung bot ihr Erickson mit seinem offenkundigen Interesse für ihr *Rauchverhalten*. Das Rauchverhalten benutzte er dann für einen Prozeß unbewußten Konditionierens; ihr Inhalieren und Ausatmen, das Heben und Senken ihrer Hand, wurden konditioniert, seiner Stimme und seinen Suggestionen zu folgen. Dieses unbewußte Konditionieren sei ein Mittel zur Bewertung und Verstärkung ihrer Suggestibilität gewesen. Schließlich sei die ideodynamische, assoziative Qualität von Worten wie «Schlaf» mit ihren tatsächlichen Lidbewegungen in schlafsuggerierender Weise verknüpft worden. Obwohl sich sowohl der Hypnotherapeut als auch der Hypnotisand völlig darüber im klaren waren, *daß Hypnose nicht mit Schlaf identisch sei, trugen Worte, die die Vorstellung von Schlaf hervorrufen, dazu bei, verwandtes Verhalten hervorzurufen, das für die Hypnose förderlich sei.*

Der Rapport sei noch weiter gesteigert worden, als er ihr die Zigarette abnahm und bemerkte, sie *könne das Rauchen weiterhin genießen, während sie immer tiefer schlafe.* Eine halluzinatorische Wunscherfüllung von etwas, das sie sichtlich genoß, wie das Rauchen, wurde davon abhängig gemacht, daß sie *immer tiefer schlafe.* Es wurde die Erwartung in ihr geweckt, daß sie weiterhin *befriedigende Gefühle* erleben werde, wenn sie tiefer in die Hypnose eintrete. Diese *pragmatische Nutzung* ihres Rauchverhaltens, zusammen mit vielen indirekten Formen von Suggestionen, die ihre eigenen Assoziationsprozesse aktivierten, habe dann eine längere Hypnotherapie ermöglicht.

Der Wert der Utilisationstechnik liege darin, daß dem Hypnotisanden eindrucksvoll demonstriert werden könne, daß er völlig akzeptabel sei und daß der Hypnotherapeut ungeachtet seines Verhaltens wirksam mit ihm umgehen könne. Sie entspreche nicht nur den anfänglichen Bedürfnissen des Hypnotisanden, sondern benutze genau das Verhalten, von dem der Hypnotisand beherrscht werde, als einen wichtigen Bestandteil des Induktionsverfahrens.

16.2 Ausnutzung von Notfällen

Grenzsituationen sind in der Regel in der Hypnotherapie fördernd. Cheek und LeCron (1968) haben gezeigt, daß viele *iatrogene Probleme und neurotische Symptome durch Auffangen unbedachter Bemerkungen in Notfällen und Streßsituationen erworben werden können,* wenn sich ein Mensch *in einer spontanen Hypnose als archaischer Schutzreaktion befinde und infolgedessen einen Zustand außergewöhnlich erhöhter Suggestibilität aufweise.* Solche Notfälle benutze Erickson, um allmählich therapeutische Suggestionen vorzubringen. An dieser Stelle beschreibt er das Beispiel des siebenjährigen Allan, der auf eine zerbrochene Flasche fiel und sich ernste Schnittwunden an seinem Bein zuzog. Durch die Lenkung der Aufmerksamkeit des Kindes auf die Anzahl der chirurgischen Nähte an der verletzten Stelle wurde eine Narkose vermieden.

16.3 Ausnutzung der inneren Realität des Hypnotisanden

Die Ausnutzung des äußeren manifesten Verhaltens des Hypnotisanden (Schema 14) könne *zu einer Annahme und Ausnutzung seiner inneren Realität* – seiner Gedanken, Gefühle und Lebenserfahrungen – generalisiert werden. *Eine andere Form der Utilisationsmöglichkeit sei die Verwendung des Hypnotisanden im Gegensatz zu seinem äußeren Verhalten.* Das hieße, die Ausnutzung seiner *Gedanken und Anschauungen* als Basis des Induktionsverfahrens. *Normalerweise seien hier gute Intelligenz, gewisse Differenzierungsfähigkeit und Ernsthaftigkeit die Voraussetzung* (siehe dazu Kapitel IX).

Das Verfahren sei relativ einfach. Der Hypnotisand werde entweder aufgefordert oder es werde ihm gestattet, frei seine *Gedanken, Anschauungen, Meinungen* zu äußern. Er werde dann ermutigt, laut immer ausführlicher darüber zu spekulieren, falls er in einen Zustand der Hypnose gelange. Während der Patient dies tue, aber auch, wenn er nur gegen die Unmöglichkeit einer solchen Spekulation protestiere, werden seine Äußerungen im wesentlichen wiederholt, als ob der Hypnotiseur ernsthaft bemüht sei, seine Aussagen besser zu verstehen oder zu bekräftigen. Auf diese Weise werde der Hypnotisand zu weiteren Kommentaren veranlaßt, die vom Hypnotherapeuten wiederholt werden. Häufig zeichnen sich die gebildeteren Vpn durch größere Spontaneität aus; aber gelegentlich erweise sich auch die naive, weniger gebildete Vp als bemerkenswert suggestibel. Aus diesen Beispielen gehe eine Kondensierung der Art von Äußerungen hervor, die zur Induktion von Hypnose benutzt werden. Im allgemeinen gebe es viel mehr Wiederholungen, die sich von Hypnotisand zu Hypnotisand unterscheiden. Manchmal wirke diese Technik außerordentlich rasch. Ängstlichen Patienten werde dadurch die Gewißheit vermittelt, daß sie sich sicher fühlen könnten, daß ihnen nichts geschehe und nichts aufgezwungen werde. Sie haben das Gefühl, jeden Schritt des Verfahrens in entspannter Weise mitverfolgen zu können. Dementsprechend seien sie zur uneingeschränkten Zusammenarbeit bereit, die schwer zu erlangen wäre, wenn sie das Gefühl hätten, daß ihnen ein Verhaltensmuster aufgezwungen werde. Die Erfahrung des Hypnotisanden, etwas nicht zu wissen («Ich weiß nicht, was Hypnose ist»), könne als idealer Ausgangspunkt zur Auslösung einer Hypnose und zur Exploration seiner inneren Realität genutzt werden.

Rossi (Erickson und Rossi, 1981) habe die Erfahrung gemacht, daß Fragen die sich auf Erinnerungen beziehen, ein verläßliches Mittel zur Einschätzung der Zugänglichkeit des Hypnotisanden für eine Hypnose und häufig auch eine gute Methode zur Förderung der eigentlichen Induktion seien. Als eine Frau beispielsweise nach ihrer frühesten Erinnerung gefragt wurde, berichtete sie zunächst über eine, die ihr seit langem vertraut war. Als Rossi sie ermutigte, weiter nachzuforschen, schwieg sie einige Augenblicke, mit Anzeichen jener inneren Konzentration, die man als gewöhnliche *Alltagstrance* bezeichne, und bemerkte dann ruhig, daß sie zu einem hellen Licht aufzuschauen scheine, ohne irgend etwas anderes zu sehen. Im nächsten Augenblick begann sich ihr linkes Bein zu heben, während ihr übriger Körper unbeweglich aber sichtlich entspannt blieb. Sie berichtete dann, daß sie in ihrer Kehle einen Schrei entstehen fühle. Dann schüttelte sie plötzlich den Kopf, veränderte ihre Haltung und kehrte sichtlich in den Wachzustand zurück. Bei ihrer inneren Suche nach einer früheren Erinnerung sei sie spontan in Hypnose versunken gewesen und habe vorübergehend eine echte *Altersregression* in ihre Säuglingszeit erlebt, als ihr Gesichtsfeld und ihr Körper anscheinend noch nicht ganz unter bewußter Kontrolle gewesen seien, und sie das Gefühl gehabt habe, sie werde wie ein Säugling zu schreien beginnen. Das habe sie erschreckt, so daß sie sich spontan habe auf den Wachzustand zurückorientieren müssen (Erickson und Rossi, 1981).

16.4 Ausnutzung von Widerständen des Hypnotisanden

Der scheinbar aktive Widerstand, den man bei Hypnotisanden antreffe, sei häufig nichts anderes als eine unbewußte Maßnahme, um die Bereitschaft des Hypnotiseurs zu testen, ihnen auf halbem Wege entgegenzukommen, statt sie zwingen zu wollen, ganz und gar nach seinen Vorstellungen zu handeln. So erklärte sich nach Erickson und Rossi (1981) eine Vp, mit der bereits einige Hypnotiseure ohne Erfolg gearbeitet hatten, freiwillig bereit, als Demonstrationsobjekt zu dienen. Als ihr Angebot angenommen wurde, setzte sie sich in einer steif aufrechten, herausfordernden Haltung auf den dem Publikum zugekehrten Stuhl. Auf dieses nichts Gutes verheißende Verhalten reagierte der Versuchsleiter mit einer zwanglosen Bemerkung gegenüber den Zuhörern, daß die Hypnose nicht unbedingt von völliger Entspannung oder einem Automatismus abhänge, sondern daß sie bei einer willigen Vp herbeigeführt werden könne, falls der Hypnotiseur bereit sei, das Verhalten der Vp uneingeschränkt zu akzeptieren. Die Vp reagierte darauf, indem sie sich erhob und fragte, ob sie im Stehen hypnotisiert werden könne. Ihre Frage wurde durch die Suggestion gekontert:
«Warum demonstrieren Sie nicht, daß es möglich ist?»

Eine Reihe von Suggestionen führte rasch zur Entstehung einer tiefen Hypnose. Durch die Fragen der Zuhörer stellte sich heraus, daß die Vp viel über Hypnose gelesen hatte und sich heftig gegen die häufig anzutreffende falsche Vorstellung von der hypnotisierten Person als einem passiv reagierenden Automaten, der zu keiner eigenen Äußerung fähig sei, wehrte. Sie erklärte weiter, daß man sich darüber klar werden solle, daß spontanes Verhalten seitens der Vp durchaus möglich sei und daß sich die Anerkennung dieser Tatsache auf die Verwendung der Hypnose auswirken könne.

Man lese in der Literatur (Erickson und Rossi, 1981) viel über den *Widerstand* von Vp und über die Techniken, die zu seiner Umgehung oder Überwindung angewandt werden (Kroger, 1963, 1977). Nach der Erfahrung Ericksons sei es am erfolgversprechendsten, *Widerstände so wie jede andere Art von Verhalten zu akzeptieren und zu nutzen, da sie alle bei richtigem Einsatz die Entwicklung von Hypnose fördern können.* Die Suggestionen sollten so formuliert werden, *daß sowohl eine positive als auch eine negative Reaktion, als auch das Fehlen jeglicher Reaktion* allesamt als *reaktives Verhalten* definiert werden können (siehe oben). Dadurch werde eine Situation geschaffen, in der die Vp ihren Widerstand auf konstruktive, kooperative Weise äußern könne; das Auftreten von Widerstand bei einer Vp werde am besten genutzt, indem man eine Situation herstelle, in der der Widerstand einem bestimmten Zweck diene. *Man könne keinen Widerstand gegen die Hypnose leisten, wenn keine Hypnose versucht werde* (Erickson und Rossi, 1981). In Erkenntnis dessen sollte der Hypnotiseur die Situation so gestalten, daß jede Gelegenheit, Widerstand zu zeigen, von hypnotischen Reaktionen abhängig werde und sich jeglicher Widerstand auf irrelevante Möglichkeiten beschränke. Der Vp, deren Widerstand sich durch Nichtheben ihrer Hand manifestiere, könne suggeriert werden, daß sich ihre rechte Hand heben werde, ihre linke dagegen nicht. Um erfolgreich Widerstand zu leisten, müßte sie nun das entgegengesetzte Verhalten zeigen. Das Ergebnis sei, daß die Vp *auf die Suggestion reagieren werde, aber zu ihrer eigenen Zufriedenheit. Die Ambivalenz hebe sich so von selbst auf.*

16.5 Aunsutzung von negativen Affekten und der Verwirrung des Hypnotisanden

Negative Affekte werden gewöhnlich als etwas angesehen, was es zu umgehen gelte. Im folgenden veranschaulicht Erickson, *wie negative Affekte zur Induktion von Hypnose und zur Förderung therapeutischer Veränderung benutzt werden können.*

Mißverständnisse, Zweifel und Unsicherheiten des Hypnotisanden können auch als *Induktionstechnik* benutzt werden. Als Beispiel mögen die Fälle von zwei Patientinnen dienen, beides Akademikerinnen, die eine Ende dreißig, die andere Anfang vierzig. Die eine Patientin äußerte in bezug auf ihre eigene Person starke Zweifel und Ungewißheit hinsichtlich der Validität hypnotischer Phänomene, aber erklärte, ihr verzweifeltes Bedürfnis nach Hilfe veranlasse sie, die Hypnose als eine, wenn auch unwahrscheinliche Therapieform zu versuchen. Die andere berichtete, sie sei überzeugt, daß Hypnose und physiologischer Schlaf identisch seien und daß sie unmöglich in eine Hypnose gelangen könne, ohne zuerst physisch einzuschlafen. Dies, erläuterte sie, würde eine Therapie ausschließen; dennoch sah sie in der Hypnose die einzig mögliche, wenn auch noch so fragliche Methode der Psychotherapie für sich, vorausgesetzt, daß die Hypnotherapie so durchgeführt werde, daß kein körperlicher Schlaf eintrete. Sie könne allerdings nicht glauben, daß dies möglich sei. Alle Erklärungsbemühungen von Erickson seien vergeblich gewesen und hätten nur die Angst und Spannung beider Patientinnen verstärkt. Es wurde deshalb ein Weg gewählt, der ihre falschen Vorstellungen miteinbezog. Die Technik war, abgesehen von einer gewissen Akzentverschiebung, im wesentlichen bei beiden Patientinnen dieselbe. Beiden wurde erklärt, daß sie in eine tiefe Hypnose versetzt würden. Ihre Mithilfe bei der Herbeiführung einer tiefen Hypnose sollte darin bestehen, daß sie die Gültigkeit und Echtheit all der Aspekte der Realität und des subjektiven Erlebens, die erwähnt werden würden, abschätzen, bewerten und überprüfen sollten. Dabei sollten sie sich verpflichtet fühlen, alles, was ihnen ungewiß oder zweifelhaft erschien, sofort in Frage zu stellen und zurückzuweisen. Bei der einen Hypnotisandin wurde das Schwergewicht auf subjektive Empfindungen und Reaktionen gelegt, und nur zwischendurch wurden Bemerkungen über reale Objekte eingestreut. Bei der anderen wurde die

Aufmerksamkeit als Beweis ihrer Wachheit vor allem auf reale Objekte gelenkt und nur gelegentlich Suggestionen bezüglich subjektiver Reaktionen eingestreut. *Auf diese Weise sei bei beiden eine schrittweise Verengung des Bewußtseinsfeldes und eine zunehmende Abhängigkeit und Suggestibilität gegenüber Erickson erreicht worden.* Durch Anwendung einer einfachen *progressiven Entspannungstechnik*, die auf das Schließen der Augen abzielte und leicht abgewandelt wurde, um den speziellen Bedürfnissen der Patientinnen zu entsprechen, gelang es, bei beiden einen somnambulen Hypnosezustand auszulösen.
Das Erlebnis von *Angst, Verwirrung, Zweifel, Unsicherheit und Depression* sei charakterikeitsveränderung durchmachen (Rossi, 1967, 1968, 1972a, b, c, 1973a, b, c, 1977; Erickson, Rossi und Rossi, 1978). Während der Patient unter diesen Manifestationen zu leiden habe, könne der Hypnotherapeut in ihnen hoffnungsvolle Anzeigen eines dringend notwendigen Prozesses der Persönlichkeitsumwandlung erkennen, der im Patienten stattfinde (siehe dazu Kapitel X).

16.6 Ausnutzung der Symptome des Patienten

Zu diesem Problem bringt Erickson in seinen Publikationen zahlreiche Beispiele. Auch anders geartete Probleme können auf die gleiche oder eine ähnliche Weise gelöst werden (siehe dazu Kapitel XV).

17. Beachtung und Ausnutzung von biorhythmischen Gesetzmäßigkeiten

Diese Probleme werden in Kapitel XXIX besonders bearbeitet werden. An dieser Stelle sei von der praktischen Seite her daran erinnert.

18. Beachtung und Vermeidung von interkurrenten Ereignissen

Nicht alle Patienten zeigen eine feste Biorhythmik im Verlaufe des Tages und auch im Laufe der Behandlung (Kapitel XXIX). Viele Patienten reagieren auf Ereignisse prompt, und zwar meist negativ. Innerhalb von wenigen Minuten kann sich eine *akute Symptomatik ausbilden* oder *verschlechtern*. In diesen Fällen sind die Patienten *weniger als sonst hypnotisierbar*. Kurz vor und nach den *Besuchen, freitags und montags, bei allen anderen Ereignissen, die bei reaktiven Patienten eine Verschlechterung der Symptomatik hervorrufen oder auslösen können, muß man vorsichtig sein.* Wir haben es erlebt, daß Patienten die Hypnose an Montagen ablehnten. An den darauffolgenden Tagen ging die Hypnotherapie ungestört weiter.

19. Noch eine Anmerkung

Mit vorliegendem Kapitel glauben wir, Milton H. Erickson die gebührende Referenz erwiesen zu haben – ganz gleich, was man subjektiv von ihm hält oder sagt. Viele frühere Techniken (siehe einschlägige Kapitel) wurden von Erickson nur zusammengefaßt und erweitert, einige sind von ihm selber entwickelt und ausgearbeitet. Dem Leser sollten all die Leistungen Ericksons nicht vorenthalten bleiben. Mit einer letzten Anmerkung (Frankel, 1976, Seite 54; Haley, 1967) wollen wir schließen. Diese lautet:

«*... It must be stated that no consideration of hypnotherapy is adequate without reference to the phenomenal achievements of Milton Erickson, whose therapeutic interventions with hypnosis have become legendary. He is widely acknowledged as one of the great practitioners of medical hypnosis, and an authority on techniques of induction. He has explored the possibilities and limits of the hypnotic experience, and investigated the nature of the relationship between hypnotist and subject. He has a unique approach to psychotherapy that he combines with hypnosis, often in the absence of formal induction procedures. As so often happens with charismatic leaders, to his followers must fall the task of separating in his procedures that which ist part of a system, and that which is part of the man. Those interested in traveling a fascinatingly instructive clinical course involving hypnosis should not fail to read the reports of his work.*»

20. Zusammenfassung und Schlußfolgerungen

Das Kapitel XII ist als die letzte Vorbereitung vor dem Start zum Hypnotisieren gemeint. Gleichzeitig wurde ein Versprechen an Milton H. Erickson eingelöst. Der überwiegende Teil bezieht sich auf die (un)bewußte Suche nach unbewußten Prozessen und auf die Utilisationstechnik bei der Vorbereitung zur Hypnose und während des Hypnotisierens.

(1) Das *Fünf-Phasen-Paradigma* nach Milton H. Erickson umfaßt (a) Fixierung der Aufmerksamkeit, (b) Außerkraftsetzen gewohnter Schemata und Glaubenssysteme, (c) unbewußte Suche, (d) unbewußte Prozesse und (e) hypnotische Reaktionen.

(2) Der Hypnotiseur muß von sich aus in der Lage sein, die hypnotischen Reaktionsmuster zu erkennen und zu ratifizieren. Dabei handelt es sich überwiegend um die Erkennung und Ratifizierung der Hypnose sowie um die Erkennung und Ratifizierung von ideomotorischen und ideosensorischen Signalen. Analog gilt das auch für den Hypnotisanden.

(3) Unter der *Einstreutechnik* der Hypnose-Induktion wird (a) das indirekte assoziative und (b) das indirekte ideodynamische Fokussieren verstanden.

(4) *Gemeinplätze zur Ausnutzung* von ideodynamischen Phänomenen umfassen (a) ideomotorische, (b) ideosensorische, (c) ideoaffektive und (d) ideokognitive Prozesse.

(5) Bei der Hypnosetechnik sind oft vage, aber auch definitive Zeitangaben von Bedeutung, je nach Situation und Hypnotisanden.

(6) Dabei wird insbesondere auf das Prinzip des Nichts-Tuns und Nichts-Wissens (Passivität) hingewiesen, aber auch auf das Abdecken aller Möglichkeiten einer Kategorie von Reaktionen. *Offene Suggestionen* ergänzen die Hypnosetechnik.

(7) Der Hypnotiseur fördert die Reaktionsmöglichkeiten des Hypnotisanden durch (a) Fokussieren von Assoziationen, (b) Fragen in der Hypnose-Induktion und (c) Förderung therapeutischer Reaktionsbereitschaft.

(8) *Kombinierte Suggestionen* ermöglichen eine (a) Ja-Haltung und Verstärkung des Hypnotisanden, (b) kontingente Suggestionen und Assoziationsnetze, (c) Nebeneinandersetzen von Gegenständen, (d) die Verneinung als Inhalt der Suggestionen.

(9) Suggestionen werden durch Implikation und implizierte Direktiven verstärkt.

(10) Unter der Bindung und Doppelbindung versteht man (a) Meiden-Meiden- und Tun-Tun-Konflikte, (b) bewußt-unbewußte Doppelbindungen, (c) Doppel-Dissoziations-Doppelbindungen auf multipler Ebene und Kommunikation.

(11) Die *Utilisationstechnik* von Suggestionen und Hypnose-Induktion ist vielfältig. Dabei handelt es sich in der Regel um die Ausnutzung (a) des manifesten Verhaltens, (b) von Notfällen, (c) der inneren Realität, (d) von Widerständen, (e) von negativen Affekten und Verwirrung des Hypnotisanden, aber auch (f) von Symptomen des Patienten.

(12) *Biorhythmische* Prinzipien sowie die Beachtung von Symptomveränderungen dürfen in der Hypnotherapie nicht außer acht gelassen werden. *Interkurrente Ereignisse* können die Hypnose verstärken, aber auch oft beeinträchtigen.

(13) Nicht alle Hinweise und Regeln in diesem Kapitel stammen von Milton H. Erickson. Ihm verdanken wir jedoch deren Ausarbeitung, Erweiterung und Vertiefung.

21. Literaturverzeichnis

Assagioli, R.: Psychosynthesis. Hobbs & Dorman, New York, N.Y., 1965.

Athavale J.B., and Athavale, K.J.: Psychopathogenesis and Stress Tolerance According to the Personality Defect Model of Psychotherapy. *Indian J. Clin. Hypn. Research*, (1983a), *1:* 6–30.

Athavale J.B., and Athavale, K.J.: Psychofeedback Technique – A New Technique of Hypnotherapy. *Indian J. Clin. Hypn. Research*, (1983b), *1:* 31–40.

Athavale J.B., and Athavale, K.J.: Response Substitution Technique – A New Technique of Hypnotherapy. *Indian J. Clin. Hypn. Research*, (1983c), *1:* 41–50.

Bakan, P.: Hypnotizability, Laterality of Eye-Movements and Functional Brain Asymmetry. *Persept. Motor Skills*, (1969), *28:* 927–932.

Bandler, R., and Grinder, J.: Pattern of the Hypnotic Technique of Milton H. Erickson, M.D. Vol. I. Meta Publications, Cupertino/Calif., 1975.

Bandler, R., and Grinder, J.: Frogs Into Princes. Real People Press, Moab/Utah, 1979.

Barber, T.X.: Hypnosis – A Scientific Approach. Nostrand Reinhold, New York, N.Y., 1969.

Barber, T.X., Dalal, A., and Calverely, D.: The Subjective Reports of Hypnotic Subjects. *Amer. J. Clin. Hypnosis*, (1968), *11:* 74–88.

Barber, T.X., and DeMoor, W.: A Theory of Hypnotic Induction Procedures. *Amer. J. Clin. Hypnosis*, (1972), *15:* 112–135.

Barber, T.X., Spanos, N., and Chaves, J.: Hypnosis, Imagination and Human Potentialities. Pergamon, New York, N.Y., 1974.

Barron, F.: Creative Person and Creative Process. Holt, Rinehart & Winston, New York, N.Y., 1969.

Bartlett, F.: Thinking – An Experimental and Social Study. Basic Books, New York, 1958.

Bateson, G.: Steps to an Ecology of Mind. Ballantine, New York, N.Y., 1972.

Bernheim, H.: Suggestive Therapeutics – A Treatise on the Nature and Uses of Hypnotism. Putnam, New York, N.Y., 1895.

Birdwhistell, R.: Introduction of Kinesics. Univers. of Louisville Press, Louisville/Ky., 1952.

Birdwhistell, R.: Kinesics and Context. Univer. of Philadelphia Press, Philadelphia/Pa., 1971.
Bogen, J.: The Other Side of the Brain – An Appositional Mind. *Bull. LA Neurol. Soc.*, (1969), *34:* 135–162.
Cheek, D., and LeCron, L.: Clinical Hypnotherapy. Grune & Stratton, New York, N.Y., 1968.
Coe, W.C., and Scharcoff, J.A.: An Empirical Evaluation of the Neurolinguistic Programming Modell. *Intern. J. Clin. Exp. Hypnosis*, (1985), *33:* 310–318.
Cooper, L., and Erickson, M.H.: Time Distorsion in Hypnosis. William & Wilkins, Baltimore, 1959.
Deleuze, J.P.F., 1843: Siehe Kapitel II.
Diamond, S., and Beaumont, J.: Hemisphere Function in the Human Brain. Halsted Press, John Wiley & Son, New York, N.Y., 1974.
Dilts, R.B., Grinder, J., Bandler, R., DeLozier, J., and Cameron-Bandler, L.: Neurolinguistic Programming. Meta Publications, Cupertino/Cal., 1979.
Dogs, W., 1967: Siehe Kapitel XIII.
Donaldson, M.M.: Positive and Negative Information in Matching Problems. *Brit. J. Psychol.*, (1959), *50:* 235–262
Dowd, E.T., and Hingst, A.G.: Matching Therapists' Predicates – A in Vivo Test of Effectiveness. *Percept. Mot. Skills*, (1983), *57:* 207–210.
Dowd, E.T., and Pety, J.: Effect of Counselor Predicate Matching on Perceived Social Influence and Client Satisfactions. *J. Couns. Psychol.*, (1982), *29:* 206–209.
Erickson, M.H.: Possible Detrimental Effects of Experimental Hypnosis. *J. Abnorm. Soc. Psychol.*, (1932), *27:* 321–327.
Erickson, M.H.: Automatic Drawing in the Treatment of an Obsessional Depression. *Psychoanal. Quart.*, (1938), *7:* 443–446.
Erickson, M.H.: The Induction for Color Blindness by a Technique of Hypnotic Suggestion. *J. Gen. Psychol.*, (1939), *20:* 61–89.
Erickson, M.H.: Hypnotic Psychotherapy. *Med. Clin. North Amer.*, (1948), pp. 571–583.
Erickson, M.H.: *Deep Hypnosis and Its Induction.* In: LeCron, L.M. (Ed.): Experimental Hypnosis. Macmillan, New York, N.Y., 1959, pp. 70–114.
Erickson, M.H.: Pseudo-Orientation in Time as a Hypnotherapeutic Procedure. *J. Clin. Exp. Hypnosis*, (1954), *2:* 261–283.
Erickson, M.H.: Self-Exploration in the Hypnotic State. *J. Clin. Exp. Hypnosis*, (1955), *3:* 49–57.
Erickson, M.H.: Naturalistic Techniques of Hypnosis. *Amer. J. Clin. Hypnosis*, (1958), *1:* 3–8.
Erickson, M.H.: Further Techniques of Hypnosis-Utilization Techniques. *Amer. J. Clin. Hypnosis*, (1959), *2:* 3–21.
Erickson, M.H.: Historical Note on the Hand Levitation and Other Ideomotor Techniques. *Amer. J. Clin. Hypnosis*, (1961), *3:* 196–199.
Erickson, M.H.: Pantomime Technique in Hypnosis and the Implications. *Amer. J. Clin. Hypnosis*, (1964a), *7:* 65–70.
Erickson, M.H.: Initial Experiments Investigating the Nature of Hypnosis. *Amer. J. Clin. Hypnosis*, (1964b), *7:* 152–162.
Erickson, M.H.: A Hypnotic Technique for Resistant Patients. *Amer. J. Clin. Hypnosis*, (1964c), *7:* 8–32.
Erickson, M.H.: A Special Inquiry with Aldous Huxley Into the Nature and Character of Various States of Consciuousness. *Amer. J. Clin. Hypnosis*, (1965a), *8:* 14–33.
Erickson, M.H.: The Use of Symptoms as an Integral Part of Therapy. *Amer. J. Clin. Hypnosis*, (1965b). *8:* 57–65.
Erickson, M.H.: Experimental Knowledge of Hypnotic Phenomena Employed for Hypnotherapy. *Amer. J. Clin. Hypnosis*, (1966a), *8:* 299–309.
Erickson, M.H.: The Interspersal Hypnotic Technique for Symptom Correction and Pain Control. *Amer. J. Clin. Hypnosis*, (1966b), *8:* 198–209.
Erickson, M.H.: Further Experimental Investigation of Hypnosis: Hypnotic and Nonhypnotic Realities. *Amer. J. Clin. Hypnosis*, (1967), *10:* 87–135.
Erickson, M.H.: A Field Investigation by Hypnosis of Sound Loci Importance in Human Behavior. *Amer. J. Clin. Hypnosis*, (1973), *16:* 92–109.
Erickson, M.H., and Erickson, E.: Concerning the Character of Posthypnotic Behavior. *J. Gen. Psychol.*, (1941), *2:* 94–133.

Erickson, M.H., Haley, J., and Weakland, J.: A Transcript of a Trance Induction with Commentary. *Amer. J. Clin. Hypnosis*, (1959), *2:* 49–84.
Erickson, M.H., and Rossi, E.L.: Varieties of Hypnotic Amnesia. *Amer. J. Clin. Hypnosis*, (1974), *16:* 225–239.
Erickson, M.H., and Rossi, E.L.: Varieties of Double Bind. *Amer. J. Clin. Hypnosis*, (1975), *17:* 143–157.
Erickson, M.H., and Rossi, E.L.: Two-Level Communication and the Microdynamics of Trance. *Amer. J. Clin. Hypnosis*, (1976), *18:* 153–171.
Erickson, M.H., and Rossi, E.L.: Autohypnotic Experience of Milton H. Erickson. *Amer. J. Clin. Hypnosis*, (1977), *20:* 36–54.
Erickson, M.H., und Rossi, E.L.: Hypnotherapie: Aufbau – Beispiele – Forschungen. Pfeiffer, München, 1981.
Erickson, M.H., Rossi, E.L., and Rossi, S.L.: Hypnose: Induktion – Psychotherapeutische Anwendung – Beispiele, Pfeiffer, München, 1978.
Evans-Wentz, W. (Hrsg.): Das Tibetanische Totenbuch. Walter Verlag, Olten, 1978.
Falzett, W.C.: Matched vs. Unmatched Primary Representational Systems and Their Relationship to Perceived Trustworthiness in a Counseling Analogue. *J. Couns. Psychol.*, (1981), *28:* 305–308.
Frankel, F.H.: Hypnosis – Trance as a Coping Mechanism. Plenum, New York–London, 1976.
Freud, S.: Der Witz und seine Beziehung zum Unbewußten. Gesammelte Werke in Einzelbänden. Bd. 6. S. Fischer, Frankfurt/M., (4. Auflage), 1969.
Freud, S.: Die antithetische Bedeutung von Urwörtern. Gesammelte Werke in Einzelbänden. S. Fischer, Frankfurt/M., 1969 (siehe dort).
Gaito, J. (Ed.): Macromolecules and Behavior (2nd Edition). Appleton-Century Crofts, 1972.
Galin, D.: Implications for Psychiatry of Left and Right Cerebral Specialization. *Arch. Gen. Psychiat.*, (1974), *31:* 527–583.
Gazzaniga, M.: The Split Brain in Man. *Scientific American*, (1967), *217:* 24–29.
Ghiselin, B. (Ed.): The Creative Process – A Symposium. Melton, Berkeley, 1952.
Gill, M., and Brenman, M.: Hypnosis and Related States. Intern. Univ. Press, New York, N.Y., 1959, 1977.
Grinder, J., DeLozier, J., and Bandler, R.: Pattern of Hypnotic Techniques of Milton H. Erickson, M.D. Meta Publications, Cupertine/Cal., 1977.
Gumm, W.B., Walder, M.K., and Day, H.D.: Neurolinguistic Programming – Method or Myth? *J. Couns. Psychol.*, (1982), *29:* 327–330.
Haley, J.: Adavanced Techniques of Hypnosis and Therapy. Selected Papers of Milton H. Erickson. M.D., Grune and Stratton, New York, 1967.
Haley, J.: Gemeinsamer Nenner Interaktion. Pfeiffer, München, 1978a.
Haley, J.: Die Psychotherapie Milton H. Ericksons. Pfeiffer, München, 1978b.
Harding, E.: The Parental Image. Its Injury and Reconstruction. Putnam, New York, 1965.
Hartland, J.: Medical and Dental Hypnosis. Bailliere, Tindal and Cassell, London, 1966.
Hilgard, E.: Hypnotic Susceptibility. Harcourt, New York, 1965.
Hilgard, E., and Hilgard, H.: Hypnosis in the Relief of Pain. Kaufmann, Los Altos, California, 1975, 1983.
Hilgard, J.: Personality and Hypnosis. Univers. Chicago Press, Chicago, 1970.
Hoppe, K.: Split Brains and Psychoanalysis. *Psychoanal. Quart.* (1977), *46:* 220–244.
Huston, P., Shakow, D., and Erickson, M.: A Study of Hypnotically Induced Complexes by Means of the Luria Technique. *J. Gen. Psychol.*, (1934), *11:* 65–97.
Jaynes, J.: The Origin of Consciousness in the Breakdown of the Bicameral Mind. Houghton Mifflin Co., New York, 1976.
Jung, C.G.: Die transzendente Funktion. In Struktur und Funktion der Psyche. Gesammelte Werke Bd. 8. Walter, Olten, 1956.
Jung, C.G.: Symbole der Wandlung. Gesammelte Werke Bd. 5, Walter, Olten, 1973.
Kinsbourne, M., and Smith (Eds.): Hemispheric Disconnection and Cerebral Function. C.C. Thomas, Springfield/Ill., 1974.
Kroger, W.: Clinical and Experimental Hypnosis. Lippincott, Philadelphia, 1963, 1977.
Langen, D.: Kompendium der medizinischen Hypnose. Karger, Basel, 1972.
Langen, D.: *Hypnose und autogenes Training in ihrer Wechselbeziehung.* In: Peters, U.-H. (Hrsg.): Psychiatrie II. Beltz, Weinheim und Basel, 1983, S. 456–462.

Lankton, R.S., and Lankton, C.H. (Eds.): The Answer Within: A Clinical Framework of Ericksonian Hypnotherapy. Brunner/Mazel, New York, N.Y., 1983.

Lassner, J. (Ed.): Hypnosis in Anesthesiology. Springer, New York, 1964.

LeCron, L.A.: Hypnotic Technique for Uncovering Unconscious Material. *J. Clin. Exp. Hypnosis*, (1954), *2:* 76–79.

Matthews, W.H., Bennett, H., Bean, W., Gallagher, M.: Indirekt Versus Direct Hypnotic Suggestions – An Initial Investigation: A Brief Communication. *Intern. J. Clin. Exp. Hypnosis*, (1985), *33:* 219–233.

McGlashan, T., Evans, F., and Orne, M.: The Nature of Hypnotic Analgesia and the Placebo Response to Experimental Pain. *Psychosom. Med.*, (1969), *31:* 227–246.

Meares, A.: Working Hypothesis as to the Nature of Hypnosis. *Amer. Med. Ass. Arch. Neurol. Psychiat.*, (1957), *77:* 549–555.

Melzack, R., and Perry, C.: Self-Regulation of Pain – Use of Alpha Feedback and Hypnotic Training for Control of Chronic Pain. *Exper. Neurol.*, (1975), *46:* 452–469.

Nichols, D.: Language, Projection, and Computer Therapy. *Science*, (1978), *200:* 998–999.

Orne, M.: On the Social Psychology of the Psychological Experiment – With Particular Reference to Demand Characteristics and Their Implications. *Amer. Psychol.*, (1962), *17:* 776–783.

Ornstein, R.: Die Psychologie des Bewußtseins. Fischer TB, Frankfurt/M., 1976 (The Nature of Human Consciousness, Freeman, San Francisco, 1973).

Overlade, D.: The Production of Fasciculations by Suggestion. *Amer. J. Clin. Hypnosis*, (1976), *19:* 50–56.

Platonov, K.: The Word as a Physiological and Therapeutic Factor (2nd Edition). Foreign Languages Publishing House, 1959 (Original im Russisch, 1955).

Prokasy, W., and Raskin, D.: Electrodermal Activity in Psychological Research. Academic Press, New York, N.Y., 1973.

Rogers, C.: Die klientenzentrierte Gesprächspsychotherapy. Kindler, München, 1978.

Rossi, E.: Game and Growth – Two Dimensions of Our Psychotherapeutic. Zeitgeist. *J. Human. Psychol.*, (1967), *8:* 139–154.

Rossi, E.: The Breakout Heuristic – A Phenomenology of Growth Therapy with College Students. *J. Human. Psychol.*, (1968), *8:* 6–28.

Rossi, E.: Dreams and the Growth of Personality – Expanding Awareness in Psychotherapy. Pergamon, New York, N.Y., 1972a.

Rossi, E.: Self-Reflection in Dreams. *Psychotherapy*, (1972b), *9:* 290–298.

Rossi, E.: Dreams in the Creation of Personality. *Psychol. Perspect.*, (1972c), *2:* 122–134.

Rossi, E.: The Dream-Protein Hypothesis. *Amer. J. Psychiat.*, (1973a), *130:* 1094–1097.

Rossi, E.: Psychological Shocks and Creative Moments in Psychotherapy. *Amer. J. Clin. Hypnosis*, (1973b), *16:* 9–22.

Rossi, E.: Psychosynthesis and the New Biology of Dreams and Psychotherapy. *Amer. J. Psychother.* (1973c), *27:* 34–41.

Rossi, E.: The Cerebral Hemispheres in Analytical Psychology. *J. Analyt. Psychol.*, (1977), *22:* 32–51.

Sharma, K.N., Rao, Usha, and Murty, N.S.: Hypnotherapy in Various Specialities. *Indian J. Clin. Hypn. Research*, (1983), *1:* 63–82.

Schultz, J.H.: Hypnose-Technik. Fischer, Stuttgart, 1959, 1983.

Shaw, D.L.: Recall as Affected by the Interaction of a Representational System and Primary Representational System. Unpublished Doctoral Dissertation. Ball State University, 1977.

Sheehan, P.: *Hypnosis and Manifestations of «Imagination»*. In: Fromm, E., and Shor, R. (Eds.): Hypnosis – Research Developments and Perspectives. Aldine-Atherton, Chicago, 1972.

Shevrin, H.: Does the Average Evoked Response Encode Subliminal Perception? Yes. A Reply to Schwartz and Rem. *Psychophysiology*, (1975), *12:* 395–398.

Shor, R.: Hypnosis and the Concept of the Generalized Reality-Orientation. *Amer. J. Psychother.*, (1959), *13:* 582–602.

Smith, M., Chu, J., and Edmonston, W.: Cerebral Lateralization of Hypnotic Perception. *Science*, (1977), *197:* 689–690.

Snyder, E.: Hypnotic Poetry. Univers. Pennsylvania Press, Phildelphia, 1930.

Sperry, R.: Hemispheric Disconnection and Unity in Conscious Awareness. *Amer. Psychol.*, (1958), *23:* 723–733.

Spiegel, H.: An Eye-Roll Test for Hypnotizability. *Amer. J. Clin. Hypnosis*, (1972), *15:* 25–28.

Spiegel, H., and Spiegel, D.: 1978, siehe Kapitel IX und XIV.

Sternberg, S.: Memory Scanning – New Findings and Current Controversies. *Quart. J. Exp. Psychol.*, (1975), *22:* 1–32.

Stocksmeier, U.: Lehrbuch der Hypnose (4. Auflage), Karger, Basel, 1984.

Stricherz, M.E.: *Ericksonian Theories of Hypnosis and Induction.* In: Wester II, W.C., and Smith, Jr. A.H.: Clinical Hypnosis – A Mutlidisciplinary Approach. Lippincott, Philadelphia, 1984, pp. 123–141.

Tart, C. (Ed.): Altered States of Consciousness. Wiley, New York, N.Y., 1969.

Tinterow, M.: Foundations of Hypnosis. Thomas, Springfield/Ill., 1970.

Tosi, D.J., and Baisden, B.S.: *Cognitive-Experiential Therapy and Hypnosis.* In: Wester II, W.C., and Smith, Jr. A.H.: Clinical Hypnosis – A Multidisciplinary Approach. Lippincott, Philadelphia, 1984, pp. 155–178.

Watzlawik, P., Beavin, A., und Jackson, D.: Menschliche Kommunikationen. Huber, Bern, 1974a.

Watzlawik, P., Weakland, J., und Fisch, R.: Lösungen. Huber, Bern, 1974b.

Weitzenhoffer, A.: General Techniques of Hypnotism. Grune & Stratton, New York, N.Y., 1957.

Woodworth, R., and Schlosberg, H.: Experimental Psychology. Holt and Co., New York, N.Y., 1954.

Yarko, M.D.: The Effect of Matching Primary Representational System Predicates on Hypnotic Relaxation. *Amer. J. Clin. Hypnosis*, (1981), *23:* 169–175.

Zeig, K.J. (Ed.): Ericksonian Approaches to Hypnosis and Psychotherapy. Brunner/Mazel, New York, N.Y., 1982.

Zeig, K.J. (Ed.): Ericksonian Psychotherapy. Vol. I.: Structures. Brunner/Mazel, New York, N.Y., 1985a.

Zeig, K.J. (Ed.): Ericksonian Psychotherapy. Vol. II.: Clinical Applications. Brunner/Mazel, New York, N.Y., 1985b.

Zilburg, G., and Henry, G.: A History of Medical Psychology. Norton, New York, N.Y., 1941.

XIII. Technik der Suggestionsdarbietung

1. Allgemeine Vorbemerkungen zum Thema

Nachfolgend rücken wir dem *praktischen Teil* unserer Aufgabe noch näher als in den Kapiteln XI und XII. Aus diesem Grunde haben wir aus der Literatur hauptsächlich jene Publikationen herausgegriffen, die *vorwiegend den technischen Vorgang der Hypnose/Hypnotisierung beleuchten.* Eingebettet sind darin selbstverständlich auch eigene einschlägige Erfahrungen.

Die Technik der Suggestionsdarbietung (Suggestionsdarreichung, Suggestionsverabreichung, Suggestionsapplikation) weist eine intensive Entwicklung auf (Kapitel IV–VI, VIII) und wurde im Laufe der Zeit fortwährend modernisiert. Sie hängt auch vom Hypnotiseur ab, *da jeder Mensch seine eigenen Gewohnheiten des Verfahrens hat.* Nicht selten ist die Art der Suggestionsdarbietung *auch vom Hypnotisanden abhängig*, d.h. von seinen Fähigkeiten, die Suggestionen zu empfangen und diese zu realisieren.

Zu allen Methoden der Suggestionsdarbietung werden unter anderem konkrete Beispiele in Kapitel XV gegeben.

2. Visuelle (optische) Suggestionsdarbietung

Die visuelle Suggestionsdarbietung hat einen langen *anthropologischen* (Kapitel IV) und *historischen* Werdegang (Kapitel V, VI und VIII). Sie ist *in den ersten paar Minuten der Hypnose-Induktion*, so lange der Hypnotisand die Augen noch offen hat, fast unumgänglich. Viele Autoren teilen sie in (a) *Faszinations-* und (b) *Fixationstechniken* ein. Meist handelt es sich dabei um Kombinationen.

2.1 Faszinationsmethoden

Die Überschrift verrät die Art der Suggestionsdarbietung. Der Proband/Patient/Hypnotisand wird von der Methode mehr oder weniger *fasziniert.* Zu diesem Zweck wird dem Hypnotisanden suggeriert, ein *Auge* oder beide Augen des Hypnotiseurs, eine *Kristallkugel*, einen *Spiegel* oder ähnliches zu *fixieren.* Diese Methode wird im *Sitzen* des Hypnotisanden, aber (seltener) auch im *Stehen* (Überraschungs-Induktionsmethoden) vorgenommen. *In jeder Position muß gewährleistet sein, daß der Hypnotisand ohne Mühe den Faszinationsgegenstand anstarren kann.*

2.1.1 Faszination durch Fixieren eines Auges des Hypnotiseurs

Diese Methode ist sehr alt (Kapitel IV, V und VI). Von ihr wird von einigen Hypnoseforschern *energisch abgeraten* (Langen, 1972). In vielen anderen Fällen wird sie jedoch empfohlen oder geduldet, da sie, wenn sie richtig angewandt wird, sehr wertvoll sein kann. Vor allen Dingen wird *der Kontakt mit dem Hypnotiseur* leichter als mit anderen Methoden *hergestellt.*

Der Hypnotisand starrt dabei *mit ganz geöffneten Augen, leicht nach oben gedreht und konvergierend, ein Auge des Hypnotiseurs an. Der Hypnotiseur darf sich nicht hin und her bewegen. Ebenso wie der Hypnotiseur verlangt, daß der Hypnotisand seine Augen oder ein Auge (in der Regel das linke) fixiert, so muß sich der erstere selber auferlegen, das gleiche beim letzteren zu tun.* Eine Fixation des Hypnotisanden durch den Hypnotiseur auf die Glabella wird auch praktiziert, wenn auch nicht immer empfohlen (Dogs, 1967; J.H. Schultz, 1959, 1983).

2.1.2 Faszination durch Anstarren einer Kristallkugel

Mit *Kristallen* arbeiten fast alle Wahrsagerinnen, Schauhypnotiseure, Magier, Esoteriker, Hellseher und viele andere (Kapitel V und VI). In Kapitel VIII.12.6 haben wir aber darüber berichtet, wie James Braid (1795–1860) seinen Hund hypnotisieren konnte, indem er ihm eine an einen Stock gebundene *Kristallkugel* vor die Augen hängte. Wissenschaftliche Hypnotiseure von heute benutzen selten diese Methode und erreichen trotzdem gute Hypnosen. Wenn man jedoch das Übernatürliche eines Kristalls wegnehme, verbleibe das Magische daran, das aus den erfolgten optischen Halluzinationen und Illusionen entstehe. Es handelt sich also um eine physiologische optische Täuschung, nicht jedoch um etwas Fabelhaftes und Übernatürliches. Viele Magier tragen auf der Stirn (auf den Turbanen) Kristallkugeln oder -broschen, um dadurch das Publikum zu beeindrucken. Der Hypnotisand wird dadurch fasziniert und fällt leichter in die Hypnose. Gerade solche Manipulationen haben die Hypnose – unter anderem – in Verruf gebracht (Kapitel IV–VI). Daher Kristalle nur dann anwenden, wenn dies nicht zu vermeiden und auch dringend indiziert ist, z.B. *bei minderbegabten Kindern, bei Kleinkindern, bei schwer fixierbaren Patienten.*
Wolberg (1948a, Seite 167–168) verwendet Kristalle sogar bei der *Altersregression* (s. Kapitel XXI): «*Where the technic of crystal ... gazing is required, the patient is requested to open his eyes without awakening. He is presented with a crystal ... which reflects the blank ceiling. He is then given the following suggestions: ‹As you look into the ... crystal ... you will begin to see things vividly in it. You will see action as if you were watching a play. Describe to me exactly what you see.›*»

2.1.3 Faszination durch Anstarren eines Spiegels

Technisch und physiologisch ist auch *die Faszination durch Spiegel* ähnlich wie bei Kristallgebilden (Kapitel V und VI). In Kapitel II.3.5.1 haben wir Dr. Ernest Abraham Hart (1835–1898) erwähnt (Hart, 1896, 1982), der offenbar in der Woche zwischen Weihnachten und Neujahr 1892/93 Dr. Luy, eines der führenden Mitglieder des *La Charité* Hospitals in Paris, besucht hatte. Dr. Luy hatte in den letzten Jahren vor diesem Besuch Hypnose-Experimente durchgeführt, die in vielen französischen und englischen Zeitungen publiziert wurden. Unter anderem hatte Dr. Luy ein *Hohlspiegelgerät* konstruiert, das die Aufgabe hatte, bei den Patienten Faszination und daraufhin *Katalepsie, Lethargie und Somnambulsimus* hervorzurufen. Auf Seite 89 des Buches von Ernest Hart (1896) befindet sich eine Abbildung dieses Spiegelgerätes, vor dem acht Patienten in einer Trance sitzen und verschiedene bizarre Armbewegungen und verdrehte Augen zeigen. Dieses Hohlspiegelgerät ist offenbar ein hochgestelltes Kästchen, etwa 20 × 10 × 5–8 cm groß, das auf einem runden Tisch steht und anscheinend von einem Uhrwerk angetrieben wird. Beim Drehen des Gerätes verursachen die seitlich am Kasten angebrachten Spiegel bei Patienten *Illusionen und Halluzinationen.* Solche und ähnliche Spiegel sind auch bei den Wahrsagerinnen und Hellsehern nicht unbekannt (Kapitel VI). In den meisten Fällen handelt es sich um Kugeln, die verschiedene Dimensionen

aufweisen und manchmal durch ein entsprechendes Werk gedreht werden können. In der neueren Zeit bestehen die Spiegel auch aus unterschiedlichen *Farben* (wie auch die Kristallkugeln), die wiederum bei Drehbewegungen eine Serie von visuellen Illusionen auslösen können. Indikationen für die Spiegelanwendung ist die gleiche wie bei den Kristallen (siehe oben).
Auch an dieser Stelle können wir Wolberg (1948b, Seite 323) zitieren, der neben den Kristallen auch *Spiegel* benutzt. Selbst bei *Hypnoanalyse* können «*Visual hallucinations that come up by this technic frequently consist of forgotten emotional or repressed incidents that have happened in the past.*»

2.1.4 Faszination und religiöse Visionen

Zu diesem Problem haben wir uns in den Kapiteln II.5 und XXI.15 geäußert.

2.2 Fixationsmethoden

Aus den bisherigen Ausführungen haben wir uns überzeugen können, daß man bei der Hypnose/Hypnotherapie *kaum ohne Fixierung* (der Aufmerksamkeit) auskommen kann. Die Fixationsmethoden sind ähnlich den Faszinationstechniken, jedoch mit dem Unterschied, daß man bei ersteren irgendeinen Gegenstand oder Körperteil fixiert. Die Fixationsmethoden eignen sich besser *bei liegenden als bei sitzenden* (oder stehenden) Hypnotisanden.
Auch die Technik des Fixierens hat eine lange Geschichte hinter sich. In den Kapiteln IV–VI haben wir eine Reihe von solchen Fixierungsvorgängen zwecks Erreichens einer Ekstase oder einer Trance anderer Art angeführt. Langen (1972, Seite 34) führt folgendes an: «In allen asiatischen Meditationsformen findet man Anweisungen zur Fixation. Auf diesem Prinzip beruhte ferner die Methode der Mönche des Berges Athos, die sich in einen Zustand der Autohypnose versetzten, indem sie ihre Nabel fixierten (Omphaloskopie). Auch das bekannte Kristallschauen, das Wahrsagen duch Starren in einen Spiegel (Katoptromantie), auf eine Schüssel oder einen Teller (Lekanomantie) oder auf einen mit Öl bestrichenen Fingernagel (Onychomantie) können in diesem Zusammenhang genannt werden, ferner der Zustand von Bewußtseinssenkung, der bei Autofahrern eintritt, die unentwegt in die Ferne sehen (sog. Autobahnhypnose) (siehe Kapitel XXI), oder bei Radfahrern, die nur auf den Weg starren.».

2.2.1 Fixieren eines Fingers des Hypnotiseurs

Bei dieser Methode der Suggestionsdarbietung wird (meist) die Spitze des Zeigefingers des Hypnotiseurs etwa 20 cm vor den Augen des Hypnotisanden unter dem rechten Winkel, jedoch beim Blick nach oben, angeboten.
Langen (1972, Seite 35–37) beginnt bei dieser Methode so: «. . . Bitte, legen Sie sich bequem auf das Sofa . . . und nun *sehen Sie fest und starr auf meine Fingerspitze*, ganz fest und starr, und hören mir zu, was ich zu Ihnen spreche . . .» (siehe weiter Kapitel XV).
Bei den *indirekten Suggestionen (IN)* würde Milton H. Erickson (Erickson und Rossi, 1981) in etwa so verbalisieren:
SG: «Nachdem Sie sich ganz bequem auf dem Sofa hingelegt haben, fühlen Sie sich ganz wohl . . . ganz angenehm. Und wenn Sie jetzt *wollen*, können Sie ruhig auf meine *Fingerspitze* hinschauen . . .» etc.
Die Suggestion muß bei dieser Methode intensiv erfolgen, *die Augen müssen spätestens 50 Sekunden nach dem Suggestionsbeginn geschlossen sein.* Man kann dazu auch suggerieren:

«... bei geringster Müdigkeit in den Augen, bei geringster Schwere in den Augenlidern, schließen Sie die Augen ...» etc. (Kapitel XV).

2.2.2 Fixieren eines glänzenden Gegenstandes

In diesem Falle ist der Fixationsgegenstand nicht gerade ein Spiegel oder ein Kristall, jedoch *kann er einen gewissen Glanz haben*, so daß der Hypnotisand besser als mit Hilfe eines stumpfen Gegenstandes fixiert werden kann. Die Faszination kommt dabei kaum in Frage. James Braid (Kapitel VIII.12.6) – den wir soeben oben erwähnt haben – sagt in etwa so:
«Ich nehme irgendeinen *glänzenden Gegenstand* (gewöhnlich ein Lanzette-Besteck) *zwischen Daumen, Zeigefinger und Mittelfinger der linken Hand;* diesen halte ich in einer Entfernung von 25–45 cm vom Auge in derartiger Stellung oberhalb der Stirn, *daß es der größten Anstrengung von seiten der Augen und der Lider zur scharfen Fixierung des Gegenstandes bedarf.* Außerdem *muß man dem Hypnotisanden suggerieren, daß er die Augen immer fest auf den Gegenstand gerichtet halten solle, und daß die Gedanken sich ebenfalls nur mit dem Vorhaben beschäftigen dürfen.* Die erste Beobachtung, die man nun macht, ist die, daß infolge der gleichmäßigen Anstrengung der Augen die *Pupillen kleiner* werden; *bald darauf beginnen sie sich zu erweitern,* und nachdem sie sehr weit geworden sind und eine *schwankende Bewegung* bekommen haben, werden sich sehr wahrscheinlich, wenn man den ausgestreckten und etwas gespreizten Zeige- und Mittelfinger der rechten Hand vom Gegenstand aus den Augen nähert, die Lider von selbst mit einer zitternden Bewegung schließen. Wenn es nicht so kommt, oder *wenn der Patient die Augäpfel bewegt, so muß man ihn auffordern, von vorn anzufangen, indem man ihm einschärft, daß er die Lider schließen muß, wenn man wieder die Finger seinen Augen nähert, aber daß er die Augen in derselben Stellung ruhighalten muß und seine Gedanken nur auf den Gegenstand richten darf.* Meistens werden sich dann die Augen mit einer zitternden, also krampfartigen Bewegung schließen.»
In Kapitel VIII.12.7 haben wir versprochen, die Geschichte der Hypnose durch die Erfahrungen von Doktor Burcq zu bereichern. Dr. Burcq wollte – am Ende seines Lebens angelangt – nicht sterben, solange seine Methode *(Metalloskopie)* wissenschaftlich nicht bestätigt war, worum sich Claude Bernard (1813–1878) rührend kümmerte (Kapitel VIII.12.7). Während der Behandlung einer *hysterischen Patientin* wurde Dr. Burcq dringend aus der Praxis gerufen, da ein Notfall im Haus eines anderen Patienten behandelt werden mußte. In der Eile hatte Burcq vergessen, daß die Patientin noch in den Praxisräumen war und verschloß die Tür von außen. Als er zurückkam, hörte er, noch auf der Außentreppe stehend, *einen dumpfen Schlag*, der aus den Praxisräumen kam, *so als ob ein schwerer Körper auf den Boden gefallen sei.* Er rannte die Treppen hinauf und stürzte in seine Praxis. Erschrocken stand er vor seiner Patientin, die zusammengebrochen und in einem *kataleptischen Zustand* war. Da er sich fragte, ob es sich hier um einen *magnetischen Zustand* (siehe Kapitel VIII), handle, wiederholte er am nächsten Tag die Bedingungen des Vortages. Jetzt aber *verdeckte er den glänzenden Türknopf* von innen mit einem Handtuch, verschloß von außen die Tür und ging weg. Nach einer gewissen Zeit kam er zurück ... und fand *keine Veränderung*. Seine Patientin *konnte für das Ausbleiben der Reaktion keine Erklärung abgeben.* Gestern sei sie ohne zu wollen eingeschlafen, heute jedoch nicht. Nach diesem Mißerfolg beschloß Burcq, weitere Experimente durchzuführen. Am Hospital *Salpêtrière* führte er mehrmals Untersuchungen mit seinem *glänzenden Knopf* mit positiven Resultaten durch. Neben dem Messing erreichte er auch mit anderen Metallen gute Ergebnisse. Bei einem Kranken konnte er mit einem *glänzenden Knopf* eine Stelle am Körper wieder innervierbar machen, die nach subjektiven Angaben des Patienten völlig anästhetisch gewesen sei. Daraufhin entwickelte er seine Behandlungsmethode weiter und nannte sie *Metalloskopie*. Er war der Meinung, daß das *glänzende Metall* allein den Effekt ausgelöst habe, weil sich seine in der Praxis gelassene

Patientin *dadurch hypnotisierte, daß sie die glänzende Türklinke mit den Augen fixierte und auf die Rückkehr ihres Arztes wartete.* Seine Experimente wurden später modifiziert, um eine *direkte Anwendung der Metalle am erkrankten Teil des Körpers zu ermöglichen.* Das *Eisen* war wegen seiner positiven Einwirkungen auf *pustulöse Erosionen* bekannt; *Blei*, lokalisiert über dem Herzen, wirke gegen *Anämien* und *kardiale Dysfunktionen.* Wenn diese Metalle direkt auf das erkrankte Organ gelegt werden konnten und da ein paar Tage bis zu einigen Wochen gelassen worden waren – abhängig von der Schwere des pathologischen Prozesses – wurden *spektakuläre Erfolge* beobachtet. Bis heute ist die Methode von Burcq immer wieder durch verschiedene Magnetiseur-Amateure angewandt worden, um die «Zentren» der Erkrankung zu finden und zu heilen (Kapitel VI und VIII). *Wir dürfen jedoch nicht vergessen, daß Doktor Burcq keinen Effekt beobachtete, als er den «glänzenden Knopf» verdeckt hatte.* Dabei wird auf die eben geschilderte Methode von James Braid hingewiesen, der ebenfalls mit *glänzenden Geräten* einen hypnotischen Zustand hervorrief.
Ranschburg gibt aus der Laufenauerschen Klinik 1896 in etwa folgende Schilderung der dort üblichen Ausführung der Fixationsmethode (J.H. Schultz, 1983, Seite 23):
«Der Hypnotiseur stellt sich *hinter den Kopf des Mediums*, hält den *Perkussionshammer* über den Kopf desselben, so daß der Knopf beiläufig *10 cm vor und über der Glabella steht*, während die fixierenden Augen aufwärts und ein wenig einwärts konvergieren. Wenn sich *nach einigen Minuten* kein Erfolg zeigt, forcieren wir das Experiment nicht weiter.»
Alfred Moll (s. Kapitel II) sagt in etwa:
«Ich fordere den Patienten auf, sich auf einen Stuhl zu setzen und *einen Knopf*, den ich ihm in die Hand gebe, zu fixieren. Nach *drei Minuten fallen die Augenlider zu* ... sie sind fest geschlossen, während die Hand, die bisher den Knopf hielt, auf das Knie heruntergefallen ist...».
Die Methode, *lediglich durch Fixieren zu hypnotisieren*, hat nach Schultz (1983) eine Reihe von Mängeln. Zunächst machen sich die unvermeidlichen *Ermüdungserscheinungen*, wenn die Prozedur länger ausgedehnt wird (½ Minute ist schon als recht lang anzusehen!), bemerkbar. Häufig ist dies mit unangenehmen Nacherscheinungen wie *Kopfschmerz, subjektiven Sehstörungen, Akkomodationskrampf, Schwindel* verbunden. Bei sehr empfänglichen Personen läuft man weiter Gefahr, auf diese Weise *beim Anblick beliebig glänzender Objekte «Spontanhypnosen»* auftreten zu lassen. Die Braidsche Methode ist daher nach J.H. Schultz jetzt für *Ersthypnosen* mit Recht von vielen Ärzten fast allgemein aufgegeben worden.

2.2.3 Fixieren eines spitzen Gegenstandes

In diesen Fällen nimmt man *statt eines glänzenden Gegenstandes* irgendeinen anderen, der zwar *spitz* ist, jedoch nicht reflektiert. In der Regel werden *Bleistifte*, aber auch andere *matte* Gegenstände oder *Schreibzeuge* benutzt. Der Patient fixiert dabei ähnlich wie bei den eben erwähnten Methoden. Der Eindruck einer Faszination oder einer Irreführung durch das Glänzen/Reflektieren kann kaum entstehen (s. auch unten).

2.2.4 Fixieren eines Punktes im Hypnose-Raum

Bei den direkten Induktionsmethoden (DI) suggeriert man:
«Und jetzt, nachdem Sie es sich bequem gemacht haben und gar nichts anderes wollen, denken, wünschen und tun, schauen Sie bitte *auf diesen Punkt an der Wand* (*KO:* Der Hypnotiseur zeigt den Punkt.) ... ganz fest darauf schauen, bis der Punkt *unscharf* wird und dann *vollkommen verschwindet*... Sie *werden* dabei müde und träge *werden*... bis Sie ganz sanft einschlafen...» (*KO:* Kommentar).

Bei den indirekten Techniken (IN) sagt man in etwa:
«*Möchten Sie* sich bitte *einen Punkt* (*KO:* an der Wand oder irgendwo im Raum) *aussuchen*, den Sie *sehr gern* sehen wollen. Ihre Augenlider werden blinzlen ... wenn Sie *wollen*, während Sie den ausgewählten Punkt betrachten ... Ihre Lider werden bald, wenn Ihnen dies *gefällt*, zu blinzeln beginnen und sich gleichzeitig oder einzeln schließen ... Das gefällt Ihnen ... So ist es gut ... Sie machen es ausgezeichnet ... Ich bin begeistert von Ihnen ... (*KO:* Loben bei jeder Kleinigkeit nicht vergessen.)» (s. dazu Kapitel XV, HP-007).

2.2.5 Fixieren nach der Farbenkontrastmethode

Die *Farbenkontrastmethode* von Levy-Suhl (1908, 1922) ist ein Verfahren, das der Tradition der Technik von Stokvis (s. Langen, 1972) entspricht. Eine Umfrage von 1970 (Langen, 1972) ergab, *daß zwei Drittel der Ärzte*, die Hypnotherapie anwenden, *diese Einleitungsmöglichkeit, entweder grundsätzlich oder in besonders schwierigen Fällen, schätzen.* Diese Methode wirkt nach Langen (1972) (siehe auch Stocksmeier, 1984) sehr eindrucksvoll, weil der Patient die unbekannten physiologischen Vorgänge staunend registriere. Das aber sei ein Effekt, der für die Einleitung einer Hypnose besonders günstig sei.
Nach der physiologischen Theorie von Hering (1834–1919) liege jeder *Licht- und Farbwahrnehmung* ein biochemischer Prozeß zugrunde. Der Prozeß spiele sich nach dem Prinzip der *Dissimilation* und *Assimilation* ab. Diese *antagonistischen Prozesse* entsprechen den *komplementären Wahrnehmungen* von *Schwarz-Weiß*, *Gelb-Blau*, *Rot-Grün.* Das Verhältnis von Dissimilation zu Assimilation bestimme die wahrgenommene Farbschattierung in der ausgedehnten Farbskala, die dem Menschen zur Verfügung stehe. Ein *assimilatorischer Reiz* löse an jeder Stelle der Netzhaut im unmittelbar angrenzenden Bezirk einen entgegengesetzten Prozeß aus. Das sei nach Hering die *biologische Grundlage* für den simultanen Farbkontrast (Langen, 1972). Man könne erwarten, daß der reaktive komplementäre Vorgang im Nachbargebiet der Netzhaut zur unmittelbaren, spontan auftretenden Wahrnehmung der entsprechenden Komplementärfarbe führen würde, etwa zu vergleichen mit der Tatsache, daß jede Berühung der Haut, zumindest jeder Reiz – sofern er wahrnehmbar sei – normalerweise unmittelbar und automatisch eine Empfindung (Wahrnehmung) auslöse, die dem objektiven Vorgang entspreche oder adäquat sei. *Wenn das wirklich der Fall wäre, würde bei der Einleitung der Hypnose der Versuch, den Hypnotisanden auf die Kontrastwirkung hinzuweisen, nicht nur völlig überflüssig sein, sondern geradezu lächerlich wirken* (Langen, 1972). Bei optischen Wahrnehmungen sei aber normalerweise das Interesse und die Aufmerksamkeit auf das Unterscheiden und Erkennen der Gegenstände selber und auf das Erfassen ihrer Bedeutung gerichtet und nicht auf die Empfindungen, die die optische Wahrnehmung auslösen. Während Geruchs- und Geschmacksreize und deren Kombination den Menschen stark beschäftigen können, würden optische Eindrücke oft so oberflächlich verarbeitet, daß man kaum Einzelheiten daraus wiedergeben könne (Langen, 1972). Obgleich also der adäquate retinale und sogar kortikale Reiz vorliege, werde z. B. eine Komplementärfarbe, der kein Objekt der Außenwelt entspreche, gewöhnlich nicht spontan und automatisch bewußt aufgenommen. *Das, was man aufgrund des physiologischen Vorgangs wahrnehme, müsse erst eine Zeitlang fixiert und in den Brennpunkt des Interesses gerückt, mit anderen Worten zur Apperzeption gebracht werden.* Hierauf beruhe der bekannte Satz von Helmholtz, daß die *Kontrastwirkung von Farben eine rein subjektive Erscheinung sei*, die lediglich eine Urteilstrübung darstelle (Langen, 1972). Ein Kunstmaler reagiere aufgrund seiner Veranlagung anders. Er sehe die Farben bewußt und lege z. B. den Kontrast oft als farbige Schatten objektiv für jeden fest. Er mache also seine Mitmenschen geradezu auf die Kontrastwirkung aufmerksam. *Darum habe die suggestive Ankündigung der Farberscheinungen, die der Patient zu sehen bekomme, tatsächlich eine physiologische Grundlage.* Er nehme jetzt die Komplemen-

tärfarben wahr, weil seine Aufmerksamkeit darauf gelenkt werde. Die Ankündigung sei also eine für die Einleitung der Hypnose notwendige Maßnahme des Hypnotherapeuten. Sie entspreche dem *Verschwimmen der Fingerspitze bei der Fixationsmethode* (Langen, 1972, Seite 38–41; Stocksmeier, 1984) (siehe Beispiel in Kapitel XV, HP-010).
Wird die Farbkontrastmethode bei jeder neuen Hypnose angewendet, stellt sich nach Langen (1972) der hypnotische Zustand als neu erlernte Reaktion auch ohne Worte des Hypnotisators ein. In diesem Fall ähnele die Methode der «*Ablationshypnose*» nach Klumbies (1952), obwohl er keine Farbkontrasttafel, sondern *eine Tafel mit bunten Figuren* benütze.

3. Verbale (akustische) Suggestionsdarbietung

In den meisten Fällen wird es ohne die verbalen Suggestionen (Verbalisation) bei der Hypnose-Induktion kaum gehen (siehe dazu Kapitel XV). Selbst bei der optischen Suggestionsdarbietung haben wir sehen können, daß man sie akustisch untermauern muß. Nur bei *Taubstummen* (siehe Kapitel XV) wird die verbale Suggestion nicht von großem Vorteil sein, so daß man sich *mit einer kombinierten Suggestionsdarbietung* aushelfen muß.
Die Verbalisierung der Suggestionen unterscheidet sich von Hypnotiseur zu Hypnotiseur und kann im Verlauf der Zeit (und der Erfahrungen) bei ein und demselben Hypnotiseur geändert und modifziert werden. Dabei nimmt auch *die Reifung der Suggestionsdarbietung an Qualität zu. Das Wort als Suggestion* kann auf einen langen historischen Weg zurückblicken. Bereits Jesus Christus (Kapitel VI.3) habe sich beim *Handauflegen* zu Heilungszwecken des Wortes bedient. In Kapitel VI.6 haben wir Andreas Gaßner (1717–1779) erwähnt, der als erster die *Verbalsuggestion* zwecks Hypnose einführte. Sein Hypnose-Verfahren wird in etwa wie folgt beschrieben (LeCron und Bordeaux, 1947):
Der *Raum*, in dem er heilte, war *koloriert, schwarz drapiert und mit flackerndem Kerzenlicht beleuchtet*. Der Patient wurde *hereingeführt* und in einen Sessel gesetzt (*KO:* Vorher war er offenbar durch die Assistierenden positiv stimuliert, eingestimmt worden.). Nach *wenigen Minuten des Wartens* (*KO:* Warten, um Spannung zu erzeugen.) tauchte Pater Gaßner auf, mit *aufgekrempelten Ärmeln* und mit *seinem Kruzifix*. Er stellte sich hin, *schaute starr in die Augen des Leidenden*, und plötzlich ertönte seine *singende Stimme* mit starkem Echo im Raum: «*Detur mihi evidens signum praestigae naturalis, praecipio hoc in nomine Jesu . . . !*» Seine Stimme intonierte. Sehr bald darauf verfiel der Patient in einen tiefen Schlaf, und Pater Gaßner begann mit seinem Crescendo: «. . . *Evil spiritis*», wobei er den Körper des Patienten *berührte*. In einem Falle behandelte er ein krankes junges Mädchen mit den Worten: «*Agitetur cracium sinistrum*» (LeCron und Bordeaux, 1947). In wenigen Augenblicken begann *der linke Arm* des Mädchens langsam zu antworten, indem er sich hob, und zwar *immer schneller und schneller*. Der Pater brummte: «*Cesset!*» *Der Arm hörte auf, sich zu bewegen* und *fiel auf die Seite herunter*. Dann wurde von Pater Gaßner suggeriert, daß sie jetzt verrückt werden würde. Daraufhin wurde ihr Gesicht verzerrt, sie veränderte sich und wanderte im Raum hin und her, zeigte dabei alle Symptome einer *Manie*. «*Pacet!*» ertönte die Stimme des Paters. Das Mädchen stoppte und beruhigte sich, als ob nichts gewesen wäre. Pater Gaßner gab den Auftrag, sie möge *lateinisch sprechen* und sie antwortete *in dieser Sprache, die sie vorher nie gelernt und nicht gesprochen hatte* (*KO:* Diese Behauptung ist wissenschaftlich nicht bewiesen. Damals wurde der Gottesdienst auf Lateinisch gehalten, so daß es möglich ist, daß die Patientin etwas Latein verstand. Schließlich wurden ihr die Suggestionen auf Lateinisch gegeben). Am Ende kam der Höhepunkt seiner Experimente. Er sagte zu ihr, ihr *Puls* werde jetzt ganz langsam. Ein *Arzt, der als Zeuge gerufen worden war*, fühlte den Puls des Mädchens und stellte die Verlangsamung fest. Daraufhin suggerierte Gaßner einen *immer*

schneller und schneller werdenden Puls des Mädchens. In wenigen Minuten konnte festgestellt werden, daß der davor auf 50/min gesunkene Puls jetzt über den Ausgangwert hinaus gestiegen war. Dann gab der Pater dem Mädchen den Auftrag, ganz ruhig liegen zu bleiben; *ihr Puls würde immer langsamer und langsamer werden, bis er nicht mehr schlagen würde.* Ihre Muskeln würden sich so entspannen, daß sie für eine kurze Weile tot sein werde. Er sagte dabei, *sie möge nicht erschrecken*, es passiere ihr nichts. Seine Kraft werde das Leben wieder hervorrufen und ihren Körper wiederbeleben. *Schweiß stand auf der Stirn des Arztes, als er den Puls des Mädchens fühlte.* Sein Gesicht war kreidebleich, als er feststellen mußte, daß das Mädchen *tot* sei! Nach diesem Ereignis lächelte Gaßner diskret und zuversichtlich. Er gab dem Mädchen das Kommando, *das Bewußtsein wieder zu erlangen* und sich zu erholen. Ihr Puls begann zu schlagen; die Muskeln *zuckten in Spasmen* und sie setzte sich auf, glücklich und vergnügt. *Sie war wie neu geboren; ihre Schmerzen waren verschwunden und sie war von allen Krankheiten geheilt worden.*

Abbé Faria (1755–1819) (Kapitel VIII.12.3) habe sich hauptsächlich *dreier Methoden* der Verbalsuggestion bedient:

(a) *Bei der ersten Methode legte er die Person auf eine Bank.* Er befahl ihr dann, die Augen zu schließen, ihre Aufmerksamkeit zu konzentrieren und *an Schlaf* zu denken. Wenn sie sich dann beruhigt hatte und auf eine neue Anweisung Farias wartete, sagte er laut «*Dormez!*» und die Person fiel in den *Schlaf* (*sommeil lucide;* siehe Kapitel VIII.12.3). Wenn der erste Versuch nicht gelang, unternahm Faria noch einen *zweiten* oder *dritten.* Um den *sommeil lucide* zu unterbrechen, benutzte Faria ebenfalls einen Befehl wie «*Stehe auf!*» bzw. «*Stehen Sie auf!*».

(b) *Falls der Patient bei der ersten Methode Widerstand geleistet hatte, wandte Faria eine andere an.* In diesem Fall bat er den Patienten, seine (Farias) Hand zu *fixieren.* Aus einer gewissen Entfernung begann er, seine Hand *immer näher und näher auf die Augen des Patienten* zuzubewegen, bis dieser in den Schlaf *(sommeil lucide)* fiel. In diesem Falle ist die *psychische Komponente* mit der *sensoriellen* verbunden.

(c) *Versagten die beiden genannten Verfahren, dann berührte Faria den Unterarm des Patienten, die Nasenbrücke, die Brust, das Epigastrum, die Knie und die Füße.* Ein leichter Druck auf diese Partien sollte den Schlaf auslösen, indem die Konzentration durch den Druck herbeigeführt wurde (siehe auch Abschnitt XIII.4).

Auguste Ambroise Liébeault (Kapitel VIII.12.10), einer der Vorläufer der *Verbalsuggestionsmethode*, gab 1893 folgende Schilderung seines Verfahrens (Literatur siehe Kapitel VIII):

«Nachdem ich meinen Patienten veranlaßt habe, es sich auf einem *Fauteuil* oder noch besser auf einem *Divan* bequem zu machen, ersuche ich ihn, *seinen Blick intensiv auf den meinen zu richten* (*KO:* Fixieren). Während nun seine Aufmerksamkeit ganz darauf gerichtet ist, mich zu beobachten... rekapituliere ich ihm die Vorstadien des Schlafes: *Erstarrung der Glieder, Trägheit, Schwere der Augenlider usw.*, und wenn ich merke, daß die *Augenlider zittern und ermatten* oder daß die Augen einen etwas *starren und verwirrten Ausdruck* annehmen, dann gebe ich den Befehl – ‹*Schlafen Sie!*› – (*KO:* Methode nach Abbé Faria, siehe oben.). Bleiben hierauf die Augen noch offen, so wiederhole ich meine Suggestionen der Reihe nach und *schließe zuletzt die Augen des Patienten.*» Liébeault fährt fort: «Mit Rücksicht auf Zeitersparnis habe ich das Verfahren ... noch vereinfacht ... (indem) ich meinen Patienten Gelegenheit gebe, die Behandlung anderer zu beobachten ... Dieser Modus ist in den meisten Fällen von Erfolg; kaum sitzt der Patient im Armstuhl, so fällt er auch schon in den hypnotischen Zustand.»

Hippolyte Bernheim (Kapitel VIII.19.10) sagt in etwa:

«Gewöhnlich ist die Hypnose leicht zu erzielen; die Person *liegt* oder *sitzt* bequem *in einem Fauteuil*, ich lasse sie sich *einige Augenblicke sammeln* und sage ihr indes, daß sie sich in einen leichten, *angenehmen Schlaf* versenken werde, der ebenso erquickend wie der natürliche Schlaf sein werde. *Ich nähere meine Hand ihren Augen* und sage ‹*Schlafen Sie*›. Einige schließen augenblicklich die Augen ... Andere bleiben, ohne die Augen zu schließen, mit *starrem Blick*

und Phänomenen der Hypnose. Wieder andere *blinzeln* mit den Lidern; die Augen öffnen und schließen sich abwechselnd ... Wenn die Person die Augen nicht freiwillig schließt, *halte ich sie einige Zeit geschlossen*, und wenn ich etwas Widerstand gewahre, füge ich hinzu: «*Geben Sie nach; Ihre Lider werden schwer, Ihre Glieder erschlaffen. Der Schlaf kommt, schlafen Sie!*› Selten vergehen *ein oder zwei Minuten*, ohne daß die Hypnose eintritt. Einige bleiben sofort unbeweglich und passiv. Andere suchen sich wieder zu fassen, öffnen von neuem die Augen, erwecken sich jeden Augenblick; *ich bleibe aber standhaft* (*KO:* Standhaft bleiben!), halte die Lider geschlossen und sage: ‹*Schlafen Sie weiter!*›.»
Der Liébeault-Bernheimschen Methode schließt sich eine große Reihe ähnlicher an (siehe J. H. Schultz, 1983). Einen Vergleich der direkten (DI) mit der indirekten (IN) Suggestionsdarbietung haben wir soeben oben gegeben.

4. Taktile Suggestionsdarbietung

Die taktile Suggestionsdarbietung hat nach wie vor bei allen sozialen Wesen eine unschätzbare Bedeutung. Bereits *im phylogenetischen Bereich der Entwicklung* war die Berührung eine der wichtigsten sozialen Kommunikationsformen. Säugetiere sind als soziale Wesen und als «Kontaktsuchende» wohlbekannt. In der Natur und in den *Zoologischen Gärten* kann z. B. beobachtet werden, wie ein Schimpanse nach einem turbulenten Spiel aus dem Rudel herausrennt, sich verärgert entfernt. Nach einer kurzen Zeit kommt ein anderer Schimpanse, *legt dem ersteren den Arm um die Schulter, beruhigt ihn dadurch und nimmt ihn wieder zu den anderen Mitgliedern zurück.*
Dieses *Handauflegen* hat sich im Laufe der *anthropologischen Entwicklung* (Kapitel IV) kontinuierlich fortgesetzt. In der *Antike* (Kapitel IV– VI) ist das *Handauflegen zu Heilzwecken* fortwährend angewandt worden. Nach Jesus Christus von Nazareth (Kapitel VI.3) wurde dieses Verfahren von seinen Jüngern und später auch von anderen Personen praktiziert (Literatur zu diesem Abschnitt s. auch Kapitel VI.8). Vespasian (9–79 n. Chr.), Imperator Roms im 1. Jahrhundert n. Chr., heilte *Blinde, Gelähmte* und anderweitig Erkrankte durch *Auflegen der Hände oder Berührung mit dem Fuß.* Bekannt sind auch Beispiele, bei denen *Schwerkranke* durch die *heilige Taufe* oder durch *die letzte Ölung nach der Berührung* plötzlich vollkommen gesund geworden seien (Kapitel VI). Kaiser Hadrian (76–138 n. Chr.) trieb das Wasser aus dem Bauch einer *Wassersüchtigen* durch die *Berühung* mit einem seiner Finger. Plinius der Ältere (23–79 n. Chr.) sagt: «*Es gibt Menschen, deren ganzer Körper medizinische Kräfte besitzt ...*». Appolonius von Tyana (3. Jh. n. Chr.) trieb Dämonen aus, heilte Menschen *durch Berühren* und ließ diese auferstehen. Seine Kuren seien so eindrucksvoll gewesen, daß er mit Jesus Christus verglichen wurde. *Einige seiner Diadochen sahen, wie er nach seinem Tode von der Erde in den Himmel aufstieg* (Kapitel VI). Der irische Apostel, der Heilige Patricius (3. Jh n. Chr.), heilte *Blinde* durch das *Auflegen seiner Hände.* Der heilige Bernhard soll allein in Konstanz (Bodensee) an einem Tag durch Berührung *elf Blinde* sehend und *achtzehn Lahme* gehend gemacht haben. In Köln heilte er zwölf Lahme und machte drei Stumme redend, zehn Taube hörend, und als er selbst krank wurde, erschienen ihm die Heiligen Lorenz und Benedikt und machten ihn dadurch gesund, daß sie ihm *die Hand auf den schadhaften Körperteil legten.* Auch die Wunderkuren der beiden Märtyrer Cosmas und Damianus gehören hierher. Unter anderem befreiten sie den Kaiser Justinian II. (685–711 n. Chr.) von einer unheilbaren Krankheit. Die heilige Odilia nahm einen Aussätzigen, vor dem alle Menschen flohen, *in die Arme* und wärmte ihn freundlich, «*wodurch er rein, frisch und gesund geworden sei.*» König Olaf (910–1000 n. Chr.) heilte den kranken Egil dadurch, daß er zu ihm ging und seine Hände auf die Seite legte, wo der Schmerz war,

«dabei sang er Sprüche» (*KO:* verbale Unterstützung der taktilen Suggestionen). Die Könige von England und Frankreich heilten Kröpfe *durch bloßes Anrühren.* Unter den deutschen Fürsten wurde das Vermögen, Kröpfe zu heilen, auch den Grafen von Habsburg zugeschrieben; sie sollen zudem das *Stammeln* durch einen *Kuß* geheilt haben. *Der Vergleich zwischen der wundersam heilenden Wirkung des Heilands als göttlichem Herrscherwesen und den «weltlichen» Herrschern ist auffallend und zeitbedingt* (bei fehlender Literatur s. Kapitel VI.8).

Albertus Magnus (1206–1280), Roger Bacon (1214–1294), Arnold von Villanova (1235–1312), Johann Weyer (1515–1588), Martin DelRio (1551–1608), Baptista von Helmont (1577–1644) und viele andere glaubten, *daß alle Krankheiten durch einen sympathischen Weg transferiert* und durch *Handauflegen* geheilt werden können. Auch König Louis IX. (Frankreich) habe eine große Heilkraft *durch Berührung* besessen. Sogar nach seinem Tode wanderten Pilger nach St. Denis, wo er aufgebahrt war, um sich von Lähmungen und verschiedenen anderen Erkrankungen heilen zu lassen. Seine heilende Kraft habe sich nach seinem Tode auf seine Nachfolger und durch Isabelle von Valois, die Mutter Edwards II., auf die englische Herrschaft übertragen. Edward der Bekenner (1002–1066) führte in England die *«Königliche Berührung» («Ich berühre, aber Gott heilt»)* ein, die als ein offizieller Teil der Zeremonie bis 1719 in den Kirchen blieb (Potet de Sennevoy, 1927; siehe Kapitel VI). Vielleicht der größte *Handaufleger* aller englischen Könige sei Charles II. gewesen. Es wird berichtet, daß er 1684 einmal eine so große Menschenmenge behandelt habe, daß dabei sechs Kranke zu Tode getrampelt worden seien. Eine Beschreibung der *«Heiligen Berührung»* des Charles II. ist in John Evenlyns Tagebuch vom 6. Juli 1660 zu finden (Marks, 1947; in Kapitel VI): «Seine Majestät hat angefangen zu berühren . . ., als er unter einer Statue im Banquethaus saß . . .». Philipp von Valois übertraf ihn hierin beinahe, *indem er 1500 Menschen in einer Sitzung berührte.* Samuel Pepys schrieb in seinem Tagebuch von 13. April 1661, daß die *Berühung als Heilung* so hoch angesehen war, daß man *Münzen* anfertigen ließ *(Royal Touch Pieces)*, die vom König zuerst berührt wurden und dadurch heilende Kräfte erfuhren. Diese Münzen wurden dann all denen verkauft, *die daran glaubten und geheilt werden wollten* (Potet des Sennevoy, 1927; Ludwig, 1964; fehlende Literatur s. Kapitel VI).

Im Zusammenhang mit der Herstellung von *Münzen* (Gegenständen) ist auch das *Berühren durch die Magneten* zu erwähnen, das ebenfalls eine lange Geschichte vorweisen kann (Kapitel VI.2). Das Magnetisieren ist inzwischen von der wissenschaftlichen Seite her aufgegeben worden; *das Berühren (Handauflegen) jedoch nicht. Die Wende vom Auflegen der Magneten* (Kapitel VI.2 und VIII.10) *zur vorwiegenden Benutzung der Hände* wurde durch Franz Anton Mesmer (1734–1815) vollzogen (Kapitel VIII.10.2) (Literatur siehe Kapitel VIII.14).

Bereits die 28-jährige Patientin Franziska Österlin, eine Verwandte seiner Frau, *brachte 1774 die Wende in Mesmers Behandlungsart und damit im Ablauf seines weiteren Schicksals* (Kapitel VIII). Er band am 28. Juli 1774 (Schott, 1985) Fräulein Österlin bei einem neuerlichen Anfall «zween gebogene Magnete an die Füße und hing ihr einen herzförmigen an die Brust.» Plötzlich empfand sie einen «heißen zerreißenden Schmerz von den Füßen aufwärts zum Darmbein, von der Brust zu beiden Seiten abwärts ebendorthin und seitlich aufwärts zum Scheitel mit brennenden Schmerzen in den Gelenken.» Trotz Flehen der weinenden Verwandten nahm Mesmer selbst dann, als sich Zuckungen einstellten, die Magneten nicht ab. Das Hin- und Herzerren dauerte die ganze Nacht, rief an der gelähmten Seite häufigen Schweiß hervor, die Schmerzen ließen jedoch langsam nach. Auch die Anfälle kamen immer seltener und schwächer vor. *Nach drei Wochen war Fräulein Österlin gegenüber der Magnetbehandlung unempfindlich geworden.* Mesmer glaubte, das von ihm langgesuchte *Nervenmittel* im Sinne seiner Hypothese gefunden zu haben. Weitere Versuche an zahlreichen Patienten mit *Blutspeien, Lähmungen nach Schlagfluß, unterbrochener Menses, hypochondrischen und hysterischen Anfällen und heftigen, ziehenden, brennenden oder wie elektrische Schläge wirkenden Schmerzen* seien mit frappanten Erfolgen gefolgt. Gemäß seinen *Maximen* interpretierte Mesmer diese Erscheinungen als einen *Kampf gegen die Strömung in der Harmonie des Nervenfluids, unterstützt durch eine künstliche Nachahmung der verschiedenen «Ebben und Fluten» im Körper des Kranken vermittels der Stahlmagneten, und zwar dadurch, daß der Magnet wegen seiner «Feinheit und Analogie mit dem Nervenfluid je nach Stärke, Menge und Anbringung die ungleiche Verteilung des Nervenfluids durch seinen gleichförmigen Strom aufhebt.»* Es wurde der Begriff «*Animalischer Magnetismus*» geprägt und genaue Regeln für die Anwendung der Mineralmagneten aufgestellt. Die Kombination mit der «*Elektrik*» brachte weitere Entdeckungen mit sich, so daß Mesmer, wie er öffentlich bekanntmachte, «*durch Verstärkung des tierischen Magnetismi, durch Mitteilung und Konzentrierung der magnetischen Kraft in anderen Körpern usw., Anfälle, die sonst wochenlang anhielten, in einer halben Stunde beheben konnte.*» Dieses Verfahren machte eigentlich das Wesentlichste seiner Magnetkuren aus. Zugrunde lagen die bereits in seiner Doktorarbeit genannten Vorstellungen, daß die großen Himmelskörper durch bestimmte Konstellationen Turbulenzen im Nervenfluid bewirken können. *Durch Anlegen der kleinen Magneten werde den Wirkungen der weit entfernten großen Magneten entgegengearbeitet und die Strömungen durch behutsames, gleichförmiges Strömen der fluidalen Ausströmungen der Magneten behoben.* Hierbei hatte die Form der Magnete keine besondere Bedeutung. Mit diesen Ansichten setzte sich Mesmer, im Gegensatz von Pater Maximilian Hell, durch, wonach die Heilwirkung einzig und allein auf die von ihm erdachte kunstvolle Wirbelanordnung und die ernorme Stärke seiner Stahlmagneten zurückzuführen sei (Hansmann, 1957; Schott, 1985). Aber daß die Heilung durch *taktile Suggestionsdarbietung*, vermittelt durch *Berührung und das Handauflegen*, erfolgt war, sollte sich bald herausstellen.

Bei einer der nächsten Patientinnen, nämlich Maria Theresia Paradis (Kapitel VIII.10.2) wurden *keine Magneten, sondern nur Berührungen (Striche) angewandt* (siehe auch Kapitel X.8.2.2) (Literatur siehe Kapitel VIII.14).

Nach der Einführung von «*Gesundheitszubern*» *(Baquets)* hat Mesmer noch in den letzten Jahren seiner Tätigkeit in Wien die Magneten als solche praktisch ganz aufgegeben. Die *Mesmerschen Striche* (siehe unten) wurden endgültig eingeführt. Während des praktischen Wirkens Mesmers in Paris (Kapitel VIII.10.3) *wurde zwar von magnetischen Wirkungen gesprochen, jedoch das Handauflegen (Streicheln) praktiziert.* Diese Mesmerschen Striche haben sich bis heute, mit Abwandlungen und Modifikationen, durchgesetzt. Während Mesmer offenbar hinter den Patienten stand und diese von oben nach unten seitlich streichelte, standen seine Nachfolger und spätere Hypnotherapeuten meist vor dem Hypnotisanden (siehe Kapitel XV).

J.P.F. Deleuze (1753–1835) (Kapitel II) schreibt in etwa folgendes:

Nachdem alles vorbereitet ist, *nehme man die Daumen der Person* zwischen die eigenen in der Art, daß der Außenrand der eigenen Finger den inneren Rand der seinigen *berühre*... In dieser Stellung verbleibe man 2 bis 5 Minuten, bis man verspüre, *daß die Wärme der eigenen Finger sich mit der Person angeglichen hat.* Darauf ziehe man seine Hände zurück, indem man sie nach rechts und nach links spreize und derart wende, daß ihre innere Fläche nach außen sieht. Man hebe sie dann bis zur Höhe des Körpers der Person, lege sie auf deren beide Schultern, lasse sie dort eine Minute lang und fahre mit ihnen unter *leichter Berührung längs der Arme bis zu den Fingerspitzen herab.* Diese *Passes* wiederhole man fünf- oder sechsmal, indem man jedesmal bei seiner Beendingung die *Hände abwende und etwas vom Körper entferne.* Dann *lege man seine Hände auf ihren Kopf*, verweile dort einen Augenblick und streiche dann mit ihnen in der Entfernung von 1–2 Daumen *über das Gesicht bis zur Magengrube*, wo man ungefähr zwei Minuten innehalte und die Daumen auf die Magengrube und die anderen Finger unterhalb der Rippen einlege. Dann streiche man langsam *über den Körper bis zu den Knien* oder noch besser bis zu den *Fußspitzen.* Dieselben Hantierungen werden während des größten Teils der Sitzung wiederholt. Man nähere sich auch zeitweilig dem Kranken und lege seine Hände hinter dessen Achseln, um von dort über Rücken, Hüften und Oberschenkel bis zu den Knien oder Füßen herabzustreichen...

Albert Moll (1905; 1924; siehe auch Kapitel II) sagt in etwa:

Nachdem sich (der Patient) auf einen Stuhl gesetzt (hat), stelle ich mich *vor ihn hin;* nehme meine Hände in die Höhe *und bewege meine Handflächen stets parallel der Körperoberfläche des Patienten von oben nach unten, vom Scheitel etwa bis zur Magengrube.* Ich halte die Hände so, daß ich die Person *nicht berühre, sondern ein Abstand von 2 bis 4 Zentimetern zwischen Hand und Körper besteht.* Sobald die Hände unten angelangt sind, führe ich sie in weitem Bogen mit ausgebreiteten Armen in die Höhe über den Kopf der Person. Ich mache dann genau dieselben Bewegungen, d.h. *Striche von oben nach unten, in der Nähe des Körpers;* etwa 10 Minuten lang setze ich dies fort. Nach dieser Zeit sehe ich den Patienten tief und ruhig atmend sitzen... Ich wecke... *durch Handbewegungen, die ich von unten nach oben mache und die parallel der Körperoberfläche... sind; jedoch ist der Handrücken hierbei dem Körper... zugewendet...*

(*KO:* Zu betonen ist hier die *Wende* der Technik. Während Deleuze den Patienten *streichelt*, hält Moll die Hände *2–4 cm vom Körper* des Patienten entfernt. *Bei der Hypnotisierung hält er die Handfläche, bei der Dehypnotisierung den Handrücken zum Körper des Patienten.* Beim Hypnotisieren gehen beide Autoren mit den Händen *von oben nach unten* den Körper des Patienten entlang; beim Dehypnotisieren umgekehrt – *von unten nach oben.* Siehe dazu Kapitel XV).

Sigmund Freud (1856–1939) machte «*digitale Kompressionen*» und glaubte, den Patienten dadurch veranlassen zu könne, *sich an frühere traumatische Erlebnisse* zu erinnern (Kapitel X). Vielleicht ungewollt und unbewußt hat er dabei durch *Handauflegen* womöglich therapeutisch gewirkt.

Wie wir unten noch diskutieren werden, haben sich viele spätere Hypnotherapeuten des Handauflegens auf diese oder jene Weise bedient. Oskar Vogt (siehe Kapitel II und IX) suggeriert: «... Sehen Sie mir fest und ruhig in die Augen (*KO:* Faszinationsmethode, siehe oben)... Ich *lege Ihnen die Hand auf die Stirne*... (*KO:* Kursiv stammt vom Referenten. Das Auflegen der Hand auf die Stirn wurde damals als ‹*Stirnhand*› bezeichnet.)... dann *geht die Wärme meiner Hand auf Ihren Körper über*... (*KO: Diese menschliche Wärme*, die hier der Hypnotherapeut auf den Patienten überträgt, spielt bei der Hypnotherapie und im täglichen Leben eine unschätzbare Rolle)... Ja... die Wärme breitet sich allmählich aus unter meinen Fingern und geht auf die Augen über... fühlen Sie das? (*KO:* Der Patient fühlt in der Regel die Wärme und erhält dadurch die entsprechende Suggestion, die von sich aus die Wärme potenziert.)... Ja (sagt der Patient)... die Wärme läßt jetzt das Gefühl der *Schwere* entstehen, Sie fühlen, wie die Wärme auf die Augen übergeht und die Augen schwer macht...».

Der Referent beobachtete öfters bei Dr. Wilfried Dogs (*KO:* persönliche Zusammenarbeit, 1974), wie er beim Hypnotisieren den Hypnotisanden *von oben nach unten, seitlich von der Schulterregion bis zu den Knöcheln streichelte* (*KO:* Handflächen nach innen) und dabei sprach: «...Sie brauchen nichts besonderes zu denken, nichts anderes zu wollen, nichts besonderes zu wünschen... und von allein gar nichts zu tun...». Der Referent selber wendet das Streicheln von Fall zu Fall an, insbesondere bei ängstlichen und sonst vereinsamten Patienten. Selbst das Streicheln ohne eine direkte Hypnose-Induktion, das sozusagen nebenbei (vom Patienten aus gesehen) *bei den morgendlichen Visiten* vorgenommen wird, bringt manchmal gute Erfolge bei der Heilung von depressiven Zuständen aller Art und Genese. Selbstverständlich wird diese Behandlungsart als eine zusätzliche Therapie angesehen.

Bei taub-blinden Patienten wird *die taktile Suggestionsdarbietung* die einzige Möglichkeit sein, die Suggestionen zu realisieren. In diesen Fällen werden die *Hypnose-Induktion*, die *Vertiefung der Hypnose*, die posthypnotischen Suggestionen sowie die *Dehypnotisierung* dem Patienten *über den Übersetzer vermittelt, den jeder Taub-Blinde in der Regel in die Praxis mitbringt. Die Suggestionen müssen langsamer als sonst diktiert werden, weil sie* (a) *vom Übersetzer auf die Handfläche des Patienten getippt werden müssen* und (b) *andererseits vom Hypnotisanden nicht schnell perzipiert werden können.*

5. Kombinierte Suggestionsdarbietung

Aus den bisherigen Ausführungen haben wir sehen können, daß die Suggestionsdarbietung *kaum monosuggestiv erfolgt.* Eine Kombination bringt andererseits einen rascheren Erfolg. Wie in Kapitel IX.2.1.2 ausgeführt wurde, *verstärken sich positive Suggestionen gegenseitig.* Bei einer entsprechenden Kombination kann diese Verstärkung noch mehr potenziert werden. Der Hypnotisand wird somit voll engagiert, kontinuierlich auf die Hypnose gelenkt und von Nebenwirkungen und seinen laufenden Gedanken abgelenkt. *Es gibt viele Kombinationsvariationen.*

5.1 Kombinationen von visuellen und verbalen Suggestionen

Diese Kombinationsart kommt am häufigsten vor. Bei allen Beispielen, die wir soeben gegeben haben (Kapitel XIII.2 und XIII.3), erfolgte eine *Zusammensetzung aus visuellen und verbalen Suggestionen.* Eine andere Möglichkeit der Suggestionsdarbietung liefert uns die moderne Technik, nämlich *Audio-Video-System (AVS) und Fernsehen (TV).* Diese Art der Suggestionsdarbietung hat zwar den Nachteil, daß der Hypnotisand nicht direkt vor dem Hypnotiseur sitzt und mit ihm einen unmittelbaren Kontakt herstellt, hat aber andererseits einen großen Vorteil, weil dadurch ermöglicht wird, *daß wenige Hypnotherapeuten die Suggestionen einer größeren Anzahl von Patienten simultan* zugute kommen lassen. Der Referent hat in den letzten 10 Jahren vor dem ersten Erscheinen dieses Buches die TV genutzt und einer Reihe von Patienten gleichzeitig Suggestionen verabreicht. Dabei kamen zwei Darbietungsweisen in Betracht (s. dazu Jovanović, 1989):
(a) *In einem Falle* werden die Suggestionen in Form eines Hypnose-Ablaufes direkt *(on-line)* gegeben, wobei der Hypnotherapeut mit den Patienten *per Audio-Video* kommuniziert. Der erstere kann die Reaktionen der letzteren – die in ihren Krankenzimmern untergebracht sind und dort in ihren Betten liegen – sehen und sich ihnen noch mitten im Hypnose-Verlauf anpassen. Diese direkte Suggestionsart kann aber – wegen der Sprachschwierigkeiten und der Indikationsbreite – nicht alle Patienten simultan erfassen.
(b) Aus diesem Grunde wird auch die *zweite Methode* angewandt, bei der die Suggestionen auf *Magnetbänder* diktiert und später *(off-line)* appliziert werden. Der Nachteil dieser Darbietungsweise wurde bereits erwähnt. Der Vorteil liegt unter anderem auch darin, daß die Suggestionen auch bei *Abwesenheit des Hypnotherapeuten* kontinuierlich verabfolgt werden können.
Bei der zweiten Darreichungsart wird von uns in der Regel der ganze Hypnose-Verlauf auf *Audio-Video-Kassetten* so aufgenommen, daß daraus *10–12 Hypnose-Tage* entstehen. An diesen 10–12 Hypnose-Tagen werden *morgens eine Hypnose, mittags die andere und abends die dritte abgespielt.* Diese *drei Hypnosen* für einen ganzen Tag werden an die Tageszeiten angepaßt. Am *Morgen* (Zeit: 9.30–10.00 Uhr) enthalten die Suggestionen eine *Imagination* (des Fahrens, Fliegens etc.) mit anschließendem *Dehypnotisieren* (Dauer: 20–30 Minuten). Die Suggestionen für die *Mittagspause* (Zeit: 12.30–14.00 Uhr) enthalten den *natürlichen Mittagsschlaf,* wobei die Zeit des Schlafes angegeben wird und die Patienten daraufhin aus dem Schlaf/der Hypnose geweckt werden. In der Regel dauern diese Hypnosen *60–90*

Minuten, abhängig davon, auf welcher Abteilung man die Patienten kürzer oder länger schlafen lassen kann. Die *abendliche Suggestionsdarbietung* (Zeit: 20.30–22.00 Uhr) dauert ebenfalls 60–90 Minuten. *Eine Dehypnotisierung wird nicht vorgenommen*, sondern als Aufwachen am nächsten Morgen, «... frisch und munter ... leicht und frei ... ganz ausgeschlafen ... und ganz ausgeruht ...» in Form von *posthypnotischen Suggestionen* vorsuggeriert. Der Hypnotiseur verabschiedet sich am Ende von den Patienten per TV, indem er leiser und leiser wird und am Ende auch eine «Gute Nacht» ansagt.

5.2 Verbalsuggestionen und andere akustische Reize

Bei dieser Kombinationsart werden die Verbalsuggestionen mit anderen monotonen akustischen Reizen kombiniert, wie etwa mit dem *Ticken eines Metronoms*, dem Geräusch eines *Elektrorasierapparates* oder dem Surren eines *Ventilators*. Eine elegante Methode zur Einleitung besteht darin, *den Atem des Patienten durch Mikrophon zu verstärken und zur Einleitung der Hypnose zu benutzen*. Die modernen Techniken ermöglichen auch eine akustisch-visuelle Kombination (siehe oben). Bei der sogenannten *Faradohypnose* wird der hypnotische Zustand durch das monotone Summen eines *Elektrisierapparates* oder durch elektrischen Strom eingeleitet, wobei simultan Verbalsuggestionen gegeben werden. Der Patient kann dabei das Faradisiergerät entweder direkt berühren, oder der Hypnotherapeut nimmt unbemerkt die Elektrode in die eine Hand und berührt mit der anderen Hand den Patienten, nachdem er ihm die Sensationen, die er durch den Strom erleben wird, angedeutet hat (Faradische Hand nach Völgyesi u.a.). Alle derartigen zusätzlichen Hilfsmittel sind überflüssig und irreführend und haben nicht die zentrale Bedeutung, die ihnen oft zugeschrieben wird (Langen, 1972).

5.3 Verbalsuggestionen und vestibuläre Reize

Diese Form der Hypnoseeinleitung ist nach Langen (1972) nur historisch interessant. *Schaukeln* (Forel) oder *plötzlicher Lagewechsel* (Grossmann) wirke auf die Gleichgewichtsorgane und fördere die hypnotische Umschaltung. Ähnliche Effekte können durch *Karussell- oder Achterbahnfahren* hervorgerufen werden. *Kinder* erleben wohlige Empfindungen durch *Jaktationen*. Diese umständlichen Verfahren werden heute kaum mehr angewandt. Notfalls werden sie per Computer simuliert (Kroger, 1977).

5.4 Kombination von verbalen und taktilen Suggestionen

In Kapitel VIII.10 wurde über Mesmer/Paradis (Hypnotiseur/Patientin) gesprochen (siehe auch Kapitel X), wobei wegen der *Blindheit* keine optischen Suggestionen angeboten werden konnten. *Bei den meisten blinden Patienten* ist man nach wie vor mit dieser Darbietungsart konfrontiert. Der Nachteil der Kombination liegt einerseits *in der starken Erotisierung* der heterosexuellen Hypnotisanden und andererseits darin, daß *sie sich dabei gestört fühlen*. Viele Patientinnen wechseln sogar den Hypnotherapeuten, weil er sich ihnen während der Hypnose «unsittlich genähert» habe. Das Problem liegt aber nicht immer beim Hypnotiseur, sondern auch bei der Erkrankung und bei der Patientin. J.H. Schultz (1983) empfiehlt *die Berührung des erkrankten Körperteiles;* nicht nur wegen der Lokalisation der Suggestionsverstärkung, sondern auch deshalb, weil der Hypnotisand während der Hypnose die alleinigen verbalen Suggestionen nicht immer klar verstehen und realisieren kann. Bei Patientinnen mit sexuellen Schwierigkeiten müßte man logischerweise die «erkrankten Teile» berühren. Die meisten

Patientinnen fassen es jedoch nicht richtig auf, wenn man ihnen nicht von Anfang an eindeutig erklärt hatte, worum es hier geht.

5.5 Verbalsuggestionen und chemische oder autotoxische Reize

Da Hypnose und Schlaf verwandte Zustände sind, erleichtern schlaffördernde Medikamente die hypnotische Umschaltung (siehe *Narkohypnose*, Kapitel XV). Auf dem Höhepunkt der pharmakologischen Wirkung wird die Hypnose durch Verbalsuggestion eingeleitet. Indikation: *diffuse Angstsyndrome oder allgemeine Erregungszustände, die zunächst medikamentös gemildert werden müssen* (siehe Kapitel XV).

Autotoxische Reize werden durch Atemänderung ausgelöst. Durch Atemhemmung, wie sie manche *Yogaformen* vorschreiben, erhöht sich der CO_2-Spiegel im Blut, wodurch eine *Schlafförderung* erreicht wird. Auch durch *Hyperventilation (HV)* kann das Bewußtsein gesenkt werden. Bonwill (1877) *erreichte durch Hyperventilation Analgesien*, die er für kurze Operationen ausnützte. Bei länger dauernder Hechelatmung kommt es, neben *tetanischen Erscheinungen (Hyperventilationstetanie)*, von leichten *Bewußtseinstrübungen bis zu tranceartigen Zuständen, in denen die Suggestibilität zunimmt.* Diese Vorgänge werden auf eine respiratorische *Alkalose* zurückgeführt (Verschiebung des Säure-Basen-Gleichgewichts oder der Kalzium-Kalium-Konzentration im Blut durch CO_2-Abatmung) (siehe Kapitel XV).

Hyperventilation (Hechelatmung), unterstützt durch Verbalsuggestionen, wird nur in der *Geburtshilfe* während der Austreibungsperiode angewandt (siehe Kapitel XV). Auch in der Psychoprophylaxe nach Velvovski-Lamaze wird gegen Ende der Geburt der autohypnotische Zustand durch autotoxisch verursachte Bewußtseinssenkung vertieft (Langen, 1972) (siehe dazu Kapitel XV).

5.6 Verschiedene Kombinationen der Suggestionsdarbietung

Der Schwerpunkt jeder Induktion und Vertiefung der Heterohypnose liegt in der *Verbalsuggestion.* Die beschriebenen Induktionsverfahren durch verschiedene Sinnesreize haben nur eine *zusätzliche* Bedeutung. Das ist teilweise auch historisch zu verstehen, da am Ende des vorigen Jahrhunderts, auf dem Höhepunkt der Hypnotherapie, noch kein rechtes Zutrauen zu der eben entwickelten Suggestionstheorie vorhanden war. In dem Maße aber, wie man Suggestion und Autosuggestion zum tragenden Element der Heterohypnose und Autohypnose machte, steigerte sich auch die Bedeutung der Verbalsuggestion (Langen, 1972; Schultz, 1983).

Die Suggestionsdarbietung durch Franz Anton Mesmer (1734–1815) (Kapitel VIII.10; Literatur s. Kapitel VIII.14) war beispielsweise *vielfältig kombiniert.* Schon die Räume selbst, in denen Mesmer magnetisierte, wirkten auf die Besucher durch ihr *besonderes Arrangement* suggestiv. Die Fenster waren mit Vorhängen abgedunkelt, um ein dämmerndes *Clairobscur* zu schaffen, schwere *Teppiche* und *Wandvorhänge* dämpften den Schall, Spiegel reflektierten von allen Seiten Kerzenlicht, sonderbare symbolische Sternzeichen steigerten die Aufmerksamkeit, ohne sie zu befriedigen. Unbestimmtes steigert immer die Erwartung, Geheimnis die Spannung, Schweigen und Verschweigen die mystische Gefühlskraft; darum wurden in Mesmers «Zauberstube» *alle Sinne*, Auge, Ohr und Gefühl, auf die raffinierteste Weise *gleichzeitig beschäftigt und gereizt.* In der Mitte des hohen Raumes stand, wie ein Brunnen, der große *Gesundheitszuber (Baquet)* bereit. *In tiefem Schweigen* saßen die Kranken um diesen *magnetischen Altar*, keiner durfte sich bewegen, kein Laut durfte gesprochen werden, um die Spannungsschwingung im Raum nicht zu stören. Von Zeit zu Zeit bildeten, auf ein Zeichen hin, die um den Zuber Gereihten die berühmte (später von *Spiritisten* übernommene) *magnetische Kette*. Jeder *berührte die Fingerspitzen* seines Nachbarn, damit der vermeintliche Strom, durch die Überleitung von Körper zu Körper verstärkt, die andächtige Reihe durchflutete. Die Stille wurde nur durch Akkorde eines Klaviers oder durch zarte Vokalchöre vom Nebenzimmer her durchbrochen. Manchmal spielte sogar Mesmer selbst auf seiner *Glasharmonika*, um durch *sanfte Rhythmen* die Erregung zu beschwichtigen oder durch eindringlichere wieder zu steigern. So wurde eine Stunde lang *der Organismus mit magnetischer Kraft geladen* (oder, wie wir neuzeitlich sagen würden: die *suggestive Spannung* durch die Monotonie und Erwartung *vorbereitet*). Dann trat endlich Mesmer selbst herein. Dabei trat er ernst, ruhig, langsam, *mit hoheitsvollen Gebärden* und Ruhe ausstrahlend in die allgemeine Unruhe. Kaum näherte er sich den Kranken, *lief ein leises Zittern durch die Kette*. Er trug *eine lange lila Seidenrobe*, an *Zoroaster* oder an die *Tracht* indischer Magier erinnernd. Mit einem dünnen Eisenstäbchen schritt er von einem Kranken zum anderen. Bei einem blieb er stehen, fragte ihn leise nach seinem Leiden, dann *strich er mit seinem Magnetstab* in bestimmter Richtung die *eine Seite des Körpers hinab, die andere empor*, während er gleichzeitig *scharf und dringend dem erwartungsvollen Blick des Kranken standhielt*. Bei manchen unterließ er überhaupt jede Berührung mit dem Stäbchen und *umkreiste* nur bedeutungsvoll die Stirn oder *das Zentrum des Schmerzes*, immer aber *mit starrer Pupille* die Aufmerksamkeit auf den Leidenden konzentriert und damit dessen Aufmerksamkeit festbannend. Gewöhnlich dauerte es nicht lange, und einer der Kranken begann *unter Mesmers Berührung* zu vibrieren, *konvulsive Zuckungen* durchliefen seine Glieder, *er fing an zu schwitzen, zu schreien und zu seufzen oder zu stöhnen*. Kaum hatte sich bei diesem ersten ein ersichtliches Zeichen der *nervenaufrüttelnden Kraft* eingestellt, so vermeinten die anderen in der Kette gleichfalls, die berühmte heilbringende «*Krise*» zu spüren. Die Zuckungen setzten sich in der Reihe fort, *und ein zweiter, ein dritter Patient verfiel in Krämpfe*. Einige wälzten sich mit verdrehten Augen und Zuckungen auf dem Fußboden, andere begannen grell zu lachen, zu schlucken oder zu stöhnen. Manche tanzten, von Nervenkrämpfen hin und her gerissen, andere schienen unter dem Einfluß des Stäbchens oder unter Mesmers eindringlichem Blick in *Ohnmacht* oder *hypnotischen Schlaf* gesunken zu sein. Mit einem stillen und stummen Lächeln auf den Lippen lagen sie teilnahmslos in *kataleptischer Starre* auf dem Boden. Dazu spielte die Musik von nebenan weiter, um den gespannten Zustand noch weiter zu steigern (Stefan Zweig, 1931, 1983). *Die Patienten waren bei dieser Methode Mesmers voll in die Therapie «eingetaucht»*.

6. Zusammenfassung und Schlußfolgerungen

Die Technik der Suggestionsdarbietung weist eine intensive und relativ lange Entwicklungsgeschichte auf. Die meisten Hypnosen werden mit Hilfe von *visuellen und verbalen Suggestionen* eingeleitet. Bei den visuellen spielen die *Faszinations-* und die *Fixationsmethoden* die wichtigste Rolle. Die *verbalen Suggestionen* haben dann die Aufgabe, die Fixierung der Aufmerksamkeit zu verstärken und die Hypnose zu vertiefen. *Taktile Suggestionstechniken* blicken auf eine lange Vorgeschichte zurück und sind auch heute als ein psycho-biologisches Erlebnisphänomen nicht nur bei der Hypnose, sondern auch im täglichen Leben von vitaler Bedeutung. *Kombinationen der Suggestionsdarbietung* erzielen den besten Erfolg. Benutzung von Requisiten (Kristalle, Spiegel, chemische Substanzen, Parfüms etc.) sollte nur *in Ausnahmefällen in Frage kommen*.

Bei allen Techniken der Suggestionsdarbietung sollten die Hypnotisanden nach oben (zur Stirn) blicken und zur Konvergierung der Augen veranlaßt werden. Die Beine bleiben (auch

im Sitzen und Liegen) nebeneinander (nicht überkreuzt), die Arme neben dem Körper (nicht auf dem Bauch/der Brust).
Jeder Hypnotiseur sollte den Weg wählen, der ihm am besten liegt. Er möge sich aber auf die *heutige wissenschaftliche* Vorstellung der Suggestionsdarbietung stützen.

7. Quellennachweis

Bonwill, W.G.A. (1877): Hypnosen und Hyperventilation (Autotoxische Methoden und CO_2-Sättigung). Zitiert in Langen, D.: Kompendium der medizinischen Hypnose. Karger, Basel, 1972, Seite 33, 44, 45.
Brodmann, K. (1868–1918): Zur Methodik der Hypnotischen Behandlung. *Zschr. Hypnotismus*, (1897), *6:* 1–10, 193–214, (1898), *7:* 1–35, 228–246, 266–284, (1902), *10:* 314–379.
Dogs, W.: Die Ärztliche Hypnose – Wissenschaft und Praxis einer besonderen ärztlichen Therapie. Braun-Verlag, Duisburg, 1967, Seite 9.
Erickson, M.H., und Rossi, E.L.: Hypnotherapie: Aufbau – Beispiele – Forschung. Pfeiffer, München, 1981.
Hanauer, J.: Fatima «Erscheinungen und Botschaften». Bock & Herchen, Bad Honnef, 1979.
Hansmann, M.: Die Psychologie Franz Anton Mesmers. Inaug.-Diss., Univers. Graz, Juni, 1957.
Hart, E.: Hypnotism, Mesmerism and the New Witchcraft. Da Capo, New York, N.Y., 1982 (Originally published: Appleton, New York, 1896).
Hering, E. (1834–1919): Grundzüge der Lehre vom Lichtsinn. Im Handbuch der gesamten Augenheilkunde (2. Auflage), Vol. 3, 12/13, Springer, Berlin, 1925.
Klumbies, G.: Ablationshypnose. *Zschr. Psychother. Med. Psychol.*, (1952), *2:* 221–229.
Kroger, W.S.: Clinical and Experimental Hypnosis. Lippincott, Philadelphia, 1963, 1977, pp. 39–44 and 65–80.
Laepple, A.: Lourdes. Pattloch-Verlag, Aschaffenburg, 1983, Seite 31–32, 47, 54 (und weiter).
Langen, D.: Kompendium der medizinischen Hypnose. Karger, Basel, 1972, Seite 34–42.
LeCron, M.L., and Bordeaux, J.: Hypnotism Today. Wilshire Book Co., North Hollywood, 1947, pp. 16–27.
Levi-Suhl, M.: Die hypnotische Heilweise und ihre Technik. Enke, Stuttgart, 1908, 1922.
Moll, A.: Hypnotismus. Kornfeld, Berlin (1–4. Auflage), 1905, 1924.
Schott, H.: Franz Anton Mesmer und die Geschichte des Mesmerismus. Steiner, Wiesbaden–Stuttgart, 1985.
Schultz, J.H.: Die Hypnose-Technik. Fischer, Stuttgart, 1959, 1983, Seite 21–44.
Stocksmeier, U.: Lehrbuch der Hypnose (4. Auflage), Karger, Basel, 1984.
Svoboda, T.: Das Hypnose-Buch. Individuelle Anwendungsformen für Selbsthilfe und therapeutische Praxis. Kösel-Verlag, München, 1984.
Völgyesi, F.: Menschen- und Tierhypnose. Neu bearbeitet von Klumbies, G., Orell Füssli, Zürich, 1963 (für 1967 s. Kapitel II).
Vogt, O.: Die direkte psychologische Experimentalmethode in hypnotischen Bewußtseinszuständen. Barth, Leipzig, 1897.
Wetterstrand, O.G.: Hypnotismus. Urban & Schwarzenberg, 1891.
Wolberg, L.W.: Medical Hypnosis, Vol. I., 1948a, pp. 167–168, Vol. II, 1948b, pp. 323
Zweig, S.: Die Heilung durch den Geist. Fischer, Frankfurt/M., 1931, 1983, Seite 29–124.

XIV. Prüfung von Suggestibilität und Hypnotisierbarkeit

1. Spezielle Vorbemerkungen zur Problematik

Mit diesem Kapitel sind wir – abgesehen von einigen historischen Reminiszenzen über die Abstammung der Methoden – *gänzlich auf den praktischen Teil unseres Themas übergegangen.* In der Fachliteratur wird in den meisten Fällen von einer *Suggestibilitätsprüfung* gesprochen. In Kapitel IX.2.2 konnte gezeigt werden, daß die *Suggestibilität* ein relativ weiter Begriff ist. Wir lassen daher die *allgemeine Suggestibilität* beiseite und widmen uns der *speziellen* oder *hypnotischen Suggestibilität*, die auch als *Hypnotisierbarkeit* bezeichnet (Kapitel IX.4.2) und entsprechend *getestet* wird. Um der Sache voll gerecht zu werden, verwenden wir unten beide Begriffe als Synonyme. Dabei werden alle vorzutragenden Methoden in drei Gruppen zusammengefaßt: (a) *Psychomotorische und empirische Tests*, (b) *Sensorische und/oder Illusionstests* und (c) *Hpnotisierbarkeits-Skalen.*

2. Psychomotorische und empirische Suggestibilitätstests

2.1 Pendeltest (Suggestibilitätsprüfung nach Chevreul; 1786–1889)

Der Pendeltest ist vielleicht einer der ältesten Tests überhaupt. Wissenschaftlich wurde er jedoch zum ersten Male von M. E. Chevreul (1854) beschrieben und später nach ihm benannt. Danach wurde er unter anderem von Baudouin (1922) neu eingeführt.
Inzwischen wird der Pendeltest in fast allen Büchern über Hypnose zitiert und empfohlen. Auch beim *autogenen Training* (Kapitel XVIII) findet er Anwendung. Von vielen Wahrsagern und Scharlatenen wird er kompromißlos *mißbraucht.* In der neueren Zeit haben sich unter anderem Weitzenhoffer (1957, 1972), Schneck (1972) sowie Easton und Shor (1973) mit der methodischen und historischen Problematik dieses Tests befaßt. James W. Anderson (1977) fand bei Vpn sogar *einige psychoanalytisch zu verwertende Reaktionen* nach Anwendung des Chevreul-Pendels.
Ein Pendel zur Suggestibilitätsprüfung ist ein runder, an einem Ende spitz zulaufender Gegenstand aus Messing, dessen anderes Ende an einem Faden befestigt ist. Pendel gibt es in *verschiedenen Formen, Größen und Gewichten.* Ein behelfsmäßiges Pendel kann leicht aus einem Fingerring oder aus einer Schraubenmutter, *die man an einen 20–30 cm langen Faden bindet*, hergestellt werden (Svoboda, 1984). Bei schweren Pendeln können am Faden einige Knoten angebracht werden, um das Ausgleiten des Pendels zu verhindern.

Im allgemeinen kann sich das Pendel in *vier Richtungen* bewegen:

(a) *vor und zurück;*
(b) *links und rechts;*
(c) *kreisförmig, nach dem Uhrzeigersinn* und
(d) *kreisförmig, dem Uhrzeigersinn entgegen.*

Es ist vorteilhaft, den Suggerenden diese *vier Grundbewegungen* zunächst frei und bewußt durchführen zu lassen. Vor allem bedeutet dies eine unauffällige Hilfe. Man bekomme dadurch eine Vergleichsmöglichkeit für den eigentlichen Versuch. Die bewußte, willkürliche Pendelbewegung werde in der Regel durch eine *grobmotorische, ruckartige Handbewegung* eingeleitet, während die *unwillkürliche* Pendelbewegung viel sanfter, kaum sichtbar, von der Hand ausgeführt werde.

2.1.1 Durchführung der Variante A

Der Suggerendus/Hypnotisand sitzt auf einem gewöhnlichen Stuhl und bekommt *einen Stab in die Hand*, an dem mit *einer Schnur* ein Pendel befestigt ist. Auf dem Boden wird zu diesem Zweck ein markanter Punkt gewählt oder *es wird ein Kreis mit einem Punkt in der Mitte* gezeichnet. Der Arm wird entweder frei horizontal gehalten oder er wird auf einem Knie aufgestützt. Jetzt erfolgt die Suggestion (SG):
«*Sie sehen* das Pendel und konzentrieren sich ganz fest darauf. Im übrigen fühlen Sie sich gelöst, ruhig und entspannt. *Und während* Sie so sitzen, werden Sie *bald feststellen*, daß das Pendel anfängt sich zu bewegen. *Gleichgültig* in welcher Richtung, aber es bewegt sich ... Es fängt an sich zu bewegen, zunächst wenig, dann mehr und mehr ... *Schauen Sie* ganz fest auf das Pendel, es beginnt zu schwingen ... *Denken Sie* an die Bewegungen des Pendels. Wenn Sie das tun, wird es sich stärker und stärker bewegen ... Das Pendel kann sich nach links oder rechts bewegen oder zu kreisen beginnen ... schauen Sie fest darauf ...». (*KO:* Je nach Richtung wird nun am besten im Takt der Schwingung gesprochen:) «*Hin und her* ... Das Pendel schwingt mehr und mehr, hin und her. Sobald es stärker und stärker schwingt, können Sie es nicht mehr zum Stehen bringen. Je mehr Sie es versuchen, um so weniger gelingt es.» (*KO:* Diese Aussage erfolgt nur *bei guter Realisierung*. Ebenso kann man nach Milton H. Erickson – Kapitel XII – das *Ruhighängen* des Pendels suggerieren. Gelegentlich ist zu beobachten, daß das Pendel *aus einer gradlinigen in eine kreisförmige Bewegung* einmündet. Dann sollte der Suggestor entsprechend ansagen:) «Das Pendel fängt an, sich im Kreis zu bewegen ... mehr und mehr im Kreis ...». (*KO: Gelungen ist der Test*, wenn sich das Pendel nach einer relativ kurzen Zeit zu bewegen beginnt und sich immer stärker und stärker bewegt. Änderungen der Bewegungsrichtung bedeuten nicht etwa das Nicht-Vorhandensein der Suggestibilität. Noch besser ist die hypnotische Suggestibilität, wenn das Pendel durch Suggestionen aus einer Bewegungsrichtung wieder zum Stillstand gebracht werden kann. Die Suggestionen dazu lauten:) «... Und jetzt bewegt sich das Pendel sehr ausgiebig ... sehr ausgiebig und stark ... und jetzt beginnt es, sich immer weniger und weniger zu bewegen .. immer weniger und weniger ... Sie sehen es ... es bewegt sich immer weniger und weniger ... jetzt ist es fast still ... und jetzt hängt es ganz still ... ganz still ...». (*KO:* Am Ende wird der Suggerendus gelobt:) «... Das haben Sie hervorragend gemacht ... hervorragend ... unerwartet schön und sehr gut ...». (*KO:* Gelingt der Pendelversuch *nicht ganz*, so wird der Suggerendus trotzdem nicht entmutigt, sondern für den nächsten Versuch vorbereitet mit den Worten:) «... So, das ist gut .. das haben Sie gut gemacht ... ich habe nicht mehr von der Untersuchung erwartet ... und jetzt gehen wir zur nächsten *Untersuchung* über ... jetzt kommen Sie hierher ...».
Daraufhin geht man auf die nächste Methode der Suggestibilitätsprüfung über. Der Patient wird annehmen, es handele sich um eine Reihe von *Untersuchungen*. Deshalb wird dem Patienten gegenüber immer der Ausdruck «*Untersuchung*» verwendet. Bei gesunden Probanden, wie beim Unterricht etc., kann auch das Wort «*Versuch*» verwendet werden, weil es sich an sich nicht um eine «Untersuchung» handelt.

2.1.2 Durchführung der Variante B:

Bei der Variante B wird der Faden, an den das Pendel gebunden ist, *nicht an einem Stock* befestigt. *Er wird vielmehr dem Suggerendus direkt in die Hand gegeben.* Der Suggerendus nimmt den Faden (etwa 30–50 cm lang) zwischen *Daumen und Zeigefinger der dominanten Hand*, und das Pendel hängt vertikal nach unten. Der Ellbogen des Suggerendus ist *auf das Knie* gestützt, so daß der Unterarm vom Knie aus *schräg nach oben* in die Luft zeigt. Das Pendel ist dann ziemlich weit vom Körper des Suggerendus entfernt und wird zunächst auf eine auf dem Boden liegenden *Scheibe* (die auch gezeichnet werden kann) zentriert. Und jetzt suggeriert man wie bei der *Variante A*. Gelungen ist der Test, wenn sich die Ereignisse wie bei der Variante A abgespielt haben. Im übrigen wird ebenfalls wie bei der Variante A vorgegangen.

2.1.3 Ende des Pendelversuchs

Nach der Beendigung des Pendelversuchs wird das Pendel aus der Hand des Suggerendus genommen. Viele Suggerenden sind *eine Weile nach dem Ende des Versuches sprachlos und leicht verwirrt.* Einige gelangen *in eine volle Hypnose* und bieten auch entsprechende Hypnose-Zeichen (Schema 14 und Kapitel XV). *In diesen Fällen kann die Hypnose durch eine der Methoden* (Kapitel XV) *vertieft werden.* Falls die Suggerenden beim Berühren zwecks Abnehmen des Pendels aus der Trance zurückkommen, kann die Hypnose *von neuem* begonnen werden.

2.2 Körperschwingungstest (Postural Body Sway Test)

2.2.1 Einige historische Vorbemerkungen

Dieser Suggestibilitätstest ist seit über 100 Jahren bekannt. Nach Weitzenhoffer (1972) erscheint er in der wissenschaftlichen Literatur nach 1887. In Anwendung sei er seit 1878 oder noch länger. Der Entdecker sei ein französischer Arzt namens Lucien Moutin (1887, 1890, 1896). Später hat auch Boriac (1913) ausführlich darüber berichtet. Der *Körperschwingungstest* oder *Falltest* kann auch *Moutin-Zeichen* genannt werden.

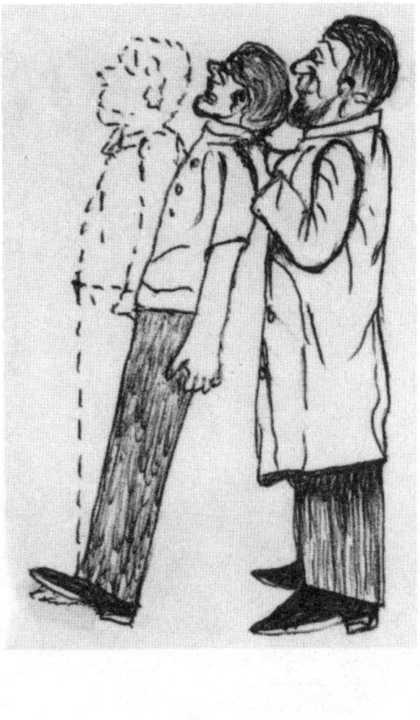

Abb. 7 A: Demonstration des Körperschwingungstests (postural body sway), Variante A (Kapitel XIV.2.2.1) (Rückwärtsfall-Test; backward postural body sway test) (eigener Entwurf nach Literaturangaben und eigenen Erfahrungen)

Bei diesem Test legt nach Moutin der Suggestor *die Hand auf den oberen Teil des Schulterblattes des Suggerendus, nahe der Mittellinie (siehe auch Abb 7A). Der Suggerendus wird nun gebeten, irgendwelche Sensationen und Erlebnisse anzugeben, die er dabei empfindet.* Wenn er suggestibel ist, wird er *innerhalb von 2–3 Minuten mitteilen, er empfinde Wärme auf seinem Rücken.* Das ist dann das Signal für den Suggestor, *beide Hände* flach auf die Schulterblätter des Suggerendus zu legen, mit den Daumen nach innen, wobei die Finger ganz leicht vibrieren. Bei *hoch hypnotisierbaren Personen* wird bald *die Hitze* als *nicht tolerierbar* angegeben (Moutin, 1887, 1890). Manche Suggerenden empfinden *nicht Wärme, sondern Kälte, Zuckungen der Muskulatur, Vibrieren, Empfindungen wie beim Elektroschock* etc. Sobald die Vp eine Ausstrahlung *der Hitze durch den ganzen Nacken* empfindet, geht man zum nächsten Test oder zur nächsten Stufe über. Der Suggestor sollte dabei seine Hand *langsam* vom Nacken des Probanden zurücknehmen. *Gleichzeitig wird der Proband eine Fallneigung nach hinten zeigen.* Im selben Moment wird die *suggestible Person erheblich nach hinten schwanken oder fallen.* Moutin habe sich bei seinem Experiment viel vom Mesmerismus leiten lassen, so daß auch dieses Zeichen der Suggestibilität eine gewisse telepathieähnliche Deutung erfuhr (Weitzenhoffer, 1972). Neun Jahre später, als Moutin (1896) seine Entdeckung in einer Dissertation beschrieb, gab er als Zeit zum Reagieren des Probanden *30–40 Sekunden, statt früher 2–3 Minuten,* an. Moutin (1896) sah seinen Test nur als eine schnelle Methode, um die Hypnotisierbarkeit einer Person zu testen. Nach ihm ist dieser Test bei 50 % von 10 000 Personen mehr oder weniger positiv. Bei 25 % entwickelt sich rasch ein *spektakulärer Grad der Suggestibilität.* Als Konsequenz dessen stellte Moutin (1896) den *Falltest* in seinem Werk nicht nur als einen *diagnostischen Beitrag* dar, sondern auch als Basis für die Prozedur, welche die Suggestibilität durch die Induktion eines Zustandes *wie* Hypnose erhöhe. *Schlafzustand und Amnesie würden dabei jedoch nicht ausgelöst werden.* Moutin ist demnach der erste, der *den Rückwärtsfalltest als einen homoaktiven und heteroaktiven Effekt in Verbindung mit Suggestibilitätsprüfung* gebracht hat (Weitzenhoffer, 1972). Bérillon (1911) hat den Rückwärtsfalltest als nächster nach Moutin angewandt, wobei er die Priorität der Entdeckung Moutin gab. Nach Bérillon (1911) ist der Test *das Resultat eines mechanischen Druckes und der gelenkten Aufmerksamkeit des Probanden.* Der Effekt ist nicht mehr als die «*Akkumulation und Polarisation*» *der Aufmerksamkeit* des Probanden anzusehen. Er sprach jedoch nicht von einer Suggestibilität, wie Moutin, sondern von einer *psychischen Fähigkeit oder Kapazität des Probanden.* Nach Bérillon (1911) bezieht sich das Phänomen auf die *Disposition des Individuums* und ist nicht etwa das Resultat eines Fluidums. Nach Weitzenhoffer (1972) hat Hull (1929, 1933) die *Vervollständigung des Falltests* erarbeitet. Er

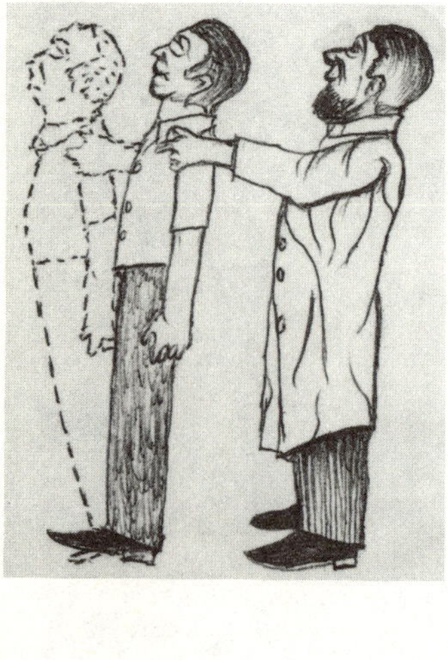

Abb. 7B: Demonstration des Körperschwingungstests (postural body sway), Variante B (Kapitel XIV.2.2.2) (Vorwärtsfall-Test; forward postural body sway test) (eigener Entwurf nach Literaturangaben und eigenen Erfahrungen)

beschrieb eine andere Variante (Vorwärtsfalltest), *wobei auch direkte verbale Suggestionen* gegeben werden (siehe dazu Abb. 7B). Der Proband wird bei dieser Variante mit dem Rücken zum *Instrument* gestellt (Hull benutzte dazu ein Gerät). Unbemerkt von der Vp wird ihr auf den Rücken (auf die Jacke) eine Art Zeiger gehängt. Dieser Zeiger ist mit einem *Kymographen* verbunden. Der Experimentator steht etwa 45 cm *vor dem Probanden* und spricht in leisem, aber vertrautem Ton zu ihm: «Sie schwanken nach vorn .. Sie können sich nicht helfen ... Sie schwanken nach vorn. Vorwärts ... vorwärts ... vorwärts ... weiter und weiter ... Sie neigen sich nach vorn, etwas mehr, jetzt mehr, mehr, weiter und weiter.» (*KO:* Die Worte der Suggestion enthalten *Pausen von zwei bis drei Sekunden dazwischen.* Aufmerksames Beobachten wird zu dem Resultat führen, daß der Suggerendus bald in einen spontanen *Körpertremor* kommt. Der Suggestor sagt dann:)
«Sie kommen ..., Sie kommen ...» etc. (*KO:* Eine definitive Antwort wird die Vp in *30 Sekunden bis fünf Minuten geben.*) (s. auch Hull, 1933).
Außer Schneck (1972), Weitzenhoffer (1972) und vielen anderen, haben sich in der letzten Zeit experimentell auch Marcuse (1959), Webb (1962), Webb und Mesmith (1964), Garmize (1967) sowie Garmize und Marcuse (1969) mit dem *Körperschwingungstest* auseinandergesetzt. Die letzteren zwei Autoren beschreiben die Maße, die Ausprägung des Tests, und vergleichen ihn mit anderen Parametern der Suggestibilität. Der Test ist heute als (a) *Rückwärtsfalltest*, (b) *Rückwärtszug*, (c) *Vorwärtsfalltest* bekannt.

2.2.2 Durchführung der Variante A: Rückwärtsfalltest (Abb. 7A)

Beim *Rückwärtsfalltest (Backward Postural Body Sway Test)* wird der Suggerendus gebeten, sich mit zusammengestellten Beinen (Fersen dicht zusammen, Zehen weit auseinander oder zusammen) hinzustellen, Hände seitwärts hängen zu lassen, Kopf etwas angehoben (Abb. 7A), Körper locker stehen zu lassen, die Augen zu schließen. Der Suggestor stellt sich *hinter den Suggerendus*, die Handflächen zum Rücken des Suggerendus, die Daumen weit nach innen gestreckt, die übrigen Finger etwas gespreizt und nach oben ausgestreckt. Die Hände des Suggestors werden auf die Höhe der Schultergelenke des Suggerendus gebracht. Dabei gibt es *zwei Subvarianten:*

(a) *Im ersten Fall legt der Suggestor seine Hände zunächst ganz flach auf die Schultern des Suggerendus* (Abb. 7A). Dabei suggeriert er: «Und jetzt lege ich meine Hände auf Ihre Schultern ... Sie sind ganz entspannt und gelöst und fühlen sich ganz wohl ... In wenigen Augenblicken werden Sie eine leichte und dann stärkere *Wärme* unter meinen Händen empfinden ... eine immer stärker werdende Wärme ... Sie werden sich ganz wohl fühlen ... ganz wohl ... die Wärme wird immer stärker und stärker.» (*KO:* In diesem Sinne die Suggestionen mehrmals wiederholen und ganz unauffällig die eigenen Hände immer fester und fester auf die Schultern des Suggerendus drücken. Wenn der Suggerendus äußert, daß er die Hände des Suggestors als immer wärmer und wärmer empfinde, wird der letztere weiter nachsuggerieren:) «... Und vielleicht werden Sie mit Ihrem Körper leicht *nach hinten schwanken* ... ja, Sie schwanken nach hinten ... immer mehr und mehr ... Sie brauchen keine Angst zu haben .. *ich stehe hinter Ihnen* und werde nicht gestatten, daß Sie hinfallen ... Sie sind ganz ruhig ... Ihr Körper schwankt nach hinten ... nach hinten ... immer mehr und mehr ... schneller und schneller ...». (*KO:* Wenn der Hypnotiseur unter seinen Händen einen Druck empfindet, der darauf hindeutet, daß der Hypnotisand tatsächlich nach hinten neigt, nimmt er seine Hände *plötzlich* vom Körper des Hypnotisanden weg. Wenn der Hypnotisand eine Fallneigung nach hinten aufweist, ist der Versuch gelungen, der Hypnotisand ist suggestibel (hypnotisierbar). Sonst ist der Test negativ.

(b) *Bei der zweiten Subvariante* legt der Suggestor seine Hände *nicht direkt* auf die Schultern des Hypnotisanden, sondern hält diese *2–5 cm von dessen Körper entfernt* und suggeriert:
«Und jetzt haben Sie sich *hingestellt*, ganz aufrecht ... Sie sind ganz *entspannt und gelöst* und wollen gar nichts ... Sie stehen ganz ruhig *mit geschlossenen Augen* und warten, bis ich Ihnen sage, was Sie tun werden ... In wenigen Augenblicken wird Ihr Körper anfangen *nach hinten zu schwanken* ... er schwankt nach hinten ... immer mehr und mehr ... Ich zähle jetzt bis 10 ... und wenn ich bis 10 gezählt habe, werden Sie nach hinten fallen ... Sie werden fallen ... fallen ... Es passiert Ihnen nichts ... Ich stehe hinter Ihnen und werde Sie auffangen ... es passiert nichts ... Ihr Körper schwankt nach hinten ... Eins ... Sie fallen nach hinten ... immer mehr und mehr ... Zwei ... Sie schwanken nach hinten ... immer mehr und mehr ... Drei ... Sie fallen nach hinten ... Vier ... Sie fallen nach hinten ... immer mehr und mehr ... Fünf ... Sie fallen nach hinten ... Sechs ... Sie fallen ... Sieben ... fallen ... Acht ... Sie fallen nach hinten ... Neun ... Sie fallen ... Zehn ... Sie fallen ... Ich werde Sie auffangen ... Ich fange Sie auf ...». (*KO: Je schneller der Suggerendus nach hinten fällt, desto höher ist er hypnotisierbar.* Fällt er nicht nach hinten, sondern bleibt beim Schwanken, ist ebenfalls eine Hypnotisierbarkeit vorhanden, wenn auch eine geringere. *Erfolgt keine Schwankung, besteht keine Hypnotisierbarkeit*, was aber selten ist. Tritt der Suggerendus beim Schwanken einen Schritt oder mehr zurück, so wird dies akzeptiert und nachsuggeriert:) «... Sie sind zurückgetreten ... das macht nichts ... manchmal wird statt nach hinten fallen ... nach hinten treten verstanden ... Wir fangen von neuem an ... Jetzt wird es gelingen ...». (*KO: Beim gelungenen Test wird auch desuggeriert:*) «... Und jetzt stehen Sie wieder sicher und aufrecht ... *Sie schwanken nicht mehr* ... Sie stehen sicher und aufrecht ... Vielen Dank ... das haben Sie hervorragend gemacht ...».

2.2.3 Durchführung der Variante B: Vorwärtsfalltest (Abb. 7B)

Der Vorwärtsfalltest (Forward Postural Body Sway Test) wird in der Regel dann angewandt, wenn man nach dem Rückwärtsfalltest *Widerstände beim Suggerendus* findet. Kroger (1977) empfiehlt folgende Verbalisation (Stellung von Suggerendus und Suggestor wie bei der Variante A, Abb. 7B):
«... Machen Sie jetzt die *Augen zu* und lauschen Sie meiner Stimme ... Wenn Sie sich wirklich sehr schön entspannen *wollen* (*KO:* indirekte Suggestion), *werden Sie bald merken*, daß Sie sich nach vorne neigen ... nach vorn fallen ... fallen ... fallen ... nach vorn fallen ... nach vorn ... nach vorn ...». (*KO:* Fällt der Suggerendus nach vorne, so wird er durch den Suggestor abgefangen mit der Bemerkung:) «... So ... Sie haben es sehr schön gemacht ... Sie machen es sehr gut ... danke ... Und jetzt können Sie ruhig aufrecht stehen und stabil bleiben ... Danke ...». (*KO:* Merkt der Suggestor, daß der Suggerendus nach rückwärts schwankt, werden die Suggestionen dieser Situation angepaßt:) «... Ja, Sie fallen *nach rückwärts* ... das ist gut ... das ist sehr gut ... Sie fallen nach rückwärts ... immer mehr und mehr ... immer schneller und schneller ...». (*KO:* Bei *jedem Drehen der Fallneigung* werden die Suggestionen «gedreht», bis man *die negativistische Einstellung des Suggerendus zum positiven Test* ausnutzt – siehe Kapitel XII. Am Ende des gelungenen Tests wie oben *desuggerieren.*)

2.3 Suggestibilitätstest mit Augen und Augenlidern

Wie wir bereits in den Kapiteln VIII.12.6, IX und XI gesehen haben, *spielen die Augen/Augenlider bei der Suggestibilität/Hypnotisierbarkeit und auch im Hypnose-Verfahren eine unschätzbare, bedeutende Rolle* (Kroger, 1977; Langen, 1972; Spiegel, 1973; Svoboda, 1984). Der Vorteil dieser Tests gegenüber dem Falltest (siehe oben) liegt auch darin, *daß man nach dem ersteren (gelungenen) Test die Hypnose gleich als Fortsetzung des Tests induzieren kann.* Aus diesem Grunde werden Tests mit Augen/Lidern im Sitzen oder im Liegen des Suggerendus durchgeführt. *Auch in diesem Falle sind mehrere Varianten bekannt.*

2.3.1 Durchführung der Variante A: Augenliderkatalepsie-Test

Diese Variante hat mindestens *zwei Subvarianten*, die man von Fall zu Fall anwenden kann, und zwar je nach Situation und Suggerendus.

(a) *Bei dieser Subvariante (Augenschließen)* wird der sitzende oder liegende Suggerendus gebeten, einen Punkt hoch über seiner Stirn anzustarren. Darauf folgt die Suggestion (SG): «Die Augen werden jetzt müde werden, immer müder und müder. Wenn sie daran denken, es sich vorstellen und fühlen, wie müde die Augen sind, werden sich die Augen schließen... schließen... sie werden sich schließen... Je müder die Augen werden, desto entspannter fühlen Sie sich... Die Augenlider sind immer schwerer und schwerer...». (*KO:* Sollte der Suggerendus beginnen mit den Augen zu blinzeln, so suggeriert man weiter:) «... Die Augen blinzeln, Ihre Augen blinzeln... blinzeln... blinzeln... das ist ein gutes Zeichen... das ist gut... sehr gut. Es zeigt, daß Sie jetzt beginnen sich zu entspannen. Die Augen blinzeln mehr und mehr... Sie entspannen sich immer mehr und mehr und versinken tiefer und tiefer. Ich zähle jetzt von eins bis sechs. Bei sechs werden Sie, wenn Sie sich noch tiefer entspannen wollen (*KO:* indirekte Suggestion), die Augen fest schließen, die Augen werden zufallen. Eins... Die Augen fühlen sich an, als ob sie sich schließen wollten... Zwei... Die Augenlider sind noch schwerer, die Augen schließen sich, schließen sich... Drei... Die Augen schließen sich jetzt noch fester... Vier... Die Augen sind geschlossen, sie sind zugefallen... Fünf... Die Augäpfel drehen sich für ein paar Sekunden nach oben, zur Stirn... Sechs... Die Augen sind fest verschlossen, die Augäpfel sind nach oben und hinten gedreht. Sie sind sehr entspannt und gelöst. Sie fühlen jetzt die Augenlider immer fester und fester zusammenkleben... Und je fester sie zusammenkleben, umso mehr können Sie sich entspannen und meine Worte vernehmen. Ihre Augenlider kleben jetzt fest zusammen... Sie fühlen das... Die Augenlider sind tatsächlich fest zusammengeklebt.» (*KO:* Dieser Test ist auf physiologischer und nicht auf psychologischer Basis aufgebaut. Der Suggerendus ahnt vielleicht nicht, daß es sehr schwierig ist, die Augen zu öffnen, wenn die Augäpfel nach hinten zum Kopf zurückgerollt sind; er glaubt, die Wirkung komme von den Suggestionen des Suggestors. *Somit wird der Glaube in die Tatsache umgewandelt.* Man kann dann mit dem Finger auf die Stirn direkt über den Augen des Patienten drücken und sagen:) «... Drehen Sie die Augäpfel zu der Stelle, wo ich Sie mit meinem Finger drücke und versuchen Sie dann, die Augen zu öffnen. Es wird Ihnen sehr schwer fallen oder nicht gelingen.» (*KO:* Gleichzeitig streichelt man mehrmals über die geschlossenen Augen nach unten, um die Augenschließung zu verstärken, und suggeriert:) «... Während ich über Ihre Augenlider streichle, werden sie immer fester und fester zu gehen... Die Augen sind ganz fest verschlossen...» etc. (*KO:* Nach dem gelungenen Test wird die Hypnose induziert und weiter gearbeitet. Gelingt der Test nicht, ist die Person kaum suggestibel und schwer oder nicht hypnotisierbar. Im Falle der Therapie wird auf eine andere Methode übergegangen.)

(b) *Bei dieser Subvariante* handelt es sich um eine *Augenliderkatalepsie bei primär geschlossenen Augen.* Innerhalb der Behandlungen, die im Sitzen oder Halbliegen stattfinden, wie das vor allem beim *Zahnarzt* der Fall ist, kann gerade dieser psychomotorische Test zwanglos in die Gesamtuntersuchung eingebaut werden: «Bitte schließen Sie jetzt die Augen.» (*KO:* Wenn dies geschehen ist, *legt man die Hand auf die Stirn* der Versuchsperson und spricht weiter:)

«Halten Sie die Augen geschlossen und drehen Sie die Augen nach oben, *als ob Sie von innen durch die Stirn auf die Stelle sehen, auf der meine Finger liegen.* Wenn Sie das tun, *spüren Sie, daß die Augenlider schwerer und schwerer werden*, so daß sie sich fester schließen ... Gleich werde ich Ihnen sagen, Sie mögen versuchen, die Augen zu öffnen. Die Lider sind aber ganz schwer, steif, schwer wie Blei, zusammengeklebt. Die Augen sind fest verschlossen. Sie können die Augen nicht öffnen ... *Je mehr Sie es versuchen, desto fester sind sie geschlossen ...*». (*KO:* In nicht wenigen Fällen wird man feststellen können, daß der Suggerendus die Suggestionen nicht befolgt und im Begriff ist, *unmittelbar nach* der Aufforderung die Augen zu öffnen. In solchen Fällen sagt man am besten sofort:) «Gut, hören Sie auf es zu versuchen, und öffnen Sie einfach die Augen.» (*KO:* Mit Nachdruck muß darauf hingewiesen werden, daß trotz erreichter Augenliderkatalepsie die Augenlider nicht unbedingt fest geschlossen bleiben müssen. Bei einigen Menschen macht sich ein Spalt bemerkbar, was jedoch unwesentlich ist. Es ist aber dann günstiger, dies in die Suggestionen aufzunehmen, indem man suggeriert:) «Die Augen bleiben dabei auf ihre Art und Weise geschlossen ...» *(KO: Oder:)* «Die Augenlider sind so schwer, sie berühren sich dabei kaum.» (*KO:* Desuggestion:) *«Ich streiche über Ihre Augenlider, und Sie öffnen die Augen ...»* (Langen, 1972; Svoboda, 1984; eigene Erfahrungen).

2.3.2 Durchführung der Variante B: Augenrolltest

Wie wir unten noch diskutieren werden (Kapitel XIV.4.1), ist der *Augenrolltest* ein Bestandteil des von Spiegel und Bridger (1970) entwickelten *Hypnotic Induction Profile (HIP), einer neuartigen Methode zur Messung verschiedener Aspekte der Hypnose.* Es wird behauptet, *daß durch den Augenrolltest das biologische Potential des Menschen bestimmt werden könne.* Hypnotisanden z.B., die nur einen Nullwert (Abb. 8A und 8B) erreichen, seien extrem niedrig oder nicht hypnotisierbar, so daß man bei ihnen – falls erforderlich – eine andere Therapiemethode anwenden sollte. Es gibt aber auch andere Meinungen (siehe Kapitel XIV.4.1).
Bei diesem Test wird der Suggerendus gebeten, in einem bequemen Sessel, wie es sonst bei der Hypnose üblich ist (Abb. 6), Platz zu nehmen. Nach einer Beruhigung und einem vorherigen Gespräch (Kapitel XI.6 und XIV.4.2.2) wird er angewiesen, nach oben zu schauen, so weit es geht. Dabei unterscheiden Spiegel und Spiegel (1978) *mehrere Subvarianten:*

(a) *In einem Falle* handelt es sich um *Nach-Oben-Schauen* (Up-Gazing) (Abb. 8A). Dabei können *vier Grade* zustande kommen (Abb. 8A: 0, 1, 2, 3 oder 4. Bei «Null» ist man kaum hypnotisierbar, bei «Vier» hoch hypnotisierbar (allerdings im Zusammenhang mit anderen positiven Tests). Eine «Null» ist aufgetreten, wenn keine Sklera zwischen dem unteren Rand der Pupille und dem unteren Lid zu finden ist (Abb. 8A). Eine «Eins» wird vergeben, wenn ein schmaler Strich der Sklera dazwischen beobachtet werden kann. «Zwei» wird in eine spezielle Tabelle eingetragen, wenn der untere Pupillenrand etwa in der *Mittellinie* des Augenbulbus steht (Abb. 8A). Diese *Mittellinie* sei auch ein *imaginäres Zentrum* zwischen dem inneren und äußeren Winkel des Auges. Die Zahl «Drei» erreicht der Suggerendus, wenn der untere Rand der Pupille *über der Mittellinie* angelangt ist. In Abb. 8A wird dies *durch eine Vergrößerung* demonstriert. Und schließlich kann die Note «Vier» vergeben werden, wenn die Sklera unter dem unteren Rand der Pupille deutlich zu sehen ist (Abb. 8A).

(b) *Im zweiten Fall* handelt es sich nach Spiegel und Spiegel (1978) um das eigentliche *Augenroll-Zeichen* (Eye Roll Sign) (Abb. 8B). In diesem Falle ist die Pupille bei «Vier» kaum oder nicht zu sehen (Abb. 8B). Dieses Zeichen wird oft während des Hypnotisierens beobachtet, wenn der Hypnotisand die Augen vollkommen schließt. *Während des Vorganges des Augenschließens* kann man es ebenfalls deutlich wahrnehmen. Es spricht in der Regel für eine relativ gute Hypnotisierbarkeit.

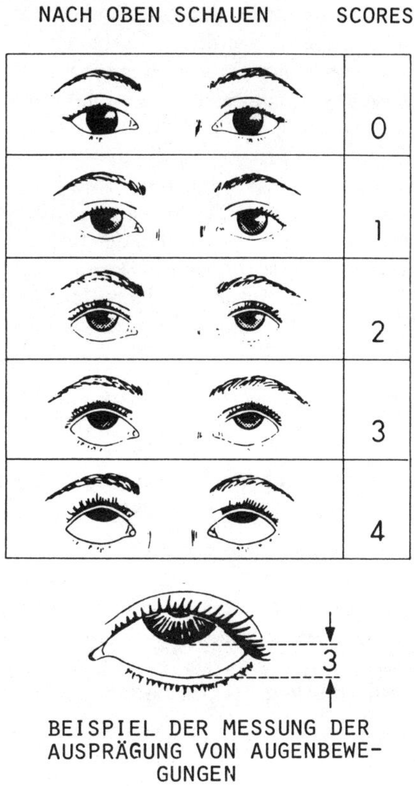

Abb. 8A: Vertikale Blickbewegungen beim Augenroll-Test nach Spiegel und Spiegel (1978). Weitere Erläuterungen im Text (aus: Spiegel und Spiegel, 1978, Figure 4-2 und 4-3, Seite 52 und 53)

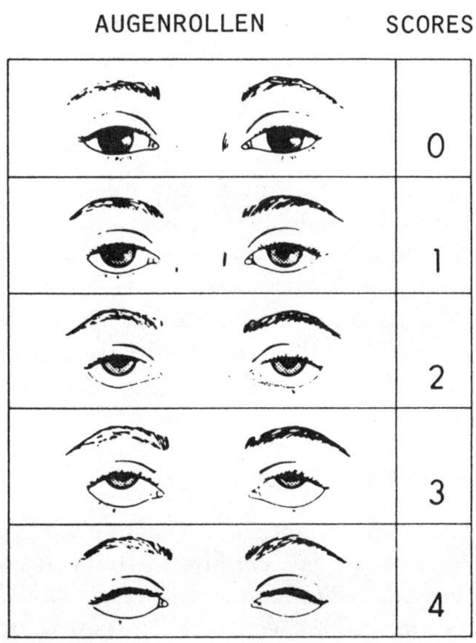

Abb. 8B: Augenroll-Zeichen im Augenroll-Test nach Spiegel und Spiegel (1978). Weitere Erläuterungen im Text (aus Spiegel und Spiegel, 1978, Figure 4-4, Seite 54)

(c) Es gibt auch die Möglichkeit der *Augenkonvergenz*, die nicht selten zu finden ist. Schaubuden-Hypnotiseure arbeiten oft damit, weil sie rasch durchzuführen ist. Der Hypnotiseur legt seinen *rechten Zeigefinger* auf die Glabella des Suggerendus. Mit der linken Hand kann er den Suggerendus am Nacken halten, so daß dadurch eventuell auch das Phänomen von Moutin (1890) (siehe oben: Körperschwingungstest) eintreten kann. Mit dem rechten Zeigefinger drückt der Hypnotiseur gegen die Glabella des Suggerendus und gleichzeitig suggeriert er, der Suggerendus möge nach oben, zum Finger des Hypnotiseurs, schauen. Mit diesen beiden Griffen erreicht man bei hoch hypnotisierbaren Personen relativ leicht den gewünschten Effekt, wobei der Kopf des Suggerendus schnell nach hinten gebeugt wird. Auf diese Weise sortiert der Hypnotiseur aus dem Publikum alle schnell hypnotisierbaren Personen aus, ohne daß die anderen merken, worum es in der Tat geht. Spiegel und Spiegel (1978) beschreiben in ihrem Buch sehr ausführlich das ganze HIP, so daß darauf verwiesen werden darf.

Am Ende des Versuches wird, wie bei den anderen Methoden (siehe oben), desuggeriert.

2.4 Suggestibilitätstests und Ideomotorik der Arme

2.4.1 Handfalte-Versuch

Auch dieser Versuch, bei dem es eigentlich um das Verhaken der Finger geht (Abb. 9 A), kann in mehreren *Varianten* durchgeführt werden.

Durchführung der Variante A:

Bei dieser Variante bekommt der Suggerendus den Auftrag, (a) die Hände ineinander zu falten (Abb. 9 A oben), (b) dann die Arme zu strecken (Abb.9 A unten), (c) daraufhin die verhakten Finger (Hände) so zu drehen, daß die Handflächen nach außen und die Handrücken zum Suggerendus gewendet werden, die Daumen sind nach unten gestreckt, (d) die Augen zu schließen und (e) dem Hypnotiseur zuzuhören. *Dann folgt die Suggestion:* «Sie hören mich deutlich zu Ihnen sprechen und falten ihre Hände ganz fest ineinander.» (*KO:* Mit diesem ersten Satz werde das Bewußtsein auf den Suggestor eingeengt.) «Sie falten sie ganz fest, so fest Sie können. Wenn Sie dies getan haben, werden Sie bald merken, daß sich Ihre Finger wie *verbacken* anfühlen, daß Ihre Hände zusammengeklebt sind ... Ihre Finger und Ihre Hände sind wie zusammengeklebt, wie verlötet. Sie können sie jetzt kaum mehr auseinanderziehen ... Gleich werde ich Sie auffordern, die Hände auseinanderzuziehen. Sie werden es aber nicht können. Ihre Finger sind so fest aneinandergeklebt, Ihre Hände so vollkommen verbunden, daß sie sich nicht auseinanderziehen lassen. Versuchen Sie es, es geht nicht. Sie können Ihre Hände nicht voneinander lösen. *Je mehr Sie es versuchen, desto weniger gelingt es.* Ihre Hände sind so fest verbunden ... versuchen Sie es, Sie können Ihre Hände nicht voneinander lösen ... Sie können es nicht ...» (Langen, 1972). *(KO: Desuggestion:)* «Ich streiche über Ihre Hände, und nun können Sie sie wieder voneinander lösen.» (*KO:* Oder:) «Ich zähle langsam von eins bis drei, und dann können Sie ihre Hände wieder voneinander lösen.»

Durchführung der Variante B:

Bei dieser Variante fordert man den Suggerendus auf, *beide Hände in Augenhöhe* ineinanderzufalten, so daß die Fingergrundgelenke beider Hände fest ineinandergedrückt sind. Dann werden die Handflächen wie bei der Variante A nach außen gedreht und die Arme entweder senkrecht oder waagrecht ausgestreckt. Darauf sagt man (SG):

«Halten Sie die Arme ausgestreckt und die Hände fest ineinander. Ihre Hände und Finger werden gleich starr werden... Ihre Arme werden steif werden... Denken Sie nur an die Steifheit Ihrer Arme. Ich zähle bis drei, dann wird es Ihnen unmöglich sein, Hände und Finger voneinander zu lösen. Eins... Ihre Hände werden starr, ganz starr, so starr, daß Sie sie nicht auseinander bekommen. Zwei... Ihre Hände und Arme sind steif, so steif, daß Sie sie nicht bewegen können. Drei... Ihre Hände sind fest aneinandergeklebt. Ihre Finger sind fest verbacken. Sie können Ihre Hände nicht auseinanderziehen. So sehr Sie es auch versuchen, Sie können es nicht. Je mehr Sie es versuchen, desto weniger können Sie es...».

Durchführung der Variante C:

Bei dieser Variante handelt es sich um den *Händedrucktest*, der zur Auswahl suggestibler Personen für die Gruppen-Hypnose sehr gut geeignet ist. Die Suggerenden stehen oder sitzen und drücken die Hände entweder über dem Kopf oder in Augenhöhe zusammen. Die Finger sind ineinandergefaltet. Vor Beginn zeigt der Hypnotiseur die Körperstellung, und dann schließen die Suggerenden die Augen. Dann wird verbalisiert (SG:)
«Bitte drücken Sie die Hände zusammen... Drücken Sie die Finger immer fester zusammen. Die Hände sind zusammengeklebt, sie kleben immer fester und fester zusammen, und je fester sie verkleben, desto besser sind Sie entspannt. Ich zähle langsam von eins bis zehn, und mit jeder Zahl, mit jedem Atemzug kleben Ihre Finger immer fester und fester zusammen. Sobald ich die Zahl 10 ausspreche, werden Ihre Hände ganz fest zusammenkleben, und es wird sehr schwer oder unmöglich sein, die Finger auseinanderzunehmen. Je fester die Hände zusammenkleben, desto besser sind Sie entspannt und gelöst. Die Finger sind jetzt so fest, daß es schwierig oder unmöglich sein wird, sie auseinanderzunehmen.» (*KO:* Einige Sekunden abwarten. Mit den Worten: «Jetzt sind die Hände ganz fest zusammengeklebt,» prüft man, ob die Suggestibilität vorhanden ist. Jene Personen, die Schwierigkeiten haben, die Hände auseinanderzuziehen, zeigen eine stärkere Suggestibilität.)

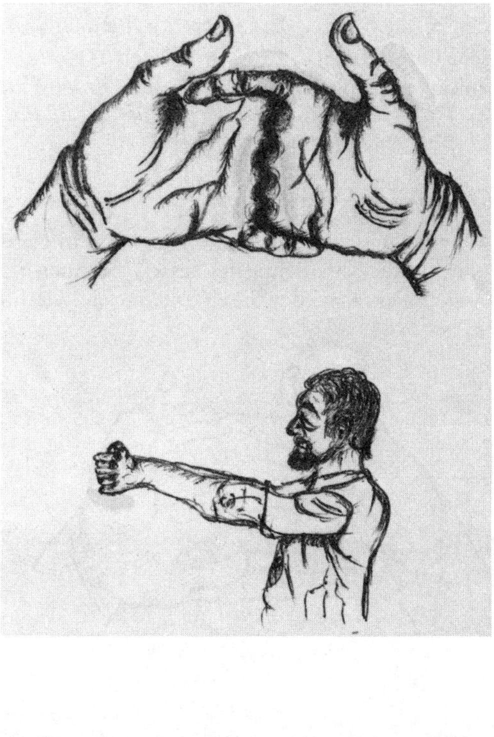

Abb. 9A: Partielle Demonstration des Handfalte-Versuches (Fingerverhaken). Oben: Finger verhaken; Unten: Arme ganz nach vorn durchstrecken. Im dritten Teil (der hier nicht demonstriert ist) werden die Hände so gedreht, daß die Handrücken zum Suggerendus und die Daumen nach unten sind.

Durchführung der Variante D:

Diese Variante haben wir während der Vorlesungen mit 10–20 Studenten in einer Gruppe entwickelt. *Die Suggerenden kommen zusammen und bilden einen Kreis im Stehen, wie bei vielen Volkstänzen.* Mit hängenden Armen fassen sie sich an den Händen. Dabei wird suggeriert (SG):
«...Und jetzt sind Ihre Finger miteinander wie verklebt... wie verbacken... sie sind wie verklebt. Ihre Augen sind jetzt ganz zu... Sie hören mich zu Ihnen sprechen, Sie stehen ruhig und entspannt... ganz entspannt und gelöst... der Körper kann auch etwas nach vorn oder hinten schwanken... das macht nichts... die Finger sind fest miteinander verklebt... verklebt... und wenn Sie versuchen würden, die Hände auseinanderzunehmen... würden Sie merken, daß dies kaum geht...» etc. (*KO:* Nach wenigen Minuten suggeriert man das Loslösen der Hände. Von 8–10 Probanden finden sich jeweils 2–3, die ihre Hände nicht voneinander lösen können. Der Vorteil dieser Methode liegt darin, daß auch der Suggerendus, der nicht oder kaum suggestibel ist, durch die neben ihm stehende suggestible Person gehalten wird. Dadurch wird der erstere positiv beeinflußt. Außerdem wird hier auch der *Körperschwingungstest* in der Gruppe zum Vorschein kommen. Am Ende zählt man bis «*drei*» und läßt auch die restlichen Suggerenden die Hände auseinandernehmen.)

Durchführung der Variante E:

Bei dieser Variante werden die Finger so gefaltet, daß man sie vom Suggerendus aus alle sehen kann (Athavale und Athavale, 1985, Seite 110) (Abb. 9B) (vergleiche mit Abb. 9A). Auch bei dieser Variante können die Suggestionen ähnlich denen bei den Varianten A–C verabfolgt werden. Suggestibel sind jene Suggerenden, die sehr langsam oder kaum die Finger auseinanderlösen können. Am Ende zählt man bis *drei* und desuggeriert den Vorgang.

2.4.2 Armlevitationstest

Der Armlevitationstest hat ebenfalls mehrere Varianten, die sich jedoch voneinander nicht sehr unterscheiden. Er ist in Spiegels *Hypnotic Induction Profile (HIP)* (Spiegel, 1973, 1974; Spiegel und Spiegel, 1978) enthalten. *Er wird nicht nur als Test für die Suggestibilität, sondern auch als eine indirekte oder permissive Induktion des Hypnosezustandes durch Handlevitation angewandt* (Kapitel XV).

Durchführung der Variante A:

«Setzen Sie sich bequem und entspannt in diesen Sessel. Legen Sie Ihre Hände auf Ihre Knie oder auf die Seitenlehne des Sessels. Schauen Sie auf Ihre rechte (oder linke) Hand. In wenigen Augenblicken werden Sie ein eigenartiges Gefühl in Ihrer Hand wahrnehmen, eine Art Starre,

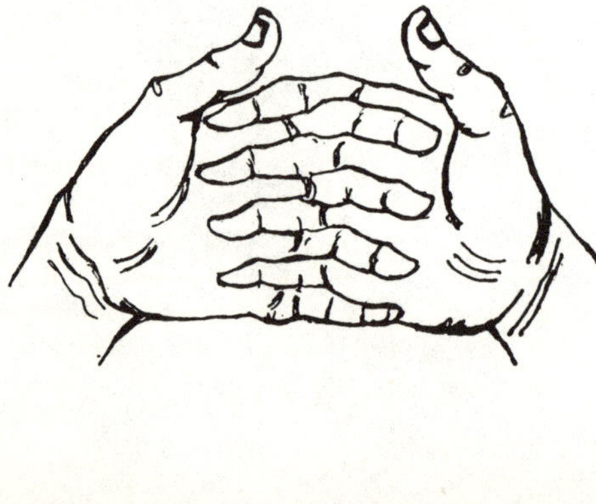

Abb. 9B: Finger-Verhaken als Modifikation des Handfalte-Versuches (vgl. mit Abb. 9A) (Aus: Athavale und Athavale, 1985, Seite 110)

Taubheit oder eine andere Empfindung. Bald werden Sie fühlen, wie sich Ihre Hand bewegt, wie weiß ich noch nicht, aber sie wird sich bewegen. Vielleicht sind es nur Ihre Fingerspitzen, vielleicht einzelne Finger oder die ganze Hand. Vielleicht wird es der Daumen sein oder der Zeigefinger oder aber irgendein anderer Finger. Beachten Sie Ihre Hand und denken Sie daran, wie leicht sie geworden ist ... Denken Sie an die Bewegung der Hand ... Sehr bald wird Ihre Hand sich abheben, sich bewegen ... Sie fühlen, daß sich Ihre Hand bewegen will. Ihre Hand fängt an sich zu bewegen, sie bewegt sich etwas ...». (*KO:* Sobald die Hand anfängt sich zu bewegen, suggeriert man weiter:) «Sie bewegt sich etwas mehr. Gleich werden Sie ein Gefühl der Leichtigkeit in Ihrer Hand und Ihrem Arm erleben ... Indem Sie mir zuhören, denken Sie an das Leichterwerden Ihres ganzen Armes ... Immer leichter und leichter wird Ihr Arm ... Ihre Hand und Ihr Arm werden sich mehr und mehr von der Unterlage heben ... Hand und Arm werden sich heben, sie werden immer leichter und leichter, verlieren an Gewicht, werden leichter und leichter ... als ob sie von Fäden gezogen würden. Ihr Arm beginnt sich zu heben, mehr und mehr. Er steigt höher und höher ... Ihr Arm wird immer leichter und leichter, meinen Worten folgend schwebt er in der Luft, er hat die Tendenz, leichter und leichter zu werden, zu schweben ...». (*KO:* Bei diesen Suggestionen wird am Beginn in der *Zukunftsform* gesprochen: «Ihre Hand *wird* sich bewegen,» um keine Gegenreaktion zu erzeugen. Später kann dann auch in der *Gegenwartsform* suggeriert werden.)

Duchführung der Variante B:

Bei dieser Variante sind die Augen des Suggerendus geschlossen. Die Suggestionen erfolgen wie bei der Variante A, mit dem Zusatz:
«... Die Hand wird wie von Fäden nach oben gezogen ... als ob einige Luftballons an den Fingern angebunden wären ... an jedem Finger ein Ballon ... Am Zeigefinger ein rosafarbener ... am Mittelfinger ein roter ... am Ringfinger ein lilafarbener ... am kleinen Finger ein blauer ... Die Finger gehen in die Luft ... Die Hand ist immer leichter und leichter ...» (*KO:* Diese Variante eignet sich gut für Kinder und einfach strukturierte Suggerenden.)

Durchführung der Variante C:

Bei dieser Variante handelt es sich um die *Armlevitation durch Striche* (Rudimente des Mesmerismus). Für diesen Versuch eignet sich sehr gut ein *Sessel mit Armlehnen* (Abb. 6). Der Suggerendus setzt sich so hin, daß die Arme bequem auf den Armlehnen liegen; die Hand kann auch lose über den Rand hängen. Der Hypnotiseur setzt sich seitlich daneben (Abb. 6) und suggeriert:
«Konzentrieren Sie sich jetzt bitte auf Ihre (rechte/linke) Hand ... Schauen Sie nicht mehr zu mir, sondern nur auf Ihre Hand. Ich werde gleich beginnen, mit meiner Hand über Ihren Unterarm zu streichen, ohne Sie zu berühren. Sie werden ganz deutlich Empfindungen wahrnehmen, die Ihnen sehr angenehm sein werden. Es wird auch ein Gefühl darunter sein, das Sie überraschen wird, angenehm überraschen ...». (*KO:* Der Hypnotiseur hat bereits begonnen, seine Hände kreisförmig oder elliptisch zu bewegen. Die Striche werden langsam 1–2 cm über den Unterarm gezogen; die Rückkehr zum Ellbogen kann schneller, keinesfalls aber überhastet, vollzogen werden. Bei der Rückkehr der Hand macht der Hypnotiseur einen Bogen um den Arm des Suggerendus. Dann suggeriert er weiter:) «... Und es ist vollkommen unwichtig, ob Sie noch weiter mit Ihren Augen hinschauen oder ob sich die Augen schließen (geschlossen haben), denn das Gefühl kommt ganz von alleine ... Ohne Ihr bewußtes Zutun können Sie dann ein Strömen verspüren ... ein wohltuendes Strömen. Einige Leute vergleichen es mit wohligem elektrischem Strom, der durch den Arm ... kribbelt und prickelt, andere sprechen von einem Wärmestrahl, der mit meiner Hand ... zieht, immer weiter nach oben zieht ... bis in die Fingerspitzen hinein. Wenn Sie sich jetzt so darauf konzentrieren wie ich es

Ihnen erzählt habe, werden Sie gleich merken, wie irgendwo in der Hand sich ein Muskel so weit gelöst hat, daß er zu zittern beginnt. Mit dem nächsten Strich kann dann das Zittern noch spürbarer werden und bis zu den Fingern vordringen, bis in die Finger hinein. Es spielt keine Rolle, welcher Finger sich zunächst hebt, einfach alles geschehen lassen, einen Finger hochsteigen lassen, und wie der Finger steigt, zieht er die anderen Finger nach, kurz zögernd noch und doch bestimmt, auch die anderen Finger lösen sich. Die ganze Hand löst sich ... steigt nach oben. Beim nächsten Strich können sich unsere Hände schließlich ... berühren.» (*KO:* Zwischendurch immer loben:) «... Das tun Sie sehr gut ... Sie machen es sehr gut ... Ich habe auch von Ihnen erwartet, daß Sie es gut machen würden ...». (*KO:* Am Ende wird durch eine umgekehrte Suggestion desuggeriert:) «... Und jetzt werde ich von eins bis sechs zählen ... Der Arm wird allmählich schwer werden und nach unten fallen ... immer schneller und schneller ... Er wird wieder auf die Lehne fallen ...».
In den meisten Fällen kann die Hypnose-Induktion gleich darauf beginnen, da alle Armlevitationen zu den indirekten Hypnose-Techniken gehören und insoweit gegenüber jenen Suggestibilitätsprüfungen Vorteile haben, bei denen die Hypnose nicht nach dem Test automatisch fortgesetzt werden kann. *Dieser und der nachfolgende Test* (Kapitel XIV.2.4.4) *gelingt am besten, wenn man vor dem Beginn festgestellt hat* (Kapitel XII.6.1), *welcher Arm als leichter bzw. als schwerer empfunden wird.*

2.4.3 Semaphor-Test

Dieser Test (siehe auch Svoboda, 1984) hat eine formale Ähnlichkeit mit den unmittelbar vorausgehenden (Kapitel XIV.2.4.2) und wird in der *Neurologie* zu diagnostischen Zwecken (abgekürzt und abgewandelt) durchgeführt. Der Suggerendus wird gebeten, sich in *einen Sessel* (oder auf *einen Stuhl*) zu setzen, den Kopf und den Oberkörper aufrecht zu halten, die Arme zunächst *waagrecht* nach vorn auszustrecken. Die Arme schweben dabei zunächst mühelos parallel zueinander, ganz locker, etwa 20–30 cm voneinander entfernt. Hände und Finger sind ganz leger ausgestreckt. Am besten ist es, wenn der Suggestor/Hypnotiseur dem Suggerenden/Hypnotisanden dies vormacht und dann mit dem Versuch beginnt. Dabei erfolgen die Suggestionen (SG):
«... Sie sitzen jetzt ganz bequem und ungezwungen ... stellen Sie sich bitte zwei bis drei Atemzüge lang nur auf Ihre Ruhe, auf Ihr Befinden ein ... gar nichts Besonderes denken, nichts Besonderes wollen und wünschen ... Schließen Sie bitte die Augen ... Stellen Sie sich jetzt ganz lebhaft einen Luftballon vor, der mit einem starken Seil am rechten (oder linken) Handgelenk angebunden ist ... Stellen Sie sich jetzt vor, daß dieser riesige Luftballon ... ja, es sind vielleicht mehrere daran ... mit Leichtgas gefüllt ist (sind) und daß er (sie) mit seiner (ihrer) ganzen Kraft den Arm nach oben, ganz hoch nach oben in die Luft zieht (ziehen), immer mehr und mehr ... immer höher und höher ... Sie haben sich den Luftballon (die Luftballons) ganz deutlich vorgestellt ... ganz deutlich und klar ... seine (ihre) Farbe ... seine (ihre) Größe und wie er (sie), festgebunden an Ihrem rechten (linken) Arm, langsam und beständig nach oben zieht (ziehen), immer höher und höher, er (sie) zieht (ziehen) den Arm immer mehr und mehr, mit ungeheurer Kraft ... immer höher und höher ... So ist es gut ... der rechte Arm geht immer mehr und mehr in die Luft ... immer höher und höher ... Und jetzt stellen Sie sich bitte ein sehr *schweres Gewicht* vor, das mit einem starken Seil am linken (*KO:* Oder rechten, wenn oben die linke Hand genommen wurde) Handgelenk befestigt ist. Das Gewicht ist so schwer, so schwer wie aus Blei, und es ist am linken Handgelenk mit einem starken Seil festgebunden ... Sie stellen sich dieses Gewicht ganz deutlich vor, sehen ganz deutlich seine Farbe und seine Form, und wie es an Ihrem linken Handgelenk festgebunden ist. Sie sehen und Sie spüren ganz deutlich, ohne die Augen zu öffnen, wie es Ihren linken Arm immer tiefer nach unten zieht, einfach nach unten. Das gewaltige Gewicht ist so schwer, daß

Sie den linken Arm kaum mehr halten können, daß Sie den linken Arm gleich nicht mehr halten können ... und er wird nach unten gezogen, sinkt immer tiefer und tiefer. Stellen Sie sich vielleicht die beiden Szenen abwechselnd vor ... Denken Sie dabei nicht an die Stellung der beiden Arme, stellen Sie sich nur den Luftballon und das Gewicht vor ... Und nun öffnen Sie die Augen und schauen sich Ihre Arme an! Diese sind jetzt weit auseinander geraten.»
Je weiter die Arme auseinander liegen, desto besser sei die Suggestibilität/Hypnotisierbarkeit. Bei eventueller Hypnose-Induktion läßt man den nach oben «gezogenen» Arm levitieren, der andere sei schwerer und schwerer. Eine *Dehypnotisierung* kann hier ausbleiben, da die Person gewöhnlich nach dem Öffnen der Augen die Arme sofort wieder in die normale Lage zurückbringt oder zu sich nimmt.

2.4.4 Handfallen-Test

Eine Variante des Handfallen-Tests (siehe auch Kroger, 1977, Seite 41–42) haben wir eben im Zusammenhang mit dem *Semaphor-Test* skizziert. In diesem Falle spricht man mehr von einem *Armschwere-Test.* Der nachfolgende Test hat ebenfalls seine Varianten.

Duchführung der Variante A:

Nach dem Auswählen eines *Suggerendus* aus einer Gruppe von Probanden beginnt man: «Würden Sie bitte die Arme vor sich ausstrecken. Jetzt schließen Sie die Augen und stellen Sie sich vor, Sie hätten 10 Pfund Zucker auf der rechten (oder linken) Hand. Er ist sehr schwer. Der Zucker ist so schwer, daß die rechte (linke) Hand zu fallen beginnt. Der Zucker wird immer schwerer und schwerer, und der Arm müder und müder, weil er das Gewicht kaum tragen kann.» (*KO:* Die Suggestibilität besteht, wenn der «schwerere» Arm tiefer liegt als der andere.) «Jetzt öffnen Sie die Augen. Sehen Sie, der rechte/linke Arm liegt mindestens 30 cm unter dem linken/rechten.»

Durchführung der Variante B:

Die eigene Modifikation dieses Tests arbeitet unter Nutzung der ideomotorischen Phänomene der Armschwere. Ebenfalls in der Gruppe, meist in den Vorlesungen, dreht sich der Hypnotiseur unerwartet zu einem Zuhörer, der gerade die Hände über die Bank nach vorne hängen läßt, und beginnt unvermittelt zu sprechen:
«Was ist das mit Ihrer rechten (oder linken) Hand. Sie ist sehr schwer, viel schwerer als die andere ... sie hängt nach vorn ... ganz lose und schwer ...« (siehe Kapitel XII).

2.4.5 Armkatalepsie-Tests

Die Armkatalepsie-Tests (siehe auch Weitzenhoffer, 1957) haben eine große Bedeutung – ebenso wie die *Armlevitation – weil man die Hypnose gleich nach dem positiv ausgefallenen Test fortsetzen kann.* Die Katalepsie spielt generell in der Hypnose eine wichtige Rolle (Kapitel XXIII.3). Auch hier *fehlt es nicht an Varianten.*

Durchführung der Variante A:

Diese Variante haben wir in den Vorlesungen sehr oft – und zwar nicht selten mit Erfolg – angewandt. Den Studenten, den wir aus dem Auditorium nach vorn auf das Podest holen, lassen wir in einem Sessel oder auf einem Stuhl Platz nehmen. Dabei nehmen wir in der Regel den linken Arm (aber auch den rechten), ziehen ihn fast vertikal nach oben (beim sitzenden Probanden steht der Hypnotiseur neben ihm), strecken den Arm mit leichtem Ruck, fassen

zuerst an die Finger, dann an das Handgelenk, Ellbogengelenk, den Oberarm und dann an das Schultergelenk. Dabei wird suggeriert (SG):
«... Und als ich Ihren Arm nach oben gezogen habe, begann das Blut aus dem Arm nach unten zu sinken ... ganz nach unten zum Schultergelenk ... dann zum Herzen und vielleicht zu den unteren Körperteilen oder zum anderen Arm. (*KO:* Zuvor wurde festgestellt, welcher Arm «leichter» ist.) ... Das Blut sinkt ... zuerst aus den Fingerspitzen ... dann aus den Fingern ... aus der Hand ... aus dem Unterarm ... dann aus dem Oberarm ... und fließt zum Herzen ... oder vielleicht zum anderen Arm ... oder aber zu den unteren Körperteilen ...» (*KO:* Dabei streichelt der Hypnotiseur die Finger des Suggerendus von den Fingerspitzen nach unten seitlich ganz leicht und zeigt die Linien, wo das Blut nach unten fließt. Da die abfließenden Blutgefäße tatsächlich seitlich in den Fingern verlaufen, wird beim gehobenen Arm eine physiologische Tatsache suggeriert:)
«... Und während das Blut nach unten fließt, werden die Finger immer steifer und steifer ... sie sind jetzt ganz steif ... von den Fingerspitzen angefangen (*KO:* Dabei zeigt der Hypnotiseur durch Streicheln der Finger von den Spitzen nach unten) ... und dann nach unten ... zuerst die kleinen Gelenke und dann die größeren ... Jetzt ist auch das Handgelenk ganz steif ... Sie spüren es (*KO:* Der Suggerendus schaut in der Regel zu und sieht auch, wie die Finger steif und blaß geworden sind) ... und jetzt ist auch der Unterarm, ja sogar das Ellbogengelenk ganz steif ... Sie spüren es ... es ist ganz steif ... Und jetzt merken Sie, wie die Steife auf den Oberarm überspringt (*KO:* Der Hypnotiseur streichelt weiter den Oberarm und zeigt die Steife) ... Sie können sich selbst überzeugen (*KO:* Der Hypnotiseur läßt den Suggerendus seine Finger leicht antasten, damit er merkt, daß die Finger steif sind) ... und überall dort, wo die Steife gelungen ist, spüren Sie ein feines Pelzigkeitsgefühl ... Sie fühlen sich ganz wohl und angenehm ... Sie spüren es ... es ist ganz angenehm ... Überall dort, wo ich mit meinen Fingern vorbei streichle, werden die Stellen steif werden ...». (*KO:* Nach gelungener Katalepsie wird die Möglichkeit gelassen, daß der Suggerendus versucht eine Faust zu machen.) «... Und wenn Sie jetzt versuchen eine Faust zu machen, werden Sie erkennen, daß dies kaum möglich ist ... Es ist sehr schwer ... sehr schwer ... es geht nicht.» (*KO:* Versucht der Suggerendus eine Faust zu machen, und es gelingt nicht, ist die hypnotische Suggestibilität vorhanden. Der Grad wird an der Ausprägung der Steife geschätzt.)

Duchführung der Variante B:

Diese Variante, die nach eigenen Erfahrungen relativ oft positiv ist, haben wir besonders gern in Vorlesungen durchgeführt. Der Proband legt seinen Ellbogen auf die Bank oder den Tisch, während er auf einem Stuhl oder einer Bank sitzt. Der Unterarm wird vertikal nach oben gestreckt, die Finger *fest gestreckt* und (sehr fest) *gespreizt*. Auf diese Weise sind die Fingergelenke ganz gestreckt (weiter würde es nicht gehen). Der Suggerendus wird gebeten, *auf seine Handflächen* («wie die Wahrsagerinnen») zu starren; fest darauf starren. Medizinstudenten-Probanden werden angewiesen, sich vorzustellen, sie würden gedanklich in die Venen gehen, immer höher durch die Venen, bis zum Gehirn steigen ... immer höher und höher ... Dabei wird in etwa wie bei der vorausgegangenen Variante suggeriert (siehe auch Kapitel IX.4.2.4.9). In wenigen Minuten oder innerhalb von einer Minute werden die Finger ganz steif und es kann keine Faust zustande kommen. Die Desuggestion erfolgt durch Zählen bis drei:
«... Und wenn ich jetzt bis drei gezählt habe ... werden die Finger ganz leicht und frei werden ... Die Steife wird entschwinden ... Eins ... die Finger sind noch steif ... zwei ... die Finger sind noch steif, aber lockerer als vorhin ... drei ... die Finger sind frei ... Sie können jetzt eine Faust machen, nicht wahr? ...». (*KO:* Bei positivem Test kann auch hier die Hypnose gleich fortgesetzt werden, indem zuerst das Augenschließen und dann die Schwere etc. suggeriert wird (siehe Kapitel XV).

2.4.6 Kohnstamm-Test

Der Kohnstamm-Test ist ein Verfahren, das weniger von der Suggestion als von tatsächlich gegebenen neuro-muskulären Mechanismen getragen wird (Kroger, 1977, Seite 42). Trotzdem kann er als eine sehr eindrucksvolle Demonstration der Macht der Suggestion angesehen werden. In vielen Fällen erleichtert er darüber hinaus das *Erleben* der Armlevitation.
Die Vp stellt sich seitlich an eine Wand, die der Wand zugewandte Hand fest zur Faust geballt, und versucht, mit dem ganzen Arm die Wand wegzudrücken. Es sollte nur der Arm benutzt werden, der Körper bleibt möglichst entspannt und unbeteiligt. In dieser Phase steht der Suggestor direkt vor dem Suggerenden, feuert ihn an und drängt darauf, daß er wirklich sein bestes gibt. Nach einer vollen Minute wird der Suggerendus angewiesen, sich nun von der Wand zu lösen und zur Raummitte oder zu den anderen hinüberzuschauen. Anschließend suggeriert man (SG):
«... Und nun stellen Sie sich bitte auf das Gefühl in Ihrem Arm ein. Wenn Sie es wollen, können Sie auch hinschauen, aber Sie brauchen Ihre Augen nicht, um festzustellen, daß sich der Arm anders anfühlt als der andere... als sonst... Er ist plötzlich leichter geworden... viel leichter... viel leichter als sonst... vielleicht wiegt er jetzt überhaupt nichts... und so fängt er auch gleich an... nach oben zu steigen... immer weiter nach oben... ganz leicht... ganz von alleine... nach oben... und Sie lassen es einfach geschehen... einfach geschehen lassen...» (*KO:* Meist genügt es, wenn der Suggerendus eine sichtbare Lageveränderung des levitierenden Armes erlebt. Man könnte aber auch mit den Anweisungen fortfahren, bis der Arm die Horizontale erreicht hat. Den Versuch beendet man jederzeit durch leichte Berührung des Armes und gleichzeitige Desuggestion:
«Danke, das genügt. Der Arm ist wieder normal schwer, ganz normal, wie der andere... Es war sehr schön... Sie sind sehr gut...».

3. Sensorische und Illusionstests zur Suggestibilitätsprüfung

Wie wir ausführlich in Kapitel IX besprochen haben, *ist die Suggestion/Suggestibilität ein sehr ausgedehnter und dehnbarer Begriff.* Zahlreiche Möglichkeiten der Suggestibilitäts-/Hypnotisierbarkeitsprüfung können deshalb erwogen werden. Illusionen und illusorische Sensationen erfassen alle Sinnesorgane und beeinflussen das Empfinden. Wir wollen nachfolgend nur einige dieser Methoden erwähnen, von denen man in vielen Fällen auch absehen kann. Die unten dargestellten Tests sind fast in jedem guten Lehrbuch der Hypnose zu finden (siehe Kapitel II). Unter anderem hat Furneaux (1964) spezielle Experimente mit einigen Illusionstests durchgeführt.

3.1 Olfaktorische Tests

Diese werden in den meisten Fällen mit einem *Parfüm* vorgenommen. Man öffne eine *Parfümflasche*, in der kein Parfüm gewesen ist, und «riecht» vor dem Suggerendus das Parfüm, das auf dem Etikett aufgedruckt ist. Man «riecht» und läßt sich «begeistern». Dabei verbalisiert man (SG): «...Dieses Parfüm zieht durch das ganze Zimmer, es duftet... duftet... und wie es duftet...». (*KO:* Zwischendurch macht man das Fläschchen aus «Versehen» zu, entschuldigt sich beim Suggerendus, zieht den Stöpsel wieder heraus und

führt das Fläschchen dem Suggerendus vor die Nase, mit der Bemerkung:) «... Es duftet wunderbar ...».
Die Suggerenden, die den Duft gerochen haben, sind suggestibel. Eine Desuggerierung ist nicht notwendig. Auf ähnliche Weise kann jeder andere olfaktorische Test durchgeführt werden.

3.2 Gustatorische Tests

Bei diesem Test wird z. B. die Illusion einer *saftigen, großen, gelben, reifen Zitrone* (aber auch einer anderen Obstsorte, je nach Geschmack) erweckt. Über diese «gelbe, große, saftige Zitrone» spricht man eine Weile im positiven Sinne. Darauf wird der Suggerendus gefragt, was er dabei empfunden habe. Er wird bei vorhandener Suggestibilität angeben, daß ihm «das Wasser im Munde zusammengelaufen» sei. Dieser Test kann in vielen anderen Variationen präsentiert werden.

3.3 Wärme-Illusions-Tests (Heat Illusion Tests)

Furneaux (1964) hat diese Tests mit vielen anderen verglichen und statistisch bearbeitet. Er spricht von *Hitze-Illusions-Test A* und *Hitze-Illusions-Test B.* Bei beiden empfinden die Vpn *Hitze (Wärme),* obwohl die Quelle der Wärme ausgeschaltet wird.

Variante A des Hitze-Illusions-Tests (Wärme-Illusions-Test A):

Die Vp hält ein kleines *Hitzeelement* in die Mitte ihrer Stirn, das durch einen variablen *Widerstand,* einen versteckten *Schalter* und einen *Transformator* mit einer *Stromquelle* verbunden ist. Technische Details sind bei Bedarf der Originalarbeit zu entnehmen (Furneaux, 1964).

Variante B des Hitze-Illusions-Tests (Wärme-Illusions-Test B):

Nach der Beendigung von Hitze-Illusion A wird denen, die bei dieser Variante unempfindlich blieben und über kein Hitzegefühl berichtet hatten, erklärt: «Es scheint für Sie nicht stark genug zu sein, *ich werde den Strom etwas erhöhen,* und dann werden wir es wieder versuchen.» Jenen, die bei der Variante A eine positive Antwort gegeben hatten, wird gesagt: *«Versuchen wir es wieder.»* Für alle Vpn erfolgt dann *eine vollständige Wiederholung der Instruktionen* für das Vorgehen nach A, wonach ein einziger Versuch bei eingeschaltetem Strom durchgeführt wird. Nachdem jede Vp die Hitze empfunden und wie angewiesen reagiert hat, wird sie gebeten, den Prozeß noch *dreimal* zu wiederholen, «damit ich für Sie einen guten Durchschnitt erhalte.» Auch hier wird für weitere technische Details auf das Original verwiesen (Furneaux, 1964).
Als Bewertung wird *die Häufigkeit genommen, mit der über Hitze berichtet wird, obwohl durch das Instrument im korrespondierenden Moment kein Strom geflossen ist.*
Nach dem Ende seiner Versuche folgerte Furneaux (1964), daß die zwei ähnlichen Formen des Hitze-Illusions-Tests geringer miteinander korrelieren als man erwarten würde, wenn sie dieselben Attribute messen. Die zwei Versionen unterscheiden sich auch in der Art, wie sie mit anderen Suggestibilitäts-Tests korrelieren. Es wird gezeigt, daß lineare Regressions-Techniken für die Analyse der betroffenen Daten nicht angemessen sind. Die Interaktion verschiedener nicht-linearer Beziehungen mit einem Unterschied in der *Schwierigkeit,* wie zwischen den zwei Formen der Illusion, scheint eine angemessene Erklärung der Ergebnisse zu liefern. Es wurde vom Autor vermutet, daß diese nicht-linearen Beziehungen auf die Existenz eines Attributs

hindeuten könnten, das einige Vpn davon abhält, auf *jegliche* Suggestibilitäts-Tests zu reagieren, unabhängig davon, *wie die spezifischen Reaktionsmechanismen* sein mögen (siehe auch Benton und Bandura, 1953; Das, 1958; Eysenck und Furneaux, 1945; Furneaux, 1946; Garmize und Marcuse, 1969; Hammer et al., 1963; Kroger, 1977; Saltzman, 1936).
Neben diesen zwei Varianten seien noch zwei einfachere gestreift, die sich auf Wärme *und* Kälte beziehen.

Variante C des Hitze-Illusions-Tests (Wärme-Illusions-Test C):

Man nehme ein naßes Stück Holz in die Hand, ohne daß der Suggerendus es weiß. Der Suggerendus schließt die Augen, und es wird ihm das Holzstück in die Hand gegeben, mit der begleitenden Suggestion (SG):
«... Ich lege Ihnen einen *Eiswürfel* auf die Hand ... Es ist ganz kalt ... und es wird immer kälter und kälter ... Sie können es nicht mehr aushalten ... Sie können das Eis wegwerfen, wenn Sie es nicht mehr aushalten können ... Es ist ganz kalt ... kalt ... kalt ...». (*KO:* Die Personen, die das Holz mit einem Schütteln wegwerfen, sind suggestibel.)

Variante D des Hitze-Illusions-Tests (Wärme-Illusions-Test D):

Sehr beliebt und sehr alt ist der Test mit einer *«heißen» Münze.* Dem Suggerendus wird – nachdem er die Augen geschlossen hat – eine Münze auf den Handrücken gelegt (Nachdem vorher ein Streichholz oder Feuerzeug hörbar angezündet worden war.), mit den Suggestionen (SG):
«... Ich lege Ihnen eine ganz heiße Münze, die wir soeben erhitzt haben, auf die Hand ... Sie ist sehr heiß ... sehr heiß ... Sie kann Ihre Hand verbrennen, wenn Sie sie nicht abwerfen ... Wenn sie ganz heiß ist ... werfen Sie sie weg ... wegwerfen, wenn sie heiß ist ... sie ist sehr heiß ... Sie werden sich verbrennen ...». (*KO:* Die Suggerenden, die suggestibel sind, werden durch Zucken die Münze abwerfen.)
Dieser Test wird auch während der Hypnose zur Prüfung der Hypnosetiefe angewandt. Aber auch in diesem Falle ist er nicht immer positiv, insbesondere dann nicht, wenn die Person einen solchen Test erwartet. Studenten, denen in der Vorlesung immer von neuem Suggestibilitäts-Tests vorgeführt werden, reagieren auf diesen Test selten positiv. Der Test kann auch dadurch erfolgreich abgeschlossen werden, daß dem Suggerendus *bei offenen Augen* eine Münze in die Hand gegeben und dann suggeriert wird, *daß die Münze immer wärmer und wärmer, immer heißer und heißer werde. Wenn der Suggerendus die Münze nach einer Weile mit Zucken wegwirft, ist er in der Regel suggestibel.*

3.4 Maskierte (versteckte, verdeckte) Suggestibilitätstests

Obwohl alle Suggestibilitäts-Tests eben mit dem Phänomen der *Suggestibilität* arbeiten und somit mehr oder weniger auf *Illusion* beruhen, empfiehlt Kroger (1977, Seite 43) einen besonders schönen Illusionstest *für ganz hartnäckige und mißtrauische Patienten.* Kroger sagt sinngemäß:
Für Patienten, die sagen: «Ich bezweifle, daß mich irgend jemand hypnotisieren kann,» gibt es einen *versteckten Test*, der für den Hypnotiseur hilfreich ist. Wenn das Ergebnis des *«Tests»* erfolgreich ist, wird ein guter Kontakt mit dem Patienten hergestellt, der zu positiver Suggestibilität führt. Dies erleichtert gewöhnlich die Induktion. Die versteckten Tests basieren auf Prestige-Suggestionen. Wenn der Patient in das Sprechzimmer kommt, wird ihm sofort ein *Placebo* gegeben, mit der beiläufigen Bemerkung: «Diese Droge erleichtert die Hypnose. Sie braucht genau 30 Minuten, bis sie wirkt. Lassen Sie mich mal sehen ... es ist jetzt 11 Uhr vormittags. Wenn Sie eine halbe Stunde in meinem Wartezimmer warten, werden Sie zu

diesem Zeitpunkt so weit sein, daß Sie leicht in einen angenehmen, entspannten Zustand hineingehen können.» Dies erzeugt natürlich im allgemeinen eine erwartungsvolle Haltung mit nachfolgender Hypersuggestibilität. Nach etwa einer halben Stunde kommt der Patient, der in der Zwischenzeit im Wartezimmer saß und sein Erwartungsniveau aufbaute, ins Sprechzimmer. *Dann wird das rechte oder linke Auge folgendermaßen untersucht:* Der Hypnotiseur legt den Daumen gerade unterhalb des äußeren Augenwinkels, *um das untere Augenlid nach unten zu ziehen.* Während der Patient entweder sitzt oder steht, untersucht der Arzt genau die Bindehaut auf die übliche Art. Nachdem er einige Sekunden lang das Auge genau angeschaut hat, nickt er zustimmend mit dem Kopf und erklärt zuversichtlich: «Ja, es beginnt zu wirken. Sie werden ein ausgezeichneter Patient sein.» Der Patient weiß natürlich nicht, woraus diese Schlußfolgerung gezogen wurde; er kann jedoch nicht anders, als von der Selbstsicherheit und dem zuversichtlichen Verhalten des Hypnotiseurs beeindruckt zu sein. Man kann solche Tests auch auf andere Art und Weise durchführen (siehe unten).

Meares (1954) hat eine interessante *verdeckte Methode* beschrieben, die auf dem wiederholten Auslösen der Sehnenreflexe beruht, das selbst zur Entspannung beiträgt. Die Methode hat den Vorteil, daß sie nicht nur die Suggestibilität abschätzt, sondern auch als zuverlässige Anleitung für die beste Technik der Hypnose-Induktion dient. Der Patient ist sich nicht bewußt, daß er auf Hypnotisierbarkeit getestet wird. Wenn er sich als ungeeignet erweist, braucht das Thema Hypnose nicht erwähnt zu werden. Der Patient ist nicht enttäuscht, noch verliert der Hypnotiseur das Gesicht. Da der Rapport nicht abgebrochen ist, hat der Hypnotherapeut die Möglichkeit, eine andere Methode anzuwenden. Die Assoziation der Reflexbewegung eines Körperteils mit der verbalen Suggestion von Bewegung gewöhne den Patienten an die unwillkürlichen Bewegungen seiner Glieder als Reaktion auf Suggestionen und bereite so den Weg für hypnotische Suggestibilität.

3.5 Instrumentelle Suggestibilitätstests

Von den instrumentellen Tests wurde eben gesprochen (Varianten A und B des Tests in Kapitel XIV.3.3). Man kann aber auch *andere Varianten* entwickeln und benutzen.

Mit einem *Blutdruckmeßgerät* kann man nach Gheorghiu (Gheorghiu und Ciofu, 1982) (Quellenangabe s. Kapitel II.7) eine eindrucksvolle Variante des oben erwähnten Körperschwingungstests (Kapitel XIV.2.2) verstärken. Dem Suggerendus wird eine *Blutdruckmanschette* so um den Thorax gelegt, *daß der aufblasbare Teil nach vorn kommt.* Während des *Aufblasens* der Blutdruckmanschette werden ähnliche Suggestionen erteilt, wie sie oben beim *Fallversuch* beschrieben wurden. Die meisten Vpn zeigen sehr schnell die angekündigte Reaktion. *Sehr suggestible Personen müssen vor zu starkem Rückwärtsfallen geschützt werden.*

Beim *Entweichen der Luft aus der Blutdruckmanschette kann der Eindruck einer Entspannung entstehen*, den man ausnutzt und suggeriert (SG):

«... Sie werden jetzt immer tiefer und tiefer entspannt und gelöst sein ... Sie merken es ... Wenn das Gerät mehr gelockert wird ... werden Sie noch tiefer entspannt sein ... Der (betreffende) Arm wird immer steifer und steifer werden ...». (*KO:* Wenn dies stimmt, wird die Hypnose vertieft.) *Und damit gehen wir auf das Problem der Hypnotisierbarkeits-Skalen über.*

4. Hypnotisierbarkeits-Skalen (Hypnotic Susceptibility Scales)

4.1 Reminiszenzen über die Entwicklung von Hypnotisierbarkeits-Skalen

4.1.1 Synopsis der Entwicklung (Tab. 4)

In Kapitel VIII.12.19 wurden die 60er Jahre als die «*goldenen Jahre der Susceptibility Scales*» bezeichnet. Einige Meßskalen sind jedoch bereits Jahrzehnte davor bekannt gewesen (Davis und Husband, 1931; Friedlander und Sarbin, 1938; LeCron und Bordeaux, 1947; Watkins, 1949; Weitzenhoffer, 1953; White, 1930). Unter den meistverbreiteten befinden sich jene von Davis und Husband (1931) sowie die von Friedlander und Sarbin (1938). Im Jahre 1959 wurde von André M. Weitzenhoffer und Ernest Hilgard die *Stanford Hypnotic Susceptibility Scale (SHSS) in den Formen A und B* entwickelt (siehe unten). Eine Anzahl von Items wurde aus der Skala von Friedlander und Sarbin (1938) übernommen. Dazu wurde eine *Konversionstabelle* – um den Übergang von der alten zur neuen Skala zu ermöglichen – gegeben. *Korrelationen* zwischen der ersten und zweiten Untersuchung (r = 0,83) wurden ermittelt; Befunde zur Schätzung der Validität vorgelegt (siehe unten).
Im Jahre 1962 legten Ronald E. Shor und Emily Carota Orne die *Harvard Group Scale of Hypnotic Susceptibility (HGSHS) in der Form A* vor. Die HGSHS ist eine Adaptation der SHSS von Weitzenhoffer und Hilgard (1959) für die Anwendung in der *Gruppe*. Die HGSHS sollte es ermöglichen, daß eine Auswertung auch ohne einen ausgebildeten Hypnotherapeuten erfolgen könne. Die Anzahl der Probanden in der Gruppe sei nach dieser Skala *nicht genau begrenzt*. In einer Arbeit aus dem Jahre 1963 wurde von den Autoren (Shor und Orne, 1963) die HGSHS verifiziert. Shor und E. C. Orne (1963) untersuchten dabei *größere Gruppen* und fanden, daß die neue Skala auch jetzt anwendbar sei. Die Korrelationen zwischen der *Selbstbeurteilung* und *objektiven Auswertung* durch den Untersucher waren hoch (r = 0,83 und 0,89). Die Skala war mit 12 Punkten (von 0–12) graduiert, die *Mittelwerte (MW)* beliefen sich auf 6,80 und 6,67. In einer großen Gruppe wurde die HGSHS von Bentler und Roberts (1963) (Quellenangabe s. Kapitel IX.6) neu getestet. Jetzt erscheint auch die *Form C* der SHSS (Weitzenhoffer und Hilgard, 1962). *Unterschiede zwischen der Hypnotisierbarkeit von freiwilligen und nicht freiwilligen Probanden konnten zu Gunsten der freiwilligen gefunden werden* (s. auch Das, 1958, 1961, 1965; Stukát, 1958).

Tabelle 4: Die wichtigsten und in diesem Buch angeführten Skalen zur Messung der Hypnotisierbarkeit (Suggestibilitäts-/Hypnotisierbarkeitsprüfung) und einige Skalen zu Persönlichkeits-Untersuchungen mit Literatur- und Kapitelangabe (die meisten wurden in Kapitel IX und XIV erwähnt)

Reihenf.	Bezeichnung und Kurzbezeichnung der Skalen	Literatur
01	Betts Vividness of Imagery Scale (BVIS)	Betts, 1909, Kapitel IX
02	Thurston Personality Schedule (TPS)	Bartlett, 1936a, b, Kapitel IX
03	Bernreuter Personality Inventory (BPI)	Ach, 1937, Bartlett 1936, Kapitel IX
04	Friedlander and Sarbin Hypnotic Depth Scale (FSHDS)	Friedlander and Sarbin, 1938, Kapitel IX
05	Gordons Test of Visual Imagery Control (GTVIC)	Gordon, 1949, Kapitel IX
06	Guilford Zimmerman Temperament Survey (GZTS)	Weitzenhoffer and Weitzen-
07	Cattell Sixteen Personality Questionnaire (CSPQ)	hoffer, 1958a, b, Kapitel IX

Tabelle 4: Fortsetzung

Reihenf.	Bezeichnung und Kurzbezeichnung der Skalen	Literatur
08	Clinical Assessment of Diaries (CAD)	Flaw and Wilcox, 1958, Kapitel IX
09	Stanford Hypnotic Susceptibility Scale Form A and B (SHSS:A and B)	Weitzenhoffer and Hilgard, 1959, Kapitel IX, XIV
10	Stanford Hypnotic Susceptibility Scale Form C (SHSS:C)	Weitzenhoffer and Hilgard, 1962, Kapitel IX, XIV
11	Harvard Group Scale of Hypnotic Susceptibility, Form A (HGSHS:A)	Shor and E.C. Orne, 1962, 1963, Kapitel IX, XIV, XX
12	California Psychological Inventory (CPI)	Moore, 1961, Kapitel IX
13	Welsh Anxiety and Responsiveness Scale (WARS)	
14	California Psychological Scale (CPS)	Hilgard and Lauer, 1962, Kapitel IX
15	Edward Personal Preference Schedule (EPPS)	Boucher and Hilgard, 1962, Kapitel IX
16	Stanford Profile Scales of Hypnotic Susceptibility (SPSHS), Forms I and II	Weitzenhoffer and Hilgard, 1967, Kapitel XIV
17	Taft Ego Permissiveness Inventory (TEPI)	Taft, 1969, 1970, Kapitel IX, XIV
18	Goal Directed Fantasy (GDF)	Coe et al., 1974, Kapitel IX
19	Creative Imagination Scale (CIS)	Wilson and Barber, 1977, Kapitel IX
20	Vividness of Visual Imagery Questionnaire (VVIQ)	Mark, 1973, Kapitel IX
21	Tellegen Absorption Scale (TAS)	Tellegen and Atkinson, 1974, Kapitel IX
22	Experience Inventory (EI)	Aas, 1963, Kapitel IX
23	Hypnotic Induction Profile (HIP)	Spiegel and Bridger, 1970, Kapitel IX, XIV
24	Stanford Hypnotic Clinical Scale (SHCS) (Adults) (Erwachsene; Kinder siehe unten, 37)	Morgan and Hilgard, 1973, Kapitel IX
25	Barber Suggestibility Scale (BSS)	Barber, 1964, 1969, Kapitel IX, XIV
26	Group Alert Trance Scale (GAT)	Vingoe, 1968, Kapitel IX
27	Stanford Hypnotic Armlevitation Induction and Test (SHALIT)	Hilgard et al., 1979, Kapitel IX
28	Australian Norms of the HGSHS	Sheehan and McConkey, 1979, Kapitel IX, XIV
29	Montréal Norms of the HGSHS	Laurence and Parry, 1982, Kapitel IX
30	Inventory of Self-Hypnosis, Form A	Shor, 1978, Kapitel XIX
31	Children's Hypnotic Susceptibility Scale (CHSS)	London, 1962, 1963, Kapitel XV
32	German Norms of the HGSHS	Bongartz, 1985, Kapitel IX, XIV
33	Eysenck Personality Inventory (EPI)	Eysenck, 1963, Kapitel IX
34	Maudsley Personality Inventory (MPI)	
35	Minnesota Multiphasic Personality Inventory (MMPI) nach Hathaway and McKinley, 1963, 1977	Huber Verlag, Bern, Stuttgart, Wien
36	Freiburger Persönlichkeitsinventar (FPI)	Fahrenberg und Selg, 1961, 1970, Hogrefe, Göttingen
37	Thematic Apperception Test (TAT)	Kris, Bellak and Bellak, 1949, Harvard Univ. Mass. Cam-
38	Children's Apperception Test (CAT)	bridge, Mass.
39	Stanford Hypnotic Clinical Scale for Children (SHCSC)	Morgan and Hilgard, 1981, Kapitel XV

4.1.2 Fortentwicklung und Standardisierung

Shor (1960) sowie Shor et al. (1962) entwickelten Fragebögen, um zu testen, welche *persönlichen Erfahrungen* mit der Hypnotisierbarkeit in Beziehung stehen oder mit ihr korrelieren. Hilgard (1965) berichtete über eine lockere Beziehung zwischen diesen Fragebögen und Hypnose. Demzufolge wurde die Hypnotisierbarkeits-Skala von Shor (1961) bei den Untersuchungen von Das (1965) angewandt. Die Scores der Armlevitation können nach Das (1965) gewisse Grade der Hypnotisierbarkeit andeuten. Die Frage stellte sich, ob mit dieser Methode die *Wachsuggestibilität* oder die *Hypnotisierbarkeit* gemessen wird. Körperschwingungstest und Armlevitationstest scheinen die früheren Befunde von Eysenck (1947) sowie Stukát (1958) zu bestätigen. *Die Korrelationen zwischen der primären Suggestibilität und der Hypnotisierbarkeit seien von großer Bedeutung* (Kapitel IX.2.2.4). Zusammenfassend bekam Das (1965) signifikante *Korrelationen zwischen der Körperschwingung und Armlevitation* (0,52), *Armlevitation und Hypnotisierbarkeitsfrequenz* (0,28) sowie *Körperschwingung und Hypnoseintensität* (0,33).

Vingoe (1973) verglich die 12 Items der *Harvard Group Scale of Hypnotic Susceptibility, Form A (HGSHS:A)* von Shor und Orne (1962) mit 5 Items der *Group Alert Trance Scale (GAT)* (Gruppenmaßstab für Wachheit in Trance) von Vingoe (1968) miteinander. Dabei sollte das Verhalten von Patienten in der Klinik geprüft werden, bevor man mit den Skalen-Messungen begann. Es ergaben sich Korrelationen zwischen den zwei Skalen, untersucht an 186 Vpn.

Eliseo (1974) unterzog das von Spiegel und Bridger (1970) entwickelte *Hypnotic Induction Profile (HIP)* und die HGSHS, Form A (HGSHS:A) (Shor und Orne, 1962) einer Verifikation an 47 Schwesternschülerinnen. Das HIP erwies sich als eine schnelle Methode zur Prüfung von Hypnotisierbarkeit bei gesunden und erkrankten Menschen. Ruch et al. (1974) verglichen dann die *Barber Suggestibility Scale (BSS)* (Barber, 1964, 1969) und die *Form A der SHSS* in einer Untersuchung an 40 Hochschülern mit Suggestionen für Einbildungskraft und Hypnose. Die Korrelationen zwischen diesen Skalen waren relativ hoch (r = 0,62 und 0,78). Bei der BSS bestand eine größere Abweichung vom MW als bei der SHSS:A. Die subjektiven Ergebnisse waren nicht von den objektiven abhängig. Für hypnotisches Reaktionsvermögen wurden beide Skalen als begrenzt gefunden, jedoch für eine orientierende Auswahl von Vpn als ausreichend. Im gleichen Jahr haben Peters et al. (1974) eine *Faktorenanalyse für Hypnotisierbarkeit* nach HGSHS:A (Shor und Orne, 1962) vorgenommen. Dabei wurde eine Gruppe von 368 Vpn als *neu zur Untersuchung* herangezogen und eine zweite Gruppe von 246 Vpn, die bereits einmal *voruntersucht* worden war. Drei rotierende Faktoren seien die Grundlage der HGSHS:A gewesen. Die ersten zwei Faktoren schienen deutlich die Details der Befehlsausführung und der Reaktionen auf *passive motorische Suggestionen* darzustellen, während der dritte Faktor die *kognitive Ausführung* reprästentierte. Die zwei Faktoren zeigten eine genügende Verlässlichkeit (20 % Abweichung voneinander). Spiegel et al. (1976) prüften sodann das eigene HIP (Spiegel und Bridger, 1970) durch *psychometrische Analysen* an 1674 Patienten. Auch hier wurden zwei wesentliche Faktoren gefunden, und zwar *Augenrollen nach oben* und *ein anderer Faktor*, der aus mehreren Einzelheiten bestand. Es wurden sodann zwei Methoden zur Bewertung des HIP definiert: (a) *eine* zur Bestimmung der *Profil-Maße* und (b) die *andere, statistische* (Bewertung der Induktions-Ausprägung). Das Augenrollen sei nur in geringem Maße mit dem HIP gekoppelt gewesen. Die Korrelation betrug bei 1023 Patienten zwischen der Induktions-Ausprägung und dem Augenrollen nur 0,22. Daß die niedrige Korrelation eine Funktion der Beziehung zwischen Hypnotisierbarkeit und Psychopathologie darstellen könnte, wurde durch eine Korrelation (r = 0,52) zwischen Augenrollen und Induktions-Ausprägung bei einer der nicht-psychotischen Vpn nachgewiesen. *Die Korrelation zwischen dem HIP und der SHSS:A belief sich auf 0,55.* Orne et al. (1979) haben erneut das HIP und die SHSS:A und C miteinander in Beziehung gebracht. Das von Spiegel

und Bridger (1970) sowie Spiegel (1973, 1974) entwickelte HIP und die von Weitzenhoffer und Hilgard (1959, 1962) demonstrierte SHSS:A und C wurden darüber hinaus mit den Befunden nach HGSHS (Shor und E. Orne, 1962) verglichen. Unbedeutende aber positive Korrelationen wurden zwischen Augenrollen und der SHSS gefunden. Die Befunde deuteten im allgemeinen an, *daß das HIP von Spiegel (1973) eine mäßige Beziehung zu der SHSS aufweist, selbst wenn es außerhalb seiner gewöhnlichen klinischen Anwendung gebraucht werde.* Im selben Jahr hatten dann Sheehan et al. (1979) (Quellenangabe s. Kapitel IX.6) das HIP von Spiegel (1973) sowie das Augenrollen korreliert. Die Resultate, erhoben an 39 Vpn, zeigten (aa) hohe Beziehungsgrade zwischen HIP und Augenrollen nach HIP und (bb) zufriedenstellende Korrelationen zwischen *Augenrollen*, *Nach-oben-Sehen*, *Schielen*, *posthypnotischer Armlevitation* beim *Prä-Test* sowie beim *wiederholten Test.* Außerdem fanden sich Korrelationen zwischen HIP und anderen Parametern von Sitzung I zu Sitzung II. Die Analyse unterstütze aber nicht die Hypothese, daß das Augenrollen nach HIP ein Anzeichen der Hypnotisierbarkeit sei.
Stanford Hypnotic Armlevitation Induction and Test (SHALIT) wurde dann von Hilgard et al. (1979) geprüft. Diese Skala sollte sowohl für *klinische* als auch für *experimentelle* Zwecke anwendbar sein. Im *Experiment I* ersetzte man die *Stanford Hypnotic Susceptibility Scale, Form A (SHSS:A)* von Weitzenhoffer und Hilgard (1959) durch den SHALIT für die Induktion des Augenschlusses, dem dann die verbleibenden Faktoren der SHSS:A folgten. Eine Korrelation wurde zwischen dem SHALIT-Resultat für die Armlevitation und der SHSS:A gefunden (r = 0,63 bei N = 64). Einige der Vpn wurden zum *Experiment II* herangezogen. Dieses erbrachte eine Korrelation von 0,52 (N = 27) zwischen SHALIT und SHSS (Weitzenhoffer und Hilgard, 1962). Vereinfachte Meßverfahren, die auf eine maximale Eignung gerichtet sind, konnten als Alternative angeboten werden. Allerdings hatten die kurzen Meßverfahren zur Bestimmung der Hypnotisierbarkeit auch ihre Grenzen. Nach einer weiteren Untersuchung von Hilgard et al. (1979) wurde die *Form C der SHSS (SHSS:C)* getestet. Die *Form C* ist eine Modifikation der SHSS für *besondere Zwecke*, bei der nach Wahl des Untersuchenden *ein Originalfaktor durch einen anderen Faktor ersetzt wurde*, der zu einer speziellen Untersuchung ausgewählt worden war. Die Analyse der Resultate ergab die Zweckmäßigkeit der Form C der SHSS, die als eine *zugeschnittene Form* angesehen wurde, J.R. Hilgard und E.R. Hilgard (1979) haben die klinische Form der *Stanford Hypnotic Clinical Scale (SHCS)* für *Erwachsene* getestet, *die eine verkürzte Form der SHSS:C* (Weitzenhoffer und Hilgard, 1962) darstellt. Diese Skala wurde in bezug auf fünf Kriterien, die ausreichend für den klinischen Gebrauch seien, geprüft. Auch zwei weitere Skalen, die nur aus jeweils einem Faktor bestehen, wurden mituntersucht. Das HIP (Spiegel und Bridger, 1970) mit Augenroll-Test wurde als nicht ganz gewichtig und in keiner Wechselbeziehung zum SHALIT (Hilgard et al., 1979) gefunden. HIP und SHALIT seien jedoch in einem Untersuchungsvorgang von kurzer Dauer (weniger als 10 Minuten) und deshalb zu empfehlen. Die aber nur aus einem Faktor bestehenden Skalen HIP und SHALIT seien in der Aussage nicht so zufriedenstellend wie die länger andauernde SHCS für Erwachsene.
Die HGSHS:A von Shor und Orne (1962) wurde nochmals von McConkey et al. (1979) an 237 Vpn getestet und mit der *Creative Imagination Scale (CIS)* von Barber und Wilson (1977) verglichen. Es sollte eruiert werden, inwieweit die CIS, gemessen an den Ergebnissen der HGSHS:A, als *Maßstab für Hypnotisierbarkeit* angesehen werden darf. Nach der Auswertung der Resultate fanden sich zwischen den zwei Skalen Korrelationen von nur 0,28. Die Skalen sind demzufolge voneinander unabhängig. Die CIS schien sich hauptsächlich für die Prozesse der *Phantasie* und *Vorstellungskraft* zu eignen. Nach einem Vergleich der *Australischen Form* der HGSHS:A (Sheehan und McConkey, 1979) mit den Standards der Originalformen (Coe, 1964; Shor und Orne, 1963) erwies sich, daß ihre Genauigkeit relativ begrenzt sei, wenn man sie als *Einzelmaßstab* für die spezielle Hypnotisierbarkeit anwendet. McConkey et al. (1980) unterzogen dann die HGSHS:A einer *Spektralanalyse.*

Die auffälligste Unbeständigkeit beider Skalen trat bei den *kognitiv-wahnhaften* Punkten hervor.

4.1.3 Weitere kritische Studien der Meß-Skalen

Die Häufung von Skalen zur Prüfung der Hypnotisierbarkeit bei erwachsenen Gesunden, erwachsenen Kranken, gesunden Kindern und Kinder-Patienten (siehe Tab. 4) hat beinahe zu einer Verwirrung unter den Hypnoseforschern geführt. Weitzenhoffer (1974, 1978, 1980) setzte sich mit diesem Problem auseinander und übte Kritik. Hilgard (1981) antwortete in einem langen Artikel darauf. Die Kritik von Weitzenhoffer griff hauptsächlich folgende Punkte heraus:

(a) Die *Skalen* messen die *Hypnosetiefe* nicht so, wie man es erwarten würde.
(b) Die *Items* in den Skalen verursachen *eine Konfusion* in bezug auf die Suggestibilität allein sowie auf Suggestibilität und Hypnose.
(c) Die *Instruktionen* sind automatisch und verwirrend.
(d) Die *Hypnotisierbarkeit* sollte am *Anstieg der Reaktionen* auf die Suggestionen nach der Induktion gemessen werden.

Hilgard (1981) analysierte jeden dieser Einwände und stellte fest, *daß die standardisierten Skalen, trotz der Kritik und den Mängeln, die solche Skalen überhaupt mit sich bringen, nicht anfechtbar seien.* Darauf kam Bowers (1981) mit seinen Untersuchungen und Kritik der Meßskalen, insbesondere der SHSS: A und SHSS: C von Weitzenhoffer und Hilgard (1959, 1962), und zweifelte diese erneut an. Sie würden den *klassischen Suggestionseffekt* nicht einschließen, das Erlebnis der Unfreiwilligkeit, das historisch als hypnotische Antwort oder Ansprechbarkeit definiert wurde. Die Analyse der SHSS: A ergab, daß es viele unrichtige Verbindungen des *Verhaltens* und des *Erlebnisses* zwischen den Punkten gibt. Diejenigen, die richtig angekreuzt wurden, *waren nur zu etwa 20% freiwillig beantwortet worden.* Das machte annähernd die gleiche Häufigkeit wie bei den Fehlerantworten aus und wurde als unfreiwillig empfunden. Die zweite Analyse konzentrierte sich auf das Verhalten der Vpn bei allen Punkten der SHSS: A und SHSS: C. Die Punkte der beiden Skalen wurden dann *mit allen gefundenen Anzeichen der Unfreiwilligkeit* verglichen, die auf allen Punkten der SHSS: A basierten. Diese Analyse ergab eine viel höhere zeitliche Beziehung zwischen den Punkten der Skala und den Erlebniszusammenhängen, als dies zwischen dem Verhalten und dem Erlebnis auf der Basis der Punkte erlangt wurde. Die gesamte SHSS: C erschließt den klassischen Suggestionseffekt zweimal so gut wie die individuellen Punkte der SHSS: A. Nach Hilgard et al. (1981) war das Hauptergebnis einer zweifachen Studie von CIS und HGSHS: A, in einem Vergleich mit der *Tellegen Absorption Scale (TAS)* und Sheehans Revision der *Betts' Imagery Scale (QMI)* (Tellegen und Atkinson, 1974; Sheehan, 1967), daß zwei Faktoren für die Hauptanteile der Varianz verantwortlich waren; einer, der als *hypnotischer Leistungsfaktor* bestimmt war und der andere, der als *Absorptions-/Imaginations-Faktor* zählte. Die CIS wurde bei beiden Faktoren stark gewichtet; die Auswertung bestätigte die Annahme, daß die CIS eine einzige Faktorenstruktur aufweist.
Um vielleicht die Methodik noch mehr zu komplizieren, wurde die *Harvard Group Scale of Hypnotic Susceptibility, Form A (HGSHS: A)* mit *Montréal-Normen* ergänzt (Laurence und Perry, 1982). Die Normen für HGSHS: A (Shor und Orne, 1962) wurden mit den *drei Mustern* von Montréal (N = 220; N = 178 und N = 137) und dem gesamten *Aggregat-Muster* (N = 535) verglichen. Weiterhin kamen ein *Normativ-Muster der Harvard-Studenten* (Shor und Orne, 1963), ein *Normativ-Muster von Studenten aus Kalifornien* (Coe, 1964), ein *Normativ-Muster von australischen Studenten* (Sheehan und McConkey, 1979) sowie das *ursprüngliche Normativ-Muster* der Stanford-University (Weitzenhoffer und Hilgard, 1959)

in Betracht. *Trotz der Unterschiede in ethnischer und sprachlicher Hinsicht stimmten die Resultate der Montréal-Gruppe mit den Normativ-Vergleichsgruppen im wesentlichen überein.*

4.1.4 Klinische Relevanz der Hypnotisierbarkeits-Skalen

Sacerdote (1982a) zog eine nicht-statistische Studie der Hypnotisierbarkeits-Skalen durch. Dabei bezog er sich auf die Bestrebungen in der Wissenschaft (Barber und Wilson, 1977; Cooper und London, 1966, 1971; J. R. Hilgard und E. R. Hilgard, 1979; Morgan und Hilgard, 1973, 1975; Wilson und Barber, 1978), daß die Berichte über *die klinische Applikation der Hypnose* eine *Klassifizierung* der Patienten einschließen sollten, die auf den Reaktionen auf die standardisierten Hypnotisierbarkeits-Meßskalen beruhe. Die positiven Resultate der angewandten Skalen bei Patienten sind dann *eine Sammlung* (a) von zuverlässigen Daten über den Wert der hypnotischen Intervention unter verschiedenen klinischen Bedingungen, (b) von Differenzierungen zwischen den Erfolgen der Hypnose und anderen Behandlungsarten sowie (c) der Bestimmung der Hypnotisierbarkeit als einer veränderlichen oder festen Eigenschaft der Patienten. Vor dem Beginn der Behandlung können solche Skalen auch anzeigen, ob die Hypnose überhaupt als Behandlungsmethode in Frage komme. Andererseits bemerkte Sacerdote (1982a), daß die Anwendung der Hypnotisierbarkeits-Skalen ein etwas überzogenes Gewicht auf einige Kategorien der hypnotischen Reaktionen lege, die nicht umfassend genug seien, um alle möglichen Fähigkeiten der einzelnen Patienten zu erfassen. Die standardisierten Hypnotisierbarkeits-Skalen fußen fast ausschließlich auf *geschriebenen oder gesprochenen Instruktionen und lassen daher die durch nicht-verbale Verständigung gebotenen Möglichkeiten außer acht.* Auch scheinen die meisten Skalen nur die Hypnose anzuerkennen, die durch *progressive Entspannung* als *der typischen Hypnose* erreicht worden sei. Nach Anwendung gewisser Hypnotisierbarkeits-Skalen – in der Kritik einzeln aufgeführt – könne es dazu kommen, *daß eine nicht zu vernachlässigende Minderheit von Patienten als nicht hypnotisierbar angenommen und deshalb für die Therapie nicht herangezogen werde.* Diesen Einwänden versuchte Frankel (1982) zu begegnen. Die klinische Anwendung der Hypnotisierbarkeits-Skalen, die ursprünglich für experimentelle Zwecke entwickelt worden waren, *sei durch mehrere Studien im klinischen Bereich bestätigt worden.* Die Resultate, gewonnen durch die angewandten standardisierten Hypnotisierbarkeits-Skalen, konnten gut mit dem klinischen Verhalten der Patienten in Beziehung gebracht werden. *Trotzdem wird der Wert der Skalen hauptsächlich auf den Forschungsbereich gelegt.* Die Kritik von Sacerdote (1982a) wird selbstverständlich auch von Frankel (1982) berücksichtigt. Doch nimmt Frankel an, daß die Hypnotisierbarkeits-Skalen von den meisten klinischen Patienten beantwortet werden können, obwohl diese Skalen in mancher Hinsicht *für die Klinik blind* seien. Die Kritik von Sacerdote (1982a) wird von Frankel (1982) als mehr *im persönlichen Bereich liegend* betrachtet. Daraufhin antwortete Sacerdote (1982b) und verteidigte seine Anschauung. Dieser Disput zeigt jedoch *die Unzulänglichkeit aller Prüfmethoden der Hypnotisierbarkeit und die Ratlosigkeit der Forscher der «standardisierten» Hypnotisierbarkeits-Skalen.* In die Diskussion mischte sich auch Hilgard (1982) mit der Bemerkung ein, daß die Hypnotherapie der Patienten erst dann begonnen werden sollte, wenn die Beurteilung der Hypnotisierbarkeit unanfechtbar geworden sei. Die beste Wahl sei die, die sowohl klinische Beobachtungen als auch die Meßskalen berücksichtige. *Im Zweifelsfalle müßte man sich auf die eigene Intuition nach der Auswertung aller Befunde verlassen.* Dann könnte man gleich mit der *eigenen Intuition* arbeiten – möchten wir beinahe sagen.

Die Beziehungen zwischen der Hypnotisierbarkeit nach *Harvard Group Scale of Hypnotic Susceptibility, Form A (HGSHS: A)* von Shor und E. Orne (1962) und *den globalen Schätzungen der Hypnosetiefe*, die jetzt anhand einer *Elf-Punkte-Skala* erreicht worden waren, sind von Jupp et al. (1985) hergestellt worden. Bei zwei klinischen Patienten-Mustern wurde die eine Schätzung der Hypnosetiefe vor, die andere nach der Messung der Hypnotisierbarkeit vorgenommen. Die Beziehungen zwischen der Hypnosetiefe und Hypnotisierbarkeit waren locker, jedoch beständig. Dieser klinische Befund kann nicht voll mit den Ergebnissen experimenteller Untersuchungen in Einklang gebracht werden. *Schwach hypnotisierbare Patienten erhöhen ihre Hypnotisierbarkeit nach mehreren Hypnosen, hoch hypnotisierbare jedoch nicht.* Andersen (1985) verglich die Hypnotisierbarkeit mit dem Behandlungserfolg bei Adipositas-Patienten und fand eine bessere therapeutische Beeinflussung bei hoch hypnotisierbaren Patienten im Vergleich mit einer mittelgradigen und schwachen Hypnotisierbarkeit.

4.1.5 Deutsche Normen der HGSHS: A

Nicht zuletzt seien auch die *German Norms for the Harvard Group Scale of Hypnotic Susceptibility, Form A (GNHGSHS: A)* von Bongartz (1985) erwähnt. Bongartz (1985) nahm *drei Gruppen* von Vpn in Anspruch (N = 108, N = 103 und N = 163), die dann zusammengenommen (374 Vpn) und mit den *Normativ-Gruppen* von Laurence und Perry (1982), Sheehan und McConkey (1979) sowie Shor und Orne (1962) verglichen wurden. Die Verläßlichkeit der *deutschen Adaptation* der HGSHS: A zeigte Parallelen mit denen der drei anderen angeführten Studien und die üblichen Normabweichungen. Die Resultate ergaben nach Bongartz (1985), daß die HGSHS: A *auch im deutschen Rahmen ein brauchbares Instrument für die Prüfung der Hypnotisierbarkeit sei.* Diese Feststellung kann allerdings *nur als vorläufig und nur für gesunde Vpn* gelten, bis auch bei *deutschen Patienten* positive Resultate erhoben werden. Die Frage, warum die *Deutsche Form* als *German Norm* publiziert worden ist, muß an Walter Bongartz gerichtet werden.

4.2 Zu Stanford Hypnotic Susceptibility Scales (SHSS)

Zur Demonstration der Problematik von Hypnotisierbarkeits-Skalen würden sich zunächst die *Stanford Hypnotic Susceptibility Scales (SHSS)* nach André M. Weitzenhoffer und Ernest R. Hilgard (1959) eignen, die öfters nachgedruckt und *als Grundformen für viele andere Hypnotisierbarkeits-Skalen benutzt wurden.* Aus technischen Gründen wird die *Form A (SHSS: A)* erst bei Jovanović (1989) in vollem Umfange dargestellt, wobei auf die *Form B (SHSS: B)* und die *Form C (SHSS: C)* hingewiesen wird.

Die *Form A* haben wir *aus dem Englischen übersetzt und an die deutsche Ausdrucksweise angepaßt.* Einige einleitende Vorbemerkungen wurden zusammengefaßt. In der Substanz erfolgten keine Änderungen. *Eigene experimentell-praktische Erfahrungen* mit SHSS werden ebenfalls zu einem späteren Zeitpunkt (Jovanović, 1989) vorgetragen (siehe auch Bongartz, 1985). Zu einer ersten und zusammenfassenden Orientierung sei auf die Tabellen 5 und 6 hingewiesen.

Nachdem die 11 Items der Form A der Reihe nach durchgetestet worden sind, werden die *Plus- und Minuspunkte* in Tab. 6 eingetragen. Für die *Pluspunkte* werden im Text Definitionen gegeben. Die *Minuspunkte* werden vergeben, wenn der Suggerendus die suggerierte Aufgabe nicht erfüllt. Insgesamt können in Tab. 6 *zwölf* Pluspunkte erreicht werden. *Der zwölfte Punkt* resultiert aus den Antworten der Fragen zur Amnesie, die in Tab. 5 und am unteren Ende der Tab. 6 aufgeführt sind.

Der Suggerendus/Hypnotisand ist hoch suggestibel/hypnotisierbar, wenn er 8–12 Pluspunkte erreicht hat; er ist mittelgradig hypnotisierbar, wenn Tab. 6 zwischen 5 und 7 Pluspunkte aufweist. Jener Suggerendus/Hypnotisand, der nur 0–4 Pluspunkte vorweisen kann, ist mäßig bis gering hypnotisierbar. Diese *Normen* wurden später verfeinert und modernisiert.

Tabelle 5: Fragebogen zur Stanford Hypnotic Susceptibility Scale (SHSS) von Weitzenhoffer und Hilgard (1959) (Consulting Psychologists Press, Inc., 577 College Avenue, Palo Alto, California 94306, USA) (Form A)

Versuchsperson/Hypnotisand ______________________________
Hypnotiseur/Hypnotherapeut ______________________________
Ort/Datum ______________________________

Fragen:

(1) Bitte, geben Sie an, in Ihren eigenen Worten, alles was geschehen ist, seit Sie anfingen, auf das Ziel zu schauen, und zwar der Reihe nach

____
____
____
____
____
____

Noch etwas (vergessen)?

____
____

(2) Und jetzt hören Sie aufmerksam auf meine Worte (Hypnotiseur: Sie können sich jetzt an alles erinnern). Noch etwas?

____
____
____

(3) Und jetzt zur Fliege (oder Moskito) – wie reell war sie für Sie?
(Der Hypnotiseur transferiert die Information in Tab. 6 und bewertet die Amnesie mit + wenn drei oder weniger Items erinnert wurden bevor die Anmerkung gefallen war «Sie können sich jetzt an alles erinnern»)

Da aber auch die *dreiteilige Einstufung* noch nicht ganz ausgegoren ist, wollen wir uns zu der weiteren Verfeinerung noch nicht näher äußern.
Die Form B der SHSS (SHSS: B) für die späteren Untersuchungen, insbesondere bei *Patienten*, enthält gewisse formelle Veränderungen gegenüber der SHSS: A, die unwesentlich sind. Dort, wo beispielsweise bei der Form A die *linke Hand* in Anspruch genommen worden war, wird bei der Form B auf die *rechte* übergegangen, etc. Eine genaue Gegenüberstellung ist ohne Vorlage der gesamten *Formen A und B kaum* zweckmäßig (siehe Jovanović, 1989). *Die Form C* (Weitzenhoffer und Hilgard, 1962) wurde entwickelt, *um die Vielfalt der Erfahrungen in der Hypnose zu erfassen.* Dabei wurden 6 Aufgaben aus der Form B der SHSS übernommen und weitere 6 neu entwickelt. Es werden ebenfalls *12 Pluspunkte* verteilt, die mit *Null* beginnen und bei 12 enden. Die Null wird bei der Auswertung nicht berücksichtigt.
Die *Revised Stanford Profile Scales of Hypnotic Susceptibility (SPS), Form I und II* (Weitzenhoffer und Hilgard, 1967; siehe auch Weitzenhoffer und Hilgard, 1963) soll *individuelle Unterschiede der hypnotischen Beeinflußbarkeit detaillierter erfassen* als die SHSS dies tun. *Dadurch sollen Vpn für ganz bestimmte Aufgaben in der Forschung ausgewählt werden können.* Es werden 9 Testaufgaben präsentiert. Form I und II unterscheiden sich formal an einigen Stellen voneinander. Auch hier ist ein genauer Vergleich ohne die Vorlage der gesamten Form kaum möglich, weswegen auf Jovanović (1989) und die Originale verwiesen wird.

Tabelle 6: Bewertungs-Skala zur Stanford Hypnotic Susceptibility Scale (SHSS) von Weitzenhoffer und Hilgard (1959) (Consulting Psychologists Press, Inc., 577 College Avenue, Palo Alto, California 94306, USA) (Im Falle der Bestellung des Originals, Form A)

Nummer des Hypnotisanden ________ Datum ________ Total-Scores ________
Name des Hypnotisanden ________
Name des Hypnotiseurs ________

Item	Kriterien zum Erreichen von «+»	+ oder –	Ausprägung
1. Körperschwingung	Fallen ohne Forcierung		
2. Augenschluß	Augenschließen ohne Forcierung		
3. Handfallen	Handsenken um 15 cm bis zum Ende der 10. Sekunde		
4. Armimmobilisierung	Der linke Arm konnte nicht mehr als 2,5 cm innerhalb von 10 Sekunden gehoben werden		
5. Fingerverhaken	Die Finger konnten nicht komplett innerhalb von 10 Sekunden gebeugt werden		
6. Armkatalepsie (Rigidität)	Der Arm konnte um weniger als 5 cm innerhalb von 10 Sekunden gebeugt werden		
7. Hände zusammenbringen	Hände sind nach 10 Sekunden um 15 cm voneinander entfernt		
8. verbale Inhibition	Der Name konnte nach 10 Sekunden noch nicht ausgesprochen werden		
9. Halluzinationen (Fliege)	Jegliche Grimasse, Bewegung oder andere Äußerung, die auf eine Auswirkung hindeutet		
10. Augenkatalepsie	Die Augen blieben auch nach 10 Sekunden geschlossen		
11. Posthypnotische Suggestionen	Irgendwelche Reaktion als Antwort auf Bleistiftklopfen		
12. Amnesietest	Drei oder weniger Items konnten erinnert werden (siehe unten)		
	Plus-Punkte insgesamt:		

Bewertung der Erinnerung beim Amnesie-Test (Tab. 5)

Handfallen (Senken) ________	verbale Inhitibion (Sprachhemmung) ________
Armimmobilisierung ________	Halluzinationen (Fliege) ________
Fingerverhaken (Falten) ________	Augenkatalepsie ________
Armkatalepsie (Rigidität) ________	Posthypnotische Suggestionen (Stuhlwechsel) ________
Hände zusammenführen ________	Insgesamt (Anzahl der erinnerten Items) ________

5. Zusammenfassung und Schlußfolgerungen

Vor dem Beginn der Hypnose und/oder Hypnotherapie sollte die Suggestibilität/Hypnotisierbarkeit des Suggerendus/Hypnotisanden geprüft werden. Das Resultat einer solchen Prüfung wird das weitere Verhalten des Hypnotiseurs bestimmen. Bei der Suggestibilität handelt es sich um die *spezielle hypnotische Form*, die man dann als Hypnotisierbarkeit bezeichnet. Fast alle bisher bekannten Methoden zur Hypnotisierbarkeits-Prüfung können in *drei Gruppen* eingeteilt werden, und zwar in: (a) *Psychomotorische und empirische Tests;* (b) *Sensorische und/oder Illusionstests* sowie (c) *Hypnotisierbarkeits-Skalen.*

(1) *Bei den psychomotorischen und empirischen Tests* sind Pendeltest (Chevreul, 1854), Körperschwingungstest (Rückwärts- und Vorwärtsfall) (Moutin, 1887), Augenschließen-, Augenkatalepsie-, Augenrolltests, Armtests (Handfalte-, Armlevitations-, Handfallen-, Armkatalepsie-, Kohnstammtest) bekannt. *Der beste Test ist jener, bei dem anschließend ohne eine weitere Maßnahme die Hypnose eingeleitet bzw. fortgesetzt werden kann* (Augenschließen, Augenkatalepsie, Armtests).

(2) *Von den sensorischen und/oder Illusionstests* sind am besten die olfaktorischen (Parfüm), gustatorischen (Zitrone) und Wärme-Illusions-Tests bekannt. Instrumentelle Suggestibilitäts-Tests werden in Ausnahmefällen, z. B. bei resistenten Suggerenden, angewandt. Eine *Kombination* sollte die Zuverlässigkeit der Tests und deren Ausgang erhöhen.

(3) In den letzten Jahren wurden zahlreiche *Hypnotisierbarkeits-Skalen* entwickelt, deren Wurzeln sich bis ins 19. Jahrhundert zurück erstrecken. In den 30er Jahren begann sich die Aktivität auf diesem Gebiet zu rühren und am Beginn der 60er Jahre deutlich zu mobilisieren. Bisher sind eine Reihe von (aa) *Einzelhypnotisierbarkeits-Skalen* zu verschiedenen Forschungszwecken, (bb) *Einzelskalen zu klinischen Zwecken*, (cc) *Gruppenskalen zu Forschungs- und klinischer Anwendung* sowie (dd) *Hypnotisierbarkeits-Skalen für Kinder* entwickelt worden. Die meisten Skalen sind hinreichend standardisiert und auch modernisiert. Im deutschen Sprachraum sind sie kaum bekannt. Die Adaptation der englischsprachigen Meßskalen an die deutsche Population ist erst *in statu nascendi.*

(4) In diesem Buch ist zu den wichtigsten Hypnotisierbarkeits-Skalen Stellung genommen worden. In vollem Umfang werden einige davon später (Jovanović, 1989) zur Darstellung kommen.

6. Literaturverzeichnis

Andersen, M(arianne), S.: Hypnotizability as a Factor in the Hypnotic Treatment of Obesity. *Intern. J. Clin. Exp. Hypnosis*, (1985), *33:* 150–159.

Anderson, J. W.: Defensive Maneuvers in Two Incidents Involving the Chevreul Pendulum – A Clinical Note. *Intern. J. Clin. Exp. Hypnosis*, (1977), *25:* 4–6.

Athavale, B. J., and Athavale, K. J.: Clinical Hypnosis. The Indian Society For Clinical Hypnosis and Research. Sion Cosmopolitan Housing Society, Bombay, India, 1985.

Barber, T. X.: Hypnotizability, Suggestibility, and Personality. A Critical Review of Research Findings. *Psychol. Rep.*, (1964), *14:* 299–320.

Barber, T. X.: Hypnosis – A Scientific Approach. Van Nostrand Reinhold, New York, N.Y., 1969.

Barber, T. X., and Wilson, S. C.: Hypnosis, Suggestions, and Altered States of Consciousness – Experimental Evaluation of the New Cognitive-Behavioral Theory and the Traditional Trance-State Theory of «Hypnosis». *Ann. N.Y. Acad. Sci.*, (1977), *296:* 34–47.

Barry, H. Jr., MacKinnon, D. W., and Murray, H. A. Jr.: Studies in Personality – Hypnotizability as a Personality Trait and Its Typological Relations. *Hum. Biol.*, (1931), *3:* 1–36.
Baudouin, Ch.: Suggestion and Autosuggestion. Dodd, Mead & Co., New Yrok, 1922 (Suggestion und Autosuggestion, Sibyllen-Verlag, Dresden, 1924, 1925).
Benton, A. L., and Bandura, A.: «Primary» and «Secondary» Suggestibility. *J. Abnorm. Soc. Psychol.*, (1953), *48:* 336–340.
Bérillon, E.: Le diagnostic de la malléabilité mentale. *Rev. Psychothér. Psychol. Appl.*, (1911), *25:* 352–361.
Bernheim, H.: De la suggestion dans l'état hypnotique et dans l'état de veille. O. Doin, Paris, 1884.
Boriac, E.: Le diagnostic de la suggestibilité. *Rev. Psychothér. Psychol. Appl.*, (1913), *23:* 84–91.
Bongartz, W.: German Norms for the Harvard Group Scale of Hypnotic Susceptibility, Form A. *Intern. J. Clin. Exp. Hypnosis*, (1985), *33:* 131–139.
Bowers, K. S.: Do the Stanford Scales Tap the «Classic Suggestion Effect»? *Intern. J. Clin. Exp. Hypnosis*, (1981), *29:* 42–53.
Chevreul, M. E.: De la baguette divinatoire, du pendule dit explorateur et des tables tournantes. Paris, 1854.
Coe, W. C.: Further Norms on the Harvard Group Scale of Hypnotic Susceptibility, Form A. *Intern. J. Clin. Exp. Hypnosis*, (1964), *12:* 184–190.
Cooper, L. M., and London, P.: Sex and Hypnotic Susceptibility in Children. *Intern. J. Clin. Exp. Hypnosis*, (1966), *14:* 55–60.
Cooper, L. M., London, P.: The Development of Hypnotic Susceptibility – A Longitudinal (Convergence) Study. *Child. Dev.*, (1971), *42:* 487–503.
Das, J. P.: Factor Analysis of a Hypnotic Scale. *Indian J. Psychol.*, (1958), *33:* 97–100.
Das, J. P.: Learning and Recall Under Hypnosis and in the Wake State – A Comparison. *Arch. Gen. Psychiat.*, (1961), *4:* 517–521.
Das, J. P.: Relationship Between Body-Sway, Hand-Levitation, and a Questionnaire Measure of Hypnotic Susceptibility. *Intern. J. Clin. Exp. Hypnosis*, (1965), *13:* 26–33.
Davis, L. W., and Husband, R. W.: A Study of Hypnotic Susceptibility in Relation to Personality Traits. *J. Abnorm. Soc. Psychol.*, (1931), *26:* 175–182.
Deckert, G. H., and West, L. J.: The Problem of Hypnotizability – A Review. *Intern. J. Clin. Exp. Hypnosis*, (1963), *11:* 205–235.
Easton, R. D., and Shor, R. E.: Imagery and the Chevreul Pendulum Illusion. *Proceedings of the 81st Annual Convention of the American Psychol. Associat.* (Summary), (1973), *8:* 1091–1092.
Eldridge, E. H.: Hypnotism. Penn. Publishing Co., Philadelphia, 1905.
Eliseo, T. S.: The Hypnotic Induction Profile and Hypnotic Susceptibility. *Intern. J. Clin. Exp. Hypnosis*, (1974), *22:* 320–326.
Eysenck, H. J.: Dimensions of Personality. Routledge & Kegan Paul, London, 1947.
Eysenck, H. J., and Furneaux, W. D.: Primary and Secondary Suggestibility – An Experimental and Statistical Study. *J. Exp. Psychol.*, (1945), *35:* 485–503.
Frankel, F. H.: Hypnosis and Hypnotizability Scales – A Reply. *Intern. J. Clin. Exp. Hypnosis*, (1982), *30:* 377–392.
Friedlander, J. W., and Sarbin, T. R.: The Depth of Hypnosis. *J. Abnorm. Soc. Psychol.*, (1938), *33:* 453–475.
Furneaux, W. D.: The Prediction of Susceptibility to Hypnosis. *J. Pers.*, (1946), *14:* 281–294.
Furneaux, W. D.: The Heat-Illusion Test and the Structure of Suggestibility. *Intern. J. Clin. Exp. Hypnosis*, (1964), *12:* 169–180.
Garmize, L. M.: Studies in Suggestion and Body Sway. Doctoral Dissertation, Washington State Univers. Library, 1967.
Garmize, L. M., and Marcuse, F. L.: Some Parameters of Body Sway. *Intern. J. Clin. Exp. Hypnosis*, (1969), *17:* 189–194.
Hammer, A. G., Evans, F. J., and Bartlett, M(ary): Factors in Hypnosis and Suggestion. *J. Abnorm. Soc. Psychol.*, (1963), *67:* 15–23.
Hilgard, E. R.: Hypnotic Susceptibility. Harcourt, Brace & World, New York, N.Y., 1965.
Hilgard, E. R.: Hypnotic Susceptibility Scales Under Attack – An Examination of Weitzenhoffer's Criticisms. *Intern. J. Clin. Exp. Hypnosis*, (1981), *29:* 24–41.
Hilgard, E. R.: Hypnotic Susceptibility and Implications for Measurement. *Intern. J. Clin. Exp. Hypnosis*, (1982), *30:* 394–403.

Hilgard, E. R., Crawford, H. J., and West, A.: The Stanford Hypnotic Arm Levitation Induction and Test (SHALIT) – A Six-Minute Hypnotic Induction and Measurement Scale. *Intern. J. Clin. Exp. Hypnosis*, (1979), *27:* 111–124.

Hilgard, E. R., Sheehan, P. W., Monteiro, K. P., and MacDonald, H.: Factorial Structure Scale as a Measure of Hypnotic Responsiveness – An International Comparative Study. *Intern. J. Clin. Exp. Hypnosis*, (1981), *29:* 66–76.

Hilgard, E. R., Weitzenhoffer, A. M., Landes, J., and Moore, R. K.: The Distribution of Susceptibility to Hypnosis in a Student Population – A Study Using the Stanford Hypnotic Susceptibility Scale. *Psychol. Monogr.*, (1961), *75:* No. 8 (Whole No. 512).

Hilgard, J. R., and Hilgard, E. R.: Assessing Hypnotic Responsiveness in a Clinical Setting – A Multi-Item Clinical Scale and Its Advantages Over Single-Item Scales. *Intern. J. Clin. Exp. Hypnosis*, (1979), *27:* 134–150.

Hull, C. L.: Quantitative Methods of Investigating Waking Suggestion. *J. Abnorm. Soc. Psychol.*, (1929), *24:* 153–169.

Hull, C. L.: Hypnosis and Suggestibility – An Experimental Approach. D. Appleton-Century, New York, N.Y., 1933.

Hull, C. L.: *Autobiography.* In: Boring, E. G., Langfeld, H. S., Werner, R. M., and Yerkes, R. M. (Eds.): A History of Psychology in Autobiography. Vol. 4, Clark Univers. Press, Worcester/Mass., 1952, pp. 143–162.

Jovanović, U. J.: Angewandte und klinische Hypnose (in Vorbereitung). Voraussichtliche Erscheinung; 1989.

Jupp, J. J., Collins, J. K., and McCabe, M. P.: Estimates of Hypnotizability – Standard Group Scale Versus Subjective Impression in Clinical Populations. *Intern. J. Clin. Exp. Hypnosis*, (1985), *33:* 140–149.

Kroger, W. S.: Clinical and Experimental Hypnosis. Second Edition. Lippincott Co., Philadelphia, 1977, pp. 39–47.

Langen, D.: Kompendium der medizinischen Hypnose. Karger, Basel, 1972, Seite 17–23.

Laurence, J. R., and Perry, C.: Montréal Norms for the Harvard Scale of Hypnotic Susceptibility, Form A. *Intern. J. Clin. Exp. Hypnosis*, (1982), *30:* 167–176.

LeCron, L. M., and Bordeaux, J.: Hypnotism Today. Grune & Stratton, New York, N.Y., 1947, pp. 61–81.

Marcuse, F. L.: Hypnosis, Fact or Fiction. Penguin, Baltimore, 1959.

Martin, R. M., and Marcuse, F. L.: Characteristics of Volunteers and Non-Volunteers in Psychological Experimentation. *J. Consult. Psychol.*, (1958), *22:* 475–479.

McConkey, K. M., Sheehan, P. W., and Law, G. H.: Structural Analysis of the Harvard Group Scale of Hypnotic Susceptibility, Form A. *Intern. J. Clin. Exp. Hypnosis*, (1980), *28:* 164–175.

McConkey, K. M., Sheehan, P. W., and White, K. D.: Comparison of the Creative Imagination Scale and the Harvard Group Scale of Hypnotic Susceptibility, Form A. *Intern. J. Clin. Exp. Hypnosis*, (1979), *27:* 265–277.

Meares, A.: The Clinical Estimation of Suggestibility. *J. Clin. Exp. Hypnosis*, (1954), *2:* 106–111.

Morgan, A. H., and Hilgard, E. R.: Age Differences in Susceptibility to Hypnosis. *Intern. J. Clin. Exp. Hypnosis*, (1973), *21:* 78–85.

Morgan, A. H., and Hilgard, J. R.: *Stanford Hypnotic Clinical Scale (SHCS).* In: Hilgard, E. R., and Hilgard, J. R. (Eds.): Hypnosis in the Relief of Pain. Kaufmann, Los Altos/Cal., 1975.

Moutin, L.: Le nouvel hypnotisme. Perrin & Co., Paris, 1887, 1890.

Moutin, L.: Le diagnostic de la suggestibilité. Société d'Édition Scientifiques, Paris, 1896.

Neal, E. V., and Clark, C. S. (Eds.): Hypnotism and Hypnotic Suggestion. New York State Publ. Co., Rochester, N.Y., 1900.

Orne, M. T., Hilgard, E. R., Spiegel, H., Spiegel, D., Crawford, H. J., Evans, F. J., Orne, E. C., and Frischholz, E. J.: The Relation Between the Hypnotic Induction Profile and the Stanford Hypnotic Susceptibility Scales, Form A and C. *Intern. J. Clin. Exp. Hypnosis*, (1979), *27:* 85–102.

Peters, J. E., Dhanens, T. P., Lundy, R. M., and Landy, F. J.: A Factor Analytic Investigation of the Harvard Group Scale of Hypnotic Susceptibility, Form A. *Intern. J. Clin. Exp. Hypnosis*, (1974), *22:* 377–387.

Ruch, J. C., Morgan, A. H., and Hilgard, E. R.: Measuring Hypnotic Responsiveness – A Comparison of the Barber Suggestibility Scale and the Stanford Hypnotic Susceptibility Scale, Form A. *Intern. J. Clin. Exp. Hypnosis*, (1974), *22:* 365–376.

Sacerdote, P.: A Non-Statistical Dissertation About Hypnotizability Scales and Clinical Goals – Comparison with Individualized Induction and Deepening Procedures. *Intern. J. Clin. Exp. Hypnosis*, (1982a), *30:* 354–376.

Sacerdote, P.: Further Reflections on the Hypnotizability Scales – A Comment. *Intern. J. Clin. Exp. Hypnosis*, (1982b), *30:* 393.

Saltzman, B. N.: The Reliabilities of Tests of Waking and Hypnotic Suggestibility. *Psychol. Bull.*, (1936), *33:* 622–623.

Schneck, J. M.: A Historical Comment on Clark Hull, His Postural Sway Test for Suggestibility, and Earlier Descriptions of the Maneuver. *Intern. J. Clin. Exp. Hypnosis*, (1972), *20:* 25–30.

Sheehan, P. W.: A Shortened Form of Betts' Questionnaire Upon Mental Imagery. *J. Clin. Psychol.*, (1967), *23:* 386–389.

Sheehan, P. W., and McConkey, K. M.: Australian Norms for the Harvard Group Scale of Hypnotic Susceptibility, Form A. *Intern. J. Clin. Exp. Hypnosis*, (1979), *27:* 294–304.

Shor, R. E.: The Frequency of Naturally Occurring «Hypnotic-Like» Experiences in the Normal College Population. *Intern. J. Clin. Exp. Hypnosis*, (1960), *8:* 151–163.

Shor, R. E.: Personal Experiences Questionnarie, Form TA: College Students. *Boston Studies in Hypnosis Projects, Harvard Medical School*, Boston, 1961.

Shor, R. E.: Three Dimensions of Hypnotic Depth. *Intern. J. Clin. Exp. Hypnosis*, (1962), *10:* 23–38.

Shor, R(onald), E.: Inventory of Self-Hypnosis, Form A. Instructions Book. Consulting Psychologists Press, Inc., 577 College Avenue, Palo Alto/California 94306 (auch für Bestellungen), 1978.

Shor, R. E., and Cobb, J. C.: An Exploratory Study of Hypnotic Training Using the Concept of Plateau Responsiveness as a Reference. *Amer. J. Clin. Hypnosis*, (1968), *10:* 178–193.

Shor, R. E., and Orne, Emily Carota: The Harvard Group Scale of Hypnotic Susceptibility, Form A – An Adaptation for Group Administration with Self-Report Scoring of the Stanford Hypnotic Susceptibility Scale, Form A. Consulting Psychologists Press, Palo Alto, California, 1962 (auch Adresse für die eventuelle Bestellung).

Shor, R. E., and Orne, E(mily), C(arota): Norms on the Harvard Group Scale of Hypnotic Susceptibility, Form A. *Intern. J. Clin. Exp. Hypnosis*, (1963), *11:* 39–47.

Shor, R. E., Orne, M. T., and O'Connell, D. N.: Validation and Cross Validation of a Scale of Self-Reported Personal Experiences which Preditcs Hypnotizability. *J. Psychol.*, (1962), *53:* 55–75.

Shor, R. E., Orne, M. T., and O'Connell, D. N.: Psychological Correlates of Plateau Susceptibility in a Special Volunteer Sample. *J. Pers. Soc. Psychol.*, (1966), *3:* 80–95.

Siuta, J.: Normative and Psychometric Characteristics of a Polish Version of the Creative Imagination Scale. *Intern. J. Clin. Exp. Hypnosis*, (1987), *35:* 51–58.

Spiegel, H.: Manual for Hypnotic Induction Profile – Eye-Roll Levitation Method (Rev. Edition). Soni Medica, New York, N.Y., 1973.

Spiegel, H.: The Grade 5 Syndrome – The Highly Hypnotizable Person. *Intern. J. Clin. Exp. Hypnosis*, (1974), *22:* 303–319.

Spiegel, H., Aronson, M., Fleiss, J. L., and Haber, J.: Psychometric Analysis of the Hypnotic Induction Profile. *Intern. J. Clin. Exp. Hypnosis*, (1976), *24:* 300–315.

Spiegel, H., and Bridger, A. A.: Manual for Hypnotic Induction Profile. Soni Medica, New York, N.Y., 1970.

Spiegel, H., and Spiegel, D. Jr.: Trance and Treatment – Clinical Uses of Hypnosis. Basic Books, New York, N.Y., 1978

Stukát, K. G.: Suggestibility – A Factorial and Experimental Analysis. Almquist & Wiksell, Stockholm, 1958.

Svoboda, T.: Das Hypnose-Buch. Individuelle Anweisungsformen für Selbsthilfe und therapeutische Praxis. Kösel-Verlag, München, 1984, Seite 37–54 und 199–212.

Tellegen, A., and Atkinson, G.: Openness to Absorbing and Self-Altering Experiences («Absorption»), a Trait Related to Hypnotic Susceptibility. *J. Abnorm. Psychol.*, (1974), *83:* 268–277.

Vingoe, F. J.: The Development of a Group Alert-Trance Scale. *Intern. J. Clin. Exp. Hypnosis*, (1968), *16:* 120–132.

Vingoe, F. J.: Comparison of the Harvard Group Scale of Hypnotic Susceptibility, Form A and the Group Alert Trance Scale in a University Population. *Intern. J. Clin. Exp. Hypnosis*, (1973), *21:* 169–179.

Vingoe, F. J., and Kramer, E. F.: Hypnotic Susceptibility of Hospitalized Psychotic Patients – A Pilot Study. *Intern. J. Clin. Exp. Hypnosis*, (1966), *14:* 47–54.

Watkins, J.G.: Hypnotherapy of War Neuroses – A Clinical Psychologist's Casebook. Ronald Press, New York, N.Y., 1949.

Webb, R.A.: The Postural Sway Measurement of Suggestibility – A Methodological and Reliability Study. *Intern. J. Clin. Exp. Hypnosis*, (1962), *10:* 155–161.

Webb, R.A., and Mesmith, C.C.: A Normative Study of Suggestibility in a Mental Patient Population. *Intern. J. Clin. Exp. Hypnosis*, (1964), *12:* 181–183.

Weitzenhoffer, A.M.: Hypnotism – An Objective Study in Suggestibility. John Wiley & Sons, Inc., New York, N.Y., 1953.

Weitzenhoffer, A.M.: General Techniques of Hypnotism. Grune & Stratton, New York, N.Y., 1957.

Weitzenhoffer, A.M.: The Postural Sway – A Historical Note. *Intern. J. Clin. Exp. Hypnosis*, (1972), *20:* 17–24.

Weitzenhoffer, A.M.: When is an «Instruction» an «Instruction»? *Intern. J. Clin. Exp. Hypnosis*, (1974), *22:* 258–269.

Weitzenhoffer, A.M.: *Hypnotism and Altered States of Consciousness.* In: Sugarman, A.A., and Tarter, R.E. (Eds.): Expanding Dimensions of Consciousness. Pringer, New York, N.Y., 1978, pp. 183–225.

Weitzenhoffer, A.M.: Hypnotic Susceptibility Revisited. *Amer. J. Clin. Exp. Hypnosis*, (1980), *22:* 130–146.

Weitzenhoffer, A.M., and Hilgard, E.R.: Stanford Hypnotic Susceptibility Scale, Forms A & B. Consulting Psychologists Press, Inc., Palo Alto/California, 1959 (auch für die eventuelle Bestellung).

Weitzenhoffer, A.M., and Hilgard, E.R.: Stanford Hypnotic Susceptibility Scale, Form C. Consulting Psychologists Press, Inc., Palo Alto/California, 1962 (auch für die eventuelle Bestellung).

Weitzenhoffer, A.M., and Hilgard, E.R.: Stanford Profile Scales of Hypnotic Susceptibility, Forms I and II. Consult. Psychol. Press, Inc., Palo Alto/California, 1963 (auch für Bestellungen).

Weitzenhoffer, A.M., and Hilgard, E.R.: Revised Stanford Profile Scales of Hypnotic Susceptibility, Forms I and II. Consulting Psychologists Press, Inc., 577 College Avenue, Palo Alto/California, 1967 (auch die Adresse für eine eventuelle Bestellung)

White, M.M.: The Physical and Mental Traits of Individuals Susceptible to Hypnosis. *J. Abnorm. Soc. Psychol.*, (1930), *25:* 293–298.

Wilson, S.C., and Barber, T.X.: The Creative Imagination Scale as a Measure of Hypnotic Responsiveness – Application to Experimental and Clinical Hypnosis. *Amer. J. Clin. Exp. Hypnosis*, (1978), *20:* 235–249.

XV. Technik der individuellen Heterohypnose

1. Darstellungsplan und Erläuterung der Orientierungszeichen

1.1 Vorbemerkungen zu Induktionsmethoden

Der interessierte Hypnotiseur/Hypnotherapeut hat die ersten *Erfahrungen in der Hypnose-Technik* bereits beim Studieren der Kapitel XII–XIV gewonnen. Es folgen nun *konkrete Beispiele* der *vollständigen Hypnose-Techniken aus nahezu allen Anwendungsgebieten.* Diejenigen Techniken, die vorwiegend dem Experiment (und der Übung) gewidmet sind, werden *ausführlicher gestaltet* und den *gekürzten klinischen* (s. dazu Jovanović, 1989) vorangestellt. Dabei werden der Reihe nach:

(a) direkte (autoritäre);
(b) indirekte (permissive);
(c) verwirrende (Konfusionsmethoden);
(d) instrumentelle (apparative);
(e) medikamentöse (Narkohypnose);
(f) kombinierte (verschiedene);
(g) spezielle für Kinder und Jugendliche;
(h) spezielle für Senioren (Gerontologie/Geriatrie) sowie
(i) spezielle thanatologisch-orientierte (Sterbehilfe)

Techniken bearbeitet werden. Bei den Schwierigkeiten des Unterfangens mußte in diesem Kapitel zum Teil *eine neue Sequenz* eingeschlagen werden. *Die Aufeinanderfolge von Übungen richtet sich daher mehr nach den Erfordernissen der Hypnose-Techniken und erst in zweiter Linie nach den experimentellen und vor allem klinischen Indikationen* (s. Jovanović, 1989).

1.2 Nomenklatur der Hypnose-Übungen

1.2.1 Bezeichnung der Reihenfolge der Übungs-Lektionen

Die Reihenfolge der Übungs-Lektionen wird zunächst mit HP (Hypnose) und gleichzeitig mit Zahlen von 001 bis 100 bezeichnet. Die erste Hypnose-Übung trägt somit die Nummer HP-001, die letzte HP-100. Innerhalb dieser Spanne sind *alle Varianten und Modifikationen des Hypnotisierens (Vorgang der Hypnose)* zu finden. Dadurch wird es möglich, im Verlaufe der Darstellung auf jede Übungs-Lektion hinzuweisen, ohne auf die sonst von Auflage zu Auflage veränderliche Seitenzahl des Buches zurückzugreifen. Einige *Code-Worte* aus der konkreten Methodik des Hypnotisierens erleichtern die Orientierung bereits bei der Betrachtung der *Überschriften der Lektionen.*

1.2.2 Einleitende Vorbemerkungen vor dem Beginn der Lektion

Zur weiteren Orientierung wird falls erforderlich am Beginn der Übungen auch die *Diagnose (DG)* stehen. Wenn es sich um eine gesunde Versuchsperson (Vp, Mehrzahl: Vpn) handelt, dann werden, falls notwendig, Alter, Geschlecht, Hypnotisierbarkeit, Reihenfolge der Hypnose etc. angegeben. Zu der Übung ist *oft* auch eine kurze *Anleitung*, Anweisung, Anmerkung *(AN)* unerläßlich. Aber auch eine Angabe zur *Methodik (ME)* der Hypnotisierung darf *nicht immer* ausgelassen werden. Die *Suggestionen (SG)* werden (mit Anführungszeichen am Anfang und ganz am Schluß) außerhalb, eventuelle *Kommentare (KO)* innerhalb von *Klammern* gesetzt. Nach dem jeweiligen Kommentar werden die Suggestionen ohne weitere Ankündigungen und Anführungszeichen fortgesetzt.

1.2.3 Bezeichnung des hypnotischen Vorganges mit Buchstaben

In Tab. 7 findet man am Beginn entsprechende Bezeichnungen für den *prähypnotischen Zustand.* Vom Hypnotiseur aus gesehen bezieht sich dieser Zustand (Prähypnose) auch auf den *Vorgang* (des Hypnotisierens), der im nächsten Moment in Angriff genommen werden wird. Der Hypnotisand befindet sich im *prähypnotischen Wachsein* (W) (aktiv und dann passiv) und sucht den *Kontakt (Rapport)* mit dem Hypnotiseur. Der *Vorgang* (des Hypnotisierens) setzt sich aus einzelnen *Schritten* (Elementen) zusammen, die mit *Buchstaben* bezeichnet sind. Der *Schritt A* (Anfang) ist für das *Initialstadium*, der *Schritt B* (Beruhigung) für die *Vertiefung der Hypnose* reserviert. Da jedoch die Hypnose nicht so eindeutig in *Grade der Tiefe* eingeteilt werden kann und auch die erreichte Hypnose-Stufe *konsolidiert und verifiziert* werden muß, wurde der dazugehörige Schritt mit dem *Buchstaben C* (Consolidation, Control, Konsolidation, Kontrolle) versehen. Wenn dazu an *Direktiven* gedacht ist, die eventuell *nach der Rückführung aus der Hypnose (Dehypnotisierung) realisiert werden* (posthypnotische Suggestionen) und/oder *die Heilsuggestionen als therapeutischer Erfolg* länger andauern sollen, dann wird dieser Schritt mit dem *Buchstaben D* (Dauer, dauerhafte Aufträge) bezeichnet. Das *Er(Wecken)* (evoked, geweckt, aus der Hypnose zurückgeführt, dehypnotisiert) *trägt als Schritt den Buchstaben E.* Das *Wachsein (W) nach der Hypnose* wird gleich bezeichnet wie das vor der Hypnose. Sollten – wie im Falle von Hypnotherapie – nach

Tabelle 7: Vorgang beim Hypnotisieren (Hypnose-Plan), Aufbau der einzelnen Hypnose-Elemente (Schritte: W, A, B, C, D, E, W), Hypnose-Stadien (Hypnose-Tiefe) und (nur) Orientierungs-Zeichen aus der Hypnose-Phänomenologie (siehe auch Kapitel XXI-XXIII sowie Tab. 1–3)

Vorgang	Element	Stadium	Nominale Bezeichnung		Orientierungs-Zeichen (Symptome)
			Stadium	Substadium	
Kontakt	W	Prähypnose	Wachsein	aktiv	Noch in der Vorbereitung, Begrüßung, Gespräch, Bekanntmachung (Rapport)
				passiv	Platz genommen, Beine nebeneinander, Arme neben dem Körper, Entspannung
Hypnoseinduktion	A	0	Initiales	Fixierung	Augenfixierung, Fesselung der Aufmerksamkeit, Lenkung auf den Hypnotiseur, psycho-vegetative Beruhigung
				Augenschluß	Weitere psycho-motorische Entspannung, Zwinkern, Flattern der Augenlider, Augenschließen, veget. Entspannung

Tabelle 7: Fortsetzung

Vorgang	Element	Stadium	Nominale Bezeichnung: Stadium	Nominale Bezeichnung: Substadium	Orientierungs-Zeichen (Symptome)
Vertiefung/Konsolidierung der Hypnose	B	1	Relaxation	einfache	Gedanken kommen und gehen, Müdigkeit, psycho-motorisch-vegetative Passivisierung, Muskelschwere, Verlangsamung des Pulses, der Atmung, Trophotropie
				komplexe	Augenliderkatalepsie, beginnende Glieder-Katalepsie, Progessive Muskelschwere, Zuckungen der kleinen Muskel-Gruppen, vegetative Beruhigung
		2	Katalepsie	passive	Extremitäten folgen mit gleichmäßiger Spannung der erteilten Bewegungen. Muskelspannung kann überwunden werden. Progressive Hypnose-Vertiefung
	C			aktive	Extremitäten folgen kaum den erteilten Bewegungen. Muskel-Spannung kann kaum überwunden werden. Langes bizarres Verhalten in einer Stellung
		3	Lethargie	inkomplette	Langsames Entschwinden der Katalepsie, Komplettierung der Muskelschwere, gustatorische/olfaktorische Illusion
				komplette	Komplette Muskelhemmung, Schwere der Extremitäten extrem zugenommen, der Hypnotisand ist schläfrig, Lethargie, extreme psychovegetative Entspannung
		4	Somnambulismus	instabiler	Psycho-motorisch-vegetative Lockerung, Lethargie entschwindet, Augenöffnen mit Hypnose-Beeinflussung, Amnesie, Anästhesie noch nicht stabil
spezielle Suggestionen	D			stabiler	Sensation von Leichtigkeit, des Flottierens, Schwimmens, Schwingens mit erleichterten Bewegungen/Reaktionen, Altersregression möglich, Zeitverzerrung, Amnesie, Anästhesie, Illusionen, Halluzinationen (positive + negative)
				aktiver	Auf Suggestionen Augenöffnen ohne Hypnose-Beeinträchtigung, Stehen, Gehen, Handeln, Illusionen, Distorsionen, Halluzinationen, farbige Sensationen, freiflottierende Gedanken, Amnesien
Rückführung	E	Dehypnotisierung	Terminales	verschieden	Auf Suggestionen Beine und Arme leicht und frei, Körper leicht und frei, Atmung, Herz, Blut, Augen, Lider, leicht und frei, alles leicht und frei, immer mehr und mehr, immer wacher
Katamnese	W	Posthypnose	Wachsein	passiv	Noch leicht träge, benommen, schlapp, passiv, immer munterer, wacher, frei
				aktiv	Wach, anspechbar, lustig, frisch, auf Suggestion amnestisch, hypermnestisch

der Rückführung aus der neutralen Hypnose (Probehypnose, Leerhypnose) weitere Hypnose-Sitzungen vorgenommen werden müssen (Follow up studies, nachfolgende Hypnosen, Fortsetzung der Behandlung), dann wird dieser Vorgang mit dem *Buchstaben F* versehen. Eine Hypnotherapie aus n-Sitzungen wird dann als F_{n+1} bezeichnet (Anzahl der Sitzungen plus die neutrale Hypnose).
Der ganze Vorgang des Hypnotisierens mit anschließender Realisierung der posthypnotischen Suggestionen trägt, neben der Bezeichnung der Übungs-Lektionen, auch die Buchstaben, z. B. HP-001-ABCDE (W vor und nach der Hypnose kann ausgelassen werden). Will man auch die Anzahl der Sitzungen berücksichtigen, dann kann eine Serie z. B. so bezeichnet werden: *ABCDEF12.* Dabei sind eine neutrale Hypnose und 11 nachfolgende Hypnose-Sitzungen vorgenommen worden. Die hypnotischen Vorgänge werden jedoch *nicht immer derartig vollständig* vorgenommen. Aus diesem Grunde können einige Schritte/Buchstaben aus der Nomenklatur ausgelassen werden, insbesondere C und D. Die übrigen Schritte behalten jedoch ihre Positionen/Bezeichnungen.

1.2.4 Bezeichnung des hypnotischen Zustandes mit Zahlen

Nomenklatur und Reihenfolge der Übungs-Lektionen und des hypnotischen Vorganges sind noch nicht ganz vollständig. Die *volle* Bezeichnung einer Übungs-Lektion bei einem extrem schwer hypnotisierbaren Probanden sähe z. B. so aus: *HP-001-A1234567-B1234567-C1234567-01234-D1234567-E1234567-Fn.* Die Zahlen von *eins* bis *sieben* (und so werden sie auch gelesen und *nicht etwa* eine Million, zweihundertvierunddreißigtausend ... sieben-undsechzig) würden darauf hindeuten, daß beim Hypnotisieren der Hypnotisand erst *nach dem siebten Versuch* die Augen geschlossen hat (Hypnose-Induktion), daß die *Vertiefung nach sieben Anläufen* erreicht wurde und daß man *ebenso oft die Verifizierung* (Konsolidierung, Kontrolle) vornehmen mußte. Dabei hat man alle Hypnose-Stadien von *null* bis *vier* (01234) erreicht, *siebenmal* posthypnotische Direktiven erteilt, *in sieben Schritten* geweckt und nach der ersten Hypnose (Leerhypnose) noch *Fn-Sitzungen* abgehalten. Ein solcher Fall wird in der Praxis äußerst selten angetroffen werden können und liegt mehr im theoretischen Bereich.

1.2.5 Komplementäre Suggestionen innerhalb der Übungs-Lektionen

Eine nähere Betrachtung von Bezeichnungen mit Buchstaben *und* Zahlen innerhalb einer Übungs-Lektion, z. B. A1234567 und dann B1234567 verrät uns *Berührungspunkte und Überschneidungen.* Wenn z. B. von A7 zu B1 übergegangen wird, werden einige *Übergangs-Suggestionen* (Überleitung zum nächsten Schritt) angeboten. Diese werden sich in vielen Fällen von einem Schritt (A7) zum nächsten (B1) *wenig voneinander unterscheiden.* Abgesehen von A1 (unmittelbar am Beginn) und E7 (ganz am Ende) werden sich die übrigen benachbarten Suggestionen (A7 zu B1, B7 zu C1, C7 zu D1, D7 zu E1) *komplementär* verhalten. *Während die vorherigen sozusagen spitz auslaufen, werden die nächsten wie ein Keil oder Konus* an Umfang gewinnen. Gleichzeitig wird mit jeder neuen Suggestion die vorherige ergänzt und konsolidiert, z. B. «... Und die Augen *sind* jetzt geschlossen ...» (in A7), «... Und jetzt *bleiben* die Augen *weiterhin* geschlossen... und *mit jeder Minute werden Sie tiefer und tiefer in die Hypnose gehen*» (in B1). Entfallen einige Schritte/Subschritte, so berühren und ergänzen sich die verbliebenen, die benachbarten.
Schritte A und B (mit Subschritten 1234567) sollten in der Regel nicht erweitert werden. Das heißt, hat der Proband/Patient nach A7 die Augen noch nicht geschlossen, dann werden diese durch den Hypnotiseur mit der flachen Hand geschlossen (einige Hypnotisanden geraten in die Hypnose, ohne die Augen zu schließen). Gelingt dies nicht oder öffnet der Hypnotisand

die bereits (durch den Hypnotiseur) geschlossenen Augen wieder, dann wird *auf die Hypnose verzichtet* und (bei Patienten) eine andere Therapieform erwogen. Kommt der Proband/Patient analog auch nach B7 nicht in eine verifizierbare Hypnosetiefe, *so wird die Hypnose ebenfalls als Methode verworfen* und eine andere Möglichkeit erörtert. Beim *Schritt C können theoretisch mehr Subschritte* (als sieben) (also C8 etc.) ausgeführt werden. Praktisch sollte man während ein und derselben Hypnose-Sitzung davon absehen, weil unter Umständen beim Hypnotisanden gewisse *Nebenwirkungen* (diffuse Kopfschmerzen, Schwindelgefühle) auftreten könnten. Diese resultieren dann nicht aus der Hypnose als solche, sondern aus der langen Inanspruchnahme und Ermüdung des Nervensystems. Beim *Schritt D kann es bei schwierigen Patienten und komplexen Erkrankungen relativ häufig zur Erweiterung* (auf D8, D9, D10 etc., siehe HP-077) kommen.

1.2.6 Bezeichnungen von Signalen innerhalb des Übungs-Textes

Innerhalb des hypnotischen Vorganges werden einzelne *Signale* gegeben, die vom Hypnotisanden ebenfalls als solche verstanden und dementsprechend realisiert werden. Zum Beispiel verbalisiert der Hypnotiseur: «Ihre *Atmung* ist leicht und frei.» Darauf antwortet der Hypnotisand *mit einer Veränderung der Atmungsfrequenz*. Etwas später wird der Hypnotiseur sagen: «. . . das *Herz* ist leicht und frei». Auch dies ist für den Hypnotisanden ein *Signal*, und er antwortet mit einer *Veränderung der Herzfrequenz* etc. *Der ganze Hypnose-Vorgang/-Zustand setzt sich somit aus zahlreichen Signalen (Orientierungszeichen) zusammen.* Um dem Hypnotiseur die Fortführung der Hypnose-Übung zu erleichtern, wurden diese Signale *am Satzbeginn* mit Zahlen in Klammern: 1′, 2′, 3′, etc. versehen und *innerhalb des Satzes kursiv gesetzt. Diese Zahlen werden nicht verbalisiert.*

1.2.7 Beginn des hypnotischen Vorganges von verschiedenen Stufen

Nicht alle Hypnotisanden werden aus dem Wachsein und mit noch offenen Augen hypnotisiert. Beispiele:

(a) *Ein Hypnotisand (insbesondere Patienten) liegt bereits im voraus im Bett und schlummert mit geschlossenen Augen.* In diesem Falle *entfällt der Schritt A*, und die Hypnose wird *mit geschlossenen Augen* des Probanden/Patienten, d. h. mit *B1*, begonnen.

(b) *Ein anderer Hypnotisand/Patient hat noch beim Warten im Flur oder im Warteraum den Hypnotiseur sprechen hören.* Da die vorherige Hypnose aus Versehen nicht ganz aufgehoben worden war, wird der Patient womöglich in eine *Spontanhypnose* (spontane Autohypnose, siehe Kapitel XXI) verfallen. In diesem Falle braucht der Hypnotiseur nicht einmal die Hypnose zu vertiefen. Er möchte nur den Zustand *verifizieren* und beginnt mit einer *Rapport-Herstellung* bei *C1* (SG: «Herr Müller, ich bin Dr. XY, Sie sind jetzt in einer tiefen Hypnose, das macht nichts . . . Alles andere ist gleichgültig . . . Ich werde Sie durch die Hypnose und wieder zurück führen. Sie werden sich ganz wohl fühlen . . .» etc.).

(c) *Ein drittes Mal*[1] wird der dazugekommene Hypnotiseur auch die Stufe *C1* nicht in Anspruch nehmen wollen, sondern eine Aufgabe für die Realisierung im posthypnotischen Stadium geben. In diesem Falle hat er praktisch mit *D1* begonnen.

(d) *Und schließlich* will der Hypnotiseur keinen der unter b und c angeführten Schritte anwenden und statt dessen *wecken, aus der Hypnose zurückführen.* Wenn er diesen Weg einschlägt, beginnt er die Hypnose praktisch mit *E1*.

1.2.8 Stimmlage und Intonation beim hypnotischen Vorgang

Sprechweise, Intonation, Lautstärke und andere Charakteristika des verbalen Ausdrucks während des Hypnotisierens können nicht ganz leicht schablonisiert werden. Im wesentlichen können diese Merkmale zu praktischen Zwecken *in drei Kategorien* eingeteilt werden:

(a) *An erster Stelle* steht eine *klare, deutliche, langsame, monotone, melodisch-intonierende, souveräne und nicht stockende Aussprache von Suggestionen/Direktiven.* Während der *Hypnose-Induktion* und *Vertiefung nehmen* Intonation und Lautstärke an Intensität *ständig ab. Konsolidierung und Verifizierung* der Hypnose können mit *gleichbleibender* Stimmlage gemeistert werden. Bei der *Rückführung* wird die Lautstärke in der Regel mit jeder Verbalisierung *verstärkt.*

(b) *Bei den sogenannten Schreckhypnosen* (siehe Abbé Faria, Kapitel VIII.12.3) kann nicht ganz leise und auch nicht immer monoton und langsam gesprochen werden. Man muß dabei *sehr intensiv suggerieren,* in der Regel in einer stehenden Position bleiben, zunehmend die Lautstärke erhöhen, die Aussprache beschleunigen und forcierend an den Hypnotisanden heranschreiten. Dazu strecke man dem Hypnotisanden einen oder zwei Finger so entgegen, daß sie mit seinen Augen einen rechten Winkel bilden, während man gleichzeitig die Entfernung zu ihm verringere (siehe HP-046 und HP-047). Wenn beispielsweise der Hypnotisand verwirrt relativ rasch eine *Augenliderkatalepsie* aufweist und anfängt zu *zwinkern,* kann man nicht sogleich auf andere Suggestionen übergehen, sondern man muß sehr intensiv das Augenschließen *forcieren,* etwa: «... Und jetzt Augen schließen, Augen schließen, Augen schließen!!!...» etc. *Stockungen sind in keinem Fall angebracht.* Notfalls kann man sich nach einem Versprechen oder nach einer Stockung kurz entschuldigen, korrigieren und weitergehen.

(c) *Es besteht auch die Möglichkeit, daß man sich nicht klar ausdrückt* und auch so leise spricht, daß der Hypnotisand den Hypnotiseur kaum hören kann. Wahrsagerinnen, Gesundbeterinnern etc. sprechen *undeutlich irgend etwas vor sich hin* und erzielen ebenfalls einen zufriedenstellenden Effekt. Manche Patienten strengen sich sehr an, um die Worte des Hypnotiseurs verstehen zu können. Dadurch werden sie von anderen Reizen abgelenkt, konzentrieren sich auf den Hypnotiseur und können deshalb leichter als sonst in Hypnose geraten. *Die beste Methode ist jedoch jene unter (a).*

(d) *Vorlesen von Lektionen,* wie manchmal empfohlen wird, kann einen Hypnotisanden/Patienten nicht so sehr positiv beeindrucken.

2. Direkte (autoritäre) Hypnose-Techniken

2.1 Techniken von neutralen und experimentellen Hypnosen

Bei neutralen Hypnose-Techniken wird nur die Hypnose selbst induziert und vielleicht vertieft. Andere spezielle Suggestionen für die Durchführung eines Experimentes oder zu Behandlungszwecken werden nicht verabreicht. Manchmal bezeichnet man die erste Hypnose noch zusätzlich oder nur als *Probehypnose* (Leerhypnose), weil sich *Hypnotiseur und Hypnotisand* über sich selber und die Hypnose orientieren wollen. Diese Orientierung ist in jedem Falle zu empfehlen, *wenn nicht eine dringende Indikation die sofortige Intervention* erfordert. Diese allererste Hypnose wird von uns so bezeichnet:

a) **HP-001-A12-B12-C1234-0123-E12**

Neutrale Hypnose/Faszinationsmethode/Augenfixierung/Schlafsuggestionen/Vertiefung/Armheben/Armkatalepsie/Konsolidierung/Armschwere/Handfallen/Dehypnotisierung

Prähypnose

DG: Gesunde, freiwillige, 21 Jahre alte männliche Versuchsperson (Vp), unvorbelastet durch Hypnose (jetzt die erste Hypnose), möchte erfahren, ob und inwieweit sie hypnotisierbar ist.
AN: Im Hypnose-Raum sind keine anderen Anwesenden. Vor dem Versuchsbeginn wurde ein *Körperschwingungstest* (siehe Kapitel XIV) durchgeführt. Dieser Suggestibilitäts-/Hypnotisierbarkeitstest war deutlich positiv; die Vp ist *hoch hypnotisierbar.* Die Vp wird gebeten, im Sessel (siehe Abb. 6) Platz zu nehmen, sich zu sammeln, zu entspannen. Sie möge *an nichts anderes denken, nichts besonderes wollen, wünschen und vor allem gar nichts tun,* was der Hypnotiseur nicht ausdrücklich sagt, und *sich nur auf das einstellen, was im nächsten Moment vor sich gehen wird: auf die Hypnose.*
ME: Es wird eine *direkte Faszinationsmethode mit anschließenden Schlafsuggestionen* angewandt, wobei der Hypnotisand *das linke Auge des Hypnotiseurs* fixieren wird. Da der Hypnotisand hoch hypnotisierbar ist, wird erwartet, daß die Hypnose leicht gelingt.
Der Hypnotisand sitzt bei dieser Methode in der Regel *direkt dem Hypnotiseur gegenüber* und ist ihm zugewandt. Aus diesem Grunde faßt er nicht selten die *linke Seite* des Hypnotiseurs als die *rechte* auf. Deshalb muß dem Hypnotisanden deutlich mit der linken Hand (mit dem Zeigefinger) gezeigt werden, welche *linke* Seite, d.h. welches *linke Auge* des Hypnotiseurs gemeint ist. Es ist das eigentliche linke Auge *des Hypnotiseurs* gemeint, nicht das Auge, das vielleicht vom Hypnotisanden aus gesehen links ist (weil er es gewöhnt ist, Fotos und/oder Fernsehbilder anders zu lesen).
KO: In der Überschrift der HP-001 finden wir zunächst A12. Der Hypnotisand hat also die Augen nach A2 geschlossen; A3 bis A7 erübrigen sich. Dann folgt B12, d.h. B1 und B2. Das bedeutet, daß eine vorerst ausreichende Hypnosetiefe erreicht ist und somit B3, B4, B5, B6 und B7 nicht erforderlich waren. Mit C1 bis C4 wird das Gelingen der Hypnose (und gleichzeitig Konsolidierung) getestet. C5, C6 und C7 entfallen. Die Ziffern 0123 deuten darauf hin, daß die Hypnosestadien 0, 1, 2 und 3 erreicht wurden. Bis zum Stadium 4 wird man bei der ersten Hypnose nicht gehen wollen. D1 und D7 fehlen, weil keine dauerhaften Suggestionen für *die posthypnotische Ausführung* gegeben wurden. Der Hypnotisand konnte mit E1 und E2 geweckt werden, deshalb entfallen die Schritte E3 bis E7. *Auf diese Weise wird bei der Bezeichnung aller anderen Hypnose-Übungen vorgegangen.*

Hypnose

A1

SG: «Nachdem wir uns bereits über die Hypnose unterhalten haben und Sie ganz bequem in Ihrem Sessel sitzen, wollen wir nun auf das Hypnotisieren übergehen. Sie sind ganz ruhig und entspannt, Sie wollen, wünschen und tun gar nichts anderes und denken nur an das, was ich inzwischen sage. Nehmen Sie jetzt eine solche Sitzstellung ein, die es Ihnen ermöglicht, *mein linkes Auge ohne Schwierigkeiten zu fixieren* (*KO:* Der Hypnotisieur wird das gleiche tun. Es darf nicht so sein, daß sich der Hypnotisand reckt und wendet, um das linke Auge des Hypnotiseurs sehen zu können, weil der letztere so sitzt, daß er für den Hypnotisanden unerreichbar ist.)

A2

(1′) Und jetzt *schauen Sie*, bitte, auf mein *linkes Auge*, direkt ins Auge hineinschauen, genau so, wie ich jetzt in Ihr linkes Auge hineinschaue. Immer fester und fester hineinschauen ... Fixieren Sie meine Pupille ganz fest ... Ja, so ist es gut ... fester und fester hineinschauen ... Ich zwinkere nicht, ich schaue ebenfalls Ihr linkes Auge an, ohne mit der Wimper zu zucken ... Ganz fest hineinschauen ... (2′) *Und während Sie* so in mein linkes Auge hineinschauen, *werden* Ihre *Augenlider* müde *werden* (*KO:* sind müde geworden) ... ganz müde und schwer ... die Augenlider sind müde und bleischwer ... die Augen ganz müde ... Sie fühlen sich ganz entspannt und gelöst, ganz ruhig und entspannt ... (3′) Die *Atmung* ist tief und ruhig ... Im übrigen sind Sie ganz entspannt und gelöst ... Und jetzt sind Ihre Augenlider ganz müde und schwer ... so schwer, daß Sie Ihre Augen kaum offenhalten können, die Augen sind müde ... die Augenlider ganz schwer ... bleischwer ... (4′) Sie beginnen zu *zwinkern* ... (5′) Mein Auge wird *nicht mehr scharf* gesehen wie vorher ... Sie sehen mein Auge kaum oder nicht mehr ... Ich *verschwinde* aus Ihren Augen vollkommen ... Sie spüren es ... (6′) Sie sehen jetzt nur so etwas wie einen *weißen Vorhang* vor sich ... Ihre Augenlider sind bleischwer ... (7′) *Die Augen schließen sich* ... die Augen schließen ... sie schließen sich ... sie schließen sich ... Die Augen sind zugefallen ... zugefallen ... Die Augenlider sind ganz schwer ... (8′) Die Augenlider sind wie *verklebt* miteinander ... die Augen sind zu ... (9′) Sie *schlafen* ... Sie sind bereits *in der Hypnose* ... Sie fühlen sich ganz wohl und wollen nichts anderes als schlafen ... schlafen ... schlafen ... Gar nichts anders denken und wollen ... (10′) Und wenn irgendwelche *Bilder* oder *Träume* vor den Augen erscheinen, das ist in Ordnung ... *Bilder und Träume* in Ordnung ... Alles andere gleichgültig, *schlafen* und *träumen* ...

B1

(*KO:* B1 wäre zu A7 *komplementär.* Da A7 nicht vorkommt, berühren sich A2 und B1.)
... Die Augen sind jetzt geschlossen, Sie kümmern sich um gar nichts ... Alles andere ist gleichgültig, nur das, was ich Ihnen sage, ist von Bedeutung ... Und jetzt werden Sie *tiefer* in die Hypnose gehen ...

B2

(1′) Die *Augen* sind weiterhin geschlossen ... Sie fühlen sich ganz wohl und angenehm ... (2′) Und Ihre *Atmung* ist jetzt tief und ruhig ... ganz tief und ruhig ... Alles andere ist vollkommen gleichgültig ... die Atmung tief und ruhig ... Und mit *jedem Atemzug* werden Sie tiefer und tiefer in die Hypnose gehen ... tiefer und tiefer ... (3′) Und das *Herz* schlägt ganz *langsam* und *regelmäßig*, langsam ... regelmäßig ... und *kräftig* ... ganz langsam, regelmäßig und kräftig ... (4′) Und das *Blut sinkt* in die unteren Körperteile ... immer tiefer und tiefer ... das Blut sinkt in die unteren Körperteile ... immer tiefer und tiefer ... und der Körper versinkt ... die oberen Körperteile sind ganz wenig durchblutet ... (5′) Vor allem ist der *Kopf ganz wenig durchblutet* und müde ... Sie *hören* mich deutlich zu Ihnen *sprechen* ... Alles andere ist vollkommen gleichgültig ... Nur meine Stimme begleitet Sie in einen wunderbaren Schlaf, wo Sie sich ganz entspannt, ganz angenehm und wohl fühlen werden ... Alles andere ist vollkommen gleichgültig und unwichtig ... (6′) Und der *Körper* ist jetz bleischwer ... so schwer, daß Sie kaum eine Bewegung ausführen können ... sehr schwer ... bleischwer. (7′) *Der Körper versinkt* jetzt immer tiefer und tiefer in den Sessel hinein ... (8′) Sie spüren ein leichtes *Schweben* Ihres Körpers ... als ob er *vibrieren* würde ... als ob er sich in einer Wiege befinden würde ... (9′) Die *Gedanken* kommen und gehen und verschwinden ... ganz weit und fern ... wie in einen *weichen, dichten Nebel* ... Sie kümmern sich um gar nichts ... Alles andere ist gleichgültig ... nur das, was ich Ihnen sage, ist von Bedeutung ... (10′) *Arme und Beine* sind jetzt bleischwer ... so schwer, daß Sie kaum eine Bewegung ausführen können ...

Arme und Beine bleischwer ... (11′) Und jetzt ist auch der *Kopf* ganz schwer ... bleischwer ... und versinkt in die Lehne ... immer tiefer und tiefer ... (12′) *Alle Körperteile* sind bleischwer ... angenehm schwer und müde ... alle Körperteile ... alle Muskeln ... alle Organe und Systeme ... alles ist bleischwer und müde ... (13′) *Sie schlafen* ... Sie schlafen ... schlafen ... schlafen ... tief und ruhig schlafen ... schlafen ... Schlafen Sie! ... immer tiefer und tiefer! ... (14′) *Mit jedem Atemzug gehen Sie tiefer* und tiefer in die Hypnose ... tiefer und tiefer in den Schlaf ... Mit jedem Atemzug ... mit jeder Minute ... mit jedem meiner Worte gehen Sie tiefer und tiefer in die Hypnose ... in den Schlaf ... bis ich Ihnen etwas anderes sage ... (15′) Bis ich anfange, Sie zu *wecken* ... Wie ich Sie wecken werde, werde ich Ihnen im voraus erklären ... im voraus sagen ... Sie kümmern sich um gar nichts ... aber um gar nichts ... nur schlafen ... schlafen und träumen ... (16′) Und wenn *irgendwelche Träume* von außen auftauchen ... oder aus Ihrem Leben ... Sie werden sich ganz wohl fühlen ... ganz wohl und angenehm ... und jetzt schlafen, schlafen und träumen ... (17′) Vielleicht von einer *Landschaft* ... von einer Gegend aus einem schönen Urlaub ... von Meer ... Wasser ... Schiffen ... Landschaft ... Das *Meer* ist ganz weit und fern ... Alles ist ganz ruhig ... (18′) Und die *Blumen*, die vielen Bäume ... Wasser und Meer ... Ihr ganzer Körper ist schwer ... angenehm schwer ... und warm ... angenehm warm ... ganz angenehm warm und schwer ... Alle Organe ... im ganzen Körper sind warm und schwer ... Arme und Beine sind auch ganz angenehm warm und schwer ... Sie schlafen ... bis ich zu Ihnen etwas anderes sage ... (19′) Und *nach dem Wecken* werden Sie sich ganz wohl fühlen ... ganz wohl ... *ausgeruht und ausgeschlafen* ... wie nie zuvor ... Alles andere ist gleichgültig ... Sie fühlen sich ganz angenehm und wohl, wie nie zuvor ...

C1

(*KO:* C1 ist für die *Übergangssuggestionen* vorgesehen. Da der Hypnotisand bereits bei B2 in einer soliden Hypnose ist, wird ein Übergang auf bestimmte Aufgaben suggeriert. Es wird eine *Konsolidierung* der Hypnose angestrebt, ganz gleich, wie diese gestaltet werden sollte. Bei dieser Übung gehen wir auf das *Armheben* und dann auf die *Armkatalepsie* über.)

... Und nachdem Sie sich *in der tiefen Hypnose befinden*, werden Sie jetzt *etwas Besonderes erleben* ... Irgendwelche *Sensationen*, *Erlebnisse* werden Sie wahrnehmen, erleben, empfinden, spüren ... Und vielleicht werden Sie etwas in den *Fingern* ... in den *Fingerspitzen* spüren ... Vielleicht spüren Sie jetzt in den Fingern so etwas wie ein *Kribbeln* ... ein Gefühl, das Sie nicht beschreiben können ... Ein Gefühl der *Leichtigkeit* in den Fingern ... Auf jeden Fall fühlen Sie sich ganz wohl und angenehm ... Alles andere regelt sich von selbst ... Sie tun gar nichts ... aber gar nichts ... *Alles fallenlassen*, liegenlassen, vorbeigehen und fahrenlassen ... *Nachgeben*, fallenlassen ... Alles, was Sie jetzt erleben, wird *ganz angenehm* sein ... ganz schön und angenehm ... Und wenn Sie *das nächste Mal wieder* zur Hypnose kommen, werden Sie viel schneller und tiefer hineingehen ... Sie erleben jetzt etwas Besonderes zum ersten Mal ... woran Sie sich lange erinnern werden ... (*KO:* Der Hypnotiseur riskiert bei der allerersten Hypnose eine vom Hypnotisanden auszuführende Armlevitation noch nicht. Er wird daher vorsichtig den geeigneten, *z. B. den linken Arm* des Hypnotisanden selber anheben, jedoch nicht ganz. Der Hypnotiseur kann dabei mit seiner linken Hand den Hypnotisanden *von oben* am Handgelenk anfassen und nur die *Hand* und den *Unterarm* bis in eine vertikale Lage anheben. Eine Alternative ist, *den ganzen Arm horizontal* auszustrecken. In diesem Falle wird der Hypnotiseur mit seiner rechten Hand den Hypnotisanden von unten flach am Ellbogengelenk anfassen. Mit der linken Hand hebt er dann die Hand und die Finger, mit der rechten den ganzen Arm hoch, wobei man *mit einem leichten Ruck* den Arm im Ellbogengelenk streckt und im Schultergelenk anzieht. Dadurch kann auch geprüft werden, ob etwa bereits *eine passive Armkatalepsie* aufgetreten ist, die nicht immer auf die entsprechenden Suggestionen wartet. Jetzt vorsichtig aufstehen und zum Hypnotisanden gehen. Alles im voraus ansagen. Und dann so fortsetzen:)

C2

(1′) ... *Ich komme* jetzt von der linken Seite zu Ihnen ... Ich saß ja etwas links vor Ihnen ... Ich komme also, um Ihnen bei dieser ersten Hypnose, die für uns beide als Orientierung dienen sollte, *zu helfen* ... damit Sie diese erste Hypnose möglichst schön erleben ... (2′) *Ich nehme* jetzt Ihre linke Hand, Ihren linken Unterarm (*KO:* Wenn nur der Unterarm angehoben werden soll.) und *hebe* ihn hoch ... (3′) Und wenn ich Ihre linke Hand anhebe, spüre ich unter meinen Fingern, daß Ihre Finger etwas steif und leicht geworden sind ... Ja, sie sind ganz leicht geworden ... immer leichter und leichter ... (*KO:* Finger anfassen und prüfen.) (4′) Ich *hebe* jetzt die Hand *noch höher* ... (*KO:* Anheben) und noch höher ... Und während ich Ihre Hand hebe ... hebt sich gleichzeitig der Unterarm an ... (5′) *Ich helfe dabei*, indem ich auch den Unterarm mit halte ... (6′) Die Finger schauen jetzt *in die Luft* ... der Unterarm ist ganz hoch und weist *senkrecht* nach oben ... ganz nach oben, *wie ein Mast in der Erde* ... (7′) Und während ich den Unterarm und die Hand halte ... *fließt das Blut* aus den Fingern nach unten ... nach unten zum Handgelenk ... (8′) Dann zum *Ellbogengelenk* und dann (9′) weiter zum *Schultergelenk* ... (10′) Und jetzt fließt das Blut zum *Herzen* und dann *zu den unteren Körperteilen* oder zum anderen Arm ... Ja, zum anderen Arm ... *der andere Arm ist jetzt viel schwerer* als dieser ... Das Blut *verlagert sich* zum anderen Arm ... zur anderen Hand und dann zu den Fingern der rechten Hand ... (11′) Und während ich mit meinen Fingern Ihre Finger *seitlich streichle* ... (*KO:* Mit den Fingern der linken Hand die Finger des Hypnotisanden von oben nach unten sanft streicheln und sprechen. Währenddessen mit der rechten Hand den Unterarm des Hypnotisanden vertikal halten. Mit beiden Händen *immer wieder leicht prüfen, ob nicht etwa eine Katalepsie* aufgetreten ist und der Unterarm von selber vertikal in der Luft stehen kann.) ... werden sie immer *steifer und steifer werden* ... die Finger sind immer steifer und steifer ... (*KO:* Der Hypnotiseur streckt und spreizt die Finger des Hypnotisanden mit entsprechenden Suggestionen.) ... (12′) Und jetzt haben sich die Finger ausgestreckt und etwas gespreizt, ja, sie spreizen sich ... (*KO:* Oder: ‹Sie sind leicht gekrümmt, damit alle Muskeln gleichzeitig entspannt sind.›) ... (13′) Und während ich die Finger von oben nach unten streichle ... *nehme* ich auch praktisch *das Blut aus Ihren Fingern nach unten* ... Das Blut sinkt immer schneller und schneller nach unten ... (14′) Die Finger, die Hand, der Unterarm sind ganz blutleer, leicht und starr ...

C3

(1′) ... Die Finger werden *immer steifer und steifer* werden (2′) Sie sind jetzt ganz blutleer ... und steif ... ganz steif, wie *fünf Eisenstifte* ... *fünf Eisenstangen* ... immer steifer und steifer ... ganz steif ... (3′) Und wenn ich jetzt *mit meinen Fingern* ihre Finger wieder berühre (*KO:* Inzwischen hatte der Hypnsotiseur die Finger des Hypnotisanden freigelassen, um die Starre/Steife/Katalepsie visuell zu prüfen.) ... spüre ich, wie steif sie geworden sind ... Und jetzt berühre ich auch *die Gelenke* der Finger ... sie sind auch steif ... (4′) Die Finger *lassen sich nicht biegen* ... sie sind ganz steif ... steif und zeigen nach oben in die Luft ... (5′) Und jetzt ist auch die Hand ganz steif ... die Hand ist ganz steif und leicht ... Und sie bleibt dort, wo ich sie stehen lasse, in der Luft, wie ein Mast in der Erde ... (6′) Und bei einer *weiteren Hypnose* wird sich der ganze Arm *von selbst* nach oben heben, er wird ganz weit nach oben gehen und senkrecht stehen, wie jetzt der Unterarm auch ... wie ein Mast in der Erde, wie ein Baum ... ganz hoch in der Luft ... Und er wird dann ganz steif werden ... wie jetzt die Hand und der Unterarm und noch stärker ... starr und steif ... bis ich etwas anderes sage ... Alles andere ist vollkommen gleichgültig, gleichgültig und unwichtig ... (7′) Ich habe jetzt Ihren Unterarm *freigelassen*, er steht ganz frei in der Luft, wie ein Mast in der Erde ... (8′) Sie spüren *keine Müdigkeit* ... Alles regelt sich von selbst ... der Unterarm, die Hand, die Finger stehen ganz frei in der Luft, senkrecht in der Luft ... (9′) Und der Unterarm ist jetzt noch immer nach oben gerichtet, in die Luft ... (10′) Sie spüren dabei noch nichts ... (11′) Sie spüren noch *keine*

Müdigkeit im Arm ... er steht in der Luft ... das ist Ihre Leistung, Sie machen das hervorragend ... sehr gut ... Ich bin begeistert von Ihnen ... Das können nicht alle Menschen erreichen (*KO:* Durch diese Worte wurde ein Lob ausgesprochen. Der Hypnotisand wurde aber auch vom Arm abgelenkt und es wurde Zeit gewonnen.) ...

C4

(*KO:* Jetzt auf *Hand-/Armschwere* und dann auf *Hand-/Armfallen* übergehen.)
(1') ... Und jetzt werde ich Ihre Finger *wieder berühren* ... (2') Und sobald ich die Finger berühre ... werden sie sofort *schwer* werden ... Die *Schwere* kommt gleich ... zuerst in die kleinen und dann in die größeren Muskeln ... (3') Die Finger *biegen* sich langsam ... so halb und halb ... um anzuzeigen, daß die Steife *entschwindet* ... Die Steife *entschwindet* ... (4') Und die Steife wird durch *die Schwere* in den Muskeln ersetzt ... die Steife entschwindet ... Die Schwere schleicht sich hinein ... (5') Die Finger sind jetzt *gebogen* ... so halb und halb, damit alle Muskeln gleich entspannt sind ... Auch die *Hand ist schwer* ... die Steife entschwindet ... Ich sehe jetzt ... die Hand knickt im Handgelenk nach unten ... der *Unterarm* ... der Oberarm ist ganz schwer ... die Steife ist fast vollkommen entschwunden ... und der Arm ist immer schwerer und schwerer ... (6') Und er *fällt* langsam nach unten ... Wie schnell ... das spielt keine Rolle ... Er fällt immer schneller und schneller ... (7') Und mit *jedem Millimeter des Nach-unten-Sinkens* des linken Unterarmes werden Sie *tiefer und tiefer in die Hypnose* verfallen ... tiefer und tiefer versinken ... (8') So tief ... daß Sie den *Arm nicht mehr hochhalten* können ... Und je tiefer der Arm nach unten fällt ... desto tiefer werden Sie in die Hypnose gehen ... (9') Und wenn jetzt der Arm *ganz tief unten ist* ... und auf die Unterlage/Lehne fällt ... *werden Sie ganz tief in der Hypnose sein.* Der Arm sinkt ... Sie versinken immer tiefer und tiefer in die Hypnose ... Der Arm sinkt weiter ... Sie versinken noch tiefer in die Hypnose ... (10') Auf eine tiefere Hypnosestufe ... immer tiefer und tiefer ... und wenn der Arm auf die Lehne fällt, werden Sie *im gleichen Moment* ganz tief in der Hypnose sein ... so tief ... daß sie kaum eine Bewegung mehr ausführen können ... Der Arm ist jetzt ganz tief ... Noch ein paar Zentimeter bis zur Lehne ... Sie sind ganz tief versunken ... noch ein paar Zentimeter ... Ja ... der Arm ist jetzt nur noch etwa *fünf Zentimeter* von der Lehne, von der Armlehne, entfernt und fällt ... (*KO:* Die Stimmlage des Hypnotiseurs ändert sich entsprechend der Beschleunigung des Armfallens.) (11') Ja, jetzt fällt er auf die Armlehne ... *Plumps*, da ist er ... (12') Und *Sie sind jetzt in einer tiefen Hypnose* ... Ich lasse Sie eine Weile ruhen, schlafen ... Sie bleiben völlig entspannt und gelöst ... Kümmern Sie sich um gar nichts ... (13') Sie sind jetzt *in der tiefsten* Hypnose ... (14') Das ist Ihre *Leistung* ... Sie machen es ausgezeichnet ... Ich habe nicht so fest daran geglaubt ... wahrhaftig ... Sie sind in der tiefsten Hypnose ... Sie fühlen sich jetzt ganz gelöst und entspannt wie nie zuvor ... einen Zustand erleben Sie jetzt ... wie nie zuvor. (*KO:* Wenn zuvor keine Hypnose durchgeführt worden war. Sonst wird dieser Satz entsprechend umgewandelt: ‹wie bei der/den vorherigen Hypnose/n auch, jedoch noch tiefer ... noch schöner ...› etc., siehe unten. Dann wie folgt vorgehen:)
(15') Und wenn ich jetzt den *linken Arm anhebe*, was ich eben tue ... dann fällt er sogleich ganz schwer und stumpf auf die Armlehne zurück ... er ist sehr schwer ... ja ... er ist tatsächlich sehr schwer und fällt zurück auf die Lehne, wie ein *Holzklotz* ... wie ein *Stein* ... er fällt zurück auf die Armlehne ... (*KO:* Jetzt hinter dem Hypnotisanden zum rechten Arm übergehen, ohne viele Geräusche hervorzurufen. Den rechten Arm anheben.) (16') Und ich gehe jetzt auch *zum rechten Arm* hinüber, um nachzuschauen, ob er auch so schwer ist wie der linke ... (17') Ich *hebe* jetzt den *rechten* Arm hoch, indem ich den Unterarm anfasse ... (*KO:* Hochheben und gleich fallenlassen.) (18') Der Arm *fällt sofort zurück* auf die Armlehne ... er fällt zurück ... er ist ganz schwer ... ganz schwer wie Blei ... und fällt wie ein Holzklotz auf die Armlehne zurück ... (19') Sie sind jetzt *in einer ganz tiefen Hypnose* ... Sie sind ganz

entspannt ... Sie *schlafen* ganz tief und ruhig und fühlen sich ganz wohl und angenehm ... wohl und angenehm ... Alle Muskeln des Körpers, der Glieder sind ganz entspannt ... ganz entspannt und gelöst ... (*KO:* Der Hypnotisand hat jetzt die tiefere Hypnose bis zur Lethargie, d. h 0123 nach der Tab. 7, erreicht. Die Hypnose ist konsolidiert. Man begnüge sich bei der ersten Hypnose damit. C5 bis C7 und D1 bis D7 wurden nicht beansprucht. Und jetzt auf das Erwecken, Wecken, auf die Rückführung aus der Hypnose oder die *Dehypnotisierung* übergehen.)

E1

(*KO:* E1 ist in diesem Falle zu C4 komplementär und als *Übergang* gemeint. Der Hypnotisand wird wie folgt auf den Beginn der Dehypnotisierung/des Weckens vorbereitet:)
... Und jetzt haben Sie sich ganz ausgeruht ... Sie sind jetzt ganz entspannt und gelöst ... Sie befinden sich in der tiefen Hypnose ... und schlafen ganz fest ... Sie hören mich deutlich sprechen. (*KO:* Immer wieder diesen Satz wiederholen, *damit der Hypnotisand nicht den Rapport mit dem Hypnotiseur verliert.*) ... Sie werden nach dem Wecken vielleicht einiges *vergessen* haben ... was während der Hypnose geschehen ist ... Das macht nichts ... Hauptsache ist, Sie haben sich ganz wohl gefühlt. *Bei der nächsten Hypnose werden Sie noch tiefer und schneller in die Hypnose kommen* ... Und jetzt werde ich Ihnen sagen, wie ich Sie *wecken werden* ... Sie schlafen tief und ruhig und kümmern sich um nichts anderes als um das, was ich Ihnen sage ... Sie fühlen sich ganz wohl ... Und ich werde Sie wecken, indem ich bis *sechs* zähle ... bis sechs ... Bei *sechs* werden Sie die Augen aufmachen können, ganz frisch und munter, leicht und frei sein ... ganz frisch und munter, leicht und frei ... Und jetzt werde ich beginnen zu zählen ... *Ich werde zwischendurch auch etwas anderes sagen* ... Das macht nichts ... Hauptsache ist, *daß Sie das Zählen hören* und auf *sechs* ganz wach werden, ganz wach, frisch und munter ... frisch und munter ... leicht und frei ... Ausgeschlafen, ausgeruht, ausgeglichen.

E2

(KO: Beim Wecken/Dehypnotisieren gehen wir von den unteren Körperteilen zu den oberen und desuggerieren alles, was wir zuvor in umgekehrter Reihenfolge suggeriert haben.)
(1′) Und jetzt sind Ihre *Beine* wieder leicht und frei ... ganz leicht und frei ... Und während ich so spreche, sind die Beine leicht und frei ... *Während die übrigen Körperteile* noch relativ schwer sind, sind die Beine leicht und frei ... ganz leicht und frei ... (2′) Und die ganze *Kraft* kommt in die Beine zurück ... Die Kraft kommt ... Die Beine sind kräftig und stark ... (3′) Sie können jetzt wieder *bewegt* werden ... Die Beine sind jetzt ganz frei ... *Eins* ... die Beine leicht und frei (*KO:* Eine kleine Pause von mindestens 10 Sekunden wirken lassen und dann:) ... (4′) Und auch die *Arme* sind leicht und frei ... die Arme sind ganz leicht und frei ... (5′) Und die ganze *Kraft* kommt in die Arme zurück ... Alle Muskeln sind leicht und frei ... Die ganze Kraft ist in die Arme ... in die Muskeln der Arme zurückgekehrt ... (6′) Arme und Hände können *bewegt* werden ... (7′) So, so ist es gut. *Zwei* ... *Arme und Beine* leicht und frei ... kräftig und frei ... (*KO:* 10 Sekunden Anpassungs-Pause geben und dann:)
(7′) ... Und jetzt ist auch der *Körper* leicht und frei ... (8′) Die ganze *Kraft* kommt in den Körper zurück ... Der Körper ist leicht und frei ... Alle Muskeln sind leicht und frei ... alle Körpermuskeln leicht und frei ... *Drei* ... *Beine, Arme und Körper* leicht und frei ... ganz leicht und frei ... (9′) *Bewegung* leicht und frei. (*KO:* 10 Sekunden Anpassungs-Zeit geben und dann:)
(10′) ... Und jetzt ist auch das *Herz* leicht und frei ... das Herz ganz leicht und frei ... (11′) Das *Blut* leicht und frei ... das Blut leicht und frei ... das Blut ganz leicht und frei ... (12′) Das Blut *verlagert sich* jetzt zu den oberen Körperteilen ... (13′) *Der ganze Körper* ist jetzt *gleichmäßig* durchblutet ... (14′) Vor allem ist der *Kopf* ganz gut durchblutet ... (15′) Sie

werden sich vielleicht nach dem Wecken *nicht an alles erinnern*, was in der Hypnose geschehen ist und was ich gesagt habe ... Das macht nichts ... Das Blut ist leicht und frei ... (*KO:* 10 Sekunden Zeit zum Anpassen geben und dann:)
(16') ... Und jetzt ist auch die *Atmung* leicht und frei ... die Atmung leicht und frei ... Herz, Blut und die Atmung leicht und frei ... *Vier* ... Atmung, Herz und Blut leicht und frei ... Arme, Beine und Körper leicht und frei ... Bei *sechs* werden Sie ganz frisch und munter, leicht und frei sein ... (17') Sie werden die *Augen* aufmachen, frisch und munter und ganz ausgeschlafen sein ... wie in einem langen Nachtschlaf ... (*KO:* 10 Sekunden Zeit zur Adaptation geben und dann:)
(18') ... Und jetzt ist auch der *Kopf* leicht und frei ... der Kopf leicht und frei ... *Fünf* ... der Kopf leicht und frei ... (*KO:* 10 Sekunden Anpassungs-Zeit geben und dann:)
(19') ... Und schließlich sind auch die *Augen* leicht und frei ... Augen und *Augenlider* leicht und frei ... ganz leicht und frei ... (20') *Alles* leicht und frei ... alles leicht und frei ... Augenlider und Augen leicht und frei ... alles leicht und frei ... *Sechs* ... (21') *Augen auf*, alles leicht und frei ... (22') Sie sind jetzt *ganz wach*, frisch und munter, leicht und frei ... hell wach, frisch und munter, leicht und frei, nicht wahr?»

Posthypnose

Da keine Suggestionen für die posthypnotischen Aufgaben gegeben worden waren, unterhält sich der Hypnotiseur mit dem Hypnotisanden über die Erlebnisse während der Hypnose. *Der Hypnotiseur läßt sich vom Hypnotisanden über alles unterrichten.* Falls der letztere sagt, er sei nicht in der Hypnose gewesen, wird ihm erklärt, daß man nicht immer so genau wisse, wann man in der Hypnose gewesen sei. Da die Zeit während der Hypnose vom Hypnotisanden meist unterschätzt wird (Zeitdistorsion), läßt sich der *Hypnosezustand* auch dadurch *nachträglich* verifizieren. Dies wird mit dem Hypnotisanden besprochen. Noch in der Hypnose wurde suggeriert, *daß er sich bei der nächsten Hypnose noch wohler als jetzt fühlen, dabei schneller und tiefer in die Hypnose kommen werde, etc.* Am Ende verabschiedet sich der Hypnotiseur vom Hypnotisanden mit Begeisterung und Dank für die gelungene Hypnose. Der besprochene Termin für die nächste Sitzung wird notiert.

HP-002-A12-B12-C1234567-01234-D12-E12

Musterhypnose/Faszination/Augenfixierung/Schlafsuggestionen/ Vertiefung/Konsolidierung/Armlevitation/Armkatalepsie/ Armschwere/Handfallen/Somnambulismus/Halluzinationen/ Zeitverzerrung/Dehypnotisierung

Prähypnose

DG: Der Hypnotisand wurde bereits nach der HP-001 hypnotisiert und besitzt somit erste Erfahrungen in Hypnose.
AN: Nachfolgend werden fast *alle Elemente/Schritte* einer vollen *Hypnose mit Schlafsuggestionen als Muster* gegeben. Einzelne *Elemente/Schritte* dieser Hypnose-Übung werden dann bei Bedarf jeweils in die späteren Hypnosen/Übungen eingebaut, *damit eine unendliche Wiederholung im Buch vermieden wird.*
KO: Da der Hypnotisand gut hypnotisierbar ist, werden einige Schritte wie A34567, B34567 und E34567 ausgelassen. Die übrigen Schritte *rücken dann zusammen und enthalten komplementäre Suggestionen. Schritt D* fehlt, weil keine posthypnotischen (dauerhaften) Suggestionen erteilt werden. Muster für *schwer hypnotisierbare Vpn* werden später gegeben (siehe unten).

Hypnose

A1

(*KO:* Die Beteiligten sitzen sich gegenüber wie bei der Sitzung HP-001. Auch jetzt achtet der Hypnotiseur darauf, daß der Hypnotisand so sitzt, *daß sich die Blickachsen der Beteiligten im rechten Winkel treffen.* Es sollte erneut das *linke Auge* des Hypnotiseurs fixiert werden können. *Rechtshändige Hypnotiseure* können selbstverständlich die rechte Seite in Anspruch nehmen.)
SG: «Nachdem Sie bereits die erste Erfahrung in Hypnose gemacht haben und sich dabei sehr wohl fühlten, wollen wir nun auf das nächste Hypnotisieren übergehen. Sie sitzen ganz ruhig und entspannt in Ihrem Sessel ... Sie wollen gar nichts ... wünschen gar nichts ... tun gar nichts anderes und denken nur an das, was ich Ihnen sage ... Nehmen Sie bitte wieder eine Stellung im Sitzen ein, die es Ihnen wie damals ermöglicht, *mein linkes Auge* zu sehen, ohne sich anstrengen zu müssen (*KO:* Der Hypnotiseur tut im selben Moment das gleiche, damit der Eindruck der Vorbereitung entsteht.) ... Nachdem Sie bisher (oder damals ... etc.) sehr gut in die Hypnose gekommen sind, werden Sie heute die Hypnose schneller erreichen und diese noch tiefer, noch intensiver, noch schöner erleben.

A2

(1') Und jetzt *schauen Sie*, bitte, wieder *in mein linkes Auge* ... so ist es gut ... direkt ins Auge hineinschauen, genauso, wie ich jetzt in Ihr linkes Auge hineinschaue. Immer fester und tiefer hineinschauen. (2') *Fixieren* Sie meine *Pupille* ganz fest ... Ja, so ist es gut ... fester und tiefer hineinschauen ... Ich zwinkere nicht, ich schaue ebenfalls Ihr linkes Auge an, ohne mit den Wimpern zu zucken ... Ganz tief und fest hineinschauen ... (3') *Und während Sie* so in mein linkes Auge tief hineinschauen, sind Ihre Augenlider *müde* geworden. (4') Ganz müde und *schwer* ... Ihre Augenlider sind müde und *bleischwer* ... (5') Die Augen ganz müde. Sie fühlen sich ganz *entspannt* und gelöst, ganz ruhig und entspannt. (6') Die *Atmung* ist tief und ruhig ... und auch sonst sind Sie ganz entspannt und gelöst ... (7') Und jetzt sind Ihre Augenlider *noch müder und schwerer* ... so schwer, daß Sie Ihre Augen kaum offenhalten können, die Augen sind müde ... Die Augenlider ganz schwer ... bleischwer, (8') Sie beginnen zu *zwinkern* ... (9') Mein Auge wird *nicht mehr scharf* gesehen wie vorher ... Sie sehen mein Auge kaum noch oder nicht mehr ... (10') Ich *verschwinde* aus Ihren Augen vollkommen ... (11') Sie sehen mich jetzt nur wie einen *weißen Vorhang* vor sich ... Ihre Augenlider sind bleischwer ... (12') *Die Augen schließen sich* ... die Augen schließen ... sie schließen sich ... sie schließen sich ... Die Augen sind zugefallen ... zugefallen ... Die Augenlider sind ganz schwer ... (13') Die Augenlider sind jetzt wie *verklebt* miteinander ... Die Augen sind zu ... (14') Sie *schlafen* ... Sie sind bereits *in der Hypnose* ... Sie fühlen sich ganz wohl und wollen nichts anderes als schlafen ... schlafen ... schlafen ... Gar nichts anderes denken und wollen ... (15') Und wenn irgendwelche *Bilder* oder *Träume* vor den Augen erscheinen, das ist in Ordnung ... Bilder und Träume in Ordnung ... Alles andere ist gleichgültig, *schlafen* und träumen ... (16') Sie werden jetzt *tiefer und schneller* als bisher in eine tiefe Hypnose gehen ... (17') *Mit jeder Hypnose* tiefer und schneller ... (*KO:* A3 bis A7 entfallen, da die Augen bereits bei A2 geschlossen wurden.)

B1

(*KO:* B1 ist als Übergang zum nächsten Schritt gemeint. Man gibt komplementäre Suggestionen.)
Die Augen sind jetzt *geschlossen* und sie *bleiben* zu, bis ich Ihnen etwas Gegenteiliges sage ... Sie *kümmern sich um gar nichts* ... Alles andere ist gleichgültig ... Nur das, was ich Ihnen sage, ist von Bedeutung ... Und jetzt werden Sie *tiefer* in die Hypnose gehen ... Mit *jeder*

Sitzung tiefer und schneller in die Hypnose... Und *nach jeder Hypnose* werden sie sich wohler und angenehmer fühlen... Die Augen sind *weiterhin geschlossen.*

B2

(1')... Sie fühlen sich ganz wohl und angenehm... (2') Und Ihre *Atmung* ist tief und ruhig... ganz tief und ruhig... (3') *Alles andere* ist vollkommen gleichgültig... Die Atmung tief und ruhig... (4') *Und mit jedem Atemzug* werden Sie tiefer und tiefer in die Hypnose gehen... tiefer und tiefer... (5') Und das *Herz* schlägt *langsam* und *regelmäßig*, langsam... regelmäßig... und *kräftig*... ganz langsam, regelmäßig und kräftig... (6') Und jetzt *sinkt das Blut* wieder in die unteren Körperteile... immer tiefer und tiefer... das Blut sinkt wieder in die unteren Körperteile... immer tiefer und tiefer... immer schneller und schneller... (7') Und der *Körper* versinkt... (8') Die *oberen Körperteile* sind ganz wenig *durchblutet*... Vor allem ist der *Kopf ganz wenig durchblutet* und müde... (9') Sie *hören* mich noch immer deutlich zu Ihnen sprechen... (10') Alles andere ist vollkommen gleichgültig... Vor allem sind andere *Geräusche gleichgültig*... (11') *Nur meine Stimme* begleitet Sie in einen wunderbaren Schlaf, in dem Sie sich ganz ruhig, ganz angenehm und wohl fühlen werden... (12') Wie bei der ersten Hypnose (*KO:* ‹Wie in den bisherigen Hypnosen.›) und noch viel besser... Alles andere ist vollkommen gleichgültig und unwichtig... (13') Und der *Körper* ist jetzt *bleischwer*... so schwer, daß Sie kaum eine Bewegung ausführen können... sehr schwer... bleischwer... immer schwerer und schwerer... (14') Der Körper *versinkt* jetzt immer tiefer und tiefer in den Sessel hinein... (15') Sie *spüren* ein leichtes *Schweben* Ihres Körpers... als ob er *vibrieren* würde... als ob Sie sich in einer *Wiege* befinden würden... (16') Die *Gedanken kommen* und *gehen* und *verschwinden*... ganz weit und fern... wie in einen *weichen, dichten Nebel*... Sie kümmern sich um gar nichts... Alles andere ist gleichgültig... nur das, was ich Ihnen sage, hat eine Bedeutung... (17') *Arme und Beine* sind jetzt wieder bleischwer... so schwer, daß Sie kaum eine Bewegung ausführen können... Arme und Beine bleischwer... (18') Und jetzt ist auch der *Kopf* ganz schwer... bleischwer... der Kopf ist ganz schwer und *versinkt in die Lehne*... immer tiefer und tiefer... (19') *Alle Körperteile* sind bleischwer... angenehm schwer und müde... alle Körperteile... alle Muskeln... alle Organe und Systeme... alles ist bleischwer und müde... (20') *Sie schlafen*... Sie schlafen... schlafen... schlafen... tief und ruhig schlafen... schlafen... schlafen Sie!... immer tiefer und tiefer... (21') *Mit jedem Atemzug gehen Sie tiefer* und tiefer in die Hypnose... tiefer und tiefer in den Schlaf... mit jedem Atemzug... mit jeder Minute... mit jedem meiner Worte gehen Sie tiefer und tiefer in die Hypnose... in den Schlaf... Bis ich Ihnen etwas anderes sage... (22') Bis ich anfange, Sie zu *wecken*... Wie ich Sie wecken werde, werde ich Ihnen wieder im voraus erklären... im voraus sagen... vielleicht so wie bisher... Sie kümmern sich um gar nichts... aber um gar nichts... nur schlafen... schlafen und träumen... (23') Und wenn *irgendwelche Träume* wieder auftauchen... oder etwas aus Ihrem Leben... Sie werden sich ganz wohl fühlen... ganz wohl und angenehm... und jetzt schlafen, schlafen und träumen... (24') Vielleicht von einer *Landschaft*... von einer *Gegend* aus einem schönen *Urlaub*... von *Meer*... *Wasser*... Schiffen... Landschaft... das Meer ist ganz weit und fern... Alles ist ganz ruhig... (25') Und die *Blumen*, die vielen Bäume... Wasser... und Meer... Ihr ganzer Körper ist schwer... angenehm schwer... und warm... angenehm warm... ganz angenehm warm und schwer... alle Organe... der ganze Körper, alle Körperteile sind warm und schwer... Auch Arme und Beine ganz angenehm warm und schwer... Sie schlafen... Bis ich zu Ihnen etwas anderes sage... (26') Und *nach dem Wecken* werden Sie sich ganz wohl fühlen... ganz wohl... *ausgeruht und ausgeschlafen*... Wie nach der/den bisherigen Hypnose(n) auch... aber noch schöner... Alles andere ist gleichgültig... (27') Sie fühlen sich ganz angenehm und wohl, *wie nie früher in Ihrem Leben*, bevor Sie die Hypnoseerfahrungen gemacht haben.
(*KO:* B3 bis B7 entfallen, wenn bisher eine ausreichende Vertiefung erfolgt ist.)

C1

(*KO:* Bei C1 *Übergangs-* bzw. *komplementäre Suggestionen* anbieten. Da der Hypnotisand bereits in der Hypnose gewesen ist, wird komplementär der *Übergang auf bestimmte Aufgaben suggeriert*, ganz gleich, wie diese gestaltet werden sollten. Bei dieser Übung gehen wir zunächst auf die *Armlevitation* und dann auf die *Katalepsie* über.)
... Und nachdem Sie sich *in der tiefen Hypnose befinden* und auch schon Erfahrungen mit Hypnose gemacht haben, werden Sie jetzt etwas Besonderes erleben ... irgendwelche *Sensationen, Erlebnisse* werden Sie spüren, erleben, empfinden ... Und vielleicht werden Sie etwas in den *Fingern* ... in den Fingerspitzen oder woanders spüren ... Vielleicht spüren Sie jetzt in den Fingern ein *Kribbeln* ... oder das *Zucken* einer der Finger ... ein Gefühl, das Sie nicht beschreiben können ... Auf jeden Fall fühlen Sie sich ganz wohl und angenehm ... Alles andere regelt sich von selbst ... *Alles*, was Sie jetzt erleben, wird ganz angenehm und *schön* sein ... ganz schön ... ein wunderbares Erlebnis ... das Sie jetzt zum ersten Mal empfinden ... *Und auch bei jedem Schritt in der Hypnose werden Sie sich wohl fühlen* ... Achten Sie jetzt darauf, was in Ihren Fingern vorgeht ...

C2

(*KO:* Da dies keine Levitationsmethode ist, muß nicht auf das vollkommene Armheben bis zur vertikalen Lage bestanden werden.)
(1′) ... Und jetzt sind die *Finger* Ihrer linken Hand ganz leicht geworden ... (2′) Sie *fühlen* diese Leichtigkeit in den Fingern, ohne daß Sie ganz genau wissen, was dies bedeuten soll ... Das ist gleichgültig ... (3′) Und einer der Finger wird diese Leichtigkeit, diese Veränderung mit einem *Zucken* anzeigen wollen ... Der eine oder der andere Finger wird leicht zucken ... (4′) Ja, so ist es schön, der *Zeigefinger hat gezuckt* und angesagt, daß er leicht geworden ist ... Auch die anderen Finger können sich auf die gleiche Weise melden ... Aber auch ohne eine Zuckung sind sie leicht geworden ... (5′) Sie *heben sich* jetzt von der *Unterlage*, sie bewegen sich in die Luft ... sie heben sich ... sie heben sich ... sie gehen nach oben in die Luft ... (6′) *Zuerst der Zeigefinger* und dann die anderen (*KO:* Forcierend in vielen ähnlichen Variationen mehrmals wiederholen, bis der Effekt auftritt) ... (7′) Ja ... *die Hand* hebt sich ebenfalls ... sie geht in die Luft ... sie hebt sich immer schneller und schneller (*KO:* Forcierend immer weiter mit leichten Variationen der Sätze nachsuggerieren, bis der Effekt aufgetreten ist.) (8′) Und jetzt sind Ihre Finger *noch leichter* ... leichter und freier ... sie strecken sich leicht in die Luft ... Sie sind ganz leicht und gehen in die Luft ... (9′) Als ob sie von *fünf Luftballons* (*KO:* Imagination) nach oben gezogen werden würden ... fünf Luftballons mit *verschiedenen Farben* ... (10′) Dieser auf dem *Daumen* ... ist ganz *weiß* ... (11′) und der, der am *Zeigefinger* angebunden ist ... ist ganz *rosa* ... ganz fest aufgeblasen und zieht den Zeigefinger in die Luft ... nach oben in die Luft ... immer höher und höher ... (12′) Und der am *Mittelfinger* ist *rot* ... ganz rot und prall aufgeblasen ... Der Mittelfinger wird ganz nach oben gezogen ... Er ist ganz leicht und steif und nach oben gerichtet ... (13′) Und der Luftballon, der am *Ringfinger* befestigt ist ... ist *gelb* ... ganz gelb und prall aufgeblasen ... Der Ringfinger wird nach oben gezogen ... ganz weit in die Luft ... Er ist ganz leicht und steif ... steif wie eine Eisenstange ... der Finger ist immer steifer und steifer und schaut in die Luft ... ganz ausgestreckt ... oder auch etwas gebogen ... Das macht nichts ... Alles ist ganz gleichgültig ... unwichtig ... (14′) Und der Luftballon, der am *kleinen Finger* angebunden ist ... ist *blau* ... ganz blau und prall aufgeblasen ... alle Luftballons schwingen hoch in die Luft und ziehen die Finger nach oben ... (15′) Ja, auch der *Unterarm* hebt sich ... er ist ganz leicht und frei ... (16′) Und wenn der *Unterarm* ... vielleicht auch der *Oberarm*, ganz in der Luft ist ... wird er ganz steif sein ... ganz steif und leicht ... (17′) Und er wird dort stehen bleiben ... wo ich ihn stehen lasse ... (18′) Wie ein *Mast* in der Erde ... wie ein *Baum* oder ein Mast in der Erde ... (19′) Ja ... der *Unterarm* will mitgehen ... er hebt sich mit ... der Unterarm hebt sich

und geht in die Luft ... Die Finger sind ganz hoch, die Hand geht mit ... der Unterarm folgt ihnen ... (20′) Und jetzt *stützt sich* der Arm nur auf den Ellbogen ... (21′) Aber auch er steigt in die Luft, er steigt ... er geht hoch in die Luft ... immer höher und höher ... immer schneller und schneller ... (22′) Und während der Arm nach oben steigt ... gehen *Sie selber tiefer und tiefer* ... immer tiefer und tiefer in die Hypnose ... Sie gehen immer tiefer und fester in die Hypnose ... Je höher der Arm, desto tiefer gehen Sie selber in die Hypnose ... (23′) *Der Arm hebt sich weiter* ... er ist jetzt ziemlich hoch gestiegen ... er geht immer leichter nach oben ... (24′) *Das Blut sinkt* jetzt immer schneller und schneller aus den Fingern und verlagert sich zum Herzen ... und dann zum anderen Arm und zu den unteren Körperteilen ... (25′) Während das Blut nach unten, aus den Fingern, aus der Hand, aus dem Arm nach unten versinkt, *wird der Arm* immer leichter und leichter ... Der Arm ist fast blutleer und leicht ... und steigt immer höher und höher ... (26′) Der Arm ist jetzt *ganz hoch* ... ganz hoch gestiegen ... und steht senkrecht ... wie ein Mast in der Erde ... wie ein Baum, wie eine vertikale *Eisenstange* ... (*KO:* Bis hierher ist praktisch eine Armkatalepsie eingeleitet worden) (27′) Und vielleicht sind die Finger bereits erwas steif geworden ... Auch die Hand kann etwas steifer geworden sein ... Der Arm wird wahrscheinlich mitmachen ... (*KO:* Die Armlevitation ist visuell bestätigt worden; eine weitere Kontrolle ist nicht erforderlich.) (28′) Und der Arm ist jetzt ganz *hoch* ... und er steht hoch in der Luft ... Ich habe ihn losgelassen ... Er steht in der Luft wie ein *Mast* in der Erde ... Sie spüren dabei gar nichts ... (29′) Die *Müdigkeit* im Arm ist gleichgültig ... Der Arm ist ganz leicht ... ganz leicht und steif ... Er steht in der Luft ... wie ein Mast in der Erde ... Und das Blut sinkt weiter ... zuerst aus den Fingern nach unten zum Handgelenk ... Die Finger schauen nach oben ... wie fünf Eisenstifte in die Luft ... Das Blut sinkt weiter, aus dem Handgelenk zum Ellbogengelenk ... dann zum Schultergelenk ... dann zum Herzen und dann weiter zum anderen Arm ... zu den unteren Körperteilen ...

C3

(1′) ... Und während das *Blut so nach unten sinkt* und die Hand, der Arm blutleer wird, werden die Finger *immer steifer und steifer* ... (2′) Und *wenn ich* jetzt zu Ihrem linken Arm *komme* (*KO:* Ansagen wie) und die Finger *berühre* ... werde ich feststellen können ... wie die Finger, die Hand und das Handgelenk *steif*, *starr* und steif geworden sind ... ganz starr und steif wie *Eisenstangen* ... (3′) Und wie die *Eisenstangen schwer oder kaum zu biegen sind*, so werden auch Ihre Finger ganz steif und starr sein, ganz starr und unbiegsam werden ... (4′) Und die Finger Ihrer linken Hand, *die ich jetzt anfasse*, sind ganz starr und steif ... (5′) *Ich fasse* jetzt auch das Handgelenk an ... Ja, es ist auch ganz steif ... Die Finger ragen in die Luft ... wie fünf Stifte, fünf kleine Eisenstangen ... (6′) Und während ich jetzt mit meinen Fingern die Ihrigen *von oben nach unten streichle* (*KO:* Dies nach der Ansage auch tun.) ... spüre ich, wie sie steif, steif und starr geworden sind ... (7′) Und während ich sie so nach unten streichle ... *nehme ich auch das Blut* unter Ihrer Haut nach unten ... das Blut sinkt nach unten ... ganz weit nach unten ... (8′) Und während dieser Arm ganz leicht und blutleer geworden ist, *füllt sich der andere Arm mit Blut* und wird schwerer und schwerer ... ganz schwer und ganz warm ... Der linke Arm steht hoch, ganz hoch, senkrecht wie ein Mast in der Erde ... wie ein Mast in der Erde. (*KO:* Mit Variationen im Satz immer wieder nachsuggerieren. Nachdem der Hypnotiseur sich durch Berühren der Finger/der Hand/des Armes von der Armkatalepsie überzeugt und somit den Prozeß verifiziert hat, geht er auf den nächsten Schritt über.)

C4

(1′) Der Arm steht noch senkrecht in der Luft, die Finger sind ausgestreckt und gespreizt ... Der Arm ist ganz fest ... ganz fest und nicht biegsam ... (2′) Er kann dort *lange stehen* ... Das ist Ihre *Leistung* ... Sie machen es ausgezeichnet ... Ich bin begeistert von Ihnen ...

Das können nicht alle Menschen erreichen ... sehr schön ... Sie machen es hervorragend ... (3′) Und nach dem Wecken werden Sie vielleicht *vergessen* haben, was wir jetzt tun ... Das macht nichts. Hauptsache ist, Sie fühlen sich ganz wohl ... (*KO:* Der Hypnotiseur hat inzwischen den Arm/die Hand des Hypnotisanden freigelassen.) ... (4′) Und jetzt *berühre* ich Ihre Finger wieder ... die Finger der Hand, die in der Luft steht wie ein Mast in der Erde ... (5′) Sobald ich sie berühre ... werden sie *schwerer* werden ... Sie werden es zuerst in den *kleinen Fingermuskeln* spüren ... da vorn, in den kleinen Fingermuskeln ... (6′) Und auch die *ganze Hand* ist immer schwerer und schwerer und wird noch schwerer *werden*, schwerer und schwerer ... (7′) Die Finger *biegen* sich langsam ... so halb und halb ... um anzuzeigen, daß die Steife *entschwindet* ... die Steife entschwindet ... (8′) und wird durch die *Schwere* in den Muskeln ersetzt ... die Steife entschwindet ... Die *Schwere* schleicht sich hinein ... Die Finger sind jetzt *gebogen* ... so halb und halb, damit alle Muskeln gleich entspannt sind ... Auch die Hand ist schwer ... Die Steife entschwindet ... (9′) Ich sehe jetzt ... die Hand *knickt* im Handgelenk nach unten ... Der Unterarm ... der Oberarm ist ganz schwer ... Die Steife ist fast vollkommen entschwunden ... Und der Arm ist immer schwerer und schwerer ... (10′) und *fällt* langsam nach unten ... Wie schnell ... das spielt keine Rolle ... Er fällt immer schneller und schneller ... (11′) Und mit *jedem Millimeter des Nach-unten-Sinkens* des linken Armes werden Sie *tiefer und tiefer in die Hypnose* verfallen ... tiefer und tiefer versinken ... (12′) So tief ... daß Sie den Arm *nicht mehr hochhalten können* ... (13′) Und *je tiefer* der Arm nach unten fällt ... *desto tiefer* werden Sie in die Hypnose gehen ... (14′) Und wenn der Arm so ist ... daß er auf die Lehne fällt ... werden Sie ganz tief in der Hypnose sein. Der Arm *sinkt* ... Sie versinken immer tiefer und tiefer in die Hypnose ... Der Arm sinkt weiter ... Sie versinken noch tiefer in die Hypnose ... (15′) Auf *eine tiefere Hypnosestufe* ... Immer tiefer und tiefer ... Und wenn der Arm auf die Lehne fällt, werden Sie *im gleichen Moment* ganz tief in der Hypnose sein ... so tief ... daß Sie keine Bewegung mehr machen können ... Der Arm ist jetzt ganz tief ... *noch ein paar Zentimeter* bis zur Lehne ... Sie sind ganz tief versunken ... noch ein paar Zentimeter ... Ja ... der Arm ist jetzt nur noch etwa fünf Zentimeter von der Lehne, von der Armlehne entfernt und fällt ... (16′) Ja, jetzt fällt er auf die Armlehne ... *Plumps* ... da ist er ... (17′) Und *Sie sind jetzt in einer ganz tiefen Hypnose* ... In der tiefsten Hypnose ... (18′) Ich lasse Sie jetzt wieder eine Weile ruhen ... Sie bleiben völlig entspannt und gelöst ... Kümmern Sie sich um gar nichts ... (19′) Sie sind jetzt *in der tiefsten* Hypnose ... (20′) Das ist Ihre *Leistung* ... Sie tun es ausgezeichnet ... Wahrhaftig ... Sie sind in der tiefsten Hypnose ... (21′) Sie fühlen sich jetzt ganz gelöst und entspannt, *viel besser als in den bisherigen Hypnosen* ... Einen Zustand erleben Sie jetzt, der viel schöner ist als davor ... (*KO:* Dieser Satz wird den Erfahrungen entsprechend jeweils umgewandelt. Etwas Zeit geben und dann:)

(22′) ... Und wenn ich jetzt den *linken Arm anhebe*, was ich eben tue ... dann *fällt er* sogleich ganz schwer und *stumpf* auf die *Armlehne* herunter ... Er ist sehr schwer ... Ja ... er ist tatsächlich sehr schwer und fällt zurück auf die Lehne, wie ein *Holzklotz* ... wie ein *Stein* ... Er fällt zurück, herunter auf die Armlehne ... (23′) Und ich gehe jetzt auch *zum rechten Arm* hinüber (*KO:* Jetzt hinter dem Hypnotisanden leise zum rechten Arm übergehen, ohne viele Geräusche hervorzurufen, und ihn anheben, um nachzuprüfen, ob auch er so schwer ist wie der linke.) (24′) Ich *hebe* jetzt den rechten Arm *hoch* ... indem ich Sie *am Unterarm* anfasse ... (*KO:* Hochheben und gleich fallenlassen.) (25′) Der Arm *fällt sofort herunter* auf die Armlehne ... er fällt zurück ... Er ist ganz schwer ... ganz schwer wie Blei ... und fällt wie ein Holzklotz auf die Armlehne zurück ... (26′) Sie sind jetzt *in einer ganz tiefen Hypnose* ... auf der tiefsten Hypnosestufe ... Sie sind ganz entspannt, Sie schlafen ganz tief und ruhig und fühlen sich ganz wohl und angenehm ... wohl und angenehm ... *Alle Muskeln* des Körpers, der Glieder sind ganz entspannt ... ganz entspannt und gelöst ... Und ich lasse Sie sich jetzt auch eine Weile ausruhen ... Sie ruhen sich ganz aus ... Alle Körperteile sind entspannt und gelöst. (27′) Und Sie *schlafen* und *träumen* ... träumen ... irgend etwas aus Ihrem Leben ...

aus *Ihrem früheren Leben* ... etwas ganz Besonderes ... vielleicht von Geburtstagsfeiern ... irgend etwas Schönes ... Ruhen Sie sich noch aus ... Schlafen und träumen Sie ... (28′) Und vielleicht werden Sie sich nach dem Wecken *an nichts erinnern*, was jetzt geschehen wird ... Das macht nicht ... Hauptsache ist, daß Sie sich wohl fühlen ... (*KO:* Es wird angenommen, daß sich der Hypnotisand auf der Stufe der Lethargie befindet. Und jetzt geht man auf die Suggestionen des *somnambulen* Zustandes über. Von hier aus kann nicht mehr von einer Vertiefung sondern von einer Festigung der Hypnose gesprochen werden.)

C5

... Und jetzt machen wir *etwas ganz Neues* ... etwas, was ich Ihnen vorher versprochen habe, etwas, was Sie sehr gern machen werden ... was Sie auch interessieren wird ... (1′) Ihre *Beine* sind jetzt ganz *leicht* und *frei* ... (2′) Die *Kraft kehrt wieder* in die Muskeln der Beine *zurück* ... (3′) Sie *bleiben in der tiefen Hypnose* ... Sie kommen erst dann aus der Hypnose zurück, wenn ich Ihnen dies ganz eindeutig ankündige ... Sie bleiben jetzt in der Hypnose ... Die Beine sind trotzdem leicht und frei ... (4′) Sie *fühlen sich immer wohler und wohler* ... wohler und angenehmer ... Und während die Beine immer *kräftiger* und kräftiger werden ... fühlen Sie sich immer wohler und angenehmer ... Und jetzt sind die Beine ganz kräftig ... leicht ... und frei ... (5′) Und wenn Sie jetzt eine *Bewegung* mit den Beinen versuchen würden ... Sie können es ruhig versuchen ... Ja, versuchen Sie es ... so ... die Beine sind leicht und frei ... (6′) Durch diese Bewegung, die Sie ausgeführt haben ... haben Sie mir auch gezeigt, daß die Beine leicht ... frei und kräftig sind ... (7′) Sie könnten jetzt *aufstehen und umhergehen*, jedoch sind die *Arme* noch schwer ... und der *Körper* ganz schwer ... (8′) Und jetzt sind auch *die Arme leicht und frei* ... Die Kraft kommt in die Arme zurück ... *Sie bleiben jedoch in der Hypnose* ... in einer festen Hypnose (*KO:* Das Wort ‹*tief*› haben wir als mißverständlich vermieden und durch den Ausdruck ‹*fest*› ersetzt) ... (9′) Und *die Arme* sind ganz *kräftig* geworden ... So kräftig, daß Sie jede *Bewegung* ausführen können ... Ja ... Sie können es auch versuchen ... Ja ... versuchen Sie es ruhig ... (10′) Ja ... die *Finger bewegen sich*, die Arme auch ... Durch die Bewegung des linken/rechten Armes (*KO:* Je nachdem) haben Sie mir angedeutet, daß die Arme leicht und frei sind ... Sie sind leicht und frei und kräftig ... Arme und Beine können sich bewegen ... (11′) Die *ganze Kraft* ist zurückgekehrt ... Ja ... und etwas mehr ... eine *große und riesige Kraft verstärkt Ihre eigentliche Kraft* in den Armen ... Die Arme und die Beine sind leicht, frei und kräftig ... Die ganze Kraft und noch mehr ist zurückgekehrt ... (12′) Und jetzt ist auch der *ganze Körper leicht und frei* ... die Kraft ist in alle Muskeln des Körpers *zurückgekehrt* ... Die Kraft kommt zurück in den Körper ... Arme ... Beine ... Körper leicht und frei, leicht, frei und kräftig ... (13′) Sie *könnten* jetzt aufstehen und umhergehen, jedoch wollen wir dies *noch nicht* tun ... (14′) Und jetzt ist auch das *Herz* leicht und frei ... das Herz leicht und frei ... (15′) Das *Blut* verlagert sich *von den unteren zu den oberen* Körperteilen ... (16′) Alle *Körperteile sind gleichmäßig* durchblutet ... (17′) Vor allem ist *der Kopf* jetzt ganz gut durchblutet ... der Kopf ist ganz gut durchblutet ... Alle Körperteile sind ganz gut durchblutet ... (18′) Und die *Atmung* ist jetzt leicht und frei ... die Atmung leicht und frei ... (19′) Sie *bleiben ganz fest* in der Hypnose und haben *die Verbindung* nur mit mir ... *Sie bleiben in der Hypnose* ... Sie sind in einer festen, angenehmen und wohltuenden Hypnose ... Sie fühlen sich ganz wohl und angenehm ... (20′) *Nachdem* jetzt Arme, Beine und Körper leicht und frei sind ... und das *Blut nach oben* zu den höheren Körperteilen zurückgekehrt ist, *fühlen Sie sich auch leicht und frei* ... Sie bleiben mit mir *in einem festen Kontakt* ... Sie verbleiben in der Hypnose ... bis ich Ihnen sage, daß Sie aus der Hypnose herauskommen ... (21′) Und jetzt sind die *Augen* leicht und frei ... die *Augenlider* sind leicht und frei ... die Augenlider sind leicht und frei ... (22′) Die *Schwere* entschwindet aus dem ganzen Körper ... aus dem ganzen Körper ... aus allen Gliedern ... aus den Augenlidern ... Sie können jetzt die Augen aufmachen ... die *Augen öffnen* ...

Öffnen Sie jetzt die Augen ... (23′) Die Augen sind *geöffnet* ... So, jetzt fühlen Sie sich ganz wohl ... ganz wohl, leicht und frei ... (24′) Sie sind noch etwas *träge* ... Und vor allem können Sie *noch nicht richtig sprechen* ... Die *Sprechmuskulatur* ist noch schwer ... Vielleicht noch nicht ganz leicht und frei ... (25′) Und jetzt ist auch die *Sprechmuskulatur* leicht und frei ... die Schwere *entschwindet* vollkommen ... Die *Lippen*, die *Zunge*, die ganze *Sprechmuskulatur* ganz leicht und frei ... Und auch die *Wangen*, die *Backen* sind leicht und frei ... Sie können jetzt auch sprechen ... Ja ... Sie können es ... Und wenn Sie jetzt versuchen würden zu sprechen ... (26′) Ja ... versuchen Sie ... Sagen Sie *Ja* wenn es stimmt (*KO:* Der Hypnotisand sagt ‹*Ja*›.) ... So, auch das ist jetzt ganz frei ... (27′) Und jetzt können wir einige *Übungen* machen ... oder eine *Aufgabe* bewältigen ... oder *was auch immer* ... Sie sind leicht und frei ... (28′) Sie stehen fest mit mir in Verbindung, nur mit mir ... *Wir beide widmen uns einander* und wollen keine etwaige Einmischung von außen ... Bleiben Sie noch ruhig sitzen. Und dann werden wir einige Übungen machen. (*KO:* Der Hypnotiseur tut jetzt so, als ob er sich auf etwas vorbereitet, damit es überzeugend klingt. Um festzustellen, ob der Hypnotisand jetzt im somnambulen Zustand ist, wird eine Übung der *positiven Halluzinationen* suggeriert. Und plötzlich ...)

C6

(1′) ... Ow ... woher kommt diese *Wespe* (*KO:* Wespe als *Beweis für die Halluzinationen.* Oder eine Fliege, was aber weniger effektiv ist.). Die Wespe ... was wird sie jetzt machen? ... (2′) Ja ... sie fliegt *auf uns* zu ... Sehen Sie ... da ist sie ... sie kommt ... sie kommt ... sie kommt ... da ist sie ... Sie kommt auf Sie zu ... (3′) Sie kommt auf Sie zu ... fliegt auf Ihre *Nase* zu ... (*KO:* Ausdruck der ‹*Gefahr*› mit eigenem Gesichtsausdruck in Richtung des Hypnotisanden andeuten und zu ihm hinschauen. Wenn er darauf reagiert, dann sind die Halluzinationen möglich. Man kann dann auch andere ‹*Übungen*› durchführen.) (4′) Und die Wespe kommt hierher ... Ja ... Sie *setzt sich* auf Ihre Nase ... (5′) Schnell mit der Hand *wegwischen* ... schnell ... wegwischen ... weg ... *(KO:* Der Hypnotisand wischt sie mit dem Ausdruck der Angst weg. *Die Halluzinationen sind vorhanden.)* (6′) Ja ... Gott sei Dank ... sie ist *weg* ... Und jetzt machen wir weiter ... Sie fühlen sich wohl und angenehm. Die Wespe ist weg. Wir machen weiter. (7′) Und bis ich Sie *wecke*, haben Sie die Wespe, das ganze Ereignis, voll und ganz *vergessen.* (8′) Das ist auch unwichtig ... ganz gleichgültig ... Sie ist weg, vergessen wir sie, vergessen ... weg ... vergessen ... vergessen ... vergessen. (*KO:* Der Hypnotisand sollte jetzt wieder die Augen schließen. Man suggeriert erneut eine Überleitung wie am Beginn der Hypnose.)

C7

(1′) Und jetzt *setzen* Sie sich wieder bequem hin und bleiben Sie ruhig sitzen. (2′) Um sich besser konzentrieren zu können, werden Sie wieder die Augen schließen und etwas dösen ... (3′) Die *Augenlider* sind wieder ganz *schwer* ... die Augen *müde* ... (4′) *Atmung* tief und ruhig ... (5′) Das *Herz* schlägt wieder ganz langsam, regelmäßig und kräftig ... (6′) Das *Blut* sinkt in die unteren Körperteile ... (7′) *Körper*, *Arme* und *Beine* sind schwer, bleischwer ... Alles ist ganz schwer ... Sie fühlen sich ganz wohl, ganz ruhig, schlafen jedoch nicht ... (8′) *Nach dem Wecken* werden Sie vielleicht alles *vergessen* haben, was inzwischen geschah ... Alles ist unwichtig und gleichgültig ... Nur das, was ich Ihnen sage, ist von Bedeutung ... (9′) Durch *andere Stimmen* und andere Handlungen werden Sie nicht in die Hypnose gehen können, bis ich Ihnen das ausdrücklich sage ... (10′) Und jetzt ruhen Sie sich wieder etwas aus ... Sie fühlen sich wohl und angenehm ... wohl und angenehm ... (*KO:* Bei Bedarf weiter nachsuggerieren, ausruhen lassen und Suggestionen beispielsweise der *Zeitdistorsion* anbieten.)

D1

Nachdem Sie sich jetzt ausgeruht haben, werde ich wieder zu Ihnen sprechen, um Sie über einiges zu informieren ... Sie werden jetzt wieder etwas besonderes erleben, etwas, was Ihnen bis jetzt nicht begegnet sein dürfte ... Und jetzt werde ich anfangen, Sie davon in Kenntnis zu setzen ... was Sie im nächsten Moment erleben werden ...

D2

(1′) *Während Sie* sich so in einer halbliegenden Position befinden und in Ihrem Körper eine Art *Schwingung* und *Schweben* erleben, wird *die Zeit* sehr langsam vergehen ... (2′) Die Zeit vergeht sehr langsam ... Sie *schlafen weiterhin ruhig* und träumen, und die Zeit bleibt *stehen* ... (3′) *Jede Minute* wird Ihnen wie eine Zeitspanne von *10 Minuten* vorkommen und länger ... (4′) *Je länger* Ihnen die Zeit vorkommt, *desto* wohler werden Sie sich fühlen ... (5′) Sie schweben unentwegt und schaukeln wie in einer *Wiege* ... einer schönen Wiege ... wie ein Kind ... Und die Zeit wird *länger und länger* ... (6′) Die Zeit *dehnt sich* immer mehr aus, während Sie schlafen, träumen und genießen ... Alles andere ist vollkommen gleichgültig und unwichtig ... Sie schwingen und träumen ... (7′) Und während Ihnen eine Minute wie zehn Minuten vorkommt, werden sich zehn Minuten zu einer Stunde ausdehnen ... (8′) Und die Zeit von einer Stunde kommt Ihnen wie *eine Ewigkeit* vor ... Sie schlafen, träumen und schweben ... schweben und schwingen wie in einer Wiege ... (9′) Sie fühlen sich ganz leicht, alle Muskeln und *Körperteile* sind *inzwischen wieder leicht* geworden ... Sie schweben und schwingen ... Die Zeit ist lang ... (10′) Und wenn ich Sie *geweckt habe*, werden Sie mir berichten können, wie lange, lange die Zeit war, wie Sie *eine Menge erlebt* haben, sich an eine *Fülle von Erlebnissen* erinnern können, die sich vor der Hypnose ereignet haben ... (11′) Die Zeit ist lang, lang und *langweilig ... je langweiliger desto besser* ... Sie schlafen und träumen ... (12′) Und wenn die Zeit langsam vergeht, werden Sie praktisch *länger, viel länger schlafen und wunderbar träumen können* (*KO:* In diesem Sinne mit Variationen weiter suggerieren.) ... (13′) Ob Sie sich ganz genau daran *erinnern* können, woher die Verlängerung der Zeit kommt? ... Das spielt keine Rolle ... Hauptsache ist, daß Sie lange, lange geschlafen und geträumt haben ... Der Körper schwebt und schwingt ... lange, lange Zeit ... Alles andere ist vollkommen gleichgültig ... (14′) Mit *jedem Atemzug* verlängert sich die Zeit ... (15′) Und jetzt ist die Zeit, in der Sie geschlafen und geträumt haben, *eine Ewigkeit, eine Ewigkeit ... eine Ewigkeit* ...

E1

(*KO:* Der Hypnotisand wird jetzt auf den Beginn der Dehypnotisierung/des Weckens durch die Übergangssuggestionen wie folgt vorbereitet:)
... Und jetzt haben Sie sich *ganz ausgeruht* ... Sie sind jetzt ganz entspannt und gelöst ... Sie haben unendlich lange geschlafen und geträumt ... *Sie befinden sich in einer festen Hypnose ... und schlafen ganz fest ... Sie hören mich deutlich sprechen* (*KO:* Immer wieder diesen Satz wiederholen, damit der Hypnotisand nicht den Rapport mit dem Hypnotiseur verliert.) ... Sie werden nach dem Wecken einiges *vergessen* haben und nicht alles wissen, was während der Hypnose geschehen ist. Das macht nichts. Aber Sie werden wissen, daß die Zeit sehr lange, lange angedauert hat ... *Bei der nächsten Hypnose werden Sie noch tiefer und schneller in die Hypnose kommen* ... Und jetzt werde ich Ihnen sagen, wie ich Sie *wecken* werde ... Sie schlafen tief und ruhig und kümmern sich um nichts anderes als um das, was ich Ihnen sage ... Sie fühlen sich ganz wohl ... Eine lange, unendlich lange Zeit ist inzwischen verstrichen ... Und ich werde Sie wecken, indem ich bis *sechs* zähle ... bis sechs ... Bei *sechs* werden Sie die Augen aufmachen können, ganz frisch und munter, leicht und frei sein, ganz frisch und munter, leicht und frei ... Und jetzt werde ich beginnen zu zählen. Ich werde

zwischendurch auch etwas anderes sagen ... Das macht nichts ... Hauptsache ist, daß Sie das *Zählen* hören und bei *sechs* ganz wach werden, ganz wach, frisch und munter ... frisch und munter ... leicht und frei ... Und Sie werden sich an die lange, unendlich lange Zeit während des Schlafens und Träumens erinnern ...

E2

(KO: Nochmals, nicht vergessen! *Beim Wecken gehen wir von den unteren Körperteilen zu den oberen und desuggerieren alles, was wir davor in umgekehrter Reihenfolge suggeriert haben.)*
(1′) ... Und jetzt sind Ihre *Beine* wieder leicht und frei ... ganz leicht und frei ... Und während ich so spreche, sind die Beine leicht und frei ... *Während die übrigen Körperteile* noch relativ schwer sind ... *sind die Beine* leicht und frei ... ganz leicht und frei ... Und die Zeit ist lang, sehr lang ... (2′) Und die ganze *Kraft* kommt in die Beine zurück ... Die Kraft kommt ... Die Beine sind kräftig und stark ... (3′) Sie können jetzt wieder *bewegt* werden ... Die Beine sind jetzt wieder ganz frei ... *Eins* ... Die Beine sind leicht und frei ... (*KO:* Eine kleine Pause von mindestens 10 Sekunden wirken lassen und dann:)
(4′) Und jetzt ist wieder eine lange Zeit verstrichen ... Die *Arme* sind wieder leicht und frei ... Die Arme sind wieder ganz leicht und frei ... (5′) Und die ganz *Kraft* kommt in die Arme zurück ... *Alle Muskeln* sind wieder leicht und frei ... noch leichter und freier ... Die ganze Kraft ist in die Arme ... in die Muskeln der Arme zurückgekehrt ... (6′) Arme und Hände können wieder frei *bewegt* werden ... (7′) So ... so ist es gut ... *Zwei* ... Arme und Beine leicht und frei ... kräftig und frei ... (*KO:* 10 Sekunden Anpassungspause geben.)
(8′) ... Und die Zeit verlängert sich ... Jetzt ist auch der *Körper* wieder leicht und frei ... (9′) Die ganze *Kraft* kommt wieder in den Körper zurück ... Der Körper ist leicht und frei ... Alle Muskeln sind leicht und frei ... Alle Körpermuskeln leicht und frei ... *Drei* ... Beine, Arme und Körper wieder leicht und frei ... ganz leicht und frei ... (10′) *Bewegung* leicht und frei. (*KO:* 10 Sekunden Anpassungszeit geben und dann:)
(11′) Inzwischen ist eine lange Zeit verstrichen ... Das *Herz* ist jetzt leicht und frei ... Das Herz ganz leicht und frei ... (12′) Das *Blut* leicht und frei ... Das Blut ist wieder leicht und frei ... das Blut nach einer langen Zeit wieder ganz leicht und frei ... (13′) Das Blut *verlagert sich* jetzt zu den oberen Körperteilen ... (14′) *Der ganze Körper* ist jetzt *gleichmäßig* durchblutet ... (15′) Vor allem ist der *Kopf* ganz gut durchblutet ... (16′) Sie werden sich vielleicht nach dem Wecken *nicht an alles erinnern*, was in der Hypnose geschehen ist und was ich gesagt habe ... Aber daß die Zeit sehr lange und langweilig war, werden Sie schon wissen ... Das Blut ist leicht und frei ... (*KO:* 10 Sekunden Zeit zum Anpassen geben und dann:)
(17′) ... Und jetzt ist auch die *Atmung* wieder leicht und frei ... die Atmung leicht und frei ... Herz, Blut und Atmung nach dieser langen Zeit leicht und frei ... *Vier* ... Atmung, Herz und Blut leicht und frei ... Arme, Beine und Körper leicht und frei ... Bei *sechs* werden Sie ganz frisch und munter, leicht und frei sein ... (18′) Sie werden die *Augen* aufmachen, frisch und munter und ganz ausgeschlafen sein ... Wie in einem langen, langen Nachtschlaf ... (*KO:* 10 Sekunden Zeit zur Adaptation geben und dann:)
(19′) ... Und jetzt ist auch der *Kopf* ganz leicht und frei ... der Kopf leicht und frei ... *Fünf* ... Der Kopf ist leicht und frei ... (*KO:* 10 Sekunden Anpassungzeit geben und dann:)
(20′) ... Und schließlich sind auch die *Augen* leicht und frei ... Augen und Augenlider leicht und frei ... ganz leicht und frei ... (21′) *Alles* leicht und frei ... Alles leicht und frei ... Augenlider und Augen leicht und frei ... Alles leicht und frei ... *Sechs* ... (22′) *Augen auf* ... Alles leicht und frei ... (23′) Sie sind jetzt *ganz wach*, frisch und munter, leicht und frei ... (24′) Alles ist vorbei, vorbei ... Sie fühlen sich ganz wohl und ausgeruht, nicht wahr?»

Posthypnose

Posthypnotische Aufgaben bezogen sich in diesem Falle auf die Zeitverzerrung im Sinne einer Verlängerung. *Die Frage ist auch, ob die Halluzinationen während der Hypnose (Wespe) eruiert werden oder nicht.* Falls sich der Hypnotisand an die Wespe nicht erinnern kann, besteht eine *hypnotische Amnesie* – wie oft in der Hypnose (siehe Kapitel XXI). Die Zeitdistorsion muß jedoch erinnerbar sein. Der Hypnotiseur tastet sich voran, indem er abwartet und sich spontan darüber durch den Hypnotisanden berichten läßt. Dann kann gesagt werden: «Sie können sich jetzt ganz genau an alles erinnern, was Sie während der Hypnose erlebt haben. Gab es etwas, woran Sie sich jetzt noch erinnern! Ja?» Der Hypnotisand wird sich jetzt an die Wespe erinnern können, vielleicht zuerst in Bruchstücken und dann im Detail. Das ganze wird dann bei Bedarf eingehend besprochen, wobei man dem Hypnotisanden erklärt, warum dieser Versuch vorgenommen worden war (zu wissenschaftlichen Zwecken). Daraufhin wird der Proband entlassen, indem man sich auch jetzt für die gute Zusammenarbeit bedankt und eventuell einen neuen Termin notiert.

HP-003-A12-C67-01234-D12

Faszination/Kristallfixierung/Somnambulismus/Brücke/ Totale Körperkatalepsie/Zeitdistorsion/Partielle Amnesie

Prähypnose

DG: Gesunde, männliche, freiwillige Vp, vorher nicht hypnotisiert worden, 23 Jahre alt. Beim *Pendeltest* erwies sie sich als *hoch hypnotisierbar.*
ME: Da die Vp gut auf den Pendeltest reagiert hat, wird eine Faszinationsmethode mit einem *Kristall-Pendel* (einer Kristallkugel mit Facetten) angewandt und anschließend *Schlafsuggestionen* verabfolgt. Die Hypnose sollte *alle Hypnosestadien* erreichen und auch eine *Amnesie* einschließen.
KO: Der Hypnotiseur wird in diesem Falle nicht sitzen können. Damit die Vp *konvergiert und den Blick nach oben (zur Nasenwurzel) richtet*, sollte der Hypnotiseur von hinten kommen oder besser seitwärts stehen und die Kristallkugel vor den Augen der Vp auf eine Entfernung von 20 cm hängend in seiner Hand halten und *leicht damit hin und her oder im Kreis pendeln.* Erst nach der Induktion der Hypnose kann sich der Hypnotiseur in seinen Sessel setzen und die Suggestionen fortsetzen. *Kristallkugel nur nach strengen Indikationen* anwenden (siehe Kapitel XIII).

Hypnose

A1

SG. «Nachdem wir uns über die Hypnose unterhalten haben und Sie sich *im Vortest als ein ausgezeichneter Hypnotisand* erwiesen haben, wollen wir jetzt mit der eigentlichen Hypnose beginnen ... Sie sind jetzt *ganz ruhig, ganz entspannt und gelöst ... ganz entspannt und gelöst und wollen nichts anderes als hypnotisiert zu werden* ... Stellen Sie sich jetzt auf die Hypnose ein, die wir nun beginnen werden ... Ich werde Ihnen eine *schöne Kristallkugel* vor die Augen halten ... Sie werden sehen, daß es sehr schön ist, darauf- und hineinzuschauen ...

A2

(1′) Und jetzt *schauen* Sie bitte ganz fest *auf diese Kristallkugel*, versuchen Sie, sich darin zu sehen ... (2′) Die *Facetten* sind ganz hell und *spiegeln* Ihr Gesicht, Ihre Augen wider. Sie

schauen fest hinein ... (3′) *Und während* Sie so in die Kristallkugel hineinschauen und sich vielleicht auch sehen können, sind Ihre Augen ganz *müde* und die Augenlider sehr *schwer* geworden ... ganz schwer ... bleischwer ... Die Augenlider sind ganz schwer ... (4′) Sie sehen jetzt Ihr Gesicht und Ihre Augen in den Facetten der Kugel ganz *verzerrt* ... ganz verzerrt und *verschwommen* ... (5′) Und jetzt ist Ihre Gesicht in der Kugel *ganz verschommen* ... Sie sind müde und *schläfrig* ... ganz müde ... Die Augenlider sind bleischwer und *fallen zu* ... (6′) Die Aügen *schließen sich* ... Die Augen fallen zu ... Sie sind ganz müde und schläfrig ... die Augen sind zugefallen ... (7′) Die Augenlider sind wie *zugeklebt* ... Die Augen sind ganz fest geschlossen ... Sie sind ganz entspannt und ruhig ... (8′) Sie *schlafen* ... schlafen ... schlafen ... schlafen ... (9′) Und wenn jetzt irgendwelche *Träume* auftauchen ... das ist in Ordnung, je mehr Sie träumen, umso besser werden Sie sich entspannen können ... (10′) Entspannen Sie sich weiter, schlafen und träumen Sie ... (11′) Bis ich *etwas anderes* sage ... (12′) *Alles andere* ist vollkommen *gleichgültig* und unwichtig ... Sie tun nur das, was ich Ihnen sage ... *Alles andere* vollkommen gleichgültig und unwichtig ... (13′) *Sie hören mich* deutlich zu Ihnen sprechen und wollen gar nichts anderes als schlafen ... schlafen und träumen ... schlafen und träumen ... träumen (14′) Davonschwimmen ...
(*KO:* B1 bis C5 der HP-002 entnehmen.)

C6

(1′) Sie fühlen sich weiterhin ganz *wohl*, Sie sind ganz entspannt und gelöst ... (2′) Und *in wenigen Augenblicken* werden Sie spüren können, wie Ihre einzelnen Körperteile etwas *steif* geworden sind ... Zuerst die *kleinen Muskeln* ... dann die größeren ... (3′) Von den *Finger- und Zehenspitzen* ausgehend breitet sich eine angenehme Steife in Ihrem Körper aus ... (4′) Der ganze *Körper* ist angenehm steif geworden ... Er ist jetzt ganz steif ... ganz steif ... immer steifer und steifer ... (5′) Wie *Holz*, ja sogar wie eine *Eisenstange* ... (6′) Und *wie eine dicke Eisenstange nicht gebogen werden kann*, wird auch Ihre Körper nicht gebogen, d.h. gebeugt werden können ... (7′) Ja ... Jetzt sind *Ihr Körper, Ihre Arme, Ihre Hände, Ihre Beine, Ihre Füße* ganz steif ... angenehm steif ... ganz steif ... (*KO:* In diesem Augenblick *streichelt* der Hypnotiseur die beiden Körperseiten des Hypnotisanden von den Schultergelenken *nach unten, mit den Handflächen nach innen*, mit den Worten:) (8′) Und jetzt werde ich Sie *berühren*, ich werde Sie von oben bis unten *streicheln* ... (9′) Und *überall*, wo ich mit *meinen Fingern* vorbeikomme ... werden Sie an Ihrem Körper steif werden ... überall, wo ich jetzt mit meinen Händen vorbeikomme, werden die Körperteile, die ich berühre und streichle, ganz steif werden ... steif wie eine *Stange* ... eine *Eisenstange* ... (*KO:* Am Ende des Steichelns mindestens *10 Sekunden Zeit* geben und dann weiter suggerieren:)
(10′) Und jetzt sind Sie *am ganzen Körper* völlig steif geworden ... steif wie eine *große, dicke und starke Eisenstange* ... Sie sind jetzt ganz steif ... ganz steif ... (11′) Und wenn wir Sie jetzt an den *Füßen* und am *Kopf* nehmen und *flach hinlegen*, werden Sie ganz steif bleiben und *nicht mit dem Körper nachgeben* ... (*KO:* Zwei Personen, die nicht hypnotisiert sind, nehmen den Hypnotisanden am Kopf und an den Füßen, legen ihn langsam nach hinten, *ohne daß er nach vorn ausrutscht*, heben ihn in die Horizontale hoch und dann mit dem Kopf und den Füßen *auf jeweils eine Stuhllehne*, die am Kopf- und Fußende des Hypnotsanden aufgestellt worden sind. Die Stühle werden von zwei Personen festgehalten.) (12′) Und Sie sind jetzt ganz steif ... (13′) Wenn wir Sie jetzt auf diese *zwei Stuhllehnen hinlegen werden*, werden Sie wie eine feste *Brücke* zwischen den Stühlen steif bleiben ... (14′) Ihr Körper wird *nicht nachgeben*, wird sich nicht biegen lassen ... Sie sind sehr stark, Sie fühlen sich dabei ganz wohl und angenehm ... wohl und angenehm ... Sie werden ganz steif bleiben ... Bis ich Ihnen etwas anderes sage ... (15′) Und wenn jetzt einer von uns vorsichtig auf Sie *hinaufsteigen* wird (*KO:* Bei *weiblichen Vpn* eine vertraute *weibliche Person* nehmen, die über den Körper der Hypnotisandin von einer Stuhllehne bis zur anderen wie über eine Brücke geht. Diese Person

wird von einer anderen Person unterstützt, damit sie nicht selber ausrutscht.) ... werden Sie ganz steif bleiben, und er wird ganz frei wie über eine Brücke über Ihren Körper hin und her gehen können ... (16′) Sie sind *ganz stark* ... Sie werden die *Schwere kaum spüren* (*KO:* Das Experiment beginnt. Eine andere Person steigt auf den Körper der Vp.) ... (17′) Wir werden *da sein* und aufpassen ... es wird gar nichts passieren ... Ihr Körper wird ganz steif bleiben ... so ist es gut ... (18′) *Herr X* ist über Ihren Körper *hin- und hergegangen* ... Sie haben sich ganz wohl gefühlt ... ganz wohl ... (19′) Und jetzt werden wir Sie wieder *aufrichten* ... aufrichten ... (20′) Und wenn Sie bereits *auf den Beinen stehen*, werden Sie langsam *normal* stehen können ... (21′) Die Steife wird allmählich *entschwinden*, zuerst aus den kleinen und dann aus den größeren Muskeln ... Zuerst aus den Fingern und Zehen ... dann aus den Händen und Füssen ... und dann aus den Armen und Beinen ... (22′) Und jetzt *stehen* Sie wieder auf *eigenen Beinen* ... Sie sind jetzt ganz frei ... Die Steife entschwindet langsam ... aus allen Muskeln ... Zuerst aus den kleinen und dann aus den größeren (*KO:* Jetzt Streicheln in umgekehrter Richtung. Der Hypnotisand wird *von unten nach oben gestreichelt*, mit dem Handrücken zu seinem Körper. Wenn das unbequem ist, dann mit den Handflächen streicheln, *jedoch wiederum von unten nach oben*, dann die Hände ganz weit elliptisch ausholen lassen und wieder von unten nach oben streicheln, bis die Muskeln des Hypnotisanden frei werden und die Steife entschwunden ist.) ... (23′) Und jetzt werde ich Sie *von unten nach oben streicheln* ... Und überall, wo ich mit meinen Händen vorbeikomme, werden die Körperteile ganz frei werden ... *die Steife entschwindet* ... (*KO:* Wenn die Steife entschwunden ist, dann auf andere Aufgaben übergehen.) ... (24′) Und jetzt ist die Steife vollkommen *entschwunden* ... Sie können sich *hinsetzen* ... (25′) Setzen Sie sich, bitte, wieder in den Sessel und entspannen Sie sich ... Sie fühlen sich nach wie vor ganz wohl ... ganz angenehm ... Sie haben die *Übungen ausgezeichnet gemacht* ... Sie tun es hervorragend ... (26′) Ich bin *begeistert* von Ihnen ... Ich bin Ihnen sehr dankbar dafür ... (27′) *Ruhen Sie sich* jetzt ganz aus ...

C7

(1′) Und jetzt haben Sie sich wieder bequem *hingesetzt*, fühlen sich wohl und *bleiben ganz ruhig sitzen*. (2′) Um auf andere Aufgaben übergehen zu können, werde ich Sie wieder etwas schlafen lassen ... Sie schlafen wieder ein ... (3′) Die *Augenlider* sind wieder schwer ... die Augen müde ... (4′) Die *Atmung* tief und ruhig ... (5′) Das *Herz* schlägt wieder ganz langsam, regelmäßig und kräftig ... Das Blut sinkt in die unteren Körperteile ... (6′) *Körper*, *Arme* und *Beine* schwer ... Alles ist schwer ... Sie fühlen sich ganz wohl und schlafen tief und ruhig ... (7′) *Nach dem Wecken* werden Sie alles *vergessen* haben, alles, was Sie bis jetzt in der Hypnose gemacht haben ... Alles ist unwichtig und gleichgültig ... Nur das, was ich Ihnen sage, ist von Bedeutung ... (8′) Durch *andere Stimmen* und andere Handlungen werden Sie nicht in die Hypnose gehen können, bis ich Ihnen das ausdrücklich sage ... Und jetzt schlafen ... schlafen ... Sie fühlen sich wohl und angenehm ... wohl und angenehm ... schlafen ... schlafen ... schlafen, tief schlafen ... Bis ich etwas anderes sage ... bis ich Ihnen vielleicht eine andere Aufgabe ankündige ... (9′) Auch an *keiner anderen Stelle*, wenn Sie etwa ein Kristall oder eine Kristallkugel sehen, werden Sie in die Hypnose gehen können (*KO:* Diesen Satz mit Variationen mehrmals wiederholen.) ... (10′) Und nachdem ich Sie geweckt habe, werden Sie sich an das erinnern, was Sie bis jetzt in der Hypnose gemacht haben ... Alles andere ist gleichgültig ... Nur das, was ich Ihnen sage, ist von Bedeutung. (11′) Wir gehen jetzt auf *andere* Erlebnisse über, die Ihnen auch nach dem Wecken bewußt sein werden. (12′) Sie werden sich von jetzt an an alles erinnern können, wenn ich Sie geweckt habe ...

D1

... Und jetzt sind Ihre Gedanken ganz hell... Sie sind neugierig, was jetzt passiert... Sie bleiben ruhig in der Hypnose... Und jetzt werde ich Ihnen einen Hinweis geben, woran Sie sich nach dem Wecken erinnern werden...

D2

(1′) ... Und nachdem Sie sich jetzt ganz gut erholt haben, wird Ihnen die *Zeit sehr schnell* vergehen... (2′) *Zehn Minuten* werden wie *eine Minute* durchlaufen... (3′) Ja... die Zeit wird noch schneller verstreichen... Sie spüren jetzt, daß die Zeit *immer schneller* und schneller läuft... wie eine *Zeitraffung* in *einem Film*... (4′) Die Zeit läuft jetzt noch schneller... unaufhaltsam... Jetzt ist *eine Stunde wie eine Minute*... (5′) Am besten ist es, wenn Sie an Ihr *eigenes Leben* denken... an sich selber... an früher... (6′) Ihr *eigenes Leben* läuft jetzt ganz schnell durch... ganz schnell... (7′) Und jetzt gehen *alle Erlebnisse* vorbei... alle Erlebnisse, an die Sie sich gern erinnern... Die Zeit läuft... (8′) Und nachdem ich Sie *geweckt* habe... werden Sie sich an diesen schnellen Zeitlauf *erinnern* können... Sie werden sich an die Erlebnisse erinnern können, die Sie jetzt sehen und erleben... Alles andere ist vollkommen gleichgültig... (9′) Was Sie in der Hypnose davor gemacht haben, werden Sie vielleicht, sogar sicher, ganz *vergessen* haben... vergessen, weil Sie sich an diese jetzigen schönen Erlebnisse erinnern werden... An die Zeit, die jetzt schnell wie *der Wind* vergeht... (10′) Und nach dem Wecken werden Sie sich *ganz wohl fühlen*, ganz wohl fühlen, ganz leicht und frei, und sich an diese schöne Zeit, die jetzt läuft wie eine schnelle Uhr, wie eine Zeitraffung in einem Film... und die Ihnen Freude bereitet, erinnern... (*KO:* In diesem Sinne weiter suggerieren, bis sich die Zeitraffung einprägt.)
(*KO:* E1 und E2, d.h. Wecken/Dehypnotisieren wie in HP-002.)

Posthypnose

Im posthypnotischen Gespräch die *Zeitdistorsion (Zeitverzerrung)*, in diesem Falle *Zeitraffung*, besprechen, indem man neutral fragt, wie der Hypnotisand die Hypnose erlebt hat. Die «Brücke» sollte vergessen worden sein. Danach wird alles desuggeriert.

HP-004-A2-B12-C67-01234-D12-E12-W12
Musterhypnose/Faszination/Spiegel/Vertiefter Entspannungszustand/Handschrift/Amnesie/Imaginationen/Dehypnotisierung/Posthypnotische Handlungen

Prähypnose

DG: Gesunde, weibliche, freiwillige Vp, 32 Jahre alt, sehr narzißtisch orientiert, gebraucht viel Kosmetik, bedient sich nach dem morgendlichen Aufstehen und auch später lange des Spiegels. Noch keine Neurose, jedoch *neurotische Elemente* vorhanden. *Körperschwingungstest deutlich positiv;* die Vp ist *hoch hypnotisierbar.* Abergläubisch eingestellt, befaßt sich viel mit *Astrologie* und *Parapsychologie.*
ME: Der Sessel der Hypnotisandin steht *vor einem großen Wandspiegel.* Dazu wird vielleicht auch ein *konkaver Vergrößerungsspiegel* in Anspruch genommen. Die Vp wird wie sonst gebeten, *an nichts anderes zu denken, nichts anderes zu wünschen, zu wollen und vor allem gar nichts zu tun, was nicht ausdrücklich von ihr verlangt wird.* Sie möge sich entspannen und auf das einstellen, *was im nächsten Moment kommen werde.* Bei dieser Faszinationsmethode steht der Hypnotiseur *etwas abseits* von der Vp – je nach eigener Händigkeit – in einer Hand

den Spiegel an dessen Rückseite (Haken) haltend. Den Spiegel kann man während *der Induktion* zur Vp heran- und wieder wegschwenken, damit der Fokus verlorengeht. Wenn der Fokus verlorengegangen ist, dann ist die Vp im Spiegel unscharf zu sehen.
KO: Bei Patienten ist diese Methode nur nach einer notwendigen Indikation anzuwenden (siehe Kapitel XIII.2.1.2 und 2.1.3)

Hypnose

(*KO:* A1 adäquat der Lektion HP-003 durchführen. Nachfolgend werden keine Schlafsuggestionen gegeben, sondern als Muster ein vertiefter *Entspannungszustand* induziert und konsolidiert.)

A2

SG: «(1′) Und nachdem wir uns über alles unterhalten haben und Sie sich bereit erklärt haben, in die Hypnose gehen zu wollen, *schauen* Sie bitte in diesen *Spiegel* hinein, den ich eben vor Ihre Augen halte (*KO:* Etwas höher, damit die Vp den Blick nach oben richten und zur *Nasenwurzel* schauen muß.) ... (2′) Sie wollen gar *nichts anderes*, Sie wünschen und denken gar nichts anderes, als *in die Hypnose* zu gehen ... (3′) Alles andere ist vollkommen *gleichgültig und unwichtig* ... Nur das, was ich Ihnen eben sage ... (4′) Und während Sie so in den Spiegel hineinschauen, merken Sie allmählich, wie Ihr Gesicht *unschärfer* und unschärfer wird ... Sie sehen es ... Ihre Gesicht ist unschärfer und unschärfer ... (5′) Und vielleicht merken Sie, daß es etwas *verzerrt* ist. Sie merken es, Ihr Gesicht ist *ganz unscharf* geworden (*KO:* Dabei den Spiegel unbemerkt aus dem Fokus der Vp bringen.) ... (6′) Und während Ihr Gesicht so unscharf geworden ist, spüren Sie allmählich, wie Ihre *Atmung* tief und ruhig geworden ist ... (7′) Wie *müde und träge* Sie geworden sind ... (8′) Sie werden jetzt ganz bald *in einen tiefen Entspannungszustand* ... in einen vertieften *Ruhezustand* geraten ... (9′) In die *Hypnose* ... immer tiefer und tiefer ... (10′) Die Augen sind jetzt *ganz müde* und träge, die *Augenlider ganz schwer*, bleischwer, immer schwerer und schwerer ... (11′) Die Augen *fallen zu*, sie schließen sich ... Die Augen *schließen sich*, Sie sind ganz müde ... (12′) Sie spüren diese *Müdigkeit* kommen und versinken jetzt in einen *vertieften Entspannungszustand* ... (13′) Sie werden so *entspannt und gelöst* sein wie nie zuvor ... müde ... träge ... schwer ... (14′) Die Augenlider sind schwer ... die Augenlider wie *verklebt*, die Augen sind geschlossen ... (*KO:* Der Schlaf wurde also *nicht* erwähnt. Die Hypnose wird *ohne Schlafsuggestionen* eingeleitet.) (15′) Und wenn jetzt irgendwelche *Träume* auftauchen ... das macht nichts, je mehr Träume vorkommen, desto ruhiger werden Sie sein ... Alles andere ist gleichgültig ... Alles ist in Ordnung ... (16′) Nur *nachgeben, fallenlassen* und sich ganz tief und ruhig entspannen ... wie nie zuvor ... (17′) Ihre *Atmung* ist tief und ruhig ... (18′) Fallenlassen, nachgeben ...

B1

(*KO: B1* ist mit *A2* komplementär; *Übergangs-Formeln bzw. Übergangs-Suggestionen* verabfolgen.)
Die Augen *sind jetzt geschlossen*, Sie kümmern sich um gar nichts ... Es stört gar nichts ... Sie werden jetzt noch tiefer in die Hypnose gehen ... Die Augen *bleiben* geschlossen ...

B2

(1′) Die *Augen* sind weiterhin geschlossen ... Sie fühlen sich ganz wohl und angenehm ... (2′) Und Ihre *Atmung* ist jetzt tief und ruhig ... ganz tief und ruhig ... Alles andere vollkommen gleichgültig... Die Atmung tief und ruhig... (3') Und mit jedem Atemzug werden Sie tiefer und tiefer in die Hypnose gehen... tiefer und tiefer... Und das *Herz* schlägt ganz *langsam* und *regelmäßig*, langsam... regelmäßig... und *kräftig*... ganz langsam, regelmäßig und kräftig... (4') Sie *hören mich* noch immer deutlich zu Ihnen *sprechen*... Alles andere ist vollkommen gleichgültig... Vor allem sind die *Geräusche gleichgültig*... Nur meine Stimme begleitet Sie in einen wunderbaren *Entspannungszustand*, in dem Sie sich ganz ruhig, ganz angenehm und wohl fühlen werden... Wie nie zuvor... Alles andere vollkommen gleichgültig und unwichtig... (5') Und der *Körper* ist jetzt bleischwer... so schwer, daß Sie kaum eine Bewegung ausführen können... sehr schwer... bleischwer... immer schwerer und schwerer... (6') *Der Körper versinkt* jetzt immer tiefer und tiefer in den Sessel hinein... (7') Sie *spüren* ein leichtes *Schweben* Ihres Körpers... (8') Als ob er *vibrieren* würde... als ob Sie sich in einer *Wiege* befinden würden... (9') Die *Gedanken* kommen und gehen und verschwinden... ganz weit und fern... Wie in einen *weichen, dichten Nebel*... Sie kümmern sich um gar nichts... Alles andere ist gleichgültig... nur das, was ich Ihnen sage, ist von Bedeutung... (10') Und jetzt *sinkt das Blut* wieder in die unteren Körperteile... immer tiefer und tiefer... das Blut sinkt wieder in die unteren Körperteile... immer tiefer und tiefer... immer schneller und schneller... Und der Körper versinkt... (11') Die oberen Körperteile sind ganz wenig *durchblutet*... Vor allem ist der *Kopf ganz wenig durchblutet* und müde... (12') *Arme und Beine* sind jetzt wieder bleischwer... so schwer, daß Sie kaum eine Bewegung ausführen können... Arme und Beine bleischwer... (13') Und jetzt ist auch der *Kopf* ganz schwer... bleischwer... der Kopf ist ganz schwer und versinkt in die Lehne... immer tiefer und tiefer... (14') *Alle Körperteile* sind bleischwer... angenehm schwer und müde... alle Körperteile... alle Muskeln... alle Organe und Systeme... alles ist bleischwer und müde... (15') *Sie sind ganz entspannt und gelöst*... tief und ruhig entspannt und gelöst... Sie schlafen eigentlich *nicht*, Sie sind aber immer tiefer und tiefer entspannt... (16') *Mit jedem Atemzug gehen Sie tiefer* und tiefer in die Hypnose... tiefer und tiefer *in den Entspannungszustand*... mit jedem Atemzug... mit jeder *Minute*... Mit jedem meiner *Worte* gehen Sie tiefer und tiefer in die Hypnose... in den *Entspannungszustand*... Bis ich Ihnen etwas anderes ansage... (17') Bis ich anfange, Sie *zurückzuführen*... Wie ich Sie zurückführen werde, werde ich Ihnen wieder im voraus erklären... im voraus sagen... Vielleicht so wie bisher... Sie kümmern sich um gar nichts... aber um gar nichts... nur sich entspannen und träumen... (18') Und wenn *irgendwelche Träume* wieder auftauchen... oder etwas aus Ihrem Leben... Sie werden sich ganz wohl fühlen... ganz wohl und angenehm... und jetzt tief und ruhig atmen und träumen... (19') Vielleicht von einer *Landschaft*... von einer *Gegend* aus einem schönen Urlaub... von Meer... Wasser... Schiffen... Landschaft... das Meer ist ganz weit und fern... Alles ist ganz ruhig... (20') Und die *Blumen*, die vielen Bäume... Wasser... und Meer... Ihr ganzer Körper ist schwer... angenehm schwer... und warm... angenehm warm... ganz angenehm warm und schwer... alle Organe... Der ganze Körper ist warm und schwer... Arme und Beine auch ganz angenehm warm und schwer... Sie träumen *ohne zu schlafen*... bis ich zu Ihnen etwas anderes sage... (21') Und nach dem Zurückführen werden Sie sich ganz wohl fühlen... ganz wohl... *ausgeruht und gelöst*... wie nie zuvor... Alles andere ist gleichgültig... Sie fühlen sich ganz angenehm und wohl wie nie früher in Ihrem Leben...

(*KO: C1 bis C5* der Lektion HP-002 entnehmen, ohne etwa den *Schlaf* zu erwähnen, weil hier *kein* Schlaf suggeriert worden ist.)

C6

(1')... Und jetzt wollen wir etwas *schreiben*... Sie möchten jetzt etwas aufschreiben... Ja... aufschreiben... Als *Schriftprobe* vielleicht... (2') Wo ist ein Blatt *Papier?* (*KO:* Vor der Hypnose *wurde die Handschrift durch eine Schriftprobe* geprüft, ein geeignetes Blatt Papier *ohne die abgegebene Schriftprobe* wurde vorbereitet.) ... Hier, da ist ein Stück Papier ... Wir wollen sehen, wie Sie jetzt schreiben werden ... Ja ... hier ... (3′) Schreiben Sie, bitte, hier, fangen Sie an ... So ist es schön ... (4′) Die *Handschrift* ist sehr schön ... (5′) Und jetzt machen wir *eine größere Schreibaufgabe* ... etwas mehr ... vielleicht ein *kurzes Märchen* oder so etwas ... Noch Papier her ... Ja ... da ist das Papier ... Schreiben Sie jetzt bitte *ein Märchen* ... (6′) Oder etwas aus *Wilhelm Busch* ... Ganz gleich was ... eine Geschichte ... (7′) Wenn Ihnen keine einfällt, dann *beschreiben Sie einen Tag* aus Ihrem Leben ... Irgend etwas ... (*KO:* Der Hypnotiseur steuert die Vp durch Suggestionen, *daß der gleiche Inhalt oder zumindest ein ähnlicher wie in der Schriftprobe vor der Hypnose aufgeschrieben wird.* Denn nach der Dehypnotisierung werden die Handschriftenproben verglichen.) (8′) So ist es schön ... Die *Handschrift* ist schön ... Die Zeilen gehen *nach oben* ... (9′) *Optimisums* strahlt von Ihnen aus ... (*KO:* Wenn das stimmt, wenn die Zeilen im Verlaufe des Schreibens nach unten abweichen, werden diese Kommentare – aber auch *negative* – nicht gegeben. Mit dieser Probe haben wir die Handschrift in der Hypnose geprüft. Sie wird *regredive Erscheinungen* manifestieren, wenn der Betreffende tatsächlich tief hypnotisiert ist. Die Handschrift ist oft kindlich, unausgereift, unausgeschrieben, zackig.) ... So und jetzt machen wir etwas anderes ...

C7

(*KO:* C7 dient uns zur erneuten Demobilisierung des Hypnotisanden. Erst am Ende kann sich C7 wegen der auslaufenden und einlaufenden anderen Suggestionen mit D1 überschneiden und ergänzen.)

(1′) ... Und jetzt *setzen* Sie sich *wieder* ganz bequem hin, lehnen Sie sich an und bleiben Sie ruhig sitzen. (2′) Um Sie aus der Hypnose *zurückführen* zu können, werde ich Sie wieder *in den vertieften Entspannungszustand* versetzen ... Sie sind wieder ganz entspannt und gelöst ... (3′) Die *Augenlider* sind wieder ganz schwer ... die Augen müde ... (4′) *Atmung* tief und ruhig ... (5′) Das *Herz* schlägt wieder ganz langsam, regelmäßig und kräftig ... (6′) Das *Blut* sinkt in die unteren Körperteile ... (7′) *Körper, Arme* und *Beine* ganz schwer ... bleischwer ... Alles ist ganz schwer ... Sie fühlen sich ganz wohl und atmen tief und ruhig ... (8′) *Nach dem Wecken* werden Sie alles *vergessen* haben, was inzwischen geschah ... Alles andere ist unwichtig, gleichgültig ... (9′) Durch andere Stimmen und andere Handlungen *werden Sie nicht* in die Hypnose gehen können, bis ich Ihnen das ausdrücklich sage ... (10′) Und jetzt ruhig, entspannt und gelöst liegen ... Sie fühlen sich wohl und angenehm ... wohl und angenehm ... Sie sind entspannt ... tief entspannt und gelöst ... Die Augen zu lassen,damit Sie sie gut *entspannen können* ... bis ich etwas anderes sage, Ihnen *eine Aufgabe* stelle ...

D1

Nachdem Sie sich jetzt *ganz entspannt haben*, werden wir auf die Aufgabe übergehen die Sie nach dem *Zurückführen* aus der Hypnose ausführen können, ohne zu wissen, woher sie kommt. Sie werden sich an das, was ich Ihnen jetzt sage, *später im Wachsein nicht erinnern können* ... Das ist auch nicht wichtig ... Hauptsache ist, daß Sie sich dabei wohl fühlen ... (*KO:* C7 wurde also durch D1 ergänzt.)

D2

(1′) Und nachdem ich Sie aus der Hypnose zurückgeführt habe und Sie ganz *frisch und munter, leicht und frei* geworden sind, werden Sie diese *Stühle* da, die umherstehen, nehmen und alle auf diesen Tisch, den Sie vorhin gesehen haben, stellen ... Alle Stühle einfach auf diesen Tisch hinaufstellen und sich dabei um nichts kümmern ... Sie werden die Stühle auf

den Tisch stellen... Ja... sie müssen auf den Tisch... (2') Selbstverständlich ist es *gleichgültig*, woher diese Aufgabe stammt... Sie werden sich *nicht einmal erinnern* können, woher die Aufgabe kommt... Aber die Stühle müssen auf den Tisch... Ja... sie müssen auf den Tisch... (3') Vielleicht muß hier noch *geputzt* werden... die Stühle müssen hoch... hoch auf den Tisch... (4') Alle *acht Stühle* werden Sie auf den Tisch hinaufstellen... einfach auf den Tisch... (*KO:* Wenn es im Raum *nur fünf Stühle* gibt, wird die Vp im posthypnotischen Zustand nach den anderen suchen und dadurch erkennen lassen, daß sie *acht* verstanden hat.)... *Alle acht Stühle* hier einfach auf den Tisch... Und nach dem Zurückführen aus der Hypnose werden Sie nicht wissen, woher die Aufgabe kommt... Warum auch?... Alles andere als das, was ich Ihnen sage, ist unwichtig... gleichgültig...
(*KO:* D3 bis D7 entfallen, weil keine weiteren Aufgaben erteilt wurden.)

E1

(*KO:* In diesem Falle wird der Hypnotisand in E1 durch die *Übergangs-Suggestionen* wie folgt auf den Beginn der Dehypnotisierung vorbereitet:)
... Und jetzt haben Sie sich ganz *ausgeruht*... Sie sind jetzt ganz entspannt und gelöst... Sie befinden sich in der tiefen Hypnose... Sie *hören mich* deutlich sprechen. (*KO:* Diesen Satz nie vergessen, *damit der Hypnotisand den Rapport mit dem Hypnotiseur nicht verliert)*... Sie werden *nach der Rückführung* einiges *vergessen haben* und nicht alles wissen, was während der Hypnose geschehen ist. Das macht nichts. Hauptsache ist, Sie haben sich ganz wohl gefühlt. *Bei der nächsten Hypnose werden Sie noch tiefer und schneller in die Hypnose kommen*... Und jetzt werde ich Ihnen sagen, wie ich Sie aus der Hypnose zurückführen werde... Sie befinden sich *in einem vertieften Entspannungszustand und kümmern sich um nichts*... um nichts anderes als um das, was ich Ihnen sage... Sie fühlen sich ganz wohl... Und ich werde Sie aus der Hypnose zurückführen, indem ich bis *sechs* zähle... bis sechs... Bei *sechs* werden Sie die *Augen aufmachen können*, ganz frisch und munter, leicht und frei sein... ganz frisch und munter, leicht und frei... Und jetzt werde ich beginnen zu zählen... *Ich werde zwischendurch auch etwas anderes sagen*... Das macht nichts... Hauptsache ist, *daß Sie das Zählen hören* und auf *sechs* ganz wach werden, ganz wach, frisch und munter... frisch und munter... leicht und frei... Die Augen aufmachen, frisch und munter, leicht und frei sein...

E2

(KO: Nochmals: *Bei der Rückführung/Dehypnotisierung geht man von den unteren Körperteilen zu den oberen und nimmt alles zurück, was man suggeriert hat.)*
(1') Und jetzt sind Ihre *Beine* wieder leicht und frei... ganz leicht und frei... Und *während ich so spreche*, sind die Beine leicht und frei... *Während die übrigen Körperteile* noch relativ schwer sind,... sind die Beine leicht und frei... ganz leicht und frei... (2') Und die ganze *Kraft* kommt in die Beine zurück... Die Kraft kommt... Die Beine sind *kräftig und stark*... (3') Sie können jetzt die Beine wieder *bewegen*... Die Beine sind jetzt ganz frei... *Eins*... Die Beine leicht und frei (*KO:* Ein kleine Pause von mindestens 10 Sekunden wirken lassen und dann:)
(4') ... Und auch die *Arme* sind leicht und frei... Die Arme sind ganz leicht und frei... (5') Und die ganze *Kraft* kommt in die Arme zurück... Alle Muskeln sind leicht und frei... Die ganze Kraft ist in die Arme... in die Muskeln der Arme zurückgekehrt... (6') Sie können jetzt Arme und Hände *bewegen*... (7') So, so ist es gut. *Zwei*... *Arme und Beine* leicht und frei... kräftig und frei... (*KO:* 10 Sekunden Anpassungs-Pause geben und dann:)
(8') ... Und jetzt ist auch der *Körper* leicht und frei... (9') Die ganze *Kraft* kommt in den Körper zurück... Der Körper ist leicht und frei... Alle Muskeln sind leicht und frei... alle Körpermuskeln leicht und frei... *Drei*... *Beine, Arme und Körper* leicht und frei... ganz

leicht und frei ... (10′) *Bewegung* leicht und frei ... Sie können sich soweit bewegen ... (*KO:* 10 Sekunden Anpassungszeit geben und dann:)
(11′) ... Und jetzt ist auch das *Herz* leicht und frei ... das Herz ganz leicht und frei ... (12′) Das *Blut* leicht und frei ... das Blut leicht und frei ... das Blut ganz leicht und frei ... (13′) Das Blut *verlagert sich* jetzt zu den oberen Körperteilen ... (14′) *Der ganze Körper* ist jetzt *gleichmäßig* gut durchblutet ... (15′) Vor allem ist der *Kopf* ganz gut durchblutet ... (16′) Sie werden sich vielleicht nach dem Wecken *nicht an alles erinnern*, was in der Hypnose geschehen ist und was ich gesagt habe ... Das macht nichts ... Sie werden aber trotzdem so tun, als ob Sie sich an alles erinnern könnten ... Das Blut ist leicht und frei ... (*KO:* 10 Sekunden Zeit zum Anpassen geben und dann:)
(17′) ... Und jetzt ist auch die *Atmung* leicht und frei ... die Atmung leicht und frei ... *Herz, Blut, Atmung* leicht und frei ... *Vier* ... Atmung, Herz und Blut leicht und frei ... Arme, Beine und Körper leicht und frei ... Bei *sechs* werden Sie ganz frisch und munter, leicht und frei sein ... (18′) Sie werden die *Augen* aufmachen, frisch und munter und ganz ausgeglichen sein ... Wie nach einem langen Nachtschlaf ... (*KO:* 10 Sekunden Zeit zur Adaptation geben und dann:)
(19′) ... Und jetzt ist auch der *Kopf* leicht und frei ... der Kopf leicht und frei ... *Fünf* ... der Kopf leicht und frei ... (*KO:* 10 Sekunden Anpassungszeit geben und dann:)
(20′) ... Und schließlich sind auch die *Augen* leicht und frei ... Augen und *Augenlider* leicht und frei ... ganz leicht und frei ... (21′) *Alles* leicht und frei ... alles leicht und frei ... *Augenlider und Augen* leicht und frei ... Alles leicht und frei ... *Sechs* ... (22′) *Augen auf*, alles leicht und frei ... (23′) Sie sind jetzt *ganz wach*, frisch und munter, leicht und frei, hellwach, frisch und munter, ganz ausgeruht und ausgeglichen, nicht wahr?
(*KO:* E3 bis E7 entfallen, weil die Zurückführung bis E2 gelungen ist.)

W1

(*KO: W1* ist komplementär zu E2, weil E7 nicht in Erscheinung tritt. Während die Suggestionen von E2 *spitz* auslaufen, nehmen diejenigen von W1 *an Umfang* zu. Da der Hypnotisand im Wachsein nach der Hypnose Aufgaben erfüllen muß, haben wir auch das W in Subschritte: W1, W2, später W3 etc. eingeteilt.)
... Und jetzt sind Sie wieder ganz wach und *frisch und munter* ... Wenn Sie wollen, können wir uns etwas über *Ihre Erlebnisse unterhalten* ...

W2

(1′) ... Oder wollen Sie etwas anderes tun? ... Was würden Sie jetzt *tun* wollen? ... (*KO:* Wenn die Suggestionen für die posthypnotische Aufgabe verstanden und nicht erinnerbar sind, dann wird die Vp anfangen, diese zu realisieren. Sie geht im Zimmer umher, sammelt die Stühle ein und stellt sie auf den Tisch hinauf. Wenn es nur *fünf* Stühle gab, wird sie *verlegen* nach den übrigen *drei* von den suggerierten *acht* suchen. Auf Befragen wird sie nicht wissen, warum sie die anderen drei sucht.) (2′) Ach ja, Sie wollen jetzt etwas Bestimmtes unternehmen, vielleicht etwas ganz Bestimmtes ... Ich bin neugierig, was das sein wird ... (*KO:* Solange die Vp die Stühle auf den Tisch stellt, verhält sich der Hypnotiseur ruhig und unbeteiligt.) (3′) Sehr schön haben Sie das gemacht ... *Wollten* Sie etwas Besonderes damit *tun?* ... (*KO:* Im weiteren Verlauf die Angelegenheit besprechen, um festzustellen, ob die Vp die Stühle auf den Tisch hinaufstellt, weil sie die Suggestionen *bewußt* als Aufgabe verstand, oder aber nicht weiß, warum sie dies tut. Wird sie dagen: ‹*Das haben Sie mir während der Hypnose aufgetragen*›, besteht keine posthypnotische Amnesie. Wenn dies nicht der Fall ist, dann:) (4′) Vielen Dank, und jetzt *können Sie sich genau erinnern*, woher die Aufgabe mit den Stühlen stammt.» (*KO:* Nachsuggerieren in dieser Richtung, wenn die Amnesie zurückgenommen werden sollte. Es folgt ein ‹*Dankeschön und Aufwiedersehen*›.)

HP-005-A12-C6-01234
Musterhypnose/Fingerfixierung/Hitze-Imagination

Prähypnose

ME: Nachfolgend wird ein *Muster der Hypnose-Induktion* durch die Fixierung eines *Fingers* des Hypnotisanden gegeben. In der darauffolgenden Lektion wird mit einem *spitzen Gegenstand* (analog dieser Hypnose-Induktion) gearbeitet werden.
KO: Nachdem wir *ein paar Beispiele* mit *Musterhypnosen* angeboten haben, beginnen wir ab hier nach und nach auf *Elemente/Schritte einzelner* vorausgegangener Übungs-Lektionen zu verweisen. Die Zusammensetzung des Textes zu jeweils einer vollen Hypnose-Lektion kann durch *Abfotokopieren/Ausschneiden/Einkleben und Nachfotokopieren* oder aber durch einen *Computer* erfolgen. Auf diese Weise können einzelne Lektionen z. B. in eine *Krankengeschichte*, *Karteikarte* oder ein *Versuchsprotokoll* eingefügt und als *Dokument* aufbewahrt werden.

Hypnose

A1

SG: «Nachdem Sie sich ganz *bequem hingelegt* (*KO:* In diesem Falle wird die Hypnose *im Liegen* induziert. Im *Sitzen* und *Stehen* kann sie ebenfalls eingeleitet werden.) ... und sich inzwischen entspannt haben, werde ich Sie etwas *zudecken* (*KO:* Fürsorglich!), und dann werden wir mit der Hypnose beginnen ... Sie wollen gar nichts anderes, wünschen und tun gar nichts ... Sie denken nur an das, was ich Ihnen im nächsten Moment sagen werde ...

A2

(1′) ... Und nun *sehen Sie fest und starr* auf meine *Fingerspitze* (*KO:* Die Spitze des linken Zeigefingers, z. B.) ... ganz fest und starr ... (2′) und *hören* mir ruhig zu, was ich Ihnen sagen werde ... So ist es gut ... Sie machen es sehr gut ... (3′) Sie sehen ganz fest und starr auf meine Fingerspitze, ganz fest und starr ... Sie sehen meine Fingerspitze ganz fest an ... (*KO:* Der Hypnotiseur wiederholt diese Sätze in einigen Variationen, bis er sieht, wie sich die *Pupillen* des Hypnotisanden etwas *erweitern*, und dann:) (4′) Die Fingerspitze wird immer *unschärfer* und unschärfer ... (5′) Es gelingt Ihnen *immer schwerer (KO:* Nicht *schlechter)*, die Fingerspitze scharf zu sehen, sie *verschwimmt* Ihnen immer mehr und mehr vor den Augen, Sie können die Fingerspitze *nicht mehr* scharf sehen ... sie verschwimmt immer mehr und mehr ... (6′) Sie sehen jetzt die Fingerspitze *doppelt* ... und wenn noch nicht ganz so, dann wird es sehr bald so sein ... Die Fingerspitze sehen sie *doppelt*, *unscharf*, *doppelt* ... (*KO:* Der Hypnotiseur wiederholt diese Sätze, bis er sieht, daß die *Bulbi* des Hypnotisanden *zu glänzen* beginnen, und dann:) ... (7′) Und während Sie daliegen, angenehm dösig und entspannt, merken Sie, wie die Augen zu *brennen* beginnen (*KO:* ‹Brennen› als negativen Ausdruck überall, wo es geht, vermeiden.) ... (8′)) Sie spüren deutlich das Brennen ... (*KO:* Auch die Potenzierung des Brennens nur *bei schwer hypnotisierbaren Personen* aufkommen lassen.) ... (9′) Sie sehen die unscharf gewordene Fingerspitze *unverwandt* an ... sind ganz entspannt und müde, dösig und müde ... (*KO:* Der Hypnotiseur wiederholt diese Sätze, bis er ein *Vibrieren* der Augenlieder bemerkt, und dann:) ... (10′) Während Sie unverwandt auf die verschwommene Fingerspitze sehen und das Brennen in den Augen spüren, *werden die Augenlider* immer *schwerer* und schwerer ... immer schwerer und schwerer ... (11′) Sie spüren ein zunehmendes Gefühl der *Dösigkeit und Müdigkeit* ... (12′) *Der Schwere* der

Augenlider *folgen Sie*... (13′) und lassen die Lider wie von alleine der Schwere nach *zufallen*, Sie lassen sie einfach zufallen... fallen und schließen die Augen... *(KO:* Bei Bedarf ergeht der Befehl: ‹*Schließen Sie die Augen!*›)... (14′) Sie hören mich weiter zu Ihnen sprechen... Sie sind dösig... müde und schläfrig... angenehm müde und entspannt... Die Augen *sind geschlossen*... Sie sind ganz entspannt und werden mit jeder Minute entspannter und entspannter, angenehm gelöst und entspannt...
(*KO:* B12-C12345 der Übungs-Lektion HP-002 entnehmen. Schlafsuggestionen können mitgenommen oder durch ‹vertiefte Entspannung› ersetzt werden, je nach Suggestionen, die jetzt folgen werden. Am besten hier *eine vertiefte Entspannung ohne Schlafsuggestionen* üben.)

C6

(1′) ... Was ist aber *passiert*... Es ist irgendwie *warm*... sehr warm... sehr warm geworden... Immer wärmer und wärmer... (2′) Es ist hier ganz *heiß*... (3′) Ow... wir müssen uns etwas *freimachen*... Es ist sehr heiß... (4′) Ja... *ziehen* Sie die Jacke *aus*... Es ist heiß... immer wärmer und wärmer... ganz heiß... ganz heiß... heiß... heiß... *(KO:* Es wird *immer intensiver und forcierter suggeriert*, bis der Hypnotisand anfängt, *einzelne Kleidungsstücke auszuziehen*. Zuerst die Jacke, dann die Weste etc. *Es wird jedoch nicht erlaubt, daß sich eine weibliche Person vor dem männlichen Hypnotiseur so weit entkleidet, daß dies für sie unzumutbar wäre.)* (5′) Es ist heiß... ziehen Sie bitte die Jacke aus... Es ist sehr heiß... (6′) Sie *schwitzen*... Sie schwitzen... immer mehr und mehr... (7′) Sie sind *schweißgebadet*... immer *nasser und nasser*... Machen Sie sich noch mehr frei... noch mehr... Sie schwitzen gewaltig... Es ist ganz heiß... Immer weiter und weiter... (*KO:* Wenn eine entsprechende Reaktion auf Wärme aufgetreten ist und ein überzeugendes Verhalten in dieser Richtung gezeigt wird, dann kann desuggeriert werden.) (8′) Und jetzt ist es *gut*... (9′) Sie haben es sich etwas *bequemer* gemacht... (10′) Es ist nicht mehr so heiß wie vorhin... Es ist angenehmer und *angenehmer* geworden... ganz angenehm... (11′) Es ist jetzt *überhaupt nicht so heiß* wie vorher... (12′) Ja... jetzt können Sie sich wieder *anziehen*... Es ist nur angenehm warm... aber nicht so heiß... Es ist nicht mehr heiß... Sie spüren es... Es ist ganz angenehm... (13′) Es ist sogar etwas *kälter* geworden als vorhin... (*KO:* Dann kann eventuell die *Kälte* suggeriert werden.) (14′) Es wird sogar *kalt*...» etc.
(*KO:* C7 und E12 oder weiter der Übung HP-002 entnehmen. Der Ausdruck «*Wecken*» wird dann verbalisiert, wenn Schlafsuggestionen gegeben worden waren.)

Posthypnose

Im posthypnotischen Gespräch wird nachgeprüft, ob die Wärme-Illusion erinnert wird.

HP-006-C67-01234
Gegenstand-Fixierung/Hyperalgesie/Anästhesie

Prähypnose

KO: Diese Übungs-Lektion ist geeignet, eine *Hyperalgesie* und gleichzeitig eine *Anästhesie* an verschiedenen Körperteilen auszulösen und somit zur *Symptom-Transformation* zu führen (siehe Kapitel X). In diesem Falle wird dies an der Hyperalgesie/Anästhesie der Arme demonstriert.

Hypnose

(*KO:* A1 bis C5 der HP-002 entnehmen. Wenn keine Schlafsuggestionen gegeben werden sollten, den B-Schritt der HP-004 entleihen.)

C6

(*KO:* Es folgt *Hyperalgesie/Anästhesie zur Symptom-Transformation und imaginäre Kondition* – siehe Kapitel IX.4.2.4.11.)
(1′) Während Sie weiterhin in diesem *angenehmen Zustand* der Ruhe bleiben, *streiche* ich nun über den *linken Unterarm* ... (2′) In diesem Teil wird die Haut *besser durchblutet*, wird ganz *warm*, ganz warm und *überempfindlich* ... (3′) In diesem Teil wird die Haut so *überempfindlich*, daß schon meine Berührung wie ein *Schmerz* empfunden wird. Schon eine leise Berührung ist so *schmerzhaft* und läßt Sie vor *Schmerz zusammenzucken*, als ob ein starker Schmerzreiz Sie treffen würde ... (*KO:* Diese Suggestionen werden *mehrmals wiederholt*. Dann kann sich der Hypnotiseur durch eine leichte Berührung von der *Hyperalgesie* überzeugen.) (4′) Am *rechten Arm* aber werden Sie bei der Berührung ein *Kältegefühl* spüren ... (5′) An dieser Stelle ist die Haut jetzt *blutleer und unempfindlich, ganz kühl*, blutleer und unempfindlich ... (6′) Der rechte Arm ist *kühl, blutleer und unempfindlich, schmerzfrei, wie tot, ganz blutleer und unempfindlich* ... (7′) Alle auch noch so intensiven Reize *werden nur wie aus einer Entfernung* wahrgenommen, wie *dumpf, schmerzfrei;* denn der rechte Arm ist schmerzfrei, ganz ohne wirkliches Gefühl, wie tot, blutleer, schmerzfrei ... (8′) Jeder *Stich* wird nur wie *eine dumpfe Berührung wahrgenommen, ganz gefühllos, ohne Schmerz* ... (9′) Der jetzige *Reiz* ... (*KO:* Der Hypnotiseur wiederholt und variiert diese Sätze und *sticht mit einer Kanüle* kräftig zu.) ist eben nur als eine *dumpfe Berührung* zu fühlen, ganz schwach, *kaum wahrnehmbar*, wie eine *dumpfe Berührung*. So wie Sie nun erlebt haben, daß die einzelnen Erscheinungen sich einstellen, so werden sich auch alle anderen Suggestionen verwirklichen, was sich dann für die spezielle Behandlung günstig auswirken wird ... (10′) Verbleiben Sie nun in diesem *angenehmen Ruhezustand*, bis wir denselben beenden und Sie sich danach (11′) *erquickt und erfrischt* fühlen, wie nach einem tiefen, erholsamen Schlaf ... obwohl Sie eigentlich nicht geschlafen haben.» (*KO:* Wenn keine Schlafsuggestionen gegeben worden waren.)

C7

(*KO:* In C7 wieder wie bei HP-002 die Augen schließen lassen und zur Dehypnotisierung vorbereiten. Mit E1 und E2 aus der Hypnose zurückführen.)

Posthypnose

Und jetzt läßt sich der Hypnotiseur vom Hypnotisanden über die Erlebnisse der Hypnoanästhesie und Anästhesie informieren. «Dankeschön und Aufwiedersehen!»

HP-007-C567-01234-D12-E12

Musterhypnose/Zielfixierung/Vertiefung/Zähltechnik/Positive und negative Halluzinationen/Vielfältige Aufgaben möglich/ Dehypnotisierung

KO: A1 bis C4 den vorausgehenden Lektionen entnehmen, jedoch *einen Punkt (Ziel) an der Wand/Decke* fixieren lassen. Nachfolgend wurde zu Übungszwecken auf die Bezeichnung von *Signalen* (1′, 2′, 3′ ... etc.) zum Teil verzichtet (siehe dazu HP-099).

C5

... Und jetzt machen wir etwas ganz *Neues* ... etwas, was ich Ihnen vorher versprochen habe, etwas, was Sie sehr gern machen werden ... Was Sie auch interessieren wird ... Ihre *Beine* sind jetzt ganz leicht und frei ... Die *Kraft* kehrt wieder in die Muskeln der Beine zurück ... Sie *bleiben in der tiefen Hypnose* ... Sie kommen erst dann aus der Hypnose zurück ... wenn ich Ihnen dies ganz eindeutig ankündige ... Sie bleiben jetzt in der Hypnose ... Die Beine sind trotzdem leicht und frei ... Und Sie werden bald *durch das Zimmer gehen* können, wir räumen inzwischen alles weg ... Sie fühlen sich immer wohler und wohler ... wohler und angenehmer ... Und während die Beine immer kräftiger und kräftiger werden, damit Sie durch das Zimmer gehen können ... fühlen Sie sich immer wohler und angenehmer ... Und jetzt sind die *Beine ganz kräftig* ... leicht ... und frei ... Und wenn Sie jetzt eine Bewegung mit den Beinen versuchen würden ... Sie können es ruhig versuchen ... Ja, versuchen Sie es ... so ... die Beine sind leicht und frei ... Durch diese Bewegung, die Sie ausgeführt haben ... haben Sie mir auch gezeigt, daß die Beine leicht ... frei und kräftig sind ... Sie *könnten* jetzt aufstehen und umhergehen, jedoch sind die Arme noch schwer ... Und der Körper ganz schwer ... Und jetzt sind auch die *Arme* leicht und frei ... Die *Kraft* kommt in die Arme zurück ... Sie *bleiben* jedoch in der Hypnose ... in einer *festen* Hypnose (*KO:* Das Wort ‹tief› wird als mißverständlich vermieden und durch den Ausdruck ‹*fest*› ersetzt.) ... Und die *Arme* sind ganz kräftig geworden ... so kräftig, daß Sie jede Bewegung ausführen können ... Ja ... Sie können es auch versuchen ... Ja ... versuchen Sie es ruhig ... Ja ... die *Finger* bewegen sich ... die Arme auch ... Durch die Bewegung des linken/rechten Armes (*KO:* Je nachdem) haben Sie mir angedeutet, daß die Arme leicht und frei sind ... Sie sind leicht und frei und kräftig ... *Arme und Beine* können sich bewegen ... Die ganze Kraft ist zurückgekehrt ... Ja ... und etwas mehr ... eine *riesige Kraft* verstärkt Ihre eigentliche Kraft in den Armen ... Arme und Beine sind leicht, frei und kräftig ... Die ganze Kraft und *noch mehr* ist zurückgekehrt ... Wir räumen das Zimmer inzwischen leer, alle Stühle, Tische, alles wird weggeräumt ... Und wenn Sie dann aufstehen, wird das Zimmer leer sein, ganz leer ... Und jetzt ist auch der ganze *Körper* leicht und frei ... Die Kraft ist in alle Muskeln des Körpers zurückgekehrt ... Die Kraft kommt zurück in den Körper ... Arme ... Beine ... Körper leicht und frei, leicht, frei und kräftig ... Sie *könnten* jetzt aufstehen und umhergehen, jedoch wollen wir dies noch nicht tun ... Wir räumen das Zimmer zuerst leer ... Und jetzt ist auch das *Herz* leicht und frei ... das Herz leicht und frei ... Das *Blut* verlagert sich von den unteren zu den oberen Körperteilen ... Alle Körperteile sind *gleichmäßig* durchblutet ... Vor allem ist der *Kopf jetzt ganz gut durchblutet* ... der Kopf ist ganz gut durchblutet ... Alle Körperteile sind ganz gut durchblutet ... Und die *Atmung* ist jetzt leicht und frei ... die Atmung leicht und frei ... Sie bleiben *ganz fest* in der Hypnose und haben die Verbindung nur mit mir ... Sie bleiben in der Hypnose ... Sie sind in einer festen, angenehmen und wohltuenden Hypnose ... Sie fühlen Sich ganz wohl und angenehm ... Nachdem jetzt Arme, Beine und Körper leicht und frei sind ... und das Blut nach oben zu den höheren Körperteilen zurückgekehrt ist, fühlen Sie sich auch leicht und frei ... Sie bleiben mit mir *in einem festen Kontakt* ... Sie *verbleiben in der Hypnose* ... bis ich Ihnen sage, daß Sie aus der Hypnose herauskommen ... Inzwischen wird das Zimmer ganz *leer geräumt*. Und wenn Sie aufstehen, können Sie ruhig durch das Zimmer gehen, das Zimmer wird ganz leer sein, ganz leer ... Und jetzt sind die *Augen* leicht und frei ... die *Augenlider* sind leicht und frei ... die Augenlider sind leicht und frei ... Die Schwere entschwindet *aus dem ganzen Körper* ... aus dem ganzen Körper ... aus allen Gliedern ... aus den Augenlidern ... Sie können jetzt die Augenlider sind leicht und frei ... Die Schwere entschwindet *aus dem ganzen Körper* ... aus dem ganzen Körper ... aus allen Gliedern ... aus den Augenlidern ... Sie können jetzt *Öffnen Sie jetzt die Augen! ... Die Augen sind geöffnet* ... So, jetzt fühlen Sie sich ganz wohl ... ganz wohl, leicht und frei ... Das Zimmer ist ganz leer ... Sie sind noch etwas träge ... Und vor allem können Sie noch nicht richtig sprechen ... Die *Sprechmuskulatur* ist noch schwer ... Vielleicht noch nicht ganz leicht und frei ... Aber sehen können Sie schon, *das Zimmer ist leer*. Und jetzt ist auch die *Sprechmuskulatur leicht und frei* ... Die Schwere *entschwindet* vollkommen ... die *Lippen* ... die *Zunge* ... die ganze Sprechmuskulatur ganz leicht und frei ... Und auch die *Wangen*, die *Backen* sind leicht und frei ... Sie können jetzt auch *sprechen* ... Ja ... Sie können es ... Und wenn Sie jetzt versuchen würden zu sprechen ... Ja ... versuchen Sie ... Sagen Sie *Ja*, wenn es stimmt (*KO:* Der Hypnotisand sagt *Ja!*) ... So, auch das ist jetzt ganz frei ... Und jetzt können Sie frei *durch das Zimmer gehen*, das Zimmer ist leer ... Sie sind leicht und frei ... Sie stehen fest mit mir in Verbindung, nur mit mir ... und gehen ein paar Schritte durch das Zimmer. *Wir beiden widmen uns einander und wollen keine etwaige Einmischung von außen* ... Gehen Sie ruhig ein paar Schritte durch das Zimmer, das Zimmer ist leer ...

C6

(*KO:* Nachdem der Hypnotisand *die Augen geöffnet hat*, wird er nachdrücklich aufgefordert, ein paar Schritte durch das Zimmer zu gehen, vielleicht auch, aus dem Fenster zu schauen. Dabei verhält sich der Hypnotiseur so wie der Referent *bei Schlafwandlern*, d.h. er geht mit dem Somnambulen, steuert ihn geschickt so, daß dieser nicht etwa über die Möbelstücke stürzt und sich verletzt.)
... Ja, kommen Sie, wir schauen zum Fenster hinaus, vielleicht kommt jemand vorbei ... Ah ja, gerade kommt jemand vorbei ... (*KO:* Wenn niemand vorbeikommt, dann kann man jetzt *positive Halluzinationen* auslösen, indem man den Passanten suggeriert.) Da ist er ... da unten, er kommt gerade vorbei, da ist er ... (*KO:* Wenn der Hypnotisand einen entsprechenden Gesichtsausdruck macht, wird man den Passanten desuggerieren und dann weitergehen.) Ja, er ist gerade vorbeigegangen, ich kenne ihn nicht ... Er ist weg ... (*KO:* Man kann sich dem Hypnotisanden zuwenden und fragen, ob er den Passanten kenne. Wenn er dies bestätigt, sind auch die *positiven Halluzinationen* gelungen. Gibt der Hypnotisand keine positive Antwort und zweifelt an der Existenz des Passanten, wird der erstere abgelenkt und es wird weitergearbeitet.) Na ja ... er ist auch sehr schnell weggegangen. Wir gehen ein paar Schritte weiter ... (*KO:* Der Hypnotisand geht weiter, *droht die Blumen oder einen Stuhl umzukippen*. Der Hypnotiseur geht mit ihm und steuert ihn geschickt an dem Gegenstand vorbei, so daß man gerade noch bestätigen kann, daß der Hypnotisand die Gegenstände nicht sieht, etc.)

C7

... *Und jetzt gehen wir wieder zurück*, wir wollen uns hinsetzen und etwas plaudern ... Gehen ist *nicht mehr interessant* ... Ich mag nicht mehr umherlaufen ... Wir gehen uns hinsetzen ... (*KO:* Nach dem Platznehmen:) ... Und jetzt sind Sie wieder *ganz müde*, müde vom Gehen, Sie sind wieder ganz müde ... Sie wollen sich wieder *entspannen* ... Machen Sie einfach *die Augen zu* und entspannen Sie sich ... Sie können auch schlafen, wenn Sie wollen ... Die *Augenlider* sind wieder ganz schwer, die *Atmung* tief und ruhig, das *Herz* schlägt immer langsamer und langsamer, das *Blut* sinkt in die unteren Körperteile, der *Körper* ist bleischwer, *Arme und Beine* bleischwer ... Sie befinden sich wieder in der *tiefen* Hypnose ... Und wenn ich Sie zurückgeführt habe, werden Sie sich *an gar nichts erinnern*, was inzwischen geschehen ist. Warum auch, alles ist gleichgültig und unwichtig. Wir bringen wieder die Möbel herein ... Ja ... wir bringen wieder die Möbel herein ... herein mit den Möbeln ... Sie werden sich sowieso nach dem Wecken an nichts erinnern, aber an gar nichts ... Das macht gar nichts. Sie entspannen sich jetzt ganz gut und werden sich nach dem Zurückführen aus der Hypnose frisch und munter fühlen, leicht und frei sein, vollkommen wach, frisch und munter, leicht und frei ...

D1

... Und jetzt werden Sie *etwas Besonderes* erleben ... Sie fühlen sich ganz wohl und angenehm ... Und während Sie so ruhig dasitzen, werden Sie jetzt *wunderbare Erlebnisse* haben, die Sie schon lange hätten spüren können ... Und vielleicht spüren Sie jetzt etwas *im linken Schultergelenk* ... Konzentrieren Sie sich ganz genau auf das linke Schultergelenk ...

D2

(1′) Und während Sie sich darauf konzentriert haben, spüren Sie *den linken Arm immer leichter* und leichter werden ... (2′) Der linke Arm *löst sich* vom Körper und schwingt frei ... ganz frei im Raum ... (3′) Der linke Arm löst sich ... *zuerst im Schultergelenk* ... wo Sie eine Leichtigkeit verspürt haben ... dann auch im *Oberarm* ... (4′) Und jetzt spüren Sie eine Leichtigkeit im *Ellbogengelenk* und dann im *Unterarm* ... (5′) Der Arm löst sich jetzt *vom Körper* ... (6′) Und jetzt spüren Sie *nichts* mehr ... Sie spüren den Arm überhaupt nicht mehr ... (7′) Im linken Arm, in der *linken Hand* spüren Sie nichts mehr ... (8′) Der Arm ist *ganz weg* ... *gefühllos* ... ganz weg ... Sie spüren ihn nicht mehr ... er ist nicht mehr da ... (9′) Und nach dem Zurückkommen aus der Hypnose werden Sie nach dem Arm *schauen* ... er wird nicht mehr da sein ... er ist vollkommen verschwunden, Sie spüren ihn nicht, er ist weg ... einfach *weg und davon* ... Sie werden dies noch stärker merken, wenn Sie wach werden ... der Arm, der linke Arm, angefangen *vom Schultergelenk bis zu den Fingerspitzen*, ist einfach weg ... Sie fühlen den Arm nicht mehr, Sie sehen ihn nicht ... Er macht sich *durch nichts* bemerkbar ... (10′) Und wenn Sie auf meine Stimme hören, werde ich Ihnen sagen, *was weiter passieren* wird ... Ich werde Ihnen sagen, was weiter geschehen wird ... Sie werden den Arm nicht fühlen und sehen, bis ich Ihnen etwas anderes sage ... (*KO:* In diesem Sinne weiter suggerieren, um den Hypnotisanden noch während der Hypnose zu veranlassen, nach dem Arm zu suchen, zu tasten. Wenn er sich erstaunt zeigt und die Suggestionen realisiert hat, dann ist er für die Wegsuggestion einer Beschwerde im linken Arm geeignet. Auf diese Weise können auch Beschwerden in vielen anderen Körperteilen oder Organen wegsuggeriert werden.) ... (11′) Und jetzt *ruhen Sie sich wieder* gut *aus* ... ganz ausruhen ... (12′) Und wenn ich Sie *aus der Hypnose zurückgeführt habe*, werden Sie sich klar und deutlich daran *erinnern*, was ich Ihnen in diesen letzten Minuten gesagt habe ... Der Arm, der linke Arm, ist ganz weg, er ist nicht zu spüren ... (13′) Nachdem Sie sich *wieder ausgeruht* haben, werde ich Sie aus der Hypnose zurückführen ... richtig geschlafen, wie in der Nacht, haben Sie ja nicht ... Sie waren in einem hypnotischen Dösen, in einem vertieften Entspannungszustand ...

E1

... Und jetzt haben Sie sich ganz gut *erholt* ... Sie fühlen sich ganz *entspannt*, gelöst und *ausgeruht* ... Ich werde Sie jetzt aus der Hypnose zurückführen, indem ich *von 20 bis 1 rückwärts* zähle ... Ich fange gleich an, rückwärts zu zählen, von 20 bis 1. Sie werden dabei schrittweise zurückkommen, *in den Zustand des normalen Bewußtseins* zurückkehren, und wenn ich *fünf* sage, werden Sie die *Augen öffnen* und spätestens bei *eins* wieder voll da sein, in Ihrem gewohnten *Alltag*. Nachdem Sie die Augen geöffnet haben, werden Sie sich wohl fühlen. Sie werden eine angenehme Empfindung haben und sich einfach wohl fühlen ... Und das, was ich Ihnen vorhin hinsichtlich des linken Armes gesagt habe, bleibt Ihnen erhalten, bewußt ...

E2

Ich fange jetzt an: 20 ... 19 ... 18 ... 17 ... 16 ... 15 ... 14 ... 13 ... 12 ... 11 ... 10 ... der halbe Weg ... 9 ... 8 ... 7 ... 6 ... 5 ... 4 ... 3 ... 2 ... 1! *Ganz wach!* Sie fühlen sich jetzt frisch und munter, leicht und frei! Jedes Gefühl von Müdigkeit geht gleich vorbei!»

Posthypnose

Im posthypnotischen Zustand wird der Hypnotisand den Arm «suchen», wenn die Suggestion gelungen ist (was nicht sehr oft vorkommt). Am Ende, im Wachsein, das suggerierte Symptom desuggerieren.

HP-008-A12-C6-01234-D12
Handfixierung/Katalepsie/Dissoziation/Automatisches Schreiben

Prähypnose

DG: Männliche Vp, 56 Jahre alt (Fall 05: KG-381-LC-271225-100381), keine Vorhypnosen, macht sich Sorgen um sein künftiges Leben, ab und zu Schlafstörungen, Finger wie abgestorben, insbesondere während des Schlafs in der Nacht. Beim Mittagsschlaf keine Besonderheiten. Sonst sehr konservativ. Die Ehefrau ist relativ viel jünger als er, lebendiger, möchte das Leben genießen, worauf der Hypnotisand keinen Wert legt.
ME: Der Proband wird seine *Handflächen fixieren*, und zwar ähnlich, wie dies die Wahrsagerinnen bei ihren Klienten tun. Dabei Imagination, Katalepsie der Finger/Hand, des Unterarmes. Während des Somnambulismus wird ein *automatisches Schreiben* suggeriert und ausgeführt.
KO: Für die spätere eventuelle Hypnoanalyse kann das *automatische Schreiben* ausgenutzt werden. Eine *Handschriftenprobe* wurde noch im Wachsein (Prähypnose) abgenommen. Weichen Bleistift und Papier vorbereiten!

Hypnose

A1

SG: «Da Sie so bequem sitzen, werden wir die Hypnose *auf eine ganz bestimmte Weise* auslösen. Sie werden Ihre *rechte Hand fixieren*, und zwar so, wie dies die Wahrsagerinnen bei fremden Menschen tun. Während Sie Ihre eigene Handfläche anstarren, werden Sie sich *selber mit meiner Hilfe* hypnotisieren. Setzen Sie sich so, daß Sie den Ellbogen auf diesen Tisch hier stützen können, so daß der Unterarm *senkrecht* nach oben schaut und die Finger ganz *ausgestreckt und gespreizt* sind ... (*KO:* Ein kleiner Tisch steht vor dem Sessel des Hypnotisanden, so daß er seinen Ellbogen darauf stützen kann. Der Unterarm steht *vertikal in der Luft*, die Finger werden nach oben *ausgestreckt und fest gespreizt*. Der Hypnotisand fixiert die *Handlinien*. Man zeigt ihm die Stelle, wo sich die Linien treffen und überschneiden. Eigene Methodik des Autors.)

A2

(1′) ... Und nachdem Sie den *Ellbogen auf den Tisch gelegt/gestellt haben*, geht der Unterarm direkt in die Luft ... Der *Ellbogen* stützt sich auf den Tisch, *der Unterarm steht senkrecht in der Luft* ... (2′) Und die *Finger* sind ganz *ausgestreckt* und *fest gespreizt* ... Ganz ausstrecken und spreizen, so gut Sie können ... ganz fest strecken und spreizen ... So ist es gut ... (3′) Und jetzt schauen Sie, bitte, ganz fest auf ihre *Handfläche* ... ganz fest auf die Handfläche schauen ... (4′) Und dort, wo sich die *Handlinien treffen*, ist eine gute Stelle, auf die Sie schauen können, fest darauf schauen ... (5′) Und während Sie so die *Handlinien fixieren*, stellen Sie sich vor, wie Sie mit Ihren *Gedanken* ganz fest in die kleinsten *Venchen* Ihrer Hand hineingehen, sich hineindenken ... So viel Anatomie haben Sie gelernt (*KO:*

Dies wird bei Probanden angewandt, von denen man erwartet, daß Sie die Venen einigermaßen kennen.) ... Stellen Sie sich vor, Sie gehen mit Ihren Gedanken in die Venchen hinein ... (6′) Und während Sie sich das vorstellen, *fließt das Blut aus den Fingern* heraus ... ganz schnell ... (7′) Sie spüren jetzt eine *kleine Schwere* in den kleinen Muskeln der *Fingerspitzen* und dann nach unten bis zu den Ansätzen der Finger ... das *Blut sinkt* immer schneller und schneller ... (8′) Und während das Blut so nach unten sinkt, denken Sie daran, wie die *Blutkörperchen* dort *vorbeikommen*, unter der Handfläche, unter den Handlinien, die Sie jetzt angestarrt haben ... Die Blutkörperchen kommen vorbei, und das Blut sinkt nach unten zum Ellbogen und nimmt Ihre *Vorstellungen*, Ihre Gedanken mit ... (9′) Sie gehen mit Ihren Vorstellungen, mit Ihren Gedanken *nach unten* ... (10′) Die *Finger* sind inzwischen ganz blaß geworden, ganz weiß, sie sind *blutleer* geworden und ganz *starr*, Sie spüren es, die Finger sind ganz starr, starr und steif geworden, Sie können kaum eine *Faust* machen ... (11′) Die *Faust* kann nicht gemacht werden, *die Finger sind steif* ... Sie schauen auf die Linien ... (12′) Und während Sie so mit Ihren Vorstellungen nach unten zu Ihrem Ellbogen wandern und die Finger steif geworden sind ... (13′) spüren Sie die *Müdigkeit* kommen ... (14′) Und Sie wandern mit Ihren Gedanken nach oben, bis zum *Schultergelenk* und dann bis zum *Gehirn* ... (15′) Und da beim *Hirnstamm* ist eine *Öffnung*, eine Öffnung *vom verlängerten Mark zum Hirnstamm*, eine kleine Öffnung ... (16′) Da, dort, wo es ganz *dunkel* ist. Es ist da ganz dunkel wie in einem dichten, *schwarzen Nachtnebel*, Nacht und Nebel, *dicht und dunkel* ... (17′) Sie sind jetzt ganz *müde, schläfrig, müde, schläfrig* ... (18′) Die *Augen schließen*, schlafen, müde ... schlafen, die Augen schließen sich ... (19′) Schlafen und *träumen, Dunkel, Nebel ... schlafen ... träumen ...*
(*KO:* B1 bis C5 der Lektion HP-002 entnehmen.)

C6

(*KO:* In diesem Falle demonstrieren wir das *automatische Schreiben*, das wir bereits als *Schreibprobe* erwähnten. *Automatisches Schreiben* kann zu *diagnostischen Zwecken*, zu Zwecken der *Kontrolle* des hypnotischen Zustandes, wenn der Hypnotisand vor der Hypnose habe nicht automatisch schreiben können, in *forensischen Fällen*, bei einigen *Hautkrankheiten*, bei der *Hypnoanalyse* verwendet werden. Man fange nach Kroger, 1977, Seite 21, in etwa so an:)
(1′) ... Und jetzt machen wir etwas *ganz anderes* ... Hier habe ich Ihnen einen *Bleistift* und etwas *Papier* vorbereitet. (*KO:* Den *weichen Bleistift* und *Papier* benutzen lassen.) Sie werden jetzt etwas ganz anderes machen können ... ganz anderes ... (2′) *Ihre rechte Hand* ist jetzt plötzlich *starr und kalt*, ganz ohne Empfindung, starr und kalt ... (3′) Die Hand verliert die *Empfindung* ... Das macht nichts ... Sie kümmern sich um gar nichts ... Es ist alles in Ordnung ... Die Hand verliert jetzt jede Empfindung, jedes Gefühl, wird ganz frei ... (4′) Die Hand ist wie *Eisen unempfindlich* geworden, sie wird ganz starr und *gefühllos* ... Alles andere ist vollkommen gleichgültig ... (*KO:* Abweichend von Kroger werden bei Bedarf *eigene Suggestionen* hinzugefügt.) (5′) Die Hand ist jetzt *ganz frei*, und sie haben das Gefühl, als ob der Arm *nicht mehr* an Ihrem *Schultergelenk* hängt ... (6′) Sie ist jetzt frei, und der *Arm hängt nicht* mehr an Ihrer Schulter ... (7′) Und jetzt, wenn Sie *versuchen* würden, den Arm zu *heben*, würden Sie das Gefühl haben, als ob die Hand nicht mit dem Arm zusammenhängt, als ob sie frei ist und nicht an ihm hängen würde ... (8′) Als ob sie nicht am *Unterarm* hängen würde ... (9′) Als ob sie sich vom Unterarm *gelöst hätte* ... (10′) Und jetzt *verlieren* Sie über die Hand jede *Kontrolle* ... Sie ist frei, als ob sie nicht am *Handgelenk* und dann an den übrigen Gelenken hängen würde ... (11′) Aber die Hand, die rechte Hand, kann sich praktisch *an alles über Sie erinnern* ... (12′) Die Hand hat *nichts* über Sie *vergessen* ... (13′) Falls Sie etwas über sich selber bereits vergessen haben, sich an etwas aus Ihrem Leben nicht erinnern können, wird Ihre Hand Ihnen helfen, sich *wieder zu* erinnern ... Sie hat das

nicht vergessen ... (14′) Die Hand wird sich erinnern und mit dem *Bleistift*, den ich Ihnen gegeben habe, aufschreiben können ... (15′) Die Hand wird alles *schreiben*, was Sie *eventuell vergessen* haben ... (16′) Und wenn es für Sie irgendwie *schmerzlich* ist, sich an Sachen zu erinnern, (17′) wird Ihre Hand dies *automatisch* auf das Papier schreiben, das Sie eben bekommen haben ... (18′) Und wenn Sie die *Wahrheit nicht erfahren wollen* oder können, wenn Sie die Wahrheit nicht sagen können, wird sie Ihre Hand schreiben, ohne daß Sie kontrollieren können, was sie schreibt, sie schreibt die Wahrheit, und Sie können dies nicht kontrollieren ... (19′) Sie werden auch *nicht wissen*, was Ihre Hand *automatisch geschrieben hat*, Sie werden nicht wissen und kontrollieren können ... (20′) Wenn ich Sie aber aus der Hypnose *zurückgeführt* habe, können wir dies besprechen, wenn Sie es wünschen ... oder auch nicht, je nachdem ... (21′) Und jetzt *lassen* wir Ihre Hand *schreiben* ... (22′) Sie *schreibt weiter*, sie *kreist* auf dem Papier, als ob sie selber dirigieren würde, und schreibt alles Vergessene automatisch ... So, sie schreibt ... sie schreibt, schreibt, schreibt weiter ... weiter ... schreibt und schreibt ... (*KO:* Solange der Hypnotisand schreiben kann, läßt man ihn schreiben. *Das geschriebene Material wird nach der Hypnose bearbeitet oder nicht.* Oft ist es nicht wünschenswert, das automatische Schreiben dem Hypnotisanden zu erläutern. Bei *gerichtlichen Verhandlungen* und in der *Hypnoanalyse* wird es wahrscheinlich nicht anders gehen können. Je nach Verhalten des Hypnotisanden wird man auch die Beurteilung dieses Schreibens vornehmen können.)
(*KO:* C7 wie in HP-002.)

D1

(*KO:* Unter der Voraussetzung, daß man das automatische Schreiben nach der Rückführung aus der Hypnose bearbeiten will, geht man mit D1 auf die Übergangssuggestionen über.)

D2

(1′) ... Und wenn ich Sie aus der Hypnose herausgeführt habe, *werden Sie weiter wie jetzt in der Hypnose automatisch schreiben können* ... etc. (*KO:* Dann werden die Suggestionen unter C6 so umgewandelt, daß sie für die Posthypnose gelten, und dann wird aus der Hypnose zurückgeführt.).» (*KO:* Aus der Hypnose mit E1 und E2 wie bei HP-002 zurückführen. Und dann:)

Posthypnose

Während der Posthypnose je nach Bedarf wieder automatisch schreiben lassen. Dabei wird jetzt der Hypnotisand die Aufgabe ausführen können, obwohl dies vor der Hypnose nicht möglich war. Beim Gewinnen des Vertrauens gegenüber dem Hypnotiseur kann weitergearbeitet werden.

HP-009-C567-01234-D12-E12-W12
Handfixierung/Imagination/Unbewußte Wahrnehmung/ Hypermnesie/Zeugen/Forensische Hypnose/Rückführung

Prähypnose

DG: An einer *Tankstelle* des Ortes BNN wurde der *Tankwart* tot in seinem Dienstraum aufgefunden. Die *Tatortbesichtigung* ergab einen *gewaltsamen Tod* durch *vier Pistolenschüsse*

in die Brust und in den Rücken. *Zwei Zeugen* haben kurz davor im Vorbeifahren vor der Tankstelle ein verdächtiges Kraftfahrzeug *unterschwellig* gesehen. Das einzige, was ihnen sicher auffiel, sei der *Zulassungsort* des Fahrzeuges gewesen. *An das Kennzeichen konnten sie sich nicht erinnern.* Da vor einer Tankstelle laufend Fahrzeuge zu beobachten sind, hatten sich die Zeugen nicht besonders darum bemüht, sich Einzelheiten zu merken.
AN: Mit den Zeugen wird die Angelegenheit *vor der Einleitung des hypnotischen Verfahrens* besprochen. *Die Genehmigung zur Anwendung der Hypnose* wird sowohl von den Zeugen als auch vom zuständigen Staatsanwalt eingeholt. *Ortsbesichtigung und Begebenheitsprotokollierung* sind hilfreich. Eine *Magnettonbandaufnahme* während der Hypnose ist erforderlich. Auch dazu muß die Genehmigung erteilt werden.
KO: Es wird erwartet, daß sich die Zeugen in der Hypnose an das Kennzeichen des verdächtigen Kraftfahrzeuges erinnern, damit dadurch die Ermittlungen erleichtert werden. *Aus verständlichen Gründen sind Namen, persönliche Daten und Kennzeichen geändert worden.* Einen der zwei Zeugen (56 Jahre, männlich) stellen wir hier als *Fall 06* vor.

Hypnose

KO: Zur Einleitung der Hypnose (Hypnose-Induktion) können die Abschnitte A1 bis C4 der HP-002 oder bei geringerer Hypnotisierbarkeit jene aus HP-099 genommen werden. *Bereits bei C5 müssen Abweichungen und Anpassungen vorgenommen werden.*

C5

(*KO:* Der Hypnotisand hat inzwischen das Stadium 4 der Hypnose, d.h. den Somnambulismus, erreicht. Und dann:)
SG: «(1′) ... Während Sie jetzt so daliegen und sich vollkommen entspannt haben, tritt eine *Veränderung* auf ... (2′) Ihre *Beine* werden jetzt ganz leicht und frei werden ... Die Beine *sind jetzt* leicht und frei geworden ... (3′) Die *Kraft* kehrt wieder in die Muskeln der Beine zurück ... (4′) Sie *bleiben in der tiefen Hypnose* ... Sie kommen erst dann aus der Hypnose zurück, wenn ich Ihnen dies ganz eindeutig ankündige ... Sie bleiben jetzt in der Hypnose ... Die Beine sind leicht und frei, ganz leicht und frei ... (5′) Sie *fühlen sich immer wohler und wohler* ... wohler und angenehmer ... Und während die Beine immer *kräftiger* und kräftiger werden ... fühlen Sie sich noch wohler und noch angenehmer ... Und jetzt sind die Beine *ganz kräftig* ... leicht ... und frei ... (6′) Und wenn Sie jetzt eine *Bewegung* mit den Beinen versuchen würden ... Sie können es ruhig versuchen ... Ja, versuchen Sie es ... so ... die Beine sind leicht und frei ... Durch diese Bewegung, die Sie ausgeführt haben ... haben Sie mir auch angedeutet, daß die Beine leicht ... frei und kräftig sind ... (7′) Sie könnten jetzt *aufstehen und umhergehen*, jedoch sind die *Arme* noch schwer ... Und der *Körper* ganz schwer ... (8′) Und jetzt sind auch *die Arme leicht und frei* ... Die Kraft kommt in die Arme zurück ... *Sie bleiben jedoch in der Hypnose* ... In einer festen Hypnose (*KO:* Das Wort ‹*tief*› haben wir auch jetzt als mißverständlich vermieden und durch den Ausdruck ‹*fest*› ersetzt.) ... (9′) Und die *Arme* sind ganz *kräftig* geworden ... So kräftig, daß Sie jede *Bewegung* ausführen können ... Ja ... Sie können es auch versuchen ... Ja ... versuchen Sie es ruhig ... (10′) Ja ... die *Finger bewegen sich*, die Arme auch ... Durch die Bewegung der Arme haben Sie mir angedeutet, daß die Arme leicht und frei geworden sind ... Sie sind leicht und frei und kräftig ... Arme und Beine können sich bewegen ... (11′) Die ganze *Kraft* ist zurückgekehrt ... Ja ... und etwas mehr ... eine riesige Kraft *verstärkt* Ihre eigentliche Kraft in den Armen ... Die Arme und die Beine sind leicht, frei und kräftig ... Die ganze Kraft *und noch mehr* ist zurückgekehrt ... (12′) Und jetzt ist auch der *ganze Körper leicht und frei* ... die Kraft ist in alle Muskeln des Körpers zurückgekehrt ... Die Kraft kommt zurück in den

Körper ... Arme ... Beine ... Körper leicht und frei, leicht, frei und kräftig ... (13′) Sie *könnten* jetzt *aufstehen und umhergehen*, jedoch wollen wir dies *nicht* tun ... Wir haben *ganz andere Aufgaben* ... (14′) Und jetzt ist auch das *Herz* leicht und frei ... das Herz leicht und frei ... (15′) Das *Blut* verlagert sich *von den unteren zu den oberen* Körperteilen ... Alle *Körperteile sind gleichmäßig* durchblutet ... Vor allem ist der Kopf jetzt ganz gut durchblutet ... Der Kopf ist ganz gut durchblutet ... (16′) Der Kopf ist ganz gut durchblutet und *alle Gedanken hellen sich auf* ... Die Gedanken sind jetzt ganz *klar* ... Alle Körperteile sind ganz gut durchblutet ... (17′) Und die *Atmung* ist jetzt leicht und frei ... die Atmung leicht und frei ... (18′) Sie bleiben ganz fest in der Hypnose und haben eine *angenehme Verbindung* mit mir, nur mit mir ... *Sie bleiben in der Hypnose* ... Sie sind in einer festen, angenehmen und wohltuenden Hypnose ... Sie fühlen sich ganz wohl und angenehm ... Nachdem jetzt Arme, Beine und Körper leicht und frei sind ... und das Blut nach oben zu den höheren Körperteilen und zum Kopf zurückgekehrt ist, fühlen Sie sich auch leicht und frei ... Sie bleiben mit mir *in einem festen Kontakt* ... Sie verbleiben in der Hypnose ... bis ich Ihnen sage, daß Sie aus der Hypnose herauskommen ... (*KO:* An dieser Stelle läßt der Hypnotiseur bei den anderen Hypnose-Übungen die Augen öffnen. Bei dieser Hypnose genau darauf achten, daß die Augen *noch geschlossen bleiben* – siehe unten.) (19′) Sie sind noch etwas *träge* ... Und vor allem können Sie *noch nicht richtig sprechen* ... Die *Sprechmuskulatur* ist noch schwer ... Vielleicht noch nicht ganz leicht und frei ... (20′) Und jetzt ist auch die *Sprechmuskulatur* leicht und frei ... die Schwere *entschwindet* vollkommen ... Die *Lippen*, die *Zunge*, die ganze *Sprechmuskulatur* ist völlig leicht und frei ... Und auch die *Wangen*, die *Backen* sind leicht und frei ... Sie können jetzt auch sprechen ... Ja ... Sie können es ... Und wenn Sie jetzt mit *geschlossenen Augen* versuchen würden zu sprechen ... (21′) Ja ... versuchen Sie ... Sagen Sie *Ja* wenn es stimmt (*KO:* Der Hypnotisand sagt *Ja!*) ... So, auch das ist jetzt ganz frei ... (22′) *Die Augen bleiben weiterhin fest geschlossen, damit Sie sich auf die folgende Aufgabe besser konzentrieren können* ... Die Augen bleiben zu, sie bleiben zu, bis ich Ihnen sage, diese zu öffnen ... (23′) Und jetzt können wir auf *unsere Aufgabe* übergehen, unsere schöne Aufgabe bewältigen ... Sie fühlen sich leicht und frei ... (24′) Sie *stehen gedanklich und gefühlsmäßig fest mit mir in Verbindung*, nur mit mir. Wir beide widmen uns einander und kümmern uns um gar nichts anderes ... (25′) Bleiben Sie *noch ruhig liegen.* Und dann werden wir uns an die eigentliche Aufgabe machen (*KO:* Der Hypnotiseur beginnt jetzt mit *speziellen* Suggestionen. Der Hypnotisand liegt *mit geschlossenen Augen* ruhig auf dem Rücken.)

C6

(1′) Wir fahren jetzt in Gedanken *zurück* an den *Tatort* ... zurück an den Tatort ... Das ist Ihre *Gegend*, dort sind Sie geboren und aufgewachsen ... dort kennen Sie sich aus ... Wir fahren zurück ... (2′) Nachdem Sie dort aufgewachsen sind, sind wir *schnell* zurückgekommen ... (3′) Und jetzt stehen wir vor der *Tankstelle*, vor der Tankstelle, wo der Ihnen bekannte Tankwart damals *erschossen* wurde ... Wir stehen davor, etwa 20 Meter entfernt ... (4′) Vor Ihnen *eröffnet* sich die Ihnen bekannte Gegend ... links und rechts schöne, hohe *Berge* mit viel *Wald*, *Bäume*, *Gras* ... viel *Grün* ... eine sehr *schöne Gegend* ... Die Gegend ist sehr schön ... Sie sehen diese schöne Gegend noch einmal vor sich und bewundern sie ... (5′) Und jetzt merken Sie in ihren Gedanken, wie sich die Gegend *verengt* ... (6′) Ein *dichter Nebel* kommt die Berge herunter ... beiderseits von Ihnen ... Der Nebel ... oben auf den Bergen, links und rechts ... der Nebel wird immer dichter und dichter ... fast wie dunkle *Wolken*, die herabhängen ... (7′) Der Nebel breitet sich aus ... er kommt *immer tiefer nach unten* ... auf uns zu ... Wir befinden uns im Tal, der Nebel kommt von beiden Seiten herunter ... Sie sehen das ... Sehen Sie den Nebel links und rechts ...? (*KO:* Der Hypnotisand sagt «Ja». Das Magnettonbandgerät läuft weiter und nimmt die Antworten des Hypnotisanden auf) (8′) Ja, der Nebel breitet sich immer mehr aus und kommt *immer tiefer von den Bergen* herunter ... (9′) Und jetzt ist der Nebel *ganz tief heruntergekommen* ... von links und von rechts ... aber auch von *vorn* ... Ja ... auch vorn gibt es einige Berge ... Sie kennen die Berge hier ... Sie bringen oft Nebel mit sich ... insbesondere im *Herbst* und im *Winter* ... Der Nebel kommt immer näher und näher ... (10′) Und jetzt ist der Nebel ganz *tief*, *tief bis ins Tal* gekommen ... Und wenn Sie sich jetzt nach links und rechts umdrehen, sehen Sie *nichts als Nebel* ... (11′) Aber das *verstärkt Ihr Gedächtnis* ... erhellt Ihre *Sicht nach vorn* ... (12′) Sie sehen jetzt nur *nach vorn*, wie in einen *hellen Tunnel* ... Links und rechts dunkel wie die Wände des Tunnels ... Ganz vorn sehen Sie Licht ... Licht wie am *Ende des Tunnels* ... (13′) Und jetzt ist es links und rechts *noch dunkler* geworden ... Sie sehen nur in der Mitte vor sich die *Landschaft noch hell*, hell wie am Ende eines Tunnels ... (14′) Und jetzt ist es *noch enger* ... Der Nebel ist ganz nach unten zu uns gekommen ... Sie sehen nach vorn ... Sie sehen nur noch die *Tankstelle* ... Links und rechts ist es neblig, dunkel, unklar ... (15′) Und jetzt sehen Sie das *Fahrzeug* unter dem Dach ... da vorn ... unter dem Dach, *neben den Benzinpumpen* ... ein *Kraftfahrzeug* ... (16′) Ja, jetzt erkennen Sie die *Farbe*, die *Marke* des Kfz ... Es ist eine *auffällige Farbe*, nicht wahr? (*KO:* Der Hypnotisand antwortet: ‹*Ja, sie ist rot.*›) (17′) Und wie sehen Sie das Kfz ... von hinten oder von vorn? (*KO:* Der Hypnotisand: ‹Von hinten.›) ... (18′) Das ist sehr gut ... Sie sehen das Kfz von hinten ... (19′) Und jetzt ist der Nebel noch dichter ... noch näher ... Sie sehen die *Seitenkanten* des Kfz fast *nicht mehr* ... so *eng* ist es geworden ... (20′) Dafür sehen Sie die *Mitte des Kfz um so deutlicher*, *um so heller* ... Ja, um so heller ... Die Mitte des Fahrzeuges ist wie mit einem *Scheinwerfer* beleuchtet worden ... die *Kanten sieht man nicht mehr* ... nur die Mitte des Fahrzeuges ... die Mitte ... (21′) Das *Kennzeichen* ist beleuchtet, ganz hell und deutlich ... Ja ... Sie sehen es deutlich ... links und rechts ist es dunkel ... Sie sehen wie in *einem Scheinwerferlicht* nur die Mitte des Fahrzeuges, das Kennzeichen ... Ja ... das Kennzeichen ... (*KO:* Der Hypnotisand antwortet: ‹Ja ... ich sehe das Kennzeichen ... Der erste Buchstabe ist Z, ja Z ... dann Strich ... dann kommt noch XY, die *mittleren zwei Buchstaben.*›) ... (22′) Ja ... ich weiß ... die Zahlen des Kennzeichens sind noch *unklar* ... es ist etwas *schmutzig* ... oder *jemand* steht davor ... Ja, es ist jemand davor ... Wenn er weg ginge ... ja ... er muß weg gehen, damit Sie das *ganze* Kennzeichen sehen können ... Es ist hell in der Mitte, das Kennzeichen ... das *Schild* ist deutlich zu sehen ... Ja, dieser *Jemand* muß weg ... Er bewegt sich *nach rechts* ... In der Mitte sind schon einige Zahlen frei ... Sie sehen sie ... Ja ... Sie sehen sie ... (*KO:* Der Hypnotisand sagt: ‹Ja ... der Mann da bewegt sich nach rechts ... Er steht noch vor dem Kennzeichen ... Nur die ersten *zwei Zahlen* des Kennzeichens sehe ich schon ... ja, die ersten zwei ... ja ... eine 2 ... und dann eine 6 ... Der *Mann* ... oder die *Frau* steht noch da und verdeckt die anderen Zahlen ...›.) (23′) Und jetzt bewegt sich der, der vor dem Kennzeichen steht, noch *weiter nach rechts* ... Er bewegt sich weiter nach rechts ... Da ist er, er geht weg ... (*KO:* Der Hypnotisand ruft aus: ‹Er ist weg, er ist weggegangen ... Es sind nur *drei Zahlen* ... drei Zahlen ... Ich dachte vier ... drei Zahlen ... eine 2, eine 6 und jetzt eine 4 ... drei Zahlen: 264 ... zweihundertvierundsechszig ... *Der Mann ist weg* ... Ich sehe das Fahrzeug von hinten ... (*KO:* Das war ein imaginärer Mann.)

Das Kennzeichen ist beleuchtet ... *Z-XY-264* ... Das ist ja ... das ist ja! ...›.) (24′) *Danke* ... Ich danke Ihnen vielmals ... Sie haben der Sache sehr geholfen ... Und (25′) jetzt werde ich allmählich dazu übergehen, Sie zu *wecken* ... Wir haben Ihre Angaben auf das Tonband aufgenommen, Sie können sich später selber hören, um Vergleiche ziehen zu können. Sie haben es ausgezeichnet gemacht. Ich danke Ihnen ...

C7

(1′) ... Und jetzt *bleiben* sie *wieder* ganz bequem *liegen*, entspannen Sie sich und bleiben Sie ganz ruhig. (2′) Um Sie aus der Hypnose *zurückführen* zu können, werde ich Sie wieder *in einen etwas vertieften Entspannungszustand* versetzen ... Sie sind wieder ganz entspannt und gelöst ... (3′) Die *Augenlider* sind schwer ... die Augen müde ... (4′) Die *Atmung* ist tief und ruhig ... (5′) Das *Herz* schlägt ganz langsam, regelmäßig und kräftig ... (6′) Das *Blut* sinkt in die unteren Körperteile ... (7′) *Körper*, *Arme* und *Beine* sind ganz schwer ... bleischwer ... Alles ist ganz schwer ... Sie fühlen sich ganz wohl und atmen tief und ruhig ... (8′) *Nach dem Wecken* werden Sie sich *an alles erinnern können*, was inzwischen geschah ... *Sie werden sich an das Fahrzeug, an das Kennzeichen, ganz gut erinnern können* ... Alles andere ist unwichtig, gleichgültig ... (9′) Durch *andere Stimmen* und andere Handlungen *werden Sie nicht* in Hypnose gehen können, bis ich Ihnen das ausdrücklich sage ... (10′) Und jetzt ruhig, entspannt und gelöst liegen ... (11′) Sie fühlen sich *wohl und angenehm* ... wohl und angenehm ... Sie sind entspannt ... tief entspannt und gelöst ... Die Augen sind *geschlossen*, damit Sie sie gut *entspannen können* ... Bis ich etwas anderes sage ... (12′) Und *nach dem Wecken* werden Sie sich *an alles erinnern*, was Sie während der Hypnose gesehen haben ...

D1

(*KO:* D1 ist komplementär zu C7.)
... Und nachdem Sie sich wieder ganz entspannt haben, werden Sie sich ganz *klar und deutlich an die Vorkommnisse erinnern*, die damals beim Vorbeifahren an der Tankstelle passiert sind und die wir jetzt in der Hypnose bearbeitet haben ... Sie fühlen sich dabei ganz wohl, ganz ruhig und entspannt ... Sie sind *erleichtert*, daß Sie es hinter sich haben, daß Sie sich so gut erinnern konnten ... Alles kommt jetzt noch einmal vor Ihren Augen vorbei, wie im Kino ... in einem Film ...

D2

(1′) Und nachdem ich Sie aus der Hypnose *zurückgeführt habe*, werden Sie sich ganz wohl fühlen, ganz wohl, entspannt und ausgeglichen, ganz zufrieden, weil Sie sich so gut erinnert haben ... (2′) Sie werden sich *an alle Vorkommnisse* damals beim Vorbeifahren an der Tankstelle erinnern und auch an das, was wir in der Hypnose bearbeitet haben ... (3′) An den *Nebel*, wie er von den Bergen herunterkam, und an das *Fahrzeug*, *das plötzlich hell wurde*, wie durch einen Scheinwerfer beleuchtet, ... und (4′) das *Kennzeichen* und die *Buchstaben* und die *Zahlen* ... und als jemand vom Kennzeichen wegging, haben Sie das Kennzeichen mit Buchstaben und Ziffern ganz deutlich gesehen und laut gesagt ... Alles andere vollkommen gleichgültig ... (*KO:* D3 bis D7 entfallen.)

E1

(*KO:* E1 ist zu D2 komplementär, da die Suggestionen von D2 wie bei D7 auslaufen. Diejenigen von E1 *leiten die Rückführung aus der Hypnose ein.*)
... Und jetzt haben Sie sich ganz *ausgeruht* ... Sie sind jetzt ganz entspannt und gelöst ... Sie befinden sich in der tiefen Hypnose ... Sie *hören mich* deutlich sprechen ... Sie werden *nach der Rückführung* kaum etwas vergessen haben und fast alles wissen, was während der Hypnose geschehen ist. Das ist richtig so. Hauptsache ist aber, daß Sie sich wohl fühlen. *Bei der nächsten Hypnose würden Sie noch tiefer und schneller in die Hypnose kommen können* ... Und jetzt werde ich Ihnen sagen, wie ich Sie aus der Hypnose zurückführen werde ...

Sie befinden sich in einem vertieften Entspannungszustand und kümmern sich um nichts ... um nichts anderes als um das, was ich Ihnen sage ... Sie fühlen sich ganz wohl ... Und ich werde Sie aus der Hypnose zurückführen, indem ich bis *sechs* zähle ... bis sechs ... Bei *sechs* werden Sie die *Augen aufmachen können*, ganz frisch und munter, leicht und frei sein ... ganz frisch und munter, leicht und frei ... Und jetzt werde ich beginnen zu zählen ... *Ich werde zwischendurch auch etwas anderes sagen* ... Das macht nichts ... Hauptsache ist, *daß Sie das Zählen hören* und auf *sechs* ganz wach werden, ganz wach, frisch und munter ... frisch und munter ... leicht und frei ... Die Augen aufmachen, frisch und munter, leicht und frei sein ... und *sich an alles erinnern können*, was Sie in der Hypnose geträumt haben ...

E2

(*KO:* Nicht vergessen: In diesem Falle haben wir *keine posthypnotische Amnesie* suggeriert, weil sich der Hypnotisand an alles erinnern muß.) (1′) Und jetzt sind Ihre *Beine* wieder leicht und frei ... ganz leicht und frei ... Und *während ich so spreche*, sind die Beine noch leichter und freier ... *Während die übrigen Körperteile* relativ schwer sind, ... sind die Beine leicht und frei ... ganz leicht und frei ... (2′) Und die ganze *Kraft* kommt in die Beine zurück ... Die Kraft kommt ... Die Beine sind *kräftig und stark* ... (3′) Sie können jetzt die Beine wieder *bewegen* ... Die Beine sind jetzt ganz frei ... *Eins* ... Die Beine leicht und frei, und nach dem Wecken werden Sie *sich an alle Träume* während der Hypnose *erinnern* ... (*KO:* Eine kleine Pause von mindestens 10 Sekunden wirken lassen und dann:)
(4′) ... Und auch die *Arme* sind leicht und frei ... Die Arme sind ganz leicht und frei ... (5′) Und die ganze *Kraft* kommt in die Arme zurück ... Alle Muskeln sind leicht und frei ... Die ganze Kraft ist in die Arme ... in die Muskeln der Arme zurückgekehrt ... (6′) *Zwei* ... *Arme und Beine* leicht und frei ... kräftig und frei ... (7′) Sie können jetzt Arme und Hände *bewegen* ... So, so ist es gut. Und nach der Hypnose werden Sie alles wissen, was Sie in der Hypnose erlebt haben ... (*KO:* 10 Sekunden Anpassungs-Pause geben und dann:)
(8′) ... Und jetzt ist auch der *Körper* leicht und frei ... (9′) Die ganze *Kraft* kommt in den Körper zurück ... Der Körper ist leicht und frei ... Alle Muskeln sind leicht und frei ... alle Körpermuskeln leicht und frei ... *Drei* ... *Beine, Arme und Körper* leicht und frei ... ganz leicht und frei ... (10′) *Bewegung* leicht und frei ... Sie können sich soweit bewegen ... und sich immer daran erinnern, was Sie in der Hypnose erlebt haben ... (*KO:* 10 Sekunden Anpassungszeit geben und dann:)
(11′) ... Und jetzt ist auch das *Herz* leicht und frei ... das Herz ganz leicht und frei ... (12′) Das *Blut* leicht und frei ... das Blut leicht und frei ... das Blut ganz leicht und frei ... (13′) Das Blut *verlagert sich* jetzt in die *oberen Körperteile* ... Und dabei können Sie sich an alles erinnern ... (14′) *Der ganze Körper* ist jetzt *gleichmäßig* gut durchblutet ... (15′) Vor allem ist der *Kopf* ganz gut durchblutet ... (16′) Sie werden sich nach dem Wecken *an alles erinnern*, was in der Hypnose geschehen ist, was ich und Sie gesagt haben ... Das ist gut so ... Sie werden so tun wie jeder andere, der sich an alles erinnern kann ... Das Blut ist leicht und frei ... (*KO:* 10 Sekunden Zeit zum Anpassen geben und dann:)
(17′) ... Und jetzt ist auch die *Atmung* leicht und frei ..., die Atmung leicht und frei ... *Herz, Blut, Atmung* leicht und frei ... *Vier* ... Atmung, Herz und Blut leicht und frei ... Arme, Beine und Körper leicht und frei ... Bei *sechs* werden Sie ganz frisch und munter, leicht und frei sein ... (18′) Sie werden die *Augen* aufmachen, frisch und munter und ganz ausgeglichen sein ... Wie nach einem langen Nachtschlaf ... und *nach einem Traum, an den Sie sich erinnern können*, ganz deutlich erinnern können ... (*KO:* 10 Sekunden Zeit zur Adaptation geben und dann:)
(19′) ... Und jetzt ist auch der *Kopf* leicht und frei ... der Kopf leicht und frei ... *Fünf* ... der Kopf leicht und frei ... (*KO:* 10 Sekunden Anpassungs-Zeit geben und dann:)
(20′) ... Und schließlich sind auch die *Augen* leicht und frei ... Augen und *Augenlider* leicht

und frei ... ganz leicht und frei ... (21′) *Alles* leicht und frei ... alles leicht und frei ... *Augenlider und Augen* leicht und frei ... Alles leicht und frei ... *Sechs* ... (22′) *Augen auf*, alles leicht und frei ... (23′) Sie sind jetzt *ganz wach*, frisch und munter, leicht und frei, hellwach, frisch und munter, ganz selbstsicher und ausgeglichen, leicht und frei. (24′) Und ganz *erleichtert*, daß Sie sich *an alles erinnern* konnten und dies auch jetzt können, nicht wahr?

Posthypnose

W1

(*KO: W1* ist komplementär zu E7, weil es sich um die ergänzenden Suggestionen handelt; während die Suggestionen von E7 *spitz* auslaufen, nehmen diejenigen von W1 *an Umfang* zu.)
... Und jetzt sind Sie wieder ganz wach und frisch und munter ... Und dann wollen wir uns etwas über Ihre Erlebnisse *unterhalten*, die Sie in der Hypnose hatten.»

W2

(*KO:* Der Hypnotisand berichtet jetzt über alle Erlebnisse in der Hypnose. Da es sich um die gerichtliche Ermittlung handelt, wird auch dies auf das Magnettonband aufgenommen und somit protokolliert. Erst wenn alle Erinnerungen noch einmal aufgenommen worden sind, wobei die ganze Prozedur während der Hypnose ebenfalls der Reihe nach aufgenommen worden war, können dem Hypnotisanden seine Worte, die er während der Hypnose gesagt hatte, vorgespielt werden. Er hört sich seine Worte an, bestätigt sie wieder verbal. Daraufhin wird er entlassen, indem man sich herzlichst bedankt.
In unserem Fall gab *der zweite Zeuge* in der Hypnose das gleiche Autokennzeichen an. Da die Beschreibung des Autos und des Kennzeichens übereinstimmten, konnte das Kraftfahrzeug gefunden und der Halter/Fahrer ermittelt werden ...)

HP-010
Farbenkontrastmethode/Vertiefung/Instruktionen und Rückführung nach Wahl

Man gibt dem liegenden oder bequem im Lehnstuhl sitzenden Hypnotisanden die Farbtafel in die Hand (KO: Dem Buch von Langen, 1972, – siehe dazu Kapitel XIII.2.2.5. – liegt die *Farbtafel* bei.) und bittet ihn, sie so zu halten, daß er die *Farbrechtecke* und ihre *Ränder* scharf ansehen kann. *Dann suggeriert man:*
SG: «Sie hören meine Stimme zu Ihnen sprechen und sehen die *Farbtafel* deutlich vor sich. Sie sehen fest auf die beiden Farbrechtecke ... rechts ist das blaue, links das gelbe ... Während Sie starr auf die Farbtafel sehen, stellen Sie zunächst fest, *daß die Grenzen mehr und mehr verschwimmen, immer unschärfer werden. Vor allem der schmale Streifen zwischen den beiden Farbrechtecken wird unschärfer, verschwommen, unschärfer.* Die Grenzen werden immer undeutlicher ... Sie sehen trotzdem unverwandt auf die Farbrechtecke, und mehr und mehr stellen Sie fest, daß die Farben sich *umkehren. Wo blau war sehen Sie gelb, wo gelb war sehen Sie blau* ... Die Grenzen werden unschärfer und unschärfer, die Farben verkehren sich mehr und mehr ... Blau und gelb bilden in der Mitte einen neuen *grünen Farbblock* mit unscharfen Rändern ...». (*KO:* Kapitel XIII.2.2.5 bringt einige theoretische Gesichtspunkte dazu.)

HP-011-B12
Geschlossene Augen/Handfalte-Technik/Instruktionen nach Wahl

Prähypnose

KO: Bei der *Handfalte-Technik* werden die Augen durch eine *direkte Aufforderung geschlossen.* Deshalb fällt der Schritt *A* aus dem Hypnosevorgang heraus. Je nach Fall können die übrigen Hypnoseschritte den anderen Lektionen entnommen werden.

Hypnose

B1

(*KO:* Nachdem sich der Hypnotisand hingesetzt und es sich bequem gemacht hat, erklärt man ihm die Technik und den Sinn des Verfahrens. Dann fordert man ihn auf:)
SG: «... *Schließen* Sie bitte die Augen. *Falten* Sie die Hände ineinander und halten Sie sie so fest zusammen, wie Sie können. (*KO:* Dann erfolgt eine konstante Wiederholung, um eine *sensorisch-imaginative Konditionierung* zu erhalten).

B2

(1′) Sagen Sie zu sich selbst in Gedanken: ‹*Ich* möchte gern, daß meine *Hände fest zusammenkleben*, fest zusammenkleben ... fest zusammenkleben ...›. (*KO:* Dazwischen werden Bemerkungen eingestreut wie:) (2′) *Halten Sie* die Augen *geschlossen*, bis ich Sie bitte, sie zu öffnen. (3′) Stellen Sie sich vor, wie *schön* es wäre, *Selbstentspannung* zu lernen. (*KO:* Wenn sich die Hände des Hypnotisanden fest zusammengepreßt haben, fügt der Hypnotiseur hinzu:) (4′) Sie spüren jetzt den *Druck* in Ihren Fingern, während sich Ihre Hände fester und noch *fester* zusammenpressen. Der Druck wird immer stärker und stärker, fester und fester ... (*KO:* Der Hypnotiseur beobachtet die Hände. Falls sie noch nicht fest zusammengepreßt sind, wartet er etwas, weil dies ein Zeichen des *Widerstandes* sein kann. Und wenn es soweit ist, fährt er fort:) (5′) Ihre *Fingerspitzen* sind inzwischen *taub*, ganz taub geworden ... Ihre Hände kleben fester und fester aneinander ... (6′) Und Sie spüren ein *angenehmes Gefühl* in Ihren *Daumen*, während sie sich fest gegeneinanderpressen. (*KO:* Wenn sich die Hände zusammenzudrücken scheinen, fährt der Hypnotiseur fort:) ... (7′) Ihre Hände stecken jetzt so fest zusammen, daß Sie die Finger Ihrer linken Hand *nicht von den Fingern der rechten Hand unterscheiden* können. (8′) *Ihre Hände fühlen sich an, als ob sie aus einem dicken Stück Holz bestehen würden.* Sie kleben jetzt ohne Anstrengung zusammen. Sie haben nicht den Wunsch, sie zu trennen ... Sie können sie nicht trennen ... (9′) Und wenn Sie es jetzt *versuchen* würden, würden Sie merken, daß dies nicht geht. (10′) *Versuchen Sie es*, ja, es geht nicht ...».
(*KO:* Wenn der Hypnotisand seine Hände nicht auseinander nehmen kann, wird er ab hier nach einer der anderen Übungs-Lektionen, wie z.B. HP-002 oder HP-004, in einen tieferen Zustand versetzt und dann zurückgeführt.)

HP-012-B12
Augen geschlossen/Münztechnik/Zusätzliche Zähltechnik/ Instruktionen nach Wahl

Prähypnose

KO: Auch die *Münztechnik* zur Hypnose-Induktion wird bei *geschlossenen Augen* des Hypnotisanden durchgeführt. Daher entfällt auch in dieser Übung der *Schritt A*.

Hypnose

B1

SG: «Nachdem Sie es sich ganz *bequem* gemacht haben, können wir mit der Hypnose beginnen ... Wenn Sie den *Instruktionen*, die ich Ihnen gebe, genau folgen, *werden Sie in einen tiefen, tiefen Zustand der Entspannung* kommen können ... Legen Sie diese *Münze* auf Ihre Handfläche und schließen Sie fest die Augen. Drücken Sie Ihre Finger jetzt fest zusammen, damit die Münze nicht aus Ihrer Faust herausfällt. Halten Sie den Arm vor sich hin. Halten Sie die Finger fest um die Münze geschlossen, bis ich ihnen sage, sie fallen zu lassen.

B2

(1′) Beachten Sie jetzt, wie die *Münze* fest zwischen den Fingern festgehalten wird. (2′) Ich werde jetzt *von 1 bis 10 zählen.* (3′) Während Sie die Finger um die Münze herum spüren, werden Sie bemerken, daß sich die Finger *entspannen* ... (4′) Sie werden sich entspannen und öffnen, so daß die Münze bei 10 auf den Boden *fallen* wird. (5′) Ihre Augen sind jetzt ganz fest geschlossen, fester und fester. (6′) Wenn die Münze bei 10 auf den Boden fällt, werden Sie die Hand und den Arm *ausstrecken.* (7′) Das *Geräusch* der auf den Boden fallenden Münze wird Ihre Augen noch fester versiegeln. (8′) *Eins* ... Ihre Finger *öffnen* sich. Ihre Finger entspannen sich, und Ihre Augen schließen sich fester und fester ... (9′) *Zwei* ... Ihre Finger *öffnen sich* ein bißchen mehr, und Ihre Augen schließen sich fester und fester. Ihre Augen sind so fest zu, daß es sich anfühlt, als ob sie zugeklebt wären. Und je fester sie zusammen sind, desto angenehmer und entspannter werden Sie sich fühlen ... (10′) *Drei* ... Sie machen das ausgezeichnet. Ihre Finger *öffnen* sich *noch ein bißchen*, und ich stelle fest, daß einer Ihrer Finger sich noch mehr zu öffnen beginnt ... Das ist gut. Zuerst einer, dann noch einer ... (11′) *Vier* ... *Alle Finger* fangen an sich zu öffnen, nur ein kleines bißchen mehr, während Sie entspannter und entspannter werden ... *Fünf* ... Mit *jedem Atemzug*, den Sie machen, öffnen sich Ihre Finger ein bißchen weiter. (12′) Erinnern Sie sich daran, daß das Aufschlagen der Münze auf den Boden das *Signal* ist, daß Ihre Augen fest geschlossen sind. (13′) *Sechs* ... Erinnern Sie sich außerdem daran, daß Sie beim Aufschlagen der Münze die *Finger ausstrecken* werden, steif und starr. (14′) Ihr rechter Arm wird *steif und starr* werden, von den Fingern bis zu Handgelenk, vom Ellbogen zur Schuler ... *Sieben* ... Ihre Finger öffnen sich noch weiter, und die Münze *fällt fast* zu Boden ... *Acht* ... Nur noch ein bißchen. (15′) Sie haben sich ganz tief *entspannt.* Mit jedem Atemzug, den Sie machen, entspannen Sie sich mehr und mehr. (16′) *Neun* ... Denken Sie daran, daß Ihr Arm so starr werden wird wie eine *Eisenstange* und Ihre Augen fest zusammengeklebt sein werden, wenn die Münze auf den Boden fällt. (17′) *Zehn* ... Öffnen Sie die Finger! Ihr Arm ist so *starr* wie eine Eisenstange, von den Fingern über das Handgelenk zur Schulter und weiter ... (*KO:* An diesem Punkt ist ein *festes Streicheln des Armes*, vom *Schultergelenk* bis hinunter zu den *Fingern*, ausreichend, um eine *Katalepsie* zu induzieren. Dieser Teil der Münztechnik kann auf folgende Art zum Bestandteil eines Vertiefungsvorganges gemacht werden:) Bei *drei* werden Sie den Arm fallen lassen, und mit jedem Zentimeter, den er fällt, werden Sie sich tiefer und tiefer entspannt fühlen. *Eins* ... *zwei* ... *drei* ... Ihr Arm fällt, langsam. So ist es gut. Und wie Ihr Arm fällt, so fallen auch Sie in eine immer tiefere Entspannung. Und wenn Ihr Arm in Ihren Schoß zurückfällt, wird jeder Muskel, jede Faser Ihres Körpers vollkommen entspannt sein. (*KO:* Der Arm des Hypnotisanden fällt in seinen Schoß, und der Hypnotiseur:) Ich werde ihn hoch heben, und während ich ihn fallen lasse, werden Sie sich noch mehr entspannen ...» etc. (*KO:* Für Vertiefung, Instruktionen, Rückführung etc. eine der Übungs-Lektionen in Anspruch nehmen.)

HP-013-B12

Augen vorher geschlossen/Atmungstechnik/Progressive Relaxation/ Spezielle Suggestionen und Rückführung je nach Bedarf

Prähypnose

DG: Gesunde Personen unter Streß, ängstliche Menschen, Angstsituationen, *Depressionen.*
ME: Die Methodik der Hypnosevertiefung durch *progressive Relaxation* ist William C. Wester III., 1984, Seite 23–26, entnommen, von uns übersetzt, angepaßt und bei Gesunden sowie Patienten angewandt worden.
KO: Der Hypnotisand schließt die Augen *vor dem Hypnosebeginn* auf *direkte Aufforderung.* Deshalb *entfällt der Schritt A wieder.*

Hypnose

B1

SG: «Nachdem wir uns über die Hypnose unterhalten haben, und Sie sich daran interessiert zeigten, lehnen Sie sich, bitte, jetzt einfach im Sessel zurück und *schließen Sie die Augen.* Machen Sie es sich ganz bequem und hören Sie einfach auf meine Stimme ... Konzentrieren Sie sich auf das, was ich jetzt zu Ihnen sage, und *kümmern Sie sich um gar nichts,* aber um gar nichts anderes, als um das, was ich Ihnen sage ...

B2

«(1′) Eine der besten Möglichkeiten, sich zu entspannen, ist, sich einige Augenblicke zu *sammeln* und sich auf die *Atmung* zu konzentrieren. Kommen Sie in Übereinstimmung mit Ihrem gesamten *Atmungsprozeß,* denken Sie darüber nach, spüren, fühlen, erfahren Sie ihn. (*KO:* Tiefatmungs-Übung; mehrmals nachsuggerieren.) (2′) Spüren und fühlen Sie, wie die *Luft beim Einatmen* in Ihren Körper eindringt. (3′) Spüren und fühlen Sie, wie die Luft beim *Ausatmen* Ihren Körper verläßt ... (4′) Sie beginnen die Entspannung zu fühlen, besonders in den *Brustmuskeln* bei jedem Ausatmen ... (*KO:* Der Hypnotisand beginnt sich der körperlichen Reaktionen und Veränderungen bewußt zu werden, und dann:) (5′) Beachten Sie auch den angenehmen *Rhythmus,* der jedesmal entsteht, wenn Sie ein- und ausatmen ... (6′) Ein sehr angenehmer, entspannender Rhythmus ... ähnlich wie bei einer *tickenden Wanduhr* ... einfach einatmen und ausatmen. Während dieser ganz normale Atmungsprozeß weitergeht, werden Sie fühlen, daß Sie sich noch gründlicher und angenehmer entspannt haben ... (*KO:* Versicherung abgeben, daß das, was geschieht, normal ist, und dann weiter mit:) (7′) Und während ich weiter *mit Ihnen rede,* wird Ihre Atmung sie darin *unterstützen,* sich noch tiefer zu entspannen ... noch vollständiger ... noch tiefer ... (*KO:* Verstärkung, daß das eigene Verhalten des Hypnotisanden zu einem tieferen Zustand der Entspannung führen wird, immer wieder erneuern, und dann:) (8′) Gleichzeitig möchte ich Ihre Aufmerksamkeit auf den *oberen Teil* Ihres Kopfes ... auf Ihre *Kopfhaut* lenken ... Ähnlich, wie Sie es mit Ihrer Atmung taten, kommen Sie in Einklang und in Berührung mit Ihrer Kopfhaut, den Empfindungen in Ihrer Kopfhaut, spüren und fühlen Sie die Muskeln, die Beschaffenheit der Haut, die Haaransätze, und richten Sie Ihre besondere Aufmerksamkeit auf die *flachen Muskeln* unter Ihrer Kopfhaut, lassen Sie diese Muskeln genauso angenehm und entspannt werden wie Sie es möchten ... (*KO:* Hier transferiert der Hypnotiseur das Bewußtsein des Hypnotisanden *von der Atmung auf den Körper.* Die Benutzung des

Ausdrucks *wie Sie es möchten* wird weitergeführt, um zu verstärken, daß der Hypnotisand die Kontrolle über das Geschehen ausüben und entsprechend handeln kann. Und dann weiter:) (9′) Der *Geist* ist eine sehr machtvolle Angelegenheit, und alles, was Sie tun werden, um das angenehme und ruhige Gefühl in diesen Muskeln zu vergrößern, ist völlig in Ordnung. (*KO:* Erlaubnis bekräftigen, daß sich der Hypnotisand weiter entspannen darf. Und dann:) (10′) Denken Sie zum Beispiel an etwas *Glattes*, wie *einen ruhigen See* am frühen Morgen ... nicht einmal ein Gekräusel auf dem Wasser, so glatt wie *Glas* oder wie die Fläche eines Plastiktisches ... einfach sehr glatt. (*KO:* Die Imaginationen verstärken und aufbauen wie folgt:) (11′) Und dann lassen Sie einfach dieses ruhige und angenehme Gefühl und das Gefühl der *Entspannung* durch *alle Muskeln unter der Kopfhaut* hineinfiltern, und dann, so als ob Sie eine entspannende *Dusche* nehmen würden, lassen Sie dieses ruhige, angenehme, entspannende Gefühl einfach in die Muskeln Ihrer *Stirn* hineinfließen. Wenn wir die *Stirn runzeln* oder wütend werden, bekommen wir kleine *Falten* auf der Stirn. Lassen Sie jetzt einfach diese Muskeln sich glätten und entspannt und angenehm werden ... Dabei wird über Sie eine fließende, angenehme Entspannung ergehen ... (12′) ... Jetzt hinunter in die Muskeln der Stirn, der *Schläfen*, der *Wangen*, hinunter ins *Kinn*, um den *Mund* herum, einfach *alle Gesichtsmuskeln* sind jetzt angenehm, gründlich und tiefer entspannt ... Solch ein gutes Gefühl ... (13′) Und dieses angenehme und entspannende Gefühl kann sich *fortsetzen*, hinunter in die Muskeln des *Nackens* ... die *Vorderseite*, die *Rückseite*, die *Seiten* des Nackens, hinunter zum unteren Teil des Nackens, wo wir manchmal ein Gefühl der Anspannung oder Enge verspüren, fließende, angenehme Entspannung über die Schultern, über die Schultern jetzt, und die *Arme* hinunter, die Arme hinunter und durch die Ellbogen und Unterarme und Handgelenke und die Hände ... angenehm und zutiefst entspannt. (*KO:* Weitere Verstärkung des Entspannungsprozesses, und dann üben:) (14′) Die Hände und manchmal sogar die *Kopfhaut prickeln* vielleicht ein bißchen, fühlen sich etwas *warm* oder etwas *kalt* an ... Dieses Gefühl braucht nicht unbedingt zu entstehen, aber wenn es entsteht, ist es ganz normal und natürlich ... kein Grund, sich Sorgen zu machen ... (15′) *Genießen* Sie einfach die tiefe, angenehme Entspannung. (*KO:* Viele Hypnotisanden erfahren schon jetzt eine physiologische Veränderung. Die nachfolgenden Suggestionen lassen diese Gefühle, wenn sie vorkommen, normal und natürlich erscheinen.) (16′) Ihre Atmung ist jetzt ausgezeichnet, sie hat sich schön angenehm verlangsamt. (*KO:* Der Hypnotiseur hält weiterhin nach verbalen Hinweisen Ausschau und verstärkt dann das beobachtete Verhalten.) (17′) Und während dieses angenehme und entspannende Gefühl weiterhin durch alle Muskeln im *Rücken*, auf den *Seiten*, in der *Brust* und hinunter zur Taille fließt, fühlen Sie, wie Sie sich einfach tiefer und vollkommener entspannen, gründlicher und tiefer entspannen ... (*KO:* Es folgen sodann direktere Suggestionen, daß der Hypnotisand eine tiefere Entspannungsstufe erreichen soll.) (18′) Und während dieses Gefühl der Entspannung und des Komfortes in Ihre Taillengegend kommt und hinunter in Ihre *Hüften*, spüren Sie vielleicht ein Gefühl der *Schwere* in Ihrem ganzen Körper, ein Gefühl der Schwere, vollkommene und tiefe, fließende, angenehme Entspannung, hinunter durch Ihre Hüften und in Ihre Beine, durch Ihre Beine hindurch, hinunter in Ihre Knöchel, und schließlich in die Füße ... Der ganze Körper, alle Muskeln des Körpers äußerst angenehm und zutiefst entspannt ... Sie hören meiner Stimme zu, konzentrieren sich auf das, was ich sage, und lassen sich einfach gehen ... eine vollkommene, *totale Entspannung erleben* ...». (*KO:* Auf diese Weise durch die Relaxation die Hypnose weiter vertiefen. Die *Katalepsie-* und Lethargie-Prüfung nach einer der Übungs-Lektionen durchführen.)

HP-014-C4-0123

Fixations-Faszinationsmethode/Diagnostische Hypnose/Anfälle/ Spontanes Aufwachen nach hypnotischem Auftrag

Prähypnose

DG: 21 Jahre alte Patientin (Fall 07: PR-20-RM-141257-080179) mit *Schlafattacken*, die zwei bis drei Tage andauern. Es stellt sich die Frage der (a) *Hypersomnie*, (b) *hysterischen* oder (c) *epileptischen Manifestation*. In einigen Universitätskliniken wurde die Patientin wegen *Hypersomnie* oder sogar *hypersomner Depression* behandelt.
AN: Während der Hypnose wird ein Anfall suggeriert, der nicht weiter definiert wird. Von entscheidender Bedeutung ist es, der Patientin *Wohlgefühl, Gleichgültigkeit gegenüber den Vorkommnissen und ein Erholtsein nach dem Ende der Prozedur zu suggerieren. Die Patientin darf nicht etwa wegen der Hypnose ein zusätzliches Trauma davontragen.*
ME: Die Methodik ist frei. Am besten eignet sich jedoch die *direkte* Hypnose-Induktion. Bei zweifelhaften Diagnosen ist es nicht selten von Vorteil, etwas *autoritär* vorzugehen, weil vielleicht bei den Patienten im voraus eine unbewußte *Ambivalenz* besteht. Durch die Ambivalenz kann dann auch die diagnostische Hypnose erfolglos bleiben, wenn sie mehr permissiv vorgenommen wird.
KO: Werden «Anfälle» wie in diesem Falle provoziert, dann müssen sie zweckmäßigerweise unter *EEG-Kontrolle* vorgenommen werden. Ohne diese Kontrolle kann die klinisch beobachtete Antwort auf die Hypnose unzureichend sein. Literatur und Beispiele zu sonstiger diagnostischer Problematik der Hypnose gibt J.H. Schultz (1959, Seiten 52–55).

Hypnose

(*KO: A1 bis C3 können der Übung HP-002 entnommen werden.* C5 und C6 müssen nicht unbedingt erreicht werden, da die Suggestionen auch davor wirksam sind. Nachdem die *Katalepsie-Verifizierung* mit Erfolg abgeschlossen worden ist, startet man mit den *speziellen Suggestionen*. Dazu wird C4 modifiziert, sozusagen umfunktioniert.)

C4

SG: «(1′) Und jetzt sind Sie ganz *entspannt* und *ausgeruht* ... (2′) Sie befinden sich in einem ganz *angenehmen Schlaf* und schlafen ruhig und tief ... (3′) Sie hören mich *deutlich sprechen* ... Alles andere ist vollkommen gleichgültig ... ganz gleichgültig ... Nur was ich Ihnen sage, hat eine Bedeutung ... (4′) Und nachdem Sie sich ausgeschlafen haben ... werden Sie ein besonderes *Gefühl* verspüren ... (5′) ein Gefühl im *Kopf*, das Sie nicht erklären können ... Sie werden sich aber ganz wohl fühlen ... (6′) Und vielleicht wird so eine Art *Anfall* vorkommen ... Das macht nichts ... Das ist alles in Ordnung. Ich bin dabei, ich passe auf, daß gar nichts passiert ... Es ist für die Diagnose wichtig, daß wir dies auch sehen können ... (7′) Sie kümmern sich um gar nichts, ich werde Ihnen sagen, *wann* dieser Anfall, wenn überhaupt, vorkommen wird ... Sie schlafen weiter und fühlen sich ganz wohl, ganz wohl und angenehm... alles andere ist gleichgültig...
(8′) Und jetzt haben Sie eine relativ *lange Zeit geschlafen* ... Sie fühlen sich ganz wohl und angenehm ... (9′) Sie werden *von selber aufwachen* ... Ich werde Sie nicht wecken müssen ... Sie werden von selber aus der Hypnose herauskommen ... Ich sage Ihnen nur wie ... Schlafen Sie weiter, bis ich Ihnen sage, wie Sie aufwachen werden ... (10′) Und nach dem Aufwachen werden Sie sich ganz angenehm fühlen ... wie nie zuvor ... (11′) Und das Aufwachen wird *etwas später* erfolgen ... Sie werden rund *20 Minuten* nachdem ich aufgehört habe zu sprechen, von selber aufwachen ... rund 20 Minuten ... Es kann etwas kürzer oder länger sein ... das macht nichts ... (12′) Menschen haben *eine sogenannte innere Uhr* ... eine Uhr im Gehirn ... welche die Zeit regelt ... Wir müssen nichts tun ... Die Zeit wird aus dem Gehirn geregelt ... Die Zeit regelt sich von selbst ... (13′) Und wie die mechanischen Uhren, die wir

um den Unterarm tragen, *einmal schneller, einmal langsamer*, d. h. einige vor-, einige andere nachgehen, so gehen auch die inneren Uhren bei einigen Menschen etwas vor, schneller, bei den anderen etwas langsamer ... (14′) *Wenn Ihre innere Uhr etwas vorgeht, dann werden Sie von selber etwas früher als nach 20 Minuten aufwachen* ... Geht sie jedoch langsamer, dann werden Sie etwas *später* zu sich kommen ... Das spielt keine Rolle. Die Zeit von 20 Minuten wird nur für Ihre innere Uhr als eine *Orientierung* gegeben ... Die Zeit regelt sich von selber ... Sie kümmern sich um gar nichts ... Alles kommt und geht von selber ... (15′) Und *kurz vor dem Aufwachen*, 20 Minuten nachdem ich aufgehört habe zu sprechen, wird der *Anfall vorkommen*, vielleicht auch zwei, drei oder mehrere nacheinander ... Wenn mehrere vorkommen, dann werden sie ganz *kurz* sein, vielleicht nur einige *Sekunden dauern* ... Sie werden sich jederzeit wohl fühlen und davon gar nichts merken ... (16′) Wir haben *ein EEG zur Messung der Hirnströme* angeschlossen ... Wir kontrollieren alles ... Sie kümmern sich um nichts ... Nach 20 Minuten ... kurz vor dem Aufwachen, werden sich diese Vorkommnisse ereignen, über die ich Ihnen gerade erzählt habe, die ich sozusagen bestellt habe ... Kümmern Sie sich um nichts, alles kommt und geht von selbst ... Ich habe das unter Kontrolle ...». (*KO:* Die Patientin wurde mit den gegebenen Suggestionen in der Hypnose belassen. Abb. 14, die von dieser Patientin stammt, gibt weitere Aufschlüsse. Am Beginn des *Power-Spektrums* links, noch *vor dem Beginn der Hypnose*, erkennt man einen dominanten *Alpha-Wellen-Rhythmus* an beiden Kanälen. In der Ableitung von frontal-parietal ist an einer Stelle ein Ausbruch von 14/sec Beta-Wellen gleich am Beginn zu beobachten. Nach wenigen Minuten hat sich die Patientin deutlich entspannt. Die Hypnose war noch nicht eingeleitet worden. Die Alpha-Wellen beginnen sich aus dem EEG zu zerstreuen. Beim *Hypnosebeginn* – HP und Pfeil von innen links nach oben rechts – werden die Alpha-Wellen im EEG aktiviert. *Beide Kanäle zeigen eine deutliche Zunahme der Alpha-Wellen-Power-Spektren, die sich mit nur geringen Variationen bis zum Ende der Hypnose nachweisen lassen.* Nach dem Ende des Sprechens des Hypnotiseurs – SE und Pfeil nach unten – blieb die Patientin *gemäß der Suggestionen* in der Hypnose. Alpha-Wellen blieben weiterhin im EEG erhalten, mit geringen vorübergehenden zusätzlichen Zunahmen von Theta-Wellen von 6/sec. *Nach knapp 20 Minuten tritt im EEG der erste Anfall mit dichten Spikes auf beiden Kanälen auf.* Diese sind in Abb. 14 durch hohe Spektren im Beta-Wellen-Bereich – 14/sec – zu erkennen. Kurz darauf treten noch drei solche kurze Intervalle auf, die alle nicht länger als 10–20 Sekunden andauern. Auch diese wurden im EEG durch die Spikes von 14/sec angezeigt und sind in Abb. 14 deutlich zu sehen. Während der elektroencephalographischen Äquivalente im EEG konnte bei der Patientin nur *ein leichtes Strecken und Recken beobachtet* werden. Ohne die EEG-Kontrolle hätte man auch jetzt die Diagnose nicht feststellen können. Die Patientin wurde nach dem vierten Anfall wach und wurde gebeten, bis zum Ende der Ableitungen – noch 30 Minuten – ruhig im Bett zu bleiben.)

Posthypnose

Nach dieser Diagnose wurde noch eine Hypnose zur Diagnosensicherung vorgenommen. Auch dabei wurden kleine Serien von Spikes im Power-Spektrum und im Original-EEG beobachtet. Danach erfolgte eine *Hypnotherapie*, die in diesem Falle nach 10 Sitzungen *einen dauerhaften Erfolg erbrachte; die Patientin ist seit 1979* (jetzt ist April 1987) *anfallsfrei.* Als Beispiel der Hypnotherapie wird HP-015 gegeben.

2.2 Techniken von therapeutischen Hypnosen (Hypnotherapie)

Die therapeutischen Hypnosen (Hypnotherapie) werden sich nicht immer so leicht wie die neutralen, experimentellen bzw. Probehypnosen schablonisieren lassen. Daher muß man sich mit *Variationen* abfinden und diese nach einer längeren eigenen Erfahrung noch mehr ausbauen. *Bereits bei der Hypnosevertiefung* und *Verifizierung der Hypnosetiefe (Katalepsie, Lethargie) werden manchmal spezielle Suggestionen eingeflochten.* Insbesondere in jenen Fällen, in denen man die Hypnose nicht bis zum Somnambulismus vertiefen muß, können die *therapeutischen Suggestionen auch in C4 oder noch eher (Schritt B) gegeben werden.* Nicht selten werden die posthypnotischen (Schritt D) mit den experimentellen Suggestionen (Schritt C) *simultan kombiniert, eingeschoben und alternierend* angeboten, damit man rascher zum Erfolg gelangt. Die oben gegebenen Elemente der Hypnose sind demzufolge als eine *Rahmenorientierung* gemeint. Und jetzt gehen wir – nach einer bereits erfolgten diagnostischen Hypnose-Induktion bei HP-014 – auf die *therapeutischen* über. Einleitend wird es sich um *einfachere oder leichtere Störungen/Erkrankungen* handeln. Später (s. Jovanović, 1989) wird man mit *schweren und komplizierteren* arbeiten müssen.

HP-015-D12
Hypnotherapie bei psychomotorischer Epilepsie

Prähypnose

KO: Zur Einleitung in die Hypnotherapie hat sich zufällig der Fall 07 mit *epileptischen Manifestationen* angeboten, den wir in HP-014 zwecks Demonstration der *Hypnodiagnostik* bereits vorgestellt haben und später *hypnotherapeutisch* angegangen sind. Die Anfälle mit Einschlafen und langdauernden Schlafzuständen wurden so kupiert:

Hypnose

D1/D2

SG: «(1′) Nachdem wir uns über Ihre Beschwerde eingehend unterhalten haben, will ich Ihnen jetzt helfen, von dieser frei zu werden ... (2′) Es wird ganz *leicht gehen, wenn es Ihnen gelingt,* sich an meine Anweisungen zu halten ... (3′) *Immer,* wenn Sie irgendwelche Sensationen spüren, die Ihnen ‹komisch› vorkommen, *denken Sie bitte daran, was ich Ihnen jetzt sage* ... (4′) Und ich *sage* Ihnen *jetzt,* daß Sie gesund bleiben können und daß die Beschwerden nicht vorkommen werden ... (5′) Bei jeder Gelegenheit, die Ihnen *unklar erscheint, konzentrieren* Sie sich ganz fest darauf, was ich Ihnen jetzt sage ... (6′) Und ich sage Ihnen, *irgendwelche Anfälle* werden nicht vorkommen, weil Sie sich auf meine Worte konzentriert haben ... und die Worte lauten, Sie werden *keinen Anfall* bekommen ... (7′) Sie konzentrieren sich fest, felsenfest darauf, was ich Ihnen sage ... (8′) Und ich sage Ihnen, der Anfall, oder *was auch immer,* wird nicht vorkommen, nicht vorkommen können, weil Sie (9′) ihn mit Ihrer *starken Konzentration* darauf, was ich Ihnen gesagt habe, verhindern werden ... (10′) Jedesmal, wenn Sie sich ‹komisch› fühlen, denken Sie nur daran ... konzentrieren Sie sich nur darauf, was ich Ihnen gesagt habe ... (11′) Und ich *habe* Ihnen *gesagt,* Anfälle sind gleichgültig, sie werden nicht vorkommen, weil Sie sich *auf die Worte konzentriert haben,* die ich Ihnen gesagt habe ... (12′) Und außerdem werden Sie ganz *ruhig* sein, ganz ruhig und gelassen ... *sobald Sie etwas Unangenehmes* zu spüren beginnen ... (13′) Sie werden ganz ruhig, ganz gelöst und frei sein ... (14′) Erschrecken ist ganz gleichgültig, gleichgültig und unwichtig ...». (*KO:* In diesem Sinne wird bei jeder weiteren Hypnose suggeriert und erweitert. Die Anfälle bleiben aus. Daraufhin jeweils *Schritte E* einfügen.)

HP-016-01234-C67-D12
Examensangst/Hypermnesie/Verstärkung des Lernens/ Bekämpfung von Examensangst

Prähypnose

DG: Ein 25 Jahre alter, männlicher Patient, Psychologiestudent (Fall 08: AK-1561-BO-290957-070782). Er litt an *Examensangst* mit Sorgen, Spannungsgefühl, Ermüdbarkeit, Konzentrationsschwäche, Mangel an Freude, Antriebshemmung, gelegentlichen Schlafstörungen. Infolge von Vergeßlichkeit wird ein starkes *Nachlassen der Lernfähigkeit* angegeben, so daß das Psychologie-Examen in Gefahr gesehen wird.
AN: Der Hypnotisand wird in diesem Falle *als Student und gleichzeitig als Patient* behandelt. Er ist darüberhinaus ein gutes Beispiel für die experimentelle Hypnose mit *Verstärkung der Lernfähigkeit* nach der Hypnotherapie (siehe dazu Kapitel XXI.6.2.1).
ME: Es wird eine *direkte Faszinationsmethode* (HP-002) angewandt. Dadurch kommen die Schritte A, B und C12345 hier nicht vor. Therapeutische Suggestionen beginnen in C6 und werden als D1 und D2 fortgesetzt.
KO: Mancherorts würde man in diesem Falle von *Klienten* sprechen. Wir sehen bei unseren Darstellungen kontinuierlich von solchen Bezeichnungen ab. Man könnte auch den Ausdruck *Borderline Case* gebrauchen. Aber auch diese Bezeichnung wird verworfen und *dem englischen Sprachbereich* überlassen. Die Diagnose «Borderline Case» spricht übrigens für nichts und für alles. Wenn ein Mensch zum Arzt kommt, dann muß er einen im Gesundheitsbereich liegenden Grund haben; er ist *krank*, er *leidet* unter der Erkrankung, er ist also ein *Patient* (der Leidende).

Hypnose

C6

SG: «(1′) ... Und jetzt nehmen wir ein *Buch*, das Buch da, aus dem Sie lernen müssen ... ein Buch ... ein Psychologiebuch ... (2′) Ja, hier ist es ... *Klinische Psychologie.* ... Wir nehmen das erste Kapitel, den Abschnitt *Symptomatologie*, ja Symptomatologie, da muß man anfangen ... Sie werden jetzt lesen können, ganz ruhig und *langsam lesen* können ... laut lesen, wie beim Sprachenlernen ... (*KO:* Dem Hypnotisanden wird das Buch gegeben, er macht es auf und findet am Beginn des Buches den Abschnitt *Symptomatologie* und beginnt zu lesen.) (3′) Und während Sie so lesen, werden Sie merken können, daß Ihnen der Text *nicht unbekannt ist* ... (4′) Sie *merken* jetzt viel *leichter*, besser ... der Text, die Ausdrücke darin sind leicht, sie lassen sich leicht und fließend lesen ... (5′) Und das, was Sie jetzt lesen und am Ende unserer Sitzung gelesen haben, werden Sie später leicht *reproduzieren* können, Sie werden sich das merken können ... viel leichter als bisher ... Genauso wie Ihnen jetzt der Text leichter erscheint, so werden Sie ihn leichter behalten können ... ganz lange behalten ... (6′) Sie werden auch den Text *wiedergeben* können ... (7) wenn Sie danach *gefragt werden* ... (8′) Auch ein *Examen* besteht aus Fragen ... *Sobald Sie danach gefragt werden*, werden Sie merken, wie Ihnen plötzlich der Text einfällt, Sie wissen es einfach, Sie *können sich an den Text erinnern* und ihn wiedergeben ... auch beim Examen ... Das Examen ist an sich mit Fragen verbunden ... (9′) Und die *Hemmungen*, die Sie gehabt haben, werden sofort verschwinden, wenn Sie nach diesem Text gefragt werden ... (10′) Aber auch wenn Sie *nach anderen Texten* gefragt werden ... Wenn Sie bei der Prüfung gefragt werden, werden Sie sich an *viele Texte* gut erinnern können, die Sie gelernt haben ... (11′) *An alle Texte*, die Sie gelernt haben ... (12′) Und *die Angst* ist gleichgültig ... Sie werden merken, daß die *Angst unbegründet* war ... Sie war unbegründet ... (13′) Sie ist *gleichgültig*, *winzig klein* und unbedeutend ... bis sie vollkommen verschwindet, wie ein Stern am Himmel ... (14′) Lesen Sie jetzt ruhig und langsam weiter ... Ich werde Sie nicht unterbrechen (*KO:* Der Hypnotisand benötigt eine halbe Stunde für $4^1/_2$ Seiten des Textes, *weil er langsam liest*, um sich den Text merken zu können. Nach weiteren 20 Minuten hat er noch 3 Seiten durchgelesen. Und dann:)

C7

(1′) Ich werde Sie in einen Traum versetzen, damit Sie den Text aufnehmen können, damit sich das Gelesene sozusagen setzen kann ... (2′) Sie wissen, wie ich Sie wieder in den Schlaf versetzen werde ... ähnlich wie bei der Einführung in die Hypnose. (*KO:* C7 der Lektion HP-002 entnehmen oder einen ähnlichen Weg einschlagen.)

D1

(*KO:* D1 ist zu C7 komplementär. Die Suggestionen aus C7 laufen aus, diejenigen von D1 vergrößern ihren Umfang, und dann:)

D2

(1′) Nachdem Sie jetzt *wieder in einer tiefen Entspannung* sind, hören Sie mich weiterhin deutlich zu Ihnen sprechen. Sie haben vorhin laut gelesen ... Es war etwas anstrengend ... (2′) Es wird sich aber *lohnen* ... Sie werden sich an den Text gut erinnern können, wenn Sie danach gefragt werden ... (3′) Und auch *an andere Texte, an alle Texte,* die Sie zwecks Lernens gelesen haben, werden Sie sich ganz leicht erinnern können, wenn Sie gefragt werden ... (4′) Wir werden auch eine Probe machen ... (5′) Morgen werden wir eine *Gruppe* von Studenten, Psychologiestudenten, bilden ... eine Gruppe mit etwa 10–12 Studenten ... (6′) Und dann werden Sie zeigen können, daß Sie den Text, den Sie heute gelesen haben, auch *auswendig wiedergeben* ... *wiederholen* können ... im Konzept ... Es wird Ihnen gar keine Schwierigkeiten machen ... (7′) Selbst wenn Sie irgendwo anhalten müssen, um nachzudenken, werden Sie danach ungestört *fortfahren* können ... ohne Mühe fortfahren können ... (8′) Und beim *Examen* werden Sie frei, selbstsicher und gelassen auftreten und den Text oder einen anderen Text, nach dem Sie gefragt werden, wiedergeben, ganz *souverän* darüber berichten ... Und morgen werden wir eine Gruppe aus Studenten bilden, und Sie werden den jetzt gelernten Text vortragen ... als Probe sozusagen ...
(*KO:* E1 und E2 einer der vorangegangenen experimentellen Lektionen entnehmen, z.B. der HP-002.)

Posthypnose

Nachdem Sie sich jetzt ganz erholt haben, werden Sie sich viel sicherer fühlen, selbstbewußter, souveräner und ausgeglichen ...» etc. ... etc. ... etc. ...
(*KO:* Am nächsten Tag wurde die Studentengruppe gebildet. Der Hypnotisand gab die Lektion «Symptomatologie» *fast fehlerfrei* wieder. Eine umgekehrte Möglichkeit ist – was auch bei diesem Probanden praktiziert wurde – die Lektion *außerhalb der Hypnose* zu lesen und *während des somnambulen Zustandes* wiederholen zu lassen. Bei einer Hypermnesie werden die Seiten des gelesenen Buches fehlerlos oder fast fehlerlos wiedergegeben.) (Zur Gedächtnisfrage und Hypermnesie siehe Kapitel XXI.6.2.1).

a

HP-017-D2
Direkte Heilhypnose/Spezielle Schlafsuggestion/Schlafperiodik

Prähypnose

DG: Die erst 15 Jahre alte Patientin (Fall 09: AK-0034-BS-211067-110182) litt an *hartnäckigen Schlafstörungen als Folge von Schulstreß.* Nach 10 Heilhypnose-Sitzungen komplette Beseitigung der Schlafstörungen.
ME: Spezielle Schlafsuggestionen gemäß der *Schlafperiodik* nach der Methode des Referenten (siehe dazu Schema 19).

Hypnose

(*KO:* A1, A2, B1, B2, C1234 und D1 der Lektion HP-002 entnehmen. Dann erfolgen spezielle Suggestionen. D1 ist *komplementär* zu C4.)

D2

SG: «(1′) ... Und *heute abend* wirst Du ganz *müde* sein und *so bald Du mit dem Kopf das Kopfkissen berührts*, wirst Du ganz *schläfrig* werden und bald ganz sanft *einschlafen* ... (2′) Das *Einschlafen* geht langsam vor sich, es braucht seine Zeit, Du denkst, willst, wünschst und tust gar nichts ... Alles regelt sich von selbst ... (3′) Gleich nach dem *Einschlafen* erreichst Du ein ganz *flaches Schlafstadium* ... und hier verharrst Du eine kurze Zeit, *vielleicht 10 bis 15 Minuten*, vielleicht auch *20 Minuten* ... Du denkst an nichts, die Zeiten spielen für Dich keine Rolle, alles regelt sich von selbst, die Natur hat dafür gesorgt ... (4′) Und dann kommt eine *Schlafvertiefung* ... (5′) Nach weiteren *20 Minuten* ... vielleicht auch länger oder kürzer, für Dich spielen die Zeiten keine Rolle ... erreichst Du den *Tiefschlaf* ... Er wird rund 30–40 Minuten in Anspruch nehmen, Du wirst ganz ruhig schlafen ... Alles geht von selbst ... Du tust gar nichts ... aber gar nichts ... (6′) Und nach *insgesamt 80 Minuten* ... vielleicht auch länger oder kürzer ... Abweichungen gibt es immer ... aber darum solltest Du Dich nicht kümmern ... wirst Du Dich vielleicht umdrehen ... vielleicht auch nicht ... das spielt keine Rolle ... Und dann kommt ein *leichterer* Schlaf ... der *kaum länger ist als 10–20 Minuten* ... (7′) Und in insgesamt rund 90–100 Minuten vom Schlafengehen ... vielleicht länger oder kürzer ... werden die *ersten Träume* kommen ... (8′) Diese nehmen rund *10 Minuten* in Anspruch ... vielleicht auch mehr oder weniger ... Das kümmert Dich nicht ... (9′) Du träumst ... träumst etwas Wunderbares ... vielleicht ein Erlebnis, als Du ganz klein warst ... es ist vollkommen gleich ... (10′) Du wirst die Träume ganz angenehm empfinden ... ganz angenehm ... ganz wunderbar ... wunderbar und schön ... (11′) Und während der Träume kann manchmal das *Herz schneller werden*, schneller schlagen ... und die Atmung schneller werden oder kurz anhalten ... Das macht gar nichts ... Das kommt von den Träumen, vielleicht wenn Du ein Tier oder einen Menschen siehst ... (12′) Und danach wird sich der Schlaf *wieder vertiefen* ... (13′) Du wirst sanft wieder *einen zweiten Tiefschlaf* erreichen, der fast genauso tief ist wie der erste, aber noch schöner ... (14′) Vielleicht wirst Du Dich nach dem ersten Träumen *umdrehen*, vielleicht aufwachen oder auch nicht ... es ist vollkommen gleich ... Alles ist normal ... Du kümmerst Dich um gar nichts ... Du schläfst, nur schlafen ... (15′) Und auch *dieser Tiefschlaf wird rund 30–40 Minuten* andauern ... (16′) Inzwischen kommt eine gewisse Zeitlang der *leichte Schlaf* vor ... auch er dauert vielleicht *30–40 Minuten* ... (17′) Und *insgesamt 80 Minuten nach dem Ende der ersten Träume* ... vielleicht auch länger oder kürzer ... tauchen *wieder Träume auf* ... die *zweite Traumzeit* ist da ... wunderbare Träume kommen jetzt zum Vorschein ... Du kümmerst Dich um gar nichts ... ganz gleich, wann die Träume kommen ... ganz gleich, wie lang sie andauern ... ganz gleich, was sie Dir sagen werden ... Und wenn das Herz von Zeit zu Zeit wieder schneller wird, das macht nichts ... *Nur schlafen und träumen* ... gar nichts anderes wollen,

nichts denken ... nichts wünschen und nichts tun ... Alles läuft von selbst ab, alles regelt sich von selbst ... *Nur schlafen und träumen* ... (18′) Und hier endet der *zweite Schlafzyklus* ... Wenn Du später lesen wirst, wirst Du von *Zyklen* erfahren, von *Perioden* ... Aber jetzt ist das unwichtig ... (19′) Rund *20 Minuten* nach dem Beginn dieses Traumes ... vielleicht auch länger oder kürzer ... das ist vollkommen unwichtig ... wird sich der Schlaf *zum dritten Male vertiefen* ... er wird vielleicht nicht so tief sein wie der vorherige ... das ist jedoch vollkommen unwichtig ... (20°) Und kurz darauf wird sich der Schlaf *wieder verflachen* ... ganz gleich, wann ... Du kümmerst Dich um gar nichts, Du schläfst ... Und dieser *sogenannte traumlose Schlaf* wird rund *70 Minuten* in Anspruch nehmen ... vielleicht auch länger oder kürzer ... Abweichungen sind normal ... vollkommen normal ... (21′) Und schon sind die Träume wieder da ... Sie beanspruchen jetzt rund *30 Minuten* ... vielleicht auch mehr oder weniger ... auch das ist unwichtig ... Auch diese Träume werden wunderbar sein ... Alles ist bunt, warm, sonnig und angenehm ... Du schläfst und träumst ... und willst gar nichts anderes ... Alles andere ist vollkommen gleichgültig ... Vollkommen unwichtig ... Nur träumen ... (22′) Und nachdem die Träume jetzt sehr *lebhaft sind*, kann das Herz manchmal auch *ganz schnell* werden, vielleicht auch rasen ... Und die Atmung kann *anhalten* oder ebenfalls kurz *schneller* werden ... Das macht nichts ... Das ist alles normal ... Nur schlafen und träumen ... alles andere ist vollkommen unwichtig ... (23′) Nachdem diese Träume abgelaufen sind, wirst Du erneut *in den tiefen Schlaf* geführt ... von der Natur geführt ... Du tust gar nichts ... aber gar nichts ... nur schlafen ... schlafen ... schlafen ... (24′) Der darauffolgende Tiefschlaf ist jetzt *kürzer* als die vorhergehenden Tiefschlafstufen ... Im Verlaufe der Nacht wird der *traumlose Schlaf* immer kürzer ... die Träume werden immer länger ... damit der Schlaf angenehm ist ... angenehm und erholsam ... ganz angenehm und erholsam ... Du schläfst ... (25′) Und schon kehren nach *rund 60 Minuten die Träume wieder* ... Die Träume sind sehr angenehm ... sehr schön, sehr wunderbar ... rund 40 Minuten wirst Du träumen ... vielleicht auch länger oder kürzer ... es ist ganz gleich ... Alles ist ganz gleich ... Du kümmerst Dich um gar nichts ... um gar nichts ... alles läuft von selbst ab ... Du schläfst und träumst ... Und nun haben wir *rund 400 Minuten* Schlaf hinter uns ... fast *sieben Stunden* ... Du hast bis dahin wunderbar geschlafen und geträumt ... wunderbar ... Nach jedem Traum bist Du wieder in den Tiefschlaf gegangen, der Schlaf ändert seine Tiefe, bald wird er *oberflächlich, bald wieder tief* ... (26′) Du hast Dich vielleicht zweimal *umgedreht* oder nicht ... es ist vollkommen gleich ... das kümmert Dich wenig ... Es ist alles ganz egal ... (27′) Nach dem vierten Träumen *vertieft sich der Schlaf nur leicht* ... Du schläfst jetzt oberflächlich, ruhig ... ganz ruhig und oberflächlich ... Das *Herz schlägt langsam* ... Die Atmung ist flach und ruhig ... ruhig ... Nach etwa *50 weiteren Minuten*, vielleicht auch länger oder kürzer, erscheinen *die letzten Träume* der Nacht ... (28′) Da träumt man *ausgiebiger* ... wunderbar ... Die Träume sind sehr angenehm ... und nach einer gewissen Zeit wachst Du von selbst auf ... ganz frisch und munter ... leicht ... und frei ... ganz *ausgeschlafen* und ausgeruht ... (*KO:* Ein Wecken, je nachdem, kann eingebaut werden, wenn die Person gewöhnlich geweckt wird.) (29′) Und dann stehst Du ganz erholt auf ... und fühlst Dich ganz wohl ... ganz *ausgeschlafen* und *ausgeruht* ... ganz wohl ... (30′) Und so wird es *jede Nacht* sein ... (31′) Du wirst gut und ruhig schlafen und *am nächsten Tag* ganz erholt, frisch und munter sein ... ganz ausgeschlafen ...»
(*KO:* E1 und E2 der HP-002 entnehmen.)

Posthypnose

Die Suggestionen wurden so erteilt, daß die *ganze Schlafdauer rund 480 Minuten in Anspruch nimmt.* Rund 20 Minuten Einschlafen, dazu 20 Minuten die erste Schlafvertiefung, dazu noch die 40 Minuten der Tiefschlafdauer und noch 10 Minuten für die erste Traumphase = 100

Minuten. Die zweite Schlafperiode nimmt ebenfalls 100 Minuten in Anspruch, die dritte und vierte auch. Insgesamt 400 Minuten, *da jede traumlose Phase um 10 Minuten kürzer, jede Traumphase um 10 Minuten länger ist.* Die restlichen 80 Minuten bis zu 8 Stunden können variiert werden, abhängig davon, ob der Patient gewöhnlich 7 Stunden, $7\frac{1}{2}$ oder 8 Stunden schläft. Wenn junge Schläfer *sonst* länger schlafen können, wird man auch dementsprechend suggerieren. Unter F1 bis F9 sind spätere Kontrollen protokolliert worden.

HP-018-01234-D1234-E123456

Schlafstörungen/Imagination/Schlafperiodik/Treppentechnik/ Progressive Vertiefung und Verflachung/Rückführung

Prähypnose

DG: Die 13 Jahre junge Patientin (Fall 10: AK-0093-080667-210182) hatte *Schulangst und deshalb erhebliche Schlafstörungen mit erschwertem Einschlafen und häufigem Aufwachen in der Nacht. Unausgeschlafen am Morgen.* Durch die Hypnotherapie wurden die Schlafstörungen völlig korrigiert.
ME: Es wurde eine *Treppentechnik mit Imagination eines Gartens* eingebaut. Diese Technik ist in ähnlicher Form in der Literatur nicht ganz unbekannt (siehe auch unten). *Neu daran ist die von uns (Jovanović, 1989) darin immatrikulierte Schlafperiodik*, die an die *Imaginationen eines Gartens* angepaßt wird.
KO: A1 bis C7 können einer anderen, vorausgegangenen Übungs-Lektion entnommen werden, insbesondere der HP-001 und HP-002 *mit Schlafsuggestionen.* C7 könnte auch als Übergang zu D1 genommen, aber auch ausgelassen werden. Die *kleine Patientin* wurde mit *Du* angesprochen. Wir wollen jedoch den nachfolgenden Text *generalisieren* und *transformieren* das *Du* in ein *Sie*, damit er leichter eingeübt wird und auch bei Erwachsenen anwendbar ist.

Hypnose

D1: Vorbereitung

SG: «... Und nachdem Sie jetzt ganz gut geschlafen und sich ausgeruht haben, werden wir *gedanklich* einen schönen *Spaziergang* unternehmen. Sie werden dabei *wieder schlafen lernen.* Wir befinden uns jetzt *im fünften Stockwerk* eines *Hauses, eines Hochhauses*, das Sie vielleicht kennen ... (*KO:* Wenn der Patient ein entsprechendes Hochhaus mit einem schönen Garten kennt und er damit angenehme Erlebnisse verbinden kann – was anamnestisch zu eruieren ist – wird dies als Beispiel genommen. Und dann:) Sie stehen *auf dem Podest* der riesig weiten Treppe ... *Nach oben* geht die Treppe *zu den höheren* Stockwerken ... Das interessiert uns *wenig* ... Nach unten wird die Treppe immer *dunkler und dunkler* ... bis sie das Erdgeschoß erreicht ... Sie sind *ganz müde* ... Sie *schauen nach unten* ... Die *Augen sind müde* ... die Augenlider schwer ... Sie fühlen sich angenehm müde, der Körper ist schwer ... bleischwer ... Arme und Beine sind müde, schwer, bleischwer ... Und *links* von Ihnen sind große *Fenster* ... riesige Fenster, die zum Garten geöffnet sind ... Unten im Garten ist es ganz still ... Oder vielleicht *hören Sie* einige *Vögel* zwitschern ... Oder ganz *weit weg* die *Leute* sprechen ... Es *duftet* aus dem Garten ... Eine *frische Brise* kommt durch die offenen Flügel der Fenster zu Ihnen herauf ... Die Wärme, die angenehme, warme Luft kommt zu Ihnen herauf ... Die Fenster sind *bunt* ... bunt bemalt ... viele Farben ... das haben Sie schon gesehen ... Die farbigen Fenster, wie in der *Kirche.* Und unten, im *Erdgeschoß* ist es ganz *dunkel* ... das, was Sie sehen, ist vielleicht nicht einmal das Erdgeschoß, vielleicht führt die Treppe noch tiefer ... tiefer ... in das dunkle *Kellergeschoß* ... oder so ... Und *rechts* von Ihnen sind viele *Blumentöpfe, Blumenvasen* und *Blumen* ... *Blumen* ... alle der Reihe nach ... nach unten ... auf der *Treppe* ... *rechts Blumen auf der Treppe, links Garten* ... ganz tief unten ... Und *rechts* sehen Sie *noch etwas* ... Die *Wände* ... die Wände mit vielen *Bildern* ... Aus vielen Kunstepochen ... ganz große Bilder ... eingerahmt ... Auf einem Bild ist ein *Mann mit Stiefeln* zu sehen ... mit einem Helm auf dem Kopf ... und noch etwas hält er in der Hand ... es ist dunkel ... oder halb dunkel ... was hält er in der Hand ... eine *Waffe aus dem Mittelalter* ... oder so ... Und da unten rechts sind auch Bilder ... verschiedene Epochen sind dargestellt worden. (*KO:* Wenn sich der Patient in der Kunst auskennt, kann man *bestimmte* Bilder ansagen.) ... Auf einem Bild sehen Sie einen *schwarzen Mann* ... mit einem *großen Hut* ... und einem *roten Schal* ... und er hält auch etwas in der Hand ... Und weiter unten sehen Sie viele *eingerahmte Bilder* ... immer undeutlicher, unschärfer ... Es wird immer dunkler und dunkler ... Sie können die Bilder kaum erkennen ... Alles verschwindet in der Dunkelheit ... Alles ist unklar ... Das macht nichts ...

D2: I. Schlafperiodik

(1′) Sie unternehmen jetzt einen *Spaziergang* ... *nach unten* ... nach unten ... wo die Treppe endet ... Zum Erdgeschoß oder Kellergeschoß ... oder so ... Es sind viele Treppen nach unten ... viele Stufen ... In jedem Stockwerk ist ein *Podest* ... die Treppen sind breit ... Links unten ist der *Garten* ... mit vielen *Blumen und Bäumen* ... rechts *Blumentöpfe und Bilder* ... viele verschiedene Bilder ... Aus vielen Kunstepochen ... (2′) Sie beginnen zu *gehen* ... nach unten ... (3′) Die *Beine* sind schwer ... angenehm schwer ... *Treppe für Treppe* ... gehen Sie hinunter ... langsam ... ganz langsam ... (4′) Genießen Sie den *Duft*, der aus dem Garten hereinkommt ... die frische Brise aus dem Garten ... Es ist ganz warm ... angenehm warm ... Treppe für Treppe gehen Sie nach unten ... (5′) Die *Augen* sind müde ... die *Augenlider* schwer ... (6′) Der *Körper* ist ganz schwer ... bleischwer ... (7′) *Arme* und *Beine* sind schwer ... *je tiefer* auf der Treppe ... *desto schwerer* ... Sie fühlen sich wohl und angenehm ... Sie gehen nach unten ... Treppe für Treppe ... Sie werden mehr und mehr müde, je tiefer Sie die Treppe hinunterkommen ... langsam ... ganz langsam gehen Sie nach unten ... müde und schleppend ... (8′) Und jetzt befinden Sie sich etwa *in der Mitte* zwischen dem fünften und vierten Stockwerk ... Sie gehen weiter nach unten ... Je tiefer Sie gehen, desto müder werden Sie. Sie sind jetzt ganz müde, müde ... schläfrig ... (9′) *Und so werden Sie in der Nacht tiefer und tiefer einschlafen* ... Sie gehen immer tiefer und tiefer ... Treppe für Treppe ... Je tiefer Sie gehen ... desto müder sind Sie ... Und jetzt sind es bis zum *vierten* Stockwerk nur noch vier Treppen ... noch drei ... noch zwei ... noch eine ... (10′) Jetzt sind Sie auf *dem Podest im vierten Stockwerk* ... *In der Nacht werden Sie so tief einschlafen, wie Sie jetzt nach unten in die Tiefe gehen.* (11′) *Und nach dem Einschlafen in der Nacht werden Sie Stufe für Stufe tiefer gehen, bis Sie den tiefsten Schlaf erreichen* ... Sie befinden sich jetzt *auf der ersten Stufe des Schlafes* ... Sie gehen immer tiefer und tiefer ... (12′) Und jetzt ist die *Atmung* noch langsamer und ruhiger ... der *Körper* immer schwerer und schwerer ... *Arme und Beine* schwerer und schwerer ... Sie gehen nach unten ... nach unten ... *zur zweiten Stufe des Schlafes* ... zum dritten Stockwerk hinunter ... Treppe für Treppe nach unten ... (13′) *Von links* kommt immer wieder die *warme* Luft aus dem Garten herauf ... (14′) Die *Vögel* zwitschern immer näher und näher ... die Vögel zwitschern ... die Luft wird immer wärmer und wärmer ... Sie fühlen das, feiner und feiner ... wärmer und wärmer ... Sie gehen langsam nach unten ... Die *Bilder* auf der rechten Seite werden immer dunkler und dunkler ... Da unten ist es ganz dunkel ... immer tiefer und tiefer ... (15′) *Jede weitere Stufe die Treppe* hinunter wird Ihnen eine tiefere Stufe des Schlafes in der Nacht erbringen. Immer ganz langsam nach unten gehen, ganz langsam, Treppe für Treppe nach unten ... (16′) Die

Beine sind schwerer und schwerer, der *Körper* bleischwer, das *Blut sinkt in die Beine*... die Luft aus dem Garten kommt herauf... Die *warme Luft* kommt herauf, es ist ganz warm, Sie spüren diese Wärme ganz angenehm... (17′) Die *Bilder* auf der rechten Seite an der Wand werden *immer dunkler* und dunkler... sie sind ganz schwarz. Sie gehen ganz langsam nach unten, Treppe für Treppe, ein Bein nach dem anderen. Alles ist ganz ruhig und angenehm... (18′) Aus dem Garten kommen ganz sanfte *Geräusche* herauf... (19′) Die *Menschen* gehen dort durch den Garten spazieren... (20′) Die *Sonne* scheint... der *Wind* kommt ganz *langsam herauf... trocken, warm*... eine Treppe nach der anderen. Sie fühlen sich ganz angenehm, ganz geborgen, ganz wohl... Es ist ganz warm... (21′) Jetzt befinden Sie sich etwa *in der Mitte*, zwischen dem vierten und dritten Stockwerk... Jetzt langsam nach unten, die Beine werden immer schwerer und schwerer... der Kopf ganz schwer, der Körper ganz schwer... und das Blut sinkt in die unteren Körperteile... in die Beine... die Beine sind ganz schwer, bleischwer, schwerer und schwerer, je tiefer Sie nach unten kommen... (22′) Und jetzt bleiben noch *ein paar Treppen bis zum dritten Stockwerk*, bis zur *zweiten Stufe* schlafen Sie... noch vier Stufen... noch drei... immer tiefer und tiefer... noch zwei, tiefer und tiefer... noch eine Treppe... (23′) Und jetzt befinden Sie sich *im dritten Stock. So wird Ihnen auch der Schlaf in der Nacht immer tiefer und tiefer vorkommen.* Vom fünften Stockwerk bis zum dritten hinunter haben Sie *zwei Stufen* hinter sich... (24′) Und der *Schlaf* wird in der Nacht so langsam nach unten gehen... ganz sanft... Und wenn Sie im dritten Stockwerk sind, wird die *zweite Stufe* des Schlafes eintreten... *Weil der Schlaf von oben nach unten geht... Man zählt* beim Schlaf von oben nach unten... (25′) Das *fünfte Stockwerk* stellt noch das *Wachsein* dar, das *vierte die erste Schlafstufe* nach unten und das *dritte Stockwerk die zweite Schlafstufe.* Sie sind jetzt ganz müde und schläfrig und wollen ganz tief nach unten kommen, bis zum *Erdgeschoß*, wo Sie ganz schön ausruhen wollen... ganz langsam... Der Wind kommt *von links* herauf... durch die *offenen Flügel* der Fenster. Die Blumen sind immer höher und höher gewachsen... (26′) Da unten ist es ganz *dunkel*, im *Erdgeschoß* ganz dunkel... Sie sind ganz müde und schläfrig, und Sie fühlen sich ganz müde, angenehm müde und angenehm schläfrig... Immer langsam nach unten, bis zum Erdgeschoß. (27′) Jetzt gehen wir langsam zum *zweiten Stockwerk*... Treppe für Treppe... Die Beine sind schwer... ein Fuß nach dem anderen... Die Beine werden immer schwerer und schwerer... Das Herz schlägt immer langsamer und langsamer... Das *Blut sinkt* aus dem ganzen Körper in die Beine... die Beine werden immer schwerer und schwerer... Sie gehen langsam eine Treppe nach der anderen hinunter... *Sie spüren*, wie die Beine schwer geworden sind... Jetzt spüren Sie es, Sie spüren es... Die Beine sind ganz schwer... Sie spüren die Schwere in den Beinen... Immer tiefer und tiefer... (28′) *Mit jeder Treppe gehen Sie tiefer und tiefer in die Müdigkeit... tiefer und tiefer in die Hypnose, und so werden Sie in der Nacht tief in den Schlaf versinken.* Wir gehen langsam *zum zweiten Stockwerk*... immer weiter und immer tiefer... Sie befinden sich jetzt etwa in der Mitte zwischen dem dritten und dem zweiten Stockwerk... immer weiter, immer tiefer... tiefer, tiefer... (29′) Die *Luft* wird immer wärmer und wärmer... Es wird *immer dunkler und dunkler*, je tiefer Sie gehen, weil die Fenster immer matter und matter werden, immer undurchsichtiger und *undurchsichtiger*... Da unten sind sie auch *überstrichen, verdunkelt*, so daß man von draußen nicht hineinschauen kann... Sie gehen ganz langsam nach unten... (30′) Die *Vögel* zwitschern im Garten, die *Menschen* spazieren durch den Garten, sehr viele *Bäume* und *Blumen* duften aus dem Garten herauf... Immer tiefer, immer schneller nach unten gehen... Und jetzt sind es noch ein paar Treppen bis zum zweiten Stockwerk... Noch vier... Sie fühlen sich ganz müde... Die Beine sind schwer... Noch drei... Die Beine sind ganz schwer... Sie sind ganz müde... Noch zwei Treppen bis zum zweiten Stockwerk... Noch eine Treppe, und jetzt sind Sie im zweiten Stockwerk... (31′) *So werden Sie in der Nacht an dieser Stelle die dritte Stufe des Schlafes erreichen*... die dritte Stufe, *die von oben nach unten* gerechnet wird. Und jetzt gehen Sie ganz langsam nach vorne, *auf dem Podest nach vorne*, immer tiefer und tiefer,

immer ruhiger und ruhiger ... Die Beine sind ganz schwer ... Der Körper ist schwer, die Arme sind schwer, der Kopf ist ganz schwer, die Augenlider bleischwer ... Das Blut sinkt aus dem Körper in die tieferen Körperteile, in die Beine ... Und jetzt Treppe für Treppe nach unten, bis zum ersten Stockwerk ... nach unten ... immer weiter, immer tiefer, immer ruhiger ... Die Luft kommt immer häufiger herauf ... (32′) Und jetzt unten links *macht jemand die Tür auf* ... Jetzt kommt etwas Licht vom Garten herauf ... Das *Licht* fällt unten herein, wo das erste Stockwerk ist. Eine Treppe nach der anderen, immer weiter, immer tiefer ... immer weiter, immer tiefer nach unten ... Sie sind ganz müde ... Sie sind ganz tief in der Hypnose ... Sie gehen immer weiter, immer tiefer ... immer weiter ... immer tiefer ... immer weiter ... ganz weit nach unten ... Und jetzt sind Sie irgendwo *in der Mitte zwischen dem zweiten und ersten Stockwerk* ... Wenn Sie sich jetzt nach links und rechts umschauen, sehen Sie die Blumen von links und von rechts und an der Wand rechts auch die großen Bilder ... ? ... Immer weiter ... Und jetzt bleiben noch einige Treppen bis zum ersten Stockwerk ... Noch vier ... Sie sind ganz müde und schläfrig ... Noch drei Treppen ... Sie sind ganz müde ... Die Beine sind ganz schwer ... Und jetzt noch eine, zwei ... Noch eine Treppe ... (33′) Und jetzt sind Sie *im ersten Stockwerk*. Von oben bis unten haben wir *vier Stockwerke* zurückgelegt ... *Sie haben vier Stockwerke zurückgelegt, und das sind diese vier Schlafstadien oder Schlafstufen.* Sie befinden sich jetzt *auf der vierten Stufe des Schlafes*, von oben gerechnet. ...
(34′) Und jetzt ganz langsam nach unten ... Schritt für Schritt, Treppe für Treppe ... *einen Fuß nach dem anderen*, bis zum Erdgeschoß ... bis zum tiefsten Erdgeschoß, und da werden Sie *auch den tiefsten Schlaf in der Nacht* erreichen, da werden Sie auch auf die tiefste Stufe des Schlafes kommen können ... Jetzt langsam nach unten ... Sie sind ganz müde und schläfrig ... ganz müde und schläfrig ... Treppe für Treppe immer tiefer und tiefer ... Treppe für Treppe tiefer ... eine Stufe nach der anderen ... eine Stufe nach der anderen ... (35′) *Jetzt kommt die Luft von links immer mehr und mehr ... es ist ganz warm* ... Und es wird immer *dunkler* und dunkler ... Die *Tür* unten links zum Garten ist jetzt *wieder* zu ... Es ist ganz dunkel ... Sie gehen immer weiter nach unten ... Und jetzt befinden Sie sich zwischen dem ersten Stockwerk und dem Erdgeschoß ... *Immer schneller* nach unten ... immer schneller ... Treppe für Treppe ... ganz ruhig ... Alles kommt und geht ... Alles regelt sich von selbst ... (36′) Von ganz weit und fern hört man den *Straßenverkehr* ... *ganz dumpf* und fern und *monoton*, gleichmäßig und monoton ... Sie kümmern sich um gar nichts ... Sie gehen immer tiefer und tiefer ... ganz langsam, mit jeder Stufe immer langsamer und langsamer, weiter und tiefer ... ganz fein nach unten ... Das Blut sinkt in die unteren Körperteile ... Der Körper wird immer schwerer und schwerer ... Die *Knie ganz weich* ... immer weiter, immer tiefer ... *mit jedem Atemzug* immer weiter, immer tiefer nach unten ... Es ist alles ganz gleichgültig ... ganz gleichgültig und unwichtig ... Sie gehen immer weiter und tiefer nach unten ... Und jetzt sind es *noch vier Treppen* bis zum Erdgeschoß ... jetzt weiter ... noch drei ... noch zwei ... noch eine ... Und jetzt sind Sie *im Erdgeschoß*, ganz tief, und das wäre die tiefste Stufe des Schlafes. (37′) Und jetzt ist da unten, wo Sie angekommen sind, ein *riesiger Raum* nach vorne und nach hinten und nach rechts, sehr *viele Gänge*, die ganz weit führen und dunkel sind, und Sie befinden sich auf diesem großen Plateau im Erdgeschoß ... (38′) Jetzt drehen Sie sich ganz *langsam nach links* ... nach links ... Sie gehen jetzt in den Garten und wollen ganz *schön schlafen im Garten* ... Jetzt noch einmal nach links, ganz weit nach vorne gehen ... nach vorne links ... Und da ist jetzt *die Tür* ... Wenn Sie die Tür aufmachen, sehen Sie den Garten, den schönen bunten Garten. (39′) Links eine *riesig lange Allee* mit Blumen ... Blumen ... Und hinter der Allee sind *riesige Bäume*, Alleebäume ... und Sie gehen immer weiter nach vorne ... Die Tür ist jetzt offen ... aber da sind *noch ein paar Treppen* ... (40′) *Nicht vergessen*, da sind jetzt noch ein paar Treppen. Nach unten müssen wir noch *sechs Treppen* gehen ... noch tiefer ... *Und so werden Sie in der Nacht nach einer Weile ... nachdem Sie den tiefsten Schlaf erreicht haben ... noch etwas tiefer gehen, damit Sie sich ganz gut erholen können* ... Jetzt gehen Sie auf die Treppe ... so, und jetzt sind es *noch fünf* Stufen ... Sie gehen immer tiefer

und tiefer... *noch vier*... immer tiefer und tiefer... Der Körper ist bleischwer, *die Knie weich*... immer tiefer und tiefer... Noch *drei* Treppen... noch *zwei*... noch *eine* Treppe... (41′) So, jetzt sind Sie *im Garten.* Wo Sie sich jetzt befinden, ist *Sand*, ein *Pfad*... für die *Spaziergänger*... Sie gehen auf dem Pfad nach vorn... langsam nach vorn... (42′) *Links ist eine Bank*... eine Parkbank *in der Sonne*... eine große Bank... Und jetzt gehen Sie dorthin und *setzen sich* auf die Bank... (43′) So, jetzt haben Sie sich *hingesetzt*... (44′) Jetzt *legen Sie sich* auf die Bank, so bequem wie es geht... *legen* Sie sich einfach auf die Bank, legen Sie sich irgend etwas *unter den Kopf* und schlafen Sie... schlafen... schlafen... schlafen... tief und ruhig schlafen... *mit jedem Atemzug* tiefer und tiefer... und jetzt sind die *Augenlider* noch schwerer, die *Augen* ganz müde, der *Kopf* bleischwer und der *Körper* bleischwer... die Atmung tief und ruhig... mit jedem Atemzug schlafen Sie tiefer und tiefer... und das *Herz* schlägt langsamer und langsamer... Das *Blut sinkt* noch tiefer in die unteren Körperteile... *Arme und Beine* sind bleischwer... Sie schlafen... Sie schlafen (*KO:* längere Pause)... Sie schlafen... schlafen, tief und ruhig... schlafen... schlafen... schlafen...

(45′) Und jetzt haben Sie bereits über *eine halbe Stunde* geschlafen... Über eine halbe Stunde... Schauen wir auf die Uhr... *40 Minuten lang*... (46′) Und jetzt *setzen* sie sich langsam *auf*... Setzen Sie sich langsam auf... Die Beine dann ganz nach unten fallen lassen... Sie setzen sich auf... Sie fühlen sich immer wohler und wohler... angenehmer und angenehmer... Sie fühlen sich ganz wohl... Und jetzt ganz langsam aufstehen... *aufstehen*... (47′) Jetzt werden wir langsam nach *vorne gehen*... und jetzt nach links... nach vorne gehen... Hier werden die Blumen immer schöner und schöner... immer bunter und bunter... immer höher und höher... Wir gehen noch weiter nach vorne... (48′) Da sind ein paar Treppen... Die Treppen gehen nach oben... Sie gehen langsam nach oben... Sie fühlen sich aber wohl... Die Beine sind zwar noch schwer... Sie fühlen sich aber wohl... (49′) Die Beine beginnen *leichter* zu werden... Sie werden langsam aber sicher ganz schön... Treppe für Treppe nach oben gehen... etwa 10 Treppen... Gehen Sie langsam Treppe für Treppe nach oben... ganz langsam... die erste Treppe... Jetzt kommt die zweite... dann die dritte... die vierte... dann die fünfte... die sechste... die siebte... dann die achte... die neunte... und jetzt die zehnte Treppe... So, es waren zehn Treppen... (50′) *So wird in der Nacht nach diesen Treppen auch der erste Traum kommen*... (51′) Links steht *eine große Blume*, die sich *aus den anderen* Blumen hervorhebt... Sie *ragt* aus den anderen Blumen *heraus*... fast einen Meter... Das ist die schönste Blume... Wenn Sie an dieser Blume vorbeigehen, wird Ihnen *in der Nacht der Traum kommen*... Der Traum kommt, wenn Sie an der Blume vorbeigehen... Da ist die Blume... Die Blume wird Ihnen sehr viel Spaß machen... (52′) *Sie wird in der Nacht auftauchen, wenn der erste Traum kommt.* Jetzt gehen Sie ganz langsam nach vorne... (53′) Und das Herz kann vielleicht schneller schlagen, ganz schnell, und dann ganz langsam... das ist in Ordnung... (54′) Und die Atmung kann vielleicht unregelmäßig werden... bald schnell... bald langsam... Das ist alles in Ordnung... Die Träume machen es... Und jetzt gehen wir weiter nach vorne... Links und rechts sind Spaziergänger, ganz ruhige Spaziergänger, sie gehen auch langsam, sie sind auch müde... Sie schauen zu den Bäumen auf... Einige schauen nach unten... Einige schauen auch *in den Teich*... da vorne... (55′) Da ist auch ein *Springbrunnen*... auf dem Grund des Teiches schwimmen *Fische*... einige Fische sind *gelb*, einige sind *braun*... Die Fische schwimmen ganz ruhig... Da sind auch *Kinder*, die die *Fische füttern*... Die *Bäume duften*... Wenn Sie sich nach links und rechts umschauen, sehen Sie so viele Menschen, die an Ihnen vorbeispazieren... Einige sind schon *alt*... Sie gehen am Stock... und einige lassen sich von den *Jüngeren führen*... All diese Menschen gehen durch den Garten... den Garten mit vielen Blumen und Bäumen... mit Vögeln, die zwitschern... Sie gehen jetzt geradeaus nach vorne... (56′) Und während des Träumens ist es heller geworden... Die Sonne scheint stärker... Die Wolken sind weg...

D3: II. Schlafperiode

(1') Jetzt sehen Sie wieder ein *paar Treppen*... die Treppen gehen jetzt *nach unten*... nach unten... wieder gehen wir *tiefer*... *Und so wird auch der Schlaf in der Nacht tiefer und flacher sein.* (2') *Die Träume werden jetzt langsam verschwinden.* Wenn Sie die Treppen jetzt nach unten gehen, sehen Sie die Bäume nicht mehr und Sie sehen auch die Menschen nicht mehr... (3') Sie haben ihnen den *Rücken* zugekehrt... Sie gehen langsam nach unten... tiefer und tiefer... (4') Die *Sonne verschwindet*, weil die *Büsche und Bäume* sehr dicht werden... Sie gehen tiefer... (5') *Genauso wird sich in der Nacht der Schlaf zum zweiten Male vertiefen. Der Schlaf wird jetzt tiefer*... So, wie Sie aus dem Garten in diese *Vertiefung* gehen... (6') Sie möchten auch sehen, was da unten in dieser Grube ist... Eine *Grube*, eine *Kuhle*, die bei irgendwelchen Ausgrabungen entstand... Sie kümmern sich um gar nichts... Sie gehen Treppe für Treppe *nach unten*... immer weiter nach unten... Treppe für Treppe... Jetzt sind es noch einige Treppen... noch vier... noch drei... noch zwei... noch eine Treppe... Jetzt sind Sie ganz unten in der Grube... Auch hier gibt es *Sträucher* und Blumen... aber nicht so schöne wie oben... Sie gehen jetzt vorbei... (7') *An dieser Stelle wird sich der Schlaf in dieser Nacht zum zweiten Male vertiefen... Der Schlaf wird auch hier in der Nacht 30 oder mehr Minuten in Anspruch nehmen*... (8') Sie können sich auch *hinlegen*... hier ist *eine Bank*... Ja, legen Sie sich auf die *Bank*... Schlafen Sie 30–40 Minuten lang... Sie wollen schlafen... schlafen... nichts anderes als schlafen... Sie sind ganz *müde vom Spazierengehen*... von den vielen Eindrücken... Die Träume sind vollkommen *verschwunden*... Sie haben noch etwa zehn Minuten Zeit... Die Zeit regelt sich von selbst... Sie kümmern sich um gar nichts... Die Zeit *regelt* sich immer *von selbst*... (9') Und jetzt haben Sie wieder ganz tief geschlafen... Es hat gar nichts gestört... Sie haben wunderbar geschlafen... Der Schlaf hat auch jetzt eine halbe Stunde... nein... *mehr als eine halbe Stunde* angedauert... (10') Und jetzt *stehen* Sie wieder *auf*... Wir gehen langsam diese *kleine Anhöhe hinauf*... Es liegen einige *Steine* da, das macht aber nichts... Sie gehen nach oben... Wir gehen gemeinsam nach oben... (11') Und das Herz wird vielleicht schneller werden. Sie gehen ja bergauf... Und die Atmung kann sich ändern... (12') Und an dieser Stelle wird Ihnen in der Nacht der *zweite Traum erscheinen*... Und wenn der *zweite Traum auftaucht*... ganz plötzlich, wie in einem Blitz, werden Sie *nicht erschrecken*... (13') Die *Sonne* ist wieder da... (14') Die *Wolken* haben sich *verzogen*... (15') Und die *Blumen* duften... (16') Die *Menschen* kommen vorbei... Einige sind Ihnen bekannt... Da ist einer... da vorn... den Sie vielleicht kennen oder zu kennen glauben... Und da vorn, diese da vorn... Vielleicht haben Sie jemanden aus dieser Gruppe irgendwann gesehen... (17') Und die Träume in der Nacht werden so bunt, so *duftig*, so warm und schön sein wie jetzt... Sie werden *schlafen und träumen*... ganz angenehm... (18') Ob Sie sich am nächsten Tag an diese Träume *erinnern*, spielt keine Rolle... (19') Hauptsache ist, daß Sie die Träume *wunderbar finden*... Alle kommen und gehen... Alles kommt und geht... Alles regelt sich von selbst... Träumen... träumen... (20') Träumen nach eigenen Wünschen und Bedürfnissen...

D4: III. Schlafperiode

(1') Und schon sind *20 Minuten* verstrichen... Es kann länger oder kürzer sein... so genau sind die Träume ja nicht... Sie verschwinden, und der tiefe Schlaf nimmt ihren Platz ein... (2') Sie gehen jetzt *tiefer*, da unten *in die Grube*, wo andere Ausgrabungen gemacht wurden... (3') Viele alte, weiße *Steine* liegen da herum... (4') Die *Wolken kommen wieder*, es wird dunkler und dunkler... (5') Sie gehen nach unten... zum Tiefschlaf... (6') Und genauso, wie Sie jetzt nach unten gehen, um diese schweren Steine zu bewundern, so werden Sie es auch in den Nächten tun; *einmal nach unten, um den Schlaf zu vertiefen, und dann wieder nach oben, um den Schlaf zu verflachen... auf den Hügeln des Schlafes, dort wo es heller wird, werden immer die Träume kommen* ... etc. (7′) Inzwischen sind wieder 30 Minuten oder mehr vorbeigesaust ... (8′) Die Träume melden sich zum dritten Male ... Und jetzt werden Sie das Glück haben, die 30 Minuten zu genießen ... (*KO:* Auf diese Weise den ganzen Schlaf durchsuggerieren. D5, D6 etc. benutzen.)

E1

(*KO:* E1 ist – je nachdem – zu D4 oder zu D7 komplementär, abhängig davon, wieviele Schlafperioden durchsuggeriert werden mußten.)
... Und jetzt haben wir den ganzen Garten gesehen ... Unterwegs haben Sie *geschlafen* und sich sehr gut ausgeruht ... Sie sind jetzt *munterer* als vor dem Beginn des Spazierganges ... Alles andere ist gleichgültig ... Wir gehen wieder zu unserem Hochhaus ... Aber vielleicht nehmen wir *eine andere Treppe* ... diese da ... die näher ist als die andere ... Ja ... Und jetzt gehen wir nach oben ... Sie gehen Schritt für Schritt die Treppen hinauf ... die Treppen hinauf ... bis zum fünften Stockwerk ... *Im ersten Stockwerk* werden die Beine ganz leicht und frei sein ... *Im zweiten Stockwerk* sind auch die Arme ganz leicht und frei ... Und *im dritten Stockwerk* wird auch der Körper ganz leicht und frei sein ... Beine, Arme und Körper ganz leicht und frei ... Und *im vierten Stockwerk* wird die Atmung ganz leicht und frei sein ... Auch das *Herz* wird ganz leicht und frei ... und das *Blut* wird sich in die oberen Körperteile verlagert haben ... Vor allem wird der *Kopf* ganz gut durchblutet sein ... Und *im fünften Stockwerk* werden auch die Augen leicht und frei sein ... *Alles leicht und frei* ... die Beine, die Arme, der Körper, die Atmung, das Herz, das Blut, der Kopf, die Augen und Augenlider, alles wird leicht und frei sein ... Die *Augen* werden sich *öffnen*, und Sie werden ganz frisch und munter *aufwachen*, leicht und frei sein ... Und so wird es *jeden Morgen* sein. Sie werden gut ausgeschlafen und erholt, ganz leicht und frei aufwachen, ganz erholt und ausgeglichen den jeweiligen darauffolgenden Tag genießen ... *Alles Unangenehme vollkommen gleichgültig* ...

E2

(1′) Und jetzt fangen wir an ... *die erste Treppe* ... Jetzt die zweite ... Immer *leichter und leichter* sind die *Beine* ... Treppe für Treppe nach oben ... Weiter und höher ... immer höher und höher ... etc. (*KO:* Hier ist ein Teil des Textes übersprungen worden; deshalb sind auch die Zahlen in Klammern nicht fortlaufend. In der Realität macht der Hypnotiseur diesen Sprung nicht.) (5′) Und jetzt befinden Sie sich etwa *in der Mitte* zwischen dem *Erdgeschoß* und dem *ersten Stockwerk* ... Und jetzt weiter nach oben, leichter und leichter sind die Beine, leichter und leichter sind sie geworden ... Und jetzt noch *vier Treppen* bis zum ersten Stockwerk ... noch drei ... noch zwei ... noch eine ... (6′) Und jetzt sind Sie *im ersten Stockwerk* ... Die Beine sind ganz leicht und frei ... Alles andere vollkommen gleichgültig ...

E3

(1′) Und jetzt gehen wir weiter nach oben ... (2′) Sie werden *wacher* und wacher ... Die Beine sind ganz leicht und frei ... Auch die *Arme beginnen leicht und frei zu werden* ... (3′) Und wenn Sie sich *im zweiten Stockwerk* befinden, werden auch die *Arme* ganz leicht und frei sein ... leicht und frei ... (4′) Und jetzt langsam nach oben ... Treppe für Treppe nach oben, zum zweiten Stockwerk ... etc. .. Und jetzt befinden Sie sich in der Mitte zwischen dem ersten und dem zweiten Stockwerk ... etc ... (*KO:* Hier wird eine Strecke im Text übersprungen. Der Hypnotiseur überspringt sie nicht.) (7′) Und jetzt sind es *noch vier Treppen* bis zum zweiten Stockwerk ... noch drei Treppen ... noch zwei ... noch eine Treppe ... (8′) Und jetzt sind Sie *im zweiten Stockwerk* ... Die Arme sind leicht und frei ... ganz leicht und frei ... Beine und Arme leicht und frei ...

E4

(1′) Und jetzt gehen wir langsam aber sicher *zum dritten Stockwerk*... Treppe für Treppe, Schritt für Schritt... (*KO:* Entsprechend den bisherigen Instruktionen weiter suggerieren.)... (8′) Und jetzt befinden Sie sich *im dritten Stockwerk*... Der Körper ist leicht und frei... leicht und frei... Beine, Arme und Körper leicht und frei... (*KO:* Entsprechend weiter suggerieren. Den ausgelassenen Text nach eigener Modifikation nachsuggerieren.)

E5

(′) Und jetzt gehen Sie nach oben, ganz hoch *zum vierten Stockwerk*... (*KO:* Dann adäquat nachsuggerieren, und dann:)... (5′) Und jetzt ist auch die *Atmung* leicht und frei, das *Herz* leicht und frei, das *Blut* leicht und frei... leicht und frei... das *Herz* schlägt jetzt etwas schneller, kräftig und regelmäßig... (6′) Sie sind immer *wacher* und wacher... (7′) Sie sind *kurz vor dem Aufwachen*... Und im fünften Stockwerk werden Sie ganz wach sein, ganz wach, leicht und frei...

E6

(1′)... Und jetzt gehen wir nach oben *zum fünften Stockwerk*... (2′) Dort, wo auf uns das Wachsein wartet... (3′) *Im fünften Stockwerk wird alles leicht und frei sein*... leicht und frei... Und Sie werden ganz frisch und munter aufwachen können, frisch und munter, leicht und frei... Alles andere vollkommen leicht und frei... Treppe für Treppe hinauf... (*KO:* Einige Signale sind vorüber, deshalb überspringen wir die Zahlen in Klammern wieder.) (7′) Und jetzt sind es noch *vier Treppen*, noch *drei*... noch zwei... noch eine Treppe... (8′) Und jetzt befinden Sie sich *im fünften Stockwerk*... Sie sind frisch und munter... leicht und frei... (9′) *Die Augen sind leicht und frei*... (10′) Sie sind *ganz wach*... frisch und munter... leicht und frei... (11′) Und so werden Sie *nach jedem Ausschlafen* frisch und munter, leicht und frei sein... (12′) Die Augen sind weit offen... Jetzt *durchatmen*...».

Posthypnose

Wie wir gesehen haben, wird der Schlaf *immer tiefer* und dann *immer flacher*, wie dies auch Schema 19 verrät. Bei einer Schlafvertiefung werden *die Glieder immer schwerer*. Der Hypnotisand geht die Treppen *hinunter*. Bei der *Verflachung* kann *eine Erleichterung* suggeriert werden, d.h. daß die Glieder etc. leichter geworden sind. Auf den *Höhen* der Verflachungen – nach oben gehen – *treten die Träume auf. Unten, im Erdgeschoß oder im Keller, ist der Tiefschlaf etc.* Bei Kindern kann der Schlaf bis zu *11 Schlafperioden* beinhalten (Jovanović, 1989), so daß man sie alle mit Hilfe einer ähnlichen Imagination wie hier absolvieren muß. *Nach dem Ende des Schlafes, d.h. Spazierganges, geht man wieder in das Hochhaus, jetzt von hinten, über eine andere Treppe, und erreicht wieder das fünfte Stockwerk.* Dann erfolgt jeweils die Rückführung aus der Hypnose.

HP-019-D2-01234
Klaustrophobie/Reelle Imaginationen

Prähypnose

DG: eine 29 Jahre alte Patientin (Fall 11: AK-0470-HT-040454-020283) litt in den letzten vier Jahren an *Klaustrophobie mit Ausbrüchen von Herzklopfen, Schwitzen, Kollapsneigung, Ohnmachtsanfällen beim Eintreten in geschlossene Räume, insbesondere beim Hineingehen*

in ein bestimmtes Gasthaus, das wir hier als «Gasthaus zur NN» bezeichnen werden. Dazu kam in der letzten Zeit das *Nachlassen im Sexualleben* und als Folge davon kam es zur Ehescheidung.
ME: Hier werden die *reellen Imaginationen* in Anspruch genommen. Die Patientin wird während der Hypnose in das besagte Gasthaus geführt. Gedanklich werden die Attacken bearbeitet, indem sie durchsuggeriert werden. Daraufhin werden sie desuggeriert.
KO: Andere Therapieformen hätten nicht zum Erfolg geführt. Nach sechs Hypnosesitzungen wurden die Symptome beseitigt. Weiter wurde hypnoanalytisch gearbeitet.
Die Suggestionen von A1 bis C5 und D1 den vorausgehenden Übungen (HP-004) entnehmen. Der somnambule Zustand muß erreicht werden. Beim Suggerieren des Gasthauses (der Gefahrenstätte) die *Augen geschlossen lassen.* C6 und D1 hier einfügen.

Hypnose

D2

SG: «(1′) Und jetzt wollen wir *beide* in *das Gasthaus* zur NN gehen, wir wollen gemeinsam dorthin gehen, wir wollen sehen, was daran oder darin so gefährlich ist ... (2′) Wir *steigen* jetzt *in das Auto ein* ... wir fahren jetzt ... weiter ... Ja ... da sind wir ... (*KO:* Die Suggestionen sind hier abgekürzt. Man muß normalerweise *den ganzen Weg in allen Einzelheiten erwähnen*, suggerieren.) (15′) Und jetzt gehen wir hinein ... *Ich gehe voraus* und Sie nach mir ... so ist es ... (16′) Da sind wir. Wo sollen wir uns hier hinsetzen? ... (17′) *Sehr viele Menschen* sind hier, dicht nebeneinander ... die Gaststätte ist sehr voll ... die Menschen drängen sich ... (18′) Es ist sehr *eng* hier ... (*KO:* In wenigen Minuten beginnt die Patientin zu schwitzen, der Puls steigt von 80/min auf 120/min, RR von 120/80 auf 160/100 mm Hg. Sie weist einen Tremor am ganzen Körper auf und reagiert somit negativ auf die Menschenmenge. Und dann:) (19′) Wir gehen *jetzt hinaus*, wir wollen gehen, es ist eng hier ... (*KO:* Nach ein paar Minuten wird die Patientin per Suggestionen *allein* in das Gasthaus geschickt. Die Reaktion wird abgewartet.) (20′) Und jetzt werden Sie *allein* dorthin gehen können, ganz allein ... etc. (*KO:* Nach einigen weiteren Minuten starke Reaktion. Puls steigt auf 160/min, die Patientin schwitzt, Blutdruck steigt, alle Reaktionen der Angst).... (21′) Und jetzt gehen Sie *wieder hinaus* ... lassen Sie die Leute da sitzen ... hinausgehen ... (*KO:* Und dann kommen lösende Suggestionen.) (22′) Und jetzt wird etwas ganz *anderes* geschehen ... Sie werden jetzt *keine Schwierigkeiten* haben, wenn Sie in das Gasthaus hineingehen ... (23′) Immer, wenn Sie Angst haben sollten, *denken Sie daran, was ich Ihnen jetzt sage* ... Sie werden *keine Angst* haben ... (24′) Vor allen Dingen wird der *Blutdruck nicht steigen*, der *Puls* wird nicht steigen und das *Schwitzen* wird nicht vorkommen ... Sie werden ganz ruhig sein, sobald Sie das Gasthaus betreten ... (25′) Und falls Sie irgendwie Schwierigkeiten spüren sollten, denken Sie daran, was ich Ihnen jetzt sage ... (26′) *Und ich sage Ihnen, Sie werden keine Angst haben*, Sie werden stark sein, ganz frei und gelöst, ruhig und selbstbewußt ... Sie werden keinen Grund haben, im Gasthaus Angst zu haben ... Nur weiter ... (27′) Wenn Sie hineingehen, *denken Sie daran, was ich Ihnen jetzt sage ... und ich sage Ihnen, Sie werden keine Angst haben*, weil jetzt kein Grund dazu vorhanden ist ... »). (*KO:* In dieser Richtung weiter suggerieren. Daraufhin in hypnoanalytischen Sitzungen nach der Ursache suchen, die hier in einer Vergewaltigung der Patientin im Kindesalter in einem der Räume des besagten Gasthauses gefunden wurde, worauf die Patientin davon befreit werden konnte.)

HP-020
Erythrophobie/Desuggerierende Hypnosen

Relativ junge, aber auch ältere Patienten leiden manchmal unter einer Erythrophobie (Rotwerden beim Anblicken von Menschen oder beim Ansprechen). Diese kann auf ähnliche

Weise wie in der Übung HP-019 beseitigt werden. Zunächst wird die Erythrophobie suggestiv *provoziert*. Dann wird sie *desuggeriert*. Falls sie resistent ist, kann man sie *vorübergehend durch das Blaßwerden ersetzen*. Blaßwerden ist nach außen hin weniger auffällig, so daß man eine *größere Beschwerde durch eine kleinere* ersetzt. Da aber diese kleinere Beschwerde nach außen nicht so auffällig ist, reagieren die Anwesenden darauf kaum. Wenn die Anwesenden darauf nicht reagieren, entfällt der Grund, blaß zu werden. Auf diese Weise entsteht *eine natürliche positive Biokybernetik*, und der Patient «suggeriert» sich praktisch selbst, daß es sinnlos ist, rot bzw. blaß zu werden.
In der Hypnoanalyse nach der Ursache suchen.

HP-021-D2
Epileptische Dämmerzustände/Amnesie für 8 Tage/ Rückruf des Gedächtnisses

Prähypnose

DG: Die 22 Jahre alte Patientin (Fall 12: PR-II-121-KB-101142-250764) litt an *epileptischen Anfällen* aller Art. Bekannt sind *amnestische Zustände* für die Dauer von mehreren Tagen. Die eine Episode dauerte 8 Tage lang. Das Fehlen dieser 8 Tage war für die Patientin psychisch schwer zu verkraften, da sie in diesen 8 Tagen mit ihrem Verlobten habe einen schönen Urlaub verbringen wollen. Er habe den Urlaub erlebt, an seiner Verlobten nichts besonderes bemerkt. Nachdem die beiden vom Urlaub zurück waren, äußerte sie den Wunsch, mit ihm in den Urlaub zu gehen, der gerade vorüber war. Daran wurde ihre Krankheit erkannt.
ME: Amnestische Zustände behandelt man so, daß man in der Hypnose *am erinnerbaren Beginn* und *dem wieder erinnerbaren Ende der Erlebnisse* ansetzt. Man geht sowohl *von vorn* in die amnestische Zeit hinein, als auch *vom Ende zurück*, bis sich die Zeiten sozusagen irgendwo in der «Mitte» treffen. Wir geben hier ein Beispiel, jedoch war in diesem Falle eine Person (der Verlobte) dabei, die uns während der Behandlung die Gegend und die Erlebnisse angeben konnte.
KO: Gleichzeitig ist dieser Fall mit einer organischen Krankheit (Epilepsie) insoweit von Bedeutung, als man nachweisen kann, daß selbst scheinbar rein organische Läsionen im Gehirn *eine starke psychische Komponente* beinhalten oder sich durch psycho-therapeutische Maßnahmen korrigieren lassen. Ähnliche Erfahrungen haben wir bei Narkolepsien machen können.

Hypnose

D2

SG: «Nachdem wir uns über Ihre Schwierigkeiten unterhalten haben, wollen wir jetzt versuchen, diese zu beseitigen ... Sie erinnern dich *an den ersten Tag* vor dem Beginn des Urlaubes ... Sie fuhren von G. nach M. mit dem Auto ... etc. etc. (*KO:* Auf diese Weise die ganze Fahrt mit dem Kfz bis zum Urlaubsort, dann Urlaubsort und alle Ereignisse nach den Angaben der Begleitperson bearbeiten, in der Hypnose von der Patientin verbal wiederholen lassen. Sie berichtet unter Hypnose, daß sie sich an alles erinnere. Dann:) ... Und jetzt werde ich Sie aus der Hypnose wecken, aus der Hypnose zurückführen ... Sie werden sich auch danach *an alles erinnern können*, wie jetzt ... Sie sind ganz glücklich, sich erinnern zu können, und wollen vielleicht gedanklich den gleichen Urlaub noch einmal erleben und wieder genießen ... etc ... etc.».(*KO:* Schritte D können eindringlich einsuggeriert werden. Daraufhin wird mit F-Schritten weitergearbeitet.)

Posthypnose

Die Patientin hat bereits nach der ersten Hypnosesitzung den ganzen Urlaub in allen Einzelheiten erlebt und dabei ausführlich darüber berichtet.

HP-022-B12-C12-D12-E12
Zahnschmerzen/Zahnarzteingriff/Handschuhanästhesie/ Posthypnotische Direktiven

Prähypnose

DG: Beim Patienten muß ein *Zahnarzteingriff* vorgenommen werden. Eine chemische Lokalanästhesie kann wegen der eventuellen allergischen Reaktion nicht angewandt werden. Stattdessen wird eine spezielle Hypnose mit *Handschuhanästhesie* eingeleitet.
ME: Die Methodik haben wir dem Beitrag von Crasilneck und Hall (1985, Seite 408–409) entnommen, aus dem Englischen übersetzt, angepaßt und somit leicht modifiziert. Die Konsolidierung und Kontrolle der Hypnosetiefe ist gleichzeitig die Behandlung.
KO: Die Hypnose *muß nicht bis zum Somnambulismus* vertieft werden. Der Teil A entfällt, *da mit geschlossenen Augen begonnen wird.* Die Schritte C müssen nicht alle in Anspruch genommen werden, da die Behandlung bereits in B ansetzt und sich später (in Schritt D) fortsetzt. Die Schritte F können dazu angeboten werden (Literatur s. auch Kunzelmann, 1986).

Hypnose

B1

SG: «Nachdem Sie sich so bequem in diesem schönen *Zahnarztstuhl* hingesetzt haben, wollen wir Ihnen helfen, die Behandlung durchführen zu lassen, *ohne daß man dabei mit einer Injektionsspritze in Ihren Mund stechen muß.* Sie werden sehen, daß es auch so geht und Sie damit sehr zufrieden sein werden. Wir alle haben etwas Angst vor dem Zahnarzt. Oft ist diese jedoch unbegründet, wie Sie sich jetzt überzeugen werden. Nachdem Sie *die Augen bereits am Beginn geschlossen haben*, hören Sie ruhig zu, was ich Ihnen sagen werde...

B2

(1′) Indem Sie die Augen geschlossen halten und mir zuhören, erlauben Sie nun Ihrem Körper, sich zu entspannen... (2′) Konzentrieren Sie sich einfach darauf, sich wie eine *Stoffpuppe* zu fühlen... (3′) *Schlaff* wie ein *Wischlappen*... ohne jegliche Spannung... Sehr gut... (4′) Sie werden jetzt feststellen können, daß sich Ihre Augenlider anfühlen als wären sie *zusammengeklebt*... (5′) Obwohl Sie in der Tat *versuchen*, die Augen zu öffnen, gelingt Ihnen das nicht... In Ordnung... (6′) Sie haben es versucht und konnten die Augen nicht öffnen. (7′) Und jetzt *versinken* Sie einfach in einen tiefen Zustand... (*KO:* An dieser Stelle eventuell wie in HP-002 nachsuggerieren, bis zum Erreichen der angestrebten Hypnosetiefe.)

C1

Und jetzt befinden Sie sich in der ausreichend tiefen Hypnose. Wir können nun weitergehen.

C2

(1′) Ihr *rechter Arm* streckt sich nach vorn. (2′) Gut ... er ist jetzt sehr *starr* und *steif* ... wie aus Stahl ... (3′) *Nichts* kann ihn *beugen* ... er ist fest und starr ... (4′) Ausgezeichnet ... *Entspannen* Sie ihn jetzt *noch mehr* und *erleben* Sie diesen tiefen Entspannungszustand ... (5′) Die Hypnose mit ihrem *Vertiefungszustand funktioniert* sehr gut ... (6′) Jetzt konzentrieren Sie sich auf den *rechten Zeigefinger* ... (7′) Ich *gebe* Ihnen dazu die entsprechende *Hilfe*, und zwar so, daß er sich *anfühlen wird*, als ob sich ein dicker *Lederhandschuh* an ihm befinden würde ... (8′) Wenn Sie sich dessen bewußt sind, *nicken* Sie mit *dem Kopf* ... (9′) Gut ... Sie haben jetzt *kein Gefühl* mehr im *Zeigefinger* ... nur einen *dumpfen Druck* ... (10′) *Öffnen* Sie jetzt die *Augen* und schauen Sie zu, wie ich Ihren Finger fest mit dieser *Nagelfeile* reize, ohne daß es *schmerzt* ... (11′) Gut ... ausgezeichnet ... *vollkommen schmerzlos* ... (12′) *Schließen* sie jetzt die *Augen wieder* ... *Öffnen Sie bitte den Mund und legen Sie den gefühllosen Finger in diesen Teil des Mundes.* (*KO:* Hypnotiseur zeigt den Teil.) (13′) Wir werden diese *Schmerzlosigkeit* in Ihren Mund übertragen ... (14′) Auf die *Zähne*, das *Zahnfleisch* ... (15′) Dieser Bereich hier (*KO:* Der Hypnotiseur zeigt den Bereich) wird *für jegliche Zahnbehandlung*, die in Ihrem Mund gemacht wird, *taub* und *unempfindlich* sein. Wenn Sie die *Taubheit* im Mund fühlen, *nicken* Sie mit dem *Kopf*, ja ... (16′) Gut ... Nehmen Sie jetzt Ihren *Finger weg* ... (17′) Ihnen fällt jetzt eine *angenehme Idee* ein ... eine oder mehrere, je nachdem ... Und wenn dies geschieht ... *nicken* Sie mit dem Kopf, ja ... (18′) Während der Zahnarzt Sie *untersucht* und Ihren Mund in Ordnung bringt, werden Sie *keine Beschwerden* verspüren ... (19′) Sie werden sich an die angenehmen Gedanken, an die schönen Ideen erinnern und werden ihnen in Ihrer Vorstellung Vorrang einräumen ... (20′) Sie werden sich *sicher* fühlen, die Angst wird gleichgültig sein ... (21′) Sie hören fortwährend auf meine Stimme, während der Zahnarzt mit Ihnen arbeitet. (*KO:* Die Suggestionen werden während des ganzen Vorganges verstärkt. Am Ende des zahnärtzlichen Eingriffes wird dem Patienten suggeriert:)
(KO: Bei Bedarf können hier die Schritte C34567 eingefügt werden.)

D1

Und *jetzt* werde ich *Ihnen sagen*, wie Sie sich bei solchen Gelegenheiten *in Zukunft* fühlen werden ... Sie werden auch *später* bei einer solchen Gelegenheit *keine Probleme* haben, wenn Sie meine Anweisungen aufmerksam studieren und sich daran halten ...

D2

(1′) Ihre *Ängste und Spannungen* in bezug auf die *Zahnarztbehandlung* werden durch das *Gefühl der Sicherheit* ersetzt ... (2′) Durch das Gefühl, daß Ihr Mund *in Ordnung gebracht* werden wird, damit Sie dadurch andere Unannehmlichkeiten vermeiden ... (3′) Sie werden *in der Zukunft* bei Zahnarztbehandlungen *keine Ängste und Schmerzen* haben, wenn Sie selber so eine Art *Selbsthypnose* benutzen werden. (*KO:* Zwangsläufig kommen wir auf die *Selbsthypnose* bereits jetzt; siehe dazu Kapitel XIX) ... (4′) *Sie werden sich suggerieren* können, daß Sie *keine Schmerzen im Mund* haben werden, und zwar etwa so: ‹*Ich werde während der Zahnarztbehandlung frei von allen Beschwerden im Mund sein und mich ganz wohl fühlen* ... *Meine Zähne, mein Zahnfleisch werden während der Behandlung im behandelten Bereich frei von Schmerzen sein; es wird alles ganz taub und unempfindlich sein* ... Die *Zeit* wird dabei ganz schnell *vergehen* ... Ich werde während der ganzen Behandlung an die schönen *Ideen* denken, die mir jetzt während dieser Behandlung eingefallen sind und neu einfallen werden ... Ganz weit und fern werde ich mit meinen Gedanken sein ... Ich kann dann von diesen Gedanken frei werden und zurück zu mir kommen, wenn ich von *eins bis zehn zähle* ...› etc. (*KO:* Nach eigenen Erfahrungen ist es von größter Wichtigkeit, *geographisch und autobiographisch sehr weit entfernt zu sein.* Ein 50-jähriger denkt an ein schönes Erlebnis in seinem 18. Lebensjahr, das sich *mehrere hundert Kilometer* vom jetzigen Aufenthaltsort entfernt ereignet hat, etc.) (5′) Der Eingriff *gelang sehr gut*... (6′) In *Ihren Zeigefinger* und in Ihren *Mund* werden wieder normale Empfindungen zurückkehren... (7′) Sie werden heute nacht *gut schlafen* können... (8′) Sie werden sich danach so um Ihren Mund kümmern, wie es der Zahnarzt Ihnen gerade gesagt hat...

E1

Während ich jetzt von *eins bis zehn* zählen werde, werden Sie ganz wach werden, ganz wach, frisch und munter, leicht und frei... Und wie ich eben angekündigt habe, fange ich an, von *eins bis zehn* zu zählen... Sie werden dabei ganz wach werden... frisch und munter, leicht und frei (*KO:* Suggestionen überall dort, wo es möglich ist, wiederholen.).

E2

(1′) Ich fange jetzt zu *zählen* an... (2′) Auf *zehn* werden Sie ganz wach, frisch und munter, leicht und frei sein... (3′) Die *Beine* sind jetzt leicht und frei... *Eins*... die Beine sind leicht und frei... (4′) Auch die *Arme* sind leicht und frei... *Zwei*... die Arme leicht und frei... (5′) *Zeigefinger* und alle *Finger* sind leicht und frei... Hände leicht und frei... *Drei*... Zeigefinger, alle Finger, Hände leicht und frei... (6′) Auch der *Körper* ist leicht und frei... *Vier*... Körper leicht und frei... (7′) Das *Herz* leicht und frei, *Blut* leicht und frei... *Fünf*... (8′) Die *Atmung* leicht und frei... *Sechs*... (9′) Der *Kopf* leicht und frei... *Sieben*... Kopf leicht und frei... (10′) *Acht*, der *Mund* ist leicht und frei... *Mundhöhle* leicht und frei... *Neun*... (11′) Augen leicht und frei, *Augenlider* leicht und frei... *Zehn*... *Augen auf!*... Alles leicht und frei... Sie sind ganz wach, frisch und munter, leicht und frei... Alles ist leicht und frei... (12′) Sie haben es gesehen, keine Probleme, *wenn man sich so gut entspannen kann* wie Sie... Und so und noch besser wird es bei jeder Zahnarztbehandlung sein...».

Posthypnose

Und jetzt können nach Bedarf Erlebnisse während der Behandlung besprochen werden. «... Alles Gute... Aufwiedersehen...».

HP-023-A12-B12-C12-E12
Zahnarztbehandlung/Entspannungsinduktion/Konfusionsmethode/ Hypnoanästhesie/Verschiedene Techniken

Prähypnose

DG: Nach Angaben von Finkelstein (1984, Seite 346–348), dem wir diese Methode verdanken, handelte es sich bei der 57 Jahre alten Patientin, bei der diese Methode angewandt wurde, um eine *Lungenteilresektion* (Lungen-Carcinom), so daß eine *Lokalanästhesie* oder eine *Vollnarkose* nicht ohne Bedenken angewandt werden konnte. Auch ein *Laryngospasmus* war nach einer Lokalanästhesie aufgetreten.
KO: Die Methodik ist von uns aus dem Englischen *übersetzt, angepaßt und generalisiert* worden. Somit ist sie für *verschiedene Patienten* geeignet, bei denen keine Lokalanästhesie eingeleitet werden kann (Literatur findet man auch bei Kunzelmann, 1986).

Hypnose

A1

SG: «Also, bevor wir mit der Hypnose anfangen, werde ich Sie anleiten, wie Sie sich *entspannen können.* Wie Sie wissen, geht alles besser und einfacher vor sich, wenn man entspannt ist. Obwohl die Entspannung ein *geistiger* Vorgang ist, *hilft es doch*, wenn man *dabei etwas Körperliches tut. Zucken* Sie deshalb jetzt etwas mit den *Schultern.* Das ist sehr gut, und das ist die einzige körperliche Bewegung, die Sie machen mußten. Und jetzt gehen wir weiter...

A2

(1′) *Schauen* und konzentrieren Sie sich jetzt auf diese Fingerspitze. (2′) Jetzt wird ein Gefühl der *Entspannung* über Sie ergehen, von den *Schultern* in die Oberarme, durch die Ellbogen in die Unterarme, durch die Handgelenke und Hände... so daß Sie ein angenehmes *entspanntes Gefühl* haben, (3′) von Ihrer *rechten Hand* den rechten *Arm* hinauf, (4′) über die *Schultern* hinweg, (5′) den *linken Arm hinunter* bis zu Ihrer linken *Hand.* (6′) Und jetzt sind Ihre *Augen müde*, sie können die Augen schließen. (*KO:* Die Suggestionen für das Augenschließen werden gegeben, wenn der Hypnotisand zu *blinzeln* anfängt und die Augen *nur noch mit Mühe offen gehalten werden können.*)

B1

Jetzt werden Übergangssuggestionen gegeben. Und dann wird auf B2 übergegangen.

B2

(1′) Und nun haben Sie das Gefühl angenehmer *Entspannung* in Ihren Schultern, der *Brust*, dem *Magen* und den *Hüften*... in Ihren oberen *Beinen* und durch die *Knie* in den unteren *Beinen, Knöcheln* und *Füßen.* (2′) Jetzt folgt *das Gefühl angenehmer Entspannung*, von Ihren Schultern in den *Nacken*, dann in den *Kopf* hinauf, bis Ihr ganzer Kopf von einem angenehmen entspannten Gefühl erfüllt ist. (3′) Sie haben bemerkt, wie entspannend es ist, wenn Sie *ausatmen*, so daß Sie jedesmal tiefer entspannt werden beim Ausatmen, und sich besser fühlen... (*KO:* Jetzt auf diese Weise die Hypnose weiter vertiefen und dann auf die Kontrolle, die gleichzeitig Behandlung ist, übergehen.)

C1

Ich werde Ihnen jetzt *sagen*, wie ich Ihnen *helfen werde*, damit Sie keine Schmerzen im Mund haben, *während* der Doktor daran *arbeitet.*

C2

(1′) Wir haben nämlich ein sehr effektives *Betäubungsmittel*, das ich jetzt *auf die Oberfläche* Ihres *Zahnes* und des *Zahnfleisches* auftragen werde. (*KO:* Die Suggestion der starken Betäubung der Oberfläche wird gegeben, *damit die Aufmerksamkeit auf diese Empfindungen gelenkt wird* und diese als angenehm interpretiert werden können. Die *Irreführung* der Wahrnehmung wird dauernd verstärkt, auch dann, wenn die Zange an den Zahn angesetzt wird und schließlich, wenn der Zahn gezogen wird. Wenn man dann suggeriert, daß es so taub sei, daß die Extraktion gar nicht gespürt werden würde, ist der Zahn in der Regel *schon gezogen.* Es gibt also nichts mehr, was man möglicherweise noch fühlen könnte... Und dann:) (2′) Ich *drücke* dieses Betäubungsmittel in das Zahnfleisch, und jetzt, damit wir sicher sind, daß wir eine *vollkommene Betäubung* haben, werde ich es um den Zahn herum unter

das Zahnfleisch hineinpressen. (6′) Sie merken, wie die *Taubheit* stärker wird, während ich es fest weiter und weiter nach unten schiebe, *um den Zahn herum.* (7′) Ich werde sogar noch mehr *Druck* ausüben, um das Betäubungsmittel unter das Zahnfleisch und unten um die *Wurzel* des Zahnes herum zu schieben. (8′) Die Betäubung ist jetzt so tief, daß Sie es nicht fühlen werden, wenn der Zahn gezogen wird... (9′) Der Zahn ist soeben *gezogen* worden, und Sie können die Zahnhöhle sich ganz normal mit Blut füllen und das Blut gerinnen lassen... (10′) Sie können angenehm überrascht sein, wie wenig *Schmerzen* und *Schwellungen* es geben wird, während die Zahnhöhle schnell und ganz normal heilt...
(*KO:* Auf die weiteren C-Schritte wurde also verzichtet, weil die Betäubung selbst – wie angekündigt – als Kontrolle der Hypnose angesehen wird. Schritte D können noch eingebaut werden, die hier ausgelassen wurden. Die posthypnotische Suggestion, daß sich die Zahnhöhle mit *Blut füllen*, das *Blut gerinnen* und die *Zahnhöhle normal verheilen werde*, wird in der Hypnose leicht akzeptiert, obwohl der psychologische Mechanismus, der dies geschehen läßt, zum gegenwärtigen Zeitpunkt noch unbekannt sei. Gibt man einem Hypnotisanden das Gefühl, daß er erfrischt ist und daß er sich wohl fühlt, wenn er die Augen aufmacht, *so schafft das einen Anreiz, aus der Hypnose herauszukommen*, sie zu beenden.)

E1/E2

Wenn Sie die Augen öffnen, werden Sie sich *erfrischt* und sehr gut fühlen und sehr zufrieden mit sich sein. Und wenn ich bis *drei* zähle, werden Sie die Augen öffnen und sich großartig fühlen, weil Sie es so mühelos geschafft haben... *Eins*... *zwei*... *drei*... Augen auf, frisch und munter, leicht und frei.»

Posthypnose

Nachdem der Patient die Augen öffnet, kann er die Hypnose so oder so kommentieren. Manchmal behauptet der Hypnotisand, er sei nicht in der Hypnose gewesen. *Schmerzen hat er aber trotzdem nicht gespürt, wofür er eine Ausrede findet.* Es wird kein Versuch unternommen, den Patienten davon zu überzeugen, daß er in der Hypnose gewesen sein muß, damit der Zahn schmerzlos gezogen werden konnte. Das Ziel ist es, den Zahn auf eine angenehme Weise zu ziehen, was so oder so erreicht wird. Es ist unwichtig, den Patienten von der Hypnose überzeugen zu wollen.

HP-024-A12-B12-C12-01234-D12-E12

Zahnarztphobie/Rapid Induction Analgesia (Josef Barber, 1977)

Prähypnose

DG: Zahnarztphobien verschiedener Genese und unterschiedlicher Altersstufen der Patienten.
ME: Die im Jahre 1977 von Josef Barber publizierte *Rapid Induction Analgesia (RIA)* wurde verschiedentlich angewandt. Eine fast vollständige Reproduktion der RIA findet man unter anderem bei Gerald L. McCracken (1984, Seite 210–215). Beiden Autoren verdanken wir die folgende Methode. Im Original wird kaum von Hypnose gesprochen. Der *«tiefe Entspannungszustand»* wird *als Ersatz* dafür genommen.
KO: Die Methode wurde wie üblich vom Referenten aus dem Englischen übersetzt, ziemlich an die deutsche Ausdrucksweise angepaßt, somit leicht modifiziert und ganz unbedeutend gekürzt. Auch die in diesem Buch *benützte Nomenklatur der Übungs-Lektion* wurde

eingefügt. Wenn eine chemische Lokalanästhesie nicht angewandt werden kann, dann kommt die RIA zur Anwendung. Alle Suggestionen sind so abgefaßt, daß daraus klar hervorgeht, daß der Patient, und nicht etwa der Hypnotiseur, das Sagen hat. Die gesamte Prozedur dauert nach den Angaben des ursprünglichen Autors rund 10 Minuten.

Hypnose

A1

SG: «Ich möchte gern einen Moment mit Ihnen plaudern, um festzustellen, ob Sie sich lieber bequemer und entspannter fühlen würden, als Sie dies jetzt tun. Würden Sie sich jetzt lieber bequemer fühlen, als es im Moment der Fall ist? Ich bin ziemlich sicher, daß es von Ihnen aus gesehen so aussieht, als ob ich nichts getan hätte, als ob also von meiner Seite aus nichts getan worden wäre. Sie werden sich trotzdem im nächsten Moment entspannter fühlen, ganz gleich, ob Sie dabei irgendwelche anderen Veränderungen miterleben oder nicht. Ich würde es jedoch begrüßen, wenn Sie sich auch andere angenehme Gefühle merken würden, falls Sie durch solche überrascht werden ... Also gut ... die beste Art, sich wohler zu fühlen, ist, sich so bequem wie möglich hinzusetzen. Nehmen Sie daher die bequemste Stellung ein, die Sie können ... So ist es gut ...

A2

(1′) Jetzt möchte ich, daß Sie spüren, wie viel bequemer Sie sich fühlen können, indem Sie einfach einen *großen, tiefen, angenehmen Atemzug* machen. Ja, jetzt, einen großen, tiefen, angenehmen Atemzug nehmen ... So ist es gut. (2′) Sie stellen vielleicht schon fest, wie *gut* das tut ... wie *warm* sich Ihr *Nacken* und Ihre *Schultern* anfühlen können ... (3′) Nun also ... möchte ich jetzt, daß Sie noch *vier* sehr tiefe, sehr angenehme Atemzüge machen ... (4′) Und während Sie *ausatmen*, fühlen Sie ... spüren Sie einfach, wie angenehm sich Ihre *Schultern* anfühlen können ... (5′) Und bemerken Sie, wie angenehm sich Ihre *Augen* anfühlen können, wenn sie sich schließen ... (6′) Und wenn sie sich schließen, lassen Sie sie *einfach geschlossen* ...

B1

So ist es gut, lassen Sie die Augen weiterhin zu ... Und beachten Sie auch, wie Sie beim *Ausatmen* fühlen können, wie die *Entspannung* gerade anfängt, in Sie einzusinken ... Gut, so ist es schön ... Nun, während Sie weiteratmen, angenehm und tief und rhythmisch, möchte ich nur, daß Sie sich in Ihrer *Phantasie etwas Neues vorstellen* ... Stellen Sie sich einfach eine *Treppe* vor, irgendeine Art von Treppe, die Sie möchten ... *mit 20 Stufen*, und Sie sind *oben* an der Treppe ... Sie müssen nicht alle Stufen auf einen Blick übersehen können; Sie können nur einen Teil oder die ganze Treppe sehen, *wie Sie wollen* ... So ist es schön ... Beachten Sie nur sich selbst, oben an der Treppe, und die Stufe, auf der Sie stehen, und alle anderen, die Sie möchten ... Was auch immer Sie sehen, es ist in Ordnung ... Ich werde in einem Augenblick, aber noch nicht jetzt, laut *zu zählen beginnen*, von *eins bis zwanzig*, und ... wie Sie vielleicht schon geraten haben ... während ich die einzelnen Zahlen ausspreche, möchte ich, daß Sie *eine Stufe auf der Treppe* hinuntergehen ... Sehen Sie *sich selbst*, wie Sie hinuntergehen, spüren Sie sich hinuntergehen ... *Eine Stufe für jede Zahl*, die ich ausspreche ... Und alles was Sie tun müssen ist, zu bemerken, einfach aufzunehmen, wie viel angenehmer und entspannter Sie sich *auf jeder Stufe* fühlen können, während Sie die Treppe hinuntergehen ... Eine Stufe für jede Zahl, die ich erwähne ... *Je größer die Zahl, um so weiter die Treppe hinunter* ... Und je weiter unten auf der Treppe, *um so angenehmer* können Sie sich fühlen ... Eine Stufe für jede Zahl... In Ordnung, Sie können mit der Vorbereitung anfangen... So, ich werde jetzt beginnen...

B2

(1′) *Eins... eine Stufe* die Treppe hinunter... *Zwei... zwei Stufen* die Treppe hinunter... so ist es schön... *Drei... drei Stufen* die Treppe hinunter... und vielleicht bemerken Sie schon, um wieviel entspannter Sie sich fühlen können... (2′) Sie werden bestimmt einige Körperteile *entspannter fühlen als die anderen*... (3′) Vielleicht sind Ihre *Schultern* entspannter als Ihr *Nacken*... (4′) Oder sind vielleicht Ihre *Beine* entspannter als Ihre *Arme*... Es ist auch nicht so wichtig, ob ich das genau weiß oder nicht... Das einzige, was zählt ist, daß Sie sich angenehm fühlen... darauf kommt es an... *Vier... vier Stufen* die Treppe hinunter... (5′) Vielleicht spüren Sie schon jetzt, wie sich die entspannten Stellen in Ihrem Körper vermehren und ausdehnen... (6′) Und spüren dabei, wie sich die tiefe, entspannende, erholsame Schwere in Ihrer *Stirn* schon auszubreiten und zu *sinken* beginnt... hinunter, über die Augen, über das Gesicht hinunter, in Ihren *Mund* und den *Kiefer*... hinunter durch Ihren *Nacken*, tief, erholsam, schwer... (7′) *Fünf... fünf Stufen* die Treppe hinunter... *Ein Viertel* des Weges nach unten haben Sie hinter sich gebracht... Sie fangen nun auch an, Ihre Entspannung und Ihr Wohlsein wirklich... im wahrsten Sinne des Wortes zu genießen... *Sechs... sechs Stufen* die Treppe hinunter... (8′) Vielleicht merken Sie bereits, daß die *Geräusche*, die so ablenkten, jetzt *geringer sind* ... daß all die Geräusche, die Sie hören können, Teil der Erfahrung Ihres Wohlseins und Ihrer Entspannung werden... Alles was Sie merken können, wird Teil Ihrer Erfahrung des Wohlseins und der Entspannung werden... *Sieben... sieben Stufen* die Treppe hinunter... so ist es schön... (9′) Vielleicht spüren Sie das schwere, erholsame, angenehm entspannende Gefühl, wie es sich nach unten, in die *Schultern*, in die *Arme* ausdehnt... Und vielleicht spüren Sie schon, daß sich *ein Arm schwerer* anfühlt als der andere... (10′) Vielleicht fühlt sich Ihr *rechter Arm* schwerer an als Ihr linker... (11′) Oder Sie fühlen sich *beide gleich* an, angenehm schwer... Es ist wirklich gleichgültig, welcher schwerer ist, oder ob beide gleich schwer sind. Es ist nur von Bedeutung, daß Sie sich immer mehr dieser angenehmen Schwere bewußt werden... Oder ist es ein Gefühl der *Leichtigkeit?*... Das ist alles vollkommen gleichgültig... *Acht... acht Stufen* die Treppe hinunter... (12′) Vielleicht spüren Sie jetzt, daß sogar während Ihrer Entspannung das *Herz schneller und härter* zu schlagen scheint, als Sie vielleicht erwarten würden... (13′) Vielleicht fühlen Sie das *Prickeln* in Ihren *Fingern*... (14′) Und Sie wundern sich vielleicht über das *Flattern* an den schweren Augenlidern... *Neun... neun Stufen* die Treppe hinunter, Sie *atmen* leicht, *langsam und tief*... erholsam... Die Schwere sinkt langsam in Sie hinein, während Sie weiterhin fühlen, wie sich die angenehme, erholsame, beruhigende Entspannung durch Ihren Körper ausbreitet... *Zehn... zehn Stufen* die Treppe hinunter... (15′) *Die Hälfte* des Weges nach unten ist zurückgelegt worden... Sie fragen sich vielleicht, was nun geschehen wird, oder ob überhaupt etwas geschieht... Aber auch das ist vollkommen gleichgültig... Nur sich angenehm friedlich fühlen, einfach weiterhin die wachsende, sich ausdehnende, angenehme Entspannung zu empfinden, zählt... *Elf... elf Stufen* die Treppe hinunter... (16′) Vielleicht fällt Ihnen auf, daß, während Sie sich zunehmend schwerer, immer angenehmer und träger fühlen, nichts stört... Die Entspannung geht weiter, tiefer und tiefer... *Zwölf... zwölf Stufen* die Treppe hinunter... (17′) Ich frage micht, ob Sie merken, wie leicht Sie meine *Stimme hören* können... wie deutlich Sie die Wörter verstehen, die ich ausspreche... Es stört nichts, es beunruhigt Sie gar nichts... *Dreizehn... dreizehn Stufen* die Treppe hinunter... (18′) Immer mehr *Freude* finden Sie an dieser Entspannung und am Wohlsein, das immer stärker ankommt... *Vierzehn... vierzehn Stufen* die Treppe hinunter... (19′) Erleben Sie das erholsame *Gefühl*, stärker und stärker. Während Ihr Körper noch weiter und weiter nach unten zu sinken scheint, tiefer und tiefer in den Sessel versinkt... Nichts stört Sie... Als ob der

Sessel Sie angenehm und warm halten würde... (20') *Fünfzehn... fünfzehn Stufen* die Treppe hinunter... *Drei Viertel* des Weges nach unten... überhaupt nichts wollen, nichts denken, nichts tun... nur tiefer und tiefer entspannen... (21') *Sechzehn... sechzehn Stufen* die Treppe hinunter... Sie *fragen* sich vielleicht, was Sie am Fuße der Treppe empfinden werden... Und doch wissen Sie, wie sehr Sie bereit sind, noch tiefer und tiefer entspannt zu sein... Immer wohler und bequemer. Es stört nichts... (22') *Siebzehn... siebzehn Stufen* die Treppe hinunter... näher und näher *ans Ende der Treppe*... (23') Und vielleicht fühlen Sie das *Herz kräftiger* und kräftiger schlagen... (24') Vielleicht spüren Sie die *Schwere* in Ihren *Armen* und *Beinen* immer angenehmer werden... Da Sie wissen, daß nichts wirklich von Bedeutung ist, außer die Erfahrung der angenehmen Entspannung zu genießen, wobei Sie nichts beunruhigen, nichts stören kann... werden Sie noch entspannter, noch ruhiger... (25') *Achtzehn... achtzehn Stufen* die Treppe hinunter... beinahe ans Ende... Es stört gar nichts... während Sie weiter tiefer und tiefer gehen... entspannt... schwer... angenehm... erholsam... entspannt... wirklich nichts anderes tun, niemandem gefällig sein, niemanden zufriedenstellen müssen... nur spüren, wie angenehm und schwer Sie sich fühlen können, und sich weiterhin fühlen werden, während Sie langsam, leicht und spontan atmen... (26') *Neunzehn... neunzehn Stufen* die Treppe hinunter... beinahe am unteren Ende der Treppe... Während Sie sich weiter immer angenehmer und angenehmer fühlen, immer entspannter und entspannter, immer ausgeruhter und ausgeruhter... immer wohler und bequemer... ist nichts da, um Sie zu beunruhigen, nichts, was Sie stören könnte... einfach spüren, wie Sie erholter und erholter werden... Und jetzt... *Zwanzig*... (27') *Unteres Ende* der Treppe... Sie sind tief, tief entspannt... Mit jedem Atemzug gehen Sie tiefer und tiefer in die Entspannung... sind Sie tiefer und tiefer entspannt... und gelöst...

C1

Während ich einen Augenblick mit Ihnen über *etwas* rede, gewinnen Sie den Eindruck, *darüber* Bescheid zu wissen, *Bescheid gewußt* zu haben und alles wieder *vergessen* zu haben... Man weiß Bescheid über etwas, man vergißt es, man erinnert sich wieder und man vergißt es wieder... Wir alle haben Erlebnisse, die wir vergessen, an die wir uns aber ab und zu wieder erinnern... In einem Moment, an einem schönen Tag erinnern wir uns an schöne Erlebnisse aus der Vergangenheit... manchmal in Bruchstücken, manchmal mehr... Und so schwanken unsere Erinnerungen hin und her... Manche Erinnerungen lassen wir einfach ruhig in unser Unbewußtes zurücktreten...

C2

(1') Ich bin neugierig, zum Beispiel darauf, ob Sie sich daran erinnern, was Sie gestern zum *Mittagessen* hatten... Ich nehme an, daß Sie sich ohne allzu große Anstrengung daran erinnern können, was es gestern bei Ihnen zum Mittagessen gab... (2') Und auch... ich frage mich, ob Sie sich erinnern können, was Sie *heute vor einem Monat* zum Mittagessen hatten... Ich nehme an, daß die Anstrengung für Sie wirklich zu groß ist, um diese Erinnerung aus dem Gedächtnis auszugraben, obwohl sie natürlich da ist... irgendwo, ganz weit *hinten* in Ihrem Bewußtsein... Es gibt aber keinen Grund, sich daran zu erinnern... Deshalb tun Sie es auch nicht... (3') Und es wäre interessant zu wissen, ob Sie sich *freuen würden, festzustellen*, daß die Dinge, über die wir heute reden, während Sie die Augen geschlossen haben, Dinge sind, an die Sie sich *morgen erinnern werden* oder am Tag darauf... oder nächste Woche... (4') Ich möchte wissen, ob Sie sich entschließen werden, die Erinnerung an diese Dinge *ruhig im Hintergrund Ihres Bewußtseins* liegen zu lassen... Oder ob Sie sich nach und nach, Stück für Stück... immer mehr und mehr... daran erinnern werden. (5') Oder vielleicht alles *auf einmal*, um dann wieder im Hintergrund Ihres Bewußtseins die Erinnerungen liegen zu lassen... (6') Vielleicht werden Sie *überrascht* sein festzustellen, daß es im Gehirn Stellen gibt, an denen die Erinnerung an die *Oberfläche* kommt... vielleicht auch nicht... (7′) Vielleicht werden Sie feststellen, daß es sehr angenehm ist, sich überhaupt an einen ganz *anderen Tag* zu erinnern... (8′) Es ist wirklich vollkommen gleichgültig, an was man sich erinnert... Was immer Sie tun... für welche Art der Erinnerung Sie sich auch immer entscheiden... es wird angemessen und vollkommen natürlich sein... (9′) Es macht überhaupt nichts... ob Sie sich *morgen erinnern* oder am Tag danach, ob Sie sich auf einmal erinnern oder *nach und nach... vollkommen* oder *nur teilweise*... Ob Sie die Erinnerung ruhig und friedlich im Hintergrund Ihres Bewußtseins ruhen lassen... Alles ist gleichgültig... (10′) Und außerdem frage ich mich, ob es für Sie eine Überraschung ist, daß Ihr heutiger Besuch hier viel angenehmer und schöner ist, als Sie vielleicht erwartet haben... (11′) Man kann sich auch fragen, ob Sie diese angenehme Überraschung *erlebt* haben.... (12′) Vielleicht sind Sie über diese Überraschung erfreut... erfreut, daß es so ist und nicht, wie Sie es sich vielleicht vorgestellt hatten... Überraschung... Neugierde... Ich würde gerne wissen, ob Sie sich freuen, dies heute festgestellt zu haben...

D1

(*KO:* Dort, wo Direktiven *für die Zukunft* beginnen, verlassen wir den Schritt C und gehen auf Schritt D über.)
Und jetzt werde ich Ihnen ein paar *Hinweise* geben, wie Sie sich *fühlen werden*, wenn Sie *zum Zahnarzt* kommen... *Immer*, wenn Sie zum Zahnarzt oder *einem anderen Arzt* kommen wollen, werden Sie bestimmte Gefühle erleben... die Ihnen das Ganze erleichtern werden... Sie werden nach meinen Hinweisen ganz andere Gefühle haben, viel *positivere und neutralere*, als Sie vielleicht erwarten... So, und jetzt gehen wir auf diese Hinweise über... Sie sind jetzt ganz entspannt und gelöst und innerlich bereit, Hinweise und Hilfe anzunehmen, zu akzeptieren...

D2

(1′) Und jeden Tag, wenn Sie zum Zahnarzt kommen... immer wenn Sie spüren, wie sich Ihr *Kopf* an der *Kopfstütze* anlehnt... wenn Sie fühlen, wie Ihr Kopf so nach hinten angelehnt ist... werden Sie sich daran erinnern, wie angenehm Sie sich im Augenblick fühlen... sogar noch angenehmer, als Sie das jetzt tun... angenehm, entspannt, nichts beunruhigt Sie, nichts stört Sie... (2′) Ich frage mich, ob Sie sich auch an diese Behaglichkeit und an diese *Entspannung* erinnern werden, indem Sie einfach die *Helligkeit des Lichtes* da oben empfinden... (3′) Diese Behaglichkeit und diese Entspannung werden vielleicht schnell und *automatisch* zu Ihnen zurückfluten, sobald Sie beginnen, sich in einen *Zahnarztstuhl* zu setzen... Ich weiß nicht genau, wie das Licht dann scheinen wird... Ich weiß nur, was Sie vielleicht auch wissen... daß Ihre *Erfahrung überraschenderweise* angenehmer, überraschenderweise behaglicher, überraschenderweise erholsamer sein wird... als Sie vielleicht erwarten... Und es wird nichts sein, was Sie beunruhigt, nichts, was Sie stört... was immer Sie auch erleben mögen... Alles kann Teil Ihrer *Erfahrung der Behaglichkeit*, des Erholtseins und der Entspannung sein... Alles, was Sie spüren, kann Teil der Erfahrung sein, sich absolut wohl zu fühlen... (4′) Und ich möchte Sie *daran erinnern, daß* immer, wenn Doktor... (*KO:* Name des Zahnarztes) Ihre *rechte Schulter* so berührt... immer, wenn es angemessen ist, und nur wenn es angemessen ist... immer, wenn Doktor... (*KO:* Name des Zahnarztes) Ihre *rechte Schulter* so berührt... (5′) Oder immer, wenn ich Ihre rechte Schulter so berühre (*KO:* Der Hypnotiseur zeigt wie)... Sie ein Gefühl haben werden... ein Gefühl, daß Sie bereit sind, etwas zu tun... Immer, wenn ich Ihre rechte Schulter so berühre... Oder immer, wenn Doktor (*KO:* Name des Zahnarztes) Ihre rechte Schulter so berührt... werden Sie ein Gefühl verspüren... ein Gefühl, daß Sie bereit sind, etwas zu tun... (6′) Vielleicht ein Gefühl, daß Sie bereit sind, die *Augen zu schließen*... (*KO:* Posthypnotische Direktive zum Augenschließen.)

Vielleicht ein Gefühl, daß Sie bereit sind, sich noch behaglicher zu fühlen ... vielleicht bereit, noch klarer zu wissen, daß es nichts gibt, was Sie beunruhigen, nichts, was Sie stören könnte ... (7′) Vielleicht bereit, *schwer und müde* zu werden ... Ich weiß es nicht ... Aber *immer, wenn ich Ihre rechte Schulter so berühre* ... werden Sie ein Gefühl verspüren, ein Gefühl, daß Sie bereit sind, etwas zu tun ... Es ist wirklich gleichgültig ... vielleicht nur ein Gefühl, bereit zu sein, noch überraschter zu werden ... es ist wirklich nicht wichtig was ... (8′) Nichts ist wirklich wichtig *außer Ihrer Erfahrung der Behaglichkeit und Entspannung* ... völlig tiefer Behaglichkeit und Entspannung ... und nichts, das Sie beunruhigen und stören könnte ... (9′) So ist es gut ... und jetzt, während Sie weiterhin Ihre angenehme Entspannung genießen, möchte ich, daß Sie fühlen, wie schön es ist, sich so zu entspannen ... Ihre Erfahrung wirklich zu genießen, die Gefühle, die Ihr Körper Ihnen geben kann, wirklich zu genießen ... (*KO:* Auf diese Weise bei Bedarf nachsuggerieren, den Zahnarzt seinen Eingriff durchführen lassen und die posthypnotischen Suggestionen konsolidieren.)

E1

Und in einem Moment, aber nicht jetzt ... nicht bevor wir bereit sind ... aber in einem Moment, werde ich *rückwärts* von *zwanzig bis eins* zählen ... und wie Sie wissen, möchte ich, daß Sie sich vorstellen, wie Sie *die Treppe wieder hinaufgehen* ... *Eine Stufe für jede Zahl* ... Sie werden so viel Zeit haben, wie Sie brauchen ... Schließlich ist Zeit ein relativer Begriff ... Fühlen Sie sich selbst langsam und gemütlich die Stufen wieder hinaufgehen, eine Stufe für jede Zahl, die ich zähle ... *Immer wacher, während Sie die Stufen wieder hinaufgehen, eine Stufe für jede Zahl,* die ich zähle ... Wenn ich bei *drei* bin, werden Ihre Augen fast *bereit sein,* sich zu öffnen ... Wenn ich bei *zwei* bin, werden sie sich *geöffnet haben* ... Und wenn ich bei *eins* bin, werden Sie *hellwach sein,* aufgewacht, erfrischt ... vielleicht so, als ob Sie ein angenehmes Nickerchen gemacht hätten ... hellwach, erfrischt, behaglich ... Und obwohl Sie sich noch sehr behaglich und entspannt fühlen, werden Sie hellwach sein und sich sehr wohl fühlen ... vielleicht überrascht, aber sehr wohl ... vielleicht bereit, überrascht zu sein ... *Keine Eile,* Sie werden *so viel Zeit haben,* wie Sie brauchen, während Sie beginnen, diese erholsamen Stufen wieder hinaufzugehen ...

E2

(*KO:* Langsam zählen, Zeit zur Umstellung auf jeweils neue Suggestionen geben.)
(1′) *Zwanzig* ... *neunzehn* ... *achtzehn* ... so ist es gut, spüren Sie, wie Sie die Stufen hinaufgehen, bereit, überrascht zu sein, wissen, was Sie *gestern zum Mittagessen* hatten, und doch ... (2′) *Siebzehn* ... *sechzehn* ... *fünfzehn* ... ein *Viertel* des Weges nach oben, immer wacher und wacher ... (3′) *Keine Hetze,* Sie haben genügend Zeit ... Sie spüren, wie Sie immer wacher und wacher werden ... (4′) *Vierzehn* ... *dreizehn* ... *zwölf* ... *elf* ... *zehn* ... *zur Hälfte* oben ... immer wacher und wacher ... behaglich, aber immer wacher und wacher ... *Neun* ... so ist es gut, Sie spüren, wie Sie immer wacher und wacher werden ... *Acht* ... *sieben* ... *sechs* ... *fünf* ... *vier* ... *drei* ... So ist es gut ... *Zwei* ... und *eins* ... So ist es gut, vollkommen erwacht, hellwach, entspannt, erfrischt, so ist es gut. Wie fühlen Sie sich? ... Entspannt? ... Behaglich? ... Nicht wahr?»

Posthypnose

Einige Suggestionen für das posthypnotische Verhalten wurden oben eingestreut. Außer dem Üblichen wird eine Bearbeitung der Suggestionen nach der Hypnose nicht notwendig sein. Man bedankt sich, verabschiedet sich und wünscht dem Patienten bei jedem Arztbesuch immer schönere und angenehmere Gefühle.

HP-025-A12-C6
Hypnose bei Verbrennungen/Visuelle Imaginationen

DG: Mehr oder weniger ausgedehnte Hautverbrennungen. Der Patient wird in einer chirurgischen Klinik betreut. Der Hypnotiseur wird zu Hilfe gerufen.
ME: Diese Methode ist dem Beitrag von Dabney M. Ewin (1984, Seite 222–225) entnommen, aus dem Englischen übersetzt, angepaßt, ergänzt und insoweit leicht modifiziert.
KO: Der Hypnotiseur trifft in der chirurgischen Abteilung ein und stellt sich dem Patienten vor: «Ich bin Dr. ... und werde mich um Sie kümmern. Wissen Sie, *wie man* diese Art von *Verbrennungen behandelt?*» Diese Frage dient dazu, dem Patienten unmittelbar klar zu machen, daß er nicht weiß, wie dies gemacht wird und daß er *sein ganzes Vertrauen* auf die medizinischen Helfer übertragen muß. Genaues Formulieren ist wichtig, denn wenn man fragt: «Wissen Sie *etwas* über das Behandeln von Verbrennungen?» wird er vielleicht *etwas* wissen und Ihnen über Butter, Creme oder andere Möglichkeiten erzählen, was nicht dazu führen wird, *die Abhängigkeit vom Arzt zu erkennen.* Der Patient verneint. Wenn aber, in seltenen Fällen, der Patient ein Arzt, eine Ärztin oder eine Krankenschwester ist, der/die doch über Verbrennungen Bescheid weiß, dann wird einfach dieses Wissen *ausgenutzt* und gesagt: «Dann wissen Sie schon, daß Sie Ihre Sorgen jetzt *uns überlassen dürfen*, und wir werden unser Bestes tun.» *Hier wird ein Fall dargestellt, bei dem der Patient nicht Bescheid wußte.*

A1

SG: «Das ist in Ordnung, weil wir wissen, wie wir es behandeln müssen. Und Sie haben schon das Wichtigste getan, indem Sie so schnell wie möglich ins Krankenhaus gekommen sind. Sie sind jetzt sicher, und wenn Sie tun, was ich sage, können Sie sich im Krankenhaus bequem *ausruhen*, während Ihr *Körper heilt.* Werden Sie tun, was ich sage? (*KO:* Ein geeigneter Wortwechsel läßt den Patienten wissen, daß er Teil des Teams ist. Er hat schon seine wichtigste Arbeit getan, indem er ins Krankenhaus gekommen ist, was seine Kampf- oder Fluchtreaktion, seine Hormone, mobilisierte, die in die normale Immunität und den Metabolismus eingreifen. Der Patient *bejaht* die Frage. Mit dieser Zustimmung hat er einen *hypnotischen Vertrag* abgeschlossen, der so gut ist wie eine Hypnose selbst.) *Das erste*, was ich von Ihnen möchte, ist, daß Sie die Sorge um diese Verbrennungen vollständig *uns überlassen*, so daß Sie sich darum überhaupt nicht zu kümmern brauchen. *Das zweite* ist, daß Sie sich darüber klar werden, daß das, *was Sie denken*, bei Ihrer Genesung eine große Rolle spielen wird. Haben Sie jemals gesehen, wie ein Mensch errötete oder vor Angst weiß wurde? (*KO:* Verängstigte Patienten neigen dazu, dauernd jede Empfindung und jedes neue Symptom zu analysieren und dem Arzt zu berichten. Indem er *seine ganze Besorgnis an die behandelnde Mannschaft* weitergibt, ist er von dieser Verantwortung und Sorge frei. Als nächstes wird seine Aufmerksamkeit auf etwas gelenkt, woran er zuvor nicht gedacht hatte. Der Patient *bejaht* die Frage.) Nun, Sie wissen, daß überhaupt nichts geschehen ist, außer einem Gedanken, einer Idee, und alle *die kleinen Blutgefäße* im Gesicht öffneten sich und wurden rot oder verengten sich und wurden weiß. Was *Sie denken*, wird die *Blutversorgung Ihrer Haut beeinflussen, und diese beeinflußt die Heilung, und Sie können jetzt sofort anfangen.* Sie haben *glückliche, entspannende und angenehme Gedanken gehabt*, die es Ihnen ermöglichen, jetzt Ihre ganze Energie für die Heilung freizusetzen. Wie man sagt: ‹*Jeder hat einen Ort, an dem er lachen kann.*› Und wenn ich Ihnen sage, daß Sie an Ihren Ort des Lachens gehen sollen, meine ich, daß Sie sich vorstellen, Sie befänden sich an einem sicheren, friedlichen Ort, fröhlich, frei von Verantwortung, Sie würden einfach herumbummeln. Was würden Sie tun, wenn Sie sich einen *Ort des Lachens* aussuchen müßten? (*KO:* Der Patient braucht etwas, das er als nützlich empfindet, um sich zu beschäftigen. Der Ort des Lachens kann der *Strand* sein, *Fernsehen, Angeln, Golf spielen, Sticken, Puppenspielen* usw. Er wird das Schlüsselwort sein für schnelle Induktionen, für Verbandswechsel usw. *Es ist für den Hypnotherapeuten hilfreich, wenn er den Ort des Lachens des Patienten kennt und sich diesen merkt, weil er ihn später mit visuellen Imaginationen ausweiten kann.*)

A2

(1′) Sehen wir zu, daß Sie sich gleich jetzt *entspannen* und an Ihren *Ort des Lachens* kommen, *während wir* uns um *die Verbrennung* kümmern. (2′) Machen Sie es sich bequem und *rollen Sie die Augäpfel* nach oben, als ob Sie auf den oberen Teil Ihrer *Stirn* schauen würden. (3′) Und machen Sie einen *tiefen*, tiefen, tiefen Atemzug ... (4′) Und während Sie *einatmen*, *schließen Sie langsam die Augen* ... (5′) Und während Sie *ausatmen*, *lassen Sie Ihre Augen ganz entspannt* werden und jeden (6′) *Nerv* und jede *Faser* in Ihrem Körper locker, schlaff und träge, Ihre Glieder wie Bleiklumpen werden ... Die Augen sind jetzt geschlossen ... Lassen Sie sich jetzt davontragen, ganz weit und fern ...

C6

(*KO:* Schritte C12345 setzt man voraus, sie werden in dieser Lektion nicht wiederholt.)
(1′) ... Und nachdem Sie sich ganz entspannt haben und alle Ihre Körperteile ganz gelöst, entspannt, locker und frei sind, lassen Sie Ihren Gedanken freien Lauf ... (2′) Dann lassen Sie Ihre Gedanken einfach zu Ihrem *Ort des Lachens* wandern und ... (*KO: Visuelle Imaginationen* des Orts des Lachens durch entsprechende Suggestionen veranlassen. Diese einfache, schnelle Induktion führt gemeinhin fast sofort zu einer weiteren Vertiefung und Konsolidierung der Hypnose. Dies führt normalerweise auch zu *keiner Verzögerung der üblichen Notbehandlung*. Wenn der Patient in der Notaufnahme angekommen ist, werden meist schmerzstillende Mittel gegeben, es wird Blut abgenommen, Infusionen werden angelegt, Kaltwasser-Anwendungen vorbereitet, noch bevor der Hypnotiseur eintrifft. Ist dies nicht der Fall, können diese Maßnahmen weitergehen, während die Kommunikation Hypnotiseur/Patient stattfindet. Ein in Eiswasser getauchtes Handtuch führt zu einer sofortigen Erleichterung der Verbrennungsschmerzen. Chirurgische Maßnahmen fallen aus dem Rahmen der Aufgaben des Hypnotiseurs heraus.)
(3′) So, während Sie an Ihrem *Ort des Lachens* sind, möchte ich, daß Sie auch merken, wie sich alle verletzten Stellen *kühl* und *angenehm anfühlen*. (4′) Beachten Sie, wie *kühl und angenehm* diese Stellen wirklich sind ... (5′) Und wenn Sie es wirklich *fühlen können*, werden Sie es mich wissen lassen, weil *dieser Finger* (*KO:* Der Hypnotiseur berührt einen Zeigefinger des Patienten) sich langsam *heben* wird, um mitzuteilen, daß *alle verletzten* Stellen sich *kühl und angenehm anfühlen*. (*KO:* Bis dahin ist der Patient mit eisgekühlten Handtüchern versorgt, die schmerzstillenden Mittel zeigen ihre Wirkung, so daß der Patient sich tatsächlich kühl und angenehm fühlt. *Es ist viel einfacher, hypnotisch eine Empfindung weiterzuführen, die schon vorhanden ist, als eine gegenteilige Empfindung hervorzurufen*. Die Suggestion *kühl und angenehm* wirkt antiinflammatorisch, und wenn sie dem Patienten angeboten wird, *kann er sich nicht heiß und voller Schmerzen* fühlen. Von jetzt an wird das Wort *verletzt* wenn immer möglich für das Wort *verbrannt* ausgetauscht, denn die Patienten benutzen das Wort *Brennen* zum Beschreiben ihrer Schmerzen. Beim Suggerieren konzentriert man sich nicht auf eine bestimmte Stelle, die Hand, den Nacken usw. Denn während diese Stellen vielleicht gut reagieren, reagieren andere, die man vergessen hat, vielleicht nur schwach. Nachdem der Hypnotiseur ein *ideomotorisches Signal* erhalten hat, fährt er fort.) (6′) Lassen Sie Ihre *Gedanken* sich jetzt darauf *konzentrieren*, daß Sie sich kühl und wohl fühlen ... (7′) Sie können diese während Ihres ganzen Aufenthaltes im Krankenhaus *um sich kreisen lassen*. (8′) Sie können es genießen, so oft Sie wollen zu Ihrem Ort des Lachens zu gehen, und Sie werden all die lästigen Dinge, die wir werden tun müssen, und alles Negative, das gesagt wird, ignorieren können.» (*KO:* Nach Ewin wird der Patient einfach *in der Hypnose belassen*,

während die chirurgische Behandlung weitergeht. Häufig schlafe der Patient ein. Dann werden einige Vertiefungssuggestionen mit Imaginationen des Ortes des Lachens gegeben. An den nachfolgenden Tagen ist der *Ort des Lachens* das einzige Signal, welches der Patient gewöhnlich braucht, um in einen hypnoiden Zustand zu fallen und die Maßnahmen an seinem Bett, physische Therapie usw., zu tolerieren. Schritte D und E fallen nach dem Gesagten aus diesem Text heraus.)

HP-026-A12-B12-C123456-D12-E12

Münztechnik bei Verbrennungen/Akustische Imaginationen/Musik

DG: Verschiedene ausgedehnte Verbrennungen. Der angenommene Patient befindet sich auf der entsprechenden chirurgischen Abteilung.
KO: Die folgende Methodik entnehmen wir dem Buch von Crasilneck und Hall (1985, Seite 139–142). Der Text wurde ebenfalls aus dem Englischen übersetzt, angepaßt und insoweit leicht modifiziert.
Die Autoren sind erfahrene Hypnotherapeuten und haben auf diesem Gebiet sehr gute Ergebnisse erzielt. Eine typische Vorbereitung eines Patienten mit Verbrennungen wird im folgenden gezeigt.

A1

(*KO:* Der Hypnotiseur ist eingetroffen und wendet sich an den Patienten.)
SG: «Sie *befinden sich* bereits im Krankenhaus, und *ich werde Ihnen erklären*, wie ich Ihnen helfen werde.

A2

(1′) Ich werde Sie bitten, diese *Münze*, die ich halte, *anzustarren* ... (2′) Und *während* Sie es tun, *hören* sie auf keine anderen Töne oder Geräusche. (3′) Sie werden sich bewußt, daß Sie *schneller atmen* und auch, (4′) daß Ihre *Augenlider* anfangen *zu blinzeln* und schwer zu werden, während Sie aufmerksam die *Münze anstarren* ... (5′) Während Sie fühlen, wie sie schwer und schläfrig werden, lassen Sie sie *zufallen* ... so ist es gut ... sie flattern ... zufallen und geschlossen ... zufallen und geschlossen ...

B1

Die Augen sind jetzt zu. Sie sind wie verklebt und bleiben weiterhin geschlossen ...

B2 bis C6 kombiniert:

(1′) Und während ich *weiterspreche*, werden Sie in einen sehr *tiefen Hypnosezustand* hineingehen ... (2′) Und wenn Sie das tun, werden Sie *rascher gesund* werden ... einen sehr tiefen und *gesunden* Zustand erreichen ... (3′) Wenn Sie sich eines *schweren Gefühls* in Ihren *Armen* und *Beinen* bewußt sind ... wenn Sie sich dessen bewußt sind ... (4′) *nicken* sie mit dem Kopf ... (5′) Gut ... ein tieferer und gesünderer Zustand ist eingetreten ... (6′) Jetzt wird der *Finger*, den ich berühre, jegliches *Gefühl verlieren* ... (7′) Nun, da sich der Finger *taub anfühlt* und es auch ist ... nicken Sie mit dem Kopf ‹Ja› ... Gut ... (8′) *Öffnen Sie jetzt die Augen* ... Sie werden bemerken, daß ich den Finger sehr stark mit der Spitze meiner *Nagelfeile reize*, und Sie haben überhaupt kein Schmerzgefühl gehabt. (9′) *Druck*, aber keine Schmerzen. (10′) Jetzt *kehren* normale Empfindungen in Ihren Finger *zurück*. Wenn Sie die Feile nur leicht den Finger reizen spüren, ziehen Sie ihn weg ... (11′) Gut ... *Entspannen* Sie sich ... (12′) Sie können jetzt erkennen, welche *Macht der Geist über den Körper hat* ... (13′) *Und wenn Sie Schmerzen ... wirkliche Schmerzen ... blockieren können, dann können Sie Ihrem Körper erlauben, auch auf andere Suggestionen genauso gut zu reagieren.* (14′) Sie sind jetzt in einem *sehr tiefen Zustand* der Entspannung angelangt ...

D1

Sie werden jetzt ein bißchen leise *Musik* hören, die Ihnen angenehm ist... Und wenn dies geschieht, *nicken* Sie mit dem Kopf... Ja... Gut... Und jetzt einen sehr tiefen und entspannten Zustand von Geist und Körper erreichen.

D2

(1′) Wegen der Macht Ihres Geistes über Ihren Körper... werden Sie in der *Lage* sein, entschieden *mehr Nahrung* zu sich zu nehmen. Diese Nahrungsaufnahme wird Ihnen helfen können, gesund zu werden... (2′) Sie ist ein *integraler Teil* Ihrer Wiedergesundung, und Sie werden alles *essen* und annehmen, was Ihnen Ihr Arzt verschreibt. (3′) Das Essen wird gut *schmecken*... (4′) Sie werden Ihr Essen *genießen*... und wissen, daß Sie *mit jedem Bissen*, den Sie verdauen, Ihren körperlichen und geistigen Zustand verbessern... (5′) Nahrungsaufnahme wird Ihnen helfen können, gesund zu werden... (6′) Sie werden sehr häufig *hungrig* sein und nicht nur bei den regelmäßigen Mahlzeiten essen, sondern auch die zusätzliche Nahrung, die Ihnen vorgeschrieben wird... (7′) *Sie werden hungrig sein und Ihr Appetit wird sich entschieden verbessern... Sie werden auf jede Mahlzeit gierig sein*, (8′) weil in Ihrem Fall die Nahrungsaufnahme eine *absolute Notwendigkeit* für Ihre Gesundheit ist... (9′) Und Sie werden jede Mahlzeit mit *Freude* essen... weil Sie wissen, daß das Essen Sie sehr schnell gesund macht. (*KO:* Und so weiter).

E1 und E2

Während ich langsam *rückwärts* von *zehn bis eins zähle*, werden Sie völlig wach werden... entspannt, behaglich und hungrig.» (*KO:* Bei Patienten mit schweren Verbrennungen ist meist eine Hautübertragung notwendig. Dies kann ein schmerzhafter Vorgang sein, und die Angst und Befürchtung des Patienten können führ ihn, für den Hypnotiseur und für das Personal erschwerende Faktoren sein. *Schmerzen können auch die Gymnastik beeinflussen, die notwendig ist, um Kontrakturen zu verhindern, wenn die verbrannten und transplantierten Gebiete heilen.* Sowohl die *Schmerzen* als auch die *Angst*, die mit der Behandlung von Verbrennungen zusammenhängen, können durch Hypnotherapie vermindert werden. Dazu können Hartley, 1968, Papermaster et al., 1960, eingesehen werden.)

HP-027-D12
Starke Verbrennungen/Vorbeugung von Kontrakturen

KO: Diese Lektion ergänzt die vorausgehende und hat die Aufgabe, *gesondert auf die drohenden Kontrakturen nach Verbrennungen und Hautverpflanzungen* hinzuweisen. Alle anderen Schritte außer D werden außer acht gelassen. Der Patient befindet sich bereits in der Hypnose. Der Hypnotiseur verbalisiert folgendermaßen:

D1

SG: «Ich werde Ihnen jetzt Hinweise geben, wie Sie *verhindern* können, daß sich Ihre Arme *nach den Hautverpflanzungen*, die notwenig sind, *kontrahieren und krumm* werden. Übungen sind dabei für Ihre Genesung äußerst wichtig, und dies liegt in Ihren Händen.

D2

(1′) Sie können *im wachen Zustand* jede Stunde *15 Minuten lang* üben... (2′) Sie werden mit den *Händen Übungen* durchführen, die Ihnen vom Arzt verordnet worden sind... (3′) Diese Übungen sind *genauso wichtig* wie die Verpflanzungen der Haut selbst, die vom Arzt so mühsam vorgenommen werden... (4′) Sowohl *er* als auch *Sie* sind für Ihre Genesung

gleichberechtigt *verantwortlich*, und Sie müssen beide daran teilnehmen ... (5′) Es kann zwar unter Umständen während der Übungen zu *leichten Beschwerden* kommen. (6′) Diese werden aber ganz gering sein, wenn Sie überhaupt vorkommen ... (7′) Sie werden Ihre *Haut schützen* ... (8′) Die *Muskeln* müssen jedoch durchtrainiert werden ... (9′) Während der Übungen werden Sie die Muskeln *strecken* ... eine *Faust* machen, wie ich es Ihnen jetzt vormache und wie es auch vom Arzt erläutert worden ist ... (10′) Und Sie werden es tun *wollen*, weil die Übungen Ihnen sehr weit helfen können, und die kann *kein anderer* für Sie durchführen ... *Jede Stunde 15 Minuten lang üben und üben* ... (11′) Sie können sich diese Suggestionen *selber verstärken und jedesmal*, wenn wir zusammen arbeiten wollen, können Sie einen *tiefen* Hypnosezustand erreichen ... (12′) Sie können auch einen tiefen Hypnosezustand erreichen, und zwar jedesmal, wenn ich mit diesem *Füller fünfmal auf diesen Tisch klopfe.* (13′) Sie werden *wach werden*, wenn Sie *zufällig geschlafen* haben, und die Instruktionen genau befolgen ... (14′) Während ich dann von *zehn bis eins zähle*, werden Sie *jeweils wach werden*, völlig wach, leicht und frei, frisch und munter werden ...» (*KO:* etc.).
AN: Zu dieser Übung kann auch das Studium der Beiträge von Schaffer (1975) helfen, der sehr wirkungsvoll *Hypnosesuggestionen vom Tonband* benutzte, die auf einer Verbrennungs-Station bei Verbandswechseln angewandt wurden. Dahinterova (1967) und andere (siehe Crasilneck und Hall, 1985) haben ebenfalls die Anwendung von Hypnose bei der Behandlung von Verbrennungen beschrieben.

3. Indirekte oder antiautoritäre Hypnosetechniken

Die indirekten (permissiven, antiautoritären) Methoden unterscheiden sich von den direkten nicht nur dadurch, daß Sie nicht autoritär sind und die *Mitwirkung des Hypnotisanden gestatten und fördern*, sondern auch dadurch, daß sie *äußerlich*, in der Peripherie des Organismus, beginnen. Diese Methoden haben bei manchen skeptischen oder ängstlichen Menschen einen großen Vorteil *gegenüber den autoritären Methoden.* Bei einigen *schwer hypnotisierbaren Patienten* führen jedoch *mehr die direkten Techniken* zum Erfolg (s. Kapitel XVI).

3.1 Techniken von neutralen und experimentellen Hypnosen

HP-028-A12-B12-C5-01234
Armlevitation/Wachhypnose

Prähypnose

DG: Verschiedene gesunde Vpn (oder Patienten).
ME: Armlevitation bei geschlossenen Augen mit Suggestion eines vertieften Entspannungszustandes ohne Schlaf (Wachhypnose ohne Augenfixierung).
KO: Von den indirekten und nicht-autoritären Methoden ist diese die freizügigste, da sie selbst die Wahl des Armes, der levitiert (gehoben) werden sollte, dem Probanden überläßt. Wir geben hier in etwa jene Modifikation wieder, die von William S. Kroger (1977, Seite 72–73) empfohlen wird.

Hypnose

A1

SG: «Würden Sie sich bitte *hinsetzen*, hier in diesen Sessel, und die *Hände* auf Ihre *Knie* (Ihren Schoß, auf die Lehne) legen, so daß die *Handflächen nach unten* zeigen. So ist es gut. Ich werde Ihnen jetzt erklären, wie Sie sich am besten entspannen werden.

A2

(1′) Zu diesem Zweck *schauen* sie bitte nach unten auf Ihre Finger, auf Ihre Hände, während diese ganz flach auf Ihren Schenkeln (auf Ihren Knien) ruhen. (2′) Und *wenn Sie wollen*, so *drücken* Sie, bitte, leicht auf Ihre Schenkel (Knie), leicht, vielleicht etwas fester, noch fester, so fest Sie können, nicht verkrampft, ganz flach, mit den *Handflächen*. (3′) So fest, als ob Sie Ihre Füße *durch den Fußboden* durchdrücken wollten. Das ist selbstverständlich nicht möglich. Wir tun nur so als ob. Vielleicht versuchen Sie es noch fester, mit zusammengezogenen Fingern und flachen Händen ... (4′) Und während Sie so mit den Handflächen *nach unten drücken*, werden Sie vielleicht eine Art *Spannung* in Ihren Fingern bekommen, eine angenehme Spannung; jedoch nur, *wenn Sie dies selber wollen*. Alles liegt an Ihnen. Sie merken die zunehmende Spannung in den Fingern, je fester Sie nach unten drücken. Behalten Sie, bitte, diese Stellung mit den nach unten drückenden Händen bei ... (5′) Die *Spannung* in den Fingern *wächst* ... (6′) Und jetzt, wenn Sie wollen, bekommen Sie in den *Fingerspitzen ein Gefühl*, das Sie nicht beschreiben können ... (7′) Sie *fühlen* jetzt, wenn Sie wollen, die *Fasern* Ihrer Hose (Ihres Rockes), die Fasern zeichnen sich in den Fingern, in den Fingerspitzen ab. Sie fühlen es ganz deutlich ... (8′) Und während Sie die Fasern in Ihren Fingerspitzen fühlen, spüren sie eine Art *Wärme* in Ihren Fingern ... (9′) eine Wärme, die von unten nach oben *steigt*. Sie spüren die Wärme Ihres Körpers durch Ihre Hose (den Rock) hindurch. (10′) *Halten Sie* noch eine Weile die *Finger zusammen*, auf die Schenkel (Knie) gedrückt ... (11′) Die *Wärme nimmt* weiter *zu* ... (12′) Und selbstverständlich wissen Sie, daß der *Gegensatz der Spannung*, die Sie in Ihren Fingern fühlen, *Entspannung* ist. Eine wunderbare Entspannung. *Das heißt, egal, wann Sie sich entspannen wollen, es wird Ihnen problemlos gelingen* ... (13′) Alles, was Sie zu tun haben, wenn Sie sich entspannen wollen, ist, die *Augen zu schließen* und sich vorzustellen ... (14′) daß einer der Finger, entweder der linken oder der rechten Hand, *leichter* wird als die übrigen.

B1

So ist es gut ... Die *Augen sind jetzt fest geschlossen*. Bitte, vergessen Sie nicht, *der Gegensatz der Spannung ist die Entspannung*. Ich bin sicher, daß Sie mit mir darin übereinstimmen. Und wenn Sie sich tatsächlich entspannen wollen, wird einer der Finger, entweder der rechten oder der linken Hand *viel leichter sein* als alle anderen Finger ... Und Sie werden *tiefer in die Entspannung* versinken ...

B2

(1′) Und während er *leichter* wird als die übrigen Finger, wird er vielleicht beginnen, sich von der Unterlage zu *erheben*, frei zu werden, *in die Luft zu steigen* ... (2′) Und einer der Finger, dieser, der leichter geworden ist, wird beginnen, sich immer *schneller* zu erheben, sich zu heben, sich durch die Luft zu bewegen. Welcher Finger wird es sein? *Vielleicht* der kleine Finger der linken Hand oder der Ringfinger der rechten? Gewöhnlich sind es diese zwei Finger, die zuerst reagieren, aber das muß nicht sein. *Jede Möglichkeit* ist vorhanden ... (4′) Wie ich sehe, der *Zeigefinger* der rechten Hand (*KO:* Es hängt davon ab, ob es stimmt. Ist dies nicht der Fall, dann den Finger erwähnen, der tatsächlich reagiert.) beginnt sich zu *heben*. (5′)

Und er steigt, *immer höher* und höher, höher und höher, weiter und weiter... (6′) Und nachdem dieser Finger leichter geworden ist als alle anderen Finger, werden sich die *übrigen Finger* dieser Hand heben... Zu Beginn dieser Bewegung werden Sie etwas Interessantes feststellen... (7′) Die *Zwischenräume* zwischen den Fingern vergrößern sich langsam, die Finger spreizen sich sehr langsam, und Sie stellen fest, daß sich die Zwischenräume *immer mehr vergrößern*... (8′) Die Finger der rechten Hand sind jetzt *immer leichter* und leichter... (9′) Und sehr bald werden Sie ein wunderbares Gefühl des *Schwebens* der Finger verspüren, ein wunderbares Entspannungsgefühl... (10′) Und jetzt kommt eines der schönsten Gefühle, die Sie je erlebt haben, ein Gefühl der *Entspannung*. (11′) Sie *schweben*, schweben. (12′) Die rechte Hand *hebt sich*, sie bewegt sich in Richtung Ihrer Augen, sie hebt sich höher und höher, frei durch die Luft, höher und höher, frei durch die Luft, sie schwebt... (13′) Sie selber haben ein *wunderbares Gefühl der Entspannung*... (14′) Und vielleicht sagen Sie sich selbst *(Selbstsuggestion):* ‹Mit jeder Bewegung meiner Hand nach oben durch die Luft werde ich entspannter und entspannter sein, ruhiger und ruhiger, lockerer und lockerer. Mein Arm steigt durch die Luft. Mit jeder Bewegung nach oben durch die Luft werde ich entspannter und entspannter sein. Mein rechter Arm steigt *nicht weil er muß*, sondern *weil ich es will*. Mein rechter Arm ist frei...› (15′) Und jetzt *spüren* Sie den rechten Arm *kaum mehr*. Der Arm hebt sich weiter durch die Luft... frei... ganz frei... Sie fühlen ihn kaum... Er hebt sich immer höher und höher, immer schneller und schneller... (16′) Und jetzt können Sie sich einen *Luftballon* vorstellen, der um das *Handgelenk* gebunden ist und hoch in der Luft schwebt. Jetzt kommt *noch ein* Luftballon, und dann *noch einer*, und *noch einer*. (17′) Alle Luftballons sind von *verschiedener Farbe:* der eine *blau*, der andere *rosa*, der dritte *rot*, der vierte *gelb* und der letzte, der am höchsten in der Luft schwebt, ist einfach *weiß*... (18′) Der Arm wird *von den Fäden der Luftballons* nach oben gezogen, immer höher und höher... (19′) Und sobald die rechte Hand mit irgendeinem Teil *irgendeinen Teil Ihres Gesichtes berührt*, werden Sie sich, wenn Sie wollen, selber eine weitere Suggestion geben: ‹*Sobald meine Hand mein Gesicht berührt, werde ich plötzlich in einen ganz tiefen Entspannungszustand fallen.* Ich werde noch tiefer entspannt sein. Jeder Muskel meines Körpers wird ganz locker, gelöst und entspannt sein, jedes Organ ganz gelöst und entspannt...›. (20′) Und während Ihr Arm *weiter steigt*, gehen Sie tiefer und tiefer in die Entspannung hinein... (21′) Sie *hören meine Stimme* deutlich, Sie *schlafen nicht*, sie sind unendlich angenehm entspannt, ganz angenehm, ganz tief... (22′) Sie fühlen sich ganz geborgen. (23′) Ihr *Körper* ist *warm*, Ihre Glieder sind warm... angenehm... entspannt... Das ist gut. Sie machen es sehr gut, ausgezeichnet... Ich bin begeistert von Ihnen... (24′) Sie *lernen* sehr gut. Und da Sie diese einfache Suggestion so gut lernen... werden Sie auch die weiteren gut lernen können, so gut, daß Sie sich jederzeit tief entspannen können, daß Sie *komplexe Suggestionen* empfangen können, Suggestionen, die zu einer *kompletten Entspannung* führen. Und während sich Ihr Arm mit der Hand Ihrem Gesicht weiter *nähert*, verspüren Sie noch stärker die wundervolle Entspannung, die sich in Ihrem Körper ausbreitet. (*KO:* An dieser Stelle *berührt die Hand des Hypnotisanden sein Gesicht*, der Arm sinkt locker nach unten und der Kopf fällt nach vorn.) (25′) Sie sinken noch *tiefer und tiefer* in die Entspannung, mit Ihrem *ganzen Körper*, tiefer und tiefer, in die vollständige Entspannung. So ist es gut, Sie machen das ausgezeichnet, ich bin begeistert von Ihnen... (26′) Und wenn *ich* jetzt Ihre *rechte Hand berühre* und etwas *anhebe*, werden Sie noch tiefer in die Entspannung gehen, in eine Entspannung, die sich auf den ganzen Körper ausgedehnt hat. (27′) Ich hebe Ihre Hand an, und wenn Sie sich noch tiefer entspannen wollen, lassen Sie die Hand zwischen Ihre Beine *fallen*, sobald ich sie loslasse. (*KO:* Jetzt die Hand fallen lassen, die Hand fällt zwischen die Beine des Hypnotisanden.) (28′) Und jetzt, solange Ihre Arme in dieser Lage *verbleiben*, werden Sie sich immer mehr und mehr entspannen.

(*KO:* Die Schritte *C1234* sind ausgelassen worden, da die Kontrolle/Konsolidierung der Hypnose zusammen mit der Vertiefung erfolgte.)

C5

(1′) Und jetzt sind Sie *ganz entspannt* und gelöst ... (2′) *Jeder Muskel* Ihres Körpers ist ganz entspannt und gelöst, *jedes Organ* in Ihrem Körper ist gelöst. (3′) Und jetzt sind Sie soweit, daß Sie in diesem Entspannungszustand die *Augen aufmachen können*, sie können die Augen aufmachen ... (4′) Die *Augenlider* sind *ganz frei*, sie sind ganz frei. Die Augen sind auf ... (5′) Die ganze *Kraft* kommt in die *Muskeln zurück*, Sie sind ruhig, die ganze Kraft kommt in die Muskeln zurück, Sie sind frei, leicht und frei, leicht und frei, Sie können aufstehen, Sie können gehen, alles ist leicht und frei ... (6′) Die Kraft ist *zurückgekommen*, sie fühlen sich gelöst und frei, frisch und munter, leicht und frei ... (7′) Sie sind ausgeglichen, *die Kraft ist wieder zurückgekehrt*. Sie sind ganz frei.» (*KO:* Zu diesem Zeitpunkt ist der Hypnotisand zwar in der Lage, die Augen zu öffnen und auch, sich zu bewegen, ja, sogar aufzustehen und umherzugehen, aber *er ist nach wie vor* – wie oben an Beispielen erläutert wurde – *im Zustand der Hypnose!*)
(*KO:* Die Schritte *C67* und *D* bei Bedarf hier einfügen. Die Dehypnotisierung erfolgt wie üblich, z. B. nach HP-002.)

Posthypnose

Nach dem *Dehypnotisieren* bedankt sich der Hypnotiseur beim Patienten, er lobt den Hypnotisanden und bespricht die nächste Hypnose-Sitzung mit dem Hinweis, *daß diese eine noch schönere, noch weiter vertiefte Entspannung mit sich bringen werde.* Eventuell Therapieplan ausarbeiten.

HP-029-A12-B12-01234
Fixationsmethode/Armlevitation/Wachhypnose

Prähypnose

DG: Verschiedene gesunde Hypnotisanden (oder Patienten, je nach Angaben).
ME: Armlevitation bei offenen Augen mit Suggestion eines vertieften Entspannungszustandes ohne Schlaf (Wachhypnose mit Augenfixierung).
KO: Diese nicht-autoritäre Methode ist etwas strenger als die der HP-28, weil man *die Augen des Probanden auf die Hand fixiert, obwohl immer wieder sein Wille gestärkt wird.* Es steht ihm frei, alles zu tun, was er nur will. Eine Methode, die Lewis R. Wolberg (1948, Vol. I, Seite 117–138) praktiziert, lautet in etwa (übersetzt und angepaßt) so:

Hypnose

A1

SG: «Setzen Sie sich, bitte, in diesen Sessel hier und machen Sie es sich ganz bequem, so *bequem* wie möglich. So, sehr schön, vielen Dank ... *Legen* Sie bitte jetzt die Hände in *Ihren Schoß* (auf Ihre Knie), die *Handflächen nach unten* und die *Finger fest nebeneinander, ohne Lücken zwischen den Fingern.* Drücken Sie bitte jetzt leicht auf die Knie. So ist es gut, sehr schön. Sie machen das ausgezeichnet. *Alles andere ist völlig gleichgültig.*

A2

(1′) Wenn Sie wollen, *schauen* Sie nun auf Ihre rechte Hand *(KO:* Bei *Rechtshändern die rechte Hand, bei Linkshändern die linke.) Fest* darauf schauen... Noch fester... (2′) *Betrachten* Sie die Hand fortwährend und *achten Sie auf alles*, was dabei passiert. (3′) *Heften* Sie Ihren *Blick* auf die Finger... (4′) Bitte, achten Sie auf *alles*, was in der rechten Hand, in den Fingern der rechten Hand vorgeht. (5′) Sie werden bald eine wunderbare *Empfindung in den Fingern wahrnehmen*, ein Gefühl, das Sie *nicht beschreiben* können. Vielleicht fühlen Sie das Gewicht Ihrer Hand auf Ihrem Schoß (Knie), oder Sie fühlen das *Gewebemuster* des *Stoffes* Ihrer Hose (Ihres Rockes) mit Ihrer Handfläche. Oder Sie fühlen die *Wärme* Ihrer Hand auf Ihrem Schoß (Knie). Es ist völlig gleichgültig, was Sie fühlen, beobachten Sie das Gefühl Vielleicht fühlen Sie eine Art *Spannung* in den Fingern, eine Art *Zuckung*, ja, *Zuckung*. *Einer der Finger* wird bald *zucken*, eine ruckartige Bewegung machen... Ja, eine Bewegung, einer der Finger wird zucken, sich ruckartig bewegen. (6′) Nun schauen Sie fest auf die Finger und stellen Sie fest, *welcher von den fünf Fingern* zuerst zucken wird. Bald wird einer der Finger zucken, wird sich bewegen. Sie wissen noch nicht, welcher Finger sich bewegen oder zucken wird, aber einer wird dies bald tun. Gleich wird es geschehen. (7′) Vielleicht wird sich zuerst der *mittlere Finger* oder der *Daumen* oder aber der *Ringfinger* oder der *kleine Finger* bewegen... Es ist vollkommen gleich, welcher Finger sich zuerst bewegt... Vielleicht der *Zeigefinger*. Gewöhnlich tut das der Zeigefinger oder der *Ringfinger* oder aber der *kleine Finger*. Aber es ist auch nicht ungewöhnlich, wenn sich der *Daumen* oder der *Mittelfinger* zuerst meldet. Einer dieser Finger wird zucken, etwas stärker, etwas mehr... (8′) Ja, da zuckt der *Ringfinger*. Jetzt zuckt er noch einmal. (*KO:* Den Finger erwähnen, der tatsächlich zuckt.) (9′) Und jetzt werden auch die anderen Finger folgen... (10′) Und jetzt werden die *Räume* zwischen den Fingern weiter, *größer werden*. (11′) *Und während Sie* weiter auf Ihre Finger blicken, werden die Finger langsam beginnen, *auseinander zu rücken*. Ja, sie rücken auseinander, immer stärker und stärker... (12′) Besonders der *Raum zwischen dem kleinen Finger und dem Ringfinger* ist größer geworden. Aber auch die Räume zwischen den anderen Fingern sind weiter, größer geworden. Die Finger rücken auseinander, sie entfernen sich voneinander. Schauen Sie, Sie sehen es selber... (13′) Eine erstaunliche Beobachtung, die Ihnen *Freude* macht, die Sie *fasziniert*. Die Finger spreizen sich, schauen Sie, hier sieht man es (*KO:* Den Raum zeigen, der am besten und eindrucksvollsten ist.). *Die Räume zwischen den Fingern werden größer, sie erweitern sich immer mehr*. Und Sie werden jetzt ein weiteres wunderbares Gefühl erleben... (14′) *Die Finger sind leicht, ganz leicht*... Insbesondere jene Finger, die *zuerst gezuckt haben*. Sie sind ganz leicht, sie werden noch leichter... (15′) Das *Blut* verzieht sich nach oben, *zum Schultergelenk*, dann *zum Herzen* und *zu den unteren Körperteilen*. Das Blut verzieht sich. Die Finger sind leicht, ganz leicht. (16′) Die Finger *lösen sich* von der Unterlage, sie sind ganz leicht... Ja, hier sehe ich, *der Ringfinger löst sich* von der Unterlage, er hebt sich, immer höher und höher. (17′) Aber auch die *Hand ist ganz leicht*. Das Blut verzieht sich zum Herzen und dann zu den unteren Körperteilen, die Hand ist leicht... (18′) Die Hand *löst sich* von der Unterlage, sie hebt sich in die Luft. Die Hand ist immer leichter und leichter, wie eine Feder, wie eine leichte Feder. Sie hebt sich von der Unterlage, sie geht immer höher und höher. Und jetzt geht sie noch höher, zunächst langsam und dann immer schneller und schneller, sie geht durch die Luft nach oben, immer höher und höher... (19′) Und jetzt sind *alle Finger* von der Hose (vom Rock) *gelöst*. Die Hand löst sich, sie geht nach oben, immer höher und höher, immer schneller und schneller... Ganz gerade durch die Luft, ganz nach oben. Und die Hand wird immer leichter und leichter... Das Blut hat sich zum Herzen und dann zu den unteren Körperteilen verlagert... (20′) Die Hand bewegt sich jetzt *in Richtung Ihres Gesichtes*, immer schneller und schneller... (21′) Und während sich Ihre Hand nach oben durch die Luft hebt, werden Sie *allmählich entspannt werden*, immer entspannter und entspannter... (22′) Sie können jetzt, wenn Sie wollen, *die Augen schließen*... So ist es gut... (*KO:* Die Augen können bis zum Ende offen gelassen werden.)

B1

Und jetzt sind *die Augen geschlossen.* Ich sage Ihnen, wie Sie sich tief entspannen können; die Augen *bleiben* dabei *geschlossen*...

B2

(1') Sie *verfallen* jetzt in eine *tiefe* Entspannung, immer entspannter und entspannter. Sie verfallen in eine tiefe Entspannung, immer mehr und mehr, *je höher Ihre Hand steigt*... Sie gehen jetzt in eine wunderbare tiefe Entspannung. (2') In einen *vertieften Entspannungszustand*, wie Sie ihn noch nie erlebt haben, es sei denn hier, bei den bisherigen Hypnosen... (3') *Mit jeder Hypnose* (*KO:* Schritt D eingestreut) werden Sie sich *mehr und mehr*, besser und besser entspannen können. Und Sie sehen ganz entspannt und gelöst aus. Sie machen es ausgezeichnet, ich bin begeistert von Ihnen, Sie gehen tiefer und tiefer in den Entspannungszustand... Und Ihr rechter Arm, erst der Unterarm und dann (4') *der ganze Arm*, steigt durch die Luft, bewegt sich in Richtung Ihres Gesichtes, immer mehr... (5') Der Arm hebt sich *automatisch*, Sie spüren davon kaum etwas. Sie sehen, wie der Arm steigt, wie er sich Ihrem Gesicht nähert... Er hebt sich weiter. Sie entspannen sich weiter. (6') *Je höher der rechte Arm steigt, desto tiefer ist Ihr Entspannungszustand*... (7') Und sobald Ihr rechter Arm irgendeinen Teil *Ihres Gesichtes* berührt, *werden Sie plötzlich* in eine noch tiefere Entspannung fallen, in einen *unbeschreiblichen Entspannungszustand*, den Sie noch nicht kennen... (8') der Ihnen aber eine wunderbare *Erholung* bringen wird... (9') Der Arm hebt sich weiter, die *Finger spreizen sich* in der Luft, sie heben sich weiter, als ob an jedem Finger ein *Luftballon* ziehen würde, ein Ballon, der in der Luft schwebt. Die Finger sind gespreizt, ich sehe es, sie haben sich ganz gestreckt und heben sich durch die Luft, als ob an jedem Finger ein Luftballon angebunden wäre und nach oben ziehen würde... (10') Und jetzt ist der *Handrücken* ganz *nah an Ihrem Gesicht*, noch näher, noch näher. (11') Und jetzt wird der *Handrücken* Ihr Gesicht *berühren. Jetzt*, ja, *wunderbar!*... Sie sind jetzt plötzlich noch entspannter, alle Muskeln haben sich entspannt und sind gelöst... (12') Und jetzt *fällt* die Hand auf Ihren Oberschenkel *zurück*... (13') *Der Kopf ist schwer*... (14') Der *Kopf fällt nach vorn*, Sie haben einen wunderbaren *vertieften Entspannungszustand* erreicht. Sie machen es *wundervoll*, ich bin begeistert von Ihnen. Ihr Kopf ist nach vorn gefallen... (15') Sie können *jetzt schlafen oder auch nicht*... (16') Wenn Sie *müde* sind, lassen Sie sich fallen, Sie sind ganz entspannt und gelöst... (*KO:* Schritte C erfolgen aus dem gleichen Grunde wie bei HP-008 nicht. Hier können posthypnotische Aufträge – Schritte D – erteilt oder aber dehypnotisiert werden – Schritt E. Ganz gleich, ob man posthypnotische Aufträge erteilt oder nicht, kann auf die gleiche Art und Weise *dehypnotisiert* werden. Vom ‹*Wecken*› sprechen wir nicht, wenn kein Schlaf suggeriert worden war.)

Posthypnose

Sie sind jetzt leicht und frei, gelöst, aber leicht und frei. Die Hypnose ist aufgehoben, die Hypnose ist aufgehoben... Die ganz Kraft ist zurückgekehrt, Sie können jetzt mühelos aufstehen, Sie fühlen sich ganz wohl, leicht und frei, frisch und munter, leicht und frei... Sie stehen jetzt mühelos auf und fühlen sich leicht und frei. So, jetzt sind Sie ganz ausgeruht, ganz gelöst, ganz leicht und frei.

Ich bedanke mich. Sie haben es fabelhaft gemacht, Sie machen es sehr gut. Bei der nächsten Hypnose werden Sie noch schneller, noch leichter in die Entspannung gehen.

Aufwiedersehen, vielen Dank nochmals!»

HP-030
Armlevitation/Augen geschlossen/Schlafsuggestionen/Varianten

ME: Armlevitation bei geschlossenen Augen mit Suggestion eines vertieften Entspannungszustandes mit anschließender Schlafinduktion (Schlafinduktion ohne Augenfixierung).
Diese Übung kann leicht in die HP-028 immatrikuliert werden, und zwar in *zwei Varianten.* Die *Variante A* beginnt *gleich mit geschlossenen Augen* des Hypnotisanden. In diesem Falle werden A1 und A2 der HP-028 zu B1 und B2. Die dortigen B1 und B2 können dann als Fortsetzung genommen werden. Am Ende des jetzigen B2 (vor dem C5) werden *Schlafsuggestionen* eingefügt. Die Hypnotisanden sind in der Regel an dieser Stelle in einer tiefen Hypnose, *so daß der Schlaf gleich eintreten kann.* Daraufhin kann der Hypnotisand eine bis zwei Stunden schlafen gelassen werden. Per Suggestionen – die beim Beginn der Schlafinstruktionen gegeben worden waren – kann er anschließend von selber aufwachen. *Das wäre auch eine therapeutische Hypnose*, weil sich sehr *gestreßte und erschöpfte Patienten* auf diese Weise nach mehreren solchen Sitzungen ausruhen und erholen können. Die *Variante B* würde die Sequenz der Übung HP-028 nicht sehr ändern, da man mit Schlafsuggestionen erst nach dem jetzigen B2 (vor dem C5) beginnen würde. Auch bei dieser Variante können die Hypnotisanden aus der gleichen Reihe genommen werden wie bei der Variante A. *Für elektroencephalographische Untersuchungen sind diese zwei Varianten sehr wertvoll, weil man zuerst die Veränderungen im EEG während einer Wachhypnose und anschließend in der Hypnose mit Schlafsuggestionen studieren kann.* Dadurch wird die Frage der Beziehungen zwischen der Hypnose und dem Schlaf viel leichter angegangen (s. Kapitel XXII–XXVI).

HP-031-A2-B12-C4-0123
Armlevitation/Augen offen/Schlafsuggestionen/Schlaf

Prähypnose

DG: Verschiedene gesunde Vpn oder Patienten unter Streßwirkung/Angst.
ME: Armlevitation bei offenen Augen mit Suggestion eines vertieften Entspannungszustandes und anschließenden Schlafsuggestionen (Schlafinduktion mit Augenfixierung).
KO: Bei dieser Methode nehme man zum Beispiel die HP-029 und gestalte eine Modifikation, etwa so:
Wenn die Hand des Hypnotisanden sich zu heben beginnt (*KO:* Am Ende von A2 der HP-29), suggeriert man dazu noch folgendes:

Hypnose

A2

SG: «(1′) Mit der Höhe Ihrer Hand, Ihres Armes *vertieft* sich die Entspannung ... (2′) Die Höhe des Armes *bestimmt die Tiefe* der Entspannung. Je tiefer Sie sich entspannt haben, *desto höher* wird wiederum der Arm in die Luft steigen. (3′) Ihr *Arm steigt, der Körper sinkt*, der Körper versinkt ... (4′) Ihr Arm ist jetzt noch höher, Ihr Körper noch tiefer entspannt. Der Arm hebt sich noch weiter, Ihr Körper sinkt noch tiefer, Sie fühlen sich noch angenehmer, noch wohler, noch geborgener ... (5′) Und sobald *die Hand* Ihr Gesicht *berührt*, werden Sie einen *kompletten Entspannungszustand* erreicht haben ... (6′) Ihre *Augenlider* werden schwer werden, unheimlich aber angenehm schwer ... (7′) Die Augen werden sich, wenn Sie es wollen, *von selbst schließen.* (8′) Sie werden, wenn Sie wollen, in einen *wunderbaren, erholsamen und entspannenden Schlaf fallen* ... (9′) Und der Arm ist jetzt ganz hoch, immer höher und höher, noch höher, jetzt etwas mehr, so ... (10′) *Und während* sich Ihr Arm durch die Luft bewegt, beginnen Ihre *Lider*, Ihre *Augenlider* schwer zu werden, Ihre Augen müde, ganz müde ... Ihre Augenlider sind jetzt schwer, Ihre Augen müde, ganz müde ... (11′) Die Augenlider *blinzeln* ... sie blinzeln jetzt noch mehr, bis Sie ganz müde werden, ganz müde und schläfrig ... Der Arm hebt sich weiter durch die Luft ... Sie werden immer mehr und mehr müde, schläfrig ... (12′) Sie sind jetzt so müde und schläfrig, daß Ihre *Augenspalten* ganz klein geworden sind ... (13′) Ihre Augen *schließen sich*, und Sie wollen schlafengehen ... (14′) Sie fallen jetzt in einen *erholsamen* und *entspannungsbringenden Schlaf* ... Schlafen! Schlafen! ...

B1

Ihre Augenlider blinzeln jetzt noch stärker, *jedoch bleiben die Augen zu* ... Sie fühlen sich sehr müde und erschöpft, angenehm erschöpft.

B2

(1′) Ihre *Atmung* ist jetzt tief und ruhig, automatisch, tief und ruhig ... (2′) Und während Sie bisher zugeschaut haben, wie sich Ihr Arm nach oben bewegt, sind Sie jetzt *fasziniert* davon, wie sich alles *von selbst* abspielt ... Alles ohne jede Anstrengung Ihrerseits ... Alles läuft von selbst, alles ist ganz leicht, automatisch ... (3′) Als ob der Arm nicht Ihnen gehören würde ... (4′) Und Ihre Augen sind jetzt müde, die Augenlider sehr schwer, bleischwer, immer schwerer und schwerer, Sie schlafen, schlafen! ... (5′) Der Arm *hebt sich weiter*, immer höher und höher, wie von *Fäden* gezogen. Die Augen schließen sich fester, immer fester und fester ... Schlafen Sie! (6′) Der Arm geht weiter höher und höher in die Luft, aber er *wird Ihr Gesicht nicht berühren, bevor Sie nicht in einen tiefen Schlaf fallen*, bevor Sie tief eingeschlafen sind, bevor Sie den erholsamen, tiefen und wundervollen Schlaf erreicht haben ... Der Arm hebt sich weiter, Sie sind noch müder und schläfriger, Sie schlafen ... (7′) *Alles ist ganz schwer, alle anderen Körperteile* sind sehr schwer, bleischwer ... (8′) Nur Ihr *rechter Arm ist ganz leicht*, er steigt weiter in die Luft, gerade hoch, wie eine *Feder*, ganz hoch. Die Atmung ist jetzt noch tiefer, noch ruhiger ... noch automatischer ... (9′) Es ist *sehr, sehr schwer*, sich wach zu halten, unheimlich schwer, Sie schlafen, schlafen! ... (10′) Je mehr Sie vielleicht *versuchen*, wach zu bleiben, *desto schneller* gehen Sie in den tiefen Schlaf (*KO:* Hier beginnt aber *die direkte Methode*, deshalb nach Möglichkeit eine direkte Suggestion vermeiden.) (11′) Ihr *Kopf* ist jetzt ganz schwer, bleischwer ... Ihre Augenlider sind jetzt wie Blei, bleischwer ... (12′) Sie *hören jetzt meine Stimme deutlich* und *kümmern sich nicht* um andere Geräusche oder Stimmen ... Und während Sie meine Stimme hören, werden Sie ganz erschöpft, erschöpft und müde ... (13′) *Lassen Sie den Schlaf kommen*, lassen Sie den Schlaf sich vertiefen, ganz tief werden, *wenn Sie wollen* ... (14′) Ihre Hand geht *jetzt in Richtung Ihres Gesichtes* ... (15′) Der Ellbogen ist der *Drehpunkt*, er sitzt auf der Lehne, (16′) so daß Sie *Ihren Kopf* auf die *Hand legen* können und den Kopf *dadurch stützen* ... (17′) Die *Handfläche* hat sich zum Gesicht gedreht, so ... gut, ganz gut ... (18′) Und wenn Sie wollen, drehen Sie die Handfläche noch weiter zu Ihrem Gesicht, so daß Ihr Kopf darauf liegen kann ... daß sich der Kopf darauf stützen kann ... So, ganz gut, es ist gut so, Sie machen es ganz gut, wundervoll ... (*KO:* Die Suggestionen nach dem Signal 15′ gibt man als *Ausweichen*, wenn sich bisher nur der *Unterarm* levitiert hat.) (19′) Und jetzt schlafen Sie *noch tiefer*, kümmern Sie sich um nichts, gar nichts. Und Sie bleiben im Schlaf, *bis ich Ihnen ein Zeichen zum Aufwachen* gebe ... (*KO:* Hier kann eine längere – sogar eine einstündige – Pause eingelegt werden.)

C4

(1′) Und jetzt werde ich Ihren linken Arm *nehmen*, er ist sehr schwer, bleischwer. (2′) Wenn ich ihn jetzt *hochziehe*, so wird er wieder wie ein *Eisenblock* herunterfallen. Der Arm fällt, Sie schlafen.

Posthypnose

Im posthypnotischen Gespräch die eventuellen *Träume* besprechen, die man auch hätte suggerieren können.

HP-032-A12-B12-E12
Armkatalapsie/Vertiefter Entspannungszustand nach Hypnose/ Keine Schlafsuggestionen/Zähltechnik

Prähypnose

DG: Gesunde Vpn verschiedener Altersstufen oder Patienten in einer Streßsituation mit ängstlicher Stimmungslage.
ME: Bei dieser Methode der *Wachhypnose* wird die *Armkatalepsie statt Armlevitation* angewandt, wobei ein *vertiefter Entspannungszustand ohne Augenfixierung und ohne Schlafsuggestionen zum Ausdruck kommen wird.*
KO: Nach eigenen Erfahrungen führt diese Hypnose-Induktion zu einem schnellen Erfolg. *Sie hat somit gegenüber den zeitraubenderen Levitationsmethoden zeitliche Vorteile, weil der Hypnotisand seinen Unterarm vor der eigentlichen Hypnose-Induktion auf Anweisung des Hypnotiseurs anhebt.* Der Hypnotiseur *beteiligt sich* dabei aktiv am *Armheben*, jedoch auf eine andere Weise als bei der Übung HP-001.

Hypnose

A1

SG: «Kommen Sie bitte zu mir und setzen Sie sich in diesen Sessel hier. Sie *müssen nichts* anderes *denken*, *nichts anderes wollen* und *gar nichts besonderes erwarten.* Das, was jetzt passieren soll, werden wir gemeinsam tun ... Sie entscheiden selber, ob Sie mitmachen wollen oder nicht ... Sie können die Sitzung an jeder Stelle unterbrechen, wenn Sie meinen, daß Sie dazu einen Anlaß haben ... Sie könnten das, was wir jetzt gemeinsam tun wollen, auch alleine tun, brauchen jedoch eine kleine Hilfe als Anleitung. Später kann der Vorgang in Form einer *Selbsthypnose* ablaufen, wobei Sie mich nicht brauchen werden ... etc. (*KO:* Jetzt ganz intensiv mit Beschleunigung suggerieren.)

A2

(1′) So, jetzt haben Sie sich ganz *bequem hingesetzt* und *fühlen sich* entspannt und *innerlich gesammelt.* (2′) Und wenn Sie jetzt von mir Empfehlungen erhalten wollen, *wenn Sie wollen*, daß wir beide eine Hypnose erleben werden, dann *heben* Sie *Ihren rechten Unterarm* leicht hoch, so hoch, daß Sie sich mit dem Ellbogen auf Ihr Knie oder auf die Lehne stützen können ... (3′) Die *Finger* sind noch oben *gerichtet*, sie sind jetzt zusammen ... (4′) noch *nicht gespreizt*, aber ausgestreckt ... ganz nach oben, in die Luft, ganz *senkrecht*.

(5') Sie sind ganz *ruhig* . . . (6') Sie *atmen* tief und ruhig, ruhig und ungezwungen, alles regelt sich von selbst . . . Die Finger sind *noch zusammen, senkrecht in der Luft, der Unterarm steht nach oben, wie ein Mast in der Erde*, ganz nach oben . . . (7') Und jetzt, bitte, wenn Sie wollen, *spreizen* Sie die Finger soweit Sie können, immer stärker . . . So, Sie machen es ausgezeichnet . . . (8') Und wenn ich Ihre *Fingerspitzen berühre*, werden Sie sofort ein *unbeschreibliches* aber angenehmes Gefühl verspüren, *eine Sensation*, ein kleines *angenehmes Kribbeln* oder so etwas . . . (9') Und jetzt gehe ich mit meinen *zwei Fingern* an Ihren *Fingern entlang* . . . (10') Zuerst an der *Außen- und Innenseite* des *Zeigefinger*, dann an der Außen- und Innenseite des *Mittelfingers*, dann an der Außen- und Innenseite des *Ringfingers* und dann am *kleinen Finger*. (11') Und *während ich* so Ihre Finger berühre und mit meinen Fingern sanft von den Fingerspitzen nach unten streichle, verspüren Sie eine *Schwere in Ihren Fingern*, gerade dort, wo ich sie berührt habe, wo ich mit meinen Fingern streichelnd darübergefahren bin . . . (12') Die *Schwere* nimmt zu . . . (13') Sie überträgt sich auf die Muskeln in den Fingern (*KO:* Die Beuger berühren und nach unten streicheln.) . . . (14') Diese Schwere spüren Sie auch an der jeweiligen Außen- und Innenseite der Finger. (15') Die Schwere *verlagert* sich nach unten; die *Fingerspitzen* werden immer leichter und leichter. Sie stehen gerade nach oben, senkrecht in der Luft . . . (16') Und die Schwere, die sich *nach unten verlagert* und immer mehr und mehr Fingerteile in den oberen Partien frei und leicht werden läßt, ist eigentlich das *Blut*, das *nach unten zum Ellbogen* fließt und sich dann (17') zum Schultergelenk und darüber hinaus zum *Herzen* verlagert . . . (18') Vom Herzen aus *fließt* das Blut *zum anderen Arm*, zur anderen Hand, zu den Fingern der linken Hand . . . (19') Die *Finger der linken Hand* sind *voll durchblutet*, Sie können es *selber sehen*, Sie können es selber sehen, sie sind *rasarot*, *rosarot*, während die Finger der rechten Hand ganz *blaß* sind . . . (20') Und jetzt sind die Finger der rechten Hand ganz blaß und *steif*, ganz steif. (21') *Schauen* Sie fest darauf, sie sind steif, sehr steif, ganz steif, steif wie eine *Eisenstange*, wie aus *Stahl* . . . Immer steifer und steifer . . . (22') Und wenn ich sie jetzt noch einmal von oben *nach unten streichle*, dann werden sie noch *steifer, steifer und steifer*. Sie können dies *mit den Fingern der anderen Hand* auch selber feststellen . . . (*KO:* Der Hypnotisand tastet die steifen Finger der rechten Hand mit den Fingern der linken Hand und überzeugt sich davon. Dadurch verstärkt sich das Vertrauen des Hypnotisanden gegenüber dem Hypnotiseur.)

(23') Und so wie die Finger steif geworden sind, werden auch die *übrigen Teile des rechten Armes steif werden*, ganz steif . . . (24') Und wenn ich jetzt Ihr rechtes *Handgelenk* berühre, wird es auch ganz steif, steif wie ein *Eisenblock* werden. Ich *streichle* jetzt das rechte Handgelenk, alles ist steif, steif wie ein Holzbrett, wie eine Eisenstange . . . (25') Und wenn ich jetzt mit meinen Fingern nach unten gehe und *den Arm* streichle, wird er auch steif werden . . . Überall dort, wo ich mit meinen Händen vorbeikomme, wird es steif werden . . . (26') Jetzt ist auch der *Oberarm* steif (27') Damit ich Ihnen die *Mühe erspare* und *noch bevor das Ellbogengelenk ganz steif ist, werde ich Ihren rechten Arm selber nehmen und hochheben, ganz hoch ausstrecken* . . . (*KO:* Dadurch gewinnt man eben an Zeit, weil nach der erfolgten Katalepsie der Arm nicht leicht von selbst levitiert werden kann.) (28') Und jetzt ist der Arm ganz hoch, steif wie *ein Mast in der Erde*. Sie selber fühlen sich immer entspannter und entspannter, gelöster und gelöster . . . (29') Damit Sie sich besser entspannen können, dürfen Sie, wenn Sie wollen, die *Augen jetzt schließen* . . . So ist es gut . . . *Die Augen sind zu* . . .

B1

Und wenn ich jetzt bis *sechs zähle*, werden Sie eine *komplette Entspannung* erreichen, Sie werden einen bisher unbekannten Vertiefungszustand erreichen, der Ihnen eine wunderbare Ruhe, eine wunderbare körperliche und geistige Entspannung bringt. Sie sind jetzt ganz entspannt, entspannt und ruhig. Sie interessiert nichts anderes als diese Ruhe, diese umwerfende Entspannung.

B2

(1′) *Eins* ... Sie sind jetzt *noch tiefer* entspannt ... (2′) *Zwei* ... Sie gehen tiefer und tiefer in die Entspannung ... (3′) Die *Atmung* ist ganz tief und ruhig ... (4′) Das *Herz* schlägt langsam und regelmäßig, regelmäßig und kräftig. (5′) *Drei* ... Die *Atmung* ist noch tiefer und ruhiger. Sie gehen noch tiefer in die Entspannung, Sie suchen sich selbst, Sie sind ganz entspannt. Das Herz schlägt jetzt noch langsamer, regelmäßiger und kräftiger ... (6′) Und das *Blut verlagert sich* mehr in die unteren Körperteile, aber auch die oberen Körperteile sind ausreichend durchblutet. (7′) *Vier* ... Sie sind jetzt noch entspannter ... (8′) *Fünf* ... jetzt noch mehr, und die Steife entschwindet aus dem rechten Arm, der Arm fällt herunter, ich werde ihn auffangen und auf Ihr Knie legen. Und wenn der Arm heruntergefallen ist, werden Sie in eine komplette Entspannung verfallen ... (9′) *Sechs* ... Der Arm ist gefallen ... Sie haben jetzt *den kompletten Entspannungszustand erreicht*, Sie sind jetzt glücklich ... Ich lasse Sie so eine lange Zeit *diesen Zustand genießen* und dann werde ich Ihnen helfen, aus diesem Zustand herauszukommen, ohne die Ausgeglichenheit zu verlieren. (*KO:* Pause einlegen. Die Kontrolle/Konsolidierung der Hypnose – Schritt C – erfolgte zusammen mit der Vertiefung der Hypnose – Schritt B – sodaß der erstere entfallen kann. Schritt D kann darauffolgend eingefügt werden.)

E1

Und jetzt haben Sie sich wunderbar entspannt, jetzt werde ich *von sechs bis eins* zählen. Bei *eins* wird die ganze Kraft zurückkehren, Sie werden aufstehen und gehen können, die Kraft wird zurückkehren. Nach diesem Erholungszustand werden Sie sich wunderbar entspannt und ausgeglichen fühlen, die Muskelkraft wird jedoch wiederkommen.

E2

(1′) *Sechs* ... die *Beine* sind leicht und frei ... Die *ganze Kraft kommt in die Muskeln zurück*, die Beine sind leicht und frei. Sie können es versuchen, Sie werden sehen, die Muskeln in den Beinen sind kräftig, leicht und frei ... (2′) *Fünf* ... auch die *Arme* sind jetzt leicht und frei, Arme leicht und frei (*KO:* Mehrmals wiederholen) ... Die ganze *Kraft* kommt in die Arme zurück. Die Arme sind leicht und frei ... Sie können es versuchen, Sie können mit einem Finger, mit einer Hand, mit einem Arm eine Bewegung machen, Sie werden sehen, es wird gehen, es wird leicht gehen. (3′) *Vier* ... auch der *Körper* ist jetzt leicht und frei, Arme, Beine und Körper sind leicht und frei. Sie können jetzt eine Streckbewegung mit dem Körper ausführen, Sie werden sehen, es wird gelingen, der Körper ist frei ... (4′) *Drei* ... und die *Atmung* ist leicht und frei, das *Herz* ist leicht und frei, das *Blut* ist leicht und frei ... *Alle Körperteile* sind jetzt *gleichmäßig* durchblutet. Vor allem ist der *Kopf gut durchblutet* ... (5′) *Zwei* ... der Kopf ist leicht und frei ... (6′) *Eins* ... die *Augenlider* sind leicht und frei, alles ist leicht und frei (*KO:* Mehrmals wiederholen). *Und jetzt sind Sie frei, ausgeglichen, entspannt und ruhig, aber sonst frisch und munter, frisch und munter, leicht und frei, wie neugeboren, wie neugeboren sind Sie.*»

Posthypnose

In der Posthypnose die Erlebnisse im Vergleich mit HP-031 besprechen. Den neuen Termin vereinbaren.

HP-033-A2
Augenfixierung/Armkatalepsie/Schlafinduktion

ME: Bei dieser Methode wird eine Modifikation der HP-032 vorgenommen. *Der Hypnotisand fixiert mit den Augen seine rechte Handfläche.* Wenn die Finger bereits steif (kataleptisch) geworden sind, streichelt man das Handgelenk und den Unterarm mit der Suggestion des Steifwerdens wie bei der HP-032. Jetzt aber kombiniert man die Katalepsie mit Armlevitation und suggeriert:

A2

SG: «(1′) Ihr Unterarm ist jetzt ganz *steif* geworden, ganz steif, er ist leicht, ganz *leicht*... (2′) Jetzt wird der Arm auch im Ellbogengelenk *ganz leicht*, ganz leicht... (3′) Der Arm *hebt sich* im Ellbogengelenk nach oben, er hebt sich in die Luft, immer höher und höher, *der rechte Arm ist sehr leicht*, ganz leicht. (*KO:* Da der Hypnotisand durch die Steife des Unterarmes und der Finger bereits motiviert ist, gelingt die Armlevitation ziemlich gut.)... (4′) Und sobald die Finger *die Höhe Ihrer Augen* erreichen, werden Sie *plötzlich müde* und erschöpft werden, angenehm müde und erschöpft, müde und schläfrig. (5′) Der *Arm steigt* immer höher und höher, die Finger nähern sich der Augenhöhe, sie werden gleich in Augenhöhe sein... (6′) Um Ihnen zu helfen, werde ich *zählen*. Bei der *Zahl 3* sind die Finger in Ihrer Augenhöhe. (7′) *Eins*... die Finger sind bald in Augenhöhe, Sie sind sehr müde und schläfrig... (8′) Die *Augenlider* sind sehr schwer, bleischwer, so schwer, daß Sie Mühe haben werden, die Augen offenzuhalten, und wenn Ihre Fingerspitzen *auf die Höhe Ihrer Augen kommen*, werden die Augenlider so schwer werden, (9′) daß Sie *die Augen schließen* wollen und *schlafen*, nur schlafen, alles andere ist gleichgültig, ganz gleichgültig. (10′) *Zwei*... Ihre Finger sind jetzt *fast in Augenhöhe*... (11′) *Drei*... die Finger sind jetzt in Augenhöhe, es überfällt Sie eine *unabwendbare Müdigkeit*, die Augen *schließen*, Augen schließen, Augen schließen... schlafen, lassen Sie sich vom Schlaf, von der Müdigkeit *tragen*, schlafen Sie tief und ruhig, tief und ruhig, bis ich Sie aufwecke, bis ich Sie aufwecke. Fallenlassen, nachgeben, fallenlassen, nachgeben und schlafen! (*KO:* Ab hier kann die Hypnose mit D2 vertieft werden. Wenn keine anderweitigen Suggestionen gegeben werden sollen, dann nach einer Pause wecken, indem man von eins bis sechs zählt und alles desuggeriert.)»

HP-034
Totale Körperkatalepsie/Wachhypnose ohne Schlafinduktion

Am gebräuchlichsten sind bei der Induktion der totalen Körperkatalepsie zwei Techniken, und zwar jene mit dem *Ansatz an den Augenlidern* (Augenliderkatalepsie) und jene mit *dem Beginn an den Fingern einer Hand* (Armkatalepsie). Die letztere ist viel empfehlenswerter, *da sie von der Peripherie ansetzt und indirekt ist.* Nach dem Steifwerden (Katalepsie) *des ganzen Körpers* können weitere Experimente vorgenommen, posthypnotische Aufträge gegeben werden.

HP-035
Totale Katalepsie/Anschließende Schlafinduktion

Bei dieser Methode verläuft die Hypnose-Induktion und Vertiefung wie bei HP-034, jedoch werden jetzt anschließend *Schlafsuggestionen* erteilt. *Im Experiment mit EEG können bioelektrische Potentiale in der Hypnose vor den Schlafsuggestionen und danach studiert werden.*

3.2 Techniken von therapeutischen Hypnosen (Hypnotherapie)

Nachfolgend werden wir *vorwiegend mit posthypnotischen Suggestionen*, d.h. mit Suggestionen, die *posthypnotisch realisiert werden sollen*, arbeiten und die übrigen Schritte in solchen Fällen auslassen bzw. *den bereits vorausgegangenen Lektionen entnehmen.*

HP-036-C6-01234-D1234
Vertiefter Entspannungszustand/Allgemeine und ausgedehnte spezielle Imaginationen

Prähypnose

DG: Phobische Zustände mit neurotischer Fehlentwicklung und Erlebnisverarbeitung, sexuelle Schwierigkeiten (Fall 13: AK-1806-DW-140463-290782).
ME: In diesem Falle demonstrieren wir sowohl *allgemeine* als auch *spezielle Imaginationen*, die von Errol R. Korn (1984, Seite 79–87) erfolgreich angewandt worden seien. Diese sind bereits vom ursprünglichen Autor *dem individuellen Stil des Hypnotiseurs und den individuellen Bedürfnissen des Patienten angepaßt worden.* Von uns wurde die Methode übersetzt, an den Fall 13 (weiblich) angepaßt, aber zur Übung hier verallgemeinert.

Hypnose

(*KO:* Hypnose-Induktion den unmittelbar vorausgehenden Übungen entnehmen. Der Patient kann in einer sitzenden oder liegenden Stellung hypnotisiert werden. Die Beine befinden sich – wie üblich – *nebeneinander, die Arme sind bequem neben dem Körper* des Hypnotisanden placiert. *Die Augen werden im voraus auf vor-suggestive Instruktionen oder aber per Suggestionen nach dem Induktionsbeginn geschlossen.* Die Vertiefung der Hypnoseschritte B wird oft mit den *hypnotischen* – Schritt C – und *posthypnotischen Suggestionen* – Schritt D – kombiniert. Und so beginnt man:)

C6

SG: «(1′) Nachdem Sie mit geschlossenen Augen die Voraussetzungen geschaffen haben, eine *Stille* zu erzeugen ... die *Ruhe*, die Entspannung kommen zu lassen ... werden Sie sich noch mehr entspannen können ... Fangen Sie jetzt an – wenn Sie wollen – *tief und ruhig zu atmen* ... Und *während Sie* das tun ... beachten Sie besonders die Empfindungen, die Sie erfahren, wenn die *Luft den Körper verläßt* ... Lassen Sie *sich selbst spüren und auch*, daß Sie mit jedem Atemzug, den Sie ausstoßen ... die Spannung ... das Unbehagen ... den Streß ... die Anstrengung *ausstoßen* ... Wenn Sie das tun, können sie fühlen, wie sich die *Muskeln im Körper* entspannen ... Vor allem in der *Brust*, aber auch andere Muskeln, die besonders verkrampft sind ... wie die *Schultern* ... der *Nacken* ... und der *Rücken* ... Es ist so, als ob Sie beim Ausatmen der Luft ... mit ihr alle Sorgen ausatmen ... Ihr ganzes Unbehagen ... und all Ihre Ängste ... Sie hören vielleicht *Krach* und *Geräusche* in der Umgebung ... Sie können jedoch diese sogar *zur Vertiefung Ihres Entspannungszustandes* benutzen ... Wenn Sie ausatmen, scheiden Sie *tatsächlich* Spannung ... Unbehagen ... und Streß aus ... Erfahren Sie deshalb, was wirklich geschieht ... Mit dem Atem stoßen wir *Gifte* und *Abfallprodukte* aus ... Die *Lungen* gehören zu den besten Abfallbeseitigern, die wir im Körper haben ... Lassen Sie sich deshalb einfach spüren, sich mit jedem Ausatmen besser fühlen ... Nur mit diesem Vorgang ... Sie sind vielleicht *überrascht* festzustellen, daß Sie fast die ganze Spannung und das Unbehagen, die sich angehäuft haben, beseitigen können ...

Wenn es jedoch immer noch *Überreste* von Unbehagen oder Spannung gibt... können Sie diese nach und nach beseitigen...

(2') Ich werde Sie jetzt bitten, Ihr *Bewußtsein* in Ihre *Zehen* zu verlagern... Das hört sich vielleicht schwierig an, aber seien Sie sich darüber klar, daß Ihr *Bewußtsein nicht dort sein muß*, wo die meisten von uns es vermuten... *im Kopf*. Wir nehmen unser Bewußtsein nur im Kopf wahr, weil das Gehirn, das Organ des Bewußtseins, seinen Platz im *Kopf* hat... Sie können Ihr Bewußtsein irgendwo *im Körper* plazieren... wo Sie wollen... Wenn Sie sich die Zehen anstoßen würden... würde Ihr Bewußtsein sogar sofort dorthin gehen... Im Moment lassen Sie einfach Ihre *Aufmerksamkeit* dahin gehen... nicht weil Sie es müssen... sondern weil Sie es *wollen*... Mit Ihrem Bewußtsein in Ihren Zehen lassen Sie sich einfach das empfinden, was Sie auch immer empfinden mögen, wenn Sie an das Wort... *entspannen*... denken. Vielleicht ist es die *Schwere*... oder *Leichtigkeit*... oder das *Kribbeln*... oder die *Taubheit*... oder *Wärme*... oder *Kühle*... oder vielleicht etwas anderes... aber selbst, wenn Sie das Gefühl haben, daß sich nichts geändert hat, seien Sie sicher, daß es auf irgendeiner Stufe Ihres Wesens eine *Veränderung* gegeben hat... eine *Verminderung der Spannung* in diesen Zehen. Vielleicht ist die Veränderung zu gering, als daß Sie sie jetzt wahrnehmen könnten... aber egal, ob Sie sie wahrnehmen... oder nicht, sie findet trotzdem statt.

(3') Lassen Sie die Entspannung sich jetzt *auf die Zehen Ihres anderen Fußes* ausbreiten... Und was Sie auch immer fühlen mögen, lassen Sie es sich durch die Füße *nach oben ausbreiten*... durch die *unteren Teile Ihrer Beine*... und in die Knie... als ob Sie *knietief* in einem wirbelnden... warmen... entspannenden Bad stehen würden... Lassen Sie das Angenehme und die Entspannung sich *nach oben ausdehnen*, in die *Oberschenkel*... und in die Leistengegend... Lassen Sie es sich durch das *Becken* und das *Gesäß* ausdehnen... in den *Unterleib* und den ganzen Weg zurück in die Taille... als ob Sie nun bis zur Taille in diesem warmen... angenehmen Wellenbad stehen würden... Ihren ganz Körper von der Taille an nach unten sich entspannt fühlen lassen... angenehm... locker... und schlaff... Vielleicht sind Sie sogar überrascht festzustellen, *daß Teile Ihres Körpers so entspannt sind... daß Sie sich ihrer nicht mehr bewußt sind*... Das ist vollkommen in Ordnung, diese Teile sind immer noch da und *funktionieren genauso* wie Ihre Lunge und Ihr Herz funktionieren, wenn Sie sich ihrer nicht bewußt sind... Sie können dieses Bewußtsein *wiedererlangen*, wenn Sie es wollen... aber im Moment... lassen Sie das Angenehme und die Entspannung sich nach oben ausdehnen, *in den oberen Teil* des *Unterleibes* und den Rücken... und in die *Brust*... sowohl vorn als auch hinten, damit die Atmung, die bis jetzt entspannt war, noch angenehmer und entspannter wird... Jetzt lassen Sie die *wohltuende Welle* der Entspannung in die *Schultern* gehen... ein Bereich, in dem sich *viel von unserer Spannung* ansammelt... Lassen Sie die *Schultern* einfach... *fallen*... Wenn Sie sitzen... spüren Sie, wie sie von der *Schwerkraft nach unten gezogen werden*, und wenn Sie liegen... spüren Sie einfach, wie die Schultern mit dem *Fußboden verschmelzen*... Lassen Sie diese Lockerung und Wärme und das Angenehme von den *Schultern*... die ganzen *Arme* entlang... über die *Ellbogen* hinweg... in die *Handgelenke*... *Hände*... und *Finger* wandern... Spüren Sie die Arme einfach *ohne Substanz herunterhängen*... locker und schlaff... wie bei einer *Stoffpuppe*... Nun lassen Sie das Angenehme sich in das andere Gebiet ausbreiten, in dem wir viel Spannung ansammeln... den *Nacken*... Spüren Sie, wie *der Nacken locker* wird... schlaff... und angenehm... Und spüren Sie, wie das Angenehme sich in einem anderen Bereich ausbreitet, in dem wir viel Spannung ansammeln... und es kaum merken... Und spüren Sie, wie gut es sein wird, die Spannung aus diesem herausgehen zu lassen... so gut, daß Sie es nicht nur in dem begrenzten Gebiet spüren... sondern auch im *Rest des Gesichtes*... *Kopfes*... und *Nakkens*... Der Bereich, den ich meine, ist... der *Kiefer*... Und spüren Sie einfach, wie gut es ist, einfach... *den Kiefer nach unten fallen* zu lassen... Und nun lassen Sie das Angenehme sich in Ihrem *Gesicht* ausbreiten... um die *Augen herum*... Lassen Sie die *Augen* sich entspannen... den *Schläfenbereich*... die *Stirn*... *und den oberen Teil des Kopfes*... den ganzen

Kopf und das ganze Gesicht sich entspannen und angenehm fühlen lassen ... Jetzt sollte der ganze Körper locker und schlaff ... und entspannt sein.
(4′) Falls es noch ein *restliches Unbehagen* gibt ... machen Sie noch einige *tiefe Atemzüge* ... und konzentrieren Sie sich *auf den Bereich des Unbehagens* ... Und spüren Sie, wie jeder Atemzug mehr und mehr ... das Unbehagen beseitigt, bis dieser Teil des Körpers sich so wohl fühlt und so entspannt ist ... wie der Rest des Körpers ...
(5′) Denken Sie daran, daß Sie *in diesem entspannten Zustand immer noch vollkommen die Situation kontrollieren* ... Wenn es irgendeine *Notsituation* geben würde, könnten Sie *aus dem Zustand herauskommen* ... und darauf reagieren ... schnell und zuverlässig. Wenn Sie sich irgendwann *fürchten* ... brauchen Sie nur die *Augen zu öffnen* und Sie können aus diesem entspannten Zustand *herauskommen* ... und sich ruhig und angenehm fühlen ... hellwach und entspannt ... Denken Sie daran, in diesem entspannten Zustand haben Sie immer noch die volle Kontrolle ... Auf irgendeiner Stufe wird ihr Geist alles aufnehmen ... *Ihr Geist ist* jedoch *wählerisch* ... und wird nur die *Dinge auswählen*, die *Ihrem Wachstum* und *Ihrer Entwicklung* angemessen sind ... nur die Dinge, die Sie tolerieren können ... zum gegenwärtigen Zeitpunkt ...
(6′) Jetzt *atmen* Sie wieder einige Male *tief durch* ... und werden Sie sich bewußt, wie es ist, wenn Sie ... *einatmen* ... und denken Sie an die *Bedeutung der Substanzen*, die Sie mit dem Atem *aufnehmen* ... Wir nehmen *Nahrung* auf ... aber wir können lange Zeit ohne Nahrung überleben ... Wir nehmen *Wasser* auf ... `aber wir können mehrere Tage ohne Wasser überleben ... Wir können jedoch ... nur *ein paar Minuten* ... ohne das überleben, was wir durch das Atmen aufnehmen ... Spüren Sie also die *Energie* in Ihren Körper zurückkehren ... in einen *Körper* eindringen, der vollkommen entspannt ist ... und spüren Sie sie nicht nur in der Lunge ... sondern fühlen Sie, wie sie sich von der Lunge in ... jede einzelne *Zelle* ... des Körpers ausbreitet ... Spüren Sie die Energie, und erinnern Sie sich daran, daß Sie sich *voller Energie und Leben* fühlen können ... und gleichzeitig in einem angenehmen und entspannten Zustand bleiben können ... Und während Sie die Energie in sich hineinströmen fühlen, werden Sie sich des *Raumes* bewußter, in dem Sie sich befinden ... der *Zeit und des Ortes*, den Sie erfahren ... und werden sich *Ihres Körpers bewußter* ... und besonders irgendwelcher Körperteile, derer Sie sich nicht mehr bewußt sind ... Und jederzeit, wenn Sie dazu vollkommen bereit sind ... können Sie die Augen öffnen ... und die *Vorteile all dessen fühlen*, was Sie gerade erfahren.
(KO: Allgemeine und *spezielle Imaginationen* sollten erst dann eingeschoben werden, nachdem die komplette Entspannung erreicht worden ist, d.h. *im letzten Abschnitt vor dem Dehypnotisierungsprozeß.)*

D1: Der sichere Ort/Platz

(*KO: Der sogenannte sichere Ort* ist eine allgemeine Imagination, die benutzt wird, um die *schädlichen Auswirkungen der Streßreaktion zu überwinden, den kreativen Prozeß zu verwirklichen und zu erweitern, die Gesundheit und das Wohlbefinden zu fördern.* Nachdem sich diese Imaginationen auf das Leben nach dem Ende der Hypnose beziehen, werden Sie in D hervorgerufen.)
(1′) Denken Sie an die Worte *Frieden* ... *Sicherheit* ... *Bequemlichkeit* ... und *Glück* ... Frieden ... Bequemlichkeit ... und Glück ... Lassen Sie sich jetzt von Ihrer Vorstellung spontan an einen *Ort* bringen ... der für Sie möglichst viele dieser Dinge beinhaltet ... Es kann ein Ort sein, den Sie häufig aufsuchen ... oder einer, wo Sie vor langer Zeit waren ... oder vielleicht einer, der nur in Ihrer Vorstellung existiert ... Aber *bleiben Sie am ersten Ort, der Ihnen jetzt einfällt* ... Wenn Sie feststellen, daß Sie von Ort zu Ort gehen ... dies sind Streiche, die Ihnen vom bewußten Teil Ihres Innern gespielt werden ... dem Teil Ihres Inneren, der sagt, daß Sie etwas nicht tun oder Dinge beurteilen können, oder der Ihnen eher äußere als innere

Erfahrungen bringt ... *Der erste Ort* ... derjenige, der spontan erschien ... das ist der Ort, bei dem Sie bleiben müssen, denn dieser Ort kam von ganz tief unten zu Ihnen ... innen ... und ist auf irgendeiner Stufe Ihres Seins mit Wohlsein ... Entspannung ... Frieden ... und Sicherheit verbunden ...

(2′) Genießen Sie die *Szene* mit all Ihren Sinnen ... Sehen oder stellen Sie sich selbst vor ... so lebendig Sie können ... Hören Sie die *Geräusche* ... genießen Sie die *Düfte* ... berühren und spüren Sie die Umgebung ... und die Gegenstände darin ... und genießen Sie die Geschmäcke ... Nehmen Sie wahr, was über Ihnen ... unter Ihnen ... und um Sie herum ist ... Erforschen Sie bis in kleinste Details all die Bestandteile dieser Szene ... egal, ob es außen ... oder innen ist ...

(3′) *Während* Sie diese Vorstellungen üben ... wird dieser Ort in den wichtigen ... tiefen ... Teilen ... Ihres *Inneren* ... mit den Vorstellungen von *Frieden* ... *Sicherheit* ... *Bequemlichkeit* ... *Glück* ... und *Entspannung* verbunden werden ... Mit der Zeit werden sich diese Assoziationen, Bindungen verstärken ... bis zu dem Punkt, da Sie geistig zu diesem Ort gehen könnten ... und sich von dem, was in Ihrem Wachbewußtsein geschieht, vollkommen lösen könnten ... *Sie könnten sich entspannt fühlen* ... *wenn Sie normalerweise nicht entspannt wären* ... *Sie könnten sich behaglich fühlen* ... *wenn Sie normalerweise Schmerzen empfinden würden*, und später ... wenn Sie mehr Übung haben ... selbst *im Wachzustand* ... könnte einfach das *Denken an diesen Ort* ... all die Gefühle des Wohlseins ... des Friedens ... der Sicherheit ... der Entspannung ... und der *Stille* ... die Sie jetzt empfinden, hervorrufen ... Zusätzlich könnten Sie diese Vorstellungen üben, indem Sie einfach mehrmals am Tag in *Ihrem normalen Wachzustand* daran denken. Denken Sie daran, jedesmal, wenn Sie üben ... an diesen sicheren Ort zu gehen ... Er wird sich in Ihr Inneres einprägen ... so, daß es mit der Zeit einfacher wird, *Nutzen aus dieser Vorstellung zu ziehen* ... Noch wichtiger ist, daß die Vorstellungen jedesmal ... dauerhafter in Ihr Inneres eingeprägt werden, und wenn sie es sind, werden Sie aktiv Veränderungen in Ihrem Leben, die für Sie vorteilhaft sind, schaffen und verwirklichen ...

D2: Schmerzen als Objekt

(*KO:* Diese Imagination der *Schmerzen als Objekt* wird benutzt, um eine *konkretere* Vorstellung von *abstrakten* Empfindungen, wie Schmerz und Unbehagen, zu geben. Wir können dann mit Imaginationen arbeiten, um die subjektiven Gefühle des Unbehagens, die sie repräsentieren, zu verändern.)

(1′) Die meisten von uns erfahren zu irgendeinem Zeitpunkt Empfindungen ... die wir als *unangenehm* betrachten, wie *Schmerzen*, *Spannungen*, *Streß* und *Anstrengung* ... Indem man sich einfach entspannt und auf *die Phase des Ausatmens beim Atemprozeß konzentriert*, haben wir schon eine *Methode zur Erleichterung* dieser unangenehmen Empfindungen gelernt ... Diese Empfindungen sind alle *subjektive* Phänomene ... Wir empfinden sie ... Aber wie wir nur zu gut wissen ... ist es sehr schwierig ... diese Gefühle ... *bewußt* zu ändern ... Normalerweise fällt es uns leichter, *konkrete Gegenstände* zu ändern ... Deshalb besteht der Zweck dieser Vorstellung darin ... unsere unangenehme Empfindung in *ein Objekt* umzuändern, das als ein Symbol für diese Empfindung genommen werden kann ... Wenn Sie jetzt *Schmerzen* ... *Unbehagen* ... oder *Spannung* empfinden, aber selbst, wenn Sie es nicht tun, wird das jetzige *Durcharbeiten* dieser *Prozedur* für Sie *später* trotzdem von Nutzen sein.

(2′) Dann, *wenn sich diese Probleme entwickeln* ... nehmen Sie diesen *Schmerz* ... diese *Spannung* ... diesen *Streß* ... oder diese *Angstgefühle* ... und ... geben Ihnen eine *Form* ... indem Sie sich die erste Form vorstellen ... die Ihnen einfällt ... Die Form kann *abstrakt oder konkret* sein. Es kann ein *Gegenstand* sein ... etwas *Lebendiges* ... oder ein *geometrisches Muster* ... Sie kann auch *formlos* sein ... Die erste Form, die Ihnen einfällt, ist die richtige ...

um damit zu arbeiten ... Alles andere neigt dazu, bewußte, überlegte Anstrengung zu sein ... (3′) Als nächstes ... geben Sie *der Form* eine *Farbe* ... (4′) Jetzt ... geben Sie ihr eine *Größe* ... Sie können die Größe herstellen, indem Sie sie einfach wissen ... oder indem Sie sich neben der Form ... ein Objekt bekannter Größe ... vorstellen. Seien Sie sich darüber im klaren, daß diese Form *ein Symbol* Ihrer Spannung und Ihres Unbehagens ist ... Und je *größer* sie ist, je *greller und lebhafter* sie gefärbt ist ... umso intensiver wird das Unbehagen sein, das sie repräsentiert ... und umgekehrt ... je kleiner ... und weniger lebhaft sie gefärbt ist .. umso weniger ernst ... umso bedeutungsloser wird das Unbehagen sein ... (5′) Deshalb üben Sie, indem Sie *die Größe des Objektes verändern* ... Denn üblicherweise können wir Unbehagen *viel leichter vergrößern als verkleinern* ... Machen Sie den Gegenstand größer ... Machen Sie ihn so groß, wie Sie ihn machen müssen, um sich etwas unbehaglicher zu fühlen ... *Und wenn er so groß ist, wie er sein muß ... machen Sie ihn ... kleiner ... Wenn Sie Schwierigkeiten haben, ihn kleiner zu machen ... nur, indem Sie möchten, daß er kleiner ist, dann können Sie versuchen, ihn herumzustoßen ... oder ihn wegzuwerfen ... oder ihn in ein Boot zu verfrachten ...* oder in einen *Lastwagen* ... oder ihn an einem *Flugzeug* zu befestigen ... und ihn *wegfliegen zu lassen* ... Oder, wenn es ein *Ballon* ist ... können Sie mit einer Nadel hineinstechen ... und ihn schrumpfen lassen ... *Beachten Sie, daß wenn das Symbol kleiner wird, die Gefühle, die damit verbunden sind, weniger intensiv werden* ... Sie können ihn so klein machen, wie es Ihnen gefällt ... Und üben Sie, ihn *größer und kleiner zu machen*, denn das ist die *Geschicklichkeit* ... Und wie mit allen Arten von Geschicklichkeit ist es so, *daß sie umso ausgeprägter wird, je mehr man sie übt* ...

D3: Bilder-Galerie

(*KO: Die Bilder-Galerie* ist eine Imagination in *drei* Teilen, die es einem Menschen erlaubt, eine *wahre Perspektive* seiner oder ihrer Selbstwahrnehmung zu erhalten. Die drei Teile können zusammen oder separat für bestimmte Zwecke benutzt werden.)

(1′) Stellen Sie sich jetzt vor, daß Sie in einem sehr *großen, privaten, gemütlichen Raum einer Kunstgalerie* sind ... (2′) Alle *Wände, außer einer, sind leer* ... und an dieser Wand hängen *drei leere Rahmen* derselben Größe und Struktur ... einer neben dem andern ... (3′) Gehen Sie *auf den ersten Rahmen* zu ... (4′) Und während sich Ihre Aufmerksamkeit auf diesen leeren Raum konzentriert, lassen Sie dort ein *Bild* erscheinen ... Ein *Bild von Ihnen* ... *wie Sie sich selbst sehen* ... Wie Sie schon zuvor gelernt haben ... lassen Sie *das erste Bild*, das spontan erscheint, *das sein, das Sie untersuchen* ... (5′) Und selbst wenn es undeutlich ist ... schätzen Sie einfach das ein, was Sie von *seiner Essenz* aufnehmen können ... Und schätzen Sie nicht nur das *visuelle Bild* ein ... sondern das Gefühl ... das in Ihnen geweckt wird, während Sie es studieren ... und jede *andere Empfindung*, die in das Bewußtsein dringt ... *Studieren* Sie das Bild *intensiv* und, wenn Sie können, ... lassen Sie es sich so *bewegen*, daß Sie es *von verschiedenen Seiten sehen können* und daß Sie nicht nur seine statischen Qualitäten, sondern auch (6′) seine *Bewegungs-Qualitäten* einschätzen können ... All diese Dinge werden zu dem Gefühl beitragen, das dieses Bild wirklich vermittelt ... Und bringen Sie einige Momente damit zu, das Bild in all *seinen feinen Details* zu studieren ... (7′) Widmen Sie Ihre Aufmerksamkeit jetzt *dem zweiten Rahmen* und lassen Sie dort *ein spontanes Bild* erscheinen ... von Ihnen ... *wie Sie wirklich sind* ... Lassen Sie sich jetzt einige Augenblicke Zeit, um dieses Bild voll wahrzunehmen ... so, wie Sie das Bild *Nummer 1* wahrnahmen ... (8′) Und nun vergleichen ... und setzen Sie Bild 1 und *Bild 2* ... voneinander ab. In den meisten Menschen bestehen Unterschiede ... Und diese Unterschiede repräsentieren die Tatsache, daß unsere eigene Wahrnehmung von uns selbst selten mit dem übereinstimmen, wie wir wirklich sind ... Von Zeit zu Zeit, indem Sie zu diesen zwei Bildern zurückgehen, können Sie vielleicht den Fortschritt beurteilen ... den Fortschritt, den Sie darin gemacht haben, sich stärker so wahrzunehmen, wie Sie wirklich sind ... (9′) Werden Sie sich jetzt des *dritten*

Rahmens bewußt ... Und lassen Sie dort spontan eine Vorstellung erscheinen ... *wie Sie selbst sein möchten* ... Und wie Sie es zuvor mit den Nummern 1 und 2 gemacht haben ... erlauben Sie sich, die *Vorstellung* dessen, wie Sie sein wollen, genau zu studieren und einzuschätzen ... Dann vergleichen Sie und unterscheiden Sie die *Bilder 2 und 3* ... das Bild, wie Sie wirklich sind, mit dem Bild, wie Sie sein möchten ... Und werden Sie sich der Ähnlichkeiten und Unterschiede voll bewußt ... Wenn Sie in regelmäßigen Abständen diese Imaginationen von neuem beurteilen, werden Sie Veränderungen, die gemacht wurden, feststellen ... Sie werden *den Fortschritt schätzen können* ... Die Methode, diese Veränderungen einzuführen, geschieht durch die deutliche Identifizierung mit der dritten Imagination, mit der dritten Vorstellung ... *nicht nur durch bloßes Anschauen, sondern dadurch, daß man sie fühlt, mit ihr verschmilzt, indem Sie wirklich fühlen, wie Ihr Bewußtsein zu dieser Vorstellung wird* ... (10′) Denken Sie daran, *die Sprache des Gehirns* besteht *aus Bildern* ... Und indem Sie dieses bestimmte Bild benutzen ... das im dritten Rahmen, senden Sie *die Botschaft an Ihr Gehirn* ... was Sie wirklich wollen ... (11′) Das Gehirn *kontrolliert* alle Körperfunktionen und es hat die Fähigkeit, diese Wünsche in die Veränderungen der Gewohnheiten ... des Lebensstils ... der Aktivität ... und so weiter, zu übersetzen, die zum Erreichen Ihres Zieles führen werden.

D4: Weißes Licht

(*KO: Heilendes weißes Licht* erlaubt *als Imagination* dem Patienten, die Kräfte des Körpers, die zur Gesundheit und zur Heilung führen, bewußt zu *steuern* und zu *kanalisieren.* Indem sie Wünsche in Bilder übersetzen, können die Menschen anfangen, Kräfte des Zentralnervensystems, die normalerweise außerhalb ihrer bewußten Kontrolle liegen, zu steuern.)
(1′) *Konzentrieren* Sie sich jetzt *auf einen Bereich im mittleren Teil* Ihrer *Stirn*, so daß Sie vielleicht sogar ein *prickelndes Gefühl* dort verspüren ... Während Sie das tun, richten Sie Ihre ganze Aufmerksamkeit, Ihr ganzes Bewußtsein auf diesen Bereich ... (2′) Indem Sie Ihr *Bewußtsein zentrieren*, können Sie seine volle Kraft darauf richten, *ein Wohlbefinden auf der Körper-Geist-Achse zu schaffen.* Lassen Sie jetzt diesen Punkt der Aufmerksamkeit so *klein werden*, wie Sie können, *so daß nun Ihr ganzes Bewußtsein in einem sehr kleinen Bereich konzentriert ist* ... (3′) Jetzt verlagern Sie diesen Punkt ... in ein Gebiet, *etwa 30 cm über Ihrem Kopf* ... und lassen Sie es sich auf die Größe eines *Fußballs* ausdehnen ... (4′) Lassen Sie diese *Kugel* die Erscheinung *einer glühenden Kugel* ... *strahlenden, glühenden weißen Lichts* annehmen ... (5′) Nehmen Sie die *glühende* und *feurige* Natur wahr ... spüren Sie die Wärme ... und hören Sie vielleicht sogar die vibrierenden Eigenschaften dieses Objekts ... (6′) Und jetzt lassen Sie es sich langsam ausdehnen ... bis es die Größe einer *mittelgroßen Melone* erreicht, immer noch *strahlend* ... *feurig* ... *glühend* ... *weiß* ... Lassen Sie den unteren Teil sich öffnen ... als ob sich oben *ein Scharnier* befinden würde ... (7′) Und während dies geschieht ... sehen Sie, wie sich *ein Schauer* feuriger ... weißer ... strahlender ... *heller Energie* ... nach unten zu ergießen beginnt ... (8′) Fühlen und sehen Sie, wie die Energie durch den Kopf *in den Körper eindringt* ... und nach unten fließt ... *durch den ganzen Körper* ... vom Kopf ... in den Nacken ... die Arme hinunter zu den Händen ... die Arme wieder hinauf ... die Brust hinunter ... auf der Vorder- und Rückseite ... den Rest des Rumpfes ... auf der Vorder- und Rückseite ... in die Beine hinunter ... und in die Füße ... (9′) und aus den Füßen *heraus* ... *in den Boden* ... Lassen Sie sich nicht nur sehen, wie die Energie durch Ihren Körper fließt ... sondern fühlen Sie es ... und hören Sie es auch ... (10′) *Wirkliche Gesundheit und wirkliches Wohlbefinden* würden durch ein ... *freies Fließen* ... dieser feurigen ... strahlenden ... weißen ... hellen ... Energie durch den Körper veranschaulicht ... Wenn es im Körper Probleme gibt ... wie Krankheiten oder Unbehagen ... ob sie Ihnen bewußt sind oder nicht ... können sich diese durch eine Behinderung ... oder sogar durch eine völlige Blockierung ... des Flusses dieser feurigen ... strahlenden ... weißen ... hellen ... Energie ... durch dieses bestimmte Gebiet oder durch bestimmte Gebiete

des Körpers zeigen ... (11') Wenn diese Gebiete wahrgenommen werden ... können Sie vielleicht spüren und sehen, wie diese Gebiete ... von dieser feurigen ... strahlenden ... weißen ... hellen ... Energie ... *in Teile zerlegt* ... und vernichtet werden ... (12') Es ist so, als ob die *Trümmer* und der *Abfall des Körpers* ... verbrannt würden ... durch diese ... *heilende Kraft* ... (13') Wenn das Unbehagen ... die Beschwerden ... oder Krankheiten zertrümmert ... und beseitigt worden sind ... durch diese feurige ... strahlende ... weiße ... helle ... Energie ... wird das Ergebnis ... eine *freier Fluß* der Energie durch dieses Gebiet sein ... (14') Spüren ... und sehen Sie ... weiterhin ... diesen *Schauer* ... der aus dieser Kugel ... über dem Kopf kommt ... durch den ganzen Körper ... aus den Füßen heraus ... in den Boden ... bis ein freier Fluß ... dieser feurigen ... strahlenden ... weißen ... hellen ... Energie ... durch den Körper hergestellt worden ist ... (15') Wenn dieser freie Fluß *hergestellt* ist ... wird er die *Beseitigung aller Gifte* ... Abfälle ... und Überreste ... die die Aufrechterhaltung der Gesundheit stören ... anzeigen.

(16') Wenn dieser *freie Fluß* hergestellt worden ist ... lassen Sie *die Kugel sich schließen* ... und *den Schauer enden* ... (17') Dann lassen Sie die Kugel ... *größer werden* ... etwa 90 cm im Durchmesser ... und lassen Sie sie nach unten gehen ... sehr langsam ... so daß sie ... rund um Ihren ganzen Körper geht ... vom Kopf bis zu den Füßen ... Die Aufgabe der Kugel ist es jetzt ... *jegliche Überreste*, die sich angehäuft haben, aufzunehmen ... die von dem strahlenden ... hellen ... Schauer ... übrig gelassen wurden ... Wenn sie die Füße erreicht ... sollte der ganze Körper *gereinigt* sein von Überresten, die der Aufrechterhaltung physischen ... und emotionalen ... Wohlbefindens ... im Wege stehen ... (18') Nun lassen Sie die Kugel anfangen ... sich langsam ... in die *entgegengesetzte* Richtung ... *zu drehen* ... um die *vertikale Achse* herum ... und lassen Sie sie langsam ... den Körper hinaufsteigen ... (19') Die Aufgabe der Kugel ... ist es jetzt ... neue *vitalisierende Energie* dem Körper einzuflößen ... aber sie wird in einen Körper ... eingeflößt ... der völlig befreit wurde ... von allen Kräften ... die die völlige Aufnahme und Nutzbarmachung ... dieser Energie ... behindern würden ... (20') Wenn die Kugel *den Kopf erreicht* ... und dann über den Kopf ... hinaussteigt ... kann die ganze ... *Körper-Geist-Achse* ... *frei sein* ... *von allen Überresten* ... und gefüllt sein mit einer Vitalität ... und Energie ... die zuvor kaum, wenn überhaupt, erfahren wurde ... (21') Die Kugel kann jetzt *aufhören, sich zu drehen* ... und anzufangen ... in der Größe *zu schrumpfen* ... und schließlich ... als *Punkt* konzentrierten Bewußtseins ... im Stirnbereich ... zum Körper zurückkehren ... (22') Dann, mit *einigen tiefen Atemzügen* ... kann dieses Bewußtsein durch den Körper wandern ... und Sie können langsam ins Wachbewußtsein zurückkehren ... wie Sie es vielleicht bei den bisherigen Übungen getan haben.»

(*KO:* Nach dem bisherigen Muster weiter dehypnotisieren.)

5)

HP-037-C6-01234

Reelle Imaginationen/Imaginative Einbezogenheit

Prähypnose

DG: Schwere Klaustro-Agoraphobie/Alkoholismus/Medikamentenabusus/Adipositas/ Neurotische Fehlentwicklung und abnorme Erlebnisverarbeitung (Fall 14: KG-00286-HB-190354-220786, weiblich).

ME: In solch einem *schweren Fall* muß *zuerst die Entwöhnung vom Alkohol stationär erfolgen.* Diese wird mit *Neuroleptika* und *starken Tranquilizern* nach den standardisierten klinischen Methoden vorgenommen, wobei *Delirium tremens und Entzugsdelirium* in Kauf genommen werden müssen. *Erst wenn sich diese Zustände stabilisiert haben*, kann mit Hypnotherapie begonnen werden. Vor dem Entzug gelingt die Hypnose nicht, weil sich die

Patientin wegen der enormen Angst nicht lenken läßt. Der hypnotische Rapport bleibt aus (s. dazu Jovanović, 1989).
KO: Die jetzt vorzustellende 32 Jahre alte Patientin wurde vor der Hypnotherapie woanders mit Hilfe von *Verhaltenstherapie*, mit medikamentösen und anderen Therapieformen erfolglos behandelt. Die folgende Hypnotheapie ist an sich eine *Hypno-Verhaltens-Therapie*, da sie *das wache Verhalten durch die Hypnose korrigiert.* Die hypnotischen Suggestionen für das posthypnotische Verhalten werden im Stadium 4 der Hypnose (Somnabulismus) gegeben. Die übrigen Hypnosestadien (A bis C5) werden hier vorausgesetzt (Details s. Jovanović, 1989).

Hypnose

C6

SG: «(1′) Und jetzt werden Sie *fahren und fliegen* können, und zwar *zuerst in Gedanken*, in der Hypnose, und *später ungestört* auch im reellen Leben ... (2′) Sie gehen jetzt *aus der Klinik hinaus* ... hinausgehen ... Ja ... (3′) Da unten *vor der Klinik* steht Ihr *Auto* ... Ja ... Ihr eigenes Auto ... Sie sehen es, es steht ganz großartig *vor der Tür* ... da *vor meiner Garage* ... Dort haben Sie geparkt ... Ich habe es Ihnen erlaubt ... (4′) Suchen Sie jetzt Ihren *Schlüssel* in der Tasche ... Ja, ganz tief in der Tasche ... da ist er ... Ja, Gott sei Dank ... der Schlüssel ist da ... (5′) Und jetzt *nehmen Sie den Schlüssel* in *die rechte Hand* ... (6′) Jetzt *schließen* Sie das Auto ... *auf* ... (7′) Und jetzt *steigen Sie ein* ... (8′) *Während Sie einsteigen*, werden Sie ein ganz *anderes Gefühl* haben als bisher ... (9′) Sie werden plötzlich *eine Entspannung verspüren*, ... eine Entspannung, als ob etwas von Ihrem Herzen, eine Schwere oder so etwas, weggenommen worden wäre ... es ist etwas weggenommen worden, es kann nicht anders sein ... Sie spüren plötzlich eine *Leichtigkeit* ... (10′) Und das *Herz* schlägt ganz *ruhig* ... ganz *ruhig* und *regelmäßig* ... ruhig und gleichmäßig und *kräftig* ... Alles andere ist gleichgültig ... (11′) Und jetzt *starten* Sie ... Sie starten und spüren eine Leichtigkeit ... eine ganz schöne Leichtigkeit ... wie nie zuvor ... *als ob etwas weggenommen worden wäre* ... (12′) Ja, *es ist etwas weggenommen* worden ... Kümmern Sie sich nicht darum ... starten und wegfahren ... (13′) Beim *Wegfahren* spüren Sie wieder diese Leichtigkeit ... (14′) Sie *schalten* und fahren ... *Viele Autos sind auf der Straße* ... Sie fahren kreuz und quer ... es kümmert Sie gar nichts anderes als das Fahren ... (15′) Und nachdem Sie *nach Hause* gekommen sind ... sagen Sie Ihrer Mutter, daß Sie *gesund* sind ... (16′) *Sie wollen* jetzt den lang gebuchten *Urlaub* antreten ... Ja, den Urlaub ... am Meer ... wie Sie geplant haben ... (17′) Und jetzt packen ... Alles *Notwendige einpacken* ... ganz ruhig und gelassen ... Sie packen und bereiten sich vor ... Sie wollen in Urlaub fahren ... weit fahren und *fliegen* ... (18′) Ins *Ausland* ... ans *Meer* ... (19′) Und jetzt brauchen Sie Ihr Auto nicht mehr ... Sie fahren bis zum Flughafen *mit dem Bus* ... Ja, mit dem Bus ... *Und wenn Sie in den Bus einsteigen*, werden Sie *viele Menschen* finden ... Der Bus ist voll ... (20′) Viele Menschen fahren zum Flughafen ... viele *Kinder* sind dabei ... (21′) Ja, die Kinder ... kleine und größere Kinder ... Die Kinder ... *sie haben keine Angst* ... Sie werden fliegen ... fliegen ... und keine Angst haben ... weit mit Ihnen fliegen ... Die Kinder haben keine Angst ... Und Sie haben *auch keine Angst* ... Sie fühlen sich ganz gelöst ... gelöst und frei ... *Etwas ist weg* ... weggenommen worden, die Sorgen, die Angst, Sie sind frei ... (22′) Und jetzt sind Sie *am Flughafen* angekommen ... (23′) Und wenn Sie sich jetzt *umschauen* ... finden Sie *viele Menschen* dort ... viele wollen fliegen ... in den Urlaub gehen ... viele Menschen, *Frauen*, *Männer* und *Kinder* ... Und die Kinder ... die anderen Menschen haben *keine Angst* ... Alle sind froh und lustig, daß sie in Urlaub gehen können und dürfen ... (24′) Sie fühlen sich diesmal ganz wohl ... Je mehr Menschen Sie sehen, desto lockerer und wohler fühlen Sie sich ... Sie gehen langsam heran ... lassen sich *einchecken* ... und gehen durch die *Zollsperre* durch ... Ja, alle Passagiere gehen durch ... alle sind froh und lustig ... Sie auch ... Sie fühlen sich zum ersten Male *frei* ... *frei von Hemmungen und Ängsten* ... Alles andere ist gleichgültig ... die Hemmungen sind gleichgültig ... Sie gehen weiter ... (25') Ja, man muß hier *im Warteraum* etwas warten ... Abwarten bis zum Aufruf ... bis man die Erlaubnis erteilt, *an Bord zu gehen* ... Sie fühlen sich wohl ... Sie betrachten all diese Menschen und fühlen sich ganz wohl ... wohl und angenehm ... Alle Menschen, die Sie hier sehen, *wirken beruhigend* auf Sie ... Sie sind ganz ruhig und gelassen ... (26') Und jetzt ertönt der *Lautsprecher* ... der letzte Aufruf ... Passagiere nach ... bitte *an Bord gehen* ... etc ... (27') Sie fühlen sich ganz wohl ... und (28') gehen ganz gelassen *ins Flugzeug* ... Da treten Sie ein ... *lachende Stewardessen* erwarten und begrüßen Sie ... (29') Man *wartet* bis zur *Starterlaubnis* ... (30') Und jetzt starten ... *in die Luft* ganz leicht und frei ... ganz leicht und frei ... (*KO:* Auf diese Weise *den ganzen Urlaub*, *die Rückkehr* durchsuggerieren. Für das posthypnotische Verhalten Schritte D einfügen und auf eine ähnliche Art und Weise weiter suggerieren.)

Posthypnose

Die eben beschriebene Patientin konnte tatsächlich nach zehn Hypnosesitzungen in Urlaub (ins Ausland, ans Meer) fliegen. *Keine Beschwerden.* Zwecks Verfestigung des Erfolges wurde in immer größeren Abständen nachsuggeriert. *Alkoholismus* und *Medikamentenabusus* wurden aufgehoben. *Die Adipositas wurde belassen.* Die Patientin nahm sogar an Gewicht zu, weil sie jetzt – wie sie sagte – *keine Angst vor dem Dickwerden habe.* Das wäre die «Nebenwirkung» der Angstbeseitigung. *In einem weiteren Schritt kann auch diese Rest-Beschwerde angegangen werden.*

HP-038-01234-D12
Hypnotherapie bei Adipositas/Kombinationsmethoden

Prähypnose

DG: Als Beispiel wird die junge, *hübsch gewesene* Amerikanerin (Fall 15: KG-21185-ME-261053-240185) mit *Adipositas* (Körpergewicht: 92–100 kg, schwankend) genommen. Wie auch bei den anderen Beispielen handelt es sich hier nicht um den Fall selber, sondern *um die Demonstration* der Problematik der Hypnotherapie (s. auch Jovanović, 1989).
ME: Bei *adipösen Patienten* muß man – wie bei anderen *Suchterkrankungen* auch – *die Behandlung kombinieren.* An erster Stelle kommt die *Eruierung der Ursache*, die nach Möglichkeit beseitigt oder verarbeitet werden sollte. Daraufhin muß das *Verhalten des Patienten im Wachsein* durch *Persuasion* korrigiert werden. *Medikamentöse Therapie* hilft ebenfalls (Amphetamine), die man jedoch richtig dosieren muß und zeitlich nicht unbegrenzt geben darf. Die *Hypnotherapie* wird dann in Form von *Symptombeseitigung* und dann als *Hypnoanalyse* angewandt, die nachfolgend nicht im ganzen erläutert werden kann und bei einer späteren Gelegenheit behandelt werden muß (Jovanović, 1989).
KO: Vor dem Beginn der Hypnotherapie das angestrebte Körpergewicht festsetzen und dieses danach als Maß nehmen.

Hypnose

A bis C

(*KO:* Die Schritte *A* bis *C* können einer der vorausgegangenen Lektionen entnommen werden.)

D1

SG: «Nachdem wir uns *über die Behandlung* einig sind und Sie sich bereit erklärt haben, sich an die Anweisungen zu halten, um Ihr eigenes Gewicht zu korrigieren, können wir zur eigentlichen Behandlung übergehen.

D2

(1′) *Wenn Sie wirklich Ihr Gewicht korrigieren und Ihr Normal- oder sogar Idealgewicht erreichen wollen*, das wir beide bei ... kg festgesetzt haben, dann *nehmen* Sie einmal eine *Mahlzeit* zu sich, die Sie *als vorerst letzte ansehen wollen* ... (2′) Dann *rollen* Sie den Bissen von der Zungenspitze zur Zungenwurzel, dann von dort aus von einer *Mundseite zur anderen*, um diesen Bissen *zu genießen* ... (3′) An dieser Stelle sagen Sie sich selbst: ‹Dies wird vorläufig mein letzter freier Bissen sein, den ich nehme, bevor ich auf das normale oder ideale Gewicht von ... kg zurückkomme.› (*KO:* An dieser Stelle wird die Patientin suggestiv angewiesen, daran zu denken, *wie schön und hübsch sie aussah*, *als sie noch schlank war*, und wie häßlich sie jetzt aussieht. Diese Unterbrechung hier mit ähnlichen Suggestionen ausfüllen.)
... (29′) Und wenn Sie jetzt an das Essen denken, denken Sie daran, Sie haben ein *verdorbenes*, *stinkendes Ei*, das Sie essen müssen ... (30′) Und in der Zukunft, wenn Sie etwas essen wollen, was *nicht zu Ihrer Diät gehört*, werden Sie immer *an dieses verdorbene*, *stinkende Ei* denken und sofort erbrechen, wenn Sie doch über die Diät hinaus etwas mehr essen wollen (*KO:* Diese Aversionstherapie bis zum Erreichen des angestrebten Körpergewichtes fortsetzen und dann terminieren.)
... (41′) Und schließlich werden Sie das angestrebte Gewicht erreichen, wenn Sie nicht drängen, *nichts erzwingen wollen* ... (42′) Je mehr Sie versuchen, *zwangsweise* das Körpergewicht zu reduzieren, desto weniger werden Sie Erfolg haben ... (43′) Daher *ruhig*, *entspannt und gelassen* daran gehen ... (*KO:* Unterbrechung der Lektion.) (50′) Die *Kleider*, die Sie kaufen, müssen mindestens zwei bis drei Nummern kleiner sein als jene, die Sie jetzt tragen ... etc ... etc ...». (*KO:* Nach dem ersten Erfolg der Aversions-Hypnotherapie wird die Hypnoanalyse eingeleitet.)

HP-039-D12
Sexuelle Schwierigkeiten/Symbolische Hypnotherapie

Prähypnose

DG: Die 37 Jahre alte Patientin (Fall 16: AK-00387-TF-250449-220486) litt an einer *primären (psychogenen) Sterilität, Anorgasmie mit gelegentlichen depressiven Zügen, jedoch ohne eine ausgesprochene Depression.* Der Vater sei sehr *autoritär*, in der Familie herrschte eine strenge *religiöse* Erziehung. Eine Schwester verliebte sich in einen viel älteren Mann und ging – nachdem diese Liebe nicht realisiert werden konnte – ins Kloster. Ein Bruder sei *Pfarrer* geworden. Die Patientin selber sei *Religionslehrerin.* Versuche, die Kinder auf eine künstliche Weise (extrauterine Befruchtung) zu bekommen, schlugen fehl (zum Therapieerfolg s. Jovanović, 1989).

ME: Es wird eine *symbolische Hypnotherapie* nach Milton H. Erickson angewandt, die wir dem Beitrag von Mathias E. Stricharz (1984, Seite 138–141) entnommen, übersetzt und zu therapeutischen Zwecken an unsere Ausdrucksweise angepaßt haben (s. dazu Kapitel XII).
KO: In solchen Fällen behandelt man *beide Partner*. In unserem Falle sei der Ehemann oft beim Arzt gewesen; ab und zu wurde eine *Hypospermie* festgestellt.

Hypnose

(*KO:* A1 und C5 den vorausgehenden Lektionen entnehmen.)

D1

SG: «Bevor Sie tun können, was Sie tun müssen und weshalb Sie hergekommen sind, werden Sie sich mit *Ihrem Vater unterhalten* und eine eigenständige Person werden müssen ... (*KO:* Der Satz: ‹*Bevor Sie tun können, was Sie tun müssen und weshalb Sie hergekommen sind*› ist ein *versteckter Befehl* und baut die *Erwartung* auf, daß das Paar sein Ziel erreichen wird. Die Anweisung: ‹*Sie werden sich mit Ihrem Vater unterhalten und eine eigenständige Person werden müssen*›, bewirkt sowohl eine *Veränderung der Wahrnehmung*, kein kleines Mädchen mehr zu sein, als auch *einen Prozeß*, der eine ungeheure Anstrengung erfordert. Diese Anstrengung enthält eine *Katharsis* in der *Gestalt-Alter-Ego-Technik* und eine *Befreiung blockierter psychischer Energie*, die die Patientin in der Beziehung zu ihrem Vater hatte. Während des Alter-Ego-Prozesses wird sie für die nicht ausreichende *Symptombildung* getadelt. Die Wut steigert sich und die Patientin zeigt zum ersten Mal in ihrem Erwachsenenleben einen angemessenen und tiefen Zorn.) ... *Es ist an der Zeit*, daß Ihr Problem gelöst wird ... es ist offensichtlich an der Zeit ... daß es gelöst wird, sonst wären Sie nicht zum Therapeuten gekommen. Zu jemandem zu gehen, der Hypnose praktiziert, ist für Sie offensichtlich *die letzte Rettung* ... Sie haben fast jede Technik ausprobiert, die Ihnen bekannt war, und wenn Sie jetzt einwilligen, den Suggestionen und speziellen Empfehlungen, die Sie hier bekommen, genau und gewissenhaft zu folgen, wird Ihr Problem sehr rasch gelöst. (*KO:* In diesem Teil wurde die Erwartung der Patientin erhöht. Ihr wurde gesagt, *daß es an der Zeit sei, daß ihr Problem gelöst werde, sonst wäre sie nicht zum Hypnotherapeuten gekommen.* Diese Ausnutzung ihres Problems förderte die Erwartung, daß sie eine endgültige Entscheidung getroffen hatte. Darauf wird mit der *Benutzung* des Ausdrucks ‹die letzte Rettung› gebaut. Da die Symptombildung mit *religiösen Einflüssen* in Beziehung stand, bewegte sich der *linguistische Stil*, sowohl beim Wiederholen der Anweisungen als auch beim Befehl an die Patientin, den Suggestionen genau und gewissenhaft zu folgen, symbolisch auf den gleichen Pfaden wie die Symptombildung der Patientin.)

D2

(*KO:* Auf die Bezeichnung von Signalen mit Zahlen werden wir in dieser Lektion verzichten. Jetzt wendet sich der Hypnotherapeut *an beide Partner* und empfiehlt:)
Sie setzen sich *beide zuhause* auf das Bett ... Sie müssen beide *nackt* sein und *nur den Körper des anderen anschauen.* Berühren Sie sich nicht, küssen Sie sich nicht ... Schauen Sie einfach auf den Körper des anderen. Danach werden Sie sich *anziehen* und *in die Küche* oder das Wohnzimmer gehen, was Sie für richtig halten ... Dort werden Sie *zwei Zeichen schreiben* und *zwei harte Stühle mit geraden Rückenlehnen* holen. Auf einem der Zeichen, die Sie schreiben, soll in sehr großen Buchstaben ‹*Jesus*› stehen, auf dem anderen ‹*Mutti*› in sehr großen, *roten Buchstaben.* Sie müssen diese Zeichen und die Stühle nehmen, die Stühle *entlang Ihres Bettes aufstellen*, mit den Zeichen auf den Stuhlsitzen, und dann müssen Sie *in dieser ersten Nacht* versuchen, *Geschlechtsverkehr* zu haben, während ‹*Jesus*› und ‹*Mutti*›

Ihnen in Ihrem Schlafzimmer zusehen. *In der zweiten Nacht* müssen Sie die Stühle mit den Zeichen ‹*Jesus*› und ‹*Mutti*› im Schlafzimmer lassen. Sie müssen aber *eine brandneue Decke* kaufen, in irgendeiner Farbe, die Sie möchten, welche eben die richtige für Sie ist, und dann *müssen Sie die Stühle und die Zeichen zudecken und versuchen, auf Ihrem Bett miteinander zu schlafen.* Und *in der dritten Nacht* müssen Sie fünf bis zehn Minuten darauf verwenden, die Stühle und Zeichen aus Ihrem Schlafzimmer zu entfernen.»
(*KO:* Die Anweisung an die Patienten, *auf ihrem Bett zu sitzen und nur visuellen Kontakt zu haben, führt zu einer Hypnose.* In dieser Trance beginnt die Patientin die *symbolische Suche*, die es erlaubt, *Energie zu befreien*, die durch die frühen negativen Regeln gebunden war. Den Patienten wird gesagt, daß alles gut werden würde, wenn Sie genau das tun würden, was ihnen gesagt wird, eine *indirekte* Angabe von Zeit und Heilung. Der Vorgang, auf dem Bett zu sitzen und die Anweisungen für ihre Aktivitäten in den nächsten drei Nächten zu üben, ermöglicht eine in die Zukunft weisende Probe der *versteckten Anweisung* an die Patientin, *eine orgasmische Reaktion zu zeigen.* Die Anweisung, ‹*zwei harte Stühle mit geraden Rückenlehnen*› zu suchen und zwei Zeichen zu schreiben, benutzt die Symptomatologie auf *zwei Ebenen. Erstens*, es sind *zwei Menschen* am Zustandekommen der sexuellen Dysfunktion beteiligt; *zweitens*, eine *Zweideutigkeit* des Wortes *zwei* betont die Symptomintensität. Diese *Metakommunikation* war mit der Verhaltensanweisung verbunden, die Zeichen und *harten Stühle* zu entfernen. Dadurch bleibt eine angemessene Menge an Härte im Schlafzimmer zurück. Das Symptom der Patientin wird benutzt, indem man Jesus und Mutter in ihrem Schlafzimmer plaziert, d. h. sie sind in ihrer Vorstellung anwesend. Die Anweisung und der symbolische Gebrauch der ‹*brandneuen Decke*› schafft eine Erwartung von Veränderung, d.h. etwas *Brandneues* soll geschehen. Der Gebrauch des Wortes *Decke* ist mit einem *Symbol* für neue Gefühle verbunden, hier symbolisch für eine neue Decke, die innerhalb der orgasmischen Reaktion in der Patientin bestehen werden. Sowohl während der ersten als auch während der zweiten Nacht erhält das Paar einen versteckten Befehl, zu versagen: ‹*Versuchen sie, miteinander zu schlafen.*› Die Anweisung der zweiten Nacht, die Stühle stehen zu lassen und sowohl Zeichen als auch Stühle zuzudecken, *trennt* die Patientin symbolisch *von ihren frühen Regeln.* In der dritten Nacht enthält das rituelle Entfernen der Stühle und Zeichen aus dem Schlafzimmer, *während gleichzeitig die Decke nicht entfernt wird*, einen anderen Symbolismus, d.h. etwas ‹*Brandneues*› – der *Orgasmus* – bleibt. Die *Zweideutigkeit* des Wortes *Zeichen*, das beides beschreibt, das Objekt und die repräsentative Bedeutung des Symbols, verwurzelt die Erlaubnis, das ‹Zeichen› von Jesus und Mutti, d. h. die Anorgasmie, auszuschalten. Es wird keine direkte Erklärung, daß die Patientin Orgasmen bekommen würde, abgegeben. *Der sehr ausführliche und interpretierende Kommentar* von Milton H. Erickson – ähnlich wie in Kapitel XII – wurde hier wesentlich gekürzt.)

HP-040-D12
Erektionsschwierigkeiten/Konversation mit dem Unbewußten/ Hypnotische Therapieformeln

Prähypnose

DG: Erektionsschwierigkeiten.
ME: Aufträge für das posthypnotische Verhalten.
KO: Das Beispiel wurde einer zweiten hypnotherapeutischen Sitzung nach Daniel L. Araoz (1984, Seite 415–418) bei einem Patienten mit Erektionsschwierigkeiten entnommen, angepaßt und ganz leicht gekürzt. Das Buch von Araoz (1982) wird von Jovanović (1989) referiert.

Hypnose

D1

(*KO:* Bei D1 werden die Übergangsformeln verabfolgt und der Patient auf die Arbeit in Schritt D2 vorbereitet.)

D2

SG: «(1′) Jetzt, da Sie sich so *entspannt* fühlen ... so gut ... lassen Sie *den Teil* von Ihnen ... *der für Ihr Problem verantwortlich ist, durch Ihre Finger* zu uns sprechen, *ja? (KO:* Dieser Abschnitt beginnt – wie erwähnt – nach der Induktion und Vorbereitung. Die Induktion ist *naturalistisch;* der Patient wird gebeten, sich zu entspannen und wohl zu fühlen. ‹*Die Teile*› in ihm ist ein Konzept, das nebenbei eingeführt wird, als ihm gesagt wird, daß ‹*ein Teil*› von ihm *guten Sex* haben wolle, während ein ‹*anderer Teil*› ihn davon *abhalte.)* (*Patient:* ‹Ja ... gut.›) (2′) So, *entspannen Sie sich* ... sogar noch mehr, wenn Sie wollen ... Genießen Sie ... die Entspannung. Und wenn Sie ... viel entspannter ... geworden sind als ... Sie ... jetzt ... sind ... lassen Sie Ihren *Ja-Finger* sich bewegen. (*KO:* Dann wird eine weitere Vertiefung suggeriert, die die angenehmen Aspekte dieser Erfahrung betont.) (*Patient:* ‹Der *rechte Zeigefinger*, der *Ja-Finger* bewegt sich leicht.›) *(KO:* Dies kann jedoch fast nur *verbal vom Patienten* in Erfahrung gebracht werden. An dieser Stelle ist noch nicht klar, ob der Patient nicht versucht, dem Hypnotherapeuten eine Freude zu bereiten oder *ob sein Unbewußtes antwortet.)* (3′) Ich habe eine ganz *leichte Bewegung* bemerkt ... Lassen Sie Ihr *Inneres*, Ihr *Unbewußtes* den Finger nochmals bewegen, wenn die leichte Bewegung, die ich sah, bedeutet, daß Sie schon viel entspannter als vorher sind ... (*KO:* Die Fingerbewegung ist *deutlicher und länger*. Dies ist ein Manöver, um sicherzustellen, daß *tatsächlich ideomotorische Kommunikation* stattfindet.) (4′) *Danke* für Ihre Antwort. Herr NN, Sie wollen vielleicht Ihrem Inneren danken, weil es so gut mitarbeitet. Wenn Sie das wollen, kann sich Ihr Ja-Finger noch einmal bewegen. (*KO:* Dieser Dank erscheint vielleicht künstlich, aber es ist eine Möglichkeit, den Patienten an sein Inneres zu erinnern, mit dem wir an dieser Stelle kommunizieren möchten.) (*Patient:* ‹Ja-Finger bewegt sich.›) (5′) Ich sehe, daß wir *derselben Meinung* sind, und das freut mich ... Ist *Ihr* Inneres dazu bereit ... an Ihrem Problem ... zu arbeiten? (*Patient:* ‹Es geschieht nichts.›) *Ich wende mich an Ihr Inneres*, Herr NN ... Bist *Du* bereit ... am sexuellen Problem *des Herrn NN* ... zu arbeiten? (*Patient:* ‹Der Ja-Finger bewegt sich ganz leicht.›) *(KO:* Der sogenannte Ja-Finger drückt jede Art der Zustimmung aus. Deshalb wird er hier für diesen Zweck benutzt. Bevor man beginnt, an einem bestimmten Problem zu arbeiten, und um eben künftigen Widerstand zu vermeiden, ist es empfehlenswert, vom *Inneren* die ‹*Erlaubnis*› zu erhalten. Besonders bei sexuellen Problemen, da sie sehr persönlich sind, *vermittelt dieses Vorgehen einen Respekt, der die weitere Arbeit erleichtert.)* (6′) Ich möchte nochmals dieselbe Frage stellen ... einfach, damit wir eine deutlichere Antwort bekommen ... Bist Du einverstanden und bereit, jetzt am Problem des Herrn NN zu arbeiten? (*Patient:* ‹Der Ja-Finger bewegt sich entschieden.›) (7′) In Ordnung ... und nochmals vielen Dank ... Also, lassen Sie mich die erste Frage stellen: Glauben Sie den zwei Ärzten, die Ihnen sagten, Ihr Problem sei *nicht* physischer Art? (*KO:* Die vorbereitende Arbeit ist getan. Wir können jetzt mit der *Sex-Hypnotherapie* beginnen. Der Patient hatte wegen seines Erektionsproblems einen *Endokrinologen* und einen *Neurologen* konsultiert. Es war wichtig, herauszufinden, ob das Unbewußte ihren negativen Befunden glaubte.) (*Patient:* ‹Der Ja-Finger bewegt sich.›) (8′) Dann kommt Ihr Problem also *aus Ihrem Inneren, aus Ihrem eigenen Wesen*, aus dem *Unbewußten* heraus, nicht wahr? (*KO:* Das ist ein neuer Versuch, sich genau auf die Ursache seines Problems zu konzentrieren.) (*Patient:* ‹Der *linke Zeigefinger*, der *Nein-Finger*, bewegt sich schnell›.) (9′) Ihr Problem ist *nicht* physischer Art und auch *nicht in Ihrem Inneren* ... Ist es dann sowohl in ihrem Inneren als auch in ihrem Bewußtsein? (*Patient:* ‹Der Ja-Finger bewegt sich schnell.›) (10′) In Ordnung und nochmals vielen Dank . . . Einen Moment lang war ich etwas verwirrt . . . So, Herr NN, jetzt, da wir wissen, daß Ihr Problem sowohl in Ihrem *Inneren* als auch in Ihrem *Bewußtsein* liegt, darf ich mit dem Inneren beginnen? (*Patient* – sehr leise –: ‹Ja.›) (11′) Gut . . . Ist das auch die Antwort Ihres Inneren? (*KO:* Ein gutes Beispiel *für die Subtilität des Unbewußten in der Kommunikation mit dem Bewußtsein.* Zuvor hatte der Hypnotherapeut nach der *Ursache* des Problems gefragt. Jetzt bezieht er sich darauf, wo und wie sich das Problem manifestiert. Das Unbewußte ist nicht so nüchtern, wie man zu glauben scheint. Was ein Mensch über sein eigenes Ich weiß, ist seine Privatsache. Deshalb muß immer eine respektvolle und unaufdringliche Haltung von seiten des Hypnotherapeuten gegeben sein.) (*Patient:* ‹Ja . . . ja›, während sich der Ja-Finger auch bewegt.) (12′) Danke . . . Gibt es weit in Herrn NNs *Vergangenheit* einen Grund für sein gegenwärtiges Problem? (*Patient:* ‹Der Nein-Finger bewegt sich.›) (13′) Nochmals . . . danke. Gibt es irgendetwas aus der Zeit, *bevor er verheiratet war*, das sein gegenwärtiges Problem verursacht? (*Patient:* ‹Der Nein-Finger bewegt sich›, dann sagt er schwach: ‹Nein›.) (*KO:* Die Exploration beginnt mit möglichen Ereignissen in der Vergangenheit des Patienten. Falls ein innerer *Teil* der Persönlichkeit des Patienten eine andere Identität und Entfernung von seinem bewußten *Ich* geschaffen hat, wird diese distanzierte Sprache benutzt. Dieses Vorgehen hilft dem Patienten auch, nicht sein ganzes *Ich* mit dem Problem zu identifizieren.) (14′) Nochmals danke . . . In Ordnung . . . Ich möchte *Ihnen* eine andere Frage stellen . . . Es hat damit zu tun, ob Herr NN in der Lage sein wird, Sex voll zu genießen? (*Patient:* ‹Nichts geschieht.›) (15′) Lassen Sie es mich anders formulieren . . . Gibt es irgendetwas, was Herr NN tun muß, *bevor* er den Sex voll genießen kann? *(KO:* Der Hypnotherapeut wendet sich jetzt an das Unbewußte des Patienten mit *‹Sie›*, *‹Ihnen›.) (Patient:* ‹Der Ja-Finger bewegt sich.›) (16′) Hat das, was er tun muß, *mit seiner Frau* zu tun? (*Patient:* ‹Der Nein-Finger bewegt sich.›) (17′) Hat es mit Herrn NN selbst zu tun? (*Patient:* ‹Der Nein-Finger bewegt sich.›) (*KO:* Das Schweigen ist ein Hinweis, daß die vorausgegangene Frage ein Fehler war. Es wird dann eine neue Frage gestellt, wobei immer noch *nach der unbewußten Bereitschaft des Patienten zu einer Veränderung gesucht wird.* Eine weitere Möglichkeit der Exploration wird durch die Antwort des Patienten eröffnet.) (18′) Hat es mit Ihrer Arbeit zu tun? (*Patient:* ‹Der Ja-Finger bewegt sich.›) (*KO:* Der Hypnotherapeut wendet sich jetzt an den Patienten.) (19′) Danke, und . . . behalten Sie das bitte . . . und warten Sie einen Moment. Vielleicht möchte Ihr *Inneres* sehr deutlich wissen lassen, was Sie tun müssen, um Ihr sexuelles Problem zu lösen. (*KO:* Ein Bereich seines Lebens, der scheinbar nichts mit seinem sexuellen Problem zu tun hat, könnte damit verbunden sein. *Oft weiß das Unbewußte, welche Veränderungen in einem Lebensbereich vorgenommen werden müssen, um einen anderen Bereich zu ändern.* An dieser Stelle öffnet der Patient die Augen und erzählt dem Hypnotherapeuten, daß ihm eben klar geworden sei, daß er so lange unglücklich sein und sich impotent fühlen werde, *wie er weiter für seinen Vater* – einen sehr pingeligen und autoritären Menschen – arbeite. Er gibt auch an, es die ganze Zeit gewußt zu haben, aber irgendwie wisse er es jetzt genauer – eine Art von Erklärung, die unter diesen Umständen oft gemacht wird. Als die Möglichkeiten eines Arbeitsplatzwechsels diskutiert werden, sagt der Patient, daß es genügend Gelegenheiten gegeben habe, aber *er habe immer Angst davor gehabt, seinen Vater zu verlassen.* Jetzt wisse er, daß er es tun müsse.) (20′) Gehen Sie jetz *in die Hypnose* zurück und sagen Sie Ihrem *Inneren*, daß Sie Schritte unternehmen *werden*, um Ihren gegenwärtigen Arbeitsplatz bei Ihrem Vater aufzugeben. (*KO:* Die vorangegangene bewußte Diskussion wird nun *auf der Stufe des Unbewußten bestätigt.* Der Patient schließt die Augen und sieht sehr entspannt aus.) (21′) Wenn Sie bereit sind, lassen Sie Ihr Inneres den *Ja-Finger* bewegen, damit wir mit der Therapie weitermachen können. (*Patient:* ‹der Ja-Finger bewegt sich.›) (22′) So, Herr NN, sagen Sie jetzt Ihrem Inneren, was Sie mir eben sagten . . . daß Sie die Arbeit bei Ihrem Vater aufgeben werden. (*KO:* Der Patient lächelt, während *die raschen Augenbewegungen* merklich lebhafter werden. Er ist still.) (23′) *Bitten* Sie Ihr *Inneres*, daß es Ihnen erlaubt, Sex voll zu genießen, während Sie eine *neue Arbeitsstelle* suchen . . . lassen Sie es mich wissen, wenn Sie Ihr Inneres gebeten haben. (*Patient:* ‹Der Ja-Finger bewegt sich.›) (*KO:* Was immer auch für den einzelnen die Bedeutung von ‹*mit seinem Inneren reden*› sein mag, es enthält eine Art Verpflichtung dem *Ich* gegenüber. Das, was nach übereinstimmender Meinung geändert werden soll, wird jetzt auf einer anderen Wahrnehmungsstufe verarbeitet.) (24′) Es ist wie ein Handel . . . Sie tun das, von dem Sie wissen, daß Sie es tun müssen, um sich potent zu fühlen . . . wieder als Mann . . . und Ihr Inneres löst Ihr sexuelles Problem . . . Sie brauchen es nicht mehr . . . Meiner Ansicht nach hört sich das ganz gut an . . .». (*Patient:* ‹Der Ja-Finger bewegt sich.› Der Patient sagt dazu: ‹*Ja*›.) (*KO:* Geht man von der Annahme aus, *daß das sexuelle Symptom eine Botschaft des Unbewußten ist*, wird das Symptom nicht mehr nötig sein.) (*KO:* Rückführung!)

Posthypnose

Eine Woche später hatte es Herr NN immer noch nicht geschafft, mit seinem Vater über seine Entscheidung, die Arbeitsstelle zu wechseln, zu reden. Sein sexuelles Problem war immer noch so groß wie vorher. Er war jedoch optimistisch, weil er wußte, was er zu tun hatte. Es wurden mentale Übungen benutzt, um ihn auf die Konfrontation mit seinem Vater vorzubereiten. Er wurde gebeten, vier Tage bevor er mit seinem Vater sprach, für sich zu üben. Das Problem wurde am Ende entsprechend der Empfehlung des Hypnotherapeuten und des Unbewußten des Patienten gelöst.

HP-041-D12
Dermatologie/Warzenbehandlung

KO: J.H. Schultz (1959) bemerkt, daß auch die «*alten Weiber*» auf dem Lande *Warzen* «besprechen» können. Den Hypnotherapeuten habe man dies lange nicht geglaubt. Aber schon Jarisch habe 1908 seine Verwunderung darüber geäußert, daß ein ganzer Herd von *verrucae simplices juveniles* verschwinde, *wenn man eine einzelne Effloreszenz wegätze*, und habe diese Reaktion auf «*nervöse Einflüsse*» bezogen. Seitdem seien die alten Mitteilungen von Bonjour (1911) über *Warzenbeseitigung* durch Hypnose in sorgfältigen klinischen Studien aus der Königsberger (Scholtz) und Züricher (Block) Hautklinik voll bestätigt worden. Man suggeriere nach den Erfahrungen von J.H. Schultz zweckmäßig *in drei etwa acht Tage auseinanderliegenden Sitzungen*, eventuell *unter Berührung der Warze mit Glas- oder Holzwattestäbchen*, folgendes:

D1/D2

SG: «Die Haut um die Warze wird immer *kühler und blasser*, es strömt gar kein Blut mehr in die Warze, die Warze wird immer *kleiner*, *trockener*, *blasser* und *fällt* bald ganz *ab* . . . Ich streichle über die Warze, das Blut weicht, die Warze verdorrt und fällt ab . . .». (*KO:* Siehe weiter in HP-042.)

HP-042-A12-B12-C56
Hautprobleme/Warzen/Symptomsubstitution

Prähypnose

DG: Dermatologische Auswüchse und Effloreszenzen (Warzen).
ME: Bei dieser Behandlung von *Warzen* wird von Crasilneck und Hall (1985, Seite 374–375) eine etwas ausgedehntere Modifikation der Suggestionen für *Symptomsubstitution* ange-

wandt. Nachdem der Patient in Hypnose ist, *wird das Gebiet um die Warze herum leicht mit einem Bleistift berührt* und dem Patienten/der Patientin wird gesagt, daß er/sie in diesem Bereich *ein Gefühl der Kühle oder sogar Kälte verspüren werde.* Und dann wird suggeriert, daß diese Kälte *etwa einen Tag anhalten werde*, und daß, während sie vergehe, auch die Warze zu vergehen beginnen werde. Die Suggestion der Kälte wird bei jedem Besuch verstärkt.
KO: Bei Warzen und anderen Hautproblemen habe sich als erfrolgreichste Hypnosetechnik diejenige erwiesen, welche *kutane Halluzinationen* beinhalte. Nach der Herstellung eines Rapportes wird der Patient – wie sonst – gebeten, sich in der bequemsten Lage in den Sessel (Abb. 6) zu setzen. Ihm oder ihr wird dann suggeriert:

Hypnose

A1

SG: «Bitte legen Sie Ihre *rechte Hand* auf Ihr *rechtes Knie* ... So ist es gut ... Schauen Sie jetzt auf die Knöchel der Hand, und während Sie das tun, wird Ihr ganzer Körper beginnen, sich tief zu entspannen ... Achten Sie nicht auf andere Geräusche ... konzentrieren Sie sich nur auf *Ihre rechte Hand und auf meine Stimme*, denken Sie daran, daß nichts stärker ist als der Geist ... und der Körper.

A2

(1′) Während ich weiterhin zu Ihnen spreche und Sie noch auf Ihren *Handrücken starren*, werden Sie anfangen, Dinge zu bemerken, (2′) wie die *Wärme* Ihrer *Handfläche* ... und (3′) vielleicht *Bewegungen* in einem Finger ... (4′) Wenn dies geschieht, *nicken* Sie *leicht mit dem Kopf* ... Ja ... sehr gut ... (5′) Und jetzt werden Sie feststellen, daß Ihre Hand sehr, sehr *leicht* wird ... wie *eine Feder*, die sich zu Ihrer Stirn hin bewegt ... Gut ... Ihre Hand beginnt sich nach oben zu bewegen ... (6′) Und *während* Ihre Hand sich weiter hebt, *schauen* Sie *weiter* auf Ihren Handrücken ... Und beachten Sie, daß Ihre *Augenlider* sehr schwer werden, sehr schläfrig und entspannt ... Jetzt, wenn Ihre Hand Ihre *Stirn berührt* ... (7′) werden Ihre *Augen geschlossen sein* ... Sie werden äußerst entspannt und in der Lage sein, einen tiefen Entspannungszustand zu erreichen ... (8′) Ihre Hand und Ihr Arm *bewegen sich nach oben*, hinauf, hinauf zu Ihrer Stirn ... (9′) Jetzt *berührt* Ihre Hand die *Stirn* ... Die *Augen sind geschlossen* ... (*KO:* Alles hinreichend wiederholen).

B1

Sie können Ihre Hand bequem in den Schoß *fallen* und dann in dieser Lage *liegen lassen. Normale Gefühle* kehren in Ihren rechten Arm und Ihre rechte Hand zurück ... Beachten Sie, daß Ihre *Augenlider schwer sind* ... so schwer, daß Sie, obwohl Sie einen Moment versuchen, die Augen zu öffnen ... es nicht können ... Versuchen Sie es ... aber Sie können es nicht ... Versuchen Sie es noch einmal ... aber die Augenlider sind fest geschlossen ... Normale Empfindungen kehren in die Lider zurück ... Jetzt werden Sie in einen viel tieferen und entspannteren Zustand hineingehen ... (*KO:* Suggestionen hinreichend wiederholen).

B2

(1′) Jetzt möchte ich, daß Sie den *rechten* Arm wieder *heben* ... So ist es gut ... (2′) *Strecken* Sie ihn vor sich aus ... (3′) Und während ich bis *drei zähle*, wird Ihr Arm *starr* werden ... hart ... wie ein Brett, das *in Wasser* eingeweicht wurde ... wie *Stahl* ... so fest ... so starr ... diese Muskeln werden zu Stahl ... *Eins* ... fest ... *zwei* ... sehr starr, und *drei*, der ganze Arm, jeder Finger ... ja ... wird zu Stahl ... (4′) *Nichts kann* diesen Arm oder die Finger

biegen ... (5′) Dies zeigt Ihnen, wie groß *die Macht Ihres Geistes* und Ihres Körpers ist ... (6′) Entspannen Sie jetzt den *Arm und die Hand* ... (7′) Normale *Empfindungen kehren zurück* und ein noch tieferer und gesünderer Entspannungszustand dazu ... (*KO:* Suggestionen jeweils hinreichend wiederholen.
(*KO:* Bei Bedarf C1234 hier einfügen.)

C5

(1′) Ich gebe Ihnen jetzt die *hypnotische Suggestion*, daß *Ihre rechte Hand* das Gefühl entwickeln wird, daß sich ein schwerer, dicker *Handschuh* an ihr befindet ... (2′) Wenn Ihre rechte Hand dieses Gefühl entwickelt hat, *bewegen* Sie *den Zeigefinger* der rechten Hand ... (3′) Gut ... Sie werden jetzt einen *Druck* im *Zeigefinger* feststellen ... ein *dumpfes* Druckgefühl ... (*KO:* Und so weiter nachsuggerieren.) (4′) *Öffnen Sie die Augen* ...

C6

(1′) *Sie sehen jetzt*, daß in Wirklichkeit ich Ihren *Finger* fest mit meiner *Nagelfeile steche* ... (2′) aber Sie *spüren nichts* ... stimmt das? ... (3′) Schön ... Normale Empfindungen kehren in Ihre Hand zurück ... Ich werde jetzt *den Mittelfinger* reizen ... Wenn Sie das spüren, *nicken Sie mit dem Kopf*, Ja ... Sehen Sie, jetzt haben Sie Ihre Hand zurückgezogen, was eine sofortige und normale Reaktion ist. (4′) Sie sind sich jetzt der ungeheuren Kontrolle bewußt, die Ihr *Unbewußtes* über Ihren Körper hat ... (5′) *Schließen* Sie jetzt *wieder* die Augen ... (6′) Der angenehme *Geruch* vergeht, und ein noch entspannterer und tieferer Zustand der Entspannung kommt ... (7′) *Nichts ist stärker als die Macht des Unbewußten*, und (8′)) diese *Warzen* werden vollkommen *verschwinden*, und Ihre *Haut wird davon befreit sein* ... (9′) Der Bereich, den ich mit diesem *Bleistift* berühre ... dieser Bereich beginnt sich nun sehr *kühl* anzufühlen ... kühl ... leicht kalt ... (10′) Wenn Sie dies spüren, *nicken Sie mit dem Kopf* ... Gut ... (11′) *Während* ich *weiterrede*, denken Sie an den *Gedanken* ... Der Bereich ist *kühl* ... (12′) Die Warzen *werden weggehen* ... Die Haut ist kühl, und *die Warzen werden Ihren Körper verlassen*, aufgrund der Macht, die Ihr Unbewußtes über Ihren Körper *hat* ... (13′) Sie können auch selbst zu sich sagen: ‹*Die Haut ist kühl, die Warzen werden meinen Körper verlassen, weil mein Unbewußtes die Macht über meinen Körper hat* ...›. (14′) Entspannen Sie jetzt einfach Ihre Gedanken ... nur angenehme, entspannte, heitere Gedanken ... *Hören Sie mir zu* ... jedem Wort ... (15′) *Diese Warzen werden vergehen* ... *Wir haben die Macht Ihres Geistes über Ihren Körper bewiesen, und diese Warzen werden schon in kurzer Zeit verschwunden sein* ... (16′) Ihre Haut wird sich im Bereich der Warzen etwa *einen Tag etwas kühl anfühlen*, und so, wie die Kühle vergeht, werden auch die Warzen zu vergehen beginnen. (17′) Und während ich langsam von *zehn bis eins zähle*, werden Sie ganz *wach sein* ... *frei* von Spannung, Beklemmung, Streß und Anstrengung. Diese Warzen werden vergehen ...» (*KO:* Hinreichend nachsuggerieren).
(*KO:* Hier Schritte E einfügen.)

Posthypnose

Wenn es angebracht ist, wird der Patient/die Patientin *in die Selbsthypnose eingeleitet, die täglich praktiziert werden sollte*. Dadurch wird der Effekt verstärkt, so daß die Warzen oder andere dermatologische Effloreszenzen zurückgehen und völlig abklingen werden. Später nachkontrollieren, nachsuggerieren.

HP-043-A12-B12-C6-01234-D12-E12

Dolorogie/Schmerzbekämpfung/Kopfschmerzen/Willkürliche Armlevitation/Zähltechnik/Imaginationen/Ansätze zur Altersregression

Prähypnose

DG: Patienten mit Schmerzen, insbesondere diffusen Kopfschmerzen.
ME: Die Methode von Stuart W. Bassman und William C. Wester II (1984, Seite 243–254) wurde übersetzt, angepaßt und deshalb wesentlich gekürzt. *Behutsam und langsam vorgehen!*
KO: Bei einem vorbereitenden Gespräch hilft der Hypnotherapeut dem Patienten, sich wohl zu fühlen. Der Patient wird dabei ermutigt, *über Bereiche seines Lebens zu sprechen, die er am liebsten mitteilen möchte.* Anschließend steuert der Hypnotherapeut allmählich auf die Krankheit des Patienten zu. Er erkundigt sich auch, wie der Patient damit umgegangen ist. Es ist von grundlegender Bedeutung, daß der Hypnotherapeut gegenüber der Reaktion des Patienten auf seine Schmerzen *emphatisch* ist. Dies ist besonders bei Patienten mit *Kopfschmerzen* hervorzuheben, da diese Kranken äußerst empfindlich gegenüber den Reaktionen anderer auf ihre Beschwerden sind. Der Patient *mit chronischen Kopfschmerzen* muß seine Schmerzen anderen gegenüber häufig verteidigen, da diese nicht selten mit Ungläubigkeit oder Irritation auf die Krankheit reagieren. Der Hypnotherapeut wird daher dazu aufgerufen, in bezug auf diesen Punkt mit äußerster Sensibilität vorzugehen. Denn neben den Schmerzen ist für ein Individuum auch die Frage von Bedeutung, *wie es zu der Angelegenheit steht* (siehe Kapitel XXVII). Der Patient hat Schmerzen oft erst dann, wenn er glaubt, diese zu haben. *Der Hypnotherapeut erkennt zunächst die Schmerzen des Patienten an*, um die Möglichkeit zu schaffen, die Schmerzempfindungen zum Positiven zu ändern. Das Übrige verläuft nach den in Kapitel XI dargestellten Prinzipien.

Hypnose

A1

SG: «So ist es recht, machen Sie es sich in dem Sessel (Abb. 6) so bequem wie Sie wollen. Während Sie das tun, werde ich Ihnen zeigen, wie Sie in eine sehr angenehme Hypnose gehen werden . . . Ja. Ich möchte, daß Sie es genießen, sich wohl zu fühlen. Lassen Sie mich die ganze Arbeit übernehmen, während Sie sich einfach tief und ruhig entspannen. (*KO:* Der Hypnotherapeut betont die Kontrolle durch den Patienten und die entspannende, nicht bedrohliche Atmosphäre der Hypnosesitzung. Das Verhalten und die Stimmung des Hypnotherapeuten sollten ein Gefühl des Vertrauens und der Überzeugung vermitteln, daß der Patient sehr gut und positiv reagieren wird.) *Jetzt schauen Sie einfach ruhig und gelassen zu mir her* . . . Etwas später, wenn Sie soweit sind, in Ihrer eigenen Geschwindigkeit und auf Ihre eigene Art zu beginnen, heben Sie einfach *einen Ihrer Arme hoch*. Egal, welchen Sie lieber benutzen würden, *Sie sind derjenige, der das Sagen hat*, und deshalb ist die Auswahl der Arme Ihre Sache. *Jetzt hebe ich selbst meinen rechten Arm gerade über Augenhöhe. Dann balle ich meine Hand zur Faust und, wie Sie sehen, starre ich auf meine Faust.* Das gleiche werden nachher auch Sie tun . . . (*KO:* Der Hypnotherapeut demonstriert dies und beschreibt das Verhalten eines guten Hypnotisanden und bereitet den Patienten auf das zu Erwartende vor . . . Einfach die Tatsache, daß er weiß, was er tun darf und wie einfach es sein wird, verringert seine Angst und sein Mißtrauen.) Jetzt möchte ich Ihnen die *Gedankengänge* und die *Bedeutung* dessen, was wir tun werden, erklären. Es gibt *vier Gründe*, die mit diesem Phänomen in Verbindung gebracht werden. *Erstens*, besitzen Sie die Fähigkeit, Ihre *Energie und Spannung auf einen zentralen Punkt, Ihre Hand, zu konzentrieren. Zweitens*, wenn Sie Ihre *Energie* auf einen bestimmten Teil Ihres Körpers richten, ist die natürliche Konsequenz die, daß dieser Teil sich *verkrampfen, überanstrengen, unangenehm* und *schmerzhaft* anfühlen wird. Das ist eine ganz offensichtliche Tatsache. (*KO:* Dann wird ein Gedankengang dargelegt, der dies als gemeinsamen Ansatz definiert.) Was jedoch auch sehr offenkundig ist, und was wir häufig übersehen, ist *unsere natürliche Fähigkeit, ein unangenehmes Gefühl zu korrigieren* ... indem wir es uns *erlauben*, mit den Augen zu *blinzeln* und sie dann zu schließen, wenn sie vom Anstarren unserer Faust ermüden. Und entsprechend fängt dann auch unsere fest zusammengepreßte Faust an, sich ohne Anstrengung zu lockern, und die konzentrierte Spannung wird langsam geringer, während unsere Hand langsam in unseren Schoß zurückfällt. Das ist selbstverständlich ein natürliches und allgemein anerkanntes Phänomen. (*KO:* Der Hypnotherapeut prüft nach, ob der Patient blinzelt. Im positiven Falle wäre dies eine Indikation, daß er für diese Art der Erfahrung offen ist.) *Der dritte Grund*, warum wir dies tun, ist, daß Sie auch *lernen werden*, diese sehr natürlichen Vorkommnisse mit dem *Hineingehen* in einen sehr tiefen und angenehmen Hypnosezustand zu verbinden. Für Sie wird Ihre Hand wie ein Hebel sein, den Sie benutzen können, um die Tiefe einer sehr angenehmen Hypnose zu empfinden. Wenn Ihre Hand oder der Hebel nach unten geht, werden also Ihre Augen blinzeln, dann sich schließen und dann werden Sie Ihr Hinuntergehen in einen sehr entspannenden und angenehmen Hypnosezustand kontrollieren. (*KO:* Die Hand des Hypnotherapeuten geht langsam nach unten ... *leisere Stimme.*) Alles was ich tun werde, ist *reden*, und alles was Sie tun dürfen, ist, sich *sehr gut entspannen* ... sehr, sehr tief ... das hört sich doch gut an ... Ja. Der *vierte Grund* für dieses Vorgehen ist, *daß Sie lernen, einen zentralen Punkt der Spannung oder Energie zu kontrollieren und ihn in Entspannung ... oder vielleicht in eine tröstende, sanfte Erfahrung umzuwandeln.* (*KO:* Der Hypnotherapeut erläutert weiter den Vorgang, wie man sehr entspannt sein und sich wohl fühlen kann.) Ich weiß nicht, wo die Grenzen sind, was Sie daraus machen können ... hm ... hm ... es hängt alles von Ihnen ab ... Es wird mehr oder weniger wie eine *Selbsthypnose* aussehen. (*KO:* Der Hypnotherapeut blickt bedeutungsvoll. Auf diese Weise ermutigt er die Imagination und betont die Souveränität des Patienten über sich selbst.) *Sie werden also das Sagen haben* ... Und durch die Selbsthypnose werden Sie in der Lage sein, einen Teil Ihrer Person oder Ihre ganze Person zu kontrollieren, wenn es darauf ankommt ... Haben Sie noch irgendwelche Fragen, bevor Sie in die Hypnose gehen? (*KO:* Der Hypnotherapeut vermittelt *ein Gefühl der Sicherheit, wenn der Patient Fragen hat.* Man benutzt immer eine Reihe *positiver Antworten*, wenn man auf die Fragen eingeht. Zum Beispiel: ‹Es ist gut, daß Sie so skeptisch sind was die Hypnose betrifft. Zweifeln ist ein Zeichen von Intelligenz, und das wird Sie zu einem besseren Hypnotisanden machen.› Oder: ‹Indem Sie bestätigen, daß Sie bereit sind, zu beginnen und keine Fragen mehr haben, deuten Sie an, daß Sie hoch motiviert sind und wirklich von der Hypnose und der Selbsthypnose profitieren werden. Sie werden ein ausgezeichneter Teilnehmer sein – gut!› Es kann den Patienten beruhigen, *wenn man so ruhig ist und sich Zeit nimmt.* Deutet der Patient an, daß er bereit ist zu beginnen, und der Hypnotherapeut fährt immer noch eifrig damit fort, ihn vorzubereiten, kann dadurch der Wille des Patienten, einen Hypnosezustand zu erreichen, gefestigt werden.) Wenn jetzt jemand an die Tür kommt oder wenn das Telefon klingelt, überlassen Sie es einfach mir. Ich weiß, daß Sie alle Geräusche *hören können*, die Sie hören wollen. (*KO:* Der Hypnotherapeut erwähnt langsam und vorsichtig unmittelbare Geräusche in der Umgebung.) ... Aber das einzig wirklich Wichtige im Moment ist für Sie der *Klang meiner Stimme* und *die Bedeutung dessen, was ich Ihnen zu sagen habe* ... Deshalb brauchen Sie auch nichts anderes zu beachten, es sei denn, Sie hätten besonderes Interesse daran ... So, wenn immer Sie auch dazu bereit sind, in einen angenehmen Hypnosezustand hineinzugehen, *heben Sie den Arm und ballen Sie fest Ihre Faust, mobilisieren Sie die Spannung durch Ihren ganzen Körper direkt in Ihre Hand.* (*KO:* Der Hypnotherapeut wartet, bis der Patient beginnt seine Hand zu bewegen, und fährt fort:) So ist es gut ... Und jetzt spüren Sie, wie die Spannung von Ihrem *Kopf* oben, von Ihren *Zehen* unten, sich bewegt, diese ganze Spannung... Energie... die in Ihre Schulter... Ihren Arm... Ihre Hand *kommt.* (*KO:* Der Hypnotherapeut induziert jetzt *eine Armkatalepsie, noch bevor die Hypnose begonnen hat.* Er bringt die Faust des Patienten vorsichtig etwa in Augenhöhe. Der Hypnotherapeut achtet die ganze Zeit darauf, daß sie starr und hart wird. Während er dies tut, suggeriert er weiter:)

A2

(1′) *Schauen Sie*, Ihre Schulter, Ihr Arm, Ihre Hand sind sehr *hart* geworden, als ob eine *Stahlstange* oder ein *Eisenträger* durch sie hindurch gehen würden, so hart... Gut... Nehmen Sie Verbindung mit dieser Unbeweglichkeit auf... mit diesem Stahl... So ist es gut... Beginnen Sie es *anzustarren*, so daß Sie beobachten können, was geschieht, während Sie spüren, wie Sie in einen *tiefen hypnotischen Zustand* hineingehen... (2′) Denn Ihre Hand *wird müde werden* von dem Kampf und den *Halt verlieren*... Sie werden spüren, wie sich diese *Müdigkeit* bei Ihnen überall ausbreitet. (3′) Was vorher *Spannung war*, unangenehme Belastung – wird jetzt *angenehm*... schön... (4′) Und Sie werden spüren, wie Sie *in den Sessel hineinschmelzen;* vielleicht wie *Butter* in den Sessel hineinschmelzen. Ich weiß natürlich nicht, wieviel Spannung in Ihrem Körper ist oder wie lange es dauern wird, bis sie sich in Ihrer Hand angesammelt hat, aber wir haben *genügend Zeit*, genügend Zeit... wie Butter, in den Sessel hineinschmelzen, sanft, in Ihrer eigenen *Geschwindigkeit* und auf *Ihre Art*... schließlich *haben Sie das Sagen*... genügend Zeit, genügend Zeit... (*KO:* Die Glaubwürdigkeit des Hypnotherapeuten wird erhöht, wenn er voraussagt, was geschehen wird... Pause.) (5′) Während Sie in diesem Sessel sitzen und es wahrscheinlich noch nicht bemerkt haben, hat sich schon der Rhythmus Ihrer *Atmung* verändert. Er ist langsamer... angenehmer... und es ist ein *feiner Rhythmus*... Alle Vorgänge in Ihrem Körper verändern sich, um sich Ihrem neuen Bequemlichkeitsniveau anzupassen. (6′) Ihr *Blutdruck* sinkt, (7′) Ihr *Herz schlägt* in einer *angenehmen Geschwindigkeit.* Ich möchte, daß Sie es genießen, sich so wohl zu fühlen, immer wenn Sie *dazu bereit* sind... immer wenn Sie dazu bereit sind... (*KO:* Der Hypnotherapeut gibt plausible Erklärungen zur Kontrolle des Patienten über sein eigenes vegetatives Nervensystem. Der Hypnotherapeut sollte sich an dieser Stelle nicht zu sehr mit dem Fortschritt des Patienten beschäftigen. Schließlich wurde die Situation so gestaltet, daß der Patient, wenn er seine Hand in eine Ruheposition bringt, in einem hypnotischen Zustand sein wird. Dies ist einer der Gründe, warum es für den Hypnotherapeuten wichtig ist, sicherzustellen, daß eine Armkatalepsie besteht, damit der Patient über kurz oder lang den Arm wird senken müssen. Es kann auf den Patienten bestätigend wirken, daß der Hypnotherapeut wirklich sein Wort hält und dem Patienten die Kontrolle über sich selbst erlaubt. Der Hypnotherapeut verstärkt durch dieses Verhalten den Glauben des Patienten an die Souveränität der Person über sich selbst. Es ist interessant zu bemerken, daß ein Patient vielleicht wegen der Frage der Verantwortung und Kontrolle über sich selbst besorgt ist. Vielleicht möchten manche Patienten glauben, daß, wenn die Schmerzen außerhalb Ihrer Kontrolle liegen, sie deshalb nicht für die Schmerzen und deren Auswirkungen auf ihr Leben verantwortlich sind. Eines der wichtigsten Elemente dieser Behandlung ist jedoch, daß der Patient die Verantwortung für sich selbst *wieder übernimmt* und so die Gelegenheit hat, seine Wahrnehmung der Schmerzen zu regulieren. Statt über die Echtheit der Schmerzen zu debattieren, bestätigen wir eher die Wahrnehmung der Schmerzen, aber betonen auch, daß es die Wahrnehmung des Patienten ist, die durch Hypnose und Selbsthypnose verändert werden kann.)

(8′) Auf eine Art entspricht das, was wir hier tun, dem, was geschieht, wenn Sie *zum Arzt gehen* und er die Geräusche Ihres *Herzschlages* abhört. Der Arzt entdeckt Ihren Herzschlag nicht, aber dadurch, daß er ein Stethoskop benutzt, ist er in der Lage, ihn festzustellen... (*KO:* Führen Sie dem Patienten bekannte Beispiele auf, damit er sich wohl fühlt.) Das werden wir auch mit der Hypnose tun, das riesige Potential von *etwas ganz Natürlichem* feststellen, das immer in Ihnen abläuft. (9′) Sie werden etwas tun können, dessen Sie sich nur vage bewußt sind ... Jetzt werden Sie in der Lage sein, die positiven Auswirkungen der Entspannung und der zutiefst angenehmen Gefühle, die tief ... tief ... in Ihnen sind, *zu erfahren und auszunutzen* ... Diese Gefühle laufen bei Ihnen ständig ... Es ist nur so, daß wir manchmal das Offensichtliche ignorieren. (*KO:* Der Hypnotherapeut bezieht sich an dieser Stelle auf die Aktivität, die der Patient gerade zeigt, und fügt dann hinzu, wie dies deutlich mache, daß er in einen tiefen Hypnosezustand gehe, z. B.:) ... Gut, Sie *schlucken, starren, lächeln* usw ... Das weist darauf hin, daß Sie sich immer *tiefer und tiefer*, tiefer ... entspannen ... entspannt haben ... (10′) Während Sie immer entspannter und entspannter werden ... während Sie *meiner Stimme zuhören* ... werden Sie fühlen, wie Sie immer entspannter und entspannter werden ... *Es ist schön zu lächeln* (*KO:* Oder ein anderes Verhalten). *Lächeln* ist eine Art der *Entspannung*, und das ist eine angenehme Erfahrung ... Ja ... Schließlich *sind Sie derjenige, der das Sagen hat.* Wir haben genügend Zeit, genügend Zeit ... Sie sprechen sehr gut an, sehr gut ... (*KO:* Es ist auch sehr hilfreich, die hypnotisierenden Worte mit der *Ausatmung des Patienten* zu synchronisieren. Man beachte die Schultern des Patienten, die sich senken, wenn er ausatmet ... Man folge dem Rhythmus des Patienten. Wenn er ausatmet, werden Worte wie ‹*entspannen, tief, tiefer, ruhig, angenehm, friedlich*› dargereicht.) (11′) Es ist interessant, aber wenn ich Ihre Hand oben sehe (*KO:* Oder ‹sah›, wenn die Hand schon wieder unten ist), muß ich an meine *Schulzeit* als *Kind* denken. Ich erinnere mich daran, daß mein Lehrer unserer Klasse erklärte, daß man, um zur Kenntnis genommen und berücksichtigt zu werden, den Arm heben und warten müsse, bis der Lehrer den Namen aufrufe. Na ja, ich war etwas verwirrt über dieses Vorgehen, aber es schien das zu sein, was man tun mußte. Schließlich war ich da um zu lernen, und dies war *meine erste Lektion* ... So ist es gut ... (*KO:* Name des Patienten), entspannen Sie sich sehr ... sehr tief. (12′) Nun, der Lehrer sagte meinen Namen und ich *senkte meine Hand* ... etwas albern, aber es funktionierte ... (*KO:* Name des Patienten). Gut, lassen Sie es einfach weiterhin zu, daß Sie in den Sessel *hineinschmelzen*, lassen Sie einfach zu, daß Sie sich sehr gemütlich und friedlich fühlen ... Sie können *die Augen jetzt schließen*, wenn Sie wollen ... So ist es gut ... (*KO:* Notfalls nachsuggerieren!).

B1

Ich werde einfach weiterreden, und Sie können sich so tief entspannen ... so ruhig ... so angenehm ... Sie brauchen jetzt nicht zu sprechen ... genießen Sie einfach die wirklich tröstenden Gefühle, die Sie jetzt empfinden. Nur um Ihnen zu helfen, noch tiefer zu gehen, werde ich *in einigen Augenblicken von zehn bis eins rückwärts zählen.* Wenn Sie *die nach unten gehenden Zahlen hören*, fühlen Sie, wie Sie selbst tiefer und tiefer nach unten gehen. Ich weiß, daß manche Menschen sich vorstellen, in einem *Aufzug* nach unten zu fahren oder auf einer *Rolltreppe* oder auf einer *Treppe.* Ich weiß nicht, was Sie sich vorstellen, während ich von zehn bis eins rückwärts zähle, aber Sie werden spüren, wie Sie sich immer friedlicher, ruhiger und angenehmer fühlen ... Beinahe so, als ob Sie fühlten, wie Ihre Entspannung zunimmt, während die Zahlen kleiner werden ... (*KO:* Man beachte weiterhin den Atemrhythmus des Patienten *an den sich hebenden und senkenden Schultern* beim Ein- und Ausatmen. Dann spreche man jede Zahl während des Ausatmens aus, mit einer hauchenden Stimme.)

B2

(1′) *Zehn* ... *neun*, tiefer und tiefer, auf Ihre eigene Art und mit Ihrer eigenen Geschwindigkeit ... *Acht*, beruhigend, souverän ... *Sieben*, tiefer und tiefer entspannt ... *Sechs*, ruhig, auf jede Art eine vollständige Person ... *Fünf*, Halbzeit, Sie sprechen sehr gut an, gut ... *Vier* (*KO:* Leise Stimme) ... *Drei*, sanft, friedlich, angenehm ... *Zweeei*, tiefer und tiefer, und *eeeeins*, gut! ... Jetzt, da Sie in einem entspannten Zustand dasitzen und sich sehr wohl fühlen und im Einklang mit sich selbst, möchte ich, daß Sie es genießen, sich so angenehm zu fühlen. Wenn

Sie zum Beispiel irgendwann das Gefühl haben, Ihre Stellung verändern zu wollen, um sich tiefer entspannt und wohler zu fühlen, bitte tun Sie es; Sie haben hier schließlich das Sagen... Vielleicht können Sie sich sogar selbst erlauben, sich bewußt zu werden, wie entspannt Sie sind und wie angenehm Sie sich fühlen... (*KO:* Der Hypnotherapeut kann vielleicht ab hier dem Patienten zu einer tieferen Stufe der Entspannung verhelfen, indem er einfach die Laute am Ende mancher Wörter schleift, wie bereits demonstriert: *Jaaaa.*) (2') Natürlich können Sie Ihrem *Bewußtsein* erlauben, sich zu entspannen... und gemütlich und angenehm an einen sehr ruhigen und friedlichen Ort zu denken, Ihren friedlichen *Lieblingsort* – es hängt vollkommen von Ihnen ab. Auf Ihre eigene Art und mit Ihrer eigenen Geschwindigkeit... gut... Und Sie können das so sehr genießen, daß Sie Ihrem Unbewußten erlauben können, mir zuzuhören, während Ihr Bewußtsein sich weiterhin tief, tief entspannt... Ihr Bewußtsein wird sich schließlich daran erinnern, was für Sie wichtig ist. So ist es gut, *Sie sprechen sehr gut an, jaaa*... (*KO:* Bei Bedarf weiter vertiefen.) Nun, viele der Dinge, die zu erreichen ich Ihnen helfen möchte, werden *vom Unbewußten gesteuert*, und jetzt machen Sie so weiter, ganz bequem, komfortabel, sehr ruhig entspannen... Und zur richtigen Zeit wird Ihnen klar werden, wie Sie mit Ihren Angelegenheiten umgehen müssen, mit all denen, um die Sie sich hier kümmern müssen.
(*KO:* Hier die Schritte C12345 einfügen.)

C6

Ich werde jetzt über Ihr Problem reden, und ich glaube, Sie werden die Art und Weise mögen, in der ich es Ihnen darstelle... Ich werde es *allgemein umreißen*, und ich möchte, daß Sie wissen, daß ich von Ihnen nur Dinge verlangen werde, die Sie tun können... Es gibt viele Dinge, die wir tun können, deren wir uns nicht bewußt sind... Wie ich Ihnen sagte, werde ich von Ihnen nur solche Dinge verlangen, die Sie tun können... *Die Frage ist, inwieweit können Sie Ihren Körper wirklich kontrollieren?*
Wenn ich Sie jetzt fragen würde, wie jedes Ihrer inneren Organe funktioniert, wie z. B. Ihre Atmung oder vielleicht auch Ihr Herz, hätten Sie vielleicht Schwierigkeiten, es zu erklären. Aber gerade jetzt, *während ich mit Ihnen spreche*, funktionieren alle Teile Ihres Körpers ganz gut, ohne daß Sie verstehen, wie sie arbeiten. Es ist also wirklich nicht notwendig, daß Sie wissen, wie Ihr Körper arbeitet... In Ihrer lebenslangen Erfahrung haben Sie manche Dinge erfühlt und manche Dinge nicht, weil Sie es nicht wollten. Sie haben viel Erfahrung darin, Dinge zu vergessen, die man allgemein für unvergeßlich halten würde.
(1') *Ich erinnere mich* an manche (*KO:* Vielleicht das gegenwärtige Wetter beschreiben) Tage... Ich hing oft *Tagträumen* nach, wenn ich genug vom Unterricht des Lehrers hatte. Ich saß gern *am Fenster*, so daß ich immer *nach draußen schauen* und mich fragen konnte... hm... hm... Es gab immer irgend *etwas Angenehmes*, wovon man träumen konnte, egal, was im Raum gerade vorging... Vielleicht sich auf eine *Geburtstagsfeier* freuen oder irgendwohin fahren... Großmutter besuchen... oder zur Schule gehen...
(*KO:* Die *Altersregression* hat schon begonnen. Man benutze immer *sich selbst* als Modell, um die Altersregression zu beschleunigen.)
(2') Ich weiß nicht, *was Sie denken*, aber ich erinnere mich... im *Hof*... im Schulhof gespielt... mich auf die Ferienzeit gefreut und wirklich Spaß gehabt zu haben... (3') Ich erinnere mich, daß uns mein Lehrer immer *Geschichten* erzählte; mir gefiel das. (4') Einmal gab es einen Streit zwischen dem *Nordwind* und der *Sonne*. Der Nordwind prahlte, daß er *mächtiger sei*, und die Sonne *lächelte einfach*. Da kam gerade ein Reisender in Sicht, und Sie vereinbarten, die Sache zu testen, indem sie versuchten, wer den Reisenden dazu veranlassen könnte, *seinen Mantel auszuziehen*. Der eingebildete Nordwind war der erste, der es versuchte, während die Sonne hinter einer grauen Wolke zusah. Der Nordwind stieß einen wilden Windstoß aus und riß beinahe den Mantel am Verschluß auseinander... Verzweifelt

hielt jedoch der Reisende seinen Mantel nur noch fester. Der Nordwind war von diesem Widerstand überrascht, und seine fürchterlichen Stürme waren bald verpufft. Erschrocken von der Widerstandsfähigkeit des Reisenden zog sich der Nordwind verzweifelt zurück. ‹Ich glaube, Du kannst es auch nicht, mächtige Sonne.› (5′) Dann kam die liebe Sonne in all ihrer Pracht heraus, vertrieb die Wolken, die sich angesammelt hatten, und sandte *wärmste* und *erfrischende Strahlen* hinunter auf den *Kopf* des Reisenden... auf seinen *Nacken*... seine *Schultern*... seine *Brust*... seinen *Magen*... seine *Beine*... seine *Füße*. Der Reisende lächelte, weil er so einen wunderbaren Frühlingstag erlebte, und dachte, dies sei genau der richtige Tag, um den Mantel auszuziehen und den Frühling zu begrüßen... So ist es gut, entspannen Sie sich tief... (*KO:* Langsam jeden Körperteil artikulieren.)
(6′) Sie haben jetzt die wundervolle Möglichkeit, die *Entspannung Ihres Körpers und Ihres Gesichtes* mit einer sehr angenehmen Haltung zu verbinden. Denn die *Struktur* Ihrer *Kopfschmerzen* ändert sich schon. Ich bin mir nicht sicher, ob die Veränderung allmählich vor sich gehen oder ob sie ziemlich schnell ablaufen wird. Denn wir übersehen häufig allmähliche Veränderungen und sind uns der ziemlich raschen und schnellen Veränderungen nur zu bewußt. (*KO:* Entwicklung einer neuen Assoziation, einer der Ruhe, Entspannung.) (7′) Nichtsdestoweniger passiert es sogar jetzt, während Sie bequem im Sessel sitzen... Das ist ja schließlich der Grund, warum Sie hier sind... damit *Ihre Kopfschmerzen weniger schlimm werden*, weniger häufig und, natürlich, nicht so lange dauern werden... *bis sie weg sind*, und sie werden gehen, wenn Sie beschließen, daß sie es tun werden... (*KO:* Die Verantwortung des Patienten *betonen*.) (8′) So ist es recht, *sehr tief entspannen*... Gut... Sie machen das sehr gut. (9′) Nun, ich weiß nicht, welche Veränderungen sie zuerst bemerken werden, vielleicht die Verminderung der *Stärke der Schmerzen*, vielleicht die Verkürzung der *Dauer*, ich weiß es nicht, vielleicht die Änderung der *Häufigkeit*. Vielleicht sind Sie sich der Veränderungen gar nicht bewußt, während sie geschehen. Manchmal übersehen wird die winzigen Veränderungen, bis jemand uns auf sie aufmerksam macht... (10′) Denn Sie sind schließlich viel mehr als nur Kopfschmerzen, viel mehr... sehr tief entspannen, und es gibt so viel, auf das Sie aufmerksam werden können... (11′) Ich möchte, daß Sie es *genießen*, es so bequem zu haben. *Von jetzt an* haben Sie die wunderbare Gelegenheit, die *Entspannung Ihres Körpers mit einer sehr angenehmen Haltung zu verbinden*... (*KO:* In diesem Sinne weitersuggerieren.) In einigen Augenblicken werde ich von eins bis zehn zählen... (*KO:* Die Zahl 10 deutlich artikulieren.)

D1

Wenn ich die *Zahl zehn* ausspreche, wird sich Ihre *Hand zu heben* beginnen. Dieselbe Hand, die Sie als *Hebel* benutzten, um sich selbst in Hypnose zu versetzen. Diesmal wird sich Ihre Hand jedoch heben, in Ihrer eigenen Geschwindigkeit und auf Ihre eigene Art und Weise, und wenn sie dieselbe Höhe erreicht, von der aus Sie begannen, als Sie die Hand zuerst hoben, werden Sie *die Augen öffnen* und *aus der Hypnose* herauskommen... sich hellwach... erfrischt und auch sehr entspannt fühlen, als ob Sie gerade ein sehr friedliches und angenehmes Nickerchen hinter sich hätten... Aber ich werde noch nicht mit Zählen anfangen...

D2

(1′) Und heute abend, wenn Sie zu *Bett gehen*, werden Sie wirklich in der Lage sein, *die Bequemlichkeit Ihres Bettes* zu genießen, und Sie werden sehr tief und friedlich schlafen, so wie vor langer... langer... Zeit. (2′) Und *am Morgen* werden Sie aufwachen und sich ruhig und sicher, ausgeruht, angenehm und zuversichtlich fühlen. Ja, zuversichtlich in bezug auf Ihre Fähigkeit, leicht in die Hypnose und wieder heraus zu gelangen, und diese Behandlung ohne Schwierigkeiten auszuführen. Gut, leichter und leichter...

E1

(*KO:* Langsam und leise zu zählen beginnen. Bei ‹fünf› werden Lautstärke und Tempo gesteigert.)

E2

Jetzt, *eins* ... *zwei* ... *drei* ... *vier* ... *fünf* ... *sechs*, *sieben*, *acht*, *neun* und *zehn*. Jetzt hängt es von Ihnen ab, in Ihrer eigenen Geschwindigkeit und auf Ihre eigene Art und Weise aufzuwachen. Sehr gut ...» (*KO:* Ermunternde Worte nachreichen).

Posthypnose

Bei der zweiten, wie auch bei den folgenden Sitzungen, sollte der Patient über künftige Änderungen im Vorgehen informiert werden. Der Patient ist auch jetzt ein aktiver Partner. Schließlich werden *die Auswirkungen der Behandlung* auch noch anhalten müssen, *nachdem die eigentliche Behandlungszeit vorbei ist*, was durch andauernde Aktivität des Patienten und Suggestionen des Hypnotherapeuten erreicht wird.
Der Hypnotherapeut sollte den Patienten eindringlich und eindeutig darüber informieren, daß die Besserung der Beschwerden mit der Zeit zunimmt und daß die Hypnose eine Verzögerung (Latenz, «Inkubationszeit») aufweisen kann.

HP-044-0123-D2
Schlafperiodik/Hypnotherapie bei Somnambulen

KO: Zur Behandlung von somnambulen Zuständen (bei uns Fall 17: PR-XXXIV-1-KP-280146-121172, männlich), die *spontan* aus dem Schlaf heraus auftreten und als Störung angesehen werden, wird zunächst eine neutrale Hypnose (HP-001) induziert. In einer der nächsten Sitzungen suggeriert man die *normale Schlafperiodik* (HP-017) durch, wobei dann in Anlehnung an Abb. 16 und 17 (Schlafstadien, aus denen der Somnambulismus hervorgeht und Zeiten, wann er auftritt, sind dort signalisiert) *das Aufstehen aus dem Schlaf heraus und Wandeln desuggeriert wird*, und zwar so:

D2

SG: (1′) «... während der ganzen Nacht werden Sie vielleicht öfters in *einen flacheren Schlaf* gelangen ... (2′) Oder es kommen Träume vor ... wunderbare Träume, die wie in einem Film vorbeigehen ... Sie kommen und gehen ... (3′) Sie selber machen sich gar nichts daraus ... (4′) Alles regelt sich von selbst ... (5′) *Aufstehen ganz gleichgültig* ... der Schlaf *verflacht* sich von selbst ... (6′) Er kann sich auch *vertiefen* ... oder aber den Träumen den Platz überlassen ... Aufstehen gleichgültig ... (7′) Sie werden nicht aufstehen ... (8′) Sie *drehen* sich vielleicht *um*, um *besser* schlafen zu können ... aber Aufstehen ist für Sie unwichtig ... Sie stehen nicht auf ... Alles regelt sich von selbst ... (9′) Sie *brauchen nicht aufzustehen* und stehen nicht auf ... (10′) Und wenn die Träume kommen, genießen Sie die Traumbilder ... wunderbare Traumbilder ... etc.» (*KO:* Auf diese Weise jede Gefahrenstelle der Abb. 16 überwinden. Wenn man anamnestisch erfährt, daß der Patient gegen Morgen aufsteht, was seltener ist, dann diese Stelle desuggerieren. ‹*Aufstehen und Wandeln*› ist immer gleichgültig und unwichtig. Am Ende auch einen direkten Befehl geben: ‹*Sie stehen nicht auf* ... Alles regelt sich von selbst.› Wir haben unseren Fall 17 nur beiläufig hier erwähnt, der bereits nach der ersten Behandlung nicht mehr schlafwandelte. Daraufhin wurden noch 10 Sitzungen auf die gleiche Weise als Festigung des Erfolges abgehalten.)

4. Konfusionsmethoden der Hypnose-Induktion

Die Technik dieser Hypnose-Induktion geht aus der Benennung hervor. *Der Hypnotisand soll verwirrt, in einen konfusen Zustand gebracht werden*, damit er den Suggestionen nicht ausweichen kann. Wenn man ihm *kontradikte Suggestionen* verabreicht, dann hat man nach Milton H. Erickson (s. Kapitel XII) «alle Möglichkeiten abgedeckt». Der Hypnotisand weiß dann nicht, welche Suggestion er «verwerfen» soll und welche zu «akzeptieren» sind. Die Abwehr sei dann «überlistet».

C]
HP-045
Examens-Hypnose/Hypnotiseur setzt eine Hypnose-Induktion zusammen

KO: Der angehende Hypnotiseur möge jetzt Kapitel XII, XIII und XIV neu studieren und mit Hilfe der bisherigen Erfahrungen eine *Konfusionsmethode zu Hypnose-Induktion* zusammensetzen. Wie bei einem Fremdsprachenstudium wird auch hier von Zeit zu Zeit eine Prüfung angebracht sein. An dieser Stelle wäre *die erste Prüfung*, ein Examen, das es dem Hypnotiseur allmählich ermöglicht, *sich von den geschriebenen und starren Übungs-Lektionen zu lösen* und «ohne Kompositions-Vorlagen» Hypnotisierungen vorzunehmen.

/C]
HP-046-A2-D12
Konfusionsmethode/Augenfixierung/Finger-Anstarren/ Depersonalisation

KO: Diese Methode könnte auch als «Schreckhypnose» nach Abbé Faria (1755–1819) und Auguste A. Liébeault (1823–1904) (siehe Kapitel VIII) angesehen werden, weil die Hypnotisanden *mehr erschreckt als verwirrt werden*. Der Hypnotiseur greift einen Probanden aus dem Publikum im Vorlesungssaal heraus, und zwar so rasch wie möglich, bringt ihn selber auf das Podium, setzt ihn ebenfalls zügig auf den nächststehenden Stuhl und beginnt forcierend zu suggerieren:

A2

SG: (1′) «... Schauen Sie mich an ... schauen Sie mich an ... fest meine Augen anstarren ... Immer fester und fester ... (*KO:* Der Hypnotiseur steht in einigem Abstand vor dem Hypnotisanden, richtet seinen linken Arm auf die Augen des Hypnotisanden, streckt den Zeigefinger aus, geht langsam vorwärts in Richtung des Hypnotisanden und steuert mit dem Zeigefinger auf die Nasenwurzel zu. Er kommt immer näher zum Hypnotisanden, fixiert ihn selber zwischen den Augen oder ein Auge, zwinkert nicht, mit ständigen aufdringlichen Suggestionen.) ... (2′) Schauen Sie weiter in meine Augen, fest hineinschauen, *alles andere ist gleichgültig*, fest in mein linkes Auge hineinschauen ... (3′) Ihre Augen blinzeln schon, Ihre Augen sind müde, die Augenlider schwer ... (4′) Die Atmung beginnt jetzt tief und ruhig zu werden ... (5′) Sie schlafen ... schlafen ... schlafen ... (*KO:* Inzwischen ist der Hypnotiseur mit seinem Finger ganz nah an die Nasenwurzel des Hypnotisanden gekommen und richtet sich nach der Reaktion des Hypnotisanden. Nachdem die Augen geschlossen sind und die Hypnose induziert ist, werden posthypnotische Aufträge erteilt. In diesem Falle demonstrieren wir beispielsweise die Methode der Depersonalisierung/Depersonalisation am Fall 18: Angela M., Medizinstudentin, 20 Jahre alt.).

D1

(*KO:* Nachdem vor dem Hypnosebeginn oder im somnambulen Zustand in Erfahrung gebracht wurde, welche weibliche Person von Angela als Vorbild betrachtet wird, wird die Depersonalisation per Suggestionen begonnen. Die bisher in dieser Lektion begonnene Hypnose-Induktion hat die Schritte A1 und A2 hinter sich gebracht. B1 bis B2 sowie C1 bis C7 können einer der vorangehenden Lektionen entnommen werden. Danach oder bereits in C5 beginnt man mit D1 und dann D2).
Und jetzt werde ich Ihnen zeigen, wie Sie zum ersten Male in Ihrem Leben das Idol, das Sie geliebt haben, erreichen werden. Jeder Mensch kann sich soweit versetzen, daß er in den Körper einer anderen, geliebten Person hineinschlüpfen kann (*KO:* Auf diese Weise können die Suggestionen wiederholt und ergänzt werden, bis man dann auf D2 übergehen darf.).

D2

(1′) ... Und jetzt sehen Sie das *Idol*, den Menschen, den Sie lieben und der Sie werden wollen ... Die Mutter ... die eigene Mutter ... (2′) Sie gehen *langsam aus dem eigenen Körper heraus* ... langsam aus dem eigenen Körper heraus ... (3′) Und jetzt haben Sie das Gefühl, Sie würden *neben Ihrem Körper* stehen ... Ja, Sie stehen jetzt neben Ihrem Körper ... (4′) Das Gefühl der *Leichtigkeit* des Körpers ... (5′) Der Körper ist *leicht* wie eine Feder ... er ist sehr leicht ... Sie stehen neben Ihrem Körper ... Sie empfinden dies deutlich ... (6′) Und jetzt *kommt Ihre Mutter* ... da von *oben durch die Tür* ... Sie kommt wie durch einen Nebel ... schwebend ... Sie nähert sich immer mehr ... (7′) Sie geht auf Sie zu ... Sie geht auf Sie zu ... Und Sie stehen neben Ihrem Körper ... (8′) Sie vereinigen sich jetzt mit Ihrer Mutter ... Ja ... Sie vereinigen sich jetzt mit dem Körper Ihrer Mutter ... (9′) Sie sind *jetzt im Körper* Ihrer Mutter ... (10′) Sie sind jetzt Ihre Mutter geworden ... Ihr eigener Körper ist nicht mehr da ... Alles ist anders geworden ... (*KO:* Auf diese Weise weiter suggerieren mit ergänzenden und spezifischen Suggestionen. Zu erwähnen ist, *daß dies sehr selten gelingt*, und zwar nur bei veranlagten Personen. Dort wo eine Störung zu beseitigen ist, kann die Depersonalisation gut helfen, *da sie aus dem Körper der erkrankten Person in den Körper eines gesunden hinüberführen kann.* Nach dem gelungenen Experiment kann desuggeriert werden. Bei bestimmten Patienten kann diese Suggestion *erst nach einer gewissen Zeit* vorgenommen werden, wenn der Patient überzeugt ist, daß er gesund geworden ist. Alles in allem erfordert dieses Verfahren *eine gewisse Routine in der Hypnose-Induktion.*).»

HP-047-A2-D12
Konfusionsmethode/Augenfixierung/Anstarren/Dissoziation

KO: Auch diese Methode arbeitet mit *Überraschung und Konfusion*, und zwar noch effektiver als bei HP-046. Im Vorlesungssaal haben wir in der Regel einen Studenten/eine Studentin plötzlich – noch so lange die Vp in der Bank sitzt – angestarrt, die Hand in Richtung ihrer Augen ausgestreckt, über den eigenen Arm mit den Augen die Vp fixiert und ohne zu zwinkern mit den Suggestionen begonnen.

A2

SG: «Sie sind jetzt plötzlich *ganz müde* und wie gelähmt ... (2′) Die *Beine sind jedoch noch kräftig und stark* ... (3′) Sie können jetzt aufstehen ... Ja, Sie können es ... (4′) Schauen Sie mich an ... schauen Sie mich an ... fest anschauen ... fest meine Augen fixieren ... (5′) Jetzt ganz langsam aufstehen ... Aufstehen und immer fest in meine Augen schauen ... Schauen Sie fest in meine Augen ... Langsam aufstehen ... So, ganz langsam ... (6′) Und jetzt sind Sie aufgestanden ... (*KO:* Inzwischen hat man den anderen Studenten ein Zeichen gegeben, der Vp so Platz zu machen, daß sie nach links aus der Bank gehen und nach unten, zum Podium/

Hypnotiseur kommen kann.) ... (7′) Und jetzt ganz langsam *nach links kommen* ... nach links gehen ... fest in meine Augen schauen ... Langsam ... ganz langsam nach links gehen ... In meine Augen schauen ... Weiter langsam nach links gehen ... (8′) Sie fühlen sich ganz wohl, ganz wohl und angenehm ... (9′) Die Atmung ist tief und ruhig ... Sie fühlen sich ganz wohl und angenehm ... (*KO:* Der Hypnotiseur starrt ununterbrochen die Vp an, führt sie durch Zeichen mit der linken Hand langsam zu sich auf das Podium. Dort hilft er ihr beim Hinsetzen, sich bequem machen, suggeriert das Augenschließen etc. .. Und dann geht es weiter mit der Vertiefung der Hypnose nach einer der vorangegangenen Lektionen, meist nach HP-001. Nachdem man bis zu C7 gekommen ist, kann ein Experiment durchgeführt werden, z. B. die *Dissoziation*).

D1

(*KO:* Bei *einer totalen Dissoziation* kann die Vp sich selber ganz woanders erleben, z. B. nicht da, wo sie sich tatsächlich befindet, sondern in einer anderen Ecke des Raumes. *Partielle Dissoziationen* ermöglichen es dem Hypnotiseur, einen Körperteil vom übrigen Körper zu «trennen», so daß die Vp diesen Körperteil nicht mehr wahrnimmt. Bei einer Dissoziation eines Armes wird wie folgt vorgegangen:)
... Und jetzt wollen wir weitergehen, etwas Neues und Wunderbares erleben, etwas, was Sie vielleicht bisher nicht erlebt haben ...

D2

(1′) ... Und wenn Sie aus der Hypnose herauskommen, wobei ich Ihnen helfen werde, werden Sie plötzlich erfahren, daß Sie Ihren rechten Arm für eine Weile ... vielleicht für 10 Minuten oder länger, *nicht mehr spüren werden* ... Sie werden ihn nicht mehr wahrnehmen, als ob er nicht mehr da wäre ... (2′) Er wird ganz schlapp nach unten hängen, und Sie werden ihn nicht mehr spüren ... etc.» (*KO:* Dieses Verfahren ist zufällig dem beim ‹automatischen Schreiben› ähnlich, das wir oben bereits erläutert haben. Nach der Rückführung aus der Hypnose wird dieser Auftrag ausgeführt, wenn die Hypnose tief/fest genug gewesen ist. Falls die Vp die Aufgabe nicht erfüllt, wird sie bagatellisiert.).

HP-048-A2-D12
Konfusionsmethode/Schulbanktechnik/Positive akustische Halluzinationen

KO: Bei dieser Methode, die wir im Vorlesungssaal praktizieren, geht der Hypnotiseur unter die Studenten zwischen die Bänke hinein und kündigt zwischendurch an, daß jene Person, die er berühren werde, gleich in die Hypnose verfallen werde. Er wendet sich von hinten an einige Studenten, die er jedoch nicht berührt. Plötzlich legt er seine Hand etwas kräftiger auf die Schulter eines Studenten und beginnt mit den Suggestionen:

A2

SG: (1′) «Nachdem ich Sie *berührt habe*, merken Sie, wie Sie plötzlich *müde* geworden sind, ganz müde und schläfrig. Sie sind ganz müde und schläfrig ... müde und schläfrig, müde und schläfrig, so müde, daß Sie jetzt gar keine Bewegung ausführen können ... (2′) Und jetzt spüren Sie, wie die *Augenlider* ganz müde und schwer geworden sind, sie schließen sich ... die Augen schließen sich von selbst ... Die Augen schließen sich ... sie schließen sich ... So ist es gut, und jetzt schlafen Sie etwas, so lange ich Ihre Schulter massiere ... (*KO:* Nach ein paar Minuten wird dann der Gang zum Podium suggeriert. Dort werden weitere Aufträge erteilt. In diesem Falle gehen wir auf die Suggestion der *positiven akustischen Halluzinationen* über, indem wir uns erkundigen, welche Sängerin von der Vp geliebt wird.).

D1

Und jetzt werden Sie etwas Neues aus der Musik erleben ... Sie haben ein Musik-Idol ... und die Musik wird jetzt erklingen ...

D2

(1') ... Und jetzt hören Sie die Tina T. singen ... Sie hören sie in Ihrem *linken Ohr* singen ... Jetzt erklingt ihre Stimme ... Jetzt noch stärker ... im linken Ohr ... (2') Und jetzt auch *im rechten Ohr* ... Die Musik wird immer stärker ... immer intensiver ... Sie hören es ...» (*KO:* Im weiteren Verlauf die Musik spezifizieren, den Titel des Liedes angeben, die Band etc. .. Die Vp wird dazu noch gefragt, ob sie die Musik höre. Wenn *ja*, intensivieren; wenn *nein*, noch intensiver suggerieren. Vor der Rückführung desuggerieren.).

5. Instrumentelle Methoden der Hypnose-Induktion

Die instrumentellen Techniken beziehen sich auf die Anwendung eines technischen Gerätes, wie dies in Kapitel XIV.3.5 am Beispiel der Applikation eines Blutdruckapparates gezeigt wird. Zur Übung könnte in HP-049 die *Verdoppelung einer Person*, die vor den Probanden gesetzt wird, in HP-050 die *Wegsuggestion der Anwesenden* und in HP-051 eine andere *Desorientierung* (Überführung der Vp in einen anderen Raum und dann dehypnotisieren) herbeisuggeriert werden. Zu diesen Übungs-Lektionen werden von Jovanović (1989) konkrete Beispiele noch gegeben werden, weshalb hier auf eine ausführliche Darstellung verzichtet werden konnte.

6. Technik der Narkohypnose (Medikamentöse Methoden)

Abgesehen von den medikamentösen *Vorbehandlungen* (medikamentöse Vorbereitung), über die wir oben bereits gesprochen haben (insbesondere bei psychotischen und alkoholischen Patienten), kann eine Hypnose *mit Hilfe von intravenöser Verabreichung von hypnotisch wirksamen chemisch-pharmakologischen Substanzen* beschleunigt werden. In HP-052 haben wir bei Patienten während einer langsamen intravenösen Injektion eines *Kurznarkotikums* (aus pharmakologisch-technischen Gründen können hier keine Namen von Medikamenten angegeben werden) in mehrmaligen Wiederholungen eine gute Hypnose (Narkohypnose) einleiten können. Später konnte bei den sonst sehr ängstlichen Patienten auf die Injektion verzichtet werden. Seit neuestem werden *moderne Tranquilizer* i. v. appliziert. Nach einer mehrmaligen Wiederholung (wie bei uns während der HP-053) kann auf den Tranquilizer verzichtet werden. Insgesamt genommen sollte man die *simultane* zusätzliche Medikation nach Möglichkeit vermeiden. Es sei denn, es handelt sich um Notfälle (s. Kapitel XVII).

7. Kombinierte Hypnosetechniken

Wir sprechen hier von *kombinierten Hypnosetechniken*, weil sie bereits *auf den ersten Blick als solche zu erkennen sind.* Bei näherem Betrachten sind jedoch *alle Hypnosetechniken kombiniert*. Sie beginnen mit einem *ersten beruhigenden Gespräch*, setzen sich sodann in *einer weiteren Beruhigung* während der Einnahme der Sitz- oder Liegeposition sowie während der Suggestionen zur Augenschließung und Entspannung fort, um sich schließlich in eine *absolute generelle Relaxation* aller Körperteile und Organe umzuwandeln. Bei den eigentlichen Kombinationsmethoden – wie sie unten dargestellt werden – haben wir *bereits bei der Konzeption die Kombination ins Auge gefaßt* und versuchen, durch Ergänzungen (komplementäre Suggestionen) den Effekt der Hypnotherapie zu verstärken oder den Erfolg eines Hypnose-Experiments zu sichern.

7.1 Kombination von direkten und indirekten Techniken

HP-054-A12-B12-C123-01234-D123-E12
Progressive Relaxation/Kombinierte Zähl- und Motivationstechnik/ Selbstsuggestion

Prähypnose

DG: Tinnitus (Ohrenklingen, Ohrengeräusche) links (Fall 19: AK-2962-HO-230755-101182). Ein 27 Jahre alter Staatsbeamter klagte über diese Beschwerden in den letzten zwei Jahren.
ME: Es wird eine Modifikation von Kroger (1977, Seite 65–68) genommen, die vom Referenten aus dem Englischen übersetzt, weiter modifiziert und an die Ausdrucksweise der deutschen Leser angepaßt wurde. *Inzwischen ist auch eine Generalisierung vorgenommen worden, so daß man sie bei vielen verschiedenen Erkrankungen und bei gesunden Menschen anwenden kann.*
KO: Tinnitus ist objektiv gesehen keine schwere Erkrankung. Er kann aber dem Patienten gewaltige Schwierigkeiten bereiten, weil er sehr lästig und schwer zu bekämpfen ist. Die Patienten konsultieren Ärzte verschiedener Fachrichtungen, bis sie am Ende manchmal zu verzweifeln beginnen. Organisch ist dabei kaum etwas zu finden. Wir werden deshalb versuchen, die Übungs-Lektion dazu nahezu vollständig wiederzugeben.

Hypnose

A1

SG: «Nachdem wir uns über *Ihre Beschwerden* unterrichtet haben, würden Sie bitte in diesem Sessel hier Platz nehmen. Machen Sie es sich im Sessel jetzt so *bequem* wie möglich. *Lehnen* sie den Kopf an die Rückenlehne des Sessels und entspannen Sie sich.

A2

(1′) *Fixieren Sie Ihre Augen* direkt oberhalb Ihrer *Stirn* ... (2′) Schauen Sie fortwährend auf einen Punkt an der *Decke*, direkt über Ihrer *Haarlinie*. (3′) Beachten Sie jetzt, wie Ihre Augen sehr, sehr *müde* werden ... Ihre *Augenlider* werden sehr ... sehr ... sehr *schwer*. Ihre Augenlider sind *schwerer* und *schwerer* ... (4′) Und *je schwerer* Ihre Lider jetzt werden, *desto besser* werden Sie sie entspannen ... (5′) *Je besser* Sie die Augenlider entspannen, *desto besser* werden Sie allen weiteren Suggestionen folgen ... (*KO:* Man beachte die Motivation für das Augenschließen, die hier enthalten ist.) Ihre Lider werden *schwerer* und *schwerer* (*KO:* Direkte Suggestion) ... (6′) Sie werden dabei *sehr, sehr müde* ... Ihre Augenlider werden *sehr, sehr schwer* ... (7′) *Ihre Augenlider blinzeln. Das ist ein gutes Zeichen*, daß die Lider *schwerer* und *schwerer* werden. Ihre Lider blinzeln etwas stärker ... So ist es gut ... *Wenn Sie wirklich in einen tieferen Entspannungszustand hineingehen möchten, brauchen Sie nur Ihre Lider sich fest schließen lassen, sehr fest, bis ich bis drei gezählt habe.* (*KO:* Indirekte Suggestion.) ... (8′) Sie werden die Augen nicht deshalb schließen, weil Sie es *müssen*, sondern weil Sie tiefer und tiefer entspannt werden *wollen.* (9′) *Eins* ... Ihre Augenlider werden *schwerer* und *schwerer* ... *Zwei* ... sie werden viel schwerer ... Ihre Augenlider blinzeln noch mehr. (*KO:* Das Folgende muß so gesprochen werden, als ob es alles ein Satz wäre: (10′) *Drei*, jetzt *schließen Sie die Augen fest* und lassen Sie die Augäpfel *nach oben rollen*, in den Kopf hinein ... während die Augäpfel in den Kopf hineinrollen, *beachten Sie, wie Ihre Lider immer fester und fester aneinander haften.* Sie spüren diese Festigkeit, nicht wahr? (*KO:* Der Hypnotisand nickt vielleicht mit dem Kopf.)

B1

Dies zeigt, daß es wirklich *anfängt* zu wirken ... Und Ihre Lider bleiben weiterhin fest, sehr fest, zusammengeklebt ... Und während Ihre Augäpfel noch ein paar Augenblicke länger nach oben, gegen Ihre Stirn, gerollt sind, werden Sie sich tiefer und tiefer entspannen ... Und wenn Sie *wirklich* noch tiefer gehen möchten, brauchen Sie nur langsam von *hundert bis null rückwärts zu zählen.* Mit jeder Zahl, die Sie rückwärts zählen (*KO:* Ideosensorische Aktivität) ... und mit jedem Atemzug, den Sie durchführen (*KO:* Ideomotorische Aktivität) werden Sie sich *tiefer* und *tiefer entspannen* ... tiefer und tiefer in der Hypnose fühlen ...

B2

(*KO:* Und jetzt wird mehr Motivation zur Entspannung gegeben.)
(1′) Und wenn Sie *tiefer* gehen möchten, denken Sie einfach an ein dumpfes, schweres, *hölzernes Gefühl*, das in den *Zehen* beginnt ... (2′) Stellen sie sich einfach mit Ihrem ‹*geistigen Auge*›, wenn Sie so wollen, vor, daß Sie im *Schneidersitz* oder mit gekreuzten Beinen dasitzen ... (3′) Oder denken Sie, wenn Sie möchten, an das *taube*, *schwere Gefühl*, das Sie vielleicht kennen, wenn Sie auf Ihrem Arm einschlafen ... Oder denken Sie an ein taubes, schweres, steifes Gefühl, ähnlich dem, das entsteht, wenn der *Zahnarzt* Ihnen Betäubungsmittel ins Zahnfleisch spritzt ... (*KO:* Solche Suggestionen berühren wirklich den Erfahrungshintergrund des Probanden. Die Reihenfolge des ursprünglichen Autors wurde von uns hier nicht geändert, damit der Student auch diese kennenlernen kann.) (4′) Das taube, schwere Gefühl *steigt hinauf, hinauf, hinauf von den Zehen zu den Füßen, die Beine hinauf, bis zu den Schenkeln.* Mit jedem Atemzug werden Sie sich *tiefer* und *tiefer* entspannen ... (5′) Es ist jetzt *Ihr* Privileg, in einen Entspannungszustand zu gehen, so tief Sie möchten. Es ist wirklich so einfach, sich selbst *tiefer* und *tiefer entspannen* zu lassen ... (6′) Dies wird nur geschehen, *nachdem* Sie den *Arm* gerade *zur Decke* hinauf strecken ... (7′) Wenn Sie also wirklich *tiefer* gehen wollen, heben Sie bei *drei* langsam den *rechten oder linken Arm*, welchen Sie möchten ... (*KO:* Motivation, den Arm zu heben: ‹*Wenn Sie wirklich tiefer gehen wollen* ...›.) (8′) Es ist sehr wichtig, daß Sie sich, *während* Sie den Arm heben, auf die *Vorstellung* konzentrieren, bei jeder Bewegung des Armes nach oben zu sagen, zu denken und sich vorzustellen: ‹*Ich falle in einen tieferen und tieferen Entspannungszustand.*› Sie werden also bei *drei* langsam *entweder* den rechten oder den linken Arm hochheben. Sie können sich jetzt entscheiden: ‹Welchen Arm werde ich *langsam* zur Decke strecken?› (*KO:* Der rechte/linke Arm beginnt sich zu bewegen. Der Hypnotiseur zählt zusätzlich:) (9′) *Eins* ... *zwei* ... *drei* ... Heben Sie jetzt langsam den Arm, langsam, nur etwa einen Zentimeter auf einmal. Und bei jeder Armbewegung nach oben sagen Sie sich einfach: ‹Ich werde *tiefer* und *tiefer* entspannt.› (10′) Und wenn Sie wirklich tiefer gehen möchten, nachdem Ihr Arm eine *senkrechte Position* erreicht hat, werden Sie feststellen, daß Sie in einen schönen, tiefen, angenehmen Entspannungszustand gehen. (11′) Je *steifer Ihre Finger werden* und je steifer Ihr Arm, vom Handgelenk bis zum Ellbogen, wird, desto tiefer werden Sie sich entspannen. (*KO:* Hier wird unbemerkt die Armkatalepsie des Hypnotisanden eingestreut.) (12′) Sie werden jetzt spüren,

wie Sie sich tiefer und tiefer entspannen, und *Sie können es einfach nicht erwarten*, bis Ihr Arm gerade zur Decke ausgestreckt ist. So ist es gut ... (13′) Gerade wie ein Pfeil, so steif und starr wie eine Eisenstange ... *Nachdem* Ihr Arm gerade zur Decke gestreckt ist, werden Sie sich tiefer und tiefer entspannen ... (*KO:* Und jetzt wird bei Bedarf die Motivation für die Katalepsie der übrigen Glieder gegeben.) (14′) So ist es schön ... *Strecken Sie jetzt die Finger aus, steif, steifer. Spreizen Sie sie auseinander* ... *Steif* und *starr*, *steif* und *starr* ... Und wenn Sie wirklich tiefer gehen möchten, wird der Arm *steifer* und *starrer* werden, *steifer* und *starrer*, *steifer* und *starrer* ... (15′) Und wenn ich den Arm zu streicheln beginne, wird er noch starrer und steifer werden ... Strecken Sie jetzt den Arm, strecken Sie die Finger aus ... So ist es gut ... Sagen Sie einfach zu sich selbst: ‹Ich kann meinen Arm nicht beugen. Mein Arm ist *steif* und *starr*.› (16′) Sie schlafen *nicht* ... sind *nicht bewußtlos* oder in einer Trance, sondern völlig wach ... (17′) Auf diese Weise werden Sie von den Suggestionen einen größeren Nutzen erhalten, weil Sie leichter in die Entspannung ‹hineinsinken›. (*KO:* Die Hypnose wird folgendermaßen weiter vertieft:) (18′) Wenn Sie wirklich tiefer gehen möchten, brauchen Sie nur Ihren Arm *langsam*, und ich meine wirklich *langsam*, ein oder zwei Zentimeter auf einmal sinken zu lassen ... Bei *drei* können Sie sich vielleicht sagen: ‹Ich werde mit jeder *Bewegung* meines Armes nach unten *tiefer* und *tiefer* entspannt werden ... Ich werde *tiefer* und *tiefer* entspannt.› Lassen Sie jetzt bei *drei* den Arm fallen ... Eins ... zwei ... drei ... Und *während Ihr Arm gefallen ist*, sind auch Sie in einem *tieferen* und *tieferen* Entspannungszustand angelangt ... (19′) Und jetzt möchten Sie sich vielleicht *selbst eine Suggestion geben*, vorausgesetzt, daß Sie sich wirklich tiefer entspannen möchten, daß Sie in dem Moment, in dem Ihr Arm oder irgendein Teil Ihrer Hand irgendeinen Teil Ihres Körpers berührt, *tiefer* und *tiefer entspannen* werden ... (*KO:* Jetzt folgen weitere Motivationen.)

C1

Sie sind vielleicht dazu bereit, diese Suggestion als Hinweis darauf zu akzeptieren, daß *jeder Muskel* und *jede Faser* Ihres Körpers sich vollkommen entspannen wird ... Jeder Muskel wird sich entspannen. *Sie werden sich vollkommen entspannen.*

C2

(1′) Jetzt, da ich Ihren Arm *hochhebe, ist er so schwer wie Blei.* (2′) Und wenn ich Ihren Arm *fallenlasse*, werden Sie in einen *tieferen und tieferen Entspannungszustand* fallen. (3′) Ihre Augenlider werden *fest* geschlossen bleiben, und Sie werden spüren, wie Sie selbst *tiefer* und *tiefer* in einen netten, angenehmen, beruhigenden Entspannungszustand hineingehen. Wenn ich Ihren Arm hochhebe, werden Sie sich noch *tiefer entspannen* ... (*KO:* Wenn der Arm langsam hochgehoben wird, wird er vom Hypnotherapeuten vorsichtig mit dem *Daumen* und *Zeigefinger* wie in HP-001 hochgehalten. Dabei wird bemerkt:) (4′) Während ich den Arm hochhebe, wird er *schwerer* und *schwerer* ... (5′) Er wird *schwerer* und *schwerer*, und er wird mir *aus den Fingern rutschen.*

C3

(1′) Und wenn er auf Ihrem Schenkel *aufschlägt*, wird er mit einem plumpsenden Geräusch aufschlagen, wie ein *tropfnasses Handtuch*, und dann werden Sie in eine noch *tiefere Entspannung* fallen. Bei *drei* werde ich Ihren Arm fallenlassen. *Eins* ... *zwei* ... *drei* ... tiefer, weit hinunter.

(*KO:* An dieser Stelle ist die Lektion abgekürzt worden. Auch hier verstärkt eine *psychologische* Suggestion einen *physiologischen* Effekt. Manche Hypnotisanden lassen den Arm langsam fallen. Dies deutet auf Widerstand hin. Der Hypnotisand ist vielleicht nur in einem *hypnoiden Zustand* (ein Vorläufer der tatsächlichen Hypnose). Wenn eine Katalepsie erreicht worden ist oder wenn die Finger eine wachsartige *Flexibilität* zeigen, ist vielleicht ein *somnambules Stadium* erreicht worden. In diesem Falle befinden wir uns in C5. C4 ist inzwischen aufgetreten. Der Hypnotisand ist in einem *hellwachen* Zustand. Charakteristischerweise reagiert er dabei mit einer äußersten Präzision oder nimmt alles wortwörtlich. *Diese Technik motiviert den Hypnotisanden fortwährend.* In Wirklichkeit ist er immer in einer ‹*besseren Position*›, die er aber selten bemerkt. Dem Hypnotisanden wird immer die *Gelegenheit zur Zusammenarbeit* gegeben, und wenn er in diese einwilligt, wird er kontinuierlich in einen tieferen Zustand gehen.)

D1

(*KO:* Wenn man – wie in diesem Falle – Suggestionen für *die posthypnotische Realisierung* geben möchte, tragen folgende Bemerkungen zu ihrer Dauerhaftigkeit bei:)
Alles, woran Sie sich erinnern wollen, werden Sie mit einer erstaunlichen Leichtigkeit behalten. Sie werden *alles* behalten, als ob es unauslöschlich in Ihrem Geist eingeprägt wäre; so, als ob ein Durchschlag gemacht und in Ihren Geist eingeprägt worden wäre ... Weil Sie all diese Informationen speichern, können Sie sich leichter daran erinnern. *Vielleicht werden Sie sich nicht heute oder morgen an alles erinnern, aber Sie werden es ganz bestimmt während der nächsten Woche, des nächsten Monats oder Jahres tun.* Nichts davon wird jemals vergessen werden ... Sie werden mehr behalten, als Sie normalerweise behalten würden ... (*KO:* Mit diesen Suggestionen können *Lerneffekte* verstärkt werden. Man kann bei Bedarf auch umgekehrt suggerieren.)

D2

(1′) Ich werde Ihnen hier *einen Auftrag geben*, woran Sie sich immer erinnern werden ... Immer, wenn Sie möchten, daß bei Ihnen eine Hypnose eingeleitet wird, und denken Sie daran, daß es nur mit Ihrer Einwilligung geschieht, werde ich Sie an der *rechten* Schulter berühren ... (2′) Dies wird *ein Zeichen für Sie sein*, sofort in einen tiefen Entspannungszustand *zu fallen* ... (3′) Gleichzeitig werden Sie *die Augen schließen*, die *Augäpfel* nach oben und hinten rollen lassen und diesen genauen Zustand *vollkommener Muskelentspannung* erfahren ... (4′) Ich werde den Auftrag wiederholen ... *In Zukunft werden Sie sich immer, wenn ich Sie an der rechten Schulter berühre, völlig entspannen, und dies wird nur geschehen, falls und wenn Sie sich entspannen wollen* ... (5′) Ich kann *keine Hypnose einleiten*, es *sei denn*, daß Sie es *wollen*. Denken Sie daran ... eine Berührung an Ihrer *rechten* Schulter wird ein verabredetes Signal sein, die Augen zu schließen, die Augäpfel nach oben und hinten rollen zu lassen und sofort in einen tiefen Entspannungszustand zu fallen ... (6′) Denken Sie daran, Sie werden *nicht schlafen*, bewußtlos oder sogar in Trance sein. Sie werden außerdem alles hören, sogar *mehr als gewöhnlich*. (7′) Eine weitere Berührung, jetzt an der *linken* Schulter, wird das *Signal für die Dehypnotisierung*, für das Zurückkommen aus der Hypnose, sein. Sie werden die Augen öffnen, sich großartig fühlen, sehr erfrischt, entspannt und sich über alles, was geschah, bewußt sein ... (*KO:* Bevor Sie einen Hypnotisanden aus der Hypnose zurückführen, loben Sie ihn immer für seine gute Zusammenarbeit, und dann spezielle Suggestionen geben.)

D3

(1′) Wir kommen jetzt auf unsere *Hauptaufgabe* zurück ... (2′) Sie haben sich jetzt sehr gut entspannt ... und fühlen sich ganz wohl ... (3′) *Ohrenklingen* ... Ohrengeräusche ... sind ganz *gleichgültig* ... (4′) Sie haben jetzt erkannt, daß das Ohrenklingen nur *eine Sache der Spannung* ist ... Gleich nach der Entspannung verschwand das Ohrengeräusch ... Es war also nichts weiter als eine *übermäßige Spannung* ... Anspannung ... Sie haben sich vielleicht in Ihrem Beruf etwas *übernommen* ... (5′) Das ist auch das Zeichen dafür ... daß der Mensch *nicht alles* erreichen kann und muß ... (6′) Man erreicht viel mehr, wenn man langsamer und *systematischer* vorgeht ... (7′) Sobald Sie also eine Entspannung erreichen ... wie jetzt ... verschwinden die Beschwerden ... (8′) Ohrenklingen ist wie eine *akustische Fata Morgana* ... Je mehr man sich anstrengt, desto stärker kommt sie zum Vorschein ... Je mehr man sich entspannt, desto kleiner und winziger wird sie ... (9′) Sie werden nach dem Zurückführen aus der Hypnose immer *daran denken:* ‹Je mehr ich mich *über meine Kräfte hinaus anstrenge*, desto mehr setze ich mich der Gefahr aus, die Beschwerde zu bekommen.› ... ‹Ich werde in der Zukunft *systematischer* vorgehen ... etc.› ... (10′) Und jetzt gebe ich Ihnen einige Hinweise fürs erste, *wie Sie die Beschwerden* immer beseitigen werden ... (11′) Falls Sie *in der nächsten Zeit* – bis wir mit der Behandlung zu Ende sind– irgendwann, rein zufällig, das Ohrengeräusch *im Ansatz verspüren sollten*, werden Sie zugleich ein *taubes Gefühl* in den *Zehen* bekommen ... mit diesem tauben Gefühl in den Zehen wird das Ohrengeräusch verschwinden, gänzlich verschwinden ... Das taube Gefühl in den Zehen wird für Sie ein *Signal* sein, daß die Ohrengeräusche nicht auftauchen werden ... Ohrengeräusche sind gleichgültig ... Und immer wenn sie kommen sollten, werden Sie ein taubes Gefühl in den Zehen bekommen ... Dafür werden die Ohrengeräusche nicht vorkommen ... (12′) Und wenn wir die Behandlung *beendet* haben ... werden die Beschwerden auch ohne das besagte Gefühl in den Zehen nicht mehr auftauchen ... (13′) Aber nicht vergessen ... Spannung kann Beschwerden *mit sich bringen*, ... die *Entspannung beseitigt sie* ... Je mehr man sich im Leben entspannt, desto weniger ist man den Gefahren ausgesetzt, Beschwerden zu erleiden ... (*KO:* Mit diesem Satz wurde eine *generelle Suggestion für die Korrektur des Verhaltens* erteilt.) (14′) Und jetzt haben Sie sich so schön entspannt, daß ich Sie *zurückführen* kann ... Sie haben es jetzt erfahren ... Als Sie sich entspannt haben, *traten* alle Beschwerden *zurück* ... (15′) Ohrengeräusche sind keine mehr da ... Alles ist weg ... wie weggeblasen ... (16′) Und Sie freuen sich darüber ... Das sollte für Sie ein Signal sein ... Die Entspannung bringt die Erleichterung, das Wohlbefinden ... die Gesundheit ... etc.

E1

Ich werde Sie jetzt an der *linken* Schulter berühren. Sie fühlen sich ganz wohl ... Sie werden *die Augen öffnen* und sich *ganz großartig* fühlen.

E2

(1′) Und jetzt *berühre* ich Ihre *linke* Schulter ... (2′) Öffnen Sie die Augen ganz weit ... (3′) So ist es gut, Sie sind ganz wach, frisch und munter, leicht und frei.»

Posthypnose

(*KO:* Indem Sie Ihre Dankbarkeit ausdrücken, *und zwar sowohl auf der hypnotischen als auch auf der nicht-hypnotischen Ebene*, *motivieren Sie den Hypnotisanden für die nächste Sitzung*. In den nächsten F-Schritten die Suggestionen verstärken, vertiefen und erweitern. Unser Fall 19 wurde nach 16 Hypnosen beschwerdefrei entlassen.)

HP-055-B2-D12
Enuresis/Progressive Relaxation/Aufzug-Technik/Schlafperiodik

Prähypnose

DG: Demonstriert wird die *progressive Relaxation* in einer Kombination mit *Aufzug-Technik* (Lift-Technik) und Suggestionen der *Schlafperiodik* am Beispiel einer Patientin mit *primärer Enuresis nocturna* (Fall 20: AK-2006-EV-130561-060982). Bettnässen seit der Geburt. In der Familie sind viele Bettnässer bekannt.
KO: Diese *Methodik der progressiven Relaxation mit Hilfe der Aufzug-Technik* ist für Patienten mit *Klaustrophobie* nicht unbedingt geeignet. Weibliche Patienten haben heutzutage häufig *Aufzugsphobie* und werden daher *am Beginn der Hypnotherapie* besser mit einer anderen Hypnosetechnik positiv beeinflußt. In bestimmten Fällen kann man jedoch bei phobischen Patienten auch die Aufzug-Technik *nach ein paar hypnotischen Induktionen anderer Art* anwenden. Dabei wird die *Reaktion* darauf geprüft. Vor allem bei der Anwendung von *reellen Imaginationen* kann die Aufzug-Technik, ähnlich wie eine *Flugzeug-Imagination* (siehe oben), bei Klaustrophobien helfen. In diesen Fällen werden die Patienten während der Hypnose *imaginär* (imaginative Einbezogenheit) hingeführt, damit sie von der *Bedeutungslosigkeit der Angst/Phobie* überzeugt werden. Ursprünglich wurde diese Technik dem Beitrag von Alexander H. Smith, Jr. und William C. Wester II (1984, Seite 52–54) entnommen und – wie in diesem Buch üblich – angepaßt, aber auch teilweise gekürzt oder verlängert. Auf diese Weise wird eine *Generalisierung* (Verallgemeinerung) und zugleich *Spezifizierung* der Technik erreicht.

Hypnose

A1/A2/B1

(*KO:* Diese Schritte anderen Übungen entnehmen.)

B2

SG: (1′) «Während Sie angenehm entspannt bleiben, stellen Sie sich einfach vor, daß Sie in einem *Kaufhaus* oder *Gebäude* mit einem *Aufzug* unterwegs sind ... (2′) Sehen Sie sich selbst vor dem Aufzug im 10. Stock stehen ... (3′) Beachten Sie die *Lampen* über dem Aufzug, und Sie können sehen, daß sich der Aufzug irgendwo oberhalb des 10. Stockwerks befindet – vielleicht im *elften* oder *zwölften*... (*KO:* Man kann ideomotorische Signale – wie in Kapitel XII erläutert – benutzen, um die Imagination zu überprüfen – siehe dazu HP-054.) (4′) Drücken Sie den *Abwärts-Knopf*... Lassen Sie mich wissen, wann sich die Aufzugstür im zehnten Stockwerk öffnet, indem Sie Ihren *rechten Zeigefinger bewegen*... (*KO:* Wenn vom Patienten ein positives Signal gegeben wird, dann fortfahren:) (5′) Gut... Steigen Sie jetzt in den Aufzug ein und machen Sie es sich bequem ... (6′) Sie können stehen oder sich auf einen bereitstehenden *Stuhl* setzen... (7′) Es ist *Ihr Aufzug*, und machen Sie es sich einfach gemütlich. (8′) Wenn sich die Türen des Aufzugs schließen, sind die Lämpchen des 10. Stockwerks immer noch an, und sie gehen erst aus, wenn sich der Aufzug sehr langsam *nach unten* bewegt. (9′) Während der Aufzug nach unten geht, lassen Sie sich *einfach tiefer und tiefer entspannt* werden. (10′) Ich werde zählen, während der Aufzug seine ununterbrochene Fahrt zum ersten Stockwerk fortsetzt. Die Lämpchen für das 10. Stockwerk sind aus, und die Lämpchen des 9. *Stockwerks* gehen an. (11′) *Tiefer und tiefer entspannt*... *Acht*... lassen Sie sich einfach tiefer und tiefer entspannen ... *Sieben*... so angenehm ... *Sechs*... (*KO:* Man beachte non-verbale Hinweise des Patienten, seine Reaktionen, und verstärke sie). So ist es gut ... tiefer und tiefer entspannt ... *Fünf* ... wenn Sie zum ersten Stockwerk kommen ... *Vier* ... ganz entspannt ... wird sich die Tür öffnen ... *Drei* ... (12′) Und wenn Sie aussteigen, werden Sie sich ... *Zwei* ... in einem *schönen Garten* wiederfinden ... (*KO:* Oder an einem Lieblingsort oder an einem anderen Platz, von dem man zufällig erfahren hat.) (13′) Sie sind vollkommen entspannt und *hören einfach meiner Stimme zu* ... *Eins* ... die *Türen öffnen sich* ... (14′) Jetzt *steigen* Sie *aus* ... Gehen Sie einfach in den *schönen Garten* ... (15′) Suchen Sie eine *bequeme Bank* oder eine schöne Stelle, setzen Sie sich einfach hin und genießen Sie die Pracht des Gartens eine Weile ... Bis ich Ihnen andere Hinweise gebe ... (*KO:* Der Hypnotherapeut kann die Imaginationen weiter erhöhen, falls notwendig, und dann mit den Suggestionen für die spezifische Behandlung beginnen, wie wir sie anschließend bei unserer Patientin fortsetzen werden:)

D1

(*KO:* Um die Suggestionen an einen Bettnässer anzupassen, nehme man die *Übung HP-018*. Auch dort sitzt der Hypnotisand imaginär auf einer Bank im Garten. Gemäß *Schema 20* treten die enuretischen Episoden in der Nacht ziemlich verstreut auf, jedoch häufen sie sich an bestimmten Prädilektionsstellen des Schlafes. An diesen Stellen, rund 60–80 Minuten nach dem Schlafengehen zum ersten Mal, beginnt man, die Suggestionen in die Schlafperiodik der Übung HP-018 einzubauen:)

D2

(1′) ... Und beim *ersten Blasendruck* werden Sie kurz *wach* werden, damit das Bett nicht naß wird ... (2′) Sie werden dann aufwachen, auf *die Toilette* gehen, dort Wasser lassen und wieder zurückkommen ... (3′) Nachdem Sie auf diese Weise Ihre Blase *entleert* haben, werden Sie erst danach sehr gut und ruhig schlafen können ... (4′) Der *Schlaf* wird darauf sehr gut und ruhig sein, ganz wundervoll ... (5′) Und in den nächsten paar Minuten werden auch die *Träume* kommen ... Sie werden wunderbar träumen, können, wenn die *Blase frei* ist und Sie nicht darauf achten müssen, daß das schöne, *saubere Bett* nicht naß wird ... (6′) In diesem ersten Tiefschlaf kann es sein, daß auch das *Herz* die *Bedrohung anzeigt* ... Sobald Sie irgendwelche Gefühle haben, die Ihnen sagen, es würde etwas passieren ... aufstehen und auf die Toilette gehen ... (7′) Erst nachdem Sie dort gewesen sind und die Blase frei gemacht haben ... können Sie schön und ruhig schlafen ... Und in den Träumen werden Sie sich nur dann wohl fühlen, wenn Sie die Blase entleert haben ... (*KO:* Später, etwa kurz vor der zweiten Traumphase – REM-Phase – kann wieder die Gefahr drohen, einzunässen. Auch jetzt kann man ähnliche Suggestionen geben:) (8′) Und jetzt werden wieder die Träume kommen ... Sie werden bald kommen ... Aber wenn die Blase *auch nur den geringsten Druck* anmeldet, aufwachen, zur Toilette gehen, Wasser lassen und wieder *rechtzeitig* für die wunderbaren Träume zurückkommen ... Dann werden die Träume schön, wunderbar schön sein, wenn die *Blase leer* ist ... (*KO:* Auf diese und ähnliche Weise wird die ganze Nacht wie in HP-018 und Schema 20 durchsuggeriert:)
(9′) ... Und wenn Sie am *nächsten Morgen* aufwachen, werden Sie feststellen, daß das Bett ganz sauber ist ... Das *Bett* ist ganz sauber, die *Wäsche* sauber ... (10′) Sie *stehen erfreut auf*, *Sie freuen sich*, es geschafft zu haben ... (11′) Sie gehen zur Schule/an die Arbeit und sind *den ganzen Tag* über *lustig und froh* ... (12′) Das Bett war heute nacht sauber ... Sie werden auch in der nächsten Nacht und auch in den anderen Nächten immer dann aufwachen, wenn sich ein Blasendruck ankündigt ... *Und erst nachdem Sie auf der Toilette gewesen sind, werden Sie wunderbar, wunderschön träumen* ... alles andere ist unwichtig ... etc ...».

HP-056-B12
Rolltreppen-Technik/Imaginative Vorstellung

Prähypnose

DG: Verschiedene Phobien, jedoch am Beginn der Hypnotherapie keine, die sich auf Rolltreppen bezieht.
KO: Die Rolltreppen-Technik ist der in HP-055 sehr ähnlich. Sie wird jedoch in jenen Fällen anzuwenden sein, *wo die Aufzug-Technik am Beginn der Hypnotherapie nicht angewandt werden kann.* Die Kombination kann mit jeder anderen Technik erfolgen, z. B. mit der der Augenfixation, mit Armlevitation, Armkatalepsie-Technik. Anschließend können diese oder jene speziellen Suggestionen gegeben werden. Im folgenden wird eine Variante kurz angeboten.

Hypnose

A1/A2

(*KO:* Die Schritte A1 und A2 können einer anderen Übung entnommen werden.)

B1

SG: «Sehen Sie sich oben an einer *Rolltreppe stehen.* Es ist eine *langsame Rolltreppe,* mit *sicheren Stufen* und einem festen, *harten Geländer.* Wenn Sie die Rolltreppe hinunterblicken, sehen Sie einen weichen, plüschigen, bequemen Sessel – jeden, den Sie wollen – jedes Material, jede Farbe, jede Beschaffenheit, mit oder ohne Kissen ... (*KO:* Wenn erforderlich, können ideomotorische Signale benutzt werden.) In *einem Moment* werde ich Sie bitten, auf die *Rolltreppe zu gehen* und ... während Sie langsam nach unten fahren, sich einfach angenehmer und *tiefer entspannt zu fühlen.* Konzentrieren Sie sich einfach auf meine Stimme, da ich zu Ihnen sprechen werde, während Sie auf der Rolltreppe hinunterfahren und sich tiefer und tiefer entspannen. Wenn Sie unten ankommen, werde ich Sie bitten, sich einfach in Ihren bequemen *Sessel* zu setzen ... Vollkommen und tief entspannt ...

B2

(1′) *Gehen Sie* jetzt, *stellen Sie sich* auf die *Rolltreppe* ... (2′) Und *spüren* Sie die *Bewegung* nach unten, während Sie sich *tiefer und tiefer* entpannen ... (3′) Die Rolltreppe *bewegt sich langsam* ... (4′) Etwa *ein Viertel des Weges* ist jetzt zurückgelegt, da Sie sich tiefer und tiefer entspannt fühlen ... (5′) Sie sind jetzt *beinahe an der mittleren Marke* angelangt, und die Form, Farbe und Beschaffenheit Ihres Sessels werden deutlicher und deutlicher, während Sie sich tiefer und tiefer entspannen ... (*KO:* Nach non-verbalen Reaktionen Ausschau halten und diese eventuell verstärken.) (6′) Sehr gut ... Ist es nicht *wunderbar,* wieviel entspannter Sie wurden, als Sie die mittlere Marke passierten ... sich einfach langsam und tief nach unten bewegen ... (7′) Drei Viertel des Weges nach unten liegen hinter Ihnen, und Sie sind beinahe vollkommen entspannt und freuen sich wirklich darauf, in Ihrem Sessel zu sitzen ... (8′) und einfach meiner Stimme zuzuhören. Sie kommen jetzt nach unten, und die Stufen *verschwinden in den Boden.* (9′) Wenn Sie *von der Rolltreppe hinuntergehen,* setzen Sich sich einfach in Ihren Sessel ... vollkommen und tief entspannt ...». (*KO:* Der Sessel am unteren Ende der Rolltreppe gibt dem Hypnotisanden/Patienten *ein Ziel und einen Ort,* an dem er bleiben kann, während der Hypnotherapeut mit der Behandlung fortfährt.)
(*KO:* Jetzt können Suggestionen nach C456 sowie D12 etc. angeboten werden.)

HP-057-B2
Kombination der Zwei-Türen-Technik

Prähypnose

KO: Nachdem eine andere Entspannungstechnik – von A1 bis B1 – die bereits bis jetzt beschrieben wurde – angewandt worden ist, beginnt man nach Smith und Wester II (1984) wie folgt:

Hypnose

B2

SG: (1′) «Dieses tiefe *Gefühl der Entspannung*, das Sie empfinden, kann noch tiefer werden, wenn Sie in Ihrer Vorstellung eine *kurze Treppe* sehen ... nur *zehn Stufen* ... und am *unteren Ende* der Stufen einen Absatz mit *zwei Türen.* (2′) Heben Sie einfach den *Zeigefinger* Ihrer *rechten (*oder *linken) Hand* hoch, sobald Sie den Gedanken oder das Bild in Ihrer Vorstellung haben ... So ist es schön ... (3′) Sie sind *am oberen Ende* oder an der *zehnten Stufe* ... (4′) Und während ich die Stufen zähle, lassen Sie sich einfach noch tiefer entspannen ... Ich werde Ihnen unterwegs mehr über die *zwei Türen* erzählen. (5′) *Zehn* und *neun* ... tiefer und tiefer entspannt ... (6′) *Acht* ... so ein gutes Gefühl ... *fähig zu sein*, sich wirklich gehenzulassen und sich einfach so tief wie möglich zu entspannen ... (7′) *Sieben* ... jetzt sogar noch tiefer ... Und wenn wir zum *Treppenabsatz* kommen ... werden Sie sich ganz wohl fühlen ... *Sechs* ... so ist es gut ... tief entspannt ... (8′) Jetzt werde ich Sie bitten, *eine der zwei Türen* auszuwählen ... (9′) *Fünf* ... tiefer und tiefer entspannt ... (10′) *Vier* ... ich bin nicht sicher, was hinter den Türen ist, aber ich weiß, daß sich hinter jeder Tür ein *schöner*, *angenehmer Ort* befindet ... (11′) *Drei* ... wenn Sie den Absatz erreichen, werden Sie die Tür öffnen, die Ihre Hand aussuchte ... (12′) *Zwei* ... so ist es gut ... fast am Ziel ... tief, tief entspannt ... (13′) *Eins* ... Sie werden es können, und jetzt auf dem *Absatz* ... (14′) Ja, öffnen Sie die Tür und genießen Sie einfach diesen *schönen*, *angenehmen Platz* ... (15′) *Treten* Sie einfach *ein*, in diesen *angenehmen Raum* und genießen Sie ihn, so viel Sie möchten. (16′) *Sie können sitzen, stehen oder sich hinlegen* ... was auch immer für Sie bequemer sein mag. Genießen Sie einfach die Töne, die Farben ... was es auch immer in *Ihrem* angenehmen Raum gibt.»
(*KO:* Jetzt können *spezielle therapeutische Suggestionen* – Schritt D – eingestreut werden.)

7.2 Kombination von Heterohypnosen und Autohypnosen

Hetero- und Autohypnose-Techniken sind auch in einigen vorausgegangenen Übungs-Lektionen vorgekommen, jedoch mehr oder weniger zufällig. In den folgenden paar Übungs-Lektionen wird diese Kombinationsart öfters und eindeutiger zum Ausdruck gebracht werden. Das *Suchtproblem* bietet sich für die Demonstration dieser Kombinationsart an. Zunächst wollen wir uns verschiedenen Vorschlägen zur Bekämpfung von übermäßigem *Rauchen* widmen, wobei die Autohypnose an die Heterohypnose anknüpft.

HP-058-D12
Handschuh-Anästhesie/Fingertest/Hetero-Autohypnose

Prähypnose

DG: Exzessives Rauchen mit Pertussis und asthmatischen Beschwerden bei einem (angenommenen) 57 Jahre alten Patienten.
ME: Die folgende Hypnosetechnik ist dem Buch von Crasilneck und Hall (1985, Seite 225–226) entnommen, übersetzt und angepaßt worden.
KO: Nach einer der Induktionstechniken – meist aus dem Bereich der *indirekten Methoden* – wird auf den *therapeutischen Teil* übergegangen. Dabei werden *Übergangssuggestionen* gegeben. Bevor *spezielle Suggestionen* zur Entwöhnung des Rauchens appliziert werden, schlagen die Autoren *zwei Tests* vor, die überzeugend zeigen würden, daß ein hypnotischer Zustand erreicht worden sei. Routinemäßig benutze man die *Handschuh-Anästhesie*, d.h. den *Fingertest* (mit einer stumpfen Nagelfeile pieksen) und *Armkatalepsie*.

Hypnose

D1

SG: «Wenn Sie die *unbewußte Macht* haben, *Schmerzen zu blockieren*, dann können Sie auch die *Gier* nach Zigaretten beherrschen. Wenn Sie in Ihrem Arm über eine *riesige Kraft* verfügen, können Sie dieselbe Kraft aufwenden, um eine Gewohnheit aufzugeben, die das Leben gefährdet... (*KO:* Die speziellen Suggestionen, die dann gegeben werden, sehen im allgemeinen und wesentlich verkürzt so aus:)

D2

(1′) Sie werden sich *nicht übermäßig* nach einer Gewohnheit sehnen, die Ihre Gesundheit *negativ beeinflußt*... (2′) Ihr *Geist* kann die Wahrnehmung von Beschwerden *blockieren*, genauso wie *Ihre Finger unempfindlich für den Druck der spitzen Nagelfeile* waren... (3′) Ihr Geist wird so funktionieren, daß Sie sich *nicht mehr* nach einer Gewohnheit sehnen werden, die mit jedem Zug von Zigarettenrauch, den Sie in Ihrer Lunge aufgenommen haben, *Ihr Leben negativ beeinflußt* hat... (4′) Sie werden *den Wunsch* nach Tabak blockieren... eine Gewohnheit, die *Ihr Herz und Ihre Lunge* dazu veranlaßt, viel schwerer als nötig zu arbeiten... die Ihre Lunge zwingt, über alle Notwendigkeit hinaus zu arbeiten... die dieses lebenswichtige Organ anstrengt und beansprucht... (5′) wie *ein Auto*, das dauernd in einem *niedrigen Gang* gefahren wird... das dauernd bergaufwärts fährt... den Motor anstrengt und beansprucht... (6′) Aufgrund der großen Kontrolle Ihres *Unbewußten* wird die Sehnsucht nach dieser gefährlichen und tödlichen Gewohnheit ständig und merklich geringer werden... bis sie rasch ein dauerhaftes *Null-Niveau* erreicht... (7′) Sie werden sich einfach *nicht mehr* nach Zigaretten sehnen... (8′) Sie werden *entspannt* sein und sich wohl fühlen, *erfreut*, daß Sie eine Gewohnheit aufgeben... die auf Ihr Leben und Ihr Wohlbefinden solch einen *negativen Einfluß* hat... (9′) Sie *verschönern Ihr Leben*, wenn Sie aufhören zu rauchen... und Sie werden es weiterhin tun... (10′) Sie werden *keine Zigaretten* mehr rauchen... (11′) Sie werden *nicht hungrig* sein oder übermäßig viel essen... Ihre Gier wird ein dauerhaftes *Null-Niveau* erreichen... (12′) Durch die praktisch *allmächtige* und *gottähnliche Macht* Ihres Unbewußten können und werden Sie in der Lage sein, *einer Gier zu widerstehen*, die für Ihren Körper schädlich ist... (13′) Sie werden Ihren Körper *freundlich* und *rücksichtsvoll* behandeln... (14′) Ihren Körper, der Ihnen so *uneigennützig* dient...

(15′) Sie werden sich nicht mehr – bewußt oder unbewußt – dazu entschließen, Ihrem *Herz*, Ihrer *Lunge*, Ihrem *Kreislauf* und den lebenswichtigen *Organen* Ihres Körpers diese nicht verdiente Last des Rauchens aufzuerlegen... (16′) Sie werden Ihren Körper *freundlich* behandeln, als ob er Ihr *bester Freund* wäre... (17′) Sie werden feststellen, daß Sie durch die ungeheure Kraft Ihres Unbewußten diese alte, veraltete, *überholte Sucht*, von der wir jetzt wissen, daß sie Ihnen mit jeder Zigarette, die Sie rauchen, *vier Minuten Ihres Lebens stiehlt*, überwinden werden... (18′) Sie werden fähig sein, diese *schmutzige* und *ungesunde Gewohnheit* aufzugeben... (19′) Wenn Sie Ihrem Körper erlauben, sich von dieser nicht verdienten Last des Rauchens zu befreien, wird Ihre Lunge wieder wirkungsvoll arbeiten, Ihre *roten Blutkörperchen* werden mehr *Sauerstoff* zu allen Ihren lebenswichtigen Organen transportieren... (20′) Sie werden sich *wacher* und *lebendiger* fühlen... (21′) Und Sie werden ein gerechtfertigtes Gefühl des *Stolzes* haben, auf dieses wichtige, gesunde, lohnenswerte Ziel hingearbeitet und es erreicht zu haben... (22′) Sie sind *kein Raucher* mehr... (23′) Sie benutzen Ihren freien Willen, Sie *behandeln sich selbst* auf eine gesunde, angemessene Art und Weise... (24′) Sie werden nicht außergewöhnlich angespannt oder nervös sein... (25′) Sie werden kaum an *Gewicht zunehmen*... (26′) Sie werden *Gymnastik* machen, jeden Tag 2,5 Kilometer gehen, *wenn der Arzt dies befürwortet*... (27′) Sie werden gut schlafen... (28′) Ihre *Gier nach Tabak wird gering sein*, schnell kleiner werden... und mit zunehmender Geschwindigkeit auf ein Null-Niveau absinken...».
(*KO:* Die Bemerkungen über das Nichtvorhandensein oder das Abnehmen der Gier scheinen nach den oben erwähnten Autoren vielleicht widersprüchlich; der wichtige Punkt sei, daß man erkenne und zugebe, daß *manche* Patienten vielleicht eine dauernde ‹*Gier*› haben, die nicht unbedingt bedeute, daß die hypnotischen Suggestionen wirkungslos seien. Es sei wichtig, daß die Vp die Wirkung der Hypnose trotz eines weiter bestehenden Wunsches nach Tabak erkenne. Genaue Beachtung der subtilen Bedeutung der Suggestionen erhöhe die Wirkung auf viele Patienten. Während sie auf die Tabak-Abstinenz zusteuern, können die Suggestionen stärker in Richtung auf das Nichtvorhandensein der Gier formuliert werden.)

Posthypnose

Nach jeder *Hypnosesitzung* wird der Patient ermutigt, über ungewöhnliche Träume, Gedanken oder Gefühle, die er vielleicht erlebt hat, zu sprechen. *Die ersten drei Hypnosesitzungen erfolgen an aufeinanderfolgenden Tagen.* Zwischen der *dritten* und der *vierten Sitzung*, die für einen Monat später geplant wird, trage man dem Patienten auf, *in der ersten Woche täglich, in der zweiten Woche zweimal und dann, bis zur vierten Hypnose-Induktion, einmal wöchentlich den Hypnotherapeuten anzurufen.* In manchen Fällen, in denen die Verstärkung als sehr wichtig angesehen wird, wird der Patient gebeten, den ganzen Monat lang *täglich anzurufen.* Dem Patienten wird suggeriert, daß jeder Anruf *die posthypnotische Suggestion* verstärke und seinen Widerstand gegen das Rauchen erhöhe. Normalerweise wird der Anruf nach Crasilneck und Hall (1985) an die Sekretärin weitergeleitet, obwohl manchmal, wenn es eine außergewöhnliche Schwierigkeit gibt, der Hypnotherapeut direkt mit dem Patienten rede. Die Autoren verlangen, daß jeder Patient mindestens eineinhalb Kilometer täglich zu Fuß gehe, um die Spannung zu verringern. Die Respiration und die Lungenfunktion werden dabei verbessert. Auf Vorschlag des Patienten können stattdessen andere Gymnastikarten empfohlen werden. Die Suggestionsformeln für die Selbsthypnose sind in diese Übung nicht direkt eingebaut worden. Jedoch können diese *nach jedem Satz der Heterosuggestion* noch hinzugefügt werden. Gehen wir zu Übungszwecken auf die nachfolgenden Vorschläge über.

HP-059
Abgewöhnung des Rauchens/Ancillary Self-Hypnosis (Spiegel, 1970)

KO: Herbert Spiegel hat im Jahre 1970 im *International Journal of Clinical and Experimental Hypnosis* (Seite 235–250) eine *Single-Treatment Method of Stop Smoking Using Ancillary Self-Hypnosis* (Eine einzige Behandlugs-Sitzung zur Abgewöhnung des Rauchens mit Hilfe der ergänzenden Selbsthypnose) vorgeschlagen. Damit löste er eine lebhafte Diskussion aus, was ihn veranlaßte, bereits in der gleichen Nummer des Journals, ein paar Seiten weiter (268–269), erneut zu seiner Methode Stellung zu nehmen. Wir geben später (Jovanovič, 1989) die von ihm vorgeschlagene Methode im Detail wieder.

HP-060
Abgewöhnung des Rauchens in fünf Entspannungs-Sitzungen

KO: Helen Huth Watkins (1976) – die wir in diesem Buch öfters erwähnt haben – hat einen Vorschlag unterbreitet, wonach die Abgewöhnung des Rauchens in *fünf Hypnosesitzungen* erreicht werden könne. Die Autorin fügt in ihrer Arbeit hinzu, daß die von ihr empfohlene Methode mehr für Studenten geeignet sei, die noch gesund und kräftig seien und bei denen das Wort «Hypnose» nicht erwähnt werden müsse. Dieses Vorgehen wird als *Konzentrations-Entspannungs-Technik* bezeichnet, um vorgefaßte Meinungen, die im allgemeinen mit dem Wort *Hypnose* in Verbindung gebracht werden, zu vermeiden. Wenn jedoch jemand fragt, ob dies eine Form der Hypnose sei, wird ihm geantwortet, daß es ein *parahypnotisches* oder *hypnoides Verfahren* darstelle, da keine tiefe Hypnose, sondern nur ein *Entspannungszustand* erforderlich sei. Die Studenten werden danach ausgesucht, ob sie schon zuvor vergeblich versucht hatten, mit dem Rauchen aufzuhören. Nachdem das Programm genau erklärt wurde und der Betreffende sich dazu verpflichtet hat, werden die *fünf Sitzungen* in Abständen von jeweils *einer Woche geplant.* Näheres dazu ist bei Jovanović (1989) zu finden.

7.3 Weitere Kombinationen

HP-061
Stirn- und Nackenbandmethode/Negative akustische Halluzinationen

KO: Bei dieser Methode legt der Hypnotiseur – bei gleichzeitigen Suggestionen – *eine Hand auf die Stirn und die andere an den Nacken des Hypnotisanden* und bewirkt dadurch einen raschen Eintritt der Hypnose mit nachfolgender Festigung. Durch die schnell eintretende Atmungsvertiefung kann der Beginn der Induktion signalisiert und erkannt werden. In diesem Falle möge der angehende Hypnotiseur zur Übung *negative akustische Halluzinationen* applizieren. Dabei wird die tatsächlich von einer Kassette ablaufende Musik desuggeriert und dem Hypnotisanden eingeredet, die Kassette mit Musik würde nicht mehr gehört werden können. Dabei wird die *speziell laufende Musik* namentlich erwähnt und nur diese wegsuggeriert. Andere Geräusche werden vom Hypnotisanden gehört werden können.
Beim Rückführen aus der Hypnose sollten die Hände von der Stirn und vom Nacken weggenommen werden.

HP-062
Nasenwurzeltechnik/Wegsuggestion des Hypnotiseurs

KO: Nachfolgend wird die *Selbständigkeit des Hypnotiseurs* noch weiter gefördert, wobei er sich langsam *vom geschriebenen Text entfernt und aus dem bisherigen Material durch eigene Kombinationen neue Ideen verwirklicht.* Der Hypnotisand wird gebeten, *die Augen zu schließen und unter geschlossenen Augenlidern nach oben und zur Nasenwurzel zu blicken* (schielen). Mit einer Hand streichelt man seine Augenbrauen mit *gleichmäßigen* Bewegungen abwechselnd links und rechts *von innen nach außen.* Dazu werden beruhigende und hypnotische Suggestionen angeboten. Die Hypnose wird in den meisten Fällen rasch eintreten. Indem man von A1 bis C5 gegangen ist, kann sich dann *der Hypnotiseur «wegsuggerieren»*, indem er suggestiv immer wieder betont, er gehe jetzt weg, er gehe weg. Dabei spricht er immer leiser und leiser mit den Worten:
SG: «Sie hören mich immer schwächer und schwächer, immer leiser und leiser, undeutlicher und undeutlicher... etc., bis Sie meine Stimme nicht mehr hören... dann werde ich weg sein... In wenigen Minuten... vielleicht nach fünf Minuten, werden Sie von selber aus der Hypnose erwachen und sich überzeugen können, daß ich nicht mehr da bin... Alles ist gleichgültig... In weiteren fünf Minuten schauen Sie bitte in die Nebenräume, wo Sie mich finden können... Oder vielleicht werde ich inzwischen wiederkommen... Ich melde mich, wenn ich wiederkomme... Inzwischen schauen Sie nach mir hier in diesen Nebenräumen (*KO:* oder in dem Nebenraum)... vielleicht finden Sie mich noch, bevor ich hierher komme... etc...». (*KO:* Nach dem Ende alles desuggerieren.)

HP-063
Lehnstuhleffekt/Musterhypnose zu Übungszwecken

KO: Diese Hypnose-Induktion ist zwar sehr effektiv, erfordert aber eine gewisse Sicherheit und Routine. Der Proband wird in einen Sessel gesetzt mit hoher Lehne und der Möglichkeit, den Kopf anzulehnen. Zunächst lehnt der Hypnotisand den Kopf jedoch noch nicht an, sondern sitzt etwas nach vorn gebeugt, mit *waagrecht* nach vorn ausgestreckten *Oberarmen.* Die *Unterarme* werden dabei senkrecht *nach oben* gehalten, die *Hände* nach vorn, *waagrecht* und ganz locker. *Die Augen werden im voraus geschlossen.* Der Hypnotiseur ergreift die Hände des Hypnotisanden mit gleichzeitigen Suggestionen und langsamem Drücken der Hände gegen die Lehne. Die suggerierte Müdigkeit, mit einem leichten Gefühl des Schwingens, wird sich rasch einstellen, wonach dann spezielle Suggestionen mit Kombinationen dargeboten werden können.

HP-064
«Hypnoseöl»-Technik/Musterhypnose zu Übungszwecken

KO: Und jetzt verfolgen wir *zwei Ziele. Zum ersten* wird diese Technik vollständigkeitshalber erwähnt und *zum zweiten* wird langsam aber sicher zu den Problemen der *Bekämpfung von Mißerfolgen* (Kapitel XVI) übergegangen. Dem Hypnotisanden wird ein stark riechendes *«Hypnoseöl»* (möglichst exotisch) mit geöffnetem Fläschchen vor die Nase gehalten, wobei *die Augen bereits geschlossen sind.* Dabei wird davon gesprochen, daß dieses Öl speziell zu Hypnose-Zwecken hergestellt (gemischt) worden sei und daß es eine sehr große Wirkung aufweise. Der Hypnotisand wird dazu veranlaßt, kräftig und tief, tief und ruhig zu atmen. Die Suggestionen werden auf die zunehmende Hypnose (beim Einatmen des Öls) spezifiziert.

Nach dem Eintreten der Hypnose werden dann weitere spezielle, kombinierte oder therapeutische Suggestionen angeboten.

HP-065
Methode der intermittenten Muskelanspannung/-entspannung

KO: Bei dieser Methode liegt der Hypnotisand auf einer Couch und atmet ganz tief und ruhig. Nach einem Einatmen hält er auf Anweisung die Luft *für die Dauer von acht Sekunden* an. Während dieser Zeit sind die Muskeln relativ angespannt. *Nach acht Sekunden werden die Muskeln plötzlich entspannt.* Die Atmung bleibt ruhig. Der Vorgang wird *rund zehnmal* wiederholt. Auf diese Weise wird ein *Müdigkeitsgefühl* erzeugt. Das *Herz* schlägt langsam und regelmäßig, regelmäßig und kräftig. Die Suggestionen wie in HP-001 leiten dann die Hypnose ein, *wobei sie an die hier gegebene Situation angepaßt werden.* Die Betonung wird insbesondere auf die Ermüdung und Auflockerung der Muskulatur gelegt. Daraufhin wird eine *Kombination* aus einer der Übungs-Lektionen immatrikuliert und eine der speziellen Suggestionen erteilt.

HP-066
Haarwirbel- und Augenbrauentechnik/Verschiedene spezielle Suggestionen

KO: Die unter anderem von Kurt Tepperwein (1978) empfohlene Technik besteht darin, daß der Hypnotisand *mit geschlossenen Augen* vor dem Hypnotiseur auf einem Stuhl sitzt. Der Hypnotiseur beginnt – nachdem er entsprechende Suggestionen zur Fixierung der Aufmerksamkeit erteilt hat – mit *kreisförmigen* Bewegungen die Stelle des Hypnotisanden/der Hypnotisandin zu streicheln, *wo sich der Haarwirbel befindet.* Man streichle immer in die Haarwirbelrichtung und verstärke die mechanische Wirkung durch entsprechende Suggestionen zur Ruhestellung. Das Streicheln kann *mit einem Finger oder der flachen Hand* erfolgen, jedoch muß dies gleichmäßig und ruhig geschehen. Den Effekt erzielen – ohne es zu wollen – auch die Friseure beim Haarewaschen. Nach rund fünf Minuten kann der Hypnotisand die Augen nicht mehr öffnen, so daß eine *Kombination mit anderen Methoden* oder eine spezielle Suggestionsdarbietung erfolgen kann.

HP-067
Barbiersessel-Methodik/Verschiedene Kombinationsmöglichkeiten

KO: Die nachfolgende Technik haben wir oben bereits angeschnitten. In einem bequemen Sessel sitzend schaut sich der Hypnotisand mit Hilfe eines Spiegels selber konzentriert in die Augen. Das Blinzeln sollte am Beginn möglichst unterlassen werden. Der Hypnotiseur lege dabei die *linke Hand auf das Herz und die rechte ins Genick des Hypnotisanden.* Man beginne dann mit der Suggestion des *Schweregefühls in den Augen.* Die ersten äußeren Anzeichen sofort mit entsprechenden Suggestionen verstärken. Sobald der Hypnotisand intensiv mit dem Blinzeln beginnt, wird er an die Lehne angelehnt. Daraufhin erfolgen *Kombinationen* mit anderen Techniken, die von speziellen therapeutischen oder experimentellen Suggestionen gefolgt werden.

HP-068
Lesetechnik/Verschiedene Kombinationsmöglichkeiten

KO: Bei dieser Methodik bekommt der Hypnotisand eine *Zeitung/Zeitschrift* und wird gebeten, ganz langsam zu lesen, so daß für jedes Wort rund *drei Sekunden* benötigt werden. Nach diesen drei Sekunden erfolgt eine Pause, die ebenfalls *drei Sekunden* beträgt, wonach das nächste Wort gelesen wird. Da das Bewußtsein eine solche langsame Abfolge des Lesens schwer verkraftet, erfolgt rasch eine Ermüdung. Nach wenigen Minuten ist das Unbewußte für die Suggestionen sehr zugänglich. Bei Mißerfolgen wird die Methode wiederholt. Daraufhin folgen die *Kombinationen* und/oder spezielle Suggestionen zu therapeutischen und/oder experimentellen Zwecken.

HP-069
Arme und Beine hochhalten/Vielfältige Kombinationen

KO: Der Hypnotisand liegt auf einem Sofa und hält *auf Anweisung Arme und Beine rund 30 cm von der Unterlage, solange er kann, hoch.* Es wird erlaubt, die Beine fallenzulassen, wenn man sie nicht mehr hochhalten kann. Nach rund *30 Sekunden* werden die Beine herunterfallen. Die Arme folgen nach rund *fünf Minuten* nach. Es wird dann empfohlen, Arme und Beine locker und entspannt liegen zu lassen. Etwa eine Minute lang wird der Hypnotisand *mit geschlossenen Augen* ruhig gelassen, wobei er auf Anweisung tief und ruhig atmet. Danach erfolgen die Direktiven, beim Einatmen Oberkörper und Beine leicht anzuheben und die Augen zu öffnen; beim Ausatmen Oberkörper und Beine wieder sinken zu lassen und die Augen zu schließen. Diese Übung dauert ein paar Minuten, bis der Hypnotisand – bei zusätzlichen entsprechenden Suggestionen – ermüdet. Daraufhin erfolgen spezielle Aufträge (aus den vorangehenden Lektionen entnommen und an diese Situation angepaßt).

HP-070
Widersprüchliche Suggestionen/Konfusions-/Kombinationsmethode

KO: Eine der konfusesten Hypnosetechniken – die wir gern im Vorlesungssaal praktizieren – ist die, bei der *gänzlich widersprüchliche Suggestionen in einem raschen Tempo und mit sich steigernder Intensität* verabfolgt werden. Der Hypnotisand wird aus vielen Anwesenden überraschend ausgewählt; der Hypnotiseur kommt zu ihm und beginnt unvermittelt mit folgenden eindringlichen Worten:
SG: «Was ist mit Ihnen passiert! ? Sie sind sehr *müde!* ganz *blaß!* etc. (*KO:* An einer Stelle fängt man an:) Sie sind *müde!* Sie sind *schläfrig!* Sie sind *wach!* Sie sind *müde!* Sie sind ganz wach! ganz müde! ganz wach! wach und müde zugleich! ganz müde! wach! müde! wach! müde! wach! ganz wach! ganz müde! müde! müde! wach! müde! wach! etc. (*KO:* Ganz rasch wird man merken, wie der Hypnotisand mit dem Zwinkern beginnt, seine Augen werden feucht, rötlich, wie bei einer normalen Schläfrigkeit. Man geht dann weiter so vor:) ... Sie sind jetzt ganz müde und schläfrig ... müde und schläfrig ... schlafen ... schlafen ... schlafen! (*KO:* Dann wird wie bisher vorgegangen, bis eine tiefe Hypnose erreicht wird. Kombinationen sind dann mit allen anderen Methoden möglich.).»

HP-071
Aversionstherapie/Alkoholismusbekämpfung

KO: Die Bekämpfung der Alkoholsucht wird in einer speziellen Veröffentlichung (Jovanović, 1989) ausführlicher zu diskutieren sein. An dieser Stelle wird das Problem nur vollständigkeitshalber erwähnt. Bei den Aversionshypnotherapien (Cheek und LeCron, 1968; Schultz, 1959) handelt es sich darum, beim Patienten einen physischen Ekel gegen den Alkohol einzusuggerieren, wobei er dann diesen nicht mehr vertragen kann. Steigt der Patient auf eines der Surrogate um, so muß auch dieses desuggeriert werden. Am besten ist es, bereits beim Therapiebeginn umfassend zu arbeiten. Schultz (1959, Seite 71) empfiehlt unter anderem folgende Suggestionsformeln, die auch autosuggestiv angewandt werden:
SG: «1. Ich weiß, daß ich *keinen Tropfen* Alkohol trinke, zu *keiner Zeit*, an *keinem Ort*, in *keiner Form*, in *keiner Stimmung*, in *keiner Verstimmung*, bei *keiner Gelegenheit*, in *keiner Gesellschaft*. 2. Andere Menschen trinken; das ist völlig *gleichgültig*. Wer nicht trinkt, weil er es nicht verträgt, ist ein Mann, nicht der, der glaubt, kein Mann zu sein, wenn er nicht mittrinkt. 3. Alkohol ist *ganz gleichgültig*. 4. Jeder Augenblick ist wichtig; absolute *Nullinie;* automatische *Hirnkontrolle*».
(*KO:* Mit diesen Formeln glaubt Schultz einen *moralischen Ekel* einsuggeriert zu haben, so daß rund 50 % als geheilt angesehen werden dürften. Über die Vor- und Nachbehandlung wird in der oben erwähnten Veröffentlichung von Jovanović, 1989 weiter gesprochen.)

HP-072
Kombinationsmethoden/Morphinismus/Drogensucht

KO: Hier sprechen wir nicht nur von den Kombinationen der hypnotherapeutischen Methoden, sondern auch von jenen mit anderen Vor- und Nachbehandlungen. Drogensucht ist ein soziales, psychologisches, physiologisches und medizinisches Problem und muß dementsprechend angefaßt werden. An dieser Stelle wäre von einer *simultanen Kombination* die Rede, wobei alle Instanzen gleichzeitig wirken.

HP-073
Sukzessive Kombinationen/Drogensucht/Langzeittherapie

KO: Bei dieser Methode handelt es sich darum, daß der Patient eine intensive Entziehungskur in einer dazu geeigneten Anstalt durchmacht, worauf dann eine längere Gruppenpsychotherapie erfolgen muß. Dabei oder anschließend wird die Hypnotherapie zur Stabilisierung des Erfolges eingeleitet. Eine längere Beobachtungszeit mit Wiederholung der Hypnosesitzungen ist oft unumgänglich. Im speziellen Teil (Jovanović, 1989) wird dies weiter erörtert.

HP-074
Hypnotherapie/Medikamentenabusus

KO: Beim Medikamentenabusus, bei dem man noch nicht von einer Toxikomanie (Sucht) sprechen darf, kann die Hypnotherapie relativ leicht und mit verschiedenen Techniken erfolgreich angewandt werden. Stationär haben wir in 70 % (von 625 Patienten) eine Abnahme der Medikationseinnahme um 60–70 % durch 12 Hypnosesitzungen erzielen können. Im Detail wird auch diese Frage später erörtert (Jovanović, 1989).

HP-075
Verschiedene Gewohnheiten/Hypnotherapie/Hypnoanalyse

KO: Vollständigkeitshalber müssen auch andere Gewohnheiten erwähnt werden. Solche sind nicht selten und nicht einheitlich. Selbst Coca-Cola-Sucht ist nicht unbekannt, wobei der Patient dieses Getränk bis zur Coca-Cola-Psychose konsumieren kann. Die Hypnotherapie zielt auf das Umsteigen auf andere Getränke (Limonade etc.), bis auch diese desuggeriert werden. Wegen der eventuell vorhandenen Wurzeln in der Kindheit sollte die Hypnoanalyse nicht außer acht gelassen werden.

HP-076
Hypnotherapie/Hypnoanalyse/Astasie/Abasie

KO: Langzeitige Astasien/Abasien (manchmal kombiniert mit Aphonien) sind nicht leicht zu bekämpfen. Schultz (1959, Seite 67) beschreibt einen Fall von Binswanger, der ebenfalls Schwierigkeiten bereitete. Man habe eine 36-jährige, belastete Hysterika mit schwerer *Dysbasie und Parästhesien* behandelt. «Da in jenem Fall alle anderen Behandlungsmethoden versagten und weil bei der übertriebenen Ängstlichkeit und Furcht vor der Hypnose anfänglich auch dieser therapeutische Versuch mißlang (die Kranke war früherhin mehrfach fruchtlosen Hypnotisierungsversuchen unterworfen worden), so griffen wir zu dem Hilfsmittel, die Patientin durch kleine Dosen von *Cannabis indica* zuerst in eine leichte Narkose zu versetzen. Das Mittel hatte den ausgezeichneten Erfolg, daß die Patientin nicht nur ihre Schmerzen verlor, sondern geradezu euphorisch wurde. Es war jetzt ein leichtes, die Patientin durch Verbalsuggestion in eine tiefe, ruhige Hypnose zu versetzen, in welcher sie in einem steten Rapport mit dem Arzte war. Die Anregung zu bestimmten Willenshandlungen bestand anfänglich darin, daß suggestiv die Aufmerksamkeit der Patientin auf einzelne Abschnitte bald der rechten, bald der linken unteren Extremität für Augenblicke gelenkt wurde: ‹Achtung! Recht große Zehe spannen! Los! Linkes Fußgelenk beugen! (Plantarflexion) los! Ruhig! Sie sollen jetzt gar nicht an die Beine denken, nur dann, wenn ich es befehle. – Ruhig atmen! Sie sollen die Herrschaft über Ihre Glieder wiedergewinnen, Sie sollen sich bewegen lernen, ohne ängstlich zu sein. Passen Sie jetzt auf! Aufmerksamkeit auf das ganze linke Bein lenken, Glied spannen! (in Rückenlage werden sofort sämtliche Muskeln gestrafft) lösen! – (sämtliche Muskeln werden sofort erschlafft) spannen! lösen! – Ruhe! Gar nicht an das Glied denken. Wir wollen über etwas ganz anderes zusammen sprechen. – Sehen Sie, jetzt haben Sie gelernt, Ihre Gedanken auf die Beine zu lenken, ohne durch Nebengedanken dabei gestört zu werden. Jetzt hat auch Ihr Wille wieder die Herrschaft über die Muskeln gewonnen. Jetzt machen wir Gehübungen.› Auf diesem Wege wurde die suggestive Übungstherapie in der Hypnose durchgeführt, die Aufgaben in den späteren Sitzungen allmählich gesteigert und die Gehübungen zuerst ebenfalls im hypnotischen, dann im Wachzustande angeschlossen.» Daraufhin erfolgte eine systematische Wachübungstherapie.

Wir selber behandelten mit Erfolg eine Patientin mit Astasie/Abasie (Fall 21) mit paranoid-halluzinatorischem Syndrom, die jedoch bei einer späteren Gelegenheit (Jovanović, 1989) im Detail vorgestellt wird. Die Hypnotherapie erfordert äußerste Umsicht, Kooperation mit anderen Abteilungen und Ausdauer bei beiden Parteien (Patienten und Hypnotherapeuten).

HP-077
Multiple Kombinationen/Komplexe Hypnotherapie/Hetero-Autohypnose/Altersregression/Altersprogression

KO: Und jetzt nehmen wir als Beispiel eine Technik von Kapira S. Thakur (1984, Seite 476–492), die bei *Anorexia nervosa* angewandt wird. Unsere Patientinnen – KG-05184-DE-240937-090484 (Fall 22) und KG-13784-HM-240761-151084 (Fall 23) – mit ausgeprägter Anorexia nervosa wurden auf die gleiche Weise mit sehr gutem Erfolg hypnotherapiert. Thakur (1984) schlägt den Patienten vor, eine Kassette mitzubringen. Die Sitzungen werden dann aufgenommen, und den Patienten wird geraten, sich die Sitzungen zuhause anzuhören. Normalerweise lernen sie, die Hypnose zu induzieren, diese zu vertiefen und sich zu dehypnotisieren. Während der Heterohypnose werden ihnen so viele hypnotische Phänomene wie möglich beigebracht und demonstriert. Man versichere ihnen während dieser Zeit, daß sie ihren Körper auf diese Weise viel besser kontrollieren können als mit irgendwelchen anderen Mitteln. Die ausgedehnte Sitzung geht in mehreren Schritten vor sich. Im Schritt D1 wird die *Gewichtszunahme* suggeriert, in Schritt D2 das *Erbrechen* kontrolliert. Der Schritt D3 ist für die Bekämpfung des *Völlegefühls* und D4 für die der *Verstopfung* reserviert. Im Schritt D5 wird die Bewältigung der *Krämpfe im Unterleib* angestrebt. *Appetit und Hunger* beanspruchen dann den Schritt D6, *Übergewicht* den Schritt D7, eventuelle *migränöse Kopfschmerzen* den Schritt D8 der Hypnosesitzung. Die *Vergrößerung der Brüste* wird im Schritt D9, *Menstruationsregelung* im Schritt D10 suggeriert. *Panik-Attacken* werden im Schritt D11 bekämpft, das *Bewußtsein* in Schritt D12 verstärkt. Wenn alle diese Schritte in dieser Marathon-Hypnosesitzung gelungen sind, kann im Schritt D13 auf die *Altersregression* und im Schritt D14 auf die *Altersprogression* übergegangen werden. In vielen Fällen werden die einzelnen Schritte erst in den nachfolgenden F-Sitzungen erreicht werden können. Details darüber sind bei Jovanović (1989) zu finden.

HP-078
Altersregression/Interkommunikation

KO: Zur Vervollständigung der Technik der Altersregression wird nachfolgend ein *Abschnitt* aus dem Protokoll von Joan Murray-Jobsis (1984, Seite 397–402) wiedergegeben, der dazu noch modifiziert und angepaßt ist. Alle anderen Schritte einer der vorangehenden Übungs-Lektionen entnehmen. Auf die Bezeichnung der Schritte wird hier der Kürze halber verzichtet.

Hypnotherapeut

SG: «(1′) Ich möchte gern, daß Sie jetzt *in die nähere und fernere Vergangenheit* zurückreisen, in der Zeit zurückgehen, zurück *in die Zeit einer früheren Existenz,* (2′) vielleicht in die ersten Jahre an der Universität oder des Gymnasiums, sich an einige der Lehrer erinnern. (*KO:* Universitätsausbildung des Hypnotisanden wird vorausgesetzt. Zum Ansprechen des Unbewußten wird mehr *von Gefühlen* statt in logischen Botschaften gesprochen.) ... (3′) Zurück in die frühen Jahre der *Grundschule.* (4′) Vielleicht einige der *Lehrer und Kinder sehen,* sich daran erinnern, wie die Räume und Flure aussehen. (*KO:* Es wird eine Regression in die Zeitabschnitte vor der Zeitperiode, die exploriert werden soll, suggeriert. Dann arbeitet man in der Hypnose bis zum Explorationszeitpunkt vor.) (5′) Zurückgehen, sich vielleicht *an Gefühle erinnern,* an einige der *sehr frühen, frühen Gefühle,* (6′) wie man auf dem *Fußboden* krabbelt... (7′) mit den *Fingern und Händen* auf dem Boden ein Muster hinterläßt... (8′) Dann, sich daran erinnern, als man *zum ersten Mal hinaufgriff,* hinaufgriff und sich an *etwas festhielt* – einem Stuhl, einem Tisch – (9′) und zum allerersten Mal *aufrecht stand*, allein, auf zwei Füßen ... (10′) Zum ersten Mal aus dieser aufrechten Position *die Welt sehen*, (11′) und das Gefühl von *Macht und Leistung*, vielleicht den allerersten *Schritt machen*, kämpfen und fallen ... (12′) Das Gefühl des *Schmerzes* und der Leistung und des Hochgefühls und die ganze Aufregung dieser ersten Schritte empfinden, gehen und kämpfen und fallen und wieder gehen, und die ganze *Freude und Freiheit* ... (13′) Jetzt sind die Hände frei, um *nach Dingen zu greifen* und sie aufzuheben ... (14′) Schon bald wird gerannt, gehüpft, gesprungen ... (15′) Dann an diesem Tag im Klassenzimmer sitzen, diese seltsamen Formen *an der Tafel* sehen und anfangen zu entdecken, daß all diese Formen Namen haben – A, B, C – und immer weiter, so *viele Namen.* (16′) Wie werden wir nur jemals all diese Namen lernen? (17′) Es ist interessant, daß etwas, das zu lernen so unmöglich erscheint wie Gehen und *Buchstaben lesen*, schließlich so *einfach wird*, daß wir kaum mehr darüber nachdenken. (18′) All diese Namen, die zusammengesetzt werden und *Töne bilden*, und die Töne, die *Wörter bilden*, und die Wörter, *die Geschichten bilden.* (19′) Die Geschichten über *Hund und Ball und Baby und Mutter und Vati.* (20′) Es wird schon einfacher und auch ein bißchen aufregend, und ich frage mich, wie Du Dich in diesem Klassenzimmer fühlst. (21′) Vielleicht möchtest Du anfangen, mir zu erzählen, wie Dein Klassenzimmer aussieht.»

Hypnotisand

«Ich sehe *nicht das ganze* Klassenzimmer, aber ich sehe die *Tafel*, und ich sehe die *Lehrerin*, diese Miss D., und ich sehe die Wörter da oben, und ich fange gerade an zu verstehen, daß dies Wörter sind, und sie scheinen ziemlich schwierig im Moment. Ich sehe andere Kinder, aber sie scheinen im Moment nicht sehr wichtig. (*KO:* Die Antwort des Hypnotisanden zeigt die Fähigkeit an, mit Imaginationen und Regression arbeiten zu können.).»

Hypnotherapeut

«(22′) Wie ist es, dort zu sitzen und die Tafel und die Lehrerin, Miss D., und diese Wörter und die anderen Kinder zu sehen?»

Hypnotisand

«Es scheint unheimlich, so unheimlich. Diese Wörter scheinen schwierig zu sein, und ich weiß nicht, ich habe Angst, sie nicht zu können. Ich kann eines dieser Wörter, das ist ‹Baby›. Ich kann das Wort. Ich habe Angst. Was ist, wenn sie mich aufruft, und ich kann das Wort nicht.»

Hypnotherapeut

«(23′) Kannst Du diese Bildvorstellung nehmen und beginnen, ein glückliches, lächelndes *Ich* in dem Klassenzimmer zu sehen, wirklich glücklich, weil Du das Wort ‹Baby› kannst, wirklich stolz, weil Du das Wort ‹Baby› kannst. (*KO:* Hier wird vom Hypnotherapeuten eine Verschiebung der Imagination suggeriert.) (24′) Die Lehrerin, Miss D., lächelt Dich an und ist sehr, sehr zufrieden mit Dir, weil Du das Wort ‹Baby› kannst. (25′) Sie läßt Dich wissen, daß sie Dir helfen wird, all die anderen Wörter leicht und bequem zu lernen, und Sie läßt Dich wissen, daß Du *lernen kannst*, daß Du es wirklich kannst, und daß sie Dir helfen wird.»

Hypnotisand

«Ja, ich kann es sehen. Ich glaube, ich kann es sehen. Ich sehe mich selbst, wie ich das Wort ‹Baby› kann und wie es mir gut geht. Ich kann das Wort wirklich. Die Lehrerin ist zufrieden mit mir. Sie wird mir helfen. Das weiß ich, und das tut gut ...»

Hypnotherapeut

«(26') Das ist gut. Es ist viel besser, sich daran zu erinnern, wie gut es tut, das, was wir wirklich wissen, zu schätzen, und uns selbst die Zeit zu geben, den Rest zu lernen, und die Lehrerin wird helfen. (*KO:* Die Metapher von der Akzeptanz und Hilfe durch den Hypnotherapeuten wird wiederholt.) (27') Der Lehrerin gefällt es wirklich, was Du schon weißt und wie gut Du arbeitest ... (28') Ich möchte nun, daß Du zurückgehst zu den frühesten, frühesten Erinnerungen an die Zeit, an die Existenz, die frühesten Erinnerungen an das kleine Mädchen, die kleine L., und sogar weiter zurück, zu dem *Säugling* L. Vielleicht zurück zu dem krabbelnden Baby oder sogar noch weiter zurück. (29') Wenn Du das Bild des Säuglings, des Babys, des kleinen Mädchens L. findest, dann möchte ich, daß Du mir ein Zeichen gibst, indem Du Deinen rechten Zeigefinger bewegst. (*KO:* Der Hypnotherapeut wartet hier einige Zeit, bis das Fingersignal kommt.).»
(*KO:* Auf diese Weise weitergehen und am Ende zum Explorationstag/Hypnosetag zurückführen. Hier ist die Lektion unterbrochen worden.)

HP-079
Längere Hypnotherapie/Depressive Verstimmung

KO: Im speziellen Teil (Jovanović, 1989) werden einige Beispiele für die Behandlung von *depressiven Verstimmungen endogener und exogener Genese* vorgetragen. Hier sei betont, daß bei derartigen Behandlungen viel mehr *Geduld* als sonst angebracht ist. Der Therapieplan umfaßt:
(1) Medikamentöse Therapie zum Abbau akuter Symptomatik, wenn eine solche bestanden hat.
(2) *Allgemeine Hypnotherapie* zur Ruhigstellung bis in jede Einzelheit und generell.
(3) *Ausgleichssuggestionen* (lebhafte Darstellung der gegensinnigen Reaktionen).
(4) *Längere Psycho-/Hypnotherapie* zur Erhaltung des Erfolges. Sowohl direkte als auch *indirekte Techniken* kommen in Frage.
Bei der Patientin KG-61387-HP-180825-230487 (Fall 24) haben wir unter anderem bei *chronischen depressiven Verstimmungen endoreaktiver Genese* und *erheblichem Medikamentenmißbrauch* sehr gute Erfolge erzielen können (Details s. Jovanović, 1989).

HP-080
Sexuelle Deviationen/Exhibitionismus/Längere Hypnotherapie

KO: Auch mit diesem Problem werden wir uns ausführlich und in allen Einzelheiten später (Jovanović, 1989) befassen müssen. Die Hypnotherapie richtet sich unter anderem nach den Prinzipien der HP-079.

HP-081
Menstruationsstörungen mit anderen neurotischen Symptomen/ Direkte Anweisungen in der Hypnose

KO: Bei dieser Behandlung ist die Tatsache von Bedeutung, daß Patientinnen *nicht immer in einer Richtung* erkrankt sind (Hypermenorrhoe oder Amenorrhoe), sondern auch *von einem Extrem zum anderen wechseln* können. Im allgemeinen lege man bei *Hypermenorrhoe*

(Fall 25: KG-62287-HS-200668-150687) *beide Hände auf den Unterleib* der Hypnotisandin, suggeriere erst ein angenehmes Gefühl der Wärme unter den Händen, mache dann *unter leichtem Druck einige nach oben gerichtete Passses* und suggeriere, *daß damit das Blut zum Herzen zurückgedrängt werde*, die Menstruation so immer schwächer würde. Hat die Periode bereits übermäßig lange angedauert, so suggeriere man schließlich, daß sie völlig verschwinde. Zum Schluß wird wieder ein *komplettes Wohlgefühl* nachsuggeriert (Schultz, 1959). Bei Patientinnen mit *Amenorrhoe* werden Wärmegefühl und Kongestionsempfindung als Mittelpunkt der Suggestionen angesehen. Nach Schultz (1959) suggeriere man in etwa so: «Sie fühlen jetzt meine Hände mit leichtem Druck *auf Ihrem Unterleib*. Achten Sie genau darauf. Jetzt entwickelt sich ein intensives, angenehmes Gefühl der Wärme, erst in der Haut unter meinen Händen, Ihr Blut kommt in Wallung, Ihr Kopf wird ganz heiß und rot... Nun streichen wir das Blut wieder hinunter (*KO:* Passes vom Gesicht abwärts.)... Der Kopf wird leicht, kühl, angenehm... Jetzt fühlen Sie nur noch unten im Unterleib eine ganz intensive Wärme, zugleich ein Gefühl von Völle, von Druck von Spannung... Ganz schwer und drückend fühlen Sie jetzt die Wärme. Genau so werden Sie sich am... ten befinden, dann wird Abgang von Blut erfolgen, der Sie erleichtert... Am ersten Tage mäßig, am zweiten stark, am dritten geringer, am vierten nicht mehr... Jetzt verteile ich das Blut wieder, Sie fühlen sich ganz frei und frisch, kein Gefühl von Völle... etc.».

HP-082
Hypnose und Geburtshilfe/Rechtzeitige permanente Übungen

KO: Sehr ausführlich hat sich mit diesem Problem Wolff (1926) auseinandergesetzt. Schultz (1959, Seite 50–64) hat einige Übungen und das Vorgehen in der Geburtshilfe ausführlich wiedergegeben. In unserem speziellen Teil (Jovanović, 1989) wird auch von uns aus näher darauf eingegangen.

8. Spezielle Hypnose-Techniken für Kinder und Jugendliche

8.1 Vorbemerkungen zur Problematik

Kinder und Jugendliche erfordern eine besondere Umsicht und Geschicklichkeit (Gardner und Olness, 1981; London, 1963, 1981; Morgan und Hilgard, 1981). Verschiedene Altersgruppen bevorzugen häufig unterschiedliche Induktionstechniken. Obwohl wir die Techniken grob nach den Altersgruppen, für die sie am häufigsten angemessen sind, gruppieren können (Tab. 8), gibt es keine festen und starren Regeln, besonders in Fällen, in denen die Stufe der kognitiven oder sozio-emotionalen Entwicklung mit den Erwartungen, die sich auf das chronologische Alter stützen, nicht übereinstimmen. Unreife Jugendliche reagieren vielleicht gut auf Techniken, die normalerweise kleinere Kinder ansprechen würden. Ebenso haben kleinere Kinder den besten Erfolg mit Methoden, die höheren Altersgruppen zugedacht sind, besonders Techniken, von denen sie wissen, daß sie von älteren Geschwistern oder den Eltern benutzt werden. Wie immer bleiben wir flexibel und orientieren uns am kleinen Patienten (Gardner und Olness, 1981; London, 1963, 1981; Morgan und Hilgard, 1981). Unter anderem sind bei Gardner und Olness (1981) sehr gute Anweisungen und Beispiele zu finden. Aus einer Sammlung dieser Autoren (s. auch Tab. 8) geben wir einige Lektionen (stark gekürzt) wieder. *Details und Übersetzung von Hypnotiserbarkeits-Skalen* s. bei Jovanović (1989).

Tabelle 8: Hypnose-Indkutions-Techniken bei Kindern verschiedener Altersstufen (nach Gardner und Olness, 1981, Seite 77 Tab. 5-1)

Präverbale Phase (0–2 Jahre)

Taktile Stimulation (Streicheln und ähnliches), kinästhetische Stimulation (Schaukeln, Bewegen eines Armes nach hinten und vorn), akustische Stimulation (Musik oder andere Geräusche, wie Haartrockner, elektrischer Rasierapparat, Staubsauger außerhalb der Reichweite des Kindes), visuelle Stimulation (mobile Gegenstände, die Bewegung, Farbe und Aussehen verändern können, Haustiere, ausgestopfte Tiere)

Frühe verbale Phase (2–4 Jahre)

Märchenerzählung, stereoskopische Bewegungen, bevorzugte Aktivitäten, Sprechen zum Kind durch ein Spielzeug oder ausgestopftes Tier, Teddybär, Zuschauen bei der Induktion am Audio-Video-System

Vorschulphase und frühe Schulphase (4–6 J.)

Bevorzugte Plätze, verschiedene Tiere, Blumengarten, Geschichtenerzählen, Eichenbaumspiele, Münze-Betrachten, Betrachten von Buchstaben, Fernseh-Phantasien, stereoskopische Bilder, Videobänder, Audio-Video-System-Vorfühung, Ballspielen, thermales Biofeedback, spielerische Untergrund-Aktivität

Schulalter (7–11 Jahre)

Bevozugte Plätze, bevorzugte Aktivitäten, Betrachtung der Wolken, fliegende Spielzeuge und Objekte, Märchenerzählung oder Lesen, Armsenkung (Handfallen), bevorzugte Musik, Selbsthören am Magnettonband, eine Münze betrachten, Fixation eines Punktes der Hand, Hände zusammenziehen (zueinander bewegen), Armkatalepsie (Armrigidität)

Heranwachsende (12–18 Jahre)

Bevorzugte Plätze, Sport-Aktivitäten, Armkatalepsie, Nachahmen der Atmung, Augenfixieren auf die Hand, Fahrzeugfahren, Spielen oder Hören von Musik, Armlevitation, Muskelbalancierung, Induktions-Methoden für Erwachsene (je nach Alter und Situation die indirekten oder direkten Induktionstechniken, siehe Kapitel XV für Erwachsene)
(Erkrankte Kinder erfordern eine besondere Rücksicht. Verhaltensgestörte Kinder sind wählerisch)

8.2 Visuelle Imaginationstechniken

HP-083
Visuelle Imaginationstechnik/Lieblingsort

Bei dieser Induktionstechnik beginne man etwa so:
SG: «Denke an einen Lieblingsort, wo Du gewesen bist und wo Du gerne sein möchtest. Es ist vielleicht einfacher, *wenn Du die Augen schließt*, aber wenn Du möchtest, kannst Du sie offen lassen, bis sie sich von selber schließen. (*KO:* Wenn Kindern kein wirklicher Lieblingsort einfällt, bitte man sie, sich einen imaginären vorzustellen. Manchmal hilft es, die Kinder nach ihrem Lieblingsort zu fragen. Der Hypnotherapeut kann dann die Imagination ausweiten, indem er spezielle Details hinzufügt. Nicht selten erhält man wichtige Informationen über das Kind, ähnlich wie bei psychologischen Projektionstests, welche die Phantasie anregen. Wenn Kinder mehr als einen Lieblingsort anbieten und keine Bevorzugung erkennen lassen, kann der Hypnotherapeut den Rapport verstärken, indem er den suggeriert, der ihm oder ihr am vertrautesten ist. Der Hypnotherapeut kann auch die Situation suggerieren, die den kleinen Patienten am aktivsten mit einbezieht, besonders wenn die Ziele der Behandlung die Vergrößerung der Kompetenz und aktiven Beherrschung eines Problems beinhalten. Die Imagination braucht mit dem Problem überhaupt nicht in Beziehung zu stehen.) . . . Sieh Dich selbst, spüre Dich selbst an diesem Lieblingsort, den Du ausgewählt hast. Sieh Dich um und sehe die Formen und Farben, höre die Geräusche. Versetze Dich jetzt wirklich dorthin. Es ist

für jeden gut, manchmal an einem Lieblingsort zu sein, an einem Ort, an dem man gerne ist, an einem Ort, an dem man sich wohl fühlt ... Du kannst diese guten Gefühle jetzt empfinden. Nimm Dir etwas Zeit, sie zu genießen. Wenn Du das Gefühl hast, wirklich dort zu sein, laß es mich wissen, indem Du einen Finger hebst um *ja* zu sagen. (*KO:* Wenn das Kind besorgt aussieht, sollte der Hypnotherapeut sich nach dem Grund der Schwierigkeit erkundigen. Man bemerke beiläufig, daß nicht jeder gerne an einen Lieblingsort geht, und schlage eine andere Methode vor. Manchmal hat ein Kind, das sich mit Erfolg einen Lieblingsort vorstellt, vielleicht eine negative Reaktion – zum Beispiel Traurigkeit –, weil jemand von seinen Großeltern, der diesen Ort auch mochte, gestorben ist. Abhängig von den Zielen der Behandlung kann der Hypnotherapeut entweder auf eine andere Methode überwechseln oder dem Kind helfen, die emotionale Reaktion zu erforschen. Vor dem Beginn der Induktion kann dem Kind gesagt werden, daß es in der Hypnose reden kann, besonders wenn ein hypnotisches Interview Teil des Behandlungsplanes ist.)»

HP-084
Visuelle Imaginationstechnik/Imagination von Tieren

Und in diesem Falle fange man in etwa so an:
SG: «Magst Du Tiere? Gut ... Welches magst Du am liebsten? Schön ... Stell Dir einfach vor, daß Du Dich selbst an einem sehr angenehmen Ort sitzen siehst, mit einem kleinen Hund (*KO:* Oder irgendein anderes Tier, das das Kind gewählt hat.) ... Vielleicht hilft es, *wenn Du die Augen schließt.* Spüre das weiche Fell des kleinen Hundes und sieh seine Farbe. Und jetzt, nur zum Spaß, stell Dir vor, daß er eine andere Farbe hat oder gestreift oder getupft ist. Stell es Dir auf irgendeine Art vor, wie Du es möchtest, und der Hund ist auch glücklich. Du kannst die Farbe jederzeit verändern. Und Du kannst Dir einen zweiten Hund vorstellen, genau wie den ersten, dieselben Farben, dasselbe Fell. Zwei kleine Hunde, und Du kannst Dich selbst mit ihnen spielen sehen. Jetzt kannst Du, wenn Du willst, drei Hunde machen und ihre Farbe in die erste zurückverwandeln oder in eine andere: Du kannst mir von den Hunden erzählen, wenn Du es möchtest ... etc.»

HP-085
Visuelle Imaginationstechnik/Blumengarten

SG: «Du sagtest, daß Du Blumen magst ... Am besten wäre es, wenn Du jetzt die Augen schließen würdest ... Jetzt stell Dir einfach vor, daß Du in einem schönen, großen Blumengarten bist, mit all Deinen Lieblingsblumen ... Vielleicht hast Du Dein Lieblingsspielzeug oder Plüschtier dabei. Sieh die leuchtenden Farben. Riech die süßen Düfte. Wenn Du möchtest, kannst Du die Blütenblätter berühren und feststellen, wie weich sie sind. Stell Dir vor, daß Du in diesem Blumengarten so viele Blumen pflücken kannst, wie Du willst. Du kannst sie für Dich behalten. Oder Du kannst einige für jemanden bestimmten pflücken ... Spüre, wie sich Deine Arme um einen größeren und größeren Strauß dehnen, bis Du alle hast, die Du willst ... Wenn Du sie zu einem bestimmten Menschen bringst, kannst Du sehen, wie glücklich dieser Mensch ist, wenn Du ihm die Blumen gibst ... Auch Du kannst Dich so glücklich fühlen ... etc.»

HP-086
Visuelle Imaginationstechnik/Wolken

KO: Wolken eignen sich als Imagination sehr gut, da sie viele bunte Gestalten annehmen und anmuten lassen können.
SG: «Welche Farben magst Du? Gut... Stell Dir einige schöne Wolken am Himmel vor und beobachte, wie sie eine Deiner Lieblingsfarben annehmen.... Gut... Laß sie jetzt eine andere Farbe annehmen. Oder vielleicht mehrere schöne Farben. Die Wolken können auch die Form verändern, während Du sie Beobachtest. Es wird interessant sein zu sehen, was aus ihnen wird. Du kannst auch Teil dieser Wolken sein, wenn Du willst, und Dich sehr angenehm, sehr gut fühlen... (*KO:* Diese Technik ist vielleicht unangemessen für ein Kind, dem gesagt wurde, daß Tod bedeute, in den Himmel hinaufzugehen, um mit Gott zu leben. Man möge besonders vorsichtig sein, wenn vor kurzer Zeit ein Familienmitglied, Freund oder Lieblingstier gestorben ist oder wenn das Kind eine Krankheit hat, die zum Tod führen kann.)»

HP-087
Visuelle Imaginationstechnik/Buchstaben

KO: Buchstaben wurden im Zusammenhang mit Hypnose bereits in Kapitel IX erwähnt. Sie scheinen dabei eine wichtige Rolle zu spielen.
SG «Du hast mir gesagt, daß Du gerne schreibst. Stell Dir hinter geschlossenen Augen selbst eine Tafel oder ein Stück Papier mit einem *A* darauf vor. Jetzt beobachte, wie sich das *A* in ein *B* verwandelt. Dann läßt Du das *B* zu einem *C* werden. Schau Dir so viele Buchstaben an wie Du möchtest. Wenn Du Dich sehr angenehm, sehr gut fühlst, laß es mich wissen, indem Du einen Finger hebst... (*KO:* Stattdessen kann man auch mit Zahlen arbeiten. Wenn das Kind bedrückt aussieht, denke man an die Möglichkeit, daß Buchstaben und Zahlen eine symbolische Bedeutung haben – zum Beispiel als Schulnoten oder als Altersangaben. Mit der Zahlenmethode kann man spontane Altersregression oder Altersprogression erhalten, und dies kann wünschenswert sein oder auch nicht. Alles hängt von den therapeutischen Zielen ab.)»

HP-088
Visuelle Imaginationstechnik/Fernsehen/Kino

KO: Hier ist eine intensivere Umsicht am Platze. Bei Kindern, die eine besonders brutale Sendung als Lieblingssendung angeben, ziehen es manche Hypnotherapeuten vor, sich nach anderen Interessen zu erkundigen und eine andere Methode zu benutzen. Wahrscheinlich ist es besser, sich beiläufig nach anderen Interessen zu erkundigen, als das Kind um eine weniger brutale Sendung zu bitten, da das Kind das letztere als Zurückweisung interpretieren könnte.
SG: «Du hast mir erzählt, daß Du gerne fernsiehst und daß Deine Lieblingssendung... ist... *Während Du die Augen geschlossen hast*, stell Dir einfach vor, daß Du Dich darauf vorbereitest, Deine Lieblingssendung im Fernsehen anzusehen. Wo ist das Fernsehgerät, an dem Du fernsiehst? Gut. Mach es Dir einfach bequem, und wenn Du fertig bist, schaltest Du das Gerät ein. Höre das Klicken, während Du das Programm einschaltest, das Du möchtest. Jetzt kannst Du Deine Lieblingssendung sehen. Wenn der Ton und das Bild gerade richtig für Dich sind, laß es mich wissen, indem Du einen Finger hebst. Gut... Schau und hör weiter zu,

und fühle Dich sehr angenehm dabei, sehr gut. (*KO:* Wenn das Kind medizinisch behandelt wird, kann der Hypnotherapeut wiederholt Suggestionen für fortdauerndes Fernsehen geben. Wenn der Hypnotherapeut vorhat, hypnotische oder posthypnotische Suggestionen zu geben, können diese in den Inhalt der Sendung eingestreut werden. Zum Beispiel, wenn sich das Kind weigert, Medikamente oral einzunehmen, kann der Hypnotherapeut suggerieren, daß der Fernseh-Held oder die Fernseh-Heldin gern Medizin nimmt, die Krankheiten heilt. Oder das Kind kann nach seinem Lieblingsessen gefragt werden. Daraufhin kann ihm die Suggestion gegeben werden, daß die Person aus dem Fernsehprogramm dieses Essen zu sich nimmt und es mit dem Kind teilen will. Die Medikation wird dann als Lieblingsessen halluziniert. Die meisten Kinder haben keine Probleme, sich in eine Fernsehsendung hineinzudenken. Gardner und Olness haben erlebt, daß äußerst kranke Kinder im Zusammenhang mit diesen Suggestionen orale Medikation akzeptierten. Bei psychotherapeutischen Behandlungen könne der Hypnotherapeut die Fernsehtechnik benutzen, um Problemgebiete zu explorieren oder dem Kind bei einer konstruktiven Lösung zu helfen. Bei dieser und praktisch bei allen anderen Techniken der Hypnose-Induktion gebe es keine wirklich scharfe Trennung zwischen Induktion und therapeutischer Arbeit. Selbst wenn eine Induktionstechnik ohne therapeutische Suggestionen benutzt werde, werde die Erfahrung der Induktion durch das Kind entweder therapeutisch oder antitherapeutisch wirken. Dies trifft natürlich auf alle Arzt-Patienten-Interaktionen in der Hypnotherapie wie auch auf andere Behandlungsarten zu.)»

8.3 Akustische Imaginationstechniken

HP-089
Akustische Imaginationstechnik/Lieblingslied

SG: «Du sagtest, daß Du gerne singst.. Wo tust Du das am liebsten? Gut... Jetzt kannst Du *die Augen schließen*... Stell Dir vor, daß Du jetzt dort bist und Dein Lieblingslied singst. Singe das Lied in Deiner Vorstellung ganz durch. Genieße es, es sehr gut zu machen, gerade die Töne hervorzubringen, die Du möchstest... Wenn Du am Ende des Liedes angelangt bist, laß es mich wissen, indem Du einen Finger hebst. Du kannst es auch noch einmal singen, wenn Du willst. (*KO:* Der kleine Patient kann auch gebeten werden, den Rhythmus mit den Fingern anzugeben. Wenn die Fingerbewegungen aufhören, weiß der Hypnotherapeut, daß das Lied zu Ende ist.)»

HP-090
Akustische Imaginationstechnik/Musikspielen/Musikhören

KO: Instrumentenspielen kommt nur bei Kindern in Frage, die ein Instrument beherrschen. Die Suggestionen zum *Musikhören* erfolgen in etwa so:
SG: «Du sagtest, daß Du Musik magst. Welche Musik hörst Du am liebsten?... Welches Musikstück würdest Du jetzt gerade gerne hören? Gut... Stell Dir einfach vor, daß Du das jetzt ganz genau hörst, so laut oder so leise wie Du willst. Du kannst Dir auch vorstellen, daß Du die Musiker siehst... Du kannst mich wissen lassen, wenn die Musik aus ist... (*KO:* Für manche Kinder ist es vielleicht besser, tatsächlich aufgenommener Musik zuzuhören als sie sich vorzustellen. Sie können auch bespielte Tonbänder oder Kassetten mitbringen.)»

8.4 Dynamische Imaginationstechniken

HP-091
Imagination vom fliegenden Teppich

KO: Diese Methode sollte nicht benutzt werden, wenn der kleine Patient Angst vor dem Fliegen oder vor Höhen hat (Gardner und Olness, 1981).
SG: «Stell Dir *mit geschlossenen Augen* vor, daß Du zu einem Picknick gehst, mit den Menschen, die Du am liebsten hast, an einen für ein Picknick ganz besonderen Platz. Du hast Dein Lieblingsessen und Deine Lieblingsgetränke ... Du kannst sie sehen und riechen und schmecken ... Du genießt es, mit deinen Eltern und Deinen Freunden spielen zu können ... Und wenn Du mit Essen, Trinken und Spielen fertig bist, siehst Du vielleicht eine Decke ausgebreitet auf dem Boden ... Sie ist in Deiner Lieblingsfarbe, glatt und weich ... Du kannst darauf sitzen oder darauf liegen ... Stell Dir jetzt vor, es ist ein fliegender Teppich und Du bist der Pilot ... Du kannst machen was Du willst. Du kannst nur einige Zentimeter über dem Boden, über dem Gras fliegen oder höher, sogar über den Bäumen, wenn Du willst. *Du* bist der Pilot. Du kannst gehen, wohin Du willst und so schnell oder so langsam fliegen wie Du möchtest, indem Du einfach daran denkst. Du kannst landen und Deine Freunde besuchen, oder Du kannst im Zoo oder sonst irgendwo niedergehen. Du bist der Pilot, und Du bist verantwortlich ... Du könntest an einem Baum vorbeifliegen und Vögel in einem Nest sehen. Du kannst die Geschwindigkeit erhöhen und verringern. Genieße es, da hinzugehen, wohin Du willst. Laß Dir so viel Zeit wie Du brauchst, um Dich behaglich zu fühlen. Wenn Du bereit bist, kannst Du Dir einen gemütlichen Landeplatz suchen und Deinen fliegenden Teppich landen. Wenn Du gelandet bist, laß es mich wissen, indem Du einen Finger hebst ... etc.»

HP-092
Imagination des Fahrens/Reitens

SG: «Machst Du gerne Dinge wie Fahrradfahren oder Reiten? Gut ... Was machst Du am liebsten? Schön ... Mach es Dir jetzt einfach bequem, schließe die Augen, wenn Du willst, und stell Dir vor, daß Du das jetzt tust. Du bist genau da, wo Du sein möchtest, und es ist ein schöner Tag. Stell Dir jetzt vor, daß Du genau da hingehst, wo Du gerne hin möchtest, mit der Geschwindigkeit, in der Du möchtest. Du hast das Sagen, und Du kannst gehen, wohin Du willst. Genieße alles, was Du siehst ... Genieße es, daß Du die Geschwindigkeit regulieren kannst. Jede Veränderung der Geschwindigkeit oder der Richtung ist ein Zeichen, Dich noch behaglicher zu fühlen als zuvor. Wenn Du Dich sehr, sehr behaglich fühlst, kannst Du allmählich langsamer werden. Suche einen Halte- oder Ruheplatz und ruhe Dich aus, ganz bequem ... (*KO:* Für Kinder, die sich vor Passivität fürchten, ist es vielleicht am besten, die Suggestion des Verlangsamens und Haltens auszulassen. Therapeutische Suggestionen können gegeben werden, solange der Ausflug noch andauert. Auf eine ähnliche Weise können auch andere sportliche Aktivitäten wie Fußball etc. in Anspruch genommen werden.)»

HP-093
Imagination eines Spielplatzes/des Spielens

SG: «Ich weiß, daß Du gerne auf den Spielplatz gehst und auf der Schaukel und der Rutsche spielst. Wenn Du willst, kannst Du jetzt die Augen schließen und Dir vorstellen, daß Du dort bist. Stell Dir vor, wie Du Dich auf die Schaukel setzt und anfängst vorwärts und rückwärts zu schaukeln ... Zuerst nur ein bißchen, dann mehr, rückwärts und vorwärts, so schnell oder so langsam wie Du möchtest ... Rückwärts und vorwärts ... Rückwärts und vorwärts. Du fühlst Dich sehr gut ... Es macht Dir viel Spaß, zu spielen ... So einfach ... Und wenn Du zu der Rutsche gehen möchtest, laß die Schaukel einfach ausschwingen und stelle Dir Dich selbst vor, oben auf einer schönen, langen, glatten Rutsche, einer Rutsche, die genau richtig für Dich ist ... Während Du die Rutsche hinuntergleitest, kannst Du Dich immer behaglicher und behaglicher fühlen. Spüre, wie Dein Körper sanft hinunter und hinunter geht ... So weich ... So einfach ... Hinunter und hinunter ... Wenn Du unten ankommst, findest Du vielleicht etwas, das Du sehr magst. So, angenehm ... Wenn Du unten ankommst, kannst Du einfach genießen, was Du dort vorfindest ... Hebe einen Finger hoch, wenn Du unten ankommst. Wenn Du möchtest, kannst Du mir sagen, was Du dort vorfindest ... etc.»

8.5 Techniken des Geschichtenerzählens

Bei kleinen Kindern oder bei solchen, die zu ängstlich sind, um sich bei anderen Imaginationstechniken stark zu beteiligen, kann sich der Hypnotherapeut dazu entschließen, eine Geschichte zu erfinden, die an die Bedürfnisse und Interessen des Kindes angepaßt ist. Diese Technik kann besonders bei kleinen Kindern nützlich sein, die schmerzliche oder beängstigende medizinische Prozeduren über sich ergehen lassen mußten. Bei der Geschichte kann es sich um eine völlig neue Phantasieerzählung handeln oder es kann eine Variation einer Fernsehsendung oder eines Themas sein, die dem Kind bekannt sind. Der Hypnotherapeut kann die Geschichte im ganzen selbst erfinden oder er kann das Kind bitten, Ideen dazu beizutragen, soweit es dazu in der Lage ist. Diese Methode gibt nach Gardner und Olness (1981) dem Hypnotherapeuten die Möglichkeit, das Kind mit einer humorvollen Phantasie zu beschäftigen, was als ein gutes Gegenmittel gegen Angst angesehen werden darf. Der Hypnotherapeut kann zum Beispiel beginnen, indem er eine bekannte Geschichte erzählt, und dann Ärzte, Schwestern oder Familienmitglieder für die ursprünglichen Charaktere austauscht. Die meisten kleinen Kinder haben Spaß an solchen Spielereien, obwohl einige darauf bestehen werden, daß die Geschichte «richtig» erzählt wird. Wenn auch manchmal das Geschichtenerzählen eher für ein Ablenkungsmanöver als für eine Hypnosetechnik gehalten wird, haben Gardner und Olness (1981) dabei die Konzentration der selektiven Aufmerksamkeit (s. Kapitel IX) und veränderte Wahrnehmung der Umgebung gefunden, die typischerweise die Hypnose charakterisieren.
Hier werden keine Beispiele angeboten, da die Methode völlig von der Kreativität und dem Einfallsreichtum des Hypnotherapeuten abhängt.

8.6 Ideomotorische Induktionstechniken

Diese Methoden unterscheiden sich von den Techniken der Bewegungsimagination (dynamische Techniken, s. Abschnitt XV.8.4), weil zu den letzteren nicht notwendigerweise *tatsächliche Bewegungen des Kindes gehören*, obwohl sie vorkommen können. Bei ideomotorischen Techniken wird das Kind gebeten, *sich geistig auf die Vorstellung einer bestimmten Bewegung zu konzentrieren* und dann diese Bewegung tatsächlich erfolgen zu lassen, *ohne bewußte Muskelaktivität*. Solche Methoden sind besonders wertvoll, wenn der Hypnotherapeut die Idee vermitteln möchte, daß das Kind größere Kontrolle über Schmerzen und andere physische Reaktionen gewinnen kann, die zuvor außerhalb der Kontrolle zu sein schienen. Sie können auch die Vorstellung erleichtern, daß die eigene Einstellung den Heilungsprozeß beeinflussen kann und daß die Willigkeit oder Offenheit gegenüber Veränderungen die völlige Passivität in der Behandlung ersetzen kann. Diese Techniken sind meistens für Kinder geeignet, die mindestens das Schulalter schon erreicht haben. Manchmal können auch jüngere Kinder davon profitieren. Im Prinzip unterscheiden sich viele dieser Methoden nicht von denen für Erwachsene (s. beispielsweise HP-002, HP-028 bis HP-031), so daß wir uns hier auf ganz wenige Beispiele beschränken dürfen.

9 |

HP-094
Technik des Zusammenbewegens der Hände

SG: «Und wenn Du jetzt möchtest, kannst Du Deine *Augen schließen*... Dann halte Deine Arme gerade vor Dich hin, die Handflächen einander gegenüber, etwa 30 cm auseinander... Gut. Jetzt stell Dir zwei kräftige Magneten vor, einen an jeder Handfläche... Du weißt ja, daß Magneten einander anziehen können. Denk einfach an diese zwei starken Magneten und Du stellst vielleicht fest, daß sich Deine Hände ganz von alleine näher aufeinanderzu bewegen, ohne daß Du irgend etwas tust... Gut... Beachte, daß die Magneten umso stärker ziehen, je näher sie beieinander sind. Und je stärker sie ziehen, desto näher kommen sich Deine Hände. Sie werden sich bald berühren. Wenn dies geschieht, laß diese angenommenen Magneten einfach los, laß Deine Hände und Arme sich in eine bequeme Lage nach unten senken, atme einmal tief durch und entspanne Dich vollkommen... etc.» (*KO:* s. dazu oben, Erwachsenen-Teil, insbesondere für Armlevitation, Senken der Arme, Armrigidität, Armkatalepsie etc.)

9 |

HP-095
Senken des Fingers

KO: Diese Technik spricht kleine Kinder an, kann aber auch bei größeren Kindern angewandt werden. Der Hypnotherapeut hilft dem Kind, den kleinen Finger auf das Bett oder die Armlehne des Sessels zu legen, während die anderen Finger in die Luft gestreckt werden.
SG: «Stell Dir vor, daß dieser kleine Finger auf der Armlehne eine angenehme Ruhepause einlegt. Die anderen Finger würden sich auch gerne ausruhen. Sie werden sich auch bald nach unten senken wollen, nach unten, bis sie sich auch ausruhen. Ich bin neugierig, welcher Finger als erster nach unten gehen wird... Schau, dieser ruht sich jetzt aus. Wenn sie sich alle ausruhen, kannst Du Dich durch und durch behaglich fühlen. Du kannst *Deine Augen schließen*, wenn Du willst. Immer bequemer und bequemer... etc.»

9 |

HP-096
Gewaltige Eiche

KO: Diese Hypnosevariante wird von den Autoren (Gardner und Olness, 1981) besonders für Gruppen empfohlen. Sie spricht aber auch kleine Kinder an, die von Natur aus nicht still sitzen können.
SG: «Steh auf, groß und gerade wie eine starke Eiche. Das ist gut. Laß Deine Arme die Äste sein und strecke sie hinauf zum Himmel... Deine Füße sind Wurzeln, die durch den Boden hindurchgehen. Spüre, wie stark Du bist. Sehr stark... Niemand kann Dich bewegen. Spüre die Sonne und die Luft und den Regen durch Deine Äste kommen, um Dich noch stärker zu machen. Spüre diese starken, zähen Wurzeln. Wenn Du wirklich bereit bist, wenn Du Dich wirklich wie eine mächtige Eiche fühlst, werde ich versuchen, Dich hochzuheben... etc.»

8.7 Progressive Entspannung und andere Induktionstechniken

Diese Techniken unterscheiden sich im Prinzip nicht von den korrespondierenden für Erwachsene (s. dazu HP-013, HP-054, HP-055: progressive Entspannung und Technik der Atmung; HP-012 und HP-026: Münztechnik; HP-009: Handfixierung; Kapitel XII: Ablenkungs- und Utilisationstechniken nach Erickson), wobei sie selbstverständlich an die entsprechende Entwicklungsstufe des Kindes angepaßt werden (s. auch Gardner und Olness, 1981 sowie Jovanović, 1989).

8.8 Instrumentelle Induktionstechniken für Kinder

Kleine Kinder sind begeistert davon, wenn sie ein *Videoband* mit einem Kind ähnlichen Alters sehen, das auf eine Hypnose-Induktion reagiert. Für andere können Hypnose-Induktionen auf *Kassetten* aufgenommen und zu Hause oder im Krankenzimmer abgespielt werden. Tonbandgeräte sind jedoch nicht immer greifbar oder funktionieren nicht immer einwandfrei. Wenn von der Familie oder einem Kind ein Band angefordert wird, sollte der Hypnotherapeut das Kind um Empfehlungen bitten, was auf dem Band sein soll. Jedes Band sollte auf die besonderen Bedürfnisse eines Kindes zugeschnitten sein. Manche Kinder mögen es, ihre eigenen Induktionen auf Band zu diktieren, und machen auf diese Weise einen Schritt in Richtung der Beherrschung der Sache. Dem Kind sollte gesagt werden, daß dieses Band nur für die Benutzung durch ihn oder sie selbst ist und nicht für andere Kinder gespielt werden sollte (Gardner und Olness, 1981). Gardner und Olness (1981) haben auch festgestellt, daß Kinder leicht auf hypnotische Induktion per *Telefon* reagieren, wenn sich der kleine Patient und der Hypnotherapeut gut kennen (s. Details in Jovanović, 1989).

8.9 Beispiele für Kinder mit speziellen Erkrankungen

Es ist besonders wichtig, daß ein Hypnotherapeut, der mit mehrfach *behinderten Kindern* arbeitet, eine Anzahl von Induktionstechniken kennt und in der Lage ist, kreative Modifikationen zu schaffen, um den besonderen Bedürfnissen gerecht zu werden (Crasilneck und Hall, 1985; Gardner und Olness, 1981; Jovanović, 1989).

HP-097
Induktionstechnik bei asthmatischen Kindern

Asthma ist vor allen Dingen eine Kinderkrankheit, häufig mit deutlichen emotionalen Komponenten (Crasilneck und Hall, 1985, S. 170–171). Viele asthmakranke Kinder können von der Hypnose profitieren, wobei einige Modifikationen der Techniken bei Erwachsenen benutzt werden können. Wir geben hier eine gekürzte Hypnose-Induktion bei asthmatischen Kindern von Crasilneck und Hall (1985, S. 170–171) wieder.
KO: Nach der Vorstellung wird dem Kind ein bequemer Sessel angeboten. Es wird so schnell wie möglich ein Rapport hergestellt. Dann wird über die Asthmakrankheit des Kindes geredet. Dem Kind wird gesagt, daß Hypnose bei der Kontrolle solcher Krankheiten äußerst hilfreich sein kann. Wenn es klar ist, daß das Kind bereit und motiviert ist, um bei der Hypnose mitzumachen, wird das Kind im allgemeinen gebeten, der folgenden Prozedur zu folgen:
SG: «Schau mal auf einen Punkt an der Decke ... Während Du weiterhin auf den Punkt schaust, wirst Du beginnen, Dich so gut wie möglich zu entspannen. Du wirst feststellen, daß Deine Augenlider beginnen sich schwer anzufühlen ... Ja ... Sie fangen an zu blinzeln ... Und

deshalb läßt Du sie einfach zufallen und entspannst Dich so gut Du kannst. Laß deine Arme und Hände locker an der Seite herunterhängen ... Dein Körper ist ganz entspannt ... Deine Beine und Füße sind locker. (*KO:* Wenn der kleine Patient jünger als 13 Jahre ist, halte man die Hand des Kindes, um den bestmöglichen Rapport und das größtmögliche Sicherheitsgefühl herzustellen.) ... Du machst sehr gut mit ... Das erkennt man daran, daß Du bereits in einem Hypnosezustand bist ... Wenn Dein Geist mitmachen kann, dann kannst Du auch jeden Muskel Deines Körpers entspannen, besonders die Muskeln, die die Atmung in Deiner Brust kontrollieren ... Du kannst dabei viel entspannter werden ... Und während Du fühlst, wie Du noch entspannter wirst, drück meine Hand ... Ja ... Gut ... entspanne Dich einfach so gut Du kannst. Jetzt möchte ich, daß Du Dir vorstellst, wie Du zu Hause auf Dein Fernsehgerät schaust ... Kannst Du es sehen? Gut, jetzt wirst Du sehen, wie das Gerät eingeschaltet wird und ein Film mit Cowboys, die auf Pferden reiten, läuft. Wenn Du das siehst, nicke mit dem Kopf ... Gut ... Du wirst bemerken, daß die Pferde sehr schnell laufen und schwer und schnell atmen ... wie Dein Atem ... Kannst Du das sehen? Kannst Du es fühlen? ... Gut ... Aber jetzt beginnen die Pferde langsamer zu laufen ... Sie atmen langsamer und leichter ... Der Atem kommt langsamer und leichter und Deine Atmung wird langsamer und leichter ... (*KO:* Der Hypnotherapeut sollte im Rhythmus mit der Atmung des kleinen Patienten reden.) ... So ist es gut ... Die Pferde werden langsamer ... noch langsamer ... jetzt gehen sie ... Der Atem ist fast normal ... Das Keuchen ist viel geringer geworden ... so entspannt ... Die Fernsehbilder verschwinden ... Laß Dich einfach so entspannt sein wie möglich ... überall ... sicher, entspannt und angenehm. Ich nehme wieder Deine Hand. Ich werde Dir jetzt zeigen, wie Du einen angenehmen Geruch empfinden wirst ... Du kannst diesen angenehmen Geruch riechen ... Du kannst diesen angenehmen Geruch riechen, und wenn Du es tust ... drück meine Hand ... Gut ... Jetzt ein sehr tiefer und gesunder Entspannungszustand ... und atme tief und langsam, tief und langsam ... Genieße den angenehmen Geruch und stelle fest, daß Dein schneller und harter Atem langsamer wird ... Dein Keuchen wird geringer ... Du bist entspannt, so entspannt und bequem ... frei von Spannung ... Deine Lunge und Deine Brustmuskeln sind so entspannt. Du riechst den angenehmen Geruch, und jetzt siehst Du, daß Dein Atem tief und entspannt geht, Du machst tiefe und entspannte Atemzüge ... so, entspannt und bequem. Jetzt ist der Geruch weg. Ich lasse Deine Hand los. Du kannst Dich immer, wenn es notwendig ist, entspannen ... indem Du die Augen schließt und Dir selbst die Anweisungen einredest, die ich Dir gegeben habe ... Wenn ich meinen Füller herausnehme und mit ihm fünfmal auf den Tisch klopfe, kannst Du denselben tiefen Hypnosezustand erreichen wie jetzt, und noch tiefer. Verstehst Du das? ... Gut ... Denke daran, daß Du in diesen tiefen Zustand hineingehen kannst und daß Dein Asthma kontrolliert werden wird. Während ich langsam von zehn bis eins rückwärts zähle, wirst Du vollkommen wach werden, Deine Atmung wird normal und Dein Asthma verschwunden sein ... etc.»

HP-098
Enuresis nocturna bei Kindern/Schlafperiodik/ Fieberhafte Infektionen

Die Enuresis nocturna bei Kindern kann grundsätzlich ähnlich wie bei Erwachsenen hypnotisch behoben werden. Man muß darauf achten, daß bei Kindern *mehr Schlafperioden* (im Durchschnitt 8–11, je nach Entwicklung des Kindes) suggeriert werden müssen und daß diese kürzer sind als bei Erwachsenen. Nach insgesamt 13 Hypnosesitzungen konnte bei unserem Fall 26 (AK-1183-KC-211275-270582, weiblich) die Enuresis, gekoppelt mit einem interkurrenten fieberhaften Infekt, erfolgreich behandelt werden (s. weiter in Jovanović, 1989; Schultz, 1959).

9. Gerontohypnotherapie und Thanatologie

Wissenschaft und Praxis der Hypnose haben relativ sehr lange ältere Patienten und Sterbende vergessen. In Kapitel IX wurde zwar erwähnt, daß die Hypnotisierbarkeit mehr oder weniger mit zunehmendem Alter des Hypnotisanden abnimmt, daß sie jedoch in hohem Alter und im Finalstadium wieder zunimmt. Collison (1973) hat eindringlich auf das vernachlässigte Problem der Hypnotherapie in der *Geriatrie* hingewiesen. *Sterbehilfe* muß nicht unbedingt durch Zyankalium geleistet werden. Sie kann mit Hilfe einer *Alters-Retro-Progression* (Jovanović, 1989) mühelos angebahnt werden. Details zu diesem Problem bringen wir im speziellen Teil (Jovanović, 1989).

10. Zusammenfassung und Schlußfolgerungen

Nach speziellen einleitenden Worten wurden in mehreren Abschnitten 100 verschiedenartig gestaltete *Hypnose-Übungen (HP)* vollständig, modifiziert und/oder gekürzt angeboten. Die *direkten* Hypnose-Techniken umfassen im neutralen/experimentellen Teil die Übungen HP-001 bis HP-014 und im therapeutischen HP-015 bis HP-027. Auf die *indirekten* Hypnose-Techniken entfallen HP-028 bis HP-035 (neutraler/experimenteller Teil) und HP-036 bis HP-044 (diagnostischer/therapeutischer Abschnitt). *Konfustionsmethoden* beziehen sich auf HP-045 bis HP-048, die *instrumentellen* auf HP-049 bis HP-051. Die *Technik der Narkohypnose* (angedeutet) beinhalten die HP-052 und HP-053. Darauf folgen umfangreiche *Kombinationsmethoden* (HP-054 bis HP-082). *Spezielle Hypnose-Techniken für Kinder und Jugendliche* sind in HP-083 bis HP-098 zu finden. Das Problem der *Gerontologie/Geriatrie/Thanatologie* wird im Detail später erörtert (s. Jovanović, 1989). HP-099 und HP-100 gehen bereits über das Kapitel XV hinaus und sind Gegenstand des Kapitels XVI.

11. Quellennachweis

Araoz, Daniel, L.: Hypnosis and Sex Therapy. Brunner/Mazel, New York, 1982.

Araoz, Daniel, L.: *Hypnosis in the Treatment of Sexual Dysfunction*. In: Wester, C. William and Smith, H. Alexander, Jr.: Clinical Hypnosis – A Multidisciplinary Approach. Lippincott, Philadelphia, 1984, pp. 405–420.

Barber, Josef: Rapid Induction Analgesia – A Clinical Report. *Amer. J. Clin. Hypnosis*, (1977), *19:* 138–148.

Bassmann, W. Stuart, and Wester II, William C.: *Hypnosis and Pain Control*. In: Wester II, W.C., and Smith, A.H. Jr.: Clinical Hypnosis – A Multidisciplinary Approach. Lippincott, Philadelphia, 1984, pp. 236–287.

Braun, Bennett, G.: *Hypnosis in Family Therapy*. In: Wester II, W.C., and Smith, A.H. Jr.: Clinical Hypnosis – A Multidisciplinary Approach. Lippincott, Philadelphia, 1984, pp. 325–336.

Cheek, David, B., and LeCron, B.A.: Clinical Hypnotherapy. Grune & Stratton, New York, 1968.

Collison, D.R.: Hypnotherapy in Geriatric Medicine. *J. Geriatr.* (April, 1973) 54–59.

Crasilneck, Harold, B., and Hall, James, A.: Clinical Hypnosis – Principles and Applications. Second Edition. Grune & Stratton, New York, 1984.

Dahinterova, Jeanette: Some Experiences with the Use of Hypnosis in the Treatment of Burns. *Intern. J. Clin. Exp. Hypnosis*, (1967), *15:* 49–53.

Ewin, Dabney, M.: *Hypnosis in Surgery and Anesthesia*. In: Wester II, W.C., and Smith, A.H. Jr.: Clinical Hypnosis – A Multidisciplinary Approach. Lippincott, Philadelphia, 1984, pp. 210–235.

Finkelstein, Selig: *Hypnosis and Dentistry*. In: Wester II, W. C., and Smith, A. H. Jr.: Clinical Hypnosis – A Multidisciplinary Approach. Lippincott, Philadelphia, 1984, pp. 337–349.
Gardner, G. Gail, and Olness, Karen: Hypnosis and Hypnotherapy with Children. Grune & Stratton, Orlando, Florida, 1981.
Hartley, R. B.: Hypnosis for Alleviation of Pain in Treatment of Burns – Case Report. *Arch. Phys. Med.*, (1968), *49:* 39–41.
Jovanović, U. J.: Angewandte und Klinische Hypnose (in Vorbereitung). G. Fischer, Stuttgart (voraussichtlich), 1989.
Korn, Errol, R.: *Imagery*. In: Pratt, J. G., Wood, D. P., and Alman, B. M.: A Clinical Hypnosis Primer. Psychol. & Consulting Ass. Press, La Jolla, 1984, pp. 73–89.
Kroger, W. S.: Clinical and Experimental Hypnosis. Lippincott, Philadelphia, 1977.
Kunzelmann, K.-H.: Hypnose in der Zahnheilkunde. Inaug.-Diss., Univ. Würzburg, 1986.
Langen, D.: Kompendium der medizinischen Hypnose. Karger, Basel, 1972.
London, Perry: The Children's Hypnotic Susceptibility Scale. Consulting Psychologists Press, Inc. (577 College Avenue, Palo Alto, California 94306, USA), 1962, 1963.
London, Perry: *Children's Hypnotic Susceptibility Scale*. In: Gardner, G. G., and Olness, K.: Hypnosis and Hypnotherapy with Children. Grune & Stratton, Orlando, Florida, 1981, pp. 281–339.
McCracken, G. L.: Dentistry. In: Pratt, G. J., Wood, D. P., and Alman, B. M. (Eds.): *A Clinical Hypnosis Primer*. Psychol. & Cons. Assoc. Press., La Jolla/Cal., 1984, Seite 203–216.
Morgan, Arlene, and Hilgard, Josephine, R.: *Stanford Hypnotic Clinical Scale for Children*. In: Gardner, G. G., and Olness, K.: Hypnosis and Hypnotherapy with Children. Grune & Stratton, Orlando, Florida, 1981, pp. 343–361.
Murray-Jobsis, Joan: *Hypnosis With Severely Disturbed Patients*. In: Wester II, W. C., and Smith, A. H. Jr.: Clinical Hypnosis. Lippincott, Philadelphia, 1984, pp. 368–404.
Papermaster, A. A., Doberneck, R. C., Bonello, F. J., Griffin, W. Jr., and Wangensteen, O. H.: Hypnosis in Surgery. II. Pain. *Amer. J. Clin. Hypnosis*, (1960), *2:* 200–224.
Schaffer, D. W.: Hypnosis Use on a Burn Unit. *Intern. J. Clin. Exp. Hypnosis*, (1975), *23:* 1–14.
Schultz, J. H.: Hypnose-Technik. Fischer-Verlag, Stuttgart, 1959, 1983.
Smith, A. H. Jr., and Wester II, W. C.: *Technique of Induction and Deepening*. In: Wester II, W. C., and Smith, A. H. Jr.: Clinical Hypnosis. Lippincott, Philadelphia, 1984, pp. 42–56.
Spiegel, Herbert: A Single-Treatment Method to Stop Smoking Using Ancillary Self-Hypnosis. *Intern. J. Clin. Exp. Hypnosis*, (1970), *18:* 235–250 and 268–269 (siehe auch die Seiten dazwischen).
Stocksmeier, U.: Lehrbuch der Hypnose. Karger, Basel, 1984 (früher als Kompendium der medizinischen Hypnose, Langen, D., erschienen).
Svoboda, T.: Das Hypnosebuch. Kösel-Verlag, München, 1984.
Thakur, K. S.: *Hypnotherapy for Anorexia Nervosa and Accompanying Somatic Disorders*. In: Wester II, W. C., and Smith, A. H. Jr.: Clinical Hypnosis. Lippincott, Philadelphia, 1984, pp. 476–493.
Tepperwein, K(urt): Die Hohe Schule der Hypnose. Ariston, Genf, 1978.
Watkins, Helen, H.: Hypnosis and Smoking: A Five-Session Approach. *Intern. J. Clin. Exp. Hypnosis*, (1976), *24:* 381–390.
Wester, II., William, C., and Smith, Alexander, H., Jr.: Clinical Hypnosis – A Multidisciplinary Approach. Lippincott, Philadelphia, 1984 (mit vielen Beiträgen).
Wolberg, Lewis, R.: Medical Hypnosis I and II. Grune & Stratton, New York, N.Y., 1948 a, b.
Wolff, G. v.: Geburtshilflicher Dämmerschlaf in Hypnose. *Arch. Gynäk.*, (1926), *129:* 23 ff. (siehe auch Schultz, J. H., 1959 und 1983, S. 50 ff.).

XVI. Technik der Bewältigung von Mißerfolgen

1. Ergänzende und spezielle Vorbemerkungen

Das Problem der Bewältigung von Mißerfolgen bei der Hypnose-Induktion wurde bereits in den Kapiteln XII–XV öfters, manchmal auch über eine längere Strecke hin diskutiert. Beispielsweise spricht das ganze Kapitel XII darüber, wie man in den sogenannten Härtefällen die *Utilisationstechnik* zum Gelingen der Hypnose anwenden sollte. Die *Technik der Suggestionsdarbietung* (s. Kapitel XIII) ermöglicht es, in schwierigen Fällen eine geeignete andere Induktionsmethodik zu wählen. Bei der *Prüfung der Suggestibilität/Hypnotisierbarkeit* (s. Kapitel XIV) kann ebenfalls eingeschätzt werden, worauf der Hypnotisand/Patient besonders gut reagiert. Dort (s. Abschnitt XIV.3.4) haben wir *maskierte* Suggestibilitätstests beschrieben (s. auch Kroger, 1977, Seite 43), die dazu führen, den Widerstand des Hypnotisanden zu brechen. In vielen Fällen werden einige *direkte Induktionstechniken* (s. HP-001 bis HP-013) helfen können, wenn man sie in eine *noch direktere Befehlsform* (s. Kapitel XIII.3) umwandelt. Kroger (1977) und andere (s. bei Jovanović, 1989) haben weitere Hypnosetechniken entwickelt, bei deren Anwendung es praktisch keine «resistenten Fälle» geben könne (s. dazu Kapitel XV, unter anderem HP-012 und HP-045 bis HP-048). Die Ergänzung der Übungen durch *die speziellen Induktionstechniken für Kinder und Jugendliche* (s. Kapitel XV.8) erleichtert noch mehr die Lösung der Problematik. Nur zur Vervollständigung des bereits Vorgetragenen wollen wir noch einiges hinzufügen.

2. Einige spezielle Beispiele

HP-099-A1234567-B1234567-01234

Musterhypnose für schwer Hypnotisierbare/Zielfixierung/ Vertiefung/Zähltechnik

Prähypnose

DG: Gesunde und erkrankte Menschen verschiedener Altersstufen mit *erschwerter Hypnotisierbarkeit.*
AN: Die Technik kann variiert werden. Die Vpn sitzen in einem Sessel (Abb. 6), jedoch kann auch eine *Liegeposition* gewählt werden. Dementsprechend einen *Fixationspunkt* mit dem Blick nach oben in der mittleren Position wählen.
ME: Es wird eine mehr oder weniger *universelle* Methode gegeben, damit möglichst *unterschiedlich hypnotisierbare Personen* die tiefe Hypnose erreichen können. Die *Induktion* ist so gestaltet, daß man an jeder Stelle auf die *Vertiefung* übergehen kann. Die ME trägt gewisse *permissive Züge.* Auf die *Bezeichnung von Signalen* (1′, 2′, 3′ etc.) wurde auch jetzt zu Übungszwecken verzichtet.
KO: Die Übungs-Lektion ist nach dem Muster der *Stanford Hypnotic Susceptibility Scale, Form A* (siehe Jovanović, 1989) entwickelt und dem Buch von Svoboda (1984) entnommen. Sie ist von uns *modifiziert, an unsere Ausdrucksweise angepaßt* und eventuell durch C, D und E *erweitert* worden. Geeignet für *Dissoziation, Depersonalisation, Imagination, Illusionen,*

Halluzinationen (s. dazu HP-007). *Je nach Hypnotisierbarkeit ist die Lektion kürzer oder länger.*

Hypnose

A1

SG: «Nachdem wir uns über den *Sinn und Zweck* des Hypnotisierens unterhalten haben, machen Sie es sich ganz bequem und *schauen* Sie auf den *schwarzen Punkt* da oben an der Wand (*KO:* Beim liegenden Probanden ist der Punkt *an die Decke gemalt worden*. Oder man kann sagen, der Hypnotisand solle sich einen Punkt *auswählen*, der ihm besonders gut gefalle, und sich darauf wie auf ein *Ziel* konzentrieren.) ... *Fixieren Sie* diesen Punkt und hören Sie ruhig zu, was ich zu Ihnen sagen werde ... Was ich Ihnen jetzt sagen werde, wird Ihnen helfen, sich zu lösen und den Zustand der Hypnose zu erleben. Sie brauchen dafür nichts Besonderes zu tun ... Sie fixieren einfach weiter Ihren Punkt und hören mir zu ... Sie halten den Kopf so, daß es Ihnen keine Schwierigkeiten bereitet, *sich auf den Punkt zu konzentrieren* ... Gleichzeitig hören Sie auf Ihre Art und Weise alles, was ich Ihnen sage. Ob Sie nun hypnotisiert werden, *hängt teils davon ab*, ob Sie dazu überhaupt eine *innere Bereitschaft* haben, und teils davon, ob Sie imstande sind, sich auf das *Ziel*, den schwarzen Punkt, und auf meine Worte *gleichzeitig* zu konzentrieren. Sie können nur dann hypnotisiert werden, *wenn Sie es auch tatsächlich wollen!* Gut, und so ... wenn Sie es wollen, lassen Sie jetzt einfach alles zu. Alles einfach *geschehen* lassen. Wenn Sie mir aufmerksam genug zuhören und wenn Sie daran denken, was ich Ihnen sage, können Sie ohne Schwierigkeiten erleben, wie es ist, wenn man hypnotisiert ist. Es passiert dabei eigentlich gar nichts Besonderes. Es ist nur ein Zustand, in dem man ganz stark an einem bestimmten Ding interessiert ist. Sie sind gewissermaßen auch dann hypnotisiert, wenn Sie etwas lesen, sehen oder hören und daran so stark teilnehmen, daß Sie alles andere, auch die Zeit, vergessen ... Und Sie werden jetzt, ganz gleich, wie stark Sie alles andere vergessen, irgendwo *im Vordergrund oder im Hintergrund* immer eine Stimme hören, meine Stimme, auf die Sie sich jederzeit beziehen können, um weiterzukommen. Alles, was Sie jetzt zu tun brauchen, ist, mir weiter aufmerksam zuzuhören und weiter mitzugehen. Es wird nichts passieren, was Sie nicht möchten, womit Sie nicht einverstanden wären. Im Gegenteil – viele Menschen sagen, daß das Erlebnis sehr interessant ist. (*KO:* Sind die Augen geschlossen, auf B2 übergehen, wenn nicht, dann hier mit A2 fortfahren.)

A2

Ganz entspannt und gelöst ... Fixieren Sie weiter Ihr Ziel ... Schauen Sie es so fest an, wie es nur geht. Wenn Sie das Ziel aus den Augen *verlieren*, ist es nicht weiter schlimm ... Sie können wieder zurückschauen, auf das Ziel zurückkommen. Nach einiger Zeit sehen Sie vielleicht das Ziel *verschwommen* ... oder es bewegt sich ... oder es ändert auf einmal die Farbe. Das ist alles in Ordnung. Was auch passiert, Sie merken alles und können es einfach geschehen lassen. Schauen Sie weiter auf den schwarzen Punkt. Die Augen sind jetzt müde, die Augenlider bleischwer, sie sind sehr schwer, wie aus Blei. Und Sie haben bald keine Lust mehr, die Augen noch offen zu halten, und die *Augen schließen sich* dann ganz von alleine. Ganz von alleine geschlossen. Nachdem es geschehen ist, werden Sie sich noch wohler fühlen und das Gefühl einer *immer größer werdenden Ruhe* noch einmal genießen. Sie sind noch tiefer entspannt. (*KO:* Sind die Augen geschlossen, auf B3 übergehen, wenn nicht, dann hier mit A3 fortfahren.)

A3

Ganz entspannt ... Jeder *Muskel* Ihres Körpers ist ganz entspannt. Während Sie weiter auf das Ziel schauen, konzentrieren Sie sich mit dem *inneren Auge* auf Ihren *Körper* und entspannen ihn, nach und nach den ganzen Körper sich lösen lassen. Sie beginnen mit dem Nacken und den Schultern, ganz entspannt ... Die *Hände* ganz entspannt ... die Muskeln der *Arme* ganz entspannt ... die *Brust* ... der *Brustraum* ... der *Bauchraum* ... der *Rücken* ... ganz entspannt. Die *Beine* ... die *Füße* ... die *Zehen* ... Entspannen Sie alle Muskeln Ihres Körpers. *(KO:* Wir *weichen* von der gewohnten Reihenfolge, *von oben nach unten, nicht ab.)* Ihr *Geist* bleibt weiterhin wach, vielleicht noch wacher als sonst, oder auch nicht; das spielt keine Rolle ... Der Körper ist müde und entspannt ... müde und entspannt. Ganz entspannt, tief entspannt, immer tiefer und tiefer, immer tiefer entspannt. (*KO:* Sind die Augen geschlossen, auf B4 übergehen, wenn nicht, hier mit A4 fortsetzen.)

A4

Sie entspannen sich immer tiefer und tiefer. Und plötzlich verspüren Sie ein Gefühl von angenehmer *Schwere im ganzen Körper.* Vielleicht haben Sie es schon vorher verspürt, ich weiß es nicht, diese angenehme Schwere ist auf einmal da ... Und die Schwere breitet sich aus in den Armen und in den Beinen ... in den Händen und in den Füßen ... im ganzen Körper. Ihr ganzer Körper fühlt sich so schwer an, ist immer schwerer und schwerer. Wie aus Blei. Vor allem die *Augen* fühlen sich so *schwer* an. Schwer und *müde, träge.* Ganz schwer und bleiern, müde. Die *Atmung* ist tief und ruhig, langsam und gleichmäßig. Sie fühlen, wie Ihr Körper müde wird und losläßt ... sich treiben läßt ... sich fallen läßt. Und die Augen sind dabei immer müder und müder, immer schwerer und schwerer ... Sie lassen nach und nach los, sie fallen nach und nach zu ... (*KO:* Sind die Augen geschlossen, auf B5 übergehen, sonst hier fortsetzen.)

A5

Die Augen sind vom langen Starren müde. Die *Schwere* in den Augenlidern nimmt noch zu. Bald werden Sie Ihre Augen *nicht mehr offen* halten können. Die Augenlider sind *zu schwer, um sie noch offen zu halten.* Die Augen sind müde geworden von dem langen Hinsehen und fangen an, vor Anstrengung zu *brennen* (*KO:* Der Ausdruck *‹brennen›* ist übernommen worden. Er kann vermieden werden.), vor Anstrengung zu *tränen.* Die Anstrengung in den Augen wird immer größer und größer, sie nimmt noch zu. Und dabei ist es so schön, die Augen sich einfach *schließen zu lassen,* ganz von alleine sich schließen zu lassen, sich dabei ganz zu entspannen, und einfach alles geschehen zu lassen. Sie werden bald an Ihre *Grenzen* stoßen. Die Anstrengung in den Augen wird so groß sein, die Augen werden so müde und so schwer sein, und dann werden sich die Augen auch von alleine schließen, ganz von alleine. Wenn es so weit ist, *lassen Sie es einfach zu* ... (*KO:* Sind die Augen zugefallen, mit B6 weitermachen, sonst hier mit A6 fortsetzen.)

A6

Die Augenlider sind bleischwer, bleischwer ... Sie werden immer schwerer und schwerer, sie *wiegen* immer mehr und mehr. Und sie werden nach unten gezogen ... immer tiefer und tiefer nach unten gezogen ... sie sinken ... sie *gleiten,* sie fallen immer tiefer und tiefer. Die Augenlider sind mit einem schweren *Gewicht* belastet, schwer wie *Blei,* sie sind aus Blei. Und die Augen *blinzeln,* sie blinzeln, sie sehen immer weniger und weniger ... sie fallen zu ... sie *schließen* sich ... sie fallen zu ... sie sind zu. (*KO:* Sind die Augen noch immer geöffnet, dann weiter so suggerieren:) Die Augen würden sich in Kürze von alleine schließen, denn Sie haben sich bis jetzt auf den schwarzen Punkt konzentriert, und das ist sehr *anstrengend.* Aber Sie

brauchen sich nicht mehr anzustrengen. Auch wenn sich Ihre Augen bis jetzt nicht völlig geschlossen haben, Sie haben sich gut auf das Ziel konzentriert und konnten dabei ruhig und entspannt werden. Und so können Sie nun die Augen einfach schließen. Schließen Sie jetzt die Augen! ... Ja, die Augen sind jetzt ganz *zugefallen* ...
(*KO:* Soweit der Augenschluß noch vor den letzten direkten Aufforderungen erfolgt ist, wird die Hypnosesitzung weiter nach dem Übungstext durchgeführt. Gelegentlich geschieht der Augenschluß jedoch *nur auf direkte Anweisung hin* oder er bleibt ganz aus. Bevor man dann mit B7 weitergeht, kann man suggestiv kommentieren:)
Die meisten Menschen entspannen sich mit geschlossenen Augen viel leichter als mit offenen. Es gibt jedoch auch solche, die sich nur mit offenen Augen in die Hypnose versetzen können. Falls Sie es als angenehmer empfinden, die Augen offen zu halten, um dabei immer tiefer nach innen zu kommen, können Sie es einfach so tun. Und wenn Sie spüren, daß Sie momentan auf diesem Wege nicht weiterkommen, *atmen* Sie tief und ruhig durch und schauen Sie mich wieder an.

A7

(*KO:* Falls der letztgenannte Fall auftritt, unterhält man sich mit dem Hypnotisanden darüber, was ihn daran gehindert hat, sich zu lösen und erwägt mit ihm andere Entspannungsmöglichkeiten, die seinen Bedürfnissen besser entsprechen könnten. Die nachfolgende *fraktionierte Methode* (HP-100) kommt weniger in Frage, weil man hier bereits öfters versucht hat, die Hypnose zu induzieren.)

B1

(*KO:* B1 ist für jene Hypnotisanden reserviert, die bereits vor dem Suggestionsbeginn die *Augen geschlossen hatten.* In diesem Falle entfällt der *Schritt A.* Man gehe daher nach wenigen einleitenden Sätzen auf B2 über.)

B2

(*KO:* Sind die Augen bereits nach A1 zugefallen, als Überleitung von A1 zu B2 folgendes suggerieren:)
Sie sind jetzt schon *angenehm entspannt*, aber Sie können sich noch mehr entspannen, noch viel mehr, nachdem die Augen geschlossen sind. *Sie lassen die Augen so lange zu*, bis ich Ihnen sagen werde, daß Sie sie wieder aufmachen können. Bis dahin werden die Augen einfach zu bleiben, und Sie werden sich wohl fühlen ... Und jetzt sind Sie ganz entspannt, entspannt und gelöst. Sie hören meine Stimme. Sie hören mich ruhig sprechen. Sie hören nur meine Stimme, alles andere ist gleichgültig. Sollten Sie zwischendurch, jetzt vielleicht, an etwas anderes denken, ist es nicht weiter schlimm ... Denken Sie wieder an meine Stimme. Nach einiger Zeit hören Sie vielleicht meine Stimme ganz *leise*, oder sie ist wie *weg* ... Oder aber sie *ändert sich* irgendwie. Das ist alles gleichgültig, gleichgültig und unwichtig. Wenn Sie sich jetzt ganz entspannt fühlen, den Körper irgendwie müde finden, ist es auch gleichgültig. Was auch geschieht, Sie nehmen alles wahr und können es einfach geschehenlassen. *Während Sie* sich weiter auf meine Stimme konzentrieren, *werden Sie* sich tiefer und tiefer, immer tiefer und tiefer entspannen.

B3

Ganz entspannt ... *Jeder Muskel* Ihres Körpers ist ganz entspannt ... Entspannen Sie die Muskeln des *Nackens* ... die Muskeln der *Brust* ... den *Brustraum* ... den *Bauchraum* ... den *Rücken* ... das *Gesäß* ... Ganz entspannt. Den Nacken ... die *Schultern* ... die *Arme* ... die *Hände* ... die *Finger* ... ganz entspannt. Alle Muskeln Ihres Körpers sind entspannt und gelöst. *Der Geist kann weiterhin wach geblieben sein*, vielleicht noch wacher als sonst... das ist völlig gleichgültig... Doch der Körper ist müde und entspannt, müde und entspannt. Ganz entspannt, tief entspannt, immer tiefer und tiefer, immer tiefer entspannt...

B4

Sie entspannen sich immer tiefer und tiefer... Und plötzlich verspüren Sie ein Gefühl von angenehmer *Schwere* im ganzen Körper. Vielleicht haben Sie es schon vorher verspürt, ich weiß es nicht, diese angenehme Schwere ist auf einmal da... Und die Schwere breitet sich aus in den *Armen* und in den *Beinen*... in den *Händen* und in den *Füßen*... im ganzen *Körper*. Ihr ganzer Körper fühlt sich so schwer an, wird immer schwerer und schwerer. Wie aus Blei. Sie fühlen, wie Ihr Körper müde wird und losläßt... sich treiben läßt... sich fallen läßt. Der *Atem* ist dabei tief und ruhig, tief und ruhig. Und der Körper entspannt sich noch mehr, er entspannt sich noch mehr... immer mehr und mehr...

B5

Sie sind jetzt sehr entspannt... ganz entspannt. Aber Sie können sich *noch mehr* entspannen... *Sie brauchen dabei nur Ihrem Wunsch nach vollkommener Entspannung nachzugeben.* Gleich werden Sie den Zustand einer tiefen, vollkommenen Entspannung erreichen. Sie spüren eine angenehme Schwere und eine *wohlig strömende Wärme* im ganzen Körper. *Außer meiner Stimme* ist alles andere gleichgültig, unwichtig. Sie *hören kaum etwas anderes* als meine Stimme. Und dabei entspannen Sie sich noch tiefer, immer mehr und mehr entspannt, und die angenehme Schwere und die angenehme *Wärme* und eine entspannte und gelöset Ruhe nehmen immer mehr zu...

B6

Sie sind entspannt, tief entspannt. Es ist angenehm warm und schwer. *Alle Körperteile* fühlen sich angenehm *warm* und *schwer* an. Sie sind ganz *ruhig*. Der *Körper* ist müde und gelöst... müde und gelöst... Sie wollen *nichts anderes*, als sich entspannen. *Sie hören dabei immer meine Stimme*, und wie sie kommt, das spielt keine Rolle. All das, was Sie im Alltag beschäftigt, bleibt jetzt da, wo der Alltag ist... einfach *draußen* geblieben, während Sie sich wohl fühlen, sich immer tiefer und tiefer entspannen, und ganz frei und gelöst aufnehmen, was ich Ihnen sage.

B7

Ich fange gleich an, langsam von 1 bis 20 zu zählen. Mit jeder Zahl werden Sie immer tiefer gehen, immer *tiefer* sinken, immer tiefer *fallen*, immer weiter *treiben*, immer weiter *schweben*, in eine wohltuende, angenehme *Entspannung*, eine tiefe Entspannung voller *Ruhe*, *Friede*, *Gelassenheit* und *Gelöstheit*. In einen Zustand, in dem Sie imstande sind, all das zu erleben, was ich Ihnen erzählen werde. Und die Augen bleiben dabei so lange zu, bis ich Ihnen sagen werde, daß Sie sie wieder öffnen können. *Gut, ich zähle jetzt von 1 bis 20.*
1... Die *Ruhe* ist tief... 2... tief, immer tiefer und tiefer, die Ruhe tut *sehr gut*... 3... 4... tiefer und tiefer, immer tiefer und tiefer ist die Ruhe... 5... 6... 7... Sie *versenken* sich in die Ruhe, eine tiefe Ruhe *ohne Zeit, ohne Grenzen.* Nichts stört Sie dabei. Sie hören nur meine Stimme, und alles andere ist gleichgültig... 8... 9... 10... der halbe Weg... 11... 12... Sie brauchen nichts anderes zu tun als weiter auf meine *Stimme* zu achten und auf das, was Sie erleben... 13... 14... 15... Und obwohl Sie so tief entspannt sind, hören Sie mich auf Ihre Art und Weise ganz deutlich. Sie werden mich immer hören, ganz gleich, wie tief Sie Ihre Entspannung empfinden... 16... 17... 18... einfach tief in sich gefunden... 19... versunken... 20... *Tief entspannt und gelöst!* Sie werden erst dann zurückkommen, wenn

ich es Ihnen sagen werde. Bis dahin genießen Sie Ihre Entspannung, Ihre Ruhe und fühlen sich dabei ganz wohl, ganz angenehm wohl. (*KO:* Öfters wiederholen.)»
(*KO:* Fortsetzung und Dehypnotisierung können beispielsweise der HP-002 oder der HP-007 entnommen werden.)

HP-100
Fraktionierte Hypnosetechnik/Schwer hypnotisierbare Personen

KO: Die *fraktionierte Hypnosetechnik* nach Vogt (1870–1959) und Brodmann (1868–1918) (Literatur s. Langen, 1972 oder Schultz, 1959) wurde verschiedentlich angewandt, modifiziert und nicht selten als *neue* (eigene) Methode von einigen Autoren dargestellt. Das Prinzip der fraktionierten Hypnose besteht darin, *daß man den gesamten Hypnosevorgang in einzelne Teile zerlegt und jeden folgenden Hypnoseteil auf dem vorherigen aufbaut.* Bei *skeptischen* Menschen (Probanden, Patienten) empfiehlt es sich, *bereits bei der Ersthypnose* mit der *fraktionierten Technik* zu beginnen.
Alle Teilhypnosen – die Zahl ist nicht festgelegt – werden *durch die Fixationsmethode eingeleitet* und durch unvollständige *Desuggestion* beendet. Bei den einzelnen Unterbrechungen sollte man den Patienten nicht gleich fragen, was los sei, sondern ihn *seine Erlebnisse in Ruhe schildern lassen.* Nach der üblichen Vorbereitung, die vor allem die Vorerfahrungen des Patienten klären muß, weil gerade darin die Gefahr zu negativen Autosuggestionen liegt, läßt man den Patienten, wie bei der Fixationsmethode beschrieben (s. Kapitel XV), die Fingerspitze des Arztes fixieren und sagt etwa:
SG: «Sie liegen jetzt bequem und entspannt ... Ihr ganzer Körper ruht sich aus. Sie atmen ruhig und gleichmäßig und sehen *starr auf meine Fingerspitze* ... Lassen Sie Ihre Gedanken ruhig abschweifen, aber hören Sie auf meine Stimme. Allmählich fühlen Sie, wie Sie müde werden. Ihre Augenlider fangen an schwer zu werden, ganz schwer. Sie können nur noch mühsam die Augenlider offenhalten ... Ihre Augen fangen an zu glänzen ... Dabei fühlen Sie sich müde, angenehm müde, angenehm müde. *Ihr Kopf wird müde,* Arme und Beine werden schwer, ganz schwer ... (*KO:* Man unterbricht die Hypnose, indem bewußt unvollständig desuggeriert wird.) Wir beenden nun *diesen ersten Teil der Hypnose* (der vertieften Ruheübung), damit Sie schildern können, was Sie erlebt haben. Atmen Sie einmal tief ein und aus und öffnen Sie die Augen. (*KO:* Man läßt sich die beobachteten Erlebnisse schildern und verstärkt im Gespräch die positiven, d.h. im Sinne der Suggestion liegenden Realisierungen, während man negative, mit der Suggestion nicht übereinstimmende Erscheinungen entweder *umwertet oder übergeht. Jede folgende Teilhypnose wird aufgebaut,* indem die realisierten Suggestionen der letzten Hypnose möglichst mit den Worten des Patienten verstärkt und für neue Suggestionen ausgenutzt werden. In der zweiten fraktionierten Hypnose geht man etwa bis zur Schweresuggestion (Immobilisationssuggestion), beendet wieder unvollständig und läßt sich berichten.) (*KO: Die dritte Teilhypnose* wird bis zur *Levitation und Katalepsie* aufgebaut. Nach erneuter unvollständiger Unterbrechung wird die letzte Hypnose eingeleitet, die Mitteilungen der vorigen Hypnose verwendet, und die Suggestionen werden zu Ende geführt. Anschließend bleibt der Patient eine Zeitlang in dem hypnotischen Zustand liegen, wobei der Hypnotherapeut auf keinen Fall das Zimmer verlassen darf, da der Patient durch den langen und intensiven Hypnotisierungsvorgang sehr stark an ihn gebunden ist. Die letzte Hypnose muß sehr sorgfältig desuggeriert werden.)» (aus Langen, 1972).
Bei Schultz (1959, Seite 36–40) findet man das vollständige Protokoll einer fraktionierten Hypnose, so wie sie von Vogt und Brodmann an einem Fall vorgenommen worden war. Weitere Beispiele tauchen bei Jovanović (1989) auf.

3. Zusammenfassung und Schlußfolgerungen

Von den bekannten Hypnose-Techniken für schwer hypnotisierbare Probanden/Patienten wurden zwei Übungen (HP-099 und HP-100) modifiziert und angepaßt wiedergegeben. Details darüber bringt noch der spezielle Teil (Jovanović, 1989).

4. Quellennachweis

Jovanović, U. J.: Angewandte und klinische Hypnose (in Vorbereitung). Voraussichtliche Erscheinung, 1989.

Kroger, W. S.: Clinical and Experimental Hypnosis. Second Edition. Lippincott Co., Philadelphia, 1977.

Langen, D.: Kompendium der medizinischen Hypnose. Karger, Basel, 1972.

Svoboda, T.: Das Hypnosebuch. Kösel, München, 1984.

Schultz, J. H.: Hypnose-Technik. 4. Auflage. Fischer, Stuttgart, 1959.

XVII. Methoden der Bekämpfung von Notfällen

1. Vorbemerkungen zur speziellen Problematik

Trotz aller Sicherheitsvorkehrungen können beim Hypnosevorgang von Fall zu Fall ganz *dringende Interventionen* erforderlich sein, einige *Unannehmlichkeiten* auftauchen. In die *Unfallchirurgie* werden andererseits auch Patienten eingeliefert, die unmittelbar vor dem Unfall Mahlzeiten und/oder Getränke zu sich genommen haben. Nicht selten wird eine Vollnarkose aus den genannten und vielerlei anderen Gründen nicht eingeleitet werden können. In diesen Fällen könnte der Hypnotherapeut von Hilfe sein. Die Aufgabe dieser Zeilen ist es, einige Hilfsmaßnahmen anzubieten.

2. Dringende Interventionen in der (Unfall)Chirurgie

Abgesehen von den Erfahrungen von James Esdaile (1808–1859) (siehe Kapitel VIII.12.5) und dem, was wir bei den Übungen in Kapitel XV ausgeführt haben, seien ergänzend einige weitere Beispiele kurz vorgetragen.

Unfallopfer sind relativ sehr leicht zu hypnotisieren. Viele chirurgische Eingriffe werden erleichtert, wenn man die Hypnose der Behandlung bei der Notaufnahme hinzufügt (Bernstein, 1965; Ewin, 1984). Jameson (1963) berichtete über Patienten, die kurz zuvor gegessen hatten oder aus sonst einem Grund nicht für die Anästhesie geeignet waren. Von 40 erreichten 38 eine adäquate Analgesie allein durch Hypnose. Er richtete 19 dringende Frakturen und neun Schulterverrenkungen ein, nähte eine große Unterleibswunde, schnitt Abszesse auf und führte kleinere Operationen unter Hypnose durch. Goldie (1956) richtete 26 von 28 Frakturen und Verrenkungen leicht ohne übliche Narkose ein (McCord, 1968).

Chirurgische Beschwerden im Bereich des vegetativen Nervensystems reagieren oft prompt auf eine Hypnotherapie. Oben wurden schon Hinweise auf die Verhinderung der postoperativen Urinretention und über die Bekämpfung des Erbrechens durch präoperative Suggestionen gegeben. Doberneck und Mitarbeiter (1959, 1961) berichteten über die Kontrolle der Symptome und Gewichtszunahme bei 56 % der Patienten, die wegen der Behandlung des *Dumping-Syndroms* hypnotisiert worden waren, wenn die übliche Behandlung versagt hatte (s. auch Ewin, 1979, 1984; Lewenstein, 1981). In einigen Fällen wurde über Erleichterung beim *Raynaud-Syndrom* (Braun, 1979; Jacobson et al., 1973) berichtet. Die Mißerfolgsquote hing mit dem Rauchen zusammen (Ewin, 1977).

Die Hypnose ist bei *plastischen Operationen* schon sehr erfolgreich geworden. Patienten können unangenehme Positionen ohne weiteres zwei oder drei Wochen lang aufrecht erhalten, wenn man Katalepsie, Zeitverzerrung und Bequemlichkeits-Suggestionen anwendet (Kelsey und Burrow, 1958; Scott, 1974; Wiggins und Brown, 1968).

Die Hypnose erhöht die Entspannung während Untersuchungen insbesondere im Keinbekken-Bereich, während der Proktoskopie, bei der Drainentfernung, Entfernung des T-Tubus und Beruhigung bei anderweitig beeinträchtigten Patienten.

Spritzenphobie ist sehr bekannt und relativ gut zu beherrschen. Ewin (1984) sah eine 34-jährige Frau, die beim Krebs Lungenmetastasen hatte und erklärte, sie würde lieber sterben als eine *Injektion* über sich ergehen zu lassen. Diese war aber notwendig gewesen, um *Chemo-*

therapie leichter einzuleiten. Nach zwei Hypnosesitzungen war die Patientin bereit, die parenterale Chemotherapie zu akzeptieren. Nach drei Jahren waren die Metastasen verschwunden und die Kranke somit klinisch gesund geworden. Eine andere Frau konnte das Barium zur dringenden Magenuntersuchung nicht schlucken. Nach einer einzigen Hypnosesitzung für die Dauer von 10 Minuten sei sie dazu gebracht worden. Zu diesem Problem berichten noch Crasilneck und Hall (1975, 1985).
Durch eine *Altersregression* bis zur Zeit vor dem Unfall konnten Papermaster et al. (1960) *Phantom-Schmerzen* hundertprozentig beseitigen. Zu gleicher Zeit berichtete Siegel (1979) über die Verringerung der Schmerzen durch die Suggestionen der *Handanästhesie*. Finer und Graf (1968) konnten durch die Manipulation der Durchblutung in den Extremitäten sowohl *Schmerzen als auch Blutungen* in den Griff bekommen.
Bei all diesen Interventionen ist die Hauptsache, die Situation so rasch wie möglich zu beherrschen. Umfassende Literaturübersichten mit Beteiligung von vielen Autoren bringen Cheek und LeCron (1968, Seite 153–172), Crasilneck und Hall (1985, Seite 115–161), Ewin (1984), Pratt et al. (1984, Seite 155–185).

3. Sogenannte oder tatsächliche Notfälle im Zusammenhang mit der Hypnose

Als unerwünschte Nebenwirkungen des Hypnotisierens bzw. Dehypnotisierens ist in seltenen Fällen mit folgenden Schwierigkeiten zu rechnen:

(a) Der Hypnotisand verliert den *Rapport*, d.h. die psychische Verbindung mit dem Hypnotiseur, und *steuert auf den natürlichen Schlaf* zu. In diesem Falle reagiert er auf die Dehypnotisierungsversuche des Hypnotiseurs nicht. Auch hier kann es sich *um einen echten natürlichen Schlaf handeln.* In diesem Falle bietet der Hypnotisand jene Schlafzeichen, die man auch im Schlaf sieht. Dieses Ereignis ist ohne große Bedeutung. Es empfiehlt sich weniger, den Hypnotisanden zu rütteln, zu schütteln oder sogar mit Ohrfeigen zu belegen. *Er wird einfach unter Bewachung schlafen gelassen. Nach einer oder zwei Stunden wird er von selber aufwachen und sich wohl fühlen.* Das Ereignis wird (ihm gegenüber) bagatellisiert. Die meisten Hypnotisanden nehmen an, dies sei auch vorgesehen gewesen, *weil bei der Hypnose der Schlaf suggeriert wurde.* Falls eine Wachhypnose erfolgt war, kann man den Schlaf sogar notfalls nachsuggerieren, wenn man merkt, daß der Hypnotisand «den Faden verloren» hat. Wird diese Nachsuggestion des Schlafes empfangen, dann wird der Hypnotisand schlafen. Empfängt er sie nicht, dann schläft er als Folge des Rapport-Verlustes ohne das Nachsuggerieren. *Cave:* Kontrolle (RR, Puls, Pupillen etc.)!

(b) Eine der unangenehmen Manifestationen des Hypnotisierens kann die sein, daß (insbesondere) weibliche Hypnotisanden eine *hysterische Reaktion* aufweisen. Dabei kann die hysterische Reaktion *bereits am Beginn* des Hypnotisierens vorkommen. Diese wird am Verhalten der Patientin erkannt, indem *stereotype Grimassen und Körperverrenkungen* zu beobachten sind. In diesem Falle wird die Hypnose abgebrochen und notfalls eine andere Therapieform eingeleitet. Unangenehmer ist es, wenn die Patientin aus einem unbewußten oder anderen Grunde *während der bereits erfolgten Hypnose* in einen hysterischen Anfall hineingleitet. Dies kann sehr dramatisch vor sich gehen. Der Referent hat in einem Falle einen hysterischen Anfall so erlebt, daß das ganze Klinikpersonal aus drei Stockwerken in das Hypnosezimmer hineinstürzte, weil die Patientin beim Hineingleiten in den hysterischen Anfall einen heftigen Aufschrei von sich gegeben hatte. Die Dehypnotisierung gelingt dann *nicht immer durch den ursprünglichen Hypnotiseur*, so daß notfalls ein anderer gerufen werden muß. Bis dahin versucht der eigentliche Hypnotiseur, die Hypnose zu unterbrechen, *indem er durch Worte andeutet, daß die Hypnose unterbrochen und eventuell später mit einer anderen Methode fortgesetzt werde.* Gelingt das Abbrechen des hysterischen Anfalls, dann ist die Angelegenheit geregelt. Gelingt dies nicht, so ist vielleicht der inzwischen gerufene andere Hypnotiseur bereits eingetroffen. Er weckt dann die Patientin mit den Worten: «*Frau Meyer, ich bin Dr. Schmitt, ich wurde gerade gerufen. Dr. Müller* (alles angenommene Namen) *mußte weg und hat mich gebeten, die Hypnose zu beenden ... Sie fühlen sich jetzt ganz wohl und werden in wenigen Minuten aus der Hypnose aufwachen ... sich wohl fühlen und frisch und munter sein ... etc.*» Wenn sich die Patientin nach dem Wecken noch etwas erschlagen fühlt, läßt man sie schlafen, bis sie von selber ganz zu sich kommt. In anderen Fällen wird die hysterische Episode nicht so dramatisch vor sich gehen. Die Patientin wird jedoch nicht erwachen, *wenn sie Bedenken gegenüber dem Hypnotiseur hat.* Zum Beispiel wird ein Ehemann/Hypnotiseur vielleicht versuchen, seine Frau zu hypnotisieren. Die Frau weiß aber, daß der Ehemann schon früher immer wieder versuchte, gewisse Geheimnisse von ihr in Erfahrung zu bringen (frühere Liebschaften, voreheliche sexuelle Beziehungen mit anderen Männern, eheliche «Seitensprünge» etc.). Wenn die Ehefrau die Möglichkeit hat, nicht in die Hypnose hineinzugelangen, wird sie auch danach handeln. *Muß sie jedoch in die Hypnose hinein, weil sie hoch hypnotisierbar ist, so wird sie in der tiefen Hypnose versuchen, durch eine hysterische Reaktion die eventuelle Befragung und den damit verbundenen Verrat des früheren (Er)Lebens zu verhindern.* Es empfiehlt sich nicht (und zwar nicht nur aus diesem Grunde), die eigene Ehefrau, Verlobte oder Freundin selber zu hypnotisieren.

(c) Aus dem eben gesagten Grunde kann der Hypnotisand/die Hypnotisandin *einen Kollaps* «wählen» (Gindes, 1977). *Die Patientin kollabiert, weil sie innerlich keine Möglichkeit hat, in den weniger gefährdenden/gefährlichen hysterischen Anfall auszuweichen.* In diesem Falle kann sich eine dramatische Situation entwickeln. Der Puls ist vielleicht nicht tastbar, die Herzaktivität ist unregelmäßig. Das ganze verläuft wie bei jedem anderen Kollaps. In diesem Falle verhält man sich auch wie bei einem organischen Notfall. Inzwischen wird aber dringend ein anderer Hypnotiseur gerufen, der dann die Dehypnotisierung vornimmt. *Den nicht-medizinischen Hypnotherapeuten empfiehlt sich deshalb, einen in Hypnose ausgebildeten Arzt in der Nähe zu haben, der dann das Notwendige veranlaßt und unternimmt.* Wenn dies nicht möglich ist, dann wird der ursprüngliche Hypnotiseur ständig laut versuchen, eine Dehypnose zu erreichen, indem er immer wieder betont, daß die Hypnose abgeschlossen ist und im nächsten Moment ein Aufwachen erfolgen wird. «... *Alles andere ist gleichgültig und unwichtig ... Nur das Aufwachen ist von Bedeutung ... Im nächsten Moment werden Sie/wirst Du aufwachen und sich/dich frisch und munter, leicht und frei fühlen.*»

(d) Nicht ganz selten wird es vielleicht auch zu *epileptischen Manifestationen* kommen. Der Mechanismus ist noch nicht ganz bekannt. Das wäre beim Hypnotisieren auch nicht von großer Wichtigkeit.

(da) Es ist in der Literatur oft erwähnt worden, daß man epileptische Anfälle *zwecks Diagnose* mit Hilfe von Hypnose auslösen kann. Auch der Referent hat solche Erfahrungen gesammelt. Falls ein epileptischer Anfall provoziert wird, dann wird auch die *Gleichgültigkeit* dazu suggeriert. «... *Und vielleicht kommt es während der Hypnose zu einem kleinen Anfall ... Das macht nichts ... Sie kümmern sich überhaupt nicht darum ... Alles regelt sich von selbst ... Sie werden sich ganz wohl fühlen ... ganz gleich was passiert ...* etc.» (siehe Kapitel XV, HP-014). Dabei darf auch die EEG-Kontrolle nicht vergessen werden. In den meisten Fällen mit einer epileptischen Bereitschaft wird sich im EEG *bereits im kataleptischen Stadium* oder später eine entsprechende Antwort anbieten, selbst wenn diese nur ein paar Sekunden andauert. Bei *psychomotorischer Epilepsie* (Jovanović, 1974, 1979) *treten dichte Spikes beiderseits oder einseitig temporal auf und werden kaum im Wachsein oder im natürlichen*

Schlaf beobachtet. Bei anderen Epilepsieformen werden andere pathologische Potentiale im EEG gefunden. In diesem Falle ist die Diagnose einer epileptischen Reaktion so gut wie gesichert. Tritt aber ein *epileptiformer* Anfall in der Hypnose auf, ohne daß dieser von Spikes im EEG begleitet wird, dann handelt es sich *wahrscheinlich eher um einen hysterischen Anfall als um einen epileptischen.*
(db) Aber auch ohne die Absicht, diagnostisch mit Hilfe von Hypnose vorzugehen, kann es zu epileptischen Manifestationen kommen, wie wir dies nicht nur einmal erlebt haben. Auch in diesen Fällen werden entsprechende *bioelektrische Potentiale* (Spikes oder sogar Spikes und Waves) im EEG registriert. Dabei kann *der klinische Anfall* mit auftreten oder aber nicht. In beiden Fällen hat man ungewollt und unbeabsichtigt die Diagnose einer epileptischen Reaktion durch die Hypnose festgestellt. Ein eventuell auftretender klinischer Anfall kann – wie sonst – *abortiv* oder *ganz manifest* sein. In keinem Falle wird etwas anderes unternommen, als daß man den Patienten vor Verletzungen schützt (Keil in den Mund stecken, Kopf halten, um Kopfverletzungen zu vermeiden). *Der Anfall ist oft eine vollendete Manifestation.* In der Aufregung nach Antiepileptika zu schreien oder sogar diese zu applizieren (intravenös oder intramuskulär) wird sich in den meisten Fällen nicht lohnen. Nach einem großen Anfall kann *eine Erschöpfungspause* (die länger oder kürzer andauert) folgen. Daraufhin wird der Patient von selber aufwachen. Erst dann kann man mit ihm die neue Situation besprechen und eventuell eine *antiepileptische Therapie* einleiten. *Droht aber etwa ein Status epilepticus, dann wird man selbstverständlich gleich nach Antiepileptika greifen und bei Bedarf den Neurologen zuziehen.*

(e) *Todesfälle während der Hypnose* sind bis heute nicht mit Sicherheit beschrieben worden. Kroger (1977, Seite 103) behauptet, *daß im Zusammenhang mit Hypnose kein Todesfall festgestellt worden sei.* Andere Autoren erwähnen hin und wieder den einen oder anderen nicht ganz verifizierten Todesfall. In den meisten dieser Fälle muß es sich *um eine andere interkurrente Krankheit* gehandelt haben, jedoch kaum um die Hypnose als die eigentliche Todesursache. *Auf jeden Fall muß man auch diesen, den tragischsten Notfall, ins Auge fassen und nicht sorglos permanent hypnotisieren. Die gründliche vorherige klinische Diagnostik* (siehe Kapitel XI) wird dem Hypnotiseur/Hypnotherapeuten ein derartiges unangenehmes Erlebnis ersparen.

(f) Nicht zuletzt wollen wir in diesem Zusammenhang nochmals auf die *spontane Autohypnose* nach einer *nicht ganz gelungenen Dehypnotisierung* hinweisen. Es muß wieder mit Nachdruck gesagt werden, *daß die Dehypnotisierung alle hypnotisierten Phänomene umfassen muß.* Wird die Hypnose-Induktion mit einem glänzenden Gegenstand vorgenommen, dann muß dieser dehypnotisiert werden. «. . . *Und nur wenn Sie diesen Gegenstand in meinen Händen sehen und ich zu Ihnen sage, daß Sie in die Hypnose gehen sollen, werden Sie ganz tief einschlafen . . .» etc. «. . . Andere, ähnliche oder gleiche Gegenstände sind gleichgültig und unwichtig . . . Alle anderen glänzenden Gegenstände sind gleichgültig und unwichtig . . . Nur wenn ich selber diesen Gegenstand zeige und zu Ihnen sage, Sie mögen in die Hypnose gehen . . . und/oder einschlafen . . . werden Sie dies tun . . . Alle anderen Gegenstände gleichgültig . . .* etc.».

(g) Im gleichen Atemzug wird die sogenannte *Hypnosesucht* erwähnt. Solche Fälle sind in der Literatur öfters zitiert worden, ohne daß sich eine eindeutige Meinung darüber herausgebildet hat. *Die Gewöhnung an die Hypnose erfolgt, wenn man nach den einzelnen Sitzungen und am Ende der Hypnotherapie nicht adäquat dehypnotisiert.* Ebenso, wie man am Ende jeder Hypnosesitzung die nächste determiniert, wird man auch *die Hypnotherapie determinieren.* Nach dem Muster in Kapitel IX.4.1.3 wird die Hypnose in immer längeren zeitlichen Intervallen vorgenommen, bis man eines Tages, dort wo die Therapie als abgeschlossen angesehen wird, *eine totale Dehypnotisierung* vornimmt. In etwa: «. . . *Und jetzt haben wir eine Weile (wie lange?) miteinander gearbeitet. Ich habe versucht, Ihnen zu helfen, um von den Schwierigkeiten loszukommen ... Jetzt ist jede Schwierigkeit beseitigt, alles ist vorüber ... Sie sind jetzt ganz frei, selbstbewußt, selbstsicher und stark ... Sie sind jetzt wieder befähigt worden, die Situationen aus eigener Kraft zu meistern und die Schwierigkeiten zu bewältigen ... Sie sind ganz stark ... ganz frei, selbstsicher und selbstbewußt ... Sie stehen auf eigenen Beinen ... Mich brauchen Sie nicht mehr ... nicht mehr ... nicht mehr ... Nur als Freunde können wir uns treffen ...* etc.».

4. Zusammenfassung und Schlußfolgerungen

Dieses Kapitel hat die Aufgabe, (1) nach den Vorbemerkungen auf einige Notfälle hinzuweisen, die (2) entweder *als Unfälle in der (Unfall)Chirurgie* anzutreffen sind oder (3) als *sogenannte Notfälle im Zusammenhang mit Hypnose* vorkommen. Bei den ersteren interveniert man schnell und sicher, *da Verletzte und sich in Gefahr befindliche Patienten hoch hypnotisierbar werden.* Bezüglich der Notfälle im Verlauf der Hypnotisierung und Hypnotherapie wird auf (a) Rapport-Verlust, (b) hysterische Reaktionen, (c) Kollaps-Zustände, (d) epileptische Manifestationen (ausgelöst zu diagnostischen Zwecken und spontane), (e) Todesfälle (die kaum bekannt sind), (f) *spontane* Autohypnose und (g) die sogenannte *Hypnosesucht* hingewiesen. *Der unterrichtete, gewandte und souveräne Hypnotiseur/Hypnotherapeut wird aus all diesen eventuellen Situationen gemeinsam mit seinem Patienten heil herauskommen können.* Selbstschutz (durch Anwesenheit von Zeugen während der Hypnose aus ethischen und forensischen Gründen) wird als eine Selbstverständlichkeit nicht gesondert bearbeitet. Alles weitere wurde in den vorangegangenen Kapiteln besprochen.

5. Quellennachweis

Bernstein, M. R.: Significant Values of Hypnoanesthesia – Three Clinical Examples. *Amer. J. Clin. Hypnosis*, (1965), *7:* 259–260.

Braun, B. G.: *Hypnotherapy for Raynaud's Disease.* In: Burrows, G. G., Collison, D. R., and Dennerstein, L. (Eds.): Hypnosis 1979. Elsevier, Amsterdam, 1979, pp. 141–148.

Cheek, D. G., and LeCron, L. M.: Clinical Hypnotherapy, Grune & Stratton, New York, N.Y., 1968.

Cohen, S. B.: Editorial Warts. *Amer. J. Clin. Hypnosis*, (1978), *20:* 157.

Crasilneck, H. B., and Hall, J. A.: Clinical Hypnosis – Principles and Applications. Grune & Stratton, New York, N.Y., 1975, 1985.

Doberneck, R. C., Griffen, W. O. Jr., Papermaster, A. A., and Wangensteen, O. H.: Hypnosis as an Adjunct to Surgical Therapy. *Surgery*, (1959), *46:* 299.

Doberneck, R. C., McFee, A. S., Bonello, F. J., Papermaster, A. A., and Wangensteen, O. H.: The Prevention of Postoperative Urinary Retention by Hypnosis. *Amer. J. Clin. Hypnosis*, (1961), *3:* 235–237.

Ewin, D. M.: Hypnosis to Control the Smoking Habit. *J. Occup. Med.*, (1977), *19:* 696.

Ewin, D. M.: *Hypnosis in Burn Therapy.* In: Burrows, G. D., Collison, D. R., and Dennerstein, L. (Eds.): Hypnosis 1979. Elsevier, Amsterdam, 1979, pp. 269–275.

Ewin, D. M.: *Hypnosis in Surgery and Anesthesia.* In: Wester, C. W. II., and Smith, A. H. Jr.: Clinical Hypnosis – A Multidisciplinary Approach. Lippincott, Philadelphia, 1984, pp. 210–235.

Finer, B., and Graf, K.: Circulatory Changes Accompanying Hypnotic Imagination of Hyperalgesia and Hypoalgesia in Causalgic Limbs. *Zschr. Ges. Exp. Med.*, (1968), *146:* 97.

Gindes, B. C.: New Concepts of Hypnosis. Theories, Techniques and Practical Applications. Melvin Powers, Wilshire Book Co., Hollywood, California, 1977.

Goldie, L.: Hypnosis in the Casualty Department. *Brit. Med.*, (1956), *2:* 1340.

Jacobson, A. M., Hackett, T. P., Surman, O. S., and Silverberg, E. L.: Raynaud's Phenomenon – Treatment with Hypnotic and Operant Techniques. *JAMA*, (1973), *225:* 739.

Jameson, R. M.: Hypnosis for Minor Surgical Procedures. *Brit. J. Anaesth.*, (1963, *35:* 269.

Johnson, R. F. Q., and Barber, T. X.: Hypnosis, Suggestions, and Warts – An Experimental Investigation Implicating the Importance of «Believed-in Efficacy». *Amer. J. Clin. Hypnosis*, (1978), *20:* 165.

Jovanović, U. J.: Psychomotor Epilepsy – A Polydimensional Study. Thomas, Springfield/Ill., 1974.

Jovanović, U. J.: *Audio-Video-Polygraphy During Hypnosis – A Contribution to the Verification of Hypnotic States.* In: Burrows, G. D., Collison, D. R., and Dennerstein, L. (Eds.): Hypnosis 1979. Elsevier, Amsterdam, 1979, pp. 105–109.

Jovanović, U. J.: Angewandte und klinische Hypnose (in Vorbereitung), (voraussichtlich), 1989.

Kelsey, D., and Burrow, J. N.: Maintenance of Posture by Hypnotic Suggestion in Patient Undergoing Plastic Surgery. *Brit. Med. J.*, (1958), *1:* 756.

Kroger, W. S.: Clinical and Experimental Hypnosis (2. Edition), Lippincott, Philadelphia, 1977.

Lewenstein, L. N.: The Treatment of Reflex Sympathetic Dystrophy. 24the Annual Meeting of the American Society of Clinical Hypnosis, Boston, 1981.

McCord, H.: Hypnotic Control of Nosebleed. *Amer. J. Clin. Hypnosis*, (1968), *10:* 291.

Papermaster, A. A., Doberneck, R. C., Bonello, F. J., Griffen, W. O. Jr., Wangensteen, O. H.: Hypnosis in Surgery. II. Pain. *Amer. J. Clin. Hypnosis*, (1960), *2:* 220–224.

Pratt, G. J., Wood, D. P., and Alman, B. M.: A Clinical Hypnosis Primer. Psychology & Consult. Ass. Press, La Jolla, California, 1984.

Scott, D. L.: Modern Hospital Hypnosis. Lloyd-Luke, London, 1974.

Siegel, E. F.: Control of Phantom Limb Pain by Hypnosis. *Amer. J. Clin. Hypnosis*, (1979), *21:* 285–286.

Sheehan, D. V.: Influence of Psychosocial Factors on Wart Remission. *Amer. J. Clin. Hypnosis*, (1978), *20:* 160–164.

Weber, E. W.: Use of Hypnosis in Certain Surgical Problems. *Amer. J. Clin. Hypnosis*, (1965), *7:* 81.

Weber, E. W.: Hypnosis in Serious Surgical Problems. *Amer. J. Clin. Hypnosis*, (1967), *10:* 44–47.

Wiggins, S. L., and Brown, C. W.: Hypnosis with Two Pedicle Cases. *Intern. J. Clin. Exp. Hypnosis*, (1968), *16:* 215–220.

XVIII. Technik von autogenem Training und Biokybernetik

1. Spezielle Vorbemerkungen zum Thema

Das autogene Training (Selbstentspannungs-Übung) wurde in den vorangegangenen Kapiteln öfters erwähnt und bedarf somit keiner weiteren theoretischen Auseinandersetzung. Das *monumentale Werk* von Johann Heinrich Schultz (1960) wurde bis zum erwähnten Zeitpunkt zehnmal aufgelegt und wird in vielen einschlägigen Publikationen referiert. Obwohl Anweisungen zum autogenen Training (AT) in diesen vielen anderen Werken gegeben werden, wird der Studierende seine Satisfaktion erleben können, wenn er das Originalwerk von Schultz durchgearbeitet hat.
In *Kapitel I* des AT von Schultz werden Entwicklung und Sinn des Verfahrens erläutert. In *Kapitel II* wird die Versuchsanordnung und ihre Verwendung zu Papier gebracht. Die Problematik wird dann in fünf Subkapiteln ausgeführt. In *Kapitel III* wird die durchschnittliche Leistung der *Unterstufe* erklärt. Dabei wird in einem Subkapitel die Unterstufe bei *gesunden Vpn* und in einem anderen die *klinische Erfahrung* der Unterstufe erläutert. In *Kapitel IV* werden die häufigsten Störungen und Schwierigkeiten beim durchschnittlichen Verlauf skizziert. Und bereits in *Kapitel V* wird auf die *Oberstufe* übergegangen. Die Oberstufe wurde von den meisten späteren Autoren auf diesem Gebiet übersehen. In zweiten Teil des Buches beginnt J. H. Schultz (1960) mit der *Theorie der Methode.* Dabei werden in *Kapitel VII* die Kontrollversuche dargestellt und in *Kapitel VIII* der Versuch der Theoriebildung. Beispiele chronologischer und religionspsychologischer Art behandelt *Kapitel IX.* Und schon befaßt sich das *Kapitel X* mit *Hypnose und Suggestion* (Seite 285–295). Das *Yoga* kommt dann in *Kapitel XI*, die progressive Relaxation von Edmund Jackobson in *Kapitel XII* vor (siehe auch unsere einschlägigen Kapitel, vor allem Kapitel XXIII und XXIV). Die Beziehungen des autogenen Trainings zu anderen Therapieformen (Psychotherapie, Neurosenlehre) wurden im Kapitel XIII, zur Gymnastik und Pädagogik im *Kapitel XIV* vorgetragen.
Wir streifen nachfolgend ergänzend zu unseren bisherigen Ausführungen (a) *die Unterstufe des autogenen Trainings*, (b) die Elemente *eines speziellen Verfahrens zur Biokybernetik* (Dogs, 1977) sowie (c) die *gestufte Aktivhypnose* (Kretschmer, 1946; Langen, 1961). Alles weitere kann den Originalwerken entnommen werden.

2. Einübung des autogenen Trainings nach Johann Heinrich Schultz (1960)

2.1 Allgemeine Verhaltensregel

Das Ziel des autogenen Trainings nach J. H. Schultz (1960) (siehe auch Dogs, 1978; Kleinsorge, 1973, 1978; Langen, 1961) ist es, den Menschen anzuweisen, sich selbst konzentrativ zu entspannen, zum eigenen Inneren zurückzukehren und eine nervliche Ausgeglichenheit zu erreichen. *Es empfiehlt sich, die ersten Übungsserien mit einem dazu ausgebildeten Arzt und/oder Psychologen durchzuarbeiten.*

Autogenes Training (AT) erfordert, wie auch die Hypnose, ein völliges Stillschweigen und eine ganz ruhige Umgebung. Nach diesem Prinzip wird im autogenen Training konzentrative Entspannung in *sechs Gebieten oder Schritten* erarbeitet:

1. *Muskeln,*
2. *Blutgefäße,*
3. *Herz,*
4. *Atmung,*
5. *Leiborgane,*
6. *Kopf.*

Man beginne die Übungsarbeit mit einem Arm, beim Rechtshänder rechts, beim Linkshänder links. Zur Übung ist eine bequeme Sitz- oder Liegehaltung (Abb. 6), ein ruhiges, kühles, leicht abgedunkeltes Zimmer erwünscht. Die Ellenbogen der gut unterstützten Arme sollen leicht gebeugt sein. Die gesamte Haltung sollte durchaus bequem sein, da sonst aus mechanischen Gründen Spannungen einsetzen.

Auch wenn nur ein Arm geübt und dort das Schweregefühl erlebt wird, breitet sich die Wirkung meist ganz spontan, ohne äußeres Zutun, auf den anderen Arm aus, d.h. ohne zusätzliche Konzentration und damit erneut im besten Sinne des Wortes «autogen». *Jede Übung sollte so lange an einem Arm durchgeführt werden, bis sie sich von selbst auf den anderen Arm und dann auf die übrigen Gliedmaßen ausbreitet!*

2.2 Übungsverfahren

2.2.1 Erste Übung: Die Schwereübung (Muskelentspannung)

Das autogene Training nimmt seinen Ausgang von den Bewegungsmuskeln, weil sie dem abendländischen Menschen am vertrautesten und seiner Selbstverfügung am meisten unterstellt sind. Außerdem zeigt sich gerade die *Muskelentspannung* besonders schnell und deutlich. Sie wird als *Gliederschwere* empfunden und ist jedem Menschen vom abendlichen Schlafen oder von der Hypnose her bekannt, wenn sich die «Glieder lösen». *Jede Zuwendung zum Leben und nach außen ist mit Muskelspannung verbunden.* Das Blicken, Sprechen, Greifen beruht auf Muskelbewegungen. Lebhafte Erwartung wird deswegen mit Recht als *Spannung* bezeichnet, weil bei ihr alle Muskeln «angespannt» sind. Auch scharfes Nachdenken ist vielen Menschen anzusehen, weil sie dabei die Stirn runzeln. Jedes Wollen, ja schon das lebhafte Denken an eine Bewegung, gibt Spannung in den Bewegungsmuskeln. Deshalb fühlen wir uns in «aufrechter Haltung» anders als in schlaffer.

Für die erste Übung ist ein Lehnstuhl mit hoher Lehne (Abb. 6), an die sich der Kopf stützen kann, mit weichen Seitenlehnen, auf denen die Unterarme zwanglos und sicher ruhen, sehr geeignet. Die Ellenbogen werden etwa halb bis zum rechten Winkel angebeugt, weil so *die Armstreck- und Armbeugemuskeln im Gleichgewicht sind.* Der ganze Rücken soll bequem angelehnt sein, ebenso der Hinterkopf. Durch kleine Kissen sollte hier möglichst Zwanglosigkeit angestrebt werden. Die Füße ruhen mit den Sohlen auf dem Boden. *Die Knie sollen nach außen fallen*, wodurch mechanische Spannungen im Oberschenkel vermieden werden. Die meisten Menschen neigen dazu, auch im Sitzen die Knie zu schließen, also die Beine unbemerkt in Spannung zu halten. Noch besser kann zunächst im *Liegen*, in bequemer Rückenlage mit unterstütztem Nacken geübt werden. *Die Arme liegen mit leicht gebeugten Ellenbogen neben dem Körper, die Handflächen nach unten. Die Fußspitzen sollen locker nach außen fallen.* Ist weder Gelegenheit zu bequemem Sitzen noch zum Liegen, so kann noch eine dritte Haltung für die Übungen benutzt werden: *Man setzt sich gerade auf eine Bank, einen Hocker ohne Lehne oder vorn auf einen Stuhl*, so daß die Lehne vom Rücken gut

entfernt ist. Nun läßt man sich im Sitzen senkrecht in sich selbst zusammensacken, wobei die Arme seitlich herunterhängen und der Kopf senkrecht über dem Gesäß bleibt, nie aber nach vorn über die Oberschenkel sinkt. Der Rücken wird krumm, der Kopf hängt etwas nach vorn herunter. Dabei darf aber keine Fallneigung nach vorn eintreten, sondern der Rumpf muß senkrecht in sich zusammensinken. Läßt man jede Muskelhaltung fort, wird man vom Skelett, besonders von der Wirbelsäule, ihren Gelenken und Bändern, aufgefangen. Man hängt in seinem Knochen-Gelenk-Apparat ohne jede Muskelleistung. Nun werden die Arme lose schwingend bewegt und auf die gespreizten Oberschenkel so aufgelegt, daß der Unterarm nahe den Ellenbogen vom Oberschenkel unterstützt wird. Die Arme sind dann wieder in der beschriebenen Weise gebeugt. Der Körper hängt ohne jede Muskelarbeit in seinen Knochen. Das ist die *Droschkenkutscherhaltung*, wie sie gern von J. H. Schultz (1960) genannt wurde.
In einer der Ausgangshaltungen beginnt nun die erste Übung. Die Augen werden zur Erleichterung der inneren Sammlung von Anfang an geschlossen, und der Trainierende stellt sich nun geistig möglichst lebhaft die *Schwere* vor, ohne dabei irgendeine Bewegung zu machen, ohne zu sprechen oder sonst irgend etwas zu tun. *Die jedem Trainierenden einfallenden Gedanken, Vorstellungen, Erinnerungen usw. sollen nicht abgewehrt werden, da dies gerade eine Verkrampfung bedeuten würde! Die Übungsformeln sollen vielmehr wie ein monotones Tonband abrollen und eventuelle andere Einfälle, Vorstellungen etc. daneben ignoriert werden.* Man beginne so:

(1) «*Der rechte (linke) Arm ist ganz schwer.*» (Erste Übungsformel). Etwa sechsmal konzentrieren.
(2) «*Ich bin ganz ruhig.*» (Zielrichtung der ganzen Arbeit). Nur einmal und immer wieder abwechselnd die erste und zweite Übungsformel.

Normalerweise zeigt sich bald eine deutliche *Schwereempfindung*, am häufigsten in der Ellenbogen- oder Unterarmgegend. Nach ½ bis 1 Minute erfolgt das *Zurücknehmen*, das nun in genau gleicher Weise geübt werden muß. Damit der ganze Vorgang mehr und mehr völlig automatisch abläuft, steht *das Erlernen der Umschaltung des Organismus im Mittelpunkt der ganzen autogenen Arbeit.* Das Zurücknehmen soll immer in folgender Weise geschehen:

1. Der Arm wird ein paarmal mit energischem Ruck gebeugt und gestreckt.
2. Es wird tief ein- und ausgeatmet.
3. Die Augen werden geöffnet.

Als kurzes Formelkommando:

(1) «*Arm fest!*» oder «*Arme fest!*»
(2) «*Tief atmen!*»
(3) «*Augen auf!*»

Nur wenn genau, sorgfältig und ausdauernd die Entspannung herbeigeführt und exakt zurückgenommen wird, kann sich ein zuverlässiges Vorgehen entwickeln. Das autogene Training trägt nur Frucht, wenn seine Methode beherrscht wird.
Ebenso wie mit dem Gang der Übung muß der Übende mit der Übungszeit sorgfältig sein. *In den ersten acht Tagen soll nur zwei- bis dreimal am Tage geübt werden.* In jeder Sitzung wird die Übung zweimal zuerst je ½ bis 1 Minute unternommen, später länger, wenn die Übungen beherrscht werden, solange der Zustand angenehm ist. Wird im Anfang die einzelne Übung verlängert, treten bei den meisten Übenden Spannungen auf, weil sie es zu «gut machen» wollen. *Der Trainierende merkt dann, daß die Armschwere schwindet, statt mit fortschreitendem Üben intensiver zu werden!*
Nach vier bis sechs Übungstagen wird das Schweregefühl im Übungsarm immer deutlicher und tritt immer schneller ein. Zugleich wird es auch in den anderen Gliedmaßen, am

häufigsten im anderen Arm, fühlbar. Ist das Schweregefühl in beiden Armen deutlich, so kann die Formel in «*Arme schwer*» oder in «*beide Arme schwer*» geändert werden. Entsprechend können spätestens bei Beendigung der Übung, dem Zurücknehmen, jetzt auch beide Arme gebeugt und gestreckt werden.
Die Beinschwere bedarf keines besonderen Zurücknehmens, da die Beine automatisch arbeiten. Normalerweise ist in 10 bis 14 Tagen die Übung so weit vorgeschritten, daß sich durch einen Augenblick innerer Konzentration Arme und Beine schwer entspannen. Jetzt kann die Übungszeit etwas verlängert werden. Dann wird an die erste Übung die zweite angeschlossen.

2.2.2 Zweite Übung: Wärmeerlebnis (Gefäßentspannung)

Gemütsbewegungen sind ja bekanntlich mit Veränderungen der Gefäßweite verbunden, zum Beispiel *Erröten, Erblassen.* Wir bewegen uns hier also auf sicherem Boden. Das autogene Training verfolgt mit diesen Erfahrungen ein doppeltes Ziel: *Körperbeherrschung; Versenkung durch Entspannung*. Systematisch geübt, wird hier der Beweis geliefert, daß der Mensch diese Funktion weitgehend selbsttätig beherrschen lernen kann.
Die vom Herzen in den Körper leitenden Arterien, die Haargefäße (Kapillarien) in den Organen und die das Blut zurückführenden Venen bilden einschließlich des Lungen- und Leberkreislaufes sozusagen das «periphere Herz». Das Unterhautgewebe kann ein Drittel des Blutes aufnehmen. Die Verteilung des Blutes in den Gefäßen wird durch Erweiterung und Verengung der Gefäße durch das Nevensystem reguliert und richtet sich nach Leistung, Erregung (Gemütsbewegung) und Hemmung. Das «periphere Herz», das Gefäßsystem also, ist ein lebendiger Apparat mit wechselndem Druck und wechselnder Strömungsgeschwindigkeit. Jede Einzelreaktion ist mit dem Ganzen zusammengeschaltet. Ist das Schwereerlebnis gut erarbeitet, wird die Übung erweitert:

(1) «*Arme (Beine) sind ganz schwer*», später «*Schwere*» sechsmal.
(2) «*Ich bin ganz ruhig*», später «*Ruhe*» einmal.
(3) «*Der rechte (linke) Arm ist ganz warm*» sechsmal, «*Ruhe*» einmal und immer so weiter.

Bei einem mit durchschnittlichem Erfolg Übenden zeigt sich bald, meist in der Ellenbogen-Unterarmgegend, innerlich eine strömende Wärme. Bei Untersuchungen stellt man fest, daß eine gesteigerte Wärmeausstrahlung um etwa 1 °C an der Körperoberfläche und eine noch höhere im Gewebe erfolgt.
Ein Zurücknehmen des Wärmeerlebnisses, d. h. ein willkürliches Beenden der Wärmeübung, ist nicht nötig, da die Blutgefäße elastische, vom Organismus regulierte Gebilde sind, die von selbst zur gewohnten Weite zurückkehren. Wird jede Übung genau und vollständig durchgeführt, kann man im weiteren Verlauf normalerweise nach zwei Wochen beobachten, wie das Wärmegefühl zuerst im Unterarm immer deutlicher und dann in allen vier Gliedmaßen fühlbar wird. Dabei gehen Schwere und Wärme auch mehr und mehr auf den Rumpf über. Die Blutgefäßentspannung hat einen besonders beruhigenden und schlaffördernden «lösenden» Einfluß.
Blutgefäß-Entspannungsübungen sind aber durchaus nicht harmlos, da durch die veränderte Blutverteilung der Organismus unter Umständen stark beeinflußt wird. Gerade die Wärmeübungen dürfen daher nur unter ärztlicher Kontrolle durchgeführt werden!
Mehrere Untersuchungen zeigten eine Umstellung der gesamten inneren und äußeren Blutverteilung während des autogenen Trainings. Wird beim autogenen Training eine neue Übung angeschlossen, wie jetzt die Gefäßentspannung nach dem Schwereerlebnis, soll der Übende sich immer in der Hauptsache auf eine gründliche Darstellung des Bekannten konzentrieren und das Neue zunächst nur kurz anschließen, wie es am Beginn der Schwere-

übung dargelegt wurde; sind Schwere und Wärme schnell und deutlich zu erreichen, schließt sich die dritte Übung an.

2.2.3 Dritte Übung: Herzregulierung

Durch das Wärmeerlebnis hat der Übende schon die Blutgefäße als «unwillkürliches Körpersystem» selbsttätig zu beeinflussen gelernt. Dasselbe geschieht in der dritten Übung mit dem Herzen. Die Entspannung der Muskeln wurde durch die Konzentration «Schwere», die der Blutgefäße durch das Erlebnis «Wärme» erreicht. Übende, die keine örtliche Empfindung des Herzens haben, orientieren sich an einer Pulsempfindung. Mit weiterem Üben stellt sich dann gelegentlich auch das Herzerlebnis spontan ein. Geschieht es nicht, wird versucht, das Herzerlebnis selbst zu entdecken. Dabei wird in Rückenlage der rechte Ellenbogen so unterstützt, daß er ebenso hoch liegt wie der Brustkorb. Nun wird die rechte Hand auf die Herzgegend gelegt. Sie entspricht etwa der linken oberen Westentasche. Der linke Arm liegt wie üblich. Danach werden Schwere, Wärme, Ruhe eingestellt und in Gedanken dorthin in die Brustwand konzentriert, wo die Hand aufliegt. Der Druck der Hand ist eine Art Wegweiser. Nach einigen Übungen werden nun Herzempfindungen bemerkt und unter steter Wiederholung des ganzen Übungsganges («Schwere – Wärme – Ruhe») in diese Gegend des Körperinneren konzentriert:
«Herz schlägt ruhig und kräftig»; bei leicht Erregbaren: *«... ruhig und regelmäßig»* sechsmal, dann einmal: *«Ruhe»*. Ist die Herzempfindung gelernt, das «Herzerlebnis» entdeckt, wird die Hand nicht mehr auf die Herzgegend gelegt, sondern in üblicher Haltung weitergeübt und das Herz «direkt», ohne äußere Hilfe, reguliert. In der Übung sollte der Herzschlag aber nicht durch Konzentration verlangsamt werden, da dies nachteilig sein kann. Nach längerer Übung kann dann, wenn ärztlich angezeigt, eine Beeinflussung der Pulsfolge angestrebt werden. Speziell für die Herzübung ist eine *besonders sorgfältige ärztliche Aufsicht anzuraten.*

2.2.4 Vierte Übung: Die Atemeinstellung

Die Atmung steht auf der Grenze von willkürlich gesteuerter und selbsttätig ablaufender Tätigkeit. Im autogenen Training wird die in der Muskel-, Blutgefäß- und Herz-Ruheentspannung erarbeitete innere Lösung unmittelbar in die Atmung hineintrainiert, wie sich auch die Schwere und Wärme «von selbst» von dem einen Übungsarm am Beginn auf die anderen Gliedmaßen ausgebreitet, d.h. generalisiert, hat. Im autogenen Training ist jede absichtliche Selbstbeeinflussung der Atmung eine Störung. Denn sie würde ja Spannung und Willkür bedeuten. Der Übende hat sich so einzustellen, daß erst die Übungshaltungen 1 bis 3 sorgfältig erlebt werden. Daran soll sich dann die Konzentration anschließen:
«Atmung ruhig» sechsmal, einmal *«Ruhe»*.
Für viele Personen ist die Verführung groß, mit der Atmung irgend etwas absichtlich zu machen, etwa im Sinne einer irgendwo gelernten Atemübung. Das muß beim autogenen Training unbedingt vermieden werden. Um jedes falsche absichtliche Atmen auszuschalten, ist die ergänzende Konzentration zu empfehlen:
«Es atmet mich» oder *«Es atmet in mir»*.
Die Atmung soll sich aus der Ruheentspannung heraus gestalten, den Übenden «tragen» und «nehmen». Er soll sich der Atmung hingeben wie beim Schwimmen auf leicht bewegtem Wasser in passiver Rückenlage.
Hat der Übende in je 10 bis 14 Tagen, also im ganzen in etwa 6 bis 10 Wochen, die Übungen 1 bis 4 erworben, folgt die fünfte.

2.2.5 Fünfte Übung: Regulierung der Bauchorgane («Sonnengeflecht»)

Ebenso wie die Gliedmaßen und die Brust (Herz, Atmung) sollen die Bauchorgane entspannt werden. Der Übende stellt sich zu diesem Zweck auf den größten Lebensnervenknoten des Bauchraumes, auf das *Sonnengeflecht*, ein. Er liegt an der hinteren Bauchwand, etwa in der Mitte zwischen Nabel und unterem Ende des Brustbeines. Nachdem die Übungen 1 bis 4 erarbeitet worden sind, konzentriere der Übende:
«*Sonnengeflecht strömend warm*» sechsmal, einmal «*Ruhe*».
Auch diese Übung erfordert durchschnittlich 10 bis 14 Tage. Sie wird wie die Wärmeübung ausgeführt und nach der 4. Übung eingeschaltet. Die Vorstellung, daß der Atem in den Leib ströme, kann oft helfen.
Nun liegt bei normalem Übungsgang der Übende mit schwerem, strömend warmem, ruhig durchatmetem und durchpulstem Körper entspannt da. Hierzu tritt nun die sechste Übung.

2.2.6 Sechste Übung: Einstellung des Kopfgebietes

Im Beruhigungsbad, das der Einstellung im autogenen Training als Modell dienen kann, wird die beruhigend lösende Wirkung verstärkt, wenn eine kühle (nicht kalte) Kompresse auf der Stirn liegt. Wir verlangen von einem Menschen, daß er ein warmes Herz und einen kühlen Kopf hat. Unruhe drängt das Blut zum Kopf. Im autogenen Training wird daher die Kopfgegend, die «Kopfsphäre», unter eine besondere Einstellung gesetzt. Der Übende stelle die Haltungen 1 bis 5 sorgfältig dar und konzentriere sich vorsichtig, zunächst nur für wenige Sekunden, etwa zweimal bis zur ersten örtlichen Empfindung, dann drei- bis sechsmal:
«*Stirn ist angenehm kühl!*»
Ebenso wie das Wärmeerlebnis zur Gefäßerweiterung, führt auch das Kühlerlebnis, allerdings erst nach längerer Übung, zu einer Gefäßverengung und dadurch zu einer Art kühlender Blutleere. Da die Blutgefäße des ganzen Organismus miteinander in Verbindung sind, wirkt eine örtliche Gefäßzusammenziehung bei vielen Menschen auf ausgedehnte Gefäßgebiete ein. Man kann sich hiervon leicht überzeugen, indem man einen Finger in kaltes Wasser taucht. Dann wird zunächst die ganze Hand und auch später oft die andere Hand kühl und blaß.
Beim autogenen Training stellen wir *die konzentrative Entspannung* von dem geistig steuernden Zentrum aus dar und bekommen dadurch unter Umständen erhebliche Schwankungen der Blutverteilung. Das kann sich beim Stirn-Kühle-Versuch gelegentlich in leichten ohnmachtsartigen Empfindungen und bei dazu Veranlagten in Migräneanfällen, bzw. beim Wärmeversuch in Auffälligkeiten der Herz- und Gefäßregulation äußern. Schon allein deshalb sollten die Übungen auch bei Gesunden unter ärztlicher Kontrolle, bei Gefäßregulationsgestörten oder gar Kranken aber erst nach Untersuchung, und auch hier unter Aufsicht, durchgeführt werden. *Nur die Untersuchung und eine dem Befund angepaßte, genau dosierte Arbeit gestatten das Üben ohne Risiko!*
Das subjektive Erlebnis der «Stirnkühle» ist in der Regel in 10 bis 14 Tagen erarbeitet. Die Stirnkühle wird meist als «kühler Hauch» erlebt. Mit den sechs beschriebenen generalisierten Übungen ist das autogene Training in seiner Unterstufe aufgebaut.

2.2.7 Die Gesamtübung (alle 6 Übungen auf einmal)

(1) «*Arme und Beine sind schwer*» ... «*Schwere*» sechsmal. «*Ruhe*» einmal.
(2) «*Arme und Beine sind warm*» ... «*warm*» sechsmal. «*Ruhe*» einmal.
(3) «*Herz schlägt ruhig und kräftig* (oder: «*regelmäßig*») sechsmal. «*Ruhe*» einmal.
(4) «*Atmung ganz ruhig*» ... «*Es atmet mich*» sechsmal. «*Ruhe*» einmal.

(5) «*Sonnengeflecht strömend warm*» sechsmal. «*Ruhe*» einmal.
(6) «*Stirn angenehm kühl*» sechsmal. «*Ruhe*» einmal.

Dann erfolgt das «Zurücknehmen»: «Arme fest, tief atmen, Augen auf.»

Nach längstens zweieinhalb bis drei Monaten sind bei durchschnittlich Realisierenden die 6 Übungen erworben. Sie sollten nun durch tägliches Üben, mindestens einmal täglich, in den folgenden vier bis sechs Monaten so angeeigent werden, daß die Intensität der Befunde immer größer wird und sie immer schneller eintreten. Jede Gesamtübung wird durch sorgfältiges Zurücknehmen *(«Arme fest, tief atmen, Augen auf»)* abgeschlossen.

3. Einübung der speziellen Biokybernetik (Wilfried Dogs, 1977)

3.1 Allgemeine Verhaltensregel

Für *Interkontinentalreisende (Flugpersonal, Touristen)* und *Schichtarbeiter* empfiehlt Dr. Wilfried Dogs (1977) einige spezielle Übungen aus der Biokybernetik zur Entspannung im psychosomatischen Bereich.
Das gesamte Programm dieser *Entspannungstherapie*, von Dogs (1977) als *Schlafkybernetik* bezeichnet, baut sich aus den *Übungen und ihrem Einsatz zu entsprechenden Zeiten* auf. Wer das autogene Training noch nicht gelernt hat, kann die Übungen von hier übernehmen. Die Anwendung ist einfach. Wichtig ist jedoch, nicht nur die Übung als solche auszuführen, *sondern auch den Zeitpunkt gezielt zu wählen.* Der Einsatz erfolgt dabei unterschiedlich bei den verschiedenen Schlaftypen (Jovanović, 1974). Die Übung kann in dieser Beziehung, und nur in der gezielten Anwendung bei Schlafstörungen, das autogene Training ersetzen, nicht jedoch in der beschriebenen Richtung als eine individuelle gezielte Selbsthypnose. *Für die Übung selbst ist es wichtig, eine möglichst entspannte Körperhaltung wie beim autogenen Training einzunehmen.* Es wird dann versucht, *in drei Stufen eine Zuwendung zum Schlaf zu erreichen.* Es kommt dabei darauf an, die *Leitformeln* jeder Stufe möglichst gleichmäßig im eigenen Denkrhythmus zu wiederholen oder sie auch leise vor sich hinzusprechen. *Diese Hauptformeln werden von Zusatzformeln unterstrichen, gewissermaßen ausgemalt.* Die Zusatzformeln kann der Übende nach eigenem Ermessen gestalten und variieren. Die drei Hauptstufen der Schlafkybernetik heißen:

Ich werde ruhig.
Ich bin müde.
Es schläft.

Jede dieser Formeln sollte 3 bis 5 Minuten konzentriert gedacht werden. Bei der ersten Formel «*Ich werde ruhig*» empfiehlt es sich dann, noch untermalende Zusatzformeln hinzuzunehmen, wie etwa:

Mein Körper ruht.
Meine Beine ruhen.
Arme und Beine sind schwer.
Es ist die Zeit der Ruhe.
Mein ganzer Körper wird getragen.
Die Kraft, die mich trägt, fließt in meinem Körper.
Ich fühle mich wohl (oder ähnlich).

Bei der zweiten Hauptformel «*Ich bin müde*» empfiehlt Dogs (1977) folgende Zusatzgedanken:

Arme und Beine durchströmt eine wohlige, warme Müdigkeit.
Die Atmung schwingt in ganz weichen Wellen.
Der ganze Leib strömt warm.
Ich fühle mich von diesen Wellen getragen.
Die Gedanken verschwinden wie in einem weichen Nebel.
Alles versinkt, ich bin müde.
Immer müder. (Oder ähnlich.)

Bei der dritten Hauptformel «*Es schläft*» schlägt Dogs (1977) folgende Zusatzgedanken vor:

Die Kraft, die mich trägt, umfängt mich ganz.
Ich ruhe in Geborgenheit.
Die Gedanken verschwimmen ganz in einem Nebel.
Es schläft.
Es ist dunkle Nacht. (Oder ähnlich.)

Das *Zurücknehmen (der kompletten Übung)* soll wieder einen *Wachzustand* und eine frische, aufgeschlossene geistige Form herstellen. Die Übung mit dem Zurücknehmen kann innerhalb von 10 Minuten eine physiologische Ermüdungsphase, die sonst 30 bis 80 Minuten dauert, ablösen und vor allem dadurch den Rhythmus der Ermüdungsphasen bei Zeitverschiebung wiederherstellen. Wenn die Übung jedoch eingesetzt wird, um den Nachholbedarf eines Schlafdefizits einzuleiten, *wird man sie natürlich nicht wieder zurücknehmen, sondern dann langsam den Eintritt tieferer Schlafstufen kommen lassen.* In der Regel erreicht man mit dieser Schlafkybernetik das Müdigkeitsstadium 1 (siehe Jovanović, 1974) schnell. Viele Übende kommen auch schon in den letzten Minuten der Übung in das Schlafstadium 2 (siehe Jovanović, 1974).
Für das Zurücknehmen empfiehlt Dr. Dogs folgenden Vorgang. Im Gegensatz zum autogenen Training, bei dem man gern die einzelnen Stufen noch einmal kurz konzentriert, geht man hier einen eigenen Weg, der eine frische und wache, lebendige seelische Situation herbeiführen soll. Der Übende zählt bis drei nach folgender Formel:

(1) *Die Müdigkeit löst sich aus Armen und Beinen. Ich fühle einen angenehmen Strom durch den ganzen Körper.*
(2) *Die Muskeln stehen wieder voll zur Verfügung. Ich kann sie locker und leicht bewegen. Mein Geist ist frisch und klar.* (Hierbei sollen die Arm- und Beinmuskeln kurz angespannt und gelockert werden, etwa zwei- bis dreimal).
(3) *Ich bin wach und frisch, fühle mich wohl, und mein ganzer Körper ist wach.* (Tief ein- und ausatmen, mit den Händen über die Schläfen streichen.)

Die Worte dieses Zurücknehmens brauchen nicht auswendig gelernt zu werden, genauso wenig, wie die einzelnen Zusatzworte zu den drei Versenkungsstufen. Es kommt nur darauf an, *in der ersten Stufe* die Gedanken wieder auf Wachheit zu konzentrieren und von der Müdigkeit zu lösen; *in der zweiten Stufe* die Muskeln durch rhythmische kurze Bewegungen von der Müdigkeit zu befreien und den ganzen Körper wieder wachzumachen und *in der dritten Stufe* die beiden Formeln zusammenzufassen zu einer wachen, frischen und aufgeschlossenen Situation. Es empfiehlt sich dabei dann, mehrmals tief ein- und auszuatmen; die Arme in der dritten Rücknahmestufe auch fest anzuwinkeln und zu strecken; sich dann mit den Händen leicht über die Stirn und die Schläfen zu streichen und aufzustehen. Weiter ist es empfehlenswert, mit etwas vertieftem Ein- und Ausatmen einige schnelle Schritte durch den Raum zu machen und die Arme und Beine dabei locker, etwas schlenkernd zu bewegen.

Bei der Übung ist es manchmal unvermeidlich, daß von außen Störungen eintreten. Wenn eine zwingende äußere Situation (Telefon) eintritt, muß die Übung unterbrochen werden. Danach aber muß sie möglichst schnell wieder von Anfang an durchgeführt werden. *Der gezielte Steuerungseffekt ist ja auch nicht unbedingt an Minuten gebunden, sondern kann einige Minuten später voll erzielt werden. Auf jeden Fall soll aber die Übung noch einmal wiederholt werden.* Die Schwierigkeit, sich auf einzelne Formeln und deren Inhalt zu konzentrieren, löst sich erfahrungsgemäß schon nach wenigen Übungen. Wenn sie länger anhält, kann man durch leises Sprechen der Formeln und auch der Zusatzgedanken nachhelfen und kann dann auch schon im allgemeinen sehr schnell nur mit den Gedanken die Formeln fest fixieren. Wenn bei der Schlafkybernetik, die nur zu einer kurzen Ermüdung führen soll, plötzlich ein tiefer Schlafzustand eintritt, so muß der Übende jeweils nach der augenblicklichen Situation verfahren. Wenn er Zeit hat und der Schlaf seinen weiteren Tagesrhythmus nicht stört, braucht er keine Vorkehrungen für ein vorzeitiges Wecken zu treffen. Wenn er aber – wie es ja zumeist bei der Schlafkybernetik der Fall ist – die Übung nur nutzen will, um später seinen richtigen Schlafrhythmus zu bekommen, sollte er doch für ein Wecken Vorsorge tragen.

3.2 Übungen bei Interkontinentalreisen

Das *Hauptanwendungsgebiet der Schlafkybernetik* ist im Falle der *Zeitverschiebung bei Interkontinentalflügen.* Der Schlafgestörte ordnet sich einem der Schlaftypen nach Jovanović (1974) zu. Er muß versuchen, in dem angegebenen Rhythmus sich mit dem eigenen Biorhythmus der Ortszeit anzupassen. Es soll ziemlich gleich sein, ob man von West nach Ost oder von Ost nach West fliegt. *Subjektiv werden die Flüge von West nach Ost im allgemeinen angenehmer empfunden als die von Ost nach West.* Das hat eine einleuchtende Erklärung, denn bei den Flügen von West nach Ost durchfliegt man die Dunkelphasen im allgemeinen ziemlich schnell, während man in der anderen Richtung oft sehr lange belastende Dunkelphasen hat. Das hängt auch von der Jahreszeit ab und läßt sich keineswegs verallgemeinern. Fest steht jedoch, daß die Flüge bei hellem Licht angenehmer empfunden werden, weil meist einiges zu sehen ist und weil auch relativ viel Abwechslung geboten wird. Bei den modernen Großflugzeugen werden die Dunkelphasen oft durch Kinovorstellungen überbrückt, aber auch das vermag das verlängerte Zeitgefühl nur bedingt einzuschränken. Die Reaktionen auf Luftturbulenzen sind auch bei Dunkelheit erheblich stärker als bei hellem Licht. Man kann hier bei der Rhythmusrechnung von diesen beiden Faktoren absehen.

Die kleine Übung der kompletten Kybernetik von 10 bis 15 Minuten reicht voll aus, um eine Ermüdungsphase so in das rhythmische Geschehen des vegetativen Systems «einzublenden». Schon kurz danach werden sich die nächsten Biorhythmen dem zuordnen. Dazu muß man aber berechnen, daß durch den vorangegangenen Flug ein Schlafdefizit bestehen könnte, das hier mit in das Schema einbezogen werden muß. Hinzu kommt, daß man die Landezeit nicht jeweils als Ankunftszeit rechnen kann, weil zunächst doch gewissermaßen die Ortszeit erst wahrgenommen werden muß. Wenn man hier von einer Ankunftszeit spricht, dann meint man damit eine Stunde nach der Landezeit, gerechnet in der jeweiligen Ortszeit des Landeortes.

Für die beiden Schlaftypen ergeben sich folgende von Dr. Dogs (1977) zusammengefaßten Übungsabläufe und Zuordnungen:

3.2.1 Abendschläfer (in den Morgenstunden lebendiger)

Ankunftszeit zwischen 7.00 h und 9.00 h (Ortszeit plus 1 Stunde nach der Landung)
10.30 h: erste komplette kybernetische Übung (mit Zurücknahme).

13.30 h: zweite komplette kybernetische Übung.
17.00 h: dritte komplette kybernetische Übung.

Falls ein Schlafdefizit besteht, dann sollte nach Möglichkeit bei der zweiten Übung um 13.30 h ein komplettes Programm durchgeführt werden. Nach den Erfahrungen von Dogs (1977) ist damit schon eine volle Angleichung an die Ortszeit erfolgt.

Ankunfszeit zwischen 9.00 h und 11.00 h
13.00 h bis 13.30 h: erste komplette Übung (bei Schlafdefizit eventuell inkomplette Übung).
17.00 h: zweite komplette Übung.

Ankunftszeit zwischen 11.00 h und 13.00 h
Nach Möglichkeit bald eine komplette Übung, spätestens 17.00 h: eine komplette kybernetische Übung, bei Schlafdefizit auch inkomplette Übung (ohne Zurücknahme).

In allen bisherigen Fällen sollte dann um 21.00 h eine inkomplette Übung erfolgen, die vor dem Einschlafen liegt.

Ankunftszeit zwischen 13.00 h und 15.00 h
17.00 h: erste komplette kybernetische Übung; die folgende – inkomplett – sollte vor dem Einschlafen erfolgen.

Ankunfstzeit zwischen 15.00 h und 17.00 h
Hier sind keine Übungen angezeigt. Wenn möglich, sollte man zeitig zur Ruhe gehen und den Schlaf mit einer inkompletten Übung (ohne Zurücknahme) einleiten.

Ankunftszeit ab 17.00 h bis 3.00 h
Auch hier sollte man versuchen, möglichst sofort mit einer inkompletten Übung den Schlaf einzuleiten. Nach einem kurzen Schlaf sollte man nach der Ortszeit früh aufstehen und folgende Übungen für den Tag vorsehen:
10.00 h: eine komplette kybernetische Übung.
13.30 h: eventuell eine inkomplette Übung, um ein Schlafdefizit auszugleichen.
17.00 h: eine komplette kybernetische Übung.

Dieses Schema würde voll und ganz genügen, um innerhalb von 6 bis 8 Stunden eine völlige Anpassung zu erreichen und auch die volle Leistungs-, Erlebnis- und Konzentrationsfähigkeit wiederherzustellen.

3.2.2 Morgenschläfer (in den Abendstunden lebendiger)

Ankunftszeit zwischen 7.00 h und 9.00 h
10.00 h: erste komplette kybernetische Übung, eventuell auch inkomplett bei Schlafdefizit.

Ankunftszeit zwischen 9.00 h und 12.00 h
13.00 h: erste komplette bzw. inkomplette kybernetische Übung.

Ankunftszeit zwischen 12.00 h und 15.00 h
18.30 h: erste komplette kybernetische Übung.

In allen Fällen sollte der Schlaf bei einem möglichst frühen Schlafengehen – zwischen 22.00 h und 23.00 h – mit einer *inkompletten Übung* (ohne Zurücknahme) eingeleitet werden. Bei späteren Ankunftszeiten entfallen die kompletten Übungen, sie werden jeweils durch die inkompletten Übungen vor dem Schlafengehen ersetzt.
Damit sind die wesentlichen schematischen Voraussetzungen für eine sehr schnelle Resynchronisation zur Ortszeit erfüllt. Die Regeln des Schlafnachholbedarfes richten sich nach den zeitlichen Möglichkeiten. Die Erfahrung zeigt, daß der Erholungswert einer kompletten

Schlafkybernetik außerordentlich groß ist und daß danach eine Phase der deutlichen Erfrischung eintritt, die dann den Schlafnachholbedarf zu einer gegebenen und vor allem nicht störenden Zeit möglich macht. Der Faktor der eigenen Erfahrung ist hier von großem Wert. Anhand seiner Beobachtungen bei der tabellarischen Einhaltung der Übungszeit sollte jeder, der öfter diesen Anforderungen ausgesetzt ist, für sich selbst Protokoll führen und eventuell auch Korrekturen in der Zeit vornehmen, wenn er bei sich selbst ungenügende Reaktionen bemerkt. Man wird dabei erleben, daß man bei einiger Beobachtung ein Gefühl dafür bekommt, wann es am zweckmäßigsten ist, die kybernetische Übung durchzuführen.

3.3 Übungen bei Schichtarbeit

Bei Schichtarbeitern muß der eigene Biorhythmus umgestellt werden, *um die Arbeitszeit auf verschiedene Tages- und Nachtabschnitte zu verteilen.* Wir unterscheiden hier die *Frühschicht* von der *Spätschicht* und der *Nachtschicht.* Mit geringen Differenzen der betrieblichen Einstellung liegen hier die Wechselzeiten immer in der frühen Morgenzeit, in der Nachmittagszeit und in der späten Abend- bzw. frühen Nachtzeit. Die *Frühschicht* verbleibt dabei in dem üblichen Tagesrhythmus, aber auch die Schichtarbeiter in der Frühschicht sind oft schlafgestört, weil sie durch den ständigen Wechsel, der in der Regel jede Woche erfolgt, in ihrem eigenen Rhythmus oft erheblich beeinträchtigt oder Morgenschläfer sind. Bei der *Spätschicht* ist der Schlafrhythmus oft gestört, weil die Arbeiter in der Nacht nach Hause kommen und dann morgens länger schlafen möchten und hier gestört werden. Auch bei ihnen liegt aber die wechselnde Biorhythmusstörung als Belastung vor und beeinträchtigt sehr häufig ihre Leistungsfähigkeit und ihre Schlafmöglichkeit. Hier soll die große Domäne der Schlafkybernetik liegen. Dabei ist es notwendig, daß auch der Arbeiter in der Frühschicht die kybernetische Übung genauso anwendet wie bei jedem anderen Schichtablauf. Es ergeben sich die folgenden grundsätzlichen Regeln: *Nachdem wieder festgestellt worden ist, ob der Typ des Abend- oder Morgenschläfers vorliegt,* kann die nachstehend erläuterte Einteilung abgelesen werden, um danach das individuelle Übungsprogramm aufzustellen.

3.3.1 Abendschläfer (morgens und in den Vormittagsstunden aktiver)

(a) *Frühschicht:* Es muß darauf geachtet werden, daß um 10.30 Uhr und 13.30 Uhr ± 15 Minuten eine *komplette Übung* der Schlafkybernetik (mit Zurücknehmen) erfolgt. Insbesondere bei monotonen Arbeitsvorgängen, aber auch bei anderen wechselnden und oftmals sehr große Konzentration erfordernden Arbeitsabläufen müßte hier schon vom Betrieb aus diese zweimalige Entspannung unbedingt gefördert werden. Wichtig ist dann für den Arbeiter die dritte Übung der kompletten Schlafkybernetik um 17.30 Uhr; dann beim Schlafengehen zwischen 21.00 Uhr und 22.00 Uhr die inkomplette Form.

(b) *Spätschicht:* Hier sollte auch schon am Morgen gleich nach dem Erwachen die komplette Form der Schlafkybernetik geübt werden. Dann sollte das gleiche um 10.30 Uhr erfolgen und dann nochmals nach dem Mittagessen um 13.30 Uhr. Möglichst kurz vor Beginn der Spätschicht sollte man dann noch einmal die komplette Übungsform durchführen. Bei der Spätschicht braucht während der Arbeit keine Übung zu erfolgen. Sie kann aber die Konzentriertheit etwa in der Mitte der Arbeitszeit durch die komplette Schlafkybernetik unterstützen. Von Bedeutung ist dann, daß der Arbeiter möglichst bald nach der Rückkehr noch eine leichte Mahlzeit einnimmt und dann die *inkomplette Form* (ohne Zurücknahme) übt, um vorzubereiten, daß «ES» schläft.

(c) *Nachtschicht:* Der Tag fängt hier mit der Beendigung der Arbeit an. Die Einstellung zur Umwelt sollte möglichst weitgehend erhalten bleiben und deswegen ist es zweckmäßig, hier gleich nach der Rückkehr von der Arbeit leicht zu frühstücken und dann die Schlafkybernetik komplett zu üben. Der Vormittag sollte möglichst wach gestaltet werden. Um 10.30 Uhr sollte wiederum eine komplette und nach dem Mittagessen um 13.30 Uhr die inkomplette Form eingesetzt werden. Danach sollten möglichst alle Geräusche ausgeschaltet werden, so daß jetzt das Schlafdefizit nachgeholt werden kann. Es müssen unbedingt 8 Stunden Ruhezeit reserviert werden, das heißt, der Nachtbeschäftigte muß bis wenigstens 20.30 Uhr ruhen. Wenn er dabei wieder wach wird, kann er beliebig oft die inkomplette Form üben. Dann kann er langsam und in Ruhe sein Abendessen einnehmen und sich auf die Nachtschicht vorbereiten.

3.3.2 Morgenschläfer (in den Abendstunden lebendiger)

(a) *Frühschicht:* Hier gilt für das Aufwecken die beschriebene Regel, den Punkt auszusuchen, in dem der Schlaf in einer *Verflachungsphase ausläuft und nicht gerade in einer Traumphase* liegt (s. Jovanović, 1974). Es sollte also eventuell 10 Minuten oder eine halbe Stunde früher geweckt werden, wenn es zeitlich nicht auch später durchführbar ist. Auf jeden Fall muß der Weckzeitpunkt so gelegt werden, daß auch genügend Zeit bleibt, die komplette Form in Ruhe durchführen zu können. Dann bleibt der Vormittag ohne Anwendungen. In der Mittagspause sollte die komplette Schlafkybernetik eingesetzt werden. Das gleiche sollte dann unmittelbar nach Beendigung der Frühschicht erfolgen. Auch der Morgenschläfer sollte bemüht sein, bei der Frühschicht spätestens um 22.00 Uhr zu Bett zu gehen und dann die komplette Schlafkybernetik üben.

(b) *Spätschicht:* Hier sollte der Vormittag zum Ausschlafen des Schlafdefizits eingesetzt werden. Bei Störungen sollte die inkomplette Form eingeleitet werden. In der Regel sollte der Schlaf dann im Laufe des Vormittags ausklingen, so daß unbedingt eine 8-stündige Ruhezeit gewährleistet ist. Dann muß um 13.30 Uhr die komplette Form geübt werden. Dasselbe sollte noch möglichst kurz vor Beginn der Spätschicht durchgeführt werden; während der Spätschicht dann gleichfalls ein- bis zweimal komplette Anwendung der Schlafkybernetik.

(c) *Nachtschicht:* Bei der Nachtschicht ist es dann grundsätzlich wichtig, die Morgenmüdigkeit nach der Arbeit mit intensiver kompletter Schlafkybernetik auszublocken. Hier muß man gegen das eigene Gefühl arbeiten, um den Biorhythmusverbund nicht zu verlieren. In diesem Falle muß der Arbeiter versuchen, sich zu steuern wie ein Abendschläfer. Er kann bei einiger Konzentration damit lernen, die sonst viel später einsetzende Wachwelle vorwegzunehmen und bekommt dann zur Mittagszeit eine gesunde und normale, auch seinem eigenen Biorhythmus entsprechende Ermüdungsphase. Diese sollte dann unbedingt nach einem Mittagessen ausgenutzt werden, um mit der inkompletten Form einen ruhigen Schlaf einzuleiten, der dann über 8 Stunden eingehalten werden sollte. Bei Störungen muß auch der Morgenschläfer versuchen, durch inkomplette Formen die Ruhe und den Schlaf zu bewahren. Er sollte auf keinen Fall vor 20.30 Uhr aufstehen; dann langsam und ruhig Abendbrot zu sich nehmen und sich dann mit einer kompletten Form auf die Nachtschicht vorbereiten (Dogs, 1977).

4. Gestufte Aktivhypnose (Kretschmer, 1946; Langen, 1961)

Die *gestufte Aktivhypnose*, die von Ernst Kretschmer (1946) beschrieben und von Dietrich Langen (1961) ausgearbeitet wurde, ist ein eng an das autogene Training angelehntes *aktivautohypnoides Verfahren*, das, mehr von der klinischen Behandlungssituation ausgehend, *aktivierende und abkürzende Modifikationen an das autogene Training heranträgt*, ohne aber den auf Selbstübung aufbauenden Charakter des Verfahrens zu ändern (Langen, 1961, 1973).
Gelinge es dem Patienten, durch Konzentration von «Ruhe–Schwere–Wärme» ein generalisiertes Schwere- und Wärmegefühl zu erleben, beherrsche er die «*psychotherapeutischen Grundübungen*». Anschließend folge im autogenen Training eine Herz-Atem- und Solarplexusübung. Bei der gestuften Aktivhypnose werde auf diese Viszeralübungen – wie Langen (1973) die an die Muskel- und Gefäßkonzentration anschließenden Übungen gerne nennt – verzichtet und dafür eine forcierte und prolongierte Konvergenzhaltung der Augen durch Fixationsübung eintrainiert. Dadurch erreiche der Patient das hypnoide Stadium direkter und schneller. In den gemeinsamen Übungen mit dem Arzt würden die Hypnosen schrittweise verlängert werden.
Im Gespräch werden nach Langen (1961, 1973) mit dem Patienten «wandspruchartige Leitsätze» entwickelt. Sie seien eine Weiterführung der formelhaften Vorsatzbildungen des autogenen Trainings. Die wandspruchartigen Leitsätze seien systematischer durchgebildet, weshalb sie auch nomenklatorisch herausgehoben würden.
Wandspruchartige Leitsätze bestehen in der Regel aus zwei Abschnitten (Langen, 1973):
Zunächst sollen störende Faktoren, die sich in Leitsymptomen kundtun, in einen Abstand und dadurch zu einer Indifferenz gebracht werden, so daß die komplexhaften Irritationen wegfallen.
Anschließend versuche man, in einem wandspruchartigen Leitsatz die Charaktereigenschaften anzusprechen, die der Patient aus eigener Kraft nicht mobilisieren könne.
Schließlich komme es bei der Gestaltung wandspruchartiger Leitsätze noch darauf an, sie auf die Gesetze der hyponoisch-hypobulischen Schichten abzustimmen. In der alten Hypnotherapie habe man hier von «Redaktion der Suggestionen» gesprochen. Zunächst müsse man auf eine angepaßte Stilisierung achten. Sie enthalte verschiedene selbsttätige psychologische Teiltendenzen: *Herausheben des Wesentlichen, Formvereinfachung und Formwiederholung*. Es komme also bei den Leitsätzen nicht so sehr auf grammatikalische und streng logische Richtigkeit an, sondern auf ein Herausarbeiten des Wesentlichen, um dadurch affektiv stärker zu wirken.
Der Unterschied zwischen gestufter Aktivhypnose und autogenem Training besteht nach Langen (1973) in folgendem:

(1) Das begleitende Vorsprechen, das in wörtlichen Formulierungen dem Übungsstand der Vp angepaßt sei, stehe im Gegensatz zum autogenen Training, bei dem in der Regel nicht vorgesprochen werde.

(2) *Nach den psychotherapeutischen Grundübungen* werde eine forcierte und prolongierte Konvergenzhaltung der Augen (Fixierübung) durchgeführt. Sie sei ein fester Bestandteil des Verfahrens und werde nicht erst wie im autogenen Training fakultativ beim Übergang von der Unter- zur Oberstufe verwandt.

(3) Die Viszeralübungen werden weggelassen.

(4) Die wandspruchartigen Leitsätze seien eine systematische Weiterführung der formelhaften Vorsatzbildung.

(5) Die gestufte Aktivhypnose werde in der Therapie regelmäßig mit einem analytischen Behandlungsgang verbunden und deshalb als «*zweigleisige Methode*» bezeichnet.

Der Indikationsbereich der gestuften Aktivhypnose ist nach Langen (1973) etwas enger als der des autogenen Trainings, *weil er nicht so weit in den psychohygienischen Bereich hineinreiche*. Klinisch sei die gestufte Aktivhypnose angezeigt bei *Abnormitäten des Sexualtriebes, Medikamentenabhängigkeit einschließlich Alkohol, vegetativen Dysregulationen und psychosomatischen Krankheiten, Zwangssyndromen, phobischen Syndromen, chronischen Schmerzzuständen, Schlafstörungen, funktionellen Motilitätsstörungen und bei Hypnoserefraktären.*
Bei psychosomatischen Krankheiten sei immer zunächst eine Indifferenz gegenüber der gestörten Organfunktion zu üben. Für Schmerzzustände genügen häufig schon die psychotherapeutischen Grundübungen, wobei zusätzlich eine Gelöstheit im gestörten Organgebiet nahegebracht werden könne.
Für die Kontraindikation gelten die gleichen Gesichtspunkte wie beim autogenen Training (Langen, 1973). Hinzu komme: Hysterisch strukturierten Persönlichkeiten werde nur selten vorgesprochen. Die Fixierübung unterbleibe oder werde, falls mehrere Ärzte zur Verfügung stünden, von einem anderen Arzt durchgeführt. Die Ideoplasie sei bei diesen Patienten so ausgeprägt, daß die Selbstübung mehr hervorgehoben werden könne als bei zwanghaft Strukturierten. Bei ihnen müsse häufiger vorgesprochen werden, um das Hypnoid zu erreichen. Es könne durch eine begleitende neuroleptische Medikation noch gefördert werden.

5. Zusammenfassung und Schlußfolgerungen

Es wurden das *autogene Training*, eine spezielle *Biokybernetik* (Schlafkybernetik für Interkontinentalreisende und Schichtarbeiter) und die *gestufte Aktivhypnose* kurz dargestellt und an Beispielen demonstriert. Die Voraussetzungen zum Übergang auf die Anweisungen für die eigentliche Selbsthypnose (Kapitel XIX) sind dadurch erfüllt worden.

6. Quellennachweis

Dogs, W(ilfried): Der gesteuerte Schlaf. Braun, Duisburg, 1977.
Dogs, W.: Autogenes Training. Haug-Verlag, Heidelberg, 1978.
Jovanović, U. J.: Schlaf und Traum. Fischer, Stuttgart, 1974 (Insbesondere Abb. 7 für die Bestimmung von «Morgen-» bzw. «Abendschläfern»).
Kleinsorge, H.: Selbstentspannung. Fischer, Stuttgart, 1973, 1978.
Kretschmer, E.: Über die gestufte aktive Hypnoseübung und den Umbau der Hypnosetechnik, 1946 (Dtsch. Med. Wschr., Vol. 71). In: Handbuch der Neurosenlehre und Psychotherapie, Band IV. Urban & Schwarzenberg, München, 1959.
Langen, D.: Anleitung zur gestuften Aktiv-Hypnose. Thieme, Stuttgart, 1961.
Langen, D.: Psychotherapie – Kompendium für Studierende und Ärzte. Thieme, Stuttgart, 1973.
Schultz, J. H.: Autogenes Training. Thieme, Stuttgart, 1960 (mit mehreren vorausgehenden Auflagen).

XIX. Technik der Autohypnose (Selbsthypnose)

1. Generelle Vorbemerkungen und Regeln der Selbsthypnose

Die theoretische Seite der Problematik mit Literaturangaben wird in Kapitel XXI.16 besprochen. Einige Elemente als Übergang von der Hetero- zur Selbsthypnose kamen in Kapitel XV zur Sprache. Zusätzlich weisen wir unter anderem auf die Anleitungen von Kroger (1977, Seite 85–91) sowie von Crasilneck und Hall (1985, Seite 429–437) hin. Fast alle bedeutenden Lehrbücher zur Hypnose (siehe Kapitel II) geben Übersichten oder Anweisungen zu diesem Problem. Nicht zu vergessen ist auch das *International Journal of Clinical and Experimental Hypnosis* (1981, Vol. XXIX, Nr. 3) mit einer umfangreichen diesbezüglichen Literaturübersicht (s. dazu den speziellen Teil: Jovanović, 1989).
Die Selbsthpynose ist ein Zustand (Vorgang), bei dem der Hypnotisand sein eigener Hypnotiseur ist (Do-it-yourself-Verfahren). *Sie kann grundsätzlich erst dann vorgenommen werden, wenn der Selbsthypnotisand von einem bereits ausgebildeten Heterohypnotiseur hinreichend angeleitet worden ist.*

2. Anweisungen für den Heterohypnotiseur (beratenden Hypnotiseur)

(a) Das *Zeichen für die Einleitung der Selbsthypnose* darf nach einer entsprechenden Anleitung nur mit Genehmigung des Hypnotisanden/Patienten (als Selbsthypnotisanden) erteilt werden. Dadurch wird gewährleistet, daß der Hypnotiseur *nicht auf ein fremdes Zeichen* reagiert.

(b) Es sei betont, daß für die Sicherheit des Hypnotisanden/Patienten *optimale Bedingungen* vorhanden sein müssen. Sonst muß das Zeichen für den Beginn der Selbsthypnose wirkungslos bleiben.

(c) Der Hypnotisand/Patient sollte auch *trainiert* werden, sich selbst die Aktionen zu suggerieren. Genaue Anweisungen müssen auch darüber erteilt werden, wie die speziellen Suggestionen während und nach der Hypnose durchgeführt werden sollten.

(d) Suggestionen müssen *positiv* und für den Hypnotisanden/Patienten von Vorteil sein.

(e) Die *Dauer der Selbsthypnose* wird im voraus festgelegt.
Man darf jedoch anmerken, daß bei einer Bedrohung aus der Umwelt oder einer Gefahr aus dem Inneren des Organismus des Hypnotisanden/Patienten die Selbsthypnose aufgelöst werden kann.

(f) Die *Zeit für die späteren selbsthypnotischen Induktionen* wird durch die Zeitverzerrung verkürzt (von 20 vielleicht auf eine Minute). Dies muß im voraus berücksichtigt werden.

(g) Die spontane Entwicklung einer *totalen Amnesie* ist während der Selbsthypnose kaum möglich. Eine *partielle Amnesie* folgt den Regeln für das normale Vergessen (siehe Kapitel XXI).

(h) Die Selbsthypnose ist *eine erlernte konditionierte Reaktion* (Kroger, 1977). Aus diesem Grunde muß versucht werden, diese *jeden Tag so oft wie möglich* zu üben. *Sechs Sitzungen für die Dauer von zwei bis zehn Minuten und über den Tag verteilt sind praktischer als längere, seltenere Sitzungen.* Längere Selbsthypnose-Sitzungen sind dann notwendig, wenn tiefe Stadien oder Hypnoanästhesie angestrebt werden.

(i) Der Selbsthypnotisand lernt zuerst, *die kleineren Muskeln* des Körpers *und dann die größeren* zu entspannen (Augenlider-, Extremitäten- und dann Körpermuskeln).

(j) Wenn die Entspannung bestimmter Körperglieder nicht erreicht werden kann, sollte man sich durch die *ideosensorischen Reaktionen* auf diese Körperteile konzentrieren und durch zusätzliche Übungen herausheben.

(k) Um eine Suggestion wirksam werden zu lassen, versucht der Hypnotisand/Patient, *Sensationen aus der Selbsthypnose in Realitätserfahrungen* umzuwandeln. Er muß die gewünschten Reaktionen mit reellen Erfahrungen in Verbindung setzen. *Je lebhafter die Phantasie ist, desto besser ist die Wirkung.*

(l) Am Ende jeder Selbsthypnose-Sitzung suggeriert sich der Hypnotisand/Patient selbst, *daß er mit zunehmender Anzahl der Übungen immer schneller und schneller in die Selbsthypnose fallen, allen Selbstsuggestionen nach besten Kräften nachgehen, jede Sitzung mit der Desuggestion beenden, sich währenddessen immer besser entspannt, motiviert und selbstbewußt fühlen wird.* Danach werden eventuelle *Nebenwirkungen*, wie etwaige Kopfschmerzen, Nervosität, Spannung umgangen, durch *körperliche Übungen* überwunden und für die nächste Hypnosesitzung desuggeriert.

(m) Der Hypnotisand/Patient kann sich auch suggerieren, von der Selbsthypnose in den Schlaf überzugehen. *Wenn die Selbsthypnose abends kurz vor dem Einschlafen durchgeführt wird, wacht man morgens* – nach Vorsuggestionen – *frisch und munter, leicht und frei, voll ausgeschlafen und ausgeruht auf.*

3. Anweisungen für den Selbsthypnotiseur (Hypnotisanden/Patienten)

(a) Im Prinzip sind bei der Hypnose und somit Selbsthypnose *Bildvorstellungen* wichtiger als *Wörter*. Die Phantasiewelt wird in Bildern gesehen. Die *Phantasie* muß dabei immer wieder durch die Selbsthypnose *verstärkt* werden.

(b) Die *Wiederholung positiver Bildvorstellungen* wandelt sich zu einem Teil in die Persönlichkeit um.

(c) *Der Hypnotisand/Patient möge keine sofortigen Ergebnisse seiner Selbsthypnose erwarten.* Wenn diese nicht sogleich nach einer Selbsthypnose-Sitzung aufgetreten sind, sollte nicht angenommen werden, daß etwas schiefgegangen sei.

(d) Um die Selbsthypnose voll zu erreichen, muß man selbst *visuelle und sensorische Bildvorstellungen* einüben.

(e) Der Hypnotisand/Patient muß auch *im voraus wissen*, was er mit der Selbsthypnose erreichen will und anstreben darf.

(f) Subjektiv ist die Selbsthypnose ein *tiefer Entspannungs-* und *Konzentrationszustand*. Dabei kann das *Gefühl des Abstands* erlebt werden oder *es tritt ein Empfinden des*

(Ver)Sinkens, des Friedens und der geborgenen Gelassenheit auf. Die Empfindungen sind ähnlich oder gleich denen in der Heterohypnose.

(g) Wenn keine Veränderungen in subjektiver Hinsicht aufgetreten sind oder man meint, man würde mit geschlossenen Augen alles hören und merken, muß konzentrierter geübt werden. Wenn ein vertiefter Entspannungszustand angestrebt und konsequent geübt wird, wird er auch erreicht werden.

(h) Nachdem einmal die Selbsthypnose erreicht worden ist, gibt man sich weitere Suggestionen, um den Zustand zu vertiefen.

(i) Es ist daher nicht unabdingbar, bereits bei den ersten Versuchen einen tiefen Zustand zu erreichen. Diese sollten dazu dienen, sich eine konditionierte Reaktion anzueignen.

(j) In der Selbsthypnose versucht man, *sich an ein bestimmtes Zeichen zu gewöhnen.* Dieses sollte es ermöglichen, die weiteren Selbsthypnosen spontan einzuleiten.

(k) Die Suggestionen werden während der Sitzungen ständig wiederholt. *Wie bei der Heterohypnose ist auch die Selbsthypnose eine Wiederholungsangelegenheit.*

(l) *Die Selbstsuggestionen werden von einer Selbstbegeisterung begleitet.*

4. Gestaltung der Umweltsituation für die Selbsthypnose

Die Selbsthypnose erfordert eine ruhige und leicht verdunkelte Stätte, die es gestattet, eine ununterbrochene halbe Stunde zu üben. Es wird auch eine bequeme *Sitz- oder Liegegelegenheit* angestrebt. Die Hände werden *auf den Schoß* (im Sitzen) oder *neben den Körper* (im Liegen) gelegt, *die Füße auf den Boden* gestellt (im Sitzen). Die Augen fixieren einen Punkt an der Decke oder Wand. In dieser Stellung beginnen die Selbsthypnosen, die wir später (Jovanović, 1989) Schritt für Schritt beschreiben werden. In der Regel benutzt man *eine visuelle Phantasiemethode.* Während der Hypnose erleben die Hypnotisanden/Patienten eine *gesteigerte Aufmerksamkeit für innere und äußere Reize; alle Sinnesorgane funktioneren intensiver, außer den Augen, die geschlossen sind.* Mißerfolge beim Selbsthypnotisieren treten nach Kroger (1977) kaum in Erscheinung.

5. Das subjektive Erkennen der Selbsthypnose

Der Zustand der Selbsthypnose wird subjektiv erlebt und erkannt. Wie auch bei der Heterohypnose kann es vorkommen, *daß der Selbsthypnotisand nicht weiß, ob er in der Selbsthypnose gewesen ist oder nicht.* Einige spielen dabei etwas vor (Rollenspiel in der Selbsthypnose; siehe Kapitel IX). Und nicht ganz selten wird man angeben können, man sei in der Selbsthypnose gewesen, obwohl diese nicht eingetreten war. *Alle Kombinationen der subjektiven Stellungnahme zur Selbsthypnose sind möglich* und sollten auch so genommen werden. Erst *Übung macht den Meister.* Die Widerstände gegen die Selbsthypnose müssen bewältigt werden. Sie dürfen nicht beibehalten oder toleriert werden. *Der Hypnotherapeut ist dazu da, dem Selbsthypnotisanden zu helfen, auch die eventuellen Widerstände zu beseitigen und zu entkräften.* In einigen Fällen des Mißlingens der Selbsthypnose kann der Pendel-Test nach Chevreul (siehe Kapitel XIV) helfen. Fällt der Pendel-Test positiv aus, so wird man auch erwarten können, daß die Selbsthypnose gelingt.

6. Indikationen für die Selbsthypnose

Indikationen und Kontraindikationen für die Selbsthypnose sind dieselben wie bei der Heterohypnose auch (siehe Kapitel XI.5.4). Kroger (1977), der Hunderte von ausgewählten Patienten in Selbsthypnose angewiesen habe, konnte in keinem Falle Gefahren sehen. Jeder, der sich wie beim Beten, bei der Meditation und bei Yoga-Übungen vertiefen könne, werde sich auch mit der Selbsthypnose bald vertraut machen können. *Narkoleptiker* und *schizoide Persönlichkeiten* seien für die Selbsthpynose nicht geeignet.

7. Zusammenfassung und Schlußfolgerungen

Es wurden generelle und spezielle Instruktionen zur Selbsthypnose gegeben. Das übersetzte und angepaßte *Inventar der Selbsthypnose, Form A* (von Ronald Shor, 1978) wird später (Jovanović, 1989) demonstriert. *Die Selbsthypnose ist eine Hypnose, bei der der Hypnotisand sein eigener Hypnotiseur ist.* Damit ist erneut gezeigt worden, daß die Hypnose weniger vom Hypnotiseur als vom Hypnotisanden abhängig ist.

8. Quellennachweis

Crasilneck, Harold, B., und Hall, James, A.: Clinical Hypnosis: Principles and Applications. Second Edition. Grune & Stratton, New York, 1985.
Jovanović, U. J.: Angewandte und klinische Hypnose (in Vorbereitung). G. Fischer, Stuttgart, (voraussichtlich) 1989.
Kroger, W. S.: Clinical and Experimental Hypnosis. Lippincott, Philadelphia, 1977.
Shor, R. E.: Inventory of Self-Hypnosis, Form A. Instructions Book. Consulting Psychologists Press, Inc., 577 College Avenue, Palo Alto, California 94306 (auch für Bestellungen), 1978.
Tepperwein, K.: Die Hohe Schule der Hypnose. Ariston, Genf, 1978.
Wolberg, L. R.: Medical Hypnosis I and II. Grune & Stratton, New York, 1948a, b.

XX. Methoden der Gruppenhypnose

1. Kurze generelle Vorbemerkungen

Die Literatur zu theoretischen Problemen der Gruppenhypnose wurde in Kpaitel X.10 angeführt. Insbesondere ist auf die dort zitierten Beiträge von Moreno und/oder Enneis sowic auf die neuere Übersicht (s. dort) von Bennett Braun (1980) hinzuweisen. Außerdem taucht das Problem bei konventionellen Psychotherapien (s. Kapitel X) auf. Vom praktischen Standpunkt aus unterscheidet sich die Gruppenhypnose nicht sehr von der individuellen Heterohypnose oder Selbsthypnose. Der einzige Unterschied ist eben die Gruppe, d.h. die Anwesenheit von mehreren Vpn, die an der Hypnosesitzung teilnehmen. Die Gruppe kann sich *auf den Verlauf des Hypnotisierens und den Ausgang der klinischen oder experimentellen Hypnose positiv, aber auch negativ auswirken.* Das Problem der Gruppe ist an sich das Problem der Masse (von Menschen) überhaupt und geht als solches über den Rahmen unserer Aufgabe hinaus (s. dazu Jovanović, 1989). Nach eigenen Erfahrungen steigert sich *die Bereitschaft, sich hypnotisieren zu lassen mit zunehmender Anzahl der anwesenden Personen*, insbesondere in großen Sälen. Darüberhinaus wird nicht selten der Erfolg des Hypnotisierens durch die Ersthypnose in einer Sitzung beeinflußt. Gelingt die Hypnose bei der zuerst genommenen Vp, so erfolgen auch weitere positive Einstellungen zur Hypnose und zum Hypnotisieren in der gleichen Sitzung. Kommt es bei der ersten Vp der Sitzung nicht zu einer vollen Hypnose, so wirkt sich dies in der Regel negativ auf die späteren Hypnoseversuche dieser Sitzung aus (siehe dazu Kapitel IX).
Die moderne elektronische *Audio-Video-Technik* (s. Kapitel XIII.5.1) bietet im Prinzip *zwei* Möglichkeiten der Gestaltung der Gruppentherapie:

(a) Bei der einen handelt es sich um *die Gruppe im eigentlichen Sinne*, wobei alle Hypnotisanden *in einem Raum* nebeneinandersitzen.

(b) Im zweiten Falle wird die Hypnose zwar einer größeren Anzahl von Menschen *simultan* angeboten. Die Hypnotisanden sitzen oder liegen in ihren Zimmern, so daß der Einfluß der Mithypnotisanden auf sie selbst entfällt.

Der Hypnotiseur wird bei beiden Techniken mit Nachdruck darauf hingewiesen, daß in der Gruppe nicht alle Teilnehmer gleichzeitig und gleichmäßig reagieren. Während einige z. B. die Augen *gleich am Beginn* schließen werden, wird man feststellen können, daß andere dies noch nicht ganz oder gar nicht getan haben. Man erteilt jedoch die Suggestionen in der Gruppe gleichzeitig für alle. Um sich dieser Situation anzupassen, suggeriert der Hypnotiseur zwischendurch beispielsweise:
SG: «Und falls Sie die Augen noch nicht geschlossen haben ... werden Sie merken, wie die Augenlider immer schwerer und schwerer werden ... Und wenn die Augen bereits geschlossen sind, werden Sie sich auf meine Worte hin noch besser und tiefer entspannen können ... etc.»
Die Gruppenhypnotherapie wird noch vom speziellen Standpunkt aus ausführlich behandelt (Jovanović, 1989). Dazu wird *Harvard Group Scale of Hypnotic Susceptibility, Form A (HGSHS: A)* von Ronald Shor und Emily Carota Orne (1962, 1963) übersetzt und neben der Übersetzung der *Stanford Hypnotic Susceptibility Scale* (Form A und B) von Weitzenhoffer und Hilgard (1959) an die deutsche Ausdrucksweise angepaßt und vorgestellt.

2. Zusammenfassung und Schlußfolgerungen

Zu den theoretischen Erläuterungen der Problematik der Gruppenhypnose in den Kapiteln X und XXI wurde hier auf einige diesbezügliche praktische Punkte hingewiesen. Wegen der *Komplexität und Heterogenität der speziellen Thematik* werden Einzelheiten der direkten Gruppenhypnosen sowie der Gruppen-Fernhypnosen von Jovanović (1989) später skizziert.

3. Quellennachweis

Jovanović, U. J.: Angewandte und klinische Hypnose (in Vorbereitung). G. Fischer, Stuttgart, (voraussichtlich) 1989.

Shor, Ronald, E., und Orne, Emily Carota: Manual of the Harvard Group Scale of Hypnotic Susceptibility, Form A. Consulting Psychologists Press Inc., 577 College Avenue, Palo Alto, California 94306, 1962.

Shor, R. E., und Orne, E. C.: Norms of the Harvard Group Scale of Hypnotic Susceptibility, Form A. *Intern. J. Clin. Exp. Hypnosis*, 1963, *11:* 39–47.

Weitzenhoffer, A. M., und Hilgard, E. R.: Stanford Hypnotic Susceptibility Scale, Forms A and B. Consulting Psychologists Press Inc., 577 College Avenue, Palo Alto, California 94306, 1959.

Teil C:
Phänomenologie und Mechanismen

XXI. Psychologische Aspekte

1. Spezielle Vorbemerkungen zum Thema

Die *Psychologie* als Begriff glauben wir nicht definieren zu müssen. Die *Hypnopsychologie* ist die *spezielle Psychologie des Hypnosewesens*. Auf dreifache Art und Weise hat das Kapitel XXI eine Schlüsselposition und stellt einen *Wendepunkt*, d.h. eine *neue Einführung*, dar:

(a) *Zum ersten* wird die *in den bisherigen Kapiteln* angedeutete *Phänomenologie ergänzend zusammengefaßt*. Insoweit bildet der nachfolgende Text den *Abschluß der Deskription der hypnotischen Verhaltens-, Persönlichkeits- und klinischen Phänomene*.

(b) *Zum zweiten* soll ein *Leitfaden für das Studium der Hypnomechanismen* gezogen werden, das *in den darauffolgenden Kapiteln XXII–XXIX* erfolgen wird, und

(c) *zum dritten* wird das begonnene *Fundament* für die *angewandte und klinische Hypnose* gefestigt, die später (Jovanović, 1989) von den speziellen Aspekten her im einzelnen studiert werden soll.

2. Hypnose und kritische Urteilsfähigkeit

In Kapitel IX.2.4.9 wurde *die Frage der Hypnotisierbarkeit und des Willens* gestellt und ausführlich diskutiert. Auf die dortige Literatur darf verwiesen werden. Die Problematik der *Urteilsfähigkeit* oder der *Kapazität zur Beurteilung des Tuns und Lassens* ist *eng mit dem Willen gekoppelt*. Wenn der Hypnotisand *in der Hypnose und im posthypnotischen Stadium bis zu einem gewissen Grade über seinen Willen verfügt, dann ist er auch bis zu diesem Grade urteilsfähig*. Er behält die Kritik, die andererseits als *die höchste psychische Funktion beim Menschen eingestuft wird*. In mehrfacher Hinsicht wird uns diese Frage noch beschäftigen müssen, und zwar: (a) *hinsichtlich der allgemeinen psychologischen Problematik im Leben und im Experiment*, (b) *bezüglich der forensischen Probleme* und (c) *nicht zuletzt im klinischen Bereich*. Alle diese Fragen werden von Jovanović (1989) noch diskutiert werden.

3. Hypnotischer/posthypnotischer Gedankengang

Der Gedankengang, d.h. die Geschwindigkeit des Denkens wird von den Hypnoseforschern selten diskutiert, und wenn, dann vorwiegend im Rahmen anderer Phänomene. Wenn wir in Kapitel XV (HP-002, HP-003 und HP-051) *Veränderungen der Zeitschätzung*, d.h. eine *Zeitverzerrung* (wesentliche Verkürzung oder Verlängerung) finden, dann muß dies u.E. *mit der Verzerrung des Gedankenganges durch die Hypnose zu tun haben*. Durch Suggestionen kann somit der Gedankengang *beschleunigt und verlangsamt werden*. Auch zu dieser Frage müssen wir zu einem späteren Zeitpunkt (Jovanović, 1989) Stellung nehmen (siehe auch Kroger, 1977, Seite 21–22).

4. Hypnose und Veränderung der Wahrnehmung

4.1 Begriffsbildung und Definitionen

In Kapitel IX und auch in den anderen Kapiteln dieses Buches ist diese Frage angeklungen. In Kapitel XV haben wir in mehreren Übungs-Lektionen (HP-002, HP-005, HP-006, HP-008, HP-009, HP-016, HP-022, HP-026, HP-047, HP-048, HP-050, HP-061, HP-062) finden können, *daß die Hypnotisanden während der Hypnose oder danach gemäß Suggestionen einige Reize anders als im vollen und unbeeinflußten Wachsein wahrnehmen.* Alle *Sinnesorgane* und Empfindungen sind dieser *Veränderung der Wahrnehmung* unterzogen. Dabei können diese im *positiven und negativen Sinne*, im *illusionären* und im *halluzinatorischen Bereich* auftauchen. Die *klinische* aber auch die *experimentelle Psychologie* kennt bei beiden Formen *zwei* weitere *Möglichkeiten* (Bagby, 1928; Jovanović, 1989; McDougall, 1926):

(a) *Im illusorischen Bereich* – wobei in einer real existierenden Erscheinung *imaginäre Ergänzungen* stattfinden – kann es zu (aa) *Pseudoillusionen* kommen. Dabei besteht zwar *die imaginäre Ergänzung* einer Erscheinung. Der Betreffende ist jedoch *davon nicht überzeugt* und behauptet nicht beharrlich, dies würde tatsächlich existieren. Beispielsweise wird bei der Konfiguration der Wolken oft eine *imaginäre Ergänzung, bis zur Gestaltung einer religiösen Figur*, erlebt. Die Person, die diese imaginäre Ergänzung vornimmt, *ist jedoch nicht von der Existenz dieser religiösen Figur überzeugt und verbalisiert*, daß die Wolken *wie* eine religiöse Figur aussehen. (ab) *Religiöse und fanatische Persönlichkeiten würden z.B. in den Wolken eine echte religiöse Gestalt sehen.* Sie sind *davon überzeugt*. Die Überzeugung führt zu einer *wahren* Illusion. Über religiöse Illusionen (die zum Teil *Visionen, d.h. Halluzinationen*, sind) sprechen wir in Abschnitt XXI.15.2.

(b) *Bei den Halluzinationen* sind ebenfalls *Pseudo-* und *wahre Halluzinationen* anzutreffen. Der Unterschied liegt wie bei den Illusionen *im Überzeugungscharakter;* bei den letzteren ist man von den Halluzinationen *überzeugt;* bei den ersteren *nicht immer und nicht ganz.* Da aber *die Halluzinationen einen stärkeren Effekt haben*, weil bei ihnen nichts wahrgenommen wird, sondern *sie neu produziert werden* (produktive Psychosen), ist die Trennung zwischen denen, bei denen man ganz überzeugt ist und jenen, bei denen dies nicht der Fall ist, nicht ganz scharf (siehe dazu entsprechende Lehrbücher der Psychiatrie).

4.2 Positive und negative Illusionen

(a) *Positive Illusionen* sind jene, bei denen der Hypnotisand im hypnotischen Zustand aus einer Erscheinung, z.B. *aus Bildern, durch Ergänzungen andere Erscheinungen kreiert* und eine andere Gestalt modelliert. Diese Art ist öfters in der Hypnose anzutreffen als die nächste, d.h.

(b) die *negative Illusion*, bei der *aus einer tatsächlich anders anmutenden Erscheinung die Ergänzungsbilder* durch die hypnotischen Suggestionen «gestrichen» werden. Diese Frage soll bei einer der nächsten Gelegenheiten näher diskutiert werden (Jovanović, 1989).

4.3 Positive und negative Halluzinationen

In diesem Falle bewegen wir uns etwas sicherer als bei den Illusionen. Nicht nur in der Literatur (Blum et al., 1978; Gray et al., 1970; u.v.a.), sondern auch in den Übungs-Lektionen des Kapitels XV (HP-002, HP-007, HP-050, HP-062) haben wir zeigen können, daß man beispielsweise (Bramwell, 1903; Flournoy, 1900; James, 1890; Sidis und Goodhart, 1903):

(a) *Im optischen (visuellen)* Bereich Sachen, Gegenstände und Personen, einschließlich des Hypnotiseurs, *wegsuggerieren* kann (HP-007, HP-050 und HP-062). Der Hypnotisand sucht dann das «Verlorene» und *stolpert im somnambulen Zustand über die Gegenstände*, die reell vorhanden sind: (aa) *negative visuelle Halluzinationen.* Andererseits werden dem Hypnotisanden Sachen, Gegenstände und Personen hersuggeriert, die es an Ort und Stelle reell nicht gibt (HP-002); der Hypnotisand «sieht» sie jedoch und korrespondiert mit ihnen: (ab) *positive visuelle Halluzinationen.* Im ersten Falle spricht man von einer *hypnotischen Blindheit*, bei der sich sogar entsprechende Veränderungen im EEG finden lassen (siehe Kapitel XXII.3.4.7).

(b) *Im akustischen Bereich* sind ebenfalls *positive und negative Halluzinationen* bekannt. (ba) *Im ersten Falle* «hört» der Hypnotisand Geräusche (z.B. Musik) (siehe Kapitel XV, HP-026, HP-028), *die nicht vorhanden sind.* (bb) *Im zweiten Falle* kann beispielsweise die Stimme des Hypnotiseurs oder tatsächlich vorhandene Musik total wegsuggeriert werden (siehe Kapitel XV, HP-061). Diese Halluzinationen sowie jene im optischen Bereich können auch spontan auftreten, werden aber in diesem Abschnitt nicht zur Sprache kommen können (siehe dazu Azam, 1887; Binet und Féré, 1901; Bramwell, 1903; Janet, 1889 u.v.a.).

(c) *Im Bereich des Tastsinnes, der Empfindung von Wärme und Schmerzen* werden positive und negative Halluzinationen zur *Bekämpfung* von *Mißempfindungen* (siehe Kapitel XV, HP-005, HP-006, HP-022, HP-058) her- oder wegsuggeriert. Dies kommt bei der entsprechenden Hypnotherapie zur klinischen Anwendung (siehe Kapitel X und XII).

5. Bewußtsein und Unbewußtes in der Hypnose

Daß die Hypnose überwiegend mit dem *Unbewußten* arbeitet, haben wir in den Kapiteln IX, X und XII genügend erläutert. Was aber das Unbewußte ist, bleibt uns unbewußt. In den Kapiteln XXII–XXVI werden wir noch versuchen, *neuro-physiologische, psychophysiologische und psychobiologische Grundlagen des Unbewußten zu finden.* Nach allen dort zu diskutierenden Befunden muß es entweder *mehrere Stufen bzw. Qualitäten* oder aber *mehrere Arten des Unbewußten* geben. In Kapitel XXX werden wir dann abschließend zu diesem Problem Stellung nehmen (siehe dazu Jovanović, 1989; Kroger, 1963, 1977; Messerschmidt, 1927).

6. Hypnose und Gedächtnis

6.1 Begriffsbildung und allgemeine Problematik

Der Begriff *Gedächtnis* (Memoria, Memory), d.h. *die Fähigkeit, sich Informationen einzuprägen, über einen längeren Zeitraum zu speichern und das früher Wahrgenommene wiederzuerkennen*, ist aus vielen Gründen *nicht näher* definierbar. Die Schwierigkeiten ergeben sich aus zahlreichen, aber auch unvollständigen und im Detail unterschiedlichen Befunden und Meinungen (Anderson und Bower, 1972, 1974; Augustynek, 1977; Barber, 1965; Bergson,

1911; Bodorik und Spanos, 1977; Brown, 1976; Coe et al., 1973; Craik und Lockhart, 1972; Dhanens, 1973; Dhanens und Lundy, 1975; Evans, 1971, 1979; Gheorghiu, 1973; Hart, 1967; Ingram et al., 1979; Jean St. und Coe, 1981; Jovanović, 1989; Kihlstrom, 1972; Kihlstrom und Evans, 1973, 1976 a, b, 1979; Korchin, 1976; Landauer, 1975; Lieberman et al., 1978; Lockhart et al., 1976; Miller und Marlin, 1979; Norman, 1968; Orne, 1966; Overton, 1957, 1967; Parker und Barber, 1964; Payne, 1970; Peterson, 1967; Pettinati und Evans, 1978 a, b; Piaget und Inhelder, 1973; Reiff und Scheerer, 1959; Rosenthal, 1944; Schulman und London, 1963; Schwartz, 1980; Shifrin, 1970; Simon, 1979; Spanos und Ham, 1973; Spanos et al., 1980 a; Talland, 1965; Tulving, 1967, 1972, 1974; Udolf, 1981, 1983; Walker und Tarte, 1963; Wechsler und Stone, 1945; Wolman, 1965; Wright, 1966). Während z. B. auf der einen Seite in vielen Lehrbüchern das Gedächtnis *aus den drei eben erwähnten Komponenten* des psychobiologischen Prozesses, nämlich aus (a) *Aufnahme (Wahrnehmung)*, (b) *Speicherung* und (c) *Erinnerung* (Rückruf des Gespeicherten) als zusammengesetzt angenommen wird, können auch andere begründete und begründbare Ansichten gefunden werden. Schmidt (1985) trennt z. B. das *Lernen* (Aufnahme, Wahrnehmung) vom Gedächtnis und bezeichnet das letztere als *Speicherung*. Aber auch unter Vernachlässigung dieser Frage haben wir hinsichtlich dieses Themas eine Batterie von Problemen und Schwierigkeiten. Wird man z. B. das Lernen als *Vorstufe* oder als *eine Stufe* des Gedächtnisses nehmen, dann stellt sich die Frage, *was passiert mit der Aufnahme von Informationen, die nicht bewußt erfolgt* oder geworden ist. Ist dies nicht geschehen, dann hat praktisch das betreffende Individuum auch *nichts wahrgenommen*. Andererseits kann man sich *bewußt* an viele Erlebnisse erinnern, von denen man annimmt, man habe sie nie wahrgenommen. Für das Problem der Hypnose ist daher der Ausdruck *Aufnahme* von größerer Bedeutung als der der *Wahrnehmung*, weil das erstere *bewußt, aber auch (und vor allem) unbewußt* erfolgen kann (siehe Kapitel XXII–XXVI). Und die *unbewußte Gestaltung* des Gedächtnisses wird beim Hypnoseproblem viel höher eingestuft als die bewußte (Kapitel XXII–XXVI).

Die Speicherung von Informationen kann in mehreren *Schritten* vor sich gehen, die grob als *Kurzzeitgedächtnis* und als *Langzeitgedächtnis* bezeichnet werden (Blum et al., 1978; Schmidt, 1985; Udolf, 1983). Um die Informationen für *eine längere Zeit zu behalten*, müssen sie durch *Üben* ins Langzeitgedächtnis übertragen werden, wo sie in den *Gedächtnisspuren (Engramme)* gespeichert und *konsolidiert* (verstärkt, befestigt) werden (Schema 15). Dem Kurzzeitgedächtnis ist ein *sensorisches Gedächtnis* (Dauer: unter einer Sekunde) vorgeschaltet. Das sensorische Gedächtnis wird aus *sensorischen Reizen* gebildet, die von verschiedenen *Sinnesorganen* geliefert werden. Die sensorischen Reize werden von einem sogenannten *sensorischen Register* (Dauer: 300 Millisekunden bis mehrere Sekunden) aufgenommen, das in Form einer *Nachwirkung* (After Image) *des Reizes* existiert. *Im visuellen Bereich* entsteht z. B. ein *ikonisches* (Iconic Image) (Acosta und Crawford, 1985; Averbach und Coriell, 1961; Ingram et al., 1979; Saccuzzo et al., 1982; Udolf, 1983; Woodworth und Schlosberg, 1954) und im *akustischen* ein *Echo-Register* (Echo, Auditory Image) (Schema 15) (Adams, 1976; Gleitman, 1981; Hilgard und Loftus, 1979; Sperling, 1960; Udolf, 1981, 1983). Das *Kurzzeitgedächtnis* enthält noch ein *primäres Gedächtnis* (Dauer: mehrere Sekunden), das zur vorübergehenden *Aufnahme von verbal angebotenem Material* zur Verfügung steht. Das *Langzeitgedächtnis* wird dann auf ein *sekundäres Gedächtnis* (Dauer: Minuten bis Jahre) aufgeteilt, das ein *großes und dauerhaftes Speichersystem* sei, und auf ein *tertiäres Gedächtnis* (permanente Dauer), das *Engramme* enthält, die es ermöglichen, daß das Gespeicherte durch *ständiges Üben* (Lesen, Schreiben, andere Handfertigkeiten) *nie vergessen wird*. Außerdem zeichnen sich diese Engramme dadurch aus, daß sie *extrem kurze Zugriffszeiten* aufweisen (Jovanović, 1989; Schmidt, 1985; Udolf, 1983; Wangh und Norman, 1965).

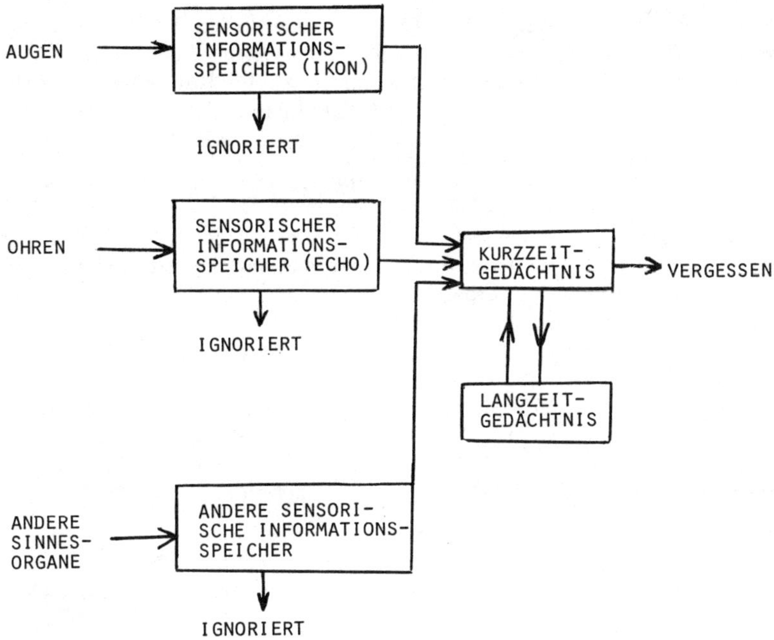

Schema 15: Zum Gedächtnisvorgang (aus Udolf, Roy: Forensic Hypnosis, 1983, Seite 25) (siehe dazu Literaturverzeichnis)

Die Aufnahme von Informationen (Lernen, Speicherung und deren Wiedergabe) kann *gesteigert* werden: *Hypermnesie.* Es kann aber auch zu *Störungen* kommen: *Amnesien.* Der Verlust der Erinnerung *an die Zeit vor einer Störung* der normalen Hirnfunktionen wird als *retrograde Amnesie* bezeichnet. Die Unfähigkeit, *neu aufgenommene Informationen zu lernen*, d.h. dauerhaft zu speichern und zugriffsbereit zu haben, ist als *anterograde Amnesie* bekannt. *Sich nach der Hypnose an gewisse oder alle Vorkommnisse/Erlebnisse nicht* erinnern zu können, wird als *(post)hypnotische Amnesie* angesehen. Ob die hypnotische Amnesie eine *Störung* ist und wie sie entsteht, muß noch geklärt werden (siehe dazu Jovanović, 1989).

6.2 Hypnose und Hypermnesie/Amnesie

6.2.1 Hypnotische Hypermnesie

Mit dieser enorm wichtigen Frage haben sich im Zusammenhang mit Hypnose viele Autoren auseinandergesetzt (Barber, 1965, 1969; Crowder, 1976; Dhanens, 1973; Dhanens und Lundy, 1975; Erderlyl et al., 1976; Fowler, 1961; Hart, 1965, 1967; Huse, 1930; Johnson, 1976; Kinsbourne und Swanson, 1985; Kintch, 1970, 1974; Krauss et al., 1974; Landauer, 1975; Madigan, 1976; Mandler et al., 1969; Norman, 1968; Rapaport, 1942, 1951, 1967; Schulman und London, 1963; Tulving, 1967, 1972; Udolf, 1981, 1983; Young, 1925, 1952; u.v.a.). Aus allen bisher erhobenen Befunden und geäußerten Meinungen haben sich folgende Annahmen herauskristallisiert:

(1) *Neutrale Hypnose* (siehe Kapitel XV, HP-001) *ohne die Anwendung von Suggestionen zur verbesserten Lern- oder Erinnerungsfähigkeit, erzeugt im allgemeinen bei beiden keine Verbesserung* (Barber, 1965; Cooper und London, 1973; Huse, 1930; Rosenhan, 1973; Rosenhan und London, 1963; Rosenthal, 1944; Schulman und London, 1963; Sears, 1954; Udolf, 1981, 1983).

(2) *Das Ausmaß der Hypermnesie*, die durch Suggestionen zur verbesserten Erinnerungsfähigkeit erzeugt wird, *ist abhängig von der Art und Bedeutung* des Materials, das in die Erinnerung zurückgerufen werden soll. Es gibt nur eine geringe Steigerung der Erinnerung von *sinnlosem Material* durch hypnotische Suggestionen (Barber und Calverley, 1966; Dhanens und Lundy, 1975; Huse, 1930; Mitchell, 1932; Swiercinsky und Coe, 1971; Udolf, 1983; White, 1941; White und Shevach, 1942; White et al., 1940; Young, 1925). Bei *sinnvollem Material* wird die hypnotische Hypermnesie manchmal erreicht und manchmal nicht. Es ist wahrscheinlicher, daß sie als Funktion des Sinns, den das Material enthält, entsteht. *Isolierte Wörter* erzeugen weniger Hypermnesie *als Satzteile*, diese wiederum weniger als *Prosatexte* oder *Gedichte* (Das, 1961; Dhanens und Lundy, 1975; Rosenthal, 1944; Stalnaker und Riddle, 1932, Udolf, 1983; White et al., 1940; Young, 1925). Dies stimmt mit der Konzeption des physiologischen Gedächtnisses überein (Schmidt, 1985).

(3) Es gibt *Beweise für und gegen die Ansicht*, daß Instruktionen, bei denen die Vpn für die Aufgaben *motiviert* sind, den gleichen Effekt hervorbringen, unabhängig davon, ob die Vpn sich im Wachsein oder im Hypnosezustand befinden (Barber, 1965, 1969; Dhanens und Lundy, 1975; Fowler, 1961; Parker und Barber, 1964; Payne, 1970).

6.2.2 Posthypnotische Amnesien

Die unschätzbar wichtige Frage der *hypnotischen Amnesie* hat verhältnismäßig viel mehr Autoren gefesselt als die der *hypnotischen Hypermnesie*. Bereits im 19. Jahrhundert haben sich Hypnoseforscher damit auseinandergesetzt (siehe Kapitel IX und unten). In den ersten Jahrzehnten des 20. Jahrhunderts wurde das Problem unter anderem von Bitterman und Marcuse (1945), Coors (1933), Fisher (1945, 1947), Schachtel (1947), Strickler (1929), Watkins (1949), Wells (1940) erneut aufgeworfen. Clemens (1961), Cooper und Erickson (1959), Dorcus (1960), Evans (1963, 1965, 1979, 1980), Hammer (1961, 1965), Hilgard und Cooper (1965), Kline (1961, 1965), Stern (1963), Thorn (1960) haben dieses Studium intensiviert. Daraufhin wurde das *International Journal of Clinical and Experimental Hypnosis* (Nummer 2, Vol. 14, 1966) fast ausschließlich der hypnotischen Amnesie gewidmet. Bei dieser Gelegenheit meldeten sich Cooper (1966), Evans und Thorn (1966), Hilgard (1966), Kline (1966), O'Connell (1966), Orne (1966), Stross (1966), Watkins (1966) und Wright (1966) zu Wort. Dieses *Symposium* wirkte dann als Katalysator für weitere diesbezügliche Studien. Bis heute hat sich eine *kaum an einer Stelle zu übersehende Fachliteratur* zu dieser Frage angesammelt. *Avantgardisten auf diesem Gebiet* sind unter anderem die Gruppen um William C. Coe (Coe, 1978, 1980 a, b; Coe und Yashinski, 1985; Coe et al., 1973, 1976 a, b), Frederik J. Evans (1971, 1977, 1979, 1980), John F. Kihlstrom (Kihlstrom, 1977, 1978 a, b; Kihlstrom und Canton, 1984; Kihlstrom und Evans, 1973, 1975, 1976 a, b, 1977 a, b, 1978, 1979), Martin T. Orne (1966, 1980), Nicholas P. Spanos (Spanos, 1983; Spanos und Bodorik, 1977; Spanos und D'Eon, 1980; Spanos und Ham, 1973; Spanos et al., 1980 a, b).

Das Wichtigste an (post)hypnotischen Amnesien ist, (a) daß sie für den Hypnoseprozeß *charakteristisch* sind, (b) daß sie *durch Suggestionen* ausgelöst, verstärkt oder abgeschwächt werden und (c) daß sie nach dem Hypnosezustand *relativ leicht* durch neue spezielle Suggestionen zurückgenommen oder durch andere ersetzt werden können. *Die Dauer der posthypnotischen Amnesie erstreckt sich* – wie bereits einmal angeklungen ist – *zwischen einigen*

Minuten und fünf Jahren. Konstanz und Solidität schwinden mit zunehmender Zeitdauer. Bis heute sind *mehrere Qualitäten, Quantitäten, Amnesiearten und Verlaufsformen* bekannt geworden.

(a) Zunächst sind deutliche *individuelle Unterschiede* der Amnesien zu erwähnen (Hilgard, 1966). Sie hängen auch vom *Grad der Hypnotisierbarkeit* ab (Cooper, 1966). *Hoch hypnotisierbare Vpn bieten längere und konstantere hypnotische Amnesien* und erinnern sich nach der Hypnose schlechter als schwach Hypnotisierbare.

(b) Nach Orne (1966) bestehen bei den Mechanismen der hypnotischen Amnesien *zwei* Möglichkeiten: (ba) Posthypnotische Amnesien sind im Wesentlichen nicht unterschiedlich von den anderen hypnotisch suggerierten Erlebnissen und können mit *direkten oder indirekten hypnotischen Befehlen* zusammenhängen. (bb) Posthypnotische Amnesien können aber auch als Folge einer *Dissoziation* angesehen werden. Dies könnte wiederum in grundsätzlichen Unterschieden in der hypnotischen *Denkart* (siehe oben) liegen. *Der erstere Mechanismus soll vorwiegend in einer experimentellen Situation vorkommen und der zweite im klinischen Bereich.*

(c) Bezüglich der *Amnesiearten* sind wiederum (ca) *spontane* und (cb) *suggerierte* zu verstehen (Cooper, 1966). Nach Cooper (1966) wurde bei 2% der 93 Vpn eine spontane und bei 9% eine suggerierte gefunden. Bei einem weniger strengen Kriterium ging der Prozentsatz der spontanen Amnesien auf 15% und der der suggerierten auf 11% hinauf.

(d) In bezug auf die *Ausdehnung* sind dann (da) *partielle* und (db) *totale Amnesien* zu unterscheiden. Der Grad der Amnesie hänge von vielen Faktoren ab. Nach Hilgard (1966) bestehen *fünf Möglichkeiten als Ursachen* dafür. (aa) Zum ersten wird ein relativ *schwaches Gedächtnis* während der Hypnose generell dafür verantwortlich gemacht, daß später eine Amnesie zustande kommt. (ab) An zweiter Stelle wird die *Regression* während der Hypnose als ein begünstigender Faktor in Betracht gezogen. (ac) Zum dritten kann es sich um eine *Verdrängung* handeln, so daß *ein Denkvorgang nicht zum Ausdruck kommen kann.* (ad) Die *motorische Hemmung* spiele ebenfalls eine Rolle, was allerdings nicht als eine reine oder überhaupt als eine Amnesie angesehen werden kann. (ae) An letzter Stelle wird – wie bei Orne (1966) – die *Dissoziation* diskutiert.

(e) Die Amnesien können *nicht nur partiell und/oder total, sondern auch* (ea) *selektiv* oder (eb) *allgemein* sein. Die Amnesie beziehe sich somit nur auf *gewisse* oder aber auf *alle* Vorkommnisse und Erlebnisse in der Hypnose (O'Connell, 1966). Die Hypnotisierbarkeit soll auch hier eine bedeutende Rolle spielen. Nach O'Connell (1966) erinnern sich schwach und gering hypnotisierbare Vpn *an mehr Bestandteile der Hypnoerlebnisse* als die hoch hypnotisierbaren. O'Connell (1966) erwägt ebenfalls die Dissoziation als Ursache der Amnesien, weil auch diese bei hoch hypnotisierbaren Vpn stärker ausgeprägt ist als bei mäßig und gering hypnotisierbaren.

(f) Von unschätzbarer Bedeutung ist auch die Art der Amnesie bezüglich ihrer *Qualität.* (fa) Bei der sogenannten *Rückruf-Amnesie* (Recall Amnesia) handelt es sich darum, daß sich der Hypnotisand nach der Hypnose an die Ereignisse, die während der Hypnose stattgefunden haben, *nicht erinnern kann.* (fb) Im Falle der sogenannten *Quellen-Amnesie* (Ursprungs-Amnesie, Source Amnesia) kann sich die Vp an die Ereignisse, die während der Hypnose vorgekommen waren, nach der Rückführung aus der Hypnose erinnern. Sie weiß aber nicht, *daß diese Ereignisse aus dem hypnotischen Zustand stammen* (Abstammungs-Amnesie). Evans und Thorn (1966) fanden unter 243 Vpn 18, die eine *Rückruf-Amnesie* (Recall Amnesia) boten und 24, bei denen eine *Abstammungs-Amnesie* vorkam. Nur bei vier von 243 Vpn konnten *beide Arten der Amnesie* eruiert werden. Diese zwei Amnesiearten seien nach den Autoren verschiedene Phänomene (siehe auch Cooper, 1966; Lieberman et al.,

1978; Pettinati und Evans, 1978a; Schwartz, 1978; Shor et al., 1984; Thorne und Hall, 1974).

Die hypnotische Amnesie hängt in Qualität und Quantität auch von vielen anderen Faktoren ab. Trieb und Abwehr (Stross, 1966), psychopathologische Momente (Kline, 1966; Stross, 1966), Art der Suggestionsdarbietung (Cooper, 1966; Steward und Dunlap, 1976), charakterliche Eigenschaften der Vpn (Coe, 1978), Willensstärke (Coe und Yashinski, 1985), Erwartung des Hypnotisanden (Ashford und Hammer, 1978), Hypnosevorgang (Schwartz, 1978), Bedeutung des Materials, das erinnert werden sollte (DePiano und Salzberg, 1981) und vieles andere mehr, kann dabei eine Rolle spielen. All dies sind Probleme, die im Detail noch diskutiert werden müssen (siehe Jovanović, 1989).

6.3 Amnesie und multiple Persönlichkeit (MP)

Eine besondere Art der Amnesie, die sich auf die eigene Person des Hypnotisanden/Patienten bezieht, ist das Phänomen der *gespaltenen oder multiplen Persönlichkeit (MP)*. Nach der Entdeckung des *magnetischen* oder *artifiziellen Somnambulismus* durch Puységur im Jahre 1784 (siehe Kapitel VIII.14.2) trat in der Hypnologie dieses neue Phänomen in Erscheinung, das bis heute Forscher verschiedener Fachrichtungen intensiv beschäftigt, allerdings überwiegend aus dem englischen/amerikanischen Sprachbereich (Alexander, 1956; Allison, 1984; Allison und Schwartz, 1980; Allport, 1937; Anderson und Bower, 1972, 1974; Azam, 1887; Bannister und Zangwill, 1941; Berman, 1974, 1981; Bliss, 1980; Braun, 1980, 1983, 1984a, b, c, 1985; Brandsma und Ludwig, 1974; Breuer und Freud, 1895, 1957; Chodoff und Lyonos, 1958; Fast, 1974; Fisher und Joseph, 1949; Greaves, 1980; Gruenewald, 1971, 1977, 1978, 1984; Gruenewald et al., 1979; Harriman, 1942, 1943; Hilgard, 1974, 1977a, b, 1984; Horton und Miller, 1972; James, 1890; Janet, 1889, 1907; Kjervik, 1979; Larsky, 1978; Laurence et al., 1983; Morton und Thoma, 1964; Murphy, 1947; Orne, 1979, 1980; Orne et al., 1984; Putnam, 1979a, b; Rosenbaum, 1980; Ross, 1984; Salama, 1980; Schafer, 1978; Schilder, 1956; Schilder und Kauders, 1927; Sidis und Goodhart, 1905; Takahashi, 1958; u. v. a.).

Nach der dritten Version des *Diagnostic and Statistical Manual of Mental Disorders (DSM-III) of the American Psychiatric Association (APA)* handelt es sich dabei *um die Existenz von zwei oder mehr getrennten Persönlichkeiten innerhalb eines Individuums; jede von ihnen ist für eine gewisse Zeit dominant über die andere. Jede dieser Persönlichkeiten ist voll integriert und stellt eine komplexe Einheit mit einheitlichem Gedächtnis, Verhaltensmuster und sozialen Beziehungen dar, die jener Persönlichkeit eigen sind, die gerade dominant ist.* Zwischen den Persönlichkeiten, die jeweils eine gewisse Zeit dominant sind, gibt es subjektiv *keine* psychischen Beziehungen; *beim Übergang von einer Persönlichkeit zur anderen ist eine amnestische Barriere eingebaut.*

Der erste Fall einer MP stammt aus dem Jahre 1791 (Eric Carlson, 1981). Es handelt sich um das Pseudonym *Captain Miller's Son*, der in seinen jungen Jahren *periodisch von Attacken befallen wurde*, worauf er dann *seine Persönlichkeit veränderte.* Diese Attacken dauerten *mehrere Stunden*, und daraufhin kam der Mann in seinen normalen Zustand. Auch Benjamin Rush (siehe Kapitel VIII) schrieb darüber. Die MP scheine zwei *getrennte Psychen* zu haben, die *turnusmäßig* jede für sich *unabhängig von der anderen* agieren. Nach Taylor und Martin (1944) sowie nach Crabtree (1985) wurden nach 1811 bis 1980 *über 370 Fälle von MP* gefunden. Wenn man auch die Berichte der öffentlichen Presse berücksichtigt, dann steigt diese Zahl um weitere 100. Braun (1980) nimmt jedoch an, daß es auch mehr als 500 Fälle gegeben haben muß. Aus diesen Zahlen geht selbstverständlich nicht hervor, *ob die Fälle mit multipler Persönlichkeit tatsächlich zunehmen oder aber die Kriterien der Diagnostik besser geworden sind.* Außerdem ist die Tendenz nicht von der Hand zu weisen, die Fälle intensiver als früher zu beobachten und schneller als sonst zu publizieren. Dies geht aus der Tatsache hervor, *daß Wissenschaftler mit relativ wenig Patienten disproportional über viele Fälle berichten*. Eine *Kombination* dieser Momente ist ebenfalls nicht auszuschließen (Orne et al., 1984). Eine weitere und detailliertere Statistik geben Taylor und Martin (1944), Orne et al. (1984) sowie Herzog (1984). *The International Journal of Clinical and Experimental Hypnosis* (Special Monograph Issue) (Vol. XXXII, No. 2, 1984) gibt eine Serie von Artikeln, die sehr aufschlußreich sind.

Die Beziehungen der *multiplen Persönlichkeit zur Hypnose/Hypnotherapie* sind zuerst von Prince (1890, 1906, 1957) eingehend studiert worden. Nach übereinstimmender Ansicht vieler Autoren (Kline, 1984) und auch nach dem bereits Gesagten über das *Vorkommen* von multipler Persönlichkeit, ist die Störung relativ *sehr selten*. Das Unglück ist, *daß die Erkrankung erst im Erwachsenenalter diagnostiziert wird, obwohl deren Wurzeln bis zum frühen Kindesalter zurückzuverfolgen sind*. Nach Kline (1984) tendiert sie auch mehr als viele andere Störungen/Erkrankungen dazu *chronisch* zu werden, wenn sie nicht behandelt wird. Die *Komplikationen* ergeben sich dadurch, *daß sich später vorübergehende psychotische Episoden, schwere psycho-sexuelle Abweichungen sowie impulsive Handlungen ohne Kontrolle vergesellschaften* (Kline, 1984). Die erste *Ursache* wird in Mißhandlungen während der Kindheit und in anderen Traumata im Kindesalter gesehen. *Regressive dissoziative Manifestationen*, die in der Hypnose auftreten, können in ähnliche Zustände wie die multiple Persönlichkeit entgleisen (Kline, 1960, 1961, 1984). Auch *Amnesien, Somnambulismus und Zustände mit Fugue* konnten beobachtet werden (Rangell, 1959). Bereits Prince (1890, 1906, 1957) versuchte, die multiple Persönlichkeit im Rahmen eines *Ko-Bewußtseins und Unbewußten* zu erklären. Er hielt auch die Hypnose für einen wichtigen Faktor bei der Therapie der MP. Beim Versuch, herauszufinden, was bei dem, was er *desintegrative Persönlichkeit (disintegrative personality)* nannte, passiert, gruppierte er zunächst *Phänomene der Hypnose, des Schlafes, des Traumes und des Somnambulismus*. Alle diese Phänomene können in eine Relation zu *dissoziativen psychischen Prozessen* gebracht werden, bei denen *Veränderungen des Charakters, Entwicklung von spezifischen Halluzinationen, fixe Ideen, Amnesien* und andere ähnliche psychische Manifestationen beobachtet werden können. Die Wahl der *veränderten Identität* als ein Aspekt der *adaptiven Abwehr*, im Kontrast *zum Nutzen der Abwehrmechanismen*, ist eine *Repräsentation* der kulturellen, sozialen und intellektuellen Klimata, innerhalb derer das Individuum existiert (Kline, 1961, 1984). Wahrscheinlich deshalb werden multiple Persönlichkeiten in einem Lande häufig, in einem anderen selten gefunden. Die meisten klinischen Befunde sprechen dafür, *daß die Personen mit MP vom dissoziativen Mechanismus oder Automatismus Gebrauch machen, die zu den unbewußt organisierten Ego-Zuständen führen*, die es auch ermöglichen, die Erlebnisse abzureagieren.

In einigen voll *ausgeprägten Formen* ist die *sekundäre Persönlichkeit* nicht allzu weit von den Trancezuständen eines «Mediums» und spontan auftretenden Persönlichkeiten mit *«Reinkarnations-Tendenzen»* (Kline, 1961) entfernt. In einigen anderen Fällen hat die sekundäre Persönlichkeit *keine vollkommen unabhängige Existenz*, kommt aber heraus, wenn man spezielle Bedingungen trifft, *die zum Trancezustand führen*. Prince (1890, 1957) konnte beobachten, daß während seiner klinisch-experimentellen Studien *verschiedene hypnotische Zustände* in ein und demselben Individuum angetroffen werden können und daß man ebenfalls unterschiedliche und voneinander unabhängige *Systeme des Gedächtnisses* finden kann. Auch *autonome (vegetative) Zeichen* fehlen nicht selten, die man bei *hysterischen Patienten* registrieren könne. Meyers (1954) und andere (Kline, 1984) beschreiben Verhaltensweisen, in welchen Hypnose und andere Trancezustände *reinkarnierte Persönlichkeiten* auslösen, bei denen man, bei sorgfältigem Beobachten, *doppelte oder multiple Individuen* erkennen kann (siehe Kapitel XV, HP-049). Eine Tendenz zeigt sich also, bei der das Individuum versucht, einige Aspekte auszudrücken oder zum Vorschein zu bringen, *die nicht voll in die Identität integriert waren.* Die primäre Motivation muß in der *Unzufriedenheit, im inadäquaten Leben* des Patienten, im Konflikt gesehen werden. In einigen Fällen der MP oder der *Spaltung des Bewußtseins* des Ego ist die Situation ähnlich der von *imaginativen Prozessen, die man in den Phantasien der Kinder, den Tagträumen von Heranwachsenden oder dem Wunschdenken der Erwachsenen* findet. In nicht ganz seltenen Fällen *identifizieren sich die Patienten mit Personen und Persönlichkeiten von Romanen, Fernsehen oder jenen aus den emotionalen Ereignissen.*

Nach Kline (1978) konnte z.B. ein 22 Jahre alter Mann, der stotterte, trotz einer Psychotherapie nicht geheilt werden. Auch Sprachtherapie und Modifikation des Verhaltens schlugen fehl. Der Patient bot daraufhin sogar eine wesentliche Beeinträchtigung des Sprechens. Während der Hypnose wurde er ermuntert, sich selbst zu sehen und sich so zu fühlen wie damals in jener Situation der Angst, die zur Sprache in Beziehung zu bringen wäre. Im weiteren Verlauf wurden Methoden angewandt, die es ihm ermöglichten, eine Art *Selbst-Training* zu entwickeln. Mit der Zeit war er imstande, die *Selbsthypnose* so zu erarbeiten, daß er seine Sprache wesentlich verbesserte. Er fand jetzt auch eine Besserung in bezug auf die Konzentration auf Aufgaben, auf die Mitbeteiligung an den Aktivitäten, wenn er die Selbsthypnose anwandte. Es blieben jedoch einige Beeinträchtigungen, wenn er unter Druck stand, übrig. Er hatte dann Selbsthypnose als Hilfe geübt, wenn er las, wenn er fernsah oder im Kino war. Aber eines Tages sah er den Film *The French Connection* mit Gene Hackman, der die Rolle eines aggressiven, ungehemmten und brutalen Polizisten porträtierte. Der Patient identifizierte sich während des Films mit Hackman. Nach diesem Ereignis suggerierte er sich einen Monat lang das Bild von Hackman mit Hilfe von Selbsthypnose ein. Er war sogar imstande, die Sprache von Hackman *täuschend ähnlich* zu simulieren. Während er diese Rolle spielte, gab es keine Anzeichen des Stotterns. Dort, wo sich diese Identifikation langsam abschwächte und der Patient nicht mehr imstande war, die Persönlichkeit von Hackman aufrechtzuerhalten, bekam er dieselben Schwierigkeiten mit dem Sprechen wie vorher. Er machte dann von der Identität Hackmans öfters Gebrauch und seine Sprache war dementsprechend fehlerfrei.

Fluktuationen und Änderungen des Ego-Zustandes führen oft zu verschiedenen Verhaltensweisen während der Hypnotherapie. Es ist nicht selten, daß während der hypnotherapeutischen Behandlung *regressive Komponenten in Tiefe und Intensität* variieren (Kline, 1960). In einigen Fällen kann sogar *die erste Persönlichkeit sich über die zweite bewußt sein, ohne daß sie mit ihr kommunizieren kann.* Während der Hypnoanalyse und des Ansprechens der sekundären Persönlichkeit kann eine andere sekundäre Persönlichkeit gefunden oder «kreiert» werden, *so daß das Ego zwischen fünf bis zehn oder mehr Persönlichkeiten wandert.* Dies kann aber auch ein Artefakt der psychotherapeutischen und hypnotischen Intervention sein (Kline, 1984; Kluft, 1982). Gruenewald (1978, 1984) betonte, daß die dissoziativen Prozesse der multiplen Persönlichkeit *analog denen in Hypnose* sein können. Einige dynamische Unterschiede bestehen jedoch. Die Interaktionen Therapeut–Patient können zur Entwicklung einer anderen Persönlichkeit führen.

Die Psychodynamik der Hypnose kann auf verschiedene Weise die multiple Persönlichkeit beeinflußen (Kline, 1984; Taylor und Martin, 1944). Rosen (1953) berichtete, daß einige Patienten während der Hypnose – spontan oder nach Suggestionen – emotional viele traumatische Ereignisse des früheren Lebens wiedererleben. Er betonte, *daß zwei verschiedene Niveaus des Bewußtseins zur gleichen Zeit funktionieren können.* Andere Patienten versuchen jedoch, während der Regression alle früheren Erlebnisse zu eliminieren. Zu diesen Fragen nahm auch Erickson (1939) Stellung. Da die ganze Problematik sowohl die *abnorme Psychologie als auch die forensische Medizin und Klinik* betrifft, muß deren eingehende Diskussion – wie oben angekündigt – einer späteren, speziellen Publikation (Jovanović, 1989) vorbehalten bleiben. Inzwischen darf auf die eingangs zitierte Literatur verwiesen werden.

7. Hypnose und Zeitverzerrung

Bereits oben wurde das Problem des *Gedankenganges* angeschnitten, bei dem auch die Frage der *Veränderung des Zeitablaufes* während der Hypnose angedeutet wurde. Wegen der Wichtigkeit dieses Phänomens für *Experiment und Praxis* mußte es erneut aufgegriffen werden. *Zeitverzerrung* (Zeitdistorsion, Time Distortion) ist eines der interessantesten Phänomene der Hypnose. In der forensischen und klinischen Hypnose ist dies nach Kroger (1977, Seite 21) einer der *vulnerabelsten* Punkte. Darunter ist die Kapazität des Gehirnes zu verstehen, die Zeit zu *kondensieren* (zusammenraffen) oder zu *expandieren* (Zeitlupe, Zeitverlängerung, Retardierung). Wie aus den Ausführungen des Kapitels XXIX hervorgeht und auch in den bisherigen Kapiteln angeklungen ist, hat jeder Mensch (und auch Tiere) nach Bünning seine *«innere Uhr»* (siehe Kapitel XXIV), die – zum Unterschied von den technischen Uhren – *die Zeit nicht nur angibt, sondern auch abschätzt, verkürzt und verlängert.* Sie geht demzufolge auch viel schneller oder bedeutend langsamer. *Die Hypnose ist ein Zustand, der diese bereits vorhandene Fähigkeit unseres Gehirns noch steigert, so daß eine Minute wie zwei Stunden und länger oder aber als ein Bruchteil von Sekunden subjektiv wahrgenommen wird.* Neben den erteilten Suggestionen – mit deren Hilfe die Zeit sehr stark verzerrt werden kann – trifft man nach der Hypnose auch *spontane* Unterschätzung, insbesondere aber die Überschätzung, d.h. Verlängerung der während der Hypnose verstrichenen Zeitspanne. In Kapitel XV (HP-002 und HP-003) haben wir zwei Beispiele gegeben, aus denen diese enorme Zeitverzerrung hervorgeht. In einer Hypnose, die nur zehn Minuten in Anspruch nimmt, kann eine Zeitspanne von acht Stunden vorgetäuscht werden. Diese Tatsache hat eine enorme klinische Bedeutung, weil man einem schlaflosen Patienten suggerieren kann, er habe «acht Stunden lang geschlafen und habe sich ganz gut erholt», obwohl in Wirklichkeit die Hypnose eine entscheidend kürzere Zeit in Anspruch genommen hatte. Nach Kroger (1977, Seite 22) geben weniger als 20 % der Hypnotisanden eine enorme Zeitverzerrung an. Die übrigen streuen in einem breiten Band von ganz gering bis zu einer deutlichen Ausprägung. In diesem Prozentsatz werden jedoch auch viele oder alle anderen Phänomene der Hypnose gefunden, abhängig von der Hypnotisierbarkeit, Hypnosetiefe und vielen anderen Persönlichkeitsmerkmalen, die in Kapitel IX diskutiert wurden (siehe dazu Jovanović, 1989).

8. Hypnose und Depersonalisation

Das *Depersonalisations-Syndrom* ist noch wichtiger als die Zeitverzerrung, jedoch *nur bei sehr gut hypnotisierbaren Personen*, und auch im festen (stabilen) somnambulen Zustand zu erreichen. Oben (Kapitel XXI.6.3) wurde bereits über einen Mann gesprochen, der sich mit einem Schauspieler (aus dem Film: «French Connection») identifiziert und seine eigene Sprachstörung dadurch abgeworfen hat. *Der Hypnotisand verläßt dabei seine eigene Persönlichkeit und nimmt eine andere an, obwohl die Gehirne nicht ausgetauscht worden sind.* In der Hypnotherapie wird von diesem Phänomen oft Gebrauch gemacht, insbesondere in der *Hypnoanalyse.* In Kapitel XV (HP-046) wurden entsprechende Formeln für das Erreichen eines derartigen Zustandes angeboten (siehe dazu Kapitel X und Jovanović, 1989).

9. Hypnose und Derealisation

Eng mit vielen anderen Hypnose-Phänomenen ist auch die *Derealisation* verknüpft. Bei *negativen und positiven Halluzinationen, bei der Zeitverzerrung, der Depersonalisation* ist die Derealisation (d. h. eine Entfernung von der Realität) im Spiel. Selbst so unglaubwürdige Manifestationen wie *Verdoppelung einer Person* (der Hypnotisand «sieht» zwei Personen statt einer) kommt im hypnotischen/posthypnotischen Zustand vor. Bei den Kongressen der wissenschaftlichen Hypnose und psychosomatischen Medizin werden öfters Filme vorgeführt, die beweisen sollen, wie der Hypnotisand mit einer Person spricht, die halluziniert wird. Interessant ist auch die Erscheinung, daß der Hypnotisand *von zwei Personen* (die aus Verdoppelung entstanden sind), in der Regel mit der halluzinierten (irrealen) korrespondiert. Die reale sei ihm «zu irreal und unsympathisch». In einem Falle haben wir einer Patientin im somnambulen Zustand ihre jüngere Schwester hersuggeriert. Die Patientin «unterhielt sich» sehr angeregt mit ihrer Schwester und war später erstaunt, daß ihre zu Besuch erschienene Schwester die Unterhaltung nicht bestätigen konnte. *Die Derealisation kann demzufolge zeitlich, örtlich und gegenüber der eigenen Person erfolgen.* Die posthypnotische Amnesie hängt dann von vielen Faktoren ab, die oben aufgezählt und bei einer der nächsten Gelegenheiten (Jovanović, 1989) ausführlich behandelt werden (s. dazu HP-049, HP-050, HP-051, HP-062).

10. Altersregression und Revivikation

Altersregression/Revivikation ist die Rückführung des Hypnotisanden auf eine frühere Altersstufe (Für fehlende Literaturzitate siehe Kapitel X.10). Das Hypnoseverfahren (Kapitel XV) ermöglicht es den Patienten, sich an *vulnerable Erlebnisse* zu erinnern und ermutigt sie, *während (oder nach) der Hypnose* darüber zu berichten. *Es handelt sich überwiegend um emotionale Erlebnisse, weniger jedoch um alle Episoden des früheren Lebens* (Conn, 1958; Klemperer, 1965; Kline, 1953, 1960, 1967; Moody, 1948; O'Connell, 1961, 1966; O'Connell et al., 1970; Orne, 1951, 1959; Perry und Chisholm, 1973; Reiff und Scheerer, 1959; Schneck, 1956, 1960, 1963; Solomon und Goodson, 1971).

Es bestehen bedeutende Meinungsverschiedenheiten darüber, ob und inwieweit die Altersregression in der Hypnose tatsächlich stattfindet, ob und wie der Patient wahrhaftig bis zu einem früheren Alter regrediert oder aber vergangene Lebensabschnitte dramatisiert und eine frühere Altersstufe auf der Basis der gegenwärtigen entwickelt. Dabei würde er das tun, was man durch das suggerierte Verfahren von ihm erwartet. *Aber ohne Zweifel ist die hypnotisierte Person besser imstande, eine frühere Altersstufe während der Regression in Erinnerung zu rufen, als eine vollbewußte Person oder eine hypnotisierte Person ohne Altersregression dies können* (Kroger, 1977; Wolberg, 1945, 1975).

Aufgrund von *Intelligenztests* haben Hakebush et al. (1930) bei einer Altersregression von Patienten auf die *neonatale Stufe* feststellen können, daß es möglich sei, Menschen bis in ein so frühes Alter zurückzuversetzen. Die Autoren berichteten, daß die Intelligenztests auf einer früheren Altersstufe präzise dem *chronologischen Alter* der zurückversetzten Personen entsprachen. Mit einer ähnlichen Methodik konnte Platonow (1933) feststellen, daß es tatsächlich möglich war, *eine wirkliche Reproduktion* eines früheren Alters hervorzurufen. Platonow suggerierte seinen Vpn eine Altersregression bis zum *vierten*, bis zum *sechsten* und bis zum *zehnten Lebensjahr.* Jede seiner Vpn konnte nur jene Aufgaben positiv lösen, die nach dem Binet-Simon-Test nicht über die suggerierte Altersstufe hinaus gingen.

Darüberhinaus war *das Verhalten der regredierten Vpn ganz ähnlich dem von Kindern der suggerierten Altersstufe.* Zum Beispiel waren die Vpn auf der Altersstufe von vier und sechs Jahren sehr zappelig, leicht ablenkbar und ermüdbar. Wenn man ihnen komplizierte Aufgaben vorlegte, waren sie erregt, warfen mit Gegenständen um sich und lehnten die Mitarbeit ab. Bei der Altersregression auf 10 Jahre änderte sich ihr Verhalten gewaltig; sie arbeiteten jetzt ruhig und intensiv. *Handschriften* korrespondierten ebenfalls mit den verschiedenen regredierten Altersstufen. Im Wachzustand konnten die Vpn leicht die vorgelegten Tests erfolgreich beenden, einschließlich jene des Erwachsenenalters. Platonow (1933) ist überzeugt, *daß seine Versuche endgültig die Möglichkeit der Annahme der Simulation oder des Rollenspielens widerlegten.* Er erklärt die Phänomene der Altersregression als Resultat der *bedingten Reaktionen*, die, einmal geschehen, nicht mehr vollkommen aus dem Gehirn ausgelöscht werden, weil sie dort *organische Spuren* hinterlassen. Diese bedingte Reaktivität mache es möglich, später eine *Reproduktion* des Erlebten auf einer früheren Entwicklungsstufe leichter vorzunehmen. *Wortstimulierung* in der Hypnose reanimiere *frühere konditionierte Reflexe.* Auf diese Weise bringen Suggestionen eine organische Aktivierung der Engramme, die einmal im früheren Leben formiert worden seien. Dolin (1934) ist der gleichen Auffassung. Dagegen befürchtet Young (1940), daß hier möglicherweise Fehler unterlaufen seien. Er kritisiert die Arbeiten von Hakebush et al. (1930) sowie Platonow (1933) und wirft den Autoren vor, für eine solche *generalisierte* Schlußfolgerung zu wenige Vpn in Anspruch genommen zu haben. Bei einer Altersregression *bis zum dritten Lebensjahr* bei 14 Vpn fand Young (1940), daß *die Intelligenz der Probanden im Durchschnitt auf dem Niveau von Sechsjährigen war.* Obwohl ihre Art zu reden, ihre Grammatik und ihre Manieren sich sehr kindlich manifestierten, gingen die Vpn nicht so weit, daß man daraus hätte entnehmen können, sie seien im Alter von drei Jahren. Sieben nicht hypnotisierte Vergleichspersonen wurden gebeten, das Alter von drei Jahren zu *simulieren.* Diese konnten das Verhalten von dreijährigen Kindern besser simulieren als die hypnotisierten und ins Alter von drei Jahren zurückversetzten Vpn. Young (1940) folgert daraus, daß die Hypnose ein *Rollenspiel* sei und daß die Regression, die dabei angenommen werde, ein Artefakt sein könne. Andererseits wurde ein Vergleich mit dem Babinski-Reflex vorgenommen (Girdo-Frank und Bowers Buch, 1948). Der spontane Babinski-Reflex erschien immer, wenn Perzeptionen und Sensationen der Person mit einer chronologischen Altersregression kompatibel waren (Kline, 1960). Jedoch wurden bei den Untersuchungen *keine naiven Probanden* genommen, was bei einem solchen Versuch von entscheidender Bedeutung wäre. *Eine Revivikation ist nicht gelungen, wenn der Proband in seinem Vokabular nicht mit dem regredierten Leben übereinstimmt.* Andere Untersuchungen *auf dem nicht-hypnotischen Niveau* haben gezeigt, daß die Revivikation in der Form der komplexen somatischen Veränderungen während der durch *Pharmaka* induzierten Erleichterung abreagiert werden kann (Moody, 1948). Jedoch ist auch hier der Wert der Resultate mit vielen offenen Fragen verbunden.

Es sind viele Stufen der Revivikation und Regression, die simultan auftauchen können, abhängig von der Hypnosetiefe. Dies ist dafür verantwortlich, daß die Meinungen voneinander divergieren. Nichgsdestoweniger sind die Effekte der Revivikation oder Altersregression so, daß man sie mit den *emotional-betonten Erlebnissen* des früheren Lebens des Hypnotisanden in Verbindung bringen kann (Schneck, 1963). Es sieht so aus, als ob die meisten *spontanen Altersregressionen* sowohl einige Facetten der Revivikation als auch der Regression enthalten (Kline, 1960). Dieses Phänomen kann als eine *Retrogression* (Kline, 1953) oder eine *dynamische Regression* (Schneck, 1956) bezeichnet werden. Nach Meinung von Autoritäten auf dem Gebiet der Revivikation, wie Erickson und Kubie (1941), Estabrooks (1943), Lindner (1944), Spiegel et al. (1945), Wolberg (1948a, b), sei *die Altersregression nie eine stationäre, unbewegliche und konstante Angelegenheit*, sondern sie unterliege *einer Fluktuation und Distorsion*, da der Mensch inzwischen einiges *nacherlebt* habe. Die Verschiebung der dynamischen psychischen Prozesse bei den Vpn im Nacherleben sei auch *für die*

fluktuierenden Altersbilder während der Regression verantwortlich. Die Intelligenz und die Handschrift erscheinen daher reifer, als man dies für das entsprechende regredierte Alter erwarten würde.
Zusammengefaßt lassen Erickson und Kubie (1941) *zwei mögliche Typen* der Regression zu:

(a) *Bei einem Typus* ist die Regression auf die entsprechende Altersstufe, die angestrebt wird, *tatsächlich* vorangegangen *(Revivikation). Dabei wurde eine totale Amnesie für die darauffolgenden Altersstufen erreicht.* Wenn beispielsweise eine Person bis zur Altersstufe von fünf Jahren regrediert worden ist, so wird sie sich an die Erfahrungen dieser Entwicklungsstufe erinnern und alle anderen Erlebnisse vergessen, die dieser Entwicklungsstufe folgen. *Sie wird sogar den Hypnotiseur nicht mehr erkennen und kann aus dem Rapport herausgehen.* Künstlerische Produktionen auf dieser Altersstufe sind so charakteristisch kindlich, daß sie kaum simuliert sein können. Selbst ein renommierter Künstler wird *groteske Zeichnungen* vollbringen, wie ein Kind, auf dessen Altersstufe er regrediert ist. Psychomotorische Verhaltensmuster korrespondieren ebenfalls mit dem Regressionsalter, so daß *eine wahrhaftige Revivikation der vergangenen Erlebnisse zum Vorschein kommen wird.*

(b) *Auf der anderen Seite* können einige Vpn/Patienten nicht die Ereignisse vortragen, die sie tatsächlich früher erlebt haben, *sondern überwiegend Kopien davon.* Dabei könnte auch eine *Simulation (Pseudorevivikation)* im Spiel sein (Orne, 1951; Wolberg, 1948b).
Bis auf welche Altersstufe Menschen überhaupt zurückversetzt werden können, ist noch nicht definitiv beantwortet worden. Lindner (1944) berichtete über eine Altersregression und Revivikation *bis zum Lebensalter von sechs Monaten und von einem Jahr.* Wolberg (1948a) habe bei einer Gelegenheit versucht, *einen Schlafwandler bis zum ersten Lebensjahr* zurückzuversetzen. Die Person war nicht mehr fähig zu sprechen und sie zeigte *Saug- und Greifbewegungen.* Ihm wurde auch suggeriert, diese Erlebnisse wiederzugeben, wenn er auf die Stufe seines jetzigen Alters zurückgebracht werde. Er lieferte in etwa folgende Details: «Ich war sehr klein. Ich habe nichts verstanden. Alles war für mich neu. Ich habe nicht gewußt, was gemeint war. Ich versuchte, Sachen zu halten, mich nach den Gegenständen zu strecken, sie zu erreichen. Ich wußte nicht was das ist, was ich tat. Ich wußte die Bedeutung der Sachen und Gegenstände nicht. Jemand hatte sich über mich gebeugt, die Mutter. Sie faßte mich an und hob mich auf ihren Schoß. Sie wickelte etwas um mich. Sie hielt meinen Körper fest, es waren Windeln dort, wo ich lag. Ich hatte alle Arten von Sensationen. Ich sah meine Mutter, verschiedene Möbel, die Wand. Es gab Licht an der Wand. Ich habe keine Namen für die Sachen gewußt, die mich umgaben. Ich habe alles geschnappt, was ich ergreifen konnte, die Decke auch. Sie fiel auf den Boden. Ich wußte nicht, warum sie hinunterfiel. Ich wußte nicht, warum die Mutter da war. Ich habe mich an ihr gehalten. Ich spielte mit allen Sachen um mich herum. Ich habe mich gestreckt, bin gekrabbelt, habe Sachen geschnappt, Kleider, Füße, alles.»
Raginsky (1967) berichtete über den Rückfall in die *orale* und *anale Entwicklungsphase* des Lebens während der Altersregression. In seiner Publikation gibt er zwei Sitzungen von *sensorischer Hypnoplastik* wortwörtlich wieder. Die eine Sitzung behandelt die Altersregression eines Mannes bis zum frühesten Kindheitsstadium, in dem die erogenen Zonen des Mundes das Zentrum des kindlichen Interesses gewesen seien. Die andere berichtet über die Altersregression einer Frau in die *Analphase* der Entwicklung. Raginsky (1967) diskutiert dabei die Psychodynamik des Verfahrens und referiert die Literatur. Erika Fromm (1970) berichtet über einen 26 Jahre alten Amerikaner japanischer Abstammung, dessen Großeltern von Japan in die USA eingewandert seien. Er selber sei ein paar Tage vor Ausbruch des Krieges zwischen den USA und Japan in Kalifornien geboren und behauptete, die japanische Sprache nicht zu beherrschen. Unter einer hypnotischen Regression bis zur Altersstufe *unter vier Jahre* sprach er spontan und unaufgefordert japanisch, während er im Wachsein und in der Altersregression bis zur Altersstufe über vier Jahre nur englisch spre-

chen konnte. Erika Fromm (1970) versuchte, die Psychodynamik dieses Ereignisses zu erläutern. Sie fand heraus, daß die japanische Sprache verdrängt worden war. Levin und Harrison (1976) haben 28 hoch hypnotisierbare weibliche Vpn ausgewählt, um an ihnen die Hypothese zu prüfen, die besagt, daß die Hypnose durch *Regression im Dienste des Ichs (adaptive Regression)* charakterisiert sei. Obwohl diese *Regression* nicht als eine Altersregression (siehe auch Kapitel X) angesehen werden kann, ist diese Publikation von Interesse, da sie die Problematik der *Hypnotisierbarkeit* (Kapitel IX) *und Regression*, aber auch andere Aspekte anspricht. Dabei wurden zwei Fragen gestellt, und zwar, wie die Vpn (a) auf hypnotisch induzierte Träume und (b) auf TAT (Thematic Apperception Test) im Wachsein reagierten. Beim Messen der *adaptiven Regression* erhielt man zwei Faktoren: (aa) einen für die *regressiven Aspekte* der entstandenen Phantasien und (bb) den anderen für das *kognitive Meistern* dieser Phantasien. Es bestand eine Beziehung zwischen der Fähigkeit der Vpn für die adaptive Regression und dem Maß der in der Hypnose gefundenen adaptiven Regression.

Etwas weiter gingen McConkey und Sheehan (1980), die *die Unbeständigkeit der hypnotischen Altersregression und der Stichwortstruktur* (wie sie durch den Hypnotiseur gegeben wird) unter Berücksichtigung der Hypnotisierbarkeit untersuchten. Hoch hypnotisierbare Vpn antworteten besser als die nicht hypnotisierbaren. Raikov (1982) sprach von einer Altersregression bis zur Stufe des Neugeborenen im Vergleich mit dem Rollenspielen. *Hoch hypnotisierbare Vpn* reproduzierten realistische Reaktionen in bezug auf das Verhalten und die Reflexe von Neugeborenen, wenn sie diesbezüglich altersmäßig regrediert worden waren. In Rollenspielen waren sie jedoch nicht in der Lage, diese Verhaltensmuster aufzuweisen. Bei den *schwach hypnotisierbaren Vpn* waren die Resultate nicht eindeutig. Aber auch nach diesen Resultaten ist die Frage der *Psychodynamik der Altersregression* noch nicht vollständig beantwortet worden. *Für die Hypnotherapie* (Kapitel X) *reichen jedoch die bisher bekanntgewordenen Befunde einstweilen aus.*

11. Hypnose und Altersprogression

Die *Altersprogression* – die bereits bei der Problematik der Gruppenhypnose (Kapitel X.8.2) erwähnt wurde – unterscheidet sich von der Altersregression in *der Richtung der Psychodynamik*. Bei der Altersprogression werden *Imaginationen eines Lebensabschnittes in der Zukunft suggeriert*. Die Altersprogression ist weniger erforscht worden als die Altersregression. Insbesondere ist es schwierig, Menschen in die Zukunft zu versetzen, weil sie *keine Erfahrungen für diesen Lebensabschnitt haben*. In der Klinik kann jedoch die Altersprogression von Vorteil sein. Sie kann zeigen, *wie ein sonst ängstlicher Patient auf Ereignisse in der Zukunft reagieren würde, die mit einigen Schwierigkeiten verbunden sind* (Cooper und Erickson, 1959; Israeli, 1953; Kline, 1953; Kroger, 1977; Rubenstein und Newman, 1954. Für fehlende Literaturzitate siehe Kapitel X.10).

12. Hypnopsychologie der ideodynamischen Aktivitäten/Signale

Von den *ideodynamischen Aktivitäten* wurde einiges in Kapitel XII erwähnt, weil sich unter anderem Milton H. Erickson (Erickson, 1952; Erickson und Erickson, 1941; Erickson und

Kubie, 1938, 1941 und Kapitel XII) damit eingehend befaßt hat. Die *Ideodynamik* ist eines der unbekanntesten Phänomene der Hypnose und der Psychologie überhaupt. Daraus wird besonders die *ideosensorische Aktivität* hervorgehoben, bei der das Gehirn die Kapazität habe, *sensorische Imaginationen* (visuelle, akustische, olfaktorische, gustatorische, taktile, kinästhetische) zu entwickeln, die dann beim Hypnoseverfahren genutzt werden (Kroger, 1977, Seite 12). Diese können soweit gehen, daß sie bis zu Halluzinationen führen. Man sucht nach seiner Brille, die auf der Nase hängt, sucht nach einem Kugelschreiber, der vor einem liegt, man riecht Parfüm, das nicht da ist oder hört Stimmen, die nicht zu hören waren. Diese *Signale* werden durch entsprechende Ablenkung verstärkt. Die *ideomotorischen Aktivitäten* werden als Fähigkeit der Person definiert, gewisse motorische Handlungen unwillkürlich auszuführen, wenn diese mit Gedanken, Gefühlen und Ideen der betreffenden Person übereinstimmen. Manchmal ist diese ideomotorische Aktivität zum Überleben notwendig. In der Natur sind viele Beispiele dazu gegeben worden (siehe dazu Kapitel XII). Die Mutter macht z. B. den Mund auf, wenn sie dem Kind mit dem Löffelchen die Nahrung darreichen will. Suggestibilitäts-Tests (Kapitel XIV) arbeiten auf der Basis der ideodynamischen, vor allem der ideomotorischen Aktivitäten. Armlevitation, Katalepsie und ähnliche psychomotorische Phänomene haben als Basis die ideomotorische Bereitschaft oder Aktivität. Die psychobiologischen Grundlagen dieser Phänomene müssen noch erforscht werden (siehe dazu Barber, 1961, 1972; Barber und Calverley, 1966, 1969; Barber et al., 1974; Kroger, 1977; Orne, 1959; Pistole, 1979).

13. Hypnotischer Rapport in psychologischer Sicht

Der aus dem Französischen stammende Ausdruck *Rapport* wird fast in jedem Hypnosebuch erwähnt. Trotzdem ist seine allgemeine und spezielle Rolle noch nicht ganz geklärt worden. Ursprünglich bezog er sich auf einen *Bericht*. Im Laufe der Entwicklung der Psychologie und insbesondere der Verhaltenspsychologie wurde seine Definition ausgeweitet und auf *die Beziehungen zwischen dem Versuchsleiter (VL) und der Versuchsperson (VP, Vp) angewandt*. Der Bericht also, der früher verbal mehr oder weniger rituell – beispielsweise beim Militär – erstattet wurde, wird auch auf die *Erstattung eines Berichtes mittels Verhaltenszeichen im psychischen, somatischen und vegetativen Bereich* ausgedehnt. Die sich später entwickelnde *Psychoanalyse* (siehe Kapitel X) benutzte den Begriff *Rapport*, um *die Beziehungen des Patienten zum Psychotherapeuten auszudrücken*. Und schon wurde er in die Hypnoseforschung übernommen, wobei er jetzt *die Beziehung zwischen dem Hypnotiseur und dem Hypnotisanden* anzeigen soll.

Ein guter Rapport zwischen dem Hypnotiseur und dem Hypnotisanden wird unter anderem auch zu einer guten Hypnose führen. Falls kein ausreichender Rapport hergestellt werden kann, ist auch die Hypnose dadurch gefährdet. Zum Beispiel können *blinde, taube, taubstumme sowie taub-blind-stumme Patienten bei einem guten Rapport in eine ausreichend tiefe Hypnose gebracht werden*. Unter den gleichen Voraussetzungen kann die Hypnose auch *auf die Entfernung*, wie z. B. per *Telefon* und seit neuestem per *Fernsehen*, induziert werden. Die letzte Möglichkeit nutzen aber auch viele Pseudo-Hypnotiseure, Ferngeistheiler etc. Die Medien tragen ihren Teil dazu bei.

Eine *Verstärkung des Rapports* bewirkt unter anderem der dem Hypnotiseur/Hypnotherapeuten vorausgehende Ruf, so daß der Patient ihm seine selektive Aufmerksamkeit widmet, noch bevor es zu einer unmittelbaren persönlichen Begegnung gekommen ist. *Emotionale Momente, Geschlecht des Hypnotiseurs/Hypnotisanden (heterosexuelle psychische Beziehungen), Übertragung, Gegenübertragung, Suggestibilität/Hypnotisierbarkeit* (s. Ka-

pitel IX und X) und viele andere Faktoren spielen beim Rapport eine positive oder negative Rolle. Wie in Kapitel XXVI.2.5.2 ausgeführt wird, können gewisse Gefühle des Hypnotiseurs «erahnt» werden, wenn der Hypnotisand einen starken Rapport zum ersteren besitzt. Populär wird dies als *Gedankenübertragung* angepriesen.
Die Problematik des Rapports (Erickson und Erickson, 1941; Kroger, 1977) *ist in der Hypnoseforschung als Gegenstand relativ neu* und wird noch studiert werden müssen. Vor allem der *Rapportverlust* – bei dem auch die Hypnose unterbrochen wird – ist kaum erforscht worden. Um diesen zu vermeiden, werden – insbesondere bei der Altersregression – neben den verbalen auch andere (sensible, Schulterklopfen etc.) Suggestionen gegeben (siehe dazu Kapitel XV).

14. Weitere (post)hypnotische Konditionen/Phänomene

Normalerweise gäbe es eine Reihe von *Hypnosephänomenen*, die zur Hypnopsychologie gehören würden. Diese sind jedoch entweder noch nicht so hinreichend geklärt worden, daß sie einen besonderen Abschnitt beanspruchen könnten oder es wird davon in anderen Kapiteln dieses Buches gesprochen. Ein sogenannter *hypnoider (hypnoidealer) Zustand* z. B. wird unter anderem als eine Vorstufe der Hypnose angesehen und wurde in Kapitel IX und Tab. 3 erwähnt. Als *Wachhypnose* kommt er auch in Kapitel XV.3 vor. Zur *Tierhypnose* sprachen wir in den Kapiteln III und VII. Über die *Regression* wird in den Kapiteln X und XXVIII berichtet. In Kapitel XXVIII wird auch von *Dissoziation* und *Neodissoziation* die Rede sein (siehe dazu Kapitel IX und XXVII). In Kapitel XV wurden fast alle Hypnosephänomene durchexerziert. *Handschriftveränderung* während der Hypnose hängt auch mit der Altersregression zusammen (siehe Kapitel XV, HP-002 und HP-008). Zur *Hyperästhesie* und *Anästhesie/Analgesie* kann ebenfalls Kapitel XV (HP-006, HP-022, HP-058) in Anspruch genommen werden. Durch das Studium des Buches werden alle bis heute mehr oder weniger zuverläßig beschriebenen Phänomene der Hypnose zur Kenntnis genommen werden können.

15. Psychologie der Spontanhypnose

15.1 Begriffsbildung und spezielle Problematik

Unter dem Begriff *Spontanhypnosen* sind jene hypnotischen Zustände/Prozesse/Phänomene zu verstehen, die *rein spontan ohne eine unmittelbare Mitwirkung des Hypnotiseurs* auftreten. Nachfolgend werden zur Orientierung (a) Spontanhypnosen in Verbindung mit *religiösen Ideen*, (b) Spontanhypnosen als Mechanismen der *Selbsterhaltung* sowie (c) *posthypnotische Spontanhypnosen* gestreift werden.

15.2 Spontanhypnose und religiöse Motive/Ideen

Im weitesten Sinne und erst sekundär können auch die visuellen Halluzinationen oder Illusionen, die als *religiöse Visionen* bezeichnet werden, als *hypnotische Faszinationen* aufgefaßt werden. Bei Individuen, die als *Visionäre* und später als heilig oder selig angesehen wurden, handelt es sich in der Regel um (Literatur siehe auch Kapitel II.7): (a) psychisch *einfach strukturierte* Persönlichkeiten, (b) *Analphabeten oder fast* Analphabeten, (c) *stark religiös* erzogene Personen, (d) fast ausnahmslos *Katholiken,* (e) *körperlich und psychisch kränkliche oder kranke Menschen.* Diese Faktoren verursachen am Anfang die Flucht in das Visionäre. Wolkengebilde, undefinierbare Geräusche, unkritische Urteile, mangelnde Ausbildung, körperlich-geistige Schwäche rufen dann *eine falsche Deutung von Naturereignissen hervor.* Daraus bilden sich weitere *Visionen und Halluzinationen,* bis die Öffentlichkeit aufmerksam gemacht wird. Daraufhin geht das Ereignis seine eigenen Wege und verliert das Halluzinatorische und Visionäre nach und nach. Die betroffene Religion tut das Ihrige, und schon wird eine «Heilige» oder ein «Heiliger» daraus.

In Kapitel II haben wir Laepple (1983) angeführt, der über das *«Wunder von Lourdes»* berichtet. Bernadette Soubirous (1844–1879), die später zur Schwester Marie-Bernard umgetauft wurde, sei im Jahre 1858, als sie die «schöne Dame» (Jungfrau Maria) gesehen habe, «knapp 14 Jahre alt. Sie konnte damals weder lesen noch schreiben. Sie verstand nicht, was die ‹schöne Dame› in der Erscheinung am 25. März von sich sagte: ‹Ich bin die Unbefleckte Empfängnis› ...» (Laepple, 1983, Seite 31–32). Und an einer anderen Stelle: «... Gewiß hatte ... sie ... eine recht labile Gesundheit ...» (Laepple, 1983, Seite 47). Und an einer weiteren Stelle schreibt die beinahe analphabetische Bernadette: «... Das erste Mal, als ich bei der Grotte war, ging ich mit zwei Mädchen ... an das Ufer der Grave um Brennholz zu sammeln ...» (Laepple, 1983, Seite 54). Bernadette beschreibt nach diesen Angaben die Geschichte fließend, grammatikalisch richtig, schriftstellerisch gekonnt. Die Geschichte mit der Vision von der Jungfrau Maria wird also im Laufe der Darstellung *von anderen Personen* immer stärker stilisiert, ergänzt und idealisiert. Ebenfalls in Kapitel II haben wir Hanauer (1979) erwähnt, der über die *«Erscheinungen und Botschaften»* in Fatima (Portugal) berichtet. Auch nach ihm seien die drei Kinder, welche die Jungfrau Maria gesehen haben wollen, kränklich, einfach strukturiert, analphapetisch, stark religiös, katholisch erzogen gewesen. Die Deutung *natürlicher Erscheinungen wie Regenbogen, farbige Sonnenstrahlen durch einen Wald etc. haben sie wahrscheinlich nicht vermocht.* Sie berichteten ihren Eltern über ihre «Erscheinungen», diese (ebenfalls einfach strukturiert) deuteten die Ereignisse anders, und schon haben wir heute die *Heilige von Fatima.* Wir streiften in Kapitel II auch Johannes Steiner (1979), der die Visionen von Therese Neumann aus Konnersreuth (1898–1962) aufarbeitete und am Ende des zweiten Bandes (Seite 303) behauptet, Therese Neumann habe *mindestens 35 Jahre lang keine Nahrung zu sich genommen.* Der Referent hat Frau Neumann im letzten Jahr ihres Lebens persönlich kennengelernt und nicht gefunden, daß sie kachektisch war. Von Interesse für dieses Kapitel ist die Tatsache, daß auch sie sehr einfach strukturiert, mangelhaft ausgebildet und kränklich war. Ihre einseitige, streng katholische Erziehung war nicht zu verkennen. In ihrem ganzen Leben sah sie beinahe alle Heiligen und Engel und sprach davon, die «Dinge» zu sehen: *«Ich sehe nicht Bilder, sondern ich sehe die Dinge. Ich sehe den Heiland und die anderen Personen so genau und mühelos, wie man sonst etwas sieht, was auf der Straße geschieht.»* (Steiner, 1979, Band II. Seite 5).

Nach *eigenen vorwissenschaftlichen Erfahrungen* können auch *reelle Bilder* auf dem Wege der *hypnotischen Faszinationen* gewisse religiöse «Visionen» (visuelle Illusionen) hervorrufen. In den ersten Jahren nach dem *Zweiten Weltkrieg* mußte man sich mit Waren von etwas schlechterer Qualität begnügen. In der Stadt B. in Ostserbien (Jugoslawien) sammelten sich eines *Nachmittags* viele Menschen um die Fenster des einzigen Postamtes. Im Verlaufe von mehreren Stunden kamen und gingen Hunderte von Passanten zu und von den Fenstern, so daß die anliegende Hauptstraße der Stadt dadurch blockiert und der Straßenverkehr behindert wurde. Die örtliche Miliz hatte viel Mühe, die Menschen von den Fenstern zu entfernen, um die Straße passierbar werden zu lassen. Man stellte fest, daß im Fensterglas gewisse *rosa-rot-gelbe, unscharfe Figuren* zu sehen waren, die *bei veranlagten Personen das Bild der Jungfrau Maria* vermuten ließen (imaginäre Ergänzungen, illusorische

Trugwahrnehmung). Der Autor hat diese Figuren selber gesehen und daraus keine Jungfrau Maria erkennen können, obwohl einige Teile der Figuren malerisch fast wie der *Heiligenschein* aussahen. Die Miliz mußte am Ende energischer intervenieren und nach der Ursache der malerischen Figuren fahnden. Man fragte in der Glasfabrik in Zentralserbien an. Nach dem Ende der technisch überwachten Ermittlungen stellte sich heraus, daß das *Fensterglas nach dem Kriege mangelhaft hergestellt worden war* und daß die Figuren im Glas von den Silikaten *durch den schrägen Einfall der Sonnenstrahlen am Nachmittag entstanden.* Die Figuren waren in der Tat nur in den Nachmittagsstunden zu sehen. Man intervenierte weiter. Das Fensterglas wurde jetzt bei der Herstellung in der Glasfabrik besser gereinigt. Die entsprechenden Fensterscheiben wurden ausgetauscht. Und schon «verschwand» die «Jungfrau Maria» aus dem Fensterglas.

15.3 Spontanhypnose und Erhaltungstrieb

Daß es zu einer *Spontanhypnose zwecks Selbsterhaltung* kommen kann, wurde öfter in diesem Buch angesprochen. Neben dem, was in Kapitel III über Tiere gesagt wurde, wird nochmals auf die Ausführungen von Milton H. Erickson (siehe Kapitel XII), aber auch *auf die spontanen Katalepsien/Katatonien* (siehe Kapitel XXIII) hingewiesen. Obwohl *eigene Erlebnisse* subjektiven Charakter tragen, sind sie in Form der Darstellungen von *Selbsterfahrungen* in der Psychologie zulässig. Daher erlaubt sich der Referent zum dritten Male, *eigene vorwissenschaftliche Erlebnisse* kurz vorzutragen. Eines davon darf wie folgt skizziert werden:

In Ostserbien (Jugoslawien) sind viele Berge und Täler zu finden, die den Schäfern als Weide für ihre Schafe dienen. Wegen der hungrigen und manchmal in der Meute angreifenden Wölfe, aber auch als Schutz vor Dieben, halten die auf weiten Strecken einzeln verstreut lebenden Schäfer bei ihren Hütten in der Regel drei bis vier Hunde. Davon ist einer *ganz klein* und hat die Aufgabe, die *riesig großen* und scharf abgerichteten Hunde in der Nacht zu wecken. Es ist verwunderlich, daß sich der kleine, der die «Wache» hält, überhaupt nicht reizen läßt, nach irgendwelchen Feinden zu rennen. Dafür sind die anderen, die drei großen, so abgerichtet, daß man sich als Mensch ohne Schußwaffe kaum wehren kann. In der Nacht werden die sonst an der Leine gehaltenen Hunde freigelassen. Der Referent ging nichts ahnend eines Nachts mit einem großen Stock ein Tal entlang. In einem Moment hörte er den kleinen Bewacher und gleich darauf die stürmisch auf den Referenten zulaufenden drei großen Hunde. Im Nu waren sie da. Der Referent versuchte zunächst, die Hunde mit dem Stock abzuwehren. Zwei der wolfähnlich anmutenden Hunde bissen in jeweils ein Ende des Stockes, und der Referent hätte nur die Aufgabe gehabt, die beiden Hunde links und rechts von sich in einer annähernd gebührenden Entfernung zu halten. Der dritte Hund war aber frei und lief frontal auf den Referenten zu. Es entstand eine aussichtslose Situation, bei der nur das Zerfleischen des Angegriffenen noch als möglich erschien. Wie sich die Geschichte weiter abspielte, kann nachträglich nicht eruiert werden. Auf jeden Fall kam der Referent nach einer gewissen Zeit ganz steif stehend zu sich. Er hielt den Stock noch in einer horizontalen Lage in der Hand, *die Beine waren in der Tat bleischwer, der Körper war zunächst nicht zu bewegen.* Ganz weit entfernt hörte man noch die Hunde ab und zu in unregelmäßiger Folge ein- bis zweimal nachbellen. Die *spontane totale Katalepsie hat den Verfasser dieser Zeilen vor über 42 Jahren vor den bissigen, auf Zerfleischung abgerichteten Hunden gerettet.* Das Herauskommen aus der Situation war jedoch nach wie vor schwierig. Denn die Hunde kamen immer wieder zurück, sobald vom Referenten eine Bewegung gemacht wurde. Er hatte jedoch inzwischen gelernt. Bei jedem Anlaufen der Hunde stellte er sich steif hin und wartete ab. Die Hunde bellten eine Weile und verschwanden jeweils wieder, bis sie das Interesse verloren und den Unbekannten davongehen ließen.

15.4 Posthypnotische Spontanhypnosen

Die posthypnotischen Spontanhypnosen können als nicht ganz spontan angesehen werden, weil sie bei einer Hypnotisierung induziert worden sind. Dabei hat man nach der Rückführung aus der Hypnose die suggerierten Phänomene und Suggestionen nicht alle zurückgenommen. Ein Beispiel daraus wird unter anderem in Kapitel XXIII (Fall 32) gegeben. Außerdem wird darüber in Kapitel XVII unter «f» näher gesprochen.

16. Psychologie der Autohypnose (Selbsthypnose)

Bei der Autohypnose (Selbsthypnose) sind Hypnotiseur und Hypnotisand eine und dieselbe Person (Literatur zu diesem Abschnitt siehe Kapitel X.10). Wie in den bisherigen Ausführungen (siehe Kapitel II–X) mehrmals angedeutet wurde, ist die *Selbsthypnose eine der ältesten Hypnosetechniken* überhaupt. Anthropologie (Kapitel IV), Magie/Dämonologie (Kapitel V), Mystik/Okkultismus (Kapitel VI), Religionen (Kapitel V, VI und IX.4.2.4.10) haben sich ihrer mehr oder weniger intensiv bedient. Wissenschaftlich wurzelt sie bei Emile Coué (1857–1928) (Kapitel IX.12.11). In Kapitel II.3.5.10 haben wir generelle Literaturhinweise zur Selbsthypnose gegeben. In der neueren Zeit haben sich insbesondere Benson et al. (1981), Case et al. (1980), Eisen (1983), Frankenthal (1969), Fromm et al. (1981), Gardner (1981), Giannitrapani und Gruenewald (1974), Gruen (1972), Miller (1984), Orne und McConkey (1981), Ruch (1975), Shaw (1978), Singer und Pope (1981) u.a. damit beschäftigt. Sehr eingehend hat dieses Problem Sacerdote (1962, 1963, 1965, 1968, 1977a, b, 1978a, 1980, 1981) behandelt. Insbesondere bei *Schmerzen*, aber auch bei *Angstzuständen* (Kroger, 1977) sei die Selbsthypnose von relevanter Wichtigkeit. Erika Fromm et al. (1981) haben die theoretische Problematik erörtert. Sacerdote (1981) hebt hervor, daß die Selbsthypnose nach dem 2. Weltkrieg an Bedeutung verloren habe, nachdem *die mehr permissiven (indirekten) Hypnosetechniken* angewandt werden (Kapitel XV). Dies insbesondere *im klinischen Bereich*. Dabei könne der Patient entsprechend seinen Kapazitäten reagieren. Andererseits wird in der letzten Zeit die Theorie verbreitet, daß *jede Hypnose eine Selbsthypnose* sei (Kapitel IX). Wenn man dies berücksichtigt, dann ist nach Sacerdote (1981) paradoxerweise von einem *Erlernen der «Selbst-Hypnose»* zu sprechen. Zum Beispiel wird bei Crasilneck und Hall (1973, 1985), Granone (1972), Heron (1953), Kroger (1977), Meares (1960, 1971), Weitzenhoffer (1957), Wolberg (1948a, b, 1977a, b) und anderen die Selbsthypnose *nach einer Anzahl von Heterohypnosen* geübt. Man fragt sich, welche der beiden Methoden tatsächlich die Selbsthypnose ist, wenn auch die Heterohypnose nur dann zustande komme, wenn die Selbsthypnose funktioniere.

Unter anderem berichtet Ruch (1975) darüber, daß Vpn, *die keine Erfahrungen in der Heterohypnose* hatten, höhere Scores in den Hypnotisierbarkeits-Skalen aufweisen als jene, die die Selbsthypnose während oder nach der Heterohypnose erlernten. Viele andere Forscher haben geringe oder keine Unterschiede bezüglich der Hetero- und Selbsthypnose gefunden, wenn sie unvorbelastete Vpn in Anspruch nahmen (Sacerdote, 1981). Daher werden die Befunde von Ruch (1975) etwas angezweifelt und nur bedingt als gültig genommen. Sacerdote (1981) definiert *die Selbsthypnose als einen Hypnosezustand oder einen koordinierten Komplex der hypnotischen Erfahrung, der in Abwesenheit des Hypnotiseurs erreicht wird.* Wie jedoch die *Abwesenheit* des Hypnotiseurs zu definieren sei, wenn man von einer reinen Selbsthypnose spreche, könne er sich nicht leicht vorstellen. In der Tat, was sei eine «reine» Selbsthypnose? Das sei offensichtlich nicht jene, die nach einer posthypnotischen Suggestion stattfinde. Oder handele es sich um eine solche, die mit Hilfe eines Tonbands gelernt sei?

Oder aber jene, die nach einem Text gelernt wurde? In der Tat könne nur jene Hypnose als Selbsthypnose angesehen werden, *die spontan auftrete.* Wenn sie aber ganz spontan sei, dann könne man sie in einem Laboratorium nicht studieren, weil sie dann *ausgelöst werden müßte.* Jedoch haben Fromm et al. (1981) (s. Kapitel X) eine Methodologie zu einem solchen Studium entwickelt. Sacerdote (1970b) meinte, daß jede Hypnose auf diese oder jene Weise gelernt sei. Ruch (1975) habe die Selbsthypnose z.B. dadurch ausgelöst, daß man den Vpn eine verkürzte Form der HGSHS: A (Kapitel XIV) oder SHSS: C (Weitzenhoffer und Hilgard, 1962) *in der ersten Person* vorspielte. Aber dann könnte es so gewesen sein, daß die Vp nur den Hypnotiseur imitiert und sich mit ihm identifiziert habe. Man lese dazu Fromm et al. (1981).

In der klinischen Praxis (Kapitel X), ganz gleich, welche Methoden man anwendet, haben die Patienten Schwierigkeiten, den Zustand der Selbsthypnose zu erreichen, der von ihnen als Selbsthypnose anerkannt wird. Diese Schwierigkeiten haben zum Teil damit zu tun, daß man eine *psychologische und neurologische Dissoziation* nicht immer erreichen kann. *Denn bei der Selbsthypnose muß die Vp mehr als bei der Heterohypnose ihr Ego mobilisieren, sich selbst direkt suggerieren, einige Erscheinungen beobachten, hypnotische Erfahrungen sammeln und posthypnotische Ziele verfolgen.* Das *dissoziative Talent* sei wahrscheinlich eine Charakteristik, die das Individuum als das *höchste hypnotische Talent* erkennen lasse. Andererseits impliziere das hohe hypnotische Talent die Kapazität zum *Dissoziieren* (Sacerdote, 1981). Die *Dissoziation* vieler hypnotischer Zustände bestehe darin, daß man einige suggerierte oder spontane motorische und sensorische Erfahrungen erlebe (Haley, 1963a, b). Bei der Selbsthypnose müsse die Person zusätzlich zu dem, was sie bei der Heterohypnose tue, noch die *Angst* bekämpfen, sich fragen, ob sie die *Abreaktion* allein schaffen könne, ob sie von selbst *aufwachen* würde; wenn eine *Altersregression* verlangt werde, dann, ob sie von selber zurück *zur Gegenwart* kommen könne. Bei Erwachsenen erhebe sich auch das Problem, daß man nicht immer wisse, ob man in der Hypnose sei und bis zu welchem Grade. Selbst bei der *Armlevitation* könne der Erwachsene nicht immer wissen, ob der Arm von selbst hoch gehe oder nicht. Der Patient habe womöglich vieles in seinem Leben versucht und dabei versagt. Wenn er sich jetzt selber suggerieren solle, habe er womöglich Angst, wieder zu versagen. In der Klinik ist die Selbsthypnose trotz all dieser Einwände sehr nützlich bei der Verlängerung der *Schmerzmilderung* und ihrer Erhaltung. Patienten, die prompt in die Selbsthypnose eingehen, können dadurch *Angstepisoden, Agitiertheit, Depression* mit entsprechenden Störungen im vegetativen Bereich und beeinträchtigten intellektuellen Aktivitäten verhindern oder abbrechen. Selbsthypnose ist auch bei der Erhaltung der Korrekturen von *Verhaltensstörungen* und *Verhaltensmodifikationen* (Rauchen, Nägelkauen, Eßsucht, Enuresis) von Bedeutung.

Fast alle Patienten können die Entspannung und die Korrektur der vegetativen Störungen durch Selbsthypnose oder Heterohypnose lernen. *Erfolgreiche und permanente Korrekturen der körperlichen und psychischen Störungen seien proportional der Hypnotisierbarkeit des Patienten. Wahrscheinlich habe jeder Patient ein Niveau der Hypnotisierbarkeit, das mit mehr Mühe, Zeit oder anderen Maßnahmen nicht mehr verändert werden könne* (Sacerdote, 1981). *Die Methodik des Trainings in Selbsthypnose* sei von der Erfahrung des Hypnotiseurs, von der Eigenschaft der Patienten, von der Dauer der Erkrankung und von der Dauer der Anwendung abhängig.

Speziell haben Frankenthal et al. (1969) die Selbsthypnose zur Bewältigung von *Krisensituationen* (Zwangslagen) angewandt, wobei dadurch bedrohte Menschen *von der unerträglichen Wirklichkeit* abgelenkt werden. Dazu wurde der Unterschied zwischen der Selbsthypnose und der *Depersonalisation* diskutiert. Gruen (1972) benutzte *Selbstentspannung* und Autosuggestion zur *postoperativen Behandlung von Herzpatienten.* Vorzüge gegenüber anderen Behandlungsarten konnten beobachtet werden. Das *Hypnodrama* (s. Kapitel X) wurde von dem bereits erwähnten Shaw (1978) diskutiert. Etwa zur gleichen Zeit hat Johnson (1979) phänomenologische Vergleiche der Selbsthypnose und Heterohypnose vorgenommen. Statistiken wurden analysiert. Case et al. (1980) wandten Selbsthypnose und intrahypnotische Effekte bei Patienten mit milder *Hypertonie* an. Neben dem guten Erfolg wurden auch Konsequenzen zur Deutung der *Hypnosesteuerung* gezogen. Das *Chicago Paradigma* der Selbsthypnose wurde von Johnson (1981) und eben von Sacerdote (1981) diskutiert. Hypnotische Phänomene wie in der Heterohypnose (Zeitverzerrung, Altersregression, posthypnotische Amnesie) wurden von Benson et al. (1981) beobachtet. Zur gleichen Zeit konnten Singer und Pope (1981) *Wachträume* und Kapazitäten zur Bildvorstellung im Zusammenhang mit Hypnose studieren. *Selbsthypnose bei Kindern* applizierte Gardner (1981) mit gutem Erfolg. *Adaptive Regression* und andere Modalitäten der Selbsthypnose wurden von Eisen (1983) analysiert. Robert D. Miller (1984) untersuchte die Möglichkeit der Selbsthypnose *bei Resistenz gegen Heterohypnose* und andere Therapiemethoden. Und schließlich fanden Swirsky-Sacchetti und Margolis (1986) gute Resultate bei *Selbsthypnose-Training* im Falle des Faktors VIII (Gerinnungsfaktor) bei Bluterkrankheiten. *Die Zusammenarbeit mit der Inneren Medizin wurde als eine Selbstverständlichkeit erachtet.* Der Übungsteil der Selbsthypnose wird in Kapitel XIX gegeben.

17. Zusammenfassung und Schlußfolgerungen

Bearbeitet und hervorgehoben wurden in diesem Kapitel Hypnose und kritische Urteilsfähigkeit des Hypnotisanden, hypnotischer/posthypnotischer Gedankengang, Hypnose und Veränderung der Wahrnehmung im illusorischen und halluzinatorischen Bereich, Bewußtsein und Unbewußtes im Kontext der Hypnose, Hypnose und Gedächtnis (Hypermnesie, hypnotische Amnesien, multiple Persönlichkeit), Hypnose und Zeitverzerrung, Hypnose und Depersonalisierung/Derealisation, Altersregression/Revivikation und Altersprogression, Hypnose und ideodynamische Signale, hypnotischer Rapport, verschiedene (post)hypnotische Konditionen/Phänomene, Spontanhypnosen, Autohypnose. In den meisten Fällen wurde nur eine Übersicht gegeben, da einiges in den nachfolgenden Kapiteln dieses Buches und das übrige in einer nachfolgenden Publikation (Jovanović, 1989) noch im Detail studiert werden wird. Aus dem Vorgetragenen können in etwa folgende Schlüsse gezogen werden:

(1) In dieses Kapitel wurden 247 von 658 vorgesehenen Publikationen eingearbeitet. Im Detail werden die vorliegenden Probleme noch zu studieren sein (Jovanović, 1989).

(2) Unter Hypnose *behält der Hypnotisand in gewißem Grade seine Urteilsfähigkeit (Kritik)*, die auch in starkem Maße vom Willen und anderen Faktoren abhängig ist. Bis zu welchem Grade dies geschieht, mußte noch offengelassen werden.

(3) Der *Gedankengang (Gedankenablauf)* ist in der Hypnose verändert. Die Gedanken gehen *schneller oder langsamer* vor sich und können in dieser Hinsicht weit vom normalen Ablauf abweichen. Damit sind auch andere Veränderungen, wie Zeitverzerrung etc. verbunden.

(4) Die *Wahrnehmung* ist in der Hypnose und im posthypnotischen Zustand ebenfalls verändert. Im *illusorischen Bereich* ist dabei von einer Ergänzung der bestehenden Bilder, Erscheinungen, Phänomene, Erlebnisse (Trugwahrnehmung des bereits Existierenden) die Rede. Die *Halluzinationen* sind *eine produktive Manifestation*, d.h. *aus dem Nichts wird Etwas* kreiert. In beiden Fällen bestehen dann *Pseudomanifestationen*, bei denen die *Überzeugung* über das Erlebnis fehlt, oder wahre Formen, die mit Überzeugung des Betreffenden verbunden sind.

(5) Illusionen, insbesondere aber die Halluzinationen, können *negativer* (etwas Bestehendes wird wegsuggeriert) oder *positiver Natur* (etwas, was nicht da ist, wird hersuggeriert) sein. Auf diese Weise entsteht z.B. eine hypnotische Blindheit, hypnotische Taubheit (auf beiden Ohren oder auf einem) etc.

(6) Die Hypnose arbeitet überwiegend *auf der unbewußten Ebene*, die noch nicht genau erforscht ist. In Kapitel XXIV bis XXVI wird darüber ausführlicher gesprochen.

(7) Bezüglich *des Gedächtnisses* kann angenommen werden, daß mit Hilfe der Hypnose das *Lernen* gesteigert werden kann (Hypermnesie). Sinnvolles Material und zusammenhängende Aufgaben werden besser gelernt als sinnloses Material. Hypnotisierbare Vpn lernen besser als weniger oder kaum hypnotisierbare. Die *hypnotischen Amnesien* sind in ihrer Qualität und Quantität mannigfaltig. Insbesondere fällt eine *Rückrufamnesie* (bei der das Gespeicherte während der Hypnose nicht erinnert werden kann) und die *Quellenamnesie* (Abstammungs-, Ursprungsamnesie; der Hypnotisand erinnert sich an die Erlebnisse, weiß aber nicht, daß sie aus dem hypnotischen Zustand stammen) auf.

(8) Die Frage der *multiplen Persönlichkeit (MP)*, wobei eine Person zeitweise den Charakter einer oder mehrerer anderer (mit einer Barriere dazwischen) annimmt, wird noch zu diskutieren sein (Jovanović, 1989). Dieses Problem hat sowohl eine enorme *forensische* (Psychopathen, Verbrecher, Soziopathen) als auch eine *klinische* (Hysteriker, Schizophrene, andere abnorme Erscheinungen) Bedeutung.

(9) Die Hypnose ist auch mit einer *Depersonalisierung* bis zum Einnehmen von Eigenschaften und Charaktermerkmalen einer anderen Person sowie mit *Derealisation* (Entfernung von der realen Welt) verbunden.

(10) *Altersregression/Revivikation* kann nach den vorliegenden Befunden *bis zur neonatalen Periode* zurückgehen. Ob dieser Prozeß parallel dem chronologischen Alter verläuft und inwieweit, mußte noch offen bleiben. Im klinischen Bereich (zur Beseitigung von schweren psychischen Störungen) kann sie als wertvoll angesehen werden, ohne daß die theoretischen Fragen beantwortet worden sind.

(11) *Die Altersprogression* (Versetzung des Hypnotisanden in seine Zukunft) ist noch weniger als die Altersregression/Revivikation erforscht. Die Klinik kann trotzdem davon profitieren, da bei *ängstlichen Personen* das «Sehen» in die Zukunft bestimmte klinische Symptome hervorrufen kann, die dann gedeutet werden können. Daraus entstehen wiederum die *Therapiekonsequenzen.*

(12) Die *ideodynamischen Signale* spielen bei der Hypnose und Hypnotisierung eine große positive Rolle. Der Mensch neigt zu einer Selbsthypnose, die wissenschaftlich und klinisch genutzt werden kann.

(13) Der *Rapport* ist ebenfalls einer der wichtigsten Phänomene im Kontext der Hypnose. Je stärker der Rapport zwischen dem Hypnotiseur und dem Hypnotisanden, desto besser wird die Hypnose gelingen.

(14) Bei *spontanen Hypnosen* spielt die *Phantasie* eine große Rolle. Durch die illusorische Ergänzung werden natürliche Erscheinungen bis zur religiösen Gestalt modelliert, stilisiert und idealisiert. *So entstehen Heilige und Geister, die ohne das Gehirn des (Selbst)Hypnotisanden keine Existenz hätten.* Durch Halluzinationen (bei entsprechender Veranlagung des Betroffenen) werden *Heilige und Propheten* hervorgerufen, die es in Wirklichkeit nicht gibt. Spontanhypnosen können aber auch als *Selbsterhaltungsmechanismus* angesehen werden, und zwar nicht nur bei Tieren (s. Kapitel III und VII).

(15) Die *Selbsthypnose*, die während der Einübung der Heterohypnose entwickelt wird, kann die Heterohypnose ergänzen und/oder ersetzen.

(16) Die psychologische Problematik der *Gruppenhypnose* wird wegen deren *Komplexität und Heterogenität* in einem speziellen Teil (Jovanović, 1989) diskutiert.

18. Ausgewählte Bibliographie

Acosta, E. Jr., and Crawford, H.J.: Iconic Memory and Hypnotizability: Progressing Speed, Skill, or Strategy Differences. *Intern. J. Clin. Exp. Hypnosis*, (1985), *33*: 236–245.

Adams, J.A.: Learning an Memory. An Introduction. Dorsey Press, Homewood/Ill., 1976.

Alexander, V.I.: A Case Study of Multiple Personality. *J. Abnorm. Soc. Psychol.*, (1956), *52*: 272–276.

Allison, R.B.: Difficulties Diagnosing the Multiple Personality Syndrome in a Death Penalty Case. *Intern. J. Clin. Exp. Hypnosis*, (1984), *32*: 102–117.

Allison, R.B., and Schwarz, T.: Minds in Many Pieces. Rawson & Wade, New York, N.Y., 1980.

Allport, G.W.: Personality – A Psychological Interpretation. Holt, New York, N.Y., 1937.

Anderson, J.R., and Bower, G.H.: Recognition and Retrieval Processes in Free Recall. *Psychol. Rev.*, (1972), *79*: 97–123.

Anderson, J.R., and Bower, G.H.: A Propositional Theory of Recognition Memory. *Memory and Cognition*, (1974), *2*: 406–412.

Ashford, B., and Hammer, A.G.: The Role of Expectancies in the Occurrance of Posthypnotic Amnesia. *Intern. J. Clin. Exp. Hypnosis*, (1978), *26*: 281–291.

Augustynek, A.: Recalling in State of Awareness and Under Hypnosis. *Przeglad Psychologiczny*, (1977), *20*: 693–705.

Averbach, E., and Coriell, A.S.: Short-Term Memory in Vision. *Bell. Sys. Tech. J.*, (1961), *40*: 309–328.

Azam, E.: Hypnotisme, double conscience, et altération de la personnalité. Baillière, Paris, 1887.

Bagby, E.: The Psychology of Personality. Holt, New York, N.Y., 1928.

Bannister, H., and Zangwill, O.L.: Experimentally Induced Visual Paramnesias. *Brit. J. Psychol.*, (1941), *32*: 30–51.

Barber, T.X.: Physiological Effects of Hypnosis I. *Psychol. Bull.*, (1961), *58*: 390–419.

Barber, T.X.: The Effect of «Hypnosis» on Learning and Recall – A Methodological Critique. *J. Clin. Psychol.*, (1965), *21*: 19–25.

Barber, T.X.: Hypnosis – A Scientific Approach. Van Nostrand Reinhold, New York, N.Y., 1969.

Barber, T.X.: *Suggested («Hypnotic») Behavior: The Trance Paradigm versus an Alternative Paradigm.* In: Fromm, E., and Shor, R.E. (Eds.): Hypnosis – Research Developments and Perspectives. Aldine-Atherton, Chicago/Ill., 1972, pp. 115–182.

Barber, T.X., and Calverley, D.S.: Toward a Theory of «Hypnotic» Behavior: Experimental Analysis of Suggested Amnesia. *J. Abnorm. Psychol.*, (1966), *71*: 95–107.

Barber, T.X., and Calverley, D.S.: Multidimensional Analysis of «Hypnotic» Behavior. *J. Abnorm. Psychol.*, (1969), *74*: 209–220.

Barber, T.X., Spanos, N.P., and Chaves, J.F.: Hypnotism: Imagination and Human Potentialities. Pergamon, Elmsford, N.Y., 1974.

Bergson, H.: Matter and Memory. Macmillan, New York, 1911.

Berman, E.: Multiple Personality – Theoretical Approaches. *Bronx State Hosp. J.*, (1974), *2*: 99–107.

Berman, M.P.: Multiple Personality – Psychological Perspectives. *Intern. J. Psychoanal.*, (1981), *62*: 283–300.

Binet, A., and Féré, C.: Animal Magnetism. Appleton-Century-Crofts, New York, 1901.

Bitterman, M.E., and Marcuse, F.L.: Autonomic Response in Posthypnotic Amnesia. *J. Exp. Psychol.*, (1945), *35*: 248–252.

Bliss, E.L.: Multiple Personalities – A Report of 14 Cases with Implications of Schizophrenia and Hysteria. *Arch. Gen. Psychiat.*, (1980), *37*: 1388–1397.

Blum, G.S., Porter, M.L., and Geiwitz, P.J.: Temporal Parameters of Negative Visual Hallucination. *Intern. J. Clin. Exp. Hypnosis*, (1978), *26*: 30–44.

Bodorik, H.L., and Spanos, N.P.: Suggested Amnesia and Disorganization of Semantic Components of Memory in Hypnotic and Task-Motivated Subjects. Unpubliziertes Manuskript, Carleton University, Otawa, Canada, 1977.

Bramwell, J.: Hypnotism, Its History, Practice and Theory. Grant Richards, London, 1903.

Brandsma, J.M., and Ludwig, A.M.: A Case of Multiple Personality – Diagnosis and Therapy. *Intern. J. Clin. Exp. Hypnosis*, (1974), *22:* 216–233.

Braun, B.G.: *Hypnosis for Multiple Personalities.* In: Wain, H.J. (Ed.): Clinical Hypnosis in Medicine. Year Book Medical, Chicago, 1980, pp. 209–217.

Braun, B.G.: Neurophysiological Changes in Multiple Personality Due to Integration – A Preliminary Report. *Amer. J. Clin. Hypnosis*, (1983), *26:* 84–136.

Braun, B.G.: Uses of Hypnosis with Multiple Personality. *Psychiat. Ann.*, (1984a), *14:* 34–40.

Braun, B.G.: Hypnosis Creates Multiple Personality: Myth or Reality? *Intern. J. Clin. Exp. Hypnosis*, (1984b), *32:* 191–197.

Braun, B.G.: Toward a Theory of Multiple Personality and Other Dissociative Phenomena. *Psychiat. Clin. North Amer.*, (1984c), *7:* 171–193.

Braun, B.G.: *The Transgenerational Incidence of Dissociation and Multiple Personality Disorder – A Preliminary Report.* In: Kluft, R.P. (Ed.): Childhood Antecedents of Multiple Personality. Amer. Psychiat. Press, Washington, D.C., 1985, pp. 128–150.

Breuer, J., und Freud, S.: Studien über Hysterie. Siehe Kapitel VIII, X 1895 (Studies on Hysteria, J. Strachey, Trans., Basic Books, New York, 1957.

Brown, J. (Ed.): Recall and Recognition. Wiley & Sons, New York, 1976.

Carlson, E(ric): The History of Multiple Personality in the United States: I. The Beginnings. *Amer. J. Psychiat.*, (1981), *135:* 668.

Chodoff, P., and Lyons, H.: Hysteria: The Hysterical Personality and «Hysterical» Conversion. *Amer. J. Psychiat.*, (1958), *114:* 734–740.

Clemens, S.: Repression and Hypnotic Amnesia. *J. Abnorm. Soc. Psychol.*, (1961), *69:* 62–69.

Coe, W.C.: The Credibility of Posthypnotic Amnesia: A Contextualist's View. *Intern. J. Clin. Exp. Hypnosis*, (1978), *26:* 218–245.

Coe, W.C.: On Defining Altered States of Consciousness in Hypnosis. *Bull. Brit. Soc. Exp. Clin. Hypnosis*, (1980a), *3:* 8–10.

Coe, W.C.: *Posthypnotic Amnesia.* In: Woody, R.H. (Ed.): Encyclopedia of Clinical Assessment, Vol. II. Jossey-Bass, San Francisco, 1980b, pp. 942–954.

Coe, W.C., Basden, B., Basden, D., and Graham, C.: Posthypnotic Amnesia: Suggestions of an Active Process in Dissociative Phenomena. *J. Abnorm. Psychol.*, (1976a), *85:* 455–458.

Coe, W.C., Baugher, R.J., Krimm, W.R., and Smith, J.A.: A Further Examination of Selective Recall Following Hypnosis. *Intern. J. Clin. Exp. Hypnosis*, (1976b), *24:* 13–21.

Coe, W.C., Taul, J.H., Basden, D., and Basden, B.: Investigation of the Dissociation Hypothesis and Disorganized Retrieval in Posthypnotic Amnesia with Retroactive Inhibition in Free-Recall Learning. Proc. 81st Ann. Conv. APA, 1973, pp. 1081–1082.

Coe, W.C., and Yashinski, E.: Volontial Experiences Associated with Breaching Posthypnotic Amnesia. *J. Pers. Soc. Psychol.*, (1985), *48:* 716–722.

Cooper, L.F., and Erickson, M.H.: Time Distorsion in Hypnosis: An Experimental Investigation (2nd Ed.). Williams & Wilkins, Baltimore, 1959.

Cooper, L.M.: Spontaneous and Suggested Posthypnotic Source Amnesia. *Intern. J. Clin. Exp. Hypnosis*, (1966), *14:* 180–193.

Cooper, L.M.: *Hypnotic Amnesia.* In: Fromm, E., and Shor, R.E. (Eds.): Hypnosis – Research Developments and (New) Perspectives. Aldine-Atherton, Chicago, 1972, pp. 217–252 and 1979, pp. 305–349.

Cooper, L.M., and London, P.: Reactivation of Memory by Hypnosis and Suggestion. *Intern. J. Clin. Exp. Hypnosis*, (1973), *21:* 312–323.

Coors, D.: *A Determination of the Density of Post-Hypnotic Amnesia for the Stylus Maze.* Bachelors Dissertation, Univers. of Wisconsin, 1928. Zitiert in Hull, C.L. (Ed.): Hypnosis and Suggestibility – An Experimental Approach. Appleton-Century, 1933.

Crabtree, A(dam): *Mesmerism, Divided Consciousness, and Multiple Personality.* In: Schott, H. (Hsg.): Franz Anton Mesmer und die Geschichte des Mesmerismus. Steiner, Stuttgart, 1985), Seite 133–143.

Craik, F. I. M., and Lockhart, R. S.: Levels of Processing – A Framework for Memory Research. *J. Verb. Learn. Verb. Behav.*, (1972), *11:* 671–684.

Crowder, R. G.: Principles of Learning and Memory. Lawrence Erlbaum Ass., Hillsdale, N. J., 1976.

Das, J. P.: Learning and Recall Under Hypnosis and in the Waking State: A Comparison. *Arch. Gen. Psychiat.*, (1961), *4:* 517–521.

DePiano, F. A., and Salzberg, H. C.: Hypnosis as an Aid to Recall of Meaningful Information Presented Unter Three Types of Arousal. *Intern. J. Clin. Exp. Hypnosis*, (1981), *29:* 383–400.

Dhanens, T. P.: The Effects of Several Hypnotic and Waking Suggestions on the Recall of Nonsense and Contextual Material. *Diss. Abst. Int.*, (1973), *33:* 5546.

Dhanens, T. P., and Lundy, R. M.: Hypnotic and Waking Suggestion and Recall. *Intern. J. Clin. Exp. Hypnosis*, (1975), *23:* 68–79.

Dorcus, R. M.: Results Under Hypnosis of Amnesic Events. *Intern. J. Clin. Exp. Hypnosis*, (1960), *8:* 57–60.

Erderlyl, M. H., Finkelstein, S., Herrell, N., Miller, B., and Thomas, J.: Coding Modality vs. Input Modality in Hypermnesia: Is a Rose a Rose? *Cognition*, (1976), *4:* 311–319.

Erickson, M. H.: An Experimental Investigation of the Possible Anti-Social Use of Hypnosis. *Psychiatry*, (1939), *2:* 391–414.

Erickson, M. H.: *Deep Hypnosis and Its Induction.* In: LeCron, L. M. (Ed.): Experimental Hypnosis. Macmillan, New York, N. Y., 1952, pp. 70–112.

Erickson, M. H., and Erickson, Elisabeth, M.: Concerning the Nature and Character of Post-Hypnotic Behavior. *J. Gen. Psychol.*, (1941), *24:* 95–133.

Erickson, M. H., and Kubie, L. S.: Permanent Relief of an Obsessional Phobia by Means of Communication with an Unsuspected Dual Personality. *Psychoanal. Quart.*, (1938), *8:* 471–509.

Erickson, M. H., and Kubie, L. S.: The Successful Treatment of a Case of Acute Hysterical Depression by Return Under Hypnosis to a Critical Phase of Childhood. *Psychoanal. Quart.*, (1941), *10:* 583–609.

Evans, F. J.: Maudsley Personality Inventory, Suggestibility, and Hypnosis. *Intern. J. Clin. Exp. Hypnosis*, (1963), *11:* 187–200.

Evans, F. J.: The Structure of Hypnosis – A Factor Analytic Investigation. Unpublished Docotral Dissertation. Univ. of Sydney, 1965.

Evans, F. J.: Contextual Forgetting: A Study of Source Amnesia. Presented at the Meeting of the Eastern Psychological Ass., New York, April 1971.

Evans, F. J.: Hypnosis and Sleep: The Control of Altered States of Awareness. *Ann. N. Y. Acad. Sci.*, (1977), *296:* 162–174.

Evans, F. J.: Contextual Forgetting: Posthypnotic Source Amnesia. *J. Abnorm. Psychol.*, (1979), *88:* 556–563.

Evans, F. J.: *Phenomena of Hypnosis: 2. Posthypnotic Amnesia.* In: Burrows, G. D., and Dennerstein, L. (Eds.): Handbook of Hypnosis and Psychosomatic Medicine. Elsevier, New York, 1980, pp. 85–103.

Evans, F. J., and Thorn, W. A. F.: Two Types of Posthypnotic Amnesia: Recall and Source Amnesia. *Intern. J. Clin. Exp. Hypnosis*, (1966), *14:* 162–179.

Fast, I.: Multiple Identities in Borderline Personality Organization. *Brit. J. Med. Psychol.*, (1974), *47:* 291–300.

Fisher, C.: Amnestic States in War Neuroses: The Psychogenesis of Fugues. *Psychoanal. Quart.*, (1945), *14:* 437–468.

Fisher, C.: The Psychogenesis of Fuge States. *Amer. J. Psychother.*, (1947), *1:* 211–214.

Fisher, C., and Joseph, E. D.: Fugue with Awareness of Loss of Personal Identity. *Psychoanal. Quart.*, (1949), *18:* 480–493.

Flournoy, T.: From India to the Planet Mars. Harper, New York, 1900.

Fowler, W. L.: Hypnosis and Learning. *Intern. J. Clin. Exp. Hypnosis*, (1961), *9:* 223–232.

Gheorghiu, V. A.: Hypnose und Gedächtnis: Untersuchungen zur hypnotischen Hypermnesie und Amnesie. Goldmann, München, 1973.

Gleitman, H.: Psychology. W. W. Norton, 1981, pp. 271–311.

Gray, A. L., Bowers, K. S., and Fenz, W. D.: Heart Rate in Anticipation of and During a Negative Visual Hallucination. *Intern. J. Clin. Exp. Hypnosis*, (1970), *18:* 41–51.

Greaves, J. B.: Multiple Personality: 165 Years After Mary Reynolds. *J. Nerv. Ment. Dis.*, (1980), *168:* 577–596.

Gruenewald, D.: Hypnotic Techniques Without Hypnosis in the Treatment of Dual Personality. *J. Nerv. Ment. Dis.*, (1971), *153:* 41–46.
Gruenewald, D.: Multiple Personality and Splitting Phenomena – A Reconceptualization. *J. Nerv. Ment. Dis.*, (1977), *164:* 385–393.
Gruenewald, D.: Analogues of Multiple Personality in Psychosis. *Intern. J. Clin. Exp. Hypnosis*, (1978), *26:* 1–8.
Gruenewald, D.: On the Nature of Multiple Personality – Comparisons with Hypnosis. *Intern. J. Clin. Exp. Hypnosis*, (1984), *32:* 170–190.
Gruenewald, D., Fromm, E., and Oberlander, M.I.: *Hypnosis and Adaptive Regression – An Ego-Psychological Inquiry.* In: Fromm, E., and Shor, R.E. (Eds.): Hypnosis – Research Development and (New) Perspectives. Aldine-Atherton, Chicago, 1972, pp. 495–509 and (Rev. 2nd Ed.), Aldine, New York, 1979, pp. 619–635.
Hammer, A.G.: Reflections on the Study of Hypnosis. *Aust. J. Psychol.*, (1961), *13:* 3–20.
Hammer, A.G.: *Hypnotic Amnesia and Repression.* Vorgetragen anläßlich der Tagung der British Psychol. Soc. (Australian Branch), Sydney, August, 1965.
Harriman, P.L.: The Experimental Production of Some Phenomena of Multiple Personality. *J. Abnorm. Soc. Psychol.*, (1942), *37:* 244–255.
Harriman, P.L.: A New Approach to Multiple Personality. *Amer. J. Orthopsychiat.*, (1943), *13:* 638–643.
Hart, J.T.: Memory and the Feeling Knowing Experience. *J. Educ. Psychol.*, (1965), *56:* 208–216.
Hart, J.T.: Memory and the Memory-Monitoring Process. *J. Verb. Learn. Verb. Behav.*, (1967), *6:* 685–691.
Herzog, A.: On Multiple Personality – Comments on Diagnosis, Etiology, and Treatment. *Intern. J. Clin. Exp. Hypnosis*, (1984), *32:* 210–221.
Hilgard, E.R.: Posthypnotic Amnesia – Experiments and Theory. *Intern. J. Clin. Exp. Hypnosis*, (1966), *14:* 104–111.
Hilgard, E.R.: Toward a Neo-Dissotiation Theory – Multiple Cognitive Controls in Human Functioning. *Perspect. Biol. Med.*, (1974), *17:* 301–316.
Hilgard, E.R.: The Problem of Divided Consciousness – A Neodissociation Interpretation. *Ann. New York Acad. Sci.*, (1977a), *296:* 48–59.
Hilgard, E.R.: Divided Consciousness – Multiple Controls in Human Thought and Action. Wiley, New York, N.Y., 1977b.
Hilgard, E.R.: The Hidden Observer and Multiple Personality. *Intern. J. Clin. Exp. Hypnosis*, (1984), *32:* 248–253.
Hilgard, E.R., and Cooper, L.M.: Spontaneous and Suggested Posthypnotic Amnesia. *Intern. J. Clin. Exp. Hypnosis*, (1965), *13:* 261–273.
Hilgard, E.R., and Loftus, E.F.: Effective Interrogation of the Eyewitness. *Intern. J. Clin. Exp. Hypnosis*, (1979), *27:* 342–357.
Horton, P., and Miller, D.: The Etiology of Multiple Personality. *Compreh. Psychiat.*, (1972), *13:* 151–159.
Hull, C.L. (Ed.): Hypnosis and Suggestibility – An Experimental Approach. Appleton-Century, New York, N.Y., 1933.
Huse, B.: Does the Hypnotic Trance Favor the Recall of Faint Memories? *J. Exp. Psychol.*, (1930), *13:* 519–529.
Ingram, R.E., Saccuzzo, D.P., McNeill, B.W., and McDonald, R.: Speed of Information Processing in High and Low Susceptible Subjects: A Preliminary Study. *Intern. J. Clin. Exp. Hypnosis.* (1979), *27:* 42–47.
James, W.: The Principles of Psychology. Holt, New York, N.Y., 1890, 2 Vols.
Janet, P.: L'automatisme psychologique. Baillière, Paris, 1889.
Janet, P.: The Major Symptoms of Hysteria. MacMillan, New York, N.Y., 1907.
Jean, St.R., and Coe, W.C.: Recall and Recognition Memory During Posthypnotic Amnesia: A Failure to Confirm the Disrupted-Search Hypothesis and the Memory Disorganization Hypothesis. *J. Abnorm. Psychol.* (1981), *90:* 231–241.
Jean, St.R., MacLeod, C., Coe, W.C., and Howard, M.: Amnesia and Hypnotic Time Estimation. *Intern. J. Clin. Exp. Hypnosis*, (1982), *30:* 127–137.
Johnson, R.F.Q.: Hypnotic Time Distorsion and the Enhancement of Learning: New Data Pertinent to the Krauss-Katzel-Krauss Experiment. *Amer. J. Clin. Hypnosis*, (1976), *19:* 98–102.

Jovanović, U. J.: Angewandte und Klinische Hypnose (In Vorbereitung). (Voraussichtlich) Gustav Fischer-Verlag, 1989.

Kihlstrom, J. F.: Temporal Sequencing in Posthypnotic Amnesia. Presented at the 24th Annual Meeting of the *Soc. Clin. Exp. Hypnosis*, Boston, October 1972.

Kihlstrom, J. F.: Models of Posthypnotic Amnesia. *Ann. N.Y. Acad.*, (1977), *296:* 284–301

Kihlstrom, J. F.: Context and Cognition in Posthypnotic Amnesia. *Intern. J. Clin. Exp. Hypnosis*, (1978 a), *26:* 246–267.

Kihlstrom, J. F.: Recall and Recognition During Posthypnotic Amnesia. *Intern. J. Clin. Exp. Hypnosis*, (1978 b), *26:* 330–349.

Kihlstrom, J. F., and Canton, N.: *Mental Representations of the Self.* In: Berkowitz, L. (Ed.): Advances in Experimental Social Psychology. Vol. 16. Academic Press, New York, 1984.

Kihlstrom, J. F., and Evans, F. J.: Forgetting to Count Reversibility: What Constitutes Posthypnotic Amnesia? Presented at the 25th Annual Meeting Soc. Clin. Exp. Hypnosis, Newport Beach/Cal., 1973.

Kihlstrom, J. F., and Evans, F. J.: Hypnotizability, Amnesia, and Waking Memory for Experience. Presented at the 27th Meeting Soc. Clin. Exp. Hypnosis, Chicago, October 1975.

Kihlstrom, J. F., and Evans, F. J.: Some Attempts to Breach Posthypnotic Amnesia. Presented at the 28th Meeting Soc. Clin. Exp. Hypnosis, Philadelphia, June 1976 a.

Kihlstrom, J. F., and Evans, F. J.: Recovery of Memory After Posthypnotic Amnesia. *J. Abnorm. Psychol.*, (1976 b), *85:* 558–563.

Kihlstrom, J. F., and Evans, F. J.: Residual Effect of Suggestions for Posthypnotic Amnesia. *J. Abnorm. Psychol.*, (1977 a), *85:* 564–569.

Kihlstrom, J. F., and Evans, F. J.: Residual Effect of Suggestion for Posthypnotic Amnesia: A Reexamination. *J. Abnorm. Psychol.*, (1977 b), *86:* 327–333.

Kihlstrom, J. F., and Evans, F. J.: Generic Recall During Posthypnotic Amnesia. *Bull. Psychosom. Soc.*, (1978), *12:* 57–60.

Kihlstrom, J. F., and Evans, F. J.: *Memory and Retrieval Processes During Posthypnotic Amnesia.* In: Kihlstrom, J. F., and Evans, F. J. (Eds.): Functional Disorders of Memory. Erlbaum, Hillsdale, N. J., 1979, pp. 179–218.

Kinsbourne, M., and Swanson, J. M.: *Theoretical Considerations in State-Dependent Learning.* In: Kihlstrom, J. F., and Evans, F. J. (Eds.): Functional Disorders of Memory. Lawrence Erlbaum Ass., Hillsdale, N. J., 1985.

Kintch, W.: *Models for Free Recall and Recognition.* In: Norman, D. A. (Ed.): Models of Human Memory. Acad. Press, New York, N.Y., 1970, pp. 331–373.

Kintch, W.: The Representation of Meaning in Memory. Lawrence Erlbaum, Hillsdale, N. J., 1974.

Kjervik, D. K.: Dual Personality – Assessment and Reintegration. *J. Psychiat. Nurs. Ment. Hlth. Svcs.*, (1979), *17:* 28–32.

Kline, M. V.: The Nature of Hypnotically Induced Behavior. *Psychol. Rep.*, (1960), *6:* 332.

Kline, M. V.: Hypnotic Age Regression: Some Dynamic Considerations in Relation to Its Validity as a Research Technique. *Dis. Nerv. Syst.*, (1961), *22:* (monogr. Suppl.), 118–120.

Kline, M. V. (Ed.): Clinical Correlations of Experimental Hypnosis. Charles C. Thomas, Springfield/Ill., 1965.

Kline, M. V.: Hypnotic Amnesia in Psychotherapy. *Intern. J. Clin. Exp. Hypnosis*, (1966), *14:* 112–120.

Kline, M. V.: *Multiple Personality: Psychodynamik Issues and Clinical Illustrations.* In: Frankel, F. H., and Zamansky, H. S. (Eds.): Hypnosis at Its Bicentennial – Selected Papers. Plenum, New York, N.Y., 1978, pp. 189–196.

Kline, M. V.: Multiple Personality: Facts and Artifacts in Relation to Hypnotherapy. *Intern. J. Clin. Exp. Hypnosis*, (1984), *32:* 198–209.

Kluft, R.: Varieties of Hypnotic Intervention in the Therapy of Multiple Personality. *Amer. J. Clin. Hypnosis*, (1982), *24:* 230–240.

Korchin, S. J.: Modern Clinical Psychology. Basic Books, New York, N.Y., 1976.

Krauss, H. H., Katzell, R., and Krauss, B. J.: Effects of Hypnotic Time Distorsion Upon Free Recall Learning, *J. Abnorm. Psychol.*, (1974), *83:* 140–144.

Kroger, W. S.: Clinical and Experimental Hypnosis in Medicine, Dentistry, and Psychology. Lippincott, Philadelphia, 1963, 1977.

Landauer, T. K.: Memory Without Organization – Properties of a Model with Random Storage and Undirected Retrieval. *Cogn. Psychol.*, (1975), *7:* 495–531.

Larsky, R.: The Psychoanalytic Treatment of a Case of Multiple Personality. *Psychoanal. Rev.*, (1978), *65:* 355–380.

Laurence, J.R., Perry, C., and Kihlstrom, J.F.: «Hidden Observer» phenomena in Hypnosis – An Experimental Creation? *Pers. Soc. Psychol.*, (1983), *44:* 163–169.

Lieberman, J., Lavoie, G., and Brisson, A.: Suggested Amnesia and Order of Recall as a Function of Hypnotic Susceptibility and Learning Conditions in Chronic Schizophrenic Patients. *Intern. J. Clin. Exp. Hypnosis*, (1978), *26:* 268–280.

Lockhart, R.S., Craik, F.I.M., and Jacoby, L.: *Depth of Processing, Recognition, and Recall.* In: Brown, J. (Ed.): Recall and Recognition. Wiley and Sons, New York, N.Y., 1976, pp. 75–102.

Loftus, E.F.: Leading Questions and the Eyewitness Report. *Cogn. Psychol.*, (1975), *7:* 560–572.

Ludwig, A.M., Brandsma, J.M., Wilbur, C.B., Bendfeldt, F., and Jameson, D.H.: The Objective Study of a Multiple Personality – Or, are four Heads Better than One? *Arch. Gen. Psychiat.*, (1972), *26:* 298–310.

Madigan, S.: Reminiscence and Item Recovery in Free Recall. *Memory and Cognition*, (1976), *4:* 233–236.

Mandler, G.S., Pearlstone, Z., and Koopmans, H.S.: Effects of Organization and Semantic Similarity on a Recall and Recognition Task. *J. Verb. Learn. Verb. Behav.*, (1969), *8:* 410–423.

McConkey, K.M., Sheehan, P.W., and Cross, D.G.: Posthypnotic Amnesia: Seeing is not Remembering. *Brit. J. Soc. Clin. Psychol.*, (1980), *19:* 99–107.

McDougall, W.: Outline of Abnormal Psychology. Scribner's Sons, New York, N.Y., 1926.

Messerschmidt, R.: A Quantitative Investigation of the Alleged Independent Operation of Conscious and Subconscious Processes. *J. Anorm. Soc. Psychol.* (1927), *22:* 325–340.

Meyers, F.W.H.: Human Personality and Its Survival of Bodily Death. Longmans Green, New York, N.Y., 1954.

Miller, R.R., and Marlin, N.A.: Amnesia Following Electroconvulsive Shock. In: Kihlstrom, J.F., and Evans, F.J. (Eds.): Functional Disorders of Memory. Lawrence Erlbaum Ass., Hillsdale, 1979, pp. 143–178.

Mitchell, Mildred, B.: Retroactive Inhibition and Hypnosis. *J. Gen. Psychol.*, (1932), *7:* 343–358.

Morton, J.H., and Thoma, E.: A Case of Multiple Personality. *Amer. J. Clin. Hypnosis*, (1964), *6:* 216–225.

Murphy, G.: Personality – A Bisocial Approach to Origins and Structure. Harper & Brothers, 1947.

Norman, D.A.: Toward a Theory of Memory and Attention. *Psychol. Rev., Psychol. Rev.*, (1968), *75:* 522–536.

O'Connell, D.N.: Hypnotic Age Regression. Presented at the Intern. Soc. Clin. Exp. Hypnosis, Cleveland, October, 1961.

O'Connell, D.N.: Selective Recall of Hypnotic Susceptibility Items: Evidence for Repression or Enhancement? *Intern. J. Clin. Exp. Hypnosis*, (1966), *14:* 150–161.

O'Connell, D.N., Shor, R.E., and Orne, M.T.: Hypnotic Age Regression: An Empirical and Methodological Analysis. *J. Abnorm. Psychol.*, (1970), *78* (Monogr. Suppl. 3).

Orne, M.T.: The Mechanisms of Hypnotic Age Regression: An Experimental Study. *J. Abnorm. Soc. Psychol.*, (1951), *46:* 213–225.

Orne, M.T.: The Nature of Hypnosis. Artifact and Essence. *J. Abnorm. Soc. Psychol.*, (1959), *58:* 277–299.

Orne, M.T.: On the Mechanisms of Posthypnotic Amnesia. *Intern. J. Clin. Exp. Hypnosis*, (1966), *14:* 121–134.

Orne, M.T.: The Use and Misuse of Hypnosis in Court. *Intern. J. Clin. Exp. Hypnosis*, (1979), *27:* 311–341.

Orne, M.T.: A Case of Multiple Personality: An Invited Symposium presented at the 32nd Annual Meeting of the Soc. Clin. Exp. Hypnosis. Levitt, E.E. (Chm), Chicago, October, 1980.

Orne, M.T., Dinges, D.F., and Orne, E.C.: On the Differential Diagnosis of Multiple Personality in the Forensic Context. *Intern. J. Clin. Exp. Hypnosis*, (1984), *32:* 118–169.

Overton, D.A.: *Dissociated Learning in Drug States (State-Dependent Learning).* In: Efron, D.H., Cole, J.O., Levine, J., and Wittenborn, R. (Eds.): Psychopharmacology – A Review of Progress, 1957, 1967.

Parker, P.D., and Barber, T.X.: Hypnosis, Task-Motivation Instructions and Learning Performance. *J. Abnorm. Soc. Psychol.*, (1964), *69:* 499–504.

Payne, R.W.: *Disorders of Thinking.* In: Costello, C.G. (Ed.): Symptoms of Psychopathology – A Handbook. Wiley, New York, N.Y., 1970, pp. 49–94.

Perry, C. and Chisholm, W.: Hypnotic Age Regression and the Ponzo and Poggendorff Illusions. *Intern. J. Clin. Exp. Hypnosis*, (1973), *21:* 192–204.

Peterson, L.R.: *Search and Judgment in Memory.* In: Kleinmuntz, B. (Ed.): Concepts and the Structure of Memory. Wiley & Sons, New York, N.Y., 1967, pp. 153–180.

Pettinati, H.M., and Evans, F.J.: Posthypnotic Amnesia – Evaluation of Selective Recall of Successful Experiences. *Intern. J. Clin. Exp. Hypnosis*, (1978a), *26:* 317–329.

Pettinati, H.M., and Evans, F.J.: Posthypnotic Amnesia and the Reduced Selective Recall of Success. Presented at the 30th Annual Scientific Meeting of the Society for Clinical and Experimental Hypnosis, Asheville, N.C., 1978b.

Piaget, J., and Inhelder, B.: Memory and Intelligence. Basic Books, New York, N.Y., 1973.

Pistole, D.D.: A Multivariate Study of Hypnotic Susceptibility as a Function of Locus of Control, Method of Induction, and Sex of Subject. Doctoral Diss. Univers. New Hampshire, 1978 (Diss. Abstr. Int., 1979, 40, University Microfilm No. 79-21026).

Platonow, K.I.: On the Objective Proof of the Experimental Personality Age Regression. *J. Gen. Psychol.*, (1933), *9:* 190.

Prince, M.: Some of the Revelations of Hypnotism – Post-Hypnotic Suggestions, Autonomic Writing and Double Personality. *Boston Med. Surg. J.*, (1890), *122:* 463–467.

Prince, M.: The Dissociation of Personality. Longmans Green, New York, N.Y., 1906.

Prince, M.: The Dissociation of Personality – A Biographical Study in Abnormal Psychology. Meridian Books, New York, N.Y., 1957.

Pulver, S.E.: Delusions Following Hypnosis. *Intern. J. Clin. Exp. Hypnosis*, (1963), *11:* 11–22.

Putnam, W.H.: Some Precautions Regarding the Use of Hypnosis in Criminal Investigations. *Police Chief*, (1979a), *46:* 62–64.

Putnam, W.H.: Hypnosis and Distortions in Eyewitness Memory. *Intern. J. Clin. Exp. Hypnosis*, (1979b), *27:* 437–448.

Rangell, B.: On the Nature of Conversion. *J. Amer. Psychoanal. Ass.*, (1959), *7:* 632–640.

Rapaport, D.: Emotions and Memory. Williams & Wilkins, Baltimore, 1942.

Rapaport, D. (Ed.): Organization and Pathology of Thought. Columbia Univers. Press, New York, N.Y., 1951.

Rapaport, D.: *Some Methodological Considerations Concerning Activity and Passivity.* In: Gill, M.M. (Ed.): The Collected Papers of David Rapaport. Basic Books, New York, 1967, pp. 530–568 (Originalpubl., 1953).

Reiff, R., and Scheerer, M.: Memory and Hypnotic Age Regression: Developmental Aspects of Cognitive Function Explored Through Hypnosis. Intern. Univers. Press, New York, N.Y., 1959.

Rosen, H.: Hypnotherapy in Clinical Psychiatry. Julian, New York, N.Y., 1953.

Rosenbaum, M.: The Role of the Term Schizophrenia in the Decline of Diagnosis of Multiple Personality. *Arch. Gen. Psychiat.*, (1980), *37:* 1383–1385.

Rosenhan, D.L.: On Being Sane in Insane Places. *Science*, (1973), *179:* 250–258.

Rosenhan, D.L., and London, P.: Hypnosis in the Unhypnotizable – A Study in Rote Learning, *J. Exp. Psychol.*, (1963), *65:* 30–34.

Rosenthal, B.G.: Hypnotic Recall of Material Learned Under Anxiety- and Non-Anxiety-Producing Conditions. *J. Exp. Psychol.*, (1944), *34:* 369–389.

Ross, C.A.: Diagnosis of Multiple Personality During Hypnosis – A Case Report. *Intern. J. Clin. Exp. Hypnosis*, (1984), *32:* 222–235.

Rubenstein, R., and Newman, R.: The Living Out of «Future» Experiences Under Hypnosis. *Science*, (1954), *119:* 472–473.

Salama, A.A.: A Multiple Personality. *Canad. J. Psychiat.*, (1980), *25:* 569–572.

Saccuzzo, D.P., Safran, D., Anderson, V., and McNeill, B.: Visual Information Processing in High and Low Susceptible Subjects. *Intern. J. Clin. Exp. Hypnosis.* (1982), *30:* 32–44.

Schachtel, E.G.: On Memory and Childhood Amnesia. *Psychiatry*, (1947), *10:* 1–26.

Schafer, D.W., and Rubio, R.: Hypnosis to Aid the Recall of Witnesses. *Intern. J. Clin. Exp. Hypnosis*, (1978), *26:* 81–91.

Schilder, P.: The Nature of Hypnosis (Die Natur der Hypnose, 1922, 1926). Intern. Univers. Press, 1956.

Schilder, P., and Kauders, O.: Hypnosis. Nervous and Mental Disease Publications. New York, N.Y., 1927.

Schmidt, R.F.: *Integrative Funktion des Zentralnervensystems.* In: Schmidt, R.F., und Thews, G.: Physiologie des Menschen (22. Auflage), Springer, Berlin, 1985, Seite 158–190.

Schneck, J.M.: Hypnosis in Modern Medicine (3rd Ed.). Springfield/Ill., Thomas, 1963.

Schulman, R.A., and London, P.: Hypnosis and Verbal Learning. *J. Abnorm. Psychol.*, (1963), *67:* 363–370.

Schwartz, W.W.: Time and Context During Hypnotic Involvement. *Intern. J. Clin. Exp. Hypnosis*, (1978), *26:* 307–316.

Schwartz, W.S.: Hypnosis and Episodic Memory. *Intern. J. Clin. Exp. Hypnosis*, (1980), *28:* 375–385.

Sears, A.B.: A Comparison of Hypnotic and Waking Recall. *J. Clin. Exp. Hypnosis*, (1954), *2:* 296–304.

Shifrin, R.M.: Forgetting – Trance Erosion or Retrieval Failure? *Science*, (1970), *168:* 1601–1603.

Shor, R.E., Pistole, D.D., Easton, R.D., and Kihlstrom, J.F.: Relation of Predicted to Actual Hypnotic Responsiveness with Special Reference to Posthypnotic Amnesia. *Intern. J. Clin. Exp. Hypnosis*, (1984), *32:* 376–387.

Sidis, B., and Goodhart, S.P.: Multiple Personality – An Experimental Investigation Into the Nature of Human Individuality. Appleton, New York, N.Y., 1905.

Simon, H.: Models of Thought. Yale Univers. Press, New Haven, 1979.

Spanos, N.P.: The Hidden Observer as an Experimental Creation. *J. Pers. Soc. Psychol.*, (1983), *44:* 170–176.

Spanos, N.P., and Bodorik, H.L.: Suggestet Amnesia and Disorganized Recall in Hypnotic and Task-Motivated Subjects. *J. Abnorm. Psychol.*, (1977), *86:* 295–305.

Spanos, N.P., and D'Eon, J.L.: Hypnotic Amnesia, Disorganized Recall and Inattention. *J. Abnorm. Psychol.*, (1980), *89:* 744–750.

Spanos, N.P., and Ham, M.W.: Cognitive Activity in Response to Hypnotic Suggestion – Goal-Directed Fantasy and Selective Amnesia. *Amer. J. Clin. Hypnosis*, (1973), *15:* 191–198.

Spanos, N.P., Radtke-Bodorik, H.L., and Shabinksy, M.A.: Amnesia, Subjective Organization, and Learning of a List of Unrelated Words in Hypnotic and Task-Motivated Subjects. *Intern. J. Clin. Exp. Hypnosis*, (1980a), *28:* 126–139.

Spanos, N.P., Stam, H.J., D'Eon, J.L., Pawlak, A.E., and Radtke-Bodorik, H.L.: The Effects of Social Psychological Variables on Hypnotic Amnesia. *J. Pers. Soc. Psychol.*, (1980b), *39:* 737–750.

Sperling, G.: The Information Available in Brief Visual Presentations. *Psychol. Monogr.*, (1960), 74 (Whole No. 11/die ganze Nummer 11).

Spiegel, H., Shor, J., and Fishman, S.: An Hypnotic Ablation Technique for the Study of Personality Development. *Psychosom. Med.*, (1945), *7:* 273.

Stalnaker, J.M., and Riddle, E.E.: The Effects of Hypnosis on Long-Delayed Recall. *J. Gen. Psychol.*, (1932), *6:* 429–440.

Stern, J.A., Edmonston, W., Ulett, G.A., and Levitsky, A.: Electrodermal Measures in Experimental Amnesia. *J. Abnorm. Soc. Psychol.*, (1963), *67:* 397–401.

Steward, Ch.G., and Dunlap, W.P.: Functional Isolation of Associations During Suggested Posthypnotic Amnesia. *Intern. J. Clin. Exp. Hypnosis*, (1976), *24:* 426–434.

Strickler, C.B.: A Quantitative Study of Post-Hypnotic Amnesia. *J. Abnorm. Soc. Psychol.*, (1929), *24:* 108–119.

Stross, L.: Impulse-Defence Implications in a Case of Amnesia. *Intern. J. Clin. Exp. Hypnosis*, (1966), *14:* 89–103.

Swiercinsky, D., and Coe, W.C.: The Effect of «Alert» Hypnosis and Hypnotic Responsiveness on Reading Comprehension. *Intern. J. Clin. Exp. Hypnosis*, (1971), *19:* 146–153.

Takahashi, R.: An Experimental Examination of the Dissociation Hypothesis in Hypnosis. *J. Clin. Exp. Hypnosis*, (1958), *6:* 139–151.

Talland, G.A.: Deranged Memory – A Psychonomic Study of the Amnestic Syndrome. Acad. Press, New York, N.Y., 1965.

Taylor, W.S., and Martin, M.F.: Multiple Personality. *J. Abnorm. Soc. Psychol.*, (1944), *39:* 281–300.

Thorn, W.A.F.: A Study of the Correlates of Dissociation as Measured by Post-Hypnotic Amnesia. Nicht publizierte Honors Thesis. University of Sydney, Sydney, 1960.

Thorne, D.E., and Hall, H.V.: Hypnotic Amnesia Revisited. *Intern. J. Clin. Exp. Hypnosis*, (1974), *22:* 167–178.

Tulving, E.: The Effect of Presentation and Recall of Material in Free-Recall Learning. *J. Verb. Learn. Verb. Behav.*, (1967), *6:* 175–184.

Tulving, E.: *Episodic and Semantic Memory*. In: Tulving, E., and Donaldson, W. (Eds.): Organization of Memory. Academic Press, New York, N.Y., 1972, pp. 381–403.
Tulving, E.: Cue-Dependent Forgetting. *Amer. Sci.*, (1974), *62:* 74–82.
Udolf, R.: Handbook of Hypnosis for Professionals. Van Nostrand Reinhold, New York, N.Y., 1981.
Udolf, R.: Forensic Hypnosis – Psychological and Legal Aspects. Lexington Books, D.C. Heath Co., Lexington/Mass., 1983.
Walker, E.L., and Tarte, R.D.: Memory Storage as a Function of Arousal and Time with Homogeneous and Heterogeneous Lists. *J. Verb. Learn. Verb. Behav.*, (1963), *2:* 113–119.
Wangh, N.C., and Norman, D.A.: Primary Memory. *Psychol. Rev.*, (1965), *72:* 89–104.
Watkins, J.G.: Hypnotherapy of War Neuroses. Ronald Press, New York, N.Y., 1949.
Watkins, J.G.: Symposium on Posthypnotic Amnesia – Discussion. *Intern. J. Clin. Exp. Hypnosis*, (1966), *14:* 139–149.
Wechsler, D., and Stone, C.P.: Wechsler Memory Scale. Psychological Corp., New York, N.Y., 1945.
Wells, W.R.: The Extent and Duration of Posthypnotic Amnesia. *J. Abnorm. Psychol.*, (1940), *9:* 137–151.
White, R.W.: A Preface to the Theory of Hypnotism. *J. Abnorm. Soc. Psychol.*, (1941), *36:* 477–505.
White, R.W., Fox, G.F., and Harris, W.W.: Hypnotic Hypermnesia for Recently Learned Material. *J. Abnorm. Soc. Psychol.*, (1940), *35:* 88–103.
White, R.W., and Shevach, B.J.: Hypnosis and the Concept of Dissociation. *J. Abnorm. Soc. Psychol.*, (1942), *37:* 309–328.
Wolberg, L.R.: Hypnoanalysis. Grune & Stratton, New York, N.Y., 1945.
Wolberg, L.R.: *Hypnotherapy*. In: Freedman, D.X., and Dyrud, J.E. (Eds.): The American Handbook of Psychiatry. Vol. 5., Basic Books, New York, N.Y., 1975, pp. 235–253.
Wolman, B.B. (Ed.): Handbook of Clinical Psychology. McGraw-Hill, New York, N.Y., 1965.
Woodworth, R.S., and Schlosberg, H.: Experimental Psychology. Holt, Rinehart & Winston, New York, N.Y., 1954.
Wright, E.: Symposium on Posthyphnotic Amnesia: Discussion. *Intern. J. Clin. Exp. Hypnosis*, (1966), *14:* 135–138.
Young, J., and Cooper, L.M.: Hypnotic Recall Amnesia as a Function of Manipulated Expectancy. Proc. 80th Ann. Conv. APA, 1972, pp. 857–858.
Young, P.C.: An Experimental Study of Mental and Physical Functions in the Normal and Hypnotic State. *Amer. J. Psychol.*, (1925), *36:* 214–232.
Young, P.C.: Hypnotic Regression – Fact or Artifact? *J. Abnorm. Soc. Psychol.*, (1940), *35:* 273.
Young, P.C.: *Antisocial Uses of Hypnosis*. In: LeCron, L.M. (Ed.): Experimental Hypnosis. Macmillan, New York, N.Y., 1952.

XXII. Neurophysiologische Aspekte

1. Begriffe und Definitionen

Unter dem Begriff *Neurophysiologie* verstehen wir *die Antworten* im *Zentralnervensystem (ZNS)* auf *zentrale* und *periphere Reize*. Diese können *erregende* aber auch *hemmende Effekte* hervorrufen. Im strengen neurophysiologischen Sinne kommt es im ZNS *kaum zu einer Hemmung*. Deshalb sprechen Forscher auf diesem Gebiet in der Regel von einer *aktivierenden* und einer *hemmenden Erregung*. Denn ohne eine Erregung der Neurone kann es auch keine Hemmung geben. In den letzten 30–40 Jahren sind bedeutende Resultate zum angesprochenen Problem bekannt geworden. Die Neurophysiologie hat sich dementsprechend auf viele *Subgebiete*, unter anderem auf (a) *klinische*, (b) *experimentelle*, (c) *Makro-*, (d) *Mikroneurophysiologie* verzweigt. Da in den Kapiteln XXIV, XXV, XXVI und XXVII über die Ergebnisse der Erforschung der *experimentellen* Neurophysiologie im Kontext der Hypnose gesprochen und in Kapitel XXIII die *psychomotorische Komponente* bearbeitet wird, beschränken wir uns nachfolgend auf die *klinische Seite* des Faches. Einige weitere relevante Befunde aus den übrigen Bereichen der (Neuro)Physiologie werden in Abschnitt XXII.7 gestreift.

2. Hypnose und Sinnesphysiologie

Die *Sinnesneurophysiologie* ist praktisch in Kapitel XXI abgehandelt worden. Denn (a) *hypnotische Blindheit* (negative visuelle Halluzinationen), (b) *hypnotische Taubheit* (negative akustische Halluzinationen), (c) *gustatorische und rhinologische Manifestationen* (Verzerrungen beim Schmecken und Riechen), sodann (d) *Parästhesien*, *Hyperästhesien* und *Analgesien*, aber auch *Veränderungen am Körperschema* sind in unserem Falle der Psychologie zuzuordnen. Neuroanatomisch-funktionelle sowie neurophysiologische Befunde sind in dieser Richtung noch zu unsicher, als daß man sie mit einer gewissen Ernsthaftigkeit an dieser Stelle näher diskutieren könnte.

Als Konsequenz aus dem Gesagten wird unten primär auf die *elektrophysiologischen* (bioelektrische Signale aus dem Organismus) *Komponenten* der hypnotischen Manifestationen eingegangen. Die Erfassung der *bioelektrischen Phänomene der Hypnose an der Oberfläche des Gehirnes und des Körpers mit peripheren nervösen Reaktionen wird uns einen ersten Einblick in das Substrat des untersuchten Objektes gewähren.*

3. Hypnose und bioelektrische Hirnaktivität

3.1 Vorbemerkungen zu speziellen Problemen

Das *Elektroencephalogramm (EEG)* ist als *Methode ein wichtiges Instrument zur Messung der psychophysiologischen Manifestationen.* Die Bedeutung des EEG liegt auch darin begründet, daß es harmlos ist und *eine Verletzung des Versuchsobjektes (Mensch, Tier) nicht erfordert.* Die dadurch gewonnenen Befunde sind nicht nach einer etwaigen Läsion des Gehirnes entstanden und zeigen eine relative *Originalität* (Berger, 1929, 1931). Nicht zuletzt soll darauf hingewiesen werden, daß das EEG Auskünfte sowohl über die *Eigenschaft* der Vp (Hypnotisierbarkeit) als auch über ihren *gegenwärtigen Status* (Hypnose) liefert.

3.2 Elektroencephalogramm (EEG) und Hypnotisierbarkeit

Einige Autoren konnten gewisse Beziehungen zwischen der *Hypnotisierbarkeit und Alpha-Wellen-Aktivierung (Alpha)* im EEG eruieren (Nowlis und Rhead, 1968). London et al. (1968) zeigten, daß die *occipitalen* Alpha während der Ableitungen unter *geschlossenen Augen* der Vpn (Ruhe-EEG) mit hoher Hypnotisierbarkeit der Probanden korrelieren. Diese Korrelationen schienen jedoch nicht ganz linear zu verlaufen. Nowlis und Rhead (1968) fanden eine hohe Korrelation ($r = 0{,}70$) zwischen der occipitalen/frontalen Alpha-Dichte im EEG bei geschlossenen Augen und der Hypnotisierbarkeit der Vpn. London et al. (1974) haben bei *schwach hypnotisierbaren* Vpn in einem Alpha-Biofeedback-Experiment hohe Korrelationen zwischen der Alpha-Menge frontal (Ausgangswerte) und der Hypnotisierbarkeit gefunden ($r = 0{,}80$ und $0{,}88$ für zwei Gruppen). Allerdings wurden die Ableitungen nur bei der Hälfte der Vpn unter geschlossenen Augen vorgenommen (Engstrom et al., 1970). Dabei fanden London et al. (1974), *daß das Alpha-Biofeedback-Training die Hypnotisierbarkeit der Vpn wesentlich erhöht.* Bei den Kontroll-Vpn war dies nicht der Fall. Auch Walsh (1972) fand eine Korrelation zwischen der Alpha-Dichte und der Hypnotisierbarkeit der Probanden. Die Korrelation war klein ($r = 0{,}34$) aber signifikant ($p < 0{,}05$). Dabei hat der Autor die Alpha-Dichte an verschiedenen Stellen der Ausgangs-EEG-Kurven und während des Experimentes *bei offenen sowie bei geschlossenen* Augen der Vpn gemessen. Galbraith et al. (1970) haben die Alpha-Aktivierung von verschiedenen Elektroden-Lokalisationen gemessen, um Kriterien zur Bestimmung der Hypnotisierbarkeit und ihrer Korrelationen mit der Aktivität der einzelnen Hirnregionen herauszufinden. Die meisten der fünf Variablen bewegten sich im *Theta-Wellen-Bereich.* Nur in einem Falle bestand die Beziehung zur Alpha, und zwar um 8 Hz. Alle oben erwähnten Befunde zusammengenommen *sprechen für positive Beziehungen zwischen der Alpha-Dichte und der Hypnotisierbarkeit.*
Diese Resultate sind ein erster Schritt in Richtung des Beweises für *die neurophysiologischen Korrelate der Hypnotisierbarkeit* (Crosson et al., 1977). Es ist auch unerläßlich, *quantitative Bestimmungen* zwischen den *neurophysiologischen Variablen* – wie hier beim EEG – und *dem Grad* der Hypnotisierbarkeit vorzunehmen. In einem Versuch mit Biofeedback hat Beatty (1971) gezeigt, *daß das End-Niveau der Alpha-Dichte vom Niveau des Vorversuchs abhängig ist und daß die Befunde des Vorversuchs (Prä-Training) den Effekt des Alpha-Biofeedback-Trainings wenig beeinflussen.* Mit anderen Worten hat eine Vp, die vor dem Training eine geringere Alpha-Dichte aufgewiesen hat, eine lineare Erhöhung dieser Alpha-Dichte während des Trainings erfahren; sie bleibt aber nach wie vor mit einer geringeren Alpha-Dichte als jene Vp, die vor dem Versuchsbeginn hohe Alpha-Dichte geboten hatte. Das Training selber wurde bei diesem Versuch mit *offenen Augen* der Vpn durchgeführt. Crosson et al. (1977) nahmen an, daß es Unterschiede während des Alpha-Trainings *zwischen den hoch und schwach hypnotisierbaren Vpn geben müßte*, weil es auch Unterschiede zwischen der Alpha-Dichte und der Hypnotisierbarkeit der Vpn bereits am Anfang gebe. Die Korrelationen bewegten sich zwischen mäßig und stark ($r = 0{,}34$ und $0{,}88$). Die letzteren Autoren stellten sich wieder die Frage, ob die Vpn mit einem kleinen Ausgangswert in Alpha und schwacher Hypnotisierbarkeit auch nach dem Training einen kleinen Wert behalten oder ob die hoch hypnotisierbaren Vpn mit hoher Alpha-Dichte auch während des Trainings beim gleichen Befund bleiben. Außerdem wurde die Frage gestellt, ob irgendwelche Interaktionen zwischen dem *Lernen und Hypnotisierbarkeit* bestehen. Die Autoren stellten sich dann die konkrete Aufgabe, die Ko-

Varianz der Hypnotisierbarkeit und der Alpha-Wellen im EEG während des Alpha-Trainings zu untersuchen. Dabei wurden folgende Hypothesen aufgestellt:

(a) *Hoch hypnotisierbare Vpn* werden *vor dem Training eine höhere Alpha-Dichte zeigen* als schwach hypnotisierbare Probanden.
(b) *Schwach hypnotisierbare Vpn* werden *eine Zunahme* der Hypnotisierbarkeit vom Vor- zum Posttraining aufweisen.
(c) *Eine Zunahme der Alpha-Aktivität* wird auch während der längeren Baseline-Sitzungen gefunden.

Insgesamt nahmen am Versuch von Crosson et al. (1977) 57 Studenten der Texas Tech. University teil, die in *zwei* Prozeduren voruntersucht worden waren. In der ersten Prozedur wurden diejenigen Vpn mit Erfahrungen in Hypnose, im Biofeedback-Training sowie jene mit eventuellen zentral-nervösen Erkrankungen ausgeschaltet. In der zweiten Prozedur wurden *Harvard Group Scale of Hypnotic Susceptibility, Form A (HGSHS: A)* von Shor und Orne (1962) und dann individuell *Stanford Hypnotic Susceptibility Scale, Form A (SHSS: A)* von Weitzenhoffer und Hilgard (1959) angewandt (Kapitel IX und XII). Auf diese Weise konnten Vpn mit hoher Hypnotisierbarkeit von denen mit niedriger aussortiert werden. Alpha-Wellen im Ausgangs-EEG bewegten sich zwischen 8 und 13 Hz. Im allgemeinen konnten Crosson et al. (1977) die von den anderen, oben erwähnten, Autoren gefundenen Beziehungen zwischen der Alpha-Dichte und der Hypnotisierbarkeit nicht bestätigen. Sie lassen aber trotzdem eine solche Möglichkeit zu. Alle diese Befunde bedürfen einer ausführlichen Diskussion. Galbraith et al. (1970) fanden z. B. eine signifikante multiple Korrelation ($r = 0{,}58$) zwischen Hypnotisierbarkeit und den EEG-Mustern. Alpha-Wellen von 8 Hz lagen jedoch an der fünften Stelle der Progressiven-Regression. Außerdem waren die Alpha-Variablen bei *offenen Augen* der Probanden und am *occipitalen Vertex* erfaßt worden. Bereits bei diesen Befunden tauchen *zwei* Fragenkomplexe auf:

(aa) *die neurophysiologische Ausgangslage der Vp* und
(bb) *die Lokalisation der Elektroden* auf dem Kopf (gemessene Hirnregion).

London et al. (1974) berichteten über eine Korrelation zwischen dem EEG und der Hypnotisierbarkeit von 0,80 für die Versuchsgruppe und 0,88 für die Kontroll-Gruppe bei *frontaler* Elektrodenlokalisation.
Der Widerspruch zwischen den Befunden von Galbraith et al. (1970) und von London et al. (1974) ist also nur scheinbar, *weil die Elektrodenlokalisation und demzufolge die beobachtete Hirnregion nicht die gleiche war.* Die relativ kleine Korrelation von 0,34 bei Walsh (1972) resultierte aus der Tatsache heraus, daß der Autor *die höchste* Alpha-Dichte unter verschiedenen Alpha-Dichten des Ausgangswertes genommen hat. Wenn man so die Befunde betrachtet, dann haben Crosson et al. (1977) eine Korrelation zwischen der Hypnotisierbarkeit und der Alpha-Dichte von 0,41 gefunden ($p < 0{,}05$). Dieses Resulatat ist jetzt kompatibel zu dem von Walsh (1972). Dies wird auch in der Tatsache begründet, daß die höchste Alpha-Dichte im EEG am stabilsten ist (Lynch et al., 1974). Eine weitere Diskussion dieser Problematik findet man bei Crosson et al. (1977) sowie Edmonston und Grotevant (1975).
Sehr interessant sind die Befunde bezüglich *der Alpha-Wellen und der Hypnotisierbarkeit bei Kindern*, die von Cooper und London (1976) erhoben wurden. Die Autoren untersuchten 35 Kinder (19 männlich und 16 weiblich im Alter zwischen 7 und 16 Jahren) elektroencephalographisch im Beisein der Eltern unter Anwendung der *Children's Hypnotic Susceptibility Scale (CHSS)* von London und Cooper (1969). Es ergaben sich Beziehungen zwischen der Hypnotisierbarkeit und der *Dauer* der Alpha-Wellen, allerdings nur bei *geöffneten Augen*. Die Hypnotisierbarkeit und die Alpha-Dauer *neigten dazu, bei zunehmendem Alter der Probanden negativ zu korrelieren.* Mit diesen Befunden begegnen wir noch einem Schwierigkeitsfaktor, nämlich dem *Alter* der Probanden. Denn schon nach diesen Untersuchungen

verhalten sich die Befunde bei *Kindern anders als bei Erwachsenen*. Von den anderen Autoren aus diesem Bereich sind insbesondere Barabasz (1979, 1980, 1981, 1982), Barabasz und Gregson (1979), Barabasz und Lonsdale (1982) erwähnenswert.
Alpha-Wellen im EEG zusammen mit Untersuchungen der *bioelektrischen Hautaktivität* (Hautleitungsgeschwindigkeit) hat Barabasz (1980) in einer ungewöhnlichen Situation, nämlich *in der Antarktis*, studiert. Aufgrund der alternativen Hypothesen, die in der Literatur auftauchen (Dumas, 1977; Engstrom, 1976; Zubek, 1969, 1973), wurden *neun Vpn*, die zum Überwintern in Isolation auf dem Scott-Stützpunkt in der Antarktis eingeladen waren, auf EEG-Alpha-Wellen (Alpha) und Hypnotisierbarkeit untersucht. Die Alpha von 8 Kanälen, zweigipflige Hautpotentiale, wurden registriert und ausgewertet. Die Hypnotisierbarkeit wurde vor und nach dem Ende des Aufenthaltes in der Antarktis getestet. Eine *bedeutende Zunahme der Alpha-Dichte (Anzahl der Alpha-Wellen auf einem bestimmten Stück der EEG-Kurve pro Zeiteinheit) und der Hypnotisierbarkeit wurde bei den Vpn in der Isolation gefunden*. Daraus wurde geschlossen, *daß die antarktische Isolation eine gewisse Reizeinwirkung auf die Grundaktivität der EEG-Alpha sowie auf die Hypnotisierbarkeit ausübe, die psychophysiologischer Natur sein müsse*. In der Arbeit (1980) wurden von Barabasz auch die Vigilanz und deren Effekte auf die Hypnose studiert (siehe auch Hart, 1968). Dazu können auch die Befunde von Dumas (1976, 1977) sowie Dumas und Morgan (1975) eingesehen werden. Dumas (1976) hat in seiner Dissertation die ganze Literatur referiert. Die Frage der Korrelation der EEG-Muster mit der Hypnotisierbarkeit ist noch nicht definitiv beantwortet worden. Sie wird jedoch von den meisten Autoren für wahrscheinlich gehalten.

3.3 Elektroencephalogramm (EEG) während der Hypnose

Bereits Berger (1929) betont, *daß er sich um die Registrierung der Hirnpotentiale nicht bemüht habe, um eine für die Diagnose von Hirnkrankheiten anwendbare Methode zu finden, sondern in der Hoffnung, psychophysiologische Zusammenhänge zu erhellen*. Richard Jung (1939) (in Jung, 1963a, b, 1965) fand schon damals eine Korrelation zwischen dem *frequenten kleinamplitudigen EEG und der ergotropen Richtung mit Aufmerksamkeitszuwendung einerseits und dem langsamen EEG und der trophotropen Ausgangslage andererseits*. Sein Schüler Duensing (1949) konnte ebenfalls relativ sehr bald nach der Entdeckung des EEG nachweisen, daß sich die *spezifischen Erregungskonstellationen* (Rohracher, 1942, 1948), welche als Korrelat des Psychischen zu fordern seien, im EEG *nicht widerspiegeln*. Dagegen könne das EEG in Grenzen – neurophysiologisch gesehen – einen *globalen Überblick über das Niveau der cerebralen Gesamtaktivität* und über *die Bewußtseinslage* gewähren. Dieses muß bewußt betont werden, weil es Autoren gibt – wie wir noch sehen werden – *die allzu schnelle und allzu hohe Folgerungen* aus dem EEG für das psychische Verhalten des Menschen ziehen. Es muß zugleich noch hinzugefügt werden, daß *das EEG in der Hypnose* (Barolin, 1965, 1968; Heimann und Spoerri, 1953) nicht jene Autoren bestätigen konnte, die angenommen hatten, bei der Hypnose handele es sich um einen Teilschlaf (Schultz, 1966; Stokvis und Langen, 1965; Vogt, 1895, 1897, 1899). Eine Ausnahme machen selbstverständlich jene Fälle, denen in Hypnose *Schlaf* suggeriert worden ist. Diese Tatsache, daß man bei der Hypnose – insbesondere *bei den direkten Induktionsmethoden* (Kapitel XV) – den *Schlaf suggeriert*, hat nicht selten zu den Mißverständnissen und zu Mißdeutungen des EEG in Hypnose geführt (Kapitel XXV.2).
In relativer Übereinstimmung aller Untersucher mit dem EEG (Barabasz, 1979; Barolin, 1965, 1968; Emrich, 1965a, b, c; Foenander und Burrows, 1979; Heimann und Spoerri, 1953; Jovanović, 1979; Jovanović et al., 1986; MacLeod Morgan, 1979; Travis et al., 1974) *nimmt der Alpha-Wellen-Grundrhythmus (Alpha-Aktivität) des EEG während der Hypnose zu*. Diese und andere Autoren (Bakan und Svorad, 1969; London und Madsen, 1969; London et

al., 1968; Morgan et al., 1971, 1974) sind sich im großen und ganzen darüber einig, *daß suggestible Personen (hypnotizable persons) eine bedeutend höhere Alpha-Wellen-Aktivierung im EEG im Zusammenhang mit Hypnose aufweisen als jene Probanden, die schwach hypnotisierbar sind (low hypnotizability).* Die Differenzen zwischen den Befunden bei einzelnen Personen sowie von Autor zu Autor hängen unter anderem auch davon ab, *welche Alpha-Wellen-Aktivität im EEG vor dem Versuchsbeginn (Ausgangswerte) gefunden worden war und wie die Technik der Untersuchungen gestaltet wurde* (Jovanović, 1965b, 1966a, b, 1986a; Jovanović et al., 1986).

3.4 Eigene Untersuchungen des EEG in Hypnose und Transzendentaler Meditation (TM)

3.4.1 Technische Einrichtung und technischer Verlauf

Die Untersuchungen an gesunden Vpn wurden zwischen 1974 und Dezember 1980 *in den einzeln angelegten Experimenten* vorgenommen. Bei Patienten wurden Untersuchungen je nach Bedarf durchgeführt und unterliegen nicht einer strengen Versuchsanordnung. Versuche und Patientenuntersuchungen fanden in einem speziellen Gebäude in Oberpleichfeld bei Würzburg statt. Spätere Untersuchungen an Patienten in Stuttgart sind in diesem Kapitel nicht erfaßt. Im erwähnten Gebäude waren *im ersten Stockwerk* in wohnlichen Ein- und Zweibettzimmern insgesamt *10 normale Betten* eingerichtet. Dazu kamen *Fernsehmonitoren, Zoomkameras, Feuchtigkeits- und Temperaturaufnehmer im Zimmer, Anschlüsse für die Polygraphen. Im Erdgeschoß* befand sich der Kommando-Raum mit *10 Polygraphen, Kontrollmonitoren (Audio-Video-Anlage), AMPEX-Magnetband-Maschinen, Computer (Bioprozessor 16) mit Teletypern, XY-Schreibern etc.* Die Probanden/Patienten hatten mit dem *Versuchsleiter (VL) einen visuellen und akustischen Kontakt.* In diesen Räumen wurden zu den übrigen Zeiten je 10 Patienten simultan im Schlaf untersucht. Während der Untersuchungen mit Hypnose und TM waren die Zimmer zu diesem Zweck reserviert worden. Die Untersuchungen wurden *einzeln* vorgenommen. Bei einer eventuellen Verdoppelung der Vpn war ein anderes Zimmer für die zweite Vp beansprucht worden. Eine Störung oder eine andere Beeinflussung von Person zu Person war ausgeschlossen. Die *Voruntersuchungen* und Suggestibilitätstests wurden zum größten Teil in den *Unterrichtsräumen der Universität Würzburg* durchgeführt, die *Hauptuntersuchungen* unter EEG-Kontrolle in den angegebenen Untersuchungsräumen in Oberpleichfeld (siehe auch Jovanović, 1979, 1986a, b; Jovanović et al., 1986).

Das EEG wurde bei *geschlossen Augen* der Vpn von je *drei* Kopfpunkten (links: F_{p1}, C_3, O_1 zu A_1; rechts: F_{p2}, C_4, O_2 zu A_2), das EOG von je zwei Punkten (bitemporal) abgeleitet. Die neutrale Elektrode für das EEG (Bezugselektrode, Referenzelektrode) lag am *homolateralen Prozessus mastoideus.* Die homolateralen EEG-Ableitungen konnten durch eine entsprechende Programmierung (international) *quer* oder *rund* um den Kopf verbunden werden. Die Ableitungen dauerten ununterbrochen jeweils zwischen 65 und 120 Minuten und erfaßten alle Sektionen des Versuches *(vor, während und nach der Hypnose bzw. TM). Die obere Zeitgrenze* wurde vom Ausgang des posthypnotischen Stadiums bestimmt. *die untere Zeitgrenze* (die kürzeste Ableitzeit) wurde nicht unterschritten oder als technisch ungelungen verworfen. Die gewonnenen Daten wurden auf die AMPEX-2000-Magnetband-Maschine aufgenommen, später (off-line) durch den *Bioprozessor 16 (BIO 16)* in die *digitalen Zahlen* (Rohdaten) umgewandelt (Fourier Transformation, Power Spectra) und statistisch bearbeitet. Simultan (on-line) lief der XY-Schreiber (DIN A3) (Abb. 10–15) und demonstrierte Daten (Power Spectra) von jeweils *zwei EEG-Kanälen* (in der Regel occipital und frontal). Für die Power-Spectra der Abb. 10–15 wurden *Schritte* von je 16 Sekunden der EEG-Kurve geschnitten. Die Abb. 10–15 demonstrieren 241 Power-Spektren (eine Linie = ein Power Spektrum) nacheinander für die Dauer von 65 Minuten (65 Minuten = 3900 Sekunden, dividiert durch 16 Sekunden = 243,75 Spectra. Davon entfallen 2,75 Spectra als technische Verluste und es verbleiben 241). Von den 16 Sekunden eines Schrittes gehen vier Sekunden an den Pausen verloren. Jeweils *12 Sekunden der EEG-Kurve wurden ausgewertet und transformiert.* Für die spätere statistische Datenverarbeitung wurden zunächst «Schnitte» alle zwei Minuten (32 mal aus 65 Minuten) von analog zu digital umgewandelt. Die enorme Flut von Daten wurde auf diese Weise unübersichtlich, so daß eine *Agglutination* vorgenommen werden mußte. Für den vorliegenden Bericht wurden die Daten (Wellen-Spektren) in jeweils *Fünf-Minuten-Schnitte* zusammengefaßt. *Die erste Zusammenfassung erfolgt fünf Minuten nach dem Start der Ableitung.* Die weiteren umfaßten später alle wichtigsten Punkte des Versuchsablaufes (siehe Abb. 10–15). Die Resultate für die Abb. 10–15 sind kontinuierlich ausgewertet worden.

3.4.2 Anlage und Durchführung von Experimenten

Experimentelle Untersuchungen an Patienten (Experiment 11) sollen hier nicht erörtert werden. Dargestellt werden *drei Versuchsserien* an gesunden Vpn und zwar:

(a) *Eine Untersuchung an 10 gesunden Vpn* (Medizinstudenten im Alter zwischen 21 und 27 Jahren, im Mittel 23,1 Jahre; sieben Frauen und drei Männer) (Experiment 12) mit Wilfried Dogs aus Rinteln.

(b) *Eine laufende Untersuchung an 10 gesunden weiblichen Vpn* (Mitarbeiterinnen der Klinik), die sich auf mehrere Jahre erstreckte. Das Alter der Vpn lag beim Beginn des Versuches zwischen 24 und 34 Jahren (Experiment 13).

(c) *Ein akuter Versuch in mehreren Gruppen* (insgesamt 42 gesunde Vpn) (mit Lothar Hahn) zwischen Juni und Dezember 1980 (Experiment 14) (Alter und Geschlecht siehe bei einzelnen Gruppen).

Insgesamt werden hier die Resultate (zusammengefaßt) von 62 Vpn dargestellt. *Alle Vpn wurden vor dem Versuchsbeginn auf ihre Suggestibilität/Hypnotisierbarkeit (Körperschwingungstest, Armlevitations-Test, Augenkatalepsie-Test), meist in Anwesenheit von einer größeren Gruppe von Studenten, geprüft. Nur die hypnotisierbaren Vpn wurden zum Versuch genommen.* Als hypnotisierbar wurde jene Vp angesehen, die ohne Mühe in den ersten fünf Minuten den Test bestand. *Zwischen hoch, mittel bzw. gering hypnotisierbar wurde nicht unterschieden.* EEG-Kriterien (Ausprägung von Alpha vor dem Versuch etc.) wurden nicht als Voraussetzung für den Versuch genommen.

Experiment 12: PR-PS-1977–1980

Bei diesem Experiment wurde die Hypnose von Wilfried Dogs (aus Rinteln) induziert. Nach der Suggestibilitätsprüfung und einer Vorhypnose wurden die Vpn am nächsten Tag unter EEG-Kontrolle wieder hypnotisiert. *Die Hypnose wurde mit der direkten Faszinations-Methode per Fernsehen (Audio-Video) aus dem Kommandoraum vorgenommen.* Die Probanden saßen in einem speziellen bequemen Sessel mit Kopfstütze. Vor dem Hypnosebeginn wurde 20 Minuten das EEG abgeleitet. Die Hypnose dauerte in der Regel 20 Minuten. Nach dem Hypnoseende wurde noch 20–25 Minuten abgeleitet. Die Hypnose wurde per Suggestion beendet. Die ganze Untersuchung dauerte 60–65 Minuten. Vergleichspersonen und Vergleichsuntersuchungen wurden nicht herangezogen. Die Untersuchungsserie nahm bei *Ganztagstätigkeit* eine Woche in Anspruch.

Experiment 13: PR-PS-1978–1980

Bei diesem Experiment handelte es sich um die erwähnte langjährige Beobachtung der weiblichen *gesunden* Mitarbeiter. Da der Versuch sieben Jahre in Anspruch nahm, änderte sich das Alter der Vpn dementsprechend. In diesem Falle sollte *die Beziehung der Hypnose zum Schlaf* sowie das *Verhalten der Hirnwellen* während der Hypnose ohne Schlaf geprüft werden. Die Vpn waren sich selber *Kontrollpersonen*, indem sie einmal nach einer Suggestion *ohne Direktive zum Schlafen*, ein andermal nach *Hypnose mit Schlafsuggestionen*, ein drittes Mal *ohne irgendwelche Suggestionen* untersucht wurden. Bei allen Probandinnen wurde ein *Cross-Over-Design* angelegt.

Experiment 14: PR-PS-1979–1980

Dieses Experiment war relativ umfangreich und hatte mehrere Aufgaben:

(a) Zunächst einmal war die Frage der *Alpha-Aktivierung* oder *-Blockierung* im EEG mit eventuellen *Seitendifferenzen* zu untersuchen.

(b) Außerdem sollte *die Beziehung der Hypnose zum Schlaf* wieder untersucht werden (da jetzt *Kontrolluntersuchungen* in einem kurzen Zeitraum möglich waren).

(c) Zum dritten sollten *die Beziehungen der Hypnose zur Transzendentalen Meditation (TM)* geprüft werden. Da die Vpn nach verschiedenen Kriterien geprüft werden mußten (Alter und Geschlecht, Freiwilligkeit, Hypnotisierbarkeit, Alpha-Wellen-Konstitution, Übung in TM), konnten die Gruppen (siehe unten) nicht miteinander, sondern nur *gruppen-intern* (die Vpn einer Gruppe mit Vpn aus derselben Gruppe) verglichen werden. Alle Probanden dieses Versuches wurden nach der bestandenen Suggestibilitäts-/Hypnotisierbarkeitsprüfung noch *dreimal an drei aufeinanderfolgenden Tagen* mit einer direkten Faszinationsmethode *vorhypnotisiert* (Hypnosedauer 20–30 Minuten) (Einübung in Hypnose). Daraufhin wurden mehrere Gruppen gebildet.

Gruppe A: Die 10 Vpn der Gruppe (Alter: 27,35 $\pm$ 6,2 Jahre; 5 davon männlich) wurden eine Woche nach der letzten Vorhypnose elektroencephalographisch vor, während und nach der Hypnose untersucht. Die Ableitung des EEG begann 15 Minuten vor dem Hypnosebeginn. Hypnose-Suggestionen wurden in den nächsten 15 Minuten verabreicht. Dabei wurde die Suggestion erteilt, die Vp möge noch 20 Minuten in Hypnose bleiben und dann selbst aus der Hypnose herauskommen. Nach dem Ende des posthypnotischen Zustandes (post speaking hypnosis) wurde noch 15 Minuten lang abgeleitet. Die Untersuchung des EEG dauerte somit 65 Minuten. Von den *sechs Kanälen* (frontal, parietal, occipital beiderseits) seien hier die *occipitale* und die *frontale Hirnregion* (unter Berücksichtigung von eventuellen Seitendifferenzen) dargestellt. Nach dem Ende dieser Versuchsserie machten die Vpn vier bis fünf Tage Pause, wobei sie unter Anleitung von Lothar Hahn (mit dem diese Untersuchung vorgenommen worden ist) die *Transzendentale Meditation (TM)* einübten. Daraufhin kamen sie nochmals zur EEG-Untersuchung unter TM (die Vpn sind jetzt für sich selbst Kontrollpersonen). Die EEG-Untersuchungen wurden wie bei der Hypnose-Untersuchung unter EEG-Kontrolle vorgenommen (jedoch jetzt: 20 Minuten lang *Vor-Kontrolle;* 3 Minuten TM-Einleitung; 20 Minuten TM und die restlichen 22 Minuten *Nach-Kontrolle* nach dem Ende der TM). Nach dem Ende dieses Untersuchungsteils wurden die Vpn noch einmal unter Hypnose untersucht, nachdem sie jetzt in TM erfahren waren. Das wäre *die dritte Kontrolle* bei den gleichen Probanden.

Gruppe B: Voruntersuchung wie bei der Gruppe A. Nach einer Suggestibilitätsprüfung in der Gruppe und den drei aufeinanderfolgenden Hypnosen an drei verschiedenen Tagen wurden die 10 Probanden (Alter 24,0 ± 3,1 Jahre; 5 weiblich) während der EEG-Kontrolle hypnotisiert. Die Prozedur verlief zunächst wie bei Gruppe A. Nach dieser Untersuchung wurde jedoch jetzt keine TM eingeübt, sondern die Vpn wurden erneut nachuntersucht, jetzt während der EEG-Kontrolle beim *Vorlesen eines Textes* aus bei ihnen beliebten Romanen.

Gruppe C: Bei dieser Gruppe (10 Vpn: 24,0 ± 4,3 Jahre; 6 weiblich) liefen die Untersuchungen wie bei den Gruppen A und B, jedoch wurde bei der ersten Kontrolle unter EEG nicht die Hypnose induziert, sondern ein Text wie bei der Gruppe B vorgelesen. Bei der zweiten Untersuchung wurde die Hypnose induziert.

Gruppe D: Diese Gruppe (10 Vpn im Alter von 30,0 ± 6,0 Jahren; 5 weiblich) wurde wie die Gruppen A, B und C voruntersucht. Die Suggestionen bei beiden EEG-Kontrollen beinhalteten *den Schlaf als hypnotischen Auftrag.*

Gruppe E: Diese Gruppe war sehr klein und sammelte jene Probanden, die in die Gruppen A bis D nicht hineinpaßten. Es befand sich ein Proband unter ihnen, *der drei Monate* und eine Probandin, *die zwei Jahre lang vor dem Beginn des Versuches die TM geübt hatten.* Diese beiden Vpn wurden nur zur generellen Orientierung mituntersucht.

3.4.3 Spezielle Auswertung und statistische Datenverarbeitung

Bei der statistischen Datenverarbeitung wurden berücksichtigt:

(a) *Absolute Ausprägung* der Wellen (Wellen-Menge absolut) (Alpha-, Beta-, Theta- und Delta-Wellen) für die sechs registrierten Hirnregionen.

(b) *Relative Ausprägung* der Wellen (Wellenanteil) (die Ausprägung der einen Wellen-Frequenz in Relation zu den übrigen drei).

(c) *Dominante Frequenz* der Wellen (aus den Frequenzspektren für Alpha von 8–13 Hz, Beta von 14–16 oder 24 Hz, Theta von 3,6–7,4 Hz und Delta von 0,5–3,4 Hz). Die Auflösungsfrequenz des Computers betrug 0,25 Hz (unter dieser Frequenz wurden die Wellen vom Computer nicht mehr differenziert).

(d) *Äquivalente Bandbreite* der Wellen (woraus die häufigste Frequenz zu ersehen war). Diese zeigt an, ob die Wellen frequenzmäßig weit streuen oder eine engere Frequenz aufweisen; z. B. können Alpha zwischen 8 und 13 Hz, aber auch nur zwischen 9 und 10 Hz variieren. Bei letzteren ist die Bandbreite geringer, der Gipfel größer.

(e) Am Ende wurde die *Gesamtleistung des Computers* (Gesamtwellenlänge) ausgedruckt, d. h. wie viele Wellen er insgesamt auf dem Auswertungsstück gefunden hat, ganz gleich welcher Frequenz (Jovanović, 1979).

Die Resultate wurden mit zweiteiligem t-Test, mit Wilcoxon-Test, F-Test und parameterfreiem Plus-Minus-Test (Vorzeichen-Test) auf ihre Signifikanz geprüft.

3.4.4 Versuch einer Synopsis der Resultate

Global gesehen ergaben die Untersuchungen während der Hypnose ohne Schlafsuggestionen in den meisten Fällen (87,5 %) *eine Vermehrung von Alpha und eine entsprechende Verringerung von Beta, Theta und Delta* ($p < 0{,}01 - < 0{,}05$) über den erfaßten Hirnregionen. Nur in einem Falle wurde im *Versuch* 12 eine *Beta-Aktivierung am Beginn des Suggerierens* beobachtet. Beim Experiment 14 konnte bei einer Vp *während des ganzen Verlaufs der Hypnose* eine Halbierung der Wellen-Frequenz (von 10–12 auf 5–6 pro Sekunde) *frontal* erfaßt werden. *Occipital* blieb auch in diesem Falle, bei kontinuierlichem Ausgangswert, die

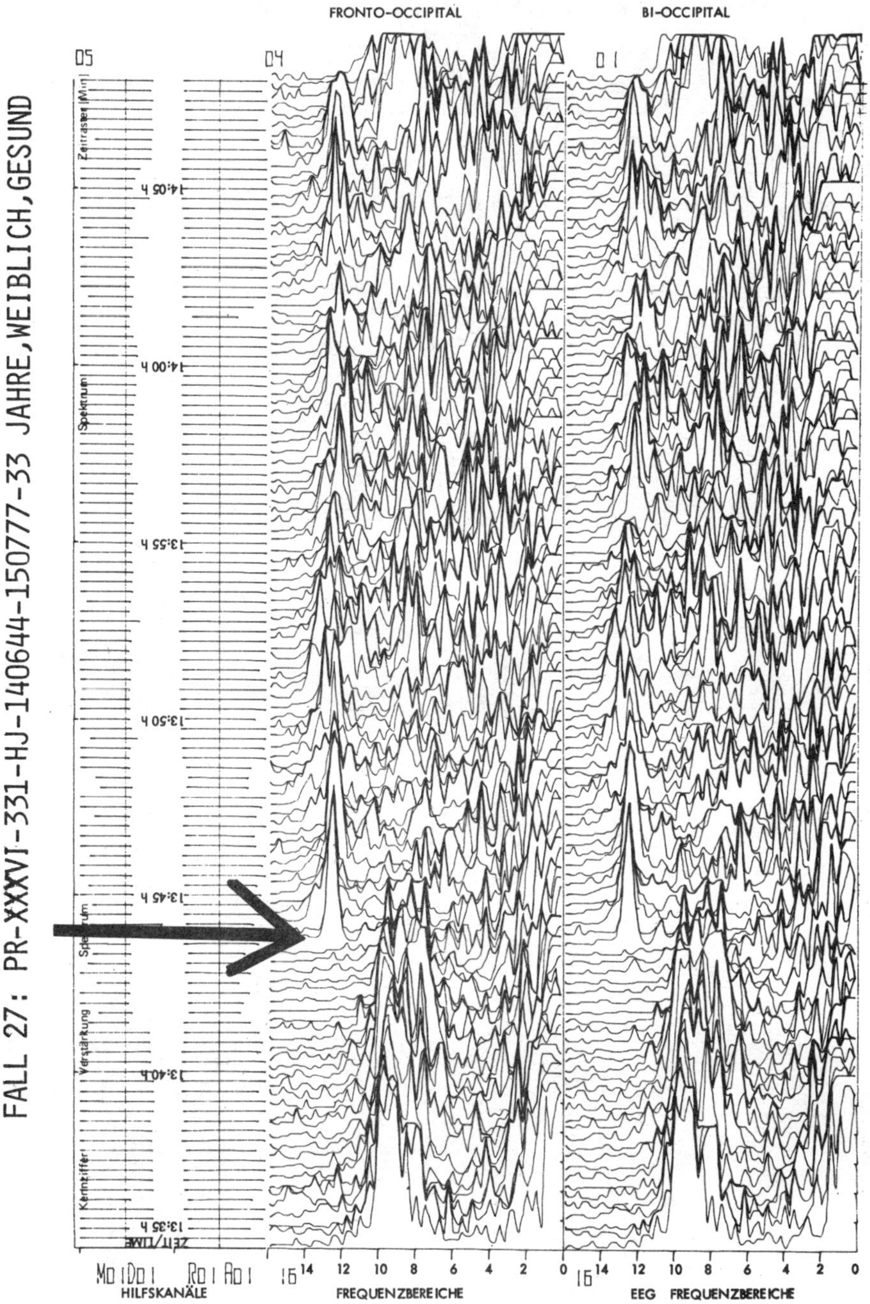

Abb. 10: Power-Spectrum des EEG einer 33 Jahre alten Vergleichsperson. Rund acht Minuten nach dem Registrierbeginn schläft sie ohne entsprechende Suggestionen spontan ein. Alpha-Wellen verschwinden aus dem EEG. Beta-Spindeln und langsame Potentiale bestimmen das EEG-Bild (vgl. mit Abb. 11a bis 14)

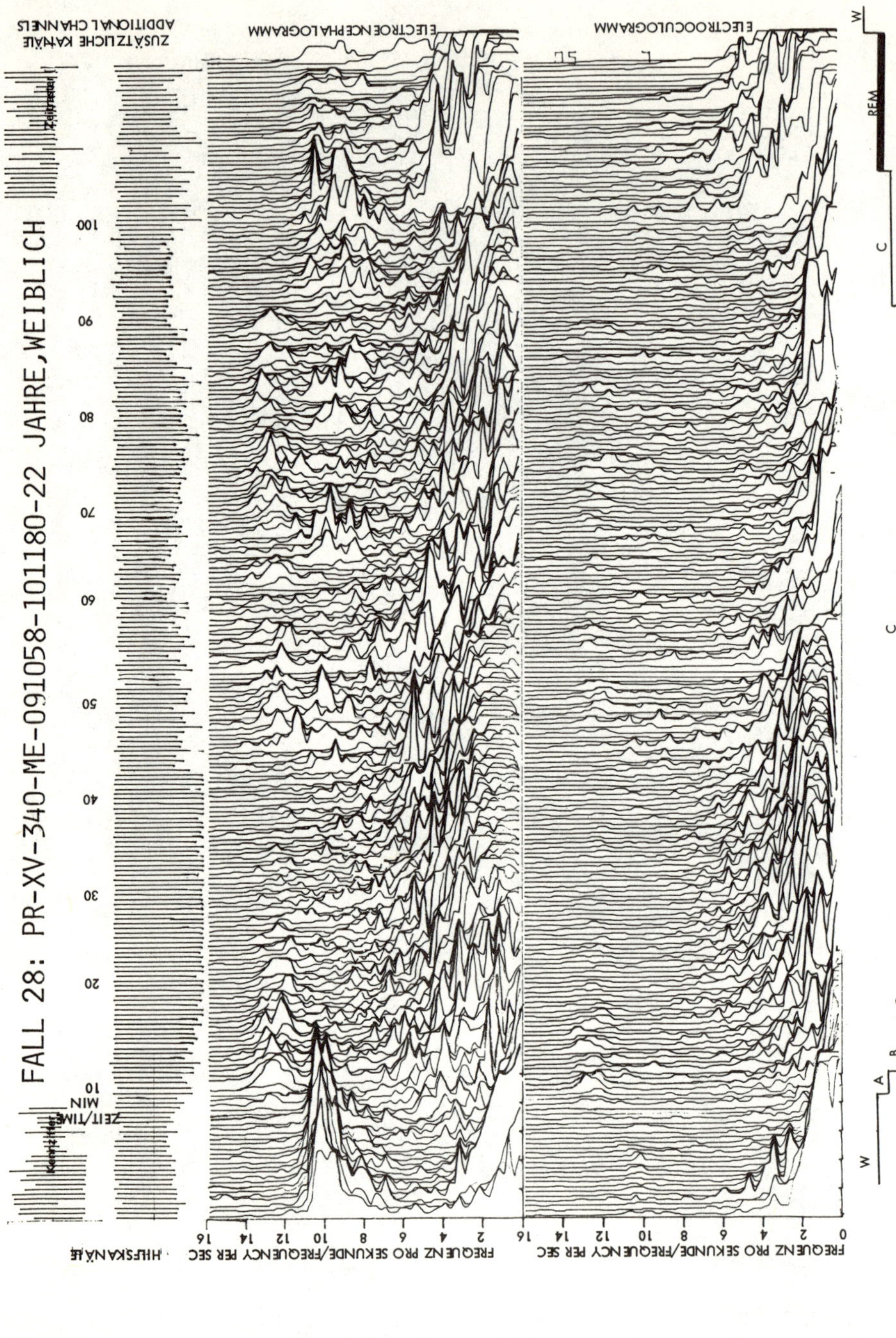

Abb. 11a: Power-Spectrum einer 22 Jahre alten weiblichen gesunden Versuchsperson während der Hypnose mit Schlafsuggestionen. Im EEG werden vor dem Hypnose-Beginn Alpha-Wellen registriert. Nach dem Hypnose-Beginn verschwinden die Alpha aus dem EEG vollkommen. Statt dessen erscheinen – je nach Schlaftiefe – Beta-Spindeln und langsame Potentialschwankungen. Die suggerierte REM-Phase erscheint zeitlich gemäß Suggestionen (A, B, C, D, E = Schlafstadien) (vgl. mit Abb. 11b sowie 12 bis 14)

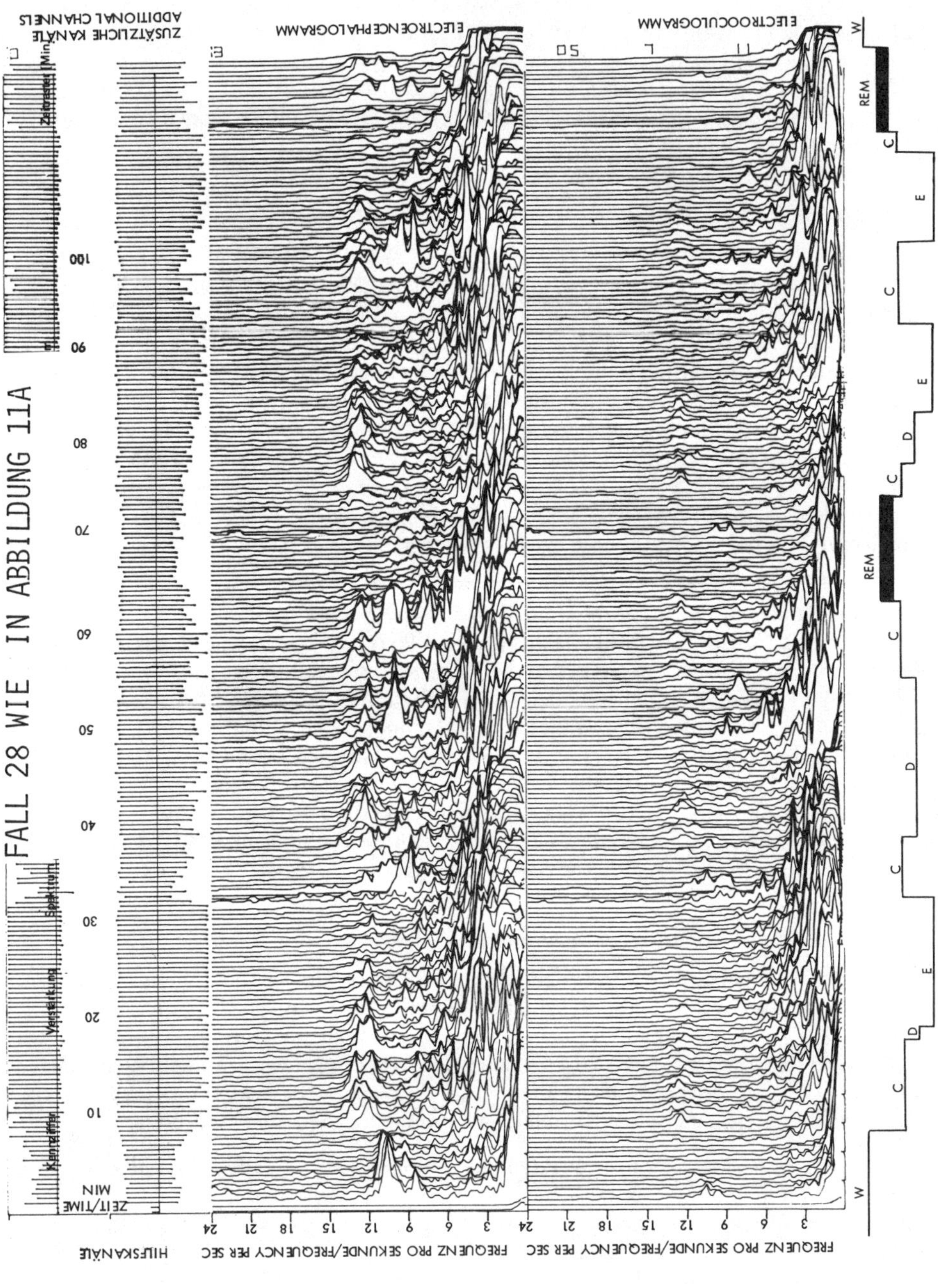

Abb. 11b: Power-Spectrum der gleichen Versuchsperson wie in Abb. 11a. Neben den Schlafsuggestionen wurden hier zwei REM-Phasen suggeriert: die eine rund 60, die andere rund 120 Minuten nach dem Hypnose-Beginn (Beginn der Registrierung). Beide REM-Phasen erscheinen entsprechend den Suggestionen (W = Wachsein; A, B, C, D, E = Schlafstadien gemäß EEG)

Frequenz der Alpha während des Versuches konstant auf 10–12 Hz. Schlafpotentiale und elektroencephalographischer bzw. Verhaltensschlaf *wurden nur dann beobachtet, wenn der natürliche Schlaf während der Hypnose suggeriert wurde. Signifikante Seitendifferenzen als Resultat der Hypnose-Induktion wurden nicht erfaßt.* Die Resultate hingen signifikant von zwei Momenten ab, und zwar

(a) *von der Art der Suggestion* (Schlaf oder kein Schlaf) und
(b) *von den Ausgangswerten im EEG.*

Daher können die Befunde im Detail nicht für *eine ganze Gruppe* als solche, *sondern für die einzelnen Vpn dargestellt werden.* Am gebotenen Platz demonstrieren wir die charakteristischen EEG-Veränderungen während der Hypnose und der TM in Abb. 10–15. Die übrigen Resultate unterschieden sich nicht signifikant von denen, die wir in Abb. 10–15 zeigen. Aus dem erwähnten Grunde können die Befunde auch nicht *quantitativ* dargestellt werden. Wir beanspruchen *vorläufig* nur den parameterfreien Plus-Minus-Test (Vorzeichen-Test), der besagt, daß eine Veränderung im Plus- oder Minus-Bereich (z. B. Alpha-Wellen-Zunahme bzw. Theta-Wellen-Abnahme) stattgefunden hat. Die parametrischen Tests werden im Moment nicht viel diskutiert, da *das Quantum der Veränderung* erheblich variiert; *je mehr Alpha-Wellen vor dem Versuchsbeginn, desto geringer das Quantum der Veränderung während der Hypnose.* Diese Frage wird ergänzend in den späteren Einzelpublikationen diskutiert.

Aufgeschlüsselt sehen die Resultate wie folgt aus:
Im Experiment 12 wurde kein Schlaf suggeriert. Bei 9 von 10 Vpn wurde eine *Alpha-Wellen-Zunahme* occipital registriert. Diese Zunahmen waren voneinander verschieden – *abhängig von den Ausgangswerten* – und bewegten sich zwischen 5 % und 46 % ($p < 0{,}05 - < 0{,}02$). Bei einem von 10 Probanden wurde während der Hypnose eine Zunahme von Beta-Wellen frontal (siehe oben) ($p < 0{,}05$) für die Dauer von 10 Minuten beobachtet. Die Ausgangsfrequenz von Alpha- und Beta-Wellen wurde während des Versuches kaum verändert. Nach dem Ende der Hypnose gingen die Wellen innerhalb von rund 10 Minuten auf die Ausgangswerte zurück. *Seitendifferenzen als Folge von Hypnose konnten nicht gefunden werden. Wegen des Mangels an Vergleichsgruppen wurden die übrigen Daten nicht gesondert ausgewertet.*

Im Experiment 13 ergab sich zusammenfassend folgendes:

(aa) Wurden die Probanden mittags an das EEG angeschlossen und nicht hypnotisiert, sondern wurde ihnen nur erlaubt zu schlafen, so schliefen sie innerhalb von 2–10 Minuten (Mittel: $4{,}57 \pm 1{,}43$) ein (Abb. 10) und schliefen, individuell verschieden, 35–130 Minuten lang ($66{,}5 \pm 31{,}6$ Minuten). Die Schlafstadien liefen in der Regel wie in einem Nachtschlaf ab (Jovanović, 1971), in dem jedoch die erste REM-Phase entweder nicht vorkam (nach einer Schlafdauer von weniger als 120 Minuten) oder verspätet registriert wurde.

(ab) Bei der Hypnose mit *schlaffördernden Suggestionen* schliefen alle Probanden innerhalb von 5–8 Minuten ein und boten einen Schlafverlauf wie im natürlichen Nachtschlaf (Abb. 11a und 11b). Die REM-Phasen erschienen *je nach suggerierter Zeit* (vgl. Abb. 11a und 11b). *Die raschen Augenbewegungen (REM = Rapid Eye Movements)* in den REM-Phasen unterschieden sich nicht von denen in den spontanen REM-Phasen.

(ac) *Bei einer Hypnose ohne schlaffördernde Suggestionen* konnte eine signifikante *Vermehrung der occipitalen Alpha* im EEG ohne Schlafpotentiale ($p < 0{,}02$) registriert werden. Zu- oder Abnahme von *Seitendifferenzen wurden nicht beobachtet.*

Im Experiment 14 wurden verschiedenartige Befunde erhoben, signifikant *abhängig von den Ausgangswerten:*

(ba) *Vor dem Beginn der Hypnose waren occipital beiderseits kontinuierliche Alpha (90–99% der EEG-Kurve) zu beobachten gewesen,* mit einer Alpha-Amplitude zwischen 50–70 Mikrovolt rechts und 40–60 Mikrovolt links. *Das occipitale Power-Spektrum ergab keine signifikante Änderung* ($p > 0,05$). Es kam eine leichte aber signifikante Zunahme ($p < 0,05$) von Alpha *zentral* und *frontal* als Resultat der *Generalisierung der Wellen* vor. Manchmal wurde zu Beginn der Hypnose-Induktion occipital eine vorübergehende Verringerung von Alpha und darauf eine geringe Vermehrung registriert. Aus dieser Untergruppe stammte der Proband mit einer Halbierung der Alpha-Frequenz während der Hypnose (von 10–12 auf 5–6 Hz). Nach dem Ende der Hypnose und dem «Aufwachen» der Probanden konnte eine leichte Dysrhythmie mit einer deutlichen Zunahme von Alpha und Theta registriert werden. Die Zunahme von Theta ging zurück gegen Ende des Versuches. Neue Seitendifferenzen traten nicht auf.

(bb) *Hypnose-Induktion und EEG bei diskontinuierlichen Alpha (70–89% der EEG-Kurve) occipital und leichter Dysrhythmie* ergaben andere Resultate. Nach dem Beginn der Hypnose veränderte sich dieser Rhythmus signifikant ($p < 0,05 - < 0,02$) *im Sinne einer ganz rapiden Abnahme von Beta beim Einsetzen der Suggestionen. Die Power-Spectra zeigen dies deutlich mit Verflachung in höheren Frequenz-Bereichen der Beta-Wellen. Alpha nahmen bis zum Ende des Versuches signifikant zu ($p < 0,05$).* Nur eine leichte und nicht signifikante Abnahme von Alpha mit einer leichten und nicht signifikanten Zunahme von Beta konnte gegen Ende des Versuches beobachtet werden. *Theta nahmen während der Hypnose ab und gegen Ende der Hypnose leicht zu ($p < 0,05$). Der frontale Bereich des Gehirnes ergab vor der Hypnose einen schwächeren Alpha-Wellen-Rhythmus und eine stärkere Einstreuung von Theta und Delta. Nach dem Hypnose-Beginn verschwanden die Beta vollkommen; alle übrigen Wellen-Frequenzen, insbesondere jene von Alpha, nahmen signifikant zu* ($p < 0,05$). Am Ende des Versuches, d.h. nach der Hypnose, verschob sich das Spektrum zu den höheren Wellen-Frequenzen. *Im ganzen war die Reaktion der Vpn global signifikant anders als bei den Probanden mit einem kontinuierlichen Alpha am Versuchsbeginn ($p < 0,05$).*

(bc) *Hypnose-Induktion und EEG bei schwächerem Alpha-Wellen-Grundrhythmus (50–69% der EEG-Kurve) vor dem Versuchsbeginn und stärkeren Beta occipital* werden in Abb. 12 demonstriert. *Occipital*, mit stärkerem Alpha als frontal, ergab sich gleich am Hypnosebeginn *eine fast vollkommene Abnahme der Beta und eine deutliche Zunahme der Alpha ($p < 0,02$).* Nach dem Ende des Sprechens des Hypnotiseurs verringerten sich zwar die Alpha wieder, jedoch kam es zu keiner erneuten Zunahme von Beta. Beta-Wellen kehrten nach dem Ende der Hypnose, d.h. nach dem «Wachwerden» der Probanden, zurück. *Frontal* kam es während des Sprechens des Hypnotiseurs zu einer rapiden Abnahme von Beta und einer ebenso rapiden Zunahme von Alpha ($p < 0,05$ und $p < 0,02$). Nach dem Ende des Sprechens des Hypnotiseurs nahmen die Alpha wieder signifikant zu, jedoch haben sich die Beta bis zum Ende der Hypnose nicht sehr geändert. Nach dem Ende der Hypnose kam es erneut zur Zunahme von Beta ($p < 0,05$). Sowohl occipital als auch frontal gingen die Beta nach der Hypnose nicht über ihre eigene Ausprägung vor der Hypnose hinaus. Abb. 12 demonstriert einen deutlichen *Sattel* während der Hypnose von EEG-Wellen (Hypnose-Sattel könnte man sagen), da hier die Wellen nicht so rapide wie in Abb. 13 ab- bzw. zunahmen. Genauso sanft wie die Wellen nach dem Hypnosebeginn im Beta-Bereich abnahmen, endete die Reaktion von Beta nach der Hypnose.

(bd) *Hypnose-Induktion und EEG bei spärlichen Alpha occipital (30–49% der EEG-Kurve) und leichter Dysrhythmie über allen Hirnregionen* zeigt Abb. 13. Der Hypnosebeginn erbrachte *occipital* in rund 10 Minuten eine rapide Zunahme von Alpha mit einer Frequenz

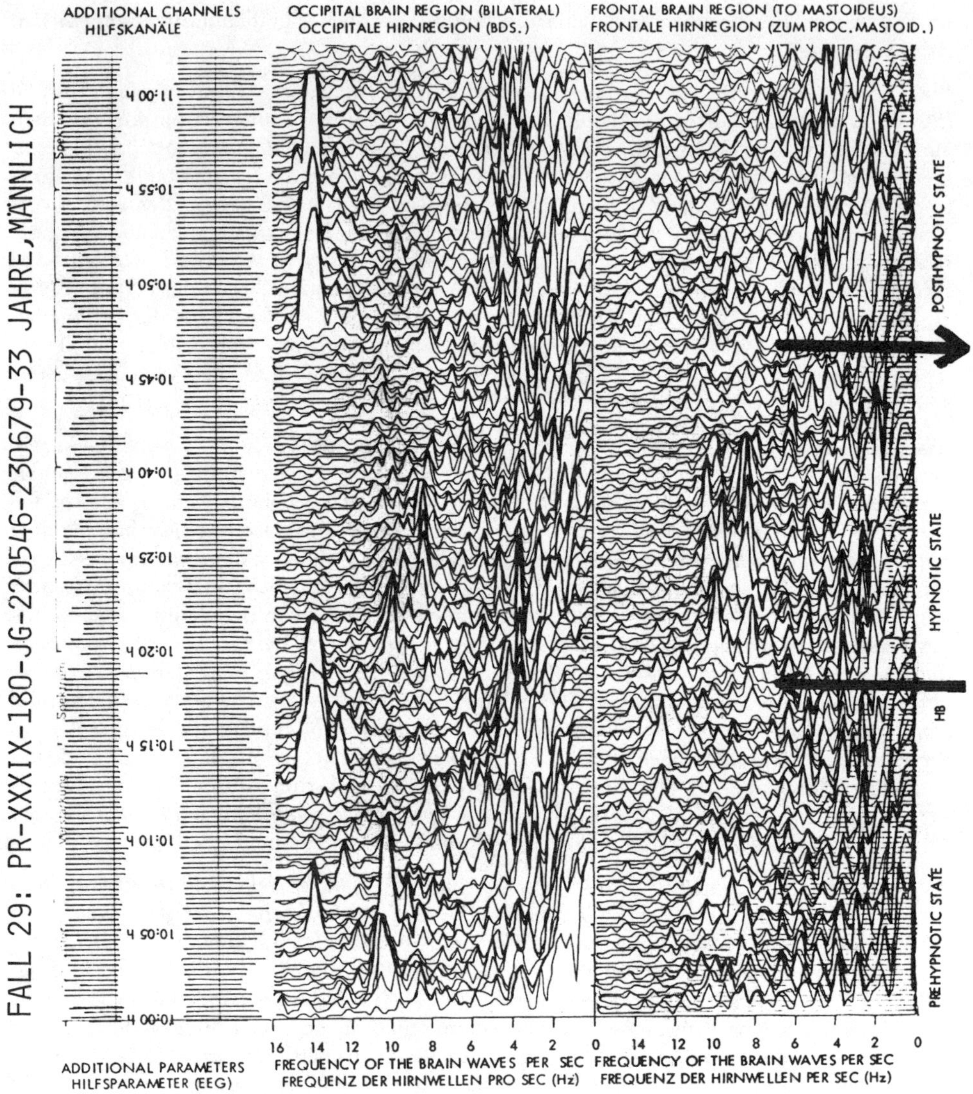

Abb. 12: Power-Spectrum einer 33 Jahre alten männlichen Versuchsperson vor, während und nach der Hypnose ohne Schlafsuggestionen (je weniger Alpha-Wellen im EEG vor dem Hypnosebeginn vorgekommen waren, desto besser war die Alpha-Ausprägung im EEG während der Hypnose) (vergleiche die frontale mit der occipitalen Hirnregion) (vgl. mit Abb. 13)

von durchschnittlich 12,3 Hz und 70 Mikrovolt Amplitude. Diese Zunahme bot eine relative Stabilisierung bis zur Mitte der Hypnose, d. h. bis zum Ende der Sprechzeit des Hypnotiseurs. Nach dem Ende des Sprechens verringerte sich der Alpha-Rhythmus nur leicht, um nach dem Ende der Hypnose stark abzunehmen. Gleich am Ende der Hypnose bot sich ein EEG wie vor dem Beginn der Hypnose. Danach waren die Vpn immer noch etwas ermüdet, mit einer Zunahme der Dysrhythmie. *Frontal* war die Hirnaktivität vor, während und nach der

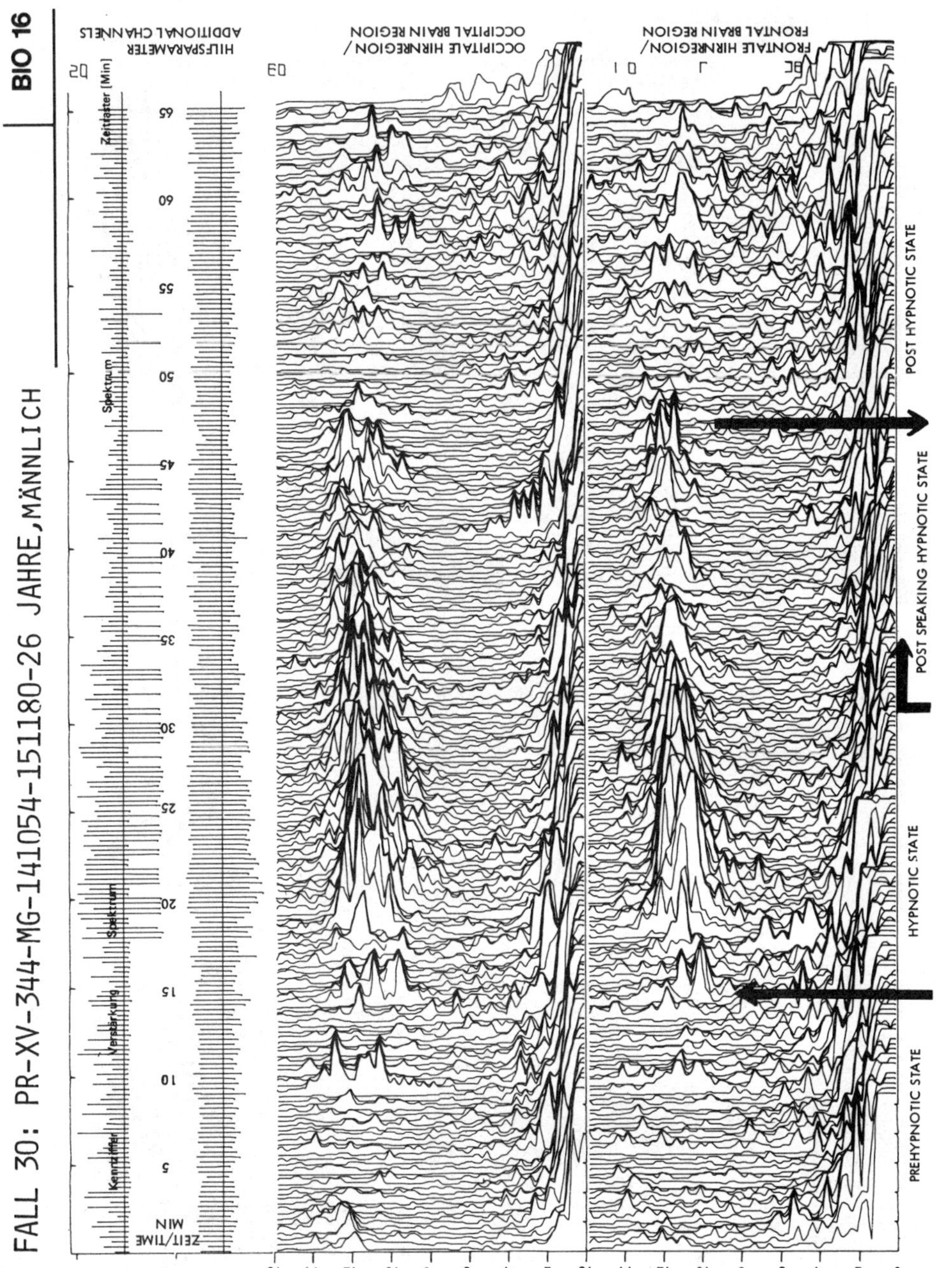

Abb. 13: Power-Spectrum einer 26 Jahre alten männlichen Versuchsperson vor, während und nach der Hypnose ohne Schlafsuggestionen. Je weniger Alpha-Wellen im EEG vor dem Hypnose-Beginn vorgekommen waren, desto stärker war die Ausprägung von Alpha während der Hypnose. Nach der Hypnose wird eine Rückbildung von Alpha-Wellen registriert (vgl. mit Abb. 12) (prehypnotic state = vorhypnotischer Zustand; hypnotic state = Hypnose während des Sprechens des Hypnotiseurs; post speaking hypnotic state = Hypnose nach dem Aufhören des Sprechens; post hypnotic state = posthypnotischer Zustand)

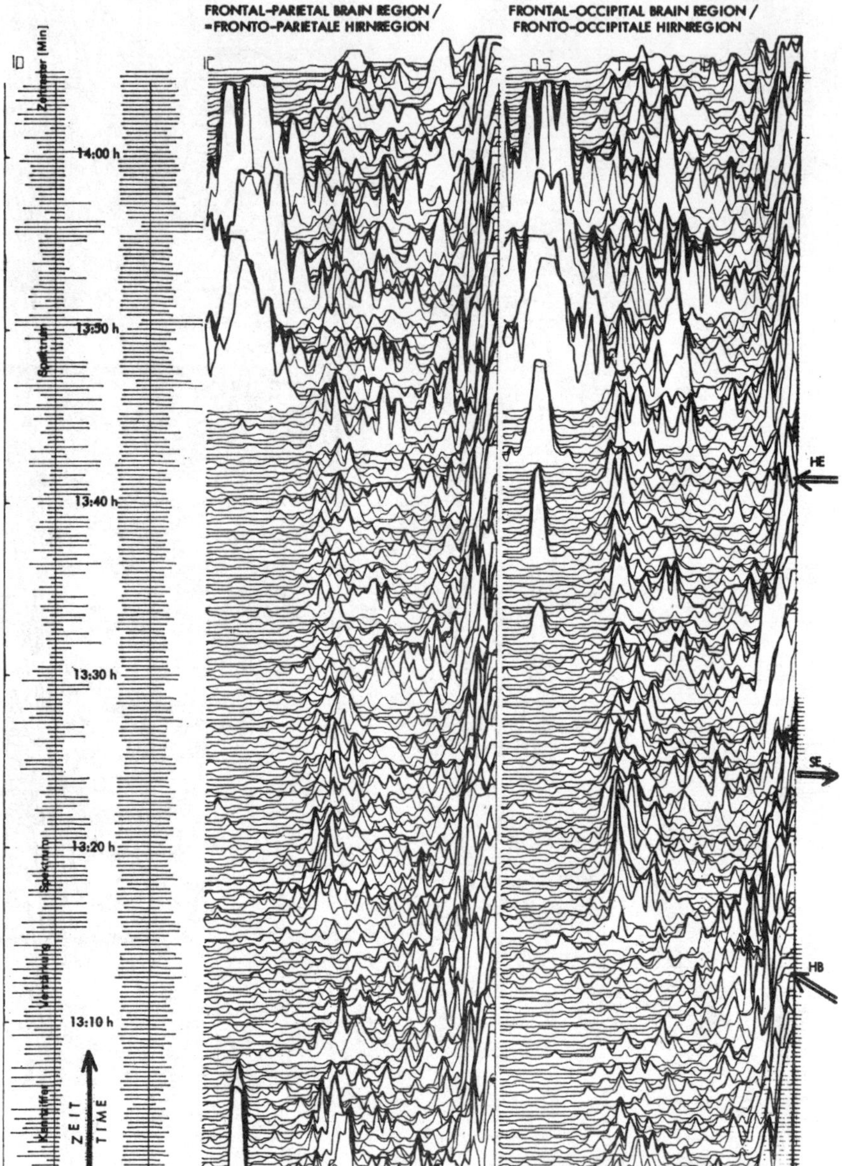

Abb. 14: Power-Spectrum bei einer 21 Jahre alten Patientin mit psychomotorischer Epilepsie (die hier mit Hilfe von Hypnose diagnostiziert wurde, Fall 07, s. auch Kapitel XV, HP-014 und HP-015). Auch in diesem Spectrum erkennt man eine Alpha-Aktivierung nach dem Hypnose-Beginn (HB) (SE = Sprechen zu Ende; HE = Ende der Hypnose). Durch Suggestionen wurden vier nacheinander auftretende elektroencephalographische Äquivalente einer psychomotorischen Epilepsie ausgelöst (hohe Spikes temporal von 14–16 Hertz)

Hypnose bei diesen Probanden nicht viel anders als occipital. Es zeigte sich jedoch eine stärkere Reaktion der EEG-Wellen occipital in der zweiten Hälfte der Hypnose als frontal. Nach dem Ende der Hypnose haben sich die Rückbildung der Hirnaktivität und der Rückgang auf die Ausgangsposition frontal gegenüber occipital leicht verzögert (um zwei Minuten). Der posthypnotische Zustand ist jedoch nicht gleich dem prähypnotischen ($p < 0,05$) (siehe dazu Abb. 14).

3.4.5 Hirnwellen (EEG) während der TM

Bei der TM fanden sich bei allen Probanden (Gruppe A) andere Resultate. Die Power-Spektren boten *keine Vermehrung von Alpha-Wellen, sondern eine signifikante Verringerung* ($p < 0,05 - < 0,01$). Diese Verringerung war am markantesten bei kontinuierlichen und diskontinuierlichen Alpha vor dem Versuchsbeginn (Ausgangswerte) (Abb. 15). *Die Power-Spectra verlagerten sich von Alpha- zu Theta-Wellen-Bändern, aber auch zu den übrigen langsameren Wellen und erfaßten auch die occipitale Hirnregion.* Abb. 15 demonstriert eine Desorganisation der diskontinuierlichen Alpha-Wellen (Ausgangswert) relativ rasch nach dem Beginn der TM. Nur in den ersten drei Minuten, solange der Leiter der TM im Zimmer war, gab es noch keine große Veränderung. Es wurde auch hier ein Sattel wie bei der Hypnose gefunden, jedoch von anderer Art: *bei der Hypnose vermehrten sich die Alpha und verringerten sich die übrigen Wellen-Spektren; bei der TM lief das Power-Spektrum vom Alpha-Wellen-Band und verlagert sich zu den anderen Wellen-Spektren* (meist Theta-Wellen). *Nach diesen Befunden* (vgl. Abb. 15 mit Abb. 12, 13 und 14) *unterscheidet sich die TM von der Hypnose signifikant* ($p < 0,05 - < 0,01$). *Erst die TM ähnelt dem Zustand der Träume während des Schlafes (REM-Phasen), weniger jedoch die Heterohypnose* (Kapitel XXV.2). Nach dem Ende der TM traten die Alpha-Wellen sofort wie vor dem Versuch in Erscheinung. Bis zum Ende des Versuches (Abb. 15) kam es zu einer Frequenzstreuung von 9,9–10,1 Hz vor dem Versuchsbeginn, auf 9–12 Hz nach dem Versuchsende. *Der Zustand nach der TM ähnelt nach den Befunden im EEG nicht dem nach der Heterohypnose. Jedoch wurde eine leichte Konvergenz der posthypnotischen und der Post-TM-Zustände beobachtet, gegenüber einer Divergenz während der Hypnose und der TM.*

3.4.6 Hirnwellen (EEG) bei Placebo-Hypnose (Kontrollgruppe)

Während des Vorlesens der Buchtexte (beliebte Romane) wurden *keine nennenswerten Alpha-Wellen-Vermehrungen oder -Verringerungen gefunden.* Nur in den ersten 5–10 Minuten kam es während des Lesens zu einer leichten und nicht signifikanten ($p > 0,05 - 0,10$) Zunahme von Alpha-Wellen über allen Hirnregionen, insbesondere occipital. Nach dieser Zeit ging das Hirnstrombild auf den Ausgangswert zurück. Nach dem Ende des Versuches unterschieden sich diese Spektren sowohl von denen nach der Hypnose als auch von denen nach der TM ($p < 0,05 - < 0,02$). *Ein milder und vor allem kontinuierlicher akustischer Reiz allein hat demzufolge nicht diejenigen Veränderungen der bioelektrischen Hirnaktivität hervorgerufen wie die akustisch dargebotenen Suggestionen während der Hypnose-Induktion. Eine simple Relaxation ist also keine hypnotische Entspannung. Da hier die Vpn selber als Kontrollpersonen fungierten, mußten keine weiteren Zusatzprüfungen vorgenommen werden.* Die *Cross-Over-Situation* ermöglichte jede Art von Kontrolle, die in einem solchen Versuch möglich war.

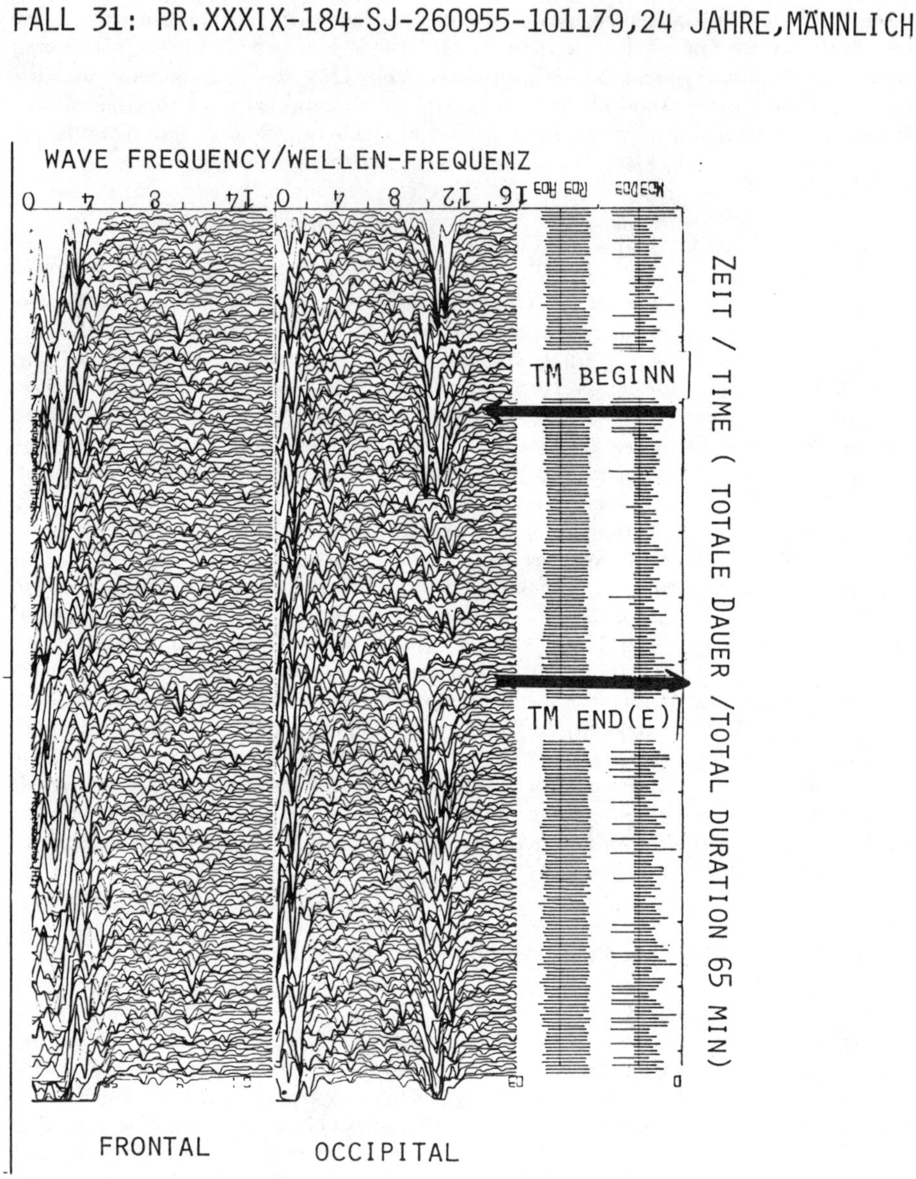

Abb. 15: Power-Spectrum eines gesunden jungen Probanden vor, während und nach der Transzendentalen Meditation (TM). Während der TM nehmen die Alpha-Wellen im EEG ab (umgekehrt von der Reaktion der Alpha während der Hypnose. Vgl. Abb. 12–14). Theta-Wellen nehmen während der TM zu.

3.4.7 Zur Frage der bioelektrischen Konstitution der Vpn und Hypnose

Die oben vorgetragenen Befunde über *die Veränderung im EEG während der Hypnose und der TM in Abhängigkeit von der Alpha-Ausprägung vor dem Versuchsbeginn* bedürfen einer unaufschiebbaren Diskussion. Bereits wenige Jahre nach der Entdeckung des EEG (Berger, 1929) wurde dieses unter anderem *zur Verifizierung der Hypnose* in Anspruch genommen. Aber ebenso rasch stellten sich erhebliche Schwierigkeiten heraus, und zwar deshalb, weil wir hier mit *zwei unsicheren Variablen* – EEG und Hypnose – arbeiten; jede für sich ist noch ein nicht genau bekanntes Phänomen.
Noch Gorton (1949) brachte die Hypnose mehr *in die Nähe des Wachseins als in die des Schlafes*. Diese Annahme wurde bestätigt (Weitzenhoffer, 1953). Daraus könnte entnommen werden, man müßte nur das Wach-EEG untersuchen und schon würde sich etwas Greifbares in bezug auf die Hypnose ergeben. *Die konstitutionelle Ausprägung von Alpha im EEG* – die hier als Kriterium genommen wird – war jedoch auch im Wachsein mit verschiedenen Folgen verbunden. Die Situation kompliziert sich noch mehr, wenn man dazu den *Schlafzustand* berücksichtigt, mit dem die Hypnose oft in Verbindung gebracht wird. Barker und Burgwin (1948) *konnten nach Suggestionen des natürlichen Schlafes auch im EEG Schlafpotentiale finden*. Diese Befunde wurden von uns bestätigt (Abb. 11a und 11b). Aufgrund ihrer Befunde nahmen Barker und Burgwin (1948) an, bei Probanden müßten *zwei Eigenschaften* vorhanden sein; *die eine sei die der hypnotischen Suggestibilität und die andere die der Neigung zum hypnotischen Schlaf*. Diese zwei möglichen Eigenschaften der Vpn sind später kaum auf diese Weise untersucht worden, obwohl sie einige Aufschlüsse über die differenten Befunde bei verschiedenen Autoren ergeben könnten. Die von Gill und Brenman (1959, 1977) diskutierten Alpha im EEG nach den Untersuchungen von Loomis et al. (1936a) haben wahrscheinlich keinen direkten Bezug zur Hypnose (Kapitel XXIV.2.5.2.2). *Der Nachweis über das Ausbleiben von Alpha-Wellen-Blockierung bei hypnotischer Blindheit* (siehe auch Emrich, 1965 a, b, c) ist jedoch erwähnenswert, *da die Alpha im vollen Wachsein blockiert werden* (siehe unten). Sehr interessant sind die Befunde von Schwarz et al. (1955), die zusammengefaßt folgendes erbracht haben: (a) *Neun von 11 Probanden boten eine Blockierung von Alpha während der visuellen Halluzinationen bei geschlossenen Augen.* (b) Fünf Vpn lieferten während der visuellen hypnotischen Halluzinationen die sogenannten *Lambda-Wellen* (Kapitel XXV.2.2.4), die mit der visuellen Aufmerksamkeit in Verbindung gebracht werden (Gill und Brenman, 1959, 1977). (c) Fünf Vpn zeigten minimale Ausprägung von Lambda oder deren Fehlen während der hypnotischen Blindheit. (d) Alpha-Wellen persistierten nicht bei hypnotischer Blindheit und offenen Augen. (e) Während der Hypnose war *die Antwort auf die Photostimulation minimal.* (f) Im EEG fanden sich keine sicheren Veränderungen bei einer Suggestion der Anästhesie während der Hypnose. (g) In der Hypnose wurde Schlaf bei sieben von 11 Vpn suggeriert. *Im EEG erschienen Spindeln und Theta-Wellen ohne K-Komplexe.* (h) *Bei einer Person mit einer Altersregression bis zum dritten Lebensjahr wurde eine Veränderung des EEG und das Erscheinen von Schläfrigkeitszeichen oder EEG-Wellen wie im leichten Schlaf gefunden.* (i) Hypnotische Regression bei fünf Vpn erbrachte keine Veränderungen im EEG. (j) Hypnotische Aktivationstechnik bei *genuinen Epilepsien* war nicht mit EEG-Veränderungen verbunden. (k) Hypnotische Aktivationstechnik konnte *hysterische Antworten* bei Personen hervorrufen, ohne daß dabei auch Veränderungen im EEG gefunden werden konnten. Bei ihren Untersuchungen konnten Gill und Brenman (1959, 1977) feststellen, «that hypnosis is definitely not a variety of sleep, i.e., electroencephalographic patterns in a wide variety of hypnotic states and in physiological sleep are clearly distinguishable from each other; second, that hypnosis and *alert* waking states do not appear to be identical . . . hypnosis can be differentiated from sleep *and from alert waking conditions*, but not from low alpha, low voltage nonhypnotic states, such as relaxed and/or drowsy states» (Gill und Brenman, 1959, 1977, Seite 224). Die bisherigen fremden und eigenen Befunde im EEG deuten darauf

hin, *daß bei deren Beurteilung die bioelektrische Ausgangslage berücksichtigt werden muß.* Denn gerade die *bioelektrische Konstitution* – wie jede andere Veranlagung des Individuums auch – *scheint sich an der Determinierung der Befunde zu beteiligen* (siehe oben). In diesem Zusammenhang ist erneut darauf hinzuweisen, *daß die hohe Alpha-Wellen-Ausprägung im EEG nicht leicht mit hoher Hypnotisierbarkeit in Verbindung gebracht werden kann* (Engstrom et al., 1970; London et al., 1968, 1974; Nowlis und Rhead, 1968; Walsh, 1972). Wir werden in Kapitel XXVI.2.2.1 Befunde diskutieren, nach denen Hysteriker/Neurotiker *zu einem hohen Prozentsatz keine oder fast keine Alpha-Wellen im EEG (sondern Theta) aufweisen.* In Kapitel IX wurde jedoch davon gesprochen, daß Hysteriker/Neurotiker hypnotisierbarer sind als gesunde Vpn. *Die Beurteilung der Veränderung im EEG im Zusammenhang mit Hypnotisierbarkeit und während der Hypnose kann also nicht isoliert von den übrigen Faktoren der Persönlichkeit vorgenommen werden.*

3.4.8 Zur Frage der Vigilanz und EEG in Hypnose

Wie wir bereits 1965 und später (Jovanović, 1965a, b, c, 1966a, b, c, 1969a, b, 1970, 1971, 1977, 1979) darauf hingewiesen haben, muß man bei den Untersuchungen des EEG bei gesunden Menschen – ganz gleich, welcher Art die Untersuchung ist – *die Ausgangslage der Vigilanz* berücksichtigten. Die Literatur darüber ist sehr umfangreich und kann an dieser Stelle nicht ausführlich diskutiert werden. In den Arbeiten von Jovanović (1965a–1977) sowie Jung (1949, 1963a, b, 1965) und Jouvet (1961, 1969, 1972) kann man sich jedoch darüber informieren. Bereits in der Publikation aus dem Jahre 1965 haben wir feststellen können, *daß gesunde Probanden auf Weckmittel unterschiedlich reagieren, abhängig von der Vigilanz der Vpn.* In den Kreisen der Neurophysiologen (Christian, 1968; Jung, 1963a, b; Kugler, 1969) ist es bekannt, daß sich die Alpha-Wellen im EEG *bei einer Beruhigung der Probanden vermehren* und daß diese *bei Reizen* (meist akustisch) *blockiert* werden (Berger, 1929, 1931). Statt dessen treten Beta-Wellen auf, d. h. *eine Desynchronisierung im EEG.* Bei unseren Versuchen (Jovanović, 1977) haben wir jedoch nachweisen können, daß es von dieser Regel viele Ausnahmen gibt. Eine spärlich ausgeprägte bioelektrische Hirnaktivität vor dem Versuchsbeginn kann auf zwei Weisen auf akustische Reize reagieren: *mit einer Alpha-Wellen-Aktivierung – gesenkte Vigilanz* – und mit einer *Alpha-Wellen-Blockade – erhöhte Vigilanz.* Desgleichen bei Gabe von *Weckmitteln* (Amphetamine, Pemolin) (Jovanović, 1965c, 1966 a, b). Nach der Gabe von *Tranquilizern* kann die biolelektrische Hirnaktivität ebenfalls auf mindestens *zwei* Weisen reagieren; *mit einer Alpha-Aktivierung* – bei sehr *hoher Vigilanz* – und *mit einer Alpha-Wellen-Blockade* – bei einer relativ *gesenkten Vigilanz. Die Reaktion ist also umgekehrt wie bei Weckmitteln* (Jovanović, 1965c). Das sind allerdings Reaktionen, die von außen beobachtet werden. Das Gehirn selbst reagiert wahrscheinlich auch anders (Jung, 1949, 1963a, b). Wir können demzufolge nicht erwarten, *daß in der Hypnose die bioelektrischen Hirnaktivitäten nach außen bei allen Probanden auf die gleiche Weise antworten.* Die bioelektrische Ausgangslage (EEG-Wellen-Ausprägung) müßte demzufolge bei jedem Versuch angegeben werden. Erst dann kann man die Befunde während des Versuches und danach bei verschiedenen Autoren miteinander vergleichen.

3.4.9 Die Deutung der bioelektrischen Hirnaktivität im Zusammenhang mit Schlaf und Hypnose

Das Stichwort *Schlaf* ist mehrmals gefallen; die Frage der Hypnose und ihres Zusammenhanges mit dem Schlaf ebenfalls. Zu unseren oben beschriebenen Befunden möchten wir noch ein paar Ergänzungen bringen. Bei einer Suggestion :«Sie schlafen ... Sie befinden sich *in einem natürlichen Schlaf...»* etc., erhielten wir bei den entsprechenden Probanden *einen Schlaf in wenigen Minuten mit allen Anzeichen eines Schlafes im EEG* (Theta-, Beta- und Delta-Wellen mit zahlreichen Beta-Spindeln; Loomis et al., 1935a–1938) (Abb. 11a und 11b). Wenn wir aber bei demselben Probanden *keinen Schlaf*, sondern den *«hypnotischen Schlaf»* («... Sie befinden sich in einem hypnotischen Schlaf, Sie schlafen nicht wie im Schlaf während der Nacht ... dieser Schlaf unterscheidet sich von dem in der Nacht ... Sie hören mich deutlich sprechen und befinden sich in einem schlafähnlichen Zustand ...») suggerierten, bekamen wir wie in Abb. 12, 13 und 14 dargestellte Reaktionen. *Wenn der Proband suggestibel ist, reagiert er also auch mit Schlaf, wie auf alle anderen Suggestionen auch.* Diesem Moment muß man bei den Versuchen mit Hypnose und EEG eine gebührende Aufmerksamkeit schenken. Suggeriert man während der Hypnose rasche Augenbewegungen (REM) nach links und rechts, so erhält man diese bei gut suggestiblen Personen mit entsprechenden Halluzinationen wie in einem Traum auch (REM-Schlaf; Jovanović, 1971). Definiert man suggestiv die REM-Schlafzeiten, so erscheinen sie auch suggestionsgemäß (Abb. 11a und 11b).

3.4.10 Zur Frage der Lateralisation im EEG und Hypnose

Bakan und Svorad (1969) berichteten über die *negativen Korrelationen* zwischen dem Ruhe-Alpha-EEG und *Augenbewegungen nach rechts*. Aber auch zwischen der Hypnotisierbarkeit und den Augenbewegungen nach rechts ergaben sich negative Korrelationen. Morgan et al. (1971) verglichen die Alpha-EEGs der linken mit denen der *rechten* Hemisphäre. *Bei hoch hypnotisierbaren Vpn fanden sich höhere Alpha-Aktivitäten über der rechten Hirnhemisphäre. Dabei stimulierten analytische Aufgaben eine proportional geringere Alpha-Aktivität über der linken Hemisphäre, während Aufgaben über räumliche Vorstellung und musikalische Aufgaben eine geringere Alpha-Aktivität über der rechten Hemisphäre verursachten.* In einer späteren Studie haben Morgan et al. (1974) derselben Gruppe eine schwierigere Musikaufgabe vorgelegt. *Rechts wurden mehr Alpha gefunden als links.* Die Gruppe um Galin (Galin, 1974; Galin und Ellis, 1975; Galin und Ornstein, 1972, 1974) fand auch gewisse Beziehungen *der EEG-Wellen zur rechten Hemisphäre.* Das Verhältnis rechts/links war höher bei *verbalen* und *arithmetischen Aufgaben* im Vergleich zu den *räumlichen Aufgaben*, da die linke Hirnhemisphäre bei spezialisierter kognitiver Aktivität eine proportional niedrigere Aktivität im EEG aufweise (Doyle et al., 1974; Galin und Ornstein, 1972). Die Lateralisations-Hypothese konnte besser durch die *Alpha-Asymmetrie* im EEG als durch die evozierten Potentiale (EP) unterstützt werden (Galin und Ellis, 1975). Unter Berufung auf die Befunde von Dumas (1977), Edmonston und Grotevant (1975), Galbraith et al. (1970), London et al. (1968), Nowlis und Rhead (1968), Tebêcis et al. (1975) u.a. hat MacLeod Morgan (1979) diese Frage erneut aufgegriffen. Sie untersuchte 50 Vpn (Alter 33,15 Jahre), von denen 22 Erfahrungen in Hypnose hatten. Beide Gruppen hatten in etwa dieselbe Verteilung in der *Harvard Group Scale of Hypnotic Susceptibility (HGSHS)* und alle hatten die *Tellegen Absorption Scale (TAS)* ausgefüllt. Es wurden sechs Aufgaben vorgelegt; davon *drei* der Aktivität der *linken* Hemisphäre gewidmet, wie *Random Number Generation (RNG), Verbal Categories (VC) und Mental Arithmetic (MA).* Die übrigen Aufgaben bezogen sich auf die Aktivität der *rechten* Hemisphäre, wie *Spatial Orientation (SO)* (räumliche Orientierung), *Listening to Music (LM)* und *Tonal Memory (TM).* Zwischen den hoch und schwach hypnotisierbaren Vpn fanden sich signifikante Unterschiede im Alpha-Ausgangswert. *Je höher die Hypnotisierbarkeit war, desto positiver das Verhältnis von Alpha zugunsten der linken Hemisphäre.* Foenander und Burrows (1979) untersuchten 26 Vpn (11 männlich und 15 weiblich) zwischen 22 und 40 Jahren und fanden, *daß hoch hypnotisierbare Vpn eine signifikant höhere Alpha-Aktivität aufweisen als die gering hypnotisierbaren Vpn. Das EEG konnte helfen, die Hypnose vom Entspannungszustand im Wachsein zu unterscheiden.*

Niedrigere Alpha-Aktivitäten wurden während der Hypnose im Vergleich zum Ausgangswert registriert. *Mehr Alpha-Wellen wurden von der rechten als von der linken Hemisphäre gefunden.* Die Hypothese, daß die rechte Hirnhemisphäre für Hypnose verantwortlich ist, konnte jedoch nicht bestätigt werden. *Die Hypnose kann nach den Autoren nicht komplett lateralisiert werden.* Die Lokalisation der Elektroden bei verschiedenen Untersuchungen könne für die nicht übereinstimmenden Befunde verantwortlich gemacht werden. Dazu müsse noch die Auswahl der gemessenen EEG-Parameter berücksichtigt werden. Weitere Untersuchungen zu diesem Problem wurden vorgeschlagen.

Dazu muß noch einiges von uns angemerkt werden. Seitendifferenzen von Alpha im EEG zugunsten der Ausprägung und Amplitude der Wellen der *rechten* Hirnregion sind in den Fachkreisen der Neurophysiologen (Christian, 1968; Jovanović, 1965c; Kugler, 1969) wohlbekannt. Diese physiologischen Seitendifferenzen im EEG werden so gedeutet, *daß bei Rechtshändern* (Jovanović, 1977) *die bioelektrische Hirnaktivität über der linken Hirnhemisphäre durch den Tonus der rechten Hand blockiert wird. Bei Linkshändern ist es in etwa umgekehrt.* Da die Alpha-Tätigkeit im EEG bei einer *Entspannung* stärker ausgeprägt ist, wird sich diese Seitendifferenz abschwächen. Wenn man dazu noch die Hypnose mit Entspannung induziert, wird sich die Seitendifferenz – wie bei unseren Versuchen – noch mehr verringern; Alpha-Wellen können dann – abhängig von den Faktoren, die wir oben diskutiert haben – beiderseits zunehmen. Ob für die Hypnose die eventuell noch vorhandene Seitendifferenz spezifisch ist, muß vorläufig offen gelassen werden.

3.4.11 Der Vergleich der Veränderungen im EEG in Hypnose mit Veränderungen des EEG in anderen Entspannungszuständen

Über die Theta im EEG während der Transzendentalen Meditation (TM) ist so oft und ziemlich unkritisch gesprochen worden, daß diese Befunde vom wissenschaftlichen Standpunkt aus nicht leicht diskutiert werden können. Von Wichtigkeit ist es dabei zu betonen, daß wir in unserer Gruppe mit TM allein nicht diejenigen Befunde im EEG erhalten haben wie in den Hypnosegruppen. TM und Hypnose *zusammen* ergeben jene Befunde, die wir oben für die Hypnose *allein* (Abb. 12–14) vorgetragen haben. *Die Veränderungen im EEG durch Hypnose unterscheiden sich demnach von denen bei anderen intensiven Beruhigungszuständen (Meditationen).* Auch bei der Placebo-Gruppe wurden solche Reaktionen wie in der Gruppe mit Hypnose nicht beobachtet. Obwohl also die Veränderungen im EEG nicht mit Sicherheit als eine spezifische Reaktion auf Hypnose angesehen werden dürfen, ist doch die Hypnose *etwas mehr und etwas anderes als die Meditation* allein. *Eine Theta-Vermehrung im EEG während der TM ist also das Resultat einer Hirnreaktion in den tieferen Hirnstrukturen, jene nach der Hypnose mehr eine corticale und erst an zweiter Stelle eine subcorticale Reaktion.* Duensing (1966) verglich die Reaktion im EEG auf die Hypnose mit einer *trophotropen Antwort* auf die Beruhigung nach Walter Rudolph Hess (1962) und Marcel Monnier (1962, 1969). Auch Jung (1963b, 1965) sprach von einer Korrelation zwischen dem frequenten, kleinamplitudigen EEG und der *ergotropen* (sympathikotonen) Richtung mit Aufmerksamkeitszuwendung einerseits sowie dem langsameren EEG und der *Trophotropie* andererseits. Trotz aller Befunde sind wir mit der Antwort des ZNS auf Hypnose und andere Entspannungszustände noch nicht zufrieden. Viele Zusatzfaktoren – die bis heute kaum gleichzeitig untersucht worden sind – spielen dabei eine entscheidende Rolle.

3.4.12 Veränderungen im EEG bei pathologischen Zuständen

Die Literatur über die Reaktion des EEG unter pathologischen Bedingungen ist nicht mehr an einer Stelle zu übersehen. Unter anderem kann darüber bei Christian (1968), Gill und

Brenman (1959, 1977), Gorton (1949), Jovanović (1965c), Kugler (1966), Schwarz et al. (1955), Sumner et al. (1952) nachgelesen werden. Zur Orientierung und zum Vergleich mit den Reaktionen des EEG bei Gesunden geben wir Abb. 14, die von einer Patientin mit *epileptischen Reaktionen* stammt. Wie aus Abb. 14 hervorgeht, *ist die Alpha-Aktivierung während der Hypnose bei Patienten der bei gesunden Probanden ähnlich oder gleich.*

3.5 Evozierte Potentiale (Evoked Potentials) und Hypnose

Beim Studium der *evozierten Potentiale (EP)* haben sich nicht immer eindeutige Befunde im Zusammenhang mit Hypnose ergeben (Amadeo und Yanovski, 1975; Galbraith und Cooper, 1972; Galin und Ellis, 1975; Lader, 1973; Zakrzewski und Szelenberger, 1981). Bezüglich der *visuellen evozierten Potentiale (VEP)* wurden bei einigen Probanden Veränderungen in der Amplitude, verbunden mit der Stärke des Stimulus, nachgewiesen (Clynes et al., 1964). Auf der anderen Seite konnten Beck und Barolin (1965) sowie Beck et al. (1966) keine großen Effekte bei einer größeren Gruppe finden. Tecce (1970) stellte fest, daß es sich nicht lohnt, *bei mehr als zwei Vpn zusammen die VEP zu studieren.* Zakrzewski und Szelenberger (1981) untersuchten die VEPs während der Hypnose bei fünf gesunden Vpn (20–24 Jahre alt, weiblich), nachdem auch *Blindheit* suggeriert worden war. Diese wurden mit denen während des Wachzustandes verglichen. Unter diesen Bedingungen wurden intra- und interpersonelle Analysen vorgenommen. Diese ergaben eine Tendenz zur Verzögerung von VEP N-250-Latenzen (und vielleicht auch zur Veränderung der Amplitude) bei der Verstärkung der Hypnose. Die Veränderungen waren jedoch insgesamt klein. Keine Veränderungen wurden in den Anfangs-VEP-Komponenten gefunden. Einige Tendenzen in den späteren P-300-Komponenten waren bei weitem nicht so signifikant. Eine Abnahme der N-250-Amplituden nach einer hypnotischen Suggestion der Blindheit war signifikant für die ganze Gruppe, jedoch schwierig zu interpretieren. Die Autoren empfahlen, künftig mehr intra- als interpersonelle Untersuchungen vorzunehmen.

Amadeo und Yanowski (1975) untersuchten *somatosensorische* und *akustische EP* bei drei hypnotisierten Vpn, die chirurgische Eingriffe ohne chemische Narkose mitgemacht hatten, und bei zwei Vpn, die ihre organischen Schmerzen hatten kontrollieren können. Die Vpn wurden in einem Aufmerksamkeitsexperiment studiert, das in nicht-hypnotisiertem und hypnotisiertem Zustand durchgeführt wurde und das ihren subjektiven Kriterien gemäß angelegt war. Man verlangte von den Vpn, daß sie auf einen bestimmten Reiz hin eine Taste herunterdrückten. Diese Reize wurden ohne besondere Ordnung in jeder Sitzung gegeben. Im nicht-hypnotisierten Zustand wurden ansteigende Größen der späteren Wellen-Reaktion erhalten, während im hypnotisierten Zustand die Reaktionen auf akustische Reize oder Schock in keiner Weise Veränderungen in den Größen dieser Reaktionen hervorbrachten. Auch wurden weiterhin hypnotisch induzierte Änderungen in der Wahrnehmung des akustischen Reizes oder Schocks nicht von korrespondierenden Veränderungen in den bewirkten Reaktionsgrößen begleitet. Diese Befunde wurden daher als zunehmende Stabilität der Aufmerksamkeit und der bewirkten Reaktionen im hypnotischen Zustand ausgelegt. Das Studium der EP ist relativ neu. Erst in den letzten Jahren hat man sich diesem Problem verstärkt zugewandt. *Wenn dazu noch die Individualität der Reaktionen des Menschen berücksichtigt wird*, dann wird man feststellen können, daß man auf die endgültigen diesbezüglichen Befunde noch lange warten muß.

4. Zur Frage der Augenmotorik (EOG) während der Hypnose

4.1 Begriffe und Definitionen

Unter *Augenmotorik* verstehen wir an dieser Stelle die *Augenbewegungen* während der Hypnose und ähnlicher Zustände, und zwar jene, die *elektrookulographisch* erfaßt werden können. Das *Elektrooculogramm (EOG)* kann als *Ableitung der Veränderung der bioelektrischen Felder bei Augenbewegungen definiert werden.* Die Neurophysiologie (Jovanović und Seeberg-Elverfeldt, 1988) unterscheidet zwischen

(a) den *sehr trägen Augenbulbideviationen* mit einer Frequenz von einer bis mehreren Minuten;
(b) den *langsamen Augenbewegungen (Slow Eye Movements: SEM)* und
(c) den *raschen Augenbewegungen (Rapid Eye Movements: REM).*

Die Frequenz der letzteren zwei Augenbewegungsarten liegt *innerhalb von Sekunden.* Bei der Hypnose spielen die Augenbewegungen und die Reaktionen an den Augen überhaupt eine große Rolle.

4.2 Augenbewegungen im Schlaf und bei Imaginationen/ Halluzinationen

Aristoteles (384–322 v. Chr.) (für fehlende Literatur siehe bei Jovanović, 1988) beobachtete *Augebewegungen unter geschlossenen Lidern bei schlafenden Hunden, Katzen und Menschen.* Fontana (1766) fand *Veränderungen der Pupillen im Schlaf. Über atypische Augenbewegungen* im Schlaf berichteten dann Raehlemann und Witkowski (1847). Plotke (1880) versuchte die Ergebnisse seiner Zeit über die Augenbewegungen im Schlaf durch einen großangelegten Versuch aufzuhellen. Dabei fand er ähnlich wie Raehlemann und Witkowski (1847) einen direkten Zusammenhang zwischen *Pupilleneinengung und Schlaftiefe* sowie *Pupillenerweiterung und äußerem akustischem Reiz.*
Im Jahre 1892 veröffentlichte Ladd die Ergebnisse eines Eigenversuches, der bereits 1868 von Griesinger methodisch kurz beschrieben worden war. Die Fähigkeit des Probanden, in diesem Fall des Autors selbst, *bei geschlossenen Augen retinale Bilder zu sehen, die durch intra-organische Reize ausgelöst wurden, war die Versuchsgrundlage.* Nach der Arbeitshypothese *bestehe ein direkter Zusammenhang zwischen visuellen Träumen und den retinalen Bildern, die beim Aufwachen unter geschlossenen Lidern noch weiter existieren.* Der Autor kam zu dem Schluß, daß Traumbilder, *die kurz nach dem Einschlafen auftreten*, intra-organisch ausgelöst werden müssen, während Traumbilder *am frühen Morgen* oft durch *äußere Reize* mitbestimmt werden. Aufgrund seiner Beobachtungen schloß Ladd, daß die Augäpfel des Träumenden ständig in Bewegung sind, während die Augen des Traumlosen in der nach innen und oben rotierten Stellung verharren. Pietrusky (1922) beobachtete dann in einem großangelegten Versuch bei 300 Schlafenden – darunter 20 Säuglinge und 72 Kinder bis 14 Jahre – Bewegungen der Augenbulbi unter dem angehobenen Lid. Wie bereits andere Autoren vor ihm (Berger und Loewi, 1898; Raehlemann und Witkowski, 1847) stellte Pietrusky *asynchrone* Augenbewegungen fest, die bei geringer Schlaftiefe auffallend heftiger als im Tiefschlaf waren, ebenso wie die erstmals von ihm beschriebenen *synchronen* radförmigen Bewegungen. Auch Denisova und Figurin (1926) berichteten über *periodische* Bewegungen der Augäpfel unter den Lidern im Schlaf. Guernsey (1929) beobachtete rollende Augenbulbi

durch Anheben der Lider bei Schläfern und fand bei Kindern in verstärktem Maße Augenbewegungen im Vergleich mit Erwachsenen. Jacobson (1930a, b, 1938) stellte Untersuchungen über die Wendungsrichtung der Augen im *Wachzustand* hinter geschlossenen Lidern an und fand, *daß die Augen sich bei Erinnerung an ein Geschehen (Imagination) in die Richtung der momentan ablaufenden suggerierten Handlung bewegen.* Giovanni de Toni (1933) beschrieb pendelnde Augenbewegungen, die er an 214 Kindern im Schlaf beobachten konnte. Augenbewegungen wurden weiter unter anderem von Burford (1941), Carmichael und Dearborn (1948), Fenn und Hursh (1937), Lion und Brockhurst (1951), Marg (1951), Miles (1931), Teplitz (1943) sowie Wagner (1937) gemessen.

In seiner Dissertation (1953) beschrieb Aserinsky seine Versuche, die er an 14 Kindern im Alter von einem bis sieben Monaten, einem 10 Jahre alten Jungen und 26 Erwachsenen während der gesamten Nacht durchgeführt hatte. Rollende Augenbewegungen, die er während des Schlafes an Probanden beobachten konnte, *wurden mit Hilfe einer Registriermethode erfaßt, die sowohl horizontale als auch vertikale Bewegungen, getrennt für jedes Auge, demonstrierte.* Erst jetzt konnten die oben erwähnten zwei letzteren Typen von Augenbewegungen objektiv registriert werden: *Langsame Augenbewegungen (Slow Eye Movements = SEM)* mit einer Frequenz von 0,3–0,5/sec, die kurz nach dem Einschlafen auftraten, und *rasche Augenbewegungen (Rapid Eye Movements = REM)* mit einer Frequenz von 0,5–2,0/sec und Amplituden bis zu 400 Mikrovolt. Zusammenhänge zwischen REM und Traum wurden dann von vielen anderen Forschern bestätigt, wie von Berger et al. (1962), Berlucchi et al. (1964), Brady und Rosner (1966), Dement (1964), Dement und Fisher (1963), Dement und Kleitman (1957a, b), Dement und Wolpert (1958), Roffwarg et al. (1964, 1966, 1978). Die folgenden Jahre brachten weitere differenzierende Versuchsergebnisse in bezug auf die Zusammenhänge von REM (Roffwarg et al., 1978) und Traumerlebnissen (Jovanović und Theissen, 1988; Theissen, 1973).

4.3 Langsame (SEM) und rasche Augenbewegungen (REM) während der Hypnose

Seit der frühesten Geschichte der Hypnose hat man das Interesse an *Augenbewegungen* bekundet. Bereits James Braid (1795–1860) (Kapitel IX.12.6) hat als Augenarzt der *Augenreaktion auf Hypnose* seine Aufmerksamkeit gewidmet. Die meisten der älteren Induktionsmethoden der Hypnose arbeiten mit der *Augenfixierung (Fixationsmethode)* und *Ermüdung der Augenlider* (J. H. Schultz, 1932, 1966, 1983). Strosberg et al. (1962) sahen eine Anzahl von Veränderungen in den Augen während der Hypnose, angefangen von der *Blutzufuhr* in die vaskulären Anastomosen, Veränderungen der Kurvatur der Cornea bis zu Erscheinungen in der Sklera. Weitzenhoffer (1953, 1959, 1971) berichtet über die Besonderheiten der SEM im Zusammenhang mit Hypnose. Amadeo und Shagass (1963) konnten keine positiven Korrelationen der REM mit der *selektiven Aufmerksamkeit* finden. Da die REM-Aktivität mit der Hypnose verringert ist, haben letzterwähnte Autoren daraus gefolgert, die Hypnose rufe eine Verringerung der Aufmerksamkeit hervor. Antrobus et al. (1964a) haben Verringerungen der Augenbewegungen in Verbindung mit einer Passivität oder einem Nachlassen der Aufmerksamkeit gefunden. Dagegen haben Weitzenhoffer und Brockmeier (1970) eine Verringerung der Augenaktivität während der Hypnose nur dann gefunden, wenn dabei die Augen offen geblieben waren. Bei geschlossenen Augen wurde eine Reduktion der Amplitude der registrierten Potentiale um 30–50 % beobachtet. Nach Schiff et al. (1961) sowie Zikmund (1964) ist ebenfalls eine Reduktion der Augenbewegungen während der Hypnose zu finden. Nach Weitzenhoffer (1962) entsteht eine *niedrige Amplitude und eine geringere Frequenz während des hypnotischen Zustandes.* Dies soll insbesondere bei hoch hypnotisierbaren Vpn gefunden worden sein, wobei die SEM für ein tiefes Hypnosestadium charakteristisch seien. *Die Befunde über die SEM seien konstanter als jene der REM und Hypnose* (Dunwoody und Edmonston, 1974). Bei hoch suggestiblen Vpn soll Weitzenhoffer (1967) im Stadium I (des Schlafes) *sinusoidale* SEM gefunden haben. Die SEMs nahmen bei geschlossenen Augen während der Hypnose zu (Weitzenhoffer, 1971). Bei hoch hypnotisierbaren Vpn wurden auch *konische Muster* der SEM *(«Sem cons»)* während der Hypnose-Induktion registriert (Lorens und Darrow, 1961; Weitzenhoffer, 1969, 1970, 1971). Diese Art erscheine während der *induktiven Phase der Hypnose, direkt nach dem Augenschließen.* Weitzenhoffer (1971) nahm weiter an, *daß die konischen SEM mit der progressiven Vertiefung der Hypnose zusammenhängen und daß diese ein wichtiger neurophysiologischer Indikator der induktiven Phase der Hypnotisierung sei.* Nach einer Prüfung der Hypnotisierbarkeit mit Hilfe von *Harvard Group Scale of Hypnotic Susceptibility (HGSHS)* haben Dunwoody und Edmonston (1974) die SEM bei 16 gesunden Vpn (12 männlich und vier weiblich) mit EOG abgeleitet. Die SEM waren bei 14 von 16 Vpn (bei beiden Gruppen; hoch und schwach hypnotisierbaren) anzutreffen. In 28 von 32 Hypnose-Sitzungen konnten SEM registriet werden. *Die Verringerung der SEM erschien vorzugsweise drei Minuten nach dem Beginn der Instruktionen zum Augenschließen.* Keine Unterschiede ergaben sich zwischen den hoch und schwach hypnotisierbaren Vpn. *Konische SEM* (mit progressivem Anstieg der Amplitude und entsprechender Senkung der Frequenz; Weitzenhoffer, 1971) erschienen als Phänomen bei jeder Vp am Beginn der SEM, und zwar im Stadium der Entspannung und im Stadium der Hypnose-Induktion. Die Dauer der SEM-Serien belief sich auf 5–120 Sekunden. *Insgesamt gesehen waren die SEM und konischen SEM mehr mit dem Augenschließen als mit der Eigenschaft der Hypnose-Vertiefung verbunden und schienen nicht etwa eine neurophysiologische Veränderung wegen der Hypnose zu sein* (Weitzenhoffer, 1971). Auch Dunwoody und Edmonston (1974) schlossen aus ihren Befunden, daß die langsamen Augenbewegungen nicht direkt mit hypnotisch induziertem Zustand und auch nicht mit der Vertiefung eines solchen Zustandes direkt zusammenhängen. Diese Autoren empfehlen jedoch weitere Untersuchungen, um diese Frage endgültig zu klären. Da die SEM nach einigen Befunden (Amadeo und Shagass, 1963; Weitzenhoffer, 1971) *sowohl mit Hypnose als auch mit dem Stadium I des Schlafes als Folge der Augenschließung erscheinen*, werden von Dunwoody und Edmonston (1974) gezielte Untersuchungen der SEM im Stadium I des Schlafes und im Anfangsstadium der Hypnose empfohlen. Nach Dunwoody und Edmonston (1974) *ist die Hypnose «an intermediate phase of Stage I natural sleep and supports previous data demonstrating the similarity, if not identity, of hypnosis with relaxation».*

Die SEM-Cones seien nicht an die Hypnotisierbarkeit gebunden. Die Zunahme der Amplitude mit abnehmender Frequenz kann das Resultat einer Beruhigung beim Übergang vom Wachsein zur Entspannung oder zum Stadium I sein, da im Wachsein die Amplitude klein und die Frequenz groß ist. Dunwoody und Edmonston (1974) sowie Edmonston (1972) scheinen einige Literaturangaben über die SEM nicht bekannt gewesen zu sein. Jovanović (1971) (mit Literaturangaben) sprach von zwei Arten von Augenbewegungen im Schlaf, wobei «just after falling asleep and when the Ss woke up during the night, there were slow movements of the eyeballs, at a rate of 0,3 to 0,05/sec. These movements became slower and slower, the deeper the Ss fell asleep.» Die SEM verringern sich also auch nach diesen Befunden in der Frequenz mit zunehmender Schlafvertiefung und erfahren eine Erhöhung der Amplitude (die von Jovanović nicht ausdrücklich erwähnt worden war). Außerdem erscheinen sie auch *in der Nacht in einem Aufwachstadium und beim jeweiligen Erreichen des Stadiums I des Schlafes.* Die *progressive Relaxation* ist demzufolge nicht für das Erscheinen, für die Verringerung der Frequenz und Erhöhung der Amplitude der SEM verantwortlich. Vielmehr handelt es sich hier nach unserer Auffassung um einen neurophysiologischen Vorgang, der in seiner Aktivität beim Einschlafen verringert, beim Aufwachprozeß verstärkt zu sein scheint. Bei Jovanović (1971) ist auch ein Vergleich der SEM und REM miteinander und mit der Konstitution der

Vpn zu finden. Im *gleichen physiologischen Moment* (Schlafbeginn oder REM-Phase) finden sich sowohl SEM als auch REM unterschiedlicher Amplitude und Frequenz. Insbesondere ist dies jedoch bei der SEM- und REM-Dichte zu beobachten, obwohl in den REM-Phasen bei zwei oder mehreren Vpn der gleiche Trauminhalt beobachtet worden war (siehe auch Kapitel XXIV.2). *Insgesamt gesehen ist die Frage der Augenmotorik während der Hypnose und des Stadiums I des Schlafes noch nicht definitiv beantwortet worden.*

5. Zur Frage der bioelektrischen Muskelaktivität in Hypnose

5.1 Begriffe und Definitionen

Unter dem Begriff *bioelektrische Muskelaktivität* verstehen wir *Einzel- und Summenentladungen in Ruhe und Belastung an der willkürlichen Muskulatur.* Diese Aktivität wird mit Hilfe eines *Elektromyogramms (EMG)* (myos = Muskel) abgeleitet. Der Vorgang der Ableitung wird *Elektromyographie* (EMG) genannt.

Zur Entwicklung der Elektromyographie (EMG) hat sich unter anderem Drechsler (1964) sehr eingehend geäußert (für fehlende Literaturzitate siehe Drechsler, 1964 sowie Jovanović, 1988). Am Beginn unseres Jahrhunderts studierten vor allem Hoffmann (1910, 1922), Piper (1912), Wachholder (1928) die elektrische Muskelaktivität gesunder Menschen. Die ersten Analysen pathologischer Aktionspotentiale stammen von Cobb (1910), Trendelenburg (1922), Foix-Thevenard (siehe bei Drechsler, 1964). Hoffmann (1910, 1922) bediente sich der *Elektromyographie als objektiver Methode* beim Studium der *Eigenreflexe* des Menschen. Im Zuge der Registrierung der *Biosignale aus den Muskeln* wurde das EMG innerhalb der *Polygraphie* bei *Körper- und Extremitätenmotorik* eingesetzt (siehe unter anderem Jovanović, 1971, 1988; Jovanović und Vorberg, 1988; Othmer, 1967; Rechtschaffen und Kales, 1968; Vorberg, 1972 u.a.). Beim Menschen werden dabei die Ableitungen von der *mentalen und Nackenmuskulatur* bevorzugt. Bei der Erfassung von *Seitendifferenzen* der *Extremitätenmotorik im Schlaf* spielt heute das EMG die wichtigste Rolle (Jovanović, 1971) (Kapitel XXV.2.2 und 2.3).

5.2 Muskelpotentiale während der Hypnose

Das EMG ist in diesem Zusammenhang insbesondere bei der Auswertung des Grades der *Schmerzen* bei Schmerzpatienten generell sowie bei *Kopfschmerzen* speziell eingesetzt worden. Budzynski et al. (1973) fanden Korrelationen der Verstärkung der Muskelaktivität und der *Zunahme von Schmerzen* in den Muskeln, während Haynes et al. (1975) auf die methodischen Diskrepanzen hinwiesen. Phillips (1977a, b) sowie Martin und Mathews (1963) fanden keine Unterschiede der EMG-Aktivität bei mäßigen Kopfschmerzen im Vergleich zu den Kontrollpersonen. Harrison (1980) meinte, daß das EMG fraglich sei, wenn man es als Kontrolle der (Kopf)Schmerzen oder als Grad der Besserung dieser Schmerzen nach der Therapie in Anspruch nehmen wolle. Pierce und Morley (1981) wiesen darauf hin, daß es besser sei, sich mehr auf die Kopfschmerzen als auf das EMG zu konzentrieren. Insgesamt gesehen sind die Untersuchungen mit dem EMG relativ unvollständig und unzuverlässig, obwohl man bei der Hypnose fortwährend von einer Entspannung spricht. Die größte Schwierigkeit ergibt sich aus der Tatsache, *daß das Nachlassen der bioelektrischen*

Muskelaktivität auch mit einer Entspannung korreliert und daß nicht erst eine Hypnose notwendig ist, um die Muskelaktivität zu verringern. Es wäre von unschätzbarer Bedeutung, *die Katalepsie elektromyographisch zu verifizieren.* Andererseits ist jedoch das EMG dazu zu unspezifisch. Eine neue, genauere Methodik muß noch geschaffen werden (Bassman und Wester, 1984).

6. Elektrodermale Aktivität und Hypnose (EDG)

6.1 Begiffe und Definitionen

Regelsberger (1931a, 1934, 1942) sprach von einem *Elektrodermatogramm (EDG)*, Broughton et al. (1965) von *Electrodermogram.* Nach Jung (1963a, b) handelt es sich dabei um den galvanischen Hautwiderstand, nach Regelsberger (1931a, b) sowie nach Jovanović (1967c) um den *Gleichstromhautwiderstand oder Hautwiderstand.* Im wesentlichen schließen alle diese Begriffe den gleichen grundlegenden Prozeß ein, nämlich die *Veränderung der bioelektrischen Hautaktivität*, die in einem Falle als *Potential*, d.h. als *galvanischer Hautreflex* (Tarchanoff-Effekt, 1890) und in einem anderen Falle als der *Hautwiderstand* im Sinne des Ohmschen Gesetzes (Féré-Effekt, 1888) bekannt ist.

6.2 Hautaktivität während der hypnotischen Zustände

Bezüglich der *elektrodermalen Antworten während der Hypnose* sind verschiedene Befunde erhoben worden. Estabrooks (1930) berichtete, *daß die Hautleitgeschwindigkeit während der Hypnose abnimmt.* Levine (1930) fand jedoch keine Veränderung. Ravitz (1950, 1951a, b, 1959) beobachtete sowohl eine Abnahme als auch eine Zunahme, und Davis und Kantor (1935) berichteten darüber, daß die Hautleitgeschwindigkeit während der *aktiven* Hypnose zu- und im *passiven* hypnotischen Zustand abnimmt. Barber und Coules (1959) sowie Edmonston und Pessin (1966) fanden keine signifikanten Veränderungen des *basalen Hautwiderstandes* (BSR) während der hypnotischen Induktion und auch nicht im Verlaufe des hypnotischen Zustandes. Pessin et al. (1968) konnten zwar keine Veränderungen des BSR nachweisen, jedoch wurden gewisse Veränderungen der elektrodermalen Hautantworten (galvanische Hautreflexe: GHR, GSR) beobachtet. Auch Fehr und Stern (1967) sahen eine geringere Aktivität der Haut während der Hypnose. Edmonston (1961, 1968, 1972) untersuchte 45 freiwillige Vpn (33 männliche und 12 weibliche) unter Inanspruchnahme von *Maudsley Personality Inventory (MPI)* sowie *Harvard Group Scale of Hypnotic Susceptibility (HGSHS)* (Shor und Orne, 1962) unter drei Bedingungen: (a) hypnotische Instruktionen; (b) Entspannung ohne hypnotische Instruktionen; (c) Vpn ohne Instruktionen. *Hypnotische Zustände unterschieden sich dabei nicht von den Entspannungszuständen ohne Hypnose.*
Die Reaktion des *basalen Hautwiderstands (BSR = Basal Skin Resistance)* (was wir seinerzeit als Gleichstrom-Hautwiderstand = GHW, Jovanović, 1967c, 1970, 1971, angesehen haben) und deren Resultate können nicht deutlich genug hervorgehoben werden. Der elektrische (galvanische) Hautwiderstand (BSR) während der Hypnose wurde außer von Barber und Coules (1959), Brown und Vogel (1938), Davis und Kantor (1935), Dynes (1947), Estabrooks (1930), Levine (1930), auch von Sears und Beatty (1956), Shor (1962a, b), Tart (1963), West et al. (1952) studiert. Dazu sind auch Untersuchungen der *direkten Hautpotentiale (bioelektrische Hautaktivität)* von Friedman et al. (1962), Ravitz (1950, 1951a, b, 1959) vorgenommen worden. Deutungsschwierigkeiten haben sich wegen der unterschiedlichen Technik und

verschiedenen Auffassungen über die Hypnose und/oder elektrische Hautaktivität ergeben. Insbesondere treten diese Schwierigkeiten dann auf, wenn man zur Hypnose selbst auch die verschiedenen Stadien der Hypnosetiefe (Kapitel IX.4.1.5) berücksichtigt. Diese Frage diskutierend, nahm Tart (1963) 345 Vpn (Studenten) in Anspruch, bei denen zunächst ein Suggestibilitätstest durch Armlevitations-Versuch vorgenommen worden war. Aus dieser großen Gruppe von 345 Studenten wurden 11 ausgewählt, bei denen (a) eine Armlevitation während des Tests vorhanden war, (b) das Interesse am Versuch bekundet wurde, (c) Traumerinnerung einmal pro Woche oder öfters vorhanden war, (d) gute Konditionen gemäß *Minnesota Multiphasic Personality Inventory (MMPI)* nachgewiesen werden konnten. *In der ersten Trainingssitzung* enthielt die Prozedur folgende Elemente: (aa) die Induktion der Hypnose durch die Armlevitation möglich (Permissive method); (bb) Armrotation als Antwort auf Suggestion nachprüfbar; (cc) Illusionen an den Armen vorhanden (ein Arm sollte warm, der andere kalt werden); (dd) Handschuhanästhesie (glove analgesia) vorhanden; (ee) Träume des Spazierengehens und deren Beschreibung am Ende des Versuches dem Examinator gegenüber möglich; (ff) Erklärung der Tiefe der Hypnose anhand einer Skala durch den Probanden; (gg) Suggestionen zur Erleichterung der Hypnose-Induktionen in der nächsten Sitzung; (hh) Suggestion der posthypnotischen Amnesie; (ii) langsame Dehypnotisierung der Vpn vom tiefsten Stadium bis zum Wachsein erreicht. *In der zweiten Sitzung* (etwa eine Woche später) lief die Prozedur wie folgt ab: (ab) Einleitung durch die Technik der Armlevitation; (ac) Review der Skala zur Messung der Hypnosetiefe; (ad) Suggestionen zur Vertiefung der Hypnose, bis die Vp das Zeichen für 30 oder mehr gibt; (ae) Suggestionen, daß die Vp sofort hypnotisiert werden wird, wenn der Hypnotiseur ein Zeichen gibt; (af) Suggestionen, daß die Vp träumen wird, was sie möchte und diese Träume später dem Examinator auch erzählen wird; (ag) Träumen über eine Vorlesung seitens des Examinators und die Beschreibung des Traumes; (ah) dasselbe wie bei (af); (ai) dasselbe wie bei (ae); (aj) Suggestionen der Amnesie; (ak) Dehypnotisierung der Vp wie oben beschrieben.
Nachdem die Vorbereitungsprozedur abgeschlossen worden war, *nahm jeder Proband an zwei speziellen Sitzungen teil*, und zwar an der *Hypnotic Dream Session (HDS)* und *Sleep Dream Session (SDS)*. Je fünf Vpn nahmen zuerst an der HDS bzw. an der SDS teil (Cross-Over-Study). Die elfte Vp wurde zwischendurch vom Versuch ausgeschlossen. Neben dem BSR hat Tart (1963) auch EEG und EOG abgeleitet. *Der BSR korrelierte hoch mit der Selbstbeurteilung der Hypnosetiefe. Im Verlauf der Hypnosevertiefung zeigte der BSR einen ständigen Anstieg, dann ein Plateau und am Ende einen plötzlichen Abfall.* Es ist deshalb anzunehmen, *daß sich die Hautaktivität während der Hypnose ändert.* Ob dies spezifisch ist, muß offen gelassen werden.

7. Hypnose und andere physiologische Parameter

Periphere neurophysiologische und biochemische Befunde sind bezüglich der Hypnosephänomene sehr unzuverlässig und dementsprechend widersprüchlich. Reid und Curtsinger (1968) fanden *vasomotorische Veränderungen* und eine *Zunahme der oralen Temperatur* in der neutralen Hypnose, während Crasilneck und Hall (1960) bei ihren Untersuchungen in dieser Hinsicht nicht zufrieden waren. Timney und Barber (1969) sahen *eine Zunahme der oralen Temperatur* beim Hypnotisanden *als Folge der Angst in der hypnotischen Situation.* Wenn jedoch die Hypnose eine solche Angstsituation hervorruft, dann müßte man sich fragen, wie es mit der Temperatur des enorm verängstigten Menschen, wie zum Beispiel bei *Angstdepressionen* ist. Die *Körpertemperatur* ändert sich auch während der REM-Phasen erheblich (Baust, 1965; Jovanović, 1971, 1972; Parmeggiani, 1977). Die Anstiege schwanken beim Menschen zwischen 0,3 und 0,6 °C. Innerhalb weniger Sekunden kann es zu einer *kritischen Senkung und in weiteren Sekunden wieder zu einem schnellen Anstieg kommen*, also zu einer *episodischen Temperaturschwankung*. Diese von innen gesteuerte Temperaturschwankung des Körpers im Traum hat gewaltige suggestive Wirkungen auf den Trauminhalt. Wenn z.B. ein Schläfer träumt, er befinde sich auf einer grün bewachsenen Waldlichtung, so wird durch die Körpertemperatur eine suggestive Färbung des Traumes erzielt. Wenn in diesem Augenblick die Körpertemperatur angestiegen war, so wird der Betreffende träumen, es sei Sommer, sonnig und angenehm warm. Wenn dagegen die Körpertemperatur in diesem Augenblick gesunken ist, träumt er, im Wald sei es kalt, feucht und es entsteht der Eindruck eines kalten Herbst- oder Frühlingstages. Diese Parallelen erscheinen uns deshalb von Bedeutung, *weil sich offensichtlich die gleichen Hirnstrukturen an Temperaturveränderungen beteiligen, ganz gleich, ob es sich um Wachbewußtsein, Hypnose oder Schlaftraum handelt* (siehe Kapitel XXV).

Peters und Stern (1973) konnten dagegen während der Hypnose keine neurophysiologischen Veränderungen finden, die sich etwa von den anderen Entspannungszuständen unterscheiden würden (siehe auch Edmonston, 1968, 1972). Nach Jana und Pattie (1965) werden keine Veränderungen in der *Blut-Glukose*, im *Calzium*, im *Phosphor* in einer neutralen Hypnose gefunden. Dagegen wurde die Rolle der *Emotionen* oder der emotional ausgelösten Bildvorstellungen für die physiologischen Veränderungen hervorgehoben. Damacer et al. (1963) konnten konstante physiologische Veränderungen während der *hypnotischen Emotionen* beobachten. Die Autoren fanden aber solche Veränderungen unter Kontrollbedingungen während des Wachseins. Levitt et al. (1960) registrierten Veränderungen des *Blutdrucks* und des *Pulses* in der hypnotisch induzierten Angst. Diese Angstzustände verändern jedoch nicht das Niveau des *Plasma-Hydrocortisols*. Jana (1965) konnte bei 14 männlichen Vpn keine Veränderung im *Grundumsatz* finden, die sich im hypnotischen Zustand von der im Wachsein unterscheiden würde. Vanderhoof und Clancy (1962) notierten Veränderungen *im venösen Blutstrom* bei Streßerlebnissen in der Hypnose, aber keine solche Änderungen bei gleichen Situationen während des Wachseins. Strosberg et al. (1962) beobachteten physiologische Veränderungen in den *Augen* während der Hypnose, einschließlich der Verminderung der *Blutzufuhr* in den vaskulären Anastomosen. Erhebliche physiologische Veränderungen als Antwort auf Hypnose wurden von Chapman et al. (1959) berichtet. Im hypnotischen Experiment wurde ein Arm des Probanden unempfindlich gegenüber den Verletzungen suggeriert, während der andere empfindlicher werden sollte. Entsprechende Regionen beider Arme wurden dann einer gleichen Menge von thermaler Strahlung unterworfen. Der «empfindlichere» Arm zeigte nicht nur eine stärkere Reaktion, sondern es war auch möglich, daß der Perfusand in diesem Arm mehr *bradykinin-ähnliche Substanzen* aufwies als in dem Arm, der anästhetisch suggeriert worden war. Die Autoren schlossen daraus, daß es möglich ist, daß der neurale Apparat so das Gewebe verändert, daß jetzt die Vulnerabilität erhöht ist. Die Hypnose verringert offenbar diese Vulnerabilität, wenn es um Suggestionen der Anästhesie geht. Erickson (1965) betont eine stärkere Rolle des Nervensystems, Brady und Levitt (1964) haben Veränderungen im *Elektrooculogramm* nach hypnotisch suggerierten visuellen Halluzinationen in einer visuellen Situation gefunden.

Psychologische Faktoren sollen nach Ader und Cohen (1985) sowie Jemmott und Locke (1984) die Funktionen des *Immunsystems* beeinflussen. Nach Hall et al. (1982/83) wird die Anzahl der *Lymphozyten* bei hoch hypnotisierbaren Vpn erhöht, *wenn man Suggestionen der Imagination des Kampfes der Blutkörperchen gegen die Krebszellen verabfolgt*. Sacher et al. (1966) haben wesentliche Verringerungen des *Plasma-Cortisols* nach einer passiven relaxierenden Hypnose gefunden. Da die Cortisol-Konzentration in umgekehrtem Verhältnis zu der Anzahl der Lymphozyten wie auch zur Anzahl der weißen Blutkörperchen steht (Tavadia et al., 1975), wurde angenommen, daß das weiße Blutbild nach dem Ende der Hypnose größer sein wird als vor dem Hypnose-Beginn. Bongartz (1986) fand bei hoch hypnotisierbaren Vpn

eine signifikante *Reduktion des weißen Blutbildes nach der Hypnose, aber eine signifikante Zunahme nach einem mit Streß gekoppelten Videospiel.* Ebenfalls wurde nach der Hypnose eine signifikante Abnahme des Plasma-Cortisols beobachtet, die jedoch keine Interaktion mit der Hypnotisierbarkeit der Vpn ergab. Die *Korrelation* zwischen der Reduktion des weißen Blutbildes und des Plasma-Cortisols war signifikant.
Bongartz et al. (1986) untersuchten *den Einfluß des ZNS auf das weiße Blutbild, die Konzentration der Catecholamine und der Vanillinmandelsäure* im Urin bei hoch hypnotisierbaren Vpn. Die Hypnose ergab keine signifikante Einwirkung auf den diastolischen Blutdruck und die Konzentration der Catecholamine im Urin. Vanillinmandelsäure und der systolische Blutdruck verringerten sich nach der Hypnose und erhöhten sich nach einer arithmetischen psychischen Aufgabe. Das weiße Blutbild reduzierte sich unter den Untersuchungsbedingungen. Die Reduktion war nach der Hypnose signifikant ausgeprägter als nach den anderen verwendeten Manipulationen. Dies wurde auf die Veränderung der Einwirkung des sympathischen Systems zurückgeführt. Das Problem dieses Abschnittes wird noch lange studiert werden müssen (siehe dazu Kapitel XXX). Vor allem sollten neurophysiologisch-biochemische Veränderungen weniger im Urin und mehr im Liquor cerebrospinalis sowie im Nervengewebe gesucht werden.

8. Zusammenfassung und Schlußfolgerungen

Das vorangehende Kapitel (234 verwendete Literaturstellen) befaßt sich mit *neurophysiologischen Problemen von Hypnotisierbarkeit* (als Ergänzung zu Kapitel IX.4.2.4.4) und *Hypnose.* Da über *die Veränderungen an den Sinnesorganen bereits in Kapitel XXI* gesprochen wurde, beschränkt sich das Kapitel XXII auf die *bioelektrische Aktivität des Nervensystems.* Insbesondere wurden *die bioelektrische Hirnaktivität* (Elektroencephalogramm = EEG), die *Augenmotorik* (Electrooculogramm = EOG) unter der Berücksichtigung sehr langsamer, langsamer und rascher Augenbewegungen während der Relaxation und Hypnose, die *Muskeltätigkeit* (Elektromyogramm = EMG) unter den gleichen Konditionen wie beim EOG, die *Hautaktivität* (Elektrodermatogramm = EDG mit Hautpotentialen und Hautwiderstand) studiert. Dazu wurden einige *neurobiochemische Befunde* im *Blut* und im *Urin* erwähnt. Die erhobenen Befunde sprechen überwiegend für folgendes:

(1) In den meisten Fällen fanden sich interessante Resultate bei den Untersuchungen *der bioelektrischen Hirnaktivität (EEG) bei Probanden im vorhypnotischen (Hypnotisierbarkeit) und hypnotischen Zustand (Hypnose).*
(a) Insbesondere fiel eine zufriedenstellende *positive Beziehung* zwischen der *Ausprägung von Alpha-Wellen bzw. deren Dichte im EEG* und Hypnotisierbarkeit auf. Hoch hypnotisierbare Probanden weisen eine höhere Alpha-Wellen-Ausprägung im EEG, mit größerer Dichte, auf als mäßig und gering hypnotisierbare Vpn.
(b) *Nach einem Training,* wie dies beim *Biofeedback* der Fall ist, *erhöht sich die Alpha-Dichte im EEG* bei allen Vpn – hoch und weniger hoch hypnotisierbaren – jedoch bleibt diese Dichte bei hoch hypnotisierbaren Probanden höher als bei mäßig und gering hypnotisierbaren Vpn.
(c) Der *Alpha-Wellen-Grundrhythmus* nimmt während der Hypnose zu; die *Alpha-Dichte erhöht sich* signifikant. Hoch hypnotisierbare/suggestible Vpn bieten im EEG während der Hypnose eine bedeutend höhere Alpha-Wellen-Aktivierung als die übrigen, d.h. die weniger suggestiblen, Probanden.

(d) *Die Aktivierung von Alpha während der Hypnose hängt in den meisten Fällen von der bioelektrischen Ausgangslage der Probanden ab.* Je weniger Alpha-Wellen vor der Hypnose gefunden werden, *desto höher ist der Anstieg während der Hypnose* und umgekehrt.
(e) *Schlafpotentiale im EEG* kommen während der Hypnose nur dann signifikant vor, *wenn der Schlaf suggeriert worden ist.* Dabei können auch die REM-Phasen (Rapid Eye Movement Phases) durch Suggestionen zeitlich determiniert werden.
(f) Die während der Hypnose hervorgerufene Aktivierung von Alpha-Wellen *tritt nach der Hypnose wieder zurück und erreicht in wenigen Minuten den Ausgangswert.* Hirnwellen anderer Spektren (Delta-, Theta-, Beta-Wellen) erfahren – wiederum abhängig von der bioelektrischen Ausgangslage der Vpn – während der Hypnose *eine Verringerung* bis zum vollkommenen Verschwinden aus dem EEG.
(g) Die meisten Forscher auf unserem Gebiet fanden *eine Verschiebung der Seitendifferenz von Alpha-Wellen während der Hypnose* zugunsten der linken Hemisphäre. Diese Wellenart sei sonst über der rechten Hirnhemisphäre stärker als über der linken zu finden. In der letzten Zeit wurden Zweifel an diesen Befunden deutlich, da die neurophysiologische Steuerung der Hypnose nicht ganz lateralisiert werden könne. Die Verschiebung der Alpha während der Hypnose zugunsten der linken Hirnhemisphäre ist demzufolge *nicht mit letzter Sicherheit* als *eine spezifische Hypnosereaktion* anzusehen.
(h) Während der *Transzendentalen Meditation (TM)* nehmen nicht die Alpha- (wie während der Hypnose), *sondern vielmehr die Theta-Wellen zu.* Diese Befunde wurden so gedeutet, *daß die Hypnose unter einer stärkeren Beteiligung der corticalen Hirnregionen gesteuert wird als die TM.* Auch die Möglichkeit wird erwogen, *daß die Hypnose mehr von den lateralen und die TM überwiegend von den medialen Strukturen des limbischen Systems* moderiert wird (siehe dazu Kapitel XXV).
(i) *Placebo-Effekte* (nur Vorlesen eines Textes ohne spezifische Suggestionen) sind von denen in der Hypnose *unterschiedlich.* Gemäß EEG ist eine einfache Relaxation *nicht mit einer komplexen* (siehe auch Kapitel XXIII), d.h. hypnotischen, identisch. Ein Hypnosezustand ist demzufolge *etwas mehr als eine einfache Relaxation und etwas anderes als verschiedene Meditationsverfahren.*

(2) Die Untersuchungen der *evozierten Potentiale* (visuell und akustisch) erbrachten keine zufriedenstellenden Resultate. In der Mehrzahl kamen die Autoren zu den Folgerungen, *daß die evozierten Potentiale überwiegend an den einzelnen Vpn als an einer Gruppe zu beobachten sind.* D.h., es treten viele individuelle Unterschiede bei den Befunden während der Hypnose auf.

(3) Während der Hypnose fand sich eine *niedrige Frequenz und eine geringere Amplitude der Augenbewegungen als im vollen Wachsein.* Die Befunde konnten jedoch nicht von denen bei einer einfachen Relaxation unterschieden werden. Soweit Veränderungen bei den Augenbewegungen gefunden worden sind, *traten diese im Entspannungsstadium der Hypnose auf.*

(4) Die *Muskelaktivität* während der Hypnose ist wahrscheinlich unspezifisch. Auf jeden Fall konnten die Befunde von denen bei einer einfachen Relaxation nicht unterschieden werden. Jedoch ist die Technik in dieser Hinsicht für derartige Untersuchungen noch nicht ganz reif.

(5) Auch die Resultate der Untersuchungen der *Hautaktivität* mit dem Hautwiderstand konnten nicht *als für die Hypnose spezifisch angesehen werden.* Sowohl *technische Schwierigkeiten* – grobe Technik – als auch *physiologische Eigenschaften* der Haut (rasche Veränderung der Feuchtigkeit, Elektrolyten-Aussonderung etc.) sind als eine Störung des normalen Untersuchungsablaufes anzusehen, so daß in dieser Hinsicht die Methodik verbessert werden muß.

(6) Gewisse *biochemische Veränderungen* im Blut und/oder Urin, die auf eine *trophotrope Ausgangslage des autonomen (vegetativen) Nervensystems* hinweisen, sind allzu unspezifisch, als daß man sie verwerten könnte. Es wird eine Untersuchungstechnik empfohlen, die sich *mehr auf den Liquor cerebrospinalis* als auf das Blut oder den Urin orientiert. Erst dann könnten – unter Umständen – bessere Auskünfte über die biochemischen Veränderungen im hypnotischen Vorgang erhalten werden als bei den bisherigen – relativ gesehen – peripheren Untersuchungen.

(7) *Im ganzen genommen hat der Hypnosezustand gewisse neurophysiologische Merkmale.* Je besser die Technik, desto spezifischer sind die Resultate. *Je mehr man sich mit den Untersuchungen vom ZNS entfernt, desto unzuverlässiger sind die Befunde.* Die nachfolgenden Kapitel werden das Problem noch tiefer zu bearbeiten versuchen.

9. Literaturverzeichnis

Ader, R., and Cohen, N.: CNS-Immune System Interactions – Conditioning Phenomena. *Behav. Brain Sci.*, (1985), *8:* 379–394.

Akstein, D.: The Induction of Hypnosis in the Light of Reflexology. *Amer. J. Clin. Hypnosis*, (1965), *7:* 281–300.

Amadeo, M., and Shagass, N.: Zitiert in Edmonston, W.E. Jr., 1972.

Amadeo, M., and Yanovski, A.: Evoked Potentials and Selective Attention in Subjects Capable of Hypnotic Analgesia. *Intern. J. Clin. Exp. Hypnosis*, (1975), *23:* 200–210.

Anand, B.K., Chhina, G.S., and Singh, B.: Some Aspects of Electroencephalographic Studies in Yogis. *Electroenceph. Clin. Neurophysiol.*, (1961), *13:* 452–456.

Antrobus, J.S., Antrobus, J.S., and Singer, J.L.: Eye Movements Accompanying Daydreaming. Visual Imagery, and Thought Suppression. *J. Abn. Soc, Psychol.*, (1964a), *69:* 244–252.

Antrobus, J.S., Dement, W.C., and Fisher, C.: Pattern of Dreaming and Dream Recall: An EEG Study. *J. Abn. Soc. Psychol.*, (1964b), *69:* 341–344.

Aserinsky, E.: *Ocular Motility During Sleep and Its Application to the Study of Rest-Activity Cycles and Dreaming.* Doctoral Dissertation, University of Chicago, Graduate School, Chicago, 1953.

Aserinsky, E., and Kleitman, N.: Eye Movements During Sleep. *Federation Proc.*, (1953a), *12:* 6–7.

Aserinsky, E., and Kleitman, N.: Regularly Occuring Periods of Eye Motility and Concomitant Phenomena During Sleep. *Science*, (1953b), *118:* 273–274.

Aserinsky, E., and Kleitman, N.: Two Types of Ocular Motility Occuring in Sleep. *J. Appl. Physiol.*, (1955a), *8:* 1–10.

Aserinsky, E., and Kleitman, N.: A Motility Cycle in Sleeping Infants as Manifested by Ocular and Gross Bodily Activity. *J. Appl. Physiol.*, (1955b), *8:* 11–18.

Bach-y-Rita, P., and Collins, C.C. (Eds.): *The Control of Eye Movements.* Academic Press, New York–London, 1972.

Bakan, P., and Svorad, D.: Resting EEG Alpha and Asymmetry of Reflective Lateral Eye Movements. *Nature (London)*, (1969), *223:* 975–976.

Barabasz, A.F.: *Isolation, EEG Alpha and Hypnotizability in Antarctica.* In: Burrows, G.D., Collins, D.R., and Dennerstein, L. (Eds.): Hypnosis 1979. Elsevier, North Holland Biomedical Press, Amsterdam, 1979, Seite 9–17.

Barabasz, A.F.: EEG Alpha, Skin Conductance and Hypnotizability in Antarctica. *Intern. J. Clin. Exp. Hypnosis*, (1980), *28:* 63–74.

Barabasz, A.F.: *Effects of Laboratory Controlled Restricted Environmental Stimulation – Hypnotizability, Pain Tolerance, EEG and Skin Conductance.* Research Project Nr. 36, University of Canterbury Press, 1981.

Barabasz, A.F.: Restricted Environmental Stimulation and the Enhancement of Hypnotizability – Pain, EEG Alpha, Skin Conductance and Temperature Responses. *Intern. J. Clin. Exp. Hypnosis*, (1982), *30:* 147–166.

Barabasz, A. F., and Gregson, R. A. M.: Antarctic Wintering-Over, Suggestion and Transient Olfactory Stimulation – EEG Evoked Potentials and Electrodermal Responses. *Biological Psychol.*, (1979), *9:* 285–295.

Barabasz, A. F., and Londsdale, C.: *EEG Evoked Potentials, Hypnotic Anosmia and Transient Olfactory Stimulation in High and Low Susceptibility Subjects.* Paper presented at the 9th International Congress of Hypnosis and Psychosomatic Medicine, Glasgow, Scotland, August, 1982.

Barber, T.X., and Coules, J.: Electrical Skin Conductance and Galvanic Skin Response During «Hypnosis». *Intern. J. Clin. Exp. Hypnosis*, (1959), *7:* 79–92.

Barker, W., and Burgwin, S.: Brain Wave Patterns Accompanying Changes in Sleep and Wakefulness during Hypnosis. *Psychosom. Med.*, (1948), *10:* 317–326.

Barolin, G.S.: *Hirnelektrische Korrelate in hypnotischen Zuständen.* 2nd Advanced Course in EEG, Salzburg, 1965.

Barolin, G.S.: *Hypnotisch veränderte Wahrnehmungsqualitäten und ihre hirnelektrische Objektivierbarkeit.* In: Langen, D., und Spoerri, Th. (Hsg.): Hypnose und Schmerz, Karger, Basel, 1968.

Bassman, S.W., and Wester, W.C.: *Hypnosis and Pain Control.* In: Wester, W.C., and Smith, A.H. (Eds.): Clinical Hypnosis – A Multidisciplinary Approach. Lippincott and Co., Philadelphia, 1984, Seite 236–287.

Baust, W.: *Vegetative Innervation, Hirndurchblutung und Blutdruck im Schlaf.* 71. Internisten-Kongress, 1965, J.F. Bergmann, München, Seite 797–807, (1965).

Beatty, J.: Effects of Initial Alpha Wave Abundance and Operant Training Procedures on Occipital Alpha and Beta Wave Activity. *Psychosom. Sci.*, (1971), *23:* 197–199.

Beck, C.E., and Barolin, G.S.: Effect of Hypnotic Suggestions on Evoked Potentials. *J. Nerv. Ment. Dis.*, (1965), *140:* 151–161.

Beck, E.C., Dustman, R.E., and Beier, E.G.: Hypnotic Suggestions and Visually Evoked Potentials. *Electroenceph. Clin. Neurophysiol.*, (1966), *20:* 397–400.

Berger, E., et Loewi, R.: L'Etat des yeux pendant le sommeil et la theorie du sommeil. *J. Anat. Paris*, (1898), *34:* 364–418.

Berger, H(ans): Über das Elektroenkephalogramm des Menschen. *Arch. Psychiat. Nervenheilk.*, (1929), *87:* 527–570 und (1931), *94:* 16–60.

Berger, R.J., Olley, P., and Oswald, I.: The E.E.G., Eye Movements and Dreams of the Blind. *Quarterly J. Exp. Psychol.*, (1962), *14:* 183–186.

Berlucchi, G., Maffei, L., Moruzzi, G., and Strata, P.: E.E.G. and Behavioral Effects Elicited by Cooling of Medulla and Pons. *Arch. Ital. Biol.*, (1964), *102:* 333–371.

Bongartz, W.: Reduction of Plasmacortisol and White Blood Cell Count after Hypnosis: A Pilot Study. Manuscript, 1986.

Bongartz, W., Lyncker, I., and Kossmann, K.T.: Central Nervous Influences on White Blood Cell Count and Urinary Levels of Catecholamines and Vanillyl Mandelic Acid. Manuscript, 1986.

Brady, J.P., and Levitt, E.E.: Hypnotically Induced «Anosmia» to Ammonia. *Intern. J. Clin. Exp. Hypnosis*, (1964), *12:* 18–20.

Brady, J.P., and Rosner, B.S.: Rapid Eye Movements in Hypnotically Induced Sleep. *J. Nerv. Ment. Dis.*, (1966), *143:* 28–35.

Braid, James (1795–1860): Siehe Kapitel VIII.

Broughton, R.J., Poiré, R., and Tassinari, C.A.: The Electrodermogram (Tarchanoff Effect) During Sleep. *Electroenceph. Clin. Neurophysiol.*, (1965), *18:* 691–708.

Brown, R.R., and Vogel, V.H.: Psycho-Physiological Reactions Following Painful Stimuli under Hypnotic Analgesia Contrasted with Gas Anaesthesia and Novocain Block. *J. Appl. Psychol.*, (1938), *22:* 408–420.

Budzynski, T.H., Stroyva, J.M., Adler, C.S., Mulleney, D.J.: EMG Biofeed-Back and Tension Headache: A Controlled Outcome Study. *Psychosom. Med.*, (1973), *35:* 484.

Burford, G.E.: Involontary Eyeballmotion During Anesthesia and Sleep. Relationship to Cortical Rhythmic Potentials. *Curr. Res. Anesth. Analgesia*, (1941), *20:* 191–199.

Carmichael, W., and Dearborn, F.: Reading and Visual Fatigue, Harrap, 1948.

Chapman, L.E., Goodell, H., and Wolff, N.G.: Changes in Tissue Vulnerability Induced During Hypnotic Suggestion. *J. Psychosom. Res.*, (1959), *4:* 99.

Christian, W.: Elektroencephalographie – Atlas und Lehrbuch. Thieme, Stuttgart, 1968.

Clynes, M., Kohn, M., and Lefshitz, K.: Dynamics and Spatial Behavior of Light Evoked Potentials, their Modification under Hypnosis, and On-Line Correlation in Relation to Rhythmic Components. *Ann. N.Y. Acad. Sci.*, (1964), *112:* 468–508.

Cooper, L. M., and London, P.: Children's Hypnotic Susceptibility, Personality, and EEG Patterns. *Intern. J. Clin. Exp. Hypnosis*, (1976), *24:* 140–148.

Crasilneck, H. B., and Hall, J. A.: Blood Pressure and Pulse Rates in Neutral Hypnosis. *Intern. J. Clin. Exp. Hypnosis*, (1960), *8:* 137–139.

Crosson, B., Meinz, R., Laur, E., Williams, D., and Andreychuk, T.: EEG Alpha Training, Hypnotic Susceptibility, and Baseline Techniques. *Intern. J. Clin. Exp. Hypnosis*, (1977), *25:* 348–360.

Damacer, E. C., Shor, R. E., and Orne, M. T.: Physiological Effects During Hypnotically Requested Emotions. *Psychosom. Med.*, (1963), *25:* 334–343.

Davis, R. S., and Kantor, J. R.: Skin Resistance Measures During Hypnotic States. *J. Gen. Psychiat.*, (1935), *13:* 62–81.

Dement, W. C.: *Eye Movements During Sleep.* In: Bender, M. B. (Ed.): Oculo Motor System. Harper and Row, New York, NY., 1964, pp. 366–416.

Dement, W. C., and Fisher, Ch.: Experimental Interference with the Sleep Cycle, *Canad. Psychol. Ass. J.*, (1963), *8:* 400–405.

Dement, W. C., and Kleitman, N.: The Relation of Eye Movement During Sleep to Dream Activity – An Objective Method for the Study of Dreaming. *J. Exp. Psychol.*, (1957a), *53:* 339–346.

Dement, W. C., and Kleitman, N.: Cyclic Variations in E.E.G. During Sleep and their Relation to Eye Movements, Body Motility and Dreaming. *Electroeneph. Clin. Neurophysiol.*, (1957b), *2:* 673–690.

Dement, W. C., and Wolpert, E. W.: The Relation of Eye Movements, Body Motility and External Stimuly to Dream Content. *J. Exp. Psychol.*, (1958), *55:* 543–553.

Denisova, H. P., and Figurin, N. L.: Periodic Phenomena in the Sleep of Children. *Novoe v. refl. i fiziol. nerv. sistemy*, (1926), *2:* 388.

Doyle, J. C., Ornstein, R., and Galin, D.: Lateral Specialization of Cognitive Mode: II. EEG Frequency Analysis. *Psychophysiology*, (1974), *2:* 567–578.

Drechsler, B.: Elektromyographie. VEB-Verlag, Berlin (Ost), 1964.

Duensing, F.: Das Elektroencephalogramm bei Störungen der Bewußtseinslage. *Arch. Psychiat. Zschr. Neurol.*, (1949), *183:* 71–115.

Duensing, F.: Bewußtseinslage in der Hypnose und Schmerzerlebnis in neurophysiologischer Sicht. *Psychother. Psychosom.*, (1966), *14:* 365–378.

Duensing, F.: *Neurophysiologische und regeltechnische Aspekte der normalen und gestörten Schlafes.* In: Jovanović, U. J.: Der Schlaf – Neurophysiologische Aspekte, J. A. Barth, München, 1969, Seite 137–161.

Dumas, R. A.: *Operant Control of EEG Alpha and Hypnotizability.* Doctoral Dissertation, Stanford University. Ann. Arbor. Mich., University Microfilms, 1976, No. 76–25 991.

Dumas, R. A.: EEG Alpha-Hypnotizability Correlations – A Review. *Psychophysiology*, (1977), *14:* 431–438.

Dumas, R. A., and Morgan, A.: EEG Asymmetry as a Function of Occupation, Task, and Task Difficulty. *Neuropsychologia*, (1975), *13:* 219–228.

Dunwoody, R. C., and Edmonston, W. E., Jr.: Hypnosis and Slow Eye Movements. *Amer. J. Clin. Hypnosis*, (1974), *16:* 270–274.

Dynes, J. B.: Objective Methods of Distinguishing Sleep from the Hypnotic Trance. *Arch. Neurol. Psychiat.*, (1947), *59:* 84–93.

Edmonston, W. E. Jr.: An Experimental Investigation of Hypnotic Age Regression. *Amer. J. Clin. Hypnosis*, (1961), *3:* 127–138.

Edmonston, W. E. Jr.: Hypnosis and Electrodermal Responses. *Amer. J. Clin. Hypnosis*, (1968), *11:* 16–25.

Edmonston, W. E. Jr.: Relaxation as an Appropriate Experimental Control in Hypnosis Studies. *Amer. J. Clin. Hypnosis*, (1972), *14:* 218–229.

Edmonston, W. E. Jr., and Grotevant, W. R.: Hypnosis and Alpha Density. *Amer. J. Clin. Hypnosis*, (1975), *17:* 221–232.

Edmonston, W. E. Jr., and Pessin, M.: Hypnosis as Related to Learning and Electrodermal Measures. *Amer. J. Clin. Hypnosis*, (1966), *9:* 31–51.

Emrich, H.: EEG bei hypnotischer Blindheit. *Arch. Psychiat. Neurol.*, (1965a), *207:* 52–65.

Emrich, H.: Habituation im menschlichen EEG. *Schweiz. Arch. Neurol. Neurochir. Psychiat.*, (1965b), *98:* 105–113.

Emrich, H.: *Verhältnis von Amplitude und Frequenz im Alpha-EEG bei Licht-Reizung und hypnotischer Blindheit.* 6th Congress of EEG/EMG Clin. Neurophysiol., Vienna (Congress Organization Press), 1965c.

Engstrom, D.R.: The Enhancement of EEG-Alpha Production and Its Effects on Hypnotic Susceptibility. Doctoral Dissertation, University of Southern California. Ann. Arbor. Mich., Univers. Microfilm, 1970, No. 70–26521.

Engstrom, D.R.: Hypnotic Susceptibility, EEG-Alpha, and Self-Regulation. In: Schwartz, G.E., and Shapiro, D. (Eds.): Consciousness and Self-Regulation – Advances in Reserarch (Vol. 1), Plenum Press, New York, NY., 1976, pp. 173–221.

Engstrom, D.R., London, P., and Hart, J.T.: Hypnotic Susceptibility Increased by EEG Alpha Training. *Nature,* (1970), *227:* 1261–1262.

Erickson, M.H.: Acquired Control of Pupill Responses. *Amer. J. Clin. Hypnosis,* (1965), *3:* 207–208.

Estabrooks, G.H.: A Standardized Hypnotic Technique Dictated to a Victrola Record. *Amer. J. Physiol.*, (1930), *42:* 115–116.

Fehr, F.S., and Stern, J.A.: The Effect of Hypnosis on Attention to Relevant and Irrelevant Stimuli. *Intern. J. Clin. Exp. Hypnosis,* (1967), *15:* 134–143.

Fenn, W.O., and Hursh, B.: Movements of the Eyes when the Lids are Closed. *Amer. J. Physiol.*, (1937), *118:* 8.

Féré, C.: Note sur les modifications de la résistance électrique sous l'influence des excitations sensorielles et des émotions. *C.R. Soc. Biol.*, (Paris), (1888), *8/5:* 217–219.

Foenander, G., and Burrows, G.D.: Bilateral EEG Alpha Activity in Hypnosis. In: Burrows, G.D., Collison, D.R., and Dennerstein, L. (Eds.): Hypnosis 1979. Elsevier/North Holland Biomedical Press, Amsterdam, 1979, pp. 319–333.

Fontana, F.: Di Moti dell'iride. Nella Stamperia di Jacobo Gusti, 1766.

Freud, Sigmund (1856–1939), 1900, 1961: Siehe Kapitel X.

Friedman, H., Becker, R.O., and Bachman, C.H.: Direct Current Potentials in Hypnoanalgesia. *Arch. Gen. Psychiat.*, (1962), *7:* 193–197.

Galbraith, G.C., and Cooper, L.M.: Hypnotic Susceptibility and the Sensory-Evoked Response. *J. Comp. Physiol. Psychol.*, (1972), *80:* 509–514.

Galbraith, G.C., London, P., Leibovitz, M.P., Cooper, L.M., and Hart, J.T.: EEG and Hypnotic Susceptibility. *J. Comp. Physiol. Psychol.*, (1970), *72:* 125–131.

Galin, D.: Implications for Psychiatry of Left and Right Cerebral Specialization – A Neurophysiological Context for Unconscious Process. *Arch. Gen. Psychiat.*, (1974), *31:* 572–583.

Galin, D., and Ellis, R.R.: Asymmetry in Evoked Potentials as an Index of Lateralized Cognitive Processes – Relation of EEG Alpha Asymmetry. *Neuropsychologia,* (1975), *13 (9):* 45–50.

Galin, D., and Ornstein, R.: Lateral Specialization of Cognitive Mode – An EEG Study. *Psychophysiology,* (1972), *9:* 412–418.

Galin, D., and Ornstein, R.: Individual Differences in Cognitive Style-I Reflective Eye Movements. *Neuropsychologia,* (1974), *12:* 367–375.

Gill, M.M., and Brenman, M.: Hypnosis and Related States. Psychoanalytic Studies in Regression. Intern. Univ. Press, New York, NY., 1959 (2nd Printing 1977).

Gorton, B.E.: The Physiology of Hypnosis. *J. Psychiatr. Q.*, (1949), *23:* 317–343.

Griesinger, W.: Physio-psychologische Selbstbeobachtung. *Arch. Psychiat. Nervenkrankh.*, (1868), *1:* 200.

Guernsey, M.: Quantitative Study of the Eye Reflexes in Infants. *Psychol. Bull.*, (1929), *26:* 160–161.

Hall, H.R.: Hypnosis and the Immune System – A Review with Implications for Cancer and the Psychology of Healing. *Amer. J. Clin. Hypnosis,* (1982/83), *25:* 92–105.

Harrison, S.: The Use of EMG Biofeedback and Hypnosis in Treatment of Tension Headache. Unpublished Dissertation, Texas A., and M. University, 1980.

Hart, J.T.: Autocontrol of EEG Alpha. *Psychophysiology,* (1968), *4:* 506.

Haynes, S.N., Moseley, D., McGowan, W.T.: Relaxation Training and Biofeedback in Reduction of Muscle Tension. *Psychopathology,* (1975), *12:* 547.

Heimann, H., und Spoerri, Th.: Elektroencephalographische Untersuchungen an Hypnotisierten. *Mschr. Psychiat. Neurol.*, (1953), *125:* 261.

Hess, W.R.: Psychologie in biologischer Sicht. Thieme, Stuttgart, 1962.

Hess, W.R.: Sleep as a Phenomenon of the Integral Organism in Sleep Mechanisms. *Progr. Brain Res.*, (1965), *18:* 3–8.

Hoffmann, P.: Beiträge zur Kenntnis der menschlichen Reflexe mit besonderer Berücksichtigung der elektrischen Erscheinungen. *Arch. Physiol.*, (1910), 223–246.

Hoffmann, P.: Untersuchungen über die Eigenreflexe (Sehnenreflexe) menschlicher Muskeln. Springer-Verlag, Berlin, 1922.

Jacobson, E.: Electrical Measurements of Neuromuscular States During Mental Activities. III. Visual Imagination and Recollection. *Amer. J. Physiol.*, (1930a), *95:* 694–703.

Jacobson, E.: Electrical Measurements of Neuromuscular States During Mental Activities. IV. Evidence of Contraction of Specific Muscles During Imagination. *Amer. J. Physiol.*, (1930b), *95:* 703–709.

Jacobson, E.: Progressive Relaxation. Univ. of Chicago Press, Chicago/Ill., 1938.

Jana, H.: Energy Metabolism in Hypnotic Trance and Sleep. *J. Appl. Physiol.*, (1965), *20:* 308–310.

Jana, H., and Pattie, S.: Biochemical Changes in Blood During Hypnotic Trance. *Ind. J. Med. Res.*, (1965), *53:* 1000–1002.

Jemmott, J.B., and Locke, S.E.: Psychosocial Factors, Immunologic Mediation and Human Susceptibility to Infectious Diseases: How Much do we know? *Psychol. Bull.*, (1984), *95:* 78–108.

Jouvet, M.: *Telencephalic and Rhombencephalic Sleep in the Cat.* In: Wolstenholme, G.E.W., and O'Connor, M. (Eds.): The Nature of Sleep. CIBA Foundation Symposium, J. & A. Churchill, London, 1961, pp. 188–208.

Jouvet, M.: *Neurophysiologische Mechanismen im Schlaf.* In: Jovanović, U.J. (Hg.): Der Schlaf – Neurophysiologische Mechanismen. J.A. Barth, München, 1969, Seite 103–135.

Jouvet, M.: *The Role of Monoamines and Acetylcholine-Containing Neurons in the Regulation of Sleep-Waking Cycle.* In: Jouvet, M., and Moruzzi, G. (Eds.): Review Physiol., Vol. 64. Springer, Berlin, 1972, pp. 166–307.

Jovanović, U.J.: *Der normale, abnorme und pathologische Schlaf – Polygraphische Schlafregistrierungen.* (71. Internisten-Kongress 1965). Verhandlungen der inneren Medizin, München, 1965a, Seite 807–819.

Jovanović, U.J.: Einige Ergänzungen des elektroencephalographischen Schlafschemas. *Med. Klin.*, (1965b), *60:* 2131–2135.

Jovanović, U.J.: Das Elektroencephalogramm des Menschen unter Wirkung von 2-Diäthylamino-5-phenyl-oxazolinon-(4) (Ha 94). *Ärztl. Forsch.*, (1965c), *19:* 640–648.

Jovanović, U.J.: Experimentelle Untersuchungen über die Wirkung des 2-Diäthylamino-5-phenyl-oxazolinon-(4) (Ha 94) auf das Elektroencephalogramm der Epileptiker. *Ärztl. Forsch.*, (1966a), *20:* 98–103.

Jovanović, U.J.: Elektroencephalographische und klinische Betrachtung über die Wirkung des 2-Diäthylamino-5-phenyl-oxazolinon-(4) (Ha 94) bei Menschen. *Ärztl. Forsch.*, (1966b), *20:* 206–216.

Jovanović, U.J.: Einige Charakteristika des Traumbeginns. *Psychol. Forsch.*, (1967a), *30:* 281–306.

Jovanović, U.J.: *Über den Traumbeginn.* 25. Psychologen-Kongreß. In: Merz, F. (Hg.): Bericht über den 25. Kongreß der Deutschen Psychologen. Dr. J.C. Hogrefe, Göttingen, 1967b, Seite 557–562.

Jovanović, U.J.: *Neueste Erforschung des Traumes.* 73. Internisten-Kongreß, Wiesbaden, 1967. J.F. Bergmann, München, 1967c, Seite 665–682.

Jovanović, U.J.: Die Periodik der Erektionen im Schlaf, *Med. Klin.*, (1968), *63:* 923–929.

Jovanović, U.J.: Die subklinische Schlafaktivität im EEG. *Psychiat. Clin. (Schweiz)*, (1969a), *2:* 338–367.

Jovanović, U.J.: *Subklinische Erscheinungsformen der Schlaf-Wach-Aktivität.* In: Jovanović, U.J. (Hg.): Der Schlaf – Neurophysiologische Aspekte. J.A. Barth, München, 1969b, Seite 191–206.

Jovanović, U.J.: Schlafforschung und ihre klinischen Aspekte. *Nervenarzt*, (1970), *41:* 5–23.

Jovanović, U.J.: Normal Sleep in Man. Hippokrates-Verlag, Stuttgart, 1971.

Jovanović, U.J.: Sexuelle Reaktionen und Schlafperiodik bei Menschen, Enke, Stuttgart, 1972.

Jovanović, U.J.: Traumforschung. In: Pongratz, L. (Hg.): Handbuch der Psychologie, Band 8/1, Klinische Psychologie, Dr. Hogrefe, Göttingen, 1977.

Jovanović, U.J.: *Audio-Video-Polygraphy During Hypnosis – A Contribution to the Verification of Hypnotic States.* In: Burrows, G.D., Collison, D.R., and Dennerstein, L. (Eds.): Hypnosis 1979. Elsevier, Amsterdam, 1979, pp. 105–112.

Jovanović, U.J.: Electroencephalographic Changes During Experimental Hypnosis in Healthy Subjects. *Indian J. Clin. Hypnosis and Res.*, (in press), 1986a.

Jovanović, U.J.: Bioelectrical Brain Activity (EEG) in Man During Hypnosis and Transcendental Meditation (TM). 1st National Assembly Federation of Canadian Societies of Clinical Hypnosis. Vancouver, August 2–7, 1986 (1986b).

Jovanović, U.J.: Psychophysiologie von Schlafen und Wachen. I. Untersuchungen an Gesunden (Arbeitstitel) (In Vorbereitung), 1988.

Jovanović, U.J., Hahn, L., und Dogs, W.: *EEG in Hypnose und Transzendentaler Meditation.* 31. Jahrestagung der Deutschen EEG-Gesellschaft, Göttingen, 9.–11. Oktober, 1986.

Jovanović, U.J., und Seeberg-Elverfeldt, H.: Träge Augenbewegungen (Slow Eye Movements: SEM) im Schlaf gesunder Menschen. Elektrooculographische Registrierungen. Unpubliziertes Manuskript (In Vorbereitung), 1988.

Jovanović, U.J., und Theissen, R.: Weitere Problematik der raschen Augenbewegungen (Rapid Eye Movements: REM) bei gesunden Erwachsenen und Kindern. Unpubliziertes Manuskript (In Vorbereitung), 1988.

Jovanović, U.J., und Vorberg, R.: Weitere Beobachtungen hinsichtlich der Motorik im Schlaf bei gesunden Menschen. Manuskript, 1988.

Jung, R.: Hirnelektrische Untersuchungen über den Elektrokrampf. Die Erregungsabläufe in cortikalen und subkortikalen Hirnregionen bei Katze und Hund. *Arch. Psychiat. Neurol.*, (1949), *183:* 206–244.

Jung, R.: *Hirnpotentialwellen, Neuronenentladungen und Gleichspannungsphänomene.* Jenenser EEG-Symposium 1959. VEB-Verlag, Berlin (Ost), 1963a.

Jung, R.: *Der Schlaf.* In: Monnier, M. (Hg.): Physiologie und Pathophysiologie des vegetativen Nervensystems. II. Pathophysiologie. Hippokrates-Verlag, Stuttgart, 1963b, Seite 650–684.

Jung, R.: *Physiologie und Pathophysiologie des Schlafs.* 71. Internisten-Kongreß, Wiesbaden. Verhandlungen der Gesellschaft Inn. Med., München, 1965.

Kugler, J.: Elektroencephalographie in Klinik und Praxis. Thieme, Stuttgart (2. Auflage), 1966.

Kugler, J.: *Probleme der elektroencephalographischen Schlafdeskription.* In: Jovanović, U.J. (Hg.): Der Schlaf – Neurophysiologische Aspekte, J.A. Barth, München, 1969, Seite 31–39.

Ladd, G.T.: Contribution to the Psychology of Visual Dream. *Mind. Apr.*, (1892), *1:* 299–304.

Lader, M.: The Psychophysiology of Hysterics. *J. Psychosom. Res.*, (1973), *17:* 265–269.

Levine, M.: Electrical Skin Resistance During Hypnosis. *Arch. Neurol. Psychiat.*, (1930), *24:* 937–942.

Levitt, E.E., Breeijen, A., and Persky, H.: The Induction of Clinical Anxiety by Means of a Standardized Hypnotic Technique. *Amer. J. Clin. Hypnosis*, (1960), *2:* 206–214.

Lion, K.S., and Brockhurst, R.: Analysis of Ocular Movements by Means of an Electrical Device. *Arch. Ophthalm.*, (1951), *46:* 311.

London, P., and Cooper, L.M.: Norms of Hypnotic Susceptibility in Children. *Developm. Psychol.*, (1969), *1:* 113–124.

London, P., Cooper, L.M., and Engstrom, D.R.: Increasing Hypnotic Susceptibility by Brain Wave Feedback. *J. Abnorm. Psychol.*, (1974), *83:* 554–560.

London, P., Hart, J.T., and Leibovitz, M.P.: EEG Alpha Rhythms and Susceptibility to Hypnosis. *Nature*, (1968), *219:* 71–72.

London, P., and Madsen, C.H. Jr.: Role Playing and Hypnotic Susceptibility in Children. II. An Extension and Partial Replication. *Intern. J. Clin. Exp. Hypnosis*, (1969), *17:* 37–49.

Loomis, A.L., Harvey, E.N., and Hobart, G.A.: Potential Rhythms of the Cerebral Cortex During Sleep. *Science*, (1935a), *81:* 587–589.

Loomis, A.L., Harvey, E.N., and Hobart, G.A.: Further Observations on the Potential Rhythms of the Cerebral Cortex During Sleep. *Science*, (1935b), *82:* 198–200.

Loomis, A.L., Harvey, E.N., and Hobart, G.A.: Brain Potentials During Hypnosis. *Science*, (1936a), *83:* 239–241.

Loomis, A.L., Harvey, E.N., and Hobart, G.A.: Electrical Potentials of the Human Brain. *J. Exp. Psychol.*, (1936b), *19:* 249–279.

Loomis, A.L., Harvey, E.N., and Hobart, G.A.: Cerebral States During Sleep as Studied by Human Brain Potentials. *J. Exp. Psychol.*, (1937), *21:* 127–144.

Loomis, A.L., Harvey, E.N., and Hobart, G.A.: Distribution of Disturbance-Patterns in the Human EEG with Special Reference to Sleep. *J. Neurophysiol.*, (1938), *1:* 413–430.

Lorens und Darrow, 1961. Zitiert in Edmonston, 1972.

Lynch, J.J., Paskewitz, D.A., and Orne, M.T.: Inter-Session Stability of Human Alpha Rhythm Densities. *Electroenceph. Clin. Neurophysiol.*, (1974), *36:* 538–540.

MacLeod Morgan, C(risetta): *Hypnotic Susceptibility, EEG Theta and Alpha Waves, and Hemispheric Specificity.* In: Burrows, G.D., Collison, D.R., and Demmerstein, L. (Eds.): Hypnosis 1979. Elsevier/North Holland Biochem. Press, Amsterdam, 1979, pp. 181–188.

Marg, E.: A Investigation of Voluntary as Distinguished from Reflex Accomodation. *Amer. J. Optom.*, (1951), *28:* 347–356.

Martin, P.E., and Mathews, A.M.: Tension Headache. *Headache*, (1963), *2:* 51.

Miles, W.R.: Eye Movements and Visual Fixation During Profound Sleepiness. *Psychol. Rev.*, (1931), *1:* 13–38.

Monnier, M.: *Der Schlaf als trophotrope Leistung.* In: Monnier, M.: Physiologie und Pathophysiologie des vegetativen Nervensystems, Band I. Hippokrates, Stuttgart, 1962, Seite 263–279.

Monnier, M.: *Biochemische, pharmakologische und humorale Aspekte des Schlaf-Wachseins.* In: Jovanović, U.J. (Hg.): Der Schlaf – Neurophysiologische Aspekte. J.A. Barth, 1969, Seite 85–102.

Morgan, A.H., MacDonald, H., and Hilgard, E.R.: EEG Alpha Lateral Asymmetry Related to Task and Hypnotizability. *Psychophysiology*, (1974), *11:* 275–282.

Morgan, A.H., McDonald, P.J., and MacDonald, H.: Differences in Bilateral Alpha Activity as a Function of Experimental Task, with a Note on Lateral Eye Movements and Hypnotic Ability. *Neuropsychologia*, (1971), *9:* 459–469.

Nowlis, D.P., and Rhead, J.C.: Relation of Eyes-Closed Resting EEG Alpha Activity to Hypnotic Susceptibility. *Percept. Mot. Skills*, (1968), *27:* 1047–1050.

Othmer, E.: *Schlaf- und Wachverhalten.* In: Bürger-Prinz, H., und Fischer, A.: Schlaf – Schlafverhalten – Schlafstörungen. Enke, Stuttgart, 1967, Seite 32–80.

Pampiglione, G., and Ackner, B.: The Effects of Repeated Stimuli Upon EEG and Vasomotor Activity During Sleep in Man. *Brain*, (1958), *81:* 64–74.

Parmeggiani, P.L.: Interaction Between Sleep and Thermoregulation. *Waking and Sleeping*, (1977), *1:* 123–132.

Pessin, M., Plapp, J.M., and Stern, J.A.: Effects of Hypnosis Induction and Attention Direction on Electrodermal Responses. *Amer. J. Clin. Hypnosis*, (1968), *10:* 198–206.

Peters, J.E., and Stern, R.M.: Peripheral Skin Temperature and Vasomotor Response During Hypnotic Induction. *Intern. J. Clin. Exp. Hypnosis*, (1973), *21:* 102–108.

Phillips, C.: *A Psychological Analysis of Tension Headache.* In: Rachman, S. (Ed.): Contribution to Medical Psychology, Vol. I. Pergamon Press, Oxford, 1977a.

Phillips, C.: Headache in General Practice. *Headache*, (1977b), *16:* 322.

Pierce, C.M., Maas, J.W., Gay, M.I., and Whitman, R.M.: Enuresis and Dreaming. *Arch. Gen. Psychiat.*, (1961), *4:* 116–170.

Pierce, S., and Morley, S.: An Experimental Investigation of Pain Production in Headache Patients. *Brit. J. Clin. Hypnosis*, (1981), *21:* 134.

Pietrusky, F.: Das Verhalten der Augen im Schlaf. *Klin. Monatsblatt Augenheilk.*, (1922), *63:* 355–360.

Piper, H.: Elektrophysiologie menschlicher Muskeln. Berlin, 1912.

Plotke, L.: Über das Verhalten der Augen im Schlafe. *Arch. Psychiat. Nervenkr.*, (1880), *10:* 205–221.

Raehlemann, E., und Witkowski, L.: Über atypische Augenbewegungen. *Arch. Anat. Physiol.*, (1847), Seite 454–471.

Ravitz, L.J.: Electrometric Correlates of the Hypnotic State. *Science*, (1950), *112:* 341.

Ravitz, L.J.: Standing Potential Correlates of Hypnosis and Narcosis. *Arch. Neurol. Psychiat. (Chicago)*, (1951a), *65:* 413–436.

Ravitz, L.J.: The Use of D.C. Measurements in Psychiatry. *Neuropsychiatry*, (1951), *1:* 3–12.

Ravitz, L.J.: Application of the Electrodynamic Field Theory in Biology, Psychiatry, Medicine, and Hypnosis. I. General Survey. *Amer. J. Clin Hypnosis*, (1959), *1:* 135–150.

Rechtschaffen, A.: The Effect of Amphetamine on the Sleep Cycle. *Electroenceph. Clin. Neurophysiol.*, (1964), *16:* 438–445.

Rechtschaffen, A., and Kales, A.: A Manual of Stadardized Terminology. Technique and Scoring System for Sleep Stages in Human Subjects. Public Health Service, U.S. Government Printing Office, Washington, D.C., 1968.

Regelsberger, H.: Das Elektrodermatogramm – Beitrag zur Frage der trophischen Hautinnervation. *Klin. Wschr.*, (1931a), *10:* 1244–1249.

Regelsberger, H.: Weitere Untersuchungen über Reaktionen an der menschlichen Haut. *Klin. Wschr.*, (1931b), *10:* 1330.

Regelsberger, H.: Zur Technik der Schlaftiefenmessung. *Zschr. Klin. Med.*, (1934), *126:* 395.

Regelsberger, H.: Die Veränderungen des elektrischen Gleichstromwiderstandes der Haut im Schlaf. *Zschr. Ges. Neurol. Psychiat.*, (1942).
Reid, A., and Curtsinger, G.: Physiological Changes Associated with Hypnosis. The Effect of Hypnosis on Temperature. *Intern. J. Clin. Exp. Hypnosis*, (1968), *16:* 111–119.
Roffwarg, H., Dement, W.C., and Fisher, C.: *Preliminary Observations of the Sleep-Dream Pattern in Neonates, Infants, Children and Adults.* In: Harms, E. (Ed.): Monograph in Child Psychiatry, New York, 1964, Vol. II, pp. 60–72.
Roffwarg, H., Muzio, J., and Dement, W.: The Ontogenetic Development of the Sleep-Dream Cycle in the Human. *Science*, (1966), *152:* 604–619.
Roffwarg, H. et al., 1978. Zitiert in Jovanović, 1988.
Rohracher, H.: Die elektrischen Vorgänge im menschlichen Gehirn. J.A. Barth, Leipzig, 1942 (3. Auflage, 1948).
Sacher, E.J., Cobb, J.C., and Shor, R.E.: Plasma Cortisol Changes During Hypnotic Trance – Relation to Depth of Hypnosis. *Arch. Gen. Psychiat.*, (1966), *14:* 482–490.
Schiff, S.K., Bunney, W.E., and Preedman, D.X.: A Study of Ocular Movements in Hypnotically Induced Dream. *J. Nerv. Ment. Dis.*, (1961), *133:* 59–68.
Schultz, J.H.: Zur Problematik der hypnotischen Leukotomie. *Zschr. Psychother.*, (1954), *4:* 150.
Schultz, J.H.: Das Autogene Training, 1. Aufl., 1932. 16. Auflage. Thieme, Stuttgart, 1966.
Schultz, J.H.: Technik der Hypnose. Fischer-Verlag, Stuttgart, 1983.
Schwarz, B.E., Bickford, R.G., and Rasmussen, W.C.: Hypnotic Phenomena, Including Hypnotically Activated Seizures, Studied with the Electroencephalogram. *J. Nerv. Ment. Dis.*, (1955), *122:* 564–574.
Sears. A.B., and Beatty, J(eanne), M.: A Comparison of the Galvanic Skin Response in the Hypnotic and Waking State. *J. Clin. Exp. Hypnosis*, (1956), *4:* 49–60.
Shor, R.E.: Three Dimensions of Hypnotic Depth. *Intern. J. Clin. Exp. Hypnosis*, (1962a), *10:* 23–38.
Shor, R.E.: Physiological Effects of Painful Stimulation During Hypnotic Analgesia Under Conditions Designed to Minimize Anxiety. *Intern. J. Clin. Exp. Hypnosis*, (1962b), *10:* 183–202.
Shor, R.E., and Orne, E.C., 1962. Siehe Kapitel XIV.
Stokvis, B., und Langen, D.: Lehrbuch der Hypnose (2. Auflage), Karger, Basel, 1965.
Strosberg, I.M., Irwen, M., and Vics, I.I.: Physiologic Changes in the Eye During Hypnosis. *Amer. J. Clin. Hypnosis*, (1962), *4:* 264–267.
Sumner, J.W., Cameron, R.R., and Peterson, D.B.: Hypnosis in Differentiation of Epileptic From Convulsive-Like Seizures. *Neurology*, (1952), *2:* 395–402.
Tarchanoff, J.: Über die galvanischen Erscheinungen in der Haut des Menschen. *Pflügers Arch. Ges. Physiol.*, (1890), *46:* 46–55.
Tart, Ch.T.: Hypnotic Depth and Basal Skin Resistance. *Intern. J. Clin. Exp. Hypnosis*, (1963), *11:* 81–92.
Tavadia, H.B., Fleming, K.A., Hume, P.D., and Simpson, H.W.: Circadian Rhythmicity of Human Plasma Cortisol and PHA-Induced Lymphocyte Transformation. *Clin. Exp. Immunol.*, (1975), *22:* 190–193.
Tebêcis, A.K., Provins, K.A., Farnbach, R.W., and Pentony, P.: Hypnosis and the EEG. *J. Nerv. Ment. Dis.*, (1975), *161:* 1–17.
Tecce, J.J.: *Attention and Evoked Potentials in Man.* In: Mostofsky, D.I. (Ed.): Attention – Contemporary Theory and Analysis. Appleton-Century-Crofts, 1970, pp. 331–365.
Teplitz, Z.: An Electroencephalographic Study of Dreams and Sleep. Doctoral Dissertation (Thesis). Univ. Chicago, 1943.
Theissen, R.: Elektrookulographische Registrierungen von raschen Augenbewegungen. Inaug.-Diss., Universität Würzbrug, 1973.
Timney, B.N., and Barber, T.X.: Hypnotic Induction and Oral Temperature. *Intern. J. Clin. Exp. Hypnosis*, (1969), *17:* 121–132.
Toni, de, Giovani: I movimenti pendolari dei bulbi oculari dei bambini durante il sonno fisiologico et in alcuni stati morbosi. *La Pediatria (Napoli)*, (1933), *41:* 489–498.
Travis, T.A., Kondo, C.Y., and Knott, J.R.: Alpha Conditioning – A Controlled Study. *J. Nerv. Ment. Dis.*, (1974), *158:* 163–173.
Vanderhoof, E., and Clancy, J.: Effect of Emotion on Blood Flow. *J. Appl.*, (1962), *17:* 67–70.
Vogt, O.: Die direkte psychologische Experimentalmethode in hypnotischen Bewußtseinzuständen. J.A. Barth-Verlag, Leipzig, 1897.

Vogt, O.: Zur Kenntnis des Wesens und der psychologischen Bedeutung des Hypnotismus. *Zschr. Hypnotismus*, (1895), *3:* 277–340 und (1899), *4:* 32: 122–129.
Vorberg, R.: Zur Problematik der Motorik im Schlaf. Experimentelle Untersuchungen an gesunden Menschen jüngeren Alters. Inaug.-Diss., Univ. Würzburg, 1972.
Wachholder, K.: Willkürliche Haltung und Bewegung insbesondere im Lichte elektrophysiologischer Untersuchungen. *Ergebn. Physiol.*, (1928), *15:* 568–775.
Wagner, I.F.: The Establishment of a Criterion of Depth of Sleep in the New Born Infant. *J. Genet. Psychoanal.*, (1937), *51:* 17–59.
Walsh, D.H.: Social, Cognitive, and Electroencephalographic Effects in Alpha Feedback Training. Doctoral Dissertation, University of Boston, 1972.
Weitzenhoffer, A.M. (et al.) zwischen 1953 und 1971, siehe Kapitel IX und Edmonston, W.E. Jr., 1972.
Weitzenhoffer, A.M.: The Nature of Hypnosis. II. *Amer. J. Clin. Hypnosis*, (1964), *6:* 40–72.
Weitzenhoffer, A.M.: Behavior Therapeutic Technique and Hypnotherapeutic Methods. *Amer. J. Clin. Hypnosis*, (1972), *15:* 71–82.
Weitzenhoffer, A.M.: Hypnotic Susceptibility Revisited. *Amer. J. Clin. Hypnosis*, (1980), *22:* 130–146.
West, L.J., Niell, K.C., and Hardy, J.D.: Effects of Hypnotic Suggestion on Pain Perception and Galvanic Skin Response. *Arch. Neurol. Psychiat.*, (1952), *68:* 549–560.
Zakrzewski, K., and Szelenberger, W.: Visual Evoked Potentials in Hypnosis – A Longitudinal Approach. *Intern. J. Clin. Exp. Hypnosis*, (1981), *29:* 77–86.
Zikmund, V.: Some Physiological Characteristics of Natural and Hypnotic Sleep in Man. *Physiol. Bohemoslov.*, (1964), *13:* 196–201.
Zubek, J.P.: Sensory Deprivation – Fifteen Years of Research. Appleton-Century Crofts, New York, 1969.
Zubek, J.P.: *Behavioral and Physiological Effects of Prolonged Sensory and Perceptual Deprivation – A Review.* In: Rasmussen, J. (Ed.): Man in Isolation and Confinement. Aldine, Chicago, 1973, pp. 9–84.

XXIII. Psychomotorische Aspekte

1. Vorbemerkungen zur Begriffsbildung

Die Psychomotorik ist die Aktivität der Psyche und Motorik (Soma). Nachfolgend stehen einige *Sondermanifestationen* auf diesem Gebiet zur Diskussion, die sich *in gewissem Maße* mit den *Stadien der Hypnosetiefe (Relaxation, Katalepsie, Lethargie, Somnabulismus;* Tab. 1–3*)* decken. Neben der Deskription dieser Phänomene werden *Parallelen zu entsprechenden klinischen Manifestationsformen* gezogen (siehe dazu Tab. 7).

2. Hypnose und Relaxationssyndrom

Die Relaxation (Entspannung, Entspannungszustand) ist eines der ersten und sichtbarsten Zeichen der Hypnose-Induktion und fehlt nur dann, wenn die Hypnose nicht gelungen ist. Im gleichen Moment wollen wir betonen, daß das *Relaxationssyndrom (Entspannungs-Syndrom) einen anderen psychophysiologischen Charakter als eine einfache Entspannung* hat, da während der Hypnose *komplexe psycho-physische und psycho-vegetative Leistungen* seitens des Hypnotisanden ausgeführt werden (Edmonston, 1972).

Zum Problem des Relaxationssyndroms und der Hypnose haben einige Hypnoseforscher Stellung genommen (Barber, 1961; Barker und Burgwin, 1948; Benson et al., 1974, 1978a, b, 1981; Diamant et al., 1960; Edmonston, 1972; Ford und Yeager, 1948; Gorton, 1949; Ham und Edmonston, 1971; Jenness und Wible, 1937; Lane und Ruskin, 1950; Marinesco et al., 1937; Morrison und Bowker, 1973; Whitehorn et al., 1932; Wible und Jennes, 1936; Zikmund 1964). Trotz dieser Literatur reichen die Daten für eine endgültige Schlußfolgerung noch nicht aus (Benson et al., 1981). Nach Gorton (1949) sorgen die diesbezüglichen Resultate für einige entgegengesetzte Fragen, jedoch nicht für eine brauchbare Antwort. Insbesondere werden *mangelnde Kriterien für die zuverlässige Bestimmung der Hypnosetiefe,* unterschiedliche Vpn, geringe Anzahl der Probanden bei vielen Studien, die Fähigkeit der Vpn, die Veränderungen der vegetativen Funktionen auch ohne Hypnose herbeizuführen und der Mangel an Ausgangswerten hervorgehoben (Benson et al., 1981; Crasilneck und Hall, 1959; Levitt und Brady, 1963; Sarbin, 1956).

Crasilneck und Hall (1960) registrierten *Herzfrequenz* und *Blutdruck*, um die Verringerungen dieser Parameter *bei neutraler Hypnose* und *bei Suggestion* der *Relaxation* zu erfassen. Dabei fanden sich am Beginn der *Wachhypnose* kaum Veränderungen gegenüber dem Wachzustand. Die etwaigen Reaktionen bezogen sich nur auf die entsprechenden Suggestionen. Barber und Hahn (1963) berichteten über eine Verringerung der Herzfrequenz, der Atmungsfrequenz (Respiration) und der palmaren Leitgeschwindigkeit der Vpn, bei denen entweder eine traditionelle Hypnose vorgenommen worden war oder die gebeten wurden, nur ganz ruhig zu sitzen. Benson et al. (1978a, b) erwogen jedoch die Möglichkeit, daß die nicht-hypnotisierten Vpn eine gewisse Relaxation wie in Hypnose geboten haben, weil sie dazu prädisponiert waren. Es ist ebenfalls möglich, daß beides, sowohl die Hypnose als auch die Aufforderung, sitzen zu bleiben, dieselben vegetativen Veränderungen hervorgerufen haben.

Walrath und Hamilton (1975) registrierten die *Herzfrequenz, Respirationsfrequenz* und *galvanischen Hautreflexe* (Galvanic Skin Responses: GSR) bei drei Gruppen mit *hoher*

Hypnotisierbarkeit (eine Gruppe mit Selbsthypnose, eine mit Transzendentaler Meditation – TM – und eine mit instruktiver Relaxation). Die Vpn mußten 10 von 12 Punkten der SHSS: A (Test-Skala) aufweisen. *Eine Reduktion der vegetativen Aktivitäten war bei allen drei Methoden und bei allen drei Gruppen gefunden worden. Diese war an der Verringerung der Herzfrequenz, der Respirationsfrequenz, etwas weniger ausgiebiger und diskreter Antwort bei den GSR und niedrigerem Niveau der basalen Hautwiderstände zu erkennen. Nach diesem Ergebnis müssen auch die Vpn mit TM und Selbsthypnose hoch hypnotisierbar gewesen sein, so daß die vegetativen Veränderungen daraus resultiert haben können.* Morse et al. (1977) haben einen ähnlichen, jedoch komplizierteren Versuch durchgeführt. *Mäßig und hoch hypnotisierbare Vpn* wurden gruppiert nach den Ausgangswerten: (a) vorheriges Training der TM; (b) vorheriges Training der Selbsthypnose (SH); (c) TM und SH; (d) Gruppe ohne vorheriges Training (Kontrolle). Die Hypnotisierbarkeit wurde nach Spiegels Augenrolltest (Eye Roll Method) (Spiegel, 1972, s. Kap. XIV) bestimmt. Nach diesem Test waren alle Vpn zwischen mäßig und hoch hypnotisierbar. Es wurde dann *Blutdruck, Herzfrequenz, Respirationsfrequenz, GSR, EEG, muskuläre Aktivität* kontrolliert. Nur die GSR bei TM- und SH-Probanden wiesen niedrigere Werte als die bei der Kontrollgruppe auf. Alle Vpn wurden im Wachzustand und dann unter den angegebenen Situationen getestet. Intrapersonell gesehen fanden sich Unterschiede im Entspannungsstadium gegenüber dem normalen Wachzustand bezüglich des *Blutdrucks*, der *Herzfrequenz, Muskelaktivität* und in der *Verringerung des GSR*, aber auch in bezug auf die *langsamen Alpha-Wellen im EEG*. Der Mangel an Unterschieden *zwischen den Gruppen* wurde darauf zurückgeführt, daß auch mäßig hypnotisierbare Vpn in Anspruch genommen worden waren.

3. Hypnose und Katalepsie

3.1 Begriffe und Definitionen

Der Begriff *Katalepsie* stammt aus dem Griechischen (katalepsis: Fassen, Greifen). Aus dieser Begriffsabstammung kann man keine großen Schlüsse über das Wesen der Katalepsie ziehen. Im Verlaufe der Zeit wurden verschiedene Deutungen für Katalepsie unterbreitet. Medizinische Wörterbücher und Lexika sprechen von einer *extrapyramidal-motorischen Störung* bei meist bewegungsarmen Kranken, die eine passiv gegebene («modellierte») Stellung oder Haltung *länger als Gesunde* bis zur *Flexibilitas cerea* (Lateinisch: *flexibilis* = biegsam; *cereum* = wachsähnlich, aus Wachs), d.h. *bis zur wachsartigen Biegsamkeit der Glieder* beibehalten. Als Beispiel zu dieser Deutung werden Krankheiten angeführt, welche die Flexibilitas aufweisen, wie *Schizophrenie, Epilepsie, Hysterie, organische Hirnerkrankungen* (Moritz Benedikt, 1880). Diese medizinische Auffassung der Phänomenologie ist nicht ganz verwunderlich, da die Katalepsie zuerst von Medizinern beobachtet und beschrieben wurde (Antoine-Laurent-Jessé Bayle, 1799–1858; Carl Wernicke, 1848–1904). Selbst Forscher, die sich mit Hypnose befaßt haben, sprachen von einem krankhaften Zustand (Hysterie) (Jean-Martin Charcot, 1825–1893) (Kapitel VIII.12.8). In der Tat findet man die Katalepsie bei Kranken (siehe unten), aber auch in der Hypnose, die nach den heutigen Auffassungen ein normaler psycho-physiologischer Vorgang ist (s. Kapitel IX). Ellenberger (1973, Seite 179–180) führt zu diesem Problem wie folgt aus: «Ein noch geheimnisvollerer Zustand (im Vergleich zur Lethargie; Anm. des Autors), über den noch mehr spekuliert wurde, war die *Katalepsie*. Boissier de Sauvages, Lorry und viele andere haben im 18. Jahrhundert von berühmten Fällen berichtet. 1785 veröffentlichte Pétetin (Mémoire sur la découverte des phénomènes que présentent la catalepsie et le somnambulisme, symptômes de l'affection hystérique essentielle. Lyon, 1875) ... seine bemerkenswerten Beobachtungen an einer 18-jährigen jungen Frau, die zwei Monate lang in höchster Angst um ihr schwerkrankes Kind gelebt hatte. Sobald das Kind wieder gesund geworden war, bekam sie heftige Schmerzen im *epigastrium* (Oberbauch); dann hatte sie eine Nervenkrise, während der sie mit wunderbarer Stimme sang, worauf sie in einen kataleptischen Zustand verfiel, mit einem anscheinend vollständigen Verlust der Bewegungsfähigkeit und der Sensibilität. Sie war jedoch fähig, auf irgendeine Weise Fragen zu beantworten. Pétetin machte mit dieser Patientin eine Reihe von Experimenten und stellte fest, daß sie am ganzen Körper gefühllos war, mit Ausnahme des Epigastriums, auf das alle ihre Sinne übergegangen zu sein schienen. Sie konnte nur durch das Epigastrium hören, sehen und riechen. Sie konnte außerdem ihre inneren Organe wahrnehmen und die Symptome voraussagen, die am nächsten Tag auftreten würden. Pétetin brachte diesen kataleptischen Zustand einerseits mit Somnambulismus, andererseits mit Hysterie in Verbindung, und versuchte eine Erklärung, die auf der Verteilung elektrischer Fluide im Körper beruhte ... Bourdin (Claude-Etienne Bourdin: Traité de la Catalepsie. Paris, Rouvier, 1841) und Puel (J. T. Puel: De la Catalepsie, Paris, Baillière, 1856) (verfaßten) kritischere Studien über die Katalepsie. Als Grundsymptome beschrieben sie das Aufhören aller willkürlichen Bewegungen, die Passivität gegenüber von außen her bewirkten Lageänderungen, die *flexibilitas cerea*, und die längere Dauer von Muskelstellungen, die der Versuchsperson auferlegt wurden, und die man in normalem Zustand nur schwer oder gar nicht über längere Zeit hätte beibehalten können. Die Beziehung zwischen Katalepsie und Hysterie blieb weiterhin umstritten. Briquet (P. Briquet: Traité clinique de thérapeutique de l'hystérie. Paris, J.B. Baillière + Fils, 1859) stellte fest, daß Katalepsie bei Männern und Frauen gleich häufig vorkam, während Hysterie bei Frauen zwanzigmal so häufig auftrat.» Später wurden diese Befunde ergänzt, jedoch nicht immer bestätigt.

3.2 Hypnotische Katalepsie

3.2.1 Übersicht von Literaturangaben

Die hypnotische Katalepsie ist das markanteste Phänomen der Hypnose (Stadium oder Stufe II der Hypnose) und wird bei *Mensch* (Kapitel IX.4.1.5, Tab. 7) und *Tier* (Kapitel III) angetroffen. Gerade die Katalepsie wird uns veranlassen, einige Schlußfolgerungen über die Natur der Hypnose (vor allem WARUM sie vorkommt) zu unterbreiten (Kapitel XXX). *Bei keinem anderen physiologischen (normalen) Zustand und bei keiner anderen Therapiemethode kommt die Katalepsie so markant wie in der Hypnose vor.* Ohne das Katalepsie-Phänomen hätten wir es viel schwieriger gehabt, die Hypnose und ihre Ursachen zu erklären. Wenn man das weiß, dann ist es umso mehr verwunderlich, daß die Hypnoseforscher dieses Phänomen ständig erwähnt und kaum erforscht haben. Selbst sehr bekannte Wissenschaftler und Praktiker der Hypnose wie Wolberg (1948a) sprechen dabei von *muscular phenomena*. «*Among the muscular manifestations that can be induced during hypnosis are alterations in tonicity, paralysis of muscle groups, spasms, contractions, tremors, choreiform movements, catalepsy, sterotypy, automatic movements, and interference with such special functions as talking and writing* ...» (Wolberg, 1948a, Seite 33). All diese angeführten Phänomene muten wie ein krankhafter Zustand an, was die Hypnose nicht ist. «*Rigid catalepsies may be produced in various parts of the body.*» (Wolberg, 1948a, Seite 33f.). Erst jetzt wird die *Rigidität* erwähnt, wobei man von der rigiden Katalepsie spricht, obwohl die Katalepsie nicht erkennbar ist, bevor sie nicht «rigid» wird. Die Rigidität und die hypnotische Starre sind weltweit – auch unter den Scharlatanen – als «Brücke» bekannt, die auch in diesem Buch oft erwähnt wurde (Kapitel XI–XX). Aus der Einleitung zu diesem Kapitel geht auch hervor, daß es sich dabei nicht nur um ein muskuläres, *sondern auch um ein psychomotorisches Phänomen* handelt.

J.H. Schultz (1959) unterscheidet dabei das Stadium der *passiven* und jenes der *aktiven Katalepsie*. «Das erste objektive, bei keiner Hypnose fehlende Symptom für V.L. (Versuchsleiter) ist die passive Katalepsie ... (Zur Auslösung) wird mehrfach die Einstellung (‹Suggestion›) gegeben: ‹Der linke (rechte) Arm ist ganz steif! Sie tuen nichts! Alles geschieht von selbst! Der Arm ist ganz steif!› ... und nun der Oberarm vorsichtig mit einer Hand fixiert (...) und der Unterarm *ganz allmählich, gleitend, ohne jeden Ruck*, aber mit immer mehr ganz einschleichend wachsender Kraft mit der anderen Hand ergriffen und gebeugt. Bei jeder auch beginnenden Hypnose (‹erster, zweiter Grad›) begegnet der Beugungsversuch einem deutlichen, oft, besonders bei muskulösen V.P., so enormen Widerstande, daß eine Beugung unmöglich ist. *V.P. hat von dieser Leistung keinerlei subjektive Wahrnehmung!* Sie spielt daher für die Demonstration an der V.P. keinerlei Rolle, ist aber, als der Kontrolle der V.P. entzogen, ein besonders wichtiges Diagnostikum für die beginnende Umschaltung, die sie in 100% der Fälle begleitet. Als ‹aktive Katalepsie› bezeichnen wir (Schultz) dagegen den Versuch, den Arm der V.P. anzuheben, am besten mit leicht streckendem Zuge in der Schulter, ein paar aktivierende und anregende *passes* zu erteilen und nun einzustellen: ‹Arm ist ganz steif! Sie können ihn nicht bewegen!› ...» (J.H. Schultz, 1959, Seite 39).

3.2.2 Resultate eigener Beobachtungen

Die Katalepsie ist ein so *manifestes Zeichen der Hypnose*, daß man sie nicht einmal suggerieren muß. Jeder, der sich mit Hypnose befaßt hat, konnte erleben, daß diese bereits am Hypnose-Beginn ansetzen kann, noch bevor eine diesbezügliche Suggestion gegeben worden ist. Der Proband/Patient muß einen «Grund» (Warum) dazu haben, über den wir später sprechen werden (Kapitel XXX). Daß die Katalepsie spontan, d.h. *ohne Suggestionen* und auch nach der beendeten Hypnose auftreten kann, sei an einem unserer Beispiele erläutert.

Fall 32: PR-VIL-001-GR-091054-060482

Seit 1980 wurden oft *Gruppen- bzw. Massenhypnosen* im Vorlesungssaal für alle Teilnehmer zu Unterrichtszwecken angeboten. Die Teilnehmerzahl variierte zwischen 80 und 120. Bei einer Menschenmenge von 120 Personen kann man vom Podium aus nicht immer übersehen, wer von den Anwesenden in die Hypnose geraten ist und wer nicht. Nach einer solchen Massenhypnose an einem Montag im Jahre 1982 gingen die Studenten anschließend wie sonst nach Hause. Am darauffolgenden Mittwoch (also am dritten Tage nach dieser Massenhypnose im Vorlesungssaal) ging der Referent in einer Entspannungspause am Abend gegen 21 Uhr aus und beabsichtigte in ein Wein-Bier-Lokal zu gehen. Bereits beim Eintreten in das Lokal fiel ihm auf, daß in diesem, auch sonst von Studenten besuchten Raum, besonders viele anzutreffen waren. Über 20 Studenten hatten an einem langen Tisch Platz genommen und waren sehr ausgelassen. An einer Ecke des Tisches (rechts) saß ein auffallend gekleideter Student (Georg), der eine Sherlock-Holmes-Mütze auf dem Kopf und eine große, leger fallende, der Mütze entsprechende Jacke trug. Georg war beim Eintreten des Referenten gerade im Begriff, mit einem Pfeifenreiniger den Tabak in seine Pfeife zu stopfen (eine typische Bewegung bei Pfeifenrauchern). Dies wollte er offenbar mit der rechten Hand tun und hielt mit der linken (mit dem Ellenbogen auf dem Tisch abgestützt) die Pfeife. Vor ihm stand das angefangene Bier. Als der Referent den einzigen freien Platz am Nebentisch eingenommen hatte, bestellte er sich mit den Worten «Ein Bier, bitte!» das gewünschte Getränk. Diese drei Worte waren für Georg Signal genug, *in eine tiefe Hypnose mit einer sehr eindrucksvollen totalen Katalepsie zu verfallen*. Er hielt mit der linken Hand die Pfeife in der Luft, die rechte Hand blieb 10cm von der Pfeife entfernt bewegungslos in der Luft hängen. Georg saß da, mitten im Wort, mit halbgeöffneten Mund. Seine Figur ähnelte einem Denkmal auf einem Marktplatz oder einer Wachsfigur im Wachsfiguren-Kabinett der Madame Tussaud in London (dieser Vergleich drängt sich förmlich auf). Der Referent saß zunächst mit dem Rücken zu Georg. Die um ihn herum sitzenden Studenten versuchten anfangs, Georg zu bewegen, «aufzuwachen». Alle ihre Bemühungen blieben jedoch ohne Erfolg. Erst dann wurde von den beängstigten Studenten der Referent angesprochen. Er wandte sich Georg zu, sah sich diese *klassische totale Katalepsie* an und versuchte zunächst, einen Fotoapparat herbeizuschaffen, um Georg fotografieren zu lassen. Als nach über 20 Minuten noch kein Fotoapparat aufzutreiben war, entschloß sich der Referent, Georg aus der Hypnose zurückzuführen. Bei der Suggestion: «*Georg, hier ist Dr. J.*.. Sie sind jetzt in einer tiefen Hypnose und fühlen sich ganz wohl, ganz angenehm... Ich werde Sie jetzt aus der Hypnose zurückführen, Sie wecken... Nach dem Wecken werden Sie sich ganz wohl fühlen und weiter *mit uns gemeinsam den Abend verbringen... Und Sie werden wach, nachdem ich bis drei gezählt habe... eins.. zwei... drei... Sie sind jetzt ganz wach.*» Georg «wachte» auf (zum Erstaunen der Anwesenden), drückte mit dem noch immer in seiner rechten Hand befindlichen Pfeifenreiniger den Tabak in seine Pfeife, trank einen Schluck Bier und führte den Satz (sogar das angefangene Wort), den er vor der Hypnose begonnen hatte, zu Ende. Die Rekonstruktion der Massenhypnose im Vorlesunsgssaal ergab, daß der Referent einmal während des Hypnotisierens verbalisierte «... und Sie werden immer in diesen schönen Hypnosezustand verfallen, wenn Sie meine Stimme hören...». Und dieser Satz wurde von Georg «buchstäblich» aufgenommen. Die Katalepsie war nicht suggeriert worden.

Fall 33: PR-VL-215-MR-101166-081184

Im Zusammenhang mit der Einteilung der Katalepsie in das zweite Hypnose-Stadium (Tab. 1–3, 7) wollen wir einen *umgekehrten Fall* vorstellen. Im *Fall 32* wurde also eine Suggestion der Katalepsie überhaupt nicht erteilt. Da die Hypnosetiefe nicht gemessen wurde, könnte man annehmen, der Fall habe sich im Stadium II der Hypnose ereignet. Im Vorlesungssaal wird von uns den Studenten die *Armkatalepsie ohne weitere Suggestion laufend vorgeführt.* Die Studenten/Probanden legen dazu den Ellbogen auf ihren eigenen Oberschenkel (sitzend), auf die Bank oder auf einen Tisch, so daß die Finger vertikal nach oben in die Luft gerichtet sind. In dieser Stellung wird die Vp gebeten, sie möchte die Finger strecken und dann spreizen. Sind die Finger gestreckt und gespreizt, wird die Vp aufgefordert, ihre eigene Handfläche mit den Augen fest zu fixieren. Dabei wird eine gute Stelle in der Handfläche (die Linien) ausgesucht, auf die sich die Vp konzentriert. Wenn es sich um Studenten handelt, die anatomisch ausgebildet sind, wird eine gedankliche Vertiefung und das «Eindringen» in die Venen empfohlen. Dies geschieht jedoch ohne eine Suggestion. Wenn sich die Studenten/Probanden genügend konzentriert haben, beginnt man mit den Suggestionen: «... und jetzt spüren Sie, wie die Finger steif werden, ganz steif, ganz steif... und das Blut sinkt aus den Fingerspitzen nach unten, seitlich in Ihren Fingern (dabei demonstriert der Examinator den sinkenden Blutstrom, indem er die Finger der Vp von der Spitze nach unten streichend berührt)... und das Blut sinkt immer weiter, immer tiefer und tiefer... die Finger sind jetzt ganz steif... und wenn Sie jetzt versuchen würden, die Finger zu beugen, würden Sie feststellen, daß es schwer ist... sehr schwer... die Finger sind ganz steif, Sie können sie nicht beugen... Sie können keine Faust machen... die Finger sind ganz steif...». Nach wenigen Augenblicken merkt man, daß dies tatsächlich der Fall ist.

Ein Student/Proband (Fall 33) befolgte die Suggestion nicht und beugte die Finger bis zur Faust vor den Augen der Studenten. Im Hörsaal brach Gelächter aus. Dann wurde vom Examinator gesagt: «... Ja, das ging... das habe ich auch so gewollt... ich habe den Studenten zwischendurch absichtlich etwas erzählt, damit Sie die Gelegenheit haben, eine

neue Demonstration vorzuführen ... aber jetzt machen wir es anders ... Sie spreizen die Finger wieder, konzentrieren sich auf die Handfläche ... gehen in Gedanken in die Venen hinein ... und steigen entlang der Venen zum Ellenbogengelenk ... dann wird sich das Blut aus den Fingern verziehen ... die Finger werden steif werden ... da von den Fingerspitzen und dann nach unten (dabei berührt der Examinator mit seinen Fingern die Fingerspitzen des Probanden) ... Jetzt spüren Sie die Steife kommen ... jetzt noch mehr und mehr ... ». Der Proband konzentrierte sich, versuchte kleinere Bewegungen der Finger vorzunehmen. Sie waren steif. Daraufhin wurde nachsuggeriert: «... Sie merken es ... die Finger sind jetzt tatsächlich steif geworden ...». Der Proband versuchte es wieder, doch die Finger wollten und wollten sich nicht beugen. Trotz erneuter, mit ganzer Kraft unternommener Versuche des Probanden, sich dem zu widersetzen, ragten die Finger nach oben in die Luft, wie fünf Stifte. Je größer der Widerstand des Probanden wurde, desto rigider und steifer wurden die Finger. Es wurde immer wieder nachsuggeriert. Im Hörsaal brach ein stürmischer Applaus aus. Dem Probanden wurde dann gesagt: «... Und wenn ich jetzt bis drei zähle, werden die Finger frei werden ... Sie werden sie beugen können ... eins, die Finger sind noch steif ... zwei, sie sind noch steif ... sie werden aber auf drei ganz locker und biegsam sein ... drei ... und jetzt können Sie eine Faust machen, nicht wahr? ...». Noch ein Applaus ertönte, und die Studenten hatten für diesen Abend ein Diskussionsthema.
In diesem Falle war der Proband ganz wach, eine Hypnose wurde nicht suggeriert und auch nicht erwähnt. Die Katalepsie der Finger (und des Unterarmes) stellte demzufolge nicht das Stadium II der Hypnosetiefe dar.

3.3 Klinische Katalepsie

Aus der Ratlosigkeit über das Phänomen und die Mechanismen der Katalepsie (s. Ellenberger, 1973) und auch aus der Tatsache heraus, *daß viele normale Phänomene und ihre Ursachen zuerst am erkrankten Organsimus erkannt und beschrieben worden sind* (auch die Katalepsie), wollen wir uns kurz mit einigen *klinischen Aspekten* des Problems auseinandersetzen.

3.3.1 Katalepsie und Schizophrenie

3.3.1.1 Übersicht von Literaturangaben. Das Studium der Katalepsie führt uns zum Problem der *Katatonie* (griechisch: *kata:* herab, abwärts, gegenüber, hin, gänzlich; *tonus:* Spannung) (Karl Kahlbaum 1828–1899).
Erste eingehende Studien der *Katatonien* stammen von Karl Kahlbaum (1874), Petrén (1908), Kraepelin (1909), Bleuler (1911), Urstein (1913). Der letztere sprach über die *regulären* katatonen Phasen. Gjessing (1932a, b, 1933, 1936, 1938, 1939, 1947, 1950, 1953a–d, 1960 a–c, 1966), Gjessing et al. (1967), Simson et al., (1974), Takahashi und Gjessing (1972, 1973) haben sich daraufhin jahrelang mit der *Periodizität der Katatonie* befaßt. Einen von Gjessing bereits 1932 beschriebenen Fall beobachteten Simson et al. (1974) über zwei Jahrzehnte hindurch.
In den ersten Mitteilungen spricht Gjessing (1932a) von einer *synchron-syntonen*, akuten periodischen Katatonie, *die rasch beginne, relativ tief werde, fast alle Organ-Systeme, einschließlich der biochemischen Veränderungen erfasse und kritisch ende.* Die Perioden innerhalb der Erkrankungsphase dauern *rund 20 Tage.* Neben dem *Intervall* unterscheidet Gjessing (1932a) ein *beginnendes, prästuporöses, rastloses Stadium; ein Stadium der Akinese mit Haltungsstereotypie, Negativismus, ausgelöschter Mimik, Pupillendilatation, Anisokorie,* d.h. das Stadium des *tiefen Stupors.* Dieses Stadium könne sich im Laufe von Tagen allmählich verflachen und somit beginne das *dritte Stadium,* d.h. das *der Verflachung.* Eines

Tages, *meist aber nachts*, komme es zu einem *kritischen Abklingen* der Symptome. *Biochemische Untersuchungen* ergaben im Intervall zwischen zwei Phasen eine *vagotone* Einstellung des Stoffwechsels (herabgesetzter Grundumsatz, verringerte Pulsfrequenz, Senkung des Blutdruckes und des Blutzuckers, Leukopenie und Lymphozytose) mit *Retention* des Stickstoffs und anderer Abbauprodukte des Proteinmetabolismus im Serum, woraus der Begriff *Retentions-Syndrom* abgeleitet wurde. Erreiche die Stickstoffretention ihr Maximum, so wirke sie als *Zeitgeber* (Aschoff, 1969) für den Stuporbeginn. Gleich danach komme es zu einer Umschwingung, zur *sympathikotonen Einstellung* der vegetativen Funktionen und des Stoffwechsels.
In seiner zweiten Mitteilung im selben Jahr (1932b) befaßte sich Gjessing mit einem *asynchron-asyntonen* Reaktionstypus der Katatonie mit einem *langsamen Beginn, flachem Verlauf und lytischem Ende*. Die Organ-Systeme werden nicht alle gleichzeitig *(asynchron)* erfaßt und *die Symptome betreffen nicht alle Organ-Systeme gleichschwer (asynton).* Die Perioden seien hier nicht ganz sicher, das Ganze verlaufe *atypisch-rezidivierend.* Die typischen synchron-syntonen Fälle seien viel seltener als die atypischen, asynchron-asyntonen. Aus den späteren Arbeiten von Gjessing (1936, 1939) ist zu entnehmen, daß innerhalb des Stupors selbst *Erregungsphasen* von rund *zehn Tagen* und sogenannte *negative Phasen* von ebenfalls *zehn Tagen* nachzuweisen waren (Simson et al., 1974).
Die Katatonie unterscheidet sich äußerlich oft wenig von der ausgesprochenen Katalepsie während der Hypnose. In beiden Fällen findet man eine *Flexibilitas cerea*, wobei die Probanden/ Patienten in der Stellung verharren, in die sie vom Untersucher gebracht werden. Wie auch bei der hypnotischen Katalepsie kann ein katatoner Patient in einer Ecke des Zimmers in einer bizarren Denkmalstellung (bei gekrümmten Armen und gekrümmtem Körper) stundenlang verharren, bis er umfällt.

3.3.1.2 Eigene Beobachtungen

Fall 34: PR-IV-363-GB-140937-020667

Während der Schlafregistrierungen in Würzburg wurde uns aus der psychiatrischen Abteilung am 1. Juni 1967 ein *katatoner Patient* (klinisch verifiziert) zur *polygraphischen Schlafregistrierung* vorgestellt. Der Patient war sehr schlank, leptosom, 182 cm groß. Er war *passiv biegsam* und konnte in jeder (statisch vertretbaren) Stellung enorm lange aushalten. Die Hände zum Rücken gebeugt, einen Arm vertikal gehoben, beide Arme vertikal oder horizontal, bizarr eingestellt, hielt der Patient mühelos aus. Von Bedeutung sind noch die *lebhaften Augenbewegungen mit Blinzeln der Augenlider, die sich beim Ansprechen des Patienten noch verstärkten. Diese Augenliderkatalepsie unterschied sich äußerlich nicht von der, die wir bei Katalepsie in der Hypnose beobachtet haben.* Der *Einschlaf war sehr verzögert, der Tiefschlaf lang.* Das *vorzeitige Aufwachen* und *das ruhige Verharren im Bett* bis zum nächsten Morgen war für diesen Patienten ebenfalls charakteristisch. Es wurden *stark verkürzte REM-Phasen* gefunden. Die übrigen Parameter werden bei einer späteren Gelegenheit publiziert.

3.3.2 Katalepsie und Epilepsie

Epileptiker bieten in der Regel einen katatonen und demzufolge einen kataleptischen Zustand erst dann, *wenn sie aus der Epilepsie-Symptomatik in eine psychotische geraten.* Wir stellen auch zu diesem Problem einen eigenen Fall vor, der zum Teil publiziert ist (Jovanović, 1966a). Es handelte sich um einen jener Patienten (Fall 35), die nach Landolt (s. bei Jovanović, 1966a) nach Reizen und nach einer intensiven antiepileptischen Behandlung in einen *psychotischen Zustand* mit einer *forcierten Normalisierung* im EEG geraten können. Das Gehirn reagiere nur in einem Sinne: entweder Epilepsie oder Psychose (s. in Jovanović, 1966a).

Fall 35: PR-II-053-BW-090738-250764

Der 23 Jahre alte Patient wurde von uns zum ersten Male am 25. 07. 1964 (also 22 Jahre vor dem Schreiben dieses Berichtes) und später im August und Oktober 1964 untersucht. Aus dem damaligen Protokoll (s. auch Jovanović, 1966a) ist zu entnehmen: «*Der Patient wurde vollkommen steif im Bett liegend gegen 20 Uhr in die EEG-Abteilung gebracht. Keine Bewegungen ... Die Extremitäten blieben in jeder Lage hängen, in die sie vom Untersucher gebracht wurden, bis zur Erschöpfung. Von der gleichaltrigen, neben ihm liegenden gesunden Vp nahm er keine Notiz ... Beim Fragen oder Reizen bewegte er nur lebhaft die Augen ...*». In körperlicher Hinsicht war auch dieser Patient *leptosom*. Anamnestisch und elektroencephalographisch bestand nach wie vor eine Epilepsie. *Nur in den Phasen des katatonen Zustands bot er Flexibilitas cerea bei lebhaften Augenbewegungen. Das Blinzeln mit den Augen unterschied sich nicht von dem des Falles 34 und von der Augenliderkatalepsie während der Hypnose.* Es sei noch hinzugefügt, daß der Patient im leichten Schlaf (Stadium II) angesprochen werden konnte. Er meldete sich jeweils mit: *Ja!* (s. dazu Kapitel XXV.3).

3.3.3 Katalepsie und Hysterie

Zu Literaturangaben sei auf Ellenberger (1973) hingewiesen (s. auch Kapitel XXIII.3.1). Kurz vor der Beendigung dieses Buches haben wir eine Patientin in der von uns geleiteten Klinik in Stuttgart beobachten können, die vorübergehend alle Zeichen einer Katalepsie bot. Diese wollen wir hier kurz vorstellen:

Fall 36: KG-I-405-UW-300565-231285

Es handelte sich um eine 20 Jahre alte Patientin, die bei der Einweisung einen ausgesprochen *depressiven Zustand* bot. Die Patientin sei als drittes Kind zur Welt gekommen. Der Vater sei bei ihrer Geburt über 50, die Mutter über 42 Jahre alt gewesen. Der älteste Bruder sei 21 Jahre und der zweitälteste 12 Jahre älter als die Patientin. Der Vater sei jetzt 70 Jahre alt und Rentner. Die Patientin akzeptierte den 21 Jahre älteren Bruder als Bezugsperson und verweigerte den Eltern den Gehorsam. Mit vier Jahren soll sie nach einem «Sonnenstich» einen *generalisierten epileptischen Anfall* erlitten haben, der nicht sicher verifiziert worden ist. Vier Jahre vor der Aufnahme in die Klinik habe sie an *Magersucht* (Anorexia nervosa) gelitten und sei stationär und dann ambulant behandelt worden. Beim stationären Aufenthalt in unserer Klinik geriet sie nach dem Abklingen der Depression mehrmals in einen *hysterischen Zustand* mit Reizbarkeit, negativer Einstellung, unerlaubtem Verlassen der Klinik und Davonlaufen (polizeilich zurückgebracht), Nicht-Essen-Wollen, Aggressionen gegen Gegenstände, Versteifung am ganzen Körper, *mit Arc de Charcot, Pseudo-Schwangerschaft und Pseudo-Entbindung*. An einem Mittag, als im Speisezimmer 20 Mitpatienten zusahen, stand sie vom Tisch auf, bot eine derartig verkrümmte Körperhaltung, daß sie von den Füßen bis zur Gürtellinie eine gerade Linie aufwies, dann wie gebrochen in der Gürtellinie nach links abwich. Von da ab lief der Oberkörper vertikal nach oben. Die Patientin sah wie eine *Wachsfigur* (zick-zack) aus. Hob man ihr die Arme hoch, verharrte sie lange in der Stellung. Eines Nachts um 24 Uhr wurde der Referent dringend von der Schwester gerufen; die

Patientin liege im Bett, reagiere überhaupt nicht und sei ganz «komisch». Es stimme etwas nicht. Als der Referent ins Zimmer kam, bot sich ihm ein *katatoner Zustand*. Die Patientin lag im Bett mit angezogenen Beinen (in Hüft- und Kniegelenken), mit gebeugter Körperhaltung, mit dem Kopf und den Armen nach vorne (Fötusstellung). *Man hatte den Eindruck, die Patientin wolle den kleinsten Raum einnehmen, damit sie nicht gesehen werde.* Sie antwortete nicht auf Fragen und reagierte so, als ob sie nichts hören würde. Beim Beugen über ihren Körper, um sie zu untersuchen, *fiel jedoch dem Referenten eine Lebhaftigkeit der Augen mit Blinzeln der Augenlider auf, wie in einem hypnotischen Zustand und ähnlich oder gleich den Augenbewegungen bei anderen katatonen (kataleptischen) Patienten (Fall 34 und 35).* Die Patientin verharrte in jeder Stellung, in der sie gelassen wurde. Eine i.v. Injektion gegen die *extrapyramidale Symptomatik* erwirkte keine Änderung (diese Symptomatik wurde angenommen, unter der Voraussetzung, daß sie medikamentös ausgelöst worden wäre). Die Patientin wurde nur müde und schlief daraufhin ein. Am nächsten Tage bot sie erneut eine Katalepsie, die innerhalb von drei Tagen abklang. Durch *tiefenpsychoanalytische Gespräche* kam der Zustand innerhalb von zweieinhalb Monaten auf das Normale zurück. Das weitere klinische Bild ist an dieser Stelle nicht mehr von Interesse. Die Entlassungsdiagnose lautete: *Konversionshysterie* bei ... epileptischer Reaktion. Ob die Epilepsie tatsächlich vorhanden war, wird offengelassen.

3.4 Zum Problem der Mechanismen der Katalepsie

Über die neurophysiologischen Mechanismen der Katalepsie ist kaum etwas sicheres bekannt. Bei *pathologischen Katalepsien* (siehe oben) hat man angenommen, es handele sich um eine *extrapyramidal-gesteuerte Störung*. Dabei seien die entsprechenden subkortikalen Elemente des Gehirns affiziert. Bei einer *hypnotischen Katalepsie* kann dies jedoch kaum der Fall sein. Wenn es sich nicht um eine extrapyramidale «Störung» handelt, dann ist vielleicht *eine normale extrapyramidale Aktivität* am Werk. Aber diese Annahme führt sofort zu weiteren Fragen, die nicht geklärt werden können. Zum Beispiel die Frage, *ob der Hypnotisand während der Hypnose nicht etwa von einer höheren kortikalen Hirnfunktion zum Teil auf eine niedrigere subkortikale umschaltet.* Wenn er nach einer entsprechenden Suggestion umschaltet, was passiert dann, wenn keine Suggestion gegeben worden ist (s. Fall 32). Langen (1972) führt aus: «*Katalepsie* ist die wichtigste Veränderung der Motilität und leicht darzustellen: *Hebt man einen Körperteil der Versuchsperson an, kann er in hypnotischem Zustand in der gegebenen Stellung ohne Ermüdungserscheinungen gehalten werden. Zwar ist der Muskeltonus spürbar erhöht, er wird aber im Gegensatz zur bewußten Muskelspannung im Wachen nicht vom willkürlichen, sondern vom sympathischen Nervenzentrum bewirkt, wodurch die versorgten Muskeln nicht ermüden (s. Herzmuskel). Gleichzeitig wird das Ermüdungsgefühl in hypnotischem Zustand verringert wahrgenommen*» (Langen 1972, Seite 51–52). Die Feststellung von Langen, daß der Muskeltonus *erhöht* und im Gegensatz zur «*bewußten Muskelspannung im Wachen nicht vom willkürlichen, sondern vom sympathischen Nervensystem bewirkt wird*», hat der Autor im Vorlesungssaal vor Ärzten/Psychologen/Studenten vorgetragen. Die anwesenden Neurologen legten sogleich einen Protest ein, da nach ihrer (und nicht nur nach ihrer) Auffassung die quergestreifte Muskulatur durch eine *willkürliche* Innervation erfolgt. Es ist im nachhinein nicht mehr möglich, *das* nachzuvollziehen, was Langen (1972) mit seiner Feststellung gemeint hat. Wahrscheinlich haben sowohl Langen als auch unsere Neurologen im Vorlesungssaal recht. Denn die Katalepsie ist in der Tat *nicht willkürlich*. Wenn sie nicht willkürlich ist, dann wird sie auch *nicht willkürlich* innerviert. Es muß sich also doch um eine *subkortikale Funktion des Gehirns handeln* (Kapitel XXIV.2.3). Andererseits ist die Katalepsie bei hypnotischen Zuständen nicht gleich wie bei Kranken und ist relativ rasch und leicht reversibel. Sie entschwindet auch noch während der

Hypnose, um dem nächsten Stadium (Stadium III, Lethargie, s. unten) Platz zu machen.
An dieser Stelle muß eine andere Steuerungsmöglichkeit erwähnt werden, die auch Langen (1972) gegenüber den Neurologen des Autors (siehe oben) «rehabilitieren» kann. In den letzten 30 Jahren hat nämlich die Neurophysiologie ein sogenanntes *unspezifisches Nervensystem innerhalb des ZNS* entdeckt und erforscht, das neben dem *spezifischen* existiert (Kapitel XXIV). Das unspezifische Nervensystem reagiert eben *unspezifisch* (auf verschiedene Reize: *gleich;* auf die gleichen Reize: *verschieden*). Wie wir später diskutieren werden, sind nach den Befunden der *Mikroneurophysiologie auch die Ansichten über die willkürliche Innervation der peripheren Muskeln geändert worden.* Was früher als rein *willkürlich* angenommen worden war, kann nach diesen neuesten Ansichten auch *unwillkürlich* sein. Gerade die Katalepsie kann darunter fallen. Diese Frage wird noch ergänzend zu diskutieren sein (Kapitel XXIV und XXIX).

4. Hypnose und Lethargie

Ähnlich wie bei Katalepsie (und Katatonie) haben wir auch hier Begriffe, die bis heute problematisch geblieben sind. In den medizinischen Wörterbüchern wird angeführt, *Lethargie sei eine Schlafsucht,* d.h. eine *Sucht.* Weiter heißt es, die Lethargie sei eine *Form der Bewußtseinsstörung, Schläfrigkeit* und *Erhöhung der Schwelle für alle Reize.* Auch hier ist Kritik angebracht. Wenn es sich um eine Bewußtseinsstörung handelt, dann ist der Patient nicht etwa «schläfrig», *sondern bewußtseinsgestört* im Sinne einer *Minderung des Wachbewußtseins.* Bei gesteigertem Hirndruck entzündlicher oder neoplastischer Genese bildet sich die Lethargie als Kernsymptom einer *Encephalitis lethargica* (Constantin von Economo, 1918, 1929), bei der aber auch *hyperkinetische* Formen bekannt sind. Bei klinisch-lethargischen Patienten wird nämlich – zum Unterschied gegenüber der hypnotischen Lethargie – oft eine *lebhafte hyperkinetische Motorik* beobachtet, insbesondere dann, wenn der Patient gereizt wird. Andererseits haben wir in den Kapiteln XI–XX lernen können, daß der Hypnostisand in seinem hypnotischen Zustand nicht immer «schläfrig», sondern *hypnotisch relaxiert und träge* ist.
Ellenberger (1973, Seite 179) schreibt zu diesem Problem wie folgt: «Ein anderer klinischer Zustand, der sich auf den ersten Blick vom Somnambulismus stark zu unterscheiden scheint, ist die *Lethargie*, ein sehr tiefer und lange dauernder Schlaf, der im übrigen nicht mit besonderen körperlichen Störungen einhergeht, aber manchmal die Form des Scheintodes annimmt (daher die weitverbreitete Furcht davor, lebendig begraben zu werden). Von der Medizin der alten Griechen an bis ins 19. Jahrhundert hat es viele Spekulationen über die Natur und die Ursachen der Lethargie gegeben. Manchmal wurde sie als spezifische Krankheit angesehen, manchmal als Unterform der Hysterie, und man hatte festgestellt, daß sie gelegentlich bei Schlafwandlern vorkam. Außerdem stellte sich heraus, daß hypnotische Maßnahmen manchmal Lethargie hervorriefen, anstatt künstlichen Somnambulismus.»
Bei den antiautoritären (permissiven) hypnotischen Induktionsmethoden und Wachsuggestionen bei offenen Augen (Kapitel XV) wird der Hypnotisand bereits bei der Einleitung der Hypnose entspannt, ruhig, passiv. Seine Augenlider werden merklich rötlich, die Konjunktiven leicht feucht und/oder rötlich, manchmal grau-rötlich, die Lidspalten verkleinert, die Lider fallen jedoch nicht zu. Der Hypnotisand sieht so aus, als ob er müde geworden sei und bald einschlafen wird. Die Körpermuskulatur ist entspannt; die muskuläre Aktivität läßt vollkommen nach. Der Hypnotisand reagiert motorisch auf nichts außer auf Suggestionen. Aber auch die Suggestionen müssen klar und eindeutig formuliert werden, wenn der Hypnotisand darauf motorisch reagieren soll. In nicht seltenen Fällen versteht der Hypnoti-

sand die Suggestionen, er möchte aufstehen und spazieren gehen, symbolisch, und steht in der Tat nicht auf. Im späteren Stadium, d. h. nach der Katalepsie-Stufe, werden weitere Zeichen der Relaxation oder der Ermüdung beobachtet, die auf eine progressive Relaxation hinweisen. Die Augenlider werden noch feuchter, rötlicher, die Konjunktiven ebenfalls. Der Hypnotisand sieht ganz leger und bewegungslos den Hypnotiseur an; er ist ganz passiv. Nur auf die entsprechenden Suggestionen reagiert er, und auch dann nicht immer und nicht gleich. Er sitzt oder liegt da, bis eine andere, eindringliche Instruktion gegeben wird.
Bei den direkten (autoritären) Methoden mit Suggestionen, die Augen zu schließen und zu schlafen, werden die Augenlider in der Regel nicht rötlich, die Augenlider blinzeln; manchmal stärker, manchmal schwächer. Nicht selten wird eine *periodische Augenlideraktivität* beobachtet; nach einer Serie von Blinzeln kommt eine Ruhe zum Vorschein, um im nächsten Moment wieder dem Blinzeln Platz zu machen. Nach dem Augenschließen können die *Augenbulbi* rollen oder ruhig bleiben. Bei entsprechenden imaginativen Erlebnissen können *laterale Augenbewegungen* unter geschlossenen Lidern beobachtet werden (Kapitel XXIV).

5. Hypnose und Somnambulismus

5.1 Begriffe und Definitionen

Der Begriff *somnambul* stammt von den lateinischen Ausdrücken *somnus* (Schlaf) und *ambulare* (Wandeln). Die Römer nannten es auch *noctambulacio* (Noctambulismus), *Oreirodynia activa* oder *Lunatismus* (Schlafwandeln, Nachtwandeln, Mondsüchtigkeit, Mondsucht) (Hortius, 1593; Jovanović, 1985; Mayer, 1758; Pigatti, 1782; Richter, 1756; Tandler, 1602, 1613; Wolf, 1980). Der *Somnambulismus* kann *artifiziell* (hypnotisch) (Kapitel VIII.12.2 und XV sowie Schema 16) *ausgelöst werden* oder *spontan (klinisch) auftreten. Er kann als eine instinktive psychomotorische Aktivität mit partieller Orientierung und hypnogener (somnambuler) Amnesie angesehen werden, der sich im Wachsein, aus dem Schlaf heraus oder im Kontext der Hypnose manifestiert. Der klinische spontane Somnambulismus kann mit erheblichen Störungen und Gefahren verbunden sein, so daß er nicht selten einer Therapie bedarf* (Jovanović, 1985).

5.2 Anthropologische Aspekte

In Ergänzung der *allgemeinen Anthropologie* (Kapitel IV) sind hier weitere *spezielle Anmerkungen* zur *Entstehung und Entwicklung der Annahmen über die Verhaltensweisen und Fähigkeiten der Somnambulen* anzubringen (Literatur zu diesem Abschnitt s. Kapitel IV). Denn jedes scheinbare *Wunderphänomen* hat seine Wurzeln dort, *wo der Mensch nicht imstande war, Dichtung und Wahrheit* voneinander zu trennen.
Der somnambule Schamane werde beispielsweise zum *Träumer* (oder Traumtänzer), er singt während des Schlafes (heutige Somniloquenten). Bei den *Jakuten* (Volk sibirischer Türken an der Lena und Nebenflüssen) beginne er zu toben und *verliere das Bewußtsein. Hysterische* und *hysteroide Zustände*, gelegentlich auch *epileptische Anfälle*, runden das Bild ab. Nach Meinung der *Burjaten* (mongolische Viehzüchternomaden) wird dabei die *Seele von Geistern entführt* (Ansatz zur Dämonologie). *Epileptische Anfälle* werden von *Altiaern* (Volk im südlichen Sibirien) als Erbe des Schamanentums angesehen (Aberglaube) (Bogoraz, 1910; Cziplicka, 1914; Krivoshapkin, 1861; Vitashevskij, 1911) (siehe dazu Kapitel IX). *Der Schamane-Somnambule* besitze *dämonische Kräfte* (Kapitel V), er erfahre seine *Zerreißung*

und *Zerstückelung* durch *Dämonen* der Krankheit. *Der rituelle Tod* werde in der Form eines Abstieges in die *Unterwelt* erfahren (spätere Wahrsagerei: Kapitel V und VI). Ähnlich wie wir beim Somnambulen beschreiben werden (siehe unten), erfahre auch der Schamane *die Fähigkeit zur außersinnlichen Wahrnehmung (ASW)* (Ernesto de Martino, 1948, s. Kap. IV). *Hellsehen und Gedankenlesen* seien auch bei den tungunischen Schamanen und Zulus beobachtet worden (Kapitel VIII.11.4). Dazu sind *prophetisches Hellsehen im Traum* (späterer Tempelschlaf; Kapitel VIII.4.1), weiterhin das *Verstehen unbekannter Sprachen* (selbst der Tiersprache) bei *Pygmäen* (Trilles, 1932, s. Kap. IV) zu zählen. Die Fähigkeit des *Feuerdurchschreitens* auf den Fidji-Inseln wird bis heute oft falsch interpretiert (Eliade, 1961; De Martino, 1948). Das Phänomen der *magischen Hitze* ist z. B. mit einer Technik verbunden, die man die *Herrschaft über das Feuer* nennen könnte und die darauf hinzielt, denjenigen, der sie übt, gegen *Gluthitze* unempfindlich zu machen (*Hypnotische Anästhesie:* Kapitel XV). Auch die Kunstgriffe, welche die *Fakire* ausüben, sind mit *Selbstbeherrschung* verbunden, die wiederum in der *Selbsthypnose* erlernt wird (Kapitel XIX). Außerdem kann durch *Selbstsuggestion und Selbsthypnose* Unempfindlichkeit gegen äußerste *Kälte* eingeübt werden. Dabei werde *die menschliche Daseinsweise überwunden und die Seinsweise der Geister teilhaftig erworben* (Romaios, 1945) (Kapitel IV.4). *Erst durch die richtige Deutung erhalten diese Phänomene wissenschaftlichen Charakter.*

Auf der Stufe der *archaisch-primitiven Religionen* ist die *Teilhabe an der Seinsweise der Geister* das Kennzeichen, wodurch sich *Mystiker und Magier* auszeichnen (Kapitel V). Ebenso wie die Geister seien *die Somnambulen unverwundbar*, sie können fliegen und werden unsichtbar (Kapitel IV.4). Während der Vorübungen zur *Ekstase (Selbsthypnose)* unternimmt der Schamane im Geiste lange und *gefahrvolle mystische Reisen in den höchsten Himmel.* Er könne Gott begegnen oder zum Mond steigen. Diese höchste Erfahrung ende *jenseits der Sinnenwelt.* An dieser Erfahrung *sei nur seine Seele beteiligt*, nicht jedoch seine ganze Existenz (*Seelenwanderung;* Pythagoras, 560–496 v. Chr.) (Kapitel V). Die ausgewanderte Seele nehme die Erfahrung des Todes vorweg. *Jede Trance sei ein neuer Tod, während der die Seele den Leib verlasse und alle kosmischen Regionen durchreise (posthypnotische Amnesie). Die Sehnsucht nach den alten Zeiten* (Nostalgie, Aberglaube) – die immer besser gewesen seien – und *nach dem verlorenen Paradies* hat die Menschen immer wieder veranlaßt, nach den vorausgegangenen, verlorenen Epochen und nach dem *Wiedererlangen des Paradieses* zu streben (Kapitel IV). Die primitive Deutung geht davon aus, daß Adam und Eva aus dem Paradies vertrieben worden seien *(Versündigungsideen; Symptome der Depression).* Auch die Rückkehr zum Paradies erfordert Anstrengungen; man benutzte wieder die Ekstase, der Tänze, Rituale, Wahrsagungen (Suggestionen), Selbsthypnose vorausgingen. *Und es sei trotzdem immer schwieriger geworden, das Paradies wieder zu erlangen.* Diese *Sehnsucht (Nostalgie)* nach dem verlorenen Paradies hat sich im Verlauf von Jahrtausenden auf die Psyche des Menschen gewaltig ausgewirkt. Der Mensch versuchte durch *Amnesie, Regression, Ekstase, Somnambulismus, hysterische und hysteroide Anfälle, den Zustand der paradiesischen Seligkeit zu erreichen.* Es kam immer wieder zu *seelischen Krisen* (heute: *hysterische Attacken*). Die Sehnsucht nach dem verlorenen Paradies habe ihren Grund *in den tieferen Triebkräften des Menschen* (Ego-Psychologie: Kapitel X), der danach verlange, mit seinem ganzen Wesen am Heiligen teilzuhaben und entdecke, daß diese *Ganzheit* nur scheinbar sei und daß in Wirklichkeit sein eigenes Wesen von Anfang an *unter dem Zeichen eines Bruches stehe* (Eliade, 1961, s. Kap. II). Auch an dieser Stelle erkennt man die *Angst* (Kapitel XXVII.3). Dem Menschen verblieben dann die *Träume* (Kapitel XXIV.2) und der Somnambulismus, die es nicht selten ermöglichten, das zu erreichen, was die Wirklichkeit nicht erlangen könne. Im Traum und im somnambulen Zustand sei auch eine *Rückkehr*, d. h. eine *Regression* (Sigmund Freud, 1856–1939) (siehe auch Kapitel X und XXIV) möglich, die unter anderem zum Ursprünglichen, zum Glückseligen führe (Gill und Brenman, 1959, s. Kap. II). Das geheimnisvolle Licht, welches der Schamane (Somnambule) plötzlich verspü-

re, das unerklärliche Leuchten eines feurigen Lichtes, versetze ihn in den Stand, *im Dunkeln zu sehen* (späterer Religionsinhalt). *Fortan vermöge er mit geschlossenen Augen (siehe unten) die Finsternis zu durchschauen und Ereignisse wahrzunehmen, die den anderen Menschen verborgen blieben* (Eliade, 1961, 1985) (Kapitel IV.4). Er könne nicht nur sehr weit sehen, sondern sogar *die entflohenen Seelen einfangen. Der Schamane (Somnambule)* sei imstande, seinen Körper von Fleisch und Blut zu entkleiden, so daß nur die Knochen übrig blieben (Skelett oder Skelettbilder bei okkulten Heilmethoden). Darauf müsse er alle Teile seines Körpers nennen und dabei *nicht die gewöhnliche menschliche Sprache in Anspruch nehmen*, sondern eine *spezielle heilige Sprache (Sanskrit)* (vgl. die *unverständliche* Sprache der heutigen Wahrsagerinnen). Das Gebein sei der Grund und der Ausgangspunkt der *Wiedergeburt* von Menschen und Tieren *(Reinkarnation)*. Die zeitliche Einheit, welche durch die in den Knochen gesammelte *Quintessenz* des Lebens dargestellt werde, wird von der Dauer (der Zeit) unterbrochen und *durch die Intervalle des fleischlichen Daseins* zerteilt. Das eigene *Skelett* betrachtend, könne die *ewige Lebensquelle* erreicht werden (Eliade, 1985, s. Kapitel II).
Die von der Anthropologie her entstandene Deutung der heutigen psychischen *Symptomatologie*, die von den Psychoanalytikern von verschiedenen Seiten her (Kapitel X) diskutiert wird, ist relativ heterogen. Bei vorhandenem Interesse kann der Beitrag von Blankenburg (1983) eingesehen werden.

5.3 Historische Aspekte

Die Deutung des spontanen Somnambulismus hat in historischer Hinsicht drei Epochen durchwandert:

(a) Nach Rhabanus Maurus (780–856) bestehe die *eigentümliche Krankheit, die Mondsucht, darin, daß sich zur Zeit des Neumondes ungeheure Menschenmengen auf den Bergen ansammeln, um dem Mond Hilfe zu leisten*, der in Gefahr sei, zugrunde zu gehen. Dadurch werde der in der heidnischen Religion der Germanen befürchtete *Weltuntergang verhindert*. Vielleicht leitet sich der Begriff *mondsüchtig* auch von dieser Aussage ab (Wolf, 1980). Elias Camerarius (1724) berichtet, daß es einem bösen Geist nicht unmöglich sei, jemanden durch die Luft zu führen. Dies habe er selbst bei *Mondkindern* öfters beobachten können. Ennemoser (1819, 1842) übermittelt Aussagen aus dem 18. Jahrhundert, wonach ein Bauer oft des Nachts aufstand, Arbeiten mit *geschlossenen* Sinnen verrichtete, nach vollbrachtem Geschäft wieder in sein Bett ging und die übrige Zeit schlief. Ein Apotheker habe in der Nacht in seiner Offizim bei *geschlossenen Augen* die Rezepte durch die Fingerspitzen «gelesen» und dann die vorgeschriebenen Arzneien auf das Beste bereitet (siehe auch Tuke, 1884).

(b) In der Geschichte von Franz Anton Mesmer (1734–1815) (Kapitel VIII.10) wird ein Professor Wilhelm Bauer (Schuler, 1985) erwähnt, der aus Meßkirch stammte und stark an *Somnambulismus* gelitten habe. Deshalb und wegen der Krämpfe gehörte er zu den ersten Patienten, die Mesmer magnetisch behandelte. Auch Rudolf Tischner (1928, 1941) erwähnt diesen Fall (Ellenberger, 1973). Und mit Mesmer begann die Wende in der Deutung des Somnambulismus. Die Entdeckung des *artifiziellen (hypnotischen) somnambulen Zustandes* durch de Puységur (1784) (Kapitel VIII.12.1) löste eine stürmische Deutung dieses Phänomens aus, die sich bald wieder abwandelte und nicht mehr der Beschreibung eines echten Somnambulismus ähnelte. Unter anderem sagt Stefan Zweig (1931, 1983): «... Kein Wunder, daß überschwengliche Hoffnung die ganze Generation ergriff, nun endlich werde dies Urgeheimnis *Seele* sich gänzlich enthüllen. Dichter und Philosophen ... sind die ersten, die, kaum daß die unbekannten Ufer erkundet sind, vordringen in die neuen Kontinente; eine dunkle Ahnung sagt ihnen, wieviel unerschlossene Schätze aus dieser Tiefe zu heben sind.

Nicht mehr in Druidenhainen, in Femehöhlen und Hexenküchen sucht die Romantik das Romantische und Außerordentliche, sondern in diesen *sublunaren Sphären* zwischen Traum und Wachheit, zwischen *Willen und Willenszwang* ...». Unter den deutschen Dichtern fühlte sich Heinrich von Kleist (1777–1811) von dieser *Nachtseite* der Natur angezogen. In «Marquise von O.», «Kätchen von Heilbronn» und im «Prinzen von Homburg» kommen Dämmerzustände und Somnambulismus deutlich hervor. Während Johann Wolfgang von Goethe (1749–1832) mit Neugier von fern die neuen Funde verfolgte, drängte die Romantik leidenschaftlich heran. E.T.A. Hoffmann (1766–1822), Tieck und Brentano, in der Philosophie Friedrich Wilhelm Joseph von Schelling (1775–1854), Georg Wilhelm Friedrich Hegel (1770–1831) und Fichte bekennen sich leidenschaftlich zu der neuen, umwälzenden Auffassung. Arthur Schopenhauer (1788–1860) findet ... das entscheidende Argument für das zu beweisende Primat des Willens über die wache Vernunft ... Honoré de Balzac (1799–1850) gibt in seinem «Louis Lambert» geradezu eine Biologie der weltgestaltenden Willenskraft und beklagt, daß die Größe der Entdeckung Mesmers – *si importante et si mal apréciée* – noch nicht überall durchgedrungen sei. Edgar Allan Poe (1809–1849) schafft eine klassische Novelle zur Hypnose (Stefan Zweig, 1931, 1983). Jean Paul (1820/22) schrieb einen Roman «Der Komet oder Nikolaus Marggraf» (Müller, 1985), Gotthilf Heinrich von Schubert sprach vom «magnetischen Hellsehen ... jener Geist des Instinkts, der den Vogel über das Meer führt, in ein Land, das er nie sah, des Instinkts, der das Insekt zu prophetischem Wirken für die Brut treibt, die noch nicht geboren ist, verständliche Sprache: er steht unseren Fragen Rede und Antwort» (Stefan Zweig, 1931, 1983, Seite 105).
Mit der Zeit fand man heraus, *daß Somnambule «unbelehrt in der Trance Lateinisch, Hebräisch, Aramäisch und Griechisch reden, nie gehörte Namen nennen, die schwierigsten Rechenaufgaben spielend lösen;* ins Wasser geworfen, gehen Somnambulen angeblich nicht unter; ihr Wahrsagegeist vermag Bücher, die ihnen geschlossen und versiegelt auf den nackten Körper gelegt werden, ‹mit der Herzgrube› zu lesen; ... Man führt die Somnambulen in Keller, in denen angeblich Schätze verborgen sind, und gräbt sie bis zur Brust in die Erde, *damit ihr medialer Kontakt Gold und Silber auffinde.* Oder man stellt sie mit verbundenen Augen mitten in eine Apotheke, damit sie dank ihres ‹höheren› Sinnes die rechte Medizin für den Kranken ahnen, und siehe, sie wählen blind unter den Hunderten von Arzneien die einzig wohltätige» (Stefan Zweig, 1931, 1983, Seite 105f.). Es gab sogar Berufs-Somnambule. Justinus Kerner (1856) – der sich im Alter von 11 Jahren von Eberhard Gmelin, einem Anhänger von F.A. Mesmer, behandeln ließ – befaßte sich später als Arzt und Dichter ein Leben lang mit Somnambulismus («Die Seherin von Prevorst», Kerner, 1856, 1977) (von Engelhardt, 1985; s. Kapitel VIII).

(c) *Diese Anschauungen blieben auch im 20. Jahrhundert bestehen.* Nach der Entdeckung des *Elektroencephalogramms (EEG)* (Berger, 1929, 1931), der Einteilung der *Schlaftiefe in fünf Schlafstadien* (A, B, C, D, E oder 0, I, II, III und IV) gemäß EEG (Loomis et al., 1935), dem Bekanntwerden der *periodisch* auftretenden *raschen Augenbewegungen* (Rapid Eye Movements; REM-Schlaf; REM-Phasen; Traumphasen), gemessen mittels *Electrooculogramm (EOG)* (Aserinsky und Kleitman, 1953a, b), und auch durch Entwicklung der Hypnoseforschung (Kapitel VIII und IX) wurde die Möglichkeit der Darstellung des Schlafes und der objektiven Erforschung des Somnambulismus (Kapitel XXIV) geschaffen (Jovanović, 1965, 1970, 1974b, 1982a, 1985). Durch das Studium verschiedener sich manifestierender Episoden konnten Parallelen zum artifiziellen Somnambulismus gezogen werden (Jovanović, 1964, 1985). In den 60er Jahren und später wurde das *Schlafwandeln* von einigen Forschergruppen sowohl *klinisch* als auch *polygraphisch* intensiv studiert. Die Gruppe um Henry Gastaut begann polygraphische Registrierungen der *somnambulen Episoden bei Kindern* bereits in den Jahren 1962/63 (Broughton, 1968, 1978, 1980; Gastaut, 1968, 1974; Gastaut et al., 1964, 1965; Gastaut und Broughton, 1963a, b, 1965). Etwa zur gleichen Zeit (Mai 1964) beobachtete Jovanović einen *erwachsenen* Somnambulen, der während des Wandelns ein paar Tage vor der Untersuchung seinen Kollegen anschoß und forensische Maßnahmen auslöste. Zu diesem Problem nahm Jovanović (1966a, b, 1967, 1970) ausführlich Stellung und beschrieb einige *subklinische Manifestationen*. Die Gruppe von Anthony Kales (Kales et al., 1966a, b, c, d, e; Kales und Jacobson, 1967; Jacobson und Kales, 1967; Kales, 1972) unternahm unabhängig davon eigene ausgedehnte Studien. Alle erhobenen Befunde sprechen für eine *Heterogenität der Schlafstörung durch das Schlafwandeln* (siehe auch Arkin et al., 1966, 1970; Barker und Burgwin, 1948; Broughton, 1968, 1978, 1980; Broughton und Gastaut, 1974; Diamant et al., 1960; Gastaut, 1968, 1974; Jovanović, 1964, 1982b, 1985; Popoviciu und Szabó, 1970, 1974). *Die Deutung des Somnambulismus und der Fähigkeit der somnambulen Personen erfuhren dadurch eine neue Dimension.*

5.4 Klassifikation des Somnambulismus (Schema 16)

5.4.1 Artifizieller (hypnotischer) Somnambulismus (Schema 16)

Der artifizielle (hypnotischer, hypnotisch ausgelöster) Somnambulismus wird in der Regel *als das Stadium IV der Hypnosetiefe* (Tab. 1–3, 7) (Kapitel IX.4.1.5) aufgefaßt. Wie bei den anderen Hypnosestufen (Hypnosestadien) auch, muß die Annahme dieses Stadiums überwiegend aus didaktischen Gründen gelten, *da sichere Beweise über die «Tiefe» der Hypnose nicht vorliegen.* Wie im Schlaf eine *Schlaftiefe*, aber auch eine *Schlaffestigkeit* (Festigkeit des Schlafes, Kohlschütter, 1862, 1863) existiert, kann es sich auch bei hypnotischen Zuständen eben *nicht um eine Tiefe*, sondern um eine *Festigkeit* (Solidität) handeln. Nach Kroger (1977) können somnambule Manifestationen auch ohne einen «Durchgang» durch die formalistischen hypnotischen Induktionen entstehen. Der Somnambulismus ist in der Regel mit einer *hypnotischen (traumähnlichen) Amnesie* verbunden (siehe oben). In diesem Punkt sind sich alle Somnambule ähnlich oder gleich. Sie behalten jedoch das *allgemeine Gedächtnis* und erinnern sich nur an die Vorkommnisse während des Somnambulismus (Hypnose) nicht. In der Regel werden die hypnotisch gegebenen Suggestionen automatisch angenommen. Von dieser Regel gibt es viele Ausnahmen, insbesondere dann, wenn die gegebene hypnotische Instruktion mit dem *Willen* des Hypnotisanden kollidiert (siehe Kapitel IX.2.4.9 und XXI.2) oder mit seinen *Kenntnissen* vom vorhypnotischen Stadium nicht übereinstimmt. Im Vorlesungssaal haben wir mit allen Anwesenden (jeweils zwischen 80 und 120 Studenten)

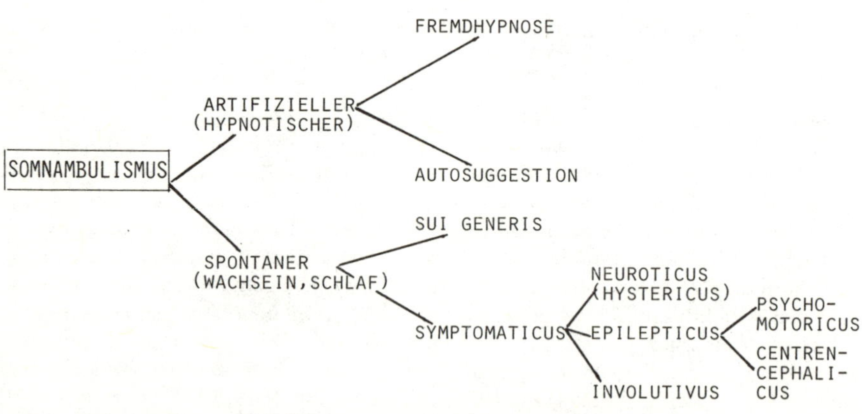

Schema 16: Genese und Pathogenese des Somnambulismus (eigener Entwurf)

beobachten können, wie *unentschlossen, verlegen, verwirrt oder ablehnend* ein Somnambuler wirken kann, wenn ihm der hypnotische Auftrag allzu *unlogisch* (siehe Kapitel XXI.2) erscheint. Suggeriert man einem Probanden während der somnambulen hypnotischen Episode, er möge die Fenster öffnen, so geht er daraufhin zu den Fenstern und versucht, den hypnotischen Auftrag zu realisieren. *Das geschieht jedoch meist bei jenen Probanden, die vor der Hypnose nicht wußten, daß sich die Doppel-Schall-Isolier-Fenster ohne einen speziellen Schlüssel nicht öffnen lassen.* Suggeriert man einem anderen Probanden das gleiche, der aber schon davor in Erfahrung gebracht hatte, daß sich die Fenster nur mit einem Spezialschlüssel öffnen lassen, so versucht dieser es gar nicht, diesen hypnotischen Auftrag in die Tat umzusetzen. Er bleibt unentschlossen mitten im Hörsaal oder vor den Fenstern stehen, wird nachdenklich, dreht sich nach allen Richtungen oder sagt einfach: «... Das Fenster kann man nicht ohne Schlüssel öffnen ...». Einige Probanden bleiben einfach im Sessel sitzen und lächeln verlegen. Sie versuchen nicht einmal, sich zu vergewissern, ob die Fenster zu öffnen seien oder nicht. Einem Probanden suggerierte ein Student-Hypnotiseur während der Hypnose im Hörsaal, er möge nach oben gehen, *eine überdimensionale Holzkugel von der Säule am Treppengeländer abnehmen, hochheben und zum Hypnotiseur bringen.* Der Proband stand nach dem hypnotischen Auftrag auf, sah sich aus der Ferne die Holzkugel an, ging aber nicht hin. Als er gefragt wurde, warum er die Kugel nicht bringe, antwortete er, die Holzkugel sei doch befestigt worden, man könne sie nicht hochheben und davontragen. *Der Somnambule macht also nicht alles, was man ihm in der Geschichte des Somnambulismus angedichtet hat.* Daraus muß die Lehre für den Hypnotiseur gezogen werden, *nicht unbedingt unrealisierbare Aufträge* zu erteilen.

Zu den Meinungen, der Somnambule tue Dinge und verrichte Handlungen mit *geschlossenen Lidern*, muß gesagt werden, *daß auch diese Meinung den Phantasien der Beschreiber entstammt.* Alle bekannten wissenschaftlich tätigen Hypnotiseure (Kroger, 1977; Wolberg, 1948a, b) weisen darauf hin, daß man beim hypnotischen Somnambulismus die *Augen offen hat.* Kroger (1977) sagt z. B.: «*The first thing to do when developing somnambulism is to get the subject to open his eyes without affecting the depth of hypnosis.*» Der gleichen Meinung ist auch Wolberg (1948a, b). Die Methodik dazu ist bereits beschrieben worden (Kapitel XI–XX). Ebenfalls im Vorlesungssaal (wir bevorzugen diese Demonstration, weil sie von vielen Anwesenden mitbeobachtet werden kann) haben wir hypnotisch Somnambule zu Fuß eine Runde um die Bänke (mit sitzenden Studenten) gehen lassen. Versuchsweise wurde der Auftrag, die Augen zu öffnen, nicht erteilt. Die Probanden unternahmen einige Gehversuche mit geschlossenen Augen, waren aber unsicher – wie auch ein anderer mit geschlossenen Augen – und zögerten, weiterzugehen. In nicht seltenen Fällen öffneten sie mitten im Fußmarsch, ohne einen suggestiven Auftrag, die Augen und setzten ihren «Spaziergang» fort. Wenn ein Proband dann in der Hypnose gefragt wurde, warum er die Augen ohne Auftrag geöffnet habe, berichtete er, er habe das *Bedürfnis* gehabt, die Augen zu öffnen ... die Augen seien *von selbst* aufgegangen und ähnliches. *Die wichtigsten Symptome des hypnotischen Somnambulismus* haben wir in Tab. 1–3 sowie Tab. 7 zusammengefaßt (siehe auch Kapitel XV–XXII).

5.4.2 Spontaner (klinischer) Somnambulismus (Schema 17)

Dieser Somnambulismus hat *viele Gemeinsamkeiten mit dem hypnotischen Somnambulismus*, insbesondere in formeller Hinsicht, und wird uns helfen – wie die Katalepsie auch – einige theoretische Überlegungen anzustellen (Kapitel XXIV–XXX). *Der spontane Somnambulismus ist in vielen Hinsichten sehr vielfältig.*

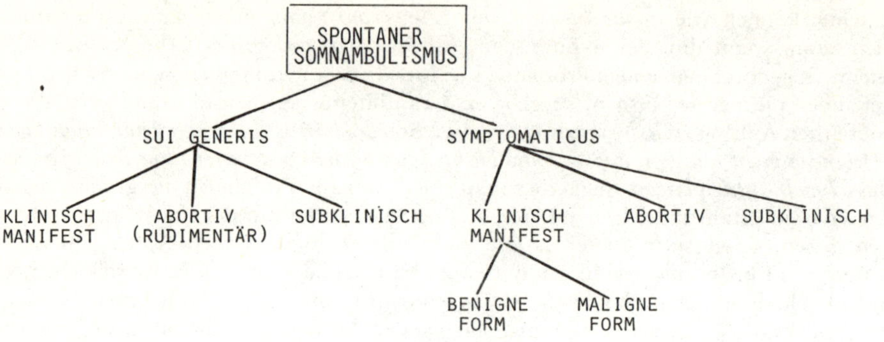

Schema 17: Erscheinungsformen des spontanen Somnambulismus (eigener Entwurf)

5.4.2.1 Genese und Symptomatik. Nach allen bis heute bekannten Befunden müssen *mehrere Gruppen des Somnambulismus* von der *Genese und Symptomatik* her unterschieden werden (Schema 16 und 17):

(a) *Der spontane Somnambulismus sui generis* (oder genuinus) (Jovanović, 1964, 1965, 1966a, b, 1967, 1970, 1972, 1974a, b, 1978a, b, 1979, 1985; Popoviciu und Szabó, 1970, 1974) wandelt in den ersten Schlafstunden *ohne Vorzeichen aus dem Tiefschlaf* (meist am Ende des ersten Tiefschlafs in den Stadien IV oder III) heraus (Broughton und Gastaut, 1974; Gastaut, 1974; Jovanović, 1965, 1966a, b, 1967, 1978a, b, 1985) (Abb. 16 und 17). Im EEG (Abb. 17) werden zu Beginn Delta-Wellen registriert, *die beim Weiterwandeln* (Jovanović,

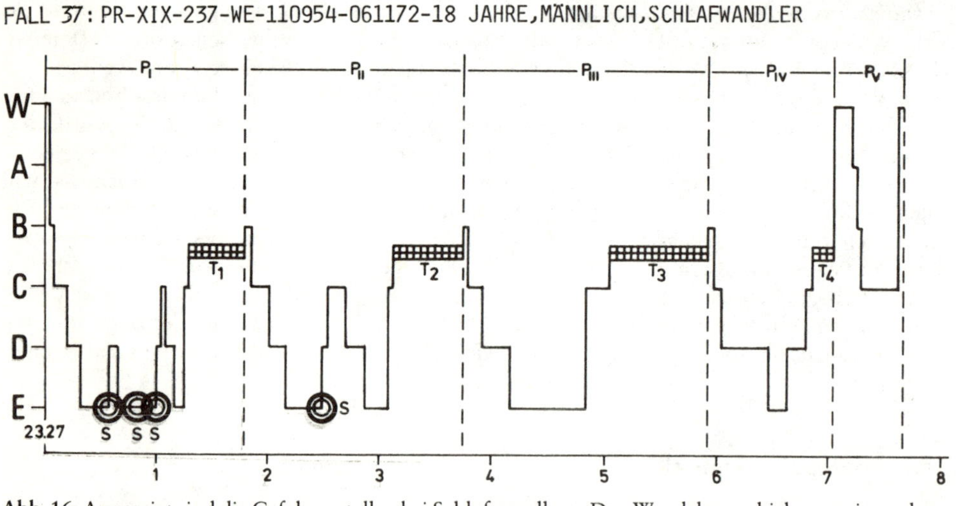

Abb. 16: Angezeigt sind die Gefahrenstellen bei Schlafwandlern. Das Wandeln geschieht vorwiegend aus dem Tiefschlaf beim Übergang zur Schlafverflachung. Während der REM-Phasen kommt das Schlafwandeln kaum oder nie vor (S = Schlafwandeln) (die Kreise deuten auf die Gefahrenstellen hin) (W = Wachsein; A = Übergangsstadium zum Schlaf; B = Einschlaf und leichtestes Schlafstadium; C = leichter Schlaf; D = mittlerer Schlaf; E = Tiefschlaf; T = Traumphasen oder REM-Phasen mit Reihenfolge; P = Schlafperioden mit Reihenfolge; Horizontal = Schlafstunden von 0 bis 8; Schlafbeginn um 23.27 Uhr)

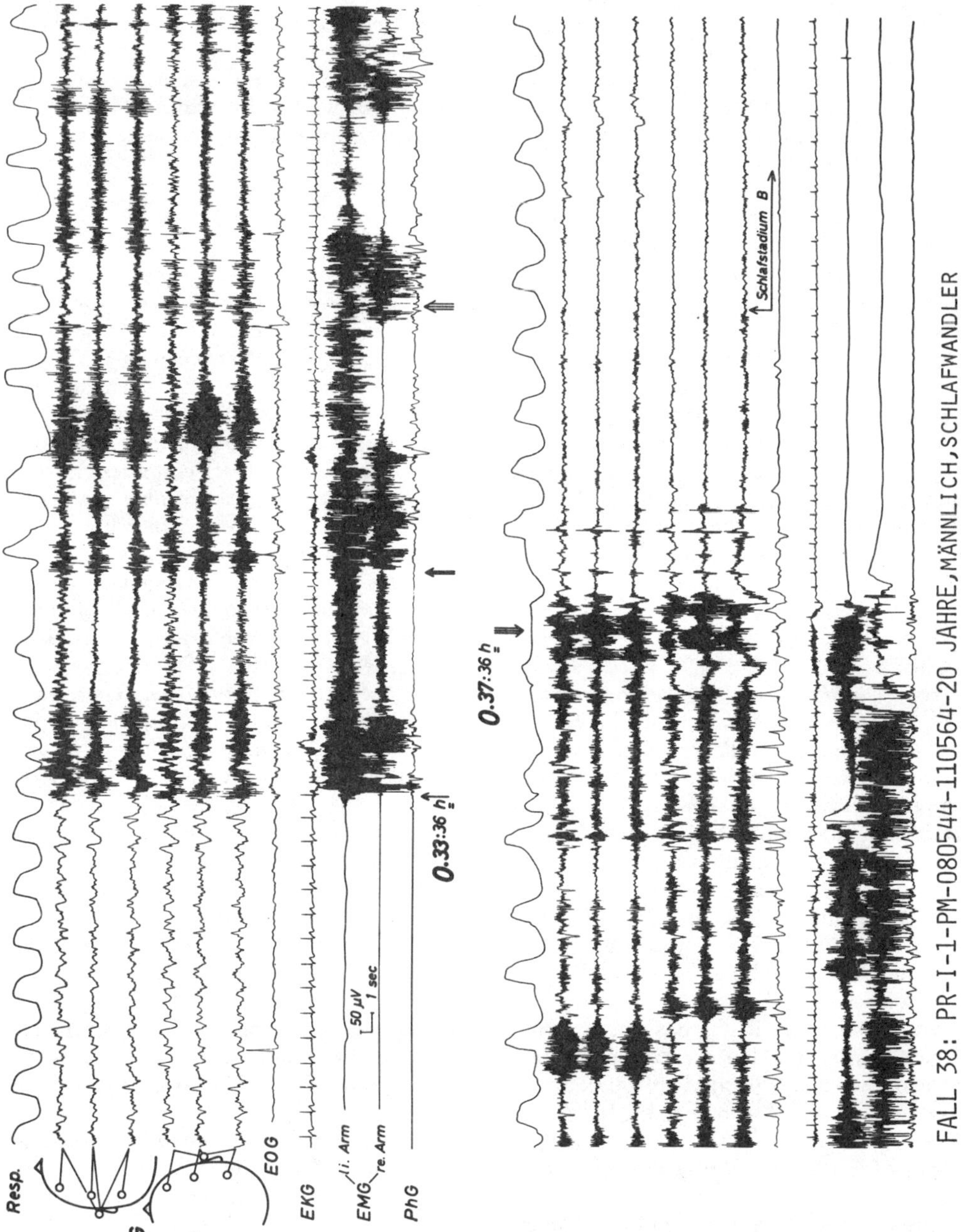

Abb. 17: Somnambuler Zustand eines Schlafwandlers rund eine Stunde nach dem Schlafengehen aus dem Tiefschlaf heraus. Um 0.33:36 Uhr aufgestanden. Nach dem Ende des Wandelns wird der Alpha-Wellen-Grundrhythmus im EEG registriert. Danach beginnt der Schlaf wieder. EEG-Wellen gehen in den Theta-Wellen-Rhythmus über.

1965, 1967) *in normale Alpha-Wellen, wie beim Wachsein, übergehen.* Beim Zurückkehren setzt allmählich oder sofort der ursprüngliche *Delta-Wellen-Rhythmus* im EEG ein. Die Motorik ist im Schlaf stärker als bei gesunden Menschen des gleichen Alters, die Weckbarkeit erschwert (Kales, 1972; Kales et al., 1966a, b), die Periodik gestört (Jovanović, 1972, 1985). Dieser Somnambulismus entspricht mehr der *benignen* somnambulen Manifestationsform (Schema 17).

(b) *Somnambulismus symptomaticus* (Jovanović, 1966a, b, 1967, 1970, 1974b, 1978b, 1979, 1982a, b, 1985) beinhaltet mehrere Untergruppen (Schema 16):
(ba) *Somnambulismus neuroticus*, der oft *abortive* und *subklinische*, aber auch *voll manifeste* Zeichen eines Schlafwandelns aufweist (Schema 17) (Jovanović, 1967, 1982a, b, 1985). Die *voll manifesten Formen* kommen in der Regel in den ersten zwei Schlafstunden, *meist aus dem Tiefschlaf*, aber auch (seltener) aus den leichten Schlafstadien ohne Vorzeichen im EEG oder EKG vor. Die *abortiven Manifestationen* mit den oben beschriebenen Äquivalenten eines Schlafwandelns sind mehr für die fortgeschrittenen Schlafstunden charakteristisch. Dagegen sind die *subklinischen Formen* (siehe unten) mit elektroencephalographischen («arousal reaction»), elektrooculographischen (heftige Bulbischläge im Tiefschlaf) und/oder elektromyographischen (Entladungen an den einzelnen Muskelgruppen) Zeichen *über die ganze Nacht verteilt* (allerdings mit abnehmender Tendenz bei zunehmender Schlafdauer). Sie treten in allen Schlafstadien auf. Der *aggressive Charakter* bei dieser Verlaufsform kann durch *Alkoholismus* so gesteigert werden, daß daraus forensische Probleme resultieren.
(bb) Von besonderer klinischer Bedeutung ist der *Somnambulismus epilepticus* (Jovanović, 1970, 1974b, 1979, 1982a, b, 1985), der wiederum zwei genetische Subformen aufzuweisen scheint:
(bba) *Die psychomotorische somnambule Epilepsie-Form (Somnambulismus epilepticus psychomotoricus)* ist nach Jovanović (1970, 1974b, 1978a, b, 1982a, b, 1985) dadurch charakterisiert, daß die Patienten aus dem *oberflächlichen Schlaf rasch und hastig (fluchtartig) mit lividem oder zyanotischem Gesicht aufstehen*, daß sie aggressiv werden und Gewalt anwenden, wenn man sich ihnen in den Weg stellt (maligne Manifestationsform), und daß sie schnell weglaufen, wobei sie sich manchmal kurz der Umwelt zuwenden. Die zurückgelegten Strecken können mehrere Kilometer betragen. Dabei können – insbesondere im Ansatz der Episode – *orale* (Schmatzen, Lecken) und/oder *manuelle Automatismen* (Nesteln, Reiben) das Wandeln begleiten. Im EEG kommen meist ein paar Sekunden im voraus *immer dichter und dann immer höher* werdende *Spikes bilateral* oder *einseitig temporal* vor. Im EKG kündigt sich gewöhnlich, ebenfalls ein paar Sekunden vor dem Beginn des Aufstehens, plötzlich eine *markante Bradykardie* an. Nach dem Ende des Wandelns geht das EEG in einen synchronen Delta-Rhythmus ein, der arm an Alpha-Beta-Bespindelung ist. Elektroencephalographische und klinische Zeichen deuten dann auf einen *Erschöpfungszustand* hin, ähnlich wie nach einem epileptischen Anfall am Tage. *Der normale Schlafzyklus pendelt sich mühsam wieder ein* (Jovanovic, 1974b).
(bbb) *Die centrencephale Form des epileptischen Somnambulismus (Somnambulismus epilepticus centrencephalicus)* kann elektroenecephalographisch leicht im Schlaf diagnostiziert werden, indem in der Regel *rund zwei Stunden nach dem Schlafengehen* somnambule Episoden oder subklinisch im EEG *bilateral-symmetrische* und langandauernde (bis zu zwei Minuten) *Spike-and-Wave-Komplexe* registriert werden. Die nicht selten im Wachsein beobachteten neurotischen Zeichen (Verhaltensstörungen, Magersucht, Eßlust, Libidostörungen oder -verlust) führen auch zu der falschen Einordnung und womöglich zu langandauernden Psychoanalysen und Psychotherapien. Dabei geht relativ lange und wertvolle Zeit für die Therapie verloren (Jovanović, 1982a, b, 1985).
(bc) In der letzten Zeit wurde ein Somnambulismus im *Involutionsalter* (Jovanović, 1985) differenziert. Patienten im höheren Alter beklagen sich, in der Nacht aufzustehen, zu

wandeln, sich Nahrung zu verschaffen, zu essen, zu trinken und/oder relativ geordnete Handlungen vorzunehmen, *sich aber während des Wandelns und auch am nächsten Morgen daran nicht erinnern zu können.* Zur Differentialdiagnose gegenüber den *nächtlichen Verwirrtheitszuständen* bei älteren Patienten sei auf die Tatsache hingewiesen, daß beim *Somnambulismus involutivus* (Schema 17) die Patienten sonst zwischen den Episoden *ein relativ normales Gedächtnis und gute Orientierung aufweisen* und daß anamnestisch in vielen Fällen im *jugendlichen Alter Somnambulismus* zu eruieren ist.

5.4.2.2 Genetische Prädisposition. *Die familiäre Belastung* (Prädisposition) ist beim spontanen Somnambulismus nicht zu unterschätzen (Pierce und Lipcon, 1956). Der Somnambulismus wurde bei *Zwillingen* (Bakwin, 1970) und bei drei Patienten *in den drei aufeinanderfolgenden Generationen* gefunden (Hällström, 1972). Auch der Vater unseres in Spanien beim Schlafwandeln verunglückten Patienten sei jahrelang Schlafwandler gewesen. Es wird eine genetische Transmission durch die autosomalen dominanten Gene angenommen (Broughton, 1980; Broughton und Gastaut, 1974; Hällström, 1972).

5.4.2.3 Phänomenologie und Verlaufsformen. *Phänomenologisch manifestiert* sich der spontane Somnambulismus in *klinischer* und in *subklinischer Verlaufsform.* Beide Verlaufsformen beinhalten weitere Subformen (Schema 17):
(aa) Bei der *klinisch voll manifesten benignen Form* strebt der Schlafwandler *nach einer Lichtquelle.* Er scheint davon fasziniert zu sein. Früher, als in der Nacht der Mond als die hauptsächlichste Lichtquelle zur Verfügung stand, bewegten sich die Schlafwandler in Richtung des Mondscheins (siehe oben). Das Klettern auf *Dächer*, auf *hohe Gegenstände* und auf *Berge* war wahrscheinlich nur ein verzweifelter Versuch, der Lichtquelle (dem Mond) näher zu kommen. Die moderne Technik liefert heute viele andere Lichtquellen (Straßenlaternen, Zimmerbeleuchtung). Der Schlafwandler bewegt sich jetzt meist in Richtung dieser Lichtquellen, weil sie näher, intensiver und leichter erreichbar sind. Das Begehren einer Lichtquelle muß mit dem *Streben nach der vollkommenen Orientierung* zu tun haben. Der Betroffene kann sich zwar während des Schlafwandelns fortbewegen; seine Orientierung ist jedoch relativ mangelhaft und stützt sich auf die Kenntnisse der Begebenheiten vom Vortage und auf instinktive Steuerung aus dem Gehirn. Nicht selten entwickeln die Schlafwandler während des Wandelns ein enormes *Hungergefühl* und essen fast alles, was eßbar und greifbar ist, z. B. Schokolade mit Staniolpapier, ungewaschenes Obst, ungewaschene sandige Radieschen, unzubereiteten Salat, rohe Kartoffeln etc. *Das Wandeln kann beendet werden, wenn der Schlafwandler bei seinem Fortbewegen etwas Eßbares ertastet.* Ansonsten bewegen sich die Schlafwandler *mit offenen Augen und verstörtem Gesichtsausdruck* weiter, und zwar meist geradeaus, auch wenn die Fläche, auf der sie sich gerade befinden, plötzlich zu Ende ist. Aus diesem Grunde kommt es häufig zum Herunterfallen vom Balkon aus einem hoch angebrachten Fenster, von einem Felsen. Der Betroffene richtet seinen Blick nach vorn, ohne jedoch die örtlichen Begebenheiten zu sehen, *er bewegt sich auf einer imaginären Fläche.* An der Stelle, wo die begehbare Fläche endet, geht er weiter, bis er abstürzt.
Einer unserer jungen Patienten (siehe oben) stürzte in Spanien, nach einem anstrengenden Fußmarsch bis Mitternacht, aus dem Fenster eines vierstöckigen Gebäudes, mit tödlichem Ausgang. Eine junge Patientin fiel vom Balkon der sich im dritten Stockwerk befindlichen Wohnung und brach sich beide Unterschenkel. Die Gefahr, daß der Schlafwandler abstürzt, vergrößert sich enorm, *wenn er plötzlich während des Wandelns geweckt wird.* Wenn die besorgten Eltern das wandelnde Kind ansprechen, um es am Fortbewegen zu hindern, so können sie es erst recht in Gefahr bringen, weil das Kind beim plötzlichen und ungewöhnlichen Wachwerden erschreckt und reflektorisch reagiert. *Die Beteiligten haben demzufolge die Aufgabe, alles zu unternehmen, um den Schlafwandler während des Wandelns ungeweckt so zu steuern, daß er wieder ins Bett findet.* Am nächsten Tage sollte man den Vorgang – aus

psychologischen Gründen – dem Schlafwandler gegenüber verniedlichen, verharmlosen, bagatellisieren und ignorieren. Trotzdem muß auf eine geeignete Weise eine sorgfältige klinische und polygraphische Untersuchung veranlaßt werden.
(ab) *Die klinisch voll manifeste maligne Verlaufsform* strebt ebenfalls nach einer Lichtquelle. Sie kann dabei in ihrer *Aggressivität* sehr mannigfaltig sein. Eine unserer Patientinnen – 21 Jahre alt – versuchte oft *beim Wandeln in der Nacht, die ganze Nachbarschaft aus den Wohnungen herauszuwerfen.* Bei einigen anderen Schlafwandlern kam es zu polizeilichen Interventionen und zu gerichtlichen Aktivitäten. Die Schlafwandler können gegenüber den Personen, die ihnen im Wege stehen, *handgreiflich* und *gewalttätig* werden. Ohne ein Eingreifen von den umgebenden Personen greift der Schlafwandler von sich aus seltener an. Eine unserer Patientinnen – 28 Jahre alt – (Jovanović, 1974b) wandte bei den Untersuchungen am Beginn eines Wandelns Gewalt an und versuchte, sich mit den Fäusten freien Weg zu verschaffen. Bei anderen Gelegenheiten wandelte sie durch die Großstadt, zuerst zu Fuß, dann mit der Straßenbahn und schließlich mit dem Bus – oft ihren Säugling mit sich tragend – ohne jemandem unterwegs besonders aufzufallen.
(ac) *Die klinisch abortive (unvollkommene) Verlaufsform* findet nach Jovanović (1964, 1965, 1966b, 1967, 1985) im Bett statt, ohne eine Fortbewegung des Schlafwandlers. Die markanteste Erscheinung ist *das Aufsetzen im Bett*, sich *umschauen*, mit gelegentlichen geordneten *vokalen* Äußerungen. In den fortgeschrittenen Schlafstunden kann dies nur als *Kopfheben*, *Aufschreien*, *Sprechen* oder in Form *kräftiger Muskelzuckungen* erfolgen.
(ad) *Die subklinischen Verlaufsformen (Abb. 18)* betreffen nach Jovanović, 1964–1982b, 1985) meist das EEG, aber auch das EOG, EKG oder EMG in der oben beschriebenen Art und Weise. Die Desynchronisierung im EEG, die unvermittelt aus einem Delta-Wellen-Rhythmus des Schlafenden hervortritt, dauerte z.B. bei einer 22 Jahre alten Patientin ununterbrochen 23,2 Sekunden lang an (Abb. 18) und war simultan von keinem anderen Zeichen des Somnambulismus begleitet. Am Ende dieser Episode («arousal reaction» nach Moruzzi und Magoun, 1949) trat der ursprüngliche Delta-Rhythmus im EEG ebenso abrupt auf wie er verschwunden war. *Elektrooculographisch* können die ebenfalls erwähnten *ruckartigen Augenbewegungen* in den tieferen Schlafstadien (D und E) beobachtet werden (Kapitel XXI.2). Im *EKG* wird manchmal *eine Beschleunigung der Frequenz* für die Dauer von über 30 Sekunden ohne weitere Symptome eines Wandelns oder Aufwachens registriert. Die subklinischen Zeichen können nach unseren Erfahrungen mit dem Somnambulismus nur dann in Verbindung gebracht werden, wenn sonst bei der gleichen Person auch manifeste somnambule Episoden nachgewiesen werden.

5.4.2.4 Pathogenese. *Pathogenetisch* wird der Mechanismus des *spontanen* Somnambulismus in einer *Dissoziation* im Schlaf-Wach-System der unteren Formatio reticularis (Moruzzi und Magoun, 1949) gesucht. Die Komponente für die Steuerung des *motorischen Teils* der Wachaktivität soll nach diesen Annahmen plötzlich die Dominanz über die *psychische Komponente* der Wachseinssteuerung übernehmen. Diese Deutung erklärt einerseits nicht *die Ursachen der «Dissoziation»* und andererseits haben wir eben über die epileptische somnambule Form berichtet, deren Herde wahrscheinlich im *Nucleus amygdalae* oder in anderen Teilen des Encephalons liegen (Jovanović, 1974b). Der Gegensatz zum Schlafwandeln scheint das Phänomen der *Wachanfälle* zu sein, wobei der Patient meist morgens *psychisch voll wach wird*, sich körperlich jedoch nicht rühren kann. Erst nach dem Ansprechen oder Berühren kann der Patient wach werden (Jovanović, 1966a). Entsprechend der obigen Annahme wäre auch hier eine Dissoziation in der unteren Formatio reticularis logisch, wobei jetzt die psychische Steuerungskomponente dominiert. Selbst diese Komparation kann nicht die epileptischen Formen erklären (siehe dazu Kapitel XXIV–XXX).

FALL 39: PR-II-183-GG-080842-180864-22 JAHRE,WEIBLICH,SCHLAFWANDLERIN

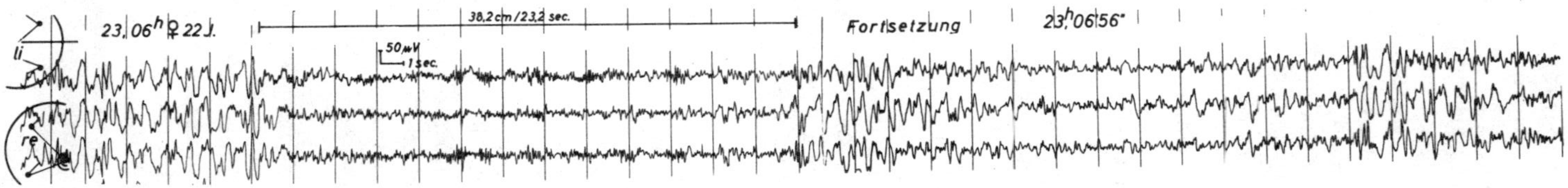

Abb. 18: Subklinische Formen des Somnambulismus. Aus dem Tief-Schlaf heraus werden unerwartet Alpha-Wellen im EEG für die Dauer von 23,2 Sekunden registriert. Danach erscheinen (ebenfalls plötzlich) die verschwundenen Delta-Wellen des Tiefschlafs wieder. Außer einer wiederholten leichten Abflachung von Delta-Wellen im EEG wurden in dieser Nacht keine weiteren Erscheinungen beobachtet. Die Probandin ist Schlafwandlerin mit manifesten somnambulen Episoden (siehe Text)

5.4.2.5 Pathophysiologie und Biorhythmik. *Neurophysiologische Auslösungsmechanismen haben beim spontanen Somnambulismus eine bioryhthmische Komponente.* Nach Jovanović (1978b) kommen somnambule Episoden oder ihre Äquivalente in der Nacht oft mit einer *Periodendauer von 80–85 Minuten* vor. Der gleiche Biorhythmus wurde auch *bei generalisierten epileptischen Anfällen* in der Nacht registriert (Jovanović, 1965–1978b, 1985), und zwar meist im *absteigenden Schenkel* (Schlafvertiefung) der Schlafperioden. Die *zu rasche Schlafvertiefung* könnte einer der Auslösungsfaktoren für das Schlafwandeln sein. Diese Befunde können in gewisser Hinsicht mit jenen von Jacobson und Kales (1967) sowie Kales et al. (1966a–e) über die *erschwerte Weckbarkeit* bei Schlafwandlern aus den NREM- und REM-Phasen des Schlafes in Verbindung gebracht werden. Auch unser Patient, der in Spanien aus dem Fenster abstürzte, tat dies nach einem *erschöpfenden Fußmarsch* und wahrscheinlich aus einem enorm tiefen Schlaf heraus. Die relativ zu rasche Schlafvertiefung mit erschwerter Weckbarkeit könnte für eine abnorme Tendenz des Schlafwandlers sprechen, im Tiefschlaf zu verharren. *Der Instinkt* schützt dann den Schlafwandler vor einer abnormen Schlafvertiefung, indem er ihn zu wecken versucht. Der erforderliche starke instinktive Weckreiz würde dann zu einem überschüssigen Weckeffekt führen. Dabei entsteht statt eines normalen Wachseins ein Wandeln. Diese eigene Spekulation möge zur Diskussion gestellt werden. Aber auch damit ist der hypnotische (artifizielle) Somnambulismus nicht erklärt worden (siehe Kapitel XXIV–XXX).

5.4.2.6 Konstitutionelle Aspekte. Vom *Körperbau* her sind die erwachsenen spontanen Schlafwandler aller Verlaufsformen meist von *athletischer Konstitution.* Nach einer längeren Erkrankungszeit entwickelt sich langsam bei denselben Patienten ein leichter bis mäßiger *pyknischer Körperbau,* der dann mit der Zeit mehr zum *dysplastischen* und *adipösen* Konstitutionstyp neigt. Diese Befunde stimmen im wesentlichen mit denen über die *Hypnotisierbarkeit und die Konstitution* (Kapitel IX.4.2.4.3) überein und führen zu weiteren Diskussionen (Kapitel XXIV–XXX).

5.4.2.7 Prognose des Somnambulismus. *Das Schicksal* der unbehandelten spontanen somnambulen Patienten ist unterschiedlich (Jovanović, 1985). Die Statistiken darüber sind noch sehr unzuverlässig. Schätzungsweise normalisiert sich der Schlaf beim Somnambulismus sui generis bis zur Pubertät in 70–80 % der Fälle. In den übrigen 30–20 % kann sich das Wandeln bis zum 20. bis 22. Lebensjahr oder seltener bis zum späteren Alter fortsetzen. Zusätzliche Anlässe können die bereits erloschenen somnambulen Episoden wieder exarzerbieren (Streß, Einberufung in die Armee etc.). Rund ein Drittel der von uns untersuchten 37 Patienten kam aus den umliegend stationierten Armeen (ähnlich wie beim Bettnässen). Bei einer längeren Erkrankungsdauer *entwickeln sich auch aus den sonst symptomarmen genuinen somnambulen Formen zusätzliche neurotische Zeichen.* Rezidive im höheren Alter wurden oben (Jovanović, 1985) diskutiert. Der symptomatische Somnambulismus ist im Krankheitsbild der Grunderkrankung eingeschlossen (Jovanović, 1985).

5.4.2.8 Zur Problematik der Therapie. *Die Therapie* ist bei den persistierenden Formen des spontanen Somnambulismus nicht leicht (Broughton, 1968, 1978, 1980; Jovanović, 1985). Versuche mit *Psychotherapie* (Pai, 1946; Teplitz, 1958; Walton, 1961) erbrachten nur in einzelnen Fällen akzeptable Erfolge (wahrscheinlich bei genuinen Formen). *Diazepam* soll ebenfalls von Nutzen sein (Jovanović, 1985; Saletu und Itil, 1973). *Bei genuinen Formen* im jüngeren Alter der Patienten haben wir gute Erfolge mit *suggestiver Hypnose* erzielen können. Die Anzahl der Sitzungen war individuell verschieden und wuchs mit der Erkrankungsdauer in Jahren und dem Alter des Patienten. Bei *epileptischen somnambulen Formen* muß selbstverständlich eine *antiepileptische Therapie* eingeleitet werden. Die *psychomotorische Form* reagiert gut auf *Carbamazepin* in relativ hohen Dosen. Die *centrencephale somnam-*

bule Form erfordert mehr eine *barbitursäurehaltige Medikation*. Bei *involutiven Formen* wurden noch keine entsprechenden Erfahrungen publiziert. *Das wichtigste am ganzen Problem scheint eine frühe Diagnose zu sein, bei der sich die Polyhypnographie als Hilfsmethode der Wahl erwiesen hat. Der Therapieerfolg wird sich dann relativ viel leichter erzielen* lassen (siehe dazu Kapitel XV, HP-044 und Jovanović, 1985, 1988).

6. Zusammenfassung und Schlußfolgerungen

Vorgetragen und referiert wurden zu diesem Kapitel 134 wissenschaftliche Publikationen. Zwar wurden im Literaturverzeichnis nur 118 Stellen (88,06 %) angeführt. Die restlichen 16 sind jedoch in den umfangreichen Referaten von Ellenberger (1973) (4 Arbeiten) und von Jovanović (1978b) (12 Artikel) zitiert. Zur Diskussion standen *Phänomene und Mechanismen der verschiedenen Stadien der Hypnosetiefe*, denen *parallele Manifestationen im klinischen Bereich gegenübergestellt wurden*.

(1) *Hinsichtlich der Stadien (Stufen) der Hypnosetiefe* sind einige *Ergänzungen* zu den Tabellen 1–3 und Kapitel IX.4.1.5 anzubringen (s. dazu Tab. 7):

(a) *Das Relaxationssyndrom* (die erste Hypnosestufe; leichte Hypnose; hypnoides Stadium) konnte am Beginn nicht leicht von der *Enstpannung allein* sowie *von den ähnlichen physiologischen Entspannungszuständen* (Transzendentale Meditation, Yoga-Übungen etc.) getrennt werden, wenn man dabei die *neutrale Hypnose* als Vergleich heranzieht. Die Verringerung der Herz- und Respirationsfrequenz, Senkung des Blutdruckes etc., Veränderung anderer Aktivitäten erscheinen in ähnlicher Weise bei allen Entspannungsformen. Nach Angaben in der Literatur ist es möglich, daß in einer neutralen Hypnose (Hetero- und Selbsthypnose) beim Hypnotisanden zuerst *ein simpler Entspannungszustand* (vegetative Antworten) auftritt und erst dann die traditionelle Hypnose nachrückt *(hypnotisches Relaxationssyndrom). In diesem letzten Substadium der Relaxation* erfährt die Vp *die spezielle hypnotische Phänomenologie*, wie Wahrnehmungsdistorsion, Altersregression, posthypnotische Amnesie (Kapitel XXI). Insoweit kann das Relaxationssyndrom als die erste *Hypnosestufe* (Stadium I der Hypnosetiefe) angesehen werden. Die Verringerung der Aktivitäten der vegetativen (autonomen) Funktionen ist wahrscheinlich *nur der Weg (Gleitschiene) in die Hypnose*, da später Direktiven suggeriert und ausgeführt werden können, die eine Aktivierung dieser vegetativen Funktionen erfordern (Katalepsie, «Brücke», Gewichtheben, Somnambulismus).

(b) Die *Katalepsie* hat *hypnotische* und *klinische Komponenten*.
(ba) Im *hypnotischen Bereich* umfaßt sie wahrscheinlich das *zweite Stadium der Hypnose* und kann in *Substadien* wie *passive (oberflächlichere)* und *aktive Katalepsie (tiefere Substufe)* eingeteilt werden. Da die Katalepsie auch ohne eine spezielle Instruktion (Suggestion) und auch am Beginn der Hypnose auftauchen kann, *breitet sie sich wahrscheinlich* auf die benachbarten *Hypnosestadien aus* (Relaxations- und Lethargie-Stadium) (s. Tab. 7).
(bb) *Im klinischen Bereich (klinische Katalepsie)* wird sie bei *Schizophrenien* (Katatonie), bei *Epilepsien* (im psychotischen Stadium) und bei *Neurotikern* (hysterische Syndrome) angetroffen. Von Bedeutung ist im Vergleich der Katalepsien unter «ba» und «bb» folgendes:
(bba) Bei Patienten findet man vorwiegend eine *leptosome Konstitution;* bei hoch hypnotisierbaren Personen dagegen mehr einen *Übergang vom athletischen zum pyknischen Habitus* (Kapitel IX.5.20).

(bbb) Die klinische Katalepsie ist syndromal ziemlich der bei der Hypnose ähnlich. Von der Genese her und pathogenetisch unterscheiden sich jedoch diese zwei Katalepsieformen voneinander.
(bc) *Die auffallende Lebhaftigkeit der Augenbewegungen mit Blinzeln der Augenlider (Augenkatalepsie) ist bei allen Katalepsie-Formen anzutreffen.* Insgesamt gesehen *bieten die Patienten mit klinischer Katatonie eine gewisse Unfähigkeit, in eine hypnotische Katalepsie zu gelangen.* Man könnte sich die Phänomenologie so vorstellen, daß die Patienten *deshalb auf eine klinische (pathologische) Katalepsie ausweichen, weil sie jenen Schutz erreichen, den die hoch hypnotisierbaren Menschen durch die hypnotische genießen. Die Katalepsie könnte demzufolge als ein Schutzmechanismus angesehen werden und kann deshalb sowohl bei Menschen als auch bei Tieren* (bis zu Insekten) *angetroffen werden* (Kapitel III, VII, IX und XXI).

(c) Auch die *Lethargie* hat *zwei* Formen:
(ca) *Die hypnotische Form wird zum dritten Stadium der Hypnosetiefe* gezählt. Da sie jedoch sehr prolongiert sein und auch bereits am Beginn der Hypnose erscheinen, sodann sich *über die Katalepsie-Stufen bis zum Somnambulismus ausbreiten* kann, muß angenommen werden, *daß die Hypnose nicht so einfach in Stadien der «Tiefe» einzuteilen ist.* Die Überlappung der Lethargie mit anderen Hypnosestadien spricht für *eine dritte Dimension* der Hypnosestadien, die sich sozusagen *horizontal nach links und/oder rechts von der «Tiefe» der Hypnose ausstreckt.*
(cb) Die *klinische (pathologische) Form* ist sowohl in der Psychiatrie als auch in der Neurologie bekannt und weicht syndromal etwas von der hypnotischen ab; während die hypnotische eine progressive Relaxation mit Schläfrigkeits-/Schlaf- und Resten der Katalepsiezeichen aufweist, ist *die klinische oft mit Hyperkinese und motorischer Unruhe verbunden.* Auch hier kann von einem *Ausweichmechanismus* gesprochen werden; Menschen, die nicht in die hypnotische (normale) Lethargie eintreten können, gleiten in eine klinische (pathologische) hinein. Sowohl bei Katalepsie als auch bei Lethargie müssen für diese Annahme weitere Belege erbracht werden.

(d) *Der Somnambulismus ist viel heterogener* als die eben erwähnten drei Hypnosestadien:
(da) *Neben dem hypnotischen (artifiziellen) Somnambulismus* sind auch
(db) *klinische* Formen bekannt, die neben dem
(dba) *Somnambulismus sui generis* auch aus der Reihe der
(dbb) *Neurotiker* (mehr hysterische Verlaufsformen),
(dbc) der *Epilepsien* (psychomotorische und centrencephale Formen) und
(dbd) dem *Involutionssyndrom* stammen.
Im klinischen Bereich können sowohl *voll klinische* Symptome mit Wandeln und somnambuler Amnesie als auch *abortive* und *subklinische* (elektroencephalographische) *Subformen* beobachtet werden. *Konstitutionsmäßig* entsprechen die Somnambulen der klinischen Formen ziemlich denen der hypnotischen Form. *Der hypnotische Somnambulismus ist ein psychomotorisch und psychovegetativ aktiver Zustand der Hypnose.*

(2) *Die neurophysiologischen Mechanismen der Hypnose-Phänomene* wie *Relaxation, Katalepsie, Lethargie und Somnambulismus* sind nicht genau bekannt. Von Bedeutung ist bei allen Formen *eine Zunahme der Alpha-Wellen im kataleptischen und somnambulen Stadium* (Kapitel XXII). Dies gilt sowohl für die hypnotische Katalepsie und den hypnotischen Somnambulismus als auch *für deren klinische Formen. Schlafwandler* bieten einen Alpha-Wellen-Rhythmus während des Wandelns, der plötzlich den Delta-Wellen-Rhythmus im Schlaf-EEG ablöst, um diesem nach dem Wandeln wieder Platz zu machen (Abb. 18). Bei *Epilepsien* findet man während der Katalepsie (Katatonie) eine *forcierte Normalisierung* des bereits pathologischen EEG. Ebenfalls weisen katatone (kataleptische) Schizophrenien einen

ausgeprägten Alpha-Rhythmus im EEG mit hohen und relativ langsamen Frequenzen über allen Hirnregionen auf, *der bis in die tiefsten Schlafstadien hineinreicht* (siehe spätere Kapitel). Auch bei neurotischen Patienten trifft man die gleiche oder eine sehr ähnliche Situation. Es sieht so aus, *als ob die Katalepsie eine Konvergenz der EEG-Rhythmen erwirkt, da sowohl normale als auch davor pathologische EEGs nach dem Eintreten der Katalepsie in einen normalen Alpha-Wellen-Rhythmus unter 10 Hertz (Hz)* (unter 10 Schwingungen pro Sekunde; under 10 cycles per second) *übergehen*. Da auch die klinische Symptomatik aller Katalepsieformen ähnlich ist, muß während der Katalepsie die *neokortikale Aktivität des Gehirns in Verbindung mit synchronisierenden Formationen des Hirnstammes die führende Rolle haben. Ähnlich ist es bei somnambulen Formen.* Problematisch ist dagegen die Lethargie, da währenddessen bei Patienten auch ein verlangsamtes EEG mit Theta- und Delta-Wellen beobachtet werden kann. In diesem Falle muß jedoch ein Zusatzmechanismus *(extrapyramidisches System)* hinzutreten. Allerdings wird bei hypnotischen Lethargien ebenfalls ein ausgeprägter Alpha-Wellen-Rhythmus beobachtet. Vielleicht greift *die hypnotische Lethargie als Verbindungsglied* auf andere Entspannungszustände (konzentrative und/ oder transzendentale Meditation) über, die wahrscheinlich vorwiegend von den *altkortikalen und subkortikalen Hirnformationen (abseits des Hirnstammes) moderiert werden.*

7. Literaturverzeichnis

Arkin, A.M., Hastey, J.M., and Reiser, M.F.: Post-hypnotically Stimulated Sleep Talking. *J. Nerv. Ment. Dis.*, (1966), *142:* 293–309.

Arkin, A.M., Toth, M.J., Baker, J., and Hastley, J.: The Degree of Concordance Between the Content of Sleep Talking and Mentation recalled in Wakefulness. *J. Ner. Ment. Dis.*, (1970), *151:* 375–393.

Aschoff, J.: Desynchronization and Synchronization of Human Circadian Rhythms. *Aerosp. Med.*, (1969), *40:* 844–849.

Aserinsky, E., and Kleitman, N: Eye Movements During Sleep. *Federation Proc.*, (1953a), *12:* 6–7.

Aserinsky, E., and Kleitman, N.: Regulary Occuring Periods of Eye Motility and Concomitant Phenomena During Sleep. *Science*, (1953b), *118:* 273–274.

Bakwin, H.: Sleep-Walking in Twins. *Lancet*, (1970), *2:* 446–447.

Barber, T.X.: Physiological Effects of «Hypnosis». *Psychol. Bull.*, (1961), *58:* 390–419.

Barber, T.X., and Hahn, K.W. Jr.: Hypnotic Induction and «Relaxation»: An Experimental Study. *Arch. Gen. Psychiat.*, (1963), *8:* 295–300.

Barker, W., and Burgwin, S.: Brain Wave Patterns Accompanying Changes in Sleep and Wakefulness During Hypnosis. *Psychosom.-Med.*, (1948), *10:* 317–326.

Barker, W., and Burgwin, A.: Brain Wave Patterns During Hypnosis, Hypnotic Sleep and Normal Sleep. *Arch. Neuro. Psychiat.*, (1949), *62:* 412–420.

Benedikt, Moritz (1880). Siehe Kapitel VIII.

Benson, H., Arns, P(atritia), A., and Hoffman, J.W.: The Relaxation Response and Hypnosis. *Intern. J. Clin. Hypnosis*, (1981), *29:* 259–270.

Benson, H., Beary, J.F., and Carol, M.P.: The Relaxation Response. *Psychiatry*, (1974), *37:* 37–46.

Benson, H., Dryer, T., and Hartley, L.H.: Decreased VO_2 Consumption During Exercise with Elicitation of the Relaxation Response. *J. Human Stress*, (1978a), *4:* 38–42.

Benson, H., Frankel, F.H., Apfel, R., Daniels, M.D., Schniewind, H.E., Nemiah, J.C., Sifneos, P.E., Crassweller, K.D., Greenwood, M.M., Kotch, J.B., Arns, P.A., and Rosner, B.: Treatment of Anxiety – A Comparison of the Usefulness of Self-Hypnosis and a Meditational Relaxation Technique: An Overview. *Psychother. Psychosom.*, (1978b), *30:* 229–242.

Berger, H.: Über das Elektrenkephalogramm des Menschen. Dritte Mitteilung. *Arch. Psychiat.*, (1931), *94:* 16–60 (Erste Mitteilung 1929).

Blankenburg, W(olfgang): Anthropologisch orientierte Psychiatrie. In: Peters. U.H. (Hsg.): Psychiatrie, Band 1., Beltz, Weinheim und Basel, 1983, Seite 172–187.

Bleuler, E.: *Dementia Praecox*. In: Aschaffenburg, O.: Handbuch der Psychiatrie, Spezieller Teil, Abteilung 4, Heft 1, Deuticke, Leipzig, 1911.

Broughton, R.: Sleep Disorders: Disorders of Arousal? *Science*, (1968), *159:* 1070–1078.

Broughton, R.: *Childhood Sleepwalking, Sleep Terrors and Enuresis Nocturna – Their Pathophysiology and Differentiation from Nocturnal Epileptic Seizures*. In: Popoviciu, L., Asgian, B., and Badiu, G. (Eds.): Sleep 1978. Karger, Basel, 1980, pp. 103–11. Ausgedehnte Literatur auf Seite 137–145.

Broughton, R., and Gastaut, H.: *Recent Sleep Research on Enuresis nocturna, Sleep Walking, Sleep Terrors and Confusional Arousals*. In: Levin, P., and Koella, W.P.: Sleep 1974. Karger, Basel, 1974, pp. 82–91. Ausgedehnte Literatur auf Seite 113–119.

Camerarius, E(lias): Magici morbi historia ettentius pensitata. Tubingae, 1724. Zitiert in Wolf, H.J. (1980).

Crasilneck, H.B., and Hall, J.A.: Physiological Changes Associated with Hypnosis: A Review of the Literature Since 1948. *Intern. J. Clin. Exp. Hypnosis*, (1959), *7:* 9–50.

Crasilneck, H.B., and Hall, J.A.: Blood Pressure and Pulse Rates in Neutral Hypnosis. *Intern. J. Clin. Exp. Hypnosis*, (1960), *8:* 137–139.

Diamant, J., Dufek, M., Hoskovec, J., Kristof, M., Pekarek, V., Roth, B., and Velek, M.: An Electroencephalographic Study of the Waking State and Hypnosis with Particular Reference to Subclinical Manifestations of Sleep Activity. *Intern. J. Clin. Exp. Hypnosis*, (1960), *8:* 199–212.

Economo, C. v.: Siehe Kapitel XXIV und XXV.

Ellenberger, H.F.: The Discovery of the Unconcious. The History and Evolution of Dynamic Psychiatry. Basic Books, New York, N.Y., 1970. (Die Entdeckung des Unbewußten, Hans Huber, Bern–Stuttgart–Wien, 1973).

Edmonston, W.E.: Relaxation as an Appropriate Experimental Control in Hypnosis Studies. *Amer. J. Clin. Hypnosis*, (1972), *14:* 218–229.

Ennemoser, J.: Der Magnetismus nach den allseitigen Beziehungen seines Wesens, seiner Erscheinung, Anwendung und Enträtselung, in einer geschichtlichen Entwicklung von allen Zeiten und bei allen Völkern dargestellt. Leipzig, 1819.

Ennemoser, J.: Der Magnetismus im Verhältnis zur Natur und Religion. Stuttgart und Tübingen, 1842.

Ford, W.L., and Yeager, C.L.: Changes in the Electroencephalogram in Subjects Under Hypnosis. *Dis. Nervn. Syst.*, (1948), *9:* 190–192.

Gastaut, H.: *Les composantes actives de la fonction hypnotique; leurs relation avec l'activité mentale, onirique et non inirique, au corus du sommeil.* In: Gastaut, H., Lugaresi, E., Ceroni, G., and Coccagna, G.: The Abnormalities of Sleep in Man. Aulo Gaggi, Bologna, 1968, pp. 253–274.

Gastaut, H.: *Classification and Significance of Episodic Phenomena During Sleep as a Function of their Appearance in the Course of the Different Polygraphic Stages of Sleep*. In: Levin, P., and Koella, W.P. (Eds.): Sleep 1974. Karger, Basel, 1974, pp. 75–81. Ausgedehnte Literatur auf Seite 113–119.

Gastaut, H., Batini, C., Broughton, R., Fressy, J., Roger, J., et Tassinari, C.A. (Eds.): Etude électrographique des manifestation paroxystiques au corus du sommeil nocturne. *Revue Neurol.*, (1964), *10:* 309–313.

Gastaut, H., Batini, C., Broughton, R., Fressy, J., Tassinari, C.A., et Vittini, F.: *Etudes électroencéphalographiques des phénomènes épisodiques non-épileptiques au cours du sommeil*. In: Fischgold, H. (Ed.): Le sommeil du nuit normal et pathologique. Masson, Paris, 1965.

Gastaut, H., et Broughton, R.: Etude polygraphique de l' énurésie nocturne. *Revue neurol.*, (1963a), *109:* 246.

Gastaut, H., et Broughton, R.: Etude polygraphique de l'énurésie nocturne. *Revue Neurol.*, (1963b), *109:* 247.

Gastaut, H., and Broughton, R.: *Clinical and Polygraphic Study of Episodic Phenomena During Sleep*. In: Wortis, P.L. (Ed.): Recent Advances in Biological Psychiatry. Plenum Press, New York, 1965.

Gjessing, R.: 1932a bis 1966 sowie 1972–1973 in Jovanović, U.J.: Zur Methodik der Chronopsychologie. Inaug.-Diss. (Dr. phil.), Univ. Würzburg, 1978b.

Gjessing, R., Harding, G.F.A., Jenner, F.A., and Johannessen, N.B.: The EEG in Three Cases of Periodic Catatonia. *Brit J. Psychiat.*, (1967), *113:* 1271–1282.

Gorton, B.E.: The Physiology of Hypnosis. I. A Review of the Literature. *Psychiat. Quart.*, (1949), *23:* 317–343.

Hällström, T.: Night Terror in Adults Through Three Generations. *Acta Psychiat. Scand.*, (1972), *48:* 350–352.

Ham, M. W., and Edmonston, W. E. Jr.: Hypnosis, Relaxation and Motor Retardation. *J. Abnorm. Psychol.*, (1971), *77:* 329–331.

Hortius, W. (1593). Zitiert in Wolf, H. J.: Hexenwahn und Exorzismus, 1980 (siehe unten).

Jacobson, A., and Kales, A.: Somnambulism: All-Night EEG and Related Studies. *Res. Publ. Ass. Nerv. Ment.*, (1967), *45:* 424–448.

Jacobson, A., Kales, A., Lehmann, D., and Zweizig, J. R.: Somnambulism: All-Night Electroencephalography Studies. *Science*, (1965a), *148:* 975–977.

Jacobson, A., Kales, A., Zweizig, J. R., Po, J., and Walter, R. D.: EMG Studies During Sleep. *Electroenceph. Clin. Neurophysiol.*, (1966), *21:* 409.

Jacobson, A., Lehmann, D., Kales, A., and Zweizig, J. R.: EEG Recordings During Somnambulistic Sitting Up und Walking. *Electroenceph. Clin. Neurophysiol.*, (1965b), *18:* 517.

Jenness, A., and Wible, C. L.: Respiration and Heart Action in Sleep and Hypnosis. *J. Gen. Psychol.*, (1937), *16:* 197–222.

Jovanović, U. J.: Nächtliche abnorme Episoden aus dem Schlaf heraus – Polygraphische Ganz-Nacht-Registrierungen. Vortrag anläßlich der Jahrestagung der Deutschen EEG-Gesellschaft, Stuttgart, Oktober 1964 (Befunde aus Mai 1964).

Jovanović, U. J.: Der normale, abnorme und pathologische Schlaf. Polygraphische Registrierungen. Verh. Dtsch. Ges. inn. Med. J. F. Bergmann, München, 1965.

Jovanović, U. J.: Forcierte Normalisierung im EEG (Landolt) und forcierte Pathologisierung des Schlaf-Elektroencephalogramms. *Psychiat. Neurol. (Basel)*, (1966a), *152:* 370–386.

Jovanović, U. J.: Die diagnostische Bedeutung des Schlaf-Elektroenzephalogramms. *Dtsch. Med. J.*, (1966b), *17:* 121–132.

Jovanović, U. J.: Das Schlafelektroenzephalogramm als spezielle diagnostische Methode. *Landarzt*, (1967), *43:* 605–615.

Jovanović, U. J.: Somnambule psychomotorische Epilepsie. *Dtsch. Zschr. Nervenheilk.*, (1970), *197:* 181–191.

Jovanović, U. J.: Sexuelle Reaktionen und Schlafperiodik bei Menschen. Ergebnisse experimenteller Untersuchungen (Monographie). Enke, Stuttgart, 1972 (für Schlafwandler).

Jovanović, U. J.: Schlaf und Traum. Fischer-Verlag, Stuttgart, 1974a.

Jovanović, U. J.: Psychomotor Epilepsy. A Polydimensional Study. Thomas, Springfield/Ill., 1974b.

Jovanović, U. J.: Biorhythmic Aspects of Sleep-Waking-Cycle in Healthy and Ill People. *Totus Homo*, (1978a), *10(8):* 31–59.

Jovanović, U. J.: Zur Methodik der Chronopsychologie (Band I und II). Inaug.-Diss. (Philosophie), Univ. Würzburg, 1978b.

Jovanović, U. J.: *Biorhythmic Aspects of Epileptic Manifestations.* In: Mrsulja, B. B., Rakić, M. Lj., Klatzo, I., and Spatz, M. (Eds.): Pathophysiology of Cerebral Energy Metabolism. Plenum Publisher, New York, N. Y., 1979, pp. 403–421.

Jovanović, U. J.: *Somnambulistic Forms of Epilepsy: Results of the Long-Time Polygraphic Sleep Recordings.* In: Akimoto, H., Kazamatsuri, H., Seino, M., and Ward, A. A. Jr. (Eds.): Advances in Epileptology (XIIIth Epilepsy International Symposium), Kyoto, 1981. Raven Press, 1982a, pp. 65–69.

Jovanović, U. J.: *Polygraphic Long-Term Recordings in Patients with Different Disorders of the Sleep Behaviour.* In: Stefan, H., and Burr, W. (Eds.): EEG Monitoring. Fischer, Stuttgart, 1982b.

Jovanović, U. J.: *Somnambulismus.* In: Faust, V. (Hg.): Compendium Psychiatricum (Schlafstörungen). Hippokrates, 1985, Seite 111–118.

Jovanović, U. J. (1988): Siehe Kapitel XXII.

Kahlbaum, Karl (1828–1899): Zitiert in zahlreichen Schriften, unter anderem in: Illustrierte Geschichte der Medizin, Band 6, Herausgegeben von Toellner, R(ichard) und Hucklenbroich, P(eter). Andreas & Andreas, Salzburg, 1982, Seite VI/2036 und VI/2039.

Kales, A.: *Discussion Contribution.* In: Chase, M. J. (Ed.): The Sleeping Brain. Brain Information Service (BIS)/Brain Research Institute UCLA, Los Angeles/California, 1972.

Kales, A., and Jacobson, A.: Mental Activity During Sleep – Recall Studies, Somnambulism and Effects of Rapid Eye Movement Deprivation and Drugs. *Exp. Neurol. (suppl).*, (1967), *4:* 81–91.

Kales, A., Jacobson, A., Kun, T., Klein, J., Heuser, G., and Paulson, M. A.: Somnambulism: Futher All-Night EEG Studies. *Electroenceph. Clin. Neurophysiol.*, (1966a), *21:* 410.

Kales, A., Jacobson, A., Paulson, M. A., Kales, J., and Walter, R.: Somnambulism: Psychophysiological Correlates. I. All-Night EEG Studies. *Arch. Gen. Psychiat.*, (1966b), *14:* 585.

Kales, A., Kales, J.D., Jacobson, A., Weissbuch, R., and Walter, R.D.: Somnambulism: Psychophysiological Correlates. I. All-Night EEG and Psychological Studies. *Arch. Gen. Psychiat.*, (1966c), *14:* 589–594.

Kales, A., Kales, J.D., Po, J., and Klein, J.: A Review of Recent Sleep and Dream Study. *Bull. Los Angeles Neurol. Soc.*, (1966d), *31:* 131–151.

Kales, A., Paulson, M., Jacobson, A., and Kales, J.D.: Somnambulism: Psychophysiological Correlates. II. Psychiatric Interviews, Pschological Testings and Discussion. *Arch. Gen. Psychiat.*, (1966e), *14:* 595–604.

Kerner, Justinus: Seherin von Prevorst, 1856. Werke, Neuherausgegeben 1977 durch den Georg Olms Verlag, Hildesheim–New York, 2. Bände. (hier Band II).

Kohlschütter, E.: Messungen zur Festigkeit des Schlafs. *Zschr. Rat. Med.*, (1863), *17:* 209–253 (Siehe dazu die Dissertation, Univ. München, 1862).

Kraepelin, E.: Psychiatrie. Ein Lehrbuch für Studierende und Ärzte. Vol. 2. J.A. Barth, Leipzig, 1909.

Kroger, W.S., 1977: Siehe Kapitel II.

Lane, A., and Ruskin, A.: A Note on the Failure in Labile Essential Hypertension. *Texas Rep. Biol. Med.*, (1950), *8:* 66–70.

Langen, D.: Lehrbuch der Hypnose. Karger, Basel, 1972.

Levitt, E.E., and Brady, J.P.: *Psychophysiology of Hypnosis.* In: Schneck, J.M. (Ed.): Hypnosis in Modern Medicine (3rd Edition). Thomas, Spingfield/Ill., 1963, pp. 314–362.

Loomis, A.L., Harvey, E.N., and Hobart, G.A.: Potential Rhythms of the Cerebral Cortex During Sleep. *Science*, (1935), *81:* 589–597.

Marinesco, G., Sager, O., et Kreindler, A.: Etudes électroéncephalographiques: Le sommeil naturel et le sommeil hypnotique. *Bull. Acad. Med.*, (1937), *117:* 273–276.

Maurus, Rh(abanus) (780–856). Zitiert in Wolf, H.J., 1980.

Mayer, A.U. (1758): Zitiert bei Wolf, H.J., 1980.

Mesmer, Franz Anton (1734–1815): Siehe Kapitel VIII.

Morrison, A.R., and Bowker, R.M.: *Cerebral and Spinal Contributions to the Regulation of Muscle Tone and Movement During Sleep.* In: Jovanović, U.J. (Ed.): The Nature of Sleep. Fischer, Stuttgart, 1973, pp. 270–277.

Morse, D.R., Martin, J.S., Furst, M.L., and Dubin, L.L.: A Physiological and Subjective Evaluation of Meditation, Hypnosis, and Relaxation. *Psychosom. Med.*, (1977), *39:* 304–324.

Moruzzi, G., and Magoun, H.W.: Brain Stem Reticular Formation and Activation of the EEG. *Electroenceph. Clin. Neurophysiol.*, (1949), *1:* 455–473.

Müller, G.: *Die Literarisierung des Mesmerismus in Jean Pauls Roman «Der Komet».* In: Schott, H. (Hg): Franz Anton Mesmer und die Geschichte des Mesmerismus. Steiner-Verlag, Stuttgart, 1985, Seite 185–199.

Pai, M.N.: Sleep-Walking and Sleep Activities. *J. Ment. Sci.*, (1946), *92:* 756–765.

Petrén, A.: Über Spätheilungen von Psychosen. Nordstedt, Stockholm, 1908.

Pierce, C., and Lipcon, H.H.: Clinical Relationship of Enuresis to Sleepwalking and Epilepsy. *Arch. Neurol. Psychiat. (Chicago)*, (1956), *76:* 310–316.

Pigatti, H. (1782). Zitiert in Wolf, H.J., 1980.

Popoviciu, L., et Szabó, L.: Etude polygraphique du sommeil dans les automatismes ambulatoires nocturnes. *Revue Roum. Neurol.*, (1970), *7:* 27–46.

Popoviciu, L., and Szabó, L.: *Motor Automatisms During Sleep.* In: Levin, P., and Koella, W.P. (Eds.): Sleep 1974. Karger, Basel, 1974, pp. 99–112. Literaturverzeichnis siehe Seite 113–119 (dort).

Puységur, 1784. Siehe Kapitel VIII.

Richter, D., 1717, 1756. Zitiert in Wolf, H.J., 1980.

Saletu, B., and Itil, T.M.: Digital Computer «Sleep Prints» – An Indicator of the Most Effective Drug Treatment of Somnambulism. *Clin. Electroenceph.*, (1973), *4:* 33–41.

Sarbin, T.R.: *Physiological Effects of Hypnotic Stimulation.* In: Dorcus, R.M. (Ed.): Hypnosis and Its Therapeutic Applications. McGraw-Hill, 1956, pp. 4/1–4/57.

Schuler, M.: Mesmer und die Mozarts. In: Schott, H. (Hg.): Franz Anton Mesmer und die Geschichte des Mesmerismus. Steiner-Verlag, Stuttgart, 1985, Seite 215–227.

Schultz, J.H.: Hypnose-Technik. Fischer-Verlag, Stuttgart, 1959.

Tandler(us), T.: Dissertationes physicae-medicae. I.–V. Wittenberg, 1602, 1613. Zitiert in: Wolf, H.J., 1980 (siehe unten).

Teplitz, Z.: The Ego and Mobility in Sleep-Walking. *J. Amer. Psychoanal. Ass.*, (1958), *6:* 95–110.
Tischner, R(udolf): Franz Anton Mesmer, München, 1928. Spätere Auflagen und andere Leistungen dieses Autors sind in: Schott, H. (Hg.): Franz Anton Mesmer und die Geschichte des Mesmerismus, Steiner, Stuttgart, 1985 zu finden.
Tuke, 1884. Zitiert bei Wolf, H.J., 1980.
Urstein, M.: Spätpsychosen katatoner Art. Urban & Schwarzenberg, Berlin, 1913.
Walrath, L.C., and Hamilton, D.W.: Autonomic Correlates of Meditation and Hypnosis. *Amer. J. Clin. Hypnosis*, (1975), *17:* 190–197.
Walton, D.: The Application of Learning Theory to the Treatment of a Case of Somnambulism. *J. Clin. Psychol.*, (1961), *17:* 96–99.
Whitehorn, J.C., Lundholm, H., Fox, E.J., and Benedict, F.G.: Metabolic Rate in «Hypnotic Sleep». *N. Engl. J. Med.*, (1932), *206:* 777–781.
Wible, C.L., and Jenness, A.: Electrocardiograms During Sleep and Hypnosis. *J. Psychol.*, (1936), *1:* 235–245.
Wolberg, L.R.: Medical Hypnosis. Vol. I: The Principles of Hypnotherapy. Grune & Stratton, New York–San Francisco–London, 1948a.
Wolberg, L.R.: Medical Hypnosis. Vol. II: The Practice of Hypnotherapy. Grune & Stratton, New York–San Francisco–London, 1948b.
Zikmund, V.: Some Physiological Characteristics of Natural and Hypnotic Sleep in Man. *Physiol. Bohemoslov.*, (1964), *13:* 196–201.

XXIV. Psychohypnologische Aspekte

1. Begriffe und Definitionen

In diesem Kapitel werden *Traum und Schlaf* im Kontext der Hypnose studiert. Der *Traum* ist bis heute – trotz zahlreicher Versuche – kaum definiert worden. In bezug auf die Hypnose kann jedoch angenommen werden, *daß der Traum die mnestische Komponente des Schlafes und der amnestisch-mnestische Anteil des Daseins darstellt* (Schema 18). Der Schlaf – die *amnestische Komponente des Daseins* – (Schema 18) konnte ebenfalls nicht eindeutig definiert werden. Jovanović (1979c, 1985a) versuchte, mit Hilfe einer schriftlichen Korrespondenz, Schlafforscher der Welt zu motivieren, eine *Definition* des Schlafes zu formulieren. Von den 550 angeschriebenen Wissenschaftlern konnten 357 erreicht werden. Von ihnen wurden 56 *Antworten* (15,7%) mit verschiedenen *Deskriptionen* des Schlafes erhalten. *Keiner der Deskriptionen konnte der Status einer Definition verliehen werden.* Aus diesem Grunde und auch aus der Tatsache heraus, daß bei unserer Thematik *der Schlaf auf dem dritten Platz hinter der Hypnose und dem Traum* stehen wird, können wir vorläufig auch mit einer *partiellen Definition* zufrieden sein. Nach Walter Rudolph Hess (1881–1973) kann der Schlaf als *eine Umschaltung der psychovegetativen und biochemischen Lebensvorgänge von einer ergotropen auf eine trophotrope Ausgangslage* definiert werden.

2. Psychologie von spontanen und induzierten Träumen

2.1 Zur Frage der Traumauslösung und Vergleichsmöglichkeiten

Die Möglichkeit der Traumauslösung (Trauminduktion) wurde seit je in Betracht gezogen. Dies bezieht sich sowohl auf *Tagträume* oder *Träumereien mit umfassenden Imaginationen* (Kapitel II.3.5.11 und IX.4.2.4.11) als auch auf den *Schlaftraum* mit seinem sonst *periodischen Vorkommen und Verlauf.* Die Induktion selbst umfaßt eine *nicht-hypnotische Art* und *hypnotische Träume.* Die vor über 120 Jahren (1862) von Louis Alfred Maury vorgenommenen Versuche (Diamond, 1964; Jovanović, 1974b; Winterstein, 1953) schienen zunächst die bereits seit Jahrhunderten herrschende Meinung zu bestätigen, die *Schlafträume würden allein durch suggestive Reize ausgelöst werden können.* Diese Annahme hat sich fast in allen einschlägigen Schriften bis zum Jahre 1962 durchgesetzt. Selbst der Begründer der *Psychoanalyse*, Sigmund Freud (1900, 1961, s. Kapitel X.2.2.), sprach über die *Traumauslösung* durch *äußere* und *innere* Reize. Bei dieser Traumauslösung seien *psychische* und *somatische* Stimuli verantwortlich. Zum *psychischen Bereich* gehören nach S. Freud *Tagesreste*, die während des Traumes verarbeitet werden. Die *somatische* Induktions-Komponente umfasse eine Reihe von Reizen, die von *außen* (Druck, Tastsinn, Wärme, Kälte, Düfte, akustische Signale) oder *aus dem Organismus* (Magen-, Darm-, Blasendruck etc.) herrühren.

Die Entdeckungen von Aserinsky (1953), Aserinsky und Kleitman (1953a, b, 1955a, b), Dement und Kleitman (1957a, b), Dement und Wolpert sowie Kleitman (1963, 1972, 1973) *über die REM-Phasen (Rapid Eye Movement Phases) des Schlafes mit Träumen* schienen jetzt vice versa die Anschauungen von Maury (1862) zu widerlegen. Denn die REM-Phasen laufen nach einer *inneren Uhr* (Bünning, 1958) *periodisch* ab, und es sah so aus, als ob sie einem Auslösungszufall nicht unterworfen wären. Andere Befunde sprechen jedoch für *beide Möglichkeiten:* (a) *für eine Auslösung der psychischen Komponente oder deren Beeinflussung* und (b) *für den periodischen Verlauf der REM-Phasen, in denen man träumt.* Aber selbst diese strenge Periodik ist einer *Veränderung (Synchronisierung)* unterzogen. Bereits Karl Schrötter (1912) habe *hypnotische Träume mit symbolischem Charakter* bei den drei von ihm untersuchten Vpn finden können. Diamant et al. (1960) sowie Schiff et al. (1961) *sahen keine Möglichkeit, hypnotische Träume mit spontanen Schlafträumen* elektroencephalographisch *zu vergleichen.* Aber auch psychologisch gesehen seien viele Inhaltsunterschiede zwischen den Schlaf- und Hypnoseträumen zu finden (Brenman und Gill, 1947; Gill und Brenman, 1959, 1977). Domhoff (1964) sowie Stross und Shevrin (1967) griffen die Problematik erneut auf und schlugen ein *Überdenken der Vergleichsmöglichkeiten* vor. Nach Solovey und Milechnin (1960) findet *während der Hypnose eine gewisse Veränderung der psychischen Komponente des Traumes statt, so daß jetzt der neu entstandene Trauminhalt nicht leicht mit den Inhalten der spontanen Träume zu vergleichen ist.* Frühere (Farber und Fisher, 1943) sowie spätere Forscher (Newman et al., 1960; Rubin, 1971) erheben den Verdacht, daß die hypnotischen Träume durch die *Patient-Therapeut-Beziehungen* beeinträchtigt seien. Die Verschiedenheit der Vpn, die untersucht werden (Hilgard, 1967, 1975), soll dabei nicht vergessen werden. Die Anwendung von Trauminhalts-Kategorien von Hall (1951, 1953, 1956, 1962a–d, 1963) ermögliche doch einen Vergleich der hypnotischen mit den Schlafträumen (Domhoff, 1964). Man könne dazu auch die *Verbalisation* (das freie Assoziieren) quantifizieren (Hall und Domhoff, 1962, 1963a, b). Auch nach Moss (1961) lassen sich eigentlich die hypnotisch induzierten Träume mit denen im Schlaf vergleichen, wenn man die Methode der *freien Assoziation* anwende. Domhoff (1964) geht sogar so weit zu behaupten, *die Hypnoseträume und das Stadium 1 des Schlafes* – in welchem die REM-Phasen vorkommen würden – ließen sich gut miteinander vergleichen. Es muß jedoch unseres Erachtens strengstens darauf hingewiesen werden, *daß erstens die REM-Phasen dem Stadium 1 des Schlafes kaum entsprechen* (vielleicht nur hinsichtlich der Frequenz von EEG-Wellen) *und zweitens die REM-Phasen nicht für den einen oder den anderen Trauminhalt sprechen.* Nach Shapiro et al. (1963) können sich die Vpn an die Träume nur dann erinnern, wenn sie energisch geweckt werden. Würden sie sanft und mit einer Verzögerung geweckt, so könnten Berichte über die Träume kaum erstattet werden. Andererseits konnte beim Wecken der Vpn aus den REM-Phasen beobachtet werden (Günther, 1972; Jovanović, 1971a, 1988a; Jovanović und Günther, 1988; Jovanović und Sperrfechter, 1988; Jovanović und Theissen, 1988; Sperrfechter, 1976; Theissen, 1973), wie ein starker Weckreiz über 75 dBA den Bericht der Vp über den Trauminhalt signifikant verkürzen kann ($p < 0{,}01$). Nach einem *schwächeren Weckreiz* (unter 35 dBA) wacht der Proband jedoch nicht auf. Bei einem *Vergleich von Trauminhalten* der Vpn, die am Morgen ihre Träume spontan aufgeschrieben haben, und Vpn, die in der Nacht geweckt wurden, konnte festgestellt werden, daß der aus den REM-Phasen gewonnene Trauminhalt verbal signifikant ($p < 0{,}05$) ärmer ist als derjenige, der am Morgen spontan aufgezeichnet worden war (Jovanović und Sperrfechter, 1988; Sperrfechter, 1976). Andere Merkmale (Originalität, Unverfälschtheit) sind bei den Träumen aus den REM-Phasen wertvoller. Bei einem Vergleich der Traumerinnerung in der Hypnose und im Wachsein konnten Stross und Shevrin (1967) finden, *daß man sich in der Hypnose leichter an Träume erinnern könne als im Wachsein.* Dies müßte jedoch auch von der Logik her erwartet werden (siehe auch Brenman und Gill, 1947; Fisher, 1978; Fisher et al., 1983; Osgood, 1953; Pötzl et al., 1960; Rapaport, 1951, 1957; Shevrin und Luborsky, 1961). Das Problem muß noch ergänzend studiert werden.

2.2 Vorkommen von spontanen und hypnotischen Träumen

Die bereits oben angeführten Untersuchungen (siehe auch Rechtschaffen et al., 1963) ergaben als Resultate, daß die spontanen Träume *in der ersten REM-Phase, rund 70–120 Minuten nach dem Schlafengehen, auftreten* (Schema 19, Abb. 19). Vor der REM-Phase hat der Träumer eine erste *«traumlose» Phase* des Schlafes abgeleistet, wobei alle *fünf Schlafstadien* (Schema 19 und Abb. 21) durchlaufen werden. *Die Traumphasen (REM-Phasen) wiederholen sich in der Regel alle 60–90 Minuten, drei- bis sechsmal in einer Nacht*, und zwar so, *daß mit fortschreitender Schlafzeit die Traumanteile des Schlafes an Umfang gewinnen* (siehe Abschnitt XXIV.3.1 und Schema 19). Die hier erwähnte *Periodik des Vorkommens der spontanen Träume* macht aber oft Ausnahmen (Abb. 19), selbst bei gesunden Menschen (Jovanović, 1987).
Im Verlauf unserer Schlafforschung in den letzten 25 Jahren haben wir auch Fälle gefunden, *bei denen die erste REM-Phase gleich nach dem Einschlafen registriert werden konnte* (Abb. 19). Bekannt ist dieses «Überspringen» der ersten «traumlosen», sozusagen der *Aufladungsphase* bei Narkolepsie-Patienten (Jovanović, 1969c, 1974b, 1978, 1985a, b). Bei einigen *depressiven Patienten* soll ebenfalls die REM-Latenzzeit, d. h. *die Zeit bis zum Auftreten der ersten REM-Phase, gegenüber der bei Gesunden kürzer sein* (siehe Jovanović, 1979b, 1987). Dieses Problem erfordert eine Sonderdiskussion, die wir voraussichtlich zu gegebener Zeit führen werden. Für das hier behandelte Thema ist nur die Tatsache von Bedeutung, *daß die erste REM-Phase auch bei Gesunden* (Abb. 19), *bei endogen-depressiven und insbesondere bei neurotischen Patienten am Schlafbeginn angetroffen werden kann.* Dabei erheben sich zwei Fragen (Jovanović, 1987):

(a) Wäre es möglich, daß Träume nur in den REM-Phasen vorkommen und diese erst nach einer Latenzzeit von rund 70–120 Minuten nach dem Schlafengehen registriert werden, *dann wäre es kaum möglich, Träume auf eine andere Weise am Tage zu induzieren, wie dies bei der Hypnose der Fall ist.*

(b) Da die REM-Phasen auch bei Gesunden *und noch häufiger bei neurotischen (hysterischen) Patienten* – wie wir später einmal beweisen werden – *am Beginn des Schlafes*, statt nach einer Latenzzeit von 70–120 Minuten auftreten, *kann die Frage der Hypnotisierbarkeit bei diesen Patienten positiv beantwortet werden.* Wie aus den Beobachtungen von Eysenck und Mitarbeitern sowie Hilgard und Hilgard (1975, 1983) (siehe Kapitel IX), aber auch von Spiegel und Spiegel (1978) (und den bei ihnen zitierten Autoren) (siehe auch Kapitel XXV) hervorgeht, *sind Neurotiker (Hysteriker) leichter als andere Patienten hypnotisierbar.* Unsere Befunde über das *Vorkommen der verkürzten REM-Latenzzeit bei Neurotikern am Abend nach dem Einschlafen würden mit der erhöhten Hypnotisierbarkeit* und damit auch mit den Angaben der eben erwähnten Autoren analog übereinstimmen. Aber auch bei Gesunden *muß die Frage der Beziehungen der Hypnotisierbarkeit mit der verkürzten REM-Latenzzeit nach dem Einschlafen gestellt und nach entsprechenden Untersuchungen beantwortet werden. Erst nach Beantwortung dieser Fragen kann man die Problematik der Beziehungen der hypnotischen Träume/Halluzinationen mit den Traumhalluzinationen diskutieren.*

2.3 Dauer von natürlichen und hypnotischen Träumen

Bei erwachsenen Menschen (Schema 19) beträgt die Dauer der REM-Phasen in einer Nacht rund 90–120 Minuten, die erste REM-Phase beansprucht rund 10 Minuten. Die individuelle Abweichung ist so groß, *da einige Vpn drei, andere 20 und mehr Minuten während der ersten REM-Phase träumen können* (Jovanović, 1977, 1978, 1988a). Mit der ersten REM-

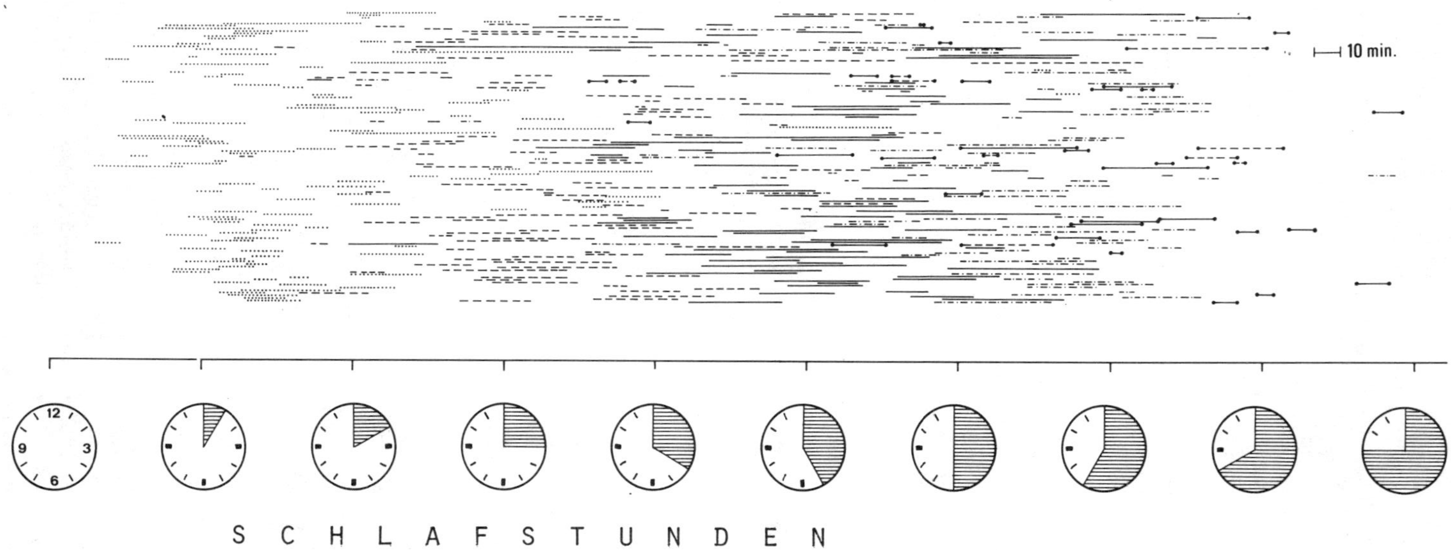

Abb. 19: Vorkommen und Dauer (einzelne Linien) der REM-Phasen (Traumphasen) bei gesunden Versuchspersonen (Vpn) beiderlei Geschlechts (62 Probanden) während einer ganzen Untersuchungsnacht für die Dauer von 9 Stunden. Das Vorkommen der ersten REM-Phasen wird in der Regel 70 bis 120 Minuten nach dem Registrierbeginn erfaßt. Die Abbildung deutet jedoch auf drei Gruppen von Vpn hin:

(a) Einige ganz wenige Vpn bieten die erste REM-Phase am Beginn des Schlafes (wie bei narkoleptischen Patienten); (b) die zweite Gruppe von Probanden konzentriert sich mit dem ersten Vorkommen der ersten REM-Phase rund 70 Minuten nach dem Registrierbeginn, und (c) die letzte Gruppe streut sehr weit mit ihrem Vorkommen der ersten REM-Phase. Da auch bei einigen Depressiven und bei Neurotikern die erste REM-Phase am Beginn des Schlafes auftauchen kann, wird die Frage der Hypnotisierbarkeit gestellt, die noch zu beantworten ist.

Legende: ·········· = die erste REM-Phase; -------- = die zweite REM-Phase; ——— = die dritte REM-Phase; •-----• = die vierte REM-Phase; •———• = die fünfte REM-Phase. Horizontal ist durch Uhrenzeichnungen die Dauer des Schlafes angezeigt.

Phase endet *die erste Schlafperiode (P_I)*. Darauf folgt eine nächste, sogenannte *traumlose* Phase des Schlafes, die wiederum mit einer, *jetzt zweiten, REM-Phase* abgeschlossen wird. Die *zweite Traumphase* ist gewöhnlich *doppelt* so lang wie die erste, also im Durchschnitt 20 Minuten. Die Dauer der zweiten REM-Phase hängt signifikanterweise von der Dauer der ersten REM-Phase ab (Hübner, 1975; Jovanović, 1965, 1966d, 1972b, c, 1973h, i, 1975a, 1977, 1978, 1988a). *Ist die erste REM-Phase länger als 10 Minuten, so ist die zweite in der Regel kürzer als 20 Minuten.* Trotz vieler individueller Abweichungen kann angenommen werden, *daß die erste und die zweite REM-Phase gemeinsam rund 30 Minuten der Traumzeit beanspruchen.* Ist die erste Traumphase kürzer als 10 Minuten, so ist die zweite länger als 20 Minuten, damit sie zusammen die erwähnte Zeit von 30 Minuten ausmachen. Nach dem Ende der zweiten REM-Phase kommt es zu einer dritten Schlafvertiefung, an deren Ende *die dritte REM-Phase* anschließt. *Die dritte REM-Phase* beansprucht im Durchschnitt 30 Minuten. Auch diese Dauer kann erheblich variieren und hängt unter anderem von der Dauer der zweiten REM-Phase ab. *War die zweite REM-Phase relativ kurz, so ist die Dauer der dritten REM-Phase in der Regel länger als 30 Minuten. Alle bisher erwähnten drei REM-Phasen beanspruchen im Durchschnitt 60 Minuten der Traumzeit.* D.h., wenn die ersten zwei Traumphasen zusammen länger als 30 Minuten andauern, so ist die Dauer der dritten Traumphase kürzer als 30 Minuten. Die in der *vierten* Schlafperiode (P_{IV}) vorkommende REM-Phase unterliegt noch größeren Variationen als die vorangegangenen drei. In der Regel beansprucht sie rund 40 Minuten, wenn keine anderen Faktoren einwirken. *Wenn die erwähnten vier REM-Phasen insgesamt rund 100 Minuten der Schlafzeit einnehmen, so kommt es zur Beendigung des Traumes für die entsprechende Nacht und selten zum Vorkommen der fünften Traumphase.* Die *fünfte Traumphase* würde rund 50 Minuten andauern, wenn viele Faktoren diese Traumzeit nicht beeinträchtigen würden. Eine *sechste Traumphase* kann 60 oder mehr Minuten andauern. Diese kommt jedoch nur individuell vor, da zu dieser Zeit der Schlaf in den meisten Fällen abgebrochen wird (Jovanović, 1974b, 1979a, 1988a). *Bei einem unserer Probanden beanspruchte die letzte REM-Phase sogar 108 Minuten* (Jovanović, 1988a).

Nach diesen Befunden ist in der Regel die beste *Traumzeit* jene *gegen ein Uhr, gegen drei und insbesondere gegen fünf Uhr morgens.* Da es gewisse Korrelationen oder Analogien zwischen den Träumen und der Hypnose gibt (siehe oben und unten), müßte nach der *Logik der Dinge die beste Hypnotisierbarkeit gegen fünf Uhr morgens sein.* Denn nach den Untersuchungen der Rhythmus-Forscher (Kapitel XXIX) *hängt das Vorkommen eines Ereignisses am Tage nicht nur von der Dauer eines physiologischen Prozesses (hier Schlaf) ab, sondern auch von den synchronisierenden Faktoren.* Gegen fünf Uhr morgens sind fast alle psychovegetativen Funktionen des Organismus (Jovanović, 1971a, 1972c, 1974b, 1988a) *in einer trophotropen Ausgangslage; es handelt sich fast um all jene Phänomene (Relaxation, Muskelerschlaffung, Bradykardie, Bradypnoe etc.), die man in der Hypnose findet. Die Dauer der reinen hypnotischen Träume hängt unter anderem von der hypnotischen Instruktion ab und kann erheblich variieren* (Diamant et al., 1960; Domhoff, 1964; Schiff et al., 1961) (siehe dazu Abb. 11A und 11B).

2.4 Kritik in spontanen Träumen und Hypnose

An dieser Stelle werden Befunde erwähnt, die bei der Deutung der hypnotisch induzierten *Altersregression (Revivikation)* Schwierigkeiten aber auch Anregungen erbringen werden. Sowohl die *Regression* nach Sigmund Freud (Kapitel X.2.2) als auch die *Deutung von Archetypen* nach C.G. Jung (1948) (Kapitel X.2.2) werden auf Probleme stoßen. Denn die neurophysiologischen Befunde stimmen mit den hier angeführten theoretischen Auffassungen nicht immer und nicht vollkommen überein (siehe unten).

Es muß nicht besonders betont werden, daß die *Kritikfähigkeit des Menschen im Traum wesentlich herabgesetzt ist* (siehe unter anderem Winkler, 1954; Winterstein, 1953). *Erst kurz nach dem spontanen Aufwachen aus einer der REM-Phasen kann eine kritische Analyse des unmittelbar vorher abgelaufenen Traumes vom Träumer selbst vorgenommen werden.* Viele von uns haben wahrscheinlich schon erlebt, daß man kurz nach dem Aufwachen aus einem Traum «*dachte*», «*daß muß doch ein Traum gewesen sein ...*», «*das kann doch nur im Traum passieren ...*». Gleich nach dem Aufwachen kann man den ganzen Vorgang ziemlich genau rekonstruieren. *Die psychische Manifestation der mangelnden Kritik im Traum weist neurophysiologische (neurobioelektrische) Korrelate auf* (Baust, 1965a, b, 1967, 1970, 1973; Baust und Heinemann, 1965; Jovanović, 1974b, 1977, 1978, 1979a, 1984a, b, 1988a, b). In den *Traumphasen* (Traumschlaf, REM-Schlaf, REM-Phasen, Traum) *ändert sich das Hirnstrombild gegenüber dem im «traumlosen Schlaf»* (Abb. 21). *Es spiegelt sich eine Armut an Wellenarten wider, wobei vornehmlich kleine, sehr stabile und desynchronisierte Theta-Wellen von 4–7/sec die Hirnaktivität bestimmen. Vergleicht man jetzt die Hirnwellen des Traumes mit denen des Wachseins und des übrigen Schlafes, so zeigt sich deutlich, daß die Hirnströme des Traumes am ehesten dem Hirnstrombild des leichtesten Schlafes (Stadium B) ähneln. Von diesem Standpunkt aus gehört der Traum zum oberflächlichen Schlaf.* Die Resultate der Untersuchungen mit *Weckreizen* zeigen jedoch, *daß der Träumer nicht leicht zu wecken ist* (Baust und Heinemann, 1965; Günther, 1972; Jouvet, 1965; Jovanović, 1970a, 1971b; Jovanović und Günther, 1988; Jovanović und Schäffer, 1988; Schäffer, 1973; Theissen, 1973). Daraus resultiert eine Nomenklatur, wonach man *das Wachsein, den leichten Schlaf* (Stadien B und C), *den Tiefschlaf* (Stadien D und E) sowie *einen festen Schlaf* (Traumphasen) unterscheidet (Jovanović, 1978, 1988a). Trotz der Armut an Wellenfrequenzen im Hirnstrombild sind bis heute in den Traumphasen mindestens *vier* Wellenarten gefunden worden (Jovanović, 1971a, 1977, 1988a; Kugler, 1963, 1969; Kugler und Laub, 1971, 1972, 1973; Roth und Green, 1953) (siehe auch Abb. 20 und 21):

(a) *Typische Wellenarten sind die bereits erwähnten Theta-Wellen. Sie lassen sich nicht so leicht wie die Alpha-Wellen im Wachsein durch Reize blockieren.* Selbst nach stärkeren Reizen bleiben sie im Hirnstrombild in den meisten Fällen erhalten. Dabei muß eine andere Tatsache noch erwähnt werden. Wenn die im Wachsein vorkommenden Alpha-Wellen durch Reize von außen oder von innen blockiert werden, *dann tritt eine Wellenart als Ersatz auf.* Nach dem Verschwinden der Alpha-Wellen aus dem Kurvenbild (Alpha-Wellen-Blockade) treten nämlich die zu diskutierenden (Kapitel XXVI.2.2.1) *ganz raschen und sehr kleinen Beta-Wellen* (16–24/sec) *auf dem Boden einer Grundlinie der EEG-Kurve auf.* Dieses Kurvenbild entspricht dem bei einem *intensiven Denken im Wachsein* und kann nicht weiter blockiert werden. *Die kleinen und stabilen Theta-Wellen der REM-Phasen scheinen ein Äquivalent dieser kleinen Beta-Wellen des aktiven Denkens im Wachsein zu sein. Während des Traumes ist der Mensch demzufolge psychisch aktiv, was aber auf einer tieferen Stufe als im Wachsein geschieht.* Diese Regression geht, vom neurophysiologischen Standpunkt gesehen viel weiter als dies nach Freuds Regression im Traum geschehen dürfte.

(b) *An zweiter Stelle in Vorkommen und Ausprägung der Wellenabläufe im Traum stehen die sogenannten Sägezahnwellen* (Abb. 21). Diese von Jouvet (1965, 1969, 1972) bei Tieren beobachteten Wellen sind in 20–30% der Fälle auch beim Menschen zu finden (Jovanović, 1967a–d, 1969a–d, 1971a; u. v. a.). *Die Sägezahnwellen* (infolge der Ähnlichkeit mit *Sägezähnen* so bezeichnet) *werden vornehmlich in den ersten zwei bis drei Minuten nach dem REM-Phasen-Beginn beobachtet und verschwinden oft allmählich nach wenigen Minuten.* Ihr Auftreten konzentriert sich jeweils unmittelbar beim Einsetzen einer Serie von raschen Augenbewegungen. Sobald sich die REMs verdichten, verschwinden die Sägezahnwellen. *Bei sehr ängstlichen Personen, bei einigen neurotischen, narkoleptischen Patienten und bei Psychopathen können Sägezahnwellen im Verlauf der ganzen REM-Phase persistieren.*

Dabei fällt ein zeitlicher Zusammenhang mit emotional sehr betonten Träumen auf (Jovanović, 1971a, 1988b).

(c) Den *Sägezahnwellen* sehr ähnlich sind die sogenannten *Lambda-Wellen* (Evans, 1953; Green, 1957; Kugler, 1969, 1975; Roth und Green, 1953). Die bei Kugler zitierten Autoren sowie Kugler selbst bringen diese *Lambda-Wellen* mit *emotionalen Erlebnissen* in Beziehung. Allerdings diskutieren sie auch die Möglichkeit einer Beeinflussung der Wellen im EEG durch die Augenbewegungen, so daß aus kleinen Theta-Wellen durch eine Überlagerung von Artefakten eine neue Art von Wellen – hier Lambda-Wellen – entstehen könne.

(d) Morphologisch gesehen sind die sogenannten *Rho-Wellen (Sigma-Wellen, Lamdoid-Wellen)* (Evans, 1953; Green, 1957; Kugler, 1969, 1975) den Lambda-Wellen ähnlich und entbehren weitere Diskussionen. Alle hier erwähnten vier Wellenarten der Traumphasen deuten darauf hin, *daß der Traum aus den tieferen Regionen des Gehirns* (Althirn) gesteuert wird (Kapitel XXV). Diese Steuerung hat eine unschätzbare Bedeutung bei dem Versuch, den Traum zu analysieren. Vor allem darf vermutet werden, *daß der Grad der Vereinfachung (Verflachung) der Hirnwellen in den REM-Phasen dem Grad der Herabsetzung der Kritik im Traum* (gegenüber den entsprechenden Parametern im Wachsein) *in etwa entspricht.* Bei der Suche nach der *Lokalisation des Unbewußten* (Kapitel XXVI.2) wird diese Frage näher diskutiert.
Und jetzt stellt sich die Frage, wie bringt man diese Parameter mit den entsprechenden Phänomenen während der Hypnose in Verbindung (Kapitel XXII.3). Es wurde oben bereits betont, daß Domhoff (1964) es für möglich hält, daß das Hypnose-EEG dem des Stadiums 1 des Schlafes, jenem Stadium also, in welchem man träumen würde, sehr ähnlich sei. Im Stadium 1 merke man nach Domhoff (1964), *daß die Alpha-Frequenz langsamer werde.* Andererseits können in der hypnotischen Trance Theta-Rhythmen vorkommen, was darauf hinweise, *daß die hypnotische Trance und Stadium 1 des Schlafes nicht unterschiedlich seien.* Borlone et al. (1960) fanden, daß das Alpha-Muster im EEG während der Hypnose vorhanden ist, wenn die Vp spricht. Es verschwindet und wird von Theta-Rhythmen ersetzt, wenn die Vp schweigt. Nach Fujisawa und Obonai (1960) *sehe das EEG während des Rapports wie ein Wach-Alpha-EEG aus; ohne Rapport sehe es wie das klassische Schlaf-EEG aus.* Kleitman (1963, 1973) meint, *daß Alpha-Frequenzen als Indikator des Bewußtseins betrachtet werden dürfen.* Er bezieht sich auf den langsamen Alpha-Rhythmus der jungen und alten Menschen, der Gelangweilten und der Alkoholiker, der Träumer und vielleicht auch des Hypnotisierten. Wenn die Alpha-Frequenz tatsächlich ein Indikator des geistigen Zustandes ist, dann könnte man das EEG für die Traumanalyse und Symbolformation in der hypnotischen Trance und im Schlafstadium 1 benutzen. Diese in der Fachliteratur gefundenen Spekulationen bedürfen nach unserer Auffassung einer harten Kritik. Denn in Kapitel XXII.3 wurde diskutiert, *daß während der Hypnose eine Alpha-Wellen-Vermehrung* (siehe auch Abb. 12–14) *registriert wird.* In den REM-Phasen ist dies normalerweise nicht der Fall. *Je aktiver der Traum ist, desto mehr Theta werden registriert.* Die Angelegenheit wird auch dadurch kompliziert, *daß anscheinend die gleichen Hirnstrukturen sowohl die REM-Phasen als auch die Hypnose* (Kapitel XXV) *moderieren.* Andererseits fanden sich (siehe unten und Abb. 20) *bei hoch hypnotisierbaren Vpn Alpha-Wellen auch während der REM-Phasen. Das Problem liegt demzufolge mehr in der Eigenschaft (trait) der Person als im Zustand (state), in dem sich die Vp befindet.* In dieser Richtung müssen also weitere Forschungsprogramme entwickelt werden. *Die Kritik ist als die höchste psychische Funktion des Menschen nach den Ergebnissen der neurophysiologischen Untersuchungen im Traum und in der Hypnose vermindert, wenn nicht in einigen Qualitäten auch aufgehoben. Die REM-Phasen ähneln elektroencephalographisch mehr der transzendentalen Meditation (TM)* (Kapitel XXII) *als dem hypnotischen Zustand* (siehe dazu Kapitel XXV).

2.5 Muskeltonus in den REM-Phasen und in Hypnose

Fallträume (und damit verbundene *Flugträume, Fluchtträume, Aufzugsträume, Liftträume*) werden von der Psychoanalyse als Gruppe der *typischen Träume* angesehen (Andreas-Friedrich, 1958; Diamond, 1964; Freud, 1900, 1961, aus Kap. X; Griffith, 1950). Diese Träume wurden so oft beschrieben, daß eine Wiederholung nicht notwendig ist. Man betrachte jedoch die zwei bereits erwähnten Problem-Komplexe – die physiologischen und die psychologischen – etwas näher.

Die Physiologen versuchten auf unterschiedlichste Weise das Gefühl des Fallens in den Träumen zu erklären. Unter anderem wurde angenommen (Winterstein, 1953), daß der Träumende beim Schlafen und beim Träumen *den Verlust des Druckempfindens* auf der Haut erfährt, so daß dadurch subjektiv das *Gefühl des Stürzens* entsteht. *Dabei dachte man aber mehr an das Einschlafen als an die später entdeckten REM-Phasen.* Der größte Einwand gegen eine solche Deutung besteht darin, *daß beim verlorengegangenen Gefühl des Druckempfindens auch das Gefühl dieses Empfindens entfällt.* Viele andere physiologische Deutungen der Fallträume werden mit dem gleichen Einwand konfrontiert (Winterstein, 1953).

Psychologisch gesehen werden die Träume bei *Männern* anders als bei *Frauen* gedeutet (Aeppli, 1960). Bei *Männern* soll das *Fallen* ein *Absinken im Beruf symbolisieren. Aufzugsträume* dagegen werden als Wunsch, *beruflich* nach oben zu steigen, angesehen. Bei *Frauen* soll ein Hinfallen oder Fallen als ein *gesellschaftliches Fallen* gedeutet werden (Freud, 1900, 1961, s. Kap. X; Jovanović, 1974b, 1977). *Flugträume* bedeuten hingegen den Wunsch, den kleinen Wuchs zu *kompensieren*, den Wunsch, größer und schöner auszusehen. Zum Beispiel, ein 22 Jahre altes, körperlich etwas zu klein geratenes Mädchen träumt, *es fliege über die Straße ohne Flugzeug*, nur etwa 20 cm über dem Pflaster. *Es sind gerade diese 20 cm, die ihrem Körper fehlen, um normal groß zu sein* (Jovanović, 1977).

Diese psychologischen Deutungen setzen voraus, daß *ein psychischer Grund* für *Fall- und Flugträume* besteht. Neuere Untersuchungen ergaben, *daß hier doch primär eine physiologische Grundlage gegeben ist* (Berger, 1961; Jacobson et al., 1964; Jouvet, 1965, 1969, 1972; Jovanović, 1971a, 1974a, b, 1977, 1978). Gleich am Anfang der REM-Phase nämlich *kommt es zur phasischen Ausschaltung der Muskulatur im ZNS*, die zur Folge hat, daß die Muskeln jeweils ihren Tonus verlieren. Da aber der Träumende aus physiologischem Grunde nicht lange mit erschlaffter Muskulatur schlafen kann, hat die Natur dafür gesorgt, daß *vorübergehend die Körpermuskulatur wieder eingeschaltet wird*, so daß der Tonus normalisiert wird. *Alle paar Sekunden kommt es zu einer kurz andauernden nervlichen Aus- und Einschaltung der Muskulatur im Rückenmark. Im Ausschaltmoment entsteht das Gefühl des Fallens, des Abwärtsfahrens im Aufzug. Bei der Einschaltung ist es umgekehrt.* Das bereits bekannte *Vergrößerungsphänomen des Traumes (siehe unten) erweckt das Gefühl eines sehr weiten Fliegens und sehr tiefen Hinunterfallens.* Diese physiologische Phänomenologie kann dann vom Träumer *subjektiv* so oder so, *stärker oder schwächer, aufgenommen und verarbeitet werden. Emotional betonte und ängstliche Personen erleben diese Phänomenologie stärker, stabilere Personen messen ihr keine wesentliche Bedeutung bei* (Jovanović, 1974b, 1977, 1978, 1988a).

Sowohl die physiologischen als auch die psychologischen Seiten des Problems leiden darunter, daß es gerade bei denen, die psychisch weniger intensiv leben, stärker zur Erschlaffung der Körpermuskulatur kommt, nämlich:

(a) Bei niederen *Säugetieren* ist die Erschlaffung der Muskulatur *stärker* als beim Menschen (Kapitel XXIV.2.6.4).

(b) Bei früh und normal zur Welt gebrachten *Säugetieren* (gemessen am Menschen) ist die Erschlaffung der Muskulatur *stärker* als bei früh und zur richtigen Zeit geborenen *Kindern* ausgeprägt.

(c) Bei *frühgeborenen* Kindern findet man (Aserinsky und Kleitman, 1955 a, b; Roffwarg et al., 1966; Snyder, 1963) diese Muskulatur-Erschlaffung während der REM-Phasen *deutlicher als bei erwachsenen Menschen. Zu normaler Zeit geborene Kinder* zeigen diesbezüglich bereits eine *schwächere* Symptomatologie *als die Frühgeborenen.*

(d) Bei *erwachsenen Menschen* ist eine stärkere Erschlaffung der Muskulatur *in den kleineren Körperregionen* nachzuweisen, und zwar dominant in der *mentalen Muskulatur*, in der *Kehlkopf- und Nackenmuskulatur* (Berger, 1961; Jovanović, 1971; Othmer, 1967). Selbst in diesen Regionen ist *die vorübergehende Erschlaffung* der Muskulatur während der REM-Phasen viel *weniger ausgeprägt* als bei Frühgeborenen (Jovanović, 1971 a, 1974 b). *Das Fallen oder Fliegen während eines Traumes dehnt sich jedoch auf den ganzen Körper aus.* Dies betrifft Erwachsene subjektiv stärker als Neugeborene.

(e) *Daß die Erschlaffung der Muskulatur einen phylo-ontogenetischen Charakter* haben muß, beweisen die Befunde bei *Vögeln.* Da Vögel mehr auf dem Ast schlafen und sich festklammern, würden sie bei Erschlaffung der Muskulatur Gefahr laufen, herunterzufallen und ein Opfer der Raubtiere zu werden. Eine Tatsache ist, *daß Vögel nur 0,3–3% des Gesamtschlafes an REM-Phasen verlieren* (Jouvet, 1965, 1969, 1972; Othmer, 1967). In dieser Zeit fallen manchmal einige Vögel von den Ästen.

Und hier finden wir eine Reihe von Analogiemöglichkeiten zur Hypnose. In Kapitel III wurde von Katalepsie bei Tieren gesprochen (siehe auch Schema 3). Der kataleptische Teil der Hypnose würde gerade jenem Abschnitt des REM-Schlafes (des Traumes) entsprechen, *der zeitlich synchron mit der Einschaltung der Muskulatur (Tonuserhöhung) fällt. Dagegen kann die Muskelerschlaffung (Relaxation) während der Hypnose mit der Ausschaltung der Körpermuskulatur (Muskelerschlaffung) in Verbindung gebracht werden.* Damit ist auch die längere Traumphasendauer (REM-Phasen-Dauer) bei niederen Tierarten und Kindern, gegenüber dem erwachsenen Menschen, sowie die entsprechende Hypnotisierbarkeit in Beziehung zu bringen (Kapitel IX.4.2.4.1); *bei Kindern besser, bei Erwachsenen und Alternden schwächer.*

In diesem Zusammenhang kann noch eine Zusatzbemerkung über die Phylogenese angebracht werden; *sowohl im Traum (REM-Phasen) als auch in der Hypnose liegt der Akzent der Phänomenologie bei niederen Tierarten (bei ihren Früh- und Neugeborenen) und bei früh- sowie neugeborenen Kindern auf dem muskulären (somatischen und reflektorischen) Bereich. Je weiter die phylo-ontogenetische Entwicklung, desto stärker wird dieser Akzent auf das Psychische verlagert. Nachdem andererseits bei hoch hypnotisierbaren Vpn mehr Alpha im Wachsein und in den REM-Phasen gefunden werden* (Kapitel IX.4.2.4.4, XXII.3 und unten), darf die Vermutung ausgesprochen werden, daß die hoch hypnotisierbaren Vpn mehr zum psychischen Erleben der Träume und der Hypnose neigen als die mäßig hypnotisierbaren.

2.6 Regression im Traum und in Hypnose

Gleiche oder ähnliche Komparationen und Analogien können auch aus den nachfolgenden Abschnitten gezogen werden. *Die Muskeltätigkeit dehnt sich nämlich vom Wachsein in geringem Maße auch auf den Schlaf und die REM-Phasen aus* (Jovanović, 1971 a; Jovanović und Vorberg, 1988; Vorberg, 1973). Im Durchschnitt *dreht man sich* während des ganzen Schlafes *zwei- bis dreimal* um. Individuelle Variationen gibt es sowohl nach oben als auch nach unten. Das Umdrehen im Bett beansprucht *mindestens 20 Sekunden* (Jovanović, 1971 a; Jovanović und Rasche, 1988; Rasche, 1974). *Körperbewegungen ohne Lageänderung* im Bett können auch *kürzer als 20 Sekunden* andauern. Diese Körperbewegungen schließen gleichzeitig die *Bewegungen der Extremitäten* ein. Von Bedeutung ist, *daß sich die Händig-*

keit während des Gesamtschlafes gegenüber der im Wachsein ändert. Nach den oben angeschnittenen Befunden von Jovanović (1970a, 1971a, 1974b) kam es bei *Rechtshändern* im Schlaf zu Bewegungen der linken Hand zwischen 65,9 und 71,8%, gegenüber der rechten Hand von 28,2 bis 34,1%. Dagegen bewegten die *Linkshänder* die rechte Hand während des Schlafes zwischen 60,3 und 80,6%, gegenüber der linken zwischen 19,4 und 39,7% (bei Linkshändern noch verifizierungsbedürftig). Diese Seitendifferenz der Psychomotorik erstreckt sich auch auf die REM-Phasen. *Es ist noch nicht sicher nachgewiesen worden, ob der Trauminhalt diese Seitendifferenz beeinträchtigen kann.* Nicht nur die Bewegungen, sondern auch *gröbere Zuckungen* der Finger und der Zehen (Dauer über eine halbe Sekunde) sowie *feine Muskelentladungen* (Dauer unter einer halben Sekunde) *sind bei Rechtshändern links und bei Linkshändern rechts betont* ($p < 0{,}05$–$p < 0{,}02$) (Jovanović, 1971a, c; Jovanović und Vorberg, 1988).

Versucht man die von Sigmund Freud (Kapitel X.2.2) angenommene *Regression des psychischen Lebens im Traum auf eine primitivere Entwicklungsstufe zurückzuführen*, so kann zumindest vermutet werden, daß diese unter anderem auch durch die obigen Befunde *der veränderten Händigkeit im Traum gegenüber derjenigen im Wachsein* bestätigt ist. Nach von Stockert (1967) und vielen anderen sind die Kinder bis zum vollendeten vierten Lebensjahr *ambivalent.* Wenn man diese Ambivalenz mit den Hirnwellen in den Traumphasen vergleicht (siehe oben), so findet man gewisse bioelektrische Korrelate, *obwohl bei Kleinkindern im Stadium ihrer Ambivalenz noch immer größere, langsamere und labilere Hirnwellen als man sie im Traum sieht, nachzuweisen sind.* Nach allen bekannten Befunden muß die von Freud angenommene Regression (Kapitel X.2.2) *noch tiefer gehen.* Der Traum muß auch dieser Hypothese zufolge *phylogenetische Komponenten beinhalten.* Man könnte sich u.E. die Regression so vorstellen (als reine Spekulation), daß sie *in Stufen* verläuft:

(a) *Die erste Stufe* würde die Händigkeit ansprechen. Man benutzt beide Hände gleichmäßig.

(b) *Die zweite Stufe* würde noch tiefer gehen. *Jetzt wechselt die Händigkeit von rechts nach links und umgekehrt.* Diese zweite Stufe würde *noch nicht die phylogenetische Komponente* beinhalten. Beim rechtshändigen Träumer kann man aber immer irgendeinen Linkshänder in seiner Ahnenreihe antreffen. Hier müßte man die *Archetypen* von Carl Gustav Jung (Kapitel X.3.4) sowie das von ihm geprägte *kollektive Unbewußte* ansprechen.

(c) *Auf der dritten Stufe* kommt es auch zur *Erschlaffung der Muskulatur* (siehe oben) wie bei den Säugetieren. Dabei ist die *phylogenetische Komponente* auf dem *höheren* Entwicklungsniveau im Spiel.

(d) *Die vierte Stufe* ginge dann tiefer in die *Evolution* hinein und würde das *Entwicklungsstadium vor den Säugetieren* umfassen (Kapitel III und VII).

Die klinische Physiologie deutet die geänderte Händigkeit im Schlaf und Traum auf eine ganz andere Weise (Winterstein, 1953; Müller-Limroth, 1965). *Bei Rechtshändern sei die rechte Körperseite und dementsprechend die linke Hirnhemisphäre im Wachsein stärker ermüdet. Demzufolge müssen sich diese im Schlaf erholen. Die linke Körperseite und die rechte Hirnhemisphäre arbeiten dann während des Schlafes und des Traumes.* Bei Linkshändern geschieht es in umgekehrter Weise. Diese *Ermüdungstheorie* des Schlafes konnte durch andere Experimente, die die *Neurobiochemie* (Kapitel XXIX) einschließen, nicht bestätigt werden (Jouvet, 1969, 1972). Eine andere sehr wichtige Frage ist, *ob die Orientierung im Traum genau die gleiche ist wie im Wachsein.* Es ist gut möglich, *daß man während des Träumens die Traumszenen links wahrnimmt, obwohl sie sich in Wirklichkeit rechts abspielen* (Jovanović, 1971a, 1974b, 1977). Auch diese Annahme konnte bis heute experimentell noch nicht genau bestätigt werden.

Beide Deutungsversuche – die psychologischen und die physiologischen – stoßen auf erhebliche Schwierigkeiten, wenn es darum geht, die eben erwähnten Befunde mit den anderen zu vergleichen; die Hirnwellen, die Traumdauer, das ganze Verhalten im Traum stehen einer einseitigen Deutung entgegen. Erst die *Vielseitigkeit* würde – vielleicht – zu einer Lösung führen. Es kann auch angenommen werden, daß eine *Altersregression* (Kapitel X) nicht *vertikal* nach «unten» parallel mit dem Alter verläuft, sondern daß sie extra einen *Spiralenweg* einschlägt, um den Gefahren (frühere unangenehme Erlebnisse) auszuweichen.

In bezug auf *Hypnose und Hypnotisierbarkeit*, insbesondere die zentrale *Lateralisation der Hypnose-Moderation* (Kapitel XXV.3) sind bis heute unseres Wissens keine Vergleiche mit dieser Lateralisation der Muskeltätigkeit während der REM-Phasen (und des übrigen Schlafes) vorgenommen worden. *Denn die dominante Moderation der hypnotischen Phänomene aus der rechten Hirnhemisphäre könnte stimmen, wenn man die Parallelen zwischen der Regression während der Hypnose und während der REM-Phasen (Träume) zieht. Bei Rechtshändern übernimmt also die rechte Hirnhemisphäre die Dominanz in den REM-Phasen und in der Hypnose.* Daß auch die Linkshänder die Seitendifferenz aufweisen und dabei die linke Hirnhemisphäre die Dominanz zu übernehmen scheint, kann dadurch erklärt werden, daß bei dieser sonst kleineren Gruppe bei den Untersuchungen die *Äugigkeit* (Kapitel XXV.3.4) nicht gemessen wurde.

2.7 Traum und Hypnose als biologische Therapeuten

2.7.1 Übersicht von Literaturangaben

Mit dem vorliegenden Abschnitt nimmt unsere Thematik *eine neue Dimension* ein, die sehr umstritten und kaum zu definieren ist. Denn sowohl *Traum als auch Hypnose setzen die selektive Aufmerksamkeit des Individuums voraus* (Kapitel IX.2.1.2). *Die (interne) selektive Aufmerksamkeit hat im Traum offenbar mehrere Komponenten.*

Die bisher diskutierten Probleme des Traumes fundierten in der Regel mehr oder weniger auf Tatsachen und festen Befunden. *Traumarbeit, Traumleistung und Traumsymbolik* werden jedoch vornehmlich durch die Auffassung des jeweiligen Autors *interpretiert.* Wir nähern uns dabei auch den psychischen Phänomenen der *Verdichtung, Realitätsverzerrung und Verschiebung* in der Hypnose (Kapitel XXI). Sigmund Freud (1900, 1961, aus Kap. X) legte besonderen Wert auf die *Traumarbeit.* Sie manifestiere *Wünsche, Ängste, Tendenzen* in Form einer *Traumsymbolik.* Die Traumsymbolik ist nach Sigmund Freud ein *aktiver Vorgang im Traum* und wird als *Traumleistung* angesehen. Dabei werden folgende Leistungen des Traumes beschrieben:

(a) *Verdichtungsarbeit.* In diesem Fall versucht der Traum, *mehrere Bestandteile des Wachbewußtseins zu einem einzigen Traumbild zu vereinigen.* Das gilt auch für einzelne Gestalten, die häufig eine Kombination von körperlichen und charakterlichen Merkmalen verschiedener Persönlichkeiten darstellen, ebenso für Landschaften und Szenerien, die aus verschiedenen Teilen zusammengesetzt sind. Der Traum ist nach Freud (1900, 1961, s. Kap. X) im Vergleich zu Umfang und Reichhaltigkeit der Traumgedanken *knapp, armselig, lakonisch.* Es komme zu einer *Agglutination (Verdichtung)* der Geschehnisse wie in einem *Theaterstück* oder *Film.* Zu dieser Kategorie gehört auch die Sprache, der Ausdruck. Bei Freud und anderen Autoren (Winterstein, 1953) sind viele Beispiele dafür gegeben. Dazu gibt der Referent einen eigenen Traum wieder. Er träumt, Dr. Hellge wäre verärgert darüber gewesen, daß er so plötzlich von seiner Klinik wegging. In Wirklichkeit hatte Dr. Hellge vor Jahren tatsächlich mit ihm als Assistenten gerechnet. Der Referent war aber gezwungen, eine Ausrede zu finden und verließ seine Klinik trotzdem. Am Tage vor dem Traum sprach der Referent mit einem Vertreter der Firma «Hellige» über Apparate, die noch nicht geliefert waren. In der Umgangssprache kürzt man die Firma als «Der Hellige» ab. Der Traum hat diese Gelegenheit genutzt und «Der» in «Dr.» und «Hellige» in «Hellge» verwandelt. *Hier sind nach 12 Jahren beim Referenten Gewissensbisse aufgetaucht.* Ähnliches kann auch in der Hypnose vorkommen.

(b) *Verschiebungsarbeit.* Dieses Phänomen ist mit dem letztgenannten eng verbunden. Im manifesten Traum werden *falsche Zuordnungen* sichtbar, wie etwa eine Gestalt oder Gegend mit völlig gegensätzlichen Merkmalen (Freud, 1900, 1961, s. Kap. X; Winterstein, 1953). Auch die Hypnose ist davon nicht frei (Kapitel XXI).

(c) *Vergrößerungsarbeit.* Die Bedeutung irgendwelcher Dinge kommt stärker als im Wachsein zum Ausdruck. *Die Dimensionen im Traum sind manchmal ungeheuer.* Es wurde ein Traum angeführt (Winterstein, 1953), in dem eine Falte im Bettuch zum *Eisenbahnwagen;* ein gegen ein Fenster geworfenes Steinchen zum *Gewehrfeuer;* das Klingeln des Weckers zum *Glockengeläute;* die Spieluhr zur *Militärmusik;* Wassertropfen im Gesicht zu *Regen und Sturm* oder Niesen eines Zimmerkollegen zur *Explosion einer Pulverfabrik* wurde. Bei unseren Untersuchungen berichtete ein Träumer, er habe eine Schlange von ein paar Kilometern Länge, eine kilometerlange Reihe von Kühen oder ein paar tausend Schafe gesehen. Wir sprachen oben über die subjektive Vergrößerung des Verlustes des Muskeltonus *bis zum Gefühl der Fallträume*, in denen der Traum den Fall über mehrere Meter oder hundert Meter symbolisiert. Eine ähnliche *Realitätsverzerrung* wird auch während der Hypnose beobachtet (Kapitel XXI). Es muß betont werden, *daß es sich dabei nicht nur um die Vergrößerung, sondern um die Veränderung der Dimensionen in beide Richtungen handelt.* Ein weiteres Beispiel soll dies verdeutlichen. Eine 56 Jahre alte gesunde männliche Vp berichtete eines Morgens folgendes: «Ich träumte heute nacht, ich würde schlafen. Inzwischen kam ein Traum, der mit einem *ungeheuren Durstgefühl* verbunden war. Am Ende des Bettes war neben meinen Füßen eine *winzige Düse* angebracht, aus der mühsam Wasser tropfenweise herausfloß. Ich bekam von jemandem ein *winziges Schnapsglas* und sollte mit diesem Wasser sammeln, um meinen Durst zu löschen. Ich hielt das Gläschen vor die Düse und wartete *stundenlang*, bis dieses voll wurde. Dann trank ich so ein Gläschen nach dem anderen. Der Durst wurde nicht gelöscht ... und schließlich wachte ich auf und trank ausgiebig vom Wasserhahn.» Am Vorabend dieses Traumes wurde *salziger Schafskäse und übermäßig salziger Schinken verkonsumiert.* Der Durst war echt. Der Traum konnte hier den Wunsch nicht erfüllen; der Durst wurde nicht durch die Vergrößerung gelöscht, sondern *durch die Verniedlichung der Instrumente* (Düschen, Gläschen) *vergrößert.* Man mußte aufwachen und den Durst in natura löschen (Traum als Wächter des Schläfers; siehe unten). Per Suggestionen kann dies auch durch die Hypnose hervorgerufen werden.

(d) *Wächter des Schlafes.* Eine Traumleistung ist nach Sigmund Freud der *Schutz des Schläfers* («Wächter des Schlafes»). Durch die «Traumarbeit» soll der Reiz so umgewandelt werden, daß der Träumer weiterschlafen kann. Alle Phänomene der Traumleistung kommen dann zum Ausdruck: *Verdichtung, Vergrößerung, Umwandlung, Traumsymbolik. Zahnschmerzen* (und andere Beschwerden) können so umgewandelt werden, daß sie als Druck oder ähnliches empfunden werden. Das gleiche findet man in der Hypnose (Kapitel XV und Jovanović, 1989).

Winterstein (1953) beschrieb den Traum eines in der Oper eingeschlafenen Besuchers. Er träumte, *die Sänger kletterten am Vorhang hinauf und hingen hoch über der Bühne, dann ließen sie sich wieder herunter, um erneut am Vorhang hochzuklettern.* Eine Rekonstruktion des Traumgeschehens und der Opernvorstellung ergab, daß die Darsteller immer dann am Vorhang «hochkletterten», wenn die Töne der Musik hoch waren und «herunter kamen», wenn die Töne tief wurden. Hier erkennt man deutlich *den Traum als Wächter des Schlafes.* Die Musik hätte den Schläfer gestört. Durch die Traumarbeit wurde sie umgewandelt und symbolisiert. *Gerade an diesem Beispiel finden wir eine weitere Bestätigung unserer An-*

nahme über die psychische Arbeit während des ganzen Schlafes (Kapitel XXVI.2.7.2). Denn man kann sich nicht leicht vorstellen, daß der Träumer im Theater so lange geschlafen haben könnte, bis die erste REM-Phase aufgetaucht war (70–120 Minuten nach dem Einschlafen).

Nach diesen empirisch gesammelten und interpretativ dargestellten Beispielen seien nun einige experimentell-neurophysiologische Befunde skizziert. Jouvet (1965, 1969, 1972) und andere fanden heraus, *daß die Weckschwelle im paradoxalen Schlaf (REM-Phasen) bei Versuchstieren stark erhöht ist.* Es wurde aber auch darüber berichtet (Günther, 1972; Jovanović, 1985 a), *daß gesunde Vpn in den REM-Phasen erheblich schwieriger als außerhalb zu wecken sind.* Damit werden die früher erhobenen Befunde von Jovanović (1971 a) und anderen bestätigt. *Der REM-Schlaf schützt also den Schläfer vor den von außen einwirkenden Weckimpulsen* (Beck et al., 1973; Günther, 1972; Jovanović, 1977, 1978; Jovanović und Günther, 1988; Jovanović und Schäffer, 1988; Schäffer, 1973; Schäffer et al., 1973). *Die selektive Aufmerksamkeit wird demzufolge nicht nur in der Hypnose gefunden.*

Nicht nur gegenüber den Weckreizen ist der REM-Schlaf *als Wächter des Schlafes* wirksam. Andere Vorkommnisse und Episoden liefern uns den Beweis dafür, daß der REM-Schlaf eine enorm schützende psychosomatische Bedeutung hat. Von einigen *Epilepsieforschern* (siehe bei Jovanović, 1967 a, c, d, e, 1968 a, c, 1970 a, b) wurde gefunden, *daß Patienten mit Anfallsleiden ihre Anfälle so gut wie nie während der REM-Phasen erleiden.* Von 100 epileptischen Episoden fand Jovanović (1967 a) *nur in Ausnahmefällen solche während der REM-Phasen.* Große Anfälle treten während der REM-Phasen nur dann auf, *wenn die Bremsmechanismen im Gehirn so weit abgeschwächt sind, daß sie den Anfall nicht verhindern können.* In der Regel sind es Patienten mit schweren Hirnverletzungen und relativ sehr häufig auftretenden Anfällen. Die Strukturen des Gehirnes, die für die Traumsteuerung in den REM-Phasen verantwortlich sind (siehe Kapitel XXV), werden dabei mitangegriffen. Trotzdem wird die REM-Phase auch in diesen Fällen *zuerst unterbrochen und dann erst erfolgt ein Anfall.* Für den Beobachter entsteht leicht der Eindruck, *daß der ubiquitäre Anfall während der REM-Phasen überhaupt nicht vorkommen kann.* Vielleicht bleiben die REM-Phasen aus diesem Grund für die betreffende Nacht oder für mehrere Nächte aus, wobei die Anfälle unregelmäßig auf verschiedene Schlafstadien verteilt sind. *Ein Zusammenhang zwischen Wesensänderung bei Epileptikern und Traumentzug infolge von Anfällen wurde noch nicht eindeutig gefunden* (Jovanović, 1984c). Es liegt aber nahe, daß dieser mit Wahrscheinlichkeit existiert. Es wurde nachgewiesen (siehe Jovanović, 1967 a, 1970 a, 1974 b, 1978, 1984 c), *daß gerade Patienten mit psychomotorischer Epilepsie entweder sehr kurze oder in einigen Nächten gar keine REM-Phasen aufweisen.* Nicht nur klinisch manifestierte Anfälle, *sondern auch bioelektrische Signale im EEG, die für ein epileptisches Geschehen sprechen, werden nicht oder nur in Ausnahmefällen während der REM-Phasen beobachtet.* Vergleicht man die steuernden Strukturen des Gehirnes für *Hypnose*, *Traum* und *psychomotorische Epilepsie* (Kapitel XXV), so gewinnt man den Eindruck, daß es Zusammenhänge zwischen diesen Phänomenen gibt (siehe dazu Kapitel XXV).

2.7.2 Eigene ergänzende Untersuchungen

Fall 40: PR-IV-325-WH-250530-130167

Der 36 Jahre alte, athletisch gebaute Patient WH sei im Dezember, 16 Jahre vor dem Untersuchungsbeginn, auf der Straße von unbekannten Personen überfallen worden. Dabei sei er mit einem harten Gegenstand gegen den Kopf geschlagen worden und habe eine *Contusio cerebri rechts parietal* erlitten. Noch im gleichen Monat bekam er *generalisierte epileptische*

Anfälle, die sich aus den fokalen Attacken (aus der rechten Hirnhemisphäre) *entwickelten.* In wenigen Monaten kamen auch *psychomotorische Anfälle* hinzu. Die zunächst nur im Wachsein auftretenden generalisierten Anfälle breiteten sich auch auf den Schlaf aus. Der Patient bekam gehäuft größere Anfälle in jedem Bewußtseinszustand und zu jeder Tageszeit. Psychomotorische Anfälle kamen täglich mehrmals in unregelmäßiger Folge vor.
Das EEG war im Wachsein und im Schlaf überflutet von *generalisierten Spikes oder Spikes und Waves.* Während der polygraphischen Untersuchung im Schlaf wurden fast kontinuierliche Krampfelemente im EEG im «traumlosen» Anteil (Non-REM-Schlaf) gefunden. *Sobald aber eine der REM-Phasen auftauchte, verschwanden alle Krampfpotentiale aus dem EEG.* Die psychomotorischen Äquivalente im EEG (temporale Spikes rechts) wurden ebenfalls nur im Non-REM-Schlaf registriert. Der REM-Schlaf war davon frei. *Der Schutz des Schläfers durch den REM-Schlaf ist an diesem schweren Fall deutlich zu erkennen* (Jovanović, 1974b, 1977, 1978).

2.7.3 Weitere Befunde und Interpretationen

Wie in Kapitel XXIII.5 bereits betont wurde, sind auch die *somnambulen Episoden* kaum oder nicht während der REM-Phasen zu beobachten (Jovanović, 1966d, 1969b, c, 1970a, 1974b, c, 1988a). Interessant ist dabei, daß der Schlafwandler ein paar Minuten *vor der REM-Phase, in der Regel vor der ersten, aufsteht.* Er gerät in die REM-Phase gleich *nach dem Ende des Wandelns, wobei Alpha-Wellen aus dem EEG verschwinden, als ob der Proband sich gerade jetzt im Einschlafstadium befände, um gleich darauf in die REM-Phase zu geraten.* Nicht nur die zwei erwähnten Gruppen pathologischer Erscheinungen, sondern auch ganz andere Manifestationen sind während der REM-Phasen kaum anzutreffen. Darunter sind *Bettnässen* (Jovanović, 1974b, 1985; Jovanović und Rathke, 1988; Rathke und Jovanović, 1977) und *Sprechen, Schreien, Singen* (Jovanović, 1971a). Erst dann, wenn das Gehirn auf irgendeine Weise erheblich geschädigt ist, können diese Phänomene *auch während der REM-Phase vorkommen.*
Eine ganz besondere Erkrankung, bei der es fast in der Regel zu einer gewaltigen Änderung der Reihenfolge und der Dauer der Träume kommt, ist die *Narkolepsie.* Viele Autoren konnten nachweisen, *daß Patienten in einem narkoleptischen Anfall (imperatives Einschlafen am Tage) direkt in die REM-Phase (Traumphase) gleiten* (Jovanović, 1969c, 1974b; Roth, 1962). Die raschen Augenbewegungen sind sehr lebhaft. Die Attacke kann ein paar Sekunden dauern, mit raschen Augenbewegungen einhergehen und mit diesen auch enden. Mehrmals am Tage könnten solche Episoden beobachtet werden. *Am Abend beginnen diese Patienten den Schlaf mit einer REM-Phase, die gewöhnlich länger andauert als die erste REM-Phase bei Gesunden* (Jovanović, 1969c, 1975a, 1978). Wie oben ausführlich besprochen wurde, kommt die erste REM-Phase bei Gesunden *in der Regel* nicht zu Beginn des Schlafes vor, sondern am Ende der ersten Schlafperiode, d.h. rund 70–120 Minuten nach dem Schlafengehen. Daß diese REM-Phase bei Narkolepsie-Kranken tatsächlich Träume enthält, wurde durch Wecken der Patienten ein paar Minuten nach dem REM-Beginn nachgewiesen. Eine 35-jährige Patientin des Referenten mit typischer REM-Narkolepsie konnte nach dem Wekken aus der ersten REM-Phase jedesmal über die Trauminhalte berichten. Sie diktierte das Traumgeschehen *von bunten Blumen, vom Schwimmen, von der Angst, von unbekannten Personen überfallen zu werden,* auf ein Tonband. Gerade diese Erkrankung stellt eine Verbindung dar zwischen den REM-Phasen Erwachsener und den REM-Phasen, wie sie Neugeborene aufweisen. Denn auch bei *Neugeborenen beobachtet man die erste REM-Phase zu Beginn des Schlafes* (Roffwarg et al., 1966). Wie bei Neugeborenen ist auch hier ebenfalls die erschwerte Weckbarkeit aus den REM-Phasen zu registrieren. Alle diese Nachweise sprechen dafür, *daß der Wächter des Schlafes nicht nur aus dem Trauminhalt (also von der*

Psyche her) allein hervorgeht. Der Traum muß daher eine tiefere phylo-ontogenetische Bedeutung haben (Jovanović, 1971 a, 1977, 1978). *Und darin liegen auch die Parallelen mit der Hypnose* (Kapitel III), worauf wir hinweisen wollten.

2.8 Emotionales Erleben in Traum und Hypnose

Das emotionale Erleben im Traum ist sehr stark betont und kann nicht ausreichend durch Kritik erfaßt werden. Die psychologische Traumforschung schrieb diesen Emotionen eine rein psychoanalytische Bedeutung zu. Wir alle kennen den Traum, in dem wir lachen oder weinen, lustig oder traurig sind. Oft sind Träume mit Weinen verbunden, das kein richtiges Weinen ist. Oder man träumt etwas Trauriges und statt zu weinen, ist man lustig und lacht. Auch hier treffen wir auf gewisse Ähnlichkeiten (Analogien) mit der Hypnose.
Unter anderen Autoren gibt Ruth Andreas-Friedrich (1958) dazu zwei sehr einleuchtende Beispiele. Im ersten Beispiel sah eine junge Träumerin ihre Mutter im Sarg und *weinte.* Im zweiten Beispiel erblickte eine andere junge Patientin im Traum ihre Schwester auf einer Bahre und *freute sich.* In Wirklichkeit habe die Schwester noch gelebt und die Träumerin habe sich ausgezeichnet mit ihr verstanden. Diese Art von Träumen werden oft als *Wunschträume* gedeutet. Wenn man vom Tod einer geliebten Person träumt, so *wünscht* man sich *unbewußt* wirklich deren Tod herbei, gerade dann, wenn man es als besonders schmerzhaft empfindet und sogar mit Tränen aufwacht. Freud (1900, 1961, s. Kapitel X) versuchte diese Tatsache so zu erklären, daß der Träumer den Tod nicht gerade jetzt wünscht, *sondern, daß er den Wunsch irgendwann einmal in der Kindheit gehabt habe.* Für ein kleines Mädchen gibt es keinen großen Unterschied zwischen *Fortsein* und *Totsein.* In den ersten Lebensjahren mangelt es ihm an Erfahrung, Kritik und Vergleich, es differenziert noch nicht. Fühlt es sich in seinem Besitzanspruch gegenüber dem Vater oder der Mutter beeinträchtigt, so wünscht es die jeweilige Person aus seiner Umgebung fort. Möglichst weit fort. Am liebsten für immer. Ganz und gar ausgelöscht. Also tot. Derartige Kinderwünsche kommen in vielen anderen Manifestationen im Traum vor, und so manche Phänomene lassen sich dadurch erklären. *Die Kindheit ist nicht nur für das Träumen, sondern auch für das ganze Leben als ein bedeutender Abschnitt des menschlichen Daseins anzusehen* (Schema 10).
Die moderne Neurophysiologie erklärt das Weinen und Lachen im Traum als Folge einer neuronalen Erregung der für das emotionale Erleben verantwortlichen Hirnstruktur (limbisches System). Emotionen im Traum und in der Hypnose werden andererseits annähernd von den gleichen Hirnformationen gesteuert (Kapitel XXV).

2.9 Traumgedächtnis und Hypnosegedächtnis

Über das Gedächtnis generell und in bezug auf die Hypnose speziell wurde in Kapitel XXI.6 gesprochen (siehe auch Schema 15). Nachfolgend soll nur die spezielle Frage der *Traumerinnerung* erörtert werden.
In vielen Fällen wird der Trauminhalt vergessen. Es kommt noch in derselben Nacht vor, daß man sich morgens an den Inhalt der ersten REM-Phase nicht mehr erinnern kann. Die alte empirische Traumforschung hatte hier große Schwierigkeiten, weil den Forschern am folgenden Morgen über Träume mit einer intensiven Wacherinnerung berichtet wird. Das Geträumte wird mit den bei klarer Erinnerung an die Oberfläche geholten Erinnerungen vermischt. Deshalb sind jene Träume verläßlicher, *die direkt aus den REM-Phasen heraus gewonnen werden* (Jovanović und Sperrfechter, 1988; Sperrfechter, 1976). Die amerikanische Schule der Schlafforscher hat sich in den letzten 30 Jahren sehr intensiv mit dieser Frage befaßt. Wie Dement, Wolpert, Trosman und andere feststellten (siehe bei Jovanović,

1971 a, 1977), werden fast alle Träume schon 30 Minuten nach dem Ende der vorausgehenden REM-Phase vergessen, wenn der Träumer wieder in den tiefen Schlaf verfällt, ohne zwischendurch aufzuwachen.

Unsere eigenen Befunde konnten dies bestätigen (Jovanović, 1971 a, 1977). Weckte man die Vpn *vor dem Beginn der REM-Phase, so konnte man in 5,2% der Weckversuche Trauminhalte nachweisen.* Unmittelbar nach Beginn der REM-Phase geweckt, wurden in 81,3% der Fälle Trauminhalte erinnert, wobei auch interessante Einzelheiten über *die Zusammensetzung der Traumbilder* zum Vorschein kamen (siehe Kapitel XXVI.2.3.1.1). Fünf Minuten nach dem Beginn der REM-Phase geweckt, berichteten die Vpn in 90,3% über Trauminhalte. Weckte man sie nach 10 Minuten, gab es in 83,0% Trauminhalte. Fünf Minuten nach dem Ende der REM-Phase geweckt, berichteten die Vpn in 71,9% über Träume, nach 10 Minuten in 53,2%, nach 20 Minuten in 47,1%. Eine halbe Stunde nach dem Ende der REM-Phase war nur in 8,9% der Fälle etwas über die Träume zu erfahren. Dieses Wecken erbrachte sehr spärliche und kurze Trauminhalte. *Die Diskrepanz zwischen dem Gedächtnis im Traum und Hypnosegedächtnis liegt hauptsächlich darin, daß man sich an Geschehnisse in der Hypnose mit der Zeit immer besser erinnert, nach dem Traum jedoch umgekehrt* (siehe Kapitel XXI). Der Fluß der Informationen läuft bei diesen beiden Phänomenen in entgegengesetzter Richtung: *bei der Hypnose von außen (exogene Suggestionen); beim Träumen von innen (Selbstreizung; endogene Hypnose).*

3. Physiologie des spontanen und induzierten Schlafes

3.1 Zur Frage der Schlafdimensionen

In Kapitel XXVI.2.4.1 wird über die *Stadien der Schlaftiefe (Schlafstadien; sleep stages)* gesprochen. Dabei wird auch die *Schlafperiodik* erwähnt und in Abb. 21 sowie in Schema 19 demonstriert. Aus den eben vorgetragenen Befunden über die *Periodik der Träume* (siehe oben) konnte auch etwas über die *Biorhythmik des gesamten Schlafes* gesagt werden. *Der Schlaf läuft demzufolge periodisch in einem Zyklus von rund 90–100 Minuten ab.* Jede *Schlafperiode (P) beinhaltet eine sogenannte «traumlose» Phase (Non-REM-Schlaf) und eine anschließende Traumphase (REM-Schlaf).* Mit der *Schlafdauer verkürzen sich die Anteile des Non-REM-Schlafes und verlängern sich die REM-Phasen, bis am Morgen die letzte REM-Phase relativ enorm lang und die Non-REM-Phase dementsprechend kurz wird.* Aber auch die Dauer der einzelnen Schlafperioden scheint *mit zunehmender Schlafzeit eine kürzere Zeitspanne* einzunehmen. Darin wird die biologische Bedeutung des Schlafes gesehen; *mit zunehmender Schlafdauer wird der Schlaf flacher und seine Perioden kürzer, bis dann der Schläfer nach 8 Stunden erholt, frisch und munter aufwacht.* Die Periodik läuft unter einem anderen Vorzeichen im Wachsein weiter (Jovanović, 1974 b, 1988 a; Kripke, 1972, 1974; Koella, 1984; Koella und Levin, 1973, 1980). *Diese Schlafperiodik kann durch Hypnose beeinflußt werden* (sieh Abb. 11 A und 11 B sowie unten).

3.2 Vergleichsmöglichkeiten des Schlafes mit der Hypnose

Diese Frage wurde in der Literatur immer wieder gestellt und taucht auch in diesem Buch mehrmals auf. Aus dem bisher Gesagten geht hervor, *daß Komparationen der Hypnose mit dem eigentlichen Nachtschlaf nicht leicht sind.* Wells (1924) sowie White (1937) definierten die Hypnose zu Vergleichszwecken *zweifach:* (a) *als Schlaf-* und (b) *als Wachhypnose.*

Kratochvíl (1970a) versuchte daraufhin, diese *zwei Hypnosezustände getrennt* auszulösen und zu studieren. Bei den gleichen Vpn wurde einmal eine *Wachhypnose* und ein anderes Male eine *Schlafhypnose* suggeriert. Die Vpn boten *während der Wachhypnose eine Aktivität und während der Schlafhypnose eine Passivität.* Im übrigen konnten sie in beiden Hypnosezuständen die gleichen klassischen hypnotischen Phänomene aufweisen. *Wenn man die zwei Arten von Hypnose zeitlich dicht nacheinander induzierte, so konnte man auch keine phänomenale Trennung voneinander beobachten.* Vielmehr zeigten die zwei Hypnosearten ein Kontinuum.

In einer späteren Arbeit untersuchte Kratochvíl (1970b) auch *verlängerte* Hypnosezustände. Eine Patientin blieb *sieben Tage* lang in der Hypnose. Gemäß der dargebotenen Suggestion reagierte sie an allen sieben Tagen auf eine bestimmte Frage mit einer entsprechenden falschen Antwort. In der Nacht schlief sie normal und behielt ihren Schlaf-Wach-Rhythmus. Daraus schloß der Autor, *daß es möglich sei, sich gleichzeitig im Wachsein, im Schlaf und auch im Hypnosezustand zu befinden.* Eine Schlafhemmung sei nicht entscheidend, da dabei auch das Wachsein vorhanden sei. Unter Inanspruchnahme der polygraphischen Schlafregistrierungen konnte nachgewiesen werden, *daß die Schläfer am besten auf Suggestionen in den REM-Phasen reagierten.* An zweiter Stelle kam das *Stadium* 2 des Schlafes. *Das EEG bot jedoch im letzteren Stadium sofortige Wachzeichen auf Suggestionen, die eine bis einige Minuten angedauert hätten* (siehe Kapitel XXVI.2.5.3). Aber auch ohne diese elektroencephalographischen Zeichen der Aufwachaktivität reagierten die Vpn im Schlaf auf die Suggestionen. Damit wurden die Befunde von Cobb et al. (1965) sowie Evans et al. (1969, 1970) *über die Antwort der Vpn auf Suggestionen in den REM-Phasen bestätigt.* Die letzterwähnten Autoren berichteten auch darüber, *daß die Vpn in den REM-Phasen auf Suggestionen auch ohne eine Hypnose-Induktion reagieren.* Alle diese Autoren diskutierten auch die Frage, ob *Hypnose und Schlaf simultan verlaufen* oder ob die Hypnose den Schlaf unterbreche. Im letzteren Falle würde auch der Schlaf eine laufende Hypnose unterbrechen können und erst nach dem Wachwerden trete die vor dem Schlaf existierende Hypnose wieder auf. Angesichts der Schwierigkeiten, die Hypnose mit dem Schlaf generell zu vergleichen, haben einige Forscher versucht, *hypnotische Zustände mit dem Stadium 1 des Schlafes in Beziehung zu bringen* (siehe oben). Aber auch diese Untersuchungen blieben unvollendet. *Der Schlaf ist also ein anderer Zustand als die Hypnose.* Sobald man den Schlaf mit verschiedenen Manipulationen zu verändern versucht, um irgendwelche Vergleiche vorzunehmen, stört man ihn selber, so daß dadurch die Erfolge solcher Versuche beeinträchtigt werden. *Auf einem Niveau haben jedoch Hypnose und Schlaf gewisse Gemeinsamkeiten, insbesondere hinsichtlich ihrer neurophysiologisch-psychobiologischen Steuerung*, die in den Kapiteln XXV und XXVI diskutiert wird.

3.3 Schlafqualität und Hypnotisierbarkeit

3.3.1 Übersicht von Literaturangaben

Die neuesten Untersuchungen zur Korrelation zwischen *Schlafparametern und Hypnotisierbarkeit* zeigen zum Beispiel, *daß hoch hypnotisierbare Vpn eher auf Schlafsuggestionen reagieren als schwach hypnotisierbare* (Cobb et al., 1965). Es wurde auch darüber berichtet, *daß hoch hypnotisierbare Vpn schneller als die übrigen einschlafen.* Borlone et al. (1960) fanden, *daß die EEG-Muster nach den Schlafsuggestionen denen ähnlich seien, die im natürlichen Schlaf vorkommen.* Im hypnotisch suggerierten Schlaf soll die *Teil- und Totalamnesie* ausgeprägter sein als im natürlichen Schlaf. Dies wurde bereits als Beweis für die bessere Hypnotisierbarkeit solcher Vpn genommen (Dittborn und Armengol, 1960). Die Erwartung der Vpn dürfe dabei nicht außer acht gelassen werden. Dittborn und O'Connell (1967) haben

sich vorgenommen, Zusammenhänge zwischen der Fähigkeit, auf Schlafsuggestionen zu reagieren und der Hypnotisierbarkeit zu überprüfen. Der Schlaf wurde dabei neurophysiologisch registriert, subjektiv protokolliert und verhaltensmäßig verfolgt. Es wurde dabei hypothetisch angenommen, daß der Verhaltensschlaf dem EEG-Schlaf ähnlich ist. Die Vpn (69 männlich und 6 weiblich) wurden zuerst in einer Induktionssitzung auf ihre Hypnotisierbarkeit getestet (*Harvard Group Scale of Hypnotic Susceptibility, Form A: HGSHS: A* nach Shor und E. Orne, 1962, sowie die *Stanford Hypnotic Susceptibility Scale, Form C: SHSS: C* nach Weitzenhoffer und Hilgard, 1959, 1962; siehe Kapitel XIV). Daraufhin wurde das Einschlafen suggeriert. Anschließend kam ein Gespräch zustande, während dessen die Vpn ihre subjektiven Erlebnisse beschreiben sollten. Die Resultate, die daraus gewonnen wurden, ergaben keine signifikanten Beziehungen des Stadiums 1 des Schlafes und der Hypnotisierbarkeit. *Die hoch hypnotisierbaren Vpn boten jedoch eine Art Dissoziation, d.h. einen Zustand, der zwischen dem subjektiven Verhalten und dem physiologisch registrierten Schlaf schwebte.* Dabei berichteten die Probanden, sie hätten nicht geschlafen, obwohl nach dem EEG Schlafmuster zu verzeichnen waren und umgekehrt. Evans (1972, 1975, 1977, 1979, 1981, 1982) deutete diese Befunde als *Fähigkeit der Vpn, eine Suggestion im Schlaf zu realisieren und trotzdem weiter gut zu schlafen.* In einem Experiment wurden die Instruktionen während der REM-Phase gegeben. Diese Instruktionen hätten die Vpn sechs Monate lang nach dem Ende des Versuches beibehalten, obwohl im Wachzustand für die Suggestionen eine totale Amnesie bestand (Evans, 1972, 1979, 1982; Evans et al., 1966, 1969, 1970; Perry et al., 1978). *Personen, die hoch hypnotisierbar waren, konnten öfters aus dem Schlaf heraus den Kontakt mit der Umwelt herstellen und darauf reagieren, ohne dabei aufzuwachen.*
Zu diesem Problem wurde von Evans et al. (1966, 1969, 1970) auch das Phänomen *Mittagsschlaf* untersucht. Aus der Studie von Evans (1977) geht hervor, daß in diesem Zusammenhang individuelle Unterschiede vorhanden sind. Das würde nach dem Autor heißen, daß es eine Möglichkeit gibt, daß der Mensch seine verschiedenen Bewußtseinszustände kontrolliert. *Vpn, die nachmittags und auch überall einschlafen können, hätten höhere Werte in der HGSHS:A und auch höhere Scores in der Beherrschung der Schlafdimensionen. Nach dem Autor könnte es sein, daß solche Personen mehr Flexibilität im Übergang von einem psychophysiologischen Zustand in den anderen besitzen. Daraus könnte entnommen werden, daß die gleichen Mechanismen für die Hypnotisierbarkeit und für das schnelle Einschlafen verantwortlich sind.* Evans (1982) nimmt auch an, daß die Hypnotisierbarkeit und die Beherrschung der Schlafdimensionen signifikant mit der Ausprägung und der Besserung von Beschwerden bei hospitalisierten Patienten korrelieren. *Auch an dieser Stelle wird der gleiche Mechanismus für das Erlangen der tiefen Hypnose und für das schnelle Einschlafen verantwortlich gemacht.* Dieser Mechanismus muß bei verschiedenen Fähigkeiten, den Bewußtseinszustand zu modellieren, im Spiel sein. Wenn eine Vp also leicht einen Hypnosezustand erreicht, dann könne sie auch die Kontrollmechanismen zum schnellen Einschlafen rascher in Anspruch nehmen. Die Fähigkeit, den Bewußtseinszustand zu ändern, die Aufmerksamkeit zu lenken, andere Bewußtseinszustände zu erreichen und eine Flexibilität aufzuweisen, physiologische und automatische Kontrolle beizubehalten, zählt Evans (1982) auch dazu. Sutcliffe (1958) und Evans (1977) betonten, *daß die Häufigkeit des Sprechens im Schlaf und die des Schlafwandelns mit der Hypnotisierbarkeit korrelieren.* Diese Studie wurde von anderen Autoren verschiedentlich diskutiert (Barber et al., 1973; Chertok und Kramarz, 1959; Evans, 1979; Kratochvíl, 1970a, b). Die hoch hypnotisierbaren Vpn müßten nach dieser Auffassung besser schlafen als die übrigen Menschen (siehe dazu gleich unten).

3.3.2 Resultate eigener Forschung

Experiment 15: PR-VL-053-130585

Zu diesem Experiment wurde eine Versuchsgruppe von 10 gesunden, freiwilligen Vpn im Alter zwischen 21 und 34 Jahren (MW = 26,9 ± 4,68 Jahre) beiderlei Geschlechts (vier weiblich und sechs männlich) aus Studenten einer eigenen Hypnose-Vorlesung zusammengestellt und zur *polygraphischen Schlafregistrierung* nach der von uns bereits beschriebenen Methodik (Jovanović, 1971a, 1988a) gebeten. Diesmal wurden EEG, EOG, EKG und EMG in 14 aufeinanderfolgenden Nächten abgeleitet. Jeweils *drei Nächte* können hier für das *Schlafprofil* im Durchschnitt verwertet werden. Die übrigen Nächte wurden (wie unten angegeben) beeinflußt und werden *einzeln* ausgewertet. Aus der gesamten Neurophysiologie des Schlafes (Jovanović, 1988a) wurde das *kleine Schlafprofil* berücksichtigt. Dieses umfaßte:

(a) *Totale Registrierzeit (TRZ)*, d.h. die Zeitspanne vom Registrierbeginn am Abend («Gute Nacht») bis zum morgendlichen Abbrechen der Registrierung, rund 480 Minuten, d.h. 8 Stunden, ganz gleich, ob die Vpn bis dahin geschlafen haben oder eher wach wurden.

(b) *Schlafzeitspanne (SZS)*, d.h. die Zeit, die *vom ersten Einschlafen am Abend bis zum letzten Aufwachen (oder Wecken) am Morgen* verging, ganz gleich, ob die Vpn in der Nacht aufwachten und wieder einschliefen oder nicht.

(c) *Die tatsächliche Schlafzeit (TSZ)*, d.h. *die Schlafzeit in der Nacht*, wenn *alle* Wachzeiten (vor dem Einschlafen, nach dem Aufwachen in der Nacht, Wachzeiten morgens) von der TRZ abgezogen wurden.

(d) *Einschlafzeit* am Abend, d.h. die Zeit, die vom Registrierbeginn bis zum Erscheinen von Stadium A vergeht. Wenn die Vp gleich nach dem ersten Einschlafen wieder aufwachte, wurde dieses Ereignis nicht berücksichtigt.

(e) *Anzahl des Aufwachens* in der Nacht, wobei das letzte Aufwachen am Morgen nicht mitgerechnet wurde.

(f) *Dauer des Wachseins in einer ganzen Nacht*, d.h. wenn alle Wachzeiten in einer Nacht von der TRZ abgezogen wurden.

(g) *Dauer des Wachseins nach dem ersten Einschlafen und vor dem letzten Aufwachen morgens*, d.h. wenn die Wachzeiten in der Nacht von der SZS abgezogen wurden.

(h) *Dauer des Tiefschlafes* (Stadium E oder Stadium IV) für eine ganze Nacht.

(i) *Dauer des REM-Schlafes* (Traumschlafes) für die ganze Nacht.

(j) *Die Dichte der raschen Augenbewegungen* (Rapid Eye Movements) während der REM-Phasen, wobei nur zwischen *sehr dicht* (4), *dicht* (3), *mäßig* (2) und *spärlich* (1) unterschieden wurde (Details siehe Jovanović, 1988a).

(k) *Erscheinungen im EEG* (EEG-Wellen). Die Motorik (EMG) wurde für diesen Bericht nur grob abgeschätzt.

Der unveränderliche Parameter, d.h. die TRZ, dient als Bezugspunkt (= 100%), weil die Vpn morgens nach Ablauf von 8 Stunden geweckt wurden und davor nie abgebrochen wurde. *Die totale Registrierzeit (TRZ) ist daher ein sehr zuverlässiger Faktor zur Berechnung der übrigen Schlafzeiten.*

Die 10 Vpn waren vorher in der Vorlesung *auf die Hypnotisierbarkeit getestet* (Körperschwingungstest, Armlevitation, Armkatalepsie) und in drei Gruppen eingeteilt worden: *Vier* wurden als *hoch hypnotisierbar* angesehen (in der Vorlesung vor 70–100 Studenten konnten sie innerhalb von einer halben Stunde in die Hypnose bis zum Somnambulismus gebracht werden), die weiteren *drei* waren *mittelgradig hypnotisierbar* (auf die gleiche Weise wie die erste Gruppe konnten sie bis zur Katalepsie, jedoch nicht tiefer hypnotisiert werden). Die letzte Gruppe bestand aus *drei nicht hypnotisierbaren Vpn* (die Hypnose wurde in der Vorlesung nicht erreicht; auch nach einer halben Stunde lachten sie, bewegten sich, folgten unbewußt keiner Suggestion). Aus der ersten Gruppe fiel eine Vp aus (technischer Fehler). Somit verblieben in jeder Gruppe *je drei Vpn* mit jeweils *drei Untersuchungsnächten für die Auswertung des Schlafprofils* übrig. Alle Probanden standen auch nach dem Versuch zur Verfügung (für eventuelle Ergänzungsfragen). Alle waren dem Autor persönlich bekannt. *Es wurde ihnen jedoch vor dem Versuch und während des Versuches nicht mitgeteilt, was untersucht werden sollte.* In den Registrier-Schlaf-Parametern kannten sich die Vpn zur Zeit des Versuches nicht aus.

Die ungestörten Resultate (später wurden andere Versuche vorgenommen, siehe gleich unten) boten zusammengefaßt folgendes:

Der Bezugswert (= 100%), d.h. die TRZ, betrug bei den *hoch hypnotisierbaren Vpn* (Gruppe I) 482,11 (SD ± 1,05) Minuten. Die SZS belief sich auf 561,67 (SD ± 10,19) Minuten und die TSZ auf 448,23 (SD ± 26,02) Minuten. Die Einschlafzeit betrug 19,44 (SD ± 10,16) Minuten, die Anzahl des Aufwachens 2,20 (SD ± 2,05) mal, die Gesamtwachseinsdauer 33,88 (SD ± 16,44) Minuten, die Dauer des Wachseins in der Nacht nach dem ersten Einschlafen 13,44 (SD ± 15,46) Minuten, die REM-Phasen-Dauer 116,89 (SD ± 13,98) Minuten. Die REM-Dichte bewegte sich von sehr dicht bis mäßig; ein MW (Mittelwert) wäre für die kleine Gruppe nicht sinnvoll. *Im EEG erschienen bei allen Vpn dieser Gruppe in allen REM-Phasen Serien von Alpha-Wellen (Abb. 20) wie im Wachsein.*

Bei den mittelgradig hypnotisierbaren Vpn (Gruppe II) belief sich die TRZ auf 481,33 (SD ± 0,70) Minuten (Bezugspunkt: 100%). Die SZS beanspruchte 465,55 (SD ± 11,28) Minuten, die der TSZ 459,77 (SD ± 20,02) Minuten. Die Einschlafzeit belief sich auf 14,78 (SD ± 8,47) Minuten und die Anzahl des Aufwachens auf 0,89 (SD ± 1,17) mal. Die Gesamtdauer des Wachseins nahm eine Zeitspanne von 21,56 (SD ± 12,37) Minuten ein, die Dauer des Wachseins nach dem ersten Einschlafen 5,78 (SD ± 11,28) Minuten. Der Tiefschlaf lieferte einen MW von 117,22 (SD ± 9,63) Minuten und der REM-Schlaf einen von 105,55 (SD ± 14,04) Minuten. Die Dichte der REM variierte wie bei der Gruppe I. *Im EEG wurden keine Besonderheiten beobachtet. Die nächtliche Ruhe unterschied sich ebenfalls nicht von der ersten Gruppe.*

Die *nicht hypnotisierbaren Vpn* (Gruppe III) ergaben eine TRZ von 481,00 (SD ± 0,50) Minuten (= 100%), eine SZS von 461,33 (SD ± 18,19) Minuten, eine TSZ von 460,55 (SD ± 20,48) Minuten. Diese Vpn lieferten eine Einschlafzeit von 18,67 (SD ± 19,18) Minuten. Die Anzahl des Aufwachens belief sich auf 0,44 (SD ± 1,01) mal, die Gesamtdauer des Wachseins in der Nacht auf 20,45 (SD ± 18,17) Minuten, die Dauer des Wachseins nach dem ersten Einschlafen auf 0,78 (SD ± 1,99) Minuten. Der Tiefschlaf nahm 104,78 (SD ± 18,17) Minuten und die REM-Phasen 114,44 (SD ± 21,42) Minuten ein. Die Dichte der REM unterschied sich nicht von der der Gruppen I und II. *Im EEG fanden sich keine Besonderheiten*, d.h. bei den Gruppen II und III konnten die gleichen EEG-Charakteristika wie bei allen anderen Probanden unserer Untersuchungsreihe in den Jahren 1964–1986 (nur Gesunde des gleichen Alters als Vergleich genommen) gefunden werden.

Nach der ersten Analyse unterschieden sich signifikant *die hoch hypnotisierbaren Vpn von den anderen Probanden nur in der Erscheinung von Alpha-Wellen im EEG während der REM-Phasen* (Abb. 20) ($p < 0{,}05$ bis $p < 0{,}01$ bei zweiteiligem t-Test und vorher homogenisierten Gruppen). *Die Alpha-Wellen im EEG während der REM-Phasen sind von uns früher bei extravertierten, bei ängstlichen, aber auch bei neurotischen Probanden gefunden worden* (Jovanović, 1988 a). Die endogen-depressiven Patienten neigen während der REM-Phasen mehr zu *Beta-Wellen im EEG*. Ein direkter Vergleich ist nicht leicht möglich, bevor eine entsprechende Vergleichsuntersuchung durchgeführt worden ist. Weitere Analysen der jetzigen Befunde ergaben noch einige Auffälligkeiten, die jedoch noch nicht signifikant sind. Das Aufwachen in der Nacht ist bei den hoch hypnotisierbaren Vpn *nicht signifikant (NS)*

FALL 41

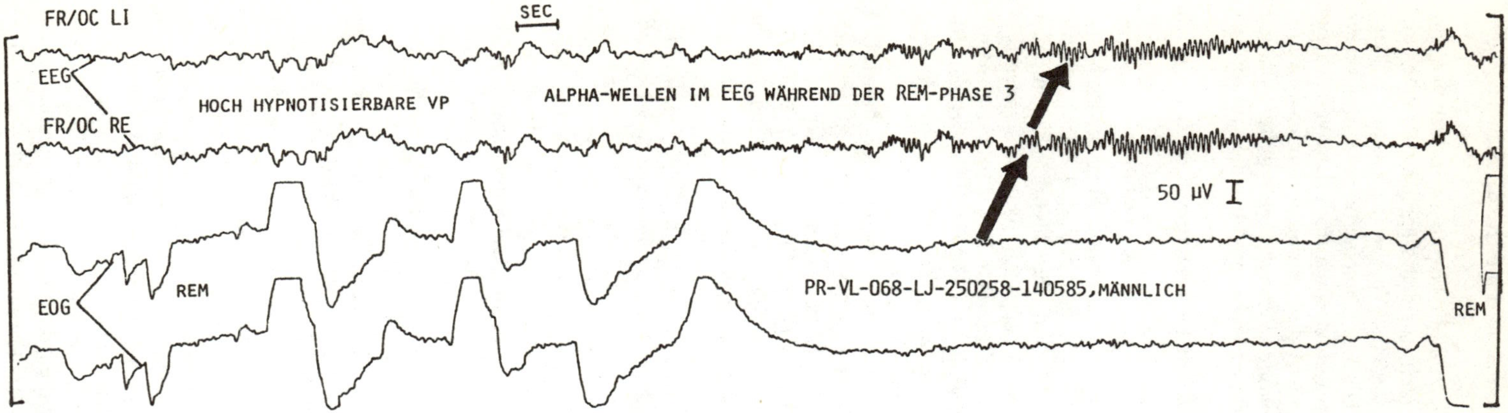

FALL 42

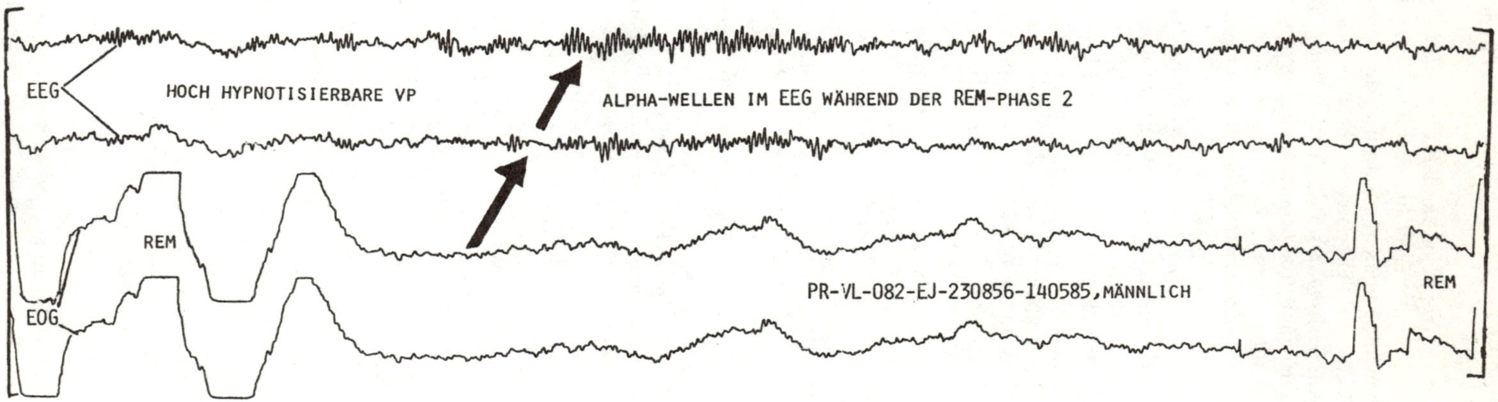

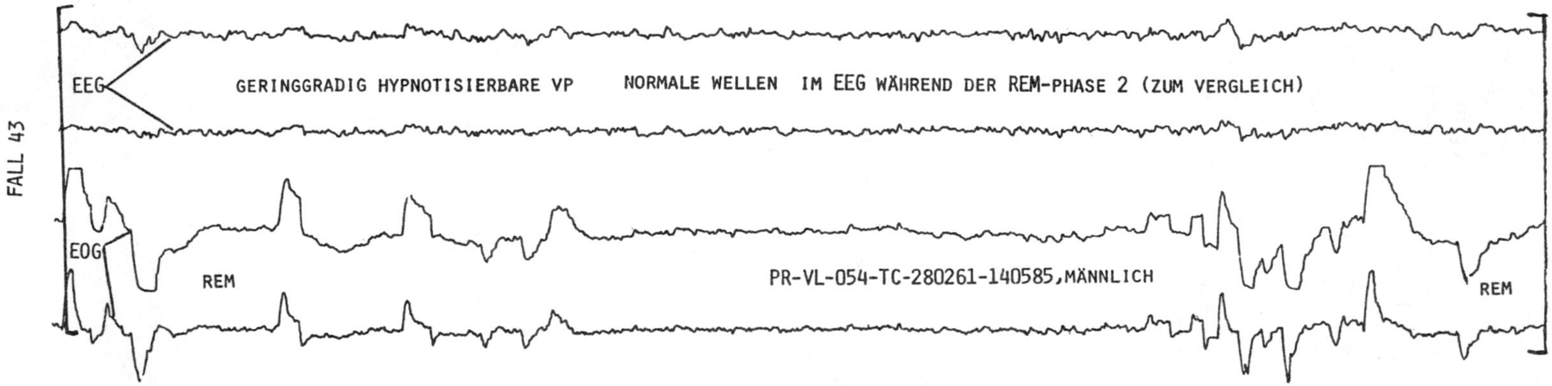

Abb. 20: Alpha-Wellen im Schlafelektroencephalogramm (EEG) während der REM-Phasen (Rapid Eye Movements Phases) bei hoch hypnotisierbaren Versuchspersonen (Vpn) (die oberen zwei Vpn) im Vergleich mit Theta-Wellen bei einer gering hypnotisierbaren Vp (die unteren vier Linien) (EOG = Elektrooculogramm) (eigene Untersuchungen, Ausschnitt aus der Original-Kurve).

häufiger als bei den anderen zwei Gruppen, die Dauer des Wachseins nach dem ersten Einschlafen und Wiederaufwachen in der Nacht NS-länger als bei den Vpn der übrigen zwei Gruppen. *Der Tiefschlaf zeigt jedoch eine Tendenz, länger zu sein als bei den übrigen zwei Gruppen, die REM-Phasen-Dauer ebenfalls.* Die nicht hypnotisierbaren Vpn sind im Tiefschlaf und in den REM-Phasen NS-unsicherer als die hoch hypnotisierbaren Vpn. Die SD ist bei den ersten größer als bei den letzteren. *Wenn man alle drei Gruppen miteinander vergleicht, dann schneiden die hoch hypnotisierbaren Vpn im Tiefschlaf und in den REM-Phasen am besten ab; die nicht hypnotisierbaren am schlechtesten.* Die mittelgradig hypnotisierbaren Vpn stehen in der Mitte zwischen diesen zwei Gruppen und liegen am nächsten dem Gesamtkollektiv der jahrelangen Schlafuntersuchungen in unserem Schlaflaboratorium (Jovanović, 1965, 1966a, b, c, 1969d, 1971a, 1972a, b, 1973a, 1974b, 1988a). Für einen weiteren Vergleich sind die Vergleichsgruppen noch zu klein.

3.4 Beeinflussung der Schlafqualität durch Suggestionen

3.4.1 Literaturübersicht

Tart (1964) suggerierte den Vpn, *sie mögen zu einem bestimmten Zeitpunkt aufwachen.* Die *Suggestionen* wurden ausgeführt. Auch wenn suggeriert wurde, die Vpn mögen zwischen REM- und Non-REM-Schlaf unterscheiden und mit einer Bewegung reagieren (Antrobus und Antrobus, 1967), wurde den Suggestoren gefolgt. Arkin et al. (1970a, b) induzierten *Sprechen im Schlaf* bei einem chronisch *Somniloquenten.* Der Erfolg sei mittelmäßig gewesen. Sie kamen zum Schluß, daß die Sprechperioden sowohl die EEG-Charakteristika des Schlafes als auch der Hypnose aufwiesen. *Auch die REM-Phasen können vorkommen, wenn dem Hypnotisierten suggeriert wird* (siehe auch Abb. 11A und 11B), daß er träumen solle (Brady und Rosner, 1966; Schiff, 1965; Schiff et al., 1961; Tart, 1964, 1969). Pivik et al. (1969) entzogen einigen Patienten ihren REM-Schlaf. Sie bekamen dann die Gelegenheit, diese Zeit in Hypnose nachzuholen und die Traumhalluzinationen durch die *hypnotischen Halluzinationen* zu ersetzen. In den darauffolgenden Nächten erlebten die Vpn trotzdem den REM-Rebound. *Die Funktion der Träume wurde demzufolge von der Hypnose nicht übernommen.* Stoyva (1961) suggerierte den Inhalt der Träume. Er benutzte posthypnotische Suggestionen mit Amnesie und sehr hypnotisierbare Vpn. Die Vpn, die über den suggerierten Inhalt träumten, brauchten dann insgesamt weniger REM-Schlaf als die Vpn, die über die suggerierten Themen nicht träumten. Ähnliche Versuche wurden von Albert (1975), Bone (1968), Barber et al. (1973), Jus et al. (1969) durchgeführt. *Die Wirkung der Suggestionen betreffe wahrscheinlich eher verbale Traumberichte als die Physiologie der Schlafstadien selbst* (Albert, 1975; Bone, 1968; Salzarulo und Cipolli, 1980, 1981). Zum Problem der Beeinflussung der Schlafqualität durch Suggestionen seien kurz eigene Erfahrungen gestreift.

3.4.2 Resultate eigener Forschung

Experiment 16: PR-VL-057-180585

Auf den ersten Blick unterschieden sich die oben erwähnten hoch hypnotisierbaren Vpn bezüglich des Schlafprofils und der Erscheinungen in den Registrierparametern nicht allzu viel von den mittelgradig und nicht hypnotisierbaren Vpn. Die nachfolgenden zu beschreibenden Versuche sind jedoch aussagekräftiger. *Bei den hoch hypnotisierbaren Vpn* genügte es, am Vorabend, mitten in einem neutralen Gespräch, nur eine einfache Suggestion mit den

Worten auszusprechen: «*Sie werden aber heute nacht schlecht schlafen*», um eine *wesentliche Beeinträchtigung des Schlafprofils* auszulösen. Wenn der Proband dann zufällig fragt: «... *Wieso wissen Sie das so genau?*», antwortet der Versuchsleiter (VL) beiläufig: «... Ich weiß es, weil ich es Ihnen ansehe ...». Eine derartige Suggestion verursachte in der darauffolgenden Nacht *eine Verlängerung des Wachseins während der ganzen Nacht, gemessen am Durchschnitt (siehe oben), auf 81 Minuten (Zunahme um 58% des Ausgangswertes), eine Verkürzung des Tiefschlafes auf 49 Minuten (Abnahme um 60%) und eine Verkürzung des REM-Schlafes auf 64 Minuten (Abnahme um 45% des Ausgangswertes) ($p < 0,05$ bis 0,02).*

An einem anderen Abend (Cross-Over-System) wurde folgendes gesagt: «*Sie werden aber heute nacht sehr tief schlafen und lange träumen.*» *Die Dauer des Wachseins in der darauffolgenden Nacht belief sich auf 17 Minuten (Abnahme um 50% des Ausgangswertes), die Dauer des Tiefschlafes stieg auf 131 Minuten an (Zunahme um nur 6% des Ausgangswertes). Die REM-Schlafdauer nahm um 18% des Ausgangswertes (auf 142 Minuten) zu. Die Zunahme des Tiefschlafes ist nicht signifikant. Mit der Abnahme des Wachseins und Zunahme der REM-Phasen-Dauer ergab sich eine signifikante ($p < 0,05$) Besserung des Schlafprofils.*

Die Anzahl der Schlafparameter, die durch die Suggestionen beeinflußt wird, läßt den Schluß zu, daß mit großer Wahrscheinlichkeit bei diesen Vpn eine Beeinflußbarkeit des Schlafes vorhanden ist.

Die mittelgradig und nicht hypnotisierbaren Vpn reagieren auf die oben angegebenen einfachen Suggestionen nicht signifikant ($p > 0,05$ bis $< 0,10$).

3.5 Korrektur des gestörten Schlafes durch Hypnose

3.5.1 Übersicht der Literaturangaben

Schlafstörungen als klinisches Problem und auch innerhalb anderer psychosomatischer und organischer Erkrankungen werden später erörtert (Jovanović, 1989; siehe auch Jovanović, 1973i, 1984a, b; Kales, 1969; Koella und Levin, 1973, 1980, 1981). An dieser Stelle wird nur darauf hingewiesen. Von rund 20–30% der Bevölkerung mit Schlafstörungen sind 80% als *Einschlafgestörte* angesehen worden (Jovanović, 1966a–d, 1969c, 1970a, 1971b, 1972a, b, 1973a–i, 1974a–c, 1975a, b, 1979b, 1984a, b, 1988b). Die übrigen leiden an Durchschlafstörungen und/oder *vorzeitigem Aufwachen*. Eine Kombination ist nicht selten. Insgesamt leiden 96% der Schlafgestörten an einem *Schlafdefizit (Schlafmangel)* (wenn der Schlafindex kleiner als eins wird) (Jovanović, 1965). Die Therapie muß also darauf ausgerichtet sein, *den Schlaf in allen seinen Qualitäten und Quantitäten zu normalisieren*. Wir sehen nachfolgend vorläufig von den anderen und komplizierten Therapieformen ab und widmen uns *orientierend* der Hypnotherapie.

Schlafgestörte sollen auf eine *Kurz-Hypnotherapie* relativ gut ansprechen (Borkovec und Fowler, 1973; Fry, 1973). Zu diesem Problem entwickelten Bauer und McCanne (1977, 1980) eine besondere *Technik der Hypnotherapie*. Vor dem Therapiebeginn bekamen die Patienten zunächst Instruktionen, ihre Einschlafzeiten und Aufwachepisoden in der Nacht oder morgens sowie die Dauer des Schlafes zu notieren. Nach den Voruntersuchungen und der Anamnese wurde den Patienten/Klienten mitgeteilt, daß die Therapie, die jetzt angewandt werde, bei vielen anderen mit Insomnie geholfen habe und auch jetzt helfen werde. Darüberhinaus wurde darauf hingewiesen, daß man nur die Schlafstörungen fokussieren werde. Nach einer Woche wurde festgestellt, *daß die Patienten zwischen 3,8 und 4,6 Stunden schlafen konnten*. Es wurde ihnen dann weiter erläutert, daß nach der Behandlung *die Einschlafzeit kürzer und die Schlafdauer länger werden*. Danach wurden die Patienten mit der *Methode der progres-*

siven Relaxation (siehe Kapitel XV) hypnotisiert. Die Patienten erreichten in der Regel das mittlere Hypnosestadium (Katalepsie), mit posthypnotischen Antworten auf die Suggestion, und *besserten ihren Schlafverlust signifikant*. Auch nach einem Jahr schliefen die Patienten relativ gut und wandten die erlernte Methode nach Bauer und McCanne (1980) jeden Abend an.
Die erfolgreiche Therapie könne nach den Autoren verschiedentlich gedeutet werden. Die eine Deutung ist die, daß der Patient die gegebene Prozedur eingehalten hat und darauf fixiert ist. Die nächste Deutung ist die der Suggestionseinwirkung, das heißt, die Hypnotherapie wäre nicht mehr als eine Placebo-Wirkung. Im Falle, daß es sich vor der Therapie um eine Übererregung und einen überwachen Zustand gehandelt habe, werden die Patienten durch die Hypnose beruhigt (Bauer und McCanne, 1977). Nicht zuletzt können die Schlafstörungen als eine *hyperaktive kognitive Aktivität* gedeutet werden. In diesem Falle wird durch die Hypnose die Aufmerksamkeit auf andere Reize gelenkt. Die Deutungen der Schlafstörungen und deren Behandlung sind ohnehin sehr verschieden (Bauer und McCanne, 1977, 1980; Borkovec und Fowler, 1973; Geer und Katkin, 1966; Katkin und Murray, 1968; Nicholis und Silvestri, 1967), so daß sich darauf an dieser Stelle nicht näher eingehen läßt.

3.5.2 Resultate eigener Beobachtung

Neu an der eigenen Hypnotherapie-Technik ist die Spezifizierung der Suggestionen auf das Schlafprofil (wie in Schema 19) (Jovanović, 1989), die wir in der bisherigen Fachliteratur nicht fanden (siehe Kapitel XV). Selbst Klaus Thomas (1985), dem wir vor Jahren unsere Suggestionsformeln zur Behebung von Schlafstörungen während einer von ihm organisierten ärztlichen Fortbildung vorgetragen haben, benutzt immer noch folgende Suggestionsformeln: «Ich schlafe des Nachts ruhig, lang und tief ... Ich schlafe nachts ganz ruhig, tief und fest ... Ich schlafe bis morgen früh ganz ruhig, tief und fest. Ich schlafe jeden Abend ein, ganz tief und fest, es muß so sein ... Ich schlafe bis sechs ganz ruhig und fest. Ich schlafe nachts ganz ruhig, lang und tief, ich lasse mich los. Grübeln ist ganz gleichgültig. Die Augen bleiben ganz müde und schwer ... Ich liege und schlafe ganz mit Frieden ...» etc. Thomas (1985) berücksichtigt somit die Resultate der neuesten Schlafuntersuchungen mit der Ermittlung *eines periodisch anmutenden Schlafprofils* (siehe Schema 19) nicht.
Die Resultate der objektiven neurophysiologischen und registrierenden Schlafuntersuchungen der letzten 30 Jahre sprechen jedoch nicht gerade für einige dieser Suggestionsformeln, so daß eine Korrektur angebracht ist. Die Schlafgestörten sollten die Nacht hindurch *nicht ganz tief und ruhig, ganz lang, tief und ruhig schlafen*, sondern *abwechselnd, je nach der Lage der Schlafperiodik, Schlafstadien und Schlafphasen*. Im Tiefschlaf sind sie *ruhig*, in den REM-Phasen (Traumphasen) *gelassen aktiv*, danach wieder *ruhig* etc. (siehe Jovanović, 1989). Die Details dieses Problems kommen in Kapitel XV (HP-017 und HP-018) zur Sprache.

4. Zusammenfassung und Schlußfolgerungen

(1) Das Studium der *Psychohypnologie, der Hypnose*, d.h. *der psychophysiologischen Aspekte der hypnotischen Phänomene*, trägt zur Ergänzung der Kapitel XXII und XXIII bei. *Viele Annäherungspunkte* zwischen den *spontanen Träumen* generell, den *Schlafträumen* speziell einerseits sowie *hypnotisch induzierten Träumen* andererseits konnten nach Durchsicht von 205 Publikationen und nach eigenen Erhebungen gefunden werden:

(a) Zwar bezieht sich die Annahme über *eine trophotrope Richtung* während der Schlafvorgänge mehr auf den ganzen Schlaf als auf die Träume, doch kann diese Feststellung auch für die letzteren gelten. Hypnose, Schlaf und Traum bieten demzufolge *biologisch-vegetative Ähnlichkeiten.* Unterschiede ergeben sich in der Ausgangslage; *der Traum erfolgt in der Regel nach einer Aufladungsphase von rund 70–120 Minuten während des ersten «traumlosen» Schlafes.* Die Hypnosehalluzinationen hängen von der Indunktion ab und variieren in ihrer Zeit des Auftretens.

(b) Nach den Ergebnissen vieler Forscher haben *die Inhalte der Schlafträume und der hypnotischen Halluzinationen Gemeinsamkeiten, aber auch Unterschiede.* Unterschiede erfassen mehr den psycho-vegetativen als den psychosomatischen Bereich. Schlafträume können hypnotisch induziert oder inhaltlich beeinflußt werden.

(c) Schlafträume kommen nach den neuesten Schlaf-Traum-Untersuchungen nicht nur nach einer *Aufladungsphase* (rund 70–120 Minuten nach dem Schlafengehen), sondern auch unmittelbar nach dem Schlafbeginn und beim Einschlafen vor. Gerade dieses frühe Vorkommen der Schlafträume ergibt die Möglichkeit der Therapie, weil dabei eine andere psychosomatisch-vegetative Ausgangslage beim Patienten vorherrscht als nach der *Aufladungsphase.* Die Dauer von Schlafträumen zwischen 90–120 Minuten in einer ganzen Nacht spricht für eine enorme psychische Aktivität in *diesem Anteil des menschlichen Daseins* (siehe dazu Kapitel XXVI).

(d) Ziemlich schwierig ist die Deutung der Unterschiede der *Kritik im Schlaftraum* und der in den hypnotischen Träumen, da beide Phänomene noch nicht vollständig untersucht worden sind. Die *bioelektrische Hirnaktivität (EEG)* unterscheidet sich deutlich bei diesen zwei Zuständen; *während der Hypnose kommt eine Vermehrung von Alpha-Wellen im EEG zustande* (siehe Kapitel XXII.3). Dagegen sind in den Träumen (REM-Phasen) fast kontinuierlich *Theta* zu beobachten (mit einigen Varianten wie Sägezahnwellen, Lambda, Rho-Wellen). Wie es sich schon jetzt vermuten läßt (siehe dazu Kapitel XXV), werden *sowohl REM-Phasen als auch Hypnose aus dem limbischen System mitgesteuert.* Der scheinbare Widerspruch gemäß den Wellen im EEG kann einerseits so erklärt werden, *daß auch bei einigen hypnotischen Zuständen Theta und in den REM-Phasen Alpha gefunden worden sind, und andererseits, daß auch im limbischen System einmal hochfrequente Alpha* (oder Beta) (bei stärkeren oder intensiveren Reizen) *und ein anderes Mal mittelfrequente Theta gefunden worden sind* (siehe Kapitel XXV). Nicht zu vergessen ist eine erstaunliche Ähnlichkeit von EEG-Wellen in den REM-Phasen mit denen in der TM (siehe dazu Kapitel XXII.3.4.5 und XXX).

(e) *Psycho-physiologisch* können Unterschiede zwischen der Hypnose und den Schlafträumen so erklärt werden, daß in Hypnose das *integrative,* in den Schlafträumen dagegen das *affektive Unbewußte* (siehe Kapitel XXX) dominiert. Dies würde auch mit der Tatsache in Einklang gebracht werden können, daß der Hypnotisand in seinem Verhalten etwas *«kritischer»* als der Träumer ist. Im Traum kann jemand sprechen, der schon längst gestorben ist, oder der Träumer selber über sein Sterben träumen, ohne zu wissen, daß man nach dem Sterben nicht mehr weiß, daß man gestorben ist. In der Hypnose führt eine derartige Suggestion nicht immer zum Erfolg. Auch die *emotionale Komponente* ist während des Traumes stärker als während der Hypnose betont. *Die relativ erhaltene Kritik während der Hypnose erlaubt dem Hypnotiseur nicht, mit dem Willen des Hypnotisanden beliebig zu operieren* (s. Kapitel IX und XXI).

(f) Zur Frage des *Muskeltonus während der Hypnose und der Träume im Schlaf* sind bedeutende Parallelen beobachtet worden. Im Schlaftraum wird eine periodisch *erschlaffte Muskulatur* (insbesondere bei Kinn- und Nackenmuskulatur) beobachtet. In Kapitel XXIII wurde von einem *Relaxations-Syndrom* im Hypnose-Stadium 1 berichtet. *Die Erschlaffung der Nackenmuskulatur während der REM-Phase will vielleicht andeuten, daß der Kopf (Gehirn) vom Körper getrennt wird. Das Ego verläßt offenbar für eine gewisse Zeit seinen Körper und schwebt in Visionen, Imgainationen und Halluzinationen umher. Das «Schweben» findet man in der Hypnose auch.* Die Erscheinung im Traum läßt auch gewisse Parallelen zu *Meditationserlebnissen* ziehen (siehe Kapitel IX). Der veränderliche Muskeltonus im Schlaftraum an verschiedenen Körperteilen des Träumenden kann bei gewisser Vorsicht mit der *Dissoziation* während der Hypnose in Beziehung gebracht werden (Näheres darüber siehe Kapitel XXVII, XXVIII und XXX). Daß aber bei Frühgeborenen (Kinder und Tiere), Neugeborenen und den Jüngsten unter uns die Körpermuskulatur stärker während der REM-Phasen erschlafft, spricht nicht gegen die eben angeführte Vorstellung über die *Wanderung des Ego* oder gegen die anderen oben geäußerten Vermutungen, sondern dafür, daß neben *dem integrativen, affektiven, hypnogenen auch ein archaisches Unbewußtes* (siehe Kapitel XXVI und XXX) existieren könnte. *Das archaische Unbewußte schlöße dann an den Instinkt an und würde mit den höheren Kategorien des Unbewußten kommunizieren.* Das archaische Unbewußte muß demnach bei ganz jungen Menschen (Frühgeborenen) und Tieren dominieren; später übernehmen langsam diese höheren Kategorien die Dominanz. Aber zu einer definitiven Schlußfolgerung benötigt man noch die Resultate der Kapitel XXVI und XXVIII (siehe dazu Kapitel XXX).

(g) Die Befunde über die *Regression während der REM-Phasen* auf eine tiefere Entwicklungsstufe des Individuums und des biologischen Kollektivs bestätigt die Annahmen über die *Regression während der Hypnose*. Die Regression im Traum scheint komplexer zu sein als in der Hypnose. Die Umschaltung der Dominanz während der REM-Phasen von einer zur anderen Hirnhemisphäre (von links nach rechts und umgekehrt – abhängig von der Händigkeit) kann zur *Deutung der Hypnosesteuerung* beitragen. Aber zu dieser Annahme bedarf es noch des Kapitels XXV.

(h) Bezüglich der *Traumleistung* (Verdichtungsarbeit, Verschiebungsarbeit, Vergrößerungsarbeit, Erhöhung der Weckschwelle) sind gewisse Parallelen mit den psychischen Erlebnissen in der Hypnose zu finden. Die *erhöhte Weckschwelle während des Traumes korreliert mit der erschwerten Ansprechbarkeit des Hypnotisanden durch andere Ereignisse und Personen.* Folgende Vermutungen dürfen dazu geäußert werden:
(ha) In der Hypnose herrscht eine *selektive Aufmerksamkeit* in Richtung des Hypnotiseurs und seiner Suggestionen. *Im Traum dominiert eine selektive Aufmerksamkeit für den Trauminhalt.* Diese interne selektive Aufmerksamkeit deutet andererseits darauf hin, daß eine sogenannte Autohypnose auch ohne ein Dazutun des Hypnotisanden vorkommen kann. Es muß also die Möglichkeit einer *endogenen Hypnose* erwogen werden, die der *exogenen* Hetero- und Autohypnose nicht gleichzustellen ist. Das spricht andererseits auch dafür, daß der Traum ein Therapeut oder eine biologische, natürliche, spontane Therapiemethode ist, die einen der Hypnose sehr ähnlichen Effekt erzielt: *Wächter des Schlafes, Schutz vor Anfällen, Verhütung von Sprechen, Aufschreien, Einnässen im Schlaf, Umwandlung von Schmerzen (Zahnschmerzen-Verwandlung in Druck) etc.* Auch die Traumsymbolik muß dazugerechnet werden, weil dann der Träumer die wahre Absicht des Ego nicht erkennen kann und sich deshalb keine Sorgen machen muß.
(hb) Der Traum hat als «Wächter des Schlafes» eine andere Funktion als die *K-Komplexe* (siehe Kapitel XXVI) außerhalb der REM-Phasen: *Der Traum schützt den Schläfer vor dem Aufwachen, ganz gleich, welche Weckreize appliziert* werden oder vorkommen. Der K-Komplex (Kapitel XXVI) im übrigen Schlaf (Non-REM-Sleep) trifft eine *differenziertere* Entscheidung. Weitere Schlußfolgerungen müssen noch auf die Darstellung der Befunde in den Kapiteln XXV und XXVI warten.

(i) Hinsichtlich der *emotionalen Erlebnisse* bestehen ebenfalls Parallelen zwischen Traum und Hypnose. Das Gedächtnis weist jedoch Unterschiede auf: Der Traum wird mit der Zeit mehr und mehr vergessen; an die Ereignisse in der Hypnose kann man sich mit der Zeit immer besser erinnern. *Beim Traum fließt also die Information von innen nach außen (Selbstreizung des ZNS; endogene Hypnose); bei der Hypnose von außen nach innen (exogene Suggestionen) (Endgültiges darüber siehe Kapitel XXX).*

(2) *Aus den Resultaten der Untersuchungen über den spontanen und induzierten Schlaf können mannigfache vorläufige Schlußfolgerungen gezogen werden:*

(a) *Der natürliche Schlaf* verläuft *periodisch* und weist eine *Schlaftiefe* (gemessen in Schlafstadien) sowie eine *Schlafdauer* (gemessen in Minuten oder Stunden) auf. Während des natürlichen Schlafes von *acht Stunden* treten bei erwachsenen Menschen drei- bis fünfmal REM-Phasen (Traumphasen) auf. Bei *Kleinkindern und Säugetieren* ist der prozentuale Anteil der REM-Phasen (bei erwachsenen Menschen 20–25% des totalen Schlafes) am Schlaf höher und die absolute Dauer länger.

(b) *Der Schlaf scheint eine lange Hypnose für die Dauer von Wochen nicht zu beeinträchtigen.* Noch ungeklärt ist die Frage, ob dabei die Hypnose durch den Schlaf unterbrochen wird oder kontinuierlich fortbesteht.

(c) *Hoch hypnotisierbare* Vpn scheinen einen besseren Schlafverlauf als die übrigen Menschen aufzuweisen. Die REM-Phasen können dabei durch Suggestionen beeinflußt werden. Ob der Trauminhalt beeinflußt wird, konnte noch nicht beantwortet werden.

(d) Bei hoch hypnotisierbaren Vpn bestehe eine stärkere Diskrepanz zwischen den subjektiven Angaben über die Qualität des Schlafes und den objektiven (polygraphischen) Registrierungen der Schlafparameter als bei den schwieriger hypnotisierbaren Menschen.

(e) Gegenüber den mittelgradig und nicht hypnotisierbaren Vpn bieten die hoch hypnotisierbaren *einen signifikanten Zuwachs von Alpha-Wellen im EEG während der REM-Phasen* (siehe Abb. 20). Dieser korreliert mit der Zunahme von Alpha-Wellen im EEG während der Hypnose (siehe Kapitel XXII.3 und Abb. 12–14) und scheint die Annahme über die integrative Steuerung der Hypnose (integratives Unbewußtes) zu bestätigen (mehr dazu siehe Kapitel XXVI und XXX).

(f) *Hoch hypnotisierbare Vpn reagieren signifikant auf Suggestionen über die Veränderung des Schlafes;* suggeriert man ihnen nur beiläufig eine Verschlechterung der Schlafparameter, reagieren sie sofort mit einer entsprechenden Veränderung und umgekehrt. *Demzufolge müssen sie für die Suggestionen zur Korrektur des gestörten Schlafes besser geeignet sein als die mittelgradig und nicht hypnotisierbaren Vpn.*

(g) Bei der Verabreichung von Suggestionen zur *Korrektur des Schlafes sollte die Schlafperiodik* (mit abwechselnd vorkommenden REM-Phasen und tieferen Schlafstadien) berücksichtigt werden. Suggestionen die nur lauten : «... Sie schlafen die ganze Nacht hindurch tief, fest und ruhig ...» sind nach den neuesten Befunden überholt.

(3) *Schlaftraum, Schlaf, Tagträume und hypnotische Phänomene haben wahrscheinlich einen gemeinsamen psycho-phylogenetischen Ursprung und viele psycho-physiologische Beziehungen.* Zu weiteren Schlußfolgerungen hinsichtlich dieser Problematik kommen wir erst nach der Kenntnisnahme der Inhalte der Kapitel XXV und XXVI.

5. Literaturverzeichnis

Aeppli, E.: Der Traum und seine Deutung. Eugen Rentsch-Verlag, Erlenbach–Zürich–Stuttgart (3. Auflage), 1960.

Albert, I.B.: REM Sleep Deprivation. *Biol. Psychiat.*, (1975), *10:* 341–351.

Andreas-Friedrich, R.: Ursprung und Sinn der Träume. Werner Classen-Verlag, Zürich–Stuttgart, 1958.

Antrobus, J.S., and Antrobus, J.S. (1967): Siehe in Arkin et al., (1978).

Arkin, A.M., Toth, M., Baker, J., and Hastey, J.M.: The Frequency of Sleep-Talking in the Laboratory Among Chronic Sleep Talkers and Good Dream Recallers. *J. Nerv. Ment. Dis.*, (1970a), *151:* 369–374.

Arkin, A.M., Toth, M., Baker, J., and Hastey, J.M.: The Degree of Concordance Between the Content of Sleep-Talking and Mentation Recalled in Wakefulness. *J. Nerv. Ment. Dis.*, (1970b), *151:* 375–393.

Aserinsky, E., and Kleitman, N.: Alle Zitate siehe Kapitel XXV.

Barber, X.T., Walker, P.C., and Hahn, K.W. Jr.: Effects of Hypnotic Induction and Suggestion on Nocturnal Dreaming and Thinking. *J. Abnorm. Psychol.*, (1973), *82:* 414–427.

Bauer, K(eith), E., and McCanne, Th(omas), R.: *Physiological Patterning During Hypnosis.* Meeting of the American Psychological Association, San Francisco, August 1977.

Bauer, K.E., and McCanne, Th.R.: An Hypnotic Technique for Treating Insomnia. *Intern. J. Clin. Exp. Hypnosis*, (1980), *28:* 1–5.

Baust, W.: *Vegetative Innervation, Hirndurchblutung und Blutdruck im Schlaf.* 71. Internisten-Kongreß 1965. J.F. Bergmann, München, 1965a, Seite 797–807.

Baust, W.: Physiologische Korrelate des Traumes. *Fortschr. Med.*, (1965b), *83:* 337–341.

Baust, W.: *Physiologie und Pathophysiologie des Schlafes und physiologische Korrelate des Traumes.* In: Bürger-Prinz, H., und Fischer, A.: Schlaf – Schlafverhalten – Schlafstörungen. Enke, Stuttgart, 1967, Seite 1–20.

Baust, W. (Ed.): Ermüdung, Schlaf und Traum. Wissen. Verlagsgesellsch., Stuttgart, 1970.

Baust, W.: *The Problem of «Sympathetic Tone» and Autonomic Function During Sleep.* In: Jovanović, U.H. (Hg.): Die Natur des Schlafes. Fischer-Verlag, Stuttgart, 1973, Seite 50–52.

Baust, W., and Heinemann, H.: *The Influence of Blood Pressure and Blood Pressure-Induced Nervous Afference on Sleep.* 6th Intern. Congress EEG/EMG-clin. Neurophysiol., Vienna, 1965, pp. 131–133.

Beck, M(onika), Brocker, E., Günther, H., and Schäffer, R.: *Changes of the «Arousal Threshold» During Sleep in Healthy People.* In: Jovanović, U.J. (Ed.): The Nature of Sleep. Fischer-Verlag, Stuttgart, 1973. Summarized by Jovanović, U.J. (1973e).

Berger, R.J.: Tonus of Extrinsic Laryngeal Muscles During Sleep and Dreaming. *Science*, (1961), *134:* 840.

Bone, R.N.: Extraversion Neuroticism, and Dream Recall. *Psychol. Reports*, (1968), *23:* 922.

Borkovec, T.D., and Fowler, D.C.: Controlled Investigation of the Effects of Progressive and Hypnotic Relaxation on Insomnia. *J. Abnorm. Psychol.*, (1973), *82:* 153–158.

Borlone, M(aria), Dittborn, J., et Palestini, M.: Correlaciones electroencefalograficas dentro de una definicion operacional de hipnosis sonambulica – Comunication preliminar. *Acta Hipnologica Latinoamer.*, (1960), *1:* 9–19.

Brady, J.P., and Rosner, B.S.: Rapid Eye Movements in Hypnotically Induced Dreams. *J. Nerv. Ment. Dis.*, (1966), *143:* 28–35.

Brenman, M(argaret), and Gill, M.M.: Hypnotherapy – A Survey of the Literature. Intern. Univ. Press, New York, N.Y., 1947, 1974.

Bünning, E.: Die physiologische Uhr. Verständliche Wissenschaft. Band 56. Springer, Berlin, 1958.

Chertok, L., and Kramarz, P.: Hypnosis, Sleep, and Electro-Encephalography. *J. Nerv. Ment. Dis.*, (1959), *128:* 227–238.

Cobb, J.C., Evans, F.J., Gustafson, L.A., O'Connell, D.N., Orne, M.T., and Shor, R.E.: Specific Motor Response During Sleep to Sleep-Administered Meaningful Suggestion – An Exploratory Investigation. *Percept. Mot. Skills*, (1965), *20:* 629–636.

Dement, W.C., and Kleitman, N.: The Relation of Eye Movements During Sleep to Dream Activity – An Objective Method for the Study of Dreaming. *J. Exp. Psychol.*, (1957a), *53:* 339–346.

Dement, W.C., and Kleitman, N.: Cyclic Variations of EEG During Sleep and Their Relation to Eye Movements, Body Motility and Dreaming. *Electroenceph. Clin. Neurophysiol.*, (1957b), *9:* 673–690.

Dement, W.C., and Wolpert, E.W.: The Relation of Eye Movements, Body Motility and External Stimuli to Dream Content. *J. Exp. Psychol.*, (1958), *55:* 543–553.

Diamant, J., Dufek, M., Hoskovec, J., Kristof, M., Pekarek, V., Roth, B., and Velek, M.: An Electroencephalographic Study of the Waking State and Hypnosis with Particular Reference to Subclinical Manifestations of Sleep Activity. *Intern. J. Clin. Exp. Hypnosis*, (1960), *8:* 199–212.

Diamond, E(dwin): Schlafen wissenschaftlich: Wie und warum wir träumen. Zsolnay, Wien–Hamburg, 1964.

Dittborn, J.M., and Armengol, V(ilma): Expectation as a Factor of Sleep Suggestibility, II. *J. Psychol.*, (1960), *49:* 113–116.

Dittborn, J.M., and O'Connell, D.N.: Behavioral Sleep, Physiological Sleep, and Hypnotizability. *Intern. J. Clin. Exp. Hypnosis*, (1967), *15:* 181–188.

Domhoff, B.: Night Dreams and Hypnotic Dreams – Is there Evidence That They are Different? *Intern. J. Clin. Exp. Hypnosis*, (1964), *12:* 159–168.

Evans, C.C.: Spontaneous Excitation of the Visual Cortex and Association Areas-Lambda Waves. *Electroenceph. Clin. Neurophysiol.*, (1953), *5:* 69.

Evans, F.J.: *Hypnosis and Sleep – Techniques for Exploring Cognitive Activity During Sleep.* In: Fromm, E(rika), and Shor, R.E. (Eds.): Hypnosis – Research Developments and Perspectives. Aldine-Atherton, Chicago/Ill., 1972, pp. 43–83.

Evans, F.J.: *Hypnotizability and Sleep-Induced Behavioral Response.* In: Unestahl, L.E. (Ed.): Hypnosis in the Seventies. Veje Forlag, Orebro/Sweden, 1975, pp. 73–84.

Evans, F.J.: Hypnosis and Sleep – The Control of Altered States of Awareness. In: Edmonston, W.E. (Ed.): Conceptual and Investigative Approaches to Hypnosis and Hypnotic Phenomena. *Ann. New York Acad. Science*, (1977), *296:* 162–175.

Evans, F.J.: *Hypnosis and Sleep: Techniques for Exploring Cognitive Activity During Sleep.* In: Fromm, E(rika), and Shor, R.E. (Eds.): Hypnosis – Research Developments and Perspectives. Aldine, Chicago/Ill., 1979, pp. 139–183.

Evans, F.J.: Sleep and Hypnosis – Accessibility of Altered States of Consciousness. *Adv. Physiol. Sci.*, (1981), *17:* 453–456.

Evans, F.J.,: Hypnosis and Sleep. *Research Communications in Psychology, Psychiatry and Behavior*, (1982), *7:* 241–256.

Evans, F.J., Gustafson, L.A., O'Connell, D.N., Orne, M.T., and Shor, R.E.: Response During Sleep with Intervening Waking Amnesia. *Science*, (1966), *152:* 666–667.

Evans, F.J., Gustafson, L.A., O'Connell, D.N., Orne, M.T., and Shor, R.E.: Sleep-Induced Behavioral Response. *J. Nerv. Ment. Dis.*, (1969), *148:* 467–476.

Evans, F.J., Gustafson, L.A., O'Connell, D.N., Orne, M.T., and Shor, R.E.: Verbally Induced Behavioral Response During Sleep. *J. Nerv. Ment. Dis.*, (1970), *150:* 171–187.

Evans, F.J., and Orchard, W.: Sleep Learning – The Successful Waking Recall of Material Presented During Sleep. Meeting of the Association for the Psychophysiological Study of Sleep (APSS), 1969.

Farber, L., and Fisher, C.: An Experimental Approach to Dream Psychology Through the Use of Hypnosis. *Psychoanal. Quart.*, (1943), *12:* 202–216.

Fisher, Ch.: *Experimental and Clinical Approaches to the Mind-Body-Problem Through Recent Research in Sleep and Dreaming.* In: Rosenzweig, N., and Griscom H. (Eds.): Psychopharmacology and Psychotherapy. Sci. Press, New York, N.Y., 1978, pp. 61–99.

Fisher, Ch., Cohen, H.D., Schiavi, R.C., Davis, D., Furman, B., Ward, K., Edwards, A., and Cunningham, J.: Patterns of Female Sexual Arousal During Sleep and Wakefulness: Vaginal Thermo-Conductive Studies. *Arch. Sex. Behav.*, (1983), *12:* 97–122.

Fisher, Ch., Gross, J., and Zuch, J.: Cycle of Penile Erections Synchronous with Dreaming (REM Sleep). *Arch. Gen. Psychiat.*, (1965), *12:* 29–45.

Fry, A.: Hypnosis in the Treatment of Insomnia. *Brit. J. Clin. Hypnosis*, (1973), *4:* 23–28.

Fujisawa, K., and Obonai, T.: The Psychophysiological Studies of Hypnotic Sleep. *Jap. J. Psychiat.*, (1960), *31:* 94–101.

Geer, J.H., and Katkin, E.S.: Treatment of Insomnia Using a Variant of Systematic Desensitization – A Case Report. *J. Abnorm. Psychol.*, (1966), *71:* 161–164.

Gill, M. M., and Brenman, M(argaret): Hypnosis and Related States – Psychoanalytic Studies in Regression. Intern. University Press, New York, N.Y., 1959 (Second Printing, 1977).

Green, J.: Some Observations on Lambda Waves and Peripheral Stimulation. *Electroenceph. Clin. Neurophysiol.*, (1957), *9:* 691.

Griffith, R. M.: Typical Dreams – A Statistical Study of Personality Correlations. Doctroal Dissertation, Univ. Kentucky, 1950.

Günther, H.: Die Weckbarkeit aus den Traumphasen bei Menschen. Inaug.-Diss. Univ. Würzburg, 1972.

Hacker, F. (1911). Zitiert in Jovanović, U. J.: Schlaf und Traum. Fischer, Stuttgart, 1974.

Haggard, H.: Devils, Drugs and Doctors. Harper & Row, New York, N.Y., 1929.

Haider, M.: *Elektrophysiologische Indikatoren der Aktiviertheit.* In: Schönpflug, W. (Hg.): Methoden der Aktivierungsforschung. Huber, Stuttgart, 1969, Seite 125–156.

Hall, C. S.: What People Dream About. *Scient. American*, (1951), *184:* 60–63.

Hall, C. S.: The Meaning of Dreams. Harper, New York, N.Y., 1953.

Hall, C. S.: *Current Trends in Research on Dreams.* In: Brower, D., and Abt, L. E. (Eds.): Progress in Clinical Psychology. Vol. 2. Grune & Stratton, New York, N.Y., 1956, pp. 239–257.

Hall, C. S.: A Manual for Classifying Aggressions, Misfortunes, Friendly Acts, and Good Fortune in Dreams. Institute of Dream Research, Miami/Fla., 1962a.

Hall, C. S.: A Manual for Classifying Characters in Dreams. Institute of Dream Research, Miami/Fla., 1962b.

Hall, C. S.: A Manual for Classifying Emotions in Dreams. Institute of Dream Research, Miami/Fla., 1962c.

Hall, C. S.: A Manual for Classifying Settings and Objects in Dreams. Institute for Dream Research, Miami/Fla., 1962d.

Hall, C. S.: Strangers in Dreams. *J. Pers.*, (1963), *31:* 336–345.

Hall, C. S., and Domhoff, B.: Content Analysis of Reported Dreams. Association for the Psychophysiological Study of Sleep (APSS), Chicago/Ill., March, 1962.

Hall, C. S., and Domhoff, B.: Aggression in Dreams. *Intern. J. Soc. Psychiat.*, (1963a), *9:* 259–267.

Hall, C. S., and Domhoff, B.: A Ubiquitous Sex Differences in Dreams. *J. Abnorm. Soc. Psychol.*, (1963b), *66:* 278–280.

Hallam, E., und Weed, S. (1896). Zitiert in: Jovanović, U. J.: Schlaf und Traum. Fischer-Verlag, Stuttgart, 1974.

Hess, W. R. (1881–1973): Siehe Kapitel XXIV.

Hess, R. Jr.: Sleep and Sleep Disturbances in the Electroencephalogramm. *Progr. Brain Res. (Amsterdam)*, (1965), *18:* 127–139.

Hilgard, E. R.: Quantitative Study of Pain and Its Reduction Through Hypnotic Suggestion. *Proc. Nat. Acad. Sci.*, (1967), *57:* 1581–1586.

Hilgard, E. R.: Hypnosis. *Ann. Rev. Psychol.*, (1975), *26:* 19–44.

Hübner, M.: Die gegenseitige Abhängigkeit der Traumphasendauer (REM-Phasen) beim Menschen. Unpubliziertes Manuskript, Univ. Würzburg, 1975.

Jacobson, A., Kales, A., Lehmann, D., and Hoedemaker, F.: Muscle Tonus in Human Subjects During Sleep and Dreaming. *Exp. Neurol.*, (1964), *10:* 418–424.

Jouvet, M.: Paradoxical Sleep. *Progr. Brain Res.*, (1965), *18:* 20–62. Weitere Literaturzitate siehe Kapitel XXIV.

Jovanović, U. J.: *Der normale, abnorme und pathologische Schlaf – Polygraphische Registrierungen.* 71. Internisten-Kongreß 1965. J. F. Bergmann, München, 1965, Seite 807–819.

Jovanović, U. J.: *Schlaf, Traum und Anpassungsfähigkeit des alternden Menschen.* 7th Intern. Congress Gerontol., Vienna, 1966. *Proc. Congr. Gerontol.*, (1966a), pp. 171–172.

Jovanović, U. J.: Natürlicher Schlaf als beste diagnostische Provokationsmethode bei Epileptikern. *Schweiz. Arch. Neurol. Psychiat.*, (1966b), *98:* 244.

Jovanović, U. J.: Steuerung des Schlaf-Wach-Rhythmus. *Med. Klin.*, (1966c), *61:* 1813–1817.

Jovanović, U. J.: *Moderne Untersuchungen des Schlafes und des Traumes.* IVth World Congr. Psychiat., Madrid, September, 1966. *Excerpta Medica*, (1966d), *117:* 244.

Jovanović, U. J.: Schlaf und Epilepsie. *Therapiewoche*, (1967a), *17:* 95.

Jovanović, U. J.: Prüfung eines barbitursäurehaltigen Schlafmittels. *Arzneim. Forsch.*, (1967b), *17:* 365–376.

Jovanović, U. J.: Das Schlafverhalten der Epileptiker. I. Schlafdauer, Schlaftiefe und Besonderheiten der Schlafperiodik. *Dtsch. Zschr. Nervenheilk.*, (1967c), *190:* 159.

Jovanović, U. J.: Das Schlafverhalten der Epileptiker. II. Elemente des EEG, Vegetativum und Motorik. *Dtsch. Zschr. Nervenheilk.*, (1967d), *191:* 257.

Jovanović, U. J.: Neuere Aspekte zur Einteilung der Epilepsien aufgrund von Schlafuntersuchungen. *Zbl. Neurol. Psychiatr.*, (1967e), *188:* 22 (Referat).

Jovanović, U. J.: Erektionen im Schlaf. *Arch. Neurol. Psychiat.*, (1967f), *210:* 220–237.

Jovanović, U. J.: Die sich aus dem natürlichen Schlaf der Epileptiker ergebenden therapeutischen Konsequenzen. *Nervenarzt*, (1968a), *39:* 199–204.

Jovanović, U. J.: Die Periodik der Erektionen im Schlaf. *Med. Klin.*, (1968b), *63:* 923–929.

Jovanović, U. J.: Das Schlafverhalten der Epileptiker. III. Epileptische Anfälle und Äquivalente. *Dtsch. Med. J.*, (1968c), *19:* 76–84 und 112–120.

Jovanović, U. J.: Die subklinische Schlafaktivität im EEG. *Psychiat. Clin. (Schweiz)*, (1969a), *2:* 338–367.

Jovanović, U. J.: *Subklinische Erscheinungsformen der Schlaf-Wach-Aktivität.* In: Jovanović, U. J. (Hg.): Der Schlaf – Neurophysiologische Aspekte. J. A. Barth, München, 1969b.

Jovanović, U. J.: *Die wichtigsten abnormen Schlaf-Syndrome.* In: Jovanović, U. J. (Hg.): Der Schlaf – Neurophysiologische Aspekte. J. A. Barth, München, 1969c.

Jovanović, U. J.: Der Schlaf – Neurophysiologische Aspekte. J. A. Barth, München, 1969d.

Jovanović, U. J.: Schlafforschung und ihre klinischen Aspekte. *Nervenarzt*, (1970a), *41:* 5–23.

Jovanović, U. J.: Somnambule psychomotorische Epilepsie. *Dtsch. Zschr. Nervenheilk.*, (1970b), *197:* 181.

Jovanović, U. J.: Normal Sleep in Man (Monographie). Hippokrates, 1971a.

Jovanović, U. J.: *Orthodoxer und paradoxaler Schlaf unter Wirkung von Hypnotika.* Vth World Cong. Psychiat., Mexico City, Novemb./Dec., 1971. La Prensa Médica Mexicana, 1971b.

Jovanović, U. J.: Physiologische Myokloni beim Einschlafen und im Schlaf. *EEG/EMG*, (1971c), *2:* 58–83.

Jovanović, U. J.: Schlaf und Schlafstörungen im Alter. *Ärztl. Praxis*, (1972a), *24:* 469–472.

Jovanović, U. J.: Neue Ergebnisse der Schlafforschung. *Umschau*, (1972b), *72:* 173–178.

Jovanović, U. J.: Sexuelle Reaktionen und Schlafperiodik bei Menschen – Ergebnisse experimenteller Untersuchungen. Enke, Stuttgart, 1972c.

Jovanović, U. J. (Ed.): The Nature of Sleep. Fischer, Stuttgart, 1973a.

Jovanović, U. J.: *Introduction to Symposium: «Treatment of Sleep Disturbances».* 1st Congr. of the European Sleep Research Society, October, 1972, Basel. In: Koella, W. P., and Levin, P. (Eds.): Sleep 1972. Karger, Basel, 1973b.

Jovanović, U. J.: *Problems of the Visual Evaluation of Sleep Curves.* In: Jovanović, U. J. (Ed.): The Nature of Sleep. Fischer, Stuttgart, 1973c, pp. 12–19.

Jovanović, U. J.: *Suggestions for the Treatment of Sleep Disturbances and Conclusions.* In: Koella, W. P., and Levin, P. (Eds.): Sleep 1972. Karger, Basel, 1973d.

Jovanović, U. J.: *Results Obtained by the Würzburg University Research Group in Regard to Neurophysiological Aspects of Sleep.* In: Jovanović, U. J. (Ed.): The Nature of Sleep. Fischer, Stuttgart, 1973e.

Jovanović, U. J.: Der Effekt einer Kombination von Methaqualon und Diphenhydramin auf den Schlaf gesunder Menschen. *Med. Klin.*, (1973f), *68:* 334–339.

Jovanović, U. J.: Korrektur des gestörten Schlafprofils. Polygraphische Untersuchungen mit methaqualonhaltigem Kombinationspräparat. *Ärztl. Praxis*, (1973g), *94:* 4325–4326

Jovanović, U. J.: Der Schlaf beim Menschen in einer ungewohnten Schlafsituation. Polygraphische Registrierungen mit Placebo und einem barbitursäurefreien Schlafmittel. *Arzneim. Forsch.*, (1973h), *23:* 1113–1119.

Jovanović, U. J.: Klassifikation und Therapie von Schlafstörungen. *Med. Monatspiegel*, (1973i), *6:* 137–140.

Jovanović, U. J.: Zur Therapie von Schlafstörungen. Polygraphische Registrierungen des Schlafprofils bei Patienten mit Schlafstörungen nach Anwendung von Clindorm. *Fortschr. Med.*, (1974a), *92:* 345–350.

Jovanović, U. J.: Schlaf und Traum – Physiologische und psychologische Grundlagen, Störungen und Behandlung. Fischer, Stuttgart, 1974b.

Jovanović, U. J.: Schlafstörungen. Veränderungen der biologischen Rhythmen führt zu verhängnisvollen Folgesymptomen. *Ärztl. Praxis*, (1974c), *2:* 21.

Jovanović, U. J.: Erforschung des Schlafes und Wachseins. Klinische Relevanz polygraphischer Registrierungen. Nordwestdeutsche Gesellschaft für Ärztliche Fortbildung. Werk-Verlag Dr. E. Banaschewski, München, 1975a, Seite 36–43.

Jovanović, U. J.: Untersuchungen des Schlafes unter Wirkung von Alimemazin. *Med. Welt*, (1975b), *26:* 1245–1251.

Jovanović, U. J.: *Die Traumforschung.* In: Pongratz, L. (Hg.): Handbuch der Psychologie. Band 8 – Klinische Psychologie. Dr. Hogrefe, Göttingen, 1977.

Jovanović, U. J.: Biorhythmic Aspects of Sleep-Waking-Cycle in Healthy and Ill People. *Totus Homo (Milano)*, (1978), *8:* 31–59.

Jovanović, U. J.: *Der Stand der modernen Schlafforschung – Ursachen, Symptome und Bekämpfung von Schlafstörungen.* Erfahrungsheilkunde, Karl Haug Verlag, Heidelberg, (1979a), Seite 902–913.

Jovanović, U. J.: *Preventive Aspects of Endogenous Depression Through Sleep Studies.* Società Italiana Attività Superiore (SIANS), Milano, Italy, July, 5–8, 1979b.

Jovanović, U. J.: Rundschreiben an Schlafforscher der Welt in bezug auf die Definition des Schlafes und des Wachseins. Persönliche Korrespondenz, 1979c.

Jovanović, U. J.: Schlafstörungen. I. Klassifikation und Verbreitung. *Fortschr. Med.*, (1984a), *192:* 83–86.

Jovanović, U. J.: Schlafstörungen. II. Konkrete Vorschläge für die ambulante Therapie. *Fortschr. Med.*, (1984b), *102:* 108–112.

Jovanović, U. J.: *General Considerations of Sleep and Sleep Deprivation.* In: Degen, R., and Niedermeyer, E. (Eds.): Epilepsy, Sleep and Sleep Deprivation. Elsevier, Amsterdam–New York–Oxford, 1984c.

Jovanović, U. J.: *Polyhypnographie bei Kinder-Bettnässern.* XIX. Tagung der Dtsch. Gesellschaft für Kinder- und Jugendpsychiatrie. Mannheim, Mai 1985.

Jovanović, U. J.: Inversion der Schlafperiodik bei Gesunden und nicht-narkoleptischen Patienten. 23. Jahrestagung der Deutschen EEG-Gesellschaft. 8.–10. Oktober 1987, Ludwigshafen (1987).

Jovanović, U. J.: Psychophysiologie von Schlafen und Wachen. I. Polygraphische und biorhythmische Untersuchungen an Gesunden (Manuskript für Monographie, in Vorbereitung), 1988a.

Jovanović, U. J.: Schlafstörungen bei alternden Menschen. In: Lang, E. (Hg.): Praktische Geriatrie. Enke-Verlag, Stuttgart (in Druck), 1988b.

Jovanović, U. J.: Angewandte und Klinische Hypnose. Fischer-Verlag, Stuttgart (in Vorbereitung), 1989.

Jovanović, U. J., und Günther, H.: Weitere Untersuchungen zur Weckbarkeit des Menschen aus den REM-Phasen. Unpubliziertes Manuskript, 1988.

Jovanović, U. J., und Rasche, Ch(arlotte): Weitere Studien der Schlaflage beim Menschen mit Hilfe von Schlafpositoren. In Vorbereitung, 1988.

Jovanović, U. J., und Rathke, W.: Siehe Kapitel XXVI.

Jovanović, U. J., und Schäffer, R.: Siehe Kapitel XXVI.

Jovanović, U. J., und Sperrfechter, K., 1988. Siehe Kapitel XXVI.

Jovanović, U. J., und Theissen, R., 1988. Siehe Kapitel XXVI.

Jovanović, U. J., und Vorberg, R.: Zur Frage der Schlafmotorik und von motorischen Seitendifferenzen bei gesunden Probanden (in Vorbereitung), 1988.

Jung, R., and Kuhlo, W.: Neurophysiological Studies of Abnormal Night Sleep and the Pickwickian Syndrome. *Progr. Brain Res.*, (1965), *18:* 141–159.

Jus, L., Kiljan, A., Kubacki, A., Losieczko, T., Wilczak, H., and Jus, A.: Experimental Studies on Memory During Slow Sleep Stages and REM Sleep Stages. *Electroenceph. Clin. Neurophysiol.*, (1969), 27: 668.

Kales, A.: Psychophysiologic Studies of Insomnia. *Ann. Intern. Med.*, (1969), *71:* 625.

Katkin, E.S., and Murray, E.N.: Instrumental Conditioning and Automatically Mediated Behavior: Theoretical and Methodological Issue. *Psychol. Bull.*, (1968), *70:* 52–68.

Klein, H.E., und Hippius, H.: Angst – Diagnostik und Therapie in der täglichen Praxis. Springer, Berlin, 1983.

Kleitman, N.: Sleep and Wakefulness. Univ. Chicago, Chicago/Ill., 1963, 1972.

Kleitman, N.: *The Basic Rest-Activity Cycle in Sleep and Wakefulness.* In: Jovanović, U. J. (Ed.): The Nature of Sleep. Fischer, Stuttgart, 1973, pp. 40–42.

Koella, W.P.: The Organization and Regulation of Sleep, 1984. Experantia 40. Birkhäuser-Verlag, CH-4010 Basel, Schweiz.

Koella, W.P., and Levin, P. (Eds.): Sleep 1972. Karger, Basel, 1973, pp. 35–67. Literaturverzeichnis: Seite 62–67.

Koella, W.P., and Levin, P.: Sleep 1980. Karger, Basel, 1981. pp. 169–188. Literaturverzeichnis: Seite 186–188.

Kratochvíl, S(tanislav): Sleep and Hypnosis. *Brit. J. Clin. Hypnosis*, (1970a), *2(1):* 19–22.

Kratochvíl, S.: Sleep Hypnosis and Waking Hypnosis. *Intern. J. Clin. Exp. Hypnosis*, (1970b), *18:* 25–40.

Kripke, D.F.: An Ultradian Biologic Rhythm Associated with Perceptual Deprivation and REM Sleep. *Psychosom. Med.*, (1972), *34:* 221–234.

Kripke, D.F.: *Ultradian Rhythms and Sleep – Introduction.* In: Scheving, L.E., Halberg, F., and Pauly, J.E. (Eds.): Chronobiology. Thieme, Stuttgart, 1974, pp. 475–478.

Kugler, J.: Elektroencephalographie in Klinik und Praxis. Thieme, Stuttgart, 1963.

Kugler, J.: *Probleme der elektroencephalographischen Schlafdeskription.* In: Jovanović, U.J. (Hg.): Der Schlaf – Neurophysiologische Aspekte. J.A. Barth, München, 1969.

Kugler, J.: Die Beeinflussung von Vigilanz und Bewußtsein durch Aminoadamantansulfat. *Akt. Neurol.*, (1975), *2:* 43–52.

Kugler, J., and Laub, M.: Lambda Waves During Sleep. *Electroenceph. Clin. Neurophysiol.*, (1971), *30:* 168.

Kugler, J., and Laub, M.: Lambda Waves in Sleep Induced by Drugs. *Electroenceph. Clin. Neurophysiol.*, (1972), *32:* 332–333.

Kugler, J., und Laub, M.: Lambdoid-Wellen (RHO-Wellen) im Schlaf. In: Jovanović, U.J. (Hg.): Die Natur des Schlafes. Fischer, Stuttgart, 1973, Seite 31–35 (Ausführliche Literatur über Lambda-Wellen).

Lazarus, A.A.: Behavioral Rehearsal vs. Non-Directive Therapy vs. Advice in Effecting Behavior Change. *Behav. Res. Ther.*, (1966b), *4:* 209–212.

Lehmann, D., and Koukkou, M.: *Dream Formation in a Psychophysiological Model – The State-Change Theory.* In: Koella, W.P., and Levin, P. (Eds.): Sleep 1980. Karger, Basel, 1981, pp. 170–174.

Loomis, A.L., Harvey, E.N., and Hobart, G.A.: Potential Rhythms of the Cerebral Cortex During Sleep. *Science*, (1935), *81:* 589–597.

Loomis, A.L., Harvey, E.N., and Hobart, G.A.: Distribution of Disturbance-Patterns in the Human EEG with Special Reference to Sleep. *J. Neurophysiol.*, (1938), *1:* 413–430.

Moss, C.S.: Experimental Paradigms for the Hypnotic Investigation of Dream Symbolism. *Intern. J. Clin. Exp. Hypnosis*, (1961), *9:* 105–117.

Müller-Limmroth, W.: Schlafverhalten bei Mensch und Tier. II. Der Schlaf des Menschen. BYK-Gulden/Konstanz, 1973.

Newman, R., Katz, J., and Rubenstein, R.: The Experimental Situation as a Determinant of Hypnotic Dreams. *Psychiatry*, (1960), *23:* 63–74.

Nicholis, F.B., and Silvestri, L.G.: Hypnotic Activity of Placebo in Relation to Severity of Insomnia: A Quantitative Evaluation. *Clin. Pharmacol. Ther.*, (1967), *8:* 841–848.

Osgood, C.E.: Method and Theory in Experimental Psychology. Oxford Univ. Press, 1953.

Othmer, E.: *Schlaf- und Schlafverhalten.* In: Bürger-Prinz, H., und Fischer, A.: Schlaf – Schlafverhalten – Schlafstörungen. Enke, Stuttgart, 1967, Seite 32–80.

Perry, C.W., Evans, F.J., O'Connell, D.N., Orne, E.C., and Orne, M.T.: Behavioral Response to Verbal Stimuli Administered and Tested During REM Sleep. A Further Investigation. *Waking and Sleeping*, (1978), *2:* 35–42.

Pivik, T., Halper, C., and Dement, W.C.: Phasic Events and Mentation during Sleep. *Psychophysiol.*, (1969), *6:* 215.

Pötzl, O., Allers, R., and Teler, J.: Preconscious Stimulation in Dreams, Associations, and Images. *Psychol. Issue*, (1960), 2 Nr. 3 (Monograph 7).

Rapaport, D.: Consciousness – A Psychopathological and Psychodynamic Review. In: Problems of Consciousness. Transactions of the 2nd Conference, March 19–20, 1951. Josiah Macy Jr. Foundation, pp. 18–57.

Rapaport, D.: Cognitive Structures. In: Colorado University Symposium on the Contemporary Approaches to Cognition. Harvard Univ. Press, 1957, pp. 157–200.

Rasche, Ch.: Zum Problem der Schlaflage bei gesunden Menschen jüngeren und mittleren Alters. Beitrag zur Kenntnis der Schlafmotorik beim Menschen. Inaug.-Diss., Univ. Würzburg, 1974.

Rathke, W., and Jovanović, U. J.: Sleep Profile and Ultradian Sleep Periodicity in Child Bed-Wetters – Studies of Sleep Parameters in Comparison with Those of Healthy Children of the Same Age. *Waking and Sleeping*, (1977), *3:* 313–318.

Rechtschaffen, A., Verdone, P., and Wheaton J(oy): Reports of Mental Activity During Sleep. *Canad. Psychiat. Ass. J.* (1963), *8:* 409–414.

Roffwarg et al., 1964, 1966, 1978, Siehe Kapitel XXII.

Roth, B.: Narkolepsie und Hypersomnie vom Standpunkt der Physiologie des Schlafes. VEB-Verlag, Berlin (Ost), 1962.

Roth, M., and Green, J.: The Lambda Wave as a Normal Physiological Phenomenon in the Human EEG. *Nature*, (1953), *172:* 864–866 (Siehe dazu Green, J., 1957 in Kapitel XXIV sowie Kugler, J., und Laub, 1971, 1972, 1973).

Rubin, F.: Learning and Sleep. The Theory and Practice of Hypnopaedia. John Wright & Sons, Bristol, 1971.

Salzarulo, P., and Cipolli, C.: Memory Processing of the Mental Sleep Experience. In: Koella, W. P., and Levin, P. (Eds.): Sleep 1980. Karger, Basel, 1981, pp. 178–182.

Schäffer, R.: Zum Problem der Weckbarkeit aus dem Schlaf heraus bei gesunden Menschen jüngeren Alters. Inaug.-Diss., Univ. Würzburg, 1973.

Schäffer, R., Beck, M., Brocker, E., Günther, H., and Maralik, I.: Depth Sleep and ‹Arousal Threshold›. In: Jovanović, U. J. (Ed.): The Nature of Sleep. Fischer, Stuttgart, 1973 (Summarized by Jovanović, 1973, pp. 43–47).

Schiff, S.: The EEG, Eye Movements and Dreaming in Adult Enuresis. *J. Nerv. Ment. Dis.*, (1965), *140:* 397–404.

Schiff, S., Bunney, W. E., and Freedman, D.: A Study of Ocular Movements in Hypnotically Induced Dreams. *J. Nerv. Ment. Dis.*, (1961), *133:* 59–68.

Schrötter, K.: Experimentelle Träume. *Zbl. Psychoanal.*, (1912), *2:* 638–646.

Shapiro, A., Goodenough, D. R., and Gryler, R. B.: Dream Recall as a Function of Method of Awakening. *Psychosom. Med.*, (1963), *25:* 174–180.

Shevrin, H., and Luborsky, L.: The Rebus Technique – A Method of Studying Primary-Process Transformations of briefly Exposed Pictures. *J. Nerv. Ment. Dis.*, (1961), *133:* 479–488.

Snyder, F.: The New Biology of Dreaming. *Arch. Gen. Psychiat.*, (1963), *8:* 381–391.

Solovey, G., and Milechnin, A.: Hypnotic Phenomena, Suggestion and Oneiric Activity. *Amer. J. Clin. Hypnosis*, (1960), *2:* 122–137.

Sperrfechter, K.: Traumberichte nach dem Wecken aus den Traumphasen. Inaug.-Diss., Univ. Würzburg, 1976.

Spiegel, H., and Spiegel, D.: Trance and Treatment – Clinical Uses of Hypnosis. Basic Books Publ., New York, N. Y., 1978.

Stockert, F. von: Problemwandel in der Kinderpsychiatrie. *Nervenarzt*, (1967), *38:* 137–142.

Stoyva, J.: The Effect of Suggested Dreams on the Length of Rapid Eye Movement Period. Doctoral Dissertation, Univ. Chicago, Chicago, 1961.

Stross, L., and Shevrin, H.: A Comparison of Dream Recall in Wakefulness and Hypnosis. *Intern. J. Clin. Exp. Hypnosis*, (1967), *15:* 63–71.

Sutcliffe, J. P., 1958. Zitiert in Evans, F. J., 1977.

Tart, C. T.: A Comparison of Suggested Dreams Occurring in Hypnosis and Sleep. *Intern. J. Clin. Exp. Hypnosis*, (1964), *12:* 263–289.

Tart, C. T. (Ed.): Altered States of Consciousness – A Book of Readings. Wiley & Sons, New York, N. Y., 1969.

Theissen, R.: Elektrooculographische Registrierungen von raschen Augenbewegungen. Inaug.-Diss., Univ. Würzburg, 1973.

Thomas, K(laus): *Möglichkeiten und Grenzen von Autogenem Training und Hypnose bei Schlafstörungen.* In: Faust, V. (Hg.): Schlafstörungen (Compendium Psychiatricum). Hippokrates, Stuttgart, 1985, Seite 144–151.

Vorberg, R.: Zur Problematik der Motorik im Schlaf – Experimentelle Untersuchungen an gesunden Menschen jüngeren Alters. Inaug.-Diss., Universität Würzburg, 1973.

Wells, W. R.: Experiments in Waking Hypnosis for Instructional Purposes. *J. Abnorm. Soc. Psychol.*, (1924), *18:* 389–404.

White, R. W.: Two Types of Hypnotic Trance and Their Personality Correlates. *J. Psychol.*, (1937), *3:* 279–289.
Winkler, W. Th.: Der Traum. *Fortschr. Neurol. Psychiat.*, (1954), *22:* 227.
Winterstein, H.: Schlaf und Traum (2. Auflage). Springer, Berlin, 1953.

XXV. Psychophysiologische Aspekte

1. Begriffe und Definitionen

Die *Psychophysiologie* oder *physiologische Psychologie* (Birbaumer, 1975) ist etwas mehr als die reine *Neurophysiologie*. Während sich die letztere – wie wir dies in Kapitel XXII feststellen konnten – mit den *neuronalen Antworten* im *Zentralnervensystem (ZNS)* auf periphere oder zentrale Reize befaßt, studiert die erstere *auch deren psychische Auswirkungen* (Akert et al., 1965; Magoun, 1950, 1952, 1958; Mulholland, 1969; Zangwill, 1960; u.v.a.). Mit dem vorliegenden Kapitel gehen wir also *tiefer und konkreter auf die Hypnosemechanismen* über, als dies in den bisherigen Kapiteln getan wurde.

2. Hypnose und neocorticale Hirnaktivität

2.1 Vorbemerkungen zur speziellen Problematik

Der *Neocortex* reguliert unter anderem *die präzise räumlich-zeitliche Kommunikation mit der Umwelt und die formal-intellektuellen und stereognostischen Fertigkeiten* (Jänig, 1985). Seitdem die Hypnose als solche wissenschaftlich zur Kenntnis genommen wurde, hat man nach einem geeigneten *Substrat* im ZNS gesucht. Nach vielen diesbezüglichen Befunden sieht es bereits jetzt so aus, *als ob die strengen anatomischen Kriterien des ZNS auf die Psychophysiologie der Hypnose nicht unbedingt angewandt werden können.*

2.2 Die frontalen Hirnregionen

2.2.1 Zur neuroanatomisch-funktionellen Organisation

Zum frontalen Cortex im engeren Sinne zählen die Areale 9 und 12 auf der *dorsalen* und *lateralen* Seite des Frontallappens sowie die Areale 13 und 14 auf der *orbitalen* Seite. Diese *homotypen* Cortexanteile werden als *präfrontaler Cortex* bezeichnet. Von Bedeutung für die Hypnose ist, daß dieser präfrontale Cortex seine Afferenzen im wesentlichen vom *Nucleus medialis dorsalis thalami*, einem der *unspezifischen Thalamuskerne*, erhält. Außerdem hat der präfrontale Cortex reziproke Verbindungen mit verschiedenen Anteilen des *limbischen Systems* (Cyrus cinguli, Hippocampus, Nucleus amygdaloideus, Hypothalamus), das sich seinerseits *an der Gestaltung des Unbewußten, der Hypnose (Beruhigung, Relaxation, Aufnahme von Suggestionen), der hypnogenen Zonen und der Steuerung der Emotionen* zu beteiligen scheint (siehe unten). Der präfrontale Cortex könne auch als *neocorticaler Teil des limbischen Systems* angesehen werden, wobei seine *dorsalen Anteile mehr dem Hippocampus, die ventralen mehr dem Nucleus amygdaloideus* angeschlossen seien (Schmidt, 1985). Somit könne dem präfrontalen Cortex die *erlernte Kontrolle des angeborenen Verhaltens* zugeschrieben werden. Patienten mit Läsionen im Frontallappen seien besonders *impulsiv, ungehemmt, reizbar, aspontan* oder auf eine andere Weise psychisch auffällig (Gazzaniga, 1979; Poeck, 1978). *Präfrontale Lobotomien oder Leukotomien* würden zur Linderung des

abnormen Verhaltens und Minderung der affektiven Anteilnahme an *Schmerzen* führen (siehe unten).
Lange Zeit wurde *der Frontallappen* beim Menschen als die *stumme Region* angesehen. Die *stummen* oder *unspezifischen Areale* nehmen beim Menschen den größten Teil der Hirnrinde ein. Das hat Hirnforscher veranlaßt, sich diesen anatomischen Gebieten intensiv zu widmen. Ursprünglich wurde dabei vom *assoziativen Cortex* oder von *Assoziationsfeldern* gesprochen (Schmidt, 1985). Diese Ansichten entstammten der Meinung, die Assoziationsfelder würden über *cortico-corticale Verbindungen die sensorischen mit den motorischen Arealen* verknüpfen. Dabei würden sie zur Wahrnehmung und zur Verarbeitung der aufgenommenen Informationen beitragen und gleichzeitig den *Sitz der höchsten geistigen Funktionen beinhalten* (Schmidt, 1985). Zusätzlich zu den Erkenntnissen, daß es cortico-corticale Verbindungen selten gibt, hat die neuere Psychophysiologie zeigen können, daß sich die Rolle der *unspezifischen Cortexareale* noch weiter eingrenzen läßt. Zum Beispiel sind die *parietalen* und *temporalen Hirnabschnitte an neuronalen Prozessen der Sprache*, teils am *Form-* und *Raumerkennen von Körpern* und der *Außenwelt* beteiligt. Dabei ist eine sehr interessante *Lateralisation* beobachtet worden (siehe unten). Andererseits hat man nachweisen können, daß die frontalen Hirnregionen auch jene Funktionen *nicht allein* ausüben, die ihnen zunächst als klassisch zugeschrieben worden waren. Beispielsweise konnten *neuronale epileptische Äquivalente* erst dann massiv im frontalen Bereich beobachtet werden, nachdem der *optische Cortex «abgefragt» worden war* (Janzen und Müller, 1952; Janzen et al., 1951, 1954).

2.2.2 Experimente zur Rolle des Frontallappens: Zur Frage der Schmerzen und Anästhesie/Analgesie unter Hypnose

Nach Duensing (1966) bringt wahrscheinlich die Schwerpunktbildung der neurophysiologischen Gesamtaktivität zwangsläufig *eine Hemmung vieler Neurone* mit sich. Der Hypnotisand nimmt Vorgänge, die sich in seiner Umgebung abspielen, Musik, Gespräche, nicht oder kaum wahr. Das gilt auch für sein Körperbild. *Die Schmerzempfindung – hier als Beispiel genommen – pflegt schon ohne diesbezügliche Suggestionen herabgesetzt zu sein* (Duensing, 1966). Überdies kann *suggestiv* eine *allgemeine* oder – noch wirksamer – eine *lokale Analgesie* erzeugt werden. Der psychophysiologische Mechanismus dazu ist noch nicht genau bekannt. Es wird aber angenommen, daß an mehreren Stellen, von den Rezeptoren bis zu den zentralen Arealen, zur Impulsverarbeitung *im Thalamus und im sensorischen Cortex Blockaden existieren* (Kapitel XXVII.2). *In der hypnotischen Analgesie* (Sears, 1932) könnte die Schmerzleitung schon *an der ersten Synapse der Schmerzbahn im Bereich der Hinterhörner des Rückenmarks* unterbrochen worden sein (Kapitel XXVII.2). Andererseits kennt man heute in den sensorischen Bahnen efferente, also *zentrifugal leitende Nervenfasern*, die den Einstrom der sensiblen und sensorischen Impulse drosseln können. Hernández-Peón et al. (1956) haben *im ersten akustischen Kern* der Katze durch *clicks* Summen-Potentiale ausgelöst. Zeigten sie der Katze nun eine Maus, so wurden diese Potentiale kleiner oder aufgehoben. D. h., durch die *Hinwendung der Aufmerksamkeit auf einen für die Katze höchst interessanten Bewußtseinsinhalt wurde die Aufmerksamkeit für den nicht für die Katze gemünzten akustischen Reiz herabgesetzt und zwar durch eine Hemmung der akustischen Impulse bereits an der Eintrittspforte in den Hirnstamm.* Jeder von uns kennt aus der Alltagserfahrung gleichläufige Beobachtungen. Wer konzentriert arbeitet oder liest, bemerkt seine Umgebung nicht oder kaum mehr (Duensing, 1966, 1969). Die Unterbrechung der *Schmerzimpulsleitung an der ersten Synapse im Hinterhornbereich* könnte daher durch eine hemmende *Efferenz vom Cortex oder auch von der Formatio reticularis vom Hirnstamm her erfolgt sein.* Bei erwachsenen Menschen sei die Angelegenheit etwas komplizierter als in Tierversuchen. Hagbarth und Finer (1963) haben die Abwehrreflexe der unteren Extremität des Menschen unter dem Einfluß einer *hypnotisch suggerierten Analgesie des Beines* elektromyographisch untersucht. Während der Registrierung des Aktionspotentials des leicht angespannten *Musculus rectus femoris* wurden schmerzhafte elektrische Reize im Bereich der Wade gesetzt. Unter normalen Umständen besteht die Antwort aus einer *primären* spinalen Hemmung der Grundinnervation und einer *nachfolgenden* zerebral vermittelten Entladungsgruppe. *Bei hypnotischer Analgesie des Beines* wurde die primäre spinale Hemmung kaum beeinflußt, während die *zerebrale späte Entladungsgruppe entfiel*. Da also in der hypnotischen Analgesie *eine Unterbrechung der Schmerzleitung im Hinterhornbereich nicht stattfindet*, wird zu fragen sein, ob die *«Schmerzneurone»* im *Ventrolateralkern des Thalamus*, wie sie bei nicht narkotisierten Affen von Casey (1966) registriert worden sind, gehemmt werden können. Die gleichen Neurone werden auch durch den *Berührungsreiz* aktiviert. Casey (1966) beobachtete, daß die *Antwort auf den Schmerzreiz ausblieb, wenn ein akustischer Reiz vorangeschickt wurde*. Wenn beim Menschen in der hypnotischen Analgesie gelegentlich eine leichte Amplitudensteigerung der durch Reizung eines peripheren Nerven erzeugten *evozierten Potentiale* beobachtet worden ist, so handelt es sich hier möglicherweise um veränderte Erregungsabläufe *im unspezifischen System*, die eine Verminderung der den Schmerzreiz begleitenden *arousal reactions* anzeigen (Duensing, 1966). Die Blockade der schmerzvermittelnden Neurone ist hier nur von kurzer Dauer (Duensing, 1966). *Für die hypnotische Analgesie muß aber eine längerandauernde Blockierung der Thalamus-Schmerzneurone gefordert werden*. Und damit muß noch ein weiterer Faktor angeführt werden; das Phänomen einer längerwährenden Veränderung der Eigenschaften eines Neuronenverbandes durch einen mehr oder weniger komplexen Reiz, d. h. die *Merkfähigkeit* (Kapitel XXI). Von Eccles (1953, 1957, 1964, 1966, 1969, 1973, 1979) wird vermutet, daß durch den *Einprägungsvorgang* an den Synapsen der Dendriten Veränderungen gesetzt werden. Um den *Faktor der Übung*, also die fortschreitende Erleichterung der hypnotischen Analgesie, zu erklären, wird man auf die klassischen Experimente Pawlows (1954, 1956) zurückgreifen müssen. Als Ort der gesetzten aktiven Hemmung kommt aber nicht nur der Thalamus infrage. Es gibt eine ihm übergeordnete Instanz, welche nach vorliegenden klinischen Erfahrungen für das Schmererleben von Bedeutung ist, nämlich das oben zur Diskussion stehende *Frontalhirn* (Duensing, 1966; Gazzaniga, 1979). Zwar ist nach der Leukotomie die Schmerzempfindung nicht aufgehoben, *der Schmerz verliert jedoch seine unerträgliche affektive Tönung*. Normalerweise erfaßt ein heftiger Schmerz die ganze Persönlichkeit (Duensing, 1966; Hilgard und Hilgard, 1975, 1983). *Nach der Leukotomie wird der Schmerz aus einer gewissen Distanz registriert und ergreift nicht mehr das ganze Ich*. Casey (1966) hat im Rahmen der mehrneuronalen Registrierung vom *dorso-medialen Kern des Thalamus* her, welcher dem Frontalhirn seine (im Versuch aktivierte) Afferenz zuführt, *eine Hemmung nach Schmerzreizen* beobachten können. *Auch an eine Blockierung von Neuronen des Stirnhirnpols durch die hypnotische Analgesie ist demnach zu denken* (Duensing, 1966). J. H. Schultz (1954) hat auf die *Parallele zwischen der chirurgischen und der hypnotischen Leukotomie* hingewiesen.

Die organisierten Muster neuronaler Entladungen, die im Mittelpunkt unserer Ausführungen stehen, sind keineswegs das letzte Glied in der Reihe der Hirnvorgänge im hypnotischen Zustand. Die Entladungen der Neurone übermitteln gleichsam nur die *Nachrichten* innerhalb des komplizierten Gehirnapparates. Sie veranlassen sehr wahrscheinlich *chemische Veränderungen* an den Synapsen der Dendriten und der Soma oder an welchem anderen Ort auch immer (Kapitel XXIX). *Die hypnotische Analgesie* greift nicht nur in eine hirnunabhängige, nebelhafte psychologische Sphäre ein, *sondern es werden auch materielle bioelektrische und chemische Veränderungen erzeugt, wenn auch reversibler Art*. Es werden *Spuren* gesetzt, welche nur durch eine sachkundige Rückführung aus der Hypnose wieder gelöscht werden. *Der Hypnotiseur arbeitet mit einem Instrument, dessen Handhabung nicht weniger Erfahrung und Verantwortungsbewußtsein erfordert als der Gebrauch des Messers durch den Chirurgen* (Duensing, 1966; s. dazu Kapitel XI).

2.3 Die temporalen Hirnregionen

2.3.1 Zur neuroanatomisch-funktionellen Organisation

Funktionell-anatomisch unterscheidet man im Temporallappen *zwei Teile* mit verschiedenen Aufgaben (Evarts, 1964; Sperling, 1960; Sperling und Creutzfeld, 1959; Stephan, 1964; Sterman, 1973, 1977).

(a) *Der laterale, mehr spezifische Teil* liegt zwischen der Fissura Sylvii, dem parietalen und occipitalen Lobus. *Der kraniale Teil* ist durch den Operculum abgegrenzt. Die *dorsalen* Anteile können nicht leicht definiert werden. Auf der Convexität könne eine Linie vom Ramus occipitalis der Fissura Sylvii zur Impressio petrosa gezogen werden. *Auf der basalen Seite* könne keine entsprechende Abgrenzung zum occipitalen Lobus gezogen werden (Sperling und Creutzfeldt, 1959).

(b) Der mediale Teil spielt bei der Hypnose eine viel wichtigere Rolle als der laterale. Dieser Teil deckt sich jedoch funktionell-anatomisch zum größten Teil mit dem limbischen System, so daß wir uns dort damit befassen werden (siehe unten). *Reizung oder Ausschaltung einiger Teile* oder *des ganzen Temporallappens* führen zu manifesten Erscheinungen im *psychischen, emotionalen und psychomotorischen Bereich.* Bei den unten näher zu diskutierenden Experimenten von Penfield (1952, 1957, 1958, 1959), Penfield und Jasper (1954) sowie Penfield und Rasmussen (1950) konnten *dramatische subjektive Erfahrungen* bei Patienten hervorgerufen werden. Die Reizung der lateralen Anteile des temporalen Cortex hat bei Kranken *das Vermögen der Erinnerung an längst vergessene Erlebnisse geweckt.* Diese Erlebnisse waren denen von *déjà vu* bei *psychomotorischer Epilepsie* ähnlich (Jovanović, 1974a). Die Reizung der Helschl's Gyrus und der Area temporalis 22 kann *undefinierte Geräusche* und *Nystagmus* (Evarts, 1964; Penfield und Rasmussen, 1950), die des ersten temporalen Gyrus einen *Nystagmus* (Penfield und Rasmussen, 1950) und die des anteromedialen und basalen Cortex und des Uncus *olfaktorische* und *gustatorische Illusionen* und *Halluzinationen* hervorrufen (Kapitel XXI.3) (s. dazu Penfield und Faulk, 1955).

2.3.2 Psychische Antworten auf neurochirurgische Einriffe: Zur Frage der Vorahnung und Imaginationen unter Hypnose

Für das Hypnose-Problem sind die bereits angekündigten Sensationen im psychischen Bereich mit emotionalem Anklang nach Reizung des Temporallappens von enormer Bedeutung. Im Kapitel VIII.12.2 sprachen wir über de Puységur (1715–1825), der im Jahre 1784 bei einem Victor Racé in dessen *somnambulem Zustand* einige markante Erscheinungen mit dem Erwähnen von «*Magna Mater... mit unheimlichen Wellen gegen den Körper... etc.*» beobachten konnte. Diese sehr wichtigen und nicht von einem Mediziner oder Psychologen entdeckten Erscheinungen warteten fast zwei Jahrhunderte auf eine wissenschaftliche Verifizierung. Genau 170 Jahre nach de Puységur haben Penfield und Jasper (1954) bei ihren *stereotaktischen Operationen* im Gehirn (über 1000 Operationen in 27 Jahren) bei lokalanästhesierten Patienten eine Stelle im *lateralen Temporallappen* gefunden, die wahrscheinlich für die *Speicherung des Wahrgenommenen* (des Gelernten) verantwortlich ist. *Im Traum und in Hypnose* werde diese Stelle aktiviert (Kroger, 1977), worauf dann das Gespeicherte analysiert werden könne. Wenn die Autoren durch eine Elektrode einen kleinen Schock hervorrufen, dann könne «*ein Strom des Bewußtseins*» wieder zu strömen beginnen (Diamond, 1964; Penfield, 1959). *Das vergangene Erlebnis werde hervorgeholt, ganz plötzlich und höchst detailliert, wie ein Filmstreifen oder ein Stück Magnetbandaufnahme.* Beim Patienten S. B. hörten Penfield und Jasper (1954) nach der Reizung des Temporallappens die Worte: «*Dort drüben war ein Klavier und jemand spielte. Ich konnte das Lied hören...».* Als man das Gebiet ein nächstes Mal reizte, sagte S.B.: «Jemand sprach gerade zu jemandem und erwähnte einen Namen, aber ich konnte ihn nicht verstehen... Es war wie ein Traum...». Als man den gleichen Punkt ohne das Wissen von S.B. reizte, sagte er: «Ja, o Marie, o Marie! Jemand singt das...». Nach der vierten Reizung hörte er dasselbe Lied wieder und sagte: «...das muß das Leitlied einer Radiosendung sein...». Penfield und Jasper (1954) nannten dies *Erfahrungsgedächtnis*, d.h., *das Wideraufleben einer bewußten Abfolge aus dem früheren Leben, die durch spätere Erlebnisse unverändert bleibt.* In einigen Fällen hat der Patient nach dem Anlegen der Elektroden und der *Reizung der temporalen Teile des limbischen Systems «ein plötzliches Gefühl der gegenwärtigen Situation»* gehabt, d.h., das *interpretierende Gedächtnis.* Über diese Gedächtnisform denke der Patient nicht bewußt nach. Der Patient N.M. sagte z.B. nach der Reizung: «... *gerade spürte ich ein winziges Aufblitzen von Vertrautheit und das Gefühl, daß ich alles wußte, was in der unmittelbaren Zukunft geschehen würde... Als hätte ich das alles schon einmal durchgemacht.*» Kubie und Margolin (1944) sagten daraufhin begeistert, das sei das elektrisch heraufbeschworene Erlebnis, d.h. *das Material, aus dem die Träume entstehen.* Diese Phänomene spielen wahrscheinlich bei der *hypnotischen Revivikation* eine große Rolle (Kapitel XXI.10). Ähnlichkeiten dieser Antworten der neurochirurgischen Eingriffe mit Reaktionen der Hypnotisanden während des somnambulen Zustandes sind nicht zu verkennen (siehe dazu Kapitel XXIII.5).

2.3.3 Beobachtungen bei stereotaktischen Operationen: Neuronale Entladungen und Hypnose

Die Rolle des Temporallappens ist trotzdem weiterhin kontrovers (Kroger, 1977; Sironi et al., 1979, 1980; Talairach et al., 1967, 1974; Tinterow, 1970). Die größte Schwierigkeit resultiert aus den von uns bisher dargestellten Informationen über die Hypnose, die noch nicht definitiv sind. DeBenedittis und Sironi (1986) untersuchten eine 35 Jahre alte Frau mit *partiellen epileptischen Anfällen komplexer Symptomatologie* sowie *fokalen EEG-Veränderungen* über der *linken temporalen Hirnregion.* Die fortlaufende EEG-Tiefableitung wurde mit *acht stereotaktisch implantierten Elektroden* (sieben links und eine rechts temporal) vorgenommen. Bei radiologischen Kontrollen der Elektrodenlokalisation wurde der *Talairach stereotaktische Atlas* (Talairach et al., 1967) benutzt. *Drei tiefe Ableitungen* erfaßten die Aktivität der limbischen (Ammon's Horn und Amygdala) und *drei oberflächliche* die über den kortikalen Strukturen (anteriorer und posteriorer temporaler sowie fronto-orbitaler Cortex).

Die *Hypnotisierbarkeit* nach *Barber Suggestibility Scale (BSS)* (Barber, 1969) wurde durch *zwei Beobachter* kontrolliert. Die Patientin war nach *sieben von acht Punkten* der BSS hoch hypnotisierbar und wurde nach der *Standard-Induktions-Prozedur* (Barber und Calverley, 1963) *hypnotisiert.* Das EEG wurde 15 Minuten lang im *Wachsein (Baseline)* vor dem Hypnosebeginn und dann 15 Minuten lang während der *Wachsuggestionen* (Imagery Instructions) abgeleitet. Daraufhin erfolgte die Hypnose mit (a) *Anregen zur Kooperation,* (b) *progressiver Relaxation,* (c) *Dissoziation,* (d) *Amnesie* und (e) *Wecken.* Die Patientin war in der tiefen Hypnose gewesen (Katalepsie, Halluzinationen, totale Amnesie, spontane Analgesie). Nach dem Wecken hielt die Patientin ihre Augen *auf Suggestionen* für 35 Minuten offen, dann schloß sie unter gleichen Konditionen die Augen, und daraufhin wurde nach weiteren 5 Minuten für die Dauer von 15 Minuten wieder das EEG abgeleitet. Zweimal wurde das EEG ausgewertet (ANOVA: Analysis of Variance). Diese Untersuchungen können mit denen von Duensing (1966) in eine Analogie gebracht werden.

Die Hypnose ergab eine statistische Zunahme der Alpha-Aktivität mit mäßiger Zunahme der Beta-Aktivität und eine Abnahme der langsamen Aktivität im Vergleich mit Prä- und

Posthypnose. Die diskriminante Analyse der quantitativen EEG-Daten stimmte mit der von Ulett et al. (1972) überein, die *eine Abnahme der langsamen und eine Zunahme der Alpha-Aktivität mit relativ hoher Frequenz während der Hypnose-Induktionen fanden*. Die Resultate von DeBenedittis und Sironi (1986) würden somit die Hypothese über die hippocampale Steuerung der Hypnose unterstützen (s. dazu Kapitel XXV.6.6). *Die bioelektrische Aktivität des limbischen Systems sei jedoch nach diesen Autoren «far from being strictly related to discrete typical behaviors, such as hypnotic trance, and further studies are needed in order to acquire more evidence»*.

2.3.4 Spontane psychomotorische Phänomene bei Patienten: Zur Frage der psychischen Distorsion und Desorientierung unter Hypnose

Von den meisten Forschern (Goldie, 1979; Janz, 1969; Jovanović, 1974a; Maurach, 1983; Popoviciu, 1976, 1977; Schmidt, 1973) wird bei Kranken mit *psychomotorischer Epilepsie* in bezug auf den psychischen Bereich von *Dämmerattacken* (oder Dämmerzuständen) gesprochen. Dabei hat man wahrscheinlich mehr an eine *Umdämmerung*, d. h. an eine *Desorientierung*, gedacht. Solche Veränderungen des Bewußtseins sind in der Tat bei diesen Patienten nicht selten, ja sogar charakteristisch. Die Attacke beginnt mit einer lividen Verfärbung des Gesichts, starrem Blick, Salivation und anderen psychovegetativen Phänomenen. Der Patient fällt jedoch nicht zu Boden, er zeigt im übrigen keinen Krampfanfall. Die nächste Phase ist die der *Reorientierung*, wobei der Patient versucht, den Kontakt mit der Umgebung wiederherzustellen. *Dieses Verhalten verläuft oft nur in der Heftigkeit etwas anders als jenes beim artifiziellen (hypnotischen) oder spontanen Somnambulismus* (Kapitel XXIII.5 sowie Jovanović, 1974a). Der Patient kann in einem «Dämmerzustand» auch *visuelle, akustische, vestibuläre* und *olfakto-gustatorische*, aber auch *taktile Halluzinationen* oder *Illusionen* erleben (Hallen, 1954; Janz, 1969; Jovanović, 1974a; u.v.a.). Auch diese Phänomene sind in der Hypnose nicht selten (Kapitel XXI und XXII). In diesem Zusammenhang darf auch betont werden, daß – wenn überhaupt – *die psychomotorische Epilepsie jene Epilepsieform ist, die auf Hypnose/Hypnotherapie mit einer Besserung, ja sogar Heilung*, anspricht. Die Patientin, die wir (Jovanović, 1979) vorgestellt haben, *ist auch sieben Jahre nach dem Ende der Hypnotherapie anfallsfrei, obwohl sie am Arbeitsplatz ziemlichem Streß* (Schichtwechsel, vorwiegend Nachtarbeit) *unterzogen ist*.

2.4 Die parietalen Hirnregionen

Bezüglich der Hypnose agieren diese Hirnregionen wahrscheinlich überwiegend *gemeinsam* mit den benachbarten frontalen, temporalen und optischen Hirnregionen (s. dazu Abschnitt XXV.6.6.1).

2.5 Die occipitalen Hirnregionen

2.5.1 Zur neuroanatomisch-funktionellen Organisation

Die occipitalen Hirnregionen haben funktionell eine Sonderstellung. So enthält der *optische Cortex primäre, sekundäre* und *tertiäre visuelle Regionen* (Area 17, 18, 19). Die visuelle Information wird durch die den Sehnerv bildenden Axone der retinalen Ganglienzellen in das Gehirn übertragen. Die Sehnerven vereinigen sich an der Schädelbasis zum *Chiasma nervi optici*, von wo die aus der nasalen Retinahälfte stammenden Sehnervenfasern zur Gegenseite kreuzen. Die Sehnervenfasern aus der temporalen Retinahälfte ziehen *ipsilateral* mit den *gekreuzten Axonen* der anderen Sehnerven im *Tractus opticus* zu den ersten zentralen Schaltstellen der Sehbahn, dem *Corpus geniculatum laterale*, den *Colliculi superiores*, dem Kern des *optischen Traktes*, den *Kernen des accessorischen optischen Traktes* und der *prätectalen Region* des Hirnstammes. Die Axone der Geniculatumzellen verlaufen durch die *Radiatio optica* vorwiegend zum *primären visuellen Cortex* (Area striata = Area 17 der occipitalen Großhirnrinde). Von dort gehen weitere Verbindungen zum *sekundären* (Area 18) und *tertiären visuellen Cortex* (Area 19) sowie zu den Colliculi superiores (Grüsser, 1985).

So sehr unsere Kenntnisse über das visuelle System in der letzten Zeit erweitert worden sind, so klar muß ausgesprochen werden, daß die eigentliche Aufgabe, nämlich die *Gestalt-Wahrnehmung* physiologisch zu deuten, bisher nicht gelöst ist. Bestimmte Störungen im visuellen System, bei denen die Fähigkeit, einige Muster zu erkennen, ausgefallen sein können, mögen vielleicht Hinweise über die beteiligten neuronalen Vorgänge geben. Aber genau genommen konnten bisher nur Aspekte des Sehens, z. B. *Sehschärfe*, *Kontrastverschärfung*, *Adaptation und manche Konstanzphänomene* normal diskutiert werden. Und diese Aspekte des Sehens sind, verglichen mit der Gestalt-Wahrnehmung, *eher periphere Vorgänge* (Poeppel, 1979). Vielleicht unterliegt das Auge deshalb vielen *Trugwahrnehmungen*, die mit weiteren Folgen verbunden sind (Evans, 1953; Grüsser, 1985; Poeppel, 1979).

2.5.2 Experimentelle Befunde der Mikroneurophysiologie

Bei den bereits erwähnten Untersuchungen von Janzen und Müller (1952) sowie Janzen et al. (1951, 1954) stellte sich heraus, *daß der optische Cortex auch bioelektrisch eine ganz andere Eigenschaft als der motorische Neocortex* aufweist. Die Reizung der *Area striata* zeigt nicht jene Tendenz wie der motorische Cortex, die Erregungen von einer Hemisphäre zur anderen zu leiten. Während die motorische Region eine Zeitspanne von 1/100 Sekunde benötigt, bis sich die Erregungen von einer Hemispäre auf die andere ausbreiten, ist die Zeit dieser Ausbreitung im optischen Cortex für dieselbe Entfernung *auf mehrere Sekunden ausgedehnt*. Janzen et al. (1951, 1954) nehmen daher an, daß die Ausbreitung von Erregungen im motorischen Cortex den *axonalen Weg* in Anspruch nimmt, während der optische Cortex *einen anderen Ausbreitungsmechanismus* benutzt, mit viel größerer Verzögerung des Vorganges. Der optische Cortex beansprucht wahrscheinlich den *unspezifischen, d.h. polysynaptischen, Ausbreitungsmechanismus*, dessen Latenzzeit viel länger ist. Weitere Untersuchungen – unter anderem – von Creutzfeldt (1974) haben die Meinung der ersterwähnten Autoren bestätigt; *die optische Hirnregion ist funktionell eng mit dem unspezifischen System des Hirnstammes verbunden* (Evarts, 1962).

Es ist bekannt (Grüsser, 1985), daß die optische Signalverarbeitung unter anderem in den *Colliculi superiores* stattfindet. Die Nervenzellen in den Colliculi superiores reagieren bevorzugt auf bewegte visuelle Reizmuster und sind zum Teil auch richtungsempfindlich (Bach-y-Rita und Collins, 1972; Grüsser, 1985; Grüsser und Grüsser-Cornehls, 1969; Jung, 1963a; Schaefer, 1967; Schiller, 1972). Noch wichtiger ist für die Hypnose das *Corpus geniculatum laterale* (oder: *Corpora geniculata lateralia*) *(CGL)*. Im CGL endigen die Opticusaxone *in drei dem ipsilateralen und drei dem kontralateralen Auge* zugeordneten Zellschichten. In den letzten Jahren sind auch während des REM-Schlafes bei Versuchstieren *gewisse Verbindungen zwischen den optischen Traumerlebnissen und den Aktivitäten der Neurone im CGL gefunden worden*. Beim Einsetzen des REM-Schlafes konnten unter anderem Jouvet und Michel (1959) sowie Bizzi und Brooks (1963) einzelne enorm hohe *Spikes* im EEG finden, *die wegen ihrer Verbindung mit Pons, Corpus geniculatum laterale und optischem Cortex pontogeniculo-occipitale (PGO) Spikes* genannt wurden. Diese PGO-

Spikes konnten auch nach einer Injektion mit *Reserpin* beobachtet werden (Arkin et al., 1968; Brooks und Gershorn, 1971, 1972; Delorme, 1966; Delorme et al., 1965; Matsumoto und Jouvet, 1964), *wahrscheinlich wegen der Ausschüttung von Neuromodulatoren* (Kapitel XXIX). Laurent et al. (1973) konnten bei Katzen unter *Reserpin* oder nach *encéphale isolé* (Bremer, 1936) die topographische Seite, insbesondere die *Lateralisation*, beobachten (siehe unten). Nach den Befunden von Simon und Brooks (1973) *unterscheiden sich die PGO während des REM-Schlafes von den ähnlichen Spikes im Wachsein des Versuchstieres.* Diese Unterschiede wurden auf die vielfältige Rolle des *Serotonins* im Wachsein und während des REM-Anteils des Schlafes zurückgeführt. In der Folgezeit sind die PGO-Spikes verschiedentlich untersucht worden. *Ihr Zusammenhang mit dem optischen Cortex und mit dem REM-Schlaf wurde nachgewiesen* (Matsuzaki et al., 1964). Auch eine Beziehung zu den raschen Augenbewegungen (Rapid Eye Movements) selbst konnte als sicher angenommen werden (Arkin et al., 1968; Balzamo und Bert, 1977; Brooks, 1967; Jalfre et al., 1970, 1972, 1973; Jovanović, 1988). Zusammenhänge der REMs mit der *GABA-Konzentration* (siehe unten) wurden angenommen (Jalfre et al., 1970, 1972, 1973). Befunde über die Korrelation der PGO mit gewissen *visuellen hypnotischen Imaginationen/Halluzinationen* liegen kaum vor, sind jedoch wahrscheinlich.

2.5.3 Befunde an den peripher zu erfassenden Organen und Systemen: Zur Frage der visuellen Halluzinationen unter Hypnose

Die in Kapitel IX.4.2.4.11 (Literatur siehe dort) beschriebenen *Imaginationen während der Hypnose* haben zu über 90 % *visuellen Charakter*, obwohl die Suggestionen dazu *verbal* (Hypnose-Induktionen) über das *akustische Zentrum im Temporallappen* appliziert werden. Den Befunden vieler Autoren zufolge empfindet man zu einem relativ hohen Prozentsatz die *Träume* als *visuelle Erlebnisse*. Schon älteren Autoren wie Hallam und Weed (1896) sowie Monroe (1905) und Hacker (1911) war dies aufgefallen. Monroes Berichten nach beanspruchen *optische (visuelle) Träume* 67 % aller Traumerinnerungen. *Akustische Träume* werden mit 26 % angegeben, *kinästhetische* mit 5 %, *taktile* mit 3 %, *Riech- und Geschmacksträume* mit je 1 %. Hallam und Weed (1896) geben visuelle Träume mit 84,5 % an, akustische dagegen mit 67,7 %. Bei Hacker (1911) findet man einen noch höheren Prozentsatz visueller (93 %) und akustischer (73 %) Träume. Kinästhetische Träume folgen mit 18 % aller Traumerinnerungen, taktile mit 16 %, Riech- und Geschmacksträume mit je 3 %. Visuelle Träume sind zu 20–60 % *farbig* (auch wenn sie nur kurz andauern). Die *längste Traumzeit haben farblose Träume. Drogen erhöhen den Prozentsatz farbiger Träume, einige Hormone ebenfalls* (siehe dazu Kapitel XXIV.2) (fehlende Literaturstellen sind auch bei Jovanović, 1974b, 1975 zu finden).

Größte Aufmerksamkeit wurde in den letzten Jahren dem Zusammenhang *zwischen REMs (Rapid Eye Movements)* (Abb. 20 und 21) *und Trauminhalten* gewidmet. *Die Augen schienen sich in jene Richtung zu bewegen, in der die Traumszenen abliefen. Spielte sich der Traum links vom Träumer ab, so bewegten sich die Augen nach links, bewegten sich die Gegenstände horizontal, rollten auch die Bulbi hin und her, scheinbar im gleichen Tempo wie die geträumten Gegenstände.* Kleitman und andere (Amadeo und Gomez, 1964, 1966; Berger et al., 1962; Jouvet, 1965a–c, 1969, 1972, 1980; Jovanović, 1971, 1974b, 1975; Jovanović und Theissen, 1988; Kleitman, 1939, 1963, 1969, 1972, 1973) beobachteten einmal ein sehr schnelles Hin- und Herpendeln der Augenbulbi während der REM-Phase. Geweckt, berichtete der Träumer, er habe von zwei Kollegen geträumt, *die sich im Traum vor ihm gegenseitig mit Tomaten beworfen hätten.* Bei einem anderen Träumer wurde ähnliches festgestellt. Er berichtete, er habe mit einem Partner *Tischtennis* gespielt und mit den Augen den Ball verfolgt. Es gibt dafür noch viele andere Beispiele, z. B. wenn man ein *Flugzeug* mit den Augen verfolgt oder von einer *Brücke* aus ein *Schiff* beobachtet (Jovanović, 1974b, 1989). Verbindet man die Lebhaftigkeit der Augenlider während der Hypnose bei Katalepsien, das Augenrollen nach oben bei hoch suggestiblen Vpn (siehe Kapitel XIV und unten), den bereits erwähnten hohen Prozentsatz der visuellen Imaginationen in der Hypnose mit all diesen hier angeführten Befunden über den visuellen Charakter des Trauminhalts und begleitende rasche Augenbewegungen, so läßt sich die Annahme über die gemeinsamen steuernden Hirnstrukturen von Traum und Hypnose untermauern (siehe auch Kapitel XXIV und XXVI).

3. Hypnose und funktionelle Lateralisation des Gehirnes

3.1 Vorbemerkungen zur Lateralisationsproblematik

Die Lateralisation der Funktionen des Gehirnes wird am besten an den Veränderungen des *Bewußtseins* und der *Sprache* studiert. In dieser Beziehung hat das sogenannte *split brain* die wichtigste Rolle gespielt (Hoppe, 1977). Das *split brain* (durchtrennte Hemisphären) erfolgt nach einer Durchtrennung des *Corpus callosum* (Balken) und der *Commissura anterior.* Die Durchtrennung der Commissurenfasern (bei anderweitig nicht zu beseitigenden Krampfanfällen) unterbricht bei *Split-Brain-Patienten* die Verbindung zwischen den beiden Großhirnhälften. Daraufhin ist jede Hemisphäre auf sich allein gestellt. Postoperativ sei das *Verhalten* dieser Patienten im Alltag weitgehend unauffällig. Auch ihre *Intelligenz* erscheine unverändert. Es werde höchstens eine *reduzierte Spontanaktivität in der linken Körperhälfte* (bei Rechtshändern) und eine *fehlende oder geringe Reaktion auf Reize links* beobachtet. Die *Leistungsfähigkeit* der beiden Großhirnhälften konnte durch gezielte Untersuchungen als *unterschiedlich* festgestellt werden (Eccles, 1975, 1979; Gazzaniga, 1979; Hughes und Mazurowski, 1964; Schmidt, 1985; Schmitt und Worden, 1974; Sperry, 1969). Die wichtigste Schlußfolgerung daraus ist, daß hinsichtlich der *Sprache und des Bewußtseins die linke Hirnhemisphäre* in ihren Leistungen weder aus der subjektiven Sicht des Patienten noch nach dem objektiven Befund von den Leistungen der beiden miteinander verbundenen Hirnhemisphären zu unterscheiden sei. Sie sei daher auch *im normalen Gehirn* als das entscheidende neuronale *Substrat* für Sprache und spezifisch *menschliches Bewußtsein* anzusehen (Eccles, 1979; Schmidt, 1985). *Die rechte Hemisphäre* allein könne sich dagegen *nicht verbal* oder *schriftlich* äußern. Die von ihr durchgeführten sensorischen, integrativen und motorischen Prozesse werden dem Patienten offenbar auch nicht bewußt. Getrennt von der linken Hemisphäre führe die rechte also ein Eigenleben, das der Person nur indirekt, über die Sinneskanäle der linken Hemisphäre, zur Kenntnis gebracht werde (Schmidt, 1985).

Die Leistungen der rechten Hemisphäre allein sind enorm. Sie besitzt z. B. *Gedächtnis, visuelle und taktile Formerkennung, Abstraktionsvermögen und ein gewisses Sprachverständnis* (akustisch gegebene Aufträge werden ausgeführt, einfache Worte gelesen). In einigen Punkten, z. B. beim Erkennen von Gesichtern, in bezug auf das *räumliche Vorstellungsvermögen* oder das *Musikverständnis, scheint die rechte Hemisphäre der linken überlegen zu sein. Insgesamt sind die Leistungen der rechten Hemisphäre viel besser als die jedes tierischen Gehirns, auch Affengehirns.* Was die *Sprache und Händigkeit* betrifft, so gehen die Meinungen auseinander. Bei Rechtshändern soll die Sprachregion praktisch immer *in der linken Hirnhemisphäre* herausgebildet sein. *Bei Linkshändern sind die Sprachregionen meist links, zum Teil aber rechts oder bilateral* (Penfield und Milner, 1958; Schmidt, 1985). Da sich außerdem immer mehr herausstellt, *daß in manchen Hinsichten die rechte Hemisphäre der linken funktionell überlegen ist*, sei es zutreffender, von einer sich *gegenseitig ergänzenden Spezialisation der beiden Hemisphären als von einer Hemisphärendominanz zu sprechen* (Rappelsberger et al., 1986; Schmidt, 1973, 1985).

3.2 Funktionelle Lateralisation des Gehirnes und Händigkeit

Eine Anzahl von Autoren unterstützt die Hypothese, *die rechte Hirnhemisphäre sei mehr in den holistischen und Gestaltprozessen der Hypnose engagiert* (Galin, 1974; Galin und Ellis, 1975; Rappelsberger et al., 1986); dies allerdings bei *Rechtshändern*. Meszaros et al. (1982) fanden *eine größere Dominanz der rechten Hemisphäre* bei hoch hypnotisierbaren Vpn, wenn die *conjugierten lateralen Augenbewegungen als Maß genommen wurden*. Beim autokinetischen Effekt haben Graham und Pericano (1979) eine gewisse Beziehung zwischen der Hypnotisierbarkeit und der *nicht dominanten Hemisphäre* gefunden. Wall (1974) betonte, *daß die Hypnose die kognitiven Prozesse von der linken zur rechten Hemisphäre verlagert*. Frumkin et al. (1978) stimmten der Meinung der ersteren Autoren zu. Nach einer Studie mit 86 Vpn fand Sackeim (1982), *daß Rechtshänder während der Hypnose mehr ansprechbar auf die linke als auf die rechte Körperseite* waren. Roberts et al. (1975) konnten allerdings diese Befunde nicht bestätigen. Mit der Literatur in dieser Hinsicht befassen sich Carter et al. (1982) sowie Spiegel und Spiegel (1978). Nach Hilgard und Hilgard (1975, 1983) *ist die linke Hemisphäre mehr für die digitalen und die rechte mehr für die analogen Aufgaben verantwortlich*. Die Hemisphärenaufgaben wurden mit denen des *Computers* verglichen. Dies gelte allerdings für die Rechtshänder. Bei *Linkshändern* ist die Frage noch ziemlich offen.
Es liegt diesen Befunden zufolge nahe, *Händigkeit und Hypnotisierbarkeit* zu erforschen (Bakan, 1970; Benton und Bandura, 1953; Hécaen und De Ajuriaguerra, 1964). Generell wurden Unterschiede zwischen den Rechts- und Linkshändern nach dem projektiven Testverfahren (Finn und Neuringer, 1968), nach dem Informationsprozeß (Bryden, 1965; Curry, 1967; Curry und Rutherford, 1967; Satz et al., 1965; Zurif und Bryden, 1969), nach der Hirnverletzung sowie während der Erholung von der Hirnverletzung (Hécaen und De Ajuriaguerra, 1964) gefunden. Psychologen haben die *Linkshänder* als eine *frustrierte Minorität* mit *oppositionellen Tendenzen* beschrieben (Finn und Neuringer, 1968). Im EEG wurden *Seitendifferenzen* gemäß der *Händigkeit* gefunden (siehe Kapitel XXII; Christian, 1968; Jovanović, 1977; Kugler, 1966, 1969). *Neurologisch* wurden die Linkshänder als Menschen mit geringerer Spezialisation der Hirnhemisphären und mehr funktioneller *Ambilateralität* der Hemisphären, aber auch mit unterschiedlicher kortikaler Organisation gegenüber der bei *Rechtshändern* eingeordnet (Hécaen und De Ajuriaguerra, 1964; Zangwill, 1960). Bakan (1970) untersuchte 251 Vpn mit einer abgekürzten Form der *Harvard Group Scale of Hypnotic Susceptibility, Form A (HGSHS: A)* von Shor und Orne (1962). Amnesie und posthypnotische Suggestionen wurden ausgelassen. Es wurde gezeigt, *daß die Verteilung der Hypnotisierbarkeit bei Linkshändern anders war als die bei Rechtshändern. Etwa die Hälfte bis alle Rechtshänder fielen in die Kategorie der mittleren Hypnotisierbarkeit*. Bei den Linkshändern war diese Gruppe viel kleiner. Es zeigte sich bei ihnen eine *Überrepräsentation in den niedrigen und hohen Hypnotisierbarkeitsgruppen und eine Unterrepräsentation in der Gruppe mit mittlerer Hypnosierbarkeit*. Es wird vermutet, daß bei den Linkshändern neben der *Händigkeit* noch ein *Zusatzfaktor* existieren muß, der für die hohe Hypnotisierbarkeit verantwortlich ist. *Die Gruppe von Linkshändern mit einer niedrigen Hypnotisierbarkeit* besitze vielleicht einen solchen Zusatzfaktor nicht (Bakan, 1970; Bakan und Svorad, 1969; Gur und Gur, 1974; Gur und Reyher, 1973; Hécaen und De Ajuriaguerra, 1964; London et al., 1968; Nowlis und Rhead, 1968; siehe auch unten).

3.3 Funktionelle Lateralisation des Gehirnes und Augenmotilität

Sehr ausführlich haben dieses Problem Spiegel und Spiegel (1978) sowie Schwartz et al. (1975) diskutiert. Day (1967), Galin (1974), Galin und Ellis (1975) sowie Galin und Ornstein (1972, 1974) befaßten sich mit dem Studium der *Lateralisation von Augenbewegungen in bezug auf den individuellen kognitiven Stil* und erhoben interessante Befunde. Die Forscher um Galin (Galin und Ornstein, 1974) verglichen *Keramiker* und *Anwälte*, d. h. den Kontrast zwischen Angehörigen von Berufen, die prädominant *räumliche* versus *kognitive verbale* Funktionen ausüben. Die Autoren fanden keine Unterschiede zwischen den zwei Gruppen bezüglich der *lateralen* Augenbewegungen, konnten jedoch feststellen, daß *Keramiker gegenüber Anwälten mehr vertikale Augenbewegungen nach oben als nach unten* vollziehen. Beide Gruppen antworteten jedoch auf verbale Fragen mehr als auf räumliche Fragen mit Bewegungen der Augen *nach unten*. Ähnliche Befunde wurden auch von Erlichman et al. (1974) erhoben. Diese Studien betrachteten Spiegel und Spiegel (1978) als Bestätigung ihrer Hypothese über das *Augenroll-Phänomen* (die Kapazität des Nach-Oben-Blickens unter geschlossenen Augenlidern) bei intakter Population, die signifikant *in positiver Beziehung zur Hypnotisierbarkeit stehe*. Die Hypnose scheint nach den letzterwähnten Autoren die kinästhetischen und sensorischen Modalitäten bei nonverbalen Antworten zu registrieren. Nach oben gerichtete Augenbewegungen wurden auch bei Vpn gefunden, die mehr mit *dreidimensionaler räumlicher Konfiguration als mit Worten arbeiten*. Spiegel und Spiegel (1978) betonen jedoch, *daß der hypnotische Blick nach oben vom Augenrollen an sich unterschiedlich sei* (siehe auch Kapitel XIV).

3.4 Äugigkeit des Hypnotisanden und Hypnotisierbarkeit

Bakan und Svorad (1969) berichteten über eine positive Korrelation zwischen der Hypnotisierbarkeit und den Ergebnissen der sogenannten *Lateralität der Augenbewegungen*, die von Day (1967) entdeckt worden war. Bei dieser Untersuchung wird die Vp *vor* den Untersucher gesetzt, der hinter sich einen neutralen Hintergrund hat. Der Vp werden einige Fragen vorgelegt. Der Examinator notiert die Augendrehungen *am Beginn der Antwort*. Allgemein ausgedrückt haben die Vpn zu zwei Dritteln nach links oder rechts in 70 % der gegebenen Zeit geschaut. Sie wurden dann als «*Rechtsschauer*» oder «*Linksschauer*» bezeichnet. Diese Resultate seien theoretisch mit jener Hirnhemisphäre verbunden, welche diese Augenbewegungen gesteuert hatte (Spiegel und Spiegel, 1978). *Die rechte Hirnhemisphäre muß mit dem Linksschauen zu tun haben.* Und diese Vpn waren *hoch hypnotisierbar*. Gur und Reyher (1973) haben sich der Frage der Differenz der Hypnotisierbarkeit unter den Linkshändern (siehe oben unter 3.2) erneut gewidmet. Bei der Inanspruchnahme der *Harvard Group Scale of Hypnotic Susceptibility (HGSHS)* nach Shor und Orne (1962) fanden sich keine Unterschiede zwischen den Rechts- und Linksschauern allein. In einer späteren Studie (Gur und Gur, 1974) wurden zur *Händigkeit* auch *Geschlecht*, *Äugigkeit* und *Lateralität der Augenbewegungen in Relation zur Hypnotisierbarkeit* untersucht. Jetzt konnte die Hypothese von Bakan (1970), *daß die Linksschauer besser als die Rechtsschauer hypnotisierbar sind*, bestätigt werden. Es ergab sich nach der näheren Betrachtung, *daß Linkshänder, die auch linksäugig sind, hoch hypnotisierbar waren und die anderen, die linkshändig aber rechtsäugig waren, eine niedrigere Hypnotisierbarkeit aufweisen*. Darüber hinaus stellte man fest, daß die Signifikanz der Beziehungen der höheren Hypnotisierbarkeit und Linksschauer bei Männer-Rechtshändern und Frauen-Linkshändern sicherer war. *Höhere Hypnotisierbarkeit bei Männer-Rechtshändern war mit den rechtsseitigen Augenbewegungen korreliert.* Die Befunde von Gur und Gur (1974) sprechen nach Spiegel und Spiegel (1978) nochmals für die Hypothese über *die Dominanz der rechten Hemisphäre in der Hypnose*. Die Vpn, die auf irgendwelche Weise eine gewisse *inkomplette Einteilung* der Hemisphärenfunktionen haben, seien auch *schwieriger hypnotisierbar*.

Bei diesen Untersuchungen entstand eine *state/trait-Kontroverse* (Zustand/Eigenschaft-Kontroverse) in bezug auf die Hypnotisierbarkeit (Sarbin und Slagle, 1972). Kinsbourne (1972, 1974) berichtete über die Lateralität der Augenbewegungen *im Zusammenhang mit*

der Natur der Frage. Unter den *Rechtshändern* rief eine Frage für *verbale Kognition* die Augenbewegungen *nach rechts* hervor. Dagegen waren die *räumlich* gebundenen Fragen mit den Augenbewegungen *nach links* in Beziehung zu bringen. Das gleiche konnte bei Linkshändern nicht gefunden werden. Daraus wurde geschlossen, *daß die Linkshänder eine gestörtere Koordination zwischen den beiden Hirnhemisphären* haben müssen als die Rechtshänder (Kapitel IX.4.2.4.4). Gur (1975) sowie Gur et al. (1975) fanden dazu, daß bei den oben erwähnten Untersuchungen die *Position des Untersuchers* eine wichtige Rolle gespielt habe. Wenn der Untersucher *vor* dem Probanden sitzt (Bakan, 1970), zeigt der Proband charakteristische Augenbewegungen, unabhängig von der Frage, weil der erstere beim letzteren Angst erregt und dieser dann zu seinem charakteristischen oder bequemeren Stil der Antworten übergeht. Wenn aber der Untersucher *hinter* der Vp Platz genommen hat und die Augenbewegungen der Vp mit einer versteckten Kamera registriert werden, *dann sind die Augen besser in Beziehung zu verbalen und räumlichen Fragen zu bringen,* weil der Proband jetzt seine *optimale Aufmerksamkeit auf die Aufgabe lenken kann. Dadurch erfolgt eine spezifische maximale Drehung der Augen zur bestimmten Seite sowie die entsprechende Aktivierung der zuständigen Hirnhemisphäre* (Kinsbourne, 1972).
Die laterale Deviation der Augen weise auf eine Prädominanz der Hirnhemisphäre bei einem Individuum als eine *Eigenschaft (trait)* hin und könne auch einen *Zustand (state)* reflektieren, in welchem die Vp die Prävalenz ihrer kontralateralen Hirnhemisphäre verrät (Spiegel und Spiegel, 1978). Das Fehlen diese Beweises in den Befunden von Gur und Reyher (1973) lag darin, *daß die Hypnotisierbarkeit mehr eine Eigenschaft (trait) als ein Zustand (state) sei.* Erlichman et al. (1974) konnten aber die Befunde von Day (1967), Bakan (1970) und Kinsbourne (1972) über die Lateralisation der Augenbewegungen in Abhängigkeit von der Art der Frage – verbal oder räumlich – nicht bestätigen. Diese Autoren berichteten darüber, daß die verbalen Fragen mehr als die räumlichen eine signifikante Bewegung der Augen *nach unten* hervorrufen. Dies könnte mit dem Faktum verbunden sein, daß die jetzt beanspruchten Vpn keine Erfahrungen in Hypnose hatten. Daraus schlossen Spiegel und Spiegel (1978), daß jene Vpn, *die mehr nach oben schauen (wie im Augenrolltest), eine bessere Hypnotisierbarkeit aufweisen* (siehe auch Spiegel, 1972).

3.5 Augenrollen und Hypnotisierbarkeit

Die nächste Frage ist die *des Augenrollens und der Hypnotisierbarkeit.* Wheeler et al. (1974) beriefen sich auf Spiegel (1972) sowie Spiegel und Bridger (1970), die Resultate vorlegten, *nach denen der Proband die Augenlider schließt, ohne daß die Augenbulbi nach unten gedreht werden müssen.* Dieser Augenrolltest habe deshalb eine Bedeutung, weil er relativ rasch und zuverlässig für die Prüfung der Suggestibilität sei und weil er in gewisse Beziehungen zur Alpha-Aktivität im EEG gebracht werden könne (Mulholland, 1969). Der Augenrolltest zeige nach den Untersuchungen von Wheeler et al. (1974) andererseits starke individuelle Unterschiede. Ganz gleich, wie oft und wie beständig man es versuche, man bekomme bei ein und derselben Person keine Änderung in den Augenroll-Bewegungen. Wheeler et al. (1974) nahmen dann bei ihren Untersuchungen zwei Skalen in Anspruch, und zwar die *Harvard Group Scale of Hypnotic Susceptibility, Form A (HGSHS: A)* von Shor und Orne (1962) und die *Stanford Hypnotic Susceptibility Scale, Form* C (SHSS: C) von Weitzenhoffer und Hilgard (1962). Die Resultate waren überraschend. *Es zeigte sich keine Relation zwischen der Hypnotisierbarkeit und dem Augenrolltest.* Dagegen habe Spiegel (1972) eine Beziehung des Augenrolltests zur Hypnotisierbarkeit mit Hilfe von *Hypnotic Induction Profile (HIP)* gemessen. *Ein Grund* für den Unterschied der zwei Befunde – diesen von Spiegel und jenen von Wheeler et al. (1974) – liege nach den letzterwähnten Autoren darin, daß Spiegel (1972) den Augenrolltest als Beginn der Induktion der Hypnose angewandt hatte, während Wheeler et al. (1974) diesen als kurze und nichthypnotische Aufgabe anwandten. *Zum zweiten* waren die Probanden von Spiegel (1972) aus einer klinischen Population ausgewählt, während die bei Wheeler et al. (1974) aus Psychologie-Studenten bestanden. *Zum dritten* darf nicht vergessen werden, daß Spiegel seine Ergebnisse des Augenrolltests mit der HIP verglich; die Resultate von Wheeler et al. waren mit den zwei anderen (oben erwähnten) Skalen in Beziehung gebracht.

3.6 Funktionelle Lateralisation des Gehirnes und Handfalteversuch

Spiegel und Spiegel (1978) fanden auch interessante Korrelationen *zwischen der Hypnotisierbarkeit* wie sie durch HIP gemessen wurde und *der möglichen Messung der Hemisphären-Dominanzen* durch den *Handfalteversuch* (Spiegel et al., 1975). Personen, die gebeten wurden, die Hände ineinander zu falten, ergaben zu diesem Problem gewisse Aufschlüsse. Jede Person habe *ihre charakteristische Position des Händefaltens*. Die andere sei «komisch». Von 946 Probanden bevorzugte die Hälfte das Händefalten zugunsten der dominanten Hand (Daumen oben). Eine statistische Beziehung wurde bei den Personen (Rechtshänder) gefunden, die eine niedrige Hypnotisierbarkeit aufweisen und ihre rechte Hand beim Handfalteversuch oben halten. *Als hypnotisierbar wurden jene Vpn angesehen, die keine Bevorzugung beim Handfalteversuch aufweisen.*

Experiment 17: VO-1985–1986

Angeregt durch diese Beobachtungen haben wir im Sommersemester 1986 *einen eigenen Versuch* mit *41 Studenten* der Medizin oder Psychologie (weiblich und männlich, zwischen 19 und 28 Jahre alt, in jeder Gruppe jeweils ein Linkshänder) durchgeführt. Die Studenten wurden gebeten die Hände zu falten (Handfalteversuch). Diejenigen, die den *rechten Daumen oben* hatten, wurden zur *Gruppe A* und die anderen zur *Gruppe B* gezählt. Zwei Studenten, die öfters hypnotisiert worden waren, wurden vor Beginn vom Versuch ausgeschlossen. In der *Gruppe A* fanden sich *nach der Auswertung der Befunde* auch noch drei, die bereits hypnotisiert worden waren, so daß auch ihre Daten verworfen werden mußten. Auf diese Weise verblieben in der Gruppe A *noch 17* und in der Gruppe B *noch 19* Vpn zur Auswertung. Nach der Einteilung in Gruppen wurde die Gesamtgruppe im Vorlesungssaal hypnotisiert. Die direkte Gruppenhypnose dauerte 40 Minuten lang und war mit *Hochhaus- und Garten-Imaginationen* verbunden (aus dem fünften Stockwerk die Treppen hinunter, s. Kapitel XV, HP-018). Daraufhin wurden die Fragebögen verteilt und die Studenten (Einfach-Blind-Versuch) sollten eintragen, ob sie hypnotisiert worden waren oder nicht und wie tief (Tab. 7). Nach der Auswertung fanden sich in der *Gruppe A* (Daumen oben) nur 6 von 17 Probanden (35,3 %), die nach eigenen Angaben in der Hypnose waren, und in der *Gruppe B* (Daumen unten) 12 (63,2 %) von 19 Probanden. *Das Verhältnis der Hypnotisierten zu den nicht Hypnotisierten betrug in der Gruppe A 1:2, in der Gruppe B 2:1. Die Probanden also, die die dominante Hirnhemisphäre beim Handfalteversuch nicht bevorzugen (Daumen unten), sind nach diesem Versuch doppelt so häufig hypnotisierbar wie die übrigen.* Dieser Versuch würde zwar die obige Hypothese von Spiegel und Spiegel (1978) *über die Dominanz der rechten Hemisphäre in der Hypnose-Modulation unterstützten.* Die Anzahl der Probanden reicht jedoch für eine endgültige Stellungnahme noch nicht ganz aus.

Die nächste Frage wäre die der Beziehung des *Augenrolltests zu dem Typus des Handfalteversuches.* Nach Spiegel und Spiegel (1978) bieten die Vpn, die eine bestimmte Lage im Handfalteversuch aufweisen, *höhere Augenrollpositionen.* Daraus wurde von den eben erwähnten Autoren eine zusätzliche Hypothese präsentiert, nach der Vpn, die eine Prädominanz des Daumens *oben* aufweisen, Anlaß geben, *die kontralaterale Hirnhemisphäre als in Hypnose dominant anzusehen.* Dafür würde auch unser oben erwähnter Versuch sprechen.

3.7 Funktionelle Lateralisation und Persönlichkeitseigenschaften

Galin (1974) diskutierte wieder die zwei Modalitäten oder Funktionen der Hemisphären (digitale Dominanz: linke Hemisphäre, holistische Gestalt: rechte Hemisphäre) und zitierte Spiegel (1959) zum Modell der neurophysiologischen Terminologie der *unbewußten Prozesse und Verdrängungen.* Offenkundige Parallelen zu den *persönlichen psychischen Modalitäten und Hypnotisierbarkeit* ergeben sich nach Spiegel und Spiegel (1978) bei der Betrachtung der *apollonischen, odysseischen und dionysischen* Persönlichkeiten. Die *Apollonier* weisen eine klare und primäre Dominanz der *linken Hemisphäre* mit einer Betonung von *verbalen, mathematischen und analytischen* Prozessen auf, aber auch eine geringe Hypnotisierbarkeit. Auf der entgegengesetzten Seite befinden sich die *Dionysianer* mit der dominanten Funktion der *rechten Hemisphäre* bei *holistischen sowie Gestalt-Modalitäten* und hoher Hypnotisierbarkeit. Spiegel und Spiegel (1978) plazieren die *Odysseaner* mit mittlerer Hypnotisierbarkeit zwischen den zwei Extremen, *bei denen die Hemisphären funktional balancieren* würden. Nach Spiegel und Spiegel (1978) finden sich Parallelen bei commissurotomierten Patienten *zwischen ihrer unsynthetischen Dualität und ihren hysterischen Reaktionen einerseits sowie dem Syndrom der multiplen Persönlichkeit andererseits.* Solche Patienten (Kapitel XXI.6.3) *erfahren sich selbst als die eine oder die andere von mehreren Persönlichkeiten, in denen sie stecken, und finden es nicht merkwürdig, daß die eine oder andere für eine bestimmte Zeit ihren Körper beherrscht* (Kapitel XXI.6.3). Die eine Persönlichkeit ist z. B. *robust, jähzornig, freizügig, sexuell provokativ* und die andere *weich, sanft, abhängig und zurückhaltend.* Spiegel und Spiegel (1978) betonen, daß alle ihre Patienten mit multipler Persönlichkeit *eine hohe Hypnotisierbarkeit geboten haben.* Das *dissoziative Verhalten* war klar auf das Syndrom der multiplen Persönlichkeit bezogen. Die Patienten waren ohne Ausnahme fähig, *während der Hypnose von einer Persönlichkeit auf die andere umzuschalten.* Aus dieser Tatsache schließen Spiegel und Spiegel (1978), daß die Annahme von Galin (1974) *in bezug auf die Hypnotisierbarkeit und die Dominanz der Funktionen der rechten gegenüber der linken Hemisphäre richtig ist. La belle indifference* (verbunden mit Hysterie) kann mit der *Anosognosie* der Patienten mit Läsionen in der rechten parietalen Hirnregion in Verbindung gebracht werden (siehe auch unten).

3.8 Funktionelle Lateralisation und Patienten-Symptomatik

Galin (1974) zitierte Beobachtungen von Ferenczi (1873–1933), der bei seinen Untersuchungen *eine Dominanz der linken Körperseite bei hysterischen Symptomen* gefunden habe. Die klinische Dokumentation wurde dazu von Stern (1977) vorgelegt. Auch *nach eigenen klinischen Erfahrungen* an über 2000 psychosomatischen Patienten *überwiegt die Symptomatik auf der linken Körperseite* (Jovanović, 1989). Flor-Henry (1976) berichtete über *lateralisierte Spikes im EEG bei Patienten mit schweren Denk- und affektiven Störungen.* Insbesondere seien diese *spikes foci* über der *linken Hemisphäre* bei Denkstörungen gefunden worden. Patienten mit *affektiven Störungen* bieten diese mehr über der *rechten Hemisphäre,* d.h. mit linksseitiger Symptomatik. In einem detaillierten Bericht über 160 Patienten mit rechts- und *linksseitigen Hemisphären-Läsionen* fand Gainotti (1972), daß insbesondere jene mit schwerer *Aphasie* und einer linksseitigen Läsion dahin tendierten, mehr Zeichen einer *katastrophalen Reaktion mit dramatischer Angst, Depression, Gefahrendrohung* aufzuweisen. Die Patienten mit *rechtsseitigen Läsionen* demonstrierten eine *indifferente Reaktion* mit Vernachlässigung der kontralateralen Körperseite. Metzing et al. (1976) befaßten sich mit der *lateralen Asymmetrie bei Prüfung des Grades der Rotation des rechten versus des linken Daumens*, wenn dieser dem fünften Finger opponieren sollte, um die *Bipolarität* oder *Monopolarität* bei *manisch-depressiven Patienten* zu eruieren. Statistisch haben die Rechtshänder, die eine größere Rotationskapazität des *rechten Daumens* gegenüber dem linken bei einer Opposition zum fünften Finger aufwiesen, eine mehr *bipolare*, manisch-depressive Erkrankung geboten. Patienten, die eine größere Rotationskapazität des *linken Daumens* aufwiesen, zeigten eine mehr *unipolare* Depression. *Normale Kontrollpersonen zeigten die gleiche Rotationskapazität des Daumens an beiden Seiten.* Die unterschiedliche Verteilung der Daumenrotation bei beiden Patientengruppen im Vergleich mit Seitengleichheit bei Gesunden spreche dafür, daß eine *gewisse Dominanz der rechten Hemisphäre bei unipolaren Depressionen existiere.* Diese Experimente sind allerdings nach Spiegel und Spiegel (1978) schwierig zu deuten; denn die Ablation oder Dysfunktionen eines Hirnteils demonstriere nicht das, was diese Hirnregion tue, sondern was der Rest des Gehirnes nach dem Verlieren der eigentlichen Funktion noch zu geben vermöge. Nichtsdestoweniger liefern diese Befunde die Auskunft darüber, daß *Emotionen*, insbesondere die *Euphorie*, mehr *die Funktion der inaktiven rechten Hemisphäre* sein können und *daß depressive Präokkupation mit Dysfunktion der linken Hemisphäre gekoppelt ist.*

Nach Stern (1977) – der die entsprechende Literatur zusammenfaßte – bestehe *bei Patienten mit Hirnleistungsschwäche unabhängig von der Händigkeit eine hohe Prävalenz der linksseitigen über die rechtsseitigen sensorischen und motorischen Veränderungen im Gehirn.* Ähnliche Seitendifferenzen wurden auch bezüglich der Tumore im Gehirn (rund 70 % linksseitig) gefunden (Schaefer, 1964). Zum EEG und der Lateralisation siehe Kapitel XXII.

4. Die Rolle von Basalganglien und Cerebellum: Zur neuroanatomisch-funktionellen Frage der hypnotischen Katalepsie

Cerebellum und Basalganglien (Brodal 1969, 1981; Schmidt, 1985) projizieren über den Thalamus zum Motorcortex und sind somit – hierarchisch betrachtet – *gleichrangige Zentren*, die an der Programmierung *cortical induzierter Bewegungsabläufe* beteiligt sind. Ausfälle führen zu verschiedenen Symptomen. Das Studium der *Akinese* und des *Rigors*, die als Folge von Funktionsstörungen der Basalganglien angesehen werden, ergab *keine Lateralisation oder stichhaltigen Ähnlichkeiten mit einigen Zeichen der Hypnose, die man hier diskutieren könnte.* Die *Katalepsie* (Kapitel XXIII.3.2) könnte nur mit Mühe mit dem *Rigor* verglichen werden, da das erstere (Hypnose) eine normale Erscheinung und das letztere pathologisch ist. Allerdings sind seit neuestem Schwierigkeiten auch in der Deutung des sogenannten *Pyramidenbahn-Syndroms* und der *extra-pyramidalen Bewegungsstörungen* entstanden, so daß die Psychophysiologie diese Frage früher oder später beantworten muß. Nach Schmidt (1973, 1985) kann nicht länger aufrechterhalten werden, daß «das *Babinskische Zeichen ... ein zuverlässiges Symptom* für eine *Pyramidenbahnschädigung sei*». Das Babinskische Zeichen könne unter einer ganzen Reihe anderer Bedingungen und auch unter Hypnose auftreten (Schmidt, 1985).

Nach Angaben von Harry Miller (1984) nimmt James W. Prescott an, daß funktionelle Störungen im Cerebellum *zu Deviationen im Verhalten und in den Emotionen führen*, wie sie bei den Effekten der sozialen Isolation von Tieren, Neugeborenen und Kindern gefunden werden. Somit hat das Cerebellum *funktionelle Verwandtschaften mit dem limbischen System und beteiligt sich wahrscheinlich an der Moderation der Hypnosephänomene*, wie z.B. *Katalepsie*, und des Gleichgewichts bei *somnambulen Aktivitäten*.

5. Die Rolle des limbischen Systems

5.1 Zur neuroanatomisch-funktionellen Organisation

Die topographische und funktionell-histochemische Organisation des limbischen Systems ist vielfältig. Als limbisches System faßt man *phylogenetisch alte Teile* des *Telencephalons* und die davon abstammenden *subcorticalen Strukturen* zusammen. Es handelt sich um den *Lobus limbicus (La grande lobe limbique*, Pierre-Paul Broca, 1824–1888), der einerseits die *interhemisphärischen Kommissuren* kreisförmig umschließt und andererseits eine Reihe von *subcorticalen Kerngebieten* beinhaltet. Die *corticalen Anteile* sind *dreischichtig (Allocortex)* und am Übergang zum *sechsschichtigen Neocortex (Isocortex)* auch *fünfschichtig (Übergangscortex, Mesocortex).* Sie bestehen aus dem *Hippocampus* (Ammonshorn, Gyrus dentatus und Subiculum), *Gyrus parahippocampalis* (Area entorhinalis und Präsubiculum), *Gyrus cinguli* (mit Cortex subcallosus) und den *alten Anteilen* des *Riechhirns* (Bulbus olfactorius, Tuberculum olfactorium, Rindenanteile über dem Corpus amygdaloideum). Von vielen Autoren werden zum limbischen System noch der *orbitofrontale Cortex*, der *insuläre Cortex* und *Teile des Temporallappens* gezählt (Hassler, 1964a, b; Jänig, 1985; Stephan, 1964). Die *subcorticalen Anteile* (Hassler, 1964b) enthalten das *Corpus amygdaloideum*, die *Septumkerne* (Nucleus accumbens, Brocas Diagonalband) und den *Nucleus thalami anterior*. Außerdem werden von einigen Autoren dazu noch *Regio praeoptica*, *Hypothalamus und Corpora mammilaria* erwähnt (Hassler, 1964a, b; Jänig, 1985; Rimbaud et al., 1955; Schmidt, 1985; Stephan, 1964; Strian, 1983) (siehe dazu Kapitel XXIV.2.3 und unten).
Die afferenten und efferenten Verbindungen der Strukturen des limbischen Systems mit den benachbarten Strukturen und untereinander zeigen eine erstaunliche Vielfalt, insbesondere durch die mächtigen Verflechtungen mit dem Hypothalamus. Hippocampus und Septum kommunizieren über den *Fornix*, das Corpus amygdaloideum über die *Stria terminalis* sowie das *amygdalofugale Bündel* und die frontobasalen Riechhirnanteile über das *mediale Vorderhirnbündel* mit dem Hypothalamus und den Corpora mammilaria. Über Hypothalamus und Corpora mammilaria steht das limbische System mit den Strukturen des Mesencephalon in Verbindung (Isaacson, 1974; Jänig, 1985; Nieuwenhuys et al., 1978).
Das limbische System kommuniziert darüberhinaus mit dem *Neocortex* über das *Frontalhirn* und das *Temporalhirn.* Vom Temporalhirn werden Informationen von den visuellen, auditorischen und somatosensorischen Cortices zum Corpus amygdaloideum und zum Hippocampus vermittelt. *Das Frontalhirn ist wahrscheinlich die wichtigste neocorticale Kontrollinstanz des limbischen Systems.*

5.2 Aufgaben und Funktion des limbischen Systems: Weitere Fragen des neuroanatomisch-funktionellen Substrates der Hypnose

Die Strukturen des limbischen Systems sind in *multiplen Erregungskreisen* organisiert (Jänig, 1985). Der Neuronenkreis, der sich aus Gyrus parahippocampalis, Hippocampus, Fornix, Septum, Corpus mammilare, Thalamus anterior, Gyrus cinguli und Cingulum zusammensetzt, hat wahrscheinlich die Bedeutung als *neuronales Substrat der Emotionen* (MacLean, 1955, 1957 a, b, 1958, 1959) *und der Bildung des Gedächtnisses* (Isaacson, 1974; Isaacson und Pribram, 1975; Jänig, 1985). Durch die Steuerung des *emotionalen Verhaltens* wird das *Motivationsgefüge* von Mensch und Tier moderiert (Nauta, 1958). Dies dient *global* der Verbesserung der *Adaptation* an die sich ständig ändernde Umwelt. Ein bilateral amygdalektomiertes Tier zeigt *erhebliche Störungen des sozialen Verhaltens* (Jänig, 1985). *Emotionen* (Gefühle und Stimmungen) verändern das motorische und vegetative Verhalten des Menschen sowie die Funktionen der endokrinen Systeme (Blutdruck, Herzfrequenz, Schweißsekretion, Konzentration der Catecholamine erhöhen sich bei der Betrachtung eines aufregenden Filmes; bei Hypnose werden diese Funktionen und Konzentrationen wahrscheinlich verringert). *Die Emotionen umfassen alle negativen und positiven affektiven Zustände von Angst* (Kapitel XXV.5) und *Furcht* bis zu *Liebe* und *Glück*. Gefühle und Stimmungen können nur *introspektiv* erfahren werden (Jänig, 1985). Sie werden uns bewußt und sind kommunizierbar durch unser Sprachvermögen, das nicht in allen Fällen zum Ausdruck kommen kann (Jänig, 1985; Strian, 1983). Der Ausdruck der Emotionen im *motorischen* Verhalten, in den *vegetativen* und in den *endokrinen Reaktionen ist dagegen der objektiven wissenschaftlichen Beobachtung zugänglich.* Gerade an der *Regelung der Emotionen, der Träume und traumähnlichen Erlebnisse (Imaginationen, Illusionen, Halluzinationen), aber auch an der Moderation der Hypnose wird das limbische System weitgehend erkannt. Dabei sind wahrscheinlich alle Strukturen des limbischen Systems, des Hypothalamus, das limbische Mittelhirnareal und das Stirnhirn beteiligt* (Jänig, 1985; MacCale und Habovick, 1963; MacLean, 1955; Strian, 1983).

Bei der Suche nach der *positiven* und *negativen Verstärkung* des Verhaltens mit seinem *defensiven* und *offensiven Charakter* durch die neuronalen Substrate fiel auf, daß die Hirnareale, von denen *Selbstreizung* (Jänig, 1985) auslösbar ist, nahezu deckungsgleich mit den Hirnarealen sind, die durch *catecholaminerge Neurone* innerviert werden. *Dabei korreliere die Stärke der intracraniellen Selbstreizung in etwa mit der Dichte der catecholaminergen Innervation* (Jänig, 1985; Strian, 1983) (siehe dazu Kapitel XXIX). Insgesamt gesehen dürften die vorderen Anteile der eben erwähnten Strukturen eine positive (Beruhigung, Ausgleich, Glück, Liebe, Relaxation) und die hinteren eine für das Individuum mehr negative (Angst, Ärger etc.) Rolle spielen (siehe auch unten).

6. Die Suche nach Wecksystemen und hypnogenen Zonen

6.1 Vorbemerkungen zum speziellen Thema

Unsere Suche im Rahmen von Wecksystemen und zentralen Steuerungsmechanismen der Hypnotisierbarkeit/Hypnose ist noch nicht abgeschlossen. *Die Komplexität der Hypnose* bewegt uns, noch einige Punkte näher zu diskutieren. Dabei werden uns (Schema 18) die *zentrale Moderation des Wachbewußtseins (mnestischer Teil des Daseins), Moderation des mnestisch-amnestischen Anteils des Daseins (desnychronisierter, paradoxaler, paradoxer, schneller, low voltage und fast activity sleep, REM-Schlaf, Traumschlaf, Traumphasen), Moderation des amnestischen Anteils des Daseins (synchronisierter, orthodoxer, langsamer, konventioneller, high voltage und slow activity sleep, Non-REM-Schlaf, «traumloser» Schlaf), hypnogenen Strukturen der Hypnosemechanismen* sowie die *phylogenetischen, hierarchischen und psychostrukturellen Aspekte der Hypnosemechanismen im holistischen Sinne* interessieren.

6.2 Ergänzungen zu steuernden Strukturen der Hypnose

Die Physiologen des 19. und des frühen 20. Jahrhunderts haben sich in bezug auf die Suche nach *Emotionen, tropho- und ergotropen Funktionen, der Beruhigung, Entspannung, dem Schlaf-Wach-Rhythmus und dem Wachbewußtsein mehr oder weniger auf den Neocortex und den Thalamus/Hypothalamus* beschränkt. Erörtert wurde auch das *Hypothalamo-Hypophysär-Nebennierenrinden-System.* Bereits 1890 soll Mauthner schlafwach-steuernde Areale *auf dem Boden des dritten Ventrikels* vermutet haben (Jovanović, 1970a). Eine spätere Anregung zur Suche im *Bereich des Hypothalamus* war die weltbekannte *Encephalitis letharciga*, mit der sich von Economo (1918, 1929) intensiv befaßte und *hypnogene Zonen im vorderen Hypothalamus* zu finden glaubte. Die Beobachtungen von Gamper (1926) an *anencephalen Wesen* sowie die Experimente von Bremer (1936, 1954) an *cerveau isolé* und *encephale isolé* regten zu einer differenzierteren Erforschung der Schlaf-Wach-Steuerungs-Strukturen an.

Eingeleitet wurde die Erforschung der *basalen Hirngebiete* mit den Befunden von Demsey und Morison (1942), die nach Reizung des *intralaminären Thalamus mit schwachem Strom kurzer Impulsdauer und niedriger Spannung* unter Kontrolle durch ein corticales EEG (ECoG) *eine diffuse, rekrutierende Ausbreitung von langsamen EEG-Wellen über den Neocortex ähnlich wie im natürlichen Schlaf* (amnestische Komponente des Daseins) beobachten konnten. Magoun und Rhines (1946) entdeckten daraufhin im Bereich des *Rautenhirns (Rhombencephalon)* ein *hemmendes System*, dessen Reizung ebenfalls eine *Beruhigung und eine corticale Synchronisierung* hervorruft. Kurz darauf fanden Moruzzi und Magoun (1949) (siehe auch Moruzzi, 1960, 1963, 1966, 1972) die bereits in den Fachkreisen weltweit bekannte «*arousal reaction*» (Weckreaktion nach dem Muster «Wo bin ich?») mit einer parallelen *Desynchronisierung des corticalen EEG*. In der Folgezeit haben zahlreiche Wissenschaftler verschiedener Fachrichtungen (Neurobiochemiker, Neuropharmakologen, Neurophysiologen, Molekularbiologen etc.) ein *ascendentes retikuläres Aktivierungssystem (ARAS)* eingegrenzt, *das von der Medulla oblongata und dem Rautenhirn ausgeht, sich über das Meso- und Diencephalon erstreckt und mit Projektionen im vorderen Neocortex endet.* Spätere Untersuchungen von Walter Rudolph Hess (1881–1973) (1943, 1944, 1947, 1962, 1965), Monnier (1960a, b, 1962, 1969) und ihren Nachfolgern (Hernández-Peón et al., 1956; Hösli und Monnier, 1962, 1963, 1965) sowie von Raul Hernández-Peón (1964, 1965, 1966) haben auch die Existenz eines *descendenten und dämpfenden Retikularsystems* nachweisen können. Beide Systeme wirken *alternierend und sich ergänzend*, so daß ein *Äquilibrium der Erregung und Hemmung*, d.h. der *Aktivierung und Beruhigung* der psycho-motorischen und psycho-vegetativen Funktionen, herbeigeführt und gesteuert wird. Aktivierende und dämpfende neuroanatomische und neurophysiologische Strukturen sind bei Jovanović (1970a) einzeln angeführt worden (siehe auch Bloch und Bonvallet, 1961; Bradley und Nicholson, 1962; Klaue, 1937).

Die emotionale psychische Aktivität kann jedoch auch durch diese nervösen Elemente nicht in allen Einzelheiten moderiert werden (Kales, 1969; Kamiya, 1968, 1969; Kanzow, 1965; Kasamatsu und Hirai, 1966; Kawamura und Sawyer, 1965; Kawamura et al., 1966; Kellaway und Fox, 1952; Key und Marley, 1963; Roitak, 1960 u.a.). Untersuchungen von MacLean (1955, 1957a, b, 1958, 1959, 1970), von Hassler (1964a, b) und von vielen anderen haben auch im *limbischen System* (Kapitel XXIV.2.4) mindestens *zweierlei* Reaktionen bei externen Reizen finden können: (a) *Bei schwachen Reizen treten über dem Hippocampus mittelfrequente Theta-Wellen von 4–6 Hz auf.* (b) *Stärkere Reize rufen eine «hippocampal arousal reaction» mit Weckreizen* beim Versuchstier hervor. Ergänzende histochemisch-neurophysiologische Untersuchungen von Bowers et al (1966), Hernández-Peón (1964, 1965, 1966), Hernández-Péon et al. (1956) sowie Yamaguchi et al. (1963a, b) konnten nach einer Applikation von kleinen *Acetylcholin- und Carbamylcholin-Kristallen oder -Lösungen* entlang der anatomisch genau definierten Bahnen *des Hirnstammes und des limbischen Systems ebenfalls zwei morphologisch und funktionell aktivierende und dämpfende Systeme abgrenzen.* Auch jetzt handelte es sich im ersten Fall um einen *ascendierenden, bulbo-ponto-mesencephalen Funktionsteil. Er geht wie das ARAS vom vorderen Ende des Rückenmarks aus, durchkreuzt das Rhombo-Mesencephalon und breitet sich mit den thalamo-corticalen Projektionssystemen bis zum Neocortex* aus. Das *zweite System* bezieht sich auf den *descendierenden, cortico-limbido-pontinen Anteil.* Er beginnt *auf der basalen Oberfläche des Frontallappens und den medialen Regionen des Temporallappens, umfaßt das limbische System und einige Striatumstrukturen und endet in den unteren Arealen der Reticularformation. Der Hirnstamm und das limbische System bilden auch nach diesen Befunden eine funktionelle Einheit*, die sich ebenfalls wie bei den neuronalen Synapsen (siehe auch Kapitel XXIX), nicht ganz an die strengen anatomischen Kriterien hält (Jovanović, 1970a; Moruzzi, 1972).

Der *Hypothalamus* (Tokizone, 1965) enthält nach den Untersuchungen mit *lokaler elektrischer Reizung* neuronale Substrate, die verschiedene *Verhaltensweisen* bei Mensch und Tier regulieren. Auch die Untersuchungen mit Läsionen und *chemischer Reizung* deuten in die gleiche Richtung. Eine Läsion *im lateralen Hypothalamus* (Freß- und Hungerzentrum) bewirkt eine *Aphagie* (Nahrungsverweigerung), während die Läsion des Areals *im medialen Hypothalamus* eine *Hyperphagie* (Freßlust) auslöst. Es ginge zu weit, zu behaupten, die entsprechende Suggestion während der Hypnose bewirke eine Veränderung im Hypothalamus, doch können gewisse Analogien gezogen werden. *Chemische Reizung* der Neuronenpopulation mit *Noradrenalin, Acetylcholin, Glyzin, Gamma-Amino-Buttersäure (GABA), Neuropeptiden* führt zu gewissen Veränderungen, die nennenswert sind. Eine Mikroinjektion von *Noradrenalin (NA)* in den Hypothalamus führt zu einer *dramatischen Zunahme der Nahrungsaufnahme*, während eine entsprechende Mikroinjektion von *Acetylcholin (ACh)* zu einer *selektiven Auslösung von Flüssigkeitsaufnahme* führen kann (Olds, 1977). Die Bereiche im Hypothalamus, von denen die *Verhaltensweisen* auszulösen sind, *überlappen* sich sehr stark (Jänig, 1985). *Die Neuronenpopulation im Hypothalamus muß eine Vielzahl von Programmen enthalten, so daß Kombinationen der Funktionen möglich sind.* Diese Programme können durch neuronale Befehle von den übergeordneten Hirnstrukturen und/oder durch Signale von den Sinnessystemen (hypnotische Suggestionen z.B.) und *aus dem Körperinneren* aktiviert/gehemmt werden und zur Erzeugung von verschiedenen Verhaltensweisen und neurohumoraler Regulation führen, die von sich aus neue Aktivierungen/Hemmungen verursachen. Nebenbei sei erwähnt, daß eine Aktivierung des hypothalamo-hypophysären Systems über die Ausschüttung von ACTH aus dem Hypophysenvorderlappen zur Freisetzung von *Corticosteroiden* aus der Nebennierenrinde führt. Diese Tatsache wird einiges erklären können (Kapitel XXIX). Außerdem *ist die Funktionsstörung des Hypothalamus mit Störungen der Wahrnehmung, des Gedächtnisses und des Schlaf-Wach-Rhythmus gekoppelt.* Untersuchungen zur genauen Lokalisation des *emotionalen Verhaltens* (Miller, 1984) haben gezeigt, daß eine Reizung *des posterioren Hypothalamus zu Aggressivität und Angriff* bei Versuchstieren führt, während eine Stimulation *des vorderen Hypothalamus mit Beruhigung, Vergnügen* verbunden ist. Nach Harry R. Miller (1984) habe Robert G. Heath beobachten können, daß Patienten mit implantierten Hirnelektroden im limbischen System (Hippocampus und Amygdala) eine Selbststimulation zu vermeiden suchten, da die Aktivität in diesen Regionen mit Angst und Wut verbunden ist (siehe dazu Abschnitt XXV.5.2).

6.3 Zur Moderation von Wachbewußtsein: Zur Frage der psychophysiologischen Beziehung von Wachsein und Wachhypnose

Was die spezielle Moderation des Wachbewußtseins (Schma 18) betrifft, so nimmt Orthner (1969) vom neuroanatomischen Standpunkt aus Stellung. Die *Formatio reticularis pontis* gehöre nach ihm nicht zu den unerläßlichen Voraussetzungen der Bewußtseinsgrundfunktionen. *Bei Läsionen im Wachsystem* finde man vier Formen von Bewußtseinsstörungen, und zwar: (a) Schlafneigung bei erhaltener Erweckbarkeit; (b) schlafähnliche Bewußtlosigkeit ohne Erweckbarkeit; (c) Stupor (gegenstandsloses Wachbewußtsein wie beim apallischen Syndrom); (d) traumhaft-halluzinatorische Verwirrtheit (hallucinose pédiculaire) (Bogaert, 1927).

Generell gesehen sind die *Grenzen des Wachsystems* vom neuropathologischen Standpunkt aus (Fotakis und Stammler, 1965; Orthner, 1969) ziemlich deutlich zu ziehen. Die *dorsale Grenze dieses Systems* sei gut abzulesen. Es gebe keine sicheren Hinweise, *daß die Funktion der dorsalen Thalamusgebiete für das einfache Wachbewußtsein nötig sei.* Doppelseitige Ausschaltungen des Dorsomedialkernes, wie sie aus psychochirurgischer Indikation vorgenommen werden (Spiegel et al., 1975; Orthner, 1969), stören die Schlafwachregulation nicht. Soweit bei Thalamusprozessen Schlafsucht beobachtet wurde (Kleist, 1934; Orthner, 1969; Pilleri, 1958, 1965; Schaltenbrandt, 1949), reichte die Läsion stets in die hinteren mediobasalen Thalamusgebiete hinein, zumindest bis in die Massa intermedia. Jasper (1936, 1949, 1958) sowie Penfield und Jasper (1954) lokalisierten im Gebiet des Nucleus reuniens der Massa intermedia das *Zentrum der höchsten Bewußtseinslage.* Geht man von den Erfahrungen an menschlichem Untersuchungsgut aus, dann kann die *laterale Begrenzung des Wachsystems* nicht sehr weit vom Ventrikelufer abgelegen sein. Denn man kenne keine überzeugenden pathologisch-anatomischen Beobachtungen von Schlafsucht durch ventrikelferne Läsionen. Dadurch werde ein Wachsystem im Mittelhirn auf das Höhlengrau und die medialen Anteile der Formatio reticularis, im *Zwischenhirn* auf das kaudale Höhlengrau und die Massa intermedia beschränkt (Orthner, 1969).

Nach neurophysiologischen Befunden rechnet man die *intralaminären Kerngebiete des Thalamus,* aus denen *das diffuse, unspezifische Projektionssystem in die Großhirnrinde* einstrahlt, zum *aktivierenden Hirnstammsystem* (Bradley, 1961). Man könnte erwarten, daß hier lokalisierte Zerstörungen die Wachfunktion beeinträchtigen. Es habe sich aber gezeigt (Orthner, 1969), daß ausgedehnte doppelseitige stereotaktische Läsionen in diesen ventrikelferneren Thalamusgebieten weder zu Störungen des Schlafwachrhythmus noch zu nennenswerten Veränderungen des Wach-EEG führen. *Der Wachstatus hänge offenbar nicht wesentlich von der Intaktheit des unspezifischen Projektionssystems* ab. Wie schon die Beobachtungen am gesunden Neugeborenen und an großhirnlosen Mißbildungen gezeigt haben (Gamper, 1926), beruhe der rhythmische Wechsel zwischen Schlaf- und Wachzustand im wesentlichen *auf einer autonomen Potenz der ventrikelnahen Gebiete des Mittelhirnes und hinteren Zwischenhirnes.* Diese Potenz werde von anderen Teilen des ZNS modifiziert, könne aber von keinem ersetzt werden. So haben die Versuche fehlgeschlagen, Zustände, die man als *Schlafsucht* definieren könnte, auf Schädigungen in anderen Hirnteilen zu beziehen. Hier sind vor allem die Untersuchungen von Davison und Demuth (1945a) zu erwähnen; die Deutung der *Bewußtseinsveränderungen* von neun Patienten mit *Rindenläsionen* als Schlafsucht konnte nicht überzeugen. Teils scheine es sich um *Bewußtseinstrübungen* durch allgemeinen Hirndruck gehandelt zu haben. Auch die zahlreichen Fälle, die Davison und Demuth (1945b) zum Beweis einer Auslösbarkeit von Schlafsucht durch Schädigung der corticodiencephalen Verbindungen anführen, erwecken den Eindruck, als ob es sich hauptsächlich um Fälle von *Benommenheit* durch intrakranielle Drucksteigerung gehandelt habe. Davison und Demuth

(1946) glauben, daß *Schlaf ohne Großhirnrinde unmöglich* sei. Der Hypothalamus als Hauptregulator bedürfe verschiedener Faserzüge zum Thalamus und zum Endhirn, um den Schlaf zu regulieren; deshalb sollen Unterbrechungen dieser Bahnen zu Schlafstörungen führen können (Orthner, 1969). *Basalwärts* reiche das Wachsystem in der *Mittellinie des hinteren Hypothalamus* und des *Mittelhirnes* sehr wahrscheinlich bis *an die äußere Oberfläche des Gehirns.* Denn man weiß, daß Prozesse, die von der Basalzisterne her gegen diesen Raum vordringen, wie z. B. die *Aneurysmablutung*, frühzeitig, ohne sekundäre Kreislaufstörungen und ohne allgemeinen Hirndruck das Bewußtsein beeinträchtigen können, und daß kleine Läsionen in der basalen Mittellinie des Mittelhirnes zu nachhaltigen Bewußtseinsstörungen führen, die durch Beteiligung des *limbischen Mittelhirnareals* besonders gefärbt sind *(«Hallucinose pédonculaire»). Orobasal* ende das Wachsystem noch hinter den *Corpora mammilaria.* Es gebe keinen morphologischen Anhalt, daß die *Mammilarkörper* etwas mit der Bewußtseinsfunktion im engeren Sinne zu tun haben; man rechne sie deshalb nicht zum Wachsystem, sondern zum *mnestischen System*, in welchem sie als ein wichtiger Knotenpunkt erscheinen (Orthner, 1969). Auch die *motorischen und vegetativen Kerne der inneren und äußeren Augenmuskeln seien vom Wachsystem auszunehmen.* Die enge anatomische Nachbarschaft und Verflechtung weisen aber auf die wichtige Rolle der *Augenmotorik* im Ablauf der *Wach-, Schlaf- und Traumzustände* hin. Schließlich seien auch die extrapyramidalmotorischen Kerngebiete des Mittelhirnfußes *(Substanita nigra)*, der Mittelhirnhaube *(Nucleus ruber)* und des *medialen Subthalamus* (Corpus Luys, Nucleus entopeduncularis, Zona incerta) einschließlich der Faserzüge der Forelschen Felder nicht zum Wachsystem zu rechnen (Orthner, 1969).

Dadurch wird das Wachsystem, jene Hirnstelle, die dem Lebewesen den naturwissenschaftlich nicht erklärbaren Schritt vom pflanzenhaften Vegetieren zum Erleben ermöglicht, vom neuropathologischen Standpunkt aus auf eine verhältnismäßig kleine Hirnstelle eingeengt. Diese Stelle im ventrikelnahen Mittelhirn und hinteren Zwischenhirn allein befähige den Organismus zu einem primitiven Wachbewußtsein, das im Zusammenspiel mit anderen Hirnleistungen die verschiedenen Bewußtseinsphänomene (French und Magoun, 1952; Orthner, 1969), *einschließlich jene der Wachhypnose, hervorbringen.*

Neben den Ansichten aufgrund von neuropathologischen Befunden (Orthner, 1969) müssen noch einige *neurophysiologische Untersuchungen* diskutiert werden, um den *Schrittmacher* zu eruieren. Denn seit 1949 hält man die Formatio reticularis des Hirnstammes sowohl für den *corticalen Weckeffekt* (über ARAS) als auch für das *Verhaltens-Erwachen* (entweder über ARAS, und zwar *über eine sekundäre corticofugale Wirkung*, oder über eine *gleichzeitige Wirkung auf das deszendierende retikuläre bahnende System*) verantwortlich. *Es bestehen jedoch deutliche Unterschiede zwischen der Topographie des ARAS, die nach Reizung (die zum Weckeffekt führt) abgegrenzt wurde, und derjenigen nach Läsionen (welche zum Koma führt).* Nach den Resultaten verschiedener Techniken (Moruzzi und Magoun, 1949; Moruzzi, 1972) erstreckt sich z. B. das ARAS nicht immer – wie bereits angekündigt – im Tegmentum des Hirnstammes *von der Medulla oblongata bis zu den caudalen Anteilen des Diencephalons*, sondern nach einigen *nur bis zum Mesencephalon.* Es bestehe kein Zweifel, daß Experimente mit künstlichen *Läsionen* einen besseren lokalisierenden Wert aufweisen als die mit *Stimulationstechnik* (Jouvet, 1969, 1972, 1978, 1980). Auch die Fragen des *Erhaltens des Wachseins* sind noch nicht eindeutig geklärt worden, desgleichen die der *Hypnotisierung, des Erhaltens der Hypnose sowie die der Dehypnotisierung.* Daß aber die Moderation der Wachhypnose im Rahmen des Systems der Steuerung des Wachbewußtseins liegt, wird für wahrscheinlich gehalten.

6.4 Moderation des mnestisch-amnestischen Anteils des Daseins: Zur Frage der psychophysiologischen Koppelung von Traum und Hypnose

Der mnestisch-amnestische Anteil des Daseins bzw. der mnestische Abschnitt des Schlafes beim Menschen (Traumschlaf) (Schema 18) wurde von tierexperimentellen Forschern *paradoxaler Schlaf* genannt. In Kapitel XXIV werden phänomenologische Parallelen zur Hypnose gezogen. Die Existenz *tonischer und phasischer Verhaltenszeichen* (Verschwinden der EMG-Aktivität im Bereich des Nackens, rasche Augenbewegungen) und *subcorticaler bioelektrischer Zeichen* (monophasische pontine Spikes), die spezifisch für den paradoxalen Schlaf sind, hat uns in die Lage versetzt, mit einer relativen Sicherheit die Strukturen, *die für die periodische Auslösung dieses Schlafzustandes* notwendig und ausreichend seien, zu lokalisieren (Jouvet, 1961, 1965a, b, 1969; Rossi, 1963; Verzano und Negishi, 1961) (siehe Kapitel XXIV.2).
Die Entfernung aller neuralen Strukturen (einschließlich des Hypothalamus und der Hypophyse), rostral von den pontinen Formationen, könne das periodische Auftreten des paradoxalen Schlafes (REM-Phasen) bei chronischen pontinen Tieren nicht verhindern: Er trete mit der Regelmäßigkeit einer «*biologischen Uhr*» auf; die mittlere Dauer sei die gleiche wie bei gesunden Tieren (6 Min.). Die Zeitdauer innerhalb eines Zeitraumes von 24 Stunden betrage 10% und sei damit etwas geringer als bei gesunden Tieren. *Der paradoxale Schlaf sei auch hier durch das plötzliche Verschwinden des Muskeltonus mit einem totalen Abfall des EMG im Nacken, durch laterale Augenbewegungen (die Aktivität des VI. Hirnnerves), durch eine Erhöhung der Herz- und Atemfrequenz und das Vorhandensein monophasischer pontiner Spikes charakterisiert* (Jouvet, 1969). Insgesamt zeigen diese Experimente, daß die Strukturen, *die für das periodische Vorkommen* der wichtigsten Verhaltens- und EEG-Zeichen des REM-Schlafes verantwortlich seien, *in Höhe des unteren Hirnstammes liegen.*
Eine andere Serie von Experimenten zeige, *daß gewisse pontine Strukturen für den paradoxalen Schlaf erforderlich* seien (Jouvet und Delorme, 1965; Rossi und Zanchetti, 1957). Die Zerstörung des Nucleus centralis superior (Bechterew) und des medialen Teils des Nucleus reticularis pontis oralis et caudalis haben keine signifikante Auswirkung auf eine der beiden Formen des Schlafes. Dagegen hemme die bilaterale Zerstörung eines begrenzten Gebietes, das den Nucleus locus coeruleus und eine Zone unmittelbar medial und ventral davon im dorsalen Teil des mediolateralen pontinen Tegmentums einschließe, den paradoxalen Schlaf. Eine Veränderung des Wachzustandes und des langsamen Schlafes trete währenddessen nicht ein. *Es komme zu einer permanenten EMG-Aktivität der Nackenmuskulatur, dagegen nur zu einer synchronisierten EEG-Aktivität während des Schlafverhaltens.* In periodischen Zeitabschnitten komme es zu einer Verstärkung der muskulären Aktivität im Bereich des Nackens, die Pupillen bleiben eng, die Nickhäute seien entspannt und das Tier reagiere nicht auf visuelle Stimuli. *Die deutliche Dissoziation zwischen den Augenaspekten des «Tiefschlafs» und dem Verhaltensaspekt von Wut sei mit einem halluzinationsähnlichen Zustand verglichen worden.* Der Mechanismus, durch den das mediolaterale pontine Tegmentum das periodische Auftreten des paradoxalen Schlafes kontrolliere, sei noch nicht geklärt. Nichtsdestoweniger werde immer klarer, daß *noradrenerge Mechanismen* eine Rolle spielen könnten (Blashko et al., 1950). Auf der einen Seite sei dieses Gebiet des Pons sehr reich an noradrenergen Neuronen (Gruppe A6 nach Dahlström und Fuxe, 1964), die sich hauptsächlich im *Locus coeruleus* und unmittelbar ventral davon konzentrieren. Dieses Gebiet sei auch besonders reich an *Monoaminooxydasen* (Hashimoto et al., 1962). Auf der anderen Seite wurde gerade gezeigt, daß nach Zerstörung dieses Gebietes der Brücke, das den paradoxalen Schlaf unterdrücke, es zu einem deutlichen Abfall von *Noradrenalin* im rostralen Teil des Gehirnes komme, wobei das *Serotonin* nicht wesentlich verändert sei (Jouvet, 1972, 1978, 1980).

Die neuralen Strukturen also, die für die Auslösung des paradoxalen Schlafes verantwortlich gemacht werden, sind hauptsächlich, wenn auch nicht ausschließlich, *im mediolateralen Teil des dorsalen pontinen Tegmentum* lokalisiert. Diese Strukturen, die offenbar zusammen mit einer Gruppe von Noradrenalin enthaltenden Neuronen auftreten, *sind für eine schnelle corticale Aktivität und das totale Nachlassen des Muskeltonus während des Träumens notwendig*. Es gibt einige Anzeichen dafür, *daß der paradoxale Schlaf von Strukturen und Mechanismen abhängig ist, die sich von denen des langsamen Schlafes unterscheiden* (Jouvet, 1969). Diese Hypothese wird auch durch die Tatsache unterstützt, daß der Traumschlaf *selektiv* mit instrumentellen Methoden inhibiert werden kann. Die Hypnose hat gewisse Ähnlichkeiten mit diesem Traumschlaf, wie dies oben diskutiert wurde (Kapitel XXIV.2).
Der erste Versuch, den REM-Schlaf selektiv zu inhibieren, wurde am Menschen von Dement (1960) vorgenommen, indem er die Vpn sofort nach Beginn des REM-Schlafes weckte. Wenn der REM-Schlaf auf diese Weise in einer Nacht verhindert oder sein prozentualer Anteil gegenüber dem *«langsamen» Schlaf* verkleinert wurde, so kam es in den Nächten nach dieser Störung zu einer *Verlängerung der prozentualen Dauer (rebound phenomena)*. Ähnliche Resultate wurden bei Tieren erzielt. Bei einer *«pontinen» Katze* (Jouvet, 1969, 1972) führe die Hemmung des paradoxalen Schlafes durch einen elektrischen Schock *zum Wiedererscheinen dieses Schlaftypus in immer kürzeren Intervallen, so daß es nach einigen Stunden fast unmöglich werde, das Tier zu wecken, da es nach dem Schock sofort in den Zustand des paradoxalen Schlafes zurückfalle* (Jouvet, 1965b, 1969). Es komme also zu einem *Zustand des Bedürfnisses* nach paradoxalem bzw. REM-Schlaf. Bei der *intakten Katze* könne man die *selektive Ausschaltung* oder Verkürzung des paradoxalen Schlafes auch erreichen, wenn man das Tier Bedingungen aussetze, unter denen es den Muskeltonus nicht völlig entspannen könne (Vimont et al., 1966). Unter diesen Bedingungen könne der langsame Verhaltens- und EEG-Schlaf normal sein (50 % des Tages), *ohne Auftreten von paradoxalem Schlaf*. Während der *Beeinträchtigung des paradoxalen Schlafes* seien einige vegetative, bioelektrische und Verhaltenszeichen beobachtet worden. Es komme zu *einer dauernden Erhöhung der Herzfrequenz* (Vimont et al., 1966), zu einer *Verkürzung des Erholungszyklus* nach Reaktionen auf Reize im corticalen Bereich und zu einer *Herabsetzung der Anfallsschwelle* nach Elektroschock (Cohen und Dement, 1966). Bei männlichen Katzen oder Ratten seien auch *Störungen des Sexualverhaltens* (Hypersexualtität) beobachtet worden (Vimont et al., 1966). Diese Ergebnisse lassen vermuten, *daß die Erregbarkeit des Nervensystems zunehmen kann, wenn der REM-Schlaf selektiv unterdrückt wird.* Mit der Verlängerung des paradoxalen Schlafes im Erholungsstadium sei *bei Ratten ein deutlicher Anstieg des Noradrenalinumsatzes verbunden* (Pujol, 1967). Dieser Anstieg könne einige Tage lang bestehen bleiben und ist proportional der Dauer der vorherigen Unterdrückung des paradoxalen Schlafes. Die Verlängerung des paradoxalen Schlafes im Erholungsstadium beginne meist *mit einer Zunahme der Häufigkeit der REM-Phasen und nicht mit einer Zunahme deren mittlerer Dauer.* Mit Beginn der Erholung könne der paradoxale Schlaf *unmittelbar* nach dem Einschlafen auftreten, *ohne eine intermediäre* Phase des langsamen Schlafes. *Dieses Phänomen führt zu kataleptischen Zuständen, womit erneut gezeigt ist, daß der paradoxale Schlaf (Traumschlaf) auch ohne einen vorausgegangenen langsamen Schlaf (Aufladungsphase) auftreten* (siehe auch Abb. 19) *und eine funktionelle Beziehung zur Hypnose (Katalepsie) haben kann.*

6.5 Moderation des amnestischen Anteils des Daseins: Zur Frage der psychophysiologischen Beziehung von Schlaf und Hypnose

6.5.1 Spezielle Vorbemerkungen

Die Ergebnisse der *selektiven Inhibition* des *paradoxalen Schlafes* stehen im Gegensatz zu der Wirkung einer Inhibition des *gesamten Schlafes*. Im letzteren Falle ist der *Erholungsschlaf* anderer Natur. Es komme *zunächst* zu einem Anstieg des SWS (solw wave sleep = langsamer Schlaf) und *nur sekundär* zu einer Zunahme des paradoxalen Schlafes. Die gleichen Verhältnisse sind beim Menschen gefunden worden (Jouvet, 1969, 1972, 1987, 1980; Jouvet und Jouvet, 1963, 1964; Jouvet und Michel, 1959; Jouvet und Renault, 1966; Jouvet et al., 1959, 1960, 1961a, b, 1966; Moruzzi, 1972; Vimont et al., 1966; Williams et al., 1964, 1966). Diese Befunde erfordern eine weitere Diskussion unter Einbeziehung des sogenannten *langsamen Schlafes*. Die historischen Wurzeln der *passiven Schlaftheorie* kann man weit in die Vergangenheit hinein verfolgen. Kleitman (1939, 1963, 1972) betonte, daß das *Einschlafen und die Unfähigkeit, wach zu bleiben, nicht die gleiche Bedeutung* haben, weil das erstere einen *aktiven Beginn* des Schlafes voraussetze und das letztere das *passive Aufhören eines aktiven Wachzustandes* bedeute. Wenn das letztere der Fall wäre, müßte man nicht den Schlaf, sondern das Wachsein erklären. Bezüglich der Hypnose kompliziert sich die Angelegenheit noch weiter, da diese weder Wachsein noch Schlaf zu sein scheint und gleichzeitig beides imitieren kann. Als Folge dieser Schwierigkeiten muß eine kombinierte Möglichkeit erwogen werden. In der letzten Zeit wurde der physiologische Schlaf als Ausdruck einer *funktionellen Unterbrechung* des ARAS, d.h. *als Ausschaltung der Weckeinflüsse* bzw. als *Fehlen des Wachseins*, interpretiert. Diese Hypothese (Lindsley, 1960) beruhte hauptsächlich auf den Ergebnissen, daß nach ausgedehnter Zerstörung des mesencephalen Tegmentum oder in der *Barbituratnarkose* (deren hemmender Effekt durch Unterdrückung des aszendenten Flusses der reticulären Impulse auf das ARAS nachgewiesen ist) ein Coma entsteht. Der physiologische Schlaf wurde somit im Gegensatz zum Coma als eine funktionelle *passive Herabsetzung* des Tonus des ARAS erklärt. *Diese Unterbrechung der Aktivierung würde durch einen langsamen Prozeß neuronaler Ermüdung eingeleitet und im gegebenen Moment durch eine Herabsetzung der sensorischen, afferenten Impulse ausgelöst* (Bremer, 1954). *Dies würde auch die Einleitung der Hypnose erklären.* Die *désactivation en avalanche* erklärt aber nicht, warum der Schlaf auch durch zentrale oder periphere Reizung eingeleitet werden kann und *warum er so lange andauert*. Schließlich erklärt die *passive Theorie des Schlafes* die totale Schlaflosigkeit nach umschriebenen Läsionen im Bereiche des Hirnstammes kaum (Orthner, 1969).

Die passive Schlaftheorie gibt also keine befriedigende Erklärung des Einschlafens, der Schlafdauer, der Hypnose-Induktion und Hypnosedauer. Deshalb muß man an eine *aktive Theorie* denken (Jouvet, 1969). Nach Jouvet (1969, 1972) sprechen *zwei Arten von Experimenten* für die Hypothese des aktiven Schlafes.

6.5.2 Resultate elektrischer und chemischer Reizung

Analog den Untersuchungen von Demsey und Morison (1941) (siehe Kapitel XXV.6.2) hat auch Walter Rudolph Hess (1943, 1944, 1947, 1965) bei seinen weltweit bekannten Versuchen an Tieren mit *chronisch implantierten Elektroden* und nach Reizung zahlreicher Hirnstrukturen mittels Strom *niedriger Frequenz* (3–15/sec) *Spindeln oder langsame Wellen* über dem Cortex mit oder ohne Schlafverhalten hervorgerufen. Bis heute hat man nacheinander eine

Reihe von einzeln angeführten Hirnstrukturen als *«hypnogen» bezeichnet* (Jovanović, 1970a, 1971). Diesen Befunden zufolge würde *fast das ganze Gehirn «hypnogene» Eigenschaften besitzen*. Nach Jouvet (1969, 1972) hat *die hypnogene elektrische Reizung kaum einen lokalisierenden Wert*. Die Interpretation der mit dieser Methode erhaltenen Resultate sei vielmehr mit zahlreichen Schwierigkeiten verbunden. *Die Reizung wirke möglicherweise nicht auf die neuronale Soma, sondern auf deren afferente oder efferente Axone*. Auf der anderen Seite könne die Reizung sowohl *synchronisierende als auch aktivierende Elemente erregen*, obwohl die meisten Reizungen *mit einer niedrigen Stromfrequenz* durchgeführt wurden. Außerdem sei es schwierig zu erkennen, ob der Schlaf durch Reizung hervorgerufen wurde oder spontan aufgetreten sei.

Chemische Stimulierungen haben keinen höheren lokalisierenden Wert als elektrische Reizung. Hirngebiete, in denen chemische Stimulierungen einen *langen Schlaf* (amnestischer Anteil des Daseins) hervorrufen, werden immer zahlreicher. Die Injektion von *Adrenalin* in die Arteria carotis hat keine aktivierende Wirkung (Capon, 1959). Andererseits führe die Noradrenalin-Injektion bei jungen Vögeln und Katzen – deren Blut-Hirn-Schranke permeabel ist – zum *Schlafverhalten* (Key und Marley, 1963). Ebenso könne ein schlafähnlicher Zustand durch Injektion von *Noradrenalin* in Höhe der Ventrikel (Feldberg, 1957) ausgelöst werden. Bei Injektionen in Form von Mikrokristallen komme es offensichtlich zu einer echten hypnogenen Wirkung, und zwar bei Injektion in Höhe des Nucleus caudatus (Yamaguchi et al., 1963a, b), der präoptischen Region (Hernández-Peón, 1965), des medialen Thalamus (Yamaguchi et al., 1963a, b), der pontinen Formatio reticularis (Cordeau und Mancia, 1958; Cordeau et al., 1963) und der limbischen Mittelhirnverbindungen (Hernández-Peón, 1965).

Erzeugung von langsamem Schlaf durch periphere Reflexe ist eine weitere *Methodik der Erforschung der hypnogenen Zonen*. Non-REM-Schlaf (langsamer Schlaf) kann nicht nur durch *zerebrale Reizung*, sondern auch durch Stimulierung zahlreicher *afferenter Systeme* hervorgerufen werden. *Eine akustische Stimulierung, d.h. Wiederholung nicht signifikanter Töne bei der Gewöhnung oder Wiederholung von Tönen, die zu einem hemmenden Signalwert geworden sind, intermittierende Photostimulierung und Reizung von kutanen oder muskulären Nerven, hypnotische Suggestion, vegetative afferente Einflüsse können zur Schläfrigkeit und zum Schlaf führen*. Vagale (Dell, 1963; Dell und Padel, 1964) oder laryngeale Reizungen (die wahrscheinlich über vagale afferente Nerven wirken), können EEG-Augen- oder Verhaltensmerkmale des Schlafes induzieren. Schließlich kann der von Koch (1932) (siehe bei Jouvet, 1969) durch Reizung von depressorischen Nerven beobachtete interessante schlafähnliche Zustand bei «encéphale isolé», bei dem es keine Veränderungen des Blutdruckes gibt, auch zu einem typischen Schlaf-EEG führen. Alle diese Befunde zeigen, daß der *langsame Schlaf* aktiv hervorgerufen werden kann. Sie bringen aber keine Kenntnisse über die ihm zugrunde liegenden aktiven Mechanismen zutage (Jouvet, 1969). Viele dieser Befunde können auf die Hypnose-Induktion übertragen werden (siehe unten), *insbesondere jene nach peripehereren Reizungen des ZNS*.

6.5.3 Resultate von Läsionen im ZNS und experimentelle Schlaflosigkeit

Nach einer vollständigen, durch die Mitte des *Pons* gehenden *prätrigeminalen Durchtrennung* (mid-pontine pretrigeminal preparation: M.P.P.; Batini et al., 1958, 1959a, b, 1965) zeige das *corticale EEG ein deutliches Vorherrschen einer schnellen Aktivität* (78% anstelle von 37%). Obwohl es im EEG bei Hypnose solche Beschleunigung und Alpha-Vermehrung gibt (Kapitel XXII.3), können diese Befunde die Hypnose-Induktion noch nicht ganz erklären lassen. Andererseits führen die okulomotorischen Reaktionen des Versuchstieres (über den III. und IV. Hirnnerv) eindeutig *zu einer erhöhten selektiven Aufmerksamkeit*. Eine Katze, bei welcher der Pons in der Mitte durchgeschnitten ist, folge mit *vertikalen Augenbewegungen* jedem Objekt in ihrem Gesichtsfeld. Nach signifikanten *visuellen Reizen (Maus)* könne es zu einer *Pupillenerweiterung* kommen. Im Gegensatz dazu führe *eine Durchtrennung, die rostral vom hinteren Teil des mesencephalen Tegmentums* liegt oder die eine Mitzerstörung dieses Teils bewirkt, während der ersten Tage zu einem *synchronisierten corticalen EEG ohne irgendwelche Augenzeichen eines Wachzustandes.* Da das *«encéphale isolé»*-Präparat noch alternativ im Wachzustand oder im langsamen Schlaf sein könne (Bremer, 1936, 1954), kann man annehmen, daß gewisse, das EEG synchronisierende Strukturen, die im unteren Hirnstamm lokalisiert und tonisch aktiv sind, die *Weckaktivität des ARAS dämpfen können.* Es sind zahlreiche Versuche unternommen worden, um die Stukturen, die bei dem vom unteren Hirnstamm ausgehenden Schlaf beteiligt sind, zu lokalisieren (Moruzzi, 1963, 1972).

Es gibt einige Anzeichen dafür, daß hierbei die Medulla eine Rolle spielt, da eine präbulbäre Durchtrennung zu einer Verlängerung der EEG-Aktivierung führe, wenn eine solche durch retikuläre Reizung im «encéphale isolé»-Präparat hervorgerufen werde (Bonvallet und Allen, 1963). Auch eine lokale reversible Kühlung des bulbären Bodens des VI. Ventrikles führe bei der «encéphale isolé-Katze» zu EEG- und Verhaltensmerkmalen des Weckeffekts, was auf eine Inaktivierung der bulbären synchronisierenden Strukturen zurückzuführen sei (Berlucchi et al., 1964; Jouvet, 1969).

Zur Lateralisation der Hypnosesteuerung (Kapitel XXV.3) sei noch angeführt, daß eine *Halbseitendurchschneidung des Hirnstammes* in der Mitte des Pons zum Auftreten einer synchronisierten Aktivität in Höhe der *homolateralen* Hirnhemisphäre führt. Eine Halbseitendurchschneidung einige Millimeter hinter der Mitte des Pons *führt nicht zu einer corticalen Asymmetrie* (Cordeau und Mancia, 1958). Die chronischen Experimente von Rossi (1963) sowie Rossi et al. (1961, 1963) stehen mit der Tatsache in Einklang, *daß retropontine Halbseitendurchschneidungen keinerlei corticale EEG-Asymmetrie hervorrufen und damit eine wichtige Rolle bei der Auslösung der corticalen Synchronisierung zur posterioren Zone des Pons spielen.* Alle diese Ergebnisse können mit neueren Angaben in Übereinstimmung gebracht werden, die zeigen, daß das *Raphé-System*, das sich von der Medulla zum Mesencephalon erstreckt, im Schlafmechanismus, aber auch bei den zentralen Mechanismen der Hypnose eine Rolle spielen kann (Jouvet, 1969, 1972).

Totale Insomnie durch umschriebene Läsionen des Hirnstammes verraten die mögliche Rolle der *serotonergen Neuronen (Raphé-System) beim langsamen Schlaf* und bei der Hypnose. Darüber wurde in der letzten Zeit viel diskutiert. Nach einer *subtotalen* (80–90 %) *Zerstörung* des Raphé-Systems (Jouvet, 1969) trete ein Zustand *permanenten Wachseins* in den ersten 3–4 Tagen ein. Die Versuchstiere liegen auf der Seite und zeigen dauernde Laufbewegungen. Es komme zu einer Mydriasis. Gewöhnlich werde eine Zunahme der Herzfrequenz und eine mäßige Polypnoe (40–50/min) beobachtet. Es bestehe aber die ganze Zeit schnelle und Niederspannungsaktivität im EEG. Es komme zu dauernden Salven von *monophasischen Spikes im Corpus geniculatum laterale.* Eine Zunahme der EMG-Aktivität werde im Bereich des Nackens beobachtet, und die Katzen verfolgen jedes sich bewegende Objekt mit den Augen. In den ersten 100 Stunden werden keine Spindeln oder langsamen Wellen registriert. Nach 3–4 Tagen komme es wieder zu einigen sehr kurzen Perioden von Verhaltens- und EEG-Zeichen eines langsamen Schlafes. Diese dauern nie länger als ein paar Minuten und machen nur 3–5 % innerhalb von 24 Stunden aus (im Vergleich zu 50 % bei den scheinoperierten Katzen). Der mittlere Prozentsatz des langsamen Schlafes betrage bei diesen präparierten Katzen nicht mehr als 10 % der Gesamtzeit. Ein paradoxaler Schlaf wird gewöhnlich nicht beobachtet. *Bei partiellen Zerstörungen des Raphé-Systems* (vordere oder caudale Läsionen; Jouvet, 1969) komme es gewöhnlich in den ersten zwei Tagen zu einer totalen Schlaflosigkeit; der Schlaf trete am dritten Tag wieder ein. REM-Schlaf werde beobachtet, wenn der Prozentsatz des langsamen Schlafes mehr als 15 % pro Tag erreiche. Die polygraphischen Aspekte dieses Schlafes seien normal.

Alle diese Befunde deuten darauf hin, daß das Raphé-System *für die Einleitung des Schlafes* verantwortlich ist. Die Möglichkeit einer *experimentellen Insomnie* durch eine Läsion steht im Einklang mit der Hypothese, daß Schlaf ein *aktiver Prozeß* ist. Diese Resultate erklären auch die *relative Insomnie* bei Präparaten mit prätrigeminalen Durchschneidungen in Ponsmitte. Bei diesen Präparaten beträgt die Schlafmenge 20 % der Gesamtzeit in den ersten 2–3 Tagen nach der Operation (Batini et al., 1959a, b). In der Tat führt eine subtotale Zerstörung des Raphé-Systems caudal der Ebene der prätrigeminalen Durchschneidung in der Mitte des Pons (d. h. Zerstörung von Kernen der Raphé obscurus, des Pallidum, des Pons und im Magnus-Bereich) während der gleichen Registrierungszeit in gleichem Ausmaß zur Schlaflosigkeit.

In jedem Falle liegen aber die den Schlaf einleitenden Strukturen nicht ausschließlich hinter der Mitte des Pons, da eine selektive Zerstörung von Kernen des Raphé centralis superior (medialis) und dorsalis, die rostral von der Durchschneidungsebene in der Mitte des Pons gelegen sind, zu einem schweren Grad von Schlaflosigkeit führt (17 % des Schlafes bei 7 Katzen während der ersten 4 Tage). Die den Schlaf einleitenden Strukturen erstrecken sich also offensichtlich über das Raphé-System insgesamt, da wir die schwereren Grade von Schlaflosigkeit (weniger als 4 % Schlaf in 250 Stunden) durch Zerstörung von 90 % dieses Systems erzielt haben (Jouvet, 1969).

6.5.4 Rostrale Hirnstrukturen und Synchronisierung des EEG

Während das Raphé-System des Hirnstammes sowohl bei der Auslösung des Verhaltens als auch des EEG-Schlafes eine Rolle spielt, gibt es einige Anzeichen dafür, *daß rostrale Strukturen für die Synchronisierung des EEG während des langsamen Schlafes verantwortlich sind.* Der Thalamus *scheint notwenig für das Auftreten von corticalen Spindeln zu sein* (siehe oben). Seine Zerstörung durch Koagulation, Durchschneidung oder Aspiration *läßt die corticalen Spindeln am Schlafbeginn verschwinden.* Corticale langsame Wellen bleiben dagegen bestehen (Lindsley et al., 1950; Naquet et al., 1964, 1965). *Andererseits kommt es anscheinend nach vollständiger Entfernung des Neocortex* (Jouvet, 1962, 1969) *zu einem sofortigen, und zwar einige Monate andauernden, Verschwinden der synchronisierten oder langsamen Aktivität in den subcorticalen Strukturen (Thalamus und retikuläre Formationen), sowohl während des normalen Schlafes als auch nach Nembutalinjektion.* Im Gegensatz dazu können langsame retikuläre Wellen im Schlaf bei subtotal decortizierten chronischen Katzen bestehen bleiben, wenn man auch nur einen kleinen Teil des Gyrus orbitalis und coronalis anterior stehen läßt.

6.6 Integration von hypnogenen Strukturen und Hypnomechanismen

6.6.1 Weitere neurophysiologisch-psychophysiologische Befunde

Zusätzlich zu dem, was bisher gesagt wurde, wollen wir uns konkret mit den Aufgaben der *zentralen hypnogenen Systeme in der Hypnose* befassen, wobei die Problematik an einigen weiteren *Beispielen und Modellen* noch verdeutlicht werden soll (siehe auch Wester und Smith, 1984). Akstein (1965), De Moraes Passos (1967), Duensing (1966) sowie Raikov (1975, 1980) betonen *die Rolle des aktivierenden Systems der Formatio reticularis* in Hypnose. Bartlett (1966, 1968) nimmt an, *daß die Hypnose die corticale und subcorticale Kommunikation*, insbesondere die des *Hypothalamus*, der *Formatio reticularis* und des *limbischen Systems* verändert. Arnold (1959) glaubt, daß die *Imaginationen durch die*

Verbindungen des Hippocampus mit dem diffusen thalamischen System vermittelt werden. Die *Katalepsie* werde dagegen über das limbische System in Verbindung mit dem *motorischen Cortex* gesteuert, wobei eine *ideomotorische Imagination* in Aktion transferiert werde. *Ideosensorische Halluzinationen* werden über das *limbische System* vermittelt, das mit den *Assoziationsfeldern* der *frontalen Hirnregion*, aber auch mit der *primären sensorischen* Rezeptionsarea verbunden ist (Arnold, 1959). Nach Roberts et al. (1975) wird die Hypnose durch die bioelektrische Blockade zwischen der Formatio reticularis des Hirnstammes und den spezifisch-sensorischen, parasensorischen und koordinierenden neuronalen Kanälen ermöglicht. Der Autor schlägt vor, *die selektive Aktivität der Delta-Frequenz der Hirnwellen als den möglichen Mechanismus der Inhibition zu akzeptieren.* Bigelow et al. (1956) deuteten die *plethysmographisch* gefundene Änderung im peripheren Puls und dem Fingerblutvolumen in der tiefen Hypnose als Zeichen der corticalen Reduzierung der Hemmung des vegetativen Nervensystems. Die mögliche Rolle des ZNS in Hypnose wurde auch von Granone (1982) sowie Reyher (1964, 1968) angeschnitten. Crasilneck et al. (1956) fanden, daß Patienten sowohl *unter Hypnose* als auch unter der *chemischen Lokalanästhesie* des Skalps während Hirneingriffen plötzlich aufwachten, wenn der Neurochirurg die *hippocampale Region* berührte. Eine erneute Hypnose wurde sofort wieder unterbrochen, wenn man den *Hippocampus* noch einmal antastete. Auch *mechanische Reize des Hippocampus* konnten jedesmal die Hypnose abbrechen, so daß angenommen werden mußte, *daß der Hippocampus auf irgendwelche Weise die Hypnose reguliere oder mit ihr direkt zu tun habe.* Lieberson et al. (1961) machten dann Experimente an Meerschweinchen mit *Hippocampogramm* und fanden, daß dieses als Indikator für die Kontrolle der inneren Aktivität der Tiere nützlich ist. Obwohl die Tierhypnose der Humanhypnose nicht gleichzusetzen sei (Kapitel III), meinen Crasilneck und Hall (1985), daß man in der erwähnten Richtung weiterforschen sollte. Eine der wichtigsten Erscheinungen, die für die *physiologische Theorie* der Hypnose spreche, sei, daß das *Erscheinen der somnambulen Zustände* rund um die Welt identisch sei, obwohl immense Unterschiede in der «Rolle» und den kulturellen Erwartungen angenommen werden müssen (Crasilneck und Hall, 1985). Erika Fromm (1972) ist von einem physiologischen Mechanismus der Hypnose nicht ganz begeistert.

Zum Problem der neuronalen Aktivität in der Formatio reticularis und Hypnose sind in den letzten Jahren einige weitere Befunde erhoben worden. Der Autor dieser Zeilen möchte dazu die sehr eindrucksvollen Arbeiten von Duensing (1966, 1969) (siehe auch Kapitel XXV.2.2.2) sowie Duensing und Schaefer (1957, 1959, 1960, 1963) kurz referieren. Der Referent hatte die Gelegenheit, in den Jahren 1963 bis 1966 bei einigen Experimenten dieser Art zu assistieren und sich über die neuronale Phänomenologie bezüglich der Hypnose augenscheinlich zu überzeugen. Friedrich Duensing (1966) hat zu seiner Zeit weitsichtige Schlußfolgerungen hinsichtlich der Hypnosesteuerung gezogen, die durch spätere neurophysiologische Untersuchungen (siehe bei Arnold, 1959; Crasilneck und Hall, 1985; DeBenedittis und Sironi, 1986; Jouvet, 1972; Moruzzi, 1972) nahezu voll bestätigt wurden. Duensing (1966) führte aus: «... *in der Hypnose (ist) nicht die Skala zwischen den beiden Polen Wachsein und Schlafen in Richtung Schlaf verschoben, sondern in einer ganz anderen Variablen des psychischen Gesamts ist eine tiefgreifende Veränderung erzeugt worden, nämlich hinsichtlich des Bewußtseinsumfanges* ...». Nach Duensing sei es aus Alltagserfahrungen bekannt, daß der *Umfang des Bewußtseins* einer ständigen Regulation unterliege, in Abhängigkeit von der Zahl der intendierten Gegenstände. «*Wenden wir uns mit großer Konzentration einem Objekt, etwa der Lektüre eines spannenden Buches zu, blicken wir in das Mikroskop, so wird – offensichtlich durch einen Regelvorgang – der Umfang nicht nur der optischen Aufmerksamkeit, sondern des gesamten Erlebnisfeldes eingeengt. Wir merken dann unsere Umgebung nicht mehr.*» (Duensing, 1966). Auf dem Gebiet der optischen Wahrnehmung seien die Grenzen unseres Gesichtsfeldes zwar konstant, *die Grenzen des Feldes der optischen Aufmerksamkeit hingegen lassen sich in einem weiten Bereich verändern.* Durch Hirnprozesse in der *parieto-occipitalen Übergangsregion* könne eine groteske – sei es halbseitige, sei es konzentrische – Einengung der *optischen Aufmerksamkeit* hervorgerufen werden. Bei normalen Gesichtsfeldgrenzen schrumpfe dann mit jedem Fixationspunkt die optische Aufmerksamkeit so weit, daß etwa in einer szenischen Darstellung immer nur ein Teil, immer nur eine Person unter mehreren, *nicht aber* – trotz intakter Intelligenz – *der Zusammenhang* wahrgenommen werden könne. Aus dieser Aussage von Duensing – und er hat dies an Beispielen und in Experimenten gezeigt – *lernen wir über die hypnotischen Phänomene mehr aus der Neurophysiologie als aus der Psychologie selbst. Duensing geht auch von den Beispielen weg und dann direkt auf die Frage der Bewußtseinsänderung über. «In der Hypnose ist nun offensichtlich der Umfang des Bewußtseins erheblich eingeengt*, aber nicht auf eine Sache, sondern *auf die Person des Hypnotisators* (Hypnotherapeuten). Und es ist kein Zufall, *daß zur Einleitung der Hypnose eine sehr starke Einengung der optischen Aufmerksamkeit durch Fixation eines Gegenstandes erzeugt wird»* – so Duensing (1966). Diese Anmerkung von Duensing wurde hier bewußt wiedergegeben, weil man woanders über *eine Senkung* des Bewußtseins (Langen, 1961, 1983) statt über eine *Umfangsveränderung* sprach.

Zur Hypnose gehöre also *die Umwandlung* der normalerweise vornehmlich *aktiv zugreifenden* in eine *passiv hingebende Grundhaltung* mit *der Bereitschaft zur Annahme der Suggestionen des Hypnotiseurs* (Langen, 1961, 1983; Langen und Spoerri, 1968). Von der *Informationstheorie* ist es bekannt, daß wir von der unendlichen Anzahl von Informationen, die uns die Umwelt liefert, immer *nur einen sehr kleinen Anteil pro Zeiteinheit* aufnehmen können. Die absichtliche Einstellung oder *die zufällige Lenkung der Aufmerksamkeit* auf bestimmte Umweltreize, Themen, Sachverhalte entscheidet darüber, welche Wahrnehmungen wir machen, was wir erleben, und bringt zugleich *eine Absperrung für viele andere Wahrnehmungsgegenstände* oder -ereignisse mit sich. *Der Schlaf ist somit in gewissem Sinne zur Wahrnehmung selektierter Reize geeignet* (Ammenschlaf; Winterstein, 1953). Unseren Annahmen *über die fortwährende psychische Aktivität im Schlaf* (Kapitel XXVI.2.7.2.2) wird hier vorgegriffen. Die Konzentration auf den Hypnotiseur und auf dessen Suggestionen ist somit für die Hypnose auch vom neurophysiologischen Aspekt her charakteristisch und zwangsläufig mit Bewußtseinseinengung verknüpft.

Duensing (1966) registrierte die *Entladung der Neurone im Wecksystem des unteren Hirnstammes* (siehe auch Kapitel XXV.2.2.2) bei wachen Kaninchen und erhob interessante Befunde. *Bei einem Streicheln der Versuchstiere entlang der Haare kam eine erhebliche Blockierung der Entladungshäufigkeit der Neurone zustande, während eine akustische Reizung durch Pfeifen eine starke Erhöhung der Entladungsfrequenz mit sich bringt.* Ein Streicheln *gegen* den Haarstrich (vom Schwanz zum Nacken) ergibt ebenfalls *eine Aktivierung der Neurone.* Streicheln der Haare *bei erhobenen Kopf* erbringt nicht die Blockierung der Entladungen, die man beim Streicheln bei *gesenktem Kopf* erhält. Streicheln und *langsames Zusprechen* – Beruhigen – *ist mit einer fast totalen Blockade der Entladungen* des geprüften Neurons gekoppelt. Nach Duensing handelt es sich dabei nicht etwa um eine Hypo- oder Hyperaktivität, nicht um *Synchronisierung* und *Desynchronisierung*, sondern *um eine ganz bestimmte Umstellung der gesamten Erregungskonstellation im Cortex und Subcortex für eine begrenzte Zeit.* Wenn man diese neurophysiologischen Befunde studiert und sie mit den Angaben über *Beruhigung, Handauflegen, Streicheln und erfolgter Heilung* (Kapitel VI) vergleicht, kann man daraus schließen, daß nach Jahrhunderten oder Jahrtausenden die Neurophysiologie eben das bestätigt hat, was die damaligen Heiler behaupteten.

6.6.2 Phylogenetische Aspekte der zentralen Hypnomechanismen

Pribram (1961, 1969a, b) versuchte, unter anderen, eine *phylogenetisch-begriffliche Lösung der Steuerung der psychischen Funktionen und der Hypnose zu finden*, indem er das *sensorische System* in Dimensionen wie *effektiv–affektiv* sowie *ästhetisch–ethisch* einteilte. In den späteren Arbeiten haben Pribram und McGuinness (1975) auch die Begriffe *Aktivierung (activation)* und *Weckeffekt (arousal)* zur Differenzierung von Reaktionen des Organismus oder Individuums eingeführt. Diese Einteilung wurde auch von einigen nachfolgenden Autoren übernommen (siehe unten). Der *Weckeffekt* wird als eine simple Reaktion durch den Mandelkernkomplex (Nucleus amygdaloideum) moderiert. Die *Aktivierung* sei auf der anderen Seite mehr durch die basalen Ganglien vermittelt, da sie komplizierter als der Weckeffekt allein sei. Der Hippocampus scheine funktionell zwischen den zwei erwähnten Systemen zu liegen. Dieses Konzept würde sich gut auch in die Befunde über die Neurotransmitter (Kapitel XXIX) einfügen. Nach den Befunden von Pribram und McGuinness (1975) sieht es so aus, als ob sich das erstere (Weckeffekt) funktionell mehr mit *serotonergen* und das letztere (Aktivierung) überwiegend mit *dopaminergen Neuronen* koppelt. In Kenntnis dieser Befunde haben Spiegel und Spiegel (1978) eine Hypothese entworfen, die vermuten läßt, *daß die hoch hypnotisierbaren Vpn vom fronto-limbischen System und von den basalen Ganglien stimuliert werden. Die schwach hypnotisierbaren würden dann mehr von den posterior-temporalen Regionen und Amygdala beeinflußt.* Eine solche Annahme führt uns jedoch noch nicht zu der genauen Lokalisation der für die Hypnose verantwortlichen Hirnstrukturen. Von Bedeutung ist dazu die Auffassung von MacLean (1970) über das *Triune Brain* mit *drei unterschiedlichen Modalitäten* der psychischen Prägung, in die auch die Regelung der hypnotischen Zustände passen würde. Von den *drei* phylogenetisch nacheinander reifenden Systemen würden zwei nicht die Fähigkeit der Sprache besitzen. In *hierarchischer Terminologie* findet MacLean (1970, 1977) eine Folge von (a) *Reptilien-Komplex (reptilian complex)*, (b) *Paleomammilarisches (limbisches System)* und (c) *neomammilarisches Muster (Neomammilarian pattern)*. Mit dem ersten wären dann *Trieb und Impulse* (Promentation), mit dem zweiten *Emotionen* («cerebral processes underlying what are popularly recognized as emotions»: Emotomentation) und mit dem letzteren das *rationale Denken* (Ratio) (Ratiomentation) gekoppelt. MacLean (1977) versuchte auch, die drei Muster des Gehirnes (Triune Brain) mit *Zeit*, *Raum* und *Wahrnehmung* in Verbindung zu bringen. In einem gewissen metaphorischen Sinne würde das *Reptilium-Gehirn* die elementaren Zeichnungen und Aktionen bringen; das *limbische Gehirn* beeinflusse die emotionale Entwicklung der Matrizen; das *neomammilarische Gehirn* habe jedoch bereits die Kapazität, Matrizen und Emotionen auf so viele Wege zu expandieren wie es Möglichkeiten gibt. Spiegel und Spiegel (1978) fanden in diesem Postulat gute Gründe zur Annahme, ihre Konstrukte *dionysisch*, *odysseisch und apollonisch* ließen sich damit in Verbindung bringen.

Diese Hypothesen und Postulate berücksichtigen *nur drei Stufen der Entwicklung*. Wie wir in Kapitel III ausgeführt haben, *müssen jedoch mehrere Entwicklungsstufen und Stadien der Hypnotisierbarkeit und der Hypnosephänomene eine entsprechende Aufmerksamkeit finden.*

6.6.3 Hierarchische Organisation der Hypnomechanismen

Im Zusammenhang mit den phylo-ontogenetischen Aspekten hat auch Greenberg (1977) *eine biolgosiche Basis der Hypnotisierbarkeit und Hypnose* postuliert. Augenrollen, Nach-Oben-Schauen und Armlevitationen nehmen während der Hypnose *die Skelettmuskulatur in Anspruch*. Insbesondere war das Augenrollen für Greenberg (1977) von Bedeutung. Die motorischen Nuclei, die eine Kontrolle der Außenaugenmuskeln ausüben, sind im Hirnstamm lokalisiert. Obwohl einige integrative Neurone für die Augenbewegungen in der motorischen Region des Cortex lokalisiert sind, ist auch eine ähnliche subcorticale Aktivität zu finden (Kapitel XXV.2.5.1). Insbesondere ist dabei der *Fasciculus longitudinalis medialis* im Spiel, der auch Afferenzen vom Vestibular-Subsystem und vom ARAS (Duensing und Schaefer, 1957, 1959, 1960, 1963; Schaefer, 1967) erhält. Das Colliculus superior (Kapitel

XXV.2.5.1), das auch Afferenzen aus dem ARAS erhält, ist vielleicht dabei von nicht minderer Bedeutung. Weil der Hirnstamm nicht alle retikulären Integrationen vornehmen kann, muß nach Greenberg (1977) sowie Spiegel und Spiegel (1978) für Nach-Oben-Schauen und Augenrollbewegungen der Cortex einige Neurone der dritten Ordnung in Gang setzen.

Biologisch-funktionell ergibt sich somit für die steuernden Hirnformationen des Hirnstammes (Greenberg, 1977; Spiegel und Spiegel, 1978):
(a) *eine generelle Kapazität und*
(b) *eine spezielle Flexibilität.*

Unter der *generellen Kapazität* ist das Fassungsvermögen z. B. der Formatio reticularis zu verstehen, um zwei oder mehrere Funktionsareale zu *integrieren.* Die *spezielle Flexibilität* – wiederum an Formatio reticularis als Beispiel angewandt – ist die Fähigkeit, eine oder zwei psychische oder psychophysiologische Funktionen auf ein oder zwei Hirnareale zu *verlagern.* Dabei ist auch die *Umstellungsfähigkeit (die Adaptation)* der Formatio reticularis gemeint. Sie kann dann *mit ihrer Kapazität und Flexibilität eine rasche funktionelle Neuorientierung bei selektiven Suggestionen von außen treffen und die Hypnose herbeiführen lassen.* Zum Beispiel braucht man für die Armlevitation nicht nur eine psychische Antwort, sondern auch die Inanspruchnahme der motorischen Hirnareale. *Wenn die verbalen Suggestionen durch den mittleren Temporallappen eingehen, dann trete die Formatio reticularis in Aktion und erwirke eine rasche Transformation zu allen oben erwähnten Steuerungszentren und Systemen.* Von dort aus werde Armlevitation, Augenrollen nach oben und die psychische Bereitschaft dazu eingeleitet. Diese Hypothese ist allerdings ziemlich allgemein und in dieser Weise nicht bestätigt.

Die Hypnotisierbarkeit würde nach dieser Hypothese so ausfallen:

(aa) *Bei einer geringen Kapazität und Flexibilität der Formatio reticularis* erfolge eine *niedrige Hypnotisierbarkeit* und eine *erschwerte Hypnose-Induktion.*
(ab) *Ein höherer Grad an Kapazität und Flexibilität der Formatio reticularis* führe *zu einer besseren Hypnotisierbarkeit und einer leichteren Hypnose-Induktion.*

Um von den allgemeinen Formulierungen wegzukommen, versuchen Greenberg (1977) sowie Spiegel und Spiegel (1978) zu einer spezielleren Aussage zu gelangen. Die Autoren greifen erneut die frühere Konzeption von I. P. Pawlow (1849–1936) auf, mit dem Unterschied, daß die *Lokalität und Fokalität jetzt nicht auf ein corticales Areal, sondern auf die Formatio reticularis bezogen wird. Die Hypnotisierbarkeit sei erhöht, wenn die Formatio reticularis lokal und fokal wirke. Sie sei geringer oder kaum vorhanden, wenn die Formatio reticularis mehr diffus und generalisiert agiere.* Nach dieser Hypothese wäre die Hypnose ein *spezieller Zustand der Aufmerksamkeit und der Wachheit, nicht jedoch des Schlafes.* Wenn dann Idealisierung, Emotionen, Empfinden, verändertes Bewußtsein das Gehirn erreichen, werden sie über die entsprechenden retikulären, thalamischen und limbischen Projektionen bis zu den corticalen Arealen mit Hilfe der Kapazität und Flexibilität der Formatio reticularis geführt, erleichtert oder gehemmt. Da die Formatio reticularis auch imstande sei, Integrationen von Ideen, Emotionen und Empfindungen zu vollziehen, könne ein Ideenkomplex sozusagen nach der ersten Verarbeitung zu den entsprechenden corticalen Regionen im Temporal- und Frontallappen geleitet werden. Die temporalen Hirnareale können auch vom limbischen System (Hippocampus) versorgt werden. Wird die Information gleich in das limbische System geleitet, so kann sie gespeichert werden, ohne der Vp bewußt zu werden. Dadurch werde auch die posthypnotische Amnesie erwirkt. *Da das limbische System an beiden Seiten des Hirnstammes sitze, komme es zu einer Lateralisation, indem die entsprechenden Impulse jeweils der linken oder der rechten Hemisphäre zugeführt werden.* Die Hypnotisierbarkeit hänge vielmehr vom funktionellen Rechts-Links-Verhältnis als von der Prävalenz der einen oder der anderen Hirnhemisphäre ab. *Zu der Steuerung des Körperbildes seitens der rechten Hirnhemisphäre komme die der Genauigkeit der linken.*

7. Psychostrukturelle Modelle der Hypnomechanismen

Crasilneck und Hall (1985) versuchen – ähnlich wie Sigmund Freud (1856–1939) für die *Topographie des Unbewußten – strukturelle Faktoren der Hypnomechanismen* zu erläutern. Das Wort *strukturell* soll nicht definiert werden. Vielmehr haben die strukturellen Aspekte der Hypnose eine Gestalt für sich, ganz gleich ob sie als neurophysiologische, interpersonelle oder psychoanalystische Begriffe angesehen werden. Wenn z. B. ein Hypnotherapeut verbale Suggestionen gebe, dann sei er der aktive Teil. Der Patient antworte mit non-verbalen ideomotorischen Reaktionen. Die *Gestalt* des aktiven Hypnotiseurs und des passiven Hypnotisanden spiegelt sich in den *regressiven* und *atavistischen Theorien* von Ferenczi und auch Mears (siehe Kapitel II) wider. Bei C. G. Jung (1875–1961) (siehe Kapitel X) existiert diese Gestalt zwischen *Ego* und *Selbst* (zentraler Archetypus) als Zentrum der psychischen und somatischen Organisation. Das *Ego* sei mehr der subjektive Empfänger und der *zentrale Archetypus* eine umfangreiche psychosomatische Organisation, die einen bestimmten Ego-Zustand *induziert, erhält und modifiziert*. Eine ähnliche subjektive Gestalt seien die Erfahrungen des *Traum-Ego* innerhalb des Traumes, die unter der Kontrolle des zentralen Archetypus seien. Diese Erfahrungen können in eine Analogie mit den *positiven und negativen Halluzinationen* gebracht werden, die von einem Hypnotherapeuten bei einem somnambulen Probanden induziert werden können. Eine andere *strukturelle Gestalt* des hypnotischen Zustandes sei das *Vertrauen*. Zum Beispiel wird eine Person, die in der Klinik für nicht hypnotisierbar erklärt wird, plötzlich von einem in der Hypnose nicht ausgebildeten Bekannten doch hypnotisiert. Das Vertrauen macht es möglich. Nach diesen Bemerkungen gehen Crasilneck und Hall (1985) auf das eigentliche strukturelle Modell der Hypnomechanismen ein und postulieren *die zwei Stufen der psychostrukturellen Theorie der Hypnose* (wir begeben uns zwangsläufig in die Strudel der Hypnosetheorien; siehe Kapitel XXVII):

(a) *Stufe 1 (eins) sei die Struktur der neurophysiologischen Substrate* und entspreche der *Computer-Hardware.*

(b) *Stufe 2 (zwei) sei die Struktur der dynamischen psychologischen Zustände.* Einer dieser Zustände sei auch *der hypnotische Zustand* mit seinem hypnotischen Erlebnis. Diese Stufe sei eigentlich das *Software-Programming des Computers.*

Crasilneck und Hall (1985) geben auch Erläuterungen zu den zwei Stufen der strukturellen Modelle, auf die wir im Moment nicht eingehen können (siehe Originalkapitel). Von entscheidender Bedeutung ist die Feststellung der Autoren, *daß die Stufe 1 eine notwendige, aber keine ausreichende Bedingung für die Entstehung der Stufe 2 sei* (Crasilneck und Hall, 1985, Seite 36–41).

8. Zusammenfassung und Schlußfolgerungen

Im vorliegenden Kapitel sind 736 Publikationen (= 100 %) bearbeitet worden. Diskutiert wurden:

(a) *Die neocorticale Aktivität*, insbesondere die der frontalen, der temporalen, der parietalen und der occipitalen Hirnregionen.

(aa) *Der Frontallappen* wurde früher zu den stummen Hirnregionen gezählt. Neueste psychophysiologisch/neurophysiologische Studien haben jedoch eine *feste neuroanatomisch-funktionelle Beziehung mit dem limbischen System ergeben.* Der Frontallappen scheint sich *an der Hemmung des Erlebnisses der Schmerzen und somit an Anästhesie/Analgesie generell, an Hypnose speziell, zu beteiligen.* Durch die erwähnten neuroanatomisch-funktionellen Beziehungen zum limbischen System beteiligt sich der Frontallappen wahrscheinlich auch an der Steuerung anderer Phänomene der Hypnose.
(ab) *Der Temporallappen* hat mit seinen *lateralen* und *medialen Anteilen eine vielfältige Funktion* und kann von der Verantwortung in der Hypnose nicht freigesprochen werden. In den *lateralen Teilen* scheinen *neuroanatomische Substrate für das Gespeicherte* und längst bewußt Vergessene zu liegen. Bei stereotaktischen Reizen, während der somnambulen Episoden und bei psychomotorischen Attacken bei Epilepsie werden *frühere Erlebnisse verbalisiert,* an die man sich sonst bewußt nicht mehr erinnern konnte (Erfahrungsgedächtnis). Aber auch das *Gegenwärtige* und das *unmittelbar Künftige* kann auf die gleiche Weise zum Ausdruck gebracht werden (interpretierendes Gedächtnis). Somit liegt die Vermutung nahe, daß es zwischen Hypnose, Traum und Emotionen neuroanatomisch-funktionelle Verbindungen gibt.
(ac) *Die parietalen Hirnregionen* beteiligen sich an der Hypnosesteuerung erst in Verbindung mit benachbarten corticalen Arealen. Den ersteren kommt wahrscheinlich eine Rolle *in der funktionellen Lateralisation der Hypnose* (siehe unten) zu.
(ad) *Der optische Cortex* spielt eine besondere Rolle bei höheren Tierarten und Menschen. Sowohl Imaginationen/Illusionen/Halluzinationen im Kontext der Hypnose als auch Träume und Illusionen/Halluzinationen in pathologischen Zuständen haben zu einem hohen Prozentsatz (80–90 %) einen visuellen Charakter. *Die Lebhaftigkeit der Augenlider, der Augenbulbi während der Hypnose, der Träume und der kataleptischen (hypnotischen und nicht-hypnotischen) Zustände* führen zu der Annahme, daß die Beziehungen der Hypnose, der Träume und Augenmotorik relativ sehr eng sein können.

(b) Bei der Diskussion *der funktionellen Lateralisation des Gehirnes und der Hypnose* wurden
(ba) Händigkeit, (bb) laterale Dominanz der Augenmotorik, (bc) Äugigkeit in Verbindung mit Hypnotisierbarkeit, (bd) Augenrollen und Hypnotisierbarkeit, (be) Hypnotisierbarkeit und Handfalte-Verhalten, (bf) Lateralisation und Persönlichkeitsmerkmale, (bg) funktionelle Lateralisation, Hypnotisierbarkeit und laterale Patienten-Symptomatik erörtert.
Die überwiegende Anzahl von wissenschaftlichen Beiträgen spricht dafür, *daß sich an der neurophysiologisch/psychophysiologischen Steuerung die rechte Hirnhemisphäre stärker als die linke beteiligt.* Die rechte Hirnhemisphäre sei mehr für die *holistische Gestaltung* verantwortlich und übernehme somit mehr hypnotische Funktionen als die linke, die vorwiegend mit dem *digitalen, mathematischen System* hinsichtlich der Steuerung zu tun habe. *Linkshänder* findet man entweder unter den hoch Hypnotisierbaren (wenn auch die Linksäugigkeit damit verbunden ist) oder unter ganz gering oder kaum Hypnotisierbaren (wenn die Linksäugigkeit nicht vorhanden ist). *Rechtshänder* sind mittelgradig hypnotisierbar. Jene Vpn, die keine der Hirnhemisphären bevorzugen, sind besser als die anderen hypnotisierbar. Patienten, die eine stärkere Linkssymptomatik bieten (Hysteriker, verschiedene Depressive), seien besser als die übrigen hypnotisierbar.

(c) *Cerebellum und Basalganglien* beteiligen sich möglicherweise bei hypnotischer Katalepsie, aber auch an pathologischer Katatonie und dem hyperkinetischen Syndrom. Insoweit kann über *die Möglichkeit der neurophysiologischen Verbindung zwischen Hypnose und klinischer Katalepsie* gesprochen werden.

(d) *Das limbische System* mit seiner vielfältigen neuroanatomischen Struktur und mannigfachen funktionellen Verbindungen mit den wichtigsten corticalen und subcorticalen Gebieten *beteiligt sich wahrscheinlich maßgebend an der Moderation der hypnotischen Phänomene.* Es kann die positiven aber auch negativen Hypnosephänomene verstärken oder abschwächen.

(e) Bei der Suche nach *Wecksystemen und hypnogenen Zonen* im Gehirn ergaben sich sehr interessante Einzelheiten:
(ea) *Das aufsteigende, aktivierende Retikulärsystem (ARAS)* hat seinen Ansatz in Medulla oblongata, Rautenhirn und Pons und erstreckt sich, mit abschwächender erregender Wirkung, nach dem Mesencephalon, bis zum frontalen und occipitalen Cortex.
(eb) *Das deszendierende, dämpfende Projektionssystem* beginnt im frontalen und optischen Cortex und schwächt sich funktionell nach unten bis zur pontinen bzw. medullären Formatio reticularis ab.
(ec) *Das cortico-limbido-ponto-retikuläre System* umfaßt alle corticalen und subcorticalen limbischen Strukturen und projiziert in die obere und untere Formatio reticularis mit moderierenden Aufgaben.

(f) Für die *Moderation der Hypnose* in ihrer ganzen Phänomenologie ist auch noch von Bedeutung, daß
(fa) bei Reizung bestimmter Hirnformationen mit Strom, z. B. von niedriger Stromstärke, schwacher Intensität und kurzer Impulsdauer, *mittelfrequente oder langsame Potentialschwankungen in der bioelektrischen Hirnaktivität* (abhängig von der Lokalisation der Elektroden) sowie ein korrespondierendes tranquiles, ruhiges oder schläfriges Verhalten bei Versuchstieren oder Patienten mit stereotaktischen Operationen gefunden werden;

(fb) nach *Reizung der gleichen Hirnstrukturen durch Strom höherer Stromstärke, stärkerer Intensität und längerer Impulsdauer* eine *hochfrequente bioelektrische Hirnaktivität* mit gleichzeitigen Aktivierungen im psychischen, psychomotorischen und psycho-vegetativen Verhalten beim Versuchstier oder Menschen registriert wird.

(g) Nach dem eben Gesagten sind die unterschiedlichen Befunde – die unter (fa) und (fb) angeführt sind – *nicht de facto verschieden.* Ihre Abweichungen voneinander liegen demzufolge in der Technik der Durchführung von Experimenten und an der Eigenschaft des Gehirnes, differenziert zu reagieren.

(h) Daraus kann wiederum geschlossen werden, daß die gleichen Hirnformationen, die Schlaf, Traum, Emotionen, Gedächtnis und viele andere psychische und psycho-motorisch-vegetative Phänomene und Funktionen steuern, auch die Hypnose moderieren können. Es hängt offenbar alles von der bioelektrischen Ausgangslage der Probanden/Hypnotisanden, von der angewandten Hypnosetechnik, vom Hypnotiseur und vielen anderen Faktoren ab. *Die Hypnose ist auch nach diesen Befunden ein komplexes Phänomen;* je differenzierter man suggeriert, je mehr man psychische Eigenschaften des Probanden/Hypnotisanden anspricht, desto umfangreicher und komplexer werden die Antworten im Kontext der Hypnose sein. *Ein Zentrum oder ein neurogenes System für Hypnose ist demnach nicht unbedingt notwendig.* Das Gehirn arbeitet als eine Einheit und konzentriert die Aufgaben auf seine einzelnen Anteile, die im gegebenen Moment für Suggestionen und andere Reize frei zur Verfügung stehen.

(i) *Schlaf, Traum und Hypnose* ergänzen sich und schließen sich gegenseitig nicht aus. Je nach Situation und Ausgangslage des ZNS und des Hypnotisanden können sie miteinander gekoppelt sein oder getrennte Wege einschlagen.

(j) Hypnosemechanismen weisen *phylo-ontogenetische Aspekte* auf. Auch in dieser Hinsicht wurden die Ausführungen in den Kapiteln III und VII bestätigt. Das Gehirn funktioniert im

Zusammenhang mit Hypnose nach seinen *hierarchischen Prinzipien* und hat eine *generelle Kapazität* sowie eine *spezielle Flexibilität*. Vom Grad der Kapazität und Flexibilität wird sich die hypnotische Phänomenologie von Fall zu Fall und von Mal zu Mal anders manifestieren. Das *psychostrukturelle Modell* des Hypnosemechanismus hat mindestens zwei Stufen: (ja) *die Stufe des neurophysiologischen Substrates* (analog der Computer-Hardware) und (jb) *die Stufe der dynamischen psychologischen Zustandsänderungen* (Computer-Software). *Die letztere kann als eine strukturelle Gestalt angesehen werden und wird nicht neuroanatomisch-funktionell, d. h. lokalisatorisch, definiert.*

(k) *Das Bewußtsein*, insbesondere jedoch das *Unbewußte*, muß sowohl generell als auch speziell im Kontext der Hypnose *mehrere neuroanatomisch-funktionell hierarchisch organisierte Stufen besitzen*. Ihre Definition wird am Ende des Kapitels XXVI zum Ausdruck gebracht. *Ohne ein umfassendes neuroanatomisch-psychophysiologisches Studium ist zu einer endgültigen Lösung der Hypnosesteuerung kaum zu gelangen.* Das ZNS hat eine *spezifische* und eine *unspezifische* funktionelle Komponente. Diese ermöglichen die Lösung einer Vielfalt von Aufgaben.

9. Literaturverzeichnis

Akert, K., Bally, C., and Schadé, J.P. (Eds.): *Sleep Mechanisms*. Progr. Brain. Res., Vol. 18. Elsevier, Amsterdam, 1965.

Akstein, D.: The Induction of Hypnosis in the Light of Reflexology. *Amer. J. Clin. Hypnosis*, (1965), *7:* 281–300.

Amadeo, M., and Gomez, E.: Eye Movement, and Dreaming in Subjects with Lifelong Blindness. APSS, March, 1964.

Amadeo, M., and Gomez, E.: Eye Movements, Attention and Dreaming in Subjects with Lifelong Blindness. *Canad. Psychiat. Ass.*, (1966), *11:* 501–507.

Arkin, A.M., Antrobus, J.S., Toth, M.F., and Baker, J.: The Effects of Chemically Induced REMP Deprivation on Sleep Vocalization and NREM Mentation – An Initial Exploration. *Psychophysiology*, (1968), *5:* 217.

Arnold, M.B.: Brain Functions in Hypnosis. *Intern. J. Clin. Exp. Hypnosis*, (1959), *7:* 109–119.

Bach-y-Rita, P., and Collins, C.C. (Eds.): *The Control of Eye Movements*. Academic Press, New York–London, 1972.

Bakan, P.: Handedness and Hypnotizability. *Intern. J. Clin. Exp. Hypnosis*, (1970), *18:* 99–104.

Bakan, P., and Svorad, D.: Resting EEG Alpha and Asymmetry of Reflective Lateral Eye Movements. *Nature (London)*, (1969), *223:* 975–976.

Balzamo, E., et Bert, J.: *Activités à type de pointes «PGO» au cours du sommeil chez les primates*. In: Koella, W.P., and Levin, P. «Sleep». Third European Congress on Sleep Research. Karger, Basel–München–Paris–London–New York–Sydney, 1977, Seite 27–35.

Bartlett, E.E.: Hypnosis and Communications. *J. Am. Med. Wom. Assoc.*, (1966), *21:* 662–665.

Bartlett, E.E.: A proposed Definition of Hypnosis with a Theory of its Mechanisms of Action. *Am. J. Clin. Hypnosis*, (1968), *2:* 69–73.

Batini, C., Fressy, J., et Coquéry, J.M.: *Critères polygraphiques du sommeil lent et du sommeil rapide*. In: Le sommeil de nuit normal et pathologique, Paris, 1965, Seite 156–183.

Batini, C., Magni, F., Palestini, M., Rossi, G.F., and Zanchetti, A.: Neural Mechanisms Underlying the Enduring E.E.G. and Behavioral Activation in the Midpontine Pretrigeminal Cat. *Arch. Ital. Biol.*, (1959a), *97:* 13–25.

Batini, C., Moruzzi, G., Palestini, M., Rossi, G.F., and Zanchetti, A.: Persistent Patterns of Wakefulness in the Pretrigeminal Midpontine Preparation. *Science* (1958), *128:* 30–32.

Batini, C., Moruzzi, G., Palestini, M., Rossi, G.F., and Zanchetti, A.: Effects of Complete Pontine Transections on the Sleepwakefulness Rhythm: The Midpontine pretrigeminal Preparation. *Arch. Ital. Biol.*, (1959b), *97:* 1–12.

Beahrs, J. O.: *Unity and Multiplicity Multilevel Consciousness of Self in Hypnosis, Psychiatric Disorder and Mental Health.* Brunner/Mazel, Inc., New York, NY., 1982.

Beatty, J.: Effects of Initial Alpha Wave Abundance and Operant Training Procedures on Occipital Alpha and Beta Wave Activity. *Psychosom. Sci.*, (1971), *23:* 197–199.

Benton, A. L., and Bandura, A.: «Primary» and «Secondary» Suggestibility. *J. Abnorm. Soc. Psychol.*, (1953), *48:* 336–340.

Berger, R., Olley, P., and Oswald, I.: The EEG, Eye Movements and Dreams of the Blind. *Quart. J. Exp. Psychol.*, (1962), *14:* 183–186.

Berlucchi, G., Maffei, L., Moruzzi, G., and Strata, P.: E.E.G. and Behavioral Effects Elicited by Colling of Medulla and Pons. *Arch. Ital. Biol.*, (1964), *102:* 333–371.

Bigelow, N., Cameron, G. H., and Koroljow, S. A.: Two Cases of Deep Hypnotic Sleep Investigated by the Strain Gauge Plethysmograph. *J. Clin. Exp. Hypnosis*, (1956), *4:* 160–164.

Birbaumer, N.: Physiologische Psychologie. Springer, Berlin, 1975.

Bizzi, E., and Brooks, D. C.: Functional Connections Between Pontine Reticular Formation and Lateral Geniculate Nucleus During Sleep. *Arch. Ital. Biol.*, (1963), *101:* 666–680.

Blake, H., and Gerard, R. W.: Brain Potentials During Sleep. *Americ. Journ. Physiol.*, (1937), *119:* 692–703.

Blashko, H., Burn, J. H., and Langemann, H.: The Formation of Noradrenalin from Dihydoxyphenylserien. *Brit. J. Pharm. Chemother.*, (1950), *5:* 431–437.

Bloch, V., et Bonvallet, M.: Interactions des formations réticulaires mésencephalique et bulbarie. *J. Physiol. (Paris)*, (1961), *53:* 280–281.

Bogaert, L., van: L'Hallucinose pédoncularie. *Rev. Neurol.*, (1927): *34/1:* 608–617.

Bonvallet, M., and Allen, M. B.: Prolonged Spontaneous and Evoked Reticular Activation Following Discrete Bulbar Lesions. *Electroenceph. Clin. Neurophysiol.*, (1963), *15:* 969–988.

Bowers, M., Hartmann, E., and Freeman, D. X.: *The Effect of Dream-Deprivation on Brain Acetylcholine Levels in the Rat.* Report to the Association of the Psychophysiological Study of Sleep, Gainesville, 1966.

Bradley, P. B.: *The Pathophysiology of Consciousness.* In: Staub, H., und Thölen, H.: Bewußtseinsstörungen. Stuttgart, 1961, Seite 14–22.

Bradley, P. B., and Key, B. J.: The Effect of Drugs on Arousal Responses Produced by Electrical Stimulation of the Reticular Formation of the Brain. *Electroenceph. Clin. Neurophysiol.*, (1958), *10:* 97–110.

Bradley, P. B., and Nicholson, A. N.: The Effect of Some Drugs on Hippocampal Arousal. *Electroenceph. Clin. Neurophysiol.*, (1962), *14:* 824–834.

Bremer, F.: Nouvelles recherches sur le mécanisme du sommeil. *C. R. Soc. Biol. (Paris)*, (1936), *122:* 460–463.

Bremer, F.: *The Neurophysiological Problems of Sleep.* In: Adrian, E. D., Bremer, F., and Jasper, H. H.: Brain Mechanisms and Consciousness, Oxford, 1954, Seite 137–162.

Brocka, Piérre-Paul (1824–1888): Anatomie comparée des circonvolutions cérébrales. *Rev. Anthropologie*, (1878), *3:* 385ff.

Brodal, A.: *Neurological Anatomy in Relation to Clinical Medicine* (2nd Edition). Oxford University Press, New York–London–Toronto, 1969, 3rd Edition, 1981.

Brooks, D. C.: Effects of Bilateral Optic Nerve Section on Visual System Monophasic Wave Activity in the Cat. *Electroenceph. Clin. Neurophysiol.*, (1967), *23* 134–141.

Brooks, D. C., and Bizzi, E.: Brain Stem Electrical Activity During Deep Sleep. *Arch. Ital. Bol.*, (1963), *101:* 648–665.

Brooks, D. C., and Gershon, M. D.: Eye Movements Potentials in the Oculomotor and Visual Systems of the Cat – A Comparison of Reserpine-Induced Waves with those Present During Wakefulness and Rapid Eye Movement Sleep. *Brain Res.*, (1971), *27:* 223–239.

Brooks, D. C., and Gershon, M. D.: An Analysis of the Effect of Reserpine upon Ponto-Geniculo-Occipital Activity in the Cat. *Neuropharmacology*, (1972), *11:* 499–510.

Bryden, M. P.: Tachistoscopic Recognition, Handedness, and Cerebral Dominance. *Neuropsychologia*, (1965), *3:* 1–8.

Cantu, R. C., and Drew, J. H.: Pathological Laughing and Crying Associated with a Tumor Ventral to the Pons. *J. Neurosurg.*, (1966), *24:* 1024–1026.

Capon, O.: Nouvelles recherches sur l'effet d'éveil de'adrénaline. *J. Physiol. (Paris)*, (1959) *51:* 424–425.

Carter, B.D., Elkins, G.R., Kraft, S.P.: Hemispheric Asymmetry as a Model for Hypnotic Phenomena – A Review and Analysis. *Amer. J. Clin. Hypnosis*, (1982), *24:* 204–210.
Casey, K.L.: Unit Analysis of Nociceptive Mechanisms in the Thalamus of the Awake Squirrel Monkey. *J. Neurophysiol.*, (1966), *24:* 727.
Christian, W.: Klinische Elektroencephalographie – Atlas und Lehrbuch. Thieme, Stuttgart, 1968.
Cohen, H.B., and Dement, W.C.: Sleep – Suppression of Rapid Eye Movement Phase in the Cat after Electroconvulsive Shock. *Science*, (1966), *154:* 396.
Cordeau, J.P., and Mancia, M.: Effect of Unilateral Chronic Lesions of the Midbrain on the Electrocortical Activity of the Cat. *Arch. Ital. Biol.*, (1958), *96:* 374–379.
Cordeau, J.P., Moreau, A., Beaulnes, A., and Laurin, C.: EEG and Behavioral Changes Following Microinjections of Acetylcholine and Adrenaline in the Brain Stem of Cats. *Arch. Ital. Biol.*, (1963), *101:* 30–47.
Cordeau, J.P., Walsh, J., et Mahut, H.: *Variations dans la transmission des messages sensoriels en fonction des différents états d'éveil et de sommeil.* In: Neurophysiologie des états de sommeil (Centre national de la recherche scientifique, Lyon), 1965, pp. 477–507.
Crasilneck, H.B., and Hall, J.A.: Clinical Hypnosis – Principles and Applications. Second Edition. Grune and Stratton, Orlando. FL., 1985.
Crasilneck, H.B., McCranie, E.J., and Jenkins, M.T.: Special Indications for Hypnosis as a Method of Anesthesia. *J. Amer. Med. Ass.*, (1956), *162:* 1606–1608.
Creutzfeldt, O.: *The Neuronal Generation of the EEG.* In: Rémond, H. (Ed.): Handbook of Electroencephalography and Clinical Neurophysiology, 2/C. Elsevier, Amsterdam, 1974.
Curry, F.K.W.: A Comparison of Left-Handed and Right-Handed Subjects on Verbal and Non-Verbal Dichotic Listening Tasks. *Cortex*, (1967), *3:* 343–352.
Curry, F.K.W., and Rutherford, D.R.: Recognition and Recall of Dichotically Presented Verbal Stimuli by Right- and Left-Handed Persons. *Neurophysiologica*, (1967), *5:* 119–126.
Dahlström, A., and Fuxe, K.: Evidence for the Existence of Monoamines Containing Neurons in the Central Nervous System. *Acta Physiol. Scand.*, (1964), *62:* 232.
Davison, Ch., and Demuth, E.L.: Disturbances in Sleep Mechanism: A clinicopathologic Study. I. Lesions at the Cortical Level. *Arch. Neurol.*, (1945a), *53:* 399–406.
Davison, Ch., and Demuth, E.L.: Disturbances in Sleep Mechanism: II. Lesions at the Corticodiencephalic Level. *Arch. Neurol.*, (1945b), *54:* 241–255.
Davison, Ch., and Demuth, E.L.: Disturbances in Sleep Mechanism: A Clinicopathologic Study. V. Anatomic and Neurophysiologic Consideration. *Arch. Neurol.*, (1946), *55:* 364–381.
Davison, G.C., and Neale, J.M.: Klinische Psychologie (Abnormal Psychology) – Ein Lehrbuch. Urban und Schwarzenberg, München, 1984.
Day, M.E.: An Eye-Movement Indicator of Individual Differences in the Physiological Organization of Attentional Processes and Anxiety. *J. Physiol.*, (1967), *66:* 51–62.
DeBenedittis, G., and Sironi, V.: Depth Cerebral Electrical Activity in Man During Hypnosis – A Brief Communication. *Intern. J. Clin Exp. Hypnosis*, (1986), *34:* 63–70.
Dell, P.: Reticular Homeostasis and Critical Reactivity. *Progress Brain Research*, (1963), *1:* 82–114.
Dell, P., et Padel, Y.: Endormissement rapide provoqué par la stimulation sélective d'afférences vagales chez le chat. *Revue Neurol.*, (1964), *11:* 371–381.
Delorme, F.: Monoamines et sommeils. Thèse de Médecine, Lyon, 1966.
Delorme, F., Froment, J.L., et Jouvet, M.: Suppression du sommeil par la p-Chlorométhamphétamine et la p-Chlorophénylalanine. *C.R. Soc. Biol. (Paris)*, (1966a), *160:* 2347–2351.
Delorme, F., Jeannerod, M., et Jouvet, M.: Effects remarquables de la Réserpine sur l'activité phasique ponto-géniculo-occipitale. *C.R. Soc. Biol. (Paris)*, (1965), *159:* 900–903.
Delorme, F., Jouvet, M., et Riotte, M.: Conditions de déclenchement du sommeil paradoxal par les acides gras à chaine courte chéz le chat pontique chronique. *C.R. Soc. Biol. (Paris)*, (1966b), *160:* 1457–1460.
Dement, W.C.: The Effect of Dream Deprivation. *Science*, (1960), *131:* 1705–1707.
Demsey, E.W., and Morison, R.S.: The Electrical Activity of a Thalamocortical System. *Amer. J. Physiol.*, (1942), *138:* 283–296.
De Moraes Passos, A.S.: Reflections on Hypnosis and the Reticular System of the Brain Stem. Hypnosis and Psychosomatic Medicine, Springer-Verlag, New York, 1967, pp. 228–232.
Diamond, E(rwin): Schlafen wissenschaftlich: Wie und warum wir träumen. Zsolnay, Wien–Hamburg, 1964.

Duensing, F.: Das Elektroencephalogramm bei Störungen der Bewußtseinslage. *Arch. Psychiat. Zschr. Neurol.*, (1949), *183:* 71–115.
Duensing, F.: Bewußtseinslage in der Hypnose und Schmerzerlebnis in neurophysiologischer Sicht. *Psychother. Psychosom.*, (1966), *14:* 365–378.
Duensing, F.: *Neurophysiologische und regeltechnische Aspekte des normalen und gestörten Schlafes.* In: Jovanović, U. J.: Der Schlaf – Neurophysiologische Aspekte. J. A. Barth, München, 1969, Seite 137–161.
Duensing, F., und Schaefer, K. P.: Die «locker gekoppelten» Neurone der Formatio reticularis des Rhombencephalons beim vestibulären Nystagmus. *Arch. Psychiat. Zschr. Neurol.*, (1957), *196:* 402–420.
Duensing, F., und Schaefer, K. P.: Über die Konvergenz verschiedener labyrinthärer Afferenzen auf einzelne Neurone des Vestibulariskerngebietes. *Arch. Psychiat. Zschr. Neurol.*, (1959), *199:* 345–371.
Duensing, F., und Schaefer, K. P.: Die Aktivität einzelner Neurone der Formatio reticualris des nicht gefesselten Kaninchens bei Kopfbewegungen und vestibulären Reizen. *Arch. Psychiat. Zschr. Neurol.*, (1960), *201:* 97–122.
Duensing, F., und Schaefer, K. P.: *Zum Problem der Differenzierung der Neurone in der Formatio reticualris.* Jenenser EEG-Symposium «30 Jahre Elektroencephalographie», VEB-Verlag, Berlin (Ost), 1963.
Eccles, J. C.: *The Neurophysiological Basis of Mind – The Principles of Neurophysiology.* Pergamon Press, Oxford, 1953.
Eccles, J. C.: The Neurophysiology of Nerve Cells. Hopkins, Baltimore, 1957.
Eccles, J. C.: Der Mechanismus der postsynaptischen Hemmung. *Agnew Chemie*, (1964), *76:* 674.
Eccles, J. C. (Ed.): Brain and Conscious Experience. Springer, Berlin, 1966.
Eccles, J. C.: *Excitatory and Inhibitory Mechanisms in Brain.* In: Jasper, H. H., Ward, A. A. and Pope, A. (Eds.): Basic Mechanisms of the Epilepses. Little, Brown & Co., Boston, 1969.
Eccles, J. C.: *The Understanding of the Brain.* McGraw-Hill, New York, St. Louis, San Francisco, Düsseldorf, 1973. Deutsche Ausgabe: *Das Gehirn des Menschen.* Piper, München–Zürich, 1975 und 1979.
Economo, C. v.: Die Encephalitis lethargica. *Jb. Psychiatr.*, (1918), *38:* 253–331.
Economo, C. v.: *Der Schlaf als Lokalisationsproblem.* In: Sarason, J. F.: Der Schlaf. Lehmann, München, 1929.
Erlichman, H., Weiner, S. I., and Baker, A. H.: Effects of Verbal and Spatial Questions in Initial Gaze Shifts. *Neuropsychologia*, (1974), *12:* 265–277.
Evans, C. C.: Spontaneous Excitation of the Visual Cortex and Association Areas-Lambda Waves. *Electroenceph. Clin. Neurophysiol.*, (1953), *5:* 69.
Evarts, E. V.: Activity of Neurons in Visual Cortex of the Cat During Sleep with Low Voltage Fast EEG Activity. *J. Neurophysiol.*, (1962), *25:* 812–816.
Evarts, E. V.: Temporal Patterns of Discharge of Pyramidal Tract Neurons During Sleep and Waking in the Monkey. *J. Neurophysiol.*, (1964), *27:* 152–171.
Feldberg, W.: The Action of Drugs Injected Into the Cerebral Ventricles. In: Garattimi, S., and Ghetti, V. (Eds.): Psychotropic Drugs, Elsevier, Amsterdam, 1957.
Ferenczi, S. (1873–1933): Siehe Kapitel X.
Finn, J(ane) A., and Neuringer, C.: Left-Handedness – A Study of its Relation to Opposition. *J. proj. Tech. Pers. Assessmt.*, (1968), *32:* 49–52.
Flor-Henry, P.: Lateralized Temporal-Limbic Dysfunction and Psychopathology. *Ann. N.Y. Acad. Sci.*, (1976), *280:* 777–795.
Forbes, A., and Morison, B. R.: The Cortical Response to Sensory Stimulation Under Deep Barbiturate Narcosis. *J. Neurophysiol.*, (1939), *2:* 112–128.
Fotakis, N. S., und Stammler, A.: Schlaf-Wach-Rhythmus-Störungen bei umschriebenen Mittelhirnläsionen. *Fortschr. Neurol.*, (1965) *33:* 409–416.
French, J. D.: Brain Lesions Associated with Prolonged Unconsciousness. *Arch. Neurol. Psychiat.*, (1952) *68:* 727–740.
French, J. D., and Magoun, H. W.: Effects of Chronic Lesions in Central Cephalic Brain Stem of Monkeys. *Arch. Neurol. Psychiat.*, (1952) *68:* 591–604.
Friedman, J., Becker, R. O., and Bachman, C. H.: Direct Current Potentials in Hypnoanalgesia. *Arch. Gen. Psychiat.*, (1962) *7:* 193–197.

Fromm, E(rika): Ego Activity and Ego Passivity in Hypnosis. *Intern. J. Clin. Exp. Hypnosis*, (1972) *20:* 238–251.

Freud, Sigmund (1856–1939), 1900, 1961: Siehe Kapitel X.

Frumkin, L., Ripley, H., and Cox, G.: Changes in Cerebral Hemispheric Lateralization with Hypnosis. *Biol. Psychiat.*, (1978) *13:* 741–750.

Gainotti, G.: Emotional Behavior and Hemispheric Side of the Lesion. *Cortex*, (1972) *8:* 41–55.

Galbraith, G.C., and Cooper, L.M.: Hypnotic Susceptibility and the Sensory-Evoked Response. *J. Comp. Physiol. Psychol.*, (1972) *80:* 509–514.

Galbraith, G.C., London, P., Leibovitz, M.P., Cooper, L.M., and Hart, J.T.: EEG and Hypnotic Susceptibility. *J. Comp. Physiol. Psychol.* (1970) *72:* 125–131.

Galin, D.: Implications for Psychiatry of Left and Right Cerebral Specialization – A Neurophysiological Context for Unconscious Processes. *Arch. Gen. Psychiat.*, (1974) *31:* 572–583.

Galin, D., and Ellis, R.R.: Asymmetry in Evoked Potentials as an Index of Lateralized Cognitive Processes – Relation of EEG Alpha Asymmetry. *Neuropsychologia*, (1975) *13 (9):* 45–50.

Galin, D., and Ornstein, R.: Lateral Specialization of Cognitive Mode – An EEG Study. *Psychophysiology*, (1972) *9:* 412–418.

Galin, D., and Ornstein R.: Individual Differences in Cognitive Style-I Reflective Eye Movements. *Neuropsychologia*, (1974) *12:* 367–375.

Galvani, L.: De vibris electricitatis, 1791. Translation by Green, R., Cambridge, 1953.

Gamper, E.: Bau und Leistungen eines menschlichen Mittelhirnwesens (Arhinencephalie mit Encephalocele). Zugleich ein Beitrag zur Teratologie und Fasersystematik. *Zschr. Ges. Neurol.*, (1926) *102:* 154–235 und *104:* 49–120.

Gazzaniga, M.S. (Ed.): Neurophysiology. Handbook of Behavioral Neurobiology, Vol. II., Plenum Press, New York–London, 1979.

Goldie, L.: *Psychosomatic Relations in Hypnosis and Epilepsy.* In: Fromm, E(rika), and Shor, R.E. (Eds.): Hypnosis: Developments in Research and New Perspectives (2nd Edition). Aldine, Chicago, 1979, pp. 139–183.

Graham, K.R., and Pericano, K.M.: Laterality, Hypnosis and the Autokinetic Effect. *Amer. J. Clin.*, (1979) *29:* 79–84.

Granone, F.: Therapeutic Hypnosis in Geriatric, Medical, Psychological and Sociological Considerations of Aging. *Minerva Medica*, (1982) *73:* 3201–3206.

Grastyán, E.: The Central Nervous System and Behavior. 2nd Macy Conference, 119, Princeton, 1959.

Greenberg, I.M.: *A General System Theory of Trance State.* Unpublished Manuscript, 1977 (Zitiert bei Spiegel und Spiegel, 1978).

Grüsser, O.-J.: Gesichtssinn und Oculomotorik. In: Schmidt, R.R., und Thews, G. (Hsg.): Physiologie des Menschen. Springer-Verlag, Berlin–Heidelberg–New York–Tokyo, 1985, Seite 257–299.

Grüsser, O.-J., und Grüsser-Cornehls, U.: Neurophysiologie des Bewegungssehens. Bewegungsempfindliche und richtungsspezifische Neurone im visuellen System. *Ergebn. Physiol.*, (1969) *61:* 178.

Gur, R.C.: Conjugate Lateral Eye Movements as an Index of Hemispheric Activation. *J. Pers. Soc. Psychol.*, (1975) *31:* 751–757.

Gur, R.C., and Gur, R.E.: Handedness, Sex and Eyedness as Moderating Variables in the Relation Between Hypnotic Susceptibility and Functional Brain Asymmetry. *J. Abnorm. Psychol.*, (1974) *83:* 635–643.

Gur, R.C., Gur, R.E., and Harris, L.J.: Cerebral Activation, as Measured by Subjects' Lateral Eye Movements, is Influenced by Experimentator Location. *Neuropsychologia*, (1975) *13:* 35–44.

Gur, R.E., and Reyher, J.: Relationship Between Style of Hypnotic Induction and Direction of Lateral Eye Movements. *J. Abnorm. Psychol.*, (1973) *82:* 499–505.

Hacker, F. (1911): Zitiert in Jovanović, U.J.: Il sonno e il sogno. Il Pensiero Scientifico Editore, Via Panama, 48-00198, Roma, 1975, Seite 77.

Hagbarth, K.E., and Finer, B.L.: The Plasticity of Human Withdrawal Reflexes to Noxious Skin Stimuli in Lower Limbs. *Progr. Brain Res.*, (1963) *1:* 65.

Hallam, F., and Weed, S. (1896): Zitiert in Jovanović, U.J.: Il sonno e il sogno. Il Pensiero Scientifico Editore, Via Panama, 48-00198, Roma, 1975, Seite 77.

Hallen, O.: Das Oral-Petit Mal. *Dtsch. Zschr. Nervenheilk.*, (1954) *171:* 236ff.

Hashimoto, P.H., Maeda, T., Shimieu, N., and Torii, K.: Histochemic Demonstration of Autonomic Regions in the Central Nervous System of the Rabbit by Means of a Monoamine Oxydase Strainin. *Med. J. Osaka Univ.*, (1962) *12:* 425–465.

Hassler, R.: Über die Rinden- und Stammhirnanteile des menschlichen Thalamus. *Psychiat. Neurol. Med. Psychol.*, (1949) *1:* 181–186.

Hassler, R.: Motorische und sensible Effekte umschriebener Reizungen und Ausschaltungen im menschlichen Zwischenhirn. *Dtsch. Zschr. Nervenheilk.*, (1961) *183:* 148.

Hassler, R.: *Limbische und Diencephale Systeme der Affektivität und Psychomotorik.* Symposium «Muskel und Psyche», Wien, 1963, Karger, Basel–New York, 1964a.

Hassler, R.: Zur funktionellen Anatomie des limbischen Systems. *Nervenarzt*, (1964b) *35:* 386.

Hassler, R.: Das Schmerzerlebnis in Abhängigkeit von neuronalen Systemen. Karger, Basel–New York, 1968.

Hécaen, H., and De Ajuriaguerra, J.: Left-Handedness – Manual Superiority and Cerebral Dominance. (E. Ponder, Trans.). Grune & Stratton, New York, N.Y., 1964.

Hernández-Peón, R.: Neurophysiological Mechanisms of Wakefulness and Sleep. *Acta Neurol. Latinoamer.*, (1964) *10:* 18–34.

Hernández-Peón, R.: Die neuralen Grundlagen des Schlafes. *Arzneimittelforschung*, (1965) *15:* 1009–1118.

Hernández-Peón, R.: Cholinergic and Other Humoral Mechanisms – The Problem of Chemical Specifity in the Neural Substratum of the Sleep-Wakefulness Cycle. *Neurosc. Res. Prog. Bull.*, (1966) *4:* 43–47.

Hernández-Peón, R., Scherrer, H., and Velasco, M.: Cental Influences on Afferent Conduction in the Somatic and Visual Pathways. *Acta Neurol. Latinoamer.*, (1956) *2:* 8–22.

Hess, W(alter) R(udolph): Das Zwischenhirn als Koordinationsorgan. *Helv. Physiol. Acta*, (1943) *1:* 549–565.

Hess, W. R.: Das Schlafsystem als Folge diencephaler Reizung. *Helv. Physiol. Acta*, (1944) *2:* 305–344.

Hess, W. R.: Vegetative Funktionen und Zwischenhirn. *Helv. Physiol. Pharm. Acta*, Suppl. IV, Basel, 1947.

Hess, W. R.: Psychologie in biologischer Sicht. Thieme, Stuttgart, 1962.

Hess, W. R.: Sleep as a Phenomenon of the Integral Organism in Sleep Mechanisms. *Progr. Brain. Res.*, (1965) *18:* 3–8.

Hilgard, E. R., and Hilgar, J. R.: Hypnosis in the Relief of Pain. William Kaufmann, Los Altos, California, 1975, 1983.

Hodes, R., and Suzuki, J. I.: Comparative Thresholds of Cortex, Vestibular System and Reticular Formation in Wakefulness, Sleep and Rapid Eye Movement Periods. *Electroenceph. Clin. Neurophysiol.*, (1965) *18:* 239–248.

Hösli, L., und Monnier, M.: Schlaf- und Weckwirkungen des intralaminären Thalamus. Reizparameter und Koagulationsbefunde bem Kaninchen. *Pflügers Arch. Ges. Physiol.*, (1962) *275:* 439–451.

Hösli, L., und Monnier, M.: Wirkung der bilateralen Koagulation des mediozentralen intralaminären Thalamus auf die elektrische Hirnaktivität und das Verhalten des Kaninchens. *Helv. Physiol. Acta*, (1963) *21:* 109–113.

Hösli, L., Monnier, M., and Koller, Th.: Humoral Transmission of Sleep and Wakefulness. I. Method for Dialysing Psychotropic Humors from the Cerebral Blood. *Pflügers Arch. Ges. Physiol.*, (1965) *282:* 54–59.

Hoppe, K. D.: Split Brain and Psychoanalysis. *Psychoanal. Quart.*, (1977) *46:* 220–244.

Hughes, J. R., and Mazurowski, J. A.: Studies on the Supracallosal Mesial Cortex of Unanesthetized, Conscious Mammals. II. Monkey. *Electroenceph. Clin. Neurophysiol.*, (1964) *16:* 561–574.

Isaacson, R..L.: The Limbic System. Plenum Press, New York–London, 1974.

Isaacson, R. L., and Pribram, K. H.: The Hippocampus. Vol. I: Structure and Development. Vol. II: Neurophysiology and Behavior. Plenum Press, New York–London, 1975.

Jänig, W.: Das vegetative Nervensystem. In: Schmidt, R. F., und Thews, G. (Hsg.): Physiologie des Menschen. Springer-Verlag, Berlin–Heidelberg–New York–Tokyo, 1985, Seite 119–157.

Jalfre, M., Monachon, M. A., and Haefely, W.: Pharmacological Modification of Benzoquinolizine-Induced Geniculate Spikes. *Experientia*, (1970) *26:* 691.

Jalfre, M., Monachon, M. A., and Haefely, W.: Drugs and PGO Waves in the Cat. 1st Canadian Int. Symp. on Sleep, Montreal, 1972.

Jalfre, M., Monachon, M. A., Polc, P., and Haefely, W.: A Possible Rôle of GABA in the Control of PGO Wave Activity. First European Congress on Sleep Research. In: Koella, W. P., and Levin, P.: The Sleep. S. Karger, Basel, 1973, pp. 350–355.

Janz, D.: Die Epilepsien. Spezielle Pathologie und Therapie. Thieme, Stuttgart, 1969.

Janzen, R., Magun, R., und Becher, F.: Tierexperimentelle Untersuchungen über die Ausbreitung der epileptischen Erregung. I. Mitteilung. *Dtsch. Zschr. Nervenheilk.*, (1951) *166:* 223.

Janzen, R., und Müller E.: Tierexperimentelle Untersuchungen über die Ausbreitung der epileptischen Erregung. II. Mitteilung. *Dtsch. Zschr. Nervenheilk.*, (1952) *169:* 181.

Janzen, R., Müller E., und Becher, F.: Tierexperimentelle Untersuchungen über die Ausbreitung der epileptischen Erregung. III. Mitteilung. *Dtsch. Zschr. Nervenheilk.*, (1954) *172:* 259.

Jasper, H.H.: Localized Analyses of the Function of the Human Brain by the Electroencephalogram. *Arch. Neurol. Psychiat. (Chicago)*, (1936) *) 36:* 1131–1134.

Jasper, H.H.: Diffuse Projection Systems – The Integrative Action of the Thalamic Reticular System. *Electroenceph. Clin. Neurophysiol.*, (1949) *1:* 405–419.

Jasper, H.H.: Report of the Committee on Methods of Clinical Examination in Electroencephalography. *Electroenceph. Clin. Neurophysiol.*, (1958) *10:* 370–375.

Jouvet, M.: Telencephalic and Rhombencephalic Sleep in the Cat. In: Wolstenholme, G.E.W., and O'Connor, M. (Eds.): The Nature of Sleep. CIBA Foundation Symposium, J. &. A. Churchill, London, 1961, pp. 188–208.

Jouvet, M.: Recherche sur les structures nerveuses et les mécanismes responsables des différentes phases du sommeil physiologique. *Arch. Ital. Bioll.*, (1962) *100:* 125–206.

Jouvet, M.: Mechanisms of the States of Sleep. A Neuropharmacological Approach. In: Kety, S., and Evarts, E. (Eds.): Sleep and Altered States of Consciousness. Association for Research in Nervous and Mental Diseases. New York, 1965a.

Jouvet, M.: Etude de la dualité des états de sommeil et des mécanismes de la phase paradoxale. In: Jouvet, M.: Aspects Anatomo-Fonctionnels de la Physiologie du Sommeil (Symposium), Paris, 1965b, p. 393–442.

Jouvet, M.: Paradoxical Sleep – A Study of its Nature and Mechanisms. In: Akert, K., Bally, C., and Schadé, J.P. (Eds.): Sleep Mechanisms. Elsevier, Amsterdam, 1965c, pp. 20–62.

Jouvet, M.: Neurophysiologische Mechanismen im Schlaf. In: Jovanović, U.J. (Hg.): Der Schlaf – Neurophysiologische Mechanismen. J.A. Barth, München, 1969, Seite 103–135.

Jouvet, M.: The Role of Monoamines and Acetylcholine-Containing Neurons in the Regulation of Sleep-Waking Cycle. In: Jouvet, M., and Moruzzi, G. (Eds.): Review Physiol., Vol. 64. Springer, Berlin, 1972, pp. 166–307.

Jouvet, M.: Sommeil paradoxal et programmation génétique du cerveau. Fourth European Congress on Sleep Research. Tirgu-Mureş, 1978. In: Popoviciu, L., Aşgian, B., and Badiu, G. (Eds.): Sleep 1978. Karger, Basel, 1980, pp. 249–263.

Jouvet, M., Bobillier, P., Pujol, J.F., et Renault, J.: : Effects des lésions du système du Raphé sur le sommeil et la sérotonine cérebrale. *C.R. Soc. Biol. (Paris)*, (1966) *160:* 2343–2346.

Jouvet, M., Cier, A., Mounier, D., et Valatx, J.L.: Effets du 4 Butyrolactone et du 4 hydroxybutyrate de sodium sur 1'EEG et le compartement du chat. *C.R. Soc. Biol. (Paris)*, (1961a) *155:* 1313–1316.

Jouvet, M., Courjon, J., et Michel, F.: Sur un stade d'activité électrique cérébrale rapide au cours du sommeil physiologique. *C.R. Soc. Biol. (Paris)*, (1959) *153:* 1024–1028.

Jouvet, M., et Delorme, J.: Locus Goeruleus et sommeil paradoxal. *C.R. Soc. Biol. (Paris)*, (1965) *159:* 895–899.

Jouvet, M., and Jouvet, D.: The Neurophysiological Mechanisms of Dreaming. *Electroenceph. Clin. Neurophysiol.*, (1963) *24:* 133–157.

Jouvet, M., et Jouvet, D.: *Le sommeil et les rêves chez les animaux*. In: Ey, H. (Ed.): Psychiatrie animale (Paris), (1964), pp. 149–167.

Jouvet, M., et Michel, F.: Corrélations électromyographiques du sommeil chez le chat décortiqué et mésencéphalique chronique. *C.R. Soc. Biol. (Paris)*, (1959) *153:* 422–425.

Jouvet, M., Michel, F., et Mounier, D.: Analyse électroencéphalique compreé du sommeil physiologique chez le chat et chez l'homme. *Rev. Neurol.*, (1960) *103:* 189–205.

Jouvet, M., Mounier, D., et Pellin, B.: Etude polygraphique des différentes phases du sommeil au cours des troubles de conscience chronique (comas prolongés). *Rev. Neurol.*, (1961) *105:* 181–186.

Jouvet, M., et Renault, J.: Insomnie persistante après lesions des noyaux du Raphé chez le chat. *C.R. Soc. Biol. (Paris)*, (1966) *160:* 1461–1465.

Jovanović, U.J.: Schlafforschung und ihre klinischen Aspekte. *Nervenarzt*, (1970a) *41:* 5–23.

Jovanović, U.J.: Somnambule psychomotorische Epilepsie. *Dtsch. Zschr. Nervenheilk.*, (1970b) *197:* 181–191.

Jovanović, U.J.: Normal Sleep in Man. Hippokrates-Verlag, Stuttgart, 1971.

Jovanović, U. J.: Psychomotor Epilepsy – A Polydimensional Study. Charles C. Thomas, Springfield/Ill., 1974a.

Jovanović, U. J.: Schlaf und Traum. Physiologische Grundlagen, Störungen und ihre Behandlung. Fischer-Verlag, Stuttgart, 1974b. (Il sonno e il sogno, «Il Pensiero Scientifico» Editore, Roma, 1975).

Jovanović, U. J.: Traumforschung. In: Pongratz, L. (Hg.): Handbuch der Psychologie, Band 8/1, Klinische Psychologie, Dr. Hogrefe, Göttingen, 1977.

Jovanović, U. J.: *Audio-Video-Polygraphy During Hypnosis – A Contribution to the Verification of Hypnotic States.* In: Burrows, G. D., Collison, D. R., and Dennerstein, L. (Eds.): Hypnosis 1979. Elsevier, Amsterdam, 1979, pp. 105–112.

Jovanović, U. J.: Psychophysiologie von Schlafen und Wachen. I. Untersuchungen an Gesunden (Arbeitstitel) (In Vorbereitung), 1988.

Jovanović, U. J.: Angewandte und klinische Hypnose (In Vorbereitung), 1989.

Jovanović, U. J., und Theissen, R.: Weitere Problematik der raschen Augenbewegungen (Rapid Eye Movements: REM) bei gesunden Erwachsenen und Kindern. Unpubliziertes Manuskript, 1986.

Jung, R.: Hirnelektrische Untersuchungen über den Elektrokrampf. Die Erregungsabläufe in cortikalen und subkortikalen Hirnregionen bei Katze und Hund. *Arch. Psychiat. Neurol.*, (1949) *183:* 206–244.

Jung, R.: *Hirnpotentialwellen, Neuronenentladungen und Gleichspannungsphänomene.* Jenenser EEG-Symposium, 1959. VEB-Verlag, Berlin (Ost), 1963a.

Jung, R.: *Der Schlaf.* In: Monnier, M. (Hg.): Physiologie und Pathophysiologie des vegetativen Nervensystems. II. Pathophysiologie. Hippokrates-Verlag, Stuttgart, 1963b, Seite 650–684.

Kales, A.: Sleep – Physiology and Pathology (Symposium). J. B. Lippincott, Philadelphie–Toronto, 1969.

Kamiya, J.: Conscious Control of Brain Waves. *Psychology Today*, (1968), *1 (11):* 57–60.

Kamiya, J.: Operant Control of the EEG Alpha Rhythm and Some of its Reported Effects on Consciousness. In: Tart, C.: Altered States of Consciousness – A Book of Readings. Wiley, New York, 1969, pp. 509–517.

Kanzow, E.: *Changes in Blood Flow of the Cerebral Cortex and Other Changes During Paradoxical Sleep Periods in the Unrestrained Cat.* Aspects Anatomo-Fonctionales de la Physiologie du Sommeil, Paris, 1965.

Kanzow, E., Krause, D., and Kuehnel, H.: The Vasomotor System of the Cerebral Cortex in the Phases of Desynchronized E.E.G. Activity During Natural Sleep in Cats. *Pflügers Arch. Ges. Physiol.*, (1962), *274:* 593–607.

Kasamatsu, A., and Hirai, T.: An Electroencephalographic Study on the Zen Meditation (Zazen). *Folia Psychiat. Neurol. Jap.*, (1966), *20:* 315–336.

Kawamura, H., and Sawyer, C. H.: Elevation in Brain Temperature During Sleep. *Science*, (1965), *150:* 912.

Kawamura, H., Whitmoyer, D. I., and Sawyer, C. H.: Temperature Changes in the Rabbit Brain During Paradoxical Sleep. *Electroenceph. Clin. Neurophysiol.*, (1966), *21:* 469–477.

Kellaway, P., and Fox, B. J.: Electroencephalographic Diagnosis of Cerebral Pathology in Infants During Sleep. *J. Pediat.*, (1952), *41:* 262–287.

Kepler, J. (1610): Siehe Kapitel VIII.

Key, B. J., and Marley, E.: The Effect of the Sympathomimetic Amines on Behaviour and Electrocortical Activity of the Chicken. *Electroenceph. Clin. Neurophysiol.*, (1963), *14:* 90–105.

Kinsbourne, M.: Eye and Head Turning Indicates Cerebral Lateralization. *Science*, (1972), *176:* 539–541.

Kinsbourne, M.: Direction of Gaze and Distribution of Cerebral Thought Processes. *Neuropsychologia*, (1974), *12:* 279–281.

Klaue, R.: Die bioelektrische Tätigkeit der Großhirnrinde im normalen Schlaf und in der Narkose duch Schlafmittel. *J. Psychol. Neurol. (Leipzig)*, (1937), *47:* 510–531.

Klein, M.: Etude polygraphique et phylogenétique des différents états du sommeil. Thèse de Médecine, Lyon, 1963.

Kleist, K.: *Kriegsverletzungen des Gehirnes in ihrer Bedeutung für die Hirnlokalisation und Hirnpathologie.* Handbuch der ärztl. Erfahrungen im Weltkrieg 1914/18, 1934, Seite 343–1416.

Kleitman, N.: Sleep and Wakefulness. University of Chicago Press, Chicago/Ill., 1939, 1963, 1972.

Kleitman, N.: Basic Rest-Activity Cycle in Relation to Sleep and Wakefulness. In: Kales, A. (Ed.): Sleep – Physiology and Pathology. A Symposium. J. B. Lippincott, Philadelphia–Toronto, 1969, pp. 33–38.

Kleitman, N.: *The Basic Rest-Activity Cycle in Sleep and Wakefulness.* In: Jovanović, U.J. (Ed.): The Nature of Sleep. Fischer-Verlag, Stuttgart, 1973, pp. 40–42.

Kornmüller, A.E.: Architektorinische Lokalisation bioelektrischer Erscheinungen auf der Großhirnrinde. I. Untersuchungen am Kaninchen bei Augenbelichtung. *J. Psychol. Neurol. (Leipzig)*, (1932a), *44:* 447–459.

Kornmüller, A.E.: Bioelektrische Charakteristika architektonischer Felder der Großhirnrinde. *Psychiat. Neurol. Wochenschr.*, (1932b), *34:* 25–26.

Kroger, W.S.: Clinical and Experimental Hypnosis (2nd Edition). Lippincott, Philadelphia, 1977.

Kubie, L.S., and Margolin, S.: The Process of Hypnotism and the Nature of Hypnotic State. *Amer. J. Psychiat.*, (1944), *100:* 611–622.

Kugler, J.: Elektroencephalographie in Klinik und Praxis. Thieme, Stuttgart (2. Auflage), 1966.

Kugler, J.: *Probleme der elektroencephalographischen Schlafdeskription.* In: Jovanović, U.J. (Hg.): Der Schlaf – Neurophysiologische Aspekte. J.A. Barth, München, 1969, Seite 31–39.

Langen, D.: Der Unterschied zwischen der fraktionierten und der gestuften Aktivhypnose. *Zschr. Psychother.*, (1961), *11:* 41.

Langen, D.: *Hypnose und Autogenes Training in ihrer Wechselbeziehung.* In: Peters, U.H.: Psychiatrie, Band 2. Beltz, 1983, Seite 456–562.

Langen, D., und Spoerri, Th. (Hgs.): Hypnose und Schmerz, Karger, Basel, 1968.

Laurent, J.P., Cespuglio, R., and Jouvet, M.: *Topographical Organization of the PGO Activity in the Cat.* In: Koella, W.P., and Levin, P. (Eds.): Sleep – Physiology, Biochemistry, Psychology, Pharmacology, Clinical Implications. Karger, Basel, 1973, pp. 299–304.

Lieberson, W.T., Smith, R.W., and Stern, M.A.: Experimental Studies of the Prolonged «Hypnotic Withdrawal» in the Guinea Pig. *J. Neuropsychiatry*, (1961), *3:* 28–34.

Lindsley, D.B.: *Sleep.* In: Fields, J. (Ed.): Handbook of Physiology. Amer. Physiol. Soc., Vol. 1, 1960, pp. 1553–1593.

Lindsley, D.B., Knowles, W.B., Magoun, H.W., and Schreiner, L.H.: Behavioral and E.E.G. Changes Following Chronic Brain Stem Lesions in the Cat. *Electroenceph. Clin. Neurophysiol.*, (1950), *2:* 483–498.

London, P., Hart, J.T., and Leibovitz, M.P.: EEG Alpha Rhythms and Suceptibility to Hypnosis. *Nature*, (1968), *219:* 71–72.

MacCale, W.S., and Habovick, J.A.: Thorazine as an Epileptogenic Agent. *Amer. J. Psychiat.*, (1963), *120: 595–596.*

MacLean, P.D.: The Limbic System («Visceral Brain») in Relation to Central Gray and Reticulum of the Brain. *Psychosom. Med.*, (1955), *17:* 355–366.

MacLean, P.D.: Chemical and Electrical Stimulation of Hippocampus in Unrestrained Animals. I. Methods and Electroencephalographic Findings. *Arch. Neurol. Psychiat. (Chicago)*, (1957a), *78:* 113–127.

MacLean, P.D.: Chemical and Electrical Stimulation of Hippocampus in Unrestrained Animals. II. Behavioral Findings. *Arch. Neurol. Psychiat. (Chicago)*, (1957b), *78:* 128–142.

MacLean, P.D.: The Limbic System with Respect to Self-Preservation and the Preservation of the Species. *J. Nerv. Ment. Dis.*, (1958), *127:* 1–11.

MacLean, P.D.: *The Limbic System with Respect to Two Basic Principles.* In: Second Conference on the Central Nervous System and Behavioral Transactions. Joshia Macy, Jr. Foundation, New York, 1959, pp. 31–118.

MacLean, P.D.: *The Triune Brain, Emotion and Scientific Bias.* In: Intensive Study Program in the Neurosciences, Neurosciences Research Program, Chapter 23, pp. 336–349. Rockefeller University Press, New York, 1970.

MacLean, P.D.: *On the Evolution of Three Mentalities.* In: Arieti, S., and Chrzanawoski, G.: New Dimensions in Psychiatry, Vol. II., Wiley and Sons, New York, N.Y., 1977.

Magoun, H.W.: Caudal and Cephalic Influences of the Brain Stem Reticular Formation. *Physiol. Rev.*, (1950), *30:* 459–474.

Magoun, H.W.: An Ascending Reticular Activating System in the Brain. *Arch. Neurol. Psychiat. (USA)*, (1952), *67:* 145–154.

Magoun, H.W.: The Waking Brain. Charles C. Thomas, Springfield/Ill., 1958.

Magoun, H.W., and Rhines, R.: An Inhibitory Mechanism in the Bulbar Reticular Formation. *J. Neurophysiol.*, (1946), *9:* 165–171.

Matsumoto, J., et Jouvet, M.: Effects de Réserpine, Dopa et 5-HTP sur les deux états de sommeil. *C.R. Soc. Biol. (Paris)*, (1964), *158:* 2137–2140.
Matsuzaki, M., Takagi, H., and Tokizone, T.: Paradoxical Phase of Sleep – Its Artificial Induction in the Cat by Sodium Butyrate. *Science*, (1964), *146:* 1328–1330.
Maurach, R.: *Neurophysiologie der Angst.* In: Strian, F. (Hg.): Angst – Grundlagen und Klinik. Springer-Verlag, Berlin, 1983, Seite 87–98.
Meszaros, I., Banyai, E.I., and Greguss, A.C.: *Evoked Potentials Correlates of Verbal versus Imagery Coding in Hypnosis.* 8th Intern. Congress of Hypnosis and Psychosom. Med., Glasgow, Scotland, 1982.
Metzing, E., Rosenberg, S., Ast, M., and Krashen, S.D.: Bipolar Manic-depressives and Unipolar Depressives Distinguished by Test of Lateral Asymmetry. *Biol. Psychiat.*, (1976), *11:* 313–323.
Miller, H.R.: *Depression – A Specific Cognitive Pattern.* In: Wester, W.C., and Smith, A.H.: Clinical Hypnosis – A Multidisciplinary Approach. J.B. Lippincott, New York, 1984, pp. 420–457.
Monnier, M.: Actions électro-physiologiques des stimulants du système nerveux central. I. Systèmes adrénergiques, cholinergiques et sérotoniques. *Arch Intern. Pharmacodyn.*, (1960a), *124:* 281–301.
Monnier, M.: Die Regulierung der Wach- und Schlafzustände als physiologisches Problem. *Schweiz. Med. Wschr.*, (1960b), *49:* 1406–1416.
Monnier, M.: *Der Schlaf als trophotrope Leistung.* In: Monnier, M.: Physiologie und Pathophysiologie des vegetativen Nervensystems, Band I. Hippokrates, Stuttgart, 1962, Seite 263–279.
Monnier, M.: *Biochemische, pharmakologische und humorale Aspekte des Schlaf-Wachseins.* In: Jovanović, U.J. (Hg.): Der Schlaf – Neurophysiologische Aspekte. J.A. Barth, 1969, Seite 85–102.
Monnier, M., and Hösli, L.: *Humoral Regulation of Sleep and Wakefulness by Hypnogenic and Activating Dialysable Factors.* In: Akert, K., Bally, C., and Schadé, J.P. (Eds.): Sleep Mechanisms, Vol. 18, 1965, pp. 118–123.
Monroe, W.S., 1905. In: Jovanović, U.J.: Il sonno e il sogno. «Il Pensiero Scientifico» Editore, Roma, 1975, p. 77.
Moruzzi, G.: Synchronizing Influences of the Brain Stem and the Inhibitory Mechanisms Underlying the Production of Sleep by Sensory Stimulation. In: Jasper, H.H., and Smirnov, G.D.: Moscow Colloquium on EEG and Higher Nervous Activity. *Electroenceph. Clin. Neurophysiol. Suppl.*, (1960), *13:* 231–257.
Moruzzi, G.: Active Processes in the Brain Stem During Sleep. *Harvey Lecture*, (1963), *58:* 233–297.
Moruzzi, G.: *The Functional Significance of Sleep with Particular Regard to the Brain Mechanisms Underlying Consciousness.* In: Eccles, J.C.: Brain and Conscious Experience, Springer, Berlin, 1966, pp. 345–388.
Moruzzi, G.: *The Sleep Waking Cycle.* In: Jouvet, M., and Moruzzi, G. (Eds.): Review of Physiology, Vol. 64, Springer, Berlin, 1972, pp. 1–165.
Moruzzi, G., and Magoun, H.W.: Brain Stem Reticular Formation and Activation of the EEG. *Electroenceph. Clin. Neurophysiol.*, (1949), *1:* 454–473.
Mulholland, T.B.: *The Concept of Attention and the Electroencephalographic Alpha Rhythm.* In: Evans, C.R., and Mulholland, T.B.: Attention in Neurophysiology – An International Conference. Butterworths, London, 1969, pp. 100–127.
Myslobodsky, M.S., Ben-Mayor, V., Yedid-Levy, B., and Mintz, M.: Hemispheric Asymmetry of EEG and Averaged Visual Evoked Potentials During Non-REM Sleep. In: Koella, W.P., and Levin, P. (Eds.): Sleep 1976. Karger, Basel, 1977, pp. 295–297.
Naquet, R., Albe-Fessard, D., Denavit, M., and Lanoir, J.: Altérations transitoires ou définitives de zones diencéphaliques chez le chat. Leur effets sur l'activité électrique corticale et le sommeil. In: Jouvet, M.: Aspects Anatomo-Fonctionnels de la Physiologie du Sommeil, a Symposium. Paris, 1965, pp. 107–130.
Naquet, R., Denavit, M., Lenoir, J., and Albe-Fessard, D.: Temporary or Definitve Alteration of Diencephalic Zones in the Cat. *Electroenceph. Clin. Neurophysiol.*, (1964), *17:* 448.
Nauta, W.J.H.: Hypothalamic Regulation of Sleep in Rats. An Experimental Study. *J. Neurophysiol.*, (1946), *9:* 285–316.
Nauta, W.J.H.: Hippocampal Projections and Related Neural Pathways to the Midbrain in the Cat. *Brain*, (1958), *81:* 319–340.
Nauta, W.J.H., and Domesick, V.B.: *Ramfications of the Limbic System.* In: Matthysse, S.: Psychiatry and the Biology of the Human Brain. Elsevier/North Holl. Biomed. Press, Amsterdam, 1981, pp. 165–188.

Nauta, W. J. H., and Haymaker, W.: *Hypothalamic Nuclei and Fiber Connections*. In: Haymaker, W., Anderson, E., and Nauta, W. J. H. (Eds.): The Hypothalamus. Ch. Thomas, Springfield/Ill., 1969, pp. 202..

Nieuwenhuys, R., Voogd, J., and Huijzen, van, Chr.: The Human Central Nervous System. Springer-Verlag, Berlin–Heidelberg–New York, 1978.

Nowlis, D. P., and Rhead, J. C.: Relation of Eyes-Closed Resting EEG Alpha Activity to Hypnotic Susceptibility. *Percept. Mot. Skills*, (1968), *27:* 1047–1050.

Olds, J.: Drives and Reinforcements. Behavioral Studies of Hypnothalamic Functions. Raven Press, New York, 1977.

Orthner, H.: *Neuroanatomische Gesichtspunkte der Schlaf-Wach-Regelung*. In: Jovanović, U. J. (Hg.): Der Schlaf – Neurophysiologische Aspekte. J. A. Barth, München, 1969, Seite 49–84.

Pawlow, I. P. (1849–1936): Sämtliche Werke. Akademie-Verlag, Berlin, 1954–1956. Siehe Register, 1955.

Penfield, W.: Memory Mechanisms. *Arch. Neurol. Psychiat.*, (1952), *67:* 178.

Penfield, W.: Vestibular Sensation and the Cerebral Cortex. *Ann. Otol. Rhin. Laryn.*, (1957), *66:* 691.

Penfield, W.: Centrencephalic Integrating System. *Brain*, (1958), *8:* 231.

Penfield, W.: The Interpretive Cortex – The Secam of Consciousness in the Human Brain Can be Electrically Reactivated. *Science*, (1959), *129:* 1719.

Penfield, W., and Faulk, M. E. Jr.: The Insula – Further Observation of its Function. *Brain*, (1955), *78:* 445.

Penfield, W., and Flanagin, H.: Surgical Therapy of Temporal Lobe Seizures. *Arch. Neurol. Psychiat.*, (1950), *64:* 491.

Penfield, W., and Jasper, H. H.: Epilepsy and the Functional Anatomy of the Human Brain. Little, Brown & Co., Boston, 1954.

Penfield, W., and Milner, B.: Memory Deficit Produced by Bilateral Lesions in the Hippocampal Zone. *Arch. Neurol. Psychiat.*, (1958), *79:* 475.

Penfield, W., and Rasmussen, T.: The Cerebral Cortex in Man. *Fed. Proc.* (New York), (1950), *6:* 452–460.

Pilleri, G.: Der pathologische Schlaf im Lichte der Lokalisationslehre und Neurophysiologie. *Psychiat. Neurol.*, (1958), *136:* 36–58.

Pilleri, G.: *Zur Anatomie, Physiologie und Pathologie der Formatio reticularis des Hirnstammes*. In: Die retikuläre Formation des Hirnstammes und ihre Bedeutung für das vegetativ-affektive Verhalten, Basel, 1965, Seite 9–81.

Poeck, K.: Neurologie (5. Auflage). Springer, Berlin–Heidelberg–New York, 1978.

Poeppel, E.: Zentrale Mechanismen des Sehvorganges. Arbeitsbuch Physiologie, Band 3: Neurophysiologie (Hsg.) Haase, J., Urban & Schwarzenberg, 1979, Seite 175–188.

Popoviciu, L.: *Frontier States Between Sleep Incidents and Nocturnal Epileptic Attacks*. In: Koella, W. P., and Levin, P.: Sleep 1976. Karger, Basel, 1977, pp. 65–74.

Pribram, K.: Limbic System. In: Sheer, D. E. (Ed.): Electrical Stimulation of the Brain. Univ. Houston Press, Austin, (1961), pp. 311–320.

Pribram, K.: *The Neurobehavioral Analysis of Limbic Forebrain Mechanisms – Revision and Progress Report*. In: Advances in the Study of Behavior, Vol. II., Academic Press, New York, 1969a, pp. 297–332.

Pribram, K.: Neural Servosystem and the Structure of Personality. *J. Nerv. Ment. Dis.*, (1969b), *149:* 30–39.

Pribram, K., and McGuinness, D.: Arousal, Activation and Effort in the Control of Attention. *Psychol. Rev.*, (1975), *82:* 116–149.

Pujol, J. F.: Monoamines et sommeil. II. Aspects techniques et intérêt de l'étude du métabolisme central des monoamines au cours du sommeil. Thèse de Médicine, Lyon, 1967.

Purkinje, J(ohann) E(vangelista) (1843). Zitiert in: Girod, Ch.: Die Geschichte der Histologie. Illustrierte Gesch. Med. Vol. 5, 1982, Andreas, Salzburg, 1982, Seite 1877 ff.

Puységur (1751–1825): Siehe Kapitel VIII.

Raikov, V. L.: Theoretical Substantiation of Deep Hypnosis. *Amer. J. Clin. Hypnosis*, (1975), *18:* 23–27.

Raikov, V. L.: Age Regression to Infancy by Adult in Deep Hypnosis. *Amer. J. Clin. Hypnosis*, (1980), *22:* 156–163.

Rappelsberger, P., Krieglsteiner, S., Pockberger, H., and Petsche, H.: Topographische Darstellung der EEG-Veränderungen bei einer Raumvorstellungsaufgabe (Würfelrotation). 31. Jahrestagung der Dtsch. EEG-Gesellschaft, Göttingen, 9.–11. Oktober 1986.

Reyher, J.: Brain Mechanisms, Intrapsychic Processes in Behavior – A Theory of Hypnosis and Psychopathology. *Amer. J. Clin. Hypnosis*, (1964), *7:* 107–119.

Reyher, J.: *Hypnosis*. In: Vernon, J. (Ed.): Introduction to Psychology. Brown, Dubuque/Iowa, 1968.

Richter D., and Dawson, R.M.C.: Brain Metabolism in Emotional Excitement and in Sleep. *Amer. J. Physiol.*, (1948), *154:* 73–79.

Rimbaud, L., Cadilhac, J., et Passouant, P.: Participation de l'hippocampe à la régulation des états de veille et de sommeil. *Rev. Neurol.*, (1955), *93:* 303–308.

Roberts, A.H., Schuler, J., Bacon, J.G., Zimmerman, R.L., and Patterson, R.: Individual Differences and Autonomic Control: Absorption, Hypnotic Susceptibility and the Unilateral Control of Skin Temperature. *J. Abnorm. Psychol.*, (1975), *84:* 272–279.

Roberts, D.R.: An Electrophysiological Theory of Hypnosis. *Intern. J. Clin. Exp. Hypnosis*, (1960), *8:* 43–53.

Roitak, A.I.: Electrical Phenomena in the Cerebral Cortex During the Extinction of Orientation and Conditioned Reflexes. *Electroenceph. Clin. Neurophysiol.*, (1960), *13:* 91–98.

Rossi, G.F.: Sleep-Inducing Mechanisms in the Brain Stem. *Electroenceph. Clin. Neurophysiol.*, (1963), *24:* 113–132.

Rossi, G.F., Candia, O., and Minobe, K.: An Experimental Study of the Hypnogenic Mechanisms of the Brain Stem. *Arch. Ital. Biol.*, (1963), *101:* 470–492.

Rossi, G.F., Favale, E., Hara, E., Giussani, A., and Sacco, G.: Researches on the Nervous Mechanisms Underlying Deep Sleep in the Cat. *Arch. Ital. Biol.*, (1961), *99:* 270–292.

Rossi, G.F., and Zanchetti, A.: The Brain Stem Reticular Formation Anatomy and Physiology. *Arch. Ital. Biol.*, (1957), *95:* 199–435.

Sackheim, H.A.: Lateral Asymmetry in Bodily Response to Hypnotic Suggestions. *Biol. Psychiat.*, (1982), *17:* 437–447.

Sarbin, T.R., and Slagle, R.W.: *Hypnosis and Psychophysiological Outcomes*. In: Fromm, E., and Shor, R.E. (Eds.): Hypnosis – Developments and Perspectives. Aldine-Atherton, Chicago, 1972, pp. 185–214.

Satz, P., Achenbach, K., Pattishall, E., and Fennell, E.: Order of Report, Ear Asymmetry and Handedness in Dichotic Listening. *Cortex*, (1965), *1:* 377–396.

Schaefer, K.P.: Lateralisation der Hirntumoren bei stationären Patienten. Persönliche Korrespondenz, 1964.

Schaefer, K.P.: Neuronale Entladungsmuster im Tectum opticum des Kaninchens bei passiven und aktiven Eigenbewegungen. *Arch. Psychiat. Neurol.*, (1967), *209:* 101–125.

Schaltenbrandt, G.: Thalamus und Schlaf. *Allgemein. Zeitschr. Psychiat.*, (1949), *125:* 48–62.

Schiller, P.H.: The Role of the Monkey Superior Colliculi in Eye Movement and Vision. *Invest. Ophthal.*, (1972), *11:* 451.

Schmidt, R.F.: *Control of the Access of Afferent Activity to Somatosensory Pathways*. In: Iggo, A. (Ed.): Handbook of Sensory Physiology. Vol. II., Springer, Berlin, 1973, pp. 151–206.

Schmidt, R.F.: Integrative Funktion des Zentralnervensystems. In: Schmidt, R.F., und Thews, G.: Physiologie des Menschen. Springer-Verlag, Berlin, 1985, Seite 158–190.

Schmitt, O., and Worden, F.G. (Eds.): The Neurosciences. Third Study Program. The MIT Press, Cambridge/Mass.–London, 1974.

Schultz, J.H.: Zur Problematik der hypnotischen Leukotomie. *Zschr. Psychother.*, (1954), *4:* 150.

Schwartz, G.E., Davidson, R.J., and Maer, F.: Right Hemisphere Lateralization for Emotion in the Human Brain – Interactions with Cognition. *Science*, (1975), *190:* 286–288.

Sears, R.: An Experimental Study of Hypnotic Anesthesia. *J. Exp. Psychol.*, (1932), *15:* 1–22.

Shor, R.E.: Three Dimensions of Hypnotic Depth. *Intern. J. Clin. Exp. Hypnosis*, (1962a), *10:* 23–38.

Shor, R.E.Physiological Effects of Painful Stimulation During Hypnotic Analgesia Under Conditions Designed to Minimize Anxiety. *Intern. J. Clin. Exp. Hypnosis*, (1962b), *10:* 183–202.

Shor, R.E., and Orne, E.C., 1962: Siehe Kapitel XIV.

Simon, R.P., and Brooks, D.C.: *The Role of the Raphe Nuclei in the Regulation of Ponto-Geniculo-Occipital Wave Activity*. In: Koella, W.P., and Levin, P.: Sleep 1972. Karger, Basel, 1973, pp. 305–308.

Sironi, V.A., Cabrini, G.P., Porro, M.G., Ravagnati, L., and Marossero, F.: Antiepileptic Drug Concentrations in Cerebral Cortex, Ammon's Horn and Amygdala in Man. *J. Neurosurg.*, (1980), *52:* 686–690.

Sironi, V.A., Franzini, A., Ravagnati, L., and Marossero, F.: Interictal Acute Psychoses During Withdrawal of Therapy in Temporal Lobe Epilepsy. *J. Neurol. Psychiat.*, (1979), *42:* 724–728.

Sperling, E.: Probleme der Hirnpsychopathologie. *Med. Klin.*, (1960), *55:* 845.

Sperling, E., und Creutzfeldt, O.: Der Temporallappen. Zur Anatomie, Physiologie und Klinik (mit Ausnahme der Aphasien). *Fortschr. Neurol. Psychiat.*, (1959), *27:* 296.

Sperry, R.: A Modified Concept of Consciousness. *Physiol. Rev.*, (1969), *76:* 532.

Spiegel, H.: Hypnosis and Transference – A Theoretical Formulation. *Arch. Ges. Psychiat.*, (1959), *1:* 634.

Spiegel, H.: Hypnosis and the Psychotherapeutic Process. *Comp. Psychiat.*, (1960), *1:* 174.

Spiegel, H.: An Eye-Roll Test for Hypnotizability. *Amer. J. Clin. Hypnosis*, (1972), *15:* 25–28.

Spiegel, H., and Bridger, A.A., 1970: Siehe Kapitel XIV.

Spiegel, H., Spiegel, D., Fleiss, J.L., Bridger, A.A., and Aronson, M.: *Hypnotizability and Mental Health.* In: Arieti, S. (Ed.): New Dimensions in Psychiatry – A World View. John Wiley and Sons, 1975, pp. 341–356.

Spiegel, H., and Spiegel, D.: Trance and Treatment – Clinical Uses of Hypnosis. Basis Books Publ., New York, N.Y., 1978.

Stephan, H.: Die kortikalen Anteile des limbischen Systems. *Nervenarzt*, (1964), *35:* 396.

Sterman, M.B.: *Neurophysiologic and Clinical Studies of Sensorimotor EEG Biofeedback Training – Some Effects on Epilepsy.* In: Birk, I. (Ed.): Biofeedback – Behavioral Medicine. Grune & Stratton, New York, 1973, pp. 147–165.

Sterman, M.B.: *Effects of Sensorimotor EEG Feedback Training on Sleep and Clinical Manifestations of Epilepsy.* In: Beaty, J., and Legewie, H. (Eds.): Biofeedback and Behavior. Plenum Publ., New York, 1977, pp. 167–200.

Stern, D.B.: Handedness and the Lateral Distribution of Conversion Reaction. *J. Nerv. Ment. Dis.*, (1977), *164:* 122–128.

Strian, F.: Angst – Grundlagen und Klinik, Springer, Berlin, 1983.

Talairach, J., Bancaud, J., Szikla, G., Bonis, A., Geier, S., Vedrenne, C.: Approche nouvelle de la neurochirurgie de l'épilepsie. Méthode stéréotaxique et résultats thérapeutiques. *Neurochirurgie*, (1974), *20 (Suppl. 1):* 1–240.

Talairach, J., Szikla, G., Tournoux, P., Prossalentis, D., Bordas-Ferrer, M., Covello, L., Jacob, M., et Mempel, E.: Atlas d'anatomie stéréotaxique du télencéphale. Etudes anatomo-radiologiques. Masson et Cie, Paris, 1967.

Tebêcis, A.K., Provins, K.A., Farnbach, R.W., and Pentony, P.: Hypnosis and the EEG. *J. Nerv. Ment. Dis.*, (1975), *161:* 1–17.

Tinterow, M.M.: Foundations of Hypnosis – From Mesmer to Freud. Charles C. Thomas Publ., Springfield/Ill., 1970.

Tokizane, T.: *Hypothalamic Control of Cortical Activity and Some Observations During Different Stages of Sleep.* In: Jouvet, M.: Aspects Anatomo-Fonctionnels de la Physiologie du Sommeil (A Symposium), Paris, 1965, pp. 151–184.

Ulett, G.A., Akpinar, S., and Itil, T.M.: Quantitative EEG Analysis During Hypnosis. *Electroenceph. Clin. Neurophysiol.*, (1972), *33:* 361–368.

Verzano, M., and Negishi, K.: *Neuronal Activity in Wakefulness and in Sleep.* In: Wolstenholme, G.E.W., and O'Connor, M. (Eds.): The Nature of Sleep. Churchill, London, 1961, pp. 108–130.

Vimont, P., Delorme, F., et Jouvet, D.: Etude de la privation de sommeil paradoxal chez le chat. *Electroenceph. Clin. Neurophysiol.*, (1966), *20:* 439–449.

Wall, T.W. Jr.: Hypnotic Phenomena. In: Wester, W.C., and Smith, A.N. (Eds.): Clinical Hypnosis. J.B. Lippincott, Philadelphia, 1974, pp. 57–72.

Wester, W.C., and Smith, A.H. (Eds.): Clinical Hypnosis – A Multidisciplinary Approach. J.P. Lippincott Co., 1984.

Wheeler, L., Ries, H.T., Wolff, E., Grupsmith, E., and Mordkoff, A.M.: Eye-Roll and Hypnotic Susceptibility. *Intern. J. Clin. Exp. Hypnosis*, (1974), *22:* 327–334.

Williams, H.L., Daly, R.L., Dement, W.C., Hammack, J.T., and Lubin, A.: Responses to Auditory Stimulation, Sleep Loss and the E.E.G. Stages of Sleep. *Electroenceph. Clin. Neurophysiol.*, (1964), *16:* 269–279.

Williams, H.L., Morlock, H.C., and Morlock, J.V.: Instrumental Behavior During Sleep. *Psychophysiology*, (1966), *2:* 208–216.

Winterstein, H.: Schlaf und Traum (2. Auflage), Springer-Verlag, Berlin–Göttingen–Heidelberg, 1953.

Yamaguchi, N., Ling, G. M., and Marczynsky, T. J.: The Effects of Electrical and Chemical Stimulation of the Preoptic Region and Some Non-Specific Thalamic Nuclei in Unrestrained, Waking Animals. *Electroenceph. Clin. Neurophysiol.*, (1963a), *15:* 145–146.

Yamaguchi, N., Marczinski, T. J., and Ling, G. M.: The Effects of Electrical and Chemical Stimulation of the Preoptic Region and Some Non-Specific Thalamic Nuclei in Unrestrained, Waking Animals. *Electroenceph. Clin. Neurophysiol.*, (1963b), *15:* 154.

Zangwill, O. L.: Cerebral Dominance and Its Relation to Psychological Function. Oliver & Boyd, Edinburgh, 1960.

Zurif, E. B., and Bryden, M. P.: Familiar Handedness and Left-Right-Differences in Auditory and Visual Perception. *Neuropsychologia*, (1969), *7:* 179–187.

XXVI. Psychobiologische Aspekte

1. Begriffe und Definitionen

Die *Psychobiologie* fahndet nach der *biologischen Basis* der psychischen Manifestationen. In unserem Falle werden hauptsächlich *neuroanatomisch-funktionelle Substrate des (Un)Bewußten* (in Ergänzung zu Kapitel XXV) gesucht.

2. Die Suche nach dem Sitz des Unbewußten in Hypnose

2.1 Vorbemerkungen zur Topographie des Unbewußten

Die Problematik der *neuroanatomischen Topographie des Unbewußten* hat selbst ihrem Schöpfer Sigmund Freud (1856–1939) derartige Schwierigkeiten bereitet, daß er im Laufe der Jahre nach *Modifikationen und Ergänzungen* griff (siehe Kapitel X). In der neueren Zeit haben sich mit dem Problem unter anderem Beahrs (1982), Crasilneck und Hall (1985) sowie Philipp (1983) wieder auseinandergesetzt.

Wie auch aus dem Kapitel X.2.2 über die Theorien von Freud (1900, 1961) zur *Topographie des Unbewußten* hervorgeht, vermied er es, die *anatomische Lokalität* zu diskutieren. Er sagt dazu: «Die Idee, die uns so zur Verfügung gestellt wird, ist die einer psychischen Lokalität. Wir wollen ganz beiseite lassen, daß der seelische Apparat, um den es sich hier handelt, uns auch als anatomisches Präparat bekannt ist und wollen der Versuchung sorgfältig aus dem Wege gehen, die psychische Lokalität etwa anatomisch zu bestimmen» (Freud, 1961, Seite 366).

Fast ein Jahrhundert nach dem Beginn der Entwicklung der Psychoanalyse und nach einer Fülle von neuroanatomisch-funktionellen und neurophysiologischen Befunden (siehe Kapitel XXV) ist es jedoch an der Zeit, zu versuchen, *aus dem Rahmen der reinen Spekulation herauszutreten.*

2.2 Mnestischer Anteil des Daseins und Wachbewußtsein

2.2.1 Der bioelektrische Spiegel des Wachbewußtseins

Zur Einteilung des Daseins in *Lebenskomponenten* sei auf Schema 18 hingewiesen. *Nach übereinstimmenden Befunden fast aller EEG-Forscher der Welt* seit Hans Berger (1873–1941) wird das EEG beim Menschen im *Wachsein* (Wachbewußtsein) von *Alpha-Wellen* bestimmt (Christian, 1968; Jasper und Shagass, 1941). Diese treten besonders bei *geschlossenen Augen* und in einem *Entspannungsstadium* auf. Die Alpha-Wellen werden beim *Setzen der Reize* (Aktivität der unteren Formatio reticularis) *blockiert* (Berger-Effekt). Auch beim *Augen-Öffnen* wird eine *Blockade* der sonst *occipital* betonten Alpha-Wellen beobachtet (Jovanović, 1965c, 1966a, b; Schmidt, 1987). Nach einer *Senkung der Vigilanz* kann es auch zu einem *negativen Effekt* (keine Blockade) oder *zu einer paradoxen Alpha-Wellen-Reaktion* kommen (Alpha-Aktivierung) (Jovanović, 1965c, 1966a, b, 1969a, b, 1971, 1978).

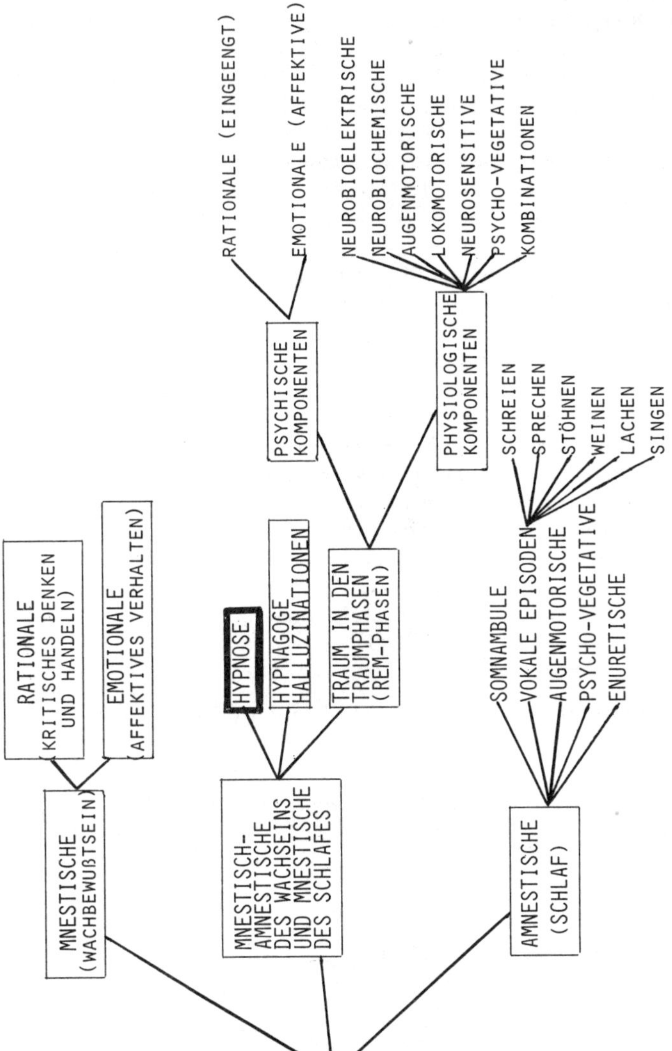

Schema 18: Mnestische, mnestisch-amnestische und amnestische Komponenten des psychischen Daseins (stark abgekürzt und reduziert auf hypnotische und damit zusammenhängende Vorgänge) (eigener Orientierungsentwurf)

Neben *der körperlichen Konstitution* (Athleten, Astheniker, Pykniker, Displastiker) besteht wahrscheinlich auch eine *bioelektrische Konstitution*, so daß die *Ausprägung von Alpha-Wellen im EEG im Wachsein variiert; von einem kontinuierlichen, diskontinuierlichen, guten, mäßigen bis spärlichen Vorkommen von Alpha-Wellen konnten alle Varianten beobachtet werden* (Kapitel XXII.3). Die *Frequenz der Alpha* belaufe sich nach EEG-Fachliteratur auf zwischen 8 und 13 Hz (Davison und Neale, 1984; Kugler, 1966). Diese Streubreite ist nach eigenen (noch nicht publizierten) Befunden zu groß. Nach einer Untersuchung von 1050 Vpn konnten wir bei 96 % der Population eine Variation der Alpha-Frequenz *von nur 9,1–10,1 Hz* nachweisen. Bei einem geringen Prozentsatz davon (0,5–3,9 %) fand sich ein sogenannter *niedergespannter mittelfrequenter Theta-Rhythmus* im EEG (Gibbs und Gibbs, 1950; Gibbs et al., 1935; Vogel et al., 1961; u.a.). Diese *langsamen EEG-Rhythmen* von durchschnittlich 4–5 Hz und einer relativ kleinen Amplitude (Evans, 1953; Green, 1957; Nayrac und Beaussart, 1956a, b; Pelletier, 1974; Pelletier und Peper, 1977; Peper, 1971; Peper und Mulholland, 1970; Pflanz und Schrader, 1959; Pollini und Peper, 1976; Vogel et al., 1961) entstammen in unserem Falle keiner pathologischen Reaktion im Gehirn. *Die Hypnotisierbarkeit bei Gesunden im Zusammenhang mit diesen EEG-Rhythmen ist unseres Wissens noch nicht geprüft worden.* Gefunden worden ist jedoch eine ähnliche *bioelektrische Hirnaktivität bei vielen Patienten.* Unter anderen Autoren berichteten Dell (1963) und Roth (1962) darüber, daß *langsame Rhythmen aus dem Theta-Band* bei 65 % der Hysteriker und Neurastheniker, 65 % der Patienten mit pseudoneurasthenischen Syndromen, 65 % der Patienten mit einem Hyperventilationssyndrom der *normocalcämischen Tetanie* auftreten. Auch wir (Jovanović, 1966c, d, 1969a, b) konnten diese Befunde bestätigen. Wenn man dies berücksichtigt, wird es von Interesse sein, *die Hypnotisierbarkeit bei Neurotikern und Hysterikern* (siehe Kapitel IX) *mit diesen langsamen Rhythmen im EEG in Beziehung zu bringen*, was bisher unseres Wissens noch nicht getan worden ist. In einem Falle mit einem ausgesprochenen Theta-Wellen-Rhythmus im EEG konnten wir mit einem starken akustischen Reiz plötzlich *einen normalen Alpha-Wellen-Rhythmus im EEG hervorrufen* (Jovanović, 1965c, 1966a, b, c, 1969a). Die betroffene Patientin reagierte im gleichen Moment mit *einem heftigen hysterischen Anfall, der sich erst dann kupieren ließ, als im EEG der alte, verlangsamte Rhythmus wieder zum Vorschein kam.* Auf die übrigen EEG-Varianten (Green, 1957; Jovanović, 1965c, 1978; Kugler, 1966, 1969; Müller-Küppers und Vogel, 1965; Mulholland und Peper, 1971) konnte hier nicht eingegangen werden (siehe dazu Kapitel XXIV).

2.2.2 Psychologische Komponenten des Wachbewußtseins und der Wachhypnose

Diese Komponenten werden hier *aus Gründen der Vollständigkeit und der guten Sequenz* erwähnt. Im wesentlichen beziehen sie sich auf die *emotionale (affektive) und auf die rationale Seite des Lebens.* Zu beiden Problemkomplexen wurde in den Kapiteln X sowie XXI und XXII Stellung genommen.

2.3 Mnestisch-amnestischer Anteil des Daseins und das Unbewußte

2.3.1 Bewußt-unbewußte Erlebnisse

2.3.1.1 Imaginationen/Illusionen/Halluzinationen bei der Entstehung von Traumbildern. *Der mnestische Teil des Schlafes* (Schema 18), nämlich der Traum (Kales, 1969; Sirna, 1945; Snyder, 1963), eignet sich am besten als Beispiel zu diesem Problem. Zur *Periodizität* (Halberg, 1966; Rechtschaffen, 1964; Rechtschaffen und Kales, 1968; Snyder, 1963) des Traumes und zu der übrigen Traum-Phänomenologie wurde in Kapitel XXIV.2 gesprochen. Nachfolgend diskutieren wir nur jenen Teil, der bis jetzt nicht zur Sprache kam und weiter unten nicht wiederholt wird. Nach den Ergebnissen moderner Untersuchungen erlebt der Träumer seine *Traumimaginationen und -halluzinationen* in *mehreren Erscheinugnsformen* (Jovanović, 1965a, 1966e, 1967a, b, c, 1971, 1974b, 1975, 1977).

(a) *An erster Stelle seien jene erwähnt, bei denen der Träumer beim Erscheinen der ersten Traumbilder weniger aktiv wirkt.* Die Träumer (Berichte beim Wecken der Schläfer am REM-Beginn) nehmen den Schlaf wahrscheinlich *nicht immer bewußt wahr. In den tieferen*

Schlafstadien wird die psychische Tätigkeit des Gehirnes subjektiv nicht oder nur in geringem Ausmaß empfunden. In einem *Bruchteil von Sekunden* kommt es *am Beginn der REM-Phase* zur Zusammensetzung der Traumbilder, die der Träumende *plötzlich* erlebt. Da diese Bilder nicht selten *eine unlogische Folge* aufweisen, erlebt der Träumende manchmal auch die Angst, selbst wenn die Träume keinen angsterregenden Charakter offenbaren. Die Traumbilder können bei der Entstehung *ein schnelleres oder lnagsameres Tempo* einschlagen (siehe Jovanović, 1977).

(aa) *Beim blitzartigen Erscheinen der ersten imaginativen Traumwelt* ist der Träumer im Augenblick des Traumbeginns erschrocken. Plötzlich «erblickt» er eine ihm unbekannte, imaginative Traumwelt, *in der sich zunächst nichts bewegt.* «... *Wie beim Erwachen aus einem bewußtlosen Zustand* befand ich mich blitzartig auf der Sonnenseite eines Berges ... In einer Entferungen von 100 Metern lag eine 15–20 Meter lange *grau-gelbe* Schlange. Es bewegte sich zunächst nichts. Plötzlich kroch die Schlange auf mich zu ...», berichtete ein 38 Jahre alter Träumer. «... Auf der Sonnenseite eines Berges im Süden lag eine sonnige und warme Stadt mit hohen Wolkenkratzern ... Nichts bewegte sich ... *Plötzlich kam eine Bewegung in alle Personen und Gegenstände.* Ein Bekannter von mir kam auf mich zu ... Er trug eine schöne Offiziersuniform. Dann geschah etwas Unglaubliches. *Der Offizier spaltete sich (Kapitel XXI.5 und 6.3) in drei Personen* ...» (Bericht eines 27 Jahre alten Probanden).

(ab) *Beim undeutlichen, unklaren, nebligen, langsamen Erscheinen (Zeitlupe) der imaginativen Traumwelt* ist der Träumer *weniger erschreckt*, die *physiologischen Korrelate des Traumes* ändern sich langsamer. Angst kann später aus dem Trauminhalt entstehen, jedoch nicht als plötzlicher Schreck. Die Träumer berichten, daß sich alles wie aus einem Nebel herausbildet und dann klarer und klarer wird. *Das Dunkel verschwindet wie in der Morgendämmerung.* Die Sonne wird hier seltener erlebt, vielmehr *Kälte und Feuchte* empfunden. «Ich befand mich in einem Volkswagen, wie weiß ich nicht, und fuhr langsam einen Berg hinauf. Es war neblig. Oben, kurz vor dem Gipfel, stand meine Freundin, ein dunkelhaariges Mädchen, *wie eine Heilige auf einer Wolke*, was ich nicht begreifen konnte ...» (Bericht eines 29 Jahre alten Probanden). «Bei kaltem Wetter wurde es allmählich heller, doch war es immer noch dunkel ... Langsam, im Zeitlupentempo, kam mir eine bekannte männliche Person mit einem komischen schwarzen Bart entgegen ...» (Bericht einer 26-jährigen Frau).

(ac) Die Berichte (beim Wecken am Traumbeginn) über *die Entstehung der Traumsymbole* sind ebenfalls sehr interessant. Dabei kann *die Zusammensetzung der imaginativen Traumbilder* aus scheinbar einzelnen Bruchteilen (aus einem durcheinander geworfenen Sterngebilde entstehen Baumstämme oder Bäume), durch Zerlegen eines Ganzen in kleinere Bestandteile (aus einem großen Spiegel viele kleinere) oder durch Umwandlung der Materie/Lebewesen (aus einer Frau eine Schaufensterpuppe) zustande kommen (Jovanović, 1967a, b, 1977).

(b) *Eine zweite Form der Imaginationen und Halluzinationen im Traum* sind nach Jovanović (1967a, b, 1977) jene, *bei denen der Träumer bereits beim Traumbeginn aktiver als bei der ersten Form mitwirkt.* Beim Verfolgtsein, Fliehen, Angreifen, Hinfallen, Abstürzen erlebt man die Angst, weil man erstens dem Traum motorisch nicht entsprechen kann und weil man zweitens psychisch vor etwas Angst hat. Durch die bereits diskutierte Ausschaltung der Muskulatur im Traum (Kapitel XXIV.2) entsteht die Angst zuerst auf einer physiologischen Basis und wird vom Träumenden psychisch gedeutet. *Die Angst, die physiologisch hervorgerufen wird*, kann bei der einen Person eine sehr große, bei einer anderen aber *auch eine geringe subjektive Bedeutung haben* (Kapitel IX). In diesem Fall kann von *imaginativer Einbezogenheit* (Imagery Involvement) gesprochen werden (Kapitel IX.4.2.4.11).

(c) *Eine Kombination* der angeführten Imaginationsarten (Kapitel IX.4.2.4.11) ist – wie die bereits angedeuteten Beispiele zeigen – keine Ausnahme. Imaginative Bildervorstellung und imaginative Einbezogenheit wechseln miteinander ab oder gehen nebeneinander her. Alle psychischen Manifestationen während einer Hypnose sind auch beim Träumen anzutreffen, wobei sich der Suggestor im Gehirn des Hypnotisanden befindet.

2.3.1.2 Emotionale Äquivalente bei der Entstehung von Traumbildern. *Klinisch-neurophysiologische Untersuchungen* der letzten 20 Jahre ergaben auch auf dem Gebiet der emotionalen Äquivalente eine Fülle von Daten, welche die Traumimaginationen und -halluzinationen begleiten (Jovanović, 1988). *Sofort bei Beginn einer der REM-Phasen registriert* man eine verhältnismäßig *enorme Labilität der Herzfrequenz* (Baust, 1965a, b, 1967, 1970; Baust und Heinemann, 1965; Jovanović, 1971; Jovanović und Müller, 1988a, b; Müller, 1975a, b). Von 50/min können die Herzschläge auf 90/min ansteigen, um kurz darauf wieder auf 50/min abzusinken. Anstieg und Fall der Herzfrequenz kommen alle paar Sekunden vor, so daß man bei der Betrachtung eines solchen Ablaufes den Eindruck gewinnt, der betreffende Träumer würde nicht schlafen, sondern rennen. Beim Rennen steigt die Herzfrequenz zwar an, fällt aber nicht so rasch ab wie im Traum. Man muß daher annehmen, *daß im Traum eine andere Ursache der Herzfrequenzveränderung vorliegt.* Ähnlich wie die Herzfrequenz verhält sich die *Atmungsfrequenz* (Jovanović, 1971, 1974b, 1977). Bei der Atmungsfrequenz findet man jedoch *ein zusätzliches Phänomen.* Neben einer stark beschleunigten und kurz darauf verlangsamten Atmungsfrequenz kommt es in unregelmäßigen Abständen zu kurzem *Atmungsstillstand.* Er dauert 4–5 Sekunden, bis die Atmung physiologisch vom Atmungszentrum des Gehirns aus erzwungen wird. Beim Wecken der Träumer während der kurzen Phase des Atemstillstandes konnte man erfahren, daß dieser gerade in dem Moment auftrat, *als der Träumer ängstlich einen imaginären Gegenstand, eine für ihn unangenehme imaginäre Person oder ein angsterregendes Tier anstarrte* (Jovanović, 1977; Jung und Kuhlo, 1965; Roth, 1962).

Betrachten wir jetzt kurz die Abb. 21. Die vierte Linie von unten weist auf eine ausgesprochene *Desynchronisierung im EEG nach dem Beginn eines Traumes* (d.h. einer REM-Phase) hin. Diese Theta-Rhythmen werden in einer ganz ruhig verlaufenden REM-Phase registriert. Tritt aber die imaginierte Angst in Erscheinung (die unterste Linie der Abb. 21), so sind Serien von *Sägezahn-Wellen* (Jouvet, 1969, 1972; Jovanović, 1966c, 1971, 1972, 1988) *im EEG* zu finden (wie in Abb. 21 bei einem 42 Jahre alten gesunden Arzt bei «S»). In diesem Fall berichtete der Proband über *Angst und Spannung beim Wecken aus der REM-Phase, die zeitlich mit den Sägezahn-Wellen korrelierte.* Nach den neurophysiologischen Befunden werden neben den hochfrequenten Alpha-Wellen (siehe Kapitel XXII), *Theta- und Sägezahn-Wellen auch Ängste aus dem limbischen System gesteuert* (Jung, 1949, 1963a, b; MacLean, 1955, 1957a, b, 1958, 1959). *Wir kommen demnach wieder auf das limbische System, das auch hier die Rolle eines Moderators zu übernehmen scheint. Je stärker das emotionale Leben (Angst), desto mehr sind die Sägezahn-Wellen zu beobachten, umso näher scheinen wir also dem Sitz des Unbewußten zu kommen. Dieser Sitz ist wahrscheinlich ein kompliziertes System* (siehe unten).

2.3.2 Neuroanatomische und psychobiologische Basis

2.3.2.1 Zur Frage des neuroanatomischen Substrats der Erotisierung unter Hypnose. Sowohl die *Moderatoren der Hypnose* als auch die Fragen *zur Topographie des Unbewußten* sind unter anderem am besten am Modell der psychophysiologischen Steuerung des *Sexualverhaltens*, der *psychosomatischen* und *psychovegetativen Funktionen* zu studieren. Mit dieser Thematik haben sich unter anderem besonders MacLean (1955, 1957a, b, 1958, 1959), MacLean und Ploog (1962) sowie MacLean et al. (1959, 1960, 1961) befaßt. Nach einer Reizung der *corticalen* und *subcorticalen Formationen* bei Affen (Saimiri sciureus) fand man *drei Gebiete*, die für die psychovegetative und emotionale Komponente des Sexualverhaltens verantwortlich sind. Sie umfassen: (a) *hippocampale Projektionen auf Teile des Septum pelluçidum, vordere mediale Anteile des Thalamus und Hypothalamus;* (b) *Corpus mammilare, Tractus mammilo-thalamicus, die vorderen thalamischen Kerne und Gyrus cinguli;* (c) *Gyrus rectus, den medialen Teil des Nucleus medialis dorsalis thalami und Regionen ihrer bekannten Verbindungen und Projektionen* (Hassler, 1964a, b, 1968; MacLean und Ploog, 1962; Nauta, 1946, 1958; Nauta und Domesick, 1981; Stephan, 1964). *Kombinierte Reiz- und Ausschaltungsversuche* in den Corpora mammilaria ergaben, daß die positiven Effekte bei der Reizung dieser Nuclei nicht auf eine Ausbreitung des Stroms zurückzuführen waren. *Die mediale septo-praeoptische Region und der mediale Teil des Nucleus medialis dorsalis thalami* scheinen wichtige Zentren für die *Erektionen* zu sein. Von der praeoptischen Region können positive Stellen durch Reizung caudal durch die medialen und lateralen Anteile des *Hypothalamus* verfolgt werden. *Medial* sind sie in der Region des *Nucleus paraventricularis* an bestimmten Stellen *in der Wand des dritten Ventrikels* und in den *dorsomedialen* und *posterioren Gebieten* zu finden. *Lateral* liegen sie entlang dem Verlauf des *Fasciculus medialis telencephali* (medial forebrain bundle). Frühere Ergebnisse von MacLean (1955–1959) und die hier angeführten von MacLean und Ploog (1962) lassen vermuten, daß *Reizzuflüsse medial in das periventriculäre Fasern-System und lateral durch den Fasciculus medialis telencephali* absteigen. Es hat sich gezeigt, daß letzteres den Hauptweg bildet.

Andere positive Stellen sind im *medialen Subthalamus*, im *medialen Teil des Pedunculus cerebri* und in der Region zu finden, an der der *Fasciculus medialis telencephali* in das *ventrale Tegmentum* eintritt. Elektroencephalographische Ergebnisse deuteten darauf hin, *daß der Hippocampus die Erregbarkeit der Strukturen modifiziert*, welche für die Penis-Erektionen verantwortlich sind. Reizungen im *Septum* und im *rostralen Diencephalon*, welche eine Erektion hervorrufen, sind gewöhnlich von Nachentladungen im *Hippocampus* begleitet. Während solcher *Nachentladungen* können die Erektionen *pulsierenden Charakter* annehmen und einen maximalen Umfang erreichen. Auf die Nachentladungen folgend, kann es eine Zu- und Abnahme einer unvollständigen Erektion von ein- bis zehnminütiger Dauer geben. Während dieser Perioden sind auf den Aufzeichnungen vom *Hippocampus* wiederum Rückantworten von hohen langsameren Wellen oder Spikes zu sehen (random high voltage slow waves or spikes). Eine Reizung an einigen Stellen *im vorderen Thalamus* resultiert in *aversiven Äußerungen*, wobei die Erektionen nach Beendigung der Reizung zusammen mit Nachentladungen auftreten, die die *hippocampalen Formationen* mit einbeziehen. Diese Ergebnisse wurden von den Autoren als *Rückschlag-Phänomene (rebound phenomena)* gedeutet, welche *eine enge anatomische und funktionelle Organisation von hemmenden und erregenden Mechanismen* anzeigen. Auf hippocampale Nachentladungen folgend, kann es in der Disposition eines Tieres langandauernde Veränderungen geben, welche durch einen Zustand der *Fügsamkeit und Ruhe* gekennzeichnet sind. Bei einer Reizung von ungefähr einem Viertel der positiven Stellen im *limbischen System* war die Peniserektion das einzige zu bemerkende Verhaltensergebnis. *Eine Reizung an den übrigen Stellen war von einer oder mehreren autonomen Erscheinungen begleitet, die auch beim Sexualakt beobachtet werden.*

Die *Vokalisation* äußerte sich in Form von *Zwitschern* bis zu *Schnattern* und durchdringendem *Schreien*, abhängig davon, wie tief die Reizelektroden *in die periventriculären Strukturen eingeführt waren.* Ein *Zirpen* während oder direkt anschließend an die Reizung wurde gewöhnlich durch die Reizung der *septalen medialen Strukturen* der *medialen praeoptischen Region*, mittelbar unter der *Commissura anterior* und über dem *Boden des dritten Ventrikels* zwischen dem *Tractus mammilo-thalamicus* hervorgerufen. Es kam oft nach der Beendigung von Nachentladungen vor, welche durch *Reizung im Septum* induziert wurden. Ein Zirpen erfolgte auch, wenn man aufhörte, Stellen entlang dem Verlauf des *Fasciculus medialis telencephali* und in den *Corpora mammilaria* zu reizen. Bei der Reizung positiver Stellen *nahe* dem *basalen vorderen und ventromedialen Hypothalamus äußerte sich die Vokalisation in Schnattern oder Schreien.* Die Tiere schienen *ängstlich oder aufgeregt zu sein oder Schmerzen zu haben.* Zusammen mit *Schnattern* und *Schreien* war im allgemeinen eine *Retraktion eines oder beider Mundwinkel* mit teilweisem oder vollständigem Entblößen des Fanges zu beobachten. *Adduktion der Schenkel* im Zusammenhang mit Erektionen hat sich laut Aussage der Autoren gezeigt, als die Elektroden im vorderen oder medialen Thalamus nahe der Mittellinie steckten. *Eine Kontraktion des Musculus cremaster* kam meistens bei einer Reizung vor, die eine stärkere Reaktion hervorrief. *Urinieren* haben die Autoren bei über 40 % der Reizungen von positiven Stellen beobachtet.

Zum Studium der Steuerungsmechanismen der Hypnose im Zusammenhang mit psychovegetativen Funktionen sowie der *psychophysiologischen Phänomene* sind die übrigen vegetativen Antworten von großer Bedeutung. MacLean und Ploog (1962) konnten bei 20 % der Reizungen positiver Stellen *cardiale Veränderungen* beobachten. Eine *Verlangsamung der Herzaktion* war die allgemeinste Veränderung. Die Elektroden befanden sich dabei histologisch *in der Mittellinie des Septums, im vorderen und medialen Thalamus, in der Wand des dritten Ventrikels und entlang dem Fasciculus medialis telencephali. Doppelschlag* und/oder *Extrasystole* kamen nach Reizung einiger Stellen vor und konnten während der Entwicklung der *hippocampalen Nachentladungen* auftreten. *Extrasystolen* erfolgten nach Reizung *im medialen Septum an der caudalen Grenze der vorderen Commissura*, an Stellen entlang dem *Pedunculus inferior thalami* und dem *Fasciculus medialis telencephali. Die neurale Repräsentation der Erektionen schien mit der für die Herzveränderungen verantwortlichen parallel zu liegen und sie nur teilweise zu überschneiden.* Dagegen konnten die Autoren keine wesentliche Änderung der *Respiration* feststellen. *Defäkation* wurde in Verbindung mit Erektionen selten festgestellt. *Samenerguß* bei Reizung der cerebralen Stellen des limbischen Systems ist von MacLean et al. (1961) beobachtet worden. Sehr interessant sind die Berichte von MacLean und Ploog (1962) über die *Somnolenz bei Tieren im Zusammenhang mit hippocampalen Nachentladungen und Erektionen.* Sie kam dann vor, *wenn die Elektroden auf Septum und Fornix aufstießen oder in sie eintraten. Aggressive Tiere wurden fügsam und waren leicht zu behandeln.* Dieses Phänomen konnte für den Rest des Versuchstages andauern.

Wie die Ergebnisse dieser Versuche zeigen (siehe auch McCleary und Moore, 1965), *wurden bei den Versuchstieren alle vom Menschen bekannten Entäußerungen vor, während und nach dem Sexualakt gefunden. In dieser Hinsicht unterscheidet sich der Mensch also nicht sehr von seinen unmittelbaren Vorfahren.* Insbesondere ist darauf hinzuweisen, *daß die steuernden Strukturen im Gehirn, die für die Erektionen und das Sexualverhalten verantwortlich sind, funktionell und anatomisch in engen Beziehungen zu denen stehen, welche die übrigen psychovegetativen Funktionen, die Hypnose, das Wachsein, Wachsuggestionen und Schlaf moderieren* (Adey et al., 1963; Akert, 1965; Akert et al., 1965; Bass und Herr, 1922; Berlucchi et al., 1964; Bizzi, 1966; Bizzi und Brooks, 1963; Brodal, 1947, 1957; Brooks und Bizzi, 1963; Buelow, 1964; Candia et al., 1962; Demsey und Morison, 1942; Duensing und Schaefer, 1957, 1959, 1960, 1963; Evans, 1962, 1972; Grastyán, 1959; Grastyán et al., 1956, 1957, 1965; Hassler, 1964a, b; Hernández-Peón, 1964, 1965, 1966; Huttenlocher, 1961; Jovanović, 1972; Jung, 1963a, b, 1965; Lindsley, 1960; Lindsley et al., 1950; Magnussen, 1939, 1943, 1944; Magoun, 1950, 1952, 1958; Magoun und Rhines, 1946; Monnier, 1960a, b, 1962, 1969; Monnier und Hösli, 1965; Orthner, 1969; Stephan, 1964; Tokizone, 1965; Valatx et al., 1964). *Und das war eben der Sinn der Deskription dieses Abschnittes.*

2.3.2.2 Zu psychobiologischen Äquivalenten der sexuellen Aktivierung unter Hypnose. *Die Befunde an den peripher zu erfassenden Organen und Systemen, die auf einen Sitz des Unbewußten oder die Steuerung dieser peripheren Phänomene hinweisen können, sind noch nicht erschöpft.* Die Aktivitäten an den Sexualorganen, sexuelle Träume, Hypnotisierbarkeit, Hypnose und Psychoanalyse sind miteinander gekoppelt (Kapitel IX und X).

Ohlmeyer registrierte 1936 bei einem Mann *Erektionen im Schlaf* mittels der alten und sonst bewährten *Kymographie*. Die Erektionen traten während des natürlichen Schlafes *dreimal* auf. Sie beanspruchten im Durchschnitt 25,5 Minuten, mit einer Gesamtperiodendauer von 79,9 Minuten (Erektions- und Zwischenphase). Im Jahre 1944 wurden durch Ohlmeyer et al. noch sechs Männer (Alter: 20–40 Jahre) im Schlaf untersucht. Die Erektionen kamen in einer ganzen Nacht *drei- bis viermal* vor. Sie dauerten im Durchschnitt 25,3 Minuten, mit einer *Gesamtperiodendauer* von 85,4 Minuten. Ohlmeyer und Brilmeyer (1947) konnten eine ähnliche Erektionsperiodik *im Wachsein wie im Schlaf* feststellen (Gesamtperiodendauer von 85,39 Minuten). Fisher et al. (1965) stellten sich dann die Aufgabe, eventuelle *zeitliche Korrelationen zwischen den REM-Phasen* und den von Ohlmeyer et al. (1944/1947) beschriebenen *Erektionsphasen* zu ermitteln. Karacan (1965), Karacan et al. (1966) erweiterten die Befunde von Fisher et al. (1965). Bei der Methode von Jovanović handelte es sich um einen mit *Graphitstaub* gefüllten Dehnungsmesser mit *Graphitelektroden, Widerstandsänderungen* und *Empfindlichkeitsregelung*. Mit Hilfe einer *Brücke* war der Dehnungsmesser (der am Penis angebrachte Graphitstaub-Ring) an einen Kanal eines EEG-Gerätes angeschlossen. Die Registrierkurven bei Erektionen sahen denen der *Plethysmographie* ähnlich. Der Vorteil dieser Technik lag darin, daß bei der Methodik von Jovanović (1967c, 1969c, 1972) simultan die ganze *Schlafpolygraphie* vorgenommen werden konnte, so daß eine Batterie von *Korrelationsmöglichkeiten* geliefert wurde (siehe auch Johnson und Kitching, 1968). In den letzten Jahren haben sich Fisher et al. (1965, 1978, 1983), Jovanović et al. (1968, 1969b, c, 1970a, 1971, 1972, 1974b, 1977, 1980, 1988), Karacan (1965), Karacan et al. (1966, 1976) mit der Phallographie eingehend befaßt. Die Technik von Fisher et al. (1965) wird heute serienmäßig angeboten. Auch bei *Frauen* wurden Erektionen (der Klitoris) und *vaginale Kontraktionen* (Kolpographie) gemessen (Fisher et al., 1983; Jovanović, 1972). Zusammenfassend ergaben sich (Fisher et al., 1965, 1983; Jovanović, 1972, 1980; Karacan et al., 1976) folgende Resultate: (1) *Bei Männern und Frauen* treten Aktivitäten an den Sexualorganen (Penis- und Klitoriserektionen, vaginale Kontraktionen) in der Nacht *periodisch*, während der Dauer des Schlafes von acht Stunden drei- bis fünfmal auf. (2) *Die Dauer einer Phase* (Erektion, vaginale Kontraktion) beträgt 10–50 Minuten (die längeren Phasen werden in den Morgenstunden, die kürzeren in den ersten Schlafstunden registriert) (Gesamtdauer pro Nacht 80–120 Minuten). (3) *Die Erektionsstärke* nimmt vom Abend zum Morgen zu. (4) Die Aktivitäten an den Sexualorganen sind sowohl bei *Säuglingen und Kleinkindern* als auch bei Männern über 70 Jahren anzutreffen (bei älteren Männern nimmt die Erektionsstärke mit zunehmendem Alter ab). (5) Bei *Schlafwandlern, Bettnässern* und einigen *anderen Störungen* (Jovanović, 1972) sind ebenfalls Perioden von Erektionen zu registrieren. (6) *Ängste* (Traumangst, beängstigender Trauminhalt) bewirken eine *Abschwächung* von Aktivitäten (Erektionen), symbolische Ängste ebenfalls. (7) *Sexualträume und sexuelle Symbolik verstärken die Aktivitäten* (Erektionen und vaginale Kontraktionen). (8) *Vagotone Personen* zeigten stärkere, *sympathikotone* schwächere Erektionen (vegetative Konstellation). (9) *Athleten und Pykniker* (Konstitutionen mit hoher Hypnotisierbarkeit) boten stärkere, *Astheniker* (Konstitution mit mäßiger Hypnotisierbarkeit) schwächere Erektionen. (10) *Streß-Situationen schwächen die Aktivitäten* an den Sexualorganen erheblich ab (Kaufleute nach dem Tagesstreß, Autofahren etc.).

Organische Sexualstörungen konnten bei diesen Versuchen (Jovanović, 1972) von den psychogenen differenziert werden. *Die hohe Korrelation mit den REM-Phasen (Traumphasen) wurde besonders hervorgehoben (80–95 % der Erektionen verlaufen zeitlich parallel mit den REM-Phasen)* (r = 0,4–0,9). Die für diese Reaktionen verantwortlichen Hirnstrukturen scheinen identisch mit denen zu sein, welche die hypnotischen Vorgänge moderieren (siehe oben und Kapitel XXV).

2.4 Amnestischer Anteil des Daseins und das Unbewußte

2.4.1 Der bioelektrische Spiegel des Unbewußten

Nach dem Ende des *Wachbewußtseins (Wachsein)* (oberste Linie der Abb. 21) beginnen sich die *Alpha-Wellen* im neocorticalen *Elektroencephalogramm (EEG)* langsam aufzulösen. Nach den bisher dargestellen Befunden (Kapitel XXII.3) *würde der Hypnosezustand elektroencephalographisch dem Wachbewußtsein entsprechen. Stadium A* läßt eine *Grundlinie* oder gelegentlich kleine *Beta-Wellen* minimaler Amplitude und hoher Frequenz erkennen. Bereits hier differieren die Hirnwellen von denen im Hypnosezustand. Der Mensch *löst sich dann langsam vom Wachbewußtsein* und beginn *eine andere Bewußtseinslage* einzunehmen, die man gewöhnlich *Schläfrigkeit* nennt. Beim Setzen von relativ geringen, d. h. noch hörbaren akustischen Reizen (eigene Versuche), wird die Vp wieder ins volle Wachbewußtsein versetzt und sie kann verbal noch *die Art und die Qualität* des applizierten Reizes angeben. Sie befindet sich also in einem entspannten *Dämmerzustand*, der einen bewußten Kontakt mit der Umwelt noch nicht ausschließt. Dies wäre der *Übergang vom Wachbewußtsein zum Schlafbewußtsein*, das sich im *Stadium B (oder 1)* fortsetzt (Abb. 21). In diesem Stadium erkennt man im EEG kleine *Theta-Wellen* zwischen 4–7 Hz und relativ niedriger Spannungsproduktion (Amplitude). Von den bioelektrischen Korrelaten der Hypnose (Kapitel XXII.3) scheint man sich noch weiter zu entfernen. Am Ende des Stadiums, das auch als *Einschlafstadium* und als *leichtester Schlaf* angesehen wird (Jovanović, 1971), sind ganz rechts in Abb. 21 *plötzlich* auftretende hohe und spitze *Vertex-Zacken* über dem Vertex (prä- und postzentral beiderseits) zu beobachten. Diese Potentiale haben eine Frequenz von 6–8 Hz, eine Amplitude von 180–300 Mikrovolt (μV) und beanspruchen eine Zeit von nur 5–7 Sekunden. In einem Hypnosezustand sind solche Abläufe bisher unseres Wissens kaum gefunden worden. *Bis zum Erscheinen dieser Vertex-Zacken (Einschlafmoment*, Jovanović, 1971, 1957*) kann die Vp die bereits erwähnten Weckreize immer noch nach Art und Qualität* differenzieren. Bis zu diesem Moment werden von der Vp die sehr wohl bekannten *hypnagogen Halluzinationen (Einschlafträume)* registriert. Beim Wecken unmittelbar *vor* den Vertex-Zacken (bei vielen Weckversuchen kann dieser Moment getroffen werden) berichten die Vpn *von wunderbaren Träumen, die beim Lösen vom Wachsein (zum Einschlafen) auftauchen und den Schläfern diesen Übergang so bunt wie möglich, so sanft und angenehm wie es geht, gestatten.* Diese Stelle entspräche psychologisch den *imaginativen Vorstellungen während der Hypnose;* bioelektrisch, d. h. gemäß EEG, wurden jedoch von uns in der Literatur kaum entsprechende Korrelate gefunden. Nach dem Ende der Vertex-Zacken – nach dem Einschlafmoment also – wird selten über Einschlafträume berichtet, und es beginnt im *Stadium C (oder 2)* der *amnestische Teil des Daseins.* Im *Stadium 2 (oder C)* kann nämlich am Beginn der Linie C der Abb. 21 *eine große biphasische Welle mit nachfolgenden kleinen und schnellen Beta-Wellen* (K-Komplex) erkannt werden. Dieser *K-Komplex* und die darauffolgenden und immer wieder auftauchenden *Beta-Spindeln* sprechen dafür, daß das Gehirn nach dem Einschlafen *seine verschiedenen Formationen funktionell in Gang setzt;* das Auftauchen von *Beta-Wellen* und ihre ansteigende Amplitude sprechen dafür, daß die hemmenden Neurone der *Formatio reticularis des unteren Hirnstammes* aktiviert worden sind; der K-Komplex verrät *eine Aktivierung des oberen Hirnstammes;* die kleinen *Theta-Wellen* sollen *die Aktivität des limbischen Systems* ankündigen (siehe oben). Aber die EEG-Wellen divergieren von denen, die in Hypnose (Kapitel XXII.3) beobachtet werden. Wenige Minuten nach dem Schlafengehen zeigt das EEG eine weitere Verlangsamung *bis zu raschen Delta-Wellen* (2,5–3,5 Hz und 150–250 μV Amplitude) herab (Stadium D oder 3, Abb. 21). Die Beta-Spindeln werden seltener, kleiner, langsamer und gehen wieder in die *Alpha-Frequenz* über. Dies spricht nach der Auffassung der Neurophysiologen für eine simultane Beteiligung der Formationen *des oberen Hirnstammes* (Delta-Wellen), der *unteren Formatio reticularis* (Beta und Alpha)

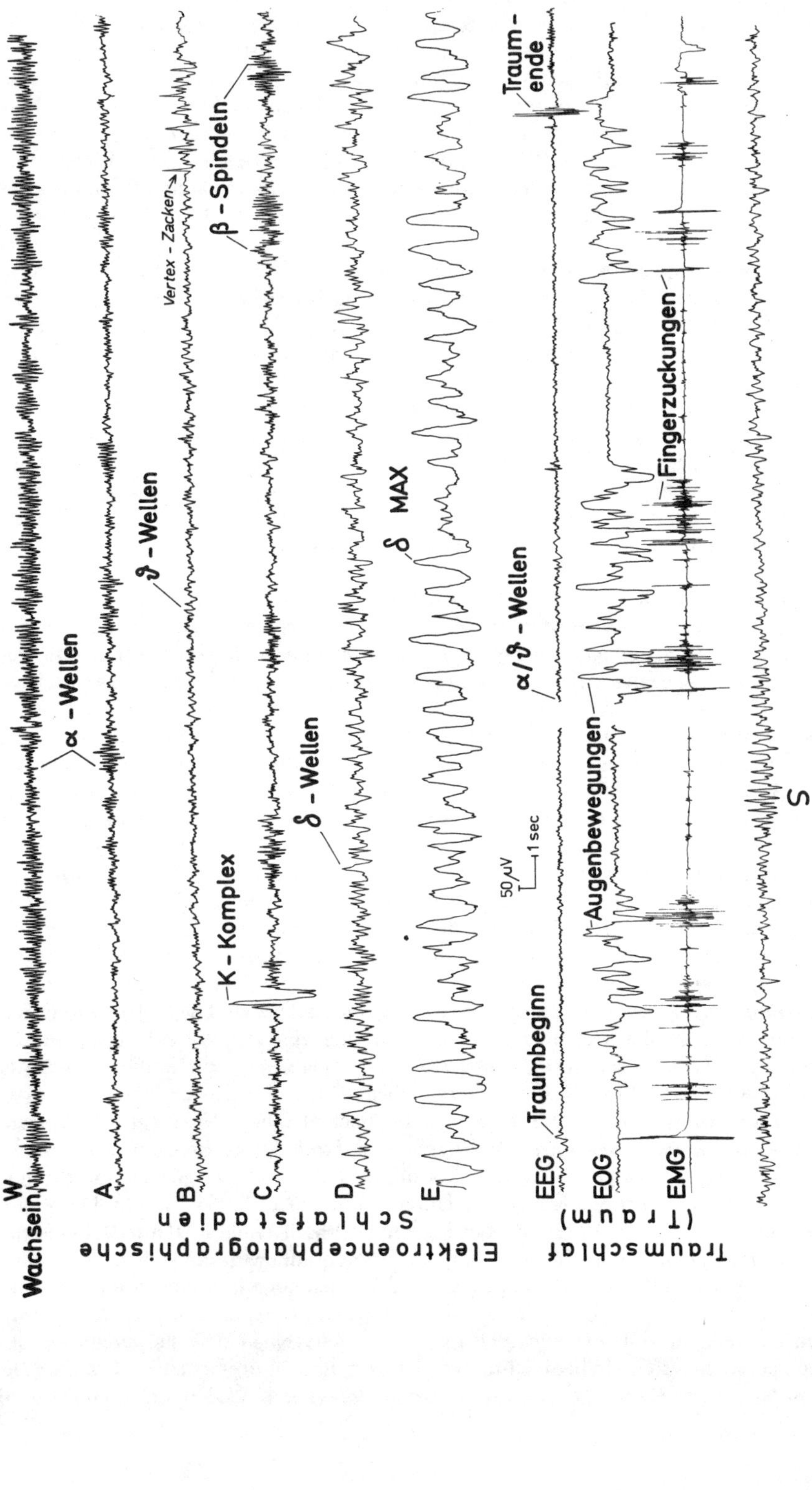

Abb. 21: Bioelektrische Hirnaktivität im mnestischen Teil des Daseins (Wachsein), im amnestischen Anteil (Schlaf: A bis E) sowie im mnestisch-amnestischen Anteil (Traumphasen). S = Sägezahnwellen im EEG während einer REM-Phase (die Kurven sind zusammengesetzt aus einzelnen Stücken und können nicht als synchron angesehen werden. Die unteren vier Linien stammen nicht vom gleichen Probanden wie die oberen sechs)

sowie hin und wieder des *limbischen Systems* (gelegentlich Theta). Dafür, daß eine leichte *Hemmung des Einschlafvorganges* vorhanden ist, spricht die relativ kleine Amplitude von Delta, da sie das Maximum noch nicht erreicht hat. Dieser Hemmungsprozeß muß etwas mit der *Anpassung* (Jovanović, 1971) zu tun haben, weil der Mensch *nicht so rasch in die Tiefe des Schlafes ohne eine Adaptation an die neuen psychovegetativen Bedingungen fallen kann* (Jovanović, 1965a, 1966e, 1971, 1977). Und 20–40 Minuten nach dem Schlafengehen erkennen wir in Abb. 21 *maximal ausgedehnte, extrem verlangsamte Delta-Wellen* mit einer sehr hohen Amplitude (0,7–1,2 Hz und 250–300 µV) (Stadium E oder 4). In diesem Moment muß der *mediale Thalamus* die volle Verantwortung übernommen haben. *Das Gehirn arbeitet sozusagen auf «Sparflamme» oder im «Leerlauf»*. Die Erholung des Individuums kann beginnen (Berger, 1929, 1931; Christian, 1968; Jovanović, 1965b, 1971, 1974b, 1975, 1978, 1988; Jung, 1963a, b; Kugler, 1966; Loomis et al., 1937, 1938; Pflanz und Schrader, 1959; Radtke, 1960; Simon et al., 1973; Vogel, 1963). *Bis hier haben wir beinahe alle Hirnstrukturen und bioelektrischen Potentiale erwähnt, die für den relativ unbewußten Teil des Lebens als verantwortlich angesehen werden können. Mit Hypnose direkt hat die bioelektrische Aktivität in den tieferen Stadien des Schlafes wahrscheinlich wenig zu tun, wohl aber mit einem möglichen Unbewußten.*

2.4.2 K-Komplexe im EEG als Brücke zum Unbewußten

Den *K-Komplex* im EEG, den wir soeben erwähnt haben und in Abb. 21 zeigen, müssen wir etwas näher studieren. Bereits Loomis et al. (1935a) untersuchten gleichzeitig mit den *Hirnpotentialen* auch *Bewegungen* im Bett und *Geräusche* im Schlafzimmer. Die Autoren stellten fest, *daß Geräusche wie z. B. Papierrascheln, Husten, Türenschließen, leises Unterhalten in der Nähe des Schläfers, aber auch einzelnes Schnarchen der Vpn selbst, einen regelmäßigen «train of waves» mit einer Dauer von fünf bis acht Sekunden und einer Frequenz von 9–10/sec hervorriefen, ohne daß die Vpn dabei aufwachen mußten. Die elektroencephalographische Antwort auf akustische Weckreize hing unter anderem auch von der Schlaftiefe und dem Geräuschpegel im Schlafraum ab. Für manche Wellenzüge konnte kein äußerer Weckreiz verantwortlich gemacht werden.* Noch im selben Jahr starteten Loomis et al. (1935b) eine weitere Versuchsreihe. Das Untersuchungsgut setzte sich aus 11 Vpn im Alter zwischen fünf und 48 Jahren zusammen. Die Registrierungen wurden entweder während eines *Mittagsschlafes* oder während eines *Nachtschlafes* vorgenommen. Diesmal wurden die Hirnpotentiale von *drei* Punkten des Kopfes abgeleitet: *von der frontalen, von der parietalen und von der occipitalen Hirnregion.* Es wurde jetzt festgestellt, daß die schon oben erwähnten *Wellenzüge (trains)* betont *über den frontalen Hirnregionen* auftreten. Die Autoren interpretieren die von ihnen beobachteten *trains* als Änderung *des Bewußtseinspegels in der Frontalregion des Gehirns, hervorgerufen durch akustische Weckreize.* Ein halbes Jahr später publizierten Loomis et al. (1936a) eine weitere Arbeit. Dabei wurden 28 Vpn mindestens zwei, eine von ihnen insgesamt 50 Stunden lang beobachtet. *Die während des Wachseins auftretenden Wellenzüge wurden durch Lichtreize und durch starke Emotionen blockiert, während des Schlafes jedoch nicht* (siehe auch Loomis et al., 1936b). Die gleiche Forschungsgruppe stellte im Juni 1938 noch eingehendere Untersuchungen an (Davis, 1939a; Davis und Davis, 1936; Davis et al., 1938, 1939a, b). Die Ergebnisse basierten diesmal auf 25 Registrierungen des *Mittagsschlafes* von 10 Vpn. Die Hirnpotentiale wurden von *sechs* Stellen (frontal, parietal, occipital *beiderseits*) abgeleitet und auf den korrespondierenden *Processus mastoideus* (homolateral) bezogen. Während des Schlafes auftretende *akustische Weckreize* verursachten entweder das *Wiederauftreten von Alpha-Rhythmen*, wie sie bereits bei der betreffenden Person im Wachsein beobachtet worden waren, oder es erschienen *K-Wellen (K-waves, K-complexes)*, meist im *Stadium C (leichter Schlaf)*. Die K-Wellen, *die auch spontan auftraten*, setzten sich aus einer *vorausgehenden* negativen (in Abb. 12 nach oben), dann einer *positiven Potentialschwankung* (in Abb. 12 nach unten) von durchschnittlich 200–300 Mikrovolt und einer Frequenz von 1/sec zusammen. Diese langsamen Potentialschwankungen waren von *schnellen Wellen mit einer Frequenz von 8–14 Hz* überlagert. Gerade wegen dieser Zusammensetzung der *Antworten* auf Weckreize *aus einer langsamen Welle (K-Welle) und einer schnellen Komponente (Alpha- oder Beta-Wellen)* wurden sie von den Autoren *K-Komplexe* genannt. Beide Komponenten sind also als *ein Ganzes* zu betrachten (siehe auch Bremer et al., 1970; Fernandez, 1969; Johnson und Karpan, 1968; Jovanović, 1971, 1977).

Eine sehr ausführliche Deskription von *K-Komplexen* findet man weiter bei Davis et al. (1939a, b). Diesmal wurden 25 Schlafversuche entweder während eines *Mittagsschlafes* oder eines *natürlichen Nachtschlafes* durchgeführt. Die Versuchstechnik war dieselbe wie bei Loomis et al. (1938). Jetzt wurde auch den *spontanen K-Komplexen* eine besondere Aufmerksamkeit gewidmet. Die Latenzzeit eines ausgelösten K-Komplexes betrug in der Regel 100 Millisekunden (msec). *Der K-Komplex war besonders über den frontalen und parietalen Hirnregionen beiderseits betont.* Die schnellere Komponente schwankte oft um eine Frequenz von 14 Hz. Diese Wellenart war auch jetzt für die *Schlafstadien C (leichter Schlaf) und D (mittlerer Schlaf)* charakteristisch. Die langsamere Komponente des K-Komplexes zeigte dieselben Charakteristika wie die von Forbes und Morison (1939) am Cortex der Katze (Barbituratenanästhesie) nach *elektrischer* Reizung des Ischiasnerves gefundenen Nachentladungen.

Trotz zahlreicher Publikationen über *EEG und Schlaf* wurden bisher relativ wenige Arbeiten veröffentlicht, die sich ausschließlich mit der Phänomenologie der K-Komplexe befassen (Scollo-Lavizzari et al., 1966). Im Jahre 1956 publizierten Roth et al. eine detaillierte Studie der *Morphologie des K-Komplexes.* Die Autoren versuchten, eine *physiologische Deutung* dieses Phänomens zu geben. Die Versuche wurden an 80 erwachsenen *psychiatrischen Patienten* und einer Kontrollgruppe von 15 *gesunden Probanden* durchgeführt. Dabei wurde das Verhalten bei klarem Bewußtsein, während des Schlafes sowie in der Barbituratnarkose studiert. Für das wichtigste an den Ergebnissen hielten die Verfasser die Tatsache, daß Reize *verschiedener Art K-Komplexe von gleicher Morphologie* hervorriefen. Ferner bestand eine *diffuse Ausbreitung* langsamer Potentialschwankungen (K-Komplexe) über dem Neocortex, obgleich verschiedene *spezifische Nervenbahnen* gereizt wurden. In der erwähnten Studie wurde angenommen, der *K-Komplex sei als eine unspezifische, primitive und biologisch kollektive Antwort (Instinkt) des Gehirnes auf Weckreize sowie als eine Vorstufe des Erwachens zu verstehen.* Vetter und Böcker (1964) untersuchten fünf gesunde Vpn im Alter von 22–35 Jahren während des Nachtschlafes in einem geräuscharmen und verdunkelten Raum und wandten *meßbare* akustische Weckreize an (Impulsdauer von 0,02 Sekunden, Gesamtlautstärke 48 dB). Dabei stellte sich heraus, daß (a) im mitteltiefen Schlaf applizierte Weckreize zu 93 % nicht beantwortet wurden; (b) wenn ein Weckreiz mitten in einen K-Komplex fiel, meist eine prompte Reaktion erfolgte; (c) diese Reaktion in signifikanter Weise besser war, wenn der Reiz in den frequenten Teil des K-Komplexes fiel. Der K-Komplex trat auch *spontan* auf. Nach Jovanović (1967c) treten drei Minuten vor Beginn einer der REM-Phasen K-Komplexe *regelmäßig alle fünf bis sieben Sekunden auf.* Diese sind wahrscheinlich nicht von außen ausgelöst, sondern werden als *autochthon* angesehen. Bremer et al. (1970) werteten die K-Komplexe mittels einer elektronischen Analyse aus, nahmen eine mathematische Auswertung der K-Komplexe vor, worauf dann das Detektionssystem erstellt wurde. Die Resultate ergaben jedoch keine eindeutigen neuen Gesichtspunkte.

Eine eingehende Beschreibung der K-Komplexe findet man in den späteren Arbeiten von Jovanović (1970a, 1971, 1974b, 1977). Die Erkenntnisse über die K-Komplexe basierten auf der Auswertung von polygraphischen Registrierkurven von insgesamt 209 Vpn jüngeren und mittleren Alters, die fast alle *im natürlichen Schlaf* in 491 Nächten untersucht wurden. Es wurde auch von diesem Autor festgestellt, *daß K-Komplexe überwiegend im Schlafstadium C, also während des leichten Schlafes, auftreten.* Dabei wurde wie von Vetter und Böcker (1962) zwischen *exogenen*, d.h. durch *äußere Reize*, z.B. akustisch, hervorgerufenen K-Komplexen und zwischen *autochthonen, d.h. endogen* ausgelösten K-Komplexen, unterschieden. In den tieferen Schlafstadien sei es schwieriger, K-Komplexe als Einzelphänomene von den Delta-Wellen exakt zu trennen. Während des REM-Schlafes komme es kaum zu K-Komplexen und wenn, dann nur am Anfang und außerdem *in einer rudimentären Form.* Zu speziellen Untersuchungen über die Verteilung der K-Komplexe während der Nacht im *Frühling/Sommer* und im *Herbst/Winter* standen bei Jovanović (1971) 40 Vpn zur Verfügung. Während der Nacht im Sommer nahm die Anzahl der K-Komplexe ständig zu und erreichte gegen *vier Uhr morgens* den Häufigkeitsgipfel. Nach dieser Uhrzeit fiel die Anzahl von K-Komplexen pro Zeiteinheit wieder ab. Jovanović erklärte dieses Phänomen dadurch, daß um diese Zeit die äußeren Reize zunehmen. Der Abfall der Häufigkeit der K-Komplexe nach diesem Zeitpunkt sprach *für eine Gewöhnung der Schläfer* an die natürlichen Geräusche (Habituation). Im *Winter* sei der Häufigkeitsgipfel verschoben. Die K-Komplexe traten jetzt gehäuft erst bei Beginn der Tagesschicht des Klinikpersonals auf. Völkl (1974) befaßte sich nur *mit K-Komplexen und Beta-Spindeln* im Zusammenhang mit Traumphasen (REM-Phasen). Castera (1975) ging noch weiter und studierte *K-Komplexe allein* (siehe auch Scollo-Lavizzari et al., 1966).

2.4.3 Die Bedeutung von K-Komplexen in Verbindung mit Hypnose

In Übereinstimmung mit den Resultaten der erwähnten Autoren, insbesondere Davis et al. (1936–1939b), Jovanović (1970a, 1971, 1977), Loomis et al. (1936a–1938) sowie Vetter und Böcker (1962, 1964) sprechen unsere Befunde ergänzend und erweiternd dafür, daß *die K-Komplexe im Schlafelektroencephalogramm des Menschen nicht nur von außen ausgelöst werden. Denn die Regelmäßigkeit, mit der die K-Komplexe auftreten, deren Häufung unmittelbar vor der jeweiligen REM-Phase, deren Abnahme während der REM-Phase und eine erneute Vermehrung mit einer erstaunlichen Gesetzmäßigkeit nach dem Ende der REM-Phase, können nicht für eine alleinige exogene Ursache der K-Komplexe sprechen. Insbesondere ist der Zuwachs der K-Komplexe von einem Zeitabschnitt zum anderen bis zum Beginn der jeweiligen REM-Phase von Bedeutung.*
Der von Jung (1949, 1965), Pampiglione und Ackner (1958), Vetter und Böcker (1962, 1964) erwähnte *Schutzmechanismus* von K-Komplexen bedarf einer ergänzenden Erläuterung. Bei dem erwähnten Schutzmechanismus handelt es sich nach unserer Meinung um mindestens zwei *Komponenten:* (a) *die eine Komponente* hindert den Schläfer, den Schlaf unendlich zu vertiefen, *da dies kein normaler Schlaf mehr wäre;* (b) *die andere* schützt den Schläfer *vor vorzeitigem Aufwachen* während der Nacht. Auf diese Weise kann man sich während einer ausreichenden Schlafdauer erholen. Die Regelmäßigkeit der K-Komplexe in Richtung der Schlafvertiefung hängt u.E. *mit der ersten Schutzkomponente* zusammen. Die Zunahme von K-Komplexen unmittelbar vor der REM-Phase (damit der Schläfer nicht vor der REM-Phase aufwacht) muß *mit der zweiten Schutzkomponente* in Verbindung stehen. So gestaltet sich eine *biologische Schlafperiodik, die nur durch inadäquate Weckimpulse vorzeitig abgebrochen wird.* Die Frage, welche der K-Komplexe *rein endogen*, also aus dem *Schlaf-Wach-System (oder aus dem Unbewußten) des Gehirnes*, und welche nicht rein endogen, d.h. aus dem ganzen Organismus, ausgelöst werden, müssen wir vorläufig offen lassen, da uns für die Schlußfolgerung noch viele Resultate fehlen. Zwar sprechen Jovanović (1970a, 1988), Vetter und Böcker (1962, 1964) sowie andere über die *morphologischen Unterschiede* zwischen den *endogenen (autochthonen) und exogenen K-Komplexen*, doch konnten diese Autoren keine ausreichenden Beweise für ihre Annahmen liefern. Jovanović (1970a, 1971) vermutete, daß

jene K-Komplexe, *deren schnellere Komponente vorangeht und deren langsame nachfolgt, endogen (autochthon) sein müssen.* Diese Vermutung wurde damit begründet, *daß die K-Komplexe, deren schnellere Komponente der langsamen vorausgeht, eine gewisse Summation der Reize erfordere*, bevor sie auftreten. Diese *Summation* kann jedoch – nach den Erfahrungen der modernen Physiologie – auch von außen erfolgen, indem z. B. ein *Juckreiz* langsam anwächst, bis er die Reizschwelle erreicht. Bevor er die Reizschwelle erreicht, besteht die Möglichkeit, daß das Gehirn doch reagiert, was sich in Form von *Beta-Spindeln* (siehe oben), die der langsamen Komponente des K-Komplexes vorausgehen, manifestiert. Um diese Frage weiter diskutieren zu können, müssen noch viele Befunde über die Funktionen anderer Organe im Schlaf, wie z. B. die des Magens, des Darmes, der Blase, der Niere, vorliegen.
Welche Strukturen des Gehirnes bzw. des Schlaf-Wach-Systems die K-Komplexe auslösen, ist noch nicht ganz geklärt. Es wird vermutet, daß die *medialen Strukturen des Thalamus (intralaminärer Thalamus)* (Jung, 1963b, 1965; Monnier, 1962, 1969) *für die Auslösung der K-Komplexe verantwortlich gemacht werden müssen* (Baust, 1967; Brazier, 1949a, b; Gastaut, 1951, 1953a, b; Hess, R. Jr., 1966, 1969; Hess, R. Jr. et al., 1953; Hess, W. R., 1943, 1944, 1947, 1962, 1965; Jouvet, 1965 a–c, 1969; Pampiglione, 1953; Shaw und Roth, 1955a, b; Walter, 1953).
Das Auftreten von K-Komplexen während der REM-Phasen ist mehr zufällig als gesetzmäßig. Nach dem Einsetzen der raschen Augenbewegungen (Rapid Eye Movements = REM) verschwinden die K-Komplexe in der Regel vollkommen. Hin und wieder kann auch *im Verlauf der REM-Phase* ausnahmsweise ein kleiner und abortiver K-Komplex angetroffen werden, und zwar gerade dann, wenn die Intensität der raschen Augenbewegungen für ein paar Sekunden nachläßt oder die REMs ganz aufhören. Unter der Voraussetzung, *daß die Traumaktivität mit der Intensität der raschen Augenbewegungen parallel verläuft* (Baust, 1965b, 1967; Dement und Kleitman, 1957a, b; Dement und Wolper, 1958; Fisher und Dement, 1963; Jovanović, 1971), darf angenommen werden, daß die K-Komplexe in dem Moment auftreten, in welchem die Traumaktivität nachläßt. Wiederum unter der Annahme, daß der Traum nach Sigmund Freud (1856–1939) «*Wächter des Schlafes*» ist, kann die oben erwähnte Vermutung über den Schutzmechanismus der K-Komplexe erneut bestätigt werden, d. h.: *Während eines intensiven Traumes ist der Schläfer durch den Trauminhalt psychisch «abgelenkt». Sein Schlaf ist nicht gestört. Läßt die psychische Aktivität des Traumes nach, so besteht die Gefahr, daß der Schläfer vorzeitig aufwacht und den Schlaf (Traum) abbricht. Um diese Gefahr abzuwenden, treten jetzt K-Komplexe «als Wächter des Schlafes (Traumes)» auf – der Schläfer setzt seinen Schlaf fort.* Aber auch diese Deutung hat ihre Schwachseiten. Denn die Weckschwelle (Jovanović, 1971; Jovanović und Günther, 1988; Jovanović und Schäffer, 1988) ist während der REM-Phasen selbst bei Neugeborenen, Frühgeborenen, Tieren (Neu- und Frühgeborenen), bis zu den Vögeln hinunter, erhöht. Wir erwägen daher zwei Möglichkeiten, und zwar: (a) *die des Träumens auch bei Frühgeborenen* (Kindern, Tieren, insbesondere Säugetieren) oder (b) wir müssen uns damit abfinden, daß nicht der Traum selbst, *sondern die REM-Phase als solche der «Wächter des Schlafes» ist.* Aber ganz gleich, welche von diesen Möglichkeiten (oder beide) stimmt, *was schützt den erwachsenen Menschen während des übrigen (langsamen, synchronisierten, orthodoxen) Schlafes vor vorzeitigem Aufwachen?* Und an dieser Stelle kommen wir wieder zum Problem der K-Komplexe, *die eine Verbindung des Bewußtseins mit dem Unterbewußten oder zumindest des Unbewußten mit der Umwelt herzustellen scheinen* (siehe auch Kapitel XXIV).
Die hypnotische Suggestion ist diesen Befunden nach bis zum Tiefschlaf möglich. Wenn man sich wieder an die Befunde des Kapitels XXII.3.4 (eigene Versuche, Experimente 12–14) erinnert, so ist noch einiges dazu zu sagen. Die in Abb. 10 vorgestellte Kontrollperson glitt gleich nach dem Anschluß der Elektroden in den Schlaf. Die K-Komplexe wurden von außen und von innen – wie oben beschrieben – ausgelöst. *Eine selektive Suggestion und auch eine selektive Reaktion waren nicht vorhanden.* Bei der Vp, die in Abb. 11a und 11b gezeigt wird,

konnten andere Befunde bezüglich der K-Komplexe erhoben werden. Während der ersten 15–20 Minuten der Hypnose wurden Alpha im EEG aktiviert. Sobald die *Beta-Wellen (Spindeln)* erschienen (Abb. 11a), traten auch die K-Komplexe auf. Auf die Suggestion: *Sie hören nur meine Stimme... andere Geräusche vollkommen unwichtig... ganz gleichgültig...* konnte beobachtet werden, *daß K-Komplexe auf andere Geräusche ausblieben und nur in abortiver Form beim Sprechen des Hypnotiseurs auftauchten.* Im späteren Verlauf wurde nicht mehr gesprochen. Die K-Komplexe folgten der obigen Regel des regelmäßigen Auftretens (wahrscheinlich) nach inneren Reizen. *Äußere Reize riefen keine K-Komplexe hervor.* Eben in dieser «*selektiven Aufmerksamkeit*» (Kapitel IX.2.1) liegt *die Bedeutung der K-Komplexe für die Hypnose. Die K-Komplexe zeigen auch, daß die Suggestionen während des Schlafes vom Unbewußten der Vp aufgenommen und dementsprechend verarbeitet werden. Während der Traum als «Wächter des Schlafes» vor allen Reizen von außen schützt, treffen die K-Komplexe eine «Auswahl».* Bei für den Schläfer wichtigen Reizen wird dieser zum Erwachen gebraucht (um z. B. den Zug zu erreichen). Ist der Reiz unspezifisch (Donnern, Blitzen), dann kann der Schläfer seinen Schlaf fortsetzen. Auf diese Weise wird der *Ammenschlaf* gedeutet; bei starkem Donnern wacht die Amme nicht auf. Bei ganz leisen Geräuschen des bewachten Kindes erfolgt jedoch sofort das Erwachen. Wir haben es also mit *drei Arten der selektiven Aufmerksamkeit zu tun.* Und zwar mit der:

(a) selektiven Aufmerksamkeit *des Wachbewußtseins* (siehe Kapitel IX);
(b) selektiven Aufmerksamkeit im *Traum* (siehe Kapitel XXIV) und
(c) selektiven Aufmerksamkeit im («traumlosen») *Schlaf.*

Das Unterbewußtsein schläft diesen Befunden zufolge nie. Oder *es gibt mehrere Bewußtseinsebenen*, die wir bereits angedeutet haben (siehe Kapitel XXIV, XXV und oben) und worüber wir noch sprechen werden (siehe unten und Kapitel XXX).

2.4.4 Suggestionen im Schlaf und Hypnopädie

Die Frage des Hörens während des Schlafes wird seit mehreren Jahrzehnten diskutiert (Hallam und Weed, 1896; Kulikov, 1964; siehe auch Kapitel XXIV). Wir wollen jetzt nicht die Weckreize diskutieren, *die zum Aufwachen führen*, sondern jene, die nicht bewußt wahrgenommen werden und *an die man sich am nächsten Tage im Wachsein nicht immer erinnert.* Diese Reize wären etwa die *unbeabsichtigten, undifferenzierten oder spezifischen aber zufälligen Suggestionen, wenn es sich nicht um bewußt applizierte Instruktionen handelt.* Die letzteren sind insbesondere in bezug auf das *Lernen im Schlaf* (Evans und Orchard, 1969; Rubin, 1971) von Interesse, so daß einige diesbezügliche Versuche diskutiert werden. Diese Frage ist in der letzten Zeit wieder aktuell geworden. Im Jahre 1911 schrieb Gernsbach eine Geschichte, deren Titelheld im Schlaf mit Hilfe eines laufenden Apparates seine Lektionen lernte. 1932 wurde diese Methode als *Hypnopädie* bekannt. Kleinen Volksschulkindern spielte man mittels eines Lautsprechers bei geschlossenem Fenster die Nachmittagslektionen vor. Nach einer gewissen Zeit *sollen diese Kinder viel mehr als die Vergleichsgruppe, sogar mehr als die der höheren Klassen, gelernt haben.* (Diamond, 1964). In den vierziger Jahren versuchte Le Shan 20 Knaben von 8–14 Jahren in einem Sommerlager das *Nägelkauen* abzugewöhnen. Auf ein Tonband sprach er den Satz: «*Meine Fingernägel schmecken schrecklich bitter*», und spielte dies über einen Lautsprecher dreihundertmal pro Nacht ohne Unterbrechung in 24 Nächten ab. Alle drei Wochen wurden die Fingernägel dieser Kinder untersucht. *Von den 20 Kindern hörten acht mit dem Nägelkauen auf, aus der Kontrollgruppe niemand* (Jovanović, 1974b).
Nach den Untersuchungen von Svyadoshch (1940, 1962, 1965) begann sich die Hypnopädie auch in der Sowjetunion zu verbreiten. Der Autor versuchte zunächst, jeweils einen Text im

Schlaf lernen zu lassen. Svyadoshch (1962) wählte 25 gesunde Vpn aus 400 anderen Personen aus, *da verlangt wurde, daß die Vpn eine hohe Suggestibilität aufwiesen und bereit waren, zu bestimmten Zeiten geweckt zu werden.* Alle Vpn hatten persönliches Interesse an dem Versuch. Acht Vpn waren zwischen 10 und 16 Jahren, 13 zwischen 17 und 27 Jahren, vier rund 27 Jahre oder älter. Der Text wurde *durch den Autor oder andere Personen* während des Schlafes der Vpn gelesen oder aber vom Tonband abgespielt. Der Schlaf wurde verhaltensmäßig (Abnahme der Bewegung) und durch die Registrierung der *Respirographie (Pneumographie)* (Abwesenheit der Antworten auf Reize) kontrolliert. Bei einigen wurde die Erinnerung durch *Hypnose* potenziert. Die *Suggestionen* wurden bei 12 Vpn in einer *tiefen Hypnose*, bei sieben in einem *leichten Hypnosestadium* und bei den weiteren sechs *in einem vorhergehenden Wachstadium ohne Hypnose* verabreicht. Folgende Suggestionen wurden gegeben: «*Heute nacht werden Sie ohne Aufwachen schlafen ... Während des Schlafes werden Sie eine Geschichte hören. Sie werden auch währenddessen die ganze Zeit über schlafen, ohne aufzuwachen ... Während Ihres Schlafes werden Sie aber alles hören und verstehen können. Am nächsten Morgen werden Sie sich an alles erinnern und Sie werden fähig sein, alles mündlich zu wiederholen ...*». Wenn trotzdem jemand in der Nacht aufwachte, wurde er für diese Nacht für den Versuch nicht berücksichtigt. Von den 25 ausgewählten Vpn *konnten sich 20 nach dem vorherigen Training daran gewöhnen, im Schlaf das Gesprochene aufzunehmen. Von diesen 20 Vpn, die das Gesprochene während des Schlafes assimilierten, war bei vier eine hohe Reproduktion* (Mittel: 89,5 % des Textinhaltes) zu finden. *Niedrige Reproduktionsquoten* (Mittel: 18,6 % des Textes) waren bei weiteren vier Vpn zu eruieren. Die hohe Reproduktion wurde nicht nur unmittelbar nach dem Wachwerden am nächsten Morgen, sondern auch 12 bis 48 Stunden danach gefunden. Bei diesen Vpn glichen Grad und Genauigkeit der Erinnerung an den Text aus dem Schlaf dem Grad und der Genauigkeit an den im Wachsein vorgelesenen Text. Auch die zeitliche Erinnerung (12 bis 48 Stunden danach) war die gleiche. Bei allen Vpn war die Perzeption des Textes nicht bewußt: *es handelt sich also um die von uns definierte Aufnahme von Reizen.* Einigen Vpn kam der Text aus dem Schlaf als eine Art von *unbekannten Ideen* vor, die ihnen spontan eingefallen seien. In anderen Fällen wurden die Reize während des Schlafes (lautes Lesen des Textes) *als Inhalt eines Traumes* angenommen. Wiederum bei anderen war der Text *in visuelle Träume konvertiert worden.* In den meisten Fällen war der visuelle Charakter der gegebenen Texte nicht vorhanden gewesen. Kulikov (1964) hat mit *drei* Gruppen von je 12 Vpn (insgesamt 36) gearbeitet (Kinder und einige Studenten). Die Vpn wurden auf der Basis der *hohen Suggestibilität* (Handefalte-Versuch) ausgewählt. Dazu war auch das Interesse am Experiment vorhanden. Es wurden 72 Einzelexperimente durchgeführt. Das Material war den Vpn unbekannt, lag aber *im Rahmen ihrer Lernkapazität. Kinder* bekamen als Aufgabe eine Geschichte von Tolstoi (Lew Nikolajewitsch, 1828–1910) und die *Studenten* einen Text aus dem Gebiet des höheren Nervensystems, wie er bei Psychologie-Studenten üblich ist. Die Versuche liefen so ab: (a) *In einem Experiment war der Text während des natürlichen Schlafes gegeben worden, ohne vorherige Vorbereitung.* Am nächsten Tag wurde nach der Erinnerung gefragt. (b) *Beim zweiten Experiment* war die Aufgabe verabfolgt worden, *nachdem der VL mit der Vp den Kontakt im Schlaf hergestellt* und zwei Stunden nach dem Einschlafen Suggestionen vom Tonband abgespielt hatte: «... Schlafen Sie und wachen Sie nicht auf ... Ihre Atmung ist langsam, spontan, tief ...» etc. Daraufhin wurde die Natur der Suggestionen geändert, und es wurde suggeriert: «... Ihre Atmung ist jetzt tiefer ...». Wenn diese Suggestion realisiert worden war, wurde angenommen, daß der Kontakt hergestellt worden war und es wurde dann weiter suggeriert: «Sie hören jetzt den Text ... Sie werden sich an ihn Ihr ganzes Leben lang erinnern können ...». Daraufhin kamen spezielle Suggestionen mit dem Hinweis, daß sich die Vp an die Texte erinnern könne, immer wenn sie das wünschen würde. (c) *Bei der Kontrollgruppe wurde der Text im Wachsein dargeboten.* Die Kontrolle der Schlaftiefe wurde wie bei Svyadoshch (1940) vorgenommen. Beim ersten Experiment, bei dem die Vpn die Texte *im Schlaf ohne Vorbereitung* bekamen, boten 11 von 12 Vpn ein komplettes Versagen, d. h. sie erinnerten sich nicht an die angebotenen Texte. Nur eine Vp zeigte Erfolge. *Beim zweiten Experiment mit Suggestionen und dargebotenen Texten boten alle 12 Vpn Erinnerungen an das Material.* Die 12 Kontrollpersonen, die im Wachsein den Text bekamen, konnten sich ebenfalls an den Text erinnern. Die beiden letzten Gruppen unterschieden sich nicht voneinander.

Zavalova et al. (1964) haben mit 10 Vpn (19 bis 37 Jahre alt) experimentiert. Davon waren nur vier *hoch suggestibel.* Das Material, das angeboten wurde, enthielt 20 Worte und einen Text aus der *Kybernetik.* Beide Texte wurden durch ein Tonband appliziert. Während der Nacht wurden die Texte und Worte zehn- bis zwanzigmal wiederholt, und zwar eine Stunde nach dem Schlafbeginn. Später wurden andere Informationen gegeben. Eine bis zwei Stunden vor dem Aufwachen am Morgen wurde das gleiche Material wie am Abend wieder abgespielt. Der Schlaf wurde jetzt mit Hilfe von EEG kontrolliert. Falls eine Vp während der Suggestionen aufwachen sollte, wurde sie angewiesen, in dem Falle auf einen Knopf zu drücken. Aus den Resultaten ging hervor, *daß hoch suggestible Vpn während des Schlafes besser als die übrigen lernen, und daß die Suggestionen beim Lernen im Schlaf helfen können.*

Zukhar et al. (1965) studierten die Aufnahme von Fremdwörtern im Schlaf bei Gruppen von 6–8 Vpn. Insgesamt wurden 57 Vpn (19–25 Jahre alt) beobachtet. Die Suggestionen wurden während des Schlafes (zuerst zwischen 23:30 und 00:30 Uhr und dann zwischen 06:00 und 06:45 Uhr) dargeboten. Der Schlaf wurde *verhaltensmäßig* und mit Hilfe von *Respirographie kontrolliert. Erkennung von und Erinnerung an Fremdwörter* (Englisch mit russischen Äquivalenten), die während des Schlafes dargeboten worden war, *waren signifikant besser als bei Kontrollwörtern.* Daraus wurde geschlossen, *daß größere Gruppen im Schlaf besser zu unterrichten sind als im Wachsein.*

Kil'chenko et al. (1965) untersuchten *die psychische Tätigkeit des Menschen während des Schlafes* (wiederholte Gabe des Materials während der ersten 45 Minuten des Schlafes in fünf Nächten pro Woche). Die Effektivität wurde im ersten Signal-System (Unterscheidung der *Formen* mit progressiver Geschwindigkeit) und im *zweiten Signal-System* (Unterscheidung von *Worten* mit progressiver Geschwindigkeit) bei 15 Vpn geprüft. Eine andere Gruppe von 15 Vpn wurde während des Wachseins untersucht. Innerhalb von zwei Monaten *zeigte sich eine Abnahme der psychischen Kapazität für das zweite Signal-System.* Ähnliche Änderungen wurden auch bei der Kontrollgruppe (Wachsein) gefunden. Nach einer ausreichenden Erholung ging die psychische Kapazität des Lernens auf das Normale zurück.

Balkhashov (1965), ein 27 Jahre alter Arzt, berichtete über einen *Selbstversuch*, bei dem *Italienisch im Schlaf vom Tonband* gelernt werden sollte, um die italienische medizinische Literatur verstehen zu können. Im Verlaufe von *sieben Monaten* wurden *60 Lernstunden* angesetzt (30 Lektionen). Zu Beginn des Lernens habe der Autor eine *Schwere im Kopf, intensive Kopfschmerzen, Appetitabnahme, Hyperästhesie in den Fingerspitzen sowie eine stärkere Ermüdung bei psychischer und körperlicher Arbeit* empfunden. Diese Beschwerden verschwanden später vollkommen. Manchmal wachte er beim Beginn einer Lektion plötzlich mit *Halluzinationen* und *Angstgefühlen* auf. *Alpträume* drückten den Probanden/Autor die ganze Zeit hindurch. Nach dem Ende des Kurses konnte er jedoch eine Serie von italienischen medizinischen Artikeln ins Russische übersetzen. Hoskovec (1966) – der die ganze russische Literatur referiert – folgerte aus diesen Befunden, *daß das Lernen im Schlaf möglich sei, wenn das suggerierte Material im Rahmen der psychischen Lernkapazität des Probanden liege und wenn die Vp dazu motiviert sei. Die Perfektion dieses Lernens werde durch hohe Hypnotisierbarkeit oder primäre Suggestibilität erhöht.* Selbstverständlich müsse eine Menge an Methodik verbessert werden, bevor man sich für das Lernen im Schlaf entscheide (Hoskovec, 1966).

Auch Rubin (1971) beschreibt Experimente mit *Sprachkursen* im Schlaf. Drei Gruppen von Studenten wurden Schallplatten vorgespielt; der ersten mit einem *chinesisch-englischen Text*, der zweiten der gleiche Text, jedoch *mit Fehlern*, und der dritten Gruppe nur *Musik*. Jeder, der nachts aufwachte, schied aus dem Experiment aus. Morgens wurde jede Gruppe geprüft. *Die erste Gruppe soll dabei am besten abgeschnitten haben.* Andere Autoren wiederum fanden keine Lernerfolge im Schlaf (siehe Rubin, 1971). Die älteren Experimente wurden ohne Rücksicht auf die *Schlaftiefe* vorgenommen. Später beschränkte man sich auf bestimmte Schlafstadien. Simon und Emmons (1955, 1956) führten in den Jahren 1954/55 ihr Experiment während des *Dösens*, im *leichtesten*, im *leichten* und im *Tiefschlaf* durch. Das Lernmaterial bestand aus 96 Fragen und Antworten allgemeinen Bildungscharakters. Es wurde die ganze Nacht je eine Minute lang in Intervallen von fünf Minuten abgespielt. Gleichzeitig wurde das EEG festgehalten sowie andere Maßnahmen zur exakten Schlafbestimmung getroffen. Eine Kontrollgruppe stand zur Verfügung. Die Autoren stellten dann fest, *daß die Fragen, die man beim Einschlafen suggerierte, besser behalten wurden als diejenigen, die im Tiefschlaf vorgespielt worden waren. Sie schlossen daraus, daß der Mensch beim Einschlafen am besten für Suggestionen empfänglich ist* (Bertini, 1973; Rubin, 1971).
Granda und Hammack (1961) berichteten über andere *Lernerfolge* während des Schlafes. Bei fünf Soldaten, die auf einem Feldbett lagen, wurden zwei *Schockelektroden* am rechten Bein befestigt, in der rechten Hand hatte jeder einen Schalthebel. Wenn nun über ihrem Bett zu gegebener Zeit ein Licht aufblitzte, wurden die Probanden angewiesen, mit der rechten Hand den Hebel niederzudrücken, um einen elektrischen Schlag am rechten Bein zu verhindern. Die Forscher stellten fest, *daß diese automatische Leistung auch im Tiefschlaf durchgeführt wurde.* Evans und Orchard (1969) ließen ihre Probanden zuerst sechs Stunden lang schlafen. Dann boten sie in verschiedenen Schlafstadien *Buchstaben* für bestimmte Begriffe, z.B. Buchstabe A für Apfel etc. Die Probanden wurden vor dem Schlafengehen angewiesen, aus diesen Buchstaben entsprechende Begriffe zu bilden. *Nach dem Wecken waren die Probanden in der Lage, die dargebotenen Buchstaben im Stadium B (Stage I) in 28 %, im Stadium C (Stage II) in 10 % und im Stadium E (Stage IV) in 0 % mit dem entsprechenden Begriff zu verbinden. Die Buchstaben selbst konnten auch in den tieferen Schlafstadien erkannt und nach dem Wecken rekapituliert werden.*
Koukkou und Lehmann (1968, 1970, 1973) griffen das Problem des *Lernens im Schlaf* erneut auf. Sie fragten sich, wie lange man dazwischen wach sein müsse um lernen zu können, wenn die Gedächtnisspeicherung im langsamen Schlaf (traumlosen Tiefschlaf) nicht möglich und im Wachsein möglich sei, wie Emmons und Simon (1956) über die Aktivierung im EEG berichteten? Sie präsentierten gesunden Probanden vor und während des *Slow-Wave-Sleep im EEG* drei bis fünf Sätze und registrierten die Zeit von der Darbietung der Sätze bis zum Erscheinen des Stadiums 1 (Stadium B) im EEG. Die Versuche zeigten, *daß die Qualität der Erinnerung an die Sätze von der Dauer der EEG-Aktivierung nach den dargebotenen Sätzen abhängig ist.* Wenn die EEG-Aktivierung (wie im Wachsein) mehr als 27 Sekunden betrug, so erinnerten sich die Testpersonen an die Aufgaben. War die Zeit kürzer als 12 Sekunden, so erfolgte lediglich ein Erkennen des Satzes, jedoch keine vollständige Erinnerung. *Unsere eigenen Versuche* in dieser Richtung waren unbefriedigend. Freiwilligen Testpersonen vorgespielte englische Texte konnten nach dem Aufwachen nur in Bruchteilen, einzelnen Silben oder Worten wiederholt werden. Wir deuteten dieses Resultat als Mangel an der notwendigen *assoziativen Verknüpfung* im Schlaf, die für das Lernen notwendig ist. Probanden klagten außerdem über Schlafstörungen, Kopfschmerzen, Nervosität und andere Beschwerden (Jovanović, 1988).
Zu diesem Problem sei auch ein *Selbstversuch* kurz erwähnt. Der Referent hat nämlich in den Jahren nach 1969 versucht, *Englisch* vom Tonband während des Schlafes zu lernen. 50 Lektionen aus dem Englischen wurden fehlerlos zwanzigmal nacheinander auf ein großes Tonbandgerät aufgenommen. Vor dem Schlafengehen wurde das Gerät (nahe dem Kopf des

Lernenden) leise eingeschaltet. Das Tonband lief jeweils 60 Minuten lang. Die Schlaftiefe wurde nicht gemessen. Im Verlaufe der *ersten drei Monate* stellten sich Spannungskopfschmerzen und alle anderen von Balkhashov (1965) beschriebenen subjektiven Beschwerden ein, ohne daß das Lernergebnis verbessert wurde. Inzwischen wurden auch im Wachsein in drei nacheinander laufenden Kursen Englisch-Lektionen anderen Inhalts gelernt. Diese Tatsachen führten dazu, *daß das Lernen im Schlaf nach insgesamt etwa sechs Monaten aufgegeben wurde.* Rund 18 Monate später und bis heute bemerkt der Autor, daß er über englische Wörter und Sätze verfügt, für die er keine Quellen finden kann. Die englische Sprache gerät beim Autor auch dann nicht in Vergessenheit, wenn er sich über längere Zeit in keiner Weise damit befaßt. Den Bekannten und Kollegen (Dr. Murphy, Dr. Renton, England; Dr. Karacan, USA) war beim Autor ebenfalls eine *rapide Zunahme der englischen Sprachkenntnisse aufgefallen.* Diese Erweiterung der Spachkenntnisse hat den Referenten bewogen, nach der Ursache zu suchen. *Eine Rekonstruktion des gesamten Lernens der englischen Sprache führte zu der Erkenntnis, daß englische Worte und Sätze, die im Wachsein nicht gelernt wurden, vom Tonbandgerät stammten. Und gerade dieses Material wurde im Laufe der Zeit kaum vergessen. Im Gegenteil – eine ständige Bereicherung der englischen Sprachkenntnisse war ohne weiteres Lernen zu verzeichnen.* Mit ziemlicher Wahrscheinlichkeit kann angenommen werden, daß der Autor unbewußt viele englische Sätze im Schlaf aufgenommen hat, *die sich später bis ins Bewußtsein vordrängten. Gerade dieser Befund mit einem viel späteren Erfolg führt zur Kritik der akuten Versuche, bei denen die Vpn nach einem oder mehreren Tagen, manchmal auch nach Wochen oder ein paar Monaten aus den Augen verloren werden.* Im *Selbstversuch* – obwohl er in sich die Gefahr der Subjektivität birgt – kann das Resultat auch nach einer Latenz von mehreren Jahren festgestellt werden (Inkubationszeit). Zum theoretischen Problem des Lernens im Schlaf nimmt unter anderem Rubin (1971) Stellung. Foulkes (1980, 1981), Kramer (1980, 1981) sowie Lehmann und Koukkou (1971, 1973, 1981) befaßten sich mit *Traum und Gedächtnis.*

2.4.5 Aufnahme von zufälligen Reizen während des Schlafes

In den Jahren 1963/66 registrierten wir in Göttingen den Schlaf Gesunder und Kranker polygraphisch während der ganzen Nacht (Jovanović, 1971). Unter anderem wurden die *K-Komplexe im EEG* (Loomis et al., 1935–38) analysiert (siehe oben). Insbesondere wurden K-Komplexe nach *akustischen Weckreizen* studiert. Bei diesen Untersuchungen konnten wir beobachten (Jovanović, 1971, 1974b), *daß es bei schlafenden Probanden oder Patienten zu einer Häufung von K-Komplexen gegen vier Uhr morgens kam.* Diese K-Komplexe wurden auf die Zunahme der Geräusche – im Sommer auch Vogelgezwitscher – von außen zurückgeführt. Bei einer späteren Analyse stellte sich jedoch heraus, *daß noch eine Zunahme der K-Komplexe im EEG nach fünf Uhr morgens konstant auftrat,* für die zunächst keine Deutung gefunden wurde. Nach über zwei Jahren fiel dem Autor, der neben einem Probanden wachte, auf, *daß sich die K-Komplexe häuften, ohne daß von außen Geräusche zu hören waren.* Eine detaillierte Überprüfung der Ereignisse in der Klinik ergab als Resultat, *daß das Pflegepersonal durch einen Keller-Tunnel in die Klinik ging.* Dieser Keller-Tunnel war in einem in H-Form angelegten Gebäude, rund 100 Meter von den Betten der Probanden/Patienten entfernt. Er befand sich auf der Rückseite des Gebäudes und konnte keine etwaigen Erschütterungen bei der Benutzung verursachen. Bei späteren Untersuchungen wurden *die Zeiten des Schichtwechsels des Personals mit den Zeiten des Auftretens der K-Komplexe verglichen und gefunden, daß sie übereinstimmten. Die Schlafenden nahmen demzufolge Reize auf, die vom wachenden Arzt (ganz in der Nähe des Probanden, im gleichen, großen Raum) nicht wahrgenommen werden konnten.*

2.4.6 Weitere eigene Beiträge zur Problematik

Für unsere eingehende Auswertung von K-Komplexen (siehe auch Jovanović und Völkl, 1988) benutzten wir eine tabellarische Aufstellung, die wir hier aus Platzmangel nicht bringen können. Zuerst wurden die K-Komplexe – in Schlafstadien eingeteilt – *alle zehn Minuten* zusammengefaßt. Daraufhin wurden die REM-Phasen auf K-Komplexe untersucht, wobei *jede Minute gesondert* berücksichtigt wurde. Dadurch wurde es möglich, *das Vorkommen der K-Komplexe 30 Minuten lang vor, im ganzen Verlauf der REM-Phase und 30 Minuten lang danach zu erfassen. Die Häufigkeit der K-Komplexe nimmt vom Abend zum Morgen hin zu.* Dabei konnten *periodische Schwankungen der Häufigkeit von K-Komplexen* nachgewiesen werden. Dies war besonders deutlich bei den Abschnitten 10–0 Minuten vor den REM-Phasen, während dieser selbst und in den Abschnitten nach den REM-Phasen. Doch zeigten auch die beiden übrigen Abschnitte diese Tendenz in der K-Komplex-Verteilung. Wir wollen auch hier anhand eines Falles *den Zugang zum Unbewußten, angezeigt durch K-Komplexe im EEG, demonstrieren.*

Fall 44: PR-I-149-HM-300742-300164

Es handelt sich um HM, der im Juni 1964 von der Psychiatrischen Klinik Göttingen mit der Diagnose akuter *Morbus Bleuler* zur Schlafuntersuchung mit Hilfe der Polygraphie eingewiesen wurde (zur Technik siehe Jovanović, 1971). Der 22 Jahre alte Patient hatte *visuelle (farbige) und akustische Halluzinationen und konnte zwischen 21.00 und 5.09 Uhr nicht einschlafen.* Der ursprünglich kontinuierliche Alpha-Rhythmus von 9 Hz und 50–70 µV nahm langsam bis zu dieser Zeit an Frequenz ab (bis zu 7,8–8,0 Hz) und an Amplitude bis zum Einschlafen zu (bis zu 150 µV). Über den temporo-basalen Hirnregionen waren nach 2 Uhr auch Theta-Wellen (6–7 Hz) zu beobachten. Der Patient «unterhielt» sich mit seinen Halluzinationen bis zum Zeitpunkt des Einschlafens laut. Offenbar «beschimpfen» sie ihn, so daß er aus Erregung/Angst nicht einschlafen konnte.

Von Bedeutung ist hier die Phänomenologie *des EEG während des darauffolgenden Schlafes.* Bei einer Schlafvertiefung *konnten nämlich K-Komplexe in einer regelmäßigen Folge mit einer Periodik von 7–8 Sekunden beobachtet werden.* Im Zusammenhang mit den K-Komplexen waren anschließend *Serien von Alpha* zu registrieren. Bei massiven K-Komplexen antwortete der Patient auf seine Halluzinationen im Schlaf *verbal* immer wieder. Insbesondere war die Vorstellung des Patienten zu hören: «Ich bin M-o-l-t-k-e...» (Name geändert). *Je tiefer der Schlaf, desto langsamer sprach der Patient seinen Namen aus* (der hier als Beispiel genommen wird). Im Stadium 2 (Stadium C) und im Stadium 3 (Stadium D) war der Name des Patienten von ihm ganz langsam ausgesprochen worden (Zeitlupe): «... M ... o ... l ... t ... k ... e ...». Jedesmal beim Anlaufen der Serien von K-Komplexen antwortete der Patient darauf, unter anderem durch die Nennung seines Namens. Sonst konnte man die Regelmäßigkeit der K-Komplexe beobachten. Die Pause und der K-Komplex selber nahmen auf der EEG-Kurve *zumindest eine durchschnittliche Zeit von 8–9 Sekunden ein,* d. h. alle 7–8 Sekunden wurden die K-Komplexe registriert. *Der Patient «hörte» demnach seine Halluzinationen im Schlaf und antwortete darauf.*

Im Tiefschlaf (nach 05.28 Uhr) kamen die K-Komplexe in Serien vor; der Patient antwortete verbal nicht mehr, sondern «benutzte» seine *Motorik* dazu. Bei jedem K-Komplex erfolgten Serien von *Muskelentladungen an der Kaumuskulatur und an den Unterarmen,* welche die ganze EEG-Kurve überlagerten. *Das EMG (Elektromyographie) war jetzt dominant.* Nach ein paar Minuten verringerte sich auch die Motorik. Anstelle von K-Komplexen *konnten bilateral temporo-occipital Serien von großen und amplitudenmäßig nicht schwankenden Alpha-Wellen beobachtet werden, deren Dauer in einer Serie 7–9 Sekunden betrug.* Die Pause zwischen diesen Alpha-Serien betrug 18–21 Sekunden. *Insgesamt gesehen konnte eine Periodik für die Dauer von 24–27 Sekunden beobachtet werden.* Der Patient muß also auch im Tiefschlaf von seinen akustischen und (vielleicht) visuellen Halluzinationen gequält worden sein. *Seine Antwort gestaltete sich zunächst verbal (Stadium C) – mit einer Periodik im Mittel von 9 Sekunden, dann verbal-motorisch (Stadium C und D), dann vorwiegend motorisch (tieferes Stadium D oder 3) und am Ende elektroencephalographisch (Alpha-Wellen, Stadium E oder 4).* Die Periodik der EEG-Antworten (occipitale Alpha) verlängerte sich im Tiefschlaf *auf das Dreifache* im Vergleich zu der im leichten Schlaf. Für uns erhebt sich hier die *Frage des Sitzes des Unbewußten* (siehe oben) *und dessen Verbindung mit K-Komplexen, die auch im Tiefschlaf auf das Vorhandensein von inneren Reizen und auf ihre Antworten hinweisen.*

2.5 Hypnose und Suggestionen bei verändertem Wachbewußtsein

2.5.1 Vorbemerkungen zur Problematik und Begriffsbildung

Unter dem Begriff des veränderten Wachbewußtseins verstehen wir unbewußte Situationen oder veränderte Bewußtseinzustände, wie dies in Hypnose, Schlaf, Narkose, Abnahme des Bewußtseins anderer Art (Coma, Vergiftung, Unfälle) der Fall ist. Insbesondere wird uns an dieser Stelle die *Reizaufnahme* während der (a) Hypnose, (b) verifizierten klinischen Bewußtlosigkeit, (c) Narkose, (d) bei insuffizienten Sinnesorganen, (e) bei Todesangst und (f) in der Agonie interessieren. Im *Wachsein* würden wir von einer *Wahrnehmung* sprechen. Bei einem eingeengten, unterwachen, gesenkten Wachbewußtsein oder verlorenen Bewußtsein wird die «Wahrnehmung» *nicht bewußt erlebt.* So spricht man z.B. von einer *Aufnahme der Reize während des Schlafes*, wenn im EEG plötzlich K-Komplexe zu erkennen sind (Loomis et al., 1935–38). *Der Reiz (Geräusch, Gespräch, Suggestionen) wird demnach vom Gehirn aufgenommen, vom Individuum selbst jedoch nicht bewußt wahrgenommen. Er muß erst später in Erinnerung gerufen werden.* In diesem Sinne wollen wir die *Reizaufnahme*, über die wir gleich sprechen werden, verstanden wissen.

2.5.2 Gefühlsübertragung während der Hypnose

Abgesehen von dem, was in Kapitel XXI zum *Rapport* gesagt wurde, erscheint uns noch eine Ergänzung als angebracht. *Es handelt sich um eine noch ungeklärte Art der außersinnlichen Kommunikation («extrasensory communication»*, Lorna D. Channon, 1984) *des Hypnotisanden mit dem Hypnotiseur (und umgekehrt).* Man dreht sich immer wieder um diese spekulative und ungelöste Frage («... uncomfortabel speculation», Channon, 1984), die wir nicht mit *außersinnlicher Wahrnehmung* (Rýzl, 1985) verwechseln wollen. Tart (1969) berichtet, wie er zwei Hypnotiseure beobachtete, die sich gegenseitig hypnotisierten und währenddessen die gleichen oder ähnlichen Halluzinationen und Gefühle erlebten. Tart (1969) sagte dazu: «*This feeling of the Ss does not constitute any sort of proof for genuine telepathic interaction, of course, for there were no independent records of the details of the Ss' experiences made before they had an opportunity to talk with each other, but the feeling of the Ss that there was a telepathic interaction and their reaction to it was one of the most impressive aspects of the experience.*» Channon (1984) war einmal verwundert, als sie beabsichtigte, einem Patienten die Imagination eines Bildes des Skifahrens einzusuggerieren, und selbst nicht darauf kommen konnte, wie diese Bild aussehen würde. Sie wollte dem Patienten diesbezüglich verbale Instruktionen erteilen, daß er Skifahrer gewesen sei, der Schnee jedoch *gelb* ausgesehen habe. Die gelbe Farbe und den gelben Schnee, gesehen durch die *gelbe Sonnen-*

brille, hatte sich die Hypnotistin beim Hypnotisieren vergeblich bildlich vorstellen wollen. *Der Patient habe die unausgesprochenen Gedanken der Hypnotiseurin «erraten»*. Bei einer späteren Gelegenheit habe die gleiche Autorin wieder erlebt, daß ein Patient imaginative Bilder gehabt habe, welche die Hypnotiseurin selbst miterlebt, jedoch nicht suggeriert hatte. Daraufhin untersuchte Channon (1984) den Vorgang systematisch. Sie stellte den Mitgliedern der *Australian Society of Hypnosis (ASH)* die Frage, ob sie irgendwann mit ihren Patienten eine Art *extrasensory communication* (außersinnliche Kommunikation) erlebt hätten. Von 201 der angeschriebenen Mitglieder wurde der Fragebogen zurückgesandt. Nur sechs waren unvollständig und einer hatte die Antwort abgelehnt. Von den vollständigen Antworten waren es 48 (24,4 %), die besagten, *eine Art der außersinnlichen Kommunikation mit ihren hypnotisierten Personen erlebt zu haben*. Insgesamt wurden 145 (73,6 %) negative Antworten erhalten und sieben (2,0 %) hatten keine klare Meinung darüber gehabt. Die meisten von den positiven Antworten berichteten darüber, *daß die Kommunikation zwischen den zwei Personen (Hypnotiseur und Hypnotisand) ohne eine verbale Vermittlung zustande gekommen sei*. Das Phänomen wurde unter anderem als Resultat *der Aktivität des Unbewußten gedeutet*. Dazu wurde die Theorie des *gespaltenen Bewußtseins (divided consciousness)* nach Hilgard (1977) diskutiert. Bei der Gesamtkonzeption über die *Theorie der Hypnose* (Kapitel XXVIII) muß auch dieser Punkt berücksichtigt werden. Wahrscheinlich werden wir bei der Deutung der Hypnose-Phänomene den *Instinkt* immatrikulieren müssen, über den wir bereits zum Teil gesprochen haben (Kapitel III und VII) und noch sprechen werden (siehe unten).

2.5.3 Suggestionen und Reizaufnahmen bei verifizierter Bewußtlosigkeit

Fall 45: PR-XXXII-376-DM-160559-011275

Die 16-jährige Patientin wurde *in bewußtlosem Zustand* auf die Intensivstation der Neurologischen Universitäts-Klinik eingeliefert. Gleich nach der Aufnahme wurde *eine kontinuierliche polygraphische Ableitung* (EEG von sechs Kopfpunkten, je drei links und rechts; EOG bitemporal und EKG) angesetzt. Inzwischen wurde eine *akute Meningoencephalitis* festgestellt. Die Patientin war während der Ableitung von *72 Stunden* nicht ansprechbar und verstarb daraufhin. Die polygraphische Ableitung ergab zuammenfassend folgendes:

(a) Während der meisten Zeit zeigte sich nur *eine Bewußtlosigkeit mit extrem verlangsamten Delta-Wellen im EEG*, die ganz wenig von Alpha überlagert waren. Die Patientin war verhaltensmäßig relativ ruhig.
(b) In *unregelmäßigen Abständen wurden Ausbrüche von temporal beiderseits betonten Serien von Spikes im EEG* beobachtet, die von Schmatzen, Lecken etc. begleitet waren.
(c) Zwischendurch wurden auch *generalisierte epileptische Anfälle* registriert, die 58–120 Sekunden in Anspruch nahmen und spezifische medikamentöse Maßnahmen erforderten.
(d) Der *normale Schlaf mit Schlafpotentialen und K-Komplexen im EEG* konnte nur in jeweiligen kurzen Abständen für die Dauer bis zu einer Stunde registriert werden. REMs erschienen nur gelegentlich.
(e) Außerdem wurden im EEG *Abflachungen der Delta-Wellen* für die Dauer von 20–30 Sekunden beobachtet, die nicht selten von *Einnässen* begleitet waren. Bei *akustischen Reizen* wurde eine Beschleunigung erfaßt.
(f) Auch Serien mit vielen Beta-Wellen (Medikamente) fehlten nicht.

Die Patientin ist hier *wegen der Reaktionen auf akustische Signale von Interesse.* Um die erwähnten generalisierten Anfälle zu bekämpfen, mußte nämlich die *intramuskuläre Verabreichung* von Valium 10 oft wiederholt werden. Bei regem Betrieb auf der Intensivstation rief der Arzt jeweils der Schwester zu, sie möge der Patientin DM gleich eine weitere i.m. Injektion geben. Die sonst bewußtlose Patientin schrie sofort auf und zeigte auch motorische Abwehrreaktionen. Wurde ihr jedoch ins Ohr gesagt, sie würde die Spritze nicht bekommen, das sei doch ein Mißverständnis, so beruhigte sie sich sofort. Der Widerstand gegen die i.m. Injektion kam deshalb zustande, weil die häufigen intramuskulären Verabreichungen von Injektionen ausgedehnte Blutergüsse ergeben hatten, welche die Patientin zu vermeiden suchte.

2.5.4 Aufnahme von Suggestionen und Reizen während der Narkose

Die Suggestionen während der Vollnarkose erbringen nicht nur eine gute *Genesung* (Bensen, 1971; Daniels, 1962; Ewin, 1984; Hutchings, 1961; Kolough, 1964) und eine *Kontrolle während der Operation* (Cheek, 1959, 1964; Clawson und Swade, 1975; Ewin, 1984), sondern manchmal auch *alarmierende Erfahrungen*, wenn seitens des Operationsteams einige negative Bemerkungen lanciert werden. *Die Patienten bleiben für Alarmsituationen in der Narkose während der Operation «wach» und reagieren psychovegetativ prompt, wenn die Situation für sie nicht eindeutig positiv ist* (Ewin, 1984).
Crile (1947) war einer der ersten, der über die *Aufnahme von Reizen während der Vollnakose* berichtete. Im Jahr 1907 war eine Frau anästhesiert worden. Bevor man zu operieren begann, referierte einer der anwesenden Ärzte die Vorgeschichte der Patientin. Einige Jahre später fragte Crile die Patientin, was sie über die Operation wisse. Zu seiner Überraschung berichtete sie über ihre Krankheitsgeschichte so genau, wie dies während ihrer Narkose der damalige Arzt getan hatte. Im Jahre 1947 wurde Elman gebeten, das *Erbrechen* bei einer Patientin zu kupieren. Das Erbrechen war gehäuft aufgetreten, nachdem die Operation eines Gallensteins durchgeführt worden war (Cheek, 1959, 1964; Cheek und LeCron, 1968). Unter der Hypnose erinnerte sich die Patientin an die Operation und auch an die Worte des Chirurgen: «*Sie wird nach der Operation nie wieder dieselbe sein.*» Nachdem sie angenommen hatte, es würde ihr nach der Operation schlechter gehen als davor, erbrach sie weiterhin. Als Elman ihr dann in der Hypnose suggerierte, es würde ihr danach besser gehen als vorher – so habe es der Chrirug auch gemeint – *hörte das Erbrechen auf*. Im Jahre 1953 äußerten Erickson und LeCron (Cheek und LeCron, 1968) die Überzeugung, *daß die narkotisierten Patienten die Umgebung durch das Hören wahrnhemen können*. Unter anderem sprach LeCron von einer Patientin, die vor der Operation gern zu ihrem Chirurgen ging, es aber nach einer geglückten Operation ablehnte, von ihm weiter behandelt zu werden. In der Hypnose berichtete sie, daß der Chirurg während der Operation abfällige Worte über sie gesagt habe. Im Jahre 1957 berichtete LeCron (Cheek und LeCron, 1968) über eine Technik der Entdeckung der *akustischen Wahrnehmung während der Hypnose*. Er nahm an, daß das Gehörte während der Narkose tief im Unbewußten sei und daß dies: (a) durch die *galvanischen Hautreflexe (GSR)*, (b) durch die *ideomotorischen Antworten* (unbewußtes Fingersignal) und (c) durch die *verbale Äußerung* zu erfassen sei. LeCron empfiehlt den Wissenschaftlern, zunächst durch physiologische und ideomotorische Zeichen und erst später durch verbale Antworten zu versuchen, das Gehörte während der Narkose zu erfahren. LeCron demonstrierte dies mit Hilfe von Altersregression an einer Vp, die sich früher einer Appendectomie unterzogen hatte. Die freiwillige Vp antwortete auf das Gehörte durch physiologische und ideomotorische Signale. Erst nach einer dreizehnmaligen Wiederholung der Hypnose kam auch verbal der Inhalt des während der Operation Gesagten zutage. Cheek (1959) faßte die Daten von 37 Patienten, die zweiundfünfzigmal unter Vollnakose operiert worden waren, zusammen. Die Interviews beinhalteten die LeCron'sche Technik der ideomotorischen Signalisierung. Cheek (1959) folgerte aus dieser Untersuchung, *daß Patienten unter Vollnarkose zahlreiche Geräusche und Worte hören können. Er konstatierte auch, daß später nur das Wichtigste daraus in Erinnerung gerufen werden konnte;* triviales Material, wie z. B. Unterhaltung der Operationsteams über Fußballspiele und ihre Ergebnisse

wurden nicht erinnert. Die Narkotisierten reagieren nach LeCron *hypersensitiv auf pessimistische Äußerungen des Chirurgen und seiner Assistenten* (Ayre, 1969; Hewer, 1970). Wilson und Turner (1969) berichteten über Frauenoperationen (Gynäkologie), die unter leichter Narkose vorgenommen worden waren. Nach der jeweiligen *Sectio caesarea* wurden die Patientinnen interviewt. Das gewonnene Material wurde mit dem während der Operation Gesagten verglichen. Von 150 Patientinnen haben sich *drei genau an den Vorgang* im Operationssaal erinnert. Weitere 46 berichteten vage über traumähnliche Erlebnisse. Eine Patientin wiederholte die Angaben des Chef-Chirurgen, der seinem Assistenten Anweisungen gegeben habe, *wie* er die Operation durchführen sollte. Faithfull (1969) sammelte Berichte über 1328 Patienten. Nur fünf konnten Angaben über das während der Operation Gesprochene machen. Einer konnte sogar das Gespräch während des letzten Teils der Operation *wortwörtlich* wiedergeben.
Neben diesen Berichten über Patienten sind inzwischen auch experimentelle Untersuchungen durchgeführt worden. Wolfe und Millett (1960) haben *therapeutische Suggestionen* bei einer heterogenen Gruppe von 1500 Patienten während der Vollnarkose verabreicht. Die Suggestionen wurden bis zum Ende des chirurgischen Eingriffes appliziert. Dabei wurden verbal vorteilhafte Angaben für den Ausgang der Operation dargeboten. Die meisten Suggestionen bezogen sich auf die postoperative Ruhe, Schmerzfreiheit, Ausbleiben von Unannehmlichkeiten. Einige Suggestionen bezogen sich direkt auf den Verlauf des Aufwachens aus der Narkose. Es wurde suggeriert, daß Bronchospasmus, abnorme bronchiale und tracheale Sekretion, Apnoe und Fluktuation des Blutdruckes nicht auftreten werden. *Die Suggestionen waren hilfreich.* Hutchings (1961) suggerierte einen guten postoperativen Verlauf bei 200 Patienten, ganz gleich welche Operationen vorgenommen worden waren. Dabei wurde eine Besserung des postoperativen Verlaufes, mit Verringerung des Brechreizes, des Erbrechens und Verbrauch von Medikamenten errreicht. Pearson (1961) führte einen Doppel-Blind-Versuch mit Placebo-Kontroll-Gruppen durch. Akustische Suggestionen wurden per Audio-Band den 43 Patienten während der Vollnarkose und Operation angeboten. Bei den Hauptsuggestionen wurde gesagt, daß sich der Patient nach der Operation wohl fühlen und gut auskommen werde, wenn es ihm gelinge, sich zu entspannen. Die Placebo-Gruppe bekam *Musik* oder *indifferente Geräusche* (38 Patienten). Nur der Untersucher wußte, was welchem Patienten vorgespielt worden war. Er hatte jedoch mit den Patienten und der Kontrollgruppe keinen Kontakt. Drei postoperative Variablen wurden studiert: (a) die *Dosis der Narkotika* in den ersten fünf postoperativen Tagen; (b) *eine Skala zur Bewertung* der Ausprägung von Symptomen des postoperativen Verlaufes; (c) *Anzahl der Tage* bis zur Entlassung aus der Klinik.
Bei den ersten zwei Punkten konnten keine signifikanten Resultate gewonnen werden. *Die Patienten wurden jedoch 2,42 Tage eher ($p < 0{,}05$) als die der Placebo-Gruppe entlassen.*
Levinson (1967) versuchte, *die Vollnarkose durch das gleichzeitig laufende EEG zu dokumentieren.* Während der Narkose von 10 Patienten wurde dem Chirurgen absichtlich laut gesagt, *er möge die Operation kurz unterbrechen, da der Patient blau geworden sei und mehr Sauerstoff brauche.* Nachdem die Krise simuliert worden war, wobei die Maske kurzfristig vom Gesicht des Patienten abgenommen wurde, konnte diese dem Patienten wieder auf das Gesicht angelegt werden und es wurde laut signalisiert, daß die Operation weiterlaufen könne, der Patient sei jetzt in Ordnung. Drei Wochen nach der Operation wurde der Patient hypnotisiert, und man versuchte, die «Krise» während der Operation zu rekonstruieren. Nach der LeCron'schen ideomotorischen Signal-Technik konnten *vier von 10 Patienten verbatim Angaben über die «Krise» machen, weitere vier wurden agitiert und wachten aus der Hypnose auf und nur zwei machten keine Angaben.* Weil es sich um eine *Pseudokrise* gehandelt hatte, sollte dieser Versuch *aus ethischen Gründen* nicht wiederholt werden (Trustman et al., 1977). Abramson et al. (1966) haben ebenfalls mit Placebo-Gruppen in einem Doppel-Blind-Versuch gearbeitet. Bei 45 Patienten wurden abdominale oder orthopä-

dische Operationen unter Vollnarkose vorgenommen. Die Narkose wurde durch das EEG verifiziert. Die Reize wurden mit Hilfe von drei Magnetbändern verabreicht. Ein Band präsentierte Suggestionen für einen guten *postoperativen Verlauf;* das zweite beinhaltete nur *Musik;* das dritte war *leer.* Keines der Bänder ergab signifikante Resultate. Das EEG änderte sich während der Verabreichung von Stimuli kaum. Aus diesem Grunde wurde angenommen, daß die Reize vielleicht nicht «gehört» wurden. Lewis et al. (1973) präsentierten Befunde mit Laboruntersuchungen unter Vollnarkose bei 10 gesunden jungen Vpn ohne Operationen. Die Aufgabe war zu prüfen, *ob irgendwelche Assoziationen mit der Angst vor der Operation das Hören in der Narkose beeinflussen würde.* Es wurde wieder eine Vollnarkose unter EEG-Kontrolle appliziert. Als das EEG die Narkose anzeigte, wurden per Tonband Gedichte, Feuerwehrsirenen und 15 ungewöhnliche Worte verabreicht. Nachdem die Reize verabreicht worden waren, wurde die Narkose beendet und der Experimentator versuchte, durch Wecken per Namen (oder Gesichtsreize), durch Schütteln etc., die Antworten zu bekommen. Sobald die Vp antworten konnte, wurde sie nach dem Inhalt des Suggerierten gefragt. Zwei Gedichte und 27 Worte (einschließlich denen auf dem Band) wurden vorgelesen. Die Vpn hatten zu den Gedichten und den Worten zu assoziieren. Nach zwei weiteren Stunden wurde die Prozedur wiederholt. Signifikante Befunde bezüglich der Assoziation des vorgespielten Materials wurden nicht erhoben.

Dubrovsky und Trustman (1976) haben einen Doppel-Blind-Versuch mit 36 Patienten vorgenommen. Die meisten von ihnen wurden kleineren gynäkologischen oder geburtshilflichen Operationen unter einer Kurznarkose unterzogen. Drei Bedingungen waren zu erfüllen (je 12 Patienten pro Bedingung). Experimentell verabreichte Reize waren ähnlich denen von Evans (1972) bezüglich des *Lernens im Schlaf.* Nachdem die Vollnarkose stabil war, wurden Kassetten mit Aufgaben vorgespielt. Auch diese Resultate ergaben keine signifikanten Nachweise über das Hören in der Narkose.

Herzstillstand ist eine der häufigsten Komplikationen auf irgendwelche Bemerkungen im Operationssaal während der Operation. Wolfe und Millet (1960) haben berichtet, daß in einem Falle der Verlauf der Operation unter Narkose gut war, bis der Chirurg sagte: «*... dieser Patient ist ein unheimliches Risiko ...*». Ewin (1984) berichtete über einen anderen Fall, wo er bei der Operation einer Frau assistierte. Es wurde unter tiefer Narkose eine hoch abdominale Inzision vorgenommen, um in das Pericardium zu gelangen. Der Chirurg sagte spontan: «Schauen Sie wie ihr Herz flimmert ...». Der Blutdruck der Patientin fiel kritisch auf 70 mm Hg (systolisch) und der Puls wurde besorgniserregend langsam. Zwei verabreichte *Vasopressoren* halfen nicht, bis Ewin (1984) den Chirurgen bat, suggestiv vorzugehen. Der Chirurg sagte dann zu der tief narkotisierten Frau: «*Mrs. E. hier ist Dr. J., alles in Ordnung, lassen Sie Ihren Blutdruck hochkommen ...*». Der Blutdruck der Patientin stieg auf 120 mm Hg (systolisch) in weniger als einer Minute, und die Operation konnte ohne weitere Komplikationen fortgesetzt werden. Wolfe und Millet (1960) berichteten über einen Patienten, der wegen eines *Carcinoms* operiert wurde und dessen Blutdruck 220 mm Hg und Puls 120 pro Minute betrug. Als man bei der Operation fand, daß der Tumor gutartig war, sagte der Anästhesist zum Chirurgen ... «Dr. D., ist das nicht wunderbar, daß dieser Mann keinen Krebs hat ...». *Der Blutdruck des narkotisierten Patienten fiel sofort auf 120 mm Hg und der Puls auf 70/Min.*

Ewin (1984) führt eine andere Statistik an, die sich auf akustische Begebenheiten im Operationssaal bezieht. Vor dem II. Weltkrieg sei es in den chirurgischen Sälen gewöhnlich ruhig gewesen, da die *Old-Time-Chiefs* in der Regel *nur mit einem kleinen chirurgischen Team operierten und keine Studenten als Zuschauer hatten.* Die Übersichten der Weltliteratur über die Komplikationen in den Operationssälen fanden für die Zeit zwischen 1924 und 1945 (in 21 Jahren) nur 143 mal einen *Herzstillstand* (Barber und Madden, 1945). Zwei weitere Literaturübersichten (Beecher, 1959; Stephenson, 1969) fanden jedoch *in den Operationssälen der Universitätskliniken (Lehrkrankenhäuser)* nach dem II. Weltkrieg den *Herzstill-*

stand 500mal pro Jahr. Der Zuwachs verhält sich 1:1560 und 1:1669 der Vollnarkosen (Ewin, 1984). *Dies wurde auf das laute Kommentieren des Operationsverlaufes für die anwesenden Studenten zurückgeführt, wobei die Patienten Negatives über sich gehört haben müßten.*

Levinson (1967) untersuchte eine Patientin, die nach der Operation lange Zeit *depressiv* aussah, obwohl der operierte Tumor gutartig war. Unter Hypnose berichtete sie, sie habe während der Operation unter Narkose gehört, wie der Chirurg sagte, es könnte ein Carcinom sein. Bevivino (1981) berichtet über eine andere Frau, die vorübergehend *eine Lähmung des linken Armes wegen eines cerebralen Aneurysma hatte.* Als die Lähmung zurückging, wurde das Aneurysma ohne Komplikationen unterbunden. Die Patientin bekam aber nach der Operation wieder eine Lähmung des linken Armes, jetzt ohne eine erklärbare Ursache. *Nach weiteren 19 Jahren wurde eine hypnotische Prozedur vorgenommen, wobei sich die Patientin beklagte, der Chirurg habe sich während der Narkose/Operation negativ über ihre Kontraktur geäußert.* Nach einer Behandlung durch Hypnose für die Dauer von drei Monaten konnte sich die Patientin mit dem linken Arm wieder kämmen und die Hausarbeit verrichten. Klaus A. Lehmann (1985) und seine Forschergruppe suggerierten einigen narkotisierten Personen, sie mögen sich nach der Operation ans Ohr fassen. Die Vpn führten diesen Befehl aus, ohne zu wissen, warum sie dies taten.

Zu dem Problem sind viele Deutungen gegeben worden. Thornton und Levi (1974) stellten fest, *daß das Gehör das letzte sei, das in seiner Funktion in der Narkose wegfalle, und das erste, das aus der Narkose zurückkomme.* Rosner und Clark (1973) berichteten, daß einige Narkotika (Anästhetika) nur eine geringe oder keine Dämpfung der *akustisch evozierten Antworten im akustischen Cortex* verursachen. Generell wurde andererseits angenommen, daß Narkotika eine *Amnesie* für Reize verursachen, vielleicht durch die Interferenz der Konsolidation vom Kurz- zum Langzeitgedächtnis (Grossman, 1967). Diese Annahme hat jedoch keine hinreichende Bestätigung durch Studien an Mensch und Tier bezüglich des Lernens gefunden (Bahlman et al., 1972; Grossman, 1967). *Da akustische Aufgaben durch das Unbewußte der Vp im Zustand des natürlichen Schlafes* (Evans, 1972) (siehe oben) *erhalten und gelernt werden können, ist der Grad des Unterschiedes zwischen Schlaf und Narkose nicht ganz klar* (Brazier, 1972). Alles in allem kann physiologisch nicht widerlegt werden, daß eine gewisse Empfänglichkeit für akustische Reize während der Narkose nicht existiert. Diese Möglichkeit sorgt für verschiedene Anregungen. *Pessimistische Ausgänge* der Operationen werden oft auf psychologisch und physiologisch negative Reaktionen des Patienten während der Narkose zurückgeführt. *Optimistische Ausgänge* beziehen sich mehr auf die gute operative und postoperative Behandlung (Kornfeld, 1972). Das mögliche Hören während der Narkose kann auch gewisse *theoretische* Konsequenzen für die Beurteilung der veränderten Bewußtseinszustände haben. Trustman et al. (1977) haben sich vorgenommen, dieses Problem theoretisch zu diskutieren und mit einigen Beiträgen zu ergänzen. Bei ihnen findet man auch die Literatur bis zum Erscheinungszeitpunkt des Artikels. Spätere diesbezügliche Berichte erfaßt Ewin (1984).

2.5.5 Aufnahme von Reizen und Suggestionen bei Insuffizienz von Sinnesorganen

Bei Patienten mit *kortikaler Blindheit* stellte sich heraus, daß sie trotzdem zielstrebig nach Gegenständen greifen, die in ihrem Blickfeld liegen (Werth, 1985). Die «Schein-Blinden» unterscheiden im betreffenden Blickfeld eine vertikale von einer horizontalen Linie (sowie ein X von einem O), beharren aber darauf, nichts zu sehen (s. Jovanović, 1989).

Fall 46: KG-334-CM-280234-010162

Im Jahre 1962 hatten wir Schwierigkeiten mit einer stationären totalblinden Patientin (28 Jahre alt), *die in der Nacht ohne Licht nicht schlafen konnte*. Sie war zunächst in einem Wachsaal mit 20 anderen psychiatrischen Patienten untergebracht, die sehen konnten und wegen des Lichts in der Nacht über *Schlafstörungen* klagten. Um das Licht zu löschen, wurden allerlei Versuche unternommen. Man löschte das Licht, als die Patientin den Saal verlassen hatte; als sie zurückkam, sagte sie ... «*das Licht ist wieder aus ...*». Als sie einschlief, löschte man erneut unauffällig das Licht. *Sie wachte kurz darauf auf und beklagte sich, daß jemand immer wieder das Licht ausmache.* Es ging so weit, daß die Patientin in ein Einzelzimmer verlegt werden mußte, wo die ganze Nacht hindurch das Licht brennen konnte.

Die tägliche Erfahrung lehrt, daß die Geräusche immer stärker werden, je tiefer man einschläft. Am Abend vor dem Fernseher einschlafend, hört man den Ton immer lauter und lauter, obwohl niemand das Gerät lauter gestellt hat (siehe dazu «Reizaufnahme während des Schlafes»). Werth (1985) deutet diese Erscheinung so, daß hier eine *unbewußte Datenanalyse im primitiven, unverletzten Mittelhirn stattfindet, das seinen Status als Reizempfänger im Verlauf der Evolution (fast) völlig an das Großhirn abgegeben hat.* Es wird angenommen, daß das Mittelhirn gerade noch durch die erhaltenen Sinnesorgane so schwach angeregt wird, daß es *mühsam unbewußt analysieren kann* (Werth, 1985). Daß es zur Erzeugung von Bewußtsein schon kräftigerer Anstöße bedarf, geht schließlich auch aus den Experimenten hervor, die zeigten, daß eine bestimmte Bewegungsabsicht, z. B. die, einen Finger zu krümmen, *sich im Hirnstrombild bereits Sekundenbruchteile früher abzeichnet, als sie der Vp bewußt wird* (Degen, 1985).

Fall 47: PR-XXXII-403-BC-3112(18)78-010176

Ein weiteres interessantes, noch nicht publiziertes Ergebnis wäre hier noch zu erwähnen. Im Jahre 1964 begannen wir, den gesunden Probanden BC in seinem 86. Lebensjahr polygraphisch zu beobachten. Bei der ersten Untersuchungsserie wurde der Proband in Göttingen im Klinikgebäude in *drei aufeinanderfolgenden Nächten* die ganze Nacht hindurch polygraphisch untersucht. Dabei wurde nur der Schlaf als solcher registriert. Später wurde dieser Proband periodisch in unregelmäßiger Folge polygraphisch beobachtet (Jovanović, 1988). Die periodische Untersuchung wurde im Verlaufe von 15 Jahren wiederholt, weil der Proband beinahe 100 Jahre alt wurde (er starb rund vier Monate vor seinem 100. Geburtstag). Die Registrierungen wurden insgesamt in mehr als 50 Nächten vorgenommen. Alle Schlafregistrierungen, außer der ersten, wurden in seiner Wohnung, rund 60 km von Göttingen entfernt, vorgenommen. Der Proband schlief in seinem Zimmer, das sich im Erdgeschoß mit dem Fenster zum Garten befand; der Untersucher saß während der Nacht in einem Raum vor der Türe des Probanden, wo auch der Polygraph lief. *Mit zunehmendem Alter hörte der Proband immer weniger und weniger, bis er am Ende das Gehör praktisch verlor.* Auch die Orientierung nahm im Laufe der Zeit ab. Da er sehr fromm war und regelmäßig Radio Vatikan hören wollte, wurden ihm Kopfhörer mit Verstärker geschenkt. Auch damit konnte er am Ende nicht mehr oder kaum hören. *Interessant war aber, und das ist an dieser Stelle hervorzuheben, daß der Proband im Schlaf jedes Geräusch um sich aufnehmen konnte.* Das Rascheln des Registrierpapiers und der Wechsel der Papierrollen in der Nacht *verursachten K-Komplexe im EEG und/oder Beschleunigung im EKG. Beim Schlagen der Kirchturmuhr traten regelmäßig K-Komplexe im EEG des Probanden auf und die Herzfrequenz beschleunigte sich.* Wir haben lange Stücke des registrierten EEGs mit K-Komplexen ausgeschnitten, die wir gelegentlich auch publizieren werden. Das EEG (mit EKG), das im Wachsein registriert wurde, ergab keine Reaktionen bei gleichen Reizen (die gleiche Kirchturmuhr). *Der Proband «hörte» also in allen Stadien des Schlafes; im Wachsein jedoch kaum oder nicht.*

Fall 48: PR-XXXIII-075-TM-0801(18)76-030276

Franke (1970, 1974) erklärte, *hochbetagte Menschen könnten in den Seniorenheimen mitten in der Stadt untergebracht werden, da sie die Geräusche im Schlaf nicht hören könnten und deshalb nicht – wie jüngere Personen – gestört würden.* Wir versuchten, dies nachzuprüfen. Von den Probanden der älteren Generationen wurde u.a. TM in seinem 101. Lebensjahr *in vier aufeinanderfolgenden Nächten* (Dauer 8 Stunden pro Nacht) zwischen 22 Uhr und 6 Uhr polygraphisch untersucht. Er wurde jeden Abend ins Schlaflabor geholt und morgens wieder nach Hause (10 km von Würzburg entfernt) gefahren. Auch dieser Mann beklagte sich, *nicht gut zu hören.* Die Kirchturmuhr höre er kaum. *In den Registriernächten konnten wir in jedem Schlafstadium K-Komplexe im EEG in einer regelmäßigen Folge registrieren, und zwar synchron mit dem Schlagen der Kirchturmuhr.* Dort, wo zufällig ein anderes Geräusch auftrat und somit das Gehirn für den K-Komplex als Folge des darauffolgenden Glockenschlages der Kirchturmuhr refraktär machte, *konnten wir eine Beschleunigung im EKG und eine leichte Beschleunigung im EEG finden; keines der Geräusche (30–35 dBA) blieb durch den Probanden unregistriert.* Am nächsten Tage wurde eine Amnesie für die Kirchturmuhren notiert. Jüngere Vpn nahmen regelmäßig die Schläge der Turmuhr auf (K-Komplexe), ohne dabei aufzuwachen.

Fall 49: PR-VIII-259-FJ-0601(18)76-160482

Im Jahre 1982 wurde in der Nähe von Würzburg in einem Seniorenheim der 106 Jahre alte Proband FJ *in drei Nächten polygraphisch* untersucht. Die Polygraphie wurde im Flur vor dem Schlafzimmer des Probanden *telemetrisch* vorgenommen. Das Schlafzimmer war akustisch von der Kirchturmuhr gegenüber dem Seniorenheim durch drei Wände abgeschirmt (25–30 dBA im Schlafzimmer). Der VL saß im Flur und war nur durch zwei Wände nach außen abgeschirmt (30–35 dBA). *Während des Schlafes des Probanden kamen lange Serien von hohen Potentialen im EEG bei jedem Schlag der Kirchturmuhr vor, die in der Frequenz rund 4–7 pro Sekunde und über 300 Mikrovolt Amplitude betrugen.*

Jeweils vier oder fünf Stunden nach dem Beginn der Registrierung mußte diese Ableitung unterbrochen werden, da der Proband die Elektroden vom Kopf und der Brust abmontierte. Der Proband war im übrigen verwirrt, generell arteriosklerotisch und bis zur *Taubheit* schwerhörig. Die Antworten im EEG waren in jedem Schlafstadium zu beobachten, jedoch unterschieden sich die Wellenarten je nach Schlaftiefe (Jovanović, 1988).

Die Annahme, der 106 Jahre alte Proband würde im Schlaf «hören» können, wozu er im Wachsein nicht fähig war, wurde durch das folgende Resultat bestätigt. Der Proband war nämlich nicht bereit, den (im Taschenformat angefertigten) *Sender* (für die telemetrische Polygraphie des Schlafes) anzunehmen und ihn neben seinem Körper oder in der Nachthemdtasche anzubringen. Am Vortage wurde ihm deshalb beim Schlummern dicht an seinem Ohr extra folgendes suggeriert. «... *Sie werden heute abend im Schlaf untersucht. Dazu ist es notwendig, daß Sie die Brieftasche sorgfältig aufbewahren ... Es werden fremde Leute im Flur sein* ...». Nach dieser kurzen Suggestion nahm der Proband ab Abend die «Brieftasche» (den Sender) an sich. Nach der jeweiligen Untersuchung am nächsten Morgen hatten wir erhebliche Schwierigkeiten, dem Probanden den Sender («Brieftasche») zu entlocken.

2.5.6 Suggestive Wirkung der Reize bei Todesangst

Bei der primitiven Bevölkerung ist das Phänomen «zu Tode erschrocken zu sein» wohl bekannt (Cannon, 1957). Bei Versuchstieren und auch in der Nacht kennt man diese Phänomene ebenfalls (Richter, 1957). In den zivilisierten Gemeinschaften konnte man *tote Menschen nach einem Erdbeben finden, obwohl bei ihnen keine Zeichen einer organischen Verletzung vorlagen* (Haggard, 1929). Im II. Weltkrieg wurden nach einer Bombadierung in London 200 von 600 Personen tot aufgefunden, bei denen bei der Autopsie keine körperlichen Ursachen für den Tod verantwortlich gemacht werden konnten. Überlebende berichteten, daß eine stille Panik ausbrach, als eine Bombe in der Nähe explodierte (Meerloo, 1950). Wilde Ratten starben, als die eine Situation erlebten, *die sie als aussichtslos betrachteten* (Richter, 1957). Bei Menschen wurde ein *Herzstillstand in der Heterohypnose* (Raginsky, 1959) *und bei einer Selbstsuggestion ausgelöst* (Ewin, 1984; McClure, 1959).

2.5.7 Reizaufnahme und Suggestionen in der Agonie

Die Literatur hat bereits die populäre Meinung *über die verstärkte Wahrnehmungsfähigkeit der Sterbenden* bestätigt. Es sind Fälle beschrieben worden, bei denen eine zufällige und unabsichtliche Suggestion *den Vorgang des Sterbens* abgebrochen und den Sterbenden zum raschen «Wiederaufleben» veranlaßt hat. Dieses Problem wird später im Zusammenhang mit der *Thanatologie* (Jovanović, 1989) näher diskutiert. In diesem Abschnitt wollen wir eine eigene private und vorwissenschaftliche Erfahrung vortragen, die uns sehr interessant erscheint. Aus Gründen *der Systematik und Didaktik* wollen wir dies als *Casuistik* darstellen.

Fall 50: PR-XXXI-022-VR-071127-120933

Der 6 Jahre alte VR erkrankte eines Tages im Jahre 1933 an *Dysentrie* (wahrscheinlich) und mußte nach wenigen Tagen (nach einer enormen Anzahl von Durchfällen pro Tag) das Bett hüten. In den Jahren zwischen den zwei Weltkriegen gab es auf dem Lande keine allzu große Möglichkeit, einen Arzt zu konsultieren. Der Patient trocknete körperlich immer mehr aus. Innerhalb von weiteren anderthalb Monaten wurde er mehr und mehr ausgehungert und abgemagert, weil er nach einem anfänglich gesteigerten Appetit später nicht mehr essen konnte. Insgesamt zwei Monate nach dem Erkrankungsbeginn war er auch nicht mehr imstande, sich im Bett zu bewegen; die Kräfte ließen gänzlich nach. Am Ende atmete er ganz langsam und flach. Das Herz schlug unregelmäßig. Der Puls war kaum fühlbar. Den Blutdruck hat niemand gemessen.

In diesem «finalen» Stadium war er bei einem kreidebleichen und gelblich-grünen Gesicht (wegen der Anämie) und dann ganz flacher Atmung so abgeschwächt, daß man den Tod von Stunde zu Stunde erwartete. Eines Abends kam die Tante M. zu Besuch, sah sich das Kind an und riet der Mutter, neben dem Bett des Patienten für die kommende Nacht den Tod zu erwarten und sich darauf einzustellen. Die Nachbarinnen kamen hinzu. Sie brachten Blumen, Kuchen, verschiedene Obstsorten. Alles wurde neben den Kopf des «Sterbenden» gelegt. Kerzen wurden angezündet und neben dem Kopf aufgestellt. *Die ankommenden Frauen bekreuzigten sich in Ehrfurcht vor dem Patienten und erwiesen ihm dadurch ihre Referenz.* Im unbeleuchteten Zimmer am Abend sah diese Situation für die anwesenden Kinder gespenstisch aus. Der Tod wurde jetzt von Minute zu Minute erwartet; der «Sterbende» bewegte sich nicht mehr; die Atmung war kaum wahrzunehmen. Das Geflüster über das Sterben des Kindes verdichtete sich neben dem Krankenlager. Da die anwesenden Frauen inzwischen ungeduldig wurden, gingen sie in die Küche nebenan, um sich dort zu unterhalten «bis es soweit ist».

Der scheinbar teilnahmslose Kranke muß die ganze Situation (nach seinem späteren Bericht) wahrgenommen haben. Obst, Blumen und insbesondere die *brennenden Kerzen* neben seinem Kopf waren für ihn *eine Frage des Todes und des Lebens*. Der Tod nahte, die Eltern, die Verwandten, die Nachbarn wußten es; es wurde mit äußerster Spannung darauf gewartet, daß er auch eintreten würde! *Das Warten auf den Tod und die Vorbereitung zu seinem Sterben löste aber im Patienten/Sterbenden andere Effekte aus; in einem Moment, als im Zimmer niemand mehr da war, spürte er plötzlich und unerwartet wieder die Kraft im Körper und in den Beinen*. Er hob den Kopf an, setzte sich im Bett auf, ließ das linke Bein neben das Bett hängen und merkte, daß dies möglich war. Danach zog er auch das rechte Bein nach, ließ beide Beine für einen Augenblick aus dem Bett hängen. Und dann sprang er aus dem Bett, ging zur Tür, die zur Küche führte, versuchte dort, sich zu entleeren (obwohl im Bauch nichts darin war), kam zurück, nahm sich eines von den Kuchenstücken, aß etwas und lief aus dem Haus ins Dunkle hinaus. In seiner Wut vergaß er, daß eine Fortbewegung bis nach draußen ohne eine Lichtquelle behindert sein könnte.
Die Anwesenden suchten den Sterbenden kurz danach (nachdem sie angenommen hatten, er sei *auferstanden*, noch bevor er gestorben war) und fanden ihn. Es gab auch Enttäuschungen unter denen, die den Tod erwartet und/oder gewünscht hatten.

2.6 (Un)bewußte psychische Aktivität und Transbewußtsein

2.6.1 Beispiel eines transbewußten psychomotorischen Zustandes

Was ein Transbewußtsein ist, läßt sich an einem Beispiel demonstrieren. Es kommt nämlich ein und dieselbe psychomotorische Manifestation durch alle Schlafstadien hindurch vor.

Fall 51: PR-XXVV-271-UJ-241249-140375

Es handelt sich um den Studenten UJ, einen 26 Jahre alten Mann aus Indien, der sich gegen Honorar zu einem anderen Zwecke zur *Untersuchung im Schlaf für die Dauer von 12 Tagen* zur Verfügung stellte und wegen seines *Sprechens und Schreiens aus dem Schlaf heraus* nicht zweckmäßig ausgewertet werden konnte. In den 12 Nächten wurden 249 *Sprechepisoden* erfaßt. Insgesamt 127 davon (51,0 %) begannen im *Tiefschlaf* (Stadium 4), 82 (32,9 %) *im leichten Schlaf* (Stadium 2) mindestens 10 Minuten vor dem jeweiligen Beginn der REM-Phase, acht (3,2 %) wurden gleich *am Beginn der REM-Phase* beobachtet und die restlichen 32 Sprechepisoden (12,9 %) *in den übrigen Schlafstadien. Keine Sprechepisode begann in den REM-Phasen*. Die Dauer der Attacken mit Sprechepisoden betrug bis zu 120 Minuten mit jeweiligen Aufschreien in einem *Hindu-Dialekt*, mit Abständen zwischen einer und 20 Minuten, *durch alle Schlafstadien hindurch*. Dort wo die Sprechepisoden in der Nähe des Beginns der REM-Phase zum erstenmal auftraten, *dauerten sie fort über die Dauer der REM-Phase hinaus und endeten im darauffolgenden Wachsein oder in einer Schlafvertiefung* (Abb. 22). Im ganzen sind diese Sprechepisoden woanders darzustellen. An dieser Stelle interessiert uns *das Phänomen bezüglich der Suche nach dem Sitz des Unbewußten*. Zu diesem Zweck zeigen wir die Abb. 22, die aus der *achten Untersuchungsnacht* des eben dargestellten Probanden stammt.
In der obersten Kurvenfolge der Abb. 22 beginnt die Kurvenserie kurz vor 03.53 Uhr. Das EEG zeigte den *Tiefschlaf* (Stadium E, Stage 4) an. Nach einem gedrängten K-Komplex bei 03.53 Uhr kam es zu einer nur *geringen Aktivierung* und zu einer *Abflachung des EEG* mit stärkerer Überlagerung von Delta-Wellen (die Kurve ist stark verkleinert). *Kurz darauf schrie der Proband ohne weitere Vorzeichen auf und sprach in zwei Episoden unverständlich*

(Hindu-Sprache). Bereits bei der ersten Sprechepisode kam es zu *motorischen Entäußerungen* in der polygraphischen Kurve; *das EKG beschleunigte sich;* das Stadium E ging in das Stadium C (Stage 2) über.
In der zweiten Kurvenfolge der Abb. 22 erkennen wir noch eine *Sprechepisode*, die länger als die ersten zwei andauerte. Inzwischen hatte sich das EEG noch weiter verflacht. *Hin und wieder traten abortive K-Komplexe im EEG auf. In der dritten Kurvenfolge* der Abb. 22 ist eine Sprechepisode kurz nach 04.32 Uhr zu sehen, die kürzer als die vorausgehende war. *In der vierten Kurvenfolge* der Abb. 22 trat die vierte REM-Phase (T4) auf. Daraufhin erfolgten massive rasche Augenbewegungen *in der fünften Kurvenfolge* (Abb. 22). Gleich nach 04.42 Uhr erschien die Sprechepisode wieder, jetzt in der REM-Phase 4. *Während des Sprechens wurde erneut eine starke Beschleunigung im EEG beobachtet.* Die REMs wurden durch das Sprechen für die kurze Zeit unterbrochen. Die letzte Sprechepidose wurde *in der siebenten Kurvenfolge* der Abb. 22 noch in der REM-Phase 4 registriert. Kurz nach 05.09 Uhr wurde der Proband wach (W). Nach weiteren 20 Sekunden begann er erneut, den Schlaf zu vertiefen.

2.6.2 Zehn Stufen der transbewußten psychischen Aktivität

Der eben vorgestellte Fall 51 und auch viele andere Befunde (siehe oben und unten) bewegen uns zum weiteren Nachdenken über *die Lokalität* des Unbewußten im ZNS.
Für die *Hypnose generell* (Jovanović, 1989) und die *Theorie der Hypnose* speziell (Kapitel XXVIII und XXX) wird noch die nachfolgende Frage von Bedeutung sein. Die Erforschung der *psychischen und psychomotorischen Komponenten des amnestischen Anteils des Lebens, den man hier Schlaf nennt* (siehe Kapitel XXIV, Schema 18–20, Abb. 16–18 und 22–24), ermöglicht es, uns von vielen Vorurteilen zu befreien und völlig neue Wege in der diesbezüglichen Forschung einzuschlagen. Dies brachte das Resultat, *daß die psychische Aktivität des Menschen während des ganzen Schlafes vorhanden ist und sich nicht nur auf den Traum in den Traumphasen (REM-Schlaf) beschränkt.* Wenn man an das sehr emotional betonte psychische (Er)leben («affektbetonte Bilderfolge», Jovanović, 1977) im Schlaf denkt, so meint man den *mnestischen (erinnerbaren) Traum, der hauptsächlich in den REM-Phasen (Traumphasen)*, aber auch in Form von *hypnagogen Halluzinationen* beim Einschlafen und beim Aufwachen vorkommt (Schema 18). Der *amnestische* (nicht oder kaum erinnerbare) Teil kann wahrscheinlich *zu jeder Schlafzeit und in jedem Schlafstadium* (Schema 18 und 19) erscheinen. Im folgenden werden wir uns vornehmlich mit den Resultaten neuester, d.h. neurophysiologischer (registrierender) Methoden befassen und dabei insbesondere die *Grundlagenforschung* berücksichtigen. Wir werden versuchen, die *zehn* von uns (Jovanović, 1977, 1978) angenommenen *Stufen des psychischen und psychomotorischen Lebens im amnestischen Anteil des Daseins* kurz zu erläutern. Dazu nehmen wir einige Befunde *bei Patienten* vorweg, die später (Jovanovic, 1989) ausführlicher gebracht werden (Schema 18–20 sowie Abb. 16–18 und 22–24).

(1) *Die beim Einschlafen erlebten hypnagogen Halluzinationen* (Schema 19, Phase 1; in Schema 19 sind die zeitlich aufeinanderfolgenden Ereignisse im Schlaf als Phasen, z.B. Phase 1, Phase 2 ... Phase 10 bezeichnet) gehören nicht zu den Träumen der bereits erwähnten REM-Phasen. Diese allgemein geläufige Tatsache wurde in der neueren Zeit elektro-oculographisch verifiziert. Die sogenannten *langsamen Augenbewegungn* (siehe Kapitel XXII, SEM) zeigten nach einigen Befunden in über 30 % der Fälle jene Frequenz und Amplitude, die man auch während der REM-Phase antrifft (Jovanović und Seeberg-Elverfeldt, 1988; Jovanović und Theissen, 1988). Wie bereits (oben) angekündigt wurde, konnten die Vpn beim Wecken unmittelbar *vor dem Einschlafmoment* (Abb. 21) über Träume berichten, *obwohl sie noch keine der REM-Phasen erreicht hatten.* Gleiches ist beim *Mittagsschlaf* (Jovanović,

1988) zu beobachten. Zwar unterscheiden sich die Trauminhalte auf Befragung beim Wecken unmittelbar nach dem Schlafengehen von jenen Inhalten, die man nach dem Wecken aus den REM-Phasen erfährt (Jovanović und Sperrfechter, 1988), doch handelt es sich bei beiden Phänomenen *um die psychische Aktivität, die in Form eines Traumes nach außen hin reproduziert wird.* Dies wäre eine *erste Stufe der psychischen Aktivität* während des Schlafes (Schema 19), die auf *die Steuerung aus dem limbischen System hinweisen könnte* (Kapitel XXV). Das Problem tritt dann auf, wenn man diese Träume mit denen vergleichen möchte, die in Hypnose hervorgerufen werden (Kapitel XXIV.2).

(2) *Bei manischen, aber auch bei depressiven Patienten* konnte Jovanović (1974b, 1975, 1978) *eine Art von raschen Augebewegungen* finden, *die dicht unter dem Niveau des Wachbewußtseins* vorkommt. D.h. die Patienten kommen rasch aus dem tiefsten Schlaf heraus, *ohne vollkommen aufzuwachen*, bremsen den Aufwachprozeß unmittelbar vor der Stufe des Wachseins ab und verharren dort *ein paar Minuten*, bis eine der klassischen REM-Phasen auftaucht. Im EEG zeigen *sich rasche Alpha- und träge Beta-Wellen mit einer niedrigen Spannungsproduktion*, welche einem elektroencephalographischen Bild ähneln, das man beim *intensiven Denken* antrifft. In diesem Moment erleben die Patienten subjektiv sehr *unangenehme Träume, die zu Angstzuständen mit begleitenden psychomotorischen und psychovegetativen Phänomenen führen.* Der Kliniker trifft jeden Tag auf depressive Patienten, die über lange und unangenehme Träume berichten. Objektive Registrierungen ergaben, daß diese Träume gerade an dieser Stelle erfaßt werden. Nach unseren Einteilungsprinzipien könnte man diesen *mixed eye movement sleep and beta wave sleep* (Dement, 1958; Fisher und Dement, 1963; Jovanović, 1971, 1978) als *eine Manifestation der zweiten Stufe der psychischen Aktivitäten im amnestischen Teil des Daseins* auffassen (Schema 18). Die Halluzinationen im Zusammenhang mit der Hypnose haben wahrscheinlich mit diesen Phänomenen wenig zu tun.

(3) *Gerade bei den erwähnten Patienten, doch auch bei einigen Neurotikern und vielen Schizophrenen* erkennt man in einer etwas tieferen Schlafstufe als unter (2), aber außerhalb der REM-Phasen, *eine Mischung aus schnellen Augenbewegungen* mit begleitenden stabilen, frequenten oder *hochgespannten Alpha-Wellen.* Dieser sogenannte *mixed eye movement sleep and alpha wave sleep* (Jovanović, 1971, 1978) kann als manifester Ausdruck einer *dritten Stufe der psychischen Aktivität im amnestischen Anteil des Lebens* angesehen werden.

(4) *Eine vierte Stufe psychischer Tätigkeit* wäre diejenige *während* der REM-Phase selbst *(low voltage sleep and rapid eye movement sleep)* (Dement und Wolpert, 1958) (Schema 19 und Abb. 21), die bereits zum *mnestischen Teil des Schlafes* gezählt werden kann.

(5) Einige Autoren fanden (Jovanović, 1978; Roth, 1962), daß bei *Narkoleptikern* Episoden mit *lautem Sprechen im oberflächlichen Schlafstadium B* vorkommen (Schema 19 und Abb. 21). Während dieses Stadiums wurden *Theta-Wellen im EEG* registriert (theta wave sleep). *K-Komplexe und Beta-Spindeln* wurden selten beobachtet. Augenbewegungen traten kaum auf. Das *Sprechen* bei einigen neurotischen Narkolepsie-Patienten kann sich auf die REM-Phasen ausdehnen und nach dem Ende der REM-Phasen weiter andauern (zum Sprechen im Schlaf siehe oben). Dies wäre die psychomotorische Entäußerung einer *fünften Stufe der psychischen Aktivität im amnestischen Teil des Lebens* (Schema 18 und 19).

(6) Bei den bereits erwähnten *manischen Patienten* wurden in einer REM-Phase für die Dauer von ein paar Minuten *K-Komplexe* und *Beta-Spindeln* registriert. Es sah so aus, als ob die betreffende REM-Phase unterbrochen wäre. Nach ein paar Minuten (2–3 Minuten und länger) kamen aber wieder rasche Augenbewegungen vor und die REM-Phase wurde fortgesetzt. Der *mixed eye movement sleep, spindle sleep and slow wave sleep* (Jovanović, 1978) findet auch auf einer tieferen Stufe des Schlafes statt. Wie im Wachsein wechselt der

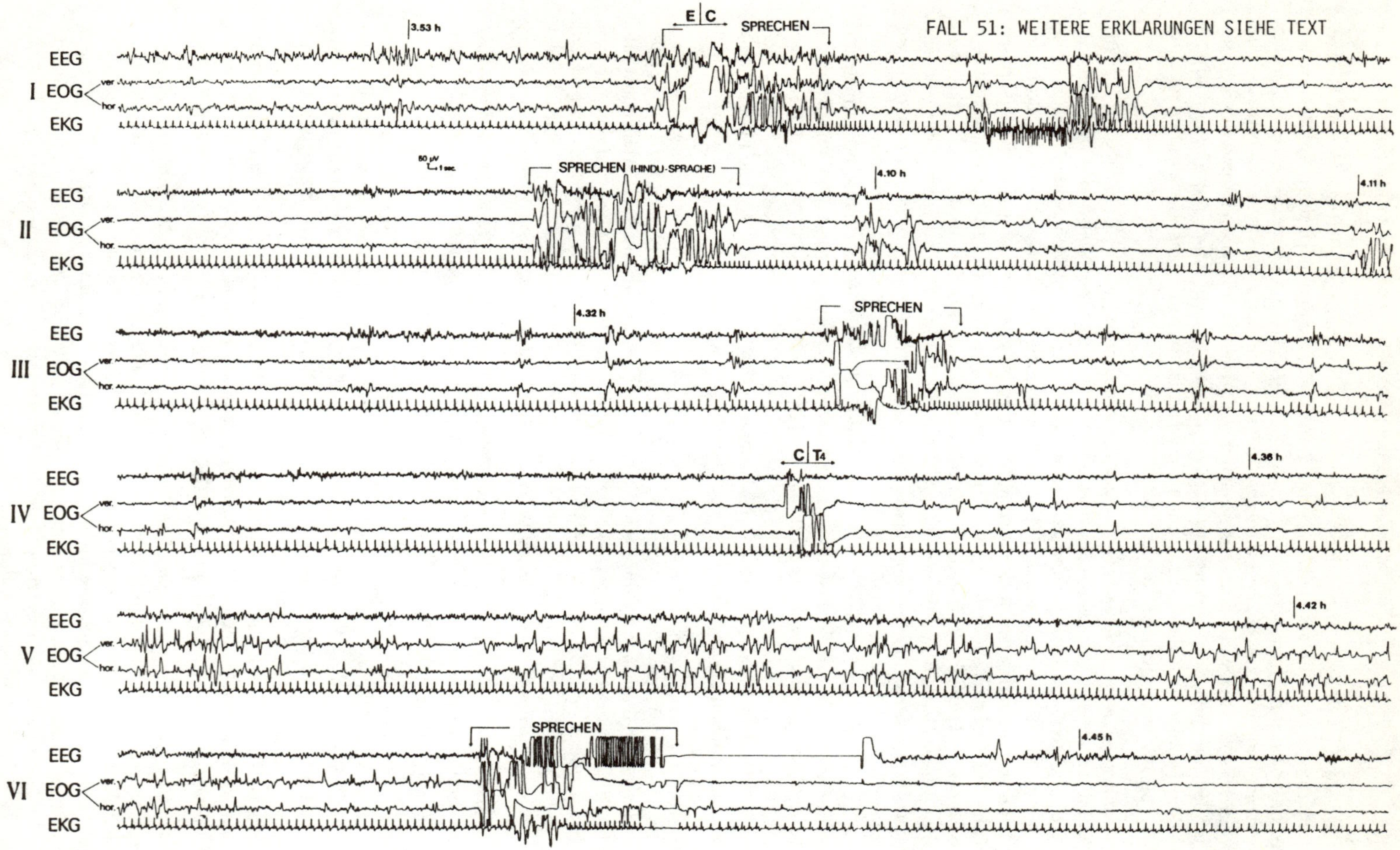
FALL 51: WEITERE ERKLARUNGEN SIEHE TEXT
I
II
III
IV
V
VI
EEG
EOG
ver
hor
EKG
3.53 h
E | C
SPRECHEN
50 µV
1 sec
SPRECHEN (HINDU-SPRACHE)
4.10 h
4.11 h
4.32 h
SPRECHEN
C | T4
4.36 h
4.42 h
SPRECHEN
4.45 h

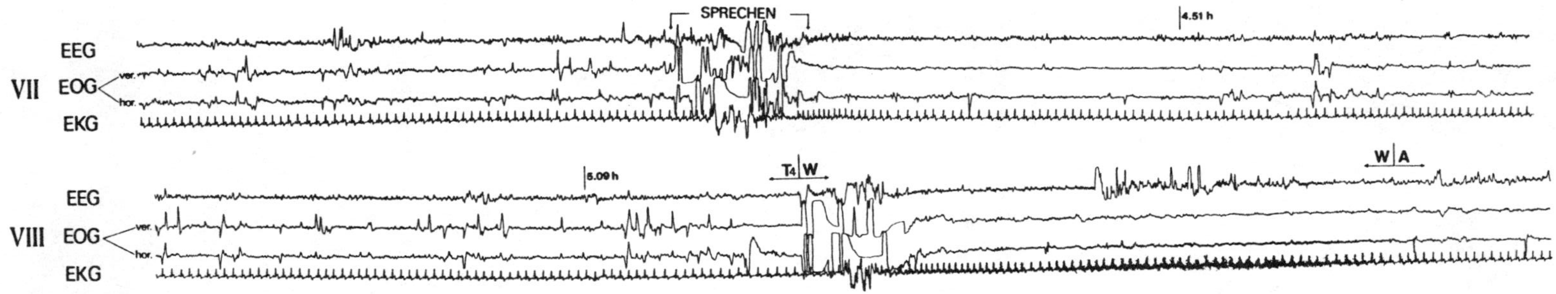

Abb. 22: Transbewußte psycho-motorische Aktivität im amnestischen (Schlaf) sowie mnestisch-amnestischen Anteil (Traumphasen, REM-Phasen) des Daseins, sprechen durch alle Stadien des Schlafes

manische Patient auch im Schlaf seine *emotionale Lage* und wandelt *psychisch von einer Stufe zur anderen, hinauf und hinunter.* Das hier erwähnte Stadium enthielte die Manifestation *einer sechsten Stufe der psychischen Aktivität im amnestischen Teil des Lebens.* Unter Berücksichtigung der Schlafnomenklatur handelt es sich um die Stufe, *die auf dem Niveau des oberflächlichen Stadiums (Stadium C, Stage 2) liegt* (Schema 19 sowie Abb. 16 und 21).

(7) *Andere Befunde* zeigten, daß die psychische Tätigkeit des Gehirns auch *im tieferen Schlaf* vorhanden ist. Im tieferen Schlafstadium 2 konnte Jovanović (1977) beobachten, wie eine 17-jährige gesunde Schläferin 10 Minuten *vor dem Auftreten der REM-Phase zu singen begann* (Schema 19). *Das Singen war von einem entsprechenden Gesichtsaudruck begleitet, d. h. es bestand eine emotionale Lage, die man auch beim Singen im Wachsein antrifft.* Nicht nur das, sondern auch *Sprechen im Schlaf* (Schema 19), kontinuierliches *Wackeln mit dem Kopf* bei Kindern und bei Erwachsenen (Jovanović, 1977) kommen am häufigsten im Schlafstadium 2 vor. Arkin et al. (1970a, b, 1978) untersuchten 13 Personen in 53 Nächten und konnten *206 Sprechepisoden* erfassen. 51,9 % von ihnen ereigneten sich *außerhalb der REM-Phasen* (Traumphasen). Zieht man eine Person mit Extremwerten ab, so erhält man bei den übrigen einen Prozentsatz *von 19 % während der REM-Phasen und 81 % außerhalb dieser Phasen.* In einem anderen Versuch mit 40 Personen (Sprechen im Schlaf) *fand sich das Sprechen in 86 % der Sprechepisoden außerhalb der REM-Phasen.* Nur 32,1 % der Sprechepisoden kamen auch während der REM-Phasen vor. *Das Schlafstadium 2 bot die meisten Sprechepisoden:* 54 % von 258. Arkin (1966) sowie Arkin et al. (1978) versuchten auch den *Inhalt des Sprechens zu erfahren.* Zu diesem Zweck weckten sie die Vpn gleich nach dem Sprechen. Zwar konnten die Autoren den Inhalt des Sprechens nicht in Erfahrung bringen (*amnestische Komponente* des psychischen Lebens) (Schema 19), doch erhielten sie Berichte von den Probanden, welche den Schluß zuließen, daß sich die Vpn *aktiv an einem imaginären Schlaferlebnis beteiligten.* Daraus wurde weiter gefolgert, *daß Sprechen im Schlaf oft aus aktiven Strömen geistiger Tätigkeit außerhalb der REM-Phasen entsteht und folglich einen gültigen Nachweis des geistigen Inhalts im Schlaf darstellt* (siehe auch Antrobus et al., 1964a, b, 1965).
Eigene Befunde (Schema 19 und Abb. 22) bestätigen diese Auffassung. Andererseits zeigte sich, daß Kinder mit *Enuresis nocturna* in vielen Fällen während des Stadiums 2 *einnässen* (Schema 20 und Abb. 23). Auch der *Tiefschlaf* wird in vielen Fällen für Enurese verantwortlich gemacht (Abb. 24), wobei die *Kontrolle der Blasenfunktion* verlorengehe (Bostock, 1958, 1962; Boyd, 1960; Broughton, 1968; Broughton und Gastaut, 1963, 1974; Broughton et al., 1965; Jovanović und Rathke, 1988; Pein, 1977; Popoviciu und Szabó, 1973; Rathke, 1976; Stegat, 1973). Diese Folgerungen wurden zumeist aus den Berichten der Eltern gezogen, die immer wieder betonen würden, *die Kinder-Bettnässer würden schwer aus dem Schlaf geweckt werden können,* sie würden beim Hintragen zur Toilette noch immer in den Armen der Mutter schlafen. Damit ist jedoch *über die Ursachen des enorm tiefen Schlafes* nichts gesagt worden. Sigmund Freud (1900, 1961) deutete sogar das Bettnässen *als eine Form der Ejakulation, die als Ersatz für den Traum in Erscheinung trete.* Daraus ergäbe sich jedoch zwangsläufig die Schlußfolgerung, Kinder würden eine Verringerung des Trauminhaltes und/oder Verkürzung der Traumdauer (REM-Phasen) aufweisen. Pierce et al. (1961) scheinen der gleichen Meinung wie Freud zu sein, weil sie betonen, die *enuretischen Episoden würden in der Regel während der ersten Traumphase* (REM-Phase 1) *vorkommen* und müßten demzufolge als *Traumäquivalent* angesehen werden. Selbst die Patienten berichten nicht selten, während des Traumes eingenäßt zu haben, da sie durch entsprechende *Trauminhalte oder Suggestionen* (über das Wasserlassen etc.) dazu veranlaßt würden. Aber auch an dieser Stelle sind Einwände zu erheben. Was veranlaßt z. B. den Bettnässer, statt zu träumen, eine unangenehmere *Ersatzhandlung (Bettnässen)* anzustreben.

Polygraphische Schlafregistrierungen (EEG, EOG, EMG, EKG etc., Jovanović, 1969d, 1971, 1974a, 1988) kontinuierlich während des ganzen Schlafes, bei gleichzeitiger Möglichkeit *zur Erfasung der enuretischen Episoden* (sogenannte Urographie), wurden von verwertbaren Resultaten gekrönt. Schiff (1965) erfaßte 15 enuretische Episoden in 41 Untersuchungsnächten. *Keine dieser 15 Episoden war mit den REM-Phasen (Traumphasen) in Verbindung zu bringen.* Boyd (1960), Labar (1965) und Schiff (1965) konnten feststellen, daß die enuretischen Episoden *in den Stadien des leichten Schlafes (Stadium 2)* zu registrieren sind. Alle diese Befunde sprechen somit dafür, *daß die Enuresis weder mit den Träumen* (in den REM-Phasen) *noch mit dem Tiefschlaf direkt zu tun hat.* Entgegen diesen Befunden fanden Kales (1969) sowie Pierce et al. (1961) *enuretische Episoden auch im Tiefschlaf* (Stadien 3 und 4). Zu diesem Problem seien eigene Befunde (Jovanović, 1971, 1974a, 1978) sowie jene von Jovanović und Rathke (1988) hinzugefügt. Zusammen mit Rathke (1988) haben wir in der Universitäts-Kinderklinik in Würzburg 20 *enuretische Kinder* (14 männliche und 6 weibliche) im Alter zwischen vier und 13,5 Jahren (Mittel: 8,33 Jahre) in 100 aufeinanderfolgenden Nächten (je fünf Nächte pro Kind) polygraphisch mit urographischen Registrierungen kontinuierlich während der ganzen Nacht untersucht. Dazu standen die Befunde von 10 gesunden Kindern des gleichen Alters (untersucht auf die gleiche Weise) von Jovanović (1988) zum Vergleich zur Verfügung. Die ebenfalls untersuchten erwachsenen Bettnässer wurden mit über 100 gesunden Vergleichspersonen des gleichen Alters und Geschlechts verglichen (Jovanović, 1971, 1972, 1988). Es wurde festgestellt, *daß von 64 erfaßten enuretischen Episoden bei Kinder-Bettnässern* (aus den 100 Nächten) 25 (39,1 %) im leichten Schlaf (Stadium 2) vorkamen (Schema 20 und Abb. 23). In den Stadien 0, 1, 2 und 3 (leichtester bis mittlerer Schlaf) wurden insgesamt 68,75 % der 64 enuretischen Episoden erfaßt. Im Tiefschlaf (Stadium 4) konnten nur 20,34 % der 64 enuretischen Episoden registriert werden (Schema 20 und Abb. 24). Nur einmal (1,56 %) konnte man eine enuretische Episode im Wachsein feststellen (Schema 20). Es darf daher hervorgehoben werden, *daß die enuretischen Episoden bei Kinder-Bettnässern zwar im Tiefschlaf* (Schema 20) *und ebenfalls in den REM-Phasen vorkommen, daß diese aber signifikant häufiger ($p < 0.02$) in den leichten Stadien des Schlafes nachzuweisen sind* (Schema 20).

Anders stehen die Dinge bei *erwachsenen* Bettnässern. Nach Jovanović (1971, 1972) schlafen diese Patienten *enorm rasch ein, vertiefen den Schlaf in einer enorm kurzen Zeit* (im Vergleich mit Gesunden), *verharren im ersten und zweiten Tiefschlaf signifikant länger als Gesunde* ($p < 0,01$), *sind signifikant schwieriger aus dem Schlaf zu wecken* ($p < 0,01$ bis 0,005). *Die enuretischen Episoden häufen sich im ersten und zweiten Tiefschlaf (Stadium 4)* (1–2 Stunden nach dem Schlafengehen). Eine weitere Häufigkeitsspitze wird nach einer vier- und dann siebenstündigen Schlafzeit (Morgenstunde) beobachtet. So gesehen haben alle Autorengruppen recht: *die enuretischen Episoden treten sowohl im leichten Schlaf (bei Kindern) als auch im Tiefschlaf (mehr bei erwachsenen Bettnässern) auf. Die REM-Phasen sind größtenteils verschont* (Schema 20).

Eine zusätzliche Auswertung der Schlaftiefe und Dauer von Schlafstadien *in den enuretischen Nächten* und den *non enuretischen Nächten* (die Untersuchten haben nicht in jeder Untersuchungsnacht eingenäßt) ergab keine Unterschiede (Pein, 1977; Jovanović und Pein, 1988). *Die Bettnässer schlafen demzufolge nicht etwa tiefer in den Nächten, in denen enuretische Episoden vorkommen.* Leichte Vermehrung des Wachseins in der Nacht und des Stadiums B in den enuretischen Nächten wurde mit der Störung des Schlafes durch diese Episoden selbst sowie durch das Umbetten des Kindes nach dem Einnässen in Verbindung gebracht (Jovanović, 1977, 1978; Jovanović und Rathke, 1988; Pein, 1977). *Mehrmalige enuretische Episoden pro Nacht sind ebenfalls nicht signifikant mit einer Vertiefung des Schlafes verbunden.* Es kommt vielmehr – wegen der Störung durch die Enurese – zu einer Schlafverflachung. Wir haben demzufolge bei den hier erwähnten Phänomenen wahrscheinlich eine *siebte Stufe der psycho-vegetativen Antworten auf die unbewußte psychische Aktivität im amnestischen Teil*

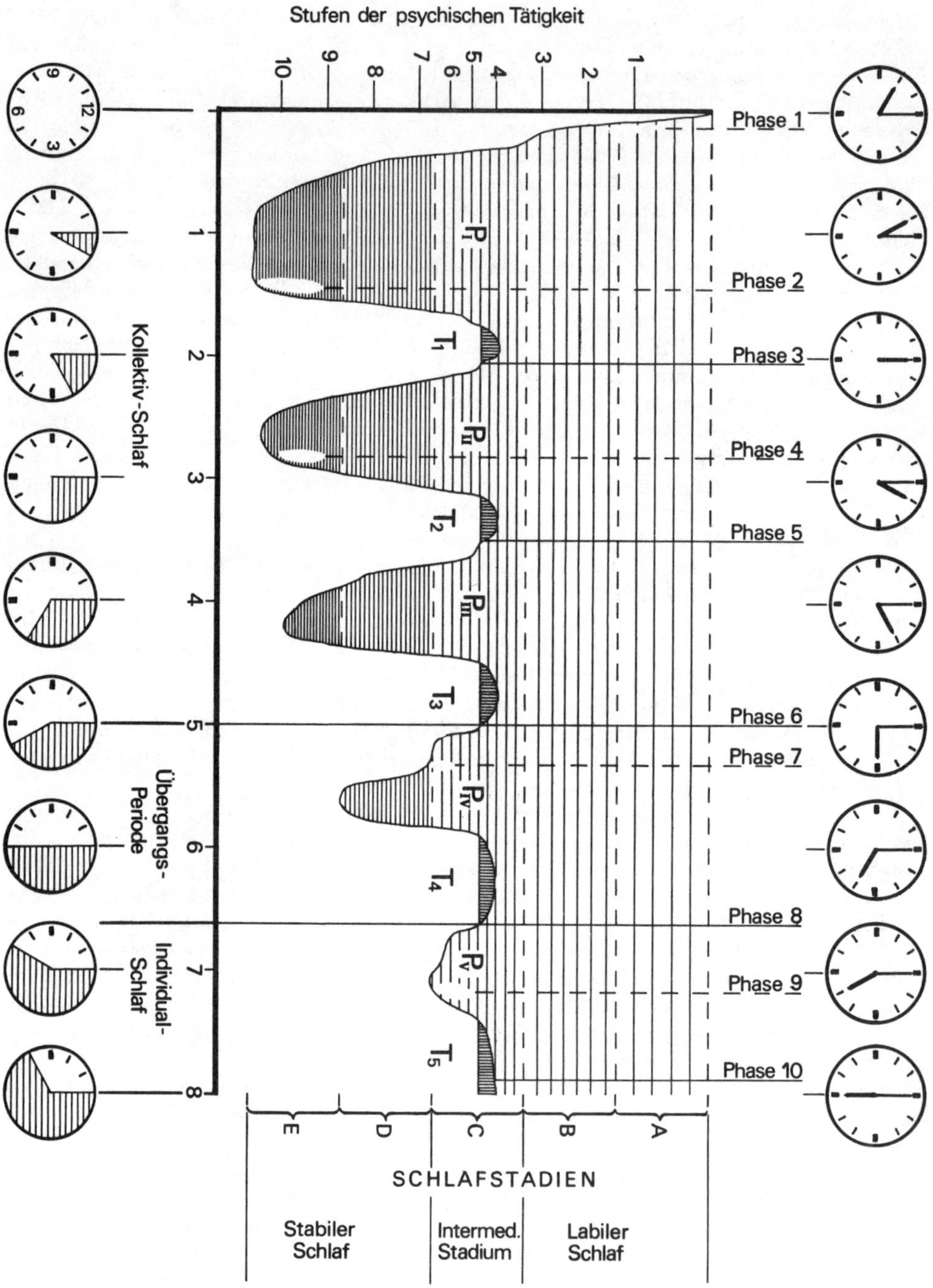

Schema 19: Stufen der psychischen Aktivität im Schlaf mit Angaben über Schlafstadien, Schlafperioden (P), Traumphasen (T) (oder REM-Phasen), Uhrzeiten des Schlafbeginns und Stunden des Schlafes

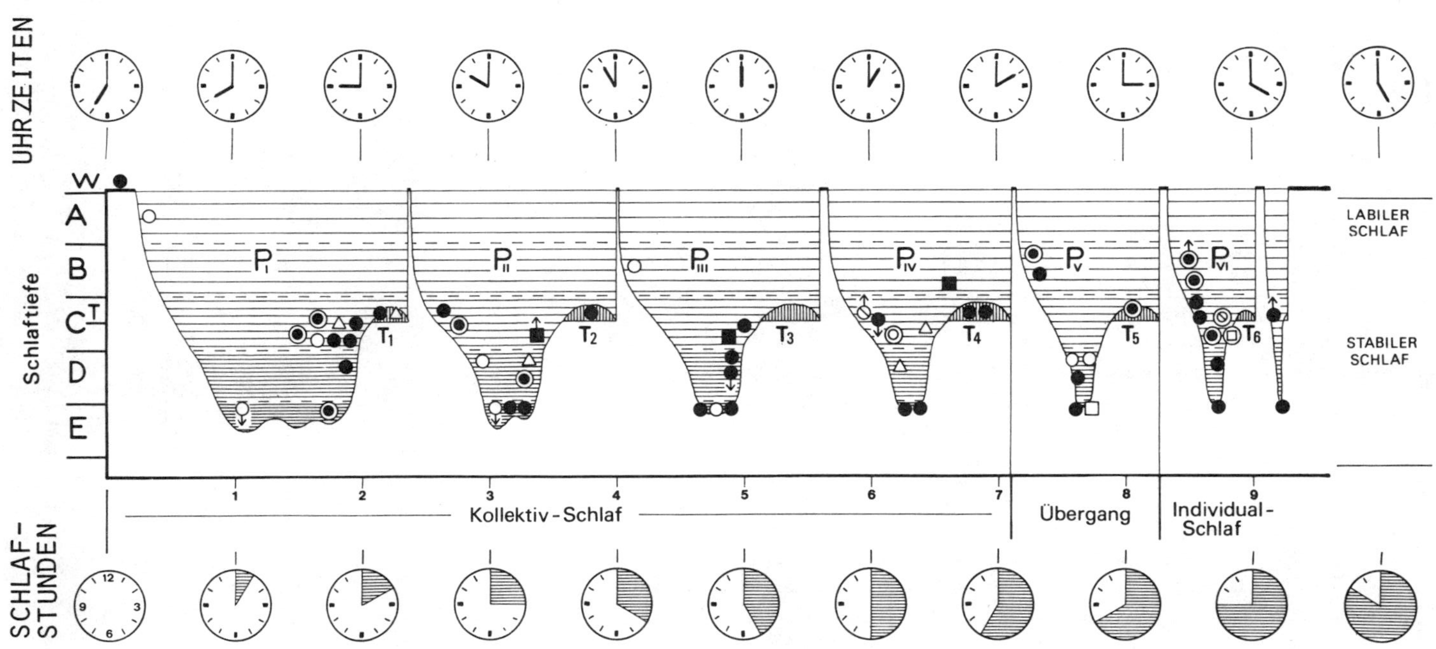

Schema 20: Enuretische Episoden bei Kinder-Bettnässern in einer ganzen Nacht (schematische Darstellung der Ergebnisse an 10 Kindern, untersucht in jeweils 5 Nächten unter den gleichen experimentellen Bedingungen) (eigene Erhebungen). Unter den Voraussetzungen, daß es psychische Ursachen für das Bettnässen gibt, muß angenommen werden, daß die Psyche während des ganzen Schlafes aktiv ist, da die enuretischen Episoden in allen Schlafstadien und Phasen anzutreffen sind. Die REM-Phasen (Träume) sind von den enuretischen Episoden relativ frei, da währenddessen die Träume als Ersatz in Anspruch genommen worden seien. Die übrigen Zeichen mit enuretischen Episoden deuten auf zusätzliche Phänomene hin, die hier nicht interessieren (die einzelnen enuretischen Episoden sind durch Kreise etc. bezeichnet)

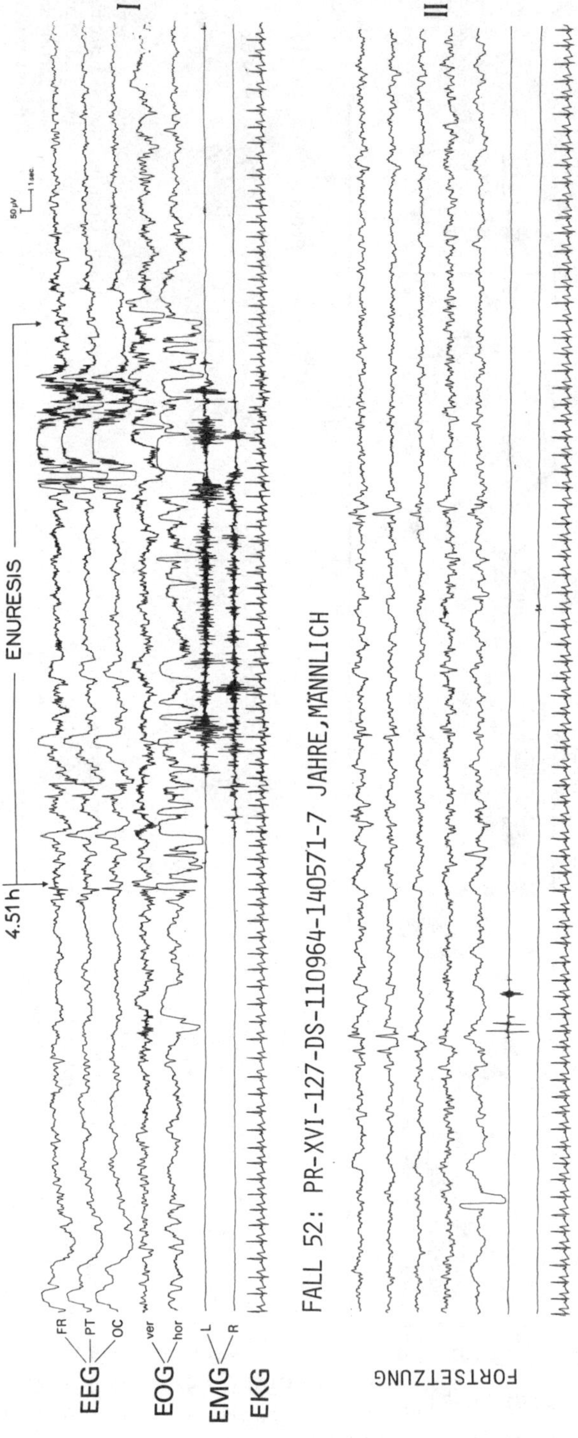

Abb. 23: Beitrag zur Annahme der zehn Stufen der psychischen/psychomotorischen Aktivität im Schlaf. Das Einnässen kommt in allen Schlafstadien vor. Hier wurde eine enuretische Episode im Stadium C (Stadium II) des Schlafes registriert (vergleiche mit Abb. 24)

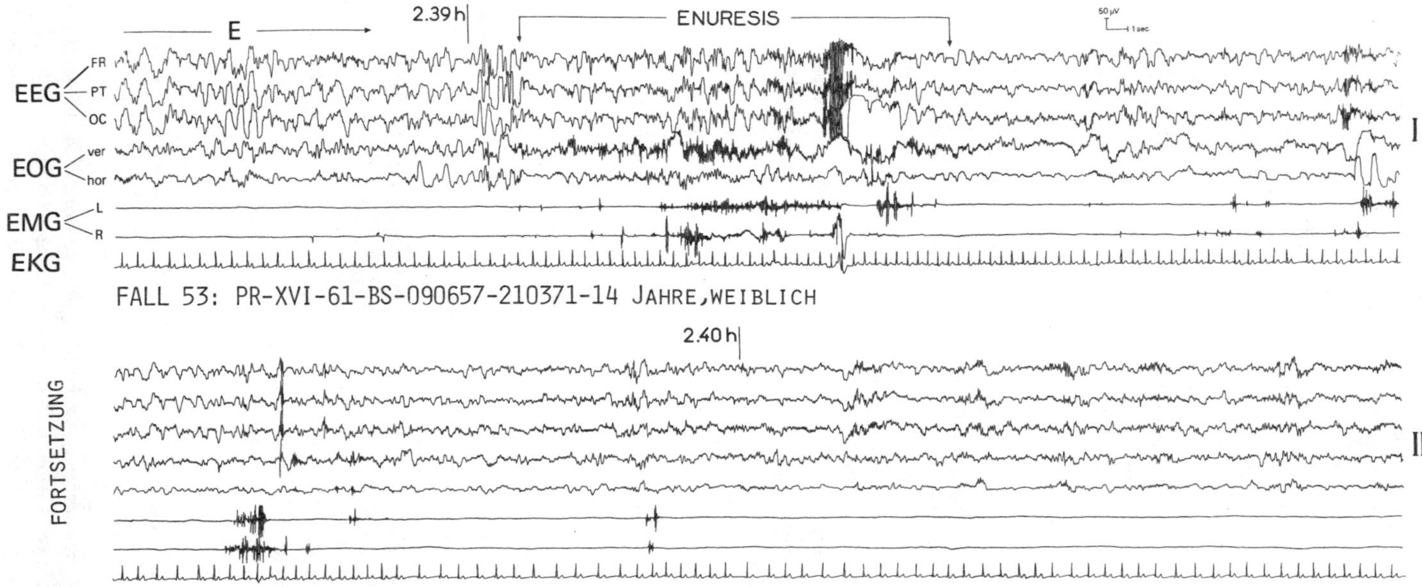

Abb. 24: Beitrag zur Annahme der zehn Stufen der psychischen/psychomotorischen und psychovegetativen Aktivität im Schlaf. Das Einnässen kommt in allen Schlafstadien vor. Hier wurde eine enuretische Episode im Stadium E (Tiefschlaf, Stadium IV) des Schlafes erfaßt. Der Vergleich mit Abbildung 23 bietet sich an.

des Daseins (Schema 19). Dies unter der Voraussetzung, daß eine psychische Ursache für das Einnässen vorhanden sein muß, was anzunehmen ist. *Denn aus rein vegetativen Gründen könnten die enuretischen Episoden in verschiedenen Schlafstadien nicht vorkommen.*

(8) Die bereits diskutierten *sexuellen Reaktionen*, wie z. B. *Erektionen* (Kapitel XXVI.2.3.2.2), kommen in 80–95 % der Fälle in den REM-Phasen vor (Fisher et al., 1965, 1983; Jovanović, 1967c, 1968, 1969c, 1971, 1972; Karacan, 1965; Karacan et al., 1966, 1976). Der übrige Prozentsatz beschränkt sich auf den sogenannten *amnestischen Teil des Lebens* der Stadien 2 und 3. Dies ist sowohl bei Gesunden als auch bei Kranken, insbesondere bei *Schizophrenen*, anzutreffen (Jovanović, 1972). Selbst bei äußerster Skepsis darf angenommen werden, *daß auch diese Erektionen einen psycho-somato-emotionalen Charakter (psychovegetative Episoden)* haben. Wir bewegen uns also hier wahrscheinlich auf einer *achten Stufe der psychischen Aktivität im amnestischen Teil des Lebens* (Schema 18). Diese Annahme wird auch dadurch bestätigt, daß auch rasche Augenbewegungen (augenmotorische Episoden, Abb. 21) im Stadium 3 des Schlafes (Jovanović, 1970a, 1977, 1978) gefunden werden. Andererseits weiß man, daß rasche Augenbewegungen mit Träumen korrelieren (Jovanović, 1971). Darüberhinaus sind *Äquivalente des Somnambulismus* (Kapitel XXIII.5) wie *Aufschreien, Sichaufrichten, Aufsetzen, Augenaufmachen und Sichumschauen* im Stadium 3 oder tiefer zu finden (Abb. 18). Die erwähnten kurzen Ausbrüche von raschen Augenbewegungen sind ebenfalls als ein *abortiver Somnambulismus* zu deuten, wobei statt des Aufstehens, um zu wandeln, nur das erste Zeichen, d. h. *das Rollen der Bulbi unter den geschlossenen Augenlidern, in Erscheinung tritt.* Auch bei vollem Schlafwandeln sind kurz vor dem Aufstehen Augenbewegungen zu finden. Es besteht also kaum ein Zweifel daran, daß es sich bei all diesen Phänomenen *um den Ausdruck eines psychomotorischen Prozesses handelt* (Jovanović, 1977, 1978).

(9) Das bereits erwähnte Schlafwandeln (Kapitel XXIII.5.4 und Abb. 16–18) kommt auch zwischen des Stadien 3 und 4 vor. Gleichfalls sind das Einnässen, insbesondere bei erwachsenen Bettnässern (siehe oben) und das *Aufschreien aus dem Schlaf* (Abb. 22) auch auf dieser Stufe registriert worden. Weiterhin haben andere Autoren beim Wecken der Vpn aus den letzterwähnten Schlafstadien Traumerinnerungen nachweisen können (Evans et al., 1966, 1970, 1972; Jovanović, 1971; Niedermeyer und Lentz, 1976). Wir begegnen hier demnach wahrscheinlich einer neuen psychomotorischen Manifestation, *die sich auf der neunten Stufe der psychischen Aktivität im amnestischen Lebensabschnitt* (Schema 19) abspielt.

(10) *Auch der tiefste Schlaf (die zehnte Stufe der psychischen Aktivität) ist nach unserer Auffasung nicht frei vom psychischen Leben.* Gerade junge Erwachsene liefern uns Beweise dafür. In Jovanović (1977) zeigen wir einen 19-jährigen Schlafwandler, der beim *Sichaufsetzen aus dem Tiefschlaf heraus und beim Sichausziehen* (des Nachthemdes) fotografiert werden konnte. Man erkennt deutlich, daß der Proband die *Augen offen* hat. Während dieser Aktivität unterhielt er sich mit dem Versuchsleiter. *Er äußerte sich verbal über die Qualität des Bettes und die Montage der Apparatur, stand nach dem Fotografieren auf und machte Fortbewegungen in Richtung des sich vor ihm befindlichen Fensters.* Außerdem haben wir oben bereits erwähnt, daß erwachsene Bettnässer auch im *tiefsten Schlaf einnässen.*

3. Zusammenfassung und Schlußfolgerungen

Die Psychobiologie hat in unserem Falle die Aufgabe, sich an der Suche nach dem neuroanatomisch-funktionellen Sitz des Unbewußten im Kontext der Hypnose zu beteiligen. Zu diesem Zweck wurde der *mnestische Teil* (Wachsein, Wachbewußtsein) mit seinem bioelektrischen

Spiegel (EEG) und psychischen Aktivitäten, der *mnestisch-amnestische Anteil* (Traum, traumhafte unbewußte oder partiell bewußte Erlebnisse) mit seinen Imaginationen, Illusionen, Halluzinationen und emotionalen Aktivitäten, seinen neuroanatomisch-funktionellen Substraten und von außen erfaßbaren psychovegetativen und/oder psychomotorischen Äquivalenten sowie der *amnestische Anteil des Daseins* mit bioelektrischen Manifestationen, unbewußten und sich durch andere Ausdruckszeichen manifestierende psychische Aktivitäten bearbeitet. Unter dem amnestischen Anteil des Daseins sind *normale, d.h. physiologische oder psychobiologische Zustandsänderungen (Schlaf)* sowie *abnorme* oder sogar *pathologische Vorkommnisse* (Verlust des Bewußtseins aus irgendwelchem Grunde) zu verstehen. Dazu muß noch die artifiziell zugefügte Bewußtlosigkeit (Vollnarkose) aus dringenden medizinischen Indikationen gezählt werden. Da der Schlaf als *eine dritte Dimension des normalen Daseins* (neben dem Wachsein und dem Traum) angesehen werden darf, wurde er hier *als Modell des amnestischen Anteils* genommen. An diesem Modell wurde dann *das Unbewußte und sein eventueller Sitz* studiert. In Verbindung mit Kapitel XXV und den dort gefundenen neuroanatomisch-funktionellen *Moderationen der Hypnose-Phänomenologie* kann aus dem Kapitel XXVI folgendes zur Diskussion gestellt werden:

(a) *Das Wachbewußtsein* (mnestischer Anteil des Daseins) bietet bereits bei der *bioelektrischen Hirnaktivität* neben dem Durchschnitt auch Abweichungen, die als *Normvarianten* angenommen werden können. Die *Ausprägung* von Alpha-Wellen im EEG streut bei der untersuchten Population sehr weit. Die *Frequenz* der Alpha-Wellen ist ziemlich konstant und bewegt sich zwischen 9,1 und 10,1 Hertz (Hz). In rund 4 % der Population findet man auch niedergespannte, mittelfrequente Theta-Wellen. *Gerade diese Personen neigen zu neurasthenischen, neurotischen und hysterischen Reaktionen.* In Verbindung mit den Resultaten der Kapitel IX und XXII ist *eine Diskrepanz zwischen der Hypnotisierbarkeit und diesen Befunden zu finden, weil dort behauptet wurde, daß jene Personen mit einem stärkeren Alpha-Rhythmus im EEG bessere Hypnotisanden seien.* Dieser Punkt muß noch studiert werden.

(b) *Der mnestisch-amnestische Anteil des Daseins* (Traumanteil) beinhaltet Imaginationen, Illusionen und Halluzinationen, die man mit jenen im hypnotischen Zustand in eine Analogie (oder Komparation) bringen kann. Experimentelle Untersuchungen im ZNS sowie an den peripher zu erfassenden Organen haben gezeigt, *daß das Gehirn alle neuroanatomisch-funktionellen Elemente enthält, die für die Phänomenologie der Hypnose verantwortlich sind. Räumliche und zeitliche Distorsion (Verzerrung), Veränderung des eigenen Ich, Regression auf eine der tieferen Entwicklungsstufen, Imaginationen, Illusionen, Halluzinationen (positive und negative), Erotisierung und sexuelle Aktivierung, vegetative Manifestationen, Muskelrelaxation bis zum totalen Verlust des Muskeltonus, Katalepsie, Lethargie, Somnambulismus, Symbolik, Beeinflussung der Kritik und des Willens, Veränderung des Gedächtnisses, Amnesien und Hypermnesien, selektive Aufmerksamkeit sowie viele andere Zeichen* sind auch während des mnestisch-amnestischen Anteils des Daseins zu finden. Die neuroanatomisch-funktionellen Substrate für Traum und Hypnose sind entweder ganz identisch oder sie liegen dicht nebeneinander und kommunizieren miteinander:

(c) *Der amnestische Anteil des Daseins* (der sogenannte traumlose Schlaf) ist nur bedingt amnestisch. Wie auch im Traum, arbeitet der Schlaf auf den unbewußten Ebenen und verbirgt eine ganze Reihe von Erlebnissen, die subjektiv amnestisch sind, aber durch exakte Untersuchungen erfaßt werden können:
(ca) *Der K-Komplex* (eine biphasische Welle im EEG mit einer in der Regel vorausgehenden langsamen und einer nachfolgenden schnellen Komponente) ist der Garant dafür, *daß das Unbewußte während des ganzen Lebens eines Individuums arbeitet.* Der vom intralaminären Thalamus gesteuerte K-Komplex, der in allen Schlafstadien anzutreffen ist, verrät die Aufnahme nahezu *aller Reize und Suggestionen im Schlaf*, die von außen und von innen

erfolgen. Auf diese Weise kann im Schlaf gelernt werden (Hypnopädie), können zufällig auftretende akustische oder taktile Reize aufgenommen werden. Auf dem gleichen Wege drängen sich auch *pathologische Halluzinationen* (Schizophrenie) bis in den tiefsten Schlaf hinein und bedrohen den erkrankten Schläfer. *Bei insuffizienten Sinnesorganen* verstärkt sich die akustische Aufnahmefähigkeit im amnestischen Anteil des Daseins (Schlaf), so daß man auch *die Sinnesorgane in bewußte und unbewußte funktionelle Fähigkeitskomponenten einteilen kann.*

(cb) *Der Mensch hat auch im Schlaf, in der Narkose und bei fehlenden Sinnesorganen «ein offenes Ohr» für Reize, die ihn bedrohen.* Er besitzt also die Kapazität, darauf zu reagieren. *Bewußtlose Patienten* und Personen in der *Vollnakrose* wehren sich gegen negative Äußerungen und Maßnahmen. *In Gegenwart von narkotisierten und bewußtlosen Personen sollte man daher keine negativen akustischen Äußerungen vortragen.*

(cc) *Im amnestischen Anteil des Daseins sind auch transbewußte Erlebnisse* zu erfassen; *vokale Entäußerungen im Schlaf z.B. durchkreuzen alle Schlafstadien* (transbewußt) und zeigen keine Einschränkung oder phänomenologische Änderung beim Übergang von einem Stadium des Schlafes zum anderen. In diesem Falle kommen nur wenige Unterschiede zwischen dem *REM-Schlaf* (Traumschlaf, paradoxaler Schlaf, mnestisch-amnestische Komponente des Daseins) und dem *Non-REM-Schlaf* (traumloser, synchronisierter, orthodoxer Schlaf, amnestische Komponente des Daseins) zur Darstellung. Das *Transbewußtsein* überwindet somit alle Stufen des bewußten/unbewußten Daseins und verbindet diese miteinander. Dieses geht andererseits sehr weit in seiner Fähigkeit, bis zur Vorahnung und non-verbalen psychischen Kommunikation zwischen dem Hypnotiseur und Hypnotisanden.

(d) *Die Suche nach dem Sitz des Unbewußten* ergab – in Bestätigung der Befunde und Schlußfolgerungen des Kapitels XXV – *daß es einen Sitz als solchen nicht gibt.* Fast das ganze Gehirn arbeitet synchron oder asynchron, je nach Aufgaben und Kapazitäten der einzelnen Hirnteile. Eine funktionelle Einheit, von der aus die Phänomenologie der Hypnose gesteuert und/oder moderiert wird, existiert jedoch, deren *Hauptsitz im limbischen System zu suchen ist.* Die mögliche Eingrenzung dieses Systems ist sowohl in Kapitel XXV als auch im eben vorliegenden Kapitel vorgenommen worden. Nach den Ergebnissen der Suche nach dem Unbewußten und seinem Sitz oder System kann auch geschlossen werden, *daß das Unbewußte ein Komplex ist, der aus Stufen oder partiellen unbewußten Einheiten zusammengesetzt ist.* Die *Stufen des Unbewußten* haben einen dualistischen Weg: *einmal* gehen die Informationen *von oben nach unten* (vom Bewußtsein zum immer tieferen Unbewußten), *ein anderes Mal von unten nach oben* (vom Instinkt bis zum vollkommenen Bewußtsein). *Das Aufzählen von Stufen kann deshalb von beiden Seiten beginnen.* Startet man einmal vom Bewußten zu den unbewußten Stufen nach unten, so ergibt sich:

(da) *Kategorie/Stufe 1: Das corticale (integrative) Unbewußte* unter Beteiligung der temporalen, frontalen, parietalen und occipitalen neocorticalen Regionen. Im corticalen EEG werden dabei vorwiegend *Alpha-Wellen* gefunden. Das bedeutet andererseits, daß die corticalen Regionen, die sich an Hypnose-Steuerung und am Unbewußten beteiligen, in ihren Funktionen nicht die thalamischen Hirnstrukturen direkt erfassen, sondern in einer Transmission mit den dämpfenden (beruhigenden) Formationen der unteren retikulären Strukturen (Pons, Rautenhirn, Medulla oblongata) kommunizieren.

(db) *Kategorie/Stufe 2: Das limbische (affektive) Unbewußte* würde die Formationen des limbischen Systems umfassen, wobei auch die raschere Hirnaktivität im EEG, aber auch *Theta-Wellen von 4–7/sec beobachtet* werden können. Auch in diesem Falle dominiert die Aktivität abseits der medialen Thalamus-Strukturen. Es wird hier eine Verbindung mit dem mnestisch-amnestischen Anteil des Lebens (Traum und traumhafte Erlebnisse) gefunden, so daß dadurch Imaginationen/Halluzinationen/Amnesie in Verbindung mit Hypnose erklärt werden können.

(dc) *Kategorie/Stufe 3: Das diencephale (hypnogene) Unbewußte* mit hohen, langsamen Potentialen bis zu *Delta-Wellen im EEG* (K-Komplexe und rasche oder langsame Delta-Wellen) sowie psychovegetativen Antworten im amnestischen Teil des Daseins («traumloser» Schlaf, synchronisierter Schlaf). Im diesem Falle würden die *Emotionen vom Hirnstamm* (Thalamus, Hypothalamus) in Verbindung mit dämpfenden Strukturen der höheren Formatio reticularis (im Mesencephalon, Diencephalon) gesteuert. Auf diese Weise erklärt sich die mehrfache Streuung des affektiven Lebens (limbisches System, Thalamus, Hypothalamus, Neocortex).
(dd) *Kategorie/Stufe 4: Das archaische (instinktive) Unbewußte*, das sich dem Begirff und den Funktionen des Instinktes nähert und von tieferen Hirnstamm-Strukturen, aber auch vom limbischen System abseits vom Hirnstamm moderiert wird.
(de) *Kategorie/Stufe 5:* Diese Stufe ist das bereits angekündigte *Transbewußtsein (flexibles, mobiles, kommunikatives Unbewußtes)*, das an sich nicht als eine Stufe im wahrsten Sinne des Wortes angesehen werden kann. Dieses Transbewußte hat die Aufgaben, Informationen, das gespeicherte Material von einer Stufe des Unbewußten zur anderen bis zum vollen Bewußtsein und umgekehrt zu übertragen. An dieser Stelle ändert sich die Richtung des Weges; kommen die Informationen von oben (Bewußtsein), dann enden sie auf der Stufe 4 und werden durch das Transbewußte entweder als Antwort zurückgetragen oder sie werden gespeichert und warten auf eine *Eruptionsmöglichkeit*. Kommen sie von unten (vom Instinkt, Stufe 4), dann gehen sie nach oben, bis eine Barriere den Weg versperrt. Beim Durchgang bis zum Bewußtsein kann eine Abreaktion zustandekommen und die Gefahr ist gebannt. Bleibt aber das Erlebnis infolge einer Barriere auf einer Stufe des Unbewußten stehen, so kann es zu abnormen oder krankhaften Manifestationen kommen.

(e) In einem ergänzenden Modell (phylo-ontogenetische und hierarchische Organisation) wird das Unbewußte in Kapitel XXX ergänzt.

4. Literaturverzeichnis

Abramson, M., Greenfield, I., and Heron, W.: Response to or Perception of Auditory Stimuli Under Deep Surgical Anesthesia. *Amer. J. Obstet. Gynec.*, (1966), *96:* 584–585.
Adey, E.D., Kado, R.T., and Rhodes, J.M.: Sleep – Cortical and Subcortical Recordings in the Chimpanzee. *Science*, (1963), *141:* 932–933.
Akert, K.: The Anatomical Substrate of Sleep. *Progr. Brain Res.*, (1965), *18:* 9–19.
Akert, K., Bally, C., and Schadé, J.P. (Eds.): *Sleep Mechanisms*. Progr. Brain. Res., Vol. 18. Elsevier, Amsterdam, 1965.
Antrobus, J.S., Antrobus, J.S., and Fisher, C.: Discrimination of Dreaming and Non-Dreaming Sleep. *Arch. Gen. Psychiatr.*, (1965), *12:* 395–401.
Antrobus, J.S., Antrobus, J.S., and Singer, J.L.: Eye Movements Accompanying Daydreaming. Visual Imagery, and Thought Suppression. *J. Abn. Soc. Psychol.*, (1964a), *69:* 244–252.
Antrobus, J.S., Dement, W.C., and Fisher, C.: Pattern of Dreaming and Dream Recall: An EEG Study. *J. Abn. Soc. Psychol.*, (1964b), *69:* 341–344.
Arkin, A.M.: Sleep Talking – A Review. *J. Nerv. Ment. Dis.*, (1966), *143:* 101–122.
Arkin, A.M., and Antrobus, J.S.: *Sleep Mentation as Affected by REMP Deprivation*. Progress Report to National Institute of Mental Health, MH 13886-03, 1970.
Arkin, A.M., Antrobus, J.S., and Ellman, S.J. (Eds.): The Mind of Sleep – Psychology and Psychopathology. Lawrence Erlbaum Ass., Hillsdale, New Jersey, 1978.
Arkin, A.M., Antrobus, J.S., Toth, M.F., and Baker, J.: The Effects of Chemically Induced REMP Deprivation on Sleep Vocalization and NREM Mentation – An Initial Exploration. *Psychophysiology*, (1968), *5:* 217.

Arkin, A. M., Toth, M., Baker, J., and Hastey, J. M.: The Frequency of Sleep-Talking in the Laboratory Among Chronic Sleep-Talkers and Good Dream Recallers. *J. Nerv. Ment. Dis.*, (1970a), *151:* 369–374.

Arkin, A. M., Toth, M. F., Baker, J., and Hastey, J. M.: The Degree of Concordance Between the Content of Sleep Talking and Mentation Recalled in Wakefulness. *J. Nerv. Ment. Dis.*, (1970b), *151:* 375–393.

Aserinsky, E.: *Ocular Motility During Sleep and Its Application to the Study of Rest-Activity Cycles and Dreaming.* Doctoral Dissertation, University of Chicago, Graduate School, Chicago, 1953.

Aserinsky, E., and Kleitman, N.: Eye Movements During Sleep. *Federation Proc.*, (1953a), *12:* 6–7.

Aserinsky, E., and Kleitman, N.: Regulary Occuring Periods of Eye Motility and Concomitant Phenomena During Sleep. *Science*, (1953b), *118:* 273–274.

Aserinsky, E., and Kleitman, N.: Two Types of Ocular Motility Occuring in Sleep. *J. Appl. Physiol.*, (1955a), *8:* 1–10.

Aserinsky, E., and Kleitman, N.: A Motility Cycle in Sleeping Infants as Manifested by Ocular and Gross Bodily Activity. *J. Appl. Physiol.*, (1955b), *8:* 11–18.

Ayre, P.: Awareness During Anaesthesia. *Brit. Med. J.*, (1969), *2:* 117.

Bahlman, S. H., Eger, E. I., and Cromwell, T. H.: Anesthetics and Amnesia. *Anesthesiology*, (1972), *36:* 191.

Balkhashov, I.: K voprosu o skorostnom obuchenii inostrannomu yazyku proslishivaniem urokov vo sne – Autoeksperiment. (Zur Frage des raschen Lernens der Fremdsprache während des Schlafes – Selbstversuch). *Vop. Psikhol.*, (1965), *11:* 83–96.

Barber, R. F., and Madden, J. L.: Historical Aspects of Cardiac Resuscitation. *Amer. J. Surg.*, (1945), *70:* 135.

Bass, E., und Herr, K.: Untersuchungen über die Erregbarkeit des Atemzentrums im Schlaf. *Zschr. Biol.*, (1922), *75:* 279–288.

Baust, W.: *Vegetative Innervation, Hirndurchblutung und Blutdruck im Schlaf.* 71. Internisten-Kongress, 1965, J. F. Bergmann, München, Seite 797–807, (1965a).

Baust, W.: Physiologische Korrelate des Traumes. *Forsch. Med.*, (1965b), *83:* 337–341.

Baust, W.: *Physiologie und Pathophysiologie des Schlafes und physiologische Korrelate des Traumes.* In: Bürger-Prinz, H., and Fischer, A.: Schlaf – Schlafverhalten – Schlafstörungen. Ferdinand Enke Verlag, Stuttgart, 1967.

Baust, W.: *Die Phänomenologie des Schlafes.* In: Baust, W. (Hrsg.): Ermüdung, Schlaf und Traum. Wissenschaftliche Verlagsgesellschaft, Stuttgart, 1970, Seite 99–144.

Baust, W., and Heinemann, H.: *The Influence of Blood Pressure and Blood Pressure-Induced Nervous Afferents on Sleep.* 6th Int. Congress EEG/EMG Clin. Neurophysiol., Vienna, Seite 131–133, 1965.

Beahrs, J. O.: *Unity and Multiplicity Multilevel Consciousness of Self in Hypnosis, Psychiatric Disorder and Mental Health.* Brunner/Mazel, Inc., New York, NY., 1982.

Beecher, H. K.: Measurement of Subjective Response. Oxford Univ. Press, New York, N.Y., 1959.

Bensen, V. B.: One Hundred Cases of Post-Anesthetic Suggestions in the Recovery Room. *Amer. J. Clin. Hypnosis*, (1971), *14:* 9–15.

Berger, H(ans): Über das Elekrenkephalogramm des Menschen. *Arch. Psychiat. Nervenheilk.*, (1929), *87:* 527–570 und (19 1), *94:* 16–60.

Berlucchi, G., Maffei, L., Moruzzi, G., and Strata, P.: E.E.G. and Behavioral Effects Elicieted by Cooling of Medulla and Pons. *Arch. Ital. Biol.*, (1964), *102:* 333–371.

Bertini, M.: *REM Sleep as a Psychophysiological ‹Agency› of Memory Organization.* In: Koella, W. P., and Levin, P. (Eds.): Sleep 1972. Karger, Basel, 1973, pp. 61–62.

Bevivino, B. J.: *Hemiplegia Following Brain Surgery Relieved by Hypnosis.* 24th Annual Meeting of the American Society of Clinical Hypnosis, Boston, November, 12th, 1981.

Bizzi, E., and Brooks, D. C.: Functional Connections Between Pontine Reticular Formation and Lateral Geniculate Nucleus During Sleep. *Arch. Ital. Biol.*, (1963), *101:* 666–680.

Bostock, J.: Exterior Gestation, Primitive Sleep, Enuresis and Asthma – A Study in Aetiology. *Med. J. Aust.*, (1958), 149–153, 185–188.

Bostock, J.: The Deep Sleep-Enuresis Syndrome. *Med. J. Aust.*, (1962), 240–243.

Boyd, M. M.: The Depth of Sleep in Enuretic School-Children and Non-Enuretic Controls. *J. Psychosom. Res.*, (1960), *4:* 274–281.

Brazier, M. A. B.: The Electrical Fields at the Surface of the Head During Sleep. *Electroenceph. Clin. Neurophysiol.*, (1949a), *1:* 195–204.

Brazier, M.A.B.: A Study of the Electrical Fields at the Surface of the Head. *Electroenceph. Clin. Neurophysiol.*, (1949b), Suppl. 2, 38 and 52.
Brazier, M.A.B.: The Neurophysiological Background for Anesthesia. Charles C. Thomas, Springfield/Ill., 1972.
Bremer, G., Smith, J.R., and Karacan, J.: Automatic Detection of the K-Komplexes in Sleep Electroencephalograms. *JEEE Tran Bio-Medicine*, (1970), *17:* 314–323.
Brodal, A.: The Hippocampus and the Sense of Smell – A Review. *Brain*, (1947), *70:* 179.
Brodal, A.: *The Reticular Formation of the Brain Stem – Anatomical Aspects and Functional Correlations.* Oliver and Boyd, Edinburgh, 1957.
Brooks, D.C.: Effects of Bilateral Optic Nerve Section on Visual System Monophasic Wave Activity in the Cat. *Electroenceph. Clin. Neurophysiol.*, (1967), *23:* 134–141.
Brooks, D.C., and Bizzi, E.: Brain Stem Electrical Activity During Deep Sleep. *Arch. Ital. Bol.*, (1963), *101:* 648–665.
Broughton, R.J.: Sleep Disorders – Disorders or Arousal? *Science*, (1968), *159:* 1070–1078.
Broughton, R.J., and Gastaut, H.: Recent Advances in Bedwetting. *Rev. Neurol.*, (1963), *109:* 240.
Broughton, R.J., and Gastaut, H.: *Recent Sleep Research on Enuresis Nocturna, Sleep Walking, Sleep Terrors and Confusional Arousals.* In: Levin, P., and Koella, W.P. (Eds.): Sleep 1974. S. Karger, Basel, 1974, Seite 82–91.
Broughton, R.J., : Poiré, R., and Tassinari, C.A.: The Electrodermogram (Tarchanoff Effect) During Sleep. *Electroenceph. Clin. Neurophysiol.*, (1965), *18:* 691–708.
Brown, R.R., and Vogel, V.H.: Psycho-Physiological Reactions Following Painful Stimuli under Hypnotic Analgesia Contrasted with Gas Anaesthesia and Novocain Block. *J. Appl. Psychol.*, (1938), *22:* 408–420.
Buelow, K.: Respiration During Sleep. *Electroenceph. Clin. Neurophysiol.*, (1964), *17:* 441.
Candia, O., Favale, E., Giussani, A., and Rossi, G.F.: Blood Pressure During Natural Sleep and During Sleep Induced by Electrical Stimulation of the Brain Stem Reticular Formation. Arch. Ital. Biol., (1962), *100:* 216–233.
Cannon, W.B.: Voodoo Death. *Psychosom. Med.*, (1957), *19:* 182.
Castera, M.: Le Complex K dans le Sommeil Humain – Revue Bibliographique et Etude Expérimentale. Thése de Doctorat, Faculté de Médecine, Strasbourg, 1975.
Channon, L(orna), D.: Some Preconceptions About Hypnosis Among Preclinical Medical Students. *Intern. J. Clin. Exp. Hypnosis*, (1984), *34:* 336–361.
Cheek, D.B.: Unconscious Perception of Meaningful Sounds During Surgical Anesthesia as Revealed Under Hypnosis. *Amer. J. Clin. Hypnosis*, (1959), *1:* 101–113.
Cheek, D.B.: Surgical Memory and Reaction to Careless Conversation. *Amer. J. Clin. Hypnosis*, (1964), *6:* 237–238.
Cheek, D.B., and LeCron, L.M.: Clinical Hypnotherapy. Grune & Stratton, New York, 1968.
Christian, W.: Klinische Elektroencephalographie – Atlas und Lehrbuch. Thieme, Stuttgart, 1968.
Clawson, T.A. Jr., and Swade, R.H.: The Hypnotic Control of Blood Flow and Pain – The Cure of Warts and the Potential for the Use of Hypnosis in the Treatment of Cancer. *Amer. J. Clin. Hypnosis*, (1975), *3:* 60.
Crasilneck, H.B., and Hall, J.A.: Clinical Hypnosis – Principles and Applications. Second Edition. Grune and Stratton, Orlando. FL., 1985.
Crile, G. (Ed.): George Crile – An Autobiography. Lippincott, Philadelphia, 1947 (2 Volumes).
Daniels, E.: The Hypnotic Approach in Anesthesia for Children. *Amer. J. Clin. Hypnosis*, (1962), *4:* 244–248.
Davis, H.: Electrical Phenomena of the Brain and Spinal Cord. *Amer. Rev. Physiol.*, (1939a), *1:* 345–362.
Davis, H., and Davis, P.A.: Action Potentials of the Brain. *Arch. Neurolog. Psychiat.*, (1936), *36:* 1214–1224.
Davis, H., and Davis, P.A., Loomis, A.L., Harvey, F.N., and Hobart, G.A.: Human Brain Potentials During the Onset of Sleep. *J. Neurophysiol.*, (1938), *1:* 24–38.
Davis, H., and Davis, P.A., Loomis, A.L., Harvey, F.N., and Hobart, G.A.: A Search for Changes in Direct-Current Potentials of the Head During Sleep. *J. Neurophysiol.*, (1939a), *2:* 129–135.
Davis, H., and Davis, P.A., Loomis, A.L., Harvey, F.N., and Hobart, G.A.: Electrical Reactions of the Human Brain to Auditory Stimulation During Sleep. *J. Neurophysiol.*, (1939b), *2:* 500–514.
Davis, P.A.: Effects of Acoustic Stimuli on the Waking Human Brain. *J. Neurophysiol.*, (1939b), *2:* 494–499.

Davis, R.S., and Kantor, J.R.: Skin Resistance Measures During Hypnotic States. *J. Gen. Psychiat.*, (1935), *13:* 62–81.

Davison, G.C., and Neale, J.M.: Klinische Psychologie (Abnormal Psychology) – Ein Lehrbuch. Urban und Schwarzenberg, München, 1984.

Degen, R(olf): Persönliche Mitteilung, 1985.

Dell, P.: Reticular Homeostasis and Critical Reactivity. *Progress Brain Research*, (1963), *1:* 82–114.

Dement, W.C.: The Occurrence of Low Voltage Fast Electroencephalogram Patterns During Behavioral Sleep in the Cat. *Electroenceph. Clin. Neurophysiol.*, (1958), *10:* 291–296.

Dement, W.C.: The Effect of Dream Deprivation. *Science*, (1960), *131:* 1705–1707.

Dement, W.C.: *Eye Movements During Sleep.* In: Bender, M.B. (Ed.): Oculo Motor System. Harper and Row, New York, NY., 1964, pp. 366–416.

Dement, W.C., and Fisher, Ch.: Experimental Interference with the Sleep Cycle. *Canad. Psychol. Ass. J.*, (1963), *8:* 400–405.

Dement, W.C., and Kleitman, N.: The Relation of Eye Movement During Sleep to Dream Activity – An Objective Method for the Study of Dreaming. *J. Exp. Psychol.*, (1957a), *53:* 339–346.

Dement, W.C., and Kleitman, N.: Cyclic Variations in E.E.G. During Sleep and their Relation to Eye Movements, Body Motility and Dreaming. *Electroenceph. Clin. Neurophysiol.*, (1957b), *2:* 673–690.

Dement, W.C., and Wolpert, E.W.: The Relation of Eye Movements, Body Motility and External Stimuly to Dream Content. *J. Exp. Psychol.*, (1958), *55:* 543–553.

Demsey, E.W., and Morison, R.S.: The Electrical Activity of a Thalamocortical System. *Amer. J. Physiol.*, (1942), *138:* 283–296.

Diamond, E(dwin): Schlafen wissenschaftlich: Wie und warum wir träumen. Zsolnay, Wien–Hamburg, 1964.

Dubrovsky, S., and Trustman, R.: Absence of Recall after General Anesthesia – Implication for Theory and Practice. *Anesth. Analg. Curr. Res.*, (1976), *55:* 696–701.

Duensing, F.: *Neurophysiologische und regeltechnische Aspekte des normalen und gestörten Schlafes.* In: Jovanović, U.J.: Der Schlaf – Neurophysiologische Aspekte. J.A. Barth, München, 1969, Seite 137–161.

Duensing, F., und Schaefer, K.P.: Die «locker gekoppelten» Neurone der Formatio reticularis des Rhombencephalons beim vestibulären Nystagmus. *Arch. Psychiat. Zschr. Neurol.*, (1957), *196:* 402–420.

Duensing, F., und Schaefer, K.P.: Über die Konvergenz verschiedener labyrintärer Afferenzen auf einzelne Neurone des Vestibulariskerngebietes. *Arch. Psychiatr. Zschr. Neurol.*, (1959), *199:* 345–371.

Duensing, F., und Schaefer, K.P.: Die Aktivität einzelner Neurone der Formatio reticularis des nicht gefesselten Kaninchens bei Kopfbewegungen und vestibulären Reizen. *Arch. Psychiatr. Zschr. Neurol.*, (1960), *201:* 97–122.

Duensing, F., und Schaefer, K.P.: *Zum Problem der Differenzierung der Neurone in der Formatio reticularis.* Jenenser EEG-Symposium «30 Jahre Elektroencephalographie», VEB-Verlag, Berlin (Ost), 1963.

Emmons, W.H., and Simon, C.W.: Respones to Material Presented During Various Levels of Sleep. *J. Exp. Psychol.*, (1956), *51:* 89–97.

Evans, C.C.: Spontaneous Excitation of the Visual Cortex and Association Areas-Lambda Waves. *Electroenceph. Clin. Neurophysiol.*, (1953), *5:* 69.

Evans, F.J.: Hypnosis. *Sydney Univ. Med. J.*, (1962), *51:* 60–63.

Evans, F.J.: *Hypnosis and Sleep – Techniques for Exploring Cognitive Activity During Sleep.* In: Fromm, E., and Shor, R.E. (Eds.): Hypnosis – Research Developments and Perspectives. Aldine-Atherton, Chicago, 1972, pp. 43–83.

Evans, F.J., Gustafson, L.A., O'Connell, D.N., Orne, M.T., and Shor, R.E.: Response During Sleep with Intervening Waking Amnesia. *Science*, (1966), *152:* 666–667.

Evans, F.J., Gustafson, L.A., O'Connell, D.N., Orne, M.T., and Shor, R.E.: Verbally Induced Behavioral Responses During Sleep. *J. Nerv. Ment. Dis.*, (1970), *150:* 171–187.

Evans, F.J., and Orchard, W.: Sleep Learning – The Successful Waking Recall of Material Presented During Sleep. Meeting of the Association for the Psychophysiological Study of Sleep (APSS), 1969.

Evans, F.J., Reich, L.H., and Orne, M.T.: Optokinetic Nystagmus, Eye Movements, and Hypnotically Induced Hallucinations. *J. Nerv. Ment. Dis.*, (1972), *154:* 419–431.

Ewin, D(abney), M.: *Hypnosis in Surgery and Anesthesia.* In: Wester, W.C. II., and Smith, A.H. Jr. (Eds.): Clinical Hypnosis – A Multidisciplinary Approach. Lippincott, Philadelphia, 1984.
Faithfull, N.S.: Awareness During Anesthesia. *Brit. Med. J.*, (1969), *2:* 117.
Fernandez, H.: Evoked K-Complexes in the Early Stages of Sleep and Their Relations to Visual Images. *Amer. J. EEG Technol.*, (1969), *9:* 18–21.
Fisher, Ch.: *Experimental and Clinical Approaches to the Mind-Body-Problem Through Recent Research in Sleep and Dreaming.* In: Rosenzweig, N., and Griscom, H. (Eds.): Psychopharmacology and Psychotherapy. Sci. Press, New York, N.Y., 1978, pp. 61–99.
Fisher, Ch., Cohen, H.D., Schiavi, R.C., Davis, D., Furman, B., Ward, K., Edwards, A., and Cunningham, J.: Patterns of Female Sexual Arousal During Sleep and Wakefulness: Vaginal Thermo-Conductive Studies. *Arch. Sex. Behav.*, (1983), *12:* 97–122.
Fisher, Ch., and Dement, W.C.: Studies of Psychopathology of Sleep and Dreams. *Amer. J. Psychiat.*, (1963), *119:* 1160–1168.
Fisher, Ch., Gross, J., and Zuch, J.: Cycle of Penile Erections Synchronous with Dreaming (REM Sleep). *Arch. Gen. Psychiat.*, (1965), *12:* 29–45.
Forbes, A., and Morison, B.R.: The Cortical Response to Sensory Stimulation Under Deep Barbiturate Narcosis. *J. Neurophysiol.*, (1939), *2:* 112–128.
Foulkes, D.: *Dreams and Cognitive Development.* In: Koella, W.P., and Levin, P. (Eds.): Sleep 1980. Karger, Basel, 1981, pp. 174–178.
Franke, H(ans): Persönliche Korrespondenz und Zusammenarbeit bei den Untersuchungen von betagten Menschen, 1970/74.
Freud, Sigmund (1856–1939), 1900, 1961: Siehe Kapitel X.
Gastaut, H.: Etude électrique chez l'homme et chez l'animal des décharges épileptiques dites «psychomotrices». *Rev. Neurol.*, (1953a), *88:* 310–352.
Gastaut, Y.: Un single électroencéphalographique peu connu; les pointes occipitales, survenant pendant l'ouverture des yeux. *Rev. Neurol.*, (1951), *84:* 640–643.
Gastaut, Y.: Les pontes négatives évoquées sur le vertex. Leur signification psycho-physiologique et pathologique. *Rev. Neurol.*, (1953b), *89:* 382–399.
Gibbs, F.A., Davis, H., and Lennox, W.G.: The Electroencephalogram in Epilepsy and in Conditions of Impaired Consciousness. *Arch. Neurol. Psychiat.*, (1935), *34:* 1133–1148.
Gibbs, F.A., and Gibbs, E.L.: Atlas of Electroencephalography (2nd Edition), Vol. I, Cambridge/Mass., 1950.
Granda, A., and Hammack, J.: Operant Behavior During Sleep. *Science*, (1961), *133:* 1485–1486.
Grastyán, E.: The Central Nervous System and Behavior. 2nd Macy Conference, 199, Princeton, 1959.
Grastyán, E., Hori, Y., and Roger, A.: Étude électroencéphalographique temporo-spatiale d'un conditionnement monteur chez le chat. 1er Congrès Intern. Sci. Neurol., Bruxelles. *Acta Medica Belg.*, 1957, pp. 464–465.
Grastyán, E., Lissák, K., and Kédesi, F.: Facilitation and Inhibition of Controlled Alimentary and Defensive Reflexes by Stimulation of the Hypothalamus and Reticular Formation. *Acta Physiol. Hung.*, (1956), *9:* 133–151.
Grastyán, E., Lissak, K., Szabo, J., and Vereby, Gy.: *Über die funktionelle Bedeutung des Hippocampus.* In: The Problems of the Modern Physiology of the Nervous and Muscle System. In Honour of Beritashvili. Academy of Sciences of the Georgian SSR, Tbilisi, 1965, pp. 67–80.
Green, J.: Some Observations on Lambda Waves and Peripheral Stimulation. *Electroenceph. Clin. Neurophysiol.*, (1957), *9:* 691.
Grossman, S.P.: A Textbook of Physiological Psychology. Wiley & Sons, New York, N.Y., 1967.
Haggard, H.: Devils, Drugs and Doctors. Harper & Row, New York, N.Y., 1929.
Halberg, F.: Short and Long-Period Rhythms in the Sleep-Wakefulness Pattern. *Neurosci. Res. Program Bull.*, (1966), *4:* 30–33.
Hallam, E., und Weed, S. (1896). Zitiert in: Jovanović, U.J.: Schlaf und Traum. Fischer-Verlag, Stuttgart, 1974.
Hassler, R.: Über die Rinden- und Stammhirnanteile des menschlichen Thalamus. *Psychiat. Neurol. Med. Psychol.*, (1949), *1:* 181–186.
Hassler, R.: Motorische und sensible Effekte umschriebener Reizungen und Ausschaltungen im menschlichen Zwischenhirn. *Dtsch. Zschr. Nervenheilk.*, (1961), *183:* 148.
Hassler, R.: *Limbische und Diencephale Systeme der Affektivität und Psychomotorik.* Symposium «Muskel und Psyche», Wien, 1963, Karger, Basel–New York, 1964a.

Hassler, R.: Zur funktionellen Anatomie des limbischen Systems. *Nervenarzt*, (1964b), *35:* 386.
Hassler, R.: Das Schmerzerlebnis in Abhängigkeit von neuronalen Systemen. Karger, Basel–New York, 1968.
Hernández-Peón, R.: Neurophysiological Mechanisms of Wakefulness and Sleep. *Acta Neurol. Latinoamer.*, (1964), *10:* 18–34.
Hernández-Peón, R.: Die neuralen Grundlagen des Schlafes. *Arzneimittelforschung*, (1965), *15:* 1099–1118.
Hernández-Peón, R.: Cholinergic and Other Humoral Mechanisms – The Problem of Chemical Specifity in the Neural Substratum of the Sleep-Wakefulness Cycle. *Neurosc. Res. Prog. Bull.*, (1966), *4:* 43–47.
Hernández-Peón, R., Scherrer, H., and Velasco, M.: Central Influences on Afferent Conduction in the Somatic and Visual Pathways. *Acta Neurol. Latinoamer.*, (1956), *2:* 8–22.
Hess, R. Jr.: Der paradoxale Schlaf. *Fortschr. Med.*, (1966), *84:* 363–368.
Hess, R. Jr.: Elektroencephalographische Aspekte des Schlafes. In: Jovanović, U. J.: Der Schlaf – Neurophysiologische Aspekte, J. A. Barth, München, 1969, Seite 19–29.
Hess, R. Jr., Koella, W. P., and Akert, K.: Cortical and Subcoritcal Recordings in Natural and Artificially Induced Sleep in Cats. *Electroenceph. Clin. Neurophysiol.*, (1953), *5:* 75–90.
Hess, W(alter) R(udolph): Das Zwischenhirn als Koordinationsorgan. *Helv. Physiol. Acta*, (1943), *1:* 549–565.
Hess, W. R.: Das Schlafsystem als Folge diencephaler Reizung. *Helv. Physiol. Acta*, (1944), *2:* 305–344.
Hess, W. R.: Vegetative Funktionen und Zwischenhirn. *Helv. Physiol. Pharm. Acta*, Suppl. IV, Basel, 1947.
Hess, W. R.: Psychologie in biologischer Sicht. Thieme, Stuttgart, 1962.
Hess, W. R.: Sleep as a Phenomenon of the Integral Organism in Sleep Mechanisms. *Progr. Brain Res.*, (1965), *18:* 3–8.
Hewer, C. L.: Thoughts on Modern Anaesthesia – A Critical Appraisal of Some Aspects of Present-Day Practice. Churchill, London, 1970.
Hilgard, E. R.: Divided Consciousness – Multiple Controls in Human Thought and Action. Wiley, New York, N.Y., 1977.
Hoskovec, J.: Hypnopedia in the Soviet Union: A Critical Review of Recent Major Experiments. *Intern. J. Clin. Exp. Hypnosis*, (1966), *14:* 308–315.
Hutchings, D. D.: The Value of Suggestion Given Under Anesthesia – A Report and Evaluation of 200 Consecutive Cases. *Amer. J. Clin. Hypnosis*, (1961), *4:* 26.
Huttenlocher, P. R.: Evoked and Spontaneous Activity in Single Units of Medial Brain Stem During Natural Sleep and Waking. *J. Neurophysiol.*, (1961), *24:* 451–468.
Jasper, H. H., and Shagass, C.: Conditioning the Occipital Alpha Rhythm in Man. *J. Exp. Psychol.*, (1941), *28:* 373–388.
Johnson, J., and Kitching, R.: A Mechanical Transducer for Phallography. *Biomedical Engeneering*, (1968), pp. 416–418.
Johnson, L. C., and Karpan, W. E.: Automatic Correlates of the Spontaneous K-Complexes. *Psychophysiol.*, (1968), *4:* 442–452.
Jouvet, M.: Mechanisms of the States of Sleep. A Neuropharmacological Approach. In: Kety, S., and Evarts, E. (Eds.): Sleep and Altered States of Consciousness. Association for Research in Nervous and Mental Diseases. New York, 1965a.
Jouvet, M.: Etude de la dualité des états de sommeil et des mécanismes de la phase paradoxale. In: Jouvet, M.: Aspects Anatomo-Fonctionnels de la Physiologie du Sommeil (Symposium), Paris, 1965b, p. 393–442.
Jouvet, M.: Paradoxical Sleep – A Study of its Nature and Mechanisms. In: Akert, K., Bally, C., and Schadé, J. P. (Eds.): Sleep Mechanisms. Elsevier, Amsterdam, 1965c, pp. 20–62.
Jouvet, M.: Neurophysiologische Mechanismen im Schlaf. In: Jovanović, U. J. (Hrsg.): Der Schlaf – Neurophysiologische Mechanismen. J. A. Barth, München, 1969, Seite 103–135.
Jouvet, M.: The Role of Monoamines and Acetylcholine-Containing Neurons in the Regulation of Sleep-Waking Cycle. In: Jouvet, M., and Moruzzi, G. (Eds.): Review Physiol., Vol. 64. Springer, Berlin, 1972, pp. 166–307.
Jovanović, U. J.: *Der normale, abnorme und pathologische Schlaf – Polygraphische Schlafregistrierungen.* 71. Internisten-Kongreß 1965. Verhandlungen der inneren Medizin, München, 1965a, Seite 807–819.

Jovanović, U. J.: Einige Ergänzungen des elektroencephalographischen Schlafschemas. *Med. Klin.*, (1965b), *60:* 2131–2135.
Jovanović, U. J.: Das Elektroencephalogramm des Menschen unter Wirkung von 2-Diäthylamino-5-phenyl-oxazolinon-(4) (Ha 94). *Ärztl. Forsch.*, (1965c), *19:* 640–648.
Jovanović, U. J.: Experimentelle Untersuchungen über die Wirkung des 2-Diäthylamino-5-phenyl-oxazolinon-(4) (Ha 94) auf das Elektroencephalogramm der Epileptiker. *Ärztl. Forsch.*, (1966a), *20:* 98–103.
Jovanović, U. J.: Elektroencephalographische und klinische Betrachtung über die Wirkung des 2-Diäthylamino-5-phenyl-oxazolinon-(4) (Ha 94) bei Menschen. *Ärztl. Forsch.*, (1966b), *20:* 206–216.
Jovanović, U. J.: Die diagnostische Bedeutung des Schlaf-Elektroencephalogramms. *Dtsch. Med. J.*, (1966c), *17:* 212–232.
Jovanović, U. J.: Steuerung des Schlaf-Wach-Rhythmus. *Med. Klin.*, (1966d), *61:* 1813–1817.
Jovanović, U. J.: *Schlaf, Traum und Anpassungsfähigkeit des alternden Menschen.* 7th Intern. Congress of Gerontol., Vienna, June/July, 1966. Congress Proceedings, 1966e, pp. 171–172.
Jovanović, U. J.: Einige Charakteristika des Traumbeginns. *Psychol. Forsch.*, (1967a), *30:* 281–306.
Jovanović, U. J.: *Über den Traumbeginn.* 25. Psychologen-Kongreß. In: Merz, F. (Hrsg.): Bericht über den 25. Kongreß der Deutschen Psychologen. Dr. J. C. Hogrefe, Göttingen, 1967b, Seite 557–562.
Jovanović, U. J.: *Neueste Erforschung des Traumes.* 73. Internisten-Kongreß, Wiesbaden, 1967. J. F. Bergmann, München, 1967c, Seite 665–682.
Jovanović, U. J.: Die Periodik der Erektionen im Schlaf. *Med. Klin.*, (1968), *63:* 923–929.
Jovanović, U. J.: Die subklinische Schlafaktivität im EEG. *Psychiat. Clin. (Schweiz)*, (1969a), *2:* 338–367.
Jovanović, U. J.: *Subklinische Erscheinungsformen der Schlaf-Wach-Aktivität.* In: Jovanović, U. J. (Hrsg.): Der Schlaf – Neurophysiologische Aspekte. J. A. Barth, München, (1969b), Seite 191–206.
Jovanović, U. J.: Der Effekt der ersten Untersuchungsnacht auf die Erektionen im Schlaf. *Psychother. Psychosom.*, (1969c), *17:* 295–308.
Jovanović, U. J. (Hrsg.): Der Schlaf – Neurophysiologische Aspekte. J. A. Barth, München, 1969d.
Jovanović, U. J.: Schlafforschung und ihre klinischen Aspekte. *Nervenarzt*, (1970a), *41:* 5–23.
Jovanović, U. J.: Somnambule psychomotorische Epilepsie. *Dtsch. Zschr. Nervenheilk.*, (1970b), *197:* 181–191.
Jovanović, U. J.: Normal Sleep in Man. Hippokrates-Verlag, Stuttgart, 1971.
Jovanović, U. J.: Sexuelle Reaktionen und Schlafperiodik bei Menschen. Enke, Stuttgart, 1972.
Jovanović, U. J. (Ed.): The Nature of Sleep. Fischer-Verlag, Stuttgart, 1973.
Jovanović, U. J.: Psychomotor Epilepsy – A Polydimensional Study. Charles C. Thomas, Springfield/Ill., 1974a.
Jovanović, U. J.: Schlaf und Traum. Physiologische Grundlagen, Störungen und ihre Behandlung. Fischer-Verlag, Stuttgart, 1974b. (Il sonno e il sogne «Il Pensiero Scientifico» Editore, Roma, 1975).
Jovanović, U. J.: Traumforschung. In: Pongratz, L. (Hrsg.): Handbuch der Psychologie, Band 8/1, Klinische Psychologie, Dr. Hogrefe, Göttingen, 1977.
Jovanović, U. J.: Zur Methodik der Chronopsychologie. Band I und II. Inaug.-Diss. (Philosophie). Univ. Würzburg, 1978.
Jovanović, U. J.: *Biorytmy a seksualność.* In: Imieliński, K. (Ed.): Seksuologia biologiczna. Państ. Wydaw. Naukowe, Warszawa, 1980.
Jovanović, U. J.: *General Considerations of Sleep and Sleep Deprivation.* In: Degen, R., and Niederemeyer, E. (Eds.): Epilepsy, Sleep and Sleep Deprivation. Elsevier, Amsterdam, 1984, pp. 233–247.
Jovanović, U. J.: Psychophysiologie von Schlafen und Wachen. I. Untersuchungen an Gesunden (Arbeitstitel) (In Vorbereitung), 1988.
Jovanović, U. J.: Angewandte und Klinische Hypnose. Fischer-Verlag, Stuttgart (in Vorbereitung), 1989.
Jovanović, U. J., und Günther, H.: Zum Problem der Weckbarkeit aus den REM-Phasen des Schlafes unter der Berücksichtigung des Trauminhaltes. Unpubliziertes Manuskript (in Vorbereitung), 1988.
Jovanović, U. J., Hahn, L., und Dogs, W.: *EEG in Hypnose und Transzendentaler Meditation.* 31. Jahrestagung der Deutschen EEG-Gesellschaft, Göttingen, 9.–11. Oktober, 1986.
Jovanović, U. J., und Müller, H. G.: Die Periodik der Herzfrequenz während des Schlafes Gesunder. Unpubliziertes Manuskript (in Vorbereitung), 1988a.
Jovanović, U. J., und Müller, H. K. M.: Weitere Studien zum Problem der Herzfrequenz im Schlaf Gesunder. Unpubliziertes Manuskript, (in Vorbereitung), 1988b.

Jovanović, U. J., und Pein, B.: Schlaf-EEG bei Bettnässern. Manuskript, 1988.
Jovanović, U. J., und Rathke, W.: Polygraphische Schlafregistrierungen bei Kinder-Bettnässern. Elektroencephalographische Auswertungen. Unpubliziertes Manuskript (in Vorbereitung), 1988.
Jovanović, U. J., und Schäffer, R.: Weitere Studien zur Problematik der Weckbarkeit gesunder Menschen aus dem Schlaf heraus. Unpubliziertes Manuskript (in Vorbereitung), 1988.
Jovanović, U. J., und Seeberg-Elverfeldt, H.: Träge Augenbewegungen (Slow Eye Movements: SEM) im Schlaf gesunder Menschen. Elektrooculographische Registrierungen. Unpubliziertes Manuskript (in Vorbereitung), 1988.
Jovanović, U. J., und Theissen, R.: Weitere Problematik der raschen Augenbewegungen (Rapid Eye Movements: REM) bei gesunden Erwachsenen und Kindern. Unpubliziertes Manuskript (in Vorbereitung), 1988.
Jovanović, U. J., und Völkl, B.: Zur Problematik der K-Komplexe und Beta-Spindeln im EEG während des Schlafes gesunder Menschen. Unpubliziertes Manuskript (in Vorbereitung), 1988.
Jovanović, U. J., und Vorberg, R.: Zur Frage der Schlafmotorik und von motorischen Seitendifferenzen bei gesunden Probanden (in Vorbereitung), 1988.
Jung, R.: Hirnelektrische Untersuchungen über den Elektrokrampf. Die Erregungsabläufe in cortikalen und subkortikalen Hirnregionen bei Katze und Hund. *Arch. Psychiat. Neurol.*, (1949), *183:* 206–244.
Jung, R.: *Hirnpotentialwellen, Neuronenentladungen und Gleichspannungsphänomene.* Jenenser EEG-Symposium 1959. VEB-Verlag, Berlin (Ost), 1963a.
Jung, R.: *Der Schlaf.* In: Monnier, M. (Hrsg.): Physiologie und Pathophysiologie des vegetativen Nervensystems. II. Pathophysiologie. Hippokrates-Verlag, Stuttgart, 1963b, Seite 650–684.
Jung, R.: *Physiologie und Pathophysiologie des Schlafs.* 71. Internisten-Kongreß, Wiesbaden. Verhandlungen der Gesellschaft Inn. Med., München, 1965.
Jung, R., and Kuhlo, W.: *Neurophysiological Studies of Abnormal Night Sleep and the Pickwickian Syndrome.* In: Akert, K., Bally, C., and Schadé, J. P.: Sleep Mechanisms. Progr. Brain Res., Vol. 18, 1965, pp. 140–159.
Kales, A.: Sleep – Physiology and Pathology (Symposium). J. B. Lippincott, Philadelphia–Toronto, 1969.
Karacan, I.: The Effect of Exciting Presleep Events on Dream Reporting and Penile Erections During Sleep. Unpublished Dissertation. New York University, Broooklyn, NY, May 1965.
Karacan, I., Goodenough, D. R., Shapiro, A., and Starker, S.: Erection Cycle During Sleep in Relation to Dream Anxiety. *Arch. Gen. Psychiat.*, (1966), *15:* 183–189.
Karacan, I., Salis, P. J., Thornby, J. I., and Williams, R. L.: The Ontogeny of Nocturnal Penile Tumescence. *Waking and Sleeping*, (1976), *1:* 27–44.
Khil'chenko, A. Ye., Moldacskaya, S. I., Kol'chenko, N. V., and Shevko, G. N.: Issledovanie funktsion 'novo sostoyaniya kory golovnovo mozga u lyudei obuchayushchikhsya metodom gipnopedii (Untersuchungen des funktionellen Zustandes des Neucortex beim menschlichen Denken mit Hilfe von Hypnose). *Vop. Psikhol.*, (1965), *11(4):* 133–139.
Kolough, F. T.: Hypnosis and Surgical Convalescence – A Study of Subjective Factors in Postooperative Recovery. *Amer. J. Clin. Hypnosis*, (1964), *7:* 120–129.
Kornfeld, D. S.: *The Hospital Environment: Its Impact on the Patient.* In: Lipowski, Z. (Ed.): Psychological Aspects of Physical Illness. *Adv. Psychosom. Med.*, (1972), *8:* 252–270.
Koukkou, M., and Lehmann, D.: EEG and Memory Storage in Sleep Experiments with Humans. *Electroenceph. Clin. Neurophysiol.*, (1968), *25:* 455–462.
Koukkou, M., and Lehmann, D.: EEG Correlates of Learning in Sleep Experiments with Humans. *Electroenceph. Clin. Neurophysiol.*, (1970), *28:* 101.
Koukkou, M., and Lehmann, D.: *Human Learning and EEG Analysis in Sleep Experiments.* In: Jovanović, U. J. (Ed.): The Nature of Sleep. Fischer, Stuttgart, 1973, pp. 146–149.
Koukkou, M., Madey, J. M., and Yeager, C. L.: Memory and Vigilance. Spectral EEG Analysis During Learning in Humans. *Electroenceph. Clin. Neurophysiol.*, (1969), *27:* 687.
Kramer, M.: *The Function of Psychological Dreaming – A Preliminary Analysis.* In: Koella, W. P., and Levin, P. (Eds.): Sleep 1980, Karger, Basel, 1981, pp. 182–185.
Kugler, J.: Elektroencephalographie in Klinik und Praxis. Thieme, Stuttgart (2. Auflage), 1966.
Kugler, J.: *Probleme der elektroencephalographischen Schlafdeskription.* In: Jovanović, U. J. (Hrsg.): Der Schlaf – Neurophysiologische Aspekte. J. A. Barth, München, 1969, Seite 31–39.
Kulikov, V. N.: K voprosu o gipnopedii (Zur Frage der Hypnopaedie). *Vop. Psikhol.*, (1964), *10(2):* 87–97.

Labar, P.: L'enurésie nocturne chez l'enfant; premiers essais d'un traitment basé sur la neurophysiologie sommeil. *Acta Neurol. Belg.*, (1965), *65:* 127–133.
Lehmann, D., und Koukkou, M.: Das EEG des Menschen beim Lernen von neuem und unbekanntem Material. *Arch. Psychiat. Nervenkr.*, (1971), *215:* 22–23.
Lehmann, D., und Koukkou, M.: *Learning and EEG During Sleep in Humans.* In: Koella, W.P., and Levin, P. (Eds.): Sleep 19/2. Karger, Basel, 1973, pp. 43–47.
Lehmann, D., und Koukkou, M.: *Dream Formation in a Psychophysiological Model – the State-Change Theory.* In: Koella, W.P., and Levin, P. (Eds.): Sleep 1980. Karger, Basel 1981, pp. 170–174.
Lehmann, K(laus): Persönliche Mitteilung, 1985.
Levinson, B.W.: *States of Awareness During General Anesthesia.* In: Lassner, J. (Ed.): Hypnosis and Psychosomatic Medicine. Springer, New York, N.Y., 1967, pp. 200–207.
Lewis, S.A., Jenkinson, J., and Wilson, H.: An EEG Investigation of Awareness during Anaesthesia. *Brit. J. Psychol.*, (1973), *64:* 413–415.
Lindsley, D.B.: *Sleep.* In: Fields, J. (Ed.): Handbook of Physiology. Amer. Physiol. Soc., Washington, Vol. I, pp. 1553–1593.
Lindsley, D.B., Knowles, W.B., Magoun, H.W., and Schreiner, L.H.: Behavioral and EEG Changes Following Chronic Brain Stem Lesions in the Cat. *Electroenceph. Clin. Neurophysiol.*, (1950), *2:* 483–498.
Loomis, A.L., Harvey, E.N., and Hobart, G.A.: Potential Rhythms of the Cerebral Cortex During Sleep. *Science*, (1935a), *81:* 587–589.
Loomis, A.L., Harvey, E.N., and Hobart, G.A.: Further Observations on the Potential Rhythms of the Cerebral Cortex During Sleep. *Science*, (1935b), *82:* 198–200.
Loomis, A.L., Harvey, E.N., and Hobart, G.A.: Brain Potentials During Hypnosis. *Science*, (1936a), *83:* 239–241.
Loomis, A.L., Harvey, E.N., and Hobart, G.A.: Electrical Potentials of the Human Brain. *J. Exp. Psychol.*, (1936b), *19:* 249–279.
Loomis, A.L., Harvey, E.N., and Hobart, G.A.: Cerebral States During Sleep as Studied by Human Brain Potentials. *J. Exp. Psychol.*, (1937), *21:* 127–144.
Loomis, A.L., Harvey, E.N., and Hobart, G.A.: Distribution of Disturbance-Patterns in the Human EEG with Special Reference to Sleep. *J. Neurophysiol.*, (1938), *1:* 413–430.
MacLean, P.D.: The Limbic System («Visceral Brain») in Relation to Central Gray and Reticulum of the Brain. *Psychosom. Med.*, (1955), *17:* 355–366.
MacLean, P.D.: Chemical and Electrical Stimulation of Hippocampus in Unrestrained Animals. I. Methods and Electroencephalographic Findings. *Arch. Neurol. Psychiat. (Chicago)*, (1957a), *78:* 113–127.
MacLean, P.D.: Chemical and Electrical Stimulation of Hippocampus in Unrestrained Animals. II. Behavioral Findings. *Arch. Neurol. Psychiat. (Chicago)*, (1957b), *78:* 128–142.
MacLean, P.D.: The Limbic System with Resepct to Self-Preservation and the Preservation of the Species. *J. Nerv. Ment. Dis.*, (1958), *127:* 1–11.
MacLean, P.D.: *The Limbic System with Respect to Two Basic Principles.* In: Second Conference on the Central Nervous System and Behavioral Transactions. Joshia Macy, Jr. Foundation, New York, 1959, pp. 31–118.
MacLean, P.D., Dua, S., and Denniston, R.H.: Dien-Mesencephalic Loci Involved in Penile Erection and Seminal Discharge. *Fed. Proc.*, (1961), *20:* 29–55.
MacLean, P.D., and Ploog, D.W.: Cerebral Representation of Penile Erection. *J. Neurophysiol.*, (1962), *25:* 29–55.
MacLean, P.D., Ploog, D.W., and Robinson, B.W.: Circulatory Effects of Limbic Stimulation with Special Reference to the Male Genital Organ. *Physiol. Rev.*, (1960), *40:* 105–112.
MacLean, P.D., Robinson, M.W., and Ploog, D.W.: Experiments on Localization of Genital Function in the Brain. *Trans. Amer. Neurol. Ass.*, (1959), pp. 105–109.
Magnussen, G.: Vasomotorische Veränderungen in den Gliedmaßen bei Schlaf und Schlafbereitschaft. *Nord. Med. (Stockholm)*, (1939), *14:* 39.
Magnussen, G.: Der Mechanismus des normalen Schlafes. *Acta Psychiat. Neurol.*, (1943), *18:* 457.
Magnussen, G.: Studies on the Respiration During Sleep. Nyt Nordisk Forrlag, Arnold Busk, Copenhagen, 1944.
Magoun, H.W.: Caudal and Cephalic Influences of the Brain Stem Reticular Formation. *Physiol. Rev.*, (1950), *30:* 459–474.

Magoun, H.W.: An Ascending Reticular Activating System in the Brain. *Arch. Neurol. Psychiat. (USA)*, (1952), *67:* 145–154.

Magoun, H.W.: The Waking Brain. Charles C. Thomas, Springfield/Ill., 1958.

Magoun, H.W., and Rhines, R.: An Inhibitory Mechanism in the Bulbar Reticular Formation. *J. Neurophysiol.*, (1946), *9:* 165–171.

Maury, L(ouis) A(lfred), 1862: Zitiert bei Jovanović, U.J.: Il sonno e il sogno (Schlaf und Traum). «Il Pensiero Scientifico» Editore, Roma, 1975, p. 62.

McCleary, R.A., and Moore, R.Y.: Subcortical Mechanisms of Behavior. The Psychological Functions of Primitive Parts of the Brain. New York, 1965.

McClure, C.M.: Cardiac Arrest Through Volition. *Calif. Med.*, (1959), *90:* 291.

Meerloo, J.A.M.: Patterns of Panic. Intern. Univ. Press, New York, N.Y., 1950.

Monnier, M.: Actions électro-physiologiques des stimulants du système nerveux central. I. Systèmes adrénergiques, cholinergiques et sérotoniques. *Arch. Intern. Pharmacodyn.*, (1960a), *124:* 281–301.

Monnier, M.: Die Regulierung der Wach- und Schlafzustände als physiologisches Problem. *Schweiz. Med. Wschr.*, (1960b), *49:* 1406–1416.

Monnier, M.: *Der Schlaf als trofotrope Leistung*. In: Monnier, M.: Physiologie und Pathophysiologie des vegetativen Nervensystems, Band I. Hippokrates, Stuttgart, 1962, Seite 263–279.

Monnier, M.: *Biochemische, pharmakologische und humorale Aspekte des Schlaf-Wachseins.* In: Jovanović, U.J. (Hrsg.): Der Schlaf – Neurophysiologische Aspekte. J.A. Barth, 1969, Seite 85–102.

Monnier, M., and Hösli, L.: *Humoral Regulation of Sleep and Wakefulness by Hypnogenic and Activating Dialysable Factors.* In: Akert, K., Bally, C., and Schadé, J.P. (Eds.): Sleep Mechanisms, Vol. 18, 1965, pp. 118–123.

Monroe, W.S., 1905. In: Jovanović, U.J.: Il sonno e il sogno. «Il Pensiero Scientifico» Editore, Roma, 1975, p. 77.

Müller, H.G.: Weitere Untersuchungen der Herzfrequenz im Nachtschlaf gesunder Menschen. Inaug.-Diss., Univ. Würzburg, 1974, 1975a.

Müller, H.K.M.: Die Herzfrequenz im Nachtschlaf gesunder Menschen. Inaug.-Diss., Univ. Würzburg, 1974, 1975b.

Müller-Küppers, M., und Vogel, F.: *Über die Persönlichkeitsstruktur von Trägern einer seltenen erblichen EEG-Variante.* Jahrbuch für Psychol. Psychotherapie und med. Anthropologie, 12. Jahrgang, Heft 1, Seite 75–101, 1965.

Mulholland, T.B.: *The Concept of Attention and the Electroencephalographic Alpha Rhythm.* In: Evans, C.R., and Mulholland, T.B.: Attention in Neurophysiology – An International Conference. Butterworths, London, 1969, pp. 100–127.

Mulholland, T.B., and Peper, E.: Occipital Alpha and Accomodative Vergence, Pursuit Tracking, and Fast Eye Movements. *Psychophysiology*, (1971), *8: 556–575.*

Nauta, W.J.H.: Hypothalamic Regulation of Sleep in Rats. An Experimental Study. *J. Neurophysiol.*, (1946), *9:* 285–316.

Nauta, W.J.H.: Hippocampal Projections and Related Neural Pathways to the Midbrain in the Cat. *Brain*, (1958), *81:* 319–340.

Nauta, W.J.H., and Domesick, V.B.: *Ramifications of the Limbic System.* In: Matthysse, S.: Psychiatry and the Biology of the Human Brain. Elsevier/North Holl. Biomed. Press, Amsterdam, 1981, pp. 165–188.

Nayrac, P., and Beaussart, M.: Concerning 4 c/sec Rhythms in the Posterior Head Regions in Old Head Injuries. *Electroenceph. Clin. Neurophysiol.*, (1956a), *8:* 730–731.

Nayrac, P., and Beaussart, M.: A Propos de rhythmes à 4/sec postérieurs chez les anciens traumaticés cranies. *Rev. Neurol.*, (1956b), *94:* 849.

Niedermeyer, E., and Lentz, W.J.: Dreaming in Non-REM Sleep. A Preliminary Study of Brief Diurnal Sleep in the Clinical EEG Laboratory. *Waking and Sleeping*, (1976), *1:* 49–51.

Ohlmeyer, P., und Brilmeyer, H.: Periodische Vorgänge im Schlaf. *Pflügers Arch. Ges. Physiol.*, (1947), *252:* 249–250.

Ohlmeyer, P., Brilmayer, H., und Hullstrung, H.: Periodische Vorgänge im Schlaf. *Pflügers Arch. Ges. Physiol.*, (1944), *248: 559–560.*

Orthner, H.: *Neuroanatomische Gesichtspunkte der Schlaf-Wach-Regelung.* In: Jovanović, U.J. (Hrsg.): Der Schlaf – Neurophysiologische Aspekte. J.A. Barth, München, 1969, Seite 49–84.

Pampiglione, G.: Some Observations on the Variability of Evoked EEG Activity. *Elektroenceph. Clin. Neurophysiol.*, (1953), *5:* 123.

Pampiglione, G., and Ackner, G.: The Effects of Repeated Stimuli Upon EEG and Vasomotor Activity During Sleep in Man. *Brain*, (1958), *81:* 64–74.

Pearson, R.E.: Response to Suggestions Given Under General Anesthesia. *Amer. J. Clin. Hypnosis*, (1961), *4:* 106–114.

Pein, B.: Die ultradiane Periodik der bioelektrischen Hirnaktivität im Schlaf bei kindlichen Bettnässern. Inaug.-Diss., Univ. Würzburg, 1977.

Pelletier, K.R.: Neurological, Psychophysiological, and Clinical Differentiation of the Alpha and Theta Altered States of Consciousness. Doctoral Dissertation, Univ. Calif. at Berkeley. Ann. Arbor. Mich. Microfilm, 1974, No. 74–14, 806.

Pelletier, K.R., and Peper, E.: Developing a Biofeedback Model – Alpha EEG Feedback as a Means for Pain Control. *Intern. J. Clin. Exp. Hypnosis*, (1977), *25:* 361–371.

Peper, E.: Reduction of Efferent Motor Commands During Alpha Feedback as a Facilitator of EEG Alpha and a Precondition for Changes in Consciousness. *Kybernetik*, (1971), *9:* 226–231.

Peper, E., and Mulholland, T.: Methodological and Theoretical Problems in the Voluntary Control of Electroencephalographic Occipital Alpha by the Subjects. *Kybernetik*, (1970), *7:* 10–13.

Pflanz, M., und Schrader, A.: Experimentelle Untersuchungen über den Einfluß zentraler Stimulantien auf das Elektroencephalogramm des Menschen. *Klin. Wschr.*, (1959), *37:* 483.

Philipp, M.: Die psychoanalytische Persönlichkeitstheorie. In: Peters, U.H. (Hrsg.): Psychiatrie, Band 2, Beltz, 1983, Seite 113–126.

Pierce, C.M., Maas, J.W., Gay, M.I., and Whitman, R.M.: Enuresis and Dreaming. *Arch. Gen. Psychiat.*, (1961), *4:* 116–170.

Pierce, S., and Morley, S.: An Experimental Investigation of Pain Production in Headache Patients. *Brit. J. Clin. Hypnosis*, (1981), *21:* 134.

Pollini, S.J., and Peper, E.: 18-hz Beta Activity – Recording Limitations, Problems, and Subjective Reports. *Biofeed. Self-Regul.*, (1976), *1:* 338–339.

Popoviciu, L., and Szabó, L.: Clinical, Electroencephalographic and polygraphic Studies of Sleep in Nonconvulsive Nocturnal Episodic Manifestation. In: Jovanović, U.J.: The Nature of Sleep. Fischer-Verlag, Stuttgart, 1973, pp. 221–226.

Radtke, W.: *Nervenarzt*, (1960), *3:* 136. Zitiert in Jovanović, U.J. (1966a).

Raginsky, B.B.: Temporary Cardiac Arrest Induced Under Hypnosis. *Intern. J. Clin. Exp. Hypnosis*, (1959), *7:* 53.

Rathke, W.: Zum Problem des Schlafprofils bei kindlichen Bettnässern. Inaug.-Diss., Univ. Würzburg, 1976.

Rechtschaffen, A.: The Effect of Amphetamine on the Sleep Cycle. *Electroenceph. Clin. Neurophysiol.*, (1964), *16:* 438–445.

Rechtschaffen, A., and Kales, A.: A Manual of Standardized Terminology. Technique and Scoring System for Sleep Stages in Human Subjects. Public Health Service, U.S. Government Printing Office, Washington, D.C., 1968.

Richter, C.P.: On the Phenomenon of Sudden Death in Animals and Man. *Psychosom. Med.*, (1957), *19:* 191.

Roffwarg, H., Dement, W.C., and Fisher, C.: *Preliminary Observations of the Sleep-Dream Pattern in Neonates, Infants, Children and Adults.* In: Harms, E. (Ed.): Monograph in Child Psychiatry, New York, 1964, Vol. II, pp. 60–72.

Roffwarg et al., 1966 und 1978. Siehe Kapitel XXII.

Rosner, B.S., and Clark, D.L.: Neurophysiologic Effects of General Anesthetics: II. Sequential Regional Actions in the Brain. *Anesthesiology*, (1973), *39:* 59–81.

Roth, B.: Narkolepsie und Hypersomnie. VEB-Verlag, Berlin (Ost), 1962.

Roth, M., and Green, J.: The Lambda Wave as a Normal Physiological Phenomenon in the Human EEG. *Nature*, (1953), *172:* 864–866.

Roth, M., Shaw, J., and Green, J.: The Form, Voltage Distribution and Physiological Significance of the K-Complex. *Electroenceph. Clin. Neurophysiol.*, (1956), *8:* 385–402.

Rubin, F.: Learning and Sleep. The Theory and Practice of Hypnopaedia. John Wright & Sons, Bristol, 1971.

Rýzl, M: Nutzen Sie Ihre phänomenalen Kräfte. Ariston, Genf, 1985 (siehe auch Kapitel II).

Schiff, S.: The EEG, Eye Movements and Dreaming in Adult Enuresis. *J. Nerv. Ment. Dis.*, (1965), *140:* 397–404.

Schiff, S., Bunney, W.E., and Freedman, D.: A Study of Ocular Movements in Hypnotically Induced Dreams. *J. Nerv. Ment. Dis.*, (1961), *133: 59–68.*

Schmidt, R.F.: *Integrative Leistungen des Zentralnervensystems.* In: Schmidt, R.F., und Thews (Hrsg.): Physiologie des Menschen (23. Auflage), 1987, Seite 132–175.

Scollo-Lavizzari, G., Hess, R., und Guggenheim, P.: Hirnelektrische Reizantworten im Schlaf. *Schweiz. Arch. Neurol. Neurochir. Psychiatr.*, (1966), *98:* 47–55.

Shaw, J., and Roth, M.: Potential Distribution Analysis. I. A New Technique for the Analysis of Electrophysiological Phenomena. *Electroenceph. Clin. Neurophysiol.*, (1955a), *7:* 273–284.

Shaw, J., and Roth, M.: Potential Distribution Analysis. II. A Theoretical Consideration of its Significance in Terms of Electrical Field Theory. *Electroenceph. Clin. Neurophysiol.*, (1955b), *7:* 285–292.

Simon, C.W., and Emmons, W.H.: Learning During Sleep? *Psychol. Bull.*, (1955), *52:* 328–342.

Simon, C.W., and Emmons, W.H.: EEG, Consciousness, and Sleep. *Science*, (1956), *124:* 1066–1069.

Simon, R.P., Gershon, M.D., and Brooks, D.C.: The Role of the Raphé Nuclei in the Regulation of Ponto-Geniculo-Occipital Wave Activity. *Brain Res.*, (1973), *58:* 313–330.

Sirna, A.: An Electroencephalographic Study of the Hypnotic Dream. *J. Psychol.*, (1945), *20:* 109–113.

Snyder, F.: The New Biology of Dreaming. *Arch. Gen. Psychiat.*, (1963), *8:* 381–391.

Stacher, G., and Fink, G.: Die Motilität des Verdauungstraktes im Schlaf. In: Jovanović, U.J.: The Nature of Sleep. Fischer-Verlag, Stuttgart, 1973, Seite 59–62.

Stegat, H.: Enuresis – Behandlung des Bettnässens. Springer-Verlag, Berlin–Heidelberg–New York, 1973.

Stephan, H.: Die kortikalen Anteile des limbischen Systems. *Nervenarzt*, (1964), *35:* 396.

Stephenson, H.E. Jr.: Cardiac Arrest and Resuscitation (3rd Edition). C.V. Mosby, St. Louis, 1969.

Svyadoshch, A.M.: Vospriayatie rechi vo vremya estestvennovo sna (Aufnahme/Perception von Sprache während des natürlichen Schlafes). Kandidatskaya dissertatsiya, Univ. Leningrad, 1940.

Svyadoshch, A.M.: Vospriyatie i zapominanie rechi vo vremya estestvennova sna (Aufnahme/Perception und Rückerinnerung von Sprache während des natürlichen Schlafes). *Vop. Psikhol.*, (1962), *8(1):* 65–80.

Svyadoshch, A.M.: K istorii gipnopedii (Geschichte der Hypnopaedie). *Vop. Psikhol.*, (1965), *11(3):* 147–149.

Tart, C.T.: A Comparison of Suggested Dreams Occurring in Hypnosis and Sleep. *Intern. J. Clin. Exp. Hypnosis*, (1964), *12:* 263–289.

Tart, C.T. (Ed.): Altered States of Consciousness – A Book of Readings. Wiley & Sons, New York, N.Y., 1969.

Thornton, J.A., and Levi, C.J.: Techniques of Anaesthesia – With Management of the Patients and Intensive Care. Chapman and Hall, London, 1974.

Tokizone, T.: *Hypnothalamic Control of Cortical Activity and Some Observations During Different Stages of Sleep.* In: Jouvet, M.: Aspects Anatomo-Fonctionnels de la Physiologie du Sommeil (A Symposium), Paris, 1965, pp. 151–184.

Trustman, R., Dubrovsky, S., and Titley, R.: Auditory Perception During General Anesthesia – Myth or Fact? *Intern. J. Clin. Exp. Hypnosis*, (1977), *25:* 88–105.

Valatx, J.L., Jouvet, D., et Jouvet, M.: Evolution électroencéphalographique des differents états de sommeil chez le chaton. *Electroenceph. Clin. Neurophysiol.*, (1964), *17:* 218–233.

Vetter, K., und Böcker, W.: Zur Funktion des K-Komplexes im Schlaf-Elektroencephalogramm. *Nervenarzt*, (1962), *9:* 390–394.

Vetter, K., und Böcker, W.: Die Analyse von Einschlaf- und Schlaf-Elektroencephalogrammen. *Psychiat. Neurol. (Schweiz)*, (1964), *147:* 30–43.

Völkl, B(ertram): Beziehungen von K-Komplexen und Beta-Spindeln im Schlafelektroencephalogramm des Menschen zu Traumphasen. Inaug. Diss., Univ. Würzburg, 1974.

Vogel, F.: Genetische Aspekte des Elektroencephalogramms. *Dtsch. Med. Wschr.*, (1963), *36:* 1748–1759.

Vogel, F., Götze, W., und Kubicki, St.: Der Wert von Familienuntersuchungen für die Beurteilung des Niederspannungs-EEG nach geschlossenem Schädeltrauma. *Dtsch. Zschr. Nervenheilk.*, (1961), *182:* 337–354.

Walter, W.G.: The Living Brain. Gerald Duckworth and Co., London, 1953.

Werth, D., zitiert in Jovanović, 1988.

Wilson, J., and Turner, D.: Awareness During Caesarean Section Under General Anaesthesia. *Brit. Med. J.*, (1969), *1:* 280–283.
Wolfe, L.S., and Millet, J.B.: Control of Postoperative Pain by Suggestion Under General Anesthesia. *Amer. J. Clin. Hypnosis*, (1960), *3:* 109–111.
Zavalova, N.D., Zukhar', V.P., i Petrov, Y. A.: K probleme gipnopedii (Zu Problemen der Hypnopaedie). *Vop. Psikhol.*, (1964), *10(2):* 98–102.
Zukhar', V.P., Kaplan, Ye. Ya., Maksimov, Yu. A., i Pushkina, I.P.: Opyt provedeniya kollektivnoi gipnopedii (Ein Experiment mit Gruppen-Hypnopaedie). *Vop. Psikhol.*, (1965), *11(1):* 143–148.

XXVII. Doloanxiologische Aspekte

1. Begriffe und Definitionen

Zur Vervollständigung der Hypnosethematik und auch als Basis für unsere weiteren Studien (Jovanović, 1989) muß auf das Problem von *Schmerzen* (Dolores) (siehe dazu Kapitel IX.4.2.4.20) und *Angstsyndromen* (Anxiety, Anxiety Syndroms) (siehe dazu Kapitel IX. 4.2.4.21) gesondert und ergänzend (zu den Kapiteln IX, X und XXV) hingewiesen werden. In Verbindung mit Schmerzen, Angstzuständen und Hypnose sind sogar gewisse Hypnosetheorien entworfen worden (siehe Kapitel XV, HP-043, Kapitel XXVIII sowie Ewin, 1984; Hilgard und Hilgard, 1975, 1983).

2. Hypnose und Dolorogie

Ähnlich wie bei Schlaf (Kapitel XXII) und Angst (siehe unten) haben wir auch für Schmerzen *keine universelle Definition.* Nach Elton et al. (1983) sei *der Schmerz eine komplexe multidimensionale Sensation, welche neurologische, biochemische, persönliche sowie psychosoziale Variablen aufweist.* Brain (1972) beklagte sich, daß gegenwärtig nur eine dürftige Deskription des Schmerzes vorliege. Statt diesen zu definieren, beschränke man sich auf die *Deskription der Wege, auf denen der Schmerz entstehe.* Schmerz sei in seinem Erlebnisaspekt stets real, häufig von existenzieller Bedrohung gefolgt (Strian, 1983a, b, c). «*Der Schmerz ist ein Übel, das eine Oppositionsstellung gegenüber dem Leben einnimmt, ein Hinweis und eine Bedrohung zugleich. Er wirft den Menschen beiseite wie eine erbärmliche Kreatur, die tausendmal nacheinander stirbt.*» (Buytendijk, 1955, 1956, 1962). Nach Beecher (1968) enthält der Schmerz *zwei Komponenten:* (a) *die Sinneskomponente* und (b) *die Reaktionskomponente.* Richard A. Sternbach (1968, 1974a, b) versuchte den Schmerz als eine Sensation zu definieren, *die durch die Excitation der sensiblen Nerven entsteht und die ein unangenehmes Gefühl mit sich bringt.*
Nach Melzack (1973) ist der Schmerz ein *komplexes Phänomen, das verschiedene sensitive, affektive und Motivationsdimensionen hat.* Der Schmerz ist demnach nicht nur die Sache des Empfindens und «... er hat eine eigenartige, sehr unangenehme affektive Qualität, die ... eine unmittelbare Aufmerksamkeit auf sich lenkt und somit das laufende Verhalten und den Gedankengang unterbricht. Er motiviert oder treibt den Organismus zur Aktivität, die den Schmerz sofort oder so schnell wie möglich ausschaltet ...». Eine andere Definition stammt von Merskey (1975) sowie Merskey und Spear (1967). Sie besagt, der Schmerz sei «... eine unangenehme Erfahrung, die primär mit der Gewebeschädigung verbunden ist ...». Liebeskind und Paul (1977) unterschieden zwischen den «*sensory-discriminative*» und den «*motivational-affective*» Komponenten. Auch «physiological» versus «psychological», «organic» versus «functional» werden erwähnt.
Literaturübersichten auf diesem Gebiet stammen von Bakan (1968), Birbaumer (1973a, b), Buytendijk (1962), Sternbach (1968, 1974a, b), Wolff und Wolf (1958) und vielen anderen. Melzack (1971) sowie Melzack und Mitarbeiter (Melzack und Casey, 1968, 1970; Melzack und Perry, 1975; Melzack und Torgerson, 1971; Melzack und Wall, 1965, 1968, 1970, 1983) haben sich in den letzten Jahren sehr intensiv mit der Schmerzproblematik befaßt. Die Schule um Hilgard (Hilgard, 1967, 1969, 1971, 1975a, b, 1976, 1977; Hilgard und Hilgard, 1983;

Hilgard und LeBaron, 1984) hat auf dem Gebiet der *experimentellen Schmerzen, deren Messung und Hypnotherapie* sehr wertvolle Beiträge geleistet. Die Monographien von Elton et al. (1977, 1978, 1983), Hilgard und Hilgard (1975, 1983) sowie Hilgard und LeBaron (1984) haben wir auch in Kapitel II erwähnt.

3. Hypnose und Anxiologie

Auch das Angstproblem wird im Detail später (Jovanović, 1989) behandelt. Einiges davon wurde bereits in den Kapiteln IX und X diskutiert.

Die Definition der Angst ist sehr schwierig. Wie bei den anderen *Konstrukten* muß man auch hier mit einigen Definitionsversuchen arbeiten. Eugene E. Levitt (1967, 1979) hat sich bemüht, die Definitionen zu interpretieren. Nach Webster (1956) ist die Angst «*eine qualvolle innere Unruhe wegen eines drohenden oder befürchteten Unheils . . .*». Die *American Psychiatric Association (APA)* definiert die Angst als «*ein Gefahrensignal, welches der bewußte Teil der Persönlichkeit fühlt und wahrnimmt. Es wird hervorgerufen durch ein Gefühl des Bedrohtseins innerhalb der Persönlichkeit . . . mit oder ohne Stimulation durch . . . äußere Situationen.*» Diese Definition setzt aber voraus, daß die Person die Angst bewußt wahrnimmt und erlebt, was nicht immer der Fall ist. English und English (1958) sprachen davon, daß die Angst «*ein unangenehmer emotionaler Zustand, in welchem ein augenblicklicher und fortdauernder starker Wunsch oder Trieb nicht zum Ziel zu gelangen droht; eine Mischung aus Furcht und dem Vorgefühl künftigen Unheils; eine deutlich empfundene und andauernde Furcht von geringer Intensität; ein Gefühl der besonders furchterregenden Bedrohung (ist), ohne daß der Betreffende genau angeben könnte, worin diese Bedrohung eigentlich besteht.*» Eine andere Definition der Angst lautet «*. . . die Angst (ist) ein unangenehmer Gefühlszustand, der deutlich von anderen Gefühlzuständen zu unterscheiden ist und physiologische Begleiterscheinungen hat. Über diese allgemeine Grundbedeutung hinaus besitzt der Begriff jedoch noch andere Nuancen und Bedeutungsschattierungen, die jeweils von der besonderen theoretischen Einstellung und den Arbeitskriterien der einzelnen Forscher abhängen.*» (Ruebush, 1963). Diese letzte «Definition» ist die schwächste. Außer dem Wort «unangenehm» ist nirgends etwas erwähnt worden, was auf die Angst hinweisen würde. Auch *Freude* ist ein *Gefühlszustand, der sich deutlich von anderen Gefühlszuständen unterscheidet und physiologische Begleiterscheinungen hat.*

In diese Verlegenheit geraten, versucht Levitt (1967, 1979), einen Nenner zu finden und sagt: «Offenbar kann man einfach sagen, daß Angst ziemlich das gleiche wie Furcht ist. Dementsprechend kann man die allgemeine Grundbedeutung für das, was man allgemein unter dem Konstrukt Angst versteht, festlegen. *Furcht* ist eine universale, persönliche Erfahrung. Jeder von uns kennt die Furcht aus seinem eigenen Leben. Oder man könnte sie auch, grob gesagt, als einen komplexen Zustand bezeichnen, der durch ein subjektives Gefühl der Beunruhigung und eine erhöhte physiologische Reaktivität gekennzeichnet ist.»

Bis Anfang der vierziger Jahre des 20. Jahrhunderts war das Studium der Angst weitgehend die Domäne psychoanalytischer Beobachtungen. Erst seit dieser Zeit begann auch die medizinische Testpsychologie sich zunehmend für diesen Forschungsgegenstand zu interessieren. Seit den fünfziger Jahren hat sich die empirische psychologische Persönlichkeitsforschung diesem Problem zugewandt, und zwar mit besonderer Intensität, wie selten bei einem anderen Gegenstand. Diese zunehmende Entwicklung hat gegenwärtig ihren Niederschlag in enorm vielen wissenschaftlichen Arbeiten gefunden, darunter eine Vielzahl von *Literaturübersichten*, eine Reihe von *Monographien* (Cattell und Scheier, 1961; Krohne, 1975, 1976; Levitt, 1967, 1979; Marks, 1969, 1975, 1981 a, b; Schubert, 1978; Schubert und Jovanović, 1973) und *Sammelbänden* (Birbaumer, 1973 a, b; Kielholz, 1967; Spielberger, 1966, 1972). Durch die eng damit verbundene *Emotions-, Aktivierungs- und Streßforschung* tritt gegenwärtig eine beträchtliche Erweiterung des Forschungsgebietes ein (Appely und Trumbull, 1967; Black, 1970; Bottenberg, 1972; Claridge, 1967; Duffy, 1962; Lazarus, 1966; Levi, 1972; McQuade und Aikman, 1974; Sarason und Spielberger, 1975; Selye, 1956a, b, 1974; Strian, 1983a; Zuckerman, 1976).

Trotz einer Vielfalt von Beiträgen bestehen gegenwärtig unterschiedliche Theorien zur Genese von Angst. In der Forschung existiert zudem noch kaum einmal die semantische Unterscheidung zwischen *Angst*, *Furcht* und *Streß* (Levitt, 1967, 1979). Markante Positionen werden durch *psychoanalytische*, *lerntheoretische*, *kognitionstheoretische* und *aktivierungstheoretische Erklärungsansätze* geliefert. Dabei ist naheliegend, daß die unterschiedlichen theoretischen Modelle mit ihren spezifischen Methoden unterschiedliche Definitionen von Angst hervorbringen. Man kann davon ausgehen, daß die verschiedenen Ansätze bei der Bestimmung von Angst mehr oder weniger umfassende Teilaspekte klären, die aber allgemein genommen den Gegenstand brauchbar beschreiben. Einigkeit besteht weitgehend darin, vier Merkmale zur Definition von Angst einzubeziehen (Schubert, 1978):

(a) Angst ist die *Reaktion* auf eine Gefährdung oder deren Erwartung.
(b) Angst wird als *unangenehm* empfunden.
(c) Im psychischen Bereich wirkt sich Angst in der Regel auf das *kognitive*, *emotionale* und *motorische Verhalten* aus.
(d) Angst bewirkt eine Erhöhung des *physiologischen* Aktivierungsniveaus (Gärtner-Harnach, 1976), insbesondere im *vegetativen* Bereich.

Zentrale Aspekte der Angst scheinen Erregung und der begleitende negative Affekt zu sein. Nach Krohne (1975) ist *Angst eine spezielle Emotion angesichts der Wahrnehmung einer bedrohlichen Situation*. Damit ist Angst letztlich ein Spezialfall von Erregung. Charakteristisch für die neueren Ansätze zur Definition von Angst ist eine Forderung, Angst angesichts der generellen Unbestimmtheit des Emotionsbegriffes nicht länger nur im Kontext der Emotionsforschung zu behandeln. *«Vielmehr erscheint es zweckmäßig, das Angstkonzept auf der einen Seite direkt an die physiologische Erregungsforschung, andererseits an kognitive Handlungstheorien anzuschließen.»* (Krohne, 1975, 1976).

Ein wichtiger Beitrag zur Erforschung von Angst ist ihre Klassifikation nach dem *Zustand (state anxiety)* und nach der *Eigenschaft bzw. Dispostion (trait anxiety)* (Cattel und Scheier, 1961; Schubert, 1978; Spielberger, 1966, 1971). Die Angsteigenschaft wird auch als *Ängstlichkeit*, *Angstneigung* oder *Angstbereitschaft* bezeichnet. In ihr kommt eine erhöhte Verhaltenswahrscheinlichkeit zum Ausdruck, die als eine erworbene oder konstitutionelle Verhaltenstendenz aufzufassen ist. Das besagt aber nicht, daß dispositionelle Angstneigung in ihrer Intensität nicht modifizierbar wäre. Die Erfolge verhaltenstherapeutischer Verfahren geben hierzu fundierte Belege (Birbaumer, 1973a). Für die empirische Erforschung der Angst dürfte eine strenge Beibehaltung der Unterscheidung nach *state* und *trait* zu einer Auflösung der noch von Sarason und Smith (1971) beklagten Konfusion in den Forschungsergebnissen führen. Im deutschsprachigen Raum ist eine entsprechende begriffliche Gegenüberstellung von Angst und Furcht schon seit langem üblich (Fröhlich, 1965). Neuere Arbeiten bieten demgegenüber nützliche inhaltliche Unterscheidungskriterien, nämlich zwischen den *Bedingungen* und den *Konsequenzen* dieser beiden Konstrukte (Epstein, 1967, 1972; Krohne, 1975, 1976; Lazarus und Averill, 1972).

Angst, Furcht und Schrecken werden zusammenfassend als *gefahrenbezogene Emotionen bezeichnet, welche die Fluchtmotive aktivieren. Ärger* sowie *Zorn* und *Wut* können ebenfalls als gefahrenbezogene Emotionen betrachtet werden, doch werden hierbei *Aggressionsmotive* geweckt (Krohne, 1975). *Angst als Konstrukt* läßt sich wesentlich durch eine spezifische Merkmalskonstellation auf *zwei* Indikationsebenen messen und beschreiben:

(a) *Auf der verbal-subjektiven (kognitiven) Erlebnisebene:* durch psychologische Tests, Skalierungsverfahren oder Befragungen zur Erfassung kognitiver, motivationaler und emotionaler Prozesse.
(b) *Auf der physiologischen Ebene:* durch Messung zentraler und/oder peripherer physiologischer Größen (Elektroencephalogramm, Herzfrequenz, Blutdruck, Atemfrequenz, Hautwiderstand u.a.).

Noch näher läßt sich an dieser Stelle nicht auf das Problem eingehen. Eine ausgedehnte Literaturübersicht geben wir später (Jovanović, 1989).

4. Zusammenfassung und Schlußfolgerungen

Als Ergänzung, Vervollständigung, als Basis für ein weiteres Studium (Jovanović, 1989), *als sehr wichtige Indikationen für die Hypnotherapie, aber auch im Hinblick auf die mit Schmerzen und Angst verbundenen Hypnosetheorien* (siehe Kapitel XXVIII) wurde das Problem dieser beiden Konstrukte gesondert aufgeworfen. Beide haben *eine reelle und eine Erlebniskomponente.* Bei beiden ist die Bedrohung und Warnung vor Gefahren im Spiel. Ihre Bedeutung für den Menschen und ihre Komplexität erfordern eine ausführliche separate Abhandlung, auf die soeben hingewiesen wurde.

5. Literaturverzeichnis

Appely, H.M., Trumbull, R. (Eds.): Psychological Stress – Issues in Research. Appelton Cent. Crofts Publ., New York, N.Y., 1967.

Bakan, D.: Disease, Pain, and Sacrifice. Univ. Chicago Press, Chicago/Ill., 1968.

Beecher, H.K.: *The Measurements of Pain in Man.* In: Soulairac, A., Cahn, J., and Charpentier, J. (Eds.): Pain. Acad. Press, London, 1968.

Behar, J., Biancani, P., and Zabinski, M.P.: Characterization of Feline Gastroduadenal Junction by Neural and Hormonal Stimulation. *Amer. J. Physiol.*, (1979), *236:* 45–51.

Birbaumer, N. (Hsg.): Neuropsychologie der Angst. Urban & Schwarzenberg, München, 1973a.

Birbaumer, N.: *Angst als Forschungsgegenstand der experimentellen Psychologie.* In: Birbaumer, N. (Hsg.): Neuropsychologie der Angst. Urban & Schwarzenberg, München, 1973b, Seite 1–10.

Black, P. (Ed.): Physiological Correlates of Emotions. Academic Press, New York, N.Y., 1970.

Bottenberg, E.H.: Emotionspsychologie. Goldmann, München, 1972.

Brain, L(ord): *Pressidential Address.* In: Keele, C.A., and Smith, R. (Eds.): The Assessment of Pain in Man and Animals. Livingstone, Edinburgh, 1972.

Buytendijk, F.J.J.: Pain – Its Modes and Functions. Univ. Chicago Press Chicago/Ill., 1962 (Siehe auch: Über den Schmerz, *Psyche*, 1955/56, *9:* 436–452).

Cattel, R.B., Scheier, I.H.: The Meaning and Measurements of Neuroticism and Anxiety. Ronald Press, New York, N.Y., 1961.

Claridge, G.S.: Personality and Arousal. Pergamon Press, London, 1967.

Duffy, E.: Activation and Behavior. Wiley, New York, N.Y., 1962.

Elton, D., Burrows, G.D., and Stanley, G.V.: Psychological Control of Pain. *Austral. J. Clin. Hypnosis*, (1977), *5:* 12–24.

Elton, D., Burrows, G.D., and Stanley, G.V.: Relaxation – Theory and Practice. *Austral. J. Physiother.*, (1978), *24:* 143–149.

Elton, D., Stanley, G.V., and Burrows, G.D.: Psychological Control of Pain. Grune & Stratton, New York, N.Y., 1983.

English, H.B., and English, A.C.: A Comprehensive Dictionary of Psychological and Psychoanalytical Terms. Longmans & Green, New York, N.Y., 1958.

Epstein, S.: *Towards a Unified Theory of Anxiety.* In: Maher, B.A. (Ed.): Progress in Experimental Personality Research. Vol. IV. Academ. Press, New York, 1967, pp. 2–65 (Deutsch: Versuch einer Theorie der Angst. In: Birbaumer, N. (Hsg.): Neuropsychologie der Angst. Urban & Schwarzenberg, 1973, Seite 184–241).

Epstein, S.: *The Nature of Anxiety with Emphasis Upon its Relationship to Expectancy.* In: Spiegelberger, C.D. (Ed.): Anxiety – Current Trends in Theory and Research, Vol. 2. Acad. Press, New York, N.Y., 1972, pp. 292–338.

Ewin, D(abney), M.: *Hypnosis in Surgery and Anesthesia.* In: Wester, W.C. II., and Smith, A.H. Jr. (Eds.): Clinical Hypnosis – A Multidisciplinaryy Approach. Lippincott, Philadelphia, 1984, pp. 210–235.

Fröhlich, W.D.: *Angst und Furcht.* In: Thomae, H. (Hsg.): Handbuch der Psychologie, Band I., Halbband 2: Motivation. Hogrefe, Göttingen, 1965, Seite 513–568.

Gärtner-Harnach, V.: Angst und Leistung (3. Auflage). Beltz, Weinheim–Basel, 1976.

Hilgard, E.R.: A Quantitative Study of Pain and Its Reduction Through Hypnotic Suggestion. *Proc. Nat. Acad. Sci.*, (1967), *57:* 1581–1586.

Hilgard, E.R.: Pain as a Puzzle for Psychology and Physiology. *Amer. Psychol.*, (1969), *24:* 103–113.

Hilgard, E.R.: Pain – Its Reduction and Production Under Hypnosis. *Proc. Amer. Philosoph. Soc.*, (1971), *155:* 470–476.

Hilgard, E.R.: The Alleviation of Pain by Hypnosis. *Pain*, (1975a), *1:* 207.

Hilgard, E.R.: Hypnosis. *Ann. Rev. Psychol.*, (1975b), *26:* 19–44.

Hilgard, E.R.: *Pain Perception in Man.* In: Held, R.M., Leibowitz, H.W., and Teuber, H.L. (Eds.): Handbook of Sensory Physiology, Vol. 8. Springer, New York, N.Y., 1976.

Hilgard, E.R.: Divided Consciousness – Multiple Controls in Human Thought and Action, Wiley, New York, N.Y., 1977.

Hilgard, E.R., and Hilgard, J.R.: Hypnosis in the Relief of Pain. Kaufmann, Los Altos/Cal., 1975, 1983.

Hilgard, J.R., and LeBaron, S.: Hypnotherapy of Pain in Children with Cancer. Kaufmann, Los Altos/Cal., 1984.

Jovanović, U.J.: Angewandte und Klinische Hypnose (In Vorbereitung) (voraussichtlich) Fischer-Verlag, Stuttgart, 1989.

Kielholz, P. (Hsg.): Angst. Lehmann, München, 1967.

Krohne, H.W.: Angst und Angstverarbeitung. Kohlhammer, Stuttgart, 1975.

Krohne, H.W.: Theorien der Angst. Kohlhammer, Stuttgart, 1976.

Lazarus, R.S.: Psychological Stress and the Coping Process. McGraw-Hill, New York, N.Y., 1966.

Lazarus, R.S., and Averill, J.R.: *Emotion and Cognition – With Special Reference to Anxiety.* In: Spielberger, C.D. (Ed.): Anxiety. Current Trends in Theory and Research, Vol. II. Academic Press, New York, N.Y., 1972, pp. 241–283.

Levi, L.: Stress and Distress in Response to Psychosocial Stimuli. Pergamon Press, Oxford–New York, 1972.

Levitt, E.E.: Die Psychologie der Angst. Kohlhammer, Stuttgart, 1967, 1979.

Liebeskind, J.C., and Paul, L.A.: Psychological and Physiological Mechanisms of Pain. *Ann. Rev. Psychol.*, (1977), *28:* 41–60.

Marks, I.M.: Fears and Phobias. Academic Press, London–New York, 1969.

Marks, I.M.: *Behavioral Treatment of Phobic and Obsessive Compulsive Disorders – A Critical Appraisal.* In: Hersen, M., Eisler, R.M., and Miller, M. (Eds.): Progress in Behavior Modification. Academic Press, New York, N.Y., 1975, pp. 66–158.

Marks, I.M.: Review of Behavioral Psychotherapy. I. Obsessive-Compulsive Disorders. *Amer. J. Psychiat.*, (1981a), *138:* 584–592.

Marks, I.M.: Review of Behavioral Psychotherapy. II. Sexual Disorders. *Amer. J. Psychiat.*, (1981b), *138:* 750–756.

McQuade, W., and Aikman, A.: Stress. Dutton, New York, N.Y., 1974.

Melzack, R.: Phantom Limb Pain – Implications for Treatment of Pathological Pain. *Anesthesiology*, (1971), *35:* 409–419.

Melzack, R.: The Puzzle of Pain. Harmondsworth, Middlesex, 1973.

Melzack, R., and Casey, K.L.: *Sensory, Motivational, and Central Control Mechanisms of Pain – A New Conceptual Model.* In: Kenshalo, D. (Ed.): The Skin Senses. Thomas, Springfield/Ill., 1968, pp. 423–439.
Melzack, R., and Casey, K.L.: *The Affective Dimension of Pain.* In: Arnold, M. (Ed.): Feeling and Emotion. Academic Press, New York, N.Y., 1970, pp. 55–68.
Melzack, R., and Perry, C.: Self-Regulation of Pain: Use of Alpha Feedback and Hypnotic Training for Control of Chronic Pain. *Exp. Neurol.*, (1975), *46:* 452–469.
Melzack, R., and Torgerson, W.S.: On the Language of Pain. *Anesthesiology*, (1971), *34:* 50–59.
Melzack, R., and Wall, P.D.: Pain Mechanisms – A New Theory of Pain. *Science*, (1965), *150:* 971–979.
Melzack, R., and Wall, P.D.: *Gate Control Theory of Pain.* In: Soulairac, A., Cahn, J., and Charpentier, J. (Eds.): Pain. Academic Press, London, 1968, pp. 11–200.
Melzack, R., and Wall, P.D.: Psychophysiology of Pain. *Intern. Anesthesiol. Clin.*, (1970), *8:* 3–34.
Melzack, R., and Wall, P.D.: *The Challenge of Pain.* Basic Books, New York, N.Y., 1983.
Merskey, H.: *Psychological Aspects of Pain.* In: Weisenberg, M. (Ed.): Pain – Clinical and Experimental Perspectives. C.V. Mosby, St. Louis, 1975.
Merskey, H., and Spear, F.S.: Pain – Psychological and Psychiatric Perspectives. Ballière, Tindall & Cassel, London. Williams & Wilkins, Baltimore, 1967.
Ruebush, B.K.: *Anxiety.* In: Stevenson, H.W., Kagan, J., and Spiker, C. (Eds.): Child Psychology – The Sixty-Second Yearbook of the National Society for the Study of Education. Univ. Chicago Press, Chicago/Ill., 1963.
Sarason, I.G., and Smith, P.: Personality. *Ann. Rev. Psychol.*, (1971), *22:* 393–446.
Sarason, I.G., and Spielberger, C.D. (Eds.): Stress and Anxiety, Vol. I., Hemisphere, New York, N.Y., 1975.
Schubert, F.Ch.: Psychophysiologisches Schlafverhalten in differentieller Abhängigkeit von Stimmungslagen und Persönlichkeitseigenschaften. Inaug.-Diss., Univ. Würzburg, 1978.
Schubert, F.Ch., and Jovanović, U.J.: *Sleep Behavior – Especially Falling Asleep and Awakening During the Night in Adults in Relation to Personality Variables.* In: Jovanović, U.J. (Ed.): The Nature of Sleep. Fischer, Stuttgart, 1973, pp. 123–126.
Selye, H.: Stress and Disease. McGraw-Hill, New York, N.Y., 1956a.
Selye, H.: The Stress of Life. McGraw-Hill, New York, N.Y., 1956b.
Selye, H.: Streß, Bewältigung und Lebensgewinn. Piper, München, 1974.
Spielberger, C.D.: *The Effects of Anxiety on Complex Learning and Academic Achievement.* In: Spielberger, C.D. (Ed.): Anxiety and Behavior. Academic Press, New York, N.Y., 1966, pp. 361–398.
Spielberger, C.D.: Anxiety as an Emotional State. In: Anxiety – Current Trends in Theory and Research, Vol. I. Academic Press, New York, N.Y., (1972), pp. 23–49.
Sternbach, R.A.: Pain – A Psychophysiological Analysis. Academic Press, New York, N.Y., 1968.
Sternbach, R.A.: Pain Patients – Traits and Treatment. Academic Press, New York, N.Y., 1974a.
Sternbach, R.A. (Ed.): The Psychology of Pain. Raven Press, New York, N.Y., 1974b.
Strian, F.: Angst – Grundlagen und Klinik. Springer, Berlin, 1983a.
Strian, F.: *Neurophysiologie der Angst.* In: Strian, F.: Angst, Springer, Berlin–Heidelberg–New York–Tokyo, 1983b.
Strian, F.: *Klinik der Angst.* In: Strian, F.: Angst. Springer, Berlin, 1983c.
Webster's New Collegiate Dictionary. Merriam, Springfield/Mass., 1956.
Wolff, H.G., and Wolf, S.: Pain (2nd Edition). Thomas Springfield/Ill., 1958.
Zuckerman, M.: *Sensation Seeking and Anxiety, Traits and States, as Determinants of Behavior in Novel Situations.* In: Sarason, I.G., and Spielberger, C.D. (Eds.): Stress and Anxiety, Vol. 3. Hemisphere, New York, N.Y., 1976, pp. 141–170.

XXVIII. Theorien der Hypnose im engeren Sinne

1. Vorbemerkungen zur Begriffsbildung

Die Problematik der Theorien generell und die der Hypnose speziell wurde bereits in Kapitel I angeschnitten (Paradigma 14). Dort, wo es viele Theorien gibt, könne nach den dortigen Ausführungen keine als allgemeingültig aufgefaßt werden. In den Kapiteln III–VI wurden weitere Elemente der phänomenologischen Entstehung der Hypnose hervorgehoben. Als Abschluß dieser Kapitel befaßten wir uns in Kapitel VII mit vorläufigen Anschauungen *zur Entstehung der Hypnose als (Natur)Phänomen.* Weitere theoretische Auseinandersetzungen kamen in Kapitel VIII zur Sprache, als es um den Übergang der Anschauungen vom mineralischen zum *animalischen Magnetismus* und später um die Frage der *Einbildung* ging. Theorien der Hypnose, die sich mit *psychologischen* Momenten auseinandersetzen, wurden ziemlich ausführlich in Kapitel IX diskutiert. Die *psychoanalytischen* Theorien, ihre Vorstellungen zu Psychoanalyse/Psychotherapie und Hypnose-Theorie waren sodann in Kapitel X an der Tagesordnung. Ergänzungen zur Symptomatik der Hypnose, die auch zur Hypnosetheorie führen, wurden in den Kapiteln XXI–XXIII besprochen. Und schließlich wurden zahlreiche psychophysiologische Phänomene, Theorien und Hypothesen in Kapitel XXIV, sodann in Kapitel XXV, aber auch in den Kapiteln XXVI und XXVII gestreift.

Man könnte somit auf eine Darstellung der Hypnose-Theorien in einem separaten Kapitel verzichten. Da es jedoch bereits an der Zeit ist, daß wir uns dem Ende unserer Abhandlung nähern, kann allmählich an eine *zusammengefaßte Interpretation* gedacht werden. So gesehen hat auch das Kapitel XXVIII seine Berechtigung. Und das Kapitel XXX hat dann die Aufgabe, nach der Kenntnisnahme der noch anstehenden Probleme in Kapitel XXIX, eine abschließende eigene Auffassung zum ganzen Problem zu äußern.

Angesichts der skizzierten Problematik seien die in der Literatur vorgetragenen Hypnosetheorien in Gruppen zusammengefaßt, und zwar in (siehe dazu Ellenberger, 1970, 1973; Kroger, 1977):

(a) *biologische*, (b) *physiologische*, (c) *psychologische*, (d) *psychophysiologische*, (e) *psychoanalytische*, (f) *psychopathologische*, (g) *Informationstheorien* und (h) *Kombinationstheorien.*

2. Biologische Theorien

Die biologischen Theorien wurden meist aus dem *Verhalten der Tiere in der Hypnose* (animalische Hypnose, Tierhypnose) abgeleitet (Schilder, 1922; Svorad, 1956; Völgyesi, 1963, 1967; u.v.a.; siehe Kapitel III und VII). Aus diesem Grunde wurde auch von den *atavistischen* oder *Immobilisationstheorien* gesprochen. Der *Atavismus als Rückfall in den primitiven Urzustand* kann nicht im ganzen angenommen werden, weil dieser nur in *Ausnahmefällen* vorkommt. Die Hypnose müßte – wenn man sie mit Atavismus erklären wollte – *in Einzelfällen zu beobachten sein*, und auch dann *als etwas Pathologisches, Abnormes, was nicht brauchbar und nützlich wäre.*

Mit der *Immobilisationstheorie* steht es ganz anders (Chertok, 1973; Kroger, 1977; Kroger und Freed, 1956, 1962; Meares, 1960; Sarbin, 1950). Nach I.P. Pawlow (1849–1936) stellt die Hypnose bei Tieren einen *Selbsterhaltungsreflex* dar. Es handele sich dabei um einen

Zustand der Grenzhemmung, so daß sich das Tier weder durch Kampf noch durch Flucht aus der Gefahr retten könne. Wenn z.B. das Tier sein Heil nicht im Kampf oder in der Flucht suchen könne, verhalte es sich regungslos (immobilisiert), *um nicht durch seine Bewegungen die Angreifer zu reizen*. Dazu muß jedoch gesagt werden, daß die Tiere bei Experimenten von Pawlow in eine Art Schlafzustand verfielen, wenn bedingte Reflexe eingeübt wurden. Die experimentelle Einübung von bedingten Reflexen war *nicht ganz und immer mit einer Lebensbedrohung durchgeführt worden*. Sigmund Freud (1856–1939) vertrat eine ähnliche Meinung – ohne sich mit Tierexperimenten befaßt zu haben. Die Hypnose enthalte nach ihm *einen Zusatz von Lähmung aus dem Verhältnis eines Übermächtigen zu einem Ohnmächtigen, Hilflosen, was etwa zur Schreckhypnose der Tiere überleite*. Auch aus dieser Meinung heraus hat vielleicht S. Freud eine negative Einstellung zur Humanhypnose eingenommen. Mangold (1928) und Svorad (1956) weisen jedoch darauf hin, *daß der Erstarrungsreflex bei gewissen Tieren keinerlei praktischen Sinn habe, während andere, die ihn brauchen könnten, nicht darüber verfügten* (z.B. *Scarites lavigatus:* Laufkäfer). Und bei einigen Gliederfüßlern (z.B. *Neheria psammodes:* Bombardierkäfer) wirke sich dieser Reflex sogar nachteilig aus. Mit dieser Meinung stimmt auch Chertok (1973) überein.

Die *Natur der Hypnose* führt zu einem weiteren theoretischen Problem. Bei ihren Erläuterungen haben sich die Autoren für die eine oder die andere Hypnose entschieden oder geben dem einen oder dem anderen Aspekt den Vorzug; die einen dem *emotionalen Aspekt* (Angst, Unterwerfung etc.), die anderen dem *neurophysiologischen Aspekt* (tonischer Reflex, kortikale Hemmung etc.) (Chertok, 1973). Keine dieser Erklärungen kann jedoch befriedigen, wenn sie mehr oder weniger *einseitig* betrachtet werden. *Sie ziehen im übrigen eine starre Grenze zwischen den psychischen und den physiologischen Faktoren*. Einen *synthetischen* Standpunkt nehmen Schilder (1922, 1956, 1973), Schilder und Kauders (1926) ein. Auch sie billigen den physiologischen Faktoren eine gebührende Rolle zu, betonen aber, daß diese *nicht allein* wirken können. Man könne z.B. nicht mit Sicherheit sagen, ob die motorische Hemmung bei den Tieren nur motorisch sei oder mit Abänderungen des Psychischen verbunden ist. Auch in der menschlichen Hypnose ist ein Ineinandergreifen von psychischen und physiologischen Momenten zu verzeichnen. Die zuletzt erwähnten Autoren sind der Meinung, *daß trotz vieler Verschiedenheiten, die auf unterschiedliche Hirnorganisationen zurückzuführen seien, eine grundsätzliche Identität zwischen der Humanhypnose und Animalhypnose besteht* (siehe Kapitel VII). Nach unserer Meinung müßte der Mensch *bei einer gänzlichen Trennung der Tier- und Humanhypnose diese von woanders erworben haben*. Eine solche Vorstellung brächte uns entschieden mehr Deutungsschwierigkeiten der Hypnosephänomene.

Schilder (1922) eröffnete mit seinen Anschauungen eine neue Perspektive in der Deutung der menschlichen Hypnose, da er sowohl *der Motivation als auch dem Physischen (dem organischen Substrat) eine Beachtung beimißt*. Hartmann (1939, 1958) gab dann der *Psychoanalyse* eine neue Interpretation, indem er *das Ich* und damit den *Körper* im Verhältnis zu den *Kräften* der *Instinkte* aufwertete. Diese Neuordnung wirkte sich nach Chertok (1973) auf die Hypnosetherapie aus und ist besonders in den Arbeiten von Gill und Brenman (1959, 1977) zu finden. Die beiden Autoren zogen ebenfalls eine *Synthese* – ohne die die Hypnose nicht funktionieren und nicht erklärt werden kann – *aus den psychoanalytischen Vorstellungen von der Psychologie des Ichs und aus einigen neuen Theorien über die experimentelle Psychologie*. Die Hypnose sei für sie ein *Regressionsprozeß* – worüber beim Problem der Hypnose fortwährend gesprochen wird – der durch *physiologische* (sensorisch-motorische Deprivation) oder durch *psychische Komponenten* ausgelöst werden könne. Zwar haben Gill und Brenman (1959, 1977) bei Ihrer Deutung die Tierhypnose nicht oft erwähnt, doch geht dieser Bezug aus dem Text der Erklärung eindeutig hervor. Kubie und Margolin (1944) gingen von der Beobachtung I.P. Pawlows aus, daß jede Beeinträchtigung der motorischen Aktivität beim Tier der erste Schritt zum Einnehmen der hypnotischen Muskelstarre sei.

Daraus zogen Kubie und Margolin (1944) sowie Kubie (1972) die theoretische Konsequenz, die besagt, *daß auch der Hypnotisand, auf den man einen langen und festen Blick richte, in einer ähnlichen Lage sei wie ein Tier, das man daran hindere, den Kopf zu bewegen.* Diese Argumentation nahmen Gill und Brenman (1955, 1977) zum Anlaß, *eine Verbindung zwischen der Tierhypnose und Humanhypnose* herzustellen, und zwar *über jenen Mechanismus im Organismus, der lebenswichtige Bedeutung für die Aufrechterhaltung des Kontaktes zu den Umweltreizen habe.* Nach Chertok (1973) gibt es auch einen anderen interessanten Ausgangspunkt, von dem man zu einer neuen Formulierung der Tierhypnose gelangen könne. In dieser Formulierung erscheine ihm die *momentane Situation* wichtig, d.h. *die Veränderung, die in den physischen und emotionalen Beziehungen des Tieres zu seiner Umwelt erfolge.* Als Folge verschiedener Manipulationen, die man mit ihm vornehme, befinde sich das Tier gewissermaßen in einem Zusatnd *sensorischer Deprivation*, auf den es durch eine *Starre* reagiere (Kapitel III), eine Unbeweglichkeit zeige, die als *regressiv* angesehen werden könne. Festzustellen sei dabei, daß der Entzug der Bewegungsfreiheit nicht immer genüge, um die hypnotische Starre herbeizuführen. Dazu müsse manchmal das Tier auch in eine unbequeme Lage gebracht werden. *Die Lage bewirke beim Tier eine Veränderung seiner gewohnten Existenz, was dem psychischen Streß gleichkomme.*

Die Hypnose-Theorien diskutierend, stellt Chertok (1973, S. 76f.) nun folgende Vorstellung zur Diskussion: «Der Hypnosezustand beim Tier ist ein durch Unbeweglichkeit und Starre regressiver Natur charakterisiertes Verhalten des Tieres. Man kann dieses Verhalten durch verschiedene Verfahren herbeiführen, durch die man das Tier in eine ungewohnte Situation oder Lage bringt und die alle das Ziel haben, den normalen Ablauf des sensorisch-motorischen und emotionalen Austausches zwischen dem Tier und seiner Umwelt zu ändern. Wenn man in der Rangordnung der Tiere weiter nach oben geht, spielen die *emotionalen Faktoren* (die zweifellos in elementarster Form auch schon bei niederen Tieren zur Wirkung kommen) mit zunehmender Entwicklung der Psyche eine immer bedeutendere Rolle bei der Induktion der Hypnose. Dies besagt, daß auch beim Menschen die sensorische Deprivation als solche bedeutungsvoll bleibt.» Außerdem benötige nach Chertok (1973, 1982) *jedes Lebewesen in allen Fällen eine Austauschströmung zur Umwelt, und wenn diese Strömung unterbrochen oder verändert werde, könne das betreffende Lebewesen durch Annahme einer regressiven Haltung reagieren. Genau dies geschehe in der Tierhypnose, ebenso in der Humanhypnose. Auf dieser Übereinstimmung der Situation beruhe die grundlegende Gleichheit der beiden Hypnoseformen. Der phylogenetische Werdegang, angefangen von den Insekten über Amphibien, Reptilien, Vögel, Säugetiere, Affen* (wegen der Wichtigkeit sind die Affen hier aus der Reihe der Säugetiere kurzfristig herausgenommen) *bis zu den Menschen* (Schema 3) *ist der Garant für diesen Vergleich.* Der Mensch gehe in seiner Hypnose also «zurück zu den Ursprüngen» (Chertok, 1973, 1982) des eigenen Ichs.

Zur Immobilisationstheorie wollen wir auch eigene Erfahrungen anführen. Im Mai 1964 haben wir mit *polygraphischen nächtlichen Registrierungen des Schlafes* (EEG, EOG, EKG, EMG, Respiration, GHR etc.) (Jovanović, 1964 bis 1986) (Literatur s. Kapitel XXIII–XXVI) bei Patienten begonnen. Es wurden im ersten Registrierjahr 71 (davon 56 auswertbare) psychiatrisch-neurologisch Kranke (Neurosen, Schizophrenien paranoid-halluzinatorischen und katatonen Formenkreises, Epilepsien des Aufwach- und Schlafepilepsieformenkreises, endogene Depressionen, Manien, verschiedene Schlafstörungen) im Vergleich mit Gesunden mit *Nadelelektroden* in einer ganzen Nacht ununterbrochen für *die Dauer von mindestens 8 Stunden* beobachtet (PR-I-1-194; PR-II-1-194 und PR-III-1-108-1964). Die 32 Nadelelektroden wurden abends in die Kopfhaut eingepflanzt und morgens herausgenommen. Wegen der Verletzungsgefahr wurden die Patienten vor dem Registrierbeginn angewiesen, sich möglichst wenig oder gar nicht zu bewegen. Bei jeder, auch der kleinsten Bewegung wurden nämlich die *Nadelelektroden* in eine andere Position gebracht, so daß dabei *Schmerzen und Blutungen* verursacht werden konnten. Diese Art von Elektroden war nicht ganz angenehm; wegen der

Wichtigkeit der Erfassung der bioelektrischen Hirnpotentiale mußte man sie trotzdem anwenden. *Zu unserer Überraschung schliefen die sonst nach ihren eigenen Angaben und nach klinischen Befunden stark schlafgestörten Patienten enorm rasch ein und schliefen die ganze Nacht hindurch, ohne irgendwelche Schlafstörungen aufzuweisen.* Bei den späteren Kontrollen, bei denen bereits *Klebeelektroden* entwickelt und angewandt worden waren, haben wir bei den gleichen Kranken und auch bei anderen Patienten aus dem gleichen Diagnosekreis *erhebliche Schlafstörungen* feststellen können. *Bei paranoid-halluzinatorischen Patienten und bei Neurotikern (Kernneurose) konnte sogar ein Schlaf von nur 4–20 Minuten für die ganze Nacht registriert werden.* Die Patienten waren auch motorisch unruhig. Wieder wurden *probeweise* bei einigen von ihnen (Jovanović, 1989) Nadelelektroden angewandt; *es wurde erneut ein normales Einschlafen und ein unauffälliger Schlaf registriert.* Was ist also die Ursache dieser Resultate? *Die Patienten waren durch die Anwendung der Nadelelektroden im wahrsten Sinne des Wortes immobilisiert.* Sie wurden dazu verhaltensmäßig direkt beobachtet; auch dabei verhielten sie sich bei Anwendung von Nadelelektroden ruhig und schliefen; bei Klebeelektroden hingegen waren sie unruhig und schlaflos. *Das Immobilisieren führt demzufolge zum Schlaf. Auch bei Hypnotherapie der Schlafstörungen wird von uns und fremden Autoren eine Immobilisierung der Glieder suggeriert* (Jovanović, 1989). Obwohl die Hypnose kein Schlaf im eigentlichen Sinne des Wortes ist, können die eben erwähnten Befunde analog verwertet werden.

3. Physiologische Theorien

3.1 Schlaftheorien der Hypnose

Nach Pawlow (1957) – und auch nach Kubie und Margolin (1944) sowie Platonow (1959) – stellt die Hypnose einen *partiellen Schlaf* dar (Kapitel VIII). Die Hypnose erfasse demnach die Hirnrinde nicht gleichmäßig – wie etwa beim Schlaf. Pawlow (1957) unterscheidet beim hypnotischen Schlaf (a) *ein ausgleichendes*, (b) *ein paradoxes*, (c) *ein ultraparadoxes* und (d) *ein narkotisches Stadium* (Roth, 1962). Der Wechsel der Stadien sei nach Platonow (1959) bei der Entwicklung eines hypnotischen Zustandes wesentlich langsamer als beim physiologischen Schlaf. *Dabei bleibe der hypnotische Zustand auf einem bestimmten Stadium stehen, ohne weiter fortschreiten zu können.* Im hypnotischen Zustand befinde sich demnach der größte Teil der Hirnrinde des Hypnotisanden *im Zustand der Hemmung*, während manche Bezirke der Hirnrinde nicht gehemmt werden. Der hypnotische *Rapport* wird von Pawlow (1849–1936) so gedeutet, daß der Hypnotisand den nicht gehemmten Teil des Cortex «benutze» und so mit dem Hypnotiseur in Kontakt stehe, während er auf andere Reize nicht reagiere. Die isolierten Bereiche der Hirnrinde unterliegen in diesem Zustand nicht dem Einfluß der übrigen kortikalen Teile. Dadurch wird «jeglicher konkurrierende Einfluß aller anderen, ob simultan oder alternierend, Spuren eines Reizes ausgeschlossen» (Roth, 1962). In den oberflächlichen Stadien der Hypnose ließen sich bedingte Reflexe entwickeln und festigen. Die elektroencephalographischen Befunde entsprechen dem Wachzustand (Kapitel XXIV). Roth (1962, Seite 54) deutet dies als «gut verständlich, wenn wir uns darüber klar sind, daß die Hypnose einen partiellen Schlaf darstellt, wobei der Umfang und die Intensität der Hemmung kleiner sind als im natürlichen Schlaf.»

Diese Theorie von Pawlow ist nicht ganz leicht mit der früheren von Abbé Faria (1756–1819) in Einklang zu bringen. Denn der *sommeil lucide* von Faria ist kaum gleich dem *partiellen Schlaf* nach Pawlow. Auch James Braid (1795–1860) (Kapitel VIII.14.6) sprach zwar am Beginn seiner Forschung von *Neurohypnotismus*, d.h. von einer organischen (physiologischen) Ursache der Hypnose. Dabei wurde jedoch nicht an das gedacht, was Pawlow später den partiellen Schlaf nannte. Auch von Liébeault (1823–1904) und Bernheim (1840–1919) wurde oft von Hypnose als Schlaf gesprochen.

Bereits Hippokrates (Literatur in Jovanović, 1988a, siehe Kapitel XXIV) hielt eine Blutveränderung im Gehirn als Folge des Schlafes für möglich. Unter dem Einfluß von Avicenna (980–1037) folgerte Thomas Willis (1664), der Schlaf sei ein *Zustand der Hyperämie* des Gehirns. J.E. Purkinje (1846) behauptete, der Schlaf sei ein Zustand der *Hyperämie* der basalen Ganglien des Gehirnes, die dann während des Schlafes einer Desafferentiation gegenüber dem Neocortex unterzogen werden. Dadurch entstünde eine *Anämie* der kortikalen Hirnteile, die von sich aus zum Schlaf führe. Angelo Mosso (1882) meinte, der Schlaf sei ein Zustand der Senkung der Hirndurchblutung. *Alle diese Veränderungen konnten in Hypnose nicht gefunden werden.* Darüberhinaus haben wir in Kapitel IX.2 davon gesprochen, *daß die Hypnose das Resultat einer Suggestion ist.* Ist es so, dann können auch die physiologischen Veränderungen (de)suggeriert werden; viele Autoren suggerieren bei der Hypnose-Induktion: «... das Blut sinkt in die unteren Körperteile, das Blut verlagert sich tief in die unteren Körperteile ... der Kopf ist ganz blutleer ...» (Kapitel XV). Folgt man den Suggestionen, dann wird das Gehirn anämisch. Folgt man ihnen nicht, dann fragt man sich, warum man dies suggeriert. Wenn aber die Hypnose durch eine Blutstromveränderung im Gehirn auftritt, was passiert dann, wenn ein Hypnotiseur, in Unkenntnis dieser Veränderung, eine andere Suggestion erteilt?

Über diese Überlegungen hinaus konnten McCranie et al. (1955) im EEG während des Wachzustandes und in der Hypnose keine Veränderungen nachweisen. In jeder Ermüdung, die zum Schlaf führt, und in jedem natürlichen Schlaf wird jedoch eine massive Veränderung im EEG beobachtet (Jovanović, 1971, 1974; Kapitel XXIV). Dittborn und O'Connell (1967) konnten weder Schlafmuster im EEG noch eine Antwort im Schlaf-EEG finden, wenn dieses zur Hypnotisierbarkeit in Verbindung gebracht wurde. Doch konnten fünf als hoch suggestibel angesehene Vpn eine Art von Dissoziation zwischen dem Schlaf-EEG und Verhaltens- bzw. subjektiv erlebtem Schlaf aufweisen. Auch Lerner (1963) sah bei hypnotisierten Vpn weder Zeichen des Schlafes im EEG noch irgendwelche Veränderungen des normalen Bewußtseinszustandes, obwohl bei einigen Probanden gewisse Ähnlichkeiten in dieser Richtung nicht ausgeschlossen werden konnten. Schwartz et al. (1955) berichteten, daß *Wachsein und Hypnose* identische EEG-Muster haben, jedoch werden nach entsprechenden Suggestionen typische Schlafmuster beobachtet. Die Phänomene des Einschlafens sind zwar äußerlich denen bei Hypnotisanden am Beginn der Hypnose-Induktion gleich, doch kann diese *äußerliche* Ähnlichkeit nicht zu einer Theorie erhoben werden. Wie wir dem Kapitel XXII entnehmen können, unterscheiden sich die eigenen elektroencephalographischen Befunde während der Hypnose allein, während Hypnose mit nachfolgender oder vorausgehender transzendentaler Meditation, mit transzendentaler oder konzentrativer Meditation allein von denen im natürlichen und suggerierten Schlaf. Auch andere beruhigende Zustände wie transzendentale oder konzentrative Meditation sind der Hypnose nach dem EEG nicht ähnlich. Die Hypnose ist diesen Befunden zufolge ein *Phänomen für sich und kann somit global mit einem anderen in Verbindung gebracht jedoch durch ein anderes nicht restlos ersetzt werden* (Literaturangaben siehe Kapitel XXII–XXVI).

Auch an dieser Stelle wollen wir eigene Erfahrungen zum Problem nochmals in Erinnerung rufen. Vor rund 22 Jahren haben wir (Jovanović, 1964, 1966, 1967) auf die *subklinischen Formen des Somnambulismus* hingewiesen (Literatur siehe Kapitel XXII–XXVI). Dies wurde auch in den Befunden, aber auch in Kapitel XXIII.5 hervorgehoben. Im Klartext bedeutet dies, daß man in der Nacht im Tiefschlaf plötzlich kontinuierliche *Alpha-Wellen im EEG* findet, die unmittelbar aus einem Delta-Wellen-Schlaf-EEG entstehen (innerhalb von einem Bruchteil von Sekunden) und ebenso plötzlich, nach über 20 Sekunden oder mehr, in den Delta-Rhythmus *zurückkehren* (siehe Abb. 18). Beim gleichen Probanden können diese

Alpha-Wellen von gleicher Frequenz und Amplitude während des *manifesten* Schlafwandelns (Wandeln aus dem Schlaf heraus) beobachtet werden (Abb. 17). Soviel wir nachgeprüft haben, hat man bis heute keine EEG-Registrierungen in einem artifiziellen Somnambulismus vorgenommen. Unsere EEG-Befunde während der Hypnose (Kapitel XXII.3) deuten jedoch darauf hin, *daß alle Menschen dazu tendieren, während der Hypnose aus einem variaten EEG* (EEG außerhalb des Durchschnittes) *in den normalen Alpha-Wellen-Rhythmus im EEG zu kommen.* Diese Alpha-Rhythmen im EEG sind denen während des Wandelns aus dem Schlaf heraus sehr ähnlich oder morphologisch identisch. Von da aus müßte man Überlegungen anstellen, *ob nicht etwa die Hypnose oder der Somnambulismus in der Hypnose dem Somnambulismus aus dem Schlaf heraus gleich oder ähnlich ist.* Darüber wird unten noch gesprochen (siehe Kapitel XXX).

3.2 Hypnose als Zustand

Bei den Theorien der Hypnose als Zustand oder Trance (Erickson, 1977; Hilgard und Hilgard, 1975; Orne, 1971) dreht man sich wieder im Kreis. Welches Phänomen könnte nicht auch als Zustand angesehen werden? Die meisten Forscher, einschließlich Kroger (1977), nehmen die Existenz eines Hypnosezustandes zur Kenntnis. Die Hypnose wird als eine *Eigenschaft der positiven hypnotischen Reaktion* angesehen, die eine gewisse fluktuierende Reaktionsbereitschaft aufweist (Hilgard und Hilgard, 1975; Kroger, 1977). Um die Reaktion auf die Suggestionen des Hypnotiseurs von dem mit dem Hypnosezustand assoziierten Verhalten zu unterscheiden, verglich Orne eine Gruppe von Vpn mit einer Gruppe von unempfindlichen Kontroll-Personen, die das Verhalten eines Tiefhypnotisierten nachahmen sollten (instructed simulators) (Orne, 1959, 1980). Die Vpn zeigten eine erhöhte Toleranz dem Schmerz gegenüber, waren bereitwilliger, posthypnotische Handlungen durchzuführen und wurden langsamer dehypnotisiert. Evans und Orne (1971) zeigten, daß die Vpn langsamer in die Realität zurückkehrten. Die *instructed simulators* reagierten sehr rasch, als man einen Stromausfall im Gebäude vortäuschte (Evans und Orne, 1971). Sheehan (1971) fand ähnliche Unterschiede zwischen den Hypnotisierten und Simulierenden. *Die Hypnose sei demzufolge ein Zustand, der sich langsam auflöse* (Bowers, 1973; Evans und Orne, 1971; McDonald und Smith, 1975). Zu diesem Problem wurde in den Kapiteln III, VII, IX, XXIII und XXIV andeutungsweise gesprochen. Die im Anschluß an dieses Kapitel fehlenden Literaturangaben sind dort zu finden.

4. Psychologische Theorien

Diese Theorien legen viel mehr Wert auf die psychologischen Faktoren der Hypnose, *die in der Sprache der Rollen-Definition, Erwartung, Motivation und psychischen Mechanismen der psychoanalytischen Theorie ausgedrückt werden*, als auf die physiologischen oder nervlichen Veränderungen, die in der Hypnose vorkommen.

4.1 Konditionierte Reaktionen

Als Erweiterung der klassischen Modelle der konditionierten Reaktions-Theorie schlagen einige Autoren vor, die Hypnose als eine «verallgemeinerte Konditionierung» zu erklären. Solche Theorien betrachten die *Stimulusworte der Trance-Induktion* als einen *konditionier-*

ten Stimulus. Diese Idee war von zentraler Bedeutung für Hulls Theorie der *Hypersuggestibilität* (1933) sowie Welchs *«abstrakte Konditionierung»*. Der Begriff der abstrakten Konditionierung wurde von Corn-Becker et al. (1959) experimentell bearbeitet. Die Autoren glaubten, daß jeder Mensch durch *Erfahrung* lernt, *daß das, was eine Autorität behauptet, meistens als wahr hingenommen wird.* Diese Erfahrung bringt er zur Hypnose mit. Darum weist er in der Hypnose die suggerierten Phänomene auf. Dieser theoretische Ansatz wurde von Gladfelter und Hall (1962) experimentell untersucht und kritisiert, weil ihre Befunde den Begriff «abstrakte Konditionierung» nicht unterstützten. Edmonston (1967) hielt *diese Theorie für die spärlichste Erklärung des hypnotischen Verhaltens.* Einige hypnotische Phänomene und konditionierte Reaktionen sind sich tatsächlich ähnlich. Bei genauer Betrachtung ist es jedoch schwierig festzustellen, ob die Reaktionen als Folge der Hypnose oder der klassischen Konditionierung zustandegekommen ist. Die Ähnlichkeiten zwischen der Wirkung einer zutiefst angenommenen posthypnotischen Suggestion und einer konditionierten Reaktion wurden von Alexander (1968) beschrieben.

Weitzenhoffer (1972) brachte die Verhaltensmodifikationsmethode Wolpes mit der «Re-Konditionierung» von Wolberg (1948a, b) in Verbindung. Wolpes Methode der gegenseitigen Inhibition (1961) führt eine hypnoseähnliche Trance in die Verhaltensmodifikationsmethoden ein. Wolpe hilft der Person, sich zu entspannen, dann präsentiert er immer streßhaftere Darstellungen (von Situationen, die der Patient befürchtet), bis die Angstreaktion verringert wird. Mit den steigenden Kenntnissen des Biofeedbacks und der vegetativen Konditionierung versucht man, physiologische Veränderungen hervorzurufen, wie dies bei guten Hypnotisanden der Fall ist.

4.2 Hypersuggestibilitäts-Theorien

Hypersuggestibilitäts-Theorien beschäftigen sich mit (1) geführten, zielorientierten Bestrebungen und (2) Rollenspielen. Diese unterscheiden sich nur im Ausmaß der bewußten und unbewußten Motivation. White (1941) meinte, daß in der Hypnose die Vp die unbewußten Kapazitäten häufiger als die bewußten in Anspruch nehme. Weitzenhoffer (1953) bearbeitet die Frage der Fähigkeit des Hypnotiseurs, den «Trancezustand» bei einem Medium zu erkennen, als einen weiteren Faktor. Die Vp verliere die Spontaneität und entwickele einen «Trance-Blick». Sie berichte von einem Mangel an Intrarelationen und Intrakonsistenz der Ereignisse, die in der Hypnose stattfinden.

Wir betonen auch hier die bereits in Kapitel IX und oben erwähnten Probleme der *Simulierung der Hypnose.* Evans und Orne (1971) zeigten in dem oben angeführten Experiment, daß *simulierende* Hypnotisierte das Spiel schnell unterbrechen, wenn eine Sitzung unterbrochen wird und der Hypnotiseur das Zimmer verläßt. Den *tatsächlich* Hypnotisierten gelinge es aber nur langsam und mit großer Anstrengung, selber die Hypnose zu beenden. Sheehan (1971) schrieb auch über die Unterschiede zwischen Hypnotisierten und Simulanten. Orne (1959) stellte fest, daß die Hypnotisierten *eine viel größere Toleranz für logische Widersprüchlichkeiten aufwiesen.* Für ihn ist das Feststellen eines Trancezustandes so gut wie eine klinische Diagnose. Aber auch das führt nach unseren Kriterien kaum zu einer Hypnose-Theorie.

4.3 Rollenspiel-Theorie

Die Diskussion über die Hypnose als Rollenspiel dreht sich oft um den Begriff der Trance. Barber (1972) greift diesen Begriff als überflüssig an und behauptet, *daß sich die Hypnose nicht vom normalen Wachzustand unterscheide.* Andererseits wird der Begriff der Trance von

Ludwig (1968) verteidigt. Die Trance ist jedoch nach unserer Auffassung etwas anderes als die Hypnose im ganzen. Während der Hypnose oder auch anderen Vorgängen (Meditationen etc.) kann es zur Trance kommen, muß jedoch nicht. *Die Trance ist demnach höchstens ein Teil der Hypnose.*

Josephine Hilgard (1970) sieht die Hypnose als ein *Kontinuum* mit anderen Erfahrungszuständen. Sie verbindet die Hypnotisierbarkeit mit dem Interesse für *Lesen*, *Drama*, *Religion*, *Landschaften*, *Musik*, *phantasierten Erlebnissen und echten oder phantasierten Abenteuern.* Positive Korrelationen finden sich auch mit Kindheitserlebnissen, wie harter Bestrafung, Temperamentsähnlichkeiten mit dem gegengeschlechtlichen Elternteil und manchen Aspekten der «normalen» und «kontaktfreudigen» Persönlichkeit. Die Beteiligung an sportlichen Wettbewerben korreliert nicht mit der Hypnotisierbarkeit. Ernest Hilgard (1967) behauptet, *daß die Hypnose ein Zustand der verstärkten Reaktionen auf Induktionssuggestion sei.* Gravitz und Kramer (1967) meinten, daß ein hypnoseähnliches Verhalten bei Frauen mehr als bei Männern vorkomme. Das Verhalten korrelierte mit hoher Intelligenz. Williams (1963) dachte, *Unfälle auf der Autobahn würden wegen der Autobahn-Hypnose passieren.* Dieser Zustand kommt aufgrund der *Monotonie* und der *hellen Fixierungspunkte* zustande. Nach Aaronson (1968) üben Mütter ein standardisiertes hypnotisches Verfahren aus, wenn sie ihre Kinder ins Bett bringen. *Die Rollenspiel-Theorie der Hypnose ist deshalb populär geworden, weil die meisten hypnotischen Phänomene subjektiv erlebt werden können.* Sarbin und Lim (1963) fanden, daß die Fähigkeit, Rollen zu spielen, und die Hypnotisierbarkeit miteinander zusammenhängen. Barber (1972) meint, daß man sich in die Hypnose wie in ein Theaterstück vertiefen könne oder, bei Desinteresse, kaum Reaktionen zeige.

Thompson (1970) meint, *daß kein Simulant eine Operation aushalten könne und daß die Intensität der klinischen Hypnose der der experimentellen nicht entspreche* (siehe auch Pearson, 1970). Ernest Hilgard (1963) forderte 12 Vpn auf, selektiven Suggestionen zu widerstehen, die sie in anderen hypnotischen Sitzungen hatten über sich ergehen lassen. D. h., die Vpn sollten die Rolle von Nicht-Hypnotisierten für diese bestimmten Situationen spielen. Eine Vp konnte keiner Suggestion widerstehen, fünf Vpn konnten ein oder zwei Items und sechs Vpn konnten beiden Items widerstehen. Diese mußten sich aber sehr anstrengen, um Widerstand leisten zu können. Brady und Levitt (1964) fanden, daß vorherige Kenntnisse der Vp die Interpretation der hypnotischen Suggestionen beeinträchtigen. Barber (1964, 1967, 1969, 1970) unterstützt die Rollenspiel-Theorie der Hypnose, obwohl er auch die vorausgehenden Variablen und Unterschiede in der Situation betont. Janet (1925) schrieb über *idées fixes*, die dem «Komplex» von Jung, Riklin und Binswanger ähnlich seien. Für Morton Prince (1929) *ist die Dissoziation in der multiplen Persönlichkeit und der Hypnose sehr wichtig.* William McDougall (1926) betonte, ähnlich wie Pawlow, *die Möglichkeit einer Isolierung einiger Hirnregionen.*

4.4 Interpersonelle Theorien

Hunt (1979) betrachtet die Hypnose als einen Zustand, in dem *die Vp die Autonomie aufgibt und die Verantwortung für ihr Handeln auf den Hypnotiseur überträgt.* Das Medium behält für sich die Verantwortung, sich als Vp genau so zu verhalten, wie die Rolle vom Hypnotiseur definiert wird. Smyth (1981) betont die hypnotische Suggestibilität als eine Art *sozialen Lernens, das zur Gestaltung des Verhaltens* führt. Frankel (1976) beschreibt die Wirkung bestimmter Charakteristiken in der hypnotischen Situation auf das hypnotische Verhalten. Levitt und Baker (1983) zeigen die *interaktionelle soziale Natur des hypnotischen Verhaltens* auf.

4.5 Theorien der Dissoziation und Neodissoziation

Bereits Janet (1925) hob hervor, daß sich der Hypnotisand während der Hypnose *in einem dissoziierten Zustand* befinde. D.h., aus dem Verhalten des Individuums *würde sich einiges vom Gesamtbild der Wahrnehmung spalten* (Prince, 1905, 1929). Gemäß dieser Theorie meide die Hypnose die willkürliche Kontrolle; das Individuum antworte nur auf der *Reflexebene*, sozusagen automatisch. Josephine Hilgard und Samuel LeBaron (1984) geben zur Erläuterung der Dissoziation ein paar Beispiele: (a) Zum Beispiel können wir automatisch *essen*, *während* wir dem Fernsehprogramm lebhafte Aufmerksamkeit widmen. (b) Wir *fahren* ein Kraftfahrzeug *und unterhalten uns* mit unserem Beifahrer lebhaft über Politik. (c) Ein geübter *Pianist* kann ohne weiteres ein *concerto* spielen, *während* er sich mit seinem Kollegen über geistige Themen unterhält. (d) Eine Sekretärin kann einen Brief korrekt *tippen*, *während* sie Fragen, die an sie gerichtet werden, beantwortet. *In allen diesen Fällen lasse die Aufmerksamkeit mit der Zeit nach und die Aufgabe werde der Fertigkeit, dem Automatismus, überlassen.* Die Aufmerksamkeit werde demzufolge frei, um sich auf etwas anderes zu richten (z.B. auf das Fernsehprogramm oder die Unterhaltung). Diese *Dissoziation* trete zurück, wenn z.B. – wie in den angeführten Beispielen – ein *Unfall* verursacht werde oder ein *Tippfehler* auftauche. Die Definition würde nach diesen Beispielen dann in etwa lauten: *Die Dissoziation ist die Trennung einer Aktivität vom klaren Bewußtsein, die jetzt wenig bewußt oder unbewußt weiterläuft, während eine andere Tätigkeit simultan, bewußt und mit erhöhter Aufmerksamkeit ausgeführt wird.* Nach Hilgard und LeBaron (1984) haben wir im Nachttraum eine andere Dissoziation, weil die Träume spontan und oft zu unserer Überraschung auftreten. Die Erfahrung der Dissoziation trete deshalb auf, *weil das «Planen» der Träume unbewußt vor sich gehe, während der Traum selbst eine bewußte Produktion sei.* Es sei nicht ganz leicht, zwischen einer geringen Dissoziation und einem veränderten Bewußtsein zu unterscheiden, weil sie ganz leicht ineinander übergehen. *Die Charakteristik der hypnotischen Dissoziation liege darin, daß diese in der Hypnose besser ausgeprägt sei und länger erhalten werden könne.* Kroger (1977, Seite 28) sagte zu diesem Problem folgendes: «Wenn die Dissoziationstheorie richtig wäre, dann könnte die Amnesie durch den Hypnotiseur nicht zurückgenommen werden. Außerdem könnte Amnesie immer spontan auftreten.» (Was aber nicht ausgeschlossen ist).

Ernest R. Hilgard (1967, 1975a, b, 1976) fand jedoch die Theorie von Janet (1925) hoch interessant und stellte eine *Neodissoziations-Theorie der Hypnose* auf. *Nach dieser Theorie können manchmal Informationen vor dem Bewußtsein abbiegen und nicht bewußt werden.* Dabei nimmt Ernest R. Hilgard *drei Arten* von Bewußtsein für die Hypnose als geltend an:

(a) *Die verzerrte Realität*, wie dies in der Hypnose empfunden wird (z.B. wenn in einem *Schmerzexperiment* der Hypnotisand auf der Bühne keine Schmerzen empfindet).

(b) *Die nicht verzerrte Realität*, wie sie beim *automatischen Schreiben* oder *Sprechen* beschrieben wird (versteckter Beobachter, Berichte über Schmerzen).

(c) *«Beobachtendes Bewußtsein»* (hinter der Kulisse der Bühne stehend und bereit, wenn erforderlich, die Vorstellung zu unterbrechen).

Das «beobachtende Bewußtsein» (Wachbewußtsein, «observing consciousness») ist *ein aktiver Beobachter und Kontrolleur der Situation.* Es ist sich aber des «versteckten Beobachters» (hidden observer) nicht bewußt, weil es von ihm durch eine *amnestische Barriere* getrennt ist. Die posthypnotischen Suggestionen in Selbsthypnose werden gewöhnlich durch das «beobachtende Bewußtsein» gegeben. Ein Teil davon ist der zentrale Beobachter des hypnotischen Geschehens. Hilgard (1976) gibt einige Beispiele des gespaltenen Bewußtseins, wie dies bei *Fugue und Dissoziation während des Schlafes* der Fall ist. Ein anderes Beispiel ist die unterschiedliche Funktion der zwei Hirnhemisphären; *während die linke Hemisphäre wie ein Digital-Computer mit linguistischen und analytischen Aufgaben arbeitet und agiert, arbeitet die rechte Hemisphäre wie ein Analog-Computer und operiert mehr mit globalen und*

bildlichen Aufgaben, wie Imagination, Raumwahrnehmung und Musik (Hilgard und Hilgard, 1975, 1983) (siehe Kapitel XXV.3).
Diese Theorie liefert nach Elton et al. (1983) *eine elegante Erklärung des Phänomens der Analgesie.* In den Experimenten der Hilgards haben die Vpn, die analgesiert waren, verbal berichtet, sie fühlten keine Schmerzen; wurde jedoch das automatische Schreiben eingeführt, berichteten sie simultan, stärkere Schmerzen zu empfinden. Hilgard (1976) erklärte aufgrund dieser Resultate, *daß es möglich sei, daß gewisse Erfahrungen registriert, geleitet und gespeichert würden, und zwar in einer leicht entdeckbaren Form auch dann, wenn diese nie bewußt empfunden und berichtet würden. Hypnotische Blindheit* und *hypnotische Taubheit* können ebenfalls beim automatischen Schreiben oder Sprechen unterbrochen werden (siehe dazu Jovanović, 1989).

4.6 Theorie des veränderten Bewußtseins

In letzter Zeit versuchten zahlreiche Forscher, die Hypnose als *geänderten Bewußtseinszustand* zu erklären. Diese Theorie übernimmt sehr viel von *orientalischer Philosophie* (Ludwig, 1968; Tart, 1969). Alle geänderten Bewußtseinszustände, z. B. transzendentale Meditation, Relaxation, sind ähnlich. Die Literatur darüber hilft jedoch nicht, den Hypnosezustand zu erklären. In der neuesten Zeit greift Crabtree (1985) die Theorie des veränderten Bewußtseins wieder auf. Allerdings diskutiert er dabei auch die Möglichkeit des Phänomens der *multiplen Persönlichkeit* sowie die des *geistigen Eindringens* (Literatur siehe Kapitel I).
Hier stellt sich jedoch nicht die Frage, ob Hypnose ein verändertes Bewußtsein darstellt, sondern *was dazu führt.*

5. Psychophysiologische Theorien

Bei den psychophysiologischen Theorien der Hypnose kommen wir wieder auf den Schlaf zurück. Außerdem sind diese Theorien zu grob – gemessen an den feinen Vorgängen bei der Hypnose – als daß sie die Hypnosephänomene in einer *ursächlichen Beziehung* erklären könnten. Sie beruhen auf der Aussage von Hart (1882) und Mosso (1882) über die *cerebrale Anämie bei Hypnose (und Schlaf)*, was eine abnorme Reaktion wäre. Nach Bechterew (1906) und Purkinje (1846) komme es im Schlaf – und demzufolge in Hypnose – zu einer *Desafferentation* zwischen den subkortikalen und kortikalen Hirnstrukturen, wobei dies zu *Ermüdungserscheinungen* führe. Ähnliche Meinungen sind auch von Roberts (1960) und West (1960) zu hören. Nach der Entdeckung der *Formatio reticularis* durch Moruzzi und Magoun (1949) haben sich die Wissenschaftler umorientiert und nehmen jetzt eine *verminderte Aktivität* dieser Formation in Hypnose an (Akstein, 1965; De Moraes Passos, 1967; Raikov, 1975). Im Zuge der Erforschung kam auch der *Hippocampus* (Crasilneck und Hall, 1985; Crasilneck et al., 1956) als ein verantwortlicher Faktor der Hypnose ins Gespräch (Literatur siehe Kapitel XXV).
Die moderne Neurophysiologie mit *hemmenden und erregenden Neuronen* (Kapitel XXV und XXIX) führte auch dazu, *die Hemmung der neuronalen Erregung in einem Hypnosezustand* anzunehmen (Young, 1941). Nun kann man auch darin *keinen ursächlichen Zusammenhang zur Hypnose, sondern vielmehr einen Hypnosemechanismus erkennen.* Kubie und Margolin (1944) sprechen – ähnlich wie Pawlow und Platonow (siehe oben) – von einer *Erregungszone* oder einem *Erregungszentrum*, die/das von weniger erregten Zonen/Zentren umgeben ist. Bei einer *Erregung der Hemmung* (Kapitel XXII) *komme es zum Hypnosezu-*

stand. Die Kombination mit den *vasomotorischen Anschauungen* führte auch dazu, eine *Verlagerung der Nervenenergie des ZNS zum vasomotorischen System* (McDougall, 1926) anzunehmen. Auch eine vasomotorische Decerebration durch Anämie des Frontallappens wurde in Erwägung gezogen (Vanderhoof und Clancy, 1962). Selbst eine *synaptische Ablation* – die sehr schwierig in Hypnose anzunehmen ist –, wobei neurale Impulse in einer geringen Anzahl übertragen werden (Estabrooks, 1943), wurden diskutiert. Daraus könne man die *selektive Aufmerksamkeit* ableiten. Die selektive Aufmerksamkeit könne jedoch nicht die neuronale Aktivität verringern, weil die erstere in der Hypnose stärker geworden sei als davor. Kroger (1977) diskutierte dieses Problem erneut und erhob den Einwand, *daß nach den anämischen Hypnosetheorien die anämischen Menschen leichter zu hypnotisieren sein müßten*, was nicht zutreffe. *Arteriosklerotische Personen werden schwieriger, nicht leichter, hypnotisiert.* Nach Marcuse (1959) würde bei einer *Verringerung des Blutstromes*, d. h. einer Minderung der Durchblutung des Gehirnes, ein *Ohnmachtszustand*, jedoch kein Somnambulismus in Erscheinung treten. Aus dieser Ratlosigkeit heraus wurde sogar von einer ungeklärten Interaktion der neurophysiologischen Faktoren (Robert, 1960; West, 1960) oder von *psychokinetischen Feldkräften* oder aber *schwingenden elektromagnetischen Feldern* gesprochen (Muftic, 1959). Dabei dreht man sich immer wieder um das Mystische, Unbekannte, Unerklärliche, d. h., in einem Kreis (siehe Kapitel IV–VI).

6. Psychoanalytische Theorien

Wie schon in Kapitel VIII.14.14 bis 14.15 und insbesondere in Kapitel X (Literatur siehe dort) ausgeführt wurde, untersucht die Psychoanalyse die Rolle der *unbewußten* Faktoren der Hypnose hauptsächlich durch *die Beziehung von Person zu Person.* Freud (1856–1939) deutete die *emotionale Verbindung* zwischen Hypnotiseur und Hypnotisand unter anderem als eine *Übertragungsmanifestation.* Er entdeckte jedoch später, daß die Übertragung allein für die Erklärung des hypnotischen Erlebnisses nicht ausreichte, insbesondere nicht für die Modifikationen des psychophysiologischen Verhaltens. Um die rätselhaften Aspekte der Hypnose zu erklären, griff Freud (1921/1955) zur Hypothese der Hypnose als der *Wiedererscheinung eines Zustandes, der früher in der Realität erlebt worden war und in der phylogenetischen Erbschaft erhalten blieb.* Aus diesem Grunde wird in der Psychoanalyse die Hypnose hauptsächlich als ein *regressives* Phänomen betrachtet, in dem der Patient auf den Hypnotiseur reagiert, als ob er jemand aus seiner Vergangenheit wäre. Ernest Jones (1879–1958) verglich die Hypnose-Situation mit dem *Ödipus-Modell.* Sandor Ferenczi (1873–1933) dachte, daß die prä-ödipalen Gefühle gegenüber einem Elternteil auf den Hypnotiseur projiziert würden. Gill und Brenman (1959) meinen, daß der Proband *einige Subsysteme seines Ichs der Kontrolle des Hypnotiseurs unterzieht.* Die Dissoziation der Ego-Funktionen kann er jederzeit rückgängig machen und zum normalen Wachzustand zurückkehren (siehe auch Watkins, 1963) (Literatur siehe Kapitel X).

Die Phänomene der hypnotischen *Altersregression* stellen die klinischen Beweise für die Regression der Hypnose dar. Crasilneck und Michael (1957) konnten in einem Experiment nicht nachweisen, daß die Probanden das gleiche Alter erreichten, das durch hypnotische Altersregression suggeriert wurde. Schneck (1953) erwähnt die Neigungen des Patienten, im Unbewußten auf Hypnose zu reagieren, als ob sie eine *sexuelle Situation*, eine Eltern-Kind-Beziehung oder ein *symbolischer Tod* wäre. Diese Feststellung ähnelt wiederum jener von Ferenczi (1873–1933). Solovey und Milechnin (1957) sprechen vom *positiven* und *negativen Zustand* in der Hypnose. *Der positive Zustand* rufe das Gefühl der *Geborgenheit* hervor, wie ein Kind es bei seiner Mutter erlebe; *der negative Zustand* beruhe auf dem *autoritären*

Verhalten der Eltern. Der Grad der Hypnose hänge vom Grad der *Retrogression* in die Psychologie der frühen Kindheit ab. Die Autoren meinen, daß alle Menschen *während des Wachseins ständig hypnotisiert* werden. Hypnoanalyse bezieht sich auf die Anwendung der Hypnose im Zusammenhang mit anderen psychoanalytischen Methoden. Granone (1962) sieht die Hypnose als direkte Suggestion für die Symptomunterdrückung und die Ego-Verstärkung an. Spiegel (1959) vergleicht den hypnotischen Zustand und den Übertragungszustand. Der Hypnosezustand wird aktiv und absichtlich vom Therapeuten strukturiert. Die notwendige Regression löst in manchen Patienten Schuldgefühle aus, weil sie sich auf den Therapeuten verlassen müssen (Levitsky, 1962). Diese Gefühle können zum Widerstand führen. Gruenewald (1971) bespricht die spontane Übertragung auf experimentelle Probanden. Stein (1970) schlägt andere Quellen des Widerstandes vor, einschließlich *des Restes von einer früheren interpersonellen Interaktion.* Er entsteht auch, wenn die Hypnose als Strafe verabfolgt wird, als Alternative für die Depression oder auch aus einer Ablehnung aller Veränderungen im Leben.

Nach Klemperer (1961) werden manchmal verborgene Objekt-Beziehungen während der Hypnose spontan entblößt. Fromm (1972) unterscheidet zwischen *Ego-Passivität* und *Ego-Aktivität* in der Hypnose. Fromm und Hurt (1980) nehmen an, daß hypnotische Typologie auf *drei verschiedene Weisen* beschrieben werden kann, und zwar als: (1) primärer Prozeß/sekundärer Prozeß; (2) Ego-aktiv/Ego-passiv; (3) Reorganisation der einzelnen kognitiven Strukturen (z. B. der Aufmerksamkeit).

Die Beziehungen zwischen Hypnotiseur und Hypnotisand versucht Chertok (1982) durch zahlreiche Beispiele zu erläutern. Er betrachtet die *Übertragung* für die Erklärung der Hypnose als unzureichend, weil sie einen gewissen Grad von Phantasie-Organisation, die Wiederholung einer früheren Katharsis, voraussetzt. Kubie (1961) beschreibt die Hypnose als «Übertragung in Reinkultur». Gill (1978) nennt sie «primäre Übertragung». Chertok (1982) möchte das Wort «Übertragung» gar nicht verwenden; die Idee einer «primären Beziehung» ist ihm lieber. Seit Freud sind uns die Gesetze mehr oder weniger bekannt, die die Funktion des unbewußten Denkens und die grundlegenden Phantasien bestimmen. Wir wissen jedoch sehr wenig über den *Affekt* sowie die nonverbalen und körperlichen Prozesse.

Die Entwicklung der symbolischen Fähigkeiten des Menschen gehe sehr langsam. In einem gewissen Stadium fange das Kind an, sich selbst von seiner Umwelt zu unterscheiden; Objekt-Beziehungen entstehen und gleichzeitig eine Reihe von Identifikationen, Introjektionen und Projektionen. Dabei verschwinde die primäre archaische Stufe nie; sie bleibe als biologische Basis des Lebens. In der Hypnose sei es gerade diese Dimension der Beziehung, mit der wir zu tun hätten. Alles geschehe, als ob die Vp durch die «körperliche Regression», die durch die hypnotische Induktion vorkomme, auf ein reines affektives Niveau zurückgehe, aus dem der Unterschied zwischen dem Psychischen und dem Physiologischen verschwunden zu sein scheine (Chertok, 1982). Klein (1973) hält die Freud'sche *Metapsychologie* für eine nutzlose Konstruktion. Psychoanalytiker sollten das Unbewußte in der psychologischen Dimension, d. h. die Bedeutung, die Absichten und die Motivationen hinter dem menschlichen Verhalten, studieren. Lacan (1978) kritisiert die Freud'sche Metapsychologie zwar nicht direkt, seine Interpretation beruht jedoch auf einer *De-facto-Ablehnung* des psychobiologischen Niveaus. Bassin (1978) glaubt, daß das unbewußte Denken vom Affekt nicht getrennt werden könne. Wenn dies zwei verschiedene Dinge wären, würden wir mit unüberwindlichen Schwierigkeiten konfrontiert werden. Chertok (1982) hält weder die rein psychologische noch die rein physiologische Methode für richtig. Er glaubt, daß das menschliche Verlangen biologische Determinanten und Begrenzungen hat und daß die begrifflichen Modelle der Psychophysiologie und Biologie nichts anderes können, als zum Verständnis der psychologischen Mechanismen des Unbewußten beizutragen. Diese Ansicht wurde oben diskutiert (Kapitel XIX.5).

Heute interessieren sich die Psychoanalytiker mehr für die *archaischen Stadien der Beziehung zwischen Hypnotiseur und Hypnotisanden, insbesondere unter dem Einfluß der englischen*

(Fairbrain, 1954; Guntrip, 1961, 1968; Winnicott, 1958) *und einiger amerikanischer Psychoanalytiker* (Jacobson, 1954; Kernberg, 1975; Kohut, 1971; Mahler, 1968). Gleichzeitig gewinnt die *affektive Dimension* an Bedeutung in der Therapie. Diese Tendenz zeigt sich deutlich in solchen Begriffen wie *Empathie* und *narzißtische* Übertragung. Das Auftauchen der Hypnose in der analytischen Praxis könnte einen fundamentalen Beitrag zum Verständnis der Hypnose, der Psychoanalyse und des Unbewußten leisten. Aber für eine Hypnosetheorie reicht auch das nicht aus.

Sowjetische Hypnose-Theorien sind denen der westlichen Welt ähnlich (Chertok, 1982). Nach Chertok (1982) haben sowjetische Wissenschaftler drei austauschbare Worte für das Unbewußte: *Bessoznatelonoie*, *Neosoznavaiemoie* und *Neosoznanoie*. Die Details dieser semantischen Probleme werden von Rollins (1978) bearbeitet. Prangiŝvili et al. (1978) benutzen lieber einen *vierten* Ausdruck – *Neosoznavajemaja psihiceskaia dejatelnost* (unbewußte psychische Aktivität). Sowjetische Autoren, die Uznadze (1966) folgen möchten, wollen eine Wissenschaft des Unbewußten schaffen, eine rein psychologische Wissenschaft, ohne sich auf die Physiologie zu beziehen. Sie glauben, daß die Physiologie viele menschliche Absichten und Wünsche nicht erklären kann. Serozija (1978) hielt die Freud'sche Entdeckung für bedeutend, weil Freud das Unbewußte als Objekt der wissenschaftlichen Forschung einführte. Die sowjetischen Wissenschaftler wollen allgemeine psychologische Gesetze für die unbewußte Aktivität feststellen. Zum Beispiel ist für sie die Verdrängung nur ein Aspekt des allgemeinen psychologischen Abwehrmechanismus.

Die Uznadzianer beziehen sich nach Chertok (1982) in ihren Untersuchungen der unbewußten Aktivität auf den Begriff *Ustanovka* (Einstellung). Die Einstellung entsteht während der menschlichen Entwicklung aus den Reaktionen auf bestimmte Situationen. Sie besitzt eine gewisse historische Dimension und kann sich ändern und so *zukünftige Erlebnisse vorausberechnen*. Die Einstellung ist unbewußt; sie beeinflußt das bewußte Verhalten und das subjektive Erleben des Individuums. Die Uznadzianer betrachten die Hypnose als eine völlig unbekannte Größe. Sie erkennen die Unzulänglichkeit der Pawlow'schen physiologischen Erklärungen an, obwohl sie auch zugeben, daß die Hypnose wahrscheinlich in einem reinen psychologisch-begrifflichen Gefüge nicht zu verstehen ist. Die Pawlowianer und Uznadzianer haben eines gemeinsam – beide lehnen die *Übertragung* ab (Chertok, 1982). Sowjetische Psychotherapeuten behaupten, daß eine intensive emotionale Verbindung zwischen Hypnotiseur und Hypnotisand existiert. Diese Beziehungen (Rapport) konnten die sowjetischen Wissenschaftler jedoch noch nicht analysieren. Die Uznadzianer betrachten all die unbewußten psychischen Aktivitäten vom Standpunkt der Beziehungen mit der Umwelt aus, einschließlich interpersoneller Beziehungen. Sie seien Experimentalisten und keine Psychotherapeuten. Die Idee der Übertragung sei unakzeptabel, weil sie mit der Freud'schen Theorie der infantilen Sexualität verbunden sei, die abgelehnt werde. Chertok (1982) hält den Uznadze'schen Ansatz zur Erklärung der Hypnose und des Unbewußten für ziemlich eingeschränkt, insbesondere durch den Ausschluß der Beziehungsdimension.

7. Psychopathologische Theorien

Der Hypnosezustand wurde einst – wie in Kapitel VIII ausgeführt wurde – als *Symptom der Hysterie* angesehen (Charcot, 1889). Diese Theorie ist längst verworfen worden, seit man erfuhr, daß auch *gesunde Menschen* leicht zu hypnotisieren sind (Bernheim, 1902). Selbst wenn die Hysteriker leichter zu hypnotisieren sind, spricht dies nicht dafür, daß die höhere Hypnotisierbarkeit bei ihnen ein Zeichen des hysterischen Syndroms ist. (Literatur siehe Kapitel VIII und IX.)

8. Informationstheorien der Hypnose

Neuere Theorien vergleichen *die Arbeitsweise des Gehirnes mit einem Computer-Prozeß* (Crasilneck und Hall, 1985). Man darf dieses Modell nicht mit mathematischen Analogien neurophysiologischer Vorgänge verwechseln. Man kann damit eher die evolutionäre neurophysiologische Entwicklung der komplexen Kontrollen, die im menschlichen Körpersystem für die Eigenregulierung der homöostatischen oder adaptiven Mechanismen eingebaut sind, mit den Kontrollen vergleichen, die von System-Ingenieuren für äußerst schnelle, elektronische «Denk-Maschinen» verwendet werden (Kroger, 1977). Die Ingenieure wissen, daß ein System jedesmal, wenn es sein Feedback-Netz anpaßt, um das Signal-Geräusch-Verhältnis zu erhöhen, optimal funktioniert – in dynamischem Gleichgewicht und negativem Feedback («steady state»). Die Bearbeitung, Aufbewahrung und Rückgewinnung von Informationen im Hypnosezustand kann man besser mit Computer-Analogien verstehen. Das heißt jedoch nicht, daß das Gehirn ein Computer ist, sondern, daß die Wissenschaftler sich vorstellen sollten, daß das Gehirn nach ähnlichen Prinzipien funktioniert wie Kommunikationsmaschinen. Gesteigerte Aufnahmefähigkeit beim Empfänger (Versuchsperson) ermöglicht es, daß Nachrichten (sensorischer Input) eines Senders (Hypnotiseur) deutlich mit minimaler Störung (Geräusch) sowohl der äußeren, umweltabhängigen Kommunikationswege als auch der inneren Aufnahme der Versuchsperson, empfangen werden. Dies verbessert die Übermittlung und den Empfang von Signalen (Kroger, 1977). Aber die Frage *WARUM* eben die Hypnose beim Menschen diese Rolle übernimmt, ist noch offen.

9. Kombinierte Theorien

9.1 Psychostrukturelle Theorie

Crasilneck und Hall (1985) meinen, daß man psychologische und subjektive Elemente mit anderen meßbaren strukturellen Faktoren verbinden muß. Die Entwicklung einer Theorie sollte in einer psychostrukturellen Richtung stattfinden. Diese Theorie haben wir im Zusammenhang mit Hypnosesteuerung (Kapitel XXV.7) diskutiert.

9.2 Psychosomatische Theorien

Suggestibilität sei eine ideomotorische Aktivität, die selbst eine Form der abstrakten Konditionierung sei (Weitzenhoffer, 1953). Manche Forscher glauben nicht an abstrakte Konditionierung (Gladfelter und Hall, 1962). Die Idee von Stimulus-Reaktion-Vorstellungen hat wenig Beifall gefunden (Edmonston, 1967).

10. Zusammenfassung und Schlußfolgerungen

(1) Der Gegenstand dieses Kapitels waren die *Theorien der Hypnose*. Es wurden acht Gruppen der Hypnose-Theorien skizziert, und zwar: (a) Biologische (mit atavistischen und Immobilisationskomponenten), (b) physiologische (die die Hypnose als Schlaf, als Folge der

Mangeldurchblutung im Gehirn, als partielle Hemmung oder hemmende Erregung, als Zustand zu erklären versuchen), (c) psychologische (mit Konditionierung, Theorien der Hypersuggestibilität, Simulation, Rollenspiel-Theorien, interpersonelle, Dissoziations- und Neodissoziationstheorien, Theorie des veränderten Bewußtseins), (d) psychophysiologische (wieder die Hemmungstheorien, Hypnose als ein physiologischer Zustand), (e) psychoanalytische (mit Übertragungsphänomenen und Regression auf eine frühere Entwicklungsstufe), (f) psychopathologische, (g) Informations- und schließlich (h) Kombinationstheorien.

(2) Wenn man sich jedoch daran hält, was in Kapitel I über die Theorien gesagt wurde (d.h. daß erst eine durch Tatsachen klar und eindeutig bewiesene Hypothese zur Theorie werden könne), *dann kann von Theorien der Hypnose noch nicht gesprochen werden.* Man weiß noch nicht einmal, was Hypnose ist. Man könnte normalerweise höchstens von einer *Arbeitshypothese* sprechen, die «als eine exakt definierte und widerspruchsfreie wissenschaftliche Annahme über den Zusammenhang beobachteter Größen» angesehen wird (Kapitel I). Da es sich bei der Hypnose jedoch *um einen Komplex handelt, der eine Unzahl von Hypothesen erfordern würde, mußte vorläufig mit Paradigmen gearbeitet werden* (Kapitel I). In Kapitel XXX werden wir über die eigenen *Vorstellungen* zu diesem Problemkomplex sprechen. Bis zur Aufstellung einer Hypnose-Theorie muß noch eine Weile gewartet werden.

(3) Es sieht vorläufig so aus, als ob primär nicht die Theorien der Hypnose als unvollkommen seien. Das Unrichtige daran ist, daß sich die Wissenschaftler mit *Theorien* einer Erscheinung befassen, deren Wesenszüge kaum bekannt sind. Man tut dabei u.E. den zweiten Schritt vor dem ersten.

11. Literaturverzeichnis

Aaronson, B.S.: Hypnosis in Experimental Psychology. *Amer. J. Clin. Hypnosis*, (1968), *2:* 12–15.

Akstein, D.: The Induction of Hypnosis in the Light of Reflexology. *Amer. J. Clin. Hypnosis*, (1965), *7:* 281–300.

Alexander, L.: Conditional Reflexes as Related to Hypnosis and Hypnotic Technique. *Amer. J. Clin. Hypnosis*, (1968), *10:* 157–159.

Barber, T.X.: Hypnotizability, Suggestibility and Personality. V. A Critical Review of Research Findings. *Psychol. Rep.*, (1964), *14:* 299–320.

Barber, T.X.: Reply to Conn and Conn's Discussion of Barber's «Hypnosis as a Casual Variable...». *Intern. J. Clin. Exp. Hypnosis*, (1967), *15:* 111–117.

Barber, T.X.: Hypnosis: A Scientific Approach. Van Nostrand Reinhold, New York, N.Y., 1969.

Barber, T.X.: Marihuana, Yoga and Hypnosis. Aldine-Atherton, Chicago, 1970.

Barber, T.X.: *Suggested («Hypnotic») Behavior. The Trance Paradigm versus an Alternative Paradigm.* In: Fromm, E., and Shor, R.E. (Eds.): Hypnosis – Research Development and Perspectives. Aldine-Atherton, 1972, pp. 115–182.

Bassin, F.V.: U predelov raspoznannogo k probleme pred-reĉevoi formoui mouiŝĉlenja (In: Prangiŝvili, A.S., Šerozija, A.E., i Bassin, F.V. (Eds.): The Unconscious. Nature, Functions, Methods of Study, Vol. 3 Tbilisi, Georgia, UdSSR, Mecniereba, 1978, Seite 735–750.

Bechterew, W.V.: What is Hypnosis? *J. Abnorm. Soc. Psychol.*, (1906), *1:* 8.

Bowers, K.S.: Hypnosis, Attribution, and Demand Characteristics. *Intern. J. Clin. Exp. Hypnosis*, (1973), *21:* 226–238.

Brady, J.P., and Levitt, E.E.: Hypnotically Induced «Anosmia» to Ammonia. *Intern. J. Clin. Exp. Hypnosis*, (1964), *12:* 18–20.

Breuer, J., and Freud, S., 1895. Zitiert in Kapitel VIII und X.

Chertok, L.: Hypnose – Theorie, Praxis und Technik eines psychotherapeutischen Verfahrens. Kindler, München, 1973.

Chertok, L.: The Unconscious and Hypnosis. *Intern. Clin. Exp. Hypnosis*, (1982), *30:* 95–107.

Corn-Becker, F., Welch, L., and Fisischelli, V.: Conditioning Factors Underlying Hypnosis. *J. Abnorm. Soc. Psychol.*, (1959), *44:* 212–222.

Crasilneck, H.B., and Hall, J.A.: Clinical Hypnosis – Principles and Applications. Grune & Stratton, New York, N.Y., 1985.

Crasilneck, H.B., McCranie, E.J., and Jenkins, M.T.: Special Indications for Hypnosis as a Method of Anesthesia. *JAMA*, (1956), *162:* 1606.

Crasilneck, H.B., and Michael, C.: Performance on the Bender Under Hypnotic Age Regression. *J. Abnorm. Soc. Psychol.*, (1957), *54:* 319.

Davison, G.C., und Neale, J.M.: Klinische Psychologie. Ein Lehrbuch. Urban & Schwarzenberg, München, 1984.

DeMoraes Passos, A.S.: Reflections on Hypnosis and the Reticular System of the Brain Stem. Hypnosis and Psychosomatic Medicine. Springer, New York, 1967, pp. 228–232.

Dittborn, J.M., and O'Connell, D.N.: Behavioral Sleep, Physiological Sleep and Hypnotizability. *Intern. J. Clin. Exp. Hypnosis*, (1967), *15:* 181–188.

Edmonston, W.E.: *Stimulus-Response Theory of Hypnosis.* In: Handbook of Clinical and Experimental Hypnosis. Macmillan, New York, 1967, pp. 345–387.

Ellenberger, H.F.: The Discovery of the Unconscious. The History and Evolution of Dynamic Psychiatry. Basic Books, New York, 1970 (Entdeckung des Unbewußten, Huber, Bern, 1973).

Elton, D., Stanley, G., and Burrows, G.: Psychological Control of Pain. Grune & Stratton, New York, N.Y., 1983.

Erickson, M.H.: Control of Physiological Functions by Hypnosis. *Amer. J. Clin. Hypnosis*, (1977), *20:* 8–19.

Estabrooks, G.: Hypnotism. Dutton, New York, N.Y., 1943.

Evans, F.J., and Orne, M.T.: The Disappearing Hypnotist: The Use of Simulating Subjects to Evaluate How Subjects Perceive Experimental Procedures. *Intern. J. Clin. Exp. Hypnosis*, (1971), *19:* 277–296.

Fairbrain, W.: An Object-Relations Theory of Personality. Basic Books, New York, N.Y., 1954.

Frankel, F.: Hypnosis – Trance as a Coping Mechanism. Plenum, New York, N.Y., 1976.

Fromm, E(rika): Ego Activity and Ego Passivity in Hypnosis. *Intern. J. Clin. Exp. Hypnosis*, (1972), *20:* 238–251.

Fromm, E(rika) and Hurt, S.: *Ego-Psychological Parameters of Hypnotic and Other Altered States of Consciousness.* In: Handbook of Hypnosis and Psychosomatic Medicine, edited by Burrows, G.D., and Dennerstein, E., Elsevier, Amsterdam, 1980, pp. 13–27.

Gill, M.: *Freud's Concepts of Unconsciousness and the Unconscious.* In: Pragiŝvili, A.S., Šerozija, A.E., and Bassin, F.V. (Eds.): The Unconscious. Nature, Functions, Methods of Study. Vol. I., Mecniereba, Tbilisi, Georgia, UdSSR, 1978, pp. 482–489.

Gill, M.M., and Brenman, M.: Hypnosis and Related States. Psychoanalytic Studies of Regression. Intern. Univ. Press, New York, N.Y., 1959, 1977.

Gladfelter, J.H., and Hall, J.A.: The Relationship of Hypnotic Phenomena to Conditioning. *Tex. Rep. Biol. Med.*, (1962), *20:* 53–60.

Granone, F.: L'ipnotismo come fenomeno biologico, mezzo di indagine e strumento terapeutico. Boringhiere, Torino/Italy, 1962.

Gravitz, M.A., and Kramer, M.F.: A Study of Some Factors Associated with Hypnotic-like Experience. *Amer. J. Clin. Hypnosis*, (1967), *10:* 48–51.

Gruenewald, D.: Transference and Countertransference in Hypnosis. *Intern. J. Clin. Exp. Hypnosis*, (1971), *19:* 71–82.

Guntrip, H.: Personality Structure and Human Interaction. Intern. Univ. Press, 1961.

Guntrip, H.: Schizoid Phenomena, Objects Relations and the Self. Hogarth, London, 1968.

Hart, E.: Hypnotism and Humbug. Nineteeth Century, New York, 1882.

Hartmann, H.: Ego Psychology and the Problem of Adaptation. Intern. Univers. Press, New York, N.Y., 1939, 1958.

Hilgard, E.R.: Ability to Resist Suggestions within the Hypnotic State, Responsiveness to Conflicting Communication. *Psychol. Rep.*, (1963), *12:* 3–13.

Hilgard, E.R.: A Quantitative Study of Pain and Its Reduction Through Hypnotic Suggestion. *Proc. Nat. Acad. Sci.*, (1967), *57:* 1581–1586.

Hilgard, E.R.: The Allevitation of Pain by Hypnosis. *Pain*, (1975a), *1:* 207.

Hilgard, E.R.: Hypnosis. *Ann. Rev. Psychol.*, (1975b), *26:* 19–44.

Hilgard, E.R.: *Pain Perception in Man.* In: Hled, R.M., Leibowitz, H.W., and Teuber, H.L. (Eds.): Handbook of Sensory Physiology, Vol. VIII, Springer, New York, 1976.

Hilgard, E.R., and Hilgard, J.R.: Hypnosis in the Relief of Pain. Kaufmann, Los Altos/Calif., 1975, 1983.

Hilgard, J.R.: Personality and Hypnosis: A Study of Imaginative Involvement. Univ. Chicago Press, Chicago, 1970.

Hilgard, J.R.: Imaginative Involvement – Some Characteristics of the Highly Hypnotizable and Non-Hypnotizable. *Intern. J. Clin. Exp. Hypnosis*, (1974), *22:* 138–156.

Hilgard, J.R.and LeBaron, S.: Hypnotherapy of Pain in Children with Cancer. Kaufmann, Los Altos/Calif., 1984.

Hull, C.L.: Hypnotism and Suggestibility. Experimental Approach. The Century Psychol. Press, Appleton, New York, N.Y., 1933.

Hunt, S.M.: Hypnosis as Obedience Behavior. *Brit. J. Soc. Clin. Psychol.*, (1979), *18:* 21–27.

Jacobson, E.: Transference Problems in the Psychoanalytic Treatment of Severely Depressive Patients. *J. Amer. Psychoanal.*, (1954), *2: 595*–606.

Janet, P.: Psychological Healing. Macmillan, New York, N.Y., 1925.

Jovanović, U.J.: Angewandte und Klinische Hypnose (in Vorbereitung), 1989.

Kernberg, O.: Borderline Conditions and Pathological Narcissism. Aronson, New York, 1975.

Khan, M.: The Privacy of the Self. Hogarth, London, 1974.

Klein, M.: Two Theories or One. *Bull. Menninger Clin.*, (1973), *37:* 102–132.

Klemperer, E.: Primary Object-Relationships as Revealed in Hypnoanalysis. *Intern. J. Clin. Exp. Hypnosis*, (1961), *9:* 3–11

Kohut, H.: The Analysis of the Self. Intern. Univ. Press, New York, 1971.

Kroger, W.S.: Clinical and Experimental Hypnosis. Lippincott, Philadelphia, 1977.

Kroger, W.S., and Freed, S.C.: Psychosomatic Gynecology. Free Press, Chicago, 1956. Wilshire Books, Los Angeles, 1962.

Kubie, L.: Hypnotism. A Focus for Psychophysiological and Psychoanalytic Investigations. *Arch. Gen. Psychiat.*, (1961), *1:* 40–54.

Kubie, L.: Illusion and Reality in the Study of Sleep, Hypnosis, Psychosis, and Arousal. *Intern. J. Clin. Exp. Hypnosis*, (1972), *20:* 205–223.

Kubie, L., and Margolin, S.: The Process of Hypnotism and the Nature of Hypnotic State. *Amer. J. Psychiat.*, (1944), *100:* 611–622.

Lacan, J.: The Four Fundamental Concepts of Psychoanalysis. Norton, New York, 1978.

Lerner, M.: Electroencefalograma e hipnosis. *Acta Latinoamer.*, (1963), *4:* 35–41.

Levitsky, A.: Guilt, Self-Criticism and Hypnotic Induction. *Amer. J. Clin. Hypnosis*, (1962), *5:* 127–130.

Levitt, E., and Baker, E.: The Hypnotic Relationship – Another Look at Coercion, Compliance, and Resistance: A Brief Communication. *Intern. J. Clin. Exp. Hypnosis*, (1983), *31:* 125–131.

Ludwig, A.M.: The Trance. *Compr. Psychiat.*, (1968), *8:* 7–15.

Mahler, M.: On Human Symbiosis and the Vicissitudes of Nindividuation. Vol. I. Intern. Univ. Press, New York, 1968.

Mangold, E.: Methodik der Versuche über die tierische Hypnose. In: Abderhalden, E. (Hrsg.): Handbuch biologischer Arbeitsmethoden, Sek. 1/C. Urban & Schwarzenberg, Berlin, 1928.

Marcuse, L.: Hypnosis – Fact and Fiction. Penguin, Baltimore, 1959.

McCranie, E.J., Crasilneck, H.B., and Tetter, H.R.: The Electroencephalogram in Hypnotic Age Regression. *Psychiat. Quart.*, (1955), *29:* 85–88.

McDonald, R.D., and Smith, J.R.: Trance Logic in Tranceable and Simulating Subjects. *Intern. J. Clin. Exp. Hypnosis*, (1975), *23:* 80–89.

McDougall, W.: Outline of Abnormal Psychology. Seribners, New York, N.Y., 1926.

Meares, A.: A System of Medical Hypnosis. W.B. Saunders, Philadelphia, 1960.

Moruzzi, G., and Magoun, H.W.: Brain Stem Reticular Formation and Activation of the EEG. *Electroenceph. Clin. Neurophysiol.*, (1949), *1:* 455–473.

Mosso, A(ngelo): Im Schlaf sinkt die Gehirndurchblutung. *Giorn. di soc. ital. Milano*, (1882), *4:* 801.

Muftic, M.D.: Contribution to the Psychokinetic Theory of Hypnotism. *J. Abnorm. Soc. Psychol.*, (1959), *10:* 24.

Orne, M.T.: The Nature of Hypnosis: Artifact and Essence. *J. Abnorm. Soc. Psychol.*, (1959), *58:* 277–299.

Orne, M.T.: The Simultation of Hypnosis: Why, How and What it Means. *Intern. J. Clin. Exp. Hypnosis*, (1971), *19:* 183–210.

Orne, M.T.: *On the Construct of Hypnosis: How its Definition Affects Research and its Clinical Application.* In: Burrows, G.D., and Dennerstein, L. (Eds.): Handbook of Hypnosis and Psychosomatic Medicine. Amsterdam, Elsevier/North-Holland Biomedical Press, 1980, pp. 29–51.

Pawlow, I.P.: Experimental Psychology. Philosophical Library, New York, N.Y., 1957.

Pearson, R.E.: Clinical and Experimental Trance: What's the Difference? *Amer. J. Clin. Hypnosis*, (1970), *13:* 1–2.

Platonow, K.I.: The Word as a Psychological and Physiological Factor. Foreign Languages Publishing House, Moscow, 1959.

Prangiŝvili, A.S., Šerozija, A.E., i Bassin, F.V.: *Problema aktivnosti bessoznatel'novo pri sne i Gipnoze.* In: Prangiŝvili, A.S., Šerozija, A.E., i Bassin F.V. (Eds.): The Unconscious. Nature, Functions, Method of Study, Vol. 2. Micniereba, Tbilisi/Georgien, USSR, 1978, pp. 27–41.

Prince, M.: Dissociations of a Personality. Longmans & Green, New York, N.Y., 1905.

Prince, M(orton): Clinical and Experimental Studies in Personality. Scientific Art, Cambridge, 1929.

Purkinje, Johannes, Ev.: Schlafeintritt durch Leistungsunfähigkeit der Stabkranzfasern. Wagners Handbuch der Physiologie, Band III., 1846.

Raikov, V.L.: Theoretical Substantiation of Deep Hypnosis. *Amer. J. Clin. Hypnosis*, (1975), *18:* 23–27.

Roberts, D.R.: A Electrophysiological Theory of Hypnosis. *Intern. J. Clin. Exp. Hypnosis*, (1960), *8:* 43–53.

Rollins, N.: *Consciousness, Unconsciousness and the Concept of Repression.* In: Prangiŝvili, A.S., Šerozija, A.E., and Bassin, F.V. (Eds.): The Unconscious. Nature, Functions, Methods of Study, Vol. I., Micniereba, Tbilisi/Georgia, UdSSR, 1978, pp. 266–281.

Roth, B.: Narkolepsie und Hypersomnia. VEB, Berlin (Ost), 1962.

Sarbin, T.R.: Contributions to Role-Taking Theory. I. Hypnotic Behavior. *Psychol. Rev.*, (1950), *57:* 255.

Sarbin, T.R.and Coe, W.C.: Hypnosis – A Social Psychological Analysis of Influence Communication. Holt, Rinehart & Winston, New York, N.Y., 1972.

Sarbin, T.R., and Lim, D.T.: Some Evidence in Support of the Role-Taking Hypothesis. *Intern. J. Clin. Exp. Hypnosis*, (1963), *11:* 98–103.

Schilder, P.: Das Wesen der Hypnose. Springer, Berlin, 1922. Nachgedruckt in Englisch 1956 und 1973 durch International Universities Press, New York, N.Y., 1973 (The Nature of Hypnosis).

Schilder, P., und Kauders, O.: Lehrbuch der Hypnose. Springer, Berlin, 1926.

Schneck, J.: Hypnosis in Psychiatry. In: Schneck, J. (Ed.): Hypnosis in Modern Medicine. Charles C. Thomas, Springfield/Ill., 1953, p. 151.

Schwartz, B.E., Bickford, R.G., and Rasmussen, W.C.: Hypnotic Phenomena, including Hypnotically Activated Seizures, Studied with the Electroencephalogram. *J. Nerv. Ment Dis.*, (1955), *122:* 564–574.

Šerozija, A.: Psihoanaliz i teorija neosozavnavaiemoi psihologiĉeskoi ustanovki: Itogi i perspektivy. In: Prangiŝvili, A.S., Šerozija, A.E., and Bassin, F.V. (Eds.): The Unconscious. Nature, Functions, Method of Study. Vol. I, Mecniereba, Tbilisi/Georgia, USSR, 1978, pp. 37–68.

Sheehan, P.W.: A Methodological Analysis of the Simulating Techniques. *Intern. J. Clin. Exp. Hypnosis*, (1971), *19:* 83–99.

Smyth, L.D.: Towards A Social Learning Theory of Hypnosis. I. Hypnotic Suggestibility. *Amer. J. Clin. Hypnosis*, (1981), *23:* 147–168.

Solovey, G., and Milechnin, A.: Hypnosis and Everyday Life. *Dis. Nerv. Syst.*, (1957), *28:* 1–7.

Spiegel, H.: Hypnosis and Transference: A Theoretical Formulation. *Arch. Gen. Psychiat.*, (1959), *1:* 634–639.

Stein, C.: Trance, Transference and Countertransference in the Restrictive Patient. *Amer. J. Clin. Hypnosis*, (1970), *12:* 213–221.

Stewart, R.M., and Crasilneck, H.B.: Neurophysiology of Hypnosis. Interruption of the Trance State Following Thalamic Stimulation. *Amer. J. Clin. Hypnosis*, (1984) (personell correspondence).

Svorad, D.: Přispêvek k fysiologické analyse mechanismu reflexního utlumu (t. zv. hypnosy zviřat). Inaug.-Diss., Univ. Bratislava, CSSR, 1956.

Tart, C.T.: Altered States of Consciousness – A Book of Readings. Wiley & Sons, New York, N.Y., 1969.

Thompson, K.F.: Clinical and Experimental Trance: Yes, there is a difference. *Amer. J. Clin. Hypnosis*, (1970), *13:* 1–5.

Uznadze, D.: The Psychology of Set (J. Wortis, Ed.). Consulting Bureau, New York, 1966.
Vanderhoof, E., and Clancy, J.: Effect of Emotion on Blood Flow. *J. Appl. Physiol.*, (1962), *17:* 67–70.
Völgyesi, F.: 1963 und 1967, siehe Kapitel III.
Watkins, J.D.: *Psychodynamics of Hypnotic Induction and Termination.* In: Schneck, J.M. (Ed.): Hypnosis in Modern Medicine (Ed. 3). Thomas, Springfield/Ill., 1963, pp. 365–389.
Weitzenhoffer, A.M.: Hypnotism – An Objective Study of Suggestibility. John Wiley & Sons. New York, N.Y., 1953 (Dort weitere Literatur von Weitzenhoffer et al., siehe dazu Kapitel IX und XIV).
West, L.J.: Psychophysiology of Hypnosis. *JAMA*, (1960), *172:* 672–675.
White, R.W.: Analysis of Motivation in Hypnosis. *J. Gen. Psychol.*, (1941), *24:* 145–162.
Williams, G.W.: Highway Hypnosis: An Hypothesis. *Intern. J. Clin. Exp. Hypnosis*, (1963), *11:* 143–151.
Willis, Thomas: Erste genaue Beschreibung des Nervus vagus. *Cerebri anatome*, London, 1664.
Winnicott, D.W.: Collected Papers: Through Pediatrics to Psychoanalysis. Tavistock, London, 1958.
Wolberg, L.R.: Medical Hypnosis, Vol. I. and II. Grune & Stratton, New York, N.Y., 1948a, b.
Wolpe, J.: The Systematic Desensitization Treatment of Neurosis. *J. Nerv. Ment. Dis.*, (1961), *132:* 189–203.
Young, P.C.: Experimental Hypnotism – A Review. *Psychol. Bull.*, (1941), *38:* 92–104.
Zikmund, V.: Some Physiological Characteristics of Natural and Hypnotic Sleep in Man. *Physiol.* Bohemoslov., (1964), *13:* 196–201.

XXIX. Futurologische Aspekte

1. Vorbemerkungen und Begriffsbildung

Die *Futurologie* bedeutet bekanntlich *Zukunftsforschung*. In unserem Falle wird sie auf die *Hypnose/Hypnotherapie* eingeengt. Aber auch da muß eine strenge Auswahl der Themen getroffen werden. Wir beschränken uns deshalb auf *ein paar Beispiele*, die als *Vorschläge* angesehen werden können. Dabei wird sowohl die *wissenschaftliche* als auch die *problematische soziale Seite* zur Sprache kommen.

2. Hypnose und psychologische Gesichtspunkte

In den Kapiteln IX, XV und XXI wird von einer *Dissoziation* als *Hypnosephänomen* gesprochen. Aber auch ohne die Hypnose kann eine analoge Dissoziation nachgewiesen werden. Lund (1974) untersuchte z.B. 110 Vpn im Zusammenhang mit einer *Isolation* von *exogenen Zeitgebern*. Die *circadiane Periodik (24-Stunden-Tagesrhythmus) der Aktivität der Probanden* verlängerte sich in rund 80% der Fälle im Verlauf von wenigen Wochen der Isolation auf 25,02 (SD ± 058) Stunden. Diese Aktivität war ziemlich synchron mit Anstiegen der Körpertemperatur. *In 20% der Fälle korrelierte die Veränderung der psychischen Aktivität am Tage jedoch nicht mit den Temperaturveränderungen.* Während die circadiane Periodik der *Körpertemperatur* rund 25 Stunden (im Verlaufe von wenigen Wochen) beanspruchte, wurde die *Periodik der psychischen Aktivität* bei diesen 20% der Vpn in *zwei Klassen* eingeteilt: *Bei einer Klasse variierte sie innerhalb der Periodik von 16 bis 20 Stunden, bei der anderen von 30 bis 40 Stunden* (siehe auch Wever, 1974a, b). *Die Vpn haben jedoch diese Dissoziation subjektiv nicht wahrgenommen. Diese Befunde dürften vom Standpunkt der Persönlichkeitsmerkmale und Hypnotisierbarkeit von Bedeutung sein (Kapitel IX.4.2.4.7).* Auch die *Dissoziationstheorie der Hypnose* (siehe Kapitel XXVIII) könnte von diesen Kenntnissen profitieren.

Lund (1974) sei weiter aufgefallen, *daß die stärkere Desynchronisierung der Tagesperiodik fast immer bei den gleichen Vpn aufgetreten war*, so daß eine neue Aussortierung der Probanden als notwendig erachtet wurde. Die Vpn wurden dann auf ihre Persönlichkeitsmerkmale getestet, und zwar (aa) mittels ENNR-Test auf *Neurotizismus* nach Brengelmann und Brengelmann (1960); (ab) mittels VELA-Test auf *funktionell-körperliche Beschwerden* nach Fahrenberg (1965) und (ac) mittels *Maudsley Personality Inventory* nach Eysenck (1959). Die Unterschiede wurden nach Wilcoxon U-Text geprüft. Von 34 Vpn (9 weiblich, 25 männlich) zeigten *sieben eine eindeutige interne Desynchronisierung; vier davon boten einen längeren Aktivitätszyklus als die Periodik der Körpertemperatur.* Nach VELA- und Neurotizismus-Scores wurden *signifikante Unterschiede zwischen den synchronisierten und nichtsynchronisierten Vpn* im Faktor *Neurotizismus* nachgewiesen ($p < 0{,}05$). Vpn mit höheren Scores hatten in beiden Gruppen eine größere Tendenz *zu einer internen Desynchronisierung* als Vpn mit niedrigeren Werten. *Probanden also, die mehr zum Neurotizismus und zu körperlichen Beschwerden tendierten, sind jene, die eine ausgeprägte interne Desynchronisierung aufweisen, und zwar unter konstanten äußeren Bedingungen.* Wenn daher eine Person mit *emotionaler Labilität* unter der Bedingung der Abschirmung von der Umwelt lebt, so wird sie über mehr (vorübergehende oder länger andauernde) Beschwerden klagen als andere

Personen, die *emotional stabiler* sind. Viele diesbezügliche Befunde wurden bei anderen ähnlichen oder ganz unterschiedlichen Untersuchungen erhoben (Luce, 1973; Scheving et al., 1974), jedoch noch nicht stichhaltig mit Hypnotisierbarkeit der Vpn in Korrelation gebracht. Erst in Verbindung mit Kapitel IX und X könnten indirekte greifbare Schlußfolgerungen zu Hypnotisierbarkeit (Kapitel IX) oder Ursachen psychischer Störungen/Erkrankungen (Kapitel X) gezogen werden.

3. Hypnose und psychophysiologische Gesichtspunkte

Bei der Erforschung der *Tagesrhythmik* der *psychophysischen Leistungsbereitschaft* wurden bei gesunden Vpn *gegen drei Uhr und gegen 15 Uhr längere Reaktionszeiten (RZ) gefunden* (Sinz und Stebel, 1970a, b; Stebel und Sinz, 1970, 1971a, b). Diese *psychische Leistungsänderung* müßte bei der Beurteilung der Hypnotisierbarkeit berücksichtigt werden. Beim Auffinden einer *Minutenperiodik* der *Leistungsschwankungen* des von den Autoren untersuchten *Kurzspeichers* ließ sich eine entsprechende Periodik in den sensomotorischen RZ auf Ton- und Lichtsignale erkennen. Bei *konstanten* und in *stohastischen Intervallen* wiederholten Tests über 20–30 Minuten konnten scheinbar unregelmäßig variierende Kurvenverläufe erhalten werden, in denen nach der Berechnung von Autokorrelationsfunktionen eine deutliche *Minutenbiorhythmik* feststellbar war. Die Häufigkeitsverteilung ergab ein Maximum der Periodendauer bei *zwei* Minuten. Diese *endogene Periodizität* wies auf eine bemerkenswerte Standhaftigkeit gegen äußere Störungseinflüsse hin. Mitunter auftretende spontane Übergänge von einer Periodik in eine andere zeigen, daß die Frequenz der Schwingungen nur über eine begrenzte Zeit kontant bleibe. Dieser spontane Wechsel in der Frequenz der Oszillation könnte nach den Autoren seinen Grund in den rhythmischen Einflüssen eines anderen schwingenden informationsverarbeitenden Teilsystems des Gehirns haben.

Informationspsychologische Überlegungen führten die Autoren zur Erarbeitung eines *Gedächtnismodells* (siehe auch Kapitel XXI), das einen *Speicher* mit konstanter *Zuflußkapazität* und begrenzter *Speicherkapazität* zugrunde lege. Dem *Bewußtsein* (Kapitel XXI) entspräche demnach ein *Kurzspeicher* mit einer Zuflußkapazität von 16 bit/sec, der Informationen zehn Sekunden lang festhalte. In welcher Menge Informationen aufgenommen und in das *vorbewußte Gedächtnis zur Bildung von Engrammen* weitergegeben werden, hänge in hohem Maße von der *Affektbetonung (Motivation)* und von der *Vigilanz* ab. *Fortlaufende endogene Schwankungen der Vigilanz (Aufmerksamkeit) wirken sich auf die Zuflußkapazität der Speicher bzw. auf die Reproduktionen aus.* Zur Prüfung dieser Frage wurde von den Autoren das Zeitverhalten in der Reproduktion dargebotener Ziffernfolgen aus dem Kurzspeicher getestet. In *stochastischen und konstanten Abständen* wurden zehnstellige, jeweils neue, gleichschwierige Ziffernfolgen angesagt und sofort nach Anhören der genannten Zahl von dem Probanden schriftlich oder mündlich weitergegeben. Am Ende des Versuchs wurde der prozentuale Anteil richtig wiedergegebener Ziffern pro Zeit graphisch aufgetragen und anschließend die Autokorrelationsfunktionen zur Feststellung der Periodizitäten berechnet. Die *prozentualen Leistungsschwankungen des Kurzspeichers und die dazugehörige Autokorrelationsfunktion zeigten Schwingungen von 2,5 Minuten Periodendauer.* Mitunter konnten auch Schwingungen (Aktivitätsschwankungen) mit einer Periodendauer *von einer bis 15 Minuten erfaßt werden.* Die Häufigkeitsverteilung aller Frequenzen zeigte ein Maximum bei 0,5/Min. Es wäre von Bedeutung, diese Befunde *mit der Veränderung des Gedächtnisses während der Hypnose in Zusammenhang* zu bringen (Kapitel XXI). Das Interesse müßte darauf ausgerichtet werden, ob und inwieweit *die Hypnose durch die Beanspruchung der selektiven Aufmerksamkeit eine gewisse Instabilität der gefundenen Merkmale hervorrufen kann.*

4. Hypnose im Lichte der Chronobiologie/ Chronopsychologie

Einiges aus diesem Abschnitt wurde soeben und auch in den früheren Kapiteln dieses Buches (siehe Kapitel XIII–XXVI) erwähnt. Bereits Josef Breuer (1842–1924) (Kapitel X.8.4.2) sprach in bezug auf die Patientin Anna O. z. B. folgendes: «... Die Patientin geriet *morgens* in einen launischen, schwer beherrschbaren, *nachmittags* in einen schlafähnlichen Zustand (Somnolenz) und *abends* (kursiv stammt vom Referenten) in eine Umdämmerung ...». Solche und ähnliche Feststellungen sind in der ganzen psychomedizinischen Literatur hinsichtlich unserer Problematik zu finden (siehe dazu Schmidt, 1980).

Periodische Schwankungen der menschlichen Leistungen sind wissenschaftlich bereits parallel mit den ersten «goldenen Jahren der Hypnose» am Ende des 19. Jahrhunderts unabhängig von der Hypnoseforschung verfolgt worden, ohne daß sich diese beiden Wissenschaftszweige gegenseitig beeinflußten oder ergänzten. Bereits Glass (1888), Lange (1888), Voss (1899) haben subtile Untersuchungen in dieser Hinsicht unternommen. Am Beginn des 20. Jahrhunderts wurde die Chronobiologie/Chronopsychologie/-physiologie noch intensiver erforscht (Philpott, 1932 u. a.). In den 50er Jahren und später erschienen weitere bedeutende Beiträge zu diesem Problem (Aschoff, 1957; Bochnik, 1953–1958b; Engel, 1957; Hampp, 1961; Hellpach, 1950, 1977; Lehmann, 1953; u.v.a.). Diese Intensivierung (Halberg, 1975; Halberg und Lee, 1974; Rensing, 1973) fällt nicht rein zufällig mit der Aktualisierung der Hypnoseforschung zusammen (siehe Kapitel IX sowie Haen und Halberg, 1985).

Engel (1957) richtete seine Aufmerksamkeit zunächst einmal auf den Verlauf der beim Menschen gefundenen *Tagesschwankungen*. Sodann ging er auf die *Typologie der Menschen gemäß ihrer Tagesschwankungen* über. Er fand, daß Menschen in solche mit
(aa) arhythmischen,
(ab) isolierten Wellen;
(ac) sicheren und beeinflußbaren sowie
(ad) sicheren und unbeeinflußbaren Rhythmen-Typen
eingeteilt werden können. Unter sogenannten *Rhythmikern* gebe es wiederum *Morgentypen*, die eigentlich *aktive Täter* seien, Menschen, die immer *da* sind (Kapitel XVIII). Der *Abendtyp* der Rhythmiker sei der Zauderer, der Nachdenkliche, der Realitätsflüchtige, der Mensch also, der erst gegen Abend richtig aufwache (Kapitel XVIII). *Die Hypnotisierbarkeit unterscheidet sich wahrscheinlich bei diesen zwei Menschentypen im Verlaufe des Tages, da nach eigenen Erfahrungen* (Jovanović, 1989) *diese beim letzteren variiert.* Stichhaltige diesbezügliche fremde Befunde liegen unseres Wissens noch kaum vor (siehe auch Kapitel IX).

Hampp (1961) untersuchte beispielsweise unter anderem auch *psychische Leistung* und *Handarbeit* bei 400 Vpn und konnte in Abhängigkeit von Lebensweise und Tagesrhythmik deutliche Schwankungen nachweisen. Einige Probanden (Morgentypen) unterschieden sich wesentlich von den anderen (Abendtypen). Die erwähnten Leistungsunterschiede sind auch später oft bestätigt worden (Jovanović, 1978 a, b) und spielen eine entscheidende Rolle bei der Einübung der *Entspannungstherapie* (Kapitel XVIII). Innerhalb der *circadianen* Tagesperiodik wurden *ultradiane Rhythmen* für die Dauer von 120–180 Minuten gefunden. Neuere Erforschung konnte auch noch kürzere *ultradiane Rhythmen* am Tag feststellen (Globus, 1966, 1970; Kripke, 1972, 1974) – abgesehen von den bereits bekannten Biorhythmen mit einer Dauer von 90–100 Minuten während des Schlafes (siehe Kapitel XXIV). Für die Zeit des Ansetzens der einzelnen Hypnosesitzung kann das letztere von Bedeutung sein. Nach Hampp (1961) handele es sich bei *Morgentypen* des Menschen mehr um *extravertierte*, bei *Abendtypen* mehr um *introvertierte* Personen. *Morgentypen sind demnach in Verbindung mit*

den Befunden des Kapitels IX.4.2.4.7 besser als Abendtypen hypnotisierbar. Dies stimmt auch mit eigenen Beobachtungen überein (Jovanović, 1989). Die Autorin hat eine Reihe von Auswertungen vorgenommen, wie in bezug auf *Gestimmtheit, affektive Schwingungsfähigkeit, Leibgefühle, Aufmerksamkeit, Tätigkeits- und Erlebnisdrang, Schlafquantum* nach subjektiven Angaben der Schläfer, *verzögertes oder promptes Wachwerden,* so daß aus diesen Befunden der Schluß für die Hypnotisierbarkeit mit ziemlicher Sicherheit gezogen werden könnte (siehe dazu Kapitel IX).
Im Zusammenhang mit *psychischer Aktivität* und *längeren (infradianen) oder kürzeren (ultradianen) Rhythmen* seien wieder als Beispiel die Untersuchungen von Sinz und Stebel (1970a, b) sowie Stebel und Sinz (1970, 1971a, b) erwähnt. Die Autoren konnten experimentell *einen ausgeprägten Jahresrhythmus der Reaktionszeiten (RZ)* bei Vpn feststellen, wobei eine Verkürzung *Ende August bis Anfang September* und eine Verlängerung *Ende Februar bis Anfang März* zu registrieren war. Diese Befunde sind vielleicht nicht leicht mit Hypnotisierbarkeit in Zusammenhang zu bringen. Eines Versuches sind sie jedoch wert (siehe dazu Caldwell und Domino, 1967; Gamper, 1926; Georgi, 1944, 1947; Kriebel, 1970; Kripke, 1972, 1974; u.v.a.).

5. Hypnose und neurobiochemische Beispiele

Im Hinblick auf die biochemischen Befunde, die in Kapitel XXII.7 erwähnt wurden, und in Verbindung mit unserer Schlußfolgerung in Abschnitt XXII.8.6 kann noch folgendes gesagt werden:

(a) Bei einer *Reizübertragung* von einem *Neuron* auf ein anderes oder von einem Nerv auf einen anderen spielen die *Reizüberträger (Neurotransmitter)* die wichtigste Rolle. In den letzten 30–40 Jahren sind bedeutende Befunde erhoben worden, die diese Reizübertragung *in einem ganz neuen Licht* erscheinen lassen. Die Referate, auf die wir uns stützen (Bloom, 1978; Eccles, 1957, 1964; Fuxe et al., 1978; Hodgkin, 1958; Huxley und Stämpfli, 1949; Iversen, 1978; Jacobowitz, 1978; Jänig, 1985; Kopin, 1978; Kuhar, 1978; Mandell und Knapp, 1978; Matussek, 1967; Moore und Kelly, 1978; Nicoll, 1978; Roberts, 1978; Roth et al., 1978; Schmidt, 1985; Zimmermann, 1985), können hier nicht im einzelnen diskutiert werden.

(b) *Für das theoretische und praktische Problem der Hypnose* (Goldwyn, 1930; Hall, 1982, 1983; Hess, 1932; Lange, 1928) *und Hypnotherapie ist auch die globale Topographie und Lokalisation* von *dopaminergen* (Aghajanian und Wang, 1978; Bloom, 1978; Jänig, 1985), *noradrenergen* (Bloom, 1978; Jacobowitz, 1978; Jouvet, 1972; Koella, 1984; Monnier, 1962, 1969), *serotonergen* (Aghajanian und Wang, 1978; Jouvet, 1972; Koella, 1984) und *cholinergen* Neuronen (Haase, 1979a, b; Schmauss et al., 1985) im Gehirn von Bedeutung. Erst in Verbindung damit entstehen adäquate *Emotionen, Aktivierung, Hemmung und spezifische tranquilierende Antworten auf Dämpfung und Reize,* die dann gedeutet werden können. Wenn man das hier Vorgetragene mit dem verbindet, was in den Kapiteln IX, XXII.7 und XXV.6.5 gesagt wurde, dann erhebt sich die große Frage, *ob und inwieweit man erst im Blut oder sogar im Urin spezifische Abbauprodukte der in der Hypnose stattgefundenen neurobiochemischen Veränderungen nachweisen und richtig deuten kann.* Selbst die Befunde im Nervengewebe und/oder Liquor cerebrospinalis sind – bei der Kompliziertheit und Komplexität der neurobiochemischen Prozesse – nicht leicht zu interpretieren. In dieser Richtung ist jedoch die Erforschung erlaubt (s. dazu Hodgkin und Huxley, 1952; Jana und Pattie, 1965).

6. Hypnose/Hypnotherapie und Psychopathologie

In Kapitel IX.4.2.10 wurde über die Hypnotisierbarkeit bei Patienten mit psychogenen oder psychischen Symptomen gesprochen. Die dort zitierten Autoren sprechen meist von *neurotischen* bzw. *psychotischen* Kranken. *Diese globale Diagnostik reicht für das exakte Studium bei weitem nicht aus* (siehe dazu Hall et al., 1964; Menninger-Lerchenthal, 1960).

(a) *Bei neurotischen Reaktionen* findet man *eine Anzahl von Symptomen und diagnostischen Einheiten*, die sich im wesentlichen voneinander unterscheiden. Nach Beck (1962), Kielholz (1960) sowie Martin (1968) sind unter anderem dazu auch *Erschöpfungsdepressionen* zu zählen. Bei Patienten mit einem *Entwurzelungssyndrom* (ausländische Arbeitnehmer oder Flüchtlinge in der Bundesrepublik Deutschland) ist nach eigenen Erfahrungen eine *umfangreiche und oft sehr uncharakteristische Symptomatik zu finden. Die Hypnotisierbarkeit verhält sich umgekehrt* zur tagesrhythmischen Verschlechterung der Symptomatik. *Die Armlevitation mißlingt z. B. zunehmend vom Morgen bis zum Abend.* Diese Frage wird bei einer späteren Gelegenheit (Jovanović, 1989) statistisch im einzelnen vorgetragen (siehe auch Kapitel XI.3.2). Auf die wohl bekannte Differenzierung nach der *International Classification of Diseases (ICD)* braucht nicht hingewiesen zu werden.

(b) *Die Verschiedenheit bei endogenen Psychosen* ist bereits Aristoteles (siehe Menninger-Lerchenthal, 1960) aufgefallen. Wie bei allen anderen Wissenschaftszweigen entstand auch hier eine große Zeitspanne des relativen Stillstandes der Erforschung dieses Problems bis zur zweiten Hälfte des 19. Jahrhunderts, als unter anderem Kirn (1878) sowie Pilcz (1901) auf die *periodischen Vorgänge* bei verschiedenen klinischen Bildern erneut aufmerksam machten. Seit Kraepelin (1909) wurden zweiwellige Psychosen deutlich in *manisch-depressive* einerseits und *Dementia praecox (Schizophrenie)* andererseits eingeteilt. Kraepelin fand darüberhinaus bei der von ihm benannten Dementia praecox *zwei* Verlaufsformen: Die eine komme *schubweise* vor – *paranoid-halluzinatorische Verlaufsform;* die andere erscheine *periodisch* und wurde als *katatone Form (Catatonia)* angesehen. Das Verdienst Bleulers (1911) ist es, die Katatonie noch deutlicher von den manisch-depressiven Psychosen getrennt zu haben. Beide Gruppen wurden bezüglich der Periodizität in den letzten 50 Jahren eingehend untersucht (Gjessing, 1932a–1966; Gjessing et al., 1967).
Von den *zwei* führenden klinischen Syndromen des schizophrenen Formenkreises eignet sich zum Studium der Hypnose an erster Stelle die *Katatonie* (Kapitel XXIII.3.3.1) und an zweiter die *paranoid-halluzinatorische Form.* Bei unserem Problem spielen aber auch die anderen Formen – *Hebephrenie* und *Schizophrenie simplex* – eine nicht ganz unbedeutende Rolle.

(c) Neben den endogenen sind aber auch *exogene Psychosen* bekannt. Ritterhaus (1920), Bostroem (1929), Frankl (1950), Weitbrecht (1952, 1953, 1956), Waelder (1963a, b), Waldmann (1970) und andere konnten *rhythmisch ablaufende Beschwerden bei körperlich bedingten Depressionen finden.* Weitbrecht (1952, 1953, 1956) sprach über periodische Stimmungsschwankungen bei *Untergrunddepressionen*, aber auch bei *hirnorganischen Prozessen.* Es sei schwierig, beim Auftreten von depressiven Zuständen mit vitaler Traurigkeit, Schuldgefühlen und womöglich typischen Tagesschwankungen bei Patienten mit *postkommotionellen* und *posTkontusionellen Schädigungen* differentialdiagnostische Maßnahmen zu treffen. *Nächtliche Verwirrtheitszustände bei cerebraler Gefäßsklerose hängen vom 24-Stunden-Rhythmus der Hirndurchblutung ab* (Waldmann, 1970). Nach Kurt Schneider können zeitlich mehr oder weniger regelmäßige *Tagesschwankungen* nicht nur bei endogenen, sondern auch bei Untergrunddepressionen, Erschöpfungsdepressionen (siehe Beck, 1962; Kielholz, 1960; Martin, 1968) auftreten.

(d) Und nicht nur die erwähnten psychischen, sondern auch zahlreiche psychosomatische Störungen bedürfen beim Hypnosestudium einer näheren Differenzierung. Im Rahmen *internistischer Erkrankungen* sind z. B. viele Unterschiede untereinander gefunden worden. Depressive Zustände im Wechsel mit Euphorien wurden oft bei *Cushing-Syndrom* oder *Addison'scher Erkrankung* gefunden (Carpenter und Bunney, 1971). Nicht zu sprechen von der Verschiedenheit der Symptomatie bei Magenulcera, Gallenkoliken und ähnlichen Erkrankungen (Indikationen zur Hypnotherapie siehe Kapitel XI).
Insgesamt gesehen wird wahrscheinlich die Feststellung z. B. über *diese oder jene Hypnotisierbarkeit* bei *Neurosen*, *Psychosen* etc. keine großen Aufschlüsse darüber geben, *wenn man nicht eine nähere Differenzierung von Erkrankungen und Störungen vornimmt* und diese auch in der entsprechenden Publikation angibt.

7. Hypnose/Hypnotherapie und Psychopharmakologie

Pharmaka (Arzneimittel), die sich auf die *Psyche* auswirken, werden als *Psychopharmaka* bezeichnet. Seit den 50er Jahren sind diese so weit entwickelt, daß einige von ihnen nicht mehr leicht im wahrsten Sinne des Wortes angesehen werden können. Viele Extrakte von *Neurohormonen* und *biogenen Aminen* werden in der Regel *Psychopharmaka* genannt, obwohl sie im Organismus vorhanden sind und auch andere Effekte einwirken. Aber gerade das spielt beim Hypnoseproblem die wichtigste Rolle (siehe auch Hall et al., 1964).
In der Regel versteht man unter Psychopharmaka *Neuroleptika/Psycholeptika*, *Antidepressiva/Thymoleptika*, *Tranquilizer/Sedativa*, *Hypnotika*, *Stimulantia/Weckmittel/Amphetamine*. In bezug auf das Problem der Hypnose sind sie alle von Bedeutung, insbesondere jene, die *modulieren und beruhigen*. Am gebotenen Platz kann die Literatur kaum angeboten werden, die sonst sehr umfangreich ist (siehe in Beckmann, 1985; Jovanović, 1978b).

8. Hypnose/Hypnotherapie und Sozialpsychologie

Im organisatorischen Bereich haben Hypnoseforscher und Praktizierende der Hypnose im klinischen und außerklinischen Bereich einiges erreicht. Die Hypnose ist ohne Zweifel eine Wissenschaft für sich geworden, die sich der entsprechenden *statistischen Verifikation* (siehe Kapitel I) bedient. Die Verteilung des Interesses an Hypnose auf verschiedene Weltregionen ist sehr ungleich und spiegelt sich in der Anzahl der Publikationen (siehe Kapitel II, VIII und IX) sowie der Mitglieder der Hypnose-Organisationen in den einzelnen Ländern wider. Während in den USA, Kanada und Australien in nahezu jeder Verwaltungs- und geographischen Region eine *Unterorganisation* oder *Assoziation* aktiv ist, kann für Europa die gleiche Feststellung nicht getroffen werden. Wenn man dann das *deutschsprachige Gebiet* betrachtet, dann können Vergleiche nicht gezogen werden, *da es kaum etwas zu vergleichen gibt* (siehe dazu Kapitel II und IX). Zur Zeit gibt es in der Bundesrepublik vier Hypnose-Organisationen, die sich aus subjektiven Gründen nicht vereinigen können.
Die Anzahl der wissenschaftlichen Hypnose-Organisationen und die Gesamtanzahl ihrer Mitglieder im deutschen Sprachgebiet hängt wahrscheinlich zum größten Teil *von der Auffassung und der Voreingenommenheit gegenüber der Hypnose* ab. Weitere Einlassungen in die Problematik würden uns in die PolemiK führen, der wir unbedingt aus dem Wege gehen wollen.

9. Zusammenfassung und Schlußfolgerungen

Mit ein paar Beispielen wird im vorangehenden Text auf einige Besonderheiten hingewiesen, *die als Vorschläge für die zukünftige wissenschaftliche Arbeit gelten sollten*. Im einzelnen wird die Aufmerksamkeit der Hypnoseforscher auf einige (a) psychologische, (b) psychophysiologische, (c) chronobiologische/chronopsychologische, (d) neurobiochemische, (e) psychopathologische, (f) psychopharmakologische und (g) sozialpsychologische Gesichtspunkte gelenkt.

Während im theoretisch-wissenschaftlichen und klinischen Bereich die Mahnung zu einer besseren Differenzierung von Phänomenen, Symptomen, Syndromen und anderen Merkmalen ausgesprochen wird, mußte der Mangel an Einsicht im europäischen, insbesondere im deutschen Sprachbereich hinsichtlich des Stellenwertes der Hypnose offen beklagt werden. *Die Atome sind leichter zu sprengen als die vorgefaßten Meinungen* (Albert Einstein).

10. Literaturverzeichnis

Aghajanian, G.W., and Wang, R.Y.: *Physiology and Pathology of Sentral Serotonergic Neurons.* In: Lipton, M.A., DiMascio, A., and Killam, K.F. (Eds.): Psychopharmacology – A Generation of Progress. Raven Press, New York, N.Y., 1978, pp. 171–183.

Aschoff, J.: Aktivitätsmuster der Tagesperiodik. *Naturwissenschaften*, (1957), *44:* 361–367.

Beck, D.: Vegetative Untersuchungen. Therapie und Prognose der Erschöfungsdepressionen. *Schweiz. Arch. Neurol. Psychiat.*, (1962), *90:* 370–391.

Beckmann, H.: *Differentielle Störungen der Neurotransmission bei Depressionen.* In: Hippius, H., und Matussek, N. (Hrsg.): Differentialtherapie der Depressionen – Möglichkeiten und Grenzen. (Advances in Pharmacotherapy). Karger, Basel, 1985, Seite 90–100.

Blashko, H., Burn, J.H., and Langemann, H.: The Formation of Noradrenalin from Dihydroxyphenilserine. *Brit. J. Pharm. Chemother.*, (1950), *5:* 431–437.

Bleuler, E.: *Dementia praecox.* In: Aschaffenburg, O. (Hrsg.): Handbuch der Psychiatrie, Spezieller Teil, Abteilung 4, Hälfte 1, Deuticke, Leipzig, 1911.

Bloom, F.E.: *Central Noradrenergic Systems: Physiology and Pharmacology.* In: Lipton, M.A., DiMascio, A., and Killam, K.F. (Eds.): Psychopharmacology – A Generation of Progress. Raven Press, New York, N.Y., 1978, pp. 131–141.

Bochnik, H.J.: Über Tagesschwankungen zentralnervöser und autonomer Funktionen. *Acta Med. Scand.*, (1953), *278:* 122–128.

Bochnik, H.J.: Schmerz und Tagesrhythmik. *Acta Med. Scand.*, (1955), *307:* 142–149.

Bochnik, H.J.: *Klinische Elektrophysiologie des Zentralnervensystems.* In: Cobet, R., Gutzel, K., und Bock, H.E. (Hrsg.): Klinik der Gegenwart. Urban & Schwarzenberg, München, 1957.

Bochnik, H.J.: Tagesschwankungen der Hautsensibilität. *Arch. Psychiat. Nervenkr.*, (1958a), *197:* 223–242.

Bochnik, H.J.: Tagesschwankungen der muskulären Leistungsfähigkeit. *Dtsch. Zschr. Nervenheilk.*, (1958b), *178:* 270–275.

Bostroem, A.: Über die Auslösung endogener Psychosen durch beginnende paralytische Hirnprozesse und die Bedeutung dieses Vorganges für die Prognose der Paralyse. *Arch. Psychiat. Nervenkr.*, (1929), *86:* 151–176.

Breuer, Josef (1842–1924): Siehe Kapitel VIII.

Brengelmann, J.G., und Brengelmann, L.: Deutsche Validierung von Fragebögen der Extraversion, neurotischen Tendenz und Rigidität. *Exp. Angew. Psychol.*, (1960), *7:* 291–331.

Bumke, O.: Die Diagnose der Geisteskrankheiten. J.F. Bergmann, Wiesbaden, 1919.

Caldwell, D.F., and Domino, E.F.: Electroencephalographic and Eye Movement Patterns During Sleep in Chronic Schizophrenic Patients. *Electroenceph. Clin. Neurophysiol.*, (1967), *22:* 414–420.

Carpenter, W.T. Jr., and Bunney, W.E. Jr.: Adrenal Cortical Activity in Depressive Illness. *Amer. J. Psychiat.*, (1971), *128:* 31–40.
Delorme, F.: Monoamines et sommeils. Thèse Médecine, Univ. Lyon, Lyon, 1966.
Delorme, F., Froment, J.L., et Jouvet, M.: Supression du sommeil par la p-Chlorméthamphétamine et la p-Chlorphénylalanine. *C.R. Soc. Biol. (Paris)*, (1966a), *160:* 2347–2351.
Delorme, F., Jeannerod, M., et Jouvet, M.: Effects remarquables de la Réserpine sur l'activité phasique ponto-géniculo-occipitale. *C.R. Soc. Biol. (Paris)*, (1965), *159:* 900–903.
Delorme, F., Jouvet, M., et Riotte, M.: Conditions de déclenchement du sommeil paradoxal par les acides gras à chaine courte chez le chat pontique. *C.R. Soc. Biol. (Paris)*, (1966b), *160:* 1457–1460.
Eccles, J.C.: The Physiology of Nerve Cells. John Hopkins Press, Baltimore, 1957.
Eccles, J.C.: The Physiology of Synapses. Springer-Verlag, Berlin–Göttingen–Heidelberg, 1964.
Engel, W.S.: Die depressiven Wellen des Tages. *Fortsch. Neurol. Psychiat.*, (1957), *25:* 342–354.
Eysenck, H.J.: Maudsley Personality Inventory. London University PresS, London, 1959.
Fahrenberg, J.: Ein itemanalytischer Fragebogen funktionell körperlicher Beschwerden (VELA). *Diagnostica*, (1965), *11:* 141–153.
Frankl, V.E.: Manisch-depressive Phasen nach Schädeltrauma. *Mschr. Psychiat. Neurol.*, (1950), *119:* 307–311.
Fuxe, K., Hökfelt, T., Agnati, L.F., Johannson, O., Goldstein, M., Perez de la Mora, M., Possani, L., Tapia, R., Teran, L., and Palacios, R.: *Mapping Out Central Catecholamine Neurons: Immunohistochemical Studies on Catecholamine-Synthesizing Enzymes.* In: Lipton, M.A., DiMascio, A., and Killam, K.F. (Eds.): Psychopharmacology – A Generation of Progress. Raven Press, New York, N.Y., 1978, pp. 67–94.
Gamper, E.: Bau und Leistungen eines menschlichen Mittelhirnwesens (Arhinocephalie mit Encephalocele). Zugleich ein Beitrag zur Teratologie und Fasersystematik. *Zschr. Ges. Neurol. Psychiat.*, (1926), *102:* 154–235.
Georgi, F.: Psychophysiologische Korrelationen. *Schweiz. Med. Wschr.*, (1944), *74:* 539.
Georgi, F.: Psychophysische Korrelationen: Psychiatrische Probleme im Licht der Rhythmusforschung. *Schweiz. Med. Wschr.*, (1947), *77:* 1276.
Gjessing, R.: 1932a bis 1966 in: Jovanović, U.J. 1978b.
Gjessing, R., Harding, G.F.A., Jenner, F.A., and Johannessen, N.B.: The EEG in Three Cases of Periodic Catatonia. *Brit. J. Psychiat.*, (1967), *113:* 1271–1282.
Glass, R.: Kritisches und Experimentelles über den Zeitsinn. *Phil. Stud.*, (1888), *4:* 423–456.
Globus, G.G.: Rapid Eye Movement Cycle in Real Time – Implications for a Theory of the D-State. *Arch. Gen. Psychiat.* (Chicago), (1966), *15:* 654–659.
Globus, G.G.: Rhythmic Functions During Sleep. *Intern. Psychiat. Clin.*, (1970), *7:* 15–21.
Goldwyn, J.: The Effect of Hpynosis on Basal Metabolism. *Arch. Internal Med.*, (1930), *45:* 109–114.
Haase, J.: *Grundbegriffe der Erregungsphysiologie.* In: Haase, J. (Hrsg.): Neurophysiologie. Urban & Schwarzenberg, München–Wien–Baltimore, 1979a, Seite 1–35.
Haase, J.: *Das autonome Nervensystem.* In: Haase, J. (Hrsg.): Neurophysiologie. Urban & Schwarzenberg, München–Wien–Baltimore, 1979b, Seite 201–224.
Haen, E(kkehard), und Halberg F(ranz): Chronopharmakologie und Chronotherapie. Von der experimentellen Forschung zur praktischen Anwendung. *Dtsch. Ärzteblatt*, (1985), *82 (51/52):* 3837–3848.
Halberg, F.: Biological Rhythms. *Adv. Exp. Med. Biol.*, (1975), *54:* 1–41.
Halberg, F., and Lee, J.K.: *Glossary of Selected Chronobiologic Terms.* In: Scheving, L.E., Halberg, F., and Pauly, J.E. (Eds.): Chronobiology. Thieme-Verlag, Stuttgart, 1974, pp. XXXVII–L.
Hall, H.R.: Hypnosis and the Immune System – A Review with Implications for Cancer and the Psychology of Healing. *Amer. J. Clin. Hypnosis*, (1982/83), *25:* 92–103.
Hall, P., Speur, F.G., and Stirland, D.: Diurnal Variation of Subjective Mood in Depressive States. *Psychiat. Quart.*, (1964), *38: 529–536.*
Hampp, H.: Die tagesrhythmischen Schwankungen der Stimmung und des Antriebes bei gesunden Menschen. *Arch. Psychiat. Nervenkr.*, (1961), *201:* 355–377.
Hellpach, W.: Geopsyche. Ferdinand Enke-Verlag, Stuttgart, 1950 (8. unveränderte Auflage 1977).
Hess, W.R.: Beiträge zur Physiologie des Hirnstammes. I. Die Methodik der lokalisierten Reizung und Ausschaltung subkortikaler Hirnabschnitte. Thieme, Stuttgart, 1932 (siehe dazu Kapitel XXIV und XXV).

Hodgkin, A.L.: Ionic Movements and Electrical Activity in Giant Nerve Fibres. *Proc. Res. Soc.*, (1958), *148:* 1–37.

Hodgkin, A.L., and Huxley, A.F.: Quantitative Description of Membrane Current and Its Application to Conduction and Excitation in Nerve. *J. Physiol. (London)*, (1952), *117:* 500.

Huxley, A.F., and Stämpfli, R.: Evidence for Saltatory Conduction in Peripheral Myelinated Nerve Fibres. *J. Physiol. (London)*, (1949), *108:* 315.

Iversen, L.L.: *Biochemical Psychopharmacology of GABA.* In: Lipton, M.A., DiMascio, A., and Killam, K.F. (Eds.): Psychopharmacology – A Generation of Progress. Raven Press, New York, N.Y., 1978, pp. 25–37.

Jacobowitz, D.M.: *Monoaminergic Pathways in the Central Nervous System.* In: Lipton, M.A., DiMascio, A., and Killam, K.F. (Eds.): Psychopharmacology – A Generation of Progress. Raven Press, New York, N.Y., 1978, pp. 119–129.

Jänig, W.: *Das vegetative Nervensystem.* In: Schmidt, R.F., and Thews, G.: Physiologie des Menschen. Springer-Verlag, Berlin, 1985, Seite 119–157.

Jana, H., and Pattie, S.: Biochemical Changes in Blood During Hypnotic Trance. *Ind. J. Med. Res.*, (1965), *53:* 1000–1002.

Jouvet, M.: *The Role of Monoamines and Acetylcholine-Containing Neurons in the Regulation of the Sleep-Waking Cycle.* In: Jouvet, M., and Moruzzi, G. (Eds.): Neurophysiology and Neurochemistry of Sleep and Wakefulness (Review of Physiology, Vol. 64). Springer, Berlin, 1972, pp. 166–307.

Jovanović, U.J.: Biorhythmic Aspects of Sleep-Waking-Cycle in Healthy and Ill People. *Totus Homo (Milano)*, (1978a), *8:* 31–59.

Jovanović, U.J.: Zur Methodik der Chronopsychologie (2. Bände). Inaugural-Dissertation (Philosophie), Universität, Würzburg, 1978b.

Jovanović, U.J.: Angewandte und Klinische Hypnose. Fischer-Verlag, Stuttgart (in Druck), 1989.

Kielholz, P.: Diagnose und Therapie der erschöpfungsdepressiven Zustandsbilder. *Med. Wschr.*, (1960), *110:* 715–716.

Kirn, L.: Die periodischen Psychosen. Virchows Jahresbericht, Stuttgart, 1878.

Koella, W.P.: The Organization and Regulation of Sleep. Experantia 40. Birkhäuser-Verlag, CH-4010 Basel, Schweiz, 1984.

Kopin, I.J.: *Noradrenergic Neurotransmission.* In: Lipton, M.A., DiMascio, A., and Killam, K.F. Eds.): Psychopharmacology – A Generation of Progress. Raven Press, New York, N.Y., 1978, p. 217–219.

Kraepelin, E.: Psychiatrie. Ein Lehrbuch für Studierende und Ärzte. J.A. Barth, Leipzig, 1909.

Kriebel, J.: Circadiane Periodik der Catecholamine beim Menschen. *Naturwissenschaften*, (1970), *57:* 500–501.

Kripke, D.F.: An Ultradian Biologic Rhythm Associated with Perceptual Deprivation and REM Sleep. *Psychosom. Med.*, (1972), *34:* 221–234.

Kripke, D.F.: *Ultradian Rhythms and Sleep – Introduction.* In: Scheving, L.E., Halberg, F., and Pauly, J.E. (Eds.): Chronobiology. Thieme, Stuttgart, 1974, pp. 475–478.

Kuhar, J.M.: *Central Cholinergic Pathways: Physiologic and Pharmacologic Aspects.* In: Lipton, M.A., DiMascio, A., and Killam, K.F. (Eds.): Psychopharmacology – A Generation of Progress. Raven Press, New York, N.Y., 1978, pp. 199–203.

Lehmann, G.: Tagesrhythmik und Leistungsbereitschaft. *Acta Med. Scand.*, (1953), *278:* 108–109.

Lange, J.: *Die endogenen und reaktiven Gemütserkrankungen und die manisch-depressive Konstitution.* In: Handbuch der Geisteskrankheiten, Spezieller Teil (Abteilung 2), Springer, Berlin, 1928.

Lange, N.: Beiträge zur Theorie der sinnlichen Aufmerksamkeit und der aktiven Apperception. *Phil. Sud.*, (1888), *4:* 390–421.

Luce, G.G.: Körperryhthmen. Die Uhr in uns geht ganz genau. Hofmann & Campe, Hamburg, 1973.

Lund, R.: Circadian Periodicity of Physiological and Psychological Variables in Seven Blind Subjects with and without Time Cues. Philosophical Doctoral Thesis. Technische Universität, München, 1974.

Mandell, J.A., and Knapp, S(uzanne): *Adaptive Regulation in Central Biogenic Amine Neurons.* In: Lipton, M.A., DiMascio, A., and Killam, K.F. (Eds.): Psychopharmacology – A Generation of Progress. Raven Press, New York, N.Y., 1978, pp. 205–216.

Martin, J.: Zur Ätiologie der Erschöpfungsdepression. *Schweiz. Arch. Neurol. Neurochir. Psychiat.*, (1968), *102:* 193–211.

Matussek, N(orbert): *Neurobiologie.* In: Wieland, Th., und Pfleiderer, G. (Hrsg.): Molekular-Biologie. Umschau-Verlag, Frankfurt/Main, 1967, Seite 245–257.

Menninger-Lerchenthal, E.: Periodizität in der Psychopathologie. Mandrich-Verlag, Wien, 1960.

Monnier, M.: *Der Schlaf als trofotrope Leistung.* In: Monnier, M. (Hrsg.): Physiologie und Pathophysiologie des vegetativen Nervensystems. Hippokrates, Stuttgart, Band I (1962) und Band II (1963).

Monnier, M.: *Biochemische, pharmakologische und humorale Aspekte des Schlaf-Wachseins.* In: Jovanović, U. J. (Hrsg.): Der Schlaf – Neurophysiologische Aspekte. J. A. Barth, München, 1969, Seite 85–102.

Moore, K. E., and Kelly, P. H.: *Biochemical Pharmacology of Mesolimbic and Mesocortical Dopaminergic Neurons.* In: Lipton, M. A., DiMascio, A., and Killam, K. F. (Eds.): Psychopharmacology – A Generation of Progress. Raven Press, New York, N.Y., 1978, pp. 221–234.

Nicoll, R. A.: *Physiological Studies on Amino Acids and Peptides as Prospective Transmitters in the CNS.* In: Lipton, M. A., DiMascio, A., and Killam, K. F. (Eds.): Psychopharmacology – A Generation of Progress. Raven Press, New York, N.Y., 1978, pp. 103–118.

Philpott, S. J.: Fluctuations in Humans Output. *Brit. J. Psychol.*, (1932), *23:* 412.

Pilcz, A.: Lehrbuch der speziellen Psychiatrie. G. Fischer, Jena, 1901.

Rensing, L.: Biologische Rhythmen und Regulation. Fischer, Stuttgart, 1973.

Ritterhaus, E.: Die klinische Stellung des manisch-depressiven Irreseins unter besonderer Berücksichtigung der Beziehungen zu organischen Gehirnkrankheiten und zur Epilepsie. *Zschr. Ges. Neurol. Psychiat.*, (1920), *56:* 10.

Roberts, E.: *Immunocytochemical Visualization of GABA Neurons.* In: Lipton, M. A., DiMascio, A., and Killam, K. F. (Eds.): Psychopharmacology – A Generation of Progress. Raven Press, New York, N.Y., 1978, pp. 95–102.

Roth, R. H., Salzman, Ph. M., and Nowycky, M. C.: *Impulse Flow and Short-Term Regulation of Transmitter Biosynthesis in Central Catecholaminergic Neurons.* In: Lipton, M. A., DiMascio, A., and Killam, K. F. (Eds.): Psychopharmacology – A Generation of Progress. Raven Press, New York, N.Y., 1978, pp. 185–198.

Scheving, L. E., Halberg, F., and Pauly, J. E. (Eds.): Chronobiology (Congress Proceedings), Georg Thieme Verlag, Stuttgart, 1974.

Schmauss, M., Rüther, E., und Hippius, H.: *Therapie mit 5-HT-wiederaufnahmehemmenden Antidepressiva. Klinische Erfahrungen mit drei Substanzen.* In: Hippius, H., und Matussek, N. (Hrsg.): Advances in Pharmacotherapy (Differentialtherapie der Depressionen: Möglichkeiten und Grenzen). Karger, Basel, 1985, Seite 74–89.

Schmidt, R. F.: *Erregungsübertragung von Zelle zu Zelle.* In: Schmidt, R. F., und Thews, G. (Hrsg.): Physiologie des Menschen. Springer-Verlag, Berlin, 1985, Seite 54–75.

Schmidt, W.: Zum Nachweis einer Sekundenperiodik der psychischen Leistung beim Menschen. Untersuchungen der einfachen und kombinierten Reaktionszeiten. Inaug.-Diss., Univ. Würzburg, 1980.

Sinz, R., und Stebel, J.: Minuten-Periodik der sensomotorischen Reaktionszeiten bei Menschen und Tieren. *Acta Biol. Med. Germ.*, (1970a), *24:* 917–920.

Sinz, R., und Stebel, J.: Periodische Schwankungen in der Reproduktion kurzgespeicherter Gedächtnisinhalte. *Naturwissenschaften*, (1970b), *57:* 501–502.

Stebel, J., und Sinz, R.: Periodische Reaktionszeitschwankungen beim Menschen. *Naturwissenschaften*, (1970), *57:* 501.

Stebel, J., and Sinz, R.: On Central Nervous Minute-Periodicity and Its Coordination. *J. Interndisp. Cycle Res.*, (1971a), *2:* 63–72.

Stebel, J., und Sinz, R.: Nachweis einer 2-Minuten-Periodik im zentralnervösen Kurzspeicher bei akustischer Informationsangabe. *Acta Biol. Med. Germ.*, (1971b), *27:* 585–594.

Voss, v. G.: Über die Schwankungen der geistigen Arbeitsleistung. *Psychol. Arbeit.*, (1899), *2:* 399–449.

Waelder, R.: Psychic Determination and the Possibility of Predictions. *Psychoanal. Quart.*, (1963a), *32:* 15–42.

Waelder, R.: Die Grundlagen der Psychoanalyse, Klett, Stuttgart, 1963b.

Waldmann, H.: Zur Psychopathologie der Tagesschwankungen beim depressiven Syndrom. *Arch. Psychiat. Nervenkr.*, (1970), *213:* 177–199.

Weitbrecht, H. J.: Zur Typologie depressiver Psychosen. *Fortschr. Neurol. Psychiat.*, (1952), *20:* 247–269.

Weitbrecht, H. J.: Zyklothymes Syndrom und hirnatrophischer Prozess. *Nervenarzt*, (1953), *24:* 489–493.

Weitbrecht, H. J.: *Symptomatische Psychosen.* In: Klinik der Gegenwart, Band II, Seite 483 ff. Urban & Schwarzenberg, München, 1956.

Wever, R.: The Influence of Self-Controlled Changes in Ambient Temperature on Autonomous Circadian Rhythms in Man. *Pflügers Arch. Ges. Physiol.*, (1974a), *352:* 257–266.

Wever, R.: *Different Aspects of the Studies of Human Circadian Rhythms Under the Influence of Weak Electric Fields.* In: Scheving, L.E., Halberg, F., and Pauly, J.E. (Eds.): Chronobiology. Thieme, Stuttgart, 1974b, pp. 694–699.

Zimmermann, M.: *Somato-viscerale Sensibilität – Die Verarbeitung im Zentralnervensystem.* In: Schmidt, R.F., and Thews, G. (Hrsg.): Physiologie des Menschen. Springer-Verlag, Berlin, 1985, Seite 209–228.

XXX. Gesamtübersicht und Gesamtschlußfolgerungen

1. Gesamtübersicht

1.1 Aufgabe und Intention

Das vorliegende Buch – gegliedert in drei Teile und 30 Kapitel – hat die Aufgabe, das Problem der *Methodik und Theorie der Hypnose* in seiner *Gesamtheit*, d.h. möglichst vielseitig und von *rein wissenschaftlichen Gesichtspunkten* aus, *im Querschnitt durch die Geschichte und Gegenwart* zu erfassen. Die Hauptschwierigkeiten lagen darin, daß (a) die Hypnose als *Studienobjekt* ein (aa) *(Natur)Phänomen* und zugleich (ab) ein *psychobiologischer Prozeß* (Zustand und Zustandsänderung), (ac) eine (wissenschaftliche und therapeutische) *Methode* und (ad) ein *Vorgang* (des Hypnotisierens) ist (Kapitel I). Dieser ganze Komplex impliziert (b) den Menschen (und Tiere) als *Subjekt* (mit Phylo- und Ontogenese, Anthropologie, Psychologie, Physiologie, Biologie), was wiederum einen *Hypnotiseur* und einen ihm gegenübersitzenden *Hypnotisanden* einschließt. Das Subjekt hat sich von sich aus über Millionen von Jahren hindurch bis zum heutigen *psychobiologischen und sozialen Stand* entwickelt und evolutiv gewandelt. Das erfordert wiederum (c) das Studium der *Situation* (Ökologie, Magie, Dämonologie, Mystik, Mythologie, Religion, Soziologie). Das ganze erbringt somit eine ungewöhnliche Problematik von *Komplexität und Unerfaßbarkeit*, insbesondere dann, wenn man die breite Palette *des psychischen (Er)Lebens des Menschen* berücksichtigt, das wiederum einer Fülle von inneren und äußeren Beeinflussungsfaktoren unterworfen ist. Vielleicht sind dies einige der Hauptgründe dafür, *daß die Hypnosephänomenologie uralt und die Wissenschaft darüber relativ jung oder manchenorts noch nicht zum Vorschein gekommen ist* (Kapitel II und VIII). Es ist an der Zeit, daß die Hypnose als ein wissenschaftlicher Zweig von eminenter vitaler Bedeutung in ihrer ganzen komplexen Dynamik im Rahmen des möglichen erfaßt wird. So betrachtet hat das Hypnosephänomen ein *Vorstadium* (VOR; Prähypnose), ein *Stadium der Entstehung und Enwicklung* (WÄHREND; Verlauf der Hypnose, des Hypnotisierens) und nach einzelnen Anwendungen und/oder Erlebnissen ein *Poststadium* (NACH; Posthypnose). Jedes Poststadium ist ein Prästadium für das nächste Ereignis. Neben der Frage WAS (ist die Hypnose) muß noch die des *WIE* (sie zustandekommt) und vor allem die des WARUM (sie da ist) im Rahmen der gebotenen wissenschaftlichen Vorsicht und Möglichkeit beantwortet werden.

1.2 Basis und Vorgehen

Die Basis für den eben zur Verfügung gestellten Beitrag in Buchform über *Methodik und Theorie der Hypnose* ist (a) die zugängliche *wissenschaftliche Bibliographie* der letzten 300 Jahre, die am Beginn (Ende des 17. bis Mitte des 18. Jahrhunderts und darüber hinaus) in lateinischer, später in französischer, deutscher und englischer (mit Höhepunkten jeweils am Ende des 18. und 19. sowie am Beginn des 20. Jahrhunderts) und seit neuestem (seit dem I. Weltkrieg) überwiegend in englischer Sprache vorhanden ist. Insgesamt gesehen stammen nur einige von uns eingesehene Werke aus der Zeitperiode vor dem Beginn des 18. Jahrhunderts und auch wenige aus der Zeit nach dem Jahr 1985 bis Juli 1987 (aus der Schwierigkeit der Erfassung heraus). Der Zeitabschnitt nach 1985 wird noch ergänzend zu bearbeiten sein

(Jovanović, 1989). Die benutzte Bibliographie (4786 Literaturstellen mit zahlreichen Neuauflagen und Übersetzungen = 100 %) ist naturgemäß nicht gleichmäßig auf alle Buchkapitel verteilt. Der (geschichtlich-theoretische) *Buchteil A* beansprucht 2357 (49,25 %) der Publikationen und kann sozusagen als Literaturträger ersten Ranges aufgefaßt werden. Der (theoretisch-interpretierende) *Buchteil C* steht bibliographiemäßig mit 1886 Werken (39,41 %) an zweiter Stelle. Der mittlere (praktisch-orientierte) *Buchteil B* beteiligt sich an der Bibliographie mit nur 543 Titeln (11,35 %). *Im Buchteil A* trägt die meiste Literatur das Kapitel IX mit 845 (17,67 % von 4786 Stellen). Darauf folgt das Kapitel X mit 552 (11,54 %) Literaturangaben. Kapitel IX und X beanspruchen somit gemeinsam 29,21 % (1397 Angaben) der gesamten Bibliographie. An dritter Stelle steht das (historische) Kapitel VIII mit 369 (7,71 %) der erfaßten Publikationen. Kapitel II mußte sich mit *einer Auswahl der umfassenden und neueren Werke* begnügen (359 Literaturstellen, d.h. 7,51 %). Die übrigen Kapitel des Buchteils A beteiligen sich an der benutzten Bibliographie weniger. *Im Buchteil B* kann das Kapitel XI mit 189 von 543 Publikationen als Literaturträger dieses Abschnittes angesehen werden. An zweiter Stelle steht Kapitel XII mit 133 und an dritter Stelle Kapitel XIV mit 106 Angaben. *Im Buchteil C* beanspruchen die meiste Literatur die Kapitel XXV mit 357, Kapitel XXVI mi 332, Kapitel XXI mit 256 Stellen. *Die Bibliographie über Hypnose steigt von Jahrzehnt zu Jahrzehnt und konzentriert sich zunehmend auf die englische Sprache.* Die Folgerungen über den Literaturanstieg werden dadurch etwas invalidiert, daß die Aufgabe dieses Buches nicht die *Übersicht der gesamten Literatur* war und deshalb eine Vollständigkeit in dieser Hinsicht nicht angestrebt wurde. Andererseits mußte man – insbesondere in den Kapiteln IV–VIII und XXII–XXVIII – auch auf viele Werke aus der *Grundlagenforschung* (Anthropologie, Magie, Mystik, Dämonologie, Neurophysiologie, Psychohypnologie, Psychophysiologie, Psychobiologie, Doloanxiologie) zurückgreifen. Hinzugefügt sei auch die Tatsache, daß der Autor z.B. im Buchteil C, d.h. in den Kapiteln XXI und XXII, jeweils über zwei Drittel der studierten Werke aus dem Literaturverzeichnis herausnehmen mußte (von Jovanović 1989 neu zu erfassen; s. dazu Vorwort). (b) Zur wissenschaftlichen Bibliographie wurden auch *praktische Erfahrungen der Hypnosepraktiker* berücksichtigt, die entweder in der Bibliographie vorkommen oder vom Autor an Ort und Stelle übernommen wurden. (c) Und nicht zuletzt fußt der Inhalt dieses Buches auf *eigenen einschlägigen wissenschaftlichen* (die wichtigsten noch nicht gesondert publiziert) und *praktischen Erfahrungen* der letzten 25 Jahre. Insgesamt wurden 175 eigene Publikationen (3,66 % von 4786) eingearbeitet. Davon entfallen auf jene über die Grundlagenforschung 150 (3,13 % von 4786) und auf jene direkt über die Hypnoseforschung 25 (0,52 % von 4786 oder 14,29 % der eigenen 175 Veröffentlichungen). Hinzu wurden noch 53 Fälle aus der eigenen Kasuistik (mit Angaben über die Protokoll-, Geburts- und Untersuchungsdaten sowie die Initialen; Erläuterung aller Abkürzungen s. Sachregister) kurz vorgestellt. Das Buch ist durch 24 Abbildungen/Figuren (davon 21 eigene), 20 schematische (davon 17 eigene Vorschläge/Entwürfe) und acht tabellarische (davon eine eigene) Darstellungen veranschaulicht worden und durch die kurze Wiedergabe von 16 eigenen Versuchen/Experimenten zusätzlich untermauert.

1.2.1 Buchteil A: Entstehung und Entwicklung

Die bearbeitete Thematik hat es erfordert, daß der einleitende Teil des Buches auf den ersten Blick etwas heterogen anmutet. Dies resultiert insbesondere daraus, daß der Autor von vornherein festlegen mußte, *was* studiert werden sollte. Und bereits dabei konnte man sich auf klassische Hypothesen nicht stützen, *da das Studienobjekt noch nicht hinreichend definiert worden war und sehr komplex ist.* Komplexität und relative Unerfaßbarkeit haben dazu geführt, daß man gleich in *Kapitel I* auf *Paradigmen* zurückgreifen mußte, die nicht immer wie die Hypothesen im Verlaufe der Zeit soweit ausgearbeitet werden können, daß sie in eine

Theorie einmünden. *Paradigma 1* erfordert das Studium der *Genese des Menschen* (des Subjektes), *Paradigma 2* muß folgerichtig noch tiefer gehen und die *Phylogenese* erfassen. Erst *Paradigma 3* geht auf das Studienobjekt über und fragt nach dem *(Natur)Phänomen der Hypnose*. *Paradigma 4* verbindet die ersten drei und lenkt die Aufmerksamkeit auf die *Ontogenese* des Menschen hin. *Paradigma 5* konkretisiert die ersten vier und entwickelt sie durch das Studium der *Anthropologie* fort. *Paradigma 6* geht eingehender auf die *Psyche* des Menschen in der späteren Entwicklungsphase ein und befaßt sich mit *(Aber)Glaube und Mystik* der Hypnose(deutung). *Paradigma 7* setzt eine *Selbstauslösung* (der Hypnose) voraus und tendiert dazu, die *Autohypnose* zu erfassen. Ohne die *Suggestibilität* (s. Kapitel IX) kann offenbar eine Hypnose nicht zustandekommen. *Paradigma 8* weist auf diese Eigenschaft des Menschen hin. Die Suggestibilität hat ihrerseits ihre Wurzel im *suggestiven Instinkt* und verstärkt sich durch *erworbene Suggestionen* (s. Kapitel VII). Erst *Paradigma 9* konnte sich überwiegend der *psychischen Komponente* der Thematik widmen, während *Paradigma 10* die *physiologischen Grundlagen* dazu zu umreißen versucht. Der Mensch wird nicht nur ökologisch, sondern auch *sozial* geformt, so daß *Paradigma 11* auf dieses Problem aufmerksam macht. Erst jetzt konnte man auf *Paradigma 12* übergehen, das die *Hypnose als Methode* in Erinnerung ruft. Tiefer in das Studium aller Seiten der Thematik gehen wir dann mit *Paradigma 13*, das auf das *Substrat* (eines Phänomens, einer Zustandsänderung und eines Prozesses) eingeht. Sind die 13 Paradigmen bewältigt – was noch nicht geschehen ist – dann kann auf *Paradigma 14* übergegangen werden, das die Formulierung der *Hypnosetheorie* gestatten würde. Die Theorie selbst könnte das *Paradigma 15* für sich beanspruchen.

Kapitel II beginnt mit *Literaturangaben*, wobei die *Zweispurigkeit* bereits hier zu erkennen ist. Einerseits wurden umfassendere neuere und Originalwerke zur ersten *Orientierung, zur Vertiefung und Erweiterung, d.h. Bereicherung, von Kenntnissen in Hypnose* systematisiert und andererseits wurde auf die *Originalsprachen* der gebotenen Literatur hingewiesen. Es wird ein ungewöhnlicher Mangel an zeitgemäßen Lehrbüchern (und anderer Fachliteratur) über Hypnose in deutscher Sprache beklagt. Gegenwärtig stehen sich die Lehrbücher in englischer und deutscher Sprache im Verhältnis wie 51 : 1 gegenüber. Dies wurde als einer der Faktoren angeführt, die *Inhalt, Form, Umfang, Erscheinungszeitpunkt sowie Kapitelgestaltung dieses Buches* bestimmten (s. dazu Vorwort).

Kapitel III bis VII gehen dann auf die Beweisführung zur Stützung der Paradigmen über. *Kapitel III* erfaßt in kurzen Zügen die *Phylogenese* der Hypnose (mit Studium des Subjektes und des Objektes) und weist auf die *Ontogenese* hin. *Kapitel IV* befaßt sich sodann mit *Anthropologie* und hebt die (a) existenzielle, (b) medizinische, (c) psychologische und (d) philosophische Komponente hervor. Auch die Hypnosestadien wurden kurz gestreift. *Kapitel V und VI* haben die Aufgabe, *Abstammung, Entwicklung und Verbreitung* jener Kräfte und Phänomene zu beleuchten, die sich auf die Gestaltung der Psyche des Menschen generell, der Psyche in Beziehung zur Hypnose speziell und auf die Methoden und Praktiken, die mit Hypnose als Methode vermischt sind, ausgewirkt haben. Zur Diskussion standen primär *Magie, Dämonologie, Mystik und Mythologie*. Gleichzeitig wird auch auf konkrete Praktiken hingewiesen (Voodoo, TTT, s. Kapitel V; oder Heilung durch Auflegen von Magneten, durch Handauflegen, durch Hexerei, Hexentum, Quacksalberei, Exorzismus, s. Kapitel VI). Nach dem Studium dieser Beeinflussungsfaktoren konnte sich *Kapitel VII* mit der *Synopsis des psychobiologischen Werdegangs der Hypnose* widmen, wobei *suggestiver Instinkt, Ursuggestionen, Erfahrungssuggestionen, Kollektiv- und Individualsuggestionen bis zur selektiven Suggestibilität und zu hypnotischen Suggestionen* von ihrer genetischen und evolutiven Seite her diskutiert wurden.

Die erwähnten Kapitel haben den Boden geebnet, die *Hypnose im Spiegel der Zeit* zu studieren (Kapitel VIII). *Kapitel VIII* widmet sich somit den *prähistorischen* (Urmedizin, archaische Medizin), *prähellenistischen* (homerische Medizin, Orakel), *hellenistischen* (Tempelschlaf, Hypnotherapie außerhalb von Tempeln), *byzantinisch-römischen Epochen*, sodann der *Hypnotherapie am Übergang* und Beginn des *Mittelalters* (Mönchsmedizin und Hypnotherapie), dem Beginn der *Frühneuzeit* (Paracelsus), der *Grauzone* zwischen 1500 und 1800, der *Ära des Vor-Mesmerismus*. Mesmer *und Mesmerismus/Magnetismus* leiten den Übergang von den *vorwissenschaftlichen* zu den *wissenschaftlichen Epochen* der Hypnose, aber auch zur Entwicklung der *Tiefenpsychologie*, der *Psychoanalyse* und *neuen philosophischen Richtungen* ein. Okkultismus und Spiritismus/Spiritualismus gewinnen danach neue Qualitäten. Nach dem Ende des Mesmerismus/Magnetismus hat sich die wissenschaftliche Hypnose *bald kontinuierlich, bald mit Unterbrechungen* (seit 1889) bis heute mit meist steigender Intensität fortentwickelt, bis sie nach dem Ende der 50er Jahre dieses Jahrhunderts in die *Epoche der Suggestibility/Hypnotizability Scales*, d. h. der *statistisch-wissenschaftlichen Hypnoseforschung*, einmündete.

Kapitel IX hat die vielfältige und schwierige Aufgabe, dem Leser die *aktuelle Hypnoseforschung* vor Augen zu führen. Von der Darstellung der Problematik der *Suggestionen und Suggestibilität, Suggestibilität und Hypnotisierbarkeit, Hypnose und Hypnotisierbarkeit*, über die der *psychischen Eigenschaften*, Bereitschaften und Reaktionen des Menschen, die der Situation und Beeinflussungsfaktoren bis zur klinischen Problematik erstreckte sich die Thematik dieses Kapitels. Dabei wurden *Hypnotiseur, Hypnotisand und Situation* getrennt für sich und in Beziehung zueinander studiert. Zum Beispiel wurden Vorkommen von Suggestibilität und Hypnotisierbarkeit, Vorkommen, Stadien, Stufen der Hypnose, 24 Gruppen von Eigenschaften (Alter, Geschlecht, Körperbau und Temperament, physiologische Aspekte, Traumproblematik, Erlebnisfähigkeit, Persönlichkeitsmerkmale, Tradition, Wille, Glaube, Imagination, Motivation, Erwartung, Aufmerksamkeitsanspannung, Intelligenz, Simulation, Bewußtsein/Unbewußtes, Selbstbeurteilung, Stimmung, Schmerzempfindlichkeit, Angstempfinden, Placebo-Problematik, pharmakologische Aspekte, multiple Faktoren) in Bezug auf die Hypnotisierbarkeit beim Hypnotisanden gesucht, Versuchssituation, Meßmethoden, Modifikationen, Biokybernetik, Meditationen, klinische Aspekte wurden hervorgehoben. Und schon schließt sich das *Kapitel X* mit der Aufgabe an, *Hypnotherapie im Spiegel der Psychoanalyse/Psychotherapie* in ihren gegenseitigen Beziehungen zu beleuchten. Dabei wurden (a) konventionelle Psychoanalysen/Psychotherapien, (b) Spaltung der Psychoanalyse, (c) neoanalytische und (d) nachanalytische Psychotherapien gestreift. Eine besondere Aufmerksamkeit wurde (e) den *Kontroversen zwischen den Psychoanalysen/Psychotherapien* einerseits und *Hypnotherapie* andererseits gewidmet, worauf sich dann die Abschnitte (f) zur (Patho)genese psychischer/psychosomatischer Erkrankungen anschließen. Die bekannten psychoanalytischen Richtungen wurden dann im einzelnen diskutiert. Und schließlich erfolgt der Abschnitt (g) zu *Methoden der Hypnotherapie mit Integrationsversuchen der klassischen Psychotherapien in die Hypnotherapie*. Einzelne spezielle Hypnotherapiemethoden wie (ga) *Symptombekämpfung und/oder Leistungssteigerung, (gb) Hypnose und psychobiologische Therapie (Hypnosynthese), (gc) Hypnose und psychoanalytische Therapie (Hypnoanalyse)* konnten nur erwähnt werden und bleiben den folgenden einschlägigen Publikationen vorbehalten (Jovanović, 1989).

1.2.2 Buchteil B: Hypnoseverfahren und Hypnosetechniken

Kapitel XI erörtert *Vorbereitung und Indikationen* für Hypnose/Hypnotherapie. *Der hypnotherapeutische Prozeß* verläuft in mindestens vier Phasen: (a) *Phase der Vorbereitung* (Ausbildung zum Hypnotherapeuten und Vorbereitung des Patienten); (b) *Phase der Aktivierung und Nutzung* der psychischen Fähigkeiten des Patienten; (c) *Phase der Kenntnisnahme* der erfolgten therapeutischen Veränderungen und deren Verwendung für die weitere Genesung des Patienten; (d) *Phase der Festigung und der Erhaltung* der gewonnenen therapeutischen Veränderungen *(Nachbetreuung)*. Der Hypnotiseur/Hypnotherapeut benötigt zur *Grund-*

ausbildung (Weiterbildung, Fortbildung) *144 Stunden innerhalb von 9–12 Monaten (zwei Semester).* Davon entfallen *auf die praktische Übung* im Hypnoseverfahren *72 Stunden.* Während dieser Zeit sollte der künftige Hypnotiseur *mindestens 200–220 Hypnosen* selber durchgeführt haben. Parallel dazu kann er die bereits erworbenen Kenntnisse in die Praxis umsetzen. Auf diese Weise erreicht er insgesamt *600–660 Hypnoseübungen.* Mit dieser Anzahl kann *der Hypnotherapeut mit der Hypnotherapie zur Symptombeseitigung oder -milderung beginnen.* Zur Hypnosynthese/Hypnoanalyse benötigt man in der Regel *eine zusätzliche psychoanalytische Weiterbildung.*

Der Hypnotiseur/Hypnotherapeut muß auch eine *adäquate Persönlichkeitsstruktur* aufweisen und *nie Zweifel am Erfolg* aufkommen lassen. Die Hypnose/Hypnotherapie erfordert eine entsprechende *ruhige Situation, mit ungestörten Behandlungsbedingungen.* Der Patient muß für eine Hypnose/Hypnotherapie gründlich vorbereitet werden (Anamnese, Befunde). Im Anschluß an die Untersuchungen erfolgt auch ein *vorbereitendes Gespräch. Bei der Auswahl der Hypnotisanden/Patienten* müssen *strenge Indikationsstellungen* beachtet werden. *Spezielle Indikationen* erfassen alle medizinischen Gebiete, insbesondere aber den *psychosomatischen Formenkreis.* Die Symptombeseitigung wird sich insbesondere in Anästhesie, Chirurgie, Orthopädie, Gynäkologie/Geburtshilfe etc. als notwendig erweisen. Aber auch auf diesen letzteren Gebieten kann es sich um psychosomatische Störungen handeln, die dann als spezielle Indikationen für die Hypnotherapie angesehen werden können. *Kontraindikationen* für die Hypnotherapie sind meist relativer und/oder subjektiver Natur.

Kapitel XII widmet sich der *(un)bewußten Suche und Utilisationstechnik* von Milton H. Erickson. Dieses Kapitel ist als die letzte Vorbereitung vor dem Start zum Hypnotisieren gedacht. Das *Fünf-Phasen-Paradigma* nach Milton H. Erickson umfaßt (a) Fixierung der Aufmerksamkeit, (b) Außerkraftsetzen gewohnter Schemata und Glaubenssysteme, (c) unbewußte Suche, (d) unbewußte Prozesse und (e) hypnotische Reaktionen. Der Hypnostiseur muß von sich aus in der Lage sein, die hypnotischen Reaktionsmuster zu erkennen und zu ratifizieren. Unter der *Einstreutechnik* der Hypnose-Induktion wird (aa) das indirekte assoziative und (ab) das indirekte ideodynamische Fokussieren verstanden. *Gemeinplätze zur Ausnutzung* von ideodynamischen Phänomenen umfassen (ac) ideomotorische, (ad) ideosensorische, (ae) ideoaffektive und (af) ideokognitive Prozesse. Bei der Hypnosetechnik sind oft vage, aber auch definitive Zeitangaben von Bedeutung, je nach Situation und Hypnotisanden. Dabei wird insbesondere auf das Prinzip des Nichts-Tuns und Nichts-Wissens (Passivität) hingewiesen, aber auch auf das Abdecken aller Möglichkeiten einer Kategorie von Reaktionen. *Offene Suggestionen* ergänzen die Hypnosetechnik. Der Hypnotiseur fördert die Reaktionsmöglichkeiten des Hypnotisanden durch (ag) Fokussieren von Assoziationen, (ah) Fragen in der Hypnose-Induktion und (ai) Förderung therapeutischer Reaktionsbereitschaft. *Kombinierte Suggestionen* ermöglichen eine (aj) Ja-Haltung und Verstärkung des Hypnotisanden, (ak) kontingente Suggestionen und Assoziationsnetze, (al) Nebeneinandersetzen von Gegenständen, (am) die Verneinung als Inhalt der Suggestionen. Suggestionen werden durch Implikation und implizierte Direktiven verstärkt. Unter der Bindung und Doppelbindung versteht man (an) Meiden-Meiden- und Tun-Tun-Konflikte, (ao) bewußt-unbewußte Doppelbindungen, (ap) Doppel-Dissoziations-Doppelbindungen auf multipler Ebene und Kommunikation. Bei der *Utilisationstechnik* von Suggestionen und Hypnose-Induktion handelt es sich in der Regel um die Ausnutzung (aq) des manifesten Verhaltens, (ar) von Notfällen, (as) der inneren Realität, (at) von Widerständen, (au) von negativen Affekten und Verwirrung des Hypnotisanden, aber auch (av) von Symptomen des Patienten. *Biorhythmische* Prinzipien sowie die Beachtung von Symptomveränderungen dürfen in der Hypnotherapie nicht außer acht gelassen werden. *Interkurrente Ereignisse können die Hypnose verstärken, aber auch beeinträchtigen.*

Kapitel XIII befaßt sich mit *Methoden/Techniken der Suggestionsdarbietung.* Die meisten Hypnosen werden mit Hilfe von *visuellen und verbalen Suggestionen* eingeleitet. Bei den visuellen spielen die *Faszinations-* und die *Fixationsmethoden* die wichtigste Rolle. Die *verbalen Suggestionen* haben dann die Aufgabe, die Fixierung der Aufmerksamkeit zu verstärken und die Hypnose zu vertiefen. *Taktile Suggestionstechniken* sind als ein psychobiologisches Erlebnisphänomen nicht nur bei der Hypnose, sondern auch im täglichen Leben von vitaler Bedeutung. *Kombinationen der Suggestionsdarbietung* erzielen den besten Erfolg. Benutzung von Requisiten (Kristalle, Spiegel, chemische Substanzen, Parfüms etc.) sollte nur *in Ausnahmefällen in Frage kommen.* Bei allen Techniken der Suggestionsdarbietung sollten die Hypnotisanden nach oben (zur Stirn) blicken und zur Konvergierung der Augen veranlaßt werden. Die Beine bleiben (auch im Sitzen und Liegen) nebeneinander (nicht überkreuzt), die Arme neben dem Körper (nicht auf dem Bauch/der Burst).

Kapitel XIV setzt praktisch das Kapitel XIII fort und geht auf die Darstellung der *Prüfung von Suggestibilität und Hypnotisierbarkeit* über. Das Resultat der Hypnotisierbarkeitsprüfung wird das weitere Verhalten des Hypnotiseurs bestimmen. Bei der Suggestibilität handelt es sich um die *spezielle hypnotische Form*, die man dann als Hypnotisierbarkeit bezeichnet (s. auch Kapitel IX). Die Methoden zur Hypnotisierbarkeitsprüfung werden in *drei Gruppen* eingeteilt, und zwar in (a) *psychomotorische und empirische Tests;* (b) *sensorische und/oder Illusionstests* sowie (c) *Hypnotisierbarkeits-Skalen. Bei den psychomotorischen und empirischen Tests* sind Pendeltest (Chevreul, 1854), Körperschwingungstest (Rückwärts- und Vorwärtsfall) (Moutin, 1887), Augenschließen-, Augenkatalepsie-, Augenrolltests, Armtests (Handfalte-, Armlevitations-, Handfallen-, Armkatalepsie-, Kohnstammtest) bekannt. *Der beste Test ist jener, bei dem anschließend ohne eine weitere Maßnahme die Hypnose eingeleitet bzw. fortgesetzt werden kann* (Augenschließen, Augenkatalepsie, Armtests). *Von den sensorischen und/oder Illusionstests* sind am besten die olfaktorischen (Parfüm), gustatorischen (Zitrone) und Wärme-Illusions-Tests bekannt. Instrumentelle Suggestibilitäts-Tests werden in Ausnahmefällen, z. B. bei resistenten Suggerenden, angewandt. Eine *Kombination* sollte die Zuverlässigkeit der Tests und deren Ausgang erhöhen. In den letzten Jahren wurden zahlreiche *Hypnotisierbarkeits-Skalen* fortentwickelt. Bisher sind eine Reihe von (aa) *Einzelhypnotisierbarkeits-Skalen* zu verschiedenen Forschungszwecken, (bb) *Einzelskalen zu klinischen Zwecken*, (cc) *Gruppenskalen zu Forschungs- und klinischer Anwendung* sowie (dd) *Hypnotisierbarkeits-Skalen für Kinder* entwickelt worden. In diesem Buch ist zu den wichtigsten Hypnotisierbarkeits-Skalen Stellung genommen worden. In vollem Umfang werden einige davon später (Jovanović, 1989) zur Darstellung kommen.

Kapitel XV greift dann die Aufgabe auf, 98 *Hypnose-Übungen (HP)* vollständig, modifiziert und/oder gekürzt anzubieten. Die *direkten* Hypnose-Techniken umfassen *im neutralen/experimentellen Teil* die Übungen HP-001 bis HP-014 und *im therapeutischen* HP-015 bis HP-027. Auf die *indirekten* Hypnose-Techniken entfallen HP-028 bis HP-035 (neutraler/experimenteller Teil) und HP-036 bis HP-044 (diagnostischer/therapeutischer Abschnitt). *Konfusionsmethoden* beziehen sich auf HP-045 bis HP-048, die *instrumentellen* auf HP-049 bis HP-051. Die *Technik der Narkohypnose* beinhalten die HP-052 und HP-053. Darauf folgt eine Reihe von *Kombinationsmethoden* (HP-054 bis HP-082). *Spezielle Hypnose-Techniken für Kinder und Jugendliche* sind in HP-083 bis HP-098 zu finden. Das Problem der *Gerontologie/Geriatrie/Thanatologie* wird im Detail später erörtert (Jovanović, 1989).

In *Kapitel XVI* werden zwei Übungen (HP-099 und HP-100) für schwer hypnotisierbare Probanden/Patienten modifiziert und angepaßt wiedergegeben. Details darüber bringt noch der spezielle Teil (Jovanović, 1989). Das *Kapitel XVII* hat die Aufgabe, (1) nach den Vorbemerkungen auf einige Notfälle hinzuweisen, die (2) entweder *als Unfälle in der (Unfall)Chirurgie* anzutreffen sind oder (3) als *sogenannte Notfälle im Zusammenhang mit Hypnose* vorkommen. Bei den ersteren interveniert man schnell und sicher, *da Verletzte und sich in Gefahr befindliche Patienten hoch hypnotisierbar sind.* Bezüglich der Notfälle im Verlauf der Hypnotisierung und Hypnotherapie wird auf (a) Rapport-Verlust, (b) hysterische Reaktionen, (c) Kollaps-Zustände, (d) epileptische Manifestationen (ausgelöst zu diagnosti-

schen Zwecken und spontane), (e) Todesfälle (die kaum bekannt sind), (f) *spontane* Autohypnose und (g) die sogenannte *Hypnosesucht* hingewiesen.
Kapitel XVIII streift (a) das *autogene Training*, (b) eine spezielle *Biokybernetik* (Schlafkybernetik für Interkontinentalreisende und Schichtarbeiter) und (c) die *gestufte Aktivhypnose*. Die Voraussetzungen zum Übergang auf die Anweisungen für die eigentliche *Selbsthypnose* (Kapitel XIX) sind dadurch erfüllt worden. Abschließend werden in *Kapitel XX* kurze theoretische Erläuterungen der Problematik der *Gruppenhypnose* gebracht. Wegen der *Komplexität und Heterogenität der speziellen Thematik* werden Einzelheiten der direkten Gruppenhypnosen sowie der Gruppen-Fernhypnosen von Jovanović (1989) später skizziert.

1.2.3 Buchteil C: Phänomenologie und Mechanismen

Bearbeitet und hervorgehoben wurden in *Kapitel XXI* Hypnose und kritische Urteilsfähigkeit des Hypnotisanden, hypnotischer/posthypnotischer Gedankengang, Hypnose und Veränderung der Wahrnehmung im illusorischen und halluzinatorischen Bereich, Bewußtsein und Unbewußtes im Kontext der Hypnose, Hypnose und Gedächtnis (Hypermnesie, hypnotische Amnesien, multiple Persönlichkeit), Hypnose und Zeitverzerrung, Hypnose und Depersonalisierung/Derealisation, Altersregression/Revivikation und Altersprogression, Hypnose und ideodynamische Signale, hypnotischer Rapport, verschiedene (post)hypnotische Konditionen/Phänomene, Spontanhypnosen, Autohypnose. In den meisten Fällen wurde nur eine Übersicht gegeben, da einiges in den nachfolgenden Kapiteln dieses Buches und das übrige in einer nachfolgenden Publikation (Jovanović, 1989) noch im Detail studiert werden wird. Insgesamt konnten 411 durchgesehende Publikationen nicht eingearbeitet werden.
Kapitel XXII befaßt sich mit *neurophysiologischen Problemen von Hypnotisierbarkeit* (als Ergänzung zu Kapitel IX.4.2.4.4) und *Hypnose*. Da über *die Veränderungen an den Sinnesorganen bereits in Kapitel XXI* gesprochen wurde, beschränkt man sich hier auf die *bioelektrische Aktivität des Nervensystems*. Insbesondere wurden die *Hirnaktivität* (Elektroencephalogramm = EEG), Probleme der *evozierten Potentiale*, die *Augenmotorik* (Elektrooculogramm = EOG) unter der Berücksichtigung sehr langsamer, langsamer und rascher Augenbewegungen während der Relaxation und Hypnose, die *Muskeltätigkeit* (Elektromyogramm = EMG) unter den gleichen Konditionen wie beim EOG, die *Hautaktivität* (Elektrodermatogramm = EDG mit Hautpotentialen und Hautwiderstand) studiert. Dazu wurden einige *neurobiochemische Befunde* im *Blut* und im *Urin* erwähnt. Die erhobenen Befunde konnten mit einigen während der *transzendentalen Meditation (TM)* verglichen werden.
Kapitel XXIII geht *mehrspurig* vor und behandelt einige psychomotorische Aspekte der Hypnose. *Hypnosestadien* (Relaxation, Katalepsie, Lethargie, Somnambulismus) wurden mit *ähnlichen Phänomenen im klinischen Bereich* (Katalepsie bei Katatonien, Lethargie bei verschiedenen pathologischen Zuständen; Somnambulismus sui generis und symptomatischer Somnambulismus) verglichen. Parallelen wurden gezogen (s. unten). Das Studium der *Psychohypnologie, der Hypnose*, d. h. *der psycho-physiologischen Aspekte der hypnotischen Phänomene* in *Kapitel XXIV* trägt zur Ergänzung der Kapitel XXII und XXIII bei. *Viele Annäherungspunkte* zwischen den *spontanen Träumen* generell, den *Schlafträumen* speziell einerseits sowie *hypnotisch induzierten Träumen* andererseits konnten nach Durchsicht von 205 Publikationen und eigenen Resultaten gefunden werden.
Kapitel XXV bearbeitet eingehend *psychophysiologische Mechanismen* der Hypnose, insbesondere die Rolle des Neocortex (frontale, temporale, parietale, occipitale Hirnregion), Probleme der regionalen funktionellen Dominanz des Gehirnes. Bei der Diskussion *der funktionellen Lateralisation des Gehirnes und der Hypnose* wurden (a) Händigkeit, (b) laterale Dominanz der Augenmotorik, (c) Äugigkeit in Verbindung mit Hypnotisierbarkeit,

(d) Augenrollen und Hypnotisierbarkeit, (e) Hypnotisierbarkeit und Handfalte-Verhalten, (f) Lateralisation und Persönlichkeitsmerkmale, (g) funktionelle Lateralisation, Hypnotisierbarkeit und laterale Patienten-Symptomatik erörtert. Dazu kamen Funktionen von Basalganglien, Cerebellum, limbischem System zur Sprache. Weiterhin wurde die Moderation des *mnestischen* (Wachbewußtsein), *mnestisch-amnestischen* (Traumbewußtsein) und *amnestischen* (Schlaf) *Teils des Daseins* diskutiert. Angeschnitten wurde auch die Problematik der Integration der hypnogenen Strukturen und Hypnomechanismen, die der phylogenetischen, hierarchischen und psychostrukturellen Modelle der Hypnosesteuerung.

Kapitel XXVI, d.h. die Psychobiologie, hat die Aufgabe, sich an der Suche nach dem neuroanatomisch-funktionellen Sitz des Unbewußten im Kontext der Hypnose zu beteiligen. Zu diesem Zweck wurden der *mnestische Teil* (Wachsein, Wachbewußtsein) mit seinem bioelektrischen Spiegel (EEG) und psychischen Aktivitäten, der *mnestisch-amnestische Anteil* (Traum, traumhafte unbewußte oder partiell bewußte Erlebnisse) mit seinen Imaginationen, Illusionen, Halluzinationen und emotionalen Aktivitäten, seinen neuroanatomisch-funktionellen Substraten und von außen erfaßbaren psychovegetativen und/oder psychomotorischen Äquivalenten sowie der *amnestische Anteil des Daseins* mit bioelektrischen Manifestationen, unbewußten und sich durch andere Ausdruckszeichen manifestierende psychische Aktivitäten bearbeitet. Unter dem amnestischen Anteil des Daseins sind neben den *normalen, d.h. physiologischen oder psychobiologischen Zustandsänderungen (Schlaf)*, auch *abnorme* oder sogar *pathologische Vorkommnisse* (Verlust des Bewußtseins aus irgendwelchem Grunde) zu verstehen. Dazu muß noch die artifiziell zugefügte Bewußtlosigkeit (Vollnarkose) aus dringenden medizinischen Indikationen gezählt werden. An einem Modell wurde *das Unbewußte und sein eventueller Sitz* studiert. *Als Ergänzung, Vervollständigung, als Basis für ein weiteres Studium, als sehr wichtige Indikation für die Hypnotherapie, aber auch im Hinblick auf die mit Schmerzen und Angst verbundenen Hypnosetheorien* wurde das Problem dieser beiden Konstrukte in *Kapitel XXVII* gesondert aufgeworfen. Beide haben *eine reelle und eine Erlebniskomponente.* Bei beiden ist die Bedrohung und Warnung vor Gefahren im Spiel. Ihre Bedeutung für den Menschen, für das Hypnoseproblem sowie ihre Komplexität erfordern eine ausführliche separate Abhandlung (Jovanović, 1989).

Der Gegenstand des *Kapitels XXVIII* sind die *Theorien der Hypnose* im engeren Sinne des Wortes. Es wurden *acht Gruppen* der Hypnosetheorien skizziert, und zwar: (a) biologische (mit atavistischen und Immobilisationskomponenten), (b) physiologische (die die Hypnose als Schlaf, als Folge der Mangeldurchblutung im Gehirn, als partielle Hemmung oder hemmende Erregung, als Zustand zu erklären versuchen), (c) psychologische (mit Konditionierung, Theorien der Hypersuggestibilität, Simulation, Rollenspiel-Theorien, interpersonelle, Dissoziations- und Neodissoziationstheorien, Theorie des veränderten Bewußtseins), (d) psychophysiologische (wieder die Hemmungstheorien, Hypnose als ein physiologischer Zustand), (e) psychoanalytische (mit Übertragungsphänomenen und Regression auf eine frühere Entwicklungsstufe), (f) psychopathologische, (g) Informations- und schließlich (h) Kombinationstheorien.

Und schließlich zeigt *Kapitel XXIX* ein paar Beispiele *als Vorschläge für die künftige wissenschaftliche Arbeit in Hypnose* auf. Im einzelnen wird die Aufmerksamkeit der Hypnoseforscher auf einige (a) psychologische, (b) psychophysiologische, (c) chronobiologische/chronopsychologische, (d) neurobiochemische, (e) psychopathologische, (f) psychopharmakologische und (g) sozialpsychologische Gesichtspunkte gelenkt. *Während im theoretisch-wissenschaftlichen und klinischen Bereich die Mahnung zu einer besseren Differenzierung* von Phänomenen, Symptomen, Syndromen und anderen Merkmalen ausgesprochen wird, mußte der Mangel an Einsicht im europäischen, insbesondere im deutschen Sprachbereich, hinsichtlich des Stellenwertes der Hypnose offen bekundet werden.

2. Gesamtschlußfolgerungen

2.1 Hypnose als (Natur)Phänomen

2.1.1 Nach den Resultaten des Literaturstudiums und der eigenen Anschauung ist die *Hypnose so alt wie das Leben* selbst. Das *Studium der Phylogenese* im Kontext der Hypnose (Kapitel I und VII) liefert Beweise dafür, daß es erfaßbare *hypnoide* Zustände phylogenetisch *rückwärts* bis zu den *Insekten* gibt. Diese Zustände unterscheiden sich vielleicht von denen beim Menschen. Die Phylogenese ist jedoch ebenfalls *einer biologischen Evolution* (Paradigma 3) *unterworfen.* Die Ontogenese (des Menschen) ist auch hinsichtlich der Hypnose *ein kurzes Repetitorium der Phylogenese.* Die *Anthropologie* lehrt uns, daß die *Evolution* im Verlaufe der Menschwerdung auch die Psyche ergreift. Die Hypnose eröffnet dem Menschen die Möglichkeit, durch *Regression*, *Anamnese* und *Symbolisierung* auf zahlreiche frühere Entwicklungsstufen zurückzukommen und sich selbst in einer Art *ontogenetischem Spiegel* zu sehen. *Magie und Dämonologie* beeindrucken *suggestiv* alle Völker; vom Fernen Osten über Ägypten, den Nahen Osten, das alte Griechenland und das alte Rom bis zu den Germanen übertrugen sich Sitten und Gebräuche, *welche durch Magie die Dämonen zu besänftigen versuchten.* Bereits damals wurden Ansätze zum späteren *Tempelschlaf* geschaffen, der noch mehr mit Hypnose zu tun hat (Kapitel VIII.4.1). In der Magie und Dämonologie findet man auch *Vorstufen* des späteren *Hexentums* und *Exorzismus*, die im 16. und 17. Jahrhundert n. Chr. ihren Höhepunkt erreichten, aber auch heute noch nicht vergessen sind. Beide – Hexentum und Exorzismus – hatten phänomenologisch auch mit Hypnose zu tun (Kapitel VI.4–VI.6). Magie und Dämonologie haben zunächst über den *Polytheismus* zur *Entstehung von Religionen* (Kapitel IX.4.2.4.10) beigetragen, die sich von sich aus mit *Heilungen* (Handauflegen, Kapitel VI.3 oder z.B. Mönchsmedizin, Kapitel VIII.7) und Hypnose befaßt haben. Alle diese Momente haben *über die Vorstufen suggestive Effekte ausgeübt*, welche die Hypnose als Phänomen und als populäre Erscheinung beeinflußt haben. Die Meinungen über Hypnose sind durch diese Momente derart gefestigt worden, daß man sie lange Zeit nicht korrigieren konnte. Die starke Einwirkung des Magie-Dämonen-Glaubens wird heute am *Voodoo-Tod* abgelesen (Kapitel V.2.1). Von Dämonen ist man dabei nur *formell* auf die «Götter» übergegangen, die *allmächtig*, *allwissend und allgegenwärtig* seien. *Rituale und Zeremonien* können auch *direkt in Hypnosetechnik umgewandelt werden* (Terpsichore-Trance-Therapie: TTT), wenn man sie von den damaligen Zeiten in die Gegenwart versetzt und entsprechend den neuen Erkenntnissen ergänzt. *Subjektiv werden die Phänomene von Hypnose und Sterben* in vielen Hinsichten ähnlich erlebt. Dabei muß angenommen werden, daß das Sterben ein *Erlebnis* ist. Die Hypnosephänomenologie ist wahrscheinlich ursprünglich im (suggestiven) *Instinkt* zu suchen. Der *suggestive Instinkt* entsteht im Laufe der *Phylogenese* (Schema 6). Dieser wirkt sich auf die Entstehung der *Suggestibilität* aus. Gleichzeitig bewirkt er auch die Verstärkung der *Ursuggestionen.* Die Ursuggestionen werden durch die Ontogenese, durch die *Anthropologie*, *Magie*, *Dämonologie und Religionen* gestaltet. Die Ursuggestionen verstärken *rückwirkend* den suggestiven Instinkt. Der suggestive Instinkt verstärkt dadurch die Suggestibilität. Ursuggestionen und Suggestibilität verstärken die Erfahrungssuggestionen. *Artifizielle Suggestionen* induzieren die Hypnose; diese potenziert dann *rückwirkend* die Erfahrungssuggestionen und über diese die Suggestibilität. Das ganze *biokybernetische System* hat dann einen psychobiologischen Sinn, mit dessen Hilfe die Frage nach dem WARUM die Hypnose zu beantworten ist (siehe den Schlußabsatz).

2.1.2 Der Begriff Suggestion (sub-gerere, suggestio) (Kapitel IX) bezieht sich auf die *Beeinflussung der Denk-, Willens- und Gefühlsabläufe eines Menschen durch Fremde (Heterosuggestion, Fremdsuggestion) oder durch sich selbst (Autosuggestion, Selbstsuggestion) unter Umgehung des Ichs und des persönlichen Bewußtseins.* Die Definitionen des Suggestionsbegriffes differieren von Autor zu Autor. Bisher sind generell *drei Suggestionsgesetze* bekannt geworden, und zwar: (a) das Gesetz der *gelenkten* (selektiven, konzentrierten) *Aufmerksamkeit;* (b) das Gesetzt des *umgekehrten Effektes* und (c) das Gesetz des *dominanten Effektes* (Kapitel IX.2.1.2). *Die Suggestionen sind im täglichen Leben fortlaufend anzutreffen.* Sie beeinflussen den Gang des Lebens des Menschen. Es handelt sich dabei jedoch mehr um *allgemeine Suggestionen. Spezielle Suggestionen* beziehen sich auf einen zielgerichteten Prozeß. Von den speziellen Suggestionen sind in unserem Falle die *hypnotischen* zu unterstreichen. Suggestionen können *direkt* oder *indirekt* verabfolgt werden. Die (d) *direkten* wenden sich (da) einerseits *direkt an den Suggerendus* (Patienten), und (db) andererseits wirken sie *direkt über den bewußten Verstand.* Auch (e) *indirekte Suggestionen* haben eine *doppelte* Bedeutung; (ea) einerseits werden sie über *eine dritte Person* oder nebenbei verabreicht, (eb) andererseits wirken sie *auf der unbewußten Ebene*, wenn sie unmittelbar dem Suggerendus vermittelt werden. Seit neuerer Zeit sind auch (f) *offene* Suggestionen bekannt geworden, die *auf der Ebene der* (fa) *bewußten Wahl* und (fb) *auf der des unbewußten Determinismus* erfolgen. In der Literatur wurden *vier Stadien des Suggestionsprozesses* (-vorganges) (Kapitel IX.2.1.5) erwähnt, und zwar: das *labile Vorstadium*, das *Stadium der Annahme*, das *Stadium der eigentlichen Suggestionen* und das *Stadium der Auswirkungen.* Durch eigene Vorschläge wurden diese Stadien um *drei neue* ergänzt, so daß mit *sieben* Suggestionsstadien gearbeitet werden sollte (Schema 9): (g) Der *Suggerendus* (Proband, Patient) bringt einen *suggestiven Instinkt* mit sich. (h) Diese *kollektive Eigenschaft* kann im Rahmen der *kollektiven/individuellen Entwicklung* des Menschen zu einer *suggestiven Einstellung* und im konkreten Fall zu einer *suggestiven Bereitschaft* führen. (i) Im Einzelfalle tritt noch das *labile Vorstadium*, sodann (j) das *Stadium der Annahme*, (k) das *eigentliche Suggestionsstadium*, (l) das *Stadium der Auswirkungen* in Gang. (m) Nach den *entsprechenden Erfahrungen* (Erfahrungssuggestionen) kann die Suggestibilität des Suggerendus geändert werden. Diese Veränderung kann *katamnestisch* eruiert werden, wobei auch der Patient betreut wird. Suggestionen können bezüglich der *Bewußtseinslage* (Kapitel IX.2.1.6) als (n) *Wachsuggestionen* und (o) als *Hypnosuggestivtherapie* verabfolgt werden. Die *indirekten Suggestionen* arbeiten überwiegend beim *Wachbewußtsein* des Hypnotisanden.

2.1.3 Die Suggestibilität (Kapitel IX) wird als *Eigenschaft* des Menschen definiert, eine suggerierte Idee unkritisch zu akzeptieren. In der Literatur wird von einer (a) *primären* und (b) *sekundären* Suggestibilität gesprochen. Nach einigen Autoren existiert beim Menschen auch (c) eine *tertiäre Suggestibilität.* Es ist auch eine (d) *allgemeine* und eine (e) *spezielle* (situationsbedingte) *Suggestibilität* bekannt. Die allgemeine Suggestibilität (als eine *generelle Eigenschaft* des Menschen) korreliert wenig mit der Hypnotisierbarkeit. Die *spezielle Suggestibilität* ist innerhalb der *hypnotischen Suggestibilität* angesiedelt. Die *primäre Suggestibilität* scheint Beziehungen zur hypnotischen zu haben. Die Existenz der tertiären Suggestibilität ist noch fraglich (Kapitel IX.2.2.1 und 2.2.2). Die Suggestibilität ist (f) vom Suggestor, (g) vom Suggerendus, (h) von der Situation, (i) von der Meßtechnik, (j) von den Pharmaka, (k) von der klinischen Symptomatik und (l) von verschiedenen Faktoren abhängig. Die Auffassungen über das Ausmaß der Suggestibilitätsbeeinflussung durch diese Faktoren sind noch uneinheitlich. *Die hypnotische Suggestibilität zeigt Parallelen mit der Hypnotisierbarkeit.* Im Unterschied zur Hypnose als *Zustand* wird die Hypnotisierbarkeit als *Eigenschaft* der Person (des Hypnotisanden) aufgefaßt (Kapitel IX.3).

2.1.4 Die Berichte über die Abhängigkeit der Hypnotisierbarkeit vom Hypnotiseur (Kapitel IX.4.2.3) sind noch unvollständig und uneinheitlich. Im experimentellen Bereich scheint es keine großen Schwankungen der Hypnotisierbarkeit bezüglich des Geschlechts, der Rasse, der Nationalität und der Hautfarbe zu geben. Im klinischen Bereich wurde jedoch eine höhere Hypnotisierbarkeit im Zusammenhang *mit den Erfahrungen des Hypnotiseurs* gefunden. Die Hypnotherapie erfordert in jedem Falle eine entsprechende Ausbildung und Erfahrung des Hypnotiseurs. Eigene Erfahrungen bestätigen diese Auffassung. Bezüglich der *Hypnotisierbarkeit und der Persönlichkeitsstruktur des Hypnotisanden* (Kapitel IX.4.2.4) sind viele Untersuchungen bekanntgeworden. Die Faktoren, die seitens des Hypnotisanden die Hypnotisierbarkeit positiv oder negativ beeinflussen, sind vielfältig: (a) *Im Alter der Hypnotisanden* sind bedeutende Unterschiede gefunden worden. *Kinder sind im Alter zwischen sieben und 12 Jahren am besten hypnotisierbar.* Danach sinkt die Hypnotisierbarkeit leicht bis zum Alter von 35 Jahren ab, um nach diesem Alter, mit einem Tiefpunkt bei 40 Jahren, steiler abzufallen. Ein stärkeres Nachlassen wird bei *Kindern* in der Pubertät beobachtet. Die beste Hypnotisierbarkeit *im Erwachsenenalter* liegt zwischen dem 20. und dem 29. Lebensjahr. *Im hohen Alter* nimmt die Hypnotisierbarkeit wieder leicht zu. (b) Die Frage, *ob Frauen besser als Männer hypnotisierbar sind*, wird weiterhin offen bleiben. Nach einigen Befunden zeigen Frauen im Alter zwischen 21 und 32 Jahren eine bessere Hypnotisierbarkeit als Männer der gleichen Altersgruppe. (c) *Konstitutionsmäßig* sind mit gewisser Wahrscheinlichkeit Männer am *Übergang vom Athleten zum Pykniker* am besten hypnotisierbar. An zweiter Stelle kommen *Pykniker*, gefolgt von reinen *Athleten.* Erst an vierter Stelle befinden sich die *Leptosomen* und damit verbundene *Mischkonstitutionen.* Bei Frauen ist die Frage der Hypnotisierbarkeit im Zusammenhang mit der Konstitution noch nicht erforscht worden. (d) *Positive Erlebnisse in der Kindheit*, wenn sie sich nicht sehr weit von der Norm entfernen, sind *mit einer hohen Hypnotisierbarkeit* gekoppelt. (e) Bezüglich der *Persönlichkeitsmerkmale* ist die Frage der Hypnotisierbarkeit noch nicht definitiv beantwortet worden, da auch viele Variablen untersucht werden müssen. Soweit bekannt, *haben hoch hypnotisierbare Menschen mehr positive als negative, jene mit niedriger Hypnotisierbarkeit mehr negative als positive Persönlichkeitseigenschaften.* Die *Extraversion* wird in bezug auf die Hypnotisierbarkeit gegenüber der *Introvertiertheit* häufig als positives Merkmal hervorgehoben. Der Faktor *Neurotizismus* korreliere besser als andere Faktoren mit der Hypnotisierbarkeit. (f) *Lange traditionelle Erfahrungen* haben einen positiven Einfluß hinsichtlich der Hypnotisierbarkeit. Traditionen mit Entspannungsübungen und ähnlichem spielen dabei eine große Rolle. (g) *Die Frage des Willens* und des *Wollens* in der Hypnose muß noch studiert werden. Soweit bekannt, *ist der Wille in der Hypnose erhalten* (s. oben). (h) *Die großen Weltreligionen* (chinesischer Universismus, Brahmanismus/Hinduismus, Buddhismus, Christentum, Islâm) *sind positiv gegenüber der Hypnotherapie eingestellt.* Religionen mit *philosophischen theoretischen* Auffassungen und *meditativen Praktiken* (Hinduismus, Buddhismus) haben mit ihren eigenen Methoden positive Elemente in die Hypnotherapie gebracht. (i) Bezüglich der *Imagination* (als Eigenschaft der Person) und Hypnotisierbarkeit wurden *drei* Kategorien unterschieden: (ia) *imaginative Vorstellung* (bildliche Vorstellung; Bildvorstellung, ohne daß die Vpn in den Vorgang einbezogen ist); (ib) *imaginative Einbezogenheit* (imaginative involvement; die Person ist in die Imagination einbezogen wie beim Lesen eines interessanten Buches) und (ic) *imaginative Bedingungen* (imagery conditions; mit organischen Veränderungen im oder am Körper, wie bei hypnotischen «Verbrennungen» und «Brandblasen» etc.). Die meisten Befunde deuten auf eine *hohe imaginative Vorstellungskraft bei hoch hypnotisierbaren Menschen;* hoch hypnotisierbare Personen können sich besser in das imaginative Material (Lesen, Filmvorstellung) vertiefen und einbeziehen lassen; sie erwirken auch stärker die Umstellung des Funktionsablaufes der Organe im hypnotischen Vorgang (Brandblase) als die schwach und nicht hypnotisierbaren Personen. (j) *Hohe Hypnotisierbarkeit ist mit einer entsprechenden Motivation verbunden.* Motivierte Personen sind besser als die nicht motivierten hypnotisierbar. (k) Zu den *vier wichtigsten Konditionen* für eine gute Hypnose wird auch *Erwartung* (Neugier, Spannung) gezählt (die anderen drei sind: Imagination, selektive Aufmerksamkeit, Glauben). (l) Neben der selektiven (gelenkten, konzentrierten) Aufmerksamkeit als Merkmal der Hypnotisierbarkeit ist dazu auch die *Aufmerksamkeitsanspannung (Aufmerksamkeitsfähigkeit)* (Eigenschaft, aufmerksam zu sein) zu zählen. Die *allgemeine Aufmerksamkeit* (analog der allgemeinen Suggestbilität) ist nicht mit Hypnotisierbarkeit verbunden. (m) Die *Intelligenz* scheint nach vielen Befunden mit der hypnotischen Suggestibilität (Hypnotisierbarkeit) positiv zu korrelieren. (n) *Die Frage der Simulation* in bezug auf die Hypnotisierbarkeit/Hypnose ist noch nicht definitiv beantwortet worden (Kapitel IX). (o) Das *Bewußtsein* spielt in der Hypnose eine wichtige Rolle. Es wird dabei vom *veränderten Bewußtsein*, von einer *Regression*, *Dissoziation* oder sogar von *multiplen Persönlichkeiten* gesprochen (Kapitel IX, XXI). (p) Die *Selbstbeurteilung* ist im Experiment bezüglich der Hypnotisierbarkeit mehr oder weniger verlässlich. Aufgrund dessen werden *Hypnotisierbarkeits-Skalen* zur Messung der hypnotischen Suggestibilität (Hypnotisierbarkeit) erstellt. (q) Gute *Stimmung* korreliert positiv mit der Hypnotisierbarkeit. Eine *Verschlechterung der Stimmung (Depression)* führt zur Verringerung der Hypnotisierbarkeit (bei einer bereits gut hypnotiserbaren Person). (r) Hypnotisierbarkeit und *Schmerzempfindlichkeit* sind noch nicht hinreichend erforscht worden. *In der Hypnose selbst spielen Schmerzen ein große Rolle*, da sie beseitigt, aber auch hervorgerufen werden können (hypnotische Anästhesie, Analgesie; hypnotische Hyperästhesie etc.) (s. dazu Kapitel XXV.2.2 und XXVII.2). (s) *Angstzustände* sind mit der Hypnotisierbarkeit *negativ korreliert. Eine gewisse Spannung (als Erwartung und Neugier) wird jedoch dabei toleriert.* Insbesondere wird das Ausgeliefertsein, der Willens- und Bewußtseinsverlust, die Angst vor dem Nicht-Geweckt-Werden-Können gefürchtet (Kapitel XXVII.3). (t) Die Hypnose *unterscheidet* sich bei hoch hypnotisierbaren Vpn vom *Placebo-Effekt.* (u) Ähnlich *wie bei der speziellen Suggestibilität ist die Hypnotisierbarkeit durch Psychopharmaka* (Tranquilizer, Hypnotika, Koffein, Alkohol) modifizierbar. Die meisten dieser Medikamentengruppen bieten eine *positive Korrelation* mit der Hypnotisierbarkeit. (v) Die Hypnotisierbarkeit ist wahrscheinlich in den meisten Fällen mit *multiplen Persönlichkeitsfaktoren der Hypnotisanden* gekoppelt (Kapitel IX und XXI.6.3). (w) Die Befunde über die *Modifikation der Hypnotisierbarkeit* sind sehr uneinheitlich und unvollständig. Nach den meisten Literaturangaben kann die Hypnotisierbarkeit bis zu einem gewissen Grade erhöht, seltener verringert werden. Insbesondere ist dabei der *Lerneffekt* (Erfahrungen des Hypnotisanden) zu berücksichtigen.

2.1.5 Der Begriff Hypnose (Kapitel IX) stammt aus dem Griechischen: *Hypnos* (Schlaf). Nach der Einführung der *indirekten Induktionsverfahren* zur Hypnose-Induktion, bei denen vorwiegend mit *Wachsuggestionen* gearbeitet wird, nimmt der Begriff *Hypnose* an Bedeutung ab. Begriffe wie *Sophrosyne* (für Hypnose) und *Sophrologie* (für Hypnoselehre) entsprächen mehr dem psycho-physiologischen/biologischen Hypnosezustand. Die *Definition der Hypnose* ist noch *nicht vollständig* (Kapitel IX.4.2.1). Von Hypnose als Regressionszustand, Revivikation, Dissoziation, verändertem Bewußtsein, bis zur Umschaltung der vegetativen Funktionen auf die trophotrope Ausgangslage, wurde in der Literatur gesprochen. Alle Definitionen scheinen richtig und falsch zu sein. Zum *Vorkommen der Hypnose* (Kapitel IX.4.2.2) sind die Literaturangaben ziemlich einheitlich. *Rund 75–95 % der Population sei hypnotisierbar.* Insgesamt konnten bis heute *im Durchschnitt* 13 % der Bevölkerung als *refraktär* (nicht hypnotisierbar), rund 35 % als *leicht hypnotisierbar* (hypnoid bis zum Beginn der Katalepsie), 31 % als *hypnotisierbar* bis zur *mittleren Hypnosestufe* (aktive Katalepsie bis zur Lethargie) und 21 % als *tief hypnotisierbar* (Somnambulismus) eruiert werden (Abb. 2–5). Unter Hypnose *behält der Hypnotisand in gewissem Grade seine Urteilsfähigkeit (Kritik)*, die auch in starkem Maße vom Willen und anderen Faktoren abhängig ist (Kapitel XXI). Der

Gedankengang (Gedankenablauf) ist in der Hypnose verändert. Die Gedanken gehen *schneller oder langsamer* vor sich und können in dieser Hinsicht weit vom normalen Ablauf abweichen. Damit sind auch andere Veränderungen, wie Zeitverzerrung etc. verbunden. Die *Wahrnehmung* ist in der Hypnose und im posthypnotischen Zustand ebenfalls verändert. Im *illusorischen Bereich* ist dabei von einer Ergänzung der bestehenden Bilder, Erscheinungen, Phänomene, Erlebnisse (Trugwahrnehmung des bereits Existierenden) die Rede. Die *Halluzinationen* sind *eine produktive Manifestation.* In beiden Fällen bestehen dann *Pseudomanifestationen*, bei denen die *Überzeugung* über das Erlebnis fehlt, oder wahre Formen, die mit der Überzeugung des Betreffenden verbunden sind. Illusionen, insbesondere aber die Halluzinationen, können *negativer* (etwas Bestehendes wird wegsuggeriert) oder *positiver Natur* (etwas, was nicht da ist, wird hersuggeriert) sein. Auf diese Weise entsteht z. B. hypnotische Blindheit, hypnotische Taubheit (auf beiden Ohren oder auf einem) etc. Die Hypnose arbeitet überwiegend *auf der unbewußten Ebene*, die noch nicht genau erforscht ist (Kapitel XXI, XXIV bis XXVI). Bezüglich des *Gedächtnisses* kann angenommen werden, daß mit Hilfe der Hypnose das *Lernen* gesteigert werden kann (Hypermnesie). Sinnvolles Material und zusammenhängende Aufgaben werden besser gelernt als sinnloses Material. Hypnotisierbare Vpn lernen besser als weniger oder kaum hypnotisierbare. Die *hypnotischen Amnesien* sind in ihrer Qualität und Quantität mannigfaltig. Insbesondere fällt eine *Rückrufamnesie* (bei der das Gespeicherte während der Hypnose nicht erinnert werden kann) und die *Quellenamnesie* (Abstammungs-, Ursprungsamnesie; der Hypnotisand erinnert sich an die Erlebnisse, weiß aber nicht, daß sie aus dem hypnotischen Zustand stammen) auf. Die Frage der *multiplen Persönlichkeit (MP)*, wobei eine Person zeitweise den Charakter einer oder mehrerer anderer (mit einer Barriere dazwischen) annimmt, wird noch zu diskutieren sein (Jovanović, 1989). Die Hypnose kann auch mit einer *Depersonalisation* bis zum Einnehmen von Eigenschaften und Charaktermerkmalen einer anderen Person sowie mit *Derealisation* (Entfernung von der realen Welt) verbunden sein. *Altersregression/Revivikation* kann nach den vorliegenden Befunden *bis zur neonatalen Periode* zurückgehen. Ob dieser Prozeß parallel dem chronologischen Alter verläuft und inwieweit, muß noch offen bleiben. *Die Altersprogression* (Versetzung des Hypnotisanden in seine Zukunft) ist noch weniger erfoscht als die Altersregression/Revivikation. Die *ideodynamischen Signale* spielen bei der Hypnose und Hypnotisierung eine große positive Rolle. Der Mensch neigt zu einer *Selbsthypnose*, die wissenschaftlich und klinisch genutzt werden kann. Der *Rapport* ist ebenfalls eines der wichtigsten Phänomene im Kontext der Hypnose. Bei *spontanen Hypnosen* spielt die *Phantasie* eine große Rolle. Durch die illusorische Ergänzung werden natürliche Erscheinungen bis zur religiösen Gestalt modelliert, stilisiert und idealisiert. *So entstehen Heilige und Geister, die ohne das Gehirn des (Selbst)Hypnotisanden keine Existenz hätten.* Durch Halluzinationen (bei entsprechender Veranlagung des Betroffenen) werden *Heilige und Propheten* hergerufen, die es in Wirklichkeit nicht gibt. Spontanhypnosen können aber auch als *Selbsterhaltungsmechanismus* angesehen werden, und zwar nicht nur bei Tieren (Kapitel III, VII und oben). Die *Hypnose* (Kapitel IX.4.1.5) wird in (a) *ein hypnoides*, (b) *ein leichtes*, (c) *ein kataleptisches*, (d) *ein lethargisches* und (e) *das somnambule Stadium der Hypnosetiefe* eingeteilt (Tab. 1–3 und 7). Überlappungen und Übergänge sind möglich. Das *Vorkommen der Hypnotisierbarkeit* kann nicht isoliert vom Vorkommen der Hypnose studiert werden. (s. Abb. 2–5).

2.1.6 Hinsichtlich der Stadien (Stufen) der Hypnosetiefe (Kapitel IX) sind einige *Ergänzungen* (Tabellen 1–3, Kapitel IX.4.1.5 und XXIII) anzubringen: (a) *Das Relaxationssyndrom* (die erste Hypnosestufe; leichte Hypnose; hypnoides Stadium) konnte am Beginn nicht leicht von der *Entspannung allein* sowie *von den ähnlichen physiologischen Entspannungszuständen* (Transzendentale Meditation, Yoga-Übungen etc.) getrennt werden, wenn man dabei die *neutrale Hypnose* als Vergleich heranzieht. Es wird für möglich gehalten (Kapitel XXIII), daß in einer neutralen Hypnose (Hetero- und Selbsthypnose) beim Hypnotisanden zuerst (aa) *ein simpler Entspannungszustand* (vegetative Antworten) auftritt und erst dann (bb) die traditionelle Hypnose nachrückt *(hypnotisches Relaxationssyndrom). In diesem letzten Substadium der Relaxation* erfährt die Vp *die spezielle hypnotische Phänomenologie* (Kapitel XXI). Die Verringerung der Aktivitäten der vegetativen (autonomen) Funktionen ist wahrscheinlich *nur der Weg (Gleitschiene) in die Hypnose*, da später Direktiven suggeriert und ausgeführt werden können, die eine Aktivierung dieser vegetativen Funktionen erfordern (Katalepsie, «Brücke», Gewichtheben, Somnambulismus). (b) Die *Katalepsie* hat *hypnotische* und *klinische Komponenten.* (ba) Im *hypnotischen Bereich* umfaßt sie wahrscheinlich das *zweite Stadium der Hypnose* und kann in *Substadien* wie *passive (oberflächlichere)* und *aktive (tiefere Substufe) Katalepsie* eingeteilt werden. Da die Katalepsie auch ohne eine spezielle Instruktion (Suggestion) und auch am Beginn der Hypnose auftauchen kann, *breitet sie sich wahrscheinlich* auf die benachbarten *Hypnosestadien aus* (Relaxations- und Lethargie-Stadium) (Tab. 7), (bb) *Im klinischen Bereich (klinische Katalepsie)* wird sie bei *Schizophrenien* (Katatonie), bei *Epilepsien* (im psychotischen Stadium) und bei *Neurotikern* (hysterische Syndrome) angetroffen. *Die auffallende Lebhaftigkeit der Augenbewegungen mit Blinzeln der Augenlider (Augenkatalepsie) ist bei allen Katalepsie-Formen anzutreffen.* Insgesamt gesehen, *bieten die Patienten mit klinischer Katatonie eine gewisse Unfähigkeit, in eine hypnotische Katalepsie zu gelangen.* Man könnte sich die Phänomenologie so vorstellen, daß die Patienten *deshalb auf eine klinische (pathologische) Katalepsie ausweichen, weil sie jenen Schutz erreichen, den die hoch hypnotisierbaren Menschen durch die hypnotische genießen. Die Katalepsie könnte demzufolge als ein Schutzmechanismus angesehen werden und kann deshalb sowohl bei Menschen als auch bei Tieren* (bis zu Insekten) *angetroffen werden* (Kapitel III, VII, IX und XXI). (c) Auch die *Lethargie* hat *zwei* Formen: (ca) *Die hypnotische Form wird zum dritten Stadium der Hypnosetiefe* gezählt. Da sie jedoch sehr prolongiert sein und auch bereits am Beginn der Hypnose erscheinen, sodann sich *über die Katalepsie-Stufen bis zum Somnambulismus ausbreiten* kann, muß angenommen werden, *daß die Hypnose nicht so einfach in Stadien der «Tiefe» einzuteilen ist.* Die Überlappung (s. auch oben) der Lethargie mit anderen Hypnosestadien spricht für *eine dritte Dimension* der Hypnosestadien, die sich sozusagen *horizontal nach links und/oder rechts von der «Tiefe» der Hypnose ausstreckt.* (cb) Die *klinische (pathologische) Form* ist sowohl in der Psychiatrie als auch in der Neurologie bekannt und weicht syndromal etwas von der hypnotischen ab; während die hypnotische eine progressive Relaxation mit Schläfrigkeits-/Schlaf- und Resten der Katalepsiezeichen aufweist, ist *die klinische oft mit Hyperkinese und motorischer Unruhe verbunden.* Auch hier kann von einem *Ausweichmechanismus* gesprochen werden; Menschen, die nicht in die hypnotische (normale) Lethargie eintreten können, weichen in eine klinische (pathologische) aus. Der Selbsterhaltungstrieb (s. oben) führt dazu. (d) *Der Somnambulismus ist viel heterogener* als die eben erwähnten drei Hypnosestadien: (da) *Neben dem hypnotischen (artifiziellen) Somnambulismus* sind auch (db) *klinische* Formen bekannt, die neben dem (dba) *Somnambulismus sui generis* auch aus der Reihe der (dbb) *Neurotiker* (mehr hysterische Verlaufsformen), (dbc) der *Epilepsien* (psychomotorische und centrencephale Formen) und (dbd) dem *Involutionssyndrom* stammen (Kapitel XIII).

2.1.7 Neurophysiologische Phänomene der Hypnose sind sehr manifest (Kapitel XXII). (a) Es fällt eine gewisse *positive Beziehung* zwischen der *Ausprägung von Alpha-Wellen bzw. deren Dichte im EEG* und *Hypnotisierbarkeit* auf. Hoch hypnotisierbare Probanden weisen eine höhere Alpha-Wellen-Ausprägung im EEG mit größerer Dichte auf als mäßig und gering hypnotisierbare Vpn. (b) *Nach einem Training*, wie dies beim *Biofeedback* der Fall ist, *erhöht sich die Alpha-Dichte im EEG* bei allen Vpn – hoch und weniger hoch hypnotisierbaren –

jedoch bleibt diese Dichte bei hoch hypnotisierbaren Probanden höher als bei mäßig und gering hypnotisierbaren Vpn. (c) Der *Alpha-Wellen-Grundrhythmus* nimmt während der Hypnose zu; die *Alpha-Dichte erhöht sich* signifikant. Hoch hypnotisierbare/suggestible Vpn bieten im EEG während der Hypnose eine bedeutend höhere Alpha-Wellen-Aktivierung als die übrigen, d.h. die weniger suggestiblen, Probanden. (d) *Die Aktivierung von Alpha während der Hypnose hängt in den meisten Fällen von der bioelektrischen Ausgangslage der Probanden ab.* Je weniger Alpha-Wellen vor der Hypnose gefunden werden, *desto höher ist der Anstieg während der Hypnose* und umgekehrt.

(e) *Schlafpotenitale im EEG* kommen während der Hypnose nur dann signifikant vor, *wenn der Schlaf suggeriert worden ist.* Dabei können auch die REM-Phasen (Rapid Eye Movement Phases) durch Suggestionen zeitlich determiniert werden. (f) Die während der Hypnose hervorgerufene Aktivierung von Alpha-Wellen *geht nach der Hypnose wieder zurück und erreicht in wenigen Minuten den Ausgangswert.* Hirnwellen anderer Spektren (Delta-, Theta-, Beta-Wellen) erfahren – wiederum abhängig von der bioelektrischen Ausgangslage der Vpn – während der Hypnose *eine Verringerung* bis zum vollkommenen Verschwinden aus dem EEG.

(g) Die meisten Forscher fanden *eine Seitendifferenz von Alpha-Wellen während der Hypnose* zugunsten der rechten Hirnhemisphäre. Es wurden auch Zweifel an diesen Befunden erhoben, *da es eine physiologische Seitendifferenz zu Gunsten der Alpha-Wellen über der rechten Hirnhemisphäre gibt.* Die Erhöhung der Alpha während der Hypnose über der linken Hirnhemisphäre ist demzufolge *nicht mit Sicherheit* als *eine spezifische Hypnosereaktion* anzusehen.

(h) Während der *Transzendentalen Meditation (TM)* nehmen nicht die Alpha- (wie während der Hypnose), *sondern vielmehr die Theta-Wellen zu.* Diese Befunde wurden so gedeutet, *daß die Hypnose unter einer stärkeren Beiteiligung der corticalen Hirnregionen gesteuert wird als die TM.* Auch die Möglichkeit wird erwogen, *daß die Hypnose mehr von den lateralen und die TM überwiegend von medialen Strukturen des limbischen Systems* moderiert wird (s. dazu Kapitel XXV).

(i) *Placebo-Effekte* (nur Vorlesen eines Textes ohne spezifische Suggestionen) sind von denen in der Hypnose *unterschiedlich.* Gemäß EEG ist eine einfache Relaxation *nicht mit einer komplexen* (s. auch Kapitel XXIII), d.h. hypnotischen, identisch. Ein Hypnosezustand ist demzufolge *etwas mehr als eine einfache Relaxation und etwas anderes als verschiedene Meditationsverfahren.*

(j) Die Untersuchungen der *evozierten Potentiale* (visuell und akustisch) erbrachten keine zufriedenstellenden Resultate. Während der Hypnose fand sich eine *niedrigere Frequenz und eine geringere Amplitude der Augenbewegungen als im vollen Wachsein.* Die Befunde konnten jedoch nicht von denen bei einer einfachen Relaxation unterschieden werden. Die *Muskelaktivität* während der Hypnose ist wahrscheinlich unspezifisch. Auch die Resultate der Untersuchungen der *Hautaktivität* mit dem Hautwiderstand konnten noch nicht *als für die Hypnose spezifisch angesehen werden.*

2.1.8 Gewisse biochemische Veränderungen im Blut und/oder Urin, die auf eine *trophotrope Ausgangslage des autonomen (vegetativen) Nervensystems* hinweisen, sind allzu unspezifisch, als daß man sie verwerten könnte. Es wird eine Untersuchungstechnik empfohlen, die sich *mehr auf den Liquor cerebrospinalis* als auf das Blut oder den Urin konzentriert.

2.2 Hypnose als (psychobiologischer) Prozeß

Die Übergänge zwischen der Hypnose als Phänomen und als Prozeß sind fließend. Zunächst werden Beziehungen zu Traum, Schlaf, Wachbewußtsein, Unbewußten und deren Steuerung aus dem ZNS zu erläutern sein (Kapitel XXIV–XXVI).

2.2.1 **Hypnose und Schlaftraum** bieten gewisse *psycho-biologisch-vegetative Ähnlichkeiten.* Unterschiede ergeben sich in der Ausgangslage; *der Traum erfolgt in der Regel nach einer Aufladungsphase von rund 70–120 Minuten während des ersten «traumlosen» Schlafes.* Die Hypnosehalluzinationen hängen von der Induktion ab und variieren in ihrer Zeit des Auftretens. *Die Inhalte der Schlafträume und der hypnotischen Halluzinationen haben gewisse Gemeinsamkeiten, aber auch Unterschiede* (Kapitel XIV). Unterschiede erfassen mehr den psychovegetativen als den psychosomatischen Bereich. Schlafträume können hypnotisch induziert oder inhaltlich beeinflußt werden. Schlafträume (Kapitel XIV) kommen nach den neuesten Schlaf-Traum-Untersuchungen nicht nur nach einer *Aufladungsphase* (rund 70–120 Minuten nach dem Schlafengehen), sondern auch unmittelbar nach dem Schlafbeginn und beim Einschlafen vor. Die Dauer von Schlafträumen zwischen 90–120 Minuten in einer ganzen Nacht spricht für eine enorme psychische Aktivität im *amnestischen Anteil des menschlichen Daseins* (siehe Kapitel XXVI und unten). Ziemlich schwierig ist die Deutung der Unterschiede der *Kritik im Schlaftraum* und der in den hypnotischen Träumen. Die *bioelektrische Hirnaktivität (EEG)* unterscheidet sich deutlich bei diesen zwei Zuständen, da während der Träume (REM-Phasen) nicht Alpha, sondern fast kontinuierlich *Theta* zu beobachten sind (mit einigen Varianten wie Sägezahnwellen, Lambda, Rho-Wellen). Der scheinbare Widerspruch gemäß den Wellen im EEG kann einerseits so erklärt werden, *daß auch bei einigen hypnotischen Zuständen Theta und in den REM-Phasen Alpha gefunden worden sind, und andererseits, daß auch im limbischen System einmal hochfrequente Alpha* (oder Beta) (bei stärkeren oder intensiveren Reizen) *und ein anderes Mal mittelfrequente Theta gefunden worden sind* (s. unten). Nicht zu vergessen ist eine erstaunliche Ähnlichkeit von EEG-Wellen in den REM-Phasen mit denen in der TM (Kapitel XXII.3.4.5). Die *emotionale Komponente* ist während des Traumes stärker als während der Hypnose betont. *Die relativ erhaltene Kritik während der Hypnose erlaubt dem Hypnotiseur nicht, mit dem Willen des Hypnotisanden beliebig zu operieren* (Kapitel IX und XXI).

Zur Frage des *Muskeltonus während der Hypnose und der Träume im Schlaf* sind bedeutende Parallelen beobachtet worden (Kapitel XIV). Im Schlaftraum wird eine periodisch *erschlaffte Muskulatur* (insbesondere bei Kinn- und Nackenmuskulatur) beobachtet. In Kapitel XXIII wurde von einem *Relaxations-Syndrom* im Hypnosestadium I berichtet. *Die Erschlaffung der Nackenmuskulatur während der REM-Phase will vielleicht andeuten, daß der Kopf (Gehirn) vom Körper getrennt wird. Das Ego verläßt offenbar für eine gewisse Zeit seinen Körper und schwebt in Visionen, Imaginationen und Halluzinationen umher. Das «Schweben» findet man in der Hypnose auch.* Die Erscheinung im Traum läßt auch gewisse Parallelen zu *Meditationserlebnissen* ziehen (Kapitel IX). Der veränderliche Muskeltonus im Schlaftraum an verschiedenen Körperteilen des Träumenden kann bei gewisser Vorsicht mit der *Dissoziation* während der Hypnose in Beziehung gebracht werden. Daß aber bei Frühgeborenen (Kinder und Tiere), Neugeborenen und den Jüngsten unter uns die Körpermuskulatur stärker während der REM-Phasen erschlafft, spricht nicht gegen die eben angeführte Vorstellung über die *Wanderung des Ego* oder gegen die anderen oben geäußerten Vermutungen, sondern dafür, daß neben *dem integrativen, affektiven, hypnogenen auch ein archaisches Unbewußtes* (Kapitel XXVI und unten) existieren könnte. *Das archaische Unbewußte schlösse dann an den Instinkt an und würde mit den höheren Kategorien des Unbewußten kommunizieren.* Die Befunde über die *Regression während der REM-Phasen* auf eine tiefere Entwicklungsstufe des

Individuums und des biologischen Kollektivs bestätigt die Annahmen über die *Regression während der Hypnose*. Die Regression im Traum scheint komplexer zu sein als in der Hypnose. Die Umschaltung der Dominanz während der REM-Phasen von einer Hemisphäre zur anderen (von links nach rechts und umgekehrt – abhängig von der Händigkeit) kann zur *Deutung der Hypnosesteuerung* beitragen (s. unten).

Bezüglich der *Traumleistung* (Verdichtungsarbeit, Verschiebungsarbeit, Vergrößerungsarbeit, Erhöhung der Weckschwelle) sind gewisse Parallelen mit den psychischen Erlebnissen in der Hypnose zu finden. Die *erhöhte Weckschwelle während des Traumes korreliert mit der erschwerten Ansprechbarkeit des Hypnotisanden durch andere Ereignisse und Personen.* Folgende Vermutungen dürfen dazu geäußert werden: In der Hypnose herrscht eine *selektive Aufmerksamkeit* in Richtung des Hypnotiseurs und seiner Suggestionen. *Im Traum dominiert eine selektive Aufmerksamkeit für den Trauminhalt.* Diese interne selektive Aufmerksamkeit deutet andererseits darauf hin, daß eine sogenannte Autohypnose auch ohne ein Dazutun des Hypnotisanden vorkommen kann. Es muß also die Möglichkeit einer *endogenen Hypnose* erwogen werden, die der *exogenen* Hetero- und Autohypnose nicht gleichzustellen ist. Das spricht andererseits auch dafür, daß der Traum ein Therapeut oder eine biologische, natürliche, spontane Therapiemethode ist, die einen der Hypnose sehr ähnlichen Effekt erzielt: *Wächter des Schlafes, Schutz vor Anfällen, Verhütung von Sprechen, Aufschreien, Einnässen im Schlaf, Umwandlung von Schmerzen (Umwandlung von Zahnschmerzen in Druck) etc.* Auch die Traumsymbolik muß dazugerechnet werden, weil dann der Träumer die wahre Absicht des Ego nicht erkennen kann und sich deshalb keine Sorgen machen muß. Der Traum hat als «Wächter des Schlafes» eine andere Funktion als die *K-Komplexe* (s. Kapitel XXVI und unten) außerhalb der REM-Phasen. *Der Traum schützt den Schläfer vor dem Aufwachen, ganz gleich, welche Weckreize appliziert* werden oder vorkommen. Der K-Komplex im übrigen Schlaf (Non-REM-Sleep) trifft eine *differenziertere* Entscheidung. Hinsichtlich der *emotionalen Erlebnisse* bestehen ebenfalls Parallelen zwischen Traum und Hypnose. Das *Gedächtnis* weist jedoch Unterschiede auf: der Traum wird mit der Zeit mehr und mehr vergessen; an die Ereignisse in der Hypnose kann man sich mit der Zeit immer besser erinnern. *Beim Traum fließt also die Information von innen nach außen (Selbstreizung des ZNS; endogene Hypnose); bei der Hypnose von außen nach innen (exogene Suggestionen).*

Der natürliche Schlaf (Kapitel XIV) verläuft *periodisch* und weist eine *Schlaftiefe* (gemessen in Schlafstadien) sowie eine *Schlafdauer* (gemessen in Minuten oder Stunden) auf. Während des natürlichen Schlafes von *acht Stunden* treten bei erwachsenen Menschen drei- bis fünfmal REM-Phasen (Traumphasen) auf. Bei *Kleinkindern und Säugetieren* ist der prozentuale Anteil der REM-Phasen (bei erwachsenen Menschen 20–25 % des totalen Schlafes) am Schlaf höher und die absolute Dauer länger. *Der Schlaf scheint eine lange Hypnose für die Dauer von Wochen nicht zu beeinträchtigen.* Noch ungeklärt ist die Frage, ob dabei die Hypnose durch den Schlaf unterbrochen wird oder kontinuierlich fortbesteht. *Hoch hypnotisierbare* Vpn scheinen einen besseren Schlafverlauf als die übrigen Menschen aufzuweisen. Die REM-Phasen können dabei durch Suggestionen beeinflußt werden. Bei hoch hypnotisierbaren Vpn bestehe eine stärkere Diskrepanz zwischen den subjektiven Angaben über die Qualität des Schlafes und objektiven (polygraphischen) Registrierungen der Schlafparameter als bei den schwieriger hypnotisierbaren Menschen. Gegenüber den mittelgradig und nicht hypnotisierbaren Vpn bieten die hoch hypnotisierbaren *einen signifikanten Zuwachs von Alpha-Wellen im EEG während der REM-Phasen* (Abb. 20). Dieser korreliert mit der Zunahme von Alpha-Wellen im EEG während der Hypnose (Kapitel XXII.3 und Abb. 12–14) und scheint die Annahme über die integrative Steuerung der Hypnose (integratives Unbewußtes) zu bestätigen (s. unten). *Hoch hypnotisierbare Vpn reagieren signifikant auf Suggestionen über die Veränderung des Schlafes.* Bei der Verabreichung von Suggestionen zur *Korrektur des Schlafes sollte die Schlafperiodik* (mit abwechselnd vorkommenden REM-Phasen und tieferen

Schlafstadien) berücksichtigt werden (Kapitel XV). *Schlaftraum, Schlaf, Tagträume und hypnotische Phänomene haben wahrscheinlich einen gemeinsamen psycho-phylogenetischen Ursprung* (Kapitel III) *und viele psychophysiologische Beziehungen* (Kapitel XXIV–XXVI).

2.2.2 Die neocorticale Aktivität (Kapitel XXV), insbesondere die der frontalen, der temporalen und der occipitalen Hirnregionen, hat gewisse steuernde Funktionen in der Hypnose. Der Frontallappen scheint sich *an der Hemmung des Erlebnisses der Schmerzen und somit an Anästhesie/Analgesie generell, an Hypnose speziell, zu beteiligen.* Durch die erwähnten neuroanatomisch-funktionellen Beziehungen zum limbischen System beteiligt sich der Frontallappen wahrscheinlich auch an der Steuerung anderer Phänomene der Hypnose. *Der Temporallappen* hat mit seinen *lateralen* und *medialen Anteilen eine vielfältige Funktion* und kann von der Verantwortung in der Hypnose nicht freigesprochen werden. In den *lateralen Teilen* scheinen *neuroanatomische Substrate für das Gespeicherte* und längst bewußt Vergessene zu liegen. Bei stereotaktischen Reizen, während der somnambulen Episoden und bei psychomotorischen Attacken bei Epilepsie werden *frühere Erlebnisse verbalisiert*, an die man sich sonst bewußt nicht mehr erinnern konnte (Erfahrungsgedächtnis). Aber auch das *Gegenwärtige* und das *unmittelbar Künftige* kann auf die gleiche Weise zum Ausdruck gebracht werden (interpretierendes Gedächtnis). Somit liegt die Vermutung nahe, daß es zwischen Hypnose, Traum und Gedächtnis neuroanatomisch-funktionelle Verbindungen gibt. *Der optische Cortex* spielt eine besondere Rolle bei höheren Tierarten und Menschen. Sowohl Imaginationen/Illusionen/Halluzinationen im Kontext der Hypnose als auch Träume und Illusionen/Halluzinationen in pathologischen Zuständen haben zu einem hohen Prozentsatz (80–90 %) einen visuellen Charakter. *Die Lebhaftigkeit der Augenlider, der Augenbulbi während der Hypnose, der Träume und der kataleptischen (hypnotischen und nicht-hypnotischen) Zustände* führen zu der Annahme, daß die Beziehungen der Hypnose, der Träume und Augenmotorik relativ sehr eng sein können. Die überwiegende Anzahl von wissenschaftlichen Beiträgen spricht dafür, *daß sich an der neurophysiologisch/psychophysiologischen Steuerung der Hypnose die rechte Hirnhemisphäre stärker als die linke beteiligt.* Die rechte Hirnhemisphäre sei mehr für die *holistische Gestaltung* verantwortlich und übernehme somit mehr hypnotische Funktionen als die linke, die vorwiegend mit dem *digitalen, mathematischen System* hinsichtlich der Steuerung zu tun habe. *Linkshänder* findet man entweder unter den hoch Hypnotisierbaren (wenn auch die Linksäugigkeit damit verbunden ist) oder unter ganz gering oder kaum Hypnotisierbaren (wenn die Linksäugigkeit nicht vorhanden ist). *Rechtshänder* sind mittelgradig hypnotisierbar. Jene Vpn, die keine der Hirnhemisphären bevorzugen, sind besser als die anderen hypnotisierbar. Patienten, die eine stäRkere Linkssymptomatik bieten (Hysteriker, verschiedene Depressive) seien besser als die übrigen hypnotisierbar.

Cerebellum und Basalganglien beteiligen sich möglicherweise an hypnotischer Katalepsie, aber auch an pathologischer Katatonie und dem hyperkinetischen Syndrom. Insoweit kann über *die Möglichkeit der neurophysiologischen Verbindung zwischen Hypnose und klinischer Katalepsie* gesprochen werden. *Das limbische System* mit seiner vielfältigen neuroanatomischen Struktur und mannigfachen funktionellen Verbindungen mit den wichtigsten corticalen und subcorticalen Gebieten *beteiligt sich wahrscheinlich maßgebend an der Moderation der hypnotischen Phänomene.*

Bei der Suche nach *Wecksystemen und hypnogenen Zonen* im Gehirn ergaben sich sehr interessante Einzelheiten: (a) *Das aufsteigende, aktivierende Retikulärsystem (ARAS)* hat seinen Ansatz in der Medulla oblongata, Rautenhirn und Pons und erstreckt sich, mit abschwächender erregender Wirkung, nach dem Mesencephalon, bis zum frontalen und occipitalen Cortex. (b) *Das descendierende, dämpfende Projektionssystem* beginnt im frontalen und optischen Cortex und schwächt sich funktionell nach unten bis zur pontinen bzw. medullären Formatio reticularis ab. (c) *Das cortico-limbido-ponto-retikuläre System* umfaßt alle corticalen und subcorticalen limbischen Strukturen und projiziert in die obere und untere Formatio reticularis mit moderierenden Aufgaben. Für die *Moderation der Hypnose* in ihrer ganzen Phänomenologie ist ergänzend noch von Bedeutung, daß (aa) bei Reizung bestimmter Hirnformationen mit Strom, z. B. von niedriger Stromstärke, schwacher Intensität und kurzer Impulsdauer, *mittelfrequente oder langsame Potentialschwankungen in der bioelektrischen Hirnaktivität* (abhängig von der Lokalisation der Elektroden) sowie ein korrespondierendes tranquilierendes, sich beruhigendes oder schläfriges Verhalten bei Versuchstieren oder Patienten mit stereotaktischen Operationen gefunden werden; (bb) nach *Reizung der gleichen Hirnstrukturen durch Strom höherer Stromstärke, stärkerer Intensität und längerer Impulsdauer* eine *hochfrequente bioelektrische Hirnaktivität* mit gleichzeitigen Aktivierungen im psychischen, psychomotorischen und psychovegetativen Verhalten beim Versuchtstier oder Menschen registriert wird.

Nach dem eben gesagten sind die unterschiedlichen Befunde *nicht de facto verschieden.* Ihre Abweichungen voneinander liegen demzufolge in der Technik der Durchführung von Experimenten und an der Eigenschaft des Gehirnes, *differenziert* zu reagieren. Daraus kann wiederum geschlossen werden, daß die gleichen Hirnformationen, die Schlaf, Traum, Emotionen, Gedächtnis und viele andere psychische und psychomotorisch-vegetative Phänomene und Funktionen steuern, auch die Hypnose moderieren können. Es hängt offenbar alles von der bioelektrischen und psychobiologischen Ausgangslage der Probanden/Hypnotisanden, von der angewandten Hypnosetechnik, vom Hypnotiseur und vielen anderen Faktoren ab. *Die Hypnose ist auch nach diesen Befunden ein komplexes Phänomen;* je differenzierter man suggeriert, je mehr man psychische Eigenschaften des Probanden/Hypnotisanden anspricht, desto umfangreicher und komplexer werden die Antworten im Kontext der Hypnose sein. *Ein Zentrum oder ein neurogenes System für Hypnose ist demnach nicht unbedingt notwendig. Das Gehirn arbeitet als eine Einheit und konzentriert die Aufgaben auf seine einzelnen Anteile, die im gegebenen Moment für Suggestionen und andere Reize frei zur Verfügung stehen.* Das Gehirn funktioniert im Zusammenhang mit Hypnose nach seinen *hierarchischen Prinzipien* und hat eine *generelle Kapazität* sowie eine *spezielle Flexibilität.* Vom Grad der Kapazität und Flexibilität wird sich die hypnotische Phänomenologie von Fall zu Fall und von Mal zu Mal anders manifestieren. Das *psychostrukturelle Modell* des Hypnosemechanismus hat mindestens zwei Stufen: (aaa) *die Stufe des neurophysiologischen Substrates* (analog der Computer-Hardware) und (bbb) *die Stufe der dynamischen psychologischen Zustandsänderungen* (Computer-Software). *Die letztere kann als eine strukturelle Gestalt angesehen werden. Sie wird in der Regel nicht neuroanatomisch-funktionell, d.h. lokalisatorisch, definiert*, wenngleich das ZNS eine *spezifische* und eine *unspezifische* funktionelle Komponente aufweist, die eine Vielfalt von definierten und weniger definierten Aufgaben übernehmen können.

2.2.3 Das Bewußtsein muß sowohl generell als auch speziell im Kontext der Hypnose *mehrere neuroanatomisch-funktionelle und psychologisch-strukturelle (hierarchisch organisierte) Stufen besitzen.*

(a) *Das Wachbewußtsein (mnestischer Anteil des Daseins)* (Kapitel XXVI) bietet bereits bei der *bioelektrischen Hirnaktivität* neben dem Durchschnitt auch Abweichungen, die als *Normvarianten* angenommen werden können. Die *Ausprägung* von Alpha-Wellen im EEG streut bei der untersuchten Population sehr weit. Die *Frequenz* der Alpha-Wellen ist im Durchschnitt ziemlich konstant (9,1–10,1/sec). Sonst bewegt sie sich zwischen 8 und 13 Hertz (Hz). In rund 4 % der Population findet man auch niedergespannte, mittelfrequente Theta-Wellen. *Gerade diese Personen neigen zu neurasthenischen, neurotischen und hysterischen*

Reaktionen. In Verbindung mit den Resultaten der Kapitel IX und XXII ist *eine Diskrepanz zwischen der Hypnotisierbarkeit und diesen Befunden zu finden, weil dort behauptet wurde, daß jene Personen mit einem stärkeren Alpha-Rhythmus im EEG bessere Hypnotisanden seien.* Dieser Punkt muß noch studiert werden. (b) *Das Traumbewußtsein (mnestisch-amnestischer Anteil des Daseins)* beinhaltet Imaginationen, Illusionen und Halluzinationen, die man mit jenen im hypnotischen Zustand in eine Analogie (oder Komparation) bringen kann. Experimentelle Untersuchungen im ZNS sowie an den peripher zu erfassenden Organen haben gezeigt, *daß das Gehirn alle neuroanatomisch-funktionellen Elemente enthält, die für die Phänomenologie der Hypnose verantwortlich sind. Räumliche und zeitliche Distorsion (Verzerrung), Veränderung des eigenen Ich, Regression auf eine der tieferen Entwicklungsstufen, Imaginationen, Illusionen, Halluzinationen (positive und negative), Erotisierung und sexuelle Aktivierung, vegetative Manifestationen, Muskelrelaxation bis zum totalen Verlust des Muskeltonus, Katalepsie, Lethargie, Somnambulismus, Symbolik, Beeinflussung der Kritik und des Willens, Veränderung des Gedächtnisses, Amnesien und Hypermnesien, selektive Aufmerksamkeit sowie viele andere Zeichen* sind auch während des mnestisch-amnestischen Anteils des Daseins zu finden. Die neuroanatomisch-funktionellen Substrate für Traum und Hypnose sind entweder ganz identisch oder sie liegen dicht nebeneinander und kommunizieren miteinander. (c) *Das Schlafbewußtsein (amnestischer Anteil des Daseins)* ist nur bedingt amnestisch. Wie auch im Traum arbeitet der Schlaf auf den unbewußten Ebenen und verbirgt eine ganze Reihe von Erlebnissen, die subjektiv amnestisch sind, aber durch exakte Untersuchungen erfaßt werden können. *Der K-Komplex* im EEG ist z. B. der Garant dafür, *daß das Unbewußte während des ganzen Lebens eines Individuums arbeitet.* Der vom intralaminären Thalamus gesteuerte K-Komplex, der in allen Schlafstadien anzutreffen ist, verrät die Aufnahme nahezu *aller Reize und Suggestionen im Schlaf,* die von außen und von innen erfolgen. Auf diese Weise kann im Schlaf gelernt werden (Hypnopädie), können zufällig auftretende akustische oder taktile Reize aufgenommen werden. Auf dem gleichen Wege drängen sich auch *die pathologischen Halluzinationen* (Schizophrenie) bis in den tiefsten Schlaf hinein und bedrohen den erkrankten Schläfer. *Bei insuffizienten Sinnesorganen* verstärkt sich die akustische Aufnahmefähigkeit im amnestischen Anteil des Daseins (Schlaf), so daß man auch *die Sinnesorgane in bewußte und unbewußte funktionelle Fähigkeitskomponenten einteilen kann. Der Mensch hat auch im Schlaf, in der Narkose und bei fehlenden Sinnesorganen «ein offenes Ohr» für Reize, die ihn bedrohen.* Er besitzt also die Kapazität, darauf zu reagieren. (d) Im amnestischen Anteil des Daseins sind auch *transbewußte Erlebnisse* (Abb. 22) zu erfassen; *vokale Entäußerungen im Schlaf z. B. durchkreuzen alle Schlafstadien* (transbewußt) und zeigen keine Einschränkung oder phänomenologischen Änderungen beim Übergang von einem Stadium des Schlafes zum anderen. Das *Transbewußtsein* überwindet somit alle Stufen des bewußten/unbewußten Daseins und verbindet diese miteinander. Dieses geht andererseits sehr weit in seiner Fähigkeit, bis zur Vorahnung und non-verbalen psychischen Kommunikation zwischen dem Hypnotiseur und Hypnotisanden.

Die Suche nach dem neuroanatomisch-funktionellen Sitz des Unbewußten im Kontext mit Hypnose (Kapitel XXVI) ergab, *daß es einen solchen nicht gibt. Auch jetzt zeigte sich, daß fast das ganze Gehirn synchron oder asynchron arbeitet, je nach Aufgaben und Kapazitäten der einzelnen Hirnteile.* Es kann also angenommen werden, *daß das Unterbewußte ein Komplex ist, der didaktisch nach einem phylo-ontogenetischen und hierarchischen Modell in über- bzw. untergeordnete Kategorien oder partielle unbewußte Einheiten aufgeteilt werden kann.* Die einzelnen Kategorien des *Unbewußten* haben demnach einen dualistischen Weg: *einmal* gehen die Informationen *von oben nach unten* (vom Bewußten zu immer tieferem und weniger differenzierten Unbewußten); *ein anderes Mal von unten nach oben* (vom Instinkt bis zum Bewußtsein). *Das Aufzählen von Kategorien kann deshalb von beiden Seiten beginnen.* Startet man einmal von mehr zu weniger differenzierten unbewußten Kategorien, so ergibt sich:

(a) *Kategorie 1:* Neuroanatomisch-funktionell betrachtet steht an erster Stelle *das corticale Unbewußte* unter Beteiligung der temporalen, frontalen, parietalen und occipitalen neocorticalen Regionen. Die corticalen Regionen, die sich mit ihren Funktionen an Hypnosesteuerung und am Unbewußten beteiligen, erfassen die thalamischen Hirnstrukturen wahrscheinlich nicht direkt, sondern in einer Transmission mit *den unteren retikulären Strukturen* (Pons, Rautenhirn, Medulla oblongata). Psychologisch (psychostrukturell) gesehen, kann es sich hierbei um das *integrative Unbewußte* handeln.
(b) *Kategorie 2: Das limbische – von der neuroanatomisch-funktionellen Seite – Unbewußte* würde die Formationen des limbischen Systems umfassen, wobei eine raschere Hirnaktivität im EEG, aber auch *Theta-Wellen von 4–7/sec beobachtet* werden können. Auch in diesem Falle dominiert die Aktivität *abseits* der medialen Thalamus-Strukturen. Es wird hier eine Verbindung mit dem mnestisch-amnestischen Anteil des Lebens (Traum und traumhafte Erlebnisse) angenommen, so daß dadurch Imaginationen/Halluzinationen/Amnesie in Verbindung mit Hypnose erklärt werden können. Psychologisch gesehen kann hierbei mehr vom *affektiven Unbewußten* gesprochen werden.
(c) *Kategorie 3: Das diencephale Unbewußte* – neuroanatomisch-funktionell betrachtet – mit hohen, langsamen Potentialen bis zu *Delta-Wellen im EEG* (K-Komplexe und rasche oder langsame Delta-Wellen) sowie psychovegetativen Antworten im amnestischen Teil des Daseins («traumloser» Schlaf, synchronisierter Schlaf) würde die *Emotionen vom Hirnstamm* (Thalamus, Hypothalamus) in Verbindung mit dämpfenden Strukturen der höheren Formatio reticularis (im Mesencephalon, Diencephalon) steuern. Auf diese Weise erklärt sich die mehrfache Steuerung des affektiven Lebens (limbisches System, Thalamus, Hypothalamus, Neocortex). Vom psychologischen Standpunkt aus muß es sich hierbei um das *hypnogene Unbewußte* handeln.
(d) *Kategorie 4: Das archaische Unbewußte*, das sich dem Begriff und den Funktionen des Instinktes nähert und von tieferen Hirnstamm-Strukturen, aber auch vom limbischen System abseits vom Hirnstamm moderiert wird. Daher kann dieses vom psychologischen Aspekt her als das *instinktive Unbewußte* angesehen werden.
(e) *Kategorie 5:* Diese Kategorie ist das bereits angekündigte *Transbewußtsein (flexibles, mobiles, kommunikatives Unbewußtes).* Dieses Transbewußte hat die Aufgaben, Informationen, das gespeicherte Material, von einer Kategorie des Unbewußten zur anderen bis zum vollen Bewußtsein und umgekehrt zu übertragen. Das Transbewußte hat auch die Aufgabe, Querverbindungsfunktionen zu übernehmen und sich am mnestischen, mnestisch-amnestischen sowie amnestischen Anteil des Daseins zu beteiligen (s. oben). Wie sich das Transbewußte an der Eruption von Emotionen, an der Abreaktion oder Speicherung von emotional erlebtem Material beteiligt, muß vorläufig offen gelassen werden und wird von Jovanović (1989) im Detail diskutiert.

2.3 Hypnose als (wissenschaftliche und therapeutische) Methode

Die wissenschaftliche Seite kam im eben oben Dargestellten zum Ausdruck. Sie begann erst am Ende des 19. Jahrhunderts (Kapitel VIII und IX). Die therapeutische Seite hat einen längeren Weg hinter sich. In der vorwissenschaftlichen Periode war *der Magnet* (Kapitel VI) am geeignetsten zur Anwendung in der *suggestiven Therapie*, weil er auch *sichtbare und meßbare physikalische Eigenschaften* aufweist. Die Anwendung von Magneten kann auf eine 2000 Jahre alte Tradition zurückblicken. Die Magnete haben sich im 18. Jahrhundert auf den Aufbau einer Theorie des *tierischen Magnetismus* durch Franz Anton Mesmer (1734–1815) (Kapitel VIII) ausgewirkt. Der *animalische Magnetismus* ist demzufolge im Kontext der vorausgegangenen Auffassungen über die Wirkung von *mineralischen Magneten* zu sehen. Die *Heilung durch das Handauflegen* hat ebenfalls wie der Magnetismus *einen langen histori-*

schen Weg; beide Methoden *beruhen auf der suggestiven Wirkung,* die später in den Tempelschlaf und dann in die Hypnotherapie einmündete. Von der *Anthropologie* (Kapitel IV) *und Magie/Dämonologie* (Kapitel V) ausgehend, bewirkte *die geschichtliche Entwicklung* auch eine Änderung in der Auffassung von der geschlechtlichen Verteilung der Heilungsmacht. Während am Beginn der Menschwerdung und in der Dämonologie nach einem vorübergehenden Matriarchat *suggestiv* mehr das *männliche Geschlecht* dominierte, verlagert sich dies bei der Magie langsam aber sicher auf die Frau; die Frau eignete sich besser für *magische Künste, Kräuterzubereitung* und *Giftmischung.* Das *Hexentum* wirkte auf die Entwicklung der Auffassungen über die Macht von Gut und Böse, auf die heilende Wirkung von Kräutern etc. und bewegte die Gemüter bis zum Ende des 18. Jahrhunderts – und später –, was den Dämonen nicht im gleichen Maße gelungen ist. Das Wirken der Hexen und die Auffassungen über das *Hexentum* haben auch bis heute psychische Effekte auf die Hypnotherapie. *Quacksalber und Quacksalberei* ergriffen im 17. und 18. Jahrhundert nicht nur die *Laien,* sondern auch die *Mediziner;* beide Schichten bedienten sich bis zuletzt der (giftigen) Kräuter und beeinflußten somit die Entwicklung der Schulmedizin und die Hypnotherapie. *Dem späteren Mesmerismus (Kapitel VIII) ist es positiv anzurechnen, daß er sich nicht stark von dieser Seite her hat beeinflussen lassen. Im Verfahren können* Exorzismus und Hypnose bis zu einem gewissen Grade miteinander verglichen werden oder voneinander lernen. Beide – *Exorzist und Hypnotherapeut* – müssen jedoch wissen, *was sie tun. Wenn der Exorzismus technisch und gedanklich richtig transformiert wird, kann daraus eine brauchbare Hypnotherapie entstehen.*

Der modernen Hypnotherapie stehen (a) zur *Symptombeseitigung und/oder Leistungssteigerung* (aa) direkte Wegsuggestion, (ab) indirekte Wegsuggestion, (ac) Symptomsubstitution, (ad) Symptomtransformation, (ae) Beschwerdenverniedlichung und Bagatellisierung, (af) Symptomausnutzung bei der Suggestion, (ag) autogenes Training, (ah) Autohypnose, (ai) Gruppenhypnose und (aj) Behandlungskombinationen zur Verfügung. (b) *Die psychobiologische Hypnotherapie* arbeitet mit (ba) Hypnosynthese und therapeutischer Führung, (bb) Hypnosynthese und Sicherheitsgewinnung (Wiedererlangen der Selbstsicherheit), (bc) Hypnosynthese und Persuasion, (bd) Hypnosynthese und Desensibilisierung, (be) Hypnosynthese und (emotionale) Umerziehung, (bf) Hypnosynthese und Rekonditionierung, (bg) Hypnosynthese durch Kombinationen, (bh) Hypnosynthese und Nachbetreuung des Patienten. (c) *Hypnose und hypnoanalytische Hypnotherapie* bedienen sich der (ca) Hypnoanalyse und freien Assoziation, (cb) Hypnoanalyse und Bekämpfung von Widerständen, (cc) Hypnoanalyse und Bearbeitung von Übertragung/Gegenübertragung, (cd) Hypnoanalyse und Desensibilisierung, (ce) Hypnoanalyse und Umerziehung, (cf) hypnoanalytischen Rekonditionierung, (cg) Hypnoanalyse und Altersregression/Revivikation, (ch) Hypnoanalyse und Altersprogression, (ci) Hypnoanalyse und Traumanalyse, (cj) Hypnoanalyse durch Imaginations- und Halluzinationsauslösung, (ck) verschiedener hypnoanalytischer Methoden.

Hypnoanalyse und klassische Psychoanalyse können integriert werden. Dieser Integration stehen in der Regel subjektive (weniger oder kaum objektive) Momente im Wege. *Dort, wo die Grenzen der einzelnen Therapiemethoden liegen, müssen die Möglichkeiten der Kombination erwogen werden.* Einseitigkeit führt oft zum Abgrund. Eine holistische Betrachtungsweise ist angebrachter. Die Hypnotherapie ist demnach ein komplexes und vielseitiges Behandlungsverfahren mit komplexer/vielseitiger Betrachtungsweise der Ätiologie, Pathogenese und Entwicklung der psychischen Störungen/Erkrankungen. Die Hypnotherapie reagiert direkt, sofort mit Symptombeseitigung, sie unterstützt den Patienten durch die Hypnosynthese und ergründet die eventuellen verdeckten/versteckten Ursachen durch die Hypnoanalyse. Die psychochirurgischen Effekte der Hypnotherapie können kaum durch eine andere Therapiemethode erreicht werden.

Zur *Hypnosehäufigkeit* (Kapitel IX.4.1.3) besteht in der Literatur keine große Einigkeit. Einig sind sich die Autoren über die *individuellen Unterschiede* in dieser Hinsicht. Zur *Hypno-*

therapie sollten die Hypnosesitzungen in der ersten Woche *zweimal täglich*, in den späteren Wochen immer seltener und am Ende einmal monatlich vorgenommen werden. Die ganze Hypnotherapie-Dauer beliefe sich somit auf *neun Wochen bis sechs Monate*. Nur zur Symptombeseitigung reichen auch weniger Hypnosesitzungen, manchmal auch eine einzige. Die *Dauer der Einzelhypnosen* (Kapitel IX.4.1.4) beläuft sich auf 20–30 Minuten, seltener darunter. In der Hypnotherapie dauern einzelne Sitzungen auch bis zu 3–4 Stunden, insbesondere, wenn Somnambulismus, Altersregression und Hypnoanalyse angestrebt werden.

Im *klinischen Bereich* sind am besten die *Neurotiker* (bei ihnen die hysterischen Formen) hypnotisierbar. *Alkoholiker sind allgemein gesteigert suggestibel. Die hypnotische Suggestibilität scheint durch den Alkoholismus nicht eindeutig erhöht zu sein. Psychotiker* sind nur dann hypnotisierbar, wenn mit ihnen ein zufriedenstellender *Kontakt* herzustellen ist. *Minderbegabte* (bis zur Imbezilität) können mit vereinfachten Hypnose-Verfahren ebenfalls hypnotisiert werden.

2.4 Hypnose als Vorgang

Bei einzelnen Hypnosesitzungen geht der Hypnotiseur nach bestimmten Regeln vor (Kapitel XI). In diesem Falle ist die Hypnose *ein Vorgang* (Tab. 7). Der Hypnotisand wird durch die Hypnose-Induktion in einen *Hypnosezustand* versetzt. Während dieses Zustandes laufen beim Hypnotisanden bestimmte psychobiologische Prozesse ab (s. oben). Der Hypnotiseur muß entsprechende Fertigkeiten (s. Kapitel XI und oben) zur Hypnose-Induktion besitzen, eine bestimmte Situation muß geschaffen werden. Von außen *abgeschirmte Versuchssituationen* (Verdunkelung etc.) wirken sich positiv auf die Hypnose-Induktion aus. Bei der Fähigkeit der Fixierung der selektiven Aufmerksamkeit kann die Hypnose-Induktion auch in anderen Situationen erfolgen. *Eine längere Isolation des Hypnotisanden* (wie durch Leben in der Antarktis) fördert die Hypnotisierbarkeit, nachdem die *Versenkungsfähigkeit* zugenommen hatte. Für die erfolgreiche Hypnose-Induktion ist *eine gute Methodik der Hypnotisierung* die Voraussetzung. *Indirekte Hypnose-Induktionen* scheinen bessere Erfolge als die direkten zu liefern. Die *Meßskalen* (Kapitel XIV) werden vorwiegend im Experiment angewandt. Die *Biokybernetik* (Biofeedback-Methodik) ergab in den meisten Fällen eine bessere Hypnotisierbarkeit bei Personen, *die ihre eigenen Körperfunktionen erfolgreicher zu steuern vermochten*. Die hypnotisierbaren Probanden können sich auch besser auf das *Lernen* konzentrieren und *höhere Lernerfolge* als die schwach hypnotisierbaren aufweisen. *Meditative Verfahren* und die Fähigkeit, den eigenen Körper zu beherrschen, sind mit hoher Hypnotisierbarkeit verbunden. *Konzentrative und transzendentale Meditation*, *Yoga-Übungen* und ähnliche Verfahren *unterscheiden sich vom Hypnosezustand* (s. dazu Kapitel IX).

2.5 Zu Theorien der Hypnose im engeren Sinne

Mehr als zwei Drittel dieser Abhandlung befassen sich (simultan mit methodischen auch) *mit theoretischen Problemen der Hypnose*. In Kapitel XXVIII wurden die *Hypnose-Theorien im engeren Sinne* gegenüber gestellt und diskutiert. Es verbleibt nun die Aufgabe, straff zusammengefaßte Schlußfolgerungen zu ziehen. Aus dem ganzen Text des vorliegenden Buches geht hervor: (a) daß die Hypnose *bei Tier und Mensch* vorkommt (Paradigma 1 und 2), (b) daß sie daher ein *Naturphänomen* ist (Paradigma 3), (c) daß sie sowohl bei Tieren als auch bei Menschen einen *ontogenetischen Werdegang* einschlägt (Paradigma 4). (d) Durch die *Anthropologie* (Paradigma 5), *Magie*, *Dämonologie*, *Mystik*, *Mythologie*, *Religionen* (Paradigma 6) war der Mensch und damit auch seine *Psyche* einem evolutiven Wandel unterworfen.

Da die Hypnose auch *ein psychischer Prozeß* ist (Paraidgma 9), war sie demzufolge der gleichen Evolution wie der Mensch unterzogen (Paradigma 6). (e) Ein *Individuum* kann die Hypnose an sich selber auslösen (Selbsthypnose, Autohypnose) (Paradigma 7). (f) Unter den Voraussetzungen für die Hypnose beim Menschen findet man eine *selektive (hypnotische) Suggestibilität* (Paradigma 8) sowie eine dazugehörige selektive Aufmerksamkeit. Der selektiven Suggestibilität beim Menschen muß bei Tieren ein *zweckmäßiger, spezieller (selektiver) Instinkt* entsprechen, der im Verlauf der psychobiologischen Evolution bis zum Menschen wahrscheinlich immer schwächer wird. (g) In den Kapiteln XXI–XXVI wurden die *(hypno)-psychologischen, (neuro)physiologischen und (psycho)biologischen Komponenten der Hypnose* nachgewiesen (Paradigma 9 und 10). Mit Hilfe der Kapitel V, VI, VIII, IX, XXI und XXIX wurde die *soziale* Seite (s. dazu Jovanović, 1989) hervorgehoben (Paradigma 11). (h) Paradigma 12 berichtet über *Hypnose als Methode.* Dies wurde in den Kapiteln IX–XX bestätigt. Das letztere spricht wiederum dafür, *daß der Mensch durch einen anderen Menschen aus einem abnormen/krankhaften in einen normalen/gesunden Zustand mit Hilfe von Hypnose zurückversetzt werden kann.* Geschieht dies nicht, so wandert der erkrankte Mensch – gesteuert durch den selektiven (suggestiven, hypnotischen) Instinkt – *aus eigener Kraft* in einen hypnotischen Zustand (Trance, Katatonie, kataleptische Starre, abnorme Visionen und Halluzinationen), *um einer Bedrohung* zu entfliehen (Selbsterhaltungstrieb, Paradigmen 1–10 und 12). Wenn es aber so ist, dann ist die Hypnose mit einem sich im Gehirn befindlichen instinktsteuernden neuroanatomischen und/oder psychostrukturellen *Substrat* gekoppelt (Paradigma 13, Kapitel XXI–XXIX). (i) Trotz dieser Anschauungen/Argumente/Befunde/Tatsachen *reichen die bisher gewonnenen (Roh)Kenntnisse noch nicht ganz aus, um eine wissenschaftlich fundierte und von allen Seiten anerkannte Theorie der Hypnose zu formulieren* (Paradigma 14 und 15). Die bisher von verschiedenen Seiten erhobenen «Theorien» der Hypnose behandeln in der Regel das Problem von *einer Seite,* d.h. *partiell.* Aber auch dann sprechen sie mehr von einzelnen *Phänomenen, Mechanismen und Prozessen* der Hypnose. Sie zeigen somit mehr oder weniger *WIE* etwas vor sich geht. Die Frage *WARUM* es so ist, bleibt offen. Eine Theorie muß jedoch u. E. auch diese Frage beantworten.

Alle bisher bekannt gewordenen Tatsachen sprechen dafür, *daß der Zweck der Hypnose die Erhaltung des Individuums (Selbsterhaltung) und damit die Arterhaltung ist.* Da sich dies *auf fast alle animalischen Lebewesen bezieht* (Kapitel III–IX und XXVIII), *ist die Hypnose ein biologischer Bestandteil des Lebens.* Die Frage *WARUM* ist damit vorläufig beantwortet worden. Das ist jedoch noch immer eine zur Diskussion gestellte Annahme.

3. Literatur

Jovanović, U. J.: Angewandte und Klinische Hypnose. Voraussichtliches Erscheinen 1989 (Fischer-Verlag Stuttgart).

Die übrigen in diesem Kapitel erwähnten Autoren sind in den einschlägigen Kapiteln des vorliegenden Buches zu finden.

Teil D:
Register und Zeichenerklärung

Namensregister

Bei der Orientierung innerhalb des Namensregisters helfen folgende Regeln: (a) Ein und dieselbe Literaturangabe, die mehrmals im Text des Buches erscheint, wird nicht unbedingt jedesmal im Literaturverzeichnis des entsprechenden Kapitels aufgeführt. Den fehlenden Literaturhinweis kann man im Namensregister auf der nächstliegenden *kursiv* bezeichneten Seite finden. Zum Beispiel ist *Ach, N.* im Literaturverzeichnis (Bibliographie) auf Seite *192* angeführt und in Tab. 4 auf Seite 371 wieder erwähnt, ohne daß er im Literaturverzeichnis des Kapitels XIV (Seite 380) erneut auftaucht. Im Text ist öfters auf das Literaturverzeichnis hingewiesen worden, in dem die Literaturstelle zu finden ist. (b) Ist ein Autor (eine Autorengruppe) ausnahmsweise im entsprechenden Literaturverzeichnis angeführt, ohne im Text des Buches zu erscheinen, so ist dies als zusätzliche Literatur zu werten. (c) Ist ein Autor (eine Autorengruppe) im entsprechenden Literaturverzeichnis nicht erfaßt worden, wird die Quellenangabe im Text in vollem Wortlaut angeführt. (d) Schwierigkeiten bei der Orientierung bereiten die Umlaute «ä», «ö» und «ü», wenn sie bei Übersetzungen in andere Sprachen nicht mit «ae», «oe» oder «ue», sondern als «a», «o» oder «u» übertragen werden.

A

Aaronson, B.S.: 829, *836*

Aas, A. (wird auch als Ås geschrieben): *25*, 163, 168, 169, 175, 177, 180, *192*, 372

Abeles, M.: 183, *192*

Aberle, D.F.: 150, *192*

Abramovici, H. (Fuchs, et al.): 292, *301*

Abrams, S.: 185, *192*

Abramson, M.: 783, *803*

Ach, N.: 148, *192*, 371

Achenbach, K. (Satz, et al.): 147, *214*

Ackerknecht, E(rwin): 44, *47*, 59, *64*, 75, 76, *97*

Ackerman, N.W.: 241, *256*

Ackner, B. (Pampiglione, and): *643*, 772, *813*

Acosta, E. Jr.: 148, 164, *192*, 576, *596*

Adam, H.A.: 62, *64*

Adams, D. (Williams, et al., 1979): 171, *219*

Adams, J.A.: 576, *596*

Adelman, F.: 150, *192*

Ader, R.: 634, *637*

Adey, E.E.: 766, *803*

Adler, A(lexandra): 236, *256*

Adler, A(lfred): 223, 224, 228, 235, 236, 249, *256*

Adler, K.A.: 236, *256*

Adler, M.H.: 151, *192*

Adler, C.S. (Budzynksi, et al.): 631, *638*

Adrian, C(hari) (Barber, J., and, 1982): 19, *25*

Aeppli, E.: 683, *704*

Aertnys-Damen, D.: 154, *192*

Aghajanian, G.W.: 844, *847*

Agnati, L.F. (Fuxe, et al., 1978): 844, *848*

Ahsen, A(khter): 19, 20, *25*

Aikman, A. (McQuade, and, 1974): 818, *820*

Akert, K.: 712, *746*, 766, *803*

Aket, K. (Hess, et al., 1953): 773, *808*

Akishige, Y.: 174, *192*

Akpinar, S. (Ulett, et al., 1972): 717, *758*

Akstein, D(avid): 54, *57*, *256*, 738, *746*, 831, *836*

Alabaster, H(enry): *192*

Albe-Fassard, D. (Naque, et al., 1965): 738, *755*

Albert, I.B.: 698, *704*

Alexander, F.: 78, 94, *97*, 229, 236, 241, 257, 282, 283, *299*

Alexander, L.: 128, *192*, 828, *836*

Alexander, V.I.: 580, *596*

Allbutt, T.C.: 78, *97*

Allen, F.H.: 239, *257*

Allen, F.H. (Bonvalett, and): 737, *747*

Allers, R. (Pötzl, et. al.): 677, *709*

Allison, J.: 174, 175, *192*

Allison, R.B.: 580, *596*

Allport, G.W.: 580, *596*

Ally, G. (Lavoie, et al., 1976): 123, *207*, *266*

Alman, B.M. (Pratt, et al., 1984): 12, 129, *212*, 546, *550*

Alvarez, A. (Barh, et al., 1974): 174, *193*

Amadeo, M.: 627, 629, 630, *637*, 719, *746*

Ames, N.: 94, *97*

Ammon, G.: 242, *257*

Ampère, A(ndré), M(arie) (1775–1836): *97*

Amundesn, D.W.: 78, 79, *97*

Anand, B.K.: 174, *192*

Andersen, M.S.: 287, *299*, 377, *380*

Anderson, J.R.: 575, 580, *596*

Anderson, J.W.: 351, *380*

Anderson, V. (Saccuzzo, et al.): 148, 150, *213*, *600*

Anderson, W.L. (Sachs, and, 1967): 178, *179*, 180, *214*

Andreas-Friedrich, R.: 683, 689, *704*

Andreychuk, Th.: 172, *192*, 247, 248, 257, 290, *299*

Andreychuk, Th. (Crosson, et al., 1977): 606, 607, *639*

Ansbacher, H.L.: 236, *257*

Ansel, E.L.: 248, *257*, 290, *299*

Anstadt, S.P. (Wallace, et al., 1974): 127, 147, *217*

Antrobus, J.S.: 629, *637*, 698, *704*, 794, *803*

Antrobus, J.S. (Arkin, et al.): 719, *746*, 794, *803*

Anzieu, D.: 223, *257*

Apfel, R. (Benson, et al., 1978b): 184, *192*, 646, *671*

Apfel, R.J. (Frankel, et al.): 184, 185, *201*

Appley, H.M.: 818, *819*
Araoz, D(aniel): 13, 19, *25*, 92, 97, 248, *257*, *295*, *299*, 489, *534*
Arcieri, L.: 122, *192*
Arieti, S.: 236, 240, 241, *257*
Arkin, A.M.: 698, *704*, 794, *803*, *804*
Armengol, V(ilma) (Dittborn, and): 166, *199*, 662, *671*, 690, 698, *704*, 719, 746, *803*
Armstrong, V. (Fellow, and): 147, 159, *200*
Armstrong, V. (Radtke, et al.): 171, 172, *212*
Arnold, M(agda), B.: 124, 148, 169, *193*, 738, *746*
Aronoff, G. (Levitt, et al.): 147, 164, *208*
Arns, P(atricia), A. (Benson, et al., 1981): *258*, 592, 594, 646, *671*
Arons, H(arry): 14, *25*
Aronson, M. (Spiegel, et al.): 373, *383*, 724, 731, *758*
Artlet, W.: 83, *97*
Ås (wird auch als Aas geschrieben): *25*, 163, 168, 169, 175, 177, 180, *192*, 372
Aschoff, J.: 652, *671*, 843, *847*
Ashford, J.: *580*, *597*
Aserinsky, E.: 629, *637*, 659, *671*, 676, 684, *704*, *804*
Assagioli, R.: 306, *329*
Ast, M. (Metzing, et al.): 726, *755*
Astor, M.H.: 279, *257*
Athavale, J.B.: 306, *329*, 362, *380*
Athavale, K.J. (Athavale, J.B., and): 306, *329*, 362, *380*
Atkinson, G. (Tellegen, and): 147, 157, 164, 172, *217*
Atkinson, G. (Tellegen, and): 372, 375, *383*
Augsburg, T. (Ziskind, and): 125, *220*
Augustynek, A.: *575*, *596*
Aveling, F.: 119, 120, 126, *193*
Averbach, E.: 148, *193*, *576*, *596*
Averill, J.R. (Lazarus, and, 1972): 818, *820*
Ayre, P.: 783, *804*
Azam, E.: 90, 757, 580, *596*
Azias, J.: *25*
Azouvi, F(rancois): *97*

B
Baader, G.: *97*
Bach, G.R.: 248, *257*
Bach, H.: 244, *257*
Bachman, C.H. (Friedman, et al.): 632, *640*, *747*
Bach-y-Rita, P.: *637*, 718, *746*
Bacon, F(rancis): *97*, *343*
Bacon, J.G. (Roberts, et al.): 147, 164, 171, *213*, 721, 739, *757*
Bärmark, S.M.: 174, 175, *193*
Baerstein, L.N.: 122, *193*
Bagby, E.: *574*, *596*
Bahr, D.M.: 174, *193*
Bahlman, S.H.: 785, *804*
Bailly, J(ean), S(ylvian): 10, *25*, *97*
Bailly, J.S. (Franklin, et al.): 156, *201*
Baisden, B.S. (Tosi, and): 305, *306*, 322, *333*
Bakan, D.: 816, *819*
Bakan, P.: 145, 147, 193, *329*, 608, 625, *637*
Baker, A.H. (Erlichman, et al.): 722, 723, *749*
Baker, C.S. (Caster, and): 126, *197*, 722, 723, *749*
Baker, E.L.: 249, *257*, 290, *299*
Baker, E.L. (Levitt, and): 152, *208*, 829, *839*
Baker, J.: 719, *746*
Baker, J. (Arkin, et al.): 698, *704*, 794, *803*, *804*
Baker, S.R.: 248, *257*
Bakwin, H.: 665, *671*
Balaban, A.B. (Smith, S.J., and): 248, 271, 291, *304*
Balint, M.: 228, 229, *257*
Bally, C. (Akert, et al.): 712, *746*, 766, *803*
Bally, G.: 229, *257*
Balkhashov, I.: 776, 778, *804*
Balschak, B.: 140, *193*
Balson, P. (Demster, et al.): 295, *300*
Balzamo, E.: 719, *749*
Bancaud, J. (Talairach, et al.): 716, *758*
Bandler, R(ichard): 18, *25*, 306, 311, 322, *329*
Bandler, R(ichard) (Dilts, et al.): 322, *330*
Bandura, A.: 178, *193*
Bandura, A. (Benton, and): 121, 147, *195*, 369, *381*, 721, *737*

Banford, S.A. (Cooper, et al.): 177, *197*
Banks, H.: 141, *193*
Bannister, H.: 580, *596*
Banquet, J.P.: 174, *193*
Banyai, E.I.: 172, *193*
Banai, E.I. (Meszaros, et al.): 721, *755*
Barabasz, A.F.: 147, 158, 170, 171, *193*, 247, *257*, 608, *637*, *638*
Barber, J(oseph): 19, *25*, 291, 456, *536*
Barber, R.F.: 784, *804*
Barber, T(heodore), X(enophon): 12, 16, 20, *25*, 119, 122, 125, 126, 139, 143, 148, 151, 155, 171, 172, 174, 184, *193*, *194*, 248, *258*, 291, *299*, 306, 314, *329*, 372, 373, 374, 376, *380*, *575*, *577*, 578, 588, *596*, 632, *638*, 646, *671*, 693, 698, *704*, 716, 828, 829, *836*
Barber, T.X. (Chaves, and): *300*
Barber, T.X. (Cronin, et al.): 177, *198*
Barber, T.X. (Glass, and): 122, *202*
Barber, T.X. (Gilbert, and): 164, *202*
Barber, T.X. (Ham, et al.): *202*
Barber, T.X. (Johnson, and): 152, *205*, *550*
Barber, T.X. (Meeker, and): 152, *210*
Barber, T.X. (Parker, and): *576*, *578*, *601*
Barber, T.X. (Spanos, and, 1972): 157, *203*
Barber, T.X. (Spanos, et al., 1973): 125, 157, *215*
Barber, T.X. (Timney, and): 633, *644*
Barber, T.X. (Wilson, and): 141, 157, 163, *219*, 372, *384*
Barker, W.: 621, *638*, 648, 660, *671*
Barkley, R.A.: 247, *258*, 289, *299*
Barnett, E(dgar): 18, *25*
Barolin, G.S.: 608, *638*
Barolin, G.s. (Beck, and): 627, *638*
Barr, H.L.: *194*
Barrios, A(lfred), A.: 20, *25*
Barron, F.: 306, 307, *329*

Barrucand, D.: 82, *97*
Barry, H. Jr.: 129, 148, 185, *194*, *381*
Barth, G.: 11, *25*
Barthelmy, C.G. (Secter, and): 294, *304*
Bartlett, E.E.: 738, *746*
Bartlett, F.: 306, 307, *324*
Bartlett, M(arion), R.: 120, 148, *194*, 371
Bartlett, M.R. (Hammer, et al.): 158, *203*, 381
Basden, B. (Coe, et al.): *576*, *578*, *597*
Basden, D. (Coe, et al.): *576*, *578*, *597*
Bass, E.: 766, *804*
Bassin, F.V.: 833, *836*
Bassin, F.V. (Prangisvili, et al.): 834, *839*
Bassman, S(tuart), W.: 495, *534*, 634, *638*
Bastien, R.: 52, *57*, *194*
Bateson, G.: 306, *329*
Batini, C.: 736, 738, *746*
Batini, C. (Gastaut, et al.): 659, *672*
Batterman, R.C.: *194*
Baumgartner, M(axine): 120, *194*
Baudouin, Ch.: 11, 21, *25*, 92, 94, *97*, 109, 111, *194*, 351, *358*
Bauer, A. (Kuhlenkampf, und): 292, *302*
Bauer, E(berhard): 21, *25*, 63, 64, 85, 86, *97*
Bauer, K(eith): 699, 700, *704*
Bauger, R.J. (Coe, et al.): 578, *597*
Baum, D.: 159, *194*
Baust, W.: 633, *638*, 681, *704*, 764, 773, *804*
Beahrs, J(ohn), O.: 19, *25*, *747*, 760, *804*
Bean, W. (Matthews, et al.): 306, *332*
Beary, J.F. (Benson, et al.): *592*, *594*, 646, *671*
Beaton, L.F. (Kaufman, and): 183, *206*
Beatty, J.: 606, *638*, *735*
Beatty, J(eanne), M. (Sears, and): 632, *644*
Beaulnes, A. (Cordeau, et al.): 736, *748*
Beaumont, J. (Diamond, and): 306, *330*
Beaunis, H.E.: 142, *194*
Beaussart, M. (Nayrac, et): 762, *812*
Beavin, A. (Watzlawik, et al.): *333*
Becher, F. (Janzen, et al.): 713, 718, *752*
Becher, J(ohann), J(oachim) (1635–1683): *59*, *64*
Bechterew, W.: 109, *194*, 733, 831, *836*
Beck, A.T.: 229, *258*
Beck, C.E.: 627, *638*
Beck, D.: 845, *847*
Beck, E.C.: 627, *638*
Beck, L.F.: 126, *194*
Beck, M(onika): 688, *704*
Beck, M. (Schäffer, et al.): 688, *710*
Becker, R.0. (Friedman, et al.): 632, *640*, *749*
Beckmann, H.: 846, *847*
Beecher, H.K.: 25, 168, *194*, 784, *804*, 816, *819*
Beecher, H.K. (Lasagna, et al.): 168, *207*
Behanan, K.T.: 176, *195*
Behar, J.: 819
Behr, C.A.: 78, *97*
Behring, A(dolf), E(mil): 83, 89, *97* (s. bei Schmitz)
Beier, E.G. (Beck, E.C., et al.): 627, *638*
Beier, E.G. (Thorne, and): 141, *217*
Beigel, H(ugo), G.: *25*, 288, *299*
Bell, C.R.: 151, *195*
Bell, J.E.: *258*
Bellak, L.: 229, *258*
Bellak, L. (Kres, et al.): 372 (s. Kres, E., *266*)
Bender, H(ans): 21, *25*
Benedek, T.: 283, *299*
Benedetti, G.: 42, *47*, 242, 247, *258*
Benedict, F.G. (Whitehorn, et al.): 646, *675*
Benedict, R(uth), F.: 150, *195*, 247, *258*
Benedikt, M(oriz): *98*, 239, 647, *671*
Bendfeldt, F. (Ludwig, et al.): 248, *266*
Ben-Mayor, V. (Myslobodsky, et al.): *755*
Bennet, H. (Matthews, et al.): 306, *332*
Bensen, V.B.: 782, *804*
Benson, H.: 171, 184, *195*, *258*, *592*, *594*, 646, *671*
Benson, H. (Frankel, et al.): 184, 185, *201*
Benson, H. (Wall, et al.): 174, 175, *217*
Bentler, P.M.: 138, 166, *195*, 371
Bentler, P.M. (Hilgard, E.R, and): 129, *204*
Benton, A.L.: 121, 147, *195*, 369, *381*, 721, *747*
Benz, E.: 23, *98*
Berg, C.: 228, *258*
Berg, S.: 143, *195*
Bergasse, N.: 10, *26*
Berger, E.: *638*
Berger, H.: 606, 608, 623, 624, *638*, 657, *671*, 760, *804*
Berger, R.J.: 629, *638*, 683, 684, *704*, 719, *747*
Bergson, H.: *575*, *596*
Bérillon, E.: 92, 354, *381*
Berkey, B.R.: 83, *98*
Berlucchi, G.: 629, *638*, *735*, *747*, 766, *804*
Berman, E.: 580, *596*
Berman, P.M.: *596*
Bernard, C(laude) (1813–1878): 87, 90, *98*, 337
Berne, E.: 229, 245, *258*
Bernheim, H.: 11, 13, 21, *26*, 76, 92, 93, *98*, 109, 111, 133, 134, 151, 179, *195*, 231, *329*, 341, 342, *381*, *826*, *834*
Bernstein, A.E.: 13, *26*
Bernstein, M.R.: *26*, 248, *258*, 294, *299*, *545*, *549*
Berreman, J.V.: 118, *195*, 719, *746*
Bert, J. (Balzamo, et): 719, *746*
Bertini, M.: 777, *804*
Bertrand, A.: 39, *40*
Bertrand, L.D. (Spanos, et al.): 291, *304*
Bertsche, K.J.: 10, *26*, 82, 83, *98*
Betts, G.H.: 124, 125, 158, *195*, 371
Bevivino, B.J.: 785, *804*
Bexton, W.H.: 124, 125, *195*
Biancani, P. (Behar, et al.): *819*
Bibel, Die: 14, *26*, 61, 62, 64, *195*
Bibring, E.: 240, *258*
Bibring-Lehner, G.: 228, *258*
Bick, C.H.: *299*

Bickford, R.G. (Schwartz, et al.): 623, 627, *644*, 826, *839*
Biddle, W.E(arl): 18, *26*
Bigelow, N.: 739, *747*
Bilz, R.: 42, *47*
Binder, H.: 12, *26*
Binet, A.: 52, 98, *575*, *596*
Binswanger, H.C.: 223, 228
Bion, W.R.: 243, *258*
Biondo, R.: 294, *299*
Birbaumer, N.: 747, 816, 818, *819*
Birdwhistell, R.: 318, *329*, *330*
Bishop, W.: (Moss, et al.): 140, *210*
Bishop, W.J.: 89, *98*
Bister, W.: 242, *258*
Bittel, K.: 83, *98*
Bittel, K. (Tischner, und): 83, *107*
Bitterman, M.E.: *578*, *596*
Bizzi, E.: 718, 747, 766, *804*
Bizzi, E. (Brooks, and): *747*, 766, *805*
Bjornstrom, F.: 151, *195*
Black, P.: 818, *819*
Black, S.: 294, *299*
Blake, H.: *747*
Blankenburg, M.: 42, *47*, 83, *98*, 658, *671*
Blackmore, S. (Rodolfa, et al.): 278, *303*
Blashko, H.: 733, *747*, *847*
Bleuler, E.: 11, *26*, 651, *672*, 845, *847*
Bliss, G.J.: *580*, *596*
Bloch, G.J.: 10, *26*, 83, 98
Bloch, V.: 729, *747*
Blocker, K. (Baschak, et al.): 140, *193*
Bloom, F.E.: 844, *847*
Blum, G.S.: 150, 179, *195*, 574, *576*, *596*
Blum, L(ucille), H.: 20, *26*
Boaz, D. (Backer, and, 1983): 248, 257, *299*
Bobillier, P. (Javet, et al.): 735, *750*
Bochnik, H.J.: 843, *847*
Bodorik, H.L.: 576, *597*
Böker (Boeker), W. (Vetter, und): 772, *814*
Bogaert, L., van: 730, *747*
Bogen, J.: 306, *330*
Bogoraz, W(ladimir), G.: *47*, *656*
Bois-Reymond. D.U.: *98*
Boisvenue, M.E. (Radtke, et al.): 171, 172, *221*
Bommert, H.: 245, *258*
Bone, R.N.: 698, *704*
Bonello, F.J. (Dobeneck, et al.): *545*, *549*
Bonello, F.J. (Papenmaster, et al.): *465*, *537*, *546*, *550*
Bongartz, W.: 158, *195*, 372, *377*, *381*, 634, 635, *638*
Bonis, A. (Talairach, et al.): 716, *758*
Bonnefoy, J.G.: 10, *26*
Bonny, H. (Lenox, and): 184, 185, *207*
Bonvallet, M.: 729, 737, *747*
Bonvallet, M. (Bloch, et): 729, *747*
Bonwill, W.G.A.: 348, *350*
Bordas-Ferrer, M. (Talairach, et al.): 716, *758*
Bordeaux, J(ean) (LeCron, and): 11, 14, 16, *31*, 63, 78, *95*, 110, 111, 129, 135, 136, *208*, 340, *350*, 371, *382*
Bordorik, H.L. (Spanos, and, 1977): *576*, *603*
Boriac, E.: 353, *381*
Boring, E(dwin), G. (Herrnstein, and): 20, *29*
Borkovec, T.D.: 167, *195*, 699, 700, *704*
Borlone, M(aria): 146, *195*, 682, 692, *704*
Born, B(ernhard): *52*, *54*, *55*, *57*
Bornstein, Ph.H.: 287, *299*
Bostock, J.: 794, *804*
Bottenberg, E.H.: 818, *819*
Botto, R(oland): 169, *195*
Bottome, P.: 236, *258*
Boucher, R.G.: 151, *195*, 372
Bourguignon, A(ndré): 221, 222, 223, 224, 225, 242, *258*
Bower, G.H. (Andderson, J.R., and): *575*, *580*, *585*, *596*
Bower Buch, M.K. (Girdo-Frank, and): *262*, *585*
Bowers, K.M.: 288, *300*
Bowers, K(enneth), S.: 20, *26*, 145, 171, 172, *195*, *196*, 375, *381*, 827, *836*
Bowers, K.S. (Gray, et al.): 574, *598*
Bowers, M.: 20, *26*, *52*, *57*, 154, 155, *196*, 729, *747*
Bowers, P(atricia): 157, 158, *196*
Bowers, P. (Hilgard, et al.): 147, 159, *204*, 232, *262*
Bowers, P.G. (Bowers, K.S., and): 175, *195*
Bowker, R.M. (Morrison, and): 646, *674*
Boxer, A.M. (Fromm, et al., 1981): 232, 249, *262*
Boyd, M.M.: 794, 795, *804*
Boyer, L.B.: 241, *258*
Bozzano, E.: 150, *196*
Bradley, P.B.: 729, 731, *747*
Brady, J.P.: 164, 196, 629, 634, 638, 700, *704*
Brady, J.P. (Levitt, and): 147, *208*
Brady, J.P. (Levitt, et al.): 646, *674*, 829, *836*
Bräutigam, W.: 240, *258*, 282, *300*
Braff, D.L. (Saccuzzo, and): 148, 150, *213*
Braid, J(ames): 10, 11, *26*, 39, *40*, 85, 89, 90, *98*, 127, 133, *196*, 335, 337, 338, 629, *638*, 825
Brain, B.G.: 580, *597*, 816, *819*
Bramwell, M(ilne), J.: 11, 14, *26*, 82, 89, 92, *98*, 129, 135, 142, 143, 177, *196*, *575*, *597*
Brandes, J.M. (Fuchs, et al.): *295*, *301*
Brandis, J.D.: 10, *26*, *98*
Brandler, R. (Grinder, et al.): 322, *331*
Brandsma, J.M.: 288, 300, 580, *597*
Brandsma, J.M. (Ludwig, et al.): 248, *266*
Brattberg, G.: *295*, *350*
Braun, B(ennett), G.: 248, *258*, *545*, *549*, *569*, *560*, *596*
Braunstein, N,A.: 168, *196*
Brazier, M.A.B.: 773, 785, *804*, *805*
Brecher-Marer, S. (Bowers, et al.): 288, *350*
Breeijen, A. (Levitt, et al.): 634, *642*
Breger, L.: 79, *98*
Breitmeyer, B.: 148, 150, 196
Brémér, F.: 729, 735, 737, *747*
Bremer, G.: 771, *805*
Brengelmann, J.G.: 841, *847*
Brengelmann, L. (Brengelmann, J.G., und): 841, *847*

Brenman, M.: 95, *98*, 148, 151, *196*, 248, *259*, 677, *704*
Brenman, M. (Gill, and): 139, 149, 150, 159, 163, 169, 174, 179, 181, *202*, 232, *233*, 249, *262*, *331*, 623, 626, 627, *640*, 655, 677, *706*, 823, 824, 832, *837*
Brennan, E.P. (Kramer, and): 185, *207*
Brenner, C.: 18, *26*
Bresler, D.E.: *300*
Breuer, J.: 93, 94, 221, 225, *232*, 249, 580, *597*, 836, 843, *847*
Bridger, A.a. (Spiegel, and): 147, 148, *216*, 358, 372, 373, *383*, 723, *758*
Bridger, A.A. (Spiegel, et al.): 724, 731, *758*
Brightbill, R.: *196*
Brightbill, R.F. (Zamansky, and): 151, 161, 166, *220*
Brightbill, R.F. (Zamansky, et al.): 166, *220*
Brilmayer, H. (Ohlmeyer, und): 767, *812*
Brilmayer, H. (Ohlmeyer, et al.): 629, 767, *812*
Brisson, A. (Lieberman, et al.): 185, *208*, 576, 579, *601*
British Library: *26*
Brock, D. (Brown, et al.): 147, 164, *196*
Brocka, Piérre-Paul (1824–1888): 92, 727, *747*
Brocker, E. (Beck, et al.): 688, *710*
Brockhurst, R. (Lion, and): 629, *642*
Brodal, A.: 726, 747, 766, *805*
Brodmann, K.: *350*, 541
Brody, E.B.: 241, *258*
Bromberg, W.: 75, 78, *98*
Brooke, R.I. (Stam, et al.): 291, *304*
Brooks, C.H.: 94, *98*
Brooks, D.C.: 719, 747, 766, *805*
Brooks, D.C. (Bizzi, and): 718, 719, *746*, 766, *804*
Brooks, D.C. (Simon, et al.): 719, 757, 770, *814*
Broughton, R.J.: 632, *638*, 659, 660, 662, 665, *672*, 794, *805*
Broughton, R.J. (Gastaut, et al.): 659, *672*
Brown, A.: 147, 164, *196*
Brown, A.H.: 162, *196*
Brown, B.B.: 171, *196*
Brown, C.W. (Wiggins, and): *545*, *550*
Brown, D.P.: 174, *196*, 290, *350*
Brown, D.P. (Fromm, et al.): 232, *262*
Brown, J.A.: 171, *216*, 576, *597*
Brown, M. (Stern, et al.): 171, *216*
Brown, R.R.: 632, *638*, *805*
Brown, S.W. (Farthing, et al.): 158, *200*
Brown, W.: 94, *98*, 143, *196*, 249, *259*
Bruch, H(ilde): 18, *26*
Bryan, W(illiam): 14, *26*
Bryden, M.P.: 147, *196*, 721, *747*
Bryden, M.P. (Zurif, and): 147, *220*, 721, *747*
Buck, A.: 80, *98*
Buckner, L(inda): 157, *196*
Budd, W.C.: 156, *196*
Budzynski, T.H.: 631, *638*
Budzynski, T.H. (Stoya, and): 171, *216*
Buelow, K.: 766, *805*
Bumke, J.: *847*
Bünning, E.: 676, *704*
Bunney, W.E. (Carpenter, and): 846, *848*
Bunney, W.E. (Schiff, et al.): 629, *644*, 677, 679, 698, *710*, *813*
Buranelli, V.: 83, *98*
Burdin, C.: 10, *26*
Burford, G.E.: 629, *638*
Burger, J.M. (Coe, et al.): 157, 158, *197*
Burgwin, S. (Barker, and): 623, *638*, 646, 660, *671*
Burn, J.H. (Blashko, et al.): 731, *747*, *847*
Burnhan, D.L.: 247, *259*
Burns, A.: 177, 178, 196
Burrow, J.N. (Kelsey, and): 545, *550*
Burrows, G.D.: 13, 20, *26*
Burrows, G.D. (Elton, et al.): 167, *199*, 816, *819*, 831, *837*
Burrows, G.D. (Foenwander, and): 608, 625, *640*
Buytendijk, F.J.J.: 816, *819*
C
Cadilhac, J. (Rimbaud, et al.): 727, *757*
Caldwell, D.F.: 844, *847*
Calverley, D.S. (Barber, T.X., and): 143, 177, *194*, *329*, *716*
Calverley, D.S. (Barber, T.X., et al., 1964): *194*, 578, 588, *596*
Camerarius, E(lias): 658, *672*
Cameron, G.H. (Bigelow, et al., 1956): 739, *747*
Cameron, R.R. (Sumner, et al.): 627, *644*
Cameron-Bandler, L. (Dilts, et al.): 322, *330*
Camp, E.M. (Jackson, et al.): 147, *205*
Candia, O.: 766, *805*
Candia, O. (Rossi, et al.): 737, *757*
Cannon, W.B.: *52*, *57*, 788, *805*
Canton, N. (Kihlstrom, and): 578, *600*
Cantu, R.C.: *747*
Capon, O.: 236, *747*
Carbini, G.R. (Sironi, et al.): 716, *757*
Carkhuff, R.R.: 141, *196*
Carlson, E.: 580, *597*
Carlson, E.T.: 83, *98*
Carmeron, R.R. (Sumner, et al.): 627, *644*
Carmichael, H.: 629, *638*
Carneiro, J.P. (Akstein, et): 54, *57*
Carnot, S(adi) (1796–1832): *98*
Carol, M.P. (Benson, et al., 1974): 179, *212*, 646, *671*
Carona, A. (Reilley, et al.): 179, *212*
Carpenter, W.T. Jr.: 846, *848*
Carter, B.D.: 721, *748*
Carus, C(arl), G(ustav): *26*, 84, 85, *98*
Case, D.B.: *259*, *592*, *594*
Casey, K.L.: 714, *748*
Casey, K.L. (Melzak, and): 816, *821*
Caster, J.E.: 126, *197*
Castera, M.: 772, *805*
Cattel, R.B.: 817, 818, *819*
Caudill, W.: 247, *259*
Cautela, J.R.: 247, 249, *259*
Cedercreutz, C.: 247, 248, *259*, 291, *350*
Chambers, H.H.: 247, 249, *259*

Cespuglio, R. (Laurent, et al.): 719, *754*
Channon, L(orna), D.: 780, 781, *805*
Champman, C.R.: 168, *197*
Chapman, L.E.: 634, *638*
Charcot, J(ean), M(artin) (1826–1893): 11, 21, 26, 78, 89, 90, 91, 92, 93, *98*, *99*, 133, *197*, 230, 231, 232, 647
Charpignon, J.: 151, *197*
Chateaubriand, F.R.: 88, *99*
Chaves, J.F.: 247, *259*, *300*
Chaves, J.F. (Barber, T.X., et al.): 16, *25*, *194*, *329*, 588, *596*
Cheek, D(avid), B.: 12, *26*, *197*, 248, *259*, 294, *300*, 310, 319, 320, 324, *330*, 521, *536*, 546, *549*, 782, *805*
Chertok, L.: 11, 12, 14, 15, 18, 21, 22, 23, *26*, 39, *40*, 79, 83, 93, *99*, *197*, 693, *704*, 822, 823, 824, 834, *836*
Chevreul, M.E.: 14, *27*, 351, 380, *381*, 567, 855
China, G.S. (Anand, et al.): 174, *192*
Chisholm, W. (Perry, and): *267*, 584, *602*
Chodoff, P.: 580, *597*
Choulant, L.: 10, *27*
Christenson, J.A.: 129, *197*
Christian, P. (Bräutigam, und): *197*, 282, *300*
Christian, W.: 624, 626, *638*, 721, 748, *760*, 770, *805*
Chu, J. (Smith, et al.): *332*
Cier, A. (Jouvet, et al., 1961a): 735, *752*
Ciofu, I(on) (Gheorghiu, and): 22, *28*, 370
Cipolli, C. (Salzarulo, and): 698, *710*
Clancy, J. (Vanderhoof, and): 634, *644*, 832, *840*
Claridge, G.S.: *197*, 818, *819*
Clark, D.L. (Rosner, and): 785, *813*
Clark, C.S. (Neal, and): *382*
Clark, W.C.: 168, *197*
Clarke, C(hristopher), J.: 17, *27*
Clawson, T,A. Jr.: 782, *805*
Clemens, S.: *578*, *597*
Clynes, M.: 627, *639*
Cobb, J.C.: 146, *197*, 692, *704*
Cobb, J.C. (Sacher, et al.): 634, *644*
Cobb, J.C. (Shor, and): 177, 180, *197*, *383*
Coe, W(illiam), C.: 151, 152, 157, 158, *197*, 306, 322, *330*, 372, 374, *381*, *576*, 578, 580, *597*
Coe, W.C. (Buckner, and, 1977): 157, *196*
Coe, W.C. (Gillet, and): 247, *262*
Coe, W.C. (Jean, St.R., and): *576*, *599*
Coe, W.C. (Sarbin, and): 11, *33*, 82, *105*, 159, *214*, *839*
Cope, W.C. (Swiercinsky, and): 578, *603*
Coffin, T.E.: 118, *197*
Cohen, H.B.: 118, 139, *197*, .734, *748*
Cohen,H.D.(Fisher, et al.): 767, 800, *807*
Cohen, N. (Adler, and): 634, *637*
Cohen, N. (Zuckerman, and): 125, *220*
Cohen, S. (McGlothlin, and): 168, *209*
Cohen, S. (Glothlin, et al.): 174, *209*
Cole, A.A. (Wilson, et al.): 185, *219*
Coleman, L.L. (Kline, et al.): 18, *30*
Collins, C.C. (Bach-y-Rita, P., and): *637*, 718, *746*
Collins, J.K. (Jupp, et al.): 206, 377, *382*
Collison, D.R.: 288, 292, 293, *300*, *535*, *535*
Collison, D.R. (Burrows, et al.): 13, 20, 26
Coltheart, M.: 148, 150, *197*
Comhaire-Sylvian, S(usanne): 52, 57, 150, *197*
Conn, J.H.: *54*, *57*, 78, *99*, 127, 152, *197*, 227, 249, *259*, *584*
Conze, E(dward): 23, *27*, 176, *197*
Cooper, L.M.: 143, 144, 149, 177, *197*, 248, *259*, 306, *303*, 376, *381*, 578, 579, 580, *597*, 607, *639*
Cooper, L.M. (Galbraith, et al.): *202*, 606, 607, 625, *640*, *750*
Cooper, L.M. (Hilgard, and): *578*, *599*
Cooper, L.M. (London, et al.): *209*, 607, *642*
Cooper, L.M. (Pederson, and): 149, 151, *211*
Cooper, L.M. (Young, and): *604*
Cooper, L.F.: 578, 587, *597*
Coors, D.: 578, *597*
Copeland, C.L.: 185, *198*
Coquéry, J.,. (Matini, et al.): 736, 738, *748*
Corcoran, M.E. (Gibson, and): 126, *202*
Cordeau, J.P.: 736, *748*
Cordeau, W.F.: 736, 737, *738*
Cordus, V(alerius) (1543): 59, *64*
Coriell, A.A. (Averbach, and): 148, *193*, *576*, *596*
Cormen, H.H. (Wilson, et al.): 185, *219*
Corn-Becker, F.: ???
Cornelison, A.R. (Lidz, et al.): 242, *266*
Cosier, F. (Stam, et al.): 291, *304*
Cortes, J.B.: 144, *198*
Coué, E.: *27*, *54*, *57*, 92, 93, *99*, 111, *198*, *259*, 592
Coules, J. (Barber, T.X., and): 632, *638*
Coulomb, C(harles), de: 60, *64*
Courjon, J. (Jouvet, et al., 1959): 737, *752*
Courlander, H.: *52*, *57*, 150, *198*
Covello, L. (Talairach, et al.): 716, *758*
Cowings, P.: 173, *197*
Cox, G. (Frumkin, et al.): 719, *750*
Coybe, L. (Moss, et al.): 140, *210*
Crabtree, A(dam): 4, *8*, 580, *597*
Craik, F.I.M.: *576*, *598*
Craik, F.I.M. (Lockhart, et al.): *576*, *579*, *601*
Crasilneck, H(arald), B.: 7, 8, 12, 27, 248, *259*, 291, 294, *300*, 452, 464, 466, 487, 492, *515*, *516*, 531, *534*, 546, *549*, *565*, *568*, 592, 633, 639, 646, *672*, 739, 743, *748*, 760, *805*, 831, *837*
Crasilneck, H.B. (Hall, and): 247, *263*, 289, *301*

Crasilneck, H.B. (McCranie, et al.): 826, *838*
Crasilneck, H.B. (Stewart, and): *839*
Crassweller, K.D. (Benson, et al., 1978b): 184, *195*, 646, *671*
Crawford, H.J.: 147
Crawford, H.J. (Acosta, and): 148, 158, 164, *192*, 576, *596*
Crawford, H.J. (Brown, et al., 1983): 147, 164, *196*
Crawford, H.J. (Grumbles, and): 147, 164, *203*
Crawford, H.J. (Hilgard, E.R., et al., 1979): 147, 159, *204*, 372, 374, *382*
Crawford, H.J. (Orne, et al., 1979): *211*, 373, *383*
Crowder, R.G.: *577*, *598*
Creuzfeldt, O.: 718, *748*
Creuzfeldt, O.: (Sperling, und): 715, *758*
Crile, G.: 782, *803*
Cromwell, T.H. (Bahlman, et al.): 785, *804*
Cronin, D.M.: 177, *198*
Cross, D.G. (McConkey, et al.): 587, *601*
Cross, H.J. (Miller, and): 172, *210*
Crosson, B.: 171, *198*, 606, 607, *639*
Cumming, E. (Cumming, J., and): 242, *259*
Cumming, J.: 242, *259*
Cunnigham, J. (Fischer, et al.): 770, 800, *807*
Curran, J.D. (Gibson, and): 148, *202*
Curry, F.K.W.: 147, *198*, 721, *748*
Curtis, J.W.: 148, *198*
Curtsinger, G. (Reid, and): 175, *212*, 633, *644*
Cutler, M. (Remmers, et al.): 119, *213*
Cutten, G.B.: 75, *99*
Czaplicka, E. (1914): *47*, *656*
Czermak, J.N.: 37, *40*

D

Dahinterova, J(eannette) (s. auch Dehinterova): 247, 248, *259*, 294, *300*, 466, *536*
Dahlström, A.: 733, *748*
Dalal, A. (Barber, T.X., et al., 1968): *329*
Dalgado, D.G.: 88, *99*
Daly, R.L. (Williams, et al., 1964): 735, *756*
Damacer, E.S.: 164, *198*, 634, *639*
Dana, H.R. (Cooper, and, 1964): 149, 177, *197*
Daniels, E.: 782, *805*
Daniels, G.E. (Rado, and): 240, *268*
Daniels, M.D. (Benson, et al., 1978b): 184, *195*, 646, *671*
Dannis, M.: 294, *300*
D'Arcet (Franklin, et al.): 156, *201*
Darnton, R.: 10, *27*, 82, 83, *99*
Darnton, R. (Lorens, and): 630, *642*
Das, J.P.: 119, 148, 176, *198*, *369*, 371, 373, *381*, 578, *598*
Davert, E.C. (Morgand, et al.): 142, 174, *210*
Davidman, H.: 240, *259*
Davidson, R.J.: 167, 174, *198*
Davidson, R.J. (Schwartz, et al.): 171, *214*, 721, *757*
Davies, B.: 168, *198*
Davies, B. (Fiedling, et al.): 168, *201*
Davis, D. (Fisher, et al.): 770, 800, *807*
Davis, H.: 770, 771, 772, *805*
Davis, H. (Gibbs, et al.): 762, *805*
Davis, L.W.: 111, 129, 135, 143, 185, *198*, 371, *381*
Davis, P.A.: 770, *805*
Davis, P.A. (Davis, H., et al.): 770, 771, 772, *805*, *806*
Davis, R.S.: 632, *639*, *806*
Davison, Ch.: 731, *748*, *806*
Davison, G(erald): 4, 8, *748*, *837*
Darwin, C(harles), (1809–1882): 70, *74*, 222
Dawson, R.M.C. (Richter, and): *757*
Day, H.D. (Gumm, et al.): 322, *331*
Day, M.E.: 721, 722, 723, *748*
Deabler, H.L.: 148, *198*
Dearborn, F. (Carlmichael, and): 629, *638*
De Ajuriaguerra, J. (Hécaen, and): 147, *203*, 721, *751*
DeBenedittis, G.: 717, 739, *748*
De Borie (Franklin, et al.): 156, *201*
Debreuil, D.L. (Spanos, et al.): 291, *304*
Deckert, G.H.: 118, 122, 126, 129, 139, 148, 163, 165, 169, *198*, *381*
Degen, R(olf): 786, *806*
Dehinterova, J. (s. auch Dahinterova): 247, 248, *259*, 294, 300, 466, *536*
Deikman, A.J.: 174, 175, *198*
Déjérine, J.: 117, *198*
Delandine, F.A.: 10, *27*
Delboeuf, J.P.F.: *99*
Deleuze, J.P.F.: 10, 13, *27*, *259*, 320, *330*, 344, 345
Dell, P.: 736, *748*, 762, *806*
Delorme, F.: 719, *748*, *848*
Delorme, F. (Jouvet, et): 733, 748, *752*
Delorme, F. (Vimont, et al.): 734, 735, *758*
DeLozier, J. (Dilts, et al.): 322, *330*
DeLozier, J. (Grindler, et al.): 322, *331*
DelRio, M(artin) (1551–1608): 59, *64*, 343
De Martino, E(rnesto): 23, *28*, *47*, 657
Dement, W.C.: 629, *639*, 676, 690, *704*, *705*, 734, *748*, 773, 791, *806*
Dement, W.C. (Antrobus, et al., 1964b): *637*, 794, *803*
Dement, W.C. (Cohen, and): 734, *748*
Dement, W.C. (Fisher, and): 773, 791, *807*
Dement, W.C. (Pivik, et al.): 698, *709*
Dement, W.C. (Roffwarg, et al.): 629, *644*, 684, 689, *710*, *813*
Dement, W.C. (Williams, et al., 1964): 735, *758*
De Moraes Passos, A.S.: 738, *748*, 831, *837*
Dempster, C.R.: 295, *300*
Demsey, E.W.: 287, *300*, 729, 735, *748*, 764, *806*
Demuth, E.L. (Davison, and): 731, *748*
Denavit, M. (Naquet, et al.): 738, *755*
Dengrove, E(dward): 17, *27*, 247, *259*, 289, *350*

Dennerstein (Burrows, and): 13, *26*
Dennerstein (Burrows, et al.): 20, *26*
Denniston, R.H. Mac Lean, et al., 1961): 764, 766, 811
D'Eon, J.L. (Spanos, and): 578, *603*
D'Eon, J.L. (Spanos, et al.): 576, 578, *603*
De Moor, W. (Barber, et al.): 306, *329*
Denisova, H.P.: 628, *639*
DePiano, F.A.: 580, *598*
Deren, M.: 52, *57*, 150, *198*
De Rivers, J.: 119, *199*
DeRopp, R.S.: 174, *199*
Desai, M. (Himmelweit, et al.): 122, *204*
De Saussure, R. (Chertok, and): 14, *83*
Descartes, R(ené): *99*
Deslon (s. auch: Eslon, D'), Ch.: 10, *27*, *28*
Desoille, R.: 248, *259*
Dessoir, M.: 11, 13, *27*, 59, *64*, 85, 92, *99*
Deutsch, A.: 78, *99*
Deutsch, D.: 235, *260*
Deutsch, D. (Adler, K.E., and, 1959): 236, *256*
Deutsch, F.: 236, *260*
Deutsch, M.: 236, *260*
Devereux, G.A.: 150, *199*
DeVoge, J.T.: 178, *199*
Deyoub, P.L.: 288, *300*
Deyoub, P.L. (Epstein, and): 288, *300*
Dhanens, T.P.: 576, 577, 578, *596*
Dhanens, T.P. (Peters, et al.): *212*, 373, *382*
Diamant, J.: 560, 646, 670, *672*, 677, *705*
Diamond, E(rwin): 676, 683, *705*, 715, 724, *748*, *806*
Diamond, M.F. (Marshall, and): 178, 209
Diamond, M.J.: 157, 172, 177, 178, 179, 180, *199*
Diamond, M.J. (Gregory, and): 178, *203*
Diamond, M.J. (Talone, et al.): 178, 217
Diamond, S.: 306, *330*
Diaz, W.A. (Kihlstrom, et al.): 147, 164, *206*
Dicken, C.: 127, *199*
Dieckhöfer, K.: *64*
Diefenbach, J.: 50, *57*
Dietrich, G.: 110, *199*
Dillman, N. (Radtke, et al.): 171, 172, *212*
Dilts, R.B.: 306, 322, *330*
Dittborn, J.M.: 146, *199*, 692, *705*, 826, *837*
Dittborn, J.M. (Barlone, et al.): 146, *195*, 682, 692, *704*
Dlin, B.M. (Fisher, and): 168, *201*
Doberneck, R.C.: *545*, *549*
Doberneck, R.C. (Papenmaster, e al.): 465, *537*, 546, *550*
Dobrovolsky, N.W. (Reilley, et al.): 179, *212*
Dogs, W.: 12, *27*, *40*, 60, *64*, 93, *99*, 179, *212*, 551, *557*, *558*, *559*, *560*, *562*, *564*
Dogs, W.: (Jovanović, et al.): 608, *642*, 767, *809*
Dohan, J.L. (Lasagna, et al.): 168, *207*
Domesick, V.B. (Nauta, and): *765*, *812*
Domhoff, B.: *675*, 680, 682, *705*
Domhoff, B. (Hall, and): *677*, *706*
Domino, E.F. (Caldwell, and): 844, *847*
Donaldson, M.M.: 318, *330*
Dorcus, R.M.: 176, *199*, 578, *598*
Dorner, G.: 145, *199*
Dorsainvil, J.D.: 150, *199*
Doufour, P.: 49, *57*
Dowd, E.T.: 306, *330*
Doyle, J.C.: 625, *639*
Drechsler, B.: 631, *639*
Dreikurs,: 236, *260*
Drew, J.H. (Cantu, R.C., and): *747*
Dryer, T. (Bensond, et al., 1978a): 646, *671*
Dua, S. (Mac Lean, et al., 1961): 764, 766, *811*
Dubin, L.L.: 248, *260*
Dubin, L.L. (Morse, et al.): 174, *210*, 647, *674*
Dubois, F. (Burdin, et): 10, 248, *260*
Du Bois, P.: *95*, *99*, 109, *199*
Dubrovsky, S.: 784, *806*
Dubrovsky, S. (Trustman, et al.): 783, *814*
Dührssen, A.: 230, 244, *260*
Duensing, F.: 608, 626, *639*, 713, 714, 716, 738, 739, 740, 741, *749*, 766, *806*
Dufek, M. (Diamant, et al.): 646, 660, *672*, *677*, 680, *705*
Duffy, E.: 818, *819*
Duke, J.D.: 126, 127, *199*
Duke, R(odert), E.: *27*
Dumas, R.A.: 147, 171, *199*, 608, *625*, *639*
Dumontpallier, A.A.: 93, *99*
Dunbar, K.D. (Gorp, van, et al.): 247, *262*, 291, *302*
Dunlap, W.P. (Steward, and): *580*, *603*
Dunwoody, R.S.: 630, *639*
Du Potet de Sennevoy, Baron: *64*
Durant, W.: *59*, *64*
Dustman, R.E. (Beck, E.C., et al., 1966): 627, *638*
Dy, J.A. (Fabbri, and): 288, *300*
Dynes, J.B.: 632, *639*

E

Eagle, C. (Holt, et al.): 185, *204*
Earl, J.C.: 185, *199*
Easton, R.D.: 351, *381*
Easton, R.D. (Shor, et al.): 580, *603*
Ebers, G(eorg, M(oritz) (1837–1898): 76, *99*
Eccles, J.C.: 714, 720, *749*, 844, *846*
Economo, C.v.: 653, *672*, 729, *751*
Edenstein, E.J.: 78, 79, *99*
Edelstein, L.: 78, 79, *99*
Edelstein, L. (Edelstein, E.J., and): 78, 79, *99*
Edelstien, G(erald), M.: 12, *27*
Edmonston, W(illiam), E. Jr.: 16, *27*, 145, 146, *199*, 607, 625, 630, 632, 634, *639*, 646, *672*, 828, 835, *837*
Edmonston, W.E. Jr. (Dunwoody, and): 630, *639*
Edmonston, W.E. Jr. (Ham, and): 646, *673*
Edmonston, W.E. Jr. (Smith, et al.): *332*
Edmonston, W.E. Jr. (Stern, et al.): 147, *216*
Edward the Confessor (1042–1066): 64
Edwards, A. (Fisher, et al.): 767, 800, *807*

Eger, E.I. (Bahlman, and): 785, *804*
Ehrenreich, G.A.: 149, 185, *199*, 249, *260*
Ehrenwald, J(ean): 18, *27*
Eis, G.: 83, *99*
Eisen, M(arlene), R.: (The Clinical Use of Self-Hypnosis in Hypnotherapy: Tapping the Functions of Imagers and Adaptive Regression. Intern. J. Clin. Exp. Hypnosis 1983, *31:* 243): *592*, 594
Eisenbarth, A.: 62, *64*
Eisenbud, J.: 232, *260*
Eisenstein, S. (Alexander, et al.): 236, 238, *257*
Eldridge, E.H.: *381*
Eliade, M(ircea): 23, *27*, 45, 46, 47, 75, *99*, 154, 176, *199*, *657*, 658
Eliseo, T.S.: 199, 290, *300*, *381*
Elitzur, B.: 248, *260*
Elkins, G.R. (Carter, et al.): 721, *748*
Ellenberger, H(enri): 9, 10, 14, *27*, 49, *57*, 82, 83, 87, 91, 94, *99*, 230, 247, *260*, 647, 651, 653, 655, 658, 669, *672*, 822, *837*
Ellioston, J(ohn) (1791–1868): *27*, 88, 89, *99*
Ellis, A.: 229, 245, *260*
Ellis, R.R. (Galin, and): 625, 627, *640*, 721, *750*
Elton, D.: *27*, 167, 168, *199*, 816, *819*, 831, *837*
Elwin, V.: 150, *200*
Elworthy, F.T.: *200*
Emde, R.N. (Polak, et al.): 185, *212*
Emmons, W.H.: 777, *806*
Emmons, W.W. (Simon, and): *775*, *814*
Erich, H.: 608, 623, *639*, *640*
Enelow, H.G.: 154, *200*
Enel, W.S.: 843, *848*
Engelhardt, D(ietrich), v.: 83, *99*
English, A.C. (English, H.B., and): 817, *821*
English, H.B.: 817, *821*
Engstrom, D.R.: 147, 171, 173, 174, *199*, 606, 608, 624, *640*
Engstrom, D.R. (London, et al.): 607, *642*
Enneis, J.M.: 248, *260*, *569*
Enneis, J.M. (Moreno, and): 248, *267*
Ennemoser, J(osef) (1787–1854): 10, *27*, *51*, *57*, *59*, *64*, *99*, 658, *672*,
Epstein, G(erald): 17, 27, 818, *820*
Epstein, S.J.: 288, *300*
Erdelyl, H.H.: *579*, *598*
Erickson, E(lisabeth) (Erickson, M.H., and): *587*, *559*, *598*
Erickson, M(ilton), H.: 12, 16, 18, *28*, 96, *100*, 110, 115, 118, 127, 128, 152, *200*, 232, 247, 249, 260, 277, 280, 285, *300*, 319, 320, 321, 322, 323ff., *330*, *331*, 352, 534, 827, *837*
Erickson, M.H. (Cooper, and): 249, *259*, *330*, 336, *350*, 578, *587*, *597*
Erickson, M.H. (Huston, et al.): *331*
Erikson, E.H.: 232, 249, *260*, *330*
Erlichman, H.: 722, 723, *749*
Erman, W.: 83, *100*
Eschenmayer, C.A. v.: *28*, *100*
Esdaile, J(ames) (1808–1958): 13, *28*, 89, 90, *100*, 543
Eslon, Ch.D. (s. auch Deslon, Ch.): 10, *27*, *28*
Estabrooks, G.H.: 126, 151, *200*, 248, *260*, 585, 632, *640*, 832, *837*
Evans, C.C.: 682, *705*, 718, *749*, *762*, *806*
Evans, F.J.: 119, 121, 122, 126, 127, 160, 161, 165, 168, 169, *200*, 247, 260, 576, 578, *600*, *600*, 693, *705*, 766, 774, 777, 784, 785, 800, *804*, 827, 828, *837*
Evans, F.J. (Cobb, et al.): 146, *197*, 692, *704*
Evans, F.J. (Graham, and): 147, 164, *202*
Evans, F.J. (Hammer, et al.): 121, 158, *203*, *381*
Evans, F.J. (Kihlström oder Kihlstrom, and): 163, 576, 578, *600*
Evans, F.J. (Mc Glashan, et al.): *209*, *332*
Evans, F.J. (Orne, and): 151, *211*
Evans, F.J. (Orne, et al., 1979): *211*, 373, *382*
Evans, F.J. (Perry, et al.): 692, *709*
Evans, F.J. (Pettinati, and): 576, 580, *602*
Evans,-Wentz, W.Y.: 174, *200*, 307, *331*
Evelyn, J(ohn): *64*, 343
Ewald, G.: 282, *300*
Ewin, D.M.: 294, *300*, 462, 537, *545*, *546*, *549*, 782, 784, 785, 788, *807*, 816, *820*
Ey, H.: 42, *47*
Eysenck, H.J.: 118, 119, 120, 121, 122, 123, 126, 129, 177, *200*, 233, *261*, 369, 372, 373, *381*, 678, 841, *848*
Eysenck, S.B.G. (Eysenck, H,J. and): 119, *200*

F

Fabbri, R. Jr.: 288, *300*
Fahrenberg, J.: 372, *848*
Fairbairn, W.R.D.: 243, *261*, 834, *837*
Faithfull, N.S.: 783, *807*
Falck, F.J.: 287, *300*
Falzett, W.C.: *331*
Farau, A.: 236, *261*
Farber, L.: 677, *705*
Faria, J(osé) Custodio Abbé, de: 10, 13, 21, *28*, 87, 88, 92, 93, *100*, 109, 133, 176, 179, *250*, 280, 341, 390, 504, 825
Farnbach, R.W. (Tebêcis, et al.): *625*, *644*, *758*
Farthing, W.G.: 158, *200*
Fast, I.: *580*, *598*
Faulk, M.E. Jr. (Penfield, and): 715, *756*
Faust, V.: 15, *28*
Favale, E. (Candia, et al.): 766, *805*
Favale, E. (Rossi, et al.): 737, *757*
Favrye, MMe. de la: 10, *28*
Faw, V.: 148, *200*
Feather, B.W. (Chapman, and): 168, *197*
Fechner, Th.G: *28*, 223
Feed, S.C. (Kroger, and): 295, *302*
Fehr, F.S.: 632, *640*
Feldberg, W.: *749*
Feldt, H.: *59*, 60, *65*, *100*
Fellows, B.J.: 147, 159, *200*
Felsinger, J.M. (Lasagna, and): 168, *207*

Felsinger, J.M. (Lasagne, et al.): 168, *207*
Fenichel, O.: 228, *261*
Fenichel, O. (Glover, et al.): 228, *262*
Fenn, W.O.: 629, *640*
Fennell, E. (Satz, et al.): 147, *214*, 721, *757*
Fenz, W.D. (Gray, et al.): 574, *598*
Féré, C.: 632, *640*
Féré, D. (Binet, and): 82, *98*, *575*, *596*
Ferenczi, S. (1873–1933): *100*, 223, 228, 229, 233, 240, 242, 249, *261*, 723, 743, *749*, 830
Fernandez, G.R.: 294, *301*, 771, *807*
Feuerbach, L(udwig), A(ndreas): *100*
Fezler, W.D. (Kroger, and): 16, 17, 78, 159, *207*, 248, *266*, 294, 295, *352*
Fichtner, G.: *100*
Field, P.B.: 125, 137, 138, 162, 165, 175, *200*, 249, *261*
Field, P.B. (Nuland, and): 241, *267*, 288, *303*
Field, P.B. (Palmer, and): 125, *211*
Field, P.M.: 145, *200*
Fielding, J.M.: 168, *201*
Fields, H.L. (Levine, et al.): *208*
Figurin, N.L. (Denisova, and): 628, *639*
Fink, G. (Stacher, und): *814*
Finke, R.A.: 147, *201*
Finel, B.L. (Hagbarth, and): 713, *750*
Finer, B.: 546, *549*
Finkelstein, S(elig): 454, *537*
Finkelstein, S. (Erdelyl, et al.): *577*, *598*
Finn, J(ane), A.: 147, *201*, 721, *749*
Fisch, R. (Watzlawik, et al., 1974b): 306, *333*
Fischer, D.: *57*
Fischer, F.: 10, *28*
Fischer, H.K.: 168, *201*
Fischer, R.A.: *201*
Fisher, A.G. (Thorne, and): 292, *305*
Fisher, C.: 249, *261*, 578, 580, *598*, 677, *705*, 767, 773, 791, 800, *807*
Fisher, C. (Antrobus, et al.): *637*, 794, *803*
Fisher, C. (Dement, and): 629, *639*, 773, 791, *806*
Fisher, C. (Farber, and): 677, *705*
Fisher, C. (Roffwarg, et al.): 629, *644*, *710*, *813*
Fisher, S.: 168, *201*
Fisher, S. (Botto, et al.): 169, *201*
Fishman, S. (Spiegel, et al.): *271*, *585*, *803*
Fisischelli, V. (Corn-Becker, et al.): 828, *837*
Fiss, H.: 79, *100*
Flanagin, H. (Penfiled, and): *756*
Flaxman, J. (Wadden, and): 287, 288, *305*
Fleck, S. (Lidz, et al.): 242, *266*
Fleiss, J.L. (Spiegel, et al.): 373, *383*, 724, 731, *758*
Flemming, K.A. (Tavadia, et al.): 634, *644*
Flor-Henry, P.: 725, *749*
Flournoy, T.: *598*
Fludd, R(obert) (1574–1637): 59, 60, 65, *100*
Fode, K.L. (Rosenthal, et al.): 162, *213*
Foenander, G.: 608, 625, *640*
Fogel, D.H. (Case, et al.): *259*, 592, 594
Foissac, P.: 10, *28*
Fontana, F.: 628, *640*
Forbes, A.: 749, 771, *807*
Ford, W.L.: 646, *672*
Forel, A(uguste) (1848–1931): 11, *28*, 92, *100*, 132, 135, *201*, 347
Fotakis, N.S.: 731, *749*
Foulkes, D.: 778, *807*
Foulkes, S.: 248, *261*
Foundillere (s. bei Wolberg, 1948b): ???
Fournel, J.F.: *28*
Fowler, D.C. (Borkovec, and): 697, 700, *704*
Fowler, W.L.: *577*, *578*, *598*
Fox, B.J. (Kellaway, and): 729, *753*
Fox, E.J. (Whitehorn, et al.): 646, *675*
Fox, G.F. (White, et al.): 578, *604*
Fracastoro, G(irolamo) (1476–1553): *100*
Frank, J.D.: 78, *100*, 123, *201*
Frank, J.D. (Imber, et al.): 168, *205*
Franke, H(ans): 787, *807*
Frankel, F(red), H.: 12, 13, 19, 28, 168, 184, 185, *201*, 245, 249, *261*, 289, 294, 296, 297, *301*, 328, *331*, 376, *385*, 829, *835*
Frankel, F.H. (Benson, et al., 1978b): 184, *195*, 646, *671*
Frankenthal, K(ate) (et al.): *261*, 592, 593
Frankl, V(ictor): *261*
Franklin, B.: 100, 156, *201*
Fraser, R. (Sargant, and): 54, 151, *214*
Franz, Marie-Louise, von: *201*, 238
Franzini, A. (Sironi, et al.): 716, *758*
Fredman, N. (Illovsky, and): 293, *302*
Freed, C.S. (Kroger, and): 18, 19, *31*, 822, *838*
Freeman, D.X. (Bowers, et al.): 724, *747*
French, J.D.: 732, *749*
French, T.M. (Alexander, et al., 1966): 241, 257
French, T.M. (Fromm, Erika, and): 232, 249, *262*
Fresacher, L.: 151, *201*
Fresnel, A(gustin) (1788–1827): *100*
Fressy, J. (Batini, et al., 1965): 659, *672*, 736, 738, *746*
Fressy, J. (Gastaut, et al.): ???
Freud, S(igmund) (1856–1939): 47, 80, 85, 91, 94, *100*, 147, 201, 221ff., 237, 239, 240, 242, 249, *261*, 282, *301*, 322, *331*, 345, *640*, 657, 676, 680, 683, 686, 687, 743, *749*, 769, 773, 794, *807*, 823, 832, 833, *834*
Freud, S(igmund) (Breuer, und): 580, *597*, *836*
Freudenberg, K(arl): 4, *8*
Freytag, F(redericka), F.: 16, *28*
Friedländer, A.A.: 11, *28*, *100*
Friedländer, J.W.: *125*, 126, 129, 143, 145, 148, *201*, 371, *381*
Friedman, D.X. (Redlich, and): 241, *257*
Friedman, D.X. (Schiff, et al.): 675, 680, 698, *710*, *813*

Friedman, H.: 171, 173, 185, *201*, 632, *640*
Friedman, J.J.: *749*
Friend, M.B.: 184, *201*
Frischholz, E.J.: 171, *201*
Frischholz, E.J. (Orne, et al., 1979): 373, *382*
Fröhlich, W.D.: 818, *820*
Froment, J.K. (Delorme, et al., 1966a): *748*, *848*
Fromm, E(rich): 23, *28*, 111, *201*, 221, 228, 244, 245, *261*, *262*
Fromm, E(rika): 13, 17, 28, 227, 232, 249, *261*, *262*, 196, *301*, 587, 592, 593, 739, *750*, 833, *837*
Fromm, Erika (Gruenewald, et al.): 232, 248, *263*
Fromm, Erika, (Stolar, and): 249, *271*
Fromm-Reichmann, F.: 241, *262*
Frumkin, L.: 721, *750*
Fry, A.: 699, *705*
Fuchs, K.: 295, *301*
Fuhrer, M. (London, and): 160, 161, *209*
Fujisawa, K.: 682, *705*
Fuller, M. (Kardener, et al.): 152, *206*
Fuller, R(obert): 83, *100*
Furman, B. (Fisher, et al.): 767, 800, *807*
Furneaux, W.D.: 120, 121, 123, 126, *201*, *202*, 367, 368, 369, *381*
Furneaux, W.D. (Eysenck, and): 118, 121, 123, 126, 129, 145, 149, *200*, 369, *381*
Furst, M.L. (Morse, et al.): 174, *210*, 647, *674*
Fuxe, K.: *848*
Fuxe, K. (Dahlström, and): 733, *748*

G
Gärtner-Harnach, V.: 818, *820*
Gainotti, G.: 725, *750*
Gaito, J.: 307, *331*
Galbraith, G.C.: *202*, 606, 607, 625, 627, *640*, *7500*
Gale, C.: 185, *2002*
Galen (129–199 n. Chr.): 9, 23, *28*, 79, 80, 96, 221
Galin, D.: 321, *331*, 625, 627, *640*, 721, 725, *750*
Galin, D. (Doyle, et al.): 625, *639*
Gallagher, M. (Mathews, et al.): 306, *332*
Galvani, L(uigi): *100*, *101*
Gamper, E.: 729, 731, *750*, 844, *848*
Gardner, G.G.: 19, *28*, 143, *202*, 247, *262*, 293, 295, *301*, 526, 527, 528, 531, 533, 534, *535*
Garmize, L.M.: 126, *202*, 355, *381*
Garret, J.B.: 174, *202*
Garret, J.B. (Wallace, et al.): 127, 147, *218*
Gasser, A(chilles) (1558): *59*, *65*
Gasset, J. Ortega y: 79, *100*
Gassner, J(ohann), J(oseph), alias A(ndreass) (1727–1779): 9, *28*, 62, 63, *65*, 81, *100*
Gassner, S. (Bowers, and, 1958): 340, 341
Gastaut, H.: 659, 660, 662, 672, 773, *807*
Gastaut, Y.: 773, *807*
Gastaut, Y. (Broughton, and): 660, 662, *672*, 794, *805*
Gatchel, R.J. (Lang, et al.): 171, *198*
Gatti, F.M. (Cortes, and): 144, *198*
Gaukler, E. (Déjérine, and): 117, *198*
Gaunitz, S.C.B. (Bärmark, and): 174, 175, *193*
Gay, M.I. (Pierce, et al.): 795, *813*
Gazzaniga, M.S.: 306, *331*, 369, 712, 714, 720, *750*
Gay-Lussac, L(ouis), J(oseph) (1778–1850): *101*
Gebhart, P.H. (Kinsey, et al.): 19, *30*
Gebsattel, V.E. von: 156, *202*
Geer, J.H.: 700, *705*
Geier, S. (Talairach, et al.): 716, *758*
Geiwitz, P.J. (Blum, et al.): 574, 576, *596*
Gelfand, D.M.: 168, *202*
Gelfand, H. (Perry, et al.): 171, *212*
Gelfand, S. (Gelfand, D.M., et al.): 168, *202*
Genest, M(yles) (Turk, et al.): 19, *35*
Gentry, W.R. (Jeffrey, et al.): 247, *264*, 289, *302*
Gerorgi, F.: 844, *848*
Gerard, R.W. (Blake, and): *747*
Gerlach, H(ildegard): *59*, *65*
Gershon, M.D. (Brooks, and): 719, *747*
Gershon, M.D. (Simon, et al.): 770, *814*
Gerson, M.J. (Levine, et al.): 148, *208*
Gerton, M.I. (Gravitz, and): 59, 90, 91, 223, 225, 231, *262*
Geyer-Kordesch, J.: 83, 84, *101*
Gheorghiu, V(ladimir), A(risto): 22, *28*, 370, 576, *598*
Ghiselin, B.: 306, *331*
Giannitrapani, C.: *262*, 592
Gibbons, D(on E): 14, *28*
Gibbs, E.L. (Gibbs, F.A., and): 762, *807*
Gibbs, F.A.: 762, *807*
Gibson, H.B.: 19, *28*, 126, 148, *202*
Gibson, H.B. (Furneaux, and): 120, 121, 146, 149, *202*
Gibson, R.W. (Burnham,et al.): 247, *259*
Gilbert, J.E.: 163, *202*
Gilbert, W(illiam): 59, 60, *65*
Gill, M.M.: *28*, *47*, *57*, 139, 149, 150, 159, 160, 163, 169, 174, 179, 183, *202*, 232, 233, 249, *262*, *331*, 623, 626, *640*, 657, 677, *706*, 823, 824, 832, 833, *837*
Gill, M.M. (Brenman, and): 95, *98*, 248, *258*
Gillet, P.L.: 247, 262, 677, *704*
Gindes, B(ernard): 12, 29, 78, 90, 91, *101*, 110, 111, 162, *202*, 547, *550*
Girdo-Frank, L.: *262*, 585
Giussani, A. (Candia, et al.): 766, *805*
Giussani, A. (Rossi, et al.): 737, *757*
Gjessing, R.: 651, 652, *672*, 845, *848*
Gladfelter, J.H.: 835, *837*
Gladstone, H.J. (Burnham, et al.): 247, *259*
Glasenapp, Helmut v.: 23, 29, 154, *202*
Glass, L.B.: 122, *202*
Glass, L.B. (Barber, T.X., and, 1962): 122, 125, 184, *194*

Glass, R.: 843, *848*
Glasser, W(illiam): 245, *262*
Glatzel, J.: 240, *242*
Gleidman, L.H. (Imber, et al.): 123, *205*
Gleitman, H.: 576, *596*
Globus, G.G.: 843, *848*
Glover,E.: 221, 223, 228, *262*
Glueck, B.C.: 174, 175, *202*
Gockelinus, E(berhard): *101*
Godoy, L.M. (Dittborn, et al., 1960): 146, *199*
Goethe, J(ohann), W(olfgang) von: *101*
Götze, W. (Vogel, et al.): 762, *814*
Gold, A.P. (Williams, et al.): 171, *219*
Goldberger, C. (Barr, et al.): *194*
Goldberger, L. (Holt, et al.): *185*, *204*
Goldberger, N.I.: 150, *202*
Goldiamnd, I.: *202*
Goldie, L.: *545*, *550*, 717, *750*
Goldman, G.D.: 18, *29*, *262*
Goldsmith, M.L.: 82, *101*
Goldstein, A.: 168, *202*
Goldstein, M. (Fuxe, et al.): 844, *848*
Goleman, d.: 174, *202*
Goleman, D.J. (Davidson, et al., 1976): 167, 174, *198*
Goleman, D.J. (Schwartz, et al.): 171, *214*
Goldwyn, J.: 844, *848*
Gomez, E. (Amadeo, and): 719, *746*
Goodell, H. (Chapman, et al.): 634, *638*
Goodenough, D.R. (Karacan, et al.): 767, 800, *810*
Goodenough, D.R. (Shapiro, et al.): 680, *710*
Goodhart, S.P. (Sidis, and): 580, *603*
Goodman, P. (Perls, et al.): 230, *267*
Goodson, D.F. (Solomon, and): 249, *271*, 584
Gordon, B(enjamin), L(ee): 75, *101*, 125, *202*
Gordon, J.E.: 13, *29*, *202*
Gordon, M.C.: 142, 143, 185, *202*
Gordon, N.C. (Levine, et al.): *208*
Gorer, G.: 150, *202*
Gormley, W(illiam), J.: 14, *29*
Gorp, W.G., von: 247, *262*, 291, *301*
Gorton, B.E.: 623, 627, *640*, 646, *672*
Gottwald, C(hristian): 229, 230, 245, *262*
Gough, P. (Hilgard, E.R., et al., 1958): 144, 145, *204*
Graf, K. (Finer, and): *546*, *549*
Graham, C.: 147, 164, *202*
Graham, C. (Coe, et al., 1976a): *576*, *578*, *580*, *597*
Graham, G.W.: 247, 248, *262*, 290, *301*
Graham, J(ames): *59*, *65*
Graham, K.R.: 721, *750*
Gramize, L.M. (Garmize, L.M. 126, 202, 355, *381*)
Granda, A.: 777, *807*
Granich, M. (Dempsey, and): 287, *300*
Granone, F(ranco): 22, *29*, *262*, *592*, 739, *750*, 833, *837*
Grasset (1890) (s. Ellenberger, H.F.): 151, *202*
Grassi, J.R. (Levine, et al.): 148, *208*
Grastyán, E.: *750*, 766, *807*
Gravitz, M.A.: *59*, *65*, 90, 91, *101*, 223, 225, 230, *262*, 829, *837*
Gray, A.L.: *574*, *598*
Greatrakes, V(alentin) (1628–1666): 60 (s. bei Wolf, H.J., 1980)
Greaves, J.B.: 580, *598*
Green, D.M.: *202*
Green, E.E. (Sargent, et al.): 290, *303*
Green, J.: 682, *706*, 762, *807*
Green, J. (Roth, and): 681, 682, *710*, *813*
Green, J. (Roth, et al.): *813*
Greenberg, I.A.: 248, *262*
Greenberg, I.M.: 741, 742, *750*
Greenberg, R.P. (Land, and): 169, *207*
Greene, J.T.: 185, *203*
Greenfield, I. (Abramson, et al.): 783, *803*
Greenson, R(alph), R.: *101*
Greenwood, M.M. (Benson, et al.): 184, *195*, 646, *671*
Gregorio, J. (Bahr, et al.): 174, *193*
Gregory, C.G. (Jackson, et al.): 147, *205*
Gregory, J.: 178, *202*
Gregory, J. (Diamond, et al., 1974): 157, 179, *199*
Gregson, R.A.M. (Barabasz, et al.): 170, 171, *193*, *608*, *638*
Gregus, A.C. (Meszaros, and): 721, *753*
Gréssot, M.: 43, 44, *47*
Greuling, J.W. (Jeffrey, et al.): 247, *264*
Griesinger, W.: 627, *640*
Griffen, W.O. Jr. (Doberneck, et al., 1959): *545*, *549*
Griffen, W,O. Jr, (Papermaster, et al.): *465*, *537*, *546*, *550*
Griffith, R.M.: 683, *706*
Grimes, F.V.: 118, 120, 123, *203*
Grimm, J(acob): *51*, *57*
Grinder, J.: 306, 322, *331*
Grinder, J. (Dilts, et al.): 322, *330*
Grindler, J(ohn) (Bandler, and): 18, *25*, 306, *311*, 322, *329*
Gross, J. (Fisher, et al.): 677, 705, 767, 800, *807*
Gross, M.: 247, *263*
Gross, Meir: 287, *301*
Grossman, S.P.: 347, 785, *807*
Grosz, J.J. (Zuckerman, and): 119, *220*
Grotevant, W.R. (Edmonston, and, 1975): 607, *625*, *639*
Grotjahn M. (Alexander, et al., 1966): 236, 238, *257*
Gruen, W.: *263*, 295, *301*, 592, 593
Gruenewald, D(oris): 128, *203*, 232, 249, *263*, 287, *301*, 580, 582, *599*, 833, *837*
Gruenewald, D. (Fromm, Erika, et al.): 232, *262*
Gruenewald, D. (Giannitrapani, and): *262*, *592*
Gruenewaldt, V., von: 10, *29*
Grüsser, O.J.: 718, *750*
Grüsser-Cornehls, U. (Grüsser, und): 718, *750*
Grumbles, D.: 147, 164, *203*
Gryler, R.B. (Shapiro, et al.): 677, *710*
Grupsmit, E. (Wheeler, et al.): 147, *218*, 723, 724, *758*
Günther, H.: 677, 681, *706*
Günther, H.(Beck, M. et al., 1973): 688, *704*

Günther, H. (Jovanović, und): 671, 677, 688, *708*, 773, *809*
Günther, H. (Schäffer, et al.): 688, *710*
Guercke (s. Feldt, H.): *65*
Guernsey, M.: 628, *640*
Guido, S.M. (Herron, et al.): 248, *263*
Guggenheim, P. (Scollo-Lavizzari, et al.): 771, 772, *814*
Guillain, G.: 91, *101*
Guillotin, J(oseph), I. (s. Franklin, et al.): *101*, 156, *201*
Guitiérres, O. (Dittborn, et al., 1960): 146, *199*
Gulota, G(uglielmo): 22, *29*
Gumm, W.B.: 306, 322, *331*
Guntrip, H.: 241, 245, *263*, 834, *837*
Gur, R.C.: 158, 179, *203*, 722, 723, *750*
Gur, R.E. (Gur, E.C., and): *203*, 721, 722, *750*
Gur, R.E. (Gur, R.C., et al.): 723, *750*
Gustafson, L.A. (Cobb, et al.): 146, *197*, 692, *704*
Gustafson, L.A. (Evans, et al.): 692, 693, *705*, 800, *806*
Gutheil, E.A. (Lowy, and): 237, *266*

H
Haase, J.: 844, *848*
Haber, J. (Spiegel, H., et al.): 373, *383*
Habovick, J.A. (Mac Cale, and): 728, *754*
Hackebusch (zit, bei Wolberg, 1948b) (siehe bei Wolberg)
Hacker, F(riedrich): 17, *29*, 706, 719, *750*
Hackett, T.P. (Jacobson, et al., 1973): 545, *550*
Hadfried, J.A.: 94, *101*
Haefely, W. (Jalfre, et al.): 719, *751*
Hällström, T.: 665, *672*
Haen, E(kkehard): 843, *848*
Hagbarth, K.E.: 713, *750*
Haggard, H.: 706, 788, *807*
Hahn, K.W. Jr. (Barber, T.X., and): 646, *674*, 693, 698, *704*
Hahn, K.W. Jr. (Barber, T.X., et al.): *702*
Hahn L. (Jovanović, et al.): 608, *642*, 767, *809*
Haider, M.: *706*
Hakebush, B(linkovski): *263*, 584, *585*
Halberg, F.: 762, 807, 843, *848*
Halberg, F. (Scheving, et al.): 842, *850*
Hale, E.E.: 82, *101*
Hale, E.E. Jr. (Hale, E.E., and): 82, *101*
Haley, J.: 151, 168, *203*, 241, *263*, 306, 317, 328, *331*, 593
Hall, C.S.: *677*, *706*
Hall, H.R.: 634, 640, 844, *848*
Hall, H.V. (Thorne, and): 580, *603*
Hall, J.A.: 94, *101*, 247, 248, 263, 289, *301*
Hall, J.A. (Crasilneck, and): 7, *8*, 12, *27*, 259, 291, *300*, 452, 464, 466, 492, 515, 516, 534, 546, *549*, 565, 568, 592, 633, 639, 646, *672*, 831, *836*
Hall, J.A. (Gladfelder, and): 828, 835, *837*
Hall, P.: 845, 846, *848*
Hallam, E.: 706, 719, *750*, 774, *807*
Hallen, O.: 717, *750*
Halper, C. (Pivik, et al.): 698, *709*
Ham, M.L. (Spanos, et al.): 125, *215*, *216*
Ham, M.W.: 646, *673*
Ham, M.W. (Spanos, and): 576, 578, *603*
Ham, M.W. (Spanos, et al.): 125, *215*, *216*
Hamilton, D.W. (Walrath, and): 174, *218*, 646, *675*
Hammack, J. (Granda, and): 777, *807*
Hammack, J.T. (Williams, et al.): 735, *758*
Hammer, A.G.: 121, 158, *203*, *369*, *381*, 578, *599*
Hammer, A.G. (Ashford, and): 580, *597*
Hammerschlag, H.E.: 12, *29*
Hampe, J.C.: 54, *57*
Hampp, H.: 843, *848*
Hansen, J.: 51, *57*, 61, *65*
Hanauer, J(osef): 24, *29*, *350*, 590
Hansmann, M(argarethe): 20, 63, *65*, 81, 83, *101*, 344, *350*
Hara, E. (Rossi, et al.): 737, *757*
Harding, E.: *331*
Harding, G.F.A. (Gjessing, et al.): 651, *672*, 845, *848*
Hardly, J.D. (West, et al.): 632, *645*
Hargreaves, H.L. (Aveling, and): 119, 120, 126, *193*
Harner, M(ichael): 23, *29*
Haronian, R.: 144, *203*
Harriman, P.L.: 580, *599*
Harris, A.: 229, *263*
Harris, L.J. (Gur, R.C., et al.): 723, *750*
Harris, T.: 245, *263*
Harris, W.W. (White, and): 578, *604*
Harrison, J.: 278, *301*
Harrison, R.H. (Levin, and): 249, *266*, 587
Harrison, S.: 631, *640*
Hart, E(rnest), A(braham) (1835–1898): 325, *350*
Hart, J.T.: 11, 13, *29*, 576, 579, *599*, 606, *640*
Hart, J.T. (Engstrom, et al.): 606, 624, *640*
Hart, J.T. (Galbraith, et al.): 606, 607, 625, *640*, *750*
Hart, J.T. (London, et al.): 147, *209*, 604, 608, 624, 625, *642*, 721, *754*
Hartl, E.M. (Deabler, et al.): 144, *198*
Hartland, J.: 248, *263*, 306, *331*
Hartland, J.C.: 111, *203*, 294, *301*
Hartley, L.H. (Benson, and, 1978a): 646, *671*
Hartley, R.B.: 405, *537*
Hartman, B.J.: *203*
Hartman, E. (Bower, et al., 1966): 729, *747*
Hartmann, F.: 59, *65*
Hartmann, H.: 174, 203, 232, 249, *263*, 823, *837*
Harvey, E.N. (Davis, H., et al.): 770, 771, 772, *805*
Harvey, E.N. (Loomis, et al.): 623, 625, *642*, 659, *674*, *709*, 770, 771, 772, 778, 780, *811*
Haseloff, O.W. (Henrysson, et al.): 4, *8*
Hashimoto, P.H.: 733, *750*
Hassler, R.: 727, 729, 751, 765, 766, *807*, *808*

Hastinngs, J.E. (Backley, et al.): 247, *258*, 289, *299*
Hastley, J.M. (Arkin, et al.): 660, *671*, 698, *704*, 794, *804*
Hatfield, E(lain): 137, *203*
Havel, J. (Holt, et al.): 185, *204*
Havens, R.A.: 178, *203*
Hawkins, J.R. (Tibbetts, and): 168, *217*
Hawkins, W.R. (Goldiamond, and): *202*
Haymaker, W. (Nauta, and): *755*
Haynes, S.N.: 631, *640*
Heath, E.S.: 185, *203*, 730
Hebb, D(onald): 20, *29*
Hécaen, H.: 147, *203*, 721, *751*
Hedberg, A.G.: 119, 120, *203*
Heigl, F.: 229, 244, *263*
Heilizer, F.: 149, 184, *203*
Heimann, H.: 608, *640*
Heinemann, H. (Baust, and): 681, *704*, 764, *804*
Hefferline, R.F. (Perls, et al.): 230, *267*
Heischel, E.: 83, *101*
Heischkel-Artelt, E.: 83, *101*
Hellpach, W.: 843, *848*
Helmont, J(ohann), B(aptista), v. (1577–1644): 60, *65*, 343
Henderson, G.H. (Levitt, and): 152, *208*
Hendrick, I.: *263*
Henry, G.W. (Zilboorg, and): 75, *208*, *333*
Henrysson, S(ten): 4, *8*
Heppe, H. (Soldan, und): 49
Herbert, E.W. (Lopez, and): 82, *103*
Hering, E. (1834–1919): 330, *350*
Herman, M. (Gale, and): 185, *202*
Hernández, A. (Schafer, and): 248, 291, *303*
Hernández-Peron, R.: 713, 729, 736, 751, 766, *808*
Heron, W. (Abramson, et al., 1966): 783, *803*
Heron, W. (Bexton, et al.): 124, 125, *195*
Heron, W.B.: 248, *263*
Heron, W.T.: *263*
Herr, K. (Bass, und): 766, *804*
Herrel, N. (Eldelyl, M.H., et al.): 577, *598*
Herrnstein, R.J.: 20, *29*
Hershman, S(eymour) (Levitt, and): 140, 208, 277, *303*
Hertzman, M. (Witkin, et al.): 148, 150, *219*
Hervier, P.: 10, *29*
Herzog, A.: 78, *101*, 581, *599*
Hess, R. Jr.: 706, 773, *808*
Hess, R. Jr. (Scollo-Lavizzari, et al.): 771, 772, *814*
Hess, W.R. (1881–1973): 626, *640*, *641*, *676*, *706*, *729*, 735, *751*, 773, *808*, 844, *848*
Heuser, G. (Kales, et al.): 660, 664, 668, *673*
Hewer, C.L.: 783, *808*
Hibbard, W(hitney), S.: 14, *29*
Hilgard, E.R.: 15, 19, 83, *101*, 124, 126, 129, 138 ff., 140, 143 ff., 147, 150, 152, 157, 159, 160, 166, 168, 170, 172, 185, *203*, 247, *306*, 372, 373, 374 ff., *381*, *382*, 576, 578, 579, 581, *599*, 677, 700, 781, *808*, 831, *837*, *838*
Hilgard, E.R. (Banyai, and): 172, *193*
Hilgard, E.R. (Bentler, and, 1963): 138, 166, *195*
Hilgard, E.R. (Berreman, and): 118, *195*
Hilgard, E.R. (Boucher, and): 151, *195*, 372
Hilgard, E.R. (Melei, and): 166, *210*
Hilgard, E.R. (Morgan, and): 142 ff., 170, 174, *210*, *526*, *537*
Hilgard, E.R. (Morgan, et al.): 142, *210*, 609, 625, *643*
Hilgard, E.R. (Orne, M.T., et al.): *211*, 373, *382*
Hilgard, E.R. (Ruch, et al.): 213, 373, *382*
Hilgard, E.R. (Weitzenhoffer, and): 133, 137, 138, 140, 142 f., 149, 151, 157, 158, 162, 166, 169, 174, 177 ff., 184, 185, *218*, *331*, 372, 374, 377 ff., 384, *569*, *570*, 592, 607, 693, 723, 815, *820*, 829, 830, *838*
Hilgard, J(osephine), R. (Hilgard, E.R., and): 19, *29*, 158, 164, 169, 171, 174, 210, 248, 263, 294, 295, 301, 306, 331, 381, 678, 714, *721*, *751*, 816, 817, 820, 827, 831, *838*
Hilgard, J.R. (Morgan, and): *382*
Hill, L.B. (Erickson, and): 232, 249, *260*
Hill, M.M. (Bears, and): 248, *258*
Hillman, J(ames) (Franz, M.L., von, und): *201*, 238
Himmelweit, H(ilde): 122, *204*
Hickley, E.D. (Messer, et al.): 148, *210*
Hingst, A.G. (Dowd, and): 306, *330*
Hinton, R.M. (Gardner, and): 143, *202*
Hippius, H. (Klein, und): *708*, 844, 850
Hippokrates von Kos (460–337 v. Chr.): 23, 29, 144, 145, 221
Hirai, T.: 174, *204*
Hirai, T. (Kasamutsu, and): 174, *206*
Hirschfeld, E.: *101*
Hirschlaff, L.: 11, 29, *101*
Hirschmüller, A(lbrecht): 94, *101*, 249, *263*
Hoaken, P.C.S. (Heath, et al.): 185, *203*
Hobart, G.A. (Davis, et al.): 770, 771, 772, *802*
Hobart, P.H. (Loomis, et al.): 623, 625, *642*, *659*, *674*, *709*, 770 ff., 778 ff. *881*
Hoch, P.H.: *263*
Hoch, Z. (Fuch, et al.): 295, *301*
Hodes, R.: *751*
Hodgkin, A.L.: 844, *849*
Hodgkin, D.C. (Spanos, et al.): 291, *304*
Hoedemaker, F. (Jacobson, et al.): 683, *706*
Hoehne, A(nita): 61, *65*
Hökfelt, T. (Fuxe, et al.): 844, *848*
Hösli, L.: 729, *751*
Hösli, L. (Monnier, and): 755, 766, *812*
Hofer, G.: 42, *47*
Hoffman, H.J. (Henrysson, et al.): 4, *8*
Hoffman, J.W. (Benson, et al., 1981): *258*, *592*, *594*, 646, *671*
Hoffman, P.: 631, *641*
Hofling, C.K.: 167, *204*
Hole, G(ünther): 62, *65*
Hollander, B.: 95, *102*
Hollender, M.H.: 94, *102*

Holroyd, J.: 247, *263*, *289*, *301*
Holroyd, J.C.: 171, 172, 173, *204*
Holroyd, J.C. (Nuechterlein, and): 171, *211*
Holt, R.R. (Barr, et al.): *194*
Hong, G.K.: 141, *204*
Honigman, I. (Underwood, and): *52*, *58*, *217*
Hoppe, K.D.: 321, *331*, 720, *751*
Hori, Y. (Grastyán, et al.): 766, *807*
Horne, R.L. (Pettinati, et al.): 287, *303*
Horney, K.: 228, 243, *263*, *264*
Horsley, J.S.: 122, *204*, 249, *264*
Hortius, W.: *656*, *673*
Horton, P.: 580, *599*
Hösli, ???
Hoskovec, J.: 23, *29*, 54, *58*, 774, *808*
Hoskovec, J. (Diamant, et al.): 646, 660, *672*, 677, 680, *705*
Howard, L.: 248, *264*, 290, *301*
Howard, M. (Jean, St., et al.): *576*, *599*
Howard, M.L. (Coe, et al., 1972): 151, 152, *197*
Huch, R(icarda): 81, *102*
Hübner, M.: 680, *706*
Hufeland, Chr.W.: *102*
Hufeland, F(riedrich): ???
Hughes, J.R.: 720, *751*
Huijzen, van, Chr. (Nieuwnhuys, et al.): 727, *756*
Hull, C(lark) (1884–1952): 11, 14, *29*, 77, 95, 97, *102*, *118*, *120*, *126*, *129*, *142*, *148*, *160*, *204*, 354, 355, 382, 599, *838*
Hullstrung, H. (Ohlmeyer, et al.): 767, *812*
Hume, P.D. (Favadia, et al.): 634, *644*
Humphreys, L.G.: 144, *204*
Hunt, E.E.: 144, *205*
Hunt, J(ames): 18, *30*
Hunt, R.: *102*
Hunt, S.M.: 829, *838*
Hunter, I. (Berger, et al.): 79
Huppmann, G.: 228, 229, 240, 241, 242, 243, 244, 245, *264*
Hursh, B. (Fenn, and): 629, *640*
Hurt, S.W. (Fromm, et al.): 232, *262*, 833, *837*
Husband, R.W. (Davis, and): 111, 129, 135, 143, 145, 148, 154, 185, *198*, 371, *381*
Huse, B.: *577*, *578*, *599*
Huse, B. (Hull, and): *204*
Huston, P.: 306, *331*
Hutchings, D.D.: 782, 783, *808*
Huttenlocher, P.R.: 776, *808*
Huxley, A.F.: 844, *849*
Huxley, A.F. (Hodgkin, and): 844, *849*
Huxley, T.X.: 156, *205*

I
Ihalainen, O.: 185, *205*, 290, *301*
Ikegami, R.: 174, *205*
Illovsky, J.: 239, *302*
Imber, S.D.: 123, *205*
Ingham, J.G.: 120, 184, *205*
Ingram, R.E.: 148, *205*, 576, *599*
Ingvarsson, C.: 143, *205*
Inhelder, B. (Piaget, and): *576*, *602*
International Journal of Clinical and Experimental Hypnosis (IJCEH): *30*
Ireland, W.W.: 185, *205*
Irwen, M. (Strosberger, et al.): *629*, *634*, *644*
Isaacson, R.L.: 727, 728, *751*
Isherwood, C. (Prabhavanada, and): 154, *212*
Israeli, N.: 249, *264*, 587
Itil, T.M. (Saletu, and): 668, *674*
Itil, T.M. (Ulctt, and): 717, *758*
Iversen, L.L.: 844, *849*

J
Jackson, D.: 241, *264*
Jackson, D. (Watzlawik, et al.): 306, *333*
Jackson, J.A.: 147, *205*
Jackson, J.A. (Clarke, and): 17, *27*
Jackson, Th. Jr. (Barkley, et al., 1977): 247, *258*
Jacob, H. (Talairach, et al.): 716, *758*
Jacobs, S.B.: 148, *205*
Jacobowitz, D.M.: 844, *849*
Jacobson, A.: 668, *673*, 683, *706*
Jacobson, A. (Kales, and): 660, *674*
Jacobson, A. (Kales, et al.): 660, 664, 668, *673*
Jacobson, A.M.: 545, *530*
Jacobson, E(dmund): 16, *30*, 45, *46*, 240, 248, *264*, 551, 627, *641*, 834, *838*
Jacoby, L. (Lockhart, et al.): *576*, *601*
Jänig, W.: 712, 727, 728, 730, *751*, 844, *849*
Jaffé, A.: 238, *264*
Jakubczak, L.F.: 119, *205*
James, Q.C. (Yamamoto, et al.): 141, *219*
James, P(auline) (Moss, and): 17, *32*, *575*, 580, *599*
James, W(illiams): 20, *30*
Jameson, D.H. (Ludwig, et al.): 248, *266*
Jameson, R.M.: *545*, *550*
Jana, H.: 634, *641*, 844, *849*
Jan Jakob Maria de Groot: ???
Janet, P(ierre) (1859,–1947): 21, *30*, 92, 93, 94, *102*, *575*, 589, *599*
Janov, A(rthur): 18, *30*, 230, 245, *264*
Jantsch, M(arlene): *102*
Janz, D.: 717, *751*
Janzen R.: 713, 718, *752*
Jaques, E.: 245, *264*
Jasper, H.A. (Penfield, and): 715, 716, 731, *756*
Jasper, H.H.: 731, 752, 760, *808*
Jaspers, K(arl): 245, *264*
Jaynes, J.: 308, 322, *331*
Jean, St., R.: 576, *599*
Jean-Roch,: *212*
Jeannerod, M. (Delorme, et al., 1965): 719, *748*, *848*
Jeffrey, L.K. (Jeffrey, T.B., and): 247, 289, *302*
Jeffrey, T.B.: 247, 289, *302*
Jemmott, J.B.: 247, *264*, 634, *641*
Jencks, B.: 248, *264*
Jenkins, M.T. (Crasilneck, et al., 1956): 739, *748*, 831, *838*
Jenkinson, J. (Lewis, et al.): 784, *811*
Jenner, F.A. (Gjessing, et al.): 651, *672*, 845, *848*
Jenness, A.: 118, 126, *205*
Jenness, A. (Wible, and): 646, *673*
Joannes, F(ernando): 23, *30*, 154, *205*
Johannessen, N.B. (Gjessing, et al.): *651*, *672*
Johannisson, K.: 83, *102*
Johannsonn, O. (Fuxe, et al.): *848*
John, E.R.: 174, *205*
Johnson, D.L. (Morgan, et al.): 144, *210*

Johnson, H.J. (London, et al.): *209*
Johnson, J.: 767, *808*
Johnson, L.C.: 771, *808*
Johnson, L.S.: 247, *264*, 291, *302*
Johnson, R.F.Q.: 152, *205*, *550*, *577*, *594*, *599*
Johnson, R.F.Q. (Walker, and): 79, *101*
Johnson, R(honda), T. (Watkins, and): 19, *35*, 832, 842
Johnson, V.E. (Masters, and): 19, *31*
Johnson, W(arren), R. (Beigel, and): *25*
Joire, P.: 11, *30*, *102*
Jone, H,: 154, *205*
Jones, C(harles): 37, 38, *40*
Jones, C(atharine) (Korenberg, and): 20, *30*
Jones, E.: 94, *102*, 832
Jones, M.: *264*
Jones, P. (Remmers, et al.): 119, *213*
Joseph, E.D. (Fisher, and): 580, *598*
Jospe, M.: 168, *205*
Jouvet, D. (Jouvet, M., et): 735, *750*
Jouvet, D. (Ulett, et al.): 734, 735, *758*
Jouvet, D. (Valatx, et al.): 766, *814*
Jouvet, D. (Vimont, et al.): 734, 735, *758*
Jouvet, M.: 624, *641*, 681, 683, 689, 684, 685, 688, *706*, 719, 732f., *752*, 764, 773, *808*
Jouvet, M. (Delorme, et al.): 719, *748*
Jouvet, M. (Laurent, et al.): 719, *754*
Jouvet, M. (Matsumoto, and): 719, *755*
Jouvet, M. (Valatx, et al.): 766, *814*
Jovanović, U.J.: 7, *8*, 9, 11, 15, 20, 54, *55*, *58*, 64, 65, 75, 83, 92, 94, *102*, 111, 118, 119, 121, 122, 124, 126, 130, 132f., 138, 141f., 146, 150, 165ff., 170, 180, 183, 190, 191, *205*, *206*, 221, 225, 227, 228, 247ff., *264*, 277ff., 282, 285, 287, 289, 291ff. 297, *302*, 346, 377, 378, 380, 382, 385, 439, 444, 451, 487, 488, 491, 507, 518, 519, 521ff., 526, 527, 534ff., 538, 543, 544, 547, *550*, *557*ff. 562, *564*, *567*, *568*, *569*ff., *574*ff., 580, 582ff., 596, *600*, 608f., 612, 616, 624ff., *641*, *642*, 650, 653, 656, 659, 660, 662, 664, 668f., 673, 675, 676, 680ff., 687ff., 694, 695, 698ff., *706*, *707*, *708*, 715, 717ff., 725, 729, 730, 736, 752, *753*, 760, 762ff., 766ff., 770ff., 785ff., 790, 791, 794f., 800, 808, *816*, 817, 819, *820*, 824ff. 830, *838*, 843ff., *849*, 853, 855, 857, 858f., 864, 872, *875*
Jung, C.G.: 9, *30*, *47*, 80, *102*, 223, 224, 228, 237ff., 249, 252, *264*, 322, *331*, 670, 685, *708*, 718, 743, 764, 766, 770, 772f., *810*
Jung, R.: 608, 624, 626, 632, *642*, 708, *753*
Jupp, J.J.: *206*, 377, *382*
Jus, A. (Jus, L., et al.): 698, *708*
Jus, L.: 698, *708*
Jussieu, A(ntoine), L(aurent): 10, 30, *102*

K
Kado, R.T. (Adey, et al.): 764, *803*
Kaess, W. (Riggs, and): 149, *213*
Kagan, J. (Ruebush, et al.): 817, *821*
Kahlbaum Karl (1828–1899): 651, *673*
Kales, A.: 660, 664, 668, *673*, 699, *708*, 729, *753*, 762, 795, *810*
Kales, A. (Jacobson, et al.): 660, 668, 673, *674*, 683, *706*
Kales, A. (Rechtschaffen, and): 631, 643, 762, *813*
Kales, J.D. (Kales, A., et al.): 660, 662, 668, *673*, *674*
Kamiya, J.: 729, *753*
Kampman, R.: 288, *302*
Kant, I(mmanuel): *102*
Kantor, J.R. (Davis, R.S., and): 632, *639*, *806*
Kantor, R.E. (Herron, et al.): 248, *263*
Kanzow, E.: 729, *753*
Kaplan, F.: 14, *30*, 83, *102*
Kaplan, Ye., Ya. (Zukhar, et al.): 776, *815*
Karacan, I.: 767, 778, *800*
Karacan, I. (Barber, T.X., et al.): *194*
Karacan, I. (Bremer, et al.): 771, 805, *810*
Kardener, S.H.: 152, *206*
Karlin, R.A.: 147, 164, 172, *206*
Karpin, W,E. (Johnson, L.C., and): 771, *808*
Karpf, F.B.: 238, *265*
Kartchner, F.D.: 183, *206*
Karup, F.: 249, *265*
Kasamatsu, A.: 174, *206*, 729, *753*
Kasius, C.: 238, *265*
Katkin, E.S.: 700, *708*
Katkin, E.S. (Geer, and): 700, *705*
Katz, J. (Newman, et al.): 677, *709*
Katz, N.W.: 172, *206*
Katzel, R. (Krauss, H.H., et al.): 577, *600*
Kauders, O. (Schilder, und): 11, *33*, 580, *602*, 823, *839*
Kauffmann, M.: 11, *30*, *102*
Kaufman, M.R.: 183, *206*
Kawamura, H.: 729, *753*
Kearns, J.S.: *265*
Kédesi, F. (Grastyán, et al.): 766, *807*
Keefe, F.J. (Surwit, and): 171, *216*
Keisler, (zitiert in Masters, R.E.L.): 49, *58*
Kellaway, P.: 729, *759*
Kelley, G.: 154, *206*
Kelly, P.H. (Moore, and): 844, *850*
Kelly, S.F.: 247, *265*, 287, 291, *302*
Kelly, S.F. (Frankel, et al.): 184, 185, *201*
Kelly, S.F. (Bouers, et al.): 172, *196*
Kelman, H.: 243, *265*
Kelman, H. (Levy, and): 243, *266*
Kelman, H.C.: 120, *206*
Kelsey, D.: *545*, *550*
Kennedy, A.: 183, *206*
Kennedy, K.W. (Garrett, and): *202*
Kepler, J(ohannes) (1571–1630): *30*, *753*

Kerenyi, C.: 78, *102*
Kernberg, O.: 245, *265*, 834, *838*
Kerner, J(ustinus): 10, *30*, 81, *102*, 659, *674*
Keup, W. (Friedman, and): 185, *201*
Key, B.J.: 729, 736, *753*
Key, B.J. (Bradley, and): *747*
Khan, M.: *838*
Khil'chenko, A.Ye: 776, *810*
Kidd, C.B.: 294, *302*
Kielholz, P.: 818, *820*, 845, *849*
Kieser, D.G.: *102*
Kiesewetter, C(arl): 82, 83, *102*
Kiev, A.: *75*, *102*
Kihlstrom, J.F.: 147, 163, 164, *206*, 576, 578, *600*
Kihlstrom, J.F. (Hilgard, E.R. et al., 1979): 147, 159, *204*
Kihlstrom, JF. (Laurence, et al.): 580, *601*
Kihlstrom, J.F. (Shor, et al.): 578, *603*
Kiljan, A. (Jus, et al.): 698, *708*
Kind, H.: 229, *265*
Kind, H. (Benedetti, et al.): 247, *258*
King, D.L.: 125, *206*
Kinney, J.M.: 178, 179, *206*
Kinsbourne, M.: 317, *331*, 577, *600*, 722, 723, *753*
Kinsey, A.C.: 19, *30*
Kintch, W.: *577*, *600*
Kircher, Athanasius (1606–1680): 39, *40*, *59*, *65*, *74*, 68
Kirchner, H(orst): *47*, *65*, *102*
Kirn, L.: 845, *849*
Kitching, E.H. (Copeland, and): 185, *198*
Kitching, R.(Johnson, and): 767, *808*
Kitto, H.: 78, *102*
Kjervik, D.K.: 580, *600*
Klaue, R.: 729, *753*
Klein, G.S. (Barr, et al.): *194*
Klein, H.E.: *708*
Klein, J. (Kales, et al.): 660, 664, 668, *673*
Klein, M.: 228, 240, 242, 243, *265*, 753, 833, *838*
Kleinhaus, M. (Fuchs, et al.): *295*, *301*
Kleinsorge, H(ellmuth): 12, *30*
Kleist, K.: 731, *753*
Kleitman, N(anthaniel): 15, *30*, 676, 682, *708*, 719, 735, *753*, *754*
Kleitman, N. (Aserinsky, and): *659*, *671*, 676, 684, *704*, *804*
Kleitman, N. (Dement, and): *629*, *639*, 676, *704*, *705*, 773, *806*
Klemperer, E(dith): 18, *30*, *102*, 249, *265*, 584, 833, *838*
Kline, M(ilton): 13, 18, *30*, 149, 151, 152, 177, *206*, 227, 229, 230, 232, 234, 247, 248, 249, 265, 289, 294, *302*, 578, 580, 581, 582, 584, 585, 587, *600*
Klinger, B.I.: *206*
Kluft, R.: 582, *600*
Kluge, C.A.F.: 10, *30*
Klumbies, G(erhard) (Kleinsorge, and): 12, *30*, 340, 350
Knapp, S(uzanne) (Mandell, and): 844, *849*
Knehr, C.A.: 169, *206*
Knight, T.A. (Wallace, et al.): 147, *217*
Knott, J.R. (Traus, et al.): 608, *644*
Knowles, W.B. (Lindsley, et al.): 738, *754*, 766, *811*
Knox, V.J.: 171, *206*
Kobayashi, K. (Coe, et al., 1972): 151, 152, *197*
Koch, R.: *102*, 736
Koella, W.P.: 691, 697, *709*, 844, *849*
Koella, W.P. (Hess, R. Jr., et al.): 773, *806*
Koenig, B.: *102*
Kohn, M. (Clynes, et al.): 627, *639*
Kohlschütter, E.: 660, *674*
Kohut, H.: 834, *838*
Kol'chenko, N.V. (Khil'chenko, et al.): 776, *810*
Koller, th. (Hösli, et al.): 729, *751*
Kolough, F.T.: 782, *810*
Kondo, C.A. (Travis, et al.): 608, *644*
Kon-Sprul Blo-Gross-Mrthá-Yas: 174, *206*
Koopmans, H.S. (Mandler, et al.): *577*, *601*
Kopin, I.s.: 842, *849*
Korchin, S.J.: *576*, *600*
Korenberg, M(orton): 20, *30*
Korn, E(roll), R.: 478, *537*
Korner, I.N. (Kartchner, and): 183, *206*
Kornfeld, D.S.: 785, *808*
Kornmüller, A.E.: *754*
Koroljew, S.A. (Bigelow, and): 739, *747*
Korotnik, I.I.: 125, *206*
Koselleck, R.: *102*
Kossman, K.T. (Bongartz, et al.): 635, *638*
Kotch, J.B. (Benson, et al.): 184, *195*, 646, *671*
Koukkou, M.: 777, *810*
Koukkou, M. (Lehmann, and): *709*, 778, *811*
Koyré A(lexandre): *102*
Kramer, E.F. (Vingoe, and): 185, *219*, *383*
Kraemer, R.: 244, *265*
Kraepelin, E.: 62, *65*, 651, *674*, 845, *849*
Krafft-Ebing, R. v. (1840–1902): 11, *30*, 92, *102*, 231
Kraft, W.A.: *302*
Kraft, W.A. (Carter, et al.): 721, *748*
Kraft, W.A. (Rodolfa, and): 278, *303*
Kraft, W.A. (Rodolfa, et al.): 278, *303*
Kraines, S.H.: 185, *206*
Kramarz, P. (Chertok, and): 692, *704*
Kramer, E.: 185, *207*
Kramer, E. (Small, and): 140, *215*
Kramer, M.: 778, *810*
Kramer, M. (Moss, et al.): 140, *210*
Kramer, M.F. (Gravitz, and): 829, *837*
Krashen, S.D. (Metling, et al.): 726, *755*
Krasner, L.: 162, *207*
Krasner, L. (Brown, and): 162, *196*
Krasner, L. (Weiss, et al.): *218*
Kratochvîl, S(tanislav): 22, *30*, 692, 693, *709*
Kratzenstein, A.: 12, *30*
Kratzenstein, C(hristian), G(ottlieb) (1745): *65*
Kraus, A.: *47*
Krause, D. (Kanzow, et al.): 729, *753*
Krause, B.J. (Krauss, H.H., et al.): *577*, *600*
Krauss, H.H.: *577*, *600*
Kreindler, A. (Marinesco, et al.): 646, *674*

Kretschmer, E.: *551*, 563, *564*
Kretschmer, W.: 83, *102*, 109, 144, 145, *207*
Kriebel, J.: 844, *849*
Krieglsteiner, S. (Rappelsberger, et al.): 720, 721, *756*
Krimm, W.R. (Coe, et al., 1976): 578, *597*
Kripke, D.F.: 691, *709*, 843, 844, *849*
Kris, E.: 232, 249, *265*, *266*, 372
Kristof, M. (Diamant, et al.): 646, 660, *672*, 677, 680, *705*
Krivoshapkin (1861) (zit. in: Eliade, M.): *48*, *656*
Kroener, B(irgit): 14, *30*
Kroger, W(illiam), S.: 10, 12, 16, 17, 18, 19, *30*, *31*, 37, *41*, 63, *65*, 75, 78, 87, 89, 91, 92, *103*, 110, 111, 117, 118, 129, 133, 135, 139, 151, 154ff., 159, 167, 176, *207*, 233, 247, 248, 265, 277, 278, 280, 285, 289, 292ff., *302*, 306, 326, 331, 347, *350*, 356, 257, 369, *382*, 423, 466, 506, 536, *537*, *544*, 548, 550, *565*, 567, *568*, 573, *575*, 583, 584, 587ff., 592, *600*, 661, 670, 674, 715, 716, *754*, 822, 827, 830, 832, 835, *838*
Krohne, H.W.: 817, 818, *820*
Krueger, R.G.: 126, *207*
Krug, W.M. (Coe, et al.): 157, 158, *197*
Kubacki, A. (Jus, et al.): 698, *708*
Kubicki, St. (Vogel, et al.): 762, *814*
Kubie, L.S.: 163, 165, 174, *207*, 249, 266, 716, *754*, 824, 825, 831, 833, *838*
Kudlien, F.: *103*
Kuehnel, H. (Kanzow, et al.): 729, *753*
Kugler, J.: 147, 207, 624, 626, 627, *642*, 681, 682, *709*, 721, 754, 761, 762, 770, *810*
Kuhar, J.M.: 884, *849*
Kuhlenkampf, C.: 292, *302*
Kuhlo, W. (Jung, and): 708, 764, *810*
Kuhn T.S.: 4, *8*
Ku-hung-ming: *207*
Kulikov, V.N.: 724, *775*, *810*
Kun, T. (Kales, et al.): 660, 664, 668, *673*
Kunzelmann, K(arl-Heinz): 295, *302*, 452, 454, *537*
Kupsch, W.: 81, *103*
Kutumbiah, P.: *103*

L

L'Abate Luciano (G.R. Weeks and): 20, *35*, 245, *272*
Labar, P.: 795, *811*
Lacan, J.: 833, *838*
Lacroix, S(auvage), de (1748): *103*
Ladd, G.T.: 627, *642*
Lader, M.: 627, *642*
Lähteenmärki, R. (Cedercreutz, et al.): 247, 248, *259*, 291, *300*
Laengin, G.: 49, *58*
Laepple, A(lfred): 23, *31*, *350*, *590*
LaFontaine, Ch.: 10, *31*, 89, *103*
LaForgue, R.: 228, *266*
Laguatie, J.K.: 293, *302*
Laing, R(oland), D.: *103*
Lakin, M.: 248, *266*
Lamarck, Jean-Baptiste (1744–1829): 70, *74*
Lamberg, G.v.: 61, *65*
Lanc, O. (Hoskovec, et al.): 23, *29*
Land, J.M.: 169, *207*
Landauer, T.K.: *576*, *577*, *600*
Landes, J. (Hilgard, E.R., et al.): 129, 140, 142, *204*, 382
Landis, B.: 245, *266*
Landy, F.J. (Peters, et al.): *212*, 273, *382*
Lande, A.: 646, *674*
Lane, B(arbara), M.: 149, *207*
Lane, R.W. (Breger et al.): 79
Lang, P.J.: 146, 171, 184, *207*
Lange, J.: 844, *849*
Lange, N.: 843, *849*
Langemann, H. (Blashko, et al.): 733, 747, 847
Langen, D.: 12, *31*, 95, 110, 113ff., 122, 127, 128, 176, 185, *207*, 279, 280, 282, 284ff., 292ff., *302*, 306, *331*, 334, 336, 339, 340, 347, 348, *350*, 357, 358, 360, *382*, 537, 543, 551, 563, *564*, 654, 655, *674*
Langen, D. (Stokvis, und): 12, *31*, 608, *644*
Langlois, J. (Lavoie, et al.): 123, *207*, *266*
Langs, R.J. (Barr, et al.): *194*
Lankton, C(arol), H.: *31*
Lankton, C.H. (Lankton, S.R., and): 18, *31*, *96*, 306, *332*
Lankton, S.R.: 18, *31*, 96, *103*, 306, 332
Lanne, R.W. (Berger, et al.): 79
Larsky, R.: *601*
Lasagna, L.: 168, *207*
Laski, M(argharita): 14, *31*, 580, *601*
Lassern, J(ean): 18, *31*, *332*
Laties, V.G. (Lasagna, et al.): 168, *207*
Latta. D.W. (Sheehan, et al.): 157, *215*
Laub, M. (Kugler, and): 681, *79*
Lauer, L(illian) (Ås, and, 1962): 171, 177, 179, 182, *194*
Lauer, L.W. (Hilgard, E.R., and, 1962): 149, *204*, 372
Lauer, L.W. (Moore, and): 142, 144, *210*
Laur, E. (Crosson, et al.): 606, 607, *639*
Laurence, J.R.: *207*, 372, 375, 377, *382*
Laurence, J.R. (Perry, and): 138, *212*, 580, *601*
Laurent, J.P.: 719, *754*
Laurin, C. (Cordeau, et al.): 736, *748*
Lavoie, G.: 123, 185, *207*
Lavoie, G. (Lieberman, et al.): 185, *208*, *266*, 296, 297, *302*, 576, 579, *601*
Lavoisier, A(ntoine), L(aurent): *103*
Lavoisier, A.L. (Franklin, et al.): 100, 156, *201*
Lavsits, L.S.: 148, 184, *207*
Law, G.H. (McConkey, et al.): 157, 158, *209*, 374, *382*
Lawlor, E.D.: 287, *302*
Laylock (zit. in: Tuke, D.H.): 75, *103*
Lazar, B(illie): 157, *207*, 293, *352*
Lazarus, A.A.: *709*
Lazarus, R.S.: 818, *820*
Lazovik, A.D. (Lang, and): 146, 184, *207*

LeBaron, S(amuel) (Hilgard, J.R., and): 159 204, 247, *263*, 291, 295, *301*, 817, *820*, 830, *838*
Leckie, F.H.: 295, *302*, *303*
LeCron, L(eslie), M.: 11, 14, 16, *31*, 63, *65*, 78, *95*, *103*, 110, 111, 129, 135, 136, 137, *207*, 321, 332, 340, *350*, 371, *382*, 782, 783
LeCron, L.M. (Cheek, and): 12, 248, *259*, *310*, 319, 320, 324, *330*, 531, 536, 546, *549*, 782, *805*
Lee, J.K. (Halberg, and): 843, *849*
Lefcoe, N.M. (Peterson, et al.): 247, *267*, 289, *303*
Lefshitz, K. (Clynes, and): 627, *639*
Lehmann, A.: 50, *58*
Lehmann, D.: *709*, 778, 785, *811*
Lehmann, D. (Jacobson, et al.): *673*, 689, *706*
Lehmann, D. (Koukkou, and): 777, *810*
Lehmann, G.: 843, *849*
Lehmann, K(laus) (persönliche Mitteilung, 1985)
Leibbrand, W.: *103*
Leibnitz, G(ottfried), W(ilhelm) (1686): *103*
Leibovitz, M.P. (Galbraith, et al.): 606, 607, *625*, *640*, *750*
Leibovitz, M.P. (London, et al.): 147, *209*, 606, 608, 624, 625, *642*, 721, *754*
Lennox, W.G. (Gibbs, et al.): 762, *807*
Lenny, E.(Diamond, M.J., et al.): 157, 179, *199*
Lenoir, J. (Naquet, et al.): 738, *755*
Lenoir, R.: 83, *103*
Lenormant, Fr.: 49, *58*
Lenox, J.R.: 184, 185, *207*
Lentin, J.F.L.: *103*
Lentz, W.J. (Niedermeyer, and): 800, *812*
Lerner, M.: 826, *838*
Le Roy (s. Franklin, et al.): 156, *201*
Lesh, T.V.: 154, *208*
Leslie, A.: 168, *208*
Leslie, D.: *48*
Leu, G. (Brown, et al.): 147, 164, *196*
Leuba, C.: 163, *208*
Leuner, H.: 16, *31*, 156, 158, 168, *208*, 296, *303*
Levi, C.J. (Thornton, and): 785, *814*
Levi, L.: 585, 818, *820*
Levin, P. (Koella, and): 691, 699, *709*
Levine, J. (Ludwig, and): 175, *209*
Levine, J.D.: 148, *208*
Levine, K.M.: 148, *208*
Levine, M.: 632, *642*
Levinson, B.W.: 783, 785, *811*
Levitsky, A.: 833, *838*
Levitsky, A. (Stern, et al.): 147, 158, *216*, *601*
Levitt, E.E.: 17, *31*, 139, 140, 147, 152, 164, *208*, 277, *303*, 634, *642*, 646, *674*, 817, 818, *820*, 829, *838*
Levitt, E.E. (Brady, et al., 1964): 164, *196*, 634, *638*, 829, *836*
Levy, N.J.: 249, *266*
Levy-Suhl, M.: 339, 350
Levewasteid, Litt: 548, *550*
Lewis, H.B. (Witkin, and): 148, 159, *219*
Lewis, S.A.: 784, *811*
Leyburn, J.G.: 52, *58*, 150, *208*
Liberman, R.: 168, *208*
Lichtenberg, G.C.: *103*
Lichtenthaeler, C.: 9, 23, *31*, 43, 44, *48*, 76, 79, 80, 87, *103*
Lidz, Th.: 242, *266*
Liébeault, A(uguste), A. (1823–1904): 11, 21, *31*, 92, 93, *103*, 109, 129, 133, 134, 135, 142, 208, 231, 341, 342, 504, 826
Lieberman, J.: 168, 185, *208*, *576*, *579*, *601*
Lieverson, W.T.: 739, *754*
Liebeskind, J.C.: 816, *820*
Lim, D.T. (Sarbin, and): 829, *839*
Linden, W.: 174, *208*
Lindenberg, B. (Ingvarsson, and): 143, *205*
Lindner, H.: 585, 586
Lindner, R.N.: 185, *208*, 249, *266*, 292, *303*
Lindsley, D.B.: 735, 738, *754*, 764, *811*
Ling, G.M. (Yamaguchi, et al.): 729, 736, *759*
Lion, K.S.: 629, *642*
Lipcon, H.H. (Pierce, and): *665*, *674*, 766, *807*
Lissak, K. (Grastaýn, et al.):
Livingston (zit. in: Stocksmeier, U.): *31*
Lockie, S.E. (Jemmett, and): 634, *641*
Lockhart, R.S.: 576, *601*
Lockhart, R.S. (Craik, and): *576*, *598*
Lodge, J.: 143, *208*
Loewenfeld, L.: 11, *31*, *103*
Loewi, R. (Berger, et): 627, *638*
Loftus, E.F.: *601*
Loftus, E.F. (Hilgard, E.R., and): *599*
Lohmann, R(einhard): 31, 95, *103*
London, P.: 142, 143, 144, 147, 149, 151, 157, 159, 161, 185, *208*, *209*, 372, 522, 526, *537*, 606, 607, 608, 609, 624, 625, *642*, 721, *754*
London, P. (Barabasz, and):
London, P. (Cooper, and, 1966): 143, 144, 197, 376, *381*, 578, *597*
London, P. (Engstrom, et al., 1970): 606, 624, *640*
London, P. (Galbraith, et al.): *202*, 606, 607, *625*, *640*, 750
London, P. (Madsen, and): 143, *209*
London, P. (Rosenhan, and): 150, 161, *213*, 578, *602*
London, P. (Schulman, and): 160, *214*, 576, 577, 578, *603*
Londsdale, C. (Barabasz, and): 608, *638*
Long, T.E.: 147, *209*
Loomis, A.L.: 623, 625, *642*, 659, *674*, 709. 770, 771, 778, 780, *811*
Loomis, A.L. (Davis, H., et al.): 770, 771, 772, 778, 780, *805*
Lopez, C.A.: 82, *103*
Lopez, D.I. (Bahr, et al.): 174, *193*
Lorand, S.: 228, *266*
Lorens (1961) (zit. in: Edmonston, 1972): 630, *642*

Losieczko, T. (Jus, et al.): 698, *708*
Lowen, A.: 245, *266*
Lower, W. R. (Batterman, and): *194*
Lowy, S.: 237, 243, *266*
Lubin, A. (Williams, et al.): 735, *758*
Lubin, B.: 237, 242, *266*
Lubin, B. (Brady, et al.): 164, *196*
Lubin, B. (Levitt, et al.): 164, *208*
Luborsky, L. (Shevrin, and): 677, *710*
Luce, G. G.: 842, *849*
Ludwig, A(rnodl), M.: *59*, 61, *66*, 78, 79, *103*, 151, 168, 175, *209*, 248, *266*, 343, 829, 831, *838*
Ludwig, A. M. (Brandsma, and): 288, *300*, 580, *597*
Lummis, G. (King, and): 125, *206*
Lund, R.: 841, *849*
Lundholm, H. (Whitehorn, et al.): 646, *675*
Lundy, R. M. (Dhanens, and): *576*, *577*, *578*, *596*
Lundy, R. M. (Peters, et al.): *212*, 273, *282*
Luthe, W. (Schultz, and): 171, *214*
Lyle, W(illiam), H. (Ludwig, and): 169, *209*, 248, *266*
Lynch, J. J.: 607, *642*
Lyncker, I. (Barabasz, et al.):
Lyncker, I. (Bongartz, et al.): 635, *638*
Lynn, S. J. (Baum, and): 159, *194*
Lyons, H. (Chodoff, and): 580, *597*

M
Maas, J. W. (Pierce, et al.): 795, *813*
Macalpine, I(da): 149, *209*
MacCale, W. S.: 728, *754*
MacDonald, H. (Finke, and): 147, 164, *201*
MacDonald, H. (Hilgard, E. R., et al.): 144, 152, 157, *382*
MacDonald, H. (Ingram, et al.): *148*, *205*
MacDonald, H. (Morgan, et al.): 609, 625, *643*
MacHovec, F. J.: 78, 103, 288, *303*
Machover, K. (Witkin, et al.): 148, 150, *219*
MacKinnon, D. W. (Barry, et al.): 129, 148, 185, *194*, *381*
MacLean, P. D.: 728, 729, 731, *754*, 764, 765, 766, *811*
MacLeod, C. (Jean, St., et al.): *576*, *599*
MacLeod Morgan, C(risetta): 608, 625, *643*
MacMillan, M. B.: 94, *103*, 249, *266*
Madden, J. L. (Barber, R. F., and): 784, *804*
Madey, J. M. (Koukkou, et al.): *810*
Madigan, S.: *577*, *601*
Madow, L(eo): 15, *31*
Madow, L. W. (Sarbin, and): 148, *214*
Madsen, C. H.: 142, 143, *209*
Madsen, C. H. (London, and): 142, *209*, 608, *642*
Maeda, T. (Hashimotot, et al.): 733, *750*
Maer, F. (Schwartz, et al.): 721, *757*
Maffei, L. (Berlucchi, et al.): *629*, *638*
Magendie, F(rancois) (1783–1855): 23, *31*, 87, *103*, 737, *747*, 766, *804*
Magnan, J. T.: 154, *209*
Magni, F. (Batinie, et al., 1959): 736, 738, *746*
Magnus, A(lbertus) (1206–1280): *66*, *343*
Magnussen, G.: 764, *811*
Magoun, H. W.: 712, 719, *754*, 766, *811*, 812
Magoun, H. W. (French, and): 732, *749*
Magoun, H. W. (Linsley, et al.): 739, *754*, 766, *811*
Magoun, H. W. (Moruzzi, and): 666, *674*, 729, 732, *755*, 831, *838*
Magun, R. (Janzen, et al.): 713, 718, *752*
Maher-Loughan, G. P.: 292, *303*
Mahler, M.: 834, *838*
Mahut, H. (Cordeau, et al.): 736, *748*
Maier, N. R. F.: 156, *209*
Majault (zit. in: Franklin, et al.): 156, *201*
Maskimov, Yu. A. (Zukhar, et al.): *776*, *815*
Malan, D. H.: 229, *266*
Malmaud, R. (Frankel, et al.): 184, 185, *201*
Mancia, M. (Cordeau, and): 736, 737, *748*
Mandell, J. A.: *844*, *849*
Mandler, G. S.: *577*, *601*
Mangold, E.: 11, *31*, 37, *41*, 68, 69, *74*, *103*
Maralik, I. (Schaffer, et al.): 688, *710*
Marcovitch, P. (Perry, et al.): 171, *212*
Marcuse, F. L.: 78, *103*, 355, *382*, 832, *838*
Marcuse, F. L. (Bitterman, and): 578, *596*
Marcuse, F. L. (Gramize, and): 26, *202*, 355, 369, *381*
Marcuse, F. L. (Martin, and): 164, *209*, *382*
Marczynsky, T. J. (Yamaguchi, et al.): 729, 736, *759*
Marg, E.: *629*, *643*
Margolin, S. (Kubie, and): 823, 824, 825, 831, *838*
Margolin, S. (Kubie, and): 163, 174, *207*
Margolis, C. G. (Swirsky-Sacchetti, and): 148, 292, *304*
Maricourt, P(ierre), de (1269): 59, 60, *66*
Marinesco, G.: 646, *674*
Marks, D. F.: 158, *209*
Marks, I. M.: *818*
Marks, R. W.: 61, *66*, *103*
Marley, E. (Key, and): 729, 736, *753*
Marlin, N. A. (Miller, and): *576*, *601*
Marmer, M. J.: 127, *209*
Marossero, F. (Sironi, et al.): 716, *757*, *758*
Mars, L.: 52, *58*, 150, *209*
Marsahl, C.(Zimbardo, et al.): 128, 147, *220*
Marshal, G. (Zimbardo, et al.): 128, 147, *220*
Marshall, D. G.: 178, *209*
Martin, C. E. (Kinsey, et al.): 19, *30*
Martin, D. E. (Kinsey, et al.):
Martin, E. (Metlon, and): 20, *31*

Martin, J.: 845, *849*
Martin, J.S. (Morse, et al.): 174, *210*, 647, *674*
Martin, M.F. (Taylor, and): 580, 582, *603*
Martin, P.E.: 631, *643*
Martin, R.M.: 164, *209*, *382*
Martino, R. de (Fromm, Erich, et al.): 23, *28*
Marx, K(arl) (1818–1883): 65, *103*
Maslach, C. (Zimbardo, et al.): 128, 147, *220*
Mason, A.A.: 243, 266, 294, *303*
Masters, R.E.L.: 14, *31*, 49, *58*, 63, *66*
Masters, W.H.: 19, *31*, 159
Mathew, A.M. (Martin, and): 631, *643*
Matsumoto, J.: 719, *755*
Matsuzaki, M.: 719, *755*
Matthews, W.H.: 306, *352*
Matussek, N(orbert): 247, 266, 844, *849*
Matzenauer, E.: 83, *104*
Maupin, E.W.: 174, *209*
Maurach, R.: *753*
Maurus, R(hobanus) (780–856): 658, *674*
Maury, L(ouis), A(lfred): 676, *820*
Mausner, B(ernard): 20, *31*
Maxwell, W(illiam): 60, *65*
Mayer, A.U.: *656*, *674*
Mayer, L.: *31*, *104*
Mayo, H.: 10, *31*
Mazurowksi, J.A. (Hughes, and): 720, *751*
McBain, W.N.: 125, 148, *209*
MeCabe, M.P. (Jup, et al.): 206, 374, *389*
McCanne, T(homas), R. (Bauer, and): 699, 700, *704*
McCleary, R.A. 766, *812*
McClellan, G.E. (Kihlstrom, et al.): 164, *206*
McClure, C.M.: 788, *812*
McConkey, K.M.: 82, *104*, 157, 158, *209*, *266*, 374, *382*, *587*, *601*
McConkey, K.M. (Sheehan, and): 372, 374, 375, 377, *383*
McCord, H.: 163, 164, 169, 185, *209*, 545, *550*
McCranie, E.J.: 739, 748, 826, *838*
McCranie, E.J. (Crasilneck, et al.): 831, *837*
McDonald, P.J. (Morgan, et al.): 609, *625*, *643*
McDonald, R. (Ingham, et al.): et al.): *576*, *597*
McDonald, R.D.: 827, *838*
McDougall, W.: 94, *104*, 110, *209*, 574, *601*, 829, 832, *838*
McFall, M.E. (Bornstein, et al.): 287, *299*
McFee, A.S. (Doberneck, and): *545*, *549*
McGeorgh, J.A.: 143, *209*
McGlashan, T.H.: 168, *209*, *332*
McGlothlin, M.S. (McGlothlin, W.H., and): 168, *209*
McGlothlin, W.H.: 174, *209*
McGowan, W.T. (Haynes, et al.): 631, *640*
McGrath, P.A. (Stam, et al.): 291, *304*
McGuinnes, D. (Pribram, and): 164, *212*, 741, *756*
McKinley, P. (Gur, R.C., and): 158, *203*
McNeil, B.M. (Ingram, et al.): 148, *205*, 576, *599*
McNeil, B.M. (Saccuzzo, et al.): 148, 150, *213*, *600*
McPeake, J.D. (Spanos, and): 147, 157, 164, *215*
McQuade, W.: 818, *820*
Mead, R(ichard): 10, 31, 59, *66*, *104*
Meares, A(inslie): 17, *31*, 51, *58*, 129, *209*, 248, *266*, 310, *332*, 370, *382*, *592*, 742, 833, *838*
Meash, I.N. (Kardener, et al.): 152, *206*
Meeker, W.B.: 152, *210*
Meerloo, J.A.M.: 788, *812*
Meichenbaum, D(onald) (Truk, et al.): 19, *35*
Meier, W.: 10, *31*
Meinz, R. (Crosson, et al., 1977): 606, 607, *639*
Meissner, P.B. (Witkin, et al.): 148, 150, *219*
Melei, J.P.: 166, *210*
Melin, E. (Berg, and): 143, *195*
Melton, A(rthur), W.: 20, *31*
Meltzer, D.: 243, *266*
Melzack, R.: 19, *31*, *332*, 816, *820*, *821*
Mempel (Talairach, et al.): 716, *758*
Mendelson, M.: 241, *266*
Menninger, K.A. (Gill, and): *202*
Menninger-Lerchenthal, E.: 845, *550*
Merskey, H.: 816, *821*
Mesmer, F(ranz), A(nton) (1734–1815): 10, 21, **31**, **32**, *54*, 60, 61, 63, *66*, 77, 81, 82, 83, 84, 85, 87, 96, *104*, 133, 156, 221, 343, 344, 347, 348, 349, 658, *674*, 872
Messer, A.L.: 148, *210*
Mesmith, C.L. (Webb, and): 355, *384*
Messerschmidt, R.: *575*, *601*
Meszaros, I.: 721, *755*
Metraux, A.: *52*, *58*, 150, *210*
Metzing, E.: 726, *755*
Mezurowski, J.A. (Hughes, and): 720, *751*
Meyer, J.A.G.: *32*
Meyer, L(udwig): 10, *32*, *66*
Meyer, R.G. (Gorp, van, et al.): 247, *262*, 291, *301*
Meyers, F.W.H.: 581, *601*
Meynert, T(heodore) (1833–1892): *104*, 222, 231
Michel, C.(Crasilneck, and): 832, *857*
Michel, F. (Houvet, et al.): 718, 735, *752*
Mielke, F. (Benedetti, und): 247, *258*
Milechnin, A. (Solovey, and): *271*, 677, *710*, 832, *839*
Miles, W.R.: 629, 643
Miller, B. (Erdolyl, M.H., et al.): 577, *598*
Miller, A(rnold): 288, 303
Miller, D. (Horton, and): 580, *599*
Miller, G.A.: 148, 150, *210*
Miller, H.R.: 726, 280, *755*
Miller, L.S.: 172, *210*
Miller, N.E.: 164, *210*
Miller, R.D.: *267*, *592*, *594*
Miller, R.J.: 122, 127, 147, 159, *210*
Miller, R.J. (Saavedra, and): 162, *213*

Miller, R. R.: *576*, *601*
Millet, J. B. (Wolfe, and): 783, 784, *815*
Milman, D. S. (Goldman, and): 18, *29*
Milner, B. (Penfield, and): 720, *756*
Milt, B.: 83, *104*
Minobe, K. (Rossi, et al.): 753, *757*
Mintz, M. (Myslobodsky, et al.): *755*
Misch, R. C. (Frankel, and): 294, *301*
Mischel, F(rances) (Mischel, W., and): 52, *58*, 150, *210*
Mischel, W.: 52, *58*, 150, *210*
Mitchell, M(ildred), B.: 578, *601*
Mitscherlich, A.: 221, 245, *267*
Moldacskaya, S. I. (Khil'chenko, et al.): 776, *810*
Moll, A.: 11, *32*, 92, *104*, 177, *210*, 231, 338, 345, *350*
Monachon, M. A. (Jalfe, et al.): 719, *751*
Monnier, M.: 626, *643*, 729, *753*, 766, 773, *812*, 844, *850*
Monnier, M. (Hösli, and): 729, *751*
Monroe, W. S.: 719, 755, *712*
Monteiro, K. P. (Hilgard, E. R., et al., 1981): 144, 152, 157, *204*, *382*
Montijo, J.: 141, *210*
Moody, R. L.: 54, *58*, 267, *584*, *585*, *601*
Moore, K. E.: 844, *850*
Moore, R. A.: 185, *210*
Moore, R(osemarie), K.: 126, 127, 142, 144, 149, *210*
Moore, R. K. (Hilgard, E. R., et al.): 129, 140, *204*, 382
Moore, R. Y. (McCleary, et al.): 766, *812*
Mora, G.: 241, 245, 247, *267*
Mordkoff, A. M. (Wheeler, et al.): 147, *218*, 723, 724, *758*
Moreau, A. (Cordeau, et al.): 736, *748*
Moreno, J. L.: 248, *267*, *567*
Moreti, P. (Spanos, et al.): 291, *304*
Morgan, A. (Reene): *526*, *537*
Morgan, A. (Dumas, and): 608, *639*
Morgan, A. H.: 142, 143, 144, 145, 170, *210*, 372, 376, *382*, 609, 625, *643*
Morgan, C.. D. (Levitt, et al.): 147, 168, *208*
Morgan, C. D. (Riech, and): 169, *213*, 373, *382*
Morison, B. R. (Forbes, and): *749*, 771, *807*
Morison, R. S. (Demsey, and): 729, 735, *748*, 766, *806*
Morley, S. (Pierce, and): 611, *643*, *813*
Morlock, H. C. (Williams, et al.): 735, *758*
Morlock, J. V. (Williams, et al.): 735, *758*
Morrison, A. R.: 646, *674*
Morrow, J. E. (Springer, and): 172, 178, *216*, 248, *271*
Morrow, R. S.: 141, *210*
Morse, D. R.: 174, *210*, 647, *674*
Morton, J. H.: 580, *601*
Moruzzi, G.: 664, *674*, 729, 730, 732, 735, 737, 739, *755*, 831, *838*
Moruzzi, G. (Batini, et al., 1958): 736, 738, *746*
Moruzzi, G. (Berlucchi, et al.): 629, *638*, 737, *747*, *804*
Moscone, R. O. (Braunstein, and): 168, *196*
Moseley, D. (Haynes, and): 631, *640*
Moser, F(anny): 66, 86, *104*
Mosier, C. I. (Messer, et al.): 148, *210*
Moss, C. S(cott): 15, 17, 20, *32*, 140, *210*, 677, *709*
Mosso, A(ngelo): 826, 831, *838*
Mosteller, F. (Lasagna, et al.): 168, *207*
Mostofsky, D(avid): 17, *32*
Motoda, K.: 294, *303*
Mott, T. Jr.: 171, *210*
Mounier, D. (Jouvet, et al.): 735, 737, *752*
Mountain, H. E. (Polak, et al.): 185, *212*
Moutin, L.: 14, 21, *32*, 353, 354, 360, 380, *382*, 855
Mowbray, R. M.: 168, *210*
Mowbray, R. M. (Davies, and): 168, *198*
Mowbray, R. M. (Friedling, et al.): 168, *201*
Müller, C.: 242, *267*
Müller, E. (Janzen, und): 713, 718, *750*
Müller, E. (Janzen, et al.): 713, 718, *750*
Müller, G.: *659*, *674*
Müller, H. G.: 776, *842*
Müller, H. G. (Jovanović, und): 764, *809*
Müller, H. K. M.: 764, *812*
Müller, H. K. M. (Jovanović, und): 764, *809*
Müller-Elmau, B(ernhard): 16, 23, *32*, 45, *48*, 173, 174, 176, *210*
Müller-Hegemann, D.: *104*
Müller-Küppers, M.: 762, *812*
Müller-Limmroth, W.: 685, *709*
Muensterberg (zit. in: Wolberg, L. R.): 94, *104*
Müezzinoglu, Ali-Esref: 154, *210*
Muftic, M. D.: 832, *838*
Muftic, M. K.: 294, *303*
Muhlholland, T. B.: *210*, 712, 723, *755*, 762, *812*
Muhlholland, T. B. (Peper, and): 762, *813*
Mulahy, P.: 241, *267*
Mulleney, D. J. (Budzinski, et al.): 631, *638*
Mullin, C. S. (Barabasz, and): 170, *193*
Mummenthaler, M.: 282, *303*
Muncie, W. S.: *267*
Munger, M. P. (Ås, et al., 1962): 175, 177, 180, *192*
Murphy, D. B. (Myers, and): 124, 125, *211*
Murphy, L.: 83, *104*, 231, 249, *267*, 580, *601*, 778
Murphy, W. L. (Duetsch, F., and): 236, *260*
Murra-Jabsis, Joan: *523*, *537*
Murray, E. N. (Katkin, and): 700, *708*
Murray, H. A.: 148, *210*
Murray, H. A. (Barry, et al.): 129, 148, 185, *194*, 381
Murray, J. H.: 167, *210*
Murty, N. S. (Sharma, et al.): 306, *332*
Musschenbrock (zit. in: Feld): 59, 60, 65, *100*
Muthu, D. C.: 75, *104*

Muzio, J. (Roffwarg, et al.): 629, *644*
Myers, A. T. (Smith, and): 185, *215*
Myers, H. J. (Rosen, and): 183, *213*
Myers, T. E.: 124, 125, *210*
Myslobodsky, M. S.: *755*

N
Nact, S.: 240, *267*, 726
Nagler, S. H.: 241, 245, *267*
Naquet, R.: 738, *755*, *756*
Naranje, C(laudio): 16, *32*, 45, *48*
Nardi, Th. J.: 292, *303*
Nash, E. H. (Imber, et al.): 123, *205*
Nauta, W. J. H.: 728, 755, 765, *812*
Nayrac, P.: 762, *812*
Neal, E. V.: *382*
Neale, J. M. (Davidson, und): 4, 766, 780, *806*, *837*
Nees, v. Esenbeck, Th. Fr. L.: *104*
Negishi, K. (Verzano, and): 733, *758*
Nemiach, J. C. (Benson, et al., 1978): 184, *195*, 646, *671*
Nesmith, C. C. (Webb, and): 123, *218*
Netherton, M(orris): 21, *32*
Nettesheim, A(grippa), H. C. v.: *66*
Nettler, G.: 156, *211*
Neuberth, J.: 10, *32*
Neuringer, C. (Finn, and): 147, *201*, 721, *749*
Neville, J. (Kennedy, and): 184, 186, *206*, *208*
Newman, R. (Rubenstein, and): 249, *269*, 587, *602*, 677, *709*
Newmark, J. (Frank, et al.): 184, 185, *201*
Newton, B. W. (Bowers, et al., 1971): 288, *300*
Newton, I(saac) (1642–1727): *32*, *66*, *104*
Nicholis, F. B.: 700, *709*
Nicholl, R. A.: 824, *850*
Nichols, D.: 306, *332*
Nicholson, A. N. (Bradly, and): 729, *747*
Niedermeyer, R.: 800, *812*
Niell, K. C. (West, et al.): 632, *645*
Nieuwenhuys, R.: 727, *756*
Nikolajew (1927): (zit. in: Chertock, L.): 93, *104*
Nitzsche, B(ernd): *104*, 225
Norman, D. A.: 577, *601*
Norman, D. A. (Wangh, and): *576*, *604*
Nowlis, D. P.: 147, *211*, 606, *524*, 625, *643*, 721, 756
Nowycky, M. C. (Roth, R. H., et al.): 744, *850*
Nuechterlein, K. H.: 171, *211*
Nuechterlein, K. H. (Holroyd, et al.): 171, 172, 173, *204*
Nuland, W.: 247, *267*, 289, 292, *303*
Nunberg, H.: 228, *267*
Nuys, D. van: 163, 168, 174, *211*

O
Oberlander, J. Z. (Fromm, Ericka, et al., 1981): 249, 232, *262*
Oberlander, M. (Fromm, Erika, et al., 1970): 232, 299, *262*
Oberlander, M. (Gruenewald, et al.): 232, 248, *263*, 580, *599*
Obersteiner, H(einrich): 11, *32*, *104*, 230, *267*
Obonai, T. (Fjusawa, and): 682, *705*
O'Brian, R. (Hong, et al.): 141, *204*
Ochorowicz, J.: 10, *32*
O'Connell, D. N.: 155, *211*, 578, 579, 583, *601*
O'Connell, D. N. (Coll, et al.): 146, *197*, 692, *704*
O'Connell, D. N. (Dittborn, and): 146, *199*, 692, *705*, 737
O'Connell, D. N. (Evans, et al., 1970): 692, 693, *705*
O'Connell, D. N. (Orne, T. M., et al., 1967): *211*
O'Connell, D. N. (Perry, et al.): 693, 709, 800, *806*
O'Connell, D. N. (Shor, et al.): 125, 126, 145, 177, 179, *215*, 373, *383*
O'Connor, N. (Das, and): 176, 178, *198*
Ostvold, S. (Ås, and, 1968): *199*
Oetinger, F(riedrich), Ch.: *104*, 192
O'Hara, J. W. (Ås, et al., 1962): 175, 177, 180, *192*
Ohlmeyer, P.: 767, *812*
Olds, J.: 730, *756*
Olley, P. (Berger, et al.): 629, *638*, 719, *747*
Olness, K.: 293, *303*
Olness, K. (Gradner, and): 19, *28*, 293, 295, *301*, 526, 527, 528, 531ff., *537*
Orchard, W. (Evans, and, 1969): 705, 774, 777, *806*
Orgler, H(ertha): 236, *267*
Orne, E. C. (Orne, M. T., et al.): *211*, 373, *382*
Orne, E. C. (Shor, and): 124, 126, 127, 138, 140, 158, 162, 163, 168, 172, 178, 184, 185, *215*, 292, *304*, 371, 372ff., *382*, *569*, *570*, 607, 632, *644*, 693, 721ff., *757*
Orne, M. T.: *32*, 128, 150, 151f., 160, 162, 164f., 174, 177f., *211*, 267, 280, *303*, 306, *332*, 373, 382, 576, 578ff., 586, 592, *601*, 827, *838*, *839*
Orne, M. T. (Cobb, et al.): 146, *197*, 692, *704*
Orne, M. T. (Damacer, et al.): 164, *198*, 634, *639*
Orne, M. T. (Evans, and): 160, 161, *200*, 838, *837*
Orne, M. T. (Evans, et al., 1970): 692, 693, *705*
Orne, M. T. (Evans, et al., 1972): 800, *806*
Orne, M. T. (Frankel, and): 184, *205*
Orne, M. T. (McGlashan, et al.): 168, *209*, *332*
Orne, M. T. (O'Connel, et al.): 583, *601*
Orne, M. T. (Perry, et al.): 693, *709*
Orne, M. T. (Shor, et al.): 82, 124, 125, 126, 145, 177, 179, *215*, *383*
Ornstein, R.: *332*, 721, 722, *750*
Ornstein, R. (Doyle, et al.): 625, *639*
Ornstein, R. (Galin, and): 625, *640*

Ornstein, R. (Naranje, and): 16, 45, *48*
Orthner, H.: *754*, *810*
Osgood, C.E.: *677*, *709*
Oswald, I.: 146, *211*
Oswald, I. (Berger, et al.): 629, *638*, 719, *747*
Othmer, E.: 631, *643*, 684, *709*, 731, 732, 735, *756*, 766, *812*
Otis, L.S.: 174, *211*
Overlade, D.: 306, 312, *332*
Overley, T.M. (Levitt, and): 139, 140, *208*
Overley, T.M. (Levitt, et al.): 147, 164, *208*
Overton, D.A.: *601*

P
Padel, Y. (Dell, et): 736, *748*
Pagle, W.: 80, *104*
Pai, M.N.: 668, *674*
Paivio, A.: 159, *211*
Palacios, R. (Fuxe, et al.): 844, *848*
Paldi, E. (Fuchs, et al.): 295, *301*
Palestini, M. (Batini, et al.): 736, 738, *746*
Palestini, M. (Borlone, et al.): 146, *195*, 682, 692, *704*
Palley, N. (Yamamoto, et al.): 141, *219*
Palmer, R.D.: 125, *211*
Palmer, R.D. (Field, and): 175, *200*
Pampiglione, G.: *643*, 772, 773, *812*
Papanek, E.: 236, *267*
Papermaster, A.A.: 465, 537, 546, *550*
Papermaster, A.A. (Doberneck, et al.): 545, *549*
Paracelsus, Aureolus Philippus Theophrastus Bombastus von Hohenheim (1493–1541): 9, *32*, *59*, 60, 66, 77, 80, 96, 221
Paré, A(mbroise) (1517–1590): *104*
Paret, R(udi): 23, *32*
Parisher, D.W. (Peilley, et al.): 179, *212*
Parker, P.D.: *576*, *578*, *601*
Paris, D.A. (Bornstein, et al.): 287, *299*
Parmeggiani, P.L.: 633, *643*
Parnell, R.W.: 144, 145, *211*
Parrish, M.J. (Levitt, et al.): 208, 278, *303*
Pascal, G.R.: 147, *211*
Paskewitz, D.A. (Lynch, et al.): 607, *642*
Passavant, J.C.: 10, *32*
Passouant, P. (Rimbaud, et al.): 727, *757*
Patterosn, R. (Roberts et al.): 147, 164, 171, *213*, 721, 739, *757*
Pattie, F.A.: *32*, 66, 83, *104*, 129, 140, 143, 168, *211*
Pattie, S. (Jana, and): 634, *641* 844, *849*
Pattishall, E. (Satz, et al.): 147, *214*, 721, *757*
Paul, G.L.: 171, *211*
Paul, L.A. (Liebeskind, and): 816, *820*
Paulson, M.A. (Kales, et al.): 660, 664, 668, *673*
Pauly, J.E. (Schering, et al.): 842, *850*
Pawlak, A.E. (Spanos, et al.): *578*, *603*
Pawlow, I(wan), P(etrowitsch) (1849–1936): 39, *41*, 92, 93, 94, *104*, 714, 742, *756*, 822, 823, 825, 826, 829, 831, *839*
Payne, R.W.: *576*, *578*, *602*
Pearce, J(oseph), C(hilton): 20, *32*
Pearlstone, Z. (mandler, et al.): *577*, *601*
Perason, R.E.: 783, *813*, 829, *839*
Pederson, D(arhl), M.: 149, 151, *211*
Pederson, L.L.: 247, *267*, *289*, *303*
Pein, B. (Jovanović, und): 795, *813*
Pellin, B. (Jouvet, et al.): 735, 737, *752*
Pekarek, V. (Diamanti, et al.): 546, *560*, *672*
Penfield, W.: 715, 716, 720, 731, *756*
Pein, B.: 794, *795*, *810*
Pekarek, V. (Diamant, et al.): 677, 680, *705*
Pelletier, K.R.: 762, *813*
Pentony, P. (Tebêcis, et al.): *625*, *644*, *758*
Peper, E.: 762, *813*
Peper, E. (Muhlholland, and): 762
Peper, E. (Pelletier, and): 762, *813*
Peper, E. (Pollini, and): 762, *813*
Pepys, S(amuel): 62, *66*, *104*, 343
Peretz, B.A. (Fuchs, et al.): *295*, *301*
Perez de la Mora (Fuxe et al.): 844, *848*
Perican, K.M. (Graham, and): 721, *750*
Perin, C.T. (Balschak, et al.): 140, *193*
Persinger, G.W. (Rosenthal, et al.): 162, *213*
Persky, H. (Levitt, et al.): 147, *208*, 634, *642*
Perls, F.S.: 230, 245, 248, *267*
Perry, C.: 124, 125, 138, 147, 152, 171, 172, 177, *211*, *212*, *267*, 584, *602*
Perry, C. (Laurende, and): *207*, 372, 375, 377, *382*, 580, *601*
Perry, C. (McConkey, and): 82, *104*
Perry, C.W. (Melzack, and): *332*, 816, *821*
Perry, C.W.: 693, *709*
Perry, C.W. (Sheehan, and): 14, *82*, 138, *215*, 816, *821*
Perry, C.W. (Sutcliffe, et al.): 124, 125, 158, *216*
Perry, H.S.: 241, *267*
Perty, M.: 10, *32*
Pessin, M.: 632, *643*
Pessin, M. (Edmonston, and): 632, *639*
Peters, J.E.: 175, *212*, 230, 247, *267*, 373, *382*, 634, *643*
Peterson, D.B. (Sumner, et al.): 527, *644*
Peterson, L.R.: *576*, *602*
Petrén, A.: 651, *674*
Petrie, A(senath): 123, *212*
Petrie, A. (Himmelweit, et al.): 122, *204*
Petrov, Yu.A. (Zavalova, et al.): 776, *815*
Petsche, H. (Rappelsberger, et al.): 720, 721, *756*
Pettinati, H.M.: 185, *212*, 287, *303*, *576*, 580, *602*
Pety, J. (Dowd, and): 306, *330*
Petzold, H.: 230, *268*

Pfaff, C(hristoph): 59, *66*
Pflanz, M.: 762, 770, *813*
Pflanz, M. (Stokvis, und): 110, 114, 116, 117, *216*
Pfeifer, G. (Fromm, Erika, et al.): 232, *262*
Philipus, M. J. (Davis, and): 294, *300*
Phillipp, A. (Holt, et al.): 185, *204*
Phillipp, M.: 225, *268*, *813*
Phillips, A(rthur): 20, *32*, 631, *643*
Phillips, C.:
Philpott, S. J.: 843, *850*
Piaget, J.: 576, *602*
Piat, C(olette): *66*, 665, *674*
Piedmont, R(alph), L. (Mostofsky, and): 17, *32*
Pierce, C. M.: *795*, *813*
Pierce, F.: 111, *212*
Pierce, R. (Carkhuff, and): 141, *196*
Pierce, S.: 631, *643*, *813*
Pies, E(ike): 62, *66*
Pietrusky, F.: 627, *643*
Pigatti, H. (1782): 656, *674*
Pilcz, A.: 845, *850*
Pilleri, G.: 731, *756*
Piotrovski, Z.(Bowers, et al., 1971): 288, *300*
Piper, H.: 631, *643*
Pistole, D. D.: 588, *602*
Pistole, D. D. (Kihlstrom, et al.): 147, 164, *206*
Pistole, D. D. (Shor, et al.): 580, *603*
Pivik, T.: 698, *709*
Plapp, J. M. (Pessini, et al.): 632, *641*
Platonov, K. I. *23*, *32*, 176, *212*, *317*, *332*, 584, 585, *602*, 825, 831, *839*
Platt, E(llen), S. (Mausner, and): 20, *31*
Platt, J(oseph), H. (1907): 248, *268*
Ploog, D.: 42, *48*
Ploog, D. (MacLean, and): 764, 765, 766, *811*
Ploog, D. (MacLean, et al.): 764, *811*
Plotke, L.: 628, *643*
Po, J. (Jacobson, et al.): 668, *673*, 683, *706*
Po, J. (Kales, et al.): 660, 668, *673*, *674*
Pockberger, H. (Rappelsberger, et al.): 720, 721, *756*
Podmore, F.: 82, *104*
Poeck, K.: 712, *756*
Poeppel, E.: 718, *756*
Potzl, O.: 677, *709*
Poetzl-Malikova, M(aria): *104*, *105*
Pohl, W(erner): 62, *66*
Poire, R. (Broughton, et al., 1965): 632, *638*, 794, *805*
Poissaint, A. F.: *303*
Polak, P. R.: 185, *212*
Pole, P. (Jafre, et al.): 719, *751*
Polk, W. M.: 258, *303*
Pollak, A. A. (Case, et al.): *259*, *592*, *594*
Pollini, S. J.: 762, *813*
Pomeroy, W. B. (Kinsey, et al.): 19, *30*
Pongratz, J.: 42, *48*
Pope, K. S. (Singer, and): 157, *215*
Pope, K. S. (Singer, and): 215, *271*, 592, 593
Popoviciu, L.: 660, 772, *674*, 717, 756, 794, *813*
Porro, M. B. (Sironi, et al.): 716, *757*
Porter, M. L. (Blum, et al., 1978): *574*, *576*, *596*
Possani, L. (Fuxe, et al.): 844, *848*
Powell, D. H.: 247, 268, 289, *303*
Poynter, F. N. L. (Bishop, and): 89, *98*
Prabhavananda, S.: 154, *212*
Prangisvili, A. S.: 834, *839*
Pratt, G. J.: 12, *32*, 129, *212*, 546, *550*
Preedman, D. X. (Schiff, et al.): *629*, *644*
Prel, C. du: 10, *33*
Preyer, W. Th.: 11, *33*, 68, *74*, *105*
Pribram, K. H.: 164, *212*, 740, 741, *756*
Pribram, K. H. (Isaacson, and): 728, *751*
Price, H.: 14, *33*
Prideaux, E.: 118, *212*
Priebe, F. S.: 157, *212*
Priestley, J(ohn), B(oynton) (1767): 60, *66*
Prince, M.: 92, 94, *105*, 581, *602*, 829, 830, *839*
Prince, R.: *54*, *58*
Progoff, I.: *267*
Prokasy, W.: 311, *332*
Prossalexntis, D. (Talairach, et al.): 716, 758
Provins, K. A. (Tebêcis, et al.): *625*, *644*, *758*
Provonsha, J. W.: 156, *212*
Pujol, J. F.: 734, *756*
Pujol, J. F. (Jouvet, et al.): 735, *750*
Pulos, L.: 78, *105*
Pulver, P. M. (Pulver, S. E., and): 248, *268*, 295, *303*, *602*
Pulver, S. E.: 248, *268*, 295, *303*, *602*
Purkinje, J(ohann), E(vangelista) (1843): 756, 826, 831, *839*
Pushkina, I. P. (Zukhar, et al.): 776, *813*
Putnam, W. H.: *580*, *602*
Puységur, Armand Marie Jaques de Chastenet, Marquis de (1751–1825): 10, 21, *33*, 87, *105*, 133, *212*, 221, 580, 658, *674*, 715, *756*

Q
Qualls, P. J.: 171, 173, *212*
Quinn, T. (Frankel, et al.): 184, 185, *201*

R
Rabkin, J. (Holt, et al.): 185, *204*
Racamier, P. C.: 240, 242, *269*
Racamier, P. C. (Nacht, and): *267*, *268*
Rado, S.: 228, 240, 241, *268*
Radtke, H. L.: 171, 172, *212*
Radtke, H. L. (Spanos, et al.): 291, *304*
Radtke, W.: *813*
Radtke-Bodorik, H. L.: 172, *216*
Radtke-Bodorik, H. L. (Spanos, et al.): 576, 578, *603*
Raehlemann, E.: 628, *643*
Rafalski, F(rank): 63, *66*
Raginsky, B. B.: 128, 212, 234, 248, *268*, 586, 770, *813*
Raikov, V. L.: 268, 587, 738, *756*, 831, *839*
Raisman, G. (Field, and): 145, *200*

Rangell, B.: *581*, *602*
Rank, O.: 228ff., 239, 252, *268*, 269
Rao, Usha (Sharma, et al.): 306, *332*
Rapaport, D.: 577, *602*, 677, 709
Rappelsberger, P.: 720, 712, *756*
Rardin, M. (Geltand, et al.): 168, *202*
Rasche, Ch.: 684, *710*
Raskin, D. (Prolasy, and): 311, *332*
Rasmussen, T. (Penfield, and): 715, *756*
Rasmussen, W. C. (Schwartz, et al.): 623, 627, 644, 826, *839*
Rathke, W.: 689, *710*, 770, 794, *813*
Rausky, F(ranklin): 83, *105*
Ravagnati, L. (Sironi, et al.): 716, 756, *758*
Ravenscroft, K. Jr.: *52*, 58, 150, *212*
Ravitz, O. J.: 632, *643*
Rawlings, R. M.: *212*
Read (zit. in Wolberg, L. R., siehe dort)
Reardon, J. P. (Howard, et al.): 248, 264, 290, *301*
Rechtschaffen, A.: 631, *643*, 678, *710*, *762*, *813*
Redlich, F. C.: 241, *269*
Rees, W. L. (Eysenck, and): 122, *200*
Regelsberger, H.: 632, *643*, *644*
Regina, G. E. (Sheehan, et al.): 157, *215*
Reich, F.: 61, *66*
Reich, L. H. (Evans, F. J., and): *806*
Reich, W.: 228, 230, 244, 252, *269*
Reichard, S(uzanne) (Brenman, and): 148, *196*
Reid, A. F.: 175, *212*, 633, *644*
Reiff, R.: *212*, 576, 584, *602*
Reilly, R. (Rodolfa, et al.): 278, *303*
Reilly, R. R.: 179, *212*
Reis, H. T. (Wheeler, et al.): 147, *218*, 723, 724, *758*
Reiser, M. F. (Arkin, et al., 1966): 660, *671*
Remmers, H. H.: 119, *213*
Remplein, H.: 245, *269*
Renault, J. (Jouvet, M., et al.): 735, *752*
Rensing, L.: 843, *850*
Retz, N.: *33*
Reyher, J.: 170, *213*, 739, *757*
Reyher, J. (Gur, R. E., and): 721, 722, 723, *750*
Reyher, J. (Wiseman, and): 179, 190, *219*
Reyher, S.: 150, *213*
Rhead, J. C. (Nowlis, and): 147, *211*, 606, 624, 625, *643*, 721, *756*
Rhines, R. (Magoun, and): 729, 754, 766, *812*
Rhodes, J. M. (Adey, et al.): 766, *803*
Richardson, A(lan): 17, *33*, 124, 125, *213*
Richet, C(harles), R. (1850–1935): *59*, 66, 85, *105*
Richter, C. P.: 788, *813*
Richter, De.: 656, *674*, *757*
Richter, H(orst): 221, *269*
Riddle, E. E. (Stalnaker, and): 578, *603*
Riesman, D.: *59*, 66, *105*
Rigaud, M.: 54, *58*, 150, *213*
Riggen, G. (Moss, et al.): 140, *210*
Riggs, M(argaret), M.: 91, 149, *213*
Rimbaud, L.: 241, 245, *269*, 727, *757*
Rioch, D. M.: 241, 245, *269*
Ripley, H. (Frumkin, et al.): 721, *750*
Riotte, M. (Delorme, et al., 1966b): *748*, *848*
Ritterhaus, E.: 844, *850*
Rivers (zit. in: Wolberg, L. R.): 94, *105*
Roach, J. H. L.: 120, *213*
Robert, L. M. (Berkey, and): 83, *98*
Roberts, A. H.: 147, 164, 171, *213*, 721, 737, *757*
Roberts, D. R.: 757, 831, 832, *839*
Roberts, E.: 844, *850*
Roberts, H. (Wallis u.): 4
Roberts, M. L. (Bentler, and): *195*, 371
Robertson, G. M.: 185, *213*
Robiano, L.: 10, *33*
Robinson, M. W. (MacLean, et al.): 764, 765, *811*
Rodolfa, E. R.: 278, *303*
Rodolfa, E. R. (Kraft, and): *302*
Römer, C.: 10, *32*
Roffwarg, H.: 629, *644*, 684, 689, *710*, *813*
Roger, A. (Grastyán, et al.): 766, *807*
Roger, J. (Gastaut, et al.): 657, *672*
Rogers, C. R.: 230, 245, 248, *269*, *332*
Rogers, S. L.: 75, 78, *105*
Rohracher, H.: 608, *644*,
Roitak, A. I.: *755*
Rollins, N.: 834, *839*
Romaios, C. A.: *48*
Rorer, L. G.: 127, *213*
Rosen, H.: 151, 183, *213*, 582, *602*
Rosen, J. M.: 229, 245, *269*
Rosenbaum, M.: 580, *602*
Rosberg, G. (Ihalainen, and): 185, *205*, 290, *301*
Rosenberg, S. (Mething, et al.): 726, *755*
Rosenhan, D. L.: 141, 159, 161, *213*, 578, *602*
Rosenhan, D. L. (London, and): 151, *209*
Rosenthak, B. G.: *576*, *578*, *602*
Rosenthal, R.: 162, *213*
Rosenzweig, S.: 148, *213*
Rosenzweig, S. (Sarason, and): 149, *214*
Rosner, B. (Benson, et al.): 184, *195*, 646, *671*
Rosner, B. S.: *785*, *813*
Rosner, B. S. (Brady, et al.): 629, *638*, *698*, *704*
Ross, C. A.: *580*, *602*
Rosskopf, G.: 51, *58*, 63, *66*
Rossi, E(rnest), L.: 18, *33*, 114, *213*, 314, 327, *332*, 733
Rossi, E. L. (Erickson, M. H., et al.): 232, 247, 249, *260*, 306, 307, 310, 318, 319, 321, 327, *331*
Rossi, E. L. (Erickson, and): 12, 110, 114, 118, 128, *200*, 280, 285, *300*, 306, 307, 308, 309, 310, 312, 314, 315, 316, 317, 318, 319, 320, 322, 323, 325, 326, *331*, 336, *350*
Rossi, G. F.: 737, *757*
Rossi, G. F. (Batini, et al.): 736, 738, *746*

Rossi, G.F. (Candia, et al.): 766, *807*
Rossi, S.I. (Erickson, M.H., et al.): 12, 232, 247, 249, *260*, 306, 307, 310, 318, 319, 321, *331*
Rossiter, T. (Balschak, et al.): 140, *195*
Rostovtzeff, M.: 79, *105*
Roth, B(edrich): 23, *33*
Roth, B. (Diamant, et al.): 646, 660, *672*
Roth, M.: 681, 682, *710*, *813*
Roth, M. (Shaw, et al.): 773, *813*
Roth, R.H.: 844, *850*
Rothman, L.I. (Davidson, et al.): 174, *198*
Rothschuh, K(arl), E.: *105*
Rowena, R. (Ansbacher, and): 236, *257*
Rubenstein, R.: 249, *269*, 587, *602*
Rubenstein, R. (Newman, et al.): 677, *709*
Rubin, A.: 15, *33*, 677, *710*, 774, 777, 778, *813*
Rubins, J.L.: 243, *269*
Ruch, J.C.: 169, 269, *213*, 377, *382*, *592*, *593*
Ruebush, B.K.: 817, *821*
Rüther, E. (Schmaus, et al.): 844, *850*
Rutienbeek, H.M.: 248, *269*
Rund, J.: 151, *213*
Rush, B.: 83, 86, *105*, 580
Ruskin, A. (Lane, and): 646, *674*
Ruskin, P.M. (Kihlstrom, et al.): 147, 164, *206*
Rutherford, D.R. (Curry, and): 147, *198*
Rychtarik, R.G. (Bornstein, et al.): 287, *299*
Rýzl, M(ilan): 12, 21, *33*, 63, 66, 86, *105*, 780, *813*

S

Saavedra, R.L.: 162, *213*
Sabourin, M. (Lavoie, and): 123, 185, *207*, *266*, 296, 297, *302*
Sabourin, M. (Lavoie, et al.): 124, 185, *207*
Sacco, G. (Rossi, et al.): 737, *757*
Saccuzzo, D.P.: 148, 150, *213*, *602*
Saccuzzo, D.P. (Ingram, et al.): 148, *205*, *576*, *599*
Sacerdote, P(aul): 15, *33*, 247, 248, 249, *269*, *270*, 288, 294, *303*, 376, *383*, *592*, *593*, *594*
Sacher, E.J.: 634, *644*
Sachs, L.B.: 214
Sachs, L.B. (DeVoge, and): 177, *199*
Sachs, L.B. (Kinney, and): 178, 179, *206*
Sachs, L.B. (Springer, et al.): 172, *216*, 248, *271*
Sachs, L.R.: 178, 179, 180, *214*
Sachse, R(ainer,) (Kroener, und): 14, *30*
Sackeim, H.A.: *757*
Safran, D. (Saccuzzo, et al.): 148, 150, *213*, *602*
Safrin, R. (Holt, et al.): 185, *201*
Sager, O. (Marinesco, et al.): 646, *674*
Sainz. A.A. (Heath, et al.): 185, *203*
Salama, A.A.: *580*, *602*
Saletu, B.: 668, *674*
Salis, P.J. (Karacan, et al.): 767, 800, *810*
Sallin, (zit. bei: Franklin, et al.): 156, *201*
Salmon, (zit. in: Wolberg, L.R.): 94, *105*
Saltzman, B.N.: 61, 66, 126, *214*, 241, 245, *270*, 369, *383*
Salzarulo, P.: 692, *710*
Salzberg, H.C. (DePiano, and): *580*, *598*
Salzberg, H.C. (Jacobs, and): 147, *211*
Salzman, L.: *270*
Salzman, Ph.M. (Roth, et al.): 844, *850*
St. Jean (s. auch Jean, St.) (Coe, et al.): 157, 158, *197*
Sanders, S.: 248, *270*
Sarasan, I.G.: 818, *821*
Sarason, S. (Rosenzweig, and): 148, 149, 213, *214*, 722, *757*, 822, 829, *839*
Sarbin, T.R.: 14, *33*, 82, *105*, 148, 160, *214*, 646, *674*
Sarbin, T.R. (Friedlander, and): 126, 129, 143, 145, 148, *201*, 371, *381*
Sargant, W.: 151, 214, 290, *303*
Satz, P.: 147, *214*, 721, *757*
Sawyer, C.H. (Kawamura, and): 729, *753*
Sawyer, C.H. (Kawamura, et al.): 729, *753*
Schachtel, E.G.: 578, *602*
Schadé, J.P. (Akert, et al.): 712, 746, 766, *803*
Schaefer, K.P.: 726, *757*
Schaefer, K.P. (Duensing, und): 739, 741, *748*, 766, *804*
Schäffer, R.: 681, 688, *710*, 718
Schäffer, R. (Jovanović, und): *678*, *688*, *708*, *773*, *810*
Schafer, D.W.: 248, *304*, 466, *537*, 580, *602*
Schafer, R.: 148, 214, 270, 291, 294, *304*
Schaltenbrandt, G.: 731, *757*
Scharf, B. (Zamansky, et al.): 161, 166, *200*
Scharfetter, C.H.: 282, *304*
Scharcoff, J.A. (Coe, et al.): 306, 332, *330*
Schauenburg, C.H,: 10, *33*
Scheerer, M (Reiff, and): 212, *576*, *584*, *602*
Scheier, I.H. (Cattel, and): 817, 818, *819*
Scheller, H(einrich,) (1901–1972): 122, *214*
Schelling, K.E.: *105*
Schelver, Fr.J. (1831): *105*
Scherrer, H. (Hernández-Peón, et al.): 713, 729, 751, *808*
Scheving, L.E.: 842, *850*
Schian, R.C. (Fisher, et al.): 767, 800, *807*
Schiff, S.K.: 629, *644*, 677, 680, 681, *710*, 795, *813*
Schilder, P.: 11, *33*, *214*, 580, *602*, 822, 823, *839*
Schilder, P. (Abeles, and, 1935): 183, *192*
Schiller, J(ohann), C(hristoph), F(riedrich), v.: *105*
Schiller, P.H.: 718, *757*
Schindler, H.B.: 50, *58*
Schlosberg, H. (Woodworth, and): 147, *306*, 318, *333*, 576, *604*
Schmauss, M.: 844, *850*
Schmidt, R.F.: *576*, *578*, *603*, 712, 713, 717, 720, 726, 727, *757*, 760, *813*, 844, *850*
Schmidt, W(erner): 4, *8*, 843, *850*

Schmitt, O.: 720, *757*
Schmitz, K.: 12, *33*, 83, 89, *105*, 112, 113, 160, *214*, 293, *304*
Schneck, J.J.: 294, *304*, 832, *839*
Schneck, J.M.: 13, *33*, 86, 89, *105*, 128, 151, *214*, 228, 232, 234, 248, 249, *270*, 286, 291, 292, 295, *304*, 351, *383*, 584, 585, *603*
Schmeider, E(mil): 82, *106*
Schniewind, H.E. (Benson, et al., 1978): 184, *195*, 646, *671*
Scholem, G.G.: 155, *214*
Schott, H(einz): 10, 33, 59, 66, 81, 82, 83, 84, 85, *106*, 343, 344, *350*
Schrader, A. (Pflanz, und): 762, 770, *813*
Schramm, K.: 62, *67*
Schreiner, L.H. (Lindsley, et al.): 738, *754*, 764, *811*
Schrenck-Notzing, A(lbert), F(reiherr), von (1862–1929): 21, *33*, 63, *67*, *106*
Schrötter, K.: *677*, *710*
Schubert, F.Ch.: 817, 818, *821*
Schubert, G.H.: 10, *33*, 84, *106*, 817, *821*
Schubot, E. (Cooper, et al., 1967): 177, *197*
Schuerer-Waldheim, F.: 82, 83, *106*
Schuler, J. (Robert, et al.): 147, 164, 171, *213*, 721, 739, *757*
Schuler, M.: 81, *106*, 658, *674*
Schulman, R.E.: 160, *214*, 576, 577, 578, *603*
Schulte, G(ünther): *106*
Schulte, W.: 247, 270, 282, *304*
Schultz, J.H.: 12, 33, 68, 69, *74*, 92, 95, 106, 110, 132, 133, 135, 146, 164, 171, 214, 248, *270*, 279ff., 284, 285, 295, *304*, 306, 313, *332*, 335, 338, 342, 347, 348, *350*, 435, 451, 492, 521, 522, 526, 535, *537*, 543, 553, *557*, 564, 608, 629, 644, 649, *674*, 714, *757*
Schultz-Hencke, H.: 244, *270*
Schutz, R.W.: 248, *270*
Schutz, W.C.: 248, *270*
Schuyler, D.: 241, *270*
Schwartz, B.E.: 623, 627, *644*, 826, *839*
Schwartz, E.: *106*
Schwartz, G.E.: 174, *214*, 721, *757*
Schwartz, G.E. (Davidson, et al., 1976): 167, 174, *198*
Schwartz, M.S. (Stanton, and): 242, *271*
Schwartz, W.S.: *576*, *580*, *603*
Schwarz, T. (Allison, and): 580, *596*
Schwarzschild, H.: 10, *33*
Schwidder, W.: 244, *270*
Scollo-Lavizzari, G.: 771, 772, *814*
Scott, D(avid), L.: 19, *33*, 545, *550*
Scott, D.S. (Barber, T.X., et al., 1980): 140, *194*
Scott, T.H. (Bexton, et al.): 124, 125, *195*
Scott, M.S.: 293, 294, *324*
Scrimgeour, W.G. (Pederson, et al.): 247, 267, 289, *303*
Sears, A.B.: 578, *603*, 713, *757*
Sears, R.: 632, *644*
Secter, I.I.: 139, 149, *214*, 294, *304*
Secunda, L. (Adler, and, 1947): 151, *192*
Seeberg-Elferfeldt, H. (Jovanović, und): 627, *642*, 790, *810*
Selesnick, S.T. (Alexander, and, 1966): 78, 94, *97*, 241, *257*
Selye, H.: *214*, 818, *821*
Serlin, F.R.: 248, *270*
Serozija, A.: 834, *839*
Serozija, A.E. (Pramgisvili, et al.): 834, *839*
Servan, A.J.M.: 10, 34
Shabinsky, M.A. (Spanos, et al.): 125, *215*, *216*
Shaffer, D. (Williams, et al.): 171, *219*
Shagass, C. (Jasper, and): 715, *716*, 731, *756*
Shagass, N. (Amadeo, and, 1972): *629*, *630*, *637*
Shainberg, D.: *272*
Shainberg, D. (Kelman, and): 243, *265*
Shakow, D. (Huston, et al.): 306, *331*
Shapiro, A.: 677, *710*
Shapiro, A.K.: 168, *214*, *215*
Shapiro, D. (Holroyd, et al.): 171, 172, 173, *204*
Shapiro, K. (Karacan, et al.): 767, 800, *810*
Sharma, K.N.: 306, *332*
Sharma, S(hridar): 87, 88, 106, 133, *215*
Shaw, H.L.: 306
Shaw, H.L.: *276*, *306*, *592*, *593*
Shaw, J.: 773, *814*
Shaw, J. (Roth, M., et al.): 813, *814*
Sheehan, D.V.: *548*
Sheehan, P.W.: 13, 14, 16f., 34, 82, *106*, 124, 125, 138, 152, 157, 158, 175, *215*, 249, 270, 306, *332*, 372, 374, 375, 377, *383*, 827, 828, *839*
Sheehan, P.W. (Hilgard, E.R., et al., 1981): 144, 152, 157, *204*, *382*
Sheehan, P.W. (McConkey, et al.): 157, 158, *209*, 374, *382*, 587, *601*
Sheehan, P.W. (Qualls, and): 171, 173, *212*
Sheehan, P.W. (Sutcliffe, et al.): 124, 125, 158, *216*
Sheehan, V.D.: *215*
Sheikh, A(ness), A.: 17, *34*
Sheiner, S.: 243, *270*
Sheldon, W.H.: 144, 145, *215*
Shevach, B.J. (White, et al.): *578*, *604*
Shevko, G.N. (Khil'chenko, et al.): 776, *810*
Shevrin, H.: 306, *332*, 677, *710*
Shevrin, H. (Stross, and): 677, *710*
Shiffrin, N(ancy) (Netherton, and): 21, *32*
Shifrin, R.M.: 176, *603*
Shimieu, N. (Hashimoto, et al.): 733, *750*
Shor, J. (Spiegel, et al.): *271*
Shor, R.E.: 82, *106*, 124ff., 138, 141, 145, 158, 161ff., 169, 172, 175, 177ff., 184, *215*, 248, *270*, *271*, 292, *304*, 306, 310, 311, *332*, 371, 372ff., *383*, 568, 569, 570, 580, *603*, *607*, *632*, *644*, 693, 721ff., *757*
Shor, R.E. (Cobb, et al.): 146, *197*, 692, *704*
Shor, R.E. (Damacer, et al.): 164, *198*, 634, *639*
Shor, R.E. (Easton, and): 351, *381*

Shor, R.E. (Evans, et al.): 692, *693*, *705*, 800, *806*
Shor, R.E. (Fromm, Erika, and): 13, 17, *28*, 111, *210*
Shor, R.E. (Kihlstrom, et al.): 147, 164, *206*
Shor, R.E. (McConkey, et al.): 266
Shor, R.E. (O'Connel, et al.): *584*, *601*
Shor, R.E. (Sacher, et al.): *583*, *603*, 634, *644*
Shrout, P. (Williams, et al.): 171, *219*
Shubot, E. (Cooper, et al.): 177, *197*
Shum, K. (Knox, and): 171, *206*
Sidis, B.: 92, 94, *106*, 575, 580, *603*
Siefert, H.: 82, 82, *106*
Sierke, E.: 83, *106*
Sifneos, P.E. (Benson, et al., 1978): 184, *195*, 644, *671*
Siegel, E.F.: *546*, *550*
Sigerist, H(enry), E.: 76, *106*
Sigusch, V(olkmar): 19, 34, 283, *304*
Silber, S.: 287, *304*
Silververb, E.L. (Jacobson, et al.): *545*, *550*
Silverman, J.: 184, *215*
Silvestri, L.G. (Nicholis, and): 700, *709*
Silvy, L.: 10, *34*
Simon, C.W.: 770, *814*
Simon, C.W. (Emmons, and): *775*, *806*
Simon, H.: *576*, *603*
Simon, R.P.: 719, *757*
Simson et al. (1974): 651, 652 (s. Scheving et al., 1974)
Simpson, G.E.: 52, *58*, 150, *215*
Simpson, H.W. (Tavadia, et al.): 634, *644*
Singer, J.L.: 157, *215*, *270*, 592, 593
Singer, J.L. (Antrobus, et al., 1964): 629, *637*, 794, *803*
Singh, B. (Anand, et al., 1961): 174, *192*
Sinz, R.: 842, 844, *850*
Sirna, A.: 762, *814*
Sironi, V.A.: 716, 717, 739, 748, *757*, *758*
Siuta, J.: *383*
Sjoberg, B.M. (Weitzenhoffer, and): 122, *218*
Skiba, A. (Hong, et al.): 141, *204*
Skriver, C. (Andreychuk, and, 1975): 172, 292, 247, 248, *257*, 290, *299*
Slagle, R.W. (Sarbin, et al.): 722, *757*
Sletten, F. (Stern, et al.): 171, *216*
Small, L. (Bellak, and): 229, 243, *258*
Smith, A.H.: 514, *537*, 818, *821*
Smith, A.H. (Wester, and): 12, 129, 511, *537*, 738, *758*
Smith, D.W.: *205*
Smith, E(dwin) (1862) (zit. in Thorwald, J.): 76, 79, *106*
Smith, G.M.: 249, *271*
Smith, J.A. (Coe, et al., 1976): 578, *597*
Smith, J.W. (Kinsbourne, and): 317, *331*, *332*
Smith, J.R. (Bremer, et al.): 771, *805*
Smith, M.: *332*
Smith, P. (Brown, et al.): 147, 164, *196*
Smith, R.W. (Lieberson, et al.): 739, *754*
Smith, W.D.: *106*
Smith, L.D.: 249, *271*, 829, *839*
Snell, B.: *106*
Snow, L(aurence), H. (Madow, and): 15, *31*
Snyder, E.: *332*
Snyder, F.: 684, *710*, 760, *812*
Soemmerring, S(amuel), T(homas) von (1787): *106*
Soldan, W.G.: 49, *58*, 61, *67*, *106*
Solomon, D.: 249, *271*, 584
Solovey, G.: *271*, 677, *710*, 830, *839*
Soucy, G(erald), P. (Botto, et al.): 169, *195*
Southard (zit. in: Wolberg, L.R.): 94, *106*
Spanos, N.P.: 125, 147, 157, 164, 172, *215*, *216*, 291, *304*, *576*, 578, *603*
Spanos, N.P. (Barber, T.X. et al., 1974): 16, 25, 194, *329*, 588, *596*
Spanos, N.P. (Bodorik, and): *576*, *603*
Spanos, N.P. (Cronin, et al.): 177, *198*
Spanos, N.P. (Ham, et al.): 157, *203*
Spanos, N.P. (Radtke, et al.): 171, 172, *212*
Spanos, N.P. (Stam, and): 78
Sparks, L(aurence): 16, *34*
Spear, F.C. (Merskey, and): 816, *821*
Serling, E.: 150, *216*, 715, *758*
Sperling, G.: *576*, *603*
Sperrfechter, K.: 677, 690, *710*
Sperrfechter, K. (Jovanović, und): 677, 690, *708*, 791
Sperry, R.: 306, *332*, 720, *758*
Speur, F.G. (Hall, et al.): 845, 846, *848*
Spiegel, D. (Orne, et al.): *211*, 373, *383*
Spiegel, D. (Spiegel, H. and): 12, *34*, *216*, 290, 304, *332*, 358, 359, 360, 362, *383*, 678, *710*, 721, 722, 723, 724ff., 741f., *758*
Spiegel, H.: 12, 34, 128, 147, 184, 185, *216*, 247, 271, 289, 290, *304*, 306, 357, 358, 362, 372, 373, 374, *383*, 516, *537*, 585, *603*, 647, 724, 725, 731, 758, 883, *839*
Spiegel, H. (Orne, et al.): *211*, 373, *383*
Spielberger, C(harles), D.: 17, *34*, 818, *821*
Spielberger, C. (Sarasan, and): 818, *821*
Spielman, H.K.: 61, *67*
Spinhoven, Ph.: *271*
Springer, C.J.: 172, 178, *216*, 248, *271*
Spoerri, Th. (Heimau, und): 608, *640*
Spoerri, Th. (Langen, et al.): 740, *754*
Spyer, T.C. (Bowers, K.M., et al.): 288, *300*
Staats (Pettinati, et al.): 287, *303*
Stacher, G.: *814*
Staempfli (Huxley, and): 844, *849*
Stalnaker, J.M.: *578*, *603*
Stam, H(enderikus), J.: 78, *107*, 291, *304*
Stam, H.J. (Spanos, et al.): 172, *216*, *304*, *578*, *603*
Stammler, A. (Fotakis, und): 731, *749*

Stanley, G. (Elton, et al.): 167, 199, 816, 819, 831, 835
Stanton, A.H.: 241, 271
Stanton, A.H. (Rioch, and): 245, 269
Stanton, H.E.: 247, 248, 271, 289, 304
Stava, L.: 288, 304
Starker, S. (Karacan, et al.): 767, 800, 810
Steadman, C. (Diamond, et al.): 157, 179, 199
Steadman, C. (Talone, et al.): 179, 217
Stebel, J. (Sinz, und): 842, 844, 850
Steffen, N.N.: 107
Steffenhagen, R.A.: 14, 34
Stegat, H.: 794, 814
Stein, C.: 18, 34, 289, 304, 833, 839
Steiner, J(ohannes): 24, 34, 156, 590
Steisel, P.M.: 120, 216
Stekel, W.: 223, 228, 229, 237, 271
Stensen, N(iels) (1638–1686): 107
Stephan, H.: 715, 727, 758, 765, 766, 814
Stephan, R. (Lankton, C.H., and): 31
Stephenson, H.E. Jr.: 784, 814
Sterba, R.: 228, 271
Sterman, M.B.: 715, 756
Stern, C.: 247, 271
Stern, D.B.: 725, 726, 758
Stern, J.A.: 147, 171, 216, 578, 603
Stern, J.A. (Fehr, and): 632, 640
Stern, J.A. (Pessin, et al.): 632, 643
Stern, M.A. (Lieberson, et al.): 739, 754
Stern, R.M. (Peters, and): 175, 212, 634, 643
Sternbach, R(ichard), A.: 19, 34, 168, 216, 816, 821
Sternberg, S.: 306, 333
Sternlicht, M: 137, 185, 216
Stevens, H. (Lindner, and): 292, 303
Stevens, J.O.: 248, 271
Stevens, S.S. (Sheldon, and): 144, 145, 215
Stevens, S.S. (Sheldon, et al.): 144, 145, 215
Stevenson, I(an): 21, 34, 63, 67, 86, 107
Steward, Ch.G.: 580, 603
Stewart, R.M.: 839
Stieglitz, J.: 10, 34
Stierlin, H.: 242, 271
Stirland, D. (Hall, et al.): 845, 846, 848
Stockert, F. von: 685, 710
Stocksmeier, U(we): 12, 25, 34, 52, 53, 58, 110, 116, 118, 216, 280, 284, 304, 333, 339, 340, 310, 537
Stokvis, B.: 12, 34, 110, 114, 116, 117, 216, 339, 608, 644
Stolar, D.: 249, 271
Stoll, O.: 11, 34, 1500, 216
Stone, A.R. (Imber, et al.): 123, 205
Stone, C.P. (Wechsler, and): 576, 604
Stoyva, J.M.: 171, 216
Stoyva, J.M. (Budzinski, and): 631, 638
Strachey, J.: 228, 271
Strachey, J. (Glover, et al.): 228, 262, 271
Strata, P. (Berlucchi, et al.): 629, 638, 737, 747, 804
Straus, E.: 216
Straus, R(oger), A.: 109, 157, 216
Strauss, P.S. (Vacchiano, and): 126, 217
Strian, F(riedrich): 17, 34, 727, 728, 758, 816, 818, 821
Stricherz, M.E.: 306, 333, 488
Strichler, C.B.: 578, 603
Stroebel, C.F. (Glueck, and): 174, 175, 202
Strosberg, I.M.: 629, 634, 644
Stross, L.: 578, 580, 603, 677, 710
Stukák, K.G.: 119, 121, 127, 143, 216, 373, 383
Sudhoff, K.: 80, 107
Sue, D. (Sue, D.W., and): 141, 216
Sue, D.W.: 141, 216
Sugarman, A.A. (Haronian, and): 144, 145, 203
Sullivan, H.S.: 228, 241, 271, 272
Sumner, J.W.: 627, 644
Surman, O.S. (Jacobson, et al.): 545, 550
Surwit, R.S.: 171, 216
Suslova, M.M. (Korotkin, and): 125, 206
Sutcliffe, J.P.: 124, 125, 158, 160, 216, 693, 710
Sutton, G.: 83, 107
Suzuki, D.T. (Fromm, Erich, and): 23, 28
Suzuki, J.I. (Hodes, and): 749
Svoboda, T(omas): 12, 34, 118, 128, 216, 350, 351, 358, 364, 383, 537, 538, 544
Svorad, D.: 37, 41, 54, 58, 822, 839
Svorad, D. (Bakan, and): 147, 193, 608, 625, 637, 721, 722, 746
Svorad, D. (Hoskovec, et al.): 23, 29
Svorad, D. (Hoskovec, and): 54
Svyadoshch, A.M.: 774, 775, 814
Swade, R.H. (Clawson, and): 782, 805
Swanson, J.M. (Kinsbourne, and): 57, 600
Swets, J.A. (Green, and): 202
Swiercinsky, D.: 578, 603
Swirsky, Sacchetti, Th.: 248, 272, 292, 304
Szabo, J.: 39, 41
Szabo, J. (Grastyán, et al.): 764, 807
Szabo, L. (Popoviciu, and): 660, 662, 674, 794, 813
Szápáry, Graf, von: 10, 34
Szelenberger, W. (Zakrzewski, and): 627, 645
Szikla, G. (Talairach, et al.): 716, 758

T

Taft, J.: 238, 272
Taft, R.: 217
Taft, R. (Diamond, and): 157, 172, 178, 178, 199
Tahkur, K.S.: 522, 537
Takagi, H. (Matsuzaki, et al.): 719, 753
Takahashi, R.: 580, 603, 631
Talairach, J.: 716, 758
Talland, G.A.: 576, 603
Talone, J.M.: 179, 217
Talone, J.M. (Diamond, et al.): 157, 179, 199

Tandler(us), T.: 656, *675*
Tapia, R. (Fuxe, et al.): 844, *848*
Tassinari, C. A. (Broughton, et al.): 632, *638*
Tarchanoff, J.: 632, *644*
Tart, C.T.: 19, *34*, 138, 166, *219*, 248, 272, *333*
Tart, C.T. (Cooper, et al., 1967): 177, *197*, 632, 633, *644*, 698, 710, 720, *814*, 831, *839*
Tarte, R.D. (Walker, and): *576*, *604*
Tassinari, C. A. (Gastaut, et al.): *659*, *672*, 794, *805*
Tatar, M.M.: 83, *107*
Taub, H.A. (Friedman, and): 173, *201*
Tauber, E.S.: 241, *272*
Tauber, E.S. (Landis, and): 245, *266*
Taul, J.H. (Coe, et al.): 376, *597*
Tausch, R(einhard): 18, *34*
Tavadia, H.: 634, *644*
Taylor, E.: 20, 21, *34*
Taylor, P(hoebe), L.S. (Taylor, W.S., and): 20, *34*
Taylor, W(illiam), S.: 20, *34*, 249, *272*, 580, 581, 582, *603*
Taylor, W.S. (Bowers, K.M., et al.): 288, *300*
Tebêcis, A.K.: *625*, *644*, *758*
Tecce, J.J.: 627, *644*
Teler, J. (Rötz, et al.): 677, *709*
Tellegen, A.: 147, 157, 158, 164, 172, *217*, 372, 375, *388*
Teplitz, Z.: 629, *644*, 668, *674*
Tepperwein, K.: 12, *34*, 59, *67*, 92, *107*, 518, *537*, *568*
Teran, L. (Fuxe, et al.): 844, *848*
Teste, A.: 10, *34*
Tetter, H.R. (McCranie, et al.): 826, *838*
Teusch, L.: *272*
Theissen, R.: 629, *644*, 677
Theissen, R. (Jovanović, und): 629, *644*, 677, 681, 719, *753*, 790, *810*
The Papyrus Ebers: *107*
t'Hoen, P.: 158, *217*
Thom, D.A.: 94, *107*
Thoma, E. (Morton, and): 580, *601*
Thomas, J. (Erdelyl, et al.): *577*, *598*
Thomas, K.: 15, 283, *304*, 700, *710*
Thomson, C.: 241, 272
Thomson, K.F.: 829, *839*
Thorkelson, K.E.: 147, *217*
Thorn, W.A.F.: 121, 148, 168, *217*, 578, *603*
Thorn, W.A.F. (Evans, and, 1966): 578, 579, *598*
Thorne, D.E.: 141, 217, 292, *305*, 580, *603*
Thornby, J.I. (Karacan, et al.): 767, 800, *810*
Thorndike, L(ynn): 60, *67*
Thornton, J.A.: 785, *814*
Thornton, E.M.: 14, 19, *34*
Thorwald, J(ürgen): 23, *34*, 46, *107*
Thouret, M.A.: *34*
Thyrneysser, L(eonhard) (1520–1596): 62, *67*
Tibbetts, R.W.: 168, *217*
Tietze, H.G.: 12, *34*
Timney, B.N.: 633, 644
Timor-Tritsch, I. (Fuchs, et al.): *295*, *301*
Tinterow, M(aurice), M.: 14, *35*, 75, 82, *107*, 143, 217, *333*, 716, *758*
Tischner, R(udolf): 10, *35*, 81, 83, *107*, 658, *675*
Tissart, R. du: 10, **35**
Titley, R. (Trustman, and): 783, *814*
Tölle, R. (Schulte, und): 247, *270*, 282, *303*
Tokizone, T.: 730, 766, *814*
Tokizone, T. (Matsuzaki, et al.): 719, *755*, *758*
Tomkins, S.S. (Rosenhan, and): 151, *213*
Toni, Giovani, de: 629, *644*
Torgerson, W.S. (Melzack, and): 816, *821*
Torii, K. (Hashimoto, et al.): 733, *750*
Tosis, D. (Howard, et al.): 248, 264, 291, *301*
Tosis, D.J.: 290, *305*, 322, *333*
Toth, M.J. (Arkin, et al.): 660, *671*, 698, *704*, 719, *746*, 794, *803*, *804*
Tournoux, P. (Talairach, et al): 716, *758*
Trautner, H.M. 241, *272*
Travis, L.E.: 120, *217*
Travis, T.A.: 608, *644*
Treviranus, L.Ch.: *107*
Trilles, R.G.: *48*, 657
Trömner, E.: 11, *35*, *107*
Troemner, E. (s. Trömner, E.)
Troyer, W.G. (Land, et al.): 171, *207*
Trumbull, R. (Appley, and): 818, *819*
Trustman, R.: 783, 785, *814*
Trustman, R. (Dubrovsky, and): 784, *806*
Tryon, W.W. (Frischholz, and): 171, *201*
Tucker, W.B. (Sheldon, et al.): 144, 145, *215*
Tuke, D.H.: 75, *107*, 185, *217*, 658
Tulikoura, J. (Cedercreutz, et al.): 247, 248, *259*, 291, *300*
Tulving, E.: *576*, *577*, *603*, *604*
Turk, D(ennis), C.: 19, *35*
Turner, D. (Wilson, J., and): 783, *814*
Twentyman, C.T. (Lang, et al.): 171, *201*

U

Udolf, R(oy): 14, *35*, 576, 578, *604*
Ulett, G.A.: 717, *758*
Ulett, G.A. (Stern, et al.): 147, 171, *216*
Ullman, L.P. (Weiss, et al.): *218*
Underwood, F(rances), W.: 52, *58*, *217*
Uneståhl, L(ars-Eric): 21, *35*
Urstein, M.: 651, *675*
Uznadze, D.: 834, *840*

V

Vacchiano, R.B.: 126, *217*
Valatx, J.L.: 766, *814*
Valesco, M. (Hernández-Peón, et al.): 713, 729, *751*, *808*
Valois, R. (Spanos, et al.): 157, *216*
Van der Hart, O(nno): 21, *35*, 45, *48*
Vanderhoof, E.: 634, *644*, 832, *840*
Van der Walde, P.H.: 151, 218, 227, 232, 272
Van Nuys, D.: 163, 168, 174, *211*
Van Thert, D.: *107*
Vedrenne, C. (Talairach, et al.): 716, *758*
Velek, M. (Diamant, et al.): 646, 660, *672*, 677, 680, *705*

Venturino, M. (Farthing, et al.): 158, *200*
Verdone, P. (Rechtschaffen, et al.): 678, *710*
Vereby, Gy. (Grastyna, et al.): *766*, *807*
Verzano, M.: 733, *758*
Vetter, K.: 772, *814*
Vics, I.I. (Strosberg, et al.): 629, 634, *644*
Viken-Kline, L. (Rosenthal, et al.): 162, *213*
Villanova, A(rnold), v. (1235–1312): *67*, 343
Vimont, P.: 734, 735, *758*
Vingoe, F.J.: 185, *217*, 372, 373, *383*
Vitashevskij, V. (1911) (zit. in Eliade, M.): *48*, 656
Vittini, F. (Gastaut, and): 659, *672*
Vliegen, J.: *107*
Völgyesi, F.: 12, *35*, 37, 39, *41*, 68, *74*, *107*, 347, *350*, 822, *840*
Völkl, B(ertram): 772, *814*
Völkl, B. (Jovanović, und): 779, *810*
Vogel, F.: 762, 770, *814*
Vogel, F. (Müller-Küppers, und): 762, *812*
Vogel, V.H. (Brown, and): 632, *638*, *805*
Vogt, O.: 11, *35*, 99, *107*, 129, 177, *217*, 280, *305*, 345, *350*, 543, 608, *644*
Voisin, A.: 185, *217*
Volta, A(lexandro) (1794): *67*
Vontress, C.E.: 141, *217*
Voogt, J. (Nieuwenhuys, et al.): 727, *756*
Vorberg, R.: 631, *645*, 684, *710*
Vorberg, R. (Jovanović, und): 631, *642*, 684, 685, 708, *810*
Voss, G. von: 843, *850*

W

Waas, A.: 80, *107*
Wachholder, K.: 631, *645*
Wachtel, T.L. (Golderberger, and): 150, *202*
Wadden, Th.A.: 289, 290, *307*
Waelder, R.: *848*
Wagener, I.F.: 629, *645*
Wagner-Jauregg, J. von 1857–1940): 11, *35*
Wagstaff, G(raham) F.: 15, *35*
Waite, A.E.: 60, *67*
Walde, P.H., van der: 151, *218*, 227, 232, *272*
Walder, M.K. (Gumm, et al.): 322, *331*, 845, *8500*
Waldmann, H.: 845, *850*
Walker, E.I.: 79, *107*, 576, *604*
Walker, P.C. (Barber, T.X., et al., 1973): 79, *107*, 693, 698, *704*
Wall, P(atrick), D. (Melzack, and): 19, *31*, 816, *821*
Wall, T.W. Jr.: 721, *758*
Wallace, B.: 127, 147, 157, *217*, *218*
Wallace, B. (Priebe, and): 157, *212*
Wallace, R.K.: 174, 175, *217*
Wallen, R.: 245, *272*
Wallis, A(llan), W.: 4, *8*
Wallnöfer, H.: 12, *35*
Walmsey, D.M.: 83, *107*
Walrath, L.C.: 174, *218*, 646, *675*
Walsh, H.D.: 606, 607, 624, *640*
Walsh, J. (Cordeau, et al.): 736, *748*
Walter, H. (Dietrich, und): 110, *199*, 773, *814*
Walter, R.D. (Jacobson, et al.): 668, *673*, 683, *706*
Walter, R.D. (Kales, et al.): 660, 662, 668, *673*, *674*
Walter, W.G.: *814*
Walters, E.D. (Sargent, and): 290, *303*
Walters, R.H. (Bandura, and): 178, *193*
Walters, R.H. (Jakubezak, and): 119, *205*
Walton, D.: 668, *675*
Wanderer, Z.W. (Sternlicht, and): 137, 185, *216*
Wang, R.Y. (Aghajanian, and): 844, *847*
Wangh, N.C.: *576*, *604*
Wangenstein, O.H. (Dobernek, et al.): 545, *549*
Wangenstein, O.H. (Papermaster, et al.): 465, *537*, 546, *550*
Wapner, S. (Witkin, et al.): 148, 150, *219*
Ward, F. (Holroyd, et al.): 171, 172, 173, *204*
Ward, K. (Fisher, et al.): 767, 800, *807*
Watkins, H.H.: 232, 247, 249, *272*, 289, 305, 517, *537*
Watkins, J.C.: 249, *272*
Watkins, J.D.: 832, *840*
Watkins, J(ohn), G.: 19, 35, 151, *218*, 232, 249, *272*, 288, *305*, 371, 384, 578, *604*
Watkins, J.G. (Bower, et al.): 288, *300*
Watson, J(ohn), B. (1878–1958): 4, *8*
Watzlawik, P.: 306, *333*
Weakland, J. (Watzlawik, et al.): 306, *333*
Weatherhead, L.D.: 14, *35*
Webb, R.A.: 123, *218*, 355, *384*
Weber, E.W.: *550*
Webster, C.: *107*, 817, *821*
Wechsler, D.: 576, *604*
Weed, S. (Hallman, and): *706*, 719, *750*, 774, *807*
Weeks, G.R.: 20, *35*, 245, *272*
Wein, H.: 42, 46, *48*
Weiner, S.I. (Erlichman, and): 722, 723, *749*
Weiss, R.L.: *218*
Weissbuch, R. (Kales, et al.): 660, 668, 674
Weitbrecht, H.J.: 240, 243, 247, *272*, 282, 283, 305, 845, *850*
Weitzenhoffer, A.M.: *35*, 118, 120, 122, 126, 129, 133, 137, 138, 140, 142, 143, 144, 148, 149, 151, 157f., 162, 166, 169, 174, 176, 178, 179, 184, 185, *218*, *272*, 306, 333, 351, 353, 354, 365, 371, 372, 374, 375, 377, 378, 379, *384*, 569, *570*, 592, *607*, 623, 629, 630, *645*, 692, 723, 828, 835, *840*
Weitzenhoffer, A.M. (Hilgard, E.R., et al.): 129, 144, 145, 177, *202*, *382*
Weitzenhoffer, G(eneva), B. (Weitzenhoffer, A.M., and): 129, 144, *218*, 371
Welch, L. (Corn-Becker, et al.): 828, *837*
Wells, W.R.: *96*, *107*, 120, 129, 152, 177, *218*, 578, 604, 691, *710*
Weltrich, J.A.P.: 10, *35*
Wendler, C(hristian), A(dolph): *107*
Werth, D.: 785, 786, *814*

West, A. (Hilgard, E.R., et al., 1979): 372, 374, *382*
West, L.J.: 127, *218*, 632, *645*, 831, 832, *840*
West, L.J. (Deckert, and): 118, 122, 123, 126, 129, 139, 148, 149, 163, 165, *198*, *381*
Wester, W.C.: 12, *35*, 129, *218*, 433, 495, *537*, 738, *758*
Wester, W.C. (Bassman, and): 632, *638*
Wester, W.C. II. (Smith, and): 511, *514*, *537*
Wetterstrand, O.G.: 11, *35*, *107*, 132, 218, 280, *305*, *350*
Wever, R.: 841, *851*
Weyer, J(ohann) (1515(1588): *67*, *107*, 343
Whalen, B.T. (Dempster, et al.): 295, *300*
Wheaton, J(oy) (Rechtschaffen, et al.): 678, *710*
Wheeler, L.: 147, *218*, 723, 724
Wheelwright, J.: 238, 239, *272*
White, K.D. (McConkey, et al.): 157, *209*, 374, *382*
White, M.M.: 120, 185, *218*, 371, 691, *710*
White, R.W.: 148, 149, 160, *218*, *219*, 578, *604*, 818, *840*
Whitehorn, J.C.: 646, *675*
Whitman, R.M. (Pierce, et al.): 795, *813*
Whitmoyer, D.I. (Kawamura, et al.): 729, *753*
Wible, C.L.: 646, *673*
Wible, D.L. (Jenness, and): 118, 126, *205*
Wick, E(rika), E. (Kline, et al.): 18, *30*
Wickramasekera, I.: 17, *35*, 169, 172, *219*, 295, *305*
Wied-Neuwid, M.A.: 150, *219*
Wieland, C(hristoph), M(artin): *107*
Wienholt, A.: 10, *35*
Wiese, K.F. (Johnson, and): 264, 291, *302*
Wiesenhütter, E.: 54, 55, *58*
Wiggins, S.L.: *545*, *550*
Wijesinhe, B.: *295*, *305*
Wilbur, C.B. (Ludwig, and): *601*
Wilcox, W.W. (Faw, and): 148, *200*, 372
Wilczak, H. (Jus, et al.): 698, *708*
Wilkie, R. (Deyoub, and): 287, 288, *300*
Williams, D. (Crosson, et al.): 606, 607, *637*
Williams, D.T.: 171, *219*
Williams, G.W.: *219*, 829, *840*
Williams, H.L.: 735, *758*
Williams, R.L. (Karacan, et al.): 767, 8000, *810*
Wilis, T(homas) (1621–1675): 107, *108*, 826, *840*
Willis, C.A. (Deaber, et al.): 144, *198*
Wilson, A.F. (Wallace, et al.): 174, 175, *217*
Wilson, C.P.: 185, *219*
Wilson, I(an): 12, *35*, 63, *67*, 86, *108*, 783, *814*
Wilson, J. (Lewis, et al.): 784, *811*
Wilson, S.C.: 141, 157, *219*, *372*, 376, *384*
Wilson, S.C. (Barber, T.X. et al.): 131, 194, 372, 376, *380*
Wilson, S.R.: 122, *219*
Winegardner, J. (Bornstein, et al.): 287, *299*
Wingfield, H.E.: 94, *108*, 249, *272*
Wink, C.A.S.: 294, *305*
Winkler, W.Th.: 242, *272*, 681, *710*
Winnet, R.L. (Bornstein, et al.): 287, *299*
Winnicott, D.W.: 834, *840*
Winterstein, R.: 676, 681, 683, 685, 687, *710*, 740, *758*
Wirdig, S(ebastian) (1613–1687): 60, *67*, *108*
Wirth, J.U.: 10, *35*
Wisdom, J.O.: 240, *272*
Wiseman, R.J.: 179, 180, *219*
Witkin, H.A.: 148, 150, *219*
Witkowski, L. (Raehleman, und): 628, *643*
Witmoyer, W.I. (Kewamura, et al.): 729, *753*
Wolberg, L(ewis), R.: 11, 12, 18, 20, *35*, 87, 90, 94, 95, *108*, 110, 118, 129, 133, 135, 147, 149, 160, 164, 176, 177, 219, 227, 229, 232ff., 236, 237, 239, 240, 242, 247, 249, 272, 280, 285, *305*, 335, 336, *350*, 469, *537*, *568*, 584, *585*, 586, 592, *604*, 646, 661, *673*, 828, *840*
Wolf, H(ans-Jürgen): 23, *36*, 49, 50, *58*, 61, 62, 63, *108*, 174, *219*, *656*, 658,
Wolf, S.: 168, *219*
Wolf, S. (Wolff, H.G., and): 816, *821*
Wolfart, K.Ch.: 10, *36*, 81, 82, *108*
Wolfe, L.S.: 783, 784, *815*
Wolff, E. (Wheeler, et al.): 147, *218*, 723, 724, *758*
Wolff, G. v.: ???
Wolff, H(anna): 23, *36*
Wolff, H.G.: 816, *821*
Wolff, H.G. (Wolf, S., and): *168*, *219*
Wolff, N.G. (Chapman, et al.): 634, *638*
Wollman, L.: 248, *272*
Wolman, B.B.: 18, *36*, 576, *604*
Wolpe, J.: 234, *272*, 828, *840*
Wolpert, E.W. (Dement, and, 1958): 628, *639*, 676, 690, *705*, 713, 791, *806*
Wolters, G.: 83, *108*
Wolzogen, C. v.: *108*
Wood, D.P. (Pratt, et al.): 12, 129, *212*, 546, *550*
Woods, J.H.: 176, *219*, 306
Woodworth, R.S.: 147, *219*, 318, *333*, 576, *604*
Worden, F.G. (Schmitt, and): 720, *757*
Worring, R(aymond), W. (Hibbard, and): 14
Wright, M.E.: 247, *272*, 289, *305*, *576*, *578*, *604*
Wulff, E.: 42, *48*
Wundt, W.: 11, *36*, *108*
Wurzmann, A.G. (Coe, et al.): 157, *197*
Wyckoff, J.: 83, *108*
Wydenbruck, N.: 83, *108*
Wyss, D.: 242, 243, *273*
Wyss, D. (Huppmann, und): 228, 229, 240, 241, 242, 243, 244, 245, *264*

Y

Yalom, I.D.: 242, 248, *273*
Yamaguchi, N.: 729, 736, *759*
Yamamito, J.: 141, *219*
Yancher, R.J.: 148, 164, *219*
Yanovski, A. (Amadeo, and, 1975): 627, *637*
Yap, P.M.: 150, *219*

Yarko, M.D.: 306, *333*
Yashinski, E. (Coe, and): 578, 580, *597*
Yeager, C.L. (Ford, and): 646, *672*
Yeager, C.L. (Koukkou, et al.): 777, *810*
Yedid-Levy, B. (Myslobodsky, et al.): *755*
Yellowlees, H.: 94, *108*
Yepes, E. (Hong, et al.): 141, *204*
Young, J.: *609*
Young, P.C.: 577, 578, 585, *604*

Z
Zabinski, M.P. (Behar, et al.): *819*
Zakrzewski, K.: 627, *645*
Zamansky, H.S.: 151, 152, 161, 166, *260*
Zamansky, H.S. (Brightbill, and): *196*
Zamansky, H.S. (Frankel, and): 13
Zamansky, H.S. (Kearns, and): *265*
Zanchetti, A. (Betini, et al., 1959): 736, 738, *746*
Zanchetti, A. (Rossi, and): 733, *757*
Zander, E.: 245, *273*
Zane, M.D.: 247, 273, 291, *305*
Zangwill, O.L.: 147, *220*, 712, 721, *759*
Zangwill, O.L. (Bannister, and): 580, *596*
Zavalova, N.D.: 776, *815*
Zeig, J.K.: 18, *36*, 280, 282, 285, *305*, 306, *333*, 349, *350*
Zikmund, V.: 629, *645*, 646, 675, *850*
Zilboorg, G.: 75, *108*, 228, *273*
Zimbardo, P.: 128, 147, *220*
Zimbardo, P.G.: 147, 160, *220*
Zimmer, H(einrich): 23, *36*, 176, *220*
Zimmerman, R.L. (Roberts, et al.): 147, 164, 171, *213*, 721, 739, *757*, *821*
Zimmerman, M.: 844, *851*
Zink, A.: 10, *36*
Ziskind, E.: 155, *220*
Zubek, J.P.: 147, *220*, 608, *645*
Zuch, J. (Fisher, et al.): 677, *705*, 767, 800, 807
Zuckerman, M.: 119, 125, *220*, *818*
Zuckermann, M. (Levitt, et al.): 164, *208*
Zugenbühler, (1809) (zit. in: Engelhardt): *108*
Zukhar, V.P.: 776, *815*
Zukhar, V.P. (Zavalova, et al.): 776, *815*
Zurif, E.B.: 147, *220*
Zweig, S(tefan): 9, *36*, 60, *67*, 82, 87, *108*, 155, *220*, 658, 659
Zweizig, J.R. (Jacobson, et al.): 668, *673*

Sachregister

A (Initialstadium der Hypnose) 386ff.
Abasie 522
Abasien 297
Abaton 78
Abbauprodukte 844
Abendland
–, Suggerendus des 49
Abendschläfer 559, 561
Abendtyp 843
Abenteuer
–, phantasierte 829
(Aber)Glaube 5, 49, 854
Abhängigkeit (und Suggestibilität) 120
Abhängigkeitsübertragung
–, infantile 249
Ablation
–, synaptische 832
Ablationshypnose 340
Ablenkung der Aufmerksamkeit 228
Abmagerungskuren 255
Abneigungsbefreiung 287
Abreagieren 222
Abreaktion 593
Absorption (Versenkungsfähigkeit) (und Hypnotisierbarkeit) 171
Absorptionsfaktor 375
Abstammungs-Amnesie 579, 595, 864
Abstraktionsvermögen 720
Abwehr 222
–, adaptive 581
Abwehrkräfte 227
Abwehrmechanismen 227, 231, 243, 581
–, psychische 311
Abwehrmechanismus 250, 834
Abwehrreaktion
–, hysterische 128
Abwehrreflexe (der unteren Extremitäten) 713
Abwehrvorgang 227
Acetylcholin 730
Achterbahnfahren 347
Adaptation 718, 770
Adaptationsmechanismen 227
Adaptationspsychodynamik 240
Adaptationstheorie 240
Addison'sche Erkrankung 846
Adipositas 287, 292, 484, 486
Adrenalin 736
Aesculapius (Asklepios) 78
Affektbetonung 842
Affektbrücke 288
Affekte
–, negative 326
Affen 824
–, menschenähnliche 68
Agglutination 610, 686
Aggression 227, 242
Aggressionen 245
Aggressivität 666
Aggressivität (der Götter) 52
Agitiertheit 593
Agoraphobie 287
Ägypten
–, Tempelschlaf in 76
Ägypter 61
Ahnenerfahrungen 238
AIDS 255
AK (Ambulante Kartei) 161ff.
Akinese 651, 726
–, künstliche tierische 69
Akkomodationskrampf 338
Akkumulation (der Aufmerksamkeit) 354
Aktionspotentiale
–, pathologische 631
Aktivationstechnik
–, hypnotische 623
Aktivhypnose
–, gestufte 229, 563, 564
Aktivierung 741, 844
–, sexuelle 801, 871
–, sexuelle, unter Hypnose 766
Aktivierungssystem
–, ascendentes retikuläres (ARAS) 729, 730
Aktivität
–, bioelektrische 635
–, bioelektrische (des limbischen Systems) 717
–, corticale 734
–, elektrodermale 632
–, emotionale psychische 729
–, extrapyramidale 654
–, hyperaktive kognitive 700
–, ideomotorische 835
–, ideosensorische 588
–, muskuläre 647
–, neocorticale 743, 869
–, neokortikale 671
–, transbewußte psychische 790
Aktivitäten
–, emotionale 801
–, ideodynamische 587, 588
–, ideomotorische 588
–, imaginäre 122
–, psychische 858
–, somnambule 727
Aktivitätszyklus 841

Aktivpsychoanalyse 237
Aktivtherapie 240
Alkalose
–, respiratorische 348
Alkohol 191, 255
Alkoholabhängigkeit 288
Alkoholiker 124, 192, 682, 874
–, chronische (und Hypnotisierbarkeit) 184
Alkoholintoxikationen 122
Alkoholismus 192, 247, 288, 484, 664
Alkoholismusbekämpfung 521
Allergene 294
Allergien 248
Allflut
–, kosmische 85
Allocortex 727
Alltagstrance 325
Alopecia areata 293
Alpha 171
–, Aktivierung 760
–, Aktivierung im EEG 611
–, Aktivierung in der Hypnose 627
–, Aktivität 716, 723
–, Aktivität (Alpha-Wellen-Grundrhythmus) 608
Alpha-Ausprägung 623
–, diskontinuierliche 617
–, kontinuierliche 617
–, konstitutionelle 623
–, occipitale 606
–, spärliche 617
Alpha-Biofeedback-Experiment 606
–, Biofeedback-Training 606
–, Blockierung im EEG 611
–, Dichte 606, 608, 866
–, Dichte (und Hypnotisierbarkeit) 606
–, EEGs 682
–, Rhythmen 770, 801
–, Rhythmus 671, 779, 871
–, Serien 780
–, Wellen 170, 171, 607, 636, 647, 667, 681, 689, 695, 697, 701, 703, 760, 761, 768, 774, 779, 781, 791, 801, 802, 826, 827, 865, 867, 868, 870
– –, normale 664
– –, Seitendifferenzen von 636
Alpha-Wellen
–, Aktivierung 624, 866
–, Aktivierung (und Hypnotisierbarkeit) 607, 608
–, Aktivität (im EEG) 609
–, Blockade 624, 681
–, Grundrhythmus 608, 617, 663, 866
–, im kataleptischen Stadium 670
–, im somnambulen Stadium 670
–, Reaktion (paradoxe) 760
–, Rhythmus 189, 671, 762, 827
–, und Hypnotisierbarkeit 607, 608
Alptraum
–, fortgesetzter 245
Alpträume 776
Altar
–, magnetischer 348
Alter
–, chronologisches 584
Alter (und Hypnotisierbarkeit) 142
Altersgrenze
–, generelle, für Hypnose 283
Altersgrenzen (der Hypnotherapie) 283
Altersprogression 158, 249, 256, 523, 587, 595, 858, 864, 873
Altersregression 158, 249, 256, 308, 325, 335, 523, 546, 584, 585, 586, 587, 589, 593, 594, 595, 623, 669, 680, 782, 832, 858, 864, 873, 874
–, Ansätze zur 495
–, chronologische 585
–, hypnotische 587
–, Psychodynamik der 587
–, Spiralenweg der 686
–, spontane 585
Altersstufe
–, suggerierte 585
Althirn 682
Altsteinzeit (Paläolithicum) 42
A.M.A. (American Medical Association) 278
Ambilateralität 721
Ambivalenz 226, 326
Amblyopie 295
Ambulante Kartei (AK) (es folgen die Protokollnummer, die Initialen des Patienten/Probanden, Geburtstag und Untersuchungszeitpunkt) 161ff.
American Medical Association (A.M.A.) 278
American Psychiatric Association (APA) 580, 817
American Society for Clinical Hypnosis 278
American Society of Clinical Hypnosis (ASCH) 128
Amine
–, biogene 846
Ammenschlaf 39, 774
Amnesie 308, 354, 410, 451, 633, 657, 716, 785, 787, 830
–, anterograde 577
–, hypnogene 656
–, hypnotische 407, 577, 578, 580
–, hypnotische (traumähnliche) 660
–, partielle 407
–, posthypnotische 415, 429, 577, 584, 594, 633, 657
–, retrograde 577
–, somnambule 656, 670
–, totale 586, 693, 716
Amnesie (Rückruf-, Ursprungs-, Quellen-Abstammungs-) 579
Amnesiearten 579
Amnesien 577, 581, 801, 871

–, hypnotische 595, 858, 864
–, posthypnotische 578
AMPEX-Magnetband-Maschinen 609
Amphetamine 846
Amphetamine (Weckmittel) 624
Amphibien 824
Amputation
–, psychophysische, der Älteren 254
Amputationen 89
Amulette 44, 72
Amygdala 741
AN (Anmerkung) 386ff.
Anäathesie 623
Analgesie 135, 589, 713, 744, 831, 863, 869
–, allgemeine 713
–, hypnotisch suggerierte 713
–, hypnotische 713, 714
–, lokale 713
–, spontane 716
Analgesien 348, 605
Analogie 308
Analogien 322
Analphabeten 590
Analphase 586
Analyse
–, bioenergetische 230, 245
–, transaktionelle (TA) 229
Analysen
–, psychometrische 373
Analysis
–, behavioral 20
Analysis of Variance (ANOVA) 123, 172, 716
Anämie 338, 788
–, cerebrale 831
Anämisch-Vasospastische 281
Anamnese 44, 45, 46, 856, 860
–, psychoanalytisch fundierte 282
–, tiefenpsychologisch fundierte 282
anamnesis 72
Anamnesis (ausführliche, Vorgeschichte) 282
Anästhesie 155, 191, 417, 418, 589, 634, 713, 744, 856, 869
–, autoinduzierte 75
–, chemische 91, 92
–, hypnotische 91, 863
–, progressive 186
Anästhesien 167
Anästhesiologie 19, 290, 292
Anästhetika 785
Anastomosen
–, vaskuläre 629, 634
Ancillary Self-Hypnosis 517
Änderung
–, plethysmographische, im Puls 739
Aneurysma
–, cerebrales 785
Aneurysmablutung 732
Anfall
–, epileptischer 664
–, generalisierter epileptischer 653
–, hysterischer 762
–, narkoleptischer 689
Anfälle 434, 868
–, epileptische 284, 656
–, generalisierte epileptische 668, 688, 781
–, hypochondrische 343
–, hysterische 284, 343, 657
–, hysteroide 657
–, organische 297
–, partielle, epileptische 716
–, psychomotorische 689
Anfallsgeschehen 297
Anfallsleiden
–, Patienten mit 688
Angina pectoris 292
Angst 17, 55, 228, 242, 243, 250, 285, 287, 327, 511, 582, 633, 634, 723, 725, 728, 730, 763, 764, 779, 817, 818, 819, 823, 858
–, abnorme 285
–, Assoziationen mit der 784
–, Erklärungsansätze der 818
–, pathologische 167, 285
Angst (anxiety) 17
Angst (und Hypnotisierbarkeit) 168
Angstbereitschaft 818
Angstdepressionen 633
Ängste 227, 767
Angstempfinden 855
Angstempfinden (und Hypnotisierbarkeit) 167
Angstepisoden 593
Angstgefühle 776
Ängstlichkeit 818
Angstneigung 818
Angstreaktion 828
Angstsyndrome 17, 348
Angstsyndrome (anxiety syndroms, anxiety) 816
Angstzustände 191, 286, 293, 295, 296, 592, 634, 791, 816, 863
Anima 238
Animalhypnose 823
Anisokorie 651
Anmerkung (AN) 386ff.
Annahme
–, bewußte 109
–, Stadium der 187
–, unbewußte 109
Anorexia nervosa 247, 282, 287, 292
Anorexia nervosa (Magersucht) 653
Anosognosie 725
ANOVA (Analysis of Variance) 123, 172, 716
Anpassungsvermögen 279
Ansatz
–, sozialpsychologischer, der Suggestion 109
Anspielungen 308

Anstarren 503
Anstarren (von Steinen) 76
Antarktis
–, Isolation in der 608
Anteil
–, Moderation des 735
Anteile
–, corticale 727
–, subcorticale 727
Anthropologie 5, 42, 52, 63, 71, 74, 592, 658, 852, 853, 854, 860, 873
–, existenzielle 42
–, existenzielle Komponente der 854
–, medizinische 43, 854
–, philosophische 46, 854
–, psychologische 44, 854
Anthropologie (Menschwerdung) 46
Anthroposophie (und Hypnose) 156
Antidepressiva 846
Antizipation 243
Antwort
–, phylogenetische 128
Antworten
–, akustisch evozierte, im akustischen Cortex 785
–, hysterische 623
–, ideomotorische 782
–, posthypnotische 700
Anweisungen
–, implizierte 318
Anxiety (Angst) 17
Anxiologie 817
APA (American Psychiatric Association) 580
Aphagie 730
Aphasia 20
Aphasie 725
Aphonien 522
Apnoe 783
apokalyptisch 156
Apollo 76
–, Tempel des 78
Apollonier 725
apollonisch 741
Apparat
–, psychischer 222, 256
Appendectomie 782
Apperzeption 339
Appetitabnahme 776
Applikation
–, klinische, der Hypnose 376
Äquivalente
–, neuronale epileptische 713
Ära
–, goldene, der Hypnoseforschung 96
ARAS 735, 742
–, Weckaktivität des 737
ARAS (ascendentes retikuläres Aktivierungssystem) 729, 730
(Arbeits)Hypothese 3, 836
Arbeitslosigkeit 255
Arbeitsmedizin 44
Arc de Charcot 653
Archetypen 238, 239, 680, 685
Archetypen (Urbilder) 238
Archetypus
–, zentraler 743
Area striata 718
Area temporalis 715
Areale
–, motorische 713
–, schlafwach-steuernde 729
–, sensorische 713
–, stumme 713
–, unspezifische 713
Armheben 391, 393
Armkatalepsie 391, 393, 397, 401, 474, 477, 515, 650, 694
–, passive 393
Armkatalepsietest 365, 380, 857
Armlevitation 365, 367, 373, 374, 393, 397, 400, 401, 466, 469, 472, 588, 593, 633, 694, 845
–, posthypnotische 374
–, willkürliche 495
Armlevitation (durch Striche) 363
Armlevitationen 364
Armlevitationstest 362, 373, 380, 857
Armlevitations-Versuch 633
Armrotation 633
Armschwere 365, 391, 397
Armschweretest 365
Armstuhl 341
Armtests 380, 857
Arm-Vorhalte-Versuch 120
arousal reaction 664, 666, 729
arousal reactions 714
Arterhaltung 875
Arteria carotis 736
Arzt–Mönch 80
Ärzte
–, approbierte 80
Arzt-Patienten-Verhältnis 85, 86
ASCH (American Society of Clinical Hypnosis) 128
Asklepion-Kult 77, 79
Asklepionstatue 78
Asklepion-Tempel 78
Asklepios 76
Aspekt
–, emotionaler, der Hypnose 823
–, neurophysiologischer, der Hypnose 823
–, sozialpsychologischer 109
Aspekte
–, anthropologische 656

–, doloanxiologische 816
–, futurologische 841
–, klinische 855
–, klinische (und Hypnotisierbarkeit) 183
–, klinische (und Suggestibilität) 122
–, konstitutionelle (des Somnambulismus) 668
–, pharmakologische 855
–, pharmakologische (und Hypnotisierbarkeit) 168
–, phylo-ontogenetische, der Hypnosemechanismen 745
–, physiologische (und Hypnotisierbarkeit) 146
–, religiöse 14
Assessment
–, clinical, of hypnosis 15
Assimilation 339
Assoziation 316
–, freie 232, 249, 296, 873
–, positive 310
Assoziationen 238, 247, 856
–, Fokussieren von 314
–, mentale 308
–, spontane 311
Assoziationsfelder 713
Assoziationsmuster 128
–, latente 307
Assoziationsnetz 320
Assoziationsnetze 316, 856
Assoziationsprozeß
–, indirekter 311
Assoziativ-Verfahren 284
Assoziieren
–, freies 225, 228, 237, 239
Assyro-Babylonier 75
Astasie 522
Astasie/Abasie (hysterische Lähmung) 91
Astasien 297
Astheniker 761
Asthma 89, 534
Asthma bronchiale 293
Asthmatiker 292
Astrologie 49, 79, 86, 410
Asymmetrie
–, corticale 737
–, laterale 726
Aszendenz 120
AT (autogenes Training) 248, 255, 351, 551, 552, 553, 554, 555, 556, 557
Atavismus 822
Atemfrequenz
–, Erhöhung der 733
Atemhemmung 348
Athleten 189, 761, 862
Athos (Berg) 336
Ätio (Patho) Genese (psychischer Störungen) 250
Ätiologie (psychischer/psychosomatischer Störungen) 221
Ätiopathogenese 249
Atlanthropus 42
Atmosphäre
–, antiautoritäre 240
Atmungsfrequenz 174, 646, 764
Atmungsstillstand 764
Atmungstechnik 433
Atmungszentrum 764
Attacken
–, fokale 688
–, hysterische 53
–, narkoleptische 291
–, psychomotorisch 291
–, psychomotorische 744, 869
Audio-Video 610
Audio-Video-Anlage 609
Audio-Video-System (AVS) 346
Aufgaben
–, analytische (und Lateralisation) 625
–, posthypnotische 397, 407
–, vielfältige 418
Aufladungsphase 701, 867
Auflösungsmechanismen
–, neurophysiologische der 668
Aufmerkamkeit
–, selektive 832
Aufmerksamkeit
–, Akkumulation und Polarisation 354
–, allgemeine 190, 863
–, Fixierung der 306, 328
–, gelenkte 162, 186, 354
–, gelenkte (selektive) 52
–, gelenkte (selektive, konzentrierte) 861
–, konzentrative (und Hypnotisierbarkeit) 164
–, konzentrierte 186
–, optimale 723
–, optische 739, 740
–, selektive 147, 163, 172, 186, 306, 588, 629, 688, 702, 774, 801, 842, 863, 868, 871, 874, 875
–, selektive (gelenkte), Gesetz der 111
–, selektive (interne) 686
–, selektive (und Hypnotisierbarkeit) 164, 171
–, visuelle 623
Aufmerksamkeit (und Hypnotisierbarkeit) 163
Aufmerksamkeitsanspannung 164, 190, 855, 863
–, eingeschränkte 127
Aufmerksamkeitsanspannung (und Hypnotisierbarkeit) 163
Aufmerksamkeitsentfaltung 174
Aufmerksamkeitsexperiment 627
Aufmerksamkeitsfähigkeit 190, 863
Aufmerksamkeitsfixierung 307
Aufmerksamkeitskapazität (und Hypnotisierbarkeit) 164
Aufmerksamkeitsprozeß 306
Aufnahme 576
Aufschreien 666, 702, 800, 868

Aufträge
–, dauerhafte in der Hypnose (D) 386ff.
–, posthypnotische 132
Aufwachaktivität 692
Aufwachen
–, spontanes 681
–, vorzeitiges 699
Aufzugsphobie 511
Aufzugsträume 683
Aufzug-Technik 511
Augen
–, geschlossen 431
–, geschlossene 430
–, laterale Deviation der 723
Augenarzt 89
Augenbewegungen 625, 636, 682, 722, 865, 866
–, asynchrone 628
–, conjugierte laterale 721
–, langsame 858
–, langsame (SEM, Slow Eye Movements) 628, 629, 630, 631, 790
–, laterale 656, 733
–, lebhafte 652
–, rasche 858
–, rasche (REM, Rapid Eye Movements) 616, 625, 629, 630, 631, 659, 694, 719, 720, 790, 791, 800
–, rasche (REM, Rapide Eye Movements) 773
–, ruckartige 666
–, sehr langsame 858
–, vertikale 737
Augenbewegungen (bei verbaler Kognition) 723
Augenblick
–, schöpferischer 307
Augenbrauentechnik 519
Augenbulbi 869
Augenbulbideviationen
–, träge 628
Augenfixierung 391, 397, 466, 477, 502, 503, 629
Augenkatalepsie 358, 670, 865
Augenkatalepsietest 857
Augenkatalepsietests 380
Augenkonvergenz 360
Augenlider 869
–, Vibration der 89
Augenlideraktivität
–, periodische 656
Augenlider-Katalepsie 39, 357, 390, 652
Augenliderkatalepsietest 357
Augenmotilität (bei Anwälten) 722
Augenmotilität (bei Keramikern) 722
Augenmotilität (und funktionelle Lateralisation) 721
Augenmotorik 631, 635, 732, 858, 869
Augenmotorik (in der Hypnose) 628
Augenmuskeln 732
Augenrollen 189, 373, 374, 858
Augenrollen (bei Katalepsie) 720
Augenrollen (und Hypnotisierbarkeit) 147, 723
Augenroll-Phänomen 722
Augenrollpositionen 724
Augenrolltest 358, 359, 374, 647, 723, 724
Augenrolltests 380
Augenroll-Zeichen 359
Augenroll-Zeichen (Eye Roll Sign) 358
Augenschließen 126
Augenschließen-Test 857
Augenschließentests 380
Äugigkeit 686, 858
Äugigkeit (und Hypnotisierbarkeit) 722
Ausbildung
–, Kriterien der (zum Hypnotherapeuten) 277
Ausbreitungsmechanismus
–, polysynaptischer 718
Ausdrucksweise
–, psycho-vegetative 252
–, verbale 252
Auseinandersetzungen
–, kriegerische 294
Ausführung
–, kognitive 373
–, posthypnotische 391
Ausgangslage
–, bioelektrische 624, 636, 866
–, ergotrope 676
–, trophotrope 676, 680, 863, 866
–, trophotrope (des vegetativen Nervensystems) 637
Ausgangslange
–, trophotrope 608
Ausnahmesituationen
–, Suggestionen in 113
Ausnutzung (Utilisation) 306
Aussätzige 342
Außenweltobjekte 226
Ausströmungen
–, fluidale, der Magneten 344
Austauschströmung (der Lebewesen zur Umwelt) 824
Australian Society of Hypnosis (ASH) 781
Ausweichmechanismus 670, 865
Auswirkungen
–, Stadium der 187
Autobahnhypnose 336, 829
Autoerotismus 225
Autogenes Training 92, 95, 154
Autohypnose 45, 248, 255, 292, 336, 702, 854, 858, 868, 873, 875
–, exogene 702
–, spontane 389, 548, 549, 858
Autohypnose (Selbsthypnose) 565
–, Psychologie der 592
Autohypnose (und Kavanah) 154
Autokorrelationsfunktionen 842

Automatismen
–, manuelle 664
–, orale 664
Automatismus 135, 138, 325, 581, 830
Automatismus (und Hypnotisierbarkeit) 166
Autorität 254
–, inadäquate 254
Autorität (der Götter) 52
Autoritätslosigkeit 254
Autosuggestion 92, 109, 110, 186, 593, 861
Aversionssuggestionen 289
Aversionstherapie 521
AVS (Audio-Video-System) 346
Axone
–, afferente 736
–, efferente 736
Axonen
–, gekreuzte 718

B (Vertiefung der Hypnose) 386ff.
Babinski-Reflex 585
Babinskisches Zeichen 726
Backen 426
Backward Postural Body Sway Test (Rückwärtsfalltest) 353, 355
Bagatellisierung 255, 873
Balance
–, homöostatische 317
Bänkelsänger 62
Baquet (Gesundheitszuber) 82, 348
Baquets (Gesundheitszuber) 344
Barber Suggestibility Scale (BSS) 125, 373, 716
Barber Susceptibility Scale (BSS) 177, 184
Barbiersessel-Methodik 519
Barbiturate 122
Barbiturnatnarkose 735
Barmherzigkeit (misericordia) 79
Barriere
–, amnestische 580, 830
Basalganglien 726, 744, 858, 869
Basalzisterne 732
Basis-Niveau-Wort-Erkennungsschwelle 161
Bayerische Akademie der Wissenschaften 82
Bedeutungsebenen 322
Bedingungen
–, imaginative 190, 862
–, imaginative (imagery conditions) 159
Beeinflußbarkeits-Test 127
Beeinflussungsfaktoren
–, innere und äußere 852
Befriedigung
–, organische 240
–, sexuelle 240
Befund
–, körperlicher 282
–, neurologischer 282
Befunde 856
–, biochemische 633, 844
–, neurobiochemische 635
–, neuroradiologische 282
Begebenheitsprotokollierung 425
Begriffe
–, magische 51
Behandlung
–, aktiv-synthetische 229
–, neuroleptische 284
–, thymoleptische 284
Behandlungsbedingungen 856
Behandlungsdauer 94
Behandlungskombinationen 248, 256
Behandlungsverfahren
–, patienten-orientiertes 239
Behavior (Verhalten) 17
Behavior-Therapie 17
Behring-Straße (Landbrücke) 42
(bei Schlafwandlern) 668
Beichte 72
Belastung
–, familiäre 665
Bereitschaft
–, suggestive 116, 861
Berger-Effekt 760
Berliner psychoanalytische Vereinigung 224
Bernreuter Personality Inventory (BPI) 148
Berufs-Somnambule 659
Berührung
–, heilige 343
–, königliche 343
Berührungsreiz 714
Beschwerdebagatellisierung 248
Beschwerden
–, asthmatische 515
–, funktionelle (Herz) 89
–, funktionelle (ZNS) 89
–, nutritive 282
–, posttraumatische 288, 291
–, psychosomatische 282, 293
–, respiratorische 295
–, rheumatische 293
Beschwerdenverniedlichung 255, 873
Beschwörung 76
Besessener 62, 72
Besessenheit 43, 53
Besessenheit (Endphase) 53
Besessenheitsbeginn 53
Besetzung 222
Bessoznatelonoie 834
Beta-Aktivität 716
Beta-Spindeln 625, 768, 772, 773, 791
Beta-Wellen 636, 681, 695, 768, 774, 791, 866
Beteiligung
–, imaginative 170
Betrachtungsweise
–, holistische 873

Bettnässen 162, 668, 689
Bettnässer 767, 800
–, erwachsene 795
Bettnässer (Kinder-) 794, 795
Betts' Imagery Scale 157
Betts' Imagery Scale, Sheehans Revision (QMI) 375
Betts' Vividness of Imagery Scale 125
Betts' Vividness of Imagery Scale, Sheehans Modifikation 124
Betts-Skala 124
Bewegungen
–, athetotische 157
–, choreatische 284
Bewegungsabläufe
–, kortikal induzierte 726
Bewegungsstörungen
–, extra-pyramidale 726
Bewußtlosigkeit 291, 781, 801, 858
Bewußtsein 109, 117, 190, 223, 225, 230, 237, 256, 309, 312, 575, 746, 773, 778, 786, 842, 855, 858, 863, 870, 871
–, beobachtendes 830
–, Evolution des 322
–, gespaltenes 781, 830
–, klares 830
–, persönliches 186, 861
–, Spaltung des 582
–, verändertes 190, 830, 831
–, verändertes (consciousness, alternate) 4
–, verändertes, Theorie des 831, 836
–, Veränderung des 175, 720
Bewußtsein (Ko-) 581
Bewußtsein (und Hypnotisierbarkeit) 165
Bewußtseinsänderung 740
Bewußtseinsebenen 774
Bewußtseinseinengung 740
Bewußtseinsfeld
–, Verengung des 327
Bewußtseinsinhalte 85, 713
Bewußtseinslage 187, 608
–, Zentrum des 731
Bewußtseinslage (bei Suggestionstherapie) 117
Bewußtseinspegel 770
Bewußtseinssenkung 336
Bewußtseinsstörung 655
Bewußtseinsstörungen 731
Bewußtseinstrübungen 348
Bewußtseinsumfang 739
Bewußtseinsveränderungen 731
Bewußtseinsverlust 191, 863
–, Angst vor 167
Bewußtseinszustand 117, 128, 689, 831
–, veränderter 127
–, Veränderung des 826
Bewußtseinszustände 693, 785
–, veränderte 780
Bewußt-Unbewußt-Doppelbindung 321
Bewußt-Unbewußt-Doppelbindungen 320, 329
Beziehungen
–, interpersonelle 122
Beziehungsdimension 834
Bezugselektrode (Referenzelektrode) 609
Bezugspersonen 225
Bibliographie 9, 24
Bilder
–, imaginative 156
–, innere 306
–, katathyme 156
–, retinale 628
Bilderfolge
–, affektbetonte 790
Bilderleben
–, katathymes 16
Bilderlebhaftigkeit 17
Bildersymbolik (mental imagery) 17
Bildervorstellung
–, imaginative 763
Bildvorstellung 124, 156, 190, 862
–, Lebendigkeit der 157
Bildvorstellungen 634
–, Lebendigkeit der 158
Bindung 319, 856
Bindungen
–, nicht gelöste 296
–, persönliche 296
Bindungsmodelle 320
Binet-Simon-Test 584
Biofeedback 162, 172, 173, 290, 291, 828, 865
Biofeedback (und Hypnotisierbarkeit) 171
Biofeedback-Methodik 191, 874
Biofeedback-Therapie 14
Biofeedback-Training 173
Biokybernetik 551, 558, 559, 560, 561, 562, 855, 874
–, spezielle 557
Biokybernetik (und Hypnotisierbarkeit) 171
Biokypernetik 191
Biologie 852
Bioprozessor 16 609
Biorhythmen 843
Biorhythmik 327, 691
Biorhythmik (und Pathophysiologie) 668
Biorhythmus 166
Biosignale (aus den Muskeln) 631
Blasendruck 512
Blasenfunktion
–, Kontrolle der 794
Blei 338
Bleistift 423, 424
Bleistifte 338
Blepharospasmus 295
Blickbewegungen
–, vertikale 359

Blinde 342
Blindheit 347
–, hypnotische 575, 595, 605, 623, 627, 831, 864
–, hysterische 295
–, kortikale 785
–, psychogene 292
Blitzableiter 318
Blut
–, Veränderungen, biochemische im 866
Blutbild
–, weißes 635
Blutdruck 173, 634, 646, 728
–, diastolischer 635
–, systolischer 635
Blutdruck (und Hypnose) 171
Blutdruckmanschette 370
Blutdruckmeßgerät 370
Blut-Gerinnungsfaktoren 292
Blut-Glukose 634
Blut-Hirn-Schranke 736
Blutkörperchen 423
Blutschande 288
Blutspeien 343
Blutstrom
–, venöser 634
Blutstromveränderung 826
Blutungen 546
B.M.A. (British Medical Association) 278
Boden
–, endogener 253
Boderline Case 438
Body Image 16
body sway (Falltest) 119
Body Sway (Körperschwingungstext) 120
Bombardierkäfer (Neheria psammodes) 823
BPI (Bernreuter Personality Schedule) 148
Bradykardie 664, 680
Brahmane(n) 51
Brahmanismus 190
Brahmanismus (und Hypnose) 154
Braid, J. (Sommeil nerveux ou hypnotisme) 90
Brandblase 160
Brandblasen 862
Brechreize 284
British Medical Association (B.M.A.) 278
Bronchospasmus 783
«Brücke» 37, 407, 669, 865
Brücke (in der Hypnose) 408, 648
Brustschmerzen 286
BSR (basaler Hautwiderstand; Basal Skin Resistance) 632, 633
BSS (Barber Suggestibility Scale) 125, 373, 716
BSS (Barber Susceptibility Scale) 177, 184
Buchstaben
–, hebräische 155
Buchteil A
–, Entstehung, Entwicklung 853
Buddhismus 23, 190
Buddhismus (und Hypnose) 154
Bulimia 282
Bulimie 247, 287, 292
Bündel
–, amygdalofugales 727
Bürokratie 255
Byzanz 80

C (Konsolidation der Hypnose) 386ff.
CAD (Clinical Assessment of Diaries) 148
California Psychological Inventory Scales 149
California Psychological Scale (CPS) 149
Calzium 634
capacity
–, hypnotic 138
Captain Miller's Son 580
Carcinom 784, 785
Casuistik 788
Catecholamine 635, 728
Cattell Sixteen Personality Factor Questionnaire (CSPFQ) 148
celling-Effekte 158
centron 174
Cerebellum 726, 727, 744, 858, 869
cerveau isolé 729
Chaos
–, präkosmogonisches 46
Charakter
–, aggressiver 664
–, Analyse des 237
–, hysterischer 244, 252
–, masochistischer 244, 252
–, mystisch-geistiger, der Ursuggestion 71
–, phallisch-narzißtischer 244, 252
–, phobischer 291
–, symbolischer (hypnotischer Träume) 677
Charakteranalyse 244
Charaktermerkmale 148, 864
Charaktertypen 244
Charaktertypologie 244
Charakterzüge 178
Charité
–, La (Hospital) 335
Charlton University Reaction Suggestibility Scale (CURSS) 291
Charybdis 320
Cheiron 76
Chemotherapie 545
Chevreul 351
Chevreul-Pendel 351
Chevreul-Pendeltest 120
Chiasma nervi optici 717
Chicago Paradigma (der Selbsthypnose) 594
Children's Hypnotic Susceptibility Scale (CHCC) 142

Children's Hypnotic Susceptibility Scale (CHSS) 144, 607
Chirurgie 290, 292, 545, 549, 856
–, plastische 294
Chirurgie (und Hypnose bei Kindern) 142
Christengemeinschaft (und Hypnose) 156
Christentum 190
Christian Sciences (Christliche Wissenschaft) (und Hypnose) 155
Christianisierung 51
Christliche Wissenschaft (Christian Sciences) (und Hypnose) 155
Chronobiologie 843
Chronophysiologie 843
Chronopsychologie 843
CHSS (Children's Hypnotic Susceptibility Scale) 142, 144, 607
Cingulum 727
CIS (Creative Imagination Scale) 157, 374, 375
Clairobscure 348
clairvoyance (Hellsehen) 85, 86
Clinical Assessment of Diaries (CAD) 148
Code-Worte 385
Coffein 122
Colitis ulcerosa 122, 293
Colliculi superiores 718
Coma 780
–, hypnotisches 133
Commissura anterior 720, 765
Commissurenfasern
–, Durchtrennung der 720
community of sensations (Sinneswahrnehmungen) 86
Computer
–, Simulation per 347
Computer-Analogien 835
Computer-Prozeß 835
Computertomographie (CT) 282
Concentration 87
consciousness
–, alternate (Bewußtsein, verändertes) 4
Contusio cerebri 688
Cornea 629
Corpora mammilaria 727, 732, 765
Corpus amygdaloideum 727
Corpus callosum 720
Corpus geniculatum laterale 718, 737
Corpus mammilare 765
Cortex
–, akustischer, akustisch evozierte Antworten im 785
–, assoziativer 713
–, frontaler 712, 869, 870
–, insulärer 727
–, motorischer 718, 739
–, occipitaler 869
–, optischer 713, 717, 718, 744, 869, 870
–, orbifrontaler 727
–, präfrontaler 712
–, primärer visueller 718
–, sekundärer 718
–, sensorischer, Impulsverarbeitung im 713
–, tertiärer visueller 718
Cortexanteile 712
Cortexareale
–, unspezifische 713
Corticosteroide 730
Council on Mental Health (der A.M.A.) 278
Countertransference (Gegenübertragung) 234
CO_2-Spiegel 348
CPS (California Psychological Scale) 149
Creative Imagination Scale (CIS) 157, 374, 375
Cross-Over-Design 611
Cross-Over-Situation 621
Cross-Over-System 699
Crotana 78
CSPFQ (Cattell Sixteen Personality Factor Questionnaire) 148
CT (Computertomographie) 282
CURSS (Charlton University Reaction Suggestibility Scale) 291
Cushing-Syndrom 846
Cyrene 78
Cyrus cinguli 712

D (dauerhafte Aufträge in der Hypnose) 386ff.
Dämmerattacken 717
Dämmerzustand 768
Dämmerzustände 53, 659
–, epileptische 451
Dämon
–, höchster 51
Dämonen 52, 62, 63, 75, 76, 112, 873
–, Austreibung von 80
Dämonenangst 50
Dämoneneinfluß 80
Dämonenlehre 51
Dämonismus 50
Dämonologie 49, 52, 54, 55, 63, 73, 74, 81, 592, 656, 852, 853, 854, 860, 873, 874
darshana 154
Dasein
–, amnestischer 735
–, amnestischer Anteil des 728, 736, 768
–, Anteil, amnestischer des 867, 871
–, Anteil, mnestisch-amnestischer des 871
–, Anteil, mnestischer des 870
–, höheres 84
–, Komponente, amnesische des 676
–, mnestisch-amnestischer Anteil des 728, 733, 762, 801
–, mnestisch-amnestischer Teil 858
–, mnestischer Anteil des 760
–, mnestischer Teil 858

–, mnestischer Teil des 728
–, Teil des 858
Daseinsanalyse 228
Datenanalyse 121
–, unbewußte, im Mittelhirn 786
Dauerstudien (DS) (es folgen die Initialen des Patienten/Probanden, bzw. die Bezeichnung für die Untersuchungsgruppe und das Jahr des Untersuchungsbeginns) 166ff.
Daumen
–, rechter, Rotationskapazität des 726
De Imperio Solis 10
De Planetarium Influxu 10
Dechiffriermethode 225
Dechiffrierung 240, 250
Defäkation 766
Dehypnotisierung 345, 386, 391, 397, 410, 418
Delirien 75
Delta-Rhythmus 664, 666, 826
Delta-Wellen 636, 662, 671, 768, 770, 781, 789, 803, 866, 872
Delta-Wellen-Rhythmus 664, 666, 670
Delta-Wellen-Schlaf-EEG 826
Dementia praecox (Schizophrenie) 845
Dendriten 714
Denkabläufe 861
Denkart
–, hypnotische 579
Denkaufgaben 163
Denken
–, extravertiertes 238
–, introvertiertes 238
–, logisches 291
Denk-Maschine 835
Denkschema 307
Denkstörungen 725
Denktypus
–, extravertierter 238
–, introvertierter 238
Denkvorgang 579
Depersonalisation 155, 502, 538, 584, 593, 864
Depersonalisation (und Hypnose) 583
Depersonalisations-Syndrom 583
Depersonalisierung 595, 858
Depression 191, 253, 327, 593, 653, 725, 863
–, hypersomne 435
–, Symptome der 657
–, unipolare 726
Depressionen 845
–, endogene 240, 824
–, Tagesschwankungen bei 845
Depressiver
–, psychotisch 241
Deprivation
–, sensorische 824
–, sensorisch-motorische 823
Der Komet oder Nikolaus Marggraf 659
Derealisation 155, 584, 595, 858, 864
Derealisation (und Hypnose) 584
Dermatitis 293
Dermatologie 292, 293, 492
Desafferentation 831
Desensibilisierung 248, 249, 256, 873
Desorientierung
–, psychische 53, 717
Desuggestion (DS) 367
Desynchronisierung
–, interne 841
Desynchronisierung (im EEG) 624
Determinanten
–, biologische 833
Determinismus
–, unbewußter 187, 861
Deutsche Gesellschaft für Klinische und Experimentelle Hypnose (DGKEH) 278
Deutung
–, dualistische, der Hypnose 231
Deviationen
–, sexuelle 236, 288, 525
DG (Diagnose) 386ff.
DGKEH (Deutsche Gesellschaft für Klinische und Experimentelle Hypnose 278
DI (direkte Induktionsmethode, direkte Suggestionsdarbietung) 338ff.
Diabetes mellitus 293
Diadochen 342
Diagnose (DG) 386ff.
Diagnosen
–, clairvoyante 86
Diagnostic and Statistical Manual of Mental Disorders (DSM) 580
Diarrhoe 293
Diätetik 79
Diätfehler 43
Diathesen
–, haemorrhagische 95
Diazepam 668
Diencephalon 729, 872
–, caudale Anteile des 732
–, rostrales 765
Differenzierungsfähigkeit 324
Digitaldruck 232
Dilettantismus 79
Dimension
–, affektive 834
Dionysianer 725
dionysisch 741
Direktiven
–, implizierte 319, 856
–, posthypnotische 452
Dirnen 62
Diskontinuität 138
Displastiker 761
Dissimilation 339

Dissoziation 128, 307, 316, 422, 503, 538, 579, 589, 593, 666, 693, 716, 826, 829, 830, 832, 841, 863, 867
–, hypnotische 830
–, Theorien der 830
–, totale 504
Dissoziationen 702
–, neurologische 593
–, psychologische 593
Dissoziations-Faktor 179
Dissoziationstheorie 841
Dissoziationstheorien 836, 858
Dissoziierten 155
Distorsion 251, 585, 871
–, psychische 717
–, räumliche 801
–, zeitliche 801
Distorsionssyndrom 251
Divan 341
Dogma 79
«Doktor» Eisenbarth 62
Doloanxiologie 853
Dolorogie 495, 816
Dominanz (der Götter) 52
Dominanz (und Suggestibilität) 120
Dominanzen
–, hemisphärale 724
Doppelbindung 319
Doppelbindungen 320, 856
Doppel-Blind-Versuch 783, 784
Doppel-Dissoziations-Doppelbindung 321
Doppel-Dissoziations-Doppelbindungen 329, 856
Doppelschlaf 84
Doppelschlag 766
Dorsalmedialkern 731
Dreifach-Hypothese 148
Drei-Personen-Beziehung 243
Drogen 76, 178, 243, 719
–, Anwendung von 91
Drogen (und Hypnotisierbarkeit) 168
Drogenabhängigkeit 240
Drogensucht 243, 247, 255, 521
–, Modifikation von Verhalten 152
Drogensüchtige 243
Druckempfinden
–, Verlust des (auf der Haut) 683
Druden (Trutten) 51
Druide(n) 51
DS (Dauerstudien) 166ff.
DS (Desuggestion) 367
DSM (Diagnostic and Statistical Manual of Mental Disorders) 580
dual code theory 159
Dualität
–, unsynthetische 725
Dumping-Syndrom 545
Dünndarmresektionen 255
Duodenalschmerzen 291
Durchblutung
–, cerebrale 290
Durchhaltevermögen 147
Durchschlafgestörte 699
Dysbasie 522
Dysfunktionen
–, kardiale 338
Dyskinesien
–, billiare 293
Dysmenorrhoe 295
Dyspareunie 295
Dysrhythmie 617

E (Erwecken aus der Hypnose) 386ff.
East India Company 89
Ebbelastungen 253
Ebene
–, autonome 314
–, topographische, des psychischen Apparates 223
–, unbewußte 115, 187, 308, 595, 861
Eber-Papyrus 76
Echo-Register (Auditory Image) 576
Eczema 293, 294
EDG (Elektrodermatogramm) 632
Edwin-Smith-Papyrus 76
EEG
–, Alpha-Wellen-Rhythmus im 189
–, corticales 736
–, corticales, Desynchronisierung des 729
–, Desynchronisierung im 624, 764
–, Krampfelemente im 689
–, Krampfpotentiale aus dem 689
–, psychomotorische Äquivalente im 689
–, synchronisiertes corticales 737
–, Synchronisierung des 738
EEG (Electroencephalogramm) 170ff.
EEG (forcierte Normalisierung des) 670
EEG (in der Hypnose) 608
EEG-Asymmetrie 737
EEG-Charakteristika 698
EEG-Kontrolle 547
EEG-Kriterien 610
EEG-Kurve 610, 681, 779
EEG-Muster 826
EEG-Rhythmen 671
EEG-Rhythmus
–, langsamer 762
EEG-Schlaf 693, 738
–, langsamer 734
EEG-Veränderungen
–, fokale 716
EEG-Wellen 663, 677, 694
–, langsame 729
Effekt
–, dominanter 861

–, dominanter, Gesetz des 186
–, posthypnotischer 233
–, suggestiver 72
–, umgekehrter 861
–, umgekehrter, Gesetz des 111, 186
Effekte
–, erregende 605
–, hemmende 605
–, intrahypnotische 594
–, suggestive 860
Effloreszenzen
–, dermatologische 293
Ego 249, 867, 868
Ego-Aktivität 833
Ego-Eigenschaften 163
Ego-Funktionen 832
Ego-Kontrollmechanismen 174
Ego-Passivität 833
Ego-Psychoanalysen 235
Ego-Psychologie 225, 235, 246
Ego-Psychologie (und psychoanalytische Theorien) 225
Ego-Verstärkung 833
Ego-Zustände 581, 582
EI (Experience Inventory) 168
Eifersucht 243
Eigenreflexe (des Menschen) 631
Eigenschaft
–, kollektive 187
–, persönliche, des Suggerendus 121
Eigenschaften
–, mystische 155
–, persönliche 283
–, physikalische des 872
Einbezogenheit
–, imaginative 190, 484, 764, 862
–, imginative (imaginative involvement) 159
–, phantasievolles 159
Einbezogenzeit
–, imaginative 763
Einbildung 124, 156
Eindringen
–, geistiges 831
Eingriffe
–, chirurgische 88, 90
–, neurochirurgische 715
Einheiten
–, nosologische 183
–, partielle unbewußte 871
Einnässen 702, 781, 800, 868
Einrichtungen
–, soziale 254
Einschlafen 735, 867
–, imperatives 689
–, schnelles 693
Einschlafgestörte 699
Einschlafmoment 768, 790
Einschlafstadium 689, 768
Einschlafträume 768
Einschlafzeit 694, 699
Einsiedler 150
Einstellung
–, anthropologische 21
–, depressive 243
–, negativistische 356
–, paranoid-schizoide 243
–, suggestive 116, 121, 187, 861
–, sympathikone 652
–, vagotone 652
Einstreutechnik 310, 328, 856
Einzelhypnose
–, Dauer der 188
Einzelhypnosen 874
Einzelhypnose-Sitzungen
–, Dauer von 133
Einzelhypnotisierbarkeits-Skalen 380
Einzeltherapie 229
Einzelwesen
–, eigenständige 44
Eisen 338, 423
Eisenbarth, «Doktor» 62
Ejakulation 794
EKG (Elektrokardiogramm) 664, 694, 786, 787, 790
Ekstase 50, 51, 336, 657
Ekstase (Ekstasen) 14
Ekstasen 155
Ekstatiker 45
Ektomorphe 144
Electrodermogramm 632
Electroencephalogramm (EEG) 170ff.
Electrooculogramm (EOG) 659
Elektrik 344
Elektrizität 60, 155
Elektroden
–, chronisch implantierte 735
Elektrodenlokalisation 607
Elektrodermatogramm (EDG) 632, 635
Elektroencephalogramm (EEG) 635
Elektrokardiogramm (EKG) 664, 694, 786, 787, 790
Elektromyogramm (EMG) 171, 631, 635, 694, 779
Elektromyographie (EMG) 631
Elektrooculogramm 634
Elektrooculogramm (EOG) 609, 635, 694, 697
Elektrorasierapparat 347
Elektroschock 288, 354
Elemente
–, mineralische 59
Eltern
–, neurotische 237
EMG 172
EMG (Elektromyogramm) 171, 631, 694, 779

EMG-Aktivität
–, Verschwinden der 733
EMG-Aktivität (bei Kopfschmerzen) 631
EMG-Biofeedback 172, 173
Emotionalität 284
Emotionen 712, 726, 770, 844, 870
–, hypnotische 634
–, neuronales Substrat der 728
–, primitivste 243
Emotomentation 741
Empfindungen 423
–, extravertierte 239
–, introvertierte 239
Empfindungstypus
–, extravertierter 238
–, introvertierter 238
Emphatie 834
encépahale isolé 729
encéphale isolé 719
encéphale isolé-Präparat 737
Encephalitis lethargica 655, 729
Encephalon 666
Encounter Groups 230
Endhirn 732
Endomorphe
–, extreme 144
Endphase (der Besessenheit) 53
Engramme 585, 842
Engramme (Gedächtnisspuren) 576
ENNR-Test 841
Entäußerung
–, vokale 802
Entäußerungen
–, vokale 871
Enthusiasten 125
Entladungen
–, neuronale 714, 716
Entladungsgruppe 714
Entspannung 46
–, hypnotische 621
–, progressive 376, 534
Entspannung (und Hypnotisierbarkeit) 170
Entspannungs-Aufmerksamkeitskontrolle 288
Entspannungsinduktion 454
Entspannungsmethode 16
Entspannungs-Sitzungen 517
Entspannungsstadium 636
Entspannungssuggestionen 290
Entspannungssyndrom 646
Entspannungstechnik
–, progressive 327
Entspannungstherapie 557, 843
Entspannungsübungen 862
Entspannungszustand 412, 428, 429, 865
–, simpler 669
–, tiefer 411
–, vertiefter 410, 411, 413, 414, 469, 474, 478
Entspannungszustände
–, physiologische 669
Entspannungszustände (und EEG) 626
Entstehung
–, Entwicklung (WÄHREND) 852
Entweihungscharakter 46
Entwicklung
–, anthropologische 81, 342
–, individuelle 116
–, kollektive 116
–, psychosexuelle 226
Entwicklungsphase
–, anale 250, 586
–, genitale 250
–, orale 250, 586
Entwicklungsstufen 860
Entwurzelung 253
Entwurzelungssyndrom 845
Entzugs-Syndrome 168
Enuresis 511, 593
Enuresis nocturna 293, 535, 794
EOG (Elektrooculogramm) 609, 659, 694, 697
EP (evozierte Potentiale) 627
Epidauros 78
Epidauros-Tempel 78
Epigastrium 648
Epigastrum 341
Epilepsie 291, 647, 653, 865, 869
–, psychomotorische 437, 547, 688, 715, 717
Epilepsie-Form
–, psychomotorische somnambule 664
Epilepsien 89, 297, 670, 865
–, Aufwach- 824
–, genuine 623
–, Schlaf- 824
Epilepsie-Symptomatik 652
Epileptiker 652
–, Wesensänderung bei 688
Episode
–, somnambule hypnotische 661
Episoden
–, augenmotorische 800
–, enuretische 794, 795
–, epileptische 688
–, somnambule 659, 664, 668, 689, 744, 869
Epoche
–, byzantinisch-römische 96
–, frühneuzeitliche 96
–, hellenistische 77, 96
–, mittelalterliche 96
–, prähellenistische 76, 96
–, prähistorische 96
Epochen
–, byzanthinisch-römische 854
–, prähistorische 9, 75
–, vorwissenschaftliche 96
–, vorwissenschaftliche der Hypnose 855

–, wissenschaftliche 96
–, wissenschaftliche der Hypnose 855
Equilibrum 250
Erblindung 82
Erbrechen 88, 782
Erbschaft
–, phylogentische 832
Erdbeben 788
Erdmutter 238
Ereignisse
–, interkurrente 327, 329, 856
Erektionen 765, 766, 767, 800
–, Registrierkurven bei 767
Erektionsperiodik 767
Erektionsphasen 767
Erektionsschwierigkeiten 489
Erektionsstärke 767
Erfahrung
–, mystische 73
Erfahrungen
–, suggestive 117
–, traditionelle (mit Entspannungsübungen) 862
–, vorwissenschaftliche 113
Erfahrungsgedächtnis 716, 744, 869
Erfahrungssuggestionen 73, 854, 860, 861
–, artifizielle 73
–, spontane 73
Erfahrungsuggestionen 73
Ergänzungen
–, imaginäre 574, 590
Erhaltung (Selbsterhaltung) (des Individuums) 875
Erhaltungstrieb 42
Erhaltungstrieb (und Spontanhypnosen) 591
Erholungsschlaf 735
Erinnerung 576
Erinnerung (an vergessene Erlebnisse) 715
Erinnerung (von sinnlosem Material) 578
Erinnerung (von sinnvollem Material) 578
Erinnerungsfähigkeit 578
Erkrankung
–, manisch-depressive 252
Erkrankungen
–, affektive 95
–, chirurgische 297
–, funktionelle 95
–, gynäkologische 297
–, internistische 297, 846
–, maligne 291, 295
–, organische 255
–, psychische 144, 235
–, psychische, Pathogenese von 855
–, psychische/psychosomatische, Genese von 235
–, psychosomatische 235
–, psychosomatische, Pathogenese von 855
Erleben
–, dissoziatives 157
–, emotionales, in Traum und Hypnose 690
–, phantasievolles 159
–, psychisches, des Menschen 852
Erlebnisfähigkeit 855
Erlebnisfähigkeit (und Hypnotisierbarkeit) 147
Erlebnisse
–, bewußt-unbewußte 762
–, emotionale 584, 868
–, emotionale (und Lambda-Wellen) 682
–, frühere 297, 869
–, phantasierte 829
–, positive (und Hypnotisierbarkeit) 147
–, transbewußte 802, 871
–, traumatische 94, 345
–, traumatische, Verdrängung von 225
–, unangenehme 297
–, unrealistische 150
–, vergessene 715
–, visuelle, Träume als 719
–, vulnerable 584
Erlebnisverarbeitung
–, abnorme 484
Erlösung
–, freiheitliche 55
Ermittlung
–, gerichtliche 430
Ermüdungserscheinungen 338, 831
Ermüdungstheorie 685
Ernährung
–, toxische 255
Eros (Lebens- oder Sexualitätstrieb) 226
Erosionen
–, pustulöse 338
Erotisierung 347, 801, 871
Erregung 779
–, hemmende 836, 858
Erregungskonstellationen
–, spezifische 608
Erregungsphasen 652
Erregungszentrum 831
Erregungszone 831
Erregungszustände
–, allgemeine 348
Erscheinungen
–, natürliche 590
–, paranormale 86
–, regredive 413
–, tetanische 348
Erschöpfung 53
Erschöpfungsdepression 845
Erschöpfungszustand 664
Erstarrungsreflex 823
Ersthypnosen 338
Eruptionsmöglichkeit 803
Erwachsenen-Psychopathologie 242
Erwartung 190, 827, 855, 863
Erwartung (und Hypnotisierbarkeit) 162

Erwartung (und Suggestibilität) 121
Erwartungen
–, negative (und Hypnose) 167
Erwecken (aus der Hypnose) (E) 386ff.
Es 249
Es (Id) 225
Esoteriker 279, 335
Eßstörungen 287
Eßsucht 593, 664
Etappen
–, wissenschaftliche 96
Etrusker 51
Euphorie 726
Euphorien 846
Evangelienstellen 80
Evolution 5, 685, 875
–, biologische 40, 68, 860
–, psychobiologische 875
Examensangst 286, 437, 438
–, Bekämpfung von 437
Examens-Hypnose 502
Examenssituation 286
Examina 248
Examinator-Beurteilung 166
Exhibitionismus 54, 237, 288, 525
Existenz
–, psycho-physiologische 128
Existenzanalyse 230
Exorzismus 14, 23, 64, 79, 81, 854, 860, 873
Exorzismus (Selbst-) 62
Exorzismus (Teufelsaustreibung) 62
Exorzist 873
Experience Inventory (EI) 168
Experiences
–, religious 20
Experimentalisten 834
Experimente
–, hypnotische 155
–, mesmerische 88
Experimentum mirabile 39
Exploration
–, innere 319
Explorations-Suggestion 42
Explorationstechnik
–, psychoanalytische 228
extrasensory communication 780, 781
Extrasystole 766
Extraversion 119, 189, 862
Extraversion (und Hypnotisierbarkeit) 146
Extraversion (und Suggestibilität) 120
Extravertierte 120, 121, 238, 252
–, stabile 149
Extravertierter 239
Extremitätenmotorik 631
Eye Roll Sign (Augenroll-Zeichen) 358
Eysenck-Personality-Inventory 119
F (Fortsetzung der Hypnosebehandlung) 388ff.
Fachbereich
–, dermatologischer 293
–, internistischer 292
–, neurologischer 290
–, pädiatrischer 293
–, psychiatrischer 285, 296
–, Sinnorgane 292
Fachbereiche
–, chirurgische 294
–, operative 294
Facial-Tick 292
Fähigkeiten
–, introspektive 309
Faith Healing 153
Faktor
–, sozialpsychologisch-kommunikativer 110
Faktoren
–, anthropologische 128
–, ätiopathogenetische, der Überforderung 255
–, emotionale 824
–, exogene 253
–, frustrative 253
–, genetische 252
–, multiple 855
–, multiple, beim Hypnotisanden (und Hypnotisierbarkeit) 168
–, physiologische 128
–, soziologische 128
–, synchronisierende 680
–, überfordernde 253
–, verschiedene (und Suggestibilität) 124
Faktorenanalyse-Korrelations-Matrix 149
Faktor VIII (Gerinnungsfaktor) (Bluterkrankheiten) 594
Fälle
–, forensische 423
Fallsucht 76
Falltest 149, 353, 354
Falltest (body sway) 119
Fallträume 683, 687
Fallversuch 370
Falsifikation 3
Familientherapie 236, 241
Faradisiergerät 347
Faradohypnose 347
Farbenkontrastmethode 339, 430
Farberscheinungen 339
Farbkontrastmethode 340
Farbrechtecke 430
Farbtafel 430
Farbwahrnehmung 339
Fasciculus medialis telencephali 765, 766
Fasern-System
–, periventriculäres 765
Faszination 335, 336, 397, 407, 410
Faszination (durch Fixieren) 334

Faszinationen
–, hypnotische 589, 590
Faszinationsgegenstand 334
Faszinationsmethode 345, 391, 407, 410
–, direkte 391, 610, 611
Faszinationsmethoden 334, 349, 857
Faszinationstechniken 334, 336
Fatima
–, Erscheinungen und Botschaften 590
–, Heilige von 590
Fauteuil 341
Fazialismuskulatur 172
Feedback-Netz 835
Fehlanpassung
–, Symptome von 229
Fehlentwicklung
–, neurotische 484
Fehlleistungen 223, 224
Felder
–, elektromagnetische 832
Ferngeistheiler 588
Fernsehen 346
–, Hypnose per 293
Fernsehmonitoren 609
Fertigkeiten
–, formal-intellektuelle 712
–, stereognostische 712
Fetischismus 237
Fettsucht 255
Feuchtigkeitsaufnehmer 609
Feuer 112
Finger
–, Fixieren eines 336
Finger-Anstarren 502
Fingerfixierung 416
Fingerspitze 336
Fingerspitzen 344, 423
Fingertemperatur 170
Fingertest 515
Fingerverhaken 362
Fingerverhaken (Handfalteversuch) 361
Fissura Sylvii 715
Fixation 335
Fixations-Faszinationsmethode 434
Fixationsgegenstand 337
Fixationsmethode 338, 340, 469, 629
Fixationsmethoden 336, 349, 857
Fixationstechniken 334
Fixieren (der Handflächen) 422
Fixierung 222
Fixierungspunkte
–, helle 829
Flexibilitas cerea 647, 648, 652, 653
Flexibilität
–, spezielle 870
Fliegen 248
Flucht (vor der Wirklichkeit) 54
Fluchtträume 683
Flugträume 683
Fluid
–, animalmagnetisches 82
Fluidismus 79
Fokaltherapie 229
Fokussieren 314
–, assoziatives 310, 311
–, ideodynamisches 311, 856
–, indirektes 310, 311
Follow up studies 388
Form
–, centrencephale somnambule (des Somnambulismus) 668
–, psychomotorische (des Somnambulismus) 668
Formatio reticularis 713, 732, 738, 742, 768, 831, 870, 872
–, pontine 736
–, Schlaf-Wach-System der 666
Formatio reticularis pontis 731
Formation
–, hippocampale 765
Formationen
–, corticale 764
–, retikuläre 738
–, subcorticale 764
Formatio-reticularis 760
Formen
–, epileptische somnambule 668
–, genuine somnambule 668
–, hyperkinetische 655
–, involutive (des Somnambulismus) 669
–, subklinische, des Somnambulismus 826
Formenkreis
–, hormoneller 292
–, neurotischer (und Hypnotisierbarkeit) 183
–, psychogener 296
–, psychosomatischer 856
–, psychotischer (und Hypnotisierbarkeit) 185
Formerkennen 713
Formerkennung
–, taktile 720
Fornix 727
Forschung
–, aktuelle, der Hypnose 109
Fortbildung 856
Fortpflanzungstrieb 237
Fortsetzung (der Hypnosebehandlung) (F) 388 ff.
Forward Postural Body Sway Test (Vorwärtsfalltest) 354, 356
Fötusstellung 654
Fourier-Transformation 609
Fragebögen 126
Frauenbeschwerden
–, menstruelle 283
Frauenfeld (Ort in der Schweiz) 82
Freizeitgestaltung

–, inadäquate 255
Fremdarbeiter (und Hypnotisierbarkeit) 161
Fremdkörper
–, verhexte 43
Fremdsuggestion 109, 186, 861
Freud (und Hypnose/Hypnotherapie) 230
Freud-Gesellschaft 224
Friedlander- und Sarbin-Skala (Friedlander-Sarbin-Scale, FSS) 125
Friedlander-Sarbin-Scale (FSS) 129
Frigidität 237, 295
Frontalhirn 714, 727
Frontallappen 712, 713, 730, 744, 869
–, Anämie des 832
Frühgeborene 702
Frühneuzeit 9, 80
Frustrationen 253
–, affektive 253
FSS (Friedlander-Sarbin-Scale) 129
F-Test 4, 612
Fugue 581, 830
Fugues 95
Fühlen
–, extravertiertes 238
–, introvertiertes 238
Fühltypus
–, extravertierter 238
–, introvertierter 238
Führung
–, therapeutische 248
Fünf-Phasen-Paradigma 306, 328, 856
Fünf-Stadien-Paradigma 322
Funktionen
–, psychosomatische 764
–, psychovegetative 764
Funktionsstörungen
–, motorische 284
Furcht 296, 728, 818
Furcht (Ur-Angst) 43
Futurologie 841

GABA-Konzentration 719
Gallenkoliken 846
Gallenstein 782
Gamma-Amino-Buttersäure (GABA) 730
Ganglien
–, basale 741, 826
Ganglienzellen
–, retinale 717
Ganz-Objektbeziehung 243
Ganz-Objekte 242
Ganz-Objektrepräsentanz 226
Ganz-Objektrepräsentanzen 243
Gärten
–, zoologische 342
Garten-Imaginationen 724
Gas-Inhalation 91
GAT (Group Alert Trance Scale) 373
GDF (Goal Directed Fantasy) 157
Gebärmutter 221
Gebiete
–, corticale 869
–, subcorticale 869
Gebietsabhängigkeit 150
Geborgenheit 832
Gebräuche 49
Geburtshilfe 295, 348, 856
Geburtsschäden
–, organische 253
Geburtstrauma 228, 250
Gedächtnis 148, 576, 778, 858, 864, 868, 870, 871
–, allgemeines 660
–, Bildung des 728
–, interpretierendes 716, 744, 869
–, primäres 576
–, Rückruf des 451
–, sekundäres 576
–, sensorisches 576
–, Störung des 730
–, Systeme des 581
–, tertiäres 576
–, Veränderung des 801
–, visuelles 720
–, vorbewußtes 842
Gedächtnis (und Hypnose) 575
Gedächtnisform 716
Gedächtnismodell 842
Gedächtnisspuren (Engramme) 576
Gedächtnissystem 314
Gedächtnisverlust 176
Gedanken 52
–, irrelevante 164
Gedankengang 583, 858, 864
–, hypnotischer 573
–, posthypnotischer 573
Gedankengang (-ablauf) 594
Gedankengut
–, psychoanalytisches 240
Gedankenübertragung 589
Gefahrendrohung 725
Gefäßsklerose
–, cerebrale 283
–, cerebrale, Verwirrtheitszustände bei 845
Gefühle
–, pränatale 239
Gefühlsabläufe 861
Gefühlsübertragung 780
Gegenstand
–, glänzender, Fixieren eines 337
–, imaginärer 764
–, spitzer, Fixieren eines 338
Gegenstand-Fixierung 417
Gegenübertragung 237, 249, 256, 296, 588, 873
Gegenübertragung (Countertransference) 234

Gegenübertragungsphänomen 296
Gegenübertragungsphänomene 249
Gegenwartsform
–, Suggestionen in der 363
Gehirn
–, Bremsmechanismen im 688
–, Frontalregion des 770
–, funktionelle Lateralisation des 720
–, limbisches 741
–, Mangeldurchblutung des 836, 858
–, neomammilarisches 741
Gehirnapparat 714
Geist
–, böser 80
–, erheblicher Teil des 237
Geister 62
Geistersehen 86
Geisterwelt 71
Geisteseinbruch 43, 44, 72
Geistesgegenwart 279
Geisteskrankheiten 89
Gelähmte 342
Gelähmter
–, Heilung eines 61
Gelangweilte 682
Geltungsbedürfnis 235
Gemeinplätze 311, 856
Genese 854
–, der Hypnose 37
–, endogene 253
–, exogene 253
–, kombinierte 253
Genese (psychischer/psychomatischer Erkrankungen) 235
Genese (psychischer/psychosomatischer Störungen) 221
Genezareth 61
Geniculatumzellen 718
Geräte
–, glänzende 338
Geräuschpegel 770
Geriatrie 293, 385, 857
Gerontohypnotherapie 536
Gerontologie 385, 857
Geruchsreize 339
Gesamtaktivität
–, cerebrale 608
Gesandte (der Götter) 112
Gesang 52
Gesänge
–, traditionelle 75
Geschicklichkeit 178
Geschlecht (und Hypnotisierbarkeit) 143
Geschlechtlichkeit 45
Geschlechtsdrüsen (des männlichen Aals) 222
Geschlechtsliebe 84
Geschlechtsunterschiede (und dissoziatives Erleben) 157
Geschlechtsverhalten 45
Geschmacksreize 339
Geschmacksträume 719
Geschwister-Übertragung 249
Gesetzmäßigkeiten
–, biorhythmische 327
Gesichtsschmerzen
–, chronische 291
Gespräch
–, vorbereitendes 298, 856
Gespräche
–, tiefenpsychoanalytische 654
Gesprächstherapie 296
–, klientenzentrierte 230
Gestaltprozesse 721
Gestaltpsychologie 245
Gestalttherapie 230, 245
Gestaltung
–, holistische 869
Gestalt-Wahrnehmung 718
Gestik 318
Gestimmtheit 844
Gestörte
–, psychisch 61
Gesundbeterinnen 390
Gesundheitszuber (Baquet) 82, 348
Gesundheitszuber (Baquets) 344
Gewichtheben 669, 865
Gewissen 226
Gifte 49
Giftmischung 63
Gilles de la Tourette 286
Gilles de la Tourette-Syndrom 292
Glabella 338, 360
–, Fixation der 335
Glasharmonika 349
Glaube 49, 190, 854, 855
Glauben 150, 162, 863
Glauben (und Hypnotisierbarkeit) 153
Glaubensbekenntnisse 298
Glaubenssystem 310
Glaubenssysteme 307, 328, 856
Glaubensüberzeugungen 298
Glaukom 295
Gleichaltrige
–, heterosexuelle 226
Gleichgewicht
–, Verlust des 307
Gleichgewichtsorgane 347
Gleichnis 322
Gleichstromhautwiderstand 632
Gleichstrom-Hautwiderstand (GHW) 632
Glück 728
Glyzin 730
Goal Directed Fantasy (GDF) 157

Gordon's Test of Visual Imagery Control 124, 125
Gordon-Skala 124
Gott 112
Gott-Ältester 52
Götter 112
–, olympische 51
Grauzone 53
Greifbewegungen 586
Grenzhemmung
–, Zustand der 823
Grenzsituationen 324
Grimassen
–, stereotype 546
Grimassieren 292
Großhirnrinde
–, Schlaf ohne 732
Group Alert Trance Scale (GAT) 373
Grundausbildung 856
Grundlage
–, biologische 339
Grundlagen
–, physiologische 854
Grundlagenforschung 790, 853
Grundumsatz
–, Veränderung des 634
Gruppenanalysen 229
Gruppendynamik 52
Gruppenhypnose 75, 248, 256, 569, 587, 596, 649, 724, 873
Gruppenhypnose(n) 56, 281, 289
Gruppenskalen 380
Gruppensuggestionen 44
Gruppentherapie 54
GSR (Galvanic Skin Response; galvanische Hautreflexe) 647
GSR (galvanische Hautreflexe; Galvanic Skin Response) 646
Guilford-Zimmermann-Temperament-Übersicht-Test 126
Guilford-Zimmerman-Temperament-Survey (GZTS) 148
Gutachten 63
Gymnastics 21
Gynäkologe 283
Gynäkologie 285, 290, 295, 856
Gyrus cinguli 727, 765
Gyrus coronalis anterior 738
Gyrus orbitalis 738
Gyrus parahippocampalis 727
Gyrus rectus 765
GZTS (Guilford-Zimmerman-Temperament-Survey) 148
Haarwirbeltechnik 519
Habitus
–, athletischer 669
–, pyknischer 669
Haemophilie 248
Hahn
–, Bezauberung eines 39
Haiti 52
hallucinose pédiculaire 731
Halluzination 128
Halluzinationen 54, 135, 249, 297, 308, 335, 397, 407, 539, 574, 581, 588, 590, 594, 595, 628, 702, 715, 716, 717, 728, 762, 763, 776, 779, 791, 801, 864, 867, 869, 871, 875
–, akustische 779, 780
–, hypnagoge 768, 790
–, hypnotische 678, 698, 701
–, hypnotische visuelle 623
–, ideosensorische 739
–, negative 418, 574, 575, 584, 743
–, negative akustische 517, 605
–, negative visuelle 575, 605
–, optische 335
–, pathologische 802, 871
–, positive 404, 418, 420, 574, 575, 584, 743
–, positive akustische 504
–, positive visuelle 575
–, visuelle 589, 623, 634, 779, 780
–, visuelle hypnotische 719
Halluzinationen (in der Hpynose) 176
Halluzinationsauslösung 256, 873
Hals-Nasen-Ohren-Heilkunde 295
Haltungsstereotypie 651
Hand
–, faradische 347
Handanästhesie 546
Handarbeit 843
Handauflegen 55, 79, 81, 340, 342, 343, 344, 345, 854, 872
–, Heilung durch 61, 860
Handauflegen (Heilung) 63
Handbewegungen 345
Hand-Dynamometer 161
Händedrucktest 361
Handfallen 391, 397
Handfallentest 365, 380, 857
Handfaltetechnik 430, 431
Handfaltetest 380, 857
Handfalte-Verhalten 858
Handfalteversuch 360, 362, 775
Handfalteversuch (Fingerverhaken) 361
Handfertigkeit 157, 178
Handfixierung 422, 424
Handfläche 422
Handgelenk 423
Handhalteversuch (und funktionelle Lateralisation) 724
Händigkeit 702, 858
Händigkeit (und funktionelle Lateralisation) 721
Händigkeit (und Hypnotisierbarkeit) 147, 721
Händigkeit (während des Schlafes) 684

Handlevitation 362
Handlevitationen 311
Handlevitationsmethode 315
Handlinien 422
Handlung
–, suggerierte 629
Handlungen
–, posthypnotische 410, 827
Handreaktion 321
Handschrift 410, 412, 413
Handschriften 585
Handschriftenprobe 422
Handschriftenproben 413
Handschriftveränderungen 589
Handschuhanästhesie 452, 515, 633
Handwärme 290
Harvard Group Scale of Hypnotic Susceptibility, Form A, australische Form (HGSHS:A, australische Form) 374
Harvard Group Scale of Hypnotic Susceptibility, Form A, German Norms (HGSHS:A, German Norms) 377
Harvard Group Scale of Hypnotic Susceptibility, Form A (HGSHS:A) 122, 127, 138, 140, 157, 158, 161, 163, 168, 172, 178, 184, 292, 373, 375, 376, 569, 593, 607, 693, 721, 723
Harvard Group Scale of Hypnotic Susceptibility, Group B (HGSHS:B) 185
Harvard Group Scale of Hypnotic Susceptibility (HGSHS) 145, 162, 371, 374, 625, 630, 632, 722
Haßgefühle 226
Hautaktivität 635, 636, 858, 866
–, bioelektrische 608, 632
Hautaktivität (in der Hypnose) 632
Hauterkrankungen 294
Hautkrankheiten 423
Hautleitgeschwindigkeit 632
Hautleitungsgeschwindigkeit 170
Hautpotentiale 608, 635, 858
Hautprobleme 492
Hautreflex
–, galvanischer 632
–, galvanischer (GHR, GSR) 632
Hautreflexe
–, galvanische (GSR) 782
–, galvanische (GSR, Galvanic Skin Response) 646, 647
Hautstörungen 294
Hauttemperatur 174, 175
Hauttemperatur (und Hypnose) 171
Hautwiderstand 632, 635, 858
–, basaler 647
–, basaler (BSR) 632, 633
–, galvanischer 632
Heat Illusion Tests (Wärme-Illusions-Tests) 368
Hebephrenie 845
Hebräer 61
Hechelatmung 348
Heidentum 50
Heiligennamen 80
Heiligenschein 591
Heilkräuter 49
Heilkunst 77
Heilkünstler 62
Heilmethode
–, Hypnose als 154
Heilsuggestionen 386
Heilung
–, magische 45
–, suggestive 78
Heilung (durch Handauflegen) 63
Heilung(en) 55
Heilungsmacht
–, Verteilung, geschlechtliche der 873
Heilungsritual 79
Heilvermögen (des Stammes) 44
Heilzwecke
–, Handauflegen zu 342
Hellsehen 49
–, magnetisches 659
–, prophetisches 657
Hellsehen (clairvoyance) 85, 86
Hellseher 335
Hellseher(innen) 61
Helschl's Gyrus 715
Hemispähre
–, nicht dominante 721
Hemisphäre
–, linke 725
–, rechte 725, 726
Hemisphären
–, Ambilateralität der 721
Hemisphärendominanz 720
Hemisphärenfunktionen 722
Hemisphären-Läsionen 725
Hemmung 844
–, kortikale 823
–, motorische 579
–, partielle 836
–, primäre spinale 714
–, reaktive 318
–, Symptom und Angst 225
–, Zustand der 825
Hemmung (im ZNS) 605
Hemmungsprozeß 770
Hemmungstheorie 39
Heraklion 59
Heraussaugen
–, des Objektes 44
Heredität 221
Heredität (der Hypnotisierbarkeit) 144
Heredität (des Lernens) 71
Herkulesstein 59

Herpes simplex 293
Herrscher
–, weltliche 343
Herrscherwesen
–, göttliches 343
Herzattacken 292
Herzbeschwerden
–, funktionelle 292
Herzfrequenz 173, 646, 647, 728, 786
–, Erhöhung der 733
–, Zunahme der 737
Herzfrequenzveränderung 764
Herzstillstand 784
Herzstillstand (in der Heterohypnose) 788
Herztätigkeit 173
Herzveränderungen 766
Heterohypnose 868
–, exogene 702
–, Herzstillstand in der 788
–, individuelle 385
Heterohypnosen 592
Heterohypnotiseur 565
Heterosuggestion 72, 73, 109, 186, 861
Heuschrecke
–, hypnoide Phänomene bei 37
Hexe 62
Hexe(n) 51, 61, 81, 873
Hexenmutter 238
Hexentum 23, 61, 63, 81, 854, 860, 873
–, Vorstufen des 55
Hexenverbrennungen 112
Hexenwahn 49, 51, 81
Hexerei 854
HGSHA:A (Harvard Group Scale of Hypnotic Susceptibility) 122
HGSHS:A, australische Form (Harvard Group Scale of Hypnotic Susceptibility, Form A, australische Form) 374
HGSHS:A, deutsche Adaptation 377
HGSHS:A, German Norms (Harvard Group Scale of Hypnotic Susceptibility, Form A, German Norms) 377
HGSHS:A (Harvard Group Scale of Hypnotic Susceptibility) 127, 140, 161
HGSHS:A (Harvard Group Scale of Hypnotic Susceptibility, Form A) 138, 157, 158, 163, 168, 172, 178, 184, 292, 373, 375, 376, 569, 593, 607, 693, 721, 723
HGSHS:A, Montréal-Normen 375
HGSHS:B (Harvard Group Scale of Hypnotic Susceptibility) 185
HGSHS (Harvard Group Scale of Hypnotic Susceptibility) 145, 162, 371, 374, 625, 630, 632, 722
hidden observer 830
Hierophanie (Oberpriesterritual) 45
Hilfsprozesse 239
Himmelskörper 344
Hinduismus 190
Hinduismus (und Hypnose) 154
Hinterhornbereich 713
–, Schmerzleitung im 714
HIP (Hypnotic Induction Profile) 184, 290, 358, 360, 362, 373, 374, 723
hippocampal arousal reaction 729
Hippocampus 712, 727, 729, 739, 765, 831
Hippokrates 826
Hirnabschnitte
–, parietale 713
–, temporale 713
Hirnaktivität 681, 858
–, bioelektrische 621, 635, 701, 745, 762, 801, 867, 870
–, neocorticale 712
Hirnaktivität (und Hypnotisierbarkeit) 147
Hirndurchblutung 826, 845
Hirnerkrankungen
–, organische 647
Hirnformation 690
Hirnformationen 745, 870
–, altkortikale 671
–, Reizung mit Strom 870
–, steuernde 742
–, subkortikale 671
Hirngebiete
–, basale 729
Hirnhemisphäre 688, 722, 866, 868, 869
–, homolaterale 737
–, linke 720, 721
–, rechte 720, 721
Hirnhemisphären 723, 830
Hirnkrankheiten
–, Diagnose von 608
Hirnleistungsschwäche 726
Hirnpotentiale 770
–, bioelektrische 825
–, frontale 770
–, parietale 770
Hirnregion
–, frontale 611, 739, 869
–, occipitale 611, 770, 869
–, optische 718
–, temporale 869
Hirnregionen 829
–, corticale 866
–, frontale 712, 717
–, occipitale 717
–, optische 717
–, parietale 717, 744
–, temporale 715, 717
Hirnrinde 825
Hirnstamm 423, 713, 730, 735, 738, 768
–, Emotionen vom 872
–, Halbseitendurchschneidung des 737

–, unspezifisches System des 718
Hirnstammsystem
–, aktivierendes 731
Hirnstrombild 681, 786
Hirnstruktur 690
Hirnstrukturen 682, 720, 770
–, rostrale 738
–, thalamische 872
Hirnsyndrome 124
Hirntumor 297
Hirnverletzungen 688
Hirnwäsche 162
Hirnwellen 686
–, Delta-Frequenz der 739
Hirnwellen (und Placebo-Hypnose) 621
Hirnwellen (während der transzendentalen Meditation) 621
Hirnwellentätigkeit (und Hypnotisierbarkeit) 150
Histamine 294
Hitzeelement 368
Hitzegefühl 368
Hitze-Illusions-Test A (Wärme-Illusions-Test A) 368
Hitze-Illusions-Test B (Wärme-Illusions-Test B) 368
Hitze-Illusions-Test C (Wärme-Illusions-Test C) 369
Hitze-Illusions-Test D (Wärme-Illusions-Test D) 369
Hitze-Illusions-Tests 126
Hitze-Imagination 416
Hochhaus-Imaginationen 724
Hofärzte 80
Höhepunkte
–, medizinische 80
Hohlspiegelgerät 335
Hölle 73
Homer 76
Homo sapiens neandertalensis 42
Homo sapiens praesapiens 42
Homo sapiens sapiens 5, 42
Homogenität
–, statistische 4
Hormone 719
Horoskopie 86
Hospitalisierung 123
HP (Hypnose) (Bezeichnung der Hypnoseübungen) 385 ff.
Humanhypnose 823
Humanismus 80
Hunde
–, Versuche mit 39
Hungan 52
Hungergefühl (beim Schlafwandeln) 665
Hungerinstinkt 245
Hymnen an die Nacht (Novalis) 84
Hynpose
–, Begriff der 90
Hypästhesien 167
Hyperalgesie 417, 418
Hyperämie
–, Zustand der 826
Hyperamnesien 801
Hyperästhesie 589, 776
–, hypnotische 863
Hyperästhesien 167, 605
Hyperemesis gravidarum 295
Hyperhydrosis 293, 294
Hyperkinese 670, 865
Hypermnesie 54, 424, 437, 577, 578, 595, 858, 864
–, hypnotische 577, 578
Hypermnesien 871
Hyperphagie 730
Hyperreaktion 294
Hypersomnie 23, 435
Hypersuggestibilität 118, 284, 370, 828, 836, 858
Hypersuggestibilitäts-Theorien 828
Hyperthyreoidismus 292
Hypertonie
–, essentielle 292
Hyperventilation 348
Hyperventilationssyndrom 762
Hyperventilationstetanie 348
Hypnnotisierbarkeit (und EEG) 606
Hypnoanalyse 94, 232, 249, 286, 423, 424, 522, 583, 833, 856, 873, 874
–, Gemeinsamkeiten mit Psychoanalyse 233
Hypnoanästhesie 91, 454
Hypnodiagnostik 437
Hypnodrama 593
hypnoidal (Hypnosestadium) 129
Hypnologie 580
Hypnomechanismen 858
–, phylogenetische Aspekte der 740
–, psychostrukturelle Modelle der 743
Hypnopädie 774, 802, 871
Hypnophänomenologie 46
Hypnoplastik
–, sensorische 586
Hypnopsychologie 573, 587
Hypnos (Schlaf) 188
Hypnose 249
–, animalische 822
–, Definition der 188
–, Deutsche Schule der 94
–, diagnostische 434
–, endogene 691, 702, 703, 868
–, Erneuerung der 96
–, Erotisierung unter 764
–, experimentelle (bei Insekten, Krebsen, Amphibien, Reptilien, Vögeln, Säugetieren, höheren Tierarten) 69

–, forensische 13, 424
–, Informationstheorien der 822, 835
–, Kombinationstheorien der 822
–, Moderation der 745
–, Mystik der 5, 180
–, Mythos der 180
–, neutrale 285, 388, 391, 578
–, neutrale, Dauer von 133
–, psychobiologischer Werdegang der 68
–, Psychodynamik der 582
–, Ratifizierung der 309
–, Regression der 832
–, Selbstauslösung der 854
–, Simulierung der 828
–, steuernde Strukturen der 729
–, Steuerungsmechanismen der 766
–, suggestive 668
–, Vertiefung der (B) 386ff.
–, Vorkommen der 129, 130, 188
–, Werdegang psychobiologischer 854
Hypnose 391ff.
Hypnose (als Naturphänomen) 822, 852
Hypnose (als Phänomen, Naturphänomen) 7
Hypnose (als psychologischer Prozeß) 852
Hypnose (HP) (Bezeichnung der Hypnoseübungen) 385ff.
Hypnose (per Fernsehen) 293
Hypnose
–, Augenmotorik 628
–, Blutdruck 171
–, Brahmanismus, Hinduismus, Buddhismus, Kirche, orthodoxe, Kirche, katholische, Judentum 154
–, Christengemeinschaft, Anthroposophie, Theosophen, Zeugen Jehovas 156
–, Christian Sciences 155
–, EEG 608
–, Gefühlsübertragung 780
–, Hautaktivität 632
–, Hypnoseproblematik 127
–, Hypnotisierbarkeit 127
–, Rechtsmedizin 14
–, Regression 684
–, Schmerzen 167
–, Urteilsfähigkeit 573
–, Weltreligionen 153
Hypnoseanalyse 227, 422
Hypnosedauer
–, Probleme der 132
Hypnose-EEG 682
Hypnosefaktor 168
Hypnoseforschung
–, aktuelle 96, 855
–, goldene Ära der 96
–, wissenschaftliche, Ära der aktuellen 97
Hypnosefrequenz 132
Hypnosegedächtnis 691
Hypnosehalluzinationen 701, 867
Hypnosehäufigkeit 132, 188, 873
Hypnose-Induktion 149, 874
–, instrumentelle Methoden der 505
Hypnoseintensität 373
Hypnosekur
–, prolongierte 132
Hypnosemechanismen 573, 712, 831
–, Aspekte der 728
–, hierarchische Organisation der 741
Hypnosemechanismus 870
Hypnose-Moderation
–, Lateralisation der 686
Hypnosen
–, experimentelle 390
–, neutrale 390
–, spontane 595
–, therapeutische 478
Hypnoseöl-Technik 518
Hypnose-Organisationen 846
Hypnosephänomen
–, Dissoziation als 841
Hypnosephänomene 589
Hypnosephänomenologie 852
Hypnosepraktiker 853
Hypnoseproblematik (und Hypnose) 127
Hypnosepsychologie 589
Hypnosereaktion 866
Hypnose-Sattel 617
Hypnosesitzungen 132, 874
Hypnosestadien 129, 858
–, dritte Dimension der 865
–, Objektivität der 137
Hypnosesteuerung 594, 702, 746, 868
–, hierarchisches Modell der 858
–, Lateralisation der 737
–, phylogenetisches Modell der 858
–, psychostrukturelles Modell der 858
Hypnosesucht 548, 549, 858
Hypnosesuggestionen (per Tonband) 293
Hypnosesynthese 227, 248
Hypnosetechnik 856
–, fraktionierte 543
Hypnosetechniken 117, 385, 855, 857
–, direkte (autoritäre) 390
–, indirekte 117
–, indirekte (antiautoritäre, permissive) 466
–, kombinierte 505
–, permissive (indirekte) 592
Hypnosetheorie 7, 854
–, biologische 822
–, physiologische 822
–, psychoanalytische 822
–, psychologische 822
–, psychopathologische 822
–, psychophysiologische 822
Hypnosetheorien 858, 874

–, atavistische 822
Hypnosetiefe 188, 283
–, Dimensionen der 138
–, Messung, objektive der 137
–, Objektivität der 137
–, Probleme der 133
–, Prüfung der 137
–, Schätzung der 137
–, Stadien der 669
–, Subjektivität der 137
Hypnosetiefe (und Versenkung, Nicht-Wahrnehmung, Automatismus, Zwang, Diskontinuität) 138
Hypnoseträume 677
Hypnoseübungen 856, 857
Hypnoseverfahren 855, 856, 874
Hypnosezustand 874
–, somnambuler 327
Hypnosezustände 692
–, verlängerte 692
hypnosis
–, susceptibility to 138
Hypnosuggestivtherapie 117, 861
Hypnosynthese 232, 255, 856, 873
Hypnotherapeut 873
–, Persönlichkeitsstruktur des 279, 295
Hypnotherapie 255, 478, 583, 854, 855
–, Altersgrenze der 283
–, Indikation zur 286
–, kognitiverfahrungsmäßige 290
–, psychobiologische 256
–, suggestive 77
–, suggestive, byzantinisch-römische 79
–, symbolische 487
–, Zeugen während der 297
Hypnotherapie (und Magenoperationen) 154
Hypnotherapie (und multiple Persönlichkeit) 581
Hypnotherapie (und Strumaoperationen) 154
Hypnotherapie-Dauer 874
Hypnotherapiemethoden 249, 855
Hypnotherapien (und Psychotherapien, analytische) 18
Hypnotic Dream Session (HDS) 633
Hypnotic Induction Profile (HIP) 184, 290, 358, 360, 362, 373, 374, 723
Hypnotic Susscptibility Scales
–, Ära der 96
Hypnotika 184, 191, 846
Hypnotisand
–, Alter des 189
–, Persönlichkeitsstruktur des 189, 862
–, Verwirrung des 326
–, Widerstand des 325
–, Wille des 701
Hypnotisand (und Hypnotisierbarkeit) 142
Hypnotiseur 139, 188
–, Angst vor 167
Hypnotisierbarkeit 125, 188, 190, 290, 351
–, die Problematik der 139
–, Meßskalen der 96
–, Modifikation der 130, 176, 177, 179
–, Niveau der 593
–, Stabilität der 179
–, Vorkommen der 139, 188
–, Zustand/Eigenschaft-Kontroverse 722
Hypnotisierbarkeit 15ff.
Hypnotisierbarkeit (bei Minderbegabten) 185
Hypnotisierbarkeit (bei Neurotikern) 184
Hypnotisierbarkeit
–, Alpha-Dichte 606
–, Alpha-Wellen 607, 608
–, Alter 142
– Aspekte, physiologische 146
– Aufmerksamkeit (selektive, konzentrative), Intelligenz, Simulation, Aufmerksamkeitskapazität, Versenkung (psychische), Vorstellung (imaginative) 164
–, Aufmerksamkeit 163
–, Aufmerksamkeitsanspannung 163
–, Augenrollen 147, 723
–, Äugigkeit 722
–, Bewußtsein, Unbewußtes, Selbstbeurteilung 165
–, Biokybernetik, Biofeedback, Persönlichkeitscharakteristika, Aufmerksamkeit (selektive), Versenkungsfähigkeit (Absorbtion) 171
–, chronische Alkoholiker 184
–, und Erlebnisfähigkeit 147
–, Erwartung 162
–, Extraversion 146
–, Formenkreis (psychotischer) 185
–, Fremdarbeiter 161
–, Geschlecht 143
–, und Glauben 153
–, Händigkeit 147, 721
–, Heredität 144
–, Hirnaktivität 147
–, Hirnwellentätigkeit 150
–, Hypnose 127
–, Hypnosetiefe 138
–, Hypnotisand 142
–, Hypnotiseur 139
–, Imagination 156
–, Intelligenz (höhere) 185
–, klinische Aspekte 183
–, Lernen 606
–, Meditation 173, 174
–, Methodik (Hypnose-Induktion, Meßmethoden, Vesenkung, Entspannung, Induktions-Techniken) 170
–, Motivation 160
–, Muskelschwere 147
–, neurotischer Formenkreis 183
–, Neurotizismus 184

–, Persönlichkeitsmerkmale 148, 151
–, Placebo, Aspekte, pharmakologische, Angst, Symptomatik, depressive, Faktoren, multiple, Drogen, Persönlichkeitsleistungen, Persönlichkeitsmerkmale 168
–, positive Erlebnisse 147
–, Schmerzempfindlichkeit, Angstempfinden, Placebo-Effekt 167
–, Stimmung, Motivation, bewußte, Körpersensationen, Zwangsvorstellungen, Automatismus 166
–, Störungen, psychische 185
–, Suggestibilität 126
–, Tradition 150
–, Traumproblematik 147
–, Trieberlebnisse 147
–, Versuchssituation, Untersuchungssituation 169
–, Wachträume 158
–, Willen 150, 573
–, Yoga 175
Hypnotisierbarkeitsfrequenz 373
Hypnotisierbarkeitsprüfung 611, 857
Hypnotisierbarkeitsskalen 191, 351, 370, 380, 592, 857, 863
–, Entwicklung der 371
Hypnotisieren
–, Sprechweise, Intonation, Lautstärke beim 390
Hypnotisieren, Schritte (Elemente) des 386
Hypnotismus 85
hypnotizability 138
–, low 609
Hypochondrie 243
Hypotaxie
–, Stadium der 135
Hypothalamo-Hypophysär-Nebennierenrinden-System 729
Hypothalamus 712, 727, 728, 729, 730, 732, 738, 765, 766, 872
–, vorderer 729
Hypothese 3
Hysterie 88, 221, 288, 647, 648, 655, 834
–, Studien über 222, 232
–, Symptome der 91
Hysterien 13, 89
Hysterie-Skala 148
Hysteriker 95, 595, 624, 678, 762, 834, 869
Hystero-Epilepsien 89

ICD (International Classification of Diseases) 184, 845
Ich 227, 238
–, Subsysteme des 832
Ich (Ego) 225
Ich-Ideal 227
Ich-Triebe 223
Ichtyosis
–, chronischer 294
Ich-Zustände 245
Ideen
–, fixe 581
–, paranoide 297
–, religiöse (und Spontanhypnosen) 589
idées fixes 829
Identifikation 128
Identifikationen 833
Identifizierung
–, projektive 243
Identität
–, veränderte 581
Ideodynamik 588
Ilias 76
Illusion 368, 369
Illusionen 54, 335, 367, 538, 589, 595, 717, 728, 762, 801, 869, 871
–, gustatorische 715
–, negative 574
–, olfaktorische 715
–, optische 335
–, positive 574
–, visuelle 336, 590
Illusionstests 351, 367, 857
Illusionstets 380
Imagery
–, mental (Bildersymbolik) 17
imagery conditions 190
imagery conditions (imaginative Bedingungen) 159
Imagination 88, 121, 124, 162, 346, 410, 422, 424, 538, 629, 831, 855, 863
–, Aspekt der 16
–, ideomotorische 739
–, kreative 128
Imagination (fliegender Teppich, Fahren, Reiten) 531
Imagination (Spielplatz, Spielen) 531
Imagination (und Hypnotisierbarkeit) 156
Imaginationen 124, 127, 175, 190, 249, 442, 495, 587, 628, 676, 702, 715, 728, 738, 762, 763, 801, 862, 867, 869, 871
–, akustische 464
–, allgemeine 478
–, ausgedehnte spezielle 478
–, lebhafte 124
–, Lebhaftigkeit der 125
–, reelle 449, 484, 511
–, sensorische 588
–, visuelle 124, 128, 720
–, visuelle hypnotische 719
Imaginationsarten 763
Imaginationsauslösung 256, 873
Imaginationsfaktor 375
Imaginations-Fragebogen 125
Imaginationstechnik
–, akustische (Lieblingslied) 530

–, akustische (Musikspielen, Musikhören) 530
–, visuelle (Fernsehen, Kino) 529
–, visuelle (Lieblingsort) 527
–, visuelle (Tiere, Blumengarten, Wolken, Buchstaben) 528
Imago-Hominis 156
Imbezile 185
Imbezilität 185, 192, 874
Immobilisationskomponenten 835
Immobilisationstheorie (der Hypnose) 824
Immobilisationstheorien 822
Immobilisierung 163
Immunsystem 634
Implikationen 308, 318
–, negative 318
Impotenz 237
–, sexuelle 286
Impressio petrosa 715
Impulse
–, sexuelle 226
Impulsverarbeitung 713
In illo tempore 44
IN (indirekte Suggestionen, indirekte Techniken) 336ff.
Inder 61
Indifference
–, la belle 725
Indifferenzsuggestionen 288
Indikationen
–, allgemeine, für Hypnose 285
–, relative 292
–, spezielle 856
–, spezielle, für Hypnose 285
Indikationsstellungen 856
Individualautonomie 239
Individualisierung 240
Individualpersönlichkeit 43
Individualpsychologie 235
Individual-Suggestionen 73, 854
Individuen
–, doppelte 581
–, multiple 581
Individuum
–, Erhaltung (Selbsterhaltung) des 875
Induktion
–, direkte 76
–, indirekte 362
–, orthodoxe 306
–, permissive 362
Induktionsanalgesie 291
Induktions-Ausprägung 373
Induktionsmethode
–, direkte, Suggestionsdarbietung, direkte (DI) (Form der Suggestionsdarbietung bei Hypnose-Induktion und Hypnose) 338ff.
Induktionsmethoden
–, direkte 608
Induktionssuggestion 829
Induktionstechnik 326
Induktionstechnik (bei asthmatischen Kindern) 534
Induktionstechniken
–, ideomotorische 532
Induktions-Techniken (und Hypnotisierbarkeit) 170
Induktionsverfahren
–, indirekte 127, 863
Infektionen 255
–, fieberhafte 535
Informationstheorie 740
Informationstheorien 836
Informationsverarbeitung
–, autonome 314
Inhibition
–, selektive 735
Initial-Biokybernetik 162
Initialstadium (der Hypnose) (A) 386ff.
Inkubation 77
Inkubationszeit 778
Innervation
–, catecholaminerge 728
–, willkürliche 654
Input
–, sensorischer 835
Insekten 865
Insomnie 699
–, experimentelle 738
–, relative 738
–, totale 737
Instabilität
–, Modifikation der 179
Instanzen 225
Instinkt 702, 781, 802, 867, 871
–, spezieller (selektiver) 875
–, suggestiver 68, 69, 71, 116, 187, 854, 860, 861
Instinkte
–, Kräfte der 823
instructed simulators 827
Instruktionen 430
Instruktionen (nach Wahl) 430, 431
instrumentelle Methoden (der Hypnoseinduktion) 505
Integration
–, mangelnde 253
–, retikuläre 742
Integrationsversuche (der Hypnotherapie) 247
Integrationsversuche (der Psychotherapie) 855
Intelligenz 123, 148, 190, 585, 586, 855, 863
–, hohe 829
–, höhere 185
–, höhere (und Hypnotisierbarkeit) 185
Intelligenz (und Hypnotisierbarkeit) 164
Intelligenztests 283, 584
Interaktion

–, interpersonelle 833
Interferenzneigung 150
Interkontinentalreisen 559
Interkontinentalreisende 557
International Classification of Diseases (ICD) 184, 845
International Society of Hypnosis (ISH) 154, 278
Intervalle
–, stochastische 842
Interventionsverfahren 178
Intonation (beim hypnotischen Vorgang) 390
Intonation (beim Hypnotisieren) 390
Introjektion
–, doppelte 240
Introjektionen 226, 833
Introprojektion 128
Introversion 119, 148
Introversion (und Suggestibilität) 120
Introvertierte 120, 121, 238
Introvertierter 239
Introvertiertheit 189, 862
intrusion paradigm (Paradigma des Eindringens) 4
Intuition
–, extravertierte 238
–, introvertierte 238
Intuitionstypus
–, extravertierter 238
Involutionsalter
–, Somnambulismus im 664
Involvement
–, imaginative 16, 190
–, imaginative (Einbezogenheit, imaginative) 159
Irmas Injektion 222
Irrtumswahrscheinlichkeit (p) 4ff.
ISH (International Society of Hypnosis) 154, 278
Isis
–, Schlaftempel von 76
Islam 190
Isocortex 727
Isolation 841
–, antarktische 608
–, permanente 254
Isolation (am Ende des Lebens) 254
Items
–, selbst-deskriptive 157

Ja-Haltung 856
Jahre
–, goldene, der Hypnose 21
Jahresrhythmus 844
Jaktationen 347
Jenseitserfahrung
–, religiöse 84
Jesus Christus 61
Judentum 23
Judentum (und Hypnose) 154
Jungfrau Maria 590, 591

Kabbala 50
Kälte 369
Kalzium-Kalium-Konzentration 348
Kampfreaktion
–, akute 183
Kannibalismus 45
Kapazität
–, generelle 870
Kardiospasmus 284
Karussellfahren 347
Kastrationskomplex 237
Katalepsie 7, 37, 46, 133, 135, 230, 308, 335, 365, 366, 394, 400, 422, 437, 588, 632, 646, 647, 648, 650, 652, 653, 654, 655, 661, 669, 671, 684, 694, 700, 716, 727, 734, 739, 801, 858, 863, 865, 869, 871
–, aktive 649, 669
–, Augenrollen bei 720
–, hypnotische 648, 652, 654, 670
–, hypnotische, beim Menschen 37
–, klinische 651, 670
–, neurophysiologische Mechanismen der 654
–, passive 649, 669
–, pathologische 670
–, rigide 648
–, spontane totale 591
–, totale 477, 649, 650
Katalepsie (als Schutzmechanismus) 670
Katalepsie der Augenlider 39
Katalepsie (der Stabheuschrecken) 69
Katalepsie (und Epilepsie) 652
Katalepsie (und Hysterie) 653
Katalepsieformen 670
Katalepsien 591
–, pathologische 654
Katalepsie-Stadium 656
Katalepsiestufen 670
Katalepsie-Verifizierung 435
Katatonie 651, 652, 655, 669, 670, 845, 865, 875
–, klinische 865
–, pathologische 869
–, Periodizität der 651
–, synchron-syntone, akute periodische 651
Katatonien 591, 858
Kätchen von Heilbronn 659
Kategorie
–, nosologische 245
Katharsis 833
Kathexis 226
Katholiken 590
Katoptromantie 336
Katze
–, encéphale isolé 737
–, Erstarren bei 37

–, intakte 734
–, pontine 734
Kavanah 154, 155
Kennzeichen (des Autos) 425
Kerne
–, thalamische 765
Kerngebiete
–, subcorticale 727
Kernneurose 825
Kesselflicker 62
Kette
–, magnetische 349
Kieferchirurgie 294
Kinder
–, asthmatische, Induktionstechnik bei 534
–, athetotische 293
–, frühgeborene, Muskulatur-Erschlaffung bei 684
–, hyperaktive 293
–, lernbehinderte 293
Kinderberatungskliniken 236
Kinder-Bettnässer 794, 795
Kindergärten 254
Kinderpsychologie 242
Kinderwünsche 690
Kinnmuskulatur 701
Kirche
–, katholische (und Hypnose) 154
–, orthodoxe (und Hypnose) 154
K-Komplex 768, 801, 871
K-Komplexe 623, 702, 770, 771, 772, 773, 774, 778, 779, 780, 781, 786, 787, 789, 790, 791, 803, 872
–, Schutzmechanismus der 773
–, Schutzmechanismus von 772
Klaustro-Agoraphobie 484
Klaustrophobie 449, 511
Klaustrophobien 287
Klebeelektroden 825
Kleinkinder 703
Klitoris 767
Klosterbrüder 80
KM (konzentrative Meditation) 173, 174
Knidos 78
Knopf
–, glänzender 338
KO (Kommentar) 386ff.
Ko-Bewußtsein 581
Koffein 191
Kohnstamm-Test 367, 380, 857
Koitus 242
Kollaps 547
Kollaps-Zustände 857
Kollektivsuggestionen 854
Kolon
–, spastisches 286
Kolpographie 767
Kombinationen
–, verschiedene, der Suggestionsdarbietung 348
Kombinationsmethode 520
Kombinationsmethoden 248
Kombinationstheorien 836
Kommando 110
Kommentar (KO) (Anmerkung des Autors) 338ff.
Kommentare (KO) 386ff.
Kommissuren
–, hemisphärische 727
Kommunikation 128
–, außersinnliche 780, 781
–, Prozeß der Suggestion 110
Kommunikationsmaschinen 835
Kommunikationswege 835
Kompensation 236
Komplementärfarbe 339
Komponente
–, amnestische, des psychischen Lebens 794
–, atavistische 835
–, emotionale, während des Traumes 701
–, psychische 677
Komponenten
–, regressive 582
Kompression
–, digitale 231
Kompressionen
–, digitale 345
Kondition
–, imaginäre 418
Konditionierung 128
–, abstrakte 828, 835
–, sensorisch-imaginative 431
–, verallgemeinerte, Hypnose als 827
Konfusionsmethode 454, 503, 504, 520
Konfusionsmethoden 385, 502, 857
Kongo 52
KONSEM (Kontrollsemester) 130ff.
Konsolidation (der Hypnose) (C) 386ff.
Konsolidierung 391, 397
Konstanzphänomene 718
Konstanzprinzip 223
Konstitution
–, athletische (und Somnambulismus) 668
–, bioelektrische 623, 624, 761
–, ektomorphe 145
–, körperliche 761
–, leptosome 669
–, muskuläre 145
–, viscerotone 146
–, viscerotone (und Hypnotisierbarkeit) 146
Konstitutionstyp
–, adipöser (und Somnambulismus) 668
–, dysplastischer (und Somnambulismus) 668
Konstrukte
–, physikalisch-mechanische 83

Kontakt (Rapport) (mit dem Hypnotiseur) 386
Kontaktsuchende 342
Kontraindikation 284
Kontraindikationen 856
–, absolute 297
–, relative 296
Kontraktionen
–, vaginale 767
Kontrakturen 95
–, Vorbeugung von 465
Kontrastverschärfung 718
Kontrastwirkung 339
Kontrolle
–, katamnestische 117
Kontrollen
–, kognitive 150
Kontrollsemester (KONSEM) 130ff.
Kontroversen 855
Konversion 222
Konversionshysterie 654
Konversionsneurosen 95
Konversionstabelle 371
Konvulsionen 75, 87
Konzentration 52, 88
–, forcierte 231, 232
–, Techniken der 223
Konzentrationsfähigkeit 174
Konzeption
–, behavioristisch-mechanistische 241
–, holistische 243
–, psychotherapeutische 243
Kopf
–, Wackeln mit dem 794
Kopfkühle 290
Kopfschmerz 338
Kopfschmerzen 53, 88, 89, 95, 172, 290, 291, 495, 631, 776, 777
–, diffuse 282, 389
–, migränöse 290
–, zentralbedingte 291
Körperbau 668, 855
–, pyknischer (und Somnambulismus) 668
Körperbau (und Temperament) 144, 145
Körperbewegungen 52
Körperbewegungen (im Bett) 684
Körperbild 713, 743
Körperempfindungen 306
Körperfunktionen 128
Körperkatalepsie
–, totale 407, 477
Körpermorphologie 145
Körpermuskulatur 683, 702
–, Erschlaffung der 683
Körperoberfläche 345
Körperschema
–, Veränderungen am 605
Körperschwingung 373
Körperschwingungstest 123, 126, 149, 355, 360, 362, 373, 380, 391, 410, 694, 857
Körperschwingungstest (Body Sway) 120
Körperschwingungstest (Postural Body Sway Test) 353, 354
Körpersensationen (und Hypnotisierbarkeit) 166
Körpersprache 318
Körpertemperatur 633, 841
Körpertremor 355
Körperverletzungen 255
Körperverrenkungen
–, stereotype 546
Korrelate
–, physiologische 763
Kos 78
Kraft
–, kosmische 59
–, magnetische 344, 349
–, nervenaufrüttelnde 349
–, sakrale 78
Kräfte
–, antagonistische 223
–, ich-verdrängte 244
–, okkulte 45
–, sympathische 60
Kraftströme 84
Krämpfe 53
Krampfelemente (im EEG) 689
Krampfpotentiale (aus dem EEG) 689
Kranke
–, psychisch 61
Krankenpflege 49
Krankenstuben 80
Krankheiten
–, banale 80
–, heilige 76
Krankheitssymptome 227
Krankheitsursache
–, psychische 254
Kräuterzubereitung 63
Kreativität
–, Quelle der 308
Kreißsaal-Geburten 253
Kreuzzüge 112
Kriminalität
–, Hypnose und 15
Krise
–, heilbringende 349
Krisensituationen 593
Kristallbroschen 335
Kristalle 335, 336, 857
Kristallfixierung 407
Kristallkugel 335, 407, 408, 409
–, Faszination durch 335
–, Fixieren einer 334
Kristallkugeln 336
Kristall-Pendel 407

Kristallschauen 336
Kritik 863
–, Beeinflussung der 871
–, mangelnde, psychische Manifestation der 681
Kritik (während der Hypnose) 701
Kritikfähigkeit 681
Kröpfe 343
Kulturen
–, sakrale 75
Künste
–, magische 63
Künstler
–, kreativer 239
Kur
–, magnetische 84
Kuren
–, magnetische 82
Kurzgedächtnis 785
Kurz-Hypnotherapie (bei Schlafgestörten) 699
Kurznarkotikum 505
Kurzspeicher 842
Kurztherapie 229
Kurztherapien 245
Kurzzeitgedächtnis 576
Kurzzeittherapie 237
K-Wellen (K-Komplexe) 770
Kymograph 355
Kymographie 767
Kypernetik 776
Labilität
–, emotionale 841
–, zykloide, emotionale 149

Lachanfälle 88
Lachgas
–, Anästhesie mit 91
Lachgas (Distickstoffoxid, Stickoxydul; N_2O) 91
Lage
–, soziale, Verschlechterung der (und Suggestionen) 113
Lagewechsel
–, plötzlicher 347
Lähmung
–, hysterische (Astasie/Abasie) 91
Lähmungen 95, 343
Laien 64
Laienärzte 80
Lambda-Wellen 623, 682, 701, 867
Lambdoid-Wellen 682
Lampenfieber 287
Landbrücke (Behring-Straße) 42
Landwirtschaft 112
Langeweile 255
Langgedächtnis 785
Langzeitgedächtnis 576
Langzeittherapie 236, 521
Lanzette-Besteck 337
Lanzettenbüchse 90
Lärm 255
Läsion
–, caudale 737
Läsionen 730
–, künstliche 732
–, stereotaktische 731
Latenzphase 226
Lateralisation 686, 713, 719, 858
–, funktionelle, des Gehirns 720, 744
–, funktionelle (und Augenmotilität) 721
–, funktionelle (und Handhalteversuch) 724
–, funktionelle (und Händigkeit) 721
–, funktionelle (und Patienten-Symptomatik) 725
–, funktionelle (und Persönlichkeitseigenschaften) 725
Lateralisation (des Gehirns) 858
Laufkäfer (Scarites lavigatus) 823
Lautstärke (beim Hypnotisieren) 390
Leben
–, Anteil amnestischer des 790
–, psychisches, des Menschen 852
–, tägliches (und Suggestionen) 112
Lebendigkeit-von-Bildvorstellung-Questionnaires 158
Lebensangst 239
Lebensbedrohung 823
Lebenserfahrung 71
Lebensmagnetismus 84
Lebenspanorama 55
Lebenspotentiale 247
Lebewesen
–, animalische 875
Leerhypnose 285, 388, 390
Lehnstuhleffekt 518
Leib-Seele-Geist-Einheit 245
Leichtgas 364
Leistung
–, psychische 843
Leistungsänderung
–, psychische 842
Leistungsbereitschaft
–, psychophysische 842
Leistungsfaktor
–, hypnotischer 375
Leistungsschwankungen
–, der Minutenperiodik 842
Leistungssteigerung 247, 255, 855, 873
Leitsätze
–, Erläuterung der 3
Lekanomantie 336
Leonardo da Vinci
–, Kindheitserinnerungen 224
Leptosome 144, 145, 189, 862
Lerneffekt 171, 191
Lernen 177, 293, 576, 595, 874
–, gesteigertes 864

–, soziales 829
–, Verstärkung des 437
Lernen (und Hypnotisierbarkeit) 606
Lernerfolge 777
–, höhere 874
Lernfähigkeit 578
Lernfaktoren
–, optimale 178
Lernkapazität
–, psychische 776
Lernprogramm
–, imitatives 178
Lesen
–, imaginatives 159
Lesetechnik 520
Lethargie 46, 133, 335, 403, 437, 646, 647, 655, 801, 858, 863, 865, 871
–, hypnotische 655
–, hypnotische Form 670
–, klinische (pathologische) Form 670
Lethargie (und Hypnose) 655
Lethargien
–, hypnotische 671
Leukopenie 652
Leukotomie 714
Leukotomien 712
Libidinisierung 226
Libido 222, 237
–, Fixierung der 226
Libidostauung 244
Libidostörungen 664
Libidotheorie 229, 237
Libidoverlust 664
Lichen planus 293, 294
Lichtquelle (beim Schlafwandeln) 665
Lichtreiz 770
Lichtsignale 842
Lichtwahrnehmung 339
Liebe 728
Liébeault-Bernheimsche-Methode 342
Liebesgefühle 226
Liftträume 683
Linksäugigkeit 869
Linkshänder 685, 723, 869
–, Sprachregionen bei 720
Linksschauer 722
Lippen 426
Liquor cerebrospinalis 635, 637, 844, 866
Lispeln 89
Literaturträger 9
Lithotomie 89
Lobe limbique
–, la grande 727
Lobotomien
–, präfrontale 712
Lobus
–, occipitaler 715
–, parietaler 715
Lobus limbicus 727
Locus coeruleus 733
Logik 316
–, symbolische 316
Logotherapie 230
Lokalanästhesie 454
Loslösung 128
Louis Lambert 659
Lourdes
–, Wunder von 590
low voltage sleep and rapid eye movement sleep 791
LSD 20, 168
Luftballon 365
Lunatismus 656
Lungen-Carcinom 454
Lungenteilresektion 454
Lupus erythematodes 248, 291
Lustgewinn 225
Lustprinzip 223
Lymphotyzose 652
Lymphozyten 634

Magen-Darm-Trakt
–, funktionelle Störungen des 293
Magengeschwüre 293
Magengrube 344, 345
Magenoperationen (und Hypnotherapie) 154
Magenulcera 846
Magersucht 664
Magersucht (Anorexia nervosa) 653
Magie 43, 49, 50, 54, 55, 63, 73, 74, 592, 852, 853, 854, 860, 873, 874
–, christliche 79
–, persische 75
Magie-Dämonen-Glauben 56
Magier 335
Magna Mater 87
Magnes 59
Magnesia 59
Magnet 344, 872
Magnetbehandlung 343
Magnete 60
–, mineralische 81
Magneten 59, 343, 854
–, animalische 82
–, Anwendung von 81
–, Ausströmungen, fluidale, von 344
–, mineralische 872
Magneten (Siderit) 59
Magnetiseur 63, 84
Magnetiseur-Amateure 338
Magnetisieren 221
Magnetismi
–, tierischer 344
Magnetismus 4, 79, 90, 155, 855

–, animalischer 13, 81, 82, 86, 96, 154, 156, 344, 872
–, mineralischer 96
–, Tiefe des 133
–, tierischer 10, 84, 87, 872
–, tierischer (animalischer) 63
Magnetismus (Mesmerismus) 10
Magnetkuren 344
Magnetstab 349
Magnettonband 430
Magnettonbandaufnahme 425
Magnettonbandgerät 426
Magnus-Bereich 738
Makrokosmos 60
Makroneurophysiologie 605
Malerei 238
Mandala-Symbolik 238
Mandelkernkomplex 741
Manie 340
Manien 824
Manifestation
–, psychische (der mangelnden Kritik) 681
Manifestationen
–, epileptische 435, 437, 547, 857
–, gustatorische 605
–, psychophysiologische 605
–, regressive dissoziative 581
–, rhinologische 605
–, subklinische 660
–, vegetative 801, 871
Manifestationsform
–, benigne somnambule 664
–, maligne somnambule 664
MANOVA (Multivariate Analysis of Variance) 170
Mantroux-Tuberkulin-Reaktion 294
Marathonhypnosen 289
Marihuana 20, 168
Marktschreier 62
Marquise von O. 659
Märtyrer 79, 342
Maskulinität 144
Masochismusforschung 226
Massa intermedia 731
Massagen 155
Massenhypnose 155, 649
Massentourismus 255
Mathematik 316
Matthäus (M) 61
Maudsley Perosnality Inventory 841
Maudsley Personal Inventory (MPI) 632
Maudsley Personality Inventory (MPI) 120, 149
ME (Methodik) 386ff.
Mechanismen
–, depressive 243
–, manische 243
–, noradrenerge 733
–, primitive 226
–, psychische 827
Medicina Magnetica 60
Medikamente 155
–, hypnotische (schlaffördernde) 122
–, schlaffördernde 348
Medikamentenabusus 288, 484
Medikamentenkonsum 255
Medikation
–, barbitursäurehaltige 669
Meditation 16, 23, 73, 150, 175
–, konzentrative 826, 874
–, konzentrative (KM) 173, 174
–, transzendentale 16, 23, 826, 831, 864
–, transzendentale (TM) 174, 175, 609, 611, 626, 636, 647, 858, 866, 867
–, transzendentale (TM) (und Hirnwellen) 621
–, transzendente 874
Meditation (und Hypnotisierbarkeit) 173, 174
Meditationen 855
–, buddhistische 155
–, konzentrative 191
–, transzendentale 191
Meditationserlebnisse 702, 867
Meditationstechniken
–, östliche 230
Meditationsverfahren 866
Medizin 49
–, archaische 854
–, forensische 582
–, hellenistische 854
–, homerische 854
–, innere 285, 292, 294
–, magische 80
–, mittelalterliche 80
–, mystische 80
–, prähellenistische 854
–, prähistorische 854
–, primitiv-magische 43
–, psychosomatische (und Hypnose) 18
–, romantische 84
–, Volks- 43
Medizinmann 44, 53
Medulla 737
Medulla oblongata 729, 732, 869, 872
Meiden-Meiden-Konflikte 320, 329, 856
Meningoencephalitis 781
Menopause 227
Mensch
–, Genese des 854
Menschenansammlungen (und Suggestionen) 113
Menschen-Masse (und Suggestibilität) 121
Menschwerdung (Anthropologie) 46
Menses
–, unterbrochene 343
Menstruationsstörungen 525
Mentalsuggestion 86

Merkfähigkeit 714
Mescalin 168
Mesencephalon 727, 732, 737, 869, 872
mesmerisieren 89
Mesmerismus 81, 82, 85, 88, 89, 96, 97, 855, 873
–, Nachwirkungen des 83
–, Ur-Wunderheilung 45
Mesmerismus (Magnetismus) 10
Mesocortex 727
Mesoencephalon 729
Mesomorphe
–, extreme 144
Mesomorphie 145
Mesopotamien 75
Messing 337
Meßmethoden 855
Meßmethoden (und Hypnotisierbarkeit) 170
Meßmethodik (und Hypnotisierbarkeit) 170
Meßmethodik (und Suggestibilität) 122
Meßskalen 191, 874
–, standardisierte 122
Meßskalen (der Hypnotisierbarkeit) 96
Meßtechnik 187
Messung
–, objektive der Hypnosetiefe 137
Metall
–, glänzendes 337
Metalle 112
–, Anwendung von 90
Metalloskopie 90, 91, 337
Metalltherapie 90
Metamorphose(n) 51
Metapher 308
Metaphern 322
Metapsychologie 224, 225, 833
Methode
–, Liébeault-Bernheimsche 342
–, psychoanalytische 223
–, psychologische 6
–, verdeckte 370
Methoden
–, exorzistisch-hypnotische 75
–, medikamentöse 505
Methodik (ME) 386ff.
Methodik (und Hypnotisierbarkeit) 170
Metronom 347
Michelangelo
–, der Moses des 224
Migräne 248, 290
Mikroneurophysiologie 605, 655
Mikrotraumen 229
Milieutherapie 241
Milzerkrankung 61
Minderbegabte 185, 192, 284, 874
Minderbegabte (und Hypnotisierbarkeit) 185
Minderwertigkeit
–, Organ der 294
Minderwertigkeitsgefühl 227
Minderwertigkeitsgefühle (bei Frauen) 236
Minderwertigkeitskomplex 236
Mineralmagneten 344
Minnesota Multiphasic Personality Inventory (MMPI) 148, 290, 633
Minutenbiorhythmik 842
Mirakler 155
Mirkokosmos 60
Mischkonstitutionen 189, 862
misericordia (Barmherzigkeit) 79
Mißbildungen
–, großhirnlose 731
Mißempfindungen 575
Mißerfolge
–, Bewältigung von, Technik zur 538
Mittagsschlaf 422, 693, 770, 771, 790
Mittelalter 79
–, frühes 9
Mittelhirn 731, 732, 786
Mittelhirnareal
–, limbisches 728
Mittelhirnfuß
–, extrapyramidalmotorische Kerngebiete des 732
Mittelhirnhaube 732
Mittelwert (MW) 694ff.
Mittwoch-Gesellschaft 223
mixec eye movement sleep
–, spindle sleep and slow wave sleep 791
mixed eye movement 791
MMPI 148
MMPI (Minnesota Multiphasic Personality Inventory) 148, 290, 633
Mode (und Suggestion) 112
Modell
–, psychostrukturelles des Hypnosemechanismus 746
–, topographisches 225
Modifikation 178, 180
–, biologische 70
Modifikationen 855
Modifikationen (der Dämonologie und Magie) 73
Momente
–, genetische 251
Mönche 336
–, christliche 79
Mönchsmedizin 80, 855, 860
Mondkinder 658
Mondschein 665
Mondsucht 656, 658
Mondsüchtiger
–, Heilung eines 61
Mondsüchtigkeit 656
Monoaminooxydasen 733
Monotonie 76, 93, 163, 829

–, rhytmische 75
Montréal-Normen (der HGSHS:A) 375
Morbus Bleuler 779
Morbus Raynaud 293
Morgenland
–, islamisches 80
Morgenschläfer 560, 562
Morgentypen 843
Morphinismus 521
Morphologie (des Körpers) 144
Moses 61
Motiv 69
Motivation 46, 69, 190, 827, 855
–, bewußte 828
–, bewußte (und Hypnotisierbarkeit) 166
–, unbewußte 828
Motivation (und Hypnotisierbarkeit) 160
motivational-affective (Komponente des Schmerzes) 816
Motivationen 86, 833
–, spezifische (der Patienten) 289
Motivationsdimensionen (des Schmerzes) 816
Motivationsverstärkung 287
Motivierung 177
Motorcortex 726
Motorik
–, hyperkinetische 655
Moutin-Zeichen 353
MP (Multiple Persönlichkeit) 288, 581, 582, 595
MP (multiple Persönlichkeit) (und Amnesie) 580
MPI (Maudsley Personality Inventory) 120, 149, 632
Multivariate Analysis of Variance (MANOVA) 170
Münzen (Royal Touch Pieces) 343
Münztechnik 431
Münztechnik (bei Verbrennungen) 464
Murmeln 76
muscular phenomena 648
Musculus cremaster 766
Musculus rectus femoris 714
Musik 54, 464
Musikkapelle 54
Musikverständnis 720
Muskelaktivität 636, 866
–, bioelektrische 631, 632
Muskelan- und -entspannung
–, Methode der 519
Muskelentladungen 779
–, feine 685
Muskelerschlaffung 680
Muskelpotentiale 631
Muskelrelaxation 871
Muskelrelaxationen 801
Muskelschwere (und Hypnotisierbarkeit) 147
Muskelspannung 171
Muskelstarre
–, hypnotische 823
Muskeltätigkeit 635, 684, 858
–, Lateralisation der 686
Muskeltonus 701, 702, 734, 867
–, Verlust des 687, 801, 871
–, Verschwinden des 733
Muskeltonus (in den REM-Phasen) 683
Muskelzuckungen 666
Muskulatur
–, erschlaffte 867
–, Erschlaffung der 685
–, mentale 631
Muskulatur (im Rückenmark)
–, Aus- und Einschaltung der 683
Muskulatur (im ZNS)
–, Ausschaltung, phasische der 683
Muskulatur-Erschlaffung
–, Analogiemöglichkeiten zur Hypnose 684
–, phylo-ontogenetischer Charakter der 684
Muskulatur-Erschlaffung (bei Erwachsenen) 684
Muskulatur-Erschlaffung (bei frühgeborenen Kindern) 684
Muster
–, geometrische 239
–, neomammilarisches 741
Musterhypnose 397, 410, 416, 418
MW (Mittelwert) 694ff.
Mydriasis 737
Mystik 45, 46, 59, 63, 73, 291, 592, 852, 853, 854, 874
Mystik (der Hypnose) 5, 180
Mystik (und Hypnose) 60
Mystiker
–, primitiver 45
Mystizismus 76
Mythologie 59, 63, 852, 854, 874
Mythos 45, 59, 73
Mythos (der Hypnose) 180
Mythos (und Hypnose) 60

Nachbetreuung 256
Nachentladungen
–, hippocampale 766
Nach-Oben-Schauen (Up-Gazing) 358
Nach-oben-Sehen 374
Nächte
–, enuretische 795
–, non-enuretische 795
Nachtnebel 423
Nachtschlaf 691
Nachtseite der Naturwissenschaft (G.H. Schubert) 84
Nachtseite (des menschlichen Lebens) 84
Nachtwandeln 656
Nachwirkung (After Image) 576
Nackenmuskulatur 631, 701, 702
–, EEG-Aktivität der 733

Nadelelektroden 825
Nägelkauen 247, 287, 293, 593, 774
Nancy
–, Schule von 92
Narkohypnose 348, 385, 505
–, Technik der 857
Narkolepsie 23, 689
Narkolepsie-Patienten
–, Aufladungphase bei 678
–, Sprechen bei 791
Narkoleptiker 791
Narkose 324, 780, 782, 785, 802, 871
–, Alarmsituationen in der 782
Narkotika 49, 783, 785
Narzißmus 224, 226
Nasenbrücke 341
Nasenwurzel 90
Nasenwurzeltechnik 518
Natrium amytal 122
Naturereignisse 590
Naturkatastrophen 255
Naturkatastrophen (und Suggestionen) 113
Naturphänomen 5, 68, 854, 874
Naturphänomen (Phänomen)
–, Hypnose als 7
Naturvölker 150
Naturwissenschaften 49
Nebenwirkungen (beim Hypnotisanden) 389
Necromantie (Totenbeschwören) 51
Negativismus 651
Neheria psammodes (Bombardierkäfer) 823
Nembutalinjektion 738
Neocortex 712, 729, 730, 738, 858, 872
–, Desafferentation gegenüber dem 826
–, motorischer 718
–, sechsschichtiger 727
Neodissoziation 589
–, Theorien der 830
Neodissoziations-Interpretation 170
Neodissoziationstheorie 159
Neodissoziationstheorien 836, 858
Neodissoziationstherapie 19
Neolithicum (Neusteinzeit) 43
Neomagnetismus 97
Neonoxen 255
Neopsychoanalyse 228
Neosoznanoie 834
Neosoznavaiemoie 834
Neosoznavajemaja psihiceskaia dejatelnost 834
Nervenfasern
–, zentrifugal leitende 713
Nervenfluid 344
Nervengewebe 635
Nervenkrämpfe 349
Nervenleben 84
Nervenmittel 343
Nervensystem
–, Aktivität, bioelektrische des 858
–, autonomes (vegetatives) 866
–, parasympathisches 313
–, spezifisches 655
–, sympathisches 654
–, unspezifisches 655
Nervosität 777
Neugeborene 689, 702, 867
Neugier 863
Neumann, Therese
–, Visionen der 24
Neumann, Therese (1898–1962) 590
Neumond 658
Neunaugenlarve (Petromyzon) 222
Neuralgien 89
Neurastheniker 762
Neurobiochemie 685
Neurodermitis 293, 294
Neurohormone 846
Neurohypnotismus 825
Neuroleptika 846
Neurologie 285
Neurologie (und Hypnose) 19
Neuromodulatoren 719
Neuron 844
Neurone
–, catecholaminerge 728
–, cholinerge 844
–, dopaminerge 741, 844
–, Entladung der 740
–, noradrenerge 844
–, serotonerge 844
Neuronen
–, erregende 831
–, hemmende 831
–, noradrenerge 733
–, serotonergen 737
Neuronenpopulation
–, chemische Reizung der 730
Neuronenverband 714
Neurophysiologie 712, 853
–, experimentelle 605
–, klinische 605
–, Makro- 605
–, Mikro- 605
Neuropsychophysiologie (und Hypnose) 15
Neurose 123, 227, 239, 244, 252, 253
–, hysterische 90
Neurose (und Suggestibilität) 123
Neurosekonzeption
–, sozialwissenschaftlich fundierte 244
Neurosen 228, 244, 824, 846
–, noogene 245
Neurosentheorie 227
Neurotiker 120, 121, 149, 192, 624, 669, 678, 791, 825, 865, 874
Neurotiker (und Hypnotisierbarkeit) 184

Neurotisch-Extravertierte 119
Neurotisch-Introvertierte 119
Neurotizismus 120, 123, 149, 189, 841, 862
Neurotizismus (und Hypnotisierbarkeit) 184
Neurotizisten 121
Neurotransmitter 741, 844
Neurpeptide 730
Neuschöpfung 46
Neusteinzeit (Neolithicum) 43
Neutralhypnose 285
Nevus 294
Nichts-Tun 314, 328, 856
–, Prinzip des 313
Nichts-Wissen 314, 315, 328, 856
–, Prinzip des 313
Nicht-Wahrnehmung 138
Nierenbereich 293
Nieren-Funktionsstörungen 293
Nikotinabhängigkeit 288
Niveau
–, archaisches 54
Nivellierungsfähigkeit 150
noctambulacio 656
Noctambulismus 656
Nomenklatur (der Hypnoseübungen) 385
Non-REM-Schlaf 689, 698, 802
Non-REM-Sleep 868
Noradrenalin 730, 733, 734, 736
Normalisierung
–, forcierte 653
–, forcierte, des EEG 670
Notfälle 857
–, Bekämpfung von, Methoden der 545
Notfalltherapie 297
Novalis (Hymnen an die Nacht) 84
Noxen 252
NREM-Phasen (Non-Rem-Phasen) 668
Nucleus amygdalae 666
–, mygdaloideum 741
–, amygdaloideus 712
–, caudatus 736
–, centralis superior 733
–, locus coeruleus 733
–, medialis dorsalis thalami 712, 765
–, paraventraicularis 765
–, reticularis pontis oralis et caudalis 733
–, reuniens 731
Nystagmus 715

Oberpriesterritual (Hierophanie) 45
Oberpriesterschaft 45
Objektbeziehung 290
Objektbeziehungen 225, 833
Objekteinbruch 43, 72
Observanzen 50
observing consciousness 830
Obstipationen 293
Ödipuskomplex 222, 236, 242
Ödipus-Modell 832
odyseisch 741
Odysseaner 725
Odyssee 76
Ohnmacht 349
Ohnmächtiger 823
Ohnmachtszustand 832
Okkultismus 83, 85, 592, 855
Okkultismus (und Hypnose) 60
Ökologie 852
–, Beeinflussung der 43
Ökonomie
–, Erweiterung der 43
Ölung
–, letzte 342
Omphaloskopie 336
Omphalotelesten 79
Ontogenese 5, 40, 71, 852, 854, 860
Onychomantie 336
Operation 785
Operationen
–, plastische 545
–, stereotaktische 715, 716, 745, 870
Operculum 715
Ophtalmologie 295
Orakel 854
–, delphisches 76
–, griechische 75
Oreirodynia activa 656
Organ (der Minderwertigkeit) 294
Organisationsfähigkeit 150
Organlehre 228
Orgasmus
–, alimentärer 240
Orientierung
–, hypnotherapeutische 234
–, vollkommene 665
Orientierung (im Traum) 685
Orientierungslosigkeit 53
Orientierungs-Suggestion 43
Orientierungszeichen (der Hypnose-Lektionen) 385
Orientierungszeichen (Signale) 389
Originalsprachen (der Literatur) 854
Orthopädie 290, 856
Ortsbesichtigung 425
Osiris
–, Schlaftempel von 76
Ösophagusspasmus 284

p (Irrtumswahrscheinlichkeit) 4ff.
Pädiatrie 293
Pädiatrie (und Hypnose) 19
Pädophilie 288
Paläoanthropologie 46
Paläolithicum (Altsteinzeit) 42

Paleomammilarisches System 741
Pallidum 738
Palophus titan (Stabheuschrecke)
–, Erstarrungszustand bei 37
Palpitation 88
Papyrus (Eber-Papyrus) 76
Papyrus (Edwin-Smith-) 76
Papyrusrolle 76
Paracelsus 855
Paracelsus (1493–1541) (Aureolus Philippus Theophrastus Bombastus von Hohenheim) 80
Paradies 45, 73
Paradigma 40, 68, 73, 854
Paradigma des Eindringens (intrusion paradigm) 4
Paradigma (Paradigmen) 5, 6, 7
Paradigma (Substrat-Paradigma) 7
Paradigmen 836, 853
–, behavioristische 4
–, psychoanalytische 4
–, psychologische 4
–, statistische 4
Parapsychologie 21, 85, 86, 410
Parästhesien 522, 605
Parawissenschaften 83
Parfüm 367
Parfümflasche 367
Parfüms 857
Pariser Schule 92
Partnersituation
–, soziale 241
Passes 344, 649
Passes (Suggestionsarten) 284
Pathogenese (des Somnambulismus) 666
Pathogenese (psychischer/psychosomatischer Störungen) 221
Pathogenese (und Individualpsychologie) 236
Pathogenese (von Erkrankungen) 855
Pathophysiologie (und Biorhythmik) 668
Patient
–, Persönlichkeitsstruktur des 284, 295
Patienten
–, asthmatische 292
–, blinde 347
–, commissurotomierten 725
–, depressive 791
–, endogen-depressive 695
–, endogen-depressive, REM-Phasen bei 678
–, heterosexuelle 233, 297
–, hysterische 183, 581
–, katatone (kataleptische) 654
–, manisch-depressive, Bipolarität bei 726
–, manisch-depressive, Monopolarität bei 726
–, manische 791
–, narkoleptische 681
–, neurotische 671, 681
–, neurotische, REM-Phasen bei 678
–, paranoid-halluzinatorische 825
–, taub-blinde 345
Patienten-Symptomatik (und funktionelle Lateralisation) 725
Patientin
–, hysterische 337
Pedunculus cerebri 765
Pelzigkeitsgefühl 366
Pemphigus 293
Pendel 352, 353
Pendeltest 380, 407, 857
Pendeltest (nach Chevreul) 351
Pendelversuch 353
Pendunculus inferior thalami 766
Peniserektionen 288
Pericardium 784
Periode
–, neonatale 864
Periodik
–, circadiane 841
Periodizität
–, endogene 842
Perkussionshammer 338
Permanente Studie (PS) 610ff.
Person
–, Eigenschaft der 682
–, imaginäre 764
–, Zustand der 682
Persona 238
personality
–, multiple (Persönlichkeit, multiple) 4
Personen
–, ängstliche 681, 683
–, somnambule 148, 660
–, stabilere 683
–, suggestible 609
Persönlichkeit
–, apollonische 725
–, dionysische 725
–, disintegrative (disintegrative personality) 581
–, dominante, des Hypnotiseurs 167
–, gespaltene 580
–, hysterisch strukturierte 296
–, kreative 239
–, multiple 19, 230, 725, 829, 831, 858, 863, 864
–, multiple (MP) 288, 581, 582, 595
–, multiple (MP) (und Amnesie) 580
–, multiple (personality, multiple) 4
–, multiple (und Hypnotherapie) 581
–, neurotische 239
–, normale 239
–, odysseische 725
–, prämorbide 241
–, sekundäre 581
Persönlichkeiten
–, einfach strukturierte 590
–, multiple 190

–, paranoide 284
–, querulatorische 284
Persönlichkeitscharakteristika (und Hypnotisierbarkeit) 171
Persönlichkeitseigenschaften 189
Persönlichkeitseigenschaften (und funktionelle Lateralisation) 725
Persönlichkeitsfaktoren
–, multiple 191
Persönlichkeitsmerkmale 16, 119, 120, 123, 149, 150, 189, 191, 252, 583, 841, 855, 858, 862
Persönlichkeitsmerkmale (und Hypnotisierbarkeit) 148, 151, 168
Persönlichkeitsmerkmale (und Suggestibilität) 119
Persönlichkeitspathologie 290
Persönlichkeitsstörungen 124
Persönlichkeitsstruktur 856
Persönlichkeitsstruktur (des Hypnotherapeuten) 279, 295
Persönlichkeitsstruktur (des Patienten) 284, 295
Persönlichkeitsstruktur (und Suggestibilität) 120
Persönlichkeitstests 120
Persönlichkeitsuntersuchungen 283
Persönlichkeitszüge
–, abnorme 284
Persuasibilität 126, 127
Persuasion 110, 248, 256, 286
Pertussis 515
Pesonality
–, multiple 15
Petromyzon (Neunaugenlarve) 222
PGO (pontogeniculo-occipitale Spikes) 718, 719
Phallographie 767
Phänomen
–, regressives 832
Phänomen (Naturphänomen)
–, Hypnose als 7
Phänomene
–, bioelektrische 605
–, halluzinatorische 311
–, hypnoide 37
–, hypnotische 22, 90, 700, 703, 858, 869
–, ideodynamische 328, 856
–, ideomotorische 365
–, psychomotorische 648
–, spontane psychomotorische 717
Phänomenologie
–, hypnotische 669, 865, 870
Phantasie 374, 864
Phantasie (der Primitiven) 43
Phantasiebildung 85
Phantasien 159, 227, 238, 582
Phantasie-Organisation 833
Phantom-Schmerzen 546
Pharmaka 187, 585
–, sedative 184
Pharmaka (Arzneimittel) 846
Pharmakothymie 240
Phase
–, anale 226
–, depressive 241
–, genitale 226
–, ödipale 226
–, orale 225, 226
–, paranoid-schizoide 242
–, pränatale 253
Phasen
–, katatone 651
Philosophie
–, orientalische 831
Phobie 17, 511
Phobien 287
Phosphor 634
Photostimulation 623
Phylogenese 37, 40, 68, 70, 71, 74, 852, 854, 860
–, Repetitorium der 46
Physiologie 852
Physiotherapie 79
Phytotherapie (Ernährung von Pflanzen) 45
Pilosophie 49
Pithecanthropus 42
Placebo 122, 167, 369
Placebo (und Hypnotisierbarkeit) 168
Placebo-Effekt 153, 168, 191
–, Effekte 167, 636, 866
–, Hypnose (und Hirnwellen) 621
–, Präparat 168
–, Problematik 855
–, Therapie 167
–, Wirkung 700
Plasma-Cortisol 634, 635
Plasma-Hydrocortison 634
Plethorisch-Kongestive 281
Plethysmographie 767
Plus-Minus-Test
–, parameterfreier (Vorzeichen-Test) 612, 616
Pneumographie 775
Polarisation (der Aufmerksamkeit) 354
Polydämonismus 49, 52
Polygraphen 609
Polygraphie 779
Polyhypnographie 669
Polypnoe 737
Polytheismus 49, 52, 55, 860
Pons 718, 737, 869, 872
–, Durchtrennung des 737
–, prätrigeminale Durchtrennung des 736
Possenreißer 62
Posthypnose 397 ff.
Poststadium (NACH, Posthypnose) 852
Postural Body Sway Test (Körperschwingungstest) 353, 354
potential

–, hypnotic 138
Potentiale
–, bioelektrische 770
–, evozierte 636, 714, 858, 866
–, evozierte, akustische 627
–, evozierte (evoked Potentials) (EP) 627
–, evozierte, somatosensorische 627
–, evozierte, visuelle (VEP) 627
–, hohe, langsame 872
–, verborgene 320
Potentials
–, evoked (evozierte Potentiale) (EP) 627
Power Spectra 609, 610
Power-Spectra 621
Power-Spektrum 621
–, occipitales 617
PR (Protokoll) 113ff.
Prädispositionen 253
Prähypnose 386
Prähypnose 391ff.
Praktiken
–, meditative 862
Präschlaf-Suggestion 79
Prausnitz-Küstner-Reaktion 294
Preisgabe
–, Angst vor 167
Pressionen 250
–, soziale 255
Priester
–, ägytpische 76
Priester-Arzt 78
Priester-Mediziner 75
Primär-Narzißmus 226
Primärprozeß 243
Primärtherapie 230
Primitive 72
Prinz von Homburg 659
Prinzipien
–, biorhythmische 856
–, hierarchische 870
Probanden
–, ängstliche 695
–, extravertierte 695
–, neurotische 695
Probehypnose 388, 390
Probleme
–, iatrogene 324
–, methodologisch-technische 14
–, psychosoziale (und Hypnose) 14
Profil-Maße 373
Projektion 222
Projektionen 226, 833
Projektionssystem
–, descendierendes, dämpfendes 869
–, diffuses unspezifisches 731
Prometation 741
Propaganda 114
Propheten
–, neue 112
Protokoll (PR) (in der Regel folgen die römische Bezeichnung des Protokolls, Seitenzahl des Protokolls, Geburtsdatum und Datum der Untersuchung) 113ff.
Prozeß
–, biochemischer 339
–, hypnotherapeutischer 277, 298, 855
–, physiologischer 680
Prozesse
–, antagonistische 339
–, bewußte 308, 320
–, dissoziative 582
–, dissoziative psychische 581
–, gegenläufige 317
–, hirnorganische 845
–, holistische 721
–, ideoaffektive 312
–, ideodynamische 311
–, ideokognitive 312
–, ideomotorische 311
–, ideosensorische 312
–, imaginative 582
–, kognitive 128
–, pathologische 338
–, physiologische 91
–, unbewußte 308, 312, 319, 320, 328, 725
Prozessus mastoideus
–, homolateraler 609
Prüfungsvermögen 150
Pruritis 293
PS (permanente Studie) 610ff.
Pseudo-Entbindung 653
Pseudohalluzinationen 574
Pseudo-Hypnotiseure 588
Pseudoillusionen 574
Pseudokrise 783
Pseudomanifestationen 594
Pseudorevivikation 586
Pseudo-Schwangerschaft 653
Psilocybin 168
Psoriasis 293, 294
Psychiatrie 285
Psychiatrie (und Hypnose) 18
Psychoanalyse 23, 83, 84, 97, 221, 223, 225, 588, 676, 760, 823, 855
–, existenzielle 228
–, konventionelle 255
–, transaktionelle 245
Psychoanalysen
–, anthropologische 238
–, klassische 221
–, konventionelle 221
Psychoanalytiker 83
Psychobiologie 760, 853, 858
Psychodynamik 169, 292, 587

Psychohypnologie 700, 853, 858
Psycholeptika 846
Psychologie 852
–, allgemeine (und Hypnose) 15
–, analytische 221, 237
–, humanistische 229, 245
–, kollektive 45
–, medizinische 81
–, physiologische 712
Psychomotorik 646
–, Seitendifferenz der 685
Psychoneurotiker 122
Psychopathen 595, 681
Psychopathologie 46, 223, 845
Psychopharmaka 191, 846, 863
Psychopharmakologie 846
Psychophysik 223
Psychophysiologie 712, 853
Psychose 245, 653
Psychosen 244, 296, 846
–, akute 284, 297
–, endogene 845
–, exogene 845
–, manisch-depressive 242
–, produktive 574
–, reaktive 290
Psychosomatosen 244
Psychotherapie 221, 855
–, analytische 221
–, konventionelle 255
–, symptomorientierte 285
Psychotherapien
–, analytische (und Hypnotherapien) 18
–, klassische 221
–, konventionelle 221
–, nachanalytische 229, 245, 855
–, neoanalytische 228, 240, 855
–, rationale 229
–, transpersonelle 230
Psychotherapy
–, transformational 20
Psychotiker 192, 874
Pubertät 226, 227, 254
Puls 634
Pupilleneinengung 628
Pupillenerweiterung 628, 737
Pykniker 189, 761, 862
Pyramidenbahnschädigung 726
Pyramidenbahn-Syndrom 726
Pyrrhus 61
Pythia 78
Pythonierin(nen) 51

QMI (Betts' Imagery Scale, Sheehans Revision) 375
Quacksalber 62, 64, 873
Quacksalberei 64, 81, 854, 873
–, Suggestion durch 62
Quellen
–, schöpferische, des Unbewußten 238
Quellenamnesie 595, 864
Quellen-Amnesie (Ursprungsamnesie, Source Amnesia) 579

Racé, Victor 87
Radiatio optica 718
Ramus occipitalis 715
Raphé centralis dorsalis 738
Raphé centralis superior 738
Raphé obscurus 738
Raphé-System 737, 738
Rapid Induction Analgesia (RIA) 456
Rapport 39, 84, 96, 323, 324, 396, 405, 414, 546, 586, 588, 589, 595, 780, 834, 864
–, hypnotischer 588, 825, 858
–, magnetischer 82
Rapportherstellung 389
Rapportverlust 589, 857
Ratiomentation 741
Rauchen 593
–, Abgewöhnung des 517
–, exzessives 247, 515
–, Modifikation von Verhalten 152
Rauchen (als psychosomatische Störung) 289
Raumerkennen 713
Raumwahrnehmung 831
Rauschgiftsucht 289
Rautenhirn 729, 869, 872
Raynaud-Syndrom 545
Reaktion
–, epileptische 548, 654
–, hypnotische 827
–, hysterische 546, 725
Reaktionen
–, autonome 315
–, bedingte 585
–, epileptische 627
–, hypnotische 308, 312, 328
–, hysterische 801, 857, 870
–, ideomotorische 743
–, neurasthenische 801, 870
–, neurotische 801, 870
–, objektive 124
–, periphere nervöse 605
–, phobische 286
–, sexuelle 15, 800
–, therapeutische 313
Reaktionsalternativen 320
Reaktionsbereitschaft 315
–, autonome 313
–, fluktuierende 827
–, ideomotorische 311
–, ideosensorische 311
–, unbewußte 313

Reaktionskomponente (des Schmerzes) 816
Reaktionsmechanismen 369
Reaktionsmöglichkeiten 115, 314
Reaktionsmöglichkeiten (auf Noxen) 252
Reaktionsmuster
–, hypnotische 308
Reaktionspotentiale
–, unbewußte 308
Reaktions-Theorie 827
Reaktionstypus
–, asynchron-asynton 652
Reaktionsweise 253
–, psycho-vegetative 252
Reaktionszeiten
–, Jahresrhythmus der 844
Reaktionszeiten (RZ) 842
Realitätsebene 236
Realitätsorientierung
–, generalisierte 311
Realitätsprinzip 226
Realitätstherapie 229, 245
Realitätsverkennung 243
Realitätsverzerrung 686, 687
Reanimierung 56
Rechtshänder 189, 685, 720, 723, 869
–, Sprachregionen bei 720
Rechtsmedizin (und Hypnose) 14
Rechtsschauer 722
Redekur 94
Referenzelektrode (Bezugselektrode) 609
Reflex
–, tonischer 823
Reflexe
–, bedingte 93, 823
–, konditionierte 585
Reflexebene 830
Regeneration 45
Regimen 78
Regio praeoptica 727
Region
–, mediale praeoptische 765
–, präoptische 736
–, septo-praeoptische 765
–, stumme 713
Region prätectalen 718
Regionen
–, neocorticale, frontale 872
–, neocorticale, occipitale 872
–, neocorticale, parietale 872
–, neocorticale, temporale 872
–, posterior-temporale 741
Register
–, ikonisches (Iconic Image) 576
–, sensorische 576
Registrier-Schlaf-Parameter 695
Registrierungen
–, polygraphische, des Schlafes 824
Registrierzeit
–, totale (TRZ) 694
Regredieren 250
Regression 44, 45, 46, 54, 72, 128, 163, 169, 226, 256, 579, 582, 584, 585, 586, 587, 589, 657, 680, 681, 684, 685, 702, 801, 836, 858, 860, 863, 867, 868, 871
–, adaptive 587, 594
–, körperliche 833
–, symbolische 72
Regression (im Hypnosezustand) 40
Regressionsprozeß 823
Regressions-Techniken 368
Regressionstheorie 159
Rehabilitation
–, soziale 288
Reinkarnation 21, 46, 73
Reinkarnation (Wiedergeburt) 86, 156
Reinkarnations-Tendenzen 581
Reinkarnations-Therapie 21
Reiz
–, assimilatorischer 339
Reizaufnahme 780
Reize
–, akustische 347, 781
–, autotoxische 348
–, chemische 348
–, physikalische 93
–, psychophysiologische 93
–, selektierte 740
–, sensorische 576
–, stereotaktische 744, 869
–, suggestive, bei Todesangst 788
–, vestibuläre 347
Reizschranke 227
Reizüberträger 844
Reizübertragung 844
Reklamen 114
Rekonditionierung 248, 249, 256, 828, 873
Rektaltemperatur 170
Relaxation 646, 680, 712, 831, 858, 866
–, progressive 433, 506, 511, 630, 656, 700, 716, 865
–, simple 621
Relaxationssyndrom 646, 669, 702, 864, 867
–, hypnotisches 669, 865
Relevanz
–, klinische, der Hypnotisierbarkeitsskalen 376
Religion 852
–, christliche 73
–, jüdische 50
Religionen 73, 74, 112, 113, 592, 874
–, Entstehung von 860
–, östliche 73
Religionsgeschichte 45
REM (Rapid Eye Movement; rasche Augenbewegungen) 631

REM (Rapid Eye Movements; rasche Augenbewegungen) 616, 625, 629, 630, 659, 694, 719, 720, 773, 790, 791, 800
REM-Beginn 762
Remedien 78
REM-Latenzzeit 678
REM-Phase 631, 633, 680, 688, 690, 691, 702, 763, 769, 772, 789, 790, 794
REM-Phasen 652, 659, 662, 668, 678, 681, 683, 684, 685, 686, 689, 692, 695, 697, 698, 700, 701, 703, 733, 767, 771, 773, 779, 791, 795, 866, 867, 868
–, Hirnwellen in den 682
–, Synchronisierung der 677
REM-Phasen (Rapid Eye Movement Phases) 636, 676
REM-Phasen (und Muskeltonus) 683
REM-Phasen-Beginn 681
REM-Phasen-Dauer 698, 699
REM-Rebound 698
REM-Schlaf 659, 684, 688, 691, 694, 698, 699, 718, 719, 733, 734, 772, 802
REM-Schlafdauer 699
Renaissance 80
Reorientierung
–, Phase des 717
Reproduktion 584, 585
Reptilien 824
Reptilien-Komplex 741
Reptilium-Gehirn 741
Reserpin 719
Respiration 646
Respirationsfrequenz 646, 647
Respirationsrelaxation 289
Respirographie 775, 776
Response
–, conditioned 16
REST (Restricted Environmental Stimulation Procedures) 170
REST-Kammer 170
REST-Periode 170
Restricted Environmental Stimulation Procedures (REST) 170
Retardieren 250
Retardierung 583
Retentions-Syndrom 652
Reticularformation 730
Retikularsystem 729
Retikulärsystem
–, aufsteigendes, aktivierendes (ARAS) 869
Retinahälfte
–, nasale 717
Retrogression 833
Revised Stanford Profile Scale of Hypnotic Susceptibility (SPS) 378
Revivikation 128, 256, 584, 585, 586, 595, 680, 858, 863, 864, 873
–, hypnotische 716
Revolution
–, französische 87
Revue neurologique 221
Rezeption
–, sensorische 291
–, unbewußte 109
Rezeptionsarea
–, sensorische 739
Rezeptor (des bösen Geistes) 44
Rheumatismus 89
Rhombencephalon 729
Rhombo-Mesencephalon 730
Rho-Wellen 682, 701, 867
Rhythmen
–, infradiane 844
–, ultradiane 843, 844
Rhythmen-Typen 843
Rhythmiker 843
RIA (Rapid Induction Analgesia) 456
Richtung
–, ergotrope 608, 626
–, trophotrope 701
Riechhirn
–, alte Anteile des 727
Riechhirnanteile
–, frontobasale 727
Riechträume 719
Rigidität 648
Rigor 726
Rindenläsionen 731
Riten 49
Ritual 52, 54
Rituale 44, 56, 72
–, tranceerregende 46
Rollen
–, soziosexuelle 236
Rollen-Definition 827
Rollenspiel 128
Rollenspiele 828
Rollenspielen 585, 587
Rollenspiel-Theorie 828, 829
Rollenspiel-Theorie (der Hypnose) 14
Rollenspiel-Theorien 836, 858
Rollentheorie 159
Rollenverhalten 4
Rolltreppe 513
Rolltreppen-Technik 513
Rorschach-Test 120, 148
Rorschach-Variablen 120
Rotationsspiegel 90
Rückbesinnung 55
Rückenmark 683
–, Hinterhörner des 713
(Rück)Falltest 120, 355
Rückführung 424, 430
Rückrufamnesie 864

Rückruf-Amnesie (Recall Amnesia) 579
Rückschlag-Phänomene 765
Rückwärtsfallen 370
Rückwärtsfalltest 857
–, Effekt, homoaktiver und heteroaktiver 354
Rückwärtsfalltest (Backward Postural Body Sway Test) 353, 355
Rückwärtszug 355
Ruf-Arzt 62
Ruhebehandlung
–, vertiefte 296
Ruhezustand
–, vertiefter 296, 411

Sadismus 226
–, oraler 242
Sadismusforschung 226
Sadomasochismus 237
Säftestockungen 85
Sägezahnwellen 681, 682, 701, 764, 769, 867
Sakramente 45
Salpêtrière 91, 337
Samâdhi 176
Samenerguß 766
Sanskrit 176
Sarason-Rosenzweigs-Trias-Hypothese 148
Satane 112
Satisfaktion 250
–, mangelnde 251
Saugbewegungen 586
Säugetiere 685, 703, 824
Säure-Basen-Gleichgewicht 348
Scarites lavigatus (Laufkäfer) 823
Schäden
–, organische, der Primitiven 43
Schamanen 45
Schamanen (Urmedizinmänner) 43
Schamane-Somnambuler 656
Scharlatan 62
Schaubuden-Hypnotiseure 91, 360
Schaubuden-Professoren 91
Schauhypnotiseure 335
Schaukeln 347
Schein-Blinde 785
Scheintod 655
Scherz 307
Schichtarbeit 561
Schiefhals (Torticollis) 284
Schielen 374
Schimpanse 342
Schimpansenweibchen
–, Experimente mit 39
Schizophrene 595, 791, 800
Schizophrener 253
Schizophrenie 95, 122, 242, 244, 288, 647, 669, 802, 871
–, katatone Form (Catatonia) 845
–, Verlaufsform paranoid-halluzinatorische der 845
Schizophrenie simplex 845
Schizophrenieformen 253
Schizophrenien 241, 252, 865
–, chronische 290
–, Genese der 241
–, katatone 824
–, katatone (kataleptische) 670
–, paranoid-halluzinatorische 824
Schlaf 22, 472, 676, 858
–, fester 681
–, hypnotischer 90, 349, 623, 625
–, induzierter 703
–, Komponente, mnestische des 676
–, langsamer 734, 736
–, langsamer (Slow wave sleep, SWS) 735
–, leichter 681
–, Lernen im 774, 776, 777, 784
–, Lernerfolge im 777
–, magnetischer 84
–, mnestischer Abschnitt des 733
–, mnestischer Teil des 762
–, natürlicher 623, 625, 703, 729
–, oberflächlicher 681
–, paradoxaler 688, 733, 734, 735, 737, 802
–, partieller 825
–, physiologischer 326, 735
–, spontaner 691, 703
–, Sprachkurse im 777
–, Sprechen im 693, 698, 794
–, Sprechen und Schreien im 789
–, Stadium E (oder IV) des 694
–, Stadium 1 des 677, 682
–, Stadium 2 des 692
–, traumloser 681
–, Verknüpfung, assoziative im 777
–, Wächter des 687, 689, 773, 774, 868
–, Wächter des (REM-Schlaf als) 688
Schlafattacken 435
Schlafbeginn 701, 776, 867
Schlafbewußtsein 768, 871
Schlafdauer 691, 699, 703, 868
Schlafdefizit 699
Schlafdimension 691
Schlafdimensionen 693
Schlaf-EEG 682, 826
Schlafelektroencephalogramm 772
Schlaferlebnis
–, imaginäres 794
Schlaffestigkeit 660
Schlafgestörte 699
Schlafhemmung 692
Schlafhypnose 23, 691, 692
Schlafinduktion 477
Schlafkybernetik 557
Schlaflosigkeit

–, experimentelle 736
–, totale 735
Schlafmangel 699
Schlafmenge 738
Schlafmuster 693
Schlafmuster (im EEG) 826
Schlafnomenklatur 794
Schlafparalyse 292
Schlafparameter 692, 868
Schlafperiode 680, 691
Schlafperioden 662
Schlafperiodik 439, 440, 442, 501, 511, 535, 691, 772, 868
Schlafpolygraphie 767
Schlafpotentiale 616, 636, 781, 866
Schlafpotentiale (im EEG) 623
Schlafprofil 694, 695, 700
–, Beeinträchtigung des 699
–, Besserung des 699
–, Spezifizierung der Suggestionen auf das 700
Schlafqualität 698
Schlafquantum 844
Schlafregistrierung
–, polygraphische 652, 694, 795
Schläfrigkeit 53, 655, 768
Schläfrigkeitszeichen 623
Schläfrigkeitszustand 129
Schlafstadien 659, 688, 691, 763, 868, 869, 871
Schlafstadium B
–, Sprechen im 791
Schlafstörung 660
Schlafstörungen 247, 285, 440, 442, 699, 732, 777, 786, 825
–, verschiedene 824
Schlafsucht 655, 731
Schlafsuggestionen 391, 397, 407, 472, 474, 692, 693
Schlaftempel
–, ägyptische 76
–, griechische 76
Schlaftheorie
–, passive 735
Schlaftheorien 7, 825
Schlaftherapie 78
Schlaftiefe 628, 659, 660, 691, 703, 777, 868
Schlaftraum 634, 676, 702, 703, 867, 869
Schlafträume 701, 858
–, spontane 677
Schlaf-Traum-Untersuchungen 701, 867
Schlafverflachung 795
Schlafverlauf 868
Schlafverlust 700
Schlafvertiefung 668, 680
Schlafwachregulation 731
Schlaf-Wach-Rhythmus 692, 731
–, Störung des 730
Schlaf-Wach-Steuerungs-Strukturen 729
Schlaf-Wach-System 772, 773
Schlaf-Wach-System (der Formatio reticularis) 666
Schlafwandeln 656, 659, 660, 664, 665, 693, 800
–, abortive (unvollkommene) Verlaufsform 666
–, Aufschreien, Sprechen, Muskelzuckungen beim 666
–, manifest maligne Verlaufsform 666
–, manifeste benigne Form 665
–, manifestes 827
–, subklinische Verlaufsformen des 666
Schlafwandler 420, 586, 655, 662, 665, 666, 668, 689, 767, 800
Schlafwandler (und Körperbau) 668
Schlafzeit 678
–, tatsächliche (TSZ) 694
Schlafzeitspanne (SZS) 694, 695
Schlafzustand 354, 623
Schlafzustände 732
Schlafzyklus 664
Schläge
–, elektrische 344
Schlagfluß 343
Schmerz 342, 418
–, affektive Tönung des 714
–, Motivationsdimensionen des 816
–, Toleranz gegenüber 827
–, Zentrum des 349
–, zwei Komponenten des 816
Schmerzbekämpfung 495
Schmerzempfindlichkeit 191, 855, 863
Schmerzempfindlichkeit (und Hypnotisierbarkeit) 167
Schmerzempfindung 713, 714
Schmerzen 90, 91, 191, 290, 291, 295, 341, 343, 344, 546, 575, 592, 631, 712, 713, 744, 819, 831, 858, 863, 868, 869
–, experimentelle 817
–, postoperative 295
–, psychogene 290
–, psychotische 290
–, Umwandlung von 702
–, zentralbedingte 291
Schmerzen als Objekt
–, Imagination der 481
Schmerzen (Dolores) 816
Schmerzen (im Epigastrium) 648
Schmerzen (und Hypnose) 167
Schmerzerleben 714
Schmerzexperiment 830
Schmerzforscher 19
Schmerzfreiheit 783
Schmerzimpulsleitung 713
Schmerzleitung 713
Schmerzleitung (im Hinterhornbereich) 714
Schmerzmilderung 593
Schmerzneurone 714

Schmerzprobleme 19
Schmerzreiz 418, 714
Schmerzschwelle 170
Schmerzsyndrome 19, 247
Schmerztoleranz 170
Schmerzunempfindlichkeit 85, 308
Schock
–, psychischer 307
Schockelektroden 777
Schockwirkung 90
Scholastik 80
Schreckhypnose 823
Schreckhypnosen 390
Schreibaufgabe 413
schreiben
–, automatisch 424
–, automatisches 422, 423, 424, 830, 831
Schreibprobe 423
Schreibzeuge 338
Schreien 689
Schreien (im Schlaf) 789
Schriftprobe 412
Schrittmacher
–, psychobiologische Vorrichtungen als – 69
Schubert, G.H. (Nachtseite der Naturwissenschaft) 84
Schulangst 442
Schulbanktechnik 504
Schuldgefühle 242
Schule
–, neoanalytische 244
Schulmedizin 80, 873
Schulmediziner 62
Schulphobien 287
Schultergelenk 423
Schutzmechanismus 865
Schutzreaktion
–, archaische 324
Schutzreflex 69
Schwangerschaftserbrechen 284
Schwankungen
–, periodische 843
Schweißsekretion 728
Schwellensituationen 229
Schwierigkeiten
–, sexuelle 347, 487
Schwindel 338
Schwindelanfälle 291
Schwindelgefühle 389
Scopolamin hydrobromat 122
SD (Semantic Differential) 151
SD (Standardabweichungen) 129ff..
SDC (Standard Deviation Chart) 145
Sectio caesarea 783
Sedativa 846
Seelenleben
–, unbewußtes 83, 84
Seelenregungen 84
Seelenreisen 86
Seelenverlust 43, 44, 72
Seelenwanderung 657
Seherin von Prevorst 10
Sehnerv 717
Sehnervenfasern 718
Sehschärfe 718
Sehstörungen
–, subjektive 338
Seitendifferenz 866
Seitendifferenz (der Psychomotorik) 685
Seitendifferenzen 616
Sekten 113
Selbstanalyse 222
Selbstauswertung 166
Selbstbeherrschung 279
Selbstbestimmung 239, 314
Selbstbeurteilung 166, 191, 855, 863
Selbstbeurteilung (und Hypnotisierbarkeit) 165
Selbstbeurteilungs-Skala 125
Selbstentspannung 16, 431, 593
Selbsterfahrungen 591
Selbsterhaltung 70, 74, 591
–, Mechanismen der (und Spontanhypnosen) 589
Selbsterhaltungsmechanismen 595
Selbsterhaltungsmechanismus 864
Selbsterhaltungsreflex 822
Selbsterhaltungstrieb 69, 865, 875
Selbsterniedrigungsgefühl 227
Selbst-Exorzismus 62
Selbstheilmittel 238
Selbsthilfe 156
Selbsthynpose 647
Selbsthypnose 5, 16, 79, 90, 92, 150, 248, 289, 582, 592, 594, 595, 596, 657, 864, 875
Selbsthypnose (Autohypnose) 565
Selbsthypnose-Training 594
Selbsthypnotiseur 566
Selbstmeditation 75
Selbstrealisation
–, positive 240
Selbstrealisationsphilosophie 239
Selbstrealisierung
–, bei Samâdhi 176
Selbstreizung 691
–, intracranielle 728
Selbstreizung (des ZNS) 703, 868
Selbstschutz
–, natürlicher 37
Selbstsuggestion 109, 186, 506, 861
–, Herzstillstand bei 788
Selbst-Training 582
Selbstverstärkung 287
Selbstversuch 776, 777, 778
Selbstvertrauen 120
SEM

–, konische (SEM cons) 630
SEM cons (konische Muster der SEM; konische SEM) 630
SEM (langsame Augenbewegungen; Slow Eye Movements) 629
SEM (Slow Exe Movements; langsame Augenbewegungen) 790
SEM (Slow Eye Movements; langsame Augenbewegungen) 628, 630, 631
Semantic Differential (SD) 151
Semaphor-Test 364, 365
Sender 835
Seniorenheime
–, Unterbringung in 787
Sensation
–, komplexe, multidimensionale (Schmerz) 816
Sensationen
–, illusorische 367
Sensibilitätsstörungen 95
sensory-discriminative (Komponente des Schmerzes) 816
Septum 727, 766
Septum pellucidum 765
Serotonin 719, 733
Sexologie 44
Sexualakt 765, 766
Sexualität
–, infantile 834
Sexualorgane 766, 767
Sexualstörungen 285, 767
Sexualstörungen (und Hypnose) 19
Sexualtheorie 223
Sexualträume 767
Sexualtriebe 223
Sexualverhalten 764, 766
–, hippocampale 765
–, Projektionen 765
–, Störungen des 734
SG (Suggestion) 352ff.
SG (Suggestionen) 386ff.
SHALIT (Stanford Hypnotic Armlevitation Induction and Test) 374
SHCS:E (Stanford Hypnotic Clinical Scale (Erwachsene)) 170
SHCS (Stanford Hypnotic Clinical Scale) 184, 374
SHSS:A (Stanford Hypnotic Susceptibility Scale, Form A) 125, 137, 140, 142, 143, 149, 157, 158, 169, 174, 178, 179, 184, 374, 375, 538, 569, 607, 647
SHSS:B (Stanford Hypnotic Susceptibility Scale, Form B) 142, 378, 569
SHSS:C (Stanford Hypnotic Susceptibility Scale, Form C) 138, 149, 162, 166, 169, 172, 178, 179, 374, 375, 593, 693, 723
SHSS (Stanford Hypnotic Susceptibility Scale) 122, 371, 377
Sicherheitsgewinnung 248, 286, 873
Siderit (Magneten) 59
Siebten-Tag-Adventisten (und Hypnose) 156
Sigma-Wellen 682
Signal
–, ideomotorisches 320
Signale
–, Bezeichnung von 389
–, biolektrische (im EEG) 688
–, ideodynamische 587, 595, 858, 864
–, ideomotorische 310, 321, 782
–, ideosensorische 310
Signale (Orientierungszeichen) 389
Signalsystem 317, 776
Signal-Technik
–, ideometrische 783
Silbentest 122
Simulanten
–, Entlarven von 79
Simulation 165, 190, 585, 586, 836, 855, 858, 863
Simulation (und Hypnotisierbarkeit) 164
Simulierung 828
Sinanthropus 42
Singen 689
Sinneserfahrung 45
Sinneskomponente (des Schmerzes) 816
Sinnesneurophysiologie 605
Sinnesorgane 292, 576, 786, 871
–, insuffiziente 802, 871
–, Insuffizienz von 785
–, Veränderungen an den 635, 858
Sinnesversetzung (transpositions des sens) 86
Sinneswahrnehmungen 307
Sinneswahrnehmungen (community of sensations) 86
Sinnlichkeit 45
Situation
–, interpersonelle 160
–, sexuelle 832
–, therapeutische, Gestaltung der 280
Situation (und Suggestibilität) 121
Skalen
–, standardisierte 375
Skelettmuskulatur 741
Skeptiker 125
skill
–, hypnotic 138
sleep 791
sleep and beta wave 791
Sleep Dream Session (SDS) 633
sleep stages 691
Slow-Wave-Sleep (langsamer Schlaf) 777
Society for Psychical Research (SPR) 85
Sofrologia (Sophrologie) 22
Soma 714
–, neuronale 736
Somatotypen 145

Somatotypen-Skalen 145
sommeil lucide 87, 88, 341, 825
–, Tiefe des 133
Sommeil nerveux ou hypnotisme (J. Braid) 90
somnambul 656
Somnambule 420, 501, 659, 660
–, erwachsene 660
Somnambüle 84
Somnambuler 661
–, spontan 47
Somnambulismus 7, 10, 47, 49, 75, 84, 87, 95, 133, 231, 335, 397, 407, 422, 425, 437, 581, 646, 648, 655, 657, 658, 659, 660, 661, 662, 664, 666, 669, 670, 694, 717, 801, 832, 858, 863, 865, 871, 874
–, abortiver 800
–, Äquivalente des 800
–, artifizieller 10, 96, 580, 659, 827
–, artifizieller (hypnotischer) 660
–, hypnotischer 661, 670
–, hypnotischer (artifizieller) 668, 670
–, Klassifikation des 660
–, künstlicher 82, 655
–, magnetischer 580
–, Prognose des 668
–, spontaner 658, 665, 668
–, spontaner klinischer 656, 661
–, spontaner, sui generis 662
–, Stadium des 135
–, subklinische Formen des 667, 826
–, sui generis 670
–, symptomatischer 858
–, Wunderwirkungen der Sympathie im 84
Somnambulismus (bei Neurotikern) 670
Somnambulismus epilepticus 664
Somnambulismus epilepticus centrencephalicus 664
Somnambulismus epilepticus psychomotoricus 664
Somnambulismus (im Involutionsalter) 664
Somnambulismus (in der Hypnose) 827
Somnambulismus invoutivus 665
Somnambulismus neuroticus 664
Somnambulismus (Pathogenese) 666
Somnambulismus sui generis 858
Somnambulismus symptomaticus 664
Somnambulismus (und Epilepsien) 670
Somnambulismus (und Hypnose) 656
Somnambulismus (und Involutionssyndrom) 670
Somniloquenter 698
Somnolenz 766, 843
–, Stadium der 135
Sonnenfinsternis 51
Sophrologie 22, 127, 188, 863
Sophrosyne 127, 188, 863
Soubirous, Bernadette (1844–1879) 590
Sozialcharakter 244
Sozialphilosophie
–, kulturkritische 244
Sozialpsychologie 242, 846
–, analytische 244
Soziologie 852
Soziopathen 595
Sozio-Pathogenese 246
Spaltung
–, primitive 290
Spannung 764, 863
–, nervöse, Mangel an 120
–, suggestive 349
Spannung (und Hypnose) 167
Spannungen 293
Spannungskopfschmerzen 778
Spannungsproduktion
–, niedrige 791
Spasmen 341
–, vaginale 286
Speichelfluß 295
Speicher 842
Speicherkapazität 842
Speicherung 576
Spektralanalyse 374
Sphären
–, sublunare 659
Spiegel 336, 410, 857
–, bioelektrischer 768, 858
–, Faszination durch 335
–, ontogenetischer 860
Spike-and-Wave-Komplexe 664
Spikes 548, 664, 718, 719, 725, 765, 781
–, generalisierte 689
–, monophasische 737
–, monophasische pontine 733
–, pontogeniculo-occipitale (PGO) 718, 719
–, temporale 689
Spikes foci 725
Spikes (und Waves) 548, 689
Spindeln 735
–, corticale 738
Spindeln (im EEG) 623
Spiritismus 83, 85, 855
Spiritismus (und Hypnose) 60
Spiritisten 348
Spiritualismus 85, 855
–, kinetischer 54
Spiritualismus (Tisch-) 54
Spiritualismus (und Hypnose) 60
Split brain 720
Spontanaktivität
–, reduzierte 720
Spontanhypnose 389
Spontanhypnosen 338, 595, 858, 864
–, posthypnotische 589, 592
Sport 248
SPR (Society for Psychical Research) 85

Sprache
–, neuronale Prozesse der 713
–, Veränderung der 720
Sprachkenntnisse
–, Zunahme der 778
Sprachkurse 777
Sprachstörungen 287, 293
Sprachtherapie 582
Sprachvermögen 728
Sprachverständnis 720
Sprechen 666, 689, 702
Sprechen (im Schlaf) 789
Sprechepisode 790
Sprechepisoden 794
Sprechmuskulatur 419, 420, 426
Sprechperioden 698
Sprechweise (beim Hypnotisieren) 390
Spritzenphobie 545
SPS (Revised Stanford Profile Scale of Hypnotic Susceptibility) 378
SPS (Stanford Profile Scales) 179
Spucken
–, psychogenes 284
Spuren
–, organische 585
Staatsanwalt 425
Stabheuschrecke (Palophus titan)
–, Erstarrungszustand bei 37
Stabheuschrecken (Katalepsie) 69
Stabil-Extravertierte 119
Stabil-Introvertierte 119
Stabilität (der Hypnotisierbarkeit) 179
Stabilitätstheorie (der Hypnotisierbarkeit) 176
Stadium
–, hypnoides 188
–, intermediäres 88
–, kataleptisches 188
–, leichtes 188
–, leichtes (der Hypnose) 133
–, lethargisches 188
–, somnambules 188
stadium acceptionis 117
stadium effectionis 117
stadium suggestionis 117
Stadium B (des Schlafes) 681
Stahlmagnet 344
Stämme
–, germanische 51
Stammeln 343
Stand
–, psychobiologischer, heutiger 852
–, sozialer, heutiger 852
Standard Deviation Chart (SDC) 145
Standardabweichungen (SD) 129ff.
Standard-Induktion-Prozedur 716
Stanford Hypnotic Armlevitation Induction and Test (SHALIT) 374
Stanford Hypnotic Clinical Scale (Erwachsene) (SHCS:E) 170
Stanford Hypnotic Clinical Scale (SHCS) 184, 374
Stanford Hypnotic Susceptibility Scale, Form A (SHSS:A) 125, 137, 140, 142, 143, 149, 157, 158, 169, 174, 178, 179, 184, 374, 375, 538, 569, 607, 647
Stanford Hypnotic Susceptibility Scale, Form B (SHSS:B) 142, 378, 569
Stanford Hypnotic Susceptibility Scale, Form C (SHSS:C) 138, 149, 166, 169, 178, 179, 374, 375, 593, 693, 723
Stanford Hypnotic Susceptibility Scale (SHSS) 122, 371, 377
Stanford Profile Scale of Hypnotic Susceptiblity, Form I und II 177
Stanford Profile Scales (SPS) 179
Stanford-Hypnose-Items 149
Starre 362
–, kataleptische 349, 875
Starstecher 62
Steine
–, Anstarren von 76
Stellreflex 69
Sterbeerlebnis 55
Sterbehilfe 385
Sterben (Tod, Thanatologie) 54
Sterblichkeit 45
stereotypy 648
Steroiden 292
Steuerung
–, hippocampale, der Hypnose 717
–, integrative, der Hypnose 868
Steuerungskomponente
–, psychische 666
Steuerungsmechanismen
–, zentrale 728
Stichwortstruktur 587
Stickoxydul (Dinitritoxid) 91
Stickstoffretention 652
Stigmatisation 160
Stimmbänder
–, hypertrophische 293
–, Störungen der (mit Sprachstörungen) 293
Stimmlage (beim hypnotischen Vorgang) 390
Stimmung 191, 855, 863
Stimmung (und Hypnotisierbarkeit) 166
Stimmungsschwankungen
–, periodische 845
Stimulantia 846
Stimulierung
–, akustische 736
Stimulierungen
–, chemische 736
Stimulus
–, konditionierter 828

Stimulus-Reaktion-Vorstellung 835
Stimulusworte 827
Stirn- und Nackenbandmethode 517
Stirnhand 345
Stirnhirn 728
Stirnhirnpol 714
Stormquelle 368
Störung
–, extrapyramidal-gesteuerte 654
–, extrapyramidal-motorische 647
–, psychoneurotische 227
–, psychosomatische 289
Störungen
–, affektive 725
–, emotionale 294
–, körperliche 284
–, neurotische 243
–, organische 297
–, psychische 231, 235, 254
–, psychische (und Hypnotisierbarkeit) 185
–, psychische/psychosomatische, Ätiologie, Genese, Patogenese von 221
–, psychogene 292
–, psychosomatische 235, 292
–, respiratorische 292
–, sexuelle 237
Stottern 287, 293
Strafbedürfnis 227
Strategiefaktoren
–, kognitive 178
Streicheln 344
Streß 818
Streßbedingungen 173
Streßsituation 226
Streßsituationen 171, 247, 253, 767
Stria terminalis 727
Striche 344
–, magnetische 39
–, mesmerische 344
Stridor 284
Strukturen
–, corticale 870
–, limbische 870
–, periventriculäre 765
–, septale mediale 765
–, subcorticale 727, 870
–, untere retikuläre 872
Strumaoperationen (und Hypnotherapie) 154
Studien über Hysterie 232
Stufe
–, neonatale 584
Stupor 731
Stuporbeginn 652
sub-genre 186
Sublimierung 227
Substanzen
–, bradykininähnliche 634
–, chemische 857
–, chemisch-pharmakologische 505
Substrat 854
–, neurophysiologisches 870
–, organisches, der Hypnose 823
Substrate
–, neuroanatomische 869
Substrat-Paradigma 7
Subthalamus 765
–, medialer 732
Subtypen
–, irrationale 238
–, rationale 238
Suche
–, bewußte 856
–, unbewußte 115, 307, 312, 314, 328, 856
Suche (auf unbewußterEbene) 308
Suchvorgänge 115
–, unbewußte 321, 322
Suggerendus 119, 187, 861
Suggerendus (Suggerierter) 109
Suggerendus (und Suggestibilität) 120
Suggerierter (Suggerendus) 109
suggestibilitas in statu nascendi 70
Suggestibilität 72, 187, 854
–, allgemeine 118, 122, 126, 127, 351, 861
–, diffuse 127
–, Entstehung der 74
–, erhöhte 127
–, Grad der 135
–, hypnotische 118, 122, 124, 126, 187, 188, 351, 352, 623, 829, 861, 863, 874
–, ideomotorische 123
–, Modifikation der 122
–, motivationsgebende (spezifische) 284
–, nicht-hypnotische 122, 126, 127
–, primäre 119, 121, 123, 149, 187, 373, 776, 861
–, Prüfung der 122
–, sekundäre 121, 123, 126, 187, 861
–, selektive (hypnotische) 875
–, situationsabhängige 118
–, situationsgebundene 121
–, spezielle 126, 351, 861
–, spezifische 118, 125
–, suggestive 854
–, tertiäre 861
–, Veränderung der 126
–, Vorkommen von 118
–, Zweckmäßigkeit der 70
Suggestibilität 4ff.
Suggestibilität (Eigenschaft des Menschen) 187
Suggestibilität und
–, Extraversion, Introversion, Wille, Dominanz, Abhängigkeit 120
–, Hypnotisierbarkeit 126
–, klinische Aspekte 122

–, Meßmethodik 122
–, Neurose 123
–, Persönlichkeitsmerkmale 119
–, Situation 121
–, Suggerendus 120
–, Suggestibilitätsproblematik 118
–, Suggestionen 109
–, Suggestor 119
–, verschiedene Faktoren 124
Suggestibilitätsmessung 122
Suggestibilitätsproblematik (und Suggestibilität) 118
Suggestibilitätsprüfung 284, 351, 352, 354, 367, 611
–, Pendel zur 351
Suggestibilitätstest 119, 120
Suggestibilitätstests 588
–, empirische 351
–, instrumentelle 370, 380, 857
–, maskierte (versteckte, verdeckte) 369
Suggestibility Scales
–, Epoche der 855
suggestio 186
Suggestion 71, 88, 127, 186
–, hypnotische 85, 310
–, indirekte 310, 318
–, persuative 95
–, produktive 43
–, topographische 43
Suggestion (Prozeß der Kommunikation) 110
Suggestion (SG) (Hypnotische Suggestionen des Hypnotiseurs) 352ff.
Suggestionen 116
–, absichtliche 114, 187
–, allgemeine 861
–, archaische 75
–, artifizielle 74, 860
–, direkte 115, 187, 861
–, eigentliche, Stadium der 187
–, erworbene 854
–, exogene 691, 703
–, Gesetze der 111
–, hypnotische 247, 854, 861
–, ideoaffektive 312
–, implizierte 319
–, indirekte 110, 115, 187, 308, 311, 315, 316, 861
–, indirekte, Techniken, indirekte (IN) (Art der Suggestionsdarbietung bei Hypnose-Induktion und Hypnose) 336ff.
–, indirekte, zusammengesetzte 317
–, instinktive 43
–, intensive 53
–, kombinierte 856
–, komplementäre 388, 398, 400
–, kontingente 316, 318, 856
–, multiple 316
–, offene 110, 115, 187, 313, 314, 315, 328, 856, 861
–, passive motorische 373
–, posthypnotische 135, 294, 345, 347, 386, 698
–, schlaffördernde 616
–, spezielle 189, 861
–, spezielle (hypnotische) 113
–, Subformen, absichtliche 114
–, Subformen, unabsichtliche 114
–, taktile 347
–, unbeabsichtigte 187
–, unvorhergesehene 114, 187
–, verbale 340, 349, 857
–, visuelle und verbale, Kombinationen 346
–, vorgesehene 187
–, vorhergesehene 114
–, Vorkommen von 111
Suggestionen (in Ausnahmesituationen) 113
Suggestionen (in der Gegenwartsform) 363
Suggestionen (in der Zukunftsform) 363
Suggestionen (SG) 386ff.
Suggestionen (und Suggestibilität) 109
Suggestionsapplikation 334
Suggestionsarten 114
Suggestionsarten (Passes) 284
Suggestionsbegriff 109
Suggestionsbereitschaft 114
Suggestionsdarbietung 61, 334, 336, 349, 856
–, abendliche 347
–, Kombinationen der 349, 857
–, kombinierte 340, 346
–, monosuggestive 346
–, optische 340
–, taktile 342, 344, 345
–, Technik der 334
–, verbale (akustische) 340
–, verschiedene Kombinationen 348
–, visuelle (optische) 334
Suggestionsdarreichung 334
Suggestionseinwirkung 700
Suggestionsformeln 700
Suggestionsformen 46, 114
Suggestionsgesetze 73, 186, 861
Suggestionsmethoden
–, kombinierte 316
Suggestionsproblematik 109
Suggestionsprozeß 116, 861
–, Stadien des 187
Suggestionsprozesse 128
Suggestionsstadien 116
Suggestionstechniken
–, taktile 349, 857
Suggestionstheorie 87, 348
Suggestionstherapie 87, 109, 117
Suggestionsverabreichung 115, 334
Suggestionsverstärkung 347
Suggestionsvorgang 116

–, Stadien des 187
Suggestiv-Therapie 44, 92, 109
Suggestogenese 37
Suggestor 119, 187
–, Geschlecht des 123
Suggestor (und Suggestibilität) 119
Sühne 72
Summen-Potentiale 713
Sünde 45
Super-Ego 249
Susceptibility
–, hypnotic 15
Susceptibility Scales
–, Epoch of 11
–, Epoch of the 97
–, goldene Jahre der 371
Sykomantie 51
Symbol 322
Symbole 239
Symbolformation 682
Symbolik 45, 46, 801, 871
–, sexuelle 767
Symbolisierung 222, 860
Sympathie 84
Symptomatik
–, depressive (und Hypnotisierbarkeit) 168
–, extrapyramidale 654
–, klinische 187
–, psychotische 652
–, schizoide 253
–, uncharakteristische 845
Symptomausnutzung 255
Symptombekämpfung 94, 95, 247, 855
Symptombeseitigung 232, 245, 247, 248, 249, 255, 286, 856, 873, 874
Symptombildung 319
Symptome 223
–, gastrointestinale 286
–, hysterische 225, 725
–, neurotische 226, 235, 238, 324
Symptommilderung 856
Symptomsubstitution 248, 255, 492, 873
Symptomtransformation 248, 255, 417, 418, 873
Symptomunterdrückung 833
Symptomveränderungen 856
Symtpomausnutzung 873
Synapsen 714
Synchronisierung
–, corticale 729
Syndrom
–, herzphobisches 292
–, hyperkinetisches 869
–, hysterisches 834
Syndrom apallisches 731
Syndrome
–, hysterische 865
–, pseudoneurasthenische 762
System
–, biokybernetisches 74, 860
–, cortico-limbido-pontoretikuläres 870
–, diffuses thalamisches 739
–, endokrines 145
–, extrapyramidisches 671
–, fronto-limbisches 741
–, kardiovaskuläres 292
–, limbisches 690, 701, 712, 715, 716, 727, 728, 729, 730, 738, 739, 744, 745, 764, 770, 791, 802, 858, 866 867, 869, 872
–, limbisches, Aufgaben und Funktion des 727
–, limbisches, bioelektrische Aktivität des 717
–, limbisches, neocorticaler Teil des 712
–, limbisches, Organisation des 727
–, neurogenes, für Hypnose 870
–, parasympathisches 317
–, sympathisches 317, 635
–, unspezifisches 714
–, vasomotorisches 832
Systeme
–, afferente 736
–, endokrine 728
–, hypnogene 738
Systemerkrankungen 292
System-Ingenieure 835
SZS (Schlafzeitspanne) 694, 695
Szylla 320

TA (transaktionelle Analyse) 229
Tabak 255
Tabu 72
Taft Ego Permissiveness Inventory (TEPI) 157
Tagesperiodik
–, circadiane 843
–, Desynchronisierung der 841
Tagesrhythmik 842
Tagesrhythmus
–, 24-Stunden- 841
Tagesschwankungen 843
Tagesschwankungen (bei Depressionen) 845
Tagmensch (der Aufklärung) 84
Tagträume 122, 582, 676, 703, 869
Talairach stereotaktischer Atlas 716
Talent
–, dissoziatives 593
–, hypnotisches 593
Talisman 76
Talmud 154
Tanz 54
Tänze 72
–, rituelle 75
TAS (Tellegen Absorption Scale) 157, 158, 375, 625
Tastsinn 575
TAT (Thematic Apperception Test) 587
Tätigkeit

–, psychische 776
Tatort 426
Tatortbesichtigung 424
tätowieren 44
Taub-Blinder 345
Taubheit 363, 787
–, hypnotische 595, 605, 831, 864
–, psychogene 156, 292, 295, 298
Taubstumme 340
Taufe
–, heilige 342
Technik
–, persuative 95
Techniken
–, hypnotherapeutische 247
–, verschiedene 454
Tegmentum 732
–, dorsales pontines 734
–, mediolaterales pontines 733
–, mesencephales 735
–, ventrales 765
Teilamnesie 692
Teile
–, temporale 716
Teil-Objektrepräsentanzen 225, 226, 243
Teilschlaf
–, Hypnose als 608
Telencephalon 727
Telepathie 86
Teletyper 609
Tellegen Absorption Scale (TAS) 157, 158, 375, 625
Tempel 50, 78
Tempel (des Apollo) 78
Tempelschlaf 50, 55, 73, 77, 78, 79, 854, 860, 873
Tempelschlaf (in Ägypten) 76
Tempeltor 78
Temperament 148, 855
Temperament (und Körperbau) 144, 145
Temperatur
–, orale 633
–, periphere 170
Temperaturanstiege 173
Temperaturaufnehmer 609
Temperaturerhöhung 173
Temperaturschwankung 634
Temperaturveränderungen 634, 841
Temporalhirn 727
Temporallappen 715, 716, 727, 730, 744, 869
–, akustisches Zentrum im 719
Tendenz
–, oppositionelle 318
TEPI (Taft Ego Permissiveness Inventory) 157
Terminologie
–, neurophysiologische 169
Terpsichoretrancetherapie (Terpsichore-Trance-Therapie; TTT) 54, 56
Terpsichoretrancetherapie (Terpsychore-Trance-Therapie; TTT) 52
Terpsichore-Trance-Therapie (TTT) 860
Terpsychore-Trance-Therapie (Terpsichoretrancetherapie; TTT) 52
Test
–, olfaktorischer 368
Tests
–, empirische 351, 380, 857
–, gustatorische 368, 380, 857
–, olfaktorische 367, 380, 857
–, psychometrische 283
–, psychomotorische 351, 380, 857
–, sensorische 351, 367, 380, 857
Tetanie
–, normocalcämische, Hyperventilationssyndrom der 762
Tetragrammaton 155
Teufel 112
Teufelsaustreibung (Exorzismus) 62
Teufelsaustreibungen 112
Teufelslehre 50
Thalamus 714, 726, 729, 732, 738, 765, 766, 872
–, Impulsverarbeitung im 713
–, intralaminäre Kerngebiete des 731
–, intralaminärer 729, 773
–, mediale 770
–, medialer 736
–, Ventrolateralkern des 714
Thalamus anterior 727
Thalamusgebiete
–, dorsale 731
Thalamuskerne
–, unspezifische 712
Thalamus-Region
–, präoptische 145
Thalamus-Schmerzneurone 714
Thalamus-Strukturen 802
Thanatologie 44, 536, 788, 857
Thanatologie (Tod, Sterben) 54
Thanatos (Todestrieb) 226
Thematic Apperception Test (TAT) 587
Thematik
–, fokale 229
Theologie 49
–, jüdische 155
Theorie
–, biologische 242
–, Braidsche 92
–, phylogenetische 232
–, physiologische 339
–, psychoanalytische 827
–, psychostrukturelle, der Hypnose 743
Theorie der Angst 225
Theorien
–, atavistische 743
–, interpersonelle 829, 836

–, physiologische 825
–, psychoanalytische 225, 250, 832
–, psychoanalytische (und Ego-Psychologie) 225
–, psychologische der Hypnose 827
–, psychophysiologische 831
–, regressive 743
Theosophen (und Hypnose) 156
Therapeuten
–, biologische 686
Therapeut-Patient-Beziehung 240
Therapie
–, analytische 240
–, antiepileptische 668
–, magische 80
–, psychobiologische 855
–, rational-emotive 229, 245
–, suggestive 872
–, suggestiv-magische 44
–, symptomorientierte 285
–, Widerstand gegen 234
Therapieformeln
–, hypnotische 489
Therapiemethode
–, unspezifische 167
Therapieteam 281
Theta-Rhythmen 682, 764
Theta-Rhythmus 762
Theta-Wellen 623, 636, 671, 681, 701, 729, 768, 779, 791, 801, 802, 866, 867, 870
Theta-Wellen-Rhythmus 663
Thurston Personality Schedule (TPS) 148
Thymoleptika 846
Tiefenpsychologie 83, 97, 855
Tiefhypnotisierter
–, Verhalten eines 827
Tiefschlaf 698, 789, 795
–, Dauer des 694
–, Verkürzung des 699
Tiere
–, pontine 733
Tierhypnose 37, 68, 589, 822, 824
Tinnitus 295
Tisch-Spiritualismus 54
TM (transzendentale Meditation) 174, 175, 609, 611, 621, 626, 636, 647
Tod
–, ritaler 657
–, Sehnsucht nach dem 56
–, symbolischer 832
Tod (Sterben, Thanatologie) 54
Todesangst 239, 788
Todesfälle 858
Todesfälle (während der Hypnose) 548
Todestrieb 226
Tonband
–, Hypnosesuggestionen per 293
Ton-Kurzspeicher 842
Tönung
–, affektive, des Schmerzes 714
Topographie
–, globale 844
Torticollis 89, 297
Torticollis (Schiefhals) 284
Totalamnesie 692
Totale Registrierzeit (TRZ) 695
Totenbeschwören (Necromantie) 51
(TPS) Thurston Personality Schedule 148
Tractus mammilo-thalamicus 765
Tractus opticus 718
Tradition 855
Tradition (und Hypnotisierbarkeit) 150
train of waves 770
Training
–, autogenes 23, 92, 95, 154, 873
–, autogenes (AT) 248, 255, 351, 551, 552, 553, 554, 555, 556, 557
Trainingsverfahren 178
Trakt
–, optischer 718
Trance 659, 827, 829, 875
–, hypnotische 91, 127, 682
–, leichte (light) (Hypnosestadium) 129
–, mesmerische 85
–, somnambulistische 78
–, therapeutische 308, 322
Trance-Blick 828
Trance-Induktion 827
Trance-Phänomene
–, spontane 308
Trancezustand 828
Trancezustände 46, 72, 75, 581
–, reinkarnierte 581
Tranquilizer 191, 846
–, moderne 505
Transbewußtsein 789, 802, 803, 871, 872
Transference (Übertragung) 234
Transformator 368
Transpiration 88
transpositions des sens (Sinnesversetzung) 86
Transvestiten 288
Traum 76, 676
–, phylogenetische Komponenten des 685
Traum (und Regression) 684
Trauma 239
Traumaktivität 773
Traumanalyse 249, 256, 682, 873
Traumangst 767
Traumanteil 801
Traumanteile (des Schlafes) 678
Traumäquivalent 794
Traumarbeit 686
Traumauslösung 676
Traumbeginn 763
Traumbewußtsein 858, 871

Traumbild 686
Traumbilder 691, 762, 763
–, emotionale Äquivalente 764
Traumdauer 686, 794
Traumdeutung 85, 223, 249
Traumdeutungsbuch 223
Träume 78, 223, 227, 228, 238, 429, 867
–, akustische 719
–, emotional betonte 682
–, Geschmacks- 719
–, hypnotisch induzierte 700, 858
–, hypnotische 676, 677, 701
–, hypnotische, Dauer von 678
–, hypnotische, Vorkommen von 678
–, induzierte 676
–, kinästhetische 719
–, natürliche, Dauer von 678
–, nicht-hypnotische 676
–, optische (visuelle) 719
–, prophetische 49
–, Riech- 719
–, sexuelle 766
–, spontane 676, 700, 858
–, spontane, Kritik in 680
–, spontane, Vorkommen von 678
–, taktile 719
–, typische, der Psychoanalyse 683
–, visuelle 628
Träume (Fall-, Flug-, Flucht-, Aufzugs-, Lift-) 683
Traumentzug 688
Träumer 189
Träumereien 676
Traumerinnerung 690
Traumerinnerungen 800
Traumerlebnisse
–, optische 718
Traumgedanken 686
Traumhalluzinationen 678, 698, 762, 764
Traumheilung 77, 79
Traumheilungen 79
Traumimaginationen 189, 762, 764
Trauminduktion 288, 676
–, hypnotische 79
Trauminhalt 79, 685, 690, 773, 868
Trauminhalte 677, 689, 691, 719
Traumleistung 686, 687, 702, 868
Traum-Phänomenologie 762
Traumphase 442, 680, 691
Traumphasen 659, 662, 678, 681, 700, 703, 790, 795
Traumproblematik 855
Traumproblematik (und Hypnotisierbarkeit) 147
Traumschlaf 734, 802
Traumsteuerung 688
Traumsymbole 763
Traumsymbolik 686, 687, 702, 868
Traumszenen 685
Traumvisionen 78
Traumwelt
–, imaginative 763
Traumzeit 680, 719
Traumzustände 732
Tremor 297
Trennungsangst 239
Trennungserlebnisse 239
Treppentechnik 442
Trichotillomanie 288
Triebe 223, 224
–, aggressive 226
–, sexuelle 226
–, verdrängte 244
Trieberlebnisse (und Hypnotisierbarkeit) 147
Triebkräfte 43
Triebmodell 229
Triebtheorie 224
Trinken
–, Modifikation von Verhalten 152
Trismus 284
Trommeln (zur Erreichung des Trancezustandes) 53
Trophotropie 626
Trugwahrnehmung 594, 864
–, illusorische 591
Trugwahrnehmungen 718
Trutten (Druden) 51
TRZ (totale Registrierzeit) 694, 695
TSZ (tatsächliche Schlafzeit) 694
t-Test 123, 612
–, parametrischer 4
TTT (Terpsichoretrancetherapie Terpsichore-Trance-Therapie) 52, 54, 854
TTT (Terpsichore-Trance-Therapie; Terspichore-trancetherapie) 56
Tumor
–, skrotaler 89
Tumore 255
Tunnel-Erlebnis 55
Tun-Tun-Konflikte 320, 329, 856
Türklinke
–, glänzende 338
Türknopf
–, glänzender 337
Typus
–, introvertierter 239
–, intuitiver 239

Überforderung 251
Überforderungen 253
Übergangscortex 727
Übergangsstadium 53
Übergangssuggestionen 388, 393, 400, 405, 411, 424
Über-Ich 226, 227, 242

Über-Ich (Super-Ego) 225
Über-Ich-Ideal 227
Über-Kompensation 236
Überlegenheitskomplex 236
Übermächtiger 823
Überraschungs-Induktionsmethoden 334
Übersichten
–, historische 129
Übertragung 110, 222, 228, 233, 237, 241, 249, 256, 296, 588, 833, 834, 873
–, narzißtische 834
–, ödipale 249
–, primäre 833
Übertragung (Transference) 234
Übertragungsmanifestation 832
Übertragungsneurose 239
Übertragungsphänomen 296
Übertragungsphänomene 225, 858
Übertragungssuggestionen 414
Uhr
–, biologische 733
–, innere 583, 676
Uhu
–, Erstarren bei 37
Umdämmerung 717, 843·
Umerziehung 248, 249, 256, 873
Umgebung
–, Wahrnehmung der 128
Umschaltungen
–, trophotrophe, vegetative 128
Umschaltungsvorgang
–, psychophysischer 285
Umwälzung
–, medizinische 87
Umwandlung 687
Umwelt
–, kosmische 45
Umwelteinwirkungen 255
Umweltfaktoren 178, 251
Umweltreize 824
Umweltverschmutzung 255
Unbewußtes 84, 85, 95, 109, 223, 224, 225, 231, 256, 310, 312, 320, 321, 322, 575, 581, 712, 746, 762, 764, 766, 768, 770, 772, 773, 774, 780, 782, 785, 801, 802, 833, 834, 855, 858, 867, 871
–, affektives 701, 702, 872
–, arachaisches (instinktives) 803
–, archaisches 702, 872
–, corticales 872
–, diencephales 872
–, diencephales (hypnogenes) 803
–, hypnogenes 702
–, instinktives 872
–, integratives 701, 702, 703, 868, 872
–, kollektives 237, 238, 685
–, Konversation mit dem 489
–, limbisches 872
–, Lokalisation des 682
–, Lokalität des 790
–, Sitz des 789, 800
–, Sitz, neuroanatomisch-funktioneller des 871
–, Topographie des 743, 760, 764
Unbewußtes (und Hypnotisierbarkeit) 165
Unfallchirurgie 545, 549, 857
Unfälle 549, 780, 857
Universalismus
–, chinesischer 153
–, chinesischer (und Hypnose) 153
Universismus
–, chinesischer 190
Unruhe
–, innere (Angst) 817
Unruhen 296
Unsicherheit 327
Unterarm 423
Unterbewußtsein 774
Unterforderungen 253
Untergrunddepressionen 845
Untersuchung
–, endokrinologische 282
Untersuchungen
–, psychiatrische 283
–, psychologische 283
Untersuchungsmethoden 191
Untersuchungsnächte 695
Untersuchungssituation (und Hypnotisierbarkeit) 169
Unterwelt
–, dunkle, des Unbewußten 85
Unterwerfung 224, 823
Up-Gazing (Nach-Oben-Schauen) 358
Urämie 122
Ur-Angst (Furcht) 43
Urbilder (Archetypen) 238
Urereignis 45
Urin
–, Veränderungen, biochemische im 866
Urinpropheten 62
Urmedizin 43, 75, 854
Urmenschen
–, primitive 43
Ur-Mesmerismus 45
Urographie 795
Ur-Psychomedizin 42
Ursachen
–, hormonelle 282
Ur-Schrittmacher 69
Ursprungsamnesie 595, 864
Ursprungsamnesie (Quellen-Amnesie, Source Amnesia) 579
Ursuggestion 72
Ursuggestionen 70, 71, 73, 74, 854
Urteilsfähigkeit
–, kritische 858

–, kritische (und Hypnose) 573
Urteilsfähigkeit (Kritik) (des Hypnotisanden) 594
Urvölker 43
Urzustand
–, primitiver 822
Ustanovka (Einstellung) 834
Utilisation 322
Utilisation (Ausnutzung) 306
Utilisationsansatz 322
Utilisationsmöglichkeit 324
Utilisationstechnik 306, 322, 324, 329, 856
Utilization 247

Vaginismus 295
Valium 10 781
Vanillinmandelsäure 635
VAR (Variablen) 3
Variablen
–, anthropometrische 145
–, unabhängige 125
Variablen (VAR) 3
Variationsbreite
–, kompensierbare (kompensatorische) 251
–, nicht-kompensierbare 252
–, normale 251
Varricae 293
Vasopressoren 784
VELA-Test 841
Venchen 422, 423
Ventilator 347
Ventrikel
–, dritter 766
Ventrolateralkern (des Thalamus) 714
VEP (visuelle evozierte Potentiale) 627
Veränderungen
–, biochemische, im Blut 637
–, cardiale 766
–, therapeutische, Ratizifierung von 309
–, vasomotorische 294, 633
Veranlagung
–, persönliche (für Hypnose) 279
Verantwortungsbewußtsein 714
Verbalisation 340
Verbalsuggestion 340
Verbalsuggestionen 347, 348
Verbalsuggestionsmethode 341
Verbindungen
–, afferente 727
–, corticocorticale 713
–, efferente 727
Verbrecher 595
Verbrennungen 248, 292, 294, 295
–, hypnotische 862
–, Münztechnik bei 464
–, starke 465
Verdichtung 686, 687
Verdichtungsarbeit 702, 868
Verdrängtes
–, Wiederkehr des 222
Verdrängung 123, 222, 224, 227, 243, 579
Verdrängungen 725
Verdrängungsmechanismus 227
Verdrängungstendenz 148
Verfahren
–, aktivautohypnoides 284
–, assoziatives 234
–, meditative 191, 874
–, psychotherapeutisches 221
Verfärbung
–, livide, des Gesichts 717
Verfolgungswahn
–, paranoider 242
Vergewaltigungen 297
Vergiftung 780
Vergrößerung 687
Vergrößerungsarbeit 687, 702, 868
Vergrößerungsphänomen 683
Vergrößerungsspiegel 410
Verhalten
–, angeborenes 712
–, autoritäres, der Eltern 833
–, dissoziatives 725
–, emotionales, Lokalisation des 730
–, emotionales, Steuerung des 728
–, hypnotisches 829
–, hypnotisches, Erklärung des 828
–, manifestes, des Hypnotisanden 323
–, narzißtisches 296
–, reaktives 326
Verhalten (behavior) 17
Verhaltensaspekte 17
Verhaltensfaktoren 178
Verhaltenskriterien 166
Verhaltensmerkmale 145
Verhaltensmodifikationen 287, 288, 593
Verhaltensmodifikationsmethode 828
Verhaltenspsychologie 588
Verhaltensreaktion 252
Verhaltensschlaf 693
–, langsamer 734
Verhaltensstörungen 247, 593, 664
Verhaltenstherapie 230
Verhaltensweisen 191
–, inadäquate 241
Verhaltenszeichen 588
–, phasische 733
–, tonische 733
Verifikation 3
Verifikationsversuch 3
Verknüpfung
–, assoziative, im Schlaf 777
Vermeidung (von Krankheit) 251
Verneinung 317
Verniedlichung 687

Versagung
–, orale 242
Verschiebung 222, 686
Verschiebungsarbeit 687, 702, 868
Verschlechterung
–, tagesrhythmische 845
VERSEM (Versuchssemester) 130ff.
Versenkung 138, 173
–, fromme (Mystik) 59
–, Kapazität zur 172
–, psychische (und Hypnotisierbarkeit) 164
Versenkung (und Hypnotisierbarkeit) 170
Versenkungsfähigkeit 874
Versenkungsfähigkeit (Absorption) (und Hypnotisierbarkeit) 171
Verstand
–, bewußter 187
Verstärkung 316
Verstimmung
–, depressive 525
Versuchsperson (Vp) 121ff.
Versuchspersonen (Vpn) 121ff.
Versuchssemester (VERSEM) 130ff.
Versuchssituation 855
–, abgeschirmte 874
Versuchssituation (und Hypnotisierbarkeit) 169
Versuchssituationen
–, abgeschirmte 191
Verteilung
–, diagnostische 122
Vertex
–, occipitaler 607
Vertex-Zacken 768
Vertiefung 391, 397, 418, 430
–, progressive 442
Vertiefungsmethode 231
Vertrauenssituation 298
Verwirrtheit 53
–, traumhaft-halluzinatorische 731
Verwirrtheitszustände
–, nächtliche 665, 845
Verwirrung 307, 327
Verwirrung (des Hypnotisanden) 326
Verzerrung 801, 871
Vigilanz 842
–, Ausgangslage der 624
–, erhöhte 624
–, gesenkte 624
Vigilanz (und Hypnose) 608
Vigilanzerhöhung 172
Visionäre 589
Visionen 49, 150, 574, 590, 702, 867
–, abnorme 875
–, religiöse 589, 590
–, religiöse, Faszination und 336
Vitium artis 297
Vividness of Visual Imagery Questionnaire (VVIQ) 158
VO (Vorlesungs-Ordner) 141ff.
Vodun (Voodoo) 52
Vodun-Besessenheit 52
Vögel 824
Vokalisation 765, 766
Volksmedizin 43
Volksstämme
–, germanische 51
Vollnarkose 454, 782, 783, 784, 785, 801, 802, 858
Voodoo 53, 854
Voodoo (Vodun) 52
Voodoo-Tod 56, 860
Vorbereitung
–, suggestive 52
Vorbewußtes 222, 223, 225
Vorbewußtsein 256
Vorderhirnbündel
–, mediales 727
Vorgang
–, dynamischer 223
–, hypnotischer 386, 389, 390
–, instinktiver 69
Vorgeschichte
–, ausführliche (Anamnesis) 282
Vorlesungs-Ordner (VO) (es folgen die Jahresangaben über den Beginn und das Ende der Untersuchung) 141ff.
Vor-Mesmerismus 81, 855
Vorschulalter 254
Vorstadium
–, labiles 116, 187
Vorstadium (VOR, Prähypnose) 852
Vorstellung
–, animalische 49
–, bildliche 190
–, imaginative 124, 513, 862
–, imaginative (und Hypnotisierbarkeit) 164
–, imginative 190
–, räumliche (und Laterialisation) 625
–, spiritistische 49
–, unbewußte 121
Vorstellungen
–, imaginative 768
–, unbewußte 127
Vorstellungskraft 374
–, imaginative 190
Vorstellungsvermögen
–, räumliches 720
Vorwärtsfalltest 355, 857
Vorwärtsfalltest (Forward Postural Body Sway Test) 354, 356
Vorzeichen-Test
–, parameterfreier 4
Vorzeichen-Test (Plus-Minus-Test) 616

Vp (Versuchsperson) 121 ff.
Vpn (Versuchspersonen) 121 ff.
Vulnerabilität 634
VVIQ (Vividness of Visual Imagery Questionnaire) 158

W (prähistorisches Wachsein) 386 ff.
Wach-Alpha-EEG 682
Wachanfälle 666
Wachbewußtsein 117, 187, 634, 655, 686, 760, 768, 774, 791, 800, 801, 830, 858, 867, 870
–, Moderation des 728, 731
–, verändertes 780
Wach-EEG 731
Wacherinnerung 690
Wachheit
–, selektive 127
Wachhypnose 23, 466, 469, 477, 589, 646, 691, 692, 731
Wachsein 681, 716
–, permanentes 737
–, prähypnotisches (W) 386 ff.
Wachseinssteuerung 666
Wachstatus 731
Wachsuggestibilität 373
Wachsuggestionen 119, 188, 297, 655, 716, 766, 861, 863
Wachsuggestionstherapie 117
Wachsystem 732
–, Läsionen im 731
Wachträume 157, 296, 594
Wachträume (und Hypnotisierbarkeit) 158
Wach-Variablen 174
Wachzustand 735
–, EEG im 826
Wachzustände 732
Wahnsinn 76
Wahrnehmung 109, 576, 594, 780, 830, 858, 864
–, außersinnliche 657, 780
–, eingeengte 127
–, optische 739
–, Störung der 730
–, unbewußte 424
–, Veränderung der (und Hypnose) 574
Wahrnehmungen
–, akustische 782
–, komplementäre 339
–, optische 339
Wahrnehmungsdistorsion 669
Wahrnehmungsfähigkeit
–, verstärkte 788
Wahrnehmungstests 149
Wahrsagen 336
Wahrsagerin(nen) 61, 335, 366, 390, 422
Wahrscheinlichkeitsgrad 3
Wandeln 665
Wandspiegel 410
Wangen 426
Wärme 369, 575
Wärme-Illusions-Test A (Hitze-Illusions-Test A) 368
Wärme-Illusions-Test B (Hitze-Illusions-Test B) 368
Wärme-Illusions-Test C (Hitze-Illusions-Test C) 369
Wärme-Illusions-Test D (Hitze-Illusions-Test D) 369
Wärme-Illusions-Tests 380, 857
Wärme-Illusions-Tests (Heat Illusion Tests) 368
Warzen 294, 492
Warzenbehandlung 492
Wasserlassen 794
Wassersüchtige 342
Waves (und Spikes) 548, 689
Wechselbeziehung
–, zwischenmenschliche 110
Wechselwirkung
–, erotische 281
Weckbarkeit 664
–, erschwerte 668
Weckeffekt 741
–, corticaler 732
–, überschüssiger 668
Weckimpulse 688, 772
Weckmittel 624, 846
Weckmittel (Amphetamine) 624
Weckreaktion 729
Weckreiz 677
–, akustischer 770
Weckreize 681, 729, 768, 774, 778
Weckschwelle 688, 773, 868
–, Erhöhung der 702
Wecksysteme 728, 745, 869
Weckversuche 691
Weg
–, sympathischer, von Krankheiten 343
Wegsuggestion 873
–, direkte 248, 255
–, indirekte 248, 255
Wegsuggestion (des Hypnotiseurs) 518
Weissagungen
–, hypnotische 155
Weissagungskunst 51
Weiterbildung 856
–, psychoanalytische 856
Wellen
–, Ausprägung, absolute der 612
–, Ausprägung, relative der 612
–, Bandbreite, äquivalente der 612
–, Frequenz, dominante der 612
–, langsame 735
Wellenarten 681, 682
Wellenfrequenzen 681
Wellen-Spektren 610, 621

Wellenzüge 770
Welsh Anxiety and Repression Scales 149
Welt
–, magisch-religiöse 76
Weltanschauung 112
Weltreligionen 190, 862
Weltreligionen (und Hypnose) 153
Weltuntergang 658
Werdegang
–, ontogenetischer 874
–, phylogentischer 824
–, psychobiologischer, der Hypnose 68
Wertesystem
–, soziales 227
Wertsystem
–, verinnerlichtes 227
Wesen
–, soziale 342
WHO (World Health Organization) 184
Widersprüchlichkeiten
–, Toleranz für 828
Widerstand 222, 326
–, dynamischer 290
–, pathogener 85
–, struktureller 290
Widerstand (des Hypnotisanden) 325
Widerstand (gegen Therapie) 234
Widerstände
–, Bekämpfung von 249
Widerstandsfähigkeit 150
Wiedergeburt 73
Wiedergeburt (Reinkarnation) 86, 156
Wiener Psychoanalytische Vereinigung 223
Wilcoxon-Test 4, 612
Wille 855, 862
Wille (und Suggestibilität) 120
Willen 152, 871
–, bewußter 310
Willen (und Hypnose) 189
Willen (und Hypnotisierbarkeit) 150, 573
Willensabläufe 861
Willensimpulse
–, kreative 240
Willens-Therapie 239
Willensverlust 191, 863
–, Angst vor 167
Willenszwang 659
Wir-Bildung 110
Wirklichkeit (Flucht vor) 54
Wirkung
–, autosuggestive, der Religionen 73
–, corticofugale 732
–, heterosuggestive, der Religionen 73
–, magnetische 59
–, suggestive 63, 112, 873
Witz 223
Witze 322
Wohnverhältnisse
–, inadäqute 255
Wolkengebilde 590
Wollen 862
Wollen (und Hypnose) 189
World Health Organization (WHO) 184
Wortspiel 307
Wortspiele 322
Wortstimulierung 585
Wunderheiler 61, 63
Wunderkuren 342
Wunderwirkungen (der Sympathie im Somnambulismus 84
Wünsche
–, aggressive 242
–, sadistische 242
Wunschträume 690
Wurzkrämer 62
Wut 730

XY-Schreiber 609

Yoga 20, 154, 176
Yoga (und Hypnotisierbarkeit) 175
Yogaformen 348
Yoga-Übungen 191, 864, 874
Yogi (der Übende) 176
Zähl- und Motivationstechnik
–, kombinierte 506
Zähltechnik 418, 474, 495, 538
–, zusätzliche 431

Zahnarztbehandlung 454
Zahnärzte 280
Zahnarzteingriff 452
Zahnarztpatienten 282
Zahnarztphobie 456
Zahnarztphobien 295
Zahnbrecher 62
Zähne
–, Extraktion von 91
Zahnextraktion 155
Zahnmedizin 248, 294
Zahnmedizin (und Hypnose bei Kindern) 142
Zahnschmerzen 452, 868
Zangengeburten 253
Zauberer 150
Zauberformeln 50
Zauberin(nen) 51, 61
Zauberkräuter 49
Zauberkreis 238
Zauberstube 348
Zeichen
–, elektroencephalographische 692
–, kinetisches 147
–, neurotische 664, 668
Zeitalter

–, gotisches 80
–, romanisches 80
Zeitangaben 856
–, definitive 312, 328
–, vage 312, 328
Zeitdistorsion 397, 407, 410, 583
Zeitgeber 652
–, exogene, Isolation von 841
Zeitlupe 583
Zeitprojektion 287
Zeitraffung 410
Zeitschätzung
–, Veränderung der 573
Zeitverlängerung 583
Zeitverzerrung 54, 308, 397, 407, 410, 573, 583, 584, 594, 858, 864
Zeitverzerrung (und Hypnose) 583
Zen-Buddhismus 245
–, und Psychoanalyse 23
Zensor 226
Zensur 222
Zentralnervensystem (ZNS) 282, 605, 655, 712, 731, 739, 801, 867, 868, 870, 871
–, Läsionen im 736
Zeremoniell 52
Zeremonien 50, 56
Zeugen 424, 425
Zeugen Jehovas 190
Zeugen Jehovas (und Hypnose) 156
Zeugen (während der Hypnotherapie) 297
Ziele
–, posthypnotische 593
Zielfixierung 418, 538
Zigeuner
–, wahrsagende 62
ZNS
–, Nervenenergie des 832
–, Selbstreizung des 703
ZNS (Zentralnervensystem) 282, 605, 655, 712, 731, 739, 801, 867, 868, 870, 871
–, Läsionen im 736
Zone
–, genitale 225, 226
–, graue (1500–1800) 9, 855
–, orale 225
Zonen
–, erogene 222
–, hypnogene 712, 728, 729, 745, 869
–, hypnogene, Erforschung der 736
Zoomkameras 609
Zoroaster 349
Zucht (der Götter) 52
Zuckungen
–, gröbere 685
–, konvulsive 349
Zuflußkapazität 842
Zugriffszeiten 576
Zukunft
–, Voraussage der 78
Zukunftsanalyse 237
Zukunftsdeuter
–, ägyptische 76
Zukunftsform
–, Suggestionen in der 363
Zukunftsforschung 841
Zunge 426
Zusammenhänge
–, psychophysiologische 608
Zusatzfaktoren 251
–, negative 251
Zusatztherapie 297
Zustand
–, artifizieller somnambuler (hypnotischer) 658
–, bewußtloser 763, 781
–, depressiver 653
–, dissoziierter 128, 830
–, hypnoidealer 589
–, hypnoider 589
–, hypnotischer 285, 627, 654, 655, 801, 825, 871, 875
–, hysterischer 653
–, kataleptischer 337, 648, 652
–, katatoner 652, 653, 654
–, magnetischer 337
–, manisch-depressiver 243
–, posthypnotischer 594, 611
–, prähypnotischer 386
–, schlafähnlicher 625
–, somnambuler 403, 404, 439, 575, 583, 715, 716
–, somnambuler, eines Schlafwandlers 663
–, Wahrnehmung, veränderter 128
Zustände
–, autohypnotische 75
–, autotoxische 122
–, depressive 846
–, ekstatische 150
–, ekstatische somnambule 46
–, hypnoide 40, 860
–, hypnotische 37, 150, 581, 692
–, hysterische 51
–, kataleptische 734, 869
–, phobische 292
–, somnambule 221
Zustandsänderungen
–, dynamische psychologische 870
–, psychobiologische 858
Zustandsveränderung 110
Zuwendung
–, mangelnde 253, 254
Zwang 138, 152
Zwangscharakter 244, 252
Zwangslagen 593

Zwangsrauchen 289
Zwangsvorstellungen (und Hypnotisierbarkeit) 166
Zweifel 307, 327
Zwei-Personen-Beziehung 243
Zwei-Türen-Technik 514
Zwischenhirn 731
Zyklothymie 244,